AN ENGLISH-SERBOCROATIAN
DICTIONARY

BY
MORTON BENSON

THIRD EDITION

CAMBRIDGE
UNIVERSITY PRESS

ENGLESKO-SRPSKOHRVATSKI
REČNIK

MORTON BENSON

TREĆE IZDANJE

CAMBRIDGE
UNIVERSITY PRESS

PUBLISHED BY THE PRESS SYNDICATE OF THE UNIVERSITY OF CAMBRIDGE
The Pitt Building, Trumpington Street, Cambridge CB2 1RP, United Kingdom

CAMBRIDGE UNIVERSITY PRESS
The Edinburgh Building, Cambridge CB2 2RU, United Kingdom
40 West 20th Street, New York, NY 10011-4211, USA
10 Stamford Road, Oakleigh, Melbourne 3166, Australia

First published by Cambridge University Press 1994
Reprinted 1996, 1997

Printed in the United States of America

Library of Congress Cataloguing-in-Publication Data
Benson, Morton
An English-SerboCroatian dictionary by Morton Benson - 3rd ed.
p.   cm.
Includes bibliographical references.
ISBN 0-521-38496-6
1. English language – Dictionaries – Serbo-Croatian.
I. Title.
PG1376.B38   1990
423'.9182–dc20   90-1662
CIP

ISBN 0-521-38496-6 hardback

to Evelyn

Evelini

TABLE OF CONTENTS

SADRŽAJ

PREFACE XVI

PREFACE, SECOND EDITION XX

PREFACE, THIRD EDITION XXII

INTRODUCTION XXIV

1.	Scope of the Dictionary	XXIV
2.	Standard Dialects of English	XXV
2.1.	General	XXV
2.2.	American English	XXVI
2.2.1.	Regional Phonetic Variants	XXVI
2.2.2.	Standard American	XXVI
2.3.	British English	XXVI
2.3.1.	Pronunciation	XXVI
2.3.2.	Lexicon	XXVIII
2.3.3.	Syntax	XXVIII
2.3.4.	Spelling	XXVIII
3.	Treatment of Entries	XXVIII
3.1.	General	XXVIII
3.1.1.	Parts of Speech	XXX
3.1.2.	Separation of Words	XXX
3.2.	SerboCroatian Glosses	XXX
3.3.	Proverbial and Idiomatic Expressions	XXX
3.4.	Transcription	XXX
3.4.1.	General	XXX
3.4.2.	Symbols Used......................................	XXXII
3.4.3.	Transcription of Certain Borrowings from French	XXXII

PREDGOVOR XVII

PREDGOVOR DRUGOM IZDANJU XXI

PREDGOVOR TREĆEM IZDANJU XXIII

UVOD XXV

1.	Obim rečnika	XXV
2.	Književne varijante engleskog jezika	XXV
2.1.	Opšte napomene	XXV
2.2.	Američki engleski	XXVII
2.2.1.	Regionalne fonetske varijante	XXVII
2.2.2.	Standardni američki izgovor	XXVII
2.3.	Britanski engleski	XXVII
2.3.1.	Izgovor	XXVII
2.3.2.	Leksika	XXIX
2.3.3.	Sintaksa	XXIX
2.3.4.	Pravopis	XXIX
3.	Obrada odrednica	XXIX
3.1.	Opšte napomene	XXIX
3.1.1.	Vrste reči	XXXI
3.1.2.	Rastavljanje reči na kraju retka	XXXI
3.2.	Srpskohrvatske definicije	XXXI
3.3.	Poslovice i idiomatski izrazi	XXXI
3.4.	Transkripcija	XXXI
3.4.1.	Opšte napomene	XXXI
3.4.2.	Fonemski znakovi	XXXIII
3.4.3.	Transkripcija nekih pozajmljenica iz francuskog jezika	XXXIII

3.4.4.   Standard Described XXXII
3.4.4.1.   Marking of Variations within the American Standard XXXII
3.4.4.2.   Marking of British Variants XXXII
3.4.4.2.1. Transcription of Final and Pre-Consonantal *r* XXXII
3.4.4.2.2. Transcription of Other Variants XXXII
3.4.5.   Stress.. XXXII
3.4.5.1.   General XXXII
3.4.5.2.   Variant Stresses XXXIV
3.4.5.3.   Stress in Hyphenated Words XXXIV
3.5.   Noun Plurals XXXIV
3.5.1.   Regular Plurals in *-s*................................. XXXIV
3.5.1.1.   Phonetic Variants XXXIV
3.5.1.2.   Spelling Rules.. XXXIV
3.5.2.   Irregular Plurals XXXVI
3.5.2.1.   General XXXVI
3.5.2.2.   Zero Ending XXXVI
3.5.2.3.   Coincidence of Singular and Plural XXXVI
3.5.2.4.   Compound Nouns..................................... XXXVI
3.6.   Comparison of Adjectives XXXVI
3.6.1.   General XXXVI
3.6.2.   Regular Comparatives XXXVI
3.6.2.1.   General XXXVI
3.6.2.2.   Superlative XXXVI
3.6.2.3.   Spelling Rules for Comparatives in *-er* XXXVIII
3.6.2.4.   Monosyllabic Adjectives XXXVIII
3.6.2.5.   Disyllabic Adjectives................................. XXXVIII
3.6.2.6.   Polysyllabic Adjectives XXXVIII
3.6.3.   Irregular Comparatives XXXVIII
3.7.   Adverbs XXXVIII
3.7.1.   General XXXVIII
3.7.2.   Comparatives XL
3.7.2.1.   Regular Comparison.................................. XL
3.7.2.2.   Irregular Comparatives XL
3.8.   Verbs... XL
3.8.1.   Forms Given XL

3.4.4.   Transkribovani standard XXXIII

3.4.4.1.   Obeležavanje varijacija u američkom standardnom izgovoru .. XXXIII

3.4.4.2.   Obeležavanje britanskih varijacija XXXIII

3.4.4.2.1.   Transkripcija *r* na kraju reči i ispred suglasnika XXXIII

3.4.4.2.2.   Transkripcija drugih varijacija XXXIII

3.4.5.   Naglasak XXXIII

3.4.5.1.   Opšte napomene XXXIII

3.4.5.2.   Dubletni naglasci XXXV

3.4.5.3.   Naglasak u polusloženicama (koje su spojene crticom) XXXV

3.5.   Obrazovanje množine imenica......................... XXXV

3.5.1.   Pravilna množina na -*s* XXXV

3.5.1.1.   Fonetske varijacije XXXV

3.5.1.2.   Pravopisna pravila XXXV

3.5.2.   Nepravilne množine XXXVII

3.5.2.1.   Opšte napomene XXXVII

3.5.2.2.   Nula kao nastavak množine XXXVII

3.5.2.3.   Jednakost jednine i množine XXXVII

3.5.2.4.   Složene imenice XXXVII

3.6.   Poređenje prideva XXXVII

3.6.1.   Opšte napomene XXXVII

3.6.2.   Pravilni komparativi XXXVII

3.6.2.1.   Opšte napomene XXXVII

3.6.2.2.   Superlativ XXXVII

3.6.2.3.   Pravopisna pravila za komparativ na -*er* XXXIX

3.6.2.4.   Jednosložni pridevi XXXIX

3.6.2.5.   Dvosložni pridevi XXXIX

3.6.2.6.   Višesložni pridevi XXXIX

3.6.3.   Nepravilni komparativi XXXIX

3.7.   Prilozi XXXIX

3.7.1.   Opšte napomene XXXIX

3.7.2.   Poređenje.. XLI

3.7.2.1.   Pravilno poređenje.................................... XLI

3.7.2.2.   Nepravilno poređenje XLI

3.8.   Glagoli XLI

3.8.1.   Dati oblici XLI

3.8.2.   Spelling Rules   XL

3.8.2.1.   Past Tense and Past Participle   XL

3.8.2.1.1. Doubling of Consonants   XL

3.8.2.1.2. Change of *y*   XL

3.8.2.2.   Present Tense   XL

3.8.3.   Compound Verbs   XLII

BIBLIOGRAPHY   XLIV

ABBREVIATIONS USED   XLVI

TRANSCRIPTION   LI

DICTIONARY   1

3.8.2.   Pravopisna pravila XLI

3.8.2.1.   Prošlo vreme i particip prošli XLI

3.8.2.1.1. Udvostručavanje suglasnika XLI

3.8.2.1.2. Izmena *y* XLI

3.8.2.2.   Sadašnje vreme XLI

3.8.3.   Složeni glagoli....................................... XLIII

BIBLIOGRAFIJA XLIV

SKRAĆENICE XLVII

TRANSKRIPCIJA LI

REČNIK 1

PREFACE

PREDGOVORI

This *Dictionary* was compiled to satisfy the acute need for an up-to-date English-SerboCroatian lexicon. Although American English is the dominant standard described in the *Dictionary*, considerable attention is paid to British English.

This *Dictionary* represents a companion volume to the author's *Serbo-Croatian-English Dictionary* published by Prosveta, Belgrade, 1971, 1974, 1977, 1978, 1979, 1980, 1981, 1984, 1985, 1986, 1987 and 1988. and the University of Pennsylvania Press, Philadelphia, 1971.

Many persons assisted in the compilation of the *Dictionary*. All cannot be mentioned here. A major contribution was made by a number of consultants, all of whom speak SerboCroatian as their native language. Among the consultants were: Naum R. Dimitrijević, Belgrade University; Milica Drašković, Belgrade University; Dušan Glumac, West Chester State College (Pennsylvania); Dušanka Hadži-Jovančić, Niš University; Boris Hlebec, Belgrade University; Milivoj Ilić, Belgrade University (School of Veterinary Medicine); Katarina Iviš, Gimnazija, Zenica; Mladen Jovanović, Niš University; Damir Kalogjera, Zagreb University; Dušanka Marković, University of Pennsylvania (Library); Rada Mirkovič, Belgrade University; Zorica Mitrović, Belgrade University; Olga Nedeljković, Staroslavenski institut, Zagreb; Radoje Simić, Belgrade University; Živojin Stanojčić, Belgrade University; Dunja Jutronić-Tihomirović, Split University; Zlata Zlatanović, Druga beogradska gimnazija.

E. Wayles Browne of Cornell University commented on the plan of the *Dictionary* and the presentation of the entries.

The typing and preliminary editing of the manuscript were carried out under the direction of Mary Monohan. She was assisted by: Vida Antolin, Rebecca Benson, Zorica Dominko, Ana Gajski, Helen McArthur, Kate Mishel, Suzanne Rose, Lisa Shapiro, Violet Šimšić, Nancy Turner, and Stephanie Urchik. They also made many valuable suggestions, especially in regard to currently used English colloquialisms and slang.

Ovaj rečnik je sastavljen da se zadovolji izrazita potreba za jednim savremenim englesko-srpskohrvatskim leksikonom. Mada je u njemu pretežno opisan standardni američki engleski, prilično pažnje poklonjeno je i britanskom engleskom.

Rečnik se dopunjuju sa autorovim *Srpskohrvatsko-engleskim rečnikom* koji je izdala Prosveta u Beogradu 1971, 1974, 1977, 1978, 1979, 1980, 1981, 1984, 1985, 1986, 1987 i 1988 i Univerzitet u Pensilvaniji, u Filadelfiji, 1971. godine.

Veći broj ljudi pomagao je u izradi ovog rečnika. Sve njih nije mogućno ovde pomenuti. Značajan doprinos dala je grupa konsultanata kojima je srpskohrvatski maternji jezik. Među ovim konsultantima su: Naum R. Dimitrijević, Univerzitet u Beogradu: Milica Drašković, Univerzitet u Beogradu; Dušan Glumac, West Chester State College (Pensilvanija); Dušanka Hadži-Jovančić, Univerzitet u Nišu; Boris Hlebec, Univerzitet u Beogradu; Milivoj Ilić, Univerzitet u Beogradu (Veterinarski fakultet): Katarina Iviš, Gimnazija, Zenica; Mladen Jovanović, Univerzitet u Nišu; Damir Kalogjera, Sveučilište u Zagrebu; Dušanka Marković, Univerzitet u Pensilvaniji (Biblioteka); Rada Mirković, Univerzitet u Beogradu; Zorica Mitrović, Univerzitet u Beogradu; Olga Nedeljković, Staroslavenski institut, Zagreb: Radoje Simić, Univerzitet u Beogradu; Živojin Stanojčić, Univerzitet u Beogradu; Dunja Jutronić-Tihomirović, Sveučilište u Splitu; Zlata Zlatanović, Druga beogradska gimnazija.

E. Wayles Browne, s Kornelskog univerziteta, komentarisao je plan rečnika i navođenje odrednica.

Kucanje i prethodno redigovanje rukopisa izvršeno je pod rukovodstvom Mary Monohan. Njoj su pomagale: Vida Antolin, Rebecca Benson, Zorica Dominko, Ana Gajski, Helen McArthur, Kate Mishel, Suzanne Rose, Lisa Shapiro, Violet Šimšić, Nancy Turner i Stephanie Urchik. One su dale i mnoge vredne sugestije, naročito u pogledu upotrebe kolokvijalnih engleskih reči i slenga.

Glavni posao oko uazbučavanja obavila je Miriam Benson.

Bilo bi nemoguće sastaviti ovo delo bez obilnog korišćenja nekoliko postojećih rečnika. Naročito su dragoceni bili *Enciklopedijski*

The checking of the alphabetical order was directed by Miriam Benson.

It would have been impossible to compile this work without making extensive use of several existing dictionaries. Especially valuable were the *Enciklopedijski englesko-srpskohrvatski rečnik* by Svetomir Ristić et al., the *Englesko-hrvatski rječnik* by Rudolf Filipović et al., the *Englesko-srpskohrvatski tehnički rečnik*, etc. See the Bibliography for further information on these and other works consulted.

The University of Pennsylvania granted a research leave to the author from January, 1976 to June, 1976 so that he could complete work on the manuscript in Yugoslavia.

The author will appreciate receiving comments about errors and omissions that readers may discover.

M. B.
Williams Hall
University of Pennsylvania
Philadelphia, Pa. 19104
June, 1979

englesko-srpskohrvatski rečnik (Svetomir Ristić i drugi), *Englesko-*
-hrvatski rječnik (Rudolf Filipović i drugi), *Englesko-srpskohrvatski*
tehnički rečnik, itd. (Vidi bibliografiju za dalja obaveštenja o ovim
i drugim delima koja su bila konsultovana.)

Univerzitet u Pensilvaniji dozvolio je autoru odsustvo za naučno-
-istraživački rad od januara 1976. do juna 1976. kako bi mogao da
završi posao na rukopisu u Jugoslaviji.

Autor će veoma ceniti sve primedbe u pogledu propusta koje bi
čitalac eventualno otkrio.

M. B.
Williams Hall
Univerzitet u Pensilvaniji
Filadelfija, Pa. 19104
Jun, 1979.

PREFACE, SECOND EDITION, REVISED AND EXPANDED

In response to the favorable reception given to the first edition, this revised, expanded version has been prepared. Comments and suggestions received from readers and reviewers have been taken into consideration. The major changes are the following:

1. A large number of neologisms have been added.

2. More attention has been paid to the British variant of English.

3. The principles of combinatory lexicography have been applied more consistently. These principles will be treated in this writer's forthcoming book on the dictionary description of English.

Several consultants, all of whom speak SerboCroatian as their native language, assisted in the compilation of this edition. They include: Duško Bogunović, Sarajevo; Gordana Dimitrijević, Belgrade; Radmila Đorđević, Belgrade; Dušan Glumac, West Chester (Pennsylvania); Gordana Grba, Belgrade; George Jerkovich, Lawrence (Kansas); Mladen Mihajlović, Belgrade; Radoslava Mirković, Belgrade; Mirjana Prica-Soretić, Belgrade; Vojislava Vasiljević, Tuzla. Others also helped. For example, Irene Mirković of New Belgrade provided valuable information.

Comments and suggestions will be once again welcomed by the compiler.

M. B.
Department of Slavic Languages
Williams Hall
University of Pennsylvania
Philadelphia, Pennsylvania 19104
June, 1984

PREDGOVOR DRUGOM, PRERAĐENOM, DOPUNJENOM IZDANJU

Blagodareći vrlo povoljnom prijemu na koji je naišlo prvo izdanje, priređeno je ovo dopunjeno izdanje. Napomene i sugestije dobijene od čitalaca i prikazivača uzete su u obzir.

Najvažnije izmene su sledeće:

1. Unet je veliki broj neologizama.

2. Obraćena je veća pažnja britanskoj varijanti engleskog jezika.

3. Doslednije su primenjeni principi kombinatorne leksikografije. Ovi principi će biti izloženi u autorovoj knjizi o leksikografskom opisu engleskog jezika.

Grupa konsultanata kojima je srpskohrvatski maternji jezik pomogla je pri izradi ovog izdanja. Među ovim konsultantima su: Duško Bogunović, Sarajevo; Gordana Dimitrijević, Beograd; Radmila Đorđević, Beograd; Dušan Glumac, West Chester (Pensilvanija); Gordana Grba, Beograd; George Jerkovich, Lawrence (Kanzas); Mladen Mihajlović, Beograd; Radoslava Mirković, Beograd; Mirjana Prica--Soretić, Beograd; Vojislava Vasiljević, Tuzla. I drugi su pružili pomoć. Dala je, na primer, mnogo korisnih saveta Irene Mirković iz Novog Sada.

I ovog puta sastavljaču će biti dobrodošle sve napomene i sugestije.

M. B.
Odsek za slovenske jezike
Williams Hall
Univerzitet u Pensilvaniji
Filadelfija,
Pensilvanija 19104
Jun, 1984.

PREFACE,
THIRD EDITION

The emergence of the computer as an essential component of every-day life has been accompanied by the creation of a new terminology. The major purpose of updating this *English-SerboCroatian Dictionary* was to add basic computer terms.

Many persons helped in the preparation of this edition; the compiler expresses his appreciation to all of them. Of the specialized reference works used for this edition, the following should be mentioned: Jon Wedge, *Računarski rečnik: vodič za kompjuterski žargon*, Belgrade, 1985 and, especially, Vera Tasić, *Rečnik računarskih termina: englesko-srpsko-hrvatski*, Belgrade, 1986.

Comments and suggestions will be once again welcomed by the compiler.

M. B.
Department of Slavic Languages
University of Pennsylvania
Philadelphia, PA 19104

February, 1990.

PREDGOVOR
TREĆEM IZDANJU

Pojavljivanje kompjutera, koji postaje sastavni deo svakodnevnog života, praćeno je stvaranjem nove terminologije. Glavna svrha osavremenjivanja ovog *Englesko-srpskohrvatskog rečnika* bilo je dodavanje osnovnih računarskih termina.

U pripremi ovog izdanja pomogli su mnogi; sastavljač se svima njima zahvaljuje. Od specijalizovanih priručnika koji su korišćeni za ovo izdanje treba istaći sledeće: Jon Wedge, *Računarski rečnik: vodič za kompjuterski žargon,* Beograd, 1985, i, naročito, Vera Tasić, *Rečnik računarskih termina: englesko-srpskohrvatski,* Beograd, 1986.

I ovog puta sastavljaču će biti dobrodošle sve napomene i sugestije.

M. B.
Odsek za slovenske jezike
Univerzitet u Pensilvaniji
Filadelfija, Pensilvanija 19104

Februar, 1990.

INTRODUCTION

1.   SCOPE OF THE *DICTIONARY*

This *Dictionary* seeks to describe the lexicon of standard, contemporary English. The norm described is the American variant of English as reflected in the speech of educated Americans and in the press. Considerable attention has also been paid to the inclusion of essential Briticisms.

The *Dictionary* gives important scientific and technical terms. It includes frequently used abbreviations such as **COD, IRS, USSR,** etc. Their pronunciation is transcribed. Also given are certain foreign expressions used by educated speakers: **bona fide, double-entendre, hoi polloi, idée fixe,** etc.

The *Dictionary* does not treat in detail the specialized vocabularies of such predominantly American and British sports as baseball, cricket, (American) football, and rugby. When, however, a term from such a sport has a commonly used meaning, especially figurative, the term is included. See entries for **balk I 2, bush-league, quarterback, strike out 1, wicket 2.**

2.   STANDARD DIALECTS OF ENGLISH

2.1.   **General**

Modern English has several major standard variants: American, Australian, British, Canadian, New Zealand, South African, and that used on the Indian subcontinent.

The two major variants are generally considered to be the American and British. As a result of its geographical location, the Canadian variant is extremely close to the American in both lexicon and pronunciation. The other variants are much closer to British than to American.

UVOD

1.   OBIM *REČNIKA*

Ovaj *Rečnik* teži da opiše leksiku standardnog savremenog engle-
skog jezika. Opisani standard je američka varijanta engleskog jezika
koja se upotrebljava u govoru obrazovanih Amerikanaca i u dnevnoj
štampi. Dosta pažnje je posvećeno i briticizmima.

Rečnik zatim daje važne naučne i stručne izraze. Unete su i naj-
važnije skraćenice, kao **COD, IRS, USSR,** itd. Njihov izgovor je tran-
skribovan. Takođe su dati i neki strani izrazi koje upotrebljavaju ob-
razovani ljudi: **bona fide, double-entendre, hoi polloi, idée fixe,** itd.

U ovom *Rečniku* nije detaljno obrađena specijalizovana termino-
logija pretežno američkih i britanskih sportova kao što su bezbol,
kriket, fudbal (američki) i ragbi. Međutim, kad neki termin iz takvih
sportova ima opštepoznato značenje, naročito figurativno, taj je termin
onda dat. Vidi odrednice **balk** I 2, **bush-league, quarterback, strike
out** 1, **wicket** 2.

2.   KNJIŽEVNE VARIJANTE ENGLESKOG JEZIKA

2.1.   **Opšte napomene**

Savremeni engleski jezik ima nekoliko glavnih standardnih va-
rijanti u zavisnosti od zemlje u kojoj se govori, a te zemlje su: SAD,
Australija, Velika Britanija, Kanada, Novi Zeland, Južna Afrika i ta-
kođe zemlje Indijskog potkontinenta.

Uobičajeno shvatanje je da postoje dve glavne varijante engleskog
jezika: američka i britanska. Usled geografskog položaja, kanadska
varijanta je veoma bliska američkoj kako u pogledu leksike tako i u
izgovoru. Druge varijante su mnogo bliže britanskoj.

2.2. American English

2.2.1. Regional Phonetic Variants

The pronunciation of American English has several major regional variants. Various classifications of these variants have been proposed. One simplified classification is: New England, New York City, Middle Atlantic, Southern, and General American. Various criteria are considered in classifying the variants. The two most important criteria are probably the pronunciation of *r* and the pronunciation of certain vowels before *r*. In the New England, New York, and Southern variants, final and pre-consonantal *r* is usually dropped (as in Standard British). In Middle Atlantic, New York, and Southern, the letter *o* before *r* (in words such as *horrid, orange)* is pronounced as [a]; in General American the sound [o] prevails.

2.2.2. Standard American

We can consider 'Standard American' to be General American and Middle Atlantic, i. e., a pronunciation that does not drop final and pre-consonantal [r] (and has [o] or [a] in such words as *horrid).* This American Standard pronunciation is given in American dictionaries of English; it prevails in radio and television newscasts throughout the United States. The *Dictionary* will transcribe this standard American pronunciation.

2.3. British English

2.3.1. Pronunciation

The commonly accepted British standard pronunciation is the so-called 'Received Pronunciation' (RP) of Southern England. RP is the pronunciation traditionally transcribed in bilingual dictionaries of English published in Europe.

Of the American varieties of pronunciation, New England is, by far, the closest to RP. We will compare RP here only with Standard American.

The salient phonetic features of RP as contrasted with Standard American are: the dropping of final and pre-consonantal [r]; the vowel [a] in such words as *laugh, path* (Standard American has [ae]); the vowel transcribed as [o] in such words as *hot, pot* (Standard American has [a]); the dropping of the penult vowel (or its pronunciation as [ə]) in words such as *lavatory* ['laevətri] or ['laevətəri] (Standard American has ['laevətorij]); final [i] to represent *y* in such words as *heavy, policy* (Standard American has final [ij] in such words); the pronunciation of [j] after dentals before [ū] in words such as *dune* [djūn] and *new* [njū] (Standard American has [dūn], [nū]); [zijə] for-*sia* in such words as *aphasia, amnesia* (Standard American has [žə]); [aj]

2.2. Američki engleski

2.2.1. *Regionalne fonetske varijante*

Izgovor američkog engleskog ima nekoliko glavnih regionalnih varijanti. Predlagane su razne klasifikacije ovih varijanti. Jedna uprošćena klasifikacija uključuje: novoenglesku, njujoršku, srednjoatlantsku, južnu i opšteameričku varijantu. Razni kriterijumi se uzimaju u obzir kad se vrši klasifikacija varijanti. Dva najvažnija kriterijuma su izgovor glasa *r* i izgovor nekih samoglasnika ispred *r*. U novoengleskoj, njujorškoj i južnoj varijanti, *r* se obično ne izgovara na kraju reči i ispred suglasnika (kao i u standardnom britanskom). U srednjoatlanskoj, njujorškoj i južnoj varijanti, slovo *o* ispred *r* (u rečima kao *horrid, orange*) izgovara se kao [a]; u opšteameričkoj varijanti glas [o] preovlađuje.

2.2.2. *Standardni američki izgovor*

Možemo smatrati da opšteamerička i srednjoatlantska varijanta predstavljaju standardni američki izgovor, tj. izgovor u kome se *r* izgovara na kraju reči i ispred suglasnika (i koji ima ili [o] ili [a] u rečima kao *horrid*). Ovaj se standardni američki izgovor daje u američkim rečnicima engleskog jezika; on preovlađuje širom zemlje u emisijama vesti preko radija i televizije. I u ovom *Rečniku* transkribovaće se ovaj standardni američki izgovor.

2.3. Britanski engleski

2.3.1. *Izgovor*

Opštepriznati britanski standardni izgovor je takozvani RP (Received Pronunciation – prihvaćeni izgovor) južne Engleske. RP je izgovor koji se tradicionalno transkribuje u dvojezičnim rečnicima engleskog jezika koji se objavljuju u Evropi.

Od američkih fonetskih varijanata, novoengleska je najbliža RP-u. Ovde se RP upoređuje samo sa standardnim američkim izgovorom.

Bitne fonetske odlike RP-a (u poređenju sa standardnim američkim) jesu: ispadanje glasa *r* na kraju reči i ispred suglasnika; samoglasnik [a] u rečima kao *laugh, path* (standardni američki ima [ae]); samoglasnik koji se transkribuje kao [o] u rečima kao *hot, pot* (standardni američki ima [a]); ispadanje (ili izgovor kao [ə]) samoglasnika u pretposlednjem slogu u rečima kao *lavatory* ['laevətri] ili ['laevətəri] (standardni američki ima ['laevətorij]); glas [i] na kraju reči koji odgovara slovu *y* u rečima kao *heavy, policy* (standardni američki ima [ij] u takvim rečima); izgovor [j] posle zubnih suglasnika ispred [ū] u rečima kao *dune* [djūn] i *new* [njū] (američki stan-

before stressed [ej] in some words such as *carbonization, standardization* (Standard American has [ə] or [i]); [əu] in such words as *coat, low* (Standard American has [ou]).

Another striking difference between British English and American English is in the sentence intonation. Intonational differences cannot be indicated in the *Dictionary*.

2.3.2. *Lexicon*

British English uses certain words that are not common in the United States. Such words are marked in the *Dictionary* as 'Br.'. See **aubergine, barrister, batman, chemist's shop, commercial traveller, constable,** etc.

2.3.3. *Syntax*

Syntactical differences between British and American English are relatively rare. Several are noted in the *Dictionary*. See entries for **cater** 3, **government** 2, **hospital, shall.**

2.3.4. *Spelling*

There are numerous spelling differences between British and American English. Most of these differences fall into the following groups. (Each group has exceptions). The first form given is American; the second – British:

1. *er-re*: *center — centre, theater — theatre*
2. *or-our*: *color — colour, labor — labour*
3. *ize-ise*: *analyze — analyse, paralyze — paralyse*; there are numerous exceptions; in many instances British English also uses *ize*: *moralize, pulverize,* etc.; American English uses *ise* in certain words: *advise, compromise, comprise,* etc.
4. *s-c*: *defense — defence, vise — vice* (mengele)
5. *ction-xion*: *connection — connexion, inflection — inflexion*
6. *l-ll* (in participial, past tense, and nominal forms): *traveling — travelling, traveled — travelled, traveler — traveller* (see also 3.8.2.1.1.)
7. *ll-l*: *distill — distil, instill — instil*
8. *e-ae, e-oe*: *anemia — anaemia, edema — oedema*

There are also individual words that are spelled differently: *check — cheque, jail — gaol,* etc.

3. TREATMENT OF ENTRIES

3.1. General

Main entries are given in boldface and are transcribed phonemically. The spelling used is that found in American dictionaries of English. Important British spelling variants are also given. See **gaol, labour, theatre**.

dard ima [dūn], [nū]); [zijə] za -*sia* u rečima kao *aphasia, amnesia* (američki standard ima [žə]); [aj] ispred naglašenog diftonga [ej] u nekim rečima kao *carbonization, standardization* (američki standard ima [ə] ili [i]); [əu] u rečima kao *coat, low* (američki standard ima [ou]).

Druga upadljiva razlika između američkog engleskog i britanskog engleskog leži u rečeničkoj intonaciji. Intonacione razlike ne mogu se beležiti u *Rečniku*.

2.3.2. *Leksika*

Britanski engleski upotrebljava izvesne reči koje nisu u upotrebi u SAD. U *Rečniku* uz takve reči stoji oznaka 'Br.'. Vidi odrednice **aubergine, barrister, batman, chemist's shop, commercial traveller, constable,** itd.

2.3.3. *Sintaksa*

Sintaksičkih razlika između britanskog i američkog standarda ima relativno malo. Neke su označene u *Rečniku*. Vidi odrednice **cater** 3, **government** 2, **hospital, shall**.

2.3.4. *Pravopis*

Ima mnogo pravopisnih razlika između britanske i američke varijante. Većina tih razlika može se svrstati u sledeće grupe. (Svaka grupa ima izuzetaka.) Prvi je oblik američki, drugi — britanski.

1. *er-re: center — centre, theater — theatre*
2. *or-our: color — colour, labor — labour*
3. *ize-ise, analyze — analyse, paralyze — paralyse*; ima mnogo izuzetaka; u mnogim slučajevima britanski engleski takođe ima *ize: moralize, pulverize,* itd.; američki engleski ima *ise* u izvesnim rečima: *advise, compromise, comprise,* itd.
4. *s-c: defense — defence, vise — vice* (mengele)
5. *ction-xion: connection — connexion, inflection — inflexion*
6. *l-ll* (u oblicima participa, prošlog vremena i imenice): *traveling — travelling, traveled — travelled, traveler — traveller* (vidi takođe 3.8.2.1.1.)
7. *ll-l: distill — distil, instill — instil*
8. *e-ae, e-oe: anemia — anaemia, edema — oedema*

Ima i posebnih reči koje se razlikuju ortografski: *check — cheque, jail — gaol,* itd.

3. OBRADA ODREDNICA

3.1. Opšte napomene

Glavne odrednice štampane su masnim slovima i transkribovane su fonemski. *Rečnik* daje američki pravopis. Dati su i važni britanski pravopisni oblici. Vidi **gaol, labour, theatre**.

3.1.1. *Parts of Speech*

When the main entry is a single word, the *Dictionary* indicates what part of speech it is.

When a noun is used as an adjective in an illustrative phrase, this fact is noted. See the entry for **acquisition** 2. When the main entry is a compound that has a nominal function, no part of speech is indicated. See **cruising speed**. When a compound functions as a verb or preposition, it is marked as such. See **make up, on account of**.

3.1.2. *Separation of Words*

The *Dictionary* indicates where polysyllabic words may be hyphenated and separated at the end of a line: **cor·rect**.

3.2. SerboCroatian Glosses

English words and expressions are glossed in the Eastern variant of SerboCroatian. (See the Introduction of the author's *Serbo-Croatian-English Dictionary* for more detail concerning this terminology.)

When a SerboCroatian word also has a jekavian form, this form is given. See entry for **river**. When the Zagreb standard uses a different word, this word is usually supplied after the designation 'W'. See entry for **train** I 4. A gloss may have both a jekavian form and a W lexical variant. Thus, for **bread** the basic gloss is *hleb — hljeb* (W: *kruh*). When SerboCroatian borrowed verbs occur with the suffixes *-ova-*, *-isa-*, *-ira-*, the *Dictionary* gives the form prevalent in the Eastern variant, i. e., usually the form in *-ova-* (or *-isa-*).

3.3. Proverbial and Idiomatic Expressions

Proverbial and idiomatic expressions are marked with an asterisk. Figurative expressions are marked as such. Whenever possible, an equivalent SerboCroatian proverb or idiomatic expression is used as a gloss. When SerboCroatian has no proverbial or idiomatic equivalent, the sense of the English is paraphrased in SerboCroatian.

3.4. Transcription

3.4.1. *General*

Words given as main entries are transcribed phonemically, i. e., only significant phonological data are taken into account. Those seeking more phonetic detail (as, for example, about the nature of vowels standing before a dropped *r* or about the American pronunciation of *t* between vowels) should consult the various specialized manuals that describe the sound system of English.

3.1.1. *Vrste reči*

Kad je glavna odrednica jedna reč, *Rečnik* ukazuje kojoj vrsti reči ona pripada.

Kad se imenica koristi kao pridev u frazi za ilustrovanje, na to se ukazuje. Vidi odrednicu **acquisition 2**. Kad je glavna odrednica složenica i ima imeničku funkciju, na vrstu reči se ne ukazuje. Vidi **cruising speed**. Kad složenica funkcioniše kao glagol ili predlog, ona se označava kao takva. Vidi **make up, on account of**.

3.1.2. *Rastavljanje reči na kraju retka*

Rečnik pokazuje gde se višesložne reči mogu rastaviti na kraju retka: **cor·rect**.

3.2. **Srpskohrvatske definicije**

Engleske reči i izrazi prevode se na istočnu varijantu srpskohrvatskog jezika. (Vidi Uvod autorovog *Srpskohrvatsko-engleskog rečnika* radi detaljnijih obaveštenja o navedenim terminima.)

Kad srpskohrvatska reč ima i ijekavski oblik, ovaj se daje. Vidi odrednicu **river**. Kad standardni jezik Zagreba ima drugu reč, ova se obično daje posle oznake 'W'. Vidi odrednicu **train I 4**. Tumačenje može imati i ijekavski oblik i zapadni leksički sinonim. Prema tome, za odrednicu **bread** osnovno je tumačenje: *hleb — hljeb (W: kruh)*. Kad pozajmljeni srpskohrvatski glagoli imaju sufikse *-ova-*, *-isa-*, *-ira-*, *Rečnik* daje oblik koji preovlađuje u istočnoj varijanti, tj. obično sufiks *-ova-* (ili *-isa-*).

3.3. **Poslovice i idiomatski izrazi**

Poslovice i idiomatski izrazi su označeni zvezdicom. Figurativni izrazi su označeni kao takvi. Kad god je to bilo mogućno, odgovarajuća srpskohrvatska poslovica ili idiomatski izraz su dati. Kad u srpskohrvatskom jeziku nema odgovarajuće poslovice ili idioma, engleski smisao je parafraziran.

3.4. **Transkripcija**

3.4.1. *Opšte napomene*

Glavne odrednice su date u fonemskoj (fonološkoj) transkripciji, koja uzima u obzir samo distinktivne crte. Oni čitaoci koji traže više fonetskih detalja (kao, na primer, o izgovoru vokala ispred *r* koje se ne izgovara ili o američkom izgovoru suglasnika *t* između samoglasnika) treba da se obrate specijalizovanim priručnicima koji opisuju glasovni sistem engleskog jezika.

3.4.2.   *Symbols Used*

The phonemic symbols used in this *Dictionary* should be clear to speakers of SerboCroatian. See the Transcription Table.

3.4.3.   *Transcription of Certain Borrowings from French*

A small number of borrowings from French are pronounced by educated speakers of English with one or more French vowel phonemes. They are transcribed as such. See entries for **chanteuse, chignon, milieu**.

3.4.4.   *Standard Described*

The transcription given in the *Dictionary* reflects the Standard American pronunciation (see 2.2.2.).

3.4.4.1.   Marking of Variations within the American Standard

When the American Standard has variants, the following procedure is used. The vowel or consonant in question is italicized within the transcribed form; its variant sound is then given, also italicized, after the transcribed word. A comma stands before the variant. Thus, **log** is transcribed as [l*o*g], [*a*].

3.4.4.2.   Marking of British Variants

3.4.4.2.1.   Transcription of Final and Pre-Consonantal *r*

The final and pre-consonantal *r*, dropped in Standard British (and in certain American dialects — see 2.2.1.) is given within parentheses. Thus, **murder** is transcribed as ['mə(r)də(r)].

3.4.4.2.2.   Transcription of Other Variants

Other variants are treated as outlined in 3.4.4.1., *except* that a semicolon sets off the British variant. Accordingly, **dune** is transcribed as [d*ū*n]; [*dj*] and **hot** is transcribed as [h*a*t]; [*o*]. To save space, only the American pronunciation of [ou] and final [ij] is transcribed. (See 2.3.1.).

Occasionally, a complete second transcription of the entire word in necessary. See entries for **lieutenant, irony, quinine, raspberry**.

3.4.5.   *Stress*

3.4.5.1.   General

The primary stress of polysyllabic main entries is indicated in the transcription by an apostrophe placed before the stressed syllable: **civ·il** ['sivəl]; **ci·vil·ian** [si'viljən].

3.4.2. *Fonemski znakovi*

Fonemski znakovi koji se upotrebljavaju u ovom *Rečniku* biće jasni svima koji znaju srpskohrvatski jezik. Vidi Tablicu fonemskih znakova.

3.4.3. *Transkripcija nekih pozajmljenica iz francuskog jezika*

Školovane osobe izgovaraju manji broj pozajmljenica iz francuskog jezika s jednim ili više francuskih fonema. Ove se francuske foneme transkribuju kao takve. Vidi **chanteuse, chignon, milieu.**

3.4.4. *Transkribovani standard*

Transkripcija u *Rečniku* odražava standardni američki izgovor (vidi 2.2.2.).

3.4.4.1. O b e l e ž a v a n j e v a r i j a c i j a u a m e r i č k o m s t a n d a r d n o m i z g o v o r u

Kad američki standard ima varijacije, primenjuje se sledeća procedura: Dotični samoglasnik ili suglasnik se štampa kurzivom u transkribovanom obliku: varijacija se štampa, takođe kurzivom, posle transkribovane reči. Zarez stoji ispred varijacije. Prema tome, reč **log** se transkribuje [l*o*g], [*a*].

3.4.4.2. O b e l e ž a v a n j e b r i t a n s k i h v a r i j a c i j a

3.4.4.2.1. Transkripcija *r* na kraju reči i ispred suglasnika

Daje se u zagradi *r* koje se nalazi na kraju reči ili ispred suglasnika; ovo *r* se ne izgovara u standardnom britanskom izgovoru (i u nekim američkim tipovima izgovora — vidi 2.2.1.). Prema tome, reč **murder** se transkribuje kao ['mɔ(r)də(r)].

3.4.4.2.2. Transkripcija drugih varijacija

Druge se varijacije obeležavaju kao što je opisano u 3.4.4.1. *osim* što se britanska varijacija odvaja tačkom i zarezom. Prema tome, reč **dune** se transkribuje kao [d*ū*n]; [*dj*] i **hot** kao [h*a*t]; [*o*]. Radi uštede u prostoru, transkribuje se samo američki izgovor za [ou] i završno [ij]. (Vidi 2.3.1.)

Ponekad je potrebna i druga transkripcija cele reči. Vidi **lieutenant, irony, quinine, raspberry.**

3.4.5. *Naglasak*

3.4.5.1. O p š t e n a p o m e n e

Primarni naglasak višesložnih glavnih odrednica označava se apostrofom koji se stavlja ispred naglašenog sloga: **civ·il** ['sivil]; **ci·vil·ian** [si'viljən].

3.4.5.2.　Variant Stresses

Variant stresses in a word are indicated. See entries for **anchovy, capsize, cocaine**.

3.4.5.3.　Stress in Hyphenated Words

Hyphenated words usually have one primary stress. When a hyphenated word has more than one stress, each is marked. See entry for **Finno-Ugric**.

3.5.　**Noun Plurals**

3.5.1.　*Regular Plurals in -s*

The regular plural in *-s* or *-es* is usually not indicated in the entries.

3.5.1.1.　Phonetic Variants

It should be kept in mind that the regular plural has several phonetic variants.

a) After an unvoiced consonant, the letter *s* represents [s]: *hat* (haet) — *hats* (haets).
b) After a voiced consonant or a vowel, the *s* represents [z]: *dog* [dog] — *dogs* [dogz]; *brother* ['brɔthər] — *brothers* ['brɔthərz]; *piano* [pij'aenou] — *pianos* [pij'aenouz].
c) After sibilants ([s], [z], [š], [ž], [č], [dž]), the plural ending is *-es* [iz]: *bush* [buš] — *bushes* ['bušiz]; *gas* [gaes] — *gases* ['gaesiz]; *witch* [wič] — *witches* ['wičiz]. Note that if a noun has in its singular a silent (unpronounced) final *e*, only the letter *s* is added to form the plural: *race* [rejs] — *races* ['rejsiz]; *size* [sajz] — *sizes* ['sajziz].
d) Unvoiced [th] after [ae], [a], [au], [ū] sometimes becomes [t͞h] in the plural. This change is noted in the *Dictionary*. See entries for **mouth, path, truth**.

3.5.1.2.　Spelling Rules

The following spelling rules should be noted:

a) If the singular ends in a *y* preceded by a consonant, the plural is spelled as *-ies*: *lady — ladies*. (For the pronunciation of the plural, see 3.5.1.1.b.)
b) If the singular ends in *y* preceded by a vowel, the spelling of the plural is perfectly regular, i.e., *-ys*: *boy — boys*.
c) If the singular ends in *-o* preceded by a consonant, the plural ending for some nouns is *-os*; for others it is *-oes*; some nouns have a plural in either *-os* or *-oes*. The *Dictionary* indicates the plural for each noun ending in *-o* preceded by a consonant. See entries for **banjo, dynamo, hero**.
　If the singular ends in *-o* preceded by a vowel, the plural regularly adds *-s*. Such plurals are not given in the *Dictionary*. Examples are **cameo, embryo, folio, studio**.
d) If the singular ends in *-quy*, the plural is spelled *-quies*: *colloquy — colloquies*.
e) If the noun consists of an abbreviation or of a single letter, the plural is in *-'s* or *-s*: *GI — GI's* or *GIs, A — A's* or *As*.
f) The final consonant is normally not doubled before the plural ending. Exceptions are noted. See **bus I, fez, quiz I**.

3.4.5.2.   Dubletni naglasci

Dubletni naglasci su označeni. Vidi odrednice **anchovy, capsize, cocaine.**

3.4.5.3.   Naglasak u polusloženicama (koje su spojene crticom)

Polusloženice obično imaju jedan primaran naglasak. Kad polusloženica ima više naglasaka, svaki se označava. Vidi odrednicu **Finno-Ugric.**

3.5.   **Obrazovanje množine imenica**

3.5.1.   *Pravilna množina na -s*

Pravilna množina na *-s* ili *-es* obično se ne označava u odrednicama.

3.5.1.1.   Fonetske varijacije

Treba imati na umu da pravilna množina ima nekoliko fonetskih varijacija.

a) Posle bezvučnog suglasnika, slovo *s* predstavlja [s]: *hat* [haet] — *hats* [haets].
b) Posle zvučnog suglasnika ili samoglasnika, *s* predstavlja [z]: *dog* [dog] — *dogs* [dogz]; *brother* ['brəthər] — *brothers* ['brəthərz]; *piano* [pij'aenou] — *pianos* [pij'aenouz].
c) Posle piskavih suglasnika ([s], [z], [š], [ž], [č], [dž]), množina se završava na *-es* [iz]: *bush* [buš] — *bushes* ['bušiz]; *gas* [gaes] — *gases* ['gaesiz]; *witch* [wič] — *witches* ['wičiz]. Napomena: ako imenica ima na kraju oblika jednine nemo *e* (tj. slovo *e* koje se ne izgovara), množina dobija samo slovo *s*: *race* [rejs] — *races* — ['rejsiz]; *size* [sajz] — *sizes* ['sajziz].
d) Bezvučno [th] posle [ae], [a], [au], [u] ponekad prelazi u [th] u množini. Ova se izmena označava u *Rečniku*. Vidi odrednice **mouth, path, truth.**

3.5.1.2.   Pravopisna pravila

Treba obratiti pažnju na sledeća pravopisna pravila:

a) Ako se jednina završava na slovo *y* koje se nalazi posle suglasnika, množina se piše sa *-ies*: *lady* — *ladies*. (Za izgovor množine, vidi 3.5.1.1.b.)
b) Ako se jednina završava na slovo *y* koje se nalazi iza samoglasnika, pisanje množine je potpuno pravilno, tj. *-ys*: *boy* — *boys*.
c) Ako se jednina završava na *-o* koje se nalazi posle suglasnika, neke imenice imaju *-os* u množini; druge imaju *-oes*; a neke imaju ili *-os* ili *-oes*. *Rečnik* pokazuje množinu za svaku imenicu koja se završava na *-o* posle suglasnika. Vidi odrednice **banjo, dynamo, hero.**
Kad se jednina završava na *-o* koje se nalazi posle vokala, u množini se uvek dodaje samo *-s*. Takve množine se ne daju u *Rečniku*. Primeri su **cameo, embryo, folio, studio.**
d) Kad se jednina završava na *-quy*, množina ima *-quies*: *colloquy* — *colloquies.*
e) Ako se imenica sastoji od skraćenice ili od jednog slova, množina ima *-'s* ili *-s*: *GI* — *GI's* ili *GIs*, *A* — *A's* ili *As.*
f) Krajnji suglasnik se obično ne udvostručava u množini. Izuzeci su obeleženi. Vidi **bus I, fez, quiz I.**

3.5.2.   *Irregular Plurals*

3.5.2.1.   G e n e r a l

The *Dictionary* gives, all irregular and variant plural forms. See entries for **alumnus, child, curriculum, dogma, foot, thesis, woman.**

3.5.2.2.   Z e r o   E n d i n g

If the singular and plural have the same form, the plural is said to have a *zero ending* (or *zero*). The *Dictionary* indicates all such forms and variant forms. See entries for **aircraft, deer, sheep.**

3.5.2.3.   C o i n c i d e n c e   o f   S i n g u l a r   a n d   P l u r a l

Several nouns in -*s* can be considered as either singular or plural, i.e., they may be used with either a singular or plural verb. See entries for **barracks, headquarters.**

3.5.2.4.   C o m p o u n d   N o u n s

Most compound nouns form their plurals in a regular manner, i.e., add -*s* to the last element: *fountain pen — fountain pens; quiz program — quiz programs.* Irregular plurals are given in the *Dictionary*. See entries for **attorney general, court-martial I, man-of-war, manservant, mother-in-law, passer-by.**

3.6.   Comparison of Adjectives

3.6.1.   *General*

Many adjectives in English have comparative and superlative forms. On the other hand, a large number of adjectives are never or rarely compared: *etymological, nickel, Slavic, stone, undergraduate.*

3.6.2.   *Regular Comparatives*

3.6.2.1.   G e n e r a l

The regular comparative is formed with the suffix -*er* or with the adverb *more.* A vital factor in determining the form of the comparative is the number of syllables in the positive.

3.6.2.2.   S u p e r l a t i v e

If an adjective forms the comparative with -*er*, it has the superlative in -*est*: *smaller — the smallest.* If the comparative has *more*, the corresponding superlative is formed with *most*: *more beautiful — the most beautiful.*

3.5.2. *Nepravilne množine*

3.5.2.1. Opšte napomene

Rečnik daje sve nepravilne i dubletne oblike za množinu. Vidi odrednice **alumnus, child, curriculum, dogma, foot, house, thesis, woman**.

3.5.2.2. Nula kao nastavak množine

Ako jednina i množina imaju isti oblik, smatra se da množina ima *nulu* kao nastavak. *Rečnik* daje sve takve oblike i dubletne oblike. Vidi **aircraft, deer, sheep**.

3.5.2.3. Jednakost jednine i množine

Izvesne imenice na *-s* mogu se smatrati ili kao oblik jednine ili kao oblik množine, tj. one mogu da se slažu s glagolom u jednini i u množini. Vidi **barracks, headquarters**.

3.5.2.4. Složene imenice

U većini slučajeva, složene imenice obrazuju množinu pravilno, tj. dodaju *-s* samo poslednjem elementu: *fountain pen — fountain pens; quiz program — quiz programs*. Nepravilni oblici se daju u *Rečniku*. Vidi odrednice **attorney general, court-martial I, man-of-war, manservant, mother-in-law, passer-by**.

3.6. Poređenje prideva

3.6.1. *Opšte napomene*

Mnogi pridevi u engleskom jeziku imaju komparativ i superlativ. Ali postoji veliki broj prideva koji nikad ne grade ili pak retko grade komparativ ili superlativ: *etymological, nickel, Slavic, stone, undergraduate*.

3.6.2. *Pravilni komparativi*

3.6.2.1. Opšte napomene

Pravilni komparativi se grade pomoću sufiksa *-er* ili priloga *more*. Broj slogova u pozitivu odlučuje koji će se od ta dva načina upotrebiti.

3.6.2.2. Superlativ

Ako pridev gradi komparativ pomoću sufiksa *-er*, superlativ ima *-est*: *smaller — the smallest*. Ako se komparativ gradi pomoću *more*, odgovarajući superlativ se gradi pomoću *most*: *more beautiful — the most beautiful*.

3.6.2.3.   Spelling Rules for Comparatives in *-er*

The *Dictionary* does not show the changes that take place in accordance with the following rules.

> a) After a consonant, a final *y* usually changes to *i* before *-er*: *dry — drier, silly — sillier*. (Cf. *coy — coyer*) In British English the following forms may also occur: *shy — shyer, sly — slyer, spry — spryer, wry — wryer*.
> b) If the positive ends in *-e*, only *r* is added: *fine — finer*.
> c) After a short vowel such as [i], [ae], [a], [e], a final single consonant is doubled before *-er*: *big — bigger, glad — gladder, hot — hotter, red — redder, sad — sadder*. When two letters (denoting a long vowel as [ij], [ū]) precede the final consonant, it is not doubled: *brief — briefer, cool — cooler, soon — sooner*.

3.6.2.4.   Monosyllabic Adjectives

Monosyllabic adjectives form the comparative with the suffix *-er*: *small — smaller*. Exceptions are: *just, real*.

3.6.2.5.   Disyllabic Adjectives

Most disyllabic adjectives can form the comparative with either *-er* or with *more*: *able, bitter, chilly, clever, common, feeble, friendly, funny, gentle, handsome, hollow, holy, merry, narrow, noisy, pleasant, polite, quiet, silly, stupid, wealthy*, etc. Some disyllabic adjectives form the comparative only with *more: docile, eager, famous, fertile, grotesque, hostile, modest, proper*, etc.

3.6.2.6.   Polysyllabic Adjectives

Adjectives with three or more syllables in the positive form the comparative with *more*: *beautiful — more beautiful*.

3.6.3.   *Irregular Comparatives*

The *Dictionary* gives all irregular comparative forms. See entries for **bad, far** I, **good** II, **little** II, **many, old** II.

3.7.   Adverbs

3.7.1.   *General*

Adverbs are regularly formed in English by adding the suffix *-ly* to the adjective. Such adverbs are normally not given in the *Dictionary*.

An adverb in *-ly* is, however, given as a separate entry when it has an independent meaning. See **surely**.

Adverbs without the suffix *-ly* are given as separate entries: **deep** III, **fast** IV, **high** III, **slow** II.

Some adjective entries contain examples of adverbs in *-ly*. See **abrupt** I, **accidental** II.

3.6.2.3. Pravopisna pravila za komparativ na -er

Rečnik ne pokazuje izmene koje nastaju na osnovu sledećih pravila.

a) Posle suglasnika, krajnje slovo *y* obično prelazi u *i* ispred nastavka *-er:* *dry — drier, silly — sillier.* (isp. *coy — coyer*). U britanskom engleskom mogu se sresti sledeći oblici: *shy — shyer, sly — slyer, spry — spryer, wry — wryer.*

b) Kad se pozitiv završava na *-e* dodaje se samo *r: fine — finer.*

c) Kad posle kratkog samoglasnika ([i], [ae], [a], [e]) na kraju prideva stoji jedan suglasnik, on se udvostručuje ispred *-er: big — bigger, glad — gladder, hot — hotter, red — redder, sad — sadder.* Krajnji suglasnik se ne udvostručuje kad mu prethode dva slova (koja označavaju dug vokal kao [ij], [ū]): *brief — briefer, cool — cooler, soon — sooner.*

3.6.2.4. Jednosložni pridevi

Jednosložni pridevi prave komparativ pomoću sufiksa *-er: small — smaller.* Izuzeci su: *just, real.*

3.6.2.5. Dvosložni pridevi

Većina dvosložnih prideva gradi komparativ bilo pomoću sufiksa *-er* ili pomoću priloga *more: able, bitter, chilly, clever, common, feeble, friendly, funny, gentle, handsome, hollow, holy, merry, narrow, noisy, pleasant, polite, quiet, silly, stupid, wealthy,* itd. Međutim, neki dvosložni pridevi grade komparativ samo pomoću *more: docile, eager, famous, fertile, grotesque, hostile, modest, proper,* itd.

3.6.2.6. Višesložni pridevi

Višesložni pridevi prave komparativ pomoću priloga *more: beautiful — more beautiful.*

3.6.3. *Nepravilni komparativi*

Rečnik daje sve nepravilne oblike komparativa. Vidi odrednice **bad, far I, good II, little II, many, old II.**

3.7. Prilozi

3.7.1. *Opšte napomene*

Prilozi za način se u engleskom jeziku izvode od prideva pomoću sufiksa *-ly.* Takvi prilozi se obično ne daju u *Rečniku.*

Prilog na *-ly* daje se ipak kao zasebna odrednica kad on ima svoje nezavisno značenje. Vidi **surely.**

Prilozi bez sufiksa *-ly* dati su kao zasebne odrednice: **deep III, fast IV, high III, slow II.**

Uz neke pridevske odrednice dati su primeri upotrebe priloga na *-ly.* Vidi **abrupt I, accidental II.**

3.7.2. *Comparatives*

3.7.2.1. Regular Comparison

The regular comparison of adverbs is, in general, similar to that of adjectives. (See 3.6.2.). The adverbial suffix *-ly* is dropped before *-er*. Thus, *loudly — louder — (the) loudest; serious — more seriously — (the) most seriously.*

3.7.2.2. Irregular Comparatives

The *Dictionary* gives irregular comparatives. See **much**.

3.8. **Verbs**

3.8.1. *Forms Given*

The *Dictionary* supplies irregular past and past participial forms. See **sing**. When the irregular past and past participle coincide, only one form is listed. See **bring**. When the present tense is irregular, i. e., when the third person singular has no *-s*, this fact is noted. See **must III**. When the third person singular has a spelling change, i. e., a doubled consonant, this form is usually given. See **bus II**.

When a verb is defective, i. e., when it has no past tense or future tense, this fact is noted. See **ought**.

3.8.2. *Spelling Rules*

3.8.2.1. Past Tense and Past Participle

3.8.2.1.1. Doubling of Consonants

After a stressed vowel, a final consonant is usually doubled before the *-ed* suffix in the past tense and past and present participle: *dun — dunned, dunning; recur — recurred, recurring*. (This is strictly a spelling rule and does not affect pronunciation.)

In American spelling, a final consonant is usually not doubled after an unstressed vowel: *travel — traveled*. In British spelling, such final consonants are doubled: *travelled*. The *Dictionary* does not record such variants.

3.8.2.1.2. Change of *y*

The letter *y* after a consonant usually changes to *i* before the *-ed* ending: *copy — copied, fry — fried*. (Cf. *key — keyed*).

This change is not recorded in the *Dictionary*.

3.8.2.2. Present Tense

The letter *y* after a consonant changes to *i* in the third person singular; *-es* is then added: *copy – copies, fry – fries*. (Cf. *buy – buys*).

3.7.2. *Poređenje*

3.7.2.1. Pravilno poređenje

Pravilno poređenje priloga slično je, uopšte uzev, poređenju prideva. (Vidi 3.6.2.) Priloški sufiks *-ly* ispada ispred *-er*. Prema tome, *loudly — louder — (the) loudest*; *seriously — more seriously — (the) most seriously*.

3.7.2.2. Nepravilno poređenje

Rečnik daje nepravilne oblike komparativa. Vidi **much**.

3.8. **Glagoli**

3.8.1. *Dati oblici*

Rečnik daje nepravilne oblike prošlog vremena i participa. Vidi **sing**. Kad se nepravilni oblici prošlog vremena i participa poklapaju, daje se samo jedan oblik. Vidi **bring**. Kada je sadašnje vreme nepravilno, tj. kad treće lice jednine nema *-s*, na ovo je ukazano. Vidi **must III**. Kad treće lice jednine ima pravopisnu izmenu, tj. udvostručeni suglasnik, ovaj se oblik obično daje. Vidi **bus II**.

Kad je glagol defektan, tj. kad nema prošlo ili buduće vreme, to se pokazuje. Vidi **ought**.

3.8.2. *Pravopisna pravila*

3.8.2.1. Prošlo vreme i particip prošli

3.8.2.1.1. Udvostručavanje suglasnika

Posle naglašenog vokala, završni suglasnik obično se udvostručava ispred sufiksa *-ed* u prošlom vremenu i prošlom i sadašnjem participu: *dun — dunned, dunning; recur — recurred, recurring*. (To je isključivo pravopisno pravilo i ne utiče na izgovor.)

U američkom pravopisu završni se suglasnik obično ne udvostručava posle nenaglašenog vokala: *travel — traveled*. U britanskom pravopisu takvi se suglasnici udvostručavaju: *travelled. Rečnik* ne daje takve varijacije.

3.8.2.1.2. Izmena *y*

Slovo *y* posle suglasnika obično prelazi u *i* ispred nastavka *-ed*: *copy — copied, fry — fried*. (Isp. *key — keyed*). *Rečnik* ne beleži ovu izmenu.

3.8.2.2. Sadašnje vreme

Slovo *y* posle suglasnika prelazi u *i* u trećem licu jednine; potom se dodaje *-es*: *copy — copies, fry — fries*. (Isp. *buy — buys*.)

3.8.3.   *Compound Verbs*

The *Dictionary* lists many fixed combinations of verb and particle (adverbial or prepositional) as separate entries: **bring in, carry out, make up, take off**. The selection of compounds for listing as separate entries was based not on strictly linguistic criteria, but rather on the need to facilitate the finding of such compounds, especially by users of the *Dictionary* whose native language is not English. Thus, the *Dictionary* includes in several entries combinations which could be considered to be simple verb plus prepositional phrase. See **come into, go by** 2, **pull for,** etc. For linguistic treatments of this problem, see items 2, 5, 11, 18, and 21 of the Bibliography.

For a list of verbs that combine with *up*, see **up III** 2. This list demonstrates how extensively compound verbs are used in English.

Alternate word order is usually possible with compound verbs if: 1. the verb has a transitive meaning and has a noun as its direct object; 2. no prepositional phrase is created. Thus, either 'to break a door down' or 'to break down a door' (razvaliti vrata) is possible. However, only 'to get around the truth' (zaobići istinu) is possible since 'around the truth' is clearly a prepositional phrase.

Numerous examples of alternate word order with compound verbs are given. See **break up** 1, **bring back** 1, 2, **call out, cross out, cut off** 1, **fill out** 1, **fritter away, hand in, look up** 5, **make up** 2, **mess up** 1, **run off** 2, **take off** 1.

3.8.3. *Složeni glagoli*

Rečnik daje mnogo ustaljenih kombinacija glagola i čestice (priloške ili predloške) kao zasebne odrednice: **bring in, carry out, make up, take off**. Izbor složenih glagola koji su uneti kao zasebne odrednice nije zasnovan na strogom lingvističkom kriterijumu, nego na potrebi da se olakša nalaženje takvih kombinacija, naročito onim korisnicima *Rečnika* kojima engleski jezik nije maternji. Prema tome, *Rečnik* uključuje u nekim odrednicama kombinacije koje mogu da se smatraju kao prosti glagol i predloška konstrukcija. Vidi **come into, go by** 2, **pull for,** itd. Za lingvističke opise ovog problema vidi brojeve 2, 5, 11, 18, i 21 Bibliografije.

Za spisak glagola koji se kombinuju sa *up*, vidi **up** III 2. Ovaj spisak pokazuje kako se široko koriste složeni glagoli u engleskom jeziku.

Dvojak red reči je obično moguć ako složeni glagol ima prelazno značenje i ako ima uza se imenicu kao pravi objekat; međutim, alternative nema ako predloška konstrukcija nastane uz glagol. Dakle, i 'to break a door down' i 'to break down a door' (razvaliti vrata) je moguće. S druge strane, moguće je samo 'to get around the truth' (zaobići istinu) pošto je 'around the truth' očigledno predloška konstrukcija.

Daje se mnogo primera dvojakog reda reči sa složenim glagolima. Vidi odrednice: **break up** 1, **bring back** 1, 2, **call out, cross out, cut off** 1, **fill out** 1, **fritter away, hand in, look up** 5, **make up** 2, **mess up** 1, **run off** 2, **take off** 1.

BIBLIOGRAPHY – BIBLIOGRAFIJA

1. *American Heritage Dictionary of the English Language*. William Morris editor. Boston, etc., 1973.

2. Anastasijević, Ksenija. *Dvočlani glagol u savremenom engleskom jeziku*. Belgrade, 1968.

3. Benson, Morton. »English Loanwords in Serbo-Croatian«. *American Speech*, XLII (1967), 178—189.

4. Benson, Morton. *Srpskohrvatsko-engleski rečnik*. Belgrade, 1979, etc.

5. Bolinger, Dwight. *The Phrasal Verb in English*. Cambridge (Mass.), 1971.

6. Dragović, Jelica et al. *Englesko-rusko-srpskohrvatski vazduhoplovni rečnik*. Belgrade, 1973.

7. *Enciklopedija leksikografskog zavoda*. 6 vols. Zagreb, 1966—1969.

8. *Enciklopedijski rječnik pedagogije*. Zagreb, 1963.

9. *Englesko-srpskohrvatski tehnički rečnik*. Belgrade, 1973.

10. Filipović, Rudolf et al. *Englesko-hrvatski ili srpski rječnik*. Zagreb, 1980.

11. Fraser, Bruce. *The Verb-Particle Combination in English*. Language Research Foundation, 1972.

12. Funk and Wagnall's *New Standard Dictionary of the English Language*. New York, 1963.

13. Hornby, A. S. *Oxford Advanced Learner's Dictionary of Current English*. Third Edition. London, 1980.

14. Jones, Daniel. *An Outline of English Phonetics*. Cambridge, 1967.

15. Kostić, Aleksandar. *Medicinski rečnik*. Belgrade and Zagreb, 1971.

16. Lalević, M. *Sinonimi i srodne reči srpskohrvatskoga jezika*. Belgrade, 1974.

17. *Leksikon JLZ*. Zagreb, 1974.

18. Live, Anna. »The Discontinuous Verb in English«. *Word*, XXI (1965), 428—451.

19. *Mala enciklopedija*, Prosveta. 3 vols. Belgrade, 1978.

20. Matica srpska. *Rečnik srpskohrvatskog književnog jezika*. 6 vols. Novi Sad, 1967—1976.

21. Meyer, George. *The Two-Word Verb*. The Hague and Paris, 1975.

22. Popović, Momčilo and Miloš Četniković. *Englesko-srpskohrvatski vojni rečnik*. Belgrade, 1973.

23. *Pravopis*. Zagreb and Novi Sad, 1960.

24. Radenković-Mihajlović, Mileva. *Rečnik engleskih izraza i idioma*. Novi Sad, 1956.

25. *Random House Dictionary of the English Language* (Unabridged Edition) New York, 1966.

26. Ristić, Svetomir et al. *Enciklopedijski englesko-srpskohrvatski rečnik.* 2 vols. Belgrade, 1973.

27. Schur, Norman. *British Self-Taught: with Comments in American.* New York, 1973.

28. Simeon, Rikard. *Enciklopedijski rječnik lingvističkih naziva.* 2 vols. Zagreb, 1969.

29. Skok, Petar. *Etimologijski rječnik hrvatskoga ili srpskoga jezika.* 3 vols. Zagreb, 1971—1973.

30. Vekarić, Stjepan and Nikola Safanov. *Rusko-englesko-srpskohvratski pomorski rečnik,* Belgrade, 1966.

31. Webster's *Third New International Dictionary of the English Language.* Chicago, London etc., 1961.

32. Zgusta, Ladislav. *Manual of Lexicography.* The Hague and Paris, 1971.

ABBREVIATIONS USED

a	adjective, adjectival	exp.	express(es)
abbrev.	abbreviated, abbreviation	f.	feminine
acc.	accusative	fam.	familiar
adv	adverb, adverbial	fem.	female
agric.	agriculture	fig.	figurative
Am.	American	folk.	folklore
anat.	anatomy	Fr.	French
archeol.	archeological	fr.	from
archit.	architecture	freq.	frequently
astro.	astronomy	gen.	genitive
astrol.	astrology	geog.	geography
astron.	astronautics	geol.	geology
aug.	augmentative	geom.	geometry
aux.	auxiliary	gov.	government, governmental
biol.	biology	gram.	grammatical
bot.	botanical, botany	hist.	historical
Br.	British	hypo.	hypocoristic
C.	computers	imp.	imperfective
cap.	capitalized	imper.	imperative
Cath.	Catholic	impers.	impersonal
ch.	children's	indef.	indefinite
chem.	chemistry	indiv.	individual
coll.	collective	inf.	infinitive
colloq.	colloquial	instr.	instrumental
comm.	commerce, commercial	inter.	interrogative
comp	comparative	interj	interjection, exclamation
cond.	conditional	intr	intransitive
conj	conjunction	iron.	ironical
cons.	consonant	iter.	iterative
constr.	construction	lang.	language
cul.	culinary	ling.	linguistic
dat.	dative	lit.	literature, literary; literally
decl.	declined	loc.	locative
def.	definite	m.	masculine
dem.	demonstrative	math.	mathematics
deverb.	deverbative	med.	medicine, medical
dim.	diminutive	meteor.	meteorology
dipl.	diplomacy	mil.	military
E.	English	miner.	mineralogy
econ.	economics	misc.	miscellaneous
elec.	electrical	morph.	morphology
ent.	entomology	mus.	music, musical
esp.	especially	myth.	mythology
Euro.	European	n	noun
excl.	exclamatory		

SKRAĆENICE

a	pridev, pridevski	exp.	izražava(ju)
abbrev.	skraćeno, skraćenica	f.	ženski r.
acc.	akuzativ	fam.	familijarno
adv	prilog, priloški	fem.	lice žen. pola
agric.	zemljoradnja	fig.	figurativan
Am.	američki	folk.	folklor
anat.	anatomija	Fr.	francuski
archeol.	arheološki	fr.	od, iz, sa
archit.	arhitektura	freq.	često
astro.	astronomija	gen.	genitiv
astrol.	astrologija	geog.	geografija
astron.	astronautika	geol.	geologija
aug.	augmentativ	geom.	geometrija
aux.	pomoćni	gov.	uprava; vlada
biol.	biologija		upravni, vladin
bot.	botanički, botanika	gram.	gramatički
Br.	britanski	hist.	istorijski
C.	kompjuteri	hypo.	hipokoristički, od milošte
cap.	pisano velikim slovom	imp.	nesvršen
Cath.	katolički	imper.	imperativ
ch.	dečji	impers.	bezličan
chem.	hemija	indef.	neodređen
coll.	zbirni	indiv.	pojedinačan
colloq.	razgovorni	inf.	infinitiv (neodređeni način)
comm.	trgovina, trgovački	instr.	instrumental
comp	komparativ	inter.	upitni
cond.	uslovni	interj	uzvik
conj	veznik	intr	intranzitivan (neprelazan)
cons.	suglasnik	iron.	ironičan
constr.	konstrukcija	iter.	iterativan
cul.	kulinarski	lang.	jezik
dat.	dativ	ling.	lingvistika
decl.	dekliniran (menjan)	lit.	literatura
def.	određen		književni
dem.	pokazni		bukvalni
deverb.	deverbativ	loc.	lokativ
dim.	deminutiv	m.	muški r.
dipl.	diplomatija	math.	matematika
E.	engleski	med.	medicina
econ.	ekonomika		medicinski
elec.	električni	meteor.	meteorologija
ent.	entomologija	mil.	vojni
esp.	naročito	miner.	mineralogija
Euro.	evropski	misc.	razno
excl.	usklični	morph.	morfologija

naut.	nautical	pron	pronoun, pronominal
neg.	negative, negation	psych.	psychology
neol.	neologism	q. v.	which see
nom.	nominative	re.	regarding
num	numeral, numerical	recip.	reciprocal
obsol.	obsolescent, obsolete	refl	reflexive
occ.	occasional(ly)	reg.	regional
OCS	Old Church Slavic	rel.	religion, religious
onoma.	onomatopoeic	relat.	relative
Orth.	Orthodox, Serbian Orthodox	S	south, southern
parenth.	parenthetical	SC	SerboCroatian
part	particle	sgn	singular
partic.	participle	smb.	somebody, someone
pejor.	pejorative	smt.	something
per.	personal	super	superlative
pf.	perfective	tech.	technical
phil.	philosophy	tr	transitive
photo.	photographic	Tur.	Turkish
phys.	physics	undecl.	undeclined
pl	plural	usu.	usually
pol.	political	v	verb
poss.	possessive	vul.	vulgar
pred	predicate	(W)	Western
prep	preposition	Yugo.	Yugoslav
pres.	present	zool.	zoology

mus.	muzika, muzički	pres.	prezent (sadašnje vreme)
myth.	mitologija	pron	zamenica
n	imenica		zamenički
naut.	nautički	psych.	psihologija
neg.	negativan, odričan	q. v.	vidi
	negacija, odricanje	re.	u vezi sa
neol.	neologizam	recip.	recipročni
nom.	nominativ	refl	refleksivan (povratan)
num	broj, brojčani	reg.	regionalni
obsol.	u procesu zastarevanja	rel.	religija, vera
	zastareo		pobožan, religiozan
occ.	povremen-o	relat.	relativan
OCS	staroslovenski	S	jug
onoma.	onomatopejski		južni
Orth.	pravoslavni, srpskopravo-	SC	srpskohrvatski
	slavni	sgn	singular (jednina)
parenth.	u zagradi, umetnuto	smb.	neko
part	rečca	smt.	nešto
partic.	particip (prilog)	super	superlativ (drugi stupanj)
pejor.	pejorativan		poređenja)
per.	lični	tech.	tehnički
pf.	svršen	tr	tranzitivan (prelazni)
phil.	filozofija	Tur.	turski
photo.	fotografski	undecl.	nepromenljiv
phys.	fizika	usu.	obično
pl	plural (množina)	v	glagol
pol.	politički	vul.	vulgaran
poss.	posesivan (prisvojan)	(W)	zapadni
pred	predikat	Yugo.	jugoslovenski
prep	predlog	zool.	zoologija

THE ENGLISH ALPHABET

a	A	[ej]	n	N	[en]
b	B	[bij]	o	O	[ou]
c	C	[sij]	p	P	[pij]
d	D	[dij]	q	Q	[kjū]
e	E	[ij]	r	R	[a(r)]
f	F	[ef]	s	S	[es]
g	G	[džij]	t	T	[tij]
h	H	[ejč]	u	U	[jū]
i	I	[aj]	v	V	[vij]
j	J	[džej]	w	W	[ˈdəbəljū]
k	K	[kej]	x	X	[eks]
l	L	[el]	y	Y	[waj]
m	M	[em]	z	Z	[zij]; [zed]

TRANSCRIPTION – TRANSKRIPCIJA

The transcription in this *Dictionary* shows the American standard pronunciation as defined in section 2.2.2. of the Introduction. British variants are indicated in accordance with sections 2.3.1. and 3.4.4.2. The meaning of the *r* in parentheses (r) is explained in 3.4.4.2.1. For the marking of variants within the American standard, see 3.4.4.1. The system of marking stresses is described in 3.4.5.

VOWELS AND DIPHTHONGS

a	father	['fathɔ(r)]	ij	eat	[ijt]
	bother	['bathɔ(r)]	o	saw	[so]
ae	sad	[saed]	oj	boy	[boj]
aj	five	[fajv]	ou	home	[houm]
au	house	[haus]	ū	too	[tū]
e	bet	[bet]	u	book	[būk]
ej	pay	[pej]	ɔ	the	[thɔ]
i	it	[it]			

CONSONANTS

b	be	[bij]	p	pie	[paj]
č	cheese	[čijz]	r	red	[red]
d	do	[dū]	(r)	hear	[hij(r)]
dž	June	[džūn]		barn	[ba(r)n]
f	foot	[fut]	s	sea	[sij]
g	go	[gou]	š	show	[šou]
h	he	[hij]	t	toe	[tou]
j	yes	[jes]	th	theme	[thijm]
k	cat	[kaet]	th	then	[then]
l	look	[luk]	v	vine	[vajn]
m	me	[mij]	w	will	[wil]
n	no	[nou]	z	zoo	[zū]
ng	sing	[sing]	ž	regime	[ri'žijm]

Transkripcija u ovom rečniku predstavlja standardni američki izgovor, onako kako je to naznačeno u odeljku 2.2.2. uvoda. Varijante britanskog engleskog označene su u skladu s odeljcima 2.3.1. i 3.4.4.2. Značenje slova *r* u zagradama (r) objašnjeno je u 3.4.4.2.1. U vezi s označavanjem varijanti koje pripadaju standardnom američkom, treba pogledati 3.4.4.1. Sistem obeležavanja naglaska opisan je u 3.4.5.

ENGLISH-SERBOCROATIAN
DICTIONARY

ENGLESKO-SRPSKOHRVATSKI
REČNIK

A

a I [ej] *n* 1. a (slovo engleske azbuke); (mus.) *A major (minor)* A dur (mol); **from A to Z* od az do ižice 2. (school grade) »odlično«

a II [ej]; [ə] when unstressed; *an* [aen] before a vowel and occ. before the sound [h] preceding an unstressed vowel (indefinite article) 1. (with an unidentified countable noun); *it's ~ pencil* to je olovka; *~ (an) heroic deed* podvig; *he ate an apple* pojeo je jabuku 2. (in adv. phrases) *once ~ month* jedanput mesečno (mjesečno); *two dollars ~ pound* dva dolara funta; *at over 100 miles an hour* brzinom od preko 100 milja na sat; *three hours ~ day* tri sata na dan 3. neki; jedan; *~ Mr. Smith* neki gospodin Smit; *there was once ~ king* bio jednom jedan kralj; *not ~ single one* nijedan; *it costs ~ dollar* to košta jedan dolar 4. (with words denoting quantity) *~ few* nekoliko; *~ few books* nekoliko knjiga; *~ little salt* malo soli; *~ great (good) many people* mnogi ljudi; *~ lot of students* mnogo studenata 5. (with the super. when it means *veoma*) *~ most interesting book* veoma zanimljiva knjiga 6. (with pred. nouns) *he is ~ mechanic (~ teacher)* on je mehaničar (nastavnik) 7. (in generalizations) *~ dog is larger than ~ cat* pas je veći nego mačka 8. (with proper names) *his mother was ~ Smith* njegova majka je bila Smit; *he is not ~ Mozart* on nije Mocart 9. (with modifiers *what, such, many*, etc.) *what ~ man!* takav čovek (čovjek)! *many ~ mother* mnoga majka 10. (with an abstract noun and adjective) *~ useful life* koristan život 11. po; *ten dollars ~ ton* 10 dolara po toni (see also 2) 12. misc.; *in ~ word* jednom rečju (riječju); *to ~ man* do poslednjeg (posljednjeg) čoveka; **birds of ~ feather* ljudi iste vrste; *two at ~ time* dvoje po dvoje

AAA ['tripəl ej] *abbrev.* of **American Automobile Association**

aard·vark ['a(r)dva(r)k] *n* južnoafrički mravojed

a·ba [ə'ba] *n* aba

a·back [ə'baek] *adv (taken ~)* iznenađen, zapanjen

ab·a·cus ['aebəkəs] (*-es* or *-ci* [saj]) *n* računaljka

a·baft [ə'baeft]; [a] *adv* (naut.) prema krmi

a·ban·don I [ə'baendən] *n* razuzdanost, raskalašnost

abandon II *v tr* 1. napustiti; *to ~ hope (a mine, one's children)* napustiti nadu (rudnik, decu —

djecu); *~ ship!* napuštaj brod! 2. odreći se (od) 3. *refl* odati se (nečemu); *to ~ oneself to drink* odati se piću

a·ban·doned [~d] *a* 1. see **abandon** II; *~ property* napušteno imanje 2. razuzdan, raskalašan, razvratan; *an ~ woman* razvratna žena

a·ban·don·ment [~mənt] *n* (Br.) see **abandon** I

a·base [ə'bejs] *v tr* uniziti, poniziti

a·base·ment [~mənt] *n* uniženje, poniženje

a·bash [ə'baeš] *v tr* zbuniti; *to stand ~ed* biti zbunjen

a·bash·ment [~mənt] *n* zbunjenost

a·bate [ə'bejt] *v* 1. *tr* smanjiti, sniziti; *to ~ a tax* sniziti porez 2. *intr* smanjiti se, stišati se; *the storm ~d* bura se stišala

a·bate·ment [~mənt] *n* smanjenje, sniženje

ab·at·toir ['aebətwa(r)] *n* (esp. Br.) klanica (see also **slaughterhouse**)

ab·ba·cy ['aebəsij] *n* opatstvo

ab·bess ['aebís]; [e] *n* opatica

ab·bey ['aebij] *n* opatija

ab·bot ['aebət] *n* opat

ab·bre·vi·ate [əb'rijvijejt] *v tr* skratiti

ab·bre·vi·a·tion [əbrijvij'ejšən] *n* 1. skraćenje 2. skraćenica (W: kratica), abrevijacija, abrevijatura

ABC ['ejbijsij] *n* (usu. in *pl*: *ABC's*) 1. azbuka 2. (fig.) abeceda

ab·di·cate ['aebdikejt] *v tr* and *intr* odreći se; abdicirati; *to ~ (from) a throne* odreći se prestola (prijestola)

ab·di·ca·tion [aebdi'kejšən] *n* odricanje, abdikacija; *~ of a throne* odricanje prestola (prijestola)

ab·do·men ['aebdəmən], [aeb'doumən] *n* 1. trbuh, abdomen 2. zadak (kod insekata)

ab·dom·i·nal [aeb'daminəl]; [o] *a* trbušni; *~ organs* trbušni organi

ab·duct [aeb'dəkt] *v tr* 1. oteti; *to ~ a child* oteti dete (dijete) (see also **kidnap**) 2. (med.) odvući

ab·duc·tion [aeb'dəkšən] *n* otmica

ab·duc·tor [~ktə(r)] *n* 1. otmičar 2. (anat.) odmicač

a·beam [ə'bijm] *adv* (naut.) popreko (poprijeko)

a·be·ce·dar·i·an I [ejbijsij'dejrijən] *n* početnik

abecedarian II *a* osnovni, rudimentaran

ab·er·rance [ae'berəns] *n* nenormalnost, odstupanje (od norme)

ab·er·ran·cy [~ənsij] *n* see **aberrance**

ab·er·rant [~ənt] *a* nenormalan

ab·er·ra·tion [aebə'rejšən] *n* 1. nenormalnost, odstupanje (od norme) 2. (astro. and optics) aberacija; *spherical* ~ sferna aberacija

a·bet [ə'bet] *v tr* podstaći; (legal) *to aid and* ~ pružiti pomoć

a·bet·tor, a·bet·ter [~ə(r)] *n* (legal) saučesnik

a·bey·ance [ə'bejəns] *n* (legal) stanje neizvesnosti (neizvjesnosti); *in* ~ u privremenoj obustavi (zakonskog prava); or: bez vlasnika; *to fall into* ~ prestati biti na snazi, prestati važiti

ab·hor [aeb'ho(r)] *v tr* gnušati se; *to* ~ *smt.* gnušati se (od) nečega

ab·hor·rence [~rəns] *n* gnušanje; *to hold smt. in* ~ gnušati se (od) nečega

ab·hor·rent [~ənt] *a* 1. gnusan, odvratan; *to be* ~ *to smb.* biti nekome odvratan 2. koji se gnuša

a·bide [ə'bajd] *abode* [ə'boud] (or *-d*) *v* 1. *tr* trpeti (trpjeti) 2. *intr* povinovati se; *to* ~ *by a decision* povinovati se rešenju (rješenju)

a·bid·ing [~iñg] *a* trajan, stalan

a·bil·i·ty [ə'bilətij] *n* sposobnost, moć, veština (vještina); kapacitet; *a man of* ~ sposoban čovek (čovjek); *the* ~ *to reason* sposobnost rasuđivanja; *the* ~ *to relax* veština otpuštanja; *musical* ~ talenat za muziku; *creative* ~ stvaralački kapacitet; *to the best of one's* ~ kako najbolje zna

ab·i·o·gen·e·sis [aebijou'dženəsis] *n* abiogeneza, samozaćeće

ab·ject ['aebdžekt] *a* 1. preziran, podao, ponizan; *an* ~ *liar* podal lažov 2. bedan (bijedan); *in* ~ *poverty* u bednom siromaštvu

ab·ju·ra·tion [aebdžu'rejšən] *n* odricanje

ab·jure [aeb'džu(r)] *v tr* odreći se; *to* ~ *one's religion* odreći se svoje vere (vjere) (also **renounce**)

Ab·kha·zia [aeb'ka*ž*ə]; [*zijə*] *n* Abhazija

ab·la·tion [aeb'lejšən] *n* 1. (med.) amputacija 2. topljenje glečera

ab·la·tive I ['aeblətiv] *n* (gram.) ablativ

ablative II *a* ablativni

ab·laut ['*a*plaut], [*b*] *n* (German) see **apophony**

a·blaze [ə'blejz] *pred a* 1. u plamenu, goruci; *to set* ~ zapaliti 2. raspaljen; ~ *with anger* raspaljen od ljutnje

a·ble ['ejbəl] *a* 1. sposoban, vešt (vješt); *an* ~ *worker* sposoban radnik 2. u stanju, sposoban; *he is not* ~ *to work* on ne može da radi; *he was not* ~ *to go* on nije mogao da ide

a·ble-bod·ied [~-'*ba*đijd]; [*o*] *a* (naut.) prve klase; *an* ~ *seaman* mornar prve klase

a·bloom [ə'blūm] *pred a* koji cveta (cvjeta)

ab·lu·tion [ae'blūšən] *n* 1. pranje (kao obred); (colloq.) *to perform one's* ~*s* oprati se 2. voda kojom se (vernik — vjernik) pere

a·bly ['ejblij] *adv* sposobno, vešto (vješto) (see **able**)

ab·ne·gate ['aebnigejt] *v tr* odreći se (od)

ab·ne·ga·tion [aebni'gejšən] *n* odricanje

ab·nor·mal [aeb'no(r)məl] *a* nenormalan, abnormalan; *an* ~ *person* abnormalan čovek (čovjek)

ab·nor·mal·i·ty [aebno(r)'maelətij] *n* nenormalnost, abnormalnost

abnormal psychology abnormalna psihologija

ab·nor·mi·ty [aeb'no(r)mətij] *n* abnormitet

a·board [ə'bo(r)d] *adv* ukrcan; na (u) brodu; *to go* ~ *(a ship)* uci u brod, ukrcati se (u brod); (at a railroad station) *all* ~! putnici u kola!

a·bode I [ə'boud] *n* boravište, prebivalište

abode II see **abide**

a·bol·ish [ə'bališ]; [*o*] *v tr* ukinuti, poništiti; *to* ~ *slavery (the death penalty)* ukinuti ropstvo (smrtnu kaznu)

ab·o·li·tion [aebə'lišən] *n* ukidanje, ukinuće; ~ *of the death penalty* ukidanje smrtne kazne; (Am., hist., usu. cap.) ukinuće ropstva, abolicija

ab·o·li·tion·ism [~izəm] *n* (Am. hist.) pokret za ukidanje ropstva, abolicionizam

ab·o·li·tion·ist [~ist] *n* (Am., hist.) pristalica (W: pristaša) ukidanja ropstva, abolicionista

A bomb atomska bomba (also **atomic bomb**)

a·bom·i·na·ble [ə'bamənəbəl]; [*o*] *a* 1. gnusan, odvratan 2. (colloq.) loš, rđav

abominable snowman jeti, snežni čovek (snježni čovjek)

a·bom·i·nate [ə'bamənejt]; [*o*] *v tr* mrzeti (mrzjeti), gnušati se

a·bom·i·na·tion [əbamə'nejšən]; [*o*] *n* 1. gnušanje, osećanje (osjećanje) gnušanja 2. užas; grozota

ab·o·rig·i·nal I [aebə'ridžənəl] *n* urođenik, domorodac

aboriginal II *a* urođenički, domorodan

ab·o·rig·i·ne [aebə'ridžənij] *n* urođenik, domorodac

a·bort [ə'bo(r)t] *v* 1. *tr* prekinuti (also C.) 2. *intr* pobaciti, pretrpiti (pretrpjeti) abortus 3. *intr* (astron.) prekinuti vasionski (W: svemirski) let

a·bor·ti·fa·cient [əbo(r)te'fejšənt] *n* abortiv, sredstvo kojim se izaziva abortus

a·bor·tion [ə'bo(r)šən] *n* pobačaj, prekid trudnoće, abortus; *illegal (induced, spontaneous)* ~ ilegalni (indicirani, spontani) pobačaj; *to have an* ~ imati pobačaj, pretrpeti (pretrpjeti) abortus; *to perform an* ~ izvršiti pobačaj

a·bor·tion·ist [~ist] *n* izvršilac (ilegalnih) pobačaja

a·bor·tive [ə'bo(r)tiv] *a* abortivan, nedovršen; bezuspešan (bezuspješan); ~ *efforts* bezuspešni napori

a·bound [ə'baund] *v intr* obilovati; *to* ~ *in fish (ore)* obilovati ribama (rudama)

a·bout I [ə'baut] *adv* 1. oko, otprilike, približno; ~ *five miles* oko pet milja; *he is* ~ *as old as I am* on je otprilike mojih godina; *he is* ~ *my height* on je približno moje visine (see also **around** I 1) 2. (with various verbs) *to bring* ~ ostvariti; (esp. Br.) *to look (order, walk)* ~ see **around** I 2; *to set* ~ *doing smt.* latiti se nečega *how did it come* ~? kako se dogodilo? 3. skoro, gotov, bezmalo; *the river was just* ~ *frozen* reka (rijeka) se skoro bila zamrzla; *dinner was* ~ *ready* ručak je bio skoro gotov; *the work has just* ~ *come to a halt* rad je gotovo zamro 4. sad, odmah, baš, taman, očas; spreman; tek što; *it is* ~ *to strike six* sad će izbiti šest časova; *the film is* ~ *to begin* film tek što nije počeo; *he is (just)* ~ *to leave* on se baš sprema da pođe; *he was* ~ *to leave* taman je hteo (htio) da pođe 5. (Br.) blizu; *is your father* ~? da li je tvoj otac tu? (see also **around** I 2) 6. misc.; *there are rumors* ~ glasovi kruže: (mil.) ~ *face!* (Br.: ~ *turn?*) na levo (lijevo)

krug! ~ *here* negde (negdje) ovde (ovdje); *it's* ~ *time!* krajnje je vreme (vrijeme)! *how* ~ *going?* kako bi bilo da krenemo?
about II *prep* 1. o, oko, zbog, u vezi sa; *to speak* ~ *smb.* govoriti o nekome; *what's it (all)* ~*?* o čemu se radi? *to ask* ~ *smt.* pitati o nečemu; *to quarrel* ~ *smt.* svađati se oko nečega; *to haggle* ~ *smt.* pogađati se oko nečega; *to make a fuss* ~ *smt.* dići viku zbog nečega; *an opinion* ~ *smt.* mišljenje o nečemu; *to be very particular* ~ *smt.* biti veliki probirač u pogledu nečega; *what* ~ *the children's food?* kako stoji stvar u pogledu dečije (dječije) hrane? **much ado* ~ *nothing* mnogo vike ni oko šta 2. (see **around** II 1) oko, otprilike u; ~ *midnight* oko ponoći; *at* ~ *this time* otprilike u ovo vreme (vrijeme) 3. po, oko; *to strike* ~ *the head* udariti po glavi; *to wander* ~ *the world* lutati po svetu (svijetu); *to roam* ~ *the streets* skitati se ulicama; **to beat* ~ *the bush* okolišiti (see also **around** II 2) 4. misc.; *to have doubts* ~ *smt.* sumnjati u nešto; *go* ~ *your (own) business!* gledaj svoja posla! *he kept his wits* ~ *him* ostao je pribran; *be quick* ~ *it!* požuri! *what* ~ *me?* kako stoji stvar sa mnom? *to worry* ~ *smb.* brinuti (se) za nekoga
a·bove I [ə'bəv] *a* gornji; *the* ~ *facts* gornje činjenice, gore pomenute činjenice; (as *n*) *the* ~ *shows a loss* napred izneto (naprijed iznijeto) pokazuje gubitak
above II *adv* gore; *from* ~ odozgo; ~ *cited (mentioned)* gore navedeni (pomenuti); *as stated* ~ kako je gore rečeno
above III *prep* 1. nad, iznad, povrh, više od; ~ *all* iznad svega; or: nada sve; or: pre (prije) svega; ~ *the clouds* iznad oblaka; ~ *par* iznad pariteta 2. misc.; *it's* ~ *me* to je za mene nedostižno; *he speaks* ~ *our heads* govori preučeno za nas; *those* ~ *me* moji pretpostavljeni; *his conduct is* ~ *reproach* njegovo je vladanje besprekorno (besprijekorno); *it was heard* ~ *the fury of the storm* čulo se i pored pomame bure; *one mile* ~ *sea level* na nadmorskoj visini od jedne milje
a·bove·board [~bo(r)d] 1. *a* otvoren, iskren 2. *a* legalan 3. *adv* otvoreno, iskreno; *open and* ~ otvoreno
ab·ra·ca·dab·ra [aebrəkə'daebrə] *n* abrakadabra (mađijska formula)
a·brade [ə'brejd] *v tr* istrti, izjesti, nagristi
a·bra·sion [ə'brejžən] *n* 1. izjedenost, istrto mesto (mjesto) 2. abrazija, nagrizanje
a·bra·sive I [ə'brejsiv], [z] *n* abraziv
abrasive II *a* abrazivan
a·breast [ə'brest] *adv* 1. jedan pored drugoga; *to keep* ~ *of* ići uporedo (ukorak) sa; *to march* ~ *of each other* marširati rame uz rame 2. u toku; ~ *of events* u toku događaja
a·bridge [ə'bridž] *v tr* 1. skratiti; sažeti; *an* ~*d dictionary* skraćeni rečnik (rječnik) 2. uskratiti, lišiti
a·bridge·ment Br.; see **abridgment**
a·bridg·ment [ə'bridžmənt] *n* 1. skraćenje, skraćivanje 2. uskraćenje
a·broad I [ə'brod] *n* inostranstvo (W: inozemstvo); *a student from* ~ student iz inostranstva

abroad II *adv* u inostranstvu (W: u inozemstvu); *to live* ~ živeti (živjeti) u inostranstvu; *to go* ~ ići u inostranstvo
ab·ro·gate ['aebrəgejt] *v tr* ukinuti, abrogirati
ab·ro·ga·tion [aebrə'gejšən] *n* ukinuće, ukidanje, abrogacija
ab·rupt [ə'brəpt] *a* 1. iznenadan, nagao; *an* ~ *departure* iznenadan odlazak; ~*ly* iznenada 2. osoran, odsečan (odsječan) 3. strm 4. (about style) isprekidan, nepovezan
ab·rupt·ness [~nis] *n* 1. iznenadnost 2. osornost 3. strmost 4. isprekidanost
Ab·scam ['aebskaem] *n* policijska klopka
ab·scess ['aebses] *n* (med.) gnojan čir, apsces
abscess II *v intr* zagnojiti se
ab·scis·sa [aeb'sisə] *n* (math.) apscisa
ab·scond [aeb'skand]; [o] *v intr* pobeći (pobjeći) od zakona
ab·scond·er [~ə(r)] *n* begunac (bjegunac)
ab·sence ['aebsəns] *n* 1. odsustvo; udaljenje; *on leave of* ~ na odsustvu; (mil.) ~ *without leave* samovoljno udaljenje 2. izostanak; odsutnost; *an excused (unexcused)* ~ opravdan (neopravdan) izostanak
ab·sent I ['aebsənt] *a* odsutan, neprisutan; (mil.) ~ *without leave* odsutan bez odobrenja
absent II [aeb'sent] *v refl* odsustvovati; *to* ~ *oneself from a meeting* udaljiti se sa sednice (sjednice); or: izostati od sednice
ab·sen·tee I [aebsən'tij] *n* odsutni, onaj koji ne živi kod kuće
absentee II *a* odsutan; (pol.) *an* ~ *ballot* glasački listić odsutnog birača
ab·sen·tee·ism [~izəm] *n* izostajanje s posla
ab·sen·tia [~'senčə] *n* (legal) odsustvo; *to try in* ~ suditi u odsustvu
ab·sent-mind·ed [~-majndid] *a* rasejan (rasijan); *an* ~ *profesor* rasejani profesor
ab·sent·mind·ed·ness [~nis] *n* rasejanost (rasijanost)
ab·sinthe ['aebsinth] *n* pelen; liker od pelena
ab·so·lute I ['aebsəlūt] *n* 1. (phil.) apsolut, samobitno biće, samovoljno biće 2. (gram.) apsolutna konstrukcija
absolute II *a* 1. potpun, apsolutan; ~ *discretion* potpuna diskrecija; ~ *value* apsolutna vrednost (vrijednost); ~ *zero* apsolutna nula (W: ništica); (gram.) *an* ~ *construction* apsolutna konstrukcija 2. apsolutistički; *an* ~ *monarchy* apsolutistička monarhija
ab·so·lute·ly [~lij] *adv* potpuno, apsolutno
ab·so·lu·tion [aebsə'lūšən] *n* (rel.) oproštenje, oprost
ab·so·lut·ism ['aebsəlūtizəm] *n* apsolutizam; (hist.) *enlightened* ~ prosvećeni (prosvijećeni) apsolutizam
ab·so·lut·ist I [~tist] *n* apsolutista
absolutist II *a* apsolutistički
ab·solv·a·ble [aeb'salvəbəl]; [əb'zolvəbəl] *a* oprostiv
ab·solve [aeb'salv]; [əb'zolv] *v tr* oprostiti; osloboditi; *to* ~ *from sin* osloboditi od greha (grijeha)
ab·sorb [aeb'so(r)b], [z] *v tr* 1. prigušiti, apsorbovati, upiti, usisati; *this paper* ~*s ink* ovaj papir upija mastilo 2. zauzeti; ~*ed in thought* duboko zamišljen, zadubljen u misli

ab·sorb·a·bil·i·ty [aeb*s*o(r)bə'bilitij], [z] *n* apsorbljivost

ab·sorb·a·ble [aeb'*s*o(r)bəbəl], [z] *a* apsorbljiv

ab·sorb·ent I [aeb'*s*o(r)bənt], [z] *n* apsorbent

absorbent II *a* koji upija

absorbent cotton vata

ab·sorb·er [~ə(r)] *n* prigušivač (see also **shock absorber**)

ab·sorb·ing [~iṅg] *a* 1. see **absorb** 2. apsorpcioni; ~ *capacity* apsorpciona moć

ab·sorp·tion [aeb'*s*o(r)pšən], [z] *n* 1. apsorpcija 2. udubljenost, zauzetost

ab·stain [aeb'stejn] *v intr* uzdržati se; *to* ~ *from voting* uzdržati se od glasanja

ab·stain·er [~ə(r)] *n* apstinent

ab·ste·mi·ous [aeb'stijmijəs] *a* uzdržljiv, štedljiv

ab·sten·tion [aeb'stenšən] *n* uzdržavanje

ab·sti·nence ['aebstənəns] *n* 1. samoodricanje, apstinencija 2. uzdržavanje; trezvenost (see also **temperance** 2)

ab·sti·nent [~nt] *a* koji se uzdržava

ab·stract I ['aebstraekt] *n* rezime, sažetak; (comm.) *an* ~ *of title* teretni list

abstract II *a* apstraktan; ~ *art* apstraktna umetnost (umjetnost); ~ *mathematics* apstraktna (čista) matematika; *an* ~ *number* apstraktan broj; ~ *algebra* apstraktna algebra

abstract III [aeb'straekt] *v tr* 1. apstrahovati 2. (Br., colloq.) ukrasti 3. ['aebstraekt] sažeti; *to* ~ *an article* sažeti članak

ab·strac·tion [aeb'straekšən] *n* apstrahovanje, apstrakcija

ab·strac·tion·ism [~izəm] *n* apstraktizam, apstraktna umetnost (umjetnost)

ab·struse [aeb'strūs] *a* teško razumljiv, nejasan (also **recondite**)

ab·struse·ness [~nis] *n* nerazumljivost, nejasnost

ab·surd I [aeb'sə(r)d] *n* apsurd, apsurditet, besmislica

absurd II *a* apsurdan, besmislen

ab·surd·i·ty [~ətij] *n* apsurd, apsurdnost, besmislenost

ab·surd·ness [~nis] see **absurdity**

a·bun·dance [ə'bəndəns] *n* izobilje, obilje; *in* ~ u izobilju

a·bund·ant [~ənt] *a* izobilan, obilan; *there is* ~ *proof that* . . . ima dosta dokaza da . . .

a·buse [ə'bjūs] *n* 1. zloupotreba; *an* ~ *of power (trust)* zloupotreba vlasti (poverenja — povjerenja) 2. zlostavljanje 3. psovanje, grđenje; *to heap* ~ *upon smb.* obasuti nekoga pogrdama; *a term of* ~ psovka, pogrdno ime

abuse II [ə'bjūz] *v tr* 1. zloupotrebiti 2. zlostaviti; *to* ~ *smb.* zlostaviti nekoga; or: surovo postupiti prema nekome 3. grditi, psovati

a·bu·sive [ə'bjūsiv] *a* 1. koji zlostavlja 2. uvredljiv; *an* ~ *expression* uvredljiv (pogrdan) izraz; *don't be* ~! ne vređajte!

a·but [ə'bət] *v intr* graničiti se; *to* ~ *on (upon)* graničiti se sa, upirati u, naslanjati se na

a·but·ment [~mənt] *n* 1. graničenje 2. podupirač, potporni stub

a·bysm [ə'bizəm] *n* see **abyss**

a·bys·mal [ə'bizməl] *a* 1. bez dna 2. dubok; ~ *ignorance* duboko neznanje

a·byss [ə'bis] *n* 1. ponor, ambis, bezdan; *an* ~ *of despair* ponor očajanja 2. pakao 3. prvobitni haos

A·bys·sin·ia [aebə'sinjə] *n* Abesinij꜠, Abisinija (see **Ethiopia**)

A·bys·sin·ian [~n] see **Ethiopian** I, II

a·ca·cia [ə'kejšə] *n* akacija

ac·a·deme ['aekədijm] *n* visokoškolsko obrazovanje; studentski život

ac·a·dem·ic I [aekə'demik] *n* 1. profesor, nastavnik 2. student

academic II *a* 1. akademski; univerzitetski (W: sveučilišni); *an* ~ *degree* univerzitetska diploma, akademski stepen; ~ *training* akademsko obrazovanje; ~ *freedom* akademska sloboda 2. teorijski, apstraktan; *an* ~ *discussion* teorijska diskusija 3. školski; *the* ~ *year* školska godina

ac·a·dem·i·cal [~əl] *a* see **academic** II

ac·a·dem·i·cals [~əlz] *n pl* (Br.) univerzitetska odeća (W: sveučilišna odjeća)

ac·a·de·mi·cian [aekədə'mišən] *n* akademik, član akademije nauka

a·cad·e·my [ə'kaedəmij] *n* 1. akademija; škola; *a military (naval)* ~ vojna (pomorska) akademija; *a riding* ~ škola jahanja 2. srednja škola

a·can·thus [ə'kaenthəs] *n* (bot.) bodljikara, primog, tratorak

ac·a·rid ['aekərid] *n* grinja, pregalj

ac·a·rus ['aekərəs] *n* see **acarid**

ac·cede [aek'sijd] *v intr* 1. pristati, složiti se; *to* ~ *to a proposal* pristati na predlog 2. stupiti; *to* ~ *to a throne* stupiti (popeti se) na presto (prijesto)

ac·cel·er·ate [aek'selərejt] *v* 1. *tr* ubrzati 2. *intr* ubrzati se

ac·cel·er·a·tion [aekselə'rejšən] *n* ubrzanje, akceleracija; ~ *of gravity* gravitaciono ubrzanje; *angular* ~ ugaono ubrzanje

ac·cel·er·a·tor [aek'selərejtə(r)] *n* 1. akcelerator, ubrzavač 2. pedal za gas; *to step on the* ~ pritisnuti na pedal za gas

ac·cent I ['aeksent]; [ə] *n* 1. (ling.) naglasak, akcenat (also **stress** I 2) 2. (ling.) znak akcenta 3. akcenat, način izgovora; *to speak with an (a foreign)* ~ govoriti s (sa stranim) akcentom 4. emfaza, jačina

accent II (also: [aek'sent]) *v tr* 1. akcentovati, naglasiti; *to* ~ *a syllable* naglasiti slog 2. akcentovati, označiti akcentima; *the forms are* ~*ed* oblici su akcentovani

accent mark znak akcenta

ac·cen·tol·o·gist [aeksen'talədžist]; [o] *n* akcentolog

ac·cen·tol·o·gy [~džij] *n* akcentologija

ac·cen·tu·al [aek'senčuəl] *a* akcenatski, akcentski; ~ *gradation* akcenatski prevoj (prijevoj); *an* ~ *shift* akcenatska promena (promjena); *an* ~ *system* akcenatski sistem (W: sustav)

ac·cen·tu·ate [aek'senčuejt] *v tr* akcentovati; istaći, podvući; *to* ~ *the positive* istaći ono što je pozitivno

ac·cen·tu·a·tion [aeksenču'ejšən] *n* akcentuacija

ac·cept [aek'sept] *v tr* 1. prihvatiti, pristati (na), primiti; *to* ~ *an invitation (a job, a proposal)* prihvatiti poziv (posao, predlog); *to* ~ *a bribe (an offer)* primiti mito (ponudu); *to* ~ *an*

application (a note, merchandise) primiti molbu (menicu — mjenicu, robu) 2. (Br.) pristati, složiti se; *I ~ that he is right* priznajem da je on u pravu
ac·cept·a·bil·i·ty [aekseptə'bilətij] *n* prihvatljivost
ac·cept·a·ble [aek'septəbəl] *a* prihvatljiv; *~ conditions* prihvatljivi uslovi (W also: uvjeti)
ac·cept·ance [aek'septəns] *n* 1. primanje; *~ of a gift* primanje poklona 2. (comm.) primanje odgovornosti, akcept
ac·cep·ta·tion [aeksep'tejšən] *n* uobičajeno značenje (reči — riječi)
ac·cep·ted [aek'septid] *a* see **accept**; primljen; priznat; *an ~ meaning* opšte (opće) primljeno značenje
ac·cep·tor, ac·cep·ter [~ə(r)] *n* primalac, akceptant
ac·cess ['aekses] *n* 1. pristup; uvid; *he had ~ to top-secret documents* imao je pristup do državnih tajni, državne tajne su mu bile pristupačne 2. prilaz; *~ to a stadium* prilaz stadionu 3. izlaz, izlazak; *to gain ~ to world markets* izići na svetsko (svjetsko) tržište; *~ to the sea* izlazak na more 4. (pravo na) korišćenje; *the children have ~ to the library every day* deca (djeca) mogu koristiti biblioteku svakog dana 5. raspolaganje; *to have ~ to information* raspolagati podacima 7. nastup, napad; *an ~ of rage* nastup gneva (gnjeva)
ac·ces·sa·ry Br.; see **accessory I, II**
ac·ces·si·bil·i·ty [aeksesə'bilətij] *n* pristupačnost
ac·ces·si·ble [aek'sesəbəl] *a* 1. pristupačan; dostupan; *that peak is not ~* taj vrh nije pristupačan; *he is ~ to everyone* pristupačan je svakome; *an ~ price* dostupna (pristupačna) cena (cijena) 2. podložan; *~ to bribery* podmitljiv
ac·ces·sion [aek'sešən] *n* 1. pristup, dolazak; *~ to the throne* stupanje na presto (prijesto) 2. dodatak, priraštaj 3. prinova; *a list of ~s* spisak prinova (also **acquisition** 2 for 3)
ac·ces·so·ry I [aek'sesərij] *n* 1. (legal) saučesnik, pomagač; *an ~ before (after) the fact* saučesnik pre — prije (posle — poslije) čina (cf. **accomplice**) 2. sporedna stvar; *~ies* pribor 3. see **option** 3
accessory II *a* 1. saučesnički 2. sporedan, uzgredan, akcesoran
access road prilazni put
ac·ci·dence ['aeksidəns] *n* (gram.) fleksija
ac·ci·dent ['aeksidənt] *n* 1. nesrećan (nesretan) slučaj, nesreća, udes, nezgoda; *an automobile (traffic) ~* automobilska (saobraćajna) nesreća; *a minor ~* lakši udes; *an ~ on landing (take-off)* udes pri sletanju — slijetanju (poletanju — polijetanju); *he had an ~* desio mu se nesrećan slučaj; or: dogodila mu se nezgoda; *to cause an ~* izazvati (skriviti) nesreću; *a serious ~ took place* dogodila se teška nesreća 2. slučaj, nepredviđen događaj; *by ~* slučajno 3. (geol.) nepravilnost (površine zemljišta)
ac·ci·den·tal I [aeksə'dentəl] *n* 1. (mus.) akcidencija 2. nebitna osobina, slučajnost
accidental II *a* slučajan, neočekivan; *we met ~ly* slučajno smo se sreli
accident count broj žrtava (nesrećnih — nesretnih slučajeva)

accident insurance osiguranje protiv nesrećnih (nesretnih) slučajeva
ac·claim I [ə'klejm] *n* see **acclamation**
acclaim II *v tr* 1. aklamovati, klicanjem pozdraviti 2. proglasiti aklamacijom; *to ~ smb. king* aklamacijom proglasiti nekoga kraljem
ac·cla·ma·tion [aeklə'mejšən] *n* aklamacija, uzvikivanje; *carried (elected) by ~* izglasan (izabran) aklamacijom
ac·cli·mate ['aekləmejt] *v* 1. *tr* aklimatizovati, prilagoditi, naviknuti; *to ~ smb. to strict discipline* naviknuti nekoga na strogu disciplinu 2. *intr* aklimatizovati se, prilagoditi se, naviknuti se; *to ~ (become ~d) to a situation* prilagoditi se situaciji; *to ~ (become ~d) to new conditions* naviknuti se na nove prilike
ac·cli·ma·tion [aekli'mejšən] *n* aklimatizacija, prilagođavanje, navikavanje
ac·cli·ma·ti·za·tion [aeklajmətə'zejšən] *n* (esp. Br.) see **acclimation**
ac·cli·ma·tize [ae'klajmətajz] *v tr and intr* (esp. Br.) see **acclimate**
ac·cliv·i·ty [ə'klivətij] *n* uzbrdica, uspon
ac·co·lade ['aekəlejd] *n* 1. zagrljaj; (hist.) udarac ploštimice mačem po ramenu pri proizvođenju za viteza 2. pohvala, priznanje; *to receive the critics' ~s* dobiti priznanje od kritičara
ac·com·mo·date [ə'kamədejt]; [o] *v* 1. *tr* udesiti, podesiti, prilagoditi; *to ~ oneself to new surroundings* prilagoditi se novoj sredini; *to ~ the eye to different distances* prilagoditi oko različitim daljinama 2. *tr* učiniti (nekome) uslugu 3. *tr* smestiti (smjestiti); *to ~ for the night* primiti na prenoćište; *well ~d* dobro smešten 4. *intr* prilagoditi se
ac·com·mo·dat·ing [~iṇg] *a* predusretljiv, uslužan
ac·com·mo·da·tion [əkamə'dejšən]; [o] *n* 1. podešavanje, prilagođavanje, akomodacija 2. sporazum, kompromis; *to come to on ~* doći do sporazuma, postići sporazum 3. usluga, pomoć 4. (comm.) zajam, pozajmica 5. (usu. in *pl*; Br. uses the *sgn*) smeštaj — smještaj (i hrana); *we had good ~s* bili smo dobro smešteni (smješteni)
accommodation ladder (naut.) siz
accommodation paper (comm.) uslužna menica (mjenica)
accommodation train lokalni voz (W: vlak) koji vozi putnike i robu
ac·com·pa·ni·ment [ə'kəmp(ə)nijmənt] *n* praćenje, pratnja; (mus.) *to sing to the ~ of a piano* pevati (pjevati) uz pratnju klavira
ac·com·pa·nist [ə'kəmp(ə)nist] *n* (mus.) klavirski saradnik (suradnik), pratilac
ac·com·pa·ny [ə'kəmp(ə)nij] *v tr* 1. pratiti; *to ~ a friend* pratiti prijatelja; *to ~ smb. on the piano* pratiti nekoga na klaviru; *to ~ smb. to the door* ispratiti nekoga do vrata; *~ied by his wife* praćen svojom ženom 2. propratiti; *to ~ one's words with gestures* propratiti reči (riječi) gestovima
ac·com·plice [ə'kamplis]; [ə] *n* (legal) saizvršilac (cf. **accessory I** 1)
ac·com·plish [ə'kampliš]; [ə] *v tr* 1. izvršiti; dostići, postići; ostvariti; *to ~ a task* izvršiti zadatak; *to ~ a purpose* postići cilj 2. svršiti

ac·com·plished [~d] a 1. see accomplish; an ~ fact svršen čin 2. vešt (vješt), vičan
ac·com·plish·ment [~mənt] n dostignuće; podvig; uspeh (uspjeh); scientific ~s naučna dostignuća; she is proud of her son's ~s ona se ponosi uspehom svoga sina; a real ~ pravi podvig
ac·cord I [ə'ko(r)d] n sporazum, saglasnost; to reach (come to) an ~ postići, sporazum, doći do sporazuma; of one's own ~ dragovoljno, od svoje volje; to be in ~ slagati se
accord II v 1. tr dati, priznati; to ~ smb. praise odati nekome hvalu 2. intr slagati se
ac·cord·ance [~əns] n saglasnost; in ~ with your instructions u saglasnosti sa (prema) vašim instrukcijama
ac·cord·ant [~ənt] a u skladu
according as conj (Br.) ukoliko
ac·cord·ing·ly [~iñglij] adv dakle, prema tome, po tome
according to prep prema, po; ~ need prema potrebi; ~ your wishes prema vašim željama; ~ the best authorities po (prema) najboljim autoritetima; ~ rank prema rangu
ac·cor·di·on [ə'ko(r)dijən] n ručna harmonika, akordeon
ac·cost [ə'kost], [a] v tr prići; to ~ smb. prići nekome, osloviti nekoga
ac·count I [ə'kaunt] n 1. račun; to charge to smb.'s ~ staviti na nečiji račun; (in a bank) to open an ~ otvoriti račun; to deposit money in an ~ staviti novac na račun; the balance of an ~ iznos računa; *to have old ~s to settle with smb. imati s nekim stare račune; to settle ~s with smb. raščistiti račune s nekim; to take smt. into ~ voditi računa o nečemu; a statement of ~ izvod iz računa 2. izveštaj (izvještaj), opis; to give an ~ of smt. podneti izveštaj o nečemu 3. objašnjenje; to give a satisfactory ~ of smt. dati zadovoljavajuće objašnjenje nečega 4. misc.; to keep ~s voditi knjige; on no ~ ni u kom slučaju; payment on ~ otplata; to take no ~ of zanemariti; to bring to ~ izvesti pred sud; to call to ~ uzeti na odgovornost; to take into ~ uzeti u obzir (see also on account of)
account II v intr objasniti, opravdati; he could not ~ for the deficit nije mogao da objasni manjak
ac·count·a·ble [~əbəl] a odgovoran; he is ~ to me for what he does on mi je odgovoran za ono što čini; not ~ neuračunljiv
ac·count·an·cy [~ənsij] n računovodstvo
ac·count·ant [~ənt] n računovođa, revizor knjiga (see also certified public accountant, chartered accountant)
ac·count·ing [~iñg] n 1. računovodstvo 2. račun; to render an ~ položiti račun
accounting department računska služba
ac·cou·ter [ə'kūtə(r)] v tr opremiti
ac·cou·ter·ments [~mənts] n pl lična oprema, pribor
ac·cou·tre Br.; see accouter
ac·cou·tre·ments Br.; see accouterments
ac·cred·it [ə'kredit] v tr 1. akreditovati; ovlastiti; an ~ed agent ovlašćen zastupnik; ~ed newspapermen akreditovani novinari; to ~ an

ambassador akreditovati ambasadora 2. pripisati; to ~ smt. to smb. pripisati nešto nekome 3. priznati, ozvaničiti; to ~ a school ozvaničiti školu, priznati da škola zadovoljava sve uslove (W: uvjete) postavljene od školskog organa
ac·cred·i·ta·tion [əkredi'tejšən] n 1. akreditovanje, punomoćje 2. ozvaničenje; ~ of a school ozvaničenje škole
ac·crete [ə'krijt] v intr 1. srasti 2. gomilati se
ac·cre·tion [ə'krijšən] n 1. porast, uvećanje, 2. srastanje
ac·cru·al [ə'krūəl] n gomilanje; prirast
ac·crue [ə'krū] v 1. tr nagomilati 2. intr nagomilati se; to ~ to smb. nagomilati se nekome
accounts payable (pl) (comm.) obaveze
accounts receivable (pl) (comm.) potraživanja
accrued interest nagomilan interes (W: narasle kamate)
ac·cul·tur·ate [ə'kəlčərejt] v tr modernizovati (primitivnu kulturu)
ac·cul·tur·a·tion [aekəlčər'ejšən] n modernizacija (primitivne kulture)
ac·cum·bent [ae'kəmbənt] a naslonjen
ac·cu·mu·late [ə'kjūmjəlejt] v 1. tr nagomilati, akumulisati; to ~ money nagomilati novac 2. intr nagomilati se; his wealth is ~ing njegovo bogatstvo se gomila
ac·cu·mu·la·tion [əkjūmjə'lejšən] n 1. gomilanje, akumulacija; an ~ of capital akumulacija kapitala 2. gomila, hrpa; an ~ of rubbish gomila đubreta 3. snežni (snježni) pokrivač; a ten-inch ~ pokrivač od deset palaca
ac·cu·mu·la·tive [ə'kjūmjələtiv], [ej] a akumulativan
ac·cu·mu·la·tor [ə'kjūmjəlejtə(r)] n 1. skupljač 2. (Br.) akumulator (see also battery for 2) 3. (Br.) vrsta klađenja na konje
ac·cu·ra·cy ['aekjərəsij] n tačnost (W: točnost), preciznost
ac·cu·rate ['aekjərət] a tačan (W: točan), precizan; an ~ description (scale) tačan opis (kantar); an ~ forecast tačna prognoza
ac·curs·ed [ə'kə(r)sid], [ə'kə(r)st] a proklet; mrzak
ac·curst [ə'kə(r)st] see accursed
ac·cu·sa·tion [aekjū'zejšən] n optužba; to bring (make) an ~ against smb. izneti (iznijeti) optužbu protiv nekoga; grave ~s teške optužbe
ac·cu·sa·tive I [ə'kjūzətiv] n (gram.) akuzativ
accusative II a akuzativni
ac·cu·sa·to·ri·al [əkjūzə'torijəl] a optužilački, optužni
ac·cu·sa·to·ry [ə'kjūzətorij]; [ə] see accusatorial
ac·cuse [ə'kjūz] v tr optužiti, okriviti; to ~ smb. of burglary optužiti nekoga zbog provale; to ~ smb. of murder optužiti nekoga za ubistvo; he is ~d of complicity okrivljen je da je bio saučesnik; to point an ~ing finger at smb. ukazivati okrivljujućim prstom na nekoga; they ~d him of collaborating with the enemy optužili su ga da sarađuje sa neprijateljem
ac·cused [ə'kjūzd] 1. a see accuse; ~ of conspiracy optužen zbog zavere (zavjere) 2. n optuženik, okrivljenik, okrivljeni; the ~ has certain rights okrivljeni ima određena prava
ac·cus·tom [ə'kəstəm] v tr naviknuti; to ~ smb. to strict discipline naviknuti nekoga na strogu

disciplinu; *to ~ one's ears to the din* naviknuti uši na larmu; *to ~ oneself to smt.* navići se na nešto
ac·cus·tomed [~d] *a* 1. see **accustom**; *he got ~ to preparing his own breakfast* on se navikao da sam sprema doručak. 2. uobičajen (see **customary** for 2)
ace I [ejs] *n* 1. kec, as 2. (tennis) servis koji primalac ne može da dotakne 3. (sports, aviation, etc.) as; *an ~ with ten enemy planes to his credit* as sa deset pobeda (pobjeda) 4. misc.; (colloq.) *within an ~ of* za dlaku; (colloq.) *an ~ in the hole* adut
ace II *v tr* (colloq.) dobiti najvišu ocenu (ocjenu); *to ~ an exam* dobiti najvišu ocenu na ispitu
a·cen·tric [ə'sentrik] *a* besredišni
a·ceph·a·lous [ə'sefələs] *a* bezglav; bez vođe
a·cerb [ə'sə(r)b] *a* gorak; opor
ac·er·bate ['aesə(r)bejt] *v tr* dosaditi, uznemiriti
a·cer·bi·ty [ə'sə(r)bətij] *n* gorčina; oporost
ac·e·rose ['aesərous] *a* 1. (bot.) igličast 2. plevast (pljevast)
a·cer·vate ['aesə(r)vejt] *a* (bot.) koji raste u gomilama
ac·e·tate ['aesətejt] *n* acetat; so (sol) sirćetne kiseline
a·ce·tic [ə'sijtik] *a* sirćetni (W: octeni); *~ acid* sirćetna kiselina
a·cet·i·fy [ə'sefətaj] *v* 1. *tr* pretvorit u sirće (W: ocat) 2. *intr* pretvoriti se u sirće
ac·e·tone ['aesətoun] *n* aceton
ac·e·tous ['aesətəs] *a* sirćetni (W: octeni)
a·cet·y·lene [ə'setlən] *n* acetilen
acetylene lamp acetilenska lampa
ache I [ejk] *n* (neprekidan) bol
ache II *v intr* 1. boleti (boljeti); *my head (tooth) ~s* boli me glava (zub); (fig.) *my heart ~s* boli me srce 2. (colloq.) žudeti (žudjeti), čeznuti; *to ~ for smt.* žudeti za nečim; *I was ~ing to return home* žudeo sam da se vratim kući
a·chieve [ə'čijv] *v tr* postići, ostvariti, steći; *to ~ one's goal (success)* postići cilj (uspeh — uspjeh); *to ~ one's purpose* ostvariti svoju nameru (namjeru); *to ~ greatness* steći veličinu
a·chieve·ment [ə'čijvmənt] *n* dostignuće (postignut) uspeh (uspjeh); podvig; *economic (scientific) ~s* privredna (naučna) dostignuća
achievement test test obrazovanja (postignuća, znanja)
A·chil·les heel [ə'kilijz] Ahilova peta
Achilles tendon Ahilova žila
ach·ro·mat·ic [aekrə'maetik] *a* ahromatski (akromatski)
a·chro·ma·tism [əj'kroumətizəm] *n* ahromatizam (akromatizam)
a·chro·ma·tize [ej'kroumətajz] *v tr* ahromatizovati (akromatizirati)
ac·id I ['aesid] *n* 1. kiselina; *boric (carbonic, sulfuric) ~* borna (ugljena, sumporna) kiselina 2. (colloq.) halucinogeno sredstvo
acid II *a* 1. kiselinski 2. kiselkast 3. kiseo; (Br.) *~ drops* kisele bombone 4. jedak, zajedljiv; oštar; *~ remarks* jetke primedbe (primjedbe); *~ criticism* oštra kritika; *~ wit* oštroumlje
ac·id-fast [~-faest]; [a] *a* nenapadljiv kiselinom

a·cid·ic [ə'sidik] *a* 1. kiselinski 2. kiselinotvoran
a·cid·i·fi·ca·tion [əsidəfi'kejšən] *n* pretvaranje u kiselinu; zakiseljenje
a·cid·i·fy [ə'sidifaj] *v* 1. *tr* pretvoriti u kiselinu; zakiseliti 2. *intr* pretvoriti se u kiselinu; zakiseliti se
ac·i·dim·e·ter [aesi'dimətə(r)] *n* kiselinomer (kiselinomjer)
a·cid·i·ty [ə'siditij] *n* 1. kiselost 2. (fig.) jetkost, zajedljivost
acid test (fig.) ispitivanje vatrom; **to pass the ~* proći kroz najteže iskušenje
a·cid·u·late [ə'sidžūlejt] *v tr* see **acidify**
a·cid·u·lous [ə'sidžələs] *a* jedak, zajedljiv; oštar; *an ~ voice* oštar glas
ac·i·nus ['aesinəs] (*-ni* [naj]) *n* 1. (bot.) bobica 2. (bot.) grozd 3. (anat.) grozdasta žlezda (žlijezda)
ack·ack ['aekaek] *n* (colloq.) protivavionska (W: protuavionska) vatra
ac·know·ledge [aek'nalədž]; [o] *v tr* 1. potvrditi; *to ~ receipt of a letter* potvrditi prijem (W: primitak) pisma 2. priznati; *to ~ one's faults* priznati svoje greške; *to ~ a child (as one's own)* priznati dete — dijete (kao svoje)
ac·know·ledg·ment [~mənt] *n* 1. potvrda, potvrđivanje 2. priznanje
ac·me ['aekmij] *n* vrh, vrhunac; *to reach the ~ of perfection* dostići vrhunac savršenstva (see also **summit**)
ac·ne ['aeknij] *n* bubuljice; osip
ac·o·lyte ['aekəlajt] *n* 1. sveštenikov (svećenikov) pomoćnik 2. pomoćnik, odan sledbenik (sljedbenik)
ac·o·nite ['aekənajt] *n* 1. (bot.) jedić 2. jedićev otrov
a·corn ['ejko(r)n], [ə] *n* (hrastov) žir, želud
a·cot·y·le·don [ejkatə'lijdn]; [o] *n* (bot.) akotiledon
a·cous·tic [ə'kūstik] *a* akustički; slušni; *~ duct* slušni kanal; *~ nerve* akustički nerv
a·cous·ti·cal [~əl] see **acoustic**
a·cous·tics [~s] *n pl* akustika; *the ~ of this auditorium are excellent* ova dvorana je akustična
ac·quaint [ə'kwejnt] *v tr* upoznati; *to become ~ed with smb.* upoznati se s nekim
ac·quain·tance [~əns] *n* 1. poznanstvo; *to make an ~* sklopiti poznanstvo; *to make smb's. ~* upoznati nekoga 2. poznanik
ac·quaint·ed [~id] *a* upoznat; *to be ~ with a situation* biti upoznat sa situacijom; *to be ~ with smb.* poznavati nekoga
ac·qui·esce [aekwij'es] *v intr* pristati, pomiriti se; *he will never ~* on neće nikad pristati; *to ~ in smt.* pristati na nešto
ac·qui·es·cence [~əns] *n* pristanak, pomirenje; *~ in smt.* pristanak na nešto
ac·qui·es·cent [~ənt] *a* koji (odmah) pristaje
ac·quire [ə'kwaj(ə)(r)] *v tr* steći
ac·qui·si·tion [aekwə'zišən] *n* 1. sticanje, akvizicija; *the ~ of money* sticanje novca 2. (as in a library) nabavka; prinova; (as *a*) *an ~ policy* nabavna politika
acquisition list spisak prinova
acquisitions department služba nabavke
ac·quis·i·tive [ə'kwizətiv] *a* sklon sticanju; gramziv

ac·quit [ə'kwit] *v tr* 1. osloboditi (optužbe); opravdati; *the court ~ed him* sud ga je oslobodio (optužbe); *to ~ smb.* opravdati nekoga 2. *refl* držati se, ponašati se, pokazati se; *he ~ed himself well* ponašao se dobro

ac·quit·tal [ə'kwitl] *n* oslobađajuća presuda; *to bring in an ~* doneti (donijeti) oslobođavajuću presudu

ac·quit·tance [~təns] *n* oslobođenje (od duga, obaveze)

a·cre ['ejkə(r)] *n* 1. jutro (zemlje) 2. *(pl)* posedi (posjedi), zemlje

a·cre·age ['ajk(ə)ridž] *n* površina u jutrima

a·cred ['ejkə(r)d] *a* imućan

ac·rid ['aekrid] *a* oštar; jedak

ac·rid·ness [~nis] *n* oštrina; jetkost

ac·ri·mo·ni·ous [aekrə'mounijəs] *a* oštar, jedak; ogorčen; *an ~ dispute* ogorčena svađa

ac·ri·mo·ni·ous·ness [~nis] *n* see **acrimony**

ac·ri·mo·ny ['aekrəmounij]; [ə] *n* oštrina, jetkost, gorčina

ac·ro·bat ['aekrəbaet] *n* akrobata

ac·ro·bat·ic [aekrə'baetik] *a* akrobatski; *an ~ leap* akrobatski skok; *~ skill* akrobatska veština (vještina)

ac·ro·bat·ics [~s] *n* 1. (as *pl)* akrobacija, akrobatske vežbe (vježbe) 2. akrobatska veština (vještina), akrobatika

ac·ro·gen ['aekrədžən] *n* (bot.) bescvetnica (bescvjetnica) sa višegodišnjom stabljikom

ac·ro·meg·a·ly [aekrou'megəlij] *n* (med.) akromegalija

ac·ro·nym ['aekrənim] *n* akronim

ac·ro·pho·bi·a [aekrə'foubijə] *n* akrofobija

a·crop·o·lis [ək'rapəlis]; [o] *n* akropola, gornji grad

a·cross [ə'kros] 1. *adv* unakrst; popreko, preko; *to get (come, go) ~* preći; *to get smt. ~ to smb.* protumačiti (objasniti) nešto nekome; *the stream is ten feet ~* potok je širok deset stopa 2. *prep* preko, kroz; *~ a river (street)* preko reke — rijeke (ulice); *to swim ~ a river* preplivati reku; *to lay one stick ~ another* položiti jedan štap preko drugoga; *a thought flashed ~ my mind* prođe mi misao kroz glavu 3. *prep* (*~ from*) prekoputa; *~ from me* prekoputa mene

across-the-board *a* paušalan, sveobuhvatan; *an ~ raise* paušalno povećanje primanja

a·cros·tic [ə'krostik], [a] *n* akrostih

a·cryl·ic [ə'krilik] *a* akrilni; *~ acid* akrilna kiselina; *~ resin* akrilna smola

act I [aekt] *n* 1. radnja, delo (djelo), akcija; *a charitable ~* delo milosrđa; *a criminal (just, punishable) ~* krivično (pravično, kažnjivo) delo; *an heroic ~* junačko delo; *to catch in the (very) ~* uhvatiti na samom delu; *an unfriendly ~ toward smb.* neprijateljska akcija prema nekome 2. odluka, dekret; *an ~ of parliament* odluka parlamenta 3. (theater) čin, akt; *~ one* prvi čin 4. misc.; *an ~ of God* viša sila; **to put on an ~* pretvarati se; *an ~ of war* ratna mera (mjera)

act II *v* 1. *tr* and *intr* igrati, glumiti; *to ~ a role* igrati ulogu; *to ~ (out) a scene* igrati scenu; *to ~ in a play* igrati u drami; *to ~ on the stage* glumiti na pozornici 2. *intr* postupati, ponašati se; raditi; *to ~ in violation of the law* postupati (raditi) protiv zakona; *to ~ on one's own* postupati (raditi) na svoju ruku; *to ~ according to smb.'s order* postupati (raditi) po nečijoj zapovesti (zapovijesti); *to ~ bravely (properly, stupidly)* postupati hrabro (pravilno, glupo); *to ~ wisely* ponašati se mudro; *to ~ in cold blood* raditi hladnokrvno; *to ~ in good faith* postupati iskreno; *to ~ on smb.'s instructions* raditi prema nečijim uputstvima (W: uputama) 3. *intr* služiti; *to ~ as smb.'s agent* služiti kao nečiji agent 4. *intr* napraviti se; *he ~ed as if he knew nothing* napravio se kao da ništa ne zna 5. misc.; *to ~ on a question* pristupiti pitanju; (Br.; legal) *to ~ for a client* zastupati stranku; *to ~ the fool* izigravati budalu; *to ~ one's age* ponašati se kao što dolikuje svome dobu

act·ing I ['aekti͡ng] *n* 1. (on the stage and fig.) gluma; igranje, glumljenje 2. pretvaranje, simuliranje

acting II *a* 1. glumački; *an ~ school* glumačka škola 2. privremen; *an ~ director* vršilac dužnosti direktora

ac·tin·ic [aek'tinik] *a* aktinski

ac·tion I ['aekšən] *n* 1. radnja; rad, delo (djelo); akcija; *a çonscious (involuntary) ~* svesna — svjesna (automatska) radnja; *to go into ~* stupiti u akciju; *to put into ~* staviti u rad; *a man of ~* čovek (čovjek) od dela; *~ of the heart* radnja srca; **a piece of the ~* udeo (udio) 2. (tech., chem., phys.) dejstvo (djejstvo); *the ~ of acids* dejstvo kiselina; *brake ~* dejstvo kočnica; *delayed (erosive) ~* usporeno (erozivno) dejstvo 3. (legal) postupak, parnica; *to bring ~ against smb.* pokrenuti postupak protiv nekoga; or: povesti parnicu protiv nekoga 4. (usu. mil.) borba, akcija, operacija; stroj; *to break off ~* prekinuti borbu (akciju); *to commit to ~* uvesti u borbu; *to deploy for ~* razviti se za borbu; *to get into ~* stupiti u borbu; *killed in ~* poginuo u borbi; *to move into ~* stupiti u borbu; *missing in ~* nestao u borbi; *to put (knock, force) out of ~* izbaciti iz stroja (borbe) 5. mehanizam, naprava 6. (in *pl)* ponašanje, vladanje: **~s speak louder than words* reči (riječi) lete, a delo (djelo) pokazuje

action II *a* akcioni; *an ~ film* akcioni film

action replay (Br.) see **instant replay**

ac·ti·vate ['aektivejt] *v tr* aktivirati

activated carbon aktivni ugalj

ac·tive I ['aektiv] *n* (gram.) radno stanje, aktiv

active II *a* 1. aktivan, delatan (djelatan); živ; *~ volcano* aktivan vulkan; *an ~ person* aktivan čovek (čovjek) 2. (gram.) aktivan, radni; *the ~ voice* aktivno stanje; *an ~ form* aktivan oblik 3. (mil.) aktivan, kadrovski; *to order to ~ duty* pozvati u aktivnu službu; *to release from ~ duty* otpustiti iz aktivne službe; *to see ~ service* učestvovati u borbama

ac·tiv·ism [~izəm] *n* aktivizam

ac·ti·vist [~ist] *n* aktivista

ac·tiv·i·ty [aek'tivətij] *n* aktivnost, delatnost (djelatnost); *a sphere of ~* krug delatnosti; (as *a)* *~ report* izveštaj (izvještaj) o delatnosti; *to* *engage in hostile* ~ vršiti neprijateljsku aktivnost

act on *v* odazvati se; *to act on a request* odazvati se molbi (see also **act** II 2, 5)

ac·tor ['aektə(r)] *n* 1. glumac 2. saučesnik; **a bad* opasan čovek (čovjek)

act out *v* see **act** II 1

ac·tress ['aektris] *n* glumica

ac·tu·al ['aekčūəl] *a* 1. stvaran 2. aktuelan

ac·tu·al·i·ty [aekčū'aelətij] *n* 1. stvarnost 2. aktuelnost

ac·tu·al·i·za·tion [aekčūəli'zejšən] *n* aktualizacija

ac·tu·al·ize ['aekčūəlajz] *v tr* aktualizovati

ac·tu·ar·i·al [aekčū'(w)erijəl] *a* (insurance) statistički

ac·tu·ar·y ['aekčū(w)erij]; [ə] *n* statističar osiguravajućeg zavoda

ac·tu·ate ['aekčūejt] *v tr* staviti u pokret, uključiti

ac·tu·a·tor [~ə(r)] *n* pokretač

act up *v* 1. ponašati se nepristojno; *the child was acting up* dete (dijete) se ponašalo nepristojno 2. funkcionisati, raditi rđavo; *the engine was acting up* motor je funkcionisao (radio) rđavo 3. raditi; *to act up to one's ideals* raditi shodno svojim idealima

a·cu·i·ty [ə'kjūətij] *n* oštrina; *mental* ~ oštrina razuma; *visual* ~ oštrina vida

a·cu·le·ate [ə'kjūlijət] *a* (biol.) sa žaokom

a·cu·men [ə'kjūmən] *n* sposobnost, oštroumlje; *business* ~ poslovna sposobnost

a·cu·mi·nate I [ae'kjūmənejt] *a* (biol.) zašiljen

acuminate II *v tr* zašiljiti

ac·u·punc·ture ['aekjūpə ̣ŋkčə(r)] *n* akupunktura; *to use* ~ primenjivati (primjenjivati) akupunkturu

a·cute I [ə'kjūt] *n* (ling.) akut, akutski naglasak

acute II *a* 1. oštar, šiljat; (math.) *an* ~ *angle* oštar ugao 2. oštar, akutan, jak; *(an)* ~ *pain* oštar bol; *an* ~ *disease* akutna bolest; ~ *eyesight* oštar vid 3. kritičan; *an* ~ *problem* kritičan problem; *an* ~ *shortage* velika nestašica 4. (ling.) akutski; *an* ~ *accent* akut, akutski naglasak; ~ *intonation* akutska intonacija

acute-care *a* (med.) namenjen (namijenjen) za lečenje (liječenje) pacijenata koji boluju od kratkotrajnih bolesti

ad [aed] *n* (colloq.) see **advertisement**; *to place an* ~ dati oglas

A.D. see **anno Domini**

ad·age ['aedidž] *n* izreka, poslovica

a·da·gio [ə'dadžou] *adv* (mus.) adađo, lagano

ad·a·man·cy ['aedəmənsij] *n* nepopustljivost

ad·a·mant I ['aedəmənt] *n* tvrd kamen, tvrda supstanca

adamant II *a* tvrd; nepopustljiv; nesalomljiv

ad·a·man·tine [aedə'maentijn] *a* see **adamant** II

Adam's apple ['aedəmz] Adamova jabučica

a·dapt [ə'daept] *v* 1. *tr* prilagoditi, podesiti, adaptirati; *to* ~ *one's actions to a situation* podesiti svoje postupke prema situaciji 2. *tr* preraditi; *to* ~ *a novel* preraditi roman 3. *intr* and *refl* prilagoditi se; *to* ~ *oneself to one's company* prilagoditi se svom društvu

a·dapt·a·bil·i·ty [aedaeptə'bilitij] *n* prilagodljivost

a·dapt·a·ble [ə'daeptəbəl] *a* prilagodljiv

ad·ap·ta·tion [aedaep'tejšən] *n* prilagođenje, adaptacija

a·dapt·er [ə'daeptə(r)] *n* adapter, uređaj za prilagođenje; punjač; ispravljač

a·dap·tion [ə'daepšən] *n* see **adaptation**

a·dapt·ive [ə'daeptiv] *a* prilagodljiv

add [aed] *v* 1. *tr* dodati; *to* ~ *two eggs (a little salt)* dodati dva jajeta (malo soli); *to* ~ *wood to the fire* dodati drva na vatru; *there is nothing to* ~ ovde (ovdje) nema šta da se doda 2. *tr* (also: *to* ~ *on*) dozidati, dograditi; *to* ~ *a floor (on)* dozidati sprat (W: kat); *to* ~ *(on) a wing* dograditi krilo 3. *tr* and *intr* (math.) sabrati 4. misc.; **to* ~ *fuel to the flames* baciti ulje na vatru; **to* ~ *insult to injury* pogoršati situaciju

ad·dend ['aedend], [ə'dend] *n* sabirak

ad·dend·um [ə'dendəm] (*-da* [də]) *n* dodatak

ad·der ['aedə(r)] *n* (zool.) šarka, guja

ad·dict I ['aedikt] *n* rob rđave navike (see also **drug addict**)

addict II [ə'dikt] *v tr* odati (see **addicted**)

ad·dict·ed [~id] *a* odan, okoreo (okorio); *to become* ~ *to alcohol* odati se (predati se) piću; ~ *to vice* okoreo u porocima; *to become* ~ *to drugs* odati se narkomaniji

ad·dic·tion [ə'dikšən] *n* odanost, predanost; adikacija (see also **drug addiction**)

adding machine računska mašina (W: računski stroj)

Ad·dis Ab·a·ba ['aedis 'aebəbə] Adis Abeba

ad·di·tion [ə'dišən] *n* 1. dodavanje 2. dodatak; *an* ~ *to one's income* dodatak prihodu; *in* ~ *to that* pored (povrh) toga 3. sabiranje; *to do* ~ sabirati brojeve

ad·di·tion·al [~əl] *a* dodan, dopunski, naknadan

ad·di·tive ['aedətiv] *n* dodatak; *a food* ~ dodatak za hranu

ad·dle I ['aedl] *a* 1. pokvaren (o jajima) 2. see **addlebrained**

addle II *v* 1. *tr* zbuniti, pomesti 2. *intr* pokvariti se; *an* ~*d egg* mućak

ad·dle·brained [~brejnd] *a* smušen, budalast, smeten

ad·dle·head·ed [~hedid] see **addlebrained**

add on *v* see **add** 2

ad·dress I [ə'dres] (also ['aedres] for 6) *n* 1. govor, beseda (besjeda); *to deliver an* ~ održati govor; *an inaugural* ~ pristupni govor, pristupna beseda 2. veština (vještina) 3. taktičnost, 4. molba 5. (in *pl*) *to pay one's* ~*s to a lady* udvarati se dami 6. adresa; *to send to the wrong* ~ uputiti na pogrešnu adresu; *to change one's* ~ promeniti (promijeniti) adresu

address II *v tr* 1. adresovati; *to* ~ *a letter* adresovati pismo 2. osloviti; obratiti se; *to* ~ *smb.* osloviti nekoga; *how does one* ~ *a president?* kako se oslovljava predsednik (predsjednik)? 3. misc.; *to* ~ *a parliament* govoriti u skupštini; *to* ~ *a petition to a president* uputiti molbu predsedniku; *to* ~ *oneself to a task* posvetiti se zadatku

ad·dress·ee [aedre'sij], [ə] *n* adresat, primalac

ad·duce [ə'dūs]; [*dj*] *v tr* izneti (iznijeti), navesti; *to* ~ *facts* izneti činjenice

ad·duc·tor [ə'dəktə(r)], [ae] n mišić zatvarač
add up v (colloq.) 1. rezultirati, svoditi se; *it all adds up to his being a fool* sve se to svodi na ovo — budala je 2. misc.; *that doesn't add up* nešto nije u redu
ad·e·noid I ['aednojd] n (usu. in pl) adenoid
adenoid II a adenoidni
ad·e·noi·dal [aed'nojdl], [aedə'nojdəl] see **adenoid** II
ad·ept I ['aedept] n stručnjak, veštak (vještak)
a·dept II [ə'dept] a vešt (vješt), vičan; ~ *in (at)* smt. vešt u nečemu
ad·e·qua·cy ['aedikwisij] n adekvatnost, dovoljnost
ad·e·quate ['aedikwit] a adekvatan, dovoljan; *an* ~ *reason* dovoljan razlog; *an* ~ *quantity* dovoljna količina; ~ *for* adekvatan za (see also **sufficient**)
ad·here [aed'hij(r)] v intr 1. prionuti, lepiti (lijepiti) se; *to* ~ *to* smt. lepiti se (prianjati) za nešto 2. držati se; *to* ~ *to a plan (treaty)* držati se plana (ugovora)
ad·her·ence [aed'hijrəns] n 1. prianjanje 2. držanje, pridržavanje 3. privrženost, odanost; ~ *to a party* privrženost stranci
ad·her·ent I [~ənt] n pristalica (W: pristaša), sledbenik (sljedbenik); *an* ~ *to a principle* sledbenik principa
adherent II a lepljiv (ljepljiv)
ad·he·sion [aed'hijžən] n 1. prianjanje, adhezija; ~ *between* adhezija između 2. privrženost, odanost; ~ *to a party* privrženost stranci 3. (bot.) srastanje
ad·he·sive [aed'hijsiv], [z] a lepljiv (ljepljiv), adhezioni, prionljiv; ~ *tape* lepljiva traka; ~ *power* adheziona sila, sila prianjanja
ad·hoc [aed hak], [o] adv (Latin) za danu priliku
ad·hoc committee ad hok komitet
a·dieu I [e'djū], [d] n oproštaj
adieu II interj zbogom
ad in·fi·ni·tum [aed infi'nijtəm] adv (Latin) u beskraj, u nedogled
ad in·ter·im ['intərəm] (Latin) privremen
ad·it ['aedit] n (mining) vodoravan otvor
ad·ja·cen·cy [ə'džejsənsij] n susedstvo (susjedstvo)
ad·ja·cent [~ənt] a 1. susedni (susjedni), okolni, obližnji; ~ *villages* susedna sela 2. (math.) uporedni; *an* ~ *angle* uporedni ugao (W: kut)
ad·jec·ti·val [adžik'tajvəl] a pridevski (pridjevski); ~ *declension* pridevska promena (promjena)
ad·jec·tive ['aedžiktiv] n pridev (pridjev); a *descriptive* ~ opisni pridev; *to compare an* ~ porediti pridev
ad·join [ə'džojn] v 1. tr graničiti se; *to* ~ smt. graničiti se sa nečim 2. intr graničiti se
ad·join·ing [~īng] see **adjacent**
ad·journ [ə'džə(r)n] v 1. tr odložiti, odgoditi; zaključiti; *to* ~ *a meeting* odložiti (zaključiti) sastanak 2. intr prekinuti sednicu (sjednicu); *we* ~*ed at two o'clock* prekinuli smo sednicu u dva sata 3. intr (colloq.) promeniti (promijeniti) mesto — mjesto (sastanka); *we* ~*ed to the living room* prešli smo u gostinsku sobu
ad·journ·ment [~mənt] n 1. odlaganje, odloženje, odgođenje 2. obustava, prekid
ad·judge [ə'džədž] v tr 1. see **adjudicate** 2. dosuditi

ad·ju·di·cate [ae'džūdikejt] v tr rešiti (riješiti) sudskom odlukom; *this case was* ~*d in court* sud je rešio ovaj predmet
ad·ju·di·ca·tion [aedžūdi'kejšən] n presuda, sudsko rešenje (rješenje)
ad·ju·di·ca·tor [a'džūdikejtə(r)] n sudija (W: sudac), presuđivač
ad·junct I ['aedžəngkt] n 1. dodatak, pridodatak 2. pomoćnik
adjunct II a 1. pomoćni 2. (at a university) honorarni, na određeno vreme (vrijeme); *an* ~ *professor* honorarni redovni (W: redoviti) profesor
ad·ju·ra·tion [aedžū'rejšən] n preklinjanje, moljenje
ad·jure [ae'džū(r)] v tr preklinjati, moliti
ad·just [ə'džəst] v 1. tr podesiti, regulisati, prilagoditi, doterati (dotjerati); *to* ~ *brakes* regulisati kočnice; *to* ~ *one's speed* podesiti brzinu; *to* ~ *a watch* doterati sat; *to* ~ *oneself to a situation* prilagoditi se situaciji; (mil.) *to* ~ *fire* korigovati vatru; *to* ~ *a (TV) picture* podesiti sliku 2. intr prilagoditi se; *to* ~ *to circumstances* prilagoditi se okolnostima
ad·just·a·bil·i·ty [ədžəstə'bilətij] n podešljivost, doterljivost (dotjerljivost)
ad·just·a·ble [ə'džəstəbəl] a podešljiv, doterljiv (dotjerljiv)
ad·just·er, ad·just·or [ə'džəstə(r)] n 1. podešavač, regulator 2. (or: *claims* ~) havarijski komesar (see also **assessor** for 2)
ad·just·ing [~īng] a see **adjust**; *an* ~ *screw* zavrtanj za regulisanje, regulišući zavrtanj
ad·just·ment [~mənt] n 1. podešavanje, regulisanje; *brake* ~ regulisanje kočnica; (mil.) ~ *of fire* korektura vatre; *idle-speed* ~ podešavanje praznog hoda; *to make an* ~ regulisati (podesiti) nešto 2. see **allowance** 3
ad·ju·tant ['aedžūtənt] n 1. (mil.) ađutant; načelnik personalnog odeljenja (odjeljenja); (Br.) načelnik štaba 2. pomoćnik
adjutant general *(adjutants general)* (mil.) načelnik opšteg odeljenja (općeg odjeljenja)
ad·lib I [aed-'lib] n improvizacija
ad·lib II v 1. tr improvizovati; *to* ~ *a joke* improvizovati šalu 2. intr improvizovati
ad·man ['aedmaen] (-*men* [men]) n (colloq.) pisac reklama, propagandist
ad·min·is·ter [ad'ministə(r)] v tr 1. upravljati, rukovoditi; *to* ~ *an estate (finances)* upravljati dobrom (finansijama — financijama) 2. dati, deliti (dijeliti); *to* ~ *justice* deliti pravdu; *to* ~ *a sedative* dati sedativ 3. ukazati; ~ *first aid* ukazati prvu pomoć 4. misc.; *to* ~ *the last rites to* izvršiti obred pričesti nad; *to* ~ *an oath to smb.* zakleti nekoga; *to* ~ *to smb.'s needs* poslužiti (uslužiti) nekoga; *to* ~ *a law* primeniti (primijeniti) zakon
ad·min·is·tra·tion [aedmini'strejšən] n 1. uprava, upravljanje, administracija 2. (Am.) vlada
administration building upravna zgrada
ad·min·is·tra·tive [aed'ministrejtiv]; [ə] a 1. administrativni, upravni; *an* ~ *act (action)* upravni akt; *an* ~ *apparatus (employee)* administrativni aparat (službenik); *an* ~ *committee* upravni odbor; *an* ~ *measure* administrativna mera (mjera); ~ *power* administrativna vlast 2. (mil.)

pozadinski, administrativni; *an ~ base* pozadinska baza; *an ~ unit* pozadinska (administrativna) jedinica

ad·min·is·tra·tor [aed'ministrejtə(r)] *n* administrator, upravitelj, direktor

ad·mi·ra·ble ['aedmərəbəl] *a* odličan, izvrstan, za divljenje

ad·mi·ral ['aedmərəl] *n* 1. admiral; *an ~'s banner (uniform)* admiralska zastava (uniforma); *~ of the fleet* admiral flote 2. see **flagship**

ad·mi·ral·ty ['aedmərəltij] *n* (Br.) ministarstvo ratne mornarice, admiralitet

ad·mi·ra·tion [aedmə'rejšən] *n* divljenje; *to arouse ~* izazvati divljenje, *to express ~ for (at) smt.* izraziti divljenje prema nečemu; *to feel ~* diviti se

ad·mire [aed'maj(r)] *v tr* 1. diviti se; *we ~ her* mi joj se divimo 2. obožavati

ad·mir·er [~rə(r)] *n* obožavalac

ad·mir·ing [~riñg] *a* see **admire**; zadivljen, pun divljenja; *~ glances* zadivljeni pogledi

ad·mis·si·bil·i·ty [aedmisi'bilətij] *n* prihvatljivost

ad·mis·si·ble [aed'misəbəl] *a* prihvatljiv, dopustljiv, *~ evidence* dozvoljeni dokazi

ad·mis·sion [aed'mišən] *n* 1. ulazak; *free ~* besplatan ulazak; *price of ~* ulaznina 2. (at a university) upis; *to apply for ~ to a university* prijaviti se za upis na fakultet; *application for ~* prijava za upis; (as a) *~ requirements* uslovi (W: uvjeti) za upis 3. priznanje (see also **confession** for 3)

ad·mit [aed'mit] *v* 1. *tr* pustiti; primiti; *to ~ smb. to a hospital (university)* primiti nekoga u bolnicu (na univerzitet — W: sveučilište); *no one is ~ed without a ticket* nikoga ne puštaju bez ulaznice 2. *tr* priznati; *to ~ an error (one's guilt)* priznati grešku (krivicu); *an ~ted fact* priznata činjenica 3. *intr* dati se; *it ~s of no excuse* ne može se izviniti; or: to se ne da izviniti 4. *misc.; this ticket will ~ two* ova karta važi za dvoje; *to be ~ted to the bar* biti priznat za advokata

ad·mit·tance [~əns] *n* 1. ulazak, primanje; *no ~!* zabranjen ulaz(ak)! *~ to a room* ulazak u sobu; *to gain ~ to a building* uspeti (uspjeti) ući u neku zgradu 2. dozvola za ulazak

ad·mit·ted·ly [aed'mitidlij] *adv* po opštem (općem) priznanju

ad·mix [aed'miks] *v tr* promešati (pomiješati)

ad·mix·ture [aed'miksčə(r)] *n* 1. mešanje (miješanje) 2. primesa (primjesa) see also **mixture**

ad·mon·ish [aed'maniš]; [o] *v tr* 1. ukoriti, prebaciti (W: predbaciti); *the teacher ~ed the pupil for being lazy* nastavnik je prebacio učeniku lenjost (ljenjost) 2. upozoriti, opomenuti, savetovati (savjetovati); *he was ~ed not to go* bio je opomenut da ne ide 3. podsetiti (podsjetiti)

ad·mo·ni·tion [aedmə'nišən] *n* 1. ukor, prebacivanje (W: predbacivanje) 2. upozorenje 3. podsećanje (podsjećanje)

ad·mon·i·to·ry [aed'manitorij]; [o]; [ə] *a* upozorni

ad·nate ['aednejt] *a* (biol.) prirastao, srastao

ad·na·tion [aed'nejšən] *n* (biol.) prirašćenje, srašćenje

ad nau·se·am [aed 'nozijəm] *adv* (Latin) do gadosti

a·do [ə'dū] *n* vika, buka, larma; **much ~ about nothing* tresla se gora, rodio se miš; or: mnogo vike ni oko šta; or: bura u čaši vode

a·do·be [ə'doubij] *n* ćerpič

ad·o·les·cence [aed'lesəns] *n* mladićke godine, mladićstvo, mladost

ad·o·les·cent I [~ənt] *n* mladić, devojka (djevojka), mlada osoba

adolescent II *a* mladićki, mladalački

a·dopt [ə'dapt]; [o] *v tr* 1. usvojiti, adoptirati; *to ~ a child (resolution)* usvojiti dete — dijete (rezoluciju); *to ~ a policy* usvojiti politiku 2. (Br.) pozvati za (kandidata)

a·dopt·a·bil·i·ty [ədaptə'bilətij]; [o] *n* usvojljivost

a·dopt·a·ble [ə'daptəbəl]; [o] *a* usvojljiv; prihvatljiv

a·dopt·ed [~əd] *a* usvojen, adoptivan; *an ~ child* usvojene dete (dijete)

a·dop·tion [ə'dapšən]; [o] *n* usvojenje, adopcija

adoption agency agencija za usvajanje

a·dop·tive [ə'daptiv]; [o] *a* adoptivan, posvojan; *an ~ father* adoptivni otac

a·dor·a·bil·i·ty [ədorə'bilətij] *n* ljupkost

a·dor·a·ble [ə'dorəbəl] *a* ljubak

ad·o·ra·tion [aedə'rejšən] *n* obožavanje; duboka odanost

a·dore [ə'do(r)] *v tr* 1. obožavati; poštovati 2. (colloq.) voleti (voljeti)

a·dor·er [~rə(r)] *n* obožavalac, poštovalac

a·dor·ing [~riñg] *a* koji obožava

a·dor·ing·ly [~lij] *adv* obožavajući

a·dorn [ə'do(r)n] *v tr* 1. ukrasiti 2. ulepšati (uljepšati)

a·dorn·ment [~mənt] *n* ukras; ukrašenje

ad·re·nal [ə'drijnəl] *a* (anat.) nadbubrežni

adrenal gland nadbubrežna žlezda (žlijezda)

ad·ren·a·lin [ə'drenəlin] *n* adrenalin; (fig.) stimulans

A·dri·at·ic I [ejdrij'aetik] *n* Jadran

Adriatic II *a* jadranski; *the ~ Highway* Jadranska magistrala

Adriatic Sea Jadran, Jadransko more

a·drift [ə'drift] *a and adv* nošen (vodenom) strujom; *to set ~* ostaviti vetru (vjetru) i talasima; or: (fig.): odbaciti, ostaviti slučaju

a·droit [ə'drojt] *a* vešt (vješt), vičan; spretan; *~ in (at) smt.* vešt u nečemu, vičan nečemu

a·droit·ness [~nis] *n* veština (vještina), spretnost

ad·sci·ti·tious [aedsi'tišəs] *a* dopunski, naknadan

ad·sorb [adso(r)b], [z] *v tr* adsorbovati

ad·sor·bate [aed'so(r)bit], [z] *n* adsorbat

ad·sor·bent [~bənt] *n* adsorbent

ad·sorp·tion [aed'so(r)pšən], [z] *n* adsorpcija

ad·u·la·tion [aedžū'lejšən]; [dj] *n* preterano (pretjerano) hvaljenje, laskanje, ulagivanje

ad·u·la·tion [aedžūlejšən]; [dj] *n* preterano (pretjerano) hvaljenje, laskanje, ulagivanje

a·dult I [ə'dəlt], ['aedəlt] *n* odrasla osoba

adult II *a* 1. odrastao, zreo 2. za odrasle; *an ~ education center* narodni univerzitet (W: narodno sveučilište) 3. pornografski; *~ films* pornografski filmovi

adult education obrazovanje odraslih

a·dul·ter·ate I [ə'dəltərejt] *a* 1. nečist, krivotvoren, zaprljan 2. preljubnički

adulterate II *v tr* pokvariti, krivotvoriti, zaprljati
a·dul·ter·a·tion [ədəltə'rejšən] *n* kvarenje, krivotvorenje
a·dul·ter·er [ə'dəltərə(r)] *n* preljubnik, brakolomac
a·dul·ter·ess [ə'dəlt(ə)ris] *n* preljubnica, brakolomnica
a·dul·ter·ine [ə'dəltərajn], [*i*] *a* 1. lažan, krivotvoren 2. nedozvoljen, nezakonit 3. rođen iz preljube, vanbračni
a·dul·ter·ous [ə'dəlt(ə)rəs] *a* preljubnički, brakoloman
a·dul·ter·y [ə'dəlt(ə)rij] *n* preljuba, brakolomstvo; *thou shalt not commit ~!* ne čini preljube!
a·dult·hood [ə'dəlt·hud] *n* odraslost, zrelo doba
ad·um·brate ['ae'dəmbrejt] *v tr* 1. ocrtati, skicirati 2. neodređeno naznačiti
ad·um·bra·tion [aedəm'brejšən] *n* skica, skiciranje
a·dust [ə'dəst] *a* 1. spaljen, spržen 2. melanholičan
ad·vance I [aed'vaens]; [*a*] *n* 1. kretanje napred (naprijed), napredovanje 2. akontacija; *a travel ~* akontacija za putovanje 3. (in *pl*) pokušaji približavanja, udvaranje; *she rejected his ~s* odbila je njegova udvaranja 4. (mil.) napredovanje, nastupanje; *to hold up (press, resume) an ~* zadržati (razviti, obnoviti) nastupanje 5. misc.; *in ~* unapred (unaprijed)
advance II *a* 1. (mil.) isturen; *an ~ base* isturena baza; *an ~ command post* istureno komandno mesto (mjesto) 2. (mil.) čelni; *an ~ detachment* čelni odred; *an ~ point* čelna patrola 3. prethodan; *~ information* prethodno obaveštenje (obavještenje)
advance III *v* 1. *tr* krenuti napred (naprijed); isturiti 2. *tr* unaprediti (unaprijediti); *to ~ smb. to a higher rank* proizvesti nekoga u viši čin (see also promote) 3. *tr* izložiti; *to ~ one's views* izložiti svoja gledišta 4. *intr* ići napred (naprijed); napredovati; *to ~ in one's career* napredovati u svojoj karijeri 5. *intr* (mil.) napredovati, nastupiti; (of a sentry) *~ to be recognized!* napred! 6. misc.; (tech.) *to ~ the spark* regulisati pretpaljenje
ad·vanced [~d] *a* 1. see advance II 1; *an ~ base* isturena baza; *an ~ position* prednji položaj 2. viši; *an ~ course* viši kurs (tečaj) 3. napredan; *~ ideas* napredne ideje (see also progressive) 4. poodmakli; *in the ~ stages of pregnancy* u poodmaklim mesecima (mjesecima) trudnoće
advanced standing (placement) priznanje prethodno položenog ispita
advance guard prethodnica, avangarda
advance man (pol.) pomoćnik (političkog kandidata) koji pravi aranžmane za mitinge i govore za vreme (vrijeme) izborne kampanje
ad·vance·ment [~mənt] *n* 1. napredovanje 2. unapređenje
advance payment akontacija, avans; kapara
ad·van·tage [aed'vaentidž]; [*a*] *n* 1. preimućstvo, prednost; *to have an ~ over smb.* imati prednost nad (pred) nekim; *an obvious ~* očigledna prednost 2. (tennis) prednost 3. misc.; *to take ~ of smt.* iskoristiti nešto; *to take ~ of smb.* prevariti nekoga
ad·van·ta·geous [aedvaen'tejdžəs], [*ə*] *a* 1. koristan 2. povoljan, pogodan

ad·vent ['aedvent] *n* 1. dolazak 2. (rel., cap.) Advent
Ad·ven·tism [~izəm] *n* adventizam
Ad·vent·ist [~ist] *n* adventista
ad·ven·ti·tious [aedven'tišəs] *a* 1. slučajan 2. (bot.) adventivni
ad·ven·tive [aed'ventiv] *a* (bot.) adventivni
ad·ven·ture I [aed'venčə(r)] *n* 1. pustolovina, avantura; *love of ~* ljubav za pustolovinom *to have an ~* doživeti (doživjeti) avanturu 2. opasan poduhvat 3. doživljaj
adventure II *a* avanturistički; *an ~ story* avanturistički roman
ad·ven·tur·er [~rə(r)] *n* 1. pustolov, avanturista 2. spekulant
ad·ven·ture·some [~səm] *a* see adventurous
ad·ven·tur·ess [~ris] *n* pustolovka, avanturistkinja
ad·ven·tur·ous [~ərəs] *a* 1. pustolovan, avanturistički 2. opasan, riskantan
ad·verb ['aedvə(r)b] *n* (gram.) prilog; *an ~ of manner (place, quantity, time)* prilog za način (mesto — mjesto, količinu, vreme — vrijeme)
ad·ver·bi·al [aed'və(r)bijəl] *a* priloški
ad·ver·sar·y ['aedvə(r)serij]; [*ə*] *n* protivnik, neprijatelj
ad·ver·sa·tive [aed'və(r)sətiv] *a* (gram.) suprotan, adverzativni; *an ~ clause* suprotna rečenica
ad·verse ['aed'və(r)s] *a* 1. protivnički, neprijateljski; *~ criticism* neprijateljska kritika 2. negativan; nepovoljan; *an ~ result* negativan ishod; *~ circumstances* nepovoljne prilike 3. suprotan; *~ winds* suprotni vetrovi (vjetrovi) 4. misc.; *an ~ balance* deficit; *~ fortune* zla sreća
adverse possession (legal) održaj
ad·ver·si·ty [aed'və(r)sitij] *n* zla sreća, zla kob, nesreća; nemaština
ad·ver·tise ['aedvə(r)tajz] *v* 1. *tr* reklamirati; oglasiti; *to ~ a sale* oglasiti prodaju 2. *intr* dati (objaviti) oglas; *to ~ in the newspapers* objaviti oglas u novinama, dati oglas u novine 3. *intr* tražiti; *to ~ for smt.* tražiti nešto putem oglasa
ad·ver·tise·ment [aed'və(r)tismənt], [z] or [aedvə(r)-'tajzmənt] *n* oglas, reklama; afiša; *to publish an ~* objaviti reklamu (oglas)
ad·ver·tis·er ['aedvə(r)tajzə(r)] *n* oglašavač
ad·ver·tis·ing I [~iñg] *n* reklama, (ekonomska) propaganda; *billboard (radio, television) ~* reklama preko plakata (radija, televizije); *newspaper ~* novinska reklama
advertising II *a* reklamni; propagandni; *an ~ agency* reklamna agencija; *~ material* propagandni materijal; *an ~ department* odeljenje (odjeljenje) za propagandu
ad·vice [aed'vajs] *n* 1. savet (savjet); *to give (seek, take) ~* dati (tražiti, primiti) savet; *to offer ~* pružiti savet; *on smb.'s ~* po nečijem savetu 2. (often *pl*) izveštaj (izvještaj)
ad·vis·a·bil·i·ty [aedvajzə'bilətij] *n* korisnost
ad·vis·a·ble [aed'vajzəbəl] *a* koristan, preporučljiv; pametan
ad·vise [aed'vajz] *v tr* 1. savetovati (savjetovati); *I ~d him not to go there* savetovao sam ga (mu) da ne ide tamo 2. obavestiti (obavijestiti)

ad·vis·ed·ly [aed'vajzidlij] *adv* promišljeno; pametno

ad·vise·ment [aed'vajzmənt] *n* razmatranje

ad·vis·er, ad·vis·or [~ə(r)] *n* savetnik (savjetnik); savetodavac (savjetodavac)

ad·vi·so·ry I [~rij] *n* izveštaj (izvještaj)

advisory II *a* savetodavan (savjetodavan)

ad·vo·ca·cy ['aedvəkəsij] *n* zastupanje, zauzimanje

ad·vo·cate I ['aedvəkit], [ej] *n* zastupnik, advokat, pobornik; *an ~ of capital punishment* pristalica (W: pristaša) smrtne kazne

advocate II [~ejt] *v tr* zauzimati se (za), zalagati se (za); *to ~ reform* zauzimati se za reformu

adz, adze [aedz] *n* bradva, tesla

Ae·ge·an [i'džijən] *a* egejski

Aegean Sea Egejsko more

ae·gis ['ejdžis] *n* egida, zaštita, okrilje; *under smb.'s ~* pod nečijom zaštitom (nečijim okriljem)

a·e·ne·ous, a·e·ne·us [ej'ijnijəs] *a* bakarne boje

ae·on see **eon**

aer·ate ['ejrejt] *v tr* 1. zasititi ugljenom kiselinom 2. snabdeti (snabdjeti) vazduhom (W: zrakom), provetriti (provjetriti)

ae·ra·tion [ejr'ejšən] *n* 1. zasićavanje ugljenom kiselinom, 2. ventilacija

aer·i·al I ['ejrijəl], [ej'irijəl] *n* (usu. Br.) antena (see also **antenna** 1)

aerial II *a* vazdušan (W: zračan), avionski; *~ combat* vazdušna borba; *an ~ photograph* avionski snimak; *~ photography* aerofotografija; *~ refueling* snabdevanje (snabdijevanje) gorivom u vazduhu (W: zraku); *~ surveillance* osmatranje iz vazduha

aer·i·al·ist ['ejrijəlist] *n* akrobata

aer·ie, aer·y ['ejrij], ['aerij], ['irij] *n* 1. visoko gnezdo (gnijezdo) ptice grabljivice 2. (fig.) kuća, tvrđava na visokoj steni (stijeni)

aer·o·bic [ejr'oubik] *a* aerobični

aer·o·bics *n* aerobik

aer·o·drome (usu Br.) see **airdrome**

aer·o·dy·nam·ics [ejroudaj'naemiks] *n sgn* or *pl* aerodinamika

aer·o·dyne ['ejrədin] *n* vazduhoplov (W: zrakoplov) teži od vazduha (W: zraka)

aer·o·foil (usu. Br.) see **airfoil**

aer·o·gram ['ejrəgraem] *n* 1. radiogram 2. aerogram, avionsko pismo napisano na standardnom formularu (koje se savija u obliku konverta)

aer·o·lite ['ejrəlajt] *n* aerolit

aer·o·me·chan·ics [ejroumi'kaeniks] *n* aeromehanika

aer·o·med·i·cine [ejrou'medəsin] *a* vazduhoplovna (W: zrakoplovna) medicina

aer·o·nau·tic [ejrə'notik] *a* vazduhoplovni (W: zrakoplovni); *~ maps* navigacione karte

aer·o·nau·ti·cal [~əl] see **aeronautic**

aer·o·nau·tics [~s] *n sgn* aeronautika

aer·o·plane (usu. Br.) see **airplane**

aer·o·sol ['ejrəsoul], [o] *n* aerosol

aerosol bomb aerosol-boca

aer·o·space ['ejrouspejs] *a* vazduho-kosmički (W: zrako-kosmički)

aer·o·stat ['ejroustaet] *n* aerostat

aer·o·stat·ic [ejrou'staetik] *a* aerostatički

aer·o·stat·ics [~s] *n* aerostatika

aer·tex ['ej(r)teks] *n* (Br.) vrsta tkanine

ae·ru·go [i'rūgou] *n* bakarna rđa

Ae·so·pi·an [ij'soupijən] *a* ezopovski

aes·thete ['esthijt]; [*ij*] *n* esteta

aes·thet·ic [es'thetik] *a* estetski, estetičan

aes·thet·i·cism [es'thetəsizəm] *n* esteticizam

aes·thet·ics [es'thetiks] *n* estetika

aes·ti·val ['estəvəl], [es'tajvəl] *a* letnji (ljetnji)

aes·ti·vate ['estivejt] *v intr* 1. provesti leto (ljeto) 2. prespavati leto

aes·ti·va·tion [estə'vejšən] *n* provođenje leta (ljeta) u snu

ae·ther Br.; see **ether**

ae·ti·ol·o·gy Br.; see **etiology**

a·far [ə'fa(r)] *adv (from ~)* izdaleka, nadaleko, u (na) daljini

af·fa·bil·i·ty [aefə'bilətij] *n* ljubaznost, þrijatnost

af·fa·ble ['aefəbəl] *a* ljubazan, prijatan

af·fair [ə'fej(r)] *n* 1. posao, stvar; predmet; *~s of state* državni poslovi; *a minister of foreign ~s* ministar spoljnih (W: vanjskih) poslova; *to conduct foreign ~s* upravljati spoljnim poslovima; *to meddle in smb. else's ~s* mešati (miješati) se u tuđa posla; *an ~ of honor* stvar časti 2. afera; *a love ~* ljubavna veza; *to be involved in an ~* biti umešan (umiješan) u aferu; *to have an ~ with smb.* živeti (živjeti) s nekim 3. misc.; (colloq.) *our first car was a ramshackle ~* naša prva kola bila su prava olupina

af·fect I ['aefekt] *n* (psych.) osećanje (osjećanje)

affect II [ə'fekt] *v tr* 1. uticati; *to ~ one's health* uticati na nečije zdravlje 2. dirnuti, ganuti; *deeply ~ed* duboko ganut 3. (med.) napasti, zaraziti

affect III [ə'fekt] *v tr* 1. podražavati 2. praviti se, glumiti; *to ~ indifference* glumiti ravnodušnost; *he ~ed ignorance* napravio se kao da ništa ne zna

af·fec·ta·tion [aefek'tejšən] *n* afektacija, prenemaganje; glumljenje; *an ~ of cordiality* glumljenje ljubaznosti

af·fect·ed I [ə'fektid] *a* see **affect** II; *~ by disease* oboleo (obolio)

affected II *a* see **affect** III; izveštačen (izvještačen), neprirodan, usiljen

af·fec·tion [ə'fekšən] *n* 1. naklonjenost, ljubav *to feel ~ for smb,* osećati (osjećati) naklonjenos prema nekome 2. (often *pl*) osećaj (osjećaj) 3. (med.) oboljenje; *an ~ of the lungs* oboljenje pluća

af·fec·tion·ate [ə'fekšənit] *a* nežan (nježan); srdačan; *~ care* nežno staranje; *an ~ greeting* srdačan pozdrav; (at the close of a letter) *yours ~ly* ... voli te tvoj ...

af·fec·tive [ə'fektiv] *a* (psych.) osećajni (osjećajni)

af·fer·ent ['aefərənt] *a* dovodni

af·fi·ance [ə'fajəns] *v tr* see **betroth**

af·fi·ant [~ənt] *n* zaklet svedok (svjedok)

af·fi·da·vit [aefə'dejvit] *n* pismen iskaz, pismena izjava (pod zakletvom); *to file an ~* dati iskaz

af·fil·i·ate I [ə'filijit] *n* 1. filijala, podružnica 2. partner

affiliate II [~ejt] *v* 1. *tr* usvojiti; udružiti; *to* ~ *oneself* udružiti se 2. *intr* udružiti se; *to* ~ *with smb.* udružiti se sa nekim

af·fil·i·a·tion [~'ejšən] *n* 1. udruženje 2. veza

affiliation order (Br.; legal) sudska naredba o izdržavanju vanbračnog deteta (djeteta)

af·fin·i·ty [ə'finətij] *n* 1. srodstvo; srodnost 2. afinitet, (uzajamna) privlačnost; blagonaklonost; *to have on* ~ *for smt.* biti sklon nečemu, naginjati nečemu

affinity group grupa putnika s pravom popusta na čarter-letovima

af·firm [ə'fə(r)m] *v tr* potvrditi, afirmirati

af·fir·ma·tion [aefə(r)'mejšən] *n* potvrđenje, tvrdnja, afirmacija

af·firm·a·tive I [ə'fə(r)mətiv] *n* saglasnost; potvrđivanje; *to answer in the* ~ potvrdno odgovoriti; *to be for the* ~ biti za

affirmative II *a* potvrdan; afirmativan; *an* ~ *answer* potvrdan odgovor

affirmative action (Am.) davanje prednosti članovima nekih manjina pri zapošljavanju

af·fix [ə'fiks] *v tr* 1. pričvrstiti, prilepiti (prilijepiti) 2. udariti; *to* ~ *a seal* udariti pečat 3. misc.; *to* ~ *blame to smb.* pripisati krivicu nekome; *to* ~ *one's signature to a document* potpisati dokumenat

af·fla·tus [ə'flejtəs] *n* nadahnuće; impuls

af·flict [ə'flikt] *v tr* zadati bol; mučiti

af·flic·tion [~kšən] *n* 1. bol, patnja, jadost; mučenje 2. nevolja

af·flu·ence ['aefluəns] *n* bogatstvo, izobilje

af·flu·ent I [~ənt] *n* pritoka

affluent II *a* 1. koji obilno teče 2. bogat, imućan

af·flux ['aefləks] *n* priliv, priticanje

af·ford [ə'fo(r)d] *v tr* 1. dati; pružiti; *to* ~ *consolation (an opportunity)* pružati utehu — utjehu (priliku) 2. moći podneti (podnijeti), biti u stanju, moći; *he can* ~ *it* njegova mu sredstva to dopuštaju; *I cannot* ~ *a new car* nemam novaca za nova kola; or: nisam u stanju da kupim nova kola; *he can* ~ *to keep a horse* on je dovoljno bogat da drži konja

af·ford·a·ble [~əbəl] *a* dostupan; *an* ~ *price* dostupna cena (cijena)

af·for·est [ə'forist], [a] *v tr* pošumiti

af·for·es·ta·tion [əfori'stejšən], [a] *n* pošumljavanje

af·f⋯·n·chise [ə'fraenčajz] *v tr* osloboditi (ropstva, obaveze)

af·fray [ə'frej] *n* tuča, gužva

af·fri·cate ['aefrikit] *n* (ling.) afrikata

af·fric·a·tive I [ə'frikətiv] *n* afrikata (also **affricate**)

affricative II *a* afrikativan, afrikatni

af·front I [ə'frənt] *n* uvreda, odbijanje

affront II *v tr* uvrediti (uvrijediti), odbiti

af·fu·sion [ə'fjūžən] *n* polevanje

Af·ghan I [ˈaefgaen], [ə] *n* Avganistanac

Afghan II *a* avganistanski

Af·ghan·i·stan [aef'gaenəstaen] *n* Avganistan

a·fi·ci·o·na·do [əfijsijə'nadou] (-s) *n* (Spanish) poklonik, ljubitelj (see **devotee**)

a·field [ə'fijld] *adv* napolju (W: vani); *far* ~ daleko od puta

a·fire [ə'faj(r)] *pred a* gorući, zapaljen

A.F.L. [ejef'el] *abbrev.* of **American Federation of Labor**

a·flame [ə'flejm] *pred a* zapaljen

a·float [ə'flout] *pred a* 1. ploveći; *to keep* ~ ostati (držati se) na površini vode; *to set a ship* ~ odsukati brod 2. pokriven vodom 3. misc.; *there's a rumor* ~ glas kruži

a·flut·ter [ə'flətə(r)] *pred a* uzrujan, uznemiren; *he was all* ~ on je bio sav uzrujan

a·foot [ə'fut] *pred a* 1. pešice (pješice) 2. u pokretu

a·fore·men·tioned [ə'fo(r)menšənd] *a* gore pomenut (W: prije spomenut)

a·fore·said [~sed] *a* gore (W: prije) rečen

a·fore·thought [~thot] *a* s predumišljajem; **with malice* ~ s predumišljajem

a·foul [ə'faul] *adv* u sukobu; *to run* ~ *of the law* doći u sukob sa policijom, biti osuđivan

a·fraid [ə'frejd] *pred a* uplašen; *to be* ~ *of smt.* plašiti (bojati) se nečega; (colloq.) *I am* ~ *that I cannot come* na žalost, ne mogu doći; *he is* ~ *to go* (or: *he is* ~ *of going)* boji se da ide; *he is* ~ *of falling* boji se da će pasti; *he was* ~ *of being seen* (or: *he was* ~ *to be seen)* bojao se da ga ne vide; *has he arrived?* — *I'm* ~ *not* da li je stigao? — nažalost, nije

a·fresh [ə'freš] *adv* ponovo

Af·ri·ca ['aefrikə] *n* Afrika

Af·ri·can I [~n] *n* Afrikanac (W: Afričanin)

African II *a* afrički, afrikanski

Af·ri·kaans [aefri'kanz] *n* afrikans (južnoafrički holandski jezik)

Af·ri·kan·der [aefri'kaendə(r)] *n* Afrikander

Af·ri·kan·er [aefri'kanə(r)] *see* **Afrikander**

af·ro ['aefrou] *n* afrofrizura

Afro- (combining form) afrički, afrikanski

aft I [aeft]; [a] (naut.) krmeni

aft II *adv.* (naut.) na krmi

af·ter I [aeftə(r)]; [a] *a* zadnji; repni; (naut.) krmeni; *an* ~ *deck* krmena paluba (see also **stern II**)

after II *prep* 1. posle (poslije); ~ *me (supper, that, a year)* posle mene (večere, toga, godinu dana); *five minutes* ~ *three* pet minuta posle tri 2. za, iza; *one* ~ *the other* jedan za drugim; *repeat* ~ *me* ponovi za mnom; *one misfortune* ~ *the other* nesreća za nesrećom; *shut the door* ~ *you* zatvori vrata za sobom; *wave* ~ *wave* talas za talasom; *I'll go* ~ *him* ići ću za njim 3. po; *he was named* ~ *his uncle* nadenuto (nadjenuto) mu je ime po njegovom stricu 4. po, po ugledu na; ~ *Rubens* po Rubensu 5. misc.; *the day* ~ *tomorrow* prekosutra; *to be* ~ *smb.* goniti nekoga; *what are you* ~? šta (što) tražiš? *to seek* ~ *fame* tražiti slavu; *year* ~ *year* iz godine u godinu; ~ *all my trouble* pored sve moje muke; *look* ~ *the baby* pripazi na dete (dijete); *he takes* ~ *his father* on liči na oca

after III *conj* pošto; ~ *he read the newspaper, he put out the light* pošto je pročitao novine, ugasio je svetlo (svjetlo)

after all ipak, konačno, na kraju krajeva

af·ter·birth [~bə(r)th] *n* posteljica

af·ter·burn·er [~bə(r)rnə(r)] *n* (aviation) komora naknadnog sagorevanja (sagorijevanja)

af·ter·deck [~dek] *n* krmena paluba

af·ter·din·ner [~dinə(r)] *a* zatrpezni; *an* ~ *story* zatrpezna priča

af·ter·ef·fect [∼rəfekt] *n* naknadno dejstvo (djejstvo), naknadna posledica (posljedica)
af·ter·glow [∼glou] *n* (usu. fig.) naknadni sjaj
af·ter·life [∼lajf] *n* zagrobni život
af·ter·math [∼maeth] *n* 1. posledice (posljedice); *the* ∼ *of war* posledice rata 2. druga kosidba
af·ter·most [∼moust] *a* 1. poslednji (posljednji) 2. (naut.) najbliži krmi
af·ter·noon I [∼'nūn] *n* poslepodne (poslijepodne); *he stayed all* ∼ ostao je čitavo poslepodne; *in the* ∼ posle (po) podne
afternoon II *a* popodnevni
af·ter·pains [∼pejnz] *n pl* posleporođajni bolovi (W: poslijeporođajne boli)
af·ters *n pl* (Br.; colloq.) see **dessert**
after shave losion koji se upotrebljava posle (poslije) brijanja
af·ter·shave [∼šejv] *a* koji se upotrebljava posle (poslije) brijanja; *an* ∼ *lotion* losion posle brijanja, kolonjska voda
af·ter·taste [∼tejst] *n* paukus, ukus posle (poslije) jela ili pića
af·ter·thought [∼thot] *n* naknadna misao
af·ter·ward(s) [∼wə(r)d(z)] *adv* docnije, naknadno
a·ga ['agə] *n* aga, gospodar
a·gain [ə'gen] *adv* 1. opet, ponovo 2. misc., *he's himself* ∼ oporavio se; ∼ *and* ∼ više puta; *he might go, and* ∼ *he might not* on može ići, a isto tako može i da ne ide
a·gainst [∼st] *prep* 1. protiv; ∼ *the current* protiv struje; *to struggle* ∼ *smb.* boriti se protiv nekoga 2. o, u; *the waves strike* ∼ *the rocks* talasi udaraju o (u) stene (stijene); *the rain patters* ∼ *the windowpanes* kiša udara o okna 3. na; *to lean* ∼ *a wall* nasloniti se na zid; ∼ *a light background* na svetloj (svijetloj) pozadini 4. suprotno, nasuprot; ∼ *the sun* nasuprot suncu 5. uz; ∼ *the grain* uz dlaku; *leaning* ∼ *a table* prislonjen uz sto (stol) 6. protivan; *to be* ∼ *smt.* biti protivan nečemu
a·gam·ic [ej'gaemik] *a* (biol.) bespolan
a·gape [ə'gejp], [ae] *pred a* zapanjen; *his mouth was* ∼ blenuo je
a·gar ['ejga(r)], [a] *n* agar (supstanca slična želatinu)
ag·a·ric ['aegərik], [ə'gaerik] *n* pečurka
ag·ate ['aegit] *n* ahat (ukrasni kamen)
a·ga·ve [ə'gavij]; [ej] *n* (bot.) agava
age I [ejdž] *n* 1. doba, period, epoha; *the atomic (bronze, iron, stone)* ∼ atomsko (bronzano, gvozdeno, kameno) doba; *the* ∼ *of enlightenment* epoha prosvećenosti (prosvijećenosti) 2. starost; *to live to a ripe old* ∼ doživeti (doživjeti) duboku starost; *to be of the same* ∼ biti istih godina; *according to* ∼ po godinama starosti; *the infirmities of* ∼ slabosti starosti; *in one's old* ∼ pöd starost 3. uzrast; *without regard to* ∼ bez obzira na uzrast 4. misc.; ∼*es yet unborn* pokolenja (pokoljenja) još nerođena; *for* ∼*es* vrlo dugo; (legal; for à female) ∼ *of consent* punoletnost (punoljetnost); *to be under* ∼ biti maloletan (maloljetan); *to come of* ∼ postati punoletnim (punoljetnim); *he doesn't look his* ∼ dobro se drži

age II *v* 1. *tr* ostariti 2. *intr* ostareti (ostarjeti) 3. *intr* sazreti; *cognac* ∼*s in casks* vinjak sazreva (sazrijeva) u buradi
a·ged *a* 1. ['ejdžid] u godinama, star; *an* ∼ *gentleman* star čovek (čovjek); (as *n pl) the* ∼ stari ljudi 2. [ejdžd] star; ∼ *three* star tri godine
age·ing (Br.) see **aging**
age·ism [∼izm] *n* predrasuda protiv starijih osoba
age·less [∼lis] *a* večit (vječit), koji ne stari
age limit starosna granica
a·gen·cy ['ejdžənsij] *n* 1. agencija; *a news (tourist)* ∼ novinska (turistička) agencija 2. društvo; *a consumer protection* ∼ društvo za zaštitu potrošača 3. posredovanje, posredstvo
a·gen·da [ə'džendə] *n* dnevni red; program rada; *to be on the* ∼ biti na dnevnom redu; *to place smt. on the* ∼ uneti (unijeti) nešto u dnevni red
a·gen·e·sis [əj'dženəsis] *n* nerazvijenost
a·gent ['ejdžənt] *n* 1. agent, zastupnik 2. (pokretna) sila; *physical* ∼*s* prirodne sile 3. vršilac, činilac 4. sredstvo, uzrok; *to be the* ∼ *of one's own undoing* biti uzrok svoje propasti; *a cleaning* ∼ sredstvo za čišćenje
ag·glom·er·ate I [ə'glamərit]; [o] *n* aglomerat; gomila, skupina
agglomerate II *a* nagomilan
agglomerate III [∼ejt] *v tr* nagomilati
ag·glom·er·a·tion [əglamə'rejšən]; [o] *n* aglomeracija, gomila
ag·glu·ti·nate [ə'glūt(ə)nejt] *v* (usu. ling.) 1. *tr* spojiti, aglutinirati 2. *intr* spojiti se, aglutinirati se
ag·glu·ti·na·tion [əglūt(ə)'nejšən] *n* (usu. ling.) aglutinacija
ag·glu·ti·na·tive [ə'glūt(ə)'nejtiv] *a* (usu. ling.) aglutinativni
ag·gran·dize [ə'graendajz] *v tr* povećati
ag·gran·dize·ment [∼dəjzmənt], [i] *n* povećanje
ag·gra·vate ['aegrəvejt] *v tr* 1. pogoršati; otežati; *to* ∼ *a situation* pogoršati situaciju 2. (colloq.) sekirati, dosaditi
ag·gra·vat·ing [∼iŋg] *a* see **aggravate**; ∼ *circumstances* otežavajuće okolnosti; (colloq.) koji dosaduje
ag·gra·va·tion [aegrə'vejšən] *n* 1. pogoršanje; otežavanje 2. (colloq.) sekiracija, dosadivanje
ag·gre·gate I ['aegrəgit] *n* celina (cjelina), masa; *in the* ∼ skupno
aggregate II *a* ukupan; *an* ∼ *amount* ukupan iznos
aggregate III [∼ejt] *v tr* 1. skupiti 2. iznositi
ag·gre·ga·tion [aegrə'gejšən] *n* 1. skupljanje 2. skup, masa; (phys.) *state of* ∼ agregatno stanje
ag·gres·sion [ə'grešən] *n* agresija; *a war of* ∼ agresivan rat; *to commit* ∼ *(against)* izvršiti agresiju (na); *unprovoked* ∼ neizazvana agresija
ag·gres·sive [ə'gresiv] *a* agresivan, napadački; nasrtljiv
ag·gres·sive·ness [∼nis] *n* agresivnost; nasrtljivost
ag·gres·sor [ə'gresə(r)] *n* agresor
ag·grieve [ə'grijv] *v tr* 1. ožalostiti 2. oštetiti
ag·grieved [∼d] *a* 1. ožalošćen 2. (legal) oštećen; *the* ∼ *party* oštećeni
ag·gro ['aegrou] *n* (Br.; slang) tuča, gužva

a·ghast [ə'gaest]; [a] a zaprepašćen; uplašen
ag·ile ['aedžil]; [aj] a okretan, gibak, agilan
a·gil·i·ty [ə'džilətij] a okretnost, gipkost, agilnost
ag·ing ['ejdžiñg] n starenje
ag·i·o ['aedžijou] n ažija
ag·i·o·tage ['aedžijətidž] n ažioataža, igra na berzi
(W: burzi)
ag·i·tate ['aedžitejt] v 1. tr uzburkati 2. tr uzrujati
3. intr agitovati; to ~ for reform agitovati za
reformu
ag·i·ta·tion [aedžə'tejšən] n 1. uzburkavanje; uz-
burkanost 2. agitacija, podsticanje
ag·i·ta·tor ['aedžətejtə(r)] n agitator, podstrekač
a·gleam [ə'glijm] pred a blistav
ag·let ['aeglit] n naperak, metalni kraj vrpce
a·glim·mer [ə'glimə(r)] pred a svetlucav (svjetlucav)
a·glit·ter [ə'glitə(r)] pred a sjajan
a·glow [ə'glou] pred a ozaren
ag·nail ['aegnejl] n zanoktica (see also hangnail)
ag·nate ['aegnejt] n rođak po ocu
ag·no·men [aeg'noumən] (agnomina [aeg'namənə];
[o]) n nadimak
ag·nos·tic I [aeg'nastik]; [o] n agnostik
agnostic II a agnostički
ag·nos·ti·cism [aeg'nastəsizəm]; [o] n agnosticizam
a·go [ə'gou] adv pre (prije); a year ~ pre godinu
dana; long ~ u davnoj prošlosti; not long ~
nedavno; some time ~ pre izvesnog (izvjesnog)
vremena
a·gog [ə'gag]; [o] a nestrpljiv, uzbuđen; to be
all ~ to hear the news goreti (gorjeti) od želje
da čuje vesti (vijesti)
ag·o·nis·tic [aegə'nistik] a polemičan; borben
ag·o·nis·ti·cal [~əl] see agonistic
ag·o·nize ['aegənajz] v 1. tr mučiti 2. intr mučiti se,
muku mučiti; to ~ over a decision dugo se
kolebati povodom (donošenja) odluke
ag·o·nized [~d] a očajan
ag·o·ny ['aegənij] n 1. agonija, patnja, muka; the
~ of despair agonija očajanja; the final ~
agonija smrti, samrtne muke 2. borba
ag·o·ra·pho·bi·a [aegərə'foubijə] n agorafobija,
strah od velikog prostora
a·graffe, agrafe [ə'graef] n kopča
a·grar·i·an I [ə'grejrijən] n agrarac
agrarian II a agrarni; ~ reform agrarna reforma
a·grar·i·an·ism [~izəm] n agrarizam
a·gree [ə'grij] v intr (cf. 8) 1. složiti se, pristati,
saglasiti se; I ~ slažem se; to ~ to a proposal
pristati na predlog, složiti se s predlogom
2. slagati se, podudarati se; your report does
not ~ with the facts vaš izveštaj (izvještaj) se ne
slaže s činjenicama 3. složiti se, dogovoriti se;
sporazumeti (sporazumjeti) se; they ~d on the
terms of the contract sporazumeli su se o uslo-
vima ugovora 4. ugovoriti; to ~ on technical
details ugovoriti tehničke detalje 5. (gram.) sla-
gati se; an adjective ~s with a noun in gender,
number, and case pridev (pridjev) se slaže sa
imenicom u rodu, broju i padežu 6. obavezati
se; he ~d to finish the job obavezao se da završi
taj posao 7. prijati; this wine does not ~ with
me ovo vino mi ne prija; walking ~s with me
hodanje mi prija 8. (Br.; tr) primiti, priznati
a·gree·a·bil·i·ty [əgrijə'bilətij] n 1. prijatnost 2. sa-
glasnost

a·gree·a·ble [ə'grijəbəl] a 1. prijatan 2. saglasan;
to be ~ to smt. slagati se s nečim
a·gree·a·ble·ness [~nis] n see agreeability
a·greed [ə'grijd] a 1. ugovoren; at the ~ place na
ugovorenom mestu (mjestu) 2. saglasan; all
are ~ svi su saglasni; ~! pristajem!
a·gree·ment [~mənt] n 1. sporazum, ugovor; to
come to an ~ dogovoriti se, doći do sporazu-
ma; to break (conclude, sign) an ~ raskinuti
(sklopiti, potpisati) ugovor; to reach an ~
postići sporazum; a sales ~ ugovor o kupo-
prodaji; a divorce by mutual ~ sporazuman
razvod; according to an ~ po sporazumu
2. sklad, saglasnost; sloga; in ~ with the
constitution u skladu (saglasnosti) sa ustavom
3. (gram.) slaganje, kongruencija ~ in case
(gender, number) slaganje u padežu (rodu,
broju)
ag·ri·cul·tur·al [aegri'kəlčərəl] a poljoprivredni;
(esp. Br.) ~ products poljoprivredni proizvodi;
(esp. Br.) ~ labourers poljoprivredni radnici
(see also farm II)
ag·ri·cul·ture ['aegrikəlčə(r)] n poljoprivreda
ag·ri·mo·ny ['aegrəmounij] n (bot.) petrovac,
turika
ag·ro·nom·ic [aegrə'namik]; [o] a agronomski
ag·ro·nom·ics [~s] n see agronomy
a·gron·o·mist [ae'grənəmist]; [o] n agronom
a·gron·o·my [~mij] n agronomija
a·ground [ə'graund] adv nasukan; to run ~ nasu-
kati se, nasesti
a·gue ['ejgjū] n groznica
ah [a] interj (ex. various emotions) oh
a·ha [a'ha] interj (ex. surprise) aha, gle
a·head [ə'hed] 1. adv napred (naprijed); to look ~
gledati napred; go ~ nastavi, produži; there is
danger ~ opasnost je blizu; go straight ~ idi
pravo napred; to get ~ of smb. prestići nekoga;
to get ~ napredovati full speed ~! napred pu-
nom parom! (sports) to be ~ by three points
voditi sa tri poena 2. prep (~ of) ispred; ~ of
us ispred nas
a·hem [ə'hem] interj (ex. doubt, warning) hm
a·hol·ic [ə'holik] (combining form) opsednut
(opsjednut); a workaholic radomanijak, onaj
koji je opsednut radom
a·hoy [ə'hoj] interj (usu. naut.) hoj; boat ~! čamac
hoj!
aid I [ejd] n 1. pomoć; financial ~ novčana pomoć;
to offer smb. ~ pružiti nekome pomoć; first ~
prva pomoć 2. pomoćnik 3. pomoćno sredstvo;
teaching ~s nastavna sredstva; navigational ~s
sredstva za navigaciju
aid II v tr pomoći; to ~ smb. pomoći nekome
(nekoga); we ~ed him to reach his goal po-
mogli smo mu da postigne cilj
aide [ejd] n 1. pomoćnik 2. (mil.) ađutant
aide-de-camp [ejd-də-'kaemp] (aides-de-camp [ejdz-
~]) n (mil., French) ađutant
aide-mé·moire [ejd-mejm'wa(r)] (aides-mémoire
[ejdz-~]) n (dipl., French) promemorija
aid fund blagajna; a mutual ~ blagajna uzajamne
pomoći
AIDS [ejdz] abbrev. of Acquired Immune Defi-
ciency Syndrome sindrom stečene imunološke
deficitnosti, sida (iz francuskog)

ai·gret [ej'gret] *n* kićanka
ai·grette see aigret
ail [ejl] *v* 1. zadati bol; boleti (boljeti); *what* ~*s him?* šta (što) ga boli? or: šta mu je? 2. biti bolestan; *he was* ~*ing from a cold* prehladio se
ai·le·ron ['ejlərən]; [o] *n* krilce
ail·ment ['ejlmənt] *n* oboljenje; *a slight* ~ lako oboljenje
aim I [ejm] *n* 1. nišanjenje; *to take* ~ *at smt.* uzeti nešto na nišan 2. cilj, meta; *to miss one's* ~ promašiti svoj cilj
aim II *v* 1. *tr* and *intr* nišaniti, navoditi; gađati, ciljati; *to* ~ *at smt.* nišaniti (gađati) na nešto; ~*!* nišani!; *to* ~ *a missile* navoditi raketu; (fig.) *he's* ~*ing at me* on cilja na mene 2. *intr* ciljati; truditi se; *to* ~ *high* ciljati visoko; *he* ~*s to please* on se trudi da ugodi; (fig.) *to* ~ *at a professorship* pucati na profesuru 3. usu. *tr* uperiti, upraviti; *to* ~ *a rifle at smb.* uperiti pušku (puškom) na nekoga; *the remark was* ~*ed at the boss* primedba (primjedba) je bila uperena na šefa
ain't [ejnt] not standard; = *am not, are not, is not*
air I [ej(r)] *n* 1. vazduh (W: zrak); *in the* ~ u vazduhu (also fig.); *bumpy* ~ nemiran vazduh; *fresh (night)* ~ svež — svjež (noćni) vazduh *the* ~ *is damp* vazduh je vlažan; *to build castles in the* ~ zidati kule u vazduhu; *to get some fresh* ~ izaći na vazduh 2. držanje, stav; izgled; *a haughty* ~ oholo držanje; *a triumphant* ~ pobednički (pobjednički) stav 3. (in *pl*) oholo ponašanje; *to put on* ~*s* praviti se važan 4. melodija 5. misc.; *to walk on* ~ sanjariti; *up in the* ~ u potpunoj neizvesnosti (neizvjesnosti); *to go on the* ~ početi radio-emisiju; *to travel by* ~ putovati avionom; **hot* ~ brbljanje; **to get the* ~ biti otpušten
air II *a* vazdušni (W: zrački)
air III *v* *tr* 1. (also: *to* ~ *out)* provetriti (provjetriti); *to* ~ *(out) a room* provetriti sobu 2. prosušiti 3. izneti (iznijeti), ventilisati; *to* ~ *an opinion* izneti mišljenje
air alert vazdušna (W: zračna) uzbuna
air attaché vazduhoplovni vojni ataše
air attack napad iz vazduha (W: zraka)
air bag vazdušni jastuk (koji štiti vozača automobila pri sudaru)
air base vazduhoplovna (W: zrakoplovna) baza
air bed gumeni dušek napunjen vazduhom (W: zrakom)
air·borne ['ej(r)bo(r)n] *a* vazdušnodesantni (W: zračnodesantni); *an* ~ *assault* vazdušnodesantni napad; ~ *troops* vazdušnodesantne jedinice
air brake vazdušna (W: zračna) kočnica
air·bus [~bəs] *n* aerobus, avion za prevoz većeg broja putnika na male razdaljine
air cleaner prečistač za vazduh (W: zrak)
air·con·di·tion [~ kəndišən] *v* *tr* klimatizovati
air conditioner *n* erkondišener, klima-uređaj, klimatizer
air conditioning klimatizacija, erkondišn
air-cooled [~-küld] *a* vazdušno (W: zračno) hlađen; *an* ~ *engine* vazdušno hlađen motor
air corridor vazdušni (W: zrački) koridor
air cover zaštita pomoću avijacije

air·craft I [~kraeft]; [a] *(pl* usu. has zero; occ. it has -*s)* *n* avion, vazduhoplov (W: zrakoplov)
aircraft II *a* avionski; *an* ~ *engine* avionski motor
aircraft carrier *n* nosač aviona
air·craft(s)·man [~kraeft(s)mən]; [a] (-*men* [min]) *n* (Br., Canadian) vojnik u avijaciji
aircraft mechanic aviomehaničar
air defense protivvazdušna odbrana (W: protuzračna obrana)
air·drome [~droum] *n* aerodrom (see also airport)
air·drop I [~drap]; [o] *n* 1. vazdušni (W: zračni) desant 2. izbacivanje tereta iz vazduha (W: zraka)
airdrop II *v* *tr* izbaciti (iz vazduha — W: zraka)
air·field [~fijld] *n* aerodrom
air·flow [~flou] *n* protok vazduha (W: zraka)
air force ratno vazduhoplovstvo (W: zrakoplovstvo)
air freight avio-prevoz tereta
air freshener osvežavač vazduha (W: osvježivač zraka)
air·i·ly [~rəlij] *adv* neozbiljno, lako
air·ing [~ring] *n* 1. provetravanje (provjetravanje), ventilacija 2. iznošenje u javnost
air-landed *a* (mil.) desantni sa sletanjem (slijetanjem)
air lane vazdušna (W: zračna) trasa
air·less [~lis] *a* zagušljiv, bezvazdušni (W: bezračni)
air letter avionsko pismo
air·lift [~lift] *n* vazdušni (W: zračni) most
air·line [~lajn] *n* 1. vazdušna (W: zračna) linija 2. vazduhoplovna (W: zrakoplovna) kompanija; *a domestic (feeder, international)* ~ kompanija za unutrašnji (lokalni, međunarodni) saobraćaj
air·lin·er [~lajnə(r)] *n* (veliki) putnički avion
air·lock [~lak]; [o] *n* vazdušna (W: zračna) ustava
air mail avionska pošta; *by* ~ avionskom poštom
air·man [~mən] (-men [min]) *n* 1. vojnik u avijaciji 2. avijatičar
air out *v* see air III 1
air piracy otmica aviona
air·plane [~plejn] *n* avion; *to travel by* ~ putovati avionom; *a military (passenger)* ~ vojni (putnički) avion
air pocket vazdušna (W: zračna) rupa, jama
air pollution aerozagađivanje
air·port [~po(r)t] *n* aerodrom
airport beacon aerodromski radio-far
air power vazdušna (W: zračna) moć
air pressure vazdušni (W: zračni) pritisak
air raid vazdušni (W: zračni) napad
air-raid alarm vazdušna (W: zračna) uzbuna
air-raid shelter sklonište od napada iz vazduha (W: zraka)
air-raid warden (civilni) poverenik (povjerenik) za protivvazdušnu odbranu (W: protuzračnu obranu)
airs see air I 3
air·screw [~skrü] *n* (Br.) see propeller
air-sea rescue služba za spasavanje avionima na moru
air·ship [~šip] *n* vazdušni (W: zračni) brod, vazdušna lađa

air show aeromiting; *to hold (organize) an* ~ održati aeromiting
air·sick·ness [~siknis] *n* vazdušna (W: zračna) bolest
air sock see windsock
air·space [~spejs] *n* vazdušni (W: zračni) prostor
air speed brzina kroz vazduh (W: zrak)
air·stream [~strijm] *n* vazdušna (W: zračna) struja
air strike nalet avijacije
air·strip [~strip] *n* poletno-sletna staza
air superiority prevlast u vazduhu (W: zraku)
air support avijacijska podrška
air terminal vazduhoplovno (W: zrakoplovno) pristanište
air·tight [~tajt] *a* hermetički
air-to-air missile raketa »vazduh—vazduh«
air-to-surface missile raketa »vazduh—zemlja«
air traffic vazdušni (W: zračni) saobraćaj
air·traffic control služba kontrole letenja
air-traffic controller kontrolor letenja
air traveler avionski putnik
air·way [~wej] *n* vazdušni (W: zračni) put
air·wor·thi·ness [~wo(r)thijnis] *n* sposobnost za letenje, plovidbenost (aviona)
air·wor·thy [~wo(r)thij] *a* sposoban za letenje
air·y [~rıj] *a* 1. vazdušast (W: zračan) 2. nestvaran, sanjalački 3. veseo, živ 4. vetrovit (vjetrovit) 5. providan 6. eteričan
aisle [ajl] *n* 1. (Br.) bočna lađa (crkve) 2. prolaz (između sedišta — sjedišta)
a·jar [ə'dža(r)] 1. *pred a* poluotvoren, odškrinut 2. *adv* poluotvoreno, odškrinuto
a·kim·bo [ə'kimbou] *adv* podbočeno; *with arms* ~ podbočenih ruku
a·kin [ə'kin] *a* srodan, istog roda
Ak·ka·di·an [ə'kejdijən] *n* akadski (akadijski) jezik
Al·a·bam·a [aelə'baemə] *n* Alabama
Al·a·bam·an [~n] or Al·a·bam·i·an [~ijən] *n* stanovnik Alabame
al·a·bas·ter ['aeləbaestə(r)]; [a] *n* alabaster
à ia carte [a la 'ka(r)t] (in a restaurant, French) po naružbini
a·lac·ri·tous [ə'laekritəs] *a* 1. revnostan 2. čio; živahan
a·lac·ri·ty [ə'laekritij] *n* 1. revnost 2. čilost; živahnost
à la mode [a lə moud] (cul., French) sa sladoledom; *pie* ~ pita sa sladoledom
a·larm I [ə'la(r)m] *n* 1. uzbuna; alarm; *a false* ~ lažna uzbuna; *to set off an* ~ aktivirati alarm; *to sound the* ~ zvoniti na uzbunu, objaviti uzbunu, dati (znak za) uzbunu (see also air-raid alarm) 2. uređaj za uzbunjivanje, alarmni uređaj; *the* ~ *went off (sounded)* alarmni uređaj je zazvonio na uzbunu (see fire alarm) 3. uzbunjenost, uznemirenost
alarm II *v tr* 1. uzbuniti, alarmirati (see alert III) 2. uznemiriti
alarm clock *n* budilnik
a·larm·ing [~ing] *a* koji uznemiruje, alarmantan
a·larm·ist [~ist] *n* zloslutnik
a·las [ə'laes] *interj* (ex. sorrow, grief) avaj, jao
A·las·ka [ə'laeskə] *n* Aljaska
A·las·kan I [~n] *n* Aljaščanin

Alaskan II *a* sa Aljaske, aljaščanski
a·las·tor [ə'laesto(r)] *n* bog osvetnik
Al·ba·ni·a [ael'bejnijə] *n* Albanija, Arbanija
Al·ba·ni·an I [~n] *n* 1. Albanac, Šiptar 2. albanski jezik
Albanian II *a* albanski, šiptarski
Al·ba·ny ['olbənij] *n* Olbeni
al·ba·tross ['aelbətros] *(pl* has zero or *-es) n* albatros; *black-footed (short-tailed, yellow-nosed)* ~ crnonogi (kratkorepi, žutokljuni) albatros; *wandering* ~ albatros lutalica; * *to be an* ~ *around smb.'s neck* biti nekome na teretu
al·be·it [ol'bijit], [ae] *conj* čak i ako
Al·ber·ta [ael'bə(r)tə] *n* Alberta
al·bin·ism ['aelbənizəm] *n* albinizam
al·bi·no [ael'bajnou]; [ij] *(-s) n* albino
al·bite ['aelbajt] *n* (miner.) albit
al·bum ['aelbəm] *n* album
al·bu·men [ael'bjūmən] *n* belance (bjelance), belanak (bjeljanak), albumen
al·bu·min [ael'bjūmən] *n* belančevina (bjelančevina), albumin
al·bu·mi·nate [~ejt] *n* albuminat
al·bu·mi·nous [~əs] *a* belančevinast (bjelančevinast)
al·chem·i·cal [ael'kemikəl] *a* alhemijski (alkemijski)
al·che·mist ['aelkəmist] *n* alhemičar (alkemičar)
al·che·mize ['aelkəmajz] *v tr* pretvoriti u dragocene (dragocjene) metale
al·che·my ['aelkəmij] *n* alhemija (alkemija)
al·co·hol ['aelkəhol] *n* alkohol; *pure* ~ apsolutni alkohol
al·co·hol·ic I [aelkə'holik] *n* alkoholičar, alkoholik
alcoholic II *a* 1. alkoholni; ~ *beverages* alkoholna pića 2. alkoholičarski, alkoholičan
al·co·hol·ism ['aelkəholizəm] *n* alkoholizam
al·cove ['aelkouv] *n* udubljenje u zidu; niša
al·de·hyde ['aeldəhajd] *n* (chem.) aldehid
al·der ['oldə(r)] *n* (bot.) joha, jova
alder buckthorn (bot.) pazdren (pazdrijen)
al·der·man ['oldə(r)mən] (*-men* [min]) *n* gradski većnik (vijećnik)
al·dol ['aeldol] *n* (chem.) aldol
al·dose ['aeldous], [z] *n* (chem.) aldoza
ale [ejl] *n* (jako) pivo
a·le·a·tor·y ['aelijətorij]; [ə] *a* zavisan od slučaja
a·lee [ə'lij] *adv* (naut.) u zavetrini (zavjetrini)
Al·e·man·nic I [aelə'maenik] *n* alemanski jezik
Alemannic II *a* alemanski
a·lem·bic [ə'lembik] *n* destilator
a·lert I [ə'lə(r)t] *n* (usu. mil.) stanje borbene gotovosti, stanje pripravnosti; *to place on* ~ dovesti u stanje borbene gotovosti, staviti u pripravno stanje; *to be on (the)* ~ biti u pripravnosti
alert II *a* budan; oprezan; ~ *to danger* svestan (svjestan) opasnosti
alert III *v tr* staviti u pripravno stanje, alarmirati
A·leu·tian I [ə'lūšən] *n* 1. Aleut 2. aleutski jezik
Aleutian II *a* aleutski
Aleutian Island *pl* Aleutska ostrva (W: Aleutski otoci)
A level, advanced level (Br.) viši stupanj univerzitetskih prijemnih ispita

ale·wife ['ejlwajf] *n* 1. krčmarica 2. (fish) čepa
Al·ex·an·dri·an [aelig'zaendrijǝn] *a* aleksandrijski
al·ex·an·drine [aelig'zaendrin] *n* aleksandrinac
a·lex·i·a [ǝ'leksijǝ] *n* (med.) aleksija
al·fal·fa [ael'faelfǝ] *n* lucerka, lucerna
al·fres·co [ael'freskou] *a* and *adv* pod vedrim nebom
al·ga ['aelgǝ] *(algae* ['aeldžij]) *n* alga, morska trava
al·ge·bra ['aeldžǝbrǝ] *n* algebra
al·ge·bra·ic [aeldžǝ'brejik] *a* algebarski; *an* ~ *number* algebarski broj; *an* ~ *equation* algebarska jednačina (W: jednadžba)
al·ge·bra·ist [~ist] *n* algebričar, algebrist
Al·ge·ri·a [ael'džijrijǝ] *n* Alžir
Al·ge·ri·an I [~n] *n* Alžirac
Algerian II *a* alžirski
Al·gon·qui·an I [ael'gangkwjǝn]; [o] *n* 1. algonkin 2. algonkinski jezik
Algonquian II *a* algonkinski
al·go·rism ['aelgǝrizǝm] *n* arapski brojni sistem
al·go·rithm ['aelgǝrithǝm] *n* algoritam
a·li·as I ['ejlijes], [lj] *n* pseudonim, lažno (izmišljeno) ime; *under an* ~ pod lažnim imenom
alias II *a* zvani
al·i·bi ['aelǝbaj] *n* alibi; *to prove one's* ~ dokazati svoj alibi
al·i·dade ['aelǝdejd] *n* alhidada
a·li·en ['ejlijǝn], [lj] *n* stranac, strani državljanin
alien II *a* 1. tuđ, stran; tuđozemski; *an enemy* ~ podanik neprijateljske države 2. tuđ, protivan; ~ *to smt.* tuđ nečemu
al·ien·a·ble [~ǝbǝl] *a* otuđiv, koji se može otuđiti
al·ien·ate [~ejt] *v tr* tuđiti, otuđiti; *she is* ~*ing him from his family* ona ga otuđuje od porodice; *to* ~ *colonies (friends)* otuđiti kolonije (prijatelje); *to* ~ *property* otuđiti imovinu; **to* ~ *one's affections* odbiti nečije simpatije
al·ien·a·tion [ejlijǝ'nejšǝn], [lj] *n* 1. otuđenje; *the* ~ *of property* otuđenje imovine 2. otuđenost 3. (obsol.) rastrojstvo
al·ien·ist [~ist] *n* (obsol.) psihijatar
a·light I [ǝ'lajt] *a* zapaljen
alight II -ed or alit [ǝ'lit] *v intr* 1. sići 2. sjahati
a·lign [ǝ'lajn] *v tr* postaviti u liniju; centrirati; poravnati; *to* ~ *wheels* regulisati točkove; *to* ~ *sights* poravnati nišan, nanišaniti
a·lign·ment [~mǝnt] *n* centriranje, regulisanje; *wheel* ~ regulisanje točkova
a·like [ǝ'lajk] 1. *pred a* sličan, nalik, jednak; **they are as* ~ *as two peas in a pod* oni su slični (nalik) kao jaje jajetu 2. *adv* slično, jednako; *they dress* ~ oni se jednako oblače; *to share and share* ~ deliti (dijeliti) podjednako
al·i·ment ['aelǝmǝnt] *n* 1. hrana 2. sredstva za izdržavanje
al·i·men·ta·ry [aeli'ment(ǝ)rij] *a* 1. prehramben 2. probavni; *the* ~ *canal* probavni kanal
al·i·men·ta·tion [aelǝmen'tejšǝn] *n* 1. ishrana 2. izdržavanje, alimentacija
al·i·mo·ny ['aelǝmounij] *n* 1. izdržavanje žene, alimentacija; *to pay* ~ plaćati alimentaciju 2. izdržavanje
a·line·ment see alignment
a·live [ǝ'lajv] (usu. *pred*) *a* 1. živ; *he is still* ~ još je živ; *to be buried* ~ biti živ zakopan; *to*

keep ~ održati u životu; *to burn smb.* ~ spaliti nekoga živog; *no man* ~ niko na svetu (W: nitko na svijetu) 2. svestan (svjestan); ~ *to danger* svestan opasnosti 3. živahan, čio 4. pun; *the street is* ~ *with people* ulica vrvi od ljudi
al·ka·li ['aelkǝlaj] (-*lis* and -*lies:* [lajz]) *n* alkalija
alkali metal alkalni metal
al·ka·line ['aelkǝlin], [aj] *a* alkalni; ~ *earth* alkalna zemlja; *an* ~ *solution* alkalni rastvor; *an* ~ *battery* alkalna baterija
al·ka·loid ['aelkǝlojd] *n* alkaloid
al·ka·net ['aelkǝnǝt] *n* 1. kana za bojenje 2. see bugloss
al·kyd resin ['aelkid] *n* alkidna smola
al·kyl ['aelkil] *n* alkid
al·kyl·a·tion [aelkǝ'lejšǝn] *n* alkilovanje
all [ol] 1. *pron* sve; *that's* ~ to je sve; ~ *the best!* sve najbolje! *who* ~ *came?* ko (tko) je sve došao? ~ *in* ~ sve u svemu; *above* ~ pre (prije) svega, ~ *in good time* sve u svoje vreme (vrijeme) 2. *pron* svi; ~ *came* svi su došli ~ *for one, one for* ~ svi za jednog, jedan za sve 3. *a* sav, ceo (cio); ~ *the food has spoiled* sva hrana se pokvarila; ~ *(the) men* svi ljudi; ~ *the children* sva deca (djeca); ~ *the books* sve knjige; ~ *day* ceo dan; ~ *the time* sve vreme (vrijeme); *with* ~ *my heart* od sveg srca; *in* ~ *respects* u svakom pogledu; *with* ~ *one's might* iz sve snage; ~ *my friends* svi moji prijatelji; *he has lost* ~ *interest in the matter* izgubio je svaki interes za ovu stvar 4. (intensifier) *adv* sav; jako; *he is* ~ *wet* sav je mokar; *her legs are* ~ *swollen* noge su joj jako otekle 5. misc.; ~ *the better* utoliko bolje; *it's* ~ *the same to me* to mi je svejedno; ~ *right* dobro, u redu; *not at* ~ nikako; ~ *over* svuda; *by* ~ *means* na svaki način; ~ *at once* najedanput; ~ *but* skoro, umalo; *he lives* ~ *by himself* on živi sam; *once and for* ~ jednom zasvagda; *it's* ~ *over with them* svršeno je s njima; *that's him* ~ *over* to se od njega i moglo očekivati; ~ *over the world* po celom svetu (cijelom svijetu); *he was not* ~ *there* nije bio sasvim pri čistoj svesti (svijesti); ~ *told* sve uračunato (rečeno); *for* ~ *that* pored svega toga, ipak; *for* ~ *I know* koliko znam; *least of* ~ najmanje; ~ *aboard!* putnici u kola! *on* ~ *fours* četvoronoške; (naut.) ~ *hands on deck!* opšti (opći) zbor! (insurance) ~ *risks* sav rizik; *to go* ~ *out* uložiti maksimalan napor; (usu. sports) *eight* ~ osam — osam; (slang) ~ *wet see* wet II 4; ~ *in* premoren
Al·lah ['aelǝ], [a] *n* Alah
all-A·mer·i·can *a* (amateur sports) jedan od najboljih (u Americi); *he's* ~ *in basketball* on je jedan od najboljih košarkaša u Americi
all-a·round [~-ǝ'raund] *a* svestran
al·lay [ǝ'lej] *v tr* 1. umanjiti; ublažiti; *to* ~ *pain* ublažiti bol 2. umiriti
all clear 1. prekid uzbune 2. (aviation) slobodno: (za poletanje — polijetanje, sletanje — slijetanje)
al·le·ga·tion [aeli'gejšǝn] *n* tvrđenje; iskaz
al·lege [ǝ'ledž] *v tr* potvrditi
al·leged [~(i)d] *a* (see allege) navodni; *the* ~ *reason* navodni razlog

Al·le·ghe·ny Mountains ['aeləgejnij] *pl* Aligeni
al·le·giance [ə'lijdžəns] *n* vernost (vjernost); *a
pledge of* ~ zakletva na vernost
al·le·gor·ic [aelə'gorik] *a* alegoričan
al·le·gor·i·cal [-əl] see **allegoric**
al·le·go·rist ['aeləgorist] *n* alegorist
al·le·go·ri·za·tion [aeləgori'zejšən]; [aj] *n* alegori-
zovanje
al·le·go·rize ['aeləgorajz] *v* 1. *tr* alegorizovati 2. *intr*
govoriti u alegorijama
al·le·go·ry ['aeləgorij]; [ə] *n* alegorija
al·le·gro [ə'legrou] *a* and *adv* (mus.) alegro
al·le·lu·ia [aelə'lūjə] *interj* aliluja (see **hallelujah**)
al·ler·gic [ə'lə(r)džik] *a* alergičan; alergijski; *to
be* ~ *to smt.* biti alergičan na nešto (also fig.);
an ~ *reaction* alergijska reakcija
al·ler·gist ['aelə(r)džist] *n* stručnjak za alergije
al·ler·gy ['aelə(r)dži] *n* alergija; *to cause an* ~
(to smt.) izazvati alergiju (na nešto)
al·le·vi·ate [ə'lijvijejt] *v tr* olakšati, ublažiti; *to* ~
pain ublažiti bol
al·le·vi·a·tion [əlijvij'ejšən] *n* olakšanje, ublaženje
al·ley ['aelij] *n* 1. prolaz (između kuća) 2. uličica,
sokače (see also **blind alley**) 3. (rare) aleja
alley cat *n* mačka koja luta
al·ley·way [~wej] *n* prolaz
All Fools' Day Br.; see **April Fools' Day**
all fours see **four** 1
al·li·ance [ə'lajəns] *n* savez; *to form (enter into) an*
~ *with smb.* sklopiti savez s nekim
al·lied ['aelajd], [ə'lajd] *a* 1. spojen savezom; savez-
ni 2. srodan; ~ *subjects* srodni predmeti
Al·lies ['aelajz], [ə'lajz] *(pl of* **ally** I) (hist., WW I
and WW II) Saveznici
al·li·ga·tor ['aeləgejtə(r)] *n* aligator
all-in *a* (Br.) sveobuhvatan; *an* ~ *price* sveukupna
cena (cijena)
al·lit·er·ate [ae'litərejt] *v* 1. *tr* napisati (kazati)
s aliteracijom 2. *intr* aliterirati
al·lit·er·a·tion [aelitə'rejšən] *n* aliteracija
al·lit·er·a·tive [ə'litərətiv], [ej] *a* aliteracijski
al·lo·cate ['aeloukejt], [ə] *v tr* dodeliti (dodijeliti);
to ~ *responsibility* dodeliti odgovornost
al·lo·ca·tion [aelə'kejšən] *n* dodeljivanje (dodje-
ljivanje), podela (podjela); ~ *of responsibility*
podela odgovornosti
al·lo·cu·tion [aelə'kjūšən] *n* beseda (besjeda), govor
al·log·a·my [ə'lagəmij]; [o] see **cross-fertilization**
al·lo·morph ['aeləmo(r)f] *n* (ling.) alomorf
al·lo·path ['aeləpaeth] *n* alopat
al·lop·a·thy [ə'lapəthij]; [o] *n* alopatija
al·lo·phone ['aeləfoun] *n* (ling.) alofon
al·lo·phon·ic [aelə'fanik]; [o] *a* (ling.) alofonski
al·lot [ə'lat]; [o] *v tr* dodeliti (dodijeliti)
al·lot·ment [~mənt] *n* 1. dodeljivanje (dodjeljiva-
nje) 2. (mil.) *(family)* ~ (porodični) dodatak
(iznos koji se uz redovna primanja isplaćuje
vojnikovoj porodici) 3. (Br.) bašta
all-out [ol-'aut] *a* and *adv* totalan, bezrezervan;
an ~ *attack* odlučan napad svim snagama;
an ~ *war* totalan rat; *to go* ~ postupati ener-
gično (see also **full-scale** 2)
al·low [ə'lau] *v* 1. *tr* dozvoliti, pustiti; *they* ~*ed
us to do that* dozvolili su nam da to uradimo;
smoking is ~*ed* pušenje je dozvoljeno; *to* ~
oneself a luxury dozvoliti sebi raskoš; *I* ~*ed*

him to go pustio sam ga da ide; *she* ~*ed the
soup to get cold* pustila je supu (W: juhu) da se
ohladi 2. *tr* priznati, primiti, pristati (na); *to*
~ *a claim* pristati na zahtev (zahtjev) 3. dati,
dodeliti (dodijeliti); *to* ~ *more time* dati više
vremena 4. *tr* odbiti; *to* ~ *a sum for leakage*
odbiti izvesnu (izvjesnu) svotu na curenje
5. *intr (to* ~ *for)* uzeti u obzir; *to* ~ *for dam-
age* dati popust na kvar 6. *intr* primiti
to ~ *of an excuse* primiti izvinjenje
al·low·ance [~wəns] *n* 1. dopuštanje 2. određena
svota; džeparac; naknada; *his father gives him
a monthly* ~ otac mu dodeljuje (dodjeljuje)
novac mesečno (mjesečno) 3. odbitak; popust;
an ~ *for damage* popust na kvar 4. dodatak;
a per diem (travel) ~ terenski dodatak 5.
olakšica; *an oil depletion* ~ (poreska) olakšica
za trošenje petrolejskih izvora 6. misc.; *to
make (an)* ~ *for smt.* uzeti nešto u obzir
al·low·ed·ly [ə'lauidlij] *adv* kako je priznato
al·loy I ['aeloj], [ə'loj] *n* 1. legura 2. mešavina
(mješavina)
alloy II *v tr* 1. legirati 2. pomešati (pomiješati)
all-pow·er·ful *a* svemoguć
all-pur·pose [~pə(r)pəs] *a* univerzalan; *an* ~
vehicle univerzalno vozilo
all right 1. dobro; ~, *I'll come at six* dobro, doći
ću u šest 2. u redu; *the invoices were* ~ fakture
su bile u redu 3. (osećati se ~ osjećati se)
bolje; *I'm* ~ *now* sad mi je bolje
all-round [~raund] *a* svestran
All Saints' Day (rel.) Svi sveti
All Souls' Day (rel.) Dušni dan
all-spice [~spajs] *n* (bot.) najgvirc, piment
all-star [~sta(r)] *a* najbolji; vrhunski; *with an*
~ *cast* s najboljim glumcima; ~ *athletes* vrhun-
ski sportisti; *an* ~ *team* idealna ekipa, selekcija
all-time [~tajm] *a* svih vremena; *an* ~ *great of
football* jedan od najboljih fudbalera svih vre-
mena
al·lude [ə'lūd] *v intr* aludirati; *to* ~ *to smt.* aludi-
rati na nešto
al·lure I [ə'lū(r)] *n* privlačnost, draž
allure II *v* privući, primamiti
al·lure·ment [~mənt] *n* privlačenje, primamljiva-
nje; draž
al·lur·ing [~riŋ] *a* privlačan, primamljiv
al·lu·sion [ə'lūžən] *n* aluzija; *to make* ~*s to smt.*
praviti aluzije za nešto
al·lu·sive [ə'lūsiv] *a* aluzivan
al·lu·vi·al [ə'lūvijəl] *a* nanosni
al·lu·vi·on [ə'lūvijən] *n* 1. taloženje 2. see **alluvium**
al·lu·vi·um [ə'lūvijəm] *n* nanos, talog
al·ly I ['aelaj], [ə'laj] *n* saveznik (see also **Allies**)
ally II *v.* 1. *tr* vezati savezom; *to be allied to* biti
povezan s; *to* ~ *oneself with* stupiti u savez
s 2. *intr* stupiti u savez, združiti se
al·ma ma·ter ['almə 'matə(r)], [ae] (Latin) škola,
visokoškolska ustanova (koju je neko — netko
svršio); pesma (pjesma) takve škole
al·ma·nac ['olmənaek] *n* almanah, godišnjak
al·might·y [ol'majtij] 1. *a* svemoćan; (as *n) the
Almighty* svemogući bog 2. *a* (colloq.) veliki;
an ~ *din* ogromna buka 3. *adv* (colloq.) veoma
al·mond ['amənd], [ae] *n* badem (cul.; as *a)* ~
sticks štapići od badema

al·mon·er [*ae*lmənə(r)]; [*a*] *n* 1. delitelj (djelitelj) milostinje 2. (Br.) socijalni radnik u bolnici
al·mon·ry [~nrij] *n* 1. stan delitelja (djelitelja) milostinje 2. mesto gde (gdje) se razdaje milostinja
al·most ['ol'moust] *adv* skoro; zamalo, umalo; *I ~ fell* umalo nisam pao; or: zamalo što nisam pao; *she was ~ killed* ona umalo nije poginula; *he ~ made a mistake* umalo da nije pogrešio; *she ~ fainted* ona umalo što nije pala u nesvest (nesvijest)
alms [amz] *n pl* milostinja; *to beg for ~* tražiti milostinju
alms basin posuda za dobrovoljne priloge
alms·house [~haus] (-*ses* [ziz]) *n* ubožnica
alms·man [~mən] (-*men* [min]) *n* primalac milostinje
al·oe ['aelou] *n* (bot.) aloje 2. (in *pl)* alojevo drvo
a·loft [ə'ləfι] *adv* 1. visoko, u visini 2. (naut.) u snasti
a·lone [ə'loun] 1. *pred a* sam, usamljen; *to live ~* živeti (živjeti) sam; *leave me ~* ostavi me na miru; *to leave smt. ~* proći se nečega 2.. *let ~ a kamoli; he doesn't take care of himself let ~ of others* on se ne brine o sebi, a kamoli o drugima
a·long I [ə'ləng] *adv* 1. dalje; *to get ~* napredovati 2. zajedno; *he goes ~ when we hunt* on ide s nama kad lovimo; *come ~ with me* hajde sa mnom; or: hajdmo zajedno; *our guests will be ~ soon* gosti će brzo doći 3. *all ~* sve vreme (vrijeme); *he knew it all ~* znao je to sve vreme
along II *prep* duž; *~ the shore* duž obale
a·long·shore [~'šo(r)] *adv* obalom, duž obale
a·long·side [~'sajd] *adv and prep* pored; (naut.) *to come ~* pristati uz bok
alongside of *prep* pored
a·loof [ə'lūf] *a and adv* daleko; povučen(o), rezervisan(o); *to stand (hold) ~ from* držati se po strani od
a·loof·ness [~nis] *n* povučenost, rezervisanost
al·o·pe·ci·a [aelə'pijšijə] *n* ćelavost
a·loud [ə'laud] *adv* glasno, naglas, čujno; *to read ~* čitati glasno; *reading ~* glasno čitanje
al·pac·a [ael'paekə] *n* alpaka
al·pha ['aelfə] *n* alfa; **the ~ and omega* alfa i omega
al·pha·bet ['aelfəbet], [*i*] *n* azbuka, alfabet, abeceda
al·pha·bet·ic [aelfə'betik] see **alphabetical**
al·pha·bet·i·cal [~əl] *a* azbučni, alfabetski, abecedni; *in ~ order* u azbučnom redu
al·pha·bet·i·za·tion [aelfəbetə'zejšən] *n* uazbučavanje, sastavljanje azbučnim redom
al·pha·bet·ize ['aelfəbətajz] *v tr* uazbučavati, sastavljati azbučnim redom
al·pha·bet·i·zer [~ə(r)] *n* uazbučivač, sastavljač azbučnim redom
alpha particle alfa čestica
alpha ray alfa zrak (W: zraka)
al·pine ['aelpajn] *a* alpski
al·pin·ism ['aelpənizəm] *n* alpinizam
al·pin·ist [~ist] *n* alpinista
Alps [aelps] *n pl* Alpe (Alpi)

al·read·y [ol'redij] *adv* 1. već; *he's back ~* već se vratio 2. ionako; *the ~ tense situation* ionako zaoštrena situacija
al·right see **all right**
Al·sace [ael'saes] *n* Alzac
Al·sa·tian [ael'sejšən] *n* 1. stanovnik Alzaca, 2. (Br.) vučjak (see also **German shepherd**)
al·so ['olsou] *adv* takođe (također)
al·so·ran [~-raen] *a* (colloq.) pobeđen (pobijeđen)
Al·ta·ic [ael'tejik] *n* (ling.) altajski jezici
al·tar ['oltə(r)] *n* oltar, žrtvenik; **to lead a bride to the ~* uzeti za ženu
al·tar·piece [~pijs] *n* oltarski kip
al·ter ['oltə(r)] *v tr* 1. promeniti (promijeniti) 2. prekrojiti; *to ~ a dress* prekrojiti haljinu 3. prepraviti; *to ~ a check (a passport)* prepraviti ček (pasoš) 4. see **castrate**; see **spay**
al·ter·a·tion [oltə'rejšən] *n* 1. promena (promjena) 2. prekrajanje, popravka; *free ~s* besplatna popravka (konfekcije)
al·ter·cate ['oltə(r)kejt] *v intr* svađati se, prepirati se
al·ter·ca·tion [~'kejšən] *n* svađa, prepirka
alter ego (Latin) drugo ja; prisan prijatelj
al·ter·nate I ['oltə(r)nit] *n* zamenik (zamjenik)
alternate II *a* 1. naizmeničan (naizmjeničan); (geom.) *~ angles* naizmenični uglovi 2. alternativni, rezervni 3. (ling.) dubletni; *an ~ form* dubletni oblik 4. svakog drugog; *on ~ days* svakog drugog dana
alternate III [~nejt] *v* 1. *tr* vršiti naizmence (naizmjence) 2. *intr* alternirati
al·ter·na·ting [~iŋg] *a* naizmeničan (naizmjeničan)
alternating current naizmenična (naizmjenična) struja (cf. **direct current**)
al·ter·na·tion [oltə(r)'nejšən] *n* alternacija; (ling.) *consonant ~* konsonantska alternacija
al·ter·na·tive I [ol'tə(r)nətiv] *n* alternativa
alternative II *a* alternativan; *an ~ life style* alternativan način života; *~ energy sources* alternativni izvori energije
al·ter·na·tor ['oltə(r)nejtə(r)] *n* generator naizmeničnog (naizmjeničnog) napona, alternator
al·though [ol'thou] *conj* mada, premda, iako; *~ he is young, he is very serious* iako je mlad, vrlo je ozbiljan
al·tim·e·ter [ael'timətə(r)]; ['aeltimijtə(r)] *n* visinomer (visinomjer)
al·ti·tude ['aeltətūd]; [*tj*] *n* visina; *cruising ~* visina krstarenja
altitude sickness visinska bolest
al·to ['aeltou] (-*s*) *n* (mus.) alt
al·to·geth·er [oltə'gethə(r)] *adv* 1. sasvim; *~ bad* sasvim rđav 2. sve uračunato, ukupno
al·tru·ism ['aeltrūizəm] *n* altruizam
al·tru·ist [~ist] *n* altruist
al·tru·is·tic [aeltrū'istik] *a* altruistčan
al·um ['aeləm] *n* stipsa
a·lu·mi·na [ə'lūmənə] *n* aluminijum trioksid
a·lu·min·i·um [aelju'minijəm] *n* Br.; see **aluminum**
a·lu·mi·num [ə'lūmənəm] *n* aluminijum
a·lum·na [ə'ləmnə] (-*nae* [naj] or [nij]) *n* svršena učenica, svršena studentkinja (W: studentica) neke škole, visokoškolske ustanove

a·lum·nus [ə'ləmnəs] (-ni [naj]) n svršeni učenik, svršeni student neke visokoškolske ustanove (cf. **alumna**)

al·u·nite ['aeljənajt] n alunit

al·ve·o·lar I [ael'vijələ(r)]; [aelvij'oulə(r)] n (ling.) alveolarni glas, alveolar

alveolar II a alveolarni; ~ *fricatives* alveolarni frikativi; *the* ~ *ridge* alveolarni greben

al·ve·o·lus [ael'vijələs] (-li [laj]) n alveol, alveola

al·ways ['olwejz], [ij] adv uvek (uvijek), stalno; *he* ~ *travels by airplane* uvek putuje avionom; (note that the verbal form in *-ing*, when used with *always*, may express mild disapproval) *she's* ~ *nagging her husband* ona stalno nešto zamera (zamjera) mužu; *he's* ~ *complaining* on se stalno žali

a·lys·sum [ə'lisəm] n (bot.) turica

am see **be**

a.m. [ej em] abbrev. of *ante meridiem;* pre (prije) podne

A.M. abbrev. of *Artium Magister*; magistar (filozofije) (also **M.A.**)

a·mal·gam [ə'maelgəm] n amalgam

a·mal·ga·mate [ə'maelgəmejt] v 1. *tr* amalgamisati; integrisati 2. *intr* amalgamisati se; integrisati se

a·mal·ga·ma·tion [əmaelgə'mejšən] n amalgamisanje; integracija

a·man·u·en·sis [əmaenjū'ensis] (-nses [nsijz]) n prepisivač

am·a·ranth ['aeməraenth] n 1. (bot.) amarant, štir 2. (poetic) neuvenljiva biljka

am·a·ran·thine [aemə'raenthin] a 1. štirni 2. neuvenljiv

am·a·ryl·lis [aemə'rilis] n (bot.) amarilis

a·mass [ə'maes] v *tr* nagomilati, skupiti; *to* ~ *a fortune* steći bogatstvo

a·mass·ment [~mənt] n gomilanje

am·a·teur I ['aeməču̇(r)], [t], [tj] n amater

amateur II a amaterski

am·a·teur·ish [~'ūriš] a amaterski, diletantski

am·a·teur·ism ['aeməču̇rizəm], [t], [tj] n amaterizam, amaterstvo

am·a·tive ['aemətiv] a ljubavni

am·a·to·ry ['aemətorij]; [ə] a ljubavni, ljubavnički

am·au·ro·sis [aemo'rousis] n gubitak vida, slepilo (sljepilo)

a·maze [ə'mejz] v *tr* zadiviti, začuditi; *to* ~ *smb.* zadiviti nekoga; *she was* ~d *at my progress* ona se zadivila mom napretku

a·maze·ment [~mənt] n zadivljenost, začuđenost; *in* ~ zadivljen

a·maz·ing [~iñg] a see **amaze;** *smt.* ~ nešto neverovatno (nevjerovatno)

Am·a·zon I ['aeməzən]; [ə] n amazonka

Amazon II n reka (rijeka) Amazon

Am·a·zo·ni·an [aemə'zounijən] a amazonski

am·bas·sa·dor [aem'baesədə(r)], [o] n ambasador; ~ *extraordinary and plenipotentiary* izvanredni i opunomoćeni ambasador; *to appoint smb.* ~ postaviti nekoga za ambasadora; *the American* ~ *to London* ambasador SAD u Londonu

am·bas·sa·do·ri·al [aembaesə'dorijəl] a ambasadorski

am·ber I ['aembə(r)] n ćilibar, ambra

amber II a ćilibarski, boje ćilibara

am·ber·gris [~gris]; [ij] n ambra

am·bi·ance ['aembijəns] n okolina, sredina

am·bi·dex·ter I [aembi'dekstə(r)] n 1. onaj koji se služi i desnom i levom (lijevom) rukom 2. (fig.) varalica

ambidexter II a see **ambidextrous**

am·bi·dex·ter·i·ty [aembidek'sterətij] n sposobnost upotrebljavanja obeju (obiju) ruku podjednako dobro

am·bi·dex·trous [aembi'dekstrəs] a 1. sposoban da upotrebljava obe (obje) ruke podjednako dobro 2. spretan 3. dvoličan, varljiv

am·bi·ence see **ambiance**

am·bi·ent ['aembijənt] a okolni

am·bi·gu·i·ty [aembi'gjūətij] n dvosmislenost; dvosmislica, dvoznačnost; *to clear up an* ~ otkloniti dvosmislicu

am·big·u·ous [aem'bigjūəs] a dvosmislen; dvoznačan

am·bit ['aembit] n obim; granica

am·bi·tion [aem'bišən] n častoljublje, slavoljublje, ambicija

am·bi·tious [~šəs] a častoljubiv, slavoljubiv, ambiciozan

am·biv·a·lence [aem'bivələns] n ambivalencija, ambivalentnost

am·biv·a·lent [~nt] a ambivalentan

am·ble I ['aembəl] n 1. lak hod 2. rahvan, umeren (umjeren) kas (konjski hod)

amble II v *intr* 1. ići lagano 2. ići rahvanom

am·bler ['aemblə(r)] n 1. onaj koji ide lagano 2. rahvan (konj)

am·bro·sia [aem'brouža]; [zijə] n ambrozija

am·bro·sial [~əl] a ambrozijski

am·bry ['aembrij] n ormar

ambs·ace ['ejmzejs] n 1. dupli kec (u igri kocke) 2. (fig.) nesreća

am·bu·lance ['aembjələns] n ambulantna kola; (mil.) sanitetski automobil

ambulance chaser (colloq.) advokat koji nudi svoje usluge osobama nastradalima u saobraćajnim nesrećama

ambulance driver vozač sanitetskog autômobila

ambulance service služba sanitetskog transporta

am·bu·lant [~ənt] a putujući

am·bu·late ['aembjəlejt] v *intr* kretati se, hodati

am·bu·la·to·ry I ['aembjələtorij]; [ə] n pokriveno šetalište

ambulatory II a 1. pokretan, ambulantni; *an* ~ *patient* ambulantni bolesnik 2. privremen

am·bus·cade ['aembəskejd] see **ambush** I

am·bush I ['aembuš] n zaseda (zasjeda); *to draw into an* ~ namamiti u zasedu; *to lie in* ~ biti u zasedi; *to set an* ~ *for* postaviti zasedu za; *from* ~ iz zasede

ambush II v *tr* napasti iz zasede (zasjede), sačekati u zasedi; *to be* ~ed upasti u zasedu

a·me·ba see **amoeba**

am·e·bi·a·sis [aemi'bajəsis] n amebijaza

a·me·lio·ra·ble [ə'mijljərəbəl] a popravljiv

a·me·lio·rate [ə'mijljərejt] v 1. *tr* poboljšati, popraviti 2. *intr* poboljšati se

a·me·lio·ra·tion [əmijljə'rejšən] n poboljšanje

a·men [ej'men], [a] n and *interj* amin (W: amen)

a·me·na·bil·i·ty [əmenə'bilətij] n pokornost, popustljivost, odgovornost, podložnost

a·men·a·ble [ə'menəbəl] *a* pokoran, popustljiv; odgovoran; podložan; ~ *to flattery* podložan laskanju; ~ *to smb.'s influence* podložan nečijem uticaju

a·mend [ə'mend] *v tr* 1. popraviti 2. dopuniti, izmeniti (izmijeniti); *to* ~ *a constitution* izmeniti ustav

a·mend·a·ble [~əbəl] *a* popravljiv; izmenljiv (izmjenljiv)

a·mend·ment [~mənt] *n* 1. popravka 2. dopuna; amandman; *to accept (adopt) an* ~ prihvat.ti (usvojiti) amandman

a·mends [ə'mendz] *n pl* odšteta; *to make* ~ dati odštetu, ispraviti (grešku)

a·men·i·ty [ə'menətij], [ij] *n* 1. prijatnost; *the* ~*ties of home life* prijatnosti domaćeg života 2. (usu. *pl)* običaji, način ponašanja; *the* ~*ties of diplomacy* način ponašanja diplomatā 3. (in *pl;* Br.) komfor (see also **conveniences** for 3)

a·men·or·rhe·a [ejmenə'rijə] *a* (med.) amenoreja

am·ent ['aemənt] *n* (bot.) resa, maca (also **catkin**)

a·men·tia [ej'menšə] *n* slaboumlje

a·merce [ə'mə(r)s] *v tr* kazniti novčano

A·mer·i·ca [ə'merəkə] *n* Amerika

A·mer·i·can I [~n] *n* Amerikanac

American II *a* američki, amerikanski; *an* ~ *Indian* Indijanac; *the* ~ *way* američki način života, američke osobine; ~ *studies* amerikanistika

American Automobile Association Auto-moto Savez SAD

American English američka varijanta engleskog jezika, američki engleski

American Federation of Labor Američka federacija rada

American Indian see **Indian** II 2

A·mer·i·can·ism [~izəm] *n* 1. amerikanizam (izraz, osobina) 2. vernost (vjernost) Americi

A·mer·i·can·ist [~ist] *n* amerikanista

A·mer·i·can·i·za·tion [~i'zejšən]; [aj] *n* amerikanizacija, amerikanizovanje

A·mer·i·can·ize [ə'merəkənajz] *v* 1. *tr* amerikanizovati 2. *intr* amerikanizovati se

American League (sports) američka (bejzbolska) liga (cf. **National League**)

American Legion Američka legija (savez boraca)

American Revolution see **Revolutionary War**

am·e·thyst ['aeməthist] *n* ametist

am·e·tro·pi·a [aemə'troupijə] *n* (med.) ametropija, refrakcione anomalije oka

Am·har·ic I [aem'haerik] *n* amharski jezik

Amharic II *a* amharski

a·mi·a·bil·i·ty [ejmijə'bilətij] *n* 1. ljubaznost, milost 2. društvenost

a·mi·a·ble ['ejmijəbel] *a* 1. ljubazan, mio 2. društven

am·i·ca·bil·i·ty [aemikə'bilətij] *n* ljubaznost

am·i·ca·ble ['aemikəbəl] *a* ljubazan, prijateljski

am·ice ['aemis] *n* epitrahilj, naramnik

a·mid [ə'mid] *prep* u sredini

am·ide ['aemajd], [i] *n* (chem.) amid

a·mid·ships [ə'midšips] *adv* (naut.) u sredini broda

a·midst [~st] see **amid**

a·mine [ə'mijn], ['aemin] *n* (chem.) amin

a·miss [ə'mis] *pred a* and *adv* ne u redu; *what is* ~? šta (što) je? *to take* ~ uzeti za zlo

am·i·ty ['aemətij] *n* prijateljstvo

am·me·ter ['aemmijtə(r)] *n* ampermetar

am·mo ['aemou] see **ammunition**

am·mo·nia [ə'mounjə] *n* amon:jak

am·mo·ni·ac I [ə'mounijaek] *n* smola amonijakovog drveta, afrički amonijak

am·mo·ni·um [ə'mounijəm] *n* amonijum

ammonium carbonate amonijum karbonat

ammonium chloride amonijum hlorid (klorid)

ammonium sulfate amonijum sulfat

am·mu·ni·tion [aemjə'nišən] *n* municija; *blank (dummy, live)* ~ manevarska (školska, bojeva) municija; *they ran out of* ~ nestalo im je municije

ammunition belt redenik

ammunition depot skladište municije

ammunition dump poljsko skladište za municiju

ammunition train voz (W: vlak) sa municijom

am·ne·sia [aem'nijžə]; [zijə] *n* amnezija; *to suffer from* ~ izgubiti pamćenje

am·nes·ty I ['aemnəstij] *n* amnestija; *to grant* ~ dati amnestiju

amnesty II *v tr* amnestirati

am·ni·on ['aemnijən] (-*s* and -*nia* (nijə)) *n* amnion

am·ni·ot·ic [aemnij'atik]; [o] *a* amnionov; ~ *fluid* amnionova tečnost; *the* ~ *sac* amnion

a·moe·ba [ə'mijbə] (-*s* and -*bae* [baj]) *n* ameba

am·oe·bi·a·sis see **amebiasis**

a·moe·bic [ə'mijbik] *a* amebni

amoebic dysentery amebna dizenterija

a·mok see **amuck**

a·mong [ə'mɒ̄ŋ] *prep* između, među; ~ *other things* između ostalog; ~ *themselves* među sobom; *they quarreled* ~ *themselves* oni su se (međusobno) posvađali; ~ *the spectators* medu gledaocima (see also **between**)

a·mongst [~st] see **among**

a·mor·al [ej'mɒrəl], [a] *a* amoralan

a·mo·rous ['aemərəs] *a* 1. ljubavni; *an* ~ *song* ljubavna pesma (pjesma) 2. ~ *of* zaljubljen u

a·mo·rous·ness [~nis] *n* zaljubljenost

a·mor·phism [ə'mo(r)fizəm] *n* amorfnost, amorfija

a·mor·phous [ə'mo(r)fəs] *a* amorfan

a·mor·phous·ness [~nis] *n* amorfnost, amorfija

am·or·ti·za·tion [aemə(r)tə'zejšən] *n* amortizacija

am·or·tize ['aemə(r)tajz]; [ə'mo(r)tajz] *v tr* amortizovati

a·mount I [ə'maunt] *n* iznos; količina; *a considerable* ~ *of smt.* znatna količina nečega; *a fair* ~ dosta

amount II *v intr* 1. iznositi; *the bill* ~*s to five dollars* račun iznosi pet dolara 2. vrediti (vrijediti); svoditi se na; * *that doesn't* ~ *to a hill of beans* ne vredi ni prebijene pare; *it all* ~*s to the same old thing* sve se to opet svodi na staro 3. biti ravan; *that would* ~ *to a catastrophe* to bi bilo ravno katastrofi

a·mour [ə'mū(r)] *n* ljubavna afera

am·per·age ['aempəridž] *n* amperaža

am·pere ['aempij(r)]; [eə] *n* amper

am·pere-turn [~-tə(r)n] *n* amper-zavojak

am·phet·a·mine [aem'fetəmijn], [i] *n* amfetamin

am·phib·i·an I [aem'fibijən] *n* amfibija

amphibian II *a* amfibijski
am·phib·i·ous [aem'fibijəs] *a* amfibijski; pomorsko-
desantni; *an* ~ *assault* pomorski desant; *an*
~ *crossing* prelaz pomoću amfibija; *an* ~
invasion pomorska invazija; ~ *operations*
pomorskodesantne operacije; *an* ~ *tank* am-
fibijski tank; *an* ~ *vehicle* ambfibijsko vozilo
am·phi·bole ['aemfiboul] *n* (miner.) amfibol
am·phi·bol·o·gy [aemfi'balədžij]; [o] *n* amfibolija,
dvosmislenost
am·phib·o·lous [aem'fibələs] *a* amfibolijski,
dvosmislen
am·phi·brach ['aemfibraek] *n* amfibrah
am·phi·the·a·ter ['aemfəthijətə(r)] *n* amfiteatar
am·phi·the·a·tre Br.; see amphitheater
am·pho·ra ['aemfərə] (-*s* and -*rae* [rij]) *n* amfora
am·ple ['aempəl] *a* 1. obiman; prostran, opširan;
an ~ *description* opširan opis 2. obilan, dovo-
ljan; ~ *means* obilna sredstva; ~ *room* dovoljno
mesto (mjesto) 3. bujan, pun; *an* ~ *bosom*
bujne grudi
am·pli·fi·ca·tion [aemplifi'kejšən] *n* pojačanje, am-
plifikacija
am·pli·fi·er ['aemplifajə(r)] *n* pojačavač; *a micro-
phone* ~ mikrofonski pojačavač; *a voltage*
~ pojačavač napona
am·pli·fy ['aemplifaj] *v* 1. *tr* pojačati, amplificirati
2. *tr* proširiti 3. *intr* opširno govoriti (pričati)
am·pli·tude ['aemplətūd]; [tj] *n* 1. obim, opseg
2. amplituda
amplitude modulation amplitudska modulacija
am·ply ['aemplij] *adv* obimno, opširno; dovoljno
am·poule, am·pule ['aempūl]; [pj] *n* ampula
(bočica sa lekom — lijekom za ubrizgavanje)
am·pul·la [aem'pulə], [ə] (-*lae* [lij]) *n* 1. bočica
za ulje, ampula 2. (anat.) ampula
am·pul·la·ceous [aempu'lejšəs] *a* nalik na ampulu
am·pu·tate ['aempjutejt] *v tr* amputirati; *to* ~
an arm (a leg) amputirati ruku (nogu)
am·pu·ta·tion [aempju'tejšən] *n* amputacija
am·pu·tee [aempju'tij] *n* lice kome je amputiran
deo (dio) tela (tijela)
Am·ster·dam ['aemstə(r)daem] *n* Amsterdam
am·trac, am·track ['aemtraek] *n* amfibijski tran-
sporter
Amtrack državna železnička (željeznička) kom-
panija (u SAD)
a·muck [ə'mək] *adv* besan (bijesan); *to run* ~
razbesneti (razbjesnjeti) se
am·u·let ['aemjəlit] *n* hamajlija
a·muse [ə'mjūz] *v tr* zabavljati; *to* ~ *smb.* zabav-
ljati nekoga; *to* ~ *oneself* zabavljati se
a·muse·ment [~mənt] *n* zabavljanje, zabava, ra-
zonoda
amusement park zabavni park
a·mus·ing [~iŋ] *a* zabavan; *an* ~ *story* zabavna
pričica
am·yl ['aeməl] *n* amil
am·y·loid ['aeməlojd] *n* amiloid
an [aen] see **a II**
An·a·bap·tism [aenə'baeptizəm] *n* anabaptizam
An·a·bap·tist [aenə'baeptist] *n* anabaptista
a·nab·a·sis [ə'naebəsis] (-*ses* [sijz]) *n* ratni pohod
an·a·bi·o·sis [aenəbaj'ousis] *n* anabioza
an·a·bi·ot·ic [aenəbaj'atik]; [o] *a* anabiotičan, ana-
biotički

a·nab·o·lism [ə'naebəlizəm] *n* anabolizam
a·nach·ro·nism [ə'naekrənizəm] *n* anahronizam
(anakronizam)
a·nach·ro·nis·tic [ənaekrə'nistik] *a* anahroničan
(anakroničan)
a·nach·ro·nous [ə'naekrənəs] see **anachronistic**
an·a·co·lu·thon [aenəkə'lūthan]; [o] (-*s* or -*tha*
[thə]) *n* (gram.) anakolut
an·a·con·da [aenə'kandə]; [o] *n* anakonda
A·nac·re·on·tic [ənaekrij'antik]; [o] *a* anakreonski
an·a·cru·sis [aenə'krūsis] *n* anakruza
an·a·di·plo·sis [aenədi'plousis] *n* anadiploza
a·nae·mi·a Br.; see anemia
an·aes·the·sia Br.; see anesthesia
a·naes·the·tist Br.; see anesthetist
a·naes·the·tize Br.; see anesthetize
an·a·glyph ['aenəglif] *n* anaglif (ukras)
an·a·go·ge ['aenəgoudžij] *n* anagogija
an·a·go·gy see anagoge
an·a·gram ['aenəgraem] *n* anagram
a·nal ['ejnəl] *a* analan
an·a·lects ['aenəlekts] **an·a·lec·ta** [aenə'lektə] *n pl*
analekti, odabrani odlomci (iz književnih
dela — djela)
an·a·lep·tic I [aenə'leptik] *n* analeptik
analeptic II *a* analeptičan
an·al·ge·si·a [aenəl'džijzijə] *n* analgezija
an·al·ge·sic I [aenəl'džijzik] *n* analgetik
analgesic II *a* koji otklanja bol
an·a·log ['aenelag], [o] *n* analogon
analog computer analogna računska mašina, ana-
logni računar
an·a·log·i·cal [aenə'ladžikəl]; [o] *a* analogijski
a·nal·o·gize [ə'naelədžajz] *v intr* rasuđivati po
analogiji
a·nal·o·gous [ə'naeləgəs] *a* analogan, sličan; ~ *to*
smt. sličan nečemu
an·a·logue see analog
a·nal·o·gy [ə'naelədžij] *n* analogija; *by* ~ po
analogiji
an·al·pha·bet·ic I [aenaelfə'betik] *n* analfabet
analphabetic II *a* analfabetski
an·a·lyse Br.; see analyze
a·nal·y·sis [ə'naeləsis] (-*ses* [sijz]) *n* analiza; *to*
make an ~ izvršiti analizu
an·a·lyst ['aenəlist] *n* 1. analitičar, analizator
2. see **psychoanalyst**
an·a·lyt·ic [aenə'litik] *a* analitičan, analitički; *an*
~ *mind* analitički duh
an·a·lyt·i·cal [~əl] see **analytic**
analytic geometry analitička geometrija
an·a·lyt·ics [~s] *n* analitika
an·a·lyze ['aenəlajz] *v tr* analizirati
an·am·ne·sis [aenaem'nijsis] (-*ses* [sijz]) *n* anamneza
an·a·mor·pho·sis [aenə'mo(r)fəsis], [aenəmo(r)'fou-
sis] (-*ses* [sijz]) *n* anamorfoza
an·a·pest ['aenəpest] *n* anapest
a·naph·o·ra [ə'naefərə] *n* anafora
an·aph·ro·dis·i·a [aenaefrə'dizijə], [žə] *n* anafrodi-
zija
an·aph·ro·dis·i·ac [~'dizijaek] *n* anafrodizijak
an·ar·chic [ae'na(r)kik] *a* anarhičan
an·ar·chi·cal [~əl] see **anarchic**
an·ar·chism ['aenə(r)kizəm] *n* anarhizam, bez-
vlašće
an·ar·chist ['aenə(r)kist] *n* anarhista

an·ar·chis·tic [aenə(r)'kistik] *a* anarhistički
an·ar·chy ['aenə(r)kij] *n* anarhija; *to result in* ~ izazvati anarhiju
a·nas·tro·phe [ə'naestrəfij] *n* anastrofa
a·nath·e·ma [ə'naethəmə] *n* anatema; *to pronounce an* ~ *on* baciti anatemu na
a·nath·e·ma·ti·za·tion [ənaethəmaeti'zejšən] *n* anatemisanje
a·nath·e·ma·tize [ə'naethəmətajz] *v tr* anatemisati, prokleti
An·a·to·li·an [aenə'toulijən] *a* anatolski
an·a·tom·i·cal [aenə'tɑmikəl]; [o] *a* anatomski
a·nat·o·mist [ə'naetəmist] *n* anatom
a·nat·o·mize [~majz] *v tr* anatomisati
a·nat·o·my [~mij] *n* anatomija
an·ces·tor ['aensestə(r)]; [i] *n* predak, praotac
an·ces·tral [aen'sestrəl] *a* predački, praotački
an·ces·tress [aen'sestris] *n* pretkinja
an·ces·try ['aensestrij]; [i] *n* 1. (coll.) preci 2. poreklo (porijeklo); *of French* ~ poreklom iz Francuske, francuskog porekla; *to trace one's* ~ proučiti svoje poreklo
an·chor I ['aeṅkə(r)] *n* 1. sidro, kotva; *to cast (raise)* ~ spustiti (dići) sidro; *to drop* ~ usidriti se 2. (tech.) zidna zatega
anchor II *v* 1. *tr* usidriti, ukotviti; *to* ~ *a ship* usidriti brod 2. *tr* učvrstiti 3. *tr* služiti kao glavni spiker (za emisiju vesti — vijesti) 4. *intr* usidriti se, ukotviti se
an·chor·age [~ridž] *n* sidrište, kotvište
anchor cable sidrenjak
an·cho·rite [~rajt] *n* pustinjak, isposnik
anchor man 1. (sports) trkač koji trči poslednju deonicu (posljednju dionicu) štafete 2. (fig.) glavna potpora 3. glavni spiker, komentator (emisije vesti — vijesti)
anchor woman fem. of anchor **man**
an·cho·vy ['aen'čouvij] *n* brgljun, inčun, menćun
an·chy·lo·sis see ankylosis
an·cient I ['ejnšənt] *n* starac; *the* ~s stari, narodi starog veka (vijeka)
ancient II *a* star, drveni; ~ *history* istorija starog veka (W: povijest starog vijeka)
Ancient Greek starogrčki jezik
an·cil·lar·y I ['aensəlerij]; [aen'silərij] *n* sluga
ancillary II *a* 1. pomoćni 2. potčinjen
an·con ['aeṅkan]; [o] *(ancones* [aeṅ'kounijz]*) n* (archit.) konzol
and [aend] *(when unstressed* — [ənd], [ən] *conj* 1. i, a, pa; *father* ~ *son* otac i sin; *he's a student*, ~ *what are you?* on je student, a šta (što) ste vi? *he works a lot,* ~ *yet has nothing* on mnogo radi, i ipak ništa nema; *they grew up in Alaska*, ~ *(so) they can stand the cold* oni su odrasli na Aljasci, pa su otporni na zimu 2. da; *come* ~ *see* dođi da vidiš; *go* ~ *look at it* idi da to pogledaš 3. misc.; *heavier* ~ *heavier* sve teže
An·da·lu·sia [aendə'lūžə] *n* Andaluzija
An·des ['aendijz] *n pl* Andi (W: Ande); *in the* ~s na Andima
and·i·ron ['aendajə(r)n] *n* preklad (prijeklad)
An·dor·ra [aen'dorə] *n* Andora
an·drog·y·nous [aen'drɑdžənəs]; [o] *a* dvopolan (W: dvospolan)
an·drog·y·ny [aen'drɑdžənij]; [o] *n* dvopolnost (W: dvospolnost)

an·droid I ['aendrojd] *n* android
android II *a* androidan
an·ec·do·tal [aenik'doutl] *a* anegdotski, anegdotičan
an·ec·dote ['aenikdout] *n* anegdota, zabavna pričica; *to tell an* ~ ispričati anegdotu
a·ne·mi·a [ə'nijmijə] *n* malokrvnost, anemija
a·ne·mic [ə'nijmik] *a* malokrvan, anemičan
a·nem·o·graph [ə'neməgraef]; [a] *n* anemograf
an·e·mom·e·ter [aenə'mɑmətə(r)]; [o] *n* anemometar, vetromer (vjetromer)
a·nem·o·ne [ə'nemənij] *n* (bot.) breberina, sasa
an·er·oid barometer ['aenərojd] aneroid
an·es·the·sia [aenis'thijžə]; [ziə] *n* anestezija
an·es·the·si·ol·o·gist [aenisthijzij'alədžist]; [o] *n* anestetičar
an·es·the·si·ol·o·gy [~džij] *n* anesteziologija
an·es·thet·ic I [aenis'thetik] *n* anestetik
anesthetic II *a* anestetički
an·es·the·tist [ə'nesthətist] *n* anestetičar, anestezista
an·es·the·tize [~tajz] *v tr* anestizirati
an·eu·rysm, an·eu·rism ['aenjərizəm] *n* aneurizma
a·new [ə'nū]; [nj] *adv* opet; ponovo
an·frac·tu·ous [aen'fraekčūəs] *a* krivudav, vijugav
an·gel ['ejndžəl] *n* anđeo; *the* ~ *of death* anđeo smrti; *a ministering* ~ anđeo hranitelj (W: anđeo čuvar)
angel dust (colloq.) anđeoski prah (jaka droga koja izaziva depresiju)
an·gel·fish [~fiš] *(pl* usu. has zero*) n* sklat
an·gel·i·ca [aen'dželikə] *n* (bot.) angelika, anđelski koren (korijen), siriš
an·ger I ['aeṅgə(r)] *n* ljutnja, gnev (gnjev)
anger II *v* 1. *tr* naljutiti 2. *intr* naljutiti se
an·gi·na [aen'džajnə] *n* angina, gušobolja
angina pec·to·ris ['pektəris] angina pektoris
an·gi·ol·o·gy [aendžij'alədžij]; [o] *n* (med.) angiologija
an·gle I ['aeṅggəl] *n* 1. ugao (W: kut); *an acute (adjacent, external, internal, obtuse, reflex, right, straight)* ~ oštar (uporedni, spoljašnji, unutrašnji, tup, ispupčen, prav, opružen) ugao 2. (fig.) strana, ugao; *to discuss all* ~s *of a question* razmotriti sve strane pitanja; *to approach a matter from various* ~s gledati na stvar sa raznih strana
angle II *v intr.* 1. loviti, pecati na udicu; *to* ~ *for trout* pecati pastrmke 2. (fig.) loviti, pecati; *to* ~ *for an invitation* pecati pozivnicu
Angle *n* Angl (see also **Anglo-Saxon I**)
angle bracket see bracket I 1, 2
angle of attack napadni ugao
angle of incidence upadni ugao
angle of reflection ugao odbijanja
angle of refraction ugao prelamanja
an·gler [~glə(r)] *n* 1. pecač 2. see anglerfish
an·gler·fish [~fiš] *(pl.* usu. has zero*) n* morski đavo, riba-pecač
an·gle·worm [~wə(r)m] *n* kišna glista
An·gli·can I ['aeṅgglikən] *n* Anglikanac
Anglican II *a* anglikanski; *the* ~ *Church* Anglikanska crkva
An·gli·can·ism [~izəm] *n* anglikanizam
An·gli·cism ['aeṅgglisizəm] *n* anglicizam
An·gli·cist [~sist] *n* anglista

An·gli·cize (also not cap.) [~sajz] *v tr* poengleziti, anglizirati

an·gling [~glin͡g] *n* pecanje

An·glo ['aen͡gglou] 1. *n* (colloq.) see **Anglo-Saxon I** 2. (prefix) anglo-

An·glo-A·mer·i·can *a* anglo-američki

An·glo·phile (also not cap.) ['an͡gglǝfajl] *n* anglofil

An·glo·phobe (also not cap.) [~foub] *n* anglofob

An·glo·pho·bi·a (also not cap.) [~'foubijǝ] *n* anglofobija

An·glo-Sax·on I ['aen͡gglou-'saeksǝn] *n* Anglosaksonac

Anglo-Saxon II *a* anglosaksonski

An·go·la [aen͡g'goulǝ] *n* Angola

an·go·ra (occ. cap.) [aen͡g'gorǝ] *a* angorski; *an ~ cat (goat)* angorska mačka (koza)

an·gos·tu·ra [aen͡ggǝ'stūrǝ]; [*tj*] *n* angostura

angostura bark angosturska kora

angostura bitters *pl* okrepno sredstvo od angosture

an·gry ['aen͡ggrij] *a* 1. ljut; *to be ~ at smb.* biti ljut na nekoga; *he got ~ at her* naljutio se na nju; *to be ~ about smt.* biti ljut zbog nečega 2. uzburkan; *an ~ sea* uzburkano more

an·guine ['aen͡ggwin] *a* zmijolik

an·guish [aen͡ggwiš] *n* bol; muka, mučenje; *mental* duševna patnja; *to cause smb. great ~* zadati nekome veliki bol

an·guished [~t] *a* namučen, pun bola

an·gu·lar ['aen͡ggjǝlǝ(r)] *a* uglast; ćoškast; ugaoni; angularni

angular acceleration ugaono ubrzanje

an·gu·lar·i·ty [aen͡ggjǝ'laerǝtij] *n* uglastost; ćoškastost

angular momentum angularni momenat, momenat količine kretanja

angular velocity ugaona brzina

an·hy·drous [aen'hajdrǝs] *a* bezvodan

an·i·line ['aenǝlin] *n* anilin

an·i·ma ['aenǝmǝ] *n* duša

an·i·mad·ver·sion [aenǝmaed'vǝ(r)žǝn]; [š] *n* osuda, kritika

an·i·mad·vert [aenǝmaed'vǝ(r)t] *v intr* kritikovati, osuditi; *to ~ on (upon) smt.* kritikovati nešto

an·i·mal I ['aenǝmǝl] *n* 1. životinja (also fig.) 2. animalnost, životinjske strasti; *it brought out the ~ in him* to je probudilo kod njega životinjske strasti

animal II *a* životinjski, zverski (zvjerski). animalan; *~ heat* životinjska toplota; *the ~ kingdom* životinjsko carstvo; *~ passions* životinjske strasti

an·i·mal-drawn [~-dron] *a* sa stočnom vučom

animal husbandry stočarstvo

an·i·mal·ism [~izǝm] *n* animalizam

an·i·mal·ist [~ist] *n* animalista

an·i·mal·i·ty [aenǝ'maelǝtij] *n* animalnost

an·i·mal·ize ['aenǝmǝlajz] *v tr* animalizirati, poživinčiti

animal trainer dreser

an·i·mate I ['aenǝmit] *a* živ; živahan

an·i·mate II [~mejt] *v tr* oživiti; nadahnuti; oduševiti

an·i·mat·ed [~mejtid] *a* oživljen; podstaknut; *~ by the highest motives* podstaknut najvišim pobudama

animated cartoon animirani (crtani) film

an·i·ma·tion [aenǝ'mejšǝn] *n* 1. oživljenje; oživljenost; *suspended ~* obamrlost 2. animacija

an·i·ma·tor, an·i·ma·ter [~mejtǝ(r)] *n* animator

an·i·mism ['aenǝmizǝm] *n* animizam

an·i·mos·i·ty [aenǝ'masǝtij]; [o] *n* animoznost, zlovolja

an·i·mus ['aenǝmǝs] *n* 1. see **animosity** 2. pokretački duh

an·i·on ['aenajǝn] *n* (phys.) anion

an·ise ['aenis] *n* (bot.) onajz

an·i·seed ['aenisijd] *n* onajzovo seme (sjeme)

An·ka·ra ['aen͡gkɔɪǝ] *n* Ankara

an·kle ['aen͡gkǝl] *n* gležanj, (nožni) članak; *to sprain an ~* uganuti nogu

an·kle·bone [~boun] *n* skočna kost, gležnjača

an·klet ['aen͡gklit] *n* 1. kratka čarapa (do članaka) 2. ukras za nogu

an·ky·lo·sis [aen͡gki'lousis] *n* (med.) ankiloza

an·nal·ist ['aenǝlist] *n* letopisac (ljetopisac)

an·nals ['aenǝlz] *n pl* anali, letopis (ljetopis)

an·neal [ǝ'nijl] *v tr* prekaliti

an·nex I ['aeniks] *n* 1. dodatak, pridodatak; aneks 2. dograda, krilo

annex II also [ǝ'neks] *v tr* 1. pridodati 2. prisajediniti, prisvojiti; *to ~ territory* prisvojiti teritoriju

an·nex·a·tion [aenek'sejšǝn] *n* prisajedinjenje, aneksija

an·nex·a·tion·ist [~ist] *n* aneksionista

an·ni·hi·late [ǝ'najǝlejt] *v tr* uništiti

an·ni·hi·la·tion [ǝnajǝ'lejšǝn] *n* uništenje; (as *a*; mil.) *~ fire* vatra za uništenje

an·ni·ver·sa·ry I [aenǝ'vǝ(r)sǝrij] *n* godišnjica; jubilej; *to celebrate (mark) an ~* proslaviti godišnjicu (jubilej); *a golden ~* zlatni jubilej

anniversary II *a* jubilaran, jubilejski; *an ~ edition* jubilarno izdanje

an·no Dom·i·ni [aenou damǝnij]; [o] (Latin) godine posle Hrista (poslije Krista), naše ere

an·no·tate ['aenoutejt] *v tr* komentarisati; *to ~ a text* komentarisati (objasniti) tekst

an·no·ta·tion [aenou'tejšǝn] *n* komentar, objašnjenje, tumačenje; *~ of a text* objašnjenje teksta

an·no·ta·tor ['aenoutejtǝ(r)] *n* komentator, tumač

an·nounce [ǝ'nauns] *v* 1. *tr* najaviti, objaviti; *to ~ guests* najaviti goste; *to ~ a new agreement* najaviti nov sporazum; *to ~ a score* objaviti rezultat 2. raspisati; *to ~ a contest* raspisati konkurs 3. *intr* raditi kao spiker

an·nounce·ment [~mǝnt] *n* 1. objava, oglašenje; *to make an ~ (about smt.)* objaviti nešto (o nečemu) 2. objavljivanje

an·noun·cer [~sǝ(r)] *n* 1. objavljivač 2. spiker

an·noy [ǝ'noj] *v tr* dosaditi, smetati, uzbuditi, sekirati; *he ~ed me with his questions* dosadio mi je pitanjima; *he gets ~ed over every trifle* on se uzbuđuje za svaku sitnicu; *that ~s me* to mi smeta

an·noy·ance [~ǝns] *n* 1. dosađivanje 2. dosadna stvar 3. sekiracija, ljutnja

an·noy·ing [~in͡g] *a* dosadan

an·nu·al I ['aenjuǝl] *n* 1. godišnjak 2. (bot.) jednogodišnja biljka

annual II *a* godišnji; jednogodišnji; *an ~ budget (income, report)* godišnji budžet (prihod, izveštaj — izvještaj); ~ *dues (salary)* godišnja članarina (plata)

annual clar·y ['klejrij] (bot.) modra trava

an·nu·i·tant [ə'nūətənt]; [*nj*] *n* primalac anuiteta

an·nu·i·ty [~ətij] *n* anuitet

an·nul [ə'nəl] *v tr* poništiti, anulirati; *to* ~ *a marriage* poništiti brak

an·nu·lar ['aenjələ(r)] *a* prstenast; kružni; ~ *ligament* prstenasta veza

an·nu·late ['aenjəlit], [*ej*] *a* prstenast

an·nu·lat·ed [~ejtid] see **annulate**

an·nu·la·tion [aenjə'lejšən] *n* obrazovanje prstena

an·nu·let ['aenjəlit] *n* (archit.) venčić (vjenčić) stuba

an·nul·ment [ə'nəlmənt] *n* poništenje; ~ *of a marriage* poništenje braka

an·nu·lus ['aenjələs] (*-es* and *-li* [laj]) *n* 1. prsten 2. (geom.) kružni prsten

an·nun·ci·ate [ə'nənsijejt] *v tr* objaviti

an·nun·ci·a·tion [ənənsij'ejšən] *n* 1. objavljivanje 2. (cap., rel.) Blagovest (Blagovijest)

an·nun·ci·a·tor [ə'nənsijejtə(r)] *n* signalni uređaj

an·ode ['aenoud] *n* anoda

an·o·dyne I ['aenədajn] *n* sredstvo za umirenje

anodyne II *a* 1. koji ublažuje (bol) 2. ublažen; razvodnjen

a·noint [ə'nojnt] *v tr* 1. (rel.) miropomazati 2. namazati

a·noint·ment [~mənt] *n* 1. mazanje 2. (rel.) miropomazanje (also **unction** for 2)

a·nom·a·lis·tic [ənamə'listik]; [*o*] *a* anomalistički, anomalan

a·nom·a·lous [ə'namələs]; [*o*] *a* anomalan, anomaličan

a·nom·a·ly.[~əlij] *n* anomalija

an·o·mie, an·o·my ['aenəmij] *n* rasulo, rastrojstvo

a·non [ə'nan]; [*o*] *adv* (obsol.) 1. opet; *ever and* ~ ponekad 2. uskoro; odmah

an·o·nym ['aenəmim] *n* 1. anonim, anonimno lice 2. pseudonim

an·o·nym·i·ty [aenə'nimətij] *n* anonimnost, anonimitet

a·non·y·mous [ə'nanəməs]; [*o*] *a* anoniman; *an* ~ *author* anoniman pisac; *an* ~ *letter* anonimno pismo; *an* ~ *tip* anonimna dostava

an·o·rak ['aenəraek] *n* (Br.) kaput za vetar (vjetar) (see also **parka**)

an·o·rex·i·a [aenə'reksijə] *n* nemanje apetita, anoreksija

an·oth·er [ə'nothə(r)] 1. *pron* drugi; *one after* ~ jedan za drugim; *they help one* ~ oni pomažu jedan drugog 2. *a* drugi; *I'll wait* ~ *day or two* čekaću još dan-dva; *come* ~ *day* dođi drugog dana; *he put on* ~ *coat* obukao je drugi kaput

an·swer I ['aensə(r)]; [*a*] *n* 1. odgovor; *to give (receive) a definite* ~ dati (dobiti) konačan odgovor; *an* ~ *to a question* odgovor na pitanje; *in* ~ *to a letter* u odgovor na pismo 2. rešenje (rješenje); *the* ~ *to a riddle* rešenje zagonetke

answer II *v* 1. *tr* and *intr* odgovoriti; *to* ~ *smb.'s letter (question)* odgovoriti nekome na pismo (pitanje); *he still hasn't* ~*ed* on još nije odgovorio 2. *tr* and *intr* odazvati se; *Olga is calling you*; ~ *her!* Olga te zove; odazovi joj se! *to* ~ *the telephone* odazvati se na telefon; *to* ~ *an appeal* odazvati se molbi; *to* ~ *to a name* od-

zivati se na ime 3. *intr* odgovarati; *that* ~*s to your description* to odgovara vašem opisu; *to* ~ *to one's needs* odgovarati nečijim potrebama 4. *intr* odgovarati za, biti odgovoran za; *to* ~ *for the consequences* odgovarati za posledice (posljedice) 5. misc.; *to* ~ *the doorbell* otvoriti vrata

an·swer·a·bil·i·ty [aensərə'bilətij] *n* odgovornost (see also **responsibility**)

an·swer·a·ble [~əbəl] *a* odgovoran; ~ *for one's actions* odgovoran za svoje radnje (see also **responsible**)

answer back *v* odgovoriti drsko, odvratiti

answering service servis koji odgovara na pozive umesto (umjesto) odsutnog telefonskog pretplatnika i prima poruke

ant [aent] *n* mrav

ant·ac·id I [aent'aesid] *n* antacid

antacid II *a* antacidan

an·tag·o·nism [aen'taegənizəm] *n* antagonizam

an·tag·o·nist [~ist] *n* antagonista

an·tag·o·nis·tic [~'nistik] *a* antagonistički

an·tag·o·nize [aen'taegənajz] *v tr* naljutiti

Ant·arc·tic I [aent'a(r)(k)tik] *n* Antarktik (oblast oko Južnog pola); *in the* ~ na Antarktiku

Antarctic II *a* antarktički

Ant·arc·ti·ca [~ə] *n* Antarktika (kontinent)

Antarctic Circle Južni stožernik

Antarctic Ocean Južni ledeni okean (ocean)

an·te ['aentij] *n* ulog (u igri); (also fig.); *to raise the* ~ povećati ulog

ant·eat·er ['aentijtə(r)] *n* mravojed

an·te·bel·lum [aentij'beləm] *a* (od) pre — prije građanskog rata (1861—1865)

an·te·cede [aentə'sijd] *v tr* prethoditi; *to* ~ *smt.* prethoditi nečemu

an·te·ce·dence [aentə'sijdəns] *n* see **precedence**

an·te·ce·dent I [~nt] *n* 1. prethodnik 2. (math.) prethodni član 3. (gram.) reč (riječ) na koju se odnosi zamenica (zamjenica) 4. (in *pl*) preci; poreklo (porijeklo)

antecedent II *a* prethodni, raniji

an·te·cham·ber ['aentičejmbə(r)] *n* predsoblje

an·te·date [~dejt] *v tr* 1. antidatirati, staviti raniji datum (na) 2. prethoditi (vremenski)

an·te·di·lu·vi·an I [~də'lūvijən] *n* 1. prepotopsko biće 2. stara osoba

antediluvian II *a* prepotopski

an·te·lope ['aentəloup] (*pl* has zero or *-s*) *n* antilopa

an·te·me·rid·i·an [aentimər'idijən] *a* prepodnevni

an·te·na·tal [aenti'nejtəl] Br.; see **prenatal**

an·ten·na [aen'tenə] *n* 1. (-*s*) antena (see also **aerial** 1) 2. (*-nae* [nij]) pipak (also **feeler**)

an·te·pen·di·um [aenti'pendijəm] (*-dia* [dijə]) *n* zastor za oltar

an·te·pe·nult [aenti'pijnəlt] *n* (ling.) treći slog od kraja

an·te·pe·nul·ti·mate I [~pi'nəltəmit] *n* see **antepenult**

antepenultimate II *a* (ling.) pretpretposlednji (pretpretposljednji)

an·te·ri·or [aen'tijrijə(r)] *a* 1. prednji 2. raniji, prethodni

an·te·room ['aentirūm], [*u*] *n* predsoblje

ant·he·li·on [aent'hijlijən] or [aen'thijlijən] (*-s* or *-lia* [lijə]) *n* pasunce

an·them ['aenthəm] *n* himna; *to play the national* ~ odsvirati državnu himnu
an·ther ['aenthə(r)] *n* (bot.) prašnica
an·ther·id·i·um (aenthə'ridijəm] *n* (bot.) anteridija
an·the·sis [aen'thijsis] *n* (bot.) rascvetanost (rascvjetanost)
ant·hill ['aent·hil] *n* mravinjak
an·thol·o·gist [aen'thalədžist]; [o] *n* antolog
an·thol·o·gy [~džij] *n* antologija, zbirka; *an* ~ *of short stories* zbirka pripovedaka (pripovjedaka)
an·thra·cene ['aenthrəsijn] *n* antracen
an·thra·cite ['aenthrəsajt] *n* antracit
an·thra·cit·ic [aenthrə'sitik] *a* antracitan
an·thrax ['aenthraeks] *n* antraks, crni prišt
an·thro·po·cen·tric [aenthrəpou'sentrik] *a* antropocentrički
an·thro·po·gen·e·sis [aenthrəpou'dženəsis] *n* antropogeneza
an·thro·poid I ['aenthrəpojd] *n* antropoid
anthropoid II *a* antropoidan
an·thro·poi·dal [aenthrə'pojdəl] *a* see **anthropoid II**
an·thro·po·log·ic [aenthrəpə'ladžik]; [o] *a* antropološki
an·thro·po·log·i·cal [~əl] see **anthropologic**
an·thro·pol·o·gist [aenthrə'palədžist]; [o] *n* antropolog
an·thro·pol·o·gy [~džij] *n* antropologija
an·thro·pom·e·try [aenthrə'pamətrij]; [o] *n* antropometrija
an·thro·po·mor·phic [aenthrəpou'mo(r)fik] *a* antropomorfistički
an·thro·po·mor·phism [~fizəm] *n* antropomorfizam
an·thro·po·mor·phous [~fəs] *a* antropomorfan
an·thro·poph·a·gus [aenthrə'pafəgəs]; [o] (-*gi* [*džaj*]) *n* antropofag, ljudožder
an·thro·poph·a·gy [~džij] *n* antropofagija, ljudožderstvo
an·ti- ['aentij] (prefix) anti- *(antibusing, antinuclear, antiterrorist)*
an·ti·air·craft [aentij'ej(r)kraeft]; [*a*] *a* protivvazdušni, protivavionski (W: protuzračni); ~ *defense* protivvazdušna odbrana (W: obrana); ~ *fire* protivavionska vatra; *an* ~ *gun* protivavionsko oruđe
an·ti·bal·list·ic [aentibə'listik] *a* antibalistički; *an* ~ *missile system* sistem antibalističkih raketa
an·ti·bi·ot·ic [aenta*j*baj'atik], [*i*]; [o] *n* antibiotik
an·ti·bod·y ['aentibadij]; [o] *n* antitelo (antitijelo)
an·tic ['aentik] *n* (usu. in *pl*) ludorija, budalaština
an·ti·christ (also cap.) ['aentikrajst] *n* antihrist (antikrist)
an·tic·i·pate [aen'tisəpejt] *v tr* 1. predvideti (predvidjeti); očekivati; anticipirati; *to* ~ *expenses* predvideti troškove; *to* ~ *an early reply (a profit)* očekivati brz odgovor (dobit) 2. naslutiti, predosetiti (predosjetiti); *to* ~ *danger* naslutiti (predosetiti) opasnost 3. preduhitriti; preteći; presresti; *to* ~ *an opponent* preduhitriti neprijatelja; *to* ~ *events* preteći događaje 4. uplatiti unapred (unaprijed); trošiti unapred
an·tic·i·pa·tion [aentisi'pejšən] *n* 1. predviđanje; *in* ~ *of smt.* očekujući nešto 2. naslućivanje 3. preduhitrenje 4. plaćanje unapred (unaprijed); trošenje unapred
an·tic·i·pa·to·ry [aen'tisəpətorij]; [aentisə'pejtərij] *a* 1. koji predvidi 2. preran, preuranjen

an·ti·cler·i·cal [aenti'klerikəl] *a* antiklerikalan
an·ti·cler·i·cal·ism [~izəm] *n* antiklerikalizam
an·ti·cli·max [aenti'klajmaeks] *n* antiklimaks
an·ti·cline ['aentiklajn] *n* (geol.) antiklinala
an·ti·clock·wise Br.; see **counterclockwise**
an·ti·co·ag·u·lant I [aentikou'aegjələnt], [*aj*] *n* antikoagulant, antikoagulantni lek (lijek)
anticoagulant II *a* antikoagulantan
an·ti·com·mu·nist [aenti'kamjənist]; [o] *a* antikomunistički
an·ti·cy·clone [aenti'sajkloun] *n* anticiklon
an·ti·cy·clon·ic [aentisaj'kl*a*nik]; [o] *a* anticiklonski
an·ti·dot·al [aenti'doutəl] *a* protivotrovan (protuotrovan)
an·ti·dote ['aentidout] *n* protivotrov (protuotrov)
an·ti·fas·cism [aenti'faešizəm] *n* antifašizam
an·ti·fas·cist I [~ist] *n* antifašista
antifascist II *a* antifašistički
an·ti·feb·ral [aenti'febrəl], [*ij*], [*aj*] *n* sredstvo protiv groznice
an·ti·fed·er·al·ist [aenti'fedərəlist] *n* protivnik ratifikacije američkog ustava
an·ti·freeze ['aentifrijz] *n* antifriz; *to add* ~ dodati antifriz
an·ti·gen [~džən] *n* antigen
an·ti·his·ta·mine [aenti'histəmijn] *n* antihistaminik
an·ti·ic·er [~'ajsə(r)] *n* uređaj protiv zaleđivanja
an·ti·jamm·ing [~'džaemiñg] *a* protivzaglušni
an·ti·knock ['aentin*a*k]; [o] *n* antidetonator, supstanca koja sprečava detonacije
an·ti·log·a·rithm [aenti'l*a*gərithəm]; [o] *n* (math.) antilogaritam
an·ti·ma·cas·sar [~mə'kaesə(r)] *n* zaštitna presvlaka za naslone
an·ti·mag·net·ic [~maeg'netik] *a* sa magnetskom zaštitom
an·ti·mis·sile [~misəl] *a* protivraketni (proturaketni); ~ *defense* protivraketna odbrana (W: obrana)
an·ti·mo·ny ['aentəmounij]; [ə] *n* (chem.) antimon
an·tin·o·my [aen'tinəmij] *n* antinomija
an·ti·nu·cle·ar *a* antinuklearan; *an* ~ *demonstration* antinuklearna demonstracija
an·tip·a·thet·ic [aentipə'thetik] *a* antipatičan
an·tip·a·thet·i·cal [~əl] see **antipathetic**
an·tip·a·thy [aen'tipəthij] *n* antipatija
an·ti·per·son·nel [aenti*p*ə(r)sə'nel], [*aj*] *a* (mil.) protivpešadijski (protupješadijski); *an* ~ *mine* protivpešadijska mina
an·ti·phon ['aentəfən] *n* antifon
an·tiph·o·ny [aen'tifənij] *n* antifonija
an·tip·o·dal [aen'tipədəl] *a* antipodni
an·ti·pode ['aentipoud] *n* antipod
an·ti·pope [~poup] *n* antipapa
an·ti·quar·i·an [~'kwejrijən] *a* antikvarski, antikvaran
an·ti·quar·y ['aentəkwerij]; [ə] *n* antikvar
an·ti·quate ['aentəkwejt] *v tr* učiniti starim
an·ti·quat·ed [~id] *a* zastareo (zastario)
an·tique I [aen'tijk] *n* 1. antikvitet; stari predmet 2. antika; *an admirer of the* ~ ljubitelj antičke kulture
antique II *a* 1. antički; *an* ~ *statue* antički kip 2. antikvaran

antique III v tr dati antikvarni izgled (nečemu); to ~ furniture praviti stilski nameštaj (namještaj)
an·tique·ness [~nis] n antikviranost
antique shop antikvarnica
an·tiq·ui·ty [aen'tikwətij] n 1. antika; antička umetnost (umjetnost) 2. starost, drevnost; of great ~ vrlo star
an·ti-rust ['aenti-rəst] a protivkorozivni
an·ti-Sem·ite [aenti-'semajt], [aj]; [ij] n antisemit
an·ti-Se·mit·ic [~-sə'mitik] a antisemitski
an·ti-Sem·i·tism [~-'semətizəm] n antisemitizam
an·ti·sep·sis [aentə'sepsis] n antisepsa
an·ti·sep·tic I [~ptik] n antiseptik
antiseptic II a antiseptičan, antiseptički
an·ti·smok·ing a antipušački; an ~ campaign antipušačka kampanja
an·ti·so·cial [aenti'soušəl], [aj] a antisocijalan, nedruštven
an·ti·spas·mod·ic I [~spaez'madik]; [o] n antispastik
antispasmodic II a antispastičan
an·tis·tro·phe [aen'tistrəfij] n antistrofa
an·ti·sub·ma·rine ~ [aenti'səbmərijn], [aj] a protivpodmornički; ~ warfare protivpodmorničke operacije
an·ti·tank [~'taenk] a antitenkovski, protivoklopni; an ~ ditch (gun) antitenkovski rov (top); an ~ mine antitenkovska mina
an·tith·e·sis [aen'tithəsis] (-ses [sijz]) n antiteza. suprotnost
an·ti·thet·i·cal [aenti'thetikəl] a antitetičan
an·ti·tox·ic [~'taksik]; [o] a antitoksičan
an·ti·tox·in [~sin] n antitoksin
an·ti·trades ['aentitrejdz] n pl antipasati
an·ti·trust [aenti'trəst], [aj] a protiv trustova; an ~ suit parnica protiv trustova, antitrustovska parnica
an·ti·tus·sive [~'təsiv] n sredstvo protiv kašlja
an·ti·war [~-'wo(r)] a antiratni
ant·ler ['aentlə(r)] n rog sa paroščima
an·to·no·ma·sia [aentənou'mejžə] n antonomazija
an·to·nym ['aentənim] n antonim
an·trum ['aentrəm] (-tra [trə]) n šupljina
Ant·werp ['aentwə(r)p] n Anvers, Antverpen
an·u·re·sis [aenjū'rijsis] n anurija
a·nu·ri·a [ə'nūrijə], [nj] n see **anuresis**
a·nus ['ejnəs] n čmar
an·vil ['aenvil] n nakovanj
anx·i·e·ty [aeng'zajətij] n 1. zabrinutost, zebnja, uznemirenost; to cause ~ izazvati uznemirenost 2. želja
anx·ious ['aeng(k)šəs] a 1. zabrinut; to be ~ about smt. biti zabrinut za nešto; or: pribojavati se nečega 2. željan, žudan; ~ for success željan uspeha (uspjeha): he is ~ to please trudi se da se svidi; he is very ~ to succeed njemu je mnogo stalo do uspeha
an·y ['enij] 1. (often in inter. and neg. sentences) a and pron ma koji, bilo koji, ikakav; svaki; ijedan; does he know ~ foreign language? da li on zna ma koji strani jezik? did he give you ~ money? da li ti je dao novaca? did you drink ~ milk? jesi li pio mleka (mlijeka)? he will not drink ~ wine tonight večeras neće da pije vina; at ~ time u ma koje vreme (vrijeme), u svako doba; kad god; he didn't marry

just ~ girl nije se oženio bilo kojom devojkom (djevojkom); do you have ~ other (kind of) dictionary? imate li ikakav drugi rečnik (rječnik)? at ~ price po svaku cenu (cijenu); in ~ case u svakom slučaju; do ~ of you have a pencil? ima li ijedan od vas olovku? 2. misc.; (often as an adv) he will not come ~ later than Saturday neće doći kasnije od subote; why don't you sell the car if it isn't ~ good zašto ne prodaš ova kola ako ništa ne vrede (vrijede); he doesn't want ~ more više ništa ne želi; ~ better makar malo bolje; he will never come ~ more on više nikad neće doći
an·y·bod·y I [~badij], [ə] n važna osoba; everybody who is ~ was there svi su bili tamo koji su od važnosti
anybody II pron iko (itko), ma ko (tko), bilo ko, ko mu drago; did ~ telephone? da li je iko telefonirao? do you remember ~? da li se sećaš (sjećaš) ma koga? do you know ~ in this town? znaš li ti bilo koga u ovom gradu? ask ~ you want pitaj koga mu drago; we did not see ~ nikoga nismo videli
an·y·bod·y's [~z] pron see **anyone's**
an·y·how [~hau] adv 1. u svakom slučaju; svakako; uprkos (W: usprkos) tome; he'll come ~ on će doći u svakom slučaju; or: on će svakako doći; or: doći će uprkos tome 2. nikako; he could not get in ~ on nije mogao nikako ući
an·y·more [~'mo(r)] adv nikad više; he will not come ~ on nikad više neće doći
an·y·one [~wən] pron see **anybody**
an·y·one's [~z] pron ičiji; did he find ~ books? da li je on našao ičije knjige?
an·y·place [~plejs] adv see **anywhere**
an·y·thing [~thing] pron išta, ma šta (što), bilo šta; have you heard ~? jesi li išta čuo? does he remember ~ he learned? da li se seća (sjeća) ma čega šta (što) je učio? not for ~ ni po koju cenu (cijenu); he is capable of ~ on je spreman na sve; ~ but that! samo ne to! he doesn't want ~ else on više ništa ne želi; he did not see ~ ništa nismo video; we did not see ~ interesting nismo videli ništa interesantno
an·y·way [~wej] adv see **anyhow**
an·y·where [~wej(r)] adv igde (igdje), ma gde (gdje), ma kuda; can we buy that ~? da li se to može igde kupiti? ~ you travel ma gde putuješ; ~ he goes ma kuda da ide
an·y·wise [~wajz] adv ma kako, ikako
An·zac ['aenzaek] n australijski ili novozelandski vojnik
A-one ['ej-wən] a (colloq.) prvoklasan
a·o·rist ['ejərist] n aorist
a·o·rist·ic [ejə'ristik] a aoristni, aoristski
a·or·ta [ej'o(r)tə] n aorta
a·or·tal [~l] a aortni
a·or·tic [~tik] a aortni
a·pace [ə'pejs] adv brzo
a·pache [ə'paeš], [a] n apaš
A·pach·e [ə'paečij] n (pl has zero or -s) Apači (indijansko pleme)
ap·a·nage see **appanage**
a·part [ə'pa(r)t] adv and pred a odvojeno; the engine fell ~ motor se raspao; to take a rifle

~ rasklopiti pušku; *a race* ~ sasvim druga rasa; *to tell* ~ razlikovati; *to tear* ~ rastrgnuti
apart from *prep* sem (see **beside** 2, **except** II)
a·part·heid [ə'pa(r)t·hajt] *n* aparthajd
a·part·ment [~mənt] *n* 1. stan; *an* ~ *with all conveniences* komforan stan (see also **flat** I) 2. (Br.) veliki stan
apartment building stambena zgrada
apartment house see **apartment building**
ap·a·thet·ic [aepə'thetik] *a* 1. apatičan 2. ravnodušan
ap·a·thet·i·cal [~əl] see **apathetic**
ap·a·thy ['aepəthij] *n* 1. apatičnost, apatija 2. ravnodušnost
ap·a·tite ['aepətajt] *n* (miner.) apatit
ape I [ejp] *n* 1. (zool.) bezrepi majmun 2. (zool. and fig.) majmun
ape II *v tr* imitirati, majmunisati; *to* ~ *smb.* imitirati nekoga
a·peak [ə'pijk] *adv* (naut.) stubokom
ape·man ['ejpmaen] (*-men* [min]) *n* primat (najbliži čoveku — čovjeku)
Ap·en·ines ['aepənajnz] *n pl* Apenini
a·pe·ri·ent [ə'pijrijənt] *n* lako sredstvo za čišćenje
a·pé·ri·tif [aepera'tijf]; [ə'perətif] *n* aperitiv
ap·er·ture ['aepə(r)ču(r)], [ə] *n* 1. otvor 2. (on a camera) dijafragma, otvor
a·pex ['ejpeks] (*-es* or *apices* ['ejpəsijz]) *n* vrh (also fig.; see also **peak** I)
a·phaer·e·sis [ə'ferəsis] *n* afereza, izostavljanje
a·pha·sia [ə'fejžə]; [ziə] *n* afazija, gubitak moći govora
a·pher·e·sis see **aphaeresis**
aph·e·sis ['aefəsis] *n* afeza, gubitak kratkog vokala na početku reči (riječi)
a·phid ['ejfid], [ae] *n* lisna vaš (W: uš)
a·phis ['ejfis], [ae] (*-ides* [ədijz]) *n* see **aphid**
a·pho·ni·a [ej'founijə] *n* afonija, bezglasnost
a·phon·ic [ej'fɑnik]; [o] *a* afoničan
aph·o·rism ['aefərizəm] *n* aforizam
aph·o·rist·ic [aefə'ristik] *a* aforistički
aph·ro·dis·i·ac I [aefrə'dizijaek] *n* afrodizijak
aphrodisiac II *a* afrodizijački
a·phyl·lous [ej'filəs] *a* bezlisni
a·pi·an ['ejpijən] *a* pčelinji
a·pi·ar·i·an I [ejpij'ejrijən] *n* pčelar
apiarian II *a* 1. pčelinji 2. pčelarski
a·pi·a·rist ['ejpijərist], [e] *n* pčelar
a·pi·ar·y ['ejpijerij]; [ə] *n* pčelinjak
ap·i·cal ['aepikəl] *a* 1. (ling.) apikalan 2. vršni
apices see **apex**
a·pi·cul·tur·al [ejpi'kəlčərəl] *a* pčelarski
a·pi·cul·ture ['ejpikəlčə(r)] *n* pčelarstvo
a·pi·cul·tur·ist [ejpi'kəlčərist] *n* pčelar
a·piece [ə'pijs] *adv* (za) svaki; *they cost two dollars* ~ oni staju dva dolara po komadu; *they were fined ten dollars* ~ oni su bili kažnjeni po deset dolara svaki; *apples at twenty cents* ~ jabuke po dvadeset penija svaka (see also **each** 3)
ap·ish ['ejpiš] *a* podražavalački; majmunski
a·plomb [ə'plɑm], [ə] *n* samopouzdanje
ap·ne·a ['aep'nijə] *n* (med.) zastoj u disanju
APO [ejpij'ou] (abbrev. of *Army Post Office*) vojna pošta armije

a·poc·a·lypse [ə'pakəlips]; [o] *n* 1. apokalipsa, mističko proricanje 2. (cap.) Apokalipsa, Otkrovenje sv. Jovana Bogoslova
a·poc·a·lyp·tic [əpakə'liptik]; [o] *a* apokaliptički
a·poc·a·lyp·ti·cal [~əl] see **apocalyptic**
a·poc·o·pe [ə'pakəpij]; [o] *n* apokopa, izostavljanje glasa na kraju reči (riječi)
a·poc·ry·pha [ə'pakrəfə]; [o] *n pl* (occ. *sgn*) (occ. cap.) apokrifi
a·poc·ry·phal [~l] *a* apokrifan, lažan
ap·o·dal ['aepədəl] *a* beznožni
a·pod·o·sis [ə'padəsis]; [o] (*-ses* [sijz]) *n* apodoza
ap·o·gee ['aepədžij] *n* apogej
a·po·lit·i·cal [ejpə'litikəl] *a* apolitički, apolitičan
a·pol·lo [ə'palou]; [o] *n* (fig.) Apolon
a·pol·o·get·ic I [əpalə'džetik]; [o] *n* apologija, odbrana (W: obrana)
apologetic II *a* apologetski, apologičan; pomirljiv; *an* ~ *tone* pomirljiv ton
a·pol·o·get·ics [~s] *n* apologetika
a·pol·o·gist [ə'palədžist]; [o] *n* branilac; apologet
a·pol·o·gize [ə'palədžajz]; [o] *v intr* izviniti se; *to* ~ *to smb. for being rude* izviniti se nekome za grubost
a·pol·o·gy [ə'palədžij]; [o] *n* 1. izvinjenje (W: also: isprika); *to accept (offer) an* ~ primiti (ponuditi) izvinjenje; *an* ~ *to smb. for being late* izvinjenje nekome za zadocnjenje; *make no* ~*ies!* nije potrebno nikakvo izvinjenje! 2. odbrana (W: obrana)
ap·o·mor·phine [aepə'mo(r)fijn] *n* apomorfin
a·poph·o·ny [ə'pafənij]; [o] *n* (ling.) prevoj (prijevoj) (also **ablaut**)
ap·o·phthegm see **apothegm**
ap·o·plec·tic [aepə'plektik] *a* apoplektičan; *an* ~ *stroke* apopleksija
ap·o·plex·y ['aepəpleksij] *n* apopleksija
a·port [ə'po(r)t] *a* (naut.) levo (lijevo)
ap·o·si·o·pe·sis [aepəsajə'pijsis] (*-ses* [sijz]) *n* aposiopeza
a·pos·ta·sy [ə'pastəsij]; [o] *n* apostasija
a·pos·tate I [ə'pastejt]; ['aepəstejt] *n* apostat
apostate II *a* apostatski, otpadnički
a·pos·ta·tize [ə'pastətajz]; [o] *v intr* postati apostat
a pos·te·ri·o·ri [a pəstijrij'orij]; [o] (Latin) aposterioran
a·pos·tle [ə'pasəl]; [o] *n* apostol
Apostles' Creed *n* Apostolsko vjeruju
ap·os·tol·ic [aepə'stalik]; [o] *a* apostolski
Apostolic See papska stolica
a·pos·tro·phe I [ə'pastrəfij]; [o] *n* apostrof (znak)
apostrophe II *n* apostrofa (prizivanje)
a·pos·tro·phize I [ə'pastrəfajz]; [o] *v* apostrofirati (staviti apostrof)
apostrophize II *v* apostrofirati (osloviti, spomenuti)
a·poth·e·car·y [ə'pathəkerij]; [o]; [ə] *n* apotekar
ap·o·thegm ['aepəthem] *n* mudra izreka
ap·o·them ['aepəthem] *n* (geom.) apotema
a·poth·e·o·sis [əpathij'ousis]; [o] (*-ses* [sijz]) *n* apoteoza, obožavanje
ap·o·the·o·size [aepə'thijəsajz] *v tr* apoteozirati
ap·pal Br.; see **appall**
Ap·pa·la·chi·an [aepə'lejčijən] *a* apalački
Appalachian Mountains *pl* Apalačke planine, Apalači

ap·pall [ə'pol] *v tr* zaprepastiti, užasnuti; *to be ~ed at smt.* užasnuti se nečega
ap·pall·ing [~iñg] *a* užasan
ap·pa·nage ['aepənidž] *n* apanaža
ap·pa·ra·tus [aepə'rejtəs], *[ae] (pl* has zero or *-es) n* 1. aparat; *the digestive (respiratory)* ~ aparat za varenje (disanje) 2. *(gymnastic)* ~ sprave (za vežbanje — vježbanje) 3. uređaj, pribor, aparatura
ap·par·el I [ə'paerəl] *n* odeća (odjeća); *wearing* ~ odevna (odjevna) roba
apparel II *v tr* 1. obući 2. ukrasiti
ap·par·ent [ə'paerənt] *a* 1. očigledan, očevidan 2. vidljiv
ap·pa·ri·tion [aepə'rišən] *n* utvara, avet
ap·peal I [ə'pijl] *n* 1. apel, obraćanje, molba; *an* ~ *for help* apel za pomoć; *an* ~ *to the passions* obraćanje strastima; *an* ~ *to the working class* apel radničkoj klasi; *an* ~ *for mercy* molba za milost; *to make an* ~ *to smb.* apelovati na nekoga; *a dramatic* ~ dramatičan apel 2. privlačnost, čar; *the* ~ *of adventure* čar pustolovstva 3. (legal) žalba, apelacija; *to make (file) an* ~ podneti (podnijeti) žalbu; *to reject an* ~ odbaciti žalbu
appeal II *v* 1. *tr* (legal) žaliti se; *to* ~ *a verdict (to a higher court)* žaliti se (višem sudu) na presudu nižeg suda 2. *intr* apelovati, obratiti se, pozvati (se); *to* ~ *to patriotism* apelovati na rodoljublje; *the president ~ed to the workers to put an end to the strikes* predsednik (predsjednik) je uputio apel radnicima da prestanu sa štrajkovima; *to* ~ *to the populace* apelovati na građane 3. *intr* moliti; pozvati; *to* ~ *to smb. for mercy* moliti nekoga za milost 4. *intr* (legal) podneti žalbu, žaliti se višem sudu 5. *intr* svideti (svidjeti) se; privući; *that does not* ~ *to me* to mi se ne sviđa
ap·pear [ə'pij(r)] *v intr* 1. pojaviti se; *the sun ~ed* sunce se pojavilo 2. istupiti; *to* ~ *in court* istupiti na sudu; *to* ~ *against smb.* istupiti protiv nekoga 3. izlaziti; *the journal ~s every three months* časopis izlazi svaka tri meseca (mjeseca) 4. činiti se; izgledati; *it ~ed to me that he was ill* učinilo mi se da je bolestan; *she ~ed to be sleepy* izgledalo je kao da joj se spavalo 5. stupiti; *to* ~ *on the scene* stupiti na scenu; *to* ~ *on stage* stupiti na pozornicu
ap·pear·ance [~rəns] *n* 1. pojava, pojavljivanje; *to make one's* ~ pojaviti se 2. izlazak; *an* ~ *in court* izlazak pred sud 3. izgled, spoljašnjost (W: also: vanjština); *in* ~ po spoljašnjosti; *for the sake of ~s* izgleda radi; *to all ~s* po svemu izgledu; *they managed to keep up ~s* uspeli (uspjeli) su da sačuvaju spoljašnju formu; *to make a fine* ~ lepo (lijepo) izgledati; *at first* ~ na prvi pogled; ~*s are deceiving* spoljašnjost vara 4. nastup; *a stage* ~ nastup na pozornici
ap·pease [ə'pijz] *v tr* 1. umiriti, smiriti 2. popustiti; *to* ~ *an aggressor* popustiti agresoru 3. utoliti, zadovoljiti; *to* ~ *one's thirst* utoliti žeđ
ap·pease·ment [~mənt] *n* 1. umirenje, smirenje 2. (pol.) popuštanje; *a policy of* ~ politika popuštanja
ap·peas·er [~ɔ(r)] *n* 1. umirivač 2. (pol.) pristalica (W: pristaša) politike popuštanja

ap·pel·lant I [ə'pelənt] *n* (legal) žalilac, podnosilac žalbe
appellant II *a* see **appellate**
ap·pel·late [ə'pelit] *a* žalbeni, apelacioni; *an* ~ *court* žalbeni (apelacioni) sud
ap·pel·la·tion [aepə'lejšən] *n* 1. naziv, ime 2. nazivanje, imenovanje
ap·pel·la·tive I [ə'pelətiv] *n* apelativ
appellative II *a* apelativan; *an* ~ *noun* apelativna imenica
ap·pend [ə'pend] *v tr* 1. dodati; *to* ~ *a list of names* dodati spisak imena 2. prikačiti, privesiti (privjesiti)
ap·pend·age [~idž] *n* 1. dodatak 2. privesak (privjesak)
ap·pend·ant [~ənt] *a* 1. dodat 2. prikačen
ap·pen·dec·to·my [aepən'dektəmij] *n* apendektomija; *to perform an* ~ izvršiti apendektomiju
ap·pen·di·ci·tis [əpendə'sajtis] *n* apendicit
ap·pen·dix [ə'pendiks] *(-dixes* [diksiz] or *-dises* [dəsijz]) *n* 1. dodatak 2. (anat.) slepo crevo (slijepo crijevo)
ap·per·ceive [aepə(r)'sijv] *v tr* usvojiti, apercipirati
ap·per·cep·tion [aepə(r)'sepšən] *n* apercepcija
ap·per·cep·tive [~ptiv] *a* aperceptivan
ap·per·tain [aepə(r)'tejn] *v intr* pripadati, odnositi se
ap·pe·tence ['aepətəns] *n* 1. jaka želja 2. naklonost
ap·pe·tite ['aepətajt] *n* 1. apetit (W also: tek); *to have a good* ~ imati dobar apetit 2. (fig.) želja, nagon
ap·pe·tiz·er ['aepətajzə(r)] *n* predjelo
ap·pe·tiz·ing [~iñg] *a* ukusan
ap·plaud [ə'plod] *v* 1. tr aplaudirati, pljeskati; *to* ~ *an actor* aplaudirati glumcu 2. tr (fig.) odobriti 3. *intr* aplaudirati, pljeskati
ap·plause [ə'ploz] *n* aplauz; *to draw* ~ pobrati aplauze; ~ *for the cast* aplauz glumcima
ap·ple ['aepəl] *n* jabuka; *to grow ~s* gajiti jabuke; **an* ~ *of discord* jabuka razdora; **the* ~ *of smb.'s eye* nečiji ljubimac; *an Adam's* ~ Adamova jabučica
apple cider jabukovača, jabučno sirće
apple juice jabučni sok
apple orchard jabučar
apple pie pita s jabukama; **~ order* potpun red
ap·ple-pol·ish [~pališ] *[o] v tr and intr* (colloq.) lizati pete; *to* ~ *smb.* lizati nekome pete
apple tree jabukovo drvo
ap·pli·ance [ə'plajəns] *n* uređaj, sprava; *electrical ~s* električni uređaji
ap·pli·ca·bil·i·ty [aeplikə'bilətij] *n* primenljivost (primjenljivost)
ap·pli·ca·ble ['aeplikəbəl] *a* primenljiv (primjenljiv); ~ *to a case* primenljiv na slučaj
ap·pli·cant ['aeplikənt] *n* podnosilac molbe; kandidat; *an* ~ *for a patent* prijavilac patenta
ap·pli·ca·tion [aepli'kejšən] *n* 1. molba, traženje; *to accept (reject, submit) an* ~ primiti (odbiti, podneti — podnijeti) molbu; *an* ~ *for admission to a university* molba za upis na fakultet; *an* ~ *for a patent* prijava patenta 2. primena (primjena); *the* ~ *of a theory* primena teorije 3. stavljanje; *the* ~ *of an ointment to a wound* stavljanje melema na ranu 4. nanošenje; *an* ~ *of paint* nanošenje boje

application form prijavni formular, prijava: *to fill out an* ~ ispuniti prijavu
application program (C.) aplikacioni program
application software (C.) aplikacioni softver
ap·pli·ca·tor ['aeplikejtə(r)] *n* štrcaljka
ap·plied [ə'plajd] *a* see **apply**; primenjen (primjenjen); ~ *mathematics* primenjena matematika
ap·ply [ə'plaj] *v* 1. *tr* staviti; *to* ~ *medication to a part of the body* staviti lek na deo tela (staviti lijek na dio tijela) 2. *tr* primeniti (primijeniti); *to* ~ *new methods to smt.* primeniti nove metode na nešto; *to* ~ *a law* primeniti zakon; *to* ~ *in practice* primeniti u praksi 3. *refl* usredsrediti (usredsrijediti) se; *to* ~ *oneself to smt.* usredsrediti se na nešto, prionuti na nešto 4. *tr* naneti (nanijeti); *to* ~ *paint* naneti boju 5. *intr* (*to* ~ *for*) prijaviti se za, konkurisati za, podneti (podnijeti) molbu za; *to* ~ *for a position* konkurisati za mesto (mjesto); *he applied for admission to the university* podneo je molbu (prijavio se) za upis na fakultet 6. *intr* važiti; *the rule applies to everyone* pravilo važi za sve 7. *intr* obratiti se; *to* ~ *to smb. for instructions* obratiti se nekome za uputstva
ap·point [ə'pojnt] *v tr* 1. postaviti; *to* ~ *smb. ambassador* postaviti nekoga za ambasadora; *he has been* ~*ed full professor* on je postavljen u zvanju redovnog (W: redovitog) profesora; *to* ~ *smb. to a position* postaviti nekoga na položaj 2. odrediti; *an* ~*ed task* određen zadatak; (mil.) *an* ~*ing authority* nadležna instanca (koja određuje komisiju) 3. opremiti; *a well-*~*ed office* dobro opremljena kancelarija
ap·poin·tive [~tiv] *a* koji se popunjava imenovanjem; *an* ~ *office* mesto (mjesto) koje se popunjava imenovanjem (jednog kandidata)
ap·point·ment [~mənt] *n* 1. postavljanje 2. mesto (mjesto), služba; *he received a good* ~ dobio je dobro mesto 3. određivanje 4. (ugovoren) sastanak; *to keep (break) an* ~ doći (ne doći) na sastanak; *to make an* ~ *with smb.* zakazati sastanak nekome; *to have an* ~ *for two o'clock* imati sastanak u dva sata; *by* ~ (*only*) (samo) po sporazumu (dogovoru) 5. (in *pl*) oprema, nameštaj (namještaj)
appointment book podsetnik — podsjetnik (za poslovne sastanke)
ap·por·tion [ə'po(r)šən] *v tr* raspodeliti (raspodijeliti)
ap·por·tion·ment [~mənt] *n* raspodela (raspodjela)
ap·po·si·tion [aepə'zišən] *n* (gram.) apozicija, imenski dodatak; *a noun in* ~ (*to another noun*) imenica kao dodatak (nekoj drugoj imenici)
ap·pos·i·tive I [ə'pazətiv] [o] *n* apozicija
appositive II *a* apozicijski
ap·prais·al [ə'prejzəl] *n* procena (procjena), ocena (ocjena); *to make an* ~ *of smt.* proceniti (procijeniti) nešto
ap·praise [ə'prejz] *v tr* proceniti (procijeniti), oceniti (ocijeniti); *to* ~ *damage (a situation)* proceniti štetu (situaciju)
ap·prais·er [~ə(r)] *n* 1. procenitelj (procjenitelj) 2. see **adjuster 2**

ap·pre·cia·ble [ə'prijšəbəl] *a* 1. procenljiv (procjenljiv) 2. primetan (primjetan)
ap·pre·ci·a·te [ə'prijšijejt] *v* 1. *tr* ceniti (cijeniti); biti zahvalan za; *I greatly* ~ *your kindness* mnogo cenim vašu ljubaznost; *he* ~*s everything you did* on vam je zahvalan za sve 2. *tr* shvatati razumeti (razumjeti); *to* ~ *smb.'s situation (suffering)* razumeti nečiju situaciju (nečije patnje) 3. *intr.* rasti, povećati se
ap·pre·ci·a·tion [əprijšij'ejšən] *n* 1. zahvalnost; *to express (show) one's* ~ izraziti (pokazati) zahvalnost 2. cenjenje (cijenjenje) 3. shvatanje, razumevanje (razumijevanje); *to show* ~ *of smt.* pokazati razumevanje za nešto 4. povećanje (vrednosti — vrijednosti)
ap·pre·cia·tive [ə'prijšətiv] *a* zahvalan; *to be* ~ *of smb.'s help* biti zahvalan za nečiju pomoć
ap·pre·hend [aepri'hend] *v tr* 1. uhapsiti (esp. W: uhvatiti); *to* ~ *a murderer* uhapsiti ubicu 2. predosetiti (predosjetiti) sa zebnjom
ap·pre·hen·sion [aepri'henšən] *n* 1. hapšenje 2. zebnja
ap·pre·hen·sive [~nsiv] *a* 1. pun zebnje, uplašen; *to be* ~ *of danger* plašiti se opasnosti: *to be* ~ *for one's life* plašiti se za svoj život 2. osetljiv (osjetljiv)
ap·pren·tice I [ə'prentis] *n* šegrt, učenik
apprentice II *v tr* 1. dati na zanat; *to be* ~*d to smb.* učiti zanat kod nekoga
ap·pren·tice·ship [~šip] *n* šegrtstvo (W: naukovanje), pripravnički staž
ap·prise, ap·prize [ə'prajz] *v tr* obavestiti (obavijestiti); *to* ~ *smb. of smt.* obavestiti nekoga o nečemu
ap·proach I [ə'prouč] *n* 1. približavanje, približenje 2. prilaz; *an* ~ *to a problem* prilaz problemu; *the* ~ *to a stadium* prilaz stadionu; (as *a*) *an* ~ *route* prilazni put 3. (aviation) (*landing* ~) polazak na sletanje (slijetanje), prilaženje 4. (in *pl*) pokušaji približenja
approach II *v* 1. *tr* and *intr* približiti se; *to* ~ *smb.* približiti se nekome; *the train is* ~*ing* voz (W: vlak) se približuje 2. *tr* obratiti se; *to* ~ *smb. concerning a matter* obratiti se nekome povodom neke stvari
ap·proach·a·ble [~əbəl] *a* pristupačan
ap·pro·ba·to·ry [ə'proubətorij]; ['aeprəbejtərij] *a* koji odobrava
ap·pro·pri·ate I [ə'prouprijit] *a* podesan, zgodan, pogodan; *an* ~ *response* zgodan odgovor; *an* ~ *theme* pogodna tema; ~ *words* podesne reči (riječi)
appropriate II [~ejt] *v tr* 1. prisvojiti 2. odvojiti, izdvojiti, odrediti; odobriti; *to* ~ *funds for national defense* odvojiti (izdvojiti) sredstva za narodnu odbranu (W: obranu)
ap·pro·pri·ate·ness [ə'prouprijitnis] *n* podesnost, zgodnost
ap·pro·pri·a·tion [əprouprij'ejšən] *n* 1. prisvojenje 2. odvajanje, određenje; odobravanje; *an* ~ (*of funds*) *for national defense* odvajanje sredstava za narodnu odbranu (W: obranu); *to make an* ~ (*of funds*) odvojiti sredstva
ap·prov·al [ə'pruvəl] *n* odobrenje; *that meets with his* ~ on se slaže; *to send merchandise on* ~ poslati robu na ogled

ap·prove [ə'prūv] *v* 1. *tr* and *intr* odobriti; primiti; *to* ~ *a loan (a request)* odobriti kredit (molbu); *to* ~ *(of) a choice* odobriti izbor; *to* ~ *a report* primiti izveštaj (izvještaj) 2. *intr* slagati ,se
approved school Br.; see **reform school**
ap·prox·i·mate I [ə'praksəmit]; [*o*] *a* približan; ~ *results* približni rezultati; ~ *size (value)* približna veličina (vrednost — vrijednost)
approximate II [~mejt] *v tr* 1. približno odgovarati; *to* ~ *the truth* biti blizak istini 2. približiti se
ap·prox·i·ma·tion [əpraksə'mejšən]; [*o*] *n* 1. približenje 2. približna vrednost (vrijednost)
ap·pur·te·nance [ə'pə(r)tnəns] *n* 1. dodatak 2. (in *pl*) pribor, oprema
ap·pur·te·nant [~ənt] *a* pomoćni
a·pri·cot [aeprikat], [*ej*]; [*o*] *n* kajsija
A·pril ['ejprəl] *n* april (W: travanj)
April fool objekt prvoaprilske šale
April Fools' Day prvi april (W: travanj)
a pri·o·ri [a prij'orij] (Latin) 1. aprioran 2. apriorno
a·pron ['ejprən] *n* 1. kecelja, pregača 2. *(airport* ~) (aerodromska) platforma 3. deo (dio) pozornice ispred zavese (zavjese) 4. misc.; **he is still tied to his mother's* ~ *strings* on se drži majčine suknje (majčina skuta)
ap·ro·pos [aeprə'pou] 1. *a* umestan (umjestan); *the remark was very* ~ primedba (primjedba) je bila vrlo umesna 2. *adv* u pravi čas 3. *adv* uzgredno, uzgred budi rečeno 4. *prep* (~ *of)* odnosno, u vezi sa; ~ *of your letter* odnosno vašeg pisma
apse [aeps] *n* 1. polukružni deo (dio) crkve 2. (astro.) apsida
ap·sis ['aepsis] (*-sides* [sədijz]) *n* see **apse**
apt [aept] *a* 1. zgodan, pogodan; *an* ~ *reply* zgodan odgovor 2. sposoban; *an* ~ *pupil* sposoban učenik 3. sklon; *he is* ~ *to cheat* on je sklon da prevari
ap·ti·tude ['aeptətūd]; [*tj*] *n* sposobnost, talenat, dar; *musical* ~ sposobnost (talenat) za muziku; *mechanical* ~ mehanička sposobnost; *an* ~ *for languages* dar za jezike
aptitude test test sposobnosti
apt·ness [~nis] *n* 1. zgodnost 2. sposobnost 3. sklonost
aq·ua ['aekwə] *n* 1. voda (see **water I**) 2. boja vode
aq·ua·cade [~kejd] *n* umetničko (umjetničko) plivanje
aqua for·tis ['fo(r)tis] koncentrovana azotna kiselina, ćezap
aq·ua·lung ['aekwələng̅] *n* akvalung
aq·ua·ma·rine [~mə'rijn] *n* akvamarin
aq·ua·naut [~not] *n* akvanaut
aq·ua·plane ['aekwəplejn] *n* akvaplan (daska vezana za motorni čamac, koja služi za vožnju po vodi)
aq·ua·relle [~'rel] *n* akvarel
a·quar·i·um [ək'wejrijəm] (*-s* or *-ia* [ijə]) *n* akvarij
A·quar·i·us [ək'wejrijəs] *n* (astrol.) vodolija
a·quat·ic I [ə'kwaetik] *n* 1. vodena biljka (životinja) 2. (in *pl*) vodeni sportovi
aquatic II *a* vodeni; ~ *plants* vodene biljke

aq·ua·tint ['aekwətint] *n* akvatinta
aq·ua·vit [~vijt] *n* akvavit
aq·ue·duct [~dəkt] *n* akvedukt, vodovod
a·que·ous ['aekwijəs] *a* voden; razvodnjen
aq·ui·line ['aekwəlajn] *a* orlovski; kukast; *an* ~ *nose* orlovski nos
Ar·ab I ['aerəb] *n* Arapin
Arab II *a* arapski
ar·a·besque [aerə'besk] *n* arabeska
A·ra·bi·a [ə'rejbijə] *n* Arabija
A·ra·bi·an I *n* 1. Arabljanin 2. arapski konj
Arabian II *a* arabljanski
Ar·a·bic I ['aerəbik] *n* arapski jezik
Arabic II *a* arapski
Arabic numerals arapski brojevi
Ar·a·bist ['aerəbist] *n* arabista
ar·a·ble ['aerəbəl] *a* podesan za obrađivanje; ~ *land* oranica
Arab League Arapska liga
a·rach·noid [ə'raeknojd] *a* paučinast
Ar·a·ma·ic I [aerə'mejik] *n* aramejski jezik
Aramaic II *a* aramejski
ar·ba·lest, ar·be·list ['a(r)bəlist] *n* samostrel, strelomet
ar·bi·ter ['a(r)bətə(r)] *n* arbitar
ar·bi·trage ['a(r)bətraž] *n* (econ.) arbitraža (iskorišćenje razlike između cena — cijena na berzama — W: burzama)
ar·bi·trar·y ['a(r)bətrerij]; [ə] *a* arbitraran, proizvoljan
ar·bi·trate ['a(r)bətrejt] *v* 1. *tr* rešiti (riješiti) arbitražom 2. *intr* suditi kao arbitar
ar·bi·tra·tion [a(r)bə'trejšən] *n* arbitraža, raspravljanje spora pred izbranim sudom
ar·bi·tra·tor ['a(r)bətrejtə(r)] *n* arbitar
ar·bor I ['a(r)bə(r)] *n* hladnjak, senica (sjenica), čardaklija, odrina (see also **bower I**, **lattice**, **trellis**)
arbor II *n* 1. vreteno 2. osovina
ar·bo·re·al [a(r)'borijəl] *a* 1. sličan drvetu 2. koji živi drveću
ar·bo·re·ous [a(r)'borijəs] *a* 1. bogat drvećem 2. sličan drvetu
ar·bo·res·cent [a(r)bə'resənt] *a* sličan drvetu
ar·bo·re·tum [a(r)bə'rijtəm] (*-s* or *-ta* [tə]) *n* botanički vrt
ar·bo·ri·cul·ture ['a(r)bərikəlčə(r)] *n* gajenje drveća
ar·bour Br.; see **arbor I**
ar·bu·tus [a(r)'bjūtəs] *n* (bot.) maginja
arc I [a(r)k] *n* (geom., etc.) luk
arc II *n* lučni
ar·cade [a(r)'kejd] *n* arkada
Ar·ca·di·a [a(r)'kejdijə] *n* 1. Arkadija 2. zemlja mira i sreće
ar·cane [a(r)'kejn] *a* tajanstven
ar·ca·num [a(r)'kejnem] (*-na* [nə]) *n* 1. tajna 2. eliksir
arch I [a(r)č] *n* 1. svod, luk 2. izbočenost, ispupčenost 3. (anat.) taban
arch II *a* 1. glavni, najviši 2. nevaljao; nestašan 3. lukav, prepreden
arch III *v* 1. *tr* zasvoditi, snabdeti (snabdjeti) svodom 2. *tr* izbočiti; pružiti uvis 3. *intr* obrazovati svod
ar·chae·o·log·ic [a(r)kijə'ladžik]; [*o*] see **archaeological**

ar·chae·o·log·i·cal [~əl] *a* arheološki; *an* ~ *excavation (dig)* arheološko iskopavanje
ar·chae·ol·o·gist [a(r)kij'alədžist]; [o] *n* arheolog
ar·chae·ol·o·gy [~džij] *n* arheologija
ar·cha·ic [a(r)'kejik] *a* arhaičan
ar·cha·ism ['a(r)kijizəm] *n* arhaizam
ar·cha·ize ['a(r)kijajz] *v* 1. *tr* arhaizovati 2. *intr* unositi arhaizme
arch·an·gel ['a(r)kejndžəl] *n* arhanđeo
arch·bish·op ['a(r)čbišəp] *n* (Orth.) arhiepiskop; (Cath.) nadbiskup
arch·bish·op·ric [a(r)č'bišəprik] *n* (Orth.) arhiepiskopija; (Cath.) nadbiskupija
arch·dea·con [a(r)č'dijkən] *n* arhiđakon
arch·dea·con·ry [~rij] *n* arhiđakonstvo
arch·dea·con·ship [~šip] *n* see **archdeaconry**
arch·di·o·cese [a(r)č'dajəsijz], [i] *n* (Orth.) arhiepiskopska dioceza; (Cath.) nadbiskupska dioceza
arch·du·cal [a(r)č'dūkəl]; [dj] *a* nadvojvodski
arch·duch·ess [a(r)č'dəčis] *n* nadvojvotkinja
arch·duch·y [a(r)č'dəčij] *n* nadvojvodstvo
arch·duke [a(r)č'dūk]; [dj] *n* nadvojvoda
arched [a(r)čt] *a* 1. zasvođen, u obliku luka 2. izbočen, ispupčen
arch·en·e·my [a(r)č'enəmij] *n* 1. din-dušmanin (esp. W: najveći neprijatelj) 2. (often cap.) đavo
ar·che·ol·o·gy see **archaeology**
Ar·che·o·zo·ic [a(r)kijə'zouik] *n* (the ~) arheozoik
ar·cher ['a(r)čə(r)] *n* strelac (strijelac), streličar
arch·er·y ['a(r)čərij] *n* streljaštvo, streličarstvo
ar·che·typ·al [a(r)kə'tajpəl] *a* prauzorni
ar·che·type ['a(r)kətajp] *n* arhitip, prauzor, prototip
arch·fiend [a(r)č'fijnd] *n* satana
Ar·chie Bunker ['a(r)čij] (colloq.) osoba iz radničke klase koja se ponaša netrpljivo i misli da sve najbolje zna
ar·chi·di·ac·o·nal [a(r)kidaj'aekənəl] *a* arhiđakonski
ar·chi·di·ac·o·nate [~nit] *n* see **archdeaconry**
ar·chi·e·pis·co·pa·cy [a(r)kijə'piskəpəsij] *n* see **archbishopric**
ar·chi·e·pis·co·pal [~pəl] *a* (Orth.) arhiepiskopski; (Cath.) nadbiskupski
ar·chi·e·pis·co·pate [~pejt], [i] *n* see **archbishopric**
ar·chi·man·drite [a(r)kə'maendrajt] *n* (Orth.) arhimandrit
ar·chi·pel·a·go [a(r)kə'peləgou] (-s and -es) *n* arhipelag
ar·chi·tect ['a(r)kətekt] *n* arhitekta; ~s *design buildings* arhitekti rade planove za građevine
ar·chi·tec·ton·ic [a(r)kətek'tanik]; [o] *a* arhitektonski
ar·chi·tec·ton·ics [~s] *n* arhitektonika
ar·chi·tec·tur·al [a(r)kə'tekčərəl] *a* arhitektonski
ar·chi·tec·ture ['a(r)kətekčə(r)] *n* arhitektura; *a school of* ~ arhitektonski fakultet
ar·chi·trave ['a(r)kətrejv] *n* (archit.) arhitrav
ar·chi·val [a(r)'kajvəl] *a* arhivski
ar·chives ['a(r)kajvz] *n pl* arhiva; *access to* ~ pristup do arhiva
ar·chi·vist ['a(r)kəvist] *n* arhivista
arch·priest [a(r)č'prijst] *n* protopop; (Orth.) protojerej

arch supporter podmetač za taban, ortopedski uložak
arch·way ['a(r)čwej] *n* zasvođen ulaz; hodnik na svodove
arc lamp plameni luk, lampa sa svetlosnim (svjetlosnim) lukom
arc·tic ['a(r)(k)tik] *n* nepromočiva čizma
Arctic I *n* Arktik; *in the* ~ na Arktiku
arctic II *a* (occ. cap.) arktički; *an* ~ *belt* arktički pojas; *an* ~ *climate* arktička klima; ~ *explorations* istraživanja (u oblasti) Arktika
Arctic Archipelago Arktički arhipelag
Arctic Circle Severni (Sjeverni) polarni krug, Arktički krug
arctic fox see **white fox**
Arctic Ocean Severni (Sjeverni) ledeni okean (ocean)
ar·cu·ate ['a(r)kjūit] *a* u obliku luka; zasvođen
ar·cu·a·tion [a(r)kju'ejšən] *n* (archit.) upotreba svodova
Ar·dennes [a(r)'denz] *n pl* Ardeni
ar·dent ['a(r)dənt] *a* 1. vatren, revnostan, žarki; *an* ~ *fan* revnostan navijač; ~ *love* vatrena (žarka) ljubav; *an* ~ *look (spirit, supporter)* vatren pogled (duh, pobornik) 2. (rare) vruć
ar·dor ['a(r)də(r)] *n* 1. žar, revnost, oduševljenje 2. (rare) vrućina, toplota
ar·dour Br.; see **ardor**
ar·du·ous ['a(r)džūəs]; [dj] *a* 1. težak, naporan; *an* ~ *task* težak zadatak; ~ *work* naporan rad 2. strm
are I [a(r)] *n* (measure) ar
are II see **be**
ar·e·a ['ejrijə] *n* 1. oblast, rejon, zona, prostorija, teritorija; *a specialist in this* ~ stručnjak u ovoj oblasti; *a cattle-raising (farming, industrial)* ~ stočarski (poljoprivredni, industrijski) rejon; (mil.) *an assembly (fortified, rear)* ~ zborni (utvrđeni, pozadinski) rejon; (mil.) *a staging* ~ rejon koncentracije (prikupljanja); (meteor.) *a high-pressure* ~ oblast visokog pritiska (W: tlaka) 2. (math.) površina, kvadratura 3. (Br.) dvorište koje vodi u podrum
area code (for telephones) karakterističan broj telefonske mrežne grupe
area studies studiranje kulture nekog područja
ar·e·a·way [~wej] *n* prolaz
a·re·na [ə'rijnə] *n* arena (also fig.); *to enter the political* ~ stupiti na političku arenu
arena theater amfiteatar
aren't see **be**
a·re·o·la [ə'rijələ] *n* (-s or -lae [lij]) *n* areola
ar·e·ole ['ejrijoul] see **areola**
ar·gen·tif·er·ous [a(r)džən'tifərəs] *a* srebronosan
Ar·gen·ti·na [a(r)džən'tijnə] *n* Argentina
Ar·gen·tine ['a(r)džəntijn], [aj] see **Argentinean I, II**
Ar·gen·tin·e·an I [a(r)džən'tinijən] *n* Argentinac
Argentinean II *a* argentinski
ar·gil ['a(r)džil] *n* ilovača
ar·gil·la·ceous [a(r)džə'lejšəs] *a* ilovačast
ar·gol ['a(r)gəl] *n* vinski streš
ar·gon ['a(r)gan]; [o] *n* (chem.) argon
Ar·go·naut ['a(r)gənot] *n* argonaut
ar·go·sy ['a(r)gəsij] *n* veliki trgovački brod
ar·got ['a(r)gou] *n* argo; žargon; *the* ~ *of thieves* lopovski argo

ar·gu·a·ble ['a(r)gjūəbəl] *a* osporljiv, sporan
ar·gue ['a(r)gjū] *v* 1. *tr* pretresati; *to ~ politics (a question)* pretresati politiku (pitanje) 2. *tr* dokazivati; *to ~ that . . .* dokazivati da . . . 3. *intr* prepirati se; argumentisati, raspravljati; *to ~ about smt.* prepirati se oko nečega 4. misc.; *to ~ against* govoriti protiv; *to ~ for smb.* govoriti u neč:ju korist; *to ~ smb. into smt.* nagovoriti nekoga na nešto; *to ~ smb. out of smt.* odgovoriti (odvratiti) nekoga od nečega
ar·gu·ment ['a(r)gjəmənt] *n* 1. argumenat; razlog, dokaz; *an ~ against (for)* argumenat protiv (za); *a strong (weak) ~* jak (slab) argumenat 2. rasprava, diskusija; (colloq.) *to clinch an ~* navesti neoboriv dokaz 3. prepirka; *an ~ about smt.* prepirka oko nečega; *to have an ~* prepirati se 4. (ling.) argument
ar·gu·men·ta·tion [a(r)gjəmen'tejšən] *n* argumentac:ja
ar·gu·men·ta·tive [a(r)gjə'mentətiv] *a* argumentativan; prepirački, polem:čki
ar·gy·bar·gy ['a(r)džij 'ba(r)džij] *n* (Br.; colloq.) svada
ar·gyle ['a(r)gajl] *n* vrsta tkanine
a·ri·a ['arijə] *n* arija
Ar·i·an see **Aryan**
Ar·i·an·ism ['aerijənizəm] *n* arijanizam
ar·id ['aerid] *a* 1. suv (suh), bezvodan 2. (fig.) nezanimljiv
Ar·ies ['aerijz], ['aerijijz] *n* (astrol.) ovan
a·rise [ə'rajz]; *arose* [ə'rouz]; *arisen* [ə'rizən] *v intr* 1. ustati, dići se (usu. **get up**) 2. uskrsnuti; nastati; *great difficulties are ~ing* nastaju velike teškoće (W also: poteškoće); *if the opportunity ~s* ako iskrsne prilika
ar·is·toc·ra·cy [aeris'takrəsij]; [o] *n* aristokratija
a·ris·to·crat [ə'ristəkraet]; ['aeristəkraet] *n* aristokrat
a·ris·to·crat·ic [~'kraetik] *a* aristokratski
Ar·is·to·te·li·an [aeristə'tijlijən] *a* aristotelski
a·rith·me·tic I [ə'rithmətik] *n* aritmetika
a·rith·met·ic II [aerith'metik] *a* aritmetički; *to perform ~ operations* računati brojevima
a·rith·met·i·cal [~əl] see **arithmetic** II
arithmetic mean aritmetička sredina
arithmetic progression aritmetički red
Ar·i·zo·na [aerə'zounə] *n* Arizona
Ar·i·zo·nan [~n] or **Ar·i·zo·ni·an** [~jən] *n* stanovnik Arizone
ark [a(r)k] *n* kovčeg; *(rel.) the ~ of the covenant* kovčeg (Jahvina) saveza; *Noah's ~* Nojev kovčeg
Ar·kan·san [a(r)'kaenzən] *n* stanovnik Arkanzesa
Ar·kan·sas ['a(r)kənso] *n* Arkanzes
arm I [a(r)m] *n* 1. ruka, mišica; *to break one's ~* slomiti ruku; *to go ~ in ~* ići ruku pod ruku; *to fold one's ~s* prekrstiti ruke; *to greet smb. with outstretched ~s* dočekati nekoga raširenih ruku; *to have one's ~s full of packages* imati pune ruke paketa; *to hold (take) smb. by the ~* držati (uhvatiti) nekog ispod ruke; *to wave one's ~s* mahati rukama 2. rukav; *the ~ of a coat* rukav kaputa 3. misc.; *the long ~ of the law* moć zakona *an ~ of the sea* morski rukavac; **to be smb.'s right ~* biti nečija desna ruka; **to twist smb.'s ~* vršiti

pritisak na nekoga; **to keep smb. at ~'s length* držati nekoga na pristojnom odstojanju
arm II *n* (mil.) 1. oružje (see **arms** II) 2. rod; *an ~ of the service* rod vojske
arm III *v* 1. *tr* naoružati 2. *tr* aktivirati; *to ~ a fuse* izvući osigurač kod upaljača 3. *intr* naoružati se
ar·ma·da [a(r)'madə] *n* armada
ar·ma·dil·lo [a(r)mə'dilou] (-*s*) *n* (zool.) armadil, oklopnik
Ar·ma·ged·don [a(r)mə'gedn] *n* Armagedon
ar·ma·ment ['a(r)məmənt] *n* (often in *pl*) naoružanje
ar·ma·ture [~əčū(r)] *n* 1. oklop 2. armatura
arm·band [~baend] *n* povez (zavoj) za ruku
arm·chair [~čej(r)] *n* fotelja, naslonjača
armchair strategist (colloq.) kabinetski (kafanski — kavanski) strateg
armed [a(r)md] *a* naoružan, oružan; *an ~ attack (conflict)* oružani napad (sukob); *~ resistance* oružani otpor; **~ to the teeth* naoružan do zuba
armed forces *pl* oružane snage
armed robbery razbojnička krađa
Ar·me·ni·a [a(r)'mijnijə] *n* Jermenija, Armenija
Ar·me·ni·an I [~n] *n* 1. Jermenin, Armenac 2. jermenski jezik
Armenian II *a* jermenski, armenski
arm·ful ['a(r)mful] *n* naramak, naručje, pregršt
arm·hole [~houl] *n* otvor za rukav
ar·mi·ger [~idžə(r)] *n* vitezov štitonoša; onaj koji ima pravo da nosi grb
ar·mi·stice [~əstis] *n* primirje
Armistice Day godišnjica primirja (zaključenog 1918)
arm·less [~lis] *a* bezruk
arm·let [~lit] *n* povez za ruku
ar·moire [a(r)m'wa(r)]; ['amwa(r)] *n* veliki ormar
ar·mor I ['a(r)mə(r)] *n* oklop; (coll.) oklopne jedinice
armor II *v tr* oklopiti
ar·mor·bear·er [~bejərə(r)] *n* štitonoša, oružjenosac
ar·mor·clad [~-klaed] *a* oklopljen, oklopni
ar·mored [~d] *a* oklopni, tenkovski; *an ~ breakthrough* proboj tenkovima; *an ~ car* oklopni automobil; *an ~ cavalry* oklopne izviđačke jedinice; *an ~ column* kolona tenkova; *an ~ division* oklopna divizija; *~ reconnaissance* izviđanje tenkovima; *an ~ spearhead* oklopni klin; *an ~ vehicle* oklopno vozilo; *~ warfare* tenkovski rat
armored personnel carrier (mil.) oklopni transporter
ar·mor·er [~rə(r)] *n* oružar
ar·mo·ri·al I [a(r)'morijəl] *n* knjiga grbova
armorial II *a* heraldički; *~ bearings* znamenja na grbovima
armor-pierc·ing [~-pij(r)sinḡ] *a* pancirni; *an ~ shell* pancirna granata
armor plate oklop
armor-plat·ed [~-plejtəd] *a* oklopljen, obložen oklopnim pločama
ar·mor·y ['a(r)mərij] *n* 1. arsenal, skladište oružja, oružana 2. fabrika oružja 3. (Am.) nastavni centar (nacionalne garde)

ar·mour Br.; see **armor**
arm·pit ['a(r)mpit] *n* pazuho
arm·rest [~rest] *n* naslon za ruke
arms I [a(r)mz] see **arm I**
arms II *n pl* oružje; naoružanje, borbena sredstva;
to lay down one's ~ položili oružje; (mil.)
to present ~ zauzeti stav sa oružjem za pozdrav;
to resort to ~ pribeći (pribjeći) oružju; *under*
~ pod oružjem; **to be up in* ~ ustati na
oružje
arms build-up povećanje oružja
arms control ograničenje naoružanja; *an* ~ *agreement* sporazum o ograničenju naoružanja
arms depot skladište oružja
arms race trka u naoružanju
arm twisting (colloq.) jak pritisak
arm wrestling »obaranje podlaktice«
ar·my I ['a(r)mij] *n* vojska; armija; *to join the*
~ stupiti u vojsku; *a mercenary (people's,*
regular, standing) ~ najamnička (narodna,
kadrovska, stajaća) vojska; *an* ~ *of occupation*
okupaciona vojska
army II *a* armijski; vojni; *an* ~ *base* armijska
baza; (colloq.) *an* ~ *brat* dete (dijete) pripadnika vojske; (colloq.) *an* ~ *chaplain* armijski sveštenik
(svećenik) *an* ~ *contracter* vojni nabavljač;
an ~ *group* grupa armija; *an* ~ *headquarters*
(glavni) štab armije; *an* ~ *post office* vojna
pošta armije; ~ *regulations* uputstva za kopnenu vojsku
army ant vrsta mrava
ar·ni·ca ['a(r)nikə] (bot.) *n* arnika, brđanka,
veprovac
a·ro·ma [ə'roumə] *n* aroma, aromat
a·ro·mat·ic [aerə'maetik] *a* aromatičan
a·rose see **arise**
a·round I [ə'raund] *adv* 1. oko, otprilike, približno;
~ *ten miles* oko deset milja (also **about I** 1)
2. unaokolo, okolo; u blizini; *is he* ~? da li je
on tu? *all* ~ svuda unaokolo; **he's been* ~ on
zna odakle vetar duva (vjetar puše) (see also
fool around, hang around, look around, order
around, play around, prowl around, stand around,
walk around, wander around)
around II *prep* 1. oko, otprilike; ~ *midnight*
oko ponoći; *at* ~ *this time* otprilike u ovo
vreme (vrijeme) (see also **about II** 2) 2. po, oko;
to travel (wander) ~ *the country* putovati
(lutati) po zemlji (see also **about II** 3) 3. za;
to go ~ *the corner* zaći za ugao
around-the-clock *adv* non-stop; *drugstores are open*
~ apoteke rade non-stop
a·rouse [ə'rauz] *v tr* 1. probuditi; uzbuniti 2. (fig.)
pobuditi, izazvati; *to* ~ *attention (interest)*
pobuditi pažnju (interesovanje); *to* ~ *opposition*
izazvati otpor
ar·que·bus see **harquebus**
ar·rack [ə'raek] *n* arak, rakija od pirinča
ar·raign [ə'rejn] *v tr* optužiti; *to* ~ *smb.* podneti
(podnijeti) optužni akt protiv nekoga
ar·raign·ment [~mənt] *n* optužni predlog, optužba
ar·range [ə'rejndž] *v* 1. *tr* udesiti, urediti, srediti;
spremiti; uglaviti; *I've* ~*d everything* sve sam
uredio (udesio); *to* ~ *one's affairs* srediti
svoje poslove; *to* ~ *a program* spremiti pro-

gram; *to* ~ *all details* uglaviti sve detalje
2. *tr* (mus.) podesiti, preraditi 3. *intr* udesiti;
we'll ~ *to make it seem that* ... udesićemo
tako da izgleda kao da ...; *he'll* ~ *for smb. to*
(~ *to have smb.*) *meet you at the station* pobrinuće da te neko sačeka na stanici
ar·range·ment [~mənt] *n* 1. uređenje, sređenje;
he will make ~*s for your passport* on će sve
srediti za vaš pasoš; *to work out an* ~ sporazumeti (sporazumjeti) se 2. (mus.) prerada
ar·rant ['aerənt] *a* bestidan, bezočan, okoreo
(okorio)
ar·ray I [ə'rej] *n* red, stroj, raspored, poredak;
in full ~ impresivnim skupom; *to draw up*
in battle ~ razviti u borbeni poredak
array II *v tr* 1. postrojiti; *to* ~ *for battle* razviti
u borbeni poredak 2. ukrasiti; nagizdati
ar·ray·al [~əl] *n* raspoređivanje 2. see **array**
ar·rear·age [ə'rijrədž] *n* see **arrears**
ar·rears [ə'rij(r)z] *n pl* zaostali dug (dugovi); *to be*
in ~ zaostati sa isplatom duga (dugova)
ar·rest I [ə'rest] *n* 1. lišenje slobode, hapšenje;
pritvor; *to place smb. under* ~ uhapsiti nekoga;
house ~ kućni pritvor; *false* ~ protivpravno
lišenje slobode; *to make an* ~ uhapsiti nekoga
2. zaustavljanje, sprečavanje; usporenje
arrest II *v tr* 1. uhapsiti; *to* ~ *for a crime* uhapsiti
zbog zločina 2. zaustaviti, sprečiti (spriječiti),
usporiti; *to* ~ *development* usporiti razvitak
3. prikovati, privući; *to* ~ *smb.'s attention* prikovati (privući) nečiju pažnju
arrester hook (naval) kuka za zaustavljanje
arrester wires žice za zaustavljanje
ar·rest·ing [~iñg] *a* privlačan; upadljiv
arrest warrant nalog za hapšenje
ar·rhyth·mi·a [ə'rithmijə] *n* aritmija
ar·rhyth·mic [~mik] *a* aritmičan
ar·ri·val [ə'rajvəl] *n* dolazak, stizanje
ar·rive [ə'rajv] *v intr* 1. doći, stići; *to* ~ *on time*
stići na vreme (vrijeme); *they* ~*d tired and*
hungry stigli su umorni i gladni 2. doneti
(donijeti); *to* ~ *at a decision* doneti odluku
3. (fig.) steći priznanje; *he has finally* ~*d* on
je najzad stekao priznanje
ar·ro·gance ['aerəgəns] *n* osionost, oholost, arogancija
ar·ro·gant [~nt] *a* osion, ohol, arogantan
ar·ro·gate ['aerougejt] *v tr* prisvojiti; *to* ~ *smt. to*
oneself (bespravno) prisvojiti sebi nešto
ar·ro·ga·tion [aerə'gejšən] *n* (bespravno) prisvajanje
ar·row ['aerou] *n* strela (strijela); *to shoot an* ~
odapeti strelu; *to hit with an* ~ pogoditi
lukom; *to whiz by like an* ~ projuriti kao strela;
*as straight (swift) as an ~ prav (brz) kao strela
ar·row·head [~hed] *n* 1. vrh strele (strijele) 2. strelica (kao znak) 3. (bot.) strelara
ar·row·like [~lajk] *a* streličast
ar·row·root [~rūt], [*u*] *n* (bot.) strelast koren
(korijen)
ar·row·wood [~wud] *n* (bot.) udikovina
ar·roy·o [ə'rojou] *n* korito potoka; potok
arse [a(r)s] *n* (Br., vul.) see **ass II**
ar·se·nal ['a(r)sənəl] *n* arsenal

ar·se·nate ['a(r)sənit], [*ej*] *n* (chem.) arsenat
ar·se·nic I [~nik] *n* (chem.) arsen
arsenic II *a* arsenski; arsenast; ~ *acid* arsenasta kiselina
arsenic trioxide (chem.) arsenik
ar·se·nide ['a(r)sənajd] *n* (chem.) arsenid
ar·se·ni·ous [a(r)'sijnijəs] *a* arsenast
ar·shin ['a(r)šin] *n* (Russian) aršin
ar·sine ['a(r)'sijn] *n* (chem.) arsin
ar·sis ['a(r)sis] (-*ses* [sijz]) *n* (poetics) arza, naglašen slog
ar·son ['a(r)sən] *n* namerna (namjerna) paljevina; *to commit* ~ podmetnuti požar
ar·son·ist [~ist] *n* palikuća
art I [a(r)t] *n* 1. umetnost (umjetnost); *applied* ~ primenjena (primjenjena) umetnost; *the fine* ~s lepe (lijepe) umetnosti; *the liberal* ~s slobodne umetnosti; **~ for* ~*'s sake* umetnost radi umetnosti 2. veština (vještina), umešnost (umješnost)
art II *a* umetnički (umjetnički); *an* ~ *exhibit* umetnička izložba
art III obsol.; second person sgn. of **be**
art academy umetnička (umjetnička) akademija
ar·te·ri·al [a(r)'tirijəl] *a* arterijski; ~ *blood* arterijska krv
ar·te·ri·o·scle·ro·sis [a(r)tirijousklə'rousis] *n* arterioskleroza
ar·te·ri·o·scle·rot·ic [~'ratik]; [*o*] *a* arteriosklerotičan
ar·te·ri·tis [a(r)tə'rajtis] *n* zapaljenje (W: upala) arterije
ar·ter·y ['a(r)tərij] *n* (med. and fig.) arterija; *a major traffic* ~ glavna saobraćajnica
ar·te·sian well [a(r)'tižən]; [*zijə*] arteski bunar
art·ful ['a(r)tfəl] *a* 1. vešt (vješt) 2. lukav, prepreden
art·ful·ness [~nis] *n* 1. veština (vještina) 2. lukavost
art gallery umetnička (umjetnička) galerija
ar·thrit·ic [a(r)'thritik] *a* koji pati od artrita
ar·thri·tis [a(r)'thrajtis] *n* artritis, artrit
ar·ti·choke ['a(r)təčouk] *n* artičoka
ar·ti·cle ['a(r)tikəl] *n* 1. predmet, stvar; artikal; *leather* ~s predmeti od kože; *bronze* ~s bronzani predmeti; ~s *in short supply* deficitarni artikli; *consumer* ~s artikli opšte (opće) potrošnje; ~s *of clothing* odevni (odjevni) predmeti 2. (in a newspaper, journal) članak; *he published two* ~s objavio je dva članka; *a lead* ~ uvodni članak 3. član; *according to* ~ 2 po članu dva 4. (gram.) član; *the definite (indefinite)* ~ određeni (neodređeni) član
articles of war (mil.) vojni propisi
ar·tic·u·lar [a(r)'tikjələ(r)] *a* zglobni
ar·tic·u·late I [a(r)'tikjəlit] *a* 1. sposoban da govori 2. jasno izražen 3. (biol.) zglavčat
articulate II [~lejt] *v* 1. *tr* jasno izgovoriti 2. *tr* spojiti zglobovima 3. *intr* jasno govoriti, izgovarati; artikulisati 4. *intr* spajati se
articulated lorry (Br.) kamion s prikolicom (see also **trailer truck**)
ar·tic·u·la·tion [a(r)tikjə'lejšən] *n* 1. artikulacija, obrazovanje glasova 2. zglob, zglavak 3. (bot.) čvor

ar·tic·u·la·tor [a(r)'tikjəlejtə(r)] *n* (ling.) artikulator
ar·ti·fact ['a(r)təfaekt] *n* (primitivan) predmet za upotrebu
ar·ti·fice [~fis] *n* smicalica, lukavstvo
ar·tif·i·cer [a(r)'tifəsə(r)] *n* 1. majstor, zanatlija 2. pronalazač
ar·ti·fi·cial [a(r)tə'fišəl] *a* veštački — vještački (W: umjetan); *an* ~ *leg* veštačka noga; ~ *rain (silk)* veštačka kiša (svila); ~ *flowers* veštačko cveće (cvijeće); ~ *insemination* veštačko osemenjavanje (osjemenjavanje); *an* ~ *horizon* veštački horizont; ~ *respiration* veštačko disanje
artificial intelligence (computers) veštačka — vještačka (W: umjetna) inteligencija
artificial pacemaker see **pacemaker** 4
ar·til·ler·ist [a(r)'tilərist] *n* see **artilleryman**
ar·til·ler·y [a(r)'tilərij] *n* artiljerija; *antiaircraft (coast, field, heavy, light, medium, naval, self-propelled)* ~ protivavionska (obalna, poljska, teška, laka, srednja, brodska, samohodna) artiljerija; *horse-drawn* ~ artiljerija sa konjskom vučom
artillery barrage artiljerijska zaprečna vatra
artillery crew posada artiljerijskog oruđa
artillery fire artiljerijska vatra
ar·til·ler·y·man [~mən] (-*men* [min]) *n* artiljerac, tobdžija
artillery observer artiljerijski osmatrač; *a forward* ~ istureni artiljerijski osmatrač
artillery spotting osmatranje artiljerijske vatre
artillery support artiljerijska podrška
ar·ti·san ['a(r)təzən]; [atə'zaen] *n* majstor, zanatlija
art·ist ['a(r)tist] *n* umetnik (umjetnik)
ar·tis·tic [a(r)'tistik] *a* umetnički (umjetnički); ~ *value* umetnička vrednost (vrijednost)
ar·tis·try ['a(r)tistrij] *n* umešnost (umješnost)
art·less [~lis] *a* 1. naivan, bezazlen 2. prirodan; prost
art song lirska pesma (pjesma)
art·work [~wə(r)k] *n* (printing) crteži, ilustracije
Ar·y·an I ['ejrijən] *n* Arijac
Aryan II *a* arijski
ar·y·te·noid [aerə'tijnojd], [ə'ritnojd] *n* (anat.) piramidalna hrskavica
as [aez] *conj* 1. (often: ~...~) kao (i), isto toliko ... koliko, isto tako ... kao i; *he is* ~ *tall* ~ *I am* on je visok kao (i) ja; *he is* ~ *good* ~ *you* on je isto tako dobar kao i ti; ~ *pretty* ~ *a picture* lep (lijep) kao slika; *he plays* ~ *well* ~ *you* do on svira isto tako dobro kao i vi 2. kao, u svojstvu; *he spoke* ~ *an American* govorio je kao Amerikanac (u svojstvu Amerikanca); *this article will serve* ~ *an introduction* ovaj članak će služiti kao uvod 3. kao što, kako; ~ *you know* kao što (kako) znate; *everything was exactly* ~ *I had anticipated* sve je bilo tačno kao što sam predvideo (predvidio) 4. kako ... tako (onako); *people will treat you* ~ *you treat them* kako se ti ponašaš prema ljudima, tako će se i oni ponašati prema tebi; **~ you sow, so you shall reap* šta poseješ (što poseješ), to ćeš i požnjeti 5. see **as if** 6. (~ *well* ~) kao i; *there were apples and pears* ~ *well* ~ *grapes* bilo je jabuka, krušaka kao i grožđa

7. (∼ *soon* ∼) čim, tek što; ∼ *soon* ∼ *you get home, call us* čim budete došli kući, javite nam se; ∼ *soon* ∼ *I sat down, the telephone rang* tek što sam seo (sjeo), zazvonio je telefon 8. (∼ *long* ∼) (a.) dok (god), dokle; ∼ *long* ∼ *I live* dok sam živ (b.) samo ako; ∼ *long* ∼ *you apologize, I'll be satisfied* samo ako se izvinite, zadovoljiću se (c.) pošto; ∼ *long* ∼ *you are going, I'll go too* pošto ti ideš, ja ću takođe ići 9. kad, dok; ∼ *he was sleeping (speaking)* dok je spavao (govorio) 10. (∼ *much* ∼, ∼ *many* ∼) koliko; toliko; *buy* ∼ *many presents* ∼ *there are children* kupi onoliko poklona koliko ima dece (djece); *I cannot pay* ∼ *much* ∼ *that he* mogu toliko platiti 11. (∼ *far* ∼) (a.) ∼ *far* ∼ *I am concerned* što se mene tiče (b.) dokle (god); *we'll travel together* ∼ *far* ∼ *you want* putovaćemo zajedno dokle (god) hoćeš (c.) ukoliko; ∼ *far* ∼ *can be determined* ukoliko može da se utvrdi (d.) do; *I'll go* ∼ *far* ∼ *the station* ići ću do stanice; ∼ *far* ∼ *Philadelphia* (čak) do Filadelfije 12. ma koliko, mada, koliko god; ∼ *insignificant* ∼ *they may be, such differences must be recorded* ma koliko bile neznačajne, ovakve razlike trebalo bi registrovati; ∼ *much* ∼ *you give him, he doesn't have enough* koliko god da mu daš, nije mu dosta; ∼ *important* ∼ *some of them may be* ... ma koliko neki od njih bili važni ... 13. isti ... koji; *the same man* ∼ *was here yesterday* isti čovek (čovjek) koji je juče bio ovde (ovdje) 14. (∼ ... ∼ *possible*) što ...; ∼ *soon* ∼ *possible* što pre (prije); ∼ *early* ∼ *possible* što ranije; *buy* ∼ *big a chicken* ∼ *you can* kupi što veće pile 15. misc.; *they are* ∼ *alike* ∼ *two peas in a pod* liče kao jaje jajetu; ∼ *a matter of fact* u stvari, uistinu; ∼ *a rule* po pravilu; ∼ *for example* kao na primer (primjer); ∼ *for myself* što se mene tiče; ∼ *good* ∼ *new* skoro nov; ∼ *is* takav, kakav je; ∼ *it were* kao da je; *such* ∼ takav, kao što; ∼ *regards* (∼ *to) that* što se tiče toga; (Br.) ∼ *of right* po zakonu
as·bes·tos I [aes'bestəs] *n* azbest
asbestos II *a* azbestni; ∼ *tiles* azbestne ploče
as·cend [ə'send] *v* 1. *tr* popeti se (na); *to* ∼ *a mountain (a throne)* popeti se na planinu (na presto — prijestolje) 2. *tr* ići uzvodno; *to* ∼ *a river* voziti uzvodno (na reci — rijeci) 3. *intr* popeti se, dići se
as·cen·dance, as·cen·dence [∼əns] see **ascendancy**
as·cen·dan·cy, as·cen·den·cy [∼ənsij] *n* nadmoć, dominacija; vlast; *to rise to* ∼ postati dominantan; *to gain* ∼ *over a country* zagospodariti zemljom
as·cen·dant I as·cen·dent [∼ənt] *n* 1. penjanje 2. nadmoć, dominacija
ascendant II ascendent *a* 1. u porastu; uzlazni 2. nadmoćan, dominantan; *an* ∼ *position* dominantan položaj
as·cend·ing [∼iᵑg] *a* koji se penje, uzlazni
as·cen·sion [ə'senšən] *n* 1. penjanje 2. (cap., rel.) Voznesenje (W: Uzašašće)
as·cent [ə'sent] *n* 1. penjanje; (mountain climbing) uspinjanje 2. napredovanje
as·cer·tain [aesə(r)'tejn] *v tr* doznati, dokučiti, konstatovati

as·cer·tain·a·ble [∼əbəl] *a* dokučljiv
as·cer·tain·ment [∼mənt] *n* doznavanje, dokučenje, konstatacija
as·cet·ic I [ə'setik] *n* asket
ascetic II *a* asketski
as·cet·i·cism [∼təsizəm] *n* asketizam
a·scor·bic acid [ə'sko(r)bik] askorbinska kiselina
as·crib·a·ble [ə'skrajbəbəl] *a* pripisljiv
as·cribe [ə'skrajb] *v tr* pripisati; *to* ∼ *guilt to smb.* pripisati krivicu nekome
as·crip·tion [ə'skripšən] *n* pripisivanje
a·sep·sis [ej'sepsis] *n* asepsa
a·sep·tic [ej'septik] *a* aseptičan
a·sex·u·al [ej'seksūəl] *a* aseksualan
a·sex·u·al·i·ty [ejseksū'aelətij] *n* aseksualnost
as for *prep* u pogledu; ∼ *myself* što se mene tiče
ash I [aeš] *n* 1. (the *pl* is often used as a synonym of the *sgn*) pepeo; *the coal leaves quite a bit of* ∼ ugalj ostavlja dosta pepela; (usu. fig.) *to reduce to* ∼*es* pretvoriti u pepeo; (usu. fig.) *to arise from the* ∼*es* iz pepela uskrsnuti; *to spread* ∼*es* rasuti pepeo; 2. (in *pl*) (fig.) posmrtni ostaci
ash II *n* (bot.) 1. jasen 2. jasenovo drvo
a·shamed [ə'šejmd] *a* postiđen, posramljen; *to be* ∼ *of smt.* stideti (stidjeti) se nečega; *he is* ∼ *to beg* on se stidi da prosi; *to make a person (feel)* ∼ posramiti (postideti — postidjeti) nekoga; *I was* ∼ bilo me je stid
ash can 1. kanta za smeće (se also **dustbin**) 2. (slang) dubinska bomba
ash·en I [∼ən] *a* pepeljast, pepeljave boje; *an* ∼ *face* bledo (blijedo) lice
ashen II *a* jasenov
ashes see **ash I**
Ash·ke·naz·i [aškə'nazij] (-*zim* [zijm]) *n* eškenaz, aškenaz
ash·lar, ash·ler ['aešlə(r)] *n* tesanik; kamena kocka
a·shore [ə'šo(r)] *adv* na obali (obalu); *to go* ∼ iskrcati se (sići) na obalu; *washed* ∼ izbačen na obalu
ash·plant ['aešplaent] *n* jasenovac, jasenovača
ash·tray ['aeštrej] *n* pepeljara
Ash Wednesday (rel.) Pepeljava sreda (W: Čista srijeda, Pepelnica)
ash·y [∼ij] *a* see **ashen I**
A·sia ['ejžə]; [*š*] *n* Azija
Asia Minor Mala Azija
A·sian I [∼n] *n* Azijac
Asian II *a* azijski
A·si·at·ic I [ejžij'aetik]; [*š*] *n* Azijat
Asiatic II *a* azijatski
a·side I [ə'sajd] *n* 1. reči (riječi) glumca namenjene (namjenjene) samo gledaocima 2. sporedan rad
aside II *adv* na strani (stranu); *to call smb.* ∼ pozvati nekoga na stranu; *to put* ∼ staviti na stranu; **joking* ∼! šalu na stranu! **to stand* ∼ držati se po strani; **to put* ∼ *for a rainy day* čuvati (bele — bijele pare) za crne dane
aside from *prep* osim
as if *conj* kao da; ∼ *it were yesterday* kao da je bilo juče; *it seems* ∼ *they are not at home* kao da nisu kod kuće; *she felt* ∼ *she would faint* činilo joj se kao da će se onesvestiti (onesvijestiti)
as·i·nine ['aesənajn] *a* glup

as·i·nin·i·ty [aesə'ninətij] *n* glupost
ask [aesk]; [a] *v* 1. *tr* and *intr* pitati; *the teacher didn't* ~ *him anything* nastavnik ga ništa nije pitao; *to* ~ *about smb.* pitati za nekoga (o nekome); *he* ~*ed how it was done* pitao je kako se to radi; *he* ~*ed how to do it* pitao je kako to da uradi (or: pitao je kako se to radi) 2. *tr* postaviti; *he* ~*ed me a question* postavio mi je pitanje 3. *tr* zamoliti; *to* ~ *smb. for a favor (help, information)* zamoliti nekoga za uslugu (pomoć, obaveštenje — obavještenje); ~ *him to lend me a car* zamoli ga da mi pozajmi kola; *to* ~ *smb. in* zamoliti nekoga da uđe; *he* ~*ed that no decision be made* zamolio je da se ne donese odluka 4. *tr* and *intr* zatražiti; ~ *your father to buy you a suit* traži od oca da ti kupi odelo (odijelo); *he* ~*ed parliament for a vote of confidence* on je zatražio od parlamenta da mu izglasa poverenje (povjerenje); *to* ~ *for a girl's hand* tražiti ruku devojke (djevojke); *to* ~ *for a raise* tražiti povišicu 5. *tr* pozvati; ~ *him to dinner* pozovi ga na ručak
ask after *v* (esp. Br.) pitati o
a·skance [ə'skaens] *adv* iskosa; *to look* ~ *at smt.* iskosa pogledati nešto
a·skew [ə'skjū] *adv* nakrivo; prezrivo; *to look* ~ gledati prezrivo
asking price cena (cijena) koju predlaže prodavac
ask over *v* (colloq.) pozvati
a·slant [ə'slaent]; [a] *adv* krivo
a·sleep [ə'slijp] *pred a* 1. u snu; *to be (fast)* ~ (čvrsto) spavati; *to fall* ~ zaspati 2. utrnuo; *my foot is falling* ~ trne mi noga
a·so·cial [ej'soušəl] *a* asocijalan
asp [aesp] *n* egipatska naočarka
as·par·a·gus [ə'spaerəgəs] *n* špargla (W also: šparga)
as·pect ['aespekt] *n* 1. gledište, aspekt, strana, vid; *from that* ~ s tog aspekta; *to consider a question in all its* ~s razmatrati pitanje sa svih strana 2. (gram.) vid; *the imperfective (perfective)* ~ nesvršeni (svršeni) vid; *verbal* ~ glagolski vid 3. (rare) pogled
as·pec·tu·al [ae'spekčūwəl] *a* (gram.) vidski; *an* ~ *pair* vidski par; *the* ~ *system* vidski sistem (W: sustav)
as·pen I ['aespən] *n* jasika
aspen II *a* 1. jasikov 2. (fig.) drhtav, treperav
as·per·ges [ə'spə(r)džijz] *n* (rel.) škropljenje
as·per·gill ['aespə(r)džil] *n* škropilica, kropilo
as·per·gil·lum [aespə(r)'džiləm] *see* **aspergill**
as·per·i·ty [aes'perətij] *n* 1. hrapavost 2. ogorčenost, jetkost
as·perse [aes'pə(r)s] *v tr* oklevetati
as·per·sion [ə'spə(r)žən]; [š] *n* kleveta; *to cast* ~*s on (upon) smb.* oklevetati nekoga
as·per·so·ri·um [aespə(r)'sorijəm] (-*s* or -*ia* [ijə]) *n* 1. kropionica 2. *see* **aspergill**
as·phalt I ['aesfolt]; [ae] *n* asfalt
asphalt II *a* asfaltni; *an* ~ *road* asfaltni put
asphalt III *v tr* asfaltirati; *to* ~ *a road* asfaltirati put
asphalt jungle (fig.) džungla na asfaltu
as·pho·del ['aesfədəl] *n* (bot.) zlatoglav

as·phyx·i·a [aes'fiksijə] *n* zagušenje
as·phyx·i·ant I [~ənt] *n* zagušljivac
asphyxiant II *a* zagušljiv
as·phyx·i·ate [~ejt] *v* 1. *tr* zagušiti, ugušiti; *three children were* ~*d* ugušilo se troje dece (djece) 2. *intr* zagušiti se, ugušiti se
as·phyx·i·a·tion [aefiksij'ejšən] *n* zagušenje, ugušenje
as·phyx·i·a·tor [aes'fiksijejtə(r)] *n* 1. *see* **asphyxiant I** 2. sprava za ugušivanje
as·pic ['aespik] *n* aspik, piktije
as·pi·rant ['aespərənt], [ə'spajrənt] *n* aspirant, pretendent; *an* ~ *to the throne* pretendent na presto (prijestolje)
as·pi·rate I ['aespərit] *n* (ling.) aspirata
aspirate II [~ejt] *v tr* aspirirati
as·pi·ra·tion [aespə'rejšən] *n* aspiracija, težnja; ~*s to unity* težnje ka jedinstvu
as·pi·ra·tor ['aespərejtə(r)] *n* usisivač, aspirator
as·pire [ə'spaj(r)] *v intr* težiti; žudeti (žudjeti); *to* ~ *to smt.* težiti nečemu (za nečim); *to* ~ *to fame* težiti za slavom
as·pi·rin ['aespərin] *n* aspirin
as·pir·ing [ə'spajrĩg] *a* slavoljubiv, ambiciozan
a·squint [ə'skwint] *adv* iskosa
as regards *prep* (esp. Br.) u pogledu
ass I [aes] *n* 1. magarac 2. (fig.) magarac, glupak; *to make an* ~ *of smb.* namagarčiti nekoga; *to make an* ~ *of oneself* obrukati se
ass II *n* (vul.) 1. dupe, zadnjica 2. snošaj
as·sail [ə'sejl] *v tr* 1. napasti (*see* **assault II**) 2. saleteti (saletjeti); *to* ~ *smb. with questions* saleteti nekoga pitanjima; ~*ed by doubts* spopadnut sumnjama
as·sail·ant [~ənt] *n* napadač, siledžija
as·sas·sin [ə'saesin] *n* atentator
as·sas·si·nate [ə'saesənejt] *v tr* 1. ubiti (kao atentator) 2. (fig.) uništiti
as·sas·si·na·tion [əsaesə'nejšən] *n* atentat; *to attempt (carry out) an* ~ pokušati (izvršiti) atentat
assassination attempt pokušaj atentata
as·sault I [ə'solt] *n* 1. napad 2. (mil.) juriš, napad, desant; *to carry out an* ~ izvršiti juriš; *to take by* ~ zauzeti na juriš 3. (legal) pokušaj nanošenja telesne (tjelesne) povrede; pretnja (prijetnja) nasiljem; *aggravated* ~ teška telesna povreda (*see also* **assault and battery**) 4. silovanje
assault II *a* jurišni; *an* ~ *battalion (boat, gun, wave)* jurišni bataljon (čamac, top, talas)
assault III *v tr* jurišati; *to* ~ *a fortress* jurišati na tvrđavu
assault and battery nanošenje telesne (tjelesne) povrede
assault rifle jurišna puška
as·say I ['ae'sej] *n* 1. analiza, ispitivanje, proba, ogled 2. rezultat analize
assay II *v tr* 1. analizirati 2. probati 3. proceniti (procijeniti)
as·sem·blage [ə'semblidž] *n* 1. skupljanje 2. skup, zbor 3. montaža, sklapanje (*see* **assembly** 3)
as·sem·ble [ə'sembəl] *v* 1. *tr* skupiti; *to* ~ *material* skupiti materijal 2. *tr* sklopiti, montirati; *to* ~ *a rifle* sklopiti pušku 3. *intr* skupiti se;

a large crowd ~*d* skupilo se mnogo sveta (svijeta)
as·sem·bler [~blə(r)] *n* (C.) asembler
as·sem·bly [~blij] *n* 1. skupljanje 2. skup, skupština (see also **General Assembly**) 3. sklapanje, montaža; *the* ~ *of a machine gun* sklapanje mitraljeza 4. (mil.) zbor; znak za zbor
assembly area (mil.) zborni rejon
assembly language (C.) asembler
assembly line montažna traka; ~ *production* serijska proizvodnja
as·sem·bly·man [~mən] (-*men* [min]) *n* član skupštine
assembly plant montažna fabrika (W: tvornica)
assembly point zborno mesto (mjesto)
assembly room (esp. Br.) dvorana za sastanke; plesove, itd.
as·sent I [ə'sent] *n* pristanak, saglasnost; *to give one's* ~ dati svoj pristanak; *with smb.'s* ~ uz nečiji pristanak
assent II *v intr* pristati, složiti se; *to* ~ *to smt.* pristati na nešto
as·sert [ə'sə(r)t] *v* 1. *tr* tvrditi, izjaviti 2. *refl* afirmisati se
as·ser·tion [ə'sə(r)šən] *n* tvrdnja; *to make an* ~ izneti (iznijeti) tvrdnju
as·ser·tive [ə'sə(r)tiv] *a* pouzdan, samopouzdan, pun pouzdanja
as·ser·tive·ness [~nis] *n* pouzdanost, pouzdanje, samopouzdanje
assertiveness training tečaj za razvijanje samopouzdanja
as·sess [ə'ses] *v tr* 1. oceniti (ocijeniti), proceniti (procijeniti); *to* ~ *damage* proceniti štetu 2. razrezati, odrediti visinu poreza (na); *to* ~ *a property* odrediti visinu poreza na imovinu
as·sess·a·ble [~əbəl] *a* oporeziv
as·sess·ment [~mənt] *n* 1. određivanje, procena (procjena); ~ *of disability* određivanje stepena invalidnosti; *an* ~ *of a situation* procena situacije 2. razrezivanje poreza, određivanje visine poreza
as·sess·or [~ə(r)] *n* 1. oporezivač, razrezivač poreza 2. sudski pomoćnik, asesor 3. (Br.) see **adjuster 2**
as·set ['aeset] *n* 1. preimućstvo 2. (in *pl*) aktiva
as·sib·i·la·tion [əsibə'lejšən] *n* asibilacija
as·si·du·i·ty [aesə'dūətij]; [*dj*] *n* priležnost (priležnost)
as·sid·u·ous [ə'sidžūəs]; [*dj*] *a* 1. priležan (priležan), marljiv 2. istrajan
as·sign [ə'sajn] *v tr* 1. odrediti 2. dodeliti (dodijeliti); *to* ~ *duties* dodeliti dužnosti 3. zadati; *to* ~ *homework* zadati zadatak 4. (mil.) uvesti, rasporediti; *to* ~ *to a unit* rasporediti u jedinicu 5. (legal) preneti (prenijeti)
as·sign·a·tion [aesig'nejšən] *n* 1. see **assignment I** 2. sastanak ljubavnika, randevu (see also **tryst** for 2)
as·sign·ee [əsaj'nij], [aesi'nij] *n* 1. (legal) onaj na koga se prenosi 2. zastupnik
as·sign·ment [ə'sajnmənt] *n* 1. određivanje 2. dodeljivanje (dodjeljivanje); *the* ~ *of duties* dodeljivanje dužnosti 3. zadatak (W also: zadaća); *to give smb. an* ~ zadati nekome

zadatak; *a difficult (easy, written)* ~ lak (težak, pismeni) zadatak; *a physics* ~ zadatak iz fizike 4. (mil.) raspored u jedinicu 5. (legal) prenos
as·sign·or [~ə(r)], [*o*] *n* (legal) onaj ko (tko) prenosi
as·sim·i·la·ble [ə'simələbəl] *a* što se može asimilovati, prilagodljiv
as·sim·i·late [ə'siməlejt] *v* 1. *tr* asimilovati; prilagoditi; pretopiti 2. *tr* (ling.) izjednačiti, asimilovati 3. *intr* asimilovati se, pretopiti se, prilagoditi se; *children* ~ *quickly* deca (djeca) se brzo prilagođavaju
as·sim·i·la·tion [əsimə'lejšən] *n* asimilacija, izjednačavanje, pretapanje
as·sim·i·la·tive [ə'siməlejtiv]; [ə] *a* asimilativan
as·sim·i·la·to·ry [ə'simələtorij]; [ə] *a* see **assimilative**
as·sist I [ə'sist] *n* 1. pomoć 2. (sports) dodavanje (igraču koji je postigao pogodak)
assist II *v* 1. *tr* pomoći; *to* ~ *smb.* pomoći nekome (nekoga) 2. *intr* pomoći
as·sis·tance [~əns] *n* pomoć; *to offer* ~ *to smb.* pružiti nekome pomoć; *to be of* ~ biti od pomoći; *public* ~ socijalna pomoć
as·sis·tant [~ənt] *n* 1. pomoćnik, pomagač; zamenik (zamjenik); (as *a*): (mil.) ~ *chief of staff* pomoćnik načelnika štaba; (mil.) ~ *division commander* zamenik komandanta divizije 2. asistent (also **research assistant**) 3. (Br.) see **clerk 1**
assistant professor docent
as·size [ə'sajz] *n* (Br.) 1. (in *pl*) zasedanje (zasjedanje) porotnog suda 2. (hist.) uredba
as·so·ci·ate I [ə'soušijit], [*s*], [*ej*] *n* 1. kolega; ortak 2. pomoćnik; zamenik (zamjenik); (as *a*) ~ *director* zamenik direktora 3. lice koje je završilo fakultetsku nastavu prvog stepena
associate II *a* pomoćni; *an* ~ *editor* pomoćni urednik
associate III [~ejt] *v* 1. *tr* udružiti 2. *tr* asocirati, vezati; *to* ~ *ideas* asocirati ideje 3. *intr* družiti se; *to* ~ *with smb.* družiti se s nekim
associate professor [~it] vanredni (W: izvanredni) profesor
as·so·ci·a·tion [əsousij'ejšən], [*š*] *n* 1. udruženje; društvo 2. asocijacija; *the* ~ *of ideas* asocijacija ideja; *to evoke an* ~ izazvati asocijaciju 3. druženje. drugarstvo
association football (usu. Br.) see **soccer**
as·so·ci·a·tive [ə'soušijejtiv], [*s*]; [ə] *a* asocijacioni
as·so·nance ['aesənəns] *n* asonancija, asonanca
as·so·nant [~nt] *a* asonantan
as·sort [ə'so(r)t] *v tr* sortirati, asortirati, svrstati
as·sort·ed [~id] *a* 1. sortiran 2. raznovrstan; ~ *merchandise* raznovrsna roba
as·sort·ment [~mənt] *n* 1. sortiranje 2. izbor; asortiman; *the store has a large* ~ radnja ima veliki izbor
as·suage [ə'swejdž] *v tr* 1. ublažiti 2. utoliti
as·sume [ə'sūm]; [*sj*] *v tr* 1. preuzeti; *to* ~ *command (control, the offensive, a responsibility, a role)* preuzeti komandu (kontrolu, ofanzivu, odgovornost, ulogu) 2. pretpostaviti; *I* ~*d that he was not at home* pretpostavio sam da nije kod kuće 3. zauzeti; *to* ~ *an attitude* zauzeti stav

as·sumed [~d] *a* 1. lažan, tuđ; *under an ~ name* pod tuđim imenom 2. tobožnji
as·sum·ing [~iñg] *a* uobražen
as·sump·tion [e'sǝmpšǝn] *n* 1. preuzimanje; *the ~ of power* preuzimanje vlasti 2. pretpostavka 3. (rel.) (Cath.) uzašašće (Blažene djevice); (Orth.) Bogorodičino voznesenje, Velika gospojina
as·sump·tive [ǝ'sǝmptiv] *a* 1. pretpostavljen 2. see **assuming**
as·sur·ance [ǝ'šūrǝns] *n* 1. (often in *pl)* obećanje, uverenje (uvjerenje); *to express ~s* izraziti uverenje; *to give smb. ~s* dati (pružiti) nekome uverenje 2. uverenost (uvjerenost), pouzdanje; *with ~* s pouzdanjem 3. (usu. Br.) see **insurance**
as·sure [ǝ'šū(r)] *v tr* 1. uveriti (uvjeriti); *to ~ smb. of smt.* uveriti nekoga u nešto 2. obezbediti (obezbijediti), osigurati; *to ~ success* obezbediti uspeh (uspjeh) 3. (Br.) see **insure**
as·sured [~d] *a* 1. uveren (uvjeren) 2. osiguran
as·sur·gent [ǝ'sǝ(r)džǝnt] *a* uzlazni
As·syr·i·a [ǝ'sijrijǝ] *n* Asirija
As·syr·i·an I [~n] *n* 1. Asirac 2. asirski jezik
Assyrian II *a* asirski
As·syr·i·o·lo·gy [ǝsijrij'alǝdžij]; [*o*] *n* asiriologija
as·ter ['aestǝ(r)] *n* (bot.) astra
as·ter·isk ['aestǝrisk] *n* zvezdica (zvjezdica); *to mark with an ~* obeležiti (obilježiti) zvezdicom
as·ter·ism ['aestǝrizǝm] *n* 1. (printing).tri zvezdice (zvjezdice) 2. (astro.) sazvežđe (sazviježđe)
a·stern [ǝ'stǝ(r)n] *adv* (naut.) po krmi
as·ter·oid I ['aestǝrojd] *n* asteroid
asteroid II *a* asteroidni
as·ter·oi·dal [~'ojdl] see **asteroid II**
asth·ma ['aezmǝ]; [*s*] *n* astma
asth·mat·ic [aez'maetik]; [*s*] *a* astmatičan
as though *conj* kao da (also as if)
as·tig·mat·ic [aestig'maetik] *a* astigmatičan
as·tig·ma·tism [aes'tigmǝtizǝm] *n* astigmatizam
a·stir [ǝ'stǝ(r)] *pred a* na nogama; uzbuđen; *the whole town was ~* cela (cijela) varoš je bila uzbuđena
as to *prep* u pogledu
as·ton·ish [ǝ'staniš]; [*o*] *v tr* zadiviti, začuditi, zaprepastiti *to be ~ed at (by) smt.* zadiviti se nečemu
as·ton·ish·ment [~mǝnt] *n* zadivljenost, začudenost, zaprepašćenje; *to everyone's ~* na opšte (opće) zaprepašćenje
a·stound [ǝ'staund] *v tr* zapanjiti, zaprepastiti; *to be ~ed* zapanjiti se
a·strad·dle [ǝ'straedǝl] *adv* opkoračke
as·tra·khan ['aestrǝkaen] *n* astrahansko krzno
as·tral ['aestrǝl] *a* zvezdani (zvjezdani)
a·stray [ǝ'strej] *adv* zalutao; *to go ~* zalutati, poći pogrešnim putem; *to lead ~* zavesti, navesti na rđav put; *the shot went ~* metak je zalutao
a·stride [ǝ'strajd] *adv* opkoračke
as·tring·ent I [ǝ'strindžǝnt] *n* sredstvo koje steže
astringent II *a* 1. koji steže 2. jedak, zajedljiv
as·tro·dome ['aestrǝdoum] *n* 1. providna kupola (aviona) 2. stadion koji je pokriven prozračnom kupolom
as·tro·dy·nam·ics [aestroudaj'naemiks] *n* astrodinamika

as·tro·labe ['aestrǝlejb] *n* (hist.) astrolab
as·trol·o·ger [ǝ'stralǝdžǝ(r)]; [*o*] *n* astrolog
as·tro·log·ic [aestrǝ'ladžik]; [*o*] *a* astrološki
as·tro·log·i·cal [~ǝl] see **astrologic**
as·trol·o·gy [ǝ'stralǝdž'ij]; [*o*] *n* astrologija
as·trom·e·try [ǝ'stramǝtrij]; [*o*] *n* astronomija
as·tro·naut ['aestrǝnot] *n* astronaut
as·tro·naut·ic [aestrǝ'notik] *a* astronautski
as·tro·naut·i·cal [~ǝl] see **astronautic**
as·tro·nau·tics [~s] *n* astronautika
as·tro·nav·i·ga·tion [aestrounaevǝ'gejšǝn] *n* astronavigacija
as·tron·o·mer [ǝ'stranǝmǝ(r)]; [*o*] *n* astronom
as·tro·nom·ic [aestrǝ'namik]; [*o*] *a* 1. astronomski 2. (fig.) astronomski, nebrojiv
as·tro·nom·i·cal [~ǝl] see **astronomic**
as·tron·o·my [ǝ'stranǝmij]; [*o*] *n* astronomija
as·tro·phys·ics [aestrou'fiziks] *n* astrofizika
As·tro Turf ['aestrou] veštački (vještački — W: umjetni) pokrivač za sportske terene
as·tute [ǝ'stūt]; [*tj*] *a* mudar; lukav
as·tute·ness [~nis] *n* mudrost; lukavost
a·sun·der [ǝ'sǝndǝ(r)] *adv* nadvoje; *to tear (rend) ~* raskinuti, razdvojiti
a·syl·lab·ic [ejsi'laebik] *a* asilabički
a·sy·lum [ǝ'sajlǝm] *n* 1. utočište, azil; *to grant (seek) ~* dati (tražiti) azil; *to be granted ~* dobiti azil 2. (obsol.) dom; *an insane ~* ludnica
a·sym·met·ric [ejsi'metrik] *a* asimetričan
a·sym·met·ri·cal [~ǝl] see **asymmetric**
a·sum·me·try [ej'simǝtrij] *n* asimetrija
a·symp·tote ['aesimp'tout] *n* (math.) asimptota
a·syn·de·ton [ǝ'sindǝtǝn]; [*o*] *n* asindeton
at [aet] *prep* 1. (place; as a synonym of **in** IV 1) u, na; *he stayed ~ (in) a hotel* odseo (odsjeo) je u hotelu; *the plane landed ~ (in) Boston* avion je sleteo (sletio) u Bostonu (cf. *he lives in Boston* on stanuje u Bostonu); *he works ~ (in) the bakery (clinic, drugstore, factory, library, museum)* on radi u pekari (na klinici, u apoteci, u fabrici, u biblioteci, u muzeju); *the child is now ~ (in) church (school)* dete (dijete) je sada u crkvi (školi); *~ (in) the center* u središtu 2. (place; **in** is not a synonym) u, na; *he was ~ the concert (lecture, opera, theater)* on je bio na koncertu (na predavanju, u operi, u pozorištu — W: kazalištu); *~ a dance (meeting, wedding)* na igranci (sastanku, venčanju — vjenčanju) 3. (place) blizu, pred, na u; *let's meet ~ the hotel* da se vidimo pred hotelom (blizu hotela, u hotelu) 4. (place) kod; *~ home* kod kuće; *~ the Johnsons'* kod Džonsonovih 5. (place) pri; *~ the table* pri stolu; *~ the entrance* pri ulazu; *~ the bottom of a page* pri dnu stranice; *~ hand* pri ruci 6. (in various expressions of place) *~ the battle of . . .* u bici kod . . .; *~ (on) the corner* na ćošku; *~ a distance* u (na) daljini; *~ the door* na (pred) vratima; *~ sea* na moru (see also 11); *to sit ~ the (steering) wheel* sedeti (sjedjeti) za volanom; *~ the table* za stolom; *~ the top* na vrhu; *he lives ~ 119 Main Street* stanuje u Glavnoj ulici, broj 119 7. (in time expressions) u, na, za, pri; *~ all times (any time)* u svako doba; *~ the beginning* u (na) početku; *~*

breakfast (lunch) za doručkom (ručkom); ~ *the end* na kraju; ~ *first* prvo; ~ *last* najzad; ~ *the latest* najdocnije; ~ *four o'clock* u četiri sata; ~ *the same moment* u istom trenutku; ~ *sunrise* pri rađanju (izlasku) sunca; ~ *the same time* u isto vreme (vrijeme); ~ *times* katkad; ~ *noon (midnight)* u podne (ponoć); ~ *dawn (dusk)* u zoru (sumrak); *late* ~ *night* duboko u noć 8. (with certain adjectives) *angry* ~ ljut na; *good* ~ *smt.* vičan nečemu 9. o; ~ *one's own expense* o svom trošku 10. po; ~ *a yearly rate* po godišnjoj stopi; ~ *such and such a price* po toj i toj ceni (cijeni); ~ *my command* po mojoj naredbi 11. misc.; ~ *all* sasvim; ~ *a loss* zbunjen; ~ *a low price* jeftino; ~ *any rate* u svakom slučaju; ~ *a speed of 60 miles an hour* brzinom od 60 milja na sat; ~ *least* bar; ~ *peace* u miru; ~ *your request* na vaše traženje; *we'll let it go* ~ *that* ostavimo stvar na tome; ~ *the age of five* od pet godina; ~ *smb.'s mercy* na milost nekome; ~ *war* u ratu; *not* ~ *all* nimalo; ~ *half (the) price* u pola cene (cijene); ~ *loggerheads* u zavadi; *to be* ~ *smb.'s disposal* biti na nečijem raspolaganju; ~ *a gallop* u trku; ~ *attention* u stavu »mirno«; ~ *bay* u škripcu; ~ *a standstill* na mrtvoj tački (W: točki); ~ *once* odmah; *an expert* ~ *smt.* stručnjak za nešto; ~ *the very thought* pri samoj pomisli; **~ sea* zbunjen

at·a·vism ['aetəvizəm] *n* atavizam
at·a·vis·tic [aetə'vistik] *a* atavistički
ate see **eat**
at ease *interj* (mil.) na mestu (mjestu) voljno!
at·el·ier [aetl'jej]; [ae'teljej] *n* atelje
a·the·ism ['ejthijizəm] *n* ateizam
a·the·ist [~ist] *n* ateista
a·the·is·tic [ejthij'istik] *a* ateistički
ath·e·ling ['aethəlinḡ], [īh] *n* (hist.) anglosaksonski plemić
A·the·ni·an I [ə'thijnijən] *n* Atinjanin (W: Atenjanin)
Athenian II *a* atinski (W: atenski)
Ath·ens ['aethəns] *n* Atina (W: Atena)
ath·er·o·scle·ro·sis [aethərousklə'rousis] *n* ateroskleroza
a·thirst [ə'thə(r)st] *a* žedan
ath·lete ['aethlijt] *n* atletičar, sportista
athlete's foot *n* (med.) gljivice (između prstiju na nogama)
ath·let·ic [aeth'letik] *a* sportski, atletičarski; *an* ~ *director* instruktor za sportsku obuku; ~ *equipment* sportska oprema
ath·let·ics [~s] *n pl or sgn* (esp. Br.) sport, atletika (Am. is **track and field**)
athletic supporter *n* suspenzor
a·thwart [ə'thwo(r)t] *adv* popreko (poprijeko)
a·tilt [ə'tilt] *a* pognut
At·lan·tic I [aet'laentik] *n* Atlantik
Atlantic II *a* atlantski; *the* ~ *Charter* Atlantska povelja
Atlantic Ocean Atlantski okean (ocean)
at·las ['aetləs] *n* 1. atlas 2. (archit.) (*-es* and *atlantes* [aet'laentijz]) kip, nosač
at·mos·phere ['aetməsfij(r)] *n* atmosfera; *the* ~ *is tense* atmosfera je naelektrisana

at·mos·pher·ic [aetmə'sfijrik], [e] *a* atmosferski; ~ *conditions (disturbances)* atmosferske prilike (smetnje)
at·mos·pher·ics [~s] *n* 1. atmosferski uticaji 2. atmosferske smetnje
a·toll ['aetol], [ej] *n* atol, koralsko ostrvce
at·om ['aetəm] *n* atom; *to split the* ~ razbiti atomsko jezgro
atom bomb atomska bomba
a·tom·ic [ə'tamik]; [o] *a* atomski; ~ *war* atomski rat; ~ *weapons* atomsko naoružanje (see also **nuclear**)
atomic bomb atomska bomba
atomic energy atomska energija
atomic fusion atomska fuzija
a·to·mic·i·ty [aetə'misətij] *n* valentnost
atomic mass masa jednog atoma
atomic radiation atomsko zračenje
atomic weight atomska težina
at·om·ism [~izəm] *n* atomizam
at·om·ist [~ist] *n* atomističar, atomista
at·om·iz·a·tion [aetəmə'zejšən] *n* atomizacija
at·om·ize ['aetəmajz] *v tr* atomizovati
at·om·iz·er [~ə(r)] *n* rasprskivač
atom smasher akcelerator čestica
a·to·nal [ej'tounəl] *a* atonal
a·to·nal·i·ty [ejtou'naelətij] *n* atonalnost
a·tone [ə'toun] *v intr* iskupiti; *to* ~ *for one's guilt (sin)* iskupiti krivicu (greh — grijeh)
a·tone·ment [~mənt] *n* ispaštanje, pokajanje, izmirenje; (rel.) *Day of Atonement* praznik pokajanja
a·ton·ic [ej'tanik]; [o] *a* 1. nenaglašen 2. (med.) mlitav
at·ra·bil·ious [aetrə'biljəs] *a* žučan; sumoran
a·tri·um ['ejtrijəm] (*-s* or *atria* ['ejtrijə]) *n* 1. (hist.) dvorana 2. (anat.) (srčana) pretkomora, predvorje, atrijum 3. veliki hol, atrijum
a·tro·cious [ə'troušəs] *a* grozan, svirep, užasan; *an* ~ *sight* užasan prizor; ~*ly expensive* užasno skupo
a·troc·i·ty [ə'trasətij]; [o] *n* 1. grozota, svirepost 2. zverstvo (zvjerstvo); *to commit an* ~ počiniti zverstvo; *death-camp* ~*ties* zverstva u logorima smrti
at·ro·phied ['aetrəfijd] *a* atrofiran, zakržljao
at·ro·phy I ['aetrəfij] *n* atrofija
atrophy II *v* 1. *tr* osušiti 2. *intr* atrofirati, zakržljati
at·ro·pine ['aetrəpijn] *n* atropin
at·tach [ə'taeč] *v tr* 1. pričvrstiti, vezati; prilepiti (prilijepiti); *to* ~ *one thing to another* pričvrstiti jednu stvar na drugu; *to* ~ *a stamp* prilepiti marku 2. pridati; *to* ~ *importance to smt.* pridati važnost nečemu 3. priložiti; *to* ~ *documents* priložiti dokumente (see also **enclose**) 4. (mil.) pridati, prikomandovati, privremeno uključiti; *to* ~ *for subsistence* staviti na hranu; *to* ~ *to a company* pridati četi 5. *refl.* pridružiti se; *to* ~ *oneself to a group* pridružiti se grupi 6. (legal) obustaviti, uzaptiti; *to* ~ *a salary (for payment of debts)* obustaviti lični dohodak (radi naplate potraživanja)
at·ta·ché [aetə'šej], [ae]; [ə'taešej] *n* ataše; *a cultural (military)* ~ kulturni (vojni) ataše
attaché case aktentašna

at·tached [ə'taečt] *a* 1. see **attach** 2. odan, privžen; *to be* ~ *to smb.* biti odan (privržen) nekome
at·tach·ment [~mənt] *n* 1. pričvršćenje 2. prilaganje; prilog 3. odanost, privrženost 4. (legal) obustava; uzapćenje
at·tack I [ə'taek] *n* napad, nastupanje, juriš; (mil. or fig.) *to be under* ~ biti izložen napadu; *to begin (break off, postpone, repulse) an* ~ otpočeti (obustaviti, odložiti, odbiti) napad; *the* ~ *fizzled out (ground to a halt)* napad je zapeo; *to carry out (make) an* ~ izvršiti napad; *to provoke an* ~ izazvati napad
attack II *v tr* and *intr* napasti; *to* ~ *the enemy* napasti neprijatelja
attack bomber lovac bombarder
attack carrier udarni nosač aviona
attack dog policijski (vojnički) pas obučen da napada po komandi
at·tack·er [~ə(r)] *n* napadač
at·tain [ə'tejn] *v tr* postići; *to* ~ *a goal (success)* postići cilj (uspeh — uspjeh)
at·tain·a·ble [~əbəl] *a* postižljiv, dostižan, dostupan
at·tain·der [~də(r)] *n* lišenje (lišavanje) građanskih prava; gubitak građanskih prava (see also **bill of attainder**)
at·tar ['aetə(r)] *n* ružino ulje
at·tempt I [ə'tempt] *n* 1. pokušaj; *to make an* ~ *to do smt.* izvesti pokušaj (nastojati) da uradi nešto; *to crush an* ~ slomiti pokušaj 2. pokušaj ubistva (atentata); *to make an* ~ *on smb.'s life* pokušati atentat na nekoga
attempt II *v tr* pokušati; *to* ~ *to sing* pokušati pevati (pjevati); *to* ~ *a difficult task* latiti se teškog zadatka
at·tend [ə'tend] *v* 1. *tr* posetiti (posjetiti); *to* ~ *classes* posećivati predavanja; *to* ~ *a concert* posetiti koncert; *to* ~ *school* ići u školu, učiti školu 2. *tr* prisustvovati, biti prisutan; *to* ~ *a meeting* biti na zboru, prisustvovati sastanku; *to* ~ *a conference* prisustvovati kongresu 3. *tr* negovati (njegovati); posluživati; *to* ~ *the ill* negovati bolesnike 4. *tr* pratiti; *to* ~ *the queen* pratiti kraljicu 5. *tr* propratiti (see **accompany**) 6. *intr* pobrinuti se, postarati se; *to* ~ *to smt.* pobrinuti se (postarati se) o nečemu 7. *intr* gledati; *to* ~ *to one's business* gledati svoja posla
at·ten·dance [~əns] *n* 1. prisutnost, prisustvo; *a physician in* ~ dežurni lekar — ljekar (W: liječnik); *to take* ~ prozvati đake 2. pohađanje 3. broj gledalaca (prisutnih, slušalaca); poseta (posjet); *a large (small)* ~ veliki (mali) broj gledalaca; *average* ~ prosečna (prosječna) poseta; ~ *has gone up* poseta je porasla 4. misc.; *to dance* ~ *on smb.* obigravati oko nekoga; *a lady in* ~ dvorska gospođa (dama)
attendance sheet lista prisutnih
at·ten·dant I [~ənt] *n* 1. službitelj, sluga 2. čuvar
attendant II *a* prateći
at·ten·tion [ə'tenšən] *n* 1. pažnja; *to call smb.'s* ~ *to smt.* obratiti (skrenuti) nečiju pažnju na nešto; *to divert smb.'s* ~ *from smt.* odvratiti nekome (nečiju) pažnju od nečega; *to attract* ~ privući pažnju; *to pay* ~ *to smt.* obratiti pažnju na nešto, paziti na nešto 2. (usu. in *pl*)

učtivost, ljubaznost 3. (mil.) stav »mirno«; ~! mirno! *to come to* (colloq.: *snap to)* ~ zauzeti stav »mirno«; *to stand at* (Br.: *to)* ~ stajati u stavu »mirno«
at·ten·tive [ə'tentiv] *a* 1. pažljiv 2. predusretljiv, uslužan
at·ten·tive·ness [~nis] *n* 1. pažljivost 2. predusretljivost, uslužnost
at·ten·u·ate [ə'tenjüejt] *v* 1. *tr* razrediti, razblažiti 2. *tr* umanjiti 3. *intr* razrediti se, razblažiti se 4. *intr* umanjiti se
at·ten·u·a·tion [ətenjü'ejšən] *n* 1. razređenje, razblaženje 2. umanjenje 3. (tech.) slabljenje
at·test [ə'test] *v* 1. *tr* potvrditi, dokazati 2. *intr* svedočiti (svjedočiti); *to* ~ *to smt.* svedočiti o nečemu
at·tes·ta·tion [aetes'tejšən] *n* 1. potvrđivanje, dokazivanje 2. svedočenje (svjedočenje)
at·tic ['aetik] *n* potkrovlje, potkrovnica, tavan
At·tic I *n* atički (atinski — W: atenski) dijalekt
Attic II *a* atički, atinski (W: atenski)
At·ti·cism ['aetəsizəm] *n* aticizam
at·tire I [ə'taj(r)] *n* 1. odeća (odjeća) 2. jelenski rogovi
attire II *v tr* obući; *to* ~ *oneself* nakititi se
at·ti·tude ['aetətüd]; [*tj*] *n* 1. stav, držanje; *a firm (unfriendly)* ~ čvrst (neprijateljski) stav; *to assume an* ~ *toward smb.* zauzeti stav prema nekome 2. (astron.) položaj u prostoru
at·tor·ney [ə'tə(r)nij] *n* pravozastupnik, advokat (W also: odvjetnik); *a prosecuting* ~ javni tužilac (also **lawyer**)
attorney at law (official) see **attorney**
attorney general *(attorneys general* or *attorney generals)* vrhovni tužilac
at·tract [ə'traekt] *v tr* privući; *to* ~ *attention* privući pažnju
at·trac·tion [ə'traekšən] *n* 1. privlačenje 2. atrakcija; *a tourist* ~ turistička atrakcija 3. (phys.) privlačna sila, privlačenje
at·trac·tive [~ktiv] *a* privlačan, atraktivan
at·trac·tive·ness [~nis] *n* privlačnost, atraktivnost
at·trib·ut·a·ble [ə'tribjütəbəl] *a* koji se može pripisati
at·trib·ute I ['aetrəbjüt] *n* 1. osobina, atribut 2. (gram.) pridev (pridjev)
attribute II [ə'tribjüt] *v tr* pripisati; *to* ~ *smt. to smb.* pripisati nešto nekome
a·tri·bu·tion [aetrə'bjüšən] *n* 1. pripisivanje 2. atribut
at·trib·u·tive I [ə'tribjətiv] *n* atribut, pridev (pridjev)
attributive II *a* atributivni, atributski, atributni; *an* ~ *adjective* atributski pridev (pridjev)
at·tri·tion [ə'trišən] *n* 1. trenje 2. gubici; osipanje (osoblja); odabiranje (iz škole) 3. iscrpljivanje, iznuravanje; *a war of* ~ rat iscrpljivanja (iznuravanja) 4. (rel.) kajanje (iz straha od kazne)
at·tune [ə'tün]; [*tj*] *v tr* 1. dovesti u sklad, uskladiti 2. navići; ~*d to* navikao na
a·twit·ter [ə'twitə(r)] *pred a* uzbuđen
a·typ·i·cal [ej'tipəkəl] *a* netipičan
au·bade [ou'bad] *n* jutarnja serenada
au·ber·gine ['oube(r)žijn] *n* (Br.) plavi patlidžan (see also **eggplant**)

au·burn I ['obə(r)n] *n* kestenjava boja
auburn II *a* kestenjave boje
auc·tion I ['okšən] *n* licitacija, javna prodaja, nadmetanje, aukcija; *a public* ~ javna licitacija; *to sell at* ~ prodati na licitaciji; *an automobile* ~ licitacija za prodaju automobila
auction II *v tr* see **auction off**
auction bridge igra karata (u kojoj se licitira za adute)
auc·tion·eer [~'ij(r)] *n* izvršilac javnih licitacija, voditelj aukcije
auction off *v* prodati javnom licitacijom, prodati putem javnog nadmetanja
auc·to·ri·al [ok'torijəl] *a* autorski
au·da·cious [o'dejšəs] *a* 1. odvažan 2. drzak, bezočan
au·dac·i·ty [o'daesətij] *n.* 1. odvažnost 2. drskost, bezočnost
au·di·bil·i·ty [odə'bilətij] *n* čujnost
au·di·ble ['odəbəl] *a* čujan; zvučni
au·di·ence ['odijəns] *n* 1. publika, gledaoci, slušaoci; *a large* ~ velika publika 2. audijencija, prijem; *to have an* ~ *with a king* biti u audijenciji kod kralja 3. saslušanje; prilika da se izrazi
au·di·o I ['odijou] *n* 1. vernost (vjernost) zvučne reprodukcije (televizora) 2. zvučni prenos
audio II *a* 1. zvučni, čujni 2. visokokvalitetni
audio frequency čujna frekvencija, frekvencija zvuka
au·di·om·e·ter [odij'amətə(r)]; [o] *n* audiometar
au·di·o·vis·u·al [dijou-vižūəl] *a* audio-vizuelni, zvučno-vizuelni; ~ *aids* audio-vizuelna sredstva
au·dit I ['odit] *n* 1. (finansijska) revizija, provera (provjera), pregled; *to make an* ~ sprovesti reviziju 2. poreska kontrola; *to conduct (make) an* ~ izvršiti poresku kontrolu
audit II *v tr* 1. proveriti (provjeriti), pregledati, revidirati; *to* ~ *accounts (records)* sprovesti reviziju računa (dokumenata) 2. pohađati; *to* ~ *a course* pohađati kurs (bez polaganja ispita)
au·di·tion I [o'dišən] *n* 1. slušanje 2. audicija, proba, probno slušanje; *to go for an* ~ ići na audiciju; *to give smb. an* ~ dati nekome audiciju
audition II *v* 1. *tr* primiti na slušanje; *to* ~ *smb.* primiti nekoga na probno slušanje 2. *intr* učestvovati u probi
au·di·tor [~ə(r)] *n* 1. slušalac 2. revizor, (poreski) kontrolor 3. student koji ne polaže ispit(e) na kraju semestra
au·di·tor·i·um [odə'torijəm] (-*s* or -*ria* [rijə]) *n* dvorana, slušaonica, sala
au·di·to·ry ['odətorij]; [ə] *a* slušni; *the* ~ *nerve* slušni živac
Au·ge·an [o'džijən] *a* Augijev; **to clean the* ~ *stables* očistiti Augijevu štalu
au·ger ['ogə(r)] *n* drvodeljsko (drvodjeljsko) svrdlo
aught [ot] *pron* (obsol.) sve; *for* ~ *I know* ukoliko ja znam
aug·ment I ['ogment] *n* 1. povećanje 2. (ling.) augment
augment II [og'ment] *v tr* povećati
aug·men·ta·tion [ogmen'tejšən] *n* 1. povećanje 2. (ling.) augmentacija

aug·men·ta·tive I [og'mentətiv] *n* (ling.) augmentativ
augmentative II *a* (ling.) augmentativan
aug·men·tive [og'mentiv] see **augmentative I, II**
au·gur I ['ogə(r)] *n* augur; prorok
augur II *v* 1. *tr* proreći, predskazati 2. *intr* biti predznak; *it* ~*s ill (well)* to predskazuje zlo (dobro)
au·gu·ral ['ogjərəl] *a* augurski
au·gu·ry [~rij] *n* augurij; znamenje, predskazanje
au·gust [o'gəst] *a* veličanstven, dostojanstven; *an* ~ *body* veličanstven skup
Au·gust ['ogəst] *n* avgust (W: kolovoz)
auk [ok] *n* njorka; *great (little)* ~ velika (mala) njorka
auld lang syne [ould laeng zajn] (Scottish, reg., name of song) dobro staro vreme (vrijeme)
au·lic ['olik] *a* dvornički
aunt [aent]; [a] *n* tetka; strina; ujna
aunt·ie, aunt·y ['aentij]; [a] *n* dim. of **aunt**
Aunt Sal·lie ['saelij] (Br.; colloq.) predmet zabave (see also **butt III**)
au pair [ou pej(r)] (French) osoba (naročito ženska) koja ide služiti u tuđu kuću samo za stan i hranu (obično o studentkinji koja u stranoj zemlji želi da nauči neki jezik)
au·ra ['orə] (-*s* or *-ae* [ij]) *n* 1. aura 2. lahor
au·ral ['orəl] *a* slušni
au·re·ate ['orijit] *a* 1. zlatan 2. visokoparan, naduven
au·re·o·la [o'rijələ] see **aureole**
au·re·ole ['orijoul] *n* oreol
au·ric ['orik] *a* zlatan
au·ri·cle ['orikəl] *n* 1. spoljno uvo (W: vanjsko uho) 2. srčana kletka (klijetka)
au·ric·u·la I [o'rikjələ] (-*s* or -*lae* [lij]) *n* (bot.) jagorčevina
auricula II *n* see **auricle**
au·ric·u·lar [o'rikjələ(r)] *a* 1. ušni 2. na uvo (uho); tajni; *an* ~ *confession* ispovest (ispovijest) na uvo
au·ric·u·lars [~z] *n pl* pramen perja na ušima ptica
au·ric·u·late [o'rikjəlit] **au·ric·u·la·ted** [~lejtid] *a* ušat
au·rif·er·ous [o'rifərəs] *a* zlatonosan
au·ri·form ['orəfo(r)m] *a* oblika uva (uha)
au·rochs ['oraks]; [o] *(pl* has zero) *n* tur; evropski bizon
au·ro·ra [o'rorə] *n* 1. polarna svetlost (svjetlost) 2. jutarnje rumenilo 3. (fig.) zora
aurora aus·tra·lis [o'strejlis] Južna svetlost (svjetlost)
aurora bo·re·al·is [borij'aelis] Severna (Sjeverna) svetlost (svjetlost)
au·ro·ral [o'rorəl] *a* 1. jutarnji 2. koji pripada polarnoj svetlosti (svjetlosti)
aus·cul·tate ['oksəltejt] *v tr and intr* osluškivati
aus·cul·ta·tion [oskəl'tejšən] *n* osluškivanje, auskultacija
aus·pice ['ospis] (-*ces* [sijz]) *n* 1. predskazivanje po letu ptica 2. (in *pl*) pokroviteljstvo; auspicije; *under smb.'s* ~*s* pod nečijim pokroviteljstvom

aus·pi·cious [o'spišəs] *a* povoljan, srećan; *an* ~ *beginning* povoljan početak; ~ *circumstances* povoljne okolnosti

aus·pi·cious·ness [~nis] *n* povoljnost

aus·tere [o'stij(r)] *a* 1. strog, surov; *an* ~ *man* strog čovek (čovjek) 2. asketski; *an* ~ *life* asketski život

aus·ter·i·ty [o'sterətij] *n* 1. strogost, surovost 2. štedljivost, uzdržljivost; škrtost; (as *a)* ~ *measures* uštedne mere (mjere), mere štednje

aus·tral ['ostrəl] *a* južni; ~ *winds* južni vetrovi (vjetrovi)

Aus·tral·a·sia [ostrə'lejžə]; [*š*] *n* Australija i Okeanija (Oceanija)

Aus·tra·lia [o'strejljə] *n* Australija

Aus·tra·lian I [~n] *n* Australijanac

Australian II *a* australijski, australski, australijanski

Aus·tri·a ['ostrijə] *n* Austrija

Austria-Hungary *n* Austro-Ugarska

Aus·tri·an I [~n] *n* Austrijanac

Austrian II *a* austrijski

au·tar·chy ['ota(r)kij] *n* 1. (pol.) apsolutizam, samodrštvo 2. see **autarky**

au·ta·rky ['ota(r)kij] *n* autarkija, samozadovoljenje

au·then·tic [o'thentik] *a* autentičan; ~ *documents* autentična dokumenta

au·then·ti·cate [~ejt] *v tr* potvrditi; *to* ~ *a portrait* dokazati da je portret autentičan

au·then·tic·i·ty [othen'tisətij] *n* autentičnost

au·thor I ['othə(r)] *n* 1. autor, pisac (W also: spisatelj) 2. (fig.) tvorac, osnivač

author II *v tr* (colloq.) napisati; *to* ~ *a book* napisati knjigu

au·thor·ess [~ris] fem. of **author I**

au·thor·i·tar·i·an I [əthorə'tejrijən] *n* pristalica (W: pristaša) poslušnosti bez pogovora

authoritarian II *a* koja traži poslušnost bez pogovora, diktatorski

au·thor·i·tar·i·an·ism [~izəm] *n* traženje poslušnosti bez pogovora, diktatura

au·thor·i·ta·tive [ə'thorətejtiv]; [ə] *a* autoritativan, autoritetan

au·thor·i·ta·tive·ness [~nis] *n* autoritativnost

au·thor·i·ty [ə'thoretij], [*a*] *n* 1. autoritet, izvor; *on good* ~ iz pouzdanog izvora 2. stručnjak, autoritet; *to be an* ~ *on smt.* biti stručnjak za nešto; *medical* ~*ties* medicinski autoriteti 3. uprava; *the transit* ~ uprava za javni saobraćaj 4. punomoćje, ovlašćenje, nalog; *by his* ~ po njegovom ovlašćenju (nalogu) 5. vlast; pravo; *absolute* ~ apsolutna vlast; *governmental* ~ državna vlast; *executive (legal, legislative)* ~ izvršna (sudska, zakonodavna) vlast; *to delegate* ~ *to* preneti (prenijeti) prava na; *misuse of* ~ zloupotreba vlasti; **drunk with* ~ opijen vlašću 6. (in *pl)* vlasti; *administrative (military)* ~*ties* upravne (vojne) vlasti; *to report to the* ~*ties* prijaviti (se) vlastima

au·thor·i·za·tion [othərə'zejšən]; [*aj*] *n* 1. ovlašćenje, opunomoćenje 2. dozvola, odobrenje; *landing* ~ dozvola za sletanje (slijetanje)

au·thor·ize ['othərajz] *v tr* 1. ovlastiti, autorizovati, opunomoćiti; *to* ~ *smb. to do smt.* ovlastiti nekoga da uradi nešto; *an* ~*d translation* auto-

rizovan prevod 2. odobriti, dozvoliti; *to* ~ *a loan* odobriti kredit 3. (mil.) utvrditi (kao norma): *an* ~*d allowance* utvrđena norma snabdevanja (snabdijevanja)

au·thor·ship [~šip] *n* autorstvo; *to establish* ~ utvrditi autorstvo

au·tism ['otizəm] *n* autizam

au·tis·tic [o'tistik] *a* autistički

au·to ['otou] (*-s*) *n* auto

au·to·bi·og·ra·pher [otoubaj'agrəfə(r)]; [*o*] *n* autobiograf

au·to·bi·o·graph·ic [otoubajə'graefik] *a* autobiografski

au·to·bi·o·graph·i·cal [~əl] see **autobiographic**

au·to·bi·og·ra·phy [otoubaj'agrəfij]; [*o*] *n* autobiografija

au·to·ceph·a·lous [~'sefələs] *a* autokefalan

au·to·ceph·a·ly [~əlij] *n* autokefalnost

auto-changer (Br.) automatski menjač (mjenjač) ploča

au·toch·thon [o'takthən]; [*o*] (*-s* or *-nes* [nijzl]) *n* starosedelac (starosjedlac)

au·toch·tho·nal [~əl] *a* autohton, starosedelački (starosjedilački)

au·to·clave ['otouklejv] *n* autoklav

au·toc·ra·cy [o'takrəsij]; [*o*] *n* autokratija (autokracija)

au·to·crat ['otəkraet] *n* autokrata

au·to·crat·ic [otə'kraetik] *a* autokratski

au·to·crat·i·cal [~əl] see **autocratic**

au·to·da·fé [oto-də'fej] *(autos-dafe) n* autodafe

au·to·di·dact [otou'dajdaekt] *n* samouk

au·to·di·dac·tic [otoudaj'daektik] *a* autodidaktički

au·to·e·rot·i·cism [~i'ratəsizəm]; [*o*] see **autoerotism**

au·to·er·o·tism [otou'erətizəm] *n* autoerotizam

au·tog·a·my [o'tagəmij]; [*o*] *n* autogamija

au·to·gen·e·sis [otou'dženəsis] *n* see **abiogenesis**

au·tog·e·nous [o'tadžənəs]; [*o*] *a* autogen; ~ *welding* autogeno zavarivanje

au·to·gi·ro [otou'džajrou] (*-s*) *n* autožir

au·to·graph I ['otəgraef]; [*a*] *n* autograf

autograph II *v tr* potpisati

au·tog·ra·phy [o'tagrəfij]; [*o*] *n* autografija

au·to·gy·ro see **autogiro**

au·to·harp ['otouha(r)p] *n* vrsta citre

au·to·hyp·no·sis [otouhip'nousis] *n* autohipnoza

au·to·in·fec·tion [otouin'fekšən] *n* samozaraza

au·to·in·tox·i·ca·tion [otouintaksə'kejšən]; [*o*] *n* autointoksikacija

au·to·mat ['otəmaet] *n* 1. (restoran) samoposluga 2. automat

au·to·mate ['otoumejt] *v tr* automatizovati

au·to·mat·ic I [otou'maetik] *n* 1. automatsko oružje 2. automat

automatic II *a* automatski; ~ *arms* automatsko oružje; ~ *fire* automatska vatra; ~ *loading* automatsko punjenje

automatic pilot autopilot

automatic pistol automatski pištolj

automatic rifle automatska puška

au·to·ma·tion [otou'mejšən] *n* automatizacija

au·tom·a·tism [o'tamətizəm]; [*o*] *n* automatizam

au·tom·a·ton [o'tamətən]; [*o*] (*-s* or *-ta* [tə]) *n* robot

au·to·mo·bile I ['otəmou'bijl] *n* automobil; *to drive an* ~ voziti automobil (Br. is usu. motorcar

automobile II *a* automobilski; *an* ~ *race* automobilska trka; ~ *traffic* automobilski saobraćaj

automobile club auto-moto savez

automobile dump groblje automobila

au·to·mo·tive [otə'moutiv] *a* 1. samohodni 2. automobilski; ~ *training* obučavanje automehaničar

au·to·nom·ic [otə'namik]; [o] *a* 1. autonomski 2. autonoman; *the* ~ *nervous system* autonomni nervni sistem 3. spontan

au·ton·o·mous [o'tanəməs]; [o] *a* autonomski, autonoman; *an* ~ *republic* autonomna republika

au·ton·o·my [o'tanəmij]; [o] *n* autonomija

au·to·pi·lot ['otoupajlət] *see* **automatic pilot**

au·top·sy ['otapsij]; [o] *n* obdukcija, autopsija; *to perform an* ~ izvršiti obdukciju

auto registration registracija motornog vozila

auto show salon automobila; *to have (organize) an* ~ održati salon automobila

au·to·sug·ges·tion [otousə(g)'džesčən] *n* autosugestija

au·tumn I ['otəm] *n* (esp. Br.) jesen; *in the* ~ u jesen (see also **fall** I 4)

autumn II *a* jesenji, jesenski (also **fall** II)

au·tum·nal [o'təmnəl] *a* jesenski, jesenji

autumn crocus (bot.) jadičac

aux·il·ia·ry I [og'ziljərij], [l] *n* 1. pomoćnik 2. pomoćna sekcija; *a women's* ~ ženska sekcija 3. (naval) pomoćni brod 4. (gram.) pomoćni glagol 5. (mil., in *pl*) pomoćne (strane) trupe

auxiliary II *a* pomoćni; *an* ~ *tank* pomoćni rezervoar

auxiliary verb pomoćni glagol

a·vail I [ə'vejl] *n* korist, pomoć; *of little* ~ od male koristi; *of no* ~ beskoristan

avail II *v* 1. *tr* (rare) pomoći 2. *refl.* iskoristiti; *to* ~ *oneself of smt.* iskoristiti nešto; *to* ~ *oneself of an opportunity* iskoristiti priliku

a·vail·a·bil·i·ty [əvajlə'bilətij] *n* raspoloživost, postojanje

a·vail·a·ble [ə'vejləbəl] *a* raspoloživ, koristljiv; na raspolaganju; *all* ~ *fuel* sve raspoloživo gorivo; *to make* ~ staviti na raspolaganje; *all* ~ *means* sva raspoloživa sredstva

av·a·lanche ['aevəlaenč]; [*a*] *n* 1. lavina; *to cause an* ~ izazvati lavinu 2. (fig.) bujica, lavina

a·vant-garde I [avan(t)-'ga(r)d] *n* (fig.) avangarda

avant-garde II *a* avangardan; ~ *music* avangardna muzika

av·a·rice ['aevəris] *n* gramzivost, pohlepa

av·a·ri·cious [aevə'rišəs] *a* gramziv, pohlepan

a·vast [ə'vaest]; [*a*] *interj* (naut.) stoj!

A·ve Ma·ri·a ['avej mə'rijə] (Cath.) molitva Zdravo Mariju

a·venge [ə'vendž] *v tr* osvetiti; *to* ~ *smb.* osvetiti nekoga; *to* ~ *a murder* osvetiti se za ubistvo

a·veng·er [~ə(r)] *n* osvetnik

av·e·nue ['aevənjū] *n* 1. ulica 2. široka ulica, avenija 3. (fig.) put, prilaz; *an* ~ *to success* put ka uspehu (uspjehu) 4. (Br.) aleja oivičena drvećem

a·ver [ə'və(r)] *v tr* tvrditi, izjaviti

av·er·age I ['aevridž] *n* 1. prosek (prosjek); (aritmetička) sredina; *on the* ~ u proseku; *above (the)* ~ iznad osrednjeg; *with a 'B'* ~ s prosečnom (prosječnom) ocenom (ocjenom) »osam« 2. (naut.) šteta

average II *a* 1. prosečan (prosječan), srednji, osrednji; ~ *ability* osrednja sposobnost; *the* ~ *man* prosečan čovek (čovjek) 2. srednji, prosečan (prosječan); *an* ~ *income* prosečan dohodak; *an* ~ *temperature* srednja (prosečna) temperatura; *with an* ~ *grade of 'B'* s prosečnom ocenom (ocjenom) »osam«

average III *v tr* 1. izračunati prosečan (prosječan) broj (nečega) 2. iznositi prosečno (prosječno); *they* ~ *eight hours of work a day* oni rade prosečno osam sati dnevno; *the losses will* ~ *100 dollars each* gubici će izneti (iznijeti) prosečno 100 dolara na svakog

average out *v* iznositi prosečno (prosječno); *it averages out to five a day* to iznosi prosečno pet puta dnevno

a·ver·ment [~mənt] *n* tvrdnja, izjava

a·verse [ə'və(r)s] *pred a* protivan; ~ *to smt.* protivan nečemu

a·ver·sion [ə'və(r)žən]; [*š*] *n* odvratnost; averzija; *an* ~ *to smt.* odvratnost prema nečemu

a·vert [ə'və(r)t] *v tr* 1. odvratiti, okrenuti; *to* ~ *one's eyes* okrenuti oči; *to* ~ *one's face* odvratiti lice 2. sprečiti (spriječiti); *to* ~ *danger* sprečiti opasnost

A·vest·an I [ə'vestən] *n* avestički jezik

Avestan II *a* avestički, avestijski

a·vi·an ['ejvijən] *a* ptičiji

a·vi·ar·y ['ejvijerij]; [*ə*] *n* veliki kavez za ptice

a·vi·a·tion I [aevij'ejšən], [*ej*] *n* avijacija, vazduhoplovstvo (W: zrakoplovstvo)

aviation II *a* avijacijski, vazduhoplovni (W: zrakoplovni); avionski; *an* ~ *cadet* pitomac vazduhoplovne akademije; ~ *fuel* avionsko gorivo

aviation medicine vazduhoplovna (W: zrakoplovna) medicina

a·vi·a·tor ['aevijejtə(r)], [*ej*] *n* avijatičar, pilot

a·vi·a·trix [~triks] *n* avijatičarka

a·vi·cul·ture ['ejvikəlčə(r)], [*ae*] *n* gajenje ptica

av·id ['aevid] *a* 1. žudan, željan 2. strastan; *an* ~ *fan* strastan navijač

a·vid·i·ty [ə'vidətij] *n* žudnja

av·o·ca·tion [aevou'kejšən] *n* sporedno zanimanje, hobi

av·o·cet ['aevəset] *n* (bird) sabljarka

a·void [ə'vojd] *v tr* izbeći (izbjeći); *he* ~*s people* on izbegava ljude

a·void·a·ble [~əbəl] *a* izbežljiv (izbježljiv)

a·void·ance [~əns] *n* izbegavanje (izbjegavanje)

av·oir·du·pois [aevə(r)də'pojz] *n* 1. *see* **avoirdupois weight** 2. težina, debljina

avoirdupois weight mere (mjere) koje se upotrebljavaju u anglo-saksonskim zemljama

a·vouch [ə'vauč] *v tr* zajemčiti (W: zajamčiti)

a·vow [ə'vau] *v tr* priznati; *to* ~ *guilt* priznati krivicu

a·vow·al [~əl] *n* priznanje

a·vulse [ə'vəls] *v tr* otkinuti

a·vul·sion [ə'vəlšən] *n* otkidanje

a·vun·cu·lar [ə'vəngkjələ(r)] *a* ujački

a·wait [ə'wejt] v tr čekati, očekivati; a warm welcome ~s you srdačna dobrodošlica vas čeka

a·wake I [ə'wekj] a 1. probuđen, budan; he lay ~ all night on je probdeo (probdio) celu (cijelu) noć 2. svestan (svjestan); to be ~ to smt. biti svestan nečega (see aware)

awake II awoke [ə'wouk] or (rare) -d; -d or awoken [ə'woukən] or awoke; v 1. tr probuditi (see arouse) 2. intr probuditi se; he awoke at 7 o'clock probudio se u 7 sati; he awoke to find the house on fire kad se probudio, kuća je gorela (gorjela) 3. intr (fig.) postati svestan (svjestan); he awoke to his responsibilities on je postao svestan svojih odgovornosti (see also awaken, wake II, waken)

a·wak·en [ə'wejkən] v 1. tr probuditi; he was ~ed by the noise probudila ga je buka, bio je probuđen bukom 2. intr probuditi se (see also awake II, wake II, waken)

a·wak·en·ing [~iñg] n buđenje

a·ward I [ə'wo(r)d] n nagrada; to present an ~ uručiti nagradu; a travel ~ stipendija za putovanje; to write up smb. for an ~ predložiti nekoga za nagradu; to make an ~ to smb. dodeliti (dodijeliti) nekome nagradu

award II v tr dodeliti (dodijeliti), dosuditi; to ~ smb. a fellowship (a prize) dodeliti nekome stipendiju (nagradu); to ~ damages dosuditi obeštećenje; (sports) to ~ a foul dosuditi grešku; the wife was ~ed custody of the children decu (djecu) su dosudili ženi

a·ware [ə'wej(r)] a svestan (svjestan); to be ~ of danger biti svestan opasnosti

a·ware·ness [~nis] n svesnost (svjesnost)

a·wash [ə'waš]; [o] a na nivou (W: razini) vode

a·way [ə'wej] 1. pred a na putu, van kuće; he's ~ on nije tu; ~ from home van kuće; (sports) they're playing ~ from home igraju kao gosti 2. adv daleko; udaljeno; far ~ daleko; it's three miles ~ to je tri milje udaljeno (daleko) 3. adv with certain verbs; see do away, drive away, get away, give away, go away, keep away, pass away, run away, send away, steal away, take away 4. see right away

awe I [o] n strahopoštovanje; to stand in ~ of smb. osećati (osjećati) strahopoštovanje prema nekome

awe II v tr uliti (nekome) strahopoštovanje

awe·some ['osəm] a koji uliva strahopoštovanje

awe·strick·en ['o-strikən] a obuzet strahopoštovanjem, strahom

awe·struck [~-strək] a see awe-stricken

aw·ful ['ofəl] a 1. strašan, užasan, grozan; an ~ accident (tragedy) užasna nesreća (tragedija); an ~ film strašan film; an ~ performance grozna priredba 2. (colloq.) veliki; an ~ fool velika budala 3. (colloq.) an ~ lot mnogo; an ~ lot of money grdne pare 4. (as adv) misc.; he's ~ly fond of music osobito mnogo voli muziku; I'm ~ly sorry neobično mi je žao

a·while [ə'wajl] adv kratko vreme (vrijeme); wait ~ pričekaj malo

awk·ward ['okwə(r)d] a 1. nezgrapan, trapav, nespretan; an ~ person nespretan čovek (čovjek) (see also clumsy) 2. nezgodan, nelagodan; neprijatan; an ~ pause nelagodna pauza; an ~ situation nezgodna situacija

awk·ward·ness [~nis] n 1. nezgrapnost 2. nezgodnost

awl [ol] n šilo

awn [on] n (bot.) osje

awn·ing [~iñg] n nadstrešnica (od cerade)

a·woke see awake II

a·wo·ken see awake II

A.W.O.L. ['ejwol] (mil.) (colloq.) (abbrev. of absent without leave) odsutan bez odobrenja, samovoljno odsutan iz jedinice; he went ~ on je odsutan bez odobrenja

a·wry [ə'raj] adv krivo; (fig.) naopako; to go ~ ispasti naopačke

ax, axe [aeks] n sekira (sjekira); *to get the ~ izgubiti mesto (mjesto), biti otpušten s posla; *to have an ~ to grind gledati svoje lične interese

ax·es 1. see ax 2. see axis

ax handle sekirište (sjekirište)

ax·il ['aeksil] n (bot.) pazuho

ax·il·la [aek'silə] (-ae [ij]) n (anat.) pazuho (see also armpit)

ax·il·lar·y ['aeksələrij]; [ə] a pazušni

ax·i·ol·o·gy [aeksij'alədžij]; [o] n aksiologija

ax·i·om ['aeksijəm] n aksiom (aksioma)

ax·i·o·mat·ic [aeksijə'maetik] a aksiomatičan, aksiomski

ax·i·o·mat·i·cal [~əl] see axiomatic

ax·is ['aeksis] (axes ['aeksijz]) n 1. osovina 2. (cap., hist.) the Axis Osovina (Berlin—Rim) 3. (math.) osa; ~ of abscissas apscisna osa; coordinate ~ koordinatna osa

ax·le ['aeksəl] n (tech.) osovina

axle shaft poluosovina (see also half shaft)

ax·le·tree [~trij] n osovina, vratilo

ax·man ['aeksmən] (-men [min]) n sekiraš (sjekiraš)

ay I aye [aj] n potvrdan odgovor; the ayes and nays glasovi za i protiv

ay II aye adv da, jeste (see yes)

a·zal·ea [ə'zejljə] n (bot.) azaleja

A·zer·bai·jan I [azə(r)baj'džan], [ae] n Azerbejdžan

Azerbaijan II a azerbejdžanski

A·zer·bai·ja·ni [~ij] n Azerbejdžanac

az·i·muth ['aezəməth] n azimut

az·i·muth·al [aezə'məthəl] a azimutni

A·zores ['ejzo(r)z], [ə'zo(r)z] n pl Azorska ostrva (W: Azorski otoci)

az·oth ['aezoth] see mercury

Az·tec ['aeztek] n Actek

az·ure I ['aežə(r)] n azurna boja

azure II a azuran

az·u·rite ['aežərajt] n (miner.) azurit

B

b [bij] *n* 1. b (slovo engleske azbuke); (mus.) B *major (minor)* H dur (mol) 2. (school grade) »vrlo dobro«

B.A. [bij'ej] abbrev. of **Bachelor of Arts**

baa I [ba]; [ae] *n* blejanje, bleka

baa II (onoma.) bê

baa III *v intr* blejati

Bab·bitt ['baebit] *n* (pejor.) malograđanin, buržuj

bab·ble I ['baebəl] *n* 1. brbljanje 2. romon, romor, mrmor

babble II *v* 1. *tr* izbrbljati; *to ~ smt.* izbrbljati nešto 2. *intr* brbljati, romoriti; *the children are ~ling* deca (djeca) čavrljaju 3. *intr* žuboriti, žamoriti, mrmoriti; *a ~ing brook* potok koji žubori

babe [bejb] *n* (colloq.) 1. naivko; **a ~ in the woods* pravo dete (dijete) 2. devojka (djevojka)

ba·bel ['bejbəl], [ae] *n* 1. galama, vreva 2. (cap.) vavilonska kula (W: babilonski toranj)

Bab·ism ['baebizəm] *n* babizam

ba·boon [bae'būn], [ə] *n* 1. pavijan 2. (fig.) grub čovek (čovjek)

ba·bush·ka [bə'buškə] *n* (colloq.) marama (za pokrivanje glave)

ba·by I ['bejbij] *n* 1. novorođenče, odojče (W: dojenče), beba; **to throw the ~ out with the bath water* ukidanjem sporednog lišiti se i glavnog 2. (fig.) beba, nezreo čovek (čovjek) 3. (colloq.) devojka (djevojka) 4. (colloq.) najmlađi član (grupe) 5. (colloq.) zamisao; *the project was his ~* projekat je izmislio on

baby II *a* 1. detinjast (djetinjast) 2. mlad; *~ salmon* mladunci lososa

baby III *v tr* razmaziti (see **coddle**)

baby beef juneće meso, bebi bif

baby book bebin album

baby boom veliko povećanje nataliteta

baby carriage kolica (za bebu)

baby face detinjasto (djetinjasto) lice

baby food hrana za odojčad

ba·by·ish [~iš] *a* detinjast (djetinjast)

Bab·y·lon ['baebələn]; [ə] *n* Vavilon (W: Babilon)

Bab·y·lo·ni·a [baebə'lounijə] *n* Vavilonija (W: Babilonija)

Bab·y·lo·ni·an [~n] *a* vavilonski (W: babilonski); *the ~ captivity* Vavilonsko sužanjstvo

baby minder Br.; see **baby sitter**

ba·by-sit ['bejbij-sit] *-sat* [saet] *v intr* čuvati decu (djecu); *she ~s for us* ona čuva našu decu; or: ona nam pazi decu

baby sitter lice koje čuva decu (djecu)

baby talk tepanje; *to use ~ with a child* tepati detetu (djetetu)

baby tooth see **milk tooth**

bac·ca·lau·re·ate [baekə'lorijit] *n* 1. bakalaureat (see **bachelor** 3) 2. beseda (besjeda) održana diplomiranim studentima

bac·ca·rat [bakə'ra] *n* bakara (kartaška igra)

bac·cha·nal I [baekə'nael], [a] *n* 1. učesnik u bahanalijama; pijanica 2. (in *pl*) see **Bacchanalia**

bacchanal II *a* see **bacchanalian**

Bac·cha·na·lia [baekə'nejljə] *n pl* bahanalije, orgije

bac·cha·na·lian I [~n] *n* učesnik u bahanalijama

bacchanalian II *a* bahanalski

bac·chant [bə'kaent], ['baekənt] *n* bahant

bac·chante [~ij] *n* bahantkinja

bac·chic ['baekik] *a* 1. (cap.) Bahov 2. bahanalski

Bac·chus ['baekəs] *n* Bah

bac·cy ['baekij] *n* (Br., colloq.) see **tobacco**

bach [baeč] *v* (slang) *(to ~ it)* živeti (živjeti) kao momak

bach·e·lor [~(ə)lə(r)] *n* 1. momak, neženja; *a confirmed ~* okoreo (okorio) neženja 2. (hist.) mlad vitez koji služi kod drugog viteza 3. akademski stepen »bakalaureat« 4. diplomirani student (drugog stepena)

Bachelor of Arts 1. diplomirani student filozofskog fakulteta 2. see **bachelor** 3. **degree** 7

Bachelor of Sciences 1. diplomirani student prirodnih nauka 2. see **bachelor** 3 **degree** 7

bac·il·lar [bə'silə(r)], ['baesələ(r)] *a* bacilarni

ba·cil·lus [bə'siləs] *(bacilli* [bə'silaj]) *n* bacil

back I [baek] *n* 1. leđa; *to have a broad ~* imati široka leđa; *to lie on one's ~* ležati na leđima; *his ~ hurts* bole ga leđa; (colloq.) *excuse my ~!* izvinite što sam vam okrenuo leđa! *to stab smb. in the ~* zabiti nož u leđa nekome; *to turn one's ~ on smb.* okrenuti nekome leđa; *to work behind smb.'s ~* raditi iza nečijih leđa 2. naslon (divana, stolice) 3. poleđina, pozadina; *~ of a book (check)* poleđina knjige (čeka) 4. zadnji deo (dio), pozadina; *what's in ~ of the whole affair?* šta (što) je u pozadini cele (cijele) te intrige? *he has smt. in the ~ of his mind* on ima neku zadnju misao 5. (sports) bek, branič 6. misc.; **he got his ~ up* nakostrešio (nakostriješio) se; **get off my ~!* pusti me na miru! **to have one's ~ to the wall* biti priteran (pritjeran) uza zid

back II *a* 1. zadnji; *a ~ door* zadnja vrata; (fig.) *through the ~ door* na mala vrata 2. (ling.) zadnji; *a ~ vowel* zadnji vokal 3. raniji; *a ~ issue of a journal* raniji broj časopisa 4. zaostao; *~ taxes* zaostali porez

back III *adv* natrag; pozadi; unazad; pre (prije); *some time ~* pre izvesnog (izvjesnog) vremena; *to go ~ on one's word* ne održati reč (riječ); *that was (way) ~ before the war* bilo je to još pre rata; *he is ~* vratio se (see also **bring back, come back, get back** etc.)

back IV *v* 1. *tr* podržati; *to ~ a project* podržati projekat 2. misc.; *to ~ away* odstupiti; *to ~ down* popustiti; *to ~ into* ući natraške; *to ~ off* odstupiti; **to ~ the wrong horse* prevariti se u računu

back V *n* pivarska kaca

back·ache [~ejk] *n* bol u leđima

back·bench [~benč] *n* (Br.) obični članovi Parlamenta

back·bench·er [~ə(r)] *n* (Br.) običan član Parlamenta, poslanik koji nije u kabinetu

back·bite ['baekbajt] *v tr* ogovarati

back·bit·er [~ə(r)] *n* ogovarač

back·bit·ing [~ing] *n* ogovaranje

back·board [~bo(r)d] *n* 1. podupirač 2. (basketball) tabla

back·bone [~boun] *n* 1. kičma 2. (fig.) oslonac, kičma; *the ~ of our defense* kičma naše odbrane (W: obrane) 3. (fig.) kičma, jak karakter; *to have ~* imati čvrstu kičmu

back·break·ing [~brejking] *a* zamoran; *~ work* zamoran rad

back·chat [~čaet] *n* (Br.) neučtivo odgovaranje

back country zaleđe

back·court [~ko(r)t] *n* (hockey, soccer, etc.) odbrambena (W: obrambena) zona, sopstvena polovina igrališta

back·door [~do(r)] *a* potajan, zakulisni

back down *v* see **back IV** 2

back·drop [~drap]; [o] *n* (theater) pozadina; kulisa

back·er [~ə(r)] *n* podržavalac; zaštitnik

back·field [~fijld] *n* (Am. football) igrači navale

back·fire I [~faj(r)] *n* 1. povratno paljenje, paljenje u izduvnoj cevi (cijevi); povratni plamen 2. vatra koja se pali za sprečavanje širenja šumskog požara

backfire II *v intr* 1. svršiti se rđavo; *that will ~ to* će se rđavo svršiti 2. povratiti; *the engine ~d* motor je povratio

back formation (ling.) regresivna tvorba

back·ground I [~graund] *n* 1. pozadina, zaleđe; *against (on) a light ~* na svetloj (svijetloj) pozadini; *to stay (keep) in the ~* držati se u pozadini; *to relegate smb. to the ~* potisnuti nekoga u pozadinu 2. biografija, poreklo (porijeklo); *we checked his ~* proverili (provjerili) smo njegove biografske podatke

background II *a* pozadinski; *a ~ investigation* provera (provjera) biografskih podataka

back·hand [~haend] *n* (tennis) bekhend

back·hand·ed [~id] *a* 1. nadlanicom unapred (unaprijed) 2. nagnut ulevo (ulijevo) 3. (fig.) dvosmislen; *a ~ compliment* dvosmislena pohvala

back in *v* 1. ući natraške 2. uterati (utjerati) natraške

back·ing [~ing] *n* 1. prevlaka na zadnjoj strani 2. potpora, oslonac, podrška

backing sheet (typewriting) zaštitnik

back·lash [~laeš] *n* 1. (tech.) zazor, mrtvi hod 2. (tech.) naglo vraćanje 3. jaka reakcija

back·less [~lis] *a* bez zadnjeg dela (dijela)

back·list [~list] *n* lista ranijih publikacija

back·log [~lag]; [o] *n* 1. zaliha, rezerve 2. zaostatak (nesvršenog posla)

back number raniji broj (časopisa)

back of see **behind II**

back out *v* 1. izaći (vozeći unazad) 2. izvući se (iz obaveze)

back·pack [~paek] *n* ranac, ruksak

back·rest [~rest] *n* naslon za leđa

backroom boys (Br.; colloq.) naučnici

back seat zadnje sedište (sjedište); **to take a ~* svirati drugu violinu

back-seat driver 1. osoba koja dosađuje vozaču savetima (savjetima) 2. (fig.) onaj koji dosađuje savetima

back·side [~sajd] *n* 1. zadnji deo (dio) 2. (colloq.) zadnjica

back·slap·per [~slaepə(r)] *n* lice koje dopušta sebi suviše velike prisnosti

back·slide [~slajd] *-slid* [slid]; *-slid* or *-slidden* ['slidən] *v intr* ponovo zapasti u greh (grijeh)

back·space I [~spejs] see **backspacer**

backspace II *v intr* (on a typewriter) povratiti valjak

back·spac·er [~ə(r)] *n* (on a typewriter) povratnik

back·stage [~stejdž] *a* zakulisni, tajni

back·stairs I [~stej(r)z] *n pl* zadnje stepenice

backstairs II *a* tajan

back·stay [~stej] *n* (naut.) zaputka

back·stitch I [~stič] *n* dupli bod

backstitch II *v tr* prošiti duplim bodom

back·stop [~stap]; [o] *n* zadnja ograda

back·stretch [~streč] *n* ravan deo (dio) staze (suprotan cilju)

back·stroke [~strouk] *n* leđni stil (plivanja); *200-meter ~* 200 metara leđno; *to swim the ~* plivati leđnim kraulom

back·swept [~swept] *a* u obliku strele (strijele); *a ~ wing* krilo u obliku strele

back·sword [~so(r)d] *n* štap sa balčakom

back talk drsko odgovaranje

back-to-back *a* uzastopan

back-to-basics *a* koji se zalaže za vraćanje na osnovne principe

back·track [~traek] *v tr* (colloq.) 1. vratiti se istim putem 2. odustati; *to ~ from smt.* odustati od nečega

back up *v* 1. *tr* potpomoći, podržati, bodriti 2. *intr* voziti unazad; *while backing up* pri vožnji unazad

back-up I [~əp] *n* 1. rezerva 2. podrška

back-up II *a* 1. rezervni; *a ~ pilot* pilot-dubler 2. zadnji; *a ~ light* zadnji reflektor

back·ward [~wə(r)d] *a* (cf. 3) 1. obrnut unazad; *a ~ glance* pogled preko ramena 2. zaostao, nazadan; pasivni; *a ~ people* nazadan narod; *a ~ area* pasivni kraj 3. *adv* natrag, natraške, unazad; *to walk ~* ići natraške

back·ward·ness [~nis] *n* zaostalost, nazadnost
back·wards [~z] *adv* see backward 3 (see also bend over 2)
back·wash [~woš], [*a*] *n* 1. talasanje 2. turbulentna struja (iza aviona) 3. (fig.) posledica (posljedica)
back·wa·ter I [~wotər]; [*a*] *n* 1. ustajala voda 2. (fig.) učmalost, zaostalost
backwater II *v intr* šijati, voziti čamac unazad
back·woods [~wudz] *n pl* šumski predeo (predio) (udaljen od civilizacije)
back·woods·man [~'wudzmən] (-*men* [min]) *n* stanovnik šumskog predela (predjela) (udaljenog od civilizacije)
back·yard [~ja(r)d] *n* dvorište
ba·con ['bejkən] *n* slanina, bekon; **to bring home the ~* postići uspeh (uspjeh)
Ba·co·ni·an [bej'kounijən] *n* bekonovac
bac·te·ri·a [baek'tijrijə] *n pl (sgn: -ium* [ijəm]) bakterije
bac·te·ri·al [~l] *a* bakterijski
bac·te·ri·ci·dal [baektijrə'sajdəl] *a* baktericidan
bac·te·ri·cide [baek'tijrəsajd] *n* baktericid
bac·te·ri·o·log·ic [~ijə'ladžik]; [*o*] see bacteriological
bac·te·ri·o·log·i·cal [~əl] *a* bakteriološki; ~ *warfare* bakteriološki rat
bac·te·ri·ol·o·gist [baektijrij'alədžist]; [*o*] *n* bakteriolog
bac·te·ri·ol·o·gy [baektijrij'alədžij]; [*o*] *n* bakteriologija
bac·te·ri·o·phage [baek'tijrijəfejdž] *n* bakteriofag
Bac·tri·an camel ['baektrijən] dvogrba kamila
bad I [baed] *n* zlo; *the good and the ~* dobro i zlo; **to go from ~ to worse* ići od zla na gore
bad II *a* 1. loš, rđav (these are usu. interchangeable); ~ *food* rđava hrana; (in school) *a ~ grade* loša ocena (ocjena); *a ~ habit* rđava navika; ~ *luck* loša sreća; *a ~ mood* loše raspoloženje; ~ *news* loše vesti (vijesti); ~ *results* loši rezultati; *a ~ road* rđav put; ~ *taste* rđav ukus; ~ *times* loša vremena; ~ *treatment* rđavo postupanje; *a ~ worker* loš radnik; (colloq.) *she's not ~* nije loša 2. bolestan; *a ~ leg* bolesna noga 3. štetan; ~ *for the eyes* štetan za oči 4. neprijatan; *a ~ smell* smrad 5. pokvaren, truo; *a ~ egg* mućak; *the meat is ~* meso je ukvareno; *to go ~* ukvariti se 6. poročan, nemoralan; *a ~ woman* poročna žena 7. zao; ~ *blood* zla krv; ~ *luck* zla sreća 8. misc.; *he has ~ breath* smrdi mu iz usta; *a ~ check* ček bez pokrića; *a ~ debt* nenaplativ dug; *to act in ~ faith* postupati nepošteno; (fig.) *to go ~* moralno propasti; ~ *language* nepristojno izražavanje; *to see smt. in a ~ light* gledati nepovoljno na nešto; *he is ~ off* on je teško bolestan; ~ *pain* jak bol; (Br., colloq.) *a ~ show* loše izvršen zadatak; *a ~ temper* plahovita (gadna) narav; *to give smb. a ~ time* nasekirati nekoga; *things are in a ~ way* stvari ne stoje dobro; *a ~ word* psovka; (mil.) *a ~ conduct discharge* otpuštanje iz vojske zbog disciplinskih prestupa; (mil., colloq.) ~ *time* vreme (vrijeme) koje se ne uračunava (vojniku) u rok službe (u vidu kazne); *that's too ~* šteta je worse [wə(r)s] *(comp)*; worst [wə(r)st] *(super)*

bad III obsol. of bade
bade see bid II
badge [baedž] *n* značka, oznaka, znak
badg·er I ['baedžə(r)] *n* (zool.) jazavac
badger II *v tr* ugnjaviti, navaliti na; *to ~ smb.* *(with questions)* navaliti na nekoga (sa pitanjima)
Badger State see Wisconsin
bad guy (colloq.) protivnik junaka (u filmu) (see also villain 3)
bad·i·nage I [baedə'naž] *n* zadirkivanje
badinage II *v tr* zadirkivati
bad·lands ['baedlaendz] *n pl* (visok) pustinjski predeo (predio)
bad·ly ['baedlij] *adv* 1. see bad II 2. (colloq.) veoma, vrlo; ~ *needed* veoma potreban
bad·man [~maen] (-*men* [min]) *n* (colloq.) zločinac
bad·min·ton [~mintən] *n* badminton
Bae·de·ker ['bejdikə(r)] *n* bedeker
baf·fle I ['baefəl] *n* pregrada, žleb (žlijeb)
baffle II *v tr* 1. zbuniti; *to be ~d* zbuniti se 2. (tech.) pregraditi; zadržati
baf·fle·ment [~mənt] *n* zbunjenost
baf·fling [~fliŋ] *a* 1. koji zbunjuje 2. zagonetan
bag I [baeg] *n* 1. kesa, vreća, torba; *a school (traveling) ~* školska (putna) torba; *a mail (shopping) ~* torba za poštu (za pijacu); *a sleeping ~* vreća za spavanje 2. tašna 3. kofer; *he checked his ~* predao je svoj kofer 4. lovina, odstrel, ulov; *a good ~* dobar ulov (see also catch I 2) 5. (colloq.) družina, grupa 6. (colloq.) struka, specijalizacija 7. fišek; *a ~ of peanuts* fišek kikirikija 8. misc.; **to clear out ~ and baggage* pokupiti prnje (izgubiti se bez traga); **to be left holding the ~* izvisiti; **in the ~* osiguran; **to let the cat out of the ~* nenamerno (nenamjerno) odati tajnu; **a mere ~ of bones* sama kost i koža; **the whole ~ of tricks* sve što je potrebno; (colloq.) *an old ~* stara neprivlačna žena; (Br.) ~*s of* mnogo
bag II *v tr* 1. staviti u torbu 2. uloviti; *to ~ a rabbit* uloviti zeca
bag·a·telle [baegə'tel] *n* bagatela
ba·gel ['bejgəl] *n* vrsta peciva (nalik na đevrek)
bag·ful ['baegful] *n (bagsful* or *bagfuls)* puna torba (kesa); *a ~ of groceries* torba puna namirnica
bag·gage ['baegidž] *n* prtljag (W: prtljaga); *to check one's ~* predati prtljag
baggage allowance norma prtljaga (W: prtljage)
baggage car kola za prtljag (W: prtljagu)
baggage master kontrolor prtljaga (W: prtljaga)
baggage room garderoba
bag·gy [~ij] *a* kesast, vrećast; ~ *trousers* vrećaste pantalone (W: hlače)
Bagh·dad, Bag·dad ['baegdaed] *n* Bagdad
bag lady torbarka
bag·man ['baegmən] (-*men* [min]) *n* 1. (Br.) trgovački putnik 2. (colloq.) onaj koji skuplja novac za razbojničko udruženje
bagn·io ['baenjou] *n* javna kuća (see brothel)
bag·pipe ['baegpajp] *n* gajde
bag·pip·er [~ə(r)] *n* gajdaš
Ba·ha·ma Islands [bə'hamə] Bahamska ostrva (W: Bahamski otoci)
Bah·rain, Bah·rein [ba'rejn] *n* Bahrein

bail I [bejl] *n* kaucija, jemstvo (W: jamstvo); *to release (from prison) on* ~ pustiti (iz zatvora) uz kauciju; *to go* ~ *for smb.* jemčiti (W: jamčiti) za nekoga; *to post* ~ položiti jemstvo
bail II *v tr* (legal) preneti (prenijeti) privremeno
bail III *n* vedrica, vedro za crpenje, ispolac
bail IV *v tr and intr* iscrpsti (ispolcem), izbaciti; *to* ~ *water out of a boat* izbacivati vodu iz čamca
bai·ley ['bejlij] *n* spoljni (W: vanjski) zid zamka
Bailey bridge (mil.) pontonski most »Bejli«
bail·iff ['bejlif] *n* 1. sudski izvršitelj, sudski činovnik 2. (Br.) upravnik imanja
bail·i·wick ['bejliwik] *n* (colloq.) oblast, struka; *in his own* ~ u svojoj oblasti
bail·ment ['bejlmənt] *n* (legal) 1. polaganje kaucije 2. privremen prenos (imovine)
bail·or ['bejlə(r)], [o] *n* onaj ko (tko) prenosi imovinu
bail out *v* 1. pustiti uz kauciju 2. pomoći; *to bail smb. out (of a tight spot)* pomoći nekome da se izvuče (iz škripca) 3. (colloq.) iskočiti; *to bail out* (of an airplane) iskočiti (iz aviona) s padobranom
bails·man ['bejlzmən] (*-men* [min]) *n* onaj ko (tko) polaže kauciju
bairn [bej(r)n] *n* (Scottish) dete (dijete)
bait I [bejt] *n* 1. mamac, vab (also fig.); **to take the* ~ nasesti na lepak (ljepak) 2. (Br.) užina na putovanju
bait II *v tr* 1. primamiti, dovabiti 2. dražiti, peckati, zadirkivati 3. misc.; *to* ~ *a hook* staviti mamac na udicu
bake [bejk] *v* 1. *tr* ispeći; *to* ~ *bread (bricks)* ispeći hleb — hljeb — W: kruh (ciglu) 2. *intr* peći se; *bread* ~*s in an oven* hleb se peče u peći 3. *intr* peći; *she* ~*s well* ona zna dobro da peče
bake·house [~haus] Br.; see **bakery**
Ba·ke·lite ['bejkəlajt] *n* bakelit
bak·er [~ə(r)] *n* pekar
baker's dozen 13 komada
bak·er·y [~ərij] *n* pekara
bak·ing [~iñg] *n* pečenje
baking powder prašak za pecivo
baking soda bikarbona soda
ba·kla·va ['bakləva] *n* baklava
bak·sheesh, bak·shish ['baek'šijš] *n* bakšiš
bal·a·lai·ka [baelə'lajkə] *n* balalajka
bal·ance I ['baeləns] *n* 1. kantar, vaga, terazije (see also **scale I**) 2. ravnoteža, odnos snaga, bilans (bilanca); *to be in* ~ biti u ravnoteži; *to keep (lose) one's* ~ održati (izgubiti) ravnotežu; *to throw off* ~ izbaciti iz ravnoteže; *the* ~ *of power* ravnoteža sila, politička ravnoteža; *to strike a* ~ dovesti u ravnotežu; *a foreign trade* ~ bilans spoljne (W: vanjske) trgovine; *to tip the* ~ *(of power) in smb.'s favor* promeniti (promijeniti) odnos snaga u nečiju korist; *to upset the* ~ *of power* poremetiti ravnotežu; (mil.) *to keep the enemy off* ~ ne dati neprijatelju da sredi svoje jedinice 3. saldo 4. ostatak
balance II *v* 1. *tr* uravnotežiti; držati u ravnoteži; balansirati; *to* ~ *a budget* uravnotežiti budžet; *to* ~ *a scale* uravnotežiti vagu 2. *tr* saldirati;

to ~ *an account* saldirati račun, izvesti saldo 3. *intr* biti u ravnoteži, balansirati
balance beam (gymnastics) greda
balanced diet uredna dijeta
balance of payments platni bilans (platna bilanca)
balance sheet bilans — bilanca (stanja)
balance wheel zamajac
bal·co·ny ['baelkənij] *n* 1. balkon; *on (in) the* ~ na balkonu; *the* ~ *collapsed* srušio se balkon 2. terasa
bald [bold] *a* 1. ćelav; *to become* ~ oćelaviti; *a* ~ *man* ćelavac; *a* ~ *spot* ćela 2. goletan; jednostavan (see also **bare I** for 2)
bal·da·chin ['baeldəkin], [o] *n* baldahin
bal·der·dash ['boldə(r)daeš] *n* koještarija
bald-faced [~-fejst] *a* bezobrazan; drzak; *a* ~ *lie* drska laž
bald·head [~hed] *n* ćelavac
bald·head·ed [~id] *a* ćelav
bald·ing [~iñg] *a* koji ćelavi
bald·ness [~nis] *n* ćelavost
bald·pate [~pejt] *n* ćelavko
bal·dric ['boldrik] *n* remen preko grudi o kome visi mač ili rog
Bald·win ['boldwin] *n* vrsta jabuke
bale I [bejl] *n* bala, denjak; *a* ~ *of cotton* bala pamuka
bale II *v tr* pakovati u bale
bale III *n* (poetic) štetan uticaj
bale IV see **bail IV**
ba·leen [bə'lijn] *n* kitova kost (also **whalebone**)
bale·ful ['bejlfəl] *a* štetan
bale out Br.; see **bail out 3**
balk I [bok] *n* 1. prepreka 2. sprečavanje 3. (sports, esp. baseball) nedozvoljen pokret
balk II *v* 1. *tr* sprečiti (spriječiti); *to* ~ *smb.'s plans* sprečiti nekoga u planovima 2. *intr* odustati, povući se; *to* ~ *at smt.* odustati od nečega
Bal·kan ['bolkən] *a* balkanski
bal·kan·ism [~izəm] *n* balkanizam
Bal·kan·i·za·tion [bolkəni'zejšən] *n* balkanizovanje, balkanizacija
Bal·kan·ize ['bolkənajz] *v tr* balkanizovati
Balkan Peninsula Balkansko poluostrvo (W: Balkanski poluotok)
Balkan States, Balkans *n pl* Balkan; *in the Balkans* na Balkanu
Balkan Wars balkanski ratovi
balk·y ['bokij] *a* jogunast; *a* ~ *horse* jogunast konj
ball I [bol] *n* 1. lopta; *to play* ~ igrati se lopte (loptom); *a tennis* ~ teniska lopta; (fig.) *a* ~ *of flame* vatrena lopta; *to keep one's eye on the* ~ pratiti loptu pogledom (cf. 4) 2. zrno 3. (vul., in *pl*) testisi 4. misc.; (colloq.) **to be on the* ~ biti spretan; **to carry the* ~; or; **to keep the* ~ *rolling* nastaviti rad; **to have smt. on the* ~ biti sposoban; **to play* ~ pristati, sarađivati; **to start the* ~ *rolling* započeti stvar; **to keep one's eye on the* ~ svu pažnju posvetiti poslu; *the* ~ *of the foot* nožni jastučić, čukalj
ball II *n* klupko; *to curl up in a* ~ smotati se u klupko, sklupčati se
ball III *v tr* sklupčati

ball IV *n* bal; *at a* ~ na balu
bal·lad ['baeləd] *n* balada, lirsko-epska pesma (pjesma)
bal·lade [bə'lad] *n* balada (od tri strofe, po osam stihova)
bal·lad·eer [baelə'dij(r)] *n* pevač (pjevač) balada, narodnih pesama (pjesama)
bal·lad·mon·ger ['baelədmáṅgə(r)], [ə] *n* 1. prodavac narodnih pesama (pjesama) 2. stihoklepac
bal·lad·ry ['baelədrij] *n* 1. (coll.) balade 2. stvaranje balada
ball ammunition bojeva municija opšte namene (opće namjene)
ball-and-socket joint ['bol-ən-'sakit]; [o] loptasti šarnir
bal·last I ['baeləst] *n* balast, teret; *to drop* ~ ispustiti balast
ballast II *v tr* snabdeti (snabdjeti) balastom
ball bearing kuglični ležaj, kuglično (loptasto) ležište
ball boy (tennis) skupljač lopti
ball cock loptasti zatvarač
bal·le·ri·na [baelə'rijnə] *n* balerina
bal·let I ['bae'lej] *n* balet; *to dance* ~ igrati balet
ballet II *a* baletski, baletni; *a* ~ *school* baletska škola
ballet dancer baletan, balerina
ball game 1. igra loptom 2. (colloq.) takmičenje; **it's a new* ~ to je nova stvar, novo takmičenje
bal·lis·ta [bə'listə] (-*tae* [tij]) *n* (hist.) balestra, balista
bal·lis·tic [bə'listik] *a* balistički; ~ *data* balistički podaci
ballistic missile balistička raketa, balistički projektil
bal·lis·tics [~s] *n* balistika
ball lightning sijavica
bal·lo·net [baelə'nej] *n* balonet, balončić
bal·loon I [bə'lūn] *n* balon, aerostat; *an observation* ~ balon za osmatranje; *a trial* ~ probni balon; *a radar decoy* ~ balon za obmanu radara; *a captive* ~ vezani balon; *to fly a* ~ puštati balon
balloon II *v intr* nadimati se
balloon barrage prepreka od baražnih balona
bal·loon·ing [~iṅg] *n* balonski sport
bal·loon·ist [~ist] *n* balonista
balloon tire balonska guma
balloon up *v* see **balloon II**
bal·lot I ['baelət] *n* glasačka kuglica, glasački listić; *to elect by* ~ birati glasanjem
ballot II *v intr* glasati
ballot box glasačka kutija
bal·lot·ing [~iṅg] *n* balotaža, glasanje
ball park bejzbolski stadion; (colloq.) **a* ~ *figure* približan broj
ball·play·er ['bolplejə(r)] *n* igrač bezbola
ball-point pen ['bol-pojnt] hemijska (kemijska) olovka, mastiljava olovka
ball-room [~rūm], [ū] *n* dvorana za balove
ball up *v* (colloq.) 1. pokvariti 2. zbuniti; *he got all balled up* potpuno se zbunio
ball valve lopteni ventil
bal·ly ['baelij] *adv* (Br., colloq.) veoma
bal·ly·hoo I *n* ['baelijhū]; [baeli'hū] (colloq.) preterano (pretjerano) reklamiranje, bučna reklama

ballyhoo II *v tr* (colloq.) preterano (pretjerano) reklamirati
balm [bam] *n* melem
balm·y [~ij] *a* 1. melemski 2. (colloq.) budalast
bal·ne·ol·o·gy [baelnij'alədžij]; [o] *n* balneologija
ba·lo·ney [bə'lounij] *n* 1. bolonjska kobasica, mortadela (also **boloney, bologna**) 2. (colloq.) koještarija
bal·sam ['bolsəm] *n* balsam
balsam apple (bot.) penjavica
balsam fir (bot.) balsamska jela
bal·sam·ic [bol'saemik] *a* balsamski
Balt [bolt] *n* Balt
Bal·tic I [~ik] *n* baltički (baltijski) jezici
Baltic II *a* baltički, baltijski, baltski
Baltic Sea Baltičko more
Baltic States *pl* Baltik
Bal·ti·more ['boltəmo(r)] *n* Baltimor
Bal·to-Slav·ic ['boltou-'slavik] *n* baltoslovenski (W: baltoslavenski) jezici
bal·us·ter ['baeləstə(r)] *n* baluster
bal·us·trade ['baeləstrejd] *n* balustrada
bam·bi·no [baem'bijnou] (-*s* or -*ni* [nij]) *n* (Italian) beba
bam·boo I [baem'bū] *n* bambus
bamboo II *a* bambusov
bamboo wood bambusovina
bam·boo·zle [baem'būzəl] *v tr* (colloq.) prevariti
ban I [baen] *n* 1. zabrana; *to smt.* staviti zabranu na nešto; *to lift a* ~ dići zabranu 2. poziv u vojsku 3. progonstvo, osuda 4. isključenje iz crkve, anatema
ban II *v tr* zabraniti
ban III *n* ban
ba·nal ['bejnəl]; [bə'nal] *a* banalan
ba·nal·i·ty [bə'naelətij], [ej] *n* banalnost
ba·nan·a [bə'naenə]; [a] *n* banana
banana II *a* bananov; *a* ~ *tree* bananovo drvo
banana peel kora od banane
banana republic (colloq.) zemlja Centralne Amerike
banana split sladoled serviran sa bananom i drugim voćem
band I [baend] *n* 1. vrpca, uzica 2. traka, pantljika 3. opseg; *a frequency* ~ opseg frekvencije 4. obruč, kaiš, pojas; *a steel* ~ čelični kaiš 5. družina, banda; *a* ~ *of thieves* razbojnička banda, lopovska družina
band II *n* orkestar; *a brass* ~ duvački orkestar; *a military* ~ vojni orkestar, vojna muzika
band III *v* 1. *tr* povezati, udružiti 2. *tr* prstenovati; *to* ~ *a bird* prstenovati pticu 3. *tr* staviti obruč (na) 4. *tr* (Br.) grupisati (učenike) prema sposobnostima 5. *intr* (*to* ~ *together*) udružiti se, skupiti se; *they* ~*ed together in cooperatives* udružili su se u zadruge
band·age I ['baendidž] *n* zavoj; *a* ~ *of the elbow (foot)* zavoj lakta (stopala); *a pressure* ~ kompresivni zavoj
bandage II *v tr* zaviti, previti, bandažirati; *to* ~ *a wound* zaviti (previti) ranu
Band-Aid ['baend-ejd] *n* flaster; *to put a* ~ *on* staviti flaster
ban·dan·a, ban·dan·na [baen'daenə] *n* (šarena) maramica

b and b [bij ǝn 'bij] (Br.) (abbrev. of *bed and breakfast*) krevet i doručak (u malom hotelu)

band·box ['baendbɒks]; [o] *n* laka, okrugla kutija

ban·deau [baen'dou] (-*s* or -*eaux* [ouz]) *n* 1. traka za povezivanje kose 2. see **brassiere**

ban·de·rol, ban·de·role ['baendǝroul] *n* zastava (na koplju, na katarci)

ban·dit ['baendit] *n* bandit

ban·dit·ry [~rij] *n* banditizam

band leader vojni kapelnik

band·mas·ter ['baendmaestǝ(r)]; [a] *n* vojni kapelnik

ban·dog ['baendɒg], [a] *n* pas na lancu

ban·do·leer, ban·do·lier [baendǝ'lij(r)] *n* redenik (preko grudi)

band saw trakasta testera (W: pila)

band shell orkestarska školjka

bands·man [~mǝn] (-*men* [min]) *n* član orkestra, muzičar

band·stand [~staend] *n* estrada za orkestar

band·wag·on [~waegǝn] *n* (during a parade) otvorena kola za orkestar; **to climb (get) aboard the ~* pridružiti se većini

ban·dy I [~ij] *a* kriv (see **bandy-legged**)

bandy II *v tr* 1. izmenjati (izmijenjati); *to ~ compliments* izmenjati komplimente; *without ~ing any words* bez dugog razgovora 2. raznositi; *to ~ stories* raznositi priče; *her name is ~died about* priča se mnogo o njoj 3. služiti se (površno), baratati; *to ~ statistics* služiti se statistikom

bandy about *v* see **bandy II**

ban·dy-legged [~legd] *a* (usu. Br.) krivonog (see also **bowlegged**)

bane [bejn] *n* 1. propast; uzrok uništenja; **that is the ~ of his existence* to će ga oterati (otjerati) u grob 2. otrov

bane·ful [~fǝl] *a* štetan, smrtonosan, ubitačan; *a ~ influence* štetan uticaj (W also: utjecaj)

bang I [baeŋ] *n* 1. tresak (eksplozije) 2. lupnjava, lupa; tresak; *the door slammed with a ~* vrata su se zalupila 3. misc.; (colloq.) *with a ~* sa velikim uspehom (uspjehom)

bang II *v* 1. *tr* and *intr* lupiti; *to ~ on the door* lupati na vrata; *to ~ a door (shut)* zalupiti vratima; *to ~ a drum* lupati u doboš 2. *tr* udariti; *to ~ a table with one's fist* udariti pesnicom o sto (stol) 3. *tr* (vul.) imati snošaj (s) 4. *intr* zalupiti se; *the door ~ed (shut)* zalupila su se vrata

bang III *adv* baš, pravo

bang IV *interj* bum

bang V *n* (usu. in *pl*) šiška; *she wears ~s* ona nosi šiške

ban·ga·lore torpedo ['baeŋgǝlo(r)] uzdužno punjenje za pravljenje prolaza u žičanim preprekama ili minskim poljima

bang·er [~ǝ(r)] *n* (Br.; colloq.) 1. kobasica 2. vrsta vatrometa 3. stara kola

Ban·gla·desh [baeŋglǝ'deš] *n* Bangladeš

bang-on *interj* (Br.; colloq.) tačno! (W: točno!)

bang out *v* odsvirati

bang-up [~ǝp] *a* (colloq.) odličan

bang up *v* oštetiti

ban·ish ['baeniš] *v tr* 1. prognati, proterati (protjerati); *to ~ from a country* proterati iz zemlje 2. otkloniti; *to ~ fear* otkloniti strah

ban·ish·ment [-mǝnt] *n* progonstvo

ban·is·ter ['baenistǝ(r)] *n* ograda (na stepeništu), priručje (see also **railing**)

ban·jo ['baendžou] (-*s* or -*es*) *n* bendžo, bandžo

ban·jo·ist [~ist] *n* svirač na bendžou

bank I [baeŋk] *n* banka; *a commercial (land) ~* trgovinska (poljoprivredna) banka; *a savings ~* štedionica; *the Export-Import ~* Banka za izvoz i uvoz

bank II *v* 1. *tr* uložiti; *to ~ one's earnings* uložiti svoju zaradu na štednju 2. *intr* poslovati s bankom 3. *intr* (colloq.) *(to ~ on)* računati na

bank III *n* 1. nasip, naslaga; *a snow ~* nanos snega (snijega); *a fog ~* zona magle 2. obala; *on the ~* na obali 3. pličina, plićak 4. (aviation) viraž, nagib, naginjanje

bank IV *v* 1. *tr* nasuti, nagomilati; *to ~ earth* nagomilati zemlju 2. *tr* zapretati; *to ~ a fire* zapretati vatru 3. *tr* nagnuti; uzdići; *a ~ed turn* krivina s nagibom; *the curves are ~ed* zavoji su uzdignuti 5. *intr* nagnuti se

bank V *n* 1. blok, niz, grupa; *a ~ of elevators* niz liftova 2. (naut.) klupa na galiji; *a ~ of rowers* veslači na klupi

bank account bančin (bankovni) račun

bank·book [~buk] *n* štedna knjižica

bank clerk bankarski činovnik

bank employee bankarski činovnik

bank·er [~ǝ(r)] *n* bankar

bank holiday 1. radni dan kad su banke zatvorene 2. (Br.) praznik

bank indicator (aviation) pokazivač naginjanja

bank·ing [~iŋ] *n* bankarstvo, bankarski posao; (as *a*) *the ~ world* bankarski svet (svijet)

bank loan bankovni kredit

bank note banknota

bank on *v* see **bank II 3**

bank paper vrednosni (vrijednosni) papir

bank rate bankovna diskontna stopa

bank·roll [~roul] *n* (colloq.) gomila novca; *he has a big ~ on* ima para kao pleve (pljeve)

bank·rupt I [~rǝpt] *n* bankrot, bankrotirani trgovac

bankrupt II *a* bankrotiran; *to go ~* bankrotirati, pasti pod stečaj

bankrupt III *v tr* učiniti bankrotom, novčano upropastiti

bank·rupt·cy [~sij] *n* bankrotstvo, padanje pod stečaj; (fig.) *intellectual ~* intelektualno bankrotstvo

bank up *v* Br.; see **bank IV 1, 2**

ban·ner I ['baenǝ(r)] *n* zastava, barjak

banner II *a* 1. odličan 2. krupan; *in ~ headlines* pod krupnim naslovima, sa velikim naslovima

ban·nis·ter see **banister**

banns, bans [baenz] *n pl* oglašenje braka; *to call the ~* navestiti (navijestiti) da će se dva lica venčati (vjenčati)

ban·quet ['baeŋkwit] *n* banket; *at a ~* na banketu; *to give a ~* prirediti banket

ban·quette [baeŋ'ket] *n* 1. (mil.) banket 2. klupa ugrađena u zid

ban·shee ['baen'šij] *n* (Irish) vila koja kuknjavom predskazuje smrt
ban·tam I ['baentəm] *n* bantam-kokoška
bantam II *a* 1. mali; minijaturan 2. borben, agresivan
ban·tam·weight [~wejt] *n* bokser (W: boksač) bantam kategorije
ban·ter I ['baentə(r)] *n* šegačenje
banter II *v intr* šegačiti se
bant·ling ['baentlin͞g] *n* dete (dijete)
Ban·tu I ['baen'tū] *(pl* has zero or *-s) n* 1. Bantuanac 2. bantu jezici
Bantu II *a* bantuski, bantuanski
bap·tism ['baeptizəm] *n* krštenje
bap·tis·mal [baep'tizməl] *a* kršten; *a ~ name* kršteno ime; *a ~ certificate* krštenica
baptism of fire vatreno krštenje
Bap·tist I ['baeptist] *n* baptist
Baptist II *a* baptistički
bap·tis·ter·y, bap·tis·try ['baeptistrij] *n* krstionica
bap·tize ['baep'tajz] *v tr* krstiti; *to ~ a child* krstiti dete (dijete); *to be ~d* krstiti se
bar I [ba(r)] *n* 1. šipka; prečaga 2. prepreka; brana; barijera; *a ~ to success* prepreka sreći 3. tabla; *a ~ of chocolate* tabla čokolade; *a ~ of soap* komad sapuna 4. pregrada u sudu iza koje su sudije (W: suci) i okrivljeni 5. (legal) *the ~* advokatska komora; (Br.) *to be called to the ~* biti priznat za advokata 6. (mus.) taktna crtica 7. (Am., mil.) znak razlikovanja; *to get one's ~s* dobiti čin potporučnika 8. (in *pl*) rešetke; *prison ~s* zatvorske rešetke; *behind ~s* iza rešetki
bar II *a* komorski; *a ~ examination* komorski ispit
bar III *v tr* zatvoriti prečagom; *to ~ a door* zatvoriti vrata rezom; *all exits are ~red* svi izlazi su zatvoreni
bar IV *n* 1. kafana (kavana); bar; *he stopped at a ~* svratio je u neku kafanu 2. šank; *to drink at the ~* piti uz šank
bar V *prep* (often Br.) see **barring**; *~ none* bez izuzetka
barb [ba(r)b] *n* 1. bodlja 2. kukica (na udici) 3. (fig.) žaoka; *the ~s of criticism* žaoke kritike
Bar·ba·dos [ba(r)'bejdous] *n* Barbados
bar·bar·i·an [ba(r)'bejrijən] *n* varvarin (barbarin)
bar·bar·i·an·ism [~izəm] see **barbarity**
bar·bar·ic [ba(r)'baerik] *a* varvarski (barbarski)
bar·bar·ism ['ba(r)bərizəm] *n* (also ling.) varvarizam (barbarizam)
bar·bar·i·ty [ba(r)'baerətij] *n* 1. varvarstvo (barbarstvo) 2. okrutnost, svirepost
bar·ba·rize ['ba(r)bərajz] *v tr* varvarizovati (barbarizirati)
bar·ba·rous ['ba(r)bərəs] *a* 1. varvarski (barbarski) 2. svirep, okrutan
bar·be·cue I ['ba(r)bikjū] *n* 1. roštilj, ražanj, žar 2. meso pečeno na roštilju
barbecue II *v tr* peći na roštilju (na ražnju); *~d chicken* pile na roštilju
barbecue sauce preliv za meso na žaru
barbed [ba(r)bd] *a* bodljikav; (fig.) *a ~ statement* žaoka
barbed wire bodljikava žica; *to string ~* postaviti prepreku od bodljikave žice

bar·bel ['ba(r)bəl] *n* (fish) mrena
bar·bell ['ba(r)bel] *n* osovina (za dizanje tegova — W: utega)
bar·ber I ['ba(r)bə(r)] *n* berberin (W: brijač), (muški) frizer; *at the ~'s* kod frizera
barber II *v tr* šišati; brijati
bar·ber·ry ['ba(r)berij] [ə] *n* (bot.) žutika; šimširika
bar·ber·shop ['ba(r)bə(r)šap]; [o] *n* frizerska radnja, berbernica
barbershop quartet muški kvartet (koji improvizuje)
barber's itch see **ringworm**
barber's pole stup sa spiralnim raznobojnim prugama kao oznaka frizerske radnje
barber's shop Br.; see **barbershop**
bar·bette [ba(r)'bet] *n* 1. (mil.) nasuta površina grudobrana 2. (naval) barbetni uređaj
bar·bi·can ['ba(r)bikən] *n* barbakana, spoljno utvrđenje (W: vanjska utvrda)
bar·bi·tal ['ba(r)bətol] *n* veronal
bar·bi·tu·rate [ba(r)'bičərit] *n* barbiturat
bar·bi·tu·ric acid [ba(r)bə'tūrik]; [tj] barbiturna kiselina
barb·wire ['ba(r)bwaj(r)] *n* see **barbed wire**
bar·ca·role ['ba(r)kəroul] *n* barkarola
bard [ba(r)d] *n* bard; (cap.) *the ~ of Avon* Šekspir
bare I [bej(r)] *a* 1. nag, go (gol); *a ~ floor* go pod; *~ walls* goli zidovi; (fig.) *to lay ~* otkriti 2. prazan; *the pantry was quite ~* ostava je bila sasvim prazna; *the room looked ~* u sobi je bilo vrlo malo nameštaja (namještaja) 3. jedva dovoljan; *a ~ majority* jedva dovoljna većina
bare II *v tr* razgoliti; otkriti; *to ~ one's head* skinuti kapu
bare·back [~baek] bare·backed [~d] *a* bez sedla; *to ride ~* jahati bez sedla
bare·faced [~fejst] *a* 1. golobrad, bezbrad 2. bezočan, bestidan, drzak; *a ~ lie* bezočna (drska) laž
bare·foot [~fut] *a* bos, bosonog; *to go ~* ići bos
barefoot doctor (often refers to China) bolničar koji radi na selu
bare·handed [~haendid] *a* goloruk
bare·head·ed [~hedid] *a* gologlav
bare·leg·ged [~legid], [gd] *a* golih nogu
bare·ly [lij] *adv* jedva; *I ~ got out alive* jedva sam se spasao
bar·fly ['ba(r)flaj] *n* (colloq.) kafanski čovek (kavanski čovjek)
bar·gain I ['ba(r)gin] *n* 1. pogodba; *to strike a ~* zaključiti pogodbu; *it's a ~!* pogodili smo se! važi! *to make the best of a bad ~* zadovoljiti se onim što se dobije; *he drives a hard ~* on ume (umije) da se pogađa; *into the ~* kao pride; *in the ~* povrh toga 2. dobar posao, dobar pazar; *she shops for ~s* ona kupuje jevtinu robu; *it's a ~* to je dobar posao, to je jevtino kupljeno; *it's a bad ~* to je rđav posao, to je preskupo plaćeno; *to get a ~* kupiti nešto jevtino
bargain II *v intr* 1. pogađati se, cenjkati (cjenjkati) se 2. misc.; *he got more than he ~ed for* prošao je gore nego što je očekivao; (colloq.) *to ~ on* računati na

bar·gain·ing [∼iñg] *a* pregovarački; *a (better)* ∼ *position* (bolja) pregovaračka pozicija

bargaining chip adut, »jaka karta« u pregovorima

barge I [ba(r)dž] *n* barža, dereglija

barge II *v intr* 1. ići nezgrapno 2. naići, nabasati; *to* ∼ *into smt.* nabasati na nešto; *to* ∼ *up against an obstacle* naići na prepreku 3. nezgrapno upasti; *he* ∼*d into the room* uleteo (uletio) je u sobu

bar·gee [ba(r)'džij] *n* Br.; see **bargeman**

barge in *v* see **barge II** 2, 3

barge·man [∼mən] *(men* [min]) *n* član posade barže

barge pole čaklja; *(Br.) I would not touch it with a* ∼ ne bih hteo (htio) imati sa ovim posla

bar·i·tone I ['baerətoun] *n* 1. bariton 2. baritonista

baritone II *a* baritonski

bar·i·um ['baerijəm] *n* (chem.) barijum

barium sulfate barijum sulfat

bark I [ba(r)k] *n* lavež; *bite* ∼ *is worse than his bite* preke je naravi, ali nikome ne čini zla

bark II *v* 1. *tr* izviknuti 2. *intr* lajati; **to* ∼ *up the wrong tree* igrati na pogrešnu kartu; ***∼*ing dogs never bite* pas koji laje ne ujeda

bark III *n* kora (od drveta)

bark IV *n* jedrenjak (sa tri ili četiri jarbola)

bar·keep ['ba(r)kijp] see **barkeeper**

bar·keep·er [∼ə(r)] *n* 1. barman 2. kafedžija (kavedžija)

bar·ken·tine ['ba(r)kəntijn] *n* barkantina

bar·ker ['ba(r)kə(r)] *n* lice koje vikom privlači publiku

bark·ing [∼iñg] *n* lavež

bark out *v* izviknuti

bar·ley I ['ba(r)lij] *n* ječam

barley II *a* ječmen

bar·ley·corn [∼ko(r)n] *n* zrno ječma

barley sugar bombona od čistog šećera

barley wine (Br.) vrsta jakog vina

barm [ba(r)m] *n* pivski kvasac

bar·maid ['ba(r)mejd] *n* kelnerica, konobarka (u kafani — kavani), šankerica

bar·man [∼mən] *(-men* [min]) *n* (Br.) barman (see also **bartender**)

Bar·me·cide feast ['ba(r)məsajd] na izgled raskošna, ali u stvari bedna (bijedna) gozba

barm·y ['ba(r)mij] *a* 1. penušav (pjenušav) 2. (Br., colloq.) budalast

barn [ba(r)n] *n* ambar, žitnica (W: hambar, suša)

bar·na·cle ['ba(r)nəkəl] *n* školjka

barn dance igranka, plesna zabava u ambaru (s izvođenjem narodnih igara)

barn door vrata ambara; **he can't hit a* ∼ on je veoma loš strelac (strijelac)

barn owl kukuvija

barn·storm [∼sto(r)m] *v intr* (of actors, politicians, etc.) obilaziti provincijske gradiće

barn·storm·er [∼ə(r)] *n* političar koji obilazi provincijske gradiće; glumac koji gostuje po provincijskim gradovima

barn·yard [∼ja(r)d] *n* seosko dvorište

bar·o·gram ['baerəgraem] *n* barogram

bar·o·graph ['baerograef]; *[a]* *n* barograf

ba·rom·e·ter [bə'ramətə(r)]; *[o]* *n* barometar

bar·o·met·ric [baerə'metrik] *a* barometarski; ∼ *pressure* barometarski pritisak (W also: tlak)

bar·o·met·ri·cal [∼əl] see **barometric**

bar·on I ['baerən] *n* 1. baron (W: barun) 2. (fig.) uticajno lice

baron II *n* Br., see **double sirloin**

bar·on·age [∼idž] *n* 1. baronstvo (W: barunstvo) 2. (hist.) celokupno (cjelokupno) plemstvo

bar·on·ess [∼is] *n* baronica (W: barunica)

bar·on·et [baerə'net] *n* baronet (W: barunet)

bar·on·et·age ['baerənitidž] *n* baronetstvo (W: barunetstvo)

ba·ro·ni·al [bə'rounijəl] *a* 1. baronski (W: barunski) 2. veličanstven

bar·o·ny ['baerənij] *n* baronstvo (W: barunstvo)

ba·roque I [bə'rouk] *n* barok

baroque II *a* barokan

ba·rouche [bə'rūš] *n* fijaker

bar·quen·tine see **barkentine**

bar·rack ['baerik] *v* (Br., Australian) izviždati (see **jeer I**)

bar·racks I ['baeriks] *n (sgn* or *pl)* kasarna, baraka

barracks II *a* kasarnski; ∼ *discipline* kasarnska disciplina; ∼ *life* kasarnski život

barracks bag vreća za čuvanje stvari

barracks orderly dežurni redar (u kasarni)

bar·ra·cu·da [baerə'kūdə] *n* vrsta tropske ribe

bar·rage I ['baridž]; ['baeraž] *n* brana

bar·rage II [bə'raž]; ['baeraž] *n* (mil.) zaprečna vatra, vatreni val, baraž; *a rolling (standing)* ∼ pokretna (nepokretna) zaprečna vatra; *to lay down a* ∼ dejstvovati (dejstvovati) zaprečnom vatrom

barrage balloon baražni balon

bar·ra·try ['baerətrij] *n* 1. podsticanje na parničenje i svađe 2. trgovina crkvenim ili državnim položajima 3. (naut.) šteta naneta (nanijeta) prevarom ili nehatom brodu od strane službenika na brodu

bar·rel I ['baerəl] *n* bure

barrel II *v intr* (colloq.) juriti; *to* ∼ *down the road* odjuriti drumom

barrel assembly sklop cevi (cijevi)

barrel extension zadnjak cevi (cijevi); navlaka

bar·rel·house [∼haus] *n* (pejor.) kafančina (kavančina)

barrel organ mehaničke orguljice

bar·ren ['baerən] *a* 1. nerodan, neplodan; jalov; ∼ *soil* nerodna zemlja; *a* ∼ *woman* jalova žena 2. oskudan

bar·ren·ness [∼nis] *n* nerodnost, neplodnost, jalovost

bar·rette [bə'ret] *n* vrsta ukosnice

bar·ri·cade I ['baerə'kejd] *n* barikada; *to set up a* ∼ postaviti barikadu

barricade II *v tr* zabarikadirati

bar·ri·er ['baerijə(r)] *n* 1. prepreka, pregrada, barijera; *to set up a* ∼ staviti prepreku; *a* ∼ *to progress* prepreka napretku (see also **obstacle**) 2. brana, rampa; *a railroad* ∼ železnička (željeznička) brana 3. zid; *to break the sound* ∼ probiti zvučni zid 4. (Br., at a railroad station) ulaz

bar·ring ['bariñg] *prep* sem, osim; ∼ *a few names* sem nekoliko imena; ∼ *unforeseen difficulties* ako ne bude nepredviđenih teškoća

bar·ris·ter ['baeristə(r)] *n* (Br.) advokat (W: odvjetnik) koji ima pravo zastupanja pred višim sudovima (cf. **solicitor** 3)
bar·room ['barrūm], [*u*] *n* kafana (kavana), bar
bar·row I ['baerou] *n* (Br.) ručna kolica (see also **wheelbarrow**)
barrow II *n* humka, mogila
barrow III *n* uškopljen vepar
barrow boy, barrow man (Br.) trgovac-torbar
bars see **bar** I, 8
bar·tend·er ['ba(r)tendə(r)] *n* barman
bar·ter I ['ba(r)tə(r)] *n* trampa, razmena (razmjena) dobara
barter II *v* 1. *tr* trampiti, razmeniti (razmijeniti); *he ~ed his watch for food* trampio je (svoj) sat za hranu 2. *intr* baviti se trampom 3. *misc.*; *the Bartered Bride* Prodana nevesta (nevjesta)
bar up *v* see **bar** III
bar·y·on ['baerijən]; [*o*] *n* (phys.) barion
bar·y·tone see **baritone**
bas·al ['bejsəl], [*z*] *a* osnovni, bazalni
basal metabolism osnovni energetski promet
ba·salt [bə'solt], ['bejsolt] *n* bazalt
bas·cule bridge ['baeskjūl] pokretni most
base I [bejs] *n* 1. osnova, temelj 2. podnožje; *the ~ of a mountain* podnožje planine 3. (chem.) baza 4. (geom.) osnovica 5. (math.) osnova 6. (arhit.) podnožje; *the ~ of a column* podnožje stuba 7. (ling.) baza 8. (pol., econ.) baza; *~ and superstructure* baza i nadgradnja 9. (mil.) baza; *an air-force ~* vazduhoplovna (W: zrakoplovna) baza; *a naval ~* pomorska baza; *a supply ~* baza snabdevanja (snabdijevanja); *on a ~* u bazi; *to establish ~s* uspostcaviti baze (as *a): a ~ commander* komandant baze; *a ~ hospital* bolnica baze 10. (baseball and fig.) *way off ~* u zabludi; *not to get to first ~* nemati uspeh (uspjeh)
base II *a* osnovni; *~ pay* osnovna plata (see also **basic**)
base III *a* 1. nizak, nedostojan; pokvaren; prezriv 2. *~ metals* prosti metali 3. iskvaren; *~ language* iskvaren jezik 4. bezvredan (bezvrijedan); *~ currency* bezvredna valuta
base IV *v* *tr* zasnovati, bazirati; *to ~ a theory on smt.* zasnovati teoriju na nečemu; *the decision was ~d on a Security Council resolution* rešenje (rješenje) se zasnivalo na rezoluciji Saveta bezbednosti (W: Vijeća sigurnosti); *to ~ smt. on facts* zasnivati nešto na faktima
base·ball ['bejsbol] *n* 1. bezbol (bejzbol) 2. lopta za bezbol
base·board [~bo(r)d] *n* podna daska, podnica
base·born [~bo(r)n] *a* 1. niskog porekla (porijekla) 2. vanbračan
base·less [~lis] *a* bestemeljan
base line (sports) osnovna linija
base·ment [~mənt] *n* podrum
base·ness [~nis] *n* niskost, nedostojnost, pokvarenost
ba·ses I see **base** I
bases II see **basis**
bash [baeš] *v* *tr* (colloq.) udariti; *to ~ smb.'s head in* tresnuti nekoga po glavi
bash·ful ['baešfəl] *a* snebivljiv, stidljiv
bash·ful·ness [~nis] *n* snebivljivost, stidljivost

bash in *v* see **bash**
ba·sic I ['bejsik] *n* osnova
basic II *a* 1. osnovni, glavni; *a ~ rule* osnovno (glavno) pravilo; *a ~ salary* osnovna plata 2. bazičan, bazni; *~ dyes* bazne boje 3. (mil.) osnovni; *a ~ allowance* osnovno sledovanje (sljedovanje)
Basic English osnovni engleski (uprošćeni engleski jezik; sastoji se od 850 odabranih reči — riječi)
ba·sic·i·ty [bej'sisətij] *n* (chem.) baznost
basic process bazni proces
basic training (mil.) osnovna obuka; *to take (go through) ~* proći osnovnu obuku
basic training center (mil). centar za početnu vojnu obuku
bas·il ['baezəl], [*ej*] *n* bosiljak
ba·sil·i·ca [bə'siləkə] *n* bazilika
bas·i·lisk ['baesəlisk], [*z*] *n* bazilisk
basil thyme (bot.) ježić
ba·sin ['bejsən] *n* 1. (esp. Br.) lavor; umivaonik (see also **sink** I) 2. see **tub** 3. sud 4. (geog.) basen
ba·sis ['bejsis] (*-ses* [sijz]) *n* osnova, osnov; razlog; baza; *on the ~ of those data* na osnovu tih podataka; *on what ~?* iz kog razloga? *on a selective ~* na selektivnoj osnovi
bask [baesk]; [*a*] *v* *intr* 1. grejati (grijati) se; *to ~ in the sun* sunčati se 2. uživati
bas·ket ['baeskit]; [*a*] *n* 1. korpa, kotarica, koš; *a ~ of apples* kotarica jabuka; *to weave a ~* plesti korpu 2. (basketball) koš; *to score (make, sink) a ~* dati (pogoditi, postići) koš; or: ubaciti loptu u koš; *to miss the ~* promašiti koš
bas·ket·ball [~bol] *n* košarka; *to play ~* igrati košarku
basketball player košarkaš
basket case (colloq.) osoba dovedena do bespomoćnog stanja
bas·ket·ful [~ful] *n* (*basketsfull* and *basketfulls*) pun koš
bas·ket·ry [~rij] *n* košarstvo, korparstvo
basket weave bod u vezu koji daje izgled pletiva
basket work see **basketry**
basking shark ['baeskiɴg]; [*a*] velika ajkula Severnog (Sjevernog) atlantika
Basque I [baesk]; [*a*] 1. Baski 2. baskijski jezik
Basque II *a* baskijski
bas-re·lief [ba-ri'lijf] *n* bareljef
bass I [baes] *(pl* has zero or *-es) n* (fish) vrsta grgeča
bass II [bejs] *n* bas, basista
bass III *a* basovski
bass clef ključ basa
bass drum veliki bubanj
bas·set ['baesit] *n* (dog) lisičar
bass horn see **tuba**
bas·si·net [baesə'net] *n* kolevka (kolijevka)
bas·so ['baesou]; [*a*] (*-s* or *-si* [sij]) *n* basista, bas
bas·soon [bə'sūn], [*ae*] *n* fagot
bas·soon·ist [~ist] *n* fagotista
bass·wood ['baeswud] *n* američka lipa
bast [baest] *n* lika
bas·tard I ['baestə(r)d] *n* 1. kopile, vanbračno dete (dijete), bastard 2. (vul. and pejor.) kučkin sin; *you ~!* bitango jedna! 3. (vul.) *a poor ~* jadnik
bastard II *a* bastardan, mešovit (mješovit)
bastard balm (bot.) matočika
bas·tard·ize [~ajz] *v* *tr* bastardirati, ukrstiti

bas·tard·y [~ij] *n* kopilstvo, kopilanstvo
baste I [bejst] *v tr* retko i privremeno prošiti
baste II *v tr* (cul.) preliti, naliti; *to ~ meat* preliti meso sosom
Bas·tille [bae'stijl] *n* Bastilja
bas·ti·na·do [baesti'nejdou]; [*a*] (*-es*) *n* batinanje po tabanima
bast·ing I ['bejstiñg] *n* see **baste I**; retko prošivanje
basting II *n* see **baste II**; prelivanje
basting sauce preliv za premazivanje
bas·tion ['baesčən], ['baestijən] *n* bastion, bedem; (fig.) *a ~ of science* hram nauka (W: znanosti)
bat I [baet] *n* 1. (esp. in baseball and cricket) štap; **to go to ~ for smb.* založiti se za nekoga; **right off the ~* odmah 2. Br.; see **paddle I** 3
bat II *v* 1. *tr* udariti 2. *intr* (baseball) udariti loptu 3. misc.; (colloq.): *to ~ smt. around* raspravljati o nečemu; *to ~ out* pretrpeti neuspeh (pretrpjeti neuspjeh)
bat III *n* šišmiš, slepi (slijepi) miš; **to be as blind as a ~* biti sasvim slep; **to have ~s in the belfrey* biti ćaknut
bat IV *v tr* lepršati; **he didn't even ~ an eye* nije ni okom trepnuo; **without ~ting an eye* ne trepnuvši okom
bat V *n* (Br., colloq.) govorni jezik neke strane zemlje; *to sling the ~* tečno govoriti neki strani jezik
batch [baeč] *n* 1. gomila, serija, partija, količina; *she has already made the first ~ of cakes* umesila (umijesila) je već jednu partiju kolača; *a ~ of letters* hrpa pisama 2. grupa; *he came with the first ~* došao je s prvom grupom 3. potrebna količina; *a ~ of dough* potrebna količina testa (tijesta) 4. smeša (smješa)
batch processing (C.) paketna obrada
bat·ed ['bejtid] *a* zaustavljen; *with ~ breath* ne dišući
bath I [baeth]; [*a*] (*baths* [baeðhz]; [*a*] or [baeθhs]; [*a*]) *n* 1. kupanje (u kupatilu); *to take a ~* kupati se 2. (Br.) kada (see **bathtub**) 3. see **bathroom**; *room with ~* soba s kupatilom 4. (tech.) korito 5. see **Turkish bath**
bath II *v* Br.; see **bathe**
bath chair Br.; see **wheelchair**
bathe [bejðh] *v* 1. *tr* okupati; *the mother ~s the child* majka kupa dete (dijete) 2. *intr* okupati se; *the child is ~ing* dete (dijete) se kupa; *to ~ in the sea* kupati se u moru
bath·er [~ə(r)] *n* kupač
bath·house ['baethhaus]; [*a*] *n* 1. svlačionica (za plivače) 2. kupatilo; *a public ~* javno kupatilo
bath·ing I ['bejðhiñg] *n* kupanje
bathing II *a* kupaći
bathing beauty lepotica (ljepotica) u kupaćem kostimu
bathing costume Br.; see **bathing suit**
bathing suit kupaći kostim
bathing trunks *pl* kupaće gaće
ba·thos ['bejðhas]; [*o*] *n* 1. antiklimaks 2. najniža tačka (W: točka) 3. banalnost
bath·robe ['baethroub]; [*a*] *n* bademantil, kućna haljina
bath·room [~rūm], [*u*] *n* 1. kupatilo (W: kupaonica) 2. klozet, nužnik, ve-ce

bathroom tissue toaletni papir (also **toilet paper**)
bath·tub [~təb] *n* kada (za kupanje)
ba·thym·e·try [bə'thimətrij] *n* batimetrija
bath·y·scaph ['baethiskaef] *n* batiskaf
bath·y·sphere [~sfij(r)] *n* batisfera
ba·tik [bə'tijk], ['baetik] *n* batik (način bojenja)
ba·tiste [bə'tijst], [*ae*] *n* batist
bat·man ['baetmən] (*-men* [min]) *n* (Br.) posilni (see also **orderly**)
ba·ton [bə'tan]; ['baetn] *n* 1. palica 2. (sports, track) palica; *passing of the ~* primopredaja palice
bats·man ['baetsmən] (*-men* [min]) *n* (baseball, cricket) igrač koji udara
bat·tal·ion [bə'taeljən] *n* 1. bataljon; (as *a*) *a ~ commander* komandant bataljona 2. (artillery) divizion
bat·ten ['baetn] *n* letva, lajsna
batten down *v* učvrstiti letvama; zatvoriti; (naut. and fig.) *to batten down the hatches* zatvoriti (brodske) otvore
bat·ter I ['baetə(r)] *n* see **batsman**
batter II *n* testo (tijesto); *to mix (up) ~* zamesiti (zamijesiti) testo
batter III *v tr* udariti, rušiti, tući; *to ~ enemy positions* tući neprijateljske položaje; *to ~ down* porušiti, razbiti
batter around *v* tući, udarati
bat·ter·ing-ram ['baetəriñg-raem] *n* (hist., mil.) ovan
bat·ter·y I ['baetərij] *n* (legal) telesna (tjelesna) povreda; *to commit assault and ~* naneti (nanijeti) telesnu povredu
battery II *n* (mil.) baterija; (as *a*) *a ~ commander* komandir baterije
battery III *n* baterija; akumulator; *to charge a ~* napuniti akumulator; *the ~ has run down* akumulator se ispraznio (see also **dynamo** 2)
bat·tik see **batik**
bat·ting ['baetiñg] *n* pamučna postava, vata
bat·tle I ['baetl] *n* borba, bitka, operacija; *to accept ~* primiti borbu; *to break off the ~* prekinuti borbu; *to fight (wage) a ~* voditi borbu; *at the ~ of . . .* u bici kod . . . ; *a pitched ~* žestoka bitka
battle II *v* 1. *tr* boriti se (protiv) 2. *intr* boriti se 3. misc.; *to ~ one's way through a crowd* probiti se kroz gomilu
battle array borbeni poredak
battle-ax, battle-axe *n* 1. bojna sekira (sjekira) 2. (colloq.) goropadnica, svađalica
battle casualty poginuli (ranjeni) u borbi
battle cruiser teška krstarica
battle cry ratni poklič, bojni poklič
bat·tle·dore [~do(r)] *n* (ranija) vrsta badmintona
bat·tle·field [~fijld] *n* bojište, bojno polje
bat·tle·ground [~graund] *n* bojište
bat·tle·ment [~mənt] *n* grudobran (sa zupčastim otvorima)
battle royal (*battles royal* or *battle royals*) žestoka borba
bat·tle·ship [~šip] *n* bojni brod, linijski brod
battle station (naval) borbeno mesto (mjesto) na brodu
bat·tle-tes·ted [~-testid] *a* proveren (provjeren) u borbama

bat·tle-toughened [∼-təfənd] *a* prekaljen u borbama

bat·tle·wag·on [∼waegən] *n* (colloq.) bojni brod

bat·tle·wea·ry [∼-wijrij] *a* iznuren u borbama

bat·tue [ba'tū]; [*tj*] *n* (hunting) hajka, lov gonjenjem

bat·ty ['baetij] *a* (colloq.) ćaknut, udaren

bau·ble ['bɔbəl] *n* tričarija

baux·ite ['bɔksajt] *n* boksit

Ba·var·i·a [bə'vejrijə] *n* Bavarska

Ba·var·i·an I [∼*n*] *n* Bavarac

Bavarian II *a* bavarski

bawd [bɔd] *n* 1. gazdarica javne kuće 2. prostitutka

bawd·i·ness [∼ijnis] *n* skarednost, nepristojnost

bawd·ry ['bɔdrij] *n* nepristojan, skaredan govor

bawd·y ['bɔdij] *a* skaredan, nepristojan

bawd·y·house [∼haus] *n* javna kuća

bawl I [bɔl] *n* vika, dreka

bawl II *v* 1. *tr* viknuti 2. *intr* derati se, vikati

bawl out *v* (colloq.) izgrditi; *to bawl smb. out* izgrditi nekoga

bay I [bej] *n* zaliv

bay II *n* 1. (archit.) prostor između dva stuba 2. udubljenje u zidu 3. pregrada u štali 4. odeljenje (odjeljenje) 5. see **bay window** 6. see **bomb bay** 7. see **sickbay**

bay III *n* 1. lavež (pasa goniča) 2. tesnac (tjesnac), škripac; *to bring game to* ∼ naterati (natjerati) divljač na drvo, saterati (satjerati) divljač u tesnac; (fig.) *to bring to* ∼ naterati u škripac, naterati na poslednji (posljednji) otpor, prinuditi na prihvatanje borbe; *to stand at* ∼ braniti se uporno

bay IV *v intr* lajati; *to* ∼ *at the moon* lajati na mesec (mjesec); or: uzalud kritikovati

bay V *n* (bot.) lavor, lovor

bay VI *n* dorat

bay VII *a* doratast

bay leaf lovorov list

bay lynx see **bobcat**

bay·o·net I ['bejənit], [*e*] and [bejə'net] *n* bajonet; *to fix* ∼*s* nataknuti bajonete

bayonet II *v tr* preklati (ubosti) bajonetom

bayonet charge juriš na bajonet

bay·ou [baj'ū] *n* (Southern Am.) rečni (rječni) rukavac

bay tree (bot.) lavor

bay window 1. prozor na zatvorenom balkonu 2. (colloq.) trbušina

ba·zaar, ba·zar [bə'za(r)] *n* 1. pijaca, čaršija, bazar 2. prodaja poklonjenih predmeta u korist neke ustanove

ba·zoo·ka [bə'zūkə] *n* (mil.) ručni bacač, bazuka

BBC [bijbij'sij] (abbrev. of *British Broadcasting Corporation*) Britanska radiodifuzija; (as *a*): ∼ *English* standardni britanski engleski

be [bij] pres. sgn.: *am* [aem], *are* [a(r)], *is* [iz]; pres. pl.: *are*; past sgn.: *was* [wɔz], *were* [we(r)], *was*; past pl.: *were*; past partic.: *been* [bin]; [*ij*] (for the future see **shall** 1, **will III** 1) *v intr* 1. biti; *he is a teacher* on je nastavnik; *she has been in America for ten years* ona je već deset godina u Americi; *he had been here before we arrived* on je već bio ovde (ovdje) pre (prije) nego što smo mi stigli; *the child is* ∼*ing*

naughty today dete (dijete) je danas nevaljalo; *if I were you* . . . da sam ja na vašem mestu (mjestu) . . . ; *is he at home? he is!* da li je on kod kuće? jeste! **to* ∼ *or not to* ∼ biti ili ne biti; *it's been a year since he left* ima godina dana kako je otputovao; *so* ∼ *it!* neka bude! 2. nalaziti se, biti; *where is the hotel?* gde (gdje) se nalazi hotel? 3. (as an aux. verb for the pres., past, and future) *he is reading* on čita; *they were working* radili su; *they will* ∼ *working* oni će raditi; *he's leaving, isn't he?* on odlazj, zar ne? 4. (of feelings) *he is cold* hladno mu je; *I am better* bolje mi je 5. (obligation) *you are to write the letter* moraš napisati pismo; *I was to meet them at the station* trebalo je da ih dočekam na stanici; 6. (inevitability) *he is to die* mora da umre; *they were never to meet again* nije im bilo suđeno da se ikada više sretnu; *I am to see him tomorrow* treba da ga vidim sutra 7. (passive) *it is said that* . . . priča se da . . . ; *the child has been found* dete (dijete) je nađeno 8. (age) *he is twenty years old* on ima dvadeset godina 9. (cost) *they are two dollars apiece* oni koštaju dva dolara po komadu 10. (existence) imati; *is there any bread?* ima li hleba — hljeba (W: kruha)? *what is there to see?* šta (što) ima da se vidi? 11. (future, with the inf.) *his bride to* ∼ njegova buduća žena 12. (going) *he has been to see them* išao je da ih obiđe 13. (condition) *if you were to come*. . . ako biste došli. . . ; *if we were to see smt. nice*. . . kad bismo videli (vidjeli) nešto lepo (lijepo) 14. misc.; ∼ *that as it may!* neka bude tako! bilo kako bilo! *for the time being* zasad; *had it not been for him* da nije bilo njega; *to* ∼ *in* biti kod kuće; *to* ∼ *late* zakasniti; *to* ∼ *off* otići; *to* ∼ *out* biti van kuće; *he was to have given a concert last winter* trebalo je da dâ koncert prošle zime; *the work* ∼*ing finished*, we left for home pošto je bio posao završen, pošli smo kući

beach I [bijč] *n* 1. obala; žalo; *to land on a* ∼ iskrcati se na obalu 2. plaža; *at (on) the* ∼ na plaži 3. Br.; see **gravel**

beach II *v tr* izvesti na obalu

beach·comb·er [∼koumə(r)] *n* 1. skitnica na obali 2. dug talas koji se sruči na obalu

beach erosion erozija obale

beach·head [∼hed] *n* (mil.) mostobran, desantna osnovica; *to establish (expand) a* ∼ zauzeti (proširiti) desantnu osnovicu

bea·con ['bijkən] *n* 1. svetionik (svjetionik) 2. far; *a radio* ∼ radio-far; *a rotating* ∼ obrtni far; *a homing (landing)* ∼ far za navođenje (sletanje — slijetanje)

bead [bijd] *n* 1. perla, zrnce; *glass* ∼*s* staklena zrnca 2. kaplja, graška; ∼*s of perspiration* graške znoja 3. nišan; *to draw a* ∼ *on* nišaniti na 4. (in *pl*) niska 5. (rel.; in *pl*) brojanice (W: krunica, čislo); *to count one's* ∼*s* okretati brojanice (W: moliti krunicu)

bea·dle ['bijdl] *n* crkveni službenik

bead·y ['bijdij] *a* zrnast; ∼ *eyes* sitne, svetle (svijetle), okrugle oči

bea·gle ['bijgəl] *n* zečar

beak I [bijk] *n* 1. kljun 2. (colloq.) nos

beak II *n* (Br.; slang) 1. sudija (W: sudac) 2. upravitelj škole
beaked parsley [bijkt] see **chervil**
beak·er [~ə(r)] *n* pehar
be-all and end-all *n* (colloq.) najvažnija stvar
beam I [bijm] *n* 1. greda, balvan 2. (naut.) najveća širina (broda); (colloq.) *broad in the* ~ širokih kukova 3. snop, zrak; mlaz; *(colloq.) on the* ~ pravilno 4. (on a scale) most 5. (on a plow) gredelj 6. (of a headlight) svetlo (svjetlo); *a long (normal)* ~ dugačko (srednje) svetlo 7. see **balance beam** 8. (for weaving) vratilo; *a warp* ~ zadnje vratilo
beam II *v* 1. *tr* upraviti, usmeriti (usmjeriti) 2. *intr* sijati; *he is* ~*ing (with joy)* sija mu lice (od sreće) 3. smešiti (smiješiti) se zadovoljno
beam-ends [~endz] *n pl* (naut.) krajevi greda; *on the* ~ prevalivši se na jednu stranu
beam·ing [~īng] *a* sjajan, zračan
beam·ish [~iš] *a* see **beaming**
bean I [bijn] *n* pasulj; grah; **to spill the* ~*s* odati tajnu; **he doesn't know* ~*s about it* on ništa ne zna o ovome, on pojma nema o ovome
bean II *v tr* (slang) udariti u glavu
bean·ie [~ij] *n* kapica
bean·pole [~poul] *n* 1. pritka, trklja 2. (colloq.) dugonja
bean·stalk [~stok] *n* grahova stabljika
bear I [bej(r)] *n* 1. medved (medvjed); *brown (polar)* ~ mrki (polarni) medved 2. (astron.) see **Great Bear, Little Bear** 3. špekulant koji računa na padanje akcija (cf. **bull I** 4) 4. (colloq.) nezgrapan čovek (čovjek)
bear II *bore* [bo(r)]; *borne (born* for 4): [bo(r)n] *v* 1. *tr* nositi; *to* ~ *arms* nositi oružje; *to* ~ *a name* nositi ime (naziv); *to* ~ *a date* nositi datum; **to* ~ *one's cross* nositi svoj krst (W: križ) 2. *tr* snositi; *to* ~ *expenses (guilt, responsibility)* snositi troškove (krivicu, odgovornost) 3. *tr* podneti (podnijeti); *to* ~ *pain (suffering)* podneti bol (patnje) 4. *tr* roditi; *to* ~ *a child* roditi dete (dijete); *this tree* ~*s beautiful fruit* ovo drvo rađa lepe (lijepe) plodove; *he was born in Paris* rodio se u Parizu 5. *intr* odnositi se na; *this fact* ~*s on the problem* ova činjenica se odnosi na problem 6. *intr* držati se; *to* ~ *to the right* držati se desno 7. misc.; *to* ~ *one's age well* izgledati mlađi nego što jeste; *to* ~ *a grudge against smb.* biti kivan na nekoga; *to* ~ *in mind* imati na umu; *to* ~ *smt. out* nešto potvrditi; *to* ~ *the brunt* izdržati glavni udar; *to* ~ *with smt.* podnositi nešto; *to* ~ *witness* posvedočiti (posvjedočiti)
bear·a·ble [~rəbəl] *a* snošljiv, podnošljiv
bear·bait·ing [~(r)bejtīng] *n* borba pasa i medveda (medvjeda)
beard I [bij(r)d] *n* 1. brada: *to grow a* ~ pustiti bradu; *to trim one's* ~ podrezati bradu 2. (bot.) osje
beard II *v tr* izazvati; **to* ~ *the lion in its den* izazvati nekoga na njegovom vlastitom terenu
beard·ed [~id] *a* bradat
beard·less [~lis] *a* 1. bezbrad, golobrad 2. ćosav, (fig.) nezreo
bear down *v* 1. vršiti pritisak (W also: tlak) 2. približiti se

bear·er [~rə(r)] *n* 1. nosač, nosilac; *flag* ~*s* nosioci zastava 2. (comm.) donosilac; imalac; *payable to* ~ na donosioca; *the* ~ *of a note* imalac menice (mjenice) 3. biljka koja rađa plodove
bearer check ček na donosioca
bear garden medveđa (medvjeđa) jama
bear·ing [~rīng] *n* 1. držanje; *a dignified* ~ dostojanstveno držanje 2. ležaj, ležište; *a ball (roller)* ~ kuglično (koturno) ležište 3. odnos, veza; *that has no* ~ *on this question* to nema veze sa ovim pitanjem 4. azimut, smer (smjer); *to take a* ~ odrediti azimut 5. (in *pl*) orijentacija; *he lost his* ~*s* izgubio je orijentaciju; *he got his* ~*s* snašao se 6. (in *pl*) armorial ~*s* znamenja na grbovima
bear·ish [~riš] *a* 1. medvedast (medvjedast), nezgrapan 2. koji izaziva (ili računa na) padanje akcija (cf. **bullish** 3)
bear·ish·ness [~nis] *n* nezgrapnost
bear off *v* odneti (odnijeti)
bear out *v* see **bear II** 7
bear's-foot ['bej(r)z-fut] *n* (bot.) kukurek (kukurijek)
bear·skin [~skin] *n* 1. medveđe (medvjeđe) krzno 2. Br.; see **busby**
bear up *v* izdržati udar
beast [bijst] *n* životinja, zver (zvijer) (also fig.); *it brought out the* ~ *in him* to je probudilo kod njega životinjske strasti
beast·li·ness [~lijnis] *n* 1. životinjstvo, zverstvo (zvjerstvo) 2. gadost
beast·ly [~lij] *a* 1. *a* životinjski, zverski (zvjerski) 2. *a* gadan, odvratan; ~ *weather* gadno vreme (vrijeme); *a* ~ *temper* gadna narav 3. *adv* (Br., colloq.) veoma, strašno, užasno
beast of burden tovarna životinja
beast of prey grabljiva životinja
beat I [bijt] *n* 1. udarac, otkucaj 2. (of a policeman) obilazak 3. (mus.) takt
beat II *beat; beaten* [~ən] *v* 1. *tr* izbiti, istući; *to* ~ *a child* izbiti dete (dijete); **to* ~ *a person within an inch of his life* pretući nekoga na mrtvo ime 2. *tr* udarati; *to* ~ *a drum* udarati u doboš 3. *tr* pobediti (pobijediti), potući, savladati; *to* ~ *the enemy* pobediti (potući) neprijatelja; (sports) *our boys beat them* naši momci su ih potukli; *to be beaten* pretrpeti (pretrpjeti) poraz (see also **defeat II**) 4. *tr* nadmašiti; prevazići; *to* ~ *a record* nadmašiti rekord; *that* ~*s everything* to prevazilazi sve 5. *tr* ulupati, razmutiti; *to* ~ *an egg* ulupati jaje 6. *tr* izlupati; *to* ~ *a rug* izlupati tepih 7. *tr* lupiti; *he beat his head against the wall* lupio je glavom o zid 8. *tr* utrti; *to* ~ *a path* utrti put 9. *intr* udarati, biti, tući; *the waves* ~ *against the rocks* talasi udaraju (biju) o stene (stijene) 10. *intr* kucati, biti; *his heart is* ~*ing fast* srce mu kuca (bije) brzo 11. misc.; (colloq.) ~ *it!* gubi se; **to* ~ *around* (Br.: *about) the bush* okolišiti; *the hail beat down the flowers* grad je smlatio cveće (cvijeće); *to* ~ *facts into smb.'s head* uterati (utjerati) nekome u glavu činjenice; **to* ~ *the bushes for smt.* tražiti nešto svuda
beat back *v* odbiti

beat·en [~ən] *a* utrt, utaban; *a* ~ *path* utaban put; **off the* ~ *path (track)* na neuobičajen način

beat·er [~ə(r)] *n* 1. hajkač pogonič, gonič 2. mućkalica

beat generation omladina koja nastupa (posle — poslije drugog svetskog — svjetskog rata) protiv konvencija, bit generacija

be·a·tif·ic [bijə'tifik] *a* blažen

be·at·i·fi·ca·tion [bijaetəfi'kejšən] *n* proglašenje blaženim

be·at·i·fy [bij'aetəfaj] *v tr* proglasiti blaženim

beat·ing ['bijtiīng] *n* 1. bijenje, tučenje; (colloq.) *he took a* ~ istukli su ga 2. kucanje; ~ *of the heart* kucanje srca 3. poraz; (colloq.) *they took a* ~ pretrpeli (pretrpjeli) su poraz

be·at·i·tude [bij'aetərūd]; [*tj*] *n* blaženstvo

beat·nik ['bijtnik] *n* bitnik (osoba koja nastupa protiv konvencija)

beat off *v* odbiti; *to beat off an attack* odbiti napad

beat up *v* izmlatiti

beau [bou] *(beaus* or *beaux*: [bouz]) *n* 1. dečko (dječko) 2. kicoš, denđi

beaut [bjūt] *n* (colloq.) see **beauty**

beau·te·ous ['bjūtijəs] *a* see **beautiful**

beau·ti·cian [bjū'tišən] *n* kozmetičar(ka), frizer(ka), brijač

beau·ti·ful I ['bjūtəfəl] *n* lepo (lijepo) (see **beauty**)

beautiful II *a* lep (lijep); *a* ~ *girl (picture)* lepa devojka — djevojka (slika)

beau·ti·fy ['bjūtəfaj] *v tr* ulepšati (uljepšati)

beau·ty ['bjūtij] *n* 1. lepota (ljepota) 2. lepotica (ljepotica)

beauty contest izbor najlepše devojke (najljepše djevojke)

beauty mark veštački (vještački) mladež

beauty pageant see **beauty contest**

beauty parlor frizerska radnja (za dame)

beauty queen kraljica lepote (ljepote)

beauty salon see **beauty parlor**

beauty spot see **beauty mark**

beaux see **beau**

bea·ver I ['bijvə(r)] *n* 1. (zool.) dabar 2. dabrovina (see also **eager beaver**)

beaver II *n* deo (dio) šlema (šljema) koji štiti bradu i usta

beaver away (Br.; slang) teško raditi

be·calm [bi'kam] *v tr* 1. stišati 2. zaustaviti; *the fleet was* ~*ed* flota je zastala zbog bezvetrice (bezvjetrice)

be·came see **become**

be·cause [bi'koz] *conj* jer; *he is crying* ~ *smb. hit him* on plače jer ga je neko (netko) udario

because of *prep* 1. zbog; ~ *fatigue (rain)* zbog umora (kiše) 2. radi

bé·cha·mel sauce [bejšə'mel] bešamel (preliv, sos)

bêche-de-mer [beš-də-mej(r)] *n* 1. (zool.) trepang 2. (ling.) bičlamar

beck [bek] *n* poziv; *to be at smb.'s* ~ *and call* stajati nekome na raspolaganju

beck·et ['bekit] *n* (naut.) meko oko (od konopa)

beck·on I ['bekən] *n* klimanje glavom

beckon II *v intr* dati znak, prizvati rukom; *to* ~ *to smb.* mahnuti nekome rukom

be·cloud [bi'klaud] *v tr* zamračiti

be·come [bi'kəm]; *became* [bi'kejm]; *become* [bi'kəm] *v* 1. *tr* dolikovati, doličiti, priličiti (se), pristajati; *such behavior doesn't* ~ *you* takvo ponašanje vam ne priliči; *that doesn't* ~ *you* to vam ne doliči 2. *intr* dolikovati, stajati; *that color is very* ~*ing to you* ta ti boja lepo (lijepo) stoji 3. *intr* postati; *he became a teacher* on je postao učitelj

be·com·ing [~iīng] *a* 1. pristojan, prikladan, zgodan; *that's not* ~ to se ne priliči 2. privlačan, lep (lijep); *this color is very* ~ *to you* ova vam boja odlično ide (pristaje)

bed I [bed] *n* 1. krevet, postelja; *to go to* ~ leći u krevet; *to lie in (on a)* ~ ležati u (na) krevetu; *to make a* ~ namestiti (namjestiti) krevet; *to put to* ~ staviti u krevet; *a hospital* ~ bolnički krevet; (colloq.) *to go to* ~ *with smb.* imati snošaj s nekim; *to stay in* ~ ostati u krevetu; *to get out of* ~ ustati; **as a man makes his* ~, *so must he lie in it* kako seješ (siješ), tako žanješ; (Br.) *a* ~ *of nails* teška situacija; **life is not a* ~ *of roses* život je težak; **to get out of* ~ *on the wrong side* ustati na levu (lijevu) nogu 2. (as in a hotel) ležaj 3. korito; *a river* ~ rečno (rječno) korito 4. postolje (mašine) 5. see **flower bed**

bed II *v tr* 1. *(to* ~ *down)* staviti u krevet (na spavanje) 2. rasaditi 3. see **embed**

bed and board 1. pansion (more usu. is **room and board**) 2. domaće ognjište

be·daub [bə'dob] *v tr* umazati

be·daz·zle [bə'daezəl] *v tr* zaseniti (zasijeniti) (see also **dazzle**)

bed board Br.; see **headboard**

bed·bug ['bedbəg] *n* stenica (stjenica) (see also **bug I** 2)

bed·cham·ber [~čejmbə(r)] *n* spavaća soba

bed check (mil.; colloq.) proveravanje (provjeravanje) odsutnih posle (poslije) povečerja

bed·clothes ['bedklouz], [tħz] *n pl* krevetsko rublje

bed·ding [~iīng] *n* 1. krevetsko rublje 2. slama, prostirka (za životinje)

bed down *v* 1. see **bed II** 1 2. ići na spavanje

be·deck [bə'dek] *v tr* okititi

be·dev·il [bə'devəl] *v tr* namučiti, nasekirati

bed·fast [bedfaest]; [*a*] *a* see **bedridden**

bed·fel·low [~felou] *n* 1. drug spavanja 2. (fig.) drug, ortak; **politics make(s) strange* ~*s* politika prinuđuje sklapanje čudnih saveza

bed·lam [~ləm] *n* 1. urnebes, džumbus 2. ludnica; *this house is like* ~ ova je kuća prava ludnica

bed linen krevetsko rublje

bed·mate [~mejt] *n* sobni drug

bed of roses lagodan život

bed·pan [~paen] *n* 1. noćni sud 2. see **warming pan**

bed·plate [~plejt] *n* podnožna ploča

bed·post [~poust] *n* noga kreveta

be·drag·gle [bə'draegəl] *v tr* izguvati

bed·rid·den ['bedridn] *a* prikovan za krevet

bed·rock [~rak]; [*o*] *n* 1. stenovito (stjenovito) tle 2. (fig.) temelj

bed·roll [~roul] *n* posteljne stvari smotane u rolnu

bed·room [~rūm]; [*u*] *n* spavaća soba

bed sheet krevetski čaršav

bed·side [~sajd] *n* mesto (mjesto) kraj nečije (bolesničke) postelje

bedside manner (blago i veselo) ponašanje prema bolesnicima

bedside table stočić kraj postelje

bed sitter, bed sitting room (Br.) jednosobni stan

bed·sore [~so(r)] *n* rana od dugog ležanja (u postelji), dekubitus

bed·spread [~spred] *n* krevetski pokrivač

bed·spring [~sprin͡g] *n* metalni madrac

bed·stead [~sted] *n* krevetsko postolje

bed·time [~tajm] *n* vreme (vrijeme) spavanja; *it's way past* ~ odavno je već vreme za spavanje

bee [bij] *n* 1. pčela; ~*s hum (buzz)* pčele zuje; *to raise* ~*s* gajiti pčele; *a swarm of* ~*s* roj pčela; **as busy as a* ~ vredan (vrijedan) kao pčela 2. moba 3. see spelling bee

beech I [bijč] *n* bukva

beech II *a* bukvin, bukov

beech mast see beechnut

beech·nut [~nət] *n* bukov žir

bee-eat·er [~-ijtə(r)] *n* (bird) pčelarica zlatna

beef I [bijf] *n* 1. govedina; *young* ~ juneće meso; *ground* ~ mlevena govedina; *roast* ~ goveđe pečenje 2. goveče 3. (colloq.) see brawn 4. (colloq.) žalba; *what's your* ~? na šta (što) se žališ?

beef II *a* goveđi; ~ *broth* goveđa supa; ~ *stew* goveđi ragu; ~ *tongue* goveđi jezik

beef III *v* (colloq.) 1. *tr (to* ~ *up)* ojačati 2. *intr* žaliti se

beef·bur·ger [~bə(r)gə(r)] *n* ćufte od govedine

beef-eat·er [~ijtə(r)] *n* 1. čuvar Londonskog Tauera; kraljev gardista 2. lice koje voli govedinu

beef·i·ness [~ijnis] *n* jačina; debljina

beef·steak [~stejk] *n* biftek

beef stro·ga·noff ['strougənof] bef stroganof

beef tea goveđi buljon

beef up *v* see beef III 1

beef·wood [~wud] *n* (bot.) kazuarina

beef·y ['bijfij] *a* jak; debeo

bee·hive [~hajv] *n* (also fig.) košnica

bee·keep·er [~kijpə(r)] *n* pčelar

bee·keep·ing [~in͡g] *n* pčelarstvo

bee·line [~lajn] *n* najkraći put; **to make a* ~ *for smb.* poleteti (poletjeti) pravo na nekoga

been see be

beep I [bijp] *n* 1. trubljenje, sviranje 2. zvučni signal

beep II *v tr* and *intr* trubiti, svirati; *the drivers were* ~*ing (their horns)* vozači su trubili

beep·er [~ə(r)] *n* biper; tranzistorski signalni odašiljač

beer [bij(r)] *n* 1. pivo (W also: piva); *to brew* ~ spravljati pivo 2. čaša piva; *he ordered a* ~ poručio je jedno pivo

beer bottle pivska flaša

beer·y ['bijrij] *a* pivski

bee sting ujed pčele

beest·ings ['bijstin͡gz] *n (sgn or pl)* gruševina (grušavina) (prvo mleko — mlijeko posle — poslije teljenja)

bees·wax ['bijzwaeks] *n* pčelinji vosak, voskovarina

bees·wing ['bijzwin͡g] *n* vinska skrama

beet [bijt] *n* cvekla (W: cikla), repa; *to grow* ~*s* gajiti repu

bee·tle I ['bijtl] *n* buba, kukac

beetle II *n* težak drven čekić, malj

beetle III *a* isturen, nadnesen; ~ *brows* guste obrve

beetle-brain [~-brejn] *n* (colloq.) glupan

beetle off *v* (Br.; slang) odmagliti

bee·tling ['bijtlin͡g] *a* (lit.) isturen

beet·root [~rūt], [*u*] *n* Br.; see beet

be·fall [bə'fol]; *befell* [bə'fel]; *befallen* [bə'folən] *v tr* zadesiti, postići; *an accident befell him* zadesila ga je nesreća

be·fit [bə'fit] *v tr* see become 1

be·fit·ting [~in͡g] *a* see appropriate, becoming 1

be·fog [bə'fag], [*o*] *v tr* 1. zamagliti 2. (fig.) zbuniti

be·fore [bə'fo(r)] 1. *adv* ranije; ~ *long* · uskoro 2. *prep* pre (prije), do; ~ *the war* pre (do) rata; *don't leave* ~ *seeing me* nemoj otići pre nego što me vidiš 3. *prep* pred, ispred; ~ *the court* pred sudom; *shortly* ~ *the war* pred rat; **~ his time* pre svega svoga doba 4. *conj* pre (prije); *he interrupted me* ~ *I said anything* on me je prekinuo pre nego što sam išta rekao; *he finished the problem* ~ *I did* on je završio zadatak pre mene

be·fore·hand [~haend] *adv* ranije; *he arrived* ~ stigao je ranije

be·foul [bə'faul] *v tr* ukaljati

be·friend [bə'frend] *v tr* sprijateljiti; *to* ~ *smb.* sprijateljiti se s nekim

be·fud·dle [bi'fədl] *v tr* zbuniti

beg I [beg] *n* beg (also bey)

beg II *v* 1. *tr* preklinjati; *to* ~ *smb. for smt.* preklinjati nekoga za nešto; *I* ~ *you to help me* preklinjam vas da mi pomognete 2. *intr* prositi (tražiti) milostinju, prosjačiti 3. *misc.*; *I* ~ *to differ* ne mogu da se složim; *I* ~ *your pardon?* molim? *I* ~ *to inform you* čast mi je izvestiti (izvijestiti) vas; *this position is going* ~*ging* ne možemo popuniti ovo (upražnjeno) mesto (mjesto); *to* ~ *the question* izbegavati (izbjegavati) direktan odgovor

be·gan see begin

be·get [bi'get]; *begot* [bi'gat]; [*o*] and *begat* [bi'gaet]; *begotten* [bi'gatn]; [*o*] and *begot*; *v tr* roditi, stvoriti

beg·gar I ['begə(r)] *n* 1. prosjak; **~s should not be choosers* ko (tko) prosi taj ne bira 2. Br.; see fellow

beggar II *v tr* 1. dovesti do prosjačkog štapa 2. iscrpsti; *that* ~*s all description* to se ne može opisati

beg·gar·ly [~lij] *a* 1. prosjački 2. bedan (bijedan), oskudan (see meager for 2)

beg·gar·y [~rij] *n* 1. see begging 2. siromaštvo

beg·ging ['begin͡g] *n* prosjačenje, prošnja; *to live by* ~ živeti (živjeti) od prošnje

be·gin [bi'gin]; *began* [bi'gaen]; *begun* [bi'gən] *v* 1. *tr* početi; *to* ~ *negotiations* početi pregovore; *he began working (to work)* počeo je da radi 2. *tr* zapodenuti (zapodjenuti); *to* ~ *a fight (a quarrel)* zapodenuti svađu (tuču) 3. *intr* početi; *the class began (at one o'clock)* čas je počeo (u jedan sat); *it began to rain* počela je kiša

be·gin·ner [~ə(r)] *n* početnik; *a* ~ *in smt.* početnik u nečemu; *a* ~'*s course* kurs za početnike
be·gin·ning I [~iṅg] *n* početak; *a good* ~ dobar početak; *the* ~ *of the end* početak kraja
beginning II *a* početni
beginning course kurs za početnike, početni kurs
be·gird [bi'gə(r)d]; *begirt* [bi'gə(r)t] or *-ed; begirt; v tr* opasati; opkoliti
beg off *v* izgovoriti se
be·gone [bi'gɒn]; [*o*] *interj* (obsol.) odlazi!
be·go·nia [bi'gounjə] *n* (bot.) begonija
be·got see **beget**
be·got·ten see **beget**
be·grime [bi'grajm] *v tr* uprljati
be·grudge [bi'grədž] *v tr* zavideti (zavidjeti); *he* ~*s her success* on joj zavidi na uspehu (uspjehu)
be·guile [bi'gajl] *v tr* 1. prevariti 2. razonoditi
be·guile·ment [~mənt] *n* 1. prevara 2. razonoda
be·gun see **begin**
be·half [bi'haef]; [*a*] *n* korist; *in smb.'s* ~ u nečiju korist; *on smb.'s* ~ u nečije ime
be·have [bi'hejv] *v* 1. *intr* ponašati se, vladati se; postupati; *to* ~ *well* lepo (lijepo) se ponašati; dobro se vladati; *to* ~ *toward smb. (in the same manner)* ponašati se prema nekome (na isti način); *he doesn't know how to* ~ ne ume (umije) da se ponaša kao vaspitan čovek (čovjek) 2. *refl* ponašati se; ~ *yourself!* ponašaj se kako treba! *he must learn to* ~ *himself* mora da nauči kako da se ponaša
be·hav·ior [~jə(r)] *n* ponašanje, vladanje; *good* ~ dobro vladanje; *he was on his best* ~ naročito se trudio da se lepo (lijepo) ponaša; *to put smb. on his best* ~ opomenuti nekoga da se pristojno ponaša; *irresponsible* ~ neodgovorno ponašanje
be·hav·ior·ism [~rizəm] *n* biheviorizam
be·hav·ior·ist [~rist] *n* bihaviorista
be·hav·iour Br.; see **behavior**
be·head [bi'hed] *v tr* odseći — odsjeći (glavu); *to* ~ *smb.* odseći nekome glavu (also **decapitate**)
be·held see **behold**
be·he·moth [bi'hijməth]; [*o*] *n* ogromna životinja
be·hest [bi'hest] *n* nalog, naredba; *at smb.'s* ~ po nečijem nalogu
be·hind I [bi'hajnd] *n* (colloq.) zadnjica, stražnjica
behind II 1. *pred a* zastao, zakasnio; *we have to hurry; we're* ~ moramo da požurimo; zaostali smo; *he was* ~ *with his rent* zadocnio je sa plaćanjem kirije; *he was far* ~ mnogo je zaostao; (sports) *our team is* ~ *by two points* naša ekipa zaostaje za dva gola (boda) 2. *adv* see **fall behind, leave behind** 3. *prep* za, iza, pozadi; ~ *me* za mnom; ~ *the house* iza kuće; *he hid* ~ *the door* sakrio se za vrata; *he is* ~ *other boys of his age* zaostaje (po uspehu — uspjehu) iza svojih vršnjaka; *~ the scenes* iza kulisa
be·hind·hand [~haend] see **behind II** 1
behind-the-scenes [~thə-'sijnz] *a* zakulisni
be·hold [bi'hould]; *beheld* [bi'held] *v tr* posmatrati, pogledati
be·hold·en [bi'houldən] *a* obavezan, dužan; *to be* ~ *to smb.* biti obavezan nekome
be·hoove [bi'hūv] *v tr* biti potreban; *it* ~*s you to leave* treba da odete

be·hove Br.; see **behoove**
beige I [bejž] *n* bež boja
beige II *a* bež
bei·gnet [bej'njej] see **fritter I**
be·ing I ['bijiṅg] *n* 1. postojanje; *to come into* ~ postati 2. biće; *a human* ~ ljudsko biće; *a higher* ~ više biće; *the supreme* ~ najviše biće 3. suština, bit
being II see **be**
Bei·rut [bej'rūt] *n* Bejrut
be·la·bor [bi'lejbə(r)] *v tr* 1. istući, izbiti 2. stalno navraćati; *to* ~ *a point* stalno navraćati (navoditi) razgovor na nešto
be·la·bour Br.; see **belabor**
be·lat·ed [bi'lejtəd] *a* zakasneli (zakasnjeli), zakasnio; ~ *efforts* zakasneli napori
be·lay [bi'lej] *v tr* (naut.) nametnuti (konop)
be·lay·ing pin [~iṅg] (naut.) klin za klinaricu
belch I [belč] *n* podrigivanje
belch II *v* 1. *tr* bljuvati, izbaciti; *the chimneys* ~ *smoke* dimnjaci bljuju dim 2. *intr* podrignuti
bel·dam, bel·dame ['beldəm] *n* starica; babetina
be·lea·guer [bi'lijgə(r)] *v tr* 1. (mil.) opkoliti; *a* ~*ed unit* opkoljena jedinica 2. (fig.) mučiti
Bel·fast ['belfaest]; [*a*] *n* Belfast
bel·fry ['belfrij] *n* zvonik; **to have bats in the* ~ biti ćaknut
Bel·gian I ['beldžən] *n* Belgijanac
Belgian II *a* belgijski
Belgian Congo (hist.) see **Congo**
Bel·gium ['beldžəm] *n* Belgija
Bel·grade ['belgrejd], [bel'grejd] *n* Beograd
be·lie [bi'laj] *v tr* 1. lažno predstaviti 2. protivrečiti (protivurječiti); *the facts* ~ *your statements* činjenice protivreče vašim izjavama
be·lief [bi'lijf] *n* 1. vera (vjera) (also **faith**) 2. uverenje (uvjerenje); ubeđenje (ubjeđenje); ~ *in smt.* uverenje u nešto
be·lie·va·ble [bə'lijvəbəl] *a* verodostojan (vjerodostojan)
be·lieve [bi'lijv] *v* 1. *tr* verovati (vjerovati); *to* ~ *smb.* verovati nekome; *I* ~*ed him to be innocent* verovao sam da je on nevin; *to* ~ *a statement* verovati u tvrđenje; *I* ~ *that he will return* verujem da će se vratiti; **he can't* ~ *his own eyes (ears)* on ne veruje svojim očima (ušima) 2. *intr* verovati; *to* ~ *in God* verovati u boga; *to* ~ *in smt.* verovati u, imati poverenja (povjerenja) u nešto; **~ it or not* verovali ili ne 3. *intr* polagati na; *he* ~*s in physical exercise* polaže mnogo na fizičke vežbe (vježbe)
be·lit·tle [bi'litl] *v tr* omalovažiti
be·lit·tle·ment [~mənt] *n* omalovažavanje
bell I [bel] *n* 1. zvono; zvonce; *the* ~*s are ringing* zvona zvone; *an alarm* ~ zvono na uzbunu; *to ring a (door)* ~ zvoniti na zvonce (na vratima), pritisnuti zvono (na vratima); *to cast a* ~ izliti zvono; *a diving* ~ ronilačko zvono; *evening* ~ večernja zvona; **for whom the* ~ *tolls* za kim zvona zvone 2. (naut.) (brodsko) zvono
bell II *v tr* okačiti zvono (na); **to* ~ *the cat* izložiti se opasnosti
bell III *n* rikanje
bell IV *v intr* rikati
bel·la·don·na [belə'danə]; [*o*] *n* (med.) beladona
bell·boy [~boj] *n* (in a hotel) nosač; kurir, portir

bell buoy plutača sa zvonom
bell captain (in a hotel) glavni portir
belle [bel] *n* (colloq.) lepotica (ljepotica); **the ~ of the ball* kraljica zabave
belles-let·tres [bel-'letrə] *n* lepa (lijepa) književnost
bel·le·tris·tic [belə'tristik] *a* beletristički; lep (lijep); *~ literature* lepa književnost
bell-flow·er ['belflauə(r)] *n* (bot.) zvončić
bell·hop [~hap]; [o] *n* see **bellboy**
bel·li·cose ['belikous] *a* ratoboran
bel·li·cos·i·ty [beli'kasətij]; [o] *n* ratobornost
bel·lig·er·ence [bə'lidžərəns] *n* ratobornost
bel·lig·er·en·cy [~ij] *n* zaraćenost, ratno stanje; *to end a state of ~* ukinuti (okončati) ratno stanje
bel·lig·er·ent [~ənt] *a* 1. ratoboran 2. zaraćen; *the ~ powers* zaraćene države
bell lap (sports) poslednji (posljednji) krug
bell·man ['belmən] (-*men* [min]) *n* see **town crier**
bell metal metal za zvona
bel·low I ['belou] *n* mukanje, urlik, rika; *a loud ~* velika dreka
bellow II *v* 1. *tr* izvikati; *to ~ smt.* izvikati nešto 2. *intr* derati se, viknuti; *to ~ at smb.* viknuti na nekoga
bel·lows ['belouz] *n* (usu. used as *pl)* mehovi (mjehovi); duvalica (duhalica); *a blacksmith's ~* kovački mehovi; *two pairs of ~* dvoji mehovi
bell-shaped [~-šejpt] *a* koji ima oblik zvona
bell tower zvonara
bell·weth·er ['belwethə(r)] *n* 1. ovan predvodnik 2. (fig.) predvodnik
bel·ly ['belij] *n* 1. trbuh 2. stomak 3. (fig.) utroba 4. (aviation) trup
bel·ly·ache I [~ejk] *n* 1. trbobolje 2. (colloq.) žalba
bellyache II *v intr* (colloq.) žaliti se
bel·ly·band [~baend] *n* kolan
bel·ly·but·ton [~bətn] *n* (colloq.) pupak
belly dance trbušna igra, trbušni ples
belly dancer trbušna igračica
belly flop see **bellywhop I**
bel·ly·ful [~ful] *n* dovoljna količina (jela)
belly-land *v intr* sletati (slijetati) na trup
belly landing (aviation) sletanje (slijetanje) na trup
belly laugh grohotan smeh (smijeh)
bel·ly·whop I [~wap]; [o] *n* (colloq.) skok u vodu na »trbuh«
bellywhop II *v intr* 1. sankati se okrenut trbuhom nadole 2. skakati u vodu na trbuh
bel·ly·whop·per [~ə(r)] see **bellywhop I**
be·long [bi'loŋ], [a] *v intr* pripadati; *to ~ to smb.* pripadati nekome
be·long·ing [~iŋ] *n* pripadanje
be·long·ings [~iŋz] *n pl* lične stvari; *personal ~* predmeti lične svojine
Be·lo·rus·sia see **Byelorussia**
be·loved I [bi'ləv(ə)d] *n* dragi, draga
beloved II *a* voljen, omiljen
be·low [bi'lou] 1. *adv* dole, niže; *I heard a racket ~* čuo sam galamu na nižem spratu (W: katu) 2. *prep* ispod, pod; *~ ground* pod zemljom; *~ the surface* ispod površine; *~ par* ispod nominalne vrednosti (vrijednosti); (boxing and fig.) *to hit ~ the belt* zadati nizak udarac 3.

prep niže; *to be ~ smb. in rank* biti po činu niži (u hijerarhiji)
belt I [belt] *n* 1. pojas, kaiš, remen; *a transmission ~* mašinski remen; **to tighten one's ~* stezati kaiš; (as *a*) *~ tightening* stezanje kaiša (see also **fan belt, garter belt, seat belt, Sam Browne belt**) 2. traka, konvejer 3. redenik; *to fire a ~* ispaliti redenik 4. zona, pojas 5. (colloq.) udarac 6. (Br.) see **girdle** 7. (Br.) brza vožnja
belt II *v tr* 1. opasati 2. (colloq.) udariti; *she ~ed him one* opalila mu je šamar
belt·ed [~id] *a* pojasni; *~ tires* pojasne gume
belt highway kružni put
belt·way [~wej] *n* kružni put
be·lu·ga [bə'lūgə] *n* velika moruna
bel·ve·dere ['belvədij(r)] *n* belveder
be·mean [bi'mijn] *v tr* poniziti
be·mire [bi'maj(r)] *v tr* 1. ukaljati 2. see **bog down 1**
be·moan [bi'moun] *v tr* oplakati; *to ~ one's fate* oplakati svoju sudbinu
be·muse [bi'mjūz] *v tr* zbuniti
be·mused [~d] *a* udubljen u misli
ben I [ben] *n* (Scottish) unutarnja soba
ben II *adv* (Scottish) unutra
ben III *prep* (Scottish) u
bench I [benč] *n* 1. klupa 2. sudijina (W: sudačka) stolica; *a reprimand from the ~* sudska opomena 3. sto (stol); *a carpenter's ~* stolarski sto; *a test ~* probni sto 4. (sports) klupa za (rezervne) igrače
bench II *v tr* (sports) poslati na klupu; *to ~ a player* zameniti (zamjeniti) igrača, poslati igrača na klupu
bench drill stona (stolna) bušilica
bench mark oznaka visine, reper
bench warrant nalog za hapšenje; *to issue a ~* izdati nalog za hapšenje
bend I [bend] *n* 1. krivina, okuka, savijutak (esp. Br.; Am. is usu. **curve I**) 2. luk; *the river makes a ~* reka (rijeka) pravi luk 3. (naut.) čvor (na užetu) 4. misc.; (Br.; colloq.) *round the ~* lud
bend II *bent* [bent]; *bent* or (rare) *-ed; v* 1. *tr* saviti, poviti; sagnuti, pognuti, ugnuti; *to ~ one's knee (a stick)* saviti koleno — koljeno (prut); *to ~ a bow* saviti luk; *to ~ a branch* poviti granu; *she was bent over with age* povila se od starosti; **on ~ed knees* na kolenima (koljenima) 2. *tr* iskriviti; *to ~ a key (out of shape)* iskriviti ključ 3. *tr* potčiniti; *to ~ a person to one's will* potčiniti nekoga svojoj volji 4. *intr* poviti se, presaviti se; sagnuti se, nagnuti se; *the branches are ~ing* grane se povijaju; *to ~ over smb.* nagnuti se nad nekim 5. *intr* iskriviti se
bend·er [~ə(r)] *n* (colloq.) terevenka, pijančenje; *he was out on a ~* napravio je terevenku
bend over *v* 1. see **bend II** 4 2. misc.; **to bend over backwards* uložiti veliki napor
bends [bendz] *n pl (the ~)* kesonska bolest (see also **caisson disease**)
be·neath [bi'nijth] *prep* 1. ispod, pod; *~ criticism* ispod svake kritike (see **below 2**) 2. niže; *~ contempt* ni prezira vredan (vrijedan); *to marry ~ oneself* sklopiti nejednak brak (see **below 3**)
Ben·e·dic·tine I [benə'diktijn] *n* 1. benediktinac 2. benediktin (liker)

Benedictine II *a* benediktinski
ben·e·dic·tion [benə'dikšən] *n* blagoslov; *to give
a* ~ dati blagoslov
ben·e·fac·tion [benə'faekšən] *n* dobrotvorstvo, do-
bročinstvo
ben·e·fac·tor ['benəfaektə(r)] *n* 1. dobrotvor 2.
mecena
ben·e·fac·tress [~tris] *n* 1. dobrotvorka 2. mecena
ben·e·fice ['benəfis] *n* prebenda
be·nef·i·cence [bə'nefəsəns] *n* dobrotvornost; mi-
losrđe
be·nef·i·cent [~ənt] *a* 1. dobrotvoran 2. blago-
tvoran
ben·e·fi·cial [benə'fišəl] *a* blagotvoran, delotvoran
(djelotvoran); *a* ~ *influence* blagotvoran uticaj
(W also: utjecaj)
ben·e·fi·ci·ar·y [benə'fišərij], [*ije*] *n* korisnik (osi-
guranja)
ben·e·fit I ['benəfit] *n* 1. korist; *to derive* ~ *from
smt.* izvući korist iz (od) nečega 2. (in *pl) (in-
surance)* naknada (iz osiguranja); *to pay* ~*s*
isplatiti naknadu iz osiguranja 3. (in *pl)* penzija
(W also: mirovina); *disability (old-age)* ~*s*
invalidska (starosna) penzija; *survivors'* ~*s*
porodična penzija (W: obiteljska mirovina) 4.
predstava u korist neke ustanove 5. beneficija;
olakšica; *unemployment* ~*s* beneficije za neza-
poslene; *a tax* ~ poreska beneficija (see also:
break I 5) 6. misc.; *for your special* ~ izričito
za vas; *the ~ *of the doubt* (u dubioznom slu-
čaju) odluka u korist blaže kazne
benefit II *v* 1. *tr* koristiti 2. *intr* koristiti se; *to* ~
from smt. koristiti se nečim
benefit of clergy 1. pravo sveštenika (svećenika)
da mu sudi duhovni sud 2. crkvena sankcija;
a union made without ~ divlji brak, vanbračna
veza
benefit society blagajna uzajamne pomoći
Ben·e·lux ['benəluks] *n* Beneluks
be·nev·o·lence [bə'nevələns] *n* 1. blagonaklonost,
čovekoljublje (čovjekoljublje) 2. dobročinstvo
be·nev·o·lent [~nt] *a* 1. blagonaklon, dobroćudan
2. dobrotvoran; *a* ~ *fund* blagajna (uzajamne
pomoći)
Ben·gal ['ben'gol], [n͞g] *n* Bengal
Ben·ga·lese [ben͞gə'lijz], [g͞ng] see **Bengali I, II**
Ben·ga·li I [ben'golij], [*ae*] or [ben͞g'golij], [*ae*] *n*
Bengalac
Bengali II *a* bengalski
Bengal light bengalska vatra
be·nif·ic [bə'nifik] *a* dobrotvoran
be·night·ed [bi'najtid] *a* 1. omrknuo 2. neprosve-
ćen (neprosvijećen)
be·nign [bi'najn] *a* 1. blag, dobar 2. blagotvoran,
povoljan; *a* ~ *influence* blagotvoran uticaj 3.
(med.) benigni, dobroćudni; *a* ~ *tumor* dobro-
ćudni tumor (cf. **malignant** for 3)
be·nig·nant [bi'nignənt] *a* 1. povoljan 2. ljubazan
be·nig·ni·ty [~nətij] *n* 1. povoljnost 2. dobročin-
stvo
benign neglect namerno (namjerno) zanemariva-
nje problema (da bi se smanjila napetost)
ben·ne, ben·ni ['benij] *n* see **sesame**
ben·ny ['benij] *n* (slang) tableta amfetamina
bent I [bent] *n* sklonost; *a* ~ *for music* sklonost
za muziku

bent II *a* 1. (see **bend II**) savijen 2. sklon; rešen
(riješen); *to be* ~ *on doing smt.* nastojati da
uradi nešto 3. (Br.; slang) nepošten
bent III *n* (bot.) pasja rosulja
bent grass see **bent III**
ben·thos ['benthas]; [*o*] *n* 1. morsko dno 2. živo-
tinje i biljke koje žive na morskom dnu
ben·to·nite ['bentənajt] *n* (miner.) bentonit
be·numb [bi'nəm] *v tr* umrtviti
Ben·ze·drine ['benzədrijn] *n* benzedrin
ben·zene ['ben'zijn] *n* (chem.) benzol
benzene ring (chem.) benzolov prsten
ben·zin, ben·zine ['ben'zijn] *n* (chem.) ligroin (also
ligroin)
ben·zo·ic acid [ben'zouik] (chem.) benzoeva kise-
lina
ben·zo·in ['benzouin] *n* (chem.) benzoin
ben·zol ['benzoul] *n* see **benzene**
ben·zo·yl ['benzouil] *n* (chem.) benzoil
ben·zyl ['benzil] *n* (chem.) benzil
be·queath [bi'kwij*th*], [*th*] *v tr* zaveštati (zavje-
štati)
be·quest [bi'kwest] *n* zaveštanje (zavještanje), zao-
stavština
be·rate [bi'rejt] *v tr* izgrditi
Ber·ber I ['bə(r)bə(r)] *n* Berberac
Berber II *a* berberski
ber·ber·ine ['bə(r)bərijn] *n* (chem.) berberin
ber·ceuse [be(r)'soe:z] (*-euses* [oe:z]) *n* (French)
uspavanka
be·reave [bi'rijv]; *-d* or **bereft** [bi'reft] *v tr* ucveliti
(ucvijeliti); *a* ~*d mother* ucveljena majka;
(fig.) *he was bereft of his wits* on je bio izbe-
zumljen
be·reave·ment [~mənt] *n* žalost
be·ret [bə'rej]; ['berej] *n* bere
berg [bə(r)g] see **iceberg**
ber·i·ber·i [berij'berij] *n* beriberi
Be·ring Sea ['bejrin͞g] Beringovo more
Berke·le·ian ['ba(r)klijən] *a* (phil.) barklijevski
Berke·le·ian·ism [~izəm] *n* (phil.) barklijanizam
berke·li·um ['bə(r)klijəm] *n* (chem., phys.) berke-
lijum
Ber·lin [be(r)'lin], [*ə*] *n* Berlin
Ber·lin·er [~ə(r)] *n* Berlinac
berm(e) [bə(r)m] *n* 1. bankina; nasip (see **shoul-
der I** 6) 2. (mil.) berma
Ber·mu·da [bə(r)'mjūdə] *n* Bermudska ostrva (W:
Bermudski otoci)
Bermuda shorts *pl* kratke pantalone (W: hlače),
bermude
Bermuda Triangle Bermudski trougao (oblast kod
Bermuda gde ~ su mnogi brodovi i avi-
oni nestali pod nerazjašnjenim okolnostima)
Ber·noul·li's law [bə(r)'nūlijz] (phys.) Bernulijev
princip
ber·ry ['berij] *n* bobica
ber·serk [bə(r)'sə(r)k], [z] *a* lud; *to go* ~ poludeti
(poludjeti); *a* ~ *rage* neobuzdani bes (bijes)
berth I [bə(r)th] *n* 1. krevet u kabini, postelja
(krevet) na brodu, vozu (W: vlaku) 2. mesto
(mjesto), služba (na brodu) 3. sidrište, prista-
nište 4. misc.; **to give smb. a wide* ~ držati se
daleko od nekoga
berth II *v tr* smestiti (smjestiti); *to* ~ *a ship* smes-
titi brod, usidriti brod

ber·yl ['beril] *n* (miner.) beril

be·ryl·li·um [bə'rilijəm] *n* (chem.) berilijum

be·seech [bi'siječ]; *-ed* or *besought* [bi'sot] *v tr* preklinjati

be·seem [bi'sijm] *v tr* (obsol.) see **become I**

be·set [bi'set]; *beset* [bi'set] *v tr* 1. saleteti (saletjeti); opsesti 2. nasekirati

be·side [bi'sajd] *prep* 1. pored, kraj, do; ~ *me* pored (kraj, do) mene 2. sem, osim, pored (more usu. is **besides** 2) 3. misc.; *to be* ~ *oneself* biti van sebe

be·sides [~z] 1. *adv* uostalom, uz to, sem toga 2. *prep* pored, osim, sem, povrh; ~ *everything else* pored ostalog; ~ *that* povrh toga; *he has nothing* ~ *that house* on nema ništa sem te kuće

be·siege [bi'sijdž] *v tr* 1. opsesti (opsjesti); *to* ~ *a fortress* opsesti tvrđavu 2. (fig.) saleteti (saletjeti), obasuti; *to* ~ *with requests* saleteti molbama

be·sieg·er [~ə(r)] *n* opsadnik, opsađivač

be·smear [bi'smij(r)]· *v tr* umazati, uprljati

be·smirch [bi'smə(r)č] *v tr* uprljati, ocrniti; *to* ~ *smb.'s name* uprljati nečije ime

be·som ['bijzəm] *n* metla

be·sot [bi'sat]; [o] *v tr* ošamutiti (pićem)

be·sought see **beseech**

be·spake see **bespeak**

be·span·gle [bi'spaengəl] *v tr* pokriti šljokicama

be·spat·ter [bi'spaetə(r)] *v tr* poprskati, prsnuti; *to* ~ *smb. (with mud)* poprskati nekoga (blatom)

be·speak [bi'spijk]; *bespoke* [bi'spouk] and (obsol.) *bespake* [bi'spejk]; *bespoken* [bi'spoukən] and *bespoke*; *v tr* 1. nagovestiti (nagovijestiti), biti znak (nečega) 2. (Br.) poručiti

be·spoke [bi'spouk] **be·spok·en** [~ən] *a* (Br.) po meri (mjeri); *a bespoke tailor* krojač po meri

be·spread [bi'spred]; *bespread* [bi'spred] *v tr* pokriti

be·sprin·kle [bi'springkəl] *v tr* poprskati, posuti

Bes·sa·ra·bi·a [besə'rejbijə] *n* Besarabija

Bes·se·mer converter ['besəmə(r)] Besemerov konvertor

Bessemer process Besemerov proces

best I [best] *n* ono što je najbolje; *it's (all) for the* ~ to je najbolji izlaz; *at* ~ u najboljem slučaju; *to be at one's* ~ biti u najboljoj formi; *to do one's* ~ učiniti sve što je moguće; *to get the* ~ *of smb.* savladati (nadmašiti) nekoga; *to make the* ~ *of smt.* iskoristiti nešto što je najbolje moguće; *one's Sunday* ~ praznično odelo (odijelo); *to the* ~ *of my belief* po mom najboljem uverenju (uvjerenju)

best II *a* and *adv.*; *super* of **good** and **well II**; najbolji; **to be on one's* ~ *behavior* or **to put one's* ~ *foot forward* prikazati se u najboljem svetlu; *the very* ~ ...zbilja najbolji...; *he had* ~ *write the letter* trebalo bi da napiše pismo

best III *v tr* nadmašiti; prevazići; *to* ~ *smb.* nadmašiti nekoga

bes·tial ['besčəl], [*tj*] *a* životinjski, zverski (zvjerski), bestijalan

bes·ti·al·i·ty [besčij'aelətij], [*t*] *n* bestijalnost, zverstvo (zvjerstvo)

bes·tial·ize ['besčəlajz], [*tj*] *v tr* poživotinjiti

bes·ti·ar·y ['besčijerij], [*tj*]; [ə] *n* bestijarij (zbirka bajki o životinjama)

be·stir [bi'stə(r)] *v tr* razmrdati, pokrenuti; *to* ~ *oneself* razmrdati se

best man stari svat (na venčanju — vjenčanju)

be·stow [bi'stou] *v tr* pokloniti, darovati; dodeliti (dodijeliti); *to* ~ *a prize on (upon) smb.* dodeliti nekome nagradu

be·stow·al [~əl] *n* poklanjanje, darovanje; dodeljivanje (dodjeljivanje)

be·strad·dle [bi'straedl] *v tr* see **straddle**

be·strew [bi'strū]; *-ed*; *-ed* or *bestrewn* [~n] *v tr* posuti, zasuti

be·stride [bi'strajd]; *bestrode* [bi'stroud]; *bestridden* [bi'stridn] *v tr* opkoračiti

best seller bestseler

bet I [bet] *n* opklada; *to lose (make, win) a* ~ izgubiti (sklopiti, dobiti) opkladu; *a twenty dollar* ~ opklada u 20 dolara (also **wager I**)

bet II *bet* [bet] *v* 1. *tr* opkladiti se, ponuditi (predložiti) opkladu; *let's* ~ *ten dollars* hajde da se opkladimo u deset dolara (also **wager II**) 2. *intr* kladiti se; *to* ~ *at the races* kladiti se na trkama; *to* ~ *on smb.* kladiti se na nekoga

be·ta ['bejtə]; [*ij*] *n* beta (drugo slovo grčke azbuke)

be·ta·ine ['bijtəijn] *n* (chem.) betain

be·take [bi'tejk]; *betook* [bi'tuk]; *betaken* [bi'tejkən] *v refl* uputiti se

beta particle beta čestica

beta ray beta zrak (W: zraka)

be·ta·tron ['bejtətran], [*ij*]; [o] *n* betatron

be·tel ['bijtl] *n* betel

betel nut betelov orah

be·think [bi'thingk] *bethought* [bi'thot] *v refl* (obsol.) setiti (sjetiti) se

Beth·le·hem ['bethlihem] *n* Vitlejem (W: Betlehem)

be·tide [bi'tajd] *v* (obsol.) 1. *tr* zadesiti 2. *intr* dogoditi se

be·times [bi'tajmz] *adv* (obsol.) 1. rano 2. uskoro

be·to·ken [bi'toukən] *v tr* nagovestiti (nagovijestiti)

be·to·ny ['betənij] *n* (bot.) ranilist

be·took see **betake**

be·tray [bi'trej] *v tr* 1. izdati; *to* ~ *one's allies (a friend)* izdati saveznike (druga) 2. odati; *his voice* ~*ed him* glas ga je odao; *to* ~ *a secret* odati tajnu; *to* ~ *oneself* odati se 3. zavesti; *to* ~ *a girl* zavesti devojku (djevojku)

be·tray·al [~əl] *n* izdaja

be·tray·er [~ə(r)] *n* izdajnik

be·troth [bi'trouth] or [bi'troth] *v tr* zaručiti, veriti (vjeriti)

be·troth·al [~əl] *n* veridba (vjeridba)

be·trothed [~d], [*t*] *n* verenik (vjerenik)

bet·ter I ['betə(r)] *n* ono što je bolje; *a change for the* ~ poboljšanje situacije; *for* ~ *or worse* u zlu i u dobru; *to get the* ~ *of smb.* savladati (prevariti) nekoga

better II *a* and *adv*; *comp* of **good** and **well II**; *he's* ~ *off now* poboljšao je svoj položaj; *to get* ~ oporaviti se; **to go one* ~ ići dalje; *he feels* ~ bolje mu je; *you had* ~ *tell him the truth* bolje bi bilo da mu kažeš istinu; *to like smt.* ~ nešto više voleti (voljeti); *one's* ~ *half* supruga; *so much the* ~ utoliko bolje; *the* ~

part veći deo (dio); *they have seen* ~ *days* videli (vidjeli) su bolje dane; *he should know* ~ trebalo bi da zna; *to think* ~ *of smt.* predomisliti se o nečemu
better III *v tr* 1. poboljšati 2. nadmašiti
better IV see **bettor**
better business bureau gradsko društvo za zaštitu potrošača
bet·ter·ment [~mənt] *n* poboljšanje
bet·tor ['betə(r)] *n* kladilac
be·tween [bi'twijn] *prep* između, među; ~ *the table and the door* između stola i vrata; **this should remain* ~ *us* među nama budi rečeno; **~ the devil and the deep blue sea* između dva zla (see also **among**)
be·twixt [bi'twikst] *prep* (obsol.) see **between**; **~ and between* ni jedno ni drugo
bev·el I ['bevəl] *n* 1. kosina, kos smer (smjer) 2. uglomer (uglomjer)
bevel II *v tr* zakositi
bevel gear konusni zupčanik
bev·er·age ['bev(ə)ridž] *n* piće; *alcoholic (non-alcoholic)* ~*s* alkoholna (bezalkoholna) pića
bev·y ['bevij] *n* 1. jato 2. (fig.) grupa, skup
be·wail [bi'wejl] *v tr* oplakati; *to* ~ *one's fate* oplakati svoju sudbinu
be·ware [bi'wej(r)] *v intr* (used in the *imper*) čuvati se; ~ *of the dog!* čuvaj se psa!
be·wil·der [bi'wildə(r)] *v tr* zbuniti
be·wil·dered [~d] *a* zbunjen
be·wil·der·ing [~ĩŋ] *a* koji zbunjuje
be·wil·der·ment [~mənt] *n* zbunjenost
be·witch [bi'wič] *v tr* začarati
be·witch·ing [~ĩŋ] *a* koji začarava, čaroban
bey [bej] *n* beg (also **beg I**)
be·yond [bij'and]; [o] 1. *adv* dalje 2. *prep* iza; ~ *the last house* iza poslednje (posljednje) kuće 3. *prep* posle (poslije); ~ *that time* posle toga vremena 4. *prep* van, izvan; iznad; preko; *it is* ~ *me* to je van mog domašaja; or: to je iznad mog shvatanja (shvaćanja); *he lives* ~ *his income* živi preko svojih sredstava 5. misc.; ~ *hope* bez nade; ~ *belief* neverovatan (nevjerojatan); ~ *comparison (compare)* neusporediv, neuporediv
bez·el, bez·il ['bezəl] *n* 1. kosina na sečivu (sječivu) 2. ležište dragog kamena na prstenu
be·zoar [bij'zo(r)] *n* kamen u želucu preživara, zborbilj
Bhu·tan [bū'tan] *n* Butan
Bhu·tan·ese I [būtə'nijz] *(pl* has zero*) n* Butanac
Bhutanese II *a* butanski
Bi·a·fra [bij'afrə], [ae] *n* Bijafra
bi·a·ly [bij'alij] *n* vrsta kifle
bi·an·nu·al [baj'aenjūəl] *a* polugodišnji (also **semiannual**)
bi·as I ['bajəs] *n* 1. kosina, kosa linija; *cloth cut on the* ~ tkanina sečena (sječena) koso 2. pristrasnost (W: pristranost), predrasuda; *to have a* ~ *against smb.* imati predrasudu protiv nekoga 3. (elec.) prednapon
bias II *v tr* stvoriti predrasudu (kod); *to* ~ *smb.* stvoriti predrasudu kod nekoga; *to be* ~*ed against smb.* imati predrasudu protiv nekoga
bi·as·pec·tu·al [bajaes'pekčūəl] *a* (ling.) dvovidski
bi·ax·i·al [baj'aeksijəl] *a* dvoosan, dvoosovan

bib I [bib] *n* portikla
bib II *v* 1. see **imbibe** 2. see **tipple**
bibb [bib] see **bibcock**
bib·ber [~ə(r)] *n* see **tippler**
bib·cock [~kak]; [o] *n* soha sa vijkom
bi·ble ['bajbəl] *n* (cap.) *(the* ~*)* Biblija 2. primerak (primjerak) biblije 3. (fig.) autoritativna knjiga
Bible Belt rejoni na jugu i srednjem zapadu SAD gde (gdje) preovlađuju stroge protestantske sekte
bib·li·cal ['biblikəl] *a* biblijski; ~ *characters* biblijske ličnosti
bib·li·cist [~sist] *n* stručnjak za Bibliju
bib·li·og·ra·pher [biblij'agrəfə(r)]; [o] *n* bibliograf
bib·li·o·graph·ic [biblijə'graefik] *a* bibliografski
bib·li·o·graph·i·cal [~əl] see **bibliographic**
bib·li·og·ra·phy [biblij'agrəfij]; [o] *n* bibliografija
bib·li·ol·a·try [biblij'alətrij]; [o] *n* bibliolatrija
bib·li·o·man·cy ['biblijoumaensij] *n* bibliomantija
bib·li·o·ma·ni·a [biblijou'mejnijə] *n* bibliomanija
bib·li·o·ma·ni·ac [~ijaek] *n* biblioman
bib·li·o·phile ['biblijəfajl] *n* bibliofil
bib·li·oph·ilism [biblij'afilizəm]; [o] *n* bibliofilstvo
bib·li·o·pole ['biblijəpoul] *n* prodavac retkih knjiga
bib·list ['biblist] see **biblicist**
bi·bu·lous ['bibjələs] *a* sklon piću
bi·cam·er·al [baj'kaemərəl] *a* dvodom, dvodoman; *a* ~ *system* dvodomni sistem (W: sustav)
bi·car·bon·ate [baj'ka(r)bənejt], [i] *n* bikarbonat
bicarbonate of soda see **sodium bicarbonate**
bi·cen·te·na·ry I [bajsen'tenərij]; [ij] or [baj'sentənerij]; [ə] *n* dvestogodišnjica (dvjestogodišnjica)
bicentenary II *a* dvestogodišnji (dvjestogodišnji)
bi·cen·ten·ni·al I [bajsen'tenijəl] *n* dvestogodišnjica (dvjestogodišnjica); *to celebrate a* ~ proslaviti dvestogodišnjicu
bicentennial II *a* dvestogodišnji (dvjestogodišnji)
bi·ceps ['bajseps] *(pl* has zero or ~*es) n* biceps
bick·er ['bikə(r)] *v intr* prepirati se
bick·er·ing [~riŋ] *n* prepiranje, prepirka
bi·con·cave [baj'kan'kejv]; [o] *a* bikonkavan
bi·con·vex [baj'kan'veks]; [o] *a* bikonveksan
bi·corn ['bajko(r)n] *a* dvorog
bi·cus·pid [baj'kəspid] *n* mali kutnjak
bi·cy·cle I ['bajsik(ə)l] *n* bicikl; *to ride a* ~ voziti se na biciklu
bicycle II *v intr* voziti se na biciklu
bi·cy·cling [~kliŋ] *n* biciklizam
bi·cy·clist [~klist] *n* biciklist(a)
bid I [bid] *n* 1. ponuda; *to make a* ~ podneti (podnijeti) ponudu; *the highest* ~ najveća ponuda; *a sealed* ~ ponuda u zapečaćenom omotu (see also **tender I**) 2. pokušaj; *to make a* ~ *for first place* izvesti pokušaj da zauzme prvo mesto (mjesto)
bid II *bade* [baed] for 1, 2, 3 and *bid* for 4, 5; *bidden* or *bid* for 1, 2, 3; *bid* for 4, 5; *v* 1. *tr* (lit.) narediti 2. *tr* poželeti (poželjeti); *to* ~ *smb. good night* poželeti nekome laku noć; *to* ~ *farewell to smb.* oprostiti se sa nekim 3. *tr* (lit.) pozvati 4. *tr* ponuditi (naročito na licitaciji); *he bid fifty dollars for it* ponudio je pedeset dolara za ovo 5. *intr* učestvovati na licitaciji (kao ponuđač), nadmetati se, podneti

(podnijeti) ponudu; ponuditi; *he was ~ding* nadmetao se; *to ~ on smt.* ponuditi (novac) . za nešto 6. misc.; *to ~ defiance* pružati otpor; *to ~ fair* obećati
bid·den see **bid II**
bid·der [~ə(r)] *n* ponuđač
bid·ding [~ing] *n* 1. naredba; molba; *at smb.'s ~* po nečijoj naredbi; *to do smb.'s ~* izvršiti nečiju naredbu 2. podnošenje ponuda; učestvovanje na licitaciji, licitiranje, nadmetanje; *to announce competitive ~ for* raspisati javno nadmetanje (konkurs) za
bid·dy ['bidij] *n* pile
bide [bajd]; *-ed* or *bode* [boud]; *-ed; v* 1. *tr* čekati; *to ~ one's time* čekati podesnu priliku 2. *intr* (obsol.) ostati 3. *intr* (obsol.) čekati
bi·det [bij'dej] *n* bide
bi·en·ni·al I [baj'enijəl] *n* dvogodišnjica, bijenale
biennial II *a* dvogodišnji
bi·en·ni·um [baj'enijəm] (*-s* or *-nia* [nijə]) *n* dvogodište
bier [bij(r)] *n* nosila (za mrtvački kovčeg)
biff [bif] *n* (Br.; slang) jak udarac
bi·fo·cal [baj'foukəl] *a* bifokalni
bi·fo·cals [~z] *n pl* bifokalna stakla
bi·fo·li·ate [baj'foulijit], [*ej*] *a* dvolist
bi·fur·cate I ['baj'fə(r)kejt], [*i*] *a* račvast, razdvojen (see also **forked**)
bifurcate II [~ejt] *v* 1. *tr* razdvojiti 2. *intr* račvati se (see also **fork II**)
bi·fur·ca·ted [~ejtid] *a* see **bifurcate I**
big I [big] *a* 1. veliki (velik); *a ~ fool (mistake, profit)* velika budala (greška, dobit); *a ~ man* čovek (čovjek) velikog rasta; *a ~ responsibility* velika odgovornost; (colloq.) *~ money* veliki novac; *the ~ hand (on a clock)* velika kazaljka; (colloq.) *to have a ~ mouth* imati veliki jezik; *those shoes are too ~ for you* ove su ti cipele velike; *in a ~ way* na visokoj nozi; (pol.) *the ~ five* velika petorka 2. krupan; veliki; *~ business* krupni (veliki) biznis; *~ headlines* krupni naslovi; *a ~ deal* krupan posao 3. misc.; **as ~ as a house* ogroman; *they gave him a ~ hand* pozdravili su ga dugotrajnim aplauzom; *~ talk* hvalisanje; *a ~ heart* široko srce; *the ~ toe* palac (na nozi); *~ news* važna vest (vijest); *a ~ joke* nešto smešno (smiješno); **he got too ~ for his boots* napravio se važan, uobrazio se; *~ with child* trudna; *the ~ picture* opšta (opća) situacija; (hist., pol.) *the Big Stick* snaga oružja; (colloq., mil.): *~ brass* viši oficiri; *~ stuff* teška borbena tehnika; *a ~ brother* stariji brat
big II *adv* (colloq.) hvalisavo; *he talks ~ on* se hvališe; *to think ~* biti pun inicijative
big·a·mist ['bigəmist] *n* dvoženac, bigamist
big·a·mous [~məs] *a* bigamičan
big·a·my [~mij] *n* dvoženstvo, bigamija, dvobračnost
Big Apple *(the ~)* (colloq.) (grad) Njujork
big bang rađanje vasione (svemira) eksplozivnim putem, veliki prasak; *the ~ theory* teorija o velikom prasku
Big Brother svemoć, sveprisutnost diktatorske vlade
big bug (colloq., Br.) see **big shot**

Big Dipper (astro.) *(the ~)* Veliki medved (medvjed)
big game krupna divljač
big·gi·ty [~ətij] *a* (colloq.) ohol
big·head [~hed] *n* uobraženost
big-heart·ed [~-ha(r)tid] *a* velikodušan (see also **generous**)
big·horn [~ho(r)n] *n* ovca Stenovitih (Stjenovitih) planina
big house (colloq.) zatvor
bight [bajt] *n* 1. labavi deo (dio) konopa 2. omča, zamka 3. zaliv
Big Labor (Am.; colloq.) veliki (nacionalni) sindikati
big league see **major league**
big·mouth [~mauth] *n* brbljivac
big name (colloq.) velika zverka (zvjerka)
big·ness [~nis] *n* veličina
big·ot ['bigət] *n* bigot; čovek (čovjek) pun predrasuda
big·ot·ed [~id] *a* bigotan; pun predrasuda, netrpljiv, netrpeljiv
big·ot·ry [~rij] *n* bigotizam; netrpljivost, netrpeljivost; *to arouse (religious) ~* izazvati (versku — vjersku) netrpeljivost
big shot (colloq.) velika (krupna) zverka (zvjerka)
Big Ten (Am.) fudbalska liga nekih američkih univerziteta (W: sveučilišta) na Srednjem zapadu
big time (colloq.) (sports, theater) vrh, vrhunac; *to reach the ~* dostići vrhunac; *~ sports* vrhunski sport
big top (colloq.) glavni šator (cirkusa)
big wheel (colloq.) see **big shot**
big wig (colloq.) see **big shot**
bi·hour·ly [baj'aurlij] *a* svakog drugog sata
bi·jou ['bijžū] (*~oux* [ūz]) *n* dragulj
bike I [bajk] *n* colloq.; see **bicycle I**
bike II colloq.; see **bicycle II**
bi·ki·ni [bi'kijnij] *n* bikini
bi·la·bi·al I [baj'lejbijal] *n* (ling.) bilabijal
bilabial II *a* (ling.) bilabijalni
bi·lat·er·al [baj'laetərəl] *a* dvostran, bilateralan; *~ cooperation* bilateralna saradnja
bil·ber·ry ['bilberij], [ə] *n* borovnica
bil·bo ['bilbou] (*~es*) *n* okovi sa lancem
bile [bajl] *n* žuč (also fig.)
bilge [bildž] *n* 1. brodsko dno 2. kaljužna voda, kaljuža 3. (fig., colloq.) koještarija
bilge keel (naut.) ljuljna kobilica
bil·har·zi·a·sis [bilha(r)'zajəsis] *n* bilharcijaza (see also **schistosomiasis**)
bi·lin·e·ar [baj'linijə(r)] *a* (math.) bilinearan
bi·lin·gual [baj'lingwəl] *a* dvojezični, bilingvan; *a ~ dictionary* dvojezičan rečnik (rječnik); *~ instruction* dvojezična nastava
bi·lin·gual·ism [~izəm] *n* dvojezičnost, bilingvizam
bil·ious ['biljəs] *a* žučni
bil·i·ru·bin [bilə'rūbin] *n* (chem.) bilirubin
bil·i·ver·din [bilə'və(r)din] *n* (chem.) biliverdin
bilk I (bilk) *n* prevara
bilk II *v tr* prevariti; *to ~ smb. out of smt.* prevarom oduzeti nekome nešto
bill I [bil] *n* 1. račun; *to pay a ~* platiti račun; *to put on smb.'s ~* staviti (metnuti) na nečiji račun; *a telephone (water) ~* račun za telefon

(za vodu); *to run up a large* ~ napraviti veliki račun; (colloq.) *to foot the ~ podneti (podnijeti) troškove 2. pozorišni (W: kazališni) program (also **playbill**) 3. plakat, oglas; *post no* ~*s!* zabranjeno je lepiti (lijepiti) plakate! 4. novčanica; *a five-dollar* ~ novčanica od pet dolara; *to break a* ~ razbiti novčanicu 5. zakonski nacrt; *to accept (introduce) a* ~ primiti (predložiti) nacrt 6. (legal) isprava; *to file a* ~ *of complaint* podneti (podnijeti) optužni predlog

bill II *v tr* 1. naplatiti; *he will* ~ *you for everything* on će vam sve naplatiti; ~ *it to my account* stavi to na moj račun (see also **charge III**) 2. objaviti (plakatom)

bill III *n* kljun

bill IV *v intr* ljubiti se (o golubima); *to* ~ *and coo* milovati se

bill V *n* 1. halebarda 2. see **billhook**

bill·board [~bo(r)d] *n* reklamni plakat, reklamna tabla (see also **hoarding II** 2)

bil·let I ['bilit] *n* (mil.) 1. stambena prostorija, stan, konak; *to assign soldiers to* ~ s razmestiti (razmjestiti) vojnike po stanovima 2. nalog za smeštaj (smještaj)

billet II *v tr* razmestiti (razmjestiti); *to* ~ *troops* razmestiti vojnike (po stanovima)

billet III *n* 1. panj, klada 2. šipka, poluga

bil·let-doux [bilej-'dū] *(billets-doux* [bilej-'dūz]) *n* (French) ljubavno pismo

bil·let·ing [~ing] *n* razmeštaj (razmještaj) po stanovima; *(as a)* ~ *officer* oficir-konačar

bill·fold [~fould] *n* novčanik

bill·head [~hed] *n* naštampana glava (na računu)

bill·hook [~huk] *n* sekač (sjekač); kosir

bil·liard ['bilja(r)d] *a* bilijarski (W: biljarski); *a* ~ *ball* bilijarska lopta

bil·liards ['biljardz] *n* bilijar (W: biljar); *to play* ~ igrati bilijara (see also **pool III**)

bil·ling I ['biling] *n* spisak glumaca (u programu)

billing II *n* naplaćivanje

billing department odeljenje (odjeljenje) za izmirenje dugova

bil·lings·gate [~zgejt]; [*i*] *n* (Br., colloq.) prostački jezik

bil·lion ['biljən] *n* (after a *num, pl* has zero) 1. (Am.) milijarda (10^9) 2. (Br.) bilion — W: bilijun (10^{12})

bil·lion·aire [~'ej(r)] *n* milijarder

bill of attainder nalog za pogubljenje (bez suđenja)

bill of exchange menica (mjenica)

bill of fare jelovnik

bill of health uverenje (uvjerenje) o zdravstvenom stanju; *he was given a clean* ~ pregled je pokazao da je on sasvim zdrav; or (fig.): utvrđeno je da on ima čistu prošlost

bill of lading tovarni list, teretnica, konosman

bill of rights povelja slobode

bill of sale kupoprodajni ugovor

bil·lon ['bilən] *n* metalna smesa (smjesa)

bil·low I ['bilou] *n* (veliki) talas (W also: val)

billow II *v intr* talasati se

bill·post·er ['bilpoustə(r)] *n* lice koje lepi (lijepi) oglase

bill sticker esp. Br.; see **billposter**

bil·ly I ['bilij] *n* štap

billy II *n* (Australian and Br.) lonac

billy cub policajčev štap

billy goat (colloq.) jarac

bi·me·tal·lic [bajmə'taelik] *a* bimetalan

bi·met·al·lism [baj'metlizəm] *n* bimetalnost

bi·month·ly I [baj'mənthlij] *n* časopis koji izlazi svaka dva meseca (mjeseca)

bimonthly II *a* 1. dvomesečni (dvomjesečni); *a* ~ *journal* dvomesečni časopis 2. (nonstandard) dvaput u mesecu (mjesecu)

bi·mo·tored [baj'moutə(r)d] *a* dvomotorni

bin [bin] *n* 1. ograđeno mesto — mjesto (u ambaru) 2. podrumsko odeljenje (odjeljenje); bunker

bi·na·ry ['bajnərij] *a* binarni, dvojni; *a* ~ *code (number, system)* binarni kod (broj, sistem); *a* ~ *digit (nomenclature)* binarna cifra (nomenklatura)

binary star dvojna zvezda (zvijezda)

bin·au·ral [baj'norəl] *a* binauralni

bind I [bajnd] *n* 1. veza (see **bond**) 2. (colloq.) škripac; *to be in a (bit of a)* ~ biti u škripcu

bind II *bound* [baund] *v* 1. *tr* vezati; *to* ~ *grain into sheaves* vezati žito u snopove; *to* ~ *by contract* vezati ugovorom; *bound hand and foot* vezan za noge i ruke (see also **tie II**) 2. *tr* zaviti; *to* ~ *(up) a wound* zaviti ranu (see also **bandage II**) 3. *tr* povezati; *to* ~ *a book* povezati knjigu 4. *tr* vezati, metnuti na lanac, povezati; *to* ~ *smb. in chains* vezati nekoga u lance (see also **chain II**) 5. *tr* upisati; *to* ~ *smb. over (out) as an apprentice* upisati nekoga kao šegrta 6. *tr* (legal) *to* ~ *over to a court* primorati nekoga pod jemstvom da stane pred sud 7. *intr* obavezivati; *it is not* ~*ing on anyone* to nikoga ne obavezuje 8. *intr* zapušavati

bind·er [~ə(r)] *n* 1. vezilac, vezač 2. (agric.) vezačica, snopovezačica 3. predujam; kapara; kaucija; garantni iznos; *to put down a* ~ položiti kauciju 4. knjigovezac

bind·er·y [~ərij] *n* knjigoveznica

bind·ing I [~ing] *n* 1. vezivanje, spajanje 2. povez 3. vez

binding II *a* 1. vezivni, spojni 2. koji zapušava, začepljuje 3. koji obavezuje, obavezan, obligacioni; *a* ~ *agreement* obligacioni ugovor

binding arbitration obavezna (neopoziva) arbitraža

binding energy (phys.) vezivna energija

bind up *v* see **bind II** 2

bind·weed ['bajndwijd] *n* (bot.) ladolež, poponac

binge [bindž] *n* (colloq.) pijanka, terevenka, lumperaj; *to go on a* ~ lumpovati

bin·go ['binggou] *n* vrsta tombole

bin·na·cle ['binəkəl] *n* (naut.) stalak kompasa

bin·oc·u·lars [bə'nakjələ(r)z]; [*o*] *n pl* dvogled, durbin; *three pairs of* ~ tri dvogleda

bi·no·mi·al I [baj'noumiəl] *n* binom

binomial II *a* binomni

binomial theorem binomna teorema

bi·o·chem·i·cal [bajou'kemikəl] *a* biohemijski (biokemijski)

bi·o·chem·ist [~mist] *n* biohemičar (biokemičar)

bi·o·chem·is·try [~rij] *n* biohemija (biokemija)

bi·o·de·grad·a·ble [bajoudə'grejdəbəl] *a* koji se raspada bakteriološkim putem

bi·o·feed·back [~'fijdbaek] *n* primena (primjena) bioenergije
bi·o·gen·e·sis [bajou'dženɔsis] *n* biogeneza
bi·o·ge·net·ic [bajoudžɔ'netik] *a* biogenetički
bi·og·ra·pher [baj'agrɔfɔ(r)];[*o*] *n* biograf
bi·o·graph·i·cal [bajɔ'graefikɔl] *a* biografski
bi·og·ra·phy [baj'agrɔfij]; [*o*] *n* biografija
bi·o·log·i·cal [bajɔ'ladžikɔl]; [*o*] *a* biološki; *warfare* biološki rat
bi·ol·o·gist [baj'alɔdžist]; [*o*] *n* biolog
bi·ol·o·gy [baj'alɔdžij]; [*o*] *n* biologija
bi·o·met·rics [bajou'metriks] *n* biometrija
bi·on·ic [baj'anik]; [*o*] *a* veoma snažan
bi·o·phys·i·cal [bajou'fizikɔl] *a* biofizički
bi·o·phys·i·cist [~zisist] *n* biofizičar
bi·o·phys·ics [~iks] *n* biofizika
bi·op·sy [baj'apsij]; [*o*] *n* biopsija
bio-rhythym *n* bioritam
bi·ot·ic [baj'atik]; [*o*] *a* životan
bi·o·tite ['bajɔtajt] *n* (miner.) biotit
bi·part·ed [baj'pa(r)tid] see **bipartite**
bi·par·ti·san [baj'pa(r)tɔzɔn]; [*ae*] *a* dvopartijski, dvostranački
bi·par·tite [~tajt] *a* dvostruk, dvostran
bi·ped I ['bajped] *n* dvonožac
biped II *a* dvonog
bi·plane ['bajplejn] *n* dvokrilac
bi·pod ['bajpad]; [*o*] *n* soška, dvonožac
bi·po·lar [baj'poulɔ(r)] *a* bipolarni
bi·quar·ter·ly [baj'kwo(r)tɔ(r)lij] *a* dva puta svakog tromesečja (tromjesečja)
bi·ra·cial [baj'rejšɔl] *a* od dve (dvije) rase
birch I [bɔ(r)č] *n* breza
birch II *a* brezov; ~ *bark* brezova kora; (Slavic ling.) ~-*bark documents* brezove povelje
birch III *v tr* išibati
birch·wood [~wud] *n* brezovina
bird [bɔ(r)d] *n* 1. ptica; *game* ~s pernata divljač; *a migratory* ~ ptica selica; *a* ~ *of prey* ptica grabljivica; *a night* ~ noćna ptica; *a* ~ *of ill omen* ptica zloslutnica; *a* ~'s *nest* ptičje gnezdo (gnijezdo); **a* ~ *in the hand is worth two in the bush* bolji je vrabac u ruci nego golub na grani; **a little* ~ *told me* jedna ptica mi je kazala; **~s of a feather flock together* svaka ptica svome jatu leti; **for the* ~s bez vrednosti (vrijednosti); **to kill two* ~s *with one stone* ubiti jednim udarcem dve (dvije) muve; **the early* ~ *catches the worm* ko (tko) rano rani dve sreće grabi; **a queer* ~ čudak; **that's for the* ~s ne vredi (vrijedi) ni prebijene pare; **a wise old* ~ prepredenjak; ~s *chirp* ptice cvrkuću 2. (Br., slang) devojka (djevojka) 3. (slang) zviždanje; *he got the* ~ publika ga je izviždala (see also **raspberry** 2, **Bronx cheer**)
bird·brain [~brejn] *n* (colloq.) prazna glava
bird·cage [~kejdž] *n* kavez za ptice
bird·call [~kol] *n* vab
bird colonel (Am. mil., colloq.) pukovnik
bird dog ptičar (pas)
bird fancier ptičar
bird·farm [~fa(r)m] *n* (naval, slang) nosač aviona
bird·house [~haus] *n* kućica za ptice
bird·ie [~ij] *n* dim. of **bird**
bird·man [~mɔn] (-*men* [min]) *n* 1. ptičar 2. (slang) pilot

bird of paradise rajska ptica
bird of passage ptica selica
bird·seed [~sijd] *n* seme (sjeme) za ptice
bird's-eye I [~z-aj] *n* (bot.) zmijina trava
bird's-eye II *a* ~ *view* ptičja perspektiva, pogled iz ptičjeg leta
bird watcher posmatrač ptica
bi·ret·ta [bɔ'retɔ] *n* bireta
birl [bɔ(r)l] *v tr* okretati (balvan)
birl·ing [~ing] *n* birling (takmičenje u kojem svaki učesnik nastoji da svali protivnika s balvana u vodu)
Bir·ming·ham ['bɔ(r)mingₕaem]; [ɔ] *n* Bermingem
bi·ro ['bajrou] Br.; see **ball-point pen**
birth [bɔ(r)th] *n* 1. rađanje, porođaj; *to induce a* ~ indukovati (izazvati) porođaj 2. loza, poreklo (porijeklo)
birth certificate izvod iz matične knjige rođenih
birth control kontrola rađanja
birth·day I [~dej] *n* rođendan; *to celebrate a* ~ slaviti rođendan
birthday II *a* rođendanski; *a* ~ *present* rođendanski poklon
birth defect urođena mana
birth·ing center porodilište
birth·mark [~ma(r)k] *n* mladež
birth·place [~plejs] *n* mesto (mjesto) rođenja
birth·rate [~rejt] *n* natalitet
birth·right [~rajt] *n* pravo stečeno rođenjem; pravo prvorodstva
birth·wort [~wo(r)t] *n* (bot.) vučja stopa
bis [bis] *adv* bis, još jedanput
bis·cuit ['biskit] *n* 1. tanak, pljosnat, nezaslađen kolač (see also **scone**) 2. (Br.) dvopek, biskvit (see also **cracker** 1) 3. see **bisque** 2
bi·sect ['baj'sekt] *v* 1. *tr* prepoloviti 2. *intr* račvati se
bi·sec·tion [baj'sekšɔn] *n* polovljenje, bisekcija
bi·sec·tor ['bajsektɔ(r)] *n* (math.) bisektrisa
bi·sex·u·al [baj'seksûɔl] *a* biseksualan
bi·sex·u·al·ism [~izɔm] *n* biseksualitet
bish·op ['bišɔp] *n* 1. biskup, episkop 2. (chess) lovac, laufer, trkač
bish·op·ric [~rik] *n* biskupstvo, episkopija
bis·muth ['bizmɔth] *n* bizmut
bi·son ['bajsɔn], [z] *n* 1. (Am.) bizon 2. (Euro.) divlji vo (vol)
bisque [bisk] *n* 1. čorba 2. neglеđosan porcelan (W: neocakljen porculan)
bis·sex·tile I [baj'sekstil] *n* prestupna godina
bissextile II *a* prestupni
bis·tort ['bisto(r)t] *n* (bot.) srčenica
bis·tro ['bistrou] *n* mala kafana (kavana)
bi·syl·lab·ic [bajsɔ'laebik] *a* dvosložan (also **disyllabic**)
bit I [bit] *n* 1. komadić; *a* ~ *at a time* or ~ *by* ~ postepeno 2. (Am., colloq.) *two* ~s 25 centi 3. (Br.) novčić; *a threepenny* ~ tri penija 4. obol; *to do one's* ~ dati svoj obol 5. misc.; *every* ~ *as good* isto toliko dobar; *not a* ~ ni najmanje; *he had a* ~ *of luck* imao je nešto sreće; *wait a* ~ čekaj malo; *every* ~ sve; *a* ~ *of advice* jedan savet (savjet)
bit II *n* đem, žvale; **to take the* ~ *between one's teeth* otresti se kontrole; **to champ at the* ~ biti nestrpljiv

bit III *n* glava (vrh, rezač) svrdla
bit IV *n* (C.) bit
bit V see **bite**
bitch I [bič] *n* 1. kučka 2. (fig., colloq.) kučka, zloćudna žena 3. (vul.) žalba; *what's your* ~? na šta (što) se žališ?
bitch II *v intr* (vul.) žaliti se
bitch·y ['bičij] *a* (colloq.) zloćudan, pakostan
bite I [bajt] *n* 1. ujed; ubod; *a dog (snake)* ~ ujed psa (zmije); *a mosquito* ~ ubod komarca; **his bark is worse than his* ~ nije tako opasan kao što izgleda 2. rana od ujeda 3. zalogaj; meze; *to have a* ~ založiti se 4. misc.; *this mustard has no* ~ ova slačica nije mnogo ljuta
bite II [bajt]; *bit* [bit]; *bitten* ['bitn] and (rare) *bit;* *v* 1. *tr* ujesti; *the dog bit the child* pas je ujeo dete (dijete) 2. *tr* grickati; *the child* ~*s its nails* dete (dijete) gricka nokte 3. *tr* (or: *to* ~ *up)* (of insects) jesti, izjesti; *I got all bitten up by mosquitoes* izjeli su me komarci 4. *intr* ujedati; *does your dog* ~? da li vaš pas ujeda? 5. *intr* peći 6. *intr* zagristi udicu, mamac (also fig.); *the fish are not* ~*ing* riba neće da zagrize mamac; (fig.) *to* ~ *at smt.* zagristi u nešto; (fig.) *he hoped that they would* ~ *at the offer* nadao se da će se oni uhvatiti na udicu 7. *intr (to* ~ *into)*; nagristi; zagristi u; *to* ~ *into an apple* zagristi jabuku 8. misc.; **to* ~ *one's tongue (and remain silent)* ugristi se za jezik; **to* ~ *the dust* poginuti (u boju); **once bitten twice shy* žežen kašu hladi
bite off *v* 1. odgristi 2. misc.; **to bite off more than one can chew* preduzeti nešto što se ne može izvršiti; **to bite off smb.'s head* izgrditi nekoga
bite up *v* see **bite II** 3
bit·ing [~iñg] *a* 1. jedak, zajedljiv; *a* ~ *remark* jetka primedba (primjedba) 2. koji seče (siječe); *a* ~ *wind* vetar (vjetar) koji seče
bit part epizodna uloga
bit player epizodista
bit·stock ['bitstak]; [o] *n* svrdao
bitt [bit] *n* (naut.) (brodska) bitva
bit·ten see **bite II**
bit·ter ['bitə(r)] *a* 1. gorak; **to swallow a* ~ *pill* progutati gorku pilulu 2. (fig.) ogorčen, žestok, težak, oštar, žučan, ljut; ~ *attacks* žučni napadi; *a* ~ *battle* ljuta bitka; ~ *cold (hatred)* ljuta zima (mržnja); ~ *enemies* ljuti neprijatelji; ~ *fighting* žestoke borbe; ~ *pain* oštar bol; ~ *poverty* teško siromaštvo; *a* ~ *quarrel* žestoka (ogorčena) svađa; *to the* ~ *end* do krajnosti, do kraja
bitter apple (bot.) gorka tikvica
bit·tern I ['bitə(r)n] *n* rastvor raznih soli
bittern II *n* (zool.) bukavac
bit·ter·ness [~nis] *n* gorčina
bitter oak cer
bit·ters ['bitə(r)z] *n pl* gorka rakija, travarica
bit·ter·sweet I [~swijt] *n* (bot.) razvodnik, paskvica, gorkoslad
bittersweet II *a* gorak i sladak (u isto vreme — vrijeme)
bi·tu·men [bi'tūmən]; [tj] *n* bitumen
bi·tu·mi·nous [~əs] *a* bituminozan; ~ *coal* bituminozan ugalj
bi·va·lence [baj'vejlәns] *n* bivalencija

bi·va·lent [~ənt] *a* bivalentan
bi·valve ['bajvaelv] *n* mekušac s dva kapka
biv·ou·ac I ['bivwaek], [ū] *n* bivak
bivouac II *v intr* biti u bivaku, bivakovati
bi·week·ly I ['bajwijklij] *n* časopis koji izlazi svake druge nedelje — nedjelje (W: svakog drugog tjedna)
biweekly II *a* dvonedeljni (dvonedjeljni)
bi·year·ly [baj'jij(r)lij] *a* dvogodišnji
bi·zarre [bi'za(r)] *a* bizaran
bi·zarre·ness [~nis] *n* bizarnost
blab [blaeb] *v* 1. *tr* izbrbljati; nagovoriti; *to* ~ *smt.* izbrbljati nešto 2. *intr* brbljati
blab·ber I [~ә(r)] *n* 1. brbljivac 2. brbljanje
blabber II *v intr* brbljati
blab·ber·mouth [~mauth] *n* brbljivac
black I [blaek] *n* 1. crna boja, crnilo, crnina; **to wear* ~ nositi crninu; **in* ~ *and white* crno na belo (bijelo) 2. crnac 3. (chess, checkers) crna figura 4. (comm.) *in the* ~ bez deficita
black II *a* 1. crn; ~ *bread* crni hleb — hljeb (W: kruh); ~ *coffee* crna kafa (kava); *to turn* ~ pocrneti (pocrnjeti) 2. misc.; **to beat up* ~ *and blue* pretući na mrtvo ime; **the devil is not so* ~ *as he is painted* đavo nije tako crn, kao što izgleda; *** ~ *and blue* sa masnicama; **things look* ~ neće biti dobro
black III *v tr* obojiti crno; (Br.) *to* ~ *boots* viksati cipele (see also **shine II** 2)
black·and·blue [~-ən-blū] *a* u modricama; *he's all* ~ sav je u modricama
Black and Tans (Br.; hist.) nadimak za britanske trupe u Irskoj
black·and·white [~-ən-wajt] *a* crnobeo (crnobijel); *a* ~ *picture* crnobela slika
black archangel (bot.) crnoglavac
black arts *(the* ~) see **black magic**
black·ball I [~bol] *n* glasanje protiv (crnom kuglicom, naročito u nekom privatnom klubu)
blackball II *v tr* glasati protiv
black belt crni pojas (oznaka majstorstva u džudou, karateu, itd.)
black·ber·ry [~berij]; [ə] *n* kupina
black·bird [~bə(r)d] *n* kos
black·board [~bo(r)d] *n* školska tabla (W: ploča); *to erase a* ~ brisati tablu
black·bod·y [~badij]; [o] *n* (phys.) crno telo (tijelo); *(as a)* ~ *radiation* zračenje crnog tela
black book spisak onih koji su u nemilosti
black box crna kutija
black·buck [~bәk] *n* (zool.) indijska antilopa
black·cap [~kaep] *n* (bird) grmuša, crnoglavka
black caraway (bot.) crnika
black·cock [~kak]; [o] *n* (bird) ruševac, tetreb mali
black·damp [~daemp] *n* ugljen-dioksid (koji nastaje u rudnicima usled — uslijed eksplozije)
Black Death (hist.) kuga (u XIV v.)
black diamond crni dijamant
black·en [~ən] *v* 1. *tr* pocrniti; ocrniti; *to* ~ *a person's character* ocrniti nekoga 2. *intr* pocrneti (pocrnjeti)
black English (ling.) crnački engleski
black eye masnica (modrica) kod oka; *to give smb. a* ~ napraviti nekome modricu kod oka; or: (fig.) naneti (nanijeti) nečijem ugledu štetu

black·face [~fejs] *n* 1. crno namazano lice (svirača minstrela) 2. see **boldface**
Black Friar dominikanski fratar
black frost (Br.) inje
black garlic (bot.) lužanj
black grouse see **blackcock**
black·guard [~ga(r)d] *n* nitkov, hulja
black·head [~hed] *n* sujedac, miteser
black-heart·ed [~-ha(r)tid] *a* opak, zao
black hole (astro.) crna jama
black horehound see **black archangel**
black humor crni humor
black ice (Br.) nevidljiva poledica
black·ing [~iñg] *n* crna mast za obuću
black·ish [~iš] *a* crnkast
black·jack I [~džaek] *n* ručno napadačko oružje (pokriveno kožom)
blackjack II *v tr* udariti ručnim napadačkim oružjem
blackjack III *n* vrsta kartaške igre
blackjack IV *n* kožni sud za piće
black·leg [~leg] *n* 1. see **cardsharp** 2. (Br.) štrajkbreher (see also **scab** 2) 3. (plant disease) crni prišt
black letter (printing) gotica
black·list I [~list] *n* crna lista
blacklist II *v tr* upisati u crnu listu
black locust (bot.) bagrem
black lung (med.) pneumokonioza, taloženje stranih čestica u plućima
black magic mađija, čarolije
black·mail I [~mejl] *n* ucena (ucjena); *to extract* ~ iznuditi ucenu
blackmail II *v tr* uceniti (ucijeniti)
black·mail·er [~mejlǝ(r)] *n* ucenjivač (ucjenjivač)
Black Ma·ri·a [mǝ'rijǝ] crna Marica (kola za prevoz zatvorenika)
black market crna berza (burza)
black-market *v* 1. *tr* prodati na crnoj berzi (burzi) 2. *intr* baviti se crnom berzom (burzom)
black marketeer see **black marketer**
black-mar·ket·eer [~-ma(r)ki'tij(r)] *v intr* baviti se crnom berzom (burzom)
black-mar·ket·eer·ing [~riñg] *n* šverc
black mar·ket·er ['ma(r)kitǝ(r)] crnoberzijanac (crnoburzijanac), švercer
black-mar·ket·ing [~iñg] *n* šverc
black mass crna misa
Black Muslim crni Musliman
black·ness [~nis] *n* crnoća
black nightshade (bot.) pomoćnica, mokunica
black out *v* 1. zamračiti; *to black out a city* zamračiti grad 2. onesvestiti (onesvijestiti) se 3. zataškati
black·out [~aut] *n* 1. zamračenje; *a total* ~ totalno zamračenje 2. (mil.) svetlosno (svjetlosno) maskiranje 3. prekid rada svih radio-stanica 4. onesvešćenje (onesvješćenje)
Black Power borbeni politički pokret američkih crnaca
black pudding (Br.) krvavica (see also **blood sausage**)
black salsify (bot.) zmijak
Black Sea Crno more
black sheep crna ovca; (fig.) šugava ovca, nevaljalac

Black Shirt (hist.) crnokošuljaš
black·smith [~smith] *n* kovač, potkivač
black studies proučavanje istorije (W: historije, povijesti) i kulture američkih Crnaca
black·thorn [~tho(r)n] *n* (bot.) crni trn, crni glog
black tie 1. crna leptir-mašna (koja se nosi uz smoking) 2. (fig.) smoking
black·top I [~tap]; [o] *n* asfalt
blacktop II *v tr* asfaltirati
black treacle Br.; see **molasses**
black-wa·ter fever [~wotǝ(r)], [a] tropska groznica
black widow (spider) crna udovica
blad·der ['blaedǝ(r)] *n* bešika, mehur (mjehur)
blad·der·nut [~nǝt] *n* (bot.) klokočica
blad·der·wort [~wo(r)t] *n* (bot.) utrikularija
blade [blejd] *n* 1. sečivo (sječivo), oštrica; *the* ~ *of a knife (sword)* oštrica noža (mača) 2. lopata (vesla) 3. (bot.) list; *a* ~ *of grass* travka 4. (anat.) see **scapula** 5. mač; (fig.) mačevalac 6. misc.; ~ *of the tongue* površina jezika; (fig.) *a gay* ~ veseljak (see also **wiper blade**)
blah [bla] *n* (colloq.) koještarija
blam·a·ble, blame·a·ble ['blejmǝbǝl] *a* see **blameworthy**
blame I [blejm] *n* krivica; odgovornost; prekor (prijekor); *to lay the* ~ *on smb. for smt.* baciti na nekoga krivicu za nešto; *to take (bear) the* ~ *for smt.* snositi odgovornost za nešto (zbog nečega); *the* ~ *has been fixed* utvrđena je krivica
blame II *v tr* okriviti, pripisati krivicu; *we* ~*d him for the accident* (or: *we* ~*d the accident on him*) njega smo okrivili za udes; *he is to* ~ *for that* on je kriv za to; *who is to* ~ *for the collision?* čijom je krivicom došlo do sudara?
blame·less [~lis] *a* nevin, besprekoran (besprijekoran)
blame·wor·thy [~wo(r)thij] *a* vredan (vrijedan) prekora (prijekora), kriv
blanch [blaenč]; [a] *v* 1. *tr* see **bleach II** 2. *intr* pobledeti (poblijedjeti)
blanc·mange [blǝ'mandž] *n* (cul.) žele od mleka (mlijeka)
bland [blaend] *a* 1. blag 2. učtiv
blan·dish [~iš] *v tr* nagovoriti (see **cajole**)
bland·ish·ment [~mǝnt] *n* laskanje, nagovaranje, ulagivanje
bland·ness [~nis] *n* blagost
blank I [blaeñgk] *n* 1. praznina, prazno mesto (mjesto) 2. formular, blanket, obrazac; *to fill out* (Br.: *fill in*) *a* ~ popuniti formular (obrazac) 3. manevarski metak 4. see **bull's eye** 5. misc.; *to draw a* ~ promašiti, ne uspeti (uspjeti)
blank II *a* 1. prazan; *a* ~ *spot* prazno mesto (mjesto); *leave it* ~ ostavi prazno mesto; *a* ~ *sheet* neispisan list 2. bezizrazan; tup; *a* ~ *look* bezizrazan pogled; *to stare* ~*ly* tupo gledati 3. manevarski; ~ *ammunition* manevarska municija; *a* ~ *cartridge* manevarski metak 4. misc.; ~ *stupidity* čista glupost; **he came up against a* ~ *wall* nije mogao da nađe nikakve podatke; *my mind went* ~ nisam se mogao ničega setiti (sjetiti)
blank III *v tr* (sports, colloq.) ne primiti ni jedan gol; *to* ~ *an opponent* ne dati protivniku da postigne ni jedan gol (see also **shut out**)

blank check blanko-ček, neispunjen ček; (fig.) *to give smb. a ~* dati saglasnost unapred (unaprijed)

blank endorsement (comm.) blanko indosman

blan·ket I ['blaeŋkit] *n* 1. ćebe, pokrivač; *to cover (oneself) with a ~* pokriti (se) ćebetom 2. pokrivač, prekrivač; *a ~ of snow* snežni (snježni) pokrivač 3. (fig.) *a wet ~* mokra krpa, onaj koji rashlađuje oduševljenje

blanket II *v tr* pokriti

blanket statement paušalna ocena (ocjena)

blank verse slobodan (neslikovani) stih

blare I [blej(r)] *n* jek, jeka; *the ~ of a trumpet* jeka trube

blare II *v* 1. *tr* rastrubiti 2. *intr* dreknuti, jeknuti 3. *intr* treštati; *the radio is ~ing* radio trešti

blar·ney ['bla(r)nij] *n* neiskrene pohvale; laskanje

bla·se [bla'zej]; ['blazej] *a* blaziran, zasićen

blas·pheme [blaes'fijm] *v* 1. *tr* pohuliti; *to ~ God* pohuliti (na) boga 2. *intr* huliti, bogohuliti

blas·phem·er [~ə(r)] *n* bogohulnik

blas·phe·mous ['blaesfəməs] *a* bogohulan, blasfeman

blas·phe·my [~mij] *n* bogohuljenje, blasfemija; *to commit ~* huliti na boga

blast I [blaest]; [a] *n* 1. udar vetra (vjetra) 2. strujanje; *a ~ of air* strujanje vazduha (W: zraka) 3. zvuk; *the ~ of a trumpet* zvuk trube 4. eksplozija; talas eksplozije, udarni talas; *the ~ knocked him off his feet* udarni talas ga je oborio 5. osuda, žestok napad; *he issued an angry ~ against the bill* objavio je žestok napad na nacrt zakona 6. misc.; *in full ~* u punom jeku; (slang) *we had a ~* lepo (lijepo) smo se proveli

blast II *v*. 1. *tr* porušiti, dići u vazduh (W: zrak) 2. *tr* uništiti, srušiti; *to ~ hopes* uništiti nade 3. *tr* probiti; *to ~ a passage through rocks* probiti prolaz kroz stenje (stijenje) 4. *tr* (mil.) tući; *to ~ off the map* zbrisati sa lica zemlje; *to ~ enemy guns into silence* neutralisati neprijateljevu artiljeriju 5. *tr* (colloq.) napasti, osuditi; *I ~ed him in the press* osudio sam ga u štampi 6. *intr* koristiti eksplozive; (mil.) *the engineers were ~ing* inžinjerci su koristili eksplozive 7. *intr* pucati; *~ away!* pucaj!

blast·ed [~id] *a* (colloq.) see **damned**

blast·er [~ə(r)] *n* palilac

blast furnace visoka peć

blasting cap detonator

blasting powder barut

blast off *v* 1. (astron.) poleteti (poletjeti), biti lansiran 2. see **blast** II 4

blast·off [~of] *n* (astron.) lansiranje

bla·tan·cy ['blejtənsij] *n* 1. bučnost 2. drečavost

bla·tant [~ənt] *a* 1. bučan 2. drečav 3. misc.; *a ~ lie* sušta laž

blath·er I ['blaethə(r)] *n* brbljanje

blather II *v tr and intr* brbljati

blaze I [blejz] *n* 1. plamen; požar; *the firemen put out the ~* vatrogasci su ugasili požar 2. blesak (blijesak), sjaj; *a ~ of glory* sjaj slave; *in the ~ of publicity* u punom publicitetu 3. izliv; *a ~ of anger* izliv ljutnje 4. (in pl) (colloq.) *go to ~s!* idi dođavola! *to work like ~s* mnogo raditi

blaze II *v* 1. *tr* blesnuti; *her eyes ~d fury* u očima joj je blesnuo gnev (gnjev) 2. *intr* planuti, plam-

teti (plamtjeti), bukteti (buktjeti), buknuti; razbuktati se; *the fire is ~ing in the fireplace* vatra bukti u kaminu; *the fire ~d up* vatra se razbuktala (je buknula); *the house is ~ing* kuća je u plamenu 3. *intr* kresnuti; *he looked at us with ~ing eyes* ošinuo nas je pogledom 4. *intr (to ~ away)* početi (raditi, pucati, itd.); *they ~d away at the enemy* otvorili su vatru na neprijatelja

blaze III *n* 1. beli (bijeli) znak na čelu životinje 2. znak na drvetu

blaze IV *v tr* zasecati (zasijecati); *to ~ a trail* zasecati drveće; or: (fig.) prokrčiti put, utrti put

blaze away *v* see **blaze** II 4

blaz·er [~ə(r)] *n* lak sako (u boji, prugast) koji se prodaje bez pantalona (W: hlača), blejzer (see also **sport jacket**)

blaze up *v* see **blaze** II 2

blaz·ing [~iŋ] *a* koji bukti, puca

bla·zon I ['blejzən] *n* 1. grb 2. opis grba 3. (fig.) pompa, sjaj; raskošan prikaz

blazon II *v tr* 1. opisati (grb) 2. naslikati (grb)

bla·zon·ry [~ənrij] *n* 1. opisivanje znamenja na grbovima 2. grb 3. (fig.) razmetanje, sjaj, pompa, raskošan prikaz

bleach I [blijč] *n* belilo (bjelilo)

bleach II *v* 1. *tr* obeliti (obijeliti) 2. *intr* beleti (bijeljeti)

bleach·ers [~ə(r)z] *n pl* (baseball) nepokrivene tribine (gde — gdje su najjeftinija sedišta — sjedišta)

bleaching powder prašak za beljenje (bijeljenje)

bleak I [blijk] *n* (fish) ukljeva sjajna, saraga

bleak II *a* 1. goletan, izložen vetru (vjetru); pust: *~ fields* pusta polja 2. mračan, turoban, sumoran; *~ weather* turobno vreme (vrijeme)

blear·y ['blijrij] *a* 1. mutan; krmeljiv; *~ eyes* mutne (krmeljive) oči 2. nejasan

blear·y-eyed [~-ajd] *a* mutnih (krmeljivih) očiju

bleat I [blijt] *n* blejanje, mečanje

bleat II *v intr* blejati, mečati

bleed [blijd]; *bled* [bled] *v* 1. *tr* pustiti nekome krv; *to ~ smb. with leeches* pustiti (staviti) nekome pijavice 2. *tr* iznuditi; *to ~ smb. for money* iznuditi nekome novac; **to ~ smb. white* iscediti (iscijediti) i poslednju (posljednju) kap iz nekoga 3. *tr* ispuštati vazduh — W: zrak (iz); *to ~ a tire* ispuštati vazduh iz gume 4. *intr* krvariti; *the wound is ~ing* rana krvari; *his nose is ~ing* on krvari iz nosa; *my heart ~s for her* srce me boli za njom

bleed·ing [~iŋ] *n* 1. krvarenje; *to stop the ~* zaustaviti krvarenje 2. puštanje krvi 3. (tech.) odvođenje; ispuštanje

bleeding heart (colloq.) osoba mekog srca

bleep I [blijp] *n* piskav zvuk (koji služi kao signal)

bleep II *v tr and intr* škripeti

blem·ish ['blemiš] *n* mana; nedostatak

blemish II *v tr* oštetiti, pokvariti

blench [blenč] *v intr* (esp. Br.) ustuknuti (od straha)

blend I [blend] *n* 1. mešavina (mješavina) 2. mešanje (miješanje) 3. (ling.) hibridni (kontaminirani) oblik

blend II v 1. *tr* pomešati (pomiješati) *to* ~ *smt. with smt.* pomešati nešto s nečim 2. *intr* pomešati se; *oil and water do not* ~ ulje i voda neće da se mešaju
blended whiskey mešani (miješani) viski
blend·er [~ə(r)] *n* uređaj za mešanje (miješanje), mešalica (mješalica)
blen·ny ['blenij] *n* (fish) sluznjača
bless [bles]; ~ed or *blest* [blest] v *tr* blagosloviti; *God* ~ *you!* da te, bog sačuva!
bless·ed ['blesid] *a* 1. blagosloven, svet 2. blažen 3. (colloq.) bogovetni (bogovjetni); *every single* ~ *day* svakog bogovetnog dana
bless·ed·ness [~nis] *n* sreća, blaženstvo
bless·ing [~iñg] *n* 1. blagoslov; *to give one's* ~ dati blagoslov 2. prizivanje božje milosti; *to say (pronounce) a* ~ moliti se bogu (pre — prije ili posle — poslije jela) 3. sreća; **a* ~ *in disguise* sreća pod vidom nesreće
blight I [blajt] *n* 1. medljika; gara; snet (snijet) 2. razoran uticaj, razorna snaga 3. razorenje, uništenje
blight II v *tr* razoriti, upropastiti
blight·er [~ə(r)] *n* (Br., colloq.) 1. see **fellow** 2. see **pest**
blight·y [~ij] *n* (colloq., Br.) Engleska, zavičaj
bli·mey ['blajmij] *interj* (Br.) zaboga!
blimp I [blimp] *n* diražabl (meke konstrukcije)
blimp II *n* (colloq., Br.) arogantan, bombastičan reakcionar (see also **stuffed shirt**)
blind I [blajnd] *n* 1. roletna, žaluzija; *to draw the* ~s spustiti roletne; *to raise the* ~s podići roletne (also **Venetian blind**) 2. Br.; see **window shade** 3. (hunting) čeka 4. prevara; lažni objekat 5. misc.; **the* ~ *leading the* ~ ne zna se ko (tko) je veći slepac (slijepac)
blind II *a* slep (slijep); *born* ~ slep od rođenja; ~ *obedience* slepa poslušnost; ~ *in one eye* slep na jedno oko, ćorav; *she is* ~ *to his mistakes* ona je slepa za njegove greške; **as* ~ *as a bat* sasvim slep
blind III v *tr* oslepiti (oslijepiti); zaslepiti (zaslijepiti); ~ed *by the sun* zaslepljen od sunca
blind alley ćorsokak
blind date namešten (namješten) sastanak (mladića i devojke — djevojke) bez prethodnog upoznavanja (see also **date I** 2)
blind·er [~ə(r)] *n* (Br.; slang) terevenka
blind·ers [~ə(r)z] *n pl* naočnjaci
blind·fold I [~fould] *n* povez za oči
blindfold II *a* see **blindfolded**
blindfold III v *tr* povezati (nekome) oči; *to* ~ *smb.* povezati nekome oči
blind·fold·ed [~id] *a* povezanih (zavezanih) očiju
blind·ing [~iñg] *a* zaslepljujući (zasljepljujući)
blind·man's buff [~maenz] (game) slepi (slijepi) miš; *to play* ~ igrati se slepog miša
blind·ness [~nis] *n* slepilo (sljepilo), slepoća (sljepoća)
blind road Br.; see **blind alley**
blind spot 1. (anat.) slepa (slijepa) mrlja 2. (elec.) mrtva zona
blind·worm [~wə(r)m] *n* slepić (sljepić), blavor
blink I [bliñgk] *n* treptanje, trepet
blink II v 1. *tr* trepnuti; *to* ~ *one's eyes* trepnuti (očima) 2. *intr* treperiti, svetlucati (svjetlucati)

(see also **twinkle II**) 3. *intr* (fig.) ne priznavati; *to* ~ *at the facts* zatvarati oči pred činjenicama
blink·er [~ə(r)] *n* 1. trepćuće svetlo (svjetlo) 2. (in *pl*; Br.) see **blinders**
blink·ing [~iñg] *a* trepćući; *a* ~ *light* trepćuće svetlo (svjetlo)
blip [blip] *n* odraz cilja (na radarskom ekranu)
bliss [blis] *n* blaženstvo, sreća
bliss·ful [~fəl] *n* blažen, srećan
bliss·ful·ness [~nis] *n* blaženost
blis·ter I ['blistə(r)] *n* plik, mehur (mjehur)
blister II v 1. *tr* izazvati plikove (na) 2. *intr* pokriti se plikovima
blister copper blister bakar
blist·ered [~d] *a* plikast
blis·ter·ing [~riñg] *a* žestok, žučan; *a* ~ *attack* žučan napad
blithe [blaj_th_], [*th*] *a* 1. veseo, radostan 2. bezbrižan
blith·er·ing ['bli_th_əriñg] *a* brbljiv; *a* ~ *idiot* zvekan
blithe·some ['blaj_th_səm], [*th*] *a* veseo
blitz I [blits] *n* 1. see **blitzkrieg** 2. iznenadan napad
blitz II v *tr* iznenadno i jako bombardovati
bliz·zard ['blizə(r)d] *n* mećava
bloat [blout] v 1. *tr* naduti (naduhati) 2. *intr* naduti se (naduhati se)
bloat·ed [~id] *a* nadut, naduven
blob [blab] *n* grudvica, grumuljica
bloc [blak] *n* (politički) blok
block I [blak]; [o] *n* 1. panj, klada; balvan; *a chopping* ~ mesarski panj; **a chip off the old* ~ iver ne pada daleko od klade 2. see **bloc** 3. kolotur (see also **block and tackle**) 4. gubilište (panj na kome se odsecala — odsijecala glava); *to go to the* ~ ići na gubilište 5. blok; *a* ~ *of marble* blok mermera 6. ulica; *go straight for six* ~s idite pravo šest ulica; *he lives in this* ~ on stanuje u ovoj ulici 7. (sports) blokiranje, sprečavanje (spriječavanje) 8. (drvena) kocka (igračka) 9. (C.) blok 10. misc.; *on the* ~ na licitaciji
block II v *tr* 1. zaprečiti (zaprieječiti), preprečiti (prepriječiti); *to* ~ *smb.'s way* zaprečiti nekome put; *to* ~ *a doorway* preprečiti prag 2. blokirati; *to* ~ *all approaches* blokirati sve prilaze 3. zaustaviti; *to* ~ *traffic* zaustaviti saobraćaj 4. oblikovati; *to* ~ *a hat* oblikovati šešir 5. (sports) blokirati 6. (or: *to* ~ *up*) začepiti; zapušiti; *to* ~ *a pipe* zapušiti cev (cijev); *to* ~ *up one's ears* zapušiti uši; *the sink is* ~ed *up* sudopera se zapušila; *his nose is* ~ed nos mu se zapušio 7. zakloniti; *to* ~ *smb.'s view* zakloniti nekome vidik
block·ade I [bla'kejd]; [o] *n* blokada; *to break (impose, lift) a* ~ razbiti (zavesti, ukinuti) blokadu; *to run a* ~ probiti blokadu; *to maintain a* ~ vršiti blokadu; *the lifting of a* ~ ukidanje blokade
blockade II v *tr* blokirati; *to* ~ *a harbor* blokirati luku
block·ade·run·ner [~-rənə(r)] *n* probijač blokade
block·age ['blakidž]; [o] *n* 1. blokiranje 2. zapušavanje
block and tackle *n* (tech.) koloturnik

block·bust·er [~bəstə(r)] *n* vanredno jaka fugasna bomba

block·bust·ing [~iñg] *n* nagovaranje stanovnika belih (bijelih) krajeva da ubrzano prodaju svoje kuće zbog navodnog skorog doseljavanja crnaca

block·by·block *a* ulični; ~ *fighting* ulična borba

block capitals Br.; see block letters

block grant dotacija za opštu (opću) svrhu

block·head [~hed] *n* glupan, panj, klada

block·house [~haus] *n* bunker, blokhauz

block in *v* (Br.) skicirati

block letters štampana slova; *to write smt. in* ~ napisati nešto štampanim slovima

block off *v* blokirati (also block II 2)

block out *v* skicirati

block up *v* see block II 6

bloke [blouk] *n* (Br., colloq.) čovek (čovjek)

blond I [blɑnd]; [o] *n* plavokos muškarac (see also blonde)

blond II *a* 1. plav; ~ *hair* plava kosa 2. plavokos; *a* ~ *woman* plavuša

blonde [blɑnd]; [o] *n* plavuša, plavojka

blond-haired [~-hej(r)d] *a* plavokos

blond·ness [~nis] *n* plava boja kose

blood I [blʌd] *n* krv; *bad* ~ zla krv; *to draw* ~ pustiti krv; *to be of the same flesh and* ~ biti u krvnom srodstvu; *~ *is thicker than water* krv nije voda; *~ *will tell* krv govori; *blue ~ plava krv; *to bring in new ~ uvesti nove radnike (članove); *in cold ~ hladnokrvno, namerno (namjerno); *to shed (spill)* ~ proliti krv; *to stir up bad* ~ stvoriti zlu krv; *hands stained with* ~ ruke umrljane krvlju; *it runs in his* ~ u krvi mu je; *his* ~ *is boiling* krv kipi u njemu; *to draw first ~ naneti (nanijeti) prvi udar; *there is bad ~ *between them* između njih je pala krv

blood II *a* krvni

blood bank skladište rezerve krvi

blood bath krvoproliće, pokolj

blood brother pobratim

blood cells *pl* krvna zrnca

blood clot ugrušak krvi

blood count krvna slika

blood·cur·dling [~kə(r)dliñg] *a* jeziv

blood feud krvna osveta

blood group krvna grupa

blood·guilt [~gilt] *n* krivica za krvoproliće

blood·hound [~haund] *n* krvoslednik (krvosljednik), pas-tragač

blood·less [~lis] *a* 1. beskrvan 2. bez krvoprolića

blood·let·ting [~letiñg] *n* puštanje krvi

blood·line [~lajn] *n* poreklo (porijeklo), loza

blood·mo·bi!e [~məbijl] *n* pokretno skladište rezerve krvi

blood money nagrada za hvatanje ubice (W also: ubojice)

blood picture krvna slika

blood plasma krvna plazma

blood poisoning trovanje krvi

blood pressure krvni pritisak (W: tlak); *to have high* ~ imati povećan krvni pritisak (hipertenziju)

blood pudding krvavica

blood-red [~-red] *a* crven kao krv

blood relationship krvno srodstvo

blood·shed [~šed] *n* krvoproliće

blood·shot [~šat]; [o] *a* zakrvavljen; *his eyes are* ~ oči su mu se zakrvavile

blood·stain I [~stejn] *n* mrlja od krvi

bloodstain II *v tr* uprljati krvlju

blood·stained [~d] *a* krvav

blood·stock [~stak]; [o] *n* (coll.) čistokrvni konji

blood·stone [~stoun] *n* hematit, krvavik

blood stream krvotok

blood·suck·er [~səkə(r)] *n* pijavica, gulikoža, krvopija

blood supply krvotok (W: optok krvi)

blood test ispitivanje krvi

blood·thirst·i·ness [~thə(r)stijnis] *n* krvožednost

blood·thirst·y [~stij] *a* krvožedan

blood transfusion transfuzija krvi

blood type krvna grupa

blood vessel krvni sud

blood·worm [~wə(r)m] *n* glistica za pecanje

blood·y I [~ij] *a* 1. krvav; ~ *hands* krvave ruke; *a* ~ *nose* krvav nos 2. (Br., colloq.) proklet, užasan

bloody II *v tr* okrvaviti

Bloody Mar·y ['mejrij] koktel od votke i soka od paradajza (W: rajčice) Krvava Meri

bloody-minded *a* (Br.; slang) odbojan, svadljiv

bloom I [blūm] *n* 1. cvet (cvijet); *everything is in* ~ *now* sve je sad u cvetu 2. mašak, pepeljak

bloom II *v intr* cvetati (cvjetati); *apple trees* ~ *in the spring* jabuke cvetaju u proleće (proljeće)

bloom III *n* 1. komad gvožđa 2. međuproizvod u valjanju čelika

bloom·er [~ə(r)] *n* 1. onaj koji cveta (cvjeta); *a late* ~ osoba koja kasno sazreva (sazrijeva) 2. (Br.; slang) velika greška

bloom·ers [~ə(r)z] *n pl* ženske čakšire

bloom·ing [~iḡn] *a* 1. koji cveta (cvjeta) 2. misc.; *a* ~ *idiot* zvekan

bloop·er ['blūpə(r)] *n* (colloq.) greška

blos·som I ['blasəm]; [o] *n* 1. cvet (cvijet) 2. cvetanje (cvjetanje); *the apple trees are in* ~ jabuke cvetaju (cvjetaju) (see also bloom I 1)

blossom II *v intr* cvetati (cvjetati), pupiti (also bloom II)

blossom out *v* see blossom II

blot I [blɑt]; [o] *n* mrlja; *a* ~ *on one's honor* ljaga na časti (see also inkblot)

blot II *v* 1. *tr* umrljati; iskrmačiti; (Br.) *to ~ *one's copybook* učiniti grešku 2. *intr* umrljati se; iskrmačiti se

blotch [blač]; [o] mrlja

blot out *v* 1. skriti, zakloniti; *to blot out a view* zakloniti vidik 2. zbrisati; *to blot out one's former sins* zbrisati svoje ranije grehove (grijehove)

blot·ter ['blɑtə(r)]; [o] *n* 1. upijaća hartija (W: bugačica) 2. podmetač za pisanje 3. zapisnik; *a police* ~ policijski zapisnik (u policijskoj stanici)

blot·ting pad [~iñg] upijač

blot·to ['blatou]; [o] *a* (Br., slang) pijan

blouse [blauz]; [z] *n* 1. bluza 2. (mil.) vojnička bluza

blow I [blou] *n* udar vetra (vjetra)

blow II *blew* [blū]; *blown* [bloun] *v* 1. *tr* trubiti (see **sound II**) 2. *tr (to ~ one's nose)* useknuti se 3. *intr* duvati (W also: puhati); *the wind is ~ing* vetar (vjetar) duva; **as the wind ~s* kako vetar duva; *~ on the soup!* duvaj u supu (W: juhu)! 4. misc.; *to ~ a whistle* zazviždati, dati znak zviždaljkom; *to ~ a horn* svirati, trubiti (automobilskom trubom); (slang) **he blew his cover* odao se; **to ~ one's own trumpet* reklamirati se sam; **it's an ill wind that ~s no good* gde (gdje) nesreće tu i sreće ima; **he blew it* sve je pokvario; (colloq.) *to ~ hot and cold* kolebati se; (colloq.) *to ~ into town* stići (neočekivano) u grad; *to ~ smb. a kiss* poslati nekome poljubac; (colloq.) **to ~ one's top (stack)* naljutiti se; (colloq.) **to ~ the whistle on smb.* razglasiti nečije nepoštene postupke; (slang) **to ~ town* napustiti grad
blow III *n* udar, udarac; šamar; *to deliver (strike) a ~* naneti (nanijeti) udar; *an exchange of ~s* nanošenje međusobnih udara; *a low ~* nizak udarac, udarac ispod pojasa; *they came to ~s* došlo je do tuče; *without a ~* bez borbe (tuče, otpora); (boxing) *to strike (deliver) an illegal ~* zadati nepravilan udarac; *a gentle (mortal) ~* blag (smrtan) udarac; *a ~ to peace* udarac miru
blow away *v* 1. oduvati (W also: otpuhnuti); odneti (odnijeti); *the wind blew his hat away* vetar (vjetar) mu je oduvao šešir 2. odleteti (odletjeti)
blow-by-blow *a ~ account* detaljan izveštaj (izvještaj)
blow down *v* 1. oboriti (duvanjem), iskidati; *the wind blew a tree down* vetar (vjetar) je oborio drvo; *the power lines have been blown down* iskidani su dalekovodi 2. biti oboren (duvanjem)
blow-dry *v tr* sušiti fenom
blow dryer fen (za sušenje kose)
blow·er [~ə(r)] *n* 1. (tech.) kompresivni ventilator, kompresor 2. meh (mijeh), duvalica (duhalica)
blow·gun [~gən] *n* duvaljka (oruđe kod divljaka)
blow·hard [~ha(r)d] *n* (colloq.) hvalisavac
blow·hole [~houl] *n* 1. kitova nozdrva, odlevak (odljevak) 2. otvor za vazduh (W: zrak)
blow in *v* 1. uterati (utjerati), ubaciti unutra; *the door was blown in by the explosion* vrata su bila ubačena unutra eksplozijom 2. (colloq.) svratiti
blown see **blow II**
blow off *v* 1. see **blow away** 1 2. oduvati (W: otpuhnuti); *to blow dust off a book* oduvati prašinu sa knjige 3. odneti (odnijeti) eksplozijom; *his arm was blown off* ruka mu je odneta eksplozijom 4. misc.; *to blow off steam* (also fig.) ispuštati pare; dati oduške osećanjima (osjećanjima)
blow open *v* 1. otvoriti duvanjem 2. otvoriti se duvanjem
blow out *v* 1. ugasiti; *to blow out a candle* ugasiti sveću (svijeću) 2. izduvati silom 3. eksplodirati; *the tire blew out* guma je eksplodirala 4. pregoreti (pregorjeti); *the fuse blew out* osigurač je pregoreo 5. misc.; *to blow one's brains out* prosvirati sebi kuršum kroz glavu
blow·out [~aut] *n* eksplozija; *we had a ~ (on the road)* eksplodirala nam je guma

blow over *v* 1. proći; *the clouds will soon blow over* oblaci će uskoro proći 2. stišati se; *the trouble blew over* uznemirenje se stišalo; **it will soon blow over* svako čudo za tri dana
blow·pipe [~pajp] *n* duvaljka
blow shut *v* 1. zatvoriti duvanjem 2. zatvoriti se duvanjem
blow·torch [~to(r)č] *n* letlampa; aparat za zavarivanje
blow up *v* 1. dići u vazduh (W: zrak); *to blow up a bridge* dići most u vazduh 2. povećati; *to blow up a picture* povećati foto-snimak 3. napumpati; naduvati; *to blow up a tire* napumpati (naduvati) gumu (see also **pump II** 1) 4. (mil.) zapaliti; *to blow up a mine* zapaliti minu 5. razjariti se, planuti, prekipeti (prekipjeti); *he blew up and said all sorts of things* prekipelo mu je i svašta je kazao 6. prsnuti
blow·up [~əp] *n* 1. eksplozija (also fig.) 2. povećanje (foto-snimka), groplan
blow·zy ['blauzij] *a* 1. aljkav 2. razbarušen
blub·ber I ['bləbə(r)] *n* kitova mast, vrvanj
blubber II *v* 1. *tr* izgovoriti jecajući 2. *intr* jecati, plakati
bludg·eon I ['blədžən] *n* batina
bludgeon II *v tr* izbatinati
blue I [blū] *n* 1. plava boja, plavetnilo, plavet 2. (fig.) nebo; *out of the ~* iz vedra neba; **into the ~* u nepoznato 3. see **bluing** 4. plava odeća (odjeća)
blue II *a* 1. plav; *~ eyes* plave oči; *the ~ sky* plavo nebo 2. utučen, snužden; *in a ~ funk* sasvim utučen 3. misc.; **once in a ~ moon* sasvim retko; **until you are ~ in the face* bez izgleda na uspeh (uspjeh)
blue III *v tr* oplaviti
blue baby beba obolela (oboljela) od modrenice
Blue·beard [~bij(r)d] *n* (hist.) Plava Brada (W: Modrobrad)
blue·bell [~bel] *n* (bot.) 1. zvončić 2. divlji zumbul
blue·ber·ry [~berij], [ə] *n* (bot.) vrsta borovnice
blue blood 1. plava krv 2. plemić
blue-blood·ed [~id] *a* plavokrvan
blue book 1. (Br.; pol.) Plava knjiga 2. (Am.) spisak državnih službenika
blue-chip [~čip] *a* najbolji; *~ stocks* najbolje (najjače) akcije
blue·coat [~kout] *n* (colloq.) policajac
blue-col·lar [~kalə(r)]; [o] *a* radnički; *~ workers* (manuelni) radnici, radnici u kombinezonima; *~ neighborhoods* radnički kvartovi (cf. **white-collar**)
blue film (esp. Br.) pornografski film
blue grass vrsta američke narodne muzike
blue·ing see **bluing**
blue·jack·et [~džaekit] *n* (colloq.) mornar (američke, britanske ratne mornarice)
blue jay (bird) šojka kreštalica
blue jeans *pl* farmerke, farmerice, džins (W also: traperice) (also **jeans**)
blue law puritanski zakon (koji zabranjuje otvaranje radnji nedeljom — nedjeljom)
blue-moor grass [~mū(r)] *n* (bot.) viš
blue-pen·cil [~pensəl] *v tr* izbrisati; cenzurisati
blue·print [~print] *n* shematski plan
blue ribbon prva nagrada

blue-ribbon panel odabrana komisija
blues [~z] *n pl (the ~)* 1. melanholija; *to have the ~* biti tužan 2. (mus.) bluz
blue stocking (esp. Br.) učena žena (sa književnim ambicijama)
blue·stone [~stoun] *n* plavi kamen
blue streak (colloq.) potok reči (riječi)
blue thistle see **blueweed**
blue·weed [~wijd] *n* (bot.) lisičina
blue whale plavi kit
bluff I [bləf] *n* blef, obmana, zavaravanje; *to call smb.'s ~* ne nasesti nečijoj laži
bluff II *v* blefirati, obmanuti, zavarati
bluff III *n* litica; strma obala
bluff IV *a* 1. strm 2. neotesan
blu·ing ['blūiṅg] *n* plavilo (za pranje rublja)
blu·ish [~iš] *a* plavičast
blun·der I ['bləndə(r)] *n* gruba greška; *to make a ~* napraviti veliku grešku
blunder II *v intr* 1. pogrešiti (pogriješiti) 2. misc.; *to ~ along (around)* nespretno ići; *to ~ into (on, onto)* nabasati na
blun·der·buss [~bəs] *n* musketa, kremenjača
blunt I [blənt] *a* 1. tup; *a ~ weapon* tupo oružje 2. nabusit; otvoren, iskren, *to speak ~ly* govoriti bez uvijanja
blunt II *v tr* zatupiti
blunt·ness [~nis] *n* 1. tupost 2. nabusitost
blur I [blə(r)] *n* zamagljenost
blur II *v tr* zamagliti, pomutiti; zamutiti; *to ~ a photograph* zamutiti snimak; *his sight was getting ~red* vid mu se zamagljivao
blurb [blə(r)b] *n* (colloq.) (izdavačeva) pohvala (na omotu knjige)
blurred [blə(r)d] *a* zamagljen, pomućen, nejasan; *~ vision* pomućen vid; *a ~ photograph* zamućen snimak
blurt out [blə(r)t] *v* izbrbljati; izvaliti; *to blurt out a secret* nepromišljeno izdati tajnu; *to blurt out smt. stupid* izvaliti glupost
blush I [bləš] *n* rumen; (fig.) *at first ~* na prvi pogled
blush II *v intr* porumeneti (porumenjeti), zacrveneti (zacrvenjeti); *she ~es as soon as that is mentioned* ona crveni čim joj se to pomene
blus·ter I ['bləstə(r)] *n* 1. hvalisanje 2. prazne pretnje (prijetnje)
bluster II *v intr* 1. glasno se hvalisati 2. pretiti (prijetiti)
BO [bij'ou] see **body odor**
bo·a ['bouə] *n* 1. (zool.) boa (see **boa constrictor**) 2. boa; ženska ogrlica u obliku zmije
boa constrictor *n* (zool.) boa, zmijski car, udav
BOAL ['bouael] (abbrev. of *basic organization of affiliated labor*) OOUR
boar [bo(r)] *n* nerast, vepar; *wild ~* divlji vepar
board I [bo(r)d] *n* 1. daska 2. tabla (W usu.: ploča); *an instrument ~* kontrolna tabla (see also **bulletin board, chessboard, dashboard**) 3. ishrana, hrana (W also: opskrba); *room and ~* stan i hrana, pansion, smeštaj (smještaj) i ishrana 4. komisija, odbor; *a draft ~* regrutna komisija; *to be on a ~* biti član odbora; *an editorial ~* uređivački odbor; *a ~ of directors* upravni odbor, direktorijum 5. bok broda; *on ~* na brodu 6. (in *pl*) (colloq.) specijalistički ispit;

he has passed his ~s položio je specijalistički ispit 7. misc.; *across the ~* opšti (opći); *above ~* otvoreno
board II *v* 1. *tr (to ~ up)* daskama obložiti (pokriti) 2. *tr and intr* ukrcati se, ući; *to ~ a ship* ukrcati se na brod; or: ući silom na brod; *to ~ an airplane* ući u avion 3. *intr* hraniti se
board·er [~ə(r)] *n* podstanar
board·ing [~iṅg] *n* 1. ulazak, ulaz; *~ an airplane* ulazak putnika u avion 2. abordaža
boarding card see **boarding pass**
boarding gate (at an airport) izlaz (na pistu)
boarding house pansion
boarding pass karta za ulazak u avion
boarding school internat, pansionat
board of directors upravni odbor (see also: **board I** 4)
board of trade trgovačka komora
board over *v* see **board II** 1
board·room [~rum] *n* soba gde (gdje) zaseda (zasijeda) upravni odbor
boards see **board I** 6
board up *v* see **board II** 1
board·walk [~wok] *n* staza sa zastorom od dasaka, šetalište (na plaži), daščana promenada
boar·hound ['bo(r)haund] *n* veliki hrt
boar·ish ['boriš] *a* grub
boast I [boust] *n* hvastanje, hvalisanje, razmetanje
boast II *v intr* hvastati se, hvalisati se, razmetati se; *to ~ about smt.* hvalisati se nečim
boast·er [~ə(r)] *n* hvastavac, hvalisavac, razmetljivac (more usu. is **braggart**)
boast·ful [~fəl] *a* hvastav, hvalisav, razmetljiv
boast·ing [~iṅg] *n* hvastanje, hvalisanje, samohvalisanje, razmetanje
boat [bout] *n* 1. čamac (see also **lifeboat**) 2. (colloq.) brod (see **ship I** 1) 3. misc.; **to rock the ~* pogoršati situaciju; (Br.; colloq.) *to push the ~ out* odrešiti (odriješiti) kesu
boat hook čaklja
boat·house [~haus] *n* sklonište za čamac
boat·load [~loud] *n* posada i putnici (čamca, broda)
boat·man [~mən] (-*men* [min]) *n* čamdžija
boat people izbeglice (izbjeglice) u brodovima, ljudi iz čamaca
boat·swain ['bousən] *n* (naut.) vođa palube
boat train voz (W: vlak) koji ima direktnu vezu s putničkim parobrodom
bob I [bab]; [o] *n* 1. brz pokret (glave, tela — tijela) 2. kratka kosa 3. see **bobsled** 4. plovac
bob II *v* 1. *tr* kratko ošišati; *to ~ hair* kratko ošišati kosu 2. *intr* kretati se brzo; *to ~ up and down* kretati se gore-dole; *to keep ~ing up* ustajati žurno i često
bob III (*pl* has zero) *n* (Br.) see **shilling**
bob·bin [~in] *n* kalem (za konac)
bob·ble I [~əl] *n* (often in sports) promašaj (see **fumble I**)
bob·ble II *v tr* see **fumble II** 2
bob·by [~ij] *n* (Br., colloq.) policajac
bobby pin ukosnica
bobby socks *pl* kratke čarape
bobby sox·er ['saksə(r)]; [o] (colloq.) američka tinejdžerka četrdesetih godina (koja je nosila kratke čarape)

bob·cat ['bɑbkaet]; [o] *n* (zool.) riđi ris, divlja mačka

bob·sled [~sled] *n* bob, bobslej, saonice

bob·sled·ding [~ing] *n* vožnja u bobu; trka bobova

bob·tail I [~tejl] *n* podrezan rep

bobtail II *a* podrezan, podšišan

bobtail III *v tr* podrezati (rep)

bob up *v* see **bob II 2**

boche [bɑš], [o] *n* (pejor.) Nemac (Nijemac), Švaba

bock see **bock beer**

bock beer [bɑk]; [o] jako, crno pivo; bok

bode [boud] *v tr* slutiti; *that ~s well (ill)* ovo sluti na dobro (na zlo)

bod·ice [bɑdis]; [o] *n* 1. gornji deo (dio) ženske haljine 2. prsluk

bod·i·less ['bɑdijlis]; [o] *a* bestelesan (bestjelesan)

bod·i·ly ['bɑdəlij]; [o] 1. *a* telesni (tjelesni); ~ *injury* telesna povreda; *to perform the ~ functions* vršiti fiziološke potrebe 2. *adv* u potpunosti, u celini (cjelini); *the building was transported ~ to another location* cela (cijela) zgrada preneta (prenijeta) je na drugo mesto (mjesto)

bod·ing ['boudiŋ] *n* slutnja (see **foreboding** 2)

bod·kin ['bɑdkin]; [o] *n* 1. tupa igla; ukosnica 2. šilo

bod·y ['bɑdij]; [o] *n* 1. telo (tijelo); *a celestial (foreign, legislative, solid) ~* nebesko (strano, zakonodavno, čvrsto) telo; *the human ~* ljudsko telo; *~ and soul* telo i duša; *a healthy mind in a healthy ~* u zdravom telu, zdrav duh 2. leš 3. trup (aviona) 4. (cul.) gustina, jačina 5. karoserija (vozila) 6. misc.; *to keep ~ and soul together* jedva održavati život; *to go in a ~* ići zajedno

body armor oklop za ljudstvo

body blow 1. (boxing) udarac u telo (tijelo) 2. (fig.) neuspeh (neuspjeh)

body building kulturizam, bilding

body check (hockey) napadanje protivnika

body count (mil.) broj poginulih

bod·y·guard [~gɑ(r)d] *n* 1. telohranitelj (tjelohranitelj), telesni (tjelesni) stražar 2. telesna (tjelesna) straža

body language kinetički govor, govor pokretima

body odor neprijatan miris tela (tijela)

body search lični pretres

body shirt strukirana košulja

body shop autolimarija

body snatch·er ['snaečə(r)] kradljivac leševa

body snatching krađa leševa

body work autolimarski poslovi

Boer I [bū(r), [o] *n* Bur

Boer II *a* burski; *the ~ War* Burski rat

bof·fin ['bɑfin]; [o] *n* (Br.; colloq.) naučnik

bog [bɑg], [o] *n* močvara

bog down *v* 1. zaglibiti 2. zaglibiti se; *to bog down (get ~ged down) in a swamp* zaglibiti se u močvari; *to get ~ged down in debt* zaglibiti se u dugove 3. zastati; *the attack ~ged down* napad je zastao

bo·gey ['bougij] *n* 1. see **bogy** 2. (golf) standardan broj udaraca 3. (mil., colloq.) neidentifikovani avion

bo·gey·man see **boogieman**

bog·gle ['bɑgəl]; [o] *v* 1. *tr* zapanjiti (see **startle**) 2. *intr* trgnuti se; zapanjiti se; *my mind ~s at the very idea* i sama pomisao na to me zapanjuje

bog·gy ['bɑgij]; [o] *a* močvarast

bo·gie ['bougij] *n* 1. teretni vagon, lokomotiva na više pari točkova 2. see **bogie wheel** 3. see **bogy 1**

bogie wheel pogonski točak (tenka)

Bog·o·mil ['bɑgəmil]; [o] *n* bogomil

bo·gus ['bougəs] *a* lažan; ~ *money* lažne novčanice

bo·gy ['bougij] *n* 1. avet, zao duh, bauk 2. see **bogie 1**

Bo·he·mi·a [bou'hijmijə] *n* 1. (geog.) Bohemija, Češka 2. (fig.) boemija

Bo·he·mi·an I [~n] *n* 1. Čeh 2. boem

Bohemian II *a* 1. češki 2. boemski

bo·he·mi·an·ism [~izəm] *n* boemstvo, boemština

bo·hunk ['bouhəŋk] *n* see **hunky**

boil I [bojl] *n* ključanje; *to bring to a ~* dovesti do tačke (W: točke) ključanja

boil II *v* 1. *tr* skuvati (skuhati); *to ~ coffee* skuvati kafu (kavu) 2. *tr* iskuvati (iskuhati), prokuvati (prokuhati); *to ~ (sterilize) a syringe* prokuvati špric 3. *tr* obariti; *to ~ an egg* obariti jaje; *a ~ed egg* bareno (kuvano) jaje 4. *intr* vreti; *the water is ~ing* voda ključa (vri); *his blood was ~ing* krv mu je ključala (vrela) 5. *intr* (fig.) kipeti (kipjeti), kipteti (kiptjeti); *he was ~ing with rage* on je kipeo od besa (bijesa) 6. *intr (to ~ out)* ispariti (se) 7. *intr (to ~ over)* kipeti (kipjeti), prekipeti (prekipjeti); *your milk is ~ing over!* mleko (mlijeko) ti kipi! *the milk ~ed over* prekipelo je mleko; (fig.) *he ~ed over* on je prekipeo; or: planuo je 8. misc.; *to keep the pot ~ing* održavati nešto u radu; *it all ~s down to the same old thing* sve se to opet svodi na staro

boil III *n* (med.) čir

boil·er [~ə(r)] *n* 1. kotao, kazan; *a steam ~* parni kotao (kazan) 2. bojler; *an electric (gas) ~* bojler na struju (gas)

boil·er·mak·er [~mejkə(r)] *n* kazandžija

boil·er·plate [~plejt] *n* kotlovni lim

boiler room kotlarnica

boil·ing *a* koji vri; *the water is ~ hot* voda je vrela do ključanja

boiling point tačka (W: točka) ključanja (W also: vrelište)

boil out *v* see **boil II 6**

boil over *v* see **boil II 7**

bois·ter·ous ['bojstərəs] *a* 1. buran, žestok 2. bučan; *a ~ person* bučna osoba

bold [bould] *a* 1. hrabar, smeo (smio), odvažan; *to act ~ly* odvažno postupiti 2. bestidan, bezobrazan 3. samopouzdan

bold·face I [~fejs] *n* crno pismo, masna slova

boldface II 1. *a* štampan (složen) masnim slovima 2. *adv* masno, (colloq.) fet

bold-faced [~t] *a* 1. see **boldface II 1** 2. bezobrazan

bold·ness [~nis] *n* 1. hrabrost 2. bestidnost 3. samopouzdanost

bo·le·ro [bou'lejrou] (-s) *n* bolero

bo·le·tus [bou'lijtəs] *n* (bot.) varganj, vilovnjača

Bo·liv·i·a [bə'livijə] *n* Bolivija

Bo·liv·i·an I [~n] *n* Bolivijanac
Bolivian II *a* bolivijski
boll [boul] *n* semena (sjemena) čaura lana ili pamuka
bol·lard ['balə(r)d]; [*o*] *n* (naut.) bitva
boll weevil semeni (sjemeni) žižak
bo·lo·gna [bə'lounij] *n* see baloney
Bol·she·vik ['boulšəvik], [*a*], [*o*] *n* boljševik
Bol·she·vism [~vizəm] *n* boljševizam
Bol·she·vist I [~vist] *n* boljševik
Bolshevist II *a* boljševički
bol·she·vize [~vajz] *v* *tr* boljševizirati
bol·ster I ['boulstə(r)] *n* jastuk, podloga
bolster II *v* *tr* podupreti (poduprijeti); učvrstiti; *to* ~ *defenses* učvrstiti odbranu (W: obranu)
bolt I [boult] *n* 1. reza, prevornica (prijevornica), šip; čivija 2. (on a firearm) zatvarač 3. zavrtanj 4. (hist.) strela (strijela) arbaleta 5. grom; *a* ~ *from the blue* grom iz vedra neba 6. smotak, bala (platna) 7. misc.; *to make a* ~ *for it* pobeći (pobjeći); *to shoot one's* ~ učiniti svoj poslednji (posljednji) napor
bolt II *v* 1. *tr* zatvoriti rezom, zašipiti; *to* ~ *a door (a window)* zašipiti vrata (prozor) 2. *tr* spojiti zavrtnjima 3. *tr* proždirati, halapljivo gutati; *to* ~ *one's food* proždirati (halapljivo gutati) hranu 4. *tr* (pol., colloq.) napustiti; *to* ~ *one's party* napustiti svoju stranku 5. *intr* pobeći (pobjeći) 6. *intr* (of a horse) otrgnuti se
bolt-action rifle [~-aekšən] repetirka sa klizajućim (obrtno-čepnim) zatvaračem
bolt down *v* see bolt II 3
bomb I [bam]; [*o*] *n* 1. bomba; *an airplane (armor-piercing, atomic, depth, incendiary, smoke)* ~ avionska (probojna, atomska, dubinska, zapaljiva, dimna) bomba; *to drop a* ~ baciti bombu; *to set off (plant) a* ~ aktivirati (podmetnuti) bombu; *to deactivate (defuze) a* ~ dezaktivirati bombu 2. (colloq.) neuspeh (neuspjeh) 3. (Br.: colloq.) uspeh (uspjeh)
bomb II *v* 1. *tr* and *intr* bombardovati, zasuti bombama 2. *intr* (colloq.) pretrpeti (pretrpjeti) neuspeh (neuspjeh) 3. misc.; *to be* ~*ed out* ostati bez krova nad glavom posle (poslije) bombardovanja
bom·bard [bam'ba(r)d]; [*o*] *v* *tr* bombardovati, zasuti artiljeriskom vatrom
bom·bar·dier [bambə(r)'dij(r)]; [*o*] *n* 1. bombarder (član posade koji pušta bombe) 2. (Br.) desetar (kaplar) u artiljeriji
bom·bard·ment [bam'ba(r)dmənt]; [*o*] *n* bombardovanje
bom·bast ['bambaest]; [*o*] *n* bombast
bom·bas·tic [bam'baestik]; [*o*] *a* bombastičan, gromopucateljan
Bom·bay [bam'bej]; [*o*] *n* Bombaj
bomb bay prostor za bombe
bomb disposal onesposobljavanje neeksplodiranih bombi
bomb disposal detachment četa za onesposobljavanje neeksplodiranih bombi
bombed [~d] *a* (colloq.) pijan
bomb·er [~ə(r)] *n* bombarder; *heavy* ~s teški bombarderi
bomb-gut·ted [~-gətəd] *a* razbijen bombardovanjem

bomb·ing [~iñg] *n* bombardovanje; *pin-point* ~ nišansko bombardovanje; *random* ~ bombardovanje bez nišanjenja
bomb out *v* see bomb II 3
bomb-proof [~-prūf] *a* neprobojan za bombe
bomb rack izbacivač bombi, držač bombi
bomb release izbacivanje bombi; izbacivač bombi
bomb scare, bomb threat pretnja — prijetnja (podmetnutom) bombom, uzbuna zbog bombe
bomb·shell [~šel] *n* (colloq.) senzacija, iznenađenje; *to drop a* ~ izazvati senzaciju
bomb shelter sklonište od bombi
bomb·sight [~sajt] *n* nišanska sprava za bombardovanje, bombarderski nišan
bomb up *v* (Br.) vešati — vješati avionske bombe (u)
bo·na fide ['bounə fajd] *a* (Latin) istinski; pošten
bo·nan·za [bə'naenzə] *n* 1. bogat rudnik 2. izvor bogatstva
bon·bon ['banban]; [*o*] *n* vrsta bombona
bon·bon·nière [banban'jej(r)]; [*o*]; [*o*] *n* bombonjera
bond I [band]; [*o*] *n* 1. veza, spona; *to strengthen* ~*s of friendship* učvrstiti prijateljske veze (see also tie I 1, relation 1) 2. obaveza; ugovor; *to enter into a* ~ *with smb.* sklopiti ugovor s nekim 3. obveznica; *a government* ~ obveznica narodnog zajma; *to issue* ~*s* izdati obveznice; *to cash in a* ~ unovčiti obveznicu 4. carinski magacin; *in* ~ u carinskom magacinu (dok se carina ne plati); *to take out of* ~ podići (robu) sa carinarnice; *(of whiskey) bottled in* ~ u bocama koje podležu državnoj kontroli 5. (in *pl*) okovi; *to burst one's* ~*s* raskinuti svoje okove (see also fetter I 1) 6. kaucija, bankarska garancija (garancija), jemstvo; *under* ~ uz jemstvo 7. (chem.) veza; *double (convalent, triple)* ~ dvoguba (konvalentna, troguba) veza
bond II *v* *tr* zajemčiti, osigurati; zagarantovati; *to* ~ *merchandise* zadržati u carinskom magacinu (dok se ne plati carina)
bond·age [~idž] *n* ropstvo
bond·ed [~id] *a* 1. zagarantovan 2. stavljen u državni (carinski) magacin
bonded warehouse državni (carinski) magacin, carinsko skladište
bond·hold·er [~houldə(r)] *n* posednik· (posjednik) obveznica
bond·maid [~mejd] *n* ropkinja, robinja
bond market tržište obveznica
bond paper pisaći papir (dobrog kvaliteta)
bond·ser·vant [~sə(r)vənt] *n* rob, kmet
bonds·man [~zmən] *n* (-*men* [min]) *n* 1. see bond-servant 2. onaj koji daje kauciju, jemac; garant
bone I [boun] *n* kost; *a fish* ~ kost od ribe; *a thigh* ~ butna kost; *to break a* ~ slomiti kost; *to set a broken* ~ namestiti (namjestiti) slomljenu kost; *I feel it in my* ~s nešto mi govori da je tako; *he has a* ~ *to pick with you* on ima da se objasni s tobom; *to be nothing but skin and* ~s biti sama koža i kosti; *to throw smb. a* ~ baciti nekome kost; *to get soaked to the* ~ prokisnuti do gole kože (do srži); *to make no* ~s *about smt.* govoriti otvoreno o nečemu
bone II *v* *tr* izvaditi kosti (iz)
bone ash koštani pepeo

bone black sprašeni koštani ugalj
bone conduction provodnost kostiju
bone-dry [~-draj] a sasvim suv (suh)
bone-head [~hed] n (colloq.) glupan, klada, tikvan
bone-head-ed [~id] a (colloq.) glup
bone-less [~lis] a bez kostiju
bone marrow koštana srž; to transplant ~ presaditi koštanu srž
bone meal koštano brašno
bone of contention jabuka razdora
bone oil koštano ulje
bone up v (colloq.) to bone up on smt. osvežiti (osvježiti) svoje znanje nečega
bon-fire [banfaj(r)]; [o] n logorska vatra (W also: krijes)
bong [bang]; [o] n zvek
bon-ho-mie [banɔ'mij]; [o] n dobrodušnost
bon-kers ['baŋgkə(r)z]; [o] a (Br.; slang) lud
bon mot [bon'mou] (bons mots [~z]) (French) dosetka (dosjetka)
bon-net ['banit] [o] n 1..ženski šešir bez oboda 2. (Br.) poklopac (na automobilu), hauba (see also hood I 2)
bon-ny ['banij]; [o] (Scottish) 1. lep (lijep) 2. prijatan 3. zdrav
bo-nus ['bounɔs] n dopunska nagrada, premija
bon vi-vant [bon vij'van] (bons vivants [~z]) (French) bonvivan
bo-ny ['bounij] a koščat
bon-zer ['banzə(r)]; [o] a (Australian, slang) odličan
boo I [bū] n zviždanje
boo II v tr and intr zviždati, izviždati; the audience ~ed the actor publika je izviždala glumca
boob I [būb] n 1. (colloq.) tikvan, glupan 2. (vul.) sisa
boob II v tr and intr (Br.; slang) 1. napraviti grešku 2. pasti (na ispitu)
boo-boo ['bū-bū] n (colloq.) greška
boo-by ['būbij] n 1. (bird) bluna 2. Br.; see boob I 1
booby hatch [naut.] zaklon silaznog otvora
booby prize (colloq.) nagrada dodeljena (dodijeljena) onome koji poslednji (posljednji) stigne u trci
booby trap (mil. and fig.) mina iznenađenja; to set a ~ postaviti minu iznenađenja
booby-trap v tr minirati minama iznenađenja
boo-dle [būdl] n (slang) 1. mnogo novca 2. političko mito
boog-ie-man ['bugijmaen], [ū] (-men [min]) n bauk, avet
book I [buk] n 1. knjiga; to publish a ~ izdati knjigu; to write a ~ about smt. napisati knjigu o nečemu 2. libreto 3. tekst komada 4. blok; a ~ of tickets blok ulaznica 5. (colloq.) opklade; to make ~ primati opklade 6. (in pl) knjige; to keep ~s voditi knjige 7. misc.; *to bring to ~ pozvati na odgovornost; *by the ~ po propisima; *to close the ~s on staviti u arhivu; *in my ~ po mom mišljenju; *like a ~ temeljno; *that's one for the ~s to je nešto izvanredno; *to throw the ~ at strogo kazniti; *to take a leaf out of smb.'s ~ povoditi se za nekim, ugledati se na nekoga

book II v tr 1. optužiti; to ~ smb. (at a police station) zabeležiti (zabilježiti) optužbu protiv nekoga (na policijskoj stanici) 2. (esp. Br.) rezervisati; everything is ~ed (up) sve je zauzeto, (see also reserve III 1) 3. angažovati; to ~ an actor angažovati glumca
book-a-ble [~əbəl] a (Br.) koji se može rezervisati unapred (unaprijed)
book-bind-er [~bajndə(r)] n knjigovezac
book-bind-er-y [~rij] n knjigoveznica
book-bind-ing [~diñg] n knjigovezaštvo
book-case [~kejs] n orman za knjige
book club udruženje čitalaca
book dealer knjižar
book end podupirač za knjige
book-ie ['bukij] n (colloq.) see bookmaker
book-ing [~iñg] n 1. (esp. Br.) rezervisanje 2. angažovanje
booking clerk (Br.) službenik blagajne
booking office (esp. Br.) blagajna
book-ish [~iš] a knjiški
book jacket omot (W: ovitak) za knjigu (also dust jacket)
book-keep-er [~kijpə(r)] n knjigovođa
book-keep-ing [~iñg] n knjigovodstvo; double-entry (single-entry) ~ dvojno (prosto) knjigovodstvo
book learning knjiško znanje, znanje stečeno iz knjiga
book-let [~lit] n knjižica, brošura
book lore see book learning
book-mak-er [~mejkə(r)] n bukmejker (čovek — čovjek koji se bavi primanjem opklada i davanjem dobitaka)
book-mark [~ma(r)k] n znak (W: kazalo) za knjigu
book-mo-bile [~moubijl] n pokretna biblioteka
book-plate [~plejt] n etiketa na unutrašnjoj strani korica
book-rack [~raek] n 1. stalak za knjige 2. polica za knjige
book review recenzija na knjigu, prikaz knjige
book-sel-ler [~selə(r)] n knjižar
book-shelf [~šelf] n etažer, polica za knjige
book-shop [~šap]; [o] n see bookstore
book-stall [~stol] n see bookstand
book-stand [~staend] n 1. kiosk (sa knjigama) 2. see bookrack 1
book-store [~sto(r)] n knjižara
book up v see book II 2
book-worm [~wə(r)m] n (zool. and fig.) knjiški moljac
boom I [būm] n 1. brz porast, bum, uspon; an economic ~ privredni uspon 2. tutnjava, gruvanje; the sonic ~ zvučni udar
boom II v intr 1. gruvati, bučati, tutnjiti; the guns were ~ing topovi su gruvali 2. procvetati (procvjetati), brzo rasti
boom III n 1. (naut.) kolac, poluga; (colloq.) *to lower the ~ on smb. okomiti se na nekoga, uništiti nekoga 2. barikada
boo-mer-ang I ['būmɔraeñg] n bumerang
boomerang II v intr biti bumerang (dovesti do rezultata koji je suprotan očekivanju)
boom out v tutnjiti (see boom II 1)
boom town grad (gradić) koji brzo raste

boon I [būn] *n* 1. blagodat. korist; *a* ~ *to science* blagodat za nauku 2. ljubaznost, usluga
boon II *a* vedar, veseo; *a* ~ *companion* veseo drug
boon·docks [~daks]; [*o*] *n pl* (colloq.) zaleđe, provincija
boon·dog·gle I ['būndagəl], [*o*] *n* uzaludan, besciljan rad
boondoggle II *v intr* raditi besciljno
boor [bū(r)] *n* grubijan, neotesanko, gedža
boor·ish [~riš] *a* grub, neotesan, geački
boor·ish·ness [~nis] *n* grubost, neotesanost
boost I [būst] *n* 1. pomoć, podrška 2. guranje uvis; *give me a* ~ pomozi mi da se popnem; *that gave my morale a* ~ to mi je podiglo moral 3. povećanje, porast; *a* ~ *in salary* povišica
boost II *v tr* 1. pogurati uvis 2. dići, podići; *to* ~ *morale* dići moral 3. povećati, povisiti; *to* ~ *steel production* povećati proizvodnju čelika; *to* ~ *prices* povisiti cene (cijene) 4. (tech.) pojačati, ubrzati
boost·er [~ə(r)] *n* 1. pristalica; navijač; podržavalac 2. (elec.) pojačavač, pobuđivač; dodatni generator 3. (mil.) pojačavač detonatora 4. (astron.) (also: ~ *rocket*) startna raketa, raketni nosač 5. (med.) see **booster shot**
booster battery dodatna baterija
booster cable kabl za dopunjavanje akumulatora
booster charge dopunjavanje akumulatora
booster rocket see **booster** 4
booster shot (med.) revakcinacija
boot I [būt] *n* 1. čizma; *military* ~*s* vojničke čizme; *riding* ~*s* čizme za jahanje; **to die with one's* ~*s on* poginuti na bojnom polju; **to get the* ~ biti otpušten; **to lick smb.'s* ~*s* lizati nekome pete; **you can bet your* ~*s* to je sasvim sigurno 2. (Br.) prtljažnik (see also **trunk I** 5) 3. (colloq.) udar nogom 4. (Am. navy, marines) regrut 5. (in *pl*, hist.) španske čizme
boot II *v tr* (colloq.) udariti nogom
boot III *v intr* (colloq.) (only: *to* ~) nego; *he is not unly stupid, but lazy to* ~ on je ne samo glup, nego i lenj (lijen)
boot IV (up) *v tr* (C.) startovati
boot·black [~blaek] *n* čistač cipela
boot camp (Am. navy, marines) logor za obuku regruta
booth [būth] *booths* [būthz], [*ths*] *n* 1. kabina (see also **telephone booth**) 2. (in a restaurant) separe 3. tezga, štand (na sajmu)
boot·lace [~lejs] Br.; see **shoelace**
boot·leg I ['būtleg] *n* 1. sara 2. švercovana roba (naročito alkoholna pića)
bootleg II *a* švercovan (obično o alkoholnim pićima)
bootleg III *v* švercovati, krijumčariti; prodavati (obično: alkoholna pića)
boot·leg·ger [~ə(r)] *n* švercer (alkoholnih pića)
boot·less [~lis] *a* uzaludan
boot·lick [~lik] *v tr* and *intr* lizati pete
boot·lick·er [~ə(r)] *n* ulizica, čankoliz
boot out *v* (esp. Br.; colloq.) otpustiti (s posla)
boots [~s] (*pl* has zero) *n* (Br.) sluga (u hotelu)
boot·strap [~straep] *n* petlja za obuvanje čizama; **to pull oneself up by one's own* ~*s* probiti se samostalno

boo·ty ['būtij] *n* plen (plijen)
booze [būz] *n* (colloq.) alkoholno piće
booz·er [~ə(r)] *n* (Br.; slang) 1. pijanica 2. see **pub**
bop I [bap]; [*o*] *n* (colloq.) udarac
bop II *v tr* (colloq.) udariti
bop III *n* vrsta džeza
bo·rax ['bouraeks] *n* boraks
bor·del·lo [bo(r)'delou] (-*s*) *n* burdelj, javna kuća
bor·der I ['bo(r)də(r)] *n* 1. granica; *to close (guard) a* ~ zatvoriti (čuvati) granicu; *to smuggle across the* ~ švercovati preko granice 2. pervaz, porub 3. ivica
border II *a* granični; *a* ~ *area* granična oblast; *a* ~ *incident* granični incident
border III *v* 1. *tr* oivičiti 2. *tr* opervaziti, opšiti 3. *intr* (usu.: *to* ~ *on, upon*) graničiti se; *Canada* ~*s on the USA* Kanada se graniči sa SAD
border crossing granični prelaz
bor·der·land [~laend] *n* granični pojas
bor·der·line I [~lajn] *n* 1. granica; demarkaciona linija 2. ivica; *on the* ~ na ivici
borderline II *a* prelazan
border marker granični kamen
Border States *pl* (Am., hist.) države između Severa (Sjevera) i Juga
bore I [bo(r)] *n* 1. bušilica 2. kalibar (oružja); (of a shotgun) bušenje 3. prečnik cilindra
bore II *v tr* probušiti, probiti; *to* ~ *a hole* (a *tunnel)* probušiti rupu (tunel)
bore III *n* 1. gnjavator; *he's a* ~ dosadan je 2. dosadan posao
bore IV *v tr* dosaditi; *to* ~ *smb.* dosaditi nekome
bored [~d] *a* dosadno (see **bore IV**); *he is* ~ njemu je dosadno
bor·er [~rə(r)] *n* bušilica
bo·ric ['borik] *a* borni; ~ *acid* borna kiselina
bor·ing I ['boring] *n* bušotina; bušenje
boring II *a* dosadan
born see **bear II**; **to be* ~ *in clover* oı **to be* ~ *with a silver spoon in one's mouth* biti rođen u košuljici; **he wasn't* ~ *yesterday* on nije žutokljunac
born-again *a* ponovo rođen, ponovo zavetovan (zavjetovan) Bogu
borne see **bear II**
Bor·ne·o ['bo(r)nijou] *n* Borneo
bo·ron ['boran]; [*ə*] *n* bor
boron carbide bor karbid
bor·ough ['bərou]; [*o*] 1. *n* grad; gradić, varoš 2. deo (dio) grada Njujorka
bor·row ['barou]; [*o*] *v tr* pozajmiti; *to* ~ *smt. from smb.* pozajmiti nešto od nekoga
bor·row·er [~ə(r)] *n* pozajmljivač
bor·row·ing [~ing] *n* (usu. ling.) pozajmljenica (W also: posudba)
borscht [bo(r)sht] *n* čorba od cvekle (W: cikle)
bor·stal ['bo(r)stəl] Br.; see **reformatory I**
bo·sa ['bouzə] *n* boza
bosh [baš]; [*o*] *n* (colloq.) besmislica
Bos·ni·a and Her·ze·go·vi·na ['baznijə aend he(r)tsəgou'vijnə]; [*o*] Bosna i Hercegovina
Bos·ni·an I ['baznijən]; [*o*] *n* Bosanac
Bosnian II *a* bosanski

bos·om I ['bʊzəm], [ū] *n* 1. grudi 2. grudi haljine 3. nedra (njedra) 4. naručje, zagrljaj; *in the ~ of one's family* u krugu svoje porodice
bosom II *a* prisan; *a ~ friend* prisan drug
bos·on ['bousan]; [o] *n* (phys.) bozon
Bos·pho·rus ['basfərəs]; [o] *n* Bosfor
boss I [bos] *n* gazda, šef
boss II *v tr* (colloq.) komandovati; zapovedati (zapovijedati); *to ~ smb. around* komandovati nekome, tiranisati nekoga; **to ~ the show* biti vođa
boss III *n* 1. ispupčenje 2. (archit.) ispupčen ukras na svodu
boss around *v* see **boss II**
boss-eyed Br.; slang; see **cross-eyed**
boss·y [~ij] *a* zapovednički (zapovjednički)
Bos·ton ['bostən] *n* Boston
Boston Tea Party (Am., hist.) Bostonsko pijenje čaja
bos·un see **boatswain**
bo·tan·ic·al [bə'taenikəl] *a* botanički; *a ~ garden* botanička bašta
bot·a·nist ['batnist]; [o] *n* botaničar
bot·a·ny ['batnij]; [o] *n* botanika
botch [bač]; [o] *v tr* (colloq.) pokvariti (see **bungle II** 1)
bot·fly ['batflaj]; [o] *n* štrkalj
both [bouth] 1. *pron* obojica, obadve (obadvije); oboje; *~ (men) are tall* obojica su visoki; *are your parents living? yes, ~ are* jesu li ti živi roditelji; da, oboje su živi; *~ of my brothers* oba moja brata 2. *a* oba, obe (obje), obadva, obadve (obadvije), obadvoje; oboji; *~ (my) brothers* oba (moja) brata; *~ houses* obe kuće: *~ children* obadvoje dece (djece); *~ doors* oboja vrata; *~ pairs of scissors* oboje makaze (W: škare) 3. *conj* (*~ ... and*) i ... i; *he brought ~ a phonograph and records* doneo (donio) je i gramofon i ploče
both·er I ['baθə(r)]; [o] *n* briga, sekiracija
bother II *v* 1. *tr* dosaditi, uznemiriti; ugnjaviti; *don't ~ me with these questions* ne dosaduj mi tim pitanjima; *excuse me for ~ing you* izvinite što sam vas uznemirio 2. *intr* pobrinuti se; *to ~ about smt.* pobrinuti se o nečemu
both·er·a·tion [baθə'rejšən]; [o] *n* see **bother I**
both·er·some [~səm] *a* dosadan
Bot·swa·na [bat'swanə]; [o] *n* Bocvana
bot·tle I ['batl]; [o] *n* 1. flaša; boca; *to discuss smt. over a ~ of wine* raspravljati nešto uz bocu vina; **to take to the ~* odati se piću 2. cucla; *to bring up on the ~* odgajiti na cuclu
bottle II *v tr* 1. razliti u boce; *to ~ wine* staviti vino u boce 2. (fig.) *to ~ one's feelings up* prikriti svoja osećanja (osjećanja)
bottle cap zatvarač za flašu, poklopac na boci
bottled gas gas (plin) u bocama
bottle gourd see **calabash**
bot·tle·neck [~nek] *n* 1. grlić boce 2. (fig.) usko grlo
bottle opener otvarač za boce
bottle up *v* see **bottle II** 2
bot·tom I ['batəm]; [o] *n* 1. dno; *the ~ of a cup (pail, well)* dno šolje — W: šalice (kofe, bunara); *the ~ of the sea* dno mora; *at the ~ of a page*

pri dnu stranice 2. dubina; *at the ~ of his heart* u dubini srca 3. misc.; *he was at the ~ of the whole thing* on je bio podstrekač svega toga; *to get to the ~ of a matter* ući u stvar do kraja; **to drink ~s up* ispiti do dna (naiskap)
bottom II *a* najniži; *a ~ price* najniža cena (cijena); **to bet one's ~ dollar* kladiti se u poslednju (posljednju) paru
bot·tom·less [~lis] *a* bez dna, bezdan
bottom line (colloq.) krajnji rezultat
bottom out *v* dostići najnižu tačku (W: točku)
bot·u·lism ['bačulizəm]; [o] *n* botulizam
bou·doir [bū'dwa(r)] *n* budoar
bough [bau] *n* grana
bought see **buy**
bou·gie ['būžij]; [dž] *n* 1. voštanica 2. (med.) kateter
bouil·la·baisse [būjə'bejs] *n* (French) (cul,) bujabes
bouil·lon ['būjan], ['būljan], [ə] (cul.) buljon
boul·der ['bouldə(r)] *n* veliki kamen
boul·e·vard ['buləva(r)d], [ū] *n* bulevar; ulica
bounce I [bauns] *n* 1. odskok; *to hit on the first ~* udariti loptu pri prvom odskoku 2. odskočljivost
bounce II *v* 1. *tr* baciti da odskoči; *to ~ a ball* baciti loptu da odskoči 2. *intr* odskočiti 3. *intr* skočiti; *he ~d out of the chair* skočio je sa stolice; *he ~d to his feet* skočio je na noge 4. *intr* uleteti (uletjeti); *to ~ into a room* uleteti u sobu 5. *intr* izleteti (izletjeti); *to ~ out of a room* izleteti iz sobe 6. misc.; *to ~ a child on one's knees* cupkati dete (dijete); *the check ~d* ček nije imao pokriće; *to ~ back* rehabilitovati se
bounc·er [~ə(r)] *n* (colloq.) radnik kafane (kavane) koji izbacuje pijanice
bounc·ing [~ing] *a* zdrav, jedar; *a ~ baby* jedro dete (dijete)
bound I [baund] *n* skok; *by leaps and ~s* vrlo brzo
bound II *v intr* 1. skočiti; *to ~ out of a chair* skočiti sa stolice 2. jurnuti; *to ~ after smb.* jurnuti za nekim 3. *to ~ (up and down)* poskakivati
bound III see **bounds**
bound IV *v* 1. *tr* graničiti; *Canada is ~ed on the south by the USA* Kanada se na jugu graniči sa SAD 2. *intr* (*to ~ on*) see **border II** 3
bound V *pred a* na putu; *they were ~ for Europe* bili su na putu za Evropu; *homeward ~* na povratku kući
bound VI *a* 1. see **bind II** 2. siguran; *he's ~ to come* sigurno će doći 3. misc.; *to be ~ up with* biti vezan za
bound·a·ry ['bound(ə)rij] *n* granica, međa
bound·en [~ən] *a* obavezan
bound·er [~ə(r)] *n* (usu. Br.) prostak
bound form (ling.) vezani oblik
bound·less [~lis] *a* bezgraničan
bounds [~z] *n pl* (dozvoljene) granice; *within ~* u dozvoljenim granicama; *to overstep the ~ of common sense* prekoračiti granice zdrave pameti; *out of ~* van dozvoljenog prostora; or: (sports) van igre, aut
bount·e·ous ['bauntijəs] *a* see **bountiful**
boun·ti·ful ['bauntifəl] *a* 1. darežljiv 2. obilan

boun·ty ['bauntij] *n* 1. darežljivost 2. premija, nagrada

bounty hunter lovac na ucenjene (ucijenjene) prestupnike

bou·quet [bū'kej] *n* 1. buket 2. miris, aroma (likera, vina), buke

bour·bon ['bə(r)bən] *n* vrsta viskija

bour·geois I [bū(r)ž'wa]; ['bū(r)žwa] *(pl* has zero) *i.* buržuj

bourgeois II *a* buržujski

bour·geoise [bū(r)ž'waz] *n* buržujka

bour·geoi·sie [bū(r)žwa'zij] *n* buržoazija

bour·geon see **burgeon**

bout [baut] *n* 1. takmičenje 2. nastup, napad; *a ~ of illness* napad bolesti; *a ~ of drinking* pijanka

bou·tique [bū'tijk] *n* butiga, mala radnja, butik

bou·ton·niere [būtə'nij(r)], [*ej*] *n* cveće (cvijeće) koje se stavlja na rever (W: u zapučak)

bo·vine I ['bouvajn], [*ij*] *n* goveče

bovine II *a* 1. govedski, goveđi 2. trom, spor

bov·ver ['bɑvə(r)]; [*o*] *n* (Br.; slang) nasilje

bow I [bau] *n* (naut.) pramac

bow II *a* (naut.) pramčani

bow III *n* 1. klanjanje, naklon; *to make a ~* pokloniti se; *the actor took a ~* glumac se poklonio publici 2. (colloq.) premijera

bow IV *v* 1. *tr* sagnuti, pognuti, saviti, poviti; *to ~ one's head* sagnuti (pognuti) glavu; *to ~ one's knee* saviti koleno (koljeno); *the wind ~ed the trees* vetar (vjetar) je povio drveće 2. *intr* pokloniti se; *to ~ to smb.* pokloniti se nekome; *the actor ~ed to the audience* glumac se poklonio publici; **to have a ~ing acquaintance with smb.* poznavati nekoga veoma malo 3. *intr* (fig.) pokloniti se, pokoriti se; klecnuti; *to ~ to superior force* pokoriti se višoj sili; *to ~ to demands* prikloniti se zahtevima (zahtjevima); *to ~ before (to) the inevitable* pokoriti se onome što je neminovno; **to ~ and scrape* ulagivati se; *they all ~ to him* svi pred njim klecaju

bow V (onoma.) av

bow VI [bou] *n* 1. luk; *to draw a ~* zapeti luk; *hunting with ~ and arrow* upotreba luka i strelice 2. gudalo 3. (in a girl's hair) pantljika (see **ribbon** for 3)

bowd·ler·ize ['boudlərajz] *v tr* cenzurisati, očistiti

bow·el ['bauəl] *n* (usu. in *pl)* 1. crevo (crijevo); drob; (as *a)* a *~ movement* stolica 2. (fig.) utroba; *the ~s of the earth* utroba zemlje

bow·er I ['bauə(r)] *n* senica (sjenica), brajda, čardaklija, odrina (see also **arbor I, lattice, trellis**)

bower II *n* (naut.) glavno sidro

bow·grace ['baugrejs] *n* (naut.) pramcobran

bow·ie knife ['bouij] vrsta lovačkog noža

bowl I [boul] *n* 1. činija, zdela (zdjela); tacna; *a salad ~* činija za salatu; *a soup ~* činija za supu; *a punch ~* zdela za punč 2. pehar 3. doza; *a sugar ~* doza za šećer 4. (Am., football) stadion 5. (Am., football) (or: *~ game)* šampionsko takmičenje 6. see **toilet bowl**

bowl II *n* (Br.) see **bowling ball**

bowl III *v intr* kuglati se; *to go ~ing* ići na kuglanje

bowl·der see **boulder**

bow·leg ['bouleg] *n* kriva noga (na *o)*

bow·leg·ged ['bouleg(i)d] *a* krivonog (see also: **bandy-legged)**

bowl·er I ['boulə(r)] *n* polucilindar (šešir)

bowler II *n* kuglaš

bowl game see **bowl I** 5

bow·line ['boulajn] *n* (or: *~ knot)* (naut.) pašnjak

bowl·ing ['bouliñg] *n* kuglanje

bowling alley kuglana

bowling ball kegla (za obaranje čunjeva)

bowling pin see **pin I** 6

bowl over *v* oboriti; (fig.) *to bowl smb. over* iznenaditi nekoga, izbaciti nekoga iz ravnoteže

bow·man ['boumən] *(-men* [min]) *n* strelac (strijelac)

bow out [bau] *v* odustati, povući se

bow·ser ['bauzə(r)] *n* (Br.) autocisterna za punjenje goriva (na aerodromu)

bow·shot ['boušɑt]; [*o*] *n* domet strele (strijele)

bow·sprit ['bousprit] *n* (naut.) kosnik

bow·string ['boustriñg] *n* tetiva (na luku)

bow tie [bou] leptir-mašna, leptirica

bow window [bou] (polukružno) izbočen prozor

bow-wow [bau-wau] (onoma., of a dog) av-av

bow-wow theory (ling.) bau-vau teorija

box I [bɑks]; [*o*] *n* 1. kutija; *a ballot ~* glasačka kutija; *a ~ of candy* kutija bombona 2. sadržina kutije; *to eat a whole ~ of chocolates* pojesti celu (cijelu) kutiju čokolade 3. (theater) loža 4. see **box stall** 5. (tech.) razvodna kutija (see **gearbox**) 6. see **shooting box** 7. (Br.) raskrsnica 8. see **sentry box** 9. bok (na fijakeru) 10. see **penalty box** 11. see **post-office box** 12. (Br.; colloq.) televizor

box II *v tr* 1. staviti u kutiju 2. *to ~ in (up)* ometati (u kretanju), blokirati, okružiti 3. (naut.) *to ~ the compass* pročitati kompasnu podelu (podjelu) redom; or: (fig.) vratiti se početnom shvatanju

box III *n* udar; *a ~ on the ears* šamar, pljuska

box IV *v* 1. *tr* ošamariti; *to ~ smb. on the ear* opaliti nekome šamar 2. *tr* and *intr* boksovati (W: boksati), boksovati se; *to ~ 10 rounds* odboksovati 10 rundi

box V *n* (bot.) šimšir

Box and Cox *v* (Br.; colloq.) smenjivati (smjenjivati) se jedno s drugim

box calf boks

box camera sandučar, boks-kamera

box·car [~ka(r)] *n* teretni vagon

box·er I [~ə(r)] *n* bokser (W: boksač)

boxer II *n* (dog) bokser

Boxer III *n* (hist.) bokser (član kineske tajne organizacije)

Boxer Revolution (hist.) bokserski ustanak

box·haul·ing [~holiñg] *n* (naut.) kruženje (u jedrenju)

box in *v* see **box II** 2

box·ing [~iñg] *n* boks

Boxing Day (Br.) prvi dan posle (poslije) Božića

boxing glove rukavica za boks

boxing match boks-meč

box lunch lanč-paket

box number poštanski fah

box off *v* odeliti (odijeliti)

box office blagajna; (fig., as *a) box-office appeal* privlačnost, privlačenje velikog broja posetilaca (posjetilaca)

box pleat dvostruk nabor
box score (sports) zapisnik (sa rezultatima)
box seat sedište (sjedište) u loži
box spring strunjača sa čeličnim oprugama, metalni madrac
box stall odeljenje — odjeljenje (za životinju)
box·wood [∼wud] *n* šimširovina
boy I [boj] *n* dečak (dječak), momak; (sports, colloq.) *our* ∼*s are playing well* naši momci dobro igraju
boy II *interj* ala (izražava divljenje)
bo·yar ['bojja(r)] *n* boljar
boy·cott I ['bojkat]; [o] *n* bojkot; *to impose a* ∼ organizovati bojkot
boycott II *v tr* bojkotovati
boy friend dečko (dječko)
boy·hood [∼hud] *n* dečaštvo (dječaštvo)
boy·ish [∼iš] *a* dečački (dječački)
Boy Scout skaut, izviđač
Boy Scout camp izviđački logor
Boy Scout troop izviđački odred
bo·za see **bosa**
bra [bra] *n* see **brassiere**
bra burner militantna (borbena) feministkinja
brace I [brejs] *n* 1. potpora, podupirač; spona, spoj 2. (med.) podržna šina (za vertikalno opterećenje); *a back* ∼ držač kičme 3. (dentistry) (usu. in *pl*) spravica za ispravljanje nepravilno izraslih zuba 4. par, dvoje; (after a *num, pl* has zero) *a* ∼ *of deer* par jelena 5. zatega 6. (printing, math.) zagrada (also **bracket** I 2) 7. (naut.) praća 8. (in *pl;* Br.) naramenice (see also **suspenders** for 8) 9. misc.; (Br.; slang) *in a* ∼ *of shakes* odmah
brace II *v* 1. *tr* and *refl* podupreti (poduprijeti), upreti (uprijeti); *he* ∼*ed his shoulder against the door* on je upro ramenom o vrata; *to* ∼ *oneself* podupreti se 2. *refl* and *intr* napregnuti, prikupiti; pripremiti se; *he* ∼*d himself to hear the doctor's opinion* prikupio je snagu da čuje lekarevo (ljekarevo) mišljenje; *to* ∼ *(oneself) for an attack* pripremiti se za napad 4. (mil.) ∼*!* popravi se! (komanda)
brace and bit ručna bušilica (W: vrtača)
brace·let [∼lit] *n* 1. narukvica 2. (in *pl*, colloq.) lisice
brac·er [∼ə(r)] *n* okrepljujuće sredstvo
bra·chi·al ['brejkijəl] *a* ručni
bra·chi·um ['brejkijəm], [ae] (brachia [∼ijə]) *n* (med.) ruka
brach·y·ce·phal·ic [braekijsə'faelik] *a* brahikefalan, kratkoglav
brach·y·ceph·a·ly [braekij'sefəlij] *n* brahikefalija, kratkoglavost
brac·ing ['brejsiŋ] *a* svež (svjež); okrepljujući
brack·en ['braekən] *n* (bot.) paprat, bujad
brack·et I ['braekit] *n* 1. držač; podupirač 2. (printing, math.) zagrada; *round (square)* ∼*s* obla (uglasta) zagrada 3. (mil.) urakljivanje 4. (of taxpayers) grupa poreznika (prema dohotku)
bracket II *v tr* 1. staviti u zagradu 2. (mil.) uraklijiti; *the artillery* ∼*ed them* artiljerija ih je urakljila
brack·ish ['braekiš] *a* 1. slan 2. (fig.) odvratan
bract [braekt] *n* (bot.) listić (ispod cveta — cvijeta)
brad [braed] *n* ekser bez glave (sa malom glavom)

brag I [braeg] *n* see **braggart**
brag II *v intr* hvalisati se, hvastati se
brag·ga·do·ci·o [braegə'doušijə] *n* hvalisanje; razmetanje
brag·gart ['braegə(r)t] *n* hvalisavac, hvastavac
Brah·ma ['bramə] *n* Brahma
Brah·man [∼n] *n* braman
Brah·man·ism [∼izəm] *n* bramanizam
braid I [brejd] *n* 1. gajtan, širit; tkanica 2. kika; pletenica
braid II *v tr* 1. opšiti gajtanom 2. oplesti; *to* ∼ *hair* oplesti kosu
braille [brejl] *n* slepačko (sljepačko) pismo
brain I [brejn] *n* 1. mozak; glava; *an electronic* ∼ elektronski mozak; **to blow one's* ∼*s out* prosvirati sebi kuršum kroz glavu; *use your* ∼*!* napregni mozak! *to overtax one's* ∼ preopteretiti svoj mozak 2. pamet, um, glava; *a powerful* ∼ snažan um; **to pick a man's* ∼ iskoristiti nečije znanje; **to rack one's* ∼*s* lupati glavu; **to have smt. on the* ∼ biti zanet (zanijet) nečim 3. (in *pl*; colloq.) pokretač; *the* ∼*s behind a plan* pokretač projekta
brain II *v tr* (colloq.) *to* ∼ *smb.* razbiti glavu nekome
brain cells *pl* moždane ćelije (W: stanice)
brain child (colloq.) zamisao; *it's his* ∼ on je to izmislio
brain drain (colloq.) odliv intelektualaca
brain fever see **encephalitis**
brain·less [∼lis] *a* bez pameti, glup
brain·storm [∼sto(r)m] *n* genijalna ideja
brains trust Br.; see **brain trust**
brain trust grupa stručnjaka, savetnika (savjetnika), trust mozgova
brain·wash [∼woš], [a] *v tr* izložiti intenzivnoj propagandi, oprati (nekome) mozak
brain·wash·ing [∼iŋ] *n* pranje mozgova, politička obrada
brain wave 1. (med.) moždani talas 2. pametna ideja
brain·y [ij] *a* (colloq.) pametan
braise [brejz] *v tr* (cul.) kuvati (kuhati) u poklopljenom loncu
brake I [brejk] *n* kočnica; paočanica; *an electric (foot, hand, mechanical)* ∼ električna (nožna, ručna, mehanička) kočnica; *an air* ∼ vazdušna (W: zračna) kočnica; *the* ∼*s failed* kočnice su popustile; *to apply the* ∼*s* ukočiti
brake II *v* 1. *tr* ukočiti; *to* ∼ *a car* ukočiti kola 2. *intr* kočiti, paočiti
brake III *n* trlica, mlatilo za lan
brake IV *v tr* trti (lan)
brake V *n* 1. paprat 2. čestar, šiprag
brake adjustment regulisanje kočnica
brake·age [∼idž] *n* kočenje
brake band obloga kočnice
brake drum doboš kočnice
brake fluid tečnost za kočnice
brake horsepower efektivna snaga (motora)
brake lining obloga kočnice
brake·man [∼mən] (-*men* [min]) *n* kočničar
brake shoe papuča kočnice
brakes·man Br.; see **brakeman**
bram·ble ['braembəl] *n* drač, vukodržica
bram·ble·ber·ry [∼berij]; [ə] *n* kupina

bran [braen] *n* mekinje, osevci (osijevci)
branch I [braenč]; [*a*] *n* 1. grana (deo — dio drveta) 2. (fig.) grana, ogranak; *a ~ of science* grana nauke 3. (*~ of a river*) rukavac 4. (mil.) (*~ of service*) rod vojske 5. (*~ of an antler*) grana rogova 6. filijala; predstavništvo
branch II *v intr* 1. (*to ~ off*) odvojiti se, račvati se; *the road ~es off* put se račva (odvaja) 2. (*to ~ out*) razgranati (se); *to ~ out into new activities* razgranati poslove
branch off *v* see **branch II** 1
branch office filijala (also **branch I** 6)
branch out *v* see **branch II** 2
branch·y [~ij] *a* razgranat
brand I [braend] *n* 1. marka; *a well-known ~* poznata marka 2. žig, znak
brand II *v tr* žigosati; *to ~ cattle* žigosati stoku; *to ~ as a traitor* žigosati kao izdajnika
branding iron gvožđe za žigosanje
bran·dish [~iš] *v tr* mahati; *to ~ a weapon* mahati oružjem
brand name naziv marke
brand-new [~-nū]; [*nj*] *a* nov novcat
bran·dy ['braendij] *n* rakija
bran-new Br.; see **brand-new**
brant [braent] (*pl* has zero or *~s*) *n* arktička divlja guska
brash [braeš] *a* drzak
brash·ness [~nis] *n* drskost
bra·sier see **brazier I, II**
brass I [braes]; [*a*] *n* 1. mesing, žuta med 2. (mil., colloq.) metalni delovi odeće (dijelovi odjeće); (fig.): starešine; *big ~* visoke starešine, generali 3. (colloq.) drskost, samopouzdanje 4. (Br., colloq.) novac 5. (coll.) bleh-instrumenti
brass II *a* 1. mesingan; *~ objects* mesingani predmeti 2. (mus.) duvački; *~ instruments* duvački instrumenti, bleh-instrumenti
bras·sard [brəˈsa(r)d], ['braesa(r)d] *n* poveska na rukavu
brass band bleh-muzika, duvački orkestar
brass hat (mil., colloq.) stariji oficir, general
bras·siere [brəˈzij(r)]; ['brae~] *n* prslučić
brass knuckles *pl* bokser (napadačko oružje)
brass tacks *pl* bitne činjenice; **to get down to ~* preći na stvar
brass·y [~ij] *a* 1. mesingast 2. razmetljiv 3. (colloq.) drzak, bezobrazan
brat [braet] *n* (colloq.) derle, derište
Bra·ti·sla·va [bratiˈslavə] *n* Bratislava
brat·tice ['braetis] *n* pregrada za ventilaciju (u rudniku)
brat·wurst ['braetwə(r)st] *n* mesnata kobasica
bra·va·do [brəˈvadou] *n* razmetanje hrabrošću
brave I [brejv] *n* indijanski junak, ratnik
brave II *a* hrabar; **to put on a ~ front* praviti se samouveren (samouvjeren)
brave III *v tr* pružiti otpor
bra·ve·ry ['brejv(ə)rij] *n* hrabrost; *to inspire (demonstrate) ~* uliti (ispoljiti) hrabrost
bra·vo ['bravou]; [~ˈvou] *interj* bravo
bra·vu·ra [brəˈvjūrə] *n* (mus. and fig.) bravura
brawl I [brol] *n* tuča, svađa, gužva
brawl II *v intr* svađati se (bučno)
brawl·er [~ə(r)] *n* svađalica

brawn [bron] *n* 1. mišićavost; snaga 2. (Br.) see **headcheese**
brawn·i·ness [~ijnis] *n* mišićavost
brawn·y [~ij] *a* mišićav
bray I [brej] *n* njakanje
bray II *v intr* njakati; *a donkey ~s* magarac njače
bray·ing [~iñg] *n* njakanje
braze [brejz] *v tr* zalemiti
bra·zen I [~en] *a* 1. mesingan; *a ~ image* lik od mesinga 2. metalan (o zvuku) 3. drzak, bezobrazan, bestidan; *a ~ hussy* bestidnica
brazen II *v* (usu.: *to ~ it out*) drsko se ponašati
bra·zen-faced [~fejst] *a* drzak, bezobrazan
bra·zier I ['brejžə(r)] *n* medolivac
brazier II *n* posuda za žeravicu, mangal
Bra·zil [brəˈzil] *n* Brazil
Bra·zil·ian I [~jən] *n* Brazilac
Brazilian II *a* brazilski
Brazil nut brazilski orah
breach I [brijč] *n* 1. prekršaj; neispunjenje, neizvršenje; narušavanje; *~ of contract* neispunjenje ugovora; *a ~ of discipline* narušavanje discipline; *a ~ of orders* neizvršenje naređenja; *a ~ of promise* neispunjenje obećanja; *a ~ of the peace* narušavanje javnog reda; **a custom more honored in the ~ than in the observance* običaj koji bi bilo bolje prenebregnuti nego poštovati 2. breša, proboj, prodor, prolaz; *to effect (seal off) a ~* probiti (zatvoriti) brešu; *to stand in the ~* zaprečiti (zapriječiti) put neprijateljskim jedinicama (koje su izvršile proboj); or: (fig.) uzeti na sebe glavni deo (dio) posla
breach II *v tr* probiti; *to ~ a defensive line* probiti odbranu (W: obranu)
bread I [bred] *n* 1. hleb (W: kruh); *black (corn, rye, white) ~* crni (kukuruzni, ražani, beli — bijeli) hleb; *fresh (stale) ~* svež — svjež (bajat) hleb; *to bake ~* peći hleb; *a slice of ~* kriška (parče) hleba; **to break ~* jesti; *he was put on ~ and water* davali su mu samo hleb i vodu (u zatvoru); **he knows which side his ~ is buttered on* zna gde (gdje) mu je korist; **to take the ~ out of smb.'s mouth* otimati nekome zaradu 2. (slang) novac
bread II *v tr* (cul.) uvaljati u mrvice, pohovati; *~ed veal chops* pohovane teleće šnicle
bread and butter (colloq.) prihod (zarada) za život
bread·bas·ket [~baeskit]; [*a*] *n* 1. korpa za hleb — hljeb (W: kruh) 2. (fig.) žitnica
bread·board [~bo(r)d] *n* daska za hleb — hljeb (W: kruh)
bread line red siromašnih (koji čekaju na dodeljivanje — dodjeljivanje besplatne hrane)
breadth [bredth] *n* širina
breadth·wise [~wajz] *adv* u širinu
bread·win·ner [~winə(r)] *n* hranilac porodice
break [brejk] *n* 1. prelom (see **fracture I**) 2. prekid; *a ~ of diplomatic relations* prekid diplomatskih odnosa 3. odmor, prekid; *during the ~* za vreme (vrijeme) odmora 4. (colloq.) nepredviđen slučaj; *a good (bad) ~* srećan (nesrećan) slučaj; *he got a ~* imao je sreće 5. olakšica, beneficija; *a tax ~* poreska olakšica (see also **benefit I** 5) 6. pukotina 7. promena (promjena); *a ~ in the weather* promena vremena 8. bekstvo

(bjekstvo); *a (mass) prison* ~ (veliko) bekstvo iz zatvora; **to make a ~ for it* pobeći 9. misc.; *at the ~ of day* u zoru, u svanuće; (boxing) *~!* brek!

break II *broke* [brouk]; *broken* ['broukən] *v* 1. *tr* slomiti, smrskati, prelomiti; *to ~ an arm* slomiti ruku (see also **fracture II**) 2. *tr* razbiti; *to ~ a cup (a window)* razbiti šolju — W: šalicu (prozor); *to ~ a bill* razbiti novčanicu; **to ~ the ice* razbiti led 3. *tr* pokvariti; *to ~ a clock* pokvariti sat 4. *tr* prekršiti; *to ~ one's word* prekršiti datu reč (riječ); *to ~ a law* prekršiti zakon 5. *tr* nadmašiti, premašiti; *to ~ a record* nadmašiti (premašiti) rekord 6. *tr* prekinuti; *to ~ diplomatic relations* prekinuti diplomatske odnose; *to ~ camp* prekinuti logorovanje; *to ~ silence* prekinuti ćutanje; *to ~ a fast* prekinuti post 7. *tr* ublažiti, oslabiti; *to ~ a fall* ublažiti pad 8. *tr* (mil., colloq.) degradirati; *to ~ an officer* smanjiti oficiru čin (see also **reduce I**) 9. *tr* odvići; *to ~ smb. of a habit* odvići nekoga od navike 10. *tr* dešifrovati; *to ~ a code* dešifrovati kod, otkriti tuđu šifru 11. *tr* raspariti; *to ~ a set of china* raspariti servis (also **break up** 6) 12. *tr* raskinuti; *to ~ a contract* raskinuti ugovor 13. *tr* dresirati; *to ~ a horse* dresirati konja, naučiti konja da nosi opremu (see also **break in** 2) 14. *intr* slomiti se, razbiti se; *the vase broke* slomila se vaza; *the waves ~ against the shore* talasi se razbijaju o obalu 15. *intr* prsnuti, pući; rasprsnuti se; prekinuti se; *the string broke* prsnuo (puknuo) je kanap; *the ice is ~ing* led puca; *the axle broke* pukla je osovina; *her heart broke* puklo joj je srce; *the rope will ~* uže će se prekinuti 16. *intr* prestati; *the fever broke* prestala je groznica 17. *intr* udariti; prsnuti; *to ~ into song (tears)* udariti u pesmu — pjesmu (plač); *to ~ into laughter* prsnuti u smeh (smijeh) 18. *intr* granuti; *dawn has broken* zora je granula 19. *intr* provaliti; *the thieves broke into the apartment* lopovi su provalili u stan 20. *intr* preći; *to ~ into a gallop* preći u galop 21. misc.; *to ~ on the wheet* premlatiti na točku; *to ~ bread* (početi) jesti; *he broke his appointment* nije došao na sastanak; *to ~ the bank* iscrpsti potpuno banku (u kocki); *to ~ the back of a job* svršiti najteži deo (dio) posla; *to ~ ground* preriljati zemlju; *to ~ news* saopštiti (saopćiti) vest (vijest); *to ~ a will* poništiti testament; *the enemy broke (and fled)* neprijatelj je pobegao (pobjegao); *to ~ even* izjednačiti gubitke s dobicima, ni dobiti ni izgubiti; *to ~ wind* pustiti vetar (vjetar); *to ~ ranks* izići ız reda; *to ~ the surface* isplivati na površinu; *to ~ the sound barrier* probiti zvučni zid; *to ~ with smb.* prekinuti s nekim; *to ~ one's neck* truditi se (zapeti) iz petnih žila; *the dog broke free from the chain* pas se otrgao s lanca; (tennis) *to ~ smb.'s service* oduzeti nekome servis

break·a·ble [~əbəl] *a* lomljiv, loman

break adrift *v* (naut.) otkinuti se od **veza**

break·age [~idž] *n* 1. kvar, lom, oštećenje 2. odbitak za oštećenje

break away *v* 1. oteti se, umaći; *to break away from one's parents* oteti se od roditelja; *to break away from one's pursuers* umaći goniocima 2. napustiti; *he broke away from his party* napustio je svoju stranku

break·a·way [~əwej] *a* koji se lako lomi prilikom udara (da se spreči — spriječi povreda, oštećenje); *a ~ pole* stub koji se lako lomi

break down *v* 1. srušiti, razbiti, provaliti, razvaliti; *to break a door down* or: *to break down a door* provaliti (razvaliti) vrata 2. analizirati; rastaviti (se); rasklopiti 3. otkazati, pokvariti se; *the engine broke down* motor se pokvario; or: kvar se desio na motoru; *the vehicle broke down* vozilo je ostalo u kvaru; or: vozilo je otkazalo; *the elevator has broken down again* lift je opet u kvaru 4. pretrpeti (pretrpjeti) rastrojstvo; *his health broke down* zdravlje ga je izdalo; or: razboleo (razbolio) se; *she broke down and began to sob* živci su je izdali i počela je da jeca

break·down [~daun] *n* 1. analiza 2. kvar, defekt; otkaz; *we had a ~ on the highway* kola su nam ostala u kvaru na auto-putu 3. slom, poremećaj, rastrojstvo; *a nervous ~* živčani slom; *to have (suffer) a ~* doživeti (doživjeti) slom; *a mental ~* pomračenje uma, umni poremećaj

break·er [~ə(r)] *n* 1. prekidač (see also **circuit breaker**) 2. veliki talas, val; *~s* lomni valovi

breaker arm (on an automobile distributor) čekičić

breaker points *pl* platinska dugmad, kontakti prekidača

break even *v* see **break II** 21

break-e·ven point [~-ijvən] kritična tačka (W: točka)

break·fast I ['brekfəst] *n* doručak

breakfast II *v* *intr* doručkovati

break in *v* 1. razraditi; *to break a car in* or: *to break in a car* razraditi kola; *this machine is still not broken in* ova se mašina još nije razradila 2. uvežbati (uvježbati), obučiti; dresirati (životinju); *to break in a new worker* uvežbati novog radnika; *to break in a horse* obučiti (dresirati) konja (see also **break II** 13) 3. razgaziti; *to break in shoes* or: *to break shoes in* razgaziti cipele 4. provaliti, razvaliti; *to break a door in* provaliti vrata 5. provaliti, upasti; *thieves broke in* lopovi su provalili (u stan) 6. upasti; *he keeps breaking in* on stalno upada; *to break in on a conversation* upasti u razgovor

break-in [~-in] *n* 1. razrada 2. provala; *to commit a ~* izvršiti provalu

break·ing [~iñg] *n* 1. (ling.) lomljenje 2. lom

breaking and entering (legal) krađa izvršena obijanjem

break-in period period razrade

break loose *v* osloboditi se, oteti se; *the dog broke loose* pas se oslobodio

break off *v* 1. prekinuti; *to break off a conversation (diplomatic relations)* prekinuti razgovor (diplomatske odnose) 2. otkinuti; odlomiti; *to break a branch off* otkinuti granu 3. otkinuti se; *he broke off from his family* otkinuo se od porodice 4. zastati; *to break off in the middle of a sentence* zastati usred rečenice 5. odlemiti se, odlomiti se, odlepiti (odlijepiti) se; *the handle broke off* odlemila (odlomila) se drška 6. raskrstiti; napustiti; *to break off with smb.* ras-

krstiti s nekim, napustiti nekoga 7. odvojiti se; *we broke off from the group* odvojili smo se od grupe
break open *v* 1. obiti; *to break open a strongbox* obiti kasu 2. otvoriti; *to break open a cask* otvoriti bure
break out *v* 1. pobeći (pobjeći); *to break out of prison* pobeći iz zatvora 2. izbiti, buknuti, planuti; rasplamsati se; *fire broke out* izbila je vatra; *disorders broke out* izbili su nemiri; *a fight broke out* izbila je tuča; *war broke out* rat je planuo; *heavy fighting is breaking out* rasplamsavaju se žestoke borbe 3. probiti; *to break out of an encirclement* probiti obruč 4. razviti; *to break out a flag* razviti zastavu 5. izići; *her face is broken out* izišle su joj neke pege (pjege) po licu; *to break out of a bridgehead* izaći iz mostobrana 6. misc.; *he broke out in a cold sweat* oblio ga je hladan znoj
break·out [~aut] *n* 1. bekstvo (bjekstvo) 2. proboj
break through *v* 1. probiti (se); *to break through enemy lines* probiti neprijateljske redove; *the sun broke through the clouds* sunce se probilo kroz oblake; *they broke through to the city* probili su se do grada 2. prodreti (prodrijeti); probiti; *the water broke through the levee* voda je probila nasip
break·through [~thrū] *n* (mil. and fig.) proboj, prodor; *to achieve a* ~ izvršiti proboj; *an armored* ~ proboj tenkovima
break up *v* 1. uništiti; rasturiti; *to break up a marriage* or: *to break a marriage up* rasturiti brak 2. razbiti; *to break up a strike* razbiti štrajk; *to break up a trust* razbiti trust 3. razići se; *the crowd broke up* svet (svijet) se razišao; *break it up!* razidite se! 4. raspasti se; osipati se; *the ship broke up in the storm* raspao se brod za vreme (vrijeme) oluje; *the team is breaking up* osipa se tim 5. rasformirati; *to break up a unit* rasformirati jedinicu 6. raspariti; *to break up a set of china* raspariti servis (also **break II** 11)
break·wa·ter [~wotə(r), [a] *n* lukobran, valobran
bream [brijm] *n* (fish) deverika, sinj
breast [brest] *n* grudi; prsa; dojka; *a chicken* ~ kokošije (pileće) grudi; *to make a clean* ~ *of smt.* priznati sve; *to beat one's* ~ lupati se u prsa (also fig.)
breast·beam [~bijm] *n* (for weaving) prednje vratilo
breast board plužna daska
breast·bone [~boun] *n* grudnjača (also **sternum**)
breast·feed *v tr* and *intr* dojiti; *to* ~ *a baby* dojiti dete (dijete)
breast·plate [~plejt] *n* grudni oklop
breast·stroke [~strouk] *n* prsni stil; *200-meter* ~ 200 metara prsno
breast·work [~wə(r)k] *n* grudobran
breath [breth] *n* 1. dah; *to catch one's* ~ predahnuti; *to hold one's* ~ pritajiti dah; *he was out of* ~ zadihao se, zaduvao se; *to the last* ~ do poslednjeg (posljednjeg) daha; *to have one's* ~ *taken away* ostati bez daha; *with bated* ~ ne dišući; *shortness of* ~ zadihanost; *a* ~ *of fresh air* malo svežeg vazduha (svježeg zraka) 2. misc.; *in the same* ~ jednovremeno; *to*

speak under one's ~ govoriti tihim glasom; *to waste one's* ~ govoriti uzalud
breath·a·lys·er ['brethəlajzə(r)] *n* (Br.) vrsta alkotesta
breathe [brijth] *v* 1. *tr* and *intr* disati, udisati; *to* ~ *air* disati vazduh (W: zrak); *we* ~ *with our lungs* dišemo na pluća; *to* ~ *through the nose (mouth)* disati na nos (usta) 2. misc.; *to* ~ *freely* slobodno odahnuti; *don't* ~ *a word about it* ne govori nikome ni reči (riječi) o tome; *to* ~ *fresh life into smt.* oživiti nešto; *to* ~ *one's last* ispustiti dušu; *to* ~ *in* udisati; *to* ~ *out* izdisati
breath·er [~ə(r)] *n* (colloq.) kratak odmor, predah, pauza
breath group (ling.) grupa reči (riječi) izgovorenih jednim dahom
breath·ing ['brijthiṇg] *n* 1. disanje 2. (ling.) aspiracija
breathing spell predah, zatišje, pauza
breath·less ['brethlis] *a* 1. bez vazduha (W: zraka) 2. bez daha; ~ *attention* pažnja bez daha 3. zadihan
breath·tak·ing [~tejkiṇg] *a* uzbudljiv; veličanstven; *a* ~ *view* veličanstven pogled
bred see **breed**
breech [brijč] *n* 1. zadnjica, stražnjica 2. (on a firearm) zadnjak cevi (cijevi)
breech·block [~blak] [o] *n* zatvarač
breech·cloth [~kloth] see **loincloth**
breech delivery (med.) izlazak deteta (djeteta) iz materice u obrnutom položaju
breeches [~iz] *n pl* (colloq.) pantalone (W: hlače)
breeches buoy pojas za spasavanje sa čakširama od platna
breech·load·er [~loudə(r)] *n* oruđe koje se puni sa zadnje strane
breech·load·ing [iṇg] *a* koji se puni sa zadnje strane
breech presentation (med.) obrnuti položaj deteta (djeteta) u materici
breed I [brijd] *n* soj, pasmina, vrsta; *a different* ~ *of people* drugi soj ljudi
breed II *bred* [bred] *v* 1. *tr* roditi; stvoriti 2. *tr* odgajiti; *to* ~ *cattle (horses)* odgajati stoku (konje) 3. *tr* vaspitati, odgajiti, odnegovati (odnjegovati); *bred as a soldier* vaspitan kao vojnik 4. *tr* izazvati, proizvesti; *unemployment* ~*s misery* nezaposlenost izaziva bedu (bijedu) 5. *intr* množiti se; *rabbits* ~ *fast* zečevi se brzo množe
breed·er [~ə(r)] *n* odgajivač
breeder reactor oplodni reaktor
breed·ing I [~iṇg] *n* 1. loza, poreklo (porijeklo) 2. vaspitanje, odgoj; *a man of good* ~ čovek (čovjek) dobrog vaspitanja 3. odgajivanje; *the* ~ *of horses* odgajivanje konja 4. množenje, kočenje
breeding II *a* rasplodni; *a* ~ *station* rasplodna stanica
breeding ground mesto (mjesto) za odgajivanje rasplođavanje (životinja)
breeze I [brijz] *n* povetarac (povjetarac); *the test was a* ~ ispit je bio veoma lak
breeze II *v intr* leteti (letjeti); *to* ~ *in* slučajno doći, žurno ući, uleteti

breeze III *n* (Br.) otpaci od uglja i koksa

breeze through *v* lako savladati; *to breeze through an exam* lako položiti ispit

breeze·way [~wej] *n* pokriven prostor između kuće i garaže

breez·y [~ij] *a* svež (svjež), vetrovit (vjetrovit)

brent [brent] Br.; see brant

breth·ren ['breθhrin] obsol. *pl of* brother

breve [brev], [ij] *n* 1. znak kratkoće 2. (mus.) nota koja odgovara dužini dveju celih (dviju cijelih) nota

bre·vet [brə'vet]; ['brevit] *n* (Br., mil.) ukaz za unapređenje na viši položaj (sa ranijom platom)

bre·vi·ar·y ['bri*j*vijerij], [e]; [ə] *n* trebnik, brevijar (W also: časoslov)

brev·i·ty ['brevətij] *n* kratkoća, kratkotrajnost

brew I [brū] *n* piće (koje se vari)

brew II *v* 1. *tr* variti (pivo) 2. *tr* skuvati (skuhati); skovati 3. *intr* skuvati (skuhati) se; skovati se; spremiti se; *some trouble is* ~*ing* kuva (sprema) se neko zlo; *a storm is* ~*ing* bura se sprema

brew·er [~ə(r)] *n* pivar

brewer's grits pivarski ječam

brew·er·y [~ərij] *n* pivara

brew·ing [~iñg] *n* varenje

brew up *v* see brew II 2

brew-up *n* (Br.; colloq.) kuvanje (kuhanje) čaja

bri·ar ['brajə(r)] *n* trn, šipak; divlja ruža

brib·a·ble ['brajbəbəl] *a* podmitljiv

bribe I [brajb] *n* mito; *to accept (give, offer, take) a* ~ primiti (dati, ponuditi, uzeti) mito

bribe II *v* podmititi

brib·er [~ə(r)] *n* podmićivač

bri·be·ry [~ərij] *n* podmićivanje

bric-a-brac ['brik-ə-braek] *n* starudija; tričarije

brick I [brik] *n* 1. cigla, opeka; *to lay* ~s zidati ciglama; **to make* ~s *without straw* latiti se jalova posla 2. (sve što ima oblik cigle) kocka 3. (colloq.) sjajan momak

brick II *a* od cigle; *a* ~ *house* kuća od cigala

brick·bat [~baet] *n* (also fig.) parče cigle (kao oruđe)

brick·field [~fijld] Br.; see brickyard

brick·kiln [~kiln] *n* ciglana

brick·layer [~lejə(r)] *n* zidar (koji zida ciglama)

brick·lay·ing [~iñg] *n* zidanje ciglama, zidarski zanat

brick over *v* see brick up

brick up *v* zatvoriti ciglama

brick·work [~wə(r)k] *n* 1. zidanje ciglama 2. deo (dio) zgrade sazidan od cigala 3. (in *pl*) ciglana

brick·yard [~ja(r)d] *n* ciglana

bri·dal ['brajdəl] *a* svadbeni; venčani (vjenčani), nevestinski (nevjestinski); *a* ~ *veil* nevestinski veo

bridal shower see shower I 4

bride [brajd] *n* mlada, nevesta (nevjesta)

bride·groom [~grūm] *n* mladoženja (also groom I 2)

brides·maid [~zmejd] *n* deveruša (djeveruša)

bride-to-be *n* buduća nevesta (nevjesta)

bridge I [bridž] *n* 1. most; *to cross a* ~ preći most; *a pontoon (suspension)* ~ pontonski (viseći) most; **to burn all* ~s *behind one* porušiti sve mostove za sobom; *the* ~ *collapsed* most se srušio 2. (on a ship) most; *the captain's* ~

zapovednički (zapovjednički) most 3. *(dental)* ~ zubna proteza 4. (on eyeglasses) most 5. (mus.) kobilica

bridge II *v tr* premostiti; *to* ~ *a river* premostiti reku (rijeku)

bridge III *n* bridž (igra karata)

bridge construction mostovska konstrukcija

bridge·head [~hed] *n* mostobran, desantna osnovica; *to establish a* ~ zauzeti mostobran

bridge over *v* esp. Br.; see tide II

bridge pier mostovski stub

bridge·work [~wə(r)k] *n* zubna proteza

bri·dle I ['brajdl] *n* (also fig.) oglav; uzda

bridle II *v* 1. *tr* zauzdati; *to* ~ *a horse* zauzdati konja 2. *tr* obuzdati; *to* ~ *one's passions* obuzdati svoje strasti 3. *intr* pokazati preziranje, ljutinu (zabacivanjem glave); *to* ~ *at smb.'s remarks* pokazati preziranje povodom nečijih primedaba (primjedaba)

bridle path jahačka staza

brief I [brijf] *n* 1. kratak napis 2. (legal) izvod (rezime) činjenica 3. *(papal)* ~ (papino) pismo 4. (in *pl*) slip-gaćice 5. (esp. Br.) uputstva 6. misc.; *in* ~ ukratko; **to hold a* ~ *for smb.* zastupati nekoga

brief II *a* kratak; ~ *remarks* kratke primedbe (primjedbe)

brief III *v tr* 1. obavestiti (obavijestiti); informisati 2. dati uputstva; (mil.) postaviti (objasniti) zadatak

brief·case [~kejs] *n* aktentašna

brief·ing [~iñg] *n* 1. informisanje 2. (mil.) postavljanje zadatka, instruktaža

briefing officer (mil.) oficir koji vrši instruktažu

brief·less [~lis] *a* (esp. Br.) (of a lawyer) bez klijenata

bri·er see briar

brig I [brig] *n* brig, jedrenjak sa dve (dvije) katarke

brig II *n* 1. zatvor (na brodu) 2. (mil., colloq.) zatvor

bri·gade [bri'gejd] *n* 1. (usu. mil.) brigada 2. (air force) eskadra

brig·a·dier [brigə'dij(r)] *n* Br.; see brigadier general

brigadier general brigadni general; general-major

brig·and ['brigənd] *n* hajduk, razbojnik

brig·an·tine ['brigəntijn] *n* (naut.) brigantina

bright [brajt] *a* 1. svetao (svijetao), jasan, sjajan; žarki; ~ *colors* svetle (jasne) boje; *a* ~ *room* svetla soba; *a* ~ *sun* svetlo (žarko) sunce 2. bistar, pametan

bright·en [~ən] *v* 1. *tr* razvedriti 2. *intr* razvedriti se (also: *to* ~ *up*); *his face* ~*ed up* razvedrilo mu se lice

brighten up *v* see brighten 2

bright·ness [~nis] *n* 1. sjajnost 2. bistrina

bril·liance ['briljəns] *n* 1. sjaj; mera (mjera) sjajnosti 2. briljantnost

bril·liant [~nt] *a* sjajan; briljantan

bril·lian·tine [~tijn] *n* briljantin (za kosu)

brim I [brim] *n* 1. ivica; *full to the* ~ pun puncat 2. rub, obod; *the* ~ *of a hat* rub šešira

brim II *v intr* biti pun do ivice; *to* ~ *over* biti prepun

brim·ful [~ful] *a* pun puncat

brim over *v* see brim II

brim·stone [~stoun] *n* sumpor (see sulfur)

brin·dled ['brindǝld] *a* siv ili smeđ s prugama druge boje

brine [brajn] *n* rasol, turšija

bring [brin͞g]; *brought* [brot] *v tr* 1. doneti (donijeti); nositi; ~ *me a glass of water* donesi mi čašu vode; *a revolution* ~*s changes* revolucija nosi promene (promjene) 2. dovesti (dovedem); dovesti (dovezem); *he brought his brother* doveo (dovezao) je svoga brata; *to* ~ *into the world* dovesti na svet (svijet) 3. navesti (navezem); *they brought enough firewood for the whole winter* navezli su drva za celu (cijelu) zimu 4. uneti (unijeti); ~ *the chair into the house* unesi stolicu u kuću 5. uvesti (uvedem); ~ *him into the room* uvedi ga u sobu 6. uvući; *they brought the disease into the country* oni su tu bolest uvukli u zemlju 7. privesti (privedem); privesti (privezem); *to* ~ *smt. to an end* privesti nešto kraju; ~ *the car up to the stairs!* privezi kola stepeništu! 8. navesti (navedem), nagovoriti; *what brought him to sell his house?* šta (što) ga je navelo da proda kuću? 9. podići, podneti (podnijeti); pokrenuti; *to* ~ *charges against smb.* podići optužnicu protiv nekoga; *to* ~ *legal action* pokrenuti parnicu 10. misc.; *to ~ *home the bacon* postići cilj; *to ~ *smt. home to smb.* predočiti nekome nešto; *to* ~ *to trial* izvesti na sud; *to* ~ *to bear* upotrebiti (upotrijebiti); *to* ~ *smb. to his senses* urazumiti nekoga; *to* ~ *a fire under control* lokalizovati požar; *to* ~ *inflation under control* staviti inflaciju pod kontrolu; *to* ~ *to mind* podsetiti (podsjetiti); *to* ~ *into play* staviti u pokret; *the excitement brought the crowd to its feet* uzbuđenje je podiglo publiku na noge; *to* ~ *witnesses face to face* suočiti svedoke (svjedoke); *to* ~ *word to smb.* obavestiti (obavijestiti) nekoga

bring about *v* 1. dovesti (do), izazvati, prouzrokovati; *what brought the quarrel about?* šta (što) je izazvalo svađu? 2. ostvariti; ispuniti 3. zaokrenuti; *to bring a ship about* zaokrenuti brod

bring around *v* 1. dovesti; *bring him around* dovedi ga 2. see **bring to** 3. skloniti, pridobiti; *he brought them around to his side* on ih je pridobio za svoju stvar

bring back *v* 1. vratiti; *they brought the book back* or: *they brought back the book* vratili su knjigu 2. podsetiti (podsjetiti); *it brought my childhood back* or: *it brought back my childhood* to me je podsetilo na detinjstvo (djetinjstvo)

bring down *v* 1. sneti (snijeti); *bring the old sofa down from the attic* snesi staru sofu s tavana 2. spustiti; *the pilot brought the plane down safely* pilot je spustio avion bezbedno (bezbjedno) 3. oboriti; *to bring down an enemy plane* or: *to bring an enemy plane down* oboriti neprijateljski avion 4. misc.; *the song brought the house down* pesma (pjesma) je izazvala buran aplauz; (mil.) *to bring down fire on* otvoriti vatru na

bring forth *v* 1. roditi 2. izneti (iznijeti); *to bring forth evidence* izneti dokaze

bring forward *v* 1. navesti; *to bring forward as evidence* navesti kao dokaz 2. preneti (prenijeti);

to bring forward to the next page preneti na sledeću (slijedeću) stranu

bring in *v* 1. uneti (unijeti); *he brought in the wood* or: *he brought the wood in* uneo je drva 2. uvesti (uvedem); uvesti (uvezem); *he brought them in* uveo ih je 3. doneti (donijeti); *to bring in a verdict* doneti presudu 4. see **call in** 1 5. misc.; *to bring in the harvest* obaviti žetvu

bring·ing-up ['brin͞gin͞g-ǝp] *n* vaspitanje, odgoj

bring off *v* (colloq.) uspeti (uspjeti); *he brought it off* uspeo je

bring on *v* 1. doneti (donijeti); *bring on the dessert!* or: *bring the dessert on!* donesi slatko! 2. izazvati; *to bring on a disease* izazvati bolest 3. navući; *he brought that trouble on himself* sam je navukao na sebe tu nevolju

bring out *v* 1. izdati, štampati; *to bring out a book* or: *to bring a book out* izdati knjigu 2. probuditi; *to bring out the beast in smb.* probuditi u nekome zver (zvijer) 3. izneti (iznijeti); *to bring out on the market* izneti na tržište 4. uvesti u društvo; *to bring a girl out* uvesti devojku (djevojku) u društvo 5. izvesti (izvedem) 6. izvući; *to bring a country out of a crisis* izvući zemlju iz krize

bring over *v* 1. doneti (donijeti) 2. dovesti (dovedem); dovesti (dovezem); *bring him over this evening* dovedi ga večeras 3. obrlatiti; see **bring around** 3

bring to *v* povratiti iz nesvesti (nesvijesti)

bring together *v* svesti, skupiti

bring up *v* 1. doneti (donijeti) gore 2. odgajiti, othraniti, vaspitati; *to bring up a child* or: *to bring a child up* odgajiti dete (dijete) 3. staviti, izneti (iznijeti); *to bring up for discussion* staviti na diskusiju, izneti na dnevni red; *to bring up a question* staviti pitanje na dnevni red 4. dati, navesti; *to bring up new evidence* or: *to bring new evidence up* dati nove dokaze 5. privući; *to bring up reserves* privući rezerve 6. izbaciti (iz želuca kroz usta) 7. misc.; *to bring up the rear* biti poslednji (posljednji); (mil.) *to bring up to full strength (complement)* popuniti do formacijskog sastava

brink [brin͞gk] *n* rub, ivica; *on the* ~ *of disaster* na ivici (rubu) propasti

brink·man·ship [~mǝnšip] *n* (pol.) balansiranje na ivici rata

brin·y ['brajnij] *a* slan

bri·oche [brij'oš] *n* (cul.) vrsta kifle

bri·quet, bri·quette [bri'ket] *n* briket

Bris·bane ['brizbejn] *n* Brizben

brisk [brisk] *a* 1. živahan 2. oštar; ~ *air* oštar vazduh (W: zrak)

bris·ket ['briskit] *n* (cul.) prsa

brisk·ness [~nis] *n* živahnost

bris·tle I ['brisǝl] *n* čekinja

bristle II *v intr* 1. nakostrešiti (nakostriješiti) se, narogušiti se; *to* ~ *at smt.* narogušiti se na nešto; *the cat is* ~*ing* mačka se kostreši 2. biti pun; *to* ~ *with difficulties* biti pun teškoća

bris·tly ['brislij] *a* čekinjast

Brit [brit] Br.; see **British I, II**

Brit·ain ['britn] see **Great Britain**

Bri·tan·nia [bri'taenjǝ] *n* Britanija

Bri·tan·nic [bri'taenik] *a* (Br.) *his* ~ *Majesty* Njegovo Britansko Veličanstvo

britch·es ['bričiz] *n pl* (colloq.) see **breeches**; **he's too big for his* ~ digao je nos, ohol je

Brit·i·cism ['britəsizəm] *n* briticizam

Brit·ish I ['britiš] *n pl (the* ~) Britanci

British II *a* 1. britanski 2. (hist.) britski

British Columbia Britanska Kolumbija

British Council (Br.) Britanski savet — savjet (koji organizuje nastavu engleskog jezika u inostranstvu)

British Empire Britanska imperija

British English britanska varijanta engleskog jezika, britanski engleski

British Isles *pl (the* ~) Britanska ostrva (W: Britanski otoci)

Brit·ish·ism [~izəm] see **Briticism**

Brit·on ['britn] *n* 1. Britanac 2. (hist.) Brit, Britonac

Brit·ta·ny ['britnij] *n* Bretanja

brit·tle ['britl] *a* lomljiv, krt

brit·tle·ness [~nis] *n* lomljivost

broach I [brouč] *n* 1. see **brooch** 2. ražanj 3. (tech.) razvrtalo

broach II *v tr* 1. načeti; *to* ~ *a keg* načeti bure (see also **tap IV** 2) 2. otvoriti; *to* ~ *a subject* otvoriti (povesti) raspravu o nekom predmetu

broad I [brod] *n* (colloq.) žena

broad II *a* 1. širok; ~ *shoulders* široka ramena; *on a* ~ *front* na širokom frontu; *a* ~ *outlook on life* širok pogled na svet (svijet); (as *super) in the* ~*est sense* u najširem smislu 2. prostran, širok; ~ *fields* prostrana polja 3. opšti (opći), širok; *in* ~ *outline (strokes)* u opštim potezima 4. upadljiv, jak; *a* ~ *accent* jak naglasak 5. jasan, nedvosmislen; *a* ~ *hint* nedvosmislena aluzija 6. misc.; *in* ~ *daylight* usred bela (bijela) dana

broad arrow (Br.) znak strele (strijele) (znak na predmetima koji su svojina britanske vlade)

broad bean bob

broad·cast I [~kaest]; [*a*] *n* emisija, prenos; *a radio* ~ prenos na radiju (preko radija)

broadcast II *a* emitovan

broadcast III *broadcast* or (rare) *-ed; v tr* emitovati; preneti (prenijeti); *they broadcast his speech* emitovali su preko radija (preko televizije) njegov govor; *to* ~ *a game (the news)* preneti utakmicu (vesti — vijesti)

broad·cloth [~kloth] *n* crni fini štof

broad·en ['brodn] *v* 1. *tr* proširiti, raširiti; *to* ~ *one's knowledge* proširiti svoje znanje 2. *intr* proširiti se, širiti se; *the river* ~*s at this point* reka (rijeka) se širi na ovom mestu (mjestu)

broad gauge pruga širokog koloseka (kolosijeka)

broad jump (sports) skok udalj (also **long jump**)

broad jumper skakač udalj

broad·mind·ed [~majndid] *a* širokogrud, slobodouman

broad·mind·ed·ness [~nis] *n* širokogrudnost, slobodoumnost

broad·ness [~nis] *n* širina

broad-should·ered [~-šouldə(r)d] *a* plećat, leđat

broad·side [~sajd] *n* 1. bok broda 2. artiljerija jednog boka (broda) 3. bočni plotun; *to fire a*

~ ispaliti bočni plotun 4. (fig.) napad (rečima — riječima)

broad·sword [~so(r)d] *n* sablja sa širokim sečivom (sječivom)

Broad·way [~wej] *n* Brodvej (glavna ulica Njujorka)

bro·cade [brou'kejd] *n* brokat

broc·co·li ['brakəlij]; [*o*] *n* prokule

bro·chette [brou'šet] *n* mali ražanj

bro·chure [brou'šū(r)] *n* brošura

brogue I [broug] *n* provincijski izgovor engleskog jezika (osobito irski izgovor)

brogue II *n* gruba cipela od neuštavljene kože

broil I [brojl] *n* roštilj, meso pečeno na žaru

broil II *v* 1. *tr* ispeći na žaru (roštilju) 2. *intr* (fig.) pržiti se, peći; *to* ~ *in the sun* pržiti se na suncu

broil·er [~ə(r)] *n* 1. peć (za pečenje) 2. sud ispod ražnja 3. pile za pečenje

broke [brouk] *a* 1. see **break II** 2. (colloq.) bez prebijene pare

bro·ken ['broukən] *a* see **break II**; *a* ~ *line* isprekidana linija; *a* ~ *man* skrhan čovek (čovjek); *with a* ~ *heart* skrhanog (slomljenog) srca; *he speaks* ~ *French* on malo natuca francuski; *a* ~ *circuit* otvoreno kolo

bro·ken-down [~-daun] *a* 1. oronuo; skrhan 2. pokvaren, u kvaru

bro·ken-heart·ed [~ha(r)tid] *a* skrhanog (slomljenog) srca

bro·ker [~ə(r)] *n* mešetar, trgovački posrednik; *a customs* ~ carinski posrednik; **an honest* ~ pošteni posrednik

bro·ker·age [~ridž] *n* 1. mešetarija, posredništvo 2. mešetarina

brol·ly ['bralij]; [*o*] *n* (Br.; colloq.) kišobran

brome [broum] *n* (also: ~ *grass*) klasača, vlasulja

bro·mide ['broumajd] *n* 1. bromid 2. (fig.) otrcana fraza 3. (fig.) gnjavator

bro·mine ['bromijn] *n* brom

bron·chi see **bronchus**

bron·chi·a see **bronchium**

bron·chi·al ['brangkijəl]; [*o*] *a* bronhijalni; ~ *asthma* bronhijalni katar; *a* ~ *tube* bronhija, bronhiola

bron·chi·ole [~kijoul] *n* bronhiola

bron·chi·tis [brang'kajtis]; [*o*] *n* bronhitis

bron·chi·um ['brangkijəm]; [*o*] (-*ia* [~ijə]) *n* bronhiola

bron·cho ['brangkou]; [*o*] (-*s*) *n* neobučeni divlji konj (na zapadu SAD); *to ride a* ~ jahati divljeg konja

bron·cho·scope ['brangkəskoup]; [*o*] *n* bronhoskop

bron·chus ['brangkəs]; [*o*] (-*chi* [~kii] or [~kaj]) *n* bronhija, dušnica

bron·co see **broncho**

bron·co·bus·ter [~bəstə(r)] *n* kauboj koji obučava divlje konje (na zapadu SAD)

Bronx cheer [brangks]; [*o*] (slang) zviždanje; *to give smb. the* ~ izviždati nekoga (also **raspberry** 2, **bird** 3)

bronze I [branz]; [*o*] *n* bronza

bronze II *a* bronzan

bronze III *v tr* bronzirati

Bronze Age Bronzano doba

Bronze Star (Am., mil.) bronzana zvezda — zvijezda (medalja)

brooch [brouč] *n* broš; igla
brood I [brūd] *n* leglo, mladunci
brood II *a* priplodni; *a* ~ *mare* priplodna kobila
brood III *v* 1. *tr* izleći 2. *intr* ležati na jajima 3. *intr* (fig.) razmišljati, premišljati; *to* ~ *over smt.* razmišljati o nečemu
brood·er [~ɔ(r)] *n* 1. onaj koji razmišlja 2. peć za ležanje
brood·y [brūdij] *a* kontemplativan, sklon razmišljanju
broody hen kvočka
brook I [bruk] *n* potok
brook II *v tr* (usu neg.) snositi, trpeti (trpjeti); *he* ~s *no interference* on ne trpi mešanje (miješanje) sa strane
brook·let [~lit] *n* potočić
Brook·lyn ['bruklin] *n* Bruklin (deo — dio grada Njujorka); **to sell smb. the* ~ *Bridge* prodati nekome svilu, prevariti nekoga
brook trout vrsta pastrmke
broom [brūm], [*u*] *n* 1. metla; *to sweep with a* ~ mesti metlom; **a new* ~ *sweeps clean* nova metla dobro mete 2. (bot.) žutilica, žutilovka
broom·corn [~ko(r)n] *n* (bot.) sirak
broom·stick [~stik] *n* držak od metle
bros. abbrev. of *brothers*
broth [broth], [*a*] (*-ths* [t̄hz] or [ths]) *n* 1. voda u kojoj su kuvane (kuhane) kosti 2. čorba, supa (W also: juha); *beef* ~ goveđa supa
broth·el ['brothǝl], [*a*] *n* burdelj, javna kuća
broth·er ['brāthǝ(r)] (*-s and obsol. brethren* ['brethrǝn]) *n* 1. brat; *a half* ~ polubrat, brat po majci (ocu); ~s *in arms* braća po oružju; (as *a*) *a* ~ *officer* oficir iste jedinice (istog broda) 2. (*brethren* and ~s) fratar; član verske (vjerske) zajednice 3. see **fraternity brother**
broth·er·hood [~hud] *n* 1. bratstvo; bratimstvo 2. društvo, udruženje
broth·er-in-law [~-in-lo] (*brothers-in-law*) *n* 1. dever (djever) 2. šurak 3. zet 4. pašenog 5. zaovin muž
broth·er·li·ness [~lijnis] *n* bratsko osećanje (osjećanje), bratstvo
broth·er·ly [~lij] *a* bratski
brougham [brū(ǝ)m] *n* 1. zatvorene kočije 2. vrsta automobila na električni pogon
brought see **bring**
brou·ha·ha ['brūhaha] *n* urnebes, džumbus
brow [brau] *n* obrva; **to knit one's* ~ namrštiti se; **by the sweat of one's* ~ u znoju lica svog
brow·beat ['braubijt]; *-beat; -beaten* [~bijtn] *v tr* zastrašiti
brown I [braun] *n* smeđa boja, mrka boja
brown II *a* smeđ, mrk, braon; ~ *eyes* smeđe oči; ~ *hair* smeđa kosa
brown III *v* 1. *tr* (cul.) zapržiti, zapeći 2. *intr* porumeneti (porumenjeti)
brown-bag *v* (colloq.) jesti za vreme (vrijeme) sastanka, zbora
brown bear mrki medved (medvjed)
brown bread polucrni hleb — hljeb (W: kruh)
brown coal mrki ugalj
brown·ie [~ij] *n* 1. (cul.) kocka od čokolade 2. (cap.) članica — juniorka udruženja skautkinja

3. (cap.) vrsta jednostavnog fotografskog aparata
brownie point (colloq., usu. sarcastic) priznanje (za pristojno ponašanje)
Brown·ing automatic rifle [~ing] (Am., mil.) automatska puška »Brauning«
brown-nose I [~-nouz] *n* (vul.) laskavac
brown-nose II *v tr* and *intr* (vul.) dodvoravati se; *to* ~ *smb.* dodvoravati se nekome, lizati nekome pete
brown·out [~aut] *n* delimično (djelimično) zamračenje
brown·stone [~stoun] *n* 1. mrk peščar (pješčar) 2. zgrada s fasadom od mrkog peščara
browse I [brauz] *n* brst
browse II *v tr* and *intr* 1. brstiti; *to* ~ *(on) foliage* brstiti lišće 2. (also: *to* ~ *through)* čitati bez plana; *to* ~ *through a book* prelistavati knjigu; *to* ~ *through documents* listati dokumenta
brows·er [~ɔ(r)] *n* onaj ko (tko) prelistava
bru·cel·lo·sis [brūsǝ'lousis] *n* (med.) bruceloza
bruise I [brūz] *n* modrica
bruise II *v* 1. *tr* napraviti modricu (na); *he* ~d *his arm* dobio je modricu na ruci 2. *intr* dobijati modricu; *he* ~s *easily* on od udarca dobija lako modrice
bruis·er [~ɔ(r)] *n* jak, krupan muškarac
bruit abroad [brūt] *v* pričati o
brunch [brǝnč] *n (breakfast +* lunch*)* obrok umesto (umjesto) doručka i ručka
bru·net I [brū'net] *n* crnokos muškarac
brunet II *a* crnokos
bru·nette I [brū'net] *n* crnka
brunette II *a* crnokosa
brunt [brǝnt] *n* glavni udar; najveći teret; *to bear the* ~ izdržati glavni udar, primiti prvi udar
brush I [brǝš] *n* 1. četka, četkica 2. kičica 3. (elec.) četkica 4. sukob, sudar; *a* ~ *with the enemy* susret s neprijateljem; *to have a* ~ *with the law* doći u sukob sa zakonom 5. četkanje
brush II *v tr* 1. očetkati; *to* ~ *a hat (hair, shoes)* očetkati šešir (kosu, cipele) 2. oprati; *to* ~ *one's teeth* oprati zube 3. *intr* okrznuti, očešati, dodirnuti; *to* ~ *against smb.* okrznuti nekoga, očešati se o nekoga; *I* ~*ed against him with my elbow* očešao sam ga laktom 4. misc.; *to* ~ *difficulties aside* ne obraćati pažnju na teškoće; *to* ~ *smt. away* oterati (otjerati) nešto; *to* ~ *by (past) smb.* hitati pored nekoga
brush III *n* žbunje, žbun
brush discharge pražnjenje na četkicama
brush fire prizemni požar
brush off *v* 1. očetkati; *to brush one's suit off* or: *to brush off one's suit* očetkati svoje odelo (odijelo) 2. oterati (otjerati); *to brush a fly off* oterati muvu (muhu) 3. (colloq.) *to brush smb. off* dati nekome korpu
brush-off [~-of] *n* (colloq.) korpa; *to give smb. the* ~ dati nekome korpu
brush up *v* osvežiti (osvježiti), obnoviti; *to brush up one's knowledge of English* osvežiti svoje znanje engleskog jezika
brush·wood [~wud] *n* šiprag, šikara
brusk see **brusque**
brusque [brǝsk] *a* grub, osoran, odsečan (odsječan)
brusque·ness [~nis] *n* grubost, osornost

Brus·sels ['brəsəlz] n Brisel
Brussels sprouts prokula
bru·tal ['brūtl] a brutalan, svirep; a ~ murder
ubistvo na svirep način
bru·tal·i·ty [brū'taelətij] n brutalnost
bru·tal·i·za·tion [brūtəli'zejšən] n brutalizovanje
bru·tal·ize ['brūt(ə)lajz] v tr brutalizovati, učiniti
brutalnim
brute I [brūt] n životinja, zver (zvijer)
brute II a životinjski, zverski (zvjerski); ~ force
gruba sila
brut·ish [~iš] a životinjski, zverski (zvjerski)
brut·ish·ness [~nis] n brutalnost
bry·o·ny ['brajənij] n (bot.) ugojka
Bry·thon·ic I [bri'θanik]; [o] n britonski jezici
Brythonic II a britonski, britski
bub [bəb] n (colloq.) momak
bub·ble I ['bəbəl] n 1. mehur (mjehur); klobuk;
soap ~s mehuri (klobuci) od sapunice; to blow
~s ispuštati mehure, praviti mehurove (od
sapunice); or: duvati žvaku 2. (fig.) prevara,
obmana; nesolidan plan
bubble II v intr 1. ključati, vreti 2. ispuštati me-
huriće (mjehuriće) 3. žuboriti 4. misc.; to ~
over (with smt.) biti ushićen (nečim)
bubble and squeak (Br.) kupus sa prženim krom-
pirom (krumpirom), papazjanija
bubble chamber (phys.) mehurava (mjehurava)
komora
bubble gum žvakaća guma koja pravi klobuke
bu·bo ['būbou], [bj] (-es) n (med.) micina, bubnjica
bu·bon·ic plague [bū'banik]; [bj]; [o] bubonska
kuga
buc·cal ['bəkəl] a usni
buc·ca·neer [bəkə'nij(r)] n pirat
Bu·cha·rest ['būkərest]; [bj] n Bukurešt
buck I [bək] n 1. mužjak (kod nekih životinja);
srndać, jelen 2. kicoš; snažan mlad čovek (čo-
vjek) 3. (colloq.) dolar 4. (colloq.) odgovor-
nost; *to pass the ~ svaliti odgovornost na
drugoga; *the ~ stops here odgovornost ne
može da se svali na drugoga
buck II n ritanje
buck III v 1. tr zbaciti (jahača) 2. tr (colloq.) pro-
tiviti se; to ~ smt. protiviti se nečemu 3. tr
upasti; to ~ a line upasti u red onih koji čekaju
4. intr ritati se; this horse ~s ovaj se konj rita
5. intr (colloq.) protiviti se 6. intr (colloq.) pu-
cati, dodvoravati se; he is ~ing for a promo-
tion on se ulizuje (on se svim silama stara) da
bi dobio unapređenje; he's ~ing to get ahead
on puca na visoko (see also plug II 6)
buck IV n 1. see sawhorse 2. (gymnastics) jarac,
konj
buck·a·roo [bəkə'rū] n (colloq.) kauboj
buck·board [~bo(r)d] n laka, otvorena kola
buck·er ['bəkə(r)] n 1. konj koji se rita 2. (colloq.)
štreber
buck·et [~it] n vedro, kofa; kabao; (colloq.) *to
kick the ~ otegnuti papke; *the rain was coming
down in ~s kiša je padala (lila) kao iz kabla
(also pail)
bucket brigade (colloq.) red onih koji predaju je-
dan drugome vodu u vedrima (za gašenje po-
žara)

bucket down v (Br.; colloq.) jako padati (o kiši)
buck·et·ful (bucketsful and bucketfuls) n puno
vedro
bucket seat sedište (sjedište) sa okruglim naslonom
(u sportskom automobilu)
Buck·eye State [~aj] see Ohio
buck fever nervoza, trema (početnika)
buck·le I ['bəkəl] n kopča, spona, pređica, šnalica
buckle II v tr (also: to ~ up) zakopčati; to ~
oneself (up) zakopčati se
buckle III n see buckling
buckle IV v 1. tr saviti, ugnuti, izviti 2. intr savijati
se, izvijati se, ugibati se; the floor is ~ing pod
se ugiba; his knees are ~ing klecaju mu kolena
(koljena)
buckle down v (colloq.) latiti se; to buckle down
to work latiti se posla
buck·ler fern ['bəklə(r)] (bot.) posteljnica
buckle under v pokoriti se
buckle up v see buckle II
buck·ling [~īn͡g] n gubitak čvrstine, ispupčenje,
izvijanje
buck·pass·er [~paesə(r)]; [a] n (colloq.) onaj koji
svaljuje odgovornosti na druge
buck·pass·ing [~īn͡g] n (colloq.) svaljivanje odgo-
vornosti na druge
buck private (Am., mil., colloq.) običan vojnik
buck·ram [~rəm] n kruto platno (za koričenje
knjiga i postavu)
buck·saw [~so] n testera (W: pila)
buck·shee [~šij] a (Br., colloq.) besplatan
buck·shot [~šat]; [o] n sačma
buck·skin [~skin] n jelenska koža
buck slip (colloq., often mil.) sprovodnica
buck·thorn [~tho(r)n] n (bot.) pasjakovina, kr-
kavina
buck·tooth [~tūth] (-teeth [~tijth]) n isturen zub
buck·toothed [~t] a zubat, s isturenim zubima
buck up v (colloq.) 1. osokoliti, obodriti, ohrabriti
2. intr osokoliti se; buck up! glavu gore!
buck·wheat [~wijt] n heljda
buckwheat cakes pl uštipci od heljde
buckwheat flour brašno od heljde
bu·col·ic I [bjū'kalik]; [o] n 1. bukolina 2. seljak
bucolic II a bukolički, bukolski; seljački; pastirski
bud I [bəd] n 1. pupoljak; okce; cvet (cvijet) u
pupoljku; in ~ u pupoljku 2. (biol.) pupoljak,
začetak 3. misc.; to nip in the ~ ugušiti u za-
metku
bud II v intr napupiti
Bu·da·pest ['būdəpest]; [bj] n Budimpešta
Bud·dha ['būdə] n Buda
Bud·dhism [~dizəm] n budizam
Bud·dhist [~ist] n budista
bud·ding ['bədīn͡g] a koji počinje; a ~ teacher
učitelj novajlija
bud·dy [~ij] n (colloq.) prijatelj
budge [bədž] v 1. tr pomeriti (pomjeriti) 2. intr
pomeriti se; kretati se; he will not ~ neće da
se pomeri; he doesn't ~ from the spot on se
ne kreće s mesta (mjesta)
bud·get I ['bədžit] n budžet; an annual (family,
military, national) ~ godišnji (porodični, vojni,
državni) budžet; to exceed a ~ prekoračiti
budžet; to approve (balance, draw up) a ~ odo-
briti (uravnotežiti, sastaviti) budžet

budget II v intr budžetirati; to ~ for smt. budžetirati nešto, predvideti (predvidjeti) nešto u budžetu
budg·et·ar·y ['bədžəterij]; [ə] a budžetski, budžetni; a ~ system budžetski sistem (W: sustav)
budget deficit budžetski manjak
budget surplus budžetski višak
Bue·nos Ai·res ['bwejnəs 'ejrijz] Buenos Ajres
buff I [bəf] n 1. meka (bivolja) koža 2. gola koža; in the ~ go (gol) 3. see buffer 5
buff II v tr polirati, izglačati; to ~ a floor izglačati pod
buff III v tr ublažiti
buff IV n (colloq.) ljubitelj; a theater ~ ljubitelj pozorišta (W: kazališta)
buf·fa·lo I ['bəfəlou] (pl has zero or -s or -es) n 1. bivo; bufalo 2. see bison
buffalo II v tr (colloq.) zastrašiti
buff·er ['bəfə(r)] n 1. ublaživač 2. (on a firearm) amortizer, ublaživač 3. (on a fieldpiece) kočnica 4. (Br.) odbojnik (see also bumper I) 5. naprava za glačanje podova 6. polirer 7. pufer 8. (C.) međuspremnik
buffer group (on a firearm) nosač kundaka
buffer springs pl opruge ublaživača
buffer state tampon-država
buf·fet I [bə'fej], [u]; ['bufej] n 1. orman 2. postavljen sto (stol) za goste 3. (Br.) bife, snek-bar (see also snack bar)
buffet II ['bəfit] n 1. šamar 2. udar
buffet III v tr 1. ošamariti 2. nositi, terati (tjerati); to ~ about terati tamo-amo; ~ed by the waves nošen talasima
buf·foon [bə'fūn] n pajac; to play the ~ izigravati budalu
buf·foon·er·y [~ərij] n lakrdijaštvo
bug I [bəg] n 1. insekat, kukac, buba 2. (Br.) stenica (stjenica) (see also bedbug) 3. prislušni uređaj (aparat) 4. (colloq.) mana, defekt, kvar; to get rid of a ~ otkloniti kvar 5. (C.) greška
bug II v 1. tr prisluškivati; ~ a conversation prisluškivati razgovor 2. tr (colloq.) gnjaviti 3. intr štrčati, biti buljav
bug·a·boo ['bəgəbū] n 1. see bugbear 2. izvor brige
bug-eyed ['bəg-ajd] a (colloq.) see agog
bug·ger ['bəgə(r)], [u] n 1. (colloq.) momak (also fellow) 2. (colloq.) hulja 3. (vul.) sodomit, homoseksualac
bug·ge·ry [~rij] n (vul.) sodomija
bug·ging ['bəgiñg] n prisluškivanje
bugging device see bug I 3
bug·gy I ['bəgij] n (colloq.) 1. lake kočije 2. kola, auto
buggy II a (colloq.) lud
bug·house [~haus] n (colloq.) ludnica
bu·gle ['bjūgəl] n vojnička truba; to sound a ~ trubiti u trubu
bugle call trubni znak
bu·gler ['bjūglə(r)] n trubač
bu·gloss ['bjūglos], [a] (bot.) lisičina, volovski jezik, volujak
build I [bild] n muskulatura, stas; an athletic ~ dobro razvijena muskulatura
build II built [bilt] v 1. tr izgraditi, sazidati; to ~ a house (bridge) sazidati kuću (most); *to ~ castles in the sky zidati kule u vazduhu (W:

zraku); *to ~ a house of cards graditi kule od karata 2. tr osnovati 3. intr graditi
build·er [~ə(r)] n graditelj
builder contractor građevinski preduzimač
build in (into) v ugraditi, uzidati; to build a cabinet into a wall ugraditi ormar u zid
build·ing [~iñg] n 1. zgrada; to condemn a ~ proglasiti zgradu neupotrebljivom, odrediti zgradu za rušenje; to raze (demolish, tear down) a ~ porušiti zgradu; a dilapidated (government, public) ~ trošna (državna, javna) zgrada; a two-story building zgrada na sprat (W: kat) 2. izgradnja; the ~ of socialism izgradnja socijalizma 3. građevinarstvo
building permit dozvola za gradnju, građevinska dozvola
building society Br.; see savings and loan association
build up v 1. izgraditi, raširiti, (osnovati i) razviti; to build up a practice izgraditi (raširiti) praksu; they built up a large business osnovali su i razvili veliko preduzeće (W: poduzeće) 2. pojačati, ojačati, popraviti; to build up one's health ojačati zdravlje; he built himself up popravio se 3. intenzivno reklamirati, povećati publicitet (oko) 4. (mil.) koncentrisati, prikupiti, pojačati; to build up forces for an attack pojačati snage za napad 5. izgraditi; to build up an area pokriti prostor građevinama 6. razviti se; povećati se; pressure is building up pritisak (W: tlak) se povećava 7. povećati; to build up a lead povećati prednost
build-up [~-əp] n 1. raširenje 2. intenzivno reklamiranje 3. (mil.) koncentracija, prikupljanje, pojačavanje (snaga)
built see build II
built-in [~-in] a ugrađen
bulb [bəlb] n 1. (bot.) lukovica 2. loptica 3. sijalica (W: žarulja); the ~ burned out sijalica je pregorela (pregorjela)
bul·bous ['bəlbəs] a loptast
Bul·gar·i·a [bəl'gejrijə], [u] n Bugarska
Bul·gar·i·an I [~n] n 1. Bugarin 2. bugarski jezik
Bulgarian II a bugarski
bulge I [bəldž] n 1. izbočina, ispupčenje; (hist., WW II) Battle of the Bulge protivofanziva Nemaca (Nijemaca) u Ardenima krajem 1944. godine 2. (colloq.) prednost
bulge II v intr izbočiti se
bulg·ing [~iñg] a izbočen, ispupčen; ~ eyes buljave oči
bulk I [bəlk] n 1. veliki obim 2. obim, veličina, opseg 3. najveći deo (dio), glavna masa 4. misc.; in ~ neupakovan, rasut; to sell in ~ prodavati na veliko (u velikim količinama)
bulk II a rasut; ~ cargo rasuti teret
bulk III v intr (usu.: to ~ large) praviti se veliki
bulk·head [~hed] n (usu. naut.) pregrada; a watertight ~ vodonepropusna pregrada
bulk·i·ness [~ijnis] n masivnost; glomaznost
bulk-pack·aged [~-paekidžd] a u krupnoj ambalaži
bulk·y [~ij] a kabast, masivan; glomazan
bull I [bul] n 1. bik 2. mužjak (većih životinja): slon, bizon, kit, itd.) 3. snažan, krupan čovek (čovjek) 4. špekulant koji računa na podizanje cena (cijena) akcijama (cf. bear I 3) 5. (slang)

koještarija 6. misc.; *to take the ~ by the horns* uhvatiti se u koštac (s nekom teškoćom); *to let a ~ loose in a china shop* pustiti slona u staklarsku radnju; (colloq.) *to shoot the ~* baljezgati

bull II *v tr* (colloq.) probiti; *to ~ one's way through a crowd* probiti se kroz gomilu

bull III *n* bula; *a papal ~* papska bula

bull IV Br.; see *spit and polish* under **spit I**

bul·lace ['bulis] *n* (bot.) trnošljiva

bull·dog ['buldog] *n* 1. buldog 2. (Br.) pratilac prorektora (na univerzitetu — W: sveučilištu)

bull·doze [~douz] *v tr* 1. raščistiti buldožerom; zaravniti buldožerom 2. (colloq.) zastrašiti

bull·doz·er [~ə(r)] *n* buldožer

bul·let ['bulit] *n* zrno, metak; *a stray ~* zalutali metak; *a tracer ~* svetleći (svijetleći) metak; *to bite the ~* pristati (bez protesta)

bul·le·tin ['bulətin] *n* 1. bilten, izveštaj (izvještaj) 2. see **catalog I 2**

bulletin board oglasna tabla (W: ploča) (see also **notice board**)

bul·let·proof I ['bulitprūf] *a* neprobojan (za zrno); *a ~ vest* prsluk neprobojan za zrna; *~ glass* neprobojno staklo

bulletproof II *v tr* učiniti neprobojnim

bull fiddle see **double bass**

bull·fight ['bulfajt] *n* borba s bikovima, korida; *to hold (stage) a ~* održati koridu

bull·fight·er [~e(r)] *n* borac s bikovima

bull·fight·ing [~iñg] *n* borba s bikovima

bull·finch [~finč] *n* (bird) zimovka

bull·frog [~frag]; [o] *n* žaba bukačica

bull·head [~hed] *n* (fish) peš, glavoč

bull·head·ed [~id] *a* tvrdoglav

bull·horn [~ho(r)n] *n* električni megafon

bul·lion ['buljən] *n* 1. zlato (ili srebro) u polugama 2. poluga (šipka) zlata ili srebra 3. zlatna ili srebrna šipka

bul·lish ['buliš] *a* 1. kao u bika, bikovski 2. tvrdoglav 3. koji računa na podizanje cena (cijena) akcija (cf. **bearish 3**)

bull·necked [~nekt] *a* kratkog, debelog vrata

bul·lock [~ək] *n* 1. uškopljen bik, vol 2. june, junac

bull·pen [~pen] *n* 1. tor za bikove 2. (baseball) mesto (mjesto) za rezervne igrače

bull·ring [~riñg] *n* arena za borbu s bikovima

bull session (colloq.) neformalna diskusija

bull's eye centralni krug mete; tačan (W: točan) pogodak; *to score (hit) a ~* pogoditi u centar mete

bull terrier bulterijer

bull trout semgasta pastrmka

bull whip jak bič

bul·ly I ['bulij] *n* siledžija, nasilnik

bully II *v tr* zlostavljati, kinjiti; *to ~ a child* kinjiti dete (dijete)

bully III *n* mesne konzerve

bully IV (colloq.) 1. *a* odličan 2. *a* smeo (smion) 3. *interj* odlično, bravo

bul·ly·boy [~boj] *n* (colloq.) siledžija

bul·rush ['bulrəš] *n* (bot.) vezlica

bul·wark [~wə(r)k] *n* bedem, bastion

bum I [bəm] *n* skitnica, tumaralo; *he's on the ~* on se skita

bum II *v* (colloq.) 1. *tr* isprositi, izmoliti; *to ~ a cigarette* izmoliti cigaretu 2. *intr (to ~ around)* skitati se

bum·bail·iff [~'bejlif] *n* (Br.) sudski poslužitelj

bum·ble ['bəmbəl] *v intr* bumbarati

bum·ble·bee [~bij] *n* bumbar

bumf [bəmf] *n* (Br.; slang, pejor.) dokumenti, papiri

bum·mer ['bəmə(r)] *n* (slang) nešto neprijatno

bump I [bəmp] *n* 1. lak udarac, sudar 2. čvoruga (od udarca) 3. ispupčenje; džomba; *the road is full of ~s* put je pun džombi 4. (aviation) vazdušna (W: zračna) jama

bump II *v* 1. *tr* udariti, lupiti; *he ~ed his elbow* udario je lakat; *he ~ed his head against the wall* udario je glavom o zid 2. *tr* (colloq.) skinuti; *they were ~ed from the flight* bili su skinuti sa liste putnika za zakazani let aviona 3. *intr* naleteti (naletjeti); *he ~ed against the door* naleteo je na vrata 4. *intr* drndati; *we ~ed along a country road* drndali smo po seoskom putu

bump·er I [~ə(r)] *n* odbojnik (see also **buffer 4**)

bumper II *a* obilan; *a ~ crop* obilna žetva

bumper sticker nalepnica (naljepnica) na odbojniku (automobila)

bumper-to-bumper *a* (of traffic) veoma gust; *~ traffic* veoma gust saobraćaj

bump·i·ness ['bəmpijnis] *n* 1. džombovitost, neravnost 2. (aviation) turbulencija, bacanje

bump·kin ['bəmpkin] *n* seljačina, seljak, klipan (also **yokel**)

bump off *v* (slang) ubiti

bump·tious ['bəmpšəs] *a* grub, agresivan

bump·y ['bəmpij] *a* džombast, džombav, džombovit, grbav, neravan; *a ~ mattress (road)* džombast dušek (put); *a ~ landing* grubo sletanje

bum's rush (colloq.) *he got the ~* njega su izbacili na ulicu

bun [bən] *n* 1. (cul.) zemička, kolačić 2. (in the hair) punđa

bunch I [bənč] *n* 1. evenka, grozd; veza; *a ~ of radishes (scallions)* veza rotkvica (mladog luka); *a ~ of grapes* evenka grožđa 2. kita; veza; *a ~ of flowers* kita cveća (cvijeća) 3. svežanj; *a ~ of keys* svežanj ključeva 4. (colloq.) družina, grupa

bunch II *v* 1. *tr* grupisati; nagomilati 2. *intr (to ~ up)* nagomilati se

bunch up *v* see **bunch II 2**

bun·dle I ['bəndl] *n* 1. svežanj; *a ~ of letters* svežanj pisama 2. naramak; *a ~ of wood* naramak drva 3. snop, stog; *a ~ of hay* stog sena (sijena) 4. zamotuljak; zavežljaj; *a ~ of rags* zavežljaj krpa

bundle II *v tr* zamotati

bundle off *v* otarasiti se, oterati (otjerati); *to bundle smb. off* otarasiti se nekoga

bundle up *v* 1. see **bundle II** 2. zamotati se

bung I [bəñg] *n* čep, vranj

bung II *v tr* (Br.; colloq.) baciti

bun·ga·low ['bəñggəlou] *n* bangalo, bungalov

bung·hole [~houl] *n* vranj

bun·gle I ['bəñggəl] *n* see **bungling**

bungle II v 1. *tr* pokvariti; nevešto (nevješto) uraditi; *to* ~ *a job* pokvariti posao neumešnošću (neumješnošću) 2. *intr* šeprtljati
bun·gler ['bəngglə(r)] *n* šeprtlja, šeprtljanac, nespretnjaković
bun·gling ['bənggling] *n* neveština (nevještina) 2. *intr* šeprtljati
bung up v (Br.; colloq.) zapušiti
bun·ion ['bənjən] *n* otok sa zapaljenjem (W: upalom) na palcu noge
bunk I [bəngk] *n* (usu. in a camp, or on a ship) uzan krevet; (Am., mil., colloq., as *a*) ~*fatigue* ležanje na krevetu
bunk II v *intr* (usu. in a camp or on a ship) spavati; *where does he* ~? gde (gdje) on spava?
bunk III *n* (colloq.) koještarija
bunk IV (Br.; slang) *to do a* ~ pobeći (pobjeći)
bunk bed krevet na sprat (W: kat) also **double decker** 2)
bun·ker [~ə(r)] *n* 1. bunker; spremište (jama) za ugalj 2. (mil.) bunker
bunk·house [~haus] *n* (on a farm or in a camp) zgrada za smeštaj (smještaj) radnika ili izletnika
bunk off v (Br.; slang) neopravdano izostati iz škole
bun·kum ['bənggkəm] *n* (colloq.) see **bunk III**
bun·ny ['bənij] *n* 1. zeka 2. (also: ~ *girl*) zečica (konobarica)
Bun·sen burner ['bənsən] Bunzenov plamenik
bunt·ing I ['bənting] *n* 1. (coll.) zastave 2. platno za zastave
bunting II *n* (bird) strnadica
buoy I ['būij], [boj] *n* (naut.) 1. plovak, bova, boja 2. see **life buoy**
buoy II v *tr* 1. držati na vodi 2. (fig.; usu. *to* ~ *up*) ohrabriti; *he was* ~*ed up by hope* on je goreo (gorio) od nade, on se tešio (tješio) nadom 3. (naut.) obeležiti (obilježiti) plutačom
buoy·an·cy ['bojənsij], [ūj] *n* plovnost
buoy·ant ['bojənt], [ūj] *a* plovan, plivajući
buoy up v see **buoy II** 2
bur I [bə(r)] *n* 1. (bot.) čičak 2. nametljivac, čičak
bur II see **burr I, II, III**
bur·bot ['bə(r)bət] *n* (fish) manić, manjić
bur·den I ['bə(r)dn] *n* 1. teret, breme; *to be a* ~ *to smb.* biti nekome na teretu; *a beast of* ~ tovarna životinja; *a tax* ~ teret poreza 2. (naut.) težina tereta
burden II v *tr* opteretiti
burden III *n* pripev (pripjev), refren
burden of proof (legal) teret dokazivanja
bur·den·some [~səm] *a* tegoban
bur·dock ['bə(r)dak]; [o] *n* (bot.) čičak, bóca, dikica (also **cocklebur**)
bu·reau ['bjūrou] (-*s* or -*x*: [z]) *n* 1. orman, plakar 2. (usu. Br.) pisaći sto (stol) sa fiokama 3. biro; *a tourist* ~ turistički biro 4. uprava, biro, ured, nadleštvo; (Am.) *Bureau of Standards* Biro za standarde; (Am., navy) *Bureau of Naval Personnel* Glavna personalna uprava Ratne mornarice
bu·reauc·ra·cy [bjūrakrəsij]; [o] *n* 1. birokratija (birokracija); birokratski aparat 2. birokratizam
bu·reau·crat ['bjūrəkraet] *n* birokrata
bu·reau·crat·ic [bjūrə'kraetik] *a* birokratski

bu·rette [bju'ret] *n* bireta, menzura
bur·geon I ['bə(r)džən] *n* pupoljak
burgeon II v *intr* napupiti; (fig.) razviti se
burg·er ['bə(r)gə(r)] *n* see **hamburger**
bur·gess ['bə(r)džis] *n* (Br.) 1. građanin 2. (obsol.) član parlamenta
burgh·er ['bə(r)gə(r)] *n* 1. građanin; buržuj 2. pripadnik trgovačke klase
bur·glar ['bə(r)glə(r)] *n* provalnik, obijač; ~'*s tools* provalnički alat
burglar alarm alarmni uređaj, alarmno zvonce; *to set off a* ~ aktivirati alarmni uređaj
bur·glar·ize [~rajz] v *tr* obiti, opljačkati; *the house was* ~*d* lopovi su provalili u kuću i izvršili krađu
bur·glar·proof [~prūf] *a* obezbeđen (obezbijeđen) od provale
bur·gla·ry [~rij] *n* provalna krađa, krađa izvršena provaljivanjem; *to commit* ~ izvršiti provalnu krađu
burglary insurance osiguranje od provalne krađe
bur·gle ['bə(r)gəl] see **burglarize**
Bur·gun·dy ['bə(r)gəndij] *n* burgundac
bur·i·al I ['berijəl] *n* sahrana, pogreb
burial II *a* pogrebni
burke [bə(r)k] v *tr* 1. ugušiti 2. zataškati
burl [bə(r)l] *n* 1. čvor (u tkanini) 2. kvrga
bur·lap ['bə(r)laep] *n* tkanina (juta) za vreće; šatorsko platno (see also **gunny**)
bur·lesque I [bə(r)'lesk] *n* 1. burleska, farsa, lakrdija 2. vodvilj (sa striptizom)
burlesque II *a* burleskni, lakrdijaški
burlesque III v *tr* lakrdijaški podražavati karikirati
bur·ly ['bə(r)lij] *a* snažan, krupan
Bur·ma ['bə(r)mə] *n* Burma
Bur·mese I [bə(r)'mijz] *n* 1. (*pl* has zero) Burmanac 2. burmanski jezik
Burmese II *a* burmanski
burn I [bə(r)n] *n* opekotina, opeklina
burn II ~*ed* or *burnt* [bə(r)nt] v 1. *tr* spaliti; *to* ~ *a letter* spaliti pismo; *to* ~ *at the stake* spaliti na lomači 2. *tr* opeći; ožeći; *to* ~ *one's finger* opeći prst; *to* ~ *oneself* opeći se; *once* ~*ed, twice shy* žežen kašu hladi 3. ~ *a lot of wood* izgoreti (sagoreti) mnogo drva; *the acid* ~*ed his hands* kiselina mu je izgorela ruke 4. *tr* progoreti (progorjeti); *he* ~*ed a hole through his new shirt (with a cigarette)* progoreo je (cigaretom) novu košulju; *to* ~ *a rug (suit)* progoreti ćilim (odelo — odijelo) 5. *tr* opaliti; *the sun* ~*ed his face* sunce mu je opalilo lice 6. *tr* peći; *mustard* ~*s the tongue* slačica peče jezik 7. *intr* goreti (gorjeti); *the house is* ~*ing* kuća gori; *damp wood will not* ~ mokro drvo neće da gori; *the coal* ~*s well* ugalj dobro gori 8. *intr* peći, žeći; *the sun* ~*s* sunce peče (žeže) 9. *intr* pregoreti (pregorjeti), zagoreti (zagorjeti); *the bread got* ~*ed* hleb — hljeb (W: kruh) je pregoreo; *the dinner* ~*ed (got* ~*ed)* ručak je zagoreo 10. *intr* izgoreti; *delicate skin* ~*s very easily in the sun* nežna (njžna) koža lako izgori na suncu 11. misc.; *•to* ~ *all bridges behind oneself* porušiti sve mostove za sobom; *•to* ~ *the candle at both ends* raditi ne štedeći (šte-

djeći) energiju; *he has money to ~ on ima novaca kao pleve; *the fire was ~ing low* vatra se gasila; (slang) *to ~ smb.* namagarčiti nekoga; (colloq.) *to get ~ed* biti prevaren; *to ~ the midnight oil* raditi do kasno u noć

burn down v 1. spaliti; *to burn down a village* or: *to burn a village down* spaliti selo 2. izgoreti (izgorjeti); *the house burned down* kuća je izgorela (do temelja) 3. gasiti se; *the fire was burning down* vatra se gasila 4. dogoreti (dogorjeti); *the candle has burned down* sveća (svijeća) je dogorela

burn·er [~ə(r)] n 1. (on a range) ringla, gorionik, ploča; (colloq.) *to put on the back ~* odgoditi 2. komora sagorevanja (sagorijevanja)

bur·net [bə(r)'net], ['bə(r)nit] n (bot.) dinjica

burnet saxifrage (bot.) bedrinac, oskorušica

burn·ing I ['bə(r)nin̄g] n 1. gorenje (gorjenje) 2. spaljivanje

burning II a gorući; jarki; vatren; *a ~ question* goruće pitanje; *the ~ sun* jarko sunce; *~ eyes* vatrene oči

bur·nish I ['bə(r)niš] n izglačanost

burnish II v tr izglačati

bur·nish·er [~ə(r)] n glačač

bur·noose [bə(r)'nūs] n burnus (ogrtač s kukuljicom, uobičajen u arapskom svetu — svijetu)

burn out v 1. isterati (istjerati) vatrom 2. satrti se; *he's burning himself out (by hard work)* on se satire (teškim radom) 3. ugasiti se; *the fire soon burned itself out* vatra se brzo ugasila 4. pregoreti (pregorjeti); *the bulb burned out* sijalica je pregorela; *a burnt-out fuse* istopljeni osigurač 5. pogoreti (pogorjeti); *they were burned out twice during the war* za vreme (vrijeme) rata su dva puta pogoreli

burn-out n (colloq.) iscrpenost, iznemoglost

burn·sides ['bə(r)nsajdz] n pl bakenbardi

burnt a see **burn II**; *a ~ offering* žrtva paljenica

burnt out a iscrpen

burn up v 1. sažeći 2. misc.; *to get burned up* naljutiti se

burp I [bərp] n (colloq.) podrigivanje (see **belch I**)

burp II v (colloq.) 1. tr (colloq.) *to ~ an infant* potapšati odojče (po leđima) da podrigne 2. intr podrignuti (see **belch II** 2)

burp gun (colloq., mil.) automat

burr I [bə(r)] n rapava ivica na metalu

burr II n izgovaranje glasa r s jakim treperenjem

burr III n podmetač

burr IV see **bur I**

bur·ro ['bərou] (-s) n mali magarac

bur·row I ['bərou] n jazbina, rupa

burrow II v 1. izriti; *to ~ a hole* izriti rupu (jazbinu) 2. intr riti jazbinu

bur·ry ['bərij] a čičkav

bur·sa ['bə(r)sə] (-s or -sae [sij]) n (anat.) kesa, čaura

bur·sar ['bə(r)sar], [ə] n 1. blagajnik na univerzitetu (W: sveučilištu) 2. (Br.) stipendista

bur·sa·ry [~ərij] n 1. blagajna na univerzitetu (W: sveučilištu) 2. (Br.) stipendija

bur·si·tis [bə(r)'sajtis] n (med.) burzit

burst I [bə(r)st] n 1. eksplozija, rasprskavanje; *a shell ~* eksplozija granate 2. kratak i žestok napor; *a ~ of speed* zalet u brzini; *to work* *in sudden ~s* raditi s poletom na mahove 3. izliv; prasak; *a ~ of applause* burno pljeskanje; *a ~ of laughter* prasak smeha (smijeha) 4. rafal; *a machine-gun ~* mitraljeski rafal; *to fire a ~* ispaliti rafal 5. navala, nastup; *a ~ of rage* nastup besa (bijesa)

burst II burst; v 1. tr raskinuti, razvaliti; *to ~ one's bonds* raskinuti okove; *the river burst its banks* reka (rijeka) se izlila 2. intr pući; *the balloon burst* balon je pukao; *his appendix burst* puklo mu je slepo (slijepo) crevo (crijevo); *he is so full he could ~* najeo se da pukne; *to ~ into view* pući pred očima 3. intr prsnuti; briznuti; *to ~ into laughter* prsnuti u smeh (smijeh); *to ~ into tears* briznuti u plač 4. intr banuti, upasti; *to ~ into a room* banuti (upasti) u sobu 5. intr (to ~ into flames) buknuti; planuti; *suddenly the paper burst into flames* odjednom je buknula hartija; *the house burst into flames* kuća je planula 6. intr presipati se; *the granaries are ~ing with grain* žitnice se presipaju od žita 7. intr otvarati se; *the buds are ~ing* pupoljci se otvaraju 8. intr izbiti; *to ~ out of the ground* izbiti iz zemlje 9. intr jedva čekati; *he is ~ing to tell you* on ne može da dočeka da vam kaže 11. intr (to ~ forth) buknuti

burst out v prsnuti; *to burst out laughing* prsnuti u smeh (smijeh)

bur·ton ['bə(r)tən] n (Br.; slang) *gone for a ~* ubijen; nestao

Bu·run·di [bu'rundij] n Burundi

bur·y ['berij] v tr 1. zakopati; zariti; *to ~ a treasure* zakopati blago; *to ~ one's head in a pillow* zariti glavu u jastuk; *the shell buried itself in the ground* granata se zarila u zemlju; *to ~ the hatchet* zakopati ratnu sekiru (sjekiru) 2. udubiti; *he buried himself in his books* udubio se u knjige 3. sahraniti, zakopati; *to ~ a corpse* zakopati mrtvaca

bus I [bəs] (-es or -ses) n autobus; *to go by ~* ići autobusom

bus II -es or -ses; -ed or -sed; v tr 1. voziti autobusom; *to ~ children to school* prebacivati decu (djecu) u školu autobusom 2. (in a restaurant) *to ~ trays* sklanjati poslužavnike sa stolova

bus boy (in a restaurant) momak koji sklanja sudove (sa stolova), pikolo

bus·by ['bəzbij] n visoka paradna šubara

bus driver vozač autobusa

bush [buš] n 1. žbun, žbunje, grm, grmlje 2. šikara, šiprag 3. predeo (predio) pokriven žbunjem; *to live in the ~* živeti (živjeti) u divljini (šumi) 4. misc.; *to beat around the ~* okolišiti (oko istine); *to beat the ~es for smt.* tražiti nešto svuda

bushed [~t] a (colloq.) umoran

bush·el [~əl] n 1. bušel; (as *a*) *a ~ basket* korpa koja prima jedan bušel 2. (colloq.) velika količina

bush·ing [~in̄g] n (tech.) 1. uvodni izolator 2. izolaciona cevčica (cjevčica) 3. umetak

bush league (baseball, colloq.) druga liga

bush-league [~lijg] a (baseball and fig.) 1. drugoligaški 2. (fig.) drugog reda, niskog kvaliteta

Bush·man [~mən] (-men [min]) n Bušman
bush·whack [~waek] v 1. tr napasti iz zasede
(also **ambush** II) 2. intr boriti se kao partizan
u šumi
bush·whack·er [~ə(r)] n 1. onaj koji napada iz
zasede 2. partizan
bush·y [~ij] a 1. grmovit, žbunast 2. gust; ~
eyebrows guste obrve
busi·ness I ['biznis] n 1. zanimanje, posao; dužnost,
rad; what is his ~? kojim se poslom bavi? to
travel on ~ putovati poslom; that's no ~ of
yours to nije tvoj posao; mind your own ~!
gledaj svoja posla! to go about one's ~ krenuti
svojim poslom; he has ~ in town on ima posla
u gradu; to get down to ~ latiti se posla; he
knows his ~ on zna svoj posao; *~ before
pleasure posao dolazi pre (prije) zadovoljstva
2. trgovina, posao, poslovi; biznis; how is ~?
kako idu poslovi? big ~ krupan biznis; ~ is
slow poslovi idu slabo; to go into ~ odati se
trgovini; *~ is ~ posao je posao 3. radnja;
preduzeće (W: poduzeće); he has sold his ~
prodao je svoju radnju 4. stvar, predmet, po-
sao; I don't understand this ~ ne razumem
(razumijem) ovu stvar; we're sick of the whole
~ siti smo svega; funny ~ čudna stvar; (colloq.)
monkey ~ nečista posla 5. misc.; to make smt.
one's ~ postarati se o nečemu; to send smb.
about his ~ odbiti nekoga (odmah); they are
back in ~ oni opet posluju (also fig.)
business II a trgovački; trgovinski; poslovni; eko-
nomski; the ~ world poslovni svet (svijet); a ~
agreement trgovinski sporazum; a ~ associa-
tion (letter) trgovačko društvo (pismo); ~ ex-
penses troškovi poslovanja; ~ connections po-
slovne veze; (colloq.) the ~ end of a gun usta
cevi — cijevi (oruđa); ~ administration vođenje
poslova
business class (in an airplane) poslovna klasa
business cycle (econ.) ekonomski ciklus
busi·ness·like [~lajk] a poslovan, efikasan; a ~
manner poslovnost; in a ~ manner poslovno
busi·ness·man [~maen] (-men [men]) n trgovac
business trip poslovno putovanje
busi·ness·wom·an [~wumən] (-women [wimin]) n
trgovkinja
bus·kin ['bəskin] n 1. cipela do sredine lista 2.
(fig.) simbol tragedije
bus·man ['bəsmən] (-men [min]) n see bus driver;
*a ~'s holiday godišnji odmor za vreme (vrije-
me) kojeg čovek (čovjek) radi i dalje poslove
svoga poziva
bus·ses 1. see **bus** I 2. see **bus** II
buss·ing [~iŋ] n prevoz učenika u školu (auto-
busom)
bus station, bus stop autobuska stanica
bust I [bəst] n 1. grudi 2. bista
bust II n (colloq.) 1. promašaj, neuspeh (neuspjeh)
2. bankrot 3. krah, slom
bust III v (colloq.) 1. tr razbiti; likvidirati 2. tr
dresirati (divljeg konja) 3. tr upropastiti 4. tr
degradirati 5. tr uhapsiti 6. intr pući
bus·tard ['bəstə(r)d] n (bird) droplja
bust·er [~ə(r)] n (colloq.) 1. onaj koji razbija,
likvidira; a crime ~ borac protiv kriminala 2.

onaj koji dresira divlje konje 3. (colloq.) čovek
(čovjek)
bus·tle I ['bəsəl] n žurba, užurbanost
bustle II v intr 1. žuriti se 2. majati se; to ~ ar-
ound the house majati se po kući
bustle III n podmetač koji se stavlja straga u žen-
sku haljinu
bust·y ['bəstij] a (colloq.) sa bujnim grudima
bus·y I ['bizij] a 1. zauzet, zaposlen; he is ~ za-
uzet je; his work keeps him ~ uvek (uvijek)
je zauzet poslom; the number is ~ (telefonski)
broj je zauzet; to keep smb. ~ zaposliti nekoga;
I got them ~ peeling potatoes zaposlio sam ih
ljuštenjem krompira (krumpira); she was ~
combing her hair bila je zauzeta češljanjem kose
2. pun posla; zauzet poslom; a ~ day dan
pun posla; a ~ morning jutro zauzeto poslom
3. prometan, pun sveta (svijeta); a ~ street
prometna ulica; a ~ square trg pun sveta
busy II v refl majati se, čeprkati; to ~ oneself
around the house majati se po kući
bus·y·bod·y [~badij]; [o] n lice koje svuda zabada
nos, nametljivac
busy signal znak zauzeća
bus·y·work [~wə(r)k] n nekoristan rad (sa ciljem
da radnik bude zauzet)
but I [bət] n (colloq.) prigovor; there are no ifs
or ~s about it tome se ne može ništa prigovoriti
but II adv 1. samo; it will take ~ an hour trajaće
samo jedan sat; you can ~ try možete bar
pokušati 2. (all ~) umalo što nije; he all ~
died of his wounds umalo što nije umro od rana
but III prep osim; everyone ~ me svi osim mene
(more usu. is **except**)
but IV conj 1. a; he studied all day, ~ did not
learn anything učio je ceo (cio) dan, a ništa
nije naučio; these gloves are light, ~ warm
ove rukavice su lake, a tople 2. ali; the room
is small, ~ comfortable soba je mala, ali udobna
3. nego, već, no; that's not black, ~ white to
nije crno, nego belo (bijelo); he's not talking,
~ listening on ne govori, nego sluša; he's not
only talented, ~ diligent too on je ne samo da-
rovit nego i marljiv
bu·tane [bjū'tejn] n butan
bu·ta·nol ['bjūtənol] n (chem.) butilalkohol
butch [buč] a (Br.; slang) nalik na muškarca (o
ženi)
butch·er I ['bučə(r)] n 1. mesar, kasapin 2. (fig.)
krvnik, krvolok
butcher II v tr iskasapiti (fig.) the censors ~ed the
film cenzura je iskasapila film; to ~ a song
upropastiti pesmu (pjesmu)
butch·er·bird [~bə(r)d] n svračak
butcher knife mesarski nož
butcher's broom (bot.) kostrika
butcher shop mesarnica
butch·er·y [~rij] n 1. mesarski zanat 2. klanica 3.
pokolj, kasapljenje
but for prep da nije; he would have been killed ~
you poginuo bi da nije bilo tebe
but·ler ['bətlə(r)] n glavni sluga, nadzornik doma-
će posluge
butt I [bət] n udar glavom
butt II v 1. tr bosti, udariti glavom; the goats are
~ing each other koze se bodu 2. intr bosti;

this cow ~*s* ova krava bode 3. *intr (to* ~ *in)* upadati u reč (riječ), umešati (umiješati) se; *don't* ~ *in!* ne upadaj u reč! *he* ~*s into everything* on se u sve meša
butt III *n* nišan, meta; *he's the* ~ *of the joke* on je meta pošalice
butt IV *n* 1. (of a rifle) kundak 2. (of a cigarette) opušak, pikavac
butt V *n* (cul.) vratina (also **chuck III**)
butte [bjūt] *n* strmo brdo
but·ter I ['bətə(r)] *n* pùter (esp. W: maslac); *to spread* ~ *on bread* namazati hleb — hljeb (W: kruh) puterom; **he looks as if* ~ *would melt in his mouth* kao da ne može mrava zgaziti; *to churn* ~ bućkati puter
butter II *v tr* 1. namazati puterom (esp. W: maslacem) 2. (fig.) *to* ~ *smb. up* ulagivati se nekome, uvući se nekome pod kožu
butter-and-eggs (bot.) lanilist
but·ter·ball [~bol] *n* (colloq.) debeljko
but·ter·bur [~bə(r)] *n* (bot.) lopuh
but·ter·cup [~kəp] *n* (bot.) ljutić, žabljak
buttered eggs Br.; see **scrambled eggs**
but·ter·fat [~faet] *n* puterna mast, maslo
but·ter·fin·gers [~fiŋggə(r)z] *n (pl* has zero) trapavko
but·ter·fly [~flaj] *n* 1. leptir 2. see **butterfly stroke**
butterfly nut leptirasta navrtka
butterfly stroke (swimming) leptir, baterflaj
butterfly valve leptirasti ventil
but·ter·milk [~milk] *n* mlaćenica
but·ter·scotch [~skač]; [o] *n* vrsta karamele
butter up *v* see **butter II 2**
but·ter·y [~rij] *n* (Br.) ostava
butt in *v* see **butt II 3**
butt joint sučeoni spoj
but·tock ['bətək] *n* (usu. in *pl)* zadnjica
but·ton I ['bətn] *n* dugme; *to push (press on)* a ~ pritisnuti dugme
button II *v* 1. (also: *to* ~ *up)* zakopčati; *to* ~ *(up) a coat* zakopčati kaput 2. *intr* zakopčavati se; *this dress* ~*s in the back* ova haljina zakopčava se na leđima
but·ton·hole I [~houl] *n* 1. rupica za dugme 2. (Br.) cvet (cvijet) u rupici od kaputa
buttonhole II *v tr* (colloq.) *to* ~ *smb.* zadržati nekoga u razgovoru
but·ton·hook [~huk] *n* kukica za zakopčavanje
button snakeroot (bot.) vetrovalj (vjetrovalj)
button up *v* see **button II 1**
but·tress I ['bətris] *n* podupirač, potpora
buttress II *v tr* podupreti (poduprijeti)
butt·stock [bətstak]; [o] *n* kundak
butt weld sučeoni šav
bu·tyl alcohol [bjūtl] butil alkohol
bux·om ['bəksəm] *a* (of a woman) punačka
buy I [baj] *n* (colloq.) kupovina; *it's a good* ~ to je jeftino kupljeno
buy II *v bought* [bot] 1. *tr* and *intr* kupiti, nabaviti; *to* ~ *smt. for 20 dollars* kupiti nešto za 20 dolara; *to* ~ *for cash* kupiti gotovim novcem; **to* ~ *a pig in a poke* kupiti mačku u džaku; **to* ~ *for a song* kupiti u bescenje (bescjenje) 2. *tr* (colloq.) slagati se (s) 3. misc.; *to* ~ *in* kupiti udeo (udio)
buy·er [~ə(r)] *n* 1. kupac 2. nabavljač

buyer's market tržište na kojem ponuda nadmašuje potražnju
buying rate kupovni kurs
buy off *v* potkupiti; *to buy off a juror* potkupiti porotnika
buy out *v* isplatiti, istisnuti; *to buy out one's partners* isplatiti (istisnuti) svoje ortake
buy up *v* otkupiti; *to buy up smb.'s memoirs* otkupiti nečije memoare; *to buy everything up* or: *to buy up everything* pokupovati sve, otkupiti sve
buzz I [bəz] *n* 1. zujanje 2. žagor; brujanje 3. misc.; (colloq.) *to give smb. a* ~ telefonirati nekome
buzz II *v* 1. *tr* (colloq.) telefonirati 2. *tr* nisko nadleteti (nadletjeti); *to* ~ *a control tower* nadletati kontrolni toranj u brišućem letu 3. *intr* zujati; *my ears are* ~*ing* zủji mi u ušima 4. *intr* žagoriti, brujati; *the classroom is* ~*ing with the children's voices* učionica bruji od dečijih (dječijih) glasova
buz·zard ['bəzə(r)d] *n* (zool.) 1. mišar; *long-legged (rough-legged)* ~ riđi (gaćasti) mišar 2. osičar
buzz bomb (WW II) nemačka (njemačka) leteća (ljeteća) bomba
buzz·er [~ə(r)] *n* zumer, zvučni signal
buzz saw see **circular saw**
by I [baj] *adv* 1. (corresponds to SC verbs prefixed with *pro-) to go (run, swim)* ~ proći (protrčati, proplivati); *the years go* ~ godine prolaze 2. u blizini; *to stand* ~ stajati blizu; or: biti u pripravnosti 3. misc.; ~ *and* ~ uskoro; ~ *and large* sve u svemu; ~ *far* daleko; *to come* ~ svratiti
by II *prep* 1. kraj, pokraj, pored, do; ~ *the fire* kraj vatre; *sit* ~ *me* sedi (sjedi) do mene 2. pored, mimo, duž; *he passed* ~ *me* on je prošao pored mene; *to go* ~ *a house* proći mimo kuće 3. (to express the agent or means with the passive) (a.) od; *the child was found* ~ *the police* dete (dijete) je nađeno od (strane) policije (b.) (the active voice is often used in SC); *the novel* War and Peace *was written* ~ *Tolstoj* Tolstoj je napisao roman *Rat i mir* (c.) (by various constructions) *driven* ~ *atomic power* na atomski pogon; *supported* ~ *massive pillars* koji počiva na masivnim stubovima 4. (in time expressions) *to travel* ~ *day (night)* putovati danju (noću); *to pay* ~ *the hour* plaćati na sat 5. do; ~ *five o'clock* do pet sati; ~ *July first* do prvog jula (W: srpnja) 6. pri; *to read* ~ *candlelight* čitati pri sveći (svijeći) 7. po; prema; ~ *profession* po profesiji; ~ *smb.'s order* po nečijem nalogu; ~ *merit* prema zasluzi; ~ *birth* po rođenju; *drop* ~ *drop* kap po kap; ~ *twos* po dvoje 8. (to indicate measure) na; *to sell* ~ *the gallon* prodavati na galon 9. (to indicate means of transportation) *to travel* ~ *car* putovati kolima; *to come* ~ *train* doći vozom (W: vlakom) 10. za; *to grab (take)* ~ *the arm* uhvatiti (uzeti) za ruku; *to pull* ~ *the hair* vući za kosu; ~ *a hair's breadth* za dlaku 11. (used with the gerund) ~ *following him, I discovered where he lives* sledeći (slijedeći) ga, ja sam otkrio gde (gdje) on stanuje 12. misc.; *to hang* ~ *a thread* visiti o koncu; ~ *all means* na svaki način; ~ *chance* slučajno; ~ *heart* napamet; ~ *hook or* ~ *crook* ne birajući sred-

stva; ~ *no means* nikako; *he lives* ~ *himself* on živi sasvim usamljen; *to perish* ~ *the sword* poginuti od mača; *to swear* ~ *God* zaklinjati se Bogom; *he does well* ~ *his employees* on dobro postupa sa svojim radnicima; ~ *the way* uzgred budi rečeno; ~ *then* dotle; *little* ~ *little* polako

bye [baj] *n* 1. sporedna stvar 2. (sports) *to draw a* ~ preći u sledeće (slijedeće) kolo bez takmičenja

by·e·lec·tion ['baj-ilekšən] *n* (esp. Br.) naknadni izbori

Bye·lo·rus·sian I [bjelou'rəšən] *n* 1. Belorus (Bjelorus) 2. beloruski (bjeloruski) jezik

Byelorussian II *a* beloruski (bjeloruski)

by·gone I ['bajgɑn]; [o] *n* prošlost; *let ~s *be* ~s oprostimo i zaboravimo

bygone II *a* prošli; *in* ~ *days* u drevna vremena

by·lane [~-lejn] *n* sporedan put

by·law [~lo] *n* 1. (usu. in *pl*) statut; *the* ~s *of a club* statut kluba; *according to the* ~s po statutu 2. (Br.) mesni (mjesni) propis, zakon

by·line [~-lajn] *n* (in a newspaper) potpis autora (pod rubrikom)

by **means of** *prep* posredstvom

by-pass I [~-paes]; [a] *n* 1. zaobilazak 2. (elec.) šent (see also **shunt I** 3) 3. (med.) by-pass (baj-pas, premoštavanje suženog krvnog suda)

by-pass II *v tr* 1. zaobići; *to* ~ *a city* zaobići grad 2. (elec.) šentirati

by-path [~-paeth]; [a] *n* sporedna staza

by-play [~-plej] *n* sporedna gluma (na pozornici)

by-prod·uct [~-pradəkt]; [o] *n* sporedni proizvod

by·road [~roud] *n* sporedan put

By·ron·ic [baj'rɑnik]; [o] *a* bajronovski

By·ron·ism ['bajrənizəm] *n* bajronizam

by·stand·er [~staendə(r)] *n* gledalac, prisutni čovek (čovjek)

byte [bajt] *n* (C.) bajt

by·way [~wej] *n* sporedan put

by·word [~wə(r)d] *n* 1. izreka, krilatica 2. obrazac

Byz·an·tine I ['bizəntijn], [aj] *n* Vizantinac (Bizantinac)

Byzantine II *a* vizantinski (bizantinski); *the* ~ *empire* Vizantijsko carstvo

By·zan·ti·um [bi'zaenrijəm], [š] *n* Vizantija (Bizant)

C

c [sij] *n* 1. c (slovo engleske azbuke); (mus.) *C major (minor)* C dur (mol) 2. (school grade) »dobro«
cab [kaeb] *n* 1. taksi; *to take a ~* uzeti taksi; *by ~* taksijem (see also **taxi I, taxicab**) 2. kočije, fijaker 3. (of a locomotive, truck) kabina
ca·bal I [kə'bael] *n* 1. intriga, spletka, zavera (zavjera) 2. tajno udruženje
cabal II *v intr* kovati spletke, zavere (zavjere)
cab·a·lis·tic [kaebə'listik] *a* kabalistički
cab·a·ret [kaebə'rej] *n* kafana (kavana), kabare
cab·bage I ['kaebidž] *n* kupus; *red (savoy, white) ~* crveni (cvetni — cvjetni, beli — bijeli) kupus
cabbage II *a* kupusni; *a ~ field (leaf)* polje (list) kupusa
cab·by ['kaebij] *n* (colloq.) taksista, kočijaš
cab driver taksista
cab·in ['kaebin] *n* 1. kućica; brvnara 2. kabina 3. kajuta
cabin boy dečak (dječak) koji poslužuje na brodu
cabin class (on a ship) turistička klasa
cabin cruiser veliki motorni čamac sa kabinama
cab·i·net ['kaebənit] *n* 1. orman, plakar, kredenac; *a kitchen ~* kuhinjski orman (kredenac) 2. kućište radio-prijemnika 3. (pol.) kabinet, ministarski savet (savjet)
cab·i·net·mak·er [~mejkə(r)] *n* stolar
cab·i·net·mak·ing [~iīg] *n* stolarija, stolarski zanat
cabin personnel (on an airplane) kabinsko osoblje
cabin pressure (in an airplane) kabinski pritisak
ca·ble I ['kejbəl] *n* 1. kabl; (debelo) uže 2. (naut.) dužina kabla (720 stopa u SAD; 608 stopa u Engleskoj) (also **cable's length**) 3. kablogram, telegram
cable II *v tr and intr* poslati kablogram; *he ~d (me)* poslao (mi) je kablogram
cable car žičara
ca·ble·gram [~graem] *n* see **cable I 3**
cable railway žičana železnica (željeznica)
cable's length see **cable I 1**
cable television, cable TV televizijski kabl-sistem, privatna kabl-televizija (see also **pay TV**)
cab·man ['kaebmən] (*-men* [min]) *n* kočijaš
ca·boo·dle [kə'būdl] *n* (colloq.) **the whole (kit and) ~* svi, sve zajedno
ca·boose [kə'būs] *n* poslednji (posljednji) vagon (teretnog voza — W: vlaka)

cab·ri·o·let [kaebrijə'lej] *n* kabriolet
cab·stand ['kaebstaend] *n* taksi-stanica
ca·ca·o [kə'kaou] *n* kakao
cache I [kaeš] *n* tajno skladište
cache II *v tr* sakriti
ca·chet [kae'šej]; ['kaešej] *n* 1. pečat, žig 2. znak odobravanja
cack·le I ['kaekəl] *n* 1. (of chickens) kokodakanje 2. (of geese) gakanje
cackle II *v intr* 1. (of chickens) kokodakati 2. (of geese) gakati
cac·o·phon·ic [kaekə'fanik]; [o] see **cacophonous**
ca·coph·o·nous [kae'kafənəs]; [o] *a* nezvučan, kakofoničan
ca·coph·o·ny [~ənij] *n* kakofonija
cac·tus ['kaektəs] (*-es* or *-ti* [taj]) *n* kaktus
ca·cu·mi·nal I [kae'kjūmənəl] *n* (ling.) kakuminal
cacuminal II *a* (ling.) kakuminalan
cad [kaed] *n* nitkov, podlac
ca·das·ter [kə'daestə(r)] *n* katastar, gruntovnica
ca·das·tral [~strəl] *a* katastarski
ca·das·tre Br.; see **cadaster**
ca·dav·er [kə'daevə(r)] *n* leš, kadaver
ca·dav·er·ous [~rəs] *a* lešinski, mrtvački
cad·die, cad·dy ['kaedij] *n* sluga golfskog igrača
cad·dish ['kaediš] *a* nitkovski
cade I [kejd] *n* (bot.) venja
cade II *a* (of an animal) othranjen bez majke
ca·dence ['kejdəns] *n* ritam; kadenca
ca·den·za [kə'denzə] *n* (mus.) kadenca
ca·det [kə'det] *n* 1. kadet, pitomac 2. (slang) see **pimp**
cadge [kaedž] *v tr* (Br., colloq.) isprositi
cad·mi·um ['kaedmijəm] *n* kadmijum
cad·re ['kaedrij]; ['kadə] *n* 1. okvir, ram 2. (mil.) kadar
ca·du·ce·us [kae'dūsijəs]; [dj] (*-cei* [sijaj]) *n* 1. (myth.) Merkurova palica; glasnikova palica 2. lekarski (ljekarski) znak
ca·du·cous [kə'dūkəs]; [dj] *a* 1. prolazan 2. (bot.) koji rano otpada
Cae·sar·e·an section [si'zejrijən] carski rez; *to perform (do) a ~* izvršiti carski rez
cae·su·ra [si'žūrə], [z], [zj] (*-s* or *-rae* [rij]) *n* cezura, odmor
ca·fé [kə'fej], [kae'fej]; ['kaefej] *n* kafana (**kavana**)
caf·e·te·ri·a [kaefə'tijrijə] *n* ekspres-restoran, samoposluga, kafeterija
caf·fein, caf·feine [kae'fijn]; ['kae~] *n* kofein
caf·tan ['kaeftən] *n* kaftan

cage I [kejdž] n 1. kavez; a lion's ~ lavlji kavez 2. (anat.) koš; the rib (thoracic) ~ grudni koš

cage II v tr staviti u kavez; zatočiti

cag·y, cag·ey ['kejdžij] a lukav, prepreden; snalažljiv

ca·hoots [kə'hūts] n pl (colloq.; pejor.) *to be in ~ with smb. (tajno sarađivati s nekim)

Cain [kejn] n (hist.) ubica; *to raise ~ napraviti džumbus

Cai·ro ['kajrou] n Kairo

cais·son ['kejsan]; [ə] n 1. keson 2. (mil.) kola za municiju

caisson disease kesonska bolest (see also bends)

cai·tiff I ['kejtif] n (poetic) kukavica, podlac

caitiff II a (poetic) kukavički, podao

ca·jole [kə'džoul] v tr nagovoriti, pobuditi; privoleti (privoljeti) laskanjem; to ~ smb. into smt. privoleti (nagovoriti) nekoga na nešto; to ~ smt. out of smb. izmamiti nekome nešto laskanjem (see also coax, wheedle)

Ca·jun ['kejdžən] n stanovnik (francuskog porekla — porijekla) države Lujzijane

cake I [kejk] n 1. torta; kolač; a chocolate (layer) ~ torta od čokolade; a fruit ~ voćna torta; a pound ~ američki kolač od jednakih mera (mjera); an almond ~ kolač od badema; to bake a ~ ispeći kolač 2. komad 3. misc.; *that takes the ~ to prevazilazi sve; *you can't have your ~ and eat it too ne možeš postići i jedno i drugo, ne možeš imati i pare i jare

cake II v intr zgrudvati se, stvrdnjati se, stvrdnuti se

cake up v see cake II

cake·walk [~wok] n vrsta plesa

cal·a·bash ['kaeləbaeš] n vrsta tikve; vrg

cal·a·boose ['kaeləbūs] n (slang) zatvor

cal·a·man·co [kaelə'maeūgkou] (-s or -es) n vunena tkanina (s jednim licem)

cal·a·mine ['kaeləmajn] n kalamina

ca·lam·i·tous [kə'laemətəs] a nesrećan, porazan, koban (see also disastrous, catastrophic)

ca·lam·i·ty [kə'laemətij] n nesreća, propast; beda (bijeda) (see also disaster)

ca·lash [kə'laeš] n 1. vrsta lake kočije 2. krov kočije 3. vrsta ženske kapuljače

cal·ca·ne·us [kael'kejnijəs] (~nei [nijaj] n petna kost

cal·car·e·ous [kael'kejrijəs] a krečni (W: vapnen)

cal·ced·o·ny see chalcedony

cal·cif·er·ous [kael'sifərəs] see calcareous

cal·ci·fi·ca·tion [kaelsəfi'kejšən] n kalcifikacija

cal·ci·fy ['kaelsəfaj] v 1. tr kalcificirati 2. intr kalcificirati se

cal·ci·mine ['kaelsimajn] n tempera (see also distemper II)

cal·ci·na·tion [kaelsə'nejšən] n kalcinacija

cal·cine ['kaelsajn] v 1. tr kalcinisati 2. intr kalcinisati se

cal·cite ['kaelsajt] n kalcit

cal·ci·um ['kaelsijəm] n kalcijum

calcium carbide kalcijum-karbid

calcium carbonate kalcijum-karbonat

calcium chloride kalcijum-hlorid (klorid)

calcium hydroxide kalcijum-hidroksid

calcium phosphate kalcijum-fosfat

cal·cu·la·ble ['kaelkjələbəl] a izračunljiv

cal·cu·late ['kaelkjəlejt] v 1. tr izračunati; to ~ the velocity of light izračunati brzinu svetlosti (svjetlosti) (see also compute 1) 2. tr procijeniti (procijeniti) (see also estimate II) 3. tr and intr (Am., reg.) misliti, verovati (vjerovati)

cal·cu·lat·ed [~id] a (see calculate) predviđen, sračunat; a ~ effect (risk) predviđeni efekat (rizik); a ~ lie sračunata laž; a ~ move sračunati potez; shrewdly ~ lukavo sračunat(o)

cal·cu·lat·ing [~iūg] a 1. see calculate 2. lukav; proračunat; a ~ person proračunata osoba

calculating machine mašina (W: stroj) za računanje

cal·cu·la·tion [kaelkjə'lejšən] n računanje, račun

cal·cu·la·tor ['kaelkjəlejtə(r)] n računar; a pocket ~ džepni računar

cal·cu·lus ['kaelkjələs] n 1. (med.) kamen 2. (math.) račun; differential (integral) ~ diferencijalni (integralni) račun

Cal·cut·ta [kael'kətə] n Kalkuta

cal·dron ['koldrən] n kazan, kotao

ca·lèche [kə'leš] n see calash

cal·en·dar I ['kaeləndə(r)] n 1. kalendar; the Gregorian (Julian) ~ gregorijanski (julijanski) kalendar 2. (Br.) pregled, (red) predavanja (of a university; see also catalog I 2)

calendar II a kalendarski a ~ year kalendarska godina

cal·en·der ['kaeləndə(r)] n mašina (W: stroj) za glačanje tkanina

ca·len·dri·cal [kə'lendrikəl] a kalendarski

calf I [kaef]; [a] (calves [kaevz]); [a] n 1. tele; in ~ steona 2. mladunče, mlado (slona, kita) 3. teleća koža 4. (fig.) nezreo mladić 5. misc.; *to kill the fatted ~ ugostiti nekog što je moguće bolje; *to worship the golden ~ klanjati se zlatnom teletu, obožavati novac

calf II (calves) n list (noge)

calf love mladalačka ljubav

calf·skin [~skin] n teleća koža

cal·i·ber ['kaelibə(r)] n kalibar (also fig.); heavy ~ guns topovi teškog kalibra; of the highest ~ najvećeg kalibra

cal·i·brate ['kaeləbrejt] v tr kalibrisati; odrediti kalibar (oruđa)

cal·i·bra·tion [kaelə'brejšən] n kalibrisanje

cal·i·bra·tor ['kaeləbrejtə(r)] n kalibrator

cal·i·bre Br.; see caliber

cal·i·co ['kaelikou] n pamučno platno

Cal·i·for·nia [kaelə'fo(r)njə], [ij] n Kalifornija

Cal·i·for·nian [~n] n stanovnik države Kalifornija

cal·i·per ['kaeləpə(r)] n (usu. in pl) (a pair of ~s) šestar

ca·liph ['kejlif], [ae] n kalif, halif

ca·liph·ate [~ejt] n kalifat, halifat

cal·is·then·ics [kaeləs'theniks] n pl gimnastika, atletske vežbe (vježbe); to do ~ izvoditi (raditi) gimnastiku

calk [kok] n (on a shoe) blokej

call I [kol] n 1. zov, poziv, vik; a ~ for help poziv za pomoć, zapomaganje; a ~ to arms poziv na oružje; a ~ to order poziv na red 2. poseta (posjet); to make a ~ on a neighbor posetiti komšiju (W: posjetiti susjeda); a courtesy ~ kurtoazna poseta 3. potreba, obaveza; there is no ~ for that nema potrebe za to 4.

(hunting) vab, vabljenje 5. (tennis) izvikivanje; *a wrong* ~ pogrešno izvikivanje 6. (stock market) premija à la hausse (see also **straddle I** 2. **put I** 2) 7. (telefonski) poziv: *give me a* ~ javi mi se telefonom (W also: nazovi me) 8. misc.; *on* ~ dežuran; na raspolaganju; *the* ~ *of duty* zahtev (zahtjev) službe; *a close* ~ spasavanje za dlaku; (mil.) *a* ~ *for fire* traženje vatrene podrške; (mil.) ~ *to quarters* pozivni signal (za povratak u kasarnu)

call II *v tr* 1. pozvati; *to* ~ *smb. to order (account, arms)* pozvati nekoga na red (odgovornost, oružje); *to* ~ *a doctor* pozvati lekara — ljekara (W: liječnika) 2. zvati, nazvati; *to* ~ *smb. by name* zvati nekoga po imenu; *the children* ~ *him Ranko* deca (djeca) ga zovu Ranko; *I am* ~*ed Jim* ime mi je Džim; *he* ~*ed me a fool* nazvao me je glupakom; *everyone* ~*s* him a *cheat* svi ga nazivaju varalicom; *to ~ *a spade a spade* nazvati stvari njihovim pravim imenom 3. viknuti; *to* ~ *smb.* viknuti nekoga 4. izviknuti; *to* ~ *a name* izviknuti ime 5. telefonirati, javiti se, pozvati telefonom (W: nazvati) ~ *me tomorrow* javi mi se sutra 6. smatrati, računati; *I* ~ *that mean* smatram to niskim 7. sazvati; *to* ~ *a meeting* sazvati sednicu (sjednicu) 8. misc.; *to* ~ *into being* stvoriti; (Br.) *to be* ~ *ed to the bar* biti priznat za advokata; *to* ~ *the tune (the shots)* gospodariti situacijom; *to* ~ *the roll* prozvati đake, izvršiti prozivku; *to* ~ *into play* staviti u akciju; *to* ~ *it a day (night)*, *to* ~ *it quits* ne terati (tjerati) dalje; zaustaviti se; *to* ~ *a halt* zaustaviti (se); *to* ~ *attention to* obratiti (skrenuti) pažnju na; *to* ~ *smb. names* opsovati nekoga; *he has nothing to* ~ *his own* on ništa nema; ~ *me at six* probudi me u šest sati; (naut.) *to* ~ *at u port* svratiti u luku; *to* ~ *smb. over* zamoliti nekoga da priđe; (poker) *to* ~ *(cards)* tražiti pokazivanje (karata); (mil.) *to* ~ *to attention* komandovati »mirno«; *to* ~ *a square dance* dirigovati igrače kadrila; (usu. sports) *to* ~ *time* zaustaviti hronometar; (usu. sports) *to* ~ *one's shot* predskazati rezultat; *I* ~*ed his bluff* nisam naseo njegovoj laži

call aside *v* pozvati na stranu

call away *v* odazvati

call box Br.; see **telephone booth**

call down *v* 1. *to call smb. down* zamoliti nekoga da siđe 2. (colloq.) izgrditi 3. (mil.) *to call down fire* tražiti vatru

call-down [~-daun] *n* ukor

cal·ler [~ə(r)] *n* 1. vikač 2. posetilac (posjetilac) 3. pozivalac

call for *v* 1. doći (po); *to call for smb.* doći po nekoga 2. iziskivati; zahtevati (zahtijevati); *a crime like that calls for punishment* takav zločin iziskuje kaznu; *this position calls for an experienced engineer* ovo mesto (mjesto) zahteva iskusnog inženjera 3. predvideti (predvidjeti); *the instructions call for the reporting of every suspicious person* u uputstvima se predviđa prijavljivanje svake sumnjive osobe 4. misc.; *to call for help* zapomagati

call forth *v* probuditi, izazvati; *that calls forth the best in him* to probuđuje najbolje u njemu;

the proposal called forth strong opposition predlog je izazvao jak otpor

call girl prostitutka (koja posluje preko telefona)

cal·lig·ra·pher [kə'ligrəfə(r)] *n* kaligraf

cal·li·graph·ic [kaeli'graefik] *a* kaligrafski

cal·lig·ra·phy [kə'ligrəfij] *n* kaligrafija

call in *v* 1. pozvati; *to call in a doctor* or: *to call a doctor in* pozvati lekara — ljekara (W: liječnika) 2. povući; *to call money in* or: *to call in money* povući novac iz opticaja 3. prijaviti se; *she called in sick* prijavila je izostanak zbog bolesti 4. saopštiti (saopćiti) preko telefona

cal·ling [~iŋg] *n* 1. poziv, zanimanje 2. (hunting) lov vabljenjem

calling card vizitkarta, posetnica (posjetnica)

call-in program (radio) kontakt-emisija

cal·li·per see **caliper**

cal·lis·then·ics see **calisthenics**

call letters *pl* pozivni znaci

call number signatura (broj) knjige

call off *v* 1. otkazati; *to call a class off* or: *to call off a class* otkazati čas 2. odazvati; *to call off a dog* odazvati psa

call on *v* 1. svratiti; *to call on smb.* svratiti kod nekoga, posetiti (posjetiti) nekoga (also **call upon**) 2. pozvati, zamoliti; *the president is calling on the workers to end the strike* predsednik (predsjednik) poziva radnike da prekinu štrajk; *the press is called on to...* štampa je pozvana da...; *he called on the public to make sacrifices* on je pozvao građane na žrtve (also **call upon**) 3. prozvati; *to call on a pupil (in class)* prozvati učenika (na času) 4. izgrditi; *the boss called him on his sloppy handwriting* šef ga je izgrdio zbog nečitkog rukopisa

cal·los·i·ty [kə'lasətij]; [o] *n* see **callousness**

cal·lous ['kaeləs] *a* 1. žuljevit; tvrd 2. (fig.) neosetljiv — neosjetljiv (W: bešćutan); oguglao

cal·lous·ness [~nis] *n* 1. žuljevitost 2. (fig.) neosetljivost — neosjetljivost (W: bešćutnost)

call out *v* 1. izazvati (na dvoboj); *to call smb. out* izazvati nekoga (na dvoboj) 2. pozvati; *to call troops out* or: *to call out troops* pozvati trupe 3. izazvati; *to call smb. out of a room* izazvati nekoga iz sobe 4. prozvati, izazvati; *to call out a name* prozvati ime 5. pozvati, uzviknuti; *to call out over a microphone* pozvati preko mikrofona

call over *v* zamoliti da se približi

cal·low ['kaclou] *a* 1. nezreo, neiskusan 2. go (gol), bez perja

cal·low·ness [~nis] *n* nezrelost

call up *v* 1. telefonirati (W also: nazvati); *to call smb. up* telefonirati nekome 2 pozvati; *to call smb. up (for military service)* pozvati nekoga (u vojsku); *to call up troops* pozvati trupe; *to call up for maneuvers* pozvati na vojne vežbe (vježbe) 3. izazvati; *to call up an association* izazvati asocijaciju

call-up [~-əp] *n* (mil.) poziv

call upon *v* see **call on** 1, 2

cal·lus ['kaeləs] *n* 1. (med.) žulj, naboj 2. (bot.) kvrga

calm I [kam] *n* mir, tišina, zatišje, mirnoća; *the ~ *before the storm* zatišje pred buru

calm II *a* miran, tih; *the sea is* ~ more je mirno; *to keep (remain)* ~ sačuvati prisustvo duha, ostati spokojan

calm' III *v tr* smiriti, stišati; *to* ~ *smb.'s anger* stišati nečiju ljutnju

calm·a·tive ['kamətiv], ['kaelmətiv] *n* sredstvo za umirenje

calmative II *a* koji umiruje

calm down *v* 1. smiriti, stišati; *to calm smb. down* stišati nekoga (see also **calm III**) 2. smiriti se, stišati se; *he calmed down* smirio se

cal·o·mel ['kaeləməl] *n* kalomel

ca·lor·ic [kə'lorik] *a* 1. kaloričan, kalorijski; *a high* ~ *diet* visoko kalorična hrana 2. toplotni

cal·o·rie ['kaelərij] *n* kalorija

cal·o·rif·ic [kaelə'rifik] *a* see **caloric**; ~ *value* kalorična vrednost (vrijednost)

cal·o·rim·e·ter [kaelə'rimətə(r)] *n* kalorimetar

ca·lotte [kə'lat]; [o] *n* sveštenička (svećenička) kapa

cal·pac ['kaelpaek] *n* kalpak

calque I [kaelk] *n* (ling.) kalk

calque II *v tr* (ling.) kalkirati

cal·trop ['kaeltrəp] *n* 1 (hist.) kugla sa četiri šiljka 2. (bot.) čičak

cal·u·met ['kaeljəmet] *n* lula mira

ca·lum·ni·ate [kə'ləmnijejt] *v tr* oklevati (see also **malign**)

ca·lum·ni·a·tion [kələmnij'ejšən] *n* kleveta

ca·lum·ni·a·tor [kə'ləmnijejtə(r)] *n* klevetnik

ca·lum·ni·a·to·ry [kə'ləmnijətorij]; [ə] *a* klevetnički

ca·lum·ni·ous [kə'ləmnijəs] *a* klevetnički

cal·um·ny ['kaeləmnij] *n* kleveta, lažna optužba

cal·va·ry ['kaelvərij] *n* 1. (cap.) Kalvarija 2. raspeće

calve [kaev]; [a] *v and intr.* 1. oteliti; oteliti se 2. odvaliti se

calves see **calf I, II**

Cal·vin·ism ['kaelvinizəm] *n* kalvinizam

calx [kaelks] *n* 1. krečast talog 2. kreč (W: vapno)

ca·ly·cle ['kejlikəl] *n* (bot.) spoljna čašica

ca·lyp·so [kə'lipsou] *n* kalipso (vrsta muzike na Karipskim ostrvima — W: otocima)

ca·lyx ['kejliks], [ae] (-*yxes* or *calyces* ['kejlisijz]) *n* (bot.) čašica

cam [kaem] *n* (tech.) breg (brijeg)

ca·ma·ra·de·rie [kamə'radərij] *n* drugarstvo (also **comradeship**)

cam·a·ril·la. [kaemə'rilə] *n* kamarila

cam·ber I ['kaembə(r)] *n* 1. krivina; nagib 2. (tech., of wheels on an automobile) nagib

camber II *v tr* saviti, izviti

cam·bist ['kaembist] *v* see **money changer**

cam·bi·um ['kaembijəm] *n* (bot.) kambij

Cam·bo·di·a [kaem'boudijə] *n* Kampućija, Kambodža

Cam·bo·di·an I [~n] *n* 1. Kambodžanac 2. kambodžanski jezik

Cambodian II *a* kambodžanski

cam·bric ['kejmbrik] *n* (fabric) kambrik

Cam·bridge ['kejmbridž] *n* Kembridž

came see **come**

cam·el ['kaeməl] *n* kamila; *a Bactrian* ~ dvogrba kamila; **that was the straw that broke the* ~*'s back* to je prepunilo čašu

cam·el·back [~baek] *a* grbav

camel driver kamilar, gonič kamila

cam·el·eer [kaemə'lij(r)] *n* kamilar, gonič kamila

ca·mel·lia [kə'mijljə] *n* kamelija

camel's hair, camel hair kamilja dlaka

cam·e·o ['kaemijou] *n* kameja

cam·er·a ['kaemrə] *n* 1. kamera, foto-aparat 2. (legal) sudijina (W: sudačka) soba; *in* ~ u sudijinoj sobi

cam·er·al ['kaemərəl] *a* finansijski (financijski)

cam·er·a·man ['kaemərəmaen] (-*men* [men]) *n* kamerman

Cam·e·roun [kaemə'rūn] *n* Kamerun

cam·i·sole ['kaeməsoul] *n* kamisol, prsluče, grudnjak

cam·let ['kaemlit] *n* kamelot

cam·o·mile see **chamomile**

cam·ou·flage I ['kaeməflaž] *n* kamuflaža, maskiranje; maskirni materijal, maskirna sredstva

camouflage II *v tr* kamuflirati, maskirati

camouflage clothing maskirna odeća (odjeća)

camouflage discipline maskirna disciplina

camouflage net maskirna mreža

camp I [kaemp] *n* 1. logor; (usu fig.) tabor; *a concentration (prisoner-of-war)* ~ koncentracioni (zarobljenički) logor; *to make* ~ podići logor; *to break* ~ rasturiti logor; (mil.) *a training* ~ školski logor; (fig.) *the enemy* ~ protivnički tabor 2. kamp, kamping 3. (*summer)* ~ letovalište (ljetovalište); *a summer* ~ *for children* dečje (dječje) letovalište

camp II *v intr* (also: *to* ~ *out*) logorovati; kampovati; *we were camping (out)* kampovali smo; or: spavali smo pod vedrim nebom (u šatoru)

camp III *n* banalnost; afektacija

camp IV *a* banalan; afektiran

cam·paign I [kaem'pejn] (mil. and pol.) kampanja, pohod; *an electoral* ~ izborna kampanja (borba); *a military* ~ ratni (vojni) pohod; *to launch a* ~ pokrenuti kampanju

campaign II *v* učestvovati u kampanji (pohodu); (pol.) *to* ~ *for (an) office* boriti se za dužnost

campaign hat podoficirska šapka

camp bed Br.; see **cot**

camp chair Br.; see **folding chair**

camp·er [~ə(r)] *n* 1. onaj koji boravi u kampu, kamper 2. karavan (vozilo)

cam·pes·tral *a* [kaem'pestrəl] poljski

camp·fire ['kaempfaj(r)] *n* logorska vatra

campfire girl izviđačica

camp follower prostitutka

camp·ground [~graund] *n* kamping

cam·phene ['kaemfijn] *n* kamfin

cam·phor ['kaemfə(r)] *n* kamfor

cam·phor·ate ['kaemfərejt] *v* kamforisati, natopiti kamforom

cam·phor·ic [kaem'forik] *a* kamforni

camphor tree *n* kamforovac, kamforovo drvo

camp·ing [~ĭng] *n* (also: ~ *out*) logorovanje; spavanje pod vedrim nebom (see **camp II**)

camp inmate logoraš

camp meeting služba božja u šatoru (ili pod vedrim nebom)

camp out *v* see **camp II**

camp site 1. kamping 2. logorište

camp up Br.; see **ham II**

cam·pus ['kaempəs] *n* univerzitetsko (W: sveučilišno) zemljište; studentski grad; *he lives on* ~ on stanuje u studentskom gradu

cam·shaft ['kaemšaeft]; [a] n bregasta osovina, bregasto vratilo

can I [kaen] n 1. konzerva, (konzervna) kutija; a ~ of sardines kutija sardina; *a ~ of worms komplikovan problem (see also tin I 2) 2. kanta; a trash (watering) ~ kanta za smeće (za zalivanje cveća — cvijeća)

can II v tr staviti u kutiju za konzerve, konzervirati (see also tin II 2)

can III v third person sgn. is can; past is could [kud]; no partic. or future; unstressed form is [kən]; neg. is cannot [kae'nat]; [o] or can't [kaent]; [a] v intr 1. moći; he ~ carry the sofa himself on može sam da prenese divan; I ~ go now sad mogu da idem; they could not come nisu mogli da dodu; they could come next Friday mogli bi doći idućeg petka; you could have written earlier mogli ste da pišete ranije; I can't go on ne mogu više; he ~ still come on još može doći (see also may 2) 2. umeti (umjeti), znati, moći; he ~ do everything; on sve ume; he ~ write on ume (zna) da piše 3. (~ barely) jedva; we ~ barely wait to return home jedva čekamo da se vratimo kući

Ca·naan ['kejnɔn] n (hist.) Kanaan, kanaanska zemlja

Can·a·da ['kaenɔdə] n Kanada

Ca·na·di·an I [kə'nejdijən] n Kanadanin

Canadian II a kanadski

Canadian thistle (bot.) palamida

ca·naille [kə'naj], [kə'nejl] n ološ (also rifraff, scum)

ca·nal [kə'nael] n kanal; (anat.) the auditory ~ ušni kanal

canal boat kanalski plovni objekat

ca·nal·i·za·tion [kɔnaeli'zejšən]; [aj] n sistem kanala

ca·nal·ize ['kaenɔlajz] v tr kanalizovati

Canal Zone (the ~) (Panamska) kanalska zona

can·a·pé ['kaenɔpej] n kanape

ca·nard [kə'na(r)d] n novinarska patka

ca·nar·y [kə'nejrij] n kanarinac

Canary Islands pl Kanarska ostrva (W: Kanarski otoci)

ca·nas·ta [kə'naestə] n kanasta

can-can ['kaenkaen] n kankan

can·cel ['kaensəl] v tr 1. precrtati, izbrisati 2. ukinuti; otkazati; opozvati; poništiti; to ~ debts poništiti dugove; to ~ a contract poništiti ugovor; to ~ stamps poništiti marke; to ~ an order otkazati porudžbinu 3. (printing) izbaciti 4. (math.) uprostiti; to ~ a fraction uprostiti razlomak

can·cel·la·tion [kaensə'lejšən] n 1. precrtavanje 2. ukinuće, poništenje; opoziv; otkazivanje; ~ of a contract poništenje ugovora; ~ of an order opoziv naredbe

cancel out v uravnotežiti

can·cer ['kaensə(r)] n 1. (med.) rak; breast ~ rak dojke; lung ~ rak na plućima; to cause ~ izazvati rak; a cure for ~ lek (lijek) protiv raka 2. (astrol., cap.) Rak

cancer cell ćelija raka

can·cer·o·gen·ic [~rə'dženik] a kancerogen

can·cer·ous ['kaensərɔs] a kancerozan

can·de·la·brum [kaendə'labrəm]; [ae] (-s or -bra [brə]) n kandelabar, veliki svećnjak (svijećnjak)

can·did ['kaendid] a otvoren, iskren; to be perfectly ~ biti sasvim otvoren

can·di·da·cy ['kaendədəsij] n kandidatura; to file one's ~ podneti (podnijeti) kandidaturu; he has announced his ~ objavio je da se kandiduje

can·di·date ['kaendədejt] n kandidat; a ~ for president kandidat za predsednika (predsjednika); a ~ for a degree student koji je stekao pravo da polaže ispit za diplomu

can·di·da·ture ['kaendədəčə(r)] esp. Br.; see candidacy

candid camera skrivena kamera

can·died ['kaendijd] a kandiran; ~ fruits kandirano voće

can·dle I ['kaendəl] n sveća (svijeća); to light (blow out) a ~ upaliti (ugasiti) sveću; *to burn a ~ at both ends rasipati snagu i sredstva; *not fit to hold a ~ to smb. biti daleko niži od nekoga; (rel.) to light a ~ for smb. upaliti nekome sveću

candle II v tr pregledati; to ~ eggs pregledati jaja (pomoću jake svetlosti — svjetlosti)

can·dle·ber·ry [~berij] n (bot.) voskovac (also wax myrtle)

can·dle·fish [~fiš] (pl has zero or -es) n vrsta lososa (koji svetli — svijetli i može da se upotrebljava kao baklja)

can·dle·light [~lajt] n 1. svetlost sveće (svjetlost svijeće); to read by ~ čitati pri sveći 2. sumrak

Can·dle·mas [~məs] n (rel.) Svećnica (Svijećnica)

can·dle·pow·er [~pauə(r)] n jačina osvetljenja (osvjetljenja)

can·dle·snuff·er [~snəfə(r)] n usekač, useknjač

can·dle·stick [~stik] n svećnjak (svijećnjak)

can·dle·wick [~wik] n fitilj za sveću (svijeću)

can·dor ['kaendə(r)] n otvorenost, iskrenost

can·dour Br., sec candor

can·dy I ['kaendij] n bombone; a piece of ~ bombona, poslastica; a box of ~ bombonijera

candy II v tr kandirati, ušećeriti

candy box bombonijera

candy floss Br.; see cotton candy

candy store radnja koja prodaje bombone

cane I [kejn] n 1. trska; sugar ~ šećerna trska 2. štap, palica

cane II v tr izbatinati štapom

cane·brake [~brejk] n tršćar, tršćak

cane sugar tršćani šećer, šećer od trske

ca·nic·u·lar [kə'nikjələ(r)] a pseći, pasji

ca·nine I ['kejnajn]; [ae] n 1. pas 2. pasji zub, očnjak

canine II a pasji, pseći

can·is·ter ['kaenistə(r)] n 1. limena kanta 2. (mil.) karteč

can·ker ['kaeñgkə(r)] n 1. (med.) čir, grizlica; rak 2. (bot.) gara, snet (snijet)

can·ker·ous [~rəs] a pun čirova; razjeden

canker sore čir

can·ker·worm [~wə(r)m] n štetna gusenica (gusjenica)

can·na ['kaenə] n (bot.) kana

can·na·bis ['kaenəbis] n konoplja (see also hemp)

canned [kaend] a 1. u konzervi (see can II); ~ food konzervirana hrana; ~ pineapple ananas u konzervi 2. konzerviran; ~ *heat* konzervirano gorivo (za loženje) 3. (colloq.) snimljen na traku

can·nel ['kaenəl] *n* (also: ~ *coal)* smolasti ugalj

can·ner·y [kaenərij] *n* fabrika za preradu mesa (povrća, ribe, voća)

can·ni·bal ['kaenəbəl] *n* ljudožder, kanibal

can·ni·bal·ism [~izəm] *n* ljudožderstvo, kanibalizam

can·ni·bal·is·tic [kaenəbə'listik] *a* ljudožderski, kanibalski

can·ni·bal·ize ['kaenəbəlajz] *v tr* skidati delove (dijelove) od (aviona, kamiona, automobila za popravku drugoga)

can·ni·kin, can·i·kin ['kaenikin] *n* kantica, kofa; vedro

can·ning ['kaeniŋ] *n* konzerviranje

canning industry industrija za preradu mesa (ribe, voća i povrća)

can·non I ['kaenən] *(pl* has zero or -*s) n* top, oruđe; *an atomic* ~ atomski top; *the roar of (the)* ~ topovska grmljavina; (see also **fieldpiece, gun** 2, **howitzer, mortar** 2, **rifle** 2)

cannon II *v intr* (Br.) naleteti (naljetjeti)

ca·non·ade [kaenə'nejd] *n* kanonada

can·non·ball ['kaenənbol] *n* topovsko zrno

can·non·eer [kaenə'nij(r)] *n* tobdžija, artiljerac; ~s' *hop* uvežbavanje (uvježbavanje) topovskih usluga

cannon fire topovska vatra

cannon fodder topovsko meso

cannon platoon topovski vod

can·non·ry ['kaenənrij] *n* 1. artiljerija 2. topovska vatra

cannon shot 1. topovski pucanj (metak) 2. topomet

can·not see can III

can·nu·la ['kaenjələ] (-*s* or -*ae* [ij]) *n* (med.) cevčica (cjevčica)

can·ny ['kaenij] *a* 1. lukav 2. mudar; vešt (vješt)

ca·noe I [kə'nū] *n* kanu, čamac; *to paddle a* ~ voziti se čamcem

canoe II *v intr* voziti se čamcem

ca·noe·ist [~ist] *n* kanuista

can·on ['kaenən] *n* 1. (in various meanings) kanon 2. kanonik

can·on·ess [~is] *n* kanonica

ca·non·ic [kə'nanik]; [*o*] *a* kanonski; ~ *books* kanonske knjige

ca·non·i·cal [~əl] see **canonic**

ca·non·i·cals [~əlz] *n pl* sveštenička odežda (svećenička odježda)

ca·non·i·cate [kə'nanikejt]; [*o*], [*i*] *n* kanonikat

can·on·ist ['kaenənist] *n* kanonista

can·on·i·za·tion [kaenəni'zejšən]; [*aj*] *n* kanonizacija, posveta

can·on·ize ['kaenənajz] *v tr* kanonizovati, posvetiti, osvetiti

canon law kanonsko pravo

can opener otvarač za konzerve

can·o·py I ['kaenəpij] *n* 1. baldahin 2 (on an airplane) providan krov kabine 3. (on a parachute) kupola

canopy II *v tr* pokriti baldahinom

cant I [kaent] *n* 1. nagib, kosina 2. ivica, rub

cant II *v tr* (koso) nagnuti

cant III *n* 1. cviljenje, bogorađenje 2. šatrovački (prostački) jezik 3. tehnički (esnafski) jezik 4. licemerno (licemjerno) fraziranje

cant IV *v intr.* 1. cvileti, bogoraditi 2. govoriti šatrovačkim jezikom 3. govoriti esnafskim jezikom 4. licemerno (licemjerno) govoriti

can't see can III

can·ta·loup(e) ['kaentəloup] *n* cerovača, dinja

can·tank·er·ous [kaen'taeŋkərəs] *a* svadljiv; mrzovoljan

can·ta·ta [kən'tatə] *n* kantata

can·teen [kaen'tijn] *n* 1. kantina; vojna prodavnica (W: prodavaonica) 2. (Br.) vojnička krčma 3. vojnička menza 4. čuturica 5. (Br.) kuhinjski pribor

can·ter I ['kaentə(r)] *n* laki galop

canter II *v intr* lagano galopirati

cant hook see **peavey**

can·ti·cle ['kaentikəl] *n* slavopoj; slavopojka

can·ti·le·ver ['kaentəlijvə(r)], [*e*] *n* konzola, nosač, podupirač

cantilever bridge konzolni most

can·til·late ['kaentilejt] *v intr* pojati

can·tle ['kaentəl] *n* 1. zadnji deo (dio) sedla 2. odlomak

can·to ['kaentou] (-*s) n* pevanje — pjevanje (deo pesničkog dela — dio pjesničkog djela)

can·ton ['kaentən], [*a*] *n* kanton

Canton *n* Kanton

Can·ton·ese I [kaentə'nijz] *n* 1. *(pl* has zero) stanovnik Kantona 2. kantonsko narečje (narječje)

Cantonese II *a* kantonski

can·ton·ment [kaen'tounmənt] *n* naselje od baraka

can·tor ['kaentə(r)] *n* kantor

Ca·nuck [kə'nək] *n* (usu. pejor.) francuski Kanađanin, Kanađanin

can·vas ['kaenvəs] *n* 1. platno, platno za jedra; **under* ~ razapetih jedara 2. grubo platno, šatorsko platno 3. slika, platno

can·vass I ['kaenvəs] *n* anketa, ispitivanje (see also **poll I**)

canvass II *v tr* anketirati, ispitivati; *io* ~ *public opinion* ispitivati javno mišljenje; *three hundred workers are being* ~*ed* anketira se tri stotine radnika (see also **poll II**)

can·yon ['kaenjən] *n* kanjon, klisura

caou·tchouc [kau'čŭk], [*u*] *n* kaučuk (see **rubber**)

cap I [kaep] *n* 1. kapa; (sportski) kačket; *a cardinal's* ~ kardinalski šešir 2. kapisla, udarna kapisla 3. poklopac 4. (fig.) plafon, gornja granica 5. misc.; **if the* ~ *fits...* ako primedba (primjedba) odgovara...; **to put on one's thinking* ~ dati se u razmišljanje; **to set one's* ~ *for smb.* pokušati uloviti nekoga; **to stand* ~ *in hand* stajati ponizno; **that's a feather in his* ~ time se može ponositi; ~ *and gown* zvanična univerzitetska (W: službena sveučilišna) nošnja

cap II *v tr* 1. staviti kapu (na) 2. pokriti (vrh nečega), kaptirati 3. nadmašiti 4. završiti; krunisati

ca·pa·bil·i·ty [kejpə'bilətij] *n* sposobnost, moć

ca·pa·ble ['kejpəbəl] *a* 1. sposoban; *a* ~ *worker* sposoban radnik 2. u stanju, kadar; *he is* ~ *of doing that* on je u stanju da to uradi

ca·pa·cious [kə'pejšəs] *a* (esp. Br.; lit.) prostran

ca·pac·i·tance [kə'paesətəns] *n* kapacitivnost, kapacitet

ca·pac·i·ty [~ətij] *n* 1. kapacitet; *lung* ~ kapacitet pluća 2. sposobnost; mogućnost 3. svojstvo; *in the* ~ *of a friend* u svojstvu prijatelja 4. (legal) pravna sposobnost 5. produktivnost 6. propusna moć (snaga) 7. (elec.) kapacitet 8. nosivost

ca·par·i·son [kə'paerəsən] *n* konjska oprema (also **trappings** 1)

cape I [kejp] *n* ogrtač, plašt, kabanica, kep

cape II *n* rt

Cape of Good Hope Rt Dobre Nade

ca·per I ['kejpə(r)] *n* 1. skok 2. ludorija, nestašluk; *to cut* ~*s* ludirati se

caper II *n* (bot.) kapar

Cape Town Keptaun

cap·il·lar·y I ['kaepəlerij]; [kə'pilərij] *n* kapilar

capillary II *a* kapilarni

capillary attraction kapilarno privlačenje

capillary repulsion kapilarno odbijanje

cap·i·tal I ['kaepətəl] *n* glavni grad, prestonica (prijestolnica)

capital II *n* 1. kapital; klasa kapitalista 2. kapital; glavnina; *circulating (working)* ~ opticajni kapital; *fixed (permanent)* ~ stalni (postojani) kapital; **to make* ~ *of* iskoristiti

capital III *a* 1. glavni; *a* ~ *city* glavni grad 2. odličan; *a* ~ *fellow* krasan momak 3. (econ.) kapitalni

capital IV *n* (archit.) kapitel

capital V *interj* (Br.) odlično!

capital account neto-bilans (neto-bilanca)

capital expenditure kapitalni izdatak, utrošena vrednost (vrijednost) sredstava za proizvodnju

capital gain dobit od prodaje sredstava za proizvodnju

capital goods *pl* sredstva za proizvodnju

cap·i·tal·ism [~izəm] *n* kapitalizam

cap·i·tal·ist I [~ist] *n* kapitalista

capitalist II see **capitalistic**

cap·i·tal·is·tic [kaepətə'listik] *a* kapitalistički

cap·i·tal·i·za·tion [kaepətələ'zejšən]; [*aj*] *n* 1. kapitalizacija 2. pisanje velikih slova

cap·i·tal·ize ['kaepətəlajz] *v* 1. *tr* (econ.) kapitalisati 2. *tr* pisati velikim slovom 3. *intr* iskoristiti; *to* ~ *on smt.* iskoristiti nešto

capital letter veliko slovo; *personal names are written with a* ~ lična imena se pišu velikim (početnim) slovom

capital levy porez na kapital

capital punishment smrtna kazna

capital ship veliki ratni brod

capital stock akcionarski kapital

cap·i·ta·tion [kaepə'tejšən] *n* 1. brojanje glava, ljudi 2. oporezivanje po glavi

capitation grant dotacija po broju osoba

Cap·i·tol ['kaepətəl] *n* Kapitol

Capitol Hill (Am., pol.) Kapitol hil (američki kongres)

ca·pit·u·lar [kə'pičulə(r)] *a* (rel.) saborski

ca·pit·u·lar·y I [~lerij]; [ə] *n* (rel.) član sabora

capitulary II *a* (rel.) saborski

ca·pit·u·late [kə'pičulejt] *v intr* predati se, kapitulirati

ca·pit·u·la·tion [kəpiču'lejšən] *n* predaja, kapitulacija

ca·pit·u·lum [kə'pičuləm] (-*la* [lə]) *n* (bot.) glavčica

ca·pon ['kejpan]; [ə] *n* kopun

ca·pote [kə'pout] *n* ogrtač sa kapuljačom

ca·pouch see **capuche**

cap·ping ['kaeping] *n* kaptaža, zatvaranje (izvora vode ili plina)

ca·price [kə'prijs] *n* kapric, ćef

ca·pri·cious [kə'prišəs], [*ij*] *a* kapriciozan

Cap·ri·corn ['kaepriko(r)n] see **Tropic of Capricorn, Capricornus**

Cap·ri·cor·nus [kaeprə'ko(r)nəs] *n* (astro. and astrol.) Jarac

cap·ri·ole ['kaeprijoul] *n* skok (konja)

cap·size ['kaep'sajz] *v* 1. *tr* prevrnuti, preturiti 2. *intr* prevrnuti se (see also **turn over** 2, 3)

cap·stan ['kaepstən] *n* 1. (naut.) vitao, motovilo 2. tonska osa (magnetofona)

cap·stone ['kaepstoun] *n* (archit. and fig.) završni kamen

cap·su·lar ['kaepsələ(r)], [*ju*] *a* čaurast

cap·sule ['kaepsəl], [*ju*] *n* 1. (anat.) čaura, omotač 2. (bot.) čaura 3. (pharmacology) kapsula 4. (astron.) kapsula

cap·tain I ['kaeptən] *n* 1. (naut.) zapovednik — zapovjednik (trgovačkog broda) 2. (naval) kapetan (bojnog broda); komandant (bojnog broda) 3. (mil.) kapetan 4. (sports) kapiten 5. (fig.) vođa; *a* ~ *of industry* vođa industrije

captain II *v tr* predvoditi, komandovati

cap·tain·cy [~sij] *n* čin (dužnost) kapetana (kapitena)

cap·tion I ['kaepšən] *n* natpis, naslov

caption II *v tr* snabdeti (snabdjeti) naslovima, titlovati

cap·tious ['kaepšəs] *a* 1. zanovetljiv (zanovjetljiv) 2. varljiv, lukav

cap·tious·ness [~nis] *n* 1. zanovetljivost (zanovjetljivost) 2. varljivost

cap·ti·vate ['kaeptəvejt] *v tr* očarati, zaneti (zanijeti)

cap·ti·vat·ing [~ing] *a* zanosan, čaran

cap·ti·va·tion [kaeptə'vejšən] *n* očaravanje

cap·tive I ['kaeptiv] *n* zarobljenik

captive II *a* 1. zarobljen; *to take* ~ zarobiti 2. očaran

captive audience publika koja je prisiljena da sluša (govor, emisiju)

captive balloon vezani balon

cap·tiv·i·ty [kaep'tivətij] *n* zarobljeništvo

cap·tor ['kaepto(r)] *n* zarobljivač

cap·ture I ['kaepčə(r)] *n* zarobljavanje, zauzeće; hvatanje, hapšenje

capture II *v tr* 1. zarobiti 2. uhvatiti; *to* ~ *a thief* uhvatiti lopova 3. zauzeti, osvojiti; *to* ~ *a city* zauzeti (osvojiti) grad 4. osvojiti, dobiti; *to* ~ *first prize* osvojiti prvu nagradu 5. uzaptiti; *a* ~*ed vessel* uzapćeni brod

ca·puche [kə'pūč], [*š*] *n* kapuljača (kapucinskog ogrtača)

cap·u·chin ['kaepjučin], [kə'pjūčin], [*š*] *n* kapucin

car [ka(r)] *n* 1. automobil, kola; *an armored (police, racing)* ~ borna (policijska, trkaća) kola; *to travel by* ~ putovati kolima; *to drive a* ~ voziti kola 2. vagon, kola; *a dining* ~ kola za ručavanje; *a mail (sleeping)* ∼ poštanska (spavaća) kola 3. (of an elevator) kabina

car·a·bin ['kaerəbin] see **carbine**

car·a·cal ['kaerəkael] *n* (zool.) karakal

ca·rafe [kə'raef] *n* boca

car·a·mel ['kaerəmel], ['ka(r)məl] *n* karamela

car·at ['kaerət] *n* karat (also **karat**)

car·a·van ['kaerəvaen] *n* 1. karavan 2. Br.; see house trailer

caravan park Br.; see **trailer camp**

car·a·van·sa·ry [kaerə'vaensərij] *n* karavan-saraj

car·a·vel ['kaerəvel] *n* karavela

car·a·way ['kaerəwej] *n* kim

car barn garaža za tramvaje, autobuse

car·bide ['ka(r)bajd] *n* karbid

car·bine ['ka(r)bi*jn*], [*aj*] *n* karabin

car·bo·hy·drate [ka(r)bou'hajdrejt] *n* ugljeni hidrat (W: ugljikohidrat)

car·bol·ic [ka(r)'balik]; [*o*] *a* karbolni; ∼ *acid* karbolna kiselina

car bomb automobil-bomba, bomba podmetnuta u vozilo

car·bon ['ka(r)bən] *n* 1. karbon, ugljenik (W: ugljik) 2. indigo (see also **carbon paper**)

car·bon·ate I ['ka(r)bənejt] *n* karbonat

carbonate II *v tr* 1. karbonizirati 2. gazirati; ∼*d beverages* gazirana pića

carbon copy kopija (preko indiga); *to make a* ∼ napraviti kopiju

carbon cycle ugljenikov ciklus

carbon dating određivanje starosti organskih materijala pomoću radioaktivnih izotopa

carbon dioxide ugljen-dioksid

carbon disulfide ugljen-disulfid

car·bon·ic acid [ka(r)'ba*n*ik]; [*o*] ugljena kiselina

car·bon·if·er·ous [ka(r)bə'nifərəs] *a* ugljenički

car·bon·ite ['ka(r)bənajt] *n* karbonit

car·bon·i·za·tion [ka(r)bənə'zejšən]; [*aj*] *n* karbonizacija, ugljenisanje

car·bon·ize ['ka(r)bənajz] *v tr* karbonizirati, ugljenisati

carbon monoxide ugljen-monoksid

carbon paper indigo-papir

car·bun·cle ['ka(r)bəṇgkəl] *n* karbunkul, čir

car·bu·ret ['ka(r)bərejt, [*bj*] *v tr* spravljati živi gas od benzina i vazduha (W: zraka)

car·bu·re·tor ['ka(r)bərejtə(r)], [*bj*] *n* karburator; *a downdraft (updraught)* ∼ stojeći (viseći) karburator

car·bu·ret·tor [ka(r)bjə'retə(r)] Br.; see **carburetor**

car·cass ['ka(r)kəs] *n* 1. trup zaklane životinje, lešina 2. (fig.) kostur

car·cin·o·gen [ka(r)'sinədžən] *n* (med.) ono što stvara rak

car·ci·no·ma [ka(r)sə'noumə] (-*s* or -*ta* [tə]) *n* (med.) karcinom

card I [ka(r)d] *n* 1. karta (za igranje); *to play* ∼*s* igrati karte, kartati se; *to deal* ∼*s* deliti (dijeliti) karte; *to shuffle* ∼*s* mešati (miješati) karte; **to have a* ∼ *up one's sleeve* pripremiti nešto u tajnosti; **in the* ∼*s* neminovno; **to play one's* ∼*s well* voditi svoje poslove dobro; **to put one's* ∼*s on the table*; or: **to show one's* ∼*s* otkriti svoje planove 2. poštanska karta; čestitka (see **postcard, greeting card**) 3. (in a file) karton 4. (colloq.) čudak 5. see **racing card**

card II *n* greben

card III *v tr* grebenati; *to* ∼ *wool* grebenati vunu

car·dan shaft [ka(r)dən] Br.; see **drive shaft**

card·board [∼bo(r)d] *n* karton

card-carrying member redovni član (stranke)

card catalog kartoteka

card file kartoteka

card game igra karata

car·di·ac ['ka(r)dijaek] *a* srčani

cardiac muscle srčani mišić

car·di·gan ['ka(r)digən] *n* kardigan (vrsta pletenog džempera)

car·di·nal I ['ka(r)dnəl] *n* 1. (rel.) kardinal 2. (bird) kardinal 3. otvorenocrvena boja

cardinal II *a* 1. glavni 2. otvorenocrven

cardinal number osnovni broj

cardinal sins *pl* smrtni grehovi (grijehovi)

cardinal virtues *pl* glavne vrline

car·di·o·gram ['ka(r)dijəgraem] *n* kardiogram

car·di·o·graph [∼aef]; [*a*] *n* kardiograf

car·di·ol·o·gist [ka(r)dij'alədžist]; [*o*] *n* kardiolog

car·di·ol·o·gy [∼džij] *n* kardiologija

car·di·o·vas·cu·lar [ka(r)dijou'vaeskjələ(r)] *a* kardio-vaskularni

card punch Br.; see **key punch**

cards see **card I 1**

card-sharp [∼ša(r)p] *n* varalica na kartama, prevarant u igri

care I [kej(r)] *n* 1. zabrinutost, briga 2. pažnja, briga, staranje; *to take* ∼ *of* pobrinuti se o, postarati se o, voditi brigu o; *the* ∼ *of an ill person* staranje o bolesniku 3. zaštita, nega (njega); *health* ∼ zdravstvena zaštita; *child (pre-natal)* ∼ zaštita dece (trudnih žena); ∼ *of the injured* nega ranjenika 4. pažnja, brižljivost; *to prepare with great* ∼ vrlo brižljivo pripremiti 5. kontrola; *under a doctor's* ∼ pod lekarskom — ljekarskom (W: liječničkom) kontrolom 6. misc.; *take* ∼*!* pazi! *in* ∼ *o*ʹ na adresu, kod

care II *v* 1. (with an inf.) želeti (željeti); *he doesn't* ∼ *to see them* on neće da ih vidi 2, see **care for**

CARE [kej(r)] (abbrev. of *Cooperative for American Remittances Everywhere*) Savez dobrotvornih društava SAD

ca·reen [kə'rijn] *v* 1. *tr* (naut.) nagnuti (brod) 2. *intr* vrdnuti, naglo skrenuti, zateturati se

ca·reer [kə'rij(r)] *n* karijera; *a diplomatic* ∼ diplomatska karijera; *to make a* ∼ *for oneself* napraviti karijeru

career girl žena koja se posvećuje karijeri

ca·reer·ism [∼rizəm] *n* karijerizam

ca·reer·ist [∼rist] *n* karijerista

care for *v* 1. pobrinuti se o, postarati se o; *she cares for him* ona se stara o njemu 2. voleti (voljeti); mariti; *she doesn't care for him* ona ne mari za njega 3. očuvati; *well cared for* dobro očuvan

care·free [∼frij] *a* bezbrižan

care·ful [∼fəl] *a* 1. oprezan 2. brižljiv, temeljan

care·ful·ness [∼nis] *n* 1. opreznost 2. brižljivost

care·less [∼lis] *a* neoprezan, nehatan

care·less·ness [∼nis] *n* neopreznost, nehatnost

ca·ress I [kə'res] *n* milovanje

caress II *v tr* milovati

car·et ['kaerit] *n* znak za umetanje (ʌ)

care·tak·er ['kej(r)tejkə(r)] *n* 1. čuvar, kurator 2. Br.; see **janitor**

caretaker government privremena vlada

care·worn [~wo(r)n] *a* izjeden brigom

car·fare ['ka(r)fej(r)] *n* novac (plata) za put

car·go ['ka(r)gou] (*-s* or *-es*) *n* teret, tovar

car hire Br.; see **car rental**

car·hop ['ka(r)hɒp]; [*o*] *n* konobar koji služi goste u automobilima (see **drive-in** I, II)

Car·ib·be·an I [kə'ribijən] *n* Karibi; *the* ~ područje Kariba; *in the* ~ u Karibima

Caribbean II *a* karibski

Caribbean Sea Karipsko more

car·i·bou ['kaeribū] (*pl* has zero or *-s*) *n* američki severni (sjeverni) jelen

car·i·ca·ture I ['kaerikəčū(r)] *n* karikatura

caricature II *v tr* karikirati

car·i·ca·tur·ist [~rist] *n* karikaturista

car·ies ['kejrijz] *n* truljenje, karijes

car·il·lon ['kaerələn]; [kaeriljən] *n* zvona za zvonjenje melodije

Ca·rin·thi·a [kə'rinthijə] *n* Koruška

Ca·rin·thi·an [~n] *a* koruški

car·i·ole ['kaerijoul] *n* dvokolice

car·line thistle ['ka(r)lən], [*aj*] (bot.) vilino sito, kravljak

carl·ing ['ka(r)liŋ], [*n*] (naut.) uzdužna proveza

car·load ['ka(r)loud] *n* (pun) vagon, tovar

car·man [~mən] (*-men* [min]) *n* see **motorman**

car·min·a·tive [ka(r)'minətiv] *n* (med.) sredstvo za nadimanje

car·mine ['ka(r)min], [*aj*] *n* karmin

car·nage ['ka(r)nidž] *n* pokolj

car·nal ['ka(r)nəl] *a* puten, pohotan

carnal knowledge snošaj, obljuba

car·na·tion [ka(r)'nejšən] *n* karanfil

car·ni·val I ['ka(r)nəvəl] *n* karneval; poklade

carnival II *a* karnevalski

car·ni·vore ['ka(r)nəvo(r)] *n* mesožder

car·niv·o·rous [ka(r)'nivərəs] *a* mesožderan, koji se hrani mesom

car·ob ['kaerəb] *n* (bot.) rogač

ca·roche [kə'rouč], [*š*] *n* (hist.) svečane kočije

car·ol I ['kaerəl] *n* vesela pesma (pjesma); božićna pesma

carol II *v intr* pevati (pjevati) vesele pesme (pjesme), božićne pesme

car·om ['kaerəm] *n* (billiards) karambol

ca·rot·id [kə'ratid]; [*o*] *n* (anat.) karotida

ca·rous·al [kə'rauzəl] *n* lumperaj, pijanka

ca·rouse [kə'rauz] *v intr* lumpovati, bančiti

car·ou·sel [kaerə'sel] *n* see **merry-go-round**

carp I [ka(r)p] *n* (fish) 1. šaran 2. *(crucian* ~*)* karaš

carp II *v intr* zakerati, zanovetati (zanovijetati); *to* ~ *at smb.* zanovetati nekome, kritikovati nekoga

car park Br.; see **parking lot**

Car·pa·thi·an Mountains [ka(r)'pejthijən] *pl (the* ~*)* Karpati

Car·pa·thi·ans see **Carpathian Mountains**

car·pen·ter ['ka(r)pəntə(r)] *n* drvodelja (drvodjelja), stolar

carpenter ant mrki mrav (koji gradi mravinjak u drvetu)

car·pen·try [~trij] *n* drvodeljstvo (drvodjeljstvo), stolarstvo, stolarski zanat

carp·er ['ka(r)pə(r)] *n* zakeralo, cepidlaka (cjepidlaka), kuditelj

car·pet I ['ka(r)pit] *n* 1. (veliki) tepih, ćilim; *a wall-to-wall* ~ tepih koji se prostire preko cele (cijele) sobe (od zida do zida); **on the* ~ na tapetu 2. pokrivač; *a* ~ *of snow* snežni (snježni) pokrivač

carpet II *v tr* pokriti tepihom

car·pet·bag [~baeg] *n* putnička torba

car·pet·bag·ger [~ə(r)] *n* politički pustolov; koferaš; (Am., hist.) politički pustolov (sa severa — sjevera) koji je išao na jug posle (poslije) građanskog rata

car·pet·ing [~iŋ] *n* tepih, tepisi; *wall-to-wall* ~ see **carpet** I 1

carpet knight (pejor.) salonski junak

carp·ing I ['ka(r)piŋ] *n* zakeranje, zanovetanje (zanovijetanje)

carping II *a* cepidlački (cjepidlački)

car pool grupna (zajednička) vožnja (privatnim automobilom) na posao

car-pool *v intr* učestvovati u grupnoj vožnji na posao

car·port ['ka(r)po(r)t] *n* nadstrešnica koja zaklanja automobil

car·pus ['ka(r)pəs] (*-pi*) [paj] see **wrist**

car·rel ['kaerəl] *n* (in a library) odvojena niša za čitanje

car rental iznajmljivanje automobila, rent-a-kar

car·riage ['kaeridž] (cf. 7) *n* 1. kočije, fijaker 2. see **baby carriage** 3. (Br.) see **car** 2 4. držanje, stav (tela — tijela) 5. (mil.) lafet 6. transport, prevoz 7. ['kaerijidž] vozarina, prevozni troškovi

carriage trade bogata klijentela

car·riage·way [~wej] *n* (Br.) kolovoz (W: kolnik)

car·ri·er ['kaerijə(r)] *n* 1. nosač, nosilac 2. prevozilac, prevoznik; transportno sredstvo 3. (med.) ~ *(of a disease)* prenosilac (bolesti), konduktor 4. see **aircraft carrier** 5. see **armored personnel carrier**

carrier bag Br.; see **shopping bag**

carrier crow galovrana vrana

carrier pigeon golub pismonoša (also **homing pigeon**)

carrier wave noseći talas

car·ri·ole see **cariole**

car·ri·on I ['kaerijən] *n* strvina, crkotina, lešina

carrion II *a* strvinski

car·rot ['kaerət] *n* 1. šargarepa (W: mrkva) 2. (fig.) mamac; **to use the* ~ *and (the) stick* malo milom, malo silom

car·ry ['kaerij] *v* 1. *tr* nositi *(a wounded man)* nositi teret (ranjenika); *this ship* ~*ies three tons* ovaj brod nosi tri tone; *to* ~ *grain (lumber)* voziti žito (drvo) 2. *tr* (of a pregnant woman) nositi; *a woman* ~*ies a child nine months* žena nosi dete (dijete) devet meseci (mjeseci) 3. *tr* preneti (prenijeti); *to* ~ *a child across a stream* preneti dete (dijete) preko potoka; ~ *that chair over here* prenesi ovamo onu stolicu; *to* ~ *a war into enemy territory* preneti rat na neprijateljsku teritoriju 4. *tr* uneti (unijeti); *he* ~*ied the chair into the house* uneo

je stolicu u kuću 5. *tr* (math.) preneti; *to ~ a number* preneti broj 6. *tr* usvojiti; *to ~ a motion* usvojiti predlog 7. *tr* pobediti (pobijediti) (na izborima); *to ~ an election* pobediti na izborima; *to ~ the Midwest* pobediti na Srednjem zapadu 8. *tr* preneti, emitovati; *to ~ a game* preneti utakmicu (see also **broadcast** II) 9. *tr* (of a store, salesman) prodavati, držati; *to ~ gloves* prodavati rukavice; *we do not ~ that product* mi ne držimo tu robu 10. *tr* pravilno pevati (pjevati); *to ~ a tune* pravilno pevati melodiju 11. *tr* imati (garanciju); *the radio ~ies a three-year guarantee* radio-aparat ima garanciju na tri godine 12. *tr* biti predviđen; *that crime ~ies a five-year sentence* za taj zločin predviđena je kazna zatvora od pet godina 13. *tr* zauzeti; *to ~ by storm* zauzeti na juriš 14. *intr* nositi 15. *intr* imati domet, dopirati; *that gun ~ies far* taj top ima veliki domet; *as far as the voice ~ies* dokle glas dopire 16. *refl.* držati se; *she ~ies herself well* ona se dobro drži 17. misc.; **to ~ coals to Newcastle* nuditi izlišnu stvar; **to ~ the day* pobediti; **to ~ a joke too far* preterati (pretjerati) sa šalom; **to ~ weight* biti uticajan; *to teach a dog to fetch and ~* obučiti psa da aportira; *to ~ one's head high* držati glavu uspravno; or (fig.): biti ponosan
car·ry·all [~ol] *n* 1. kočije sa dva sedišta (sjedišta) 2. velika torba
carry away *v* 1. odneti (odnijeti) 2. zaneti (zanijeti); *to get carried away* zaneti se; *he got carried away by their ideas* zaneo se za njihove ideje; *carried away by enthusiasm* zanet oduševljenjem; *he got carried away telling stories* zapričao se
carry back *v* nositi natrag, vratiti
carry-cot *n* (Br.) torba za bebu
carry forward *v* 1. nositi unapred (unaprijed) 2. (math., comm.) preneti (prenijeti) 3. nastaviti, produžiti; *to carry a program forward* nastaviti program
carrying charge kamata, novac koji se plaća na pozajmljeni novac
carry off *v* 1. odneti (odnijeti); *to carry off a child* odneti dete (dijete); *a wolf carried off three sheep* vuk je odneo tri ovce 2. razneti (raznijeti); *they carried off all the toys* razneli su sve igračke 3. misc.; *to carry smt. off* nešto uspešno (uspješno) izvesti
carry on *v* 1. nastaviti; (mil.) *carry on!* nastavite! *to carry on to the end* ići do kraja 2. izmotavati se; ludirati se 3. obavljati, vršiti; *to carry on instruction* obavljati nastavu; *to carry on one's duties* vršiti svoju dužnost 4. zabavljati se, voditi ljubav; *to carry on with smb.* zabavljati se s nekim 5. misc.; (Br.) *to be carrying on with* zasad
carry-on luggage ručni prtljag (u avionu)
carry out *v* 1. izneti (iznijeti); *to carry a table out of a room* izneti sto (stol) iz sobe 2. izvršiti; ispuniti; sprovesti; obaviti; ostvariti; *to carry out one's duty (an order, a promise)* izvršiti dužnost (naredbu, obećanje); *to carry out a plan (a reform)* sprovesti plan (reformu); *to carry out a mission* obaviti zadatak; *to carry out a*

moneuver obaviti manevar; *to carry out a threat* ispuniti pretnju (prijetnju)
carry over *v* 1. nositi preko 2. preneti (prenijeti) se; *this tradition is carried over from one generation to another* ova se tradicija prenosi sa jedne generacije na drugu 3. odložiti; *to carry over a discussion until the next meeting* odložiti diskusiju do sledeće sednice (slijedeće sjednice)
carry through *v* izvršiti, sprovesti; *to carry through a promise* izvršiti obećanje
car·sick ['ka(r)sik] *a* oboleo (obolio) od automobilske bolesti; *he gets ~* on ne podnosi vožnju automobilom
car·sick·ness [~nis] *n* automobilska bolest
cart I [ka(r)t] *n* 1. teretna kola (sa dva točka); **to put the ~ before the horse* početi raditi nešto naopako; (Br.) **to be in the ~* biti u škripcu 2. kolica
cart II *v* *tr* 1. voziti kolima 2. odvesti (odvezem); *to ~ smb. off to jail* strpati nekoga u zatvor
cart·age ['ka(r)tidž] *n* 1. prevoz 2. vozarina
carte blanche [ka(r)t blanš] (French) potpuna sloboda; *to have ~* imati odrešene (odriješene) ruke
car·tel [ka(r)'tel] *n* kartel
cart·er ['ka(r)tə(r)] *n* prevozilac
Car·te·sian [kar'tijžən] *a* Dekartov, kartezijanski
Car·te·sian·ism [~izəm] *n* kartezijanizam
Car·thage ['ka(r)thidž] *n* (hist.) Kartaga, Kartagina
cart·horse [~ho(r)s] Br.; see **draft horse**
Car·thu·sian [ka(r)'thūžən] *n* kartuzijanac
car·ti·lage ['ka(r)təlidž] *n* hrskavica
car·ti·lag·i·nous [ka(r)tə'laedžənəs] *a* hrskavičav
cart off *v* see **cart** II 2
car·tog·ra·pher [ka(r)'tagrəfə(r)]; [o] *n* kartograf
car·tog·ra·phy [~fij] *n* kartografija
car·ton ['ka(r)tən] *n* 1. kutija od kartona 2. beli (bijeli) kolut oko središta mete
car·toon I [ka(r)'tūn] *n* 1. karikatura 2. crtani film; *an animated ~* animirani (crtani) film
cartoon II *v* karikirati
car·toon·ist [~ist] *n* karikaturista
car·tridge ['ka(r)tridž] *n* 1. metak; *a practice (rifle) ~* manevarski (puščani) metak (see also **round** I 7) 2. (or: *a ~ case*) čaura; *a ruptured ~* zakinuta čaura 3. kaseta; kaseta sa foto-filmom
cartridge belt redenik
cartridge case see **cartridge** 2
cartridge clip šaržer, okvir
cart track (Br.) seoski (kolni) put
cart·wheel ['ka(r)twijl] *n* (gymnastics) premet, točak; *to turn a ~* izvesti premet
cart·wright [~wrajt] *n* kolar
car·un·cle ['kaerə̄gkəl] *n* mesni izraštaj
carve [ka(r)v] *v* 1. *tr* izrezati, urezati, iseći (isjeći); gravirati; *to ~ a figure in stone* iseći figuru u kamenu; *he ~d his name into the tree* on je urezao svoje ime u stablo drveta 2. *intr* rezbariti, rezati; *to ~ in wood* rezati u drvetu
carve out *v* 1. trudom ostvariti; *to carve out a career for oneself* utrti sebi put 2. izrezati
carv·er [~ə(r)] *n* rezbar
carve up *v* 1. razdeliti (razdijeliti); *to carve up into several parts* razdeliti na nekoliko delova (dijelova) 2. raseći (rasjeći)

carv·ing [∼ing] n rezbarija
carving fork velika viljuška (za držanje pečenja pri rezanju)
carving knife veliki nož (za rezanje mesa)
car wash uređaj za pranje automobila
Cas·a·blan·ca [kaesə'blaengkə] n Kazablanka
Cas·a·no·va [kaesə'nouvə] n Kazanova, zavodnik
cas·bah ['kazba] n kazba
cas·cade I [kaes'kejd] n kaskada, slap
cascade II v intr padati u kaskadi
case I [kejs] n 1. slučaj; in any ∼ u svakom slučaju; in that ∼ u tom slučaju; not in any ∼ ni u kom slučaju; in ∼ he comes u slučaju da dođe; in exceptional ∼s u izuzetnim slučajevima; in most ∼s u većini slučajeva; in ∼ of emergency (fire) u slučaju nužde (požara) 2. (med.) slučaj; several ∼s of smallpox nekoliko slučajeva velikih boginja; an interesting ∼ interesantan slučaj; the number of reported ∼s broj prijavljenih slučajeva 3. stvar; a ∼ of honor stvar časti 4. (legal) parnica; predmet; the lawyer lost the ∼ advokat je izgubio parnicu; to win a ∼ dobiti parnicu; to hear a ∼ pretresati slučaj (pred sudom); to dismiss a ∼ obustaviti postupak *to make out a (good) ∼ for smb. dokazati nečiju nevinost 5. (administrative) predmet, slučaj; službeni spis 6. (gram.) padež
case II a (gram.) padežni; a ∼ ending padežni nastavak
case III v tr (colloq.) pregledati (kao priprema za pljačku); to ∼ a bank pregledati banku
case IV n 1. kutija; koleto, sanduk 2. ram. okvir 3. futrola; navlaka; etui; an eyeglass ∼ futrola za naočare 4. (tech.) kućište, kutija; a transfer ∼ razvodna kutija 5. Br.; see suitcase
case V v tr upakovati
case grammar (ling.) gramatika padeža, teorija dubinskih padeža
case·hard·ened [∼ha(r)dənd] a ogugao
case history skup dokumenata koji se odnose na neki predmet ili osobu; dosije
case law (legal) precedentno pravo
case load broj slučajeva (koje obrađuje socijalni radnik, patronažna sestra)
case·mate ['kejsmejt] n kazamat
case·ment [∼mənt] n prozorsko krilo
case shot see canister 2
case study detaljno proučavanje slučaja
case·work [∼wə(r)k] n proučavanje slučajeva
case worker socijalni radnik
cash I [kaeš] n gotov novac; to pay in ∼ platiti gotovim novcem (u gotovu, u gotovom); to be out of ∼ ostati bez novca; ∼ on delivery pouzećem (see also COD)
cash II v tr 1. unovčiti; to ∼ a check unovčiti ček 2. (also: to ∼ in) razmeniti (razmijeniti), unovčiti; to ∼ (in) a bond unovčiti obveznicu; *to ∼ in on smt. iskoristiti nešto
cash-and-carry n prodaja za gotov novac
cash bar prijem na kojem učesnici plaćaju alkoholna pića
cash·book [∼buk] n knjiga blagajne
cash crop usev (usjev) koji donosi dobit
cash discount popust koji se daje za plaćanje u gotovom

cash·ew ['kaešū] n kašu
cash·ier I [kae'šij(r)] n blagajnik; please pay the ∼ molim vas, platiti na blagajni
cashier II (Br.; [kə'šij(r)]) v tr 1. degradirati, kasirati 2. otpustiti iz službe
cashier's check overeni (ovjereni) ček
cash in v see cash II 2
cash·mere I ['kaešmij(r)], [ž] n kašmir
cashmere II a ∼ shawl kašmirski šal
cash register registar-kasa, kontrolna kasa
cash sale prodaja za gotovo
cas·ing ['kejsing] n 1. omot, futrola, navlaka 2. obloga 3. crevo — crijevo (za kobasice)
ca·si·no [kə'sijnou] (-s) n kasino
cask [kaesk]; [a] n bure
cas·ket [∼it] n 1. (esp. Br.) kovčežić (za nakit); kutija 2. (mrtvački) kovčeg
Cas·pi·an Sea ['kaespijən] Kaspijsko more
Cas·san·dra [kə'saendrə] n Kasandra (proročica kojoj se ne veruje — vjeruje)
cas·sa·tion [kae'sejšən] n kasacija
cas·sa·va [kə'savə] n (bot.) maniok (also manioc)
cas·se·role ['kaesəroul] n (cul.) kaserola
cas·sette [kae'set] n kaseta
cassette tape recorder kasetofon
cas·sia ['kaešə] n (bot.) kasija
cas·sock ['kaesək] n mantija, riza
cast I [kaest]; [a] n 1. bacanje, hitanje 2. kov 3. kalup 4. odliv (odljev) 5. (med.) (also: plaster ∼) gips; to put a ∼ on a leg staviti nogu u gips 6. udica s mamcem 7. podela (podjela) uloga; with a good ∼ sa dobrim glumcima
cast II a 1. liven; ∼ iron liveno gvožđe 2. ukalupljen; ∼ in the same mold na isti kalup
cast III cast; v tr 1. baciti; to ∼ a doubt (a glance, a shadow) baciti sumnju (pogled, senku — sjenku); to ∼ anchor baciti kotvu; to ∼ light on baciti svetlo (svjetlo) na; (fig.) to ∼ the die baciti kocku; *to ∼ a seed of discord baciti seme (sjeme) razdora; *the die is cast kocka je bačena 2. izliti; odliti; to ∼ a bell izliti zvono; to ∼ a statue in bronze izliti statuu u bronzi; to ∼ a sculpture odliti skulpturu; cast in gold odliven u zlatu 3. see shed II 4. dati; to ∼ a vote glasati, dati glas 5. odrediti, rasporediti (glumce za uloge) 6. misc.; to ∼ about tražiti; to ∼ aside odbiti, odbaciti; to ∼ out isterati (istjerati); to ∼ aspersions on smb.'s character ocrniti nekoga; to ∼ a spell on smb. začarati nekoga; to ∼ lots vući kocku; *to ∼ pearls before swine bacati biser pred svinje; to ∼ up on shore nabaciti na obalu; to ∼ one's lot with smb. svoju sudbinu vezati za nekoga
cas·ta·nets [kaestə'nets] n pl kastanjete
cast·a·way I ['kaestəwej]; [a] n brodolomnik
castaway II a koji je pretrpeo (pretrpio) brodolom
cast down v (Br.) utući, deprimirati
caste I [kaest]; [a] n kasta
caste II a kastinski; the ∼ system kastinsko uređenje
cas·tel·lan ['kaestələn] n kastelan
cast·er ['kaestə(r)]; [a] n 1. raspoređivač uloga 2. točkić 3. see cruet 4 (tech., of wheels on an automobile) zatur
cas·ti·gate ['kaestəgejt] v tr 1. kazniti 2. kritikovati

cas·ti·ga·tion [kaestə'gejšən] *n* 1. kazna 2. kritika
cast·ing [kaestiñg]; [*a*] *n* 1. raspoređivanje uloga 2. liv, livenje
cast iron liveno gvožđe
cas·tle I ['kaesəl]; [*a*] *n* 1. zamak, kula; **to build ~s in the air* zidati kule u vazduhu (W: zraku) 2. tvrđava 3. (chess) top, kula (also **rook** II for 3)
castle II *v intr* (chess) rokirati, izvršiti rokadu
castl·ing [~iñg] *n* (chess) rokada
cast off *v* 1. odbaciti, odbiti 2. ispustiti; (naut.) odrešiti uže
cast·off [~of] *n* nešto odbačeno
cas·tor ['kaestə(r)]; [*a*] *n* 1. see **caster** 2. (pharmacological) dabrovina
castor bean ricinusovo zrno, protoka
castor oil ricinus
cas·trate ['kaestrejt]; [kae'strejt] *v tr* kastrirati, uškopiti
cas·tra·tion [kae'strejšən] *n* kastracija, škopljenje
cas·u·al I ['kaežüəl] *n* 1. (mil.) privremeno prikomandovano lice 2. (Br.) radnik bez redovnog posla
casual II *a* 1. slučajan, neočekivan; *a ~ meeting* slučajan sastanak 2. (Br.) neredovan; *a ~ labourer* radnik bez redovnog posla 3. nonšalantan; neusiljen; neformalan 4. nemaran, nebrižljiv
cas·u·al·ty [~tij] *n* 1. ranjenik 2. poginuli 3. (in *pl*, usu. mil.) gubici (u ljudstvu)
cas·u·ist ['kaežüist] *n* kazuista
cas·u·is·tic [kaežü'istik] *a* kazuistički
cas·u·ist·ry ['kaežüistrij] *n* kazuistika
cat [kaet] *n* mačka; *a ~ purrs (meows)* mačka prede (mauče); *a house ~* domaća mačka; **when the ~ is away, the mice will play* kad mačke nema, miševi kolo vode; **to let the ~ out of the bag* otkriti tajnu; **it's raining like ~s and dogs* lije kao iz kabla; **(colloq.) a fat ~* bogataš
ca·tab·o·lism [kə'taebəlizəm] *n* katabolizam
cat·a·clysm ['kaetəklizəm] *n* kataklizma
cat·a·combs ['kaetəkoumz] *n pl* katakombe, podzemne grobnice
cat·a·falque ['kaetəfaelk], [o(l)] *n* katafalk, odar
cat·a·lec·tic [kaet'lektik] *a* (poetry) katalektički
cat·a·lep·sy ['kaetəlepsij] *n* (med.) katalepsija
cat·a·lep·tic [~'leptik] *a* kataleptički; *a ~ state* kataleptička ukočenost
cat·a·log I ['kaetəlag]; [o] *n* 1. katalog, spisak; *a ~ of books* katalog knjiga 2. *(university) ~* pregled predavanja (na univerzitetu — W: sveučilištu)
catalog II *v tr* katalogizirati; *to ~ books* katalogizirati knjige
cat·a·logue see **catalog** I 2, **catalog** II
Cat·a·lo·ni·a [kaetə'lounijə] *n* Katalonija
ca·tal·pa [kə'taelpə] *n* (bot.) katalpa
ca·tal·y·sis [kə'taeləsis] *n* (chem.) kataliza
cat·a·lyst ['kaetəlist] *n* katalizator
ca·ta·lyt·ic [kaetə'litik] *a* katalitički
cat-and-mouse game igra mačke i miša, takmičenje u nadmudrivanju
cat·a·pult I ['kaetəpəlt] *n* 1. katapult 2. (Br.) praćka (see also **slingshot**)

catapult II *v* 1. *tr* katapultirati 2. *intr* pojaviti se iznenadno; *he ~ed to fame* stekao je slavu preko noći
cat·a·ract ['kaetəraekt] *n* katarakt (slap, mrena na oku)
ca·tarrh [kə'ta(r)] *n* katar
ca·tas·tro·phe [kə'taestrəfij] *n* katastrofa; *to cause a ~* izazvati katastrofu
cat·a·stroph·ic [kaetə'strafik]; [o] *a* katastrofalan
cat·bird ['kaetbə(r)d] *n* američki drozd
cat burglar provalnik koji vrši provale kroz prozore, preko krovova
cat·call I ['kaetkol] *n* zviždanje, izviždavanje
catcall II *v intr* zviždati
catch I [kaeč] *n* 1. hvatanje 2. lov, lovina, ulov; (fig.) *a great ~* dobra ženidba (udaja) 3. (game) bacanje i hvatanje lopte 4. zamka, klopka; začkoljica; **that's the ~* u tom grmu leži zec 5. (tech.) naprava za zaustavljanje; utvrđivač; zub 6. misc.; *there was a ~ in his voice* glas mu je zapeo u grlu
catch II *caught* [kot] *v* 1. *tr* uloviti, uhvatiti, zateći; *a cat ~es mice* mačka lovi miševe; *to ~ a wolf* uloviti vuka; *to ~ a ball (with one's hand)* uhvatiti loptu (rukom); *to ~ an error* uhvatiti pogrešku; *to ~ smb.'s eye* uloviti (uhvatiti) nečiji pogled; *to ~ a thief in the act* uhvatiti lopova na delu (djelu); *we were caught in the rain* uhvatila nas je kiša; *to ~ an airplane (a train)* uhvatiti avion (voz — W: vlak); *to ~ in a lie* uhvatiti u laži; *to ~ red-handed* uhvatiti pri izvršenju zločina; *to ~ smb. stealing* zateći nekoga u krađi 2. *tr* shvatiti; *to ~ an idea* shvatiti ideju (more usu, is **catch on** 1) 3. *tr* privući; *to ~ smb.'s eye* privući nečiju pažnju, pasti nekome u oči 4. *tr* oboleti (oboljeti) od; *to ~ tuberculosis* oboleti od tuberkuloze 5. *intr* zakačiti se, zaplesti se; *his suit caught on a nail* odelo (odijelo) mu se zakačilo za ekser (W: čavao); *the line caught in the branches* udica se zaplela u granje 6. *intr* the bolt does not ~ reza ne hvata 7. *intr* zapaliti se; *the fire caught* zapalila se vatra 8. misc.; *to ~ one's breath* odahnuti, izduvati se; (rowing) *to ~ a crab* rđavo zaveslati; *the house caught fire* kuća se upalila; **to ~ it* dobiti batine; *to ~ sight of* ugledati; *to be caught napping* biti potpuno iznenađen; **to ~ at a straw* hvatati se za slamku; *to ~ a smoke* ispušiti cigaretu; **(colloq.) to ~ hell* biti strogo kažnjen; *to ~ a cold* prehladiti se
catch·all [~ol] *n* torba (kutija) za sve
catch-as-catch-can *n* keč
catch·er [~ə(r)] *n* onaj koji lovi
catch·fly [~flaj] *n* (bot.) uročica, prilepak (priljepak)
catch·grass [~graes]; [*a*] *n* (bot.) krpiguz (also **cleavers**)
catch·ing [~iñg] *a* zarazan
catch·ment [~mənt] *n* (Br.) (or: *~ area*) 1. (or: *~ basin*) razvođe,⸏ vodomeđe 2. područje iz kojeg neka škola dobija svoje učenike
catch on *v* 1. shvatiti, razumeti (razumjeti); *to catch on to a joke* razumeti šalu 2. postati popularan; ući u upotrebu; *the song cought on*

pesma (pjesma) je postala popularna; *the new style caught on* nova moda je prihvaćena

catch·phrase [~frejz] *n* krilatica

catch up *v* 1. stići, sustići, dostići; *I'll catch up to (with) you* ja ću te stići 2. *to be caught up in* biti upetljan u; *he was caught up in a scandal* upetljao se u neki skandal 3. nadoknaditi; *to catch up on one's reading* nadoknaditi zaostalo čitanje

catch·up ['kaečəp], [e] *n see* **ketchup**

catch·word [~wə(r)d] *n* krilatica

catch·y [~ij] *a* 1. privlačan 2. koji se lako pamti

cat·e·che·sis [kaetə'kijsis] (*-ses* [sijz]) *n* kateheza

cat·e·chism ['kaetəkizəm] *n* katehizam (katekizam)

cat·e·chist [~kist] *n* kateheta

cat·e·chize ['kaetəkajz] *v tr* katekizirati

cat·e·gor·i·cal [kaetə'gorikəl] *a* kategoričan, kategorijski, kategorički

categorical grant dotacija za određenu svrhu

categorical imperative kategorični imperativ

cat·e·go·rize ['kaetəgərajz] *v tr* kategorisati

cat·e·go·ry ['kaetəgorij]; [e] *n* kategorija

ca·ter ['kejtə(r)] *v*. 1. *tr* pružiti ugostiteljske usluge (za); snabdeti — snabdjeti hranom (priredbu, svadbu, banket); *the wedding was ~ed* za svadbu sve je bilo poručeno; or: za svadbeni ručak su plaćene ugostiteljske usluge 2. *intr* liferovati (hranu) 3. *intr* zadovoljiti, udovoljiti; *to ~ to* (Br. also: *for) smb.'s needs* zadovoljiti nečije potrebe

ca·ter·cor·nered ['kaetə(r)ko(r)nə(r)d] **ca·ter·cor·ner** [~nə(r)] *see* **cattycornered**

ca·ter·er [~rə(r)] *n* direktor preduzeća (W: poduzeća) za isporuku gotovih jela; onaj koji isporučuje hranu i pruža ugostiteljske usluge

ca·ter·ing [~riñg] *n* (or: *~ service)* preduzeće (W: poduzeće) za isporuku gotovih jela, fabrika gotovih jela; pružanje ugostiteljskih usluga

cat·er·pil·lar I ['kaetə(r)pilə(r)] *n* gusenica (gusjenica)

caterpillar II *a* gusenični (gusjenični)

caterpillar drive hod gusenice (gusjenice)

caterpillar tractor traktor-gusenjičar (gusjeničar)

caterpillar tread gusenični (gusjenični) hod

cat·er·waul I ['kaetə(r)wol] *n* maukanje

caterwaul II *v intr* maukati

cat·fish ['kaetfiš] *(pl has zero or -es) n* (fish) mačak

cat food hrana za mačke

cat·gut ['kaetgət] *n* ketgat, žica od creva (crijeva)

ca·thar·sis [kə'tha(r)sis] *n* katarza, očišćenje

ca·thar·tic I [kə'tha(r)tik] *n* lek (lijek) za čišćenje, purgativ

cathartic II *a* purgativan

ca·the·dra [kə'thijdrə] *(-rae* [rij]) *n* katedra

ca·the·dral [~l] *n* katedrala; (Orth.) saborna crkva

cath·e·ter ['kaethətə(r)] *n* (med.) katerer, sonda

cath·ode ['kaethoud] *n* katoda

cathode follower katodni pojačavač

cathode ray katodni snop

cath·o·lic ['kaeth(ə)lik] *a* univerzalan, mnogostran; liberalan

Catholic I *n* katolik

Catholic II *a* katolički

Ca·thol·i·cism [kə'thaləsizəm]; [o] *n* katolicizam katoličanstvo

cath·o·lic·i·ty [kaethə'lisətij] *n* univerzalnost; liberalnost

ca·thol·i·cize [kə'thaləsajz]; [o] *v tr* učiniti katoličkim, pokatoličiti

cat·house ['kaethaus] *(-ses* [zəz]) *n* (colloq.) burdelj

cat·kin [~kin] *n* (bot.) resa, maca (also **ament)**

cat·like [~lajk] *a* mačkast, nalik na mačku

cat·ling [~liñg] *n* 1. see **catgut** 2. dugi hirurški nož

cat nap kratak san

cat·nip [~nip] *n* (bot.) mačja metvica, potplotuša

cat-o'-nine-tails [kaet-ə-'najn-tejlz] *(pl has zero) n* bič sa devet čvorova

CAT scanner [kaet] mašina koja proizvodi trodimenzionalne rendgenske slike

cat's cradle (game) svračije noge

cat's eye 1. mačje oko 2. (Br.; in *pl)* mačje oči (see also **blinker** 3. **reflector** for 2)

cat's-paw [~-spo] *n* 1. onaj koji služi kao oruđe 2. lahor, vetrić (vjetrić) 3. (naut.) pritežnica

cat suit Br.; see **leotards**

cat·tail [~tejl] *n* (bot.) rogoz (also **reed mace)**

cat·tle ['kaetl] *n pl* stoka, marva; goveda; *neat ~* krupna stoka; *the ~ are grazing* stoka pase; *a head of ~* grlo, jedinka stoke; *to raise (brand) ~* gajiti (žigosati) stoku

cattle breeder stočar; odgajivač stoke

cat·tle·man [~maen], [ə] *(-men* [min], [ə]) *n* stočar

cattle prod električna šipka za teranje (tjeranje) stoke

cattle rustling krađa stoke

cat·ty ['kaetij] *a* zloban; jedak; *a ~ remark* jetka primedba (primjedba)

cat·ty-cor·nered ['kaetij-ko(r)nə(r)d] 1. *a* dijagonalan 2. *adv* dijagonalno

cat·walk [~wok] *n* uzan mostić (za prolaz radnika)

Cau·ca·sian I [ki'kejžən] *n* 1. Kavkazac 2. belac (bijelac)

Caucasian II *a* 1. kavkaski 2. koji pripada beloj (bijeloj) rasi

Cau·ca·sus ['kokəsəs] *n* Kavkaz

cau·cus I ['kokəs] *(-es or -ses) n* (pol.) 1. sastanak članova partije 2. (Br.) odbor partijskih vođa

caucus II *v intr* sastati se (o članovima partije)

cau·dal ['kodəl] *a* repni, nalik na rep

caught see **catch II**

caul [kol] *n* košuljica novorođenčeta (u utrobi)

caul·dron see **caldron**

cau·li·flow·er ['koliflauə(r)], [a] *n* karfiol (W also: cvjetača)

caulk [kok] *v tr* šuperiti

caulk·er [~ə(r)] *n* šuperilac

caulk·ing [~iñg] *n* šuperenje

caus·al ['kozəl] *a* kauzalan, uzročan

cau·sal·i·ty [ko'zaelətij] *n* kauzalitet, uzročnost

cau·sa·tion [ko'zejšən] *n* prouzrokovanje

caus·a·tive ['kozətiv] *a* kauzativan

cause I [koz] *n* 1. uzrok; razlog; *the main ~* glavni uzrok; *~ and effect* uzrok i posledica (posljedica); *the ~s of war* uzroci rata; *to show ~* navesti razlog 2. stvar; *a just ~* pravedna stvar; *it's a lost ~* stvar je propala; *to make common ~ (with)* boriti se za istu stvar (s)

cause II *v tr* prouzrokovati; izazvati; pričiniti; *to ~ grave concern* izazvati veliku zabrinutost; *to ~ damage (pain)* pričiniti štetu (bol)
cause·way ['kozwej] *n* uzdignut put (preko močvarnog zemljišta)
caus·tic ['kostik] *a* 1. kaustičan 2. jedak, zajedljiv; *a ~ remark* jetka primedba (primjedba)
caustic soda kaustična soda
cau·ter·i·za·tion [kotəriz'ejšan]; [*aj*] *n* kauterizacija
cau·ter·ize ['kotərajz] *v tr* podvrći kauterizaciji
cau·tion I ['košn] *n* opreznost
caution II *v tr* upozoriti; *to ~ smb. about smt.* upozoriti nekoga na nešto
cau·tion·ar·y [~erij]; [ə] *a* koji opominje
cav·al·cade ['kaevəlkejd] *n* kavalkada
cav·a·lier I [kaevə'lij(r)] *n* 1. kavaljer 2. vitez
cavalier II *a* 1. osion, ohol 2. neusiljen, nehatan
cav·al·ry I ['kaevəlrij] *n* konjica; *light ~* laka konjica
cavalry II *a* konjički; *a ~ troop* izviđačka četa; or: (hist.) konjički eskadron
cav·al·ry·man [~mən] (*-men* [min]) *n* konjanik
cave [kejv] *n* pećina, špilja
cave in *v intr* (colloq.) odroniti se, srušiti se; *the roof caved in* krov se srušio
cave-in [~in] *n* odronjavanje
cave man pećinski čovek (čovjek)
cav·ern ['kaevə(r)n] *n* 1. velika pećina, špilja 2. (med.) kaverna
cav·ern·ous [~nəs] *a* pun pećina; sličan pećini
cav·i·ar ['kaevija(r)] *n* kavijar; ajvar
cav·il I ['kaevəl] *n* cepidlačenje (cjepidlačenje), sitničarska kritika
cavil II *v intr* cepidlačiti (cjepidlačiti), sitničariti
cav·i·ty ['kaevətij] *n* 1. šupljina, duplja; *abdominal* (*oral, thoracic*) *~* trbušna (usna, grudna) duplja 2. (dental) karijes (zuba); *to fill a ~* plombirati zub
ca·vort [kə'vo(r)t] *v intr* skakati tamo-amo
caw I [ko] *n* (of crows) gakanje
caw II (onoma.) gra
caw III *v intr* (of crows) gakati; *crows ~* vrane gaču
cay [kej] *n* see **key IV**
CB radio ['sijbij] see **citizen band radio**
cease I [sijs] *n* prestanak; *without ~* bez prestanka
cease II *v* 1. *tr* prekinuti; (mil.) *~ fire!* prekini (vatru)! 2. *intr* prestati; *they ~ed pretending* prestali su da se pretvaraju
cease and desist order (legal) administrativna zabrana
cease·fire [~faj(r)] *n* prekid vatre, obustava vatre; *the ~ has gone into effect* prekid vatre je stupio na snagu; *to observe (honor) a ~* poštovati prekid vatre; *to violate a ~* narušiti prekid vatre
cease·less [~lis] *a* neprekidan
ce·dar ['sijdə(r)] *n* (bot.) 1. kedar (W also: cedar) 2. kedrovina (W also: cedrovina)
cede [sijd] *v* 1. *tr* ustupiti; *to ~ territory* ustupiti teritoriju 2. *tr* priznati; *to ~ a point in an argument* priznati nešto u raspravi 3. *intr* popustiti
ce·dil·la [si'dilə] *n* sedilja, znak ispod slova c (ç) koji označava izgovor [s]

ceil·ing ['sijliṉg] *n* 1. tavanica, plafon (W: strop); *a ~ on prices* plafon cena (cijena) 2. (naut.) oplata 3. (aviation) vrhunac, maksimalna visina leta; *a low ~* niska oblačnost
cel·an·dine ['selənda/n], [*ij*] *n* (bot.) rusa, žuta trava
cel·e·brant ['seləbrənt] *n* 1. sveštenik (svećenik) koji čita misu, misnik 2. učesnik proslave
cel·e·brate ['seləbrejt] *v* 1. *tr* proslaviti; *to ~ a birthday (a holiday)* proslaviti rođendan (praznik) 2. *tr* veličati, slaviti; *to ~ a hero* slaviti junaka 3. *tr* (rel.) *to ~ a mass* čitati misu 4. *intr* učestvovati u proslavi
cel·e·brat·ed [~id] *a* proslavljen
cel·e·bra·tion [selə'brejšən] *n* 1. proslava; *~ of an anniversary (a holiday)* proslava godišnjice (praznika); *to hold a ~* održati proslavu 2. svečanost u čast nekoga
cel·e·bra·tor ['seləbrejtə(r)] *n* učesnik proslave
ce·leb·ri·ty [sə'lebrətij] *n* poznata ličnost
ce·ler·i·ty [sə'lerətij] *n* brzina
cel·er·y ['selərij] *n* celer
ce·les·tial [sə'lesčəl]; [*ti*] *a* nebeski; *a ~ body* nebesko telo (tijelo)
celestial equator astronomski ekvator
celestial mechanics nebeska mehanika
celestial navigation astronavigacija
celestial sphere nebeska sfera
cel·i·ba·cy ['seləbəsij] *n* celibat, neženstvo
cel·i·bate I ['seləbit] *n* neženja
celibate II *a* neženjen; neudata
cell [sel] *n* 1. ćelija (W: stanica); *a prison ~* ćelija u zatvoru; *a monk's ~* kaluđerska ćelija; *a party ~* partijska ćelija 2. (biol.) ćelija (W: stanica); *an organic ~* organska ćelija; *cancer ~s* ćelije raka; *egg (germ, sperm) ~s* jajne (oplodne, semene — sjemene) ćelije 3. (elec.) ćelija, element 4. see **blood cell**
cel·lar ['selə(r)] *n* podrum
cel·list ['čelist] *n* violončelista
cel·lo ['čelou] (*-s*) *n* čelo, violončelo; *to play the ~* svirati na violončelu
cel·lo·phane ['seləfejn] *n* celofan; *to wrap in ~* uviti u celofan
cel·lu·lar ['seljələ(r)] *a* ćelijski (W: stanični)
cel·lule ['seljūl] *n* dim. of **cell**
Cel·lu·loid ['seljəlojd] *n* celuloid
cel·lu·lose ['seljəlous] *n* celuloza
Cel·si·us ['selsijəs], ['selšəš] *a* Celzijev, Celzijusov; *thirty degrees ~* 30 stepeni Celzijusovih
Celt [kelt], [s] *n* Kelt (also **Kelt**)
Celt·ic I ['keltik], [s] *n* keltski jezici (also **Keltic**)
Celtic II *a* keltski (also **Keltic**)
ce·ment I [si'ment] *n* cement
cement II *v tr* cementirati
cement factory fabrika (W: tvornica) cementa
cement mixer see **concrete mixer**
cem·e·ter·y ['seməterij]; [*tr*] *n* groblje
cen·o·taph ['senətaef]; [*a*] *n* kenotaf, spomenik (u obliku grobnice)
Ce·no·zo·ic [sijnə'zouik], [*e*] *n* (geol.) (*the ~*) kenozoik
cen·ser ['sensə(r)] *n* kadionica (also **thurible**)
cen·sor I ['sensə(r)] *n* 1. cenzor; *a military ~* vojni cenzor 2. kritičar
censor II *v tr* cenzurisati; *letters are not ~ed* pisma se ne cenzurišu

cen·so·ri·ous [sen'sorijəs] *a* sklon kritici, kritički raspoložen
cen·sor·ship ['sensə(r)šip] *n* cenzura
cen·sur·a·ble ['sensərəbəl] *a* koji zaslužuje osudu, kritiku
cen·sure I ['senšə(r)] *n* osuda
censure II *v tr* osuditi
cen·sur·er [~rə(r)] *n* osuđivač
cen·sus ['sensəs] *n* popis (stanovništva); *to take a* ~ izvršiti popis
census taker popisivač
cent [sent] *n* cent, stoti deo (dio) dolara
cen·taur ['sento(r)] *n* kentaur (W: centaur)
cen·tau·ry ['sentorij] *n* (bot.) različak, kičica
cen·te·nar·i·an [sentə'nejrijən] *n* stogodišnjak
cen·ten·a·ry I ['sentənerij]; [sen'tijnərij] *n* (esp. Br.) stogodišnjica
centenary II *a* (esp. Br.) stogodišnji
cen·ten·ni·al I [sen'tenijəl] *n* stogodišnjica
centennial II *a* stogodišnji
cen·ter I ['sentə(r)] *n* 1. centar; središte; *the ~ of attention* centar (središte) pažnje; *the ~ of the automobile industry* centar automobilske industrije; *a shopping ~* trgovački centar; *a science (scientific) ~* naučni centar; *to hit the ~ of a target* pogoditi u središte mete; *a communications ~* centar veze 2. (sports) centar 3. (mil.) tačka (W: točka), čvor; *a ~ of resistance* tačka otpora
center II *a* središnji; (soccer): ~ *circle* središnji krug; ~ *line* središnja linija; ~ *spot* središnja tačka (W: točka)
center III *v* 1. *tr* centrirati; *to ~ a title* centrirati naslov 2. *intr* koncentrisati se, usmeriti (usmjeriti) se, usredsrediti (usredsrijediti) se; *the discussion ~ed on (upon) one point* raspravljanje je bilo usmereno na jednu tačku (W: točku) 3. *intr* (soccer) centrirati
cen·ter·fold [~fould] see **fold-out**
center forward (soccer) centarfor, vođa navale
center half (soccer) centarhalf
center of gravity centar gravitacije, težište
center of mass centar mase
cen·ter·piece [~pijs] *n* ukras koji stoji na sredini stola
cen·ti·grade ['sentigrejd] *a* 1. see **Celsius** 2. podeljen (podijeljen) na sto stepeni
cen·ti·gram [~graem] *n* centigram
cen·ti·li·ter ['sentəlijtə(r)] *n* centilitar
cen·time [san'tijm] *n* (French) santim
cen·ti·me·ter ['sentəmijtə(r)] *n* santimetar (W: centimetar)
cen·ti·me·tre Br.; see **centimeter**
cen·ti·pede ['sentəpijd] *n* stonoga
cen·tral I ['sentrəl] *n* telefonska centrala (see **telephone exchange**)
central II *a* centralan; ~ *heating* centralno grejanje (grijanje); *the ~ nervous system* centralni nervni sistem
Central African Republic Srednjoafrička Republika
Central America Centralna Amerika
Central Intelligence Agency Centralna obaveštajna (obavještajna) uprava (also: **CIA**)
cen·tral·ism [~izəm] *n* centralizam
cen·tral·is·tic [sentrə'listik] *a* centralistički

cen·tral·ize ['sentrəlajz] *v tr* centralisati; *a ~d government* centralizovana država
Central Powers *pl* (hist.) Centralne sile
central processor (C.) centralni procesor
central processing unit (C.) centralna procesorska jedinica
cen·tre Br.; see **center**
cen·trif·u·gal [sen'trifəgəl] *a* centrifugalan
centrifugal force centrifugalna sila
cen·tri·fuge ['sentrəfjūdž] *n* centrifuga
cen·trip·e·tal [sen'tripətəl] *a* centripetalan
centripetal force centripetalna sila
cen·trist ['sentrist] *n* centrista
cen·tum ['kentəm] *a* (ling.) ~ *languages* kentum jezici
cen·tu·ple I ['sentəpəl], [sen'tūpəl]; [tj] *a* stostruk
centuple II *v tr* ustostručiti
cen·tu·ri·on [sen'tūrijən]; [tj] *n* centurion, stotinar
cen·tu·ry ['senčərij] *n* vek (vijek); *during the last* ~ u prošlom veku; *for ~ies* vekovima
ceorl see **churl**
ce·phal·ic [se'faelik] *a* cefaličan (koji se odnosi na glavu)
ce·ram·by·cid [sə'raembəsəd] *n* (ent.) stržibuba
ce·ram·ic I [sə'raemik] *n* 1. keramički proizvod 2. (in *pl*) keramika
ceramic II *a* keramički
ce·re·al I ['sijrijəl] *n* 1. žito 2. žitna kaša
cereal II *a* žitni, cerealan
Cer·ber·us ['sə(r)bərəs] *n* (myth.) Kerber
cer·e·bel·lum [serə'beləm] *(-s* or *-la* [lə]) *n* (anat.) mali mozak
ce·re·bral [sə'rijbrəl], ['serəbrəl] *a* moždani, cerebralan; *a ~ hemorrhage* izliv krvi u mozak; ~ *insufficiency* moždana insuficijencija
cerebral palsy cerebralna paraliza
ce·re·bro·spi·nal [sərijbrou'spajnəl], [e], [ə] *a* cerebrospinalan
ce·re·brum [sə'rijbrəm], ['serəbrəm] *(-s* or *-bra* [brə]) *n* veliki mozak
cer·e·mon·i·al I [serə'mounijəl] *n* ceremonijal
ceremonial II *a* ceremonijalni
cer·e·mo·ni·ous [serə'mounijəs] *a* 1. ceremonijalni 2. pompezan
cer·e·mo·ny ['serəmounij]; [ə] *n* ceremonija, svečanost; **to stand on* ~ insistirati na formalnosti, ponašati se formalno; *to conduct (hold) a* ~ održati svečanost
cer·iph Br.; see **serif**
ce·ri·um ['sijrijəm] *n* (chem.) cerijum
cer·ris ['serəs] *n* (bot.) cer
cert [sə(r)t] Br.; slang; see **certainty** 2
cer·tain ['sə(r)tən] *a* 1. siguran, uveren (uvjeren); *I am* ~ *that he will come* siguran sam da će doći; *to be* ~ *of smt.* biti uveren u nešto 2. pouzdan, siguran; *a* ~ *cure* siguran lek (lijek); *to know for* ~ znati pouzdano (see also **reliable**) 3. neki, izvestan (izvjestan); ~ *people* neki ljudi; *to a* ~ *degree* u izvesnom stepenu; *for a* ~ *period* za izvesni period; *a* ~ *place* izvesno mesto (mjesto) 4. neizbežan (neizbježan), siguran; ~ *death* neizbežna smrt
cer·tain·ly [~lij] *adv* sigurno; naravno
cer·tain·ty [~tij] *n* 1. sigurnost; *with* ~ sa sigurnošću 2. sigurna činjenica

cer·tif·i·cate [sə(r)'tifikit] *n* 1. svedočanstvo — svjedočanstvo (W: svjedodžba) uverenje (uvjerenje); *a medical* ~ lekarsko (ljekarsko) uverenje 2. potvrda; *to issue a* ~ izdati potvrdu
cer·tif·i·cat·ed [~kejtəd] *a* (Br.) kvalifikovan
certified check certifikovani ček
certified mail preporučena pošiljka
certified public accountant računovođa koji je položio državni ispit (Br. is **chartered accountant**)
cer·ti·fy ['sə(r)təfaj] *v tr* 1. potvrditi 2. overiti (ovjeriti) 3. (Br.; colloq.) proglasiti (ludim)
cer·ti·tude ['sə(r)tətūd] [tj] *n* (potpuna) sigurnost
cer·vi·cal ['sə(r)vikəl] *a* 1. vratni; ~ *vertebrae* vratni pršljeni 2. cervikalan
cer·vix ['sə(r)viks] (*-es* or *-ices* [əsijz]) *n* (anat.) 1. vrat 2. grlić (materice)
ce·si·um ['sijzijəm] *n* (chem.) cezijum
ces·sa·tion [sə'sejšən] *n* prestanak, prekid; ~ *of hostilities* prekid vatre
cess·pit ['sespit] *n* see **cesspool**
cess·pool ['sespūl] *n* nužnička jama
ce·su·ra see **caesura**
Cey·lon [si'lan], [o] *n* Cejlon (now: **Sri Lanka**)
Cey·lo·nese I [silə'nijz]; [o] (*pl* has zero) *n* 1. Singalez 2. singalski jezik
Ceylonese II *a* cejlonski, singalski, singaleški
Chad [čaed] *n* Čad
chafe [čejf] *v* 1. *tr* trti, trljati 2. *tr* nasekirati, uznemiriti 3. *intr* trti se; *to* ~ *against the skin* trti se o kožu 4. *intr* (fig.) jesti se, gristi se; *he* ~*d at the inaction* jelo ga je što nema posla
cha·fer ['čejfə(r)] *n* gundelj
chaff I [čaef]; [a] *n* 1. pleva (pljeva) 2. trice 3. (mil.) trake staniola za ometanje radara 4. zadirkivanje
chaff II *v* zadirkivati
chaf·ing dish ['čejfiṇg] posuda za podgrevanje (podgrijavanje) jela na stolu
cha·grin I [šə'grin]; ['šaegrin] *n* jad, žalost; razočaranje
chagrin II *v tr* ojaditi, ožalostiti; razočarati
chain I [čejn] *n* 1. lanac; *to keep on a* ~ voditi na lancu; *to put* ~*s on the wheels (of an automobile)* staviti lance na točkove (automobila); *a* ~ *of events* lanac događaja; *a* ~ *of mountains* planinski lanac 2. (in *pl*) okovi, verige, lanci; *to throw smb. into* ~*s* baciti nekoga u okove (verige, lance) 3. (trgovinska) mreža, sistem; *a department-store* ~ sistem robnih kuća 4. lanac za merenje (mjerenje); *Gunther's* ~ Gunterov lanac (66 stopa); *engineer's* ~ inženjerski lanac (100 stopa) 5. (mil.) *the* ~ *of command* komandne instance
chain II *v tr* vezati lancem, metnuti na lanac; *to* ~ *a dog* vezati psa (lancem)
chain drive lančani pogon
chain gang grupa robijaša (vezanih lancem)
chain letter pismo koje nalaže primaocu da napiše nekoliko sličnih pisama
chain mail oklop od veriga
chain reaction lančana reakcija
chain saw motorna testera (W: pila)
chain smoker lice koje puši bez prekida
chain store prodavnica (W: prodavaonica) koja pripada trgovačkoj mreži

chair I [čej(r)] *n* 1. stolica; *to sit on a* ~ sedeti (sjedjeti) na stolici; *a rocking* ~ stolica za ljuljanje 2. *(at a university)* profesorska stolica, katedra; *to hold (have) a* ~ držati katedru 3. predsedništvo — predsjedništvo (organ koji rukovodi sednicom — sjednicom) 4. predsedavajući (predsjedavajući)
chair II *v tr* 1. predsedavati (predsjedavati); *to* ~ *a meeting* predsedavati sednici (sjednici) 2. (Br.) nositi u stolici (u trijumfu)
chair lift žičana železnica (željeznica)
chair·man [~mən] (*-men* [min]) *n* 1. predsedavajući (predsjedavajući) 2. (Br.) direktor preduzeća — W: poduzeća (see also **president** 2 for 2) 3. (at a university) šef katedre (W: pročelnik)
chair·man·ship [~šip] *n* 1. predsedništvo (predsjedništvo) 2. (at a university) položaj šefa katedre (W: pročelnika)
chair·per·son [~pə(r)sən] *n* 1. see **chairman** 2. see **chairwoman**
chair·wom·an [~wumən] (*-women* [~wimən]) *n* predsedavajuća (predsjedavajuća)
chaise longue [šez loṇg] ligeštul, stolica za ležanje
cha·ka·vi·an [čə'kejvijən] *n* (ling.) čakavština, čakavian II *a* čakavski
chal·ced·o·ny [kael'sednij] *n* (miner.) kalcedon
Chal·de·an [kael'dijən] *a* kaldejski
cha·let [šae'lej] *n* planinska koliba; vila u stilu švajcarske (W: švicarske) kolibe
chal·ice ['čaelis] *n* putir, kalež
chalk [čok] *n* kreda; *colored* ~ kreda u boji
chalk up *v* (colloq.) 1. pripisati; odbiti; *to chalk up a failure to lack of experience* pripisati neuspeh (neuspjeh) nemanju iskustva; **to chalk up to experience* izvuci pouku; *to chalk up to youth* odbiti na mladost 2. zabeležiti (zabilježiti), proknjižiti; *to chalk up three victories* zabeležiti tri pobede (pobjede) 3. postići; *to chalk up many points* postići mnogo bodova
chalky [~ij] *a* kredast, nalik na kredu
chal·lenge I ['čaeləndž] *n* 1. izazov; *to fling (hurl) a* ~ *at smb.* uputiti izazov nekome; *to accept a* ~ prihvatiti izazov; *to face a* ~ biti suočen s izazovom; *a* ~ *to smb.* izazov nekome; *a formidable* ~ veliki izazov 2. (mil.) *a sentry's* ~ poziv stražara
challenge II *v tr* izazvati; *to* ~ *smb. to a duel* izazvati nekoga na dvoboj
chal·lis ['šaelij] *n* vrsta tkanine
cham·ber I ['čejmbə(r)] *n* 1. komora; *a gas* ~ gasna komora 2. (usu. in *pl*) odeljenje (odjeljenje); *a judge's* ~*s* sudsko odeljenje (W: sudačko odjeljenje) 3. dvorana 4. (pol.) dom; *the lower (upper)* ~ donji (gornji) dom 5. (of a firearm) ležište
chamber II *v tr* ubaciti u ležište; *to* ~ *a round* ubaciti metak u ležište
cham·ber·lain [~lin] *n* 1. viši dvorski službenik; komornik 2. (gradski blagajnik 3. glavni nadzornik plemićkog dobra
cham·ber·maid [~mejd] *n* sobarica
chamber music kamerna muzika (W also: glazba)
chamber of commerce trgovačka komora
chamber orchestra kamerni orkestar
chamber pot noćni sud
cha·me·leon [kə'mijljən] *n* kameleon

cham·fer ['čaemfə(r)] *n* 1. zarubljena ivica 2. ižlebljenje (ižljebljenje)
chamfer II *v tr* 1. zarubiti (ivicu) 2. ižlebiti (ižlijebiti)
cham·ois ['šaemij], also for 1: [šaem'wa] *n* 1. *(chamois* [~z]) divokoza 2. koža od divokoze (for 2 also **shammy**)
cham·o·mile ['kaeməmijl] *n* kamilica, kamomila
champ I [čaemp] *n* colloq.; see **champion**
champ II *v* 1. *tr* rumati, glasno žvakati 2. *intr* rumati, mljackati 3. *(to ~ at the bit)* biti nestrpljiv; *the horses were ~ing at the bit* konji su nestrpljivo poigravali pod jahačima
cham·pi·gnon [šam'pejn] *n* šampanjac
cham·pi·on I ['čaempijən] *n* 1. šampion, prvak 2. pobornik, borac
champion II *v tr* boriti se (za); *to ~ a cause* boriti se za neku stvar
cham·pi·on·ship [~šip] *n* 1. šampionat, prvenstvo; *the national tennis ~* prvenstvo države u tenisu; *the world basketball (soccer) ~* svetsko (svjetsko) košarkaško (fudbalsko — W: nogometno) prvenstvo; *to hold a ~* biti šampion 2.(also in *pl)* prvenstvene utakmice, prvenstvo; *to hold national ~s* održati nacionalno prvenstvo
chance I [čaens]; *[a] n* 1. slučaj, slučajnost; *by ~* slučajno; *to leave things to ~* ostaviti sve slučaju; *by pure ~* pukim slučajem 2. sreća; rizik; *to take a ~* okušati sreću, rizikovati 3. izgled; *the ~s are against it* izgledi su protiv toga; *to stand a good ~ of success* imati dobar izgled na uspeh (uspjeh) 4. prilika, mogućnost; šansa; *at the first ~* prvom prilikom; *to have a good ~* imati povoljnu priliku (mogućnost); *to give smb. a ~* dati nekome šansu; *a ~ to work* mogućnost za rad; *he doesn't have a ~* on nema nikakvih šansi; *his ~es are one to five* šanse su mu jedan prema pet 5. srećka; *to buy a ~* kupiti srećku 6. hazard; *games of ~* hazardne igre 7. verovatnoća (vjerovatnoća); *there is a ten percent ~ of rain* ima deset procenata verovatnoće da padne kiša
chance II *a* slučajan; *a ~ meeting* slučajan susret
chance III *v* 1. *tr* rizikovati 2. *intr (to ~ on)* naići; *to ~ on smt.* slučajno naići na nešto
chan·cel ['čaensəl]; *[a] n* ograđen prostor pred oltarom (u crkvi)
chan·cel·ler·y ['čaenslərij]; *[a] n* kancelarija; *the ~ of an embassy* kancelarija ambasade; (fig.) *in the ~s of Europe* u diplomatskim krugovima Evrope
chan·cel·lor [~slə(r)] *n* 1. kancelar 2. (at certain Am. universities) rektor
Chancellor of the Exchequer (Br.) ministar finansija (financija)
chan·cer·y ['šaensərij]; *[a] n* sud pravičnosti; *in ~* u sudu pravičnosti
chan·cre ['šaeᵑkə(r)] *n* (med.) šankr (W: čankir), tvrdi čir, grizlica
chan·croid ['šaeᵑkrojd] *n* (med.) meki čir
chanc·y ['čaensij]; *[a] a* riskantan
chan·de·lier [šaendə'lij(r)] *n* luster
chan·dler ['čaendlə(r)]; *[a] n* svećar (svjećar)
chan·dler·y [~rij] *n* svećarnica (svjećarnica), voskarnica

change I [čejndž] *n* 1. promena (promjena), izmena (izmjena); *a ~ of clothing* promena odela (odijela); *a ~ of direction (residence)* promena pravca (stana); *a ~ in the weather* promena vremena; *the ~ of the seasons* promena godišnjih doba; *a ~ for the better (worse)* promena na bolje (gore); *for a ~* za promenu; *to make ~s* izvršiti promene 2. kusur; *to count one's ~* brojiti kusur 3. sitan novac, sitniš, sitnina; *to be out of ~* nemati sitnine 4. misc.; *a ~ of (bed) linen* presvlaka
change II *v* 1. *tr* promeniti (promijeniti), izmeniti (izmijeniti); *to ~ a decision* promeniti odluku; *to ~ a tire* promeniti gumu; *to ~ the subject* promeniti predmet razgovora 2. *tr* preći, presesti; *to ~ trains* preći u drugi voz (W: vlak) 3. *tr* previti; *to ~ a baby* previti dete (dijete), poviti dete u čiste pelene 4. *tr* presvući; *to ~ one's dress (suit)* presvući haljinu (odelo — odijelo) 5. *tr* smeniti (smijeniti); *to ~ the guard* smeniti stražu 6. *intr* promeniti se, izmeniti se; *the weather has ~d* vreme (vrijeme) se promenilo; *everything ~s* sve se menja; *she has ~d quite a bit* ona se veoma izmenila 7. *intr* presvući se; *he has to ~* mora da se presvuče 8. *intr* preći u drugi voz 9. misc.; *to ~ hands* preći iz ruke u ruku; *to ~ one's mind* predomisliti se
change·a·ble [~əbəl] *a* promenljiv (promjenljiv); *~ weather* promenljivo vreme (vrijeme)
change·ling [~liᵑg] *n* podmeče
change of life see **menopause**
change over *v* preći; preorijentisati se
change·o·ver [~ouvə(r)] *n* prelaz; *a ~ to other methods* prelaz na druge metode
chang·er [~ə(r)] *n* menjač (mjenjač); *a record ~* menjač ploča
chang·ing [~iᵑg] *n* smena (smjena), promena (promjena); *to carry out the ~ of the guard* obaviti smenu straže
chan·nel I ['čaenəl] *n* 1. kanal; *a television ~* televizijski kanal; *diplomatic ~s* diplomatski kanali 2. prolaz; plovni put, kanal; *the ~ is clear (mined)* plovni put je čist (miniran) 3. (in *pl*; usu. mil.) instance; *through ~s (of command)* preko službenih instanca
channel II *v tr* uputiti, kanalisati
Channel Islands *pl (the ~)* Kanalska ostrva (W: Kanalski otoci)
channel selector (on a TV set) birač kanala
chan·son·nier [šaensən'jej] *n* (French) šansonjer
chant I [čaent]; *[a] n* 1. crkvena pesma (pjesma) 2. jednostavna melodija
chant II *v tr and intr* 1. pevati (pjevati); *to ~ mass* otpevati (otpjevati) misu 2. skandirati; *to ~ slogans* skandirati parole
chant·er [~ə(r)] *n* pevač (pjevač)
chan·teuse [šan'toe:z] *n* (French) pevačica (pjevačica)
chant·ey Br., see **chanty**
chan·ti·cleer ['čaentəklij(r)]; *[a]* see **rooster**
chan·try ['čaentrij]; *[a] n* oltar
chant·y ['šaentij], *[č] n* mornarska pesma (pjesma)
cha·os ['kejas], *[o] n* haos, kaos; *to cause (create) ~* izazvati haos; *~ ensued (resulted)* nastao je haos

cha·ot·ic [kej'ætik]; [o] *a* haotičan; *a* ~ *situation* haotično stanje

chap I [čaep] *n* (colloq.) momak, čovek (čovjek); *a good* ~ dobar momak; *a poor* ~ jadnik

chap II *v* 1. *tr* ispucati 2. *intr* (usu.: *to get* ~*ped*) ispucati; *my hands got* ~*ped* ispucale su mi ruke; ~*ped lips* ispucale usne

cha·pa·re·jos [šaepə'rejous] *n pl* kožne pantalone — W: hlače (koje se navlače preko drugih pantalona) (kod kauboja)

chap·ar·ral [šaepə'rael] *n* čestar

chap·book ['čaepbuk] *n* knjižica priča, pesama (pjesama)

chap·el ['čaepəl] *n* 1. crkvica; kapela 2. služba božja

chap·er·on I ['šaepəroun] *n* pratilja (rarer: pratilac), izvodilja

chaperon II *v tr* pratiti, izvoditi (devojku — djevojku); *to* ~ *a dance* nadzirati ponašanje mladih na igranci (plesnoj zabavi)

chap·fall·en ['čaepfolən] *a* (Br.) utučen, potišten (see also **dejected**)

chap·lain ['čaeplin] *n* 1. kapelan 2. vojni sveštenik (svećenik)

chap·lain·cy [~sij] *n* 1. kapelanstvo 2. služba vojnih sveštenika (svećenika)

chap·lain·ship [~šip] see **chaplaincy**

chap·let ['čaeplit] *n* 1. venac (vijenac) 2. (rel.) brojanice (W: čislo)

chap·man ['čaepmən] (~*men* [min]) *n* (Br.) torbar (see also **peddler**)

chapped [čaept] *a* ispucali (see **chap II**)

chaps [čaeps] see **chaparejos**

chap·ter ['čaeptə(r)] *n* 1. glava, poglavlje (u knjizi); ~ *and verse (of the bible)* glava i redak (u bibliji); **to cite* ~ *and verse* označiti odakle je uzet citat 2. period (u istoriji) 3. *(a local)* ~ (mesna) filijala (udruženja) 4. (rel.) zbor kanonika

chapter house zgrada filijale (udruženja)

char I [ča(r)] *n* (Br.) see **charwoman**

char II *v* 1. *tr* ugljenisati 2. *intr* ugljenisati se, pretvoriti se u ugljen

char-à-banc ['čaer-ə-baeṅg] *n* Br.; see **bus I**

char·ac·ter I ['kaeriktə(r)] *n* 1. karakter, skup osobina 2. karakter, moral; *a man of* ~ čovek (čovjek) od karaktera, karakteran čovek 3. ličnost, karakter; *Tolstoy's* ~*s* Tolstojeve ličnosti 4. ličnost; *a well-known* ~ dobro poznata ličnost 5. (colloq.) osobenjak 6. simbol 7. slovo

character II *a* 1. karakterni; *a* ~ *actor* karakterni glumac 2. lični; ~ *traits* crte ličnosti

character assassination pokušaj da se uništi nečiji ugled klevetom

char·ac·ter·is·tic [kaeriktə'ristik] *a* karakterističan; *that's* ~ *of him* to je karakteristično za njega

char·ac·ter·i·za·tion [kaeriktərə'zejšən]; [aj] *n* karakterizacija, opis karakternih osobina

char·ac·ter·ize ['kaeriktərajz] *v tr* okarakterisati

character witness svedok (svjedok) koji svedoči (svjedoči) u korist okrivljenog (za ublažavanje kazne)

cha·rade [šə'rejd]; [a] *n* šarada; (fig.) pretvaranje

char·coal ['ča(r)koul] *n* drveni ugljen

chard [ča(r)d] *n* (bot.) (also: *Swiss chard*) blitva

charge I [ča(r)dž] *n* 1. odgovornost; briga; nadzor; *to be in* ~ *of smt.* biti odgovoran za nešto; *to take* ~ *of smt.* preuzeti brigu za nešto 2. štićenik 3. (legal) sudijino uputstvo (W: sudačka uputa) poroti 4. optužba; *to bring* ~*s against smb.* izneti (iznijeti) optužbu protiv nekoga; *he is being held on a* ~ *of murder* optužnica ga tereti za ubistvo (W: ubojstvo) 5. trošak, cena (cijena); *what are the* ~*s?* koliko to košta? *free of* ~ besplatan; *minor* ~*s* sitni troškovi; *freight* ~*s* vozarina; *shipping* ~*s* prevozni troškovi; *the* ~ *for admission is one dollar* ulaznica košta jedan dolar 6. teret, opterećenje; *a* ~ *to an account* opterećenje računa 7. (elec.) naboj 8. punjenje; *a booster* ~ dopunjavanje; *a powder* ~ barutno punjenje 9. (mil.) juriš

charge II *v* 1. *tr* obavezati, opteretiti; *to* ~ *smb. with a mission* dati nekome zadatak 2. *tr* optužiti, opteretiti, okriviti; *to* ~ *smb. with murder* optužiti nekoga za ubistvo (W: ubojstvo); *the indictment* ~*s Smith with embezzlement* optužnica tereti Smita da je proneverio (pronevjerio) novac 3. *tr* opteretiti; upisati u teret (na ime); *to* ~ *an account* opteretiti račun; *to* ~ *it to my account* stavite ovo na moj račun; (sports) *to* ~ *a time-out to a team* upisati tajmaut na teret nekog tima; (sports) *to* ~ *a foul to (against) smb.* upisati grešku na nečije ime 4. *tr* jurišati *to* ~ *a fortress* jurišati na tvrđavu 5. *tr* napuniti, dopuniti; *to* ~ *a battery* napuniti bateriju 6. *tr* naelektrisati; (fig.) *the atmosphere is* ~*d (with electricity)* atmosfera je naelektrisana 7. *tr* otpisati, odbiti; *to* ~ *smt. to inexperience (youth)* odbiti nešto na neiskustvo (mladost) 8. *tr* and *intr* naplatiti; *we do not* ~ *for such repairs* ovakve opravke ne naplaćujemo; *he will* ~ *you for everything* on će vam sve naplatiti 9. *intr* jurišati 10. *intr* uleteti (uletjeti); *to* ~ *into a room* uleteti u sobu

charge·a·ble [~əbəl] *a* 1. koji može da se stavi na račun 2. naplativ 3. okrivljiv

charge account dozvola za kupovinu na kredit

chargé d'affaires [ša(r)žej də'fej(r)] *(chargés d'affaires* [~(z) ~]) (French) otpravnik poslova

charge plate kreditna karta

charg·er [~ə(r)] *n* 1. onaj koji juriša 2. ubojni konj 3. (elec,) uređaj za punjenje, punjač

charge sheet optužni materijal

charge up *v* see **charge II 7**

char·i·ly ['čaerəlij] *adv* see **chary**

char·i·ot ['čaerijət] *n* bojna kola, trijumfalna kola

char·i·o·teer [čaerijə'tij(r)] *n* vozač bojnih kola

cha·ris·ma [kə'rizmə] *n* šarm, harizma; sposobnost rukovođenja

cha·ris·ma·tic [kaerəz'maetik] *a* šarmantan

char·i·ta·ble ['čaerətəbəl] *a* milosrdan, dobrotvoran

char·i·ty ['čaerətij] *n* 1. milosrđe, dobrotvornost; *** ~ *begins at home* što u kući treba, crkvi se ne daje 2. milostinja; *to beg for* ~ moliti za milostinju 3. ljubav prema bližnjima 4. dobrotvorna ustanova

charity school (Br.; hist.) škola za siromašnu decu (djecu)

cha·riv·a·ri [šivə'rij]; [šaeri'varij] *n* buka; bučna serenada

char·la·tan ['ša(r)lətən] *n* šarlatan
char·la·tan·ism [~izəm] *n* šarlatanstvo
char·la·tan·ry [~rij] see **charlatanism**
char·ley horse ['ča(r)lij] (colloq.) ukočenost mišića (u nozi, ruci)
char·lotte ['ša(r)lət] *n* (Br.) pita od jabuka
charm I [ča(r)m] *n* 1. šarm; čar 2. (in *pl)* čini, čarolije 3. (in *pl)* (of a woman) privlačnost 4. hamajlija; *she wears a* ~ ona nosi hamajliju
charm II *v tr* 1. očarati, opčiniti, šarmirati 2. začarati, omađijati
charmed circle ekskluzivna (elitna) grupa
charm·er [~ə(r)] *n* onaj koji čara; privlačna žena; šarmer
charm·ing [~iñg] *a* čaroban, šarmantan
char·nel ['ča(r)nəl] *a* mrtvački
charnel house mrtvačnica
charred [ča(r)d] *a* (see **char II**) ugljenisan; *the* ~ *ruins of an airplane* izgoreli (izgorjeli) ostaci aviona
chart I [ča(r)t] *n* 1. pomorska karta 2. tabela, grafikon, dijagram; *a sales* ~ grafikon prodaje (see also **graph I** for 2) 3. slika; *a wall* ~ zidna slika
chart II *v tr* 1. uneti (unijeti) na pomorsku kartu 2. uneti u tabelu
char·ter I ['ča(r)tə(r)] *n* 1. povelja; *the Charter of the United Nations* Povelja Ujedinjenih nacija 2. pravo, povlastica 3. iznajmljivanje, zakup, čarter
charter II *v tr* 1. utvrditi (osnovati) poveljom 2. zakupiti, iznajmiti
chartered accountant Br.; see **certified public accountant**
charter flight čarter let; *to organize a* ~ organizovati čarter-let
charter member članica-potpisnica povelje
charter party ugovor o najmu broda
Chart·ism ['ča(r)tizəm] *n* (hist.) čartizam
char·treuse [ša(r)'trūz], [s] *n* (French) šartrez, kartuzijanski liker
char·wom·an ['ča(r)wumən] (-women [wimin]) *n* spremačica
char·y ['čejrij] *a* 1. oprezan 2. probirački 3. plašljiv, stidljiv; *to be* ~ *about (doing) smt.* zazirati od nečega 4. škrt; ~ *of compliments* škrt na hvale
Cha·ryb·dis [kə'ribdis] *n* *between Scylla and* ~ između Scile i Haridbe
chase I [čejs] *n* 1. potera (potjera); gonjenje; *to give* ~ dati se u poteru; *to be on a wild goose* ~ tražiti uzalud 2. lov, hajka 3. (Br.) lovište, revir
chase II *v* 1. *tr* goniti; *to* ~ *a fugitive* goniti begunca (bjegunca) 2. *tr* terati (tjerati) 3. *intr* juriti; *to* ~ *after smb.* juriti za nekim
chase III *n* žleb (žlijeb); oluk
chase away *v* odagnati
chase out *v* isterati (istjerati); *to chase a dog out of a garden* isterati psa iz bašte
chas·er [~ə(r)] *n* 1. gonilac 2. top na pramcu ili krmi (broda) 3. (colloq.) piće koje se pije da bi se neutralizovao efekat konzumiranog alkohola
chasm ['kaezəm] *n* ponor
chas·sis ['čaesij], [š] (chassis [~z]) *n* 1. šasija 2. see **landing gear**
chaste [čejst] *a* čedan, neporočan

chas·ten ['čejsən] *v tr* 1. kazniti, popraviti (also **chastize**) 2. obuzdati, umeriti (umjeriti)
chaste·ness ['čejstnis] *n* see **chastity**
chas·tise [čae'stajz] *v tr* 1. kazniti, izbatinati 2. izgrditi
chas·ti·ty ['čaestətij] *n* čednost, neporočnost
chastity belt pojas nevinosti
chas·u·ble ['čaesjəbəl]; [z] *n* odežda, misnica
chat I [čaet] *n* ćaskanje, ćeretanje
chat II *v intr* ćaskati, ćeretati
cha·teau [šae'tou]; [a] (-x [z]) *n* zamak (u Francuskoj)
Cha·teau·bri·and [šatoubrij'an] *n* (cul.) šatobrijan
chat·e·laine ['šaetəlejn] see **castellan**
chat·e·laine ['šaetəlejn] *n* 1. gospodarica zamka 2. lanac na pojasu sa koga vise ključevi, pečati, itd.
chat show Br.; see **talk show**
chat·tel ['čaetəl] *n* 1. pokretna imovina, pokretnina 2. rob
chat·ter I ['čaetə(r)] *n* 1. cvokot 2. brbljanje
chatter II *v intr* 1. cvokotati; *my teeth are* ~*ing (from the cold)* zubi mi cvokoću (od zime) 2. brbljati
chat·ter·box [~baks]; [o] *n* brbljivac, čegrtaljka
chat·ty ['čaetij] *a* brbljiv
chat up *v* (Br.; colloq.) udvarati se
chauf·feur I ['šoufə(r)] *n* šofer (koji vozi samo svog poslodavca)
chauffeur II *v tr* voziti (svog poslodavca)
chau·vin·ism ['šouvənizəm] *n* šovinizam; *male* ~ muški šovinizam
chau·vin·ist [~ist] *n* šovinista
chau·vin·ist·ic [~'istik] *a* šovinistički
cheap [čijp] *a* 1. jeftin; *male vrednosti* (vrijednosti); (colloq.) *dirt* ~ jeftin kao đubre; *to get off* ~*(ly)* jeftino proći; *to hold* ~ prezirati; (Br.; colloq.) *on the* ~ jevtino, uz popust 2. loš
chea·pen [~ən] *v tr* pojeftiniti
cheap·jack *a* (Br.; colloq.) lošeg kvaliteta
cheap shot banalna primedba (primjedba), niski udarac
cheap·skate [~skejt] *n* (colloq.) tvrdica, cicija
cheat I [čijt] *n* 1. prevarant, varalica 2. prevara
cheat II *v* 1. *tr* prevariti, obmanuti; podvaliti; *to* ~ *smb. out of smt.* uzeti od nekoga nešto na prevaru; *I* ~*ed him out of his money* uzeo sam mu novac na prevaru 2. *intr* varati; *to* ~ *on one's wife* varati ženu 3. *intr* podvaliti; *to* ~ *in cards* varati na kartama 4. *intr* prepisati; *to* ~ *on an exam* prepisati na ispitu
cheat·er [~ə(r)] *n* varalica

check I [ček] *n* 1. ograničenje; smetnja 2. kontrola, nadzor; *to conduct a* ~ izvršiti kontrolu 3. provera (provjera); pregled; *a background* ~ provera biografskih podataka; *to make a* ~ načiniti proveru; *a* ~ *of prices* provera cena (cijena) 4. ček; *to pay by* ~ platiti putem čeka; (colloq.) *the* ~ *bounced* ček nije imao pokriće; *a certified (traveler's)* ~ certifikovani (putni) ček; *to cash (write out) a* ~ unovčiti (napisati) ček; *a blank* ~ blanko-ček 5. (chess) šah; (fig.) *to hold smb. in* ~ držati nekoga u šahu 6. kontrolna ceduljica, kontrolni broj, priznanica (za predati prtljag); broj garderobe 7.

račun (u restoranu); *waiter, the ~ please!* konobar, molim vas račun! (Br. is **bill I** 1)

check II *v* 1. *tr* ograničiti; zaustaviti; *to ~ the flow of blood* zaustaviti krvarenje 2. *tr* kontrolisati, pregledati, proveriti (provjeriti); *to ~ smb.'s background* proveriti nečije biografske podatke; *to ~ a statement* proveriti iskaz 3. *tr* usporiti; obuzdati 4. *tr* (chess) dati šah 5. *tr* predati; *to ~ one's luggage* predati prtljag (W: prtljagu) 6. *intr* proveriti; *to ~ on smb.* proveriti nekoga 7. *intr* štimati; klapati; slagati se; *the bill ~s* račun štima; *smt. doesn't ~ here* ovde (ovdje) se nešto ne slaže

check III *interj* šah!

check back *v* ponoviti proveru (provjeru); ponovo pitati

check·book [~buk] *n* čekovna knjižica

check·er [~ə(r)] *n* 1. (for **checkers**) kružić, pločica 2. kocka 3. kontrolor

check·er·board [~bo(r)d] *n* tabla za igru dama

check·ered [~ə(r)d] *a* 1. išaran kockama (kvadratima), sa kockama 2. (fig.) promenljiv (promjenljiv); *a ~ career* promenljiva karijera

check·ers [~ə(r)z] *n* igra dama (dame) (Br. is **draughts**)

check in *v* 1. prijaviti se; *to check in (at a hotel)* prijaviti se (u hotelu); odsesti (odsjesti) u hotelu 2. upisati; *to check in a guest (at a hotel)* upisati gosta (u hotelu)

checking account tekući račun

check list lista provere (provjere), ček lista

check·mate I [~mejt] *n* šah-mat (also fig.)

checkmate II *v tr* matirati (also fig.)

check off *v* zabeležiti (zabilježiti)

check out *v* 1. odjaviti se; *to check out of a hotel* napustiti hotel, odjaviti se iz hotela 2. proveriti (provjeriti); *to check out a statement* proveriti iskaz 3. štimati 4. naplatiti; platiti (na blagajni u supermarketu) 5. pozajmiti; *to check a book out of a library* pozajmiti knjigu iz biblioteke

check-out [~-aut] *n* 1. (or: ~ *time*) vreme (vrijeme) odlaska gosta (iz hotela) 2. provera (provjera)

check over *v* proveriti (provjeriti)

check·point [~pojnt] *n* kontrolni punkt, kontrolna tačka (W: točka), kontrola; *to slip by a ~* zaobići kontrolu

check-room [~rum] *n* garderoba (see also **left-luggage**)

checks and balances *pl* (pol.) ravnoteža između izvršne, zakonodavne i sudske vlasti

check up *v* proveriti (provjeriti); *to check up on smt.* proveriti nešto

check·up [~əp] *n* pregled, provera (provjera); *to go for a (medical) ~* ići na (lekarski — ljekarski — W: liječnički) pregled

cheek [čijk] *n* 1. obraz; *hollow (rosy) ~s* upali (rumeni) obrazi; **he said it with his tongue in his ~* rekao je to u šali 2. (in *pl*) zadnjica 3. (colloq.) drskost, bezobraznost

cheek·bone [~boun] *n* jagodica, jagodična kost

cheek-by-jowl *a* (Br.) 1. prisan 2. tesan (tijesan)

cheek·y [~ij] *a* drzak, bezobrazan

cheep I [čijp] *n* pijuk

cheep II *v intr* pijukati

cheer I [čij(r)] *n* 1. veselost, raspoloženost, veselo raspoloženje; *of good ~* dobro raspoložen 2. jelo, čašćenje 3. uzvik odobravanja, čestitanja; usklik; *the speech was received with ~s* govor je primljen sa uzvicima odobravanja

cheer II *v* 1. *tr* (or: *to ~ for*) pozdraviti usklicima radosti, bodriti; *the fans ~ed (for) their team* navijači su bodrili svoje igrače 2. *intr* bodriti; *the crowd was ~ing* masa je klicala

cheer·er [~rə(r)] *n* bodrilac

cheer·ful [~fəl] *a* veseo, raspoložen, vedar; *a ~ face (mood)* vedro lice (raspoloženje); *a ~ soul* vedra duša

cheer·ful·ness [~nis] *n* veselost, raspoloženost, vedrina

cheer·i·o [~rijou] *interj* (Br., colloq.) do viđenja

cheer leader momak ili devojka (djevojka) koja bodri igrače

cheers [~z] *interj* živeli (živjeli)!

cheer up *v* 1. ohrabriti, razveseliti; raspoložiti; *to cheer smb. up* ohrabriti nekoga; *they cheered each other up* uzajamno su se hrabrili 2. ohrabriti se, razveseliti se; raspoložiti se; *cheer up!* raspoloži se! veselo!

cheese [čijz] *n* 1. sir; *Swiss ~* švajcarski (W: švicarski) sir 2. (bot.) plod crnog sleza (sljeza) 3. (colloq.) *a big ~* zverka (zvjerka)

cheese·burg·er [~bə(r)gə(r)] *n* pljeskavica sa topljenim sirom

cheese·cake [~kejk] *n* 1. slatki kolač od sira 2. (colloq.) slika polugole devojke (djevojke)

cheese·cloth [~kloth] *n* vrsta gaze

cheese off *v* (Br.; colloq.) umoriti

cheese·par·ing I [~-'pejriṉg] *n* (Br.) škrtost, tvrdičluk

cheese-paring II *a* (Br.) škrt (see also **penny-pinching**)

chees·y [~ij] *a* 1. nalik na sir 2. loš, niskog kvaliteta

chee·tah ['čijta] *n* (zool.) gepard

chef [šef] *n* glavni kuvar (kuhar)

chef-d'oeu·vre [še-'doevr] *(chefs-d'oeuvre) n* (French) remek-delo (djelo); *to create a ~* stvoriti remek-delo

chef's salad vrsta zelene salate

chem·i·cal I ['kemikəl] *n* hemikalija (kemikalija)

chemical II *a* hemijski (kemijski); *~ analysis* hemijska analiza; *a ~ compound* hemijsko jedinjenje; *~ elements* hemijski elementi; *the ~ industry* hemijska industrija

chemical agent hemijsko (kemijsko) borbeno sredstvo

chemical engineering hemijska (kemijska) tehnologija

chemical warfare hemijski (kemijski) rat

che·mise [šə'mijz] *n* haljina-džak (also **shift I** 8)

chem·ist ['kəmist] *n* 1. hemičar (kemičar) 2. (Br.) apotekar

chem·is·try [~rij] *n* 1. hemija (kemija); *analytical (inorganic, organic, physical) ~* analitička (neorganska, organska, fizička) hemija; (as *a):* *a ~ department* hemijski odsek (odsjek); *a ~ laboratory* hemijska laboratorija 2. (fig., colloq.) uzajamno privlačenje

chemist's shop (Br.) apoteka (see also **pharmacy**)

chem·o·ther·a·py [ki̯mou'therəpij]; [e] n hemoterapija (kemoterapija)

cheque Br.; see check I 4

cheq·uer Br.; see checker

cher·ish ['čeriš] v tr gajiti, negovati (njegovati); to ~ customs (a hope) gajiti običaje (nadu); to ~ a friendship (one's language, traditions) negovati prijateljstvo (jezik, tradicije)

cher·ry I ['čerij] n 1. trešnja (drvo, plod); višnja 2. (vul.) čednost

cherry II a boje trešnje, trešnjeve boje

cherry brandy trešnjevača

cher·ub ['čerəb] n 1. (-im [im]) heruvim (kerubin) 2. (fig.) (-s) nežno (nježno), nedužno dete (dijete), anđeo

che·ru·bic [čə'rūbik] a heruvimski (kerubinski); anđeoski

cher·vil ['čə(r)vəl] n (bot.) krbuljica, trstika

chess [čes] n šah; to play ~ igrati šah

chess·board [~bo(r)d] n šahovska tabla (W: daska)

chess·man [~maen], [ə] (-men [men], [i]) n šahovska figura

chest [čest] n 1. grudi, prsa; *to get smt. off one's ~ izjadati se 2. sanduk, kovčeg; a treasure ~ kovčeg za blago 3. orman; a ~ of drawers orman s fiokama 4. see medicine chest 5. kutija; a jewelry ~ kutija za nakit

ches·ter·field ['čestə(r)fijld] n (Br.) 1 vrsta jednorednog (muškog) kostima 2. vrsta kauča

chest·nut ['česnʌt], [ə] n 1. kesten; *to pull the ~s out of the fire for smb. vaditi kestenje iz vatre za nekoga 2. kestenjasta boja

chest·y [~ij] a prsat

Chet·nick ['četnik] n četnik

che·val-de-frise [šəvael-de-'frijz] n (mil.) krstilo

che·va·let [šəvae'lej] n kobilica (na gudačkom instrumentu)

che·val glass [šə'vael] veliko pokretno ogledalo

chev·al·ier [ševə'lij(r)] n 1. vitez 2. član nekog viteškog reda

chev·i·ot ['čevijət] n tkanina od ševiotske vune

chev·ron ['ševrən] n oznaka čina na rukavu

chev·y ['čevij] see chivvy II

chew [čū] n ono što se za žvakanje

chew II v 1. tr sažvakati; to ~ gum (tobacco) žvakati gumu (duvan) 2. tr (also fig.) to ~ the cud preživati; cows ~ their cud krave preživaju 3. intr žvakati, gristi; to ~ with one's teeth gristi zubima 4. misc.; *to ~ the rag pričati, diskutovati; *to ~ on smt. for a while promisliti o nečemu

chew·ing [~iñg] n žvakanje

chewing gum guma za žvakanje

chew out v (colloq.) izgrditi; to chew smb. out izgrditi nekoga (na pasja usta)

chi·a·ro·scu·ro [kijarə'skūrou], [kj] n upotreba kontrasta između svetlosti i senke (svjetlosti i sjenke)

chi·as·mus [kaj'aezməs] (-mi [maj]) n (gram.) inverzija u drugom rečeničnom redu

chi·bouk [či'būk] n čibuk

chic I [šijk] n šik, elegantnost, stil

chic II a šik, elegantan

Chi·ca·go [šə'kagou], [o] n Čikago

chi·cane [ši'kejn] v 1. tr prevariti, šikanirati 2. intr varati

chi·ca·ner·y [ši'kejnərij] n prevara, obmana, šikana

Chi·ca·no [či'kanou] n (colloq.) Amerikanac meksikanskog porekla (porijekla)

chic·co·ry see chicory

chick [čik] n 1. pile, pilence 2. mladunče ptice 3. (colloq.) devojka (djevojka)

chick·en I [~ən] n 1. kokoš, pile; a ~'s egg kokošije jaje; ~s cackle kokoši kokodaču; *to count one's ~s before they are hatched spremati ražanj, a zec u šumi 2. piletina, pileće meso, pile; roast ~ pečeno pile, pileće pečenje; breaded (stuffed) ~ pohovano (nadeveno — nadjeveno) pile; barbecued ~ pile na roštilju

chicken II a (colloq.) kukavički

chicken breast kokošije grudi

chicken-breast·ed [~brestid] a kokošijih grudi

chicken colonel (Am, mil., colloq.) pukovnik

chicken coop see coop I 1

chicken feed (colloq.) sasvim malo novca, male pare

chicken-heart·ed [~ha(r)tid] a kukavički, plašljiv

chicken-liv·ered [~livə(r)d] a kukavički, plašljiv

chicken out v (colloq.) uplašiti se, kukavički se povući

chicken pox (med.) srednje boginje, varičela (also varicella)

chicken wire žičana mreža

chick·pea [~pij] n naut, leblebija, sastrica (W: also: slanutak)

chick·weed [~wijd] n (bot.) mišjakina

chic·o·ry ['čikərij] n 1. vodopija, cigura 2. Br.: see endive

chide [čajd] v tr kritikovati, izgrditi

chief I [čijf] n vođa, rukovodilac, šef, načelnik; poglavar; ~ of protocol šef protokola; a commander in ~ vrhovni komandant

chief II a glavni, prvi; a ~ engineer glavni inženjer; his ~ concern njegova glavna briga

chief justice vrhovni sudija (W: sudac)

chief·ly [~lij] adv najviše, glavno, prvenstveno

chief of staff načelnik štaba

chief of state šef države

chief·tain [~tən] n vođ, poglavica

chif·fon ['ši'fan]; [o] n šifon

chif·fo·nier [šifə'nij(r)] n šifonjer, orman s fiokama

chig·ger ['čigə(r)] n vrsta buve — buhe (koja se zavlači u kožu)

chi·gnon ['šijn'jan]; ['šinjon] n punđa

chig·oe ['čijgou], [i] n see chigger

chil·blain ['čilblejn] n promrzlina

child [čajld] (children ['čildrən]) n dete (dijete); an adopted ~ usvojeno dete; with ~ trudna; *children will be children deca kao deca

child abuse zloupotreba dece (djece)

child·bear·ing [~bejriñg] n rađanje, porođaj

childbearing center porodilište

child·bed [~bed] n postelja porodilje; porođajno vreme (vrijeme)

childbed fever porodiljska groznica

child·birth [~bə(r)th] n porođaj

childbirth center porodilište

child·hood I [~hud] n detinjstvo (djetinjstvo) (see also second childhood)

childhood II a dečji (dječji), koji se odnosi na detinjstvo (djetinjstvo); his ~ years godine njegovog detinjstva; *a* ~ *friend* prijatelj iz mladosti

child·ish [~iš] *a* 1. detinjast (djetinjast) 2. bezazlen, budalast

child·ish·ness [~nis] *n* 1. detinjastost (djetinjastost) 2. bezazlenost, budalaština

child labor dečji (dječji) rad

child·less [~lis] *a* bezdetan (bezdjetan)

child·like [~lajk] *a* detinji (djetinji), bezazlen

child prodigy čudo od deteta

chil·dren see **child**

child's play laka stvar

Chil·e ['čilij] *n* Čile

Chil·e·an I [~ən] *n* Čileanac

Chilean II *a* čileanski

chil·i ['čilij] *n* suv (suh) plod španskog bibera (W: papra)

chill I [čil] *n* 1. drhtavica, jeza; umerena (umjerena) hladnoća; *I have a* ~ hvata me jeza; *he felt a* ~ prošla ga je jeza 2. misc.; *to take the* ~ *off smt.* nešto smlačiti; *to catch a* ~ nazepsti; **to cast a* ~ pokvariti raspoloženje

chill II *v* 1. *tr* ohladiti; prohladiti; *he was* ~*ed to the bone* smrzao se do kostiju 2. *intr* hladiti se

chill·er [~ə(r)] *n* uzbudljiv roman, film (also **thriller**)

chil·li see **chili**

chill·ing [~iñg] *a* koji hladi, hladan; *a* ~ *wind* hladan vetar (vjetar)

chill·y [~ij] *a* 1. hladan 2. hladno, zima; *I feel* ~ zima mi je 3. (fig.) hladan, suv (suh); *to give smb. a* ~ *reception* dočekati nekoga hladno

chime I [čajm] *n* 1. zvono 2 .(in *pl*) (usklađena) zvona

chime II *v* 1. *tr* skladno zvoniti (u zvona) 2. *intr* zvoniti 3. misc.; *to* ~ *in* upasti (u reč — riječ)

chi·me·ra [kə'mijrə] *n* himera

chi·mer·ic [kə'mijrik], [e] *a* himeričan, varka, priviđenje

chi·mer·i·cal [~əl] see **chimeric**

chim·ney ['čimnij] *n* odžak, dimnjak (see also **smokestack**)

chimney-breast *n* (Br.) izbočeni okvir kamina

chimney corner (Br.) udubina u zidu kamina (s klupama)

chim·ney·piece [~pijs] *n* gornja ploča na kaminu

chimney pot kapa na dimnjaku, sulundar na dimnjaku

chimney sweep odžačar, dimničar

chimney swift (bird) lasta čađava

chimp [čimp] *n* (colloq.) see **chimpanzee**

chim·pan·zee [čim'paen'zij] *n* šimpanzo

chin I [čin] *n* (anat.) brada; *a double* ~ podvaljak; **to take it on the* ~ izdržati udar; **keep your* ~ *up!* glavu gore!

chin II *v intr and refl* penjati se samo rukama; *he can* ~ *himself* on može da se penje samo rukama

chi·na I ['čajnə] *n* porcelan (W: porculan)

china II *a* porcelanski (W: porculanski)

China *n* Kina

china closet ormar za porcelan (W: porculan)

Chi·na·man [~mən] (-*men* [min]) *n* (pejor.) Kinez (see **Chinese I** 1)

China Sea Kinesko more

china shop staklarska radnja (see **bull I** 6)

China syndrome kineski sindrom, katastrofalna nuklearna nesreća

Chi·na·town [~taun] *n* kineski kvart (u američkom gradu)

chin·chil·la [čin'čilə] *n* (zool.) činčila, vrsta glodara Južne Amerike; krzno ove životinje

Chi·nese I [čaj'nijz] *n* 1. *(pl* has zero) Kinez 2. kineski jezik

Chinese II *a* kineski

Chinese calendar kineski kalendar

Chinese lantern kineski lampion

Chinese lantern plant see **winter cherry**

chink I [čiñgk] *n* pukotina; **a* ~ *in one's armor* nečije slabo mesto (mjesto)

chink II *n* (Br.) see **clink I**

Chink *n* (pejor.) see **Chinese I** 1

Chi·nook [šə'nuk], [č] *n* 1. činuk (indijansko pleme) 2. Činuk 3. činuški jezik

chin-strap ['činstraep] *n* podbradnik

chintz [čints] *n* cic (pamučno platno)

chintz·y [~ij] *a* 1. cican 2. (colloq.) kinđurav; jeftin

chin·wag [~waeg] *n* (Br.; slang) ćaskanje

chip I [čip] *n* 1. iver, iverka, cepka (cjepka); **a* ~ *off the old block* iver ne pada daleko od klade, jabuka ne pada daleko od stabla; **the* ~*s are down* situacija je kritična 2. odlomak, parče 3. žeton 4. (in *pl*; Br.) see **French fries** 5. (tech.) elemenat (za integrisano kolo) 6. (C.) čip 7. misc.: **to have a* ~ *on one's shoulder* biti svadljiv

chip II *v* 1. *tr* seći (sjeći), odseći (odsjeći); odlomiti 2. *intr* lomiti se, odlomiti se; trošiti se (see **chip off** 2)

chip away *v* odlomiti; (fig.) *to chip away at smb.'s authority* načeti nečiji autoritet

chip in *v* 1. dati svoj ulog 2. (Br.) upasti u reč (riječ)

chip·munk [~məñgk] *n* (zool.) prugasta američka veverica (vjeverica)

chip off *v* 1. odlomiti 2. trošiti se; *the plaster is chipping of* malter opada

chipped beef osušena govedina koja je isečena (isječena) na tanke režnjeve

chip·per ['čipə(r)] *a* (colloq.) živahan

chip·pings *n pl* (Br.) odlomci, parčad

chip·py ['čipij] *n* (colloq.) kurva

chi·rog·ra·phy [kaj'ragrəfij]; [o] *n* see **penmanship**

chi·ro·man·cer ['kajrəmaensə(r)] *n* hiromant, gatara, osoba koja čita sudbinu sa dlana

chi·ro·man·cy [~sij] *n* hiromantija

chi·rop·o·dist [kə'rapədist]; [o] *n* pedikir

chi·rop·o·dy [~dij] *n* pedikura

chi·ro·prac·tor ['kajroupraektə(r)] *n* stručnjak koji leči (liječi) manipulisanjem zglobova

chirp I [čə(r)p] *n* cvrkut, cvrka

chirp II *v intr* cvrkutati; *birds* ~ ptice cvrkuću

chirr I [čə(r)] *n* cvrčanje

chirr II *v intr* cvrčati; *the cricket* ~*s* cvrčak (popac) cvrči

chir·rup I ['čərəp] *n* see **chirp I**

chirrup II *v intr* see **chirp II**

chis·el I ['čizəl] *n* dleto (dlijeto)

chisel II *v* 1. *tr* izrezati, isklesati dletom (dlijetom) 2. *tr* (colloq.) prevariti; *he* ~*ed me out of ten dollars* prevario me je za deset dolara 3. *intr* raditi dletom 4. *intr* varati

chis·el·er ['čizlə(r)] n (colloq.) varalica
chit [čit] n 1. račun 2. (Br.) kratko pismo, ceduljica 3. (Br., colloq.) švrća
chit-chat I [~čaet] n ćaskanje
chitchat II v intr ćaskati
chi·tin ['kajtin] n hitin, rožasta izlučevina nekih insekata
chit-lings see chitterlings
chit·ter·lings ['čitlinz] n pl (cul.) škembići, crevca (crijevca)
chiv·al·ric ['šivəlrik] a see chivalrous
chiv·al·rous ['šivəlrəs] a viteški; galantan
chiv·al·ry [~rij] n viteštvo
chive [čajv] n 1. (bot.) sitni luk, vlasac, drobnjak 2. (in pl) (cul.) šnitling
chiv·vy I chiv·y ['čivij] n (Br.) lov, potera (potjera)
chivvy II chivy v tr (Br.) saleteti (saletjeti), gnjaviti
chlo·ral hydrate ['klorəl] hlorni (klorni) hidrat
chlo·rate ['klorejt] n hlorat (klorat)
chlor·dane ['klo(r)dejn] n hlordan (klordan)
chlo·ric ['klorik] a hlorni (klorni); ~ acid hlorna kiselina
chlo·ride ['klorajd] n hlorid (klorid)
chlo·rin·ate ['klorənejt] v tr hlorisati (klorirati)
chlo·rine ['klorijn] n hlor (klor)
chlo·ro·form ['klorəfo(r)m] n hloroform (kloroform)
chlo·ro·phyll ['klorəfil] n hlorofil (klorofil)
chlo·ro·sis [klə'rousis] n (bot.) hloroza (kloroza)
choc-ice, choc-bar [čak]; [o] n (Br.) vrsta sladoleda
chock [čak]; [o] n 1. klin 2. podmetač za točkove 3. (naut.) zevača
chock-a-block a (Br.; colloq.) prepun; zakrčen
chock-full ['čak-ful], [ə] a pun puncat
choc·o·late I ['čoklit], [a] n čokolada; a bar of ~ tabla čokolade; milk ~ mlečna (mliječna) čokolada
chocolate II a čokoladni; a ~ cake torta od čokolade
choice I [čojs] n izbor; to make a ~ izabrati; freedom of ~ sloboda izbora; to have a ~ imati izbor; a ~ between izbor između
choice II a 1. odabran, odličan 2. (Am., cul.) ~ meat meso druge kategorije (cf. prime II 1, standard II 3)
choir [kwaj(r)] n hor (kor)
choir boy dečak (dječak) koji peva (pjeva) u horu (koru)
choke I [čouk] n 1. (on an automobile) prigušivač, (colloq.) saug; to pull out the ~ povući saug 2. (on a firearm) čok
choke II v 1. tr zagušiti, ugušiti, zadaviti; to ~ smb. zagušiti (zadaviti) nekoga; he is ~ing her on je davi 2. tr zapušiti (see clog) 3. tr (or: to ~ back) zaustaviti; usporiti 4. intr daviti se; I am ~ing davim se; to ~ on one's tears daviti se u suzama; he is ~ing on a bone kost mu je zastala, pa se davi (guši) 5. misc.; he ~d on his words reči (riječi) su mu zastajale u grlu
choke back see choke II 3
choke·bore [~bo(r)] n čok, suženje cevi (cijevi)
choke-damp [~-daemp] see blackdamp
choke·full see chock·full
choke off v (Br.; slang) otarasiti se

chok·er [~ə(r)] n 1. ugušivač, davilac 2. visoki okovratnik 3. kratka ogrlica
choke up v (colloq.) 1. zagrcnuti se 2. (as of an athlete, performer, etc.) imati tremu
chok·y ['čoukij] (Br.; slang) zatvor
chol·er·a ['kalərə] [o] n kolera; ~ broke out pojavila se kolera
chol·er·ic ['kalərik]; [o] a koleričan, žučan
cho·les·ter·ol [kə'lestərol] n holesterin
cho·lic ['koulik] a holni (kolni); ~ acid holna kiselina
cho·line ['koulijn] n (chem.) holin (kolin)
choose [čūz]; chose [čouz]; chosen ['čouzən] v 1. tr izabrati; to ~ smb. to be secretary izabrati nekoga za sekretara; to ~ up sides izabrati članove (dveju — dviju) ekipa 2. intr birati 3. intr odlučiti; he chose to remain at home odlučio je da ostane kod kuće
choos·y [~ij] a probirljiv
chop I [čap]; [o] n 1. (cul.) odrezak, šnicla, kotlet; lamb ~s jagnjeći (W: janjeći) kotleti; (breaded) veal ~s (pohovani) teleći odresci 2. (sports) rezana lopta, čop
chop II v 1. tr seći (sjeći), odseći (odsjeći) 2. tr (usu.: to ~ down) oboriti; to ~ a tree down oboriti drvo 3. tr (cul.) faširati; to ~ meat faširati meso 4. tr (sports) rezati 5. intr seći
chop down v see chop II 2
chop·fall·en see chapfallen
chop·house [-haus] n restoran u kome se kao specijaliteti služe odresci
chop off v odseći (odsjeći), odrubiti
chopped meat iseckano (isjeckano) meso (see also mince 1)
chop·per [~ə(r)] n 1. cepač (cjepač) 2. seckalica (sjeckalica); an onion ~ seckalica za luk 3. (colloq.) helikopter
chop·py [~ij] a uzburkan; a ~ sea uzburkano more
chops [~s] n pl vilica
chop·sticks [~stiks] n pl štapići za jelo (kod Kineza)
chop suey ['sūij] (cul., Chinese) meso, piletina s pirinčem (W: rižom)
chop up v iseckati (isjeckati); to chop up meat iseckati meso
cho·ral ['korəl] a horski (korski)
chor·ale [kə'rael] n 1. horska pesma (pjesma), koral 2. hor (kor)
chord [ko(r)d] n 1. (mus.) akord 2. skladnost 3. (fig.) žica; to strike a responsive ~ pogoditi pravu žicu; to strike the right ~ udariti u pravu žicu 4. (math.) tetiva 5. (obsol.) struna 6. (aviation) tetiva; airfoil ~ tetiva aeroprofila 7. see vocal cords
chord·al [~əl] a akordni
chore [čo(r)] n (usu. in pl) (kućni) posao; to do one's ~s obaviti svoje kućne poslove
cho·re·a [ko'rijə] n (med.) horeja, drhtanje
cho·re·og·ra·pher [korij'agrəfə(r)]; [o] n koreograf
cho·re·og·ra·phy [~fij] n koreografija
chor·i·amb ['korijaemb] n horijamb (korijamb)
chor·is·ter ['koristə(r)] n horski pevač (korski pjevač)

chor·tle I ['čo(r)tǝl] n pobedonosan smeh (pobjedonosan smijeh), likovanje
chortle II v intr smejati se pobedonosno (smijati se pobjedonosno), likovati
cho·rus ['korǝs] n 1. pripev (pripjev), napev (napjev) 2. zborno pevanje (pjevanje) 3. hor (kor)
chorus girl horistkinja (koristkinja)
chose see choose
cho·sen see choose
chosen people izabrani narod (prema bibliji)
chow I [čau] n (dog) čau-čau, čou, kineski pas
chow II n (colloq., mil.) hrana; (as a): a ~ hound vojnik kome nije dovoljna obična porcija hrane; a ~ line red za primanje hrane; ~ time vreme (vrijeme) primanja hrane
chow·der ['čaudǝ(r)] n čorba; clam ~ čorba od rakova; fish ~ riblja čorba
chow mein [mejn] (cul.) kineski rezanci s mesom (i povrćem)
chres·tom·a·thy [kre'stamǝthij]; [o] n hrestomatija, izbor tekstova
chrism ['krizǝm] n krizma, sveto miro; belo (bijelo) platno kojim se dete (dijete) pokriva prilikom krštenja
chris·om ['krizǝm] n 1. krštena haljina 2. see chrism
Christ [krajst] n 1. Hrist (Krist) 2. mesija
chris·ten ['krisǝn] v tr 1. krstiti; to ~ a child krstiti dete (dijete); to ~ a ship krstiti brod 2. nadenuti (nadjenuti) ime nekome (pri krštenju)
Chris·ten·dom [~dǝm] n hrišćanstvo (kršćanstvo)
chris·ten·ing [~iŋg] n krštenje; the ~ of a ship krštenje broda
Christ·hood ['krajst·hud] n hristostvo, Hristova (Kristova) priroda
Chris·tian I ['krisčǝn] n hrišćanin (kršćanin)
Christian II a hrišćanski (kršćanski)
Chris·ti·an·i·ty [krisčij'aenǝtij] n hrišćanstvo (kršćanstvo)
Chris·tian·i·za·tion [krisčǝni'zejšǝn] n hristijanizacija (kristijanizacija), pohrišćavanje
Chris·tian·ize ['krisčǝnajz] v tr hristijanizirati (kristijanizirati), preobratiti u hrišćanstvo (kršćanstvo)
Christian Science hrišćanska (kršćanska) nauka (američko versko — vjersko učenje)
Christ·like ['krajstlajk] a sličan Hristu (Kristu)
Christ·mas ['krismǝs] n Božić
Christmas box (Br.) božićni poklon
Christmas carol božićna pesma (pjesma), koledarska pesma
Christmas Eve Badnje veče
Christmas tree božićna jelka
Christ·tol·o·gy [kri'stalǝdžij]; [o] n hristologija (kristologija), učenje o Hristu (Kristu)
chro·mate ['kroumejt] n hromat (kromat)
chro·mat·ic [krou'maetik] a hromatičan, hromatski (kromatičan, kromatski)
chromatic aberration hromatska (kromatska) aberacija
chro·ma·tic·i·ty [kroumǝ'tisǝtij] n hromatičnost (kromatičnost)
chro·ma·tin ['kroumǝtǝn] n hromatin (kromatin)
chrome I [kroum] n hrom (krom)
chrome II v tr hromirati (kromirati)

chro·mic acid ['kroumik] hromna (kromna) kiselina
chro·mite ['kroumajt] n hromit (kromit)
chro·mi·um ['kroumijǝm] n hrom (krom)
chro·mo·some ['kroumǝsoum] n hromosom (kromosom)
chro·mo·sphere [~sfij(r)] n hromosfera (kromosfera)
chron·ic ['kranik]; [o] a 1. hroničan (kroničan); a ~ illness hronična bolest 2. okoreo (okorio); a ~ alcoholic okorela pijanica 3. (Br.; slang) veoma loš
chron·i·cle I ['kranikǝl]; [o] n hronika (kronika), letopis (ljetopis)
chronicle II v tr upisati (u hroniku — kroniku), zabeležiti (zabilježiti)
chron·i·cler [~klǝ(r)] n hroničar (kroničar)
chron·o·gram ['kranǝgraem]; [o] n hronogram (kronogram)
chro·no·graph ['kranǝgraef]; [o]; [a] n hronograf (kronograf)
chron·o·log·i·cal [kranǝ'ladžikǝl]; [o]; [o] a hronološki (kronološki)
chro·nol·o·gy [krǝ'nalǝdžij]; [o] n hronologija (kronologija)
chro·nom·e·ter [krǝ'namǝtǝ(r)]; [o] n hronometar (kronometar)
chry·san·the·mum [kri'saenthǝmǝm] n (bot.) krizantema
chub [čǝb] n (fish) klen (kljen)
chub·bi·ness ['čǝbijnis] n bucmatost, debeljušnost
chub·by ['čǝbij] a bucmast, debeljušan
chuck I [čǝk] n 1. tapšanje po podvoljku 2. (Br.; colloq.) (the ~) otpuštanje; to give smb. the ~ otpustiti nekoga
chuck II v tr 1. potapšati; to ~ smb. under the chin potapšati nekoga ispod brade (po podvoljku) 2. (colloq.) baciti; to ~ out izbaciti
chuck III n (cul.) vratina (also butt V)
chuck-full [~-ful] see chock-full
chuck·le I ['čǝkǝl] n prigušen smeh (smijeh) zadovoljstva
chuckle II v intr prigušeno se smejati (smijati)
chuck out v see chuck II 2
chuck wagon pokretna kuhinja
chug I [čǝg] n brektanje, soptanje
chug II v intr brektati, soptati
chum I [čǝm] n (colloq.) prisni prijatelj, drugar
chum II v intr (colloq.) to ~ around with smb. biti prisan s nekim, družiti se s nekim
chum·my [~ij] a (colloq.) prisan, prijateljski
chump [čǝmp] n 1. (colloq.) glupak, klada 2. (Br.) veliko parče mesa 3. (Br.) panj, klada 4. (Br.; colloq.) glava; he is off his ~ on nije pri svoj pameti
chum up v (Br.; colloq.) sprijateljiti se
chunk [čǝŋk] n (colloq.) debelo parče, komad; a ~ of meat komad mesa
chunk·y [~ij] a 1. zdepast 2. (of food) s čvrstim komadima
church I [čǝ(r)č] n 1. crkva; to go to ~ ići u crkvu 2. religija, crkva; separation of ~ and state odvajanje crkve od države
church II a crkveni; ~ authorities crkvena vlast
church bell crkveno zvono
church·go·er [~gouǝ(r)] n osoba koja ide u crkvu

church·man [~mən] (*-men* [min]) *n* sveštenik (svećenik), svešteno (svećeno) lice
Church of England anglikanska crkva
Church Slavic 1. *n* crkvenoslovenski (W: crkvenoslavenski) jezik 2. *a* crkvenoslovenski (W: crkvenoslavenski)
Church Slavonic esp. Br.; see **Church Slavic**
church tower crkveni toranj
church·wom·an [~wumən] (~*women* [wimin]) *n* članica crkve
church·yard [~ja(r)d] *n* crkveno dvorište
churl ['čə(r)l] *n* 1. (hist.) seljak 2. prostak
churl·ish [~iš] *a* prostački; grub; vulgaran
churn I [čə(r)n] *n* bućkalica
churn II *v* 1. *tr* bućkati; *to* ~ *butter* bućkati puter 2. *tr* mućkati 3. *intr* (fig.) penušiti (pjenušiti) se, talasati se; *the sea was* ~*ing* more se talasalo; *a* ~*ing sea* uzburkano more
churn·ing [~iñg] *n* 1. bućkanje, pravljenje putera 2. vihorno strujanje
churn up *v* ustalasati; *the wind churned up the (surface of the) river* vetar (vjetar) je ustalasao reku (rijeku)
chute [šūt] *n* 1. slap; rečni (rječni) brzak 2. cev (cijev); žleb (žlijeb); šaht (see also **coal chute**) 3. padobran; *a drag (brake)* ~ kočni padobran; *a cargo* ~ padobran za teret (see also **parachute** I)
chut·ney ['čǝtnij] *n* (cul.) turšija od ljutih začina i voća
chyle [kajl] *n* (anat.) hilus
chyme [kajm] *n* (anat.) griz
CIA [sijaj'ej] abbrev. of **Central Intelligence Agency**
ci·bo·ri·um [si'borijəm] (*-ria* [rijə]) *n* (rel.) ciborij, putir
ci·ca·da [si'kejdə]; [*a*] *n* cikada, cvrčak, žegavac
cic·a·trix ['sikətriks], [si'kejtriks] *(cicatrices* [sikə'trajsijz], [si'kejtrəsijz]) *n* ožiljak
cic·e·ro ['sisərou] (*-s*) *n* (printing) cicero (slova od 12 tipografskih tačaka — W: točaka)
cic·e·rone [sisə'rounij] (*-s* or *-ni* [nij]) *n* vodič, čičeron
ci·der ['sajdə(r)] *n* jabukovača, sok od jabuke
ci·gar [si'ga(r)] *n* cigara
cig·a·ret, cig·a·rette ['sigə'ret] *n* cigareta; *to smoke a* ~ pušiti cigaretu; *to light (up) a* ~ zapaliti cigaretu
cigarette case doza za cigarete
cigarette holder cigarluk, muštikla
cig·a·ril·lo [sigə'rilou] (*-s*) *n* mala cigara
cigar-store Indian see **wooden Indian**
Cim·me·ri·an I [si'mijrijən] *n* Kimerijac
Cimmerian II *a* kimerski, taman; ~ *darkness* večita (vječita) tama, kimerska tama
cinch I [sinč] *n* 1. kolan (also **girth** 2) 2. (colloq.) sigurna stvar
cinch II *v tr* (colloq.) osigurati; *to* ~ *a victory* osigurati pobedu (pobjedu)
Cin·cin·na·ti [sinse'naetij] *n* Sinsinati (grad u SAD)
cinc·ture ['siñgkšə(r)] *n* see **belt** I 1
cin·der ['sində(r)] *n* 1. (usu. in *pl*) ugljevlje (od izgorelog — izgorjelog drveta ili uglja); pepeo; šljaka 2. ugljen
Cin·der·el·la [sində'relə] *n* Pepeljuga (also fig.)
cinder track (trkačka) staza od šljake

cin·e·ma ['sinəmə] *n* 1. (Br.) film (see also **motion picture,** film) 2. (Br.) bioskop (W: kino) (see also **movie** 2) 3. (usu. Br.) *(the* ~) kinematografija (see also **film industry)**
cin·e·mat·o·graph [sinə'maetəgraef]; [*a*] *n* (Br.) kino-projektor
cin·e·ma·tog·ra·phy [sinəmə'tagrəfij]; [*o*] *n* kinematografija (see also **film industry, movie making)**
cin·na·bar ['sinəba(r)] *n* cinober
cin·na·mon ['sinəmən] *n* 1. cimetovo drvo 2. cimetova boja 3. cimet
cinnamon bun kolač od cimeta
ci·on see **scion**
C.I.O. (Am.) abbrev. of *Congress of Industrial Organizations* Kongres industrijskih organizacija
ci·pher ['sajfə(r)] *n* 1. nula 2. cifra, broj 3. šifra; *to break a* ~ otkriti šifru 4. see **cipher key** 5. šifrovani tekst
cipher clerk šifrant, šifrer
cipher key ključ za šifru
cir·ca ['sə(r)kə] *adv* otprilike
cir·ca·di·an [sə(r)'kejdijən] *a* (biol.) koji ima životni ciklus od 24 časa
Cir·cas·sian I [sə(r)'kaešən] *n* 1. Čerkez 2. čerkeski jezik
Circassian II *a* čerkeski
cir·cle I ['sə(r)kəl] *n* 1. krug; *a family* ~ porodični krug; *the polar* ~ polarni krug; *a vicious* ~ začarani krug; *in well-informed* ~*s* u dobro obaveštenim (obavještenim) krugovima; *they belong to the same* ~*s* oni pripadaju istom društvenom krugu; *a large* ~ *of friends* veliki krug prijatelja; **to square the* ~ naći kvadraturu kruga; *to make a full* ~ napraviti pun krug 2. kružok; *a linguistic* ~ lingvistički kružok 3. see **traffic circle**
circle II *v* 1. *tr* zaokružiti; *to* ~ *a number* zaokružiti broj 2. *tr* kružiti (oko); *to* ~ *the earth* kružiti oko Zemlje 3. *intr* kružiti; *to* ~ *over a village* kružiti nad selom; *the airplane* ~*d twice* avion je opisao dva kruga
cir·cuit ['sə(r)kit] *n* 1. kružni put; kružno putovanje 2. (elec.) (strujno) kolo; *a closed (open)* ~ zatvoreno (otvoreno) kolo; *an integrated* ~ integrisano kolo; *a short* ~ kratak spoj 3. obilazak, krug 4. područje u unutrašnjosti zemlje (na kome sud održava zasedanja — zasjedanja)
circuit breaker automatski prekidač
circuit court 1. prvostepeni sud 2. sud koji održava zasedanja (zasjedanja) u važnijim gradovima u unutrašnjosti zemlje
cir·cu·i·tous [sə(r)'kjūətəs] *a* zaobilazni, kružni; *a* ~ *route* kružna maršruta
cir·cuit·ry ['sə(r)kətrij] *n* (elec.) 1. šema električne instalacije 2. (coll.) (strujna) kola
circuit tester ispitivač (strujnih) kola
cir·cu·lar I ['sə(r)kjələ(r)] *n* cirkular (W also: okružnica)
circular II *a* cirkularan, kružan
circular file (colloq., humorous) korpa za otpatke
circular saw kružna testera (W: pila)
cir·cu·late ['sərkjəlejt] *v* 1. *tr* cirkulisati (W also: stavljati u kolanje) 2. *intr* cirkulisati (W also: kolati), kružiti
circulating library pozajmna biblioteka

cir·cu·la·tion [sə(r)kjə'lejšən] *n* 1. cirkulacija (W also: kolanje); opticaj (optjecaj); *to be in* ~ biti u opticaju; *to put into* ~ pustiti u opticaj; *to withdraw from* ~ povući iz opticaja; *the* ~ *of the blood* krvotok, cirkulacija krvi (W also: kolanje krvi); *the* ~ *of money* cirkulacija novca 2. see **circulation department**

circulation department (in a library) služba rada sa čitaocima

cir·cu·la·to·ry system ['sə(r)kjələtorij]; [ə] cirkulacija (W also: kolanje) krvi

cir·cum·cise ['sə(r)kəmsajz] *v tr* obrezati

cir·cum·ci·sion [sə(r)kəm'sižən] *n* obrezivanje; *to perform the ritual of* ~ obaviti obred obrezivanja

cir·cum·fer·ence [sə(r)'kəmfərəns] *n* obim, periferija; *the* ~ *of a circle* obim (periferija) kruga

cir·cum·flex I ['sə(r)kəmfleks] *n* (ling.) cirkumfleks (vrsta naglaska)

circumflex II *a* (ling.) cirkumfleksni

circumflex III *v tr* (ling.) cirkumfleksirati

cir·cum·lo·cu·tion [sə(r)kəmlou'kjūšən] *n* zaobilazan govor, okolišenje, perifraza

cir·cum·nav·i·gate [sə(r)kəm'naevigejt] *v tr* oploviti; *to* ~ *the world* ploviti oko sveta (svijeta)

cir·cum·scribe ['sə(r)kəmskrajb] *v tr* 1. (math.) opisati; *to* ~ *a triangle* opisati krug oko trougla 2. (also fig.) ograničiti

cir·cum·scrip·tion [sə(r)kəm'skripšən] *n* 1. (math.) opisivanje 2. ograničenje

cir·cum·spect ['sə(r)kəmspekt] *a* obazriv, oprezan

cir·cum·spec·tion [sə(r)kəm'spekšən] *n* obazrivost, opreznost

cir·cum·stance ['sə(r)kəmstaens] *n* 1. prilika, okolnost; *under the same* ~s pod istim prilikama (okolnostima); *depending on the* ~s prema prilikama; *aggravating (extenuating)* ~s otežavajuće (olakšavajuće) okolnosti; *under no* ~s ni u kom slučaju; *an unforeseen* ~ nepredviđena okolnost 2. (in *pl*) finansijsko (finansijsko) stanje 3. formalnost; *pomp and* ~ formalnosti i ceremonije

cir·cum·stan·tial [sə(r)kəm'staenšəl] *a* 1. koji zavise od okolnosti 2. (legal) ~ *evidence* posredni dokazi

cir·cum·stan·ti·ate [sə(r)kəm'staenšijejt] *v tr* potkrepiti (potkrijepiti) dokazima

cir·cum·vent [sə(r)kəm'vent] *v tr* 1. nadmudriti, obmanuti 2. zaobići

cir·cum·ven·tion [~nšən] *n* 1. nadmudrivanje, obmana 2. zaobilazak

cir·cum·vo·lu·tion [sə(r)kəmvə'lūšən] *n* 1. vijuga 2. okret, okretanje

cir·cum·volve [sə(r)kəm'valv]; [o] *v* 1. *tr* okrenuti 2. *intr* okrenuti se

cir·cus I ['sə(r)kəs] *n* 1. cirkus; *at the* ~ u cirkusu 2. (Br.) raskrsnica (W: raskrižje) (as in: *Piccadilly Circus*)

circus II *a* cirkuski; ~ *performers* cirkuski artisti; *a* ~ *tent* cirkuski šator

cir·rho·sis [si'rousis] *n* (med.) ciroza; ~ *of the liver* ciroza jetre

cir·ro·cu·mu·lus [sirou'kjūmələs] *n* cirokumulus

cir·ro·stra·tus [~strejtəs] *n* cirostratus

cir·rus ['sirəs] *(cirri* ['sijrajl]) *n* (cloud) cirus

cis·sy Br.; see **sissy**

cis·tern ['sistə(r)n] *n* cisterna, rezervoar

cis·ter·na [sis'te(r)nə] *(-nae* [nij]) *n* (anat.) cisterna

cit·a·del ['sitədəl] *n* citadela, tvrđava

ci·ta·tion [saj'tejšən] *n* 1. citat; *to make a* ~ navesti citat 2. (legal) navođenje sudskog precedenta 3. (mil.) naredba o nagrađivanju 4. poziv (na sud); *to issue a* ~ uručiti poziv

cite [sajt] *v tr* 1. citirati, navesti; *to* ~ *examples (proof)* navesti primere — primjere (dokaze) 2. (mil.) pohvaliti naredbom 3. pozvati (na sud)

cith·er ['sithə(r)]; [t̄h] *n* citra

cit·i·zen ['sitəzən] *n* državljanin, podanik; građanin; *an American* ~ američki državljanin; *an honorary* ~ počasni građanin; (fig.) *a* ~ *of the world* građanin sveta (svijeta)

citizen (citizens') band radio primopredajnik radio-amatera (also: **CB radio**)

cit·i·zen·ry [~rij] *n* (coll.) građani, građanstvo

cit·i·zen·ship [~šip] *n* državljanstvo, građanstvo; *to acquire* ~ steći državljanstvo

citizenship papers *pl* svedodžba (svjedodžba) državljanstva

cit·rate ['sitrejt] *n* citrat

cit·ric acid ['sitrik] limunska kiselina

cit·ron ['sitrən] *n* 1. citron, limun 2. citronova, limunova boja

cit·ron·el·la [sitrə'nələ] *n* citronela

citrus fruit ['sitrəs] južno (tropsko) voće

cit·tern [sitə(r)n] *n* see **cither**

cit·y I ['sitij] *n* 1. grad, varoš; *a major (open, provincial)* ~ glavni (otvoren, provincijski) grad; *the Eternal City (Rome)* Večni (Vječni) grad (Rim); *the Holy City (Jerusalem)* Sveti grad (Jerusalim) 2. (Br.) *the City* trgovački centar Londona

city II *a* gradski

city council gradsko veće (vijeće)

city desk (of a newspaper) uredništvo gradske rubrike

city dump gradska deponija smeća

city editor 1. urednik gradske rubrike 2. (Br.) urednik finansijske (financijske) rubrike

city hall većnica (vijećnica)

city manager gradski menadžer

city slicker (colloq.) pomodni stanovnik velegrada

civ·et ['sivit] *n* (zool.) cibet

civ·ic ['sivik] *a* građanski; *active in* ~ *affairs* aktivan u građanskoj zajednici

civ·ics [~s] *n* nauka o građanskim pravima i dužnostima

civ·il ['sivəl] *a* 1. građanski; civilni; ~ *administration* civilna uprava; *a* ~ *war* građanski rat; ~ *disturbances* nemiri civilnog stanovništva 2. državni; *a* ~ *servant* državni činovnik; *(the)* ~ *service* državna služba 3. građevinski; *a school of* ~ *engineering* građevinski fakultet 4. učtiv; civilan; *in a* ~ *manner* učtivo

civil action građanska parnica

civil death građanska smrt

civil defense civilna odbrana (W: obrana)

civil disobedience građanska neposlušnost

civil engineer građevinski inženjer

ci·vil·ian I [sə'viljən] *n* civilno (građansko) lice, civil

civilian II *a* civilni, građanski; *(the)* ~ *population* civilno stanovništvo; ~ *clothing* civilna odeća (odjeća)
ci·vil·i·ty [sə'vilətij] *n* učtivost, civilnost
civ·i·li·za·tion [sivələ'zejšən]; [*a*] *n* civilizacija
civ·i·lize ['sivəlajz] *v tr* civilizovati
civ·i·lized [~d] *a* 1. civilizovan 2. učtiv, civilan
civil law građansko pravo (grana pravnog sistema)
civil liberty građansko pravo, lično pravo
civil list (Br.) civilna lista, svota za kraljev dvor
civil marriage građanski brak
civil right građansko pravo; *the loss of* ~*s* gubitak građanskih prava
civil suit see **civil action**
Civil War (Am., hist.) građanski rat (1861—1865)
civ·vies ['sivijz] *n pl* (colloq.) civilna odeća (odjeća)
clack I [klaek] *n* klopot
clack II *v intr* klopotati
clad *a* see **clothe**; obučen
claim I [klejm] *n* 1. zahtev (zahtjev); traženje; potraživanje; *to submit (file) a* ~ podneti (podnijeti) zahtev; *to settle a* ~ urediti potraživanje 2. pretenzija; *to lay* ~ *to smt.* imati pretenzije na nešto 3. tvrdnja
claim II *v tr* 1. zahtevati (zahtijevati); tražiti; *to* ~ *the right to vote* zahtevati pravo glasa 2. tvrditi; *the author* ~*s that...* pisac tvrdi da...
claim·ant [~ənt] *n* tražilac
claims adjuster see **adjuster** 2
clair·voy·ance [klej(r)'vojəns] *n* jasnovidnost, vidovitost
clair·voy·ant I [~nt] *n* jasnovidac, vidovnjak
clairvoyant II *a* jasnovid, vidovit
clam [klaem] *n* 1. (zool.) školjka; rak; kapica 2. (fig.) ćutljivo (W: šutljivo) lice
clam·bake [~bejk] *n* izlet na kome se peku školjke (obično na plaži)
clam·ber ['klaem(b)ə(r)] *v intr* uzverati se, popeti se
clam chowder riblja čorba
clam·my ['klaemij] *a* lepljiv (ljepljiv), hladnovlažan
clam·or I ['klaemə(r)] *n* 1. vika, galama 2. bučno negodovanje
clamor II *v intr* vikati; praviti buku; *to* ~ *for* vikati za
clam·or·ous [~rəs] *a* bučan
clam·our Br.; see **clamor I. II**
clam·our·ous Br.; see **clamorous**
clamp I [klaemp] *n* skoba, spona
clamp II *v tr* učvrstiti skobom
clamp down *v* pooštriti disciplinu, postati stroži; *to clamp down on smt.* postati stroži u pogledu nečega
clamp·down [~daun] *n* (Br.) ograničenje, restrikcija
clamp·er [~ə(r)] *n* klinac (na planinarskoj cipeli)
clam up *v* ućutati (W: ušutjeti)
clan [klaen] *n* klan; porodična zadruga; rod
clan·des·tine [klaen'destən] *a* tajan, potajan
clang I [klaeng] *n* zvek, jek, jeka
clang II *v intr* zvečati
clang·er [~ə(r)] *n* (Br.; slang) gruba greška; *to drop a* ~ napraviti grubu grešku
clan·gor I [~ə(r)] *n* zveka
clangor II *v intr* zvečati

clank I [klaeng̃k] *n* zveka
clank II *v intr* zvečati, zveckati
clan·nish ['klaeniš] *a* 1. klanski 2. privržen klanu 3. isključiv
clan·nish·ness [~nis] *n* privrženost klanu
clans·man [~zmən] (-*men* [min]) *n* član klana
clans·wom·an [~zwumən] (-*women* [wimin]) *n* članica klana
clap I [klaep] *m* 1. pljesak 2. prasak; *a* ~ *of thunder* prasak groma
clap II *v* 1. *tr* pljesnuti 2. *tr* strpati; *to* ~ *smb. into jail* strpati nekoga u zatvor 3. *intr* pljeskati, apalaudirati
clap III *n* (slang) *(the* ~*)* see **gonorrhea**
clap·board [~bo(r)d] *n* duga, uzana daska
clap·per [~ə(r)] *n* 1. pljeskač 2. (in *pl*) klapa 3. brence, klatno, zvečak 4. misc.; (Br.) **to run like the* ~*s* trčati veoma brzo
clapper boards *pl* see **clapper** 2
clap·trap [~traep] *n* bombaste fraze
claque [klaek] *n* klaka
clar·et ['klaerət] *n* crvenkasto vino
clar·i·fi·ca·tion [klaerəfi'kejšən] *n* razjašnjenje
clar·i·fy ['klaerəfaj] *v tr* razjasniti
clar·i·net [klaerə'net] *n* klarinet
clar·i·net·ist [~ist] *n* klarinetista
clar·i·on I ['klaerijən] *n* 1. vrsta trube 2. zvuk trube
clarion II *a* prodoran; *a* ~ *call* prodoran zvuk
clar·i·ty ['klaerətij] *n* jasnoća, bistrina
clash I [klaeš] *n* 1. sudar, sukob; *there was a* ~ *between them* između njih je došlo do sudara; *a* ~ *of ideas* sukob ideja 2. obračun; *a bloody* ~ krvav obračun
clash II *v intr* 1. sudariti; sukobiti se; *the two armies* ~*ed* dve (dvije) su se vojske sudarile; *our interests* ~ naši se interesi sukobljavaju 2. biti neskladan
clasp I [klaesp]; [*a*] *n* 1. kopča, spona; igla 2. čvrst obuhvat; zagrljaj; stisak
clasp II *v tr* 1. zakopčati 2. obuhvatiti; zagrliti 3. stegnuti; *to* ~ *smb.'s hand* stegnuti nekome ruku
clasp knife nož na sklapanje
class I [klaes]; [*a*] *n* 1. klasa; stalež; *the working* ~ radnička klasa; *the* ~ *of 1951* klasa od 1951; *the middle* ~ srednji stalež 2. (biol.) klasa 3. razred 4. (colloq.) elegantnost, šik, šarm; *a girl with* ~ elegantna devojka (djevojka) 5. čas (W: sat); predavanje; *to attend* ~*es* ići na časove; *to be in* ~ biti na času; *to hold* ~ održati predavanje; *to cut (a)* ~ izostati s predavanja
class II *a* klasni; ~ *privileges* klasne privilegije; *the* ~ *struggle* klasna borba; *a* ~ *enemy* klasni neprijatelj
class III *v tr* klasifikovati, klasirati
class action (or: **class-action suit**) parnica koju pokreće grupa tužilaca
class-con·scious [~-kanšəs]; [*o*] *a* klasnosvestan (klasnosvjestan)
class-con·scious·ness [~nis] *n* klasna svest (svijest)
clas·sic I ['klaesik] *n* 1. klasik, klasičar 2. klasično delo (djelo) 3. (in *pl*) klasika, klasična (grčka i latinska) dela (djela); *he studied the* ~*s* bavio se klasikom 4. uzor, primer (primjer)

classic II *a* 1. uzoran, primeran (primjeran) 2. see **classical**

clas·si·cal [~əl] *a* klasičan; ~ *beauty (physics, simplicity, works)* klasična lepota — ljepota (fizika, prostota, dela — djela); ~ *literature (poetry)* klasična književnost (poezija); *the* ~ *languages* klasični jezici; *a* ~ *method (style)* klasičan metod (stil); ~ *armaments* klasično naoružanje

Classical Greek klasični grčki jezik

Classical Latin klasični latinski jezik

clas·si·cism ['klaesəsizəm] *n* klasicizam, klasičnost

clas·si·cist [~sist] *n* klasista

clas·si·fi·a·ble ['klaesəfajəbəl] *a* koji se može klasifikovati

clas·si·fi·ca·tion [klaesəfi'kejšən] *n* 1. klasifikacija 2. (of a draftee) određivanje sposobnosti za vojnu službu 3. (mil.; of a soldier) određivanje službene kategorije 4. *(a security* ~) raspoređivanje (dokumenata) po stepenu tajnosti; označavanje stepena tajnosti (dokumenata)

clas·si·fied ['klaesəfajd] *a* 1. see **classify** 2. ~ *advertisements* mali oglasi 3. (mil.) koji ne podleže objavljivanju, poverljiv (povjerljiv); ~ *matter* poverljivi podaci

clas·si·fi·er [~fajə(r)] *n* klasifikator

clas·si·fy [~faj] *v tr* 1. klasifikovati, razvrstati 2. (mil.) klasifikovati kao poverljivo (povjerljivo)

class·less ['klaeslis]; [a] *a* besklasan; *a* ~ *society* besklasno društvo

class·mate [~mejt] *n* školski drug

class·room [~rum], [ū] *n* učionica

class·y [~ij] *a* (colloq.) prvoklasan; elegantan

clat·ter I ['klaetə(r)] *n* klepet, tandrkanje, bat

clatter II *v intr* klepetati, klopotati, kloparatı, tandrkati; *the wheels* ~ točkovi tandrču

clause [kloz] *n* 1. rečenica; *a conditional (dependent, independent, main, relative)* ~ uslovna (zavisna, nezavisna, glavna, odnosna) rečenica (cf. **sentence I** 1) 2. klauzula; *a most-favored nation* ~ klauzula najpovlašćenije nacije

claus·tral [klostrəl] see **cloistral**

claus·tro·pho·bi·a [klostrə'foubijə] *n* klaustrofobija, klostrofobija

clav·i·chord ['klaeviko(r)d] *n* klavikord

clav·i·cle ['klaevikəl] *n* ključnjača, ključna kost (also **collarbone**)

claw I [klo] *n* kandža

claw II *v* 1. *tr* ogrepsti kandžama; **to* ~ *one's way (to the top)* probiti se (do vrha) 2. *intr* grepsti kandžama

claw back *v* (Br.; colloq.) dobiti natrag (novac koji je vlada odvojila za socijalne programe putem povećanja poreza)

claw hammer čekić s račvastim krajem (za vađenje eksera)

clay [klej] *n* glina, ilovača; *made of* ~ od gline; (as *a*) ~ *figures* figure od gline

clay pigeon glineni golub

clean I [klijn] *n* (weight lifting) donošenje (dizanje na grudi)

clean II *a* 1. čist; ~ *hands* čiste ruke; *a* ~ *conscience* čista savest (savjest) 2. prazan; neispisan; čist; *a* ~ *sheet* neispisan list; *to make a* ~ *copy* prepisati načisto 3. misc.; **he got a* ~ *bill of*

health see **bill of health**; **a* ~ *slate* nov početak; *he has a* ~ *(police) record* on nije osuđivan

clean III *adv* 1. čisto 2. (colloq.) sasvim; *to* ~ *forget* sasvim zaboraviti; ~ *crazy* sasvim lud 3. misc.; **to come* ~ priznati sve

clean IV *v* 1. *tr* počistiti, očistiti; *to* ~ *a room* očistiti sobu 2. oprati; *to* ~ *windows* oprati prozore 3. *tr* (weight lifting) dići na grudi 4. *intr* čistiti

clean and jerk (weight lifting) izbacivanje

clean-cut [~-kət] *a* 1. uredan, čist 2. jasno određen; ~ *features* isklesane crte lica

clean down *v* (Br.) oprati (zidove, kola)

clean·er [~ə(r)] *n* 1. (person) čistač 2. (machine, device) čistačica 3. see **air cleaner** 4. (in *pl*) radnja za hemijsko (kemijsko) čišćenje; *to take a suit to the* ~s odneti (odnijeti) odelo (odijelo) u radnju za hemijsko čišćenje; **to take smb. to the* ~s istresti nekome kesu

clean·ing [~iñg] *n* čišćenje; spremanje; *spring* ~ prolećno (proljećno) čišćenje, veliko spremanje

cleaning lady, cleaning woman spremačica

cleaning rod čistilica

clean·ly I ['klenlij] *a* čist

cleanly II ['klijnlij] *adv* see **clean II** 1

clean off *v* očistiti; *to clean off one's plate* očistiti tanjir

clean out *v* 1. očistiti, raščistiti; *to clean out a cupboard* raščistiti orman 2. isprazniti; *to clean out a drawer* or: *to clean a drawer out* isprazniti fioku (also **clear out** 1) 3. (colloq.) *to clean smb. out* istresti nekome kesu, upropastiti nekoga novčano; *he was cleaned out* ostao je bez prebijene pare 4. produvati; *to clean out a pipe* produvati cev (cijev)

cleanse [klenz] *v tr* očistiti

cleans·er [~ə(r)] *n* sredstvo za čišćenje

clean-shav·en [~-šejvən] *a* glatko izbrijan

clean up *v* 1. očistiti, urediti; *to clean a room up* or: *to clean up a room* očistiti (urediti) sobu 2. (usu.: *to get cleaned up*) doterati (dotjerati) se; oprati se, obrijati se; *he got cleaned up* oprao se i obrijao 3. (colloq.) zaraditi mnogo 4. suzbiti; *to clean up crime* suzbiti kriminal

clean-up [~əp] *n* 1. čišćenje; veliko spremanje 2. (colloq.) velika dobit

clear I [klij(r)] *n* 1. *in the* ~ oslobođen obaveza; or: (sports) umakavši odbrani (W: obrani) 2. *to send in the* ~ poslati otvorenim (nešifrovanim) tekstom

clear II *a* 1. vedar, jasan; *a* ~ *sky* vedro nebo 2. jasan, razumljiv; razgovetan (razgovjetan); *a* ~ *explanation* jasno objašnjenje; *the matter is* ~ stvar je jasna; *a* ~ *voice* jasan glas; *as* ~ *as day* jasan kao dan; *a* ~ *outline* jasan ocrt, jasna kontura; ~ *thoughts* razgovetne misli; *speak* ~*ly!* govori razgovetno! 3. bistar, providan; ~ *waters* bistre vode 4. slobodan, otvoren; *the road is* ~ put je slobodan 5. čist; *a* ~ *profit* čista dobit; (fig.) *the air is* ~ vazduh (W: zrak) je čist 6. misc.; *to be* ~ *of debt* nemati dugove; *to keep* ~ *of smb.* sklanjati se od nekoga; **the coast is* ~ opasnost je prošla; ~*ly visible* dobro vidljiv; ~ *visibility* dobra vidljivost

clear III *v* 1. *tr* očistiti; raščistiti; *to* ~ *a road of snow* očistiti (raščistiti) put od snega (snijega);

to ~ a canal raščistiti (očistiti) kanal; *to ~ the air raščistiti situaciju 2. tr skloniti, ukloniti; they ~ed the obstacles from the road uklonili su prepreke s puta 3. tr (legal) opravdati; to ~ smb. (of guilt) izreći nekome oslobađajuću presudu, opravdati nekoga 4. tr načisto zaraditi; to ~ 100 dollars zaraditi čisto 100 dolara 5. tr pročistiti; to ~ one's throat pročistiti svoje grlo, iskašljati se 6. tr raskrčiti, prokrčiti; to ~ a forest (land, a path) raskrčiti šumu (zemlju, put) 7. tr spremiti; to ~ the decks for action spremiti brod za borbu 8. tr rasteretiti; to ~ one's conscience rasteretiti svoju savest (savjest) 9. tr preskočiti; to ~ a height preskočiti visinu 10. tr isprazniti; ~ the room! odlazite iz sobe! 11. tr ocariniti, obaviti carinske formalnosti (za); to ~ smt. through customs ocariniti nešto 12. tr isploviti (iz); to ~ a port isploviti iz luke 13. tr raspremiti; to ~ a table raspremiti sto (stol) 14. intr vedriti se; the weather is ~ing vreme (vrijeme) se vedri

clear·ance [~rəns] n 1. dozvola, odobrenje; a ~ for landing dozvola za sletanje (slijetanje); a security ~ dozvola za rad na poverljivom (povjerljivom) poslu 2. zazor; valve ~ ventilski zazor; minimum (maximum) ~ najmanji (najveći) zazor 3. raščišćavanje (more usu. is clearing 4) 4. (or: ~ sale) rasprodaja 5. (najveća) visina

clear away v 1. skloniti, izneti (iznijeti); to clear dishes away or: to clear away dishes skloniti sudove 2. rasturiti se; the clouds were clearing away oblaci su se rasturali 3. raščistiti; to clear away debris (snow) raščistiti ruševine (sneg — snijeg)

clear-cut [~-kət] a 1. oštrih obrisa 2. očigledan

clear-head·ed [~-hedid] a bistar, bistre pameti

clear·ing [~riŋ] n 1. proplanak; in a ~ na proplanku 2. kliring, obračun između banaka 3. razvedravanje 4. raščišćavanje; (the) ~ (of) a canal raščišćavanje kanala

clearing-house [~-haus] n klirinški (obračunski) zavod

clearing up razvedravanje

clear off v raščistiti

clear out v 1. isprazniti; izneti (iznijeti); to clear things out of a cupboard izneti stvari iz ormana 2. raščistiti, rastrebiti (rastrijebiti); to clear out a drawer (a room) rastrebiti fioku (sobu) 3. rasprodati; to clear out merchandise rasprodati robu 4 (colloq.) otići, pobeći (pobjeći)

clear·sight·ed [~-sajtid] a oštrovidan

clear up v 1. raščistiti; to clear up a question raščistiti pitanje 2. razvedriti se, provedriti se; the sky cleared up nebo se razvedrilo 3. rasvetliti (rasvijetliti), rasplesti, razmrsiti; to clear up a crime rasvetliti zločin; to clear up a mystery or: to clear a mystery up rasplesti tajnu

clear·way [~wej] n (Br.) deo (dio) puta na kojem se vozila smeju (smiju) zaustavljati samo za opravku

cleat [klijt] n klin; blokej

cleav·age ['klijvidž] n rascep (rascjep)

cleave I [klijv] n; -d or cleft [kleft] or clove [klouv]; -d or cleft or cloven ['klouvən] v 1. tr rascepiti

(rascijepiti); a cleft hoof see cloven hoof 2. tr probiti 3. intr razdvajati se

cleave II -d or clove [klouv]; -d; v intr 1. prianjati; to ~ to prianjati za (uz) 2. biti veran (vjeran); to ~ to smt. biti veran nečemu

cleav·er [-ə(r)] n mesarski nož

cleav·ers [~z] n pl (bot.) krpiguz

clef [klef] n (mus.) notni ključ

cleft I [kleft] n pukotina

cleft II see cleave I

cleft palate nesraslo nepce

clem·a·tis ['klemətis] n (bot.) pavit, pavitina, skrobut

clem·en·cy ['klemənsij] n 1. blagost 2. popustljivost

clem·ent ['klemənt] a 1. blag 2. popustljiv

clench [klenč] v tr stegnuti, stisnuti; to ~ one's teeth stegnuti (stisnuti) zube; to ~ one's fists stisnuti pesnice

clep·sy·dra ['klepsədrə] (-s or -ae [ij]) n vodeni časovnik

clep·to·ma·ni·a see kleptomania

clere·sto·ry ['klij(r)storij] n (archit.) prozorski sprat (W: kat)

cler·gy ['klə(r)džij] n sveštenstvo (svećenstvo), kler

cler·gy·man [~mən] (-men [min]) n sveštenik (svećenik)

cler·ic I ['klerik] n see clergyman

cleric II a svešteniČki (svećeniČki)

cler·i·cal [~əl] n 1. see clergyman 2. see clericalist I

clerical II a 1. svešteniČki (svećeniČki) 2. klerikalan 3. pisarski

cler·i·cal·ism [~izəm] n klerikalizam

cler·i·cal·ist [~ist] n klerikalac

clerk I [klə(r)k]; [a] n 1. trgovački pomoćnik, pisar; arhivski radnik 2. sudski pisar (zapisničar) 3. prodavac (u radnji) 4. (Br.) crkvenjak 5. advokatski pripravnik 6. referent; a records ~ referent kartoteke 7. (Br.) ~ of works građevinski poslovođa

clerk II v intr raditi kao advokatski pripravnik

Cleve·land ['klijvlənd] n Klivland (grad)

clev·er ['klevə(r)] a 1. bistar, pametan 2. vičan, vešt (vješt)

clever dick (Br.; slang) osoba koja se pravi važna

clev·er·ness [~nis] n 1. bistrina 2. vičnost, veština (vještina)

clev·is ['klevis] n gvozdena kuka (na plugu)

clew I [klū] n 1. klupče 2. (naut.) škotni rogalj 3. (in pl) konopi visaljke

clew II see clue

clew line (naut.) zateg (jedra)

cli·ché [klij'šej] n (printing and fig.) kliše

click I [klik] n 1. škljocanje 2. (ling.) klik

click II v 1. tr pući; to ~ one's tongue pući jezikom; to ~ one's heels udariti petama (na pozdrav) 2. intr škljocnuti; krcnuti; the lock ~ed brava je škljocnula 3. intr (colloq.) imati sreće 4. intr (colloq.) potpuno se složiti; zaljubiti se jedno u drugo

click beetle klišnjak

cli·ent ['klaiənt] n klijent

cli·en·tele [klajən'tel] n klijentela

client state zavisna zemlja

cliff [klif] n litica

cliff dweller Indijanac (na jugozapadu SAD) koji je živeo (živio) u pećini

cliff·hang·er [~haeñgə(r)] n 1. roman u nastavcima koji golica radoznalost 2. utakmica čiji je rezultat nerešen (neriješen) do samog kraja

cli·mac·ter·ic I [klaj'maektərik] n klimakterij, klimakterijum

climacteric II a klimakteričan

cli·mac·tic [klaj'maektik] a vrhunski

cli·mate ['klajmit] n klima; a continental (desert, maritime, Mediterranean, polar, tropical) ~ kontinentalna (pustinjska, primorska, sredozemna, polarna, tropska) klima; a moderate ~ umerena (umjerena) klima; a change of ~ promena (promjena) klime

cli·ma·tol·o·gy [klajmə'talədžij]; [o] n klimatologija, nauka o klimi

cli·max I ['klajmaeks] n klimaks; to reach a ~ dostići klimaks

climax II v intr dostići klimaks

climb I [klajm] n penjanje; uspinjanje

climb II v 1. tr popeti se (na); to ~ a mountain (a tree) popeti se na planinu (na drvo) 2. intr penjati se, verati se

climb down v 1. sići, spustiti se; to climb down from smt. sići s nečega; to climb down a rope spustiti se niz uže 2. (Br.; colloq.) priznati grešku

climb-down n (Br.; colloq.) priznanje greške

climb·er [~ə(r)] n 1. penjač 2. see mountain climber 3. (bot.) puzavica 4. (in pl) see climbing irons

climbing irons pl penjalice

climb up v see climb II

clime [klajm] n (poetic) see climate

clinch I [klinč] n 1. čvrsto držanje 2. (boxing) klinč; to get into a ~ uhvatiti se u klinč 3. zavrnut ekser, posuvraćen vrh eksera; zakivak

clinch II v 1. tr zavrnuti (ekser) 2. tr utvrditi, konačno zaključiti 3. intr čvrsto se držati 4. intr (boxing) biti u klinču 5. misc.; to ~ an argument navesti neoboriv dokaz

clinch·er [~ə(r)] n 1. zakivač 2. nepobitan argumenat, konačan dokaz

cling [kliñg]; clung [kləñg] v intr držati se, prianjati; to ~ to smt. držati se nečega, biti odan nečemu; to ~ to tradition držati se tradicije

clin·ic ['klinik] n 1. klinika; at a ~ na klinici; an eye ~ očna klinika 2. dispanzer; a pediatric ~ dečji (dječji) dispanzer 3. savetovalište (savjetovalište)

clin·i·cal [~əl] a klinični

cli·ni·cian [kli'nišən] n lekar — ljekar (W: liječnik) koji radi na klinici

clink I [kliñgk] n 1. zveket 2. (colloq.) (the ~) zatvor

clink II v 1. tr zveketati; to ~ glasses zveketati čašama 2. intr zvečati

clink·er [~ə(r)] n 1. klinker 2. (Br.; slang) neuspeh (neuspjeh)

clip I [klip] n 1. nešto ostriženo 2. (colloq.) hod; at a fast ~ brzim hodom 3. (on a firearm) okvir, magacin (also magazine 2 for 3)

clip II v tr 1. ostrići 2. potkresati; rezati, seći (sjeći); to ~ one's fingernails seći nokte (na rukama); (of a bondholder) to ~ coupons seći kupone; *to ~ smb.'s wings potkresati krila nekome 3. (colloq.) oguliti 4. misc.; to ~ one's words nejasno izgovarati reči (riječi); (football) blokirati

clip III n 1. see paper clip 2. okvir (also cartridge clip)

clip·board [~bo(r)d] n mala tabla za pisanje (sa oprugom za držanje papira)

clip joint sumnjivi lokal, lokal u kome se posluje uz prevaru

clipped form, clip (ling.) skraćeni oblik

clip·per [~ə(r)] n 1. onaj koji striže 2. (naut.) kliper 3. (in pl) mašina za šišanje, striženje (see also nail clippers)

clip·pie [~ij] n (Br.; slang) kondukterka autobusa

clip·ping [~iñg] n isečak (isječak); a newspaper ~ isečak iz novina

clique [klijk], [i] n klika

cli·quish [~iš] a klikaški

clit·o·ris ['klitəris] n klitoris, dražica

clo·a·ca [klou'ejkə] (-cae [sij]) n kloaka

cloak I [klouk] n 1. kabanica, ogrtač 2. (fig.) maska, veo

cloak II v tr 1. pokriti ogrtačem 2. obaviti velom; ~ed in a veil of secrecy obavijen velom tajne

cloak-and-dagger [~-ən-'daegə(r)] a (colloq.) poverljiv (povjerljiv); špijunski; a ~ job poverljiv zadatak

cloak·room [~rūm], [u] n garderoba (u školi)

clob·ber ['klabə(r); [o] v tr (colloq.) potući, razbiti; to ~ the enemy razbiti neprijatelja

cloche [klouš] n 1. stakleno zvono za biljke 2. ženski šešir zvonasta oblika

clock I [klak]; [o] n 1. časovnik, sat; a wall ~ zidni časovnik; a time ~ kontrolni sat (časovnik); to wind a ~ naviti sat; to turn a ~ ahead (back) pomeriti (pomjeriti) sat unapred — unaprijed (unazad); the ~ is fast (slow) sat žuri (zaostaje); the ~ struck five sat je otkucao pet; *to work against the ~ biti u trci s vremenom; *to watch the ~ čekati kraj radnog vremena 2. (Br.; slang) lice

clock II v tr 1. izmeriti vreme — izmjeriti vrijeme (nečega) 2. (Br.; slang) udariti

clock in, clock on v 1. (Br.) 1. doći na posao 2. otkucati dolazak (na posao)

clock out, clock off v (Br.) 1. otići s posla 2. otkucati odlazak (s posla)

clock tower sahat-kula

clock up v (Br.; colloq.) 1. proći 2. dostići (brzinu) 3. praviti; to clock up debts praviti dugove

clock watcher n radnik koji jedva čeka da prođe radno vreme (vrijeme)

clock·wise [~wajz] adv u smeru (smjeru) kretanja kazaljke na časovniku

clock·work [~wə(r)k] n satni mehanizam; *like ~ po planu

clod [klad]; [o] n 1. grudva, grumen, busen 2. klipan, tikvan

clod·hop·per [~hapə(r)]; [o] n 1. tikvan 2. (in pl) teške cipele, klompe

clog I [klag]; [o] n teška cipela sa drvenim đonom, klompa

clog II v 1. *tr* zapušiti, začepiti 2. *intr* zapušiti se; *the pipe is ∼ged* or: *the pipe got ∼ged (up)* cev (cijev) se zapušila
clog III n vrsta plesa
clois·ter I ['klojstə(r)] n 1. hodnik na svodove oko dvorišta 2. manastir (W also: samostan)
cloister II v *tr* zatvoriti (u manastir), odvojiti
clois·tral ['klojstrəl] a 1. manastirski (W also: samostanski) 2. usamljen
clone I clon [kloun] n klon
clone II clon v *tr* ekstrahovati iz istog organizma
clon·ing [∼iŋg] n ekstrahovanje iz istog organizma
clo·nus [∼əs] n klonus, grč
clop I [klap]; [o] tup udarac
clop II v *intr* tupo udarati
close I [klous] a 1. blizak; prisan; tesan (tijesan); *a ∼ friend* blizak (prisan) prijatelj; *he's (very) ∼ to them* on im je blizak; *sources ∼ to the government* izvori bliski vladi; *∼ ties* tesne veze 2. gladak; *a ∼ shave* glatko brijanje; or (fig.): see **close call** 3. ravan; tesan; minimalan; *a ∼ fight* ravna borba; *a ∼ score* tesan rezultat 4. usredsređen (usredsrijeđen); *∼ attention* usredsređena pažnja 5. veran (vjeran); *a ∼ translation* veran prevod (prijevod) 6. (ling.) zatvoren 7. zagušljiv; *∼ air* zagušljiv vazduh (W: zrak) 8. neposredan; *∼ support* neposredna podrška; *∼ combat* borba izbliza 9. (mil.) smaknut; *∼ order* smaknut stroj
close II adv 1. blizu, blisko; *∼ to the station* blizu stanice 2. misc.; *to sit ∼ to each other* sedeti (sjedjeti) jedan uz drugog; *to cut hair ∼* kratko ošišati kosu; *to be ∼ at hand* biti pri ruci; *∼ shaven* izbrijan; *∗∼ to home* blizu istine
close III [klouz] v 1. *tr* zatvoriti; *to ∼ a door (one's eyes, a plant, a window)* zatvoriti vrata (oči, fabriku, prozor) 2. *tr* zaključiti; *to ∼ a deal* zaključiti pogodbu; *to ∼ debate* zaključiti debatu 3. *tr* zbiti; *to ∼ ranks* zbiti redove 4. *intr* zatvoriti se; *the door ∼s easily* vrata se lako zatvaraju 5. misc.; *to ∼ with the enemy* približiti se neprijatelju, doći u dodir s neprijateljem; *to ∼ the books (files) on smt.* staviti nešto u akta; *∗to ∼ up shop* obustaviti rad
close call spasavanje za dlaku; *he had a ∼ on* umalo nije poginuo
closed [klouzd] a zatvoren; *a ∼ circuit* zatvoreno kolo; (ling.) *a ∼ vowel* zatvoreni samoglasnik
closed-cir·cuit [∼-sə(r)kit] a kablovski; *∼ television* kablovski televizijski sistem, televizija u zatvorenoj mreži
close down v 1. zatvoriti; *to close down a store* zatvoriti radnju 2. obustaviti rad; *the factory closed down last year* fabrika je obustavila rad prošle godine
close-down n (Br.) 1. see **shutdown** 2. kraj emisija
closed shop see **union shop**
close·fist·ed [∼-fistid] a škrt
close in v (colloq.) *to close in on smb.* približiti se nekome, opkoliti nekoga, stegnuti obruč oko nekoga
close-knit a tesno (tijesno) vezan
close·ly [∼lij] adv 1. see **close I, II**; *∼ knit* tesno (tijesno) vezan 2. pažljivo; *to watch ∼* posmatrati pažljivo

close-mouthed [∼-mauthd] a ćutljiv (W: šutljiv)
close-or·der drill [∼-o(r)də(r)] (mil.) strojeva obuka, egzercir
close-out ['klouz-aut] n rasprodaja
close shave see **close call**
clos·et I ['klazit]; [o] n 1. orman, plakar 2. (Br.) nužnik
closet II v *tr* zatvoriti; *to be ∼ed (for a private discussion)* u poverljivom (povjerljivom) razgovoru
close thing Br.; see **close call**
closet homosexual prikriveni (tajni) homoseksualac
close up v 1. zatvoriti 2. (mil.) smaknuti, zbiti
close-up [klous-əp] n 1. snimak iz blizine, groplan, krupni plan 2. detaljan pregled
clos·ing ['klouziŋg] a završni
closing price poslednji (posljednji) kurs
closing statement završna reč (riječ)
closing time vreme (vrijeme) kad se lokal zatvara, fajront
clo·sure ['kloužə(r)] n 1. zatvaranje 2. zaključenje (see **cloture** for 2)
clot I [klat]; [o] n grumen; grudvica zgrušane tečnosti; ugrušak; *a blood ∼* ugrušak krvi
clot II v 1. *tr* zgrušati, usiriti 2. *intr* zgrušati se, usiriti se; *the blood ∼ted* krv se zgrušala
cloth [klath], [a] *(cloths* [∼ths], [thz]) n štof, sukno
cloth-bound [∼-baund] a povezan u platnu
clothe [klouth]; *-d* or *clad* [klaed] v *tr* obući
clothes [klouz]; [klouthz] n pl 1. odeća (odjeća); *to put on (take off) one's ∼* obući (svući) se 2. see **bedclothes**
clothes basket korpa za veš
clothes dryer sušilica za veš, mašina (W: stroj) za sušenje rublja
clothes hanger see **hanger 1**
clothes·horse [∼-ho(r)s] n stalak za sušenje rublja
clothes·line [∼-lajn] n konopac za veš (za sušenje rublja)
clothes peg Br.; see **clothespin**
clothes·pin [∼-pin] n štipaljka (za veš)
clothes tree stalak za odeću (odjeću)
cloth·ier ['klouthjə(r)] n štofar, suknar
cloth·ing ['klouthiŋg] n (no pl) odeća (odjeća), odelo (odijelo); *ready-made ∼* gotovo odelo; *an article of ∼* odevni (odjevni) predmet; *winter ∼* zimska odeća; *summer ∼* letnja (ljetnja) odeća
clothing industry industrija odeće (odjeće) (see also **garment industry**)
clo·ture ['kloučə(r)] n zaključenje (debate); *to apply ∼* zaključiti debatu
cloud I [klaud] n oblak; *∗to be in the ∼s* biti s glavom u oblacima; *∗to be under a ∼* biti pod senkom (sjenkom); *∗every ∼ has a silver lining* svako zlo ima svoje dobro
cloud II v 1. *tr* zamračiti 2. *intr* (to ∼ up) naoblačiti se; *the sky ∼ed up* nebo se naoblačilo
cloud bank gomila niskih oblaka
cloud·burst [∼bə(r)st] n prolom (provala) oblaka
cloud·less [∼lis] a bez oblaka
cloud nine (colloq.) *on ∼* na devetom nebu

cloud over *v* see **cloud II** 2
cloud seeding zasejavanje (zasijavanje) oblaka
cloud up see **cloud II** 2
cloud·y [~ij] *a* oblačan; *it got* ~ nebo se naoblačilo
clout I [klaut] *n* udar; snaga
clout II *v tr* udariti
clove I [klouv] *n* karanfilić
clove II *n* česan
clove III see **cleave I**
clove hitch (naut.) vrzin uzao
clo·ven see **cleave I**
cloven hoof 1. rascepljeno (rascjepljeno) kopito, razdvojeni papak 2. (fig.) simbola đavola
clove of garlic see **clove II**
clo·ver ['klouvə(r)] *n* detelina (djetelina); *a four--leaf* ~ detelina sa četiri lista
clo·ver·leaf [~lijf] (*-eaves* [ijvz]) *n* kružna raskrsnica dveju (dviju) auto-strada (u vidu lista deteline — djeteline)
clown I [klaun] *n* klovn, klaun
clown II *v intr* lakrdijati; izmotavati se; ačiti se
clown·ish [~iš] *a* nalik na klovna
cloy [kloj] *v tr* presititi
club I [kləb] *n* 1. budža, buzdovan, batina 2. (in *pl*) (cards) tref, mak
club II *v tr* izbatinati
club III *n* klub; *a writers'* ~ književni klub
club IV *a* klupski; ~ *dues* klupska članarina; ~ *rules* klupska pravila
club car kola prve klase
club·foot [~fut] (*-feet* [fijt]) *n* krivo (zgrčeno) stopalo
club·house [~haus] *n* klupska kuća
club·man [~mən] (*-men* [min]) *n* član kluba
club·room [~rum] [*ū*] *n* klupska prostorija
club sandwich sendvič od tri komada hleba — hljeba (W: kruha)
club soda soda, soda-voda
club steak vrsta malog bifteka
club·wom·an [~wumən] (*-women* [wimin]) *n* članica kluba
cluck I [klək] *n* kvocanje
cluck II *v intr* kvocati, coktati jezikom; *hens* ~ kvočke kvocaju
clue [klū] *n* indicija
clue in *v* objasniti; *to clue smb. in* objasniti nekome situaciju
clump I [kləmp] *n* 1. grumen, gruda, grudva; *a* ~ *of earth* busen 2. grupa; *a* ~ *of trees* grupa drveća 3. bat teških koraka
clump II *v intr* teško koračati
clum·si·ness ['kləmzijnis] *n* 1. nezgrapnost 2. neumesnost (neumjesnost)
clum·sy ['kləmzij] *a* 1. nezgrapan; nespretan 2. neumestan (neumjestan)
clung see **cling**
clus·ter I ['kləstə(r)] *n* 1. svežanj; grupa; *a* ~ *of buildings* grupa (blok) građevina 2. bokor 3. grozd 4. (astro.) jato; *a globular (open, star)* ~ zbijeno (otvoreno, zvezdano — zvjezdano) jato
cluster II *v intr* skupljati se
cluster bomb kasetna bomba, bomba rasprskavajućeg dejstva (djejstva)
clutch I [kləč] *n* 1. uhvat 2. (in *pl*) vlast; *to fall into smb.'s* ~*es* dopasti nekome šaka 3. (tech.)

kvačilo, kuplung; *to release the* ~ otkvačiti; *to engage (throw in) the* ~ ukvačiti
clutch II *v* 1. *tr* ščepati, dočepati 2. *intr* hvatati se; (fig.) *to* ~ *at a straw* hvatati se za slamku
clutch III *n* nasad
clut·ter I ['klətə(r)] *n* nered, darmar; zbrka
clutter II *v tr* 1. zbrkati 2. (also: *to* ~ *up)* zakrčiti, pretrpati; *to* ~ *(up) a room* pretrpati (nečim) sobu
clys·ter ['klistə(r)] *n* klister (usu. **enema**)
coach I [kouč] *n* 1. kočije 2. see **bus I** 3. putnički vagon, putnička kola (also **car** 2) 4. (sports) trener 5. turistička klasa (also **coach class**)
coach II *v* 1. *tr* podučavati (takmičare); *he* ~*es our team* on je trener naše ekipe 2. *intr* biti trener
coach class turistička klasa
coach·man [~mən] (*-men* [min]) *n* kočijaš
coach park (Br.) parking za autobuse
co·ag·u·la·ble [kou'aegjələbəl] *a* zgrušljiv
co·ag·u·lant [kou'aegjələnt] *n* sredstvo za zgrušavanje
co·ag·u·late [kou'aegjəlejt] *v* 1. *tr* zgrušati 2. *intr* zgrušati se
co·ag·u·la·tion [kouaegjə'lejšən] *n* zgrušavanje
coal I [koul] *n* ugljen, ugalj; *brown (hard, nut)* ~ mrki (kameni, orašast) ugalj; *to heat with* ~ ložiti ugljem; *live* ~*s* ugljevlje; *to rake over the* ~*s* izgrditi na pasja usta; *to carry* ~ *to Newcastle* raditi nešto nepotrebno; *to mine* ~ kopati ugalj
coal II *a* ugljeni; ~ *dust* ugljena prašina
coal chute šaht za ugalj
coal dealer ugljar
co·a·lesce [kouə'les] *v intr* srasti, sjediniti se
co·a·les·cence [~əns] *n* srastanje, sjedinjenje
coal field ugljeni bazen
coal gas gas dobijen destilacijom uglja
co·a·li·tion [kouə'lišən] *n* koalicija
coalition government koaliciona vlada
coal mine rudnik uglja, ugljenokop
coal miner ugljar, rudar
coal tar ugljeni katran
coal yard ugljara
coarse [ko(r)s] *a* 1. grub; ~ *material* grubo platno, grub štof; *a* ~ *voice* grub glas; ~ *features* grube crte lica 2. prost, grub, neotesan; *a* ~ *joke* prost vic; ~ *behavior* prosto ponašanje; *a* ~ *person* neotesanac, prostak (also **crude II** 1) 3. sirov (also **crude II** 2) 4. neuglađen 5. hrapav, ogrubeo (ogrubio); ~ *hands* ogrubele ruke 6. krupan; ~ *sand* krupan pesak (pijesak)
coarse-grained [~-grejnd] *a* krupnozrn
coars·en [~ən] *v* 1. *tr* ogrubiti 2. *intr* ogrubeti (ogrubjeti)
coast I [koust] *n* obala; *to sail along the* ~ ploviti uz obalu; *the* ~*is clear* opasnost je prošla; (Am.) *the* *Coast* obala Tihoga okeana (W: oceana)
coast II *v intr* produžiti kretanje po inerciji, kotrljati se
coast·al [~əl] *a* obalski, priobalni; ~ *shipping* obalska plovidba
coast artillery obalska artiljerija
coast·er [~ə(r)] *n* 1. onaj ko (tko) se kreće po inerciji 2. brod obalske plovidbe 3. sanke 4. podmetač za čaše

coaster brake torpedo-kočnica
coast guard (Am.) obalska straža
coast·guards·man [~ga(r)dzmən] (-men [min]) n (Am.) mornar obalske straže
coast·line [~lajn] n obala; a rugged (jagged) ~ razuđena obala
coat I [kout] n 1. kaput, mantil 2. sako (also jacket 5) 3. (of an animal) krzno, koža 4. prevlaka; zaštitni sloj; premaz; to apply (put on) a second ~ of paint naneti (nanijeti) drugi sloj farbe
coat II v tr 1. prevući, premazati, pokriti 2. obložiti
coat·ed [~id] a obložen; a ~ tongue obložen jezik
coat flower (bot.) postenak (postijenak)
coat hanger see hanger 1
coat·ing [~iŋg] n zaštitni sloj; oblaganje
coat of arms grb
coat of mail oklop (od pločica)
coat·tail [~tejl] n peš; *on smb.'s ~s uz nečiju pomoć
co·au·thor [kou-'othə(r)] n koautor
co·au·thor·ship [~šip] a koautorstvo
coax [kouks] v tr privoleti (privoljeti), nagovoriti; to ~ smb. into doing smt. privoleti nekoga da uradi nešto; to ~ smt. out of smb. izmamiti nešto od nekoga (see also cajole, wheedle)
co·ax·i·al [kou'aeksijəl] a koakcijalan; a ~ cable koakcijalni provodnik
cob [kab]; [o] n 1. (kukuruzni) klip; corn on the ~ kukuruz u klipu (also corncob) 2. labud 3. komad uglja 4. bidža, mali konj
co·balt I ['koubolt] n kobalt
cobalt II a kobaltni; the ~ bomb kobaltna bomba; ~ radiation kobaltno zračenje
cob·ble I ['kabel]; [o] n see cobblestone
cobble II v tr kaldrmisati
cob·bler ['kablə(r)]; [o] n 1. obućar (more usu, is shoemaker) 2. (Br.) loš radnik 3. (Br.; slang) a load of old ~s koještarija
cob·ble·stone [~stoun] n kocka kaldrme; ~s kaldrma
co·bel·lig·er·ent [koubə'lidžərənt] n saveznik u ratu
co·bra ['koubrə] n kobra, naočarka
cob·web ['kabweb]; [o] n paučina
co·ca ['koukə] n koka
co·caine ['kou'kejn] n kokain
coc·cu·lus ['kakjələs]; [o] see fishberry
coc·cus ['kakəs]; [o] (cocci ['kaksaj] or ['kakaj]; [o]) n koka (vrsta okrugle bakterije)
coc·cyx ['kaksiks]; [o] (coccyges [kak'sajdžijz] or ['kaksədžijz]; [o]) n trtica
coch·le·a ['kaklijə]; [o] (-leae [lijij]) n (anat.) puž
cock I [kak]; [o] n 1. petao (pijetao), pevac (pijevac) (also rooster) 2. mužjak (ptica) 3. see weathercock 4. voda; *~ of the walk glavna ličnost 5. slavina (also faucet) 6. oroz 7. (vul.) penis 8. misc.; the ~ of a hat dignut obod šešira; *a ~ and bull story izmišljotina; *to go off at half ~ prerano početi; (Br.) *to live like fighting ~s dobro živeti (živjeti), jesti
cock II v tr 1. podići; to ~ one's hat podići obod šešira, nakriviti šešir 2. napregnuti, zapeti; to ~ a trigger zapeti (podići) oroz 3. naćuliti; to ~ one's ears naćuliti uši

cock·ade [ka'kejd]; [o] n kokarda
cock-a-doo-dle-doo [kak-ə-dū-dəl-'dū]; [o] 1. n kukurekanje (kukurijekanje) 2. interj kukuriku
Cock·aigne [ka'kejn]; [o] n zemlja dembelija
cock·a·too ['kakətū]; [o] n kakadu, ćubasti papagaj
cock·a·trice [~tris] n (myth.) aždaja otrovna pogleda
cock·chaf·er ['kakčejfə(r)]; [o] n gundelj
cocked hat šešir sa dignutim obodom; *to knock into a ~ izbiti na mrtvo ime
cock·er ['kakə(r)]; [o] see cocker spaniel
cock·er·el [~rəl] n petlić (pjetlić)
cocker spaniel koker-španijel
cock-eyed ['kak-ajd]; [o] a (colloq.) 1. razrok 2. budalast 3. pijan
cock·fight [~fajt] n borba petlova (pijetlova)
cock·le I [~əl] n 1. školjka 2. lak čamac 3. misc.; *to warm the ~s of smb.'s heart nekoga obradovati
cockle II n (bot.) kukolj
cock·le·bur [~bə(r)] n (bot.) bóca, dikica, lapak (also burdock)
cock·ney I ['kaknij]; [o] n kokni, prost Londonac
cockney II a koknijski; the ~ dialect londonsko narečje (narječje)
cock·pit [~pit] n 1. pilotska kabina 2. bojište petlova (pijetlova) 3. (naut.) kabina mladih oficira koja se u borbi upotrebljava za ranjenike 4. (fig.) bojište
cock·roach [~rouč] n bubašvaba
cocks·comb [~skoumb] n 1. petlova (pijetlova) kresta 2. pomodar, kicoš (also fop, dandy) 3. (bot.) petlova kresta
cock·sure [~šū(r)] a samouveren (samouvjeren); sasvim siguran
cock·swain see coxswain
cock·tail I [~tejl] n 1. koktel, mešano (miješano) alkoholno piće 2. predjelo; zalogaj
cocktail II a večernji; a ~ dress večernja haljina
cocktail lounge aperitiv-bar
cocktail party koktel-prijem
cock·y [~ij] a (colloq.) samouveren (samouvjeren)
co·co ['koukou] n kokosova palma
co·coa ['koukou] n kakao
co·co·nut ['koukənət] n kokos, kokosov orah
co·coon [kə'kūn] n čaura, kokon
co·cotte [ko'kot] n (French) prostitutka
cod I [kad]; [o] (pl has zero or -s) n bakalar; treska; they caught some ~ ulovili su nešto bakalara (also codfish)
cod II v tr (Br., colloq.) prevariti
COD [sijou'dij] (abbrev. of collect on delivery) pouzeće; to send smt. ~ poslati pošiljku (s) pouzećem; to come ~ stići pouzećem (see also collect I)
co·da ['koudə] n (mus.) završetak
cod·dle ['kadəl]; [o] v tr 1. razmaziti, tetošiti (also pamper) 2. (cul.) pirjaniti
code I [koud] n 1. kod, šifra; to break (crack) a ~ otkriti tuđu šifru; (Am., mil.) ~ of conduct pravila ponašanja (u zarobljeništvu) 2. zakonik, propis; to enforce a ~ primeniti (primijeniti) propise
code II v tr kodirati, šifrovati
code clerk šifrant
co·deine ['koudijn] n kodein

code name kodirani naziv
code word kodna reč (riječ), parola
codex ['koudeks] *(codices* ['koudəsijz], [*a*]; [*o*]) *n* kodeks
cod·fish ['kadfiš]; [*o*] see **cod I**
codg·er ['kadžə(r)]; [*o*] *n* (colloq.) starac, osobenjak; *an old* ~ stari osobenjak
cod·i·cil ['kadəsil]; [*ou*] *n* kodicil; dodatak testamentu
cod·i·fi·ca·tion [kadəfə'kejšən], [*ou*] *n* kodifikacija
cod·i·fy ['kadəfaj], [*ou*] *v tr* kodifikovati
cod·ling moth ['kadling]: [*o*] jabučni leptirak
cod-liv·er oil ['kad-livə(r)]; [*o*] riblji zejtin
cod·piece ['kadpijs]; [*o*] *n* (hist.) zalistak na čakširama
co-ed I ['kou-ed] *n* (colloq.) studentkinja
co-ed II *a* (colloq.) see **co-educational**
co-ed·u·ca·tion [kou-edžu'kejšən] *n* zajedničko obrazovanje muške i ženske dece (djece), koedukacija
co-ed·u·ca·tion·al [~əl] *a* sa zajedničkim obrazovanjem, obospolan; *a* ~ *school* obospolna škola
co·ef·fi·cient [kouə'fišənt] *n* koeficijenat
coe·nu·rus [si'njūrəs] *(-ri* [raj]) *n* brlj
co·e·qual I [koū'ijkwəl] *n* jednaka osoba
coequal II *a* jednak
co·erce [kou'ə(r)s] *v tr* prinuditi, primorati; *to* ~ *smb. into (doing) smt.* primorati nekoga na nešto (da nešto uradi)
co·er·cion [~(r)šən] *n* prinuda
co·er·cive [~(r)siv] *a* prinudan; ~ *measures*: prinudne mere (mjere)
co·ev·al I [kou'ijvəl] *n* savremenik (suvremenik)
coeval II *a* savremen (suvremen), istovremen
co·ex·ist [kouig'zist] *v intr* koegzistirati
co·ex·is·tence [~əns] *n* koegzistencija; *peaceful* ~ miroljubiva koegzistencija
cof·fee ['kofij], [*a*] *n* 1. (no *pl*) kafa (kava); *strong* ~ jaka kafa; *to grind (grow, roast)* ~ samleti — samljeti (gajiti, pržiti) kafu 2. šolja (W: šalica) kafe (or: *a cup of* ~); *bring us two* ~*s* donesite nam dve (dvije) kafe
coffee bar Br.; see **coffee shop**
coffee bean zrno kafe (kave)
coffee break odmor, pauza za pijenje kafe (kave)
coffee cake kolač od oraha i suvog (suhog) grožđa
coffee cup šolja za kafu (W: šalica za kavu)
coffee grounds *pl* talog kafe (kave)
coffee house bife
coffee klatch [klač] ćaskanje uz kafu (kavu)
coffee maker aparat za kuvanje (kuhanje) kafe (kave)
coffee mill mlinac za kafu (kavu)
cof·fee·pot [~pat]; [*o*] *n* ibrik za kafu (kavu), sud za kuvanje (kuhanje) kafe
coffee shop bife
coffee table nizak sto (stol)
cof·fer ['kofə(r)], [*a*] *n* 1. kovčeg 2. (in *pl*) blagajna, riznica 3. (archit.) udubljeno polje kao ukras na tavanici
cof·fer·dam [~daem] *n* privremena brana
cof·fin ['kofən], [*a*] *n* mrtvački kovčeg
cof·fle ['kofəl], [*a*] *n* robovi na povodnom lancu
cog I [kag]; [*o*] *n* zubac; (fig.) *a* ~ *in the machine* sitna riba

cog II *v tr* nazupčati
co·gen·cy ['koudžənsij] *n* ubedljivost (ubjedljivost)
co·gent [~nt] *a* ubedljiv (ubjedljiv)
cogged [kagd]; [*o*] zupčast
cogged railway see **cog railway**
cog·i·tate ['kadžətejt]; [*o*] *v intr* razmišljati
cog·i·ta·tion [kadžə'tejšən]; [*o*] *n* razmišljanje
cog·i·ta·tive ['kadžətejtiv]; [*o*] *a* sklon razmišljanju
co·gnac ['kounjaek] *n* konjak, vinjak
cog·nate I ['kagnejt]; [*o*] *n* 1. krvni srodnik 2. srodna reč (riječ)
cognate II *a* srodan; *a* ~ *word* srodna reč (riječ)
cog·ni·tion [kag'nišən]; [*o*] *n* spoznaja, saznanje
cog·ni·zance ['kagnəzəns]; [*o*] *n* 1. spoznaja, saznanje 2. razumevanje (razumijevanje) 3. suđenje 4. priznanje 5. misc.; *to take* ~ *of smt.* postati svestan (svjestan) nečega
cog·ni·zant [~nt] *a* svestan (svjestan)
cog·no·men [kag'noumən]; [*o*] *(-s* or *-nomina* ['namənə]; [*o*]) *n* 1. prezime 2. nadimak
cog railway zupčanica, zupčana železnica (željeznica)
cog·wheel [~wijl] *n* zupčanik
co·hab·it [kou'haebit] *v intr* živeti (živjeti) zajedno u divljem braku
co·hab·i·ta·tion [kouhaebi'tejšən] *n* zajednički život, divlji brak
co·heir [kou'ej(r)] *n* sanaslednik (sunasljednik)
co·heir·ess [~ris] *n* sanaslednica (sunasljednica)
co·here [kou'hij(r)] *v intr* 1. prianjati 2. vezivati se
co·her·ence [~rəns] *n* koherentnost, koherencija, povezanost
co·her·ent [~nt] *a* koherentan; povezan; razumljiv, dosledan (dosljedan)
co·he·sion [kou'hijžən] *n* kohezija
co·hort ['kouho(r)t] *n* 1. kohorta 2. (colloq.) drug, ortak
coif [kwaf] *n* kapa
coif·fure [kwa'fjü(r)] *n* frizura
coil I [kojl] *n* 1. kalem; *an induction* ~ indukcioni kalem 2. namotaj 3. spiralna cev (cijev) 4. spirala, zavojnica 5. kotur; *a* ~ *of rope* kotur konopa 6. intrauterna spirala
coil II *v* 1. *tr* naviti; namotati; *to* ~ *a spring* naviti oprugu 2. *intr* naviti se, namotati se
coin I [kojn] *n* kovan novac, novčić; *to mint* ~*s* kovati novac; *to collect old* ~*s* skupljati stare novce; *to be paid back in one's own* ~ dobiti ono što se zasluži; *a* ~ *operated telephone* telefonski aparat sa otvorom za ubacivanje novca
coin II *v tr* kovati; *to* ~ *money* kovati novac; *to* ~ *an expression* skovati izraz
coin·age [~idž] *n* 1. kovanje 2. kovani novac 3. (ling.) kovanica
co·in·cide [kouin'sajd] *v intr* podudarati se, poklapati se
co·in·ci·dence [kou'insədəns] *n* 1. podudaranje, poklapanje; koincidencija 2. slučajnost
co·in·ci·den·tal [kouinsə'dentəl] *a* 1. koincidentan, istovremen 2. slučajan
co·in·sur·ance [kouin'šūrəns] *n* suosiguranje
co·i·tus ['kouətəs] *n* koitus, obljuba, snošaj
coitus in·ter·rup·tus [intə'rəptəs] (Latin) prekinuti snošaj

coke I [kouk] n koks
coke II v tr koksirati
coke III (slang) see **cocaine**
Coke n koka-kola
col [kal]; [o] n klanac
co·la I ['koulə] n kola
cola II see colon II
col·an·der ['kaləndə(r)], [ə] n rešetka, cediljka (cjediljka)
cold I [kould] n 1. (no pl) hladnoća; zima; he is shivering from the ~ trese ga zima, dršće od zime; bitter ~ ljuta zima 2. nazeb, kijavica; he caught a ~ nazebao je; to have a ~ imati nazeb 3. misc.; *to be left out in the ~ biti odbačen; *to come in from the ~ opet dobiti milost
cold II a 1. hladan; ~ water hladna voda; a ~ wind hladan vetar (vjetar); ~ drinks hladna pića; ~ steel hladno oružje; I am ~ hladno (zima) mi je; a ~ reception hladan prijem; the coffee got ~ kafa (kava) se ohladila; it's very ~ outside napolju (W: vani) je vrlo hladno 2. ravnodušan; neosetljiv (neosjetljiv) 3. misc.; *to give smb. the ~ shoulder biti hladan prema nekome; *it is ~ comfort slaba je to uteha (utjeha); *to throw ~ water on smt. rashladiti nešto; *to make one's blood run ~ užasnuti nekoga; *that leaves me ~ to me ostavlja hladnog; *he broke out in a ~ sweat probijao ga je znoj
cold-blood·ed [~-blədid] a hladnokrvan
cold cream krem za lice
cold cuts pl hladna zakuska
cold feet pl (colloq.) trema
cold front (meteor.) ivica hladnog talasa (vala)
cold sore (med.) labijalni herpes, usnena jaglina
cold storage hladnjača; držanje u hladnjači
cold turkey (colloq.) nagli prekid uzimanja droga; to go ~ naglo prekinuti uzimanje droga
cold war hladni rat
cold-war [~-wo(r)] a hladnoratni, hladnoratovski
cold wave (meteor.) hladni talas (val)
cole [koul] n (bot.) kupus
cole-slaw [~slo] n (cul.) salata od kupusa
col·ic ['kalik]; [o] n (med.) kolika
col·i·se·um [kalə'sijəm]; [o] n koloseum
co·li·tis [kou'lajtis] n kolitis
col·lab·o·rate [kə'laebərejt] v intr sarađivati (surađivati); to ~ with smb. (on smt.) sarađivati s nekim (na nečemu)
col·lab·o·ra·tion [kəlaebə'rejšən] n saradnja (suradnja); in ~ with uz saradnju s; international ~ međunarodna saradnja
col·lab·o·ra·tion·ist [~ist] n (pejor.) saradnik (suradnik) okupatora, kolaboracionista
col·lab·o·ra·tor [kə'laebərejtə(r)] n 1. saradnik (suradnik) 2. see **collaborationist**
col·lage [kou'laž]; ['koulaž] n kolaž
col·lapse I [kə'laeps] n 1. pad, rušenje, sručivanje 2. (med.) slom
collapse II v intr 1. pasti, srušiti se, sručiti se; slomiti se; the bridge ~d srušio se most 2. (med.) doživeti (doživjeti) slom
col·laps·i·ble, col·laps·a·ble [~əbəl] a na rasklapanje, sklopiv; a ~ boat čamac na rasklapanje

col·lar I ['kalə(r)]; [o] n 1. okovratnik, kragna 2. ogrlica; a dog ~ ogrlica za psa
collar II v tr (colloq.) uhvatiti; to ~ smb. uhvatiti nekoga
col·lar·bone [~boun] n see **clavicle**
collar stay fišbajn
collar stiffener Br.; see **collar stay**
collar stud dugme za kragnu
col·late ['koulejt] v tr 1. srediti; to ~ material srediti materijal 2. sravniti (tekstove)
col·lat·er·al I [kə'laetərəl] n 1. zalog 2. srodnik
collateral II a 1. pobočni, sporedni; paralelan 2. srodan
col·la·tion [kou'lejšən] n 1. sređivanje 2. sravnjivanje 3. užina
col·league ['kalijg]; [o] n kolega
col·lect I [kə'lekt] a and adv s plaćanjem prilikom prijema; plaćen od primaoca; to send smt. ~ poslati pošiljku pouzećem (see also **COD**)
collect II v 1. tr skupiti; nagomilati; to ~ contributions skupiti priloge 2. tr (as a hobby) skupljati; to ~ coins (icons, stamps) skupljati novce (ikone, marke) 3. tr pribrati, sabrati; to ~ one's thoughts pribrati misli; to ~ oneself pribrati (sabrati) se 4. tr uterati (utjerati); to ~ a debt uterati dug 5. tr (Br.) see **pick up 3** 6. intr naplatiti; he has come to ~ for the electricity on je došao da naplati račun za struju 7. intr skupljati se, gomilati se
collect III ['kalikt]; [o], [e] n (rel.) molitva pre (prije) čitanja apostola
col·lect·ed [kə'lektid] a sabran, pribran; ~ works sabrana dela (djela)
col·lec·tion [~kšən] n 1. skupljanje 2. zbirka, kolekcija; a coin (stamp) ~ zbirka novaca (maraka); (in a library) a reference ~ priručna zbirka opšteinformativnih dela (općeinformativnih djela); a rare-book ~ zbirka retkih (rijetkih) knjiga 3. skupljeni prilozi; to take up a ~ prikupiti priloge 4. zbornik; a ~ of tales zbornik pripovedaka (pripovijedaka) 5. (comm.) naplata
collection agency agencija za naplatu dugova
col·lec·tive I [~ktiv] n kolektiv
collective II a 1. kolektivan; ~ bargaining sklapanje kolektivnog ugovora; ~ security kolektivna bezbednost (bezbjednost); a ~ farm zemljoradnička zadruga 2. zbirni; a ~ numeral zbirni broj
collective noun zbirna imenica
col·lec·tiv·ism [~izəm] n kolektivizam
col·lec·tiv·ist [~ist] n kolektivista
col·lec·tiv·i·za·tion [kəlektəvi'zejšən]; [aj] n kolektivizacija
col·lec·tiv·ize [kə'lektəvajz] v tr kolektivizirati
col·lec·tor [kə'lektə(r)] n 1. sakupljač, skupljač, kolekcionar, kolektor; a stamp ~ skupljač maraka; a tax ~ poreski kolektor 2. (elec.) kolektor
collector's item predmet od velike vrednosti (vrijednosti)
collector's piece Br.; see **collector's item**
col·leen [ka'lijn]; [o] n irska devojka (djevojka)
col·lege ['kalidž]; [o] n 1. fakultet, visoka škola, univerzitet (W: sveučilište); he's away at ~ on studira na univerzitetu (na fakultetu); a ~

of arts and sciences opšteobrazovni (opće-obrazovni) fakultet (see also **school** 2; **university**) 2. službena zajednica 3. srednja škola (u nekim zemljama) 4. (Br.) studentski dom 5. (Br.) narodni univerzitet (W: narodno sveučilište) **college education** fakultetsko obrazovanje
col·le·gi·al [kə'lijdžijəl] *a* 1. see **collegiate** 2 2. kolegijalan, drugarski
col·le·gi·al·i·ty [~ij'aelətij] *n* kolegijalnost, drugarstvo
col·le·gian [kə'lijdžən] *n* student
col·le·giate [kə'lijdžit] *a* 1. studentski 2. fakultetski, univerzitetski (W: sveučilišni)
col·le·gi·um [kə'lijdžijəm] (*-s* or *-gia* [džijə]) *n* kolegijum
col·let ['kalit]; [o] *n* metalni optok, kolut
col·lide [kə'lajd] *v intr* sudariti se; *the two trains* ~*d* dva su se voza (W: vlaka) sudarila
col·lie ['kalij]; [o] *n* ovčarski pas
col·lier ['kaljə(r)]; [o] *n* 1. (Br.) rudar, ugljar 2. brod za prevoz uglja
col·lier·y [~rij] *n* (esp. Br.) ugljenokop (see also **coal mine**)
col·lins ['kalinz]; [o] *n* vrsta koktela, fiza
col·li·sion [kə'ližən] *n* sudar; *there was a* ~ došlo je do sudara; *a head-on* ~ čeoni (direktan) sudar
collision course put koji vodi (ka) sukobu
col·lo·cate ['kaloukejt]; [o] *v intr* spojiti se
col·lo·ca·tion [kalou'kejšən]; [o] *n* 1. raspoređivanje 2. fraza, kolokacija
col·loid ['kalojd]; [o] *n* koloid
col·loid·al [kə'lojdəl] *a* koloidni; *a* ~ *state* koloidno stanje
col·lo·qui·al [kə'loukwijəl] *a* govorni, kolokvijalan; ~ *language* govorni jezik
col·lo·qui·al·ism [kə'loukwijəlizəm] *n* kolokvijalizam, govorni izraz
col·lo·qui·um [kə'loukwijəm] (*-s* or *-quia* [kwijə]) *n* 1. diskusija 2. seminar
col·lo·quy ['kaləkwij]; [o] (*-quies*) *n* raspravljanje
col·lude [kə'lūd] *v intr* raditi u dosluhu, domunđavati se
col·lu·sion [kə'lūžən] *n* dosluh; *to be in* ~ biti u dosluhu
col·lu·sive [kə'lūsiv] *a* tajno skovan
co·logne [kə'loun] *n* kolonjska voda
Co·lom·bi·a [kə'ləmbijə] *n* Kolumbija
Co·lom·bi·an I [~n] *n* Kolumbijac
Colombian II *a* kolumbijski
co·lon I ['koulən] *n* dve tačke (dvije točke)
colon II (*-s* or *cola* ['koulə]) *n* debelo crevo (crijevo); *the ascending (descending, transverse)* ~ uzlazno debelo (silazno debelo, poprečno debelo) crevo
colo·nel ['kə(r)nəl] *n* pukovnik
Colonel Blimp (Br.) pompezan reakcioner
colo·nel·cy [~sij] *n* čin pukovnika
co·lo·ni·al [kə'lounijəl] *a* kolonijalan; *a* ~ *policy* kolonijalna politika; *a* ~ *power* kolonijalna sila
co·lo·ni·al·ism [~izəm] *n* kolonijalizam
co·lo·ni·al·ist [~ist] *n* kolonizator
col·o·nist ['kalənist]; [o] *n* kolonista
col·on·i·tis [koulə'najtis] see **colitis**
col·o·ni·za·tion [kalənə'zejšən]; [o]; [aj] *n* kolonizacija

col·o·nize ['kalənajz]; [o] *v tr* kolonizovati
col·o·niz·er [~ə(r)] *n* kolonizator
col·on·nade ['kalənejd]; [o] *n* kolonada
col·o·ny ['kalənij]; [o] *n* kolonija; naselje
col·o·phon ['kaləfən]; [o] *n* znak štampara (W: tiskara)
col·or I ['kalə(r)] *n* 1. boja; kolor; *a dark (light)* ~ tamna (svetla — svjetla) boja; *loud* ~s drečeće boje; *water* ~s vodene boje; *what* ~ *is that pencil?* koje (kakve) je boje ta olovka? *to get some* ~ *(in one's face)* dobiti boju; **to change* ~ promeniti (promijeniti) boju; **to come through with flying* ~s postići sjajni uspeh (uspjeh); **to show one's true* ~s pokazati se u pravoj boji; *the* ~s *match* boje se slažu 2. (in *pl*) zastava; *to salute the* ~s odati počast zastavi; *true to the* ~s veran (vjeran) zastavi; (fig.) *to join the* ~s stupiti u vojnu službu 3. kolorit; *local* ~ lokalni kolorit
color II *v tr* obojiti; kolorisati
col·or·a·ble [~rəbəl] *a* koji se može obojiti
Col·o·ra·dan [kalə'radən]; [o] *n* stanovnik države Kolorado
Col·o·ra·do [kalə'radou]; [o] *n* Kolorado (država, reka — rijeka)
col·or·a·tion [kələ'rejšən] *n* obojenost
col·or·a·tu·ra [~ə'tūrə]; [tʃ] *n* (mus.) koloratura
color bar see **color line**
color bearer zastavnik
col·or·blind [~blajnd] *a* slep (slijep) za boje
col·or·blind·ness [~nis] *n* slepilo (sljepilo) za boje, daltonizam
col·or·cast [~kaest]; [a] *n* emisija (preko televizije) u boji
color display (C.) monitor u boji
col·ored I [~d] *n* 1. crnac 2. (Br.) melez; Indus
colored II *a* 1. crnački 2. (Br.) melezni; induski
col·or·fast [~faest]; [a] *a* neizbledljive (neizblijedljive) boje
color film film u koloru
col·or·ful [fəl] *a* koloristčan, mnogobojan
color guard zastavni vod
col·or·im·e·ter [kələ'rimətə(r)] *n* kolorimetar
col·or·ing ['kələriŋ] *n* obojenost, kolorit; *protective* ~ *(of animals)* zaštitna obojenost (životinja)
col·or·less [~lis] *a* bezbojan
color line rasna diskriminacija
color television televizija u boji
co·los·sal [kə'lasəl]; [o] *a* kolosalan
col·os·se·um see **coliseum**
co·los·sus [kə'lasəs]; [o] *n* kolos, div
co·los·to·my [kə'lastəmij]; [o] *n* (med.) kolotomija
co·los·trum [kə'lastrəm]; [o] *n* kolostrum, mlezivo (mljezivo)
colour Br.; see **color** I, II, etc.
colt [kolt] *n* ždrebe (ždrijebe)
Colt II revolver Kolt
col·ter [~ə(r)] *n* (on a plow) (plužno) crtalo, nož
colts·foot [~sfut] (*-s*) *n* (bot.) podbel (podbjel), konjsko kopito
col·um·bar·i·um [kaləm'bejriəm]; [o] (*-ia* [ijə]) *n* 1. odaja u katakombi gde (gdje) se nalaze urne s pepelom pokojnika 2. see **dovecote**

col·um·bar·y [ˈkaləmberij]; [o] ; [ə] see **columbarium**
col·um·bine [ˈkaləmbajn]; [o] n (bot.) pakujac
Co·lum·bus [kəˈləmbəs] n Kolumbo
Columbus Day (Am.) praznik za uspomenu na Kolumba
col·umn [ˈkaləm]; [o] n 1. stub; *the base (capital, shaft) of a* ~ podnožje (glava, trup) stuba; *a* ~ *of smoke* stub dima 2. (anat.) stub; *the spinal* ~ kičmeni stub 3. stubac 4. rubrika 5. (usu. mil.) kolona; *a marching* ~ marševska kolona; *a tank* ~ kolona tenkova; *a* ~ *of twos* kolona po dva; ~ *left (right)* march! desno (levo — lijevo) krilo napred (naprijed!)
a fifth ~ peta kolona
col·umn·ist [~nist] n pisac rubrike
co·ma I [ˈkoumə] n (med.) koma; *to fall (lapse) into a* ~ pasti u komu
coma II (-ae [ij]) n 1. (bot.) pramen, kičica 2. (astro.) rep
co·ma·tose [~tous] a komatozan
comb I [koum] n 1. češalj 2. greben 3. kresta 4. see **honeycomb** 5. see **currycomb**
comb II v tr 1. očešljati; *the mother is* ~*ing her child* majka češlja dete (dijete); *she is* ~*ing her hair* ona se češlja; *to* ~ *wool* češljati vunu 2. (mil.) pročešljati; *to* ~ *an area* pročešljati rejon (W: rajon)
com·bat I [ˈkambaet]; [o] n borba, boj; *to break off* ~ prekinuti borbu
combat II a borbeni; *a* ~ *area* rejon borbenih dejstava (djejstava); (WW II, Am.) *a* ~ *command* taktička grupa oklopne divizije; ~ *conditions* borbeni uslovi; ~ *duty* borbena dužnost; ~ *fatigue* borbena psihička trauma; *a* ~ *mission* borbeni zadatak; ~ *pay* dodatak za službu u operativnoj vojsci; ~ *strength* borbena jačina; *a* ~ *unit* borbena jedinica; *a* ~ *veteran* učesnik rata, ratni veteran
combat III (also: [kəmˈbaet]) v 1. tr boriti se (s) 2. intr boriti se
com·bat·ant [kəmˈbaetənt] n vojno lice
com·bat·ive [kəmˈbaetiv], [ˈkombətiv] a borben, ratoboran
comb·er [ˈkoumə(r)] n see **breaker** 2
com·bin·abil·i·ty [kəmbajnəˈbilətij] n spojivost
com·bin·able [kəmˈbajnəbəl] a spojiv
com·bi·na·tion [kambəˈnejšən]; [o] n 1. kombinacija, spajanje 2. (Br., in pl) kombinezon
combination lock brava sa šifrom
com·bi·na·tive [ˈkambənejtiv]; [o] or [kəmˈbajnətiv] a kombinatoran
com·bi·na·to·ri·al [kambajnəˈtorijəl] com·bi·na·to·ry [kəmˈbajnətorij] a koji pravi kombinacije, kombinatoran
com·bine I [ˈkambajn]; [o] n 1. kombajn 2. udruženje, kartel 3. kombinat
combine II [kəmˈbajn] v 1. tr kombinovati, spojiti 2. intr kombinovati se, spojiti se
com·bined [kəmˈbajnd] a 1. see **combine** II 2. (mil.) ~ *operations* operacije združenih rodova vojske; *a* ~ *task force* operativna (taktička) grupa
comb·ings [ˈkoumin̄gz] n pl iščešljana kosa
combining form (ling.) složenički oblik
com·bo [ˈkambou] [o] (-s) n mala grupa muzičara

comb out v 1. raščešljati; *to comb out one's hair* raščešljati kosu 2. (Br.) odstraniti, izbaciti (nepotrebno)
com·bus·ti·bil·i·ty [kəmbəstəˈbilətij] n zapaljivost
com·bus·ti·ble I [kəmˈbəstəbəl] n zapaljivo sredstvo
combustible II a zapaljiv
com·bus·tion [kəmˈbəsčən] n gorenje; sagorevanje (sagorijevanje); *spontaneous* ~ sagorevanje (samo) od sebe
combustion chamber komora za sagorevanje (sagorijevanje)
com·bus·tive [kəmˈbəstiv] a zapaljiv
come [kəm]; *came* [kejm]; *come* [kəm] v intr 1. doći; *he came by train* došao je vozom (W: vlakom); *to* ~ *into contact* doći u dodir; *his turn is* ~*ing now* sad on dolazi na red; *to* ~ *to power* doći na vlast; *to* ~ *to one's attention* doći do nečijih ušiju; *to* ~ *to one's senses* doći (do) pameti; *to* ~ *on time* doći na vreme (vrijeme) 2. voditi poreklo (porijeklo) od, poticati (W also: potjecati), biti od; *he* ~*s from a good family* on potiče iz dobre porodice 3. (as an aux.) *if it came to be known. . .* ako bi se doznalo. . .; *to* ~ *to know* upoznati se; *to* ~ *to pass* desiti se 4. (in the inf) budući; *the years to* ~ buduće godine; *for all time to* ~ za svu budućnost 5. misc.; *what will* ~ *of him?* šta (što) će biti od njega? ~ *what may!* neka bude što bude; **he has come into his own here* on se ovde (ovdje) oseća (osjeća) kao riba u vodi; **first* ~ *first served* ko (tko) rano rani, dve (dvije) sreće grabi; **to* ~ *home to roost* vratiti se; or: (fig.) osvetiti se; *tears came to his eyes* zavrtele (zavrtjele) su mu se suze u očima; *his dream came true* njegov san se obistinio; *the children came running* deca (djeca) su dotrčala; *to* ~ *near* približiti se; ~ *and see us* posetite (posjetite) nas; **to* ~ *clean* priznati sve; *to* ~ *and go* pojaviti se i nestati; (colloq.) ~ *again?* šta si rekao? (Br.; colloq.) *to* ~ *it a bit (too) strong* preterati (pretjerati)
come about v desiti se, dogoditi se, zbiti se; *how did that come about?* kako se to desilo?
come across v 1. slučajno naići (na), nabasati; *to come across smb.* nabasati na nekoga 2. preći 3. pristati
come again v 1. vratiti se 2. (colloq.) ponoviti
come along v 1. napredovati; *the work is coming along well* posao dobro napreduje 2. ići zajedno; *come along!* hajde sa mnom!
come around v 1. svratiti 2. pridružiti se, složiti se
come at v napasti; *to come at smb.* napasti nekoga
come away v 1. (Br.) otići 2. steći; *to come away with an impression* steći utisak
come back v vratiti se
come·back [~baek] n povratak
come between v razdružiti; *to come between two people* razdružiti dvoje ljudi
come by v 1. svratiti 2. steći; *jobs are hard to come by* teško je naći do posao
co·me·di·an [kəˈmijdijən] n komičar
co·me·di·enne [kəmijdijˈen] n komičarka
com·e·do [ˈkamədou]; [o] (-s or comedones [kamə'dounijz]; [o]) see **blackhead**

come down v 1. sići; *he came down* sišao je; *to come down a staircase* sići niz stepenice 2. dopirati; *to come down to one's knees* dopirati do kolena (koljena) 3. oboleti (oboljeti); *to come down with a disease* oboleti od neke bolesti 4. poticati; *the manuscript has come down from the 14th century* ovaj rukopis potiče iz 14. veka (vijeka) 5. svesti se; *it comes down to the same old thing* sve se to opet svodi na staro

come·down [~daun] n pad (na niži nivo)

com·e·dy ['kæmədij]; [o] n komedija

come forward v pojaviti se; *to come forward with new evidence* pojaviti se s novim dokazom

come in v 1. ući; *he came in* ušao je 2. prodirati 3. misc.; *he came in for criticism* bio je izložen kritici; *to come in handy* biti od koristi; *to come in first* zauzeti prvo mesto — mjesto (u trci)

come into v 1. ući; *he came into the room* ušao je u sobu; *to come into use* ući u upotrebu 2. doći; *to come into conflict* doći u sukob 3. naslediti (naslijediti); *he came into a fortune* nasledio je bogatstvo 4. misc.; *to come into bloom* procvetati (procvjetati); **to come into one's own* steći priznanje

come·ly ['kʌmlij]; [o] a zgodan, lep (lijep)

come off v 1. odlomiti se, odlemiti se; odlepiti (odlijepiti) se; *the handle came off* odlomila se drška; *the button came off* otpalo je dugme; *the stamp came off* marka se odlepila 2. proći; *how did it come off?* kako je prošlo? 3. odvojiti se; *the plaster came off the wall* malter se odvojio od zida 4. misc.; **to come off second best* izvući deblji kraj

come on v 1. naići na 2. izaći na pozornicu

come-on [~on], [a] n (fig.) mamac; *to give smb. the ~* namamiti nekoga

come out v 1. izaći (napolje); *he came out* izašao je 2. izlaziti; *the magazine comes out every Friday* časopis izlazi svakog petka 3. debitovati, prvi put istupiti pred publikom 4. istupiti, izjasniti se; *to come out for smt.* istupiti za nešto, izjasniti se za nešto (u prilog nečemu); *to come out with a statement* istupiti s izjavom 5. ispasti; *the photographs came out well* fotografije su ispale dobro 6. izaći; *the stars have come out* izašle su zvezde (zvijezde); *the spot came out* fleka je izašla 7. javno se otkriti (o homoseksualcu)

come over v 1. doći, svratiti; *I'll come over to your place* svratiću do tebe 2. spopasti, obuzeti; *what has come over you?* šta (što) te je sad spopalo? *a feeling of sadness came over me* obuzela me je tuga

com·er [~ə(r)] n 1. pridošlica (more usu. is **newcomer**) 2. onaj kome predstoji sjajna budućnost

come round see **come around**

co·mes·ti·ble [kə'mestəbəl] n namirnica

com·et ['kamit]; [o] n kometa; *Halley's Comet* Halejeva kometa

come through v 1. uspeti (uspjeti); *he came through* uspeo je, izvršio je svoj zadatak 2. proći; *the nails have come through (to the other side)* ekseri su prošli

come to v 1. iznositi; *your bill comes to 15 dollars* vaš račun iznosi 15 dolara 2. povratiti se, doći k svesti (svijesti); *he come to* došao je k svesti (k sebi) 3. misc.; *to come to a head* dostići vrhunac; *to come to a stop* zaustaviti se; *to come to blows* potući se; *to come to grief* doći do nesreće; *to come to light* biti otkriven; *to come to life* oživeti (oživjeti); *to come to terms* pogoditi se; *to come to the point* preći na stvar; *when it comes to politics* kad se vodi reč (riječ) o politici; *when it came to my knowledge that...* kad sam saznao da...; *you have a big surprise coming to you* bićete iznenađeni

come under v potpasti; *Serbia came under Turkish rule* Srbija je potpala pod tursku vlast

come up v 1. popeti se; *he came up* popeo se 2. dopirati; *the water came up to our knees* voda nam je dopirala do kolena (koljena) 3. izneti (iznijeti); *to come up with a proposal* izneti predlog 4. izaći; *the sun came up* izašlo je sunce 5. naići; *to come up against an obstacle* naići na prepreku 6. doći; približiti se 7. ispuniti; *to come up to expectations* ispuniti očekivanja 8. misc.; *to come up in the world* steći ugled

come·up·ance [kəm'əpəns] n (colloq.) zaslužena kazna

come upon v 1. slučajno sresti 2. pojaviti se; *to come upon the scene* pojaviti se na sceni

come·up·pance see **comeupance**

com·fort I ['kəmfə(r)t] n 1. udobnost, komfor; *with all the ~s* s potpunim komforom 2. uteha (utjeha)

comfort II v tr utešiti (utješiti)

com·fort·a·ble ['kəmftə(r)bəl] a udoban, komforan, komotan; *~ shoes* komotne cipele

comfortably off pred a imućan

com·fort·er ['kʌmfə(r)tə(r)] n 1. utešilac (utješilac) 2. (Br., cap.) Sveti duh 3. (Br.) vuneni šal 4. krevetski pokrivač, ćebe; perina

comfort station klozet, zahod, ve-ce

com·frey ['kəmfrij] n (bot.) gavez

com·fy [~fij] a (colloq.) see **comfortable**

com·ic I ['kamik]; [o] n 1. komik 2. (in pl) stripovi; *to read the ~s* čitati stripove (also **funnies** for 2)

comic II a 1. komičan; *~ effects* komični efekti 2. humoristički; *~ programs* humorističke emisije

com·i·cal [~əl] a komičan

comic book knjiga stripova

comic strip strip

Com·in·form ['kaminfo(r)m]; [o] n kominform

com·ing·out [kəmiŋ-'aut] n debi

coming attractions pl see **preview** I 2

Com·in·tern ['kamintə(r)n]; [o] n Kominterna

com·i·ty ['kamətij]; [o] n učtivost; *the ~ of nations* diplomatske forme učtivosti

com·ma ['kamə]; [o] n zarez, zapeta; *to place (put) a ~* staviti zarez; *to set off by a ~* odvojiti zarezom

com·mand I [kə'maend]; [a] n 1. zapovest (zapovijest); naredba; *to carry out (execute) a ~* izvršiti naredbu; *at his ~* po njegovoj zapovesti 2. komanda; komandna dužnost; *to assume (take) ~* preuzeti komandu; *the chain*

of ~ komandne instance; *the* ~ *of a ship* komanda nad brodom; *(as a)* ~ *responsibility* dužnost komandanta
command II *v* 1. *tr* komandovati; *to* ~ *troops* komandovati trupama 2. *tr* dominirati 3. *tr* uliti; *to* ~ *respect* ulivati poštovanje 4. *tr* doneti (donijeti); *to* ~ *a good price* dobiti dobru cenu (cijenu) 5. *intr* izdavati komande
com·man·dant [kamən'daent]; [o] *n* komandant
com·man·deer [kamən'dij(r)]; [o] *v tr* konfiskovati
com·mand·er [kə'maendə(r)]; [a] *n* komandant, komandir
commander in chief *(commanders in chief)* glavnokomandujući, vrhovni komandant
com·mand·ing [~iŋ] *a* 1. naređivački; dominantan, zapovednički (zapovjednički); *in a* ~ *tone (of voice)* naređivačkim tonom; *a* ~ *position* dominirajuća visina 2. (mil.) komandni; *a* ~ *officer* komandant jedinice
com·mand·ment [~mənt] *n* zapoved (zapovijed); *the Ten Commandments* deset zapovedi
com·man·do [~ou] (-*s* or -*es*) *n* komandos
command performance predstava po narudžbi (predsednica — predsjednica)
command post (mil.) komandno mesto (mjesto)
com·mem·o·rate [kə'memərejt] *v tr* komemorirati, proslaviti uspomenu (na)
com·mem·o·ra·tion [kəmemə'rejšən] *n* komemoracija, proslava (u spomen nekoga); *in* ~ *of smb.* u spomen nekoga
com·mem·o·ra·tive [kə'memərətiv] *a* komemorativan
com·mence [kə'mens] *v tr and intr* 1. početi 2. (mil.) ~ *firing!* paljba! (pali!)
com·mence·ment [~mənt] *n* 1. početak 2. ceremonija predaje diploma; *to hold* ~ održati ceremoniju predaje diploma
commencement exercises *pl* see **commencement** 2
com·mend [kə'mend] *v tr* 1. preporučiti; pohvaliti 2. predati
com·mend·a·ble [~əbəl] *a* vredan (vrijedan) pohvale
com·men·da·tion [kamen'dejšən]; [o] *n* pohvala
com·mend·a·to·ry [kə'mendətorij]; [ə] *a* koji pohvaljuje
com·men·sal I [kə'mensəl] *n* satrpeznik, drug za stolom
commensal II *a* koji jede za istim stolom
com·men·su·ra·ble [kə'mensərəbəl] *a* 1. srazmeran (srazmjeran); proporcionalan 2. deljiv (djeljiv) bez ostatka
com·men·su·rate [kə'mensərit] *a* srazmeran (srazmjeran), proporcionalan; ~ *with one's needs* srazmeran potrebama
com·ment I ['kament]; [o] *n* komentar, primedba (primjedba); *to make a* ~ izneti (iznijeti) primedbu
comment II *v intr* komentarisati; *to* ~ *on events* komentarisati događaje
com·men·tar·y [~erij]; [ə] *n* 1. komentar; *a* ~ *on smt.* komentar na nešto; *(any)* ~ *is superfluous* komentar je suvišan 2. tumačenje
com·men·ta·tor [~ejtə(r)] *n* komentator
com·merce ['kamə(r)s]; [o] *n* trgovina, razmena (razmjena) dobara; *a chamber of* ~ trgovačka komora; *maritime* ~ pomorska trgovina

com·mer·cial [kə'mə(r)šəl] *a* komercijalan, trgovački, trgovinski; ~ *interests* komercijalni interesi; *a* ~ *center* trgovački centar; ~ *law* trgovačko pravo; ~ *ties* trgovačke veze; *a* ~ *agency* trgovinsko predstavništvo; *a* ~ *attaché* trgovinski ataše
commercial bank komercijalna banka
com·mer·cial·ese [~'ijz] *n* trgovački žargon
com·mer·cial·ism [~izəm] *n* komercijalizam
com·mer·cial·i·za·tion [kəmə(r)šələ'zejšən]; [aj] *n* komercijalizacija
com·mer·cial·ize [kə'mə(r)šəlajz] *v tr* komercijalizovati
commercial paper vrednosni (vrijednosni) papiri
commercial traveller (Br.) trgovački putnik (see also **traveling salesman**)
com·mie ['kamij]; [o] *n* (colloq.) komunista
com·mi·na·tion [kamə'nejšən]; [o] *n* pretnja (prijetnja)
com·min·a·to·ry [kə'minətorij]; [ə] *a* preteći (prijeteći)
com·mis·er·ate [kə'mizərejt] *v intr* saosećati (saosjećati); *to* ~ *with smb.* saosećati s nekim
com·mis·er·a·tion [kəmizə'rejšən] *n* saosećanje (saosjećanje)
com·mis·sar ['kaməsa(r)]; [o] *n* komesar
com·mis·sar·i·at [kamə'saerijət]; [o] *n* 1. komesarijat 2. (mil.) prehrambena služba
com·mis·sa·ry ['kaməserij]; [o]; [ə] *n* 1. prodavnica — W: prodavaonica (u logoru, ambasadi) 2. bife
com·mis·sion I [kə'mišən] *n* 1. komisija 2. provizija 3. (mil.) oficirski čin; *to receive a* ~ dobiti oficirski čin; *to resign one's* ~ dati ostavku 4. izvršenje; *the* ~ *of a crime* izvršenje zločina 5. stroj; *to put out of* ~ izbaciti iz stroja
commission II *v tr* 1. dati oficirski čin (nekome); *a* ~*ed officer* oficir 2. poručiti 3. (naut.) uvesti u stroj
com·mis·sion·aire [kəmišə'nej(r)] *n* (Br.) portir
com·mis·sion·er [kə'mišənə(r)] *n* 1. komesar 2. punomoćnik 3. član komisije 4. načelnik gradskog sekretarijata; *the* ~ *of health* (or, coll.; *the health* ~) načelnik gradskog sekretarijata za zdravstvo
commission merchant komisionar
com·mit [kə'mit] *v tr* 1. izvršiti; *to* ~ *(a) murder (theft)* izvršiti ubistvo (krađu) 2. predati; *to* ~ *to the flames* predati vatri; *to* ~ *to smb.'s care* predati na nečije čuvanje 3. (usu. *refl*) posvetiti (se), predati (se); predati (se); *to* ~ *oneself to a cause* predati (posvetiti) se stvari 4. (mil) uvesti (u borbu); *to* ~ *one's reserves* uvesti rezervu u borbu 5. smestiti (smjestiti); *to* ~ *to a hospital* smestiti u bolnicu 6. misc.; *to* ~ *to memory* upamtiti; *to* ~ *to paper* staviti na papir
com·mit·tal [~əl] *n* see **commitment** 3
com·mit·ment [~mənt] *n* 1. predavanje, predaja 2. pritvor 3. smeštanje (smještanje); ~ *to a hospital* smeštanje u bolnicu 4. odanost, privrženost; ~ *to a cause* privrženost stvari 5. angažovanje; *a military* ~ vojno angažovanje
com·mit·tee [kə'mitij] *n* odbor, komitet
com·mit·tee·man [~mən] (-*men* [min]) *n* odbornik
com·mode [kə'moud] *n* 1. nizak orman, komod 2. nužnik

com·mo·di·ous [kə'moudijəs] *a* prostran, komotan
com·mod·i·ty [kə'madətij]; [*o*] *n* artikal, roba
com·mo·dore ['kamədo(r)]; [*o*] *n* komodor
com·mon I ['kamən]; [*o*] *n* 1. (usu. in *pl*) opštinska (općinska) zemlja (see also **commons**) 2. misc.; *in* ~ zajednički; *out of the* ~ neobičan
com·mon II *a* 1. opšti (opći); zajednički; uzajaman; ~ *interests* opšti (zajednički) interesi; *the* ~ *good* opšte dobro; *a* ~ *friend* opšti prijatelj; *a* ~ *trait* opšta crta; *by* ~ *consent* po opštem pristanku 2. običan; opšti; *a* ~ *man* običan čovek (čovjek); *a* ~ *soldier* običan vojnik (redov); *a* ~ *event* običan događaj 3. prost; *the* ~ *people* prost narod 4. pra-
common carrier špediter; transportno preduzeće (W: poduzeće), saobraćajno preduzeće
common cold nazeb
common denominator (math. and fig.) zajednički imenilac
com·mon·er [~ə(r)] *n* osoba iz trećeg staleža
Common Germanic pragermanski jezik
common ground 1. zajednički interes 2. (Br.) ~! slažem se!
common land (esp. Br.) opštinska (općinska) zemlja
common law opšte (opće) pravo (cf. **statute law**)
common-law marriage [~-lo] divlji brak
common-law wife nevenčana (nevjenčana) žena
common logarithm obični !ogaritam
Common Market Zajedničko tržište
common noun zajednička imenica
com·mon·place [~plejs] *n* opšte (opće) mesto (mjesto)
Common Romance praromanski jezik
com·mons [~z] *n* 1. *(pi)* običan narod 2. menza 3. hrana 4. treći stalež; *the House of Commons* Donji dom
common sense zdrav razum
Common Slavic (Br.: **Slavonic**) praslovenski (W: praslavenski) jezik
common stock obične akcije
com·mon·weal [~wijl] *n* zajedničko dobro
com·mon·wealth [~welth] *n* 1. politička zajednica 2. zvanični naziv nekih američkih država (see also **state I** 5 for 2)
Commonwealth of Nations *(the* ~) Zajednica naroda
com·mo·tion [kə':..ioušən] *n* urnebes. gungula
com·mu·nal [kə'mjūnəl] or ['kamjənəl]; [*o*] *a* komunalan
com·mu·nal·ism [~izəm] *n* komunalizam
com·mu·nal·ize [~ajz] *v tr* komunalizovati
com·mune I ['kamjūn]; [*o*] *n* komuna
commune II [kə'mjūn] *v intr* voditi prisan razgovor
com·mu·ni·ca·ble [kə'mjūnikəbəl] *a* 1. zarazan; infektivan; ~ *diseases* zarazne bolesti 2. govorljiv
com·mu·ni·cant [kə'mjūnikənt] *n* pričesnik
com·mu·ni·cate [kə'mjūnəkejt] *v* 1. *tr* saopštiti (saopćiti); informisati; *to* ~ *news to smb.* saopštiti vesti (vijesti) nekome 2. *tr* preneti — prenijeti (bolest) (more usu. is **transmit** 1) 3. *intr* voditi jedan u drugi 4. *intr* komunicirati, biti u vezi; *to* ~ *with smb.* komunicirati (biti u vezi) ѕ nekim

com·mu·ni·ca·tion [kəmjūnə'kejšən] *n* 1. komunikacija; saopštenje (saopćenje); veza; *two-way* ~ dvostrana veza 2. (in *pl)* sredstva veze; *mass* ~*s* sredstva javnog informisanja; *all* ~*s were cut (off)* sve veze su bile prekinute; *telephone* ~*s* telefonske veze 3. (mil.) linija veze; *to maintain* ~ *(s)* or: *to keep* ~*s open* održavati vezu
communication cord (Br.) (in a train) signal za slučaj opasnosti
communication hub komunikacijski čvor
communication officer (mil.) oficir veze
communications gap prekid komunikacije (između grupa)
com·mu·ni·ca·tive [!.ə'mjūnəkətiv] *a* komunikativan
com·mun·ion [kə'mjūnjən] *n* 1. zajedničko učešće 2. opštenje (općenje); prisna veza 3. (rel.) pričest; *to take* ~ pričestiti se
co·mu·ni·qué [kəmjūnə'kej] *n* kominike
com·mu·nism ['kamjənizəm]; [*o*] *n* komunizam
Com·mu·nist I [~nist] *n* komunist.
Communist II *a* komunistički
com·mu·nis·tic [kamjə'nistik]; [*o*] *a* komunistički
Communist International Komunistička internacionala
Comunist Manifesto *(the* ~) Komunistički manifest
Communist Party Komunistička partija
com·mu·ni·ty [kə'mjūnətij] *n* zajednica; *a* ~ *of interests* zajednica interesa; *(as a) active in* ~ *affairs* aktivan u građanskoj zajednici
community center opštinski (općinski) klub
community chest ustanova društvenog staranja, ustanova za javno dobro (more usu. now is **united way**)
community health zdravstvena zaštita (also **public health**)
community-health [~-helth] *a* 1. zdravstven; *a* ~ *center* zdravstvena stanica 2. patronažni (also **public-health**)
community-health nurse patronažna sestra (also **public-health nurse, visiting nurse**)
community-health nursing patronažna služba (also **public-health nursing, visiting-nurse service**)
community medicine opšta (opća) praksa
community property zajednička imovina
com·mu·nize ['kamjūnajz]; [*o*] *v tr* komunizovati
com·mut·a·ble [kə'mjūtəbəl] *a* razmenljiv (razmjenljiv)
com·mu·tate ['kamjətejt]; [*o*] *v tr* (elec.) komutirati
com·mu·ta·tion [kamjə'tejšən]; [*o*] *n* 1. razmena (razmjena) 2. (elec.) komutacija 3. (legal) zamena — zamjena (kazne), ublaženje; ~ *of a death sentence* zamena smrtne kazne doživotnom robijom
commutation ticket sezonska (mesečna — mjesečna) vozna karta
com·mu·ta·tive ['kamjətejtiv]; [*o*] *a* komutabilan
com·mu·ta·tor ['kamjətejtə(r)]; [*o*] *n* (elec.) komutator
com·mute [kə'mjūt] *v* 1. *tr* razmeniti (razmijeniti) 2. *tr* zameniti (zamijeniti), ublažiti; *to* ~ *a sentence* ublažiti kaznu; *to* ~ *a death sentence to life (imprisonment)* zameniti smrtnu kaznu večitom (vječitom) robijom 3. *tr* see **commutate** 4. *intr* redovno putovati na posao; *he* ~*s to*

work by train on ide na posao vozom (W: vlakom)

com·mut·er [~ə(r)] *n* onaj koji redovno putuje na posao (često: sredstvima javnog saobraćaja)

com·mut·ing [~ing] *a* koji putuje na posao, u školu; *a* ~ *student* eksternista

com·pact I ['kampaekt]; [o] *n* 1. puderska kutija 2. mali automobil

compact II *a* kompaktan, zbijen; (ling.) kompaktni

compact III [kəm'paekt] *v tr* zbiti

compact IV ['kampaekt]; [o] *n* sporazum

com·pact·ness [kəm'paektnis] *n* kompaktnost

com·pan·ion [kəm'paenjən] *n* prijatelj, drug, kompanjon

com·pan·ion·ship [~šip] *n* drugarstvo

com·pan·ion·way [~wej] *n* (naut.) brodske stepenice

com·pa·ny ['kəmpənij] *n* 1. društvo, kompanija; gost; *to keep smb.* ~ praviti nekome društvo; *she loves* ~ ona voli društvo; *to have* ~ imati goste; *uninvited* ~ nezvani gosti; *to keep* ~ zabavljati se; *to part* ~ razići se; **you can tell a man by the* ~ *he keeps* s kim si, onakav si 2. društvo; kompanija; preduzeće (W: poduzeće); *a volunteer fire* ~ dobrovoljno vatrogasno društvo; *an insurance* ~ osiguravajuće društvo; *a stock* ~ akcionarsko društvo; *an oil* ~ petrolejska kompanija; *a shipping* ~ transportno preduzeće 3. (mil.) četa; (as *a*): *a* ~ *commander* komandir čete; *to fall out on the* ~ *street* izaći na četnu ulicu (radi postrojavanja)

company manners (Br.) lepo (lijepo) ponašanje, fino ophođenje

com·pa·ra·ble ['kampərəbəl]; [o] *a* uporediv

com·par·a·tist [kəm'paerətist] *n* komparativista

com·par·a·tive I [~tiv] *n* komparativ

comparative II *a* komparativni, uporedan; ~ *grammar* komparativna (uporedna) gramatika

com·pare I [kəm'pej(r)] *n* uporedivost; *beyond* ~ neuporediv, van upoređenja

compare II *v* 1. *tr* uporediti, sravniti, porediti; *to* ~ *smt. with smt.* (*else*) uporediti nešto s nečim; *to* ~ *results* uporediti rezultate 2. *tr* (gram.) *to* ~ *an adjective* porediti pridev (pridjev) 3. *intr* uporediti se; *no one can* ~ *to him* niko (nitko) se ne može uporediti s njim

com·par·i·son [kəm'paerəsən] *n* 1. uporećenje, sravnjenje, poređenje, *beyond* ~ van upoređenja; *to make* ~s praviti upoređenja 2. (gram.) komparacija, poređenje; *the* ~ *of adjectives* komparacija prideva (pridjeva)

com·part·ment [kəm'pa(r)tmənt] *n* 1. odeljak (odjeljak); *a drawer* ~ odeljak fioke; *a baggage* ~ odeljak za prtljag (W: prtljagu) 2. (in a train) kupe 3. (naut.) vodonepropusna prostorija

com·part·ment·al·ize [kəmpa(r)t'mentələjz] *v tr* podeliti (podijeliti) na odeljke (odjeljke)

com·pass ['kampəs]; [ə] *n* kompas

com·pas·sion [kəm'paešən] *n* sažaljenje

com·pas·sion·ate [~it] *a* sažaljiv

compassionate leave odsustvo zbog porodičnih problema

com·pat·i·bil·i·ty [kəmpaetə'bilətij] *n* kompatibilnost

com·pat·i·ble [kəm'paetəbəl] *a* kompatibilan

com·pa·tri·ot [kəm'pejtrijət]; [ae] *n* zemljak, sunarodnik

com·peer ['kampij(r)]; [o] or [kəm'pij(r)] onaj koji je jednak

com·pel [kəm'pel] *v tr* prisiliti

com·pen·di·ous [kəm'pendijəs] *a* sažet

com·pen·di·um [kəm'pendijəm] (-*s* or -*dia* [dijə]) *n* sažet pregled

com·pen·sate ['kampənsejt]; [o] *v* 1. *tr* nadoknaditi, obeštetiti; *to* ~ *smb. for damage* obeštetiti nekome štetu, obeštetiti nekoga 2. *intr* uneti (unijeti) popravku; (when firing a rifle) *to* ~ *for windage* uneti popravku za vetar (vjetar)

com·pen·sa·tion [kampən'sejšən]; [o] *n* naknada, odšteta, obeštećenje; ~ *for damage* naknada štete; *the payment of* ~ isplata odštete

com·pen·sa·to·ry [kəm'pensətorij]; [ə] *a* koji naknaćuje, obeštećuje

com·pere ['kompej(r)] Br.; see **emcee** I, II

com·pete [kəm'pijt] *v intr* takmičiti se, nadmetati se; konkurisati; *she* ~s *with him at work* ona se takmiči s njim u poslu; *to* ~ *for a girl* takmičiti se oko devojke (djevojke); *to* ~ *in smt.* nadmetati se u nečemu; *they* ~ *with us (in business)* oni nam konkurišu

com·pe·tence ['kampətəns]; [o] *n* 1. sposobnost 2. (legal) nadležnost; kompetencija 3. (ling.) jezička sposobnost, kompetencija

com·pe·ten·cy [~ij] see **competence**

com·pe·tent [~ənt] *a* 1. sposoban 2. nadležan, kompetentan

com·pe·ti·tion [kampə'tišən]; [o] *n* konkurencija, takmičenje, nadmetanje, utakmica; ~ *with smb. for smt.* takmičenje s nekim za nešto; *strong* ~ jaka konkurencija; *illegal (free)* ~ nedozvoljena (slobodna) konkurencija; *to offer* ~ praviti konkurenciju

com·pet·i·tive [kəm'petitiv] *a* konkurentan; takmičarski; ~ *bidding* javno nadmetanje, licitacija; ~ *spirit* takmičarski duh

com·pet·i·tor [kəm'petətə(r)] *n* takmičar, konkurent

com·pi·la·tion [kampə'lejšən]; [o] *n* sastavljanje, kompilacija, izrada; *the* ~ *of a dictionary* izrada rečnika (rječnika)

com·pile [kəm'pajl] *v tr* sastaviti, kompilovati, izraditi; *to* ~ *a dictionary* izraditi rečnik (rječnik)

com·pil·er [~ə(r)] *n* (C.) kompilator, kompajler

com·pla·cence [kəm'plejsəns] *n* see **complacency**

com·pla·cen·cy [~ij] *n* zadovoljstvo; samozadovoljstvo

com·pla·cent [~ənt] *a* zadovoljan; samozadovoljan

com·plain [kəm'plejn] *v intr* žaliti se; *to* ~ *to smb. about smt.* žaliti se nekome na nešto; *she* ~ed *of a headache* žalila se na glavobolju

com·plain·ant [~ənt] *n* žalilac, podnosilac žalbe

com·plain·er [~ə(r)] *n* žalilac

com·plaint [~t] *n* žalba; *to lodge (file) a* ~ podneti — podnijeti (uložiti) žalbu; *to act on a* ~ rešiti (riješiti) žalbu; *to reject a* ~ odbaciti žalbu

com·plai·sance [kəm'plejsəns] *n* popustljivost

com·plai·sant [~nt] *a* popustljiv

com·ple·ment I ['kampləmənt]; [o] *n* 1. dopuna; upotpunjenje 2. (of a ship) potpuna posada, formacijski sastav; *to bring up to full* ~ popuniti do formacijskog sastava 3. (gram.) dodatak, dopuna

complement II *v* 1. *tr* upotpuniti, dopuniti 2. *refl* dopuniti se; *they ~ each other beautifully* njih dvoje se divno dopunjuju

com·ple·men·ta·ry [kamplə'mentərij]; [o] *a* dopunski; komplementarni; *~ angles* komplementarni uglovi (W: kutovi); *~ colors* komplementarne boje

com·plete I [kəm'plijt] *a* potpun, kompletan; *a ~ set* komplet

complete II *v tr* 1. svršiti, dovršiti, završiti; *to ~ one's work* završiti svoj rad; *to ~ a building* dograditi zgradu 2. kompletirati; upotpuniti; *to ~ one's happiness* upotpuniti svoju sreću

com·ple·tion [kəm'plijšən] *n* 1. završenje, dovršenje 2. upotpunjenje

com·plex I ['kampleks]; [o] *n* 1. kompleks 2. (psych.) kompleks; *an inferiority ~* kompleks niže vrednosti (vrijednosti); *a persecution ~* bolest gonjenja

complex II (and [kəm'pleks]) *a* kompleksan, složen; *a ~ problem* složen problem

complex fraction složeni razlomak

com·plex·ion [kəm'plekšən] *n* 1. boja lica, ten 2. izgled

com·plex·i·ty [kəm'pleksətij] *n* kompleksnost, složenost

complex number složeni broj

complex sentence (gram.) složena rečenica (sa zavisnim veznikom) (cf. **compound sentence**)

com·pli·ance [kəm'plajəns] *n* 1. povinovanje; pristanak, saglasnost, pridržavanje; *~ with the law*; pridržavanje zakona 2. popustljivost

com·pli·ant [~ənt] *a* popustljiv

com·pli·cate I ['kamplikejt]; [o] *v tr* komplikovati

complicate II [~kit] *a* složen, kompleksan

com·pli·cat·ed [~kejtid] *a* komplikovan

com·pli·ca·tion [kampli'kejšən]; [o] *n* komplikacija

com·plic·i·ty [kəm'plisətij]; [o] *n* (legal) saizvršilaštvo, saučesništvo

com·pli·ment I ['kampləmənt]; [o] *n* 1. kompliment; *to pay smb. a ~* dati (napraviti) nekome komplimenat; *a left-handed ~* neiskren (podrugljiv) komplimenat 2. pozdrav; *give him my ~s* isporučite mu moje pozdrave

compliment II *v tr* komplimentovati; *to ~ smb. on smt.* komplimentovati nekome na nečemu

com·pli·men·ta·ry [kamplə'mentərij]; [o] *a* 1. laskav 2. besplatan; *a ~ ticket* besplatna ulaznica

com·ply [kəm'plaj] *v intr* povinovati se, pokoriti se; pristati; *to ~ with a law* povinovati se zakonu

com·po·nent I [kəm'pounənt] *n* 1. sastavni deo (dio) 2. komponenta

component II *a* sastavni (more usu. is **integral II**)

com·port [kəm'po(r)t] *v refl* ponašati se, vladati se (more usu. is **behave 1**)

com·port·ment [~mənt] *n* ponašanje, vladanje (also **behavior**)

com·pose [kəm'pouz] *v* 1. *tr* sastaviti; *~d of* sastavljen od 2. *tr* (mus.) komponovati 3. *tr* napisati; sačiniti; sastaviti 4. *tr* (printing) složiti (also **set III 15**) 5. *tr* and *refl* pribrati; *to ~ one's thoughts* pribrati svoje misli; *to ~ oneself*

pribrati se, staložiti se 6. *intr* (mus.) komponovati 7. *intr* (printing) slagati

com·posed [~d] *a* pribran, staložen

com·pos·er [~ə(r)] *n* kompozitor

composing room slagačnica, slagarnica

composing stick slagaljka

com·pos·ite I [kəm'pazit]; ['kompəzit] *n* 1. mešavina (mješavina) 2. (bot.) glavočika

composite II *a* složen; mešovit (mješovit); kombinovan; *a ~ number* složeni broj

composite drawing, composite sketch foto-robot, portret (osumnjičenog) izrađen na osnovu opisa očevidaca

com·po·si·tion [kampə'zišən]; [o] *n* 1. sastavljanje 2. sastav; *the ~ of gases* sastav gasova; *the ~ of (the) peace-keeping forces* sastav mirovnih snaga 3. *(a written ~)* pismeni sastav 4. (mus.) kompozicija 5. (painting) kompozicija 6. (printing) slaganje

com·pos·i·tor [kəm'pazətə(r)]; [o] *n* slagač

com·post ['kampoust]; [o] *n* 1. kompost 2. mešavina (mješavina)

com·po·sure [kəm'použə(r)] *n* pribranost, staloženost

com·pote ['kampout]; [o] *n* kompot

com·pound I ['kampaund]; [o] *n* 1. spoj, složena stvar, sinteza, smesa (smjesa) 2. (chem.) jedinjenje; *a chemical ~* hemijsko (kemijsko) jedinjenje 3. (ling.) složenica 4. ograđen prostor; privremeni logor

compound II *a* složen, sastavljen; *a ~ word* složena reč (riječ)

compound III [kəm'paund] *v tr* 1. spojiti 2. pomešati (pomiješati); *to ~ a medicine* pomešati lek (lijek) 3. povećati; *to ~ an error* uvećati (povećati) grešku 4. (legal) *to ~ a felony* odustati od tužbe zbog primljene odštete

compound fraction see **complex fraction**

compound fracture (med.) komplikovani prelom

compound interest složeni interes, kamata na kamatu

compound number složeni broj

compound sentence složena rečenica (sa sastavnim veznikom) (cf. **complex sentence**)

com·pre·hend [kamprij'hend]; [o] *v tr* shvatiti, razumeti (razumjeti); *to ~ a question* shvatiti pitanje

com·pre·hen·si·ble [kamprij'hensəbəl]; [o] *a* razumljiv; *~ to smb.* razumljiv nekome

com·pre·hen·sion [~nšən] *n* shvatanje, razumevanje (razumijevanje)

com·pre·hen·sive I [~nsiv] *n* (usu. in *pl*) diplomski ispit

comprehensive II *a* 1. obuhvatan, obiman 2. (rare) koji shvata 3. kombinovan; *~ insurance* kombinovano osiguranje

comprehensive school (Br.) vrsta srednje škole

com·press I ['kampres]; [o] *n* (med.) kompres, oblog

compress II [kəm'pres] *v tr* komprimirati, sabiti; sažeti; *to ~ air* sabiti (komprimirati) vazduh (W: zrak)

compressed air komprimirani vazduh (W: zrak)

com·pres·sion [kəm'prešən] *n* kompresija, sabijanje

compression ratio stepen kompresije (sabijanja)

com·pres·sor [kəm'presə(r)] *n* kompresor

com·prise [kəm'prajz] *v tr* uključiti; *the Union* ~*s 50 states* Savez uključuje 50 država (see also **consist of**)

com·pro·mise I ['kamprəmajz]; [*o*] *n* kompromis; *to reach a* ~ doći do kompromisa, postići kompromis; *to reject a* ~ odbiti kompromis; *a policy of* ~ kompromisna politika

compromise II *a* kompromisan; *a* ~ *solution* kompromisno rešenje (rješenje)

compromise III *v* 1. *tr* rešiti (riješiti) putem kompromisa; *to* ~ *a dispute* rešiti spor putem kompromisa, kompromisno rešiti spor 2. *tr* kompromitovati, ugroziti, dovesti u pitanje; *to* ~ *oneself* kompromitovati se 3. *intr* rešavati (rješavati) putem kompromisa

comp·trol·ler [kən'troulə(r)] see **controller** 2

com·pul·sion [kəm'pəlšən] *n* 1. prinuda 2. kompulziva sila, neodoljiva sila

com·pul·sive [~lsiv] *a* kompulzivan

com·pul·sive·ness [~nis] *n* kompulzivnost

com·pul·so·ry [kəm'pəlsərij] *a* obavezan; prinudan; ~ *education* obavezno školovanje; ~ *military service* obavezna vojna služba

com·punc·tion [kəm'pəṇgšən] *n* griža savesti (savjesti); *without* ~ bez griže savesti

com·pu·ta·tion [kampjū'tejšən]; [*o*] *n* računanje

com·pute [kəm'pjūt] *v* 1. *tr* izračunati 2. *intr* računati

com·put·er [~ə(r)] *n* računar (W also: računalo), kompjuter; *an analog (digital, electronic, home, parallel, personal, serial)* ~ analogni (digitalni, elektronski, kućni, paralelni, lični, serijski) računar

computer-aided instruction obuka uz pomoć računara

com·put·er·ize [~rajz] *v tr* kompjuterizovati

computer projection kompjuterska projekcija

computer science kompjuterska nauka

com·rade [(kamraed]; [*o*]; [*ej*] *n* drug

com·rade·ship [~šip] *n* drugarstvo

con I [kan]; [*o*] *n* protivrazlog

con II *adv* protiv; *pro and* ~ za i protiv

con III *v tr* (colloq.) prevariti; *to* ~ *smb. out of money* uzeti nekome novac na prevaru

con·cat·e·nate [kan'kaetənejt]; [*o*] *v tr* povezati

con·cat·e·na·tion [kankaetə'nejšən]; [*o*] *n* vezivanje sticaj; *a* ~ *of circumstances (events)* sticaj prilika (događaja)

con·cave [kan'kejv]; [*o*] *a* konkavan

con·ceal [kən'sijl] *v tr* sakriti; *to* ~ *a fugitive (the truth)* sakriti begunca — bjegunca (istinu)

con·cede [kən'sijd] *v* 1. *tr* priznati; *to* ~ *one's guilt* priznati svoju krivicu 2. *tr and intr* ustupiti

con·ceit [kən'sijt] *n* taština, uobraženost

con·ceit·ed [~id] *a* uobražen

con·ceiv·a·ble [kən'sijvəbəl] *a* shvatljiv

con·ceive [kən'sijv] *v* 1. *tr* smisliti, zamisliti; *to* ~ *an idea* zamisliti ideju 2. *intr* zatrudneti (zatrudnjeti), začeti 3. *intr* shvatiti; *to* ~ *of smt.* shvatiti ideju

con·cen·trate I ['kansəntrejt]; [*o*] *n* koncentrat

concentrate II *v* 1. *tr* koncentrisati, usredsrediti (usredsrijediti); *to* ~ *one's attention on smt.* usredsrediti (koncentrisati) pažnju na nešto 2. *intr* koncentrisati se, usredsrediti (usredsrijediti) se; *to* ~ *on smt.* usredsrediti se na nešto

con·cen·tra·tion [kansən'trejšən]; [*o*] *n* koncentracija

concentration camp koncentracioni logor

con·cen·tric [kən'sentrik] *a* koncentričan; ~ *circles* koncentrični krugovi

con·cept ['kansept]; [*o*] *n* pojam

con·cep·tion [kən'sepšən] *n* 1. začeće; *immaculate* ~ bezgrešno začeće 2. pojam, ideja, zamisao 3. razumevanje (razumijevanje); pojmovna moć, koncepcija

con·cep·tu·al [kən'sepčūəl] *a* pojmovni

con·cep·tu·al·ism [~izəm] *n* konceptualizam

con·cep·tu·al·ize [~ajz] *v tr* (apstraktno) zamisliti

con·cern I [kən'sə(r)n] *n* 1. briga; zabrinutost (W also: skrb); *to give smb. cause for* ~ zadavati brigu nekome; ~ *for smb.* zabrinutost zbog nekoga; *to cause grave* ~ izazvati veliku zabrinutost 2. interes, zainteresovanost 3. koncern, preduzeće (W: poduzeće); *a large* ~ veliko preduzeće

concern II *v tr* 1. zabrinuti; *the state of his health* ~*s us* zabrinjava nas njegovo zdravlje; *to be* ~*ed about smt.* biti zabrinut zbog nečega 2. ticati se; *that doesn't* ~ *me* mene se to ništa ne tiče; *as far as I'm* ~*ed* što se mene tiče 3. zainteresovati; *that doesn't* ~ *us* to nije naš posao 4. *refl* baviti se; interesovati se; *to* ~ *oneself with smt.* interesovati se za nešto; *to* ~ *oneself with politics* baviti se politikom

con·cern·ing [~ing] *prep* u pogledu, o; ~ *him* što se tiče njega

con·cert I ['kansə(r)t]; [*o*] *n* 1. koncert; *to go to a* ~ ići na koncert; *to give a* ~ održati koncert 2. saglasnost, sporazum; *in* ~ *with* u sporazumu sa

concert II *a* koncertni; *a* ~ *hall* koncertna dvorana

concert III [kən'sə(r)t] *v tr* usaglasiti, uskladiti; *to* ~ *efforts* uskladiti napore; *a* ~*ed attack* jednovremeni napad

con·cer·ti·na [kansə(r)'tijnə]; [*o*] *n* harmonika na meh (mijeh)

con·cert·mas·ter ['kansə(r)tmaestə(r)]; [*o*]; [*a*] *n* prvi violinista

con·cer·to [kən'če(r)tou] (*-s or -ti* [tij]) *n* solistički koncert (uz pratnju)

con·ces·sion [kən'sešən] *n* koncesija, ustupak; *to make* ~*s to smb.* činiti nekome ustupke; *to be ready for (to make)* ~*s* biti spreman na ustupke; *mutual* ~*s* obostrani ustupci

con·ces·sio·naire [kənsešə'nej(r)] *n* koncesionar

con·ces·sion·er see **concessionaire**

con·ces·sive [kən'sesiv] *a* koncesivan; dopusni; (gram.) *a* ~ *sentence* koncesivna rečenica

conch [kaṇgk]; [*o*] or [kanč]; [*o*] (*-s or -es*) *n* školjka

con·cha ['kaṇgkə]; [*o*] (*-ae* [*ij*]) *n* (anat.) ušnica

con·cil·i·ate [kən'silijejt] *v tr* 1. uskladiti 2. pomiriti

con·cil·i·a·tion [kənsilij'ejšən] *n* 1. usklađenje 2. pomirenje

con·cil·i·a·tor [kən'silijejtə(r)] *n* pomirilac

con·cil·i·a·to·ry [kən'silijətorij]; [*ə*] *a* pomirljiv

con·cise [kən'sajs] *a* sažet, koncizan

con·cise·ness [~nis] *n* sažetost, konciznost

con·ci·sion [kən'sižən] *n* see **conciseness**

con·clave ['kɑnklejv]; [o] *n* 1. tajni sastanak 2. konklav

con·clude [kən'klūd] *v* 1. *tr* završiti, zaključiti; *to ~ a lecture (a speech)* završiti čas (govor) 2. *tr* zaključiti; *to ~ an armistice* zaključiti primirje; *from what you say, I ~ that...* iz toga što kažeš zaključujem da... 3. *intr* završiti se

con·clud·ing [~iɳg] *a* završni; *the ~ speech* završni govor

con·clu·sion [kən'klūžən] *n* 1. završetak, svršetak, zaključak; *in ~* na završetku (kraja) 2. zaključak; *to come to a ~* doći do zaključka; *to draw a ~* izvući zaključak

con·clu·sive [kən'klūsiv] *a* konačan, ubedljiv (ubjedljiv); *~ proof* konačan dokaz

con·coct [kən'kɑkt]; [o] *v tr* 1. skuvati (skuhati) 2. (fig.) snovati; *to ~ a plot* snovati zaveru (zavjeru) 3. izmisliti; *to ~ a story* izmisliti priču

con·coc·tion [kən'kɑšən]; [o] *n* 1. nešto skuvano (skuhano) 2. izmišljotina

con·com·i·tant I [kən'kɑmətənt]; [o] *n* prateća okolnost

concomitant II *a* prateći

con·cord ['kɑnko(r)d], [n̄g]; ['koɳgko(r)d] *n* 1. sloga; saglasnost 2. (gram.) slaganje, kongruencija (more usu. is **agreement** 3 for 2)

con·cor·dance [kən'ko(r)dəns] *n* 1. saglasnost 2. azbučni registar reči (riječi) nekog dela (djela)

con·cor·dant [kən'ko(r)dənt] *a* saglasan, složan, skladan

con·cor·dat [kən'ko(r)daet] *n* konkordat

con·course ['kɑnko(r)s]; [o] *n* 1. skup, gomila 2. širok prolaz; veliki hol

con·cres·cence [kən'kresəns] *n* srastanje

con·crete I ['kɑnkrijt]; [o] *n* beton

concrete II (and [kɑn'krijt]; [o]) *a* 1. betonski 2. konkretan; stvaran; (gram.) *a ~ noun* stvarna imenica

concrete mixer betonska mešalica (mješalica)

con·cre·tize ['kɑnkritajz]; [o] *v tr* konkretizovati

con·cu·bi·nage [kɑn'kjūbənidž]; [o] *n* konkubinat

con·cu·bine ['kɑɳgkjəbajn]; [o] *n* konkubina

con·cu·pis·cence [kɑn'kjūpəsəns]; [o] *n* pohota

con·cu·pis·cent [~ənt] *a* pohotan, pohotljiv

con·cur [kən'kə(r)] *v intr* 1. slagati se; *to ~ with smb.* slagati se s nekim 2. poklapati se (vremenski), podudarati se

con·cur·rence [~rəns] *n* 1. saglasnost, slaganje 2. poklapanje, podudaranje, sticaj; *a ~ of events* sticaj događaja

con·cur·rent [~rənt] *a* 1. istovremen 2. saglasan, složan 3. podudaran, zajednički

con·cus·sion [kən'kəšən] *n* 1. potres 2. (med.) potres; *a brain ~* potres mozga

con·demn [kən'dem] *v tr* 1. osuditi; *to ~ smb. to death* osuditi nekoga na smrt 2. proglasiti neupotrebljivim; *to ~ a building* proglasiti zgradu neupotrebljivom

con·dem·na·tion [kɑndem'nejšən]; [o] *n* 1. osuda, osuđivanje 2. stroga kritika, osuda

condemned cell (Br.) ćelija za osuđene na smrt (see also **death row**)

con·den·sa·tion [kɑndən'sejšən]; [o] *n* 1. kondenzacija, zgusnuće 2. (phys.) kondenzacija, pretvaranje pare u tekuće stanje 3. sažimanje, skraćivanje

con·dense [kən'dens] *v* 1. *tr* sažeti, sabiti; *to ~ a thought* sabiti misao 2. *tr* zgusnuti, kondenzovati 3. *intr* zgusnuti se

condensed milk kondenzovano mleko (mlijeko)

con·dens·er [~ə(r)] *n* kondenzator

con·de·scend [kɑndi'send]; [o] *v intr* udostojiti se, blagoizvoleti (blagoizvoljeti)

con·de·scend·ing [~iɳg] *a* snishodljiv

con·de·scen·sion [~nšən] *n* snishodljivost, udostojavanje

con·dign [kən'dajn] *a* zaslužen; *a ~ punishment* zaslužena kazna

con·di·ment ['kɑndəmənt]; [o] *n* začin

con·di·tion I [kən'dišən] *n* 1. prilika, uslov (W also: uvjet); *living ~s* životne prilike (životni uslovi); *wartime ~s* ratne prilike; *difficult ~s* teški uslovi 2. stanje; *the ~ of a road* stanje puta; (mil.) *a ~ of readiness* stanje borbene gotovosti; *health ~s* zdravstveno stanje 3. uslov (W also: uvjet); *on ~ that...* pod uslovom da... (uz uslov da...); *to set a ~* postaviti uslov; *to satisfy (meet) all ~s* ispuniti sve uslove 4. kondicija, forma; *to be in good ~* biti u dobroj kondiciji; *to get into ~* steći kondiciju; *to get out of ~* ispasti iz forme (see also **form I** 3, **shape I** 5 for 4) 5. (zdravstveno) stanje; *to be in good (fair, serious, critical) ~* biti u dobrom (prilično dobrom, teškom, kritičnom) stanju; *in guarded ~* u ozbiljnom stanju

condition II *v tr* 1. usloviti (W also: uvjetovati) 2. uvežbati (uvježbati) 3. formirati automatizovanu reakciju (kod)

con·di·tion·al I [~əl] *n* (gram.) kondicional

conditional II *a* kondicionalan, uslovni (W also: uvjetni); *a ~ agreement* uslovna pogodba; (gram.) *a ~ sentence* uslovna rečenica; (at a university) *a ~ admittance* uslovni upis

con·di·tioned [~d] *a* uslovni (W also: uvjetovani, uvjetni); *a ~ reflex* uslovni (uvjetovani) refleks

con·di·tion·er [~ə(r)] *n* see **air conditioner**

con·di·tion·ing [~iɳg] *n* 1. uvežbavanje (uvježbavanje) 2. formiranje automatizovane reakcije

con·do ['kɑndou]; [o] see **condominium**

condo conversion pretvaranje stambene zgrade u zgradu u kojoj je svaki stan svojina stanara

con·dole [kən'doul] *v intr* (Br.) izraziti saučešće

con·do·lence [kən'douləns] *n* 1. saučešće 2. (in *pl*) izjava saučešća; *to express one's ~s to smb.* izjaviti nekome saučešće

con·dom ['kɑndəm]; [o] *n* prezervativ, kondom

con·do·min·i·um [kɑndə'minijəm]; [o] *n* 1. stambena zgrada u kojoj je svaki stan svojina stanara 2. stan koji je svojina stanara

con·do·na·tion [kɑndou'nejšən]; [o] *n* oproštenje

con·done [kən'doun] *v tr* oprostiti

con·dor ['kɑndo(r)]; [o], [ə] *n* kondor

con·duce [kən'dūs]; [dj] *v intr* voditi

con·du·cive [~iv] *a* pogodan, koristan; *~ to smt.* pogodan za nešto

con·duct I ['kɑndəkt]; [o] *n* 1. ponašanje, vladanje; *good (bad) ~* dobro (rđavo) ponašanje (also *behavior*) 2. vođenje; *the ~ of war* vođenje rata

conduct II [kən'dəkt] *v* 1. *tr* voditi; *to ~ an investigation (negotiations)* voditi istragu (pregovore) 2. *tr* dirigovati; *to ~ an orchestra* diri-

govati orkestrom 3. *tr* obaviti; izvršiti; *to* ~ *instruction* obavljati nastavu; *to* ~ *research* vršiti ispitivanje; *to* ~ *an inspection* izvršiti pregled 4. *refl* ponašati se; *he* ~*ed himself well* on se dobro ponašao 5. *intr* dirigovati
con·duc·tance [~əns] *n* (phys.) provodnost
con·duc·tion [kən'dəkšən] *n* provođenje
con·duc·tiv·i·ty [kændək'tivətij]; [o] *n* (phys.) provodljivost
con·duc·tor [kən'dəktə(r)] *n* 1. kondukter 2. (elec.) provodnik 3. (mus.) dirigent; *the* ~ *of an orchestra* dirigent orkestra
con·duit ['kandit]; [o], [üi] *n* cevovod (cjevovod)
cone [koun] *n* 1. kupa (W: stožac); čunj 2. (bot.) šišarka 3. fišek, kornet; *an ice-cream* ~ sladoled u fišeku
co·ney see **cony**
con·fab·u·late [kən'faebjəlejt] *v intr* ćaskati
con·fec·tion [kən'fekšən] *n* 1. slatkiš, poslastica (W: slastica) 2. (med.) zaslađena mešavina (mješavina) (also **electuary** for 2)
con·fec·tion·er [~ə(r)] *n* poslastičar (W: slastičar)
confectioner's sugar fin šećer
con·fec·tion·er·y [~erij]; [ə] *n* 1. (coll.) poslastice (W: slastice) 2. poslastičarnica (W: slastičarna)
con·fed·er·a·cy [kən'fedərəsij] *n* 1. konfederacija (also **confederation** 1) 2. (cap., Am., hist.) Konfederacija (južnih država za vreme — vrijeme građanskog rata)
con·fed·er·ate I [~rit] *n* 1. član konfederacije 2. saučesnik 3. (cap., Am., hist.) konfederativac
confederate II *a* konfederativan
confederate III [~rejt] *v* 1. *tr* uključiti u konfederaciju 2. *intr* stupiti u konfederaciju
con·fed·er·a·tion [kənfedə'rejšən] *n* 1. konfederacija (also **confederacy** 1) 2. (cap., Am., hist.) naziv SAD od 1781. do 1789 (kad je primljen ustav)
con·fer [kən'fə(r)] *v* 1. *tr* dodeliti (dodijeliti); *to* ~ *a doctorate on smb.* dodeliti nekome zvanje doktora 2. *intr* konferisati, savetovati (savjetovati) se; *to* ~ *with smb.* savetovati se s nekim
con·fer·ee [kanfə'rij]; [o] *n* 1. učesnik konferencije 2. onaj kome se nešto dodeljuje (dodjeljuje)
con·fer·ence ['kanfərəns]; [o] *n* konferencija, kongres, skup; *to hold a* ~ održati konferenciju; *to attend a* ~ biti na konferenciji
conference call grupni telefonski razgovor
conference committee (Am.; pol.) odbor (Predstavničkog doma i Senata) za usaglašavanje stavova
conference room konferencijska sala
con·fer·ment [kən'fə(r)mənt] *n* dodeljivanje (dodjeljivanje)
con·fer·ral [~rəl] see **conferment**
con·fer·ring [~riņg] *n* predaja; *the* ~ *of diplomas (prizes)* predaja diploma (nagrada)
con·fess [kən'fes] *v* 1. *tr* priznati; *to* ~ *one's guilt* priznati svoju krivicu 2. *tr* (rel.) ispovediti (ispovjediti); *to* ~ *one's sins* ispovediti grehove (grijehove) 3. *tr* (rel., of a priest) ispovediti; *to* ~ *smb. (to hear smb.'s confession)* ispovediti (ispovjediti) nekoga 4. *intr* priznati
con·fes·sion [kən'fešən] *n* 1. priznanje; *to make a* ~ učiniti (dati) priznanje 2. (rel.) ispovest

(ispovijest); *to hear smb.'s* ~ ispovediti (ispovjediti) nekoga
con·fes·sion·al [~əl] *n* (rel.) ispovedaonica (ispovjedaonica)
con·fes·sor, **con·fes·ser** [kən'fesə(r)] *n* (rel.) ispovednik (ispovjednik)
con·fet·ti [kən'fetij] *n pl* konfeti
con·fi·dant ['kanfə'dant]; [o] *n* prisan prijatelj
con·fi·dante ['kanfə'dant]; [o] *n* prisna prijateljica
con·fide [kən'fajd] *v* 1. *tr* poveriti (povjeriti); *to* ~ *a secret to smb.* poveriti tajnu nekome 2. *intr* poveriti (povjeriti) se; *to* ~ *in smb.* poveriti se nekome
con·fi·dence ['kanfədəns]; [o] *n* 1. poverenje (povjerenje); *to have* ~ *in smb. (in oneself)* imati poverenja u nekoga (u sebe); *to say smt. in* ~ reći nešto u poverenju; *to enjoy (have) smb.'s* ~ uživati nečije poverenje; *to justify smb.'s* ~ opravdati nečije poverenje; (pol.) *to give a vote of* ~ *to a government* izglasati (dati) vladi poverenje; *to inspire* ~ *in smb.* uliti nekome poverenje 2. samopouzdanost
confidence game prevara
confidence man varalica
confidence trick Br.; see **confidence game**
con·fi·dent [~nt] *a* 1. siguran; uveren (uvjeren); *I am* ~ *that he will come* ja sam siguran da će on doći 2. samopouzdan
con·fi·den·tial [kanfə'denšəl]; [o] *a* 1. poverljiv (povjerljiv); ~ *documents* poverljiva dokumenta; ~ *investigation* poverljiva istraga; *a* ~ *order* poverljivo naređenje; (legal) *a* ~ *communication* profesionalna tajna 2. prisan
con·fi·den·ti·al·i·ty [kanfədenšij'aelətij]; [o] *n* poverljivost (povjerljivost)
con·fid·ing [kən'fajdiņg] *a* lakoveran (lakovjeran)
con·fig·u·ra·tion [kənfigjə'rejšən] *n* konfiguracija
con·fine [kən'fajn] *v* *tr* 1. *refl* ograničiti; *to* ~ *oneself to a subject* ograničiti se na temu 2. zatvoriti, pritvoriti; ~*ed to barracks* u kasarnskom zatvoru 3. vezati; ~*ed to one's bed* vezan za postelju 4. (med.) *to be* ~*d* biti u babinjama
con·fine·ment [~mənt] *n* 1. ograničenje 2. zatvor, pritvor; ~ *to barracks* kasarnski zatvor, zabrana napuštanja kasarne 3. (med.) babinje
con·fines ['kanfajnz]; [o] *n pl* granice
con·firm [kən'fə(r)m] *v* *tr* 1. potvrditi 2. (rel.) konfirmisati
con·fir·ma·tion [kanfə(r)'mejšən]; [o] *n* 1. potvrđenje, potvrda 2. (rel.) konfirmacija, (Cath.) krizma
con·firmed [~d] *a* 1. potvrđen 2. okoreo (okorio); *a* ~ *bachelor* večiti (vječiti) neženja
con·fis·cate ['kanfiskejt]; [o] *v* *tr* konfiskovati
con·fis·ca·tion [kanfis'kejšən]; [o] *n* konfiskacija
con·fla·gra·tion [kanflə'grejšən]; [o] *n* požar
con·flict I ['kanflikt]; [o] *n* borba; sukob; *to come into* ~ *with smb.* doći u sukob s nekim; *a* ~ *of interests* sukob interesa; *a* ~ *broke out* izbio je konflikt
conflict II [kən'flikt] *v* *intr* sukobiti se; *our interests* ~ naši se interesi sukobljavaju
con·flu·ence ['kanflüəns]; [o] *n* 1. slivanje, sastavak; *a* ~ *of rivers* sastavak reka (rijeka) 2. gomila
con·flu·ent I [~nt] *n* pritoka
confluent II *a* koji se sastavlja, sliva

con·form [kən'fo(r)m] *v intr* povinovati se; prilagoditi se; *to ~ to (the) rules* povinovati se pravilima
con·form·a·ble [kən'fo(r)məbəl] *a* pokoran; *~ to smt.* pokoran nečemu
con·form·ance [~əns] see **conformity**
con·form·ist [~ist] *n* konformista
con·form·i·ty [~ətij] *n* konformizam
con·found [kən'faund] *v tr* zbuniti
con·found·ed [~id] *a* 1. zbunjen 2. proklet
con·fra·ter·ni·ty [kanfrə'tə(r)nətij]; [o] *n* bratstvo
con·front [kən'frənt] *v tr* konfrontirati, suočiti; *to ~ smb. with smt.* suočiti nekoga s nečim
con·fron·ta·tion [kanfrən'tejšən]; [o] *n* konfrontacija, suočenje
Con·fu·cian·ism [kən'fjušənizəm] *n* konfucijanizam
con·fuse [kən'fjuz] *v tr* pobrkati, zbuniti; *he got ~d* zbunio (pobrkao) se
con·fu·sion [kən'fjužən] *n* zabuna; zbunjenost; konfuzija; *to cause ~* napraviti zabunu; *~ arose* nastala je zabuna; *~ reigns* vlada konfuzija
con·fu·ta·tion [kanfjü'tejšən]; [o] *n* pobijanje, opovrgnuće (see also **refutation**)
con·fute [kən'fjüt] *v tr* pobiti, opovrgnuti (see also **refute**)
con·ga ['ka͞ŋgə]; [o] *n* konga (vrsta plesa)
con game prevara (also: **confidence game**)
con·geal [kən'džijl] *v* 1. *tr* smrznuti 2. *intr* smrznuti se
con·ge·la·tion [kandžə'lejšən]; [o] *n* smrzavanje
con·ge·ner ['kandžənə(r)]; [o] *n* srodna osoba, stvar
con·ge·ni·al [kən'džijnijəl] *a* kongenijalan
con·ge·ni·al·i·ty [kəndžijnij'aelətij] *n* kongenijalnost
con·gen·i·tal [kən'dženətəl] *a* urođen; *a ~ defect* urođena mana
con·ger ['ka͞ŋgə(r)]; [o] *n* morska jegulja
con·ge·ries [kən'džijrijz] *n* (usu. *sgn*) gomila, mešavina (mješavina)
con·gest [kən'džest] *v tr* 1. prepuniti, pretrpati 2. zakrčiti; *traffic was ~ed* saobraćaj je bio zakrčen 3. (med.) izazvati navalu krvi (u)
con·ges·tion [~sčən] *n* 1. pretrpanost 2. zakrčenost; *traffic ~* zastoj u saobraćaju 3. (med.) navala krvi, kongestija
con·glom·er·ate I [kən'glamərit]; [o] *n* konglomerat
conglomerate II *a* nagomilan
conglomerate III [~ejt] *v* 1. *tr* nagomilati 2. *intr* nagomilati se
con·glom·er·a·tion [kənglamə'rejšən]; [o] *n* nagomilavanje; konglomerat
con·glu·ti·nant [kən'glütənənt] *a* (med.) koji spaja, slepljuje (sljepljuje)
con·glu·ti·nate [~nejt] *v* 1. *tr* spojiti, slepiti (slijepiti) 2. *intr* spojiti se, slepiti (slijepiti) se
Con·go ['ka͞ŋgou]; [o] *n (the ~)* Kongo (zemlja, reka ~ rijeka)
Con·go·lese I [ka͞ŋgə'lijz]; [o] *(pl has zero) n* Kongoanac
Congolese II *a* kongoanski
con·grat·u·late [kən'graečulejt] *v tr* čestitati; *to ~ smb. on smt.* čestitati nekome na nečemu
con·grat·u·la·tion [kəngraeču'lejšən] *n* (usu. in *pl)* čestitanje, čestitka; *~s on your success!* čestitamo na uspehu (uspjehu)! *~s on passing the exam!* čestitam ti što si položio ispit!

con·grat·u·la·to·ry [kən'graečulətorij]; [kəngraeču'lejtərij) *a* koji čestita
con·gre·gate ['ka͞ŋgrəgejt]; [o] *v* 1. *tr* skupiti 2. *intr* skupiti se
con·gre·ga·tion [ka͞ŋgrə'gejšən]; [o] *n* 1. skup 2. (rel., coll.) članovi crkve, sinagoge; kongregacija; zajednica
con·gre·ga·tion·al [~əl] *a* koji je u vezi s nekom crkvom, sinagogom
con·gre·ga·tion·al·ism [~izəm] *n* sistem crkvene samouprave, kongregacionalizam
Con·gre·ga·tion·al·ist [~ist] *n* kongregacionalista
con·gress ['ka͞ŋgris]; [o]; [e] *n* 1. kongres, skup; *to hold a ~* održati kongres 2. (Am., cap.) Kongres
con·gres·sion·al [kən'grešənəl] *a* kongresni, kongreski; *a ~ committee* kongresni odbor
Congressional Record zapisnik Kongresa
con·gress·man [~mən] (*-men* [min]) *n* kongresmen, član Kongresa
Congress of Industrial Organizations (Am.) Kongres industrijskih organizacija
Congress of Vienna Bečki kongres
con·gress·wom·an [~wumən] (*-women* [wimin]) *n* članica Kongresa
con·gru·ence ['ka͞ŋgruəns]; [o] or [kən'grüəns] *n* kongruencija, podudarnost
con·gru·ent [~ənt] *a* kongruentan, podudaran; *a ~ triangle* podudaran trougao (W: trokut)
con·gru·i·ty [kən'grüətij] *n* see **congruence**
con·gru·ous ['ka͞ŋgruəs]; [o] see **congruent**
con·ic ['kanik]; [o] *a* konusni
con·ic·al [~əl] *a* koničan
conic section konusni presek (presjek)
con·i·fer ['kanəfə(r)]; [o] *n* četinar
co·nif·er·ous [kou'nifərəs] *a* četinast, četinarski
con·jec·tur·al [kən'džekčərəl] *a* zasnovan na pretpostavci
con·jec·ture [kən'džekčə(r)] *n* pretpostavka
con·join [kən'džojn] *v tr* spojiti, združiti
con·joint [~t] *a* spojen, združen, povezan
con·ju·gal [kandžəgəl]; [o] *a* bračni, supružanski; *~ rights* bračna prava
con·ju·gate ['kandžəgejt]; [o] *v* 1. *tr* sprezati, konjugirati, izmenjati (izmijenjati) (glagol); *to ~ a verb* izmenjati glagol 2. *intr* izmenjati glagole
con·ju·ga·tion [kandžə'gejšən]; [o] *n* konjugacija, sprezanje, promena (promjena) glagola
con·junct [kən'džəŋkt] or ['kandžəŋkt]; [o] *a* združen
con·junc·tion [kən'džəŋkšən] *n* (gram.) veznik, svezica; *a coordinating ~* sastavni (kopulativni) veznik; *a subordinate ~* zavisni veznik
con·junc·ti·va [kandžəŋk'tajvə]; [o] or (kən'džəŋtivə] (*-s* or *-ae* [ij] *n* (anat.) veznica
con·junc·tive I [kən'džəŋktiv] *n* see **conjunction**
conjunctive II *a* koji vezuje
con·junc·ti·vi·tis [kəndžəŋktə'vajtis] *n* (med.) konjuktivitis
con·junc·ture [kən'džəŋkčə(r)] *n* sticaj; *a ~ of events* sticaj događaja
con·ju·ra·tion [kandžü'rejšən]; [o] *n* 1. prizivanje (duhova) 2. čini 3. magija 4. preklinjanje
con·jure ['kandžə(r)]; [ə] or [kən'džü(r)] *v tr* 1. preklinjati 2. prizivati (duhove) (also **conjure up**)

con·jur·er ['kʌndžərə(r)]; [ə] *n* 1. prizivač duhova 2. mađioničar
conjure up *v* prizvati; *to conjure up spirits* prizvati duhove
conk [kɑ̄ŋk]; [o] *v tr* (colloq.) udariti; *to ~ on the head* udariti po glavi
conk out *v* (slang) 1. odustati 2. umoriti se 3. otkazati; *our car conked out* kola su nam ostala u kvaru
con man see **confidence man**
con·nate ['kʌnejt]; [o] *a* see **innate**
con·nect [kə'nekt] *v* 1. *tr* vezati, spojiti; dovesti u vezu; *to ~ two villages by a road* vezati (spojiti) dva sela putem 2. *intr* vezivati se, imati vezu
Con·nect·i·cut [kə'netəkət] *n* Konektiket
con·nect·ing [~iŋ] *a* spojni; *a ~ vowel* spojni vokal
connecting rod klipnjača
con·nec·tion [kə'nekšən] *n* 1. veza; spojenost; povezanost; *a ~ between cause and effect* veza između uzroka i posledice (posljedice); *in ~ with your letter* u vezi sa vašim dopisom 2. veza, saobraćajni spoj; *an airplane (a bus) ~* avionska (autobuska) veza; *a direct ~* direktna veza; *to miss a ~* izgubiti vezu 3. *(telephone ~)* telefonska veza, telefonski spoj; *to give smb. a ~* dati nekome vezu 4. (in *pl*) veze; *he has ~s* on ima veza
con·nec·tive I [kə'nektiv] *n* 1 veza 2. (gram.) veznik
connective II *a* vezivni; *~ tissue* vezivno tkivo
connect up *v* see **connect I**
con·nex·ion Br.; see **connection**
con·ning tower ['kʌniŋ]; [o] (naut.) 1. komandni most 2. komandni most podmornice
con·niv·ance [kə'najvəns] *n* gledanje kroz prste; prećutni pristanak
con·nive [kə'najv] *v intr* 1. ne gledati na greške; gledati kroz prste; prećutno pristati 2. biti u dosluhu; *to ~ with smb.* biti u dosluhu s nekim, biti u tajnom sporazumu s nekim
con·nois·seur [kʌnə'sə(r)]; [o] *n* (French) znalac
con·no·ta·tion [kʌnə'tejšən]; [o] *n* obim značenja; konotacija; (logic) obim značenja jednog pojma; *a ~ of guilt* sugerisanje krivice
con·no·ta·tive ['kʌnətejtiv]; [o] *a* konotativan (razumljiv po kontekstu)
con·note [kə'nout] *v tr* 1. označiti; uključiti značenje 2. sugerisati, pretpostaviti
con·nu·bi·al [kə'nūbiəl]; [nj] *a* bračni, supružanski
con·quer ['kɑ̄ŋkə(r)]; [o] *v* 1. *tr* osvojiti; *to ~ a city* osvojiti grad; (fig.) *to ~ smb.'s heart* osvojiti nečije srce 2. *tr* pobediti (pobijediti); *to ~ the enemy* pobediti neprijatelja 3. *intr* pobediti
con·quer·or [~rə(r)] *n* osvajač
con·quest ['kʌnkwest]; [o] or ['kɑ̄ŋkwest]; [o] *n* 1. osvajanje, osvojenje 2. osvojena teritorija; osvojena osoba
con·quis·ta·dor [kan'kwistədo(r)]; [o] *n* (hist.; Spanish) španski (W: španjolski) osvajač Meksika i Perua)
Con·rail ['kʌnrejl]; [o] *n* (Am.) privatna železnička kompanija subsidirana od federalne vlade
con·san·guine [kan'saeŋgwin]; [o] see **consanguineous**
con·san·guin·e·ous [kʌnsaeŋ'gwinijəs]; [o] *a* iste krvi, jednokrvni

con·san·guin·i·ty [~nətij] *n* konsangvinitet, jednokrvnost
con·science ['kʌnšəns]; [o] *n* savest (savjest); *in all ~* po savesti; *a clear ~* čista savest; *to have a guilty ~* imati grižu savesti; *to have smt. on one's ~* imati nešto na savesti; *a matter of ~* stvar savesti; *to ease one's ~* umiriti savest
conscience clause klauzula savesti (savjesti)
conscience money novac savesti (savjesti), novac plaćen radi umirenja savesti
conscience-smitten *a* mučen grižnjom savesti (savjesti)
con·sci·en·tious [kʌnšij'enšəs]; [o] *a* savestan (savjestan)
conscientious objector (Am., legal) lice koje odbija da služi vojsku zbog religioznih ubeđenja (ubjeđenja).
con·scious ['kʌnšəs]; [o] *a* 1. svestan (svjestan); *to be ~ of smt.* biti svestan nečega 2. pri svesti (svijesti); *to be fully ~* biti pri punoj svesti 3. nameran (namjeran) (more usu. is **deliberate**)
con·scious·ness [~nis] *n* svest (svijest); *to lose ~* izgubiti svest
con·script I ['kʌnskript]; [o] *n* regrut (also **draftee**)
conscript II *a* regrutovan
conscript III [kə'skript] *v tr* regrutovati, pozvati u vojnu službu (also **draft II 1**)
con·scrip·tion [kən'skripšən] *n* vojna obaveza; regrutovanje; *universal ~* opšta (opća) vojna obaveza (also **draft 7**)
con·se·crate ['kʌnsəkrejt]; [o] *v tr* 1. posvetiti, osvetiti; *to ~ one's life to smt.* posvetiti svoj život nečemu 2. osveštati; tradicijom utvrditi; *~ed by time* osveštani vremenom
con·se·cra·tion [kʌnsə'krejšən]; [o] *n* 1. posvećenje, posveta, osvećenje 2. osveštanje
con·sec·u·tive [kən'sekjətiv] *a* uzastopan
con·sen·sus [kən'sensəs] *n* opšta (opća) saglasnost, konsenzus; *to reach a ~* postići konsenzus
con·sent I [kən'sent] *n* saglasnost; pristanak; *by common ~* po opštoj (općoj) saglasnosti; *without his ~* bez njegovog pristanka; *to give one's ~* pristati
consent II *v intr* pristati; *to ~ to a proposal* pristati na predlog
con·se·quence ['kʌnsəkwens]; [o]; [ə] *n* 1. posledica (posljedica), konsekvencija; *in ~ of* usled (uslijed) 2. značaj, važnost, ugled; *a man of ~* čovek (čovjek) od važnosti
con·se·quent I ['kʌnsəkwent]; [o]; [ə] *n* 1. posledica (posljedica) 2. rezultat
consequent II *a* 1. koji sleduje (sljeduje) 2. dosledan (dosljedan), konsekventan
con·se·quen·tial [kʌnsə'kwenšəl]; [o] *a* 1. konsekventan, dosledan (dosljedan) 2. značajan, važan
con·se·quent·ly ['kʌnsəkwentlij]; [o] *adv* stoga, zbog toga
con·ser·va·tion [kʌnsə(r)'vejšən]; [o] *n* konzervacija, čuvanje, održanje; *~ of energy (mass, momentum)* održanje energije (mase, impulsa)
con·ser·va·tion·ist [~ist] *n* konzervator
con·ser·va·tism [kən'sə(r)vətizəm] *n* konzervatizam
con·ser·va·tive I [~ətiv] *n* konzervativac
conservative II *a* 1. konzervativan; *a ~ party* konzervativna stranka 2. umeren (umjeren);

oprezan; *a ~ estimate* umerena (oprezna) procena (procjena)

Conservative Judaism Konzervativni judaizam

con·ser·va·tor [kən'sə(r)vətə(r)] *n* čuvar; nadzornik

con·ser·va·to·ry [kən'sə(r)vətorij]; [*tr*] *n* 1. konzervatorij 2. staklena bašta

con·serve I ['kansə(r)v]; [*o*] *n* konzerva

conserve II [kən'sə(r)v] *v tr* 1. čuvati; *to ~ one's strength* čuvati svoju snagu 2. konzervisati

con·sid·er [kən'sidə(r)] *v tr* 1. razmotriti; *to ~ a matter* razmotriti stvar 2. voditi računa (o); *to ~ the circumstances* voditi računa o prilikama; *to ~ the feelings of others* voditi računa o željama drugih 3. smatrati; *I ~ him to be a capable specialist* ja ga smatram za sposobnog stručnjaka 4. uzeti u obzir; *he can be ~ed for that job* on dolazi u obzir za to mesto (mjesto); *all things ~ed* sve u svemu 5. razmisliti; *to ~ smt.* razmisliti o nečemu

con·sid·er·a·ble [~rəbəl] *a* znatan; *~ damage* znatna šteta; *a ~ distance* znatna razdaljina; *a ~ sum of money* znatna svota novca

con·sid·er·ate [~rit] *a* pažljiv, obziran; *to be ~ of smb.* biti pažljiv prema nekome, imati obzira prema nekome; *he is very ~* on je pun obzira; *he is not ~ of anyone* on se ne obazire ni na koga

con·sid·er·ate·ness [~nis] *n* pažljivost; obzirnost

con·sid·er·a·tion [kənsidə'rejšən] *n* 1. obzir, razmatranje; *to take into ~* uzeti u obzir (razmatranje); *taking smt. into ~* s obzirom na nešto; *to give a problem careful ~* pažljivo razmotriti problem 2. naknada; (legal) protivusluga, ekvivalenat

con·sid·er·ing [~riṅg] *prep* s obzirom na

con·sign [kən'sajn] *v tr* konsignirati, poslati, predati

con·sign·ee [~ij] *n* primalac robe

con·sign·ment [~mənt] *n* slanje robe; poslata roba; konsignacija; *a shipment of goods on ~* predaja robe (komisionaru) na prodaju

con·sign·or, con·sign·er [~e(r)] *n* pošiljalac robe

con·sist [kən'sist] *v intr* sastojati; *to ~ of smt.* sastojati se od (iz) nečega

con·sis·tence [~əns] *see* **consistency**

con·sis·ten·cy [~ənsij] *n* konzistencija

con·sis·tent [~ənt] *a* konzistentan, dosledan (dosljedan)

con·sis·to·ry [kən'sistərij] *n* (rel.) konzistorij, konzistorija

con·sol·a·ble [kən'souləbəl] *a* utešiv (utješiv)

con·so·la·tion [kansə'lejšən]; [*o*] *n* uteha (utjeha)

consolation prize utešna (utješna) nagrada

con·sole I ['kansoul]; [*o*] *n* konzola

console II [kən'soul] *v tr* utešiti (utješiti); *to ~ smb.* utešiti nekoga

con·sol·i·date [kən'salədejt]; [*o*] *v* 1. *tr* konsolidovati, učvrstiti, utvrditi; *to ~ one's position* učvrstiti položaj 2. *tr* spojiti, ujediniti 3. *intr* konsolidovati se; integrisati se; *these firms have ~d* ova preduzeća (W: poduzeća) su se integrisala

consolidated school centralna škola

con·sol·i·da·tion [kənsalə'dejšən]; [*o*] *n* konsolidacija; integracija, ujedinjenje; *the ~ of two firms* integracija dvaju preduzeća (W: poduzeća)

con·sols [kən'salz]; [*o*] *n pl* (Br.) državni papiri (koji nose kamatu)

con·som·mé [kansə'mej]; [kən'somej] *n* konsome; *chicken ~* pileći konsome

con·so·nance ['kansənəns]; [*o*] *n* konsonanca, sazvučje

con·so·nant I ['kansənənt]; [*o*] *n* suglasnik, konsonant; *dental (labial, nasal, palatal, velar) ~ s* zubni or dentalni (usneni or labijalni, nosni or nazalni, prednjonepčani or palatalni, zadnjonepčani or velarni) suglasnici; *voiced (unvoiced) ~ s* zvučni (bezvučni) suglasnici

consonant II *a* saglasan; odgovarajući; *~ with (to)* saglasan sa

con·so·nan·tal [kansə'naentəl]; [*o*] *a* suglasnički, konsonantski

consonant assimilation jednačenje suglasnika

consonant cluster suglasnička grupa

consonant dissimilation razjednačavanje suglasnika

con·so·nant·ism [~izəm] *n* konsonantizam

con·sort I ['kanso(r)t]; [*o*] *n* 1. suprug (supruga) monarha 2. ortak, drug 3. brod pratilac

consort II [kən'so(r)t] *v intr* družiti se, opštiti (općiti)

con·sor·ti·um [kən'so(r)šijəm]; [*t*] (-*ia* [ijə]) *n* konzorcijum, udruženje ustanova

con·spec·tus [kən'spektəs] *n* 1. opšti (opći) pregled; konspekt 2. rezime

con·spic·u·ous [kən'spikjūəs] *a* upadljiv; *~ behavior* upadljivo ponašanje; *a ~ defect* upadljiva mana; (pejor.) *~ consumption* preterano (pretjerano) trošenje novca

con·spic·u·ous·ness [~nis] *n* upadljivost

con·spir·a·cy [kən'spirəsij] *n* zavera (zavjera), konspiracija, urota; *to hatch (crush) a ~* skovati (ugušiti) zaveru; *indicted for ~* optužen zbog zavere; *criminal ~* zločinačko udruživanje; *a ~ of silence* zataškavanje

con·spir·a·tor [kən'spijrətə(r)] zaverenik (zavjerenik), konspirator

con·spir·a·to·ri·al [kənspijrə'torijəl] *a* zaverenički (zavjerenički), konspiratorski

con·spire [kən'spaj(r)] *v intr* kovati zaveru (zavjeru) konspirisati; *to ~ against smb.* konspirisati protiv nekoga

con·sta·ble ['kanstəbəl]; [ə] *n* 1. (Br.) policajac (see also **policeman**) 2. šerifov pomoćnik 3. (hist.) visoki krunski činovnik

con·stab·u·lar·y [kən'staebjələrij]; [ə] *n* 1. (Br.; coll.) policija 2. vojna policija

con·stan·cy ['kanstənsij]; [*o*] *n* stalnost, postojanost

con·stant I ['kanstənt]; [*o*] *n* konstanta

constant II *a* konstantan, stalan

Con·stan·ti·no·ple [kanstaentə'noupəl]; [*o*] *n* Carigrad

con·stel·la·tion [kanstə'lejšən]; [*o*] *n* sazvežđe (sazviježđe), konstalacija

con·ster·nate ['kanstə(r)nejt]; [*o*] *v tr* zapanjiti, preneraziti

con·ster·na·tion [kanstə(r)'nejšən]; [*o*] *n* zapanjenost, preneraženost, konsternacija, zaprepašćenje; *to cause ~* izazvati zaprepašćenje

con·sti·pate ['kanstipe t]; [*o*] *v tr* prouzrokovati tvrdu stolicu (kod)

con·sti·pa·tion [kɑnsti'pejšən]; [o] n tvrda stolica, zatvor

con·stit·u·en·cy [kən'stičūənsij] n birači jedne izborne jedinice; izborna jedinica

con·stit·u·ent I [kən'stičūənt] n 1. birač 2. sastavni deo (dio) 3. (ling.) konstituent, sastojak; an immediate (ultimate) ~ neposredni (krajnji) konstituent

constituent II a 1. sastavni 2. izborni, birački 3. ustavotvorni; a ~ assembly ustavotvorna skupština

con·sti·tute ['kɑnstitūt]; [o]; [tj] v tr konstituisati; ustanoviti

con·sti·tu·tion [kɑnsti'tūšən); [o]; [tj] n 1. konstituisanje 2. sastav, sklop 3. konstitucija, telesni (tjelesni) sastav, organizam; a strong ~ jak organizam 4. (pol.) ustav, konstitucija; to establish (overthrow) a ~ dati (oboriti) ustav; in conformity with the ~ u saglasnosti sa ustavom; in violation of the ~ u suprotnosti sa ustavom; a violation of the ~ povreda ustava

con·sti·tu·tion·al I [~əl] n (colloq.) šetnja

constitutional II a 1. sastavni; konstitucionalan, konstitucioni 2. (pol.) ustavni, konstitucionalan, konstitucioni; a ~ monarchy ustavna (konstitucionalna) monarhija; ~ law ustavno pravo

con·sti·tu·tion·al·ism [~izəm] n konstitucionalizam

con·sti·tu·tion·al·ist [~ist] n konstitucionalac

con·sti·tu·tion·al·i·ty [~'aelətij] n ustavnost

con·sti·tu·tive ['kɑnstətūtiv]; [o] [tj] a suštinski, bitan

con·strain [kən'strejn] v tr 1. prinuditi; to be ~ed biti prinuđen 2. ograničiti

con·strained [~d] a 1. prinuđen 2. ograničen 3. usiljen, neprirodan

con·straint [~t] n 1. prinuda; under ~ pod prinudom 2. ograničenje 3. usiljenost, zbunjenost

con·strict [kən'strikt] v tr suziti, stegnuti, stisnuti, skupiti

con·stric·tion [~kšən] n suženje, stezanje; a ~ of the throat suženje grla

con·stric·tor [~ə(r)] n 1. mišić stezač 2. see boa constrictor

con·strin·gent [kən'strindžənt] a koji steže

con·struct I ['kɑnstrəkt]; [o] n (phil.) sinteza, sintezovani pojam

construct II [kən'strəkt] v tr 1. konstruisati, izgraditi; to ~ a building izgraditi zgradu 2. sastaviti, obrazovati 3. (math.) nacrtati; to ~ a triangle nacrtati trougao (W: trokut)

con·struc·tion [kən'strəkšən] n 1. konstrukcija; građenje 2. sastav, oblikovanje 3. (gram.) konstrukcija 4. (colloq.) (or: the ~ industry) izgradnja kuća; private ~ izgradnja privatnih kuća; he is in ~ on je građevinar

con·struc·tive [kən'strəktiv] a konstruktivan; ~ advice konstruktivan savet (savjet)

con·struc·tive·ness [~nis] n konstruktivnost

con·struc·tiv·ism [kən'strəktivizəm] n konstruktivizam

con·struc·tor, con·struct·er [kən'strəktə(r)] n konstruktor

con·strue [kən'strū] v tr 1. analizovati 2. protumačiti; to ~ a statement protumačiti izjavu

con·sue·tude ['kɑnswitūd]; [o]; [tj] n običaj, upotreba

con·sul ['kɑnsəl]; [o] n konzul

con·sul·ar [~ə(r)]; ['konsjulə(r)] a konzularni; a ~ section of an embassy konzularno odeljenje (odjeljenje) ambasade

con·su·late [~it]; ['konsjulət] n konzulat

con·sult [kən'səlt] v 1. tr konsultovati; to ~ smb. konsultovati nekoga, konsultovati se s nekim 2. intr savetovati (savjetovati) se; to ~ with smb. savetovati se s nekim

con·sul·tan·cy [~ ənsij] n (Br.) savetnički (savjetnički) položaj u bolnici

con·sult·ant [~ənt] n konsultant

con·sul·ta·tion [kɑnsəl'tejšən]; [o] n konsultacija

con·sult·a·tive [kən'səltətiv] a konsultativan

con·sume [kən'sūm]; [sj] v tr 1. pojesti; popiti; to ~ food pojesti hranu 2. potrošiti; to ~ a great deal of oil potrošiti mnogo ulja; to ~ energy potrošiti energiju 3. uništiti, satrti; flames ~d the building zgrada je izgorela (izgorjela) do temelja 4. obuzeti, prožeti; to be ~d with envy jesti se od zavisti; to be ~d with curiosity biti obuzet radoznalošću

con·sum·er [~ə(r)] n potrošač; a ~s'cooperative potrošačka zadruga

consumer credit potrošački kredit

consumer goods pl roba široke potrošnje

consumer protection agency društvo za zaštitu potrošača

consumer reports pl potrošački informator

con·sum·mate I [kən'səmit] a savršen; potpun

consummate II ['kɑnsəmejt]; [o] v tr dovršiti, završiti; to ~ a marriage izvršiti snošaj posle venčanja (poslije vjenčanja)

con·sum·ma·tion [kɑnsə'mejšən]; [o] n 1. dovršenje, završenje 2. cilj

con·sump·tion [kən'səmpšən] n 1. potrošnja; the ~ of fuel potrošnja goriva 2. trošenje 3. (med.) sušica (see tuberculosis)

con·sump·tive I [~ptiv] n tuberkulozni bolesnik

consumptive II a 1. koji troši; rušilački 2. potrošački 3. (med.) sušičav

con·tact I ['kɑntaekt]; [o] 1. kontakt, dodir; veza; to come into ~ or to make ~ doći u kontakt (dodir); to be in ~ with smb. biti u kontaktu s nekim; to establish ~ with the enemy stupiti u dodir s neprijateljem; to lose ~ izgubiti vezu; to maintain ~ održavati vezu; he has many ~s on ima dobre veze; a point of ~ dodirna tačka (W: točka) 2. (elec.) kontakt; there's no ~ nema kontakta

contact II a kontaktni; dodirni; a ~ mine kontaktna mina

contact III (or: [kən'taekt]) v tr (colloq.) kontaktirati

contact lens kontaktno sočivo

con·ta·gion [kən'tejdžən] n zaraza

con·ta·gious [kən'tejdžəs] a zarazan; a ~ disease zarazna bolest

con·ta·gious·ness [~nis] n zaraznost

con·tain [kən'tejn] v tr 1. sadržati 2. (math.) sadržati 3. refl uzdržati se; to ~ oneself uzdržati se (see restrain) 4. (usu. mil.) zadržati, zaustaviti; to ~ the enemy zadržati snage neprijatelja 5. lokalizovati; to ~ a fire lokalizovati požar

con·tain·er [~ə(r)] n 1. kutija, posuda 2. kontejner
con·tain·er·ize [~rajz] v tr mehanizovati pomoću kontejnera; ~d port facilities kontejnerska pristaništa; ~d cargo teret koji se prevozi u kontejnerima
container ship kontejnerski brod
container terminal kontejnersko skladište
con·tain·ment [~mənt] n zadržavanje; a strategy of ~ strategija zadržavanja
con·tam·i·nant [kən'taemənənt] n (usu. mil.) kontaminirajuća materija
con·tam·i·nate [kən'taemənejt] v tr zaraziti, zatrovati, kontaminirati
con·tam·i·na·tion [kəntaemə'nejšən] n kontaminacija, zaražavanje
con·tem·plate ['kɑntəmplejt]; [o] v 1. tr zamišljeno gledati (u) 2. tr nameravati (namjeravati), imati u vidu; he is ~ing marriage on ima nameru (namjeru) da se oženi 3. intr razmišljati
con·tem·pla·tion [kɑntem'plejšən]; [o] n kontemplacija, razmišljanje
con·tem·pla·tive [kən'templətiv] a kontemplativan, misaon
con·tem·po·ra·ne·ous [kɑntempə'rejnijəs] a istovremen
con·tem·po·rar·y I [kən'tempərerij]; [r] n savremenik (suvremenik)
contemporary II a 1. savremen (suvremen) 2. istovremen
con·tempt [kən'tempt] n 1. prezir, prezrenje; to hold in ~ prezirati 2. sramota 3. (legal) nepoštovanje; ~ of court nepoštovanje suda; to be held in ~ (of court) biti osuđen zbog nepoštovanja suda
con·tempt·i·bil·i·ty [kɑntemptə'bilətij] n prezrenost, podlost
con·tempt·i·ble [kən'temptəbəl] a prezren, podao
con·temp·tu·ous [kən'tempčūəs] a preziran, prezriv
con·tend [kən'tend] v 1. tr tvrditi 2. intr otimati se, takmičiti se; to ~ for smt. otimati se o nešto
con·tent I ['kɑntent]; [o] n 1. (in pl) sadržina, sadržaj; the ~s of a book (handbag, package, suitcase) sadržina knjige (tašne, paketa, kofera — W: kufera) 2. količina; sugar ~ količina šećera 3. značenje (dela — djela)
content II [kən'tent] a zadovoljan; to be ~ with smt. biti zadovoljan (s) nečim
content III v refl zadovoljiti se; to ~ oneself with smt. zadovoljiti se nečim
content IV n 1. zadovoljstvo; to one's heart's ~ do mile volje (see contentment) 2. (Br.) glas za
con·tent·ed [~id] a zadovoljen; zadovoljan
con·ten·tion [kən'tenšən] n 1. svađa, prepirka; a bone of ~ uzrok svađe 2. takmičenje, otimanje 3. argumenat, tvrdnja
con·ten·tious [kən'tenčəs] a 1. svadljiv 2. sporan; a ~ issue sporna tačka (W: točka)
con·tent·ment [kən'tentmənt] n zadovoljstvo
contents see content I 1
con·test I ['kɑntest]; [o] n 1. borba; a ~ for supremacy borba za prvenstvo 2. takmičenje, utakmica; to hold a ~ održati takmičenje
contest II [kən'test] v tr 1. osporiti; to ~ a will osporiti testamenat 2. boriti se (za); to ~

every inch of ground boriti se za svaki pedalj zemlje
con·tes·tant [kən'testənt] n takmičar; kandidat
con·text ['kɑntekst]; [o] n kontekst
context free grammar (ling.) gramatika nezavisna od konteksta
context sensitive grammar (ling.) gramatika zavisna od konteksta
con·tex·tual [kən'teksūəl] a povezan s tekstom, u kontekstu; ~ analysis kontekstualna analiza
con·tex·ture [kən'teksčə(r)] n tkivo; sastav
con·ti·gu·i·ty [kɑntə'gjūətij]; [o] n 1. graničenje; dodir, kontiguitet 2. susedstvo (susjedstvo)
con·tig·u·ous [kən'tigjūəs] a 1. granični, dodirni 2. susedni (susjedni)
con·ti·nence ['kɑntənəns]; [o] n uzdržavanje (also abstinence)
con·ti·nent I ['kɑntənənt]; [o] n kontinent; on the ~ u Evropi
continent II a uzdržljiv
con·ti·nen·tal I [kɑntə'nentəl]; [o] n 1. kontinentalac; stanovnik evropskog kontinenta 2. (Am., hist.) vojnik ustaničke armije (za vreme — vrijeme američkog revolucionarnog rata)
continental II a kontinentalni; a ~ climate kontinentalna klima; (Am., hist.) a ~ divide kontinentalna vododelnica (vododijelnica)
continental breakfast lak doručak, kafa (čaj) komplet
Continental Congress (Am., his.) Kontinentalni kongres
con·tin·gen·cy [kən'tindžənsij] n nepredviđena situacija (mogućnost, eventualnost); for any ~ za svaku eventualnost
con·tin·gent I [kən'tindžənt] n 1. kontingent 2. pripadni deo (dio)
contingent II a 1. moguć 2. zavisan (W: ovisan); ~ on (upon) zavisan (W: also ovisan) od
con·tin·u·al [kən'tinjūəl] a 1. koji se često ponavlja 2. neprekidan (more usu. is continuous for 2)
con·tin·u·ance [kən'tinjūəns] n 1. produženje 2. (legal) odgoda
con·tin·u·ant [~ənt] n (ling.) kontinuirani suglasnik
con·tin·u·a·tion [kəntinjū'ejšən] n produženje, produžetak, nastavak; the ~ of a story produžetak priče
con·tin·ue [kən'tinjū] v 1. tr nastaviti, produžiti; to ~ a conversation nastaviti (produžiti) razgovor; he ~d writing (to write) nastavio je da piše; to be ~d nastaviće se 2. tr (legal) odgoditi 3. intr produžiti; nastaviti; please ~ molim vas, produžite; to ~ with smt. nastaviti s nečim 4. intr nastaviti se, produžiti se; the battle is ~ing borba se nastavlja
continuing education kursevi za stručno usavršavanje
con·ti·nu·i·ty [kɑntə'nūətij]; [o]; [nj] n kontinuitet
con·tin·u·ous [kən'tinjūəs] a neprekidan, besprekidan
con·tin·u·um [kən'tinjūəm] (-s or -nua [njūə]) n kontinuum
con·tort [kən'to(r)t] v tr iskriviti; to ~ one's features iskriviti crte lica; his face was ~ed with fear lice mu se iskrivilo od straha
con·tor·tion [kən'to(r)šən] n iskrivljenost

con·tor·tion·ist [~ist] *n* čovek (čovjek)-zmija, čovek od gume

con·tour I ['kɑntū(r)]; [o] *n* kontura

contour II *a* konturni

contour line izohipsa, crta koja spaja mesta (mjesta) iste nadmorske visine

contour map konturna karta

con·tra·band I ['kɑntrəbaend]; [o] *n* kontrabanda, krijumčarena roba; ~ *of war* ratna kontrabanda

contraband II *a* krijumčaren; ~ *goods* krijumčarena roba

con·tra·bass ['kɑntrəbejs]; [o] *n* kontrabas

con·tra·bass·ist [~ist] *n* kontrabasista

con·tra·cep·tion [kɑntrə'sepšən]; [o] *n* kontracepcija

con·tra·cep·tive I [kɑntrə'septiv]; [o] *n* kontraceptivno sredstvo, antikoncipijens; *an oral (vaginal)* ~ oralni (vaginalni) antikoncipijens

contraceptive II *a* kontraceptivan, kontracepcijski, kontracepcioni; *a* ~ *device* kontraceptivno sredstvo

con·tra·clock·wise [kɑntrə'klakwajz]; [o]; [o] see counterclockwise

con·tract I ['kɑntraekt]; [o] *n* ugovor, kontrakt; *to sign (break) a* ~ potpisati (raskinuti) ugovor; *(a) breach of* ~ povreda (neispunjenje) ugovora; (slang) ugovor o plaćenom ubistvu

contract II (and [kən'traekt]) *v* 1. *tr* skupiti, zgrčiti, kontrahirati, stegnuti, sažeti; *muscles can be* ~ed mišići mogu da se grče 2. *tr* skratiti, umanjiti 3. *tr* navući; *to* ~ *an illness* navući bolest 4. *tr* napraviti; *to* ~ *a debt* napraviti dug 5. *intr* zgrčiti se, skupiti se, stegnuti se 6. *intr* kontrahirati, ugovoriti; *to* ~ *for smt.* ugovoriti nešto

con·trac·tion [kən'traekšən] *n* 1. grčenje, kontrakcija, skupljanje; grč; *labor* ~s porođajni grčevi 2. skraćenje 3. navlačenje

con·trac·tor [~ə(r)] *n* 1. izvođač radova, preduzimač; građevinar 2. (anat.) mišić stezač

con·trac·tu·al [kən'traekčŭəl] *a* ugovorni

con·trac·ture [kən'traekčə(r)] *n* zgrčenost

con·tra·dict [kɑntrə'dikt]; [o] *v tr* protivrečiti (protivuriječiti); *to* ~ *smb.* protivrečiti nekome

con·tra·dic·tion [~kšən] *n* protivrečje (protivurječje), kontradikcija

con·tra·dic·to·ry I [~ktərij] *n* (logic) protivrečnost (protivurječnost)

contradictory II *a* protivrečan (protivurječan), kontradiktoran; ~ *statements* protivrečne izjave

con·trail ['kɑntrejl]; [o] *n* (aviation) trak kondenzacije

con·tra·in·di·cate [kɑntrə'indəkejt]; [o] *v tr* (med.) kontraindicirati, sprečiti primenu — spriječiti primjenu (postupka)

con·tra·in·di·ca·tion [~'kejšən] *n* (med.) kontraindikacija, suprotan znak

con·tral·to [kən'traeltou] (-*s* or -*ti* [tij]) *n* kontraalt

con·trap·tion [kən'traepšən] *n* (colloq.) čudna naprava

con·tra·pun·tal [kɑntrə'pəntəl]; [o] *a* kontrapunktni

con·tra·pun·tist [~tist] *n* (mus.) kontrapunktist

con·tra·ry I ['kɑntrerij]; [o]; [ə] *n* 1. suprotnost; *on (to) the* ~ naprotiv 2. (logic) kontrarni pojam

contrary II *a* suprotan; oprečan; ~ *to expectations* suprotan očekivanom

contrary to *prep* suprotno; ~ *instructions* suprotno uputstvima

con·trast I ['kɑntraest]; [o]; [a] *n* kontrast, suprotnost; *in* ~ *to (with) smt.* u suprotnosti sa nečim; *a* ~ *between* suprotnost među

contrast II [kən'traest]; [a] *v* 1. *tr* suprotstaviti; 2. *intr* kontrastirati, biti u kontrastu; *to* ~ *with smt.* biti u kontrastu s nečim

con·trast·ive [~iv] *a* kontrastivan

con·tra·vene [kɑntrə'vijn]; [o] *v tr* 1. prekoračiti; prekršiti; *to* ~ *a law* prekršiti zakon 2. biti protivan

con·tra·ven·tion [kɑntrə'venšən]; [o] *n* 1. prekoračenje; prekršaj 2. dejstvo (djejstvo) protiv

con·trib·ute [kən'tribjūt] *v* 1. *tr* dati, priložiti, doprineti (doprinijeti); *to* ~ *money for a gift* priložiti novac za poklon 2. *intr* priložiti, doprineti; *to* ~ *to smt.* doprineti nečemu

con·tri·bu·tion [kɑntri'bjūšən]; [o] *n* prilog, doprinos, udeo (udio); *a* ~ *to science* doprinos nauci; *campaign (monetary, voluntary)* ~s izborni (novčani, dobrovoljni) prilozi; *to accept* ~s prikupljati priloge; *to make (send in) a* ~ dati (poslati) prilog

con·trib·u·tor [kən'tribjətə(r)] *n* 1. priložnik 2. saradnik (časopisa)

con·trib·u·to·ry [kən'tribjətorij]; [ə] *a* koji doprinosi

con·trite [kən'trajt] or ['kɑntrajt]; [o] *a* pokajnički, skrušen

con·tri·tion [kən'trišən] *n* kajanje, skrušenost

con·tri·vance [kən'trajvəns] *n* majstorija; vešto (vješto) izveden postupak

con·trive [kən'trajv] *v tr* 1. majstorisati, majstorski izvesti 2. skovati; *to* ~ *a plan* skovati plan 3. dovijati se; *she* ~s *to get along somehow* ona se dovija kako najbolje ume (umije)

con·trived [~d] *a* 1. see contrive 2. neprirodan

con·trol I [kən'troul] *n* 1. kontrola; *birth (flight)* ~ kontrola rađanja (letenja); *fiscal* ~ finansijska kontrola; *price* ~ kontrola cena (cijena); *to lose* ~ *of a car* izgubiti kontrolu nad automobilom; *to bring inflation under* ~ staviti inflaciju pod kontrolu 2. upravljanje, kontrola, komanda; *to be in* ~ kontrolisati; *to get out of* ~ izmaći kontroli, otići ispod potčinjenosti (komande); *to assume (establish)* ~ preuzeti (uspostaviti) kontrolu; *to exert* ~ kontrolisati 3. prevlast, vlast, nadmoć, dominacija; ~ *of the air* prevlast u vazduhu (W: zraku); ~ *of the sea* prevlast na moru; ~ *over smt.* dominacija nad nečim; *to place (put) under smb's* ~ staviti pod nečiju vlast; *to establish* ~ *over smt.* uspostaviti vlast nad nečim 4. sprečavanje; *the* ~ *of communicable diseases* sprečavanje širenja zaraznih bolesti 5. (in *pl*) komande za upravljanje 6. misc.; *to bring a fire under* ~ lokalizovati požar

control II *a* komandni; *a* ~ *panel* komandna ploča; (computers) *a* ~ *unit* komandna jedinica

control III *v tr* 1. kontrolisati, voditi nadzor (nad); obuzdati; *to* ~ *oneself* obuzdati se; *to* ~ *a situation* kontrolisati situaciju 2. regulisati; *to* ~ *prices* regulisati cene (cijene);

to ~ *traffic* regulisati saobraćaj 3. imati vlast (nad), držati u vlasti; *to* ~ *smb.* imati vlast nad nekim, držati nekoga u svojoj vlasti
control character (C.) kontrolni znak
control key (C.) kontrolna tipka
con·trol·ler [~ə(r)] *n* 1. kontrolor; *an air-traffic* ~ kontrolor letenja 2. revizor (also **comptroller** for 2)
control stick (aviation) ručica za upravljanje, komandna palica
control surface (aviation) kontrolna površina
control tower kontrolni toranj
con·tro·ver·sial [kɑntrə'və(r)šəl]; [o] *a* sporan, kontroverzan; *a* ~ *film (subject)* sporan film (predmet); *a* ~ *matter* sporna stvar; *a* ~ *question* sporno pitanje
con·tro·ver·sy ['kɑntrəvə(r)sij]; [o] and (Br.) [kən'trovəsij] *n* spor, neslaganje, kontroverzija
con·tro·vert ['kɑntrəvə(r)t]; [o] *v tr* osporiti
con·tu·ma·cious [kɑn/u'mejšəs]; [o]; [*tj*] *a* nepokoran, neposlušan
con·tu·ma·cy ['kɑn/uməsij]; [o]; [*tj*] *n* nepokornost, neposlušnost
con·tu·me·li·ous [kɑn/ə'mijlijəs]; [o]; [*tj*] *a* bezobrazan, uvredljiv
con·tu·me·ly ['kɑn/ūməlij]; [o]; [*tj*] *n* 1. bezobrazluk, uvredljivost 2. uvreda, pogrda
con·tu·sion [kən'/ūžən]; [*tj*] *n* kontuzija
co·nun·drum [kə'nəndrəm] *n* zagonetka
con·ur·ba·tion [kɑnə(r)'bejšən]; [o] *n* (Br.) širenje gradova
con·va·lesce [kɑnvə'les]; [o] *v intr* oporaviti se
con·va·les·cence [~əns] *n* oporavak
con·va·les·cent I [~ənt] *n* rekonvalescent
convalescent II *a* oporavljenički
convalescent home oporavilište
con·vene [kən'vijn] *v* 1. *tr* sazvati; *to* ~ *parliament (a special session)* sazvati skupštinu (vanrednu sednicu — sjednicu) 2. *intr* skupiti se, sastati se
con·ven·ience [kən'vijnjəns] *n* 1. pogodnost, zgoda, udobnost; *a great* ~ velika zgoda; *at·your* ~ kad je vama zgodno; *it's a great* ~ *to have a car* vrlo je zgodno imati kola 2. (Br.) nužnik (see also **rest room** for 2)
con·ven·ient [~ənt] *a* pogodan, zgodan, udoban; *a* ~ *opportunity* zgodna prilika; *at a* ~ *time* u zgodno vreme (vrijeme); *if it's* ~ *for you* ako vam je to zgodno
con·vent ['kɑnvent]; [o]; [ə] *n* (ženski) manastir (samostan), konvent
con·ven·tion [kən'venšən] *n* 1. skup, kongres; *to hold a* ~ održati kongres 2. usvojeno pravilo ponašanja; uobičajen način igranja; konvencija 3. sporazum, konvencija
con·ven·tion·al [~əl] *a* uobičajen, konvencionalan
con·ven·tion·al·i·ty [kənvenšə'naelətij] *n* konvencionalnost
con·ven·tion·eer [kənvenšə'nij(r)] *n* učesnik skupa
convention trade (*the* ~) kongresni turizam
con·verge [kən'və(r)dž] *v intr* konvergirati
con·ver·gence [~əns] *n* konvergencija
con·ver·gent [~ənt] *a* konvergentan
con·ver·sance [kən'və(r)səns] *n* poznavanje
con·ver·sant [~ənt] *a* upoznat, upućen; ~ *with smt.* upoznat s nečim

con·ver·sa·tion [kɑnvə(r)'sejšən]; [o] *n* 1. razgovor; konverzacija; kozerija; *to strike up a* ~ povesti konverzaciju; *to enter into a* ~ upustiti se u razgovor; *to hold* ~*s* održati razgovore 2. opštenje (općenje)
con·ver·sa·tion·al [~əl] *a* razgovoran, konverzacioni; govorni; *a course in* ~ *English* kurs govornog engleskog jezika
con·ver·sa·tion·al·ist [~ist] *n* kozer
conversation piece 1. vrsta žanrske slike 2. (fig.) predmet koji izaziva opšte (opće) interesovanje
con·verse I ['kɑnvə(r)s]; [o] or [kən'və(r)s] *n* suprotnost; obrnuto tvrđenje
converse II *a* suprotan, obrnut
con·verse III [kən'və(r)s] *v tr* razgovarati, konverzirati
con·ver·sion [kən'və(r)žən]; [š] *n* 1. pretvaranje; ~ *of a solid into a liquid* pretvaranje čvrstog tela (tijela) u tečno 2. (rel.) preobraćanje, obraćanje; ~ *to a different religion* preobraćanje (prelaženje) u drugu veru (vjeru) 3. (logic) konverzija 4. (legal) ilegalno prisvojenje tuđe imovine 5. (comm.) konverzija, razmena (razmjena) 6. preorijentisanje (see also **condo conversion**)
con·vert I ['kɑnvə(r)t]; [o] *n* obraćenik
con·vert II [kən'və(r)t] *v* 1. *tr* pretvoriti; *to* ~ *water to (into) steam* pretvoriti vodu u paru 2. *tr* (rel.) obratiti, preobratiti; *to* ~ *smb. to another faith* preobratiti nekoga u drugu veru (vjeru) 3. *tr* (logic) obrnuti 4. *tr* (comm.) pretvoriti; *to* ~ *merchandise into cash* pretvoriti robu u novac 5. *tr* (legal) prisvojiti 6. *tr* (pol.) nagovoriti da promeni (promjeni) stranku 7. *intr* pretvoriti se 8. *intr* (rel.) preći u drugu veru (vjeru), obratiti se 9. *intr* preorijentisati se, preći: *the plant is* ~*ing to missile production* preduzeće (W: poduzeće) se preorijentiše na proizvodnju projektila
con·vert·er, con·vert·or [kən'və(r)tə(r)] *n* 1. pretvarač 2. (elec.) konvertor
con·vert·i·bil·i·ty [kənvə(r)tə'bilətij] *n* konvertibilnost
con·vert·i·ble I [kən'və(r)təbəl] *n* automobil s pokretnim krovom, kabriolet
convertible II *a* konvertibilan; ~ *currency* konvertibilna valuta
con·vex ['kɑnveks]; [o] or [kən'veks] *a* konveksan, ispupčen
con·vex·i·ty [kən'veksətij] *n* konveksnost, ispupčenost
con·vey [kən'vej] *v tr* 1. preneti (prenijeti); prevesti; *pipelines* ~ *water* cevovodi (cjevovodi) prenose vodu 2. (legal) preneti (imovinu) 3. saopštiti (saopćiti); *to* ~ *ideas* saopštiti ideje 4. isporučiti; *to* ~*greetings* isporučiti pozdrave
con·vey·ance [~əns] *n* 1. prevozno sredstvo 2. (legal) prenos (imovine) 3. predaja; isporuka
con·vey·er, con·vey·or [~ə(r)] *n* konvejer
conveyor belt beskrajna traka
con·vict I ['kɑnvikt]; [o] *n* osuđenik, zatvorenik
convict II [kən'vikt] *v tr* osuditi; *to* ~ *of perjury* osuditi zbog krivokletstva, proglasiti krivim zbog krivokletstva; *to* ~ *of a serious crime* osuditi za teže krivično delo (djelo)

con·vic·tion [kən'vikšən] *n* 1. osuda; *a* ~ *of perjury* osuda zbog krivokletstva; *he has earlier* ~*s for theft* on je ranije osuđivan zbog krađe 2. ubeđenje (ubjeđenje)
con·vince [kən'vins] *v tr* ubediti (ubijediti), uveriti (uvjeriti); *to* ~ *smb. of smt.* uveriti nekoga u nešto; *to* ~ *oneself of smt.* uveriti se u nešto; (Am.; colloq.) *to* ~ *smb. to do smt.* navesti nekoga da uradi nešto
con·vinc·ing [~iñg] *a* ubedljiv (ubjedljiv)
con·viv·i·al [kən'vivijəl] *a* druželjubiv
con·viv·i·al·i·ty [kənvivij'aelətij] *n* druželjubivost
con·vo·ca·tion [kanvə'kejšən]; [o] *n* 1. saziv 2. skup
con·voke [kən'vouk] *v tr* sazvati; *to* ~ *parliament* sazvati parlament
con·vo·lute I ['kanvəlūt]; [o] *a* savijen, uvojit; spiralan
convolute II *v tr* saviti, uviti
con·vo·lut·ed [~id] *a* savijen, uvojit
con·vo·lu·tion [kanvə'lūšən]; [o] *n* 1. savijanje, uvijanje; spirala 2. vijuga; *a* ~ *of the brain* moždana vijuga
con·voy I ['kanvoj]; [o] *n* konvoj, praćenje; (transportna) kolona
convoy II *v tr* pratiti, konvojirati
con·vulse [kən'vəls] *v tr* 1. zgrčiti 2. potresti; *to be* ~*d with laughter* tresti se od smeha (smijeha)
con·vul·sion [kən'vəlšən] *n* konvulzija, grč
co·ny ['kounij], [kə'nij] *n* (zool.) 1. kunić 2. see **hyrax**
coo I [kū] *n* gugutanje
coo II *v intr* gugukati
cook I [kuk] *n* kuvar (kuhar)
cook II *v* 1. *tr* skuvati (skuhati); *to* ~ *dinner* skuvati ručak 2. *intr* kuvati (kuhati), gotoviti 3. *intr* kuvati se
cook·book [~buk] *n* kuvar (kuhar)
cook·er [~ə(r)] *n* 1. sprava za kuvanje (kuhanje) 2. Br.; see **stove**
cook·er·y [~ərij] *n* kulinarstvo
cookery book Br.; see **cookbook**
cook·ing [~iñg] *n* kulinarstvo
cook·out [~aut] *n* obrok koji se sprema i jede napolju (W: vani)
cook up *v* 1. izmisliti; *to cook up a story* izmisliti priču 2. misc.; *to cook up smt. against smb.* kuvati (kuhati) nekome kašu
cook·y, cook·ie, cook·ey ['kukij] *n* keks, kolačić
cool I [kūl] *n* 1. svežina (svježina) 2. (colloq.) pribranost
cool II *a* 1. prohladan; *the weather got* ~ za-hladilo je 2. hladan; ~ *drinks* hladna pića 3. hladan, odbojan; *a* ~ *reception* hladan do-ček 4. pribran; *to remain* ~ ostati pribran 5. (colloq.) odličan 6. misc.; *a* ~ *thousand* cela hiljada (W: cijela tisuća)
cool III *v* 1. *tr* rashladiti; *to* ~ *a room (wine)* rashladiti sobu (vino) 2. *intr* ohladiti se (see **cool off** 2) 3. misc.; *to* ~ *one's heels* dugo čekati
cool·ant [~ənt] *n* tečnost za hlađenje
cool down *v* see **cool off** 2, 3
cool·er I [~ə(r)] *n* 1. see **water cooler** 2. hladnjak, sredstvo za hlađenje 3. (slang) zatvor
cooler II see **cool** II
cool-head·ed [~-hedid] *a* pribran, hladnokrvan

coo·lie ['kūlij] *n* kuli
cooling-off period period pred štrajk kad sindikat i poslodavac pokušavaju da postignu sporazum
cool·ness [~nis] *n* umerena (umjerena) hladnoća
cool off *v* 1. rashladiti 2. ohladiti se; *he has cooled off* on se već ohladio 3. (fig.) smiriti se
coon [kūn] *n* 1. (colloq.) see **racoon** 2. (vul., pejor.) crnac
coon·skin [~skin] *n* rakunovo krzno
coop I [kūp] *n* 1. kokošinjac 2. (colloq.) zatvor; *to fly the* ~ pobeći (pobjeći)
coop II *v tr* (usu.: *to* ~ *up, in*) zatvoriti; *to be* ~*ed up between four walls* biti zatvoren između četiri zida
co-op ['kou-'ap]; [o] see **cooperative** I
coop·er ['kūpə(r)] *n* bačvar
coop·er·age [~ridž] *n* bačvarnica
co·op·er·ate [kou'apərejt]; [o] *v intr* sarađivati (surađivati), kooperisati
co·op·er·a·tion [kouapə'rejšən]; [o] *n* saradnja (su-radnja), kooperacija
co·op·er·a·tive I [kou'apərətiv]; [o] *n* kooperativa
cooperative II *a* kooperativan
co-opt [kou-'apt]; [o] *v tr* 1. kooptirati 2. preuzeti
coop up *v* see **coop** II
co·or·di·nate I [kou'o(r)dənit], [ej] *n* koordinata
coordinate II *a* naporedan; (gram.) ~ *clauses* naporedne rečenice
coordinate III [~ejt] *v tr* koordinirati, uskladiti, usaglasiti; *a* ~*d attack* jednovremeni napad
co·or·di·na·tion [kouo(r)də'nejšən] *n* koordinacija, sadejstvo (sadjejstvo)
coot [kūt] *n* 1. (bird) crna liska 2. (colloq.) glupak 3. see **scoter**
coot·ie [~ij] *n* (colloq.) vaš, uš
cop I [kap]; [o] *n* 1. (colloq.) policajac; *to play* ~*s and robbers* igrati se žandara i lopova 2. misc.; (Br.; slang) *a fair* ~ opravdano hapšenje
cop II *v tr* (colloq.) 1. uhvatiti, uloviti 2. ukrasti 3. misc.; *to* ~ *a plea* pogoditi se s javnim tužiocem, pribeći (pribjeći) parničkoj pogodbi
co·pa·cet·ic, co·pa·set·ik [koupə'setik] *a* (slang) odličan
cope I [koup] *n* ogrtač
cope II *v intr* savladati, doviti se; ispuniti; *to* ~ *with smt.* izići s nečim na kraj; *they are* ~*ing with their job beautifully* oni izvanredno obav-ljaju svoj posao; *he can* ~ *with his obligations* on je dorastao svojim obavezama
Co·pen·ha·gen ['koupənhejgən] *n* Kopenhagen
Co·per·ni·can [kou'pə(r)nəkən] *a* kopernički
cope·stone ['koupstoun] see **capstone**
cop·i·er ['kapijə(r)]; [o] *n* 1. aparat za kopiranje 2. kopista
co·pi·lot ['koupajlət] *n* drugi pilot
co·pi·ous ['koupijəs] *a* 1. obilan, izobilan 2. go-vorljiv
cop out *v* (colloq.) 1. odustati; odbiti angažova-nje 2. see **cop** II 3
cop-out ['kap-aut]; [o] *n* (colloq.) odbijanje da se angažuje
cop·per I ['kapə(r)]; [o] *n* 1. bakar 2. (Br.) novčić
coper II *a* bakarni, bakreni; *a* ~ *coin* bakarni novčić
copper III *n* (colloq.) policajac

cop·per·head [~hed] *n* 1. otrovna zmija 2. (cap., Am., hist.) severnjak (sjevernjak) koji je bio naklonjen Jugu (za vreme — vrijeme građanskog rata)

cop·per·plate [~plejt] *n* bakarna ploča

cop·per·smith [~smith] *n* kazandžija, kotlar

copper sulfate bakar sulfat

cop·pice ['kapǝs]; [o] see **copse**

copse [kaps]; [o] *n* čestar

Copt [kapt]; [o] *n* Kopt

cop·ter ['kaptǝ(r)]; [o] *n* (colloq.) see **helicopter**

Cop·tic I ['kaptik]; [o] *n* koptski jezik

Coptic II *a* koptski

cop·u·la ['kapjǝlǝ]; [o] (*-s* or *-ae* [ij]) *n* (gram.) kopula, spona

cop·u·late [~lejt] *v intr* imati snošaj, spariti se

cop·u·la·tion [kapjǝ'lejšǝn]; [o] *n* kopulacija, snošaj

cop·u·la·tive I ['kapjǝlejtiv]; [o], [ǝ] *n* (gram.) spona

copulative II *a* kopulativan; *a* ~ *conjunction* kopulativan veznik

cop·y I ['kapij]; [o] *n* 1. kopija; *to make a* ~ napraviti kopiju 2. primerak (primjerak); *the book was printed in 10,000* ~*ies* knjiga je štampana u 10.000 primeraka 3. rukopis 4. (journalism) građa, vesti (vijesti); *that makes good* ~ to je zanimljiva vest

copy II *v tr* 1. kopirati, umnožiti, razmnožiti 2. prepisati

cop·y·book [~buk] *n* pisanka; (Br.) *to blot one's* ~ učiniti grešku

copy boy kurir (u redakciji lista)

cop·y·cat [~kaet] *n* podražavalac, imitator

copy·desk redakcija (lista)

copy editor urednik

cop·y·hold [~hould] *n* (Br.) zakupljen posed (posjed)

cop·y·hold·er [~ǝ(r)] *n* 1. (Br.) zemljoposednik (zemljoposjednik) 2. onaj koji čita rukopis

copying machine aparat za fotokopiranje

cop·y·ist [~ist] *n* kopista

cop·y·read·er [~rijdǝ(r)] *n* korektor

cop·y·right I [~rajt] *n* autorsko pravo; *to hold a* ~ iskorišćavati autorsko pravo

copyright II *a* zaštićen autorskim pravom

copyright III *v tr* zaštititi autorskim pravom

cop·y·writ·er [~rajtǝ(r)] *n* autor reklamnih tekstova

co·quet [kou'ket] *v intr* koketovati

co·quet·ry ['koukǝtrij] or [kou'ketrij] *n* koketerija

co·quette [kou'ket] *n* koketa

co·quett·ish [~iš] *a* koketan

cor·al I ['korǝl], [a] *n* koral; (as *a*) ~ *divers* lovci na korale, lovci korala

coral II *a* koralski, koralni, koraljni

cor·al·line I ['korǝlin], [aj] *n* 1. (bot.) koralina 2. (zool.) koralni polip

coralline II *a* koralni

coral reef koralni greben

cor blimey [ko(r)] see **blimey**

cord [ko(r)d] *n* 1. konopac, uže 2. gajtan; *an electric* ~ gajtan za struju; *a lamp* ~ gajtan za lampu 3. vrpca; *an umbilical* ~ pupčana vrpca, pupčanica; *the spinal* ~ kičmena moždina 4. hvat; *a* ~ *of wood* hvat drva 5. rebrasta tkanina 6. (in *pl)* pantalone (W: hlače) od rebraste tkanine

cord·age [~idž] *n* užad, užarija

cor·dial I ['ko(r)džǝl] *n* vrsta likera

cordial II *a* srdačan; *a* ~ *greeting (reception)* srdačan pozdrav (prijem); *to be* ~ *to smb.* biti ljubazan prema nekome

cor·dial·i·ty [ko(r)dži'aelǝtij] *n* srdačnost

cord·ite ['ko(r)dajt] *n* kordit

cor·don I ['ko(r)dǝn] *n* 1. kordon, lanac stražara 2. traka, vrpca

cordon II *v tr* blokirati, opkoliti; *to* ~ *off an area* blokirati rejon

cordon off *v* see **cordon** II

cordon sa·ni·taire [saenij'tej(r)] (French) sanitarni kordon

cor·du·roy I ['ko(r)dǝ'roj] *n* rebrasti somot

corduroy II *a* od rebrastog somota

corduroy road put od trupaca preko močvare

core I [ko(r)] *n* jezgro, srž; *to the* ~ do srži

core II *v tr* izvaditi jezgro (iz)

co·re·lig·ion·ist [kouri'lidžǝnist] *n* istoverac (istovjerac)

co·re·op·sis [korij'apsis]; [o] *n* (bot.) carevo oko, dikino oko

co·re·spon·dent [kouri'spandǝnt]; [o] *n* (legal) optuženi (optužena) zbog preljube sa strankom u brakorazvodnoj parnici

Cor·fu ['ko(r)fjū] *n* Krf

Co·rin·thi·an I [kǝ'rinthijǝn] *n* Korinćanin

Corinthian II *a* korintski

cork I [ko(r)k] *n* 1. pluta 2. čep, zapušač (od plute); *to remove a* ~ izvući čep

cork II *v tr* začepiti, zapušiti; *to* ~ *a bottle* začepiti (zapušiti) flašu

cork·age [~idž] *n* naplata za piće (koje posetioci — posjetioci donesu sa sobom u kafanu — kavanu)

corked *a* 1. see **cork** II 2. koji ima miris po čepu

cork·er [~ǝ(r)] *n* (colloq.) 1. nešto čudno 2. nepobitan argumenat

cork·screw [~skrū] *n* vadičep

cork·y [~ij] *a* nalik na plutu

cor·mo·rant ['ko(r)mǝrǝnt] *n* (bird) kormoran, morski gavran, nor

corn I [ko(r)n] *n* 1. kukuruz; *to grow* ~ gajiti kukuruz; *to husk* ~ okruniti kukuruz; ~ *on the cob* kukuruz u klipu (see also **maize**) 2. (Br.) žito (see also **grain**) 3. (colloq.) nešto banalno

corn II *n* žulj

corn III *v tr* usoliti

corn·ball [~bol] *n* (colloq.) tikvan, seljak

Corn Belt oblast proizvodnje kukuruza (na srednjem zapadu SAD)

corn beef, corned beef usoljena govedina

corn bread proja, kuruza

corn·cob [~kab]; [o] *n* klip kukuruza, kočanj kukuruza

corn·crake [~krejk] *n* (bird) prdavac

corn·crib [~krib] *n* kukuruzana, koš za kukuruz

cor·ne·a ['ko(r)nijǝ] *n* rožnjača (W also: rožnica)

cor·ne·al [~l] *a* rožnjačan

cor·nel ['ko(r)nǝl] *n* (bot.) dren (drijen)

cor·ne·ous ['ko(r)nijǝs] *a* rožast

cor·ner I ['ko(r)nə(r)] *n* 1. ugao, ćošak; *around the* ~ za uglom; *on (at) the* ~ na uglu (ćošku); *to turn a* ~ zaći za ćošak; **to drive smb. into a* ~ sterati (stjerati) nekoga u ćošak; **to turn a* ~ prebroditi krizu; **to get into a tight* ~ zapasti u škripac; **to cut* ~s skratiti put; or: smanjiti troškove 2. kut 3. kraj, oblast; **the four* ~s *of the earth* četiri strane sveta (svijeta) 4. (econ.) spekulativan monopol (za dizanje cena — cijena), korner

corner II *v tr* 1. sterati (stjerati) u ćošak; **to fight like a* ~ed *rat* boriti se očajnički 2. (econ.) monopolisati; *to* ~ *a market* monopolisati prodaju, diktirati cene (cijene) na tržištu

corner kick (soccer] udarac s ugla, korner

cor·ner·stone [~stoun] *n* kamen temeljac; (also fig.) *to lay a* ~ položiti kamen temeljac

cor·net [ko(r)'net]; ['ko(r)nit] *n* 1. (mus.) kornet 2. (Br.) fišek, kornet

cor·net·ist [~ist] *n* (mus.) kornetista

corn exchange (Br.) žitna berza

corn·fed [~-fed] *a* 1. nahranjen kukuruzom 2. (fig.) dobro ushranjen, jak

corn·field [~fijld] *n* polje pod kukuruzom

corn flakes *pl* kukuruzne pahuljice

corn flour Br.; see **cornstarch**

corn·flow·er [~flauə(r)] *n* (bot.) različak

corn·husk [~həsk] *n* kukuruzna ljuska

Corn·husk·er State [~ə(r)] see **Nebraska**

corn·husk·ing [~iŋ] *n* komišanje, krunidba

cor·nice ['ko(r)nis] *n* karniz, karniž

Cor·nish ['ko(r)niš] *a* kornvalski

Corn Laws *pl* (hist.; Br.) žitni zakoni (ukinuti 1846)

corn·meal [~mijl] *n* kukuruzno (projino) brašno

corn rocket (bot.) pakoleć

corn rose (bot.) bulka

corn·stalk [~stok] *n* kukuruzna stabljika

corn·starch [~sta(r)č] *n* kukuruzni štirak

cor·nu·co·pi·a [ko(r)nə'koupijə] *n* rog izobilja

corn whiskey viski od kukuruza

corn·y [~ij] *a* banalan, otrcan

co·rol·la [kə'ralə]; [o] *n* (bot.) krunica, venčić (vjenčić)

cor·ol·lar·y ['korəlerij], [a]; [kə'rolərij] *n* korolar, posledica (posljedica)

co·ro·na [kə'rounə] (-s or -ae [ij]) *n* 1. (astro.) korona 2. (archit.) venac (vijenac) 3. (anat.) kruna 4. (bot.) korona, venac (vijenac) 5. (elec.) korona

cor·o·nar·y I ['korənerij], [a]; [ə] *n* see **coronary thrombosis**

coronary II *a* koronarni; ~ *arteries* koronarne arterije

coronary thrombosis tromboza, zapušavanje krvnih sudova

cor·o·na·tion [korə'nejšən], [a] *n* krunidba, krunisanje, krunidbene svečanosti

cor·o·ner ['korənə(r)], [a] *n* islednik (isljednik) koji vrši pregled leša; *a* ~'s *inquest* pregled leša; *a* ~'s *jury* komisija za pregled leša

cor·o·net [korə'net], [a] *n* mala kruna

cor·po·ra see **corpus**

cor·po·ral I ['ko(r)pərəl] *n* (mil.) desetar; kaplar; ~ *of the guard* razvodnik straže

corporal II *a* telesni (tjelesni); ~ *punishment* telesna kazna.

corporal III *n* (rel.) oltarski čaršav

cor·po·rate ['ko(r)pərit] *a* korporativan, akcionarski; *a* ~ *structure* korporativna organizacija; *a* ~ *body* or: *a body* ~ pravna osoba

cor·po·ra·tion [ko(r)pə'rejšən] *n* 1. korporacija 2. akcionarsko društvo 3. Br.; see **city council**

corporation tax porez na korporacije

cor·po·ra·tive ['ko(r)pərətiv] *a* korporativan

cor·po·re·al [ko(r)'porijəl] *a* 1. telesni (tjelesni), materijalni 2. opipljiv

cor·po·sant ['ko(r)pəzənt] *n* see St. **Elmo's fire**

corps [ko(r)] *(corps* [ko(r)z]) *n* 1. kor; *the diplomatic (officer)* ~ diplomatski (oficirski) kor 2. (mil.) korpus; *the* ~ *of cadets* kadetski korpus 3. (mil.) služba; *the* ~ *of engineers* inžinjerija; *the medical (quartermaster, transportation)* ~ sanitetska (intendantska, saobraćajna) služba; *the adjutant general's* ~ administrativna služba; *the judge advocate general's* ~ pravna služba

corps commander (mil.) komandant korpusa

corpse ['ko(r)ps] *n* leš; ~s *decompose* leševi se raspadaju

corps headquarters (mil.) štab korpusa

corps·man ['ko(r)mən] (*-men* [min]) *n* (Am., naval) bolničar

cor·pu·lence ['ko(r)pjələns] *n* korpulentnost

cor·pu·lent [~ənt] *a* korpulentan

cor·pus ['ko(r)pəs] *(corpora* ['ko(r)pərə]) *n* 1. korpus, leš, trup 2. glavnica, kapital 3. (ling.) korpus

cor·pus·cle ['ko(r)pəsəl] *n* 1. korpuskul 2. zrnce

cor·pus·cu·lar [ko(r)'pəskjələ(r)] *a* korpuskularan; ~ *theory* korpuskularna teorija

cor·pus·cule ['ko(r)pəskjūl] see **corpuscle**

corpus de·lec·ti [di'liktaj] (Latin; legal) korpus delikti

cor·ral I [kə'rael] *n* 1. obor, tor 2. barikada od poređanih kola

corral II *v* 1. uterati (utjerati) u obor 2. obrazovati barikadu od poređanih kola 3. (colloq.) zahvatiti

cor·rect I [kə'rekt] *a* 1. ispravan, tačan (W: točan), pravilan; korektan; *a* ~ *answer (calculation, translation)* tačan odgovor (račun, prevod); *a* ~ *statement* tačna izjava 2. korektan, pristojan; uljudan, učtiv; ~ *behavior* pristojno ponašanje

correct II *v tr* 1. ispraviti; popraviti; korigovati; *to* ~ *an error (homework)* ispraviti grešku (domaći zadatak); *to* ~ *oneself* ispraviti se; *to* ~ *a manuscript (a translation)* popraviti rukopis (prevod) 2. opomenuti

cor·rec·tion [kə'rekšən] *n* ispravka, popravka; korektura; *the* ~ *of homework* ispravka domaćeg zadatka; *to make a* ~ ispraviti grešku

cor·rec·ti·onal officer [~əl] zatvorski čuvar

correction fluid korektur-lak

cor·rec·ti·tude [kə'rektətūd]; [tj] *n* korektnost

cor·rec·tive I [kə'rektiv] *n* korektiv, popravna mera (mjera)

corrective II *a* korektivan

cor·rect·ness [~tnis] *n* ispravnost, tačnost (W: točnost), korektnost

cor·re·late ['korəlejt], [a] v 1. tr dovesti u korelativan (uzajamni) odnos 2. intr biti u korelativnom (uzajamnom) odnosu
cor·re·la·tion [korə'lejšən], [a] n korelacija, uzajamni odnos
cor·rel·a·tive I [kə'relətiv] n korelativ, korelat
correlative II a korelativan, uzajaman
correlative conjunction korelativan veznik
cor·re·spond [korə'spænd], [a]; [o] v intr 1. odgovarati; to ~ to smt. odgovarati nečemu 2. predstavljati; the lines on the map ~ to roads linije na karti predstavljaju puteve 3. dopisivati se, prepisivati se, korespondirati; they ~ (with each other) oni se dopisuju
cor·re·spon·dence [~əns] n 1. odgovaranje 2. predstavljanje 3. dopisivanje; prepiska; korespondencija; business ~ poslovna korespondencija
correspondence course dopisni tečaj
correspondence school dopisna škola
cor·re·spond·ent [~ənt] n 1. dopisnik, korespondent 2. korespondent; referent 3. korelativ
cor·re·spond·ing [~ing] a 1. odgovarajući, korespondentan 2. dopisni; a ~ member of an academy dopisni član akademije
cor·ri·dor ['korədə(r)], [a] n koridor, hodnik; (fig.) kuloar; an air ~ vazdušni (W: zračni) koridor
corridor train (Br.) voz (W. vlak) s hodnikom koji spaja vagone
cor·ri·gen·dum [korə'džendəm], [a] (-da [də]) n 1. štamparska greška 2. (in pl) lista štamparskih grešaka (sa nj.hovim ispravkama)
cor·ri·gi·ble ['korədžəbəl] a ispravljiv, popravljiv
cor·rob·o·rate [kə'rabərejt]; [o] v tr potkrepiti (potkrijepiti), potvrditi
cor·rob·o·ra·tion [karabə'rejšən]; [o] n potkrepljenje, potvrda
cor·rob·o·ra·tive [kə'rabərətiv]; [o] a koji potkrepljuje
cor·rob·o·ra·to·ry [~torij]; [ə] see corroborative
cor·rode [kə'roud] v 1. tr izjesti, gristi, nagristi, najesti; rust ~s iron rđa grize (najeda) gvožđe 2. intr izjesti se, nagristi se
cor·ro·si·ble [kə'rousəbəl] a koji se izjeda, podložan koroziji
cor·ro·sion [kə'roužən] n korozija
cor·ro·sive [kə'rousiv] a korozivan
cor·ru·gate ['korəgejt], [a] v tr nabrati
cor·ru·gat·ed [~d] a valovit, nabran; ~ iron valoviti čelik
cor·rupt I [kə'rəpt] a pokvaren, korumpiran
corrupt II v tr pokvariti, korumpirati: podmititi, potkupiti
cor·rupt·i·bil·i·ty [kərəptə'bilətij] n podmitljivost
cor·rupt·i·ble [~təbəl] a podmitljiv
cor·rup·tion [kə'rəpšən] n 1. kvarenje, korumpiranje; podmićivanje 2. pokvarenost, korumpiranost
cor·rup·tive [kə'rəptiv] a koruptivan; a ~ influence koruptivan uticaj
cor·rupt·ness [~nis] n pokvarenost, korumpiranost
cor·sage [ko(r)'saž] n 1. mali buket 2. (Br.) gornji deo (dio) haljine
cor·sair ['ko(r)sej(r)] n 1. gusar 2. gusarski brod
cor·set ['ko(r)sit] n mider, korset, steznik

Cor·si·ca ['ko(r)sikə] n Korzika
cor·tege [ko(r)'tež] n kortež
cor·tex ['ko(r)teks] (-es or -tices [tisijz]) n (anat.) kora
cor·ti·cal ['ko(r)tikəl] a (anat.) korni, korast
cor·ti·sone ['ko(r)tasoun], [z] n kortizon
co·run·dum [kə'rəndəm] n korund
cor·vée [ko(r)'vej] n kuluk
cor·vette, cor·vet [ko(r)'vet] n korveta
cor·ymb ['korimb] n (bot.) gronja
cor·y·phae·us [korə'fijəs] (-aei [ijaj]) n korifej
co·ry·za [kə'rajzə] n kijavica, nazeb (also common cold)
co·se·cant [kou'sijkənt] n (math.) kosekanta
cosh [kaš]; [o] n (Br., slang) see blackjack
co·sign ['kousajn] v tr potpisati (kao supotpisnik)
co·sig·na·to·ry [kou'signətorij]; [ə] n supotpisnik
co·sine ['kousajn] n (math.) kosinus
co·sign·er [~ə(r)] n supotpisnik
cos lettuce [kos] (Br.) vrsta zelene salate
cos·met·ic I [kaz'metik]; [o] n kozmetičko (kozmetičko) sredstvo
cosmetic II a kozmetički (kozmetički)
cos·me·ti·cian [kazmə'tišən]; [o] n kozmetičar (kozmetičar)
cos·me·tol·o·gy [kazmə'talədžij]; [o]; [o] n kozmetika (kozmetika)
cos·mic ['kazmik]; [o] a kozmički (kozmički); ~ dust kozmička prašina; ~ ray kozmički zrak (W: kozmička zraka)
cos·mog·o·ny [kaz'magənij]; [o]; [o] n kozmogonija (kozmogonija)
cos·mog·ra·phy [kaz'magrəfij]; [o]; [o] n kozmografija (kozmografija)
cos·mol·o·gy [kaz'malədžij]; [o]; o n kozmologija (kozmologija)
cos·mo·naut ['kazmənot]; [o] n kozmonaut (kozmonaut)
cos·mo·pol·i·tan I [kazmə'palətən]; [o]; [o] n kozmopolita (kozmopolita)
cosmopolitan II a kozmopolitiski (kozmopolitiski)
cos·mop·o·lite [kaz'mapəlajt]; [o]; [o] n kozmopolita (kozmopolita)
cos·mos ['kazməs]; [o] n kozmos (kosmos)
Cos·sack I ['kasaek]; [o] n kozak
Cossack II a kozački
cos·set I ['kasit]; [o] n miljenik
cosset II v tr milovati, maziti
cost I [kost] n trošak, cena (cijena); at any ~ bez obzira na cenu (cijenu); no matter what the ~ is šta košta da košta; to spare no ~ ne štedeti (štedjeti) trošak; court ~s sudski troškovi; constant (falling, rising, variable) ~s postojani (opadajući, rastući, varijabilni) troškovi; printing (production) ~s troškovi štampanja (proizvodnje); to live ~ free živeti (živjeti) besplatno; ~ conscious svestan (svjestan) potrebe štednje; at ~ po fabričkoj ceni (cijeni)
cost II cost [kost] v tr koštati, stajati; how much does that ~? koliko to košta? the lighter cost me five dollars upaljač me je koštao pet dolara; no matter what it ~s! ma koliko stajalo; that cost him his life to ga je stalo života; that cost me time and money to me je stalo i vremena i novca

cost accountant kalkulant, računovođa (koji vodi evidenciju troškova proizvodnje)

cost accounting evidencija troškova proizvodnje

co-star I ['kou-sta(r)] *n* jedan od glavnih glumaca (filma, komada)

co-star II *v intr* igrati jednu od glavnih uloga

Cos·ta Ri·ca ['kostə 'rijkə], [*a*] Kostarika

cost clerk Br.; see cost accountant

cos·ter·mon·ger ['kastə(r)məŋgə(r)]; [*o*] *n* (Br.) torbar voćem, povrćem

cost·li·ness ['kostlijnis] *n* skupoća

cost·ly [~lij] *a* skup

cost·mar·y ['kostmejrij] *n* (bot.) kaloper

cost of living životni troškovi; *a ~ bonus* novčana naknada u vezi sa povišenjem životnih troškova

cost overrun prekoračenje predračuna

cos·tume ['kastūm]; [*o*]; [*tj*] *n* nošnja, kostim; *a peasant ~* narodna nošnja; *to dress in a ~* kostimirati

costume ball kostimirani bal

costume jewelry bižuterija

cos·tum·er [kas'tūmə(r)]; [*o*]; [*tj*] *n* kostimer

cos·tum·i·er [kas'tūmjə(r)]; [*o*]; [*tj*] see costumer

co·sy see cozy

cot I [kat]; [*o*] *n* 1. poljski krevet 2. Br.; see crib I 1

cot II see cottage

co·tan·gent [kou'taendžənt] *n* (math.) kotangens

co·ten·ant [kou'tenənt] *n* sustanar

co·te·rie ['koutərij] *n* koterija

co·til·lion [kou'tiljən] *n* kotiljon

cot·tage ['katidž]; [*o*] *n* kućica

cottage cheese beli (bijeli) kravlji, mrvljeni sir, »švapski sir«

cottage industry kućna radinost

cottage pie see shepherd's pie

cotter pin šplint

cot·ton I [katn]; [*o*] *n* 1. pamuk 2. (Br.) (pamučni) konac

cotton II *a* pamučan; *~ fabric* pamučna tkanina; *a ~ suit* pamučno odelo (odijelo); *~ fields* pamučna polja

cotton III *v intr* (colloq.) 1. *(to ~ to)* zavoleti (zavoljeti) 2. *(to ~ up to)* ulagivati se; *to ~ up to smb.* ulagivati se nekome

cotton candy vrsta bombona

cotton gin mašina (W: stroj) za čišćenje pamuka

cotton mill fabrika (W: tvornica) pamučne robe

cot·ton·mouth [~mauth] *n* see water moccasin

cotton reel Br.; see spool

cot·ton·seed [~sijd] *(pl* has zero or -*s) n* pamučno seme (sjeme)

cottonseed meal brašno od pamučnog semena (sjemena)

cottonseed oil ulje od pamučnog semena (sjemena)

cot·ton·tail [~tejl] *n* američki zec

cotton wool 1. pamuk 2. (Br.) vata (see also absorbent cotton for 2)

cot·y·le·don [katə'lijdən]; [*o*] *n* (bot.) kotiledon

couch I [kauč] *n* kauč

couch II *v tr* formulisati

couch grass (bot.) pirevina

cou·gar ['kūgə(r)] *n* kuguar (see mountain lion)

cough I [kof], [*a*] *n* kašalj

cough II *v intr* kašljati

cough medicine lek (lijek) za kašalj

cough up *v* 1. iskašljati; *to cough up blood* iskašljati krv 2. (colloq.) platiti; *he had to cough up five dollars* morao je da plati pet dolara

could see can III; *you ~ help him* mogao bi da mu pomogneš

couldn't contraction of could not; see can III

cou·lee ['kūlij] *n* 1. (Western Am.) duboka jaruga 2. potok lave

cou·lisse [kū'lijs] *n* kulisa

coul·ter Br.; see colter

cou·ma·rin ['kūmərin] *n* (chem.) kumarin

coun·cil ['kaunsəl] *n* savet (savjet), veće (vijeće); *a privy ~* državni savjet; *a workers' ~* radnički savet; *the Security Council* Savet bezbednosti (W: Vijeće sigurnosti); *an executive ~* izvršno veće; *a city ~* gradsko veće; *a ~ of war* ratni savet; *the ~'s decision* odluka saveta

coun·cil·man [~mən] (-men [min]) *n* član gradskog veća (vijeća), većnik (vijećnik)

Council of Europe Evropski savet — savjet (W: Evropsko vijeće)

coun·cil·or, coun·cil·lor [~ə(r)] *n* član veća (vijeća), većnik (vijećnik)

coun·sel I ['kaunsəl] *n* 1. savetovanje (savjetovanje) 2. savet (savjet); *to give (seek, take) ~* dati (tražiti, primati) savet 3. namera (namjera), plan; *to keep one's own ~* ćutati (W: šutjeti) o svojim namerama 4. see lawyer

counsel II *v* 1. *tr* savetovati (savjetovati); *to ~ smb.* savetovati nekoga (nekome) 2. *tr* preporučiti; *to ~ delay* savetovati odlaganje 3. *intr* savetovati

coun·sel·or, coun·sel·lor [~ə(r)] *n* savetnik (savjetnik)

count I [kaunt] *n* 1. brojanje; *to take (make) a ~* izbrojati 2. račun; *by my ~* po mom računu 3. (boxing) brojanje; *he went down for the ~* or *he took the full ~* bio je pobeđen (pobijeđen) nokautom 4. tačka (W: točka) optužbe

count II *v* 1. *tr* izbrojati 2. *tr* računati, uračunati; *~ this money too* uračunaj i ovaj novac; *not ~ing the members of the family* ne računajući članove porodice (W also: obitelji) 3. *intr* brojati, računati; *the child doesn't know how to ~* dete (dijete) ne zna da broji; *to ~ on one's fingers* računati na prste 4. *intr* vredeti (vrijedjeti), biti od važnosti; *that doesn't ~* to nije od važnosti, to se ne uračunava 5. *intr* računati se; *that period does not ~ toward benefits* ono vreme (vrijeme) se ne računa beneficirano 6 misc.; *that will ~ (be ~ed) against him* to mu neće ići u prilog; **don't ~ your chickens before they are hatched* ne seci ražanj dok je zec u šumi

count III *n* grof

count·a·ble [~əbəl] *a* brojljiv

count down *v* odbrojavati (do nule)

count·down [~daun] *n* odbrojavanje (do nule)

coun·te·nance I [~ənəns] *n* 1. lik, lice; *a shining ~* svetao (svijetao) lik 2. držanje pribranost; **out of ~* zbunjen

countenance II *v tr* tolerisati

count·er ['kauntə(r)] *n* brojač

counter II *n* protivudarac (protuudarac)

counter III *a* suprotan

counter IV *adv* suprotno; *to run* ~ *to smt*. protivrečiti (protivuriječiti) nečemu (see also **contrary III**)
counter V *v tr* odbiti; *to* ~ *an attack* odbiti napad
counter- **VI** *(prefix)* protiv (protu)
counter VII *n* tezga; *behind the* ~ iza tezge; (fig.) *under the* ~ ispod tezge
coun·ter·act [~r'aekt] *v tr* dejstvovati (djejstvovati) nasuprot, suprotno; *to* ~ *smt*. dejstvovati nasuprot nečemu
coun·ter·ac·tion [~kšən] *n* protivdejstvo (protivdjejstvo)
counter argument protivargumenat
coun·ter·at·tack I [~rətaek] *n* protivnapad (protunapadaj)
counterattack II *v* 1. *tr* izvršiti protivnapad — protunapadaj (na) 2. *intr* izvršiti protivnapad
coun·ter·bal·ance I [~baeləns] *n* protivteža (protuteža)
counterbalance II *v tr* izjednačiti
coun·ter·blow [~blou] *n* protivudarac (protuudarac)
coun·ter·charge I *n* 1. [~ča(r)dž] protivtužba (protuoptužba); *to make a* ~ podneti (podnijeti) protivtužbu 2. protivnapad (protunapadaj)
countercharge II *v tr and intr* podneti (podnijeti) protivtužbu (protuoptužbu)
coun·ter·claim [~klejm] *n* protivpotraživanje (protupotraživanje)
coun·ter·clock·wise [~'klakwajz]; [o] *adv* suprotno od kretanja kazaljke na satu
coun·ter·cul·ture [~kəlčə(r)] *n* suprotstavljanje mladih ljudi društvenim normama i tradicijama
coun·ter·es·pi·o·nage [~r'espijənaž] *n* kontrašpijunaža
coun·ter·feit I [~fit] *n* lažan novac, lažna (falsifikovana) novčanica; falsifikat
counterfeit II *a* lažan, falsifikovan; ~ *bank notes* lažne novčanice; ~ *money* lažan novac
counterfeit III *v tr* falsifikovati; *to* ~ *bank notes* falsifikovati novčanice
coun·ter·feit·er [~e(r)] *n* falsifikator
coun·ter·foil [~fojl] *n* Br.; see **stub I** 3
coun·ter·in·tel·li·gence [~rin'telədžəns] *n* kontraobaveštajna (kontraobavještajna) služba
coun·ter·man [~maen], [ə] (-*men* [men], [i]) *n* prodavac za tezgom
coun·ter·mand [~maend]; [a] *v tr* poništiti; *to* ~ *an order* poništiti naređenje
coun·ter·mea·sure [~mežə(r)] *n* protivmera (protumjera)
coun·ter·mine I [~majn] *n* (mil.) 1. protivmina 2. protivminska galerija
countermine II *v tr* kontraminirati
coun·ter·move [~mūv] *n* protivpotez
coun·ter·of·fen·sive [~rə'fensiv] *n* kontraofanziva (W: kontraofenziva)
coun·ter·or·der [~ro(r)də(r)] *n* protivnaredba (protunaredba)
coun·ter·part [~pa(r)t] *n* duplikat; odgovarajući predmet
coun·ter·point [~pojnt] *n* kontrapunkt
coun·ter·poise [~pojz] *n* protivteža (protuteža)
coun·ter·pro·pos·al [~prə'pouzəl] *n* protivpredlog (protuprijedlog)

coun·ter·punch [~pənč] *n* protivudarac (protuudarac)
coun·ter·re·coil I [~rijkojl] *n* povratak cevi (cijevi)
counterrecoil II *a* protivtrzajni, povratni; *a* ~ *mechanism* povratnik
counterrecoil III *v inter* povratiti se (o cevi — cijevi)
coun·ter·ref·or·ma·tion [~refə(r)'mejšən] *n* protivreformacija (protureformacija)
coun·ter·rev·o·lu·tion [~revə'lūšən] *n* kontrarevolucija
coun·ter·rev·o·lu·tion·ar·y I [~erij]; [ə] *n* kontrarevolucionar
counterrevolutionary II *a* kontrarevolucionaran
coun·ter·shaft [~šaeft]; [a] *n* pomoćna osovinica (see also **layshaft**)
coun·ter·sign I [~sajn] *n* 1. see **countersignature** 2. (mil.) odziv (cf. **sign I** 3)
countersign II *v tr* sapotpisati (supotpisati)
coun·ter·sig·na·ture [~'signəčə(r)] *n* sapotpis (supotpis)
coun·ter·sink [~siŋk] *v tr* (tech.) proširiti vrh rupe za glavu šrafa
coun·ter·spy [~spaj] *n* agent kontraobaveštajne (kontraobavještajne) službe
coun·ter·weight [~wejt] *n* protivteg, protivteža (protuteža)
count·ess ['kauntis] *n* grofica
count in *v* uračunati
counting house kancelarija
count·less [~lis] *a* bezbrojan
count noun (grammar) imenica koja se upotrebljava i u jednini i u množini
count off *v* odbrojati
count on *v* računati; *to* ~ *on smb*. računati na nekoga
count out *v* 1. isključiti 2. odbrojati 3. (boxing) proglasiti pobeđenim (pobijeđenim) nokautom
coun·tri·fied ['kəntrifajd] *a* (colloq.) seljački, prostaski
coun·try ['kəntrij] *n* 1. zemlja; nacija; *from many* ~*ries* iz mnogih zemalja; *a foreign* ~ tuđa zemlja 2. domovina, zemlja, zavičaj, otadžbina; *the old* ~ stari kraj; *the mother* ~ rodna zemlja 3. *(the* ~) provincija, selo; *in the* ~ na selu; *to go to the* ~ ići na selo; *to come from the* ~ doći sa sela
country and western vrsta američke narodne muzike
country bumpkin see **bumpkin**
country club privatni klub (van grada) sa sportskim igralištima
country cousin (colloq.) seljačina
coun·try·folk [~fouk] *n pl* seljaci
country gentleman veliki zemljoposednik (zemljoposjednik)
coun·try·man [~mən] (~*men* [mən]) *n* sunarodnik, zemljak
country music seoska muzika
coun·try·wom·an [~wumən] (-*women* [wimin]) *n* 1. zemljakinja 2. seljanka
count up *v* 1. sabrati, zbrojati 2. izbrojati; *to count up to 100* izbrojati do 100
coun·ty ['kauntij] *n* okrug, grofovija, grofovstvo, srez
county commissioner član sreskog odbora

county seat glavni grad sreza, grofovije; okružno mesto (mjesto)

county town Br.; see **county seat**

coup [kū] n 1. genijalan potez 2. see **coup d'état**

coup de grâce [~ də gras] (French) poslednji (posljednji) udar; *to deliver the* ~ dotući, dokusuriti

coup d'état [~dej'ta] (French) državni udar; *to carry out a* ~ izvršiti državni udar

coupe I [kūp] n automobil s dvoja vrata

coupe II n desert od sladoleda i voća

cou·pé [ku'pej]; ['kupej] n 1. zatvorena kola sa dva sedišta (sjedišta) 2. see **coupe I** 3. kupe (na kraju vagona)

coup·le I ['kəpəl] n 1. par; *a married* ~ bračni par *a newly married* ~ mladi bračni par 2. dva; nekoliko; *give me a* ~ *of dollars* daj mi dva (nekoliko) dolara 3. (phys.) spreg

couple II v tr spojiti, vezati (po dvoje)

coup·ler ['kəplə(r)] n see **coupling**

coup·let ['kəplit] n kuplet

coup·ling ['kəpliŋ] n kvačilo, spojnica

cou·pon ['kjūpan], [k], [o] n kupon, bon; (of a bondholder) *to clip* ~s seći (sjeći) kupone

cour·age ['kəridž] n hrabrost, odvažnost

cou·ra·geous [kə'rejdžəs] n hrabar, odvažan

cour·gette [kə(r)'žet] Br.; see **zucchini**

cou·ri·er ['kərijə(r)], [ū] n kurir

course I [ko(r)s] n 1. tok; *the* ~ *of a disease (river)* tok bolesti (reke — rijeke); *in the* ~ *of events* u toku događaja 2. pravac, kurs; *to change* ~ promeniti (promijeniti) pravac; *to stick to a* ~ držati se pravca 3. (sports) staza; *to mark out a* ~ *(for a marathon)* obeležiti (obilježiti) stazu (za maraton) 4. kurs, tečaj; *to register (enroll, sign up) for a* ~ upisati se na kurs (tečaj); *to take a* ~ pohađati tečaj (kurs); *a Russian* ~ tečaj ruskog jezika; *a ballet* ~ baletski tečaj; *a beginning (elementary)* ~ početni; kurs *an introductory (intermediate, advanced)* ~ uvodni (srednji, viši) kurs 5. jelo; *a five-*~ *meal* ručak od pet jela 6. misc.; *that's a matter of* ~ to se razume (razumije) samo po sebi; *in due* ~ blagovremeno (~ of) ~ naravno, dabome

course II v intr (brzo) teći; *the blood* ~s *through the veins* krv teče kroz vene

court I [ko(r)t] n 1. see **courtyard** 2. dvor; *at*~ na dvoru; *life at* ~ život na dvoru; **to hold* ~ predsedavati (predsjedavati) 3. (sports) igralište; dvorana; *a basketball (tennis)* ~ košarkaško (tenisko) igralište 4. sud; *an appellate (criminal, district, higher, lower, military, municipal)* ~ apelacioni (krivični, okružni, viši, niži, vojni, opštinski) sud; *a* ~ *of original jurisdiction* prvostepeni sud; *a* ~ *of chancery* sud pravičnosti; *a* ~ *of common pleas* građanski sud; *in open* ~ na javnom suđenju; *to summon to* ~ pozvati na sud; *to be in* ~ biti na sudu; *to take smb. to* ~ tužiti nekoga sudu; *to settle (a case) out of* ~ doći do sporazuma bez parnice, zaključiti poravnanje; *a* ~ *appointed attorney* branilac određen po službenoj dužnosti 5. udvaranje; *to pay* ~ *to smb.* udvarati se nekome

court II a 1. sudski; parnički; *a* ~ *clerk* sudski zapisničar, pisar; ~ *costs* sudski troškovi; ~

procedure sudski postupak 2. dvorski; *a* ~ *jester* dvorska budala

court III v tr 1. udvarati se; *to* ~ *a girl* udvarati se devojci (djevojci) 2. izložiti se; *to* ~ *disaster* izložiti se opasnosti

cour·te·ous ['kə(r)tijəs] a učtiv, uljudan

cour·te·san ['ko(r)təzən] n kurtizana

cour·te·sy ['kə(r)təsij] n učtivost, uljudnost; *out of* ~ iz učtivosti

courtesy call kurtoazna poseta (kurtoazni posjet)

court·house ['ko(r)thaus] n sudnica, sud, sudska zgrada

court·i·er ['ko(r)tijə(r)] n dvoranin

court·ly [~lij] a dvorski

court·mar·tial I [~-ma(r)šəl] *(courts-martial* and *court-martials)* n vojni (preki) sud

court·martial II v tr dati (nekoga) na preki sud

court of inquiry istražni sud

court order sudska naredba

court·room [~rūm], [u] n sudnica

court·ship [~šip] n udvaranje

court system sistem uređenja sudova, sudski sistem

court·yard [~ja(r)d] n dvorište

cous·in ['kəzin] n 1. brat, sestra od strica (tetke, ujaka); bratučed, bratučeda 2. rođak, rođaka; *a second* ~ drugobratučed

couth [kūth] a (colloq.) ljubazan

cou·ture [kū'tū(r)] n krojački zanat

cou·tu·rier [kūtū'rjej] n krojač

cou·tu·rière [kūtū'rjej(r)] n krojačica

co·va·lence [kou'vejləns] n (chem.) kovalencija

co·va·lent bond [~nt] (chem.) kovalentna veza

co·var·i·ant [kou'vejrijənt] a (math., phys.) kovarijantan

cove I [kouv] n 1. mali zaliv 2. pećina, špilja

cove II n (Br., colloq.) momak

cov·e·nant ['kəvənənt] n 1. svečan ugovor, sporazum 2. (rel.) zavet

Cov·en·try ['kəvəntrij] n Koventrij; (Br.) **to send smb. to* ~ proterati (protjerati) nekoga

cov·er I ['kəvə(r)] n 1. pokrivač; navlaka; presvlaka; futrola; *a furniture* ~ pokrivač za nameštaj (namještaj) 2. poklopac, zaklopac 3. plašt, maska, vid, zaklon; *under* ~ *of night* pod plaštom noći; (slang) **he blew his* ~ odao se 4. (usu. mil.) zaklon (od vatre), zaštita; *to flush from* ~ isterati (istjerati) iz zaklona; *to provide* ~ (~) (obezbijediti) zaklon; *to take* ~ zakloniti se, uzeti zaklon; *under* ~ na zaklonu; *under artillery* ~ pod zaštitom artiljerije 5. stoni (stolni) pribor (see also **cover charge**) 6. omot, koverat (W: kuverta); *under separate* ~ u drugom kovertu 7. (of a book) korice; *from* ~ *to* ~ od korica do korica 8. čestar, šuma; skrovište (za divljač); *to break* ~ izaći iz skrovišta 9. (comm.) pokriće; *gold* ~ zlatno pokriće 10. (Br.) see **coverage** 2 11. see **front I** 9 12. pokrivač; *snow* ~ snežni (snježni) prekrivač

cover II v 1. tr pokriti; *to* ~ *one's head* pokriti glavu; *to* ~ *a table with a tablecloth* pokriti sto (stol) čaršavom; *to* ~ *with earth (straw, a veil)* pokriti zemljom (slamom, velom); *snow* ~ed *the ground* sneg (snijeg) je pokrio zemlju; *to* ~ *oneself with a blanket* pokriti se ćebetom; *to* ~

one's face pokriti lice; ~*ed with dust* pokriven prašinom 2. *tr* preći, prevaliti; *to* ~ *100 miles* preći 100 milja; *to* ~ *a distance* prevaliti razdaljinu 3. *tr* (comm.) pokriti; podmiriti; *to* ~ *expenses* pokriti troškove 4. *tr* obuhvatiti; predvideti (predvidjeti); *the book* ~*s the subject adequately* knjiga dovoljno obuhvata predmet; *these rules* ~ *all cases* ova pravila predviđaju (obuhvataju) sve slučajeve 5. *tr* isprskati; *to* ~ *with mud* isprskati blatom 6. *tr* štititi vatrom 7. *tr* zakloniti; *a cloud* ~*ed the sun* oblak je zaklonio sunce 8. *tr* reportirati (o), prikazati; *to* ~ *an event* prikazati događaj; *to* ~ *a meet* napisati reportažu o takmičenju 9. *tr* (of animals) opasati; *to* ~ *a mare* opasati kobilu 10. *tr* ležati na (jajima) 11. *tr* ovenčati (ovjenčati); *to* ~ *with glory* ovenčati slavom 12. *tr* (sports) čuvati (also **guard III** 3) 13. *tr* naknaditi; *to* ~ *a loss* naknaditi štetu 14. *tr* obložiti 15. *tr* preći, proučiti; *to* ~ *material* preći materijal 16. *tr* prevući; *to* ~ *a chair with leather* prevući stolicu kožom 17. *intr* zameniti (zamijeniti); *to* ~ *for smb.* zameniti nekoga

cov·er·age [~ridž] *n* 1. reportaža; *live* ~ *of a meet* živa reportaža o takmičenju; *television* ~ televizijska reportaža; *to provide* ~ *of* objaviti reportažu o 2. (insurance) osigurana svota; visina odštete

cov·er·alls [~rolz] *n pl* kombinezon, radno odelo (odijelo) u jednom komadu

cover charge uplata za poslugu (u restoranu)

covered wagon (hist.) pokrivena kola (američkih doseljenika)

cover girl devojka (djevojka) s naslovne strane ilustrovanog časopisa

cov·er·ing [~ri̅n̅g] *n* pokrivač

cov·ert I ['kouvə(r)t], [ə] *n* 1. zaklon, sklonište 2. čestar, žbunje

covert II *a* 1. prikriven; *a* ~ *threat* prikrivena pretnja (prijetnja) 2. (legal) zaštićena mužem, udata

cover up *v* 1. potpuno pokriti; *the snow covered up the ground* sneg (snijeg) je potpuno pokrio travu 2. sakriti; *to cover up one's ignorance* sakriti svoje neznanje 3. prikriti; zataškati; *to cover up the truth* prikriti istinu; *to cover up an incident* (*a scandal*) zataškati incident (skandal); *to cover up for a friend* zataškati prijateljevu grešku 4. zametnuti; *to cover up one's tracks* zametnuti tragove

cov·er-up [~əp] *n* prikrivanje, zataškivanje

cov·et ['kəvət] *v tr* žudeti (žudjeti) za; *to* ~ *smt.* žudeti za nečim

cov·et·ous [~əs] *a* žudan, željan

cov·ey ['kəvij] *n* leglo (jarebica)

cow I [kau] *n* 1. krava; ~*s moo* krave muču 2. ženka (kita, slona, itd.)

cow II *v tr* (colloq.) zaplašiti

cow·ard [~ə(r)d] *n* kukavica; *a real* ~ prava kukavica

cow·ard·ice [~is] *n* kukavičluk

cow·ard·ly [~lij] *a* kukavički

cow·bane [~bejn] *n* (bot.) trubeljika, vodena kukuta

cow·bell [~bel] *n* klepetuša, bakaruša

cow·ber·ry [~berij] *n* (bot.) brusnica

cow·boy [~boj] *n* kauboj; (as *a*): *a* ~ *film* kaubojski film; *a* ~ *hat* kaubojski šešir

cow·catch·er [~kaeča(r)] *n* zaštitni odbojnik (na lokomotivi)

cow·er [~ə(r)] *v intr* šćućuriti se

cow·fish [~fiš] *n* (zool.) morska krava

cow·hand [~haend] *n* kauboj

cow·herd [~hə(r)d] *n* kravar

cow·hide [~hajd] *n* 1. kravlja koža 2. bič od kravlje kože

cow·house [~haus] *n* kravlja staja

cowl [kaul] *n* 1. (kaluđerska) kapuljača, kukuljača 2. zaklon na vrhu dimnjaka 3. obloga

cowl·ing [~i̅n̅g] *n* obloga

cow·man ['kaumən] (*-men* [min]) *n* 1. vlasnik stočarske farme, stočar 2. (Br.) kravar

co·work·er ['kouwə(r)kə(r)] *n* saradnik (suradnik), kolega

cow parsnip (bot.) mečja šapa

cow·poke ['kaupouk] *v* see **cowboy**

cow·pox [~paks]; [o] *n* kravlje boginje, goveđe boginje

cow·punch·er [~pančə(r)] *n* see **cowboy**

cow·shed [~šed] *n* kravlja staja

cow·skin [~skin] *n* kravlja koža

cow·slip [~slip] *n* (bot.) jagorčevina, jaglika

cox I [kaks]; [o] *n* see **coxswain**

cox II *v tr* krmaniti; ~*ed* sa kormilarom

cox·a ['kaksə]; [o] (*-ae* [ij]) *n* (anat.) bedro, kuk (also **hip I**)

cox·comb see **cockscomb** 2

cox·less [~lis] *a* bez kormilara

cox·swain ['kaksən]; [o], [wej] *n* kormilar

coy [koj] *a* 1. stidljiv 2. afektiran, izveštačen (izvještačen) 3. povučen, rezervisan

coy·ness [~nis] *n* 1. stidljivost 2. afektiranost 3. povučenost

coy·o·te [kaj'outij] *n* (zool.) kojot

coy·pu ['kojpū] *n* (zool.) barski dabar

coz·en ['kəzən] *v tr* prevariti; *to* ~ *smt. out of smb.* uzeti od nekoga nešto na prevaru

co·zi·ness ['kouzijnis] *n* prijatnost, ugodnost

co·zy I ['kouzij] *n* pokrivač za čaj (also **tea cozy**)

cozy II *a* prijatan, ugodan, udoban; *a* ~ *nook* prijatan kutić

cozy up *v* umiljavati se; *to cozy up to smb.* umiljavati se nekome

crab I [kraeb] *n* 1. (morski) rak 2. (astrol., cap.) see **cancer** 2 3. (aviation) zanošenje 4. (tech.) dizalica 5. (rowing) *to catch a* ~ rđavo zaveslati, zapeti veslom o vodu

crab II *n* 1. see **crab apple** 2. čangrizavac

crab III *v intr* čangrizati

crab apple divlja jabuka

crab·bed [~id] *a* 1. mrzovoljan 2. nejasan

crab·by [~ij] *a* mrzovoljan

crab·grass [~graes]; [a] *n* korov

crab louse osmeronožica, širakalj

crack I [kraek] *n* 1. prasak, pucanj; *a* ~ *of thunder* prasak groma; *the* ~ *of a rifle* pucanj puške 2. pukotina, naprslina, prskotina 3. (oštar) udarac; *the* ~ *of a whip* udarac bičem 4. trenutak; *at the* ~ *of dawn* u cik zore; *the* ~ *of doom* kraj sveta (svijeta) 5. oštra primedba (primjedba); *he made a* ~ *about it* napravio (dao) je oštru primedbu o tome 6. proba, poku-

šaj; šansa; *we gave him a* ~ *at it* dali smo mu šansu; **let's have a* ~ *at it* pokušajmo da probijemo led 7. misc.; *the window was open a* ~ prozor je bio odškrinut; *her voice had a* ~ *in it* promukao joj je glas
crack II *a* (colloq.) elitan, odličan; *a* ~ *outfit* elitna jedinica; ~ *troops* elitne trupe
crack III *v* 1. *tr* načiniti pukotinu (na); slomiti 2. *tr* razbiti; *to* ~ *an egg* razbiti jaje 3. *tr* pući; pucketati; *to* ~ *a whip* pući (pucketati) bičem; *to* ~ *one's knuckles* pucati prstima; **to* ~ *the whip* održavati disciplinu 4. *tr* krckati; *to* ~ *nuts* krckati orahe 5. *tr* dešifrovati; rešiti (riješiti), odgonetnuti; *to* ~ *a code* dešifrovati kod, otkriti tuđu šifru 6. *intr* prsnuti; *the mirror* ~*ed* ogledalo je prslo 7. *intr* pući; raspući se; *the leather is* ~*ing* koža puca 8. misc.; *to* ~ *a book* otvoriti knjigu; *to* ~ *a joke* izvaliti vic; *to* ~ *a smile* osmehnuti (osmjehnuti) se; *his voice* ~*ed* zastala mu je reč (riječ) u grlu; *to get* ~*ing* latiti se posla; (Br.; slang) *to* ~ *a crib* provaliti u kuću
crack down *v* postati stroži; *to crack down on smt.* postati stroži u pogledu nečega; *to crack down on discipline* pooštriti disciplinu
crack·down [~daun] *n* strože kažnjavanje
cracked [~t] *a* 1. (colloq.) ćaknut, šašav 2. (of a voice) hrapav 3. s pukotinom 4. misc.; (slang) **he isn't what he's* ~ *up to be* on nije ono kakvim se prikazuje, on ne odgovara reputaciji
crack·er [~ə(r)] *n* 1. tanak dvopek 2. praskava bombona 3. (in the southern US) siromašan belac (bijelac)
crack·er·jack I [~džaek] *n* (colloq.) pravi majstor
crackerjack II *a* (colloq.) odličan, izvanredan
crackers Br.; see **cracked** 1
crack·ing [~ing] *n* kreking
crack·le I [~əl] *n* 1. puckaranje 2. mrežasta površina (u porculanu)
crackle II *v intr* 1. prštati, puckarati; *the fire is* ~*ing* vatra pršti 2. krckati
crack·ling ['kraekling] *n* 1. puckaranje 2. (cul.) čvarac
crack·pot I [~pat]; [o] *n* ludak
crackpot II *a* ludački
cracks·man [~mən] (-men [min]) *n* Br.; see **safe cracker**
crack up *v* (colloq.) 1. srušiti se; *the plane cracked up* avion se srušio 2. doživeti (doživjeti) živčani slom 3. (slang) nasmejati (nasmijati) se; *he just cracked up* nasmejao se grohotom 4. see **cracked** 4
crack·up [~əp] *n* 1. sudar; srušenje 2. živčani slom
crack·y [~ij] *interj* (usu: *by* ~*!*) oho! aha! (izražava iznenađenje)
cra·dle I ['krejdəl] *n* 1. kolevka (kolijevka), ljuljka; (fig.) *the* ~ *of liberty* kolevka slobode 2. podloga, saonice (za spuštanje broda) 3. (med.) udlaga, daščica 4. (of a telephone) prekidačka viljuška 5. (on a scythe) grabuljica 6. korito za ispiranje zlata
cradle II *v tr* ljuljati, uljuljati; *to* ~ *a child* uljuljati dete (dijete)
cra·dle·song [~song], [a] *n* uspavanka (also **lullaby**)

craft I [kraeft]; [a] *n* 1. veština (vještina) 2. lukavstvo 3. zanat 4. *(pl* has zero or *-s)* plovni objekat, brod 5. see **aircraft**
craft II *v tr* izmajstorisati; *a carefully* ~*ed story* dobro napisana pripovetka (pripovjetka)
craft·i·ness [~ijnis] *n* prepredenost, lukavstvo
crafts·man [~smən] (-men [min]) *n* zanatlija, majstor (W also: obrtnik)
crafts·man·ship [~šip] *n* umešnost (umješnost); umetnički (umjetnički) rad
craft union zanatski sindikat
craft·y [~ij] *a* prepreden, lukav
crag [kraeg] *n* stena (stijena), litica, greben, vrlet
crag·gy [~ij] *a* stenovit (stjenovit), krševit, vrletan
crake [krejk] *n* (bird) prdavac
cram [kraem] *v* 1. nabiti, natrpati, strpati; *to* ~ *things into a closet* natrpati orman stvarima; *to* ~ *food into one's mouth* strpati jelo u usta (also **squeeze II** 4) 2. *tr* nabubati; *to* ~ *math* nabubati matematiku 3. *tr* nakljukati (hranom) 4. *intr* bubati, gruvati (gruhati); *to* ~ *for an exam* gruvati za ispit
cram·bo ['kraembou] see **doggerel**
cramp I [kraemp] *n* 1. (Br. usu has no *pl)* grč; *he got a* (Br. also: *he was seized with* ~) ~ uhvatio ga je grč 2. privremena delimična (djelimična) paraliza 3. (in *pl)* stomačni bolovi (W: stomačne boli) 4. (tech.) stega, klamfa
cramp II *v tr* ograničiti, sputati, skučiti; **to* ~ *one's style* sputati nekome ruke
cramped [~t] *a* skučen, teskoban (tjeskoban), tesan (tijesan); *a* ~ *apartment* tesan stan
cram·pon [~ən] *n* penjalica (na nogama za penjanje)
cramps see **cramp I** 3
cran·ber·ry ['kraenberij]; [ə] *n* brusnica
crane I [krejn] *n* 1. (zool.) ždral 2. (tech.) dizalica, kran; *a transit* ~ pokretna dizalica
crane II *v* 1. *tr* ispružiti; *to* ~ *one's neck* ispružiti vrat 2. *intr* ispružiti vrat
crane operator dizaličar, kranovođa
cranes·bill ['krejnzbil] *n* (bot.) vilino oko
cra·ni·al ['krejnijəl] *a* lobanjski
cra·ni·ol·o·gy [krejnij'alədžij]; [o] *n* kraniologija
cra·ni·um ['krejnijəm] (-s or -*nia* [nijə]) *n* lobanja
crank I [kraengk] *n* 1. kurbla, ručica, obrtaljka, okretaljka (za paljenje motora) 2. (colloq.) osobenjak, ćaknuta osoba, čudak
crank II *v tr* staviti u pogon, kurblovati; *to* ~ *an engine* staviti motor u pogon
crank arm (tech.) rame
crank ca!l anoniman telefonski poziv (s pretnjom — prijetnjom)
crank·case [~kejs] *n* motorska kućica, karter (see also **sump** 2)
crank letter anonimno pismo (s pretnjom — prijetnjom)
crank·pin [~pin] *n* (tech.) lakat
crank·shaft [~šaeft]; [a] *n* radilica, kolenasto (koljenasto) vratilo
crank up *v* see **crank II**
crank web see **crank arm**
crank·y [~ij] *a* mrzovoljan, čandrljiv
cran·ny ['kraenij] *n* pukotina (u zidu, steni — stijeni)

11

crap [kraep] n 1. (colloq.) koještarija 2. (vul.) izmet; isprdak

crap around v (slang) ludirati se

crape see crepe

craps [~s] n *(sgn or pl)* kockarska igra

crap·shoot·er [~šūtə(r)] n kockar

crap·u·lence ['kraepjuləns] n 1. mamurluk 2. preterivanje (pretjerivanje) u jelu, piću

crap·u·lent [~julənt] a pijan, mamuran

crap up v (Br.; slang) upropastiti

crash I [kraeš] n 1. tresak (trijesak) 2. sudar; *there was a* ~ došlo je do sudara 3. krah, slom

crash II a 1. hitan, ubrzan; *a* ~ *program* ubrzan (hitan) program; *a* ~ *dive* hitno zaronjavanje 2. havarijski; *a* ~ *landing* havarijsko sletanje (slijetanje); ~ *equipment* havarijska oprema

crash III v 1. tr razbiti, smrviti 2. tr upasti; *to* ~ *a line* upasti u red (onih koji čekaju) 3. intr srušiti se; *the airplane* ~ed avion se srušio 4. sudarati se; *he* ~ed *into a truck* sudario se s kamionom

crash barrier barijera (za sprečavanje sudara na autoputu)

crash diet intenzivna dijeta, blic-dijeta

crash helmet zaštitni šlem

cra·sis ['krejsis] (-ses [sijz]) n (ling.) sažimanje

crass [kraes] a glup; grub, tup; ~ *ignorance*; krajnje neznanje

crass·ness [~nis] n glupost; grubost, tupost

crate I [krejt] n 1. sanduk; koleto 2. (colloq.) stari automobil, avion

crate II v tr pakovati (u koleto)

cra·ter [~ə(r)] n 1. krater 2. levak — lijevak (od granate, bombe)

crave [krejv] v tr and intr žudeti (žudjeti); *to* ~ *(for)* smt. žudeti za nečim

cra·ven [~ən] a kukavički, plašljiv

crav·ing [~ĩng] n žudnja; *a* ~ *for* smt. žudnja za nečim

craw [kro] n 1. voljka, guša; **to stick in one's* ~ biti neprihvatljiv, uvredljiv (also crop II) 2. životinjski želudac

craw·fish [~fiš] see crayfish

crawl I [~l] n 1. gmizanje, puzanje 2. kraul; *to swim the* ~ plivati kraulom (kraul)

crawl II v intr 1. gmizati, mileti (miljeti), puzati, puziti; *time* ~s vreme (vrijeme) mili 2. puziti, ponižavati se 3. vrveti (vrvjeti); *there were ants* ~ing *all over* svuda je vrvelo od mrava 4. ježiti se, osećati (osjećati) žmarce; *my flesh is* ~ing koža mi se ježi

crawl space uzan prolaz (kroz koji može da se puzeći prođe)

cray·fish ['krejfiš] n rak

cray·on ['krejən]; [o] n krejon, krajon

craze I [krejz] n 1. moda (za kojom svi luduju); *it's the latest* ~ to je poslednja (posljednja) moda 2. pomama; bes (bijes); *a* ~ *for* smt. bes za nečim

craze II v tr umno poremetiti

crazed [~d] a besomučan (bjesomučan)

cra·zy [~ij] a 1. lud; ćaknut 2. zaljubljen, lud; ~ *about* smt. zaljubljen u nešto, lud za nečim

crazy paving (Br.) ukrasno popločenje od nepravilnih ploča

crazy quilt pokrivač od raznobojnih nepravilnih komada tkanine

creak I [krijk] n škripa, škripanje

creak II v intr 1. škripnuti; *the door* ~ed vrata su škripnula 2. krckati; *the floor* ~s *under our feet* parket krcka pod nogama

creak·y [~ij] a škripav

cream I [krijm] n 1. pavlaka, mileram, vrhnje; *sour* ~ kisela pavlaka 2. krema, krem; *cold* ~ krem za lice (see also shaving cream) 3. see whipped cream 4. boja krema 5. cvet (cvijet), kajmak; **the* ~ *of the crop* najbolji cvet; **to skim off the* ~ skinuti (pobrati) kajmak

cream II v tr 1. dodati krem (nečemu) 2. (slang) potući do nogu

cream cheese topljeni sir za mazanje

cream-col·ored [~-kələ(r)d] a boje krema

cream deodorant dezodorans u kremu

creamed [~d] a (cul.) u obliku pirea; ~ *spinach* pire od spanaća (W: špinata)

cream·er [~ə(r)] n 1. naprava za skidanje pavlake, separator 2. posuda za pavlaku

cream·er·y [~ərij] n mlekara (mljekara)

cream puff (cul.) 1. ekler 2. (colloq.) see sissy

cream sauce krem od maslaca

cream·si·cle [~sikl] n sladoled na štapiću

cream·y [~ij] a pavlakovit

crease I [krijs] n 1. nabor; brazda; *a* ~ *on the forehead* brazda na čelu

crease II v 1. tr nabrati 2. tr izgužvati 3. tr okrznuti 4. intr gužvati se; *this material does not* ~ ova se tkanina ne gužva

cre·ate [krij'ejt] v tr 1. stvoriti; *to* ~ *the earth* stvoriti Zemlju 2. izazvati; *to* ~ *a sensation* izazvati senzaciju

cre·a·tion [-šən] n tvorevina; stvaranje; *the latest Paris* ~s poslednje (posljednje) tvorevine pariske mode; *the Creation* stvaranje sveta (svijeta)

cre·a·tion·ism [~izm] n zastupanje biblijskog kazivanja o stvaranju sveta (svijeta)

cre·a·tion·ist [~ist] n pobornik biblijskog kazivanja o stvaranju sveta (svijeta)

cre·a·tive [~iv] a stvaralački; *a* ~ *effort* stvaralački napor

cre·a·tiv·i·ty [krijej'tivətij] n stvaralaštvo

cre·a·tor [krij'ejtə(r)] n stvaralac

crea·ture ['krijčə(r)] n stvor

creature comforts (Br.) materijalne udobnosti

creche [kreš] n jasle

cre·dence ['krijdəns] n 1. vera (vjera); *to give* ~ *to* smt. pokloniti veru nečemu, verovati (vjerovati) u nešto 2. akreditiv; *a letter of* ~ akreditivno pismo

cre·den·tial [kri'denšəl] n akreditiv, akreditivno pismo; *to present one's* ~s isporučiti akreditivna pisma

credentials committee verifikacioni odbor

cred·i·bil·i·ty [kredə'bilətij] n verodostojnost (vjerodostojnost), uverljivost (uvjerljivost)

credibility gap nedoslednost (nedosljednost) između reči — riječi vladinog lidera i dela — djela

cred·i·ble ['kredəbəl] a verodostojan (vjerodostojan), uverljiv (uvjerljiv)

cred·it I ['kredit] *n* 1. vera (vjera); poverenje (povjerenje) 2. čast; *he is a ~ to his family* on služi na čast svojim roditeljima 3. prilog; *that is to his ~* to je njemu u prilog 4. kredit; veresija; *to buy smt. on ~* kupiti nešto na kredit; *to have unlimited ~* imati neograničen kredit; *to give, ~* dati kredit; *a letter of ~* kreditno pismo 5. zasluga; *who deserves ~ for the success?* ko (tko) je zaslužan za taj uspeh (uspjeh)? *to give smb. ~ for smt.* pripisati nekome nešto u zaslugu 6. priznanje; *to give smb. ~ for smt.* odati nekome priznanje za nešto 7. napomena kojom se označuje odakle je neki citat, fusnota 8. (in *pl*, at the beginning of a film) *~s and cast* (uvodna) špica 9. (a.) potvrda o položenom ispitu; overeno (ovjereno) pohađanje kursa; (b.) »poen«, nastavna jedinica (na nekim američkim univerzitetima kursevi nose vrednost — vrijednost od 1 ili više »credits«); *he got ~ for the course* overen (ovjeren) mu je položeni ispit; *he needs 20 ~s to graduate* ostalo mu je još 20 »poena« do diplomiranja

credit II *v tr* 1. verovati (vjerovati) 2. pripisati; *to ~ smb. with smt.* pripisati nekome nešto, upisati nekome nešto u zaslugu 3. odobriti; *to ~ $100 to smb.'s account* odobriti nekome sto dolara

credit III *a* 1. kreditni 2. potražni; *the ~ side (of an account)* potražna strana (računa)

credit account Br.; see **charge account**

credit bureau kreditni zavod

credit card kreditna karta

credit insurance osiguranje kredita

credit manager kreditni referent

credit note Br.; see **credit slip**

cred·i·tor [~ə(r)] *n* poverilac (povjerilac), kreditor

credit slip potvrda o odobrenju kredita (za vraćenu robu)

credit squeeze kreditne restrikcije

credit union kreditni odbor (nekog preduzeća — W: poduzeća)

cre·do ['krijdou] (*-s*) *n* kredo

cre·du·li·ty [kri'djūlətij]; [*dj*] *n* lakovernost (lakovjernost)

cred·u·lous ['kredžūləs], [*j*] *a* lakoveran (lakovjeran)

creed [krijd] *n* vera (vjera), veroispovest (vjeroispovijest)

creek [krijk], [*i*] *n* 1. potok; pritoka; (colloq.) *up the ~* u škripcu 2. (Br.) zaliv, zaton

creep I [krijp] *n* 1. puženje 2. (in *pl*) žmarci; *he gives me the ~s* ježi mi se koža kad ga vidim 3. (colloq.) odvratna osoba

creep II *crept* [krept] *v intr* 1. puziti 2. ježiti se; *it makes one's flesh ~* da se čoveku (čovjeku) koža naježi

creep·er [~ə(r)] *n* 1. puzavac 2. (bot.) puzavica 3. (bird) puzavica 4. (in *pl*) penjalice

creep·y [~ij] *a* (colloq.) jeziv, grozan; *a ~ feeling* jeziv osećaj (osjećaj)

cre·mate ['krijmejt] or [kri'mejt] *v tr* kremirati, spaliti (mrtvaca)

cre·ma·tion [kri'mejšən] *n* kremacija, spaljivanje (mrtvaca)

cre·ma·to·ri·um [krijmə'torijəm] (*-s* or *-ia* [ijə]) *n* see **crematory**

cre·ma·to·ry ['krijmətorij]; [ə] *n* krematorij, krematorijum

cre·nate ['krijnejt] *a* reckav

cre·nat·ed [~id] see **crenate**

cren·e·lat·ed ['krenəlejtid] *a* koji ima grudobran (sa zupčastim otvorima)

cren·u·late ['krenjəlejt] *a* reckav

cren·u·lat·ed [~id] see **crenulate**

Cre·ole I ['krijoul] *n* kreol

Creole II *a* kreolski

cre·o·lize ['krijəlajz] *v tr* (ling.) kreolizirati

cre·o·lized [~d] *a* (ling.) kreoliziran, kreolski; *a ~ language* kreolizirani jezik

cre·o·sote ['krijəsout] *n* kreozot

crepe [krejp] *n* 1. krep 2. see **crepe paper**

crepe paper krep-papir

crepe rubber guma za đonove

crepe su·zette [krejp sū'zet] (cul., French) flambirana palačinka (u soku od pomorandže)

crept see **creep II**

cre·pus·cu·lar [kre'pəskjələ(r)] *a* 1. sumračni 2. (zool.) večernji; *~ insects* večernji insekti

cres·cen·do [krə'šendou] (*-s* or *-di* [dij]) *n* krešćendo, krešendo

cres·cent ['kresənt] *n* mesečev (mjesečev) srp

cre·sol ['krijsoul] *n* krezol

cress [kres] *n* (bot.) grbaštica, ugas

crest I [~t] *n* 1. kresta; ćuba 2. greben, vrh; *the ~ of a mountain* vrh planine 3. grb; perjanica, ukras (na šlemu); *a family ~* porodični grb 4. breg (brijeg); *the ~ of a wave* breg talasa

crest II *v intr* 1. dizati se (o talasima) 2. dostići najviši vodostaj (o reci — rijeci)

crest·ed [~id] *a* ćubast

crest·fall·en [~folən] *a* potišten, pokunjen

Cre·tan I ['krijtən] *n* Krićanin (W: Krećanin)

Cretan II *a* kritski (W: kretski)

Crete [krijt] *n* Krit (W: Kreta)

cre·tin ['krijtin] *n* kreten

cre·tin·ism [~izəm] *n* kretenizam

cre·vasse [krə'vaes] *n* pukotina (naročito na glečeru)

crev·ice ['krevis] *n* pukotina, napuklina

crew [krū] *n* 1. posada, komanda; *the ~ of a ship* posada broda; *a flight ~* posada aviona 2. (sports) veslanje, veslački sport (also **rowing I**) 3. (sports) veslačka momčad

crew cut (muška) kratka frizura

crew-cut [~kət] *a* s kratkom frizurom

crib I [krib] *n* 1. dečiji (dječiji) krevetac (sa šipkama) 2. kućica za uskladištavanje kukuruza 3. jasle (also **manger**) 4. staja za stoku 5. koliba, kućica 6. korpa, koš 7. plagijat 8. (Br.) bukvalan prevod (prijevod) kojim se đaci služe (see also **pony 2**)

crib II *v intr* (colloq.) prepisivati (zadatak); upotrebljavati tuđ prevod (prijevod)

crib·bage [~idž] *n* vrsta igre karata

crib death nagla smrt odojčeta bez vidljivih simptoma

crick I [krik] *n* ukočenost; *a ~ in the neck* ukočen vrat

crick II (reg.) see **creek**

crick·et I ['krikit] *n* popac, cvrčak, zrikavac; *the* ~ *chirrs* cvrčak cvrči

cricket II *n* (sports) kriket; **that's not* ~ *to* nije pošteno (sportski)

cri·coid ['krajkojd] *n* (anat.) prstenasta hrskavica

cri·er ['krajə(r)] *n* vikač; telal; *a town* ~ gradski telal

cries see **cry I, II**

cri·key ['krajkij] (Br.; slang) *interj* bože!

crime [krajm] *n* 1. zločin; krivično delo (djelo); *a war* ~ ratni zločin; *to commit a* ~ izvršiti krivično delo 2. kriminal; kriminalitet; *the prevention of* ~ (or: ~ *prevention*) sprečavanje kriminaliteta; *the stamping out of* ~ suzbijanje kriminaliteta; *organized* ~ organizovani kriminalitet

Cri·me·a [kraj'mijə] *n* Krim; *in the* ~ na Krimu

Cri·me·an [~n] *a* krimski

Crimean War krimski rat

crim·i·nal I ['krimənəl] *n* zločinac, kriminalac

criminal II *a* zločinački, krivični, kriminalni; ~ *law* krivično pravo; *to bring* ~ *charges against smb.* podneti (podnijeti) krivičnu prijavu protiv nekoga; ~ *psychology* kriminalna psihologija; (legal) ~ *conversation* preljuba; ~ *elements* kriminalni elementi; *a* ~ *act* krivično delo (djelo); ~ *prosecution* krivično gonjenje; ~ *conspiracy* zločinačko udruživanje

criminal court okružni sud (koji sudi krivična dela — djela)

crim·i·nal·i·ty [krimə'naelətij] *n* kriminalitet

criminal record osuđivanost; *he has a* ~ on je osuđivan (za krivično delo — djelo)

crim·i·nol·o·gist [krimə'nalədžist]; [o] *n* kriminolog, kriminalista

crim·i·nol·o·gy [~džij] *n* kriminologija, kriminalistika

crimp I [krimp] *n* 1. nabiranje; nabor 2. (in *pl)* kovrče, kovrdže 3. savijanje 4. misc.; **to put a* ~ *in smt.* sprečiti (spriječiti) nešto

crimp II *v tr* 1. nabrati 2. saviti

crimp III *n* vrbovnik

crim·son I ['krimzən] *n* karmin, tamnocrvena boja

crimson II *a* tamnocrven

crimson cranesbill (bot.) zdravnjak

cringe [krindž] *v intr* 1. zgrčiti se 2. (fig.) puziti, savijati kičmu

crin·kle I ['kriŋkəl] *n* nabor, bora

crinkle II *v* 1. *tr* naborati 2. *intr* borati se

crin·kly [~klij] *a* naboran

crin·o·line ['krinəlin] *n* krinolin

crip·ple I ['kripəl] *n* bogalj, sakat čovek (čovjek)

cripple II *v tr* 1. osakatiti, obogaljiti 2. (fig.) onesposobiti, paralizovati

cri·sis ['krajsis] (*-ses* [sijz]) *n* kriza; *to cause (overcome) a* ~ prouzrokovati (prebroditi) krizu; *an economic* ~ ekonomska kriza

crisis center 1. krizni centar 2. štab za odbranu (W: obranu) od elementarnih nepogoda

crisis intervention hitna pomoć

crisp I [krisp] *n* (usu. in *pl)* (Br.) čips-krompir (W: krumpir) (see also **potato chips**)

crisp II *a* 1. hrskav; krt 2. svež (svjež) i čvrst 3. svež; ~ *air* svež vazduh (W: zrak) 4. jezgrovit, jedar

crisp·er [~ə(r)] *n* odeljak — odjeljak (u frižideru) za povrće

crisp·y [ij] *a* see **crisp** 1, 2

criss·cross I ['kriskros], [a] *a* unakrstan

crisscross II *adv.* 1. unakrsno; unakrst 2. uzduž i popreko (poprijeko)

crisscross III *v* 1. *tr* obeležiti (obilježiti) ukrštenim linijama 2. *tr* unakrsno menjati (mijenjati); *to* ~ *tires* unakrsno menjati gume 3. *intr* ići uzduž i popreko (poprijeko)

cri·te·ri·on [kraj'tijrijən] (*-s* and *-ia* [ijə]) *n* kriterij, kriterijum, merilo (mjerilo); *to apply* ~*ia* primeniti (primijeniti) merila; *to establish (meet)* ~*ia* utvrditi (ispuniti) kriterijume; *basic* ~*ia* osnovni kriterijumi

crit·ic ['kritik] *n* kritičar, kritik

crit·i·cal [~əl] *a* 1. kritički; *a* ~ *look* kritički pogled; *a* ~ *analysis* kritička analiza 2. kritičan; *a* ~ *moment* kritičan momenat; *a* ~ *situation* kritična situacija; *a* ~ *state of health* kritično stanje zdravlja; *to be* ~ *of smb.* biti kritičan prema nekome 3. (phys.) kritičan

critical angle (phys.) kritični ugao

critical mass (phys.) kritična masa (fisionog materijala)

critical point (phys.) kritična tačka (W: točka)

critical pressure (phys.) kritični pritisak (W: tlak)

critical temperature (phys.) kritična temperatura

crit·i·cism ['kritəsizəm] *n* 1. kritika; *negative (positive, sharp)* ~ negativna (pozitivna, oštra) kritika; *above* ~ iznad svake kritike; *to subject smb. to* ~ podvrći nekoga kritici 2. kriticizam

crit·i·cize ['kritəsajz] *v tr* and *intr* kritikovati

cri·tique [kri'tijk] *n* kritika, kritikovanje

crit·ter ['kritə(r)] *n* (colloq.) domaća životinja

croak I [krouk] *n* 1. kreketanje 2. graktanje

croak II *v intr* 1. kreketati; *frogs* ~ žabe krekeću 2. (of birds) graktati 3. (colloq.) crći, crknuti 4. (colloq.) gunđati

Croat I ['krouaet] or [krout] *n* Hrvat (more usu. is **Croatian I**)

Croat II Br.; see **Serbo-Croatian I**

Cro·a·tia [krou'ejšə] *n* Hrvatska

Cro·a·tian I [~n] *n* 1. Hrvat 2. see **Serbo-Croatian I**

Croatian II *a* hrvatski

cro·chet [krou'šej]; ['kroušej] *v* 1. *tr* išeklati 2. *intr* heklati

cro·chet·ing [~iŋ] *n* hekleraj

crocheting needle heknadla

crock I [krak]; [o] *n* 1. zemljani lonac 2. see **potsherd** 3. (colloq.) koještarija

crock II *n* (Br.) 1. bogalj; nesposoban čovek (čovjek) 2. see **nag III**

crocked [~t] *a* pijan

crock·er·y [~ərij] *n* zemljano posuđe, zemljanica

crock·et ['krakit]; [o] *n* (archit.) podgrednjak

crock up *v* (Br., slang) 1. onesposobiti 2. oronuti

croc·o·dile ['krakədajl]; [o] *n* krokodil

crocodile line Br.; see **single file**

crocodile tears *pl* krokodilske suze

cro·cus ['kroukəs] (*-es* or *-ci* [saj]) *n* (bot.) šafran

croft [kroft], [a] *n* (Br.) 1. okućnica 2. malo poljsko dobro

croft·er [~ə(r)] *n* mali seljak

Cro-Mag·non [krou'maegnən], [nj] *n* kromanjonski čovek (čovjek)

crom·lech ['krɑmlek]; [o] see **dolmen**

crone [kroun] n ružna, smežurana baba

cro·ny ['krounij] n (colloq.) drug, prisni prijatelj

crook [kruk] n 1. kuka; *by hook or by ~ silom ili milom 2. pastirski štap; biskupski štap 3. krivina, vijuga 4. (colloq.) lopov, varalica

crook·ed I [~id] a 1. kriv; vijugast; the margin is ~ ivica je kriva; the picture is ~ slika je kriva; a ~ line kriva linija (crta) 2. nepošten, varalački

crooked II adv krivo; the picture is hanging ~ slika visi krivo

croon [krūn] v tr and intr 1. tiho pevati (pjevati); pevušiti (pjevušiti) 2. pevati — pjevati (sentimentalne pesme — pjesme)

croon·er [~ə(r)] n pevač — pjevač (sentimentalnih pesama — pjesama)

crop I [krɑp]; [o] n 1. (often in pl) usev (usjev) rain is good for the ~s kiša je dobra za usev; to dust (spray) ~s zaprašivati polja; to rotate ~s smenjivati (smjenjivati) poljoprivredne kulture 2. žetva, rod; a good (record) ~ obilna (rekordna) žetva 3. grupa, zbirka 4. ošišanost 5. drška biča; kratak bič 6. voljka, guša

crop II v tr 1. podseći (podsjeći), podrezati 2. ošišati

crop dusting zaprašivanje polja

crop·per I [~ə(r)] n see **sharecropper**

cropper II n fijasko, potpun neuspeh (neuspjeh); *to come a ~ doživeti (doživjeti) fijasko

crop rotation plodored

crop spraying zaprašivanje polja

crop up v pojaviti se, iskrsnuti; if any money crops up ako iskrsnu neke pare

cro·quet [krou'kej]; ['kroukej] n kroket (igra)

cro·quette [krou'ket] n (cul.) kroket, valjušak, ćufte

cro·sier ['kroužə(r)]; [zi] n (biskupski) štap

cross I [kros] n 1. krst (W: križ); the Red Cross Crveni krst; to make the sign of the ~ over smb. prekrstiti nekoga; *to bear one's ~ nositi svoj krst 2. krst umesto (umjesto) potpisa; to make one's ~ staviti krst 3. (on a grave) krstača (W: križ na grobu) 4. (boxing) kroše

cross II a 1. mrzovoljan, naprasit 2. protivan; suprotan 3. poprečan

cross III v 1. tr preći; to ~ a river (a street) preći reku — rijeku (ulicu) 2. tr prekrstiti, prebaciti; to ~ one's arms prekrstiti ruke; to ~ one's legs prebaciti nogu preko noge 3. tr ukrstiti; to ~ swords ukrstiti mačeve; this road ~es the main highway ovaj put se ukršta sa glavnim drumom 4. tr (biol.) ukrstiti; to ~ (different) species ukrstiti vrste 5. tr (colloq.) smetati; to ~ smb. smetati nekome 6. intr ukrstiti se; these lines ~ (each other) ove se linije ukrštaju 7. tr and intr mimoići se; the letters ~ed (in the mail) pisma su se mimoišla 8. refl prekrstiti se 9. misc.; to ~ smb.'s path sresti nekoga; to ~ smb.'s mind pasti nekome na um; to ~ wires spojiti žice; *let's not ~ any bridges before we get to them ne treba stvarati teškoće unapred (unaprijed); *to keep one's fingers ~ed držati palce

cross·bar [~ba(r)] n poprečna spojnica, letva, prečka

cross·beam [~bijm] n poprečna greda, traverza

cross·bear·er [~bejrə(r)] n krstonoša

cross·bench·es [~benčiz] n pl (Br.) sedišta (sjedišta — W: sjedala) za poslanike koji glasaju nezavisno

cross·bill [~bil] n (bird) krstokljun

cross·bones [~bounz] n pl ukrštene bedrene kosti (ispod mrtvačke glave); *skull and ~ simbol smrti

cross·bow [~bou] n (hist.) samostrel, strelomet

cross·breed I [~brijd] n hibrid

cross·breed II -bred [bred] v 1. tr ukrstiti 2. intr ukrstiti se

cross·check I [~ček] n 1. provera (provjera), sravnjenje 2. (hockey) napadanje palicom

cross·check II v tr 1. proveriti (provjeriti), sravnati 2. (hockey) napasti palicom

cross·coun·try I [~-kəntri] n kros, kros-takmičenje; to run ~ trčati kros

cross-country II a terenski; a ~ vehicle terensko vozilo

cross-country race kros, kros-takmičenje; to organize a ~ održati kros

cross·cur·rent [~kərənt] n poprečna struja

cross-ex·am·i·na·tion [~-igzaemi'nejšən] n unakrsno ispitivanje

cross-ex·am·ine [~-ig'zaemin] v 1. tr podvrgnuti (nekoga) unakrsnom ispitivanju 2. intr vršiti unakrsno ispitivanje

cross-eye [~-aj] n razrokost, zrikavost

cross·eyed [~d] a razrok, zrikav; to be ~ biti razrok, imati razroke oči

cross-fer·ti·li·za·tion [~-fə(r)tələ'zejšən]; [aj] n (biol.) ukrstanje

cross-fer·ti·lize [~-'fə(r)tələajz] v tr (biol.) ukrstiti

cross·fire [~faj(r)] n unakrsna vatra

cross hair končanica (optičkog pribora), vizirna nit

cross-in·dex [~-indeks] v tr snabdeti (snabdjeti) navodima

cross·ing [~iňg] n 1. prelaz; a border (grade) ~ granični (pružni) prelaz 2. (biol.) ukrštanje; the ~ of genera ukrštanje rodova

cross-legged [~-legd] a adv prekrštenih nogu

cross off v precrtati

cross out v precrtati; to cross out a word or: to cross a word out precrtati reč (riječ)

cross over v preći

cross·o·ver [~ouvə(r)] n prelaz

cross·patch [~paeč] n (Br.; slang) mrzovoljna osoba

cross·piece [~pijs] n poprečna greda

cross-pol·li·nate [~-palənejt]; [o] v tr (bot.) ukrstiti

cross-pur·pose [~-'pə(r)pəs] n protivna namera (namjera); to be at ~s krivo se razumevati (razumijevati), raditi jedan protiv drugog

cross-question Br.; see **cross-examine**

cross-ref·er·ence [~-'refərəns] n upućivanje; to make a ~ (to) uputiti (na)

cross·road [~roud] n 1. poprečni put 2. (in pl) raskrsnica (W also: raskrižje); at the ~s na raskrsnici

cross section poprečni presek (presjek)

cross-stitch [~-stič] n krstić

cross·tie [~taj] n (railroad) prag

cross-town [~-taun] a and adv preko grada; a ~ bus autobus koji saobraća kroz sav grad
cross-tree [~trij] n (naut.) koš (jarbola)
cross-walk [~wok] n pešački (pješački) prelaz
cross-way [~wej] see crossroad
cross-ways [~wejz] cross-wise [~wajz] adv unakrst
cross-wind [~wind] n bočni vetar (vjetar)
cross-word puzzle [~wə(r)d] ukrštene reči — riječi (W: križaljka); to do a ~ rešiti (riješiti) ukrštene reči
crotch [krač]; [o] n 1. račve 2. (anat.) prepone
crotch-et [~it] n 1. kuka 2. (Br.) (mus.) četvrtinka (see also quarter note)
crotch-et-y [~ij] a tvrdoglav; nastran
crouch I [krauč] n čučanje
crouch II v intr čučnuti
croup I [krūp] n (med.) (the ~) gušobolja
croup II croupe n (konjske) sapi
croup-i-er ['krūpijej] n krupije
crow I [krou] n (bird) vrana; ~s caw vrane gaču; *as the ~ flies u pravoj liniji; *to eat ~ priznati svoju grešku
crow II v intr 1. kukureknuti (kukurijeknuti) 2. (fig.) likovati; hvalisati se; to ~ over smt. likovati nad nečim
crow-bar [~ba(r)] n ćuskija, poluga
crow-ber-ry [~berij]; [ə] n mahunica
crowd I [kraud] n gomila; masa; gužva, tiska; a large ~ gathered skupilo se mnogo sveta (svijeta); a ~ of people gomila sveta; *there is a ~ treća osoba je izlišna; to make one's way through a ~ provući se kroz gužvu
crowd II v 1. tr pritisnuti; prepuniti; pretrpati; the mob ~ed the square narod je pritisnuo trg; to ~ a room prepuniti sobu; to ~ a streetcar pretrpati tramvaj 2. tr stisnuti, stesniti (stijesniti), sabiti; they ~ed everyone into one room stisnuli su sve u jednu sobu 3. tr (colloq.) vršiti pritisak (na); don't ~ me ne vrši pritisak na mene 4. tr (naut.) to ~ (on) sail razapeti sva jedra 5. intr sabiti se, ugurati se, navaliti, stisnuti se, nagrnuti; they all ~ed into that small car svi su se sabili u taj mali auto; to ~ into a train navaliti (ugurati se) u voz (W: vlak); to ~ around smb. navaliti na nekoga; to ~ into an auditorium nagrnuti u salu 6. intr stesniti (stijesniti) se; to ~ together stesniti se
crow-ed [~id] a 1. prepun; ~ with spectators prepun gledalaca 2. stešnjen (stiješnjen)
crowd in v ugurati se
crowd out v izgurati, isterati (istjerati)
crow-foot [~fut] n 1. (-s) (bot.) srcopuc, povodnica 2. (-feet [fijt]) see caltrop 1
crown I [kraun] n 1. kruna 2. venac (vijenac); a ~ of thorns trnov venac 3. kraljevska vlast; to succeed to the ~ doći na presto (prijestol) 4. (fig.) vrhunac, kruna 5. (dentistry) krunica, kruna (zuba)
crown II v tr 1. krunisati (W: kruniti); ovenčati (ovjenčati); they ~ed him king krunisali su ga za kralja; (fig.) his work was ~ed with success njegov rad je krunisan uspehom (uspjehom); ~ed with glory ovenčan slavom 2. (dentistry) to ~ a tooth staviti krunu na zub 3. (colloq.) udariti (po glavi)
crown colony krunska kolonija

crown court Br.; see criminal court
crowned head krunisana glava
crown jewels krunski nakit
crown prince prestolonaslednik (prijestolonasljednik)
crown saw cilindrična testera (W: pila)
crow over v see crow II 2
crow's-feet [~z-fijt] n pl bore u uglu oka
crow's-nest [~z-nest] n (naut.) osmatračnica (koš) na jarbolu
croze [krouz] n utor, utora, podutoranj
cro-zier see crosier
cru-ces see crux
cru-cial ['krūšəl] a preloman, presudan, kritičan; a ~ moment prelomni (presudan) trenutak; a question kritično pitanje
cru-ci-ble ['krūsəbəl] n 1. sud od vatrostalnog materijala (za topljenje) 2. (fig.) teška proba
crucible steel čelik proizvođen u zatvorenim sudovima za topljenje
cru-ci-fer ['krūsəfə(r)] n krstonoša
cru-ci-fix ['krūsəfiks] n raspeće (W: raspelo)
cru-ci-fix-ion [krūsə'fikšən] n raspinjanje, prikivanje na krst (W: križ); raspeće (W: raspelo); the Crucifixion Hristovo raspeće
cru-ci-form ['krūsəfo(r)m] a u obliku krsta (W: križa)
cru-ci-fy ['krūsəfaj] v tr raspeti na krst (W: križ)
crud [krəd] n (colloq.) 1. prljavština 2. kožna bolest
crud-dy [~ij] a (colloq.) prljav
crude I [krūd] n (colloq.) sirova nafta, mazut
crude II a 1. grub, prost; a ~ person grub čovek (čovjek); ~ behavior grubo ponašanje; a ~ distortion grubo izvrtanje 2. sirov, neprerađen; ~ iron sirovo gvožđe; ~ oil sirova nafta, mazut 3. (fig.) sirov; ~ methods sirovi metodi
crude-ness [~nis] n gruboća, grubost
cru-di-ty [~ətij] see crudeness
cru-el ['krūəl] a okrutan, nemilosrdan, svirep; ~ fate svirepa sudbina
cru-el-ty [~tij] n okrutnost, nemilosrdnost, svirepost
cru-et ['krūət] n bočica (za ulje, sirće, itd.)
cruise I [krūz] n krstarenje, kružno putovanje; to go on a ~ krenuti na krstarenje
cruise II v 1. tr prokrstariti, krstariti; to ~ the Mediterranean krstariti Sredozemnim morem 2. intr krstariti (W also: križariti)
cruise missile krstareća raketa, krstareći projektil
cruis-er [~ə(r)] n krstarica; a heavy (light) ~ teška (laka) krstarica
cruis-ing radius [~ing] 1. daljina plovljenja (broda) 2. radijus dejstva — djejstva (aviona)
cruising range domet (aviona)
cruising speed ekonomska brzina (broda, aviona)
crul-ler ['krələ(r)] n krofna
crumb [krəm] n 1. mrva, mrvica 2. (colloq.) nevaljalac, nitkov
crum-ble [~bəl] v 1. tr izmrviti; zdrobiti; to ~ bread zdrobiti hleb — hljeb (W: kruh) 2. intr mrviti se, trošiti se, drobiti se; the bread is ~ing hleb se drobi (troši); the plaster is ~ing troši se malter 3. intr raspasti se; the defenses are ~ing odbrana (W: obrana) se raspada
crum-bly [~blij] a mrvljiv

crumb·y, crum·my ['krəmij] *a* (colloq.) jadan, bedan (bijedan)
crum·pet ['krəmpit] *n* 1. (usu. Br.) čajni kolač 2. (Br.; colloq.) *a nice piece of* ~ zgodna žena
crum·ple [~pəl] *v* 1. *tr* izgužvati 2. *tr* presaviti 3. *intr* gužvati se
crunch I [krənč] *n* 1. krckanje, škripanje 2. (colloq.) težak položaj, škripac
crunch II *v* 1. *tr* smrskati; zdrobiti 2. *intr* krckati, hrskati, škripati
crunch·y [~ij] *a* hrskav
crup·per ['krəpə(r)] *n* 1. podrepina 2. (konjske) sapi
cru·sade I [krū'sejd] *n* krstaški rat (W also: križarska vojna); *to conduct (carry on, go on) a* ~ voditi krstaški rat
crusade II *v intr* (fig.) voditi krstaški rat; *to* ~ *for smt.* zalagati se za nešto
cru·sad·er [~ə(r)] *n* krstaš (W: križar)
cruse [krūz], [s] *n* sud, lonac (za vodu, vino, ulje)
crush I [krəš] *n* 1. gužva, tiska 2. gnječenje 3. (colloq.) *to have a* ~ *on smb.* biti zaljubljen u nekoga 4. sok; *raspberry* ~ sok od maline
crush II *v* 1. *tr* zgnječiti; zdrobiti; *to* ~ *rock* zdrobiti kamen; *to* ~ *grapes* gnječiti grožđe 2. *tr* smrskati, slomiti, skrhati, ugušiti; *to* ~ *resistance* slomiti (skrhati) otpor; ~ed *by grief* skrhan tugom; *to* ~ *an insurrection* ugušiti pobunu 3. *intr* gnječiti se; gužvati se 4. *intr* razbijati se
crush·ing [~iñg] *a* porazan, težak; veliki; ~ *criticism* porazna kritika; ~ *news* porazne vesti (vijesti); *a* ~ *defeat* težak poraz; *to chalk up a* ~ *victory* zabeležiti (zabilježiti) veliku pobedu (pobjedu)
crust [krəst] *n* 1. kora, korica 2. komad (kore); *a* ~ *of bread* komad hleba — hljeba (W: kruha) 3. (geol.) kora; *the earth's* ~ Zemljina kora 4. (med.) kora, krasta (also **scab I**) 5. (colloq.) drskost, bezobrazluk
crus·ta·cean [krə'stejšən] *n* ljuskar
crus·ta·ceous [~šəs] *a* ljuskave
crust·y ['krəstij] *a* 1. korav 2. opor, srdit
crutch [krəč] *n* 1. štaka; *to walk on* ~es ići na štakama 2. (fig.) oslonac, podupirač
crux [krəks] (-es or *cruces* ['krūsijz]) *n* srž; *the* ~ *of a problem* srž problema
cry I [kraj] *n* 1. uzvik; krik, povika; poklič; *a war* ~ ratni poklič; *a* ~ *for help* zapomaganje 2. plač, plakanje; *to have a good* ~ isplakati se 3. misc.; *a far* ~ veoma daleko; *a hue and* ~ bučno protestovanje; *in full* ~ u jeku hajke
cry II *v* 1. *tr* viknuti 2. *tr* moliti; *to* ~ *forgiveness* moliti za milost 3. *intr* plakati; *to* ~ *for smb.* plakati za nekim; *to* ~ *for joy* plakati od radosti (also **weep** 2) 4. *intr* dozvati; *to* ~ *for help* dozvati u pomoć 5. misc.; *she cried herself to sleep* plakala je dok nije zaspala; **there's no use* ~ing *over spilt milk* što je propalo, propalo; **to* ~ *wolf* dati lažnu uzbunu; (Br.) *to* ~ *smt. down* osuditi nešto; (Br.) *to* ~ *smt. up* hvaliti nešto
cry·ba·by [~bejbij] *n* plačljivac
cry·ing I [~iñg] *n* plakanje
crying II *a* 1. vapijući; **a voice* ~ *in the wilderness* glas vapijućeg u pustinji 2. preki (prijeki);

veliki; *a* ~ *need* preka potreba; *a* ~ *shame* velika bruka
cry off *v* (Br.) izgovoriti se
cry·o·lite ['krajəlajt] *n* (miner.) kriolet
cry out *v* 1. jauknuti, uzviknuti; *to cry out in pain* jauknuti od bola 2. isplakati, plakati; *to cry one's eyes out* isplakati oči; *to cry one's eyes out for smb.* gorko plakati za nekim 3. zahtevati (zahtijevati); *to cry out for justice* zahtevati pravdu
crypt [kript] *n* kripta; grobnica
cryp·tic [~ik] *a* tajan
cryp·ti·cal [~əl] see **cryptic**
cryp·to·gram ['kriptəgraem] *n* kriptogram
cryp·to·graph [~aef]; [a] *n* 1. see **cryptogram** 2. šifrovanje
cryp·tog·ra·pher [krip'tagrəfə(r)]; [o] *n* šifrer
cryp·tog·ra·phy [~fij] *n* kriptografija
crys·tal ['kristəl] *n* kristal
crystal II *a* kristalan; *a* ~ *vase* kristalna vaza; *a* ~ *detector* kristalni detektor
crystal ball kristalna kugla (za proricanje)
crystal gazer onaj koji proriče budućnost iz kristalne kugle
crystal gaz·ing ['gejziñg] gledanje u kristalnu kuglu
crys·tal·line [~in] *a* kristalin
crys·tal·lize [~ajz] *v* 1. *tr* kristalisati 2. *intr* kristalisati se
crys·tal·log·ra·phy [kristə'lagrəfij]; [o] *n* kristalografija
crys·tal·loid I [~ojd] *n* kristalojd
crystalloid II *a* kristaloidan
crystal set detektorski prijemnik
cub [kəb] *n* 1. (zool.) mladunče (lava, lisice, tigra, itd.), kuče 2. novajlija
Cu·ba ['kjūbə] *n* Kuba
Cu·ban I [~n] *n* Kubanac
Cuban II *a* kubanski
cu·ba·ture ['kjūbəčū(r)] *n* kubatura
cub·by ['kəbij] *n* see **cubbyhole**
cub·by·hole [~houl] *n* 1. mala, tesna (tijesna) sobica 2. mali odeljak (odjeljak); pretinac
cube I [kjūb] *n* 1. kub, kubus; *the* ~ *of 4* 4 na kub 2. kocka
cube II *v tr* 1. dići na kub, kubirati 2. seći (sjeći) na kubove
cube root treći koren (korijen)
cube steak mali biftek
cube sugar šećer u kockama
cu·bic ['kjūbik] *a* kubni; *a* ~ *meter* kubni metar; *a* ~ *measure* kubna mera (mjera)
cu·bi·cal [~əl] *a* 1. kubni (also **cubic**) 2. zapreminski
cu·bi·cle ['kjūbikəl] *n* 1. pregrada za jednog spavača 2. odeljenje (odjeljenje)
cub·ism ['kjūbizəm] *n* kubizam
cub·ist [~ist] *n* kubista
cu·bit ['kjūbit] *n* (hist., measure) lakat (dužina od lakta do vrha srednjeg prsta)
cu·bi·tal [~əl] *a* lakatni
cub reporter novinar-novajlija
Cub Scout mlad skaut (izviđač)
cuck·ing stool ['kəking] (hist.) stolica za kažnjavanje
cuck·old I ['kəkəld] *n* rogonja, prevareni muž

cuck·old II *v tr* izneveriti (iznevjeriti) muža; mužu nataći rogove
cuck·oo I [ˈkūkū], [u] *n* 1. (bird) kukavica 2. kukanje (zov kukavice) 3. (colloq.) budala
cuckoo II *a* (colloq.) budalast
cuckoo III *v intr* kukati
cuckoo clock časovnik koji odbija satove zovom kukavice
cu·cum·ber [ˈkjūkəmbə(r)] *n* krastavac; *as cool as a* ~ neuzbudljiv
cud [kəd] *n* preživar; *cows chew their* ~ krave preživaju; (fig.) *to chew the* ~ dugo razmišljati
cud·dle [ˈkədəl] *v* 1. *tr* milovati, grliti, maziti 2. *intr* (usu.: *to* ~ *up)* priljubiti se; *to* ~ *up to each other* priljubiti se jedno uz drugo (see also **nestle** 2, **snuggle** 2)
cuddle up *v* see **cuddle** 2
cud·dly [ˈkədlij] *a* ljubak
cud·dy [~ij] *n* 1. (naut.) mala kabina 2. orman
cudg·el I [ˈkədžəl] *n* budža, batina; *to take up the* ~*s for smb.* založiti se za nekoga
cudgel II *v tr* izbatinati
cudgel-play [~-plej] *n* borba batinama
cue I [kjū] *n* (billiards) tak, bilijarski (W: biljarski) štap
cue II *n* 1. (theater) podsetnica (podsjetnica), šlagvort 2. znak, mig
cue III *v tr* dati podsetnicu — podsjetnicu (nekome)
cue ball bela (bijela) bilijarska (W: biljarska) lopta
cue in *v* 1. umetnuti 2. (colloq.) obavestiti (obavijestiti)
cuff I [kəf] *n* 1. manšeta, manžeta 2. see **handcuff** 3. misc.; *off the* ~ improvizovano, spontano; *on the* ~ na kredit
cuff II *n* ćuška, šamar, pljuska
cuff III *v tr* ćušnuti, ošamariti
cuff link dugme za manžetu
cui·rass [kwiˈraes] *n* oklop
cui·sine [kwiˈzijn] *n* kuhinja; hrana; *French* ~ francuska kuhinja
cul-de-sac [kəl-di-ˈsaek] *n* ćorsokak
cu·li·nar·y [ˈkjūlənerij]; [ə] *a* kulinarski
cull [kəl] *v tr* odabrati
cul·len·der [ˈkələndə(r)] see **colander**
cul·let [ˈkəlit] *n* otpaci stakla
cul·lis [ˈkəlis] *n* oluk
culm [kəlm] *n* ugljena prašina
cul·mi·nate [ˈkəlmənejt] *v intr* kulminovati, doći do vrhunca
cul·mi·na·tion [kəlməˈnejšən] *n* kulminacija
cu·lottes [kūˈlats], [kj]; [o] *n pl* kilote, suknje-
-pantalone
cul·pa·ble [ˈkəlpəbəl] *a* 1. kriv 2. osudljiv, kažnjiv
cul·prit [ˈkəlprit] *n* 1. vinovnik 2. zločinac; krivac
cult [kəlt] *n* kult; *the* ~ *of personality* kult ličnosti; *a religious* ~ verska (vjerska) sekta
cul·ti·va·ble [ˈkəltəvəbəl] *a* obradiv; ~ *soil* obradiva zemlja
cul·ti·vate [ˈkəltəvejt] *v tr* 1. kultivirati, obrađivati; *to* ~ *the soil* obrađivati zemlju 2. gajiti; *to* ~ *smb.'s friendship* gajiti nečije prijateljstvo
cul·ti·va·tion [kəltəˈvejšən] *n* 1. kultiviranje, obrađivanje 2. gajenje
cul·ti·va·tor [ˈkəltəvejtə(r)] *n* kultivator

cul·tur·al [ˈkəlčərəl] *a* kulturni; ~ *development* kulturni razvitak; *a* ~ *revolution* kulturna revolucija
cultural affairs officer ataše za kulturu (in an embassy)
cul·ture [ˈkəlčə(r)] *n* 1. kultura; *the level of* ~ stupanj kulture 2. gajenje 3. obrađivanje 4. (biol.) kultura, skup mikroorganizama
cul·tured [~d] *a* kulturan; *a* ~ *person* kulturan čovek (čovjek)
culture shock kulturna dezorijentacija (u novoj sredini)
cul·ver [ˈkəlvə(r)] *n* (poetic) golub
cul·vert [~t] *n* odvodni kanal (ispod puta)
cum·ber·some [ˈkəmbə(r)səm] *a* nezgrapan, glomazan
cum lau·de [kum ˈlaudij] (Latin) *to graduate* ~ završiti (fakultet) s odličnim uspehom (uspjehom) (cf. **magna cum laude**)
cum·mer·bund [ˈkəmə(r)bənd] *n* širok pojas
cum·shaw [ˈkəmšo] *n* bakšiš
cu·mu·la·tive [ˈkjūmjələtiv], [ej] *a* akumulativan, akumulacioni; *a* ~ *fund* akumulativan fond
cu·mu·lus [ˈkjūmjələs] (*-li* [laj]) *n* kumulus
cu·ne·i·form I [ˈkjūˈnijəfo(r)m] *n* klinasto pismo
cuneiform II *a* klinast; ~ *writing* klinasto pismo
cun·ning I [ˈkəniñg] *n* 1. lukavost, prepredenost 2. veština (vještina)
cunning II *a* 1. lukav, prepreden 2. vešt (vješt)
cup I [kəp] *n* 1. šolja (W: šalica); *a* ~ *of tea* šolja čaja; *that's not my* ~ *of tea* to nije po mome ukusu; *to be in one's* ~*s* biti pijan 2. kupa, pehar 3. (sports) pehar 4. (med.) kupica
cup II *v tr* dati oblik šolje (W: šalice); *to* ~ *one's hands* staviti ruke u položaj za pregršt
cup·bear·er [~bejrə(r)] *n* peharnik
cup·board [kəbə(r)d] *n* orman, kredenac, plakar
cup·cake [ˈkəpkejk] *n* kolač pečen u modli
cu·pel [ˈkjūpəl], [kjūˈpel] *n* sud za čišćenje dragocenih (dragocjenih) metala
cup·ful [ˈkəpful] *n* količina koja stane u jednu šolju (W: šalicu)
Cu·pid [ˈkjūpid] *n* (myth.) Kupidon
cu·pid·i·ty [kjūˈpidətij] *n* pohlepnost
cu·po·la [ˈkjūpələ] *n* kupola, kube
cup·ping [ˈkəpiñg] *n* (med.) metanje kupica; puštanje krvi kupicama
cupping glass vantuza (also **ventouse**)
cup tie (Br.) utakmica za pehar
cur [kə(r)] *n* 1. pas (melezne vrste) 2. (fig.) nitkov
cur·a·ble [ˈkjūrəbəl] *a* izlečiv (izlječiv)
cu·ra·cao [kjūrəˈsau]; [ou] *n* kurasao (liker)
cu·ra·cy [ˈkjūrəsij] *n* parohija (W: Cath.: župa)
cu·rate [ˈkjūrit] *n* paroh (W: Cath.: župnik)
cur·a·tive [ˈkjūrətiv] *a* lekovit (ljekovit)
cu·ra·tor [kjūˈrejtə(r)], [ˈkjūrətə(r)] *n* kurator, upravnik (muzeja, biblioteke)
curb I [kə(r)b] *n* 1. ivičnjak (trotoara) (Br. is **kerb**) 2. uzda; (fig.) obuzdavanje 3. see **curb exchange**
curb II *v tr* obuzdati
curb broker mešetar (na **curb exchange**)
curb exchange slobodna berza (W: burza) za trgovanje vrednosnim (vrijednosnim) papirima koji ne kotiraju na službenim berzama

curb·stone [~stoun] *n* kamen ivičnjaka (Br. is kerbstone)

curd cheese Br.; see cottage cheese

cur·dle ['kə(r)dəl] *v* 1. *tr* zgrušati, usiriti 2. *intr* zgrušati se, usiriti se

curds [kə(r)dz] *n pl* gruševina

cure I [kjū(r)] *n* 1. lek (lijek); *a certain* ~ *for smt.* siguran lek za nešto 2. lečenje (liječenje), kura; *to take a* ~ podvrći se kuri

cure II *v tr* 1. izlečiti (izliječiti); *to* ~ *a patient (a disease)* izlečiti bolesnika (bolest); *to* ~ *smb. of a bad habit* izlečiti nekoga od rđave navike 2. konzervirati (meso, ribu) 3. vulkanisati (gumu)

cure-all [~r-ol] *n* panaceja (also panacea)

cu·ret·tage [kjūrə'taž] *n* (med.) kiretaža

cur·few ['kə(r)fjū] *n* policijski čas; *to impose (lift) a* ~ zavesti (ukinuti) policijski čas

cu·ri·a ['kjūrijə] (-iae [ijij]) *n* kurija

cu·rie ['kjūrij] *n* (phys.) kiri

cu·ri·o ['kjūrijou] *n* retka (rijetka) stvar, raritet

cu·ri·os·i·ty [kjurij'asətij]; [o] *n* 1. radoznalost; znatiželja; ljubopitljivost; *out of* ~ iz radoznalosti; *to arouse* ~ izazvati radoznalost; **~ once killed a cat* radoznalost je opasna stvar 2. retka (rijetka) stvar, raritet

cu·ri·ous ['kjūrijəs] *a* 1. radoznao, znatiželjan, ljubopitljiv 2. redak (rijedak), čudan

cu·ri·um ['kjūrijəm] *n* (chem.) kirijum

curl I [kə(r)l] *n* 1. kovrča, kovrdža; uvojak 2. spirala, vijuga

curl II *v* 1. *tr* uviti, ukovrčiti; *to* ~ *hair* uviti (ukovrčiti) kosu 2. *tr* saviti 3. *intr* ukovrčiti se 4. *intr and refl* (also: *to* ~ *up*) sklupčati se, saviti se; *the snake* ~*ed (itself) up* zmija se sklupčala, zmija se savila u klupko

curl·er [~ə(r)] *n* vikler, papilotna

cur·lew ['kə(r)ljū], [l] *n* (bird) 1. ritska šljuka 2. pozvizd

curl·i·cue ['kə(r)likjū] *n* uvojak

curl·ing ['kə(r)liñg] *n* vrsta škotske igre (kuglanje na ledu)

curling iron (usu. in *pl*) gvožđe za kovrčenje kose (W: kovrčaljka za kosu)

curl up *v* see curl II 4

curl·y ['kə(r)lij] *a* kovrčast

cur·mudg·eon [kə(r)'mədžən] *n* mrzovoljac

cur·rant ['kərənt] *n* (bot.) ribizla

cur·ren·cy ['kərənsij] *n* 1. valuta; *convertible* ~ konvertibilna valuta; *a stable (strong)* ~ čvrsta (jaka) valuta; *a weak (soft)* ~ slaba (meka) valuta; *foreign* ~ devize 2. opticaj

cur·rent I ['kərənt] *n* 1. struja; *against the* ~ protiv struje; *with the* ~ uz struju; *an ocean* ~ morska struja 2. (elec.) struja; *alternating (direct)* ~ naizmenična — naizmjenična (jednosmerna — izazvati jednosmjerna) struja

current II *a* 1. sadašnji, današnji, tekući; *the* ~ *month* tekući mesec (mjesec); (comm.) ~ *assets* obrtna sredstva; ~ *fashions* današnja moda 2. aktualan, aktuelan; ~ *problems* aktualni problemi

current account Br.; see checking account

current assets likvidna sredstva

cur·ric·u·lum [kə'rikjələm] (-s or -la [lə]) *n* nastavni plan

curricu·lum vi·tae ['vijtaj] (Latin) kratka biografija

cur·ry I ['kərij] *n* (cul.) kari; *chicken* ~ pileći kari

curry II *v tr* 1. češagijati 2. štaviti 3. misc.; *to* ~ *favor with smb.* ulagivati se nekome

cur·ry·comb [~koum] *n* češagija

curry powder kari u prašku

curse I [kə(r)s] *n* 1. kletva; prokletstvo; *to put a* ~ *on smb.* baciti kletvu na nekoga; **he doesn't give a tinker's* ~ (Am.: *damn*) ne mari baš ništa 2. psovka

curse II -d or curst [kə(r)st] *v* 1. *tr* prokleti, ukleti; *to* ~ *smb.* prokleti nekoga 2. *tr* opsovati; *to* ~ *smb.* opsovati nekoga 3. *intr* opsovati; *to* ~ *at smb.* opsovati nekoga (see also cuss for 2, 3)

curs·ed ['kə(r)sid], [kə(r)st] *a* proklet, uklet

cur·sive I ['kə(r)siv] *n* kurziv, kurzivno pismo

cursive II *a* kurzivan

cur·sor [~ə(r)] *n* (C.) kursor

cur·so·ry ['kə(r)sərij] *a* brz; površan

curst *a* 1. see curse II 2. (reg.) svadljiv

curt [kə(r)t] *a* osoran, odsečan (odsječan), kratak; *a* ~ *answer* kratak odgovor

cur·tail [kə(r)'tejl] *v tr* skratiti; smanjiti

cur·tain ['kə(r)tən] *n* 1. zavesa (zavjesa); *to draw (raise) a* ~ spustiti (podići) zavesu; *the* ~ *is falling (going up)* zavesa pada (se diže); (fig.) *a* ~ *of fire* vatrena zavesa; (fig.) *an iron* ~ gvozdena zavesa (W: željezna zavjesa) 2. (theater) spuštanje zavese 3. misc.; *it's* ~*s for him* gotov je, zavesa je spuštena za njega

curtain call podizanje zavese — zavjese (u pozorištu — W: kazalištu) traženo aplauzom publike

curtain off *v* pregraditi zavesom (zavjesom)

curtain raiser kratka, prethodna predstava

cur·te·sy ['kə(r)təsij] *n* (legal) udovčevo doživotno uživanje ženinog imanja

curt·sy I ['kə(r)tsij] *n* kniks, naklon, klanjanje; *to make a* ~ napraviti kniks

curtsy II *v intr* napraviti kniks, pokloniti se (u znak pozdrava)

cur·va·ceous [kə(r)'vejšəs] *a* okrugao, bujan; *a* ~ *body* bujno telo (tijelo)

cur·va·ture ['kə(r)vəčū(r)]; [ə] *n* 1. krivina 2. (math.) krivina 3. (med.) krivina; ~ *of the spine* krivina kičme; (in *pl*; colloq.) obline (kod žene)

curve I [kə(r)v] *n* 1. krivina, vijuga, savijutak, zavoj, okuka; *this road is full of* ~*s* ovaj put je pun krivina; *a dangerous* ~ opasna okuka; *to miss a* ~ izleteti (izletjeti) iz okuke 2. (math.) kriva 3. skala; (pedagogy) *to mark on a* ~ ocenjivati (ocjenjivati) učenike, studente na osnovu normi

curve II *v* 1. *tr* iskriviti, previti 2. *intr* vijugati (se); *the road* ~*s* put (se) vijuga

curved [~d] *a* kriv; *a* ~ *line* kriva linija (crta)

Cush·ing's disease ['kušiñgz] (med.) Cushingova (Kušingova) bolest

cush·ion I ['kušən] *n* 1. jastuk, jastuče 2. elastična ivica (na bilijaru)

cushion II *v tr* 1. snabdeti (snabdjeti) jastukom 2. ublažiti

Cush·i·tic [ku'šitik] *n* kušitski jezici

cush·y ['kušij] *a* (colloq.) udoban, lak; *a* ~ *job* lak posao

cusp [kəsp] *n* vrh; šiljak

cus·pi·dor [′kəspədo(r)] *n* pljuvaonica (also **spittoon**)

cuss I [kəs] *n* (colloq.) zadrta osoba; *an odd ~* čudak

cuss II *v* (colloq.) 1. *tr* opsovati; *to ~ smb. (out)* opsovati nekoga, obasuti nekoga psovkama 2. *intr* psovati

cuss·ed [~id] *a* (colloq.) 1. proklet 2. zadrt; nastran

cuss out *v* see **cuss II** 1

cus·tard [′kəstə(r)d] *n* (cul.) penasti (pjenasti) krem od vanile

cus·to·di·al [kes′toudijəl] *a* koji se odnosi na čuvanje; *~ care* domarska služba

cus·to·di·an [~ən] *n* 1. kustos; čuvar 2. domar, nastojnik

cus·to·dy [′kəstədij] *n* 1. starateljstvo, staranje, nadzor; *~ of* staranje o, starateljstvo nad; *to award ~ to smb.* dodeliti (dodijeliti) nekome na staranje; *the wife was awarded ~ of the children* decu (djecu) su dosudili ženi (see also **joint custody**) 2. zatvor, pritvor; *to take smb. into ~* zatvoriti nekoga

cus·tom I [′kəstəm] *n* 1. običaj; *to adopt a ~* prihvatiti (primiti) običaj; *to become a ~* postati običaj, preći u običaj; *to cherish (preserve) ~s* gajiti (održavati) običaje; *by ~* po običaju; *contrary to ~* preko običaja 2. see **customs**

custom II *a* po narudžbini, poručen

cus·tom·ar·y [~erij]; [ə] *a* uobičajen

cus·tom-built [~-bilt] *a* izgrađen po porudžbini

cus·tom·er [~ə(r)] *n* mušterija, kupac

cus·tom·house [~haus] *n* carinarnica

cus·tom-made [~-mejd] *a* urađen po porudžbini; *a ~ suit* odelo (odijelo) sašiveno po meri (mjeri)

cus·toms I [~z] *n pl* carina; *to pay ~* platiti carinu; *to clear smt. through ~* ocariniti nešto; *to declare at ~* prijaviti na carini (za carinu)

customs II *a* carinski; *a ~ declaration* carinska deklaracija; *a ~ inspection (official)* carinski pregled (službenik); *~ regulations* carinske odredbe; *a ~ union* carinski savez

cus·tos [′kəstas]; [o] *(custodes* [kəs′toudijz]) *n* kustos

cut I [kət] *n* 1. posekotina (posjekotina); prosek (prosjek); rana izazvana sečenjem (sječenjem) 2. rez 3. zarez, urez; usek (usjek) 4. smanjenje; skraćenje; *a ~ in salary* smanjenje plate 5. kroj 6. (colloq.) deo (dio), udeo (udio) 7. (sports) rotacija, sečenje (lopte) 8. (cul.) odrezak; *cold ~s* hladna jela 9. (colloq.) neopravdani izostanak (iz škole, sa predavanja) 10. uvreda 11. misc.; *a ~ above* za jedan stupanj bolji; *the ~ of a person's jib* nečiji izgled (see also **short cut**)

cut II *cut* [kət] *v* 1. *tr* seći (sjeći); iseći (isjeći); izrezati; *to ~ wood* seći drvo; *to ~ smt. with a knife* seći nešto nožem; *to ~ pieces* iseći na komade 2. *tr* poseći (posjeći); *to ~ one's finger* poseći prst; *to ~ oneself* poseći se 3. *tr* preseći (presjeći), seći; *to ~ cards* preseći (seći) karte 4. *tr* preseći, prekinuti, prerezati; *to ~ supply lines* preseći linije snabdevanja (snabdijevanja); *to ~ communications* prekinuti veze; **to ~ the Gordian knot* preseći (raseći) Gordijev čvor

5. *tr* proseći (prosjeći); *to ~ pages* proseći stranice 6. *tr* vajati; *to ~ stone* vajati kamen 7. *tr* krojiti (see **cut out II** 2) 8. *tr* smanjiti, skresati; *to ~ a budget (salaries)* smanjiti budžet (nadnice) 9. *tr* (sports) seći, rotirati; *to ~ a ball* seći loptu 10. *tr* ošišati; *to ~ smb.'s hair* ošišati nekoga 11. *tr* (colloq.) izostati; *to ~ a class* izostati s predavanja 12. *intr* seći; *this knife doesn't ~* ovaj nož ne seče 13. *intr* seći se; *this cheese ~s easily* ovaj sir se lako seče 14. *intr* ići; *to ~ to the right* ići desno 15. misc.; *to ~ one's teeth* dobiti zube; **to ~ to the quick* dirnuti u živac; **it ~s no ice* to nema nikakvog dejstva (djejstva); *to ~ capers* izvoditi obešenjakluke (obješenjakluke); **to ~ a fine figure* izgledati sjajno; **it ~s both ways* to je mač s dve (dvije) oštrice; *to ~ loose* neobuzdano se ponašati; *to ~ a record* snimiti ploču

cut across *v* 1. ići preko; *to cut across a field* ići preko polja 2. prekoračiti, prevazići; *to cut across boundaries* prekoračiti granice

cut-an-dried [~-ən-drajd] *a* 1. šablonski 2. unapred (unaprijed) pripremljen

cu·ta·ne·ous [kjū′tejnijəs] *a* kožni

cut away *v* 1. raščistiti 2. odseći (odsjeći)

cut·a·way [~əwəj] *n* frak, svečano odelo (odijelo)

cut back *v* 1. smanjiti, umanjiti; *to cut expenses back* or: *to cut back expenses* umanjiti troškove (see also **cut II** 8) 2. ići natrag

cut·back [~baek] *n* smanjenje, umanjenje; *a ~ in production* smanjenje proizvodnje

cut down *v* 1. oboriti; *to cut down a tree* or: *to cut a tree down* oboriti drvo 2. smanjiti; *to cut down on expenses* smanjiti troškove 3. pokositi ubiti; *he was cut down in his prime* on je bio pokošen u cvetu (cvijetu) svoje mladosti 4. skratiti; *to cut down an article* skratiti članak 5. umeriti (umjeriti) se; *to cut down on drinking* umeriti se u piću

cute [kjūt] *a* ljubak, dražestan

cute·ness [~nis] *n* ljupkost

cut glass brušeno staklo

cu·ti·cle [′kjūtikəl] *n* kutikula

cu·tie, cu·tey [′kjūtij] *n* ljupka devojka (djevojka)

cut in *v* 1. umešati (umiješati) se; *he cuts in everywhere* on se u sve meša 2. *to cut in (at a dance)* zamoliti za ustupanje dame (za vreme — vrijeme plesa)

cut into *v* 1. urezati 2. upasti; *to cut into a conversation* upasti u reč (riječ); *to cut into a line* upasti u red (onim koji čekaju) 3. zaseći (zasjeći) se; *the cord cut into his flesh* konopac mu se zasekao u meso

cut·lass [~ləs]; [ae] *n* kratka sablja

cut·ler [~lə(r)] *n* nožar

cut·ler·y [~rij] *n* 1. nožarstvo 2. stoni (stolni) pribor 3. nožarski zanat

cut·let [~lit] *n* (cul.) kotlet, šnicla, odrezak; *a breaded veal ~* bečka šnicla; *veal ~s* teleći kotleti (see also **chop I** 1)

cut off *v* 1. odseći (odsjeći), odrezati; *to cut a leg off* or: *to cut off a leg* odseći nogu (also **amputate**) 2. preseći (presjeći), odseći; *cut off from the world* odsečen od sveta (svijeta); *to cut off the enemy* odseći neprijatelja; *to cut off a retreat* preseći odstupnicu 3. prekinuti; *the operator* *cut us off* telefonistkinja nas je prekinula; *to cut off the current* prekinuti struju 4. (legal) isključiti; lišiti; *his father cut him off without a penny* otac ga je isključio iz nasledstva (nasljedstva) 5. seći — sjeći (put); *he cut the other runner off* sekao je put drugom trkaču 6. oduzeti reč (riječ); *to cut smb. off* oduzeti reč nekome

cut·off [~of] *n* 1. prekid 2. ventil

cutoff switch isključna ručica

cut open *v* raseći (rasjeći); *to cut smb.'s head open* or: *to cut open smb.'s head* raseći nekome teme

cut out I *a* 1. nadaren, rođen, stvoren; *he is not ~ to be an artist* on nema umetničkog (umjetničkog) dara; *I'm not ~ for that* to meni ne leži 2. određen

cut out II *v* 1. krojiti; *to cut out a dress (from cloth)* krojiti haljinu 2. iseći (isjeći), izrezati; *to cut out of a newspaper* iseći iz novina 3. izbaciti; *the editor cut out the last paragraph* urednik je izbacio poslednji (posljednji) stav 4. (colloq.) otići 5. (colloq.) prestati; *cut it out!* prestani!

cut·out [~aut] *n* prekidač

cut-price Br.; see **cut-rate**

cut·purse [~pə(r)s] *n* (obsol.) secikesa (sjecikesa)

cut-rate [~-rejt] *a* and *adv* po sniženoj ceni (cijeni)

cut short *v* 1. prekinuti; *to cut a vacation short* prekinuti odmor 2. skratiti

cut·ter [~ə(r)] *n* 1. rezač, cepač (cjepač) 2. staklorezac (also **glass cutter**) 3. (naut.) kuter

cut·throat I [~throut] *n* koljaš

cutthroat II *a* koljaški

cut through *v* 1. seći (sjeći); *the boat cuts through the water* brod seče vodu 2. proseći (prosjeći); *to cut a road through* proseći put; *an icebreaker cuts through ice* ledolomac proseca (prosijeca) led 3. preći; *to cut through a field* preći kroz polje

cut·ting I [~iñg] *n* 1. sečenje (sječenje); rezanje 2. (usu. Br.) see **clipping**

cutting II *a* 1. zajedljiv; *a ~ remark* zajedljiva primedba (primjedba) 2. oštar; prodoran

cutting room prostorija gde (gdje) se vrši montaža filma

cut·tle·fish ['kətəlfiš] *n* sipa

cut up *v* 1. iseći (isjeći), raseći (rasjeći); *to cut paper up into pieces* iseći hartiju na parčiće 2. (colloq.) ludirati se 3. (colloq.) kritikovati

cut·up [~əp] *n* obešenjak (obješenjak)

cut·wa·ter [~wotə(r)] *n* (naut.) pramčana statva

cy·an·am·ide [saj'aenəmid] *n* (chem.) cijanamid

cy·a·nide ['sajənajd] *n* (chem.) cijanid

cy·a·no·sis [sajə'nousis] *n* (med.) cijanoza

cy·ber·net·ics [sajbə(r)'netiks] *n* kibernetika

cyc·la·men ['sajkləmən], [i], [e] *n* (bot.) ciklama

cy·cle I ['sajkəl] *n* 1. ciklus; *the business ~* ekonomski ciklus 2. see **bicycle** 3. see **motorcycle** 4. (also: **wash cycle**) tehnika pranja, program; *a delicate ~* tehnika pranja za osetljivo (osjetljivo) rublje; *a heavy-duty ~* posebno aktivno pranje

cycle II *v intr* 1. voziti bicikl, motocikl 2. napraviti ciklus

cy·cle·way [~wej] *n* (Br.) staza za bicikliste

cy·clic ['sajklik], [i] *a* cikličan, ciklički

cy·cli·cal [əl] see **cyclic**

cy·clist ['sajklist] *n* 1. biciklista 2. motociklista

cy·cloid I ['sajklojd] *n* cikloida

cycloid II *a* kružni

cy·clone ['sajkloun] *n* ciklon

Cy·clops ['sajklaps]; [o] *n* (myth.) kiklop

cy·clo·tron ['sajklətran]; [o] *n* ciklotron

cy·der Br.; see **cider**

cyg·net ['signit] *n* mlad labud

cyl·in·der ['siləndə(r)] *n* 1. (math.) cilindar 2. valjak 3. stublina 4. (of a revolver) burence 5. komora; *a gas ~* gasna komora

cylinder block blok stublina

cy·lin·dric [sə'lindrik] *a* cilindričan, valjkast

cy·lin·dri·cal [~əl] see **cylindric**

cy·ma ['sajmə] (*-s* or *-ae* [*ij*]) *n* (archit.) šipilo

cym·bal ['simbəl] *n* (mus.) cimbal

cym·bal·ist [~ist] *n* cimbalista

cyme [sajm] *n* (bot.) cima

cyn·ic I ['sinik] *n* cinik

cynic II *a* 1. see **cynical** 2. cinički

cyn·i·cal [~əl] *a* ciničan

cyn·i·cism ['sinəsizəm] *n* cinizam

cy·nol·o·gy [sə'nalədžij]; [o] *n* kinologija

cy·no·sure ['sajnəšü(r)]; [i]; [zj] *n* 1. predmet koji privlači pažnju 2. (fig.) zvezda (zvijezda) vodilja

cy·pher see **cipher**

cy·press ['sajprəs] *n* (bot.) čempres, cipres, kiparis

Cyp·ri·an I ['siprijən] *n* see **Cypriot I**

Cyprian II *a* 1. see **Cypriot II** 2. razvratan

Cyp·ri·ot I ['siprijət] *n* Kipranin (W: Cipranin)

Cypriot II *a* kiparski (W: ciparski)

Cy·prus ['sajprəs] *n* Kipar (W: Cipar)

Cy·ril·lic I [sə'rilik] *n* ćirilica; *to write in ~* pisati ćirilicom

Cyrillic II *a* ćirilski; *the ~ alphabet* ćirilica

cyst [sist] *n* (med.) cista

cys·tec·to·my [si'stektəmij] *n* (med.) cistektomija

cys·tic ['sistik] *a* (med.) cističan

cystic fibrosis fibroidna degeneracija

cys·ti·tis [sis'tajtis] *n* (med.) cistitis

cyt·i·sus ['sitəsəs] *n* (bot.) tila

cy·tol·o·gy [si'talədžij]; [o] *n* citologija

czar [za(r)] *n* car (also fig.)

czar·das ['ča(r)daš] *n* čardaš

czar·dom ['za(r)dəm] *n* carstvo

czar·e·vitch [~əvič] *n* carević

cza·rev·na [za'revnə] *n* 1. carevna 2. carevićeva žena

cza·ri·na [za'rijnə] *n* carica

czar·ism [~izəm] *n* carizam

cza·rit·za [za'ritsə] see **czarina**

Czech I [ček] *n* 1. Čeh 2. češki jezik

Czech II *a* češki

Czech·o·slo·vak [ček'ə'slouvak] *n* Čehoslovak

Czech·o·slo·va·ki·a [čekəslou'vakijə] *n* Čehoslovačka

Czech·o·slo·vak·i·an I [~n] *n* Čehoslovak

Czechoslovakian II *a* čehoslovački

D

d [dij] *n* 1. (slovo engleske azbuke); (mus.) d 2. (school grade) »prelazno«, »dovoljno«
dab I [daeb] *n* 1. mala količina; mrlja; *a ~ of paint* mrlja od boje 2. lak dodir, lak udarac
dab II *v tr* dodirnuti, potapšati; *to ~ one's eyes with a handkerchief* maramicom brisati, oči (lakim dodirima); *to ~ on paint* stavljati boju (lakim dodirima)
dab III *n* (Br., colloq.) majstor, ekspert
dab·ble [~əl] *v intr* baviti se površno; *he ~s in stocks* bavi se pomalo berzanskim (W: burzanskim) poslovima; *to ~ in politics* politizirati; *he ~s in art* slika u slobodno vreme (vrijeme)
dab·bler [~lə(r)] *n* diletant, šeprtlja, petljanac
dab·chick ['daebčik] *n* vodena ptica
dabs *n pl* (Br.; slang) otisci prstiju
dace [dejs] *(pl has -s or zero) n* vrsta slatkovodne ribice
dachs·hund ['dakshunṭ], [d] *n* jazavičar
Da·cron ['dejkrən], [ae]; [ᴐ] *n* dakron (tkanina)
dac·tyl ['daektəl] *n* daktil
dac·tyl·ic [daek'tilik] *a* daktilski
dac·tyl·o·gram [dɑek'tiləgraem] *n* daktilogram, otisak prstiju
dac·ty·log·ra·phy [daektə'lagrəfij]; [o] *n* daktiloskopija, identifikacija osoba na temelju otisaka prstiju
dac·ty·lol·o·gy [daektə'lalədžij], [o] *n* daktilologija, govorenje prstima
dac·ty·los·co·py [daektə'laskəpij]; [o] *n* daktiloskopija
dad [daed] *n* (colloq.) tata (also **papa**)
Da·da ['dada] **Da·da·ism** [~izəm] *n* dadaizam
dad·dy ['daedij] *n* dim. of **dad**; tatica
daddy long·legs ['lon͞glegz] kosac (pauk)
da·do ['dejdou] *(-es) n* (archit.) 1. deo (dio) stuba iznad podnožja 2. donji deo (dio) sobnih zidova obložen drvenim pločama
dae·mon ['dijmən] see **demon**
daf·fo·dil ['daefədil] *n* (bot.) žuti narcis; žuti sunovrat
daf·fy ['daefij] *a* (colloq.) budalast
daft [daeft]; [a] (colloq.) 1. lud, šašav 2. budalast
Da·ge·stan [dagə'stan] *n* Dagestan
dag·ger ['daegə(r)] *n* bodež, kama; *to stab smb. with a ~* probosti (udariti) nekoga bodežom; **to look ~s at smb.* pogledati nekoga krvnički
da·go ['dejgou] *(-s or -es) n* (vul., pejor.) Italijan (see also **Italian**)

da·guerre·o·type [də'gejrətajp] *n* dagerotopija (fotografisanje pomoću srebrnih bakarnih ploča)
dahl·ia ['daljə], [ae], [ej] *n* (bot.) dalija, georgina
Da·ho·mej [də'houmij] *n* Dahomej
dai·ly I ['dejlij] *n* dnevnik, dnevni list
daily II *a* 1. svakodnevni, dnevni; *a ~ event* svakodnevni događaj; *a ~ report* dnevni izveštaj (izvještaj) 2. misc.; **our ~ bread* hleb — hljeb (W: kruh) naš nasušni
daily III *adv* svakodnevno, dnevno
daily dozen (colloq.) svakodnevna gimnastika
daily number zgoditak (lutrije sa svakodnevnim izvlačenjem)
dai·mon see **demon**
dain·ty I ['dejntij] *n* slatkiš, poslastica
dainty II *a* 1. nežan (nježan); delikatan 2. osetljiv (osjetljiv) 3. fin 4. probirački
dai·qui·ri ['daekərij] *n* vrsta koktela
dair·y I ['dejrij] *n* 1. mlekarnica — mljekarnica (prodavnica) 2. mlekarnik — mljekarnik (prostorije u kojima se pravi maslo i sir) 3. mlekarstvo — mljekarstvo (proizvodnja mlečnih — mliječnih proizvoda)
dairy II *a* mlečni (mlječni); *a ~ farm* farma za mlečne proizvode; *~ products* mlečni proizvodi; *a ~ restaurant* mlečni restoran
dairy cattle muzna stoka
dair·y·maid [~mejd] *n* muzilja
dair·y·man [~mən] *(-men* [min]) *n* mlekar (mljekar)
da·is ['dejis] or [dejs] *(-ises* [isiz]) *n* podijum
dai·sy ['dejzij] *n* krasuljak
daisy wheel printer (C.) štampač sa lepezom
dale [dejl] *n* dolina (more usu. is **valley**)
dal·li·ance ['daelijəns] *n* 1. dangubljenje, traćenje vremena 2. koketeranje
dal·ly ['daelij] *v* 1. *tr* traćiti; *to ~ one's time away* traćiti vreme (vrijeme) 2. *intr* dangubiti, uzaludno trošiti vreme; *to ~ with* trošiti vreme 3. *intr* koketirati, flertovati
Dal·ma·ti·a [dael'mejšə] *n* Dalmacija
Dal·ma·tian I [~n] *a* 1. Dalmatinac (stanovnik Dalmacije) 2. dalmatinac (pas)
Dalmatian II *a* dalmatinski
dal·ton·ism ['doltənizəm] *n* daltonizam, slepilo (sljepilo) za boje
dam I [daem] *n* brana; gat
dam II *v tr* (also: *to ~ up*) zagatiti, pregraditi; *to ~ (up) a stream* pregraditi rečicu (rječicu)

dam III *n* (of animals) majka

dam·age I ['daemidž] *n* 1. šteta; *property* ~ imovinska šteta; *to cause (suffer)* ~naneti — nanijeti (pretrpeti — pretrpjeti) štetu 2. (in *pl*) od šteta, obeštećenje; *to pay smb.* ~s platiti nekome odštetu, nadoknaditi nekome štetu; *they are suing for $ 100,000 in* ~s traže odštetu od $ 100.000

damage II *v tr* 1. oštetiti; *cold weather* ~d *the fruit* hladnoća je oštetila voće; (fig.) *to* ~ *a reputation* ukaljati čast 2. havarisati

dam·as·cene I ['daeməsijn] *n* damaski rad

damascene II *a* damaski

damascene III *v tr* damascirati

Da·mas·cus [də'maeskəs] *n* Damask; (as *a*) *a* ~ *sword* sablja damaskinja

dam·ask ['daeməsk] *n* 1. damast (tkanina) 2. čelik damaski

damask rose (bot.) damaska ruža

dame [dejm] *n* 1. (obsol.) gospodarica, gospa; **Dame Fortune* Gospa Sreća 2. (slang) žena 3. baronica

damn I [daem] *n* (psovka); **I don't give a* ~ baš me briga

damn II see damned I 1, II

damn III *interj* (or: ~ *it!*) do vraga!

damn IV *v tr* 1. prokleti; *to* ~ *smb.* prokleti nekoga; ***~ *him!* proklet bio! ~ *you!* proklet da si! 2. (fig.) osuditi; *to* ~ *drinking* osuditi alkoholizam

dam·na·ble [~nəbəl] *a* koji zaslužuje prokletstvo; gnusan

dam·na·tion [daem'nejšən] *n* prokletstvo

damned I [daemd] *a* 1. proklet; *a* ~ *fool* prokleta budala; *a* ~ *lie* prokleta (gola) laž 2. osuđen; *(as n) the* ~ duše osuđene u paklu

damned II *adv* (colloq.) vrlo, veoma; *he knows that* ~ *well* on to veoma dobro zna (iako to poriče); **he'll do his* ~ *best* trudiće se iz petnih žila; *it's* ~ *hot* paklena je vrućina

Dam·o·cles ['daeməklijz] see **Sword of Damocles**

damp I [daemp] *n* 1. vlaga, vlažnost 2. utučenost, snuždenost

damp II *a* vlažan; *a* ~ *day* vlažan dan

damp III *v tr* 1. see **dampen** 2. zapretati (see **bank** IV 2) 3. obeshrabriti, utući

damp down *v* see **damp III** 2

damp·en [~ən] *v tr* 1. ovlažiti 2. (fig.) utući, politi hladnom vodom; *to* ~ *smb's spirits* obeshrabriti nekoga

damp·er [~ə(r)] *n* 1. ključ na čunku (od peći) 2. (mus.) prigušivač, demfer

damp·ness [~nis] *n* vlaga, vlažnost

dam·sel ['daemzəl] *n* devica (djevica), cura

dam·son ['daemzən], [s] see **bullace**

dam up *v* see **dam II**

dance I [daens]; [a] *n* 1. igra, ples; *folk* ~s narodne igre 2. igranka (W: also: plesna zabava); *they were at a* ~ bili su na igranci

dance II *v* 1. *tr* igrati, plesati; *to* ~ *a waltz* igrati valcer 2. *intr* igrati, plesati; *this couple* ~s *beautifully* ovaj par lepo (lijepo) igra; *to* ~ *around a tree* obigravati oko jelke; *to* ~ *to music* igrati uz muziku 3. misc.; **to* ~ *attendance on smb.* obigravati (cupkati) oko nekoga;

*to ~ *to smb. else's tune* raditi po tuđoj želji; *to* ~ *for joy* skakati od radosti

dance hall plesna dvorana

dance music muzika za igru (W also: plesna glazba)

danc·er [~ə(r)] *n* igrač, plesač; *a belly* ~ igračica trbušnog plesa

danc·ing [~ing] *n* igranje, plesanje; *(as a)*: ~ *girls* igračice; *a* ~ *school* škola igranja

dan·de·li·on ['daendəlajən] *n* (bot.) maslačak

dan·der [d'aendə(r)] *n* (colloq.) ljutina; **to get one's* ~ *up* naljutiti se

dan·druff ['daendrəf] *n* perut

dan·dy I ['daendij] *n* 1. kicoš, dendi 2. (colloq.) nešto dobro

dandy II *a* (colloq.) fin, prvoklasan, sjajan; ~ *weather* lepo vreme (lijepo vrijeme); *fine and* ~ odlično

Dane [dejn] *n* Danac (see also **Danish I, II**)

dan·ger ['dejndžə(r)] *n* opasnost; *to be in* ~ biti u opasnosti; *out of* ~ van opasnosti; *to expose (oneself) to* ~ izložiti (se) opasnosti; *the* ~ *of an epidemic* opasnost od izbijanja epidemije; *a* ~ *to health* opasnost po zdravlje

danger money (Br.) dodatak za opasnu službu

dan·ger·ous [~rəs] *a* opasan; *a* ~ *man* opasan čovek (čovjek); ~ *to (one's) health* opasan po zdravlje

danger signal znak opasnosti

dan·gle ['daenggəl] *v* 1. *tr* ljuljati, njihati; (fig.) *to* ~ *bait (in front of smb.)* pružati (nekome) mamac 2. *intr* ljuljati se, njihati se 3. *intr* praćakati se, koprcati se; *to leave smb.* ~*ling* ostaviti (pustiti) nekoga da se praćaka

dan·gling [~gling] *a* (gram.) apsolutni; *a* ~ *participle* glagolski prilog čiji se podrazumevani (podrazumijevani) subjekt ne podudara sa subjektom glavne rečenice *(coming into town, a huge sign was seen)*

Dan·ish I ['dejniš] *n* 1. danski jezik 2. see **Danish pastry**

Danish II *a* danski

Danish pastry (usu. *pl*) kolači od lisnatog testa (tijesta)

dank [daengk] *a* (neprijatno) vlažan, memljiv

Dan·te·an ['daen'tijən] *a* danteovski

Dan·tesque [daen'tesk] *a* danteovski

Dan·ube ['daenjūb] *n* Dunav

Dan·u·bi·an [daenj'ūbijən] *a* dunavski

daph·ne ['daefnij] *n* (bot.) maslinica, zdravić

dap·per ['daepə(r)] *a* 1. gizdav, kicoški 2. okretan

dap·ple ['daepəl] *v tr* išarati

dap·pled [~d] *a* šaren; *a* ~ *horse* šarac

dapple-gray [~-grej] *a* sa sivim pegama (pjegama)

Dar·by and John ['da(r)bij] (Br.) sretan dugogodišnji bračni par

Dar·da·nelles [da(r)dn'elz] *n pl* Dardaneli

dare I [dej(r)] *n* izazov, čikanje; *to take a* ~ primiti izazov

dare II *v* 1. *tr* izazvati; čikati; *to* ~ *smb. to do smt.* izazvati nekoga da uradi nešto; *I* ~ *you to do it!* čik to uradi! 2. *intr* (and with the infinitive) usuditi se, smeti (smjeti); *of anyone* ~s ako se neko (netko) usudi; *he did not* ~ *enter* nije se usudio da uđe; *I did not even* ~ *(to) open my mouth* nisam se usudio ni usta otvoriti; *just let* him ~! neka se samo usudi! 3. misc.; *I* ~ *say* rekao bih

dare·dev·il I [~devil] *n* nebojša

daredevil II *a* previše smeo (smion)

dare·say [~'sej] (used only in the present with *I*) *I* ~ pretpostavljam

dar·ing I [~riṅg] *n* smelost (smjelost); *to demonstrate* ~ ispoljiti smelost

daring II *a* 1. smeo (smion), odvažan; *a* ~ *attempt* smeo pokušaj 2. drzak; *a* ~ *robbery* drska krađa

dark I [da(r)k] *n* mrak, tama; *to be afraid of the* ~ bojati se mraka; *to sit in the* ~ sedeti, (sjedjeti) u mraku; (fig.) *to be in the* ~ biti u neizvesnosti (neizvjesnosti); *to keep smb. in the* ~ kriti nešto od nekoga; *a leap in the* ~ poduhvat sa nepredviđenim posledicama (posljedicama)

dark II *a* 1. mračan, taman; *a* ~ *night* mračna (tamna) noć; *a* ~ *color* tamna boja; *a* ~ *suit* tamno odelo (odijelo); *it is getting* ~ smrkava se 2. mračan, neprosvećen (neprosvijećen) 3. skriven, tajanstven; *a* ~ *secret* duboka tajna 4. zlokoban, crn; ~ *thoughts* crne misli

Dark Ages srednji vek (vijek); (fig.) mračnjaštvo

Dark Continent *(the ~)* Afrika

dark·en [~ən] *v tr* zamračiti, pomračiti

dark horse (sports, pol., and fig.) autsajder; neočekivani pobednik (pobjednik)

dark·ness [~nis] *n* mrak, mračnost, tama; *in* ~ u mraku (also fig.) (see also **dark I**)

dark·room [~rūm], [*u*] *n* mračna komora

dark·y [~ij] *n* (pejor.) crnac

dar·ling I [’da(r)liṅg] *n* dragi, dragan, ljubimac, miljenik

darling II *a* omiljen, drag; ljubak

darn I [da(r)n] *interj* do vraga

darn II *v* 1. *tr* krpiti; *to* ~ *socks* krpiti čarape 2. *intr* krpiti čarape

darned [~d] *a* (colloq.) proklet

dar·nel [’da(r)nəl] *n* (bot.) ljuljak, ljulj, vrat

darn·ing egg [~iṅg] pečurka za krpljenje

darning mushroom Br.; see **darning egg**

darning needle igla za krpljenje

dart I [da(r)t] *n* 1. strelica; džilit 2. žalo 3. (in *pl*) igra »bacanje strelica« u cilj; *to play (throw)* ~s bacati strelice (u cilj) 4. naglo kretanje

dart II *v* 1. *tr* baciti; *to* ~ *a look at smb.* baciti pogled na nekoga 2. *tr* palacati; *the snake* ~s *its tongue* zmija palaca jezikom 3. *intr* ustremiti se; *to* ~ *for the door* ustremiti se na vrata 4. *intr* leteti (letjeti); *to* ~ *back and forth* leteti tamo-amo 5. *intr* liznuti; *the fire was* ~*ing in all directions* vatra je lizala na sve strane

dart·board [~bo(r)d] *n* daska za igru »bacanje strelica«

darts see **dart I 3**

Dar·win·ism [’da(r)wənizəm] *n* darvinizam

dash I [daeš] *n* 1. nalet, juriš; brzo napredovanje, prepad; *to make a* ~ *for* ustremiti se na, izvršiti prepad na; *to make a* ~ *for safety* pobeći (pobjeći) od opasnosti 2. mala količina; mlaz; *whiskey with a* ~ *of soda* viski sa malo sode (also **touch I 6**) 3. brz potez (pera, kičice) 4. (punctuation) crta 5. (Morse code) crtica, povlaka (cf. **dot I 2**) 6. (fig.) sposobnost za odlučnu

i brzu akciju, elan, polet; *he has* ~ *on* je pun elana 7. kratka trka

dash II *v* 1. *tr* baciti, tresnuti; *to* ~ *smt. to the ground* tresnuti nešto o zemlju 2. *tr* uništiti, srušiti; *his hopes were* ~*ed* nade su mu bile srušene 3. *tr* pljusnuti; *to* ~ *water in smb.'s face* pljusnuti nekome vodu u lice 4. *intr* pojuriti, poleteti (poletjeti); *to* ~ *from a room* poleteti iz sobe 5. misc.; *to* ~ *away* odjuriti; *to* ~ *into a room* uleteti (uletjeti) u sobu; *to* ~ *out* izleteti (izletjeti) iz sobe (kuće)

dash III see **damn III**

dash·board [~bo(r)d] *n* šoferska (vozačka) tabla

dashed [daešt] *a* (Br.; colloq.) razočaran

dash·er [~ə(r)] *n* (of a churn) bućkalica

dash·ing [~iṅg] *a* žustar; pun poleta; smeo (smion); *a* ~ *officer* smeo oficir

dash off *v* 1. na brzu ruku svršiti, sklepati; *to dash off poetry* sklepati stihove 2. odjuriti, otrčati

dast·ard [’daestə(r)d] *n* kukavica, hulja

dast·ard·ly [~lij] *a* kukavički; podao

da·ta [’dejtə], [*ae*] *n pl* podaci; *these* ~ *are inconclusive* (occ.: *this* ~ *is inconclusive*) ovi podaci nisu ubedljivi (ubjedljivi); *to process* ~ obraditi podatke; *according to the* ~ prema podacima (see also **datum**)

data bank banka podataka

data base (C.) baza podataka

data processing obrada podataka

date I [dejt] *n* 1. datum; *what is the* ~ *today?* koji je danas datum? 2. sastanak, sastajanje, randevu; *he made a* ~ *with a girl* zakazao je devojci (djevojci) sastanak 3. see **out-of-date, up-to-date**

date II *v* 1. *tr* datirati; staviti datum (na); *the letter is* ~*d March 5th* pismo je datirano 5. marta (W: ožujka) 2. *tr* utvrditi datum; *to* ~ *a document* utvrditi datum dokumenta 3. *tr* zabavljati se; *to* ~ *a girl* zabavljati se sa devojkom (djevojkom) 4. *intr* datirati; poticati; *that* ~*s from the 14th century* to datira od (iz) 14. veka (vijeka) 5. *intr* zabavljati se

date III *n* urma (W: datulja)

dat·ed [~id] *a* 1. datiran 2. zastareo (zastario)

date·line [~lajn] *n* datum (novinskog dopisa)

date line 180. meridijan od Griniča

date palm urmovo drvo

dating service posredničeski biro za zaključivanje brakova

da·tive I [’dejtiv] *n* (gram.) dativ

dative II *a* dativni

da·tum [’dejtəm], [*ae*] *(sgn* of **data**) *n* podatak (usu. in the *pl;* see **data**)

daub I [dob] *n* 1. mazanje; premaz 2. see **wattle I**

daub II *v* 1. *tr* namazati, premazati 2. *intr* mazati; drljati

daub·er [~ə(r)] *n* četkica za mazanje

daught·er [’dotə(r)] *n* ćerka, kćerka, kći

daugh·ter-in-law [~-in-lo] *(daughters-in-law) n* snaha, snaja (sinovljeva žena)

daunt [dont] *v tr* 1. uplašiti, zastrašiti 2. obeshrabriti

daunt·less [~lis] *a* neustrašiv

dau·phin [’doufin] *n* (hist.) francuski prestolonaslednik (prijestolonasljednik)

dav·en·port ['daevənpo(r)t] *n* 1. divan 2. (Br.) mali pisaći sto (stol)

Da·vis Cup ['dejvis] (tennis) Devis-kup, Devisov pehar

dav·it ['daevit] *n* (naut.) soha (za čamac)

Da·vy Jones ['dejvij džounz] duh mora; ~ *locker* morski ponor; *to go to* ~ *locker* utopiti se

daw [do] *n* (bird) čavka (also **jackdaw**)

daw·dle ['dodəl] *v* 1. *tr* (usu.: *to* ~ *away)* *to* ~ *away the hours* traćiti vreme (vrijeme) 2. *intr* traćiti vreme, dangubiti

daw·dler ['dodlə(r)] *n* danguba, bazalo

dawn I [don] *n* zora, svanuće; *at* ~ ù zoru; *at the crack of* ~ u cik zore; *before* ~ do zore

dawn II *v intr* 1. svanuti, razdaniti se 2. (fig.) sinuti; *it* ~*ed on me* sinulo mi je

day [dej] *n* 1. dan; *what* ~ *(of the week) is it today?* koji je danas dan? *a working* ~ radni dan; *to live from* ~ *to* ~ živeti (živjeti) od danas do sutra; *every* ~ svaki dan, svakog dana; *every other* ~ svakog drugog dana; ~ *after* ~ iz dana u dan; *in a few* ~*s* kroz koji dan; *a few* ~*s ago* pre (prije) neki dan; *as clear as* ~ jasno kao dan; *by* ~ danju; *one of these* ~*s* jednog dana; *some other* ~ nekog drugog dana, drugi put; *on the same* ~ istoga dana; (rel.) *the* ~ *of rest* dan subotnji; *his* ~*s are numbered* njegovi dani su izbrojani; **every dog has its* ~ svakom dođe njegov srećan dan; ~ *in,* ~*out* iz dana u dan 2. (in *pl*) period, razdoblje; *in the good old* ~*s* staro dobro vreme (vrijeme); *to end one's* ~*s* završiti život 3. misc. **our* ~ *will come* doći će sunce i na naša vrata; **to carry the* ~ odneti pobedu (odnijeti pobjedu); **let's call it a* ~ za danas je dosta

day bed sofa na rasklapanje

day blindness see **hemeralopia**

day·book [~buk] *n* (trgovački) dnevnik

day·boy [~boj] *n* (Br.) eksternista, pitomac koji ne stanuje u školi

day·break [~brejk] *n* praskozorje, svanuće; *at* ~ u praskozorje (also **dawn I**)

day·care center zabavište, predškolska ustanova za dnevni boravak dece (djece)

day coach običan putnički vagon

day·dream I [~drijm] *n* sanjarija, sanjarenje

daydream II *-ed* or *-dreamt* [dremt] *v intr* sanjariti

day·dream·er [~ə(r)] *n* sanjalica

day·girl [~gə(r)l] fem. of **dayboy**

day labor rad na nadnicu

day laborer nadničar; *to work as a* ~ nadničiti

day·light [~lajt] *n* 1. dnevna svetlost (svjetlost); *in broad* ~ usred bela (bijela) dana 2. see **daybreak** 3. misc.; **to see* ~ naći rešenje (rješenje) problema; **to scare the* ~*s out of smb.* nekoga strašno uplašiti

daylight-saving time letnje vreme (ljetnje vrijeme), pomeranje (pomjeranje) vremena za jedan sat unapred (unaprijed)

day·long [~long] *a* koji traje ceo (cio) dan

day nursery obdanište

day release course Br.; see **on-the-job training**

day return, day ticket Br.; see **round-trip, ticket**

day·room [~rum] *n* zajednička soba (internata), društvena soba (u kasarni)

day school škola za učenike koji stanuju kod kuće (cf. **boarding school**)

days of grace *pl* (comm.) dani odloženog roka

day·star [~sta(r)] *n* zornjača

day·time I [~tajm] *n* dan; *in the* ~ danju

daytime II *a* koji se vrši danju, dnevni

day-to-day *a* svakodnevni

daze I [dejz] *n* ošamućenost

daze II *v tr* ošamutiti

dazed [~d] *a* ošamućen

daz·zle I ['daezəl] *n* zaslepljivanje (zasljepljivanje); sjaj

dazzle II *v tr* zaslepiti (zaslijepiti), zaseniti (zasjeniti); *he* ~*d them with his wealth* on ih je zasenio svojim bogatstvom; ~*d by her beauty* zaslepljen njenom lepotom (ljepotom)

daz·zling [~zling] *a* zaslepljujući (zasljepljujući); vrtoglav; *a* ~ *success* vrtoglav uspeh (uspjeh)

D-day ['dij-dej] *n* (mil.) dan početka operacije; (hist.) dan iskrcavanja savezničke vojske u Normandiji (6. juna 1944)

DDT [dijdij'tij] insekticid DDT; *to spray smb. with* ~ zaprašiti nekoga diditijem

dea·con ['dijkən] *n* 1. đakon 2. pomagač sveštenikov (svećenikov)

dea·con·ness [~is] *n* pomagačica sveštenikova (svećenikova)

dea·con·ry [~rij] *n* đakonat

de·ac·ti·vate [dij'aektəvejt] *v tr* 1. dezaktivirati 2. (mil.) rasformirati; *to* ~ *a unit* rasformirati jedinicu

dead I [ded] *n* 1. (as *pl*) *the* ~ pokojnici, mrtvi 2. sredina; *the* ~ *of night* duboka noć; *in the* ~ *of winter* usred zime

dead II *a* 1. mrtav; *a* ~ *language* mrtav jezik; *a* ~ *body* leš; *the* ~ *season* mrtva sezona; ~ *silence* mrtva tišina; *** ~ *men tell no tales* mrtva usta ne govore; **to come to a* ~ *stop* doći na mrtvu tačku (W: točku), iznenadno zastati; **a* ~ *letter* mrtvo slovo na papiru 2. potpun; ~ *certainty* potpuna izvesnost (izvjesnost); **as* ~ *as a doornail* potpuno mrtav 3. koji ne odskače visoko (o lopti) 4. misc.; **to be* ~ *to the world* spavati tvrdim snom; **to flog a* ~ *horse* ponovo pokretati već svršenu stvar

dead III *adv* potpuno; sasvim; mrtav; ~ *drunk* mrtav pijan; *to be* ~ *set against smt.* biti odlučno protiv nečega; (naut.) ~ *ahead* po pramcu

dead·beat [~bijt] *n* neplatiša

dead center nulta točka (W: točka)

dead duck (colloq.) osoba osuđena na neuspeh (neuspjeh)

dead·en [~ən] *v tr* umrtviti, učiniti neosetljivim (neosjetljivim); *to* ~ *a nerve* umrtviti živac

dead end ćorsokak; *to get into a* ~ zapasti u ćorsokak

dead·eye [~aj] *n* (colloq.) precizan strelac (strijelac)

dead·head [~hed] *n* (colloq.) gledalac sa besplatnom ulaznicom

dead heat (sports) mrtva trka

dead letter neisporučeno pismo; (as *a*) *a dead-letter office* poštanski odsek (odsjek) gde (gdje) se čuvaju neisporučena pisma

dead·line [∼lajn] *n* rok, poslednji (posljednji) rok; *the ∼ has passed* rok je istekao; *to extend a ∼* produžiti rok

dead load mrtvi teret

dead·lock I [∼lak]; [*o*] *n* zastoj; ćorsokak

deadlock II *v tr* zaustaviti; dovesti do mrtve tačke (W: točke); *to be ∼ed* biti u zastoju; *negotiations were ∼ed* pregovori su bili na mrtvoj tački

dead·ly [∼lij] *a* 1. smrtan, smrtonosan; *a ∼ peril* smrtna opasnost; *a ∼ enemy* smrtni neprijatelj 2. ubojit; *a ∼ weapon* moćno borbeno sredstvo

deadly sin smrtni greh (grijeh)

dead march posmrtni marš

dead nettle mrtva kopriva

dead·pan I [∼paen] *n* (colloq.) bezizrazno lice

deadpan II 1. *a* (colloq.) bezizrazan 2. *adv* bezizrazno

dead reckoning zbrojena navigacija, izračunavanje koordinata položaja

dead ringer see **ringer I** 1

Dead Sea *(the ∼)* Mrtvo more

Dead Sea Scrolls *(the ∼) pl* svici Mrtvog mora

dead weight 1. mrtav teret 2. (naut.) puna nosivost broda, dedvejt

dead·wood [∼wud] *n* 1. suvo (suho) granje 2. (fig.) beskoristan materijal (čovek — čovjek); (mrtav) balast 3. (naut.) podvodni deo (dio) krme

deaf [def] *a* gluv (gluh); *born ∼* gluv od rođenja; *∼ in one ear* gluv na jedno uvo (uho); *totally ∼* potpuno gluv; *to turn a ∼ ear to smb.* ne hteti (htjeti) slušati nekoga

deaf-aid Br.; see **hearing aid**

deaf·en [∼ən] *v tr* zaglušiti

deaf·en·ing [∼iñg] *a* zaglušan

deaf-mute I [∼mjūt] *n* gluvonem čovek (gluhonijem čovjek)

deaf-mute II *a* gluvonem (gluhonijem)

deal I [dijl] *n* 1. davanje 2. (cards) podela (podjela); *whose ∼ is it?* na koga je red da deli (dijeli) karte? 3. količina; *a great ∼* mnogo 4. (colloq.) pazar; pogodba; nagodba; posao; *a good ∼* dobar pazar (posao); *a square ∼* dobra pogodba; *to make a ∼* napraviti nagodbu; *a big ∼* krupan posao 5. misc.; **to make a big ∼ out of smt.* podići veliku galamu oko nečega

deal II *dealt* [delt] *v* 1. *tr* zadati; podeliti (podijeliti); *to ∼ a crushing blow* zadati odlučujući udarac; *to ∼ cards* podeliti karte 2. *intr* trgovati; poslovati; *to ∼ in wine* trgovati vinom; *to ∼ with smb.* trgovati s nekim 3. *intr* postupati; *to ∼ fairly with smb.* postupati pravično s nekim; *the police dealt harshly with the demonstrators* policija se grubo obračunala s demonstrantima 4. *intr* savladati, vladati; *to ∼ (successfully) with a problem* savladati problem 5. *intr* raditi; *to ∼ with students* raditi sa studentima 6. *intr* baviti se, pozabaviti se; *to ∼ with a matter* pozabaviti se nekom stvari 7. *intr* razmotriti, tretirati, obraditi; *the author ∼s with the results of the war* autor razmatra posledice (posljedice) rata; *to ∼ with a problem* tretirati problem (see also **treat II** 2)

deal III *n* borova daska

deal·er [∼ə(r)] *n* 1. trgovac 2. delilac (djelilac) karata

deal in *v* (colloq.) uključiti

deal·ing [∼iñg] *n* 1. posao, ponašanje, postupak; *honest ∼* pošteno ponašanje 2. poslovanje

deal out *v* 1. see **deal II** 1 2. (colloq.) isključiti

dean [dijn] *n* dekan; *a ∼'s office* dekanat

dean's list dekanov spisak najboljih studenata

dear I [dij(r)] *n* dragan, dragi

dear II *a* 1. drag, mio; *my ∼ fellow* dragi moj 2. skup 3. misc.; *∼ sir* poštovani gospodine; **to hold on for ∼ life* boriti se kao da je život u pitanju

dear III *adv* skupo; *to pay ∼ (∼ly)* skupo platiti

dear IV *interj* *∼ me!* bože moj!

dearth [də(r)th] *n* nestašica

dear·y [∼ij] dim. of **dear I**

death [deth] *n* 1. smrt; *∼ due to old age* smrt usled (uslijed) starosti; *a sudden (violent) ∼* nagla (nasilna) smrt; *clinical ∼* klinička smrt; *∼ by drowning* smrt davljenjem; *∼ by firing squad* smrtna kazna streljanjem (strijeljanjem); *frightened to ∼* smrtno ulašen; *as pale as ∼* bled (blijed) kao smrt; *to condemn to ∼* osuditi na smrt; *to die a natural (hero's) ∼* umreti (umrijeti) prirodnom smrću (smrću junaka); *to face ∼* gledati smrti u oči; *to put to ∼* kazniti smrću; *to be at ∼'s door* biti na samrti 2. smrtni slučaj; *many ∼s* mnogo smrtnih slučajeva 3. misc.; *he is bored to ∼* strašno mu je dosadno; *worried to ∼* veoma zabrinut

death·bed [∼bed] *n* samrtnička postelja; *to be on one's ∼* biti na samrti, na smrtnom času

death bell posmrtno zvono

death·blow [∼blou] *n* smrtni udarac; *to deal a ∼ to smb.'s hopes* ubiti (uništiti) nekome sve nade

death certificate umrlica

death duty (Br.) nasledna (nasljedna) taksa

death knell posmrtno zvono; *to sound the ∼* odzvoniti posmrtno zvono

death·ly [∼lij] 1. *a* smrtonosan, smrtan 2. *adv* smrtno, veoma, vrlo; *∼ pale* bled (bl.jed) kao smrt

death mask posmrtna maska

death penalty smrtna kazna; *to carry out the ∼* izvršiti smrtnu kaznu

death rate mortalitet

death rattle samrtni ropac

death ray smrtonosni zrak (W: smrtonosna zraka)

death row ćelije za osuđene na smrt

death sentence smrtna presuda

death's-head [∼s-hed] *n* mrtvačka glava

death's-head moth (zool.) mrtvačka glava *(Acherontia atropos)*

death·trap [∼traep] *n* mesto (mjesto) smrtne opasnosti

death warrant nalog za izvršenje smrtne kazne

death·watch [∼wač]; [*o*] *n* mrtva straža; *to maintain a ∼* biti na mrtvoj straži

deb [deb] (colloq.) see **debutante**

de·ba·cle [di'baekəl] *n* poraz, slom

de·bar [dij'ba(r)] *v tr* 1. isključiti 2. sprečiti (spriječiti)

de·bark [di'ba(r)k] *v* 1. *tr* iskrcati 2. *intr* iskrcati se (more usu. is **disembark**)

de·bar·ka·tion [dijba(r)'kejšən] *n* iskrcavanje

de·base [di'bejs] *v tr* sniziti vrednost — vrijednost (nečega)

de·base·ment [~mənt] *n* snižavanje (vrednosti — vrijednosti)

de·bat·a·ble [di'bejtəbəl] *a* sporan

de·bate I [di'bejt] *n* debata, rasprava; *a parliamentary* ~ parlamentarna debata; *a* ~ *about smt.* debata o nečemu; *to conduct (hold) a* ~ voditi debatu; *a bitter* ~ ogorčena debata

debate II *v* 1. *tr* raspravljati, debatovati; *to* ~ *a question* raspravljati pitanje, debatovati o pitanju 2. *intr* raspravljati, debatovati 3. *intr* razmišljati, premišljati; *to* ~ *with oneself* premišljati

de·bat·er [~ə(r)] *n* učesnik u debati

debating club debatno društvo, debatni klub

de·bauch [di'boč] *v tr* 1. razvratiti 2. zavesti

deb·au·chee [debo'čij], [š] *or* [di'bočij] *n* razvratnik

de·bauch·er [di'boča(r)] *n* zavodnik, razvratnik

de·bauch·er·y [di'bočərij] *n* razvrat

de·ben·ture [di'benčə(r)] *n* (also: ~ *bond*) obveznica

de·bil·i·tate [di'bilətejt] *v tr* oslabiti, iznuriti

de·bil·i·ta·tion [dibilə'tejšən] *n* oslabljenje

de·bil·i·ty [di'bilətij] *n* oslabljenost, iznurenost

deb·it I ['debit] *n* 1. zaduženje 2. ubeležavanje (ubilježavanje) na strani dugovanja

debit II *v tr* zadužiti, upisati u dug; *to* ~ *smb.'s account with 100 dollars* upisati nekome kao dugovanje 100 dolara

deb·o·nair [debə'nej(r)] *a* 1. nonšalantan; neusiljen 2. nemaran, nebrižljiv 3. ljubazan, predusretljiv

de·bouch [di'būš] *v intr* (usu. mil.) izbiti, izaći na otkriven teren

de·bou·ché [dejbū'šej] *n* (mil.) prolaz

de·bou·chure [dejbū'šū(r)] *n* ušće (reke — rijeke)

de·brief [dij'brijf] *v tr* 1. (mil.) ispitivati; *to* ~ *an airplane crew* ispitivati posadu aviona (posle — poslije leta) 2. dati uputstvo o čuvanju tajne

de·brief·ing [~ing] *n* 1. (mil.) ispitivanje (posade aviona posle — poslije leta) 2. uputstvo o čuvanju tajne

de·bris [də'brij]; ['dejbrij] *n* ruševine; *to clear* ~ raščistiti ruševine

debt [det] *n* dug; *to collect* ~s uterati (utjerati) dugove; *to get into* ~ pasti u dug; *to incur (pay)* ~s praviti (plaćati) dugove; *to repudiate a* ~ odreći dug; *to write off a* ~ otpisati dug; **to be up to one's ears in* ~ grcati (plivati) u dugovima

debt·or [~ə(r)] *n* dužnik

de·bug [dij'bəg] *v tr* 1. otkloniti neispravnosti (u) 2. odstraniti prislušne uređaje (iz)

de·bunk [di'bəngk] *v tr* (colloq.) razgolititi, otkriti

de·but [di'bjū]; ['dejbjū] *n* debi; *a stage* ~ debi na pozornici; *to make a* ~ debitovati

deb·u·tante ['debjutant] *n* debitantkinja (debitantica)

de·cade ['dekejd] *n* 1. dekada, decenij 2. grupa od deset

de·ca·dence ['dekədəns], [di'kejdəns] *n* dekadencija

de·ca·den·cy ['dekədənsij] *see* **decadence**

de·ca·dent I ['dekədənt] *n* dekadent

decadent II *a* dekadentan

dec·a·gon ['dekəgan]; [o] *n* desetougaonik

dec·a·gram ['dekəgraem] *n* dekagram

de·cal ['dijkael] *n* nalepnica (naljepnica), oznaka

dec·a·logue ['dekəlag]; [o] *n* deset zapovedi (zapovijedi) (also **Ten Commandments**)

de·camp [di'kaemp] *v intr* napustiti logor

dec·a·nal ['dekənəl] *a* dekanski

de·cant·er [di'kaentə(r)] *n* stona (stolna) dekorativna flaša za pića

de·cap·i·tate [di'kaepətejt] *v tr* odseći — odsjeći (nekome glavu) (also **behead**)

dec·a·pod ['dekəpad]; [o] *n* desetonožac

dec·a·syl·la·ble ['dekəsiləbəl] *n* deseterac

de·cath·lon [di'kaethlən] *n* desetoboj; (as *a*) ~ *performer* desetobojac

de·cay I [di'kej] *n* 1. trulež, truljenje 2. raspad 3. propadanje; *tooth* ~ propadanje zuba

decay II *v intr* 1. truliti 2. raspasti se; *the corpse is* ~*ing* leš se raspada

de·ceased I [di'sijst] *n* pokojnik

deceased II *a* umrli, pokojni, mrtav

de·ceit [di'sijt] *n* prevara, obmana

de·ceit·ful [~fəl] *a* obmanljiv

de·ceive [di'sijv] *v* 1. *tr* prevariti, obmanuti 2. *intr* varati; *appearances are often* ~*ing* izgled često vara

de·cel·er·ate [dij'selərejt] *v* 1. *tr* smanjiti brzinu (nečega) 2. *intr* smanjiti brzinu

de·cel·er·a·tion [dijselə'rejšən] *n* smanjenje brzine

De·cem·ber [di'sembə(r)] *n* decembar (W: prosinac)

de·cen·cy ['dijsənsij] *n* 1. (no *pl*) pristojnost 2. misc.; *to observe the* ~*cies* poštovati društvene norme ponašanja

de·cen·na·ry [di'senərij] *n see* **decade** I

de·cen·ni·al I [di'senijəl] *n* desetogodišnjica

decennial II *a* desetogodišnji

de·cen·ni·um [di'senijəm] (-*s* and -*nia* [ijə]) *n see* **decade** 1

de·cent ['dijsənt] *a* 1. pristojan; ~ *behavior* pristojno ponašanje 2. podesan; pristojan; *a* ~ *salary* pristojna plata

de·cen·tral·i·za·tion [dijsentrələ'zejšən]; [aj] *n* decentralizacija

de·cen·tral·ize [dij'sentrəlajz] *v tr* decentralizovati

de·cep·tion [di'sepšən] *n* prevara, obmana

de·cep·tive [~tiv] *a* obmanljiv

dec·i·bel ['desibəl] *n* decibel

de·cide [di'sajd] *v* 1. *tr* odlučiti, rešiti (riješiti); *to* ~ *a battle (a matter)* rešiti bitku (stvar); *he* ~*ed to leave* on je odlučio da ode; *the case was* ~*d in favor of the plaintiff* predmet je rešen u korist tužioca 2. *intr* doneti (donijeti) odluku, doneti rešenje (rješenje), rešiti (riješiti) se; *they must* ~ moraju da donesu odluku; *to* ~ *against the plaintiff* doneti rešenje na štetu tužioca; *to* ~ *on smt.* doneti odluku o nečemu

de·cid·ed [~id] *a* 1. određen 2. odlučan

de·cid·u·a [di'sidžūə], [j] *n* (med.) otpadna opna, padalica

de·cid·u·ous [~s] *a* (bot.) lišćarski; *a* ~ *forest* lišćarska šuma

dec·i·li·ter ['desəlijtə(r)] *n* decilitar

dec·i·mal I ['desəməl] *n* decimal

decimal II *a* decimalni, desetni; *a* ~ *fraction (number)* decimalni razlomak (broj)

decimal point desetna tačka (W: točka)

decimal system desetni (dekadski) sistem

dec·i·mate ['desimejt] *v tr* desetkovati; *to* ~ *a population* desetkovati stanovništvo

dec·i·me·ter ['desəmijtə(r)] *n* decimetar

de·ci·pher [di'sajfə(r)] *v tr* 1. dešifrovati 2. odgonetnuti; *to* ~ *a manuscript* odgonetnuti rukopis

de·ci·sion [di'sižən] *n* 1. odluka, rešenje (rješenje); *to make (arrive at) a* ~ doneti (donijeti) odluku; *to stick to a* ~ ostati pri odluci; *to hand down a* ~ izdati rešenje; *a* ~ *to resign* odluka da podnese ostavku 2. odlučnost 3. (boxing) odluka (po bodovima); *to win by* ~ pobediti (pobijediti) po bodovima (na bodove) 4. (legal) presuda, rešenje; *to affirm (reverse) a* ~ potvrditi (ukinuti) presudu; *to appeal a* ~ žaliti se na presudu; *to hand down a* ~ izdati rešenje

de·ci·sive [di'sajsiv] *a* odlučan, odlučujući; presudan; *a* ~ *role* odlučujuća uloga; *a* ~ *event* presudan događaj

de·ci·sive·ness [~nis] *n* 1. odlučnost 2. presudnost

deck [dek] *n* 1. paluba; *to clear the* ~s spremiti brod za borbu; or (fig.): pripremiti sve za rad 2. špil; *a* ~ *of cards* špil karata

deck chair ležaljka (na palubi)

deck hand palubni mornar

deck·house [~haus] *n* palubna kabina

deck·le edge ['dekəl] neobrezana ivica (hartije)

deck out *v* ukrasiti; doterati (dotjerati)

de·claim [di'klejm] *v* 1. *tr* izdeklamovati 2. *intr* deklamovati

dec·la·ma·tion [deklə'mejšən] *n* deklamacija

de·clam·a·to·ry [di'klaemətorij]; [ə] *a* deklamatorski

de·clar·a·ble [di'klejrəbəl] *a* koji treba prijaviti (za carinjenje)

dec·la·ra·tion [deklə'rejšən] *n* 1. deklaracija; *a customs* ~ carinska deklaracija 2. objava; *a* ~ *of war* objava rata

Declaration of Independence (Am. hist.) Deklaracija nezavisnosti

de·clar·a·tive [di'klaerətiv] *a* 1. deklarativan 2. (gram.) obaveštajni (obavještajni); *a* ~ *sentence* obaveštajna rečenica

de·clare [di'klej(r)] *v tr* 1. objaviti; *to* ~ *war on smb.* objaviti nekome rat 2. prijaviti; deklarirati; *to* ~ *smt. at customs* prijaviti (deklarirati) nešto za carinu 3. proglasiti; *to* ~ *a contract to be void* proglasiti ugovor nevažećim; *to* ~ *persona non grata* proglasiti nepoželjnom ličnošću; *to* ~ *a law (to be) unconstitutional* proglasiti zakon za protivustavni 4. *refl* deklarisati se, izjasniti se

dé·clas·sé [dejklae'sej] *a* deklasiran

de·clas·si·fy [dij'klaesəfaj] *v tr* skinuti oznaku poverljivosti — povjerljivosti (s)

de·clen·sion [di'klenšən] *n* (gram.) deklinacija, promena (promjena); *nominal (pronominal)* ~ imenička (zamenička — zamjenička) promena

de·clen·sion·al [~əl] *a* deklinacijski, deklinacioni

de·clin·a·ble [di'klajnəbəl] *a* (gram.) promenljiv (promjenljiv), deklinabilan

dec·li·na·tion [dekli'nejšən] *n* deklinacija, odstupanje

de·cline I [di'klajn] *n* 1. spuštanje; opadanje 2. pad

decline II *v* 1. *tr* and *intr* odbiti; *to* ~ *an invitation* odbiti poziv 2. *tr* (gram.) deklinirati, izmenjati (izmijenjati); *to* ~ *a noun* izmenjati imenicu

de·cliv·i·ty [di'klivətij] *n* nizbrdica

de·coct [di'kakt]; [o] *v tr* odvariti; kuvanjem (kuhanjem) dobiti esenciju

de·code [dij'koud] *v tr* dešifrovati

dé·colle·tage [dejkol'taž] *n* dekolte, izrez

dé·colle·té [dejkol'tej]; [dej'koltej] *a* dekoltiran

de·col·on·iz·a·tion [dikalənə'zejšən]; [o] [aj] *n* dekolonizacija

de·col·on·ize [di'kalənajz]; [o] *v tr* dekolonizovati

de·com·pose [dijkəm'pouz] *v* 1. *tr* razložiti, izazvati raspad (nečega) 2. *intr* raspasti se; istruliti; *corpses* ~ leševi se raspadaju

de·com·po·si·tion [dijkampə'zišən]; [o] *n* raspad; truljenje

de·com·press [dijkəm'pres] *v tr* smanjiti pritisak — W: tlak (na)

de·com·pres·sion [dijkəm'prešən] *n* dekompresija, smanjenje, pad pritiska (W: tlaka)

decompression sickness kesonska bolest (see also **caisson disease, bends**)

de·con·tam·i·nate [dijkən'taemənejt] *v tr* dekontaminirati

de·con·tam·i·na·tion [dijkəntaemə'nejšən] *n* dekontaminacija

de·con·trol I [dijkən'troul] *n* oslobođenje (državne) kontrole

decontrol II *v tr* osloboditi državne kontrole

de·cor ['dej'ko(r)]; ['dejko(r)] *n* dekor

dec·o·rate ['dekərejt] *v tr* 1. ukrasiti, dekorisati, okititi 2. odlikovati (ordenom)

dec·o·ra·tion [dekə'rejšən] *n* 1. ukrašavanje, kićenje 2. ukras, dekoracija 3. (mil.) odlikovanje, odličje, orden, medalja

Decoration Day see **Memorial Day**

dec·o·ra·tive ['dekərətiv] *a* ukrasni, dekorativan

dec·o·ra·tor ['dekərejtə(r)] *n* dekorater

dec·o·rous ['dekərəs] *a* pristojan

de·cor·ti·cate [di'ko(r)tikejt] *v tr* skinuti; oguliti

de·co·rum [di'korəm] *n* pristojnost, dekorum

de·coy I ['dijkoj], [di'koj] *n* 1. mamac; vabac, vab 2. (mil.) lažni objekt

decoy II *a* lažan, demonstrativan; *a* ~ *battery* lažna baterija

decoy III [di'koj] *v* 1. namamiti 2. dovesti u zabludu

de·crease I ['dijkrijs] *n* smanjenje; opadanje; *a* ~ *in population* opadanje stanovništva

decrease II [di'krijs] *v* 1. *tr* smanjiti, umanjiti 2. *intr* smanjiti se, umanjiti se; opasti

de·cree I [di'krij] *n* dekret, odluka

decree II *v tr* dekretirati, odlučiti

dec·re·ment ['dekrəment] *n* opadanje

de·crep·it [di'krepit] *a* oslabljen, oronuo

de·crep·i·tude [di'krepitūd]; [tj] *n* oslabljenost, oronulost

de·crim·i·nal·ize *v tr* legalizovati

de·cry [di'kraj] *v tr* 1. ocrniti 2. osuditi

ded·i·cate ['dedəkejt] *v tr* 1. osvetiti; *to* ~ *a church* osvetiti crkvu 2. posvetiti; *to* ~ *a book to smb.* posvetiti nekome knjigu

ded·i·ca·tion [dedə'kejšən] *n* 1. osvećenje; *the* ~ *of a church* osvećenje crkve 2. posveta; *the* ~ *of a book* posveta knjige

de·duce [di'dūs]; [dj] v tr deducirati

de·duct [di'dəkt] v tr oduzeti, odbiti; to ~ 10 dollars from one's salary odbiti 10 dolara od plate; to ~ for insurance odbiti za osiguranje; to ~ smt. from one's income tax odbiti nešto od poreza; after ~ing taxes po odbitku poreza

de·duct·i·ble I [~əbəl] n (insurance) franšiza

deductible II a koji se može odbiti (od poreza)

de·duc·tion [di'dəkšən] n 1. oduzimanje, odbijanje; a salary ~ odbitak od plate; a payroll ~ oduzimanje po platnom spisku; a tax ~ odbijanje od poreza, poreska olakšica, smanjenje poreza; to make a ~ oduzimati (po platnom spisku) 2. dedukcija

de·duc·tive [di'dəktiv] a deduktivan

deed I [dijd] n 1. delo (djelo); a good (bad) ~ dobro (zlo) delo; a (an) heroic ~ podvig 2. tapija; to transfer a ~ preneti (prenijeti) tapiju

deed II v tr preneti — prenijeti (izdavanjem tapije)

deed book zemljišna knjiga

deed over v see **deed** II

deem [dijm] v tr smatrati, misliti; I ~ it advisable to wait smatram da je bolje čekati

deep I [dijp] n 1. duboko mesto (mjesto) 2. (fig.) the ~ more

deep II a 1. dubok; the water is five feet ~ voda je duboka pet stopa; a ~ sigh (plate, voice, well) dubok uzdisaj (tanjir, glas, bunar); a ~ lake duboko jezero; to strike ~ roots pustiti duboko korenje (korijenje) 2. visok; the snow is three feet ~ snežni (snježni) pokrivač je visok tri stope 3. (Br.) nedokučan 4. misc.; *to go off the ~ end izgubiti živce; *in ~ water u škripcu; in ~ thought zaokupljen mislima

deep III adv duboko; ~ in the forest duboko u šumi; to dive ~ duboko roniti; ~ into the night u duboku noć; *he is in ~ on je duboko upleten

deep·en [~ən] v 1. tr udubiti, produbiti 2. intr produbiti se, postati dublji

deep·freeze [~frijz] n duboko zamrzavanje

deep·root·ed [~rūtid] a duboko ukorenjen (ukorijenjen); ~ prejudice duboko ukorenjena predrasuda

deep-sea [~-sij] a pučinski; dubinski; ~ fishing pučinski ribolov; ~ research dubinska ispitivanja

deep·seat·ed [~sijtid] a see **deeprooted**

Deep South jugoistočne države SAD (Alabama, Džordžija, Misisipi, Južna Karolina)

deep structure (ling.) dubinska struktura

deer [dij(r)] (pl has zero or -s) n jelen

deer·skin [~skin] n jelenska koža

de·es·ca·la·tion [dij-eskə'lejšən] n deeskalacija

de·face [di'fejs] v tr 1. zamrljati; učiniti nejasnim 2. naružiti, nagrditi

de fac·to [dij 'faektou] adv (Latin) zaista

de·fal·cate [di'faelkejt] v intr proneveriti (pronevjeriti) novac

def·a·ma·tion [defə'mejšən] n klevetanje

de·fame [di'fejm] v tr oklevetati

de·fault I [di'folt] n 1. neizvršenje novčanih obaveza 2. (legal) izostanak (sa ročišta); a judgement by ~ presuda zbog izostanka 3. ne-

dostatak; in ~ of usled (uslijed) nemanja 4. (sports) forfe, kontumacija; to lose by ~ izgubiti kontumacijom (also **forfeit** I 5) 5. (C.) uslov

default II v intr (sports) izgubiti kontumacijom 2. (legal) izgubiti parnicu zbog izostanka 3. ne platiti; ne odgovoriti obavezi

de·fault·er [~ə(r)] n neplatiša

de·feat I [di'fijt] n poraz; to inflict a ~ on smb. zadati (naneti — nanijeti) nekome poraz; to suffer a ~ pretrpeti (pretrpjeti) poraz; a crushing ~ težak poraz

defeat II v tr poraziti, pobediti (pobijediti); potući; to ~ the enemy pobediti neprijatelja

de·feat·ism [di'fijtizəm] n defetizam

de·feat·ist [~ist] n defetista

def·e·cate ['defəkejt] v intr isprazniti creva (crijeva)

def·e·ca·tion [defə'kejšən] n ispražnjenje creva (crijeva)

de·fect I ['dijfekt], [di'fekt] n mana, nedostatak; a birth ~ mana od rođenja; a heart ~ srčana mana

de·fect II [di'fekt] v intr dezertirati

de·fec·tion [di'fekšən] n dezerterstvo

de·fec·tive I [di'fektiv] n (or: a mental ~) slabo-umnik

defective II a 1. neispravan, defektan 2. (gram.) defektivan; ~ verbs defektivni glagoli

de·fec·tor [~ə(r)] n dezerter

de·fence Br.; see **defense**

de·fend [di'fend] v tr odbraniti (W: obraniti), zaštititi; to ~ a dissertation odbraniti tezu

de·fen·dant [~ənt] n (legal) tuženi, tuženik

de·fend·er [~ə(r)] n 1. branilac, zaštitnik 2. (soccer) bek, branič (also **back** I 5)

de·fense [di'fens] n 1. odbrana (W: obrana); a dissertation ~ odbrana teze; to crush the enemy ~s slomiti neprijateljevu odbranu; the ~(s) is (are) falling apart odbrana se raspada; to improvise a ~ organizovati odbranu na brzu ruku; a stubborn ~ uporna odbrana; (as a): a ~ capability (doctrine) odbrambena moć (doktrina); a ~ line odbrambena linija; a ~ position odbrambeno utvrđenje (W: zaštita; antiaircraft ~ protivavionska (W: protuzračna) zaštita 3. (sports) (also: ['dijfens]) odbrana

de·fense·less [~lis] a bez odbrane (W: obrane)

defense mechanism odbrambeni (W: obrambeni) mehanizam

de·fen·si·ble [di'fensəbəl] a branjiv

de·fen·sive I [di'fensiv] n odbrambeni (W: obrambeni) stav, defanziva (W: defenziva); to be on the ~ biti u stavu odbrane (W: obrane), nalaziti se u odbrani

defensive II a odbrambeni (W: obrambeni); a ~ war odbrambeni rat; ~ weapons odbrambeno oružje

defensive medicine defanzivna medicina

de·fer I [di'fə(r)] v tr odložiti, odgoditi; to ~ action odložiti akciju; to ~ payment odgoditi plaćanje; to ~ military service odložiti služenje vojnog roka

defer II v intr prikloniti se, popustiti; to ~ to smb. else's opinion prikloniti se tuđem mišljenju; he ~s to his wife in everything on popušta ženi u svemu

def·er·ence ['defərəns] *n* priklanjanje, poštovanje (W also: štovanje); popustljivost; *in ~ to your wishes* poštujući vaše želje; *to treat with ~* postupati s poštovanjem; *with all due ~ to you...* sa svim dužnim poštovanjem prema vama...

def·er·en·tial [defə'renšəl] *a* pun poštovanja (W also: štovanja)

de·fer·ment [di'fə(r)mənt] *n* 1. odlaganje 2. odlaganje poziva za vojnu službu

de·fer·ra·ble [di'fərəbəl] *a* koji se može odgoditi

de·fi·ance [di'fajəns] *n* prkos, čikanje; *in ~ of orders* uprkos naredbama

de·fi·ant [~nt] *a* prkosan

de·fi·cien·cy [di'fišənsij] *n* nedostatak, manjak; nestašica; *to make up a ~* nadoknaditi manjak

de·fi·cient [di'fišənt] *a* manjkav, oskudan

def·i·cit ['defəsit] *n* manjak, deficit; *a ~ of 100 dollars* manjak od 100 dolara; *to make up a ~* nadoknaditi manjak; *a budgetary ~* budžetski deficit

deficit spending deficitarno trošenje

def·i·lade ['defəlejd] *n* (mil.) prirodni zaklon

de·file I [di'fajl] *n* 1. tesnac (tjesnac), klisura 2. defilovanje

defile II *v intr* defilovati

defile III *v tr* 1. uprljati; *to ~ smb.'s name* uprljati nečije ime 2. oskrnaviti, oskrnuti

de·file·ment [~mənt] *n* 1. prljanje 2. oskrnavljenje

de·fil·er [~ə(r)] *n* oskrnavitelj

de·fin·a·ble [di'fajnəbəl] *a* odredljiv

de·fine [di'fajn] *v tr* 1. odrediti; *to ~ a concept* odrediti pojam 2. definisati; *to ~ a word* definisati reč (riječ) 3. ocrtati; *his profile was sharply ~ed* njegov profil se oštro ocrtavao

def·i·nite ['defənit] *a* 1. određen, opredeljen (opredijeljen); *at a ~ time* u određeno vreme (vrijeme); (math.) *a ~ integral* određeni integral 2. nedvosmislen; izričan; *a ~ answer* nedvosmislen (izričan) odgovor 3. (gram.) određen; *the ~ article* određeni član

def·i·ni·tion [defə'nišən] *n* 1. definicija 2. jasnoća konture

de·fin·i·tive [di'finətiv] *a* definitivan

de·flate [di'flejt] *v tr* 1. ispumpati; *to ~ a tire* ispumpati gumu 2. (econ.) izazvati deflaciju (u)

de·fla·tion [di'flejšən] *n* 1. ispuštanje vazduha (W: zraka) 2. (econ.) deflacija

de·fla·tion·a·ry [~erij]; [ə] *a* koji izaziva deflaciju

de·flect [di'flekt] *v* 1. *tr* skrenuti; odvratiti; *to ~ the course of a bullet* skrenuti putanju puščanom zrnu 2. *intr* skrenuti

de·flec·tion [di'flekšən] *n* skretanje

de·flec·tor [~ə(r)] *n* deflektor

def·lo·ra·tion [deflə'rejšən] *n* defloracija

de·flow·er [dij'flauə(r)] *v tr* deflorisati, oduzeti nevinost

de·fo·li·ant [di'fouljənt] *n* sredstvo za uništenje lišća

de·fo·li·ate [di'foulijejt] *v tr* uništiti lišće (u)

de·force [dij'fo(r)s] *v tr* (legal) silom zadržati

de·for·est [di'forist], [a] *v tr* obešumiti, krčiti šumu (u)

de·form [di'fo(r)m] *v tr* deformisati, unakaziti, unakaraditi; *a ~ed foot* unakaženo stopalo

de·for·ma·tion [defə(r)'mejšən] *n* deformacija

de·form·i·ty [di'fo(r)mitij] *n* deformacija

de·fraud [di'frod] *v tr* proneveriti (pronevjeriti)

de·fray [di'frej] *v tr* snositi; platiti; *to ~ expenses* snositi troškove

de·frock [dij'frak]; [o] *v tr* raspopiti (also **unfrock**)

de·frost [dij'frost] *v* 1. *tr* otopiti, odlediti; *to ~ a refrigerator* otopiti (odlediti) frižider 2. *intr* otopiti se

de·frost·er [~ə(r)] *n* uređaj za odleđivanje

deft [deft] *a* vešt (vješt), spretan; *a few ~ touches* nekoliko veštih poteza

de·funct [di'fə̅ŋkt] *a* mrtav; koji je prestao da postoji

de·fuze [di'fjūz] *v tr* dezaktivirati, skinuti upaljač (nečega)

de·fy [di'faj] *v tr* 1. prkositi; *to ~ danger (a law)* prkositi opasnosti (zakonu) 2. ne dati se; *the problem ~ies solution* problem se ne da rešiti (riješiti) 3. ne dati se

de·gas [dij'gaes] *v tr* degazirati

de·gen·er·a·cy [di'dženərəsij] *n* izrođenost

de·gen·er·ate I [di'dženərit] *n* degenerik, izrod

degenerate II *a* izrođen

degenerate III [di'dženərejt] *v intr* degenerisati, izroditi se

de·gen·er·a·tion [didženə'rejšən] *n* 1. degeneracija; izrođenost 2. (elec.) negativna povratna sprega

de·gen·er·a·tive [di'dženərətiv] *a* degeneričan

deg·ra·da·tion [degrə'dejšən] *n* 1. degradacija, lišenje čina 2. poniženje; poniženost

de·grade [di'grejd] *v tr* 1. degradirati, lišiti čina; raščiniti (more usu. is **demote**) 2. poniziti

de·gree [di'grij] *n* 1. stepen, stupanj; *a ~ of skill* stepen veštine (vještine); *to some ~* donekle; *by ~s* postepeno; *a ~ of accuracy* stepen tačnosti (W: točnosti) 2. (geom.) stepen; *an angle of 30 ~s* ugao (W: kut) od 30 stepeni 3. (algebra) stepen; *the ~ of an equation* stepen jednačine (W: jednadžbe) 4. (geog.) stepen; *20 ~s east longitude* 20 stepeni istočne dužine 5. (meteor.) stepen; *30 ~s centigrade* 30 stepeni Celzijusovih 6. (gram.) stepen, stupanj; *the comparative (superlative) ~* prvi (drugi) stupanj 7. (akademski) stepen; *an associate ~* diploma (na prvom stepenu); *a bachelor's ~* diploma (na drugom stepenu); *a master's ~* stepen »magistar« (na trećem stepenu); *a doctor's ~* doktorat

degree of freedom stepen slobode

de·gres·sion [di'grešən] *n* silaženje

de·gus·ta·tion [dijgəs'tejšən] *n* degustacija

de·hu·man·i·za·tion [dijhjūməni'zejšən]; [aj] *n* lišenje ljudskih osobina

de·hu·man·ize [dij'hjūmənajz] *v tr* lišiti ljudskih osobina

de·hu·mid·i·fi·er [dijhjū'midəfajə(r)] *n* aparat za umanjenje vlage (u vazduhu — W: zraku)

de·hu·mid·i·fy [dijhjū'midəfaj] *v tr* umanjiti vlagu (u); *to ~ a basement* umanjiti vlagu u podrumu

de·hy·drate [dij'hajdrejt] *v tr* dehidrirati

de·hy·dra·tion [dijhaj'drejšən] *n* dehidracija

de·ice [dij'ajs] *v tr* odlediti

de·ic·er [~ə(r)] *n* uređaj za odleđivanje

de·i·cide ['dijəsajd] *n* 1. bogoubistvo 2. bogoubica

de·ic·ing [~iñg] *n* odleđivanje

deic·tic ['dajktik] *a* (phil.) deiktičan

de·i·fi·ca·tion [dijəfi'kejšən] *n* obogotvorenje, deifikacija, obožavanje

de·i·fy ['dijəfaj] *v tr* obogotvoriti

deign [dejn] *v tr* izvoleti — izvoljeti (učiniti); udostojiti se; *to ~ an answer* izvoleti dati izgovor; *she didn't even ~ to answer my letter* nije me ni udostojila odgovorom na pismo

de·ism ['dijizəm] *n* deizam

de·ist ['dijist] *n* deista

de·i·ty ['dijətij]; [*ej*] *n* božanstvo

de·ject [di'džekt] *v tr* obeshrabriti, utući

de·ject·ed [~id] *a* utučen, potišten

de·jec·tion [di'džekšən] *n* utučenost; duševna depresija

de ju·re [dij 'džŭrij] (Latin, legal) s pravnog gledišta

dek·ko ['dekou] *n* (Br.; slang) *to have a ~ at* pogledati

Del·a·ware ['deləwej(r)] *n* Delaver (država i reka — rijeka)

de·lay I [di'lej] *n* 1. odlaganje, odgoda 2. odugovlačenje 3. zakašnjenje

delay II *v* 1. *tr* odložiti, odgoditi 2. *intr* odugovlačiti

de·layed-ac·tion [~d-aekšən] *a* usporenog dejstva (djejstva)

delayed neutron zakasneli (zakasnjeli) neutron

de·le ['dijlij] *n* (printing) znak »izbaci!« (ϑ)

de·lec·ta·ble [di'lektəbəl] *a* sladak, prijatan

de·lec·ta·tion [dijlek'tejšən] *n* zadovoljstvo

del·e·ga·cy ['deləgəsij] *n* delegacija

del·e·gate I ['deləgejt], [*i*] *n* delegat

delegate II [~ejt] *v tr* 1. delegirati, poslati kao delegata 2. poveriti (povjeriti); *to ~ a duty to smb.* poveriti nekome dužnost

del·e·ga·tion [delə'gejšen] *n* 1. delegacija 2. poveravanje (povjeravanje)

de·lete [di'lijt] *v tr* izbrisati, izbaciti; *to ~ a letter* izbaciti slovo; *to ~ smt. from smb.'s file (record)* izbrisati nešto iz evidencije

del·e·te·ri·ous [delə'tijrijəs] *a* škodljiv, štetan

de·le·tion [di'lijšən] *n* 1. brisanje, izbacivanje 2. (ling.) brisanje

deletion rule (ling.) pravilo brisanja

del·i ['delij] (colloq.) see delicatessen

de·lib·er·ate I [di'libərit] *a* 1. obazriv, oprezan; promišljen 2. nameran (namjeran); *a ~ insult* namerna uvreda

deliberate II [~rejt] *v* 1. *tr* razmotriti; *to ~ a question* razmotriti pitanje 2. *intr* razmišljati, promišljati

de·lib·er·a·tion [dilibə'rejšən] *n* 1. razmatranje 2. razmišljanje, promišljanje

de·lib·er·a·tive [di'libərejtiv], [ə] *a* savetodavni (savjetodavni); *a ~ body* savetodavni organ

del·i·ca·cy ['delikəsij] *n* 1. nežnost (nježnost); finoća; *~ of features* nežnost crta (lica) 2. osetljivost (osjetljivost) 3. tugaljivost, škakljivost 4. slabunjavost, nežnost 5. poslastica

del·i·cate ['delikit] *a* 1. nežan (nježan), delikatan; fin; *~ features* nežne crte lica; *~ workmanship* fina izrada 2. osetljiv (osjetljiv); nežan; *a ~ instrument* osetljiv instrumenat; *a ~ touch* nežan dodir 3. delikatan, škakljiv, tugaljiv; *a ~ situation* delikatna situacija 4. slabunjav, slab,

nežan; *~ health* nežno zdravlje 5. diskretan; *a ~ hint* diskretna aluzija

del·i·ca·tes·sen [delikə'tesən] *n* 1. suvomesnati proizvodi 2. delikatesna radnja

del·i·chon ['deləkən]; [o] *n* belogrli (bjelogrli) piljar

de·li·cious [di'lišəs] 1. *a* ukusan 2. *n* vrsta jabuke

de·lict [di'likt] *n* prekršaj, delikt

de·light I [di'lajt] *n* ushićenje, ushit, uživanje

delight II *v* 1. *tr* ushititi, očarati 2. *intr* uživati; *to ~ in smt.* uživati u nečemu

de·light·ed [~id] *a* ushićen; *to be ~ at smt.* biti ushićen nečim

de·light·ful [~fəl] *a* divan, koji pruži uživanje

de·lim·it [di'limit] *v tr* ograničiti

de·lin·e·ate [di'linijejt] *v tr* ocrtati, opisati

de·lin·quen·cy [di'liŋkwənsij] *n* delinkvencija; *juvenile ~* omladinska delinkvencija

de·lin·quent I [~ənt] *n* delinkvent, prestupnik; *juvenile ~s* maloletni (maloljetni) prestupnici

delinquent II *a* zaostao sa isplatom duga (dugova); nemaran

de·lir·i·ous [di'lijrijəs] *a* deliričan

de·lir·i·um [di'lijrijəm] *n* delirijum, bunilo

de·liv·er [di'livə(r)] *v tr* 1. osloboditi; *to ~ from slavery* osloboditi ropstva 2. poroditi; ukazati pomoć pri porođaju; *to ~ a baby* obaviti porođaj 3. isporučiti, uručiti; dostaviti; doturiti; *to ~ a package* isporučiti paket; *to ~ a summons* uručiti sudski poziv; *milk is ~d to the door* mleko (mlijeko) se dostavlja u stan (u kuću) 4. naneti (nanijeti), zadati; *to ~ a blow* zadati udarac; *to ~ the coup de grâce* zadati smrtni udarac 5. održati; *to ~ a lecture* održati predavanje 6. raznositi; *to ~ newspapers* raznositi novine; *to ~ (the) mail (to homes)* raznositi poštu (po kućama) 7. misc.; **to ~ the goods* izvršiti zadatak; *to ~ oneself of an opinion* izraziti mišljenje; *to ~ an ultimatum* postaviti ultimatum

de·liv·er·a·ble [~rəbəl] *a* uručljiv

de·liv·er·ance [~rəns] *n* oslobođenje

de·liv·er·y I [~rij] *n* 1. porođaj, rođenje; *a breech ~* karlični porođaj; *a ~ at term* pravovremeni porođaj 2. uručivanje; isporuka; raznošenje; *the ~ of the mail* raznošenje pisama 3. način držanja govora; dikcija 4. dotur, dovođenje; prevoženje

delivery II *a* 1. dostavni 2. porođajni

delivery boy, delivery man raznosač

delivery room porođajno odeljenje — odjeljenje (u bolnici)

delivery service dostavna služba

delivery truck dostavno vozilo

de·louse [dij'laus] *v tr* izvršiti dezinsekciju (nekoga)

del·ta ['deltə] *n* delta; ušće reke (rijeke)

delta wing (aviation) delta krilo

del·toid ['deltojd] *n* rameni mišić

de·lude [di'lŭd] *v tr* prevariti, obmanuti; *to ~ oneself* varati se

del·uge I ['deljŭdž] *n* poplava, potop

deluge II *v tr* poplaviti

de·lu·sion [di'lŭžən] *n* obmana, varka

de·lu·sive [di'lŭsiv] see delusory

de·lu·so·ry [di'lŭsərij] *a* obmanljiv

de luxe [di 'luks] *a* luksuzan, de-luks; *a* ~ *hotel* luksuzan hotel

delve [delv] *v intr* kopati; *to* ~ *into smt.* zadubiti se u nešto

de·mag·net·ize [di'maegnətajz] *v tr* demagnetizirati

dem·a·gog·ic [demə'gadžik]; [o] *a* demagoški

dem·a·gog·i·cal [~əl] see **demagogic**

dem·a·gogue ['deməgag]; [o] *n* demagog

dem·a·gogu·er·y [~ərij] *n* demagogija

dem·a·go·gy ['deməgadžij]; [o] *n* demagogija

de·mand I [di'mænd]; [a] *n* 1. zahtev (zahtjev); *at smb.'s* ~ na nečiji zahtev; *a* ~ *for extradition* zahtev za izručenje; *to present a* ~ *to smb.* uputiti nekome zahtev; *to make (satisfy) a* ~ postaviti (zadovoljiti) zahtev; *to bow to smb.'s* ~*s* pokloniti se nečijim zahtevima; *a* ~ *that smb. do smt.* zahtev da neko uradi nešto 2. (comm.) potražnja; *supply and* ~ ponuda i potražnja; ~ *for the dollar* potražnja dolara 3. misc.; *to be in great* ~ biti mnogo tražen

demand II *v tr* zahtevati (zahtjevati); tražiti; *to* ~ *a right* zahtevati pravo; *we* ~ *that he return the money* mi zahtevamo da vrati novac

demand deposit ulog po viđenju

de·mand·ing [~iñg] *a* koji mnogo traži

de·mar·ca·tion [dijma(r)'kejšən] *n* demarkacija; *a line of* ~ demarkaciona linija

dé·marche [dej'ma(r)š] *n* demarš

de·mean I [di'mijn] *v refl* ponašati se

demean II *v tr* poniziti

de·mean·or [~ə(r)] *n* ponašanje

de·ment·ed [di'mentid] *a* lud

de·men·tia [di'menšə], [ijə] *n* (med.) demencija, izlapelost

dementia prae·cox ['prijkaks]; [o] see **schizophrenia**

de·mer·it [di'merit] *n* 1. nedostatak 2. negativna ocena (ocjena)

de·mesne [di'mejn], [ij] *n* (legal) zemljišni posed (posjed)

dem·i·god ['demijgad]; [o] *n* polubog

dem·i·god·dess [~is] *n* poluboginja

dem·i·john ['demijdžan]; [o] *n* opletena boca, demižon

de·mil·i·ta·ri·za·tion [dijmilətərə'zejšən]; [aj] *n* demilitarizacija

de·mil·i·ta·rize [dij'milətərajz] *v tr* demilitarizovati; *a* ~*d zone* demilitarizovana zona

dem·i·mon·daine [demijmon'dejn] *n* žena iz polusveta (polusvijeta)

dem·i·monde ['demij'mond] *n* polusvet (polusvijet)

de·mise [di'majz] *n* 1. smrt 2. (legal) prenos imanja

dem·i·tasse ['demijtaes] *n* 1. mala šolja (W: šalica) crne kafe (kave) 2. mala šolja

de·mob [dij'mab]; [o] *v tr* (Br., colloq.) demobilizovati

de·mo·bil·i·za·tion [dijmoubələ'zejšən]; [aj] *n* demobilizacija

de·mo·bil·ize [dij'moubəlajz] *v tr* demobilizovati

de·moc·ra·cy [di'makrəsij]; [o] *n* demokratija (demokracija)

dem·o·crat ['deməkraet] *n* 1. demokrata 2. (cap., Am., pol.) član Demokratske stranke

dem·o·crat·ic [demə'kraetik] *a* demokratski

Democratic Party (Am., pol.) Demokratska stranka

de·moc·ra·ti·za·tion [dimakrətə'zejšən]; [o]; [aj] *n* demokratizacija

de·moc·ra·tize [di'makrətajz]; [o] *v tr* demokratizovati

de·mog·ra·pher [di'magrəfə(r)]; [o] *n* demograf

dem·o·graph·ic [demə'graefik] *a* demografski

de·mog·ra·phy [di'magrəfij]; [o] *n* demografija

dem·oi·selle [demwa'zel] *n* 1. (French) devojka (djevojka) 2. (zool.) numidijski ždral

de·mol·ish [di'mališ]; [o] *v tr* demolirati; porušiti; *to* ~ *a building* porušiti zgradu (also **tear down, raze**) 2. slupati, smrskati; *to* ~ *a car* slupati kola

dem·o·li·tion [demə'lišən] *n* rušenje; miniranje; *the* ~ *of a building* rušenje zgrade

demolition expert specijalista za rušenje (miniranje)

demolition squad rušilački odred

demolition team ekipa za rušenje

de·mon ['dijmən] *n* demon

de·mon·e·tize [di'manətajz]; [o] *v tr* povući iz opticaja, demonetizirati

de·mo·ni·ac [di'mounijaek] *a* demonski

de·mo·ni·a·cal [dijmə'najəkəl] see **demoniac**

de·mon·ic [di'manik]; [o] *a* demonski

de·mon·ol·o·gy [dijmə'nalədžij]; [o] *n* demonologija

de·mon·stra·ble [di'manstrəbəl]; [o] *a* koji se može dokazati

dem·on·strate ['demənstrejt] *v* 1. *tr* pokazati, dokazati, demonstrirati; *to* ~ *one's skill* pokazati svoju veštinu (vještinu) 2. *intr* demonstrirati; *the students are* ~*ing today* studenti danas demonstriraju; *to* ~ *against smt.* demonstrirati protiv nečega

dem·on·stra·tion I [demən'strejšən] *n* 1. demonstracija, javno pokazivanje; *a street* ~ ulična demonstracija; *to stage a* ~ izvesti demonstraciju 2. dokazivanje 3. proba, demonstracija

demonstration II *a* probni, demonstracioni; *a* ~ *drive* probna vožnja; *a* ~ *flight* demonstracioni let

de·mon·stra·tive I [di'manstrətiv]; [o] *n* (gram.) pokazna zamenica (zamjenica)

demonstrative II *a* 1. otvoreno izražen 2. demonstrativan 3. (gram.) pokazni; *a* ~ *pronoun* pokazna zamenica (zamjenica)

dem·on·stra·tor ['demənstrejtə(r)] *n* 1. demonstrant; *to disperse* ~*s* rasterati (rastjerati) demonstrante 2. pokazivač 3. automobil koji služi, za probnu vožnju (pri prodaji) 4. (Br.) asistent (na fakultetu)

de·mor·al·i·za·tion [dimorələ'zejšən], [a]; [aj] *n* demoralizacija

de·mor·al·ize [di'morəlajz], [a] *v tr* demoralisati; *a* ~*ing effect* demorališući uticaj

de·mote [di'mout] *v tr* sniziti (nekome) čin

de·mot·ic [di'matik]; [o] *a* narodski

de·mo·tion [di'moušən] *n* sniženje čina, degradacija

de·mul·cent I [di'mʌlsənt] *n* melem

demulcent II *a* koji ublažava bol

de·mur [di'mə(r)] *v intr* 1. protiviti se, prigovarati 2. oklevati

de·mure [di'mjū(r)] *a* 1. stidljiv; povučen 2. izveštačen (izvještačeno) ozbiljan

de·mur·rage [di'məridž] *n* (naut.) danguba, prekostojnice

de·mur·ral [di'mərəl] *n* 1. prigovaranje 2. oklevanje

de·mur·rer [~ə(r)] *n* (legal) prigovor
de·my [di'maj] *n* format papira
den [den] *n* jazbina, jama
de·na·tion·al·i·za·tion [dijnaešənələ'zejšən]; [*aj*] *n* denacionalizacija
de·na·tion·al·ize [dij'naešənəlajz] *v tr* denacionalizovati
de·na·ture [dij'nejčə(r)] *v tr* denaturisati,; ~*d alcohol* denaturisani alkohol
de·naz·i·fi·ca·tion [dinaetsəfə'kejšən]; [*aj*] *n* denacifikacija
de·naz·i·fy [di'naetsəfaj]; [*a*] *v tr* denacificirati
den·gue ['deṉgij] *n* (med.) denga
de·ni·al [di'najəl] *n* 1. poricanje, demanti; *to issue a denial* ~ objaviti snažan demanti 2. odbijanje 3. lišavanje
den·i·grate ['denigrejt] *v tr* ocrniti, oklevetati
den·i·gra·tion [deni'grejšən] *n* ocrnjivanje, klevetanje
den·im ['denəm] *n* 1. gruba platnena tkanina (za radnička odela — odijela), teksas-platno 2. (in *pl*) farmerke
den·i·zen ['denəzən] *n* 1. stanovnik 2. (Br.) stranac koji je dobio neka prava državljanstva
Den·mark ['denma(r)k] *n* Danska (see also **Dane**, **Danish**)
de·nom·i·na·tion [dinamə'nejšən]; [*o*] *n* 1. ime, naziv 2. veroispovest (vjeroispovijest) 3. (of currency) apoen, oznaka nominalne vrednosti (vrijednosti); *bills in* ~s *of five and ten dollars* novčanice u apoenima od 5 i 10 dolara
de·nom·i·na·tion·al [~əl] *a* verski (vjerski), sektaški
de·nom·i·na·tion·al·ism [~izəm] *n* sektaštvo
de·nom·i·na·tive I [di'namənətiv]; [*o*] *n* denominativ
denominative II *a* denominativan
de·nom·i·na·tor [di'namənejtə(r)]; [*o*] *n* imenilac, imenitelj (W also: nazivnik); *a common* ~ zajednički imenilac
de·no·ta·tion [dijnou'tejšən] *n* denotacija, označavanje
de·no·ta·tive ['dijnoutejtiv] or [di'noutətiv] *a* denotativan, koji označava
de·note [di'nout] *v tr* označiti
de·noue·ment [dejnū'ma] *n* (French) rasplet
de·nounce [di'nauns] *v tr* 1. osuditi 2. otkazati; *to* ~ *a treaty* otkazati ugovor 3. potkazati, prijaviti, dostaviti, denuncirati; *to* ~ *smb. to the police* potkazati nekoga policiji
de·nounc·er [~ə(r)] *n* potkazivač, prijavljivač, dostavljač, denuncijant
dense [dens] *a* 1. gust, zbijen; *a* ~ *crowd (fog, forest)* gusta gomila (magla, šuma) 2. (colloq.) glup 3. (photography) neproziran
den·si·ty [~ətij] *n* 1. gustina, zbijenost; *population* ~ gustina naseljenosti; *traffic* ~ gustina saobraćaja
dent I [dent] *n* udubljenje (od udarca), ugnuće, ulubljenje; *to make a* ~ *in a pile of work* postići napredak u nekom poslu
dent II *v tr* ugnuti, ulubiti; *to* ~ *a fender* ugnuti blatobran (pri sudaru)
den·tal I ['dentəl] *n* (ling.) zubni suglasnik, dental
dental II *a* zubni, dentalni; *a* ~ *consonant* zubni suglasnik
dental decay propadanje zuba
dental floss konac za čišćenje zuba

dental hygiene zubna higijena
dental medicine stomatologija; *a school of* ~ stomatološki fakultet
dental plate see denture
dental surgeon see dentist
den·tate ['dentejt] *a* zupčast
den·tex ['denteks] *n* (fish) zubatac
den·ti·cle ['dentikəl] *n* zubić
den·ti·frice ['dentəfris] *n* pasta za zube
den·tine [~tijn] *n* zubnina, zubna kost, dentin
den·tist [~tist] *n* zubni lekar — ljekar (W: liječnik)
den·tist·ry [~rij] *n* zubarstvo, stomatologija
den·ti·tion [den'tišən] *n* nicanje zuba
den·ture ['denčə(r)] *n* zubna proteza, zubalo
de·nude [di'nūd]; [*nj*] *v tr* ogoliti, razgoliti
de·nun·ci·a·tion [dinənsij'ejšən] *n* 1. osuda 2. otkaz; ~ *of a treaty* otkaz ugovora 3. potkazivanje, prijava, denuncijacija
de·ny [di'naj] *v tr* 1. poreći, odreći, demantirati; *I do not* ~ *that* ... ja ne poričem da ...; *it cannot be denied* ne može se poreći; *to* ~ *one's guilt* odreći svoju krivicu 2. odbiti; *to* ~ *a request* odbiti molbu 3. lišiti; *to* ~ *smt. to smb.* lišiti nekoga nečega 4. odreći se; *to* ~ *oneself every luxury* odreći se svake raskoši
de·o·dor·ant [dij'oudərənt] *n* dezodorans; *to apply a* ~ nanositi dezodorans (see also **cream deodorant, roll-on deodorant, spray deodorant, stick deodorant**)
de·o·dor·ize [dij'oudərajz] *v tr* dezodorisati, oduzeti neugodne mirise (nečemu)
de·o·dor·iz·er sobni dezodorans
de·pal·a·ta·li·za·tion [dipaelətələ'zejšən]; [*aj*] *n* (ling.) depalatalizacija
de·pal·a·ta·lize [di'paelətəlajz] *v tr* (ling.) depalatalizovati
de·part [di'pa(r)t] *v* 1. *tr* (rare) *to* ~ *this life* umreti (umrijeti) 2. *intr* otići 3. *intr* udaljiti se, odstupiti; *to* ~ *from tradition* udaljiti se od tradicije
de·part·ed [~id] *a* 1. minuo 2. pokojni
de·part·ment [~mənt] *n* 1. odeljenje (odjeljenje), odsek (odsjek); *an advertising (legal, personnel)* ~ reklamno (pravno, personalno) odeljenje; *an accounting* ~ odeljenje računovodstva 2. (at a university) odsek (odsjek), katedra, odeljenje, seminar; *an English (Slavic)* ~ odsek za anglistiku (slavistiku); *a* ~ *of Germanic (Romance) languages* odsek za germanistiku (romanistiku); *in (at) a* ~ na odseku 3. (Am., gov.) ministarstvo; *the* ~ *of state* ministarstvo inostranih (W: vanjskih) poslova; *the* ~ *of defense* ministarstvo odbrane (W: obrane); *the* ~ *of agriculture (commerce, education, labor, transportation, the treasury)* ministarstvo poljoprivrede (trgovine, prosvete, rada, saobraćaja, finansija)
de·part·men·tal [~'mentl] *a* koji se odnosi na odeljenje (odjeljenje), odsek (odsjek), katedru
department chairman (at a university) šef katedre (W: pročelnik)
department store robna kuća
de·par·ture [di'pa(r)čə(r)] *n* 1. odlazak, polazak 2. udaljavanje, odstupanje; *a* ~ *from tradition* odstupanje od tradicije

de·pend [di'pend] *v intr* zavisiti (W also: ovisiti); *that ~s on you* to zavisi od tebe (W also: to ovisi o tebi)

de·pend·a·bil·i·ty [dipendə'bilətij] *n* pouzdanost

de·pend·a·ble [di'pendəbəl] *a* pouzdan; *a ~ person* pouzdan čovek (čovjek)

de·pen·dence, de·pen·dance [~əns] *n* zavisnost; *~ on smt.* zavisnost od nečega

de·pen·den·cy, de·pen·dan·cy [~ij] *n* zavisnost

de·pen·dent I de·pen·dant [~ənt] *n* (izdržavani) član porodice

dependent II dependant *a* 1. zavisan (W also: ovisan); *~ on smb.* zavisan od nekoga 2. izdržavan

dependent clause (gram.) zavisna (sporedna) rečenica

de·per·son·al·ize [dij'pə(r)sənəlajz] *v tr* obezličiti

de·pict [di'pikt] *v tr* 1. naslikati 2. opisati

dep·i·late ['depəlejt] *v tr* odstraniti dlaku (od nečega)

de·pil·a·to·ry I [di'pilətorij]; [ə] *n* sredstvo za skidanje kose

depilatory II *a* koji skida dlaku

de·plane [dij'plejn] *v intr* napustiti avion

de·plete [di'plijt] *v tr* iscrpsti, potrošiti; *to ~ a source* iscrpsti izvor; *to ~ one's supplies* potrošiti zalihe

de·plet·ion [di'plijšən] *n* trošenje; *an oil ~ allowance* see **allowance** 5

de·plor·a·ble [di'plorəbəl] *a* žalostan; jadan; *a ~ sight* žalostan prizor

de·plore [di'plo(r)] *v tr* 1. žaliti 2. osuditi; *to ~ terrorism* osuditi terorizam

de·ploy [di'ploj] *v* 1. *tr* razviti; *to ~ troops* razviti trupe 2. *intr* razviti se

de·ploy·ment [~mənt] *n* razvijanje, razvoj; *battle ~* razvijanje u borbeni poredak

de·po·nent I [di'pounənt] *n* 1. odložni (deponentni) glagol 2. (legal) svedok (svjedok)

deponent II *a* (gram.) odložni, deponentni; *~ verbs* odložni glagoli

de·pop·u·late [dij'papjəlejt]; [o] *v tr* smanjiti broj stanovnika (nečega)

de·port [di'po(r)t] *v* 1. *tr* proterati — protjerati (iz zemlje), deportirati 2. *refl* ponašati se

de·por·ta·tion [dijpo(r)'tejšən] *n* progonstvo, deportacija

de·por·tee [dijpo(r)'tij] *n* deportirac

de·port·ment [~mənt] *n* ponašanje

de·pos·al [di'pouzəl] *n* svrgnuće

de·pose [di'pouz] *v tr* 1. svrći, ukloniti (sa položaja); *to ~ a king* svrći kralja 2. (legal) saslušati (pod zakletvom)

de·pos·it I [di'pazit]; [o] *n* 1. (comm.) depozit, ulog; *to have money on ~* imati depozit u banci 2. kapara; kaucija; garantni iznos; *to put down a ~* deponovati garantni iznos, položiti kaparu 3. nanos, talog 4. naslaga; *ore ~s* naslage rude

deposit II *v tr* 1. deponovati, uložiti; *to ~ money in a bank* uložiti novac u banku 2. naneti (nanijeti), nataložiti; *to ~ sand* naneti peska (pijeska); *to be ~ed* taložiti se

deposit account Br.; see **time deposit**

de·pos·i·tar·y [di'pazəterij]; [o]; [ə] *n* 1. depozitar 2. see **depository**

dep·o·si·tion [depə'zišən] *n* 1. uklanjanje (sa položaja) 2. (pismeno) svedočanstvo — svjedočanstvo (pod zakletvom); *to take a ~* saslušati (pod zakletvom)

de·pos·i·tor [di'pazətə(r)]; [o] *n* ulagač, deponent

de·pos·i·to·ry [di'pazətorij]; [ə] *n* mesto (mjesto) čuvanja, spremište

de·pot ['dijpou]; [e] *n* 1. železnička (željeznička) stanica; autobuska stanica 2. skladište, stovarište, magacin, depo

de·prave [di'prejv] *v tr* izopačiti

de·praved [~d] *a* izopačen

de·prav·i·ty [di'praevətij] *n* izopačenost

dep·re·cate ['deprikejt] *v tr* 1. osuditi 2. omalovažiti

dep·re·ca·tion [depri'kejšən] *n* 1. osuda 2. omalovaženje

dep·re·ca·to·ry ['deprəkətorij] [ə] *a* koji osuđuje

de·pre·ci·ate [di'prijšijejt] *v* 1. *tr* smanjiti vrednost — vrijednost (nečega), obezvrediti (obezvrijediti) 2. *tr* omalovažiti 3. *intr* opadati u vrednosti (vrijednosti)

de·pre·ci·a·tion [diprijšij'ejšən] *n* 1. obezvređenje, opadanje u vrednosti (vrijednosti) 2. odbitak usled (uslijed) habanja 3. deprecijacija, obezvređenje novca 4. omalovaženje

de·pre·ci·a·to·ry [di'prijšijətorij]; [ə] *a* 1. koji smanjuje vrednost (vrijednost) 2. koji omalovažava

dep·re·date ['deprədejt] *v tr* opljačkati

dep·re·da·tion [deprə'dejšən] *n* pljačka

de·press [di'pres] *v tr* 1. utući, deprimirati, obeshrabriti 2. pritisnuti; *to ~ a pedal* pritisnuti pedal

de·pres·sant I [~ənt] *n* sredstvo za umirivanje

depressant II *a* koji umiruje

de·pressed [~t] *a* 1. utučen, deprimiran 2. pritisnut 3. pasivni, zaostao, depresivan; *a ~ area* pasivni kraj, depresivna oblast

de·press·ing [~iᵑ] *a* koji obeshrabruje

de·pres·sion [di'prešən] *n* 1. utučenost, deprimiranost, (duševna) depresija; *to suffer from ~* patiti od utučenosti; *to cause ~* izazvati depresiju 2. (meteor.) depresija, područje niskog pritiska (W: tlaka) 3. (econ.) depresija, zastoj; *an economic ~* privredna depresija; *to cause a ~* izazvati depresiju 4. (geol.) depresija, ulegnuće, nizija

de·pres·sive [di'presiv] *a* depresivan

de·pres·sor [~ə(r)] *n* 1. (anat., muscle) smicač 2. see **tongue depressor**

dep·ri·va·tion [deprə'vejšən] *n* 1. lišenje 2. otpuštanje iz službe 3. siromaštvo

de·prive [di'prajv] *v tr* lišiti; *to ~ smb. of smt.* lišiti nekoga nečega; *to ~ oneself of smt.* lišiti se nečega

de·pro·gram [di'prougraem] *v tr* odgovoriti, razuveriti (razuvjeriti)

depth [depth] *n* 1. dubina; *the ~ of the sea* dubina mora; *ten feet in ~* deset stopa dubok; *intellectual ~* intelektualna dubina; 2. misc.; *in the ~ of winter* usred zime; **he is out of his ~ on* je van svoje moći; *in the ~s of despair* u dubokom očajanju

depth bomb see **depth charge**

depth charge dubinska bomba

depth finder dubinomer (dubinomjer)

dep·u·ta·tion [depjə'tejšən] *n* deputacija

de·pute [di'pjūt] *v tr* opunomoćiti

dep·u·tize ['depjətajz] *v tr* imenovati za zamenika (zamjenika)

dep·u·ty ['depjətij] *n* pomoćnik, zamenik (zamjenik); (as *a*) *a* ~ *commander* zamenik komandanta

de·rail [di'rejl] *v* 1. *tr* izbaciti iz koloseka (kolosjeka); *to* ~ *a train* izbaciti voz (W: vlak) iz koloseka (šina) 2. *intr* iskliznuti (iz šina); *the train* ~*ed* voz je iskliznuo iz šina

de·rail·ment [~mənt] *n* iskliznuće; *the* ~ *of a train* iskliznuće voza (W: vlaka)

de·range [di'rejndž] *v tr* 1. rastrojiti, poremetiti 2. poremetiti (nečiji) um

de·range·ment [~mənt] *n* rastrojstvo; *mental* ~ duševno (umno) rastrojstvo

de·rat·i·za·tion [diraetə'zejšən] *n* deratizacija

der·by ['də(r)bij]; (for 2) ['dabij] *n* 1. polucilindar (also **bowler** I) 2. derbi (konjska trka)

de·reg·u·late [di'regjəlejt] *v* see **decontrol**

der·e·lict I ['derəlikt] *n* 1. napušten brod (na moru) 2. krntija, oronuo čovek (čovjek)

derelict II *a* 1. napušten; zanemaren 2. nehatan

der·e·lic·tion [derə'likšən] *n* 1. zanemarenje; (mil.) ~ *of duty* neizvršenje dužnosti 2. napuštanje

de·ride [di'rajd] *v tr* rugati se; podsmehnuti (podsmjehnuti) se; *to* ~ *smb.* rugati se nekome

de·ri·sion [di'rižən] *n* ruganje, poruga; *an object of* ~ predmet poruge

de·ri·sive [di'rajsiv] *a* podrugljiv

de·ri·so·ry [~sərij] see **derisive**

der·i·va·tion [derə'vejšən] *n* 1. derivacija, izvođenje 2. see **derivative** I 3. poreklo (porijeklo), izvor

de·riv·a·tive I [di'rivətiv] *n* 1. (ling.) derivat, derivativ, izvedena reč (riječ) 2. (math.) izvod

derivative II *a* izveden

de·rive [di'rajv] *v* 1. *tr* izvesti; *to* ~ *a word* izvesti reč (riječ); *to* ~ *smt. from* izvesti nešto iz 2. *tr* izvući, izvesti; *to* ~ *a conclusion* izvući (izvesti) zaključak 3. *intr* poticati

der·mal ['də(r)məl] *a* kožni

der·ma·ti·tis [də(r)mə'tajtis] *n* (med.) dermatitis

der·ma·tol·o·gist [də(r)mə'talədžist]; [o] *n* dermatolog

der·ma·tol·o·gy [~džij] *n* dermatologija

der·o·gate ['derəgejt] *v tr* omalovažiti

de·rog·a·to·ry [di'ragətorij]; [o]; [ə] *a* škodljiv; uvredljiv; *to give* ~ *information* izneti (iznijeti) škodljive podatke; ~ *remarks* uvredljive primedbe (primjedbe)

der·rick ['derik] *n* 1. pokretna dizalica, kran 2. bušaća garnitura, derik

der·rin·ger ['derindžə(r)] *n* vrsta revolvera (kratke cevi — cijevi i velikog kalibra)

derv [də(r)v] *n* (Br.) vrsta dizel-goriva

der·vish [də(r)viš] *n* derviš

de·sal·i·nate [dij'saelənejt] see **desalinize**

de·sal·i·ni·za·tion [dijsaelənə'zejšən]; [aj] *n* desalinizacija, odsoljenje

de·sal·in·ize [dij'saelənajz] *v tr* odsoliti

de·salt [dij'solt] *v tr* odsoliti

des·cant ['deskaent] *n* (mus.) diskant

des·cend [di'send] *v* 1. *tr* sići; *to* ~ *a staircase* sići niz stepenice 2. *intr* sići; spustiti se (also fig.) 3. *intr* poticati; voditi poreklo (porijeklo);

to ~ *from* (or: *to be* ~*ed from)* poticati iz 4. *intr* naginjati se 5. (fig.) iznenada napasti; *to* ~ *upon the enemy* iznenada napasti neprijatelja 6. (fig.) iznenada posetiti (posjetiti); *to* ~ *upon one's relatives without warning* iznenada posetiti rođake 7. (fig.) poniziti se; *to* ~ *to fraud* poniziti se do prevare

des·cen·dant I [di'sendənt] *n* potomak

descendant II *a* see **descendent**

des·cen·dent [di'sendənt] *a* 1. koji silazi 2. koji potiče (iz)

des·cent [di'sent] *n* 1. silaženje; spuštanje 2. nizbrdica; nagib, kosina 3. iznenadan napad; *a* ~ *upon a village* iznenadan napad na selo 4. poreklo (porijeklo); *he is of Russian* ~ on je po poreklu Rus, on je poreklom iz Rusije

de·scribe [di'skrajb] *v tr* opisati (also math.); *to* ~ *an event* opisati događaj

de·scrip·tion [di'skripšən] *n* opis; deskripcija; *to give a* ~ dati opis; *a detailed (exact, lively)* ~ detaljan, (tačan — W: točan, živ) opis; *it is beyond* ~ ne može se opisati

de·scrip·tive [di'skriptiv] *a* opisan, deskriptivan; ~ *geometry (linguistics)* deskriptivna geometrija (lingvistika)

des·e·crate ['desəkrejt] *v tr* oskrnaviti, oskvrnuti

des·e·cra·tion [desə'krejšən] *n* oskrnuće, oskvrnjenje, skrnavljenje

de·seg·re·gate [dij'segrəgejt] *v* 1. *tr* ukinuti (rasnu) segregaciju (u); *to* ~ *schools* ukinuti segregaciju u školama 2. *intr* ukinuti (rasnu) segregaciju; *the South has* ~*d* južne države su ukinule segregaciju

de·seg·re·ga·tion [dijsegrə'gejšən] *n* ukinuće (rasne) segregacije, desegregacija

des·ert I ['dezə(r)t] *n* pustinja

desert II *a* pust; pustinjski; *a* ~ *island* pusto ostrvo (W: pust otok); ~ *warfare* rat u pustinjskim uslovima (W also: uvjetima)

de·sert III [di'zə(r)t] *v* 1. *tr* napustiti; *to* ~ *one's wife (children)* napustiti ženu (decu — djecu); *to* ~ *one's post* napustiti dužnost; *to* ~ *one's ship* pobeći (pobjeći) sa broda; *we found the place* ~*ed* našli smo mesto (mjesto) napušteno 2. *intr* pobeći — pobjeći (iz vojske), dezertirati

de·sert·er [~ə(r)] *n* dezerter

de·ser·tion [di'zə(r)šən] *n* 1. napuštanje; (legal) napuštanje bračnog druga 2. dezerterstvo

de·serts [~s] *n pl* zasluga; *to receive one's just* ~ dobiti ono što se zaslužilo

de·serve [di'zə(r)v] *v tr* zaslužiti; *he* ~*d the prize* on je tu nagradu zaslužio

de·serv·ed·ly [~idlij] *adv* zasluženo

de·serv·ing [~ing] *a* zaslužan

de·sex [dij'seks] *v tr* 1. see **spay** 2. see **castrate**

des·ic·cate ['desikejt] *v tr* osušiti

de·sid·er·a·tive [di'sidərejtiv]; [ə] *a* 1. (ling.) željni; *the* ~ *mood* željni način 2. koji izražava želju

de·sid·er·a·tum [disidə'rejtəm] (-*ta* [tə]) *n* desiderat; praznina, potreba, nedostatak

de·sign I [di'zajn] *n* 1. dizajn, dezen; crtež; nacrt, umetnički (umjetnički) oblik; koncepcija 2. šara 3. plan, projekat; *a* ~ *for a building* plan za zgradu 4. namera (namjera); *by* ~ namerno;

to have ~s on smb. imati rđave namere prema nekome

design II *v tr* projektovati, nacrtati, napraviti plan (za); *to ~ a machine* napraviti plan za mašinu (W: stroj); *to ~ a bridge* projektovati most; *~ed by a famous architect* rađen po projektu poznatog arhitekte

des·ig·nate I ['dezignit] *a* imenovan, određen, postavljen

designate II [~ejt] *v tr* 1. označiti, designirati 2. imenovati, odrediti (za), postaviti (za); *to ~ smb. (as) commander* odrediti nekoga za komandanta

des·ig·na·tion [dezig'nejšən] *n* 1. oznaka; označenje 2. imenovanje, određenje

de·sign·er [di'zajnə(r)] *n* 1. dizajner 2. kreator; *a fashion ~* modni kreator

de·sign·ing [~iñg] *a* lukav

des·i·nence ['desənəns] *n* (gram.) svršetak

de·sir·a·bil·i·ty [dizajrə'bilətij] *n* poželjnost

de·sir·a·ble [di'zajrebəl] *a* poželjan; *it is ~ that he be here* poželjno je da bude ovde (ovdje)

de·sire I [di'zaj(r)] *n* 1. želja; *a keen (old, sincere, strong) ~* živa (davnašnja, iskrena, silna) želja; *a ~ for knowledge (love, money)* želja za znanjem (ljubavlju, novcem); *a ~ to leave* želja da otputuje 2. pohota

desire II *v tr* 1. želeti (željeti); *he ~s to remain at home* on želi da ostane kod kuće 2. žudeti — žudjeti (za)

de·sir·ous [di'zajrəs] *a* željan, žudan; *~ of smt.* željan nečega

de·sist [di'zist] *v intr* odustati; *to ~ from smt.* odustati od nečega

desk [desk] *n* 1. pisaći sto (stol) 2. (gov., journalism) odsek (odsjek); *the South-American ~* odsek za Južnu Ameriku 3. (in a hotel) recepcija, portirnica; *leave your key at the ~* ostavite ključ kod portira (see also **reception** 3)

desk clerk (in a hotel) recepcionar (see also **room clerk, receptionist** 2)

des·o·late I ['desəlit] *a* 1. pust, nenaseljen; *~ country* pusta zemlja 2. utučen

desolate II [~ejt] *v tr* 1. opustošiti 2. usamiti, osamiti

des·o·la·tion [desə'lejšən] *n* 1. pustošenje 2. usamljenost 3. pustoš

de·spair I [dis'pej(r)] *n* 1. očajanje, očaj; *in the depths of ~* u dubokom očajanju 2. uzrok očajanju; *he is the ~ of his parents* on je uzrok očajanju svojih roditelja

despair II *v intr* očajavati, biti bez nade; *to ~ of success* ne nadati se uspehu (uspjehu)

des·patch see **dispatch I, II**

des·per·a·do [despə'radou] (*-s* or *-es*) *n* razbojnik (na divljem zapadu)

des·per·ate ['despərit] *a* 1. očajan, očajnički; *a ~ struggle* očajnička borba; *a ~ attempt* očajnički pokušaj 2. beznadežan; *a ~ situation* beznadežna situacija 3. spreman na sve; *a ~ criminal* zlikovac koji ne preza ni od čega

des·per·a·tion [despə'rejšən] *n* 1. očajanje 2. spremnost na sve

des·pi·ca·ble [di'spikəbəl], ['despikəbəl] *a* vredan (vrijedan) prezira, podao; *it was ~ of him to*

leave his family podlo je bilo od njega što je napustio porodicu

de·spise [di'spajz] *v tr* prezirati

de·spite [di'spajt] *prep* uprkos; *~ our efforts* uprkos našim naporima

de·spoil [di'spojl] *v tr* opljačkati

de·spo·li·a·tion [dispoulij'ejšən] *n* pljačka

de·spon·den·cy [di'spandənsij]; [o] *n* utučenost

de·spon·dent [~dənt] *a* utučen

des·pot ['despət]; [o] *n* despot

des·pot·ic [dis'patik]; [o] *a* despotski, tiranski

des·pot·ism [~izəm] *n* despotizam

des·sert [di'zə(r)t] *n* desert, slatko; *what's for ~?* šta (što) ima od slatkog?

dessert spoon (esp. Br.) kašika (W: žlica) za desert

dessert wine slatko vino

des·ti·na·tion [destə'nejšən] *n* odredište, mesto (mjesto) opredeljenja

des·tine ['destin] *v tr* 1. odrediti 2. misc.; *it was ~d to be that way* suđeno je da tako bude

des·ti·ny ['destənij] *n* sudbina

des·ti·tute ['destərūt]; [*tj*] *a* 1. lišen 2. siromašan

des·ti·tu·tion [destə'tušən]; [*tj*] *n* siromaštvo

de·stroy [di'stroj] *v tr* uništiti; razoriti; *to ~ the enemy* uništiti neprijatelja 2. slomiti; *to ~ the enemy's will to resist* slomiti neprijateljevu volju za pružanje otpora

de·stroy·er [~ə(r)] *n* (naval) razarač

destroyer escort (naval) stražarski brod

de·struc·ti·ble [di'straktəbəl] *a* razoriv

de·struc·tion [di'strakšən] *n* uništavanje, razaranje

de·struc·tive [di'straktiv] *a* destruktivan, razoran; *~ power* razorna snaga

des·ue·tude ['deswətūd]; [*tj*] *n* izobičajenost

des·ul·to·ry ['desəltorij]; [ə] *a* nevezan; nemetodski, nesistematski

de·tach [di'taeč] *v tr* 1. odvojiti 2. (mil.) detašovati, otkomandovati

de·tached [~t] *a* 1. odvojen; *a ~ house* izdvojena kuća 2. nepristrasan; ravnodušan; *a ~ view* nepristrasno gledište 3. (mil.) detašovan

detached duty (mil.) privremena dužnost

detached retina (med.) odvojena mrežnjača

de·tach·ment [~mənt] *n* 1. odvajanje 2. odvojenost 3. nepristrasnost; ravnodušnost; *an air of ~* ravnodušan izgled 4. (mil.) see **detached duty** 5. (mil.) odred, detašman

de·tail I [di'tejl] or ['dijtejl] *n* 1. detalj, pojedinost; podrobnost; *in ~* podrobno; *to go into ~* ulaziti u podrobnosti 2. sitnica; sporedna stvar; *a mere ~* samo jedna sitnica 3. (mil.) odred, grupa, detašman (sa specijalnim zadatkom); *a fatigue ~* radna grupa

detail II [di'tejl] *v tr* 1. podrobno pričati (o) 2. (mil.) odrediti; *to ~ for duty* odrediti za službu

detail man trgovački putnik koji prodaje lekove (lijekove)

de·tain [di'tejn] *v tr* 1. zadržati; *he was ~ed* on se zadržao 2. uhapsiti

de·tain·ee [~ij] *n* zatočenik, pritvorenik

de·tect [di'tekt] *v tr* otkriti, opaziti

de·tec·tion [di'tekšən] *n* otkriće, opažanje

de·tec·tive [di'tektiv] *n* detektiv

detective agency detektivski biro

de·tec·tor [∼ə(r)] *n* detektor; *a lie (mine)* ∼ detektor laži (mina); *an electronic* ∼ elektronski detektor

dé·tente [dej'tant] *n* popuštanje zategnutosti, detant

de·ten·tion [di'tenšən] *n* 1. zadržavanje 2. hapšenje: zatvor

de·ter [di'tə(r)] *v tr* zastrašiti, odvratiti

de·ter·gent [∼džənt] *n* deterdžent

de·te·ri·o·rate [di'tijrijərejt] *v intr* pogoršati se, popustiti; *the quality has* ∼*d* kvalitet je popustio; *his health has* ∼*d* popustilo mu je zdravlje; *he has completely* ∼*d* on je sasvim popustio

de·ter·mi·na·ble [di'tə(r)menəbel] *a* odredljiv

de·ter·mi·nant I [di'tə(r)mənənt] *n* 1. odlučujući faktor 2. (math.) determinanta

determinant II *a* koji određuje

de·ter·mi·nate [∼nit] *a* određen

de·ter·mi·na·tion [ditə(r)mə'nejšən] *n* 1. određenje, determinacija, ograničenje 2. odluka 3. rešenje (rješenje) 4. odlučnost

de·ter·mi·na·tive I [di'tə(r)mənətiv] *n* 1. determinanta 2. (gram.) determinativ

determinative II *a* determinativan

de·ter·mine [di'tə(r)min] *v* 1. *tr* odrediti; utvrditi; determinisati; *to* ∼ *the value of smt.* odrediti vrednost (vrijednost) nečega; *to* ∼ *in advance* odrediti unapred (unaprijed) 2. *intr* odlučiti se

de·ter·mined [∼d] *a* odlučan, rešen (riješen); *a* ∼ *attack* odlučan napad; *he is* ∼ *to succeed* rešen je da uspe (uspije)

de·ter·min·er [∼ə(r)] *n* (gram.) odreditelj

de·ter·min·ism [∼izəm] *n* (phil.) determinizam

de·ter·rence [di'tərəns] *n* zastrašivanje

de·ter·rent I [∼ənt] *n* zastrašivanje, zastrašujuća sila; *a nuclear* ∼ nuklearna zastrašujuća sila

deterrent II *a* zastrašujući; ∼ *measures* zastrašujuće mere (mjere); (mil.) ∼ *capability* sposobnost zastrašivanja

de·test [di'test] *v tr* mrzeti (mrzjeti), gnušiti se; *to* ∼ *smb.* mrzeti nekoga

de·test·a·ble [∼əbəl] *a* mrzak, gnusan

de·throne [dij'throun] *v tr* zbaciti, svrgnuti (s prestola — prijestolja)

det·o·nate ['detnejt] *v* 1. *tr* izazvati eksploziju (nečega) 2. *intr.* detonirati, prasnuti

det·o·na·tion [det'nejšən] *n* detonacija

det·o·na·tor ['detneitə(r)] *n* detonator

de·tour I [ʼdijtū(r)] or [di'tū(r)] *n* zaobilazni put

detour II *v* 1. *tr* skrenuti (s glavnog puta) 2. *intr* ići zaobilaznim putem

de·tract [di'traekt] *v intr* umanjiti, oduzeti; *that* ∼*s from her charm* to umanjuje njenu privlačnost

de·trac·tion [di'traekšen] *n* 1. umanjenje 2. kleveta; omalovaženje

de·trac·tor [∼tə(r)] *n* klevetnik

de·train [dij'trejn] *v* (usu. Br.) 1. *tr* iskrcati iz voza (W: vlaka) 2. *intr* iskrcati se iz voza

det·ri·ment ['detrəmənt] *n* šteta; *to the* ∼ *of one's health* na štetu svog zdravlja; *without* ∼ *to smt.* bez štete za nešto

det·ri·men·tal [detrə'mentl] *a* štetan, škodljiv; ∼ *to health* škodljiv po zdravlje

de·tri·tus [di'trajtəs] *n* smrvljeno kamenje, krš

De·troit [di'trojt] *n* Detroit

deuce I [dūs]; [*dj*] *n* 1. (cards, dice) dvojka 2. (tennis) đus, izjednačenje

deuce II *n* or *interj* (colloq.) vrag, đavo; *what the* ∼*!* koga vraga!

deuced [∼d] *a* (colloq.) see **darned**

de·us ex mach·i·na ['dejus eks 'makijna] (Latin) 1. deus eks makina, izvođenje božanstva na scenu da reši (riješi) zaplet 2. neočekivan rasplet, iznenadno rešenje (rješenje)

Deu·ter·on·o·my [dutə'ranəmij]; [*dj*]; [*o*] *n* (rel.) Ponovljeni zakon

de·val·u·ate [dijvaeljūejt] *v tr* devalvirati

de·val·u·a·tion [dijvaeljū'ejšən] *n* devalvacija

dev·as·tate ['devəstejt] *v tr* opustošiti; harati; *to* ∼ *a village* opustošiti selo; *the fires are* ∼*ing the forests* požari haraju šume

dev·as·ta·tion [devəs'tejšən] *n* 1. opustošenje 2. opustošenost, pustoš; *the* ∼ *of war* ratna pustoš

de·vel·op [di'veləp] *v* 1. *tr* razviti; *to* ∼ *a country (one's mind, one's strength, one's taste)* razviti zemlju (um, snagu, ukus) 2. *tr* (photo.) razviti; *to* ∼ *a photograph* razviti fotografiju 3. *tr* izgraditi 4. *intr* razviti se

de·vel·op·er [∼ə(r)] *n* 1. graditelj stambenih naselja 2. (photo.) izazivač

developing country zemlja u razvoju

de·vel·op·ment [∼mənt] *n* 1. razvoj, razvitak; *mental (physical)* ∼ umni (fizički) razvoj; *the* ∼ *of industry* razvoj industrije; *economic* ∼ ekonomski razvitak 2. kretanje; *economic* ∼*s* ekonomska kretanja 3. događaj; *recent* ∼*s* poslednji (posljednji) događaji 4. stambeno naselje; *a new* ∼ novo stambeno naselje; *a housing* ∼ stambena zajednica

de·vel·op·men·tal [∼'mentl] *a* razvojni

de·verb·a·tive I [di'və(r)bətiv] *n* (ling.) deverbativ

deverbative II *a* ∼ *noun* deverbativna imenica

de·vi·ant I ['dijvijənt] *n* see **deviate** I 2

deviant II *a* nenormalan; ∼ *sexual intercourse* protivprirodni blud

de·vi·ate I ['dijvijit] *n* 1. onaj koji odstupa od norme 2. seksualni izopačenik, pervertit

deviate II [∼ejt] *v intr* odstupati; *to* ∼ *from the general rule* odstupati od opšteg (općeg) pravila

de·vi·a·tion [dijvij'ejšən] *n* devijacija; odstupanje

de·vice [di'vajs] *n* naprava, uređaj, sprava, izum; **to leave smb. to his own* ∼*s* ostaviti nekoga bez pomoći

dev·il I ['devəl] *n* 1. đavo, vrag (also fig.); *go to the* ∼*!* idi do đavola! **between the* ∼ *and the deep blue sea* između vatre i vode; **to give the* ∼ *his due* odati priznanje i neprijatelju; **to speak of the* ∼ mi o vuku, a vuk na pragu; **the* ∼ *take the hindmost* spasavaj se kako ko (tko) može; **there will be the* ∼ *to pay* biće belaja, velike muke tek dolaze; (colloq.) *a* ∼ *of a good joke* veoma dobar vic 2. jadnik; *a poor* ∼ jadnik 3. see **printer's devil**

devil II *v tr* 1. dosaditi, sekirati 2. (cul.) napuniti; ∼*ed eggs* punjena jaja

dev·il·ish [∼iš] *a* đavolski, vraški

dev·il-may-care [~-mej-kej(r)] *a* nemaran
dev·il·ment [~mənt] *n* vragolija
dev·il·ry [~rij] see **deviltry**
devil's advocate đavolov advokat; (rel.) ličnost određena da navodi razloge protiv kanonizacije; (fig.) kritičar, potcenjivač (potcjenjivač)
dev·il's-food cake torta od čokolade
dev·il·try [~trij] *n* 1. vragolija 2. zlo ponašanje
de·vi·ous ['dijvijəs] *a* 1. okolišan, zaobilazan; ~ *paths* zaobilazne staze, okolišni putevi 2. neiskren, nepošten
de·vise [di'vajz] *v tr* smisliti, izmisliti; *to* ~ *a plan of attack* smisliti plan za napad
de·vi·tal·ize [dij'vajtlajz] *v tr* oslabiti
de·voice [dij'vojs] *v tr* (ling.) lišiti (suglasnik) zvučnosti
de·voiced [~t] *a* (ling.) bezvučan
de·void [di'vojd] *a* lišen; ~ *of sense* bez pameti
dev·o·lu·tion [devə'lūšən]; [*ij*] *n* 1. prenos; prelaz 2. (biol.) izmetanje, pogoršavanje vrste
de·volve [di'valv]; [*o*] *v intr* dopasti, pripasti; preći; *to* ~ *on (upon) smb.* dopasti nekome
de·vote [di'vout] *v tr* posvetiti; *to* ~ *one's life to smt.* posvetiti svoj život nečemu; *to* ~ *oneself to smt.* posvetiti se nečemu
de·vot·ed [~id] *a* odan; požrtvovan; revnostan; ~ *friends* odani drugovi; *he is* ~ *to us* on nam je odan; *blindly* ~ odan kao pas; *a* ~ *mother* požrtvovana majka; *a* ~ *fan* revnostan navijač
dev·o·tee [devə'tij] *n* ljubitelj, privrženik
de·vo·tion [di'voušən] *n* 1. odanost, predanost; ~ *to smb.* privrženost nekome 2. pobožnost 3. (in *pl*) molitve
de·vo·tion·al [~əl] *a* molitven
de·vour [di'vau(r)] *v tr* proždeati; *to* ~ *food* proždeati hranu; (fig.) *to* ~ *smb. with one's eyes* proždirati (gutati) nekoga očima (pogledom)
de·vout [di'vaut] *a* pobožan
de·vout·ness [~nis] *n* pobožnost
dew [dū]; [*dj*] *n* rosa; *morning* ~ jutarnja rosa
DEW [dū]; [*dj*] abbrev. of **distant early warning**
dew·ber·ry [~berij] *n* vrsta kupine
dew·claw [~klo] *n* zakržljali palac na psećoj šapi
dew·drop [~drap]; [*o*] *n* kap rose
Dew·ey classification [dūij]; [*dj*] (library) decimalna klasifikacija (knjiga)
dew·lap [~laep] *n* podvoljak, podvratnik
DEW line (mil.) linija radarskog otkrivanja
dew point tačka (W: točka) rose
dew·y [~ij] *a* rosan
dew·y·eyed [~ajd] *a* naivan, bezazlen
dex [deks] **dex·ie** [~ij] *n* (slang) vrsta ampetamina
dex·ter ['dekstə(r)] *a* desni
dex·ter·i·ty [deks'terətij] *n* veština (vještina), vičnost, spretnost
dex·ter·ous, dex·trous ['dekstrəs] *a* vešt (vješt), vičan, spretan
dex·tral ['dekstrəl] *a* desni
dex·tran ['dekstrən] *n* (chem.) dekstran
dex·trin ['dekstrin] *n* (chem.) dekstrin
dex·trose ['dekstrous]; [*z*] *n* (chem.) dekstroza
di·a·bet·es [dajə'bijtis] *n* dijabetes, šećerna bolest
di·a·bet·ic I [dajə'betik] *n* dijabetičar
diabetic II *a* dijabetski, dijabetičan

di·a·bol·ic [dajə'balik]; [*o*] *a* đavolski, vražji, satanski
di·a·bol·i·cal [~əl] see **diabolic**
di·ab·o·lism [daj'aebəlizəm] *n* dijabolizam
di·a·chron·ic [dajə'kranik]; [*o*] *a* dijahroničan, dijahronički (dijakronijski); (ling.) ~ *phonology* dijahronička fonologija
di·ach·ro·ny [daj'aekrənij] *n* dijahronija (dijakronija)
di·a·cri·tic I [dajə'kritik] *n* dijakritički znak
diacritic II *a* see **diacritical**
di·a·crit·i·cal [~əl] *a* dijakritički; *a* ~ *mark* dijakritički znak
di·a·dem ['dajədem] *n* dijadema
di·aer·e·sis Br.; see **dieresis**
di·ag·nose ['dajəgnous]; [*z*] *v tr* dijagnozirati, dijagnosticirati
di·ag·no·sis [dajəg'nousis] (*-ses* [sijz]) *n* dijagnoza; *to make a* ~ postaviti dijagnozu
di·ag·nos·tic [dajəg'nastik]; [*o*] *a* dijagnostički
di·ag·nos·ti·cian [dajəgna'stišən]; [*o*] *n* (med.) dijagnostičar
di·ag·nos·tics [dajəg'nastiks]; [*o*] *n* (med.) dijagnostika
diagnostic test dijagnostički test, ispit spremnosti
di·ag·o·nal I [daj'aegənəl] *n* dijagonala
diagonal II *a* dijagonalan
di·a·gram I ['dajəgraem] *n* dijagram; shema, šema; (elec.) *a wiring* ~ shema električne instalacije
diagram II *v tr* prikazati (nešto) dijagramom
di·al I ['dajəl] *n* 1. brojčanik, cifarnik; *to turn a* ~ okretati brojčanik 2. (on a TV set, radio) dugme za regulisanje; birač (kanala); preklopnik
dial II *v* 1. *tr* okrenuti, birati; *to* ~ *a number* okrenuti broj 2. *intr* okrenuti broj; *have you* ~*ed?* da li si okrenuo broj?
dial-a- ['dajl ə] (combining form) usluga koja se naručuje telefonski (~*joke*, ~*prayer*)
di·a·lect ['dajəlekt] *n* 1. dijalekat, govor, narečje (narječje); *a regional* ~ pokrajinska narečje; (as *a*) *a* ~ *dictionary* dijalektni rečnik (rječnik)
di·a·lec·tal [dajə'lektəl] *a* dijalekatski, dijalektalan, dijalektan; *a* ~ *pronunciation* dijalekatski (dijalektni) izgovor; *a* ~ *difference* dijalektalna razlika
di·a·lec·tal·ism [~izəm] *n* dijalektizam
dialect geography dijalekatna geografija
di·a·lec·tic [dajə'lektik] *n* 1. dijalektika, veština (vještina) u raspravljanju 2. (usu, in *pl*) dijalektika (nauka o opštim — općim zakonima kretanja i razvitka prirode, ljudskog društva i mišljenja)
di·a·lec·ti·cal [~əl] *a* dijalektički
dialectical materialism dijalektički materijalizam
di·a·lec·ti·cian [dajəlek'tišən] *n* dijalektičar
di·a·lec·tic see **dialectic** 2
di·a·lec·tol·o·gist [dajəlek'talədžist]; [*o*] *n* dijalektolog
di·a·lec·tol·o·gy [~ədžij] *n* dijalektologija
dial·ling code Br.; see **area code**
dial·ling tone Br.; see **dial tone**
di·a·logue, di·a·log ['dajəlag]; [*o*] *n* dijalog; *to have a* ~ održati dijalog
dial tone znak slobodnog biranja
di·al·y·sis [daj'aeləsis] (*-ses* [sijz]) *n* dijaliza

di·am·e·ter [daj'aemətə(r)] *n* dijametar, prečnik
di·am·e·tral [daj'aemətrəl] *a* see **diametrical**
di·a·met·ri·cal [dajə'metrikəl] *a* dijametralan; ~*ly
opposed* dijametralno suprotan
dia·mond ['dajmənd] *n* dijamant, brilijant; **a ~ in
the rough* valjan ali neuglađen čovek (čovjek)
dia·monds [~z] *n pl* karo; *the ace of ~* karo-as
diamond wedding anniversary 60-godišnjica braka
di·a·pa·son [dajə'pejsən], [z] *n* dijapazon
di·a·per I ['dajpə(r)] *n* pelena; *to change ~s*
menjati (mijenjati) pelene
diaper II *v tr* poviti (previti) u pelene; *to ~ a
baby* poviti dete (dijete) u pelene
diaper liner međupelena
di·aph·a·nous [daj'aefənəs] *a* prozračan
di·aph·o·ny [daj'aefənij] *n* prozračnost
di·a·phragm ['dajəfraem] *n* 1. dijafragma; (anat.)
grudna prečaga 2. (on a camera) blenda (also
stop I 4)
di·a·rist ['dajərist] *n* pisac dnevnika
di·ar·rhe·a [dajə'rijə] *n* dijareja, proliv
di·ar·rhoe·a Br.; see **diarrhea**
di·a·ry ['dajərij] *n* dnevnik; *to keep a ~* voditi
dnevnik
di·as·po·ra [daj'aespərə] *n* dijaspora
di·a·sta·sis [daj'aestəsis] *n* (med.) dijastaza
di·as·tol·e [daj'aestəlij] *n* dijastola
di·as·tol·ic [dajə'stalik]; [o] *a* dijastolski; ~
pressure dijastolski pritisak (W also: tlak)
di·ath·e·sis [daj'aethəsis] (-ses [sijz]) *n* (med.)
dijateza
di·a·ton·ic [dajə'tanik]; [o] *a* dijatonički
di·atribe ['dajətrajb] *n* klevetnički govor, žestok
napad, dijatriba
dib·ble ['dibəl] *n* sadilica, sadiljka
dibs [dibz] *n pl* (Br., colloq.) novac, pare
dice [dajs] *pl of* **die** I 2; kocke (za igranje); *to
play ~* kockati se; **no ~* to nije moguće, ne
važi; *to roll the ~* bacati kocke
dice away *v* (Br.) prokockati
di·chot·o·mize [daj'katəmajz]; [o] *v tr* podeliti
(podijeliti)
di·chot·o·mous [~məs] *a* dihotoman, dihotomičan,
dihotomijski
di·chot·o·my [~mij] *n* dihotomija; podela (podjela)
di·chro·mat·ic [dajkrou'maetik] *a* dihromatičan,
dvobojan
dick [dik] *n* (slang) 1. detektiv 2. (vul.) penis
dick·ens [~ənz] *interj* (exp. surprise) *what the ~!*
koga đavola!
dick·er [~ə(r)] *v intr* cenkati (cjenkati) se (also
haggle)
dick·ey [~ij] *n* 1. grudi (deo — dio muške košulje)
(also **shirtfront**) 2. see **bib** 3. kočijaševo sedište
(sjedište) 4. (ženska) bluza
dick·y [~ij] 1. *n* see **dickey** 2. (Br.; colloq.) *a*
slab
di·cli·nous [daj'klajnəs] *a* (bot.) jednopolan (W:
jednospolan)
dic·ta·phone ['diktəfoun] *n* diktafon
dic·tate I ['diktejt] *n* nalog, zapovest (zapovijest),
diktat; *the ~s of reason* nalozi (diktati) razuma;
the ~s of conscience ono što savest (savjest)
nalaže
dictate II (also [dik'tejt]) *v* 1. *tr* izdiktirati; *to
~ a letter* izdiktirati pismo 2. *tr* diktirati; *to*

~ *terms* diktirati uslove (W also: uvjete)
3. *intr* diktirati, kazivati u pero; *the boss is
~ing* šef diktira pisma sekretarici 4. *intr*
diktirati, izdavati zapovesti (zapovijesti)
dic·ta·tion [dik'tejšən] *n* 1. diktat, kazivanje u
pero; *the secretary is taking ~* sekretarica
beleži — bilježi (hvata) diktat 2. nalog, diktat
dic·ta·tor ['diktejtə(r)] *n* diktator
dic·ta·to·ri·al [diktə'torijəl] *a* diktatorski
dic·ta·tor·ship [dik'tejtə(r)šip] *n* diktatura
dic·tion ['dikšən] *n* dikcija
dic·tion·ar·y ['dikšənerij]; [nr] *n* rečnik (rječnik);
to compile a ~ izraditi rečnik; *a general-use
~* rečnik za široku upotrebu; *a bilingual
(dialect, etymological, medical, multivolume,
reverse, technical) ~* dvojezični (dijalektološki,
etimološki, medicinski, mnogotomni, unazadni,
tehnički) rečnik
dic·to·graph ['diktəgraef]; [a] *n* diktograf
dic·tum ['diktəm] (-s or -ta [tə]) *n* 1. autoritativna
izjava 2. izreka, poslovica
did see **do** II
di·dac·tic [daj'daektik] *a* didaktičan
di·dac·ti·cal [~əl] see **didactic**
di·dac·tics [~s] *n* didaktika
did·dle ['didəl] *v tr* (Br., slang) prevariti
did·n't ['didənt] see **do** II
didst [didst] obsol. 2nd person sgn. past of **do** II
die I [daj] *n* 1. (-s) kalup, matrica (za odlivke),
etalon 2. (dice [dajs]) kocka; **the ~ is cast*
kocka je bačena (pala) (see **dice**)
die II *v* 1. *tr* umreti (umrijeti); *to ~ a natural
death* umreti prirodnom smrću; *to ~ a hero's
death* umreti kao junak; *to ~ a violent death*
umreti silnom smrću 2. *intr* umreti, poginuti;
to ~ of wounds umreti od rana; *to ~ for one's
country (for a cause)* umreti za otadžbinu (za
neki ideal); *to ~ of fright (the heat, thirst)*
umreti od straha (vrućine, žeđi); *to ~ in
battle* poginuti u borbi; **to ~ laughing* umirati
od smeha (smijeha); **to ~ with one's boots on*
boriti se do kraja; **to ~ in bed* umreti prirod-
nom smrću; **never say ~!* ne daj se! 3. *intr*
čeznuti, žudeti (žudjeti); *I am dying for a drink*
čeznem za pićem 4. *intr* crći, skapati; *all the
cattle ~d of thirst* sva je stoka skapala od
žeđi; *to ~ of boredom* skapati od dosade
die away *v* izgubiti se; *the sound died away* zvuk
se izgubio
die down *v* 1. stišati se, jenjati; *the wind died down*
vetar (vjetar) se stišao 2. sleći se; prestati; *the
shooting died down* pucnjava je prestala
die-hard I [~ha(r)d] *n* krajnji konzervativac
die-hard II *a* krajnje konzervativan; nepopustljiv
di·e·lec·tric [dajə'lektrik] *a* dielektrični; ~ *constant*
dielektrična konstanta (see also **permittivity**)
die·mak·er ['dajmejkə(r)] *n* etaloner
die off *v* izumreti (izumrijeti)
die out *v* izumreti (izumrijeti), odumreti (odumri-
jeti)
di·er·e·sis [daj'erəsis], [ij] (-ses [sijz]) *n* dijareza
die·sel engine ['dijzəl] dizel
diesel fuel dizel-gorivo
di·et I ['dajət] *n* 1. dijeta; *to be on (stick to) a
~* biti na dijeti (držati dijetu); *to prescribe a*

~ *for smb.* propisati nekome dijetu; *a reducing* ~ dijeta za mršavljenje 2. ishrana
diet II *v intr* biti na dijeti
diet III *n* narodna skupština (u nekim zemljama)
di·e·tar·y ['dajəterij]; [ə] *a* 1. dijetetičan, dijetalan, dijeten; dijetetski 2. misc. ~ *laws* (religiozni) propisi o ishrani
di·e·tet·ic [dajə'tetik] *a* dijetalan, dijetičan; ~ *foods* dijetalna jela
di·e·tet·ics [~s] *n* dijetetika
di·e·ti·cian [dajə'tišən] *n* dijetetičar
di·et·ing [~ĩg] *n* mršavljenje
di·e·ti·tian see **dietician**
dif·fer ['difə(r)] *v intr* 1. razlikovati se; *to* ~ *in appearance* razlikovati se po izgledu; *to* ~ *from smt.* razlikovati se od nečega 2. biti drugog mišljenja, ne slagati se; *I beg to* ~ ne slažem se
dif·fer·ence [~rəns] *n* 1. razlika; *a* ~ *in temperature* razlika u temperaturi; *a* ~ *between*... razlika između...; *that makes a big* ~ to čini (pravi) veliku razliku; *a* ~ *of 20 dollars* razlika od 20 dolara; **to split the* ~ načiniti kompromis 2. nesuglasica; *they have had their* ~*s* bilo je nesuglasica među njima
dif·fer·ent [~rənt] *a* 1. drukčiji, drugačiji; *this beach is* ~ *from (than* — Br. also: *to) that one* ova plaža je drukčija od one 2. razni; različit; *two* ~ *suits* dva različita odela (odijela) 3. različan, različit; *two* ~ *concepts* dva različna pojma; *they are completely* ~ oni su potpuno različni; *tastes are* ~ ukusi su različiti; **as* ~ *as night and day* različiti kao nebo i zemlja; *they dress* ~*ly* oni se različito oblače
dif·fer·en·tial I [difə'renšəl] *n* (math. and tech.) diferencijal
differential II *a* diferencijalni; *a* ~ *windlass* diferencijalni kotur
differential calculus diferencijalni račun
differential equation diferencijalna jednačina (W: jednadžba)
differential gear (tech.) see **differential I**
dif·fer·en·ti·ate [difə'renšijejt] *v* 1. *tr* diferencirati, razlikovati; *to* ~ *good from evil* razlikovati dobro od zla 2. *intr* praviti razliku
dif·fer·en·ti·a·tion [difərenšij'ejšən] *n* diferencijacija; razlika; *to make a* ~ praviti razliku
dif·fi·cult ['difəkəlt] *a* 1. težak; *he found it* ~ *to get back to work* teško mu je bilo da se vrati na posao; *it's* ~ *to remember everything* teško je setiti (sjetiti) se svega; *a* ~ *task* težak zadatak 2. jogunast, težak; *a* ~ *person* težak čovek (čovjek)
dif·fi·cul·ty [~ij] *n* teškoća (W also: poteškoća); *to walk with* ~ hodati sa teškoćom; *to overcome a* ~ savladati teškoću 2. (usu. in *pl*) smetnje, teškoće; *to raise* ~*ies* praviti smetnje (teškoće); *to cause smb.* ~*ies* naneti (nanijeti) nekome teškoće 3. materijalna neprilika, novčana teškoća
dif·fi·dence ['difədəns] *n* snebivanje
dif·fi·dent [~nt] *a* snebivljiv
dif·fract [di'fraekt] *v* 1. *tr* promeniti (promijeniti) difrakcijom 2. *intr* menjati (mijenjati) se difrakcijom
dif·frac·tion [di'fraekšən] *n* difrakcija
dif·fuse I [di'fjūs] *a* difuzan

diffuse II [di'fjūz] *v* 1. *tr* raširiti; razliti 2. *intr* raširiti se
dif·fu·sion [di'fjūžən] *n* difuzija
dif·fu·sive [di'fjūsiv], [z] *a* difuzan
dig I [dig] *n* 1. udarac (laktom); *a* ~ *in the ribs* udarac laktom u rebra 2. sarkastična primedba (primjedba); *a* ~ *at smb.* sarkastična primedba na nečiji račun 3. iskopina, iskopavanje; *an archeological* ~ arheološko iskopavanje
dig II dug [dəg] *v* 1. *tr* iskopati; izdubiti; *to* ~ *a grave (a well)* iskopati grob (bunar) 2. *tr* kopati; *to* ~ *coal* kopati ugalj 3. *tr* prokopati; *to* ~ *a canal* prokopati kanal 4. *tr* munuti; *to* ~*smb. in the ribs* munuti nekoga u rebra 5. *tr* (slang) razumeti (razumjeti) 6. *tr* (slang) uživati (u) 7. *intr* kopati 8. misc.; *to* ~ *for gold* tražiti zlato kopanjem; (slang) ~ *that hat!* pogledaj taj šešir!
di·gest I ['dajdžest] *n* 1. pregled; zbirka izvoda (W: izvadaka) 2. (legal) pravni zbornik
digest II [daj'džest], [i] *v* 1. *tr* svariti, probaviti; *to* ~ *food* svariti hranu 2. *tr* (fig.) svariti, apsorbovati; *to* ~ *facts* svariti činjenice 3. *tr* (chem.) rastvoriti 4. *intr* svariti se, probaviti se
di·gest·i·ble [daj'džestəbəl], [i] *a* varljiv, svarljiv, probavljiv
di·ges·tion [daj'džesčən], [i] *n* varenje, probava
di·ges·tive [daj'džestiv], [i] *a* probavni; *the* ~ *system* probavni sistem, pribor za varenje
dig·ger ['digə(r)] *n* 1. kopač 2. (colloq.) australijski ili novozelandski vojnik
dig·gings [~ĩgz] *n pl* 1. iskopina 2. (Br.) stan
dig in *v* 1. ukopati se; *the soldiers dug in* vojnici su se ukopali 2. (halapljivo) jesti; *just dig in!* poslužite se!
dig into *v* 1. ukopati 2. halapljivo gutati; *to dig into food* halapljivo gutati hranu 3. trošiti, iscrpljivati; *to dig into reserves* trošiti rezervu 4. obosti; *to dig one's spurs into a horse* obosti konja mamuzom
dig·it ['didžit] *n* 1. prst 2. broj (od nula do devet), cifra
dig·i·tal [~əl] *a* 1. prstni 2. digitalni; *a* ~ *computer* digitalni računar 3. koji izlaže informaciju elektronskim putem u obliku osvetljenog (osvijetljenog) broja
dig·i·tal·is [didžə'taelis] *n* naprstak, digitalis, pustikara
dig·ni·fied ['dignəfajd] *a* dostojanstven
dig·ni·fy ['dignəfaj] *v tr* 1. udostojiti 2. oplemeniti
dig·ni·tar·y ['dignəterij]; [ə] *n* dostojanstvenik
dig·ni·ty ['dignətij] *n* dostojanstvo,; dostojanstvenost
dig out *v* 1. prokopati; *to dig one's way out* prokopati izlaz 2. iščeprkati; iskopati; *to dig out the facts* iščeprkati činjenice
dig over *v* (Br.; colloq.) razmišljati o
di·graph ['dajgraef]; [a] *n* digraf
di·gress [daj'gres], [i] *v intr* zastraniti, udaljiti se, odstupiti; *to* ~ *from a subject* udaljiti se od predmeta
di·gres·sion [daj'grešən], [i] *n* digresija, ekskurs, zastranjivanje
di·gres·sive [daj'gresiv], [i] *a* digresivan
digs [~z] *n pl* see **diggings** 2
dig through *v* prokopati

dig up v 1. raskopati, razriti; *to dig up a pavement* raskopati kolovoz; *to dig up a garden* razriti baštu 2. iskopati, iščeprkati; *to dig up data* iskopati podatke 3. pronaći; *to dig up money* pronaći novac 4. kopati; *to dig up a field* kopati njivu
di·he·dral I [daj'hijdrəl] *n* dijedar
dihedral II *a* dihedralan, dvostran
dike [dajk] *n* 1. nasip 2. (slang) lezbijka
di·lap·i·dat·ed [di'laepədejtid] *a* 1. oronuo; trošan; *the buildings are* ~ zgrade su oronule; *a* ~ *house* trošna kuća 2. rasklimatan; *a* ~ *bus* rasklimatani autobus
di·late ['daj'lejt] *v* 1. *tr* proširiti 2. *intr* proširiti se 3. *intr* pričati; *to* ~ *on (upon)* naširoko pričati o
di·lat·ed [~id] *a* proširen
di·la·tion [daj'lejšən] *n* proširenje, dilatacija
dil·a·to·ry ['dilətorij]; [ə] *a* spor, koji odugovlači
dil·em·ma [di'lemə] *n* dilema
dil·et·tante ['dilə'tant] *n* diletant
dil·et·tan·tish [dilə'tantiš] *a* diletantski
dil·et·tan·tism [dilə'tantizəm] *n* diletantizam
dil·i·gence I ['dilədžəns] *n* marljivost, priležnost (priježnost)
diligence II *n* diližans, poštanska kola
dil·i·gent [~ənt] *a* marljiv, prilježan (priježan)
dill [dil] *n* kopar, mirođija
dill pickle krastavac u turšiji
dil·ly ['dilij] *n* (slang) čudna stvar
dil·ly-dal·ly [~daelij] *v* intr odugovlačiti, oklevati
dil·u·ent ['diljüənt] *n* sredstvo za razblaživanje, rastvarač
diluent II *a* koji razblažuje
di·lute [daj'lūt], [i]; [daj'ljūt] *v* tr razblažiti, razrediti, razvodniti; *to* ~ *milk with water* razblažiti mleko (mlijeko) vodom
di·lu·tion [daj'lūšen], [i]; [daj'ljūšən] *n* razblaživanje
di·lu·vi·al [di'lūvijəl] *a* diluvijalan, diluvijski
dim I [dim] *a* 1. taman; bled (blijed); *a* ~ *light*; bleda svetlost (svjetlost) 2. nejasan, neodređen, bled 3. (on an automobile) ~ *lights* srednja svetla (Am., colloq.) see **dimwitted** 5. misc.; *to take a* ~ *view of smt.* osuditi nešto
dim II *v* 1. *tr* pomračiti 2. *tr* (on an automobile) *to* ~ *headlights* oboriti svetlost (svjetlost), ablendovati 3. *intr* gasiti se; *the lights began to* ~ svetlo (svjetlo) je počelo da se gasi
dime [dajm] *n* (Am.) srebrn novac u vrednosti (vrijednosti) od deset centa, deseti deo (dio) dolara
di·men·sion [di'mensən] *n* 1. dimenzija; *the* ~*s of a room* dimenzije neke sobe 2. veličina, razmera (razmjera)
di·men·sion·al [~əl] *a* dimenzionalan
dim·e·ter ['dimətə(r)] *n* dimetar
di·min·ish [di'miniš] *v* 1. *tr* smanjiti 2. *intr* smanjiti se; (econ.) *the law of* ~*ing returns* zakon o opadajućim prinosima
dim·i·nu·tion [dimə'nūšən]; [nj] *n* smanjenje
di·min·u·tive I [di'minjətiv] *n* deminutiv
diminutive II *a* deminutivan; *a* ~ *suffix* deminutivni sufiks
dim·mer ['dimə(r)] *n* prebacivač, regulator svetla (svjetla)
di·mor·phism [daj'mo(r)fizəm] *n* dimorfizam

dim-out [~-aut] *n* delimično (djelimično) zamračenje
dim·ple I ['dimpəl] *n* jamica, rupica (na obrazu, bradi)
dimple II *v* intr pokazivati rupice (na obrazu, bradi)
dim·pled [~d] *a* sa rupicama
dim·wit ['dimwit] *n* (slang) glupan
dim·wit·ted [~id] *a* (slang) glup, tupoglav
din I [din] *n* buka, graja; *to make a* ~ podići graju
din II *v* tr uterati (utjerati); *to* ~ *smt. into smb.'s head* uterati nekome nešto u glavu
di·nar ['dijna(r)], [di'na(r)] *n* dinar
Di·nar·ic [di'naerik] *a* dinarski
Dinaric Alps *pl* Dinarske planine
dine [dajn] *v* intr imati glavni obrok (ručati, večerati); *to* ~ *out* večerati van kuće
dine on *v* imati za ručak (večeru); *to dine on fish* imati ribu za večeru
dine out *v* see **dine**
din·er [~ə(r)] *n* 1. osoba koja ruča (večera) 2. kola za ručavanje 3. restoran (koji ima oblik kola za ručavanje)
di·nette [daj'net] *n* mala soba u kojoj se jede
ding·bat ['diṅgbaet] *n* (colloq.) 1. neka (neodređena) stvar 2. budala
ding-dong I ['diṅg-daṅg]; [o] *n* udaranje zvona
ding-dong II (onoma.) cin, cip-cip
ding-dong III *v* intr zvoniti
din·ghy, din·gey ['diṅgij] *n* mali čamac
din·go ['diṅgou] (-es) *n* australijski divlji pas, dingo
din·gy I ['dindžij] *a* 1. nečist, brljav 2. sumoran, bezbojan
dingy II see **dinghy**
din·ing car ['dajniṅg] kola za ručavanje, vagon--restoran (also **diner** 2)
dining room 1. trpezarija (W: blagovaonica) 2. (as in a hotel) restoran
dink·ey ['diṅgkij] *n* manevarska lokomotiva
dink·y I see **dinkey**
dinky II *a* 1. mali; sitan 2. (Br., coll.) ljubak
din·ner ['dinə(r)] *n* glavni obrok dana (ručak, večera; cf. **lunch, supper**)
dinner jacket smoking (see also **tuxedo**)
dinner service see **dinnerware**
dinner theater pozorište (W: kazalište) — restoran (u kojem se posle — poslije večere daje predstava)
din·ner·ware [~wej(r)] *n* stoni (stolni) pribor
di·no·saur ['dajnəso(r)] *n* dinosaur
dint [dint] *n* napor; *by* ~ *of. . .* pomoću. . .
di·oc·e·san [daj'asəsən]; [o] *a* dijecezalan, biskupijski, episkopski
di·o·cese ['dajəsis] *n* dijeceza
di·ode ['dajoud] *n* (elec.) dioda
Di·o·nys·i·an [dajə'nišən], [ijə] *a* dionizijski, pun životne radosti
di·op·ter [daj'aptə(r)]; [o] *n* dioptrija, jedinica za merenće (mjerenje) jačine prelomne moći sočiva
di·op·tric [daj'aptrik]; [o] *a* dioptrički, dioptrijski
di·op·trics [~s] *n* dioptrika
di·ox·ide [daj'aksajd]; [o] *n* dioksid

dip I [dip] *n* 1. umakanje 2. kupanje; *a* ~ *in the ocean* kupanje u moru; *to take a* ~ *in a pool* okupati se u bazenu 3. premaz; *a cheese* ~ premaz od sira 4. tečnost u koju se nešto umače, potapa 5. uvala, nagib 6. *magnetic* ~ inklinacija magnetne igle 7. opadanje
dip II *v* 1. *tr* umočiti, zamočiti; *to* ~ *one's feet in water* umočiti noge u vodu; *to* ~ *a pen into ink* zamočiti pero u mastilo 2. *tr* potopiti; *to* ~ *bread into milk* potopiti hleb — hljeb (W: kruh) u mleko (mlijeko) 3. *tr* spustiti (i brzo podići); *to* ~ *a flag* spustiti (i brzo podići) zastavu 4. *intr* spuštati se; *the sun* ~*s below the horizon* sunce se spušta u more 5. *intr* naginjati se 6. *inter* opasti; *morale has dipped* moral je opao 7. misc.; *to* ~ *into one's savings* načeti uštedjevinu
diph·the·ri·a [dif'thijrijə] *n* difterija
diph·thong ['difthoṉg], [*a*] *n* diftong
diph·thong·al [~əl] *a* diftonški
diph·thong·i·za·tion [difthoṉgi'zejšən], [*a*]; [*aj*] *n* diftongizacija
diph·thong·ize ['difthoṉgajz], [*a*] *v tr* diftongizovati
di·plo·ma [di'ploumə] *n* 1. diploma, univerzitetska (W: sveučilišna) diploma; *a* ~ *in architecture* diploma arhitekture; *to receive a* ~ diplomirati 2. povelja
di·plo·ma·cy [di'plouməsij] *n* diplomatija (diplomacija)
diploma mill (colloq. and pejor.) škola koja izdaje diplome u velikom broju
dip·lo·mat ['dipləmaet] *n* diplomata
dip·lo·ma·tic [diplə'maetik] *a* diplomatski; *the* ~ *corps* diplomatski kor; ~ *immunity* diplomatski imunitet; *the* ~ *service* diplomatska služba; *by* ~ *pouch* diplomatskom poštom; *a* ~ *courier* diplomatski kurir; ~ *relations* diplomatski odnosi; *to re-establish* ~ *relations* obnoviti diplomatske odnose; ~ *channels* diplomatski kanali; *a* ~ *passport* diplomatski pasoš
di·plo·ma·tist [di'ploumətist] *n* Br.; see **diplomat**
dip·per ['dipə(r)] *n* 1. velika kašika (W: žlica), kutlača 2. (bird) vodeni kos 3. see **Big Dipper**
dip·py [~ij] *a* (slang) budalast
dip·so·ma·ni·a [dipsə'mejnijə] *n* dipsomanija
dip·stick ['dipstik] *n* 1. kontrolna šipka 2. papirni štapić (za kontrolu urina kod dijabetičara)
dip·switch [~swič] *n* (esp. Br.) (in an automobile) prekidač dugog i oborenog svetla (svjetla)
dip·ter·ous ['diptərəs] *a* 1. (of insects) dvokrilačni 2. (bot.) dvokrilan
dip·tych ['diptik] *n* diptih
dire [daj(r)] *a* koban, sudbonosan; porazan; ~ *results* porazni rezultati
di·rect I [daj'rekt], [*i*] *a* 1. direktan, neposredan; *a* ~ *answer* direktan odgovor; *a* ~ *ancestor (influence)* neposredan predak (uticaj — W also: utjecaj); *a* ~ *hit* neposredan pogodak; ~ *fire* neposredno gađanje; ~ *pressure* neposredan pritisak; ~ *support* neposredna podrška; ~ *action* neposredna akcija 2. potpun; *the* ~ *opposite* potpuna suprotnost 3. (gram.) direktni, neposredni, upravni; ~ *discourse* direktni (neposredni, upravni) govor
direct II *adv* neposredno, pravo (also **directly**)

direct III *v* 1. *tr* upravljati, rukovoditi, rukovati; *to* ~ *fire* upravljati vatrom; *to* ~ *a campaign* rukovoditi ratnim pohodom 2. *tr* regulisati; *to* ~ *traffic* regulisati saobraćaj 3. *tr* upraviti, uperiti, usmeriti (usmjeriti); *to* ~ *one's gaze at smt.* upraviti pogled na nešto; *to* ~ *one's attention (efforts)* upraviti pažnju (napore); *that was* ~*ed at me* to je bilo upereno protiv mene; *the remark was* ~*ed at the boss* primedba (primjedba) je bila uperena protiv šefa 4. *tr* režirati; *to* ~ *a film (a play)* režirati film (komad) 5. *tr* pokazati put, uputiti; *can you* ~ *me to the library?* možete li mi kazati kako da dođem do biblioteke? 6. *tr* dirigovati; *to* ~ *a chorus* dirigovati horom 7. *intr* upravljati 8. *intr* dirigovati
direct current jednosmerna (jednosmjerna) struja (cf. **alternating current**)
direct dialing direktno biranje, automatski telefonski saobraćaj
di·rec·tion [di'rekšən], [*aj*] *n* 1. uprava, upravljanje, rukovodstvo; *we made great progress under his* ~ postigli smo veliki uspeh (uspjeh) pod njegovim rukovodstvom 2. regulisanje 3. režija 4. dirigovanje 5. pravac, smer (snjer): *in what* ~ *did they go?* u kome su pravcu otišli? *in the same (opposite, wrong)* ~ u istom (suprotnom, pogrešnom) pravcu 6. see **directions**
di·rec·tion·al [~əl] *a* usmeren (usmjeren)
directional beam usmereni (usmjereni) snop
directional signal pokazivač pravca skretanja
direction finder radio-polukompas
direction indicator (aviation) pokazivač kursa
directions [~s] *n pl* uputstvo (W: uputa); ~ *for use* uputstvo za upotrebu
di·rec·tive [di'rektiv] *n* direktiva, smernica (smjernica)
di·rect·ly [~lij] 1. *adv* see **direct I** 2. *adv* odmah 3. (Br.) *conj* čim
direct object (gram.) pravi objekat
di·rec·tor [di'rektə(r)], [*aj*] *n* 1. direktor, upravnik, rukovodilac; *a library* ~ upravnik biblioteke; *the* ~ *of an institute* direktor zavoda; *a* ~ *of public safety* rukovodilac službe javne bezbednosti (bezbjednosti); *a laboratory (meet)* ~ rukovodilac laboratorije (takmičenja) 2. režiser 3. dirigent
di·rec·tor·ate [~rit] *n* direktorij
di·rec·to·ri·al [direk'torijəl], [*aj*] *a* direktorski
Director of Public Prosecutions (Br.) *(the* ~*)* Državni tužilac
di·rec·tor·ship [~šip] *n* direktorski položaj
di·rec·to·ry [di'rektərij], [*aj*] *n* imenik; adresar; *a telephone* ~ telefonski imenik
Directory *n* (French, hist.) Direktorij
directory assistance obaveštenja — obavještenja (o brojevima telefonskih pretplatnika)
di·rec·tress [di'rektris], [*aj*] *n* direktorica, direktorka
direct tax neposredan porez
dirge [də(r)dž] *n* pogrebna pesma (pjesma), žalopojka
dir·i·gi·ble [di'ridžəbəl] *n* dirižabl, vazdušna (W: zračna) lađa
dirk [də(r)k] *n* bodež

dirt I [də(r)t] *n* 1. zemlja, tle 2. blato; *covered with* ~ pokriven blatom 3. prljavština 4. misc.; **to eat* ~ gutati knedle; **to treat smb. like* ~ postupati sa nekim kao sa psom; **as cheap as* ~ *za džabe*
dirt II *a* zemljan; *a* ~*floor* zemljan pod; *a* ~ *road* lokalni put
dirt-cheap [~-čijp] *a* vrlo jevtin
dirt farmer sitni farmer
dirt·y I [~ij] *a* 1. prljav; ~ *dishes* prljavi sudovi; *a* ~*room (shirt)* prljava soba (košulja); ~ *hands* prljave ruke; (fig.) ~ *business* prljava stvar 2. gadan; ~ *weather* gadno vreme (vrijeme) 3. pornografski; nepristojan; ~ *books* pornografske knjige; *a* ~ *film* pornografski film (also **pornographic**) 4. nesportski, prljav; ~ *playing* nesportska igra 5. misc.; **to wash one's* ~ *linen in public* javno prati svoje prljavo rublje
dirty II *adv* (colloq.) nesportski; *to play* ~ igrati nesportski
dirty III *v tr* uprljati, ukaljati
dirty tricks (usu. pol.) nemoralne smicalice, prljave akcije (čija je svrha narušavanje političke konvencije ili kampanje)
dirty up *v* see **dirty III**
dirty work (colloq.) 1. prevara 2. težak posao; **to do the* ~ podnositi teret
dis·a·bil·i·ty [disə'bilətij] *n* invalidnost, invaliditet; onesposobljenost; (mil.) *a service-connected* ~ ratni invaliditet; *50%* ~ 50 odsto (posto) invaliditeta
disability board invalidska komisija, komisija za utvrđivanje invalidnosti
dis·a·ble [di'sejbəl] *v tr* 1. onesposobiti; *the accident* ~*d him* nesreća ga je onesposobila (za rad); *a* ~*d veteran* ratni invalid 2. izbaciti iz stroja; *a* ~*d vehicle* oštećeno vozilo
dis·a·buse [disə'bjūz] *v tr* osloboditi (nekoga) zablude
dis·ac·cord [disə'ko(r)d] *n* nesloga
dis·ad·van·tage [disəd'vaentidž]; [*a*] *n* 1. nezgoda, smetnja; *at a* ~ u nepovoljnom položaju 2. hendikep
dis·ad·van·taged [~d] *a* siromašan; *he comes from a* ~ *background* on je iz siromašne porodice
dis·ad·van·ta·geous [disaedvən'tejdžəs] *a* nezgodan
dis·af·fect [disə'fekt] *v tr* otuđiti
dis·af·fec·tion [disə'fekšən] *n* otuđenje, nelojalnost
dis·af·for·est [disə'farəst], [o] *v* iskrčiti šumu (u)
dis·a·gree [disə'grij] *v intr* 1. ne slagati se; *I* ~ *ja se ne slažem*; *your report* ~*s with the facts* vaš izveštaj (izvještaj) se ne slaže s činjenicama 2. svađati se 3. ne prijati, škoditi; *this food* ~*s with me* ovo jelo mi ne prija
dis·a·gree·a·ble [~əbəl] *a* neprijatan; neljubazan
dis·a·gree·ment [~mənt] *n* 1. neslaganje; nesloga 2. svađa, raspra
dis·al·low [disə'lau] *v tr* ne dopustiti, odbaciti, odbiti; *to* ~ *a claim* odbaciti zahtev (zahtjev)
dis·ap·pear [disə'pij(r)] *v intr* nestati, iščeznuti; *to* ~ *for good* iščeznuti nepovratno
dis·ap·pear·ance [~rəns] *n* nestanak, iščeznuće
dis·ap·point [disə'pojnt] *v tr* razočarati; ~*ed in smt.* razočaran u nešto
dis·ap·point·ment [~mənt] *n* razočaranje, razočarenje

dis·ap·prov·al [disə'prūvəl] *n* neodobravanje; osuda
dis·ap·prove [disə'prūv] *v* 1. *tr* ne odobriti; osuditi 2. *intr* imati nepovoljno mišljenje; osuđivati; *to* ~ *of smt.* imati nepovoljno mišljenje o nečemu
dis·arm [dis'a(r)m] *v* 1. *tr* razoružati, obezoružati 2. *tr* (fig.) razoružati, umiriti; *to be* ~*ed by smb.'s frankness* biti razoružan nečijom otvorenošću 3. *intr* razoružati se
dis·ar·ma·ment [dis'a(r)məmənt] *n* razoružanje; *general* ~ opšte (opće) razoružanje
dis·arm·ing [~iñ] *a* mio, drag; umirujući; ~ *frankness* umirujuća otvorenost
dis·ar·ray [disə'rej] *n* nered; zbrka; poremećenost; *to throw into* ~ pobrkati
dis·as·sem·ble [disə'sembəl] *v tr* rasklopiti; rastaviti; demontirati; *to* ~ *an engine (a rifle)* rasklopiti motor (pušku)
dis·as·so·ci·ate [disə'sousijejt], [š] *v tr* see **dissociate**
dis·as·ter [di'zaeste(r)]; [*a*] *n* katastrofa, (masovna) nesreća; elementarna nepogoda; *to cause a* ~ izazvati katastrofu; *to invite* ~ dovesti do katastrofe; (as *a*): ~ *control* otklanjanje posledica (posljedica) masovnih nesreća; ~ *relief* pomoć pri masovnim nesrećama; *a* ~ *relief headquarters* štab za odbranu (W: obranu) od elementarnih nepogoda
dis·as·trous [di'zaestrəs]; [*a*] *a* katastrofalan, nesrećan, porazan; *a* ~ *result* porazan rezultat
dis·a·vow [disə'vau] *v tr* odreći se, poreći, oporeći, dezavuisati; *to* ~ *one's debts* odreći se dugova; *to* ~ *one's words* poreći svoje reči (riječi)
dis·a·vow·al [disə'vauəl] *n* odricanje; poricanje
dis·band [dis'baend] *v* 1. *tr* raspustiti; *to* ~ *parliament* raspustiti skupštinu 2. *tr* (mil.) rasformirati; *to* ~ *a unit* rasformirati jedinicu 3. *intr* raspustiti se, razići se; *the parliament* ~*ed* skupština se razišla
dis·band·ment [~mənt] *n* 1. raspuštanje 2. rasformiranje
dis·bar [dis'ba(r)] *v tr* lišiti advokatske dozvole, udaljiti iz advokatske komore
dis·be·lief [disbə'lijf] *n* neverica (nevjerica)
dis·be·lieve [disbi'lijv] *v tr* ne verovati (vjerovati)
dis·burse [dis'bə(r)s] *v tr* isplatiti; izdati
dis·burse·ment [~mənt] *n* isplata; izdavanje
disc see **disk**
dis·cant ['diskaent] see **descant**
dis·card I ['diska(r)d] *n* odbačena stvar
discard II [dis'ka(r)d] *v* 1. *tr* odbaciti 2. *intr* odbaciti kartu
dis·cern [di'sə(r)n] *v tr* raspoznati; razlikovati; primetiti (primjetiti)
dis·cern·i·ble [~əbəl] *a* primetan (primjetan)
dis·cern·ing [~iñ] *a* razborit, mudar; pronicljiv
dis·cern·ment [~mənt] *n* 1. razboritost; pronicljivost 2. razlikovanje
dis·charge I ['dis'ča(r)dž] *n* 1. istovarivanje 2. ispaljivanje, pucanje; *the* ~ *of a rifle* ispaljivanje puške 3. otpuštanje; *the* ~ *of workers* otpuštanje radnika; *a* ~ *from the army* otpuštanje iz vojske; *a dishonorable* ~ otpuštanje (iz vojske) sa lišavanjem prava i privilegija 4. vršenje; *the* ~ *of one's duties* vršenje svoje dužnosti 5. (elec.) pražnjenje; *the* ~ *of a battery* pražnjenje akumulatora

dis·charge II [dis'ča(r)dž] *v* 1. *tr* istovariti 2. *tr* otpustiti; *to ~ from the army (the hospital)* otpustiti iz vojske (bolnice) 3. *tr* vršiti, ispunjavati; *to ~ one's duties* ispunjavati svoje dužnosti 4. *tr* (legal) pustiti; *to ~ a defendant (from prison)* pustiti okrivljenog (iz zatvora) 5. *tr* (legal) ukinuti; *to ~ a court order* ukinuti sudski nalog 6. *tr* opaliti; *to ~ a round* opaliti metak 7. *tr* isprazniti; *to ~ a battery* isprazniti akumulator 8. *intr* opaliti; *the pistol ~d* pištolj je opalio 9. *intr* prazniti se; *the battery is ~ing* akumulator se prazni

discharged bankrupt (Br.) osoba s popravljenim pravima (o stečajnom dužniku)

discharge papers *pl* (mil.) uverenje (uvjerenje) o otpuštanju (iz vojske)

dis·ci·ple [di'sajpəl] *n* učenik, pristalica

dis·ci·pli·nar·i·an [disəplə'nejrijən] *n* strog starešina, vaspitač

dis·ci·pli·nar·y ['disəplənerij]; [ə] *a* disciplinski, disciplinarni; *to initiate ~ action against smb.* pokrenuti disciplinski postupak protiv nekoga; *a ~ fine* disciplinska kazna; *~ barracks* kasarne za kažnjenike

dis·ci·pline I ['disəplin] *n* 1. disciplina; *to tighten (crack down on) ~* pooštriti disciplinu; *to maintain (enforce) ~* održavati disciplinu; *military ~* vojna disciplina; *to violate (undermine) ~* prekršiti (narušiti) disciplinu 2. naučna grana, disciplina

discipline II *v tr* 1. disciplinovati 2. disciplinski kazniti

disc jockey disk-džokej (koji komentariše ploče)

dis·claim [dis'klejm] *v tr* odreći se (nečega)

dis·claim·er [~ə(r)] *n* odricanje, poricanje

dis·close [dis'klouz] *v tr* otkriti, obelodaniti (objelodaniti) odati; *to ~ a secret* odati tajnu

dis·clo·sure [dis'kloužə(r)] *n* otkriće, obelodanjivanje (objelodanjivanje); *~ of a secret* obelodanjivanje tajne

dis·co ['diskou] *n* 1. disko (vrsta muzike) 2. disko-klub

dis·cob·o·lus [dis'kabələs]; [o] (-li [laj]) *n* bacač diska, diskobol (more usu. is discus thrower)

dis·col·or [dis'kələ(r)] *v* 1. *tr* pokvariti boju (nečega) 2. *intr* izgubiti boju

dis·col·or·a·tion [diskələ'rejšən] *n* kvarenje boje, gubljenje boje

dis·com·fit [dis'kəmfit] *v tr* 1. uznemiriti, zbuniti 2. poremetiti 3. nadjačati

dis·com·fi·ture [dis'kəmfiču(r)] *n* 1. uznemirenost, zbunjenost 2. poremećenje 3. nadjačavanje

dis·com·fort I [dis'kəmfə(r)t] *n* neudobnost, nelagodnost; *to cause ~* izazvati neudobnost

discomfort II *v tr* uznemiriti

dis·com·pose [diskəm'pouz] *v tr* uznemiriti

dis·com·po·sure [~žə(r)] *n* uznemirenost

disco music disko muzika

dis·con·cert [diskən'sə(r)t] *v tr* uznemiriti, zbuniti

dis·con·cert·ed [~id] *a* uznemiren

dis·con·nect [diskə'nekt] *v tr* 1. isključiti, iskopčati, odvojiti 2. prekinuti vezu (između)

dis·con·nect·ed [~id] *a* nepovezan

dis·con·so·late [dis'kansəlit]; [o] *a* neutešan (neutješan)

dis·con·tent [diskən'tent] *n* nezadovoljstvo; *to cause ~* izazvati nezadovoljstvo

dis·con·tent·ed [~id] *a* nezadovoljan

dis·con·tin·u·a·tion [diskəntinjü'ejšən] *n* prestanak, prekid

dis·con·tin·ue [diskən'tinjü] *v tr* 1. prestati, prekinuti; *to ~ one's visits* prestati sa svojim posetama (posjetima) 2. ukinuti; *to ~ a bus line* ukinuti autobusku liniju 3. isprekidati

dis·con·ti·nu·i·ty [diskanti'nüətij]; [o] *n* neproduženost; nepovezanost

dis·con·tin·u·ous [diskən'tinjüəs] *a* isprekidan; nepovezan; *a ~ sound* isprekidan zvuk

disc·o·phile ['diskəfajl] *n* skupljač (ili ljubitelj) gramofonskih ploča

dis·cord ['disko(r)d] *n* 1. nesloga, neslaganje; nesklad, razdor; *to introduce ~ among* uneti (unijeti) razdor među 2. (mus.) disonanca, disakord

dis·cor·dance [dis'ko(r)dəns] *n* see discord

dis·cor·dant [dis'ko(r)dənt] *a* nesložan, neskladan

dis·co·theque ['diskətek] *n* diskoteka

dis·count I ['diskaunt] *n* 1. popust; *a 20% ~* popust od 20 odsto; *to sell at (with) a ~* prodati uz popust 2. diskont, eskont 3. (or: *~ rate*) diskontna (eskontna) stopa 4. cena (cijena) ispod pariteta; *at a ~* ispod pariteta (nominalne vrednosti — vrijednosti)

discount II ['dis'kaunt] *v tr* 1. prodati uz popust 2. diskontovati 3. (fig.) primiti s rezervom; *I ~ a great deal of what he says* odbijam (odbacujem) dobar deo (dio) onoga što on priča 4. (fig.) opovrgnuti; *to ~ a rumor* opovrgnuti vest (vijest)

discount rate diskontna (eskontna) stopa; *to lower (raise) the ~* smanjiti (povećati) eskontnu stopu

discount store radnja koja sve prodaje po sniženoj ceni (cijeni)

dis·cour·age [dis'kəridž] *v tr* 1. obeshrabriti; *to become ~d* klonuti duhom 2. odvratiti, odgovoriti; *to ~ smb. from doing smt.* odvratiti nekoga od nečega

dis·cour·age·ment [~mənt] *n* 1. obeshrabrenje 2. odvraćanje

dis·course I ['disko(r)s] *n* 1. govor; (gram.) *direct (indirect) ~* neposredni (posredni) govor 2. predavanje, javni govor 3. (ling.) diskurs

discourse II *v intr* predavati; *to ~ upon* održavati predavanje o

discourse analysis (ling.) sintaksa diskursa

dis·cour·te·ous [dis'kə(r)tijəs] *a* neučtiv

dis·cour·te·sy [~təsij] *n* neučtivost

dis·cov·er [dis'kəvə(r)] *v tr* otkriti, pronaći; *Columbus ~ed America* Kolumbo je otkrio Ameriku; *to ~ a vaccine* pronaći vakcinu; *we ~ed that he was a good cook* otkrili smo da je on dobar kuvar (kuhar); *he ~ed how to do it* otkrio je kako to da uradi (or: otkrio je kako se to radi)

dis·cov·er·er [~rə(r)] *n* pronalazač

dis·cov·er·y [~rij] *n* 1. otkriće, pronalazak; *the ~ of a remedy* pronalazak leka (lijeka); *to make a ~* učiniti otkriće 2. (legal) traženje dokaznog materijala

dis·cred·it I [dis'kredit] *n* 1. gubitak poverenja (po-
vjerenja); *to bring ~ on oneself* izgubiti ugled
2. sram, ljaga
discredit II *v tr* 1. diskreditovati; *to ~ oneself*
diskreditovati se 2. ne verovati (vjerovati);
to ~ rumors ne verovati glasovima
dis·creet [dis'krijt] *a* diskretan, oprezan
dis·creet·ness [~nis] see **discretion** 1
dis·crep·an·cy [dis'krepənsij] *n* neslaganje, ras-
korak, protivrečnost (protivurječnost) *full of
~cies* pun protivrečnosti
dis·crete [dis'krijt] *a* 1. odvojen, izolovan 2. preki-
dan
dis·cre·tion [dis'krešən] *n* 1. diskrecija, diskretnost;
opreznost; **~ is the better part of valor* hrab-
rost treba da bude udružena sa opreznošću
2. sloboda odlučivanja; *to use one's own ~*
upotrebiti svoju slobodu odlučivanja
dis·cre·tion·ar·y [~erij]; [ə] *a* samovoljan; neogra-
ničen; *~ powers* neograničeno punomoćje
dis·crim·i·nate I [dis'krimənit] *a* see **discriminating**
discriminate II [~nejt] *v* 1. *tr and intr* razlikovati;
to ~ between razlikovati između 2. *intr* diskri-
minirati; *to ~ against smb.* diskriminirati neko-
ga, izložiti nekoga diskriminaciji
dis·crim·i·na·ting [~ing] *a* koji razlikuje, koji
zapaža razlike; *~ taste* fin ukus
dis·crim·i·na·tion [diskrimə'nejšən] *n* 1. razlikova-
nje; sposobnost razlikovanja 2. diskriminacija;
~ against smb. diskriminacija prema nekome;
to practice (eliminate) ~ vršiti (iskoreniti —
iskorijeniti) diskriminaciju; *to fight racial ~*
boriti se protiv rasne diskriminacije; *to subject
smb. to ~* izložiti nekoga diskriminaciji
dis·crim·i·na·tive [dis'krimənətiv] *a* 1. see **dis-
criminating** 2. see **discriminatory**
dis·crim·i·na·tor [dis'krimənejtə(r)] *n* (elec.) dis-
kriminator
dis·crim·i·na·to·ry [dis'krimənətorij]; [ə] *a* dis-
kriminacioni; *a ~ act* diskriminacioni postupak
dis·cur·sive [dis'kə(r)siv] *a* diskurzivan
dis·cus ['diskəs] *n* 1. disk; *to throw the ~* bacati
disk 2. (or: *the ~ throw*) bacanje diska
dis·cuss [dis'kəs] *v tr* raspravljati, diskutovati;
pretresati; razmotriti; *to ~ smt.* raspravljati
(diskutovati) o nečemu; *to ~ a budget (the
news)* pretresati budžet (novosti)
dis·cuss·a·ble [~əbəl] *a* diskutabilan
dis·cuss·ant [~ənt] *a* diskutant
dis·cus·sion [dis'kəšən] *n* raspravljanje, diskusija;
razmatranje; *to bring up for ~* uzeti u razmatra-
nje; *a ~ about smt.* diskusija o nečemu; *the
question under ~* pitanje koje se pretresa; *to
have a ~* voditi diskusiju
discus throw see **discus** 2
discus thrower bacač diska, diskobol
dis·dain I [dis'dejn] *n* prezir; oholost; *to feel ~
for smb.* osećati (osjećati) prezir prema nekome
disdain II *v tr* prezirati; omalovažiti
dis·dain·ful [~fəl] *a* prezriv; ohol; *~ of (toward)*
prezriv prema
dis·ease [di'zijz] *n* bolest; *a contagious ~* zarazna
bolest; *an acquired (congenital) ~* stečena
(kongenitalna) bolest
dis·eased [~d] *a* bolestan; načet bolešću

dis·em·bark [disim'ba(r)k] *v.* 1. *tr* iskrcati 2. *intr*
iskrcati se; *the troops have ~ed* trupe su se
iskrcale
dis·em·bar·rass [disim'baerəs] *v tr* osloboditi
dis·em·bod·y [disim'badij]; [o] *v tr* rastaviti od
tela (tijela)
dis·em·bow·el [disim'bauəl] *v tr* izvaditi (nečiju)
utrobu
dis·em·broil [disim'brojl] *v tr* razmrsiti
dis·en·chant [disin'čaent]; [a] *v tr* razočarati
dis·en·chant·ment [~mənt] *n* razočaranje
dis·en·cum·ber [disin'kəmbə(r)] *v tr* rasteretiti
dis·en·gage [disin'gejdž] *v tr* 1. dezangažovati,
razdvojiti 2. odvojiti; *to ~ a clutch* otkvačiti
dis·en·gage·ment [-mənt] *n* dezangažovanje, raz-
dvajanje
dis·en·tan·gle [disin'taenggəl] *v tr* odmrsiti, raz-
mrsiti, rasplesti
dis·fa·vor [dis'fejvə(r)] *n* 1. nenaklonost; *to regard
a person with ~* gledati nekoga s nenaklonošću
2. nemilost; *to fall into ~* pasti u nemilost
dis·fig·u·ra·tion [disfigjə'rejšən] *n* see **disfigurement**
dis·fig·ure [dis'figjə(r)] *v tr* nakaraditi, unakaraditi,
unakaziti; *~d by scars* unakažen ožiljcima
dis·fig·ure·ment [~mənt] *n* unakaženje
dis·fran·chise [dis'fraenčajz] *v tr* lišiti (nekoga)
prava državljanstva, izbornog prava
dis·frock [dis'frak]; [o] see **unfrock**
dis·gorge [dis'go(r)dž] *v tr* izbljuvati, povratiti
dis·grace I [dis'grejs] *n* 1. sramota; *he is a ~ to
all of us* on služi na sramotu svih nas; *it's a
~ for all of us* to je sramota za sve nas; *to bring
~ to one's family* naneti (nanijeti) sramotu
svojoj porodici 2. nemilost; *to fall into ~* pasti
u nemilost
disgrace II *v tr* osramotiti, obrukati; *to ~ smb.*
osramotiti nekoga; *to ~ oneself* obrukati se
dis·grace·ful [~fəl] *a* sraman, sramotan; beščas-
tan; *~ behavior* sramno ponašanje
dis·grun·tled [dis'grəntəld] *a* nezadovoljan
dis·grun·tle·ment [~əlmənt] *n* nezadovoljstvo
dis·guise I [dis'gajz] *n* prerušenje; **a blessing in
~* sreća pod vidom nesreće
disguise II *v tr* prerušiti; *they ~d him as a police-
man* oni su ga prerušili u policajca
dis·gust I [dis'gəst] *n* gađenje, osećanje (osjećanje)
odvratnosti; *to cause ~* izazvati gađenje; *to
feel ~* osećati (osjećati) odvratnost; *~
with smt.* gađenje prema nečemu **to throw
up one's hands in ~* širiti ruke u znak nemoći
disgust II *v tr* zgaditi, izazvati gađenje (kod)
dis·gust·ed [~id] *a* ispunjen gađenjem, odvratno-
šću; *to be ~ at smt. (with smb.)* osećati (osjećati)
odvratnost prema nečemu (nekome)
dis·gust·ing [~ing] *a* odvratan, gadan
dish I [diš] *n* 1. činija, zdela (zdjela); *a salad
~* činija za salatu 2. porcija, količina hrane u
činiji 3. jelo; *a plain ~* jednostavno jelo; *a
main ~* glavno jelo 4. (usu. in *pl*) sud; *to wash
(dry) the ~es* oprati (obrisati) sudove 5. (colloq.)
struka, specijalnost; *math is not my ~* matemati-
ka nije moja struka 6. (slang) privlačna devojka
(djevojka)
dish II *v tr* 1. (Br., slang) nadmudriti, izigrati
2. (*to ~ out, up*) deliti (dijeliti); *to ~ out
(up) food* deliti hranu; **to ~ it out* grditi, tući

dis·har·mo·ny [dis'ha(r)mənij] *n* nesloga, nesklad (also **discord**)

dish·cloth ['diškloth] *n* krpa za pranje sudova

dis·heart·en [dis'ha(r)tən] *v tr* obeshrabriti

dishes see **dish** I 4

di·shev·el [di'ševəl] *v tr* razbarušiti, raščerupati (see also **muss** 2)

dish·ful [~fəl] *n* puna činija

dis·hon·est [dis'hanist]; [o] *a* nepošten, nečastan

dis·hon·es·ty [~ij] *n* nepoštenost, nepoštenje, nečasnost

dis·hon·or I [dis'anə(r)]; [o] *n* beščašće, sramota

dishonor II *v tr* 1. osramotiti, posramiti 2. (comm.) ne isplatiti; *to ~ a note* ne isplatiti menicu (mjenicu)

dis·hon·or·a·ble [~rəbəl] *a* nečastan

dishonorable discharge (Am., mil.) otpuštanje (iz vojske) sa lišavanjem prava i privilegija

dish·rag ['dišraeg] *n* see **dishcloth**

dish·tow·el [~tauəl] *n* krpa za brisanje sudova

dish·wash·er [~waša(r)] [o] *n* 1. perač sudova 2. mašina (W: stroj) za pranje sudova (W: suđa)

dish·wa·ter [~wotə(r)], [a] *n* pomije, splačine

dis·il·lu·sion [disi'lūžən] *v tr* razočarati, osloboditi (nekoga) iluzije

dis·il·lu·sion·ment [~mənt] *n* razočaranje

dis·in·cli·na·tion [disinklə'nejšən] *n* nenaklonost

dis·in·clined [disin'klajnd] *a* nesklon, nenaklonjen

dis·in·fect [disin'fekt] *v tr* dezinficirati

dis·in·fec·tant I [~ənt] *n* dezinfekciono sredstvo

disinfectant II *a* dezinfekcioni, koji dezinficira

dis·in·for·ma·tion [disinfə(r)'mejšən] *n* dezinformacija

dis·in·her·it [disin'herit] *v tr* lišiti (nekoga) nasledstva (nasljedstva)

dis·in·te·grate [dis'intəgrejt] *v* 1. *tr* raščlaniti 2. *intr* raspasti se

dis·in·te·gra·tion [disintə'grejšən] *n* raspadanje

dis·in·ter [disin'tə(r)] *v tr* ekshumirati, iskopati; *to ~ a corpse* iskopati leš (iz groba)

dis·in·ter·est [dis'intrist] *n* 1. nepristrasnost 2. nezainteresovanost

dis·in·ter·est·ed [~id] *a* 1. nepristrastan 2. nezainteresovan

dis·joint·ed [dis'džojntid] *a* 1. razdvojen, rastavljen 2. iščašen 3 nevezan; *a ~ account* nevezana priča

dis·junc·tion [dis'džəngkšən] *n* razdvojenost

dis·junc·tive [dis'džəngktiv] *a* rastavni; *a ~ conjunction* rastavna svezica

disk [disk] *n* 1. disk, kotur 2. (anat.) disk; pršljen; *a slipped ~* iščašenje pršljena 3. (C.) disk; *to format a ~* formatizovati disk

disk brake disk-kočnica

disk drive (C.) disk-jedinica

dis·kette [dis'ket] *n* (C.) disketa

disk operating system (C.) disk operativni sistem

dis·like I [dis'lajk] *n* nevoljenje, neraspoloženje, nenaklonost, nesklonost; *to take a ~ to smb.* osetiti (osjetiti) nesklonost prema nekome

dislike II *v tr* ne voleti (voljeti)

dis·lo·cate ['dis'loukejt] *v tr* iščašiti; *to ~ a shoulder* iščašiti rame

dis·lo·ca·tion [dislou'kejšən] *n* iščašenje

dis·lodge [dis'ladž]; [o] *v tr* 1. pomaći, deložirati, iseliti 2. isterati (istjerati)

dis·loy·al [dis'lojəl] *a* nelojalan, neveran (nevjeran)

dis·loy·al·ty [dis'lojəltij] *n* nelojalnost, neverstvo (nevjerstvo)

dis·mal I ['dizməl] *n* (Southern Am.) močvara

dismal II *a* sumoran, tužan

dis·man·tle [dis'maentəl] *v tr* rasklopiti, rastaviti, razmontirati

dis·may I [dis'mej] *n* poraženost, užasnutost, zaprepašćenje; *to cause ~* izazvati zaprepašćenje; *to my ~* na moje zaprepašćenje; *to feel ~* biti poražen

dismay II *v tr* poraziti, užasnuti

dis·mem·ber [dis'membə(r)] *v tr* rastrgnuti, raskomadati

dis·miss [dis'mis] *v tr* 1. otpustiti; *to ~ from a job* otpustiti s posla (iz službe) 2. raspustiti; *to ~ parliament* raspustiti skupštinu; (mil.) *to ~ a formation* raspustiti stroj 3. izbaciti (iz glave); *to ~ all thoughts of revenge* izbaciti iz glave svaku misao o osveti 4. odbaciti; odbiti; *to ~ a plea* odbiti molbu 5. (legal) obustaviti; *to ~ a case* obustaviti postupak

dis·mis·sal [~əl] *n* 1. otpuštanje; raspuštanje 2. (legal) obustava; *~ of a case* obustava postupka

dis·mount [dis'maunt] *v intr* sjahati; *to ~ from a horse* sjahati s konja

dis·o·be·di·ence [disə'bijdijəns] *n* neposlušnost; *civil ~* građanska neposlušnost; (mil.) *~ to orders* neizvršenje zapovesti (zapovijesti)

dis·o·be·di·ent [~ənt] *a* neposlušan

dis·o·bey [disə'bej] *v* 1. *tr* ne slušati; biti neposlušan (nekome); *to ~ one's parents* ne slušati roditelje 2. *intr* biti neposlušan

dis·or·der [dis'o(r)də(r)] *n* 1. nered, urnebes 2. metež, gužva, nemir; *civil ~s* nemiri civilnog stanovništva; *to stir up ~s* izazvati nemire; *violent ~s broke out* izbili su žestoki nemiri 3. oboljenje; *an intestinal ~* oboljenje creva (crijeva); *a genetic ~* nasledno (nasljedno) oboljenje

dis·or·der·ly [~lij] *a* 1. neuredan, neuređen 2. nasilnički, nepristojan; (legal) *~ conduct* nasilničko ponašanje; ispad; *a ~ house* javna kuća

dis·or·gan·i·za·tion [diso(r)gənə'zejšən]; [aj] *n* dezorganizacija

dis·or·gan·ize [dis'o(r)gənajz] *v tr* dezorganizovati

dis·o·ri·ent [dis'orijent] *v tr* dezorijentisati

dis·or·i·en·tate [~ejt] Br.; see **disorient**

dis·o·ri·en·ta·tion [~'ejšən] *n* dezorijentisanje

dis·own [dis'oun] *v tr* odreći se; *to ~ one's children* odreći se svoje dece (djece)

dis·par·age [dis'paeridž] *v tr* omalovažiti; nipodaštavati

dis·par·age·ment [~mənt] *n* omalovažavanje; nipodaštavanje

dis·par·ag·ing·ly [~iŋglij] *adv* omalovažavajući

dis·par·ate [dis'paerit], ['dispərit] *a* disparatan, (sasvim) različit

dis·par·i·ty [dis'paerətij] *n* disparitet, (potpuna) različnost; *a ~ in age* razlika u godinama

dis·pas·sion·ate [dis'paešənit] *a* nepristrastan; tih

dis·patch I [dis'paeč] *n* 1. odašiljanje 2. pogubljenje 3. izveštaj (izvještaj); depeša 4. brzina, brzo obavljanje; *to do smt. with ~* uraditi nešto brzo

dispatch II *v tr* 1. odaslati, poslati; otpremiti; *to ~ a messenger* poslati kurira; *to ~ a message* otpremiti izveštaj (izvještaj) 2. pogubiti
dis·patch·er [~ə(r)] *n* dispečer; otpravnik (vozova — W: vlakova)
dispatch rider (esp. Br.) kurir (obično na motociklu)
dis·pel [dis'pel] *v tr* odagnati, srušiti, razbiti, oterati (otjerati); *to ~ illusions* razbiti iluzije; *to ~ a myth* srušiti mit; *to ~ doubts* odagnati sumnje
dis·pen·sa·ble [dis'pensəbəl] *n* nebitan; *he is ~* može se bez njega
dis·pen·sa·ry [~sərij] *n* 1. dispanzer 2. apoteka (u nekoj ustanovi)
dis·pen·sa·tion [dispen'sejšən], [ə] *n* 1. razdavanje, davanje; *the ~ of medicines* davanje lekova (lijekova) po receptu 2. oslobođenje, oproštaj; *the ~ of sins* oproštaj grehova (grijehova) 3. božanski zakoni
dis·pense [dis'pens] *v* 1. *tr* podeliti (podijeliti); izdati; *to ~ justice (mercy)* deliti pravdu (milost); *to ~ medicines* izdavati lekove (lijekove) 2. *intr* biti bez; izostaviti; *to ~ with formalities* izostaviti formalnosti; *we will ~ with an interpreter* razgovor će se voditi bez prevodioca
dis·pens·er [~ə(r)] *n* zidni držač (za papirne čaše, peškire)
dispensing chemist (Br.) apotekar
dis·per·sal [dis'pə(r)səl] *n* rasturanje; razbacivanje
dis·perse [dis'pə(r)s] *v* 1. *tr* rasturiti, rasterati (rastjerati), raščistiti, rasuti; *to ~ a crowd* rasturiti gužvu; *to ~ demonstrators* rasterati (raščistiti) demonstrante; *to ~ rays* rasuti zrake 2. *tr* dekoncentrisati; rasturiti; *to ~ troops* dekoncentrisati jedinice 3. *tr* raseliti 4. *intr* rasturiti se, razići se; *the crowd ~d* svet (svijet) se razišao
dis·per·sion [dis'pə(r)žən] *n* 1. rasturanje, rasprširanje 2. disperzija; (phys.) *the ~ of light* disperzija svetlosti (svjetlosti) 3. dekoncentracija
dis·pir·it·ed [dis'pirited] *a* potišten, utučen
dis·place [dis'plejs] *v tr* 1. pomaći, pomeriti (pomjeriti), premestiti (premjestiti) 2. istisnuti, potisnuti; svrgnuti 3. zameniti (zamijeniti)
displaced person raseljeno lice (also **D. P.**)
dis·place·ment [~mənt] *n* 1. pomicanje, pomeranje (pomjeranje), premeštanje (premještanje) 2. svrgnuće 3. (naut.) deplasman, istisnina
displacement ton tona deplasmana
dis·play I [dis'plej] *n* 1. izlaganje; izložba; *on ~* izložen 2. ispoljavanje; *a ~ of courage* ispoljavanje hrabrosti 3. (pejor.) paradiranje, razmetanje; *to make a ~* paradirati; *to make a great ~ of grief* razmetati se žalošću 4. (C.) monitor, ekran, video-prikaz
display II *v tr* 1. izložiti (na vidno mesto — mjesto); *to ~ merchandise* izložiti robu 2. pokazati; *to ~ intelligence* pokazati inteligenciju 3. (pejor.) paradirati; *to ~ erudition* paradirati erudicijom
dis·please [dis'plijz] *v tr* ne sviđati se; *that ~s me* to mi se ne sviđa; *to be ~d* biti ljut (nezadovoljan)
dis·pleas·ure [dis'pležə(r)] *n* nezadovoljstvo; ljutina
dis·port [dis'po(r)t] *v refl* zabavljati se
dis·pos·a·ble [dis'pouzəbəl] *a* 1. koji se izbacuje posle (poslije) upotrebe 2. raspoloživ

dis·pos·al [dis'pouzəl] *n* 1. raspoređenje 2. prodaja 3. odstranjivanje, izbacivanje; *sewage ~* odstranjivanje otpadaka 4. raspolaganje, dispozicija; *to place smt. at smb.'s ~* staviti nekome nešto na raspolaganje 5. see **garbage disposal**
dis·pose [dis'pouz] *v* 1. *tr* rasporediti; *to ~ troops* rasporediti trupe 2. *tr* raspoložiti 3. *intr* raspolagati; disponovati; *to ~ of one's time* raspolagati vremenom; *to ~ of funds* disponovati novcem; **man proposes and God ~s* čovek (čovjek) snuje, a bog određuje 4. *intr* prodati; *to ~ of property* prodati imovinu 5. *intr* izbaciti; *to ~ of trash* izbaciti đubre
dis·posed 1. see **dispose** 2. *a* raspoložen; *~ toward* raspoložen prema
dis·po·si·tion [dispə'zišən] *n* 1. raspored, raspoređivanje; (mil.) *a ~ of troops* borbeni poredak 2. raspoloženje, narav, dispozicija 3. raspolaganje, dispozicija 4. rukovođenje
dis·pos·sess [dipə'zes] *v tr* oduzeti (nekome) imanje
dis·proof [dis'prūf] *n* pobijanje, opovrgnuće
dis·pro·por·tion [disprə'po(r)šən] *n* disproporcija
dis·pro·por·tion·al [~əl] *a* disproporcijalan
dis·pro·por·tion·ate [~it] *a* disproporcijalan; nesrazmeran (nesrazmjeran); *~ to smt.* nesrazmeran nečemu
dis·prove [dis'prūv] *v tr* pobiti, opovrgnuti; *to ~ a theory* opovrgnuti teoriju
dis·pu·tant [dis'pjūtənt] *n* disputant
dis·pu·ta·tion [dispju'tejšən] *n* disputacija
dis·pute I [dis'pjūt] *n* disput
dispute II *v* 1. *tr* osporiti; *to ~ a statement* osporiti tvrđenje 2. *tr* see **contest II** 2 3. *intr* svađati se, disputovati
dis·qual·i·fi·ca·tion [diskwaləfi'kejšən]; [o] *n* diskvalifikacija
dis·qual·i·fy [dis'kwaləfaj]; [o] *v tr* diskvalifikovati
dis·qui·et I [dis'kwajit] *n* uznemirenost
disquiet II *v tr* uznemiriti
dis·qui·e·tude [dis'kwajətūd]; [tj] *n* uznemirenost
dis·qui·si·tion [diskwə'zišən] *n* naučna rasprava
dis·re·gard I [disri'ga(r)d] *n* nepažnja, neobraćanje pažnje
disregard II *v tr* ne obazirati se (na); izostaviti; *to ~ a remark* ne obazirati se na primedbu (primjedbu); *to ~ an item* izostaviti stavku
dis·re·pair [disri'pej(r)] *n* oronulost, zapuštenost
dis·rep·u·ta·ble [dis'repjətəbəl] *a* zloglasan, ozloglašen
dis·re·pute [disri'pjūt] *n* zloglasnost
dis·re·spect I [disri'spekt] *n* nepoštovanje; *to show ~* pokazati nepoštovanje
disrespect II *v tr* ne poštovati, omalovažavati
dis·re·spect·ful [~fəl] *a* neučtiv; koji ne poštuje; *a ~ remark* neučtiva primedba (primjedba)
dis·robe [dis'roub] *v* 1. *tr* svući 2. *intr* svući se
dis·rupt [dis'rəpt] *v tr* 1. poremetiti 2. prekinuti
dis·rup·tion [dis'rəpšən] *n* 1. remećenje 2. prekid; *to work without ~s* raditi bez prekida
dis·rup·tive [~iv] *a* koji remeti
dis·sat·is·fac·tion [disaetis'faekšən] *n* nezadovoljstvo; *~ with smt.* nezadovoljstvo nečim
dis·sat·is·fac·to·ry [~ktərij] *a* nezadovoljavajući (more usu. is **unsatisfactory**)
dis·sat·is·fied [di'saetisfajd] *a* nezadovoljan; *~ with smt.* nezadovoljan (s) nečim

dis·sect ['daj'sekt], [di'sekt] *v tr* secirati
dis·sec·tion [di'sekšən], [*aj*] *n* disekcija
dis·sem·ble [di'sembəl] *v* 1. *tr* prikrivati; *to ~ one's emotions* prikrivati svoje emocije 2. *tr* simulirati 3. *intr* pretvarati se
dis·sem·i·nate [di'semənejt] *v tr* raširiti, rasprostraniti; *to ~ culture (knowledge)* raširiti kulturu (znanje)
dis·sem·i·na·tion [disemə'nejšən] *n* širenje
dis·sen·sion [di'senšən] *n* razmirica, raspra, razdor; *to introduce ~* uneti (unijeti) razdor
dis·sent I [di'sent] *n* 1. neslaganje, razilaženje (u mišljenju) 2. disidentstvo
dissent II *v intr* ne slagati se
dis·sent·er [~ə(r)] *n* 1. disident 2. (Br.) onaj koji ne prima doktrine anglikanske crkve
dissenting opinion see dissent I 1
dis·ser·ta·tion [disə(r)'tejšən] *n* disertacija, teza; *a doctoral ~* doktorska disertacija; *to defend a ~* odbraniti (W: obraniti) disertaciju; (as *a*) *a ~ defense* odbrana (W: obrana) disertacije
dis·ser·vice [dis'sə(r)vis] *n* rđava usluga; *to do smb. a ~* učiniti nekome rđavu uslugu
dis·si·dence ['disədəns] *n* disidentstvo
dis·si·dent [~nt] *n* disident
dis·sim·i·lar [di'simələ(r)] *a* različit; nesličan
dis·sim·i·lar·i·ty [disimə'laerətij] *n* različitost
dis·sim·i·late [di'simələjt] *v* 1. *tr* disimilovati 2. *intr* disimilovati se
dis·sim·i·la·tion [disimə'lejšən] *n* disimilacija
dis·si·pate ['disəpejt] *v* 1. *tr* proćerdati, rasteći, rasuti; *to ~ one's fortune* proćerdati imovinu 2. *intr* rasturati se 3. *intr* odati se raspusnom životu
dis·si·pat·ed [~id] *a* 1. raspustan, raskalašan 2. rasut
dis·si·pa·tion [disə'pejšən] *n* 1. rasipanje 2. raspustan život, raspusnost, raskalašnost 3. zabava
dis·so·ci·ate [di'soušijejt], [s] *v* 1. *tr* odvojiti 2. *refl* ograditi se, distancirati se; *to ~ oneself from smt.* ograditi se od nečega
dis·so·ci·a·tion [disoušij'ejšən], [s] *n* 1. odvajanje; odvojenost 2. ograda, distanciranje
dis·sol·u·ble [di'saljəbəl]; [*o*] *a* rastvorljiv, rastopiv
dis·so·lute ['disəlūt]; [*lj*] *a* raskalašan, raspustan
dis·so·lu·tion [disə'lūšən] *n* 1. rastvaranje 2. poništenje; *~ of a marriage* poništenje braka 3. raspuštanje; *~ of parliament* raspuštanje skupštine
dis·solve [di'zalv]; [*o*] *v* 1. *tr* rastvoriti, rastopiti; razmutiti; *to ~ in water* razmutiti u vodi 2. *tr* poništiti 3. *tr* raspustiti; *to ~ parliament* raspustiti skupštinu 4. *intr* rastvoriti se, rastopiti se
dis·sol·vent [di'zalvənt]; [*o*] *n* see solvent
dis·so·nance ['disənəns] *n* disonanca
dis·so·nan·cy [~ij] see dissonance
dis·so·nant [~ənt] *a* disonantan
dis·suade [di'swejd] *v tr* odgovoriti, odvratiti; *to ~ smb. from doing smt.* odvratiti nekoga od nečega
dis·sua·sion [di'swejžən] *n* odgovaranje, odvraćanje
dis·syl·lab·ic see disyllabic
dis·syl·la·ble see disyllable
dis·taff ['distaef]; [*a*] *n* 1. preslica 2. (fig.) žena
distaff side ženska, maternja strana

dis·tance ['distəns] *n* 1. daljina, distancija, razdaljina, udaljenost, rastojanje; *to calculate a ~* izračunati daljinu; *what is the ~ from here to Philadelphia?* koliko ima odavde do Filadelfije? 2. odstojanje; *to keep smb. at a ~* držati nekoga na odstojanju; *to keep one's ~ from smb.* držati se na odstojanju od nekoga
dis·tant ['distənt] *a* 1. dalek, udaljen; *the ~ past* daleka prošlost; *~ relatives* daleki rođaci; *a ~ star* udaljena zvezda (zvijezda) 2. (fig.) hladan; *to be rather ~* biti prilično hladan 3. misc.; *a ~ view* pogled izdaleka; *a ~ resemblance* jedva primetna (primjetna) sličnost
distant early warning udaljeno rano upozoravanje, linija radarskog otkrivanja
dis·taste [dis'tejst] *n* nenaklonost; *a ~ for work* nenaklonost prema radu
dis·taste·ful [~fəl] *a* nezahvalan; *a ~ duty (role)* nezahvalna dužnost (uloga)
dis·tem·per I [dis'tempə(r)] *n* 1. kataralna pseća bolest 2. bolest
distemper II *n* (Br.) tempera (see also calcimine)
dis·tend [dis'tend] *v* 1. *tr* naduvati; rastegnuti 2. *intr* naduvati se
dis·ten·tion, dis·ten·sion [dis'tenšən] *n* nadutost, naduvenost; rastezanje
dis·tich ['distik] *n* distih, dvostih
distil Br., see distill
dis·till [dis'til] *v tr* destilirati
dis·til·late ['distəlejt], [dis'tilit] *n* destilat
dis·til·la·tion [distə'lejšən] *n* destilacija
dis·till·er [dis'tilə(r)] *n* 1. destilator 2. proizvođač viskija
dis·till·er·y [~rij] *n* destilacija (fabrika gde — gdje se vrši destilisanje)
dis·tinct [dis'tinkt] *a* 1. poseban, osobit; *two ~ dialects* dva posebna dijalekta 2. jasan, vidljiv; *a ~ shadow* sasvim vidljiva senka (sjenka) 3. čitak, razgovetan 4. očigledan; *a ~ improvement* očigledno poboljšanje
dis·tinc·tion [dis'tiṅgksən] *n* 1. razlika, distinkcija; *to make a ~ between two things* praviti razliku između dve (dvije) stvari 2. odlika, posebno obeležje (obilježje) 3. odličnost, izvrsnost; glas, ugled; *an artist of ~* istaknut umetnik (umjetnik) 4. odlikovanje; *to graduate with ~* diplomirati s odličnim uspehom (uspjehom)
dis·tinc·tive [~ktiv] *a* 1. karakterističan; osoben, distinktivan 2. (ling.) distinktivan
distinctive feature (ling.) distinktivno obeležje (obilježje)
dis·tin·guish [dis'tiṅgwiš] *v* 1. *tr* razlikovati, deliti (dijeliti) 2. *tr* jasno opaziti, primetiti (primjetiti); *to ~ a distant object* jasno opaziti neki udaljen predmet 3. *refl* odlikovati se, istaći se; *to ~ oneself* odlikovati se, istaći se 4. *intr* praviti razlike
dis·tin·guished [~t] *a* 1. proslavljen, slavan, odlikovan, istaknut; *a ~ writer* proslavljen pisac; *a ~ career* slavna karijera 2. otmen; *~ appearance* otmen izgled; *a ~ manner* otmeno ponašanje 3. (mil.) istaknut; *a ~ service medal* medalja za istaknute zasluge; *a ~ service cross* krst (W: križ) za borbene zasluge
dis·tort [dis'to(r)t] *v tr* iskriviti; *his face was ~ed with fear* lice mu se iskrivilo od straha (also

contort) 2. izvrnuti, iskriviti; *to ~ facts* izvrnuti činjenice; *to ~ smb.'s words* iskriviti nečije reči (riječi)
dis·tor·tion [dis'to(r)šən] *n* 1. iskrivljenost 2. izvrtanje; *a ~ of the truth* izvrtanje istine
dis·tract [dis'traekt] *v tr* 1. odvratiti; *to ~ smb.'s attention* odvratiti nečiju pažnju 2. zbuniti, rastrojiti
dis·tract·ed [~id] *a* poremećen; rastrojen
dis·trac·tion [dis'traekšən] *n* 1. odvraćanje, distrakcija 2. zabava, razonoda, distrakcija 3. zbunjenost, umna poremećenost; **to drive to ~* dovesti do ludila
dis·train [dis'trejn] *v tr* (legal) uzaptiti
dis·traint [~t] *n* plenidba (pljenidba)
dis·traught [dis'trot] *a* 1. zbunjen; uzrujan; zabrinut 2. poremećen; lud
dis·tress I [dis'tres] *n* 1. tuga, žalost, jad; ogorčenje; *to cause ~* izazvati ogorčenje; *to my ~* na moju žalost 2. bol, muka 3. nemaština, siromaštvo, nevolja, beda (bijeda) 4. opasnost, nevolja; *a ship in ~* brod u nevolji 5. (legal) uzapćenje
dis·tress II *v tr* 1. ožalostiti, ojaditi; *~ing news* tužne vesti (vijesti) 2. zabrinuti; naneti — nanijeti (nekome) bol
distressed area područje pod teškom privrednom krizom (uz stalnu i visoku nezaposlenost)
dis·tress·ing [~iñg] *a* koji zabrinjava; tužan
dis·trib·ute [dis'tribjut] *v tr* 1. distribuirati, podeliti (podijeliti), raspodeliti (raspodijeliti); *to ~ food* raspodeliti hranu 2. rasturiti; *to ~ leaflets* rasturiti letke
dis·tri·bu·tion [distrə'bjūšən] *n* distribucija, podela (podjela), raspodela (raspodjela); *the ~ of food* raspodela hrane; *production and ~* proizvodnja i distribucija
dis·tri·bu·tion·al [~əl] *a* distribucioni; (at Am. universities) *~ requirements* obavezni opšteobrazovni (općeobrazovni) predmeti
dis·trib·u·tive [dis'tribjətiv] *a* distributivan
dis·trib·u·tor, dis·trib·u·ter [dis'tribjətə(r)] *n* 1. distributer; delilac (djelilac) 2. (tech.) razvodnik (paljenja)
dis·trict ['distrikt] *n* distrikt, okrug, oblast
district attorney okružni javni tužilac
district court okružni sud
District of Columbia okrug Kolumbija
dis·trust I [dis'trəst] *n* nepoverenje (nepovjerenje)
distrust II *v tr* sumnjati (u), nemati poverenje — povjerenje (u)
dis·trust·ful [~fəl] *a* nepoverljiv (nepovjerljiv), sumnjičav
dis·turb [dis'tə(r)b] *v tr* 1. uznemiriti; poremetiti; uzbuniti; uzbuditi; *to ~ one's train of thought* poremetiti nečiji tok misli 2. narušiti; *to ~ the peace* narušiti javni mir i red
dis·tur·bance [dis'tə(r)bəns] *n* 1. uznemiravanje; poremećaj; smetnja 2. nemir, nered, ispad, metež, izgred; *to cause a ~* izazvati nemir; *there was a ~* napravio se metež 3. poremećenost; *a mental ~* duševna poremećenost
dis·turbed [~d] *a* poremećen; *mentally ~* duševno poremećen

dis·turb·ing [~iñg] *a* uznemirujući; *a ~ fact* uznemirujuća činjenica
di·sul·fide [daj'səlfajd] *n* (chem.) disulfid
dis·u·nite [disū'najt] *v tr* razjediniti
dis·u·ni·ty [di'sjūnətij] *n* razjedinjenost
dis·use [di'sjūs] *n* neupotreba; *to fall into ~* ispasti iz upotrebe
di·syl·lab·ic [dísi'laebik], [aj] *a* dvosložan
di·syl·la·ble [di'silləbl], [aj] *n* dvosložna reč (riječ)
ditch I [dič] *n* jarak, rov
ditch II *v* (colloq.) 1. *tr* izbaciti, odbaciti; napustiti 2. (aviation) *to ~ (an airplane)* prinudno sleteti (sletjeti) na vodu
dith·er ['dithə(r)] *n* (colloq.) uznemirenost; uzrujanost; *he's in a ~* uzrujan je
dithers *n* Br.; *(the ~)* see dither
dith·y·ramb ['dithiraem(b)] *n* ditiramb
dit·ta·ny ['ditnij] *n* (bot.) jasenak
dit·to I ['ditou] (-s) *n* 1. gore rečeno 2. duplikat, kopija
ditto II *adv* isto, takođe (također)
ditto III *v tr* kopirati
ditto mark znak ponavljanja (")
ditto machine aparat za kopiranje
dit·ty ['ditij] *n* pesmica (pjesmica)
ditty bag mornarska kesica
di·u·re·sis [dajjū'rijsis] *n* (med.) diureza, povećanje lučenja mokraće
di·u·re·tic [dajjū'retik] *n* sredstvo za povećanje lučenja mokraće
di·ur·nal [daj'ə(r)nəl] *a* 1. dnevni 2. svakodnevni, dnevni
di·van [di'vaen] *n* 1. sofa, divan 2. sud; veće — vijeće (u muslimanskim zemljama) 3. kafedžinica
dive I [dajv] *n* 1. gnjuranje; ronjenje 2. (aviation) obrušavanje 3. skok (u vodu) 4. (slang, boxing) lažirani nokaut 5. (slang, pejor.) drumska mehana, kafančina
dive II -d and *dove* [douv]; -d; *intr* 1. zaroniti, uroniti; *the submarine dove* podmornica je zaronila 2. gnjurati se 3. skočiti; *to ~ into the water (headfirst, feetfirst)* skočiti u vodu (na glavu, na noge) 4. (aviation) obrušavati se 5. baciti se; skočiti; *to ~ into the bushes* skočiti u žbunje; *to ~ at smb.* baciti se na nekoga 6. pasti; *the airplane dove into the sea* avion je pao u more 7. zavući (ruku); *to ~ into one's pocket* zavući ruku u džep
dive-bomb [~-bam]; [o] *v tr* bombardovati iz obrušavanja
dive bomber obrušivač
div·er [~ə(r)] *n* 1. gnjurac, ronilac 2. skakač
di·verge [di'və(r)dž], [aj] *v intr* divergirati, razilaziti se
di·ver·gence [~əns] *n* divergencija
di·ver·gen·cy [~ij] see divergence
di·ver·gent [~ənt] *a* divergentan
di·vers ['dajvə(r)z] *a* razni
di·verse ['daj'və(r)s], [di'və(r)s] *a* različit; raznoličan, raznovrstan
di·ver·si·fi·ca·tion [divə(r)səfə'kejšən], [aj] *n* diversifikacija, unošenje raznolikosti
di·ver·si·fy [di'və(r)səfaj] *v* 1. *tr* diversifikovati 2. *intr* uneti raznolikost

di·ver·sion [di'vɜ(r)žən], [aj]; [š] n 1. odvraćanje 2. razonoda, zabava 3. (mil.) demonstrativni napad 4. Br.; see **detour I**

di·ver·sion·a·ry [~erij]; [ə] a demonstrativni, lažni (za odvlačenje pažnje neprijatelja)

di·ver·si·ty [di'vɜ(r)sətij], [aj] n različitost; razno· likost, raznovrsnost

di·vert [di'vɜ(r)t], [aj] v tr 1. odvratiti, skrenuti; to ~ a stream (of water) skrenuti tok (vode); to ~ smb.'s attention from smt. odvratiti nekome pažnju od nečega 2. zabavljati, zanimati

di·vest [di'vest], [aj] v tr 1. skinuti 2. lišiti; to ~ oneself of one's wealth otarasiti se bogatstva

di·ves·ti·ture [~əču(r)] **di·vest·ment** [~mənt] n lišavanje, oslobođenje

di·vide I [di'vajd] n 1. razvođe, vododelnica (vododijelnica) 2. see **Great Divide**

divide II v 1. tr podeliti (podijeliti); to ~ profits among several people podeliti dobit između nekoliko lica 2. tr odvojiti; to ~ one's time between work and play odvojiti vreme (vrijeme) i za rad i za zabavu 3. tr podeliti, razdeliti (razdijeliti); to ~ smt. into two parts podeliti nešto na dva dela (dijela) 4. tr rastaviti; podeliti; razjediniti; opinions are ~d mišljenja su podeljena; *a house ~d against itself razjedinjena porodica 5. tr (math.) podeliti 6. tr razjediniti; to ~ a people razjediniti narod 7. intr odvojiti se, razdvojiti se; the road ~s put se odvaja 8. intr deliti se 9. intr (math.) deliti

div·i·dend ['dividend] n 1. (math.) deljenik (djeljenik) 2. (comm.) dividenda; to declare a ~ objaviti isplatu dividende

di·vid·er [di'vajdə(r)] n 1. delilac (djelilac) 2. pregrada 3. (in pl) šestar

divide up v see **divide II 1**

div·i·na·tion [divə'nejšən] n 1. proricanje 2. pogađanje

di·vine I [di'vajn] a 1. božanski; the ~ right of kings božansko pravo kraljeva 2. božanstven; divan; ~ly beautiful božanstveno lep (lijep)

divine II v 1. tr proreći 2. tr pogoditi 3. intr vračati, gatati 4. intr pogađati

div·ing ['dajviŋg] n skokovi s daske

diving bell gnjuračko (ronilačko) zvono

diving board trambulin, platforma (daska) za skokove, skakaonica

diving suit ronilačko odelo (odijelo)

di·vin·ing rod [di'vajniŋg] rašlje, račvasta grančica, za otkrivanje vode ili metala

di·vin·i·ty di'vinətij] n 1. božanstvenost 2. božanstvo, bog 3. bogoslovlje

di·vis·i·ble [di'vizəbl] a deljiv (djeljiv)

di·vi·sion [di'vižən] n 1. deljenje (djeljenje); deoba (dioba) 2. (math.) deljenje 3. pregrada 4. odeljenje (odjeljenje); uprava 5. nesloga, neslaganje 6. (administrativni) okrug 7. (mil.) divizija; an airborne (armored, cavalry, infantry, motorized) ~ vazdušno-desantna (oklopna, konjička, pešadijska — pješadijska, moto-mehanizovana) divizija 8. (naval) divizija 9. (Am. air force) odeljenje 10. (esp., Br., gov.) podela (podjela) članova u dve (dvije) grupe za glasanje

di·vi·sive [di'vajsiv] a razdoran, koji razdvaja

di·vi·sor [di'vajzə(r)] n (math.) delilac (djelilac); the greatest common ~ najveći zajednički delilac

di·vorce I [di'vo(r)s] n razvod (braka); an uncontested ~ sporazumni razvod; to file for ~ or (as a): to begin (initiate) ~ proceedings povesti brakorazvodnu parnicu

divorce II v tr razvesti se (od); she ~d her husband razvela se od muža

di·vor·cee [divo(r)'sej] n razvedena žena

div·ot ['divət] n (golf) komadić zemlje (sa travom) koji se nehotice izbaci štapom

di·vulge [di'vəldž] v tr otkriti; to ~ a secret otkriti tajnu; to ~ the truth otkriti istinu

div·vy up ['divij] v (slang) podeliti (podijeliti)

Dix·ie ['diksij] n južne države SAD

dix·ie·land [~laend] n vrsta džeza

diz·zi·ness ['dizijnis] n vrtoglavica

diz·zy ['dizij] a koji ima vrtoglavicu; I am getting ~ hvata me vrtoglavica

diz·zy·ing [~iŋg] a vrtoglav; a ~ height vrtoglava visina

do I [dū] n (colloq.) 1. *~s and don'ts pravila o ponašanju 2. (Br.) prevara 3. (Br.) zabava, priredba

do II third person sgn.: **does** [dəz]; past: **did** [did]; **done** [dən]; colloq. negative pres.: **don't** [dount]; third sgn.: **doesn't** ['dəzənt] v 1. tr uraditi, učiniti; what are you ~ing? šta (što) radiš? to ~ one's duty učiniti svoju dužnost; to ~ one's work raditi svoj posao; to ~ smb. a favor učiniti nekome uslugu; that isn't done to se ne čini; he did that well on je to dobro uradio; to ~ good dobro činiti; to ~ homework uraditi domaći zadatak; to ~ stupid things praviti gluposti; what should I ~? šta da radim? ~ what you want to radi šta hoćeš; ~ it yourself uradi sam; to ~ one's best učiniti sve što je moguće; *~ unto others as they would unto you uvek (uvijek) čini drugima ono što želiš da oni tebi čine 2. tr skuvati (skuhati), ispeći; the meat is well done meso je dobro pečeno 3. tr (colloq.) razgledati (kao turista); posetiti (posjetiti); we've done Paris razgledali smo Pariz 4. tr preći, pretrčati, prevaliti; he did a mile in five minutes pretrčao je milju za pet minuta 5. tr odglumiti; to ~ a role odglumiti ulogu (more usu. is play II 1) 6. (as an aux. verb, used to emphasize the inf. or imper.) he does know on zaista zna; he did know zaista je znao; I did hope that he would come mnogo sam se nadao da će doći; ~ come! dođite neizostavno! 7. intr (as an aux. verb, used to form the neg. imper.) ~ not speak! ne govori! (see also don't) 8. (as aux., to indicate the tense of the inf. in questions, negative statements, and inverted phrases); you see him? da li ga vidiš? he did not sleep well nije dobro spavao; little did he know ništa nije slutio 9. intr (to represent an antecedent verb, often in responses); do you understand English? yes, I ~ da li razumeš (razumiješ) engleski? da, razumem; did he come? yes, he did da li je došao? jeste; you know how to drive, don't you? vi umete (umijete) da vozite, zar ne? they don't like the play, ~ they? ne dopada im se komad, zar ne? arguments ~ not

kill people; *wars* ~ ne ubijaju svađe, već ratovi 10. *intr* priličiti (se), pristojati se; *that will not* ~.' to se ne priliči! 11. *intr* napredovati, imati uspeha (uspjeha); *he is* ~*ing very well on* ima mnogo uspeha; *the patient is* ~*ing well* bolesnik je dobro 12. *intr* (usu. with the future) zadovoljavati; *none of these solutions will* ~ nijedno od ovih rešenja (rješenja) ne zadovoljava; *this pencil will* ~ ova je olovka dobra; *this will* ~ to će biti dovoljno 13. misc.; *to* ~ *business* trgovati; *to* ~ *credit to smb.* služiti nekome na čast; *to* ~ *one's hair* udesiti kosu; *to* ~ *harm* naškoditi; *that has nothing to* ~ *with the question* to nema nikakve veze sa pitanjem; *I could* ~ *with a good night's sleep* ne bi mi škodilo da se noćas dobro ispavam; *his work is done* njegov posao je gotov; *what can I* ~ *for you?* čime mogu služiti? *to* ~ *justice to smt.* odati priznanje nečemu; *to* ~ *a room* raspremiti sobu; *to* ~ *smt.* over uraditi ponova nešto; *that will* ~ to je dovoljno; *will this material* ~? da li ovaj materijal odgovara? *he is* ~*ing an article* on piše članak; **no sooner said than done* rečeno — učinjeno; *to* ~ *without smt.* biti bez čega; *to* ~ *the laundry* oprati rublje (veš); (Br., slang) *to* ~ *brown* prevariti; *nothing* ~*ing!* ni u kom slučaju! *how* ~ *you* ~? milo mi je (pri upoznavanju); *he did five years* bio je u zatvoru pet godina; *he did all the talking* on je govorio u ime svih; *to* ~ *smb. out of smt.* uzeti od nekoga nešto na prevaru; *he did very well on the exam* dobro je prošao na ispitu; *to* ~ *smt. about smt.* preuzeti mere (mjere) u vezi s nečim (see also **don't**)
do away *v* ubiti; *to do away with smb.* ubiti nekoga
dob·bin ['dabin]; [o] *n* ime odmila za seljačkog konja
do·cent ['dou'sent] *n* docent
doc·ile ['dasəl]; ['dousajl] *a* 1. pokoran, poslušan 2. pitom
do·cil·i·ty [də'silətij] *n* 1. pokornost 2. pitomost
dock I [dak]; [o] *n* 1. dok; *a dry* ~ suvi (suhi) dok 2. pristanište
dock II *v* 1. *tr* uvesti (brod) u dok 2. *intr* ući u dok 3. *intr* spojiti se; *the spaceships* ~*ed* vasionski brodovi su se spojili
dock III *n* čvrsti deo (dio) životinjskog repa
dock IV *v* tr 1. potkratiti; *to* ~ *a tail* potkratiti rep 2. (colloq.) odbiti (od plate)
dock V *n* (or: *prisoner's* ~) optuženička klupa
dock VI *n* (bot.) zelje
dock·age [~idž] *n* (naut.) 1. taksa za iskrcavanje i ukrcavanje 2. smeštaj (smještaj) u doku
dock·er [~ə(r)] *n* lučki radnik
dock·et [~it] *n* 1. rezime 2. (legal) rezime sudske presude 3. etiketa sa adresom (na robi)
dock·ing [~iñg] *n* (astron.) spajanje, pristajanje; *the* ~ *of spaceships* spajanje kosmičkih brodova
dock·side [~sajd] *a* u luci, lučki
dock·yard [~ja(r)d] *n* 1. brodogradilište, brodoremontni zavod 2. (Br.) vojna luka (see also **navy yard**)
doc·tor I ['daktə(r)]; [o] *n* 1. lekar — ljekar (W: liječnik), doktor; *a* ~ *cures (treats) his patients*

lekar leči (liječi) bolesnike (also **physician**) 2. doktor; *a* ~ *of philosophy* doktor filozofije
doctor II *v tr* 1. popraviti 2. (or: *to* ~ *up*) falsifikovati, krivotvoriti; *to* ~ *evidence* krivotvoriti dokaze 3. (or: *to* ~ *up*) doterati (dotjerati), udesiti; *to* ~ *up food (leftovers)* pripremiti obrok od preostale hrane kojoj se nešto doda
doc·tor·al [~rəl] *a* doktorski; *a* ~ *dissertation* doktorska teza
doc·tor·ate [~rit] *n* doktorat; *an honorary* ~ počasni doktorat; *he got his* ~ *in history* doktorirao je istorijske (historijske) nauke
doctor up *v* see **doctor II** 2, 3
doc·tri·naire I [daktrə'nej(r)]; [o] *n* doktrinar
doctrinaire II *a* doktrinaran, doktrinarski
doc·tri·nair·ism [~rizəm] *n* doktrinarstvo
doc·tri·nal ['daktrənəl]; [dok'trajnəl] *a* doktrinarski
doc·trine ['daktrin]; [o] *n* doktrina
doc·u·dra·ma ['dakjədramə]; [o] *n* televizijska dokumentarna drama
doc·u·ment I ['dakjəment]; [o] *n* dokumenat; *original* ~*s* originalni dokumenti
document II *v tr* dokumentovati; *to* ~ *a request* dokumentovati molbu
doc·u·men·tal [~'mentl] see **documentary II**
doc·u·men·ta·ry I [dakjə'mentərij]; [o] *n* dokumentarni film, dokumentarac
documentary II *a* dokumentaran
doc·u·men·ta·tion [dakjəmen'tejšən]; [o] *n* dokumentacija
dod·der I ['dadə(r)]; [o] *n* (bot.) vilina kosa
dodder II *v intr* teturati se, posrtati (od starosti)
dod·der·ing [~riñg] *a* izlapeo (izlapio), senilan; *a* ~ *old fool* izlapeli starac
dod·dle ['dadl]; [o] *n* (Br.; colloq.) nešto jednostavno
dodge I [dadž]; [o] *n* 1. vrdanje 2. prevara, smicalica
dodge II *v* 1. *tr* izvrdati, izbeći (izbjeći); ukloniti se; *to* ~ *a blow (a question)* izbeći udarac (pitanje); *to* ~ *the draft* izbegavati vojnu obavezu 2. *intr* vrdati, izvrdavati (istinu)
dodg·er [~ə(r)] *n* vrdalama (see **draft dodger**, **tax dodger**)
do·do ['doudou] (-*s* or -*es*) *n* ptica dodo
do down *v* (Br.; colloq.) 1. prevariti 2. osramotiti 3. oklevetati
doe ['dou] *(pl* has zero or -*s)* *n* košuta, srna
do·er ['dūə(r)] *n* 1. čovek od dela (čovjek od djela) 2. vršilac
does see **do II**
doe·skin ['douskin] *n* jelenska koža
does·n't see **do II**
doest obsol. second person sgn. of **do II**
doeth obsol. third person sgn. of **do II**
doff [daf]; [o] *v tr* skinuti; *to* ~ *one's hat* skinuti šešir
do for *v* (Br.; colloq.) 1. ubiti 2. snaći se 3. obavljati kućne poslove (za)
dog I [dog]; [a] *n* 1. pas; *hunting (sheep, toy, working)* ~*s* lovački (ovčarski, patuljasti, službeni) psi; *stray* ~*s* psi lutalice; ~*s bark* psi laju; *to walk a* ~ šetati (voditi) psa; **to fight like cats and* ~*s* svađati se kao pas i mačka; **barking* ~*s never bite* pas koji laje ne ujeda; **every* ~ *has its day* svako ima svojih pet minuta;

*to go to the ~s propasti; *to let sleeping ~s lie ne dirati u osinje gnezdo (gnijezdo); *you cannot teach an old ~ new tricks staro se drvo ne savija; *to throw to the ~s ostaviti na cedilu (cjedilu); *a ~ in the manager niti kosku glođe nit' je drugom daje 2. pas-mužjak 3. (fig.) pas (od čoveka – čovjeka); *to die like a ~ umreti (umrijeti) kao pas 4. (fig.) momak; a lucky ~ srećnik

dog II v tr ići tragom (za nekim); to ~ smb.'s footsteps pratiti nekoga u stopu

dog·bane [~bejn] n (bot.) zimzeleni

dog·ber·ry [~berij] n (bot.) drenjina

dog·cart [~ka(r)t] n laka kola, dvokolica

dog·catch·er [~kaeče(r)] n radnik kafilerije, hvatač pasa lutalica; (colloq.) šinter

dog collar pseća ogrlica

dog days pl pasji dani, dani najveće vrućine

doge [doudž] n dužd

dog-eat-dog a (colloq.) žestok; a ~ struggle žestoka borba

dog·face [~fejs] n (Am., mil., colloq., WW II) pešak (pješak), običan vojnik (cf. **doughboy**)

dog·fight [~fajt] n 1. tuča, kavga 2. dvoboj u vazduhu (W: zraku)

dog·fish [~fiš] n mala ajkula

dog food pasja hrana

dog·ged [~id] n uporan, istrajan

dog·ger·el [~ərəl] n grubi stih

doggie see **doggy**

dog·gish [~iš] a 1. kao pas 2. mrzovoljan

dog·gone [~'gon] (colloq.) see **damn II, III**

dog·gy [~ij] n pseto

doggy bag kesa za nepojedenu hranu koja se daje u restoranu gostu (da nosi kući svome psu)

dog·house [~haus] n 1. štenara 2. (colloq.) nemilost; to be in the ~ biti u nemilosti

do·gie ['dougij] n (Western Am.) odlutalo tele

dog kennel see **kennel**

dog·ma ['dogmə], (-s or -mata [mətə]) n dogma

dog·mat·ic [~'maetik] a dogmatičan

dog·mat·ics [~s] n dogmatika

dog·ma·tism ['dogmətizəm], [a] n dogmatizam

dog·ma·tist [~tist] n dogmatičar

do·good·er ['ldū-gudə(r)] n (colloq.) zadušna baba

dog paddle plivanje psećim načinom, kučeće plivanje

dog pound kafilerija

dog rose divlja ruža, šipak, šepurika

dog show izložba pasa

dog tag (mil.) lična oznaka

dog·tired [~·taj(r)d] a premoren

dog tooth 1. see **eyetooth** 2. (archit.) ukras piramidnog oblika

dog·wood [~wud] n sviba

do·gy see **dogie**

doi·ly ['dojlij] n podmetač (od platna)

do in v (slang) ubiti

do·ings [~iŋgz] n pl (Br.; colloq.) događaji, dela (djela)

do-it-your·self (colloq.) uradi sam

do-it-your·self·er n (colloq.) ljubitelj majstorisanja u kući

dol·drums ['douldrəmz] n 1. područje zatišja oko ekvatora 2. snuždenost, potištenost; to be in the ~ biti snužden

dole [doul] n 1. dar, poklon 2. (usu. Br.) socijalna pomoć; to be on the ~ primiti socijalnu pomoć

dole·ful [~fəl] n tužan, setan (sjetan); a ~ look tužan pogled

dole out v razdati, razdeliti (razdijeliti)

doll [dal]; [o] n 1. lutka; to play with ~s igrati se lutkama 2. (slang) lepa (lijepa), ali površna žena 3. (colloq.) ljubazna osoba

dol·lar ['dalə(r)]; [o] n dolar; a ~'s worth of sugar za dolar šećera; to strengthen (undermine) the ~ ojačati (podriti) dolar

dol·lar-a-year [~-ə-'jij(r)] a neplaćen; a ~ post neplaćena dužnost

doll house kućica za lutke

dol·lop ['daləp]; [o] n (Br.; colloq.) 1. grumen 2. trunka

doll's house Br.; see **doll house**

doll up v (slang) doterati (dotjerati); to get dolled up doterati se, obući se elegantno

dol·ly ['dalij]; [o] n 1. lutkica 2. kolica sa platformom (za prevoženje) 3. vozilo operatora 4. lokomotiva uskotračne železnice (željeznice) 5. see **dolly bird**

dolly bird (Br.; colloq.) privlačna žena

dol·man ['dalmən]; [o] n dolama (vrsta kabanice)

dol·men ['dalmən]; [o] n dolmen (megalitski spomenik

dol·o·mite ['daləmajt]; [o] n dolomit

dol·phin ['dalfin]; [o] n (zool.) delfin

dolt [doult] n glupan, tikvan

do·main [dou'mejn] n 1. domen; područje; polje rada 2. (hist.) veliki posed (posjed) 3. see **eminent domain**

dome I [doum] n kupola, kube

dome II v tr prekriti kupolom

Domes·day Book ['dūmzdej] (Br., hist.) Knjiga strašnog suda (1086)

do·mes·tic I [də'mestik] n sluškinja

domestic II a 1. domaći; a ~ animal domaća životinja; ~ industry domaća industrija; ~ products domaći proizvodi; ~ troubles domaće nevolje 2. unutrašnji; ~ commerce unutrašnja trgovina; ~ policy unutrašna politika

do·mes·ti·cate [də'mestikejt] v tr 1. pripitomiti; to ~ an animal pripitomiti životinju 2. učiniti privrženim domaćem životu

do·mes·tic·i·ty [doume'stisətij] n 1. porodičnost 2. ljubav prema životu u porodici

domestic science see **home economics**

domestic service rad kao spremačica, kućna pomoćnica

do·mi·cal ['doumikəl] a kupolast

dom·i·cile I ['daməsajl], [ou]; [o] n stalno mesto (mjesto) boravka

domicile II v tr nastaniti

dom·i·cil·i·ar·y [damə'silijerij]; [o]; [ə] a kućni

dom·i·nance ['damənəns]; [o] n dominacija, vlast

dom·i·nan·cy [~ij] see **dominance**

dom·i·nant [~nənt] a dominantan

dom·i·nate ['damənejt]; [o] v 1. tr dominirati; to ~ smt. dominirati (nad) nečim 2. intr dominirati, biti dominantan

dom·i·na·tion [damə'nejšən]; [o] n dominacija

dom·i·neer [damə'nij(r)] v 1. tr gospodariti, vladati; to ~ smt. gospodariti nečim 2. intr gospodariti

dom·i·neer·ing [~riŋg] *a* zapovednički (zapovjednički), nadmen

do·min·i·cal [də'minikəl] *a* 1. gospodnji 2. nedeljni (nedjeljni)

Do·min·i·can I [də'minikən] *n* Dominikanac

Dominican II *a* dominikanski

Dominican Republic Dominikanska Republika

do·min·ion [də'minjən] *n* 1. vlast, nadmoć 2. domen, područje 3. dominion (Britanskog carstva)

dom·i·no I ['damənou]; [o] (*-s* or *-es*) *n* 1. ogrtač s kapuljačom, domino 2. duga haljina s kapuljačom i maskom (koja se nosi na karnevalu)

domino II (*-s* or *-es*) *n* 1. pločica za domine 2. (in *pl*) domine

domino theory (pol.) teorija po kojoj obaranje vlade u jednoj zemlji izaziva obaranje vlade u susednoj (susjednoj)

don I [dɑn]; [o] *n* 1. don (španska titula) 2. (Br.) nastavnik (u oksfordskom ili kembridžskom koledžu)

don II *v tr* obući

do·nate ['dounejt]; [dou'nejt] *v tr* darovati, pokloniti

do·na·tion [dou'nejšən] *n* poklon

done [dən] 1. see **do** II 2. *a* dovoljno skuvan (skuhan) ili pečen

done for *a* upropašćen; *he is ~!* on je završio svoje!

done up (Br.; colloq.) iznuren

don·jon see **dungeon** 2

Don Juan [dɑn 'wan]; [o] Don Žuan

don·key ['doŋgkij], [ə], [a] *n* magarac (also fig.); *a ~ brays* magarac njače

donkey engine pomoćna mašina

don·ny·brook ['danijbruk]; [o] *n* tuča, gungula

don·nish ['daniš]; [o] *a* pedantan

do·nor ['dounə(r)] *n* darodavac; davalac; *a blood ~* davalac krvi

Don Qui·xo·te [kij'houtij] Don Kihot

don't (= *do not*; see **do** II) nemoj; *~ play* nemoj se igrati; *~ close the door* nemojte zatvarati (zatvoriti) vrata; *you ~ say!* ma nemoj!

do·nut see **doughnut**

doo·dad ['dūdaed] *n* (colloq.) napravica, spravica

doo·dle I ['dūdl] *n* škrabotina, drljanje, žvrljanje

doodle II *v intr* škrabati, drljati, žvrljati

doo·dle·bug [~bəg] *n* 1. (colloq.) insekat 2. see **divining rod**

doo·dler [~lə(r)] *n* škrabalo, drljalo

doo·hick·ey ['dūhikij] *n* (colloq.) see **doodad**

doom I [dūm] *n* 1. presuda 2. strašni sud 3. zla kob, sudbina 4. propast, uništenje

doom II *v tr* osuditi (na smrt, propast); *he is ~ed to failure* osuđen je na propast

dooms·day, domes·day ['dūmzdej] *n* strašni sud

door [do(r)] *n* vrata; *a back (basement, glass, main, side) ~* zadnja (podrumska, staklena, glavna, sporedna) vrata; *a sliding ~* pokretna vratanca; *to break down (close, lock, open, unlock) a ~* provaliti (zatvoriti, zaključati, otvoriti, otključati) vrata; *at the ~* na vratima; *to knock on the ~* kucati na vrata; *to show smb. the ~* pokazati nekome vrata; **to slam a ~ in smb.'s face* zalupiti nekome vrata u lice; **to throw smb. out the ~* izbaciti nekoga na vrata; *at death's ~* na samrti; *behind closed ~s*

kod (iza) zatvorenih vrata; *to go out the ~* izaći na vrata; *to deliver to the ~* dostaviti na prag; *to hang (install) a ~* okačiti vrata

door·bell [~bel] *n* zvonce na vratima; *to ring a ~* zvoniti na zvonce na vratima

door·jamb [~džaem] *n* dovratak

door·keep·er [~kijpə(r)] *n* vratar

door·knob [~nab]; [o] *n* kvaka (na vratima)

door knocker alka, zvekir

door·man [~maen], [ə] (*-men* [min]) *n* vratar, portir

door·mat [~maet] *n* otirač; brisač za noge

door·post [~poust] *n* dovratak

door scraper (Br.) strugalo za blato pred vratima

door·step [~step] *n* stepenica pred pragom, prag

door·stop [~stap]; [o] *n* automatski zatvarač vrata

door·way [~wej] *n* ulaz (u sobu, kuću)

do out *v* 1. istisnuti; *to do smb. out of a job* istisnuti nekoga s posla 2. prevariti; *he did me out of 20 dollars* prevario me je za 20 dolara 3. (Br.; colloq.) raspremiti

do over *v* 1. ponoviti 2. (colloq.) ofarbati

dope I [doup] *n* 1. mazivo 2. (colloq.) droga, narkotik; *he takes ~* on uživa droge; *to peddle ~* rasturati droge 3. (slang) glupan

dope II *v tr* 1. narkotizovati 2. dopingovati; *to ~ a (race) horse* dopingovati grlo

dope out *v* (colloq.) 1. rešiti (riješiti) 2. odgonetnuti; *to dope out a puzzle* odgonetnuti zagonetku

do·pey, do·py [~ij] *a* budalast

dop·ing [~iŋg] *n* doping

Dor·ic ['dorik] *a* dorski; *a ~ dialect* dorski dijalekat

dorm [do(r)m] *n* (colloq.) see **dormitory**

dor·man·cy ['do(r)mənsij] *n* 1. uspavanost, spavanje 2. (fig.) neiskorišćenost

dor·mant ['do(r)mənt] *a* 1. koji spava 2. (fig.) skriven, neiskorišćen

dor·mer ['do(r)mə(r)] *n* (or: *~ window*) *n* prozor na nagnutom krovu

dor·mi·to·ry ['do(r)mətorij]; [ə] *n* 1. spavaonica 2. studentski dom

dor·sal ['do(r)səl] *a* leđni

dor·sum ['do(r)səm] (*-sa* [sə]) *n* (anat.) leđa

do·ry ['dorij] *n* mali ribarski čamac

DOS [dos] *n* (C.) see **disk operating system**

dos·age ['dousidž] *n* doza, doziranje (also **dose** I 1)

dose I [dous] *n* 1. doza, doziranje 2. (colloq.) doza, deo (dio), količina; *a ~ of flattery* malo laskanja 3. (slang) venerična bolest

dose II *v tr* dozirati

doss [dos] *n* (Br., slang) 1. krevet 2. spavanje

doss down *v* (Br., slang) ići na spavanje

doss house (Br., slang) jevtino prenoćište

dos·si·er ['dasijej]; [o], [j] *n* dosije

dot I [dat]; [o] *n* 1. tačka (W: točka); bobica; **on the ~* tačno (W: točno) 2. (Morse code) tačka; *~s and dashes* tačke i povlake

dot II *v tr* obeležiti tačkom (W: obilježiti točkom); *to ~ an i* staviti tačku na i; **to ~ the i's and cross the t's* biti precizan

do·tage ['doutidž] *n* 1. staračka iznemoglost, senilnost; *he is in his ~* on je izlapeo (ishlapio) 2. slepa (slijepa) ljubav

do·tard ['doutə(r)d] *n* senilna osoba

dote [dout] *v intr* 1. razmaziti; *to ~ on smb.* razmaziti nekoga, obigravati oko nekoga, cupkati oko nekoga; *a ~ing husband* muž koji je ludo zaljubljen u ženu 2. biti senilan

dot-matrix printer (C.) matrični štampač

dot-ted ['dɑtid]; [o] *a* tačkast (W: točkast), na tufne; *~ material* materijal na tufne, materijal; **to sign on the ~ line* složiti se, pristati

dot-ty ['datij]; [o] *a* (colloq.) šašav

dou-ble I ['dəbəl] *n* 1. dvostruka količina 2. dvojnik 3. zamenik — zamjenik (glumca) 4. trčeći korak; *on (at) the ~* trčećim korakom, trkom 5. see **doubles**

double II *a* 1. dvostruk, dvojni, dvogub; *a ~ agent* dvostruki špijun; *a ~ lining* dvostruka postava 2. dvokrilni; *a ~ door* dvokrilna vrata 3. dvaput veći; *a ~ bed* krevet za dve (dvije) osobe 4. dvokrak; *a ~ lever* dvokraka poluga 5. dvojak; *a ~ meaning* dvojako značenje 6. dupli; *a ~ portion* dupla porcija; *~ windows* dupli prozori; *a ~ bottom* duplo dno 7. dvoličan; *~ dealing* dvolična igra

double III *adv* 1. dvostruko; *to pay ~* platiti dvostruko 2. udvoje; *to ride ~* jahati udvoje

double IV *v* 1. *tr* udvostručiti; udvojiti; *to ~ one's offer* udvostručiti ponudu 2. *tr* saviti, presaviti udvoje; *to ~ a blanket* presaviti ćebe 3. *tr* (naut.) oploviti; *to ~ a cape* oploviti rt 4. *intr* udvostručiti se 5. *intr* (usu.: *to ~ back*) vratiti se (trkom); *he ~d back to evade his persuers* vratio se da izmakne goniocima

double-bar-reled [~-baerəld] *a* 1. dvostruk 2. dvocevni (dvocijevni); *a ~ shotgun* dvocevna sačmara

double bass kontrabas

double-bed-ded [~-bedid] *a* sa dva kreveta; *a ~ room* dvokrevetna soba

double bond (chem.) dvoguba veza

double-breast-ed [~-brestid] *a* na dva reda dugmeta (o odelu — odijelu)

double-check *v tr* and *intr* ponovo proveriti (provjeriti)

double chin dvostruki podbradak (simbol gojaznosti)

double-clutch [~-kləč] *v intr* menjati (mijenjati) brzine sa razdelom (razdjelom)

double-cross I [~-kros] *n* dvolična igra, prevara

double-cross II *v tr* prevariti

double-cross-er [~ə(r)] *n* dvoličnjak, varalica

double date dupli randevu (dvaju parova)

double-deal-er [~-dijlə(r)] *n* varalica

double-deal-ing I [~-iñg] *n* dvolična igra

double-dealing II *a* dvoličan

double-deck [~-dek] *a* dvospratan (W: dvokatan); *a ~ bus* dvospratan autobus

double-deck-er [~-dekə(r)] *n* 1. dvospratan (W: dvokatan) autobus 2. krevet na sprat (W: kat)

double-de-clutch Br.; see **double-clutch**

double-dig-it *a* dvocifreni; *~ inflation* dvocifrena stopa inflacije

double-dip-ping *n* dozvoljavanje penzioneru da zarađuje platu na novom državnom poslu uz primanje penzije od prvog posla

double dribble (basketball) duplo vođenje

double-dyed Br.; see **dyed-in-the-wool**

double-edged [~-edžd] *a* 1. dvosekli (dvosjekli); (also fig.) *a ~ sword* mač sa dve (dvije) oštrice 2. dvosmislen

double-en-ten-dre [~-an'tandrə] *n* (French) dvosmislica

double entry (or: *~ bookkeeping*) *n* dvojno knjigovodstvo

double-en-try [~-entrij] *a* dvojni (o knjigovodstvu)

double exposure (photo.) duplo osvetljenje (osvjetljenje)

double-faced [~-fejst] *a* dvoličan

double feature program (u bioskopu — W: kinu) od dva filma

double-head-er [~-hedə(r)] *n* (sports) dvostruka utakmica

double jeopardy (legal) ponovno suđenje za isti zločin

double-joint-ed [~-džojntid] *a* veoma gibak

double-knit [~-nit] *a* dvostruko tkan

double negation (gram.) dupla negacija

double over *v* presaviti

double-park [~-pa(r)k] *v tr* and *intr* parkirati (vozilo) pored već parkiranog vozila

doubles [~z] *n pl* (sports, esp. tennis) dubl, igra parova; *to play ~* igrati u dublu

double sculls *pl* dubl-skul

double sirloin (cul.) gornji deo (dio) govedeg bedra

double-space [~-spejs] *v* 1. *tr* otkucati (nešto) s duplim proredom (prorijedom) 2. *intr* kucati s duplim proredom

doub-let ['dəblit] *n* dublet

double take (colloq.) usporena reakcija

double talk besmislica

double think (colloq.) istovremeno postojanje oprečnih gledanja u svesti (svijesti)

double time 1. (mil.) trčeći korak, trka 2. udvostručen lični dohodak (za rad duži od punog radnog vremena)

double-time I [~-tajm] *adv* (usu. mil.) trkom; *~, march!* trkom, marš!

double-time II *v* (mil.) 1. *tr* pretrčati, preći trkom 2. *tr* narediti (vojnicima) da trče 3. *intr* trčati; *the soldiers were ~ing* vojnici su trčali

double-tracked [~-traekt] *a* dvotračan

double up *v* 1. deliti — dijeliti (sobu); *we have to double up* moramo da delimo sobu 2. zgrčiti se; *he was doubled up in pain* grčio se od bola

doub-ly ['dəblij] *adv.* dvostruko

doubt I [daut] *n* 1. sumnja (W also: dvojba); *without (a) ~* bez sumnje; *to harbor ~s* gajiti sumnju; *there is no ~ that he'll come* nema sumnje da će doći; *to arouse (express) ~* izazvati (izraziti) sumnju; *to dispel ~s* odagnati sumnje; **the benefit of the ~* see **benefit I** 6 2. neizvesnost (neizvjesnost); *to be in ~* biti u neizvesnosti

doubt II *v tr* sumnjati (u); *I don't ~ that* u to ne sumnjam; *to ~ smb.'s honesty* sumnjati u nečije poštenje; *I don't ~ that he'll come* ne sumnjam da će doći; *I ~ whether he'll come* sumnjam da će doći

doubt-ful [~fəl] *a* 1. nesiguran; neuveren (neuvjeren); *to be ~ about smt.* sumnjati u nešto, ne biti uveren u nešto 2. sumnjiv; *a ~ blessing* sumnjiva blagodat 3. neizvestan (neizvjestan);

a ~ *outcome* neizvestan ishod 4. rđav, loš; ~ *taste* loš ukus

doubting Thom·as ['taməs]; [o] (rel. and fig.) neverni (nevjerni) Toma

doubt·less I [~lis] *a* bez sumnje

doubtless II *adv* sigurno, nesumnjivo

douche I [dūš] *n* tuš

douche II *v intr* tuširati se

dough [dou] *n* 1. testo (tijesto); *to mix (roll)* ~ zamesiti — zamijesiti (valjati) testo; *the* ~ *is rising* testo se diže; *flaky (stiff)* ~ sipkavo (lisnato) testo 2. (slang) novac, pare

dough·boy [~boj] *n* (Am., mil., colloq., WW I) pešak (pješak), običan vojnik (cf. GI I)

dough·nut [~nət] *n* krofna

dough·ty ['dautij] *a* hrabar, neustrašiv

do up *v* (esp. Br.) 1. zakopčati 2. popraviti 3. spakovati 4. doterati (dotjerati)

dour [dū(r)], [au] *a* strog; turoban

douse I [daus] *v tr* 1. politi; ukvasiti 2. zagnjuriti (u tečnost)

douse II *v tr* ugasiti; *to* ~ *a light* ugasiti svetlost (svjetlost)

dove I [dəv] *n* 1. golub; *rock* ~ divlji golub; *stock* ~ golub dupljaš 2. (fig.) golub, pristalica pokreta za mir

dove II see **dive II**

dove·cote ['dəvkout] *n* golubarnik

dove·tail I [~tejl] *n* (carpentry) 1. lastin rep 2. spajanje na lastin rep

dovetail II *v* 1. *tr* spojiti na lastin rep 2. *tr* udesiti 3. *intr* spajati se

dov·ish [~iš] *a* (pol.) koji se zalaže za mir

dow·a·ger ['dauədžə(r)] *n* udova kojoj je muž ostavio titulu ili imanje

dow·dy ['daudij] *a* aljkav, loše obučen

dow·el ['dauəl] *n* zaglavica, drveni čep, klip

dow·er ['dauə(r)] *n* udovičin užitak

do with *v* 1. želeti (željeti); *I could do with a good night's sleep* ne bi mi škodilo da se noćas dobro ispavam; *he could do with a square meal* ne bi mu škodila dobra večera; *I could do with a drink* prijalo bi mi da nešto popijem 2. (Br.; colloq.; with neg.) snositi; *I can't do with him* ne mogu da ga snosim

down I [daun] *n* 1. paperje; malja 2. meko perje mladunčeta

down II *n* valovit pašnjak

down III *n* (colloq.) nezgoda, neuspeh (neuspjeh); *the ups and* ~s *of life* zgode i nezgode života

down IV *a* 1. koji silazi, koji se spušta; *a* ~ *elevator* lift koji se spušta 2. (sports) *to be* ~ *by two points* gubiti za dva boda 3. (Br.) od Londona; sa glavne stanice; *the* ~ *train* voz (W: vlak) od Londona 4. u gotovu; *a* ~ *payment* plata u gotovu 5. smanjen; opao; *the birthrate is* ~ natalitet je opao 6. misc.; ~ *and out* u krajnjoj nemaštini; ~ *at the heels* odrpan; ~ *in the mouth* potišten; ~ *on one's luck* nesrećan; ~ *with fever* oboleo (obolio) od groznice; *to be* ~ *on smb.* biti kivan na nekoga; *several trees are* ~ nekoliko drveta leži na zemlji; *leave the blinds* ~ ostavi zavese (zavjese) spuštene

down V *adv* 1. dole; *to look* ~ *on smb.* gledati nekoga s visine; ~ *with the speaker!* dole govornik! *throw* ~ *your arms!* dole oružje! 2.

(sa višeg mesta — mjesta na niže); *to glance* ~ pogledati naniže; *to fall* ~ pasti; *to pull* ~ srušiti 3. misc.; *to grind* ~ samleti (samljeti); ~ *on the farm* na selu; ~ *south* na jugu; ~ *to our times* do naših vremena; ~ *through the ages* kroz vekove (vjekove); *to pay ten dollars* ~ uplatiti deset dolara u gotovu (see also **come down, drag down, get down, go down, knock down, lie down, nail down, run down**)

down VI *prep* 1. niz; duž; *to go* ~ *stream* ići niz vodu; ~ *the hill* niz brdo; ~ *wind* niz vetar (vjetar); *to go* ~ *the road* ići putem 2. na (dole, na nižem položaju); *he lives* ~ *the river* on živi tamo dole na reci (rijeci); *a station* ~ *the line* stanica tamo dalje na pruzi

down VII *v tr* oboriti; *to* ~ *an airplane* oboriti avion; (Br.) *to* ~ *tools* štrajkovati

down·beat [~bijt] *n* (mus.) udar nadole pri davanju takta

down·cast [~kaest]; [a] *a* potišten, utučen

down·draft [~draeft]; [a] *n* donja vuča, strujanje vazduha (W: zraka) naniže

down East (geog.) Nova Engleska (naročito država Mejn)

down·er [~ə(r)] *n* (colloq.) 1. droga koja izaziva depresiju 2. uzročnik depresije

down·fall [~fol] *n* 1. slom, krah 2. pljusak; padavina

down·grade I [~grejd] *n* nizbrdica

downgrade II *v tr* 1. poniziti, umanjiti (nečije) značenje 2. prevesti u nižu kategoriju

down·heart·ed [~ha(r)tid] *a* potišten, utučen

down·hill I [~hil] *a* nizbrdan

downhill II *adv* nizbrdo; *to go* ~ ići nizbrdicom; *things went* ~ krenula su kola nizbrdo

Dow·ning street ['dauning] vlada Velike Britanije

down payment prva rata (u gotovu)

down·play [~plej] *v tr* ne isticati

down·pour [~po(r)] *n* pljusak

down·range [~rejndž] *a and adv* duž trase raketnog poligona

down·right [~rajt] 1. *a* potpun, savršen; ~ *nonsense* savršena glupost 2. *adv* stvarno; veoma; ~ *unpleasant* veoma neprijatno

downs *n pl* (Br.; often in names) niska brda *(the North Downs)*

Down's syndrome (med.) Dovnov sindrom

down·stairs I [~stej(r)z] *n* prizemlje; niži sprat (W: kat)

downstairs II *adv* dole; *to go* ~ sići niz stepenice; *he is waiting* ~ on čeka dole

down·stream [~strijm] 1. *a* nizvodni 2. *adv* nizvodno, niz vodu

down·swing [~swing] *n* (econ.) recesija

down·to·earth [~tə-ə(r)th] *a* realističan

down·town I [~taun] *n* centar grada

downtown II 1. *a* u centru grada; *a* ~ *store* radnja u centru grada 2. *adv.* u centar grada, u varoš; *to go* ~ ići u varoš

down·trod·den [~tradən]; [o] *a* podjarmljen, ugnjeten

down·ward [~wə(r)d] 1. *a* silazni; nizbrdni; *a* ~ *slope* nizbrdica 2. *adv* silazno; nizbrdo

down·wards see **downward** 2

down·wind [~wind] *adv* niz vetar (vjetar)

down·y [~ij] *a* paperjast; maljav

downy brome see **brome**
dow·ry ['daurij] *n* miraz
dowse I [dauz] *v intr* tražiti podzemnu vodu pomoću štapića
dowse II see **douse I**
dows·ing rod [~ïñg] see **divining rod**
dox·ol·o·gy [dak'salədžij]; [*o*]; [*o*] n doksologija
doy·en [doj'en] *n* doajen; *the ~ of the diplomatic corps* doajen diplomatskog kora
doy·ly see **doily**
doze I [douz] *n* dremanje, lak san
doze II *v intr* dremnuti; *to ~ off* zaspati lakim snom
doz·en ['dəzən] (after a *num*, *pl* has zero) *n* tuce; *a ~ eggs* tuce jaja; *a baker's ~* trinaest; *~s of people* desetine ljudi; *three ~ eggs* tri tuceta jaja
do·zy ['douzij] *a* 1. sanjiv 2. (Br.) glup
D.P. [dij'pij] abbrev. of **displaced person**
drab [draeb] *a* 1. žućkastomrk, žućkastosmeđ 2. (fig.) jednoličan, bezbojan; *a ~ existence* jednoličan život
drach·ma ['draekmə] *n* drahma
dra·co·ni·an [drej'kounijən] *a* drakonski
dra·con·ic [drej'kanik]; [*o*] *a* drakonski
draff [draef] *n* talog
draft I [draeft]; [*a*] *n* 1. promaja; strujanje vazduha (W: zraka); *to sit in a ~* sedeti (sjedjeti) na promaji 2. vuča 3. (naut.) gaz 4. (comm.) vučena menica (mjenica); *a sight (demand) ~* menica po viđenju 5. gutljaj 6. pretakanje 7. regrutovanje; regrutna obaveza, vojna obaveza; *to exempt from the ~* osloboditi od regrutovanja; *to dodge the ~* izbegavati (izbjegavati) vojnu obavezu (also **conscription**) 8. nacrt; skica, plan; crtež; *the ~ of a law* nacrt zakona 9. (of a chimney) cug 10. (on a chimney) dimovuk
draft II *v tr* 1. regrutovati, pozvati u vojnu službu (also **conscript III**) 2. napraviti nacrt (nečega), skicirati 3. formulisati, redigovati
draft beer pivo iz bureta
draft board regrutna komisija
draft card regrutna knjižica
draft dodger begunac (bjegunac) od vojne obaveze
draft dodging izbegavanje (izbjegavanje) vojne obaveze
draft·ee [~'ij] *n* regrut (also **conscript I**)
draft horse teglеći konj, konj za vuču
draft·ing [~ïñg] *n* tehničko crtanje, sastavljanje nacrta
drafts·man [~smən] (-*men* [min]) *n* tehnički crtač
draft·y [~ij] *a* izložen promaji
drag I [draeg] *n* 1. povlačna mreža; bager 2. drljača 3. kočnica; paočanica 4. teret, prepreka, smetnja; *a ~ on smb.'s career* prepreka nečijoj karijeri 5. (aviation) čeoni otpor; (as *a*): *~ coefficient* koeficijent čeonog otpora 6. izvlačenje; (colloq.) *to take a ~ on a cigarette* povući dim iz cigarete 7. (slang) nešto dosadno 8. (slang) ulica; *the main ~* glavna ulica 9. (tech.) otpor kretanja tela (tijela) u fluidu 10. (slang) (ženska) odeća odeća (odjeća) koju nosi transvestit
drag II *v* 1. *tr* vući; navući; *to ~ smt. along the ground* vući nešto po zemlji; *to ~ smb. along* vući nekoga sa sobom; *to ~ one's feet* vući noge 2. *tr* dovući; she *~ged the table over to the*

window dovukla je sto (stol) do prozora 3. *tr* bagerisati, očistiti; pretražiti mrežom; *to ~ a river* bagerisati dno reke (rijeke) 4. *intr* vući se; *the chain ~ged along the ground* lanac se vukao po zemlji; *the negotiations are ~ging* pregovori se vuku 5. *intr* (or: *to ~ on*) otegnuti se; *time ~ged terribly* vreme — vrijeme se strašno oteglo; *the minutes ~ged on and on* minuti su se otegli unedogled 6. *intr* tragati (pomoću mreže); *to ~ for a body* tragati za lešom (pomoću mreže) 7. misc.; *he's just ~ging along* on tavori
drag anchor zavlačno sidro
drag chute padobran za kočenje (pri sletanju — slijetanju)
drag down *v* 1. vući dole 2. naškoditi; upropastiti
drag in *v* 1. vući; *the fishermen were dragging in their nets* ribari su vukli mreže 2. uvući; *drag in the trunk!* or: *drag the trunk in!* uvuci sanduk u kuću!
drag·line [~lajn] *n* veliki kopač za zemlju
drag·net [~net] *n* 1. koča, mreža 2. (fig.) traganje (za zločincem)
drag·o·man ['draegəmən] (-*s* or -*men* [min]) *n* tumač, dragoman
drag·on ['draegən] *n* zmaj, aždaja
drag on *v* otezati se
drag·on·fly [~flaj] *n* vilinski konjic
dragon's blood crvena smola, zmajeva krv
dragon tree (bot.) zmajevac
dra·goon [drə'gūn] *n* (mil., hist.) dragon
drag out *v* 1. razvući, odugovlačiti; otegnuti; *to drag a job out* or: *to drag out a job* razvući posao; *to drag out a lawsuit* odugovlačiti parnicu; *the matter is being dragged out* stvar se oteže 2. izvući; *he dragged himself out from under the ruins* izvukao se ispod ruševina
drag race (colloq.) takmičenje (automobila) u ubrzanju
drag up *v* see **bring up 3**
drain I [drejn] *n* 1. odvod, odvodna cev (cijev); slivnik; dren; *to clean a ~* očistiti odvod 2. (med.) dren 3. otvor za ispuštanje 4. (fig.) odliv; *a brain ~* odliv intelektualaca 5. (fig.) trošak
drain II *v* 1. *tr* isušiti; *to ~ a lake (a swamp)* isušiti jezero (močvaru) 2. *tr* odvoditi vodu (sa) 3. *tr* (med.) odvoditi drenom 4. *tr* iskapiti, ispiti (naiskap); *he ~ed the glass* iskapio je čašu 5. *tr* iscrpsti, iznuriti 6. *intr* (or: *to ~ out*) curiti, oticati; *the water doesn't ~* voda neće da otiče; *all the water ~ed out* otekla je sva voda
drain·age [~idž] *n* 1. drenaža, odvođenje vode 2. (med.) drenaža, odvođenje (tečnosti, gnoja) iz rane
drainage basin rečni (riječni) bazen
drain board daska pored kuhinjske sudopere; slivnik pod mrežom za sušenje posuđa
drain cock ispusni ventil
drai·ner [~ə(r)] *n* sprava za drenažu
drain off *v* 1. odvoditi (vodu) 2. see **drain II 6**
drain out *v* see **drain II 6**
drain·pipe [~pajp] *n* odvodna cev (cijev), odvodnica; ispust
drake I [drejk] *n* patak (see also **ducks and drakes**)
drake II *n* vodeni cvet (cvijet)
dram [draem] *n* drama

dra·ma ['dramə] *n* drama
dram·a·mine ['draeməmijn] *n* dramamin
dra·mat·ic [drə'maetik] *a* 1. dramatičan 2. dramski; ~ *talent* dramski talenat; ~ *works* dramska dela (djela)
dra·mat·ics [~s] *n (sgn* or *pl)* dramatika
dram·a·tist ['draemətist] *n* dramaturg
dram·a·ti·za·tion [draemətə'zeišən]; [*aj*] *n* dramatizacija
dram·a·tize ['draemətajz] *v tr* dramatizovati
dram·a·turge ['draemətə(r)dž] *n* dramaturg
dram·a·tur·gy [~ij] *n* dramaturgija
drank see **drink II**
drape I [drejp] *n* draperija, zavesa (zavjesa); *to draw (open) the* ~s navući (razvući) zavese
drape II *v tr* 1. drapirati 2. obesiti (objesiti); *the body was* ~*d over the chair* telo (tijelo) je bilo presavijeno preko stolice 3. ogrnuti; *to* ~ *with a flag* ogrnuti zastavom
drap·er [~ə(r)] *n* (Br.) suknar
drap·er·y [~rij] *n* 1. draperija 2. Br.; see **dry goods**
dras·tic ['draestik] *a* drastičan; ~ *measures* drastične mere (mjere)
drat [draet] *inter* do đavola!
draught 1. usu. Br.; see **draft I, II** 2. Br.; see **checker**
draught·board [~bo(r)d] Br.; see **checkerboard**
draught exclud·er Br.; see **weather stripping**
draughts [draefts]; [*a*] usu. Br.; see **checkers**
draughts·man Br.; see **draftsman**
draught·y Br.; see **drafty**
Dra·vid·i·an I [drə'vidijən] *n* dravidski jezici
Dravidian II *a* dravidski
draw I [dro] *n* 1. vučenje; *he is quick on the* ~ on ume (umije) brzo da poteže pištolj 2. nerešena (neriješena) igra (also **tie I** 4) 3. izvlačenje kocke, ždreb (ždrijeb) 4. privlačna stvar
draw II *drew* [drū]; *drawn* [dron] *v* 1. *tr* navući; *to* ~ *a curtain* navući zavesu (zavjesu); *to* ~ *a veil over smt.* navući veo preko nečega 2. *tr* isukati; trgnuti; *to* ~ *a sword* isukati mač (iz korica) 3. *tr* potegnuti; *to* ~ *a knife (a pistol)* potegnuti nož (pištolj) 4. *tr* izvaditi; *to* ~ *money (from a bank)* izvaditi novac (iz banke) 5. *tr* izvući; *to* ~ *a conclusion* izvući zaključak; *to* ~ *water from a well* izvući vodu iz bunara; *to* ~ *a winner* izvući zgoditak 6. *tr* crpsti; *to* ~ *new strength* crpsti novu snagu; *to* ~ *water* crpsti vodu 7. *tr* privući; *to* ~ *smb. close* privući nekoga k sebi; *to* ~ *attention (an audience)* privući pažnju (publiku); *to feel drawn to smb.* osećati (osjećati) privlačnost prema nekome 8. *tr* vući; *to* ~ *a cart* vući kola; *to* ~ *lots* vući žreb — žrijeb (kocku); *to* ~ *interest* vući interes 9. *tr* povući; *to* ~ *a border (a line)*, povući granicu (liniju) (cf. 18) 10. *tr* nacrtati 11. *tr* primiti, dobiti; *to* ~ *a salary* primati platu; *to* ~ *rations* dobiti sledovanje (sljedovanje) 12. *tr* and *intr* (naut.) gaziti 13. *intr* vući; *the chimney* ~s *well* dimnjak dobro vuče 14. *intr* crtati; *he* ~s *well* on dobro crta 15. *intr* biti privlačan; *to* ~ *at the box office* privlačiti veliki broj posetilaca (posjetilaca) 16. *intr* potegnuti pištolj; *he can* ~ *fast* on ume (umije) brzo da poteže pištolj 17. *intr* (sports) igrati nerešeno

(neriješeno) (also **tie II** 4) 18. misc.; **to* ~ *the line* postaviti granicu; **to* ~ *a blank* ne naći ono što se traži; *to* ~ *a breath* udahnuti vazduh (W: zrak); **to* ~ *one's last breath* umreti (umrijeti); *to* ~ *smb. aside* odvesti nekoga u stranu; *to* ~ *blood* pustiti krv; *to* ~ *near* približiti se; *to* ~ *smb. into a conversation* uvući nekoga u razgovor; *to* ~ *in the reins* zategnuti dizgine; *to* ~ *a bead on* nanišaniti na; **to* ~ *first blood* učiniti prvi napad; *to* ~ *even with smb.* stići nekoga; *to* ~ *away from smb.* izmaći nekome; **drawn and quartered* obešen (obješen) pa raščerečen; *to* ~ *applause* pobrati aplauze
draw aside *v* povući na stranu
draw away *v* udaljiti se
draw back *v* 1. povući nazad 2. povući se 3. zamahnuti; *he drew back his arm to strike me* zamahnuo je rukom da me udari
draw·back [~baek] *n* nezgoda
draw·bridge [~bridž] *n* pokretni most
draw·ee [~'ij] *n* trasat
draw·er [~ə(r)] *n* 1. fioka 2. crtač 3. (comm.) trasant
draw·ers [~z] *n pl* gaće
draw in *v* 1. uvući 2. ucrtati
draw·ing [~iñg] *n* 1. crtež 2. izvlačenje kocke
drawing board crtaći sto (stol); **to go back to the* ~ opet početi
drawing card atrakcija (koja privlači mnogo posetilaca — posjetilaca)
drawing pin Br.; see **thumbtack**
drawing room 1. gostinska soba, soba za primanje 2. kupe (u spavaćim kolima)
drawl I [drol] *n* otezanje u govoru
drawl II *v* 1. *tr* otezati (u govoru) 2. *intr* otezati u govoru
drawl·ing [~iñg] *a* otegnut; *a* ~ *voice* otegnut glas
drawn [dron] *a* 1. see **draw II** 2. iznuren, izmučen; *a* ~ *look* izmučen izgled
draw off *v* odliti
draw on *v* privući; *to draw on reserves* privući rezerve
draw out *v* 1. izvući; *to draw smb. out* izvući iz nekoga reči (riječi), pomoći nekome da se izjasni 2. see **drag out 1**
draw·string [~striñg] *n* vučna traka
draw up *v* 1. sastaviti; *to draw a list up* or: *to draw up a list* sastaviti spisak 2. rasporediti; *to draw up troops* rasporediti trupe 3. zaustaviti se; *a car drew up in front of the house* jedan auto se (iznenadno) zaustavio pred kućom 4. *to draw oneself up (to one's full height)* ispraviti se, zauzeti ukočeno držanje 5. napraviti; *to draw up a will* napraviti testamenat
dray [drej] *n* teretna kola
dray·age [~idž] *n* vozarina
dray horse see **draft horse**
dray·man [~mən] (-*men* [min]) *n* vozar
dread I [dred] *n* strah, užas; *to be in* ~ *of* živeti (živjeti) u strahu od; *I* ~*ed going there* strepeo (strepio) sam da idem tamo
dread II *v tr* plašiti se
dread·ful [~fəl] *a* strašan, užasan
dread·nought [~not] *n* drednot (tip bojnog broda)

dream I [drijm] *n* san; sanjarija; *to have sweet ~s* sanjati lepe (lijepe) snove; *his ~ came true* ispunio mu se san; *to interpret ~s* tumačiti snove; *to believe in ~s* verovati (vjerovati) u snove; *a bad ~* košmar; *an empty ~* pusti san

dream II *-ed* or *dreamt* [dremt] *v tr* and *intr* sanjati; sanjariti; *to ~ about smb.* videti (vidjeti) nekoga u snu; *to ~ about smt.* sanjati o nečemu; *to ~ sweet dreams* sanjati lepe (lijepe) snove

dream·er [~ə(r)] *n* sanjalac, sanjar, sanjalica

dream·land [~laend] *n* zemlja snova

dream up *v* izmisliti; *to dream smt. up* izmisliti nešto

dream world see **dreamland**

dream·y [~ij] *a* 1. sanjalački 2. (colloq.) divan, lep (lijep)

drear·y ['drijrij] *a* dosadan, turoban

dredge I [dredž] *n* bager

dredge II *v tr* 1. bagerisati; očistiti bagerom 2. *(to ~ up)* iskopati

dredg·er [~ə(r)] *n* 1. bager 2. bagerista

dregs [dregz] *n pl* 1. talog 2. (fig.) ološ, talog; *the ~ of society* društveni talog

drench [drenč] *v tr* 1. nakvasiti, natopiti 2. posuti; *he ~ed himself with gasoline* posuo se benzinom

dress I [dres] *n* 1. odelo (odijelo), odeća (odjeća) 2. haljina; *to wear a ~* nositi haljinu 3. (mil.) ravnanje

dress II *a* svečan; (mil.) *a ~ uniform* uniforma za paradu i izlazak

dress III *v* 1. *tr* obući; *to ~ a child* obući dete (dijete) 2. *tr* zaviti, previti; *to ~ a wound* zaviti ranu 3. *intr* and *refl* obući se; *to get ~ed* obući se; *get ~ed!* obuci se! 4. *intr* (mil.) ravnati se; *~ right, ~!* nadesno, ravnajs! *~ front!* drži potiljak!

dres·sage [dre'saž], ['dresidž] *n* dresura (konja)

dress circle prva galerija

dress code propisi o odeći — odjeći (u školi)

dress down *v* (colloq.) izgrditi

dress·er [~ə(r)] *n* 1. toaletni sto (stol) 2. orman

dress·ing [~iñg] *n* 1. (med.) zavoj; *a pressure ~* kompresivni zavoj; *to apply a ~ to a wound* zaviti ranu 2. oblačenje 3. (cul.) preliv; *a salad ~* preliv za salatu

dress·ing-down [~-daun] *n* grdnja; *to get a good ~* biti valjano izgrđen; *to give smb. a good ~* osuti grdnju na nekoga

dressing gown kućna (sobna) haljina, šlafrok

dressing room 1. svlačionica (also **locker room**) 2. garderoba; šminkernica

dressing table toaletni stočić

dress·mak·er [~mejkə(r)] *n* krojačica, krojač, švalja

dress·mak·ing [~iñg] *n* krojački zanat

dress rehearsal generalna proba

dress up *v* 1. nagizdati, lepo (lijepo) obući 2. nagizdati se, lepo se obući 3. (mil.) ravnati se; *dress it up!* ravnajs!

dress·y [~ij] *a* elegantan; svečan

drew see **draw II**

drib·ble I ['dribəl] *n* 1. (esp. basketball) dribling, driblovanje, vođenje lopte 2. kaplja; kapanje, curenje

dribble II *v* 1. *tr* and *intr* driblovati; *to ~ past a player* predriblovati igrača 2. *intr* kapati, curiti; *the water is ~ing* voda curi

drib·bler ['driblə(r)] *n* dribler

drib·let ['driblit] *n* kapljica; (fig.) malenkost

dribs and drabs [dribz ən draebz] *pl* male količine; *by ~* u malim količinama

dried see **dry II**

dri·er I ['drajə(r)] see **dryer**

drier II *comp* of **dry II**

drift I [drift] *n* 1. nošenje, teranje (tjeranje) 2. nanos, namet, smet; *to blow snow into ~s* naneti sneg (nanijeti snijeg) 3. zanošenje; derivacija 4. usmerenost (usmjerenost); značaj; *the ~ of a speech* usmerenost govora

drift II *v intr* 1. ploviti (niz vodu, niz vetar — vjetar); *to ~ downstream* biti nošen niz reku (rijeku) 2. nagomilati se; *the snow has ~ed* sneg je nanet (snijeg je nanijet) 3. ići polako; prepustiti se okolnostima; *to ~ into a war* biti uvučen u rat, srljati u rat 4. zanositi se 5. skitati

drift·age [~idž] *n* derivacija; zanošenje

drift·er [~ə(r)] *n* skitnica

drift ice plivajući led

drift·wood [~wud] *n* naneto (nanijeto) drvo

drill I [dril] *n* 1. burgija, bušilica 2. vežbanje (vježbanje); vežba (vježba); *an air-raid ~* vežbe vazdušne (W: zračne) uzbune; *(as a) ~ sessions in English* vežbe iz engleskog jezika 3. (mil.) egzercir, vežba (vježba): obuka; *close-order ~* strojeva obuka

drill II *v* 1. *tr* probušiti; *to ~ a hole* probušiti rupu 2. *tr* uvežbati (uvježbati); obučiti; *to ~ pupils* uvežbati đake 3. *tr* (mil.) uvežbati, egzercirati; *to ~ soldiers* uvežbati vojnike 4. *intr* bušiti 5. *intr* vežbati se

drill III *n* trojnik (vrsta platna)

drill IV *n* brazda

drill V see **mandrill**

drill bit see **drill I** 1

drill·ing [~iñg] *n* bušenje

drilling platform platforma za bušenje

drill·mas·ter [~maestə(r)]; *[a] n* (mil.) nastavnik strojeve obuke; (fig.) strog nastavnik

drill press see **drill I** 1

drink I [driñgk] *n* 1. piće; *to mix a ~* smešati (smiješati) piće; *soft ~s* osvežavajuća (osvježavajuća) pića 2. (fig.) alkoholizam; piće; *addicted to ~* odan piću; *to take to ~* propiti se 3. (slang) more

drink II *drank* [draeñgk]; *drunk* [drəñgk] *v* 1. *tr* ispiti, popiti; *to ~ water (wine)* piti vodu (vino); *to ~ a toast to smb.* piti u čast nekoga 2. *intr* piti 3. *intr* biti sklon piću, piti 4. misc.; *to ~ bottoms up* ispiti naiskap

drink·a·ble [~əbəl] *a* pitak

drink·er [~ə(r)] *n* 1. onaj koji pije 2. alkoholičar

drink·ing I [~iñg] *n* 1. pijenje 2. (fig.) alkoholizam

drinking II *a* pitak

drinking fountain česma na pritisak dugmeta

drinking water pitka voda

drink to *v* 1. zaliti; *we should drink to that!* red je da to zalijemo! 2. misc.; *to drink to smb.* piti u nečije zdravlje; *to drink oneself to death* umreti (umrijeti) od pića

drip I [drip] *n* 1. kapanje, curenje, curak 2. tečnost koja kaplje 3. (slang) dosadna osoba
drip II *v intr* kapati, curiti
drip-dry [~-draj] *a* koji se ne pegla
drip-ping [~iŋg] *n* 1. kapanje 2. (in *pl,* cul.) uprženi sok otopljene masti
drive I [drajv] *n* 1. vožnja; *to go for a ~* provozati se, provesti se 2. put, auto-put 3. pogon; *four--wheel ~* pogon na obadve (obadvije) osovine; *front-wheel (rear-wheel) ~* prednji (zadnji) pogon 4. akcija; *a ~ to help flood victims* akcija za pomoć postradalima od poplave; *to launch (initiate) a ~* pokrenuti akciju 5. agresivnost, energija; *a man of great ~* čovek (čovjek) velike energije 6. (mil.) (snažan) napad; *to launch (begin) a ~* otpočeti napad 7. teranje – tjeranje (stoke) 8. nagon 9. (C.) drajv
drive II *drove* [drouv]; *driven* ['drivən] *v* 1. *tr* terati (tjerati); oterati (otjerati); doterati (dotjerati); *to ~ cattle* terati stoku; *steam ~s this machine* para tera ovu mašinu (W: ovaj stroj); **to ~ smb. to the poorhouse* doterati nekoga do prosjačkog štapa; *to ~ smb. into exile* oterati nekoga u progonstvo 2. *tr* uterati (utjerati); *to ~ cattle into a stall* uterati stoku u štalu; *to ~ a car into a garage* uterati auto u garažu 3. *tr* voziti, upravljati; *to ~ a car* voziti kola; *to ~ a truck (a tractor)* upravljati kamionom (traktorom) 4. *tr* odvesti (odvezem); *a friend drove me there* odvezao me je tamo jedan prijatelj 5. *tr* dovesti (dovezem); *we'll ~ you to the border* dovešćemo vas kolima do granice 6. *tr* provozati, provesti (provezem); *he drove us past the opera* provezao nas je pored opere 7. *tr* dovesti (dovedem), naterati (natjerati); *to ~ to despair* dovesti do očajanja; *to ~ crazy* dovesti do ludila; *driven to steal* nateran na krađu; *to ~ to drink* naterati da se oda piću 8. *tr* ukucati; zabiti; udarati; probiti; *to ~ a nail into a wall* ukucati ekser u zid; *to ~ pegs into the ground* udariti kočiće u zemlju; *to ~ a stake into the ground* zabiti kolac u zemlju; *to ~ a wedge between two countries* zabiti klin u odnose između dve (dvije) zemlje; *to ~ a nail through a board* probiti ekser kroz dasku 9. *intr* voziti; *he knows how to ~* on zna da vozi; *to ~ carefully (fast, slow)* voziti oprezno (brzo, polako) 10. *intr* odvesti (odvezem) se; *he drove to work in his new car* on se odvezao na posao svojim novim automobilom 11. *intr* provesti (provezem) se; provozati se; *we drove past the opera* provezli smo se pored opere; *to ~ through a city* provozati se kroz grad 12. misc.; *what is he ~ing at?* na šta (što) cilja? **to ~ a point home* uliti činjenicu u glavu, dokazati nešto; *to ~ a hard bargain* napraviti dobar pazar
drive around *v* 1. provozati se 2. voziti oko
drive away *v* 1. terati (tjerati); *drive the flies away from the food!* teraj muve (muhe) od hrane! 2. oterati (otjerati) 3. odvesti (odvezem) se; *they drove away* odvezli su se
drive back *v* 1. vratiti se (kolima) 2. odbiti; *to drive the enemy back* or: *to drive back the enemy* odbiti neprijatelja, primorati neprijatelja da se povuče

drive in *v* 1. ući (autom) 2. ukucati, udariti; *to drive in a nail* or: *to drive a nail in* ukucati ekser
drive-in I [~-in] *n* bioskop (W: kino), restoran (pod otvorenim nebom) u koji se ulazi automobilom
drive-in II *a* u koji se ulazi automobilom; *a ~ movie* bioskop — W: kino (pod otvorenim nebom) u koji se ulazi automobilom; *a ~ bank* banka sa auto-šalterom
driv-el I ['drivəl] *n* 1. bale 2. baljezganje
drivel II *v intr* balaviti
drive off *v* 1. odvesti (odvezem) se; *they drove off* odvezli su se 2. oterati (otjerati), odbiti; *to drive off the enemy* odbiti neprijatelja
drive on *v* 1. voziti dalje 2. (mil.) *to drive on a city* približavati se gradu (u toku napada)
drive out *v* 1. izvesti (izvezem) se; *to drive out of the city* izvesti se iz grada 2. isterati (istjerati); *to drive smb. out of town* isterati nekoga iz grada
driv-er [~ə(r)] *n* 1. vozač, šofer 2. gonič; *a cattle ~* gonič stoke
driver ant afrički mrav
driver's license vozačka dozvola; *to suspend smb.'s ~* oduzeti nekome vozačku dozvolu
driver's seat 1. mesto (mjesto) za volanom 2. (fig.) mesto vlasti
driver's test vozački (šoferski) ispit
drive shaft kardanska osovina, pogonska osovina
drive up *v* 1. dovesti (dovezem) se; *to drive up to a house* dovesti se do kuće 2. povisiti; *to drive up prices* or: *to drive prices up* povisiti cene (cijene)
drive-way [~wej] *n* automobilski prolaz (između kuća); prilazni put
driv-ing I [~iŋg] *n* vožnja; vožnje; *fast ~* brza vožnja; *highway ~* drumska vožnja; *night ~* vožnja noću; *~ on ice (in fog)* vožnja po ledu (po magli)
driving II *a* 1. energičan 2. jak; *a ~ rain* jaka kiša
driving force pokretačka snaga
driving license Br.; see **driver's license**
driving wheel pogonski točak
driz-zle I ['drizəl] *n* rominjanje
drizzle II *v intr* rominjati, sipiti; *it is ~ing* kiša rominja (sipi)
drogue [droug] (or: *~ parachute*) *n* 1. vučena meta-konus 2. konusni vetrokaz (vjetrokaz)
droll [droul] *a* zabavan, smešan (smiješan)
droll-ness [~nis] *n* zabavnost
drom-e-dar-y ['dramədəri]; ['drəmədəri] *n* jedno-grba kamila; dromedar
drone I [droun] *n* 1. trut 2. lenčina (lijenčina) 3. avion bez pilota
drone II *n* zujanje
drone III *v intr* zujati
drool [drūl] *v intr* balaviti
droop I [drūp] *n* pognutost
droop II *v* 1. *tr* oklembesiti 2. *intr* visiti klempavo 3. *intr* klonuti, malaksati; *to ~ in the heat* malaksati na žezi 4. *intr* sroljati se, srozati se; *her stockings are ~ing* srozale su joj se čarape
droop-y [~ij] *a* klempav
drop I [drap]; [ɔ] *n* 1. kap; *ear (eye, nose) ~s* kapi za uši (oči, nos); *~ by ~* kap po kap; *to the last ~* do poslednje (posljednje) kapi; **a ~ in*

the bucket kap u moru 2. pad; *a* ~ *in temperature* pad temperature; *a* ~ *of fifteen feet* pad od petnaest stopa 3. litica, strma stena (stijena) 4. izbacivanje (tereta ili padobranaca); desant 5. (colloq.) potajno mesto (mjesto) za čuvanje 6. misc.; **at the* ~ *of a hat* odmah; **to get the* ~ *on smb.* imati prednost nad nekim

drop II *v* 1. *tr* ispustiti (iz ruku); *he* ~*ped a glass* ispustio je čašu 2. *tr* spustiti; *to* ~ *anchor* spustiti kotvu (sidro); *to* ~ *one's eyes* spustiti oči; *to* ~ *prices* spustiti cene (cijene); *to* ~ *one's voice* spustiti glas 3. *tr* napustiti; *to* ~ *one's friends* napustiti svoje prijatelje 4. *tr* izgubiti; ispustiti; *to* ~ *a game* izgubiti utakmicu; (ling.) *to* ~ *one's h's* izostavljati slovo h u izgovoru 5. *tr* napisati; *to* ~ *smb. a line (a card)* napisati nekoliko reči — riječi (kartu) nekome 6. *tr* oždrebiti (oždrijebiti) se, oteliti se; *to* ~ *a colt* oždrebiti se 7. *tr* odustati; *to* ~ *a demand* odustati od zahteva (zahtjeva) 8. *tr* izručiti; *to* ~ *bombs* izručiti bombe 9. *tr* ostaviti; *let's* ~ *the subject* ostavimo tu temu 10. *intr* pasti, sniziti se; *prices are* ~*ping* cene (cijene) padaju; *the temperature* ~*ped* temperatura je pala 11. *intr* pasti, srušiti se; *to be ready to* ~ biti iznuren do krajnosti 12. misc.; *to* ~ *a hint* napraviti aluziju; *to* ~ *a remark* napraviti primedbu (primjedbu); *to* ~ *behind* izostati; *they let the matter* ~ skinuli su predmet s dnevnog reda; **to* ~ *names* razmetati se svojim (tobožnjim) vezama

drop around *v* (colloq.) svratiti

drop back *v* zaostati

drop by *v* (colloq.) svratiti

drop hammer (tech.) baba makare

drop in *v* 1. svratiti, navratiti; *I'll drop in to see you* svratiću kod tebe 2. upasti

drop·let [~lit] *n* kapljica

drop off *v* 1. odvesti (odvezem); *he dropped me off at work* odvezao me je na posao 2. odvojiti se, otpasti; *the plaster dropped off* malter se odvojio 3. opasti; smanjiti se; *attendance has dropped off* poseta (posjeta) se smanjila 4. misc.; *he dropped off to sleep* zaspao je

drop out *v* 1. odustati; *to drop out of competition* odustati od takmičenja 2. ispasti; *to drop out of a league* ispasti iz lige 3. istupiti; *to drop out of an organization* istupiti iz organizacije 4. napustiti, ostaviti; *to drop out of school* napustiti (ostaviti) školu

drop·out [~aut] *n* maloletnik (maloljetnik) koji je napustio školu

drop over *v* (colloq.) 1. svratiti 2. srušiti se

drop·per [~ə(r)] *n* kapalica, pipeta

drop·pings [~iŋgz] *n pl* životinjski izmet, balegar

drop·sy ['drapsij]; [o] *n* hidropsija

dross [dros] *n* šljaka

drought [draut] *n* suša

drove I [drouv] *n* 1. čopor 2. mnoštvo, gomila

drove II see **drive II**

drov·er [~ə(r)] *n* gonič

drown [draun] *v* 1. *tr* udaviti, utopiti; *to* ~ *kittens* udaviti mačiće; (fig.) *to* ~ *one's troubles in drink* tražiti zaborav u piću 2. *intr* udaviti se; *he* ~*ed in the river* udavio se u reci (rijeci);

*a ~*ing man grasps at any straw* davljenik se i za slamku hvata

drown out *v* zaglušiti

drowse [drauz] *v intr* dremati; *to* ~ *away one's time* provesti vreme (vrijeme) u spavanju

drow·sy [~ij] *a* dremljiv, uspavan

drub [drəb] *v tr* 1. izbiti, istući, izbatinati 2. potući

drub·bing [~iŋ] *n* 1. batine 2. poraz

drudge I [drədž] *n* radnik za teške poslove

drudge II *v intr* raditi teške poslove

drudg·er·y [~ərij] *n* naporan posao

drug I [drəg] *n* (opojna) droga, narkotik; *to take* ~*s* uživati droge; **a* ~ *on the market* roba koja se teško prodaje

drug II *v tr* drogirati, dopingovati

drug addict narkoman

drug addiction narkomanija

drug·gist [~ist] *n* drogerista, apotekar

drug industry farmaceutska industrija

·drug pusher (colloq.) rasturač droga

drug·store [~sto(r)] *n* apoteka; drogerija

dru·id ['drūid] *n* druid

drum I [drəm] *n* 1. doboš, bubanj; *to beat (play) a* ~ udarati u doboš 2. valjak, bure 3. rezervoar

drum II *v* 1. *intr* udarati u doboš 2. misc.; *to* ~ *smt. into smb.'s head* uterati (utjerati) nekome nešto u glavu; *to* ~ *up business* privlačiti mušterije; *to* ~ *smb. out (of the army)* isterati (istjerati) nekoga (iz vojske); *to* ~ *a table with one's fingers* lupkati prstima po stolu

drum·beat [~bijt] *n* udaranje u doboš

drum·fire [~faj(r)] *n* uraganska (artiljerijska) vatra

drum·head [~hed] *n* opna na dobošu

drumhead court-martial preki sud; ratni vojni sud

drum major tambur-major (mažor)

drum majorette mažoretkinja

drum·mer [~ə(r)] *n* 1. dobošar, bubnjar 2. trgovački putnik

drum·stick [~stik] *n* 1. dobošarska maljica 2. batak

drum up *v* see **drum II** 2

drunk I [drə̄ŋk] *n* alkoholičar

drunk II *a* 1. pijan; *to be* ~ biti pijan; *to get* ~ napiti se; *dead* ~ mrtav pijan 2. opijen, pijan; ~ *with success* opijen uspehom (uspjehom) 3. see **drink II**

drunk·ard [~ə(r)d] *n* alkoholičar

drunk·en [~ən] *a* u pripitom stanju; ~ *driving* vožnja u pripitom stanju

Druse, Druze [drūz] *n* (*pl* has zero) Druz

druth·thers ['drəthə̄(r)z] *n* (colloq.) slobodan izbor

dry I [draj] *a* 1. suv (suh); ~ *air* suv vazduh (W: zrak) 2. suvoparan (suhoparan); ~ *humor* prikriven humor 3. (Am.) antialkoholni **drier**, **dryer** (*comp*)

dry II *v* 1. *tr* osušiti; *to* ~ *hair (laundry)* osušiti kosu (veš) 2. *tr* obrisati; *to* ~ *(the) dishes* obrisati sudove 3. *intr* osušiti se

dry·ad ['drajəd], [*ae*] *n* drijada, šumska vila

dry battery see **dry cell**

dry cell suva (suha) ćelija

dry-clean [~-klijn] *v tr* očistiti hemijski (kemijski)

dry cleaner's servis za hemijsko (kemijsko) čišćenje

dry cleaning hemijsko (kemijsko) čišćenje

dry dock suvi (suhi) dok
dry-dock [∼·dak]; [o] v tr staviti u suvi (suhi) dok
dry·er I [∼ə(r)] n sušilica (see also **clothes dryer, hair dryer**)
dryer II see **dry** I
dry-eyed a bez suza
dry goods pl tekstilna roba
dry ice suvi (suhi) led, čvrsti ugljen-dioksid
dry land kopno
dry law (Am.) zabrana proizvodnje i prodavanja alkoholnih pića
dry measure mera (mjera) za količinu suve (suhe) robe
dry·ness [∼nis] n suvoća (suhota)
dry nurse dadilja (koja ne doji dete — dijete)
dry out v see **dry** II 1, 3
dry rot suv (suh) trulež
dry run (mil.) (mil. and fig.) uvežbavanje (uvježbavanje), obuka bez gađanja bojevom municijom
dry state (Am.) država u kojoj je zabranjena prodaja alkoholnih pića
dry up v intr 1. presahnuti, presušiti, usahnuti; the spring dried up izvor je presušio 2. (slang) prestati govoriti; dry up! umukni!
d t's [dij 'tijz] (delirium tremens) (the ∼) alkoholno ludilo
du·ad ['dūaed]; [dj] n par
du·al I ['dūəl]; [dj] n (gram.) dual, dvojina
dual II a 1. dvostruk, dupli; ∼ controls duple komande 2. (gram.) dualni 3. misc.; a ∼ (track) meet lakoatletski dvomeč
dual carriageway (Br.) autoput (sa trakom koja deli — dijeli kolovoz)
du·al·ism [∼izəm] n dualizam, dvojnost
du·al·ist [∼ist] n dualista
du·al·is·tic [dūə'listik]; [dj] a dualističan, dualistički
du·al·i·ty [dū'aelətij]; [dj] n dualitet
dual-purpose [∼·'pə(r)pəs] a dvostruk, sa dve (dvije) funkcije
dual-track a dvokanalni; a ∼ tape recorder dvokanalni magnetofon
dub I [dəb] n nespretan igrač
dub II v tr 1. nazvati, nadenuti — nadjenuti (nekome) ime 2. položiti mač (na nečije rame) u znak proizvođenja u viteza
dub III v tr 1. sinhronizirati na drugom jeziku 2. dublirati, ozvučiti
du·bi·e·ty [dū'bajətij]; [dj] n dubioznost
du·bi·ous ['dūbijəs]; [dj] a dubiozan
Dub·lin ['dəblin] n Dablin
Du·brov·nik [dū'brovnik] n Dubrovnik
du·cal ['dūkəl]; [dj] a vojvodski
duc·at ['dəkət] n dukat
duch·ess ['dəčəs] n 1. vojvotkinja 2. kneginja; a grand ∼ velika kneginja
duch·y ['dəčij] n vojvodstvo
duck I [dək] n patka, plovka; ∼s quack patke kvaču; *a lame ∼ političar koji je izgubio na poslednjim (posljednjim) izborima; *to take to smt. like a ∼ to water latiti se nečega bez ikakvih teškoća; *like water off a ∼'s back ne čineći nikakav utisak; *he's a dead ∼ nema mu spasa
duck II v 1. tr pognuti; to ∼ one's head pognuti glavu 2. tr zagnjuriti; to ∼ smb. zagnjuriti

nekoga (u more) 3. intr pognuti se, sagnuti se; he ∼ed on se sagnuo
duck·bill [∼bil] n kljunar (also **platypus**)
duck boards (Br.) daske za stajanje na mokrom ili blatnom mestu (mjestu)
duck·ing [∼ing] n zagnjurivanje
ducking stool see **cucking stool**
duck·ling [∼ling] n pače, plovče; *an ugly ∼ ružno pače
duck out v (colloq.) izbeći (izbjeći); to duck out of an obligation izbeći obavezu
duck·pin [∼pin] n vrsta kegle (manja nego **tenpin**)
ducks and drakes pl žabice; to play ∼ igrati se žabica
duck·weed [∼wijd] n (bot.) sočivica
duck·y [∼ij] a (slang) odličan, divan
duct [dəkt] n 1. cev (cijev); a ventilation ∼ ventilaciona cev 2. (anat.) kanal; the lacrimal (seminal) ∼ suzni (semeni — sjemeni) kanal
duc·tile ['dəktəl] a rastegljiv, elastičan
duct·less gland [∼lis] see **endocrine, gland**
dud [dəd] n 1. (colloq.) neeksplodirana granata (bomba) 2. nesrećnik 3. neuspeh (neuspjeh) 4. loša stvar
dude [dūd] [dj] n 1. (colloq.) gradski stanovnik koji provodi odmor na ranču (kod kauboja) 2. (colloq.) kicoš 3. (slang) momak
dude ranch ranč, odmaralište gde (gdje) provode odmor gradski stanovnici (kod kauboja)
dudg·eon ['dədžən] n ljutina; in high ∼ u velikoj ljutini
duds [dədz] n pl 1. odeća (odjeća) 2. lične stvari
due I [dū]; [dj] n 1. priznanje; to give smb. his ∼ odati nekome priznanje; *to give the devil his ∼ odati priznanje i neprijatelju 2. (in pl) članarina, članski ulog; to pay ∼s platiti članarinu
due II a 1. dospeo (dospio); the debt is ∼ dug je dospeo za plaćanje; the ∼ date of a note rok plaćanja menice (mjenice); his wages are ∼ njegova plata treba da se isplati 2. dužan; podesan, prikladan; dostojan; to show smb. ∼ respect odati nekome dužno poštovanje; with ∼ ceremony sa dostojnom svečanošću; with ∼ regard to sa dostojnom pažnjom prema 3. očekivan; he is ∼ to speak today on treba da govori danas; when is the train ∼? kad stiže voz (W: vlak)? 4. see **due to**
du·el I [dūəl]; [dj] n dvoboj, duel; to challenge smb. to a ∼ izazvati nekoga na dvoboj; to fight a ∼ tući se u dvoboju; to be killed in a ∼ poginuti u dvoboju
duel II v intr tući se u dvoboju
du·el·ist [∼ist] n duelista
due process (legal) sudski postupak
dues see **due** I 2
du·et [dū'et]; [dj] n duet
due to prep (used in the pred. after a linking verb) usled (uslijed); his death was ∼ negligence njegova smrt nastala je usled nehata
duf·fel ['dəfəl] n grubo sukno
duffel bag (usu. mil.) vreća za čuvanje stvari
duf·fer ['dəfə(r)] n (colloq.) neumešan čovek (neumješan čovjek)
dug see **dig** II
dug·out ['dəgaut] n 1. čun od izdubenog drveta 2. zemunica, sklonište

14*

duke [dūk]; [dj] 1. vojvoda 2. knez; *a grand* ~ veliki knez 3. (slang, in *pl)* pesnice
duke-dom [~dəm] *n* vojvodstvo
dul·cet ['dəlsit] *a* milozvučan
dul·ci·mer ['dəlsəmə(r)] *n* (mus.) timpan
dull I [dəl] *a* 1. tup; *a* ~ *knife* tup nož; ~ *scissors* tupe makaze (W: škare) 2. glup, tup; *a* ~ *mind* tup duh 3. dosadan, nezanimljiv; *a* ~ *person* dosadan čovek (čovjek); *a* ~ *book* nezanimljiva knjiga 4. slab, oslabljen; ~ *hearing* slab sluh 5. potmuo; *a* ~ *pain* potmuli boli 6. mutan; *a* ~ *light* mutna svetlost (svjetlost) 7. tmuran; *a* ~ *day* tmuran dan (see also **overcast**) 8. bezizrazan; *a* ~ *expression* bezizrazan pogled
dull II *v* 1. *tr* zatupiti, istupiti 2. *tr* ublažiti; *to* ~ *pain* ublažiti bol 3. *intr* otupeti (otupjeti) 4. misc.; *to* ~ *one's appetite* pokvariti apetit
dull·ard [~ə(r)d] *n* glupan
dull·ness [~nis] *n* 1. tupost 2. glupost 3. dosadnost 4. tmurnost
du·ly ['dūlij]; [dj] *adv* 1. kako valja 2. u dobar čas
dumb [dəm] *n* 1. nem (nijem); *deaf and* ~ gluvonem (gluhonijem) 2. (colloq.) glup
dumb·bell [~bel] *n* 1. (sports) teg, đule 2. (slang) glupan
dumb·ness [~nis] *n* 1. nemost (nijemost) 2. (colloq.) glupost
dumb·wait·er [~wejtə(r)] *n* 1. mali lift (za jelo) 2. (Br.) pokretan stočić (stolić) za serviranje jela
dum·dum ['dəmdəm] *n* (colloq.) budala
dumdum bullet zrno dum-dum, zrno od mekog olova
dum·found ['dəmfaundl *v tr* zapanjiti; *to be* ~ed zapanjiti se
dum·my I ['dəmij] *n* 1. maketa 2. lutka; *a tailor's* ~ krojačka luka 3. školski metak 4. (colloq.) glupan 5. Br.; see **pacifier** 2
dummy II *a* 1. školski; *a* ~ *cartridge* školski metak 2. lažan; *a* ~ *airfield* lažni aerodrom; *a* ~ *battery* lažna baterija
dummy run Br.; see **dry run**
dump I [dəmp] *n* 1. đubrište, smetlište; *a garbage* ~ stovarište đubreta 2. skladište; *an ammunition* ~ skladište municije 3. oronula zgrada
dump II *v tr* 1. svaliti, istovariti 2. prodavati (robu u stranoj zemlji) ispod tržišne cene (cijene); bacati (robu) na tržište 3. (colloq.) otarasiti se
dump·er, dumper truck Br.; see **dump truck**
dump·ing [~īng] *n* 1. (econ.) damping 2. svaljivanje
dump·ling [~līng] *n* knedla, knedlica; noklica; *potato (liver)* ~s knedle od krompira — W: krumpira (džigerice); *yeast* ~s knedle s kvascem
dumps [~s] *n pl* (colloq.) snuždenost; utučenost; *to be down in the* ~ biti snužden
dump truck kiper
dump·y [~ij] *a* zdepast
dun I [dən] *n* sivosmeđ konj
dun II *a* sivosmeđ
dun III *v tr* terati — tjerati (nekoga) da plati dug, slati (nekome) opomene za neplaćene račune; *the billing department* ~ned *me* obračunska služba mi je poslala opomenu
dunce [dəns] *n* glupan; *a* ~'s *cap* kapa koja se stavlja na glavu slabom đaku

dun·der·head ['dəndə(r)hed] *n* glupan
dune [dūn]; [dj] *n* dina
dung [dəng] *n* 1. izmet 2. đubre
dun·ga·ree [~ə'rij] *n* 1. grubo platno 2. (in *pl)* farmerke
dung beetle balegar
dun·geon ['dəndžən] *n* 1. tamnica (u zamku) 2. kula zamka
dung·hill ['dənghil] *n* gomila đubreta
dunk [dəngk] *v* 1. *tr* namočiti; *to* ~ *bread in coffee* namočiti hleb — hljeb (W: kruh) u kafu (kavu) 2. *intr* namakati (krofne u kafu — kavu)
dun·nage ['dənidž] *n* (naut.) drvo za učvršćivanje tereta (u brodskom skladištu)
du·o ['dūou]; [dj] (-s) *n* (mus.) 1. duet 2. duo
du·o·dec·i·mal I [dūou'desəməl]; [dj] *n* duodecimal
duodecimal II *a* duodecimalan
du·o·de·num [dūə'dijnəm]; [dj] (-odena ['adnə]; [o]) *n* dvanaestopalačno crevo (crijevo)
dupe I [dūp]; [dj] *n* naivko, naivčina
dupe II *v tr* prevariti
du·plex I ['dūpleks]; [dj] 1. stan na dva sprata (W: kata) 2. zgrada sa dva stana
duplex II *a* dvostruk
duplex apartment see **duplex** I 1
duplex house see **duplex** I 2
du·pli·cate I [dūplikit]; [dj] *n* duplikat
duplicate II *a* 1. dvostruk 2. identičan, potpuno jednak
duplicate III [~kejt] *v tr* 1. kopirati, umnožiti; *to* ~ *a text* umnožiti tekst 2. izraditi duplikat (nečega); *to* ~ *a key* izraditi duplikat ključa
duplicating machine see **duplicator**
du·pli·ca·tion [dūpli'kejšən]; [dj] *n* 1. kopiranje, umnožavanje 2. duplikat
du·pli·ca·tor ['dūplikejtə(r)]; [dj] *n* aparat za kopiranje
du·plic·i·ty [dū'plisətij]; [dj] *n* dvoličnost
du·ra·bil·i·ty [dūrə'bilətij]; [dj] *n* 1. trajnost 2. izdržljivost
du·ra·ble ['dūrəbəl]; [dj] *a* 1. trajan, dugotrajan 2. izdržljiv
du·ra·tion [dū'rejšən]; [dj] *n* trajanje; *for the* ~ *of the war* za vreme (vrijeme) trajanja rata; *of short* ~ kratkotrajan
du·ress [dū'res]; [dj] *n* prinuda; *under* ~ pod prinudom
dur·ing ['dūring]; [dj] *prep* za vreme (vrijeme), u toku; ~ *the war* za vreme rata
du·rum ['dūrəm]; [dj] *n* vrsta pšenice
dusk [dəsk] *n* sumrak
dusk·y [~ij] *a* mračan, taman
dust I [dəst] *n* 1. prašina; *atomic* ~ atomska prašina; **to bite the* ~ pasti ubijen 2. prah; *gold* ~ zlatan prah
dust II *v* 1. *tr* obrisati; *to* ~ *a room* obrisati prašinu u sobi 2. *tr* zaprašiti; *to* ~ *crops* zaprašiti polja 3. *intr* brisati prašinu
dust·bin [~bin] *n* Br.; see **garbage can**
dust bowl erodirano zemljište
dust·cart [~ka(r)t] *n* Br.; see **garbage truck**
dust·cloth [~kloth] *n* krpa za prašinu
dust cover zaštitni omot (knjige)
dust·er [~ə(r)] *n* 1. bluza, ogrtač za prašinu 2. pajalica; *a feather* ~ perjana pajalica
dust jacket see **dust cover**

dust·man [~mən] *(-men* [min]) *n* Br.; see **garbage man**

dust·pan [~paen] *n* đubrovnik, đubravnik

dust storm vrtlog od prašine

dust·y [~ij] *a* prašnjav

dusty answer (Br.) nejasan odgovor

Dutch I [dəč] *n* 1. holandski (nizozemski) jezik 2. (as a *pl)* *the* ~ Holanđani 3. (colloq.) *in* ~ u škripcu

Dutch II *a* holandski, nizozemski; **to talk to smb. like a* ~ *uncle* očitati nekome lekciju

Dutch III *adv* (colloq.) *to go* ~ kad svaki plaća za sebe

Dutch·man [~mən] *(-men* [min]) *n* Holanđanin; **the Flying* ~ Holanđanin-lutalica

Dutch treat ekskurzija na kojoj svako plaća za sebe

du·ti·a·ble [′*d*ūtijəbəl]; [*dj*] *a* podložan carini

du·ti·ful [′*d*ūtifəl] [*dj*] *a* predan svom poslu, savestan (savjestan)

du·ty [′*d*ūtij] [*dj*] *n* 1. dužnost; *to carry out (do) one's* ~ ispuniti dužnost; *to take up one's* ~*ties* stupiti na svoju dužnost; *to assume one's* ~*ties* preuzeti svoju dužnost; *military* ~ vojna dužnost; *beyond the call of* ~ preko zahteva (zahtjeva) službene dužnosti; *to detail for* ~ odrediti na dužnost (po rednoj listi); *to report for* ~ javiti se na dužnost 2. služba, dežurstvo; *to be on* ~ biti na službi, biti dežuran; *to be off* ~ ne biti na službi 3. carina; *to pay* ~ platiti carinu

duty-free [~-frij] *a* bescarinski; *a* ~ *zone* bescarinska zona

duty-free shop fri-šop, bescarinska prodavnica

duty roster redna lista, raspored dežurstva

du·vet [dū′vej]; [′djūvej] *n* Br.; see **feather bed**

dwarf I [dwo(r)f] *(-s* and *-ves* [vz]) *n* 1. patuljak; kepec 2. životinja, biljka zakržljala rasta

dwarf II *v tr* 1. sprečiti — spriječiti (nečije) rastenje, razvitak 2. učiniti da (nešto) izgleda relativno malo

dwarf·ish [~iš] *a* patuljast

dwell [dwel] *-ed* or *dwelt* [~*t*] *v intr* 1. stanovati; boraviti (more usu. are **reside, live** II 3) 2. zadržati, ostati; *to* ~ *on a subject* zadržati se na predmetu

dwell·er [~ə(r)] *n* stanovnik

dwell·ing [~iŋ] *n* stan, mesto (mjesto) stanovanja (more usu. is **residence**)

dwin·dle [′dwindəl] *v intr* umanjiti se, iščeznuti, splasnuti; *the enthusiasm has* ~*d* oduševljenje je splaslo

dy·ad [′dajaed] *n* 1. par 2. (chem.) dvovalentni element

dye I [daj] *n* boja (za tkanine)

dye II *v tr* ofarbati, obojiti, obojadisati; *to* ~ *one's hair* farbati kosu

dyed-in-the-wool [′dajd-in-thə-′wul] *a* okoreo (okorio), zadrt

dy·er [′daje(r)] *n* bojadžija, farbar

dyer's greenweed [′grijnwijd] see **woodwaxen**

dye·stuff [′dajstəf] *n* boja (za bojadisanje)

dy·ing [~iŋ] *a* koji umire; *a* ~ *man* samrtnik

dyke see **dike**

dy·nam·ic [daj′naemik] *a* dinamičan

dy·nam·ics [~s] *n pl* dinamika

dy·na·mism [′dajnəmizəm] *n* dinamičnost, dinamizam

dy·na·mite I [′dajnəmajt] *n* dinamit

dynamite II *v tr* razbiti dinamitom, dinamitirati

dy·na·mo [′dajnəmou] *(-s) n* 1. esp. Br.; see **generator** 2. (colloq.) energična osoba

dy·nast [′dajnaest]; [′dinəst] *n* dinast, gospodar

dy·nas·ty [′*d*ajnəstij]; [*i*] *n* dinastija; *to establish a* ~ osnovati dinastiju

dys·en·ter·y [′disən*t*eri]; [*tr*] *n* (med.) dizenterija; *amebic* ~ amebna dizenterija

dys·func·tion [dis′fəŋgkšən] *n* (med.) disfunkcija

dys·lex·i·a [dis′leksijə] *n* disleksija, nesposobnost čitanja

dys·pep·si·a [dis′pepsi*j*ə], [*šə*] *n* (med.) dispepsija

dysp·ne·a [disp′nijə] *n* (med.) dispneja

dys·tro·phy [′distrəfij] *n* distrofija; *muscular* ~ distrofija mišića

dys·u·ri·a [dis′jūrijə] *n* (med.) dizurija, otežano mokrenje

E

e [ij] *n* e (slovo engleske azbuke)

each [ijč] 1. *pron* (or: ~ *one*) svako, svaki; ~ *(one) will write a letter* svako će napisati pismo; ~ *(one) of them* svaki od njih 2. *a* svaki; ~ *man cast a vote* svaki čovek (čovjek) je glasao 3. *adv* po; *they were* ~ *fined ten dollars* oni su bili kažnjeni po deset dolara; *they cost a dollar* ~ stajao je svaki po dolar (see also **apiece**)

each other *pron* jedan drugi (jedno drugo, jedna druga); *next to* ~ jedan do drugoga; *they should tell* ~ *everything* trebalo bi da kažu sve jedan drugom; *they saw* ~ *every day* viđali su jedan drugog svakog dana

ea·ger ['ijgə(r)] *a* željan, žudan; *he is* ~ *to get home as soon as possible* željan je da što pre (prije) stigne kući; *he is* ~ *to begin* jedva čeka da počne; ~ *for knowledge* željan znanja

eager beaver prodoran čovek (čovjek), štreber

ea·ger·ness [~nis] *n* žudnja

ea·gle ['ijgəl] *n* orao; *golden (two-headed)* ~ crni (dvoglavi) orao; *spotted* ~ orao kliktaš; *imperial (harrier)* ~ orao krstaš (zmijar)

eagle-eyed *a* oštrog vida

ea·glet ['ijglit] *n* orlić

ear I [ij(r)] *n* (also: *the*) uho (uho); *the inner (middle, outer)* ~ unutrašnje (srednje, spoljašnje) uvo; *large (small, lop)* ~*s* velike (male, klempave) uši; *to block up one's* ~*s* zapušiti uši; *to prick up one's* ~*s* naćuliti uši; *we hear with our* ~*s* čujemo ušima; **he is all* ~*s* sav se pretvorio u uši; **to give (lend) an* ~ pažljivo slušati; **to have a good* ~ imati sluha (za muziku); **in one* ~ *and out the other* na jedno uvo ušlo, na drugo izašlo; **to turn a deaf* ~ *to a request* oglušiti se o molbu; **up to one's* ~*s in debt* ogrezao u dugovima; **the walls have* ~*s* i zidovi imaju uši; **to play it by* ~ improvizovati

ear II *n* klas

ear III *v intr* klasati

ear·ache [~rejk] *n* ušobolja (uhobolja) *he has an* ~ (Br. also: *he has* ~) njega boli uvo (uho)

ear·drum [~drəm] *n* bubna opna

ear·flap [~flaep] *n* naušnik

ear·ful [~ful] *n* (colloq.) *she got an* ~ naslušala se svega i svačega

earl [ə(r)l] *n* grof (stepen engleskog plemstva između markiza i vikonta)

ear·lap ['ij(r)laep] *n* 1. uvce 2. spoljašnje uvo (uho) 3. see **earflap**

earl·dom ['ə(r)ldəm] *n* grofovija

ear·li·ness ['ə(r)lijnis] *n* ranost; preranost

ear lobe uvce

ear·ly I ['ə(r)lij] *a* 1. rani; *in the* ~ *fall* u ranu jesen 2. rani, prerani; *an* ~ *death* rana (prerana) smrt; *it's still* ~ još je rano; *an* ~ *spring* rano proleće (proljeće) 3. skorašnji; *an* ~ *strike* skorašnji štrajk 4. misc.: *an* ~ *answer* brz odgovor; *an* ~ *riser* ranoranilac; ~ *man* preistorijski čovek (prethistorijski čovjek)

early II *adv* rano (prerano); *to get up* ~ ustati rano; *he came an hour earlier* došao je sat ranije

early bird ranoranilac; **the* ~ *catches the worm* ko (tko) rano rani dve (dvije) sreće grabi

early closing (Br.) dan kad se radnja rano zatvara

early on *adv* (Br.)

early warning (mil.) daljnje otkrivanje, rano upozorenje

early warning line (mil.) linija daljnjeg otkrivanja

early warning system (mil.) sistem ranog upozorenja

ear·mark I ['ij(r)ma(r)k] *n* 1. oznaka svojine na uvu (uhu) životinje 2. oznaka svojine

earmark II *v tr* 1. obeležiti (obilježiti) znakom svojine uši na životinji 2. obeležiti znakom svojine 3. rezervisati; nameniti (namijeniti); *to* ~ *merchandise for certain customers* rezervisati robu za neke mušterije

ear·muff [~məf] *n* naušnik

earn [ə(r)n] *n tr* 1. zaraditi; *he* ~*s a lot* on mnogo zarađuje; *to* ~ *by hard work* zaraditi (s) teškom mukom; *to* ~ *a spanking* zaraditi batine 2. steći; *to* ~ *fame* steći slavu 3. zaslužiti; *he* ~*ed that prize* on je tu nagradu zaslužio

ear·nest I [~ist] *n* (or: ~ *money*) kapara

earnest II *a* ozbiljan; *in* ~ ozbiljno

earn·ings [~iŋgz] *n pl* dohodak; zarada

earnings-related *a* (Br.) koji zavisi od dohotka

ear·phone ['ij(r)foun] *n* naglavni telefon; ~*s* naglavne slušalice

ear plug čep za zaštitu ušiju

ear·ring ['ijriŋ] *n* minđuša, naušnica

ear·shot ['ij(r)šat]; [o] *n* domet glasa; *within (out of)* ~ u dometu (van dometa) glasa

ear·split·ting [~spliting] *a* bučan, drečeći

earth I [ə(r)th] *n* 1. Zemlja; *on* ~ na Zemlji; *the* ~ *rotates on its axis* Zemlja se okreće oko svoje osovine; *the* ~*'s crust (gravitation, surface)* Zemljina kora (teža, površina) 2. kopno, zemlja, tlo; *a clod of* ~ grumen zemlje; *to fill a well with* ~ zatrpati bunar zemljom; *potter's*

~ lončarska zemlja; *down to ~ realističan 3. Br.; see **ground I** 4
earth II *a* zemljan, od zemlje; (Br.) *an ~ floor* pod od nabijene zemlje
earth·en [~ən] *a* zemljan; *an ~ pot* zemljani lonac
earth·en·ware [~wej(r)] *n* grnčarija, lončarija
earth·ling [~lin̄g] *n* stanovnik Zemlje
earth·ly [~lij] *a* zemaljski ~ *joys* zemaljske radosti
earth·nut [~nət] *n* (bot.) orašak (also **heath pea**)
earth·quake [~kwejk] *n* zemljotres; *an ~ took place* dogodio se zemljotres; *an ~ hit several cities* zemljotres je pogodio (zadesio) nekoliko gradova
earth science geologija
earth·shak·ing [~šejkin̄g] *a* od velikog značaja
earth shoes cipele čiji je prednji đon zadebljan
earth·ward [~wə(r)d] *a* and *adv* u pravcu Zemlje
earth wire see **ground I** 4
earth·work [~wə(r)k] *n* zemljani rad, nasip
earth-worm [~wə(r)m] *n* kišna glista
earth·y [~ij] *a* 1. zemljan, zemljast 2. ovozemaljski 3. grub, prost; sočan
ear trumpet akustički aparat
ear wax ušna mast, ušni vosak
ear·wig [~wig] *n* uvolaža (uholaža)
ease I [ijz] *n* 1. udobnost, lagodnost; komotnost 2. spokojnost, spokojstvo; neusiljenost; *to be ill at ~* osećati (osjećati) se nelagodno 3. lakoća; *to learn with ~* učiti s lakoćom 4. (mil.) *at ~!* voljno!
ease II *v* 1. *tr* smanjiti, ublažiti; *to ~ (the) pain* smanjiti bol 2. *tr* umiriti, uspokojiti; *to ~ smb.'s anxiety* uspokojiti nekoga 3. *tr* umanjiti, smanjiti; *to ~ tension* smanjiti zategnutost 4. *tr* oprezno staviti; *to ~ a block into place* oprezno staviti blok na mesto (mjesto) 5. *tr* (naut.) *~ the helm!* vraćaj! 6. *intr (to ~ up)* popustiti; postati popustljiv; *he has to ~ up* on mora da popušta u naporima; *the teacher ~d up* nastavnik je postao popustljiviji 7. *intr* (usu.: *to ~ up*) malaksati, popustiti; *the heat has ~ed up* popustila je vrućina 8. misc.; *to ~ smb. out of his money* isprazniti nekome kesu
ea·sel [~əl] *n* nogari
ease up *v* see **ease II** 6, 7
eas·i·ly [~əlij] *adv* 1. lako 2. verovatno (vjerovatno); *that may ~ have been a mistake* to lako može da bude greška 3. bez sumnje; *that's ~ the best play of the season* to je bez sumnje najbolji komad ove sezone
eas·i·ness [~inis] *n* 1. lakoća 2. neusiljenost
east I [ijst] *n (the ~)* istok; *the Middle East* Bliski istok; *in the ~* na istoku
east II *a* istočni; *an ~ wind* istočni vetar (vjetar)
east III *adv* istočno, prema istoku; *~ of the city* istočno od grada; *to go ~* ići prema istoku; (Br.) *out ~* u Aziji (Aziju)
east·bound [~baund] *a* koji ide prema istoku
East·er I [~ə(r)] *n* Uskrs; *for ~* na Uskrs
Easter II *a* uskršnji, uskrsni; *~ Sunday* Sveta nedelja (W: Uskrsna nedjelja); *an ~ vacation* uskršnji raspust; *an ~ egg* uskršnje jaje
east·er·ly I [~lij] *n* istočni vetar (vjetar)
easterly II *a* istočni; *an ~ wind* istočni vetar (vjetar)

east·ern [~ə(r)n] *a* istočni
Eastern Church *(the ~)* Istočna crkva
east·ern·er [~ə(r)] *n* istočnjak
Eastern Hemisphere *(the ~)* Istočna hemisfera
eastern hornbeam (bot.) kukrika, crni grab
Eastern Orthodox Church *(the ~)* Pravoslavna crkva
East Germany Istočna Nemačka (Njemačka)
East India Company *(the ~)* Istočnoindijska kompanija
East Side *(the ~)* istočni deo (dio) grada Njujorka (gde – gdje stanuje mnogo doseljenika)
East Slavic istočnoslovenski (W: istočnoslavenski) jezici
east·ward [~wə(r)d] 1. *a* istočni 2. *adv* istočno
eas·y ['ijzij] *a* 1. lak; *an ~ job (life, problem, task)* lak posao (život, problem, zadatak) 2. jedno- stavan; *~ to handle* jednostavan za rukovanje 3. (as a *pred a*; often used with an infinitive or verbal noun; the construction with *it* is usu. synonymous; see also **it** 4) lako; *the book was ~ to translate* or: *translating the book was ~* or: *it was ~ to translate the book* lako je bilo prevesti knjigu; *he is ~ to get along with* or: *getting along with him is ~* or: *it is ~ to get along with him* sa njim je lako opštiti (općiti); *to live abroad is not ~* or: *living abroad is not ~* or: *it is not ~ to live abroad* nije lako živeti (živjeti) van zemlje 4. misc.; *~ money* lako zarađeni novac; *take it ~!* polako! *to take it ~* odmoriti se; ne uzbuđivati se; *to go ~ on smb.* postupati s nekim blago; *of ~ virtue* labavog morala; *as ~ as pie!* prosto kao pasulj!
easy chair fotelja, ležaljka
eas·y·go·ing [~gouin̄g] *a* nemaran, nonšalantan, ležeran
easy street obezbeđeno (obezbijeđeno) materijalno stanje
eat [ijt] *ate* [ejt] (Br.: [et]); *eaten* ['ijtn] *v* 1. *tr* and *intr* pojesti; *he has eaten* on je jeo; *he ate an apple* pojeo je jabuku; *to ~ a good breakfast* dobro doručkovati 2. *intr* hraniti se; *to ~ in restaurants (at home)* hraniti se u restoranima (kod kuće) 3. misc.; *to ~ a person out of house and home* živeti (živjeti) rasipno na račun drugog; *to ~ crow* priznati svoju grešku; *to ~ one's fill* dobro se najesti; *to ~ one's heart out* pojesti se živ; *to ~ one's words* povući reč (riječ); *you can't have your cake and ~* ne može se i imati i trošiti
eat·a·ble [~əbəl] *a* jestiv (more usu. is **edible**)
eat·er·y [~ərij] *n* (colloq.) bife, restoran
eat·ing I [~in̄g] *n* 1. jedenje 2. jelo
eating II *a* za jelo; *~ apples* jabuke koje se jedu
eating house, eating place (Br.) restoran
eat into *v* razjesti, nagristi; *the acid has eaten into this metal* kiselina je razjela ovaj metal
eat out *v* 1. pogristi; *to eat out smb.'s soul* pogristi nekome dušu 2. jesti po restoranima
eat through *v* izjesti; *the moisture ate through the wood* vlaga je izjela drvo
eat up *v* izjesti, pojesti, progutati; *he ate up all the cakes* pojeo je sve kolače; *he ate up every- thing* sve je pojeo
eaves [ijvz] *n pl* streha, nadstrešnica

eaves·drop [∼drɑp]; [o] v intr prisluškivati; prisluškivati kroz ključaonicu
eaves·drop·per [∼ə(r)] n prisluškivač, osluškivač
ebb I [eb] n 1. see **ebb tide** 2. opadanje
ebb II v intr opasti
ebb tide oseka
eb·on·y I ['ebənij] n 1. abonos 2. abonosovina
ebony II a abonosivast; crn
e·bul·lience [i'bəljəns] n uzavrelost; bujnost
e·bul·lien·cy [∼ij] see **ebullience**
e·bul·lient [∼ənt] a uzavreo; bujan
eb·ul·li·tion [ebə'lišən] n 1. vrenje, ključanje, uzaviranje 2. izliv
ec·cen·tric I [ek'sentrik] n ekscentrik, nastran čovek (čovjek)
eccentric II a 1. ekscentričan; nastran 2. (tech.) ekscentričan
ec·cen·tric·i·ty [eksen'trisətij] n ekscentričnost
ec·cle·si·as·tic I [iklijzij'aestik] n sveštenik (svećenik)
ecclesiastic II a see **ecclesiastical**
ec·cle·si·as·ti·cal [∼əl] a crkveni; sveštenički (svećenički)
ec·crine ['ekrijn] a ekrin; ∼ gland ekrina žlezda (žlijezda)
ec·crin·ol·o·gy [ekrə'nalədžij]; [o] n ekrinologija
ech·e·lon I ['ešəlɑn]; [o] n 1. ešalon (ešelon) 2. instanca; stepen; at all ∼s na svim stepenima
echelon II v tr ešalonirati (ešelonirati), rasporediti
ech·o I ['ekou] (-es) n eho; odjek
echo II v 1. tr odjeknuti; the valleys ∼ our voices doline odjekuju našim glasovima 2. tr (fig.) ponoviti 3. intr odjeknuti, razleći se; a scream ∼ed through the arena kroz gledalište se razlegao krik
e·clair [ej'klej(r)] n (cul.) ekler
e·clat [ej'kla]; ['ejkla] n sjaj
ec·lec·tic I [e'klektik] n eklektičar, eklektik
eclectic II a eklektičan, eklektički
ec·lec·ti·cism [i'klektəsizəm] n eklekticizam
e·clipse I [i'klips] n (astro.) eklipsa, pomračenje; an ∼ of the sun (moon) pomračenje Sunca (Meseca — Mjeseca)
eclipse II v tr 1. (astro.) pomračiti 2. (fig.) prevazići, baciti u zasenak (zasjenak)
e·clip·tic [i'kliptik] n ekliptika
ec·logue ['eklag]; [o] n ekloga
ec·o·log·i·cal [ekə'ladžikəl]; [o] a ekološki
e·col·o·gy [i'kalədžij]; [o] n ekologija
ec·o·nom·ic [ekə'namik]; [o] n ekonomski, privredni; ∼ crimes privredni prestupi; ∼ geography ekonomska geografija; an ∼ crisis ekonomska kriza; (an) ∼ policy ekonomska politika; an ∼ reform privredna reforma; an ∼ system privredni sistem; ∼ stability privredna ravnoteža
ec·o·nom·i·cal [∼əl] a ekonomičan, štedljiv
ec·o·nom·ics [∼s] n (usu. sgn) ekonomske nauke; ekonomija; (politička) ekonomija
e·con·o·mist [i'kanəmist]; [o] n ekonomista
e·con·o·mize [i'kanəmajz]; [o] v intr ekonomisati, štedeti (štedjeti); to ∼ on gas štedeti benzin
e·con·o·miz·er [∼ə(r)] n ekonomizator
e·con·o·my [i'kanəmij]; [o] n 1. privreda, ekonomika; ekonomija; political ∼ politička ekonomija; a planned (war) ∼ dirigovana (ratna) privreda

2. ekonomičnost, štednja; (as a): an ∼ measure mera (mjera) štednje
economy class turistička klasa
ec·o·sys·tem ['ekousistəm], [ij] n ekološki sistem
ec·sta·sy ['ekstəsij] n ekstaza
ec·stat·ic [ek'staetik] a ekstatičan, ekstatički
ec·to·morph ['ektəmo(r)f] n čovek (čovjek) sa nerazvijenom muskulaturom
Ec·ua·dor ['ekwədo(r)] n Ekvador
Ec·ua·dor·i·an I [ekwə'dorijən] n Ekvadorac
Ecuadorian II a ekvadorski
ec·u·men·i·cal [ekju'menikəl] a ekumenski
ec·u·men·i·cal·ism [∼izm] n ekumenizam
ec·ze·ma ['eksəmə], [gz] or [eg'zijmə] n ekcem
ed·dy I ['edij] n 1. vrtlog, kovitlac 2. struja
eddy II v intr vrteti (vrtjeti) se
e·del·weiss ['ejdəlvajs] n (bot.) runolist, planinka
e·de·ma [i'dijmə] (-s or -mata [mətə]) n (med.) edem
E·den ['ijdn] n eden, raj
edge I [edž] n 1. ivica; rub; the ∼ of a table ivica stola; we walked along the ∼ of the road išli smo ivicom puta 2. (or: cutting ∼) oštrica, sečivo (sječivo); a sharp ∼ oštro sečivo 3. misc.; *to be on ∼ biti u krajnjoj nervozi; *to have the ∼ on smb. biti malo bolji od nekoga; *to set smb.'s teeth on ∼ razdražiti nekoga; *to take the ∼ off smb.'s appetite oslabiti nečiji apetit
edge II v 1. tr porubiti 2. tr probiti; to ∼ one's way through a crowd probiti se kroz gomilu 3. tr isterati (istjerati); to ∼ smb. out of a job isterati nekoga s položaja; to ∼ smb. off the road primorati nekoga da sleti s druma 4. intr provlačiti se; he ∼d toward the door provlačio se prema vratima
edge out v (colloq., usu. sports) pobediti — pobijediti (posle — poslije ravne borbe); to edge out an opponent or: to edge an opponent out pobediti protivnika (posle ravne borbe)
edge·ways [∼wejz] see **edgewise**
edge·wise [∼wajz] adv sa ivicom napred (naprijed); *he could not get in a word ∼ nije mogao doći do reči (riječi)
edg·ing [∼iŋg] n porub, ivica
edg·y [∼ij] a zategnut; nervozan
ed·i·ble ['edəbəl] a jestiv
ed·i·bles n pl hrana
e·dict ['ijdikt] n edikt, ukaz
ed·i·fi·ca·tion [edifə'kejšən] n prosvećivanje (prosvjećivanje); pouka
ed·i·fice ['edəfis] n zgrada, građevina
ed·i·fy ['edəfaj] v tr prosvetiti (prosvijetiti)
ed·i·fy·ing [∼iŋg] a poučan; an ∼ example poučan primer (primjer)
Ed·in·burgh ['ednbərə] n Edinburg
ed·it ['edit] v tr redigovati, urediti, prirediti (za štampu)
ed·it·ing [∼iŋg] n 1. redigovanje 2. montaža; film ∼ filmska montaža; sound ∼ montaža zvuka
e·di·tion [i'dišən] n 1. izdanje; edicija; (W also: naklada); a second ∼ came out izašlo je drugo izdanje 2. broj (novina); the morning ∼ jutarnji broj

ed·i·tor ['edətə(r)] *n* urednik, uređivač, redaktor; *an* ~ *in chief* glavni urednik; *an associate (technical)* ~ pomoćni (tehnički) urednik
ed·i·to·ri·al I [edə'torijəl] *n* uvodnik; (as *a): an* ~ *writer* uvodničar (see also **leader** 3)
editorial II *a* uređivački, urednički; *an* ~ *board* uređivački odbor; ~ *offices* redakcija
ed·i·to·ri·al·ize [edə'torijəlajz] *v intr* izraziti mišljenje (kao u uvodniku)
ed·i·tor·ship ['edətə(r)šip] *n* redakcija
ed·u·ca·ble ['edžukəbəl] *a* odgojiv
ed·u·cate ['edžukejt] *v* 1. *tr* vaspitati, obrazovati, školovati (W also: odgojiti); *to* ~ *a child* školovati dete (dijete) 2. *tr* and *intr* prosvetiti (prosvijetiti); *to* ~ *the masses* prosvetiti mase
educated guess (colloq.) približna ocena (ocjena)
ed·u·ca·tion [edžu'kejšən] *n* vaspitanje, obrazovanje, školovanje, odgoj, prosveta (prosvjeta) *compulsory* ~ obavezno obrazovanje; *to receive one's* ~ školovati se
ed·u·ca·tion·al [əl] *a* obrazovni, odgojni, prosvetni (prosvjetni); ~ *TV* obrazovna televizija; ~ *planners* planeri obrazovanja
ed·u·ca·tion·ist [~ ist] *n* pedagog
ed·u·ca·tor ['edžukejtə(r)] *n* nastavnik, pedagog
e·duce [i'dūs]; [*dj*] *v tr* 1. izazvati 2. see **deduce**
eel [ijl] *(pl* has zero or *-s) n* jegulja; *an electric* ~ električna jegulja
eel·pout [~paut] *(pl* has zero or *-s) n* (fish) manić živorodac
ee·rie, ee·ry ['ijrij] *a* 1. jeziv 2. tajanstven, sablastan
ef·face [i'fejs] *v tr* izbrisati, zbrisati
ef·fect I [i'fekt] *n* 1. dejstvo (djejstvo); *without* ~ bez dejstva; *to take* ~ *(on)* imati dejstva (na) 2. posledica (posljedica); *cause and* ~ uzrok i posledica 3. efekat; *that medicine had no* ~ *at all* taj lek (lijek) nije imao nikakvog efekta; *for* ~ radi efekta; *light (sound)* ~*s* svetlosni — svjetlosni (zvučni) efekti 4. život; *to put a plan into* ~ sprovesti plan u život 5. misc.; *in* ~ stvari; *of no* ~ uzalud; *to go into* ~ stupiti u snagu
effect II *v tr* ostvariti
ef·fec·tive I [i'fektiv] *n* 1. efektiv (vojnik) 2. (in *pl)* efektivi, stvaran broj vojnika
effective II *a* efikasan, efektivan; delotvoran (djelotvoran); ~ *measures* efikasne mere (mjere); *an* ~ *remedy* efikasan lek (lijek)
ef·fects [~s] *n pl* stvari; imovina; *personal* ~ lične stvari
ef·fec·tu·al [i'fekšūəl] *a* uspešan (uspješan), efektivan; *an* ~ *remedy* uspešan lek (lijek)
ef·fec·tu·ate [i'fekčuejt] *v tr* ostvariti
ef·fem·i·na·cy [i'femənəsij] *n* ženstvenost, nemuškost
ef·fem·i·nate [i'femənit] *a* ženstven, nemuški, efeminiran, feminiziran
ef·fen·di [i'fendij] *n* (Turkish) efendija
ef·fer·vesce [efə(r)'ves] *v intr* 1. ispuštati mehuriće (mjehuriće) 2. (fig.) biti živahan
ef·fer·ves·cence [~əns] *n* 1. ispuštanje mehurića (mjehurića) 2. (fig.) živahnost
ef·fete [i'fijt] *a* jalov; iscrpljen
ef·fi·ca·cious [efə'kejšəs] *a* efikasan
ef·fi·ca·cy ['efəkešij] *n* efikasnost

ef·fi·cien·cy [i'fišənsij] *n* efikasnost; *to increase (decrease)* ~ povećati (umanjiti) efikasnost
efficiency apartment garsonjera, jednosobni stan
efficiency expert stručnjak za analizu produktivnosti
efficiency report službena karakteristika (ocena — ocjena)
ef·fi·cient [i'fišənt] *a* efikasan, delotvoran (djelotvoran)
ef·fi·gy ['efədžij] *n* slika; obličje; *to burn in* ~ spaliti sliku (nepopularnog čoveka — čovjeka)
ef·flo·resce [eflo'res] *v intr* procvetati (procvjetati)
ef·flo·res·cence [~əns] *n* procvetavanje (procvjetavanje)
ef·flu·ence [ef'lūəns] *n* isticanje, izliv
ef·flu·ent [~ənt] *n* 1. otpadne vode 2. reka (rijeka) koja ističe (istječe) iz jezera
ef·flu·vi·um [i'flūvijəm] *(-s* or *-via* [vijə]) *n* isparavanje
ef·flux ['efləks] *n* isticanje
ef·flux·ion [i'fləkšən] see **efflux**
ef·fort ['efə(r)t] *n* 1. napor; *to make an* ~ učiniti napor; *to put great* ~ *into smt.* uložiti napor u nešto; *all* ~*s were in vain* svi napori su bili bezuspešni (bezuspješni) 2. pokušaj; *he did make an* ~ *to come* on je stvarno pokušao da dođe
ef·fort·less [~lis] *a* bez napora, lak
ef·front·er·y [i'frontərij] *n* bezobrazluk, drskost
ef·ful·gence [i'fəldžəns] *n* sjaj
ef·ful·gent [~ənt] *a* sjajan
ef·fu·sion [i'fjūžən] *n* izlivanje
ef·fu·sive [i'fjūsiv] *a* (previše) otvoren; ponesen (ponijesen)
e·gad [ij'gaed], [i] *interj* bogami!
e·gal·i·tar·i·an I [igaele'tejrijən] *n* pristalica (W: pristaša) egalitarizma
egalitarian II *a* egalitarski
e·gal·i·tar·i·an·ism [~izəm] *n* egalitarizam
e·gest [ij'džest] *v tr* izlučiti
egg I [eg] *n* 1. jaje; *a boiled (fried, hard-boiled, soft-boiled)* ~ kuvano — kuhano (prženo, tvrdo, rovito) jaje; *a sunny-side up* ~ jaje na oko; *deviled (poached, shirred)* ~*s* punjena (poširana, zapečena) jaja; *an Easter* ~ uskršnje jaje; *scrambled* ~*s* kajgana; *to crack an* ~ razbiti jaje 2. misc.; *a bad* ~ pokvarenjak; *to put all one's* ~*s into one basket* baciti sve na jednu kartu; *(Br.) as sure as* ~*s is* ~*s* sasvim sigurno; *(Br.) in the* ~ u začetku; *(Br.) to teach one's grandmother to suck* ~*s* učiti boljeg od sebe
egg II *v tr* podstaći; potpaliti; *to* ~ *smb. into doing smt.* podstaći nekoga da uradi nešto; *she* ~*ed him into buying the house* ona ga je potpalila na kupovinu kuće (see also **egg on**)
egg-beat·er [~bijtə(r)] *n* žica za mućenje jaja
egg-cup [~kəp] *n* stalak za kuvano (kuhano) jaje
egg flip Br.; see **eggnog**
egg·head [~hed] *n* (colloq.) intelektualac
egg·nog [~nag], [o] *n* punč od jaja razmućenih u mleku (mlijeku) sa rakijom ili vinom
egg on *v* podbosti; *to egg smb. on* podbosti nekoga (see also **egg** II)
egg·plant [~plaent]; [*a*] *n* plavi patlidžan (see also **aubergine**)

egg roll vrsta kifle
egg-shell [~šel] *n* 1. ljuska od jajeta 2. otvoreno-žuta boja
eggshell china (Br.) tanki porculan
egg whisk Br.; see **eggbeater**
egg white belance (bjelance)
eg·lan·tine ['eglənti*j*n], [*aj*] *n* (bot.) šipak, divlja ruža
e·go ['*ij*gou]; [*e*] *n* »ja«; egotizam
e·go·cen·tric [*ij*gou'sentrik]; [*e*] *a* egocentričan, sebičan
e·go·ism ['*ij*gouizəm]; [*e*] *n* egoizam, sebičnost
e·go·ist ['*ij*gouist]; [*e*] *n* egoista
e·go·is·tic [*ij*gou'istik]; [*e*] *a* egoistfor, egoistički, sebičan
e·go·is·ti·cal [~əl] see **egoistic**
e·go·tism ['*ij*gətizəm]; [*e*] *n* egotizam
e·go·tist ['*ij*gətist]; [*e*] *n* egotista
e·go·tis·tic [*ij*gə'tistik]; [*e*] *a* egotistički
e·go·tis·ti·cal [~əl] see **egotistic**
ego trip (colloq.) radnja koja se obavlja iz samo-ljublja
e·gre·gious [i'grijdžəs] *a* nečuven; *an ~ fool* ne-čuvena budala
e·gress ['ijgres] *n* izlaz, izlazak
e·gret ['ijgr*i*t]; *n* bela (bijela) čaplja
E·gypt ['ijdžipt] *n* Egipat
E·gyp·tian I [i'džipšən] *n* Egipćanin
Egyptian II *a* egipatski
E·gyp·tol·o·gy [ijdžip'talədžij]; [*o*] *n* egiptologija
eh [ej] or [e] *interj* ej
ei·der ['ajdə(r)] *n* (or: ~ *duck)* gavka
ei·der·down [~daun] *n* 1. paperje (od gavke) 2. Br.; see **comforter** 4
ei·det·ic [aj'detik] *a* ejdetski; ~ *images* ejdetske slike
Eif·fel Tower ['ajfəl] Ajfelova kula
eight [ejt] 1. *n* osmica 2. *n* (rowing, in *pl)* osmerac 3. *num* and *n* osam; osmorica; osmoro; osmori
eight ball (colloq.) **to be behind the ~* biti u škripcu
eight·een [ej'tijn] *num* osamnaest; osamnaestoro
eight·eenth [~th] *n* and *num a* osamnaest; *on the ~ of March* osamnaestog marta (W: ožujka)
eighth I [ejth] *n* 1. osmina 2. osmi; *on the ~ of December* osmog decembra (W: prosinca)
eighth II *num a* osmi
eighth note (mus.) osmina (see also **quaver** I 3)
eight·i·eth ['ejtijith] *num a* and *n* osamdeseti
eight·y ['ejtij] *num* osamdeset
ein·stein·i·um [ajn'stajnijəm] *n* (phys.) ajnštajnijum
Eir·e ['ejrə] *n* see **Ireland**
ei·ther ['*ij*thə(r)], [*aj*] 1. *pron* jedan ili drugi; ~ *will serve the purpose* može jedan ili drugi; *he has lived in London and Paris, but he doesn't like ~* stanovao je u Londonu i u Parizu, ali ne voli nijedan od ta dva grada (ni jedan ni drugi) 2. *a* jedan ili drugi; ~ *side of the table* jedna ili druga strana stola; 3. *adv.* ni; *if he does not come, I will not come ~* ako on ne dođe, neću ni ja 4. *conj* ili; ~ *one thing or the other* ili jedna ili druga stvar; *you will ~ obey your parents or you will be punished* ili ćeš slušati svoje roditelje, ili ćeš biti kažnjen
e·jac·u·late [i'džaekjəlejt] *v int*r 1. ejakulirati 2. uzviknuti

e·jac·u·la·tion [idžaekjə'lejšən] *n* 1. ejakulacija 2. uzvik
e·ject [i'džekt] *v* 1. *tr* izbaciti; *to ~ a cartridge* iz-baciti čauru 2. *tr* katapultirati 3. *intr* (aviation) napustiti avion katapultiranjem
e·jec·tion [i'džekšən] *n* 1. izbacivanje 2. katapulti-ranje
ejection capsule (aviation) kapsula za katapultira-nje
ejection seat (aviation) sedište (sjedište) za kata-pultiranje
e·jec·tor [~ə(r)] *n* izbacač
ejector seat Br.; see **ejection seat**
ek·a·vi·an I [e'kavijən] *n* (ling.) ekavština
ekavian II *a* ekavski
eke out [ijk] *v* dopuniti; *to eke out a living* živo-tariti, živeti (živjeti) kojekako
el [el] *n* see **elevated** I
e·lab·o·rate I [i'laebərit] *a* detaljan, složen, podro-ban; *an ~ scheme* detaljan plan
elaborate II [~rejt] *v* 1. *tr* razraditi 2. *intr* detaljno izložiti; *to ~ on a plan* detaljno izložiti plan
e·lab·o·ra·tion [ilaebə'rejšən] *n* 1. razrađivanje 2. detaljno izlaganje
é·lan [ej'lan] *n* (French) elan
e·lapse [i'laeps] *v intr* proći, isteći
e·las·tic I [i'laestik] *n* lastik, elastika, lastiš
elastic II *a* elastičan, rastegljiv, savitljiv
e·las·tic·i·ty [*i*laes'tisətij]; [*e*] *n* elastičnost, savitlji-vost
E·las·to·plast [ə'laestəplaest]; [*a*] Br.; see **Band--Aid**
e·late [i'lejt] *v tr* ushititi
e·lat·ed [~id] *a* ushićen
e·la·tion [i'lejšən] *n* ushićenje
el·bow I ['elbou] *n* 1. lakat; **at one's ~* blizak; **to rub ~s with smb.* družiti se s nekim 2. (tech.) koleno (koljeno)
elbow II *v tr* probiti (laktovima); *to ~ one's way through a crowd* probiti se kroz gomilu
elbow grease (colloq.) napor, težak rad, trud
el·bow·room [~rum], [*ū*] *n* (colloq.) prostor za kretanje
eld·er ['eldə(r)] *n* starija osoba; starešina; *to obey one's ~s* slušati svoje starije; *children imitate their ~s* deca (djeca) imitiraju odrasle
elder II *a* (refers to persons) stariji (see **old** II); *my ~ brother* moj stariji brat; **an ~ statesman* državnik (u penziji) koji služi kao stariji savet-nik (savjetnik)
elder III *n* zova
el·der·ber·ry [~berij] *n* bobica zove
eld·er·ly [~lij] *a* postariji, postar, star
eld·est ['eldist] *a* najstariji (see **elder** II, **old** II)
El Do·ra·do [el də'radou] (Spanish) Eldorado (zemlja bogatstva)
e·lect I [i'lekt] (postposed) *a* izabran; *the governor ~* izabran guverner (koji još nije stupio na svoju dužnost)
elect II *v* 1. *tr* izabrati; izglasati; *to ~ smb. secretary* izabrati nekoga za sekretara; *to ~ to Congress* birati u Kongres; *the president is ~ed for four years* predsednik (predsjednik) se bira na četiri godine 2. *intr* odlučiti (also **choose** 3)

e·lec·tion I [i'lekšən] *n* 1. biranje 2. (often in *pl)* izbori; ~*s to Congress* izbori za Kongres; *to hold (schedule)* ~*s* održati (raspisati) izbore
election II *a* izborni, predizborni
election campaign predizborna kampanja
election day dan izbora
e·lec·tion·eer [ilekšə'nij(r)] *v intr* agitovati (za nečiji izbor)
election law izborni zakon
e·lec·tive I [i'lektiv] *n* fakultativan kurs (predmet)
elective II *a* 1. fakultativan; ~ *courses* fakultativni kursevi 2. izborni; popunjen izborom
e·lec·tor [~ə(r)] *n* birač, izbornik
e·lec·tor·al [i'lektərel] *a* izborni; *an* ~ *system* izborni sistem
Electoral College (Am., gov.) Kolegij izbornika koji biraju predsednika (predsjednika)
e·lec·tor·ate [i'lektərit] *n* 1. izborna jedinica 2. (coll.) birači
E·lec·tra complex [i'lektrə] Elektrin kompleks
e·lec·tric [i'lektrik] *a* električan
e·lec·tri·cal [~əl] *a* električan
electrical circuit električno kolo
electrical engineer inženjer elektrotehnike
electrical engineering elektrotehnika
electrical resistence električni otpor
electric appliance elektrouređaj
electric blanket električno ćebe
electric chair električna stolica
electric charge električno punjenje
electric current električna struja
electric eel električna jegulja
electric eye električno oko
electric fence električna ograda
electric field električno polje
e·lec·tri·cian [ilek'trišən] *n* elektrotehničar, elektri-čar, elektroinstalater
electric industry *(the* ~) elektroindustrija
e·lec·tric·i·ty [ilek'trisətij] *n* elektricitet, elektrika; *static* ~ statički elektricitet
electric light električna svetlost (svjetlost)
electric meter električno brojilo
electric motor elektromotor
electric mower električna kosačica
electric power električna energija
electric shaver električni aparat za brijanje
electric shock električni udar
electric shock therapy elektroterapija
electric train električni voz (W: vlak)
e·lec·tri·fi·ca·tion [ilektrəfi'kejšən] *n* elektrifikacija
e·lec·tri·fy [i'lektrəfaj] *v tr* 1. elektrifikovati 2. naelektrisati, naelektrizovati; *he* ~*fies the crowds* on elektrizuje mase; *the atmosphere is* ~*fied* atmosfera je naelektrisana
e·lec·tro·car·di·o·gram [ilektrou'ka(r)dijəgraem] *n* elektrokardiogram
e·lec·tro·car·di·o·graph [~graef]; [a] *n* elektrokar-diograf
e·lec·tro·cute [i'lektrəkjūt] *v tr* pogubiti električnom strujom
e·lec·tro·cu·tion [ilektrə'kjūšən] *n* pogubljenje elek-tričnom strujom
e·lec·trode [i'lektroud] *n* elektroda
e·lec·trol·y·sis [ilek'traləsis]; [o] *n* elektroliza
e·lec·tro·lyte [i'lektrəlajt] *n* elektrolit
e·lec·tro·lyt·ic [ilektrə'litik] *a* elektrolitički

electrolytic cell elektrolitička ćelija
e·lec·tro·mag·net [ilektrou'maegnit] *n* elektro-magnet
e·lec·tro·mag·net·ic [ilektroumaeg'netik] *a* elektro-magnetni, elektromagnetski; ~ *waves* elektro-magnetski talasi (valovi)
e·lec·tro·mag·net·ism [ilektrou'maegnətizəm] *n* elektromagnetizam
e·lec·trom·e·ter [ilek'tramətə(r)]; [o] *n* elektrometar
e·lec·tro·mo·tive [ilektrou'moutiv] *a* elektromotor-ni; ~ *force* elektromotorna sila
e·lec·tron [i'lektran]; [o] *n* elektron
e·lec·tron·ic [ilek'tranik]; [o] *a* elektronski; *an* ~*brain (computer)* elektronski mozak (računar)
electronic game elektronska igra
e·lec·tron·ics [~s] *n sgn* elektronika
electronic transfer elektronski transfer (novca)
electronic worksheet (C.) elektronički obrazac
electron lens elektronska leća
electron microscope elektronski mikroskop
electron multiplier elektronski umnožač
electron optics elektronska optika
electron tube elektronska cev (cijev)
e·lec·tro·pos·i·tive [ilektrou'pazətiv]; [o] *a* elektro-pozitivan
e·lec·tro·ther·a·py [~'therəpij] *n* elektroterapija
e·lec·tro·ther·mal [~'thə(r)məl] *a* elektrotermički
e·lec·trum [i'lektrəm] *n* elektrum
e·lec·tu·ar·y [i'lekčūerij]; [ə] *n* (med.) elektuarijum (also confection 2)
el·ee·mos·y·nar·y [elə'mɑsənerij]; [o]; [ə] *a* 1. milosrdan 2. zavisan od milostinje
el·e·gance ['eləgəns] *n* elegancija
el·e·gant [~nt] *a* 1. elegantan 2. odličan
el·e·gi·ac [elə'džajək] *a* elegičan, elegijski
el·e·gist ['elədžist] *n* elegičar
el·e·gy ['elədžij] *n* elegija
el·e·ment ['eləmənt] *n* 1. elemenat; *a vital* ~ bitan elemenat; *a foreign* ~ tuđi elemenat; *to be in one's* ~ biti u svom elementu 2. stihija, prirodna sila 3. (in *pl)* meteorološki elementi 4. (chem., phys.) elemenat, materija 5. osnov, temelj; *the* ~*s of science* osnovi nauke
el·e·men·tal [elə'mentl] *a* elementaran, stihijski; ~ *force* elementarna snaga
el·e·men·ta·ry [elə'ment(ə)rij] *a* elementaran, os-novni, početni, uvodni; *an* ~ *course* početni kurs
elementary particle elementarna čestica
elementary school osnovna škola
el·e·phant ['eləfənt] *n* slon; *an* ~'*s trunk* slonova surla
el·e·phan·ti·a·sis [eləfən'tajəsis] *n* (med.) elefanti-jaza
el·e·phan·tine [elə'faenti/n], [aj] *a* slonovski; ne-zgrapan
el·e·vate ['eləvejt] *v tr* dići, podići
el·e·vat·ed I [id] *n* vazdušna (W: zračna) želez-nica (željeznica)
elevated II *a* 1. see elevate 2. uzvišen; *an* ~ *style* uzvišen stil 3. nadzemni
elevated railway see elevated I
el·e·va·tion [elə'vejšən] *n* 1. dizanje 2. visina, uzvišenje; elevacija

el·e·va·tor ['eləvejtə(r)] *n* 1. lift, dizalica (W also: dizalo) (Br. is lift I 2) 2. silos; *a grain* ~ silos za žito 3. (aviation) krmilo visine

elevator operator poslužitelj lifta

e·lev·en [i'levən] 1. *n* jedanaestica 2. *num* and *n* jedanaest; jedanaestorica; jedanaestoro; jedanaestori

e·lev·en·ses [~ziz] *n sgn* (Br.; colloq.) doručak oko 11 sati

e·lev·enth [~th] *n* and *num a* jedanaesti; *on the* ~ *of June* jedanaestog juna (W: lipnja); **the* ~ *hour* jedanaesti čas, poslednji (posljednji) trenutak

elf [elf] *(elves* [elvz]) *n* 1. šumska vila 2. nestaško; đavolak 3. patuljak

elf·ish [~iš] *a* vilinski; đavolast

e·lic·it [i'lisit] *v tr* 1. izmamiti; *to* ~ *a reply* izmamiti odgovor 2. izneti (iznijeti) na videlo (vidjelo)

c·lide [i'lajd] *v tr* elidirati, izostaviti; *to* ~ *a consonant* izostaviti samoglasnik

el·i·gi·bil·i·ty [elədžə'bilətij] *n* 1. kvalifikovanost 2. podobnost za ženidbu ili udaju

el·i·gi·ble ['elədžəbəl] *a* 1. kvalifikovan 2. podoban za ženidbu ili udaju

e·lim·i·nate [i'limənejt] *v tr* eliminisati, ukloniti, odstraniti; *to* ~ *errors* odstraniti greške

e·lim·i·na·tion [ilimə'nejšən] *n* 1. eliminacija, odstranjivanje; *the* ~ *of racial discrimination* odstranjivanje rasne diskriminacije 2. (sports) ispadanje, razigravanje na ispadanje

e·li·sion [i'ližən] *n* elizija

e·lite I [i'lijt] *n* 1. elita 2. garmond (slova od 10 tipometričnih punktova; cf. **pica**)

elite II *a* elitan, odabran; *an* ~ *unit* elitna jedinica

e·li·tism [ə'lijtizəm]; [*ej*] *n* elitizam, dominacija elitnih krugova

e·li·tist [~ist] *a* elitistički; *an* ~ *outlook* elitistička orijentacija

e·lix·ir [i'liksə(r)] *n* eliksir; ~ *of life* životni eliksir

E·liz·a·be·than [ilizə'bijthən] *a* Jelisavetinog doba

elk [elk] *(pl* has zero or *-s) n* (zool.) los (also **moose)**

ell [el] *n* aršin, lakat

el·lipse [i'lips] *n* (math.) elipsa

el·lip·sis [i'lipsis] *(-ses* [sijz]) *n* (gram.) elipsa

el·lip·soid [i'lipsojd] *n* elipsoid

el·lip·tic [i'liptik] *a* 1. (math.) eliptički 2. eliptičan

el·lip·ti·cal [~əl] see **elliptic**

elm [elm] *n* brest

el·o·cu·tion [elə'kjūšən] *n* dikcija; umetnost (umjetnost) govorenja

el·o·cu·tion·a·ry [~erij]; [ə] *a* koji se odnosi na dikciju

el·o·cu·tion·ist [~ist] *n* nastavnik dikcije

e·lon·gate [i'loṅgejt] *v tr* produžiti

e·lon·ga·tion [iloṅg'gejšən] *n* produženje

e·lope [i'loup] *v intr* pobeći (pobjeći) s ljubavnikom (radi venčanja — vjenčanja)

e·lope·ment [~mənt] *n* bekstvo (bjekstvo) s ljubavnikom (radi venčanja — vjenčanja)

el·o·quence ['eləkwəns] *n* rečitost (rječitost), elokvencija

el·o·quent [~nt] *a* rečit (rječit), elokventan

El Sal·va·dor [el'saelvədo(r)] El Salvador

else [els] 1. *a* drugi; još; *somebody* ~ neko (netko) drugi; *nobody* ~ niko (nitko) drugi; *everybody* ~ svaki drugi; *what* ~? šta (što) još? *who* ~? ko (tko) još? *something* ~ nešto drugo, još nešto; *nothing* ~ ništa drugo; *everything* ~ sve drugo; *somebody* ~*'s hat* šešir nekog drugog, tuđi šešir 2. *adv* drugo, još; *where* ~? kuda još, gde (gdje) još? *nowhere* ~ nigde (nigdje) drugde (drugdje); *let's go somewhere* ~ hajdemo nekuda drugde; *how* ~? kako još? 3. *conj (or* ~*)* inače; drukčije; *watch out, or* ~ *you'll fall* pazi, inače ćeš pasti; *run, or* ~*you'll be late* trči da ne zakasniš

else·where [~wej(r)] *adv* drugde (drugdje)

e·lu·ci·date [i'lūsədejt] *v tr* objasniti, osvetliti (osvijetliti)

e·lu·ci·da·tion [ilūsə'dejšən] *n* objašnjenje

e·lude [i'lūd] *v tr* izbeći (izbjeći), izmaći; *to* ~ *the authorities* izbeći vlastima; *the meaning* ~*s me* ne mogu još da uhvatim smisao

e·lu·sive [i'lūsiv] *a* koji izmiče; lukav; neuhvatljiv

elves see **elf**

elv·ish ['elviš] see **elfish**

E·ly·si·um [i'ližijəm] *n* Elizijum, raj

e·ma·ci·ate [i'mejšijejt] *v tr* omršaviti; ~*d* omršavljen

em·a·nate ['emənejt] *v intr* proizići, poteći; *to* ~ *from* poteći iz

em·a·na·tion [emə'nejšen] *n* emanacija

e·man·ci·pate [i'maensəpejt] *v tr* 1. osloboditi, emancipovati 2. (legal) osloboditi (dete — dijete) roditeljskog nadzora

e·man·ci·pa·tion [imaensə'pejšən] *n* emancipacija, oslobođenje; *to carry out the* ~ *(of)* ostvariti (nečiju) emancipaciju

Emancipation Proclamation (Am., hist.) Proklamacija o oslobođenju (Crnaca, od 1. IV 1863)

e·mas·cu·late [i'maeskjəlejt] *v tr* 1. uškopiti, kastrirati 2. (fig.) oslabiti

e·mas·cu·la·tion [imaeskjə'lejšən] *n* škopljenje, kastracija

em·balm [em'bam] *v tr* balsamovati

embalming fluid tečnost za balsamovanje

em·bank·ment [em'baeṅgkmənt] *n* nasip; *a railroad* ~ železnički (željeznički) nasip

em·bar·go I [em'ba(r)gou] *(-es) n* embargo; *an arms* ~ embargo na isporuku oružja; *to impose (lift) an* ~ uvesti (skinuti) embargo

embargo II *v tr* uvesti embargo (na)

em·bark [em'ba(r)k] *v* 1. *tr* ukrcati 2. *intr* ukrcati se

em·bar·rass [em'baerəs] *v tr* zbuniti; *to get* ~*ed* zbuniti se

em·bar·rass·ment [~mənt] *n* 1. zbunjenost; *to cause* ~ izazvati zbunjenost 2. zbunjivanje 3. neprilika, nezgoda

em·bas·sy ['embəsij] *n* ambasada

em·bat·tle [em'baetl] *v tr* spremiti za borbu; uvesti u borbu

em·bed [em'bed], [*i*] *v tr* 1. ugraditi 2. (ling.) uklopiti

em·bel·lish [em'beliš] *v tr* 1. ulepšati (uljepšati) 2. doterati (dotjerati); *to* ~ *a story* doterati priču

em·bel·lish·ment [~mənt] *n* 1. ulepšavanje (uljepšavanje) 2. doterivanje (dotjerivanje)

em·ber ['embə(r)] *n* 1. žeravica 2. (in *pl*) užareni pepeo, žar
em·bez·zle [em'bezəl] *v tr* proneveriti (pronevjeriti); *to* ~ *money* proneveriti novac
em·bez·zle·ment [~mənt] *n* pronevera (pronevjera)
em·bez·zler [~zlə(r)] *n* proneverilac (pronevjerilac)
em·bit·ter [em'bitə(r)] *v tr* ogorčati, zagorčati
em·bla·zon [em'blejzən] *v tr* ukrasiti (štit grbom)
em·bla·zon·ry [~rij] *n* ukrašavanje (štita grbom)
em·blem ['embləm] *n* amblem (emblem), simbol
em·blem·at·ic [emblə'maetik] *a* simbolički
em·bod·i·ment [em'badimənt]; [o] *n* oličenje, otelovljenje (otjelovljenje), ovaploćenje
em·bod·y [em'badij]; [o] *v tr* oličiti, oteloviti (otjeloviti), ovaplotiti
em·bold·en [em'bouldən] *v tr* ohrabriti
em·bo·lism ['embəlizəm] *n* (med.) embolija
em·bo·lis·mic [embə'lismik] *a* emboličan
em·bo·lus ['embələs] (-*li* [laj]) *n* embolus
em·boss [em'bos], [a] *v tr* izraditi ispupčene šare (na)
em·bou·chure [ambu'šū(r)] *n* ušće
em·brace I [em'brejs] *n* zagrljaj
embrace II *v* 1. *tr* zagrliti 2. *intr* zagrliti se
em·bra·sure [em'brejžə(r)] *n* (mil.) toparnica, ambrazura
em·bro·ca·tion [embrə'kejšən] Br.; see **liniment**
em·broi·der [em'brojdə(r)] *v* 1. *tr* izvesti; *to* ~ *a handkerchief* izvesti šare na maramici 2. *intr* vesti
em·broi·der·y [~rij] *n* vez, vezenje
em·broil [em'brojl], [i] *v tr* upetljati, uplesti, zaplesti; *to* ~ *smb. in a quarrel* uplesti nekoga u razmiricu
em·bry·o ['embrijou] *n* embrio, embrion, zametak
em·bry·ol·o·gist [embrij'alədžist]; [o] *n* embriolog
em·bry·ol·o·gy [~džij] *n* embriologija
em·bry·on·ic [embrij'anik]; [o] **em·bry·on·al** [~əl] *a* embrionski, embrionalan
em·cee I [em'sij] *n* (colloq.) voditelj emisije (abbrev. of *master of ceremonies*)
emcee II *v tr* and *intr* služiti kao voditelj emisije (za)
e·mend [i'mend] *v tr* popraviti, redigovati (tekst)
e·men·date ['ijmendejt] *v tr* see **emend**
e·men·da·tion [imen'dejšən], [ij] *n* popravka, redigovanje (teksta)
em·er·ald I ['em(ə)rəld] *n* smaragd
emerald II *a* smaragdni
Emerald Isle Irska (see also **Ireland**)
e·merge [i'mə(r)dž] *v intr* pojaviti se, iskrsnuti
e·mer·gence [~əns] *n* pojavljivanje, iskrsavanje
e·mer·gen·cy I [~sij] *n* vanredno stanje; opasnost, (velika) nevolja, neočekivan događaj; *in case of* ~ u slučaju nužde; *ready for any* ~ spreman za svaku eventualnost
emergency II *a* vanredni; rezervni, pomoćni; hitan; *an* ~ *brake* pomoćna kočnica; or: kočnica za slučaj opasnosti; *an* ~ *delivery* hitan dotur; *an* ~ *exit* izlaz u slučaju nužde; *an* ~ *landing* prinudno sletanje (slijetanje); *an* ~ *meeting* hitan sastanak; *an* ~ *power supply* izvor snabdevanja (snabdijevanja) za slučaj havarije; *an* ~ *ration* neprikosnovena rezerva
emergency cord (in a train) signal za slučaj opasnosti

emergency ward ambulanta za hitnu pomoć
e·mer·gent [i'mə(r)džənt] *a* koji se javlja
emerging nations zemlje u razvoju
e·mer·i·tus I [i'merətəs] (-*ti* [taj]) *n* profesor univerziteta u penziji (W: profesor sveučilišta u mirovini)
emeritus II (postposed) *a* penzionisan (W: u mirovini); *a professor* ~ see **emeritus I**
em·er·y ['em(ə)rij] *n* šmirgla
emery board turpija (za nokte) sa šmirglom
emery cloth platno sa šmirglom
e·met·ic I [i'metik] *n* emetik, sredstvo za povraćanje
emetic II *a* emetičan, emetički, koji tera (tjera) na povraćanje
em·i·grant I ['emigrənt] *n* iseljenik, emigrant
emigrant II *a* iseljenički, emigrantski
em·i·grate ['emigrejt] *v intr* iseliti se, emigrirati; *they* ~*d to America* iselili su se u Ameriku; *to* ~ *from a country* iseliti se iz zemlje
em·i·gra·tion [emi'grejšən] *n* iseljenje, emigracija
é·mi·gré ['emigrej] *n* (French) politički emigrant
em·i·nence ['emənəns] *n* eminencija; uzvišenost
em·i·nent ['emənənt] *a* eminentan; vrlo značajan
eminent domain (legal) državna vlast koja daje pravo nad privatnom svojinom za javne svrhe
e·mir [e'mij(r)] *n* emir
e·mir·ate [~rit] *n* emirat
em·is·sar·y ['emərserij]; [sr] *n* izaslanik, emisar
e·mis·sion [i'mišən] *n* 1. emisija 2. (usu. in *pl*) izduvni gasovi 3. isticanje semene (sjemene) tečnosti, emisija; semena tečnost
emissions control (sistem za) prečišćavanje izduvnih gasova
emission spectrum emisioni spektar
e·mit [i'mit] *v tr* 1. emitovati 2. ispustiti; *to* ~ *sounds (a stench)* ispuštati zvuke (smrad)
e·mol·ient I [i'maljənt]; [o] *n* sredstvo koje razmekšava (kožu)
emolient II *a* koji razmekšava
e·mol·u·ment [i'maljəmənt]; [o] *n* plata, primanje, prihod
e·mo·tion [i'moušən] *n* emocija, osećanje (osjećanje); emotivnost; *to appeal to the* ~*s* apelovati na emocije; *to stir up* ~*s* raspaliti strasti
e·mo·tion·al [~əl] *a* emocionalan, emotivan
e·mo·tion·al·ism [~izəm] *n* emocionalnost, emotivnost
e·mo·tion·al·ist [~ist] *n* emocionalna osoba
e·mo·tion·less [~lis] *a* bezosećajan (bezosjećajan)
e·mo·tive [i'moutiv] *a* emotivan; *the* ~ *function of language* emotivna funkcija jezika
em·pan·el see **impanel**
em·pa·thize ['empəthajz] *v intr* osetiti (osjetiti) empatiju; *to* ~ *with smb.* osetiti empatiju prema nekome
em·pa·thy ['empəthij] *n* empatija, uživljavanje
em·per·or ['empərə(r)] *n* 1. car, imperator 2. (or: ~ *moth*) mali paunovac
emperor moth see **emperor 2**
em·pha·sis ['emfəsis] *n* podvlačenje, isticanje, naglašavanje; emfaza; *to place* ~ *on a fact* istaći činjenicu
em·pha·size ['emfəsajz] *v tr* podvući, istaći, naglasiti; *to* ~ *an important fact* istaći važnu

činjenicu; *to* ∼ *smt. to smb.* naglasiti nešto nekome

em·pha·tic [em'faetik] *a* emfatičan; nedvosmislen; *an* ∼ *statement* nedvosmisleno tvrđenje

em·phy·se·ma [emfə'sijmə] *n* (med.) emfizem

em·pire ['empaj(r)] *n* 1. imperija, carstvo, carevina; *the Holy Roman Empire* Sveta Rimska Imperija; *the British Empire* Britanska imperija; *to rule an* ∼ voditi imperiju 2. gospodarstvo

em·pir·ic [em'pijrik] *n* empiričar, empirik

em·pir·i·cal [∼əl] *a* empiričan, empirički

em·pir·i·cism [em'pijrəsizəm] *n* empirizam

em·place [em'plejs], [*i*] *v tr* staviti na položaj

em·place·ment [∼mənt] *n* 1. utvrđen vatreni položaj 2. postavljanje na položaj

em·ploy I [em'ploj], [*i*] *n see* **employment**

employ II *v tr* 1. iskoristiti; upotrebiti (upotrijebiti); *to* ∼ *force* upotrebiti silu 2. zaposliti

em·ploy·a·ble [∼əbəl] *a* koji se može zaposliti

em·ploy·ee [∼ij] *n* nameštenik (namještenik), službenik; *government* ∼*s* državni službenici

em·ploy·er [∼ə(r)] *n* poslodavac

em·ploy·ment [∼mənt] *n* 1. iskorišćavanje, upotreba (W also: uporaba) 2. zaposlenje; zaposlenost; *to find* ∼ naći posao

employment bureau zavod za zapošljavanje

employment exchange Br.; *see* **employment bureau**

em·po·ri·um [em'porijəm] (*-s* or *-ia* [ijə]) *n* 1. trgovačko središte 2. velika radnja, robna kuća

em·pow·er [em'pauə(r)], [*i*] *v tr* 1. opunomoćiti 2. osposobiti

em·press ['empris] *n* carica

em·prise, em·prize [em'prajz], [*i*] *n* poduhvat

emp·ty I ['emptij] *n* (colloq.) prazna flaša, boca

empty II *a* 1. prazan; *an* ∼ *bottle (room)* prazna boca (soba); *(an)* ∼ *space* prazan prostor: ∼ *phrases* prazne fraze; *on an* ∼ *stomach* na prazan stomak; ∼ *words* prazne reči (riječi); *he found the room* ∼ našao je sobu praznu 2. pust; *an* ∼ *dream* pusti san

empty III *v* 1. *tr* isprazniti; *to* ∼ *a drawer* isprazniti fioku; *to* ∼ *glass after glass* prazniti čašu za čašom 2. *tr* prosuti; *to* ∼ *an ashtray (a bottle)* prosuti pepeljaru (flašu) 3. *intr* isprazniti se; *the stadium* ∼*tied quickly* stadion se brzo ispraznio 4. *intr* uliti se, uteći; *the Danube* ∼*ties into the Black Sea* Dunav se uliva u Crno more

empty-hand·ed [∼-haendid] *a* praznoruk, praznih šaka; *to leave* ∼ otići praznih šaka; *to return* ∼ vratiti se praznoruk

empty-head·ed [∼-hedid] *a* praznoglav, šupljoglav

em·pyr·e·al [empaj'rijəl] *a see* **empyrean** II

em·py·re·an I [empaj'rijən] *n (the* ∼*)* najviše nebo

empyrean II *a* nebeski

e·mu ['ijmjū] *n* (bird) emu

em·u·late ['emjəlejt] *v tr* 1. imitirati, ugledati se; *to* ∼ *smb.* ugledati se na nekoga 2. takmičiti se (s)

em·u·la·tion [emjə'lejšən] *n* 1. imitacija 2. takmičenje

em·u·lous ['emjələs] *a* željan da se takmiči

e·mul·si·fy [i'məlsəfaj] *v tr* emulgovati

e·mul·sion [i'məlšən] *n* emulzija; *nuclear* ∼ nuklearna emulzija

emulsion paint emulziona boja

en·a·ble [en'ejbəl] *v tr* omogućiti

en·act [en'aekt] *v tr* 1. doneti — donijeti (zakon) 2. odigrati

en·act·ment [∼mənt] *n* 1. donošenje (zakona) 2. odigravanje

en·am·el I [i'naeməl] *n* emajl, emalj, gleđ

enamel II *v tr* emajlirati, emaljirati, gleđosati

enamel ware emajlirana roba

en·am·ored [i'naemə(r)d] *a* zaljubljen; *to be* ∼ *of smb.* biti zaljubljen u nekoga

en·camp [en'kaemp], [*i*] *v* 1. *tr* ulogoriti; *to* ∼ *troops* ulogoriti vojsku 2. *intr* ulogoriti se

en·camp·ment [∼mənt] *n* privremeni logor

en·cap·su·late [*ju*] *v tr* 1. staviti u kapsulu 2. sažeti, skratiti

en·case [en'kejs] *v tr* obložiti

en·ceinte I [en'sejnt] *n* tvrđavska ograda

enceinte II *a see* **pregnant** 1

en·ce·phal·ic [ensə'faelik] *a* moždani

en·ceph·a·li·tis [ensefə'lajtis] *n* encefalitis

en·chant [en'čaent]; [*a*] *v tr* opčiniti, očarati

en·chant·ing [∼iñg] *a* čaroban

en·chant·ment [∼mənt] *n* 1. opčinjavanje, očaravanje 2. opčinjenost, očaranost

en·chant·ress [∼tris] *n* čarobnica

en·ci·pher [en'sajfə(r)] *v tr* šifrovati

en·cir·cle [en'sə(r)kəl] *v tr* okružiti

en·cir·cle·ment [∼mənt] *n* okruženje

en·clave ['enklejv] *n* enklava

en·clit·ic I [en'klitik] *n* enklitika

enclitic II *a* enklitički

en·close [en'klouz], [*i*] *v tr* 1. priložiti; *to* ∼ *documents with an application* priložiti dokumenta uz molbu; *I* ∼ *a photograph* prilažem fotografiju 2. ograditi, okružiti; *to* ∼ *a garden with a fence* okružiti vrt ogradom

en·clo·sure [en'kloužə(r)], [*i*] *n* 1. prilog (u koverti) 2. ograđivanje 3. ograđeno zemljište 4. ograda

en·code [en'koud], [*i*] *v tr* šifrovati

en·co·mi·um [en'koumijəm] (*-s* or *-mia* [mijə]) *n* pohvalni govor

en·com·pass [en'kəmpəs], [*i*] *v tr* okružiti; obuhvatiti

en·core I ['añko(r)], [ñg] *n* ponavljanje (pesme — pjesme, igre)

encore II *interj* bis! još!

en·coun·ter I [en'kauntə(r)] *n* susret

encounter II *v tr* 1. susresti; *to* ∼ *smb.* susresti nekoga 2. naići (na); *to* ∼ *difficulties* naići na teškoće

en·cour·age [en'kəridž], [*i*] *v tr* 1. ohrabriti 2. podstaći

en·cour·age·ment [∼mənt] *n* 1. hrabrenje 2. podsticanje

en·cour·ag·ing [∼ing] *a* ohrabrujući; *an* ∼ *report* povoljan izveštaj (izvještaj)

en·croach [en'krouč], [*i*] *v intr* povrediti — povrijediti (tuđu svojinu); posegnuti (na); *to* ∼ *on smb.'s land* zakoračiti na nečiju zemlju

en·croach·ment [∼mənt] *n* povreda (tuđe svojine)

en·crust [en'krəst], [*i*] *v tr* pokriti korom

en·cum·ber [en'kəmbə(r)], [*i*] *v tr* 1. opteretiti 2. zadužiti

en·cum·brance [en'kəmbrəns], [*i*] *n* 1. teret, smetnja 2. (legal) pravo zadržavanja

en·cyc·li·cal I [en'siklikǝl] *n* enciklika

encyclical II *a* encikličan

en·cy·clo·pae·di·a Br.; see **encyclopedia**

en·cy·clo·pe·di·a [ensajklǝ'pijdijǝ] *n* enciklopedija (W also: sveznanje)

en·cy·clo·pe·dic [~dik] *a* enciklopedijski

en·cy·clo·pe·dist [~dist] *n* enciklopedista

end I [end] *n* 1. kraj, konac, svršetak, završetak; *the ~ of a book (bridge, film)* kraj knjige (mosta, filma); *from beginning to ~* od početka do kraja; *at the ~ of the year* na kraju godine; *at the ~ of the war* na završetku rata; *toward the ~ of the month* krajem meseca (mjeseca); *to put an ~ to smt.* stati na kraj nečemu; *to come to an ~* završiti se 2. dno; *to stand a barrel on (its) ~* uspraviti bure 3. smrt; *to hasten smb.'s ~* ubrzati nečiju smrt 4. cilj, svrha; *the ~ justifies the means* cilj opravdava sredstva; *to what ~?* radi čega? 5. (on an automobile) most; *front ~* prednji most 6. misc.; **at loose ~s* bez posla; **to be at one's wits ~* ne znati šta (što) da se radi; **to go off the deep ~* veoma jako se uzbuditi; **to make ~s meet* sastaviti kraj s krajem; **the ~ of the world* smak sveta (svijeta); **his hair stood on ~* kosa mu se naježila; **to keep one's ~ up* dobro se držati

end II *v* 1. *tr* završiti, okončati, svršiti; *that ~ed the argument* to je okončalo diskusiju; *he ~ed the lecture with a quotation* završio je predavanje citatom; *to ~ one's life* svršiti život 2. *intr* završiti se, svršiti se; *the war ~ed* rat se završio; *the film ~s happily* film se srećno završava; *that will ~ badly* to će se rđavo završiti 3. *intr* završavati (svršavati) se; *to ~ in a suffix* svršavati se nastavkom

en·dan·ger [en'dejndžǝ(r)], [i] *v tr* dovesti u opasnost, izložiti opasnosti, ugroziti; *to ~ peace* ugroziti mir (also **imperil**)

endangered species ugrožena životinjska vrsta

en·dear [en'dij(r)], [i] *v tr* omiliti

en·dear·ing [~riŋ] *a* drag, mio

en·dear·ment [~(r)mǝnt] *n* milošta; *a term of ~* naziv iz milošte

en·deav·or I [en'devǝ(r)], [i] *n* napor, nastojanje; *to make an ~ to do smt.* nastojati da uradi nešto

endeavor II *v intr* truditi se, nastojati; *to ~ to do smt.* nastojati da uradi nešto

en·dem·ic [en'demik] *a* endemijski, endemičan; *an ~ disease* endemija

end game (chess) završna igra

end·ing [~iŋ] *n* 1. završetak, svršetak; *a tragic ~* tragičan završetak 2. (gram.) završetak, svršetak; nastavak; *a case ~* padežni nastavak

en·dive ['endajv], [i] *n* endivija, žućanica (Br. is usu. **chicory**)

end·less [~lis] *a* beskrajan, beskonačan

en·do·crine ['endǝkrijn], [aj] *a* endokrin; *an ~ gland* endokrina žlezda (žlijezda)

en·do·cri·nol·o·gy [endǝkri'nalǝdžij]; [o] *n* endokrinologija

en·dog·a·my [en'dagǝmij]; [o] *n* endogamija

en·do·morph ['endǝmɔ(r)f] *n* čovek (čovjek) sa mekim telom (tijelom) i nerazvijenom muskulaturom

en·dorse [en'dɔ(r)s], [i] *v tr* 1. indosirati; potpisati (poleđinu čeka); *to ~ a check* potpisati se na poleđini čeka 2. odobriti; (esp. mil.) potvrditi

en·dor·see [~ij] *n* indosatar

en·dorse·ment [~mǝnt] *n* 1. indosament 2. odobrenje

en·dors·er, en·dors·or [~ǝ(r)] *n* indosant, žirant

en·dow [en'dou], [i] *v tr* obdariti; *nature ~ed him with an even temper* priroda ga je obdarila dobrom naravi

en·dow·ment [~mǝnt] *n* 1. dar 2. zadužbina

endowment insurance osiguranje na doživljenje

end table stočić (pored divana)

end up *v* završiti; uraditi na kraju krajeva (konačno); *they ended up in the hospital* završili su u bolnici; na kraju krajeva, našli sᵤ se u bolnici; *he ended up as a teacher* završio je kao učitelj; *he ended up (by) not going* na kraju krajeva, nije otišao

en·dur·a·ble [en'dūrǝbǝl], [i]; [dj] *a* podnošljiv

en·dur·ance [~rǝns] *n* izdržljivost

en·dure [en'd'u(r)], [i]; [dj] *v* 1. *tr* podneti (podnijeti) izdržati; *to ~ pain (suffering)* podneti bol (patnje) 2. *intr* istrajati

en·dur·ing [~riŋ] *a* trajan, stalan

end·ways ['endwejz] see **endwise**

end·wise ['endwajz] *adv* 1. uspravno 2. krajem unapred (unaprijed)

en·e·ma ['enǝmǝ] *n* klistir; *to give smb. an ~* dati (ubrizgati) nekome klistir

en·e·my I ['enǝmij] *n* neprijatelj, protivnik; *an external (internal, sworn) ~* spoljni — W: vanjski (unutrašnji, zakleti) neprijatelj; *to catch the ~ napping* iznenaditi neprijatelja

enemy II *a* neprijateljski, protivnički; *an ~ attack* neprijateljski napad; *an ~ alien* podanik neprijateljske zemlje

en·er·get·ic [enǝ(r)'džetik] *a* energičan

en·er·get·ics [~s] *n sgn* energetika

en·er·gy I ['enǝ(r)džij] *n* energija; *atomic (electric) ~* atomska (električna) energija

energy II *a* energetski; *an ~ crisis* energetska kriza

energy level (phys.) energetski nivo

en·er·vate ['enǝ(r)vejt] *v tr* oslabiti (also **debilitate**)

en fa·mille (French) s porodicom

en·fee·ble [en'fijbǝl] [i] *v tr* oslabiti

en·fi·lade I [enfǝ'lejd] *n* uzdužna vatra

enfilade II *v tr* gađati uzdužnom vatrom

en·force [en'fo(r)s], [i] *v tr* 1. primeniti (primijeniti); *to ~ a law* primeniti zakon 2. podstaći

en·force·a·ble [~ǝbǝl] *a* primenljiv (primjenjiv)

en·force·ment [~mǝnt] *n* primenjivanje (primjenjivanje), primena (primjena); *~ of a law* primena zakona; *law ~* kriminalistička služba

en·fran·chise [en'fraenčajz], [i] *v tᵣ* 1. dati (nekome) pravo glasa 2. dati (robu) slobodu

en·gage [en'gejdž], [i] *v* 1. *tr* zaposliti, uzeti u službu, angažovati 2. *tr* iznajmiti, rezervisati; *to ~ a room* rezervisati sobu 3. *tr* zauzeti, uvući; angažovati; *to ~ smb. in conversation* uvući nekoga u razgovor 4. *tr* (mil.) uvući u borbu; *to ~ the enemy in combat* započeti borbu s neprijateljem 5. *intr* učestvovati; upustiti se; zapodenuti (zapodjenuti); *to ~ in conversation* uče-

stvovati u razgovoru 6. *to get ~d to smb.* veriti (vjeriti) nekoga; *they got ~d* verili su se
engage for *v* (Br.) snositi odgovornost za
en·gage·ment [~mənt] *n* 1. angažovanje 2. veridba (vjeridba) 3. sastanak
engagement ring burma
en·gag·ing [~in͞g] *a* privlačan
en·gen·der [en'dʒendə(r)], [*i*] *v tr* 1. izazvati 2. poroditi
en·gine ['endʒən], [*i*] *n* 1. motor; *the ~ will not start* motor neće da upali; *an internal combustion ~* motor sa unutrašnjim sagorevanjem (sagorijevanjem); *a jet ~* mlazni motor; *the ~ knocks (loses power, sputters, stalls)* motor lupa (malaksava, pucka, se guši); *the ~ runs well* motor odlično radi 2. mašina (W also: stroj)
engine driver Br.; see **engineer** 3
en·gi·neer I [endʒə'nij(r)] *n* 1. inženjer; *a civil (electrical, graduate, mechanical, mining, operating, transportation) ~* građevinski (elektrotehnički, diplomirani, mašinski, rudarski, pogonski, saobraćajni) inženjer; *a systems ~* sistem-inženjer 2. (mil.) pionir, inženjer, inženjerac; *the corps of ~s* inženjerija; *(as a) an ~ battalion* pionirski bataljon 3. vozovođa (W: vlakovođa), mašinovođa
engineer II *v tr* 1. planirati (kao inženjer) 2. (colloq.) izdejstvovati (izdjejstvovati)
en·gi·neer·ing [~rin͞g] *n* inženjering, tehnika
engine room mašinsko odeljenje (odjeljenje)
Eng·land ['in͞gglənd] *n* Engleska
Eng·lish I ['in͞ggliš] *n* 1. (as a *pl*) *the ~* Englezi 2. engleski jezik; **in plain ~* kratko i jasno 3. (or: *english*) felš, rotacija (lopte, kugle): *to give a ball ~* rotirati loptu, dati felš
English II *a* engleski
English Channel Lamanš
En·glish·ism [~izəm] *n* anglicizam
Eng·lish·man [~mən] (*-men* [min]) *n* Englez
English muffin vrsta kifle (koja se obično prži)
Eng·lish·wom·an [~wumən] (*-women* [wimin]) *n* Engleskinja
en·graft [en'graeft], [*i*]; [*a*] *v tr* nakalemiti
en·grave [en'grejv], [*i*] *v tr* gravirati, urezati
en·grav·er [~ə(r)] *n* graver; bakrorezac
en·grav·ing [~in͞g] *n* 1. gravira 2. bakrorez
en·gross [en'grous], [*i*] *v tr* 1. apsorbovati, zaokupiti, obuzeti; *he was completely ~ed in his work* rad ga je sasvim zaokupio 2. *to become ~ed* zadubiti se; *to become ~ed in a book* zadubiti se u knjigu
en·gross·ing [~in͞g] *a* zanosan
en·gross·ment [~mənt] *n* apsorbovanje; zadubljenost
en·gulf [en'gəlf], [*i*] *v tr* 1. okružiti 2. progutati
en·hance [en'haens], [*i*]; [*a*] *v tr* povećati; *to ~ value* povećati vrednost (vrijednost)
en·hance·ment [~mənt] *n* povećanje
e·nig·ma [i'nigmə] *n* zagonetka
en·ig·mat·ic [enig'maetik] *a* zagonetan
en·jamb·ment [en'dʒaem(b)mənt] *n* (poetics) anžambman, opkoračenje
en·join [en'dʒojn], [*i*] *v tr* 1. narediti 2. zabraniti; *to ~ smb. from doing smt.* zabraniti nekome da uradi nešto

en·join·der [~də(r)] *n* naredba
en·joy [en'dʒoj], [*i*] *v* 1. *tr* uživati; *to ~ walking* uživati u šetnji; *to ~ respect (rights)* uživati poštovanje (prava); *he ~s ordering people around* on uživa da komanduje 2. *refl* lepo (lijepo) se provoditi; *we ~ed ourselves lepo* smo se proveli 3. *tr* gustirati; *she was ~ing her coffee* gustirala je kafu (kavu) 4. misc.; *~ your meal!* prijatno! (W: dobar tek!); *~ your day!* doviđenja, prijatno!
en·joy·a·ble [~əbəl] *a* prijatan
en·joy·ment [~mənt] *n* uživanje
en·large [en'la(r)dʒ], [*i*] *v* 1. *tr* povećati, uvećati, uveličati; *to ~ a photograph* uveličati sliku 2. *tr* proširiti; *to ~ a store* proširiti radnju 3. *intr (to ~ on, upon)* pričati opširnije; *to ~ upon smt.* pričati opširnije o nečemu
en·large·ment [~mənt] *n* 1. povećanje, uvećanje 2. proširenje 3. (of a photograph) uveličavanje
en·light·en [en'lajtən], [*i*] *v tr* prosvetiti (prosvijetiti) *~ed despotism* prosvećeni apsolutizam; *an ~ed despot* prosvećeni apsolutista
en·light·en·ment [~mənt] *n* 1. prosvećivanje (prosvjećivanje) 2. prosvećenost (prosvjećenost)
en·list [en'list], [*i*] *v* 1. *tr* regrutovati (za vojnu službu) 2. *tr* angažovati 3. *intr* stupiti u vojnu službu
en·list·ed [~id] *a* (mil.) u vojnoj službi; *an ~ man* vojnik (podoficir); *~ personnel* vojnici (podoficiri)
en·list·ee [~ij] *n* dobrovoljac
en·list·ment [~mənt] *n* 1. regrutovanje 2. (dobrovoljno) stupanje u vojnu službu; *(as a) an ~ allowance* novčana naknada prilikom upisivanja u vojnu službu 3. rok službe (u vojsci)
en·li·ven [en'lajvən], [*i*] *v tr* oživiti, uneti (unijeti) živost (u)
en·mi·ty ['enmətij] *n* neprijateljstvo
en·no·ble [en'oubəl], [*i*] *v tr* oplemeniti
en·nui [an'wij]; ['an~] *n* dosada
e·nor·mi·ty [e'no(r)mətij] *n* grozota; *the ~ of a crime* grozota zločina
e·nor·mous [e'no(r)məs] *a* ogroman
e·nor·mous·ness [~nis] *n* ogromnost
e·nough [i'nəf] 1. *n* dovoljnost (dosta); *he ate ~* jeo je dosta; *I've had ~!* dosta mi je svega; *more than ~* više nego dovoljno 2. *a* dovoljan (dovoljno, dosta); *he has ~ money (to go)* ima dosta novaca (da ide) 3. *adv* dosta, dovoljno; *fast ~* dosta brzo; *safe ~* potpuno siguran; *this coat is not warm ~* ovaj kaput nije dovoljno topao; *he is foolish ~* (or: *fool ~*) *to do such a thing* on je dovoljno lud da uradi takvu stvar 4. misc.; *he was not man ~ to do it* nije bio dosta odlučan da to učini
en pas·sant [an pae'san] (French) 1. uzgred 2. (chess) u prolazu; *to take a pawn ~* uzeti pešaka (pješaka) u prolazu
en·quire see **inquire**
en·rage [en'rejdʒ], [*i*] *v tr* razjariti, razbesniti (razbjesniti); *to ~ smb.* razbesniti nekoga; *to become ~d* razbesneti (razbjesnjeti) se
en·rap·ture [en'raepče(r)], [*i*] *v tr* razdragati
en·rich [en'rič], [*i*] *v tr* obogatiti
en·rich·ment [~mənt] *n* bogaćenje

en·roll [en'roul], [i] v 1. tr upisati; to ~ pupils in (a) school upisati đake u školu 2. intr upisati se; he ~ed in medical school upisao se na medicinski fakultet

en·roll·ment [~mənt] n 1. upis; the ~ of pupils (students) upis đaka (studenata) 2. broj đaka (studenata); ~ is going up broj studenata raste

en route [an rūt] (French) uz put, na putu

en·sconce [en'skans]; [o] v tr smestiti (smjestiti) udobno

en·sem·ble [an'sambəl] n ansambl; a folk-dance ~ ansambl narodnih igara

en·shrine [en'šrajn], [i] v tr zatvoriti (kao) u svetilište

en·sign ['ensin] n 1. državna (vojnopomorska) zastava 2. amblem 3. (Am., naval) poručnik korvete

en·si·lage ['ensəlidž] n 1. čuvanje stočne hrane u silosu 2. see silage

en·slave [en'slejv], [i] v tr porobiti

en·snare [en'snej(r)], [i] v tr uhvatiti u zamku

en·sue [en'sū], [i]; [sj] v intr nastati (usled — uslijed)

en·sure Br.; see insure

en·tab·la·ture [en'taeblǎčū(r)], [i] n (archit.) pervaz na vrhu stuba

en·tail [en'tejl], [i] v tr iziskivati, zahtevati (zahtijevati)

en·tan·gle [en'taeṉgəl], [i] v tr upetljati, zamrsiti, uplesti, zaplesti

en·tente [an'tant] n antanta

en·ter ['entə(r)] v 1. tr ući (u); to ~ a country (a room) ući u zemlju (u sobu); the ship ~ed the harbor brod je ušao u luku 2. tr uneti (unijeti); to ~ a name (in a list) uneti ime (u spisak) 3. tr prijaviti se (za); to ~ a contest prijaviti se za takmičenje 4. tr uložiti, podneti (podnijeti); to ~ a protest uložiti protest; he ~ed a plea of (not) guilty see plea 3 5. tr zabeležiti (zabilježiti); proknjižiti 6. intr ući; he ~ed first on je prvi ušao 7. intr (to ~ into) stupiti, ući; to ~ into a conversation stupiti u razgovor; to ~ into negotiations početi pregovore 8. intr (to ~ on, upon) početi; to ~ upon a new life početi nov život

enter for v (Br.) prijaviti za

enter key (C.) tipka za ulaz

en·ter·prise ['entə(r)prajz] n 1. preduzeće (W: poduzeće); a commercial ~ trgovinsko preduzeće 2. preduzimljivost 3. inicijativa; private ~ privatna inicijativa

en·ter·pris·ing [~iṉg] a preduzetan, preduzimljiv

en·ter·tain [ent(ə)r'tejn] v 1. tr zabaviti; to ~ smb. zabaviti nekoga 2. tr nositi se, gajiti; to ~ a thought nositi se mišlju 3. intr imati goste; they are ~ing this evening imaju večeras goste

en·ter·tain·er [~ə(r)] n zabavljač, artista (pevač — pjevač, igrač); live ~s živi izvođači

en·ter·tain·ing [~iṉg] a zabavan

en·ter·tain·ment [~mənt] n 1. zabava, razonoda 2. reprezentacija; (as a) to reduce ~ expenses smanjiti troškove reprezentacije 3. (or: the ~ industry) pozorište, pozorišna umetnost (W: kazalište, kazališna umjetnost)

entertainment allowance dodatak za reprezentaciju

en·thrall [en'throl], [i] v tr zaneti (zanijeti), očarati

en·throne [en'throun], [i] v tr ustoličiti; to ~ a king ustoličiti kralja

en·thuse [en'thūz], [i]; [thj] v (not standard) 1. tr oduševiti 2. intr biti oduševljen

en·thu·si·asm [~ijaezəm] n oduševljenje; ~ for smt. oduševljenje za nešto

en·thu·si·ast [~ijaest] n 1. navijač; a football ~ fudbalski navijač (also fan III, rooter) 2. entuzijasta, fanatik

en·thu·si·as·tic [~ij'aestik] a entuzijastičan, oduševljen, strastan; an ~ rooter strastan navijač

en·tice [en'tajs] v tr namamiti, izmamiti

en·tice·ment [~mənt] n 1. mamac, vabac 2. mamljenje, zavođenje

en·tire [en'taj(r)], [i] a ceo (cio), čitav

en·tire·ly [~lij] adv 1. sasvim, potpuno 2. isključivo, samo; to devote oneself ~ to one's work posvetiti se isključivo svom poslu

en·tire·ty [~rətij] n potpunost, celost (cijelost)

en·ti·tle [en'tajtl], [i] v tr dati (nekome) pravo; to be ~d to smt. imati pravo na nešto

en·tomb [en'tūm], [i] v tr sahraniti

en·to·mol·o·gist [entə'malədžist], [o] n entomolog

en·to·mol·o·gy [~džij] n° entomologija

en·tou·rage [antu'raž] n 1. pratnja 2. okolina

en·tr'acte [an'traekt] n (theater) 1. odmor između činova 2. međuigra

en·trails [en'trejlz] n pl utroba, creva (crijeva), drob

en·train [en'trejn], [i] v 1. tr ukrcati (u voz — W: vlak) 2. intr ukrcati se u voz

en·trance I ['entrəns] n 1. ulaz, ulazna vrata; at the ~ kod ulaza, na ulazu; a main (side) ~ glavna (sporedna) vrata 2. (theater) pojava glumca (pevača — pjevača) na pozornici 3. prijem (studenata)

entrance II [en'traens], [i]; [a] v tr zaneti (zanijeti)

entrance examination prijemni ispit

entrance fee prijavna taksa

en·trant ['entrənt] n učesnik (u utakmici)

en·trap [en'traep], [i] v tr 1. uhvatiti u klopku 2. uloviti; navesti

en·trap·ment [~mənt] n postavljanje klopke; (legal) podstrekivanje

en·treat [en'trijt] v tr zamoliti, preklinjati

en·treat·y [~ij] n molba, preklinjanje

en·tre·cote [an'trəkout] n (cul.) rozbratna (also sirloin steak)

en·tree ['antrej] n 1. pravo ulaska, pristup 2. glavno jelo

en·trench [en'trenč], [i] v 1. tr ukopati; utvrditi 2. intr izrađivati rovove

en·trench·ment [~mənt] n rov, zaklon

en·tre·pre·neur [antrəprə'nə(r)] n preduzimač, preduzetnik

en·tre·sol ['entə(r)sal], [rə]; [o] see mezzanine

en·tro·py ['entrəpij] n entropija

en·trust [en'trəst], [i] v tr poveriti (povjeriti); to ~ money to smb. poveriti nekome novac

en·try ['entrij] n ulazak, ulaženje; the ~ of troops into a city ulazak trupa u grad 2. pristup (glumca) 3. upis (u listu) 4. odrednica (W: natuknica); adverbs are not given as separate ~tries prilozi nisu dati kao zasebne odrednice 5. knjiženje 6. prijava

entry fee prijavna taksa

15

entry form prijavni formular
entry visa ulazna viza
en·try·way [~wej] *n* ulazna vrata, ulazna kapija
en·twine [en'twajn], [*i*] *v tr* uplesti
e·nu·mer·ate [i'*n*ūmərejt]; [*nj*] *v tr* nabrojiti
e·nu·mer·a·tion [i*n*ūmə'rejšən]; [*nj*] *n* nabrajanje
e·nun·ci·ate [i'nənsijejt] *v* 1. *tr* izgovarati (glasove jasno) 2. *tr* objaviti, proglasiti; *to ~ a doctrine* objaviti doktrinu 3. *intr* izgovarati; *to ~ clearly* izgovarati glasove jasno
e·nun·ci·a·tion [inənsij'ejšən] *n* 1. izgovor, dikcija 2. objava
en·u·re·sis [enjə'rijsis] *n* (med.) enureza
en·vel·op [en'veləp], [*i*] *v tr* 1. uviti, umotati 2. (usu. mil.) obuhvatiti
en·ve·lope ['envəloup], [*a*] *n* koverat, koverta (W: kuverta); *to put a letter into an ~.*staviti pismo u koverat; *to seal an ~* zalepiti (zalijepiti) koverat
en·vel·op·ment [en'veləpmənt] *n* 1. umotavanje 2. (mil.) obuhvat
en·vi·a·ble ['envijəbəl] *a* zavidan; *an ~ situation* zavidna situacija
en·vi·ron·ment [en'vajrənmənt] *n* okolina, sredina, ambijent (also milieu)
en·vi·ron·ment·al [~'mentəl] *a* ekološki, okološni, središni
en·vi·ron·ment·al·ist [~'mentəlist] *n* onaj koji se stara o čovekovoj (čovjekovoj) sredini
en·vi·rons [en'vajrənz], [*i*] *n pl* okolina
en·vi·ous ['envijəs] *a* zavidljiv, zavistan, ljubomoran (W also: jalan); *~ of smb.* ljubomoran na nekoga
en·vis·age [en'vizidž], [*i*] *v tr* predočiti
en·vi·sion [en'vižən], [*i*] *v tr* predvideti (predvidjeti)
en·voy ['envoj], [*a*] *n* izaslanik
en·vy I ['envij] *n* zavist; ljubomora; *to feel ~* osećati (osjećati) zavist; *out of ~* iz zavisti; *to be green with ~* jako zavideti (zavidjeti)
envy II *v tr* zavideti (zavidjeti); osećati (osjećati) zavist; *to ~ smb.* osećati zavist prema nekome; *he ~ies her success* on njoj zavidi na uspehu (uspjehu)
en·zyme ['enzajm] *n* encim
E·o·cene ['ijəsijn] *n* (geol.) *(the ~)* eocen
e·on ['ijən]; [*o*] *n* eon
ep·arch ['epa(r)k] *n* eparh
ep·ar·chy [~ij] *n* eparhija
ep·au·let, ep·au·lette ['epə'let] *n* epoleta, naramenica
e·pee [ej'pej] *n* mač
ep·en·the·sis [e'penthəsis] (-ses [sijz]) *n* (ling.) epenteza
ep·en·thet·ic [epin'thetik] *a* (ling.) epentetski
ep·ex·e·ge·sis [epeksə'džijsis] *n* dopunsko objašnjenje, epegzegeza
e·phed·rine ['efədrijn], [i'fedrin] *n* efedrin
e·phem·er·a [i'femərə] (-s or -rae [rij]) *n* prolazna pojava
e·phem·er·al [~l] *a* prolazan, efemeran
ep·ic I ['epik] *n* ep
epic II *a* epski; *an ~ poem* epska pesma (pjesma); *~ poetry* epska poezija
ep·i·cene I ['epəsijn] *n* 1. (ling.) epicen 2. dvospolac
epicene II *a* 1. epicenski 2. (fig.) ženski, nemuški 3. (fig.) ni muško ni žensko

ep·i·cen·ter ['epəsentə(r)] *n* epicentar
ep·i·cent·rum [~trəm] (-tra [trə]) see epicenter
ep·i·cure ['epikjū(r)] *n* gurman, epikurejac
Ep·i·cu·re·an I [epikjū'rijən] *n* 1. epikurejac 2. (not cap.) gurman
Epicurean II *a* epikurejski
Ep·i·cu·re·an·ism [~izəm] *n* epikurejstvo
ep·i·cur·ism ['epikjūrizəm] *n* epikurejstvo
ep·i·dem·ic I [epə'demik] *n* epidemija; *to cause an ~* izazvati epidemiju
epidemic II *a* epidemičan, epidemijski
ep·i·de·mi·ol·o·gy [epədijmij'alədžij]; [*o*] *n* epidemiologija
ep·i·der·mis [epə'də(r)mis] *n* epiderm, epiderma
ep·i·glot·tis [epi'glatis]; [*o*] (-es or -tides [tidijz]) *n* grkljani poklopac
ep·i·gone ['epəgoun] *n* epigon, podražavalac
ep·i·gram ['epigraem] *n* epigram
ep·i·gram·mat·ic [epigrə'maetik] *a* epigramski, epigramatski
ep·i·graph ['epigraef]; [*a*] *n* epigraf
ep·i·lep·sy ['epələpsij] *n* epilepsija, padavica; *to suffer from ~* patiti od padavice
ep·i·lep·tic I [epə'leptik] *n* epileptičar, padavičar
epileptic II *a* epileptički, epileptičan, padavičav
ep·i·log, ep·i·logue ['epəlag]; [*o*] *n* epilog
e·piph·a·ny [i'pifənij] *n* 1. pojava 2. (cap., rel.) Bogojavljenje
e·piph·y·sis [i'pifəsis] *n* (anat.) epifiza, kraj duge kosti
e·pis·co·pa·cy [i'piskəpəsij] *n* episkopat, episkopstvo, biskupstvo
e·pis·co·pal [i'piskəpəl] *a* 1. episkopski, biskupski 2. anglikanski
Episcopal Church Episkopska crkva
E·pis·co·pa·li·an I [ipiskə'pejlijən] *n* član Episkopske crkve
Episcopalian II *a* episkopski
e·pis·co·pate [i'piskəpi*t*], [*ej*] *n* see episcopacy
ep·i·sode ['epəsoud] *n* epizoda
ep·i·sod·ic [epə'sadik]; [*o*] *a* epizodičan, epizodan, epizodski
e·pis·te·mol·o·gy [ipistə'malədžij]; [*o*] *n* epistemologija
e·pis·tle [i'pisəl] *n* 1. pismo 2. epistola, poslanica, pismo
e·pis·to·lar·y [i'pistəlerij]; [ə] *a* epistolarni
ep·i·taph ['epətaef]; [*a*] *n* epitaf
ep·i·thet ['epəthet] *n* epitet
e·pit·o·me [i'pitəmij] *n* 1. sažet prikaz 2. ovaploćenje
e·pit·o·mize [~majz] *v tr* 1. sažeti 2. ovaplotiti
ep·i·zo·ot·ic I [epəzou'atik]; [*o*] *n* epizootija, crkavica
epizootic II *a* epizootičan
ep·och ['epək]; ['ijpok] *n* epoha
ep·och·al [~əl] *a* epohalan
ep·och-mak·ing [~maeking] *a* veoma značajan
ep·ode ['epoud] *n* (poetics) epoda
ep·o·nym ['epənim] *n* eponim
e·pon·y·mous [i'panəməs]; [*o*] *a* eponimičan, istoimeni
ep·o·pee ['epəpij] *n* epopeja
ep·os ['epas]; [*o*] *n* epos
epoxy resin [i'paksij]; [*o*] epoksidna smola

Ep·som salt ['epsəm] epsemska so (sol)
eq·ua·ble ['ekwəbəl] *a* 1. ujednačen 2. staložen
e·qual I ['ikwəl] *n* premac, ravni, jednaki; *he has no* ~ nema mu premca; *among* ~s među ravnima; *to negotiate as with an* ~ pregovarati kao sa sebi ravnim
equal II *a* 1. jednak, ravan; podjednak; ~ *in worth* jednak po vrednosti (vrijednosti); *to be* ~ *to smb.* biti ravan nekome; *two times two is* ~ *to four* dvaput dva je četiri 2. dorastao; *she proved to be* ~ *to the task* pokazala se dorasla zadatku 3. ravnopravan; ~ *before the law* ravnopravan pred zakonom
equal III *v tr* 1. biti jednak (s), biti dorastao (nečemu) 2. izjednačiti; *to* ~ *a record* izjednačiti rekord
e·qual·i·ty [i'kwalətij]; [o] *n* 1. jednakost 2. ravnopravnost; *to achieve* ~ postići ravnopravnost
e·qual·ize ['ijkwəlajz] *v* 1. *tr* ujednačiti; izjednačiti; *to* ~ *salaries* ujednačiti plate 2. *tr* uravnotežiti; *to* ~ *forces* uravnotežiti snage 3. *intr* ujednačiti se
e·qual·ly [~ij] *adv* jednako
equal opportunity jednakost svih građana
equal sign znak jednakosti
equal time jednaka količina neplaćenog vremena koja se daje protivničkim kandidatima da javno nastupe na radiju ili televiziji
e·qua·nim·i·ty [ekwə'nimətij], [ij] *n* staloženost, smirenost
e·quate [i'kwejt] *v tr* izjednačiti; smatrati jednakim
e·qua·tion [i'kwejžən] *n* 1. izjednačavanje 2. (math.) jednačina (W: jednadžba); *a linear (quadratic)* ~ linearna (kvadratna) jednačina; *a first-degree* ~ jednačina prvog stepena; *an* ~ *in one unknown (two unknowns)* jednačina sa jednom nepoznatom (sa dve — dvije nepoznate); *to solve an* ~ rešiti (riješiti) jednačinu
e·qua·tor [i'kwejtə(r)] *n* ekvator, polutar; *at the* ~ u oblasti ekvatora
e·qua·to·ri·al [ekwə'torijəl], [ij] *a* ekvatorski, ekvatorijalan
Equatorial Guinea Ekvatorska Gvineja
eq·uer·ry ['ekwərij] *n* kraljevski konjušar
e·ques·tri·an I [i'kwestrijən] *n* jahač
equestrian II *a* jahački
e·ques·tri·enne [ikwestrij'en] *n* jahačica
e·qui·dis·tant [ijkwə'distənt] *a* na jednakom odstojanju
e·qui·lat·er·al [ijkwə'laetərəl] *a* ravnostrani, jednakostranični; *an* ~ *triangle* jednakostranični trougao (W: trokut)
e·quil·i·brist [i'kwiləbrist] *n* ekvilibrista
e·qui·lib·ri·um [ijkwə'librijəm] *n* ravnoteža; *to maintain one's* ~ održavati ravnotežu
e·quine ['ijkwajn] *a* konjski
e·qui·noc·tial [ijkwə'nakšəl], [e]; [o] *a* ravnodnevični
e·qui·nox ['ijkwənaks]; [o] *n* ravnodnevica, ekvinocij; *the autumnal (vernal)* ~ jesenja (prolećna — proljećna) ravnodnevica
e·quip [i'kwip] *v tr* opremiti, snabdeti (snabdjeti); *the troops were* ~*ped with the most modern weapons* vojnici su bili opremljeni najsavremenijim naoružanjem

e·quip·ment [~mənt] *n* 1. oprema; pribor; *hunting (sporting)* ~ lovačka (sportska) oprema; *shaving* ~ pribor za brijanje 2. *military* ~ borbena tehnika, ratni materijal
eq·ui·poise ['ekwipojz] *n* ravnoteža
eq·ui·ta·ble ['ekwətəbəl] *a* pravičan
eq·ui·ta·tion [ekwə'tejšən] *n* jahanje
eq·ui·ty ['ekwətij] *n* 1. pravičnost, pravednost 2. otplaćeni deo (dio) nekretnine 3. (legal) pravičnost; pravo pravičnosti
e·quiv·a·lence [i'kwivələns] *n* ekvivalentnost
e·quiv·a·lent I [i'kwivələnt] *n* ekvivalenat
equivalent II *a* ekvivalentan; *an* ~ *expression* ekvivalentan izraz; *to be* ~ *to smt.* biti ekvivalentan nečemu
e·quiv·o·cal [i'kwivəkəl] *a* 1. dvosmislen; *an* ~ *sentence* dvosmislena rečenica 2. sumnjiv, nepouzdan
e·quiv·o·cate [~kejt] *v intr* vrdati, okolišiti, ne govoriti otvoreno
e·quiv·o·ca·tion [ikwivə'kejšən] *n* vrdanje, okolišenje; *without* ~ bez okolišenja
e·ra ['ijrə] *n* era, doba; *the modern* ~ moderno doba; *a golden* ~ zlatno doba
ERA [ijar'ej] (abbrev. of *Equal Rights Amendment*) amandman o jednakim pravima za žene
e·rad·i·ca·ble [i'raedəkəbəl] *a* iskorenjiv (iskorjenljiv)
e·rad·i·cate [i'raedikejt] *v tr* iskoreniti (iskorijeniti); istrebiti (istrijebiti); *to* ~ *crime* iskoreniti kriminal
e·rad·i·ca·tion [iraedi'kejšən] *n* iskorenjivanje (iskorjenjivanje), istrebljenje
e·rase [i'rejs]; [z] *v tr* 1. izbrisati; *to* ~ *a word* izbrisati reč (riječ); *to* ~ *a blackboard* brisati tablu 2. (fig.) zbrisati; *to* ~ *from the face of the earth* zbrisati s lica zemlje
e·ras·er [~ə(r)] *n* 1. sunđer za brisanje (table) 2. gumica, guma (za brisanje)
e·ra·sure [i'rejšə(r)] *n* 1. brisanje 2. izbrisana reč (riječ) 3. izbrisano mesto (mjesto)
ere [ej(r)] *prep* and *conj* (obsol.) pre (prije)
e·rect I [i'rekt] *a* and *adv* 1. uspravan; *to stand* ~ stojati uspravno 2. uzdignut; *with head* ~ uzdignute glave
erect II *v tr* podići, izgraditi; *to* ~ *a monument (a school, a wall)* podići spomenik (školu, zid)
e·rec·tile [i'rektajl] *a* (anat.) erektilan, nabrekljiv
e·rec·tion [i'rekšən] *n* 1. podizanje; izgradnja 2. (anat.) erekcija, nabrekuće
e·rect·ness [~nis] *n* uspravnost
e·rec·tor, e·rec·ter [~ə(r)] *n* 1. gradilac, monter 2. (anat.) dizač (mišić)
erg [ə(r)g] *n* erg (jedinica za energiju)
er·go [~ou] *adv* and *conj* dakle
er·got ['ə(r)gət] *n* (bot.) gara, glavnica, snet (snijet)
e·ris·tic I [i'ristik] *n* 1. erista, polemičar 2. eristika, veština (vještina) polemisanja
eristic II *a* eristički, polemičan
E·ri·tre·a [erə'trijə] *n* Eritreja
E·ri·tre·an [~n] *a* eritrejski
er·mine ['ə(r)min] *n* 1. hermelin 2. krzno od hermelina

e·rode [i'roud] v 1. tr erodirati, podlokati, oglodati; the waves ~d the rocks talasi su oglodali stenje (stijenje) 2. intr biti izložen eroziji

e·rog·e·nous [i'radžənəs]; [o] a erogen; ~ zones erogene zone

Er·os ['erɑs]; [o] n Eros (bog ljubavi)

e·ro·sion [i'roužən] n erozija; (fig.) ~ of authority erozija autoriteta

e·ro·sive [i'rousiv] a erozivan

e·rot·ic [i'ratik]; [o] a erotičan, erotički

e·rot·i·ca [~ə] n pl erotika

e·rot·i·cism [i'ratəsizəm]; [o] n erotizam, erotika

er·o·tism ['erətizəm] see eroticism

e·ro·to·ma·ni·a [iratə'mejnijə]; [o] n erotomanija

err [ə(r), [e] v intr 1. varati se 2. zgrešiti (zgriješiti); *to ~ is human grešiti je ljudski

er·ran·cy ['erənsij] n lutanje

er·rand ['erənd] n nalog, posao, porudžbina; to run an ~ izvršiti nalog (porudžbinu); to go on an ~ otići radi svršavanja posla; to run ~s trčkarati

er·rant ['erənt] a koji luta; a knight ~ vitez lutalica

er·rat·ic [i'raetik] a 1. koji luta 2. nestalan 3. čudan, nastran; ~ behaviour čudno ponašanje

er·ra·tum [i'ratəm] (-ta [tə]) n štamparska greška; a list of ~ta ispravke

err·ing ['əriŋ], [e] a zalutao, koji je u zabludi

er·ro·ne·ous [i'rounijəs] a pogrešan, netačan (W: netočan); an ~ viewpoint pogrešno mišljenje

er·ror ['erə(r)] n 1. greška, pogreška; to make an ~ napraviti grešku; a typographical ~ štamparska greška 2. zabluda; to open up smb.'s eyes to an ~ izvesti nekoga iz zablude; to be in ~ biti u zabludi

error message (C.) poruka o grešci

er·satz ['e(r)'zats] (German) n erzac, surogat

erst·while ['ə(r)stwajl] 1. a negdašnji 2. adv nekada, ranije

e·ruct [i'rəkt] v 1. tr izbljuvati 2. intr podrignuti

er·u·dite ['erudajt], [rj] a eruditan, eruditski, učen, načitan

er·u·di·tion [eru'dišən], [rj] n erudicija, učenost, načitanost

e·ru·go see aerugo

e·rupt [i'rəpt] v intr 1. buknuti 2. izbiti; the volcano ~ed vulkan je proradio, došlo je do erupcije vulkana

e·rup·tion [i'rəpšən] n 1. erupcija; a volcanic ~ vulkanska erupcija 2. (med.) osip

er·y·sip·e·las [erə'sipələs] n (med.) crveni vetar (vjetar), vrbanac

er·y·thro·ni·um [erə'throunijəm] n (bot.) košutac

es·ca·late ['eskəlejt] v 1. tr eskalirati, intenzivirati 2. intr eskalirati, intenzivirati se

es·ca·la·tion [eskə'lejšən] n eskalacija

es·ca·la·tor ['eskəlejtə(r)] n eskalator, pokretne stepenice

es·ca·pade ['eskəpejd] n nestašluk, ludorija

es·cape I [e'skejp], [i] n 1. bekstvo (bjekstvo); an ~ from prison bekstvo iz zatvora; to make good one's ~ ostvariti bekstvo 2. spasavanje; to have a narrow ~ jedva se izvući 3. ispuštanje, isticanje (pare, gasa, itd.)

escape II a za spasavanje; an ~ hatch otvor za spasavanje

escape III v 1. tr izbeći (izbjeći); to ~ death izbeći smrt 2. tr promaći; several errors ~d you promakle su ti neke greške 3. tr izmaći, umaći; to ~ punishment izmaći kazni; your point ~d me izmakla mi je vaša glavna tačka (W: točka); to ~ justice umaći pravdi 4. tr uteći (od); one cannot ~ his fate od sudbine se ne može uteći 5. intr pobeći (pobjeći); uteći; to ~ from prison pobeći (uteći) iz zatvora; a prisoner ~d utekao je zatvorenik 6. tr izvući se, izmaći; three were killed; one ~d troje je poginulo; jedan se izvukao; to ~ from a tight spot izvući se iz škripca 7. intr isteći, otići

es·cap·ee [es'kejpij] n begunac (bjegunac) iz zarobljeništva

escape artist veštak (vještak) koji ume (umije) da se oslobađa od lanaca

escape key (C.) specijalna (kontrolna) tipka

es·cap·ism [~izəm] n bekstvo (bjekstvo) od stvarnosti

es·cap·ist I [~ist] n onaj koji beži (bježi) od stvarnosti

escapist II a koji beži (bježi) od stvarnosti

es·ca·role ['eskəroul] n (cul.) prokelj

es·carp·ment [~mənt] n eskarpa

es·cha·tol·o·gy [eskə'talədžij]; [o] n eshatologija

es·cheat I [es'čijt] n 1. povraćaj dobra (državi, kruni) 2. dobro koje je povraćeno (državi, kruni) 3. pravo na oduzimanje povratnog dobra

escheat II v 1. tr oduzeti, konfiskovati 2. intr pripasti (državi, kruni)

es·chew [es'čū] v tr izbeći (izbjeći)

es·cort I ['esko(r)t] n 1. pratnja; eskort; an armed ~ oružana pratnja 2. pratilac 3. kavaljer

escort II [es'ko(r)t] v tr pratiti, eskortovati

escort agency agencija koja stavlja klijentu na raspolaganje pratioca (pratilju)

es·crow ['es'krou] n 1. ugovor (predat trećem licu) koji stupa na snagu kad stranke ispune izvesne (izvjesne) uslove 2. zalog, depozit, fond; held in ~ držan u zalogu, deponovan

es·cutch·eon [e'skəčən], [i] n 1. grb, štit 2. (fig.) ugled 3. pločica za ime

Es·ki·mo I ['eskəmou] n 1. (pl has -s or zero) Eskim 2. eskimski jezik

Eskimo II a eskimski

e·soph·a·gus [i'safəgəs]; [o] (-gi [džaj]) n jednjak

es·o·ter·ic [esə'terik] a ezoteričan, nejasan

es·pal·ier [e'spaeljə(r)], [ej] n osmanluk; odrina

es·pe·cial [e'spešəl] a naročit, poseban, osobit

Es·pe·ran·to [espə'rantou] n esperanto

es·pi·o·nage ['espijonaž], [idž] n špijunaža

es·pla·nade ['esplənejd] n šetalište

es·pou·sal [e'spauzəl] n 1. veridba (vjeridba) 2. venčanje (vjenčanje) 3. zalaganje; the ~ of a cause zalaganje za neku stvar

es·pouse [e'spauz] v tr 1. venčati (vjenčati) se (s) 2. udati (ženu) 3. založiti se (za); to ~ a cause založiti se za neku stvar

es·pres·so [e'spresou] n espreso-kafa (kava)

es·prit [e'sprij] n (French) moralno stanje, borbeni duh

esprit de corps [də ko(r)] (French) borbeni duh (jedinice, grupe)

es·quire ['eskwaj(r)] n 1. štitonoša 2. pripadnik nižeg plemstva 3. gospodin (naslov koji se piše iza imena adresata: *John Smith* ~; često se odnosi na advokata)
es·say I ['e'sej] n 1. pokušaj 2. proba, ispitivanje 3. (only ['esej]) esej, ogled
essay II [e'sej] v tr 1. pokušati 2. probati
es·say·ist ['esejist] n esejista
es·sence ['esəns] n esencija, bit, suština; *in* ~ u suštini
es·sen·tial I [i'senšəl] n 1. bit, bitnost, glavna stvar 2. neophodni predmet; *the* ~*s of life* predmeti prvog reda neophodnosti
essential II a bitan, suštinski, osnovni; potreban; ~ *oils* osnovna ulja; *it is* ~ *that he go there* bitno je da ode tamo; ~ *for (to)* smt. potreban za nešto
es·tab·lish [e'staebliš], [i] v tr 1. smestiti (smjestiti); *to get* ~*ed (to* ~ *oneself) in a position* smestiti se u službu 2. uspostaviti, ustanoviti, postaviti, zasnovati, osnovati; *to* ~ *peace* uspostaviti mir; *to* ~ *a committee (a standard)* ustanoviti odbor (normu); *to* ~ *a rule* postaviti kao pravilo; *to* ~ *a university* osnovati univerzitet (W: sveučilište) 3. utvrditi; *to* ~ *a fact (a reason)* utvrditi činjenicu (razlog) 4. odrediti; *to* ~ *priorities* odrediti red hitnosti 5. postići; *to* ~ *superiority* postići nadmoćnost
es·tab·lish·ment [~mənt] n 1. smeštanje (smještanje) 2. ustanovljenje, postavljenje, zasnovanje, osnovanje 3. utvrđenje 4. *(the* ~*)* ustaljena državna forma; državno uređenje 5. ustanova, preduzeće (W: poduzeće) 6. misc.; *the military* ~ oružane snage
es·tate [e'stejt] n 1. imanje, imovina; *real* ~ nepokretna imovina; *a country* ~ imanje na selu 2. stalež; *the fourth* ~ štampa 3. (Br.) naselje; *a housing* ~ stambeno naselje
estate agent Br.; see realtor
estate car Br.; see station wagon
es·teem I [e'stijm] n poštovanje (W also: štovanje); *to hold smb. in high* ~ visoko poštovati nekoga
esteem II v tr poštovati (W also: štovati)
es·ter ['estə(r)] n (chem.) ester
es·thete see aesthete
es·thet·ic see aesthetic
es·thet·i·cism see aestheticism
es·thet·ics see aesthetics
es·ti·ma·ble ['estəməbəl] a procenljiv (procjenljiv)
es·ti·mate I ['estəmit] n procena (procjena), ocena (ocjena); predračun, proračun; *according to first* ~*s* prema prvim procenama; *to make an* ~ *of the damage* izvršiti procenu štete; *a rough* ~ gruba ocena (grub proračun); (mil.) *an* ~ *of the situation* procena situacije; *to exceed an* ~ premašiti predračun; *by my* ~ po (prema) mom proračunu
estimate II [~mejt] v tr proceniti (procijeniti), oceniti (ocijeniti); *to* ~ *damage (distance)* proceniti štetu (razdaljinu); *to* ~ *roughly* oceniti od oka; *to* ~ *smb.'s age* oceniti nečije godine
estimated time of arrival proračunsko vreme (vrijeme) dolaska
es·ti·ma·tion [estə'mejšən] n 1. procena (procjena), ocena (ocjena); mišljenje; *in my* ~ po mom mišljenju, po mojoj oceni 2. poštovanje

es·ti·val see aestival
es·ti·vate see aestivate
es·ti·va·tion see aestivation
Es·to·ni·a [es'tounijə] n Estonija
Es·to·ni·an I [~n] n 1. Estonac 2. estonski jezik
Estonian II a estonski
es·trange [es'trejndž] v tr otuđiti, udaljiti; *to* ~ *a husband from his wife* udaljiti muža od žene
es·trange·ment [~mənt] n 1. otuđenje, udaljenje 2. otuđenost, udaljenost
es·tro·gen ['estrədžən] n estrogen
es·trus ['estrəs] n vreme (vrijeme) sparivanja, gonjenje, bukarenje (also rut II, heat I 3)
es·tu·ar·y ['esčūerij]; [ə] n estuarski zaliv, rukavac
e·su·ri·ent [i'sūrijənt] a gladan, halapljiv
ETA [ijtij'ej] abbrev. of estimated time of arrival
et al. [Latin: *et alii)* i drugi
etc. itd. (see et cetera)
et cet·er·a [et 'set(ə)rə]; [i] (Latin) i tako dalje
etch [eč] v tr and intr radirati, gravirati
etch·er [~ə(r)] n bakropisac, radirer
etch·ing [~iñg] n radirung; *a copper* ~ bakropis
e·ter·nal I [i'tə(r)nəl] n nešto večno (vječno); *the Eternal* bog
eternal II a večan (vječan), večit (vječit); ~ *principles* večna načela; ~ *babbling* večito brbljanje; *the* ~ *triangle* večni trougao (W: vječni trokut), ljubavni trougao
Eternal City *(the* ~) Večni (Vječni) grad, Rim
e·ter·ni·ty [i'tə(r)nətij] n večnost (vječnost); *to last an* ~ odužiti se u večnost
e·ter·nize [~najz] v tr učiniti večnim (vječnim)
eth·ane ['ethejn] n (chem.) etan
e·ther ['ijthə(r)] n etar, eter
e·the·re·al [i'thijrijəl] a 1. eteričan, eterički 2. eterski
eth·ic ['ethik] n etički princip
eth·i·cal [~əl] a etičan, etički
ethics [~s] n pl etika
E·thi·o·pi·a [ijthij'oupijə] n Etiopija
E·thi·o·pi·an I [~n] n 1. Etiopljanin 2. see Ethiopic
Ethiopian II a etiopski, etiopijski
E·thi·op·ic [ijthij'oupik] n etiopski jezik (ge'ez)
eth·moid I ['ethmojd] n sitasta kost
ethmoid II a sitast; *the* ~ *bone* sitasta kost
eth·nic I ['ethnik] n (colloq.) član etničke manjine
ethnic II a 1. etnički 2. paganski
eth·nog·ra·pher [eth'nagrəfə(r)]; [o] n etnograf
eth·no·graph·ic [ethnə'graefik] a etnografski, etnografijski
eth·nog·ra·phy [eth'nagrəfij]; [o] n etnografija
eth·no·log·ic [ethnə'ladžik]; [o] a etnološki
eth·nol·o·gist [eth'nalədžist]; [o] n etnolog
eth·nol·o·gy [~džij] n etnologija
e·thos ['ijthas]; [o] n etos
eth·yl ['ethəl] n etil
ethyl alcohol etilni alkohol, etil-alkohol
eth·yl·ene ['ethəlijn] n etilen
eth·yl·ic [e'thilik] a etilni
e·ti·o·log·ic [ijtij'ələdžik]; [o] a etiološki
e·ti·ol·o·gy [ijtij'alədžij]; [o] n etiologija
et·i·quette ['etəket]; [i] n etikecija, etiketa
E·trus·can I [i'trəskən] n Etrurac
Etruscan II a etrurski
é·tude [ej'tūd]; [tj] n (mus.) etida
et·y·mo·log·ic [etəmə'ladžik]; [o] see etymological

et·y·mo·log·i·cal [~əl] *a* etimološki
et·y·mol·o·gist [etə'malədžist]; [o] *n* etimolog
et·y·mol·o·gy [~džij] *n* etimologija
et·y·mon ['etəman]; [o] (-s or *ma* [mə]) *n* etimon
eu·ca·lyp·tus [jūkə'liptəs] *n* eukaliptus, gumino drvo
Eu·cha·rist ['jūkərist] *n* (rel.) *(the* ~) euharistika, pričešće
Eu·cha·ris·tic [jūkə'ristik] *a* euharistični
eu·chre ['jūkə(r)] *n* igra karata
Eu·clid·e·an [jū'klidijən] *a* Euklidov; ~ *geometry* Euklidova geometrija
eu·gen·ic [jū'dženik] *a* eugeničan, eugenički
eu·gen·i·cist [~nəsist] *n* eugeničar
eu·gen·ics [~niks] *n* (usu, *sgn*) eugenika
eu·ge·nol ['jūdžənol] *n* (chem.) eugenol
eu·lo·gist ['jūlədžist] *n* hvalilac, slavilac
eu·lo·gize [~džajz] *v tr* hvaliti, slaviti, veličati
eu·lo·gy [~džij] *n* pohvala, govor u slavu; *to deliver a* ~ *for smb. (deceased)* održati veličljiv govor mrtvome
eu·nuch ['jūnək] *n* evnuh, uškopljenik
eu·phe·mism ['jūfəmizəm] *n* eufemizam, ulepšan (uljepšan) izraz
eu·phe·mist [~mist] *n* eufemista
eu·phe·mis·tic [jūfə'mistik] *a* eufemistički, eufemistčan
eu·phe·mize ['jūfəmajz] *v intr* govoriti eufemistično, služiti se eufemizmima
eu·phon·ic [jū'fanik]; [o] *a* eufoničan, eufonički
eu·pho·ni·ous [jū'founijəs] *a* 1. blagozvučan, milozvučan 2. see **euphonic**
eu·pho·ny ['jūfənij] *n* eufonija
eu·pho·ri·a [jū'forijə] *n* euforija
eu·phor·ic [jū'forik] *a* euforičan, euforički
eu·phu·ism ['jūfjūizəm] *n* eufuizam, visokoparan stil
eu·phu·is·tic [jūfjū'istik] *a* eufuistički
Eur·a·sia [jū'rejžə]; [iə] *n* Evropa i Azija, Evroazija
Eu·ra·sian I [~n] *n* Euroazijac
Eurasian II *a* euroazijski
eu·re·ka [jur'ijkə] *interj* (Greek) heureka! našao sam!
Eu·ro-, eu·ro-['jūrou](combining form)1. evropski 2. koji se odnosi na Evropsku ekonomsku zajednicu *(Eurocurrency, Eurodollar)*
eu·ro·com·mu·nism [~kamjənizəm]; [o] *n* evrokomunizam
Eu·ro·crat [~kraet] *n* visoki činovnik Zajedničkog tržišta
Eu·rope ['jūrəp] *n* Evropa
Eu·ro·pe·an I [jūrou'pijən] *n* Evropljanin
European II *a* evropski
European Atomic Energy Community Evropska zajednica za atomsku energiju
European Coal and Steel Community Evropska zajednica za ugalj (W: ugljen) i čelik
European Economic Community Evropska ekonomska zajednica (also **Common Market**)
European Free Trade Association Evropsko udruženje za slobodnu trgovinu
European martin see **delichon**
European Monetary Agreement Evropski monetarni sporazum
European Payments Union Evropska platna unija

European Turkey oak see **cerris**
Eu·sta·chian tube [jū'stejšən] (anat.) Eustahijeva truba
eu·tha·na·sia [jūthə'nejžə]; [ziə] *n* eutanazija
e·vac·u·ate [i'vaekjuejt] *v* 1. *tr* isprazniti 2. *tr* očistiti 3. *tr* evakuisati; napustiti; *to* ~ *a city* evakuisati grad 4. *tr* evakuisati, skloniti, premestiti (premjestiti); *to* ~ *the ill* evakuisati bolesnike 5. *intr* evakuisati se
e·vac·u·a·tion [ivaekju'ejšən] *n* 1. evakuacija; *to carry out an* ~ izvršiti evakuaciju 2. ispražnjenje
e·vac·u·ee [ivaekju'ij] *n* evakuisani
e·vade [i'vejd] *v tr* umaći, izmaći, izbeći (izbjeći); izvući se; *to* ~ *one's pursuers* izmaći goniocima; *to* ~ *the law (punishment)* izmaći zakonu (kazni); *to* ~ *a duty (an obligation)* izbeći dužnost (obavezu)
e·val·u·ate [i'vaeljūejt] *v tr* oceniti (ocijeniti), proceniti (procijeniti)
e·val·u·a·tion [ivaeljū'ejšən] *n* ocena (ocjena), procena (procjena)
ev·a·nesce [evə'nes]; [ij] *v intr* nestati, iščeznuti
ev·a·nes·cence [~əns] *n* iščezavanje, nestajanje
ev·a·nes·cent [~ənt] *a* prolazan, kratkotrajan, nepostojan
e·van·gel [i'vaendžəl] *n* jevanđelje, evanđelje (more usu. is **gospel**)
e·van·gel·ic [ejvaen'dželik] *a* jevanđelski, evanđelski
e·van·gel·i·cal [~əl] see **evangelic**
e·van·gel·ism [i'vaendžəlizəm] *n* 1. propovedanje (propovijedanje) jevanđelja 2. (fig.) odanost, usrdnost
e·van·gel·ist [i'vaendžəlist] *n* jevanđelista, evanđelista
e·van·gel·ize [i'vaendžəlajz] *v* 1. *tr* širiti jevanđelje (među) 2. *tr* obratiti u hrišćanstvo (W: kršćanstvo) 3. *intr* propovedati (propovijedati) jevanđelje
e·vap·o·ra·ble [i'vaepərəbəl] *a* isparljiv
e·vap·o·rate [i'vaepərejt] *v* 1. *tr* ispariti 2. *intr* ispariti se
evaporated milk konzervisano mleko (mlijeko)
e·vap·o·ra·tion [~'rejšən] *n* isparavanje
e·va·sion [i'vejžən] *n* 1. izmaknuće, izbegavanje (izbjegavanje) 2. izvrdavanje 3. utaja (see **tax evasion**
e·va·sive [i'vejsiv] *a* 1. koji vrda 2. dvosmislen, nejasan; *an* ~ *statement* dvosmislena izjava
eve [ijv] *n* predvečerje; *on the* ~ *of the war* uoči rata
e·ven I ['ijvən] *a* 1. ravan; gladak; *an* ~ *surface* ravna površina; *an* ~ *road* gladak drum; *an* ~ *margin* ravna ivica 2. ravnomeran (ravnomjeran); ~ *breathing* ravnomerno disanje; *an* ~ *distribution of labor* ravnomerna podela (podjela) rada 3. podjednak, ravan; *an* ~ *bet* podjednaka opklada; ~ *chances* podjednaki izgledi; *an* ~ *struggle* ravna borba; *two* ~ *parts* dva jednaka dela (dijela) 4. paran; *an* ~ *number* paran broj 5. izjednačen; kvit; *now we are* ~ sad smo kvit 6. misc.; **to get* ~ *with smb.* obračunati se s nekim; **on an* ~ *keel* uravnotežen
even II *adv.* 1. podjednako, jednako; *to break* ~ see **break** II 21 2. baš; ~ *as we watched* baš

kad smo gledali 3. još; *he is ~ taller than you* on je još viši od tebe 4. čak (i); pa (i); *~ if he doesn't come himself* čak ako i sam ne dođe; *he ~ smiled* čak se i nasmešio (nasmiješio); *I ~ lent him my books* pozajmio sam mu čak svoje knjige; *~ now* čak i sada 5. (*~ if)* čak i da; *~ if I had a car* čak i da imam kola 6. (*~ though)* iako 7. *(not ~)* čak ni

even III *v tr* 1. izjednačiti (rezultat); *to ~ the score* izjednačiti 2. poravnati 3. *(to ~ out)* izravnati

e·ven·hand·ed ['ijvən'haendid] *a* nepristrastan (W: nepristran)

eve·ning I ['ijvning] *n* veče, večer; *good ~!* dobro veče, dobar večer; *every ~* svako veče; *this ~* ove večeri

evening II *a* večernji; *an ~ dress* večernja haljina; *an ~ edition* večernje izdanje

eve·nings *adv* svako veče

evening star večernjača

e·ven·ness ['ijvənəs] *n* 1. glatkost 2. podjednakost

even out *v* see **even III** 3

e·vent [i'vent] *n* 1. događaj; *an important ~* važan događaj; *the latest ~s* poslednji (posljednji) događaji 2. (sports) tačka (W: točka) programa 3. slučaj; *in any ~* u svakom slučaju; *in the ~ of...* u slučaju...; *in the course of ~s* u toku događaja

e·vent·ful [~fəl] *a* pun događaja

e·ven·tu·al [i'venčūəl] *a* konačan; *his ~ fate* njegova konačna sudbina

e·ven·tu·al·i·ty [ivenčū'aelətij] *n* mogućnost, eventualnost

e·ven·tu·al·ly [i'venčūəlij] *adv* u svoje vreme (vrijeme), najzad, konačno; *he'll come ~* jednog dana će doći

even up *v* izjednačiti; *just to even things up* da budemo kvit

ev·er ['evə(r)] *adv* 1. ikad(a), nekad; uopšte (uopće); *do you ~ go to the movies?* da li ikad (uopšte) idete u bioskop (W: kino)? 2. uvek (uvijek); *for ~* večito (vječito), za svagda 3. misc.; *hardly ~* skoro nikad; *~ since* od tada; *~ so much* vrlo mnogo *~ so often* često

ev·er·glade ['evə(r)glejd] *n* močvara

ev·er·green I ['evə(r)grijn] *n* zimzelen, zimzelena biljka

evergreen II *a* zimzelen

ev·er·last·ing [evə(r)'laesting]; [a] *a* večit (vječit), stalan; *the ~* Bog

ev·er·more [~mo(r)] *adv* zauvek (zauvijek)

eve·ry ['evrij] *a* 1. svaki; *~ day* svaki dan (svakog dana); *~ other day* svaki drugi dan; *~ five miles* svakih pet milja 2. misc.; *~ bit* sasvim; *~ now and then* s vremena na vreme (vrijeme); *~ bit as much* baš toliko; *~ man for himself* spasavaj se ko (tko) može; (colloq.) *~ which way* u svim pravcima; *on ~ side* sa svih strana

eve·ry·bod·y [~badij]; [o] *pron* svako (also **everyone**)

eve·ry·day [~dej] *a* svakidašnji, svakodnevni; *~ needs* svakidašnje potrebe

eve·ry·one [~wən] *pron* 1. svako; *he is afraid of ~* on se boji svakoga; *~ looked forward*

to his coming svako se radovao njegovom dolasku; *we want to help ~* mi želimo da pomognemo svakome 2. svi; *~ came* svi su došli

eve·ry·place [~plejs] *adv* (colloq.) svuda (see **everywhere)**

eve·ry·thing [~thing] *pron* sve; *he ate ~* sve je pojeo

eve·ry·where [~wej(r)] *adv* svuda; *they go ~ together* oni svuda idu zajedno

e·vict [i'vikt] *v tr* iseliti, isterati (istjerati)

e·vic·tion [i'vikšən] *n* iseljenje, deložiranje, isterivanje (istjerivanje) iz stana

eviction order sudska naredba o deložiranju (iz stana)

ev·i·dence ['evədəns] *n* 1. pokazivanje 2. (usu. legal) dokazni materijal, dokaz, indikacija; *to give ~* svedočiti (svjedočiti); *to present ~* izvesti dokaze; *inadmissible ~* dokazna zabrana; *on the basis of the ~* na osnovu indikacija; *to turn state's* (Br.: *King's-Queen's) ~* svedočiti (svjedočiti) protiv svojih ortaka; *circumstancial (direct, irrefutable) ~* posredni (neposredni, neoborivi) dokazi 3. očiglednost, evidencija; *in ~* očigledno

ev·i·dent ['evədənt] *a* očigledan, očevidan

ev·i·den·tial [evə'denšəl] *a* dokazni

e·vil I ['ijvəl] *n* zlo; *a necessary ~* nužno zlo; **to select the lesser of two ~s* od dva zla birati manje; **~ begets ~* ko (tko) zlo čini nek se dobru ne nada; **to speak ~ of smb.* kuditi nekoga

evil II *a* 1. zao, rđav; *an ~ man* zao čovek (čovjek); *an ~ spirit* zao duh; 2. pakostan; plahovit; *an ~ temper* plahovita narav 3. urokljiv; *the ~ eye* urokljive oči

e·vil·do·er [~dūə(r)] *n* zločinac

evil-mind·ed [~-'majndid] *a* zlonameran (zlonamjeran)

e·vil·ness [~nis] *n* zlo

e·vince [i'vins] *v tr* pokazati, ispoljiti

e·vis·cer·ate [i'visərejt] *v tr* izvaditi drob (iz)

ev·o·ca·tion [evə'kejšən] *n* izazivanje, buđenje

e·voc·a·tive [i'vakətiv]; [o] *a* (*~ of)* koji podseća — podsjeća (na)

e·voke [i'vouk] *v tr* 1. izazvati, probuditi; *to ~ admiration* izazvati divljenje 2. evocirati, prizvati; *to ~ memories* evocirati (prizvati) uspomene

ev·o·lu·tion [evə'lūšən]; [ij] *n* evolucija; *the theory of ~* evoluciona teorija

ev·o·lu·tion·ar·y [~erij]; [r] *a* evolucioni, evolutivan

ev·o·lu·tion·ism [~izəm] *n* evolucionizam

e·volve [i'valv]; [o] *v* 1. *tr* razviti 2. *intr* razviti se, evoluirati

ewe [jū] *n* ovca

ew·er ['jūə(r)] *n* vrč, bokal

ex I [eks] *n* (colloq.) bivši muž; bivša žena

ex II (prefix) bivši *(ex-wife, ex-husband, ex-champion)*

ex·ac·er·bate [eg'zaesə(r)bejt] *v tr* 1. pogoršati 2. ogorčati

ex·act I [eg'zaekt] *a* 1. tačan (W: točan); *an ~ copy (translation)* tačan prepis (prevod) 2. egzaktan; *the ~ sciences* egzaktne nauke

exact II v tr iznuditi

ex·act·a [∼ə] n metod klađenja na konje

ex·act·ing [∼iñg] a 1. strog, pun zahteva (zahtjeva); an ∼ taskmaster strog poslodavac 2. pipav; an ∼ task pipav posao

ex·act·i·tude [∼ətūd]; [tj] n tačnost (W: točnost)

ex·act·ly [∼lij] adv see exact I 1; this is ∼ what I want to je tačno ono što ja želim

ex·ag·ger·ate [eg'zaedžərejt], [i] v tr and intr preuveličati, preterati (pretjerati); to ∼ everything preterati sve; he always ∼s on uvek (uvijek) preteruje

ex·ag·ger·a·tion [egzaedžə'rejšən], [i] n preuveličanje, preterivanje (pretjerivanje)

ex·alt [eg'zolt], [i] v tr 1. veličati, uzdići, uzvisiti 2. ushititi, egzaltirati

ex·al·ta·tion [egzol'tejšən] n 1. veličanje, podizanje, uzdizanje 2. egzaltacija, egzaltiranost

ex·alt·ed [∼id] a 1. visok; uzvišen 2. egzaltiran

ex·am [eg'zaem], [i] n (colloq.) see examination 3

ex·am·i·na·tion [egzaemə'nejšən], [i] n 1. ispitivanje 2. pregled; a medical ∼ lekarski — ljekarski (W: liječnički) pregled; to give smb. an ∼ pregledati nekoga; to make an ∼ izvršiti pregled 3. ispit; an oral (written) ∼ usmeni (pismeni) ispit; an entrance ∼ prijemni ispit; a physics (mathematics) ∼ ispit iz fizike (matematike); to pass (take) an ∼ položiti (polagati) ispit; to fail an ∼ pasti na ispitu; (as a) ∼ questions ispitna pitanja; to give an ∼ održati ispit (see also test I 1)

examination paper pismeni ispitni zadatak

ex·am·ine [eg'zaemin], [i] v tr 1. ispitati; to ∼ students ispitati studente 2. pregledati; the doctor ∼d him lekar — ljekar (W: liječnik) ga je pregledao 3. saslušati

ex·am·ple [eg'zaempəl], [i]; [a] n primer (primjer); for ∼ na primer; to cite an ∼ navesti primer; to serve as an ∼ poslužiti kao primer; to set an ∼ dati primer; to take smb. as an ∼ uzeti nekoga za primer

ex·arch ['eksa(r)k] n egzarh

ex·ar·chate [∼ejt] n egzarhija

ex·as·per·ate [eg'zaespərejt], [i]; [a] v tr razdražiti, ogorčiti

ex·as·per·a·tion [egzaespə'rejšən], [i]; [a] n razdraženje, ogorčenje

ex·ca·vate ['ekskəvejt] v tr and intr iskopati

ex·ca·va·tion [ekskə'vejšən] n iskopavanje; iskopina; ekskavacija; to carry out archeological ∼s vršiti arheološka iskopavanja

ex·ca·va·tor ['ekskəvejtə(r)] n 1. radnik na iskopavanju 2. esp. Br.; see steam shovel

ex·ceed [ek'sijd], [i] v tr 1. prekoračiti; preći; to ∼ a speed limit prekoračiti najvišu dozvoljenu brzinu 2. prevazići, premašiti; to ∼ expectations prevazići očekivanja

ex·ceed·ing·ly [∼iñglij] adv veoma

ex·cel [ek'sel], [i] v 1. tr nadmašiti 2. intr odlikovati se

ex·cel·lence ['eksələns] n odlika, odličnost

Ex·cel·len·cy [∼ij] n ekselencija

ex·cel·lent [∼ənt] a odličan, izvrstan

ex·cel·si·or [ek'selsijə(r)] n šuške

ex·cept I [ek'sept], [i] prep sem, osim, izuzev; everyone came ∼ Vera svi su došli sem (izuzev) Vere

except II conj (∼ that) sem ako, sem što; everything is all right ∼ that you made a few minor errors sve je u redu sem što ste napravili nekoliko malih grešaka

except III v tr izuzeti, isključiti

except for prep 1. osim, ∼ me osim mene 2. da nije; he would have been killed ∼ you poginuo bi da nije bilo tebe

ex·cept·ing [∼iñg] prep sem, osim, izuzev (usu. with neg.); not ∼ him ne izuzev njega

ex·cep·tion [ek'sepšən], [i] n 1. izuzetak, iznimka; without ∼ bez izuzetka; as an ∼ po izuzetku; to make ∼s praviti izuzetak; with the ∼ of... s izuzetkom...; an ∼ to a rule izuzetak od pravila; *the ∼ proves the rule nema pravila bez izuzetka 2. prigovor; to take ∼ to smt. prigovoriti nečemu

ex·cep·tion·a·ble [∼əbəl] a sporan; osporljiv

ex·cep·tion·al [∼əl] a izuzetan, ekscepcionalan, izvanredan

ex·cerpt I ['eksə(r)pt] n izvod, ekscerpt (W also: izvadak)

excerpt II [ek'sə(r)pt] v tr ekscerpirati

ex·cess I ['ek'ses] n 1. višak; in ∼ of više od 2. neumerenost (neumjerenost); eksces; to ∼ preko mere (mjere); to carry to ∼ preterati (pretjerati)

excess II a prevelik; suvišan; an ∼ profits tax porez na dobit preko određene granice; ∼ baggage težina prtljaga (W: prtljage) preko dozvoljene

ex·ces·sive [ek'sesiv], [i] a prekomeran (prekomjeran), ekscesivan

ex·change I [eks'čejndž]; [i] n 1. razmena (razmjena), izmena (izmjena), zamena (zamjena); an ∼ of goods (ideas) razmena dobara (misli); a cultural ∼ kulturna razmena; to give smt. in ∼ dati u zamenu nešto; a prisoner ∼ razmena zarobljenika; to make an ∼ razmeniti se 2. see stock exchange 3. see telephone exchange 4. (rate of ∼) kurs razmene (razmjene) 5. (foreign ∼) devize

exchange II v 1. tr razmeniti (razmijeniti), zameniti (zamijeniti), izmenjati (izmijenjati); to ∼ apartments (stamps) razmeniti stanove (marke); to ∼ Canadian money for American (money) razmeniti kanadski novac za američki; to ∼ greetings (thoughts, toasts) izmenjati pozdrave (misli, zdravice) 2. intr razmeniti se 3. misc.; to ∼ words posvađati se

ex·change·a·ble [∼əbəl] a razmenljiv (razmjenljiv)

exchange office menjačnica (mjenjačnica)

exchange rate kurs; the ∼ has gone up skočio je kurs; to apply an ∼ primeniti (primijeniti) neki kurs

ex·cheq·uer ['eks'čekə(r)] n 1. (cap., Br.) (the ∼) ministarstvo finansija (financija) 2. see treasury

ex·cise I ['eksajs] n (also: ∼ tax) porez na promet

excise II [ek'sajz], [i] v tr iseći (isjeći), izrezati

ex·ci·sion [ek'sižən], [i] n izrezivanje

ex·cit·a·ble [ek'sajtəbəl] a uzbudljiv, koji se lako uzbudi

ex·ci·ta·tion [eksaj'tejšən] n eksitacija

ex·cite [ek'sajt] *v tr* uzbuditi; *to get* ~*d* uzbuditi se, uzrujati se

ex·cite·ment [~mənt] *n* uzbuđenje; *to cause* ~ izazvati uzbuđenje

ex·cit·er [ek'sajtə(r)], [*i*] *n* (phys.) eksitator, uzbudnik

ex·cit·ing [~ing] *a* uzbudljiv, koji izaziva uzbuđenje

ex·claim [eks'klejm] *v tr* and *intr* uzviknuti

ex·cla·ma·tion [eksklə'mejšən], [*i*] *n* uzvik, eksklamacija

exclamation point see **exclamation mark**

exclamation point znak uzvika

ex·clam·a·to·ry [eks'klaemətorij], [*i*]; [ə] *a* eksklamativan, uzvičan, usklični; *an* ~ *sentence* uzvična rečenica

ex·clude [ek'sklūd], [*i*] *v tr* isključiti; *to* ~ *a possibility* isključiti mogućnost; *to* ~ *from membership* isključiti iz članstva

ex·clu·sion [eks'klūžən], [*i*] *n* isključenje, isključivanje

ex·clu·sion·a·ry [~erij]; [ə] *a* isključiv

exclusionary rule (legal) zakon da se dokazi dobijeni na ilegalan način ne mogu koristiti u sudskom postupku

ex·clu·sive I [eks'klūsiv] *n* reportaža koju štampa samo jedan list

exclusive II *a* isključiv; ekskluzivan; ~ *circles* nepristupačni krugovi; *an* ~ *interview* ekskluzivan intervju

exclusive of *prep* bez obzira na

ex·com·mu·ni·cate [ekskə'mjūnikejt] *v tr* isključiti (iz crkve), ekskomunicirati

ex·com·mu·ni·ca·tion [ekskəmjūni'kejšən] *n* isključenje (iz crkve), ekskomunikacija

ex·co·ri·ate [ek'skorijejt] *v tr* 1. oguliti 2. osuditi, izgrditi

ex·co·ri·a·tion [ekskorij'ejšən], [*i*] *n* 1. oguljenje 2. osuda

ex·cre·ment ['ekskrəmənt] *n* izmet, ekskrement, balega

ex·cres·cence [ek'skresəns] *n* izraslina, izraštaj

ex·cres·cent [~ənt] *a* 1. koji izrasta, izraslinski 2. (ling.) ekskrescentan

ex·cre·ta [ek'skrijtə], [*i*] *n pl* izlučenja, ekskreti

ex·crete [ek'skrijt], [*i*] *v tr* izlučiti

ex·cre·tion [ek'skrijšən], [*i*] *n* 1. izlučenje 2. ekskret

ex·cre·to·ry ['ekskrətorij]; [ə] *a* izlučni

ex·cru·ci·ate [ek'skrūšijejt[, [*i*] *v tr* mučiti

ex·cru·ci·at·ing [~ing] *a* (veoma) bolan; *an* ~ *pain* veoma jak bol

ex·cul·pate ['ek'skəlpejt], [*i*] *v tr* osloboditi (od optužbe

ex·cur·sion [ek'skə(r)žən]; [š] *n* 1. ekskurzija, izlet; *to go on an* ~ otići na ekskurziju 2. digresija, ekskurs

ex·cur·sion·ist [~ist] *n* ekskurzista, izletnik

ex·cur·sive [ek'skə(r)siv], [*i*] *a* digresivan

ex·cur·sus [ek'skə(r)səs] *n* 1. ekskurs 2. rasprava

ex·cus·a·ble [ek'skjūzəbəl], [*i*] *a* koji se može izviniti, opravdati

ex·cuse I [ek'skjūs], [*i*] *n* 1. izvinjenje (W also: isprika) 2. opravdanje (izostanka učenika iz škole), ispričnica; *to have an* ~ *for being*

absent opravdati izostanak 3. misc.; *a poor* ~ *for smt.* rđava zamena (zamjena) za nešto

excuse II [ek'skjūz], [*i*] *v tr* 1. izviniti; ~ *me!* izvinite! *to* ~ *oneself* izviniti se; ~ *my being late* izvinite što sam zadocnio 2. opravdati; odobriti; *to* ~ *a pupil's absence from school* odobriti izostanak učenika iz škole 3. osloboditi; *to* ~ *smb. from duty* osloboditi nekoga dužnosti

ex-directory Br.; see **unlisted**

ex·e·cra·ble ['eksikrəbəl] *a* odvratan, gnusan

ex·e·crate ['eksikrejt] *v tr* 1. prokleti, oštro osuditi 2. gnušati se

ex·e·cra·tion [eksi'krejšən] *n* 1. proklinjanje, oštra osuda 2. gnušanje

ex·e·cute ['eksikjūt] *v tr* 1. izvršiti; *to* ~ *an order (a sentence)* izvršiti naredbu (presudu) 2. izvesti; *to* ~ *a ballet* izvesti balet 3. pogubiti, egzekutirati, izvršiti presudu (nad); *to* ~ *a murderer* pogubiti ubicu

ex·e·cu·tion [eksi'kjūšən] *n* 1. izvršenje; *the* ~ *of an order* izvršenje naredbe 2. izvođenje; *the* ~ *of a ballet* izvođenje baleta 3. pogubljenje, izvršenje smrtne kazne, egzekucija

ex·e·cu·tion·er [~ə(r)] *n* izvršilac smrtne kazne, dželat, krvnik

ex·ec·u·tive I [eg'zekjətiv] *n* 1. direktor 2. izvršna vlast 3. (Am., pol.) predsednik (predsjednik) 4. (Am., mil.) načelnik štaba, zamenik (zamjenik) komandanta 5. administrator, referent; šef; *our (chief) sales* ~ naš šef prodaje (also **manager** 2)

executive II *a* izvršni; egzekutivan; ~ *power* izvršna vlast; *an* ~ *director* izvršni direktor

executive branch (or: *the* ~ *branch of government*) *(the* ~*)* izvršna vlast

executive privilege (Am.; pol.) pravo predsednika (predsjednika) da uskrati informacije organima zakonodavne i sudske vlasti, egzekutivna privilegija

ex·ec·u·tor [eg'zekjətə(r)], [*i*] *n* izvršilac; egzekutor; *an* ~ *of a will* izvršilac testamenta

ex·ec·u·to·ry [~kjətorij]; [ə] *a* izvršni

ex·ec·u·trix [~kjətriks] (-*es* or -*trices* [trajsijz]) *n* izvršilja

ex·e·ge·sis [eksə'džijsis] (-*ses* [sijz]) *n* egzegeza

ex·e·gete ['eksədžijt] *n* egzeget

ex·e·get·ic [eksə'džetik] *a* egzegetski

ex·e·get·ics [~s] *n* egzegetika

ex·e·ge·tist [eksə'džetist] see **exegete**

ex·em·plar [eg'zempla(r)], [*i*] *n* uzor; primer (primjer)

ex·em·pla·ry [eg'zemplərij], [*i*] *a* 1. uzoran 2. egzemplaran

ex·em·pli·fy [eg'zempləfaj], [*i*] *v tr* 1. primerom (primjerom) pokazati 2. služiti za primer (nečega)

ex·empt I [eg'zempt], [*i*] *a* oslobođen; ~ *from military service* oslobođen od vojne službe

exempt II *v tr* osloboditi; *to* ~ *smb. from military service* osloboditi nekoga od vojne službe; *to* ~ *from taxes* osloboditi od plaćanja poreza

ex·emp·tion [eg'zempšən] *n* 1. oslobođenje; ~ *from military service* oslobođenje od vojne službe 2. *(tax* ~*)* poresko oslobođenje, umanjenje poreza, poreska olakšica (za člana uže porodice); oslobođenje od plaćanja poreza

ex·e·quies ['eksəkwijz] *n pl* pogreb, sahrana

ex·er·cise I ['eksə(r)sajz] n 1. upotreba, primena (primjena) 2. telesno (tjelesno) kretanje; vežba (vježba); *swimming is a form of healthy* ~ plivanje je oblik zdravog telesnog kretanja; *to go in for* ~ praviti telesne pokrete, izvoditi vežbe; *to do* ~s raditi gimnastiku 3. vežba (vježba), vežbanje (vježbanje); ~s *in historical grammar* vežbe iz istorijske (historijske) gramatike; *to do an* ~ izvesti vežbu; (mil.) *to hold* ~s održati vežbe 4. (in *pl*) svečanost; *to hold commencement* ~s održati ceremoniju predaje diploma
exercise II v 1. *tr* vršiti; upotrebljavati; *to* ~ *one's rights* vršiti svoja prava 2. *tr* vežbati (vježbati); *to* ~ *a horse* vežbati konja 3. *tr* uznemiriti, uzrujati 4. *intr* vršiti vežbe (vježbe), praviti telesne (tjelesne) pokrete, raditi gimnastiku
exercise bicycle nepokretan bicikl za fiskulturu
ex·er·cis·er [~ə(r)] n 1. vežbač (vježbač) 2. sprava za telesna vežbanja (tjelesna vježbanja)
ex·ert [eg'zə(r)t] v 1. *tr* vršiti; *to* ~ *influence on smb.* vršiti uticaj na nekoga 2. *refl* napregnuti se
ex·er·tion [eg'zə(r)šən] n napor, naprezanje
ex·fo·li·ate [eks'foulijejt] v 1. *tr* skinuti lišće (s) 2. *intr* ljuštiti se
ex·ha·la·tion [eks(h)ə'lejšən] n izdah, izdisanje
ex·hale [eks'hejl] v *tr* and *intr* izdahnuti
ex·haust I [eg'zost], [i] n 1. izduvni gasovi 2. izduvavanje 3. (or: ~ *pipe*) izduvna cev — cijev (auspuh)
exhaust II a izduvni; *an* ~ *pipe* izduvna cev (cijev); ~ *gases* izduvni gasovi; *an* ~ *valve* izduvni ventil; *an* ~ *stroke* izduvavanje
exhaust III v *tr* 1. iscrpsti; *to* ~ *all sources* iscrpsti sve izvore; *to* ~ *a subject* iscrpsti predmet; 2. istrošiti, potrošiti; *to* ~ *one's supplies* potrošiti zalihe 3. zamoriti, umoriti 4. snabdeti (snabdjeti) izduvnom cevi (cijevi)
ex·haust·ing [~iñg] a 1. iscrpiv 2. zamoran; ~ *work* zamoran rad
ex·haus·tion [eg'zosčən], [i] n 1. iscrpljenje 2. iscrpenost; zamorenost; *a state of* ~ stanje iscrpenosti
ex·haus·tive [~iv] a iscrpan; *an* ~ *inquiry* iscrpno istraživanje
ex·hib·it I [eg'zibit], [i] n 1. izložba; eksponat; *on* ~ izložen 2. izložbeni predmet
exhibit II v 1. *tr* izložiti, eksponovati; *to* ~ *paintings* izložiti slike 2. *tr* pokazati 3. *intr* izlagati
exhibit hall izložbeni prostor
ex·hi·bi·tion [eksə'bišən] n 1. izložba, izlaganje; egzibicija; *to be on* ~ biti izložen; **to make an* ~ *of oneself* učiniti se smešnim (smiješnim) 2. (Br.) stipendija (see also **scholarship** 2)
ex·hi·bi·tion·er [~ə(r)] n (Br.) stipendista
ex·hi·bi·tion·ism [~izəm] n ekshibicionizam, egzibicionizam (seksualna nastranost)
ex·hi·bi·tion·ist [~ist] n ekshibicionista (čovek — čovjek koji uživa u ekshibicionizmu)
ex·hib·i·tor, ex·hib·i·ter [eg'zibətə(r)] n izlagač, eksponent
ex·hil·a·rate [eg'zilərejt], [i] v *tr* 1. razveseliti 2. stimulisati
ex·hil·a·rat·ing [~iñg] a 1. koji razveseljava 2. koji stimuliše

ex·hil·a·ra·tion [egzilə'rejšən], [i] n 1. razveseljenost 2. stimulisanje
ex·hort [eg'zo(r)t], [i] v *tr* podstaći; *to* ~ *smb. to do smt.* podstaći nekoga da nešto uradi
ex·hor·ta·tion [egzo(r)'tejšən], [ks] n podsticanje
ex·hor·ta·tive [eg'zo(r)tətiv], [i] a koji opominje
ex·hu·ma·tion [egzjū'mejšən], [ks] n ekshumacija
ex·hume [eg'zjūm], [ks] v *tr* ekshumirati
ex·i·gen·cy ['eksədžənsij] n 1. hitnost 2. potreba
ex·ile I ['egzajl], [ks] n 1. egzil, izgnanstvo, progonstvo; *to go into* ~ otići u progonstvo; *to drive into* ~ oterati (otjerati) u progonstvo; *to live in* ~ živeti (živjeti) u progonstvu; *to form a government in* ~ formirati vladu u egzilu 2. izgnanik, prognanik
exile II v *tr* prognati, izagnati
ex·ist [eg'zist]; [i] v *intr* postojati, egzistirati
ex·is·tence [~əns] n postojanje, egzistencija; *to be in* ~ postojati
ex·is·tent [~ənt] a postojeći
ex·is·ten·tial [egzi'stenšəl], [ks] a egzistencijalan
ex·is·ten·tial·ism [~izəm] n egzistencijalizam
ex·is·ten·tial·ist I [~ist] n egzistencijalista
existentialist II a egzistencijalistički
ex·ist·ing [~iñg] a postojeći
ex·it I ['egzit], [ks] n 1. odlazak (glumca s pozornice); *to make one's* ~ povući se sa bine 2. izlaženje 3. izlaz, izlazna vrata
exit II v *intr* otići, izaći
exit poll anketiranje birača koji napuštaju kabine za glasanje
exit visa izlazna viza
ex·o·dus ['eksədəs] n 1. odlazak, izlazak 2. (cap., biblical) Izlazak
ex of·fi·ci·o [ə'fišijou] (Latin) po položaju
ex·og·e·nous [ek'sadžənəs]; [o] a egzogen
ex·on·er·ate [eg'zanərejt], [i]; [o] v *tr* osloboditi optužbe
ex·on·er·a·tion [egzanə'rejšən], [i];[o] n oslobađajuća presuda
ex·or·bi·tance [eg'zo(r)bətəns], [i] n prekomernost (prekomjernost)
ex·or·bi·tant [~ənt] a prekomeran (prekomjeran)
ex·or·cise ['ekso(r)sajz], [ə] v *tr* isterati — istjerati (đavola)
ex·or·cism [~sizəm] n isterivanje — istjerivanje (đavola)
ex·or·cist [~sist] n isterivač — istjerivač (đavola)
ex·o·ter·ic [eksə'terik] a egzoteričan
ex·ot·ic [eg'zatik], [i]; [o] a egzotičan
ex·pand [ek'spaend], [i] v 1. *tr* proširiti, raširiti; *to* ~ *the scope of work* proširiti obim rada; *to* ~ *one's chest* širiti grudi; *to* ~ *a firm* proširiti preduzeće (W: poduzeće) 2. *intr* širiti se; *the city is* ~*ing* grad se širi 3. misc.; *to* ~ *on smt.* nešto detaljno opisati
ex·panse [ek'spaens], [i] n prostor, prostranstvo
ex·pan·sion [~nšən] n ekspanzija, proširenje, raširenje
ex·pan·sion·ism [~izəm] n ekspanzionizam
ex·pan·sion·ist I [~ist] n ekspanzionista
expansionist II a ekspanzionistički
expansion unit (C.) jedinica za proširenje
ex·pan·sive [eks'paensiv], [i] a ekspanzivan
ex·pa·ti·ate [ek'spejšijejt] v *intr* našIroko pričati

ex·pa·tri·ate I [eks'pejtriji̇t]; [ae], [ej] n iseljenik
expatriate II [~ejt] v tr ekspatrirati, izagnati;
to ~ oneself napustiti svoju otadžbinu
ex·pa·tri·a·tion [ekspejtrij'ejšən] n ekspatrijacija,
iseljenje, izgnanje (iz otadžbine)
ex·pect [ek'spekt] v 1. tr očekivati; he is ~ing me
on me očekuje; I did not ~ that from him to
nisam od njega očekivao; I ~ed you to bring
the money očekivao sam da ćeš doneti (donijeti)
novac; they ~ him at any time očekuju ga svaki
čas; he ~s to hear from you on očekuje da ćeš
mu se javiti; we are ~ed to attend all lectures
očekuje se da posećujemo (posjećujemo) sva
predavanja; he did more than was ~ed of him
učinio je više nego što se od njega očekivalo
2. intr (colloq.) to be ~ing biti trudna
ex·pec·tan·cy [~ənsij] n 1. očekivanje 2. vek
(vijek); average life ~ srednji (prosečni —
prosječni) ljudski vek
ex·pec·tant [~ənt] a 1. koji očekuje 2. an ~
mother trudna žena
ex·pec·ta·tion [ekspek'tejšən] n očekivanje; our
~s were not fulfilled naša se očekivanja nisu
ispunila; to come up to (exceed) ~s ispuniti
(prevazići) očekivanja
ex·pec·to·rant [ek'spektərənt], [i] n (med.) sredstvo
za izbacivanje sluzi
ex·pec·to·rate [~rejt] v tr and intr 1. iskašljati
2. pljuvati
ex·pe·di·en·cy [ek'spijdijənsij] ex·pe·di·ence [~əns]
n celishodnost (cjelishodnost)
ex·pe·di·ent I [~ənt] n (celishodno — cjelishodno)
sredstvo
expedient II a celishodan (cjelishodan)
ex·pe·dite ['ekspədajt] v tr 1. ubrzati; omogućiti
2. izvršiti (brzo)
ex·pe·di·tion [ekspə'dišən] n ekspedicija; an ~ to
the African jungles ekspedicija u afričke džungle
ex·pe·di·tion·ar·y [~erij]; [r] a (usu. mil.) ekspedi-
cioni
ex·pe·di·tious [ekspə'dišəs] a ekspeditivan
ex·pel [ek'spəl] v tr 1. isterati (istjerati); to ~from
school isterati iz škole 2. potisnuti; to ~ an
enemy potisnuti neprijatelja
ex·pend [ek'spend], [i] v tr potrošiti, istrošiti
ex·pend·a·ble [~əbəl] a 1. potrošan 2. nepotreban
3. za jednokratnu upotrebu
ex·pen·di·ture [ek'spendəčə(r)], [i] n 1. trošenje
2. trošak; minor ~s sitni troškovi
ex·pense [ek'spens], [i] n trošak; at my ~ o mom
trošku; at company ~ o trošku preduzeća (W:
poduzeća); moving (traveling) ~s selidbeni
(putni) troškovi; operating ~s troškovi poslo-
vanja; to reimburse ~s nadoknaditi troškove;
to go to great ~ bacati se u trošak; entertain-
ment ~ troškovi reprezentacije; to put smb.
to ~ baciti nekoga u trošak; to cut ~s skresati
rashode; to defray ~s snositi troškove; (fig
quantity at the ~ of quality količina na štetu,
kvaliteta
expense account račun (službenih) troškova
ex·pen·sive [~iv] a skup
ex·pe·ri·ence I [ek'spijrijəns], [i] n 1. iskustvo:
a bitter (sad) ~ gorko (žalosno) iskustvo;
to speak from ~ govoriti iz iskustva; to gain ~
steći iskustvo 2. doživljaj

experience II v tr doživeti (doživjeti); to ~ mis-
fortune (success) doživeti nezgodu (uspeh —
uspjeh)
ex·pe·ri·enced [~t] a iskusan, pun iskustva; an
~ teacher iskusan nastavnik
ex·per·i·ment I [ek'sperəmənt], [i], [e] n eksperi-
menat, opit; proba; to conduct ~s vršiti ekspe-
rimente; to conduct an ~ on animals napraviti
opit na (sa) životinjama
experiment II v intr vršiti eksperimente, eksperi-
mentisati
ex·per·i·men·tal [ekspera'mentl], [i] a eksperimen-
talan, opitni, probni; ~ work eksperimentalni
rad
ex·per·i·men·ta·tion [eksperəmen'tejšən], [i] n eks-
perimentisanje, eksperimentacija
ex·pert I ['ekspə(r)t] n 1. ekspert, stručnjak; veštak
(vještak); an ~ in smt. stručnjak za nešto
2. (Am., mil.) odličan strelac (strijelac)
expert II a stručnjački, veštački (vještački); vešt
(vješt); ~ in (at) smt. vešt u nečemu; an ~
analysis stručnjačka analiza
ex·per·tise [ekspə(r)'tijz] n veština (vještina),
ekspertiza, vičnost
expert testimony ekspertiza
ex·pi·a·ble ['ekspijəbəl] a iskupljiv, ispaštljiv
ex·pi·ate ['ekspijejt] v tr ispaštati
ex·pi·a·tion [ekspij'ejšən] n ispaštanje
ex·pi·ra·tion [ekspə'rejšən] n 1. istek; isticanje;
at the ~ of a period po isteku roka 2. izdisanje
ex·pi·ra·to·ry [ek'spajrətorij], [i]; [ə] a izdisajni,
ekspiratoran
ex·pire [ek'spaj(r), [i] v intr 1. isteći; the time
limit has ~d rok je istekao 2. izdahnuti, umreti
(umrijeti) 3. izdisati, izdahnjivati
ex·pir·y ['ekspərij] Br.; see expiration 1
ex·plain [ek'splejn] v 1. tr and intr objasniti, raz-
jasniti; to ~ a lesson to smb. objasniti lekciju
nekome; to ~ smt. away (objašnjavanjem)
opravdati nešto; to ~ how smt. is done objasniti
kako se nešto radi 2. tr izložiti; to ~ a plan
izložiti plan
ex·pla·na·tion [eksplə'nejšən] n objašnjenje
ex·plan·a·to·ry [ek'splaenətorij]; [ə] a koji objaš-
njava
ex·ple·tive I ['eksplətiv]; [ik'splijtiv] n 1. psovka
2. (gram.) ekspletiv, umetnuta reč (riječ)
expletive II a ekspletivan, umetnut; dopunski
expletive deleted s izostavljanjem opscene reči
(riječi)
ex·pli·ca·ble ['eksplikəbəl] a objašnjiv
ex·pli·ca·tion [ekspli'kejšən] n eksplikacija
ex·pli·ca·tive ['ekspləkejtiv] a eksplikativan
ex·plic·it [ek'splisit] a eksplicitan, određen, izričan
ex·plic·it·ness [~nis] n eksplicitnost, određenost
ex·plode [ek'sploud], [i] v 1. tr dovesti do eksplo-
zije, rasprsnuti 2. intr eksplodirati, pući, ras-
prsnuti se; bombs are ~ing eksplodiraju bombe;
to ~ with anger eksplodirati od ljutnje; the
grenade ~d granata se rasprsla
exploded view shematski prikaz uređaja (u rasklop-
ljenom stanju)
ex·ploit I ['eksplojt] n podvig
exploit II [ek'splojt] v tr eksploatisati, iskoristiti;
to ~ a colony eksploatisati koloniju
ex·ploi·ta·tion [eksploj'tejšən] n eksploatacija

ex·ploit·er [eks'plojtə(r)] *n* eksploatator
ex·plo·ra·tion [eksplə'rejšən] *n* istraživanje
ex·plor·a·to·ry [ek'splorətorij]; [ə] *a* istraživački, izviđački
ex·plore [ek'splo(r)], [i] *v tr* and *intr* istraživati, eksplorisati
ex·plor·er [~rə(r)] *n* istraživač
ex·plo·sion [ek'sploužən], [i] *n* eksplozija; prasak; *to set off a nuclear* ~ izvršiti nuklearnu eksploziju
ex·plo·sive I [ek'splousiv], [i] *n* 1. eksploziv, eksplozivno sredstvo; *to set off an* ~ aktivirati eksploziv 2. (gram.) eksploziv
explosive II *a* 1. eksplozivan; *an* ~ *charge* eksplozivno punjenje 2. (ling.) eksplozivan, praskav
EX·PO ['ekspou] *n* izložba
ex·po·nent [ek'spounənt], [i] *n* 1. predstavnik, pobornik, eksponent 2. (math.) eksponent, izložitelj
ex·po·nen·tial [ekspou'nenšəl] *a* eksponencijalan; *an* ~ *equation* eksponencijalna jednačina (W: jednadžba)
ex·port I ['ekspo(r)t] *n (pl* is often used in place of *sgn) izvoz, eksport; to increase* ~*s to a country* povećati izvoz u neku zemlju
export II *a* izvozni, eksportni; *an* ~ *firm* izvozno preduzeće (W: poduzeće); *an* ~ *license* izvozna dozvola; ~ *trade* izvozna trgovina
export III ['ek'spo(r)t] *v tr* and *intr* izvoziti, eksportovati
ex·port·er ['ek'spo(r)tə(r)] *n* izvoznik, eksporter
ex·pose [ek'spouz], [i] *v tr* 1. izložiti; podvrći; *to* ~ *oneself to danger* izložiti se opasnosti; *to* ~ *to the elements* izvrgnuti nevremenu 2. otkriti; *to* ~ *a scandal* otkriti skandal; (mil.) *an* ~*d flank* otkriven bok 3. napustiti (dete — dijete) 4. pokazati (karte) 5. (photo.) osvetliti (osvijetliti); *to* ~ *film* osvetliti film; *to* ~ *a negative* osvetliti negativ 6. *refl* pokazivati javno inače pokrivene delove tela (dijelove tjela)
ex·po·sé [ekspou'zej] *n* ekspoze
ex·po·si·tion [ekspə'zišən] *n* 1. izlaganje 2. izložba 3. (mus., lit.) ekspozicija
ex post fac·to [eks poust 'faektou] (Latin, legal) povratnog dejstva (djejstva)
ex·pos·tu·late [ek'spasčulejt], [i]; [o] *v intr* raspravljati ozbiljno; tražiti razjašnjenje
ex·pos·tu·la·tion [ekspasču'lejšən], [i]; [o] *n* ozbiljno raspravljanje
ex·po·sure [ek'spoužə(r)], [i] *n* 1. izloženje, izlaganje 2. razgolićenje 3. izloženost; *a southerly* ~ izloženost jugu; ~ *to danger* izloženost opasnosti 4. napuštanje (deteta — djeteta) 5. (photo.) eksponaža, osvetljenje (osvjetljenje); *a double* ~ duplo osvetljenje 6. smržnjenje; *to die of* ~ umreti (umrijeti) od smržnjenja 7. (colloq.) publicitet, reklama
exposure meter svetlomer (svjetlomjer)
exposure time (photo.) ekspozicija
ex·pound [ek'spaund], [i] *v tr* izložiti; razjasniti
ex·press I [ek'spres], [i] *n* 1. ekspres, ekspresni voz (W: vlak) 2. brza otprema 3. transportno preduzeće (W: poduzeće) 4. kurir
express II *a* 1. određen, izričan; *an* ~ *wish* izrična želja 2. hitan; ekspres, ekspresni; *an* ~ *train*

ekspresni voz (W: vlak); (Br.) *an* ~ *letter* ekspresno pismo (see also **special-delivery**)
express III *adv* ekspres
express IV *v tr* izraziti; *to* ~ *one's sympathy* izraziti svoje saučešće; *to* ~ *oneself* izraziti se
express company see **express** I 3
ex·pres·sion [ek'sprešən], [i] *n* 1. izražavanje; *freedom of* ~ sloboda izražavanja 2. izraz; *a fixed* ~ ustaljeni izraz; *the* ~ *on one's face* izraz lica; *a vulgar* ~ prostački izraz
ex·pres·sion·ism [izəm] *n* ekspresionizam
ex·pres·sion·ist [~ist] *n* ekspresionista
ex·pres·sion·less [~lis] *a* bezizrazan
ex·pres·sive [~iv] *a* ekspresivan, izrazit, izražajan
ex·press·ly [~lij] *adv* izrično
express rifle puška sa povećanom početnom brzinom zrna
ex·press·way [~wej] *n* auto-put
ex·pro·pri·ate [eks'prouprijejt] *v tr* eksproprisati
ex·pro·pri·a·tion [eksprouprij'ejšən] *n* eksproprijacija
ex·pul·sion [ek'spəlšən] *n* isključenje, isterivanje (istjerivanje); ~ *from school* isključenje iz škole
expulsion order naredba o isterivanju — istjerivanju (stranca iz zemlje)
ex·punge [ek'spəndž], [i] *v tr* izbrisati; *to* ~ *from one's record* izbrisati iz evidencije
ex·pur·gate ['ekspə(r)gejt] *v tr* očistiti (knjigu)
ex·pur·ga·tion [ekspə(r)gejšən] *n* očišćenje (knjige)
ex·pur·ga·to·ry [ek'spə(r)gətorij]; [ə] *a* koji čisti
ex·qui·site ['ekskwizit] *a* izvrstan
ex-serviceman Br.; see **veteran** I
ex·tant [ek'staent], [i] *a* postojeći
ex·tem·po·ra·ne·ous [ekstempə'rejnijəs], [i] *a* improvizovan; bez pripreme
ex·tem·po·rar·y [ek'stempərerij], [i]; [ə] *a* see **extemporaneous**
ex·tem·po·rize [ek'stempərajz], [i] *v tr* and *intr* improvizovati
ex·tend [ek'stend], [i] *v* 1. *tr* ispružiti; *to* ~ *one's arm* ispružiti ruku 2. *tr* produžiti; *to* ~ *a railroad line* produžiti železničku (željezničku) prugu 3. *tr* proširiti; *to* ~ *one's influence* proširiti svoj uticaj 4. *tr* ukazati; izraziti; *to* ~ *one's sympathy* izraziti svoje saučešće 5. *intr* protezati se; *the lake* ~*s 60 miles to the south* jezero se proteže 60 milja na jug
extended family porodična zajednica, zadruga
ex·ten·sion [ek'stenšən], [i] *n* 1. ispružanje 2. produžetak; produženje; *an* ~ *of a visa* produženje vize; *an* ~ *of a leave* produženje odsustva 3. dograda 4. (or: *a university* ~) fakultet sa sedištem (sjedištem) van matičnog mesta (mjesta) univerziteta (W: sveučilišta) 4. (telephone) lokal
extension cord produžetak za struju
extension line (for a telephone) sobni priključak
extension speaker pomoćni zvučnik
ex·ten·sive [ek'stensiv], [i] *a* 1. prostran, širok 2. ekstenzivan, obiman, opsežan
ex·tent [ek'stent], [i] *n* 1. opseg, obim, veličina 2. stepen; *to a certain* ~ donekle; *to a great* ~ u velikoj meri (mjeri), *to the greatest* ~ do najvišeg stepena; *to what* ~? dokle?

ex·ten·u·ate [ek'stenjūejt], [i] v tr smanjiti, umanjiti, olakšati; ~ing circumstances olakšavajuće okolnosti

ex·ten·u·a·tion [ekstenjū'ejšən] n smanjenje

ex·te·ri·or I [ek'stijrijə(r)], [i] n eksterijer, spoljašnjost (W also: vanjština)

exterior II a spoljašnji (W also: vanjski)

ex·ter·mi·nate [ek'stə(r)mənejt], [i] v tr zatrti, uništiti; iskoreniti (iskorijeniti); to ~ pests uništiti štetočine; to ~ mice iskoreniti miševe

ex·ter·mi·na·tion [ekstə(r)mə'nejšən], [i] n zatiranje; uništavanje; the ~ of insects dezinsekcija

ex·ter·mi·na·tor [ek'stə(r)mənejtə(r)], [i] n stručnjak za uništavanje štetočina

ex·ter·nal [ek'stə(r)nəl], [i] a 1. spoljašnji (W also: vanjski) 2. inostran (W also: vanjski) 3. (Br., of students) vanredni

ex·tinct [ek'stiŋkt], [i] a 1. ugašen; an ~ volcano ugašeni (mrtvi) vulkan 2. izumro; to become ~ izumreti (izumrijeti)

ex·tinc·tion [~šən] n 1. ugašenost 2. izumiranje, izumrlost

ex·tin·guish [ek'stiŋgwiš], [i] v tr ugasiti; to ~ a fire ugasiti požar (vatru)

ex·tin·guish·er [~ə(r)] n 1. gasilo (za sveću — svijeću) 2. aparat za gašenje požara (also **fire extinguisher**)

ex·tir·pate ['ek'stə(r)pejt] v tr iskoreniti (iskorijeniti)

ex·tol [ek'stoul], [i] v tr veličati, uzdizati (do neba)

ex·tort [ek'sto(r)t], [i] v tr iznuditi; to ~ money (from smb.) iznuditi novac (nekome)

ex·tor·tion [ek'sto(r)šən], [i] n iznuda

ex·tor·tion·ist [~ist] n iznuđivač

ex·tra I ['ekstrə] n 1. dodatak 2. posebno izdanje (novina) 3. sporedan izdatak 4. sporedna stvar 5. (movies, theater) statista

extra II a 1. poseban, zaseban, ekstra; ~ work poseban rad; ~ food posebna hrana 2. suvišan; do you have an ~ book? da li imate suvišnu knjigu? 3. sporedan; ~ charges sporedni troškovi

extra III adv posebno, zasebno

ex·tract I ['ekstraekt] n 1. izvod (W also: izvadak) 2. ekstrakt

extract II [ek'straekt], [i] v tr 1. izvaditi; izvući; to ~ a tooth izvaditi zub; to ~ data from a book vaditi podatke iz knjige; (math.) to ~ a root izvući koren (korijen) 2. izvući; ekstrahovati; to ~ a confession (money) from smb. izvući priznanje (novac) od nekoga

ex·trac·tion [ek'straekšən], [i] n 1. vađenje; the ~ of a root vađenje korena (korijena) 2. izvlačenje, ekstradicija 3. poreklo (porijeklo); of French ~ francuskog porekla

ex·trac·tor [ek'straektə(r)] n izvlakač; a ruptured cartridge ~ izvlakač zakinutih čahura

ex·tra·cur·ric·u·lar [ekstrəkə'rikjələ(r)] a vanškolski; ~ activities vanškolski rad, aktivnost u slobodnom vremenu

ex·tra·dit·a·ble ['ekstrədajtəbəl] a koji se može ekstradirati

ex·tra·dite [~dajt] v tr ekstradirati, izdati, izručiti; to ~ a criminal izručiti zločinca

ex·tra·di·tion [ekstrə'dišən] n ekstradicija, izdavanje, izručenje; the ~ of terrorists izručenje

terorista; to submit a request for ~ podneti (podnijeti) molbu za ekstradiciju

extradition treaty ugovor o ekstradiciji

ex·tra·ju·di·cial [~džū'dišəl] a vansudski

ex·tra·mar·i·tal [~'maerətəl] a preljubnički

ex·tra·mu·ral [~'mjūrəl] a vanškolski; vanredni (W: izvanredni)

ex·tra·ne·ous [ek'strejnijəs] a 1. tuđ, stran 2. irelevantan

ex·traor·di·nar·y [ek'stro(r)dənerij], [ə'o]; [nr] a izvanredan

extra period (sports) produžetak

ex·trap·o·late [ek'straepəlejt] v tr izvršiti ekstrapolaciju (nečega), izvesti vrednost (vrijednost) nečega

ex·trap·o·la·tion [ekstraepə'lejšən] n ekstrapolacija

ex·tra·sen·so·ry [ekstrə'sensərij] a natčulan; ~ perception natčulna percepcija

ex·tra·ter·res·tri·al [~tə'restrijəl] a vanzemaljski; an ~ being vanzemaljsko biće

ex·tra·ter·ri·to·ri·al [~terə'torijəl] a eksteritorijalan

ex·tra·ter·ri·to·ri·al·i·ty [~terətorij'aelətij] n eksteritorijalnost

ex·tra·u·ter·ine [~'jūtərin] a vanmaterični; an ~ pregnancy vanmaterična trudnoća

ex·trav·a·gance [ek'straevəgəns] n ekstravagancija

ex·trav·a·gant [~nt] a ekstravagantan

ex·trav·a·gan·za [ekstraevə'gaenzə] n ekstravaganca, ekstravagancija

ex·treme I [ek'strijm] n krajnost, ekstrem; to go to ~s ići u krajnost; to go from one ~ to another padati iz krajnosti u krajnost; to drive to ~s terati (tjerati) u krajnost; the ~s of heat and cold krajnosti toplote i hladnoće

extreme II a krajnji; ekstreman; an ~ effort krajnji napor; ~ measures krajnje mere (mjere); ~ poverty krajnja sirotinja; (pol.) the ~ left (right) krajnja levica — ljevica (desnica)

extreme unction (Cath.) poslednja (posljednja) pomast

ex·trem·ism [~izəm] n (pol.) ekstremizam

ex·trem·ist I [~ist] n (pol.) ekstremista

extremist II a (pol.) ekstremistički

ex·trem·i·ty [ek'stremətij] n (anat.) ud, ekstremitet

ex·tri·cate ['ekstrikejt] v tr ispetljati; to ~ oneself ispetljati se

ex·trin·sic [ek'strinsik], [i], [z] a 1. sporedan 2. spoljašnji (W also: vanjski)

ex·tro·ver·sion [ekstrə'və(r)žən] [š] n ekstravertiranost, otvorenost

ex·tro·vert ['ekstrəvə(r)t] n ekstravertna osoba

ex·tro·vert·ed [~id] a ekstravertan, otvoren, društven

ex·trude [ek'strūd] v tr istisnuti, izgurati

ex·u·ber·ance [eg'zūbərəns], [i]; [zj] n 1. bujnost 2. veselost

ex·u·ber·ant [~nt] a 1. bujan 2. veseo, pun životne radosti

ex·ude [eg'zūd], [ks]; [ig'zjūd] v 1. tr izlučiti; odisati; to ~ sensuality odisati senzualnošću 2. intr izlučiti se

ex·ult [eg'zəlt] v intr likovati; to ~ over (at) smt. likovati nad nečim

ex·ult·ant [~ənt] a likujući

ex·ul·ta·tion [egzəl'tejšən] n likovanje

ex·ur·ban·ite [ek'sə(r)bənajt], [gz] n stanovnik prigrada

eye I [aj] n 1. oko; *with the naked* ~ golim okom; *as far as the* ~ *can see* dokle oko dopire; *his* ~ *is twitching* igra mu oko; *he could not take his* ~*s off her* nije mogao skinuti oka s nje; *to roll one's* ~*s* prevrtati očima; *he has rings under his* ~*s* ima kolutove ispod očiju; *with closed* ~*s* zatvorenih očiju; *we see with our* ~*s* vidimo očima; *there is more than meets the* ~ ima tu i nečeg što se ne vidi; *he has* ~*s in the back of his head* on sve vidi; (Br.) *to throw dust in smb.'s* ~*s* prevariti nekoga; *to close one's* ~*s to smt.* praviti se da ništa ne zna o nečemu; *to keep an* ~ *on smt.* pripaziti na nešto; *to make* ~*s at smb.* zaljubljeno gledati nekoga; *to make* ~*s at each other* kibicovati se; *to see* ~ *to* ~ *with smb.* potpuno se slagati s nekim; *with an* ~ *to. . .* s namerom (namjerom) da. . .; *with half an* ~ na prvi pogled; *your* ~*s are bigger than your stomach* imaš veće oči nego stomak; *an* ~ *for an* ~ oko za oko; (mil.) ~*s right!* oči na desno! *to give smb. the* ~ baciti oko na nekoga; *to catch smb.'s* ~ uloviti nečiji pogled; *in the* ~*s of the law* s gledišta zakona; *to feast one's* ~*s on smt.* nasladivati oči nečim 2. (of a needle) iglene uši, ušice 3. (on a potato) oko (na krompiru — W: krumpiru) 4. petlja; *hooks and* ~*s* kopče i petlje

eye II v tr pogledati, uprti oči (u)

eye·ball [~bol] n očna jabučica; *~ to ~ lice u lice

eye bath see eyecup

eye·bright [~brajt] n (bot.) vidac

eye·brow [~brau] n obrva, veđa (vjeđa)

eye·cup [~kəp] n školjka okulara

eye·drop·per see dropper

eye·ful [~ful] n (colloq.) pogled; *he got an* ~ nagledao se svega i svačega; *she's quite an* ~! lepotica (ljepotica) je!

eye·glass [~glaes]; [a] n 1. (in *pl*) naočari (W: naočale); *two pairs of* ~*es* dvoji naočari 2. okular

eye·hole [~houl] n 1. očna duplja 2. rupa (na vratima)

eye·lash [~laeš] n trepavica

eye·let [~lit] n 1. rupica (za provlačenje vrpce) 2. prozorčić

eye·lid [~lid] n očni kapak

eye·opener (colloq.) otkrivenje, iznenađenje

eye·piece [~pijs] n okular

eye shadow šminka za oči

eye·shot [~šat]; [o] n dogled, vidokrug

eye·sight [~sajt] n viđenje, vid, čulo vida; *within* ~ nadomak oku

eye·sore [~so(r)] n trn u oku; ruglo

eye·strain [~strejn] n naprezanje očiju

eye·tooth [~tūth] n (-teeth [tijth]) n očnjak; *to cut one's eyeteeth* steći iskustvo; *to give one's eyeteeth* žrtvovati sve

eye·wash [~waš], [o] n 1. očna vodica 2. (colloq.) prevara, obmana

eye·wit·ness [~witnis] n očevidac

ey·rie see aerie

F

f [ef] *n* 1. *f* (slovo engleske azbuke) 2. (school grade) »neprelazno«
Fa·bi·an I ['fejbijən] *n* Fabijanac, Fabijevac
Fabian II *a* fabijanski
fa·ble ['fejbəl] *n* basna, fabula
fab·ric ['faebrik] *n* tkanina, štof
fab·ri·cate [~ejt] *v tr* 1. izraditi 2. fabrikovati; *to ~ a charge* fabrikovati optužbu 3. izmisliti; *to ~ a story* izmisliti priču
fab·ri·ca·tion [faebri'kejšən] *n* fabrikovanje; izmišljotina
fabric softener oplemenjivač rublja
fab·u·list ['faebjəlist] *n* basnopisac
fab·u·lous ['faebjələs] *a* basnoslovan, fabulozan
fa·cade [fə'sad] *n* fasada
face I [fejs] *n* 1. lice; *a sad (sour) ~* tužno (kiselo) lice; *to disappear from the ~ of the earth* nestati sa lica zemlje; *~ to ~* lice u lice; *to smash smb.'s ~in* dati nekome po njušci 2. grimasa; *to make a ~* napraviti grimasu 3. misc.; *to fly in the ~ of smt.* protiviti se nečemu; *in the ~ of smt.* uprkos nečemu; *on the ~ of it* po izgledu; *to make a long ~* izgledati nesrećno; *to show one's ~* pojaviti se; *to save ~* sačuvati prestiž; *to slam a door in smb.'s ~* zatvoriti nekome vrata pred nosom; *to smb.'s ~* nekome u oči; *to keep a straight ~* ostati ozbiljan; (Br.) *to have the ~ to* biti dosta drzak da
face II *v* 1. *tr* biti okrenut (prema); gledati; *to ~ the sun* biti okrenut suncu; *the windows ~ the east* prozori gledaju na istok 2. *tr* pogledati u oči; biti suočen s; *to ~ danger* biti suočen s opasnošću; *to ~ the facts* pogledati u oči činjenicama 3. *tr* opervaziti, opšiti 4. *intr* okrenuti se; *to ~ left (right)* okrenuti se na levo — lijevo (desno); (mil.) *right ~!* nadesno! 5. misc.; *to be ~d with ruin* or: *to ~ ruin* nalaziti se pred krahom; *to ~ the music* izdržati grdnje; *to ~ down* zbuniti (pogledom)
face cloth, face flannel Br.; see washcloth
face·less [~lis] *a* bezličan, anoniman
face-lift [~-lift] *n* 1. kozmetička hirurgija (kirurgija) na licu 2. (fig.) remont
face powder puder za lice
face-saving *a* koji čuva prestiž
fac·et ['faesit] *n* 1. pljosan, površina 2. aspekt, gledište
fa·ce·tious [fə'sijšəs] *a* šaljiv

face up *v* pogledati u oči; *to face up to the facts* pogledati u oči činjenicama (see also face II 2)
face value nominalna vrednost (vrijednost); *to accept at ~* primiti za čisti novac
fa·cial I ['fejšəl] *n* masaža lica
facial II *a* facijalan, koji pripada licu; *a ~ expression* izraz lica
fac·ile ['faesəl]; [*aj*] *a* 1. lak 2. tečan, lak
fa·cil·i·tate [fə'silətejt] *v tr* olakšati; *to ~ a job* olakšati posao
fa·cil·i·ty [fə'silətij] *n* 1. lakoća 2. veština (vještina), sposobnost 3. (in *pl*) sredstva; kapaciteti; objekti, instalacije, postrojenja; *industrial ~s* industrijski kapaciteti; *to build ~ties* izgraditi objekte; *sports ~ties* sportski objekti 4. (in *pl*, colloq.) klozet; *sanitary ~ies* sanitarni uređaji
facility trip Br.; see business trip
fac·ing ['fejsing] *n* pervaz, porub
fac·sim·i·le [faek'siməlij] *n* faksimil, kopija
fact [faekt] *n* 1. činjenica, fakat; *in ~* or *as a matter of ~* u stvari; *to face the ~s* pogledati u oči činjenicama; *a ~ of life* stvarnost; *the ~s of life* činjenice o polnom (W: spolnom) životu 2. (legal) delo (djelo); *after the ~* posle (poslije) dela
fact-find·ing [~-fajndīng] *a* istražni; *a ~ committee* istražna komisija
fac·tion ['faekšən] *n* frakcija
fac·tion·al [~əl] *a* frakcijaški (W also: strančarski)
fac·tion·al·ism [~izəm] *n* frakcionaštvo, grupaštvo (W also: strančarstvo)
fac·tion·al·ist [~ist] *n* frakcionaš
fac·tious ['faekšəs] *a* 1. frakcijaški (also factional) 2. sklon neslozi
fac·ti·tious [faek'tišəs] *a* 1. veštački — vještački (W: umjetan) 2. lažan
fac·ti·tive ['faektətiv] *a* (gram.) faktitivan, kauzativan, uzročni; *a ~ verb* faktitivan glagol
fac·tor I ['faektə(r)] *n* 1. agent 2. faktor, činilac; *a major ~* glavni činilac; (math.) *a common ~* zajednički činilac
factor II *v tr* (math.) rastaviti na faktore (činioce)
fac·to·ri·al [faek'torijəl] *n* (math.) faktorijel
fac·to·ry I ['faektərij] *n* fabrika (W: tvornica); *an automobile (shoe) ~* fabrika automobila (obuće); *a canning ~* fabrika konzervi
factory II *a* fabrički (W: tvornički); *at the ~ price* po fabričkoj ceni (cijeni); *a ~ worker* fabrički radnik

factory-installed *a* montiran u fabrici; ~ *seat belts* sigurnosni kaiševi montirani u fabrici

factory outlet fabrička radnja (koja prodaje robu uz popust)

fac·to·tum [faek'toutəm] *n* radnik za sve poslove

fact sheet izveštaj (izvještaj) o stvarnom stanju, bilten

fac·tu·al ['faekčūəl] *a* činjenički, faktičan, faktički

fac·ul·ta·tive ['faekəltejtiv]; [ə] *a* neobavezan, fakultativan

fac·ul·ty I ['faekəltij] *n* 1. moć, sposobnost; *mental* ~*ties* duhovne moći 2. nastavničko osoblje, osoblje fakulteta 3. (esp. Br.) fakultet (see also **school** 2) 4. dozvola

faculty II *a* profesorski; *a* ~ *meeting* profesorski zbor

fad [faed] *n* (colloq.) (privremena) moda

fad·dish [~iš] *a* modni

fade I [fejd] *n* feding, nestajanje zvuka

fade II *v* 1. *tr* izblediti (izblijediti) 2. *intr* pobledeti (poblijedjeti), izbledeti (izblijedjeti); olinjati se; *the fabric* ~*d* tkanina je izbledela; *to* ~ *in the sun* bledeti na suncu 3. *intr* uvenuti; *the flowers have* ~*d* cveće (cvijeće) je uvenulo 4. *intr* nestati, izgubiti se, oslabeti (oslabjeti); *the sound is* ~*ing* zvuk nestaje

fade away *v* nestati, iščeznuti, izgubiti se; *the sound faded away* zvuk se izgubio

fade back *v* (usu. Am. football) povući se

fade in *v* postepeno se pojavljivati (o filmu)

fade out *v* postepeno se gubiti (o filmu)

fad·ing ['fejdiṅg] *n* 1. feding, nestajanje zvuka 2. opadanje

fae·cal Br.; see **fecal**

fae·ces Br.; see **feces**

Faer·oe Islands ['fejrou] *pl* Farska ostrva (W: Farski otoci)

fag I [faeg] *n* 1. naporan rad 2. (Br.) đak koji služi kod starijeg đaka 3. (colloq.) cigareta 4. (vul.) homoseksualac

fag II *v* (colloq.) 1. *tr* (*to* ~ *out*) iznuriti, umoriti 2. *intr* (Br.) teško raditi

fag·got [~ət] *n* 1. see **fag I** 4 2. see **fagot**

fag·ot [~ət] *n* 1. svežanj, naramak, snop 2. svežanj čeličnih (ili gvozdenih) šipki

Fahr·en·heit ['faerinhajt] *n* Farenhajt

fail I [fejl] *n* neizvršenje; *without* ~ zasigurno

fail II *v* 1. *tr* razočarati; izneveriti (iznevjeriti), izdati; *his strength* ~*ed him* izdala ga je snaga; *he* ~*ed me* ostavio me je na cedilu (cjedilu) 2. *tr* oboriti, srušiti (na ispitu); *to* ~ *a student* oboriti studenta na ispitu 3. *tr* pasti (na ispitu); *to* ~ *an examination* pasti na ispitu 4. *intr* propustiti; *we* ~*ed to invite them* mi smo propustili da ih pozovemo; *don't* ~ *to buy this book* ne propusti da kupiš ovu knjigu; *he* ~*ed to come* on nije došao; *to* ~ *to do one's duty* zanemariti svoju dužnost; *to* ~ *to keep one's word* ne održati svoju reč (riječ); (as *n*) *without* ~ sasvim sigurno 5. *intr* bankrotirati 6. *intr* ne uspeti (uspjeti); podbaciti; *he* ~*ed to get the job* nije uspeo da dobije položaj 7. *intr* ne moći; *I* ~ *to see what he means* ne mogu da shvatim šta (što) on kaže 8. *intr* pasti (na ispitu)

fail·ing I [~iṅg] *n* 1. see **failure** 2. mana, nedostatak

failing II *a* 1. neprelazan, nedovoljan; *a* ~ *grade* neprelazna ocena (ocjena) 2. loš; ~ *health* loše zdravlje

fail-safe [~-sejf] *a* siguran, bezopasan

fail·ure ['fejljə(r)] *n* 1. neizvršenje; *a* ~ *to carry out orders* neizvršenje naređenja 2. neuspeh (neuspjeh); *to experience* ~ doživeti (doživjeti) neuspeh 3. prekid; *a power* ~ prekid struje 4. ispadanje iz stroja, otkaz; *engine* ~ otkaz motora 5. bankrotstvo 6. pad (na ispitu)

faint I [fejnt] *a* 1. slab 2. bojažljiv, plašljiv; *a* ~ *heart* bojažljivo srce

faint II *n* nesvestica (nesvjestica)

faint III *v intr* onesvestiti (onesvijestiti) se

faint-heart·ed [~-ha(r)tid] *a* malodušan

faint-heart·ed·ness [~nis] *n* malodušnost

fair I [fej(r)] *n* sajam; izložba; vašar; *an annual (livestock)* ~ godišnji (stočni) sajam; *a book* ~ sajam knjiga; *a world's* ~ svetska (svjetska) izložba; *a village* ~ seoski vašar

fair II *a* 1. lep (lijep); *the* ~ *sex* lepši pol 2. plav plavokos; belolik (bjelolik); ~ *hair* plava kosa 3. vedar; ~ *weather* vedro vreme (vrijeme) 4. pošten; pravičan, pravedan, ispravan, fer; nepristrastan; ~ *play* poštena igra, fer plej; *to be* ~ *to smb.* biti pošten (fer) prema nekome; *(colloq.) a* ~ *shake* pošten postupak 5. prosečan (prosječan), osrednji; ~ *quality* prosečan kvalitet 6. misc.; *all is* ~ *in love and war* u ljubavi i ratu sve je dozvoljeno; *he is in a* ~ *way to. . .* izgleda da će. . . ; *one's* ~ *name* nečije neukaljano ime

fair III *adv* pošteno, fer; *to play* ~ pošteno igrati, igrati fer (also **fairly**)

fair game laka žrtva

fair·ground [~graund] *n* (often in *pl*) sajmište; *at the* ~*s* na sajmištu

fair-haired [~-hej(r)d] *a* plavokos; (fig.) omiljen

fair housing podela (podjela) stanova bez rasne diskriminacije

fair·ly [~lij] *adv* 1. see **fair III** 2. prilično, snošljivo; ~ *good* prilično dobar 3. stvarno, sasvim

fair-mind·ed [~-majndid] *a* nepristrastan (W: nepristran)

fair·ness [~nis] *n* 1. lepota (ljepota) 2. plavoća 3. poštenje, pravičnost, nepristrasnost (W: nepristranost)

fair play fer plej

fair·way [~wej] *n* 1. otvoren prostor 2. (naut.) plovni kanal

fair-weath·er [~-'weθə(r)] *a* prikladan za lepo vreme (lijepo vrijeme); **a* ~ *friend* prijatelj samo u dobru

fair·y I ['fejrij] *n* 1. vila, čarobnica 2. (colloq.) homoseksualac

fairy II *a* vilinski, čarobni

fairy bell see **foxglove**

fair·y·land [~laend] *n* vilinska zemlja

fairy tale bajka, priča o vilama

faith [fejth] *n* vera (vjera), poverenje (povjerenje); *to have* ~ *in smb.* imati veru u nekoga; *to accept on* ~ primiti na veru; ~ *in God* vera u boga; *bad* ~ nepoštenje

faith cure lečenje verom (liječenje vjerom)

faith·ful [~fəl] *a* veran (vjeran); *a* ~ *husband (servant)* veran muž (sluga)

faith healer vračar
faith healing lečenje (liječenje) molitvom
faith·less [~lis] a neveran (nevjeran)
fake I [fejk] n 1. prevarant, varalica 2. prevara, falsifikat
fake II a lažan; pritvoran; a ~ attack lažni napad
fake III v 1. tr falsifikovati, imitirati 2. tr glumiti, simulirati; to ~ surprise glumiti iznenađenje 3. intr simulirati, pretvarati se; (mil.) zabušavati
fak·er [~ə(r)] n prevarant, varalica, simulant
fa·kir [fə'kij(r)]; ['fejkə(r)] n fakir
Fa·lange [fə'laendž], ['fejlaendž] n Falanga (španska — W: španjolska fašistička stranka)
fal·con ['faelkən]; [o] n soko (sokol)
fal·con·er [~ə(r)] n sokolar
fal·co·net [~et] n sokolić, sokolak
fal·con·ry [~rij] n sokolarstvo
Falk·lands ['foklandz] n pl (the ~) Falkland Islands (the ~) Foklandska ostrva
fall I [fol] n 1. pad, padanje; a ~ from a tree pad s drveta; a ~ from power pad s vlasti; the ~ of Paris pad Pariza; to break a ~ ublažiti pad 2. moralni pad 3. (wrestling) tuš 4. jesen; in the ~ u jesen (see also **autumn I**)
fall II a jesenji, jesenski (also **autumn II**)
fall III fell [fel]; fallen ['folən] v intr 1. pasti; spustiti se; he stumbled and fell on se spotakao i pao; to ~ from a horse pasti s konja; to ~ from a tree pasti s drveta; rain is ~ing kiša pada; to ~ in battle pasti u borbi; to ~ into disgrace pasti u nemilost; his glance fell on me pogled mu je pao na mene; the barometer fell barometar je pao; to ~ on one's back pasti nauznak; the government has fallen vlada je pala; to ~ into an ambush pasti u zasedu; to ~ to one's knees spustiti se na kolena (koljena); night is ~ing noć se spušta; prices have fallen cene (cijene) su pale; the holiday ~s on Tuesday praznik pada u utorak; the fortress fell tvrđava je pala; the leaves are ~ing lišće pada; to ~ victim (to) pasti žrtvom; to ~ flat on one's face pasti koliko je dug i širok; it fell to my lot to break the news meni je palo u deo (dio) da javim ovu vest (vijest) 2. odroniti se; a large rock fell odronila se velika stena (stijena) 3. opasti, pasti; the leaves are ~ling opada lišće 4. zapasti, pasti; to ~ into a trap zapasti u klopku 5. misc.; to ~ apart raspasti se; the wind fell vetar (vjetar) je utihao; to ~ asleep zaspati; to ~ down pasti ničice; *to ~ down on the job podbaciti; to ~ due prispeti — prispjeti (za plaćanje); his speech fell flat njegov govor nije imao nikakvog uspeha (uspjeha); to ~ for smb. zaljubiti se u nekoga; to ~ ill (sick) oboleti (oboljeti); to ~ into line pristati, složiti se, popustiti; to ~ to pieces srušiti se; to ~ under smb.'s jurisdiction spadati u nečiju nadležnost; that ~s short of expectations to ne odgovara očekivanjima; the plans fell through planovi su propali; to ~ heir to a fortune naslediti (naslijediti) veliko bogatstvo (colloq.); he fell all over himself trying to be nice trudio se iz petnih žila da bude ljubazan; to ~ in love with smb. zaljubiti se u nekoga

fall about v (Br.) to fall about laughing prsnuti u smeh (smijeh)
fal·la·cious [fə'lejšəs] a 1. pogrešan 2. varljiv
fal·la·cy ['faeləsij] n 1. greška, zabluda 2. pogrešno rasuđivanje
fall back v 1. povući se 2. to fall back on smt. pribeći (pribjeći) nečemu
fall behind v zaostati
fall down v 1. pasti; srušiti se 2. misc.; to fall down on the job ne ispuniti dužnost, podbaciti
fal·len ['folən] a (see **fall III**) opao; ~ leaves opalo lišće; a ~ woman propala žena
fallen arches see **flatfoot 1**
fall for v 1. see **fall III 5** 2. podleći; to fall for propaganda podleći propagandi
fall guy (slang) patnik za tuđe grehe (grijehe)
fal·li·bil·i·ty [faelə'bilətij] n pogrešivost
fal·li·ble ['faeləbəl] a pogrešiv
fall in v 1. (mil.) postrojiti se; fall in! zbor! postroj! 2. srušiti se; the roof fell in krov se srušio 3. misc.; to fall in with smb. pridružiti se nekome; to fall in love with smb. zaljubiti se u nekoga
fall·ing [~iñg] a 1. koji pada 2. (ling.) silazni; a ~ accent silazni akcenat
fall·ing-out [~iñg-aut] n svađa, prekid odnosa
falling sickness see **epilepsy**
falling star zvezda (zvijezda) padalica
fall off v 1. otpasti; the button fell off dugme je otpalo 2. opasti; smanjiti se; attendance has fallen off considerably broj prisutnih znatno je opao 3. pasti, spasti; to fall off a horse pasti s konja
fall on v 1. navaliti; napasti; nasrnuti 2. naići (na); my eye fell an a book primetio (primijetio) sam jednu knjigu
Fal·lo·pi·an tube [fə'loupijən] jajovod (also **oviduct**)
fall out v 1. opasti; his hair fell out opala mu je kosa 2. ispasti; his teeth fell out ispali su mu zubi 3. (mil.) to fall out (for formation) izaći iz zgrade (radi postrojavanja) 4. (mil.) izaći iz stroja; fall out! voljno! 5. posvađati se, razići se; they have fallen out razišli su se
fall-out [~aut] n radioaktivne padavine
fall over v srušiti se
fal·low I ['faelou] n ugar
fallow II a 1. ugaren; neobrađen; to lie ~ ležati na ugaru 2. jalov; a ~ mare jalova kobila
falls n pl vodopad (also **waterfall**)
fall through v 1. propasti; to fall through a hole propasti kroz rupu; the deal fell through posao je propao
fall upon v see **fall on**
false [fols] a 1. lažan (W also: kriv); a ~ alarm lažna uzbuna; a ~ document lažan dokumenat; ~ testimony lažno svedočanstvo (svjedočanstvo); a ~ pregnancy lažna trudnoća 2. varljiv; ~ hopes varljive nade 3. veštački — vještački (W: umjetni); tuđ, lažan; ~ hair veštačka (tuđa) kosa; ~ teeth veštački zubi 4. misc.; a ~ bottom duplo dno; *to sail under ~ colors ploviti pod tuđom zastavom; izdavati se za drukčijeg; to take a ~ step preduzeti pogrešan korak; (naut.) a ~ keel zaštitna kobilica; (anat.) ~ ribs lažna rebra; *under ~ pretences na

temelju lažnih navoda; (Br.; as *adv*) *to play smb.* ~ prevariti nekoga
false arrest protivpravno (neosnovano) lišenje slobode
false-hood [~hud] *n* laž, neistina
false start (sports and fig.) pogrešan (neispravan) start
fal·set·to [fol'setou] *n* falset
fals·ies ['folsijz] *n pl* (colloq.) ulošci za grudnjak
fal·si·fi·ca·tion [folsəfə'kejšən] *n* falsifikacija
fal·si·fy ['folsəfaj] *v tr* falsifikovati
fal·si·ty ['folsətij] *n* lažnost, neistinitost
fal·ter ['foltə(r)] *v intr* spotaći se, posrnuti
fame [fejm] *n* slava; *to attain* ~ steći slavu; *to thirst for* ~ žudeti (žudjeti) za slavom
famed [~d] *a* čuven
fa·mil·ial [fə'miljəl] *a* porodični, familijaran
fa·mil·iar I [fə'miljə(r)] *n* dobar poznanik
familiar II *a* 1. familijaran, neusiljen 2. prijateljski, prisan, intiman, familijaran; *on* ~ *terms* u prijateljskim odnosima 3. uobičajen, čest, običan; *a* ~ *sight* uobičajena pojava 4. upoznat, upućen; *he is* ~ *with the facts* on je upoznat s činjenicama; *he is* ~ *with our plan* on je upućen u naš plan 5. suviše intiman, drzak
fa·mil·i·ar·i·ty [fəmil'jaerətij] *n* 1. familijarnost, neusiljenost 2. prisnost, intimnost, familijarnost; *~ *breeds contempt* prisnost rađa preziranje 3. uobičajenost 4. poznavanje; upoznatost; ~ *with smt.* poznavanje nečega 5. preterana (pretjerana) intimnost
fa·mil·iar·ize [fə'miljərajz] *v tr* familijarizovati, upoznati; *to* ~ *oneself with details (a situation)* upoznati se sa detaljima (sa situacijom)
fam·i·ly ['faem(ə)lij] *n* 1. (in Br. English this noun may have a verb in the *pl*) porodica, familija (W also: obitelj); *a head of a* ~ glava porodice; *the immediate* ~ uža familija; *a friend of the* ~ porodični prijatelj; (as *a*): ~ *life* porodični život; *a* ~ *doctor* domaći lekar — ljekar (W: liječnik); *a* ~ *likeness* porodična sličnost; (colloq.) *in a* ~ *way* trudna 2. (zool., bot.) porodica 3. (ling.) porodica; *a* ~ *of languages* porodica jezika
family allowance (Br.) dodatak za svako dete (dijete)
family circle članovi porodice
family counseling porodično savetovanje (savjetovanje)
family man čovek (čovjek) koji voli porodični život
family medicine (med.) opšta (opća) praksa
family name prezime
family planning planiranje porodice
family practitioner (med.) see **general practitioner**
family tree 1. porodično stablo 2. rodoslovlje
fam·ine ['faemin] *n* 1. glad; *to die of* ~ umreti (umrijeti) od gladi 2. nestašica
fam·ished ['faemišt] *a* izgladneo (izgladnio); gladan kao vuk
fa·mous ['fejməs] *a* 1. čuven, poznat 2. (colloq.) odličan
fan I [faen] *n* 1. lepeza 2. ventilator
fan II *v* 1. *tr* hladiti lepezom; *to* ~ *oneself* hladiti se lepezom 2. *tr* podstaći, raspaliti; *to* ~ *re-*

sentment raspaliti mržnju 3. *intr (to* ~ *out)* razviti se u vidu lepeze, otpočeti kretanje u nekoliko pravaca
fan III *n* navijač; obožavalac; an *avid (devoted)* ~ strastan navijač; *the* ~*s cheered their favorites* navijači su bodrili svoje ljubimce (see also **rooter**)
fa·nat·ic I [fə'naetik] *n* fanatik, fanatičar; *religious* ~*s* verski (vjerski) fanatici
fanatic II *a* see **fanatical**
fa·nat·i·cal [~əl] *a* fanatičan, fanatički
fa·nat·i·cism [fə'naetəsizəm] *n* fanatizam; *religious* ~ verski (vjerski) fanatizam
fan belt kaiš ventilatora
fan·ci·er ['faensijə(r)] *n* 1. ljubitelj 2. odgajivač; *a cat* ~ odgajivač mačaka
fan·ci·ful ['faensifəl] *a* 1. nestvaran; izmišljen 2. imaginativan
fan club udruženje navijača
fan·cy I ['faensij] *n* 1. fantazija, mašta 2. iluzija 3. sklonost, želja; *that strikes my* ~ to mi se dopada; *to catch smb.'s* ~ dopasti se nekome; *to take a* ~ *to smt.* zavoleti (zavoljeti) nešto
fancy II *a* 1. elegantan, luksuzan; *a* ~ *hat* elegantan šešir 2. kitnjast, cifrast 3. imaginaran; uobražen 4. odličan, izvrstan 5. skup; *a* ~ *price* visoka cena (cijena)
fancy III *v tr* 1. zamisliti; *to* ~ *smb. as a lawyer* zamisliti nekoga kao advokata; ~ *meeting you here!* zamisli da te ovde (ovdje) sretnem! 2. voleti (voljeti)
fancy dress krabuljno odelo (odijelo)
fancy-free [~-frij] *a* bezbrižan
fancy man (Br.; colloq.) ljubavnik
fancy woman (Br.; colloq.) ljubavnica
fan·cy·work [~wə(r)k] *n* ručni rad
fan·fare [~fej(r)] *n* tuš, fanfara
fan·fa·ron·ade [faenfərə'nejd] *n* 1. hvalisanje 2. see **fanfare**
fang [faeng] *n* zub (prihvatač); otrovan zub (zmijski)
fan-jet [~-džet] *n* ventilatorski mlazni motor (avion)
fan mail pisma od obožavalaca
fan·ny ['faenij] *n* (slang) zadnjica
fan out *v* see **fan II 3**
fan-tail [~tejl] *n* (pigeon) lepezan
fan·ta·sia [faen'tejžə]; [zə] *n* (mus.) fantazija
fan·tas·tic [faen'taestik] *a* fantastičan
fan·ta·sy ['faentəsij] *n* fantazija; *to indulge in* ~ predati se mašti
far I [fa(r)] *a* dalek, daljni, udaljen; *a* ~ *country* daleka zemlja **farther** ['fa(r)thə(r)] and **further** ['fə(r)thə(r)] (usu. fig.) *(comp);* **farthest** ['fa(r)-thist] and **furthest** ['fə(r)thist] (usu. fig.) *(super);* *the farther shore* dalja obala; *until further notice* do dalje naredbe; *a further stage of development* docniji stupanj razvitka; *have you anything further to say?* imate li još štogod da kažete? (see also **distant**)
far II *adv* 1. daleko; udaljeno *he has gone* ~ *(away)* otišao je daleko; ~ *from us* daleko od nas; ~ *more* daleko više; *by* ~ *the best* daleko bolji od svih; ~ *and away* daleko, kudikamo; ~ *from it* daleko od toga; *to look* ~ *into the*

future gledati daleko u budućnost 2. misc.; *how ~ are you traveling?* dokle putujete? *we'll travel together as ~ as you want* putovaćemo zajedno dokle (god) hoćeš; *as ~ as I know* koliko ja znam; *as ~ as the eye can see* dokle oko dopire; *so ~* dotle; do sada; *~ be it from me to object* ja nipošto ne bih uložio protest; **to go ~* uspeti (uspjeti), mnogo postići; *~ into the night* do kasne noći; *he is ~ from rich* nije nipošto bogat; *as ~ as that goes* što se toga tiče; *as ~ back as 1930* već u 1930. godini (for *comp* and *super* see **far** I); *to go farther* ići dalje

far·a·way ['farǝwej] *a* dalek; (fig.) *a ~ look* sanjalački pogled

farce [fa(r)s] *n* farsa, lakrdija

far·ci·cal ['fa(r)sikǝl] *a* lakrdijski, farsičan

fare I [fej(r)] *n* 1. cena (cijena) vožnje, vozarina 2. (colloq.) putnik 3. hrana (i piće); *modest ~* skromna hrana; *a bill of ~* jelovnik

fare II *v intr* proći, napredovati; *how did he ~ in the big city?* kako je prošao u velegradu?

Far East *(the ~)* Daleki istok; *in the ~* na Dalekom istoku

fare·well I [~'wel] *n* oproštaj; *to arrange a ~ for smb.* prirediti nekome oproštaj

farewell II *a* oproštajni; *a ~ dinner* oproštajna večera; *a ~ speech* oproštajni govor

farewell III *interj* zbogom

far-fetched ['fa(r)-'fečt] *a* napregnut; s mukom izmišljen; *a ~ scheme* nepraktičan plan

far-flung [~-flʌng] *a* 1. rasprostranjen 2. dalek

fa·ri·na [fǝ'rijnǝ] *n* brašno

far·i·na·ceous [faerǝ'nejšǝs] *a* brašnav, brašnast

farm I [fa(r)m] *n* farma; poljoprivredno dobro; gazdinstvo; *a private ~* individualno gazdinstvo; *an otter ~* farma vidrica; *a collective ~* zemljoradnička zadruga; *to work (run) a ~* voditi (poljoprivredno) gazdinstvo

farm II *a* poljoprivredni; *~ equipment* poljoprivredni alat; *a ~ worker* zemljoradnik

farm III *v* 1. *tr* obraditi; *to ~ the land* obraditi zemlju 2. *tr (to ~ out)* podeliti — podijeliti (rad, zadatke) 3. *intr* obrađivati zemlju

farm·er [~ǝ(r)] *n* poljoprivrednik, farmer, zemljoradnik; seljak; *small ~s* sitni farmeri

farmer's almanac poljoprivredni kalendar

farm hand poljoprivredni radnik, zemljoradnik, seljak

farm·house [~haus] *(-ses* [ziz]) *n* farmerova kuća, seljačka kuća

farm·ing [~ing] *n* poljoprivreda, ratarstvo

farm out *v* see **farm** III 2

farm·stead [~sted] *n* poljoprivredni posed (posjed), farma

farm·yard [~ja(r)d] *n* seosko dvorište

far-off [far-'of] *a* udaljen, dalek

far-out [~-'aut] *a* (slang) čudan

far·ra·go [fǝ'rejgou] *(-es) n* mešavina (mješavina)

far-reach·ing [far-'riječing] *a* dalekosežan; *~ consequences* dalekosežne posledice (posljedice)

far·ri·er ['faerijǝ(r)] *n* (Br.) potkivač, kovač

far·row ['faerou] *n* prašenje, prasad

far-sight·ed ['fa(r)-sajtid] *a* 1. dalekovid 2. (fig.) dalekovid, koji dobro predviđa

far-sight·ed·ness [~nis] *n* dalekovidost

far·ther see **far** I, II

far·ther·most ['farthǝ(r)moust] *a* najdalji

far·thest see **far** I, II

far·thing ['fa(r)thing] *n* (Br.) farding, četvrt penija

far·thin·gale [~ejl] *n* (hist.) suknja na obruč

fas·ci·a ['faešijǝ]; *[ej]* (*-ae* (ij)] *n* 1. (Br.) see **dashboard** 2. (anat.) tanak sloj vezivnog tkiva

fas·ci·cle ['faesikǝl] *n* 1. svežanj, fascikl 2. (bot.) snopić, kita 3. see **fascicule**

fas·ci·cule ['faesǝnejt] *n* sveska (knjige)

fas·ci·nate ['faesǝnejt] *v tr* fascinirati, opčiniti, opčarati

fas·ci·nat·ing [~ing] *a* fascinantan

fas·ci·na·tion [faesǝ'nejšǝn] *n* 1. fascinantnost 2. fasciniranje

fas·cine [fae'sijn] *n* snop pruća, fašina

fas·cism ['faešizǝm] *n* fašizam

fas·cist I ['faešist] *n* fašista

fascist II *a* fašistički

fa·scis·tic [fǝ'šistik] see **fascist** II

fash·ion I ['faešǝn] *n* 1. oblik, izgled 2. način, manir, metod; *in a strange ~* na čudan način; *after a ~* na izvestan (izvjestan) način 3. moda; *the latest ~* poslednja (posljednja) moda; *to keep up with the latest ~s* terati (tjerati) modu, držati se mode; *according to ~* po modi; *in ~* u modi; *to go out of ~* izaći iz mode; *to set the ~* uvesti modu

fashion II *v tr* oblikovati, modelirati, fazonirati

fash·ion·a·ble [~ǝbǝl] *a* 1. modni, u modi, pomodan 2. elegantan

fashion designer modni kreator

fashion magazine modni žurnal

fashion plate pomodar

fashion show modna revija

fast I [faest]; *[a] n* post, uzdržavanje od hrane; *to break a ~* prekinuti post

fast II *v intr* postiti, uzdržavati se od hrane

fast III *a* 1. brz; *a ~ worker* brz radnik; *your watch is ten minutes ~* tvoj sat žuri deset minuta 2. stalan, trajan; čvrst; *a ~ color* stalna (trajna) boja 3. raskalašan, razvratan; *a ~ woman* laka žena; *to live a ~ life* živeti (živjeti) raskalašenim životom; *a ~ crowd* sumnjivo društvo 4. (photo.) ultrabrz; osetljiv (osjetljiv) 5. prisan; *~ friends* prisni prijatelji

fast IV *adv* 1. brzo; *to run ~* trčati brzo 2. čvrsto, nepomično; *to stand ~* stajati čvrsto; *to be ~ asleep* spavati čvrstim snom; **to play ~ and loose* nedosledno (nedosljedno) se ponašati

fast break (basketball) protivnapad

fast buck (slang) lako zarađen novac

fast day dan posta

fas·ten ['faesǝn]; *[a] v tr* pričvrstiti; vezati; prikačiti; *to ~ a brooch* prikačiti broš; *~ your seat belts!* vežite pojaseve!

fasten down *v* see **fasten**

fas·ten·er [~ǝ(r)] *n* driker, pričvršćivač; veza, spona

fas·ten·ing [~ing] *n* veza; kopča; učvršćenje

fast-food *a* koji služi brzo pripremljenu hranu; *a ~ restaurant* ekspres-restoran

fas·tid·i·ous [fǝ'stidijǝs], *[ae]* *a* 1. izbirački; *a ~ person* izbirač 2. utančan, profinjen

fas·tid·i·ous·ness [~nis] *n* utančanost, profinjenost

fast·ness [~nis] *n* 1. tvrđava 2. trajnost; sigurnost
fast-talk·ing [~-tokiŋg] *a* brzorek
fat I [faet] *n* 1. mast; salo; loj; *animal (vegetable)*
~ životinjska (biljna) mast; *to fry in* ~ pržiti
na masti 2. debljina, gojaznost 3. misc.; **to*
live off the ~ *of the land* uživati sva zadovolj-
stva; **to put the* ~ *on the fire* sipati ulje na
vatru; **to chew the* ~ ćaskati
fat II *a* 1. mastan; (fig.) *a* ~ *salary* masna plata
(see also **fatty**) 2. debeo, gojazan 3. obilan 4.
unosan
fa·tal ['fejtəl] *a* 1. smrtan, smrtonosan; *a* ~
blow smrtan udarac; *a* ~ *illness* smrtonosna
bolest 2. fatalan, sudbonosan, koban; *a* ~
blunder kobna greška
fa·tal·ism [~izəm] *n* fatalizam
fa·tal·ist [~ist] *n* fatalista
fa·tal·is·tic [fejtə'listik] *a* fatalistčan, fatalistički
fa·tal·i·ty [fej'taelətij], [ə] *n* 1. ljudska žrtva 2. fa-
talnost, kobnost 3. smrtonosnost
fat cat (slang) bogataš
fate [fejt] *n* sudbina; fatalitet; fatum; *to believe*
in ~ verovati (vjerovati) u sudbinu; *crushed by*
~ skrhan sudbinom; (myth.) *the Fates* boginje
sudbine
fat·ed [~id] *a* suđen
fate·ful [~fəl] *a* sudbonosan
fat·head [~hed] *n* (slang) glupan
fa·ther I ['fathə(r)] *n* 1. otac; *he takes after his* ~
on se umetnuo na oca; **like* ~ *like son* kakav
otac takav sin; **he is the spitting image of his*
~ on je sušti otac 2. predak, otac; *this is a*
custom of our ~s to je običaj naših otaca 3.
sveštenik (svećenik) 4. osnivač, tvorac, otac;
the ~ *of his country* otac svoje zemlje
father II *v tr* roditi, stvoriti
Father Christmas Br.; see Santa Claus
father confessor otac ispovednik (ispovjednik)
father figure očev zamenik (zamjenik)
fa·ther·hood [~hud] *n* očinstvo (also **paternity**)
fa·ther-in-law [~-in-lo] *(fathers-in-law)* *n* svekar;
tast
fa·ther·land [~laend] *n* otadžbina, domovina
fa·ther·less [~lis] *a* bez oca, sirotan
fa·ther·ly [~lij] *a* očinski (also **paternal**)
Father's Day dan očeva (treća nedelja — nedjelja
u junu — W: lipnju)
fath·om I ['faethəm] *n* (usu. naut.) hvat (šest stopa,
2,134 metra)
fathom II *v tr* dokučiti, proniknuti
fa·tigue I [fə'tijg] *n* 1. zamor, umor 2. (mil.; also:
~ *duty*) težak rad, poslovi unutrašnje službe
(čišćenje spavaće sobe, ribanje poda, čišćenje
dvorišta i sl.); *to put on* ~ *duty* odrediti na rad
3. (mil.; in *pl*; also: *fatigue clothes, fatigue*
uniform) radno odelo (odijelo)
fatigue II *v tr* zamoriti, umoriti
fa·tigued [~d] *a* umoran
fa·tigues see fatigue I 3
fat·so ['faetsou] (-es) *n* (slang) debeljko
fat·ten ['faetn] *v tr* (also: *to* ~ *up*) ugojiti, naklju-
kati, utoviti; *to* ~ *a goose* nakljukati gusku
fat·tish [~iš] *a* debeljušan

fat·ty I ['faetij] *n* (colloq.) debeljko
fatty II *a* mastan; ~ *meat* masno meso

fatty acid masna kiselina
fa·tu·i·ty [fə'rūətij]; [tj] *n* blesavost
fat·u·ous ['faečūəs] *a* blesav, glupav, šašav
fau·cal ['fokəl] *a* grleni
fau·ces ['fosijz] *n pl* (anat.) grlo
fau·cet ['fosit] *n* slavina; *the* ~ *is leaking* slavina
curi; *to turn a* ~ *on* pustiti (otvoriti) slavinu;
to turn a ~ *off* zatvoriti slavinu
fault I [folt] *n* 1. mana, nedostatak; *he has many*
~s on ima mnogo mana 2. krivica; *who is at*
~? ko (tko) je kriv? *it's his* ~ to je njegova
krivica 3. (geol.) prekid sloja 4. (tennis) pogre-
*šan servis 5. (elec.) rđavo izolovanje 6. misc.;
to find ~ *with smb.* kritikovati nekoga; *she is*
kind to a ~ preterano (pretjerano) je dobra
fault II *v tr* kritikovati
fault·find·er [~fajndə(r)] *n* zakeralo, sitničar
fault·find·ing [~iŋg] *n* zakeranje
fault·less [~lis] *a* besprekoran (besprijekoran)
fault·y [~ij] *a* 1. pogrešan 2. defektan, neispravan
faun [fon] *n* (myth.) faun
fau·na [~ə] (-s or -ae [ij]) *n* (coll.) fauna
faux pas [fou pa] *(faux pas* [fou paz]) *n* (French)
pogrešan korak
fa·vor I ['fejvə(r)] *n* 1. milost, naklonost, naklonje-
nost; *to get into smb.'s* ~ zadobiti nečiju mi-
lost; *to be out of* ~ ne biti u milosti; *to curry*
~ *with smb.* ulagivati se nekome; *to find* ~
in smb.'s eyes dopasti se nekome 2. usluga;
to do smb. a ~ učiniti nekome uslugu 3. korist,
prilog; *to withdraw in* ~ *of smb.* povući se u
korist nekoga; *to be in* ~ *of smt.* biti za nešto
4. (mali) poklon; ukras 5. (in *pl*) (ženin) pri-
stanak na prisnost
favor II *v tr* 1. pokazivati naklonost (prema),
favorizovati; *to* ~ *smb.* pokazivati naklonost
prema nekome, favorizovati nekoga 2. čuvati;
to ~ *an injured leg* čuvati povređenu (povrije-
đenu) nogu 3. (usu. sports) favorizovati; *our*
team is ~*ed (to win)* naša je ekipa favorizovana
fa·vor·a·ble ['fejvərəbəl] *a* povoljan; pogodan; ~
conditions povoljni uslovi (W also: uvjeti); *a* ~
impression povoljan utisak; *a* ~ *opinion* po-
voljno mišljenje
fa·vor·ite I ['fejv(ə)rit] *n* 1. ljubimac; *to play* ~s
biti pristrastan 2. (sports) favorit
favorite II *a* omiljen, najomiljeniji
favorite son (Am., pol.) kandidat na predsednički
(predsjednički) položaj kojeg podržava (na par-
tijskom skupu) samo delegacija njegove države
fa·vor·it·ism [~izəm] *n* pristrasnost
favors see favor I 5
fawn I [fon] *n* (zool.) lane
fawn II *v intr* ulagivati se; *to* ~ *over smb.* ulagivati
se nekome
fawn·ing I [~iŋg] *n* ulizištvo, ulagivanje
fawning II *a* ulizički, ulagivački
fawn on, fawn upon *v* Br.; see fawn II
faze [fejz] *v tr* zbuniti, uznemiriti
FBI [efbij'aj] *(the* ~) (abbrev. of *Federal Bureau*
of Investigation) Federalni istražni biro
fe·al·ty ['fijəltij] *n* vernost — vjernost (vazala)
fear I [fij(r)] *n* strah; bojazan; ~ *of the unknown*
strah od nepoznatog; *to live in* ~ živeti (živjeti)
u strahu; *to inspire* ~ *in smb.* ulivati (zadavati)
strah nekome; *he was overcome by* ~ uhvatio

(spopao) ga je strah; *for ~ of* iz bojazni; *there is no ~ of that* ne treba se bojati toga

fear II *v tr* and *intr* plašiti se, bojati se; *to ~ the worst* bojati se najgoreg; *a man to be ~ed* čovek (čovjek) kojeg se treba bojati

fear·ful [~fəl] *a* 1. strašljiv, plašljiv; *to be ~ of smt.* plašiti se nečega 2. strašan, strahovit

fear·less [~lis] *a* neustrašiv

fear·some [~səm] *a* 1. strašan, strahovit 2. plašljiv

fea·si·bil·i·ty [fijzə'bilitij] *n* izvodljivost

fea·si·ble ['fijzəbəl] *a* izvodljiv

feast I [fijst] *n* gozba, svečani ručak, pir

feast II *v* 1. *tr* naslađivati; *to ~ one's eyes on smt.* naslađivati oči nečim 2. *intr* pirovati

feat [fijt] *n* podvig; *a real ~* pravi podvig; *to perform a brave ~* izvršiti hrabar podvig

feath·er I ['fethə(r)] *n* pero; **a ~ in one's cap* ono što se čovek (čovjek) diči; **birds of a ~ flock together* svaka ptica svome jatu leti; **to show the white ~* držati se kukavički

feather II *v tr* 1. perjem pokriti;* *to ~ one's nest* obogatiti se, zloupotrebiti (zloupotrijebiti) svoj položaj u svoju korist; **to tar and ~ smb.* see **tar** II 2. (aviation) *to ~ a propeller* staviti elisu na jedrenje 3. (rowing) *to ~ the oars* plitko veslati

feather bed dušek od perja

feath·er·bed [~bed] *v intr* zaposliti veći broj ljudi nego što je potrebno (da bude manje nezaposlenih)

feath·er·bed·ding [~iŋg] *n* zapošljavanje većeg broja ljudi nego što je potrebno

feath·er·brain [~brejn] *n* lakomislena osoba

feath·er·head [~hed] *n* see **featherbrain**

feath·er·weight I [~wejt] *n* 1. bokser (W: boksač) perolake kategorije 2. laka osoba, stvar

featherweight II *a* 1. (boxing) perolak 2. nevažan, beznačajan

feath·er·y [~rij] *a* pernat

fea·ture I ['fijčə(r)] *n* 1. crta, odlika, karakteristika; *handsome (regular) ~s* lepe — lijepe (pravilne) crte (lica) 2. atrakcija 3. (or: *a ~ film*) umetnički (umjetnički) film

feature II *v tr* 1. prikazati u glavnoj ulozi 2. istaći 3. imati kao glavnu crtu

fea·tured [~d] *a* 1. u glavnoj ulozi; *a ~ actress* glumica u glavnoj ulozi 2. istaknut

feature film igrani film, umetnički (umjetnički) film

fea·ture-length [~leŋgth] *a* dugometražni; *a ~ film* dugometražni film

feb·rile ['febril]; ['fijbrajl] *a* febrilan, groznični

Feb·ru·ar·y ['februerij], [j], [ə] *n* februar (W: veljača)

fe·cal ['fijkəl] *a* izmetni, fekalni

fe·ces ['fijsijz] *n pl* izmet, izmetine, fekalije

feck·less ['feklis] *a* 1. slab; nemoćan 2. nemaran, nepažljiv

fec·u·lent ['fekjələnt] *a* prljav, smrdljiv

fe·cund ['fijkənd], [e] *a* 1. plodan, plodonosan 2. stvaralački, produktivan

fe·cun·di·ty [fə'kəndətij] *n* 1. plodnost, plodonosnost 2. stvaralačka moć, produktivnost

fed I see **feed** II

fed II [fed] *n* (colloq.) see **G-man**

fed·er·al ['fedərəl] *a* federalni, federativni; *a ~ government* federalna vlada

Federal Aviation Administration (Am.) Federalna vazduhoplovna uprava

Federal Bureau of Investigation *(the ~)* Federalni istražni biro

fed·er·al·ism [~izəm] *n* federalizam

fed·er·al·ist [~ist] *n* federalista

fed·er·al·ize [~ajz] *v tr* 1. federalisati 2. (Am.) *to ~ the National Guard* predati Nacionalnu gardu pod komandu regularne vojske

Federal Reserve System Federalni rezervni sistem

fed·er·ate ['fedərejt] *v tr* federalisati, učiniti federativnim

fed·er·a·tion [fedə'rejšən] *n* federacija

fed·er·a·tive ['fedərətiv], [ej] *a* federativan, federalni

fed up see **feed** II 5

fee [fij] *n* 1. honorar; *a lawyer's ~* honorar advokata 2. plata, taksa; *tuition ~s* školarina 3. napojnica, bakšiš 4. feudalno dobro (also **fief**)

fee·ble ['fijbəl] *a* slab, nemoćan; oronuo; *a ~ attempt* slab pokušaj

fee·ble-mind·ed [~-majndid] *a* slabouman, malouman

fee·ble-mind·ed·ness [~nis] *n* slaboumnost

feed I [fijd] *n* 1. stočna hrana (also **fodder**) 2. (tech.) napajanje, snabdevanje (snabdijevanje); (as *a*) *~ mechanism (on a machine gun)* uvodnik (mitraljeza) 3. Br.; see **straight man**

feed II *fed* [fed] *v* 1. *tr* nahraniti; *to feed an army (cattle, a family)* hraniti vojsku (stoku, porodicu); *to ~ oneself* hraniti se 2. *tr* snabdeti — snabdjeti (W also: opskrbiti); *to ~ bread to (the) birds* hraniti ptice hlebom (hljebom — W: kruhom) 3. *tr* uvesti; *to ~ a round into the chamber* uvesti metak u ležište; *to ~ ammunition to a machine gun* donositi metke u mitraljez 4. *intr* jesti, hraniti se 5. misc.; *to be fed up* biti sit; *to ~ the flames of jealousy* podstaći ljubomoru; (sports) *to ~ a player* dodavati loptu nekom igraču

feed·back [~baek] *n* 1. povratna veza (sprega) 2. podaci o rezultatima

feed·bag [~baeg] *n* zobnica

feed·er [~ə(r)] *n* 1. hranilac 2. onaj koji se hrani 3. see **feeder line** 4. pritoka 5. (elec.) napojna linija 6. Br.; see **bib** I

feeder line 1. sporedna pruga, lokalna linija 2. lokalno saobraćajno preduzeće (W: poduzeće)

feed·ing [~iŋg] *n* ishrana; *breast ~* dojenje deteta; *communal ~* društvena ishrana

feeding bottle flaša za hranjenje deteta (djeteta)

feed on *v* 1. jesti, hraniti se; *to feed on smt.* hraniti se nečim 2. uživati u

feed out *v* razmotati

feel I [fijl] *n* 1. osećaj (osjećaj), osećanje (osjećanje); *to have a ~ for poetry* imati osećanje za pesništvo (pjesništvo) 2. dodir

feel II *felt* [felt] *v* 1. *tr* osetiti (osjetiti); *to ~ joy (pain, sadness)* osetiti radost (bol, tugu); *to ~ affection for smb.* osetiti prijateljstvo prema nekome; *he felt his heart beating (beat)* osetio je kako mu srce lupa 2. *tr* opipati; dodirnuti; *to ~ smb.'s pulse* opipati puls nekome; *~ the material* dodirni ovaj materijal; *we ~ things* *with our hands* opipavamo stvari rukama 3. *intr* osećati (osjećati) se; *to ~ well* osećati se dobro; *to ~ happy (healthy, sick, tired)* osećati se srećnim (zdravim, bolesnim, umornim); *to ~ foolish* osećati se kao budala; *he felt obliged to say that* osetio se pozvanim da to kaže; *it ~s like velvet* oseća se pod rukom kao baršun 4. *intr* prohteti (prohtjeti) se, želeti (željeti); biti raspoložen za; *he (suddenly) felt like going to Europe* njemu se prohtelo da putuje u Evropu; *I felt like drinking beer* meni se prohtelo pivo; *he ~s like sleeping (sleepy)* spava mu se; *do you ~ like going for a walk?* želite li da izađete u šetnju? 5. *intr* imati osećaj (osjećaj); *he ~s cold (warm)* hladno (toplo) mu je 6. misc.; *to ~ for smb.* sažaljevati nekoga; *the air ~s chilly* vazduh (W: zrak) je hladan; *to ~ angry* ljutiti se; *to ~ certain* biti siguran; *to ~ in one's bones* slutiti; *to make itself felt* doći do izražaja; *how do you ~ about that?* šta (što) misliš o ovome? *to ~ up to doing smt.* imati želju da nešto uradiš; *to ~ out* pipati teren; (vul., slang) *to ~ up a girl* opipati devojku (djevojku); *to ~one's way* pipanjem naći put

feel·er [~ə(r)] *n* 1. pipak 2. (fig.) probni predlog; *to throw out a ~* opipati teren

feel·ing [~iñg] *n* osećaj (osjećaj), osećanje (osjećanje); *a ~ of cold (love, pain, sadness)* osećaj hladnoće (ljubavi, bola, tuge); *to cherish a ~ of friendship* gajiti osećaj prijateljstva; *a ~ for one's family* osećaj za svoju porodicu; *to develop a ~* razviti osećaj; *to arouse a ~* izazvati osećaj

feelings *n pl* 1. see **feeling** 2. misc.; *to hurt smb.'s ~* uvrediti (uvrijediti) nekoga; *no hard ~, I hope* nadam se da vas nisam uvredio

feel out *v* 1. see **feel II** 6 2. see **sound out**

feel up *v* see **feel II** 6

fee splitting nekorektna podela (podjela) honorara

feet see **foot I**

feign [fejn] *v* 1. *tr* simulirati; *to ~ insanity* simulirati ludilo 2. *tr* praviti se; *to ~ indifference* praviti se ravnodušnim 3. *intr* praviti se, pretvarati se

feigned [~d] *a* lažan, pritvoran

feint I [fejnt] *n* 1. lažni napad 2. (fig.) prevara

feint II *v intr* izvršiti lažni napad

feis·ty ['fajstij] *a* naprasit, svadljiv

feld·spar ['feldspa(r)] *n* (miner.) feldspar

fe·lic·i·ta·tion [filisə'tejšən] *n* čestitka

fe·lic·i·tous [fi'lisətəs] *a* podesan, zgodan; umestan (umjestan); *a ~ comparison* umesno upoređenje

fe·lic·i·ty [fi'lisətij] *n* sreća, blaženstvo

fe·line I ['fijlajn] *n* životinja iz roda mačaka

feline II *a* mačji

fell I [fel] *v tr* oboriti; *to ~ a tree* oboriti drvo; *to ~ smb. with a single shot* oboriti nekoga jednim metkom

fell II see **fall II**

fell III *a* 1. okrutan 2. misc.; **at one ~ swoop* najednom, najedanput

fel·low I ['felou] *n* 1. čovek (čovjek); *a good ~* dobar čovek; *a stupid ~* glupan; *a poor ~* jadnik 2. ortak; kolega 3. saradnik, član; *a (senior) research ~* (viši) naučni saradnik; *a ~*

of an academy član akademije 4. (at a university) asistent

fellow II *a* koji se nalazi u istom stanju; *~ workers* saradnici; *~ citizens* sugrađani

fellow feeling (Br.) saosećanje (suosjećanje)

fel·low·ship [~šip] *n* 1. drugarstvo; kolegijalnost 2. stipendija; *to award smb. a ~* dodeliti (dodijeliti) nekome stipendiju

fellowship holder stipendista

fellow traveler 1. saputnik (suputnik) 2. (pol.) simpatizer (komunističke partije)

fel·on I ['felən] *n* zločinac, težak prestupnik

felon II *n* zapaljenje (W: upala) prsta

fe·lo·ni·ous [fə'louniəsl] *a* zločinački, prestupni

fel·o·ny ['felənij] *n* zločin, težak prestup (ubistvo, silovanje, razbojnička krađa); *to commit a ~* izvršiti zločin

felt I [felt] *n* filc, pust

felt II *a* filcani; *a ~ hat* filcani šešir

felt III see **feel II**

felt tip, felt tip pen flomaster (see also **flair pen**, **magic marker**)

fe·male I ['fijmejl] *n* 1. žena; žensko 2. ženka

female II *a* 1. ženski 2. (tech.) ženski

female suffrage žensko izborno pravo

fem·i·nine I ['femənin] *n* (gram.) ženski rod

feminine II *a* ženski; *a ~ rhyme* ženska rima 2. ženstven 3. (gram.) ženski; *the ~ gender* ženski rod

fem·i·nin·i·ty [femə'ninətij] *n* 1. ženstvenost, ženskost 2. (coll.) žene

fem·i·nism ['femənizəm] *n* feminizam

fem·i·nist ['femənist] *n* feministkinja

fem·i·nis·tic [femə'nistik] *a* feministički

fem·o·ral ['femərəl] *a* bedreni, butni

fe·mur ['fijmə(r)] (*-s* or *-ora* [ərə]) *n* (anat.) bedrenjača; butnjača, butna kost

fen [fen] *n* močvara (see also **marsh**)

fe·na·gle see **finagle**

fence I [fens] *n* 1. ograda; **to sit on the ~* oklevati 2. primalac ukradenih stvari

fence II *v* 1. *tr* (or: *to ~ off*) odeliti (odijeliti) ogradom 2. *tr (to ~ in)* ograditi, zagraditi 3. *intr* mačevati se

fenc·er [~ə(r)] *n* mačevalac

fence sitter (colloq.) oportunista

fenc·ing [~iñg] *n* 1. mačevanje 2. građa za izradu ograde

fend [fend] *v intr* braniti se; *to ~ for oneself* sam se starati za sebe (bez ičije pomoći); *to ~ off an attack* odbiti napad

fend·er [~ə(r)] *n* 1. (on an automobile) blatobran 2. (naut.) bokobran

fender bender (colloq.) saobraćajna nezgoda koja uzrokuje samo malu štetu na vozilima

fend off *v* see **fend**

fen·nel ['fenəl] *n* (bot.) morač, divlja mirođija

fen·u·greek ['fenjugrijk] *n* (bot.) peskavica (pjeskavica)

feoff I [fijf] *n* see **fief**

feoff II *v tr* dati (nekome) leno

feoff·ee [fij'fij] *n* vazal

feoff·ment ['fijfmənt] *n* davanje lena

fe·ral ['fijrəl], [e] *a* divlji

fer·ment I ['fə(r)ment] *n* 1. vrenje, previranje; *social* ~ socijalno previranje 2. maja (also. *starter* 3)
ferment II [~'ment] *v* 1. *tr* dovesti do vrenja 2. *tr* (fig.) uzbuditi, ustalasati 3. *intr* previrati, fermentisati, vreti; *the wine is* ~*ing* vino vri 4. *intr* (fig.) previrati, uzbuđivati se
fer·men·ta·tion [fə(r)men'tejšən] *n* fermentacija, vrenje
fer·men·ta·tive [fə(r)'mentətiv] *a* fermentacioni
fer·mi·um ['fə(r)mijəm] *n* (phys.) fermijum
fern [fə(r)n] *n* paprat
fern·er·y [~ərij] *n* papratina
fe·ro·cious [fə'roušəs] *a* svirep, surov; divlji
fe·roc·i·ty [fə'rasətij]; [o] *n* svirepost, surovost
fer·ret I ['ferət] *n* (zool.) vretna
ferret II *v* 1. *tr* loviti (s vretnom) 2. *tr (to* ~ *out)* brižljivim traženjem pronaći, iščačkati, iščeprkati; *to* ~ *out a secret* iščeprkati tajnu 3. *tr (to* ~ *out)* isterati (istjerati) 4. *intr* loviti s vretnom
fer·ret·ing [~iñg] *n* lov s vretnom
ferret out *v* see ferret II 2, 3
fer·ric ['ferik] *a* feričan, koji sadrži trovalentno gvožđe
fer·rif·er·ous [fə'rifərəs] *a* železovit (željezovit), gvožđevit
fer·ris wheel ['feris] veliki točak, panorama — točak (u zabavnom parku)
fer·rite ['ferajt] *n* ferit
fer·ro·al·loy [ferou'aeloj] *n* legura gvožđa
fer·ro·mag·net [ferou'maegnit] *n* feromagnet
fer·rous ['ferəs] *a* gvožđevit, crn (koji sadrži dvovalentno gvožđe); ~ *metals* crni metali
fer·rule ['ferəl] *n* ferula, metalni prsten (na štapu)
fer·ry I ['ferij] *n* 1. trajekt, feribot 2. skela; skelski prelaz 3. (aviation) prelet aviona, prebacivanje aviona
ferry II *v tr* 1. prevesti; *to* ~ *across a river* prevesti preko reke (rijeke) 2. prebaciti (avion); *to* ~ *an airplane to its new base* prebaciti avion u novu bazu
fer·ry·boat [~bout] *n* 1. trajekt, feribot 2. skela
fer·ry·man [~mən] (*-men* [mən]) *n* skeledžija
fer·tile ['fə(r)təl]; [*aj*] *a* plodan; ~ *soil* plodna zemlja; *a* ~ *woman* plodna žena; *a* ~ *imagination* plodna mašta
fer·til·i·ty [fə(r)'tilətij] *n* plodnost, fertilitet
fer·til·i·za·tion [fə(r)tlə'zejšən]; [*aj*] *n* oplodnja, đubrenje
fer·til·ize ['fə(r)tlajz] *v tr* 1. oploditi (da začne) 2. nađubriti, oploditi; *to* ~ *soil* oploditi zemlju
fer·til·iz·er [~ə(r)] *n* đubrivo, gnojivo; *artificial (chemical)* ~ veštačko — vještačko (hemijsko — kemijsko) đubrivo
fer·ule ['ferəl] *n* 1. batina 2. see ferrule
fer·ven·cy ['fə(r)vənsij] *n* žarkost, vatrenost
fer·vent [~ənt] *a* žarki, vatren; strastan, usrdan; *a* ~ *kiss* strastan poljubac; *to pray* ~*ly* usrdno se moliti; *a* ~ *wish* žarka želja
fer·vid [fə(r)vid] see fervent
fer·vor ['fə(r)və(r)] *n* vatrenost, vrelina
fes·tal ['festəl] *a* svečan
fes·ter ['festə(r)] *v intr* gnojiti (se); *his wound is* ~*ing* gnoji mu (se) rana

fes·ter·ing [~riñg] *a* gnojan; *a* ~ *wound* gnojna rana
fes·ti·val ['festəvəl] *n* 1. praznik 2. festival; *a music* ~ muzički festival; *a folk-dance* ~ festival narodnih igara (plesova)
fes·tive ['festiv] *a* 1. veseo, radostan 2. svečan 3. festivalski
fes·tiv·i·ty [fes'tivətij] *n* 1. svečanost 2. praznik 3. veselje
fes·toon I [fes'tūn] *n* feston, venac (vijenac) od cveća (cvijeća)
festoon II *v tr* ovenčati (ovjenčati)
fest·schrift ['festšrift] *n* (German) zbornik (u nečiju čast)
fe·tal ['fijtl] *a* fetalan, začetni
fetch [feč] *v* 1. *tr* (otići i) doneti (donijeti) 2. *tr* doneti (cenu — cijenu); *to* ~ *a good price* doneti dobru cenu 3. *intr* aportirati 4. *misc.*; *to* ~ *and carry* obavljati sitne poslove
fetch·ing [~iñg] *a* privlačan
fete I [fejt], [e] *n* svečanost
fete II *v tr* proslaviti
fe·ti·cide ['fijtəsajd] *n* ubistvo (W also: ubojstvo) fetusa
fet·id ['fetid], [ij] *a* smrdljiv
fetid iris (bot.) smrdljiva perunika
fet·ish ['fetiš], [ij] *n* fetiš
fet·ish·ism [~izəm] *n* fetišizam
fet·ish·ize [~ajz] *v tr* fetišizovati
fet·lock ['fetlak]; [o] *n* konjski gležanj
fet·ter I ['fetə(r)] *n* 1. (usu. in *pl*) okov, bukagije, negve 2. sapon, puto
fetter II *v tr* sputati, sapeti; *to* ~ *a horse* sputati (sapeti) konja
fet·tle ['fetl] *n* kondicija; *to be in fine* ~ biti u dobroj kondiciji
fe·tus ['fijtəs] *n* fetus
feud I [fjūd] *n* zavada; smrtno neprijateljstvo
feud II *v intr* biti u zavadi
feud III *n* feudalno dobro
feu·dal [~əl] *a* feudalni; *the* ~ *system* feudalni sistem
feu·dal·ism [~izəm] *n* feudalizam
feu·dal·ize [~ajz] *v tr* feudalizovati
feu·da·to·ry ['fjūdətorij]; [ə] *a* feudalni; feudalistički
feuil·le·ton [fojə'ton] *n* (French) feljton
feuil·le·ton·ist [~ist] *n* (French) feljtonista
fe·ver ['fijvə(r)] *n* 1. (med.) groznica, (visoka) temperatura; *to have (a)* ~ imati groznicu; *childbed (hay, yellow)* ~ porodiljska (senska — sjenska, žuta) groznica 2. (fig.) groznica; *gold* ~ zlatna groznica
fever blister see cold sore
fe·ver·ish [~riš] *a* grozničav
fever pitch grozničavo uzbuđenje
few [fjū] 1. *n* mali broj; nekoliko; neki; *the chosen* ~ mali broj izabranih; *bring me a* ~ *of your books* donesi mi nekoliko od vaših knjiga; *a* ~ *of the soldiers have been wounded* nekoliko vojnika je ranjeno; *a* ~ *of my friends* neki od mojih prijatelja; *quite a* ~ ne malo 2. *pron* malo; ~ *are capable of doing that* malo je u stanju da rade to; *there are* ~ *of us* malo nas je 3. *a* malo; *a* ~ nekoliko; *he has* ~ *friends* on ima malo prijatelja; *a* ~ *men (women)* ne-

koliko ljudi (žena); *every ~ hours* svakih nekoliko časova; *~ men are able to do that* malo ljudi je u stanju da rade to; *he said a ~ words* rekao je nekoliko reči (riječi); *the ~ times that...* malo puta da...; *it's only a ~ steps from here* samo je dva-tri koraka odavde; *in a ~ days* za nekoliko dana

few·er [~ə(r)] *comp* of few; manje; *one ~* jedan manje; *no ~ than ten* najmanje deset

fez [fez] *(fezzes) n* fes

fi·a·cre [fij'akrə] *n* fijaker

fi·an·cé [fijan'sej]; [fij'onsej] *n* verenik (vjerenik)

fi·an·cée *n* verenica (vjerenica)

fi·as·co [fij'aeskou] *(-s or -es) n* fijasko; *to end in a ~* pretrpeti (pretrpjeti) fijasko

fi·at ['faʃaet], [ij] *n* naredba, dekret

fib I [fib] *n* mala laž; *to tell ~s* govoriti izmišljotine

fib II *v intr* govoriti izmišljotine, lagati

fi·ber ['fajbə(r)] *n* vlakno

fiber board lesonit ploče, presovane ploče

fiber glass stakleno vlakno

fib·ril·la·tion [fibrə'lejšən] *n* (med.) fibrilacija

fi·bro·sis [faj'brousis] *n* (med.) fibroza, fibroidna degeneracija

fi·brous ['fajbrəs] *a* vlaknast, fibrozan

fib·u·la ['fibjələ] *(-s or -ae* [ij]) *n* (anat.) lišnjača, fibula

fick·le ['fikəl] *a* nestalan, promenljiv (promjenljiv)

fic·tile ['fiktəl] *a* plastičan

fic·tion ['fikšən] *n* 1. izmišljotina, fikcija 2. (lit.) književno prozno delo (djelo) 3. (lit.) književno prozno stvaranje

fic·tion·al [~əl] *a* izmišljen

fic·tion·al·ize [~ajz] *v tr* pretvoriti u beletrist> čku formu

fic·ti·tious [fik'tišəs] *a* fiktivan, izmišljen, uobražen

fic·tive ['fiktiv] *a* fiktivan

fid·dle I ['fidəl] *n* violina; **fit as a ~* zdrav kao dren, zdrav zdravcat; **to play second ~* svirati drugu violinu

fiddle II *v tr and intr* 1. svirati na violini 2. see fidget 3. *(to ~ away)* traćiti; *to ~ one's time away* traćiti vreme (vrijeme)

fid·dle-de-dee [fidl-dij-'dij] *interj* koješta!

fid·dle-fad·dle ['fidl-faedl] *interj* koješta!

fid·dler ['fidlə(r)] *n* violinista

fid·dle·sticks ['fidlstiks] *interj* koješta!

fiddle with *v* čačkati, majati se; *to fiddle with smb.* čačkati oko nečega

fi·del·i·ty [fi'delətij] *n* 1. vernost (vjernost); *~ to smt.* vernost nečemu 2. (tech.) tačnost (W: točnost), vernost

fidg·et ['fidžit] *v intr* vrpoljiti se

fidg·et·y [~ij] *a* uzvrpoljen

fi·du·ci·ar·y I [fi'dūšijerij]; [dj]; [ə] *n* poverenik (povjerenik)

fiduciary II *a* poverenički (povjerenički)

fie [faj] *interj* pfuj

fief [fijf] *n* leno, feudalno dobro, feud (also fee 4)

field I [fijld] *n* 1. polje, njiva; *a level ~* ravno polje; *to work a ~* obrađivati polje; **the ~ of honor* polje časti 2. polje, oblast; *in the ~ of science* na polju nauke; *a ~ of interest* polje interesa; *he is a specialist in his ~* on je stručnjak u svojoj oblasti 3. teren; *to be (work)*

in the ~ biti na terenu; *to go out into the ~* ići na teren 4. (mil.) poljski (borbeni) uslovi (W: uvjeti); *(out) in the ~* u poljskim (borbenim) uslovima; *to take the ~* otpočeti borbu, započeti vojne operacije 5. (sports) igralište; *a football ~* fudbalsko (W: nogometno) igralište 6. misc.; *to bet against the ~* kladiti se na jednog konja (na jedan tim) protiv svih ostalih; *to play the ~* probati teren (različite mogućnosti)

field II *a* poljski; terenski; zemaljski

field III *v tr* 1. uvesti (u dejstvo — djejstvo); (mil.) *to ~ an army* uvesti vojsku u borbu; (sports) *they ~ed a weak team* postavili su slab tim 2. izaći (s nečim) na kraj, savladati; *the senator ~ed all questions expertly* senator je vešto (vješto) odgovorio na sva pitanja

field artillery poljska artiljerija

field·ball [~bol] *n* rukomet; *indoor ~* dvoranski (mali) rukomet (also team handball)

field bindweed (bot.) poponac

field cap (mil.) meka kapa

field day 1. dan svečanosti 2. mogućnost za rad po svojoj volji; *he had a ~* imao je puno uspeha (uspjeha)

field events *pl* (sports) trke i skokovi (lakoatletskog takmičenja)

field·fare [~fej(r)] *n* (bird) drozak brinovac, borovnjak, venjar

field glasses *pl* dogled, durbin

field goal (basketball) koš iz igre

field gun see fieldpiece

field hand zemljoradnik

field hockey hokej na travi

field hospital poljska bolnica

field intensity (phys.) intenzitet polja

field jacket bluza pohodne uniforme

field kitchen poljska kuhinja

field magnet pobudni magnet

field manual (mil.) ratna služba (priručnik)

field marshal feldmaršal

field mouse poljski miš

field music trubači i dobošari

field officer viši oficir

field of vision vidno polje

field·piece [~pijs] *n* poljski top; top

field ration poljsko sledovanje (sljedovanje) hrane

field test ispitivanje u poljskim uslovima

field-test *v tr* ispitati u poljskim uslovima

field training obuka na terenu

field trip grupna ekskurzija

field·vole [~voul] *n* (zool.) poljska voluharica

field·work [~wə(r)k] *n* (mil.) poljsko utvrđenje

field work terenska služba; rad na terenu

fiend [fijnd] *n* 1. đavo, satana 2. zao čovek (čovjek) 3. manijak; strastan ljubitelj; *a dope ~* narkoman; *a fresh-air ~* ljubitelj svežeg vazduha (W: svježeg zraka); *a sex ~* seksualni manijak

fiend·ish [~iš] *a* đavolski, satanski

fierce [fij(r)s] *a* svirep, žestok, surov

fierce·ness [~nis] *n* svirepost (also ferocity)

fier·y ['fajrij] *a* 1. vatren, ognjen; *~ words* vatrene reči (riječi) 2. plahovit; *a ~ temper* plahovita narav

fi·es·ta [fij'estə] *n* (Spanish) proslava, praznik

fife [fajf] *n* frula

fif·teen [fif'tijn] *num* petnaest, petnaestoro
fif·teenth [~th] *n* and *num* a petnaesti; *on the ~ of July* petnaestog jula (W: srpnja)
fifth I [fifth] *n* 1. petina 2. peti; *on the ~ of January* petog januara (W: siječnja) 3. (colloq.) petina galona viskija 4. misc.; *(Am., pol.) *to take the Fifth* izbegnuti svedočenje (izbjegnuti svjedočenje) pozivanjem na peti amandman (protiv samooptužbe)
fifth II *num a* peti; **a ~ wheel* deveta rupa na svirali
fifth column peta kolona
fifth columnist petokolonaš
fif·ti·eth ['fiftijith] *num a* pedeseti
fif·ty ['fiftij] *num* pedeset
fig [fig] *n* 1. smokva; **not to care a ~* ne mariti nimalo 2. figa
fight I [fajt] *n* 1. borba; tuča; *a ~ to the death* borba na život i smrt; *a ~ for survival* borba za opstanak; *to put up a good ~* hrabro se boriti; *a ~ broke out* izbila je tuča; *to provoke (start) a ~* izazvati tuču 2. borbenost; volja za borbu; *he has no ~ left* izgubio je volju za borbu
fight II *fought* [fot] *v* 1. *tr* boriti se protiv (sa), tući se (sa); *to ~ smb.* boriti se protiv nekoga; *to ~ a war* voditi rat 2. *tr* probiti, prokrčiti; *to ~ one's way through a crowd* probiti se kroz gomilu 3. *intr* boriti se; tući se; *to ~ for a principle* boriti se za princip; *to ~ to the death* boriti se do poslednje (posljednje) kapi krvi; *to ~ to the finish* boriti se do kraja; *to ~ against smt.* boriti se sa nečim; *to ~ over a trifle* boriti se za sitnicu; *to ~ with smb.* tući se sa nekim; *they are ~ing with their fists* tuku se pesnicama 4. *intr* boksovati se 5. misc.; *to ~ it out* boriti se do kraja; *to ~ off temptation* boriti se protiv iskušenja; *to ~ down* savladati
fight back *v* boriti se, pružati otpor
fight·er [~ə(r)] *n* 1. borac; *a freedom ~* borac za slobodu 2. bokser (W: boksač) 3. (aviation) lovac, lovački avion; (as *a*) *~ cover (support)* podrška lovačke avijacije
fighter-bomber *n* lovac-bombarder
fighter pilot pilot-lovac
fight·ing I [~ing] *n* borba, tuča
fighting II *a* borben; *~ efficiency* borbena gotovost; *~ spirit* borbeni duh; **a ~ chance* mogućnost uspeha (uspjeha) putem borbe
fighting cock petao (pijetao) obučen za borbu
fight off *v* 1. odbiti; *to fight off an attack* odbiti napad 2. see **fight II** 5
fight on *v* nastaviti borbu
fight out *v* see **fight II** 5
fig leaf smokvin list
fig·ment ['figmənt] *n* izmišljotina; *a ~ of the imagination* tvorevina mašte
fig·ur·a·tion [figjə'rejšən] *n* oblikovanje
fig·ur·a·tive ['figjərətiv] *a* figurativan
figure I ['figjə(r), [g]] *n* 1. broj, brojka, cifra; *to bandy ~s* baratati brojkama; *double ~s* broj između 10 i 100; *to be good at ~s* biti dobar u računanju; *the ~s differ* brojke se razlikuju 2. procena (procjena) 3. figura, oblik, linija; *he cuts a fine ~* on čini dobar utisak; *to cut a poor ~* činiti loš utisak; *she has a nice ~* ona

ima lepu (lijepu) liniju 4. slika, ilustracija 5. dijagram 6. prilika, lik, osoba
figure II *v* 1. *tr* izračunati (also **figure out** 1) 2. *tr* (colloq.) smatrati 3. *intr* računati 4. *intr* (colloq.) misliti 5. *intr* figurirati, igrati ulogu 6. misc.; *to ~ on* računati na; (colloq.) *it ~s* to je razumljivo
figure eight osmica
fig·ure·head [~hed] *n* 1. nominalni vođ 2. (on a ship) pramčana figura
figure of speech trop
figure out *v* 1. izračunati, proračunati; *he figured out how much time would be needed* proračunao je koliko će biti potrebno vremena 2. shvatiti; *I can't figure it out* ne mogu da to shvatim
figure skater umetnički (umjetnički) klizač
figure skating umetničko (umjetničko) klizanje
fig·u·rine [~'rijn] *n* figurica, figurina
fig·wort [~wə(r)t] *n* (bot.) strupnik
Fi·ji (Islands) ['fijdžij] *pl* Fidži (ostrva — W: otoci)
Fiji Islander Fidžijanac
fil·a·ment ['filəmənt] *n* vlakno (za grejanje — grijanje)
fil·a·ture ['filəču(r)] *n* filatura, odmotavanje
filch [filč] *v tr* ukrasti
file I [fajl] *n* 1. dosje; karton, košuljica; fascikla; evidencija; *to keep ~s* voditi evidenciju; *to keep a ~ on smt.* voditi evidenciju o nečemu; *to remove (delete) smt. from smb.'s ~* izbrisati nešto iz evidencije 2. akt, arhiva; *in the ~s* u aktima; *the official ~s* zvanična akta; *to close the ~s on smt.* staviti nešto u akta 3. (or: *card ~*) kartoteka 4. (usu. mil.) red, kolona po jedan 5. (C.) datoteka
file II *v* 1. *tr* (also: *to ~ away*) staviti u arhivu (u akta) 2. *tr* ubeležiti (ubilježiti), upisati; *to ~ a deed* upisati tapiju (u zemljišne knjige) 3. *tr* podneti (podnijeti); *to ~ a tax return* podneti poresku prijavu 4. *tr* srediti; *to ~ smt. according to alphabetical order* srediti nešto po azbučnom redu 5. *intr* ići u koloni po jedan; *to ~ in (out)* ući (izaći) po jedan 6. *intr* voditi kartoteku; *he knows how to ~ on* ume (umije) da vodi kartoteku
file III *n* turpija; *a nail ~* turpija za nokte
file IV *v tr* turpijati
file box kartonska kutija
file cabinet ormar za kartoteku
file card karton za kartoteku
file clerk arhivski radnik
fi·let mi·gnon [fi'lej minj'on] (cul.) file-minjon
fil·i·al ['filijəl] *a* dečiji (dječiji)
fil·i·bus·ter I ['filəbəstə(r)] *n* 1. (Am., pol.) opstrukcija; *to carry on a ~* vršiti opstrukciju 2. (Br.) pustolov; gusar; strani najamnik
filibuster II *v intr* (Am., pol.) vršiti opstrukciju
fil·i·bus·ter·er [~rə(r)] *n* (Am., pol.) opstrukcionaš
fil·i·gree ['filəgrij] *n* filigran
filing cabinet see **file cabinet**
filing clerk see **file clerk**
fil·ings ['fajlingz] *n pl* strugotine
Fil·i·pi·no I [filə'pijnou] *n* Filipinac (see also **Philippines**)
Filipino II *a* filipinski (see also **Philippine**)
fill I [fil] *n* 1. punjenje 2. nasipanje; *land ~* zemlja za nasipanje 3. sitost; *to have one's ~ of play-*

ing naigrati se; *to drink (eat) one's* ~ napiti (najesti) se

fill II *v* 1. *tr* napuniti; ispuniti; *to* ~ *an auditorium* napuniti (ispuniti) dvoranu; *to* ~ *to the brim* napuniti do vrha; *to* ~ *completely* dupke napuniti; *to* ~ *smb.'s head with nonsense* napuniti nekome glavu glupostima; *to* ~ *one's stomach with food* napuniti stomak hranom; *to* ~ *a tank with gasoline* napuniti rezervoar benzinom; *smoke* ~*ed the room* dim je napunio sobu; *to* ~ *a glass* napuniti čašu 2. *tr* popuniti; *to* ~ *a vacancy* popuniti upražnjeno radno mesto (mjesto); *to* ~ *a gap* popuniti prazninu 3. *tr* ispuniti; *to* ~ *all requirements* ispuniti sve uslove (W also: uvjete) 4. *tr* raširiti; *to* ~ *a sail* raširiti jedro 5. *tr* plombirati; *to* ~ *a tooth* plombirati zub 6. *tr* spraviti; *to* ~ *a prescription* spraviti lek (lijek) 7. *intr* napuniti se, ispuniti se; *her eyes are* ~*ing with tears* oči joj se pune suzama 8. misc.; *to* ~ *the bill* učiniti sve što je potrebno

fill·er [~ə(r)] *n* 1. punilac 2. punjenje; sredstvo za punjenje 3. umetak 4. popuna praznine

fil·let *n* 1. ['filit] uska traka 2. [fi'lej] file, filet; ~ *of sole* fileti od lista

fill in *v* 1. (usu. Br.) popuniti, ispuniti; *to fill in a form* popuniti formular (see also **fill out** 1) 2. zameniti (zamijeniti); *to fill in for smb.* zameniti nekoga 3. obavestiti (obavijestiti); *to fill smb. in on smt.* obavestiti nekoga o nečemu 4. zasuti, nasuti, zatrpati; *to fill in a hole with sand* or: *to fill a hole in with sand* zasuti (zatrpati) rupu peskom (pijeskom) 5. uneti (unijeti); *to fill in one's name* uneti svoje ime

fill-in [~-in] *n* 1. zamenik (zamjenik) 2. izveštaj (izvještaj), obaveštenje (obavještenje)

fill·ing [~ing] *n* 1. plomba; *his* ~ *fell out* ispala mu je plomba; *to put in a* ~ staviti plombu 2. (cul.) fil, nadev (nadjev); *a cheese* ~ nadev od sira

filling station benzinska stanica (see also **gas station, service station, petrol station**)

fil·lip ['filəp] *n* zvrčka

fill out *v* 1. popuniti, ispuniti; *to fill out a form* or: *to fill a form out* popuniti formular (see also **fill in** 1) 2. ugojiti se

fill up *v* 1. ispuniti; *to fill up a hall* or: *to fill a hall up* ispuniti salu 2. ispuniti se, napuniti se

fil·ly ['filij] *n* 1. ždrebica 2. živahna devojka (djevojka)

film I [film] *n* 1. film (vrpca od celuloida); *exposed* ~ osvetljeni (osvijetljeni) film; *to rewind* ~ povratno namotati film 2. film (koji se prikazuje u bioskopu — W: kinu); *a color* ~ film u koloru; *a feature (feature-length)* ~ igrani (dugometražni) film; *a silent (sound)* ~ nemi — nijemi (zvučni) film; *to make (shoot) a* ~ snimati film; *to show a* ~ prikazivati film; *to direct a* ~ režirati film; *to cut a* ~ iseći deo (isjeći dio) filma; *a horror* ~ film strave i užasa; *an action* ~ akcioni film 3. kinematografija, film 4. prevlaka, opna, koprena

film II *a* filmski

film III *v* 1. *tr* filmovati 2. *intr* snimati film

film industry kinematografija

film over *v* presvući se tankom maglicom

film star filmska zvezda (zvijezda)

film·strip [~strip] *n* školski film sa dijapozitivima, dijafilm

film test proba, audicija glumca

film·y [~ij] *a* opnast, koprenast

fil·ter I ['filtə(r)] *n* filter, filtar

filter II *v tr* filtrirati, procediti (procijediti)

filter tip filter na cigareti

filter-tipped *a* s filterom; *a* ~ *cigarette* cigareta s filterom

filth [filth] *n* 1. prljavština 2. (fig.) prljavština, nepristojnost; pornografija

filth·y [~ij] *a* 1. prljav, uprljan 2. (fig.) nepristojan, pornografski

fil·trate I ['filtrejt] *n* filtrat

filtrate II *v tr* filtrirati

fin [fin] *n* 1. peraje, peraja; *a caudal (dorsal, pectoral, pelvic)* ~ repno (leđno, grudno, trbušno) peraje 2. (aviation) vertikalni stabilizator 3. (slang) novčanica od pet dolara

fi·na·gle [fi'nejgəl] *v* (colloq.) 1. *tr* izdejstvovati (izdejstvovati), postići 2. *intr* varati

fi·nal I ['fajnəl] *n* 1. see **finals** 2. diplomski ispit, završni ispit

final II *a* 1. završni, finalan, definitivan, poslednji (posljednji), konačan; *a* ~ *decision* definitivna odluka; *a* ~ *solution* konačno rešenje (rješenje); *a* ~ *outcome* konačan ishod 2. (ling.) krajnji, završni, na kraju (reči — riječi); *a* ~ *consonant* samoglasnik na kraju reči

fi·na·le [fi'naelij], [a] *n* (mus.) finale

fi·nal·ist ['fajnəlist] *n* finalista

fi·nal·i·ty [fi'naelətij] *n* finalnost

fi·nal·ize ['fajnəlajz] *v tr* see **complete II** 1

fi·nal·ly [~lij] *adv* najzad; konačno, naposletku (naposljetku)

fi·nals ['fajnəlz] *n pl* (sports) finale; *in the* ~ u finalu

fi·nance I [fi'naens], ['faj'naens] *n* 1. finansije — financije (ekonomska disciplina) 2. (in *pl*) novčana sredstva

finance II *v tr* finansirati (financirati)

fi·nan·cial [fi'naenšəl], [aj] *a* novčani, finansijski (financijski); ~ *resources* novčana sredstva; ~ *transactions* novčani poslovi

fin·an·cier [finaen'sij(r)], [aj] *n* finansijer (financijer)

fin·back ['finbaek] *n* see **rorqual**

finch [finč] *n* (bird) zeba

find I [fajnd] *n* nalaz, nalazak, nađena stvar; *an archeological* ~ arheološko nalazište

find II *found* [faund] *v* 1. *tr* naći; pronaći; *he found the room empty* našao je sobu praznu (cf.: *he found the empty room* našao je praznu sobu); *to* ~ *smb. at home* naći nekoga kod kuće; *to* ~ *smb. alive* naći nekoga u životu; *I* ~ *him to be very interesting* nalazim da je on vrlo interesantan; *he has found himself* on je našao sebe; *the error was found* pogreška se našla; *to* ~ *money* pronaći novac 2. *tr* zateći; *we found him at home* zatekli smo ga kod kuće; *we found him working in the garden* zatekli smo ga kako (gde — gdje) uređuje baštu 3. *intr* (legal) doneti (donijeti) presudu; *the jury found for the defendant* porota je presudila u korist optuženog 4. misc.; *to* ~ *fault with smb.* kriviti nekoga; *how did you ~ these cigarettes?* kako su vam se svidele (svidjele) ove cigarete? *the court found him innocent* sud mu je izrekao oslobađajuću presudu; *he found his tongue* progovorio je

find·er [~ə(r)] *n* 1. nalazač, nalaznik 2. see **view finder**

find in *v* (Br.) snabdeti (snabdjeti)

find·ing [~ing] *n* (*pl* is sometimes used in place of *sgn*) zaključak, odluka; *a court's ~* sudska odluka

find out *v* saznati, doznati; *to find out about smt.* saznati za nešto (o nečemu); *he found out how to do it* otkrio je kako se to radi

fine I [fajn] *n* kazna, globa; *to draw a ~* navući kaznu; *to pay a ~* platiti kaznu; *a $ 100 ~* kazna u iznosu od 100 dolara; *to impose a ~* dosuditi kaznu

fine II *v tr* kazniti novčano; *he was ~d 50 dollars* on je kažnjen sa 50 dolara

fine III *a* 1. fin, tanak; sitan; *~ material* tanka materija (tanak štof); *~ thread* tanak konac; *~ dust (salt)* sitna prašina (so — sol); *~ flour* sitno brašno; *~ powder* sitan prah 2. gladak, fin; *~ sand* fini pesak (pijesak) 3. otmen (otmjen), fin; *a ~ family* fina porodica 4. dobar, izvrstan; odličan; lep (lijep); *a ~ automobile* dobar automobil; *~ weather* lepo vreme (vrijeme) 5. čist, fin; *~ gold* fino (čisto) zlato 6. dobro; *I'm ~* dobro sam

fine arts *pl (the ~)* likovne umetnosti (umjetnosti)

fine·ness [~nis] *n* finoća

fine print 1. sitno štampano slova 2. (fig.) sitni detalji (u ugovoru)

fin·er·y ['fajnərij] *n* ukrasi

fi·nesse I [fi'nes] *n* 1. finesa 2. veština (vještina); lukavstvo

finesse II *v tr* izdejstvovati (izdjejstvovati)

fine-tooth comb čest cešalj; *to go over smt. with a ~* nešto temeljno pregledati

fin·ger I ['fiŋgə(r)] *n* prst; *to eat with one's ~s* jesti prstima; *to count on one's ~s* računati na prste; *to have sticky ~s* imati dugačke prste; *I will not lift a ~ for that* neću ni prstom da mrdnem za to; *to burn one's ~s* opeći prste; *to have a ~ in the pie* zabosti svoje prste u nešto; *to put one's ~ on smt.* tačno (W: točno) označiti nešto; *to put the ~ on smb.* dostaviti nekoga policiji; *to twist around one's little ~* okrenuti oko malog prsta; *to snap one's ~s* pući prstom; *to be all ~s* biti nespretan; *to work one's ~s to the bone* teško raditi; *to keep one's ~s crossed* držati palce; *to slip through smb.'s ~s* nekome umaći

finger II *v tr* (colloq.) 1. ukrasti 2. dostaviti policiji 3. označiti kao žrtvu 4. preleteti (preletjeti) prstima

finger-board *n* (on a stringed instrument) vrat, hvataljka

finger bowl čaša za pranje prstiju (posle — poslije jela)

fin·ger·ing [~ing] *n* (mus.) stavljanje prstiju (pri sviranju)

finger-licking *a* (colloq.) slastan

finger painting slikanje prstima

fin·ger·print I [~print] *n* otisak prstiju; *to take smb.'s ~s* uzeti nekome otiske prstiju

fingerprint II *v tr* uzeti (nekome) otiske prstiju

finger tip vrh prsta; *to have smt. at one's ~s* znati nešto u prste

fin·ick·y ['finikij] *a* izbirljiv, probirljiv

fin·ish I ['finiš] *n* 1. kraj, svršetak; *a fight to the ~* borba do kraja 2. fina obrada, poliranje

finish II *v* 1. *tr* svršiti; završiti; *to ~ a book (a job, school)* svršiti knjigu (posao, školu); *to ~ dinner (a class)* završiti ručak (čas) 2. *tr* see **finish off** 3. *tr* fino obrađivati 4. *tr* prestati, završiti; *he ~ed talking* prestao (završio) je da govori 5. *intr* završiti, svršiti; *to ~ with a newspaper* završiti s novinama; *to ~ on time* svršiti na vreme (vrijeme) 6. misc.; *to ~ up with smt.* završiti nečim; *the ~ing touch* poslednji (posljednji) potez

fin·ished [~t] *a* 1. gotov 2. upropašćen; iscrpljen

fin·ish·er [~ə(r)] *n* finišerista

fin·ish·ing school [~ing] privatna škola za devojke (djevojke)

finish off *v* dokusuriti; dotući; *to finish off a wounded animal* or: *to finish a wounded animal off* dotući ranjenu životinju

fi·nite ['fajnajt] *a* 1. ograničen; (math.) konačan 2. (ling.) finitan; *a ~ verb* finitan glagol

finite state grammar (ling.) gramatika s konačnim brojem stanja

fink I [fiŋk] *n* (slang) 1. štrajkbreher, štrajkolomac 2. dostavljač

fink II *v intr* (slang) *to ~ out on smb.* ostaviti nekoga na cedilu (cjedilu)

Fin·land ['finlənd] *n* Finska

Finn [fin] *n* Finac

Finn·ic I [~ik] *n* (ling.) finska skupina jezika

Finnic II *a* finski

fin·nick·y see **finicky**

Fin·nish I [~iš] *n* finski jezik

Finnish II *a* finski

Fin·no-U·gric I ['finou-'jūgrik] *n* (ling.) ugrofinski (finsko-ugarski) jezici

Finno-Ugric II *a* (ling.) ugrofinski, finsko-ugarski

fiord see **fjord**

fir [fə(r)] *n* (bot.) jela

fire I [faj(r)] *n* 1. vatra, oganj; *the ~ is burning* vatra gori; *to extinguish (light, stir up) a ~* ugasiti (zapaliti, podstaći) vatru; *to put wood on a ~* staviti drva na vatru; *to cook over a ~* peći na vatri; *to strike ~* ukresati vatru; *to play with ~* igrati se vatrom; *the ~ caught* zapalila se vatra; *by ~ and sword* ognjem i mačem; *where there's smoke, there's ~* nema dima bez vatre 2. požar, vatra, paljevina; *a ~ broke out* izbio je požar; *the ~ is spreading* požar hvata maha; or: vatra se širi; *the firemen are putting out the ~* vatrogasci gase vatru; *to set ~ to a house* zapaliti kuću; *the house caught ~* upalila se kuća; *to cause a ~* izazvati požar 3. (usu., mil.) vatra, paljba, puškaranje; *commence ~!* pali! *artillery (machine-gun, rifle) ~* artiljerijska (mitraljeska, puščana) vatra; *to open ~* otvoriti vatru; *under ~* izložen vatri; or: pod vatrom; *to cease ~* prekinuti vatru; *(full) automatic ~* automatska vatra; *semiautomatic ~* poluautomatska (jedinična) vatra; *small-arms* ~ streljačka vatra 4. (fig.) vatra, žar 5. udar; *under* ~ na udaru 6. misc.; *to spread like* ~ širiti se kao munja; *to have too many irons in the* ~ imati suviše mnogo planova; **between two* ~s između dve (dvije) vatre; **to go through* ~ *and water* proći kroz vatru i vodu; **to hang* ~ tapkati na mestu (mjestu)

fire II *v* 1. *tr* pucati (iz); *to* ~ *a pistol (a rifle, a fieldpiece)* pucati iz pištolja (iz puške, iz topa) 2. *tr* opaliti, paliti, ispaliti; *to* ~ *a salvo (a machine gun, a round)* opaliti plotun (mitraljez, metak); *to* ~ *a torpedo* ispaliti torpedo 3. *tr* ložiti; *to* ~ *a furnace* ložiti peć 4. *tr* zasuti; *to* ~ *questions at smb.* zasuti nekoga pitanjima 5. *tr* (colloq.) otpustiti; *to* ~ *smb. from a job* otpustiti nekoga s posla 6. *tr* (fig.) raspaliti, podstaći; *to* ~ *passions* raspaliti strasti 7. *intr* opaliti, pući; *a rifle* ~*d somewhere* negde (negdje) je pukla puška 8. *intr* gađati; *to* ~ *at a target* gađati cilj 9. misc.; *to* ~ *away* početi nešto raditi; *to* ~ *off* ispaliti; *to* ~ *a salute* salutirati

fire alarm signalizacija požara, vatrogasni signalni uređaj

fire-and-brim·stone ['fajr-ən-'brimstoun] *a* usrdan, revnostan

fire·arm [~ra(r)m] *n* vatreno oružje

fire·ball [~bol] *n* vatrena lopta (kugla)

fire bomb zapaljiva bomba

fire·box [~baks]; [o] *n* ložište (parnog kotla)

fire·brand [~braend] *n* 1. ugarak 2. podstrekač

fire brigade vatrogasna četa

fire·bug [~bəg] *n* (colloq.) palikuća

fire clay nesagorljiva ilovača

fire code propisi o protivpožarnim preventivnim merama (mjerama)

fire company vatrogasna četa

fire control upravljanje vatrom

fire·crack·er [~kraekə(r)] *n* petarda, žabica; *to set off a* ~ zapaliti petardu

fire·damp [~daemp] *n* rudnički gas (plin)

fire department vatrogasna služba

fire·dog [~dog] *n* see **andiron**

fire drake vatreni zmaj

fire drill obuka za slučaj požara

fire-eat·er [~r-ijtə(r)] *n* gutač vatre

fire engine vatrogasna kola

fire escape požarne stepenice

fire extinguisher sprava za gašenje požara

fire fighter vatrogasac

fire fighting protivpožarna zaštita

fire·fly [~flaj] *n* svitac

fire·guard [~ga(r)d] *n* rešetka za žar

fire·house [~haus] *n* vatrogasna stanica

fire hydrant hidrant

fire insurance osiguranje od požara

fire·man [~mən] (-*men* [min]) *n* 1. vatrogasac 2. ložač

fire opal sjajnocrvenkast opal

fire·place [~plejs] *n* kamin

fire·plug [~pləg] *n* slavina za gašenje požara

fire·pow·er [~pauə(r)] *n* vatrena moć

fire prevention požarna preventiva, suzbijanje požara

fire·proof I [~prūf] *a* vatrostalan

fireproof II *v tr* učiniti vatrostalnim

fire-re·sis·tant [~-ri'zistənt] *a* otporan na vatru

fire sale prodaja stvari oštećenih u požaru

fire station vatrogasna stanica

fire·trap [~traep] *n* zgrada opasna u slučaju požara

fire wall protivpožarni zid

fire·wa·ter [~wotə(r)], [a] *n* (colloq.) viski

fire·wood [~wud] *n* ogrevno drvo, drva

fire·works [~wə(r)ks] *n pl* vatromet; (fig.) ljutnja

fire worship vatropoklonstvo

fir·ing ['fajring] *n* pucanje, puškaranje; gađanje

firing line vatrena linija; (fig.) *to be on the* ~ izdržati glavni udar

firing pin udarna igla

firing range strelište; poligon

firing squad streljački vod, grupa određena za izvršenje streljanja (strijeljanja)

firm I [fə(r)m] *n* preduzeće (W: poduzeće, tvrtka), firma; *a publishing (research, transportation)* ~ izdavačko (istraživačko, saobraćajno) preduzeće; *a shipping* ~ transportno preduzeće

firm II *a* 1. čvrst; *a* ~ *decision (hand, price)* čvrsta odluka (ruka, cena — cijena); *a* ~ *character (support, tread, voice)* čvrst karakter (oslonac, hod, glas); *a* ~ *handshake* čvrsto rukovanje; **to have a* ~ *hand* biti čvrste ruke 2. snažan; ~ *pressure* snažan pritisak 3. strog, čvrst; ~ *measures* stroge mere (mjere) 4. jedar; ~ *breasts* jedre grudi

fir·ma·ment ['fə(r)məmənt] *n* nebeski svod

firm·ness [~nis] *n* 1. čvrstina 2. snaga 3. strogost

first I [fə(r)st] *n* 1. prva (stvar); *who was the* ~ *to arrive?* ko (tko) je prvi stigao? 2. početak; *at* ~ prvo, u početku; *from the* ~ od početka 3. (on an automobile) prva brzina 4. prvi; *on the* ~ *of July* prvog jula (W: srpnja)

first II *num a* prvi; *a* ~ *attempt* prvi pokušaj; *at the* ~ *opportunity* prvom prilikom; *love at* ~ *sight* ljubav na prvi pogled; *he arrived* ~ on je stigao prvi

first III *adv* prvo; ~ *and foremost* prvo i pre (prije) svega drugog; ~ *of all* pre svega; *** ~ *come* ~ *served* ko pre devojci, onoga je devojka (tko prije djevojci, onoga je djevojka)

first aid prva pomoć; *to give (administer)* ~ *to smb.* ukazati nekome prvu pomoć

first-aid kit priručna (putnička) apoteka, kutija prve pomoći

first-born I [~-bo(r)n] *n* prvenac, prvorođeni

first-born II *a* prvorođen

first class 1. prva klasa; *to travel (by)* ~ putovati prvom klasom 2. obična pošta

first-class *a* 1. prvoklasan 2. ~ *mail* obična pošta; obična pismonosne pošiljke (cf. **second-class**)

first cousin see **cousin**

first-de·gree [~-də'grij] *a* (legal) ~ *murder* ubistvo s predumišljajem, ubistvo iz niskih pobuda

first-degree burn opekotina prvog (najlakšeg) stepena

first floor 1. (Am.) prizemlje (see also **ground floor**) 2. (Br.) prvi sprat (W: kat)

first-hand [~haend] *a and adv* iz prve ruke

first lady predsednikova (predsjednikova) žena

first lieutenant poručnik (cf. **second lieutenant**)

first·ly [~lij] *adv* prvo

first mate (naut.) prvi oficir

first name ime
first night premijera
first night·er posetilac (posjetilac) premijera
first offender osoba osuđena u prvi put
first person (gram.) prvo lice
first-rate [~-rejt] a prvoklasan
first sergeant vodnik prve klase
first strike (mil.) prvi udar, preventivni (nuklearni) napad (cf. **second strike**)
first string (sports) prvi tim, prva (najbolja) momčad (also **varsity I**)
first-string a (sports) prvog tima (also **varsity II**)
first string·er ['strin͞gə(r)] (sports) prvotimac (also **regular I** 4)
first thing (used as) adv početkom; he'll be here ~ (on) Tuesday doći će sasvim rano u utorak
First World War prvi svetski (svjetski) rat
fis·cal ['fiskəl] a budžetski, finansijski (financijski); fiskalni; a ~ year budžetska godina
fish I [fiš] n riba; baked (boiled, dried, freshwater, fried, saltwater) ~ pečena (kuvana — kuhana, sušena, slatkovodna, pržena, morska) riba; *a pretty kettle of ~ pravi darmar; *a queer ~ čudak; *to drink like a ~ mnogo piti; *like a ~ out of water ne u svom elementu; *neither ~ nor fowl ni voda ni vino, nešto neodređeno; *(colloq.) a cold ~ neljubazna, hladna osoba; to catch a ~ uloviti ribu
fish II a riblji
fish III v 1. tr loviti ribu (u), pecati (u) 2. intr loviti ribu, pecati; to go ~ing ići na pecanje (fig.) to ~ for compliments loviti komplimente; *to ~ in troubled waters loviti u mutnom
fish·ber·ry [~berij] n (bot.) baluk, riblja trava (riblji otrov)
fish bone riblja kost
fish·bowl [~boul] n akvarijum
fish cake (cul.) pržen kolač od ribe
fish culture ribogojstvo
fish·er [~ə(r)] n see **fisherman**
fish·er·man [~mən] (~men [min]) n 1. pecač 2. ribolovac; (naut.) a ~'s knot uzao za plutaču
fish·er·y [~ərij] n ribogajilište
fish finger Br.; see **fish stick**
fish·hook [~huk] n ribarska kuka; udica
fish·ing [~in͞g] n 1. (as a sport) ribolov, pecanje 2. (as an industry) ribolovstvo
fishing agreement sporazum o ribarenju
fishing rod pecaljka
fishing tackle pribor za pecanje
fish·mon·ger [~man͞ggə(r)], [a] n (usu. Br.) trgovac ribom
fish·net [~net] n ribarska mreža
fish out v izvaditi
fish·plate [~plejt] n spojnica za šine
fish·pond [~pand]; [o] n ribnjak
fish stick (cul.) riblji filet
fish story (colloq.) hvalisanje; lovačke priče
fish up v upecati
fish·wife n (esp. Br.) prodavačica ribe
fish·y [~ij] a 1. sličan ribi 2. bezizrazan 3. (colloq.) sumnjiv; a ~ deal sumnjiva radnja
fis·sile ['fisəl]; [aj] a fisioni
fis·sion ['fišən] n fisija; nuclear ~ atomska fisija
fis·sion·a·ble [~əbəl] a podložan fisiji
fis·sure ['fišə(r)] n pukotina, raspuklina

fist [fist] n pesnica; to clench one's ~s stisnuti pesnice; to make a ~ stegnuti pesnicu
fist·ful [~fəl] n see **handful**
fist·i·cuffs [~ikəfs] n pl borba pesnicama
fis·tu·la ['fisčulə] (-s or -lae [lij]) n (med.) fistula
fit I [fit] n pristajanje; odgovarajuća veličina; sprega; it's a good (bad) ~ dobro (loše) pristaje; a tight ~ tesna (tijesna) sprega; it's an exact ~ stoji kao sal_iveno
fit II a 1. pogodan, podesan, zgodan; shodan; to think ~ smatrati za zgodno (shodno); ~ for human consumption pogodan za ljudsku ishranu 2. sposoban; ~ for combat (duty) sposoban za borbu (službu) 3. misc.; *~ as a fiddle zdrav kao dren
fit III -ed or fit; v 1. tr probati; podesiti; to ~ a coat probati kaput 2. tr and intr pristajati, stajati; this suit ~s (you) well ovo (vam) odelo (odijelo) pristaje dobro; your dress ~s (you) very well ova (ti) haljina lepo (lijepo) stoji 3. tr odgovarati; the punishment ~s the crime kazna odgovara zločinu 4. intr (to ~ snugly) prileći; it should ~ snugly on the lower part to treba sasvim da prilegne na donji deo (dio) 5. intr stati; to ~ into an envelope stati u koverat 6. misc.; to ~ in with smt. slagati se s nečim; odgovarati nečemu; to ~ into smt. spajati se čvrsto; *if the shoe (Br.: cap) ~s, wear it koga svrbi, neka se češe
fit IV n 1. napad, nastup; a ~ of anger napad gneva (gnjeva); an epileptic ~ epileptični nastup; an hysterical ~ histeričan nastup; a ~ of coughing napad kašlja 2. misc.; by ~s and starts na mahove
fitch [fič] n krzno tvora
fit·ful [~fəl] a spazmatičan, grčevit
fit in v 1. see **fit III** 6 2. urediti
fit·ness [~nis] n 1. pogodnost, podesnost 2. sposobnost; ~ for military service sposobnost za vojnu službu
fit out v osposobiti, opremiti; to fit out a ship opremiti brod
fit·ted a (Br.) 1. snabdeven (snabdjeven) 2. postavljen, montiran
fit·ter [~ə(r)] n 1. monter, podešavač, regler 2. krojač
fit·ting I [~in͞g] n 1. probanje (odela — odijela) 2. deo (dio) opreme; priključak 3. (in pl) oprema
fitting II a pogodan, podesan
fit up v (Br.) opremiti
five [fajv] 1. n petica; petorka 2. num and n pet; petorica; petoro; petori; ~ girls pet devojaka (djevojaka); ~ (male) students petorica studenata; ~ children petoro dece (djece); ~ doors petora vrata; the ~ of them njih petoro
five-and-ten-cent store [fajv-ən-'ten-sent] radnja koja prodaje jevtinu robu
five o'clock shadow brada koja se pojavi na licu muškarca u kasno popodne
fiv·er [~ə(r)] n (Br.) novčanica od pet funti
five-spot n (colloq.) novčanica od pet dolara
five-year plan ['fajv-jij(r)] petogodišnji plan
fix I [fiks] n 1. tačka (W: točka) sa određenim koordinatama, položaj 2. (colloq.) škripac; he's in a real ~ on je u škripcu 3. podmićivanje

4. (slang) injekcija opojne droge; fiksanje; *to get a* ~ fiksati se
fix II *v* 1. *tr* učvrstiti; utvrditi; *~ed by tradition* utvrđen tradicijom 2. *tr* odrediti; *to* ~ *a time and place* odrediti mesto i vreme (mjesto i vrijeme); *to* ~ *prices* odrediti cene (cijene) 3. *tr* (photo.) fiksirati 4. *tr* opraviti, popraviti; *to* ~ *a watch* opraviti časovnik (also **repair II**) 5. *tr* lažirati, montirati, namestiti (namjestiti); *to* ~ *a game (a score)* lažirati utakmicu (rezultat) 6. *tr* uštrojiti (životinju) 7. *tr* uperiti; *to* ~ *one's eyes on smt.* uperiti oči na nešto 8. *tr* urezati; *to* ~ *smt. in one's mind* urezati nešto sebi u dušu 9. *tr* pripisati; *to* ~ *the blame on smb.* pripisati nekome krivicu 10. *tr* (colloq.) osvetiti se (nekome); *I'll* ~ *him!* osvetiću mu se! 11. *tr* podmititi 12. *tr* nataknuti; *to* ~ *bayonets* nataknuti bajonete 13. *tr* spremiti; *to~* ~ *a meal* spremiti obrok 14. *intr* (colloq.) spremiti se
fix·ate ['fiksejt] *v tr* 1. pričvrstiti 2. ustaliti
fix·a·tion [fik'sejšən] *n* 1. fiksacija; fiksiranje 2. ustaljenje 3. preterana (pretjerana) odanost
fixed [fikst] *a* 1. fiksni; *a* ~ *idea* fiksna ideja; ~ *prices* fiksne cene (cijene) 2. (mil.) ~ *ammunition* sjedinjeni meci
fixed disk drive (C.) fiksna disk-jedinica
fix·ed·ly ['fiksədlij] *adv* uporno; *to stare* ~ netremice gledati
fixed star zvezda (zvijezda) stajačica
fix·er [~ə(r)] *n* 1. popravljač 2. nameštač (namještač)
fix on *v* 1. izabrati 2. pripisati (see also **fix II** 9)
fix·ture ['fiksčə(r)] *n* deo (dio) pribora, uređaj
fix up *v* urediti; udesiti; *to fix up one's apartment (one's hair)* udesiti stan (kosu)
fizz I [fiz] *n* fiz (vrsta pića, koje se peni — pjeni)
fizz II *v intr* 1. šištati 2. peniti (pjeniti)
fiz·zle I ['fizəl] *n* (colloq.) neuspeh (neuspjeh)
fizzle II *v intr* 1. šištati 2. see **fizzle out**
fizzle out *v* nemati uspeh (uspjeh); zapeti; *the attack fizzled out* napad je zapeo
fjord [fjo(r)d] *n* fjord
flab·ber·gast ['flaebə(r)gaest]; [a] (colloq.) *v tr* zapanjiti, zabezeknuti
flab·ber·gast·ed [~id] *a* zapanjen
flab·by ['flaebij] *a* 1. labav, mlitav 2. slab
fla·bel·lum [flə'beləm] (*-la* [lə]) *n* lepeza
flag I [flaeg] *n* 1. zastava; *to lower (raise) a* ~ spustiti (istaći) zastavu; *to hoist the white* ~ istaći belu (bijelu) zastavu; *a* ~ *at half-mast* zastava na pola koplja; *to plant a* ~ pobosti zastavu; *signal* ~*s* signalne zastave; *to wave a* ~ mahati zastavicom; *to dip the* ~ spustiti zastavu (u znak pozdrava); **to wave the* ~ izražavati rodoljublje 2. taksimetar; *to drop the* ~ pustiti taksimetar 3. (C.) indikator
flag II *v intr* malaksati, klonuti; *their spirits* ~*ged* klonuli su duhom
flag III *n* see **flagstone**
flag carrier avion ili brod koji nosi zastavu svoje zemlje
flag day 1. (Am.; cap.) dan zastave 2. (Br.) sabiranje priloga prodavanjem značaka u obliku zastavice

flag down *v* zaustaviti (signalom); *to flag down a taxi* zaustaviti taksi
flag·el·lant I ['flaedžələnt] *n* bičevač, bičevalac
flagellant II *a* koji šiba bičem
flag·el·late ['flaedžəlejt] *v tr* šibati bičem
flag·el·la·tion [flaedžə'lejšən] *n* šibanje bičem
flag·ging ['flaegiŋ] *a* 1. klonuo 2. koji slabi; ~ *morale* nestabilan borbeni duh
fla·gi·tious [flə'džišəs] *a* okrutan; zločinački
flag of convenience »jevtina zastava«, zastava broda registrovanog u inostranstvu
flag officer (naval) viši oficir
flag of truce bela (bijela) zastavica
flag·on ['flaegən] *n* (Br.) boca
flag·pole [~poul] *n* zastavno koplje, jarbol za zastavu
fla·grant ['flejgrənt] *a* flagrantan, vapijući; *a* ~ *miscarriage of justice* flagrantna nezakonitost
flag·ship [~šip] *n* admiralski brod
flag·stone [~stoun] *n* kamena ploča
flag-waving 1. *n* izražavanje rodoljublja 2. *a* koji izražava rodoljublje
flail I [flejl] *n* cep (cijep)
flail II *v tr and intr* mlatiti
flair [flej(r)] *n* 1. talenat, dar 2. njuh
flair pen tanki flomaster (cf. **felt-tip pen, magic marker**)
flak [flaek] *n* 1. protivavionska odbrana (W: protuzračna obrana) 2. (fig., slang) oštra kritika, osuda
flake I [flejk] *n* pahuljica; *large (small)* ~*s* krupne (sitne) pahuljice
flake II *v intr* 1. ljuštiti se 2. (slang) *(to* ~ *out)* pasti s nogu (umoriti se)
flak·y ['flejkij] *a* 1. pahuljičast 2. (slang) čudan, lud
flam·bé [flam'bej] *v tr* see **flame II** 1
flam·boy·ant [flaem'bojənt] *a* drečeći, kitnjast
flame I [flejm] *n* plamen; *to burst into* ~*s* razbuktati se; *in* ~*s* u plamenu
flame II *v* 1. *tr* (cul.) flambirati 2. *intr* goreti (gorjeti) 3. misc.; *to* ~ *up* razbuktati se
fla·men·co [flə'meŋkou] *n* flamenko (ples)
flame thrower (mil.) bacač plamena
flam·ing ['flejmiŋ] *a* u plamenu; razbuktao
fla·min·go [flə'miŋgou] *n* flamingo
flam·ma·ble ['flaeməbəl] *a* upaljiv, zapaljiv
flange [flaendž] *n* obod, ivica, bandaža; *a steel* ~ čelična bandaža
flank I [flaeŋk] *n* 1. (anat.) slabina 2. (usu. mil.) bok, krilo
flank II *a* bočni; *a* ~ *attack* napad na bok; *a* ~ *guard* bočno odeljenje (odjeljenje)
flank III *v tr* flankirati; obići s boka
flan·nel ['flaenəl] *n* 1. flanel 2. Br.; see **washcloth I**
flannel II *a* flanelski
flap I [flaep] *n* 1. pokretni poklopac; zalistak; zastorak 2. lepršanje 3. lak udarac, pljuska 4. (surgery) parče kože 5. (aviation) zakrilce 6. (slang) uzbuđenost, uzrujanost
flap II *v* 1. *tr* lepršati, lepetati; *a bird* ~*s its wings* ptica lepršá (lepeće) krilima 2. *intr* lepršati (se); *the flags are* ~*ping in the wind* zastave (se) lepršaju na vetru (vjetru)
flap·jack [~džaek] see **pancake**
flap·per [~ə(r)] *n* 1. see **flipper** 2. (colloq.) šiparica

flare I [flej(r)] *n* signalna raketa

flare II *v intr* 1. (also: *to ~ up*) razbuktati se, buknuti; planuti; *a revolt ~d up* buknuo je ustanak 2. širiti se; *the skirt ~s* suknja se širi

flare up *v* see **flare II** 1

flare-up [~r-əp] *n* 1. rasplamsavanje, planuće 2. nastup, napad; *a ~ of anger* napad gneva (gnjeva)

flash I [flaeš] *n* 1. blesak (blijesak); sev (sijev); plamena; *a ~ of lightning* sev munje 2. nastup; iskra; *a ~ of inspiration* nastup nadahnuća; *a ~ of wit* iskra duhovitosti 3. trenutak; *in a ~* u tren oka 4. see **flashlight** 5. (photo.) blic, fleš 6. hitna depeša, hitan izveštaj (izvještaj) 7. misc.; **a ~ in the pan* nešto kratke, prolazne slave

flash II *a* 1. trenutan; iznenadan; *a ~ flood* iznenadna poplava 2. (Br.; colloq.) moderan, lep (lijep)

flash III *v* 1. *tr* sevnuti, planuti; *his eyes ~ed fire* oči su mu sevnule vatrom; *to ~ a look* brzo pogledati 2. *tr* (brzo) javiti; *to ~ news* javiti vesti (vijesti) 3. *tr* paradirati, razmetati se (see **flaunt**) 4. *tr* pokazati; *to ~ a smile* pokazati osmeh (osmijeh) 5. *intr* sevnuti; sinuti; *lightning ~ed* sevnula je munja 6. *intr* zasijati (se); mignuti; *the light was ~ing* svetlo (svjetlo) je migalo 7. *intr* sinuti; *a great idea ~ed through his mind* sinula mu je odlična ideja

flash-back [~baek] *n* (u filmovima) retrospekcija, ubačena scena koja prikazuje događaje iz prošlosti

flash bulb fleš, blic

flash card individualni nastavni listić, fiš (za očiglednu nastavu)

flash cube plastična kocka sa blicevima (koja se pričvrsti na foto-aparat)

flash-er [~ə(r)] *n* 1. migavac, migajući svetlosni (svjetlosni) signal 2. ekshibicionista

flash-gun fleš, blic

flash-light [~lajt] *n* džepna lampa, baterija (see also **torch** 2)

flash point temperatura paljenja

flash suppressor skrivač plamena

flash-y ['flaesij] *a* drečeći; neukusan

flask [flaesk] *[a]* *n* 1. boca (s uskim grlom); čutura 2. vojnička čuturica 3. Br.; see **thermos**

flat I [flaet] *n* 1. ravna površina 2. pljosnat deo (dio); *the ~ of the hand* dlan 3. (music) znak poniženja (cf. **sharp I**) 4. gumi-defekt; *we had a ~* pukla nam je guma

flat II *a* 1. ravan; *~ land* ravna zemlja; *a ~ roof* ravan krov; *a ~ surface* ravna površina 2. pljosnat 3. izričan, apsolutan, bezuslovan; *he gave me a ~ refusal* on me je naprosto odbio 4. fiksni, određen; *a ~ rate* fiksna stopa 5. bljutav, bezukusan (o piću) 6. monoton, jednolik 7. (music) nizak 8. pukao; *we had a ~ tire* pukla nam je guma

flat III *adv* 1. ravno; *he ran the mile in five minutes ~* pretrčao je milju tačno (W: točno) za pet minuta 2. misc.; *to fall ~* srušiti se na zemlju; or (fig.): propasti, nemati uspeha (uspjeha); *~ broke* potpuno bankrot; *to sing ~* pevati (pjevati) pogrešno

flat IV *n* (usu. Br.) stan (see also **apartment**)

flat-boat [~bout] *n* dereglija (sa ravnim dnom)

flat-car [~ka(r)] *n* otvorena teretna kola

flat-fish [~fiš] *n* (fish) list, tabinja

flat-foot [~fut] (*-feet* [fijt]) *n* 1. ravan taban, dustaban 2. dustabanlija 3. (slang) policajac

flat-foot-ed [~id] *a* 1. ravnih tabana 2. iznenađen; *to be caught ~* biti potpuno iznenađen

flat-i-ron [~ajə(r)n] *n* pegla

flat-ly [~lij] *adv* see **flat II** 3, 6; *he refused me ~* on me je naprosto odbio

flat-ness [~nis] *n* 1. ravnost 2. monotonost 3. bljutavost

flat-out I *a* (Br. colloq.) iznuren

flat-out II *adv* (colloq) 1. bez uvijanja 2. (Br.) punom brzinom

flat race galoperska trka

flat-ten ['flaetən] *v* 1. *tr* učiniti ravnim, spljoštiti 2. *intr (to ~ out)* postati ravan, spljoštiti se

flatten out *v* see **flatten** 1, 2

flat-ter I [~ə(r)] *v tr* and *intr* laskati; *to ~ smb. (oneself)* laskati nekome (sebi); *she was ~ed to be invited* or: *she was ~ed by (at) the invitation* bila je polaskana što je pozvana, poziv joj je polaskao; *~ed by the fact that...* polaskan time što...

flatter II *comp* of **flat II**

flat-ter-er [~rə(r)] *n* laskavac

flat-ter-ing [~ring] *a* laskav

flat-ter-y [~rij] *n* laskanje, ulagivanje

flat-tish [~iš] *a* spljošten

flat-top ['flaetəp]; [o] *n* (colloq.) nosač aviona

flat-u-lence ['flaečuləns] *n* 1. nadutost trbuha od gasova 2. (fig.) naduvenost; visokoparnost

flat-u-len-cy [~ij] see **flatulence**

flat-u-lent [~ənt] *a* 1. (med.) nadut (od gasova) 2. (fig.) naduven, visokoparan

flat-ware [~wej(r)] *n* stono (stolno) posuđe

flaunt [flont] *v tr* and *intr* razmetati se, paradirati; *he ~s his erudition* on paradira svojom erudicijom

flaunt-ing [~ing] *a* razmetljiv

flau-tist ['flotist] Br.; see **flutist**

fla-vin ['flejvən] *n* (chem.) flavin

fla-vone ['flejvoun] *n* (chem.) flavon

fla-vor I ['flejvə(r)] *n* 1. ukus; *a pleasant ~* prijatan ukus 2. miris, aromat 3. (fig.) glavna osobina

flavor II *v tr* 1. dati (nečemu) ukus 2. začiniti; pripraviti; *to ~ food* pripraviti jelo

fla-vor-ful [~fəl] *a* ukusan

fla-vor-ing [~ring] *n* začin

flaw I [flo] *n* 1. mana, defekt 2. greška; slaba tačka (W: točka) 3. pukotina

flaw II *v tr* oštetiti

flaw III *n* udar vetra (vjetra)

flaw-less [~lis] *a* bez mane

flax [flaeks] *n* lan

flax-en [~ən] *a* 1. lanen 2. boje lana

flax-seed [~sijd] *n* laneno seme (sjeme)

flay [flej] *v tr* 1. oderati 2. (fig.) oderati, oguliti

flay-er [~ə(r)] *n* kožoder

flea [flij] *n* buva (buha); (Br.) **a ~ in one's ear* oštar prekor (prijekor)

flea-bane [~bejn] *n* buhača

flea-bite [~bajt] *n* buvlji ujed

flea·bit·ten ['flijbitən] *a* 1. izujedan buvama (buhama) 2. (of horses) pegav (pjegav)

flea collar ogrlica za pse i mačke sa hemikalijom koja ubija buve (buhe)

flea market buvlja pijaca

fleck I [flek] *n* pega (pjega), mrlja

fleck II *v tr* išarati pegama (pjegama)

flec·tion ['flekšən] *n* 1. savijanje 2. see **inflection**

fledg·ling, fledge·ling ['fledžliŋ] *n* poletarac

flee [flij]; *fled* [fled] *v* 1. *tr* pobeći — pobjeći (od) 2. *intr* pobeći

fleece I [flijs] *n* runo; vuna (koja izraste na ovci od jednog do drugog striženja); **the golden ~* zlatno runo

fleece II *v tr* 1. ošišati; *to ~ a sheep* ošišati ovcu 2. (fig.) oderati, ošišati; *the taxicab drivers ~d them* oderali su ih taksisti

fleec·y [~ij] *a* runast, vunast

fleet I [flijt] *n* 1. flota; mornarica; *a merchant ~* trgovačka flota 2. park, inventar vozila; *a taxi ~* inventar taksija (preduzeća — W: poduzeća)

fleet II *a* brz, hitan

fleet III *n* (Br.) (mali) zaliv

fleet·ing [~iŋ] *a* prolazan, nestalan

Fleet Street (Br.) Flit ulica, središte londonskog štamparstva; štampa

Flem·ing ['flemiŋ] *n* Flamanac

Flem·ish I ['flemiš] *n* flamanski jezik

Flemish II *a* flamanski

flesh I [fleš] *n* 1. meso (see also **proud flesh**) 2. (fig.) meso, telo (tijelo); *in ~ and blood* u telesnom obliku, živ 3. (fig.; *the ~*) plot, pohota, put, telo (tijelo); *the desires of the ~* prohtevi (prohtjevi) tela 4. misc.; *to make smb.'s ~ creep* uplašiti nekoga toliko da mu se koža naježi

flesh II *v intr* (usu.: *to ~ out*) ugojiti se

flesh and blood 1. krv i meso; ljudska osećanja (osjećanja) i slabosti; *to be ~* biti od krvi i mesa 2. krvni srodnici

flesh fly zlatara, breculja

flesh·ly [~lij] *a* 1. telesan (tjelesan) 2. pohotljiv, puten

flesh·pots [~pats]; [o] *n pl* obilje, raskoš; čulno uživanje

flesh wound površinska rana

flesh·y [~ij] *a* 1. mesnat, mesast 2. pun, debeo

fletch [fleč] *v tr* staviti pero (na strelu — strijelu)

fletch·er [~ə(r)] *n* proizvođač strelica

flew see **fly II**

flex I [fleks] *v* 1. *tr* saviti, pregnuti 2. *tr* napeti, stegnuti 3. *intr* saviti se

flex II *n* (Br.) gajtan za struju

flex·i·bil·i·ty [fleksə'bilətij] *n* savitljivost, elastičnost; *~ toward* elastičnost prema

flex·i·ble ['fleksəbəl] *a* gibak, savitljiv, vitak

flex·ion Br.; see **flection**

flex·or ['fleksə(r)] *n* (mišić) pregibač, (mišić) savijač

flick I [flik] *n* lak udarac; zvrčka; *with a ~ of the wrist* mahnuvši rukom

flick II *v tr* zvrcnuti, lako udariti; *to ~ a light on (off)* škljocnuti prekidač

flick III *n* (slang) film (koji se prikazuje)

flick·er I ['flikə(r)] *n* 1. treperenje, trepet 2. treperava svetlost (svjetlost) 3. (fig.) plamičak, titraj; *a ~ of hope* titraj nade

flicker II *v intr* treperiti; titrati; *the candle is ~ing* sveća (svijeća) treperi (titra); *the flame ~s on the wall* plamen titra po zidu

flicker up *v* see **flicker**

flick knife Br.; see **switchblade**

flied see **fly II**

fli·er ['flajə(r)] *n* 1. letač, pilot 2. letak 3. (colloq.) spekulacija

flight I [flajt] *n* 1. letenje, let; *a domestic (international) ~* let na unutrašnjoj (međunarodnoj) liniji; *a long ~* dugačak let; *a shakedown ~* prvi, probni let; *a test ~* probni let; (as *a*); *~ number 15* let broj 15; *~ conditions (controls)* uslovi (komande) leta; *a ~ engineer* mehaničar u avionu 2. (fig.) let; polet; *a ~ of the imagination* let mašte 3. (air force) odeljenje (odjeljenje) 4. stepenište 5. misc.; (Br.) *in the first ~* odličan

flight II *n* bekstvo (bjekstvo); *to put to ~* nagnati u bekstvo; *to take to ~* pobeći (pobjeći)

flight attendant domaćin (domaćica) aviona, stuard (stuardesa)

flight clearance odobrenje leta

flight crew posada aviona

flight deck 1. paluba za poletanje (nosača aviona) 2. kabina za upravljanje

flight engineer flajt-inženjer

flight lieutenant (Br.) kapetan avijacije

flight recorder crna kutija (koja registruje podatke o letu)

flight·y [~ij] *a* lakomislen

flim·flam I ['flimflaem] *n* 1. koještarija 2. prevara

flimflam II *v tr* prevariti

flim·sy I ['flimzij] *a* 1. klimav, slab; *~ evidence* klimavi dokazi; *a ~ pretext* slab izgovor 2. oronuo; *a ~ building* oronula zgrada

flimsy II Br.; see **onionskin**

flinch [flinč] *v intr* 1. trgnuti se, ustuknuti, žacnuti se 2. izbeći (izbjeći); *to ~ from duty* izbeći dužnost

fling I [fliŋ] *n* 1. bacanje 2. terevenka 3. prepuštanje uživanjima; *to have a ~* nauživati se, terati (tjerati) kera; **youth will have its ~* mladost — ludost

fling II *flung* [floŋ] *v tr* 1. baciti 2. ubaciti; *to ~ an army into battle* ubaciti vojsku u bitku 3. misc.; *to ~ aside* baciti u stranu; *to ~ away* straćiti; odbaciti; *to ~ open* otvoriti

flint [flint] *n* kremen

flint·lock [~lak]; [o] *n* kremenjača (puška)

flint·y [~ij] *a* kremenit

flip I [flip] *n* 1. lak udarac 2. brz pokret 3. vrsta pića (od jaja)

flip II *a* drzak; *a ~ attitude* drsko ponašanje

flip III *v* 1. *tr* baciti, hitnuti; *to ~ a coin* baciti novčić uvis (radi žreba — žrijeba) 2. *intr* (slang) poludeti (poludjeti); *to ~ over smb.* poludeti za nekim; **he ~ped his lid* šenuo je pameću

flip·flop ['flip-flap]; [o] *n* 1. (onoma.) lepršanje, mahanje 2. (colloq.) promena (promjena) mišljenja 3. (computers) (or: *~ circuit*) balansno kolo 4. (in *pl*) japanke

flip·pan·cy ['flipənsij] *n* lakomislenost, neozbiljnost

flip·pant [~ənt] *a* lakomislen, neozbiljan

flip·per ['flipə(r)] *n* perjasto krilo

flip·ping *a, adv* (Br.) see **bloody** I 2
flirt I [flə(r)t] *n* koketa; udvarač
flirt II *v intr* 1. flertovati, koketovati; *to ~ with smb.* flertovati s nekim 2. igrati se; *to ~ with death* igrati se životom (glavom)
flirt·a·tion [flə(r)'tejšən] *n* flert
flirt·a·tious [flə(r)'tejšəs] *a* koketan
flirt·ing [~iɳ] *n* flert
flit I [flit] *v intr* leteti (letjeti); *to ~ back and forth* leteti tamo-amo
flit II *n* (Br.; colloq.) *to do a midnight ~* seliti se tajno
flitch [flič] *n* kora slanine
flit·ter ['flitə(r)] *v intr* see **flutter**
fliv·ver ['flivə(r)] *n* (slang) stara kola
float I [flout] *n* 1. plovak, plovac 2. splav 3. vrsta mlečnog (mliječnog) pića 4. (Br.) uloženi novac
float II *v*. 1. *tr* pustiti da plovi; splavariti; *to ~ logs* splavariti drva; *to ~ a ship* odsukati brod 2. *tr* pokrenuti; podići; pustiti u opticaj; *to ~ a bond issue* raspisati narodni zajam; *to ~ a loan* podići zajam 3. *intr* držati se na površini vode; plivati 4. *intr* ploviti; plutati; *to ~ downstream* biti nošen niz reku (rijeku); *to ~ at sea* plutati pučinom
float·er [~ə(r)] *n* 1. onaj koji plovi 2. privremeni zaposlenik, radnik lutalica 3. nezakonit glasač 4. osiguranje stvari koje se prevoze, prenose
float·ing [~iɳ] *a* 1. koji plovi; *a ~ crane* plovna dizalica; *a ~ dock* plutajući dok 2. (econ.) pokretan; prometni; *~ capital* prometni kapital 3. (econ.) plivajući; *a ~ exchange rate* plivajući kurs
floating island (cul.) šnenokle
floating rib vito rebro
float·sam see **flotsam**
floc·cu·lent ['flakjələnt]; [o] *a* pahuljičast, vunast
flock I [flak]; [o] *n* 1. stado, krdo, čopor; *a ~ of sheep* stado (čopor) ovaca 2. jato; *a ~ of birds* jato ptica 3. (fig.) stado, skup vernika (vjernika) 4. (fig.) gomila; *to come in ~s* doći u gomilama
flock II *v intr* sjatiti se, skupiti se; *birds ~ together* ptice se jate; **birds of a feather ~ together* svaka ptica svome jatu leti
flock III *n* pramen vune
floe [flou] *n* velika santa
flog [flag]; [o] *v tr* išibati; **to ~ a dead horse* soliti more, uzaludno tračiti snagu
flog·ging [~iɳ] *n* šibanje
flood I [fləd] *n* 1. poplava, potop; *to cause a ~* izazvati poplavu; *the ~ struck several cities* poplava je pogodila nekoliko gradova 2. (fig.) bujica, potop, obilje, navala, izliv; *a ~ of questions* navala pitanja
flood II *v* 1. *tr* poplaviti; *the river ~ed the town* reka (rijeka) je poplavila grad; *to ~ a carburator* poplaviti karburator 2. *intr* izliti se; *the river ~ed* reka (rijeka) se izlila 3. *intr* presisati se; *the engine ~ed* motor se presisao
flood control borba sa poplavama
flood damage oštećenje od poplave
flood·gate [~gejt] *n* ustava, brana; **to open the ~s* dati prolaz, propustiti
flood·light [~lajt] *n* reflektor
flood tide plima

floor I [flo(r)] *n* 1. pod, patos; *to fall to the ~* pasti na pod 2. sprat (W: kat); *the ground ~* prizemlje; (Am.) *the first ~* prizemlje (Br. = prvi sprat); (Am.) *the second ~* prvi sprat (Br. = drugi sprat) 3. pravo govora, reč — riječ (na skupu); *to ask for the ~* javiti se za reč; *to give smb. the ~* dati nekome reč 4. dvorana; *the ~ of Congress* dvorana Kongresa
floor II *v tr* 1. patosati, napraviti pod (u) 2. (fig.) poraziti
floor·board [~bo(r)d] *n* podnica
floor·ing [~riɳ] *n* podnice
floor lamp stojeća lampa
floor leader (Am., pol.) vođ stranke u Kongresu
floor show program (u baru)
floor·walk·er [~wokə(r)] *n* nadzornik (u robnoj kući)
floo·zy ['flūzij] *n* (slang) drolja
flop I [flap]; [o] *n* 1. težak pad 2. (colloq.) neuspeh (neuspjeh)
flop II *v intr* 1. skljokati se, pasti 2. (colloq.) pretrpeti neuspeh (pretrpjeti neuspjeh)
flop·house [~haus] (-ses [ziz]) *n* (pejor.) prenoćište najniže vrste
floppy disk (C.) fleksibilni (savitljivi) disk
flo·ra ['florə] (-s or -ae [ij]) *n* (coll.) flora
flo·ral [~l] *a* cvetni (cvjetni)
flo·res·cence [flo'resəns] *n* procvat
flo·ri·cul·ture ['florəkəlčə(r)] *n* gajenje cveća (cvijeća)
flor·id ['florid] *a* 1. rumen, crven 2. ukrašen, kitnjast
Flor·i·da ['florədə], [a] *n* Florida
Flo·rid·i·an [flə'ridijən] *n* stanovnik države Florida
flo·rif·er·ous [flo'rifərəs] *a* cvetonosan (cvjetonosan)
flo·rist ['florist], [a] *n* cvećar (cvjećar)
floss [flos] *n* 1. sirova svila 2. see **dental floss**
floss·y [~ij] *a* svilenast
flo·ta·tion [flou'tejšən] *n* 1. spuštanje u vodu, porinuće 2. puštanje u opticaj 3. (mining) flotacija
flotation device splav
flo·til·la [flou'tilə] *n* flotila; *a ~ of fishing boats* flotila ribarskih brodova
flot·sam ['floutsəm] *n* 1. (naut.) podrtina, olupine 2. (coll.) skitnice
flounce I [flauns] *n* karner, nabran rub, volan, porub
flounce II *v tr* opšiti karnerom
flounce III *n* bacakanje, nervozno kretanje
flounce IV *v intr* bacakati se, kretati se nervozno (ljutito)
floun·der I ['flaundə(r)] *n* (fish) iverak
flounder II *v intr* 1. batrgati se 2. zapeti, spotaći se; *to ~ in one's studies* zapeti u studijama; *to ~ while speaking* zapeti u govoru
flour ['flau(r)] *n* brašno
flour·ish I ['fləriš] *n* 1. mahanje, zamah 2. ukras; zavojita šara 3. impozantan, grandiozan gest 4. kitnjast stil 5. fanfara; *ruffle and ~* see **ruffle III**
flourish II *v* 1. *tr* mahati; *to ~ a sword* mahati mačem 2. *intr* cvetati (cvjetati); *the sciences are ~ing* nauke cvetaju

17

flout [flaut] *v tr* rugati se; prezirati; ne slušati, biti nepokoran; *to ~ authority* ne pokoravati se zakonima

flow I [flou] *n* tečenje, tok; *the ~ of traffic* tok saobraćaja; *the ~ of blood* krvotok

flow II *v intr* teći; proticati; *the river ~s through the town* reka (rijeka) teče (protiče) kroz grad; *his thoughts ~ed smoothly* misli su mu tekle lako 2. uticati; *the river ~s into the sea* reka utiče u more

flow·chart *n* (also C.) blok-dijagram

flow·er I ['flauə(r)] *n* 1. cvet (cvijet); *to pick ~s* brati cveće (cvijeće); *to grow ~s* gajiti cveće; *wild ~s* poljsko cveće 2. (fig.) jek, cvet; *in the ~ of youth* u cvetu mladosti

flower II *v intr* cvetati (cvjetati)

flower bed leha (lijeha)

flower children (colloq.) mladi protivnici rata, hipici

flower girl 1. prodavačica cveća (cvijeća) 2. devojčica (djevojčica) koja nosi cveće na svadbi

flow·er·pot [~pat]; [o] *n* saksija, lonac za cveće (cvijeće)

flower show izložba cveća (cvijeća)

flow·er·y [~rij] *a* 1. cvetan (cvjetan) 2. cvetast (cvjetast) 3. kitnjast; *a ~ style* kitnjast stil

flow·ing ['flouiñg] *a* 1. tekući 2. graciozan 3. koji se spušta slobodno

flown see **fly II**

flu [flū] *n* (colloq.) *(the ~)* grip (see **influenza**)

fluc·tu·ate ['fləkčūejt] *v intr* fluktuirati, kolebati se

fluc·tu·a·tion [fləkčū'ejšən] *n* fluktuacija

flue I [flū] *n* cev (cijev) za sprovođenje dima, dimnjak, sulundar

flue II *n* vrsta ribarske mreže

flu·en·cy ['flūənsij] *n* 1. tečnost; *~ in speech* tečnost govora 2. perfektno znanje, vladanje; *~ in English* perfektno znanje engleskog jezika, vladanje engleskim jezikom

flu·ent ['flūənt] *a* 1. tečan; *he speaks ~ly' on* tečno govori 2. koji vlada (jezikom); *to know a language ~ly* vladati jezikom; *he is very ~ in English* on (dobro) vlada engleskim jezikom

fluff I [fləf] *n* 1. paperje 2. (colloq.) greška u govoru 3. misc.; (Br.) *a bit of ~* privlačna devojka (djevojka)

fluff II *v* 1. *tr* učiniti paperjastim 2. *intr* zapeti u govoru

fluff·y [~ij] *a* paperjast

flu·id I ['flūid] *n* tečnost, fluid

fluid II *a* tečan, fluidan

flu·id·i·ty [flū'idətij] *n* tečnost

fluke I [flūk] *n* 1. iverak 2. metilj

fluke II *n* krak (sidra)

fluke III *n* slučajan pogodak; *by a ~* srećnim slučajem

fluk·y, fluk·ey [~ij] *n* (colloq.) slučajan

flume [flūm] *n* 1. klisura 2. žleb (žlijeb)

flum·mox ['fləməks] *v tr* (Br.; colloq.) usplahiriti

flung see **fling II**

flunk [fləñgk] *v* (colloq.) 1. *tr* pasti (na ispitu); *to ~ an exam* pasti na ispitu 2. *intr* pasti na ispitu 3. *to ~ out (of school)* biti isključen (iz škole)

flun·ky, flun·key [~ij] *n* (often perjor.) lakej

flu·o·res·cence [flūər'esəns] *n* fluorescencija

flu·o·res·cent [~nt] *a* fluorescentan; *a ~ tube* fluorescentna svetiljka (svjetiljka)

flu·o·ri·date ['flūrədejt] *v tr* fluoridisati, dodati fluor (u vodu, za sprečavanje zubnog karijesa)

flu·o·ri·da·tion [flūrə'dejšən] *n* fluoridisanje, dodavanje fluora (u vodu, za sprečavanje zubnog karijesa)

flu·o·ride ['flūrajd] *n* fluorid

flu·o·rine ['flū(ə)rijn] *n* fluor

flu·o·rite ['flūrajt] *n* fluorit

flu·o·ro·scope ['flūrəskoup] *n* radioskopski aparat

flu·o·ros·co·py [flū'raskəpij]; [o] *n* radioskopija

flur·ry I ['flərij] *n* 1. nalet (vetra — vjetra, snega — snijega) 2. užurbanost; *a ~ of activity* komešanje

flurry II *v tr* uzbuniti, uskomešati

flush I [fləš] *n* 1. rumen, rumenilo 2. oduševljenje, zanos; *the ~ of victory* pobednički (pobjednički) zanos 3. svežina (svježina) 4. tekuća voda (u ve-ceju)

flush II *a* 1. rumen 2. obilan 3. bogat, snabdeven (snabdjeven) novcem 4. ravan, u istoj ravni; *~ with the ground* u ravni s površinom zemlje

flush III *v* 1. *tr* isprati, sprati; *to ~ a toilet* ispustiti vodu (posle — poslije upotrebe toaleta) 2. *tr* ushititi; *~ed with victory* opijen pobedom (pobjedom) 3. *intr* teći (o vodi u ve-ceju)

flush IV *v tr* 1. uplašiti (pticu) 2. isterati (istjerati); *to ~ out of hiding* isterati iz zaklona

flush V *n* karte (jednog igrača) sve iste boje

flush down *v* sprati (ispuštajući vodu u ve-ceju)

flush out *v* see **flush IV** V 2

flus·ter [fləstə(r)] *v* 1. *tr* usplahiriti; *to get ~ed* usplahiriti se 2. *intr* usplahiriti se

flute [flūt] *n* flauta; *to play the ~* svirati flautu

flut·ing [~iñg] *n* (archit.) žlebljenje (žljebljenje)

flut·ist [~ist] *n* flautista

flut·ter I ['flətə(r)] *n* 1. lepršanje, mahanje 2. uzbuđenost 3. (aviation) flater; *wing ~* flater krila

flutter II *v* 1. *tr* lepršati, mahati; *a bird ~s its wings* ptica leprša krilima 2. *intr* lepršati se, vihoriti se; *the flags are ~ing in the wind* zastave se lepršaju na vetru (vjetru)

flu·vi·al ['flūvijəl] *a* rečni (riječni)

flux [fləks] *n* 1. tečenje, tok 2. prelaz; *in a state of ~* u kretanju, nestabilno 3. fluks

fly I [flaj] *n* muva (muha); *a ~ in the ointment* mana koja kvari posao

fly II *a* 1. (on trousers) šlic 2. see **flywheel** 3. (Br.) see **hackney** 4. misc.; *on the ~* u pokretu

fly III *flew* [flū]; *flown* [floun] *v* 1. *tr* pilotirati; *to ~ an airplane* pilotirati avionom 2. *tr* preleteti (preletjeti); *to ~ the Atlantic* preleteti Atlantik 3. *tr* istaći; *to ~ a flag* istaći zastavu 4. *intr* leteti (letjeti); preleteti; *to ~ over the ocean* preleteti okean (ocean); *time flies* vreme (vrijeme) leti; *the bird flew into the room* ptica je uletela (uletjela) u sobu; *to ~ away* odletjeti (odletjeti); *to ~ by (past, through)* proleteti (proletjeti); *to ~ over enemy positions* nadleteti (nadletjeti) neprijateljske položaje; *to ~ out* izleteti (izletjeti); *to ~ blind* leteti pomoću instrumenata; *to ~ high* visoko leteti 5. misc.; *as the crow flies* u pravoj liniji; *to ~ at smb.*

skočiti na nekoga; *to ~ off the handle raz-
gneviti (razgnjeviti) se; to ~ open naglo se
otvoriti; *the bird has flown the coop tražena
osoba je umakla; to let ~ baciti; *to make
the fur (feathers) ~ izazvati svađu; to ~ a
kite puštati zmaja; *go ~ a kite! idi do đavola!
(mil.) to ~ a mission izvršiti borbeni let
fly ag·a·ric ['aegərik] muvomor (muhomor)
fly apart v razleteti (razletjeti) se
fly·bent [~bent] n see **blue-moor grass**
fly-blown a upljuvan od muva (muha)
fly·boy [~boj] n (slang) pilot
fly·by [~baj] n proletanje (prolijetanje)
fly-by-night [~-najt] a 1. nepouzdan 2. sumnjiv;
nestalan
fly·catch·er ['flajkaeča(r)] n (bird) muholovka
fly·er see **flier**
fly in v 1. uleteti (uljetjeti) (see also **fly III** 4) 2.
doleteti (doletjeti); he flew in from London do-
leteo iz Londona 3. misc.; to fly in the face
of smt. usprotiviti se nečemu
fly·ing I ['flajiŋg] n letenje
flying II a 1. leteći; to send smb. ~ oboriti nekoga
2. letački; ~ personnel letačko osoblje
flying boat hidroavion
flying buttress potporni poluluk
flying colors pl pobeda (pobjeda); *to come through
with ~ izvojevati pobedu
Flying Dutchman Ukleti Holanđanin (Holandez)
flying field uzletište, aerodrom
flying fish krilata riba
flying fortress (WW II) leteća tvrđava
flying frog indijska šumska žaba
flying machine (hist.) avion
flying officer (Br.) oficir letačkog sastava
flying saucer leteći tanjir
flying school pilotska škola
flying squad (Br.) specijalni policijski odred, le-
teći odred
flying start (sports) leteći start
fly·leaf ['flajlijf] (-leaves [lijvz]) n prazan list (u
početku ili na kraju knjige)
fly off v odleteti (odletjeti); off they flew odleteli su
fly-o·ver [~-ouvə(r)] n 1. proletanje (prolijetanje)
2. Br.; see **overpass**
fly·pa·per [~pejpə(r)] n lepak (lijepak) za muve
(muhe)
fly-past Br.; see **flyover** 1
fly·speck [~spek] n muvlji upljuvak
fly swatter muvoubica (muhoubica)
fly·trap [~traep] n muvolovka (muholovka) (also
bot.)
fly·weight [~wejt] n bokser muva-kategorije (W:
boksač muha-kategorije)
fly·wheel [~wijl] n zamajac
FM [ef'em] abbrev. of **frequency modulation**
foal I [foul] n ždrebe (ždrijebe); in ~ suždrebna
foal II v intr oždrebiti (oždrijebiti) se
foam I [foum] n pena (pjena)
foam II v intr peniti (pjeniti) se; penušati (pjenu-
šati) se; *to ~ at the mouth razbesneti (razbjes-
njeti) se
foam rubber spužvasta guma, sunđerasta guma
foam·y [~ij] a penušav (pjenušav)
fob [fab]; [o] n 1. džepčić za sat 2. kratak lanac
za sat 3. privesak (privjesak)

fob off v 1. naturiti, utrapiti; to fob smt. off on
smb. naturiti nekome nešto 2. zavarati
f.o.b. [ef ou 'bij] abbrev. of **free on board**
fo·cal ['foukəl] a žižni; ~ length žižna daljina,
žarišna daljina
focal point žiža
fo·c·s·le ['fouksəl] see **forecastle**
fo·cus I ['foukəs] (-es or foci ['fousaj]) n fokus,
žiža, žarište; a ~ of infection žarište bolesti;
to bring into ~ skupiti u žarište
focus II v tr 1. usredsrediti (usredsrijediti); to ~
one's attention on smt. usredsrediti pažnju na
nešto 2. namestiti (namjestiti); regulisati; to
~ binoculars namestiti dvogled (da slika po-
stane jasna); to ~ headlights regulisati farove
fod·der ['fadə(r)]; [o] n stočna hrana; *cannon ~
topovsko meso
foe [fou] n neprijatelj, protivnik; an implacable ~
zakleti neprijatelj
foe·tal see **fetal**
foe·tus see **fetus**
fog I [fag]; [o] n magla; a thick ~ gusta magla;
a ground ~ magla pri zemlji, niska magla
fog II v 1. tr zamagliti 2. intr (to ~ over, up) za-
magliti se, oznojiti se
fog·bank [~baeŋgk] n gusti sloj magle
fog·bound [~baund] a zadržan maglom
fog·gy [~ij] a maglovit; magličast; it has become
~ pala je magla; (Br.) *not to have the foggiest
nemati ni pojma
Foggy Bottom (colloq. and pejor.) see **State De-
partment**
fog·horn [~ho(r)n] n rog (sirena) za maglu
fog·light [~lajt] n svetlo (svjetlo) za maglu
fog up v see **fog II** 2
fo·gy, fo·gey ['fougij] n 1. (an old ~) staromodna
osoba 2. (mil., slang) dodatak na platu za go-
dine službe
foi·ble ['fojbəl] n nedostatak, mana, slaba tačka
(W: slabost)
foil I [fojl] n 1. tanak list; folija; aluminum ~
aluminijumska folija 2. sloj kalaja na poleđini
ogledala (W: zrcala) 3. (fig.) suprotnost koja
ističe osobine drugog predmeta, druge osobe
foil II n (fencing) floret
foil III v tr osujetiti
foils·man [~zmən] (-men [min]) n mačevalac
foi·son ['fojzən] n (obsol.) obilna žetva
foist [fojst] v tr 1. utrapiti; to ~ off smt. on smb.
utrapiti nekome nešto 2. neopravdano uneti
(unijeti)
fold I [fould] n nabor, bora; savijutak, nagib
fold II v 1. tr saviti; presaviti; to ~ a flag (a letter)
saviti zastavu (pismo); to ~ down the corner
of a page presaviti ćošak od stranice 2. tr sklo-
piti; to ~ one's hands sklopiti ruke; with ~ed
hands sa sklopljenim rukama; to ~ (up) a chair
(a pocketknife) sklopiti stolicu (perorez) 3. tr
prekrstiti; to ~ one's arms prekrstiti ruke 4.
intr saviti se 5. intr see **fold up** 3
fold III n 1. tor 2. verska (vjerska) zajednica;
*in the ~ u zajednici; *to return to the ~ vra-
titi se u zajednicu
fold·a·way [~əwej] a na sklapanje; a ~ bed kre-
vet na sklapanje
fold down v see **fold II** 1

fold·er [~ə(r)] *n* fascikla, korice za akta
fold in *v* (Br.) umešati (umiješati)
fold·ing [~iṅg] *a* na sklapanje
fold·ing chair [~iṅg] stolica na sklapanje
fold-out [~-aut] *n* prilog (duga, ilustrovana strana u časopisu koja mora da se raširi kad se čita)
fold up *v* 1. presaviti, saviti; *to fold blankets up* or: *to fold up blankets* presaviti ćebad; *to fold up a newspaper* or: *to fold a newspaper up* saviti novine (also **fold II** 1) 2. see **fold II** 2 3. (colloq.) pretrpeti (pretrpjeti) krah
fo·li·age ['foulijidž] *n* lišće
fo·li·ate I ['foulijejt] *v tr* 1. podeliti (podijeliti) na listove 2. numerisati listove
foliate II ['foulijit], [ej] *a* lisnat
fo·lic acid ['foulik] folna kiselina
fo·li·o ['foulijou] *n* 1. presavijen list 2. list ili strana knjige 3. knjiga velikog formata 4. list u trgovačkoj knjizi 5. broj strane 6. (legal) jedinica za merenje (mjerenje) dužine dokumenta (Am.: 100 reči — riječi; Br.: — 72 ili 90)
folk I [fouk] *n* 1. narod; narodnost; *the common ~* prost narod 2. (in *pl*) rodbina, porodica; *my ~s* moji srodnici 3. (in *pl*) ljudi, svet (svijet); *what will ~s say?* šta (što) će reći svet?
folk II *a* 1. narodni; *~ literature* narodna književnost; *a ~ costume* narodna nošnja; *~ etymology* narodna etimologija 2. narodski; *~ humor* narodski humor
folk dance narodni ples
folk dancer izvođač narodnih plesova
folk·lore [~lo(r)] *n* folklor
folk·lor·ic [~rik] *a* folklorni
folk·lor·ist [~rist] *n* folklorista
folk music narodna muzika
folk rock vrsta američke narodne muzike
folks see **folk I** 3
folk singer izvođač narodnih pesama (pjesama)
folk song narodna pesma (pjesma)
folk story, folk tale narodna priča
folk·sy [~sij] *a* 1. narodski, prost 2. druželjubiv
folk·way [~wej] *n* narodni običaj
fol·li·cle ['falikəl]; [o] *n* 1. (anat.) folikul, kesica 2. (bot.) mešak (miješak), čahura
fol·lic·u·lar [fə'likjələ(r)] *a* folikularan
fol·lies ['falijz]; [o] *n pl* muzička revija
fol·low ['falou]; [o] *v* 1. *tr* uslediti (uslijediti); ići (za); pratiti; *to ~ certain principles* slediti neke principe; *she is ~ing him* ona ide za njim; *to ~ smb. s footsteps* slediti nečije stope; *to ~ smb. closely* pratiti nekoga u korak 2. *tr* uslediti, doći (posle — poslije); *night ~s day* noć dolazi posle dana 3. *tr* goniti 4. *tr* ići; *to ~ a road* ići putem 5. *tr* držati se; *to ~ a philosophy* držati se neke filozofije 6. *tr* postupiti (po); *to ~ instructions* postupiti po uputstvima 7. *tr* poslušati; *to ~ advice* poslušati savet (savjet) 8. *tr* pratiti, razumeti (razumjeti); *to ~ a lecture* pratiti izlaganje 9. *tr* slušati; *to ~ a conversation* slušati razgovor 10. *tr* baviti se; *to ~ a trade* baviti se zanatom 11. *tr* pratiti; *to ~ politics* pratiti politiku 12. *intr* desiti se docnije 13. *intr* sledovati (sljedovati); *as ~s* kao što sleduje 14. misc.; *to ~ in smb. s footsteps* ići nečijim stopama; *to ~ suit* odgovoriti istom bojom (u kartama); uraditi što i drugi; *to ~*

one's nose ići pravo napred [(naprijed); *to ~ through* ići do kraja
fol·low·er [~ə(r)] *n* pristalica (W: pristaša)
fol·low·ing I [~iṅg] *n* 1. (coll.) pristalice (W: pristaše) 2. ono što sleduje (sljeduje)
following II *a* sledeći (slijedeći); *the ~ year* sledeće godine
follow on *v* (Br.) sledovati (sljedovati)
follow-the-leader (Br.: *follow-my-leader*) igra u kojoj se igrači povode za pokretima kolovođe
follow-through *n* (usu. sports) završni pokret
follow up *v* terati (tjerati) do kraja; nastaviti; pratiti
fol·low-up [~əp] *n* 1. nastavak, produžetak 2. (med.) nastavljanje provere — provjere (zdravstvenog stanja) 3. podsećanje (podsjećanje)
fol·ly ['falij]; [o] *n* 1. glupost, ludorija 2. glupavost
fo·ment [fou'ment] *v tr* podstaći, podstreknuti
fo·men·ta·tion [foumən'tejšən] *n* podsticanje
fond [fand]; [o] *a* 1. koji voli; *to be ~ of smb.* voleti (voljeti) nekoga; *he is ~ of swimming* on voli da pliva 2. nežan (nježan); *a ~ mother* nežna majka 3. sklon; *~ of drink* sklon piću
fon·dle [~əl] *v tr* milovati, maziti; *she likes to be ~d* ona voli da se mazi
fond·ly [~lij] *adv* nežno (nježno)
fond·ness [~nis] *n* 1. voljenje, ljubav 2. sklonost
font I [fant]; [o] *n* sud za svetu vodicu; krstionica; kropionica (W: škropionica)
font II *n* garnitura štamparskih slova
food [fūd] *n* (no *pl*) hrana; jelo; *~ and drink* jelo i piće; *hot ~* toplo jelo (see also **foods**)
food additive dodatak za jelo
Food and Drug Administration (Am.) Uprava za hranu i lekove (lijekove)
food handler kuvar (kuhar); kuvarski pomoćnik
food poisoning trovanje hranom
food processor univerzalna mašina za pripremu hrane
foods *n pl* prehrambeni proizvodi
food stamps tačkice za hranu, prehrambeni bonovi
food·stuff [~stəf] *n* namirnica
fool I [fūl] *n* budala; *to make a ~ of oneself* praviti sebe budalom; *to make a ~ of smb* praviti nekoga budalom; *to play the ~* izigravati budalu; *a doddering old ~* drhtavi blesavi starac
fool II *v* 1. *tr* prevariti, obmanuti 2. *tr* iznenaditi 3. *intr* šaliti se; *you're ~ing!* šališ se! *he was ~ing* šalio se; (see also **fool around** 1) 4. *intr* igrati se; *to ~ with fire* igrati se vatrom (also **fool around** 2) 5. *intr* čačkati, majati se, prtljati (see **fool around** 3) 6. *intr* titrati se; *to ~ with fate* titrati se srećom
fool around *v* 1. šaliti se; *don't fool around!* ne šali se! *he was fooling around* šalio se; *you can't fool around with him!* s njime nema šale! 2. igrati se; *to fool around with fire* igrati se vatrom (also **fool II** 4) 3. čačkati, majati se, prtljati; *don't fool around with that iron!* ne čačkaj oko te pegle! 4. ludirati se; *he was always fooling around* uvek (uvijek) se ludirao 5. bludničiti
fool·er·y ['fūlərij] *n* ludorija; budalaština
fool·har·dy [~ha(r)dij] *a* ludo odvažan
fool·ish [~iš] *a* budalast
fool·proof [~prūf] *a* siguran; zaštićen od lomljenja pri nevještom (nevještom) rukovanju

fools·cap [~zkaep] *n* 1. kapa dvorske budale 2. dugačak tabak za pisanje
fool's errand jalov trud
fool's gold gvozdeni pirit
fool's paradise imaginarna sreća; *to live in a ~* predati se iluzijama
foot I [fut] *(feet* [fijt]) *n* 1. noga; *on one's feet* na nogama; *to stamp one's feet* lupati nogama; **to have one ~ in the grave* biti jednom nogom u grobu; **to put smb. on his feet* pomoći nekome da stane na noge; **to get on one's feet* stati na svoje noge 2. stopalo 3. stopa; *the tower is 150 feet high* toranj je visok 150 stopa 4. podnožje; *the ~ of a mountain* podnožje planine 5. dno, noga; *at the ~ of a bed* kod nogu (na dnu) kreveta; *at the ~ of a table* na dnu stola 6. misc.; *on ~* pešice (pješice), peške (pješke); **to get a ~ in the door* uvući se; **he doesn't let grass grow under his feet* on ne gubi vreme (vrijeme); **to put one's best ~ forward* pokazati svoje vrline; **to put one's ~ down* zauzeti odlučan stav; **to put one's ~ in one's mouth* učiniti glupu grešku, izlanuti se
foot II *v tr* (colloq.) platiti; *to ~ a bill* platiti račun
foot·age [~idž] *n* dužina u stopama
foot-and mouth disease [fut-ən-'mauth] bolest slinavke i šapa
foot·ball [~bol] *n* 1. američki fudbal, nogomet 2. see **rugby** 3. see **soccer**
foot·bath [~baeth]; [*a*] *n* sud za pranje
foot·board [~bo(r)d] *n* podnoška, papuča
foot brake nožna kočnica
foot·bridge [~bridž] *n* pešački (pješački) most
foot fault (tennis) greška pri serviranju, fut fol
foot·hill [~hil] *n* podnožje; *at the ~s of the Himalayas* u podnožju Himalaja
foot·hold [~hould] *n* 1. (usu. mil.) (mali) mostobran, desantna osnovica; *to gain a ~* zauzeti desantnu osnovicu 2. uporište; čvrsto mesto (mjesto) za noge
foot·ing [~iīng] *n* 1. položaj nogu 2. osnova; (fig.) noga; *to put smt. on a firm ~* staviti nešto na čvrste noge; *to be on a war ~* biti na ratnoj nozi 3. desantna osnovica; *to gain a ~* zauzeti desantnu osnovicu
foo·tle about [fūtl] *v* (Br.; colloq.) prtljati
foot·lights [~lajts] *n pl* 1. svetiljke (svjetiljke) pred pozornicom 2. (fig.) glumački poziv, pozorišne (W: kazališne) daske
foot·lock·er [~lakə(r)]; [*o*] *n* ormar (koji obično stoji pored donjeg dela — dijela kreveta)
foot·loose [~lūs] *a* slobodan, nevezan
foot·man [~mən] *(-men* [min]) *n* sluga
foot·note [~nout] *n* fusnota, primedba (primjedba)
foot·path [~paeth]; [*a*] *n* pešačka (pješačka) staza
foot·print [~print] *n* otisak stopala
foot·race [~rejs] *n* pešačka (pješačka) trka
foot·rest [~rest] *n* oslonac za noge, podnoška
foot rule Br.; see **ruler** 2
foot·sie [~sij] *n* (colloq.) *to play ~ with smb.* flertovati s nekim; ulagivati se nekome; šurovati s nekim
foot soldier pešak (pješak)
foot·sore [~so(r)] *a* podbijenih nogu
foot·step [~step] *n* 1. korak 2. stopa; *he followed his father's ~s* on je pošao stopama svoga oca

foot·stool [~stūl] *n* hoklica
foot·wear [~wej(r)] *n* obuća
foot·work [~wə(r)k] *n* rad nogu (u boksu)
foot·worn [~wo(r)n] *a* pohaban, razgažen
fop [fap]; [*o*] *n* kicoš, gizdavac
fop·pish [~iš] *a* kicoški
for I [fo(r)] *prep* 1. za; *to buy smt. ~ mother* kupiti nešto za majku; *the assignment ~ Tuesday* zadatak za utorak; *he will come home ~ the holidays* on će doći kući za praznike; *to pay for ~ one's curiosity* platiti za radoznalost; *to try ~ murder* suditi za ubistvo; *to sell ~ fifty dollars* prodati za 50 dolara; *to exchange eggs ~ flour* menjati (mijenjati) jaja za brašno; *to vote ~ smb.* glasati za nekoga; *I fear ~ him* bojim se za njega; *a letter ~ the boss* pismo za šefa; *thirst ~ revenge* žeđ za osvetom; *to mistake one person ~ another* zameniti (zamijeniti) jednu osobu za drugu; **an eye ~ an eye* oko za oko; *~ sale* za prodaju 2. zbog; *to suffer ~ one's sins* patiti zbog grehova (grijehova) 3. iz; *~ unknown reasons* iz nepoznatih razloga; *to do smt. ~ love* učiniti nešto iz ljubavi 4. na; *to go somewhere ~ two days* otići nekuda na dva dana; *~ example* na primer (primjer); *a month* na mesec (mjesec) dana 5. od; *to weep ~ joy* plakati od radosti; **he can't see the forest ~ the trees* od drveća ne vidi šumu 6. uprkos; *~ all that* uprkos svemu 7. po; *I'll come ~ you* doći ću po tebe; *~ days on end* po čitave dane 8. (in time expressions) *we were there ~ a month* bili smo tamo mesec (mjesec) dana; *he has been waiting ~ hours* on čeka već satima 9. misc.; *to go ~ a walk* ići u šetnju; *~ the present* zasada; *~ good* stalno; *as ~ me* što se mene tiče; *~ ever* zauvek (zauvijek); *~ a long time* odavna; *once and ~ all* jednom za svagda; *~ all I know, he is here* nije isključeno da je ovde (ovdje)
for II *conj* jer, pošto; *he stayed at home ~ he was ill* ostao je kod kuće, jer je bio bolestan
for·age I ['foridž] *n* stočna hrana, furaž
forage II *v intr* tražiti furaž, tragati za hranom
forage cap (Br.) vojnička kapa
for·ag·er [~ə(r)] *n* furažer, tragač za hranom
for·ay I ['forej] *n* upad, prepad
foray II *v intr* izvršiti prepad
for·bear I [fo(r)'bej(r)]; *-bore* [bo(r)]; *-borne* [bo(r)n] *v intr* uzdržati se, odustati
forbear II see **forebear**
for·bear·ance [fo(r)'bejrəns] *n* 1. uzdržavanje, uzdržljivost 2. trpeljivost
for·bear·ing [~riīng] *a* 1. uzdržljiv 2. trpeljiv
for·bid [fo(r)'bid], [*ə*]; *-bad* or *-bade* [baed]; *forbidden* [fo(r)'bidən], [*ə*] *v tr* zabraniti; *to ~ smoking* zabraniti pušenje; *I ~ you to go* zabranjujem ti da ideš; **forbidden fruit* zabranjeno voće; *God (heaven) ~!* sačuvaj bože!
for·bid·ding [~iīng] *a* strašan; preteći (prijeteći)
force I [fo(r)s] *n* 1. snaga; sila; *with full ~* punom snagom; *legal ~* zakonska snaga; *moral (spiritual) ~* moralna (duhovna) snaga; *centrifugal (centripetal) ~* centrifugalna (centripetalna) sila; *cohesive ~* sila prianjanja; *magnetic ~* magnetska sila; *an equilibrium of ~s* ravnoteža sila; *military ~* vojna sila; **a higher ~* viša

sila; *in* ~ na snazi; *the* ~ *of a blow* snaga udarca; *to use (apply)* ~ primeniti (primijeniti) silu 2. (in *pl*) snage; *armed (land, military, naval)* ~s oružane (suvozemne — suhozemne, vojne, pomorske) snage

force II *v tr* 1. prisiliti, prinuditi, primorati; *to* ~ *smb. into smt.* primorati nekoga na nešto 2. naterati (natjerati); *to* ~ *smb. to do smt.* naterati nekoga da uradi nešto 3. silovati (see **rape II**) 4. probiti; prokrčiti; prodreti (prodrijeti); *to* ~ *one's way through a crowd* probiti se (prokrčiti sebi put) kroz gomilu; *to* ~ *one's way into a building* prodreti u zgradu 5. iznuditi; *to* ~ *a confession* iznuditi priznanje 6. (mil.) forsirati; *to* ~ *a river* forsirati reku (rijeku) 7. (mil.) odbaciti; potisnuti; *to* ~ *the enemy back* odbaciti neprijatelja 8. obiti; uraditi silom; *to* ~ *a door (open)* obiti vrata; *the police* ~*d their way into the building* policija je silom ušla u zgradu 9. misc.; *to* ~ *a person's hand* prinuditi nekoga da uradi nešto; *to* ~ *on (upon) smb.* silom nametnuti nekome

forced [~t] *a* 1. prinudan; ~ *labor* prinudan rad; *a* ~ *landing* prinudno sletanje (slijetanje) 2 forsiran, usiljen; *a* ~ *march* usiljeni marš; *a* ~. *crossing* forsiranje, prelazak pod borbom 3. (fig.) usiljen; *a* ~ *smile* usiljen osmeh (osmijeh)

force down *v* naterati (natjerati) da sleti

force-feed [~-fijd] *-fed* [fed] *v tr* hraniti silom

force-ful [~fəl] *a* snažan, jak, energičan

force-meat [~mijt] *n* (Br.) vrsta nadeva (nadjeva)

force on *v* nametnuti; *to force smt. on smb.* nametnuti nekome nešto; *he forced himself on us* on nam se nametnuo

force out *v* isterati (istjerati)

for-ceps ['fo(r)səps] (*pl* has zero) *n* (surgical) klešta (kliješta); *a pair of* ~ dvoja klešta

for-ci-ble ['fo(r)səbəl] *a* urađen silom; *the police made a* ~ *entry* policija je silom ušla u zgradu

ford I [fo(r)d] *n* gaz, brod

ford II *v tr* preći gazom

fore I [fo(r)] *n* prednji deo (dio); (naut.) pramčani deo; *to come to the* ~ istaknuti se

fore II *a* prednji

fore III *adv* spreda (sprijeda), napred (naprijed)

fore-and-aft ['for-ən-'aeft]; [*a*] *a* (naut.) uzdužni; *a* ~ *sail* sošno jedro

fore-arm ['fora(r)m] *n* podlaktica

forearm II *v tr* unapred (unaprijed) naoružati

fore-bear ['fo(r)bej(r)] *n* predak

fore-bode [fo(r)'boud] *v tr* nagovestiti (nagovijestiti)

fore-bod-ing I [~iŋ] *n* 1. rđav predznak 2. slutnja (zla); *dark* ~s crne slutnje

foreboding II *a* zloslutan, zlokoban

fore-brain ['fo(r)brejn] *n* (anat.) prozencefal

fore-cast I [~kaest]; [*a*] *n* prognoza; *a weather* ~ prognoza vremena

forecast II *-ed or -cast; v tr* prognosticirati, prognozirati, predskazati

fore-cast-er [~ə(r)] *n* prognostičar, prognozer

fore-cas-tle ['fo(r)kaesəl], ['fouksəl] *n* (naut.) pramčana nadgradnja

fore-close [fo(r)'klouz] *v* 1. *tr* poništiti; *to* ~ *a mortgage* poništiti pravo na oslobođenje od

hipoteke 2. *intr* izjaviti da je propala hipoteka, poništiti pravo na oslobođenje od hipoteke

fore-clo-sure [~žə(r)] *n* poništenje prava na oslobođenje od hipoteke

fore-court ['fo(r)ko(r)t] *n* 1. dvorište ispred zgrade 2. (sports) navalna zona, protivnička polovina igrališta

fore-deck [~dek] *n* prednji deo (dio) palube

fore-doomed [~'dūmd] *a* unapred (unaprijed) osuđen (na propast)

fore-fa-ther [~fathə(r)] *n* predak, praotac

fore-fin-ger [~fiŋgə(r)] *n* kažiprst (also **index finger**)

fore-foot [~fut] (*-feet* [fijt]) *n* prednja noga (životinje)

fore-front [~front] *n* prvi plan, najistaknutiji položaj; *in the* ~ u prvom planu

fore-go-ing [~gouiŋ] *a* prethodni

fore-gone [~gan]; [*o*] *a* 1. prošli 2. *a* ~ *conclusion* neminovan rezultat, očevidna stvar

fore-ground [~graund] *n* prednja strana, prvi plan; istaknuto mesto (mjesto); *in the* ~ u prvom planu, na prvom mestu

fore-hand [~haend] *n* (tennis) forhend

fore-head [~hed] *n* čelo

for-eign ['farin], [*o*] *a* 1. inostran, tuđ, inozemski, spoljni (W also: vanjski); ~ *affairs* spoljni poslovi; ~ *policy (trade)* spoljna politika (trgovina) 2. stran; *a* ~ *body* strano telo (tijelo); *a* ~ *language* strani jezik

for-eign-er [~ə(r)] *n* stranac

foreign exchange devize, strana valuta

for-eign-ism [~izəm] *n* tuđica

Foreign Legion Legija stranaca

foreign office ministarstvo inostranih (W: vanjskih) poslova

fore-knowl-edge ['fo(r)nalidž]; [*o*] *n* znanje unapred (unaprijed)

fore-la-dy [~lejdij] *n* nadzornica

fore-leg [~leg] *n* prednja noga (životinje)

fore-lock [~lak]; [*o*] *n* čeoni pramen, čupa, čuperak

fore-man [~mən] (*-men* [min]) *n* nadzornik; poslovođa; *a shop* ~ poslovođa radionice; *a construction* ~ građevinski poslovođa

fore-mast [~maest]; [*a*] *n* prednji jarbol

fore-most [~moust] 1. *a* glavni, najistaknutiji, prvi 2. *adv* prvo; *first and* ~ najpre (najprije)

fore-name [~nejm] *n* ime

fore-noon [~nūn] *n* prepodne (prijepodne)

fo-ren-sic [fə'rensik] *a* 1. sudski; ~ *medicine* sudska medicina 2. retorički, retoričan

fo-ren-sics [~s] *n* retorika

fore-run-ner [~rənə(r)] *n* preteča

fore-sail [~sejl], [ə] *n* prednje jedro

fore-see [fo(r)'sij]; *-saw* [so]; *-seen* [sijn] *v tr* predvideti (predvidjeti)

fore-see-a-ble [~əbəl] *a* dogledan; *in the* ~ *future* u doglednu vreme (vrijeme)

fore-shad-ow [~'šaedou] *v tr* nagovestiti (nagovijestiti)

fore-sight [~sajt] *n* predviđanje

fore-skin [~skin] *n* udna navlaka

for-est ['forist], [*a*] *n* šuma; *the edge of a* ~ ivica šume; *to clear a* ~ krčiti šumu; *broadleaf (coniferous, evergreen)* ~s lišćarske (četinarske, zim-

zelene) šume; (fig.) *a ~ of masts* šuma katarki; **he can't see the ~ for the trees* od drveća ne vidi šumu
fore·stall [~'stol] *v tr* 1. sprečiti (spriječiti), preduhitriti 2. predvideti (predvidjeti) 3. (comm.) zavladati, zagospodariti (tržištem) kupovinom unapred (unaprijed)
for·est·er [~ə(r)] *n* šumar
forest ranger šumar
for·est·ry [~rij] *n* šumarstvo; *a school of ~* šumarski fakultet
fore·taste [~tejst] *n* ukus koji se oseća unapred (W: okus koji se osjeća unaprijed)
fore·tell [~'tel]; *-told* [tould] *v* 1. *tr* predskazati, proreći 2. *intr (to ~ of)* predskazati
fore·thought [~thot] *n* promišljenost (unapred — unaprijed)
fore·top ['fo(r)təp] *n* (naut.) korpa na prednjoj katarci
for·ev·er [~r'evə(r)] *adv* zauvek (zauvijek)
for·ev·er·more [~mo(r)] *adv* see **forever**
fore·warn [~'wo(r)n] *v tr* upozoriti (unapred — unaprijed); **~ed is forearmed* spreman je ko (tko) je unapred (unaprijed) upozoren
fore·wom·an [~wumən] (*-women* [wimin]) *n* nadzornica
fore·word [~wə(r)d] *n* predgovor (koji autor dotične knjige nije napisao; cf. **preface**)
for·feit I [~fit] *n* 1. kazna 2. gubitak (see **forfeiture**) 3. zalog, jemstvo 4. (in *pl*; game) zalog, fota 5. (usu. sports) kontumacija, forfe (see also **default I** 4)
forfeit II *v tr* and *intr* 1. kaznom biti lišen čega; izgubiti 2. (usu. sports) izgubiti kontumacijom; *he ~ed the second game* izgubio je drugu partiju kontumacijom
for·fei·ture ['fo(r)fičū(r)] *n* 1. gubitak; *the ~ of all rights* gubitak svih prava 2. izgubljena stvar
for·gave see **forgive**
forge I [fo(r)dž] *n* kovačnica, kovačko ognjište
forge II *v tr* 1. skovati; *to ~ a sword* skovati mač 2. skovati, izmisliti; *to ~ a plan* skovati plan 3. falsifikovati, krivotvoriti; *to ~ a signature* falsifikovati potpis
forge III *v intr* 1. (usu.: *to ~ ahead)* napredovati, izbiti na prvo mesto (mjesto) 2. izbiti; *to ~ into first place* izbiti na prvo mesto
forg·er [~ə(r)] *n* falsifikator, krivotvorilac
for·ger·y [~ərij] *n* 1. falsifikacija, falsifikovanje, krivotvorenje 2. falsifikat
for·get [fə(r)'get], [o]; *-got* [gat], [o]; *-gotten* ['gatn], [o] or *-got*; *v tr* and *intr* zaboraviti; *to ~ smt.* zaboraviti nešto; *he forgot himself* on se zaboravio; *I forgot what you said* zaboravio sam šta (što) si rekao; *he forgot to take a pencil* zaboravio je da ponese olovku; *I ~ (forgot) his name* zaboravio sam mu ime; *he forgot how to spell this word* zaboravio je kako se piše ova reč (riječ)
for·get·ful [~fəl] *a* zaboravan
for·get-me-not [~-mij-nat]; [o] *n* (bot.) nezaboravak, spomenak, potočnica
for·give [fə(r)'giv], [o]; *-gave* [ˈgejv]; *-given* ['givən] *v* 1. *tr* oprostiti; *to ~ smb.'s mistake* oprostiti nekome grešku; *to ~ a debt* oprostiti dug;

he could not ~ me for lying to him nije mi mogao da oprosti da sam ga lagao 2. *intr* opraštati
for·give·ness [~nis] *n* oproštaj, oproštenje
for·giv·ing *a* blag, koji oprašta; *a ~ nature*; sklonost opraštanju
for·go [fo(r)'gou]; *forwent* [fo(r)'went]; *forgone* [fo(r)'gan]; [o] *v tr* odreći se; uzdržati se; *it's a forgone conclusion* zaključak je jasan
for·got·ten see **forget**
fork I [fo(r)k] *n* 1. viljuška; *a tuning ~* akustična viljuška 2. see **pitchfork** 3. račva; *a ~ in the road* mesto (mjesto) gde (gdje) se račva put
fork II *v* 1. *tr* (chess) napasti dve (dvije) figure 2. *tr* (colloq.) (*to ~ over, up)* isplatiti; *to ~ over money* isplatiti novac 3. *intr* račvati se
fork·beard [~bij(r)d] *n* Br.; see **hake**
forked [~t] *a* 1. račvast 2. dvosmislen
fork·ful [~ful] *n* puna viljuška
fork lift viljuškar, viličar
fork over *v* see **fork II** 2
for·lorn [fo(r)'lo(r)n], [ə] *a* 1. napušten, ostavljen 2. usamljen
forlorn hope 1. očajan poduhvat 2. izgubljena nada
form I [fo(r)m] *n* 1. oblik, forma; *that medicine comes in the ~ of a pill* taj lek (lijek) dolazi u formi pilule 2. (ling.) oblik 3. kondicija, forma; *in good ~* u dobroj kondiciji (see also **condition** I 4) 4. bonton; forma; *that's bad ~* to se ne priliči; *for the sake of ~* forme radi 5. kalup, model 6. (Br.) razred (see also **grade I** 2) 7. formular, obrazac, blanket; *to fill out* (Br.: *fill in) a ~* popuniti formular; *to hand in a ~* predati formular (see also **application form, registration form**) 8. (Br.; slang) osuđivanost
form II *v* 1. *tr* oblikovati 2. *tr* obrazovati, stvoriti; formirati; *to ~ a committee (a regiment, a sentence)* obrazovati komitet (puk, rečenicu); *to ~ a new government* formirati novu vladu 3. *tr* (ling.) graditi, tvoriti; *to ~ a comparative* graditi komparativ 4. *tr* činiti; *to ~ a unit* činiti celinu (cjelinu) 5. *intr* obrazovati se, formirati se; *clouds are ~ing* oblaci se obrazuju 6. misc.; *to ~ a habit* navići se; *to ~ a line* napraviti red
for·mal I [~əl] *n* svečano odelo (odijelo)
formal II *a* 1. formalan; *~ logic* formalna logika 2. svečan; *~ dress* svečana odeća (odjeća); *a ~ ceremony* svečana ceremonija; (mil.) *a ~ guard mount* svečani razvod straže 3. u propisnoj (ustaljenoj) formi; *he is always ~ on* uvek (uvijek) pazi na formu
for·mal·ism [~izəm] *n* formalizam
for·mal·ist [~ist] *n* formalista
for·mal·i·ty [fo(r)'maelətij] *n* 1. formalnost; *a mere ~* prosta formalnost; *to take care of the ~ties* obaviti formalnosti 2. svečanost
for·mal·ize ['fo(r)məlajz] *v tr* 1. učiniti formalnim 2. oblikovati; formulisati
for·mant ['fo(r)mənt] *n* (ling.) formant
for·mat I ['fo(r)maet] *n* format
format II *v tr* (C.) formatizovati
for·ma·tion [fo(r)'mejšən] *n* 1. formacija, formiranje, osnivanje, obrazovanje; *the ~ of a new government* formiranje nove vlade; *capital ~* formiranje akumulacije 2. (mil.) stroj, borbeni poredak (W also: postrojba); *to break ~* izaći

iz stroja 3. (ling.) tvorba, izvođenje, građenje; *word* ~ tvorba reči (riječi)
for·ma·tive I ['fo(r)mətiv] *n* (ling.) formativ
formative II *a* formativan
for·mer ['fo(r)mə(r)] *a* bivši, raniji; *a* ~ *president* bivši predsednik (predsjednik)
for·mer·ly [~lij] *adv* ranije
for·mi·ca [fo(r)'majkə] *n* vrsta tvrde plastike
for·mic acid ['fo(r)mik] mravlja kiselina
for·mi·da·ble ['fo(r)mədəbəl] *a* 1. strašan 2. težak; *a* ~ *task* težak zadatak 3. opasan; *a* ~ *foe* opasan neprijatelj
form·less ['fo(r)mlis] *a* bezobličan
For·mo·sa [fo(r)'mousə] *n* see **Taiwan**
for·mu·la ['fo(r)mjələ] (-s or -ae [ij]) *n* 1. formula 2. (for an infant) veštačka — vještačka (W: umjetna) prehrana ،
for·mu·lar·y ['fo(r)mjəlerij]; [ə] *n* zbirka formula
for·mu·late [~lejt] *v tr* formulisati
for·mu·la·tion [fo(r)mjə'lejšən] *n* formulisanje
form up *v* (esp. Br.) postrojiti se
for·ni·cate ['fo(r)nikejt] *v intr* imati snošaj; bludničiti
for·ni·ca·tion [fo(r)ni'kejšən] *n* obljuba, bludničenje; *to commit* ~ izvršiti obljubu
for·ra·der ['forədə(r)] *adv* (Br.; colloq.) unapred (unaprijed)
for·sake [fo(r)'sejk], [ə]; -sook [suk]; -saken ['sejkən] *v tr* 1. napustiti 2. odreći se
for·swear [~'swej(r)]; -swore [swo(r)]; -sworn [swo(r)n] *v tr* odreći se
fort [fo(r)t] *n* 1. tvrđava, utvrđenje 2. (Am., mil.) stalno mesto (mjesto) rasporeda jedinice
forte [fo(r)t], [fo(r)'tej] *n* (Italian) jaka tačka (W: točka)
forth [fo(r)th] *adv* 1. dalje; napred (naprijed); *from this day* ~ od danas; *and so* ~ i tako dalje; *back and* ~ natrag i napred 2. see **bring forth**
forth·com·ing [~kəmiñg] *a* 1. koji izlazi 2. koji se približuje; nastupajući; ~ *events* budući događaji
forth·right [~rajt] *a* otvoren, iskren
forth·with [~wi*th*]; [*th*] *adv* odmah
for·ti·eth ['fo(r)tijith] *num a* četrdeseti
for·ti·fi·ca·tion [fo(r)təfi'kejšən] *n* utvrđenje, fortifikacija; *a line of* ~s pojas utvrđenja
for·ti·fy ['fo(r)təfaj] *v tr* 1. (mil.) utvrditi 2. ojačati 3. okrepiti (okrijepiti)
for·tis ['fo(r)tis] *n* (ling.) fortis
fortis II *a* (ling.) čvrsto artikulisan
for·ti·tude ['fo(r)tətūd]; [tj] *n* moralna čvrstina (snaga); hrabrost
fort·night ['fo(r)tnajt] *n* (esp. Br.) dve nedelje — dvije nedelje (W: dva tjedna); *a* ~ *today* (kroz) dve nedelje (od danas)
fort·night·ly [~lij] (esp. Br.) 1. *a* četrnaestodnevni 2. *adv* četrnaestodnevno
for·tress ['fo(r)tris] *n* tvrđava, utvrđenje
for·tu·i·tous [fo(r) tūətəs], [tj] *a* slučajan
for·tu·i·ty [fo(r) tūətij], [tj] *n* slučajnost
for·tu·nate [fo(r)čənit] *a* srećan; povoljan
for·tune ['fo(r)čən] *n* 1. sreća; **the wheel of* ~ kolo sreće; *the* ~s *of war* ratna sreća; *good* ~ dobra sreća; *to seek one's* ~ tražiti svoju sreću; *to try one's* ~ okušati sreću; **~ smiled on*

him sreća mu se nasmešila (nasmiješila) 2. bogatstvo, imovina; *to come into a* ~ naslediti (naslijediti) imovinu; *to make a* ~ obogatiti se; *to spend a small* ~ potrošiti priličnu sumu novaca; *to squander (dissipate) a* ~ proćerdati imovinu 3. sudbina; *to tell* ~s gatati, predskazati sudbinu
fortune hunter hohštapler; lovac na miraz
for·tune-tell·er [~-telə(r)] *n* vračar
for·ty ['fo(r)tij] *num* četrdeset; četrdesetoro; **to catch* ~ *winks* odspavati malo; **life begins at* ~ život počinje u četrdesetoj
fo·rum ['forəm] (-s or *fora* ['forə]) *n* forum
for·ward ['fo(r)wə(r)d] *n* (sports) napadač, igrač navalne linije
forward II *a* 1. prednji; *a* ~ *defense line* prednji kraj odbrane (W: obrane) 2. isturen; *a* ~ *area (position)* istureni rejon (položaj) 3. drzak, agresivan 4. napredan
forward III *adv* napred (naprijed); *to step* ~ kročiti napred; *to send* ~ slati napred; (mil.) ~, *march!* napred, marš! (see also **look forward**)
forward IV *v tr* 1. poslati; *to* ~ *letters to a new address* poslati pisma na novu adresu 2. proslediti (proslijediti); *to* ~ *a document* proslediti dokumenat; *to* ~ *a case to headquarters* proslediti predmet upravi
forward bend (gymnastics) pretklon
for·ward·er [~ə(r)] *n* špediter (also **freight forwarder**)
forwarding address nova adresa
forward-looking *a* dalekovidan, napredan
for·ward·ness [~nis] *n* drskost, agresivnost
forward roll (gymnastics) kolut napred (naprijed)
for·went see **forgo**
fos·sil I ['fasəl]; [o] *n* fosil
fossil II *a* fosilan; ~ *remnants* fosilni ostaci; ~ *fuels* fosilna goriva
fos·sil·ize [~ajz] *v* 1. *tr* okameniti 2. *intr* okameniti se
fos·ter I ['fostə(r)] *a* 1. koji se hrani, gaji (see **foster child**) 2. koji hrani, gaji (see **foster father, foster mother**)
foster II *v tr* gajiti; *to* ~ *the arts* gajiti umetnost (umjetnost)
foster child podsvojče, hranjenik
foster father poočim
foster mother pomajka
fought see **fight II**
foul I [faul] *n* (sports) greška; prekršaj; (basketball) *a personal (technical)* ~ lična (tehnička) greška; *to commit a* ~ učiniti prekršaj (grešku); (boxing) nepravilan udarac
foul II *a* 1. gadan, odvratan 2. prljav, nečist, pogan; *a* ~ *tongue* pogan jezik 3. zapušen 4. rđav, loš, gadan; ~ *weather* gadno vreme (vrijeme) 5. smrdljiv 6. nepošten, pogrešan, nepravilan 7. pogrdan; ~ *language* pogrdni izrazi 8. zamršen
foul III *adv* nepošteno; *to play* ~ igrati nepošteno
foul IV *v* 1. *tr* uprljati, isprljati 2. *tr* zamrsiti, zaglaviti; *to* ~ *a rope* zamrsiti konop 3. *tr* (sports) izvršiti ličnu grešku (na), izvršiti prekršaj (nad); *to* ~ *a player* izvršiti grešku na igraču, izvršiti prekršaj nad igračem; (boxing) zadati (nekome) nepravilan udarac 4. *intr* (sports) izvršiti

grešku (prekršaj) 5. *intr* (basketball) *(to ~ out)* napustiti igru zbog pet ličnih grešaka 6. *intr* zamrsiti se, zaplesti se

foul line (basketball) linija slobodnog bacanja

foul-mouthed [~-mauthed] s poganim jezikom

foul-ness [~nis] *n* prljavština

foul out *v* see **foul IV 5**

foul play nepoštena igra; podvala; zločin

foul shot (basketball) slobodno bacanje

foul up *v* (colloq.) 1. zamrsiti, zaplesti 2. omesti; poremetiti; *to foul up traffic* omesti saobraćaj 3. napraviti grubu grešku

foul-up [~-əp] *n* gruba greška

found I [faund] *v tr* zasnovati, osnovati; *the hospital was ~ed 50 years ago* bolnica je osnovana pre (prije) 50 godina

found II *v tr* izliti, odliti

found III see **find II**

foun-da-tion [faun'dejšən] *n* 1. zasnivanje, osnivanje 2. fondacija; zadužbina 3. temelj; *to lay a ~* udariti (postaviti) temelj; *to shake to the very ~s* uzdrmati do temelja

foundation garment mider

foundation stone kamen temeljac

found-er I [~ə(r)] *n* osnivač

founder II *n* livac

founder III *v intr* 1. srušiti se; pasti 2. (naut.) potonuti

founder member Br.; see **charter member**

founding father osnivač

found-ling [~liñg] *n* nahoče

foun-dry ['faundrij] *n* livnica

fount I [faunt] *n* izvor

fount II Br.; see **font II**

foun-tain ['fauntən] *n* izvor, fontana, česma; vrelo

foun-tain-head [~hed] *n* vrelo

Fountain of Youth Vrelo mladosti

fountain pen naliv-pero; penkalo (also **pen I**)

four (fo(r)) 1. *n* četvorka *on all ~s* četveronoške 2. *n* (rowing, in *pl*) četverac; *coxed ~s* četverac s kormilarom 3. *num* and *n* četiri; četvorica; četvoro; četvori; ~ *girls* četiri devojke (djevojke); ~ *(male) students* četvorica studenata; ~ *children* četvoro dece (djece); ~ *cars* četvora kola; *the ~ of them* njih četvoro

four bits *pl* (slang) pedeset centi

four-eyes *n* (colloq.; no *pl*) cvikeraš

four-flush [~-fləš] *v intr* (colloq.) varati

four-flush-er [~ə(r)] *n* varalica

four-fold [~fould] *a* četvorostruk

four-foot-ed [~-futid] *a* četvoronožan

four-gon [fū(r)'gon] *n* furgon, kolica

four-hand-ed [~haendid] *a* koji se igra učetvoro

four-in-hand [~-in-haend] *n* 1. četvoroprežna kola 2. vrsta mašne

four-leaf clover [~-lijf] detelina (djetelina) sa četiri lista

four-let-ter word [~-letə(r)] vulgarna reč (riječ)

four-ra-gere [fūrə'žej(r)] *n* (French, mil.) počasni akselbender

four-score [~sko(r)] *n* osamdeset

four-some [~səm] *n* dva para

four-teen [~'tijn] *num* četrnaest, četrnaestoro

four-teenth [~th] *n* and *num a* četrnaesti; *on the ~ of May* četrnaestog maja (W: svibnja)

fourth I [fo(r)th] *n* 1. četvrt 2. četvrti; *on the ~of February* četvrtog februara (W: veljače) 3. (on an automobile) četvrta brzina

fourth II *num a* četvrti

fourth estate *(the ~)* sedma sila

fowl [faul] *(pl* has zero or *-s) n* živina, perad

fowling piece puška za lov na ptice

fox I [faks]; [o] *n* 1. lisica; *arctic (silver) ~* polarna (srebrna) lisica; *~as sly as a ~* prepreden kao lisica 2. (slang) privlačna devojka (djevojka)

fox II *v tr* prevariti

fox-glove [~gləv] *n* (bot.) naprstak, zubačica

fox-hole [~houl] *n* (mil.) streljački zaklon (za jednog strelca — strijelca)

fox-hound [~haund] *n* lisičar

fox hunt lov na lisice

fox-tail millet ['fakstejl]; [o] (bot.) muvar

fox terrier foksterijer

fox trot fokstrot

fox-trot [~-trat]; [o] *v intr* igrati (plesati) fokstrot

fox-y ['faksij]; [o] *a* 1. prepreden, lukav 2. (slang) privlačan

foy-er ['fojə(r)]; [e] or [foj'ej] *n* 1. (as in a theater) dvorana, hodnik 2. Br.; see **lobby I 1**

fra-cas ['frejkəs]; ['fraeka] *n* gungula, bučna svađa

frac-tion ['fraekšən] *n* 1. razlomak; *a common (decimal, improper, irreducible, proper) ~* obični (decimalni, nepravi, nesvodljiv, pravi) razlomak; *to reduce a ~* skratiti razlomak 2. malenkost

frac-tion-al [~əl] *a* 1. razlomački 2. mali, neznatan 3. frakcioni; *~ distillation* frakciona destilacija

fractional currency novac manji od novčane jedinice

frac-tious ['fraekšəs] *a* naprasit, svadljiv

frac-ture I ['fraekčə(r)] *n* prelom, fraktura; *a compound (simple) ~* komplikovani (zatvoreni) prelom; *to set a ~* namestiti (namjestiti) slomljenu kost (see also **greenstick fracture**)

fracture II *v tr* slomiti, prelomiti; *to ~ a bone* slomiti kost

frag-ile ['fraedžil]; [aj] *a* fragilan, lomljiv, krhak; *a ~ vase* krhka vaza; *a ~ peace* krhki mir

fra-gil-i-ty [frə'džilətij] *n* fragilnost

frag-ment I ['fraegmənt] *n* fragmenat, odlomak, komad

fragment II *v* [~'ment] 1. *tr* raskomadati 2. *intr* raskomadati se; rasprsnuti se

frag-men-tar-y [~erij]; [r] *a* fragmentaran

frag-men-ta-tion [fraegmən'tejšən] *n* raskomadavanje; rasprskavanje

fragmentation bomb rasprskavajuća bomba

fra-grance ['frejgrəns] *n* miris, aroma; *the ~ of flowers* miris cveća (cvijeća)

fra-grant [~ənt] *a* mirisav, aromatičan

frail [frejl] *a* 1. slab, nežan (nježan), krhak; *to be in ~ health* biti krhkog zdravlja 2. nesiguran; fragilan

frail-ty [~tij] *n* slabost

fram-be-sia [fraem'bijžə]; [zi] see **yaws**

frame I [frejm] *n* 1. sklop, sastav 2. telesni (tjelesni) sastav, telo (tijelo) 3. okvir, ram 4. kostur; *the ~ of a building* kostur zgrade 5. (naut.) trup, kostur (broda) 6. kadar (filma) 7. postolje (mašine) 8. see **chassis** 1 9. misc.; *a ~ of mind* duševno raspoloženje; *a ~ of reference* kriterijum

frame II *v tr* 1. uramiti, staviti u okvir; *to ~ a picture* uramiti sliku 2. formulisati; sastaviti; *to ~ a sentence* sastaviti rečenicu 3. (slang) optužiti (na osnovu lažnog iskaza) 4. (slang) lažirati, montirati; *to ~ a prize fight* lažirati borbu u boksu

frame house drvena kuća

frame-up [~-əp] *n* (colloq.) 1. lažiranje 2. lažna optužba, lažni iskaz

frame·work [~wə(r)k] *n* okvir; kostur

franc [fraeŋk] *n* franak

France ['fraens]; [*a*] *n* Francuska

fran·chise ['fraenčajz] *n* 1. pravo 2. pravo glasa, izborno pravo, franšiza 3. imunitet, oslobođenje 4. ovlašćenje, licenca (za prodaju nekog proizvoda na određenoj teritoriji) 5. see **deductible I**

Fran·cis·can I [fraen'siskən] *n* franciskanac, franjevac

Franciscan II *a* franciskanski

Fran·co·phile ['fraeŋkəfajl] *n* frankofil

Fran·co·phobe [~foub] *n* frankofob

fran·co·phone [~foun] *n* osoba koja govori francuski

Franco-Prussian War Francusko-pruski rat

Fran·glais [fran'gle] *n* (colloq.) mešavina (mješavina) francuskog jezika i anglicizama

frank I [fraeŋk] *a* otvoren, iskren

frank II *v tr* frankirati, platiti poštarinu za

Frank *n* Franak

frank·furt·er [~fə(r)tə(r)] *n* viršla, hrenovka

frank·in·cense ['fraeŋkinsens] *n* tamjan

Frank·ish I [~iš] *n* franački (frankonijski) jezik

Frankish II *a* franački, frankonijski

frank·ly [~lij] *adv* otvoreno, iskreno

frank·ness [~nis] *n* otvorenost, iskrenost

fran·tic ['fraentik] *a* pomaman, izbezumljen

frap [fraep] *v tr* (naut.) čvrsto pritegnuti

frap·pé [frae'pej] *n* vrsta deserta

fra·ter·nal [frə'tə(r)nəl] *a* bratski, bratinski

fra·ter·ni·ty [frae'tə(r)nətij] *n* 1. bratstvo, bratimstvo 2. (usu. Br.) bratija, kaluđerski red 3. studentsko bratstvo

fraternity brother član studentskog bratstva

frat·er·ni·za·tion [fraetə(r)nə'zejšən] *n* bratimljenje

frat·er·nize ['fraetə(r)najz] *v intr* bratimiti se, družiti se

frat·ri·ci·dal [fraetrə'sajdəl] *a* bratoubilački

frat·ri·cide ['fraetrəsajd] *n* 1. bratoubica (W: bratoubojica) 2. bratoubistvo (W: bratoubojstvo)

fraud [frod] *n* 1. prevara, obmana; *to commit ~* izvršiti prevaru; *election ~* izborne malverzacije 2. varalica

fraud·u·lent [~djələnt] *a* varljiv, obmanljiv

fraught [frot] *a* skopčan; praćen, pun; *~ with danger* skopčan s opasnošću

fray I [frej] *n* sukob, okršaj

fray II *v* 1. *tr* iskrzati, otrcati 2. *tr* napeti, zapeti; *his nerves are ~ed* živci su mu popustili 3. *intr* iskrzati se, otrcati se

frayed [~d] *a* pocepan (pocijepan)

fraz·zle I ['fraezəl] *n* iznurenost

frazzle II *v tr and intr* 1. iznuriti 2. see **fray II**

freak [frijk] *n* nakaza, čudovište, izrod

freak·ish [~iš] *a* nakazan, čudovišan

freak out *v* (slang) 1. zapanjiti 2. zapanjiti se

freak·y [~ij] see **freakish**

frec·kle ['frečəl] *n* pega — pjega (na koži, od sunca)

free I [frij] *a* 1. slobodan, nezavisan; *a ~ choice (man, translation)* slobodan izbor (čovek — čovjek, prevod); *a ~ country* slobodna zemlja; *to set ~* osloboditi 2. slobodan, koji nije zauzet; *are you ~ this evening?* jeste li slobodni večeras? *~ time* slobodno vreme (vrijeme) 3. slobodan, nesmetan; *~ elections* slobodni izbori 4. besplatan; *~ alterations* besplatna popravka (konfekcije); *~ tickets* besplatne karte 5. izdašan; *to be ~ with one's money* ne žaliti novac 6. misc.; *to give smb. a ~ hand* ostaviti nekome odrešene ruke; *~ of debt* čist od duga

free II *v tr* osloboditi; *to ~ smb. of smt.* osloboditi nekoga nečega

free agent (sports) igrač koji je slobodan po isteku ugovora (s klubom); igrač koji je slobodan u izboru kluba

free association slobodna asocijacija

free·bie ['fribij] *n* (slang) nešto besplatno

free·boot·er [~būtə(r)] *n* gusar, pirat

free·born [~bo(r)n] *a* rođen slobodan

free city slobodan grad

freed·man ['frijdmən] (-*men* [min]) *n* (hist.) oslobođeni rob

free·dom ['frijdəm] *n* 1. sloboda; *~ of assembly (of the press, of religion, of speech)* sloboda zbora (štampe, veroispovesti — vjeroispovijesti, govora); *~ of the seas* sloboda mora 2. familijarnost, preterana (pretjerana) prisnost

freedom-loving *a* slobodoljubiv

freedom of information pravo pristupa državnim dokumentima

free enterprise (econ.) sloboda preduzimačke aktivnosti

free fall slobodni pad

free-for-all ['frij-fər-ol] *n* tuča

free form (ling.) slobodni oblik

free·hand [~haend] 1. *a* prostoručan, crtan slobodnom rukom; *~ drawing* prostoručno crtanje 2. *adv* slobodnom rukom; *to draw ~* crtati slobodnom rukom

free·hold [~hould] *n* slobodan posed (posjed)

free·hold·er [~ə(r)] *n* slobodni posednik (posjednik)

free house (Br.) krčma koja nije vezana za jednu pivaru (cf. **tied house**)

free lance see **free lancer**

free-lance *v intr* raditi honorarno

free lancer honorarac

free lancing honorarni rad

free-liv·ing [~living] *a* koji razuzdano živi

free·load [~loud] *v intr* živeti (živjeti) od tuđeg rada, muktašiti

free·load·er [~ə(r)] *n* onaj koji živi od tuđeg rada, muktaš

free love slobodna ljubav

free·ly [~lij] *adv* see **free** 1, 5; *to spend money ~* ne žaliti novac

free·man [~mən] (-*men* [min]) *n* slobodan čovek (čovjek)

free·ma·son [~mejsən] *n* slobodni zidar, mason
free·ma·son·ry [~rij] *n* slobodno zidarstvo, masonstvo
free on board franko-brod
free port slobodna luka
free post (Br.) poštarina plaćena unapred (unaprijed)
free rein (fig.) odrešene ruke; *to give smb.* ~ ostaviti nekome odrešene ruke
free speech sloboda govora
free-spo·ken [~-spoukən] *a* otvoren, iskren
free·stone [~stoun] *n* 1. peščanik (pješčanik), peščar (pješčar), kamen za tesanje 2. vrsta breskve
free·style [~stajl] *n* (swimming) slobodni stil; *to swim* ~ plivati slobodnim stilom
free·think·er [~thiŋkə(r)] *n* slobodoumnik, slobodni mislilac
free·think·ing [~thiŋking] *a* slobodouman
free thought slobodoumlje
free throw (basketball) slobodno bacanje
free trade slobodna trgovina
free university kursevi koje organizuju sami studenti
free verse slobodan stih
free·way [~wej] *n* auto-put (za koji se ne plaća drumarina)
free wheel (tech.) slobodni hod
free·wheel·ing [~iŋg] *a* 1. neobuzdan 2. nepažljiv
free will slobodna volja; *of one's own* ~ dobrovoljno
freeze I [frijz] *n* zamrzavanje; *a price* ~ zamrzavanje cena (cijena)
freeze II *froze* [frouz]; *frozen* ['frouzən] *v* 1. *tr* smrznuti, zamrznuti; zalediti; *to* ~ *meat* smrznuti meso; (fig.) *to* ~ *prices (wages)* zamrznuti cene — cijene (nadnice) 2. *intr* smrznuti se, zamrznuti se, zalediti se; *my feet froze* noge su mi se smrzle; *we froze in that cold room* smrzli smo se u toj hladnoj sobi; *(impers) last night it froze* smrzlo se noćas; *the river is frozen* reka (rijeka) se zamrzla; *the lake has frozen (over)* jezero se zaledilo; *(impers) it is* ~*ing* mrzne se; *water* ~*s at zero* voda se smrzava na nuli; ~*ing rain* ledena kiša 3. *intr* slediti se; *everything froze* sve se sledilo; *the blood froze in his veins* sledila mu se krv u žilama 4. *intr* ukočiti se 5. misc.; *to* ~ *onto smt.* zalepiti (zalijepiti) se za nešto
freeze-dry [~-draj] *v tr* sušiti zamržnjavanjem
freeze out *v* isključiti, isključiti iz društva (hladnim ponašanjem)
freeze over *v* zalediti se (see also freeze II 2)
freez·er [~ə(r)] *n* rashladna komora, rashladni uređaj, frizer, zamrzivač
freeze up *v* 1. umuknuti 2. imati tremu
freez·ing [~iŋg] *n* mržnjenje, zamrzavanje
freezing compartment frizer (u frižideru)
freezing point tačka mržnjenja (W: ledište)
freight [frejt] *n* 1. teret, tovar, roba; *to load (unload)* ~ ukrcati (iskrcati) robu; *to send smt. as* ~ poslati nešto kao robu 2. prevoz robe 3. prevozni troškovi, vozarina
freight·age [~idž] *n* 1. prevoz robe 2. vozarina
freight car teretni vagon
freight·er [~ə(r)] *n* tovarni brod

freight train teretni voz (W: vlak)
French I [frenč] *n* 1. *(pl) the* ~ francuski narod 2. francuski jezik; *fluency in* ~ perfektno vladanje francuskim jezikom
French II *a* francuski; *the* ~ *people* francuski narod
french *v tr* (cul.) iseći (isjeći) na tanke režnjeve
French beans *pl*; Br.; see snap beans
French-Ca·na·di·an I [~kə'nejdijən] *n* Kanađanin francuskog porekla — porijekla
French-Canadian II *a* franko-kanadski
French cuff manšeta (na košulji) sa dugmetom
French curve krivuljar
French door dvokrilna vrata
French dressing vrsta preliva za salatu
French fries [frajz] *(pl)* pom frit
French horn (mus.) horna
French leave iznenadan odlazak; *he took* ~ on je otišao, a nije kazao ni zbogom
French·man [~mən] (*-men* [min]) *n* Francuz
French pastry vrsta kolača
French toast prženice od hleba — hljeba (W: kruha)
French window dvokrilni prozor
French·y [~ij] *n* (slang) Francuz
fre·net·ic [frə'netik] *a* see frenzied
fren·zied ['frenzijd] *a* frenetičan, pomaman, bujan, lud; ~ *rhythm* bujni ritam; ~ *shouts* luda vika
fren·zy ['frenzij] *n* pomama, frenezija, bes (bijes); *in a* ~ u besu
fre·quence ['frijkwəns] *n* see frequency
fre·quen·cy [~sij] *n* frekvencija, frekvenca, učestalost
frequency band opseg frekvencije
frequency distribution distribucija frekvencija
frequency modulation frekventna modulacija
fre·quent I ['frijkwənt] *a* učestali, čest, frekventan; ~ *visits* česte posete (česti posjeti)
frequent II [frij'kwent] *v tr* često posećivati (posjećivati)
fre·quen·ta·tive [frij'kwentətiv] *a* (gram.) učestali
fres·co ['freskou] (*-s* or *-es*) *n* freska
fresh [freš] *a* 1. nov, svež (svjež); *to make a* ~ *start* početi iznova; *to throw* ~ *light on a subject* baciti novu svetlost (svjetlost) na predmet 2. svež, taze; ~ *bread* svež hleb — hljeb (W: kruh); ~ *eggs* sveža jaja 3. nekonzerviran, svež; ~ *fruit (vegetables)* sveže voće (povrće) 4. sladak, neslan; ~ *water* slatka voda 5. svež, hladan; ~ *air* svež vazduh (W: zrak); *a* ~ *breeze* svež povetarac (povjetarac) 6. neizvežban (neizvježban); neobučen (see raw 5) 7. odmoran, svež, čio; ~ *forces* sveže snage 8. čist; *a* ~ *sheet* čist list 9. (colloq.) drzak, bezobrazan
fresh·en [~ən] *v* 1. *tr* (also: *to* ~ *up*) osvežiti (osvježiti); *to* ~ *oneself up* osvežiti se 2. *intr (to* ~ *up)* osvežiti se
freshen up *v* see freshen
fresh·er [~ə(r)] Br.; see freshman
fresh·et [~it] *n* bujica
fresh·ly *adv* see fresh 1, 7; ~ *shaven* sveže (svježe) obrijan
fresh·man [~mən] (*-men* [min]) *n* brucoš
freshman week brucošijada

fresh·ness [~nis] *n* 1. svežina (svježina) 2. čilost 3. drskost

fresh·wa·ter [~wotə(r)], [*a*] *a* slatkovodni; ~ *fish* slatkovodna riba

fret I [fret] *n* (mus.) rub, dirka (na vratu instrumenta)

fret II *n* isprepletan ukras

fret III *n* uzrujanost; zabrinutost (see also **tizzy**)

fret IV *v* 1. *tr* sekirati, jesti 2. *intr* sekirati se, jesti se; *he* ~s *a lot* jede ga briga

fret·ful [~fəl] *a* sklon sekiranju; ljutit

fret·saw [~so] *n* testera za drvorez

fret·work [~wɔ(r)k] *n* mrežast ukras

Freu·di·an I ['frojdijən] *n* frojdovac, frojdista

Freudian II *a* frojdovski; *a* ~ *slip* frojdovska omaška

Freu·di·an·ism [~izəm] *n* frojdizam

fri·a·ble ['frajəbəl] *a* drobljiv, trošan

fri·ar [frajə(r)] *n* monah, fratar

fric·as·see [frikə'sij] *n* paprikaš

fric·a·tive I ['frikətiv] *n* frikativ, strujni suglasnik

fricative II *a* frikativan, strujni

fric·tion ['frikšən] *n* trenje, frikcija

Fri·day ['frajd*ej*], [*ij*] *n* petak; *on* ~ u petak

fridge [fridž] *n* (colloq.) see **refrigerator**

friend [frend] *n* drug, prijatelj; *a close (good, true)* ~ prisan (dobar, iskren) prijatelj; (colloq.) *to make* ~s *with smb.* sprijateljiti se s nekim; *a* ~ *in need is a* ~ *indeed* u nevolji se poznaju prijatelji

friend·less [~lis] *a* bez prijatelja

friend·li·ness [~lijnis] *n* prijateljsko osećanje (osjećanje); blagonaklonost; ~ *toward smb.* blagonaklonost prema nekome

friend·ly [~lij] *a* prijateljski; ~ *advice* prijateljski savet (savjet); *a* ~ *visit* prijateljska poseta (prijateljski posjet); *in a* ~ *way* na prijateljski način; *to become* ~ *wit*. *smb.* sprijateljiti se s nekim

friendly society (Br.) društvo za uzajamnu pomoć

friend·ship [~šip] *n* prijateljstvo; *to strike up (make) a* ~ sklopiti prijateljstvo; *to cherish (maintain) a* ~ negovati — njegovati (održavati) prijateljstvo

frieze [frijz] *n* friz, ukrasna pruga, ukrasna ivica

frig around [frig] *v* (Br.; colloq.) dangubiti

frig·ate ['frigit] *n* fregata

fright [frajt] *n* 1. strah, strava 2. strašilo

fright·en [~ən] *v tr* uplašiti, zastrašiti; *to* ~ *smb.* uplašiti nekoga; *to* ~ *smb. into (doing) smt.* strahom naterati (natjerati) nekoga na nešto; *to* ~ *smb. out of (doing) smt.* strahom odvratiti nekoga od nečega

frighten away *v* strahom oterati (otjerati)

fright·en·ing [~ĩŋ] *a* koji plaši

frighten off *v* strahom oterati (otjerati)

fright·ful [~fəl] *a* užasan, strašan

frig·id ['fridžid] *a* 1. leden, vrlo hladan, studen; *a* ~ *zone* ledena (arktička) zona; *a* ~ *climate* hladna klima 2. frigidan; *a* ~ *woman* frigidna žena

fri·gid·i·ty [fri'džidətij] *n* frigiditet

Frigid Zone Arktik, arktički pojas

frill [fril] *n* 1. nabor, ukras 2. suvišan ukras

fril·ly [~ij] *a* 1. ukrašen 2. suvišno ukrašen

fringe I [frindž] *n* 1. resa, rojta 2. (fig.) rub, ivica, granica 3. (fig., pol.) krilo; *the lunatic* ~ ekstremističko krilo

fringe II *v tr* 1. metati rese (na) 2. oivičavati

fringe benefit posredna privilegija, olakšica

frip·per·y ['fripərij] *n* drangulije, bezvredne (bezvrijedne) stvari

fris·bee ['frizbij] *n* laka, okrugla ploča za bacanje i hvatanje, »frizbi«

frisk [frisk] *v* 1. *tr* pretresti; *to* ~ *smb.* pretresti nekoga 2. *intr* veselo skakutati

frisk·y [~ij] *a* nestašan, živahan, energičan

frit·ter ['fritə(r)] *n* (cul.) uštipak; *corn* ~s uštipci od kukuruza

fritter away *v* straćiti; *to fritter away one's time* or: *to fritter one's time away* traćiti vreme (vrijeme)

fri·vol·i·ty [fri'valətij]; [*o*] *n* frivolnost

friv·o·lous ['frivələs] *a* frivolan

friz see **frizz II, III**

frizz I [friz] *n* kovrdža

frizz II *v* 1. *tr* ukovrčati 2. *intr* kovrčati se

frizz III *v intr* cvrčati, šištati

friz·zi·ness ['frizijnis] *n* kovrdžavost

friz·zle I [~əl] *v tr* ispržiti

frizzle II see **frizz II**

friz·zly ['frizlij] *a* kovrdžav, kovrdžast

friz·zy ['frizij] see **frizzly**

fro [frou] *adv* nazad; *to and* ~ napred (naprijed) i nazad

frock I [frak]; [*o*] *n* 1. ogrtač; mantil 2. kaluđerska redovnička mantija 3. (Br.) haljina (see also **dress I** 2 for 3)

frock II *v tr* zakaluđeriti, zarediti

frog [frag]; [*o*] *n* 1. žaba; *green (wood)* ~ zelena (šumska) žaba; *grass* ~ žaba travnjača; ~s *croak* žabe krekeću 2. ukrštalište železničkih (željezničkih) pruga 3. *(a* ~ *in the throat)* promuklost 4. (slang, pejor.) Francuz 5. (on a plow) plaz

frog·man [~mæn], [*ə*] (-men [min]) *n* čovek (čovjek) žaba, podvodni diverzant

frol·ic I ['fralik]; [*o*] *n* vesela zabava, veselje

frolic II *v intr* veseliti se

frol·ic·some [~səm] *a* veseo, sklon šali

from [frəm] *prep* 1. od; ~ *Philadelphia to Boston* od Filadelfije do Bostona; ~ *five (o'clock) to seven (o'clock)* od pet do sedam (sati); *a letter* ~ *mother* pismo od majke; ~ *the west* od zapada; ~ *today on* od danas; ~ *morning to night* od jutra do mraka; ~ *now (then) on* od sada (tada); *to abstain* ~ *voting* uzdržati se od glasanja; *to suffer* ~ *smt.* patiti od nečega; *it's five miles* ~ *town* udaljeno je pet milja od grada; *cheese is made* ~ *milk* sir se pravi od mleka (mlijeka) *this beach is different* ~ *that one* ova plaža je drukčija od one (see also **than**) 2. iz; ~ *the air* iz vazduha (W: zraka); ~ *well-informed sources* iz dobro obaveštenih (obaviještenih) izvora; ~ *America* iz Amerike; ~ *day to day* iz dana u dan 3. s, sa; ~ *the beginning (the east, the sky)* s početka (istoka, neba); *to return* ~ *a concert* vraćati se s koncerta; *to watch* ~ *a window* gledati s prozora 4. misc.; ~ *above* odozgo; ~ *before the war* od pre (prije) rata; ~ *below* odozdo(l); ~

outside spolja; ~ *under* ispod; ~ *within* iznutra; ~ *without* spolja
frond [frɑnd]; [o] *n* list paprati
front I [frɔnt] *n* 1. prednji deo (dio); prednja strana; *in* ~ *of smt.* ispred nečega 2. fasada; lice 3. ponašanje; *to put on a brave* ~ pokazati se odvažno (u teškoj situaciji) 4. (in a hotel) dežuran nosač 5. (mil.) front (W: fronta); *at the* ~ na frontu 6. (Br.) promenada pored morske obale 7. obala; *a house on the lake* ~ vila na obali jezera 8. (meteor.) (atmosferski) front; *a cold* ~ hladan front 9. podmetnut čovek (čovjek), davalac svog imena pri tuđim poslovima; pokriće
front II *a* 1. prednji; *a* ~ *axle (page)* prednja osovina (strana); *a* ~ *tooth* prednji zub 2. (ling.) prednji; *a* ~ *vowel* samoglasnik prednjeg reda
front III *adv* napred (naprijed); (mil.) *eyes* ~! oči napred!
front IV *v intr* 1. *(to* ~ *on)* gledati na; ivičiti se; *our property* ~*s on the highway* naše imanje se iviči sa auto-putem 2. *to* ~ *for smb.* davati nekome svoje ime (pri tuđim poslovima)
front·age [~idž] *n* deo (dio) imanja koji se iviči sa ulicom
fron·tal [~əl] *a* 1. frontalan; *a* ~ *attack* frontalan napad; (meteor.) *a* ~ *depression* frontalna depresija 2. čeoni, čelni; *a* ~ *bone* čelna kost
front·bench [~benč] (Br.; pol.) vlada i vođe opozicije u Parlamentu
front·bench·er *n* (Br.; pol.) član vlade ili vođa opozicije u Parlamentu
front door glavni ulaz
front end (on an automobile) prednji trap
front for *v* see **front IV** 2
fron·tier I [frən'tij(r)] *n* granica, pogranična oblast, krajina
frontier II *a* pogranični, granični; *a* ~ *area* granična oblast
fron·tiers·man [~zmən] (-men [min]) *n* graničar, pograničar
fron·tis·piece ['frʌntispijs] *n* 1. ilustracija u početku knjige 2. (archit.) fasada
front·let ['frʌntlit] *n* traka na čelu
front line (usu. mil.) linija fronta (W: fronte), prednji kraj
front man see **straw man** 2
front molar pretkutnjak
front office 1. uprava 2. (in a hotel) recepcija, služba recepcije (see also **reception** 3 for 2)
front-of·fice [~ofis] *a* (in a hotel) recepcijski; *a* ~ *staff* osoblje recepcije
front on *v* see **front IV**
front-page *a* senzacionalni; ~ *news* novinska senzacija
front runner (sports and fig.) vodeći; favorit
frosh [fraš]; [o] *(pl has zero) n* (colloq.) see **freshman**
frost I [frost] *n* mraz
frost II *v* 1. *tr* zamrznuti 2. *intr* see **frost over**
frost·bite I [~bajt] *n* promrzlina
frostbite II -*bit* [bit]; -*bitten* [bitn] *v tr* promrznuti, mrazom oštetiti; *he was frostbitten* on je dobio promrzline; *frostbitten hands* promrzle ruke
frost·bound [~baund] *a* (esp. Br.) zaleđen

frost·ed [~id] *a* smrznut; (Br.) ~ *foods* smrznuta jela (see also **frozen**)
frost·ing [~iŋ] *n* glazura; premaz, preliv; *chocolate* ~ glazura od čokolade
frost over *v* zalediti se
frost·y [~ij] *a* mrazan
froth I [froth] *n* pena (pjena)
froth II (also: [frɔth]) *v intr* peniti (pjeniti) se; *he was* ~*ing at the mouth* pena (pjena) mu je udarila na usta
froth·y ['frothij] *a* pun pene (pjene)
frown I [fraun] *n* mrgođenje, mrštenje
frown II *v intr* 1. namrgoditi se, namrštiti se 2. (fig.) s neodobravanjem gledati; *to* ~ *at (on, upon) smt.* s neodobravanjem gledati na nešto
frowst [fraust] *n* (Br.; colloq.) sparan vazduh (W: zrak)
frowst·y ['fraustij] *a* (Br.; colloq.) sparan, ustajao
frow·zy ['frauzij] *a* neuredan, razbarušen, zapušten
froze see **freeze II**
fro·zen *a* 1. see **freeze** 2. ~ *foods* smrznuta jela; ~ *meat* smrznuto meso
fruc·tose ['fruktous] *n* fruktoza
frug [frūg] *n* vrsta plesa
fru·gal ['frūgəl] *a* štedljiv
fru·gal·i·ty [frū'gaelitij] *n* štedljivost
fru·giv·o·rous [frū'dživərəs] *a* koji se hrani plodovima
fruit [frūt] *n* 1. voće, plod; *citrus* ~ južno (tropsko) voće; *fresh (ripe, sour, sweet)* ~ sveže — svježe (zrelo, kiselo, slatko) voće; *to grow* ~ gajiti voće 2. (fig.) plod; *the* ~*s of one's labor* plodovi rada; *to bear* ~ davati plodove 3. (slang) homoseksualac
fruit·cake [~kejk] *n* voćna torta
fruit cocktail vrsta voćne salate
fruit cup voćna salata
fruit·er [~ə(r)] *n* 1. see **fruit tree** 2. prodavac voća
fruit·er·er [~ərə(r)] *n* Br.; see **fruiter** 2
fruit fly voćna mušica
fruit·ful [~fəl] *a* plodan; ~ *work* plodan rad
fru·i·tion [frū'išən] *n* 1. uživanje; upotreba 2. ostvarenje; *to bring smt. to* ~ ostvariti nešto
fruit·less [~lis] *a* besplodan
fruit machine Br.; see **one-armed bandit**
fruit salad 1. salata od voća 2. (mil., slang) medalje, odlikovanja
fruit tree voćka
fruit·y [~ij] *a* sličan voću, voćni
fru·men·ty ['frūməntij] *n* (Br., cul.) jelo od pšenice kuvane u mleku (kuhane u mlijeku)
frump [frʌmp] *n* rđavo, staromodno obučena žena
frus·trate ['frʌstrejt] *v tr* osujetiti; *to* ~ *a plan* osujetiti; plan
frus·tra·tion [frʌs'trejšən] *n* 1. osujećenje 2. razočaranost, frustracija; *to feel* ~ osećati (osjećati) frustraciju
fry I [fraj] *n* 1. mlađ, mlada riba 2. see **small fry**
fry II *n* 1. nešto prženo 2. prženje
fry III *v* 1. *tr* isprћiti; *to* ~ *in oil* isprћiti na zejtinu; *to* ~ *an egg (potatoes)* isprћiti jaje (krompir) 2. *intr* prћiti se
fry·er [~ə(r)] *n* mlado pile (za prženje)
fry·ing [~iŋ] *n* prženje

frying pan tiganj; **out of the ~ into the fire* pasti sa zla na gore, pasti s konja na magarca

fry-up *n* (Br.; colloq.) prženo jelo

fuch·sia ['fjūšə] *n* (bot.) fuksija

fuch·sin ['fjūksin] *n* (chem.) fuksin

fud·dle ['fədəl] *v tr* (esp. Br.; colloq.) zbrkati, smutiti

fud·dy-dud·dy ['fədij-dədij] *n* (colloq.) staromodna, džandrljiva osoba

fudge I [fədž] *n* 1. vrsta mekane bombone 2. besmislica, koještarija

fudge II *v tr* and *intr* (colloq.) varati

fuel I [fjūl] *n* gorivo; ogrev; *liquid (nuclear, solid)* ~ tečno (nuklearno, čvrsto) gorivo; *to take on* ~ uzeti gorivo; *to run out of* ~ potrošiti rezervu goriva

fuel II *v tr* 1. snabdeti (snabdjeti) gorivom 2. (fig.) stimulisati, podstaći

fuel depot skladište goriva

fuel dump see **fuel depot**

fuel gauge pokazivač količine goriva

fuel injection ubrizgivanje goriva

fuel pump pumpa za gorivo

fug [fəg] *n* (Br.) zaglušljiva atmosfera

fu·ga·cious [fjū'gejšəs] *a* nepostojan, prolazan

fug·gy ['fəgij] *a* (Br.) zagušljiv

fu·gi·tive I ['fjūdžətiv] *n* begunac (bjegunac)

fugitive II *a* odbegao (odbjegao)

fugue [fjūg] *n* fuga

ful·crum ['fəlkrəm] *n* oslonac (poluge), tačka (W: točka) oslonca

ful·fill [fəl'fil] *v tr* ispuniti; izvršiti; *to* ~ *an obligation (a promise)* ispuniti obavezu (obećanje); *my wish has been* ~*ed* ispunila mi se želja; *to* ~ *smb.'s desire* izvršiti nekome želju

ful·fill·ment [~mənt] *n* ispunjenje; izvršenje

ful·gent ['fuldžənt] *a* blistav, sjajan

ful·gu·rate ['fəlgjərejt] *v intr* sevati (sijevati)

full I [ful] *a* 1. pun; napunjen; prepun; *the glass is* ~ *of wine* čaša je puna vina; *his pockets are* ~ *of money* on ima pune džepove novca; ~ *of dust* pun prašine; ~ *to the brim* pun pun-cat; ~ *of ideas* pun ideja; **a* ~ *house* puno pozorište (W: kazalište) 2. čitav, pun; *a* ~ *hour* čitav sat; *in* ~ *bloom* u punom cvetu (cvijetu); ~ *employment* puna zaposlenost 3. sit; *I'm* ~*!* sit sam! 4. neograničen, pun; ~ *power* puna vlast; *at* ~ *speed* punom brzinom; *in* ~ *swing* u punom razmahu; *in* ~ *measure* u punoj meri (mjeri) 5. zvučan; *a* ~ *voice* zvučan glas 6. obilan; pun; *a* ~ *meal* obilan obed (objed) 7. podroban, iscrpan, opširan; *to pro-. vide* ~ *details* dati podrobne pojedinosti; *a* ~ *description* iscrpan opis 8. debeo, pun 9. misc.; *in* ~ potpuno; ~ *well* veoma dobro; ~ *face* okrenut licem; *a* ~ *professor* redovni (W: redoviti) profesor

full II *adv* upravo, pravo

full·back [~baek] *n* (sports) vođa navale

full blood punokrvna životinja

full-blood·ed [~-blədid] *a* punokrvan

full-blown [~bloun] *a* u punom cvetu (cvijetu)

full board hrana (u hotelu)

full-bod·ied [~-badijd] *[o] a* dobrog ukusa i mirisa (o vinu)

full circle potpun krug

full dress svečano odelo (odijelo)

full-dress [~-dres] *a* iscrpan; *a* ~ *investigation* iscrpna istraga

full-face *adv* s lica, okrenut licem

full-grown see **fully-grown**

full-fledged [~-fledžd] *a* zreo, dovršen; osamostaljen ·

full-length [~-leng(k)th] *a* 1. prirodne (W: naravne) veličine; *a* ~ *portrait* portret u prirodnoj veličini 2. neskraćen

full moon pun mesec (mjesec)

full Nelson (wrestling) dupli nelson (nelzon)

full·ness [~nis] *n* punoća

full-page [~-pejdž] *a* preko cele (cijele) strane; *to publish a* ~ *ad* objaviti preko cele strane plaćeni oglas

full-scale [~-skejl] *a* 1. prirodne (W: naravne) veličine 2. bezrezervan, potpun; *a* ~ *attack* napad velikih razmera (razmjera); *a* ~ *offensive* napad na čitavom frontu (see also **all-out**)

full stop (usu. Br.) tačka (W: točka) (see also **period I** 4)

full-term [~-tə(r)m] *a* (med.) *a* ~ *infant* donošče

full-time *a* 1. neskraćen; *a* ~ *job* puno radno vreme (vrijeme) 2. (of students) redovni

ful·ly ['fulij] *adv* potpuno; ~ *automatic* potpuno automatizovan

fully-grown *a* potpuno odrastao

ful·mar ['fulmə(r)] *n* (bird) severni (sjeverni) galeb

ful·mi·nant ['fulmənənt], [ə] *a* munjevit; fulminantan

ful·mi·nate I ['fulmənejt], [ə] *n* fulminat

fulminate II *v intr* besneti (bjesnjeti); *to* ~ *against smt.* besneti protiv nečega, žestoko osuditi nešto

fulminate of mercury živin fulminat

ful·mi·na·tion [fulmə'nejšən], [ə] *n* 1. žestoka osuda 2. eksplozija

ful·some ['fulsəm] *a* neiskren; servilan; ~ *praise* servilno laskanje

fum·ble I ['fəmbəl] *n* nespretan potez; nespretno rukovanje

fumble II *v* 1. *tr* nespretno rukovati nečim 2. *tr* (sports) *to* ~ *a ball* ispustiti loptu iz ruku 3. *intr* nespretno baratati; *to* ~ *around in the dark* pipati unaokolo u mraku 4. *intr* (sports) ispustiti loptu iz ruku

fum·bler ['fəmblə(r)] *n* nespretna osoba

fume I [fjūm] *n* 1. (usu. in *pl*) zagušljiva para; zagušljivo isparenje; dim 2. gnev (gnjev), ljutnja

fume II *v intr* ljutiti se

fu·mi·gate ['fjūmigejt] *v tr* nadimiti (radi dezinsekcije)

fu·mi·ga·tion [fjūmi'gejšən] *n* nadimljavanje (radi dezinsekcije)

fu·mi·to·ry ['fjūmətorij], [ə] *n* (bot.) dimnjača

fun [fən] *n* 1. zabava, razonoda; zadovoljstvo; *we had a lot of* ~ lepo (lijepo) smo se proveli 2. šala, pošalica; *in* ~ u šali; *for* ~ šale radi; *to make* ~ *of smb.*; or: *to poke* ~ *at smb.* terati (tjerati) šegu s nekim; (colloq.) *like* ~ sasvim ne

func·tion I ['fəngkšən] *n* 1. funkcija, dužnost; *to carry out a* ~ vršiti dužnost 2. priredba, svečanost 3. funkcija, namena (namjena); uloga; *to fulfill a* ~ igrati ulogu 4. (ling.) funkcija;

a predicate (semantic) ~ predikativna (semantička) funkcija; (as *a) a* ~ *word* funkcijalna reč (riječ) 5. (math.) funkcija 6. misc.; *to perform the bodily* ~*s* vršiti fiziološke funkcije
function II *v intr* funkcionisati
func·tion·al [~əl] *a* funkcionalan; (ling.) *a* ~ *shift* funkcionalna transpozicija
func·tion·al·ism [~izm] *n* funkcionalizam
func·tion·ar·y ['fəṇgkšənerij]; [ə] *n* funkcionar, funkcioner
function key (C.) funkcijska tipka
fund I [fənd] *n* fond; *an investment (a pension)* ~ investicioni (penzioni — W: mirovinski) fond (see also **funds**)
fund II *v tr* 1. pretvoriti u fond 2. finansirati (financirati) 3. fundirati; ~*ed income* fundirani dohodak
fun·da·ment ['fəndəmənt] *n* 1. temelj 2. zadnjica
fun·da·men·tal I [fəndə'mentəl] *n* fundamenat, osnova
fundamental II *a* fundamentalan, osnovni
fun·da·men·tal·ism [~izəm] *n* fundamentalizam; *religious* ~ verski (vjerski) fundamentalizam
fun·da·men·tal·ist [~ist] *n* fundamentalista
fund-raiser *n* 1. osoba koja traži novčane priloge 2. svečana večera (ili slična prilika) u svrhu skupljanja novčanih priloga
funds [~z] *n pl* novčana sredstva, novac; fondovi; *public* ~ društveni fondovi
fu·ner·al I ['fjūnərəl] *n* sahrana, pogreb; *at a* ~ na sahrani; *to attend a* ~ ići na pogreb
funeral II *a* pogrebni; *a* ~ *home (march)* pogrebni zavod (marš); *a* ~ *director* direktor pogrebnog zavoda; *a* ~ *parlor* pogrebni zavod
fu·ne·re·al [fju'nirijəl] *a* 1. pogrebni 2. žalostan, tužan
fun·fair [~fej(r)] *n* Br.; see **amusement park**
fun·gi·cide ['fəndžəsajd], [ṇgg] *n* sredstvo protiv gljiva
fun·gous ['fəṇggəs] *a* gljivast
fun·gus I ['fəṇggəs] (*-es* or *-gi* [džaj]) *n* gljiva, gljivica
fungus II *a* gljivični; *a* ~ *infection* gljivična infekcija
fu·nic·u·lar I [fju'nikjələ(r)] *n* uspinjača, žičana železnica (željeznica)
funicular II *a* žičani; *a* ~ *railway* žičana železnica (željeznica)
funk [fəṇgk] *n* 1. (usu. Br.) strah 2. snuždenost, utučenost; *to be in a blue* ~ biti snužden
funk·y [~ij] *a* (colloq., mus.) prožet duhom bluza
fun·nel I ['fənəl] *n* 1. levak (lijevak) 2. dimnjak
funnel II *v* 1. *tr* uputiti 2. *intr* uputiti se
fun·nies ['fənijz] *n pl* (colloq.) stripovi (also **comic I** 2)
funny ['fənij] *a* 1. smešan (smiješan); *a* ~ *joke* smešan vic 2. humorističan, komičan 3. čudan; *a* ~ *thing* čudna stvar; ~ *behavior* čudno ponašanje
funny bone (colloq.) 1. lakatnjača 2. (fig.) smisao za humor
funny story vic
fur I [fə(r)] krzno, pelc; **to make the* ~ *fly* izazvati svađu
fur II *a* krznen, pelcani; *a* ~ *coat* krzneni kaput; *a* ~ *lining* krznena postava

fur III *v tr* prevući, obložiti
fur·bish ['fə(r)biš] *v tr* 1. očistiti, polirati 2. doterati (dotjerati)
fur·cu·la ['fə(r)kjələ] (*-lae* [lij]) **fur·cu·lum** [~m] (*-la* [lə]) *n* jadac (see also **wishbone**)
fu·ri·ous ['fjūrijəs] *a* besan (bijesan), razjaren, furiozan; *to be* ~ *at smb.* biti veoma ljut na nekoga
furl I [fə(r)l] *n* savijutak
furl II *v tr* saviti
fur·long ['fə(r)loṇg] *n* osmina milje (201 m)
fur·lough I ['fə(r)lou] *n* 1. odsustvo 2. (mil.) see **leave I**
furlough II *v tr* dati (nekome) odsustvo
fur·nace ['fə(r)nis] *n* peć
fur·nish ['fə(r)niš] *v tr* 1. namestiti (namjestiti); *to* ~ *an apartment* namestiti stan 2. snabdeti (snabdjeti)
fur·nish·ings [~iṇgz] *n pl* kućni nameštaj (namještaj)
fur·ni·ture ['fə(r)nəčə(r)] *n* nameštaj (namještaj); *piece of* ~ komad nameštaja — komad namještaja
fu·ror ['fjūro(r)] *n* 1. ljutnja 2. furor; uzbuđenje; *to cause a* ~ izazvati furor 3. privremena moda (also **fad**) 4. senzacija
fu·ror·e [fjü'rori] Br.; see **furor**
furred [fə(r)d] *a* 1. postavljen krznom 2. prevučen (jezik)
fur·ri·er ['fərijə(r)] *n* krznar
fur·ring ['fəriṇg] *n* 1. (coll.) krzna 2. prevlaka
fur·row I ['fərou] *n* brazda
furrow II *v tr* izbrazdati
fur·ry ['fərij] *a* krznen
fur·ther I ['fə(r)thə(r)] *v tr* unaprediti (unaprijediti)
further II see **far I**
fur·ther·ance [~rəns] *n* unapređivanje
further education (Br.) obrazovanje odraslih
fur·ther·more [~mo(r)] *adv* osim toga, štaviše
fur·ther·most [~moust] *a* najdalji
fur·thest see **far I**
fur·tive ['fə(r)tiv] *a* skriven, tajni
fu·run·cle ['fjūrəṇgkəl] *n* (med.) čir (also **boil III**)
fu·ry ['fjūrij] *n* 1. bes (bijes), gnev (gnjev) 2. furija
fuse I [fjūz] *n* 1. štapin; *a safety* ~ sporogoreći štapin 2. upaljač; *to set a* ~ postaviti upaljač; *a proximity* ~ blizinski upaljač (also **fuze**) 3. (elec.) osigurač
fuse II *v* 1. *tr* istopiti 2. *tr* stopiti, spojiti, fuzionisati 3. *intr* istopiti se 4. stopiti se, spojiti se
fuse III *v tr* staviti upaljač (u); *to* ~ *a shell* staviti upaljač u granatu
fu·see [fjü'zij] *n* 1. neugašljiva šibica 2. svetlosni (svjetlosni) signal
fu·se·lage ['fjūsəlaž], [z] *n* trup (aviona)
fu·si·ble ['fjūzəbəl] *a* topljiv
fu·si·lier [fjūzə'lij(r)] *n* (Br.) strelac (strijelac)
fu·sil·lade ['fjūsəlejd], [z], [a] *n* puškaranje
fu·sion ['fjūžən] *n* 1. topljenje 2. stapanje, spajanje 3. fuzija; *nuclear* ~ atomska fuzija
fuss I [fəs] *n* 1. komešanje, nepotrebna aktivnost 2. nepotrebna zabrinutost, bezrazložna uznemirenost 3. larma; *to make a (big)* ~ *over smt.* podići (veliku) larmu oko nečega
fuss II *v intr* 1. dizati larmu, galamu; *to* ~ *over smt.* dizati larmu zbog nečega 2. majati se; *to*

~ *around the house* majati se po kući 3. probirati; *the children are* ~*ing about their food* deca (djeca) probiraju jela

fuss-budg·et [~-bədžit] *n* (colloq.) cepidlaka (cjepidlaka)

fuss-pot see **fuss-budget**

fuss·y [~ij] *a* cepidlački (cjepidlački), sitničarski

fus·tian I ['fəsčən] *n* 1. porhet, barhet (gruba pamučna tkanina) 2. naduvenost govora, bombast

fustian II *a* 1. napravljen od porheta 2. naduven, bombastičan

fus·ty ['fəstij] *a* 1. plesniv (pljesniv); memljiv 2. staromodan

fu·tile ['fjūtəl]; [*aj*] *a* uzaludan; *a* ~ *attempt* uzaludan pokušaj

fu·til·i·ty [fjū'tilətij] *n* uzaludnost

fut·tock ['fətək] *n* (naut.) obluk rebra; (as *a*) ~ *shrouds* priponice

fu·ture I ['fjūčə(r)] *n* 1. budućnost; *to look into the* ~ gledati u budućnost; *to leave smt. to the* ~ prepustiti (ostaviti) nešto budućnosti;

to provide for one's ~ osigurati budućnost; **a man with a* ~ čovek (čovjek) od budućnosti (sa budućnošću) 2. (gram.) futur, buduće vreme (vrijeme)

future II *a* budući; ~ *generations* buduće generacije

future perfect (gram.) drugi futur

futures *n pl* (econ.) terminski poslovi, terminske isporuke (robe)

future tense (gram.) buduće vreme (vrijeme), futur

fu·tur·ism [~rizəm] *n* futurizam

fu·tur·ist [~rist] *n* futurista

fu·tu·ri·ty [fjū'tjūrətij] *n* 1. budućnost 2. budući događaj 3. see **futurity race**

futurity race buduća (konjska) trka

fuze see **fuse I** 2, **fuse III**

fu·zee see **fusee**

fuzz I [fəz] *n* malje

fuzz II *n* (slang) policija; policajac

fuz·zy [~ij] *a* 1. maljav 2. nejasan, pomućen

G

g [džij] *n* g (slovo engleske azbuke)
G (mil.; abbrev. of **general staff**) odeljenje (odjeljenje); *G-1* personalno odeljenje; *G-2* obaveštajno (obavještajno) odeljenje; *G-3* operativno odeljenje; *G-4* pozadinsko odeljenje
gab I [gaeb] *n* (colloq.) torokanje, blebetanje
gab II *v intr* (colloq.) torokati, blebetati
gab·ar·dine ['gaebə(r)dijn] *n* gabarden
gab·ble I ['gaebəl] *n* torokanje
gabble II *v intr* torokati
gab·by ['gaebij] *a* (colloq.) brbljiv
gab·er·dine ['gaebər'dijn] *n* 1. kaftan 2. see **gabardine**
gab·fest ['gaebfest] *n* (colloq.) diskusija, razgovor
ga·ble ['gejbəl] *n* zabat
Ga·bon [ga'bon] *n* Gabon
gad [gaed] *v intr (to ~ about, around)* lutati, švrljati
gad·a·bout ['gaedəbaut] *n* danguba, badavadžija
gad·fly ['gaedflaj] *n* 1. obad 2. (fig.) zajedljivac, kritizer, kritikan
gadg·et ['gaedžit] *n* (colloq.) naprava, sprava
gadg·et·ry [~rij] *n* 1. (coll.) naprave, sprave 2. konstruisanje naprava
gad·well ['gaedwel] *n* (bird) 1. čegrtuša, ćukavica 2. pozvizduša
Gael [gejl] *n* 1. Kelt, Gel 2. škotski gorštak
Gael·ic I ['~ik] *n* gaelski (gelski) jezici
Gaelic II *a* gaelski, gelski
gaff [gaef] *n* 1. ribarska kuka 2. (naut.) sošnjak
gaffe [gaef] *n* gaf, pogrešan korak
gaf·fer [~ə(r)] *n* 1. (Br.) starčić 2. (Br.) nadzornik 3. električar zadužen za osvetljenje (osvjetljenje) u filmskom (ili televizijskom) studiju
gag I [gaeg] *n* 1. čep (za usta) 2. (fig.) smetnja za govor 3. (colloq.) geg, vic, šala; podvala
gag II *v* 1. *tr* začepiti; *to ~ smb.* začepiti nekome usta 2. *tr* zapušiti 3. *intr* ugušiti se, zagušiti se; daviti se; *he is ~ging on his food* davi se od jela
ga·ga ['gaga]; [ae] *a* (slang) šašav
gage I [gejdž] *n* zaloga
gage II see **gauge I**
gag·man ['gaegmaen] (*-men* [men]) *n* pisac humorističkih tekstova (za radio ili televiziju)
gag order sudska zabrana javnog izveštavanja (izvještavanja) o suđenju koje je u toku
gag rule (pol.) pravilo o zaključenju debate
gag·ster [~stə(r)] see **gagman**
gag writer see **gagman**

gai·e·ty ['gejətij] *n* veselost, živost, dobro raspoloženje
gai·ly ['gejlij] *adv* veselo (see **gay 1**)
gain I [gejn] *n* 1. dobit, dobitak, zarada; *ill-gotten ~s* nedozvoljeno bogaćenje 2. napredovanje; uspeh (uspjeh); *to capitalize on one's ~s* razviti postignute uspehe; *to consolidate one's ~s* učvrstiti uspeh; *to make ~s* napredovati, imati uspeha
gain II *v* 1. *tr* steći, dobiti; *to ~ experience* steći iskustvo; *to ~ new honors* doći do novih časti; *to ~ time* dobiti vremena; *to ~ weight* dobiti u težini 2. *tr* zauzeti; *to ~ ground (a footing)* zauzeti zemljište (desantnu osnovicu) 3. *intr* dobiti u težini, ugojiti se 4. *intr* napredovati 5. *intr* sustizati; *to ~ on smb.* sustizati nekoga 6. *intr* izmicati, udaljavati se; *to ~ on one's pursuers* izmicati svojim goniocima 7. misc.; *to ~ the upper hand* postići nadmoćnost; *to ~ a victory* izvojevati pobedu (pobjedu); *to ~ altitude* penjati se
gain·ful [~fəl] *a* unosan, koji donosi dobit
gain·say [gejn'sej]; *-said* [sed] *v tr* 1. poreći 2. protivrečiti (protivuriječiti)
gait [gejt] *n* hod, vrsta hoda
gai·ter ['gejtə(r)] *n* gamašna; dokolenica (dokoljenica)
ga·la I ['gaelə], [a], [ej] *n* svečanost, gala predstava
gala II *a* svečan, gala; *a ~ event* gala predstava
ga·lac·tic [gə'laektik] *a* galaktički, galaktični
gal·an·tine ['gaeləntijn] *n* (cul.) pihtije, galantin
gal·ax·y ['gaeləksij] *n* galaksija
gale [gejl] *n* oluja
Ga·li·ci·a [gə'lišijə] *n* Galicija
Ga·li·cian I [gə'lišən] *n* Galičanin
Galician II *a* galicijski
Gal·i·lee ['gaeləlij] *n* Galileja
gal·i·ot ['gaelijət] *n* galijica
gall I [gol] *n* 1. žuč 2. see **gall bladder** 3. čemer, žučnost 4. (colloq.) bezobrazluk, drskost; *to have the ~ to. . .* drznuti se da. . .
gall II *n* ranjavo mesto (mjesto)
gall III *v tr* 1. razranjaviti 2. trti; oguliti 3. razdražiti, ogorčiti
gal·lant I [gə'lant], [ae] or ['gaelənt] *n* 1. pomodar 2. pažljiv čovek (čovjek) prema ženama 3. ljubavnik
gallant II ['gaelənt] *a* 1. naočit 2. pun elana, žustar (also **dashing**) 3. otmen, ugledan 4. hrabar,

smeo (smio), junački 5. and [gə'lant], [ae] galantan, učtiv (prema ženama); viteški
gal·lant·ry ['gaeləntrij] *n* 1. hrabrost, smelost (smjelost), junaštvo; *to display* ~ ispoljiti hrabrost 2. galantnost, galanterija
gall bladder žučni mehur (mjehur), žučna bešika
gal·le·on ['gaelijən] *n* (hist.) velika (ratna) jedrenjača
gal·ler·y ['gaelərij] *n* 1. (archit.) galerija, pokriven hodnik 2. (in a theater) galerija 3. (fig.) publika, gledaoci; treća galerija; **to play to the* ~ služiti se jeftinim efektima, tražiti jeftin aplauz, dodvarati se prostom narodu 4. pokriveno strelište (also **shooting gallery**) 5. galerija, zbirka slika (skulptura); *an art* ~ umetnička (umjetnička) galerija; *a fresco* ~ galerija fresaka
gal·ley ['gaelij] *n* 1. galija 2. brodska (avionska) kuhinja 3. see **galley proof**
galley proof šif, špalta (cf. **page proof**)
galley slave galijaš
gall·fly ['golflaj] *n* šišarac, šišarak
Gal·lic ['gaelik] *a* galski
Gal·li·cism ['gaelisizəm] *n* galicizam
Gal·li·cize ['gaelisajz] *v tr* pofrancuziti, galicizirati
gall·ing ['galing] *a* koji razdražava
gal·li·um ['gaelijəm] *n* (chem.) galijum
gal·li·vant ['gaeləvaent] *v intr* 1. (also: to ~ around) skitati se, vucarati se 2. ašikovati
gal·lon ['gaelən] *n* galon
gal·loon [gə'lūn] *n* širit
gal·lop I ['gaeləp] *n* galop
gal·lop II *v intr* galopirati
gal·lop·ing [~ing] *a* galopirajući; ~ *consumption* galopirajuća tuberkuloza
gal·lows ['gaelouz] (*pl* has zero) *n* vešala (vješala); *to end up on the* ~ doći na vešala; *to condemn smb. to the* ~ osuditi nekoga na vešala
gall·stone ['golstoun] *n* žučni kamenac
gal·lus·es ['gaeləsiz] *n pl* (slang) naramenice
ga·loot [gə'lūt] *n* nezgrapna, gruba osoba
ga·lore [gə'lo(r)] *a* (colloq.) mnogo, u obilju; *dresses* ~ mnogo haljina
ga·losh [gə'laš]; [o] *n* kaljača
gal·van·ic [gael'vaenik] *a* galvanski; *a* ~ *battery (cell)* galvanska baterija (ćelija)
gal·va·nism ['gaelvənizəm] *n* galvanizam
gal·va·nize ['gaelvənajz] *v tr* 1. galvanizovati; ~*d iron* galvanizovano gvožđe 2. podstaći
gal·va·niz·er [~ə(r)] *n* galvanizer
gal·va·nom·e·ter [gaelvə'namətə(r)]; [o] *n* galvanometar
gam [gaem] *n* (colloq.) (ženska) noga
Gam·bi·a ['gaembijə] *n* Gambija
gam·bit ['gaembit] *n* 1. (chess) gambit 2. (fig.) početni potez
gam·ble I ['gaembəl] *n* 1. opklada 2. rizik
gamble II *v* 1. *tr* staviti na kocku 2. *tr* rizikovati 3. *tr* (*to* ~ *away*) prokockati; *to* ~ *away one's fortune* or: *to* ~ *one's fortune away* prokockati svoje imanje 4. *intr* kockati se 5. *intr* rizikovati
gam·bler ['gaemblə(r)] *n* kockar, kartaš; *a compulsive* ~ strastan kartaš
gambl·ing I ['gaembling] *n* kockanje, igra; hazard
gambling II *a* kockarski
gambling casino kockarski klub, kockarnica; *to run a* ~ držati kockarnicu

gambling house, gambling den kockarnica
gam·bol I ['gaembəl] *n* skakutanje
gambol II *v intr* skakutati
game I [gejm] *n* 1. igra; *a children's* ~ dečja (dječja) igra; ~*s of chance* hazardne igre; *to play a dangerous* ~ igrati opasnu igru 2. utakmica, igra; *a basketball (soccer)* ~ košarkaška (fudbalska) utakmica; *to hold* ~*s* održati igre 3. (tennis) gem, igra 4. divljač; *big (small)* ~ krupna (sitna) divljač 5. (math.) igra
game II *a* (colloq.) 1. voljan, spreman; *are you* ~ *to. . .?* jesi li voljan (spreman) da. . .? 2. hrabar
game III *a* ~ *leg* povređena noga
game·cock [~kak]; [o] *n* petao (pijetao) odgajen za borbu
game·keep·er [~kijpə(r)] *n* čuvar lovišta
game laws *pl* zakoni o lovstvu
game·ness [~nis] *n* hrabrost
games·man·ship ['gejmzmənšip] *n* snalažljivo kockanje
game theory teorija verovatnoće (vjerovatnoće)
gam·ing [~ing] *n* see **gambling**
gaming table kockarski (stol)
gam·ma ['gaemə] *n* gama
gamma globulin gama globulin
gamma ray gama-zrak (W: zraka)
gamp [gaemp] *n* (Br.; colloq.) kišobran
gam·ut ['gaemət] *n* gama; skala
gam·y ['gejmij] *a* sa mirisom na divljač
gan·der ['gaendə(r)] *n* 1. gusan 2. (fig.) glupan 3. misc.; (colloq.) *to take a* ~ pogledati
gang [gaeng] *n* 1. banda, družina; *a* ~ *of thieves* lopovska družina 2. grupa siledžija 3. brigada (radnika)
gang·bus·ter [~bəstə(r)] *n* pripadnik službe javne bezbednosti (bezbjednosti) koji vodi borbu s grupama siledžija
gang·er [~ə(r)] Br.; see **foreman**
gan·gling ['gaengling] *a* visok i nezgrapan
gan·gli·on ['gaenglijən] (-*s* or -*lia* [lijə]) *n* ganglija
gang·plank ['gaengplaengk] *n* brodske stepenice
gang rape grupno silovanje
gan·grene ['gaenggrijn] *n* gangrena; *to cause* ~ izazvati gangrenu; ~ *set in* javila se gangrena
gang·ster ['gaengstə(r)] *n* gangster
gang·ster·ism [~rizəm] *n* gangsterizam
gang up *v* udružiti se; *to gang up on smb.* izvršiti grupni prepad na nekoga, napasti nekoga u sastavu bande
gang warfare rat između grupa siledžija
gang·way ['gaengwej] *n* 1. (Br.) prolaz 2. see **gangplank** 3. as *interj* prolaz!
gant·let see **gauntlet I, II**
gan·try ['gaentrij] *n* 1. stalak, ram za oslanjanje 2. portalni kran
gaol [džejl] Br.; see **jail I, II**
gap [gaep] *n* 1. pukotina; rupa 2. prolaz 3. breša; proboj 4. međuprostor; *a* ~ *in a minefield* međuprostor u minskom polju 5. praznina; propust; *to fill a* ~ popuniti prazninu; *full of* ~*s* pun praznina; ~*s in one's knowledge* praznine u znanju 6. jaz; raskorak; *an unbridgeable* ~ nepremostivi jaz; **the generation* ~ sukob generacija; *to close (bridge) a* ~ premostiti jaz; *a* ~ *between* raskorak između

gape [gejp] *v intr* zinuti, zjapiti; *a large hole* ~*d* zjapila je duboka rupa; *to* ~ *at smt.* zinuti u nešto

gap·ing [~i̅n̅g̅] *a* dubok i otvoren; *a* ~ *wound* duboka rana

ga·rage I [gə'raž], [dž]; ['gaeraž] *n* garaža

garage II *v tr* garažirati

garage sale rasprodaja polovnih stvari koja se vrši u (privatnoj) garaži

garb I [ga(r)b] *n* odeća (odjeća)

garb II *v tr* obući

gar·bage ['ga(r)bidž] *n* đubre; otpaci

garbage collector đubretar

garbage disposal električna mašina (W: stroj) za mlevenje otpadaka

garbage dump deponija, gradsko đubrište

garbage man đubretar

garbage truck đubretarska kola

gar·ble ['ga(r)bəl] *v tr* iskriviti, izopačiti; *to* ~ *a message* izopačiti izveštaj (izvještaj)

gar·den I ['ga(r)dn] *n* vrt, bašta; *a botanical* ~ botanička bašta

garden II *a* baštenski, vrtni; ~ *apartments* stambene zgrade oko zasađenog prostora

garden III *v intr* baštovaniti, vrtlariti

garden city (Br.) grad s obiljem (planski raspoređenih) zelenih površina

gar·den·er [~ə(r)] *n* baštovan, vrtlar

garden heliotrope (bot.) odoljen (see also **valerian**)

gar·de·ni·a [ga(r)'dijnjə], [nij] *n* gardenija

gar·den·ing [~i̅n̅g̅] *n* baštovanstvo, vrtlarstvo; *to go in for* ~ baviti se baštovanstvom

garden party vrtna zabava

gar·ga·ney ['ga(r)gənij] *n* (bird) velika krža, pupčanica

gar·gan·tu·an [ga(r)'gaenčūən] *a* ogroman

gar·gle I ['ga(r)gəl] *n* tečnost za ispiranje (guše)

gargle II *v* 1. *tr* ispirati, grgljati; *to* ~ *one's throat* ispirati grlo 2. *intr* ispirati grlo

gar·goyle ['ga(r)gojl] *n* 1. (archit.) odvod u obliku groteskog ljudskog ili životinjskog lika 2. ukras s groteskim likom

gar·ish ['gaeriš] *a* drečeći, drečav, upadljiv, nakinđuren (also **gaudy** II)

gar·land ['ga(r)lənd] *n* girlanda, venac (vijenac)

gar·lic ['ga(r)lik] *n* beli (bijeli) luk, češnjak

garlic clove česan, česno, čen

gar·ment I ['ga(r)mənt] *n* odevni (odjevni) predmet

garment II *a* odevni (odjevni); tekstilni

garment industry proizvodnja fabrički (W: tvornički) izrađene odeće (odjeće) po standardnim veličinama, konfekcija

gar·ner ['ga(r)nə(r)] *v tr* 1. smestiti — smjestiti (u ambar) 2. skupiti, nagomilati

gar·net [ga(r)'net] *n* granat

gar·nish ['ga(r)niš] *v tr* 1. ukrasiti, okititi 2. see **garnishee** II 3. (cul.) garnirati; *to* ~ *a salad* garnirati salatu

gar·nish·ee I [ga(r)ni'šij] *n* (legal) 1. dužnik čiji se lični dohodak obustavlja radi naplate potraživanja 2. lice u čijim se rukama nalazi dužnikov novac uzapćen sudskim putem

garnishee II *v tr* (legal) uzaptiti; obustaviti (lični dohodak radi naplate potraživanja)

gar·nish·ment ['ga(r)nišmənt] *n* 1. (legal) uzapćenje; obustava (ličnog dohotka) 2. ukras

gar·ret ['gaerit] *n* tavan, potkrovlje, mansarda

gar·ri·son I ['gaerisən] *n* garnizon

garrison II *a* garnizonski; ~ *duty* garnizonska služba

garrison III *v tr* garnizonirati

garrison cap pilotska kapa

gar·rot(t)e I [gə'rat]; [o] *n* garota

gar·rot(t)e II *v tr* ubiti garotom

gar·ru·li·ty [gə'rūlətij] *n* govorljivost

gar·ru·lous ['gaerələs] *a* govorljiv

gar·ter ['ga(r)tə(r)] *n* podveza, podvezica

garter belt pojas za čarape

gas I [gaes] *n* 1. gas, plin 2. bojni otrov, otrovni gas 3. (Am.) benzin; gas; **to step on the* ~ dati gas (Br. is **petrol**)

gas II *a* 1. benzinski 2. gasni, plinski; *a* ~ *fitter* gasni radnik; ~ *gangrene* gasna gangrena 3. (mil.) hemijski (kemijski); *a* ~ *attack* hemijski napad

gas III *v tr* zatrovati bojnim otrovima

gas·bag [~baeg] *n* (Br.) blebetalo

gas burner (on a range) ringla, ploča

gas chamber (in a concentration camp) gasna komora

gas·e·ous ['gaesijəs], [j] or ['gaešəs] *a* gasovit, plinovit; *a* ~ *state* gasovito stanje

gas-guz·zler [~-gəzlə(r)] *n* (colloq.) kola koja troše mnogo benzina

gas-guz·zling [~i̅n̅g̅] *a* (colloq.) koji troši mnogo benzina

gash I [gaeš] *n* 1. duboka zasekotina (zasjekotina) 2. duboka rana

gash II *v tr* duboko zaseći (zasjeći)

gas·i·fy ['gaesəfaj] *v tr* pretvoriti u gas

gas jet see **gas burner**

gas·ket ['gaeskit] *n* zaptivač; ***(colloq.) *to blow a* ~ razbesneti (razbjesnjeti) se

gas·light [~lajt] *n* gasna svetiljka (svjetiljka)

gas line gasovod

gas main glavna plinska dovodna cev (cijev)

gas·man [~maen] (*-men* [men]) *n* 1. inkasant za gas (plin) 2. gasni radnik

gas mask gas-maska

gas meter gasometar

gas·o·hol ['gaesəhɒl] *n* gasohol

gas·o·line I ['gaesə'lijn] *n* benzin (see also **gas** I 3, **petrol** I)

gasoline II *a* benzinski (see also **gas** II 1, **petrol** II)

gasoline gauge benzinomer (benzinomjer)

gasoline station see **gas station**

gasp I [gaesp]; [a] *n* dahtanje, brektanje; *to the last* ~ do poslednjeg (posljednjeg) daha

gasp II *v* 1. *tr* jedva izgovoriti; *to* ~ (*out*) *a few words* jedva izgovoriti nekoliko reči (riječi) 2. *intr* dahtati, brektati; *to* ~ *for breath* tražiti vazduh (W: zrak), teško disati

gas pedal pedala za gas

gas range štednjak na gas (plin)

gas station benzinska stanica (also **filling station, service station**)

gas·sy ['gaesij] *a* gasovit, plinovit; pun gasa

gas tank benzinski rezervoar

gas·trec·to·my [gaes'trektəmij] *n* (med.) gastrektomija gas·tric ['gaestrik] *a* stomačni, želudačni; *a* ~ *disorder* stomačni poremećaj; ~ *juices* želudačni (stomačni) sokovi

gas·tri·tis [gaes'trajtis] *n* gastritis

gas·tro·en·te·ri·tis [gaestrouentə'rajtis] *n* gastroenteritis

gas·tro·nome ['gaestrənoum] *n* gastronom

gas·tro·nom·ic [gaestrə'namik]; [o] *a* gastronomski

gas·tron·o·my [gaes'tranəmij]; [o] *n* gastronomija

gas·tro·pod ['gaestrəpad]; [o] *n* (zool.) gasteropod

gas·tros·to·my [gaes'trastəmij]; [o] *n* (med.) gastrostomija

gas·trot·o·my [gaes'tratəmij]; [o] *n* (med.) gastrotomija

gas turbine gasna turbina

gas up *v* (colloq.) napuniti rezervoar benzinom

gas·works ['gaeswə(r)ks] *n* plinara

gate [gejt] *n* 1. kapija, vratnice; *to open a* ~ otvoriti kapiju 2. (colloq.) broj gledalaca, poseta (posjet); *there was a good* ~ bilo je mnogo gledalaca 3. (computers) (a.) ulazno kolo (b.) (koincidentni) prolaz 4. misc.; *to get the* ~ biti otpušten; *to crash the* ~ ući bez karte

-gate (combining form) politički skandal vezan s korupcijom *(Watergate, Koreagate)*

gate·crash·er [~kraešə(r)] *n* »padobranac«, onaj koji ulazi bez karte

gate·keep·er [~kijpə(r)] *n* vratar

gate-leg table (Br.) sto (stol) s nogama za produživanje

gate·post [~poust] *n* kapijski stub; (colloq.) **between you, me, and the* ~ među nama

gate·way [~wej] *n* 1. kapija, vratnice 2. (fig.) vrata, pristup

gath·er ['gaethə(r)] *v* 1. *tr* skupiti, okupiti; *bees* ~ *honey* pčele skupljaju med; *to* ~ *material for a dictionary* skupiti građu za rečnik (rječnik) 2. *tr* brati; *to* ~ *flowers* brati cveće (cvijeće) 3. *tr* prikupiti; *to* ~ *one's strength* prikupiti snagu; *to* ~ *information* prikupiti podatke 4. *tr* povećati; *to* ~ *speed* povećati brzinu 5. *tr* zaključiti; izvući (zaključak); *I* ~ *that a decision has not been reached* čini mi se da odluka nije donesena 6. *intr* skupiti se, okupiti se; *a large crowd* ~ed okupila se velika masa sveta (svijeta) 7. misc.; *to* ~ *up* pokupiti, skupiti

gath·er·ing [~riŋg] *n* 1. skupljanje 2. prikupljanje 3. skup; *a large* ~ veliki skup

gauche [gouš] *a* nezgrapan, nespretan

gau·che·rie [goušə'rij] *n* nezgrapnost, nespretnost

gaud·y I ['godij] *n* (Br.) godišnji svečani ručak u koledžu

gaudy II *a* drečeći, drečav, upadljiv, nakinđuren (also **garish**)

gauge I (also *gage)* [gejdž] *n* 1. mera (mjera), merilo (mjerilo), šablon 2. pribor za merenje (mjerenje), ispitivač (see **fuel gauge, gas gauge, tire-pressure gauge**) 3. kolosek (kolosijek), širina koloseka (see also **narrow-gauge, normal-gauge**) 4. kalibar (sačmare), prečnik cevi — cijevi (sačmare)

gauge II *v tr* 1. izmeriti (izmjeriti) 2. odmeriti (odmjeriti) 3. oceniti (ocijeniti)

Gaul [gol] *n* (hist.) Galija

gaunt [gont] *a* mršav, koščat, suvonjav (suhonjav); ispijen

gaunt·let I ['gontlit] *n* 1. (hist.) oklopna rukavica 2. (fig.) rukavica (u znak izazova); **to fling down the* ~ baciti rukavicu; **to take up the* ~ prihvatiti izazov

gauntlet II *n* šiba; **to run the* ~ proći kroz šibu

gauntry see **gantry**

gauze [goz] *n* gaza

gave see **give**

gav·el I ['gaevəl] *n* (predsednikov — predsjednikov) čekić (kojim predsednik poziva na red i mir); *a rap of the* ~ udar čekića

gavel II *v tr* udarati ćekićem; *to* ~ *a meeting to order* pozvati skup na red udarcem ćekića

ga·votte [gə'vat]; [o] *n* gavota (ples)

gawk [gok] *v intr* (colloq.) blenuti, buljiti, zavirivati

gawk·er [~ə(r)] *n* zavirivalo

gawk·y [~ij] *a* nezgrapan, nespretan

gay I [gej] *n* (colloq.) homoseksualac

gay II *a* 1. veseo; radostan; ~ *colors* vesele boje 2. (slang) homoseksualan

gay·ness [~nis] see **gaiety**

Ga·za Strip ['gazə] Gaza (područje)

gaze I [gejz] *n* upiljen pogled, zurenje

gaze II *v intr* zuriti, piljiti; *to* ~ *at smt.* piljiti u nešto

ga·ze·bo [gə'zijbou] *(-s or -es) n* see **summerhouse**

ga·zelle [gə'zel] *n* gazela

ga·zette I [gə'zet] *n* 1. službeni list 2. (Br.) objava u službenom listu

gazette II *v tr* (Br.) objaviti (u službenom listu)

gaz·et·teer [gaezə'tij(r)] *n* rečnik (rječnik) geografskih imena

gear I [gij(r)] *n* 1. zupčanik 2. zupčanički prenos 3. (on an automobile; colloq.) brzina; *to shift* ~*s* menjati (mijenjati) brzine; *to throw into* ~ ubaciti u brzinu 4. pribor; oprema; *fishing* ~ ribarski pribor

gear II *v tr* uskladiti, prilagoditi

gear·box [~baks]; [o] *n* menjačka (mjenjačka) kutija

gear down *v* ubaciti u nižu brzinu

gear lever Br.; see **gearshift**

gear·shift [~šift] *n* menjač (mjenjač)

gear train prenosni mehanizam

gear wheel zupčanik

gee [džij] *interj* bože moj! au!

geese see **goose I**

gee·zer [gijzə(r)] *n* (slang) *(an old* ~) (stari) čudak

Gei·ger counter ['gajgə(r)] gajgerov brojač

gei·sha ['gejšə] *n* gejša

gel [džel] *n* (chem.) gel, čvrsta faza koloidnog rastvora

gel·a·tin, gel·a·tine ['dželətən] *n* želatin

ge·lat·i·nous [džə'laetnəs] *a* želatinozan, želatinast

geld [geld] *v tr* uškopiti, uštrojiti (konja)

geld·ing [~iŋg] *n* uštrojen konj

gem [džem] *n* dragi kamen, gema, dragulj

gem·i·nate II ['dželmənit], [ej] *a* udvojen, dvostruk

geminate II [~ejt] *v* 1. *tr* udvostručiti 2. *intr* udvostručiti se

Gem·i·ni ['dželmənij], [aj] *n* (astro. and astrol.) Blizanci

gen [džen] *n* (Br.; slang) podaci

gen·darme ['žanda(r)m] *n* (usu. Fr.) policajac, žandarm

gen·darm·e·rie [žan'da(r)mərij] *n* (Fr.) žandarmerija

gen·der ['džendə(r)] *n* (gram.) rod; *the feminine (masculine, neuter)* ∼ ženski (muški, srednji) rod

gene [džijn] *n* gen; *to transfer (transplant)* ∼*s* preneti (prenijeti) gene; *a dominant (recessive)* ∼ dominantni (recesivni) gen

ge·ne·a·log·i·cal [džijnijə'lædžikəl]; [*o*] *a* genealoški

ge·ne·al·o·gy [džijnij'alədžij], [*o*] *n* genealogija; rodopis, rodoslov

gen·e·ra see **genus**

gen·er·al I ['dženərəl] *n* 1. general 2. princip; *in* ∼ u principu; uopšte (uopće)

general II *a* 1. generalni; *a* ∼ *overhaul* generalna popravka; *a* ∼ *assembly* generalna skupština 2. opšti (opći); *a* ∼ *anesthesia* opšta anestezija; ∼ *eductaion* opšte obrazovanje; ∼ *elections* opšti izbori; *of* ∼ *interest* od opšteg interesa; *a* ∼ *impression* opšti utisak; *in* ∼ *terms* uopšte; *as a* ∼ *rule* po (u) pravilu; ∼ *semantics* opšta semantika 3. generalni, glavni; *a* ∼ *manager* generalni direktor (W also: ravnatelj)

General Assembly *(of the UN)* Generalna skupština (UN)

general court-martial vojni sud najviše instance

general delivery post restant, da se podigne na pošti

gen·er·al·is·si·mo [dženərə'lisəmou] (-*s) n* generalisimus

gen·er·al·i·ty [dženə'raelətij] *n* 1. opštost (općost, općenost) 2. uopštenost (uopćenitost)

gen·er·al·i·za·tion [dženərəl'zejšən]; [*aj*] *n* generalizacija, uopštavanje (uopćavanje)

gen·er·al·ize ['dženərəlajz] *v tr and intr* generalizovati, uopštiti (uopćiti)

gen·er·al·ly ['dženərəlij] *adv* 1. uopšte (uopće); ∼ *speaking* govoreći uopšte 2. obično; *we* ∼ *get up at seven* obično ustajemo u sedam

general officer (mil.) general

general practitioner lekar — ljekar (W: liječnik) opšte (opće) prakse

gen·er·al·pur·pose [∼-'pə(r)pəs] *a* univerzalni, za opštu namenu (opću namjenu); *a* ∼ *vehicle* vozilo opšte namene

general quarters (naval) borbena uzbuna

general semantics generalna semantika

gen·er·al·ship ['dženərəlšip] *n* veština (vještina) vojskovođe

general staff generalštab

general store (mala) radnja sa mešovitom (mješovitom) robom

gen·er·ate ['dženərejt] *v tr* 1. proizvesti, stvoriti; *friction* ∼*s heat* trenje proizvodi toplotu 2. izazvati, roditi; *poverty* ∼*s crime* siromaštvo izaziva (rađa) kriminal 3. (ling.) generisati; *to* ∼ *a surface structure* generisati površinsku strukturu

gen·er·a·tion [dženə'rejšən] *n* 1. proizvođenje, stvaranje 2. generacija, pokolenje (pokoljenje)

generation gap sukob generacija

gen·er·a·tive ['dženərətiv] *a* generativan; ∼ *grammar* generativna gramatika

generative lexicography generativna leksikografija

generative semantics generativna semantika

generative transformational grammar generativno--transformaciona gramatika

gen·er·a·tor ['dženərejtə(r)] *n* generator; dinamo; *a series (shunt)* ∼ generator sa rednom (paralelnom) ekscitacijom

ge·ner·ic [dži'nerik] *a* 1. generičan; opšti (opći) 2. rodni

gen·er·os·i·ty [dženə'rasətij]; [*o*] *n* darežljivost

gen·er·ous ['dženərəs] *a* darežljiv

gen·e·sis ['dženəsis] *n* 1. geneza, postanak 2. (cap., biblical) Postanak

gen·et [džə'net] *n* 1. (zool.) evropska cibetka 2. see **jennet**

ge·net·ic [džə'netik] *a* genetičan, genetski; *a* ∼ *disorder* prirođena bolest

genetic engineering genetički inžinjering, bioinžinjering

ge·net·i·cist [džə'netəsist] *n* genetičar

ge·net·ics [džə'netiks] *n (sgn)* genetika

gene transplant genetsko kalemljenje

Ge·ne·va [džə'nijvə] *n* Ženeva

Geneva Convention Ženevska konvencija

Geneva Cross Ženevski krst (W: križ)

gen·ial ['džijnjəl] *a* 1. ljubazan, srdačan 2. blag, povoljan

ge·ni·al·i·ty [džijnij'aelətij] *n* ljubaznost, srdačnost

ge·nic·u·late [džə'nikjəl*i*t], [*ej*] *a* savijen kao koleno (koljeno)

gen·i·tal ['dženətəl] *a* polni (W: spolni); *the* ∼ *organs* polni organi

gen·i·ta·li·a [dženə'tejl(*i*)jə] *n pl* genitalije, polni (W: spolni) organi

gen·i·tals ['dženətəlz] *n pl* see **genitalia**

gen·i·tive I ['dženətiv] *n* genitiv

genitive II *a* genitivni, genitivski

gen·i·tor ['dženətə(r)] *n* 1. tvorac 2. otac

gen·ius ['džijnjəs] *n* genije (osoba i sposobnost)

genned up [džend] *a* (Br.; slang) dobro obavešten (obavješten)

Gen·o·a ['dženouə] *n* Đenova

gen·o·cide ['dženəsajd] *n* genocid; *to carry out (commit)* ∼ sprovesti genocid

gen·re I ['žanrə] *n* žanr

genre II *a* žanrski; *a* ∼ *painting* žanr-slika

gens [dženz] *(gentes* ['džentijz]) *n* pleme; rod

gent [džent] *n* (colloq.) čovek (čovjek), gospodin

gen·teel [džen'tijl] *a* 1. uljudan, učtiv 2. otmen (otmjen) 3. elegantan; uglađen 4. cifrast

gen·tian ['dženšən] *n* (bot.) gorčica

Gen·tile I ['džentajl] *n* 1. onaj koji nije Jevrej (W: Židov). 2. pagan, paganin 3. hrišćanin (W: kršćanin)

Gentile II *a* 1. nejevrejski (W: nežidovski) 2. paganski 3. hrišćanski (W: kršćanski)

gen·til·i·ty [džen'tilətij] *n* 1. uljudnost učtivost 2. otmenost (otmjenost) 3. elegantnost 4. (colloq.) gospodski stalež

gen·tle ['džentl] *a* 1. blag; pitom; *he is* ∼ *by nature* on je blage prirode 2. blag, nestrog; *a* ∼ *glance (smile)* blag pogled (osmeh — osmijeh) 3. blag, lak, umeren (umjeren); nežan (nježan); *a* ∼ *breeze* blag povetarac (povjetarac); *to* *hold* ~*ly* držati nežno 4. otmen (otmjen), gospodski, plemenit

gen·tle·folk, gen·tle·folks *n pl* gospodski stalež

gen·tle·man ['džentlmən] (-*men* [min]) *n* gospodin, džentlmen; *a real* ~ pravi gospodin

gen·tle·man-at-arms *n* (Br.) član kraljeve telesne (tjelesne) garde

gentleman farmer *(gentlemen farmers)* bogat farmer

gen·tle·man·ly [~lij] *a* gospodski, džentlmenski

gentleman's agreement džentlmenski sporazum

gen·tle·wom·an ['džentlwumən] *(-women* [wimin]) *n* gospođa; žena iz dobre porodice

gen·try ['džentrij] *n* gospodski stalež

gent's Br.; colloq.; see **men's room**

gen·u·flect ['dženjəflekt] *v intr* saviti koleno (koljeno)

gen·u·flec·tion [dženjə'flekšən] *n* savijanje kolena (koljena)

gen·u·flex·ion (Br.) see **genuflection**

gen·u·ine ['dženjūin] *a* 1. istinski, pravi; *a* ~ *example* pravi primerak (primjerak) 2. iskren, pravi, istinski; ~ *repentance* istinsko kajanje

gen up *v* (Br.; slang) obavestiti (obavijestiti)

ge·nus ['džijnəs] *(genera* ['dženərə]) *n* (zool., bot.) rod

ge·o·des·ic [džijə'desik] *a* geodezijski

ge·od·e·sy [džij'adəsij]; [o] *n* geodezija

ge·o·det·ic [džijə'detik] *a* geodezijski

ge·og·ra·pher [džij'agrəfə(r)]; [o] *n* geograf

ge·o·graph·ic [džijə'graefik] *a* geografski; *a* ~ *location* geografski položaj

ge·o·graph·i·cal [~əl] see **geographic**

geographic mile geografska milja

ge·og·ra·phy [džij'agrəfij]; [o] *n* geografija

ge·o·log·ic [džijə'ladžik]; [o] *a* geološki

ge·o·log·i·cal [~əl] see **geologic**

ge·ol·o·gist [džij'alədžist]; [o] *n* geolog

ge·ol·o·gy [džij'alədžij]; [o] *n* geologija

ge·o·met·ric [džijə'metrik] *a* geometrijski

ge·o·met·ri·cal [~əl] see **geometric**

geometric mean geometrijska sredina

geometric progression geometrijski red

ge·om·e·try [džij'amətrij]; [o] *n* geometrija; *analytic (Euclidean)* ~ analitička (euklidska) geometrija; *plane (solid)* ~ geometrija ravni (prostora)

ge·o·phys·ics [džijou'fiziks] *n* geofizika

ge·o·pol·i·tics [džijou'palətiks]; [o] *n* geopolitika

Geor·gia ['džo(r)džə] *n* 1. Džordžija (u SAD) 2. Gruzija (u SSSR)

Geor·gian I [~n] *n* 1. gruzinski (gruzijski) jezik 2. stanovnik Džordžije 3. Gruzin, Gruzijac

Georgian II *a* 1. iz Džordžije 2. gruzinski, gruzijski

geor·gic ['džo(r)džik] *n* pesma (pjesma) o zemljoradnji

Geor·gics ['džo(r)džiks] *n pl* Georgika

ge·ra·ni·um [dži'rejnijəm] *n* (bot.) zdravac, geranijum

ger·bil ['džə(r)bil] *n* (zool.) vrsta glodara *(Gerbillus)*

ger·fal·con see **gyrfalcon**

ger·i·at·ric [džerij'aetrik] *a* gerijatrijski

ger·i·at·rics [~s] *n* gerijatrija

germ [džə(r)m] *n* klica

Ger·man I ['džə(r)mən] *n* 1. Nemac (Nijemac) 2. nemački (njemački) jezik

German II *a* nemački (njemački)

german *a* 1. od istih roditelja 2. od istog dede (djeda) i iste babe 3. see **germane**

German Democratic Republic Nemačka (Njemačka) Demokratska Republika

ger·mane [džə(r)'mejn] *a* povezan, umestan (umjestan); ~ *to the issue* koji se odnosi na stvar

German Federal Republic Savezna Republika Nemačka (Njemačka)

Ger·man·ic I [džə(r)'maenik] *n* germanski jezici

Germanic II *a* germanski; *a department of* ~ *languages* odsek (odsjek) za germanistiku

Ger·man·ics [~s] *n* germanistika

Ger·man·ism ['džə(r)mənizəm] *n* germanizam

Ger·man·ist [~ist] *n* germanista

Ger·man·i·za·tion [džə(r)mənə'zejšən]; [a] *n* germanizacija

Ger·man·ize ['džə(r)mənajz] *v tr* germanizovati

German measles *pl* (med.) rubeola (also **rubella**)

Ger·man·o·phile [džə(r)'maenəfajl] *n* germanofil

Ger·man·o·phobe [džə(r)'maenəfoub] *n* germanofob

German shepherd vučjak (see also **Alsatian** 2)

Ger·ma·ny ['džə(r)mənij] *n* Nemačka (Njemačka)

germ cell oplodna ćelija (W also: stanica)

ger·mi·cide ['džə(r)məsajd] *n* germicid

ger·mi·nal ['džə(r)mənəl] *a* klični; embrionalan

ger·mi·nate ['džə(r)mənejt] *v* 1. *tr* izazvati klijanje (nečega) 2. *intr* klijati

germ warfare biološki rat

ger·on·tol·o·gy [džerən'talədžij]; [o] *n* gerontologija; zbrinjavanje starih

ger·ry·man·der ['džerimaendə(r)] *v tr and intr* podeliti — podijeliti (oblast) na izborne okruge u korist svoje stranke

ger·und ['džerənd] *n* (gram.) gerundij, glagolska imenica

ger·un·dive [džə'rəndiv] *n* (Latin gram.) gerundiv (particip futura pasivnog)

ge·stalt psychology [gə'štalt] (German) geštalt-psihologija

Ge·sta·po [gə'stapou] *n* (German) gestapo

ges·ta·tion [dže'stejšən] *n* vreme (vrijeme) trudnoće

ges·tic·u·late [dže'stikjəlejt] *v intr* gestikulisati

ges·tic·u·la·tion [džestikjə'lejšən] *n* gestikulacija

ges·ture I ['džesčə(r)] *n* gest

gesture II *v intr* gestikulisati

get [get]; *got* [gat]; [o]; *gotten* ['gatn]; [o] or *got*; *v* 1. *tr* dobiti; primiti; *he got a letter* dobio je pismo; **to* ~ *one's just deserts* dobiti po zasluzi 2. *tr* steći; *to* ~ *experience* steći iskustvo; *to* ~ *an impression* steći utisak 3. *tr* zaraditi; *how much does he* ~ *a year?* koliko on zarađuje godišnje? 4. *tr* oboleti — oboljeti (od); *the child got chicken pox* dete (dijete) je obolelo od srednjih boginja 5. *tr (have got*; esp. Br.) imati; *we have got no money* nemamo novca; *have you got a light?* imaš li vatre? 6. *tr* (colloq.) *(have got)* morati; *I have (got) to go* moram ići 7. *tr* (colloq.) (usu.: *to* ~ *it)* shvatiti; dokučiti; *I don't* ~ *it* ne shvatam to, ne mogu da dokučim to 8. *tr* (colloq.) naučiti napamet; *I have to* ~ *this* moram to da naučim napamet 9. *tr* (colloq.) čuti; *I didn't* ~ *your name* nisam čuo vaše ime 10. *tr* (colloq.) spremiti; *to* ~ *dinner* spremiti ručak 11. *tr* (colloq.) dovesti; *I'll* ~

him here dovešću ga ovamo 12. *tr* dati da se nešto uradi; *he got his hair cut* ošišao se; *when will you ~ that done?* kada ćete to uraditi? *to ~ a house built* dati da se gradi kuća (see also **have** II 4) 13. (colloq.) *tr* uhapsiti; *the police got him* policija ga je uhapsila 14. *tr* (slang) osvetiti se; *I'll ~ him for that* osvetiću mu se za ovo 15. *tr* (colloq.) nagovoriti, pobuditi; *to ~ smb. to do smt.* nagovoriti nekoga na nešto 16. *tr* (slang) zaprepastiti, zapanjiti; *her attitude ~s me* njeno držanje me zapanjuje 17. *tr* (colloq.) uhvatiti; *to ~ a train* uhvatiti voz (W: vlak) 18. *tr* (colloq.) smestiti (smjestiti), staviti; *to ~ children to bed* staviti decu (djecu) u krevet 19. *tr* hvatati; *to ~ local stations* hvatati lokalne stanice 20. *intr* postati; *it's ~ting cold here* ovde (ovdje) postaje hladno; *he got sick* oboleo (obolio) je; *he got better* oporavio se; *the situation got sticky* došlo je do gustog; *to ~ upset over smt.* nervirati se zbog nečega 21. *intr* doći, stići; *when did he ~ here?* kad je stigao? *to ~ to class* stići na predavanje 22. *intr* prodreti (prodrijeti); *to ~ to the heart of a problem* prodreti do srži problema 23. *intr* zavući se; ući; *he got into the basement* zavukao se u podrum; *he got into the car* ušao je u kola 24. (to form the passive with a small number of verbs) *he got caught* uhvaćen je 25. misc.; *to ~ ahead* napredovati; *to ~ even* osvetiti se; *~ going!* čisti se! *to ~ married* udati se, oženiti se; *to ~ engaged* veriti (vjeriti) se; *to ~ revenge on smb.* osvetiti se nekome; *to ~ wind of smt.* saznati za nešto; **to ~ somewhere* imati uspeha (uspjeha); **to ~ nowhere* nemati uspeha; (sports) *~ set!* pozor! **to ~ under smb.'s skin* razdražiti nekoga; **that ~s under your skin* to vam se uvlači pod kožu; *to ~ the floor* doći do reči (riječi); *to ~ behind the wheel* sesti (sjesti) za volan; *you got what you deserved* tako vam i treba; (colloq.) *you're gonna ~ it!* dobićeš batine! **to ~ smb.'s goat* izvesti nekoga iz takta; (slang) *to ~ with it* postati svestan — svjestan (nečega); *to ~ behind smt.* založiti se za nešto; (colloq.) *to ~ religion* primiti neku veroispovest (vjeroispovijest); *they got lost* izgubili su se

get across *v* 1. preći; prebaciti se; *he got across the strect* prešao je ulicu; *to get across a river* prebaciti se preko reke (rijeke) 2. objasniti; *to get smt. across* objasniti nešto 3. biti jasno; *it's not getting across* objašnjenje nije jasno

get along *v* 1. napredovati; *he is getting along very well* on napreduje vrlo dobro 2. slagati se; *we get along fine* mi se lepo (lijepo) slažemo 3. dovijati se; snaći se; proći; *that woman gets along as well as she can* to je žena dovija kako najbolje ume (umije); *he'll get along without any help* snaći će se dobro bez ičije pomoći 4. misc.; *to get along in years* zaći u godine

get around *v* 1. kretati se; *they get around quite a bit* oni mnogo izlaze (u društvo) 2. zaobići; obići; *to get around the truth* zaobići istinu; *to get around obstacles* obići prepreke 3. proširiti se; *the rumor got around* proširio se glas 4. misc.; *to get around to doing smt.* latiti se nečega

get at *v* 1. prići; dočepati se; *to get at smt.* dočepati se nečega 2. ciljati; *to get at smt.* ciljati na nešto 3. podmititi

get away *v* 1. pobeći (pobjeći); umaći; *to get away from one's pursuers* umaći goniocima 2. izaći na kraj; *I never thought that he would get away with it* nikako nisam verovao (vjerovao) da će se izvući

get·a·way I ['getǝwej] *n* bekstvo (bjekstvo)

getaway II *a* namenjen za bekstvo (namjenjen za bjekstvo)

get back *v* 1. vratiti se; *when did he get back?* kad se vratio? 2. osvetiti se; *to get back at smb.* osvetiti se nekome

get by *v* 1. proći; snaći se; *he'll get by* snaći će se 2. provući se; *how did he do on the exam? he just got by* kako je prošao na ispitu? jedva se provukao

get down *v* 1. sići 2. skinuti; *to get a book down from a shelf* skinuti knjigu s police 3. latiti se; *to get down to work* prionuti na posao, latiti se posla 4. misc.; *to get smt. down on paper* zapisati nešto; *get down!* lezi! *don't let them get you down!* nemoj klonuti!

get in *v* 1. stići, doći; *when did he get in?* kad je on stigao? 2. ubaciti; *I could not get in a word (edgewise)* nisam mogao ubaciti ni jedne reči (riječi) 3. dobiti; *the store got new merchandise in* radnja je dobila novu robu 4. (slang) *to get in with smb.* umiljavati se oko nekoga 5. (colloq.) biti primljen; *he applied to the university, but did not get in* on je podneo (podnio) prijavu za upis na fakultet, ali nije primljen 6. ući; uvući se; *he got in through the window* uvukao se kroz prozor 7. misc.; *we got in a few games (of tennis) before lunch* odigrali smo nekoliko gemova (tenisa) pre — prije ručka

get into *v* 1. ući; sesti; *to get into a car* ući u kola; *to get into an airplane* sesti u avion 2. imati; *you'll get into trouble* imaćeš neprilike 3. doći; *to get into power (a tight spot)* doći na vlast (u škripac) 4. stati; *to get into line* stati u red 5. upustiti se; *to get into an argument (a discussion)* upustiti se u polemiku (u diskusiju)

get off *v* 1. sići; *to get off a horse (a train)* sići s konja (s voza — W: vlaka) 2. proći; *to get off with a small fine* proći sa malom kaznom 3. krenuti; *the business got off to a good start* posao je lepo (lijepo) krenuo 4. poslati; *he got the letter off yesterday* poslao je pismo juče (jučer) 5. misc.; *to get a day off* dobiti slobodan dan; *to get off the ground* dostići nešto, napredovati; **to get smt. off one's chest* izraziti svoja osećanja (osjećanja)

get on *v* 1. sesti; *to get on a train* sesti u voz (W: vlak) 2. napredovati; *to get on with one's work* napredovati u radu 3. ići; *that gets on my nerves* to mi ide na živce 4. zaći; *to get on in years* zaći u godine

get out *v* 1. sići; *we have to get out of the train* moramo izaći iz voza (W: vlaka) (see also **get off** 1) 2. izaći; *he got out of the house* izašao je iz kuće 3. izvući (se); *to get smb. out of trouble* izvući nekoga iz neprilike; *to get out of a tight spot* izvući se iz škripca 4. izmaći; *to get out of control* izmaći kontroli 5. izdavati; *to get*

a *newspaper out* izdavati novine 6. zabušiti;
to get out of a drill zabušiti vojnu vežbu (vježbu)
get over *v* 1. preskočiti preko; *to get over a wall*
preskočiti preko zida 2. otići; *to get over to
Paris* otići u Pariz 3. oporaviti se; povratiti se;
to get over an illness oporaviti se od bolesti;
to get over a shock povratiti se od šoka 4. objasniti (see **get across** 2) 5. prestrojiti se; *he
got over to the left lane* prestrojio se na levu
(lijevu) traku
get-rich-quick *a* koji služi za brzo bogaćenje
get through *v* 1. probiti se; *to get through a crowd*
probiti se kroz gomilu 2. dopreti (doprijeti);
the news got through to them vest (vijest) je
doprla do njih 3. dobiti vezu; *I could not get
through* nisam dobio vezu 4. prodreti (prodrijeti); *to get through to see a minister* prodreti
do ministra 5. završiti 6. proći; *the bill got
through (the senate)* predlog je prošao (u senatu)
get to *v* 1. (colloq.) podmititi 2. misc.; *to get to
be friends* sprijateljiti se; *to get to bed* leći; *to
get to know a person* upoznati nekoga; *to get
(down) to work* latiti se posla
get together *v* 1. sastati se, skupiti se 2. skupiti
3. misc.; (colloq.) *to get one's act together*
organizovati svoja posla
get-to-geth-er ['get-təgethə(r)] *n* skup; sedeljka
(sjedeljka)
get-tough policy čvrsta politika
get up *v* 1. ustati; *he got up at eight o'clock* ustao
je u osam sati 2. podići se; *she got up on her
toes to see better* ona se podigla na prste da
bolje vidi 3. misc.; *to get up courage* odvažiti
se; (slang) *to get one's back up* usprotiviti se;
to get up in years zaći u godine
get-up ['get-əp] *n* 1. čudna odeća (odjeća) 2. oprema (knjige)
gey-ser ['gajzər]; [*ij*] *n* 1. gejzir 2. (Br.) see **hot-
-water heater**
Gha-na ['ganə] *n* Gana
Gha-ni-an I ['ganjən] *n* Ganac
Ghanian II *a* ganski
ghast-ly ['gaestlij]; [*a*] *a* grozan, jezovit
ghat [gat] *n* (Anglo-Indian) 1. klanac, klisura 2.
planinski lanac 3. staza k reci (rijeci)
ghee [gij] *n* topljeno maslo (od bivoljeg mleka
— mlijeka)
gher-kin ['gə(r)kin] *n* vrsta krastavca
ghet-to ['getou] (*-s* or *-es)* *n* geto
ghost [goust] *n* 1. duh (see also **Holy Ghost**) 2.
duša; *to give up the ~* ispustiti dušu 3. avet,
priviđenje, sablast 4. odsutan radnik koji se
računa kao prisutan 5. misc.; **he looks as if
he's seen a ~* on izgleda prestravljen; **as white
as a ~* bled (blijed) kao smrt; **he doesn't have
a ~ of a chance* on nema ni najmanje izgleda
na uspeh (uspjeh)
ghost-ly [~lij] *a* avetan, avetinjski, sablastan
ghost town napušteni (mrtav) grad (na divljem
zapadu)
ghost word reč (riječ) koja·je nastala usled (uslijed) greške
ghost-write [~rajt]; *-wrote* [rout]; *-written* [ritn]
v intr pisati (govore, knjige) za druge

ghost·writ·er [~ə(r)] *n* pisac koji piše (govore,
knjige) za druge
ghoul [gūl] *n* zao duh (koji se hrani ljudskim leševima)
ghoul·ish [~iš] *a* jezovit, grozan
GI I [džij 'aj] (*-s* or *-'s)* *n* (colloq., esp. WW II)
(američki) vojnik, borac
GI II *a* (colloq., esp. WW II) vojnički; *the ~
Bill of Rights* zakon o obezbeđenju (obezbjeđenju) demobilisanih iz vojske; *a ~ haircut*
šišanje do glave; *a ~ Joe* običan vojnik; *a ~
party* raspremanje prostorija; *a ~ bride* devojka (djevoka) koja se udala za američkog vojnika van SAD
GI III *v tr* (colloq.) uraditi kao vojnik; *to ~ the
barracks* raspremati prostorije
gi-ant I ['džajənt] *n* gigant, džin, div, ispolin
giant II *a* gigantski, džinovski, ispolinski; *to take
~ steps forward* napredovati gigantskim koracima
gi-ant-ism [~izəm] *n* gigantizam
gia-our ['džau(r)] *n* đaur, nevernik — nevjernik,
nemuslimanin
gib-ber I ['džibə(r)] *n* see **gibberish**
gibber II *v intr* brbljati, frfljati
gib-ber-ish ['džibəriš], [*g*] *n* brbljanje, frfljanje
gib-bet I ['džibit] *n* vešala (vješala) (also **gallows)**
gibbet II *v tr* 1. obesiti — objesiti (na vešala —
vješala) 2. (fig.) izobličiti
gib-bon ['gibən] *n* (zool.) gibon
gibe I [džajb] *n* ruganje
gibe II *v tr and intr* rugati se; *to ~ smb.* rugati
se nekome
gib-lets ['džiblits] *n pl* (cul.) sitnež, iznutrica
Gib-ral-tar [dži'broltə(r)] *n* Gibraltar
gid [gid] *n* brlj, brljivost
gid-dap [gi'daep] *interj* đi! (uzvik za podsticanje
konja)
gid-dy ['gidij] *a* 1. vrtoglav; *to feel ~* osećati
(osjećati) vrtoglavicu 2. koji izaziva vrtoglavicu, vrtoglav; *a ~ climb* vrtoglavo veranje 3.
lakomislen, lakouman
gift [gift] *n* 1. poklon, dar; *to buy a ~ for smb.*
kupiti poklon za nekoga; *wedding ~s* svadbeni
darovi 2. darovitost, dar, obdarenost; **the ~
of tongues* dar za jezike (see also **aptitude)** 3.
misc.; **you don't look a ~ horse in the mouth*
poklonjenom konju se ne gleda u zube
gift certificate poklon-čestitka
gift-ed [~id] *a* darovit, obdaren; *a ~ child* obdareno dete (dijete)
gift shop prodavnica (W: prodavaonica) poklona,
suvenira
gig I [gig] *n* 1. lake dvokolice, čeze 2. (naut.)
gig, čamac
gig II *n* (slang) kazna
gig III *v tr* (slang) kazniti
gi-gan-tesque [džajgaen'tesk] *a* gigantski, ispolinski
gi-gan-tic [džaj'gaentik] *a* gigantski; ispolinski
gi-gan-tism [džaj'gaentizəm] *n* see **giantism**
gig-gle I ['gigəl] *n* kikot
giggle II *v intr* kikotati se
gig-gler ['giglə(r)] *n* kikotalo
gig-gly ['giglij] *a* koji se kikoće
gig-o-lo ['džigəlou], [*ž*] (*-s)* *n* žigolo
gigue [žijg] *n* see **jig**

gild I [gild]; *-ed* or *gilt* [gilt] *v tr* pozlatiti; **gilded youth* zlatna mladež; **to ~ the lily* ulepšati lepo (uljepšati lijepo)
gild II see **guild**
gild·ing [~iŋ] *n* 1. pozlaćivanje 2. pozlata
gill [džil] *n* škrga
gilt I [gilt] *n* pozlata; (Br.) **to take the ~ off the gingerbread* razoriti iluziju
gilt II *a* 1. see **gild** 2. pozlaćen
gilt-edged [~edžd] *a* 1. s pozlaćenim ivicama 2. (fig.) prvoklasan; *~ securities* vrednosni (vrijednosni) papiri koji imaju naročito stabilan tečaj
gilt·head [~hed] *n* (fish) lovrata, komarča
gim·bals ['džimbəlz], [g] *n pl* kardanov zglob
gim·let I ['gimlit] *n* burgija, svrdlo
gimlet II *a* prodoran; *~ eyes* prodorne oči
gim·mick ['gimik] *n* (slang) 1. smicalica, trik 2, prevara, obmana 3. teškoća, smetnja
gimp I [gimp] *n* gajtan, širit
gimp II *n* (slang) 1. hramanje, šepanje 2. šepa
gimp III *v intr* (slang) hramati, šepati
gin I [džin] *n* džin
gin II *n* see **cotton gin**
gin III see **gin rummy**
gin·ger ['džindžə(r)] *n* (bot.) đumbir, isiot
ginger ale slatko piće od đumbira
ginger beer đumbirno pivo
gin·ger·bread [~bred] *n* kolač začinjen đumbirom
gin·ger·ly [~lij] *adv* oprezno, pažljivo
ginger nut Br.; see **ginger snap**
gin·ger·snap [~snaep] *n* vrsta medenjaka začinjenog đumbirom
ginger up *v* (Br.; colloq.) ojačati
ging·ham ['giŋəm] *n* vrsta pamučne tkanine
gin·gi·val [džin'džajvəl] *a* gingivalan
gin·gi·vi·tis [džindžə'vajtis] *n* zapaljenje (W: upala) desni
gin rummy vrsta igre karata
gin·seng ['džinseŋ] *n* (bot.) ginseng
gip see **gyp I, II**
Gip·sy see **Gypsy I, II**
gi·raffe [dži'raef]; [a] *n* žirafa
gir·an·dole ['džirəndoul] *n* 1. granat svećnjak (svijećnjak) 2. vrsta vatrometa, vatreno kolo
gir·a·sol ['džirəsol] *n* see **fire opal**
gird [gə(r)d]; *-ed* or *girt* [gə(r)t] *v* 1. *tr* opasati; **to ~ up one's loins* potpasati se 2. *refl* spremiti se; *to ~ oneself for a fight* spremiti se za borbu
gird·er [~ə(r)] *n* (archit.) nosač
gir·dle I ['gə(r)dəl] *n* 1. pojas 2. mider, steznik
girdle II *v tr* opasivati
girl [gə(r)l] *n* 1. devojčica (djevojčica) 2. devojka (djevojka); cura 3. služavka, devojka
girl Friday (colloq.) sekretarica, pomagačica koja nosi veliku odgovornost
girl friend *(girl friends)* 1. devojka (djevojka); *his ~* njegova devojka 2. drugarica; *her ~* njena drugarica
girl guide (Br.) skautkinja
girl·hood [~hud] *n* devojaštvo (djevojaštvo)
girl·ish [~iš] *a* devojački (djevojački)
girl·ie [~ij] *n* dim. of **girl**
Gi·ro ['džarjou] *n* (Br.) žiro
girt see **gird**

girth [gə(r)th] *n* 1. obim 2. kolan (also **cinch I** 1)
gist [džist] *n* suština, srž
give I [giv] *n* (colloq.) elastičnost
give II gave [gejv]; *given* ['givən] *v* 1. *tr* dati; *to ~ advice (approval, a gift, an order, a promise)* dati savet — savjet (odobrenje, poklon, naredbu, obećanje); *to ~ one's word of honor* dati časnu reč (riječ); *to ~ a blessing (a signal, a sign)* dati blagoslov (signal, znak); *to ~ an accounting* dati računa; *to ~ notice* dati otkaz; *to ~ rise to* dati povoda za 2. *tr* isporučiti; *~ him our best regards* isporuči mu naše srdačne pozdrave 3. *tr* preneti (prenijeti); *to ~ a disease to smb.* preneti bolest nekome (also **transmit**) 4. *tr* ustupiti; *can you ~ me the book at cost price?* možete li mi ustupiti knjigu po ceni (cijeni) koštanja? 5. *tr* pokloniti; *to ~ smt. to smb. (as a gift)* pokloniti nešto nekome 6. *tr* držati, održati; *to ~ a lecture* održati predavanje 7. *intr* dati; *to ~ generously to charity* davati darežljivo za milostinju 8. *intr* popustiti; *the foundations are ~ing* temelji popuštaju 9. *intr* gledati (na), izlaziti (na) 10 misc.; *to ~ evidence* svedočiti (svjedočiti); *to ~ ground* ustupiti, povući se; *to ~ smb. a flogging* istući nekoga; *to ~ a shout* uzviknuti; **to ~ and take* biti popustljiv; *to ~ smb. a lift* prevesti nekoga kolima; **to ~ smb. a piece of one's mind* iskresati nekome; **to ~ it to smb.* istući nekoga; *to ~ birth to a child* roditi dete (dijete); *to ~ chase to smb.* potrčati za nekim; *to ~ one's name* reći svoje ime; **to ~ smb. a wide berth* izbegavati (izbjegavati) svaki kontakt sa nekim; *to ~ a good account of oneself* dobro se držati; *to ~ battle* prihvatiti borbu; *to ~ consideration to smt.* uzeti nešto u obzir; *to ~ quarter* poštedeti (poštedjeti); *to ~ warning* upozoriti; *to ~ way* ustupiti; *to ~ one's name* reći svoje ime; *they gave the rugs a good shaking* dobro su istresli ćilime
give-and-take ['giv-ən-'tejk] *n* živa razmena (razmjena) mišljenja
give away *v* 1. pokloniti 2. otkriti; odati; *to give away one's position* or: *to give one's position away* otkriti svoj položaj; *his voice gave him away* glas ga je odao; *he gave himself away* odao se
give·a·way I [~əwej] *n* (colloq.) 1. poklon 2. nešto što nehotice odaje
giveaway II *a* (colloq.) vrlo jeftin; *at ~ prices* vrlo jeftino
give back *v* vratiti; *he gave the book back to me* vratio mi je knjigu
give in *v* 1. dati se; predati se; *he doesn't give in easily* on se ne daje (predaje) lako 2. povlađivati; popustiti; *to give in to smb.* popustiti nekome; *to give in to children* povlađivati deci (djeci)
giv·en *a* 1. see **give II** 2. dat; dotični
given name kršteno ime
give off *v* isparavati
give out *v* 1. objaviti; *to give out news* objaviti vest (vijest) 2. izdati; *his legs are giving out* noge ga izdaju; *his memory gave out* izdalo ga je pamćenje; *his voice gave out* glas ga je izdao 3. razdeliti (razdijeliti)

give up v 1. ustupiti; *to give up one's seat* or: *to give one's seat up* ustupiti svoje mesto (mjesto) 2. predati se; pokleknuti; *he gave up* predao se 3. odustati; *to give up a demand* odustati od zahteva (zahtjeva) 4. prestati; ostaviti; *she gave up smoking* prestala je da puši; *to give up drinking* odbaciti alkohol 5. misc.; **to give up the ghost* ispustiti dušu; *to give up on smb.* dići ruke od nekoga; *we gave him up for lost* zaključili smo da je poginuo

give way v 1. srušiti se; *the stands gave way* tribina se srušila 2. ustupiti; *to give way to smb.* ustupiti nekome

giz·zard ['gizə(r)d] n 1. mišićni želudac (kod ptica), bubac 2. (slang) želudac; **that sticks in his ~* to mu se gadi

gla·cial ['glejšəl] a glečerski, lednički, ledenički

gla·cial·ist [~ist] n proučavalac glečera

gla·cier ['glejšə(r)]; ['glaesiə(r)] n glečer, lednik

glad [glaed] a 1. radostan; *~ tidings* radosna vest (vijest) 2. mio, drag; *I am ~ that you came* milo mi je što ste došli; *I will be ~ to do what I can* biće mi milo da učinim što mogu

glad·den [~ən] v tr obradovati

glad eye (colloq.) namigivanje; *to give smb. the ~* namigivati nekome

glad hand (colloq.) *(the ~)* srdačan doček

glad·i·a·tor ['glaedijejtə(r)] n gladijator

glad·i·o·lus [glaedij'oulǝs] (-es or -li [lij]) n (bot.) gladiola, sabljičica

glad·ly [~lij] adv rado

glad rags (colloq.) svečano odelo (odijelo)

Glag·o·lit·ic I [glaegə'litik] n glagoljica; *rounded (square) ~* obla (uglata) glagoljica

Glagolitic II a glagoljski, glagoljički

glam·or ['glaemə,r] n sjaj; raskoš; čarobnost

glam·or·ize [~rajz] v tr učiniti sjajnim, čarobnim

glam·or·ous [~rəs] a sjajan; raskošan; čaroban

glance I [glaens]; [a] n pogled; *to cast a ~* baciti pogled; *to drop one's ~* oboriti pogled

glance II v intr 1. pogledati; *to ~ at smt.* baciti pogled na nešto 2. *(to ~ off)* odbiti se, odraziti se; odskočiti; *a ~ing blow* lak udarac

gland [glaend] n žlezda (žlijezda); *the lacrimal (salivary, sweat, thyroid) ~* suzna (pljuvačna, znojna, štitasta) žlezda

glan·ders [~ə(r)s] n (vet.) sakagija

glan·du·lar ['glaendžələ(r)] a žlezdni (žlijezdni) glandular fever Br.; see mononucleosis

glare I [glej(r)] n 1. besan (bijesan) pogled, prodoran pogled 2. blesak (bljesak)

glare II v 1. tr izraziti pogledom 2. intr prodorno, besno (bijesno) gledati; *to ~ at smb.* besno (prodorno) gledati na nekoga 3. intr bleštati (blještati)

glar·ing [~riñg] a 1. sa prodornim pogledom 2. bleštav (blještav) 3. upadljiv, grub; *a ~ defect* upadljiva mana; *a ~ error* gruba greška

glass I [glaes]; [a] n 1. staklo; *plate (stained) ~* brušeno (obojeno) staklo; *safety ~* teško lomljivo staklo, staklo sekurit 2. čaša; *a ~ of wine* čaša vina 3. (in pl) see eyeglasses; *two pairs of ~es* dvoji naočari

glass II a staklen; *~ doors* staklena vrata; *a ~ eye* stakleno oko

glass blower duvač stakla

glass blowing duvanje stakla

glasses see glass I 3, eyeglasses

glass·ful [~fəl] n puna čaša

glass·house [~haus] n (Br.) 1. staklena bašta (see also greenhouse) 2. (mil.; slang) *(the ~)* zatvor

glass·mak·ing [~mejkiñg] n staklarstvo

glass·ware [~wej(r)] n staklarija

glass wool staklena vuna

glass·work [~wə(r)k] n staklarstvo

glass·works [~s] n fabrika stakla, staklara

glass·wort [~wə(r)t] n (bot.) vijoš

glass·y [~ij] a staklast; *a ~ look* staklast pogled

glau·co·ma [glo'koumə], [au] n glaukom, zelena mrena

glaze I [glejz] n 1. glazura, gleđ 2. poledica

glaze II v tr 1. zastakliti 2. glazirati, gleđosati

gla·zier ['glejžə(r)]; [zi] n staklar

gleam I [glijm] n sjaj; odsjaj, odblesak (odbljesak), odsev (odsjev)

gleam II v intr sijati, bleštati (blještati), svetlucati (svjetlucati)

glean [glijn] v 1. tr napabirčiti 2. intr pabirčiti

glean·er [~ə(r)] n pabirčar

glean·ings [~iñgz] n pl pabirak

glee [glij] n 1. veselost, radost 2. (mus.) kompozicija za tri glasa ili više glasova

glee club pevačko (pjevačko) društvo

glee·ful [~fəl] a veseo; radostan

gleet [glijt] n (med.) hronični (kronični) uretritis

glen [glen] n uska dolina

glib [glib] a 1. slatkorečiv (slatkorječiv) 2. neiskren

glib·ness [~nis] n 1. slatkorečivost (slatkorječivost) 2. neiskrenost

glide I [glajd] n 1. (aviation) planiranje; jedrenje 2. (ling.) klizajući glas, glajd 3. kliženje

glide II v intr 1. (aviation) planirati, jedriti 2. kliziti 3. prelaziti postupno

glid·er [~ə(r)] n jedrilica

glid·ing [~iñg] n (sport) jedriličarstvo

glim·mer I ['glimə(r)] n 1. svetlucanje (svjetlucanje) 2. (fig.) slab znak; *a ~ of hope* zračak nade

glimmer II intr v svetlucati (svjetlucati)

glimpse I [glimps] n kratak pogled, letimičan pogled

glimpse II v tr letimice pogledati

glint I [glint] n svetlucaj (svjetlucaj)

glint II v intr svetlucati (svjetlucati)

glis·sade [gli'sad] n glisada

glis·ten I ['glisən] n blistanje

glisten II v intr blistati se

glitch [glič] n (colloq.) neispravnost, kvar

glit·ter I ['glitə(r)] n sijanje, blistanje, svetlucanje (svjetlucanje)

glitter II v intr sijati, blistati se, svetlucati (svjetlucati); **all is not gold that ~s* nije zlato sve što sija

glit·ter·ing [~iñg] a blistav

gloam·ing ['gloumiñg] n (lit.) *(the ~)* sumrak

gloat [glout] v intr zlurado gledati; *to ~ over smb. else's misfortunes* naslađivati se tuđim nesrećama

glob [glab]; [o] n grumen, komad, grudva

glob·al ['gloubəl] a globalan

globe [gloub] n globus

globe·flow·er [~flauə(r)] n (bot.) jablan

globe·trot·ter [∼trɑtə(r)]; [o] n svetski (svjetski) putnik, globtroter

glob·u·lar ['glæbjələ(r)]; [o] a globalan, loptast

glob·ule ['glæbjūl]; [o] n kap

glob·u·lin ['glæbjələn]; [o] n globulin

glock·en·spiel ['glɑkənspijl]; [o] n (mus.) zvona (muzički instrumenat od čeličnih šipaka)

gloom [glūm] n 1. mrak 2. sumornost, turobnost

gloom·y [∼ij] a 1. mračan 2. sumoran

glo·ri·fi·ca·tion [glorəfi'kejšən] n glorifikacija, slavljenje

glo·ri·fy ['glorəfaj] v tr glorifikovati, proslaviti

glo·ri·ous ['glorijəs] a slavan; a ∼ victory slavna pobeda (pobjeda)

glo·ry I ['glorij] n 1. slava, glorija; sjaj; to win ∼ steći slavu 2. vrhunac slave; to be in one's ∼ biti na vrhuncu svoje slave 3. ponos, dika

glory II v intr (to ∼ in) 1. ponositi se; to ∼ in smt. ponositi se nečim 2. likovati; to ∼ in smt. likovati u nečemu

glory hole (Br.; colloq.) orman, fioka za nepotrebne stvari

gloss I [glos] n 1. površinski sjaj 2. (fig) varljiv izgled, sjaj

gloss II v 1. tr učiniti sjajnim 2. intr (to ∼ over) zataškati, prikriti, zabašuriti; to ∼ over a mistake prikriti grešku

gloss III n glosa, objašnjenje; prevod

gloss IV v tr objasniti; prevesti

glos·sa·ry ['glɑsərij]; [o] n glosar

gloss over v see gloss II 2

gloss·y ['glosij], [a] a sjajan, uglačan

glossy magazine (esp. Br.) ilustrovani časopis (na kvalitetnom, sjajnom papiru) (Am. also: **slick magazine**)

glot·tal ['gloutəl] a glotalni

glottal stop (ling.) glotalni ploziv

glot·tis ['glɑtis]; [o] (-es or glottides ['glɑtədijz]; [o]) n glasnica

glove [gləv] n rukavica

glove compartment prostor za sitne stvari (u automobilu)

glow I [glou] n 1. (crven) sjaj; blesak (blijesak) 2. (fig.) sijanje 3. (fig.) vatrenost, revnost

glow II v intr 1. goreti (gorjeti) 2. bleskati (blijeskati) se 3. (fig.) plamteti (plamtjeti)

glow·er ['glauə(r)] v intr mrko gledati, smrknuto gledati

glow·ing ['glouiŋ] a 1. usijan 2. vatren, živ; in ∼ colors u živim bojama

glow·worm ['glouwə(r)m] n svitac

glu·cose ['glūkous] n glikoza

glue I [glū] n lepak (lijepak), tutkalo

glue II v tr zalepiti (zalijepiti)

glue down v see glue II

glum [gləm] a 1. utučen 2. sumoran, turoban

glut I [glət] n prezasićenost; navala; a ∼ on the market prezasićenost na tržištu; a ∼ of merchandise navala robe; an oil ∼ višak nafte (na tržištu)

glut II v tr prezasititi

glu·tam·ic acid [glu'taemik] glutaminska kiselina

glu·ta·mine ['glūtəmijn] n glutamin

glu·ten ['glūtən] n gluten

glu·ti·nous ['glūtənəs] a lepljiv (ljepljiv)

glut·ton I ['glətən] n proždrljivac, ždera; *a ∼ for punishment osoba koja je uvek (uvijek) spremna da radi

glutton II n (zool.) žderavac (also **wolverine**)

glut·ton·ous [∼əs] a proždrljiv

glut·ton·y [∼ij] n proždrljivost

glyc·er·in ['glisərin] n (chem.) glicerin

glyc·er·ol ['glisəroul] n see **glycerin**

gly·cine ['glajsən], [ij] n (chem.) glicinija

gly·co·gen ['glajkədžən] n (chem.) glikogen

gly·col ['glajkoul] n (chem.) glikol

glyph [glif] n (archit.) glif

glyp·to·graph ['gliptəgraef]; [a] n glifograf

G-man ['dži-maen] (-men [min]) n saradnik Federalnog istražnog biroa

gnarl [na(r)l] n čvor, čvoruga, kvrga, guka

gnarled [∼d] a čvornat, čvorugav, kvrgast, kvrgav

gnash I [naeš] n škrgut, škrgutanje

gnash II v tr škrgutnuti; škripnuti; to ∼ one's teeth škrgutnuti zubima

gnat [naet] n 1. (Br.) komarac (see also **mosquito**) 2. mušica

gnaw [no] v tr and intr 1. glodati; to ∼ (at) a bone glodati kost 2. (fig.) gristi, mučiti

gnaw·ing [∼iŋ] a stalan; tup; a ∼ pain tup bol

gneiss [najs] n (miner.) gnajs

gnome I [noum] n gnom (patuljak)

gnome II n gnoma, izreka

gno·mic [∼ik] a gnomski; the ∼ aorist (present) gnomski aorist (prezent)

gno·mon [∼ən]; [o] n gnomon, kazaljka sunčanika

gno·sis ['nousis] n spoznaja, saznanje

gnos·tic I ['nastik]; [o] n gnostik

gnostic II a gnostički

gnos·ti·cism ['nastisizəm]; [o] n gnosticizam

gnu [nū], [nj] n (zool.) gnu

go I [gou] n (colloq.) 1. pokušaj; let's have a ∼ at it! da pokušamo! 2. sporazum, ugovor; no ∼! ne slažem se! 3. (Br.) red; it's your ∼ na tebe je red 4. energija; polet 5. misc.; he's always on the ∼ on je neprestano u poslu, on je stalno u pokretu; from the word ∼ od početka; *to make a ∼ of it izići s nečim na kraj

go II a (colloq.) u redu; all systems are ∼ sve je u redu

go III (third person sgn: goes [gouz]); went [went]; gone [gɑn]; [o] v 1. tr ići; to ∼ the same way ići istim putem; he went his own way išao je svojim putem 2. tr proći; to ∼ 10 miles proći 10 milja 3. tr (colloq.) deliti (dijeliti); to ∼ halves deliti napola 4. tr (colloq.) platiti; to ∼ bail for smb. platiti kauciju za nekoga 5. tr (colloq.) izdržati; to ∼ all the way izdržati (ići) do kraja 6. tr (colloq.) kladiti se; to ∼ five dollars kladiti se u pet dolara 7. intr ići; to ∼ by airplane (trolley) ići avionom (tramvajem); the child goes to school already dete (dijete) već ide u školu; how are things∼ ing? kako idu poslovi? to ∼ downhill ići nizbrdo; he is ∼ing too far on ide suviše daleko; to ∼ backwards ići unatraške; how far does this road ∼? dokle ide ovaj put? to ∼ hunting (sking) ići u lov (na smučanje); to ∼ to Europe every year ići u Evropu svake godine 8. intr otići; to ∼ (off) to war otići u rat; he has (is) gone otišao je 9. *intr* otići, biti otpušten, biti ukinut; *unnecessary expenditures must* ~ moramo ukinuti sve nepotrebne troškove 10. *intr* (as aux. to indicate future intent or expectation); *he is not* ~*ing to tell us* on nam to neće reći; *he is* ~*ing to study Russian* hoće da uči ruski jezik; *it is* ~*ing to rain* biće kiše 11. (colloq.) *intr* prodavati se, plaćati se; *gas is* ~*ing for 99 cents a gallon* benzin se plaća 99 centi galon 12. *intr* dopasti; *nothing went to him* nije mu ništa dopalo 13. *intr* postati; *to* ~ *blind* oslepeti (oslijepjeti); *to* ~ *crazy* poludeti (poludjeti); *the meat went bad* meso se ukvarilo 14. *intr* (colloq.) proći, ispasti; *how did the voting* ~? kako je glasanje prošlo? 15. *intr* raditi; *the car doesn't* ~ auto ne radi 16. *intr* imati svoje mesto (mjesto); ići; *the book goes on this shelf* knjiga ide na ovu policu 17. *intr* proći, prestati; *my toothache is gone* prestao je zub ~la me boli 18. (colloq.) kvariti se; *the transmission is* ~*ing* menjač (mjenjač) nije u redu 19. misc.; *to* ~ *all out* uložiti maksimalan napor; *to* ~ *hungry* ostati bez hrane; *to ~ *the way of all flesh* umreti (umrijeti); *to* ~ *shopping* ići u kupovinu; *to ~ *whole hog* staviti sve na kocku; *to* ~ *beserk* dobiti nastup ludila; *to* ~ *a long way* dugo trajati; *to* ~ *into detail* ući u podrobnosti, upustiti se u detalje; *to* ~ *ashore* iskrcati se na obalu; *to* ~ *aboard* ukrcati se na brod; *to* ~ *astray* skrenuti s puta; **he has gone to pot* on je propao; *to* ~ *near* približiti se; *to* ~ *free* biti oslobođen; *to* ~ *it alone* uraditi sam; *to* ~ *and make a fool of oneself* praviti se budalom; *he is still* ~*ing strong* on je još zdrav i jak; *the story goes that. . .* govori se da. . . ; *(WW I) *to* ~ *West* poginuti; *the runner has five laps to* ~ takmičar još treba da pretrči pet krugova; *that goes without saying* to se razume (razumije) samo po sebi; *to* ~ *haywire* postati šašav; *to ~ *to town* ići kud puklo da puklo; *it went to his head* udarilo mu je u glavu; *to* ~ *into effect* stupiti na snagu; *to* ~ *steady with a girl* zabavljati se s devojkom (djevojkom); *he wants to see how far he can* ~ hoće da vidi dokle može da tera (tjera); (colloq.) *to* ~ *a few rounds* odboksovati nekoliko rundi; *here we ~ *again* opet ista priča (sports; at the beginning of a race) *on your marks, get set,* ~*!* na mesta (mjesta), pozor, sad!

go about *v* 1. kružiti; *rumors are going about that. . .* glasovi kruže da. . . 2. misc.; *to go about one's business* gledati svoja posla, prionuti na posao

goad I [goud] *n* 1. štap (za teranje – tjeranje stoke) 2. (fig.) podsticaj

goad II *v tr* 1. podstaći; *to* ~ *smb. into doing smt.* naterati (natjerati) nekoga da nešto uradi 2. isprovocirati

go ahead *v* ići napred (naprijed)

go-a-head [~-əhed] *n* (colloq.) dozvola za kretanje

goal [goul] *n* 1. (sports) gol; *to score a* ~ postići gol; *to shoot at the* ~ pucati na gol 2. cilj, meta; *to reach (achieve) a* ~ postići cilj

goal area (soccer) vratarev prostor

goal·ie [~ij] see **goalkeeper**

goal·keep·er [~kijpə(r)] *n* vratar, golman

goal line (sports, esp. football, soccer) poprečna linija, gol linija

go along *v* 1. ići duž; *to go along a wall* ići duž zida 2. pristati; *to go along with a proposal* pristati na predlog 3. slagati se; *I go along with what you said now* slažem se s tim što si sad rekao

goal post (football, soccer) stub vrata, stativa

goal·tend·er [~tendə(r)] see **goalkeeper**

go around *v* 1. obići 2. kružiti; *rumors are going around* glasovi kruže 3. biti dovoljan; *there will be enough to go around* biće dosta za sve

goat [gout] *n* 1. (zool.) koza; jarac; *an Angora (Saanen)* ~ angorska (sanska) koza; ~'s *milk* kozje mleko (mlijeko) 2. (astrol.) see **Capricornus** 2 3. see **scapegoat** 4. misc.; **to get smb.'s* ~ izvesti nekoga iz takta

go at *v* napasti

goat·ee [gout'ij] *n* kozja brada, špic brada

goat·fish [~fiš] *n* (fish) morska mrena

goat·herd [~hə(r)d] *n* kozar

goat meat jarćetina, kozje meso

goats·beard ['goutsbij(r)d] *n* (bot.) 1. kozja brada 2. medunika

goat·skin [~skin] *n* 1. kozja koža 2. meh — mijeh (od kozje kože)

goat's-rue [~s-rū] *n* (bot.) ždraljevina, ždraljika

goat·suck·er [~səkə(r)] *n* (bird) leganj, mračnjak

go away *v* otići

gob I [gab]; [o] *n* 1. mali komad 2. (colloq.) ~*s of money* mnogo para

gob II *n* (slang) mornar

gob III *n* (Br.; slang) usta

go back *v* 1. vratiti se 2. misc.; *to go back on one's word* ne održati reč (riječ)

gob·bet ['gabit]; [o] *n* (Br.; colloq.) komad

gob·ble I ['gabəl]; [o] *v tr and intr* halapljivo jesti

gobble II *v intr* (of a turkey) kaukati

gob·ble·dy·gook [~dijgūk] *n* (colloq.) nerazumljiv žargon

gob·bler [~blə(r)] *n* ćuran (W: puran)

gobble up *v* see **gobble I**

go-be·tween ['gou-bitwijn] *n* posrednik

Go·bi Desert ['goubij] pustinja Gobi

gob·let ['gablit]; [o] *n* pehar

gob·lin ['gablin]; [o] *n* 1. đavolak 2. zao duh

go by *v* 1. ići, prolaziti; *the main road goes by over there* glavni put prolazi onuda; *the years went by* godine su prošle 2. misc.; *to go by a name* voditi se pod imenom

go-by *n* (Br.; colloq.) *to give smb. the* ~ ne hteti (htjeti) poznati nekoga

go·by ['goubij] *n* (fish) glavoč

go-cart ['gou-ka(r)t] *n* 1. dubak, stalak 2. kolica

god [gɑd]; [o] *n* 1. (cap.) Bog 2. bog; *the Greek* ~*s* grčki bogovi; *the* ~ *of love (war)* bog ljubavi (rata) 3. misc. (usu. cap.); *for* ~'s *sake* boga radi; *thank* ~*!* hvala bogu! *my* ~*!* gospode bože! ~ *help us!* da bog sačuva! ~ *forbid!* ne dao bog! da ne da bog; *~ *helps those who help themselves* pomozi sam sebi, pa će ti i bog pomoći; *~ *moves in mysterious ways* bog je spor ali dostižan; ~ *damn!* do vraga!; (after a sneeze) ~ *bless you!* nazdravlje!

god·child [~čajld] (-*children* [čildrin]) *n* kumče

god·damn [~daem] *interj* koga vraga! do vraga!

god·damned [~daemd] a and adv see damned I 1, II
god·daugh·ter [~dotə(r)] n kumica
god·dess ['gadis]; [o] n boginja (W also: božica)
god·fa·ther [~fathə(r)] n kum
god·for·sak·en [~fə(r)sejkən] a 1. od svih napušten 2. zabačen, udaljen; in a ~ place u zabačenom mestu (mjestu)
god·head [~hed] see godhood
god·hood [~hud] n božanstvo
god·less [~lis] a bezbožan
god·like [~lajk] a nalik na boga, božanstven, božanski
god·ly [~lij] a 1. pobožan 2. božanski, božanstven
god·moth·er [~mothə(r)] n kuma
go down v 1. sići, spustiti se; the temperature went down temperatura se spustila 2. splasnuti; the swelling has gone down otok je splasnuo 3. (Br.) otići s fakulteta 4. potonuti 5. udaviti se 6. misc.; to go down in history ući u istoriju (historiju); to go down a list ići po spisku
god·par·ent [~pejrənt] n kum
god·send [~send] n iznenadna sreća
god·son [~sən] n kumče
god·speed [~spijd] n sreća; to wish smb. ~ poželeti (poželjeti) nekome srećan put
go for v 1. ići po; to go for the doctor ići po lekara — ljekara (W: liječnika) 2. navaliti, napasti; to go for smb. napasti nekoga 3. (colloq.) voleti (voljeti); to go for smb. voleti nekoga 4. (colloq.) važiti; that goes for everyone to važi za sve
go-get·ter ['gou-getə(r)] n (colloq.) pregalac, vatra čovek (čovjek), živi oganj
gog·gle I ['gagəl]; [o] n 1. buljenje 2. (in pl) zaštitne naočari
goggle II v intr 1. buljiti 2. prevrtati očima
goggle box (Br.; colloq.) televizor
go-go ['gou-gou] a (colloq.) veoma aktivan; a ~ dancer kabaretska igračica
go in v 1. ući; he went in ušao je 2. posvetiti se; baviti se; to go in for smt. posvetiti se nečemu, odati se nečemu; orijentisati se na nešto; to go in for politics baviti se politikom 3. pristati
go·ing I ['gouiŋ] n 1. odlazak 2. (colloq.) stanje puta; put, kretanje; the ~ got rough kretanje (napredovanje) je postalo teško
going II a aktualan, aktuelan; tekući; the ~ rate tekući kurs
going-over n (colloq.) pregled; the doctor gave him a good ~ doktor ga je dobro pregledao
goi·ter, goi·tre ['gojtə(r)] n guša, gušavost, struma
go-kart [~-ka(r)t] n karting
gold I [gould] n 1. zlato; pure ~ čisto zlato; a vein of ~ zlatna žila; to mine ~ kopati zlato; a heart of ~ zlatno crce; *worth its weight in ~ zlata vredan (vrijedan); *all is not ~ that glitters nije zlato sve što sija; *to have hands of ~ imati zlatne ruke 2. novac, bogatstvo 3. boja zlata
gold II a od zlata, zlatan; a ~ coin (ring, tooth, watch) zlatan novac (prsten, zub, sat)
gold brick zlatan mamac; ono što nije pravo
gold·brick I [~brik] n (slang, usu. mil.) zabušant, simulant
goldbrick II v intr (slang, usu. mil.) zabušavati, simulirati (see also goof off)

gold·brick·er [~ə(r)] n see goldbrick
Gold Coast Zlatna Obala
gold digger žena koja izmamljuje novac od muškaraca
gold dust zlatna prašina
gold·en [~ən] a 1. zlatan; a ~ age zlatno doba 2. sjajan, povoljan, zlatan; a ~ opportunity sjajna prilika
golden anniversary zlatna svadba
golden calf zlatno tele
golden eagle crni orao
Golden Fleece zlatno runo
golden handshake (Br.) poklon službeniku koji ide u penziju
Golden Horde Zlatna Horda
Golden Horn Zlatni Rog (rukavac Bosfora)
golden mean zlatna sredina
golden rule zlatno pravilo
golden wedding zlatna svadba
gold-ex·change [~-ikscejndž] a (econ.) zlatno-devizni; the ~ standard zlatnodevizni standard
gold fever zlatna groznica
gold field nalazište zlata
gold·finch [~finč] n (bird) češljugar
gold·fish [~fiš] (pl has -es or zero) n zlatna ribica
gold leaf zlatan listić
gold mine 1. rudnik zlata 2. (fig.) unosan posao
gold reserve zlatna rezerva
gold rush potera (potjera) za zlatom
gold·smith [~smith] n zlatar
gold standard zlatni standard
golf [galf]; [o] n golf
golf ball loptica za golf
golf club 1. golfska palica 2. klub igrača golfa
golf course igralište za golf
golf·er [~ə(r)] n igrač golfa
gol·go·tha ['galgəthə]; [o] n golgota
Go·li·ath [gə'lajəth] n Golijat
gol·ly ['galij]; [o] interj bože moj!
gol·ly·wog [~wag]; [o] n (Br.) lutka crnog lica
go·losh see galosh
go·nad ['gounaed] n (anat.) gonada
gon·do·la ['gandələ]; [o] and [gan'doulə]; [o] n gondola
gon·do·lier [gandə'lij(r)]; [o] n gondolijer
gone 1. see go II; Gone with the Wind Prohujalo sa vihorom 2. a (slang) izgubljen 3. a (slang) uzbudljiv 4. a (slang) zaljubljen 5. nestao; his wallet is ~ nestao mu je novčanik
gon·er ['ganə(r)]; [o] n (slang) onaj koji je propao
gong [gaŋ]; [o] n gong
go·ni·om·e·ter [gounij'amətə(r)]; [o] n goniometar
gon·na ['gonə] colloq. for going to
gon·or·rhe·a [ganə'rijə]; [o] n gonoreja, kapavac
goo [gū] n (colloq.) nešto lepljivo (ljepljivo)
goo·ber ['gūbə(r)] n (Am., reg.) see peanut
good I [gud] n 1. dobro; to share the ~ and the bad deliti (dijeliti) dobro i zlo 2. korist; dobro; blagostanje; the common ~ opšte (opće) dobro; for smb.'s ~ u nečiju korist; to do ~ činiti dobro 3. misc.; for ~ zauvek (uvijek); to come to no ~ rđavo završiti; to make ~ see make good; to the ~ u dobitku
good II a 1. dobar; ~ breeding dobar odgoj; a ~ chance dobra prilika; ~ evening dobro veče; ~ morning dobro jutro; to be in a ~

mood biti dobre volje; *to be on ~ terms with smb.* biti s nekim u dobrim odnosima; *the apples are ~ for cooking* jabuke su dobre za kuvanje (kuhanje) 2. jak, vešt (vješt), sposoban, dobar; *he is ~ in (at) chess* on je jak u šahu; *a ~ lawyer (worker)* dobar pravnik (radnik) 3. valjan, pravi; *~ money* valjan novac 4. dobar, ljubazan; *to be ~ to smb.* biti dobar prema nekome 5. koristan, blagotvoran; *to be ~ for smb.* biti blagotvoran za nekoga; *a ~ influence* blagotvoran uticaj 6. (colloq.) sposoban (za plaćanje); *he's ~ for 200 dollars* on može platiti 200 dolara 7. lep (lijep), privlačan; *~ looks* lepa spoljašnjost (W: vanjština) 8. veran (vjeran), odan; *a ~ Democrat* veran član demokratske stranke 9. dobar, poslušan; *a ~ child* dobro dete (dijete) 10. pun, dobar; *a ~ five hours* dobrih pet časova 11. pouzdan, dobar; *a ~ investment* pouzdana investicija 12. čedan; *a ~ girl* čedna devojka (djevojka) 13. misc.; *all in ~ time* sve u svoje vreme (vrijeme); *he is as ~ as married* isto što i da se oženio; *as ~ as new* skoro novo; *~ and tired* veoma umoran; *to do a ~ turn for smb.* učiniti nekome uslugu; *~ luck!* srećno! dobra sreća! *to have a ~ time* lepo (lijepo) se provesti; *he was ~ enough to mail my packages* bio je tako ljubazan da je poslao moje pošiljke **better** ['betə(r)] *(comp); **best** [best] *(super)*
good-by(e) [~-baj] 1. *n* oproštaj 2. *interj* zbogom 3. misc.; (colloq.) *you can kiss that money ~!* pozdravi se s tim parama!
good-for-noth-ing ['gud-fə(r)-nəthiñg] 1. *n* nitkov, nevaljalac. *a* bezvredan (bezvrijedan); nevaljao
Good Friday Veliki petak
good guy (colloq.) junak (u filmu)
good-heart-ed [-ha(r)tid] *a* dobrodušan
good-hu-mored [~-hjūmə(r)d] *a* dobroćudan
good-ish [~iš] *a* (Br.) prilično dobar
good looker see **looker**
good-look-ing [~-lukiñg] *a* lep (lijep), zgodan, privlačan
good-ly [~lij] *a* 1. lep (lijep) 2. znatan, povelik
good-na-tured [~-nejčə(r)d] *a* dobroćudan
Good Neighbor Policy (Am., pol.) politika dobrog susedstva — susjedstva (u odnosu na države Latinske Amerike)
good-ness [~nis] *n* 1. dobrota 2. izvrsnost 3. misc.; *thank ~!* hvala bogu!
good offices dobre usluge, pomoć
good ole boy (Am.; *ole* [oul] = *old)* južnjak koji je ležeran, komotan i društven
goods [~z] *n pl* 1. roba; *consumer ~* roba široke potrošnje 2. roba, tekstil; *cotton (woolen) ~* pamučna (vunena) roba; *yard ~* metražni tekstil 3. misc.; *to deliver the ~* ispuniti očekivanja; *(slang) to have the ~ on smb.* raspolagati dokazima protiv nekoga
goods wagon (Br.) teretni vagon (see also **freight car)**
good-tem-pered [~-tempə(r)d] *a* blage naravi
good will 1. dobra volja; *to show ~* pokazati dobru volju 2. (econ.) ugled (koji uživa neka firma, radnja kod publike)
good-will mission [~-wil] misija dobre volje

good-y [~ij] *n* (colloq.) 1. slatkiš 2. see **goody-goody**
good-y-good-y [~-gudij] *n* (colloq., pejor.) uzor svih vrlina, čistunac
goo-ey ['gūij] *a* mljacav; gnjecav
goof I [gūf] *n* (slang) 1. glupan 2. greška
goof II *v* (colloq.) 1. *tr* (often: *to ~ up)* pokvariti; *he goofed the whole thing up* pokvario je celu (cijelu) stvar 2. *intr* (also: *to ~ up)* napraviti grešku 3. see **goof off**
go off *v* 1. otići 2. opaliti; *the pistol went off again* pištolj je po drugi put opalio 3. iskliznuti; *to go off the tracks* iskliznuti iz šina 4. sleteti (sletjeti); *the vehicle went off the road* vozilo je sletelo sa puta 5. završiti; *to go off duty* završiti dežurstvo 6. ugasiti se 7. eksplodirati; *a bomb went off* eksplodirala je bomba
goof off *v* (colloq.) zabušavati, simulirati
goof-off [~-of] *n* (colloq.) zabušant
goof up *v* see **goof II** 1, 2
goof-y ['gūfij] *a* (slang) šašav
gook [gūk] *n* (slang) 1. mljacava supstanca 2. (pejor.) Azijat
go on *v* 1. nastaviti, produžiti; *to go on working* produžiti rad 2. dešavati se, odigravati se; *what is going on?* šta (što) se dešava? or: šta je posredi (posrijedi)? 3. misc.; *to go on smt.* osloniti se na nešto
goon [gūn] *n* (colloq.) 1. plaćeni štrajkbreher, siledžija 2. glupan
goo-ney bird ['gūnij] (slang) see **albatross**
goos-an-der [gū'saendə(r)] *n* (Br.) ronac (see also **merganser)**
goose I [gūs] *(geese* [gijs]) *n* guska; *wild geese* divlje guske; *geese honk* guske gaču; **to kill the ~ that lays the golden egg* uništiti izvor dohotka; **to cook smb.'s ~* pokazati nekome; (Br.) **he can't say boo to a ~* veoma je bojažljiv; (Br.) **all his geese are swans* on uvek precenjuje (uvijek precjenjuje)
goose II *v tr* (slang) udariti u zadnjicu
goose-ber-ry [~berij]; ['guzbri] *n* ogrozd
goose egg (slang) nula
goose flesh naježena koža, mravci, žmarci; *I have ~* ježim se
goose-foot [~fut] (*-s) n* (bot.) prudnik, jurjevac, pepeljuga
goose-herd [~hə(r)d] *n* guščar
goose-neck lamp [~nek] stona (stolna) lampa
goose pimples *pl* see **gooseflesh**
goose step paradni korak
goose-step [~-step] *v intr* marširati paradnim korakom
go out *v* 1. izići; *to go out for a walk* izići u šetnju; *to go out of style* izići iz mode 2. ugasiti se; *the fire is going out* vatra se gasi 3. konkurisati (see **try out** 2) 4. zabavljati se; *to go out with a girl* zabavljati se s devojkom (djevojkom) 5. misc.; *to go out of business* bankrotirati; obustaviti poslovanje
go over *v* 1. preći; *to go over to the attack* preći u napad 2. pregledati; *to go over records* pregledati dokumentaciju
go-pher ['goufə(r)] *n* (zool.) američki glodar rupar
Gopher State see **Minnesota**

Gor-di-an ['go(r)dijən] *a* Gordijev, gordijski; *to cut the ~ *knot* preseći Gordijev čvor

gore I [go(r)] *n* trouglasto parče tkanine, klinast umetak

gore II *n* krv

gore III *v tr* probosti (rogovima), nabosti (na rogove)

gorge I [go(r)dž] *n* 1. klisura 2. misc.; *it makes my ~ *rise* gadi mi se

gorge II *v tr* nasititi; *to* ~ *oneself* nasititi se

gor-geous ['go(r)džəs] *a* divan, sjajan

go-ril-la [gə'rilə] *n* 1. gorila 2. (fig.) siledžija

gor-mand see **gourmand**

gorse [go(r)s] *n* (bot.) štipavica

go-ry ['gorij] *a* krvav; *a* ~ *battle* krvava bitka

gosh [gaš]; [o] *interj* bože moj!

gos-hawk ['gashok]; [o] *n* jastreb-kokošar, labar

gos-ling ['gazliṉg]; [o] *n* gušče

go-slow Br.; see **slow down** 1

gos-pel I [gaspəl]; [o] *n* 1. (rel.; also cap.) evanđelje, jevanđelje; *the Gospel according to Mark* evanđelje po Marku 2. (fig.) načelo, dogma; bezuslovna istina

gospel II *a* jevanđelski; (fig.) *the* ~ *truth* bezuslovna istina

gos-pel-er [~ə(r)] *n* 1. jevanđelist 2. čitač jevanđelja

gospel music oblik crnačke verske (vjerske) muzike

gos-sa-mer I ['gasəmə(r)]; [o] *n* 1. leteća paučina 2. fina gaza

gossamer II *a* tanak, fin

gos-sip I ['gasip]; [o] *n* 1. torokanje, ćaskanje, trač 2. torokuša, brbljivica, tračibaba 3. glasovi, priče

gossip II *v intr* torokati, ćaskati, pričati, tračati

gossip column trač-rubrika

gos-sip-mong-er [~maṉgə(r)]; [ə] *n* torokuša, tračibaba

gos-sip-y [~ij] *a* brbljiv, ćaskav

got see **get**

Goth [gath]; [o] *n* 1. Got 2. (fig.) varvarin (barbarin)

Goth-ic I [~ik] *n* gotski jezik

Gothic II *a* gotski, gotički; *the* ~ *language* gotski jezik; ~ *architecture* gotika; ~ *style* gotski stil; ~ *letters* gotička slova

go through *v* 1. proći (kroz); *he went through a red light* prošao je kroz crveno svetlo (svjetlo) 2. proći, preći, pregledati; *to go through a book* pregledati knjigu; *to go through material* pregledati materijal 3. prepatiti; *he has gone through a lot* prepatio je mnogo 4. doživeti (doživjeti); *the book has gone through three editions* knjiga je doživela tri izdanja 5. probiti; *the bullet went through the wall* zrno je probilo zid 6. završiti; *to go through with smt.* završiti nešto 7. misc.; *to go through the motions* mehanički nešto uraditi

go to *v* 1. dopasti; *nothing went to him* nije mu ništa dopalo 2. misc.; *to go to sleep* ići na spavanje; *fame went to his head* slava mu je udarila u glavu; *to go to great expense* baciti se u trošak

go together *v* 1. slagati se; ići zajedno; *these colors go together* ove se boje slažu 2. (colloq.) zabavljati se

got-ta ['gatə]; [o] (not standard; = *got to*) morati; *he* ~ *go* on mora ići

got-ten see **get**

gouache [gwaš], [ū] *n* gvaš, guaš (slikarska tehnika)

gouge I [gaudž] *n* okruglo dleto (dlijeto), dubač

gouge II *v tr* 1. (also: *to* ~ *out*) izdupsti 2. (also: *to* ~ *out*) isterati (istjerati), istisnuti; *to* ~ *out an eye* or: *to* ~ *an eye out* isterati oko 3. (fig.) odrati, ošišati

gou-lash ['gūlaš] *n* gulaš

go under *v* 1. propasti 2. udaviti se

go up *v* 1. popeti se 2. dići se; *the curtain is going up* zavesa (zavjesa) se diže 3. skočiti; *prices have gone up* cene (cijene) su skočile; *the temperature went up suddenly* temperatura je naglo skočila 4. rasti; *enrollment is going up* broj studenata raste 5. misc.; *to go up in flames* buknuti

gourd [gū(r)d], [o] *n* tikva; sud od tikve; vrg

gour-mand ['gū(r)mənd] *n* gurman

gour-mand-ise [~ijz] *n* gurmanluk

gour-met [gu(r)'mej] *n* sladokusac

gout [gaut] *n* kostobolja, ulozi, giht, podagra

gout-y [~ij] *a* gihtičan

gov-ern ['gəvə(r)n] *v* 1. *tr* upravljati; *to* ~ *a country (a people)* upravljati zemljom (narodom) 2. *tr* regulisati 3. *tr* (gram.) zahtevati (zahtijevati), tražiti; *to* ~ *the accusative* zahtevati (tražiti) akuzativ (also **take II** 11) 4. *intr* upravljati, vladati

gov-ern-ance [~əns] *n* upravljanje

gov-ern-ess [~is] *n* guvernanta

gov-ern-ment I [~mənt] *n* 1. upravljanje 2. vlada; *the* ~ *has* (Br.: *have*) *reached a decision* vlada je donela (donijela) odluku; *to form a* ~ obrazovati vladu; *the* ~ *is* (Br.: *are*) *discussing the proposal* ministri pretresaju predlog; *the* ~'s *decision* vladina odluka; *to overthrow a* ~ oboriti vladu 3. političke nauke 4. (gram.) rekcija; *verbal* ~ glagolska rekcija

government II *a* državni, vladin; *a* ~ *agency* državni organ; ~ *circles* vladini krugovi

gov-ern-ment-al [~'mentl] *a* see **government II**

gov-er-nor [ə(r)] *n* 1. guverner; *the* ~ *of a state* guverner države 2. (Br.) upravnik; *the* ~ *of a prison* upravnik zatvora (see also **warden** 1) 3. (Br., colloq.) gospodin 4. (tech.) regulator; razvodnik

governor general *(governors general)* *n* generalni guverner

gov-er-nor-ship [~šip] *n* položaj guvernera

go with *v* pratiti

gown [gaun] *n* 1. ogrtač, službena odeća (odjeća); toga 2. see **dressing gown** 3. svečana haljina

grab I [graeb] *n* ščepavanje; zahvat, posezanje; *to make a* ~ *for smb.* naglo posegnuti za nekim; (colloq.) **the job is still up for* ~s radno mesto (mjesto) još nije popunjeno

grab II *v* 1. *tr* ščepati, zgrabiti, zahvatiti; dočepati; *to* ~ *smb. by the arm* ščepati nekoga za ruku; *to* ~ *smb. by the hair* dočepati nekoga za kosu 2. *intr* posegnuti; *to* ~ *for smt.* posegnuti za nečim

grab bag 1. kesa iz koje se vuku srećke, stvari 2. (fig.) zbirka

grab rope (naut.) konop za spasavanje

grace I [grejs] *n* 1. gracioznost, čar, 2. uljudnost, ljubaznost; *with good* ~ uljudno 3. naklonost, milost; *to be in smb.'s good* ~*s* biti u milosti kod nekoga 4. molitva (za stolom); *to say* ~ pomoliti se za stolom 5. (econ.) odgoda; *two days* ~ dvodnevna odgoda isplate 6. (as a title) svetlost (svjetlost); *his* ~ njegova svetlost

grace II *v tr* 1. ulepšati (uljepšati), ukrasiti 2. ukazati (nekome) počast

grace·ful [~fəl] *a* graciozan

grace·less [~lis] *a* nezgrapan

grace period see **grace I** 5

gra·cious ['grejšəs] *a* 1. ljubazan; učtiv 2. milostiv 3. elegantan, otmen (otmjen) 4. misc.; *good* ~! or: *goodness* ~! bože moj!

gra·cious·ness [~nis] *n* 1. ljubaznost, učtivost 2. milostivost 3. elegantnost

gra·date ['grejdejt] *v tr* gradirati

gra·da·tion [grej'dejšən] *n* gradacija

grade I [grejd] *n* 1. stepen, stupanj 2. razred (see also **form I,** 6) 3. (školska) ocena (ocjena) 4. čin; *to be promoted to a higher* ~ dobiti viši čin 5. nagib, uspon 6. vrsta; kvalitet, kakvoća; *a poor* ~ *of wheat* slaba vrsta pšenice 7. misc.; *to make the* ~ imati uspeha (uspjeha)

grade II *v tr* 1. razvrstati; klasifikovati 2. profilisati; *to* ~ *a road* profilisati put 3. oceniti (ocijeniti); *to* ~ *homework* oceniti školske zadatke (W: zadaće); *to* ~ *pupils* oceniti đake (see also **mark II** 4)

grade crossing ukrštanje u nivou (pruge i puta) (Br. is **level crossing**)

grade point average prosek ocena — prosjek ocjena (u školi, na fakultetu)

grad·er [~ə(r)] *n* 1. ocenjivač (ocjenjivač) 2. (tech.) greder 3. pregledač zadataka

grade school osnovna škola

gra·di·ent ['grejdijənt] *n* 1. strmina nagiba, nagib 2. (math.) gradijent

grad·u·al ['graedžuel] *a* postepen, postupan, gradualan

grad·u·al·ism [~izəm] *n* postepenost

grad·u·ate I ['graedžuit] *n* onaj koji je svršio školu, fakultet; *a high-school* ~ svršeni učenik gimnazije; *a college* ~ osoba s fakultetskim obrazovanjem, diplomirani student

graduate II *a* 1. postdiplomski, poslediplomski (poslijediplomski); ~ *study (studies)* postdiplomske studije; *a* ~ *student* postdiplomac; *a* ~ *school* fakultet koji dodeljuje (dodjeljuje) magistarski stepen i doktorat; ~ *training* postdiplomsko usavršavanje 2. diplomirani; *a* ~ *engineer* diplomirani inženjer

graduate III ['graedžuejt] *v* 1. *tr* graduisati, podeliti (podijeliti) na stepene; *a* ~*d scale* stepenasta skala 2. *tr* dodeliti — dodijeliti (nekome) akademsku titulu 3. *intr* svršiti školu; diplomirati; *he* ~*d (was* ~*d) from college last year* diplomirao je prošle godine

grad·u·at·ed [~id] *a* 1. graduisan 2. proporcionalan; *a* ~ *tax* proporcionalni porez

grad·u·a·tion [graedžu'ejšən] *n* 1. podela (podjela) na stupnjeve, stepene 2. podeljenost (podijeljenost) na stupnjeve, stepene 3. (or: ~ *ceremony)* svečanost povodom završetka školovanja

graduation exercises see **graduation** 3, **commencement** 2

graf·fi·ti [grə'fijtij] *n pl* škrabanje (šaranje) po zidovima; zidna grafika

graft I [graeft]; [*a*] *n* 1. kalem, navrtak 2. presad; kalemljenje; *a skin* ~ presad kože

graft II *v tr* nakalemiti (W: nakalamiti), zacepiti (zacijepiti); presaditi; *to* ~ *fruit trees (skin)* kalemiti voćke (kožu)

graft III *n* ucena (ucjena); korupcija

graft·age [~idž] *n* kalemljenje (W: kalamljenje)

graft·er [~ə(r)] *n* korumpiran političar

graft·ing [~iñg] see **graftage**

gra·ham ['grejəm] *a* od neprosejanog (neprosijanog) brašna; *a* ~ *cracker* keks od neprosejanog brašna

grail [grejl] *n* (hist.) gral, zdela — zdjela (iz koje je Isus jeo na poslednjoj — posljednjoj večeri)

grain I [grejn] *n* 1. žito; žitarice 2. dlaka, vlakno; *against (with) the* ~ uz (niz) dlaku 3. zrno; *a* ~ *of gunpowder (pepper, salt, sand)* zrno baruta (bibera, soli, peska — pijeska); **with a* ~ *of salt* uz rezervu 4. trunka, trun; gram; *a* ~ *of truth* trunka istine; *a* ~ *of imagination* gram fantazije

grain II *a* žitni; *a* ~ *elevator* skladište za žitarice

gram [graem] *n* gram

gra·min·e·ous [grə'minijəs] *a* travni, iz porodice trava

gram·mar ['graemə(r)] *n* 1. gramatika (nauka); *comparative (descriptive, historical)* ~ komparativna (opisna, istorijska — historijska) gramatika 2. gramatika (udžbenik)

gram·mar·ian [grə'mejrijən] *n* gramatičar

grammar school 1. osnovna škola 2. (Br.) srednja škola

gram·mat·i·cal [grə'maetikəl] *a* gramatički; ~ *gender* gramatički rod

gramme Br.; see **gram**

gram·o·phone ['graeməfoun] *n* (usu. Br.) gramofon (see also **record player, phonograph**)

gram·pus ['graempəs] *n* (zool.) kosatka

gran [graen] Br.; colloq.; see **grandmother**

gran·a·ry ['graenərij], [*ej*] *n* žitnica, ambar

grand I [graend] *n* 1. see **grand piano** 2. (slang) hiljada (W: tisuća) dolara

grand II *a* 1. veliki; veličanstven; *a* ~ *ballroom* velika dvorana 2. divan, sjajan; ~ *weather* divno vreme (vrijeme) 3. ugledan, otmen (otmjen) 4. glavni, najvažniji 5. zamašan, veliki; *a* ~ *purpose* velika zamisao; *to live in* ~ *style* živeti (živjeti) na velikoj nozi 6. (mus.) potpun 7. ukupan, celokupan (cjelokupan); *the* ~ *total* ukupan iznos

grand·aunt [~aent]; [*a*] Br.; see **greataunt**

Grand Canyon Veliki kanjon

grand·child [~čajld] (~*children* [čildrən]) *n* unuče

grand·dad [~daed] *n* (colloq.) see **grandfather**

grand·daugh·ter [~dotə(r)] *n* unuka

grand duchess velika vojvotkinja

grand duchy veliko vojvodstvo

grand duke veliki vojvoda

gran·deur ['graendžə(r)] *n* veličanstvenost, veličina

grand·fa·ther [~fathə(r)] *n* ded (djed)

grandfather clause (legal) zakon koji je zasnovan na pravima posedovanim (posjedovanim) pre (prije) donošenja zakona

grandfather clock veliki stojeći časovnik sa tegovima

grand·fa·ther·ly [~lij] a dedovski (djedovski)

gran·dil·o·quence [graen'dilǝkwǝns] n bombast, nadmen govor

gran·di·ose ['graendijous] a grandiozan, veličanstven

grand jury velika porota

grand larceny teška krađa

grand·ma [~ma] n (colloq.) baka (see **grandmother**)

grand master (chess) velemajstor

grand·moth·er [~mǝthǝ(r)] n baba

grand·moth·er·ly [~lij] a babin; kao staramajka

grand·neph·ew [~nefjū] n nećakov (nećakinjin) sin

grand·niece [~nijs] n nećakova (nećakinjina) ćerka

grand opera opera (u kojoj je sadržaj ozbiljnog karaktera)

grand·pa [~pa] n (colloq.) see **grandfather**

grand·par·ent [~paerǝnt] n roditeljev roditelj

grand piano veliki klavir

grand·son [~sǝn] n unuk

grand·stand I [~staend] n tribina, gledalište sa uzlaznim redovima sedišta (sjedišta)

grandstand II v intr (colloq.) kočoperiti se, paradirati

grand tour veliko putovanje (po Evropi); (colloq.) to give smb. a ~ of a house pokazati nekome sve u kući

grand·un·cle [~ǝngkǝl] n Br.; see **great-uncle**

grange [grejndž] n farma

gran·ite ['graenit] n granit

gran·ny ['graenij] n 1. (colloq.) baka 2. (Southern Am.) babica

granny knot ženski uzao

grant I [graent]; [a] n 1. odobrenje; dodeljivanje (dodjeljivanje) 2. subvencija; stipendija; a travel ~ putna stipendija

grant II v tr 1. odobriti; to ~ a request odobriti molbu 2. dodeliti (dodijeliti), dati; to ~ a pension dati penziju (W: mirovinu); to ~ smb. a doctorate (a fellowship) dodeliti nekome zvanje doktora (stipendiju) 3. priznati, primiti, dopustiti; pretpostaviti; to take for ~ed primiti za istinu; potcenjivati (potcjenjivati)

grant·ee [~'tij] n onaj kome je nešto odobreno, dodeljeno (dodijeljeno)

grant-in-aid [~-in-'ejd] (grants-in-aid) n see **grant I 2**

grants·man·ship [~mǝnšip] n veština (vještina) dobijanja subsidija za istraživački rad

grant·or [~ɔ(r)] n onaj ko (tko) odobrava, dodeljuje (dodjeljuje)

gran·u·lar ['graenjǝlǝ(r)] a granuliran; zrnast

gran·u·late [~lejt] v tr granulirati, zrniti

gran·u·la·tion [graenjǝ'lejšǝn] n granulacija, zrnjenje

gran·ule ['graenjūl] n zrnce

grape I [grejp] n 1. zrno grožđa 2. (in pl) grožđe; to grow ~s gajiti grožđe; *sour ~s kiselo grožđe 3. see **grapeshot**

grape II a grožđani

grape·fruit [~frūt] n grejpfrut

grape juice grožđani sok

grape·shot [~šat]; [o] n sitnozrni karteč

grape·vine [~vajn] n 1. vinova loza 2. nezvaničan (neslužbeni) izvor vesti (vijesti); I heard it through the ~ čuo sam to nezvaničnim putem

graph I [graef] n grafikon

graph II v tr predstaviti grafičkim putem

graph·eme [~ijm] n slovo, grafem

graph·ic [~ik] a grafički

graphic arts grafika

graph·ics [~iks] n grafika

graph·ite [~ajt] n grafit

graph·ol·o·gy [grae'falǝdžij]; [o] n grafologija

graph paper papir na kocke

grap·ple I ['graepǝl] n see **grappling iron**

grapple II v intr rvati se; to ~ with difficulties rvati se s teškoćama

grap·pling iron ['graepling] čaklja; sidarce

grasp I [graesp]; [a] n 1. uhvat, dočepavanje 2. moć, vlast 3. shvatanje razumevanje (razumijevanje); beyond my ~ van moga shvatanja 4. domašaj, dohvat; within ~ u domašaju

grasp II v 1. tr uhvatiti, ščepati, dočepati; to ~ smb. by the arm ščepati nekoga za ruku 2. tr shvatiti; to ~ a difference shvatiti razliku 3. intr hvatati se; *to ~ at a straw hvatati se za slamku

grasp·ing [~ing] a grabljiv

grass I [graes]; [a] n 1. trava; a blade of ~ travka; overgrown with ~ obrastao travom; keep off the ~! ne gazi travu! 2. pašnjak 3. (slang) see **marijuana** 4. (Br.; slang) dostavljač

grass II v intr (Br.; slang) to ~ on smb. prijaviti nekoga (policiji)

grass court (tennis) travnato igralište

grass·hop·per [~hapǝ(r)]; [o] n skakavac; *knee-high to a ~ veoma malog rasta

grass·land [~laend] n pašnjak

grass·roots I [~rūts] n 1. provincija; narod 2. osnova; izvor

grassroots II a 1. provincijalan; narodni; ~ support omiljenost u narodu, popularnost 2. osnovan

grass snake belouška (bjelouška)

grass widow bela (bijela) udovica

grass widower beli (bijeli) udovac

grass·y [~ij] a travan, travnat

grate I [grejt] n škripa

grate II v 1. tr strugati, rendisati; to ~ cheese strugati sir 2. tr škripati; to ~ one's teeth škripati zubima 3. intr parati; the noise ~s on my ears buka mi para uši

grate III n rešetka, pregrada od gvozdenih šipki

grate·ful [~fǝl] a zahvalan; he is ~ to you for everything on vam je zahvalan za sve

grat·er [~ɔ(r)] n trenica, rende

grat·i·fi·ca·tion [graetǝfi'kejšǝn] n 1. zadovoljenje 2. uživanje, zadovoljstvo

grat·i·fy ['graetǝfaj] v tr zadovoljiti (see also **satisfy**)

grat·ing I [~ing] n rešetka (see **grate III**)

grating II a 1. koji škripi 2. koji para; oštar, hrapav; a ~ voice hrapav glas

gra·tis ['grejtis], [ae] 1. pred a besplatan 2. adv besplatno

grat·i·tude ['graetətūd]; [tj] n zahvalnost; ~ for help zahvalnost za pomoć
gra·tu·i·tous [grae'rūətəs]; [tj] a 1. besplatan 2. neopravdan; ~ criticism neopravdana kritika
gra·tu·i·ty [grə'rūətij]; [tj] n napojnica, bakšiš
gra·va·men [grə'vejmən] n (legal) glavna tačka (W: točka) optužnice
grave I [grejv] n grob; to visit a ~ ići na grob; *to drive smb. to his ~ oterati (otjerati) nekoga u grob; *to have one foot in the ~ biti jednom nogom u grobu; *to make smb. turn in his ~ mrtav bi se od toga probudio
grave II n (ling.) gravis, teški naglasak
grave III a 1. ozbiljan; ~ news ozbiljne vesti (vijesti) 2. težak, ozbiljan; a ~ illness teška (ozbiljna) bolest; a ~ problem ozbiljan problem; a ~ responsibility teška odgovornost 3. (ling.) težak; a ~ accent teški naglasak, gravis
grave IV v see engrave
grave V a svečan
grave·dig·ger [~digə(r)] n grobar
grav·el I ['graevəl] n 1. šljunak 2. (med.) mokraćni pesak (pijesak)
gravel II v tr 1. pošljunčiti 2. (Br.) zbuniti
gra·ven image ['grejvən] (Biblical) lik
grave·stone [~stoun] n nadgrobni spomenik (also tombstone)
grave·yard [~ja(r)d] n groblje (also cometery)
graveyard shift (colloq.) noćna smena (smjena)
grav·id ['graevid] a trudna
gra·vid·i·ty [grə'vidətij] n trudnoća
grav·ing dock ['grejvīg] see dry dock
grav·i·tate ['graevətejt] v intr gravitirati, naginjati, težiti; to ~ toward smt. gravitirati k nečemu
grav·i·ta·tion [graevə'tejšən] n gravitacija, teža
grav·i·ta·tion·al [~əl] a gravitacioni; ~ force gravitaciona sila
grav·i·ty ['graevətij] n gravitacija, teža; (fig.) ozbiljnost
gra·vure [grə'vjū(r)] n gravira
gra·vy ['grejvij] n sos; to pour ~ over meat preliti meso sosom
gravy boat posuda za sos
gravy train sinekura, laka služba
gray I [grej] n 1. siva boja 2. (Am., hist.) armija Juga (za vreme — vrijeme građanskog rata)
gray II a siv; sed (sijed)
gray·ish [~iš] a sivkast
gray matter siva supstanca mozga (cf. white matter)
Gray Panther »sivi panter«, član organizacije koja zastupa interese starijih osoba
gray power politički uticaj starijih građana
graze I [grejz] v 1. tr pasti, terati (tjerati) na pašu, napasati; to ~ cattle pasti stoku 2. tr pasti; to ~ herbage pasti travu 3. intr pasti; the sheep are ~ing ovce pasu
graze II v tr okrznuti; the shot ~d him metak ga je okrznuo
gra·zier [~žə(r)]; [zi] n tovilac stoke, stočar
graz·ing ['grejzīg] n pašnjak
grease I [grijs] n 1. mast, salo 2. mazivo, mast
grease II v tr 1. podmazati; to ~ a car podmazati auto; (fig.) to ~ smb.'s palm podmititi nekoga, podmazati nekoga novcem 2. premazati; to ~ a pan with butter premazati pleh puterom

grease gun prskalica, špric
grease monkey (slang) mehaničar, automehaničar
grease paint šminka (za glumce)
greas·er [~ə(r)] n (slang, vul.) osoba iz Južne Amerike
greas·y [~ij], (Southern Am.: ['grijzij]) a 1. mastan 2. (fig.) sladunjav, neiskren
great I [grejt] n velikan
great II a 1. veliki; krupan; the ~ cats velike mačke 2. veliki; jak; the ~ powers velike sile; ~ patience veliko strpljenje 3. istaknut, veliki; a ~ poet veliki pesnik (pjesnik); they played a ~ game odigrali su veliku igru 4. (colloq.) divan, sjajan, veliki; ~ weather divno vreme (vrijeme) 5. vrlo; a ~ deal (many) vrlo mnogo 6. (colloq.) jak, vešt (vješt); to be ~ at chess biti jak u šahu 7. izvrstan, odličan; genijalan; a ~ idea genijalna ideja
great·aunt [~aent]; [a] n dedina (djedina) sestra; babina sestra
Great Bear (astro.) Veliki medved (Medvjed)
Great Britain Velika Britanija
great circle veliki krug
great coat [~kout] n zimski kaput
Great Dane danska doga
great·er [~ə(r)] a 1. comp of great II 2. sa predgrađima; ~ New York Njujork sa predgrađima
greater dodder (bot.) predenica
great-grand-child [~-graendčajld] (-children [čildrin]) n praunuče
great-grand-daugh·ter [~dotə(r)] n praunuka
great-grand-fa·ther [~fathə(r)] n praded (pradjed)
great-grand-moth·er [~məthə(r)] n prababa
great-grand-par·ent [~pejrənt] n dedin — djedin (babin) roditelj
great-grand-son [~sən] n praunuk
great-great-čukun-; a ~ — grandmother čukunbaba
great·heart·ed [~ha(r)tid] a 1. hrabar 2. velikodušan
Great Lakes pl Velika jezera
great-nephew see grandnephew
great-niece see grandniece
Great Russian see Russian I, II
great-un·cle [~-ənkəl] n dedin — djedin (babin) brat
Great War (Br.) prvi svetski (svjetski) rat (see also World War I)
great whaup see curlew 2
grebe [grijb] n (bird) gnjurac; great-crested (little, red-necked) ~ ćubasti (mali, riđogrli) gnjurac
Gre·cism ['grijsizəm] n grecizam, grcizam
Gre·cize ['grijsajz] v tr pogrčiti
Greece [grijs] n Grčka
greed [grijd] n pohlepa, gramžljivost, grabežljivost
greed·y [~ij] a pohlepan, gramžljiv, grabljiv
Greek I [grijk] n 1. grčki jezik; *it's ~ to me to mi je nerazumljivo 2. Grk
Greek II a 1. grčki 2. pravoslavni
Greek valerian (bot.) jurnica
green I [grijn] n 1. zelena boja, zelenilo 2. travnjak 3. see greens
green II a 1. zelen; ~ grass zelena trava; (fig.) ~ with envy zelen od zavisti 2. nezreo, zelen; ~ bananas zelene banane 3. sirov, vlažan;

~ *timber* sirova građa 4. neiskusan, zelen; ~ *troops* neiskusne jedinice

green III *v* 1. *tr* ozeleniti 2. *intr* pozeleniti (pozelenjeti)

green·back [~baek] *n* (colloq.) američka novčanica

green bean see **string bean**

green·er·y [~ərij] *n* zelenilo, lišće

green·eyed [~ajd] *a* zelenook

green·finch [~finč] *n* (bird) zelentarka

green fingers Br.; see **green thumb**

green·gro·cer [~grousə(r)] *n* piljar

green·horn [~ho(r)n] *n* 1. žutokljunac 2. nov doseljenik

green·house [~haus] *n* staklara, staklenik, staklena bašta, oranžerija

greenhouse effect grejanje (grijanje) koje izazivaju u atmosferi ugljen-dioksid i vodena para, dejstvo (djejstvo) staklene bašte

green·ing [~ing] *n* pomlađenje; obnova

green·ish [~iš] *a* zelenkast

Green·land [~laend] *n* Grenland; *in* ~ na Grenlandu

green light zeleno svetlo (svjetlo) (also fig.); *to get (give) the* ~ dobiti (dati) zeleno svetlo

green·ness [~nis] *n* 1. zelenost, zelenilo, zelena boja 2. neiskusnost

greens [~z] *n pl* kuhinjsko zelje; zelen; *a bunch of* ~ veza zeleni

green·stick fracture [~stik] nalom, naprslina

green thumb (colloq.) veština (vještina) gajenja biljki; *he has a* ~ što god posadi, sve raste

Green·wich time ['grenič] griničko vreme (vrijeme)

Greenwich Village Grinič-selo (njujorški Monmartr)

green·wood [~wud] *n* (esp. Br.) (*the* ~) zelena šuma

greet [grijt] *v tr* 1. dočekati; *to* ~ *a guest warmly (cooly)* dočekati gosta lepo — lijepo (hladno); *to* ~ *with highest honors* dočekati sa velikim počastima 2. pozdraviti

greet·ing [~ing] *n* 1. doček 2. pozdrav

greeting card čestitka

gre·gar·i·ous [gri'gejrijəs] *a* koji voli društvo, društven

Gre·go·ri·an [gri'gorijən] *a* gregorijanski; *the* ~ *calendar* gregorijanski kalendar

grem·lin ['gremlən] *n* gremlin (mitsko biće koje navodno donosi nesreću pilotima)

Gre·na·da [grə'nɑdə] [*ej*] *n* Grenada

gre·nade [grə'nejd] *n* 1. (or: *a hand* ~) ručna granata 2. see **rifle grenade**

grenade launcher tromblon

gren·a·dier [grenə'dij(r)] *n* grenadir

Gresh·am's law ['grešəmz] (econ.) Grešamov zakon

grew see **grow**

grey see **gray I, II**

grey·hound ['grejhaund] *n* hrt

grib·ble ['gribəl] *n* mali morski ljuskar

grid [grid] *n* 1. mreža, rešetka 2. koordinatna mreža

grid·dle ['gridəl] *n* tiganj

grid·dle·cake [~kejk] *n* (američka) palačinka (see also **pancake**)

grid·i·ron ['gridajə(r)n] *n* 1. roštilj 2. rešetka 3. (theater) nosač zavese (zavjese) 4. (Am.) fudbalsko igralište

grid·lock [~lɑk]; [o] *n* potpuni zastoj celog (cijelog) automobilskog saobraćaja (u nekom delu — dijelu grada)

grief [grijf] *n* žalost, tuga; *overwhelmed by* ~ obuzet žalošću; **to come to* ~ pretrpeti neuspeh (pretrpjeti neuspjeh)

griev·ance ['grijvəns] *n* 1. žalba; *to lodge (file) a* ~ podneti (podnijeti) žalbu 2. negodovanje

grievance committee odbor koji razmatra žalbe (na nekom preduzeću — W: poduzeću)

grieve [grijv] *v* 1. *tr* ožalostiti 2. *intr* tugovati; *to* ~ *for smb.* tugovati za nekim

griev·ous ['grijvəs] *a* 1. žalostan 2. težak; ~ *cruelty* teška svirepost; ~ *bodily harm* teška telesna (tjelesna) povreda

grif·fin ['grifən] *n* (myth.) grifon (mitološka životinja; lav s orlovskom glavom i krilima)

grif·fon ['grifən] *n* 1. see **griffin** 2. (zool.) vrsta psa

grill I [gril] *n* 1. roštilj 2. meso sa roštilja 3. see **grillroom**

grill II *v tr* 1. pržiti na roštilju; ~*ed hamburgers (steak)* pljeskavice (biftek) na roštilju 2. (colloq.) ispitivati

gril·lage ['grilidž] *n* rešetka

grille [gril] *n* rešetka, pregrada

grill·room [~rūm], [u] *n* restoran sa roštiljem

grim [grim] *a* 1. strog 2. ljutit, ljut; ~ *smile* ljutit osmeh (osmjeh) 3. grozan, užasan, *the* ~ *truth* grozna istina; *a* ~ *task* grozan zadatak; **the* ~ *reaper* kosa smrti 4. smrknut

gri·mace I ['gri'mejs], ['grimis] *n* grimasa

grimace II *v intr* praviti grimase, kreveljiti se

grime [grajm] *n* garež, prljavština

Grimm's law [grimz] (ling.) Grimov zakon

grim·y ['grajmij] *a* garav, prljav

grin I [grin] *n* cerenje, keženje

grin II *v intr* ceriti se, keziti se

grind I [grajnd] *n* 1. mlevenje 2. škripa 3. (colloq.) bubanje, gruvanje (gruhanje); štrebanje 4. (colloq.) bubalo, gruvalica; štreber 5. (colloq.) težak posao

grind II *ground* [graund] *v* 1. *tr* samleti (samljeti); *to* ~ *coffee (grain)* samleti kafu — kavu (žito); *to* ~ *into powder* samleti u prah 2. *tr* izbrusiti; *to* ~ *a lens* izbrusiti sočivo 3. *tr* škripati; *to* ~ *one's teeth* škripati zubima 4. *tr* šlajfovati; *to* ~ *valves* šlajfovati ventile 5. *intr* bubati, gruvati (gruhati) 6. misc.; *to* ~ *to a halt* prestati sa radom; *the attack ground to a halt* napad je zapeo

grind down *v* 1. samleti (samljeti); *to grind down into flour* samleti u prah 2. (fig.) potištiti; tlačiti; *ground down by poverty* potišten sirotinjom

grind·er [~ə(r)] *n* 1. brusač, oštrač 2. mlinac; *a coffee* ~ mlinac za kafu (kavu)

grind into *v* uterati (utjerati); *to grind into smb.'s head* uterati nekome u glavu

grind out *v* 1. mukom stvoriti 2. svirati, škripati monotono

grind·stone [~stoun] *n* brus, tocilo; **to keep one's nose to the* ~ stalno raditi

grind up *v* see **grind II 1**

19*

grin·go ['griŋgou] (-s) n (Spanish, pejor.) stranac (Amerikanac, Englez)

grip I [grip] n 1. hvatanje, zahvat, obuhvat, stisak; *a firm* ~ čvrst stisak (ruke) 2. shvatanje; znanje; *to have a good* ~ *of a subject* dobro znati predmet 3. kofer 4. rukovanje 5. misc.; **to come to* ~*s with smt.* uhvatiti se ukoštac s nečim; **to lose one's* ~ popustiti u radu

grip II v tr 1. zahvatiti 2. prikvati, privući; *to* ~ *one's attention* prikovati nečiju pažnju 3. obuzeti, spopasti; *he was* ~*ped with fear* spopao ga je strah

grip III see **grippe**

grip IV see **stagehand**

gripe I [grajp] n 1. (colloq.) žalba 2. (in *pl*) *(the* ~*)* trbušni bolovi (W: trbušne boli), grizlica

gripe II v intr (colloq.) kukati, žaliti se

grippe [grip] n *(the* ~*)* grip (gripa)

grip·sack ['gripsaek] n mali kofer

gris·ly ['grizlij] a grozan, jeziv, jezovit; *a* ~ *spectacle* jezovit prizor

grist [grist] n žito za mlevenje; mleveno žito; **to bring* ~ *to one's mill* terati (tjerati) vodu na svoj mlin

gris·tle ['grisəl] n hrskavica (also **cartilage**)

gris·tly ['grislij] a hrskavični

grit I [grit] n 1. krupan pesak (pijesak) 2. (colloq.) čvrstina karaktera

grit II v tr stisnuti; *to* ~ *one's teeth* stisnuti zube

grits [grits] n pl 1. griz 2. see **brewer's grits**

grit·ty ['gritij] a 1. pun krupnog peska (pijeska) 2. čvrst, jak; izdržljiv

griz·zle I ['grizəl] a siv

grizzle II v 1. tr posiviti; posedeti (posijedeti) 2. intr posiveti (posivjeti), osedeti (osijedjeti) 3. intr (Br.; colloq.) cmizdriti

griz·zled a sed (sijed)

griz·zly I ['grizlij] n grizli medved (medvjed)

grizzly II a sivkast

grizzly bear see **grizzly I**

groan I [groun] n ječanje, stenjanje

groan II v intr ječati, stenjati

groats [grouts] n pl griz; *wheat* ~ pšenični griz

gro·cer ['grousə(r)] n bakalin

gro·cer·ies [~rijz] n pl prehrambeni proizvodi

gro·cer·y ['grousərij] n (or: ~ *store)* bakalnica, bakalska radnja

grog [grag] [o] n grog

grog·gi·ness [~ijnis] n slabost na nogama; iznemoglost

grog·gy [~ij] a 1. slab na nogama, iznemogao; (boxing) grogi 2. (Br.) klimav

groin [grojn] n (anat.) prepone

grom·met ['gramit]; [o] n halka, kolut; izolacioni podmetač

groom I [grūm] n 1. konjušar, konjovodac, grum 2. mladoženja (also **bridegroom**)

groom II v tr 1. otimariti; *to* ~ *a horse* otimariti konja 2. doterati (dotjerati); *to* ~ *oneself* doterati se 3. izvežbati (izvježbati); pripremiti, spremiti; *to* ~ *a candidate (for a political campaign)* pripremiti kandidata (za predizbornu kampanju)

grooms·man ['~zmən] (-men [min]) n see **best man**

groove I [grūv] n 1. žleb (žlijeb) 2. utor (utora) 3. (fig.) kolosek (kolosijek); *to get back into the* ~ ući u normalan kolosek

groove II v tr užlebiti (užlijebiti)

groov·y [~ij] a (slang) divan, sjajan

grope [group] v tr and intr pipajući tražiti; *to* ~ *one's way* pipajući tražiti put; *to* ~ *in the dark* pipati po mraku

grope around v see **grope**

gross I [grous] n 1. (no *pl*) ukupan iznos 2. *(pl* has zero) dvanaest tuceta

gross II a 1. bruto, ukupan; ~ *income* ukupan prihod; *adjusted* ~ *income* umanjen ukupan prihod; ~ *weight* bruto težina; ~ *receipts* ukupan pazar; ~ *national income* bruto nacionalni dohodak 2. grub, krupan, ljutit; velik; ~ *injustice* krupna nepravda; ~ *negligence* veliki nehat; *a* ~ *distortion of the facts* grubo izvrtanje činjenica 3. prost, grub 4. debeo, krupan 5. (slang) loš

gross III v tr primiti kao bruto platu, bruto dobit (bez plaćanja dažbina)

gross national product (econ.) društveni proizvod

gro·tesque I [grou'tesk] n groteska

grotesque II a groteskan

grot·to ['gratou]; [o] (-s or -es) n pećina, špilja

grouch [grauč] n 1. mrzovolja 2. mrzovoljnik

grouch·y [~ij] a mrzovoljan

ground I [graund] n 1. zemlja; tlo; *to lie on the* ~ ležati na zemlji; *to throw to the* ~ baciti na zemlju; *to fall to the* ~ pasti na zemlju (tlo); *to raze to the* ~ sravniti sa zemljom; *on level* ~ na ravnoj zemlji; *to knock smb. to the* ~ oboriti nekoga na tlo; (fig.) *he is on uncertain* ~ on gubi tlo pod nogama 2. teritorija; zemljište; *to give* ~ odstupati; *to gain* ~ zauzeti zemljište; (fig.) napredovati 3. (usu. in *pl*) uzrok; razlog, povod; osnov; ~*s for divorce* brakorazvodni uzrok; *on what* ~*s?* na kom osnovu; ~*s for suspicion* osnovi podozrenja 4. (elec.) uzemljenje, uzemljivač 5. see **grounds** 1 6. misc.; *to break* ~ prokrčiti put; *to cover* ~ napredovati; **to cut the* ~ *from under a person's feet* preduhitriti nekoga; *from the* ~ *up* potpuno; *to hit the* ~ zaleći; *to hold one's* ~ sačuvati svoj položaj; *to shift one's* ~ promeniti (promijeniti) mišljenje; *to stand one's* ~ držati zauzete položaje; ostati pri svome

ground II v tr 1. školovati; *to be well* ~*ed in smt.* poznavati nešto temeljno 2. (elec.) uzemljiti; *a* ~*ed circuit* uzemljeno kolo 3. zasnovati 4. (aviation) skinuti sa letenja 5. nasukati; prisiliti (brod) da se nasuče

ground III see **grind II**

ground beef see **chopped meat**

ground crew (aviation) zemaljsko osoblje

ground floor prizemlje; parter; *they live on the* ~ oni žive u parteru; **to get in on the* ~ učestvovati u nečemu od samog početka

ground hog (zool.) američki mrmot

ground-hog day [~hag]; [o] (Am., folk.) 2. II (po tradiciji, na taj dan senka — sjenka mrmota nagoveštava — nagovještava dolazak proleća — proljeća), Sretenje, dan mečke Božane

ground·ing [~iŋ] n sprema, obuka

ground·less [~lis] *a* neosnovan, bezrazložan; ~ *anger (jealousy)* bezrazložna ljutnja (ljubomora)

ground loop (aviation) oštar zaokret (aviona)

ground·nut [~nət] *n* Br.; see **peanut**

ground rent (Br.) najam zemlje

ground rule proceduralno pravilo

grounds [graundz] *n pl* 1. talog, soc; *coffee* ~ talog od kafe (kave) 2. see **ground I** 3

grounds·man [~zmən] (*-men* [mən]) *n* održavatelj (travnatog) sportskog terena

ground speed (aviation) brzina u odnosu na zemlju

ground swell 1. dubinski talas 2. (fig.) spontani razvoj političkog mišljenja

ground-to ground missile see **surface-to-surface missile**

ground·work [~wə(r)k] *n* pripremni rad; *to do the* ~ obaviti pripremni rad

ground zero epicentar (nuklearne) eksplozije, nulta tačka (točka)

group I [grūp] *n* 1. grupa; *a* ~ *of people* grupa lica 2. (math.) grupa 3. (air force) grupa

group II *a* grupni

group III *v tr* grupisati

group·ie [~ij] *n* (slang) devojka (djevojka) koja prati pop-grupu

group·ing [~iñg] *n* grupisanje

group insurance grupno osiguranje

group picture zajednički snimak

group practice grupna praksa lekara (ljekara — W: liječnika)

group sex grupni seks

group therapy grupna terapija

grouse I [graus] *n* tetreb; *black* ~ mali tetreb

grouse II *v intr* (colloq.) mrmljati

grove [grouv] *n* šumica; gaj

grov·el ['gravəl], [o] *v intr* (fig.) puziti

grow [grou]; *grew* [grū]; *grown* [groun] *v* 1. *tr* odgajiti (W: uzgajiti); *to* ~ *apples (flowers, vegetables)* odgajiti jabuke (cveće — cvijeće, povrće) 2. *tr* pustiti; *to* ~ *a beard (a moustache)* pustiti bradu (brkove) 3. *intr* porasti; *the child (the tree) is* ~*ing* dete — dijete (drvo) raste; *to* ~ *longer (taller, wider)* rasti u dužinu (visinu, širinu); *his hair* ~*s quickly* njemu kosa brzo raste; *the number of students is* ~*ing* broj studenata raste 4. *intr* postati; *to* ~ *old* ostareti (ostarjeti); *to* ~ *weak* oslabiti (oslabjeti); *to* ~ *weary* umoriti se 5. misc.; (colloq.) *to* ~ *on smb.* ovladati nekim; *to* ~ *out of a dress* izrasti iz haljine

grow back *v* ponovo urasti, rasti

grow·er [~ə(r)] *n* odgajivač

grow in *v* urasti

grow·ing pains [~iñg] *pl* bolovi (W: boli) za vreme (vrijeme) rastenja

growl I [graul] *n* režanje; vrčanje, mumlanje

growl II *v* 1. *tr* režući izraziti 2. *intr* režati, vrčati 3. *intr* krčati; *my stomach is* ~*ing* krči mi stomak

growl·er [~ə(r)] *n* 1. mala ledena santa 2. (elec.) sprava za otkrivanje kratkih spojeva

grown see **grow**

grown-up ['groun-əp] *a* odrastao

grown·up *n* odrastao čovek (čovjek)

growth [grouth] *n* rastenje; rast; porast

growth rate stopa (ekonomskog) rasta

grow up *v* odrasti

grub I [grəb] *n* 1. ličinka, larva 2. (slang) hrana

grub II *v* 1. *tr* (or: *to* ~ *out, up)* iskopati 2. *intr* riti

grub·ber [~ə(r)] *n* kopač; krčilac

grub·by [~ij] *a* prljav; razbarušen

grub·stake I [~stejk] *n* oprema, novac koji preduzimač, istraživač dobije pod uslovom da davalac učestvuje u dobiti

grubstake II *v tr* dati opremu, novac preduzimaču, istraživaču (radi učestvovanja u dobiti)

Grub Street (Br.) siromašni književnici

grudge [grədž] *n* pizma; *to bear a* ~ *against smb.* terati (tjerati) pizmu na nekoga, biti kivan na nekoga

grudg·ing [~iñg] *a* nedragovoljan, preko volje; ~ *consent* pristanak preko volje

grudg·ing·ly [~lij] *adv* nedragovoljno, ropćući, gunđajući

gru·el ['grūəl] *n* 1. retka kaša 2. (Br.) stroga kazna

gru·el·ing [~iñg] *a* naporan, iscrpljujući

grue·some ['grūsəm] *a* jeziv, jezovit, grozan; *a* ~ *story* jeziva (esp. W: jezovita) priča

gruff [grəf] *a* osoran, grub, nabusit

gruff·ness [~nis] *n* osornost, grubost, nabusitost

grum·ble ['grəmbəl] *v intr* gunđati, brundati

grum·bler ['grəmblə(r)] *n* gunđalo, brundalo

grum·met see **grommet**

grumpi·i·ness ['grəmpijnis] *n* razdražljivost

grump·y ['grəmpij] *a* razdražljiv, namćorast

grun·gy ['grəndžij] *a* (slang) loš

grunt I [grənt] *n* 1. groktanje, roktanje 2. vrsta ribe (koja zarokće kad se izvadi iz vode) 3. (slang, mil.) borac

grunt II *v* 1. *tr* izgroktati, izroktati 2. *intr* groktati, roktati

gry·phon see **griffin**

G-string ['džij-striñg] *n* 1. see **loincloth** 2. vrpca (kod striptizete)

gua·no ['gwanou] *n* guano (ptičije đubrivo)

guar·an·tee I [gaerən'tij] *n* 1. garancija (garantija); jemstvo (jamstvo); *a federal (loan)* ~ federalna garantija (za zajam) 2. see **guarantor**

guarantee II *v tr* 1. garantovati; jemčiti (jamčiti); *to* ~ *a loan* jemčiti zajam; *to* ~ *that an agreement will be carried out* jemčiti da će ugovor biti izvršen; *the constitution* ~*s freedom of the press* ustav garantuje slobodu štampe; *we cannot* ~ *that the train will arrive on time* mi ne možemo da jemčimo za tačan (W: točan) dolazak voza (W: vlaka) 2. osigurati, obezbediti (obezbijediti)

guar·an·tor ['gaerənto(r)] *n* garant, jemac (jamac)

guar·an·ty I ['gaerəntij] *n* 1. see **guarantee I** 2. zaloga 3. see **guarantor**

guaranty II *v tr* see **guarantee II**

guard I [ga(r)d] *n* 1. čuvar; stražar; *a museum* ~ muzejski čuvar 2. straža; osiguranje; zaštitna jedinica; garda; *to be on* ~ biti na straži; *to post the* ~ postaviti stražu; *changing of the* ~ promena (promjena) straže; *an honor* ~ počasna straža; *to stand* ~ vršiti stražarsku službu; čuvati stražu *to call out the* ~ pozvati stražu; (fig.) *the old* ~ stara garda 3. budnost oprez nost; *to be on* ~ biti na oprezu 4. zaštitna naprava 5. branik (na maču, pušci) 6. (sports)

igrač odbrane (W: obrane), bek 7. (Br) see **conducter 1**
guard II *a* 1. stražarski; *a* ~ *mount* razvod straže 2. gardijski; *a* ~ *unit* gardijska jedinica
guard III *v* 1. *tr* čuvati; *to* ~ *prisoners (a house)* čuvati zarobljenike (kuću) 2. *tr* braniti, štititi 3. *tr* (sports) čuvati; *to* ~ *a player* čuvati igrača (also **cover II** 12) 4. *intr* čuvati se; *to* ~ *against smt.* čuvati se nečega
guard duty stražarska služba
guard·ed [~id] *a* 1. see **guard III** 2. oprezan; ~ *optimism* oprezni optimizam 3. (med.) ozbiljan; *in* ~ *condition* u ozbiljnom stanju
guard·house [~haus] *n* 1. stražara 2. vojni zatvor
guard·i·an [~ijən] *n* 1. čuvar; *a* ~ *of tradition* čuvar tradicije 2. staratelj, staralac, tutor
guardian angel anđeo čuvar
guard·i·an·ship [~šip] *n* starateljstvo, tutorstvo
guard·rail [~rejl] *n* 1. zaštitna ograda 2. kolotražna odbojna greda
guard·room [~rūm], [u] *n* stražara
guards·man [~zmən] (-*men* [min]) *n* 1. (usu. Br.) gardista 2. (Am.) vojnik nacionalne garde
guard's van Br.; see **caboose**
Gua·te·ma·la [gwatə'malə] *n* Gvatemala
gua·va [gwavə] *n* (tree and fruit) guava
gu·ber·na·to·ri·al [gubə(r)nə'torijəl] *a* guvernerski
guck [guk] *n* see **gook 1**
gudg·eon I ['gədžən] *n* (fish) krkuša
gudgeon II *n* 1. (tech.) rukavac 2. (naut.) čep, trn
gue·non [gə'noun] *n* (zool.) zamorac, dugorepi majmun
guer·ril·la I gue·ril·la [gə'rilə] *n* partizan, gerilac
guerrila II guerilla *a* partizanski, gerilski; ~ *warfare* partizanski (gerilski) rat
guess I [ges] *n* 1. nagađanje, pogađanje 2. ocenjivanje (ocjenjivanje)
guess II *v* 1. *tr* pogoditi; *to* ~ *a riddle (one's thoughts)* pogoditi zagonetku (nečije misli) 2. *tr* oceniti (ocijeniti); *to* ~ *smb's weight* oceniti nečiju težinu 3. *intr* nagađati; *he's* ~*ing* on nagađa 4. *intr* pogoditi; *to* ~ *at smt.* pogoditi nešto 5. *intr* (colloq.) misliti; *I* ~ *that we'll stay at home* mislim da ćemo ostati kod kuće 6. misc.; **to keep smb.* ~*ing* ne davati nekome potrebna obaveštenja (obavještenja)
guess·work [~wə(r)k] *n* nagađanje
guest [gest] *n* gost; *an univited* ~ nezvan gost; *a hotel* ~ hotelski gost
guest·house [~haus] *n* kuća za goste
guest room gostinska soba (za spavanje), soba za goste
guff [gəf] *n* koještarija
guf·faw I [gə'fo] *n* grohotan smeh (smijeh)
guffaw II *v* *intr* grohotom se smejati (smijati)
gui·dance ['gajdəns] *n* 1. savetovanje (savjetovanje) 2. (aviation) navođenje, upravljanje; *radar* ~ radarsko navođenje
guidance counselor savetnik — savjetnik (u školi)
guide I [gajd] *n* 1. vodič; *a tourist* ~ turistički vodič 2. priručnik, vodič 3. (tech.) vođice; upravljač 4. (mil.) vojnik za pravac
guide II *v* *tr* voditi; navoditi; dirigovati
guide-book [~buk] *n* vodič; priručnik

guid·ed [~id] *a* vođen, dirigovan; ~ *missiles* vođene rakete, dirigovani projektili; *a* ~ *missile destroyer* razarač naoružan raketama
guide dog pas-vodič (see also **Seeing Eye dog**)
guided tour ekskurzija sa vodičem
guide·line [~lajn] *n* direktiva
gui·don ['gajdan]; [o] *n* (mil.) 1. zastavica 2. vojnik koji nosi zastavicu
guild [gild] *n* esnaf, ceh
guil·der ['gildə(r)] *n* (holandski) gulden (novac)
guild·hall [~hol] *n* esnafski dom
guilds·man [~zmən] (-*men* [min]) *n* esnaflija
guild socialism esnafski socijalizam
guile [gajl] *n* lukavstvo
guile·ful [~fəl] *a* lukav, prepreden
guile·less [~lis] *a* prostodušan, prostosrdačan
guil·lo·tine I ['gilətijn] *n* (*the* ~) giljotina
guillotine II *v* *tr* 1. giljotinirati 2. (Br.) prekinuti (raspravu u Parlamentu)
guilt [gilt] *n* krivica; *to admit (deny) one's* ~ priznati (poreći) krivicu
guilt feeling osećanje (osjećanje) krivice
guilt·less [~lis] *a* nevin, bez krivice
guilt·y [~ij] *a* 1. kriv; *to plead* ~ priznati krivicu; *to plead not* ~ odreći krivicu; ~ *of murder* kriv za ubistvo; *to find smb.* ~ oglasiti nekoga krivim; *a* ~ *verdict* osuđujuća presuda 2. misc.; *I have a* ~ *conscience* grize me savest (savjest); *a* ~ *look* izgled krivca
guimpe [gimp] *n* 1. vrsta bluze 2. see **gimp I**
guin·ea ['ginij] *n* 1. gvineja (novac) 2. (pejor., vul.) Italijan
Guinea *n* Gvineja
guinea fowl biserka
guinea hen see **guinea fowl**
guinea pig (zool. and fig.) zamorče
guise [gajz] *n* 1. vid, izgled; pretvaranje; *under the* ~ *of friendship* pod vidom prijateljstva 2. nošnja, odelo (odijelo); *in the* ~ *of a beggar* prerušen u prosjaka
gui·tar [gi'ta(r)] *n* gitara; *to play the* ~ svirati gitaru (na gitari)
gui·tar·ist [~rist] *n* gitarista
gulch [gəlč] *n* jaruga
gul·den ['guldən] *n* see **guilder**
gulf [gəlf] *n* 1. zaliv 2. (fig.) ambis; *there is a* ~ *between them* među njima postoji ambis
Gulf of Mexico Meksikansko more
Gulf States zalivske zemlje
Gulf Stream Golfska struja
gulf·weed [~wijd] *n* morska alga
gull [gəl] *n* galeb
Gul·lah ['gələ] *n* crnački gula jezik (na nekim ostrvima — W: otocima Južne Karoline)
gul·let ['gəlit] *n* 1. jednjak 2. guša 3. see **gully**
gul·li·bil·i·ty [gələ'bilətij] *n* lakovernost (lakovjernost)
gul·li·ble ['gələbəl] *a* lakoveran (lakovjeran)
gul·ly ['gəlij] *n* jaruga
gulp I [gəlp] *n* gutljaj; *at one* ~ jednim gutljajem
gulp II *v* 1. *tr* (or: *to* ~ *down*) progutati 2. *intr* gutnuti
gum I [gəm] *n* 1. guma; *chewing* ~ žvakaća guma 2. kaučuk
gum II *v* 1. *tr* gumom zalepiti (zalijepiti) 2. see **gum up**

gum III *n* (often in *pl)* desni
gum arabic gumarabika
gum·bo ['gəmbou] *n* 1. gumbo-mahune 2. čorba sa gumbo-mahunama
gum·drop [~drap]; [*o*] *n* gumena bombona
gum·my [~ij] *a* 1. gumast 2. lepljiv (ljepljiv) 3. prevučen gumom
gump·tion ['gəmpšən] *n* (colloq.) 1. smelost (smijelost) 2. lukavost
gum resin gumena smola
gum·shoe [~šū] *n* gumena patika
gum tree Br.; see **eucalyptus**
gum up *v* (colloq.) pokvariti; *to gum up the works* pokvariti sve
gun I [gən] *n* 1. puška 2. top; oruđe 3. pucanj iz topa, plotun; *a 19-*~ *salute* počasna paljba sa 19 plotuna 4. misc.; **to jump the* ~ učiniti pogrešan start; **to stick to one's* ~s braniti svoje gledište
gun II *v* 1. *tr* akcelerirati; *to* ~ *an engine* dati pun gas 2. *intr* pucati; *to* ~ *for a high office* pucati na visoko; *to* ~ *for smb.* terati (tjerati) pizmu na nekoga (see also **gun down**)
gun·boat [~bout] *n* topovnjača
gunboat diplomacy diplomacija (diplomatija) topovnjača
gun carriage lafet
gun control kontrola prava da se drži oružje (kod kuće)
gun-dog Br.; see **bird dog**
gun down *v* ubiti (hicem)
gun·fire [~faj(r)] *n* vatra oruđa, puščana (topovska) vatra
gun flint kremen za pušku
gunge [gəndž] Br.; see **gunk**
gung ho [gəng hou] (slang) veoma revnostan
gunk [gəngk] *n* (colloq.) nešto muljavo
gun·man [~mən] (*-men* [min]) *n* revolveraš
gun moll (colloq.) ljubavnica kriminalca
gun mount postolje oruđa; lafet
gun·nel see **gunwale**
gun·ner [~ə(r)] *n* 1. nišandžija 2. (Am., naval) vorent-oficir artiljerijskog borbenog odreda
gun·ner·y [~rij] *n* teorija i praksa gađanja
gun·ny [gənij] *n* tkanina juta (see also **burlap**)
gunny sack vreća od jutenog platna
gun permit dozvola za nošenje pištolja
gun·point [~pojnt] *at* ~ pod pretnjom (prijetnjom) upotrebe oružja
gun·pow·der ['gənpaudə(r)] *n* barut
gunpowder tea vrsta zelenog čaja
gun·room [~rūm], [*u*] *n* (Br., naval) trpezarija mlađih oficira
gun·run·ner [~rənə(r)] *n* krijumčar vatrenog oružja
gun·run·ning [~rəning] *n* krijumčarenje vatrenog oružja
gun shop puškarnica
gun·shot I [~šat]; [*o*] *n* 1. hitac, pucanj 2. puškomet, domet; *within* ~ na puškomet
gunshot II *a* puščani; ~ *wounds* rane nanete (nanijete) puškom
gun·shy [~šaj] *a* koji se plaši pucnja
gun·sling·er [~slingə(r)] *n* revolveraš (also **gun·man**)
gun·smith [~smith] *n* puškar, oružar
gun·stock [~stak]; [*o*] *n* kundak

gun·wale ['gənel] *n* (naut.) razma, najviša oplata brodskog trupa
gup·py ['gəpij] *n* vrsta ribe *(Lebistes reticulatus)*
gur·gle I ['gə(r)gəl] *n* klokot, mrmor, žamor; *the* ~ *of water* klokot vode
gurgle II *v intr* mrmoriti, klokotati, grgótati, ćućoriti, žamoriti; *the water is* ~*ing* voda klokoće; *the brook is* ~*ing* potok ćućori
Gur·kha ['gū(r)kə] *n* Gurkha (član ratničke hinduske kaste)
gu·ru ['gūrū] *n* (Hinduism) guru; (fig.) stručnjak; vođa
gush I [gəš] *n* šikljanje
gush II *v intr* šiknuti, iskuljati, prsnuti, poteći; *blood* ~*ed from the wound* krv je šiknula iz rane; *a column of oil* ~*ed from the ground* šiknuo je iz zemlje mlaz nafte
gush·er [~ə(r)] *n* izbijanje nafte; bogat naftonosan izvor
gush·y [~ij] *a* sentimentalan, zanesen
gus·set ['gəsit] *n* umetak latica
gust [gəst] *n* 1. nalet; navala; *a* ~ *of wind* nalet vetra (vjetra) 2. izliv
gus·ta·tion [gəs'tejšən] *n* kušanje, probanje
gus·ta·to·ry ['gəstətorij]; [*ə*] *a* ukusni, čula ukusa
gus·to ['gəstou] *n* uživanje; polet; oduševljenje; *with great* ~ sa velikim oduševljenjem
gust·y [~ij] *a* vetrovit (vjetrovit)
gut I [gət] *n* 1. stomak 2. (in *pl)* creva (crijeva) 3. *(in pl;* fig., colloq.) hrabrost; izdržljivost 4. (in *pl)* srž, suština 5. misc.; **to hate smb.'s* ~s mrzeti (mrzjeti) nekoga iz dna duše; **to spill one's* ~s sve izbrbljati
gut II *a* (slang) intuitivan; *a* ~ *reaction* intuitivna reakcija
gut III *v tr* 1. izvaditi creva — crijeva (iz) 2. opustošiti; uništiti; *to* ~ *a house* opustošiti kuću
gut course (colloq.) kurs koji zahteva (zahtijeva) malo rada
gut·less [~lis] *a* kukavički
guts see **gut** 1 2, 3, 4, 5
guts·y [~ij] *a* (colloq.) hrabar
gut·ter ['gətə(r)] *n* 1. oluk; (krovni) žleb — žlijeb 2. (on a street) kameni žleb 3. (bowling) kuglovod 4. (fig.) dno; *language of the* ~ šatrovački jezik
gutter press bulevarska štampa
gut·ter·snipe [~snajp] *n* mangup
gut·tur·al I ['gətərəl] *n* gutural
guttural II *a* guturalan, grleni
guv [gəv] *n* (Br.; slang) see **governor** 3
guy I [gaj] *n* 1. momak, čovek (čovjek) 2. (Br.) groteskno obučena osoba 3. (Br.) groteskni lik koji se na dan 5. novembra (W: studenoga) nosi unaokolo i spaljuje (u spomen otkrića zavere — zavjere koju je skovao Guy Fawkes)
guy II *n* uže, lanac
Guy·a·na [gaj'aenə] *n* Gijana
guz·zle ['gəzəl] *v tr and intr* piti, lipati, tamaniti; *to* ~ *whiskey* tamaniti viski; (fig.) *to* ~ *gas* trošiti mnogo benzina
gym [džim] *n* 1. see **gymnasium** 1 2. see **gymnastics** 3. (colloq.) fizičko vaspitanje (u školi)
gym·na·si·um *n* 1. (džim'nejzijəm) gimnastička dvorana 2. [gim'nazijum] (*-s* or *-ia* [ijə]) gimnazija, srednja škola (u nekim zemljama)

gym·nast ['džimnaest] *n* gimnastičar
gym·nas·tic [džim'naestik] *a* gimnastički; ~ *apparatus* gimnastičke sprave
gym·nas·tics [~s] *n* (usu. *sgn*) gimnastika
gy·ne·co·log·i·cal [*gaj*nəkə'ladžikəl], [*dži*]; [*o*] *a* ginekološki
gy·ne·col·o·gist [*gaj*nə'kalədžist], [*dži*]; [*o*] *n* ginekolog
gy·ne·col·o·gy [~džij] *n* ginekologija
gynecology clinic ginekološka klinika
gyp I [džip] *n* (colloq.) 1. prevara 2. varalica
gyp II *v tr* (colloq.) prevariti
gyp·sum ['džipsəm] *n* gips
Gyp·sy I ['džipsij] *n* 1. Ciganin, Rom 2. ciganski jezik, jezik Roma

Gypsy II *a* ciganski
gypsy cab divlji taksi
gy·rate ['džajrejt]; [~'rejt] *v intr* vrteti (vrtjeti) se, okretati se
gy·ra·tion [džaj'rejšən] *n* okretanje
gyr·fal·con ['džžə(r)faelkən] *n* severni (sjeverni) soko
gy·ro·com·pass ['džajroukɑmpəs]; [*o*] *n* žirokompas
gy·ro pilot autopilot
gy·ro·plane [~plejn] *n* žiroplan
gy·ro·scope [~skoup] *n* žiroskop
gy·ro·sta·bi·liz·er [džajrou'stejbəlajzə(r)] *n* žiroskopski stabilizator

H

h [ejč] *n* h (slovo engleske azbuke)
ha·be·as cor·pus ['hejbijəs 'ko(r)pəs] (legal, Latin) obaveza da se uhapšeno lice odmah privede sudu
hab·er·dash·er ['haebə(r)daešə(r)] *n* galanterista
hab·er·dash·er·y [~rij] *n* galanterija; galanterijska radnja
ha·bil·i·ment [hə'biləmənt] *n* odeća (odjeća)
hab·it ['haebit] *n* navika; *to become a* ~ preći u naviku; *by* ~ po navici; *a bad (good)* ~ rđava (dobra) navika; *by force of* ~ iz navike; *to break smb. of a* ~ odučiti nekoga od navike; *to form a* ~ navići se
hab·it·a·ble [~əbəl] *a* pogodan za stanovanje
hab·i·tat ['haebətaet] *n* sredina; prebivalište
hab·i·ta·tion [haebə'tejšən] *n* 1. stanovanje 2. sredina; prebivalište
habit-forming [~-fo(r)miñg] *a* 1. koji stvara naviku 2. koji prelazi u naviku
ha·bit·u·al [hə'bičuəl] *a* 1. uobičajen 2. naviknut, iz navike; *an* ~ *liar* lažov iz navike
ha·bit·u·ate [hə'bičuejt] *v tr* naviknuti
hab·i·tude ['haebərūd]; [tj] *n* navika
ha·bit·u·é [həbičü'ej] *n* stalan posetilac — posjetilac (restorana, kluba)
ha·chure I ['haešū(r)] *n* šrafa
hachure II *v tr* šrafirati
hack I [haek] *n* 1. kljuse, slab i mršav konj 2. najamni fijaker 3. (colloq.) taksi 4. (pejor.) plaćenik; *a literary* ~ pisac plaćenik, piskaralo; *a political* ~ politikant
hack II *a* 1. najamni 2. komercijalan; banalan
hack III *v* 1. *tr* iseckati (isjeckati) 2. *tr* (sports) udariti 3. *intr* seckati (sjeckati) 4. *intr* kašljucati; *a* ~*ing cough* suvi (suhi) kašalj, kašljucanje 5. misc.; (slang) *he can't* ~ *it* on ne može da se snađe, on ne može da izdrži
hack IV *v intr* 1. (Br.) jahati polako 2. voziti taksi
hack·er [ə(r)] *n* kompjuterski lopov
hack·le ['haekəl] *n* 1. perje na vratu petla (pijetla) 2. (in *pl*) leđno perje; *to get one's* ~*s up* nakostrešiti (nakostriješiti) se
hackle fly veštačka (W: umjetna) muva (muha) za ribolov
hack·neyed ['haeknijd] *a* otrcan, banalan; *a* ~ *expression* otrcan izraz
hack off *v* odseći (odsjeći)
hack out *v* probiti, utrti; *to hack out a road* probiti put
hack·sow [~so] *n* testera (W: pila) za metal

had see have II
had·dock ['haedək] *n* (fish) vahnja, bakalar
ha·des ['hejdijz] *n* ad, pakao (see also hell)
hadj [haedž] *n* hadžiluk
hadj·i [~ij] *n* hadžija
had·n't ['haedənt] *had not*
hae·mo·glo·bin Br.; see hemoglobin
haft [haeft] *n* drška
hag [haeg] *n* ružna, stara žena
Hag·ga·dah [hə'gadə], [o] (-dot [dout]) *n* hagada
hag·gard ['haegə(r)d] *a* mršav, ispijen
hag·gle ['haegəl] *v intr* cenjkati (cjenjkati) se (also dicker)
hag·i·og·raph·er [haegij'agrəfə(r)]; [o] *n* hagiograf
hag·i·og·ra·phy [~fij] *n* hagiografija
Hague (the) [hejg] *n* Hag
Hague Tribunal Haški stalni međunarodni sud
ha-ha ['ha-ha] (onoma.) ha-ha (izraz smeha — smijeha)
hai·duk ['hajdūk] *n* hajduk
hail I [hejl] *n* grad, tuča, krupa
hail II *v* 1. *tr* osuti, obasuti 2. *intr* (of hail) padati; *it's* ~*ing* grad pada
hail III *n* doziv
hail IV *v* 1. *tr* pozdraviti; *to* ~ *smb. (as) king* pozdraviti nekoga kao kralja 2. *tr* dozvati, doviknuti, dovikati; *he* ~*ed his friends* dozvao je svoje drugove; *to* ~ *a taxi* zaustaviti taksi; *within* ~*ing distance* blisko 3. *intr* (colloq.) *(to* ~ *from)* biti iz; *where do you* ~ *from?* odakle ste?
hail V *interj* zdravo! ~ *to the king!* živeo (živio) kralj!
hail-fel·low I [~-felou] *n* intiman prijatelj
hail-fellow II *a* (also: ~-*well-met*) prisan, intiman, lako pristupačan

Hail Mary see Ave Maria

hail·stone [~stoun] *n* zrno grada

hail·storm [~sto(r)m] *n* oluja s gradom

hair I [hej(r)] *n* 1. (no *pl*) kosa; *to comb one's* ~ očešljati se; *a curl (lock) of* ~ kovrdža (uvojak) kose; *thick* ~ gusta kosa; *to have one's* ~ *cut* ošišati se; *his* ~ *stood on end* digla mu se kosa na glavi; *his* ~ *is turning gray* kosa mu beli — bijeli (sedi — sijedi); *to braid* ~ plesti kosu 2. dlaka, vlas; *a car just missed me by a* ~ za dlaku me nije pregazio auto; *it's hanging by a* ~ visi o dlaci; *to split* ~*s* tražiti dlaku u jajetu 3. misc.; *to get in smb.'s* ~ nasekirati nekoga; *to let one's* ~ *down* osloboditi se

svojih inhibicija; *without turning a ~ ne trepnuvši okom
hair II *a* 1. za kosu 2. dlakav
hair·breadth I [~bredth] *n* debljina dlake; *by a ~* za dlaku
hairbreadth II *a* za dlaku; jedva; *to have a ~ escape* jedva umaći
hair·brush [~brəš] *n* četka za kosu
hair·cloth [~kloth] *n* sukno od konjske dlake
hair·cut [~kət] *n* šišanje; *a ~ costs three dollars* šišanje košta tri dolara
hair·do [~dū] *n* frizura
hair·dress·er [~dresə(r)] *n* (ženski) frizer; *to go to the ~'s* ići kod frizera
hair·dress·ing [~dresĩg] *n* 1. frizerski zanat; nega (njega) kose 2. losion za kosu
hair dryer hauba za sušenje kose, (električni) aparat za sušenje kose, fen (za kosu)
hair·grip [~grip] *n* Br.; see bobby pin
hair implant presađivanje veštačke — vještačke (W: umjetne) kose
hair·less [~lis] *a* ćelav
hair·line [~lajn] *n* 1. tanka crta 2. početak kose na čelu; *his ~ is receding* on ćelavi
hair net mreža za kosu
hair piece tupe, perika
hair·pin I [~pin] *n* ukosnica, igla za kosu
hairpin II *a* vijugav, zavojit, oštar; *a ~ turn* oštar zaokret, oštra krivina
hair-rais·ing [~-rejzĩg] *a* jeziv, jezovit, zastrašujući
hair restorer sredstvo za jačanje kose
hairs·breadth [~zbredth] see hairbreadth I
hair shirt košulja od kostreti (kostrijeti)
hair slide Br.; see barrette
hair·split·ter [~splitə(r)] *n* cepidlaka (cjepidlaka), sitničar
hair·split·ting I [~tĩg] *n* cepidlačenje (cjepidlačenje)
hairsplitting II *a* cepidlački (cjepidlački)
hair·spring [~sprĩg] *n* povratna opruga (u časovniku)
hair style frizura
hair transplant presađivanje sopstvene kose
hair trigger osetljiv (osjetljiv) obarač
hair-trig·ger [~-trigə(r)] *a* veoma osetljiv (osjetljiv)
hair·y [~rij] *a* 1. dlakav, kosmat 2. (slang) opasan; komplikovan
Hai·ti ['hejtij] *n* Haiti
Hai·ti·an I ['hejšən], ['hejtijən] *n* 1. stanovnik Haitija 2. kreolsko-francuski dijalekt Haitija
Haitian II *a* haićanski
hake [hejk] (*pl* has zero or *-s*) *n* (fish) oslić, tabinja
hal·berd ['haelbə(r)d] *n* helebarda
hal·bert [~(r)t] see halberd
hal·cy·on ['halsijən] *n* (bird) 1. vodomar 2. see kingfisher
halcyon II *a* tih, miran; *~ days* doba tišine (oko kratkodnevice)
hale I [hejl] *a* zdrav, snažan; *~ and hearty* jak i bodar
hale II *v tr* dovesti; *to ~ smb. into court* dovesti nekoga pred sud
half I [haef]; [a] (*halves* [haevz]; [a]) *n* 1. polovina (W also: polovica), pola; *in the first ~ of the*

month u prvoj polovini meseca (mjeseca); *he read ~ (of) the book* pročitao je pola knjige; *more than ~* više od polovine; *~ a mile* polovina (pola) milje; **that's ~ the battle* pola posla je učinjeno 2. polutina; *to saw into halves* testeriti na dve (dvije) polutine; *to cut in ~* preseći (presjeći) nadvoje 3. (Br.) semestar, polugodište (see semester) 4. (sports) poluvreme (poluvrijeme); *during the first ~* u prvom poluvremenu 5. (soccer) half (also halfback, midfielder) 6. pola sata; *~ past three* pola četiri 7. misc.; *one's better ~* supruga; *to go halves* podeliti (podijeliti) napola; *I have ~ a mind to. . .* gotovo bih pristao da. . .
half II *a* polovični, pola; *at ~ price* u pola cene (cijene); *a ~ mile* pola milje; (Br.) *a ~ crown* polukruna
half III *adv* pola; polu-; *~ done* napola urađen; (of food) *~ done* polugotov; *~ dead* polumrtav; *~ educated* poluobrazovan; (mil.) *~ right, face!* poludesno! *~ joking* pola u šali
half-and-half [~-ən-~] *n* mešavina (mješavina) popola
half·back [~baek] *n* (sports) half
half-baked [~-bejkt] *a* 1. polupečen 2. (fig.) poluizrađen
half binding polukožni povez
half blood 1. rod samo po jednom roditelju 2. polubrat; polusestra 3. polutan, melez
half-blood·ed [~-blədid] *a* polukrvan
half-bred [~-bred] *a* polukrvan
half-breed I [~-brijd] *n* polukrvnjak, melez, mešanac (mješanac), polutan
half-breed II *a* melezni, polukrvan
half brother polubrat
half-caste [~-kaest]; [a] *n* melez
half-cocked [~kakt]; [o] 1. *a* brzoplet 2. *adv* brzopleto
half dollar pola dolara (srebrn novac)
half-heart·ed [~ha(r)tid] *a* neodlučan
half-hour [~-au(r)] 1. *n* pola sata 2. *a* koji traje pola sata; polučasovni
half-life [~-lajf] *n* (phys.) vreme (vrijeme) poluraspada
half-mast [~-maest]; [a] *n* (položaj) pola koplja; *at ~* na pola koplja
half-moon [~-mūn] *n* polumesec (polumjesec)
half nelson (wrestling) polunelson (polunelzon)
half note (mus.) polunota (see also minim 1)
half·pence ['hejpəns] *n* (Br.) pola penija
half·pen·ny ['hejpənij] *n* (Br.) 1. novac vrednosti (vrijednosti) pola penija 2. see halfpence
half sister polusestra
half-slip [~-slip] *n* donja suknja
half time (sports) (or: *~ intermission*) poluvreme (poluvrijeme)
half title naslov (knjige) u zaglavlju prve strane knjige
half tone (mus.) poluton
half-track I [~-traek] *n* polugusenično (polugusjeničko) vozilo
half-track II *a* polugusenički (polugusjenički)
half-truth [~-trūth] *n* poluistina
half turn poluokret
half volley (tennis, etc.) udarac lopte čim dodirne tle, poluvolej

half-way [∼wej] *a* and *adv* na pola puta
halfway house ustanova za rehabilitaciju (narkomana, zatvorenika, itd.)
half-wit [∼-wit] *n* budala
half-wit·ted [∼-witid] *a* budalast
hal·i·but ['haeləbət] *(pl* has zero or *-s) n* (fish) svoja
hal·i·to·sis [haelə'tousis] *n* zadah iz usta
hall [hol] *n* 1. hodnik 2. dvorana, sala; *a concert* ∼ koncertna sala 3. univerzitetska (W: sveučilišna) zgrada 4. (Br.) studentska trpezarija; *to eat in* ∼ hraniti se u studentskoj trpezariji 5. Br.; see **dormitory** 2
hal·le·lu·jah [halə'lūjə] 1. *n* aliluja (W: aleluja) 2. *interj* aliluja (W: aleluja)
hal·liard see **halyard**
hall·mark ['holma(r)k] *n* žig, oznaka
hall of fame dvorana velikana
hall of residence Br.; see **dormitory** 2
hal·loo [hə'lou] *interj* ej!
hal·low ['haelou] *v tr* posvetiti; oglasiti svetim
Hal·low·een [haelou'ijn] *n* dečji (dječji) praznik (koji pada na 31. X)
hall·stand [∼staend] *n* (Br.) stalak za kišobrane i šešire
hal·lu·ci·nate [hə'lūsənejt] *v intr* halucinirati
hal·lu·ci·na·tion [həlūsə'nejšən] *n* halucinacija
hal·lu·ci·na·to·ry [hə'lūsənətorij]; [ə] *a* halucinantan
hal·lu·cin·o·gen [hə'lūsənədžən] *n* halucinogeno sredstvo
hal·lu·cin·o·gen·ic [həlūsənə'dženik] *a* halucinogen
hall·way ['holwej] *n* 1. hodnik 2. trem (trijem)
ha·lo ['hejlou] *(-s* or *-es) n* halo, svetao (svijetao) krug, oreol, nimbus
hal·o·gen ['haelədžən] *n* (chem.) halogen
halt I [holt] *n* zastoj, zaustavljanje; zadržavanje na putu; *to call a* ∼ obustaviti rad (kretanje); *to bring to a* ∼ zadržati, zaustaviti
halt II *v* 1. *tr* zaustaviti 2. *intr* zaustaviti se
hal·ter ['holtə(r)] *n* ular, povodac
halt·ing ['holtiṅg] *a* 1. hrom 2. koji zastaje, kolebljiv
hal·vah [hal'va] *n* halva
halve [haev]; [a] *v tr* prepoloviti
halves see **half**
hal·yard ['haeljə(r)d] *n* (naut.) podigač
ham I [haem] *n* 1. šunka; ∼ *and eggs* šunka s jajima; *a* ∼ *sandwich* sendvič sa šunkom 2. but, butina 3. radio-amater 4. (colloq.) onaj koji privlači na sebe pažnju, nametljivac; loš glumac
ham II *v intr* (colloq.) preterivati — pretjerivati, afektirati (u glumi), prenemagati se; *to* ∼ *up a role* preterivati (afektirati) u ulozi
Ham·burg ['haembə(r)g] *n* Hamburg
ham·burg·er ['haembə(r)gə(r)] *n* pljeskavica
Ham·ite ['haemajt] *n* Hamit
Ha·mit·ic I [hae'mitik] *n* hamitski jezici
Hamitic II *a* hamitski
ham·let ['haemlit] *n* zaselak
ham·mer I ['haemə(r)] *n* 1. čekić; *∼ *and sickle* srp i čekić; *∼ *and tongs* svom silom 2. (in a firearm) udarač, čekić 3. (sports) kladivo; *to throw the* ∼ bacati kladivo 4. misc.; *to come under the* ∼ otići na doboš (bubanj)

hammer II *v* 1. *tr* ukucati (čekićem), zabiti (čekićem); *to* ∼ *a nail into a wall* ukucati ekser (W: čavao) u zid 2. *tr (to* ∼ *together)* skucati; sklepati; *to* ∼ *a box together* sklepati kutiju 3. *intr* udarati čekićem 4. misc.; *to* ∼ *at the enemy* nanositi neprijatelju udare
hammer away *v* 1. raditi (na); *to hammer away at an assignment* raditi na nekom poslu 2. groktati, štektati 3. nanositi udare; *to hammer away at the enemy* nanositi neprijatelju udare
ham·mer·head [∼hed] *n* 1. glava čekića 2. (fish) jaram
hammer out *v* 1. ispraviti čekićem; *to hammer out dents* or: *to hammer dents out* čekićem ispraviti ulubljenja 2. izraditi (s teškoćom); *to hammer out an agreement* or: *to hammer an agreement out* izraditi ugovor
ham·mock ['haemək] *n* 1. visaljka, viseći krevet, hamak 2. see **hummock**
ham·per I ['haempə(r)] *n* korpa (sa zaklopcem) za rublje
hamper II *v tr* sputati; smetati; *to* ∼ *smb.* smetati nekome
ham·ster ['haemstə(r)] *n* hrčak
ham·string I ['haemstriṅg] *n* potkolenska (potkoljenska) žila, tetiva
hamstring II *-strung* [straṅg] *v tr* 1. obogaljiti presecanjem (presjecanjem) potkolenske žile 2. (fig.) onesposobiti
ham up *v* see **ham II**
hand I [haend] *n* 1. ruka; šaka; *to hold by the* ∼ držati za ruku; *to have a firm* ∼ biti čvrste ruke; *to kiss smb.'s* ∼ ljubiti ruku nekome; *to ask for a girl's* ∼ prositi ruku neke devojke (djevojke); *to offer smb. a* ∼ pružiti nekome ruku; ponuditi nekome pomoć; *to have a free* ∼ imati odrešene ruke; *to give smb. a free* ∼ ostaviti nekome odrešene ruke; *to squeeze smb.'s* ∼ stisnuti nekome ruku; *to pass from* ∼ *to* ∼ ići iz ruke u ruku; *to clap one's* ∼s pljeskati rukama; *to have a skilled* ∼ imati veštu (vještu) ruku; *to bind* ∼ *and foot* vezati i ruke i noge; *to have one's* ∼s *full* imati pune ruke posla; *to shake* ∼s *with smb.* rukovati se s nekim; (fig.) *to wash one's* ∼s *of responsibility* prati ruke od odgovornosti; *to write by* ∼ pisati rukom; *(at) first (second)* ∼ iz prve (druge) ruke; *to be smb.'s right* ∼ biti nečija desna ruka; *to join* ∼s držati se za ruke; *to fall into smb.'s* ∼s dopasti nekome šākā; *to lay* ∼s *on smb.* metnuti ruku na nekoga, zgrabiti nekoga; ∼s *up!* ruke uvis!; *we feel things with our* ∼s opipavamo stvari rukama 2. (measure) šaka, podlanica, 4 inča (mera — mjera za konje) 3. skazaljka, kazaljka; *an hour (minute, second)* ∼ mala (velika, sekundna) skazaljka 4. radnik; mornar; *all* ∼s *on deck!* svi momci na palubu! 5. podeljene (podijeljene) karte; *to have a good* ∼ imati dobre karte 6. partija (karata), igra; *to play another* ∼ odigrati još jednu partiju 7. majstor; *an old* ∼ *at smt.* stari majstor u nečemu 8. strana; *on one* ∼ s jedne strane; *on the other* ∼ s druge strane 9. (in *pl)* ruke, svojina; *to change* ∼s preći u druge ruke 10. kontrola; *to get out of* ∼ izmaći kontroli 11. misc.; *at* ∼ blizu, pri ruci; *to lend a* ∼ priskočiti u pomoć;

to join ~s udružiti se; to live from ~ to mouth živeti (živjeti) od danas do sutra; to have on ~ raspolagati; to try one's ~ at smt. isprobati nešto; to get the upper ~ preovladati; to throw up one's ~s predati se; (slang) ~ over fist veoma brzo; ~s down lako; to take smb. in ~ postarati se o nekome; *to show (tip) one's ~ pokazati svoje karte; to have a ~ in smt. učestvovati u nečemu; with a heavy ~ nezgrapno *to bite the ~ that feeds one biti nezahvalan nekome; with a high ~ oholo
hand II a ručni; a ~ brake ručna kočnica; ~ luggage ručni prtljag (W: ručna prtljaga)
hand III v tr 1. predati, uručiti; to ~ a key to smb. predati nekome ključ 2. misc.; to ~ back vratiti; to ~ down zaveštati (zavještati); or: predati; to ~ on predati; to ~ over dati, uručiti; *to ~ it to smb. priznati nečije usluge; (legal) to ~ down a decision objaviti sudsku odluku; (legal, of a grand jury) to ~ up an indictment podneti (podnijeti) optužnicu (sudu)
hand back see **hand III** 2
hand·bag [~baeg] n ručna torba; tašna
hand·ball [~bol] n 1. vrsta igre ručnom loptom 2. ručna lopta 3. see **team handball**
hand·barrow n (Br.) ručna kolica
hand·bill [~bil] n letak
hand·book [~buk] n priručnik, priručna knjiga
hand·brake [~brejk] n ručna kočnica
hand·car [~ka(r)] n dresina
hand·cart [~ka(r)t] n ručna kolica
hand·clasp [~klaesp]; [a] n stisak ruke
hand·cuff I [~kəf] n (usu. in pl) lisice; to put ~s on smb. staviti nekome lisice na ruke
handcuff II v tr staviti lisice; to ~ smb. staviti nekome lisice na ruke
hand down v 1. zaveštati (zavještati) 2. izreći; to hand down a verdict izreći presudu (see also **hand III** 2) 3. predati; to hand down traditions predati tradicije
hand·ful [~fəl] n pregršt, šaka; a ~ of candy (people) šaka bombona (ljudi)
hand·glass [~glaes]; [a] n (mala) lupa
hand grenade ručna granata
hand·gun [~gən] n pištolj, revolver
hand·i·cap I [~ikaep] n 1. hendikep, smetnja, otežavanje 2. (sports) hendikep, davanje prednosti slabijim takmičarima (da bi se izjednačile snage) 3. (horseracing) teret koji ima da nosi konj u trci (also **impost** 2)
handicap II v tr 1. stvoriti (nekome) smetnje, sputati; hendikepirati 2. (sports) hendikepirati, dati prednost (takmičarima) (da bi se izjednačile snage) 3. (horseracing) opteretiti (grlo)
hand·i·capped [~t] a hendikepiran; razvojno ometen; a ~ child razvojno ometeno dete (dijete); a teacher of the ~ defektolog
hand·i·craft [~ijkraeft]; [a] n ručni rad
hand·i·ly [~ilij] adv 1. vično; lako 2. zgodno
hand in v predati; to hand in homework; or to hand homework in predati domaći zadatak (W: domaću zadaću)
hand·i·ness [~ijnis] n spretnost, vičnost
hand·i·work [~ijwə(r)k] n 1. ručni rad 2. tvorevina
hand·ker·chief ['haeŋkə(r)čif] n (-s and -chieves [čijvz]) maramica

hand-laun·der [~-londə(r)] v tr oprati rukom
han·dle I ['haendəl] n 1. ručica; *to fly off the ~ naljutiti se 2. (slang) nadimak
handle II v tr 1. rukovati; manipulisati; baratati; to ~ a car (children, a rifle) rukovati autom (decom — djecom, puškom); to ~ a machine manipulisati mašinom (W: strojem); to ~ firearms baratati oružjem 2. postupati; to ~ a typewriter carelessly nepažljivo postupati s pisaćom mašinom (W: pisaćim strojem) 3. držati, prodavati; to ~ merchandise držati robu
han·dle·bar [~ba(r)] n 1. upravljač (bicikla) 2. (also: ~ mustache) dugi uvijeni brkovi (brci)
han·dler ['haendlə(r)] n 1. (boxing) sekundant 2. dreser, odgajivač (pasa)
han·dling I ['haendliŋ] n 1. manipulisanje 2. postupak
handling II a manipulativni; ~ charges manipulativni troškovi
hand·made [~mejd] a rađen rukom
hand·maid [~mejd] n kućna pomoćnica
hand-me-down [~-mij-daun] a polovan, već upotrebljavan
hand on v see **hand III** 2
hand out v razdeliti (razdijeliti), razdati; rasturiti; to hand leaflets out or: to hand out leaflets rasturati letke
hand·out [~aut] n 1. poklon (prosjaku, siromahu) 2. letak 3. pomoćni materijal koji se daje slušaocima predavanja, referata
hand over v izručiti; predati; to hand prisoners of war over or: to hand over prisoners of war izručiti ratne zarobljenike; to hand over a letter predati pismo
hand·pick [~pik] v tr izabrati (oprezno, rukom)
hand·picked [~t] a pažljivo izabran
hand·rail [~rejl] n priručje, ograda na stepeništu
hand·sel [~səl] n (Br.) poklon (o Novoj godini)
hand·set [~set] n ručni telefon
hand·shake [~šejk] n stisak ruke, rukovanje; a firm ~ čvrsto rukovanje
hand·some [~səm] a 1. lep (lijep), naočit, zgodan; a ~ young man lep mladić 2. darežljiv; lep; a ~ reward lepa nagrada
hand·stand [~staend] n stav na šakama
hand-to-hand [~-tə-~] a prsa u prsa; ~ combat borba prsa u prsa
hand-to-mouth [~-tə-mauth] a od danas do sutra, bez rezervi
hand up v see **hand III** 2
hand·work [~wə(r)k] n ručni rad
hand·writ·ing [~rajtiŋ] n 1. pisanje rukom 2. rukopis; legible ~ čitak rukopis
handwriting expert grafolog
hand·writ·ten [~ritn] a napisan rukom
hand·y [~ij] a 1. vešt (vješt), spretan, vičan; ~ at (with) smt. vičan nečemu 2. pri ruci, na domaku; blizu; the post office is ~ pošta je tu blizu; to be ~ biti pri ruci 3. zgodan za rukovanje
hand·y·man [~ijmaen] (-men [men]) n radnik za sitne poslove
hang I [haeŋ] n 1. višenje 2. (colloq.) način rada, rukovanje; *to get the ~ of smt. dokučiti nešto, naučiti rukovati nečim 3. misc.; I don't give a ~ meni je svejedno

hang II *hung* [hǝ̄ng] (for 1: *hanged*) *v* 1. *tr* obesiti — objesiti (za vrat); *to ~ smb. for murder* obesiti nekoga zbog ubistva; *he ~ed himself* on se obesio 2. *tr* obesiti, okačiti; *to ~ a coat on a hanger* obesiti kaput na vešalicu (vješalicu); *he hung a picture on the wall* okačio je sliku na zid; *he hung his hat on the hanger* okačio je šešir o čiviluk; *to ~ a door* obesiti vrata 3. *tr* pokriti, izvešati (izvješati); ukrasiti, obložiti; obesiti; *to ~ a room with curtains* ukrasiti sobu zavesama (zavjesama); *to ~ wallpaper* obložiti zidove tapetama 4. *tr* oboriti; *to ~ one's head* oboriti glavu 5. *tr* onemogućiti; *to ~ a jury* ne dati poroti da donese jednoglasnu odluku; *a hung jury* porota koja ne može da donese jednoglasnu odluku 6. *intr* visiti; *the picture is ~ing on the wall* slika visi na zidu; *to ~ in the air* visiti u vazduhu (W: zraku); *to ~ on the gallows* visiti na vešalima (vješalima); *his life is ~ing by a thread* život mu visi o koncu; (fig.) *that ~s over his head to* mu visi nad glavom 7. *intr* biti pogubljen, obešen (obješen); *he'll ~ for it* biće pogubljen zbog toga 8. misc.; *to ~ fire* ne opaliti; *to ~ in the balance* ostati nerešen (neriješen); (slang) *I'll be ~ed if I know* da me ubiješ, ne znam; (slang) *to ~ loose* opustiti se
hang·ar [~ǝ(r)] *n* hangar
hang around *v* vući se; *to hang around bars* vući se po kafanama (kavanama)
hang back *v* 1. ne hteti (htjeti) početi 2. uzdržavati se
hang·dog [~dog] *a* potišten, utučen
hang down *v* visiti; spuštati se niz
hang·er [~ǝ(r)] *n* 1. vešalica (vješalica); čiviluk; *to hang a coat on a ~* obesiti (objesiti) kaput na vešalicu 2. see **paperhanger**
hang·er-on [~ǝr-an]; [o] *(hangers-on)* *n* muktaš, prišipetlja
hang·fire [~faj(r)] *n* neopaljivanje
hang·ing I [~ing] *n* vešanje (vješanje)
hanging II *a* viseći
hang·man [~mǝn] *(-men* [min]) *n* dželat
hang·nail [~nejl] *n* zanoktica
hang on *v* 1. držati se; *to hang on to smt.* držati se za nešto; *to hang on for dear life* napregnuti sve sile da se izdrži 2. pažljivo slušati; *to hang on to every word* pažljivo slušati svaku reč (riječ) 3. misc.; (slang) *to hang one on* opiti se
hang out *v* 1. visiti (iz); nagnuti se; *to let one's tongue hang out* isplaziti jezik; *to hang out of a window* visiti iz (nagnuti se van) prozora 2. obesiti — objesiti (iz, napolje) 3. vući se, visiti; *to hang out in bars* vući se po krčmama 4. istaći; (of a lawyer, physician) *to hang out one's shingle* otvoriti praksu 5. staviti da se suši; *to hang the laundry out* or: *to hang out the laundry* staviti veš da se suši
hang·out [~aut] *n* svratište; *a ~ for artists* svratište za umetnike (umjetnike)
hang over *v* see **hang II 6**
hang·o·ver [~ouvǝ(r)] *n* mamurluk
hang together *v* držati se jedan drugog
hang up *v* 1. obesiti (objesiti), okačiti; *to hang up a hat* or: *to hang a hat up* okačiti šešir na čiviluk 2. spustiti (slušalicu); *to hang up a receiver* or:

to hang a receiver up spustiti slušalicu; *he hung up* spustio je slušalicu, prekinuo je razgovor 3. misc.; (slang) *hang it up!* pređimo preko toga!
hang-up [~-ǝp] *n* (colloq.) 1. inhibicija 2. prepreka
hank [haengk] *n* 1. kotur konopa 2. pasmo, povesmo (povjesmo)
han·ker [~ǝ(r)] *v intr* (colloq.) žudeti (žudjeti); *to ~ for smt.* žudeti za nečim
han·ky-pan·ky ['haengkij-'paengkij] *n* (slang) opsena (opsjena), zavaravanje, hokus-pokus
Han·se·at·ic League [haensij'aetik] (hist.) Hanza (savez nemačkih — njemačkih gradova)
han·som ['haensǝm] *n* lake pokrivene dvokolice (sa uzdignutim kočijaškim sedištem — sjedištem pozadi)
ha·pax le·go·me·non ['haepaeks lǝ'gamǝnan]; [o]; [o] *(-mena* [mǝnǝ]) (Greek) (ling.) oblik za koji imamo jedan primer (primjer), hapaks
hap·haz·ard [haep'haezǝ(r)d] *a* 1. slučajan 2. nasumce (rađen)
hap·less [haeplis] *a* nesrećan
hap·lol·o·gy [haep'lalǝdžij]; [o] *n* haplologija
hap·pen ['haepǝn] *v tr* 1. desiti se, dogoditi se; *what ~ed to you?* šta (što) ti se desilo? *that ~s often* to se često događa 2. *(to ~ to be)* zadesiti se; *she ~ed to be here when the child fell* ona se zadesila tu kad je dete (dijete) palo
happen along *v* see **happen 2**
hap·pen·ing [~ing] *n* 1. događaj 2. (colloq.) improvizovana priredba, »hepening«
hap·pi·ly ['haepilij] *adv* 1. see **happy** 2. srećom, na sreću
hap·pi·ness ['haepijnis] *n* sreća; *money doesn't bring ~* novac ne donosi sreću
hap·py ['haepij] *a* srećan, sretan; *to feel ~* osećati (osjećati) se srećnim; *a ~ ending (of a film)* hepiend (filma); *~ birthday!* srećan rodendan! *~ New Year!* srećna Nova godina!
hap·py-go-luck·y [haepij-gou-'lǝkij] *a* bezbrižan
happy hour vreme (vrijeme) kad kafane (klubovi) služe pića po sniženoj ceni (cijeni)
happy medium zlatna sredina
ha·rangue I [hǝ'raeng] *n* haranga, huškanje
harangue II *v tr* harangirati, huškati; *to ~ a crowd* harangirati (huškati) gomilu
har·ass ['haerǝs], [hǝ'raes] *v tr* uznemiriti; šikanirati; (mil.) *~ing fire* uznemiravajuća vatra
har·ass·ment [~mǝnt] *n* uznemiravanje
har·bin·ger I ['ha(r)bǝndžǝ(r)] *n* preteča; predznak
harbinger II *v tr* nagovestiti (nagovijestiti)
har·bor I ['ha(r)bǝ(r)] *n* 1. luka 2. (fig.) sklonište, skrovište
harbor II *a* lučki; *~ installations* lučka postrojenja
harbor III *v tr* 1. zaštititi 2. gajiti; *to ~ thoughts of revenge* smišljati osvetu
hard I [ha(r)d] *a* 1. tvrd, čvrst; *a ~ apple* tvrda jabuka; *a ~ mattress* tvrd dušek; *~ soil* tvrda zemlja; *~ currency* tvrda (čvrsta) valuta; *as ~ as steel* čvrst kao čelik; *a ~ nut to crack* tvrd orah 2. jak, snažan; *a ~ blow* snažan udarac 3. težak, naporan; *~ work* težak (naporan) rad; *a ~ assignment* težak zadatak; *~ to digest* težak za varenje 4. tvrd, krečni; *~ water* tvrda voda 5. ljut; *a ~ winter* ljuta zima 6. strog, tvrd, krut; *~ discipline* stroga disciplina; *to be ~ on smb.* biti strog prema

nekome 7. nesrećan, težak; *a* ~ *life* težak život; ~ *times* teška vremena; *to have* ~ *luck* biti zle sreće 8. prinudan; *ten years at* ~ *labor* deset godina prinudnog rada 9. težak, nerazumljiv; *it's* ~ *to imagine* teško je da se zamisli 10. vredan (vrijedan), revnostan; *a* ~ *worker* vredan radnik 11. (ling.) tvrd; *a* ~ *consonant* tvrd suglasnik 12. grub; ~ *features* grube crte 13. misc.; *to drive a* ~ *bargain* napraviti dobar posao; (colloq.) *to be* ~ *up* biti bez para; or: biti pohotljiv; ~ *of hearing* tvrd na ušima; ~ *and fast* strog; ~ *cash* gotov novac; *the* ~ *facts* gole činjenice; *it's* ~ *to remember everything* teško je setiti (sjetiti) se svega

hard II *adv* see **hard I**; *to work* ~ teško raditi; *to ride* ~ jahati velikom brzinom; ~ *hit by losses* teško pogođen gubicima; *press the button* ~ čvrsto pritisni dugme

hard-and-fast *a* čvrst, tvrd; *a* ~ *decision* čvrsta odluka

hard·back [~baek] *n* knjiga sa tvrdim povezom (cf. **paperback)**

hard-bit·ten [~·bitn] *a* jogunast; tvrdoglav

hard-boiled [~·bojld] *a* 1. tvrdo kuvan (kuhan); ~ *eggs* tvrdo kuvana jaja 2. oguglao

hard coal see **anthracite**

hard copy (C.) štampani primerak

hard core jezgro, srž

hard-core *a* 1. okoreli (okorjeli) 2. nerešiv (nerješiv) 3. potpuno bez inhibicije; ~ *pornography* pornografsko delo (djelo) koje prikazuje, opisuje seksualni akt

hard-cover *a* s tvrdim povezom

hard disk (C.) tvrdi disk

hard drinker teška pijanica

hard-drinking *a* koji mnogo pije

hard drug jaka droga

hard·en [~ən] *v* 1. *tr* stvrdnuti 2. *tr* očeličiti 3. *intr* stvrdnuti se, otvrdnuti

hard·ened [~d] *a* ovejani (ovijani), okoreli (okorjeli); *a* ~ *criminal* ovejani kriminalac

hard·en·ing [~iŋ] *n* zakrečavanje; ~ *of the arteries* zakrečavanje krvnih sudova

hard feelings ozleđenost; *no* ~, *I hope* nadam se da vas nisam uvredio (uvrijedio)

hard hat šlem (građevinskog radnika)

hard-hat I [~-haet] *n* građevinski radnik

hard-hat II *a* građevinski

hard·head [~hed] *n* tvrdoglava osoba

hard-head·ed [~hedid] *a* 1. tvrdoglav 2. praktičan, trezven

hard-heart·ed [~ha(r)tid] *a* tvrda srca, bezdušan, nemilosrdan

har-di·ness [~ijnis] *n* 1. izdržljivost 2. hrabrost

hard line (pol.) čvrsta linija (pozicija)

hard liner (pol.) pristalica (W: pristaša) čvrste linije

hard liquor žestoka pića

hard luck zla sreća; *a* ~ *story* priča o zloj sreći

hard·ly [~lij] *adv* 1. jedva; *I* ~ *remember* jedva se sećam (sjećam) 2. gotovo; ~ *anything* gotovo ništa

hard·ness [~nis] *n* tvrdoća, tvrdina, čvrstina, čvrstoća; *the* ~ *of metals* čvrstina metala

hard palate tvrdo nepce

hard sell (colloq.) agresivno reklamiranje

hard·ship [~šip] *n* tegoba, lišavanje; *to die of* ~*s* umreti (umrijeti) od tegobnog života

hard shoulder Br.; see **shoulder I** 6

hard·tack [~taek] *n* brodski dvopek

hard up *a* 1. see **hard I** 13 2. (vul.) uspaljen

hard·ware [~wej(r)] *n* 1. gvožđarija 2. (mil., colloq.) oružje 3. (C.) tehnička oprema, hardver (cf. **software)**

hardware store gvožđarnica, gvožđarska radnja (W: željezara; see also **ironmongery)**

hard·work·ing [~wə(r)kiŋg] *a* vredan (vrijedan), marljiv

har·dy [~ij] *a* 1. izdržljiv; očvrsnuo 2. hrabar, odvažan

hare [hej(r)] *n* zec

hare·bell [~bel] *n* zvončić

hare·brained [~brejnd] *a* ćaknut, pilećeg mozga

hare·lip [~lip] *n* zečija usna

hare·lipped [~t] *a* hrnjav

har·em ['haerəm] *n* harem

har·i·cot ['haerikou] *n* 1. (cul.) paprikaš 2. pasulj

hark [ha(r)k] *v tr* slušati

hark back *v* (fig.) vraćati se; *to hark back to the old days* vraćati se na stara vremena

har·le·quin ['ha(r)ləkwən] *n* harlekin

har·lot ['ha(r)lət] *n* bludnica, kurva

harm I [ha(r)m] *n* 1. šteta; povreda; *bodily* ~ telesna (tjelesna) povreda; *to do* ~ *to smt.* oštetiti nešto 2. zlo; nepravda 3. misc.; *out of* ~*'s way* van opasnosti; *there's no* ~ *in asking* ko (tko) pita ne skita

harm II *v tr* oštetiti, naškoditi; *to* ~ *smb.* (*smt.)* naškoditi nekome (nečemu); *he's* ~*ing himself* on sam sebi škodi

harm·ful [~fəl] *a* štetan; ~ *to health* štetno po (za) zdravlje

harm·less [~lis] *a* neškodljiv

har·mon·ic I [ha(r)'manik]; [o] *n* harmonik, harmonijski ton

harmonic II *a* harmonijski

har·mon·i·ca [~ə] *n* usna harmonika

harmonic analysis harmonijska analiza

harmonic mean harmonijska sredina

harmonic progression harmonijska progresija

har·mon·ics [~s] *n* (mus.) nauka o harmoniji

har·mo·ni·ous [ha(r)'mounijəs] *a* harmoničan, skladan; ~ *movements* skladni pokreti

har·mo·nist ['ha(r)mənist] *n* harmonist

har·mo·ni·um [ha(r)'mounijəm] *n* harmonijum

har·mo·nize ['ha(r)mənajz] *v* 1. *tr* harmonizovati; uskladiti 2. *intr* harmonirati

har·mo·ny ['ha(r)mənij] *n* harmonija, sklad; *to be in* ~ biti u skladu

har·ness I ['ha(r)nis] *n* ham, konjska oprema

harness II *v tr* 1. upregnuti, zapregnuti, staviti (konju) ham; *to* ~ *a horse to a cart* upregnuti konja u kola 2. (fig.) upregnuti; obuzdati; *to* ~ *new sources of energy* iskoristiti nove energetske izvore

harness race kasačka trka

harp I [ha(r)p] *n* harfa

harp II *v intr* (colloq.) *to* ~ *on (upon) smt.* navraćati stalno razgovor na istu stvar

harp·ist [~ist] *n* harfista

har·poon I [ha(r)'pūn] *n* harpun, ostve

harpoon II *v tr* harpunirati, gađati harpunom

harp·si·chord ['ha(r)psiko(r)d] *n* klavicimbal, klavisen
har·py ['ha(r)pij] *n* 1. (cap.) harpija (čudovište) 2. harpija, zla žena
har·que·bus ['ha(r)kəbəs] *n* arkebuza (starinska kratka puška)
har·ri·dan ['haerədən] *n* svadljivica
har·ri·er I ['haerijə(r)] *n* (bird) eja; *a marsh* ~ eja močvarica
harrier II *n* 1. (zool.) zečar 2. (sports) dugoprugaš
har·row I ['haerou] *n* drljača
harrow II *v tr* 1. izdrljati 2. mučiti
harrow III *v tr* harati, pustošiti
har·row·ing [~iñg] *a* koji muči, uzrujava
har·ry [~haerij] *v tr* 1. opljačkati, opustošiti 2. uznemiriti
harsh [ha(r)š] *a* 1. hrapav; grub; oštar; *a* ~ *voice* grub glas 2. strog, surov; *a* ~ *sentence* surova presuda; *life was* ~ život je bio surov; ~ *toward (to)* strog prema 3. jak, oštar
harsh·ness [~nis] *n* 1. hrapavost 2. strogost, surovost; ~ *toward (to)* strogost prema 3. jačina
hart [ha(r)t] *(pl* has zero or *-s) n* jelen (stariji od pet godina)
hart's-tongue [~s-təng] *n* (bot.) jelenak
har·um-scar·um ['hejrəm-'skejrəm] *a* vetrogonjast (vjetrogonjast)
har·vest I ['ha(r)vist] *n* žetva, berba; *to bring in the* ~ obaviti žetvu; *a grape (tobacco)* ~ berba grožđa (duvana)
harvest II *a* žetveni
harvest III *v* 1. *tr* požeti; *to* ~ *grain* požeti žito 2. *intr* žeti
har·vest·er [~ə(r)] *n* žetelac
harvest fly žegavac (see also **cicada**)
harvest home 1. žetva 2. žetvena svečanost 3. žetelačka pesma (pjesma)
har·vest·man [~mən] (*-men* [min]) *n* žetelac
harvest moon žetveni, pun mesec (mjesec)
has see **have**
has-been ['haez-bin] *n* (colloq.) bivši čovek (čovjek)
ha·sen·pfef·fer ['hasənfefə(r)] *n* (cul.) jelo od zečje sitneži
hash I [haeš] *n* 1. ragu 2. (fig.) zbrka; *to make a* ~ *of smt.* zbrkati nešto; **to settle smb.'s* ~ upropastiti nekoga
hash II *v tr* 1. seckati (sjeckati) 2. misc.; *to* ~ *over plans* pretresati planove
hash III see **hashish**
hash house (slang) jevtin restoran
hash·ish ['haešijš] *n* hašiš
hash·mark (mil., slang) oznaka našivena na rukavu
has·n't see **have**
hasp [haesp] *n* skoba; kopča
has·sle I ['haesəl] *n* 1. svađa 2. nevolja, neprilika; borba 3. zbrka
hassle II *v intr* svađati se
has·sock ['haesək] *n* jastuče za klečanje
hast [haest] (obsol.) second person sgn. of **have**; *thou* ~ ti imaš
haste [hejst] *n* žurba; *to make* ~ žuriti se; **~ makes waste* ko (tko) polako ide, brže stigne
has·ten ['hejsən] *v* 1. *tr* ubrzati 2. *intr* žuriti se
hast·y ['hejstij] *a* 1. brz, hitan 2. nagao, prenagljen

hat [haet] *n* šešir; *to put a* ~ *on* staviti šešir; *to take off a* ~ skinuti šešir; **to pass the* ~ skupljati prilog; **to take off one's* ~ *to smb.* poštovati nekoga; **to talk through one's* ~ govoriti gluposti, blefirati; **to toss one's* ~ *into the ring* primiti borbu; objaviti da će se kandidovati
hat·band [~baend] *n* traka na šeširu
hatch I [haeč] *n* 1. otvor na palubi 2. vrata otvora; vratanca; *an escape* ~ otvor za izlaz u slučaju nužde; *a rescue* ~ otvor za spasavanje
hatch II *v* 1. *tr* izleći, izvesti; *to* ~ *an egg* izleći jaje; *to* ~ *chicks* izvesti piliće 2. *tr* skovati; *to* ~ *a plot* skovati zaveru (zavjeru) 3. *intr* izleći se; *our chicks* ~*ed yesterday* juče su nam se izlegli pilići
hatch III *v tr* šrafirati
hatch·back [~baek] *n* vrsta automobila sa zadnjim vratima (koja se izlazi i spuštaju)
hatch·er·y [~ərij] *n* mrestilište
hatch·et ['haečit] *n* sekira (sjekira); **to bury the* ~ zakopati ratnu sekiru; **to dig up the* ~ iskopati ratnu sekiru
hatchet man (colloq.) 1. plaćeni ubica 2. specijalista za surove napade
hatch·way ['haečwej] *n* 1. otvor na palubi 2. stepenice
hate I [hejt] *n* mržnja
hate II *v tr* mrzeti (mrzjeti); *he* ~*s them* on ih mrzi; *he* ~*s to work* or: *he* ~*s working* on ne voli da radi
hate·ful [~fəl] *a* mrzak
hath [haeth] (obsol.) third person sgn. of **have**
hat·less [~lis] *a* gologlav, bez šešira
hat·pin [~pin] *n* igla za šešir
ha·tred ['hejtrid] *n* mržnja; *to feel* ~ *toward smb.* osećati (osjećati) mržnju prema nekome; *to spread* ~ sejati (sijati) mržnju; *to stir up (cause)* ~ probuditi (izazvati) mržnju
hat·ter ['haetə(r)] *n* širdžija
hat trick 1. izvlačenje (zeca) iz šešira 2. (sports) podvig; het-trik
haugh·ti·ness ['hotijnis] *n* oholost, nadmenost
haugh·ty ['hotij] *a* ohol, nadmen
haul I [hol] *n* 1. vuča, vučenje 2. ulov; *a good* ~ dobar ulov 3. put; razdaljina; *a long* ~ dugo putovanje
haul II *v tr* 1. vući, tegliti 2. prevoziti 3. misc.; *he* ~*ed off and hit me* zamahnuo je rukom i udario me
haul·age [~idž] *n* 1. vučenje 2. prevoznina
haunch [hončʼ] *n* 1. (anat.) bedro, kuk 2. (archit.) svodni krak
haunt I [hont] *n* svratište; *his favorite* ~ njegovo omiljeno svratište
haunt II *v tr* 1. obilaziti (kao duh); *the house is* ~*ed* u kući se pojavljuju duhovi 2. često posećivati (posjećivati) 3. ne davati (nekome) mira; *I am* ~*ed by the thought that...* ne izbija mi iz glave misao da...
haunt·ed [~id] *a* 1. see **haunt** II 2. uklet
haunt·ing [~iñg] *a* koji ne izbija iz glave
haut·boy ['houboj] *n* see **oboe**
have I [haev] *n* (usu. in *pl)* imućna osoba; *the* ~*s* imućni

have II v (third person sgn.: *has* [haez]; past and partic.: *had* [haed]; colloq. negative pres.: *haven't* ['haevənt]; third sgn.: *hasn't* ['haezənt]) 1. *tr* imati; *to* ~ *children (a wife)* imati decu (djecu), ženu; *to* ~ *a cold (a fever)* imati kijavicu (groznicu); *to* ~ *luck (money, time)* imati sreće (novca, vremena); *to* ~ *smb.'s interests at heart* imati nečije interese na umu; *to* ~ *trouble* imati nezgode 2. (as an aux. verb used to form the perfect tense and past perfect tenses) *he has arrived* stigao je; *I had read the book before they came* pročitao sam knjigu pre (prije) nego što su oni došli; *he said he had spent five years in America* rekao je da je proveo 5 godina u Americi; *I have been here for two years* ovde (ovdje) se nalazim već dve (dvije) godine 3. (as an aux. verb) morati; *he had to pay* on je morao da plati 4. (as an aux. verb) dati; narediti; *I had it taken away* dao sam da se odnese; *to* ~ *one's hair cut* ošišati se; *to* ~ *a house built* sazidati kuću; *he has his clothes made in Hongkong* on daje da mu se šiju odela (odijela) u Hongkongu; *he had the trees cut down* dao je da se poseče (posiječe) ovo drveće; *the king had his head cut off* kralj je naredio da mu se odrubi glava (or: kralju su odrubili glavu) (see also get II) 5. *tr* obljubiti 6. *tr* preležati; *he (has) had smallpox* preležao je velike boginje 7. *tr* naterati (natjerati); *he had them all laughing* sve ih je naterao u smeh (smijeh), sve ih je zasmejao (zasmijao) (see also make II 7) 8. misc.; *she had a baby* rodila je dete (dijete); *he had an accident* dogodila mu se nesreća; *he had better do that* bolje bi bilo da to uradi; (slang) *he's had it* svršeno je s njim, stradao je; or: sasvim je iscrpljen; (slang) *he let me* ~ *it* napao me je; (colloq.) *he was had* on je bio nasamaren; *to* ~ *a good time* provesti se lepo (lijepo); *to* ~ *a look at smt.* pogledati nešto; *to* ~ *breakfast (dinner)* doručkovati (ručati); (colloq.) *she had it out with him* obračunala se s njim; *to* ~ *a new suit on* nositi novo odelo (odijelo); *he had an apple* pojeo je jabuku; *what will you* ~? šta (što) želite? *he has Friday off* on ne radi u petak; *did you* ~ *a pleasant trip?* jesi li dobro putovao?

have·lock [~lak]; [o], [ə] n pokrivalo za potiljak

ha·ven ['hejvən] n 1. luka (also **harbor I, port I**) 2. (fig.) skrovište

have-not [~nat]; [o] n (colloq.) onaj ko (tko) ništa nema, siromah

have·n't see **have II**

have on v 1. nositi; *to have a new suit on* nositi novo odelo (odijelo) 2. Br.; see **put on** 6 3. misc.; *to have smt. on smb.* imati dokaze protiv nekoga

hav·er·sack ['havə(r)saek] n ranac, ruksak

haves [haevz] n pl (colloq.) bogataši

hav·oc ['haevək] n opustošenje, pustoš; *to play* ~ *with* opustošiti; (obsol.) *to cry* ~ dati znak vojsci za pljačku; *the frost wrought (worked)* ~ *with the crops* mraz je opustošio useve (usjeve)

haw I [ho] 1. n pauza (u govoru) 2. (onoma.) hm

haw II v intr (colloq.) *to hem and* ~ prekidati govor (sa *hm*); (fig.) kolebati se

haw III n plod belog (bijelog) gloga

Ha·wai·i [hə'waij] n Havajska ostrva (W: Havajski otoci)

Ha·wai·ian I [hə'wajən] n 1. Havajac 2. havajski jezik

Hawaiian II a havajski

Hawaiian Islands pl Havaji

haw·finch ['hofinč] n (bird) batokljun

hawk I [hok] n (also pol.) jastreb

hawk II v 1. *tr* prodavati (nešto) po ulicama, vičući nuditi na prodaju, raznositi 2. *intr* prodavati po ulicama

hawk·er [~ə(r)] n torbar, prodavac po ulicama

hawk-eyed [~-ajd] a oštrog vida

hawk·ish [~iš] a jastrebov, nalik na jastreba (usu. pol.)

hawk moth večernji leptir, prndelj, ljiljak

hawse [hoz] n (naut.) ždrelo (ždrijelo)

haw·ser ['hozə(r)] n (naut.) konopac, čelo, uže

haw·thorne ['hotho(r)n] n glog

hay [hej] n 1. seno (sijeno); *to gather (rake)* ~ skupljati (prevrtati) seno; *to stack* ~ plastiti seno; *to make* ~ kositi seno 2. misc.; *that ain't* ~! to nije mala suma novca! *to hit the* ~ ići na spavanje

hay fever polenska groznica

hay·fork [~fo(r)k] n vile za seno (sijeno)

hay·loft [~loft] n senjak (sjenjak)

hay·mak·er [~mejkə(r)] n 1. prevrtač sena (sijena) 2. (slang) snažan udarac pesnicom

hay·mak·ing [~iṉg] n kosidba, košnja

hay·seed [~sijd] n 1. seme (sjeme) od trave 2. (slang) gedža

hay·stack [~staek] n plast, stog sena (sijena); *to look for a needle in a* ~ tražiti iglu u stogu sena

hay·wire I [~waj(r)] n žica za seno (sijeno)

haywire II a (colloq.) 1. u kvaru, pokvaren 2. šašav, ćaknut; *to go* ~ postati šašav

haz·ard I ['haezə(r)d] n 1. slučajnost 2. opasnost, hazard

hazard II v tr 1. izložiti opasnosti 2. usuditi se (na); *to* ~ *a guess* usuditi se na tvrđenje

haz·ard·ous [~əs] a opasan; hazardan; ~ *duty* rad opasan po život

haze I [hejz] n sumaglica, izmaglica

haze II v tr šikanirati; zavitlavati, zafrkavati; šegačiti se (s nekim) (prilikom uvođenja u studentsko udruženje)

ha·zel I ['hejzəl] n (bot.) 1. leska (lijeska) 2. boja lešnika (lješnika)

hazel II a 1. leskov (ljeskov); a ~ *grove* leskova šuma 2. boje lešnika (lješnika)

ha·zel·nut [~nət] n lešnik (lješnik)

haz·i·ness ['hejzijnis] n 1. maglovitost 2. pomućenost; nejasnost

haz·ing ['hejziṉg] n šikaniranje (see **haze II**)

haz·y ['hejzij] a 1. sumagličast, maglovit 2. pomućen; nejasan

H bomb [ejč] see **hydrogen bomb**

he I [hij] n mužjak, muškarac; *it's a* ~ to je mužjak; (as a) a ~ *cat* mačak

he II pron on (see also **him**)

head I [hed] n 1. glava; *to bow (hang, lift) one's* ~ pognuti (oboriti, dići) glavu; *to nod (shake) one's* ~ klimati (vrteti — vrtjeti) glavom; *he hit me on the* ~ udario me je po glavi; *to cut off smb.'s* ~ odseći (odsjeći) nekome glavu; *with*

~ *high* glavom gore; *with bowed* ~ pognute glave; *from* ~ *to foot* od glave do pete; *taller by a* ~ viši za glavu; (fig.) *to bang one's* ~ *against the wall* lupati glavom o zid; (fig.) *to bury one's* ~ *in the sand* gurnuti glavu u pesak (pijesak); **fame went to his* ~ slava mu je udarila u glavu 2. čelo, vrh; *at the* ~ *of a column* na čelu (vrhu) kolone; *at the* ~ *of a list* na čelu (vrhu) liste 3. glava, pamet; *a poor* ~ *for business* slaba glava za poslove; *a wise* ~ pametna glava; *over smb.'s* ~ van nečije moći shvatanja (see also 15) 4. prisebnost, glava; *to keep (lose) one's* ~ sačuvati (izgubiti) prisebnost 5. (usu. in *pl*) glava (cf. **tail** I 4) 6. čelo; uzglavlje; *the* ~ *of a table* čelo stola; *at the* ~ *of a bed* uz uzglavlje 7. glavica, glava; *a* ~ *of lettuce* glavica salate 8. (tech.) čelo, glava; *the* ~ *of a hammer* čelo čekića; *the* ~ *of a nail (screw)* glava eksera (zavrtnja) 9. vrhunac, oštrina; rešenje (rješenje); *to come to a* ~ dostići vrhunac; *to bring matters to a* ~ dovesti stvari do vrhunca; (med.) *to come to a* ~ (gnojeći se) sazreti; *the boil has come to a* ~ čir je sazreo 10. (*pl* usu. has zero) grlo; *ten* ~ *of cattle* deset grla 11. direktor; šef; *a section* ~ šef odseka (odsjeka); *a* ~ *of a department* šef katedre (also **chairman** 3) 12. starešina, glava; *the* ~ *of a household* starešina kućne zajednice 13. osoba; *to charge by the* ~ naplaćivati po osobi 14. pena (pjena) 15. (on a ship) ve-ce 16. misc.; *to eat one's* ~ *off* najesti se (do guše); **to hit the nail on the* ~ pogoditi suštinu; **not to be able to make* ~ *or tails out of smt.* ne moći uhvatiti ni za glavu ni za rep; **to keep one's* ~ *above water* održati se finansijski (financijski); **he is* ~ *over heels in debt* ogrezao je u dugovima; **two* ~s *are better than one* više vide četiri oka nego dva; *a beautiful* ~ *of hair* lepa (lijepa) kosa; **to fall* ~ *over heels in love* zaljubiti se do ušiju; ~s *up!* oprezno; (usu. mil.) *over smb.'s* ~ bez komande, mimo nadležnosti

head II *a* glavni; *a* ~ *nurse* glavna sestra (u bolnici)

head III *v* 1. *tr* upravljati; predvoditi; biti na čelu (nečega); *to* ~ *a procession* biti na čelu povorke; *he* ~ed *the list* on je bio prvi na spisku 2. *tr* podutoriti, utoriti (bačvu) 3. *intr* uputiti se, krenuti, ići; *to* ~ *for the door* ići prema vratima 4. *intr* zaglavičiti se

head·ache [~ejk] *n* glavobolja; *to have a bad* ~ imati jaku glavobolju

head·band [~baend] *n* povez za glavu

head·board [~bo(r)d] *n* daska kod uzglavlja

head·cheese [~čijz] *n* (cul.) punjena svinjska glava (W: tlačenica)

head cold kijavica

head·dress [~dres] *n* šešir

head·er [~ə(r)] *n* 1. (archit.) veznik 2. (colloq.) pad glavačke; *he took a* ~ pao je glavačke 3. (agric.) rezačica klasja

head·first [~fə(r)st] *adv* glavačke, strmoglavce; *he fell* ~ pao je glavačke (strmoglavce)

head gate gornja ustava

head·gear [~gij(r)] *n* šešir

head·hunt·er [~həntə(r)] *n* lovac na glave

head·hunt·ing [~həntiŋg] *n* lov na glave

head·ing [~iŋg] *n* zaglavlje

head·lamp [~laemp] Br.; see **headlight**

head·land [~laend], [ə] *n* rt

head·less [~lis] *a* bezglav

head·light [~lajt] *n* far, svetlo (svjetlo)

head·line I [~lajn] *n* (novinski) naslov; *in banner* ~s pod krupnim naslovima

headline II *v tr* 1. istaći 2. dati (nekome) glavnu ulogu

head·lin·er [~ə(r)] *n* zvezda (zvijezda); glumac u glavnoj ulozi; čuvena osoba

head·long [~loŋg] 1. *a* strmoglav; paničan; *a* ~ *fall* strmoglav pad; ~ *flight* panično bekstvo (bjekstvo); ~ *retreat* hitno povlačenje 2. *adv* strmoglavce, strmoglavo, glavačke; *to plunge* ~ *into danger* srljati u propast

head·mas·ter [~maestə(r)]; [a] *n* upravnik (privatne škole)

head·mis·tress [~mistris] *n* upravnica (privatne škole)

head money see **poll tax**

head·most [~moust] *a* vodeći

head off *v* odvratiti, sprečiti (spriječiti), preduprediti (preduprijediti); *to head off an attack* sprečiti napad

head-on [~-an]; [o] *a* direktan, čeoni; *a* ~ *collision* direktan (čeoni) sudar

head·phone [~foun] *n* naglavne slušalice, naglavni telefon

head·piece [~pijs] *n* 1. šlem 2. naglavni telefon, naglavne slušalice

head·quar·ters [~kwo(r)tə(r)z] *n (sgn or pl)* štab, komanda; *to establish (a)* ~ organizovati štab

headquarters company štabna četa

head·rest [~rest] *n* naslon za glavu

head restraint naslon za glavu (pričvršćen pozadi automobilskog sedišta — sjedišta)

head·room [~rūm] *n* slobodan prostor, međuprostor

heads see **head** I 5

head·set [~set] *n* naglavne slušalice, naglavni telefon

head·ship [~šip] *n* (Br.) upraviteljstvo

head shrink·er ['šriŋkə(r)] 1. (slang) see **psychiatrist** 2. lovac na glave (koji ih suši i skuplja)

head·stall [~stol] *n* oglavlje, oglav

head stand stav na glavi (i rukama), stoj

head start 1. prednost na startu, fora 2. specijalno predškolsko vaspitanje dece (djece) iz siromašnih porodica

head·stock [~stak]; [o] *n* držač vretena

head·stone [~stoun] *n* nadgrobni spomenik

head·strong [~stroŋg] *a* tvrdoglav

head tax lični porez, glavarina

head·wait·er [~wejtə(r)] *n* šef servisa (u restoranu)

head·wa·ters [~wotə(r)z] *n pl* gornji tok (reke — rijeke)

head·way [~wej] *n* napredovanje; *to make* ~ napredovati

head wind čeoni vetar (vjetar)

head·word [~wə(r)d] *n* (in a dictionary) glavna reč (riječ)

head·work [~wə(r)k] *n* umni rad

head·y [~ij] *a* opojan

heal [hijl] v 1. *tr* izlečiti (izliječiti); isceliti (iscije-liti); *time* ~s *everything* vreme (vrijeme) leči sve rane 2. *intr* izlečiti se
heal·er [~ə(r)] n iscelitelj (iscjelitelj)
health I [helth] n 1. zdravlje; *good (poor)* ~ dobro (rđavo) zdravlje; *harmful to one's* ~ škodljiv po zdravlje; *for reasons of* ~ iz zdravstvenih razloga 2. zdravlje (kao zdravica); *to drink to smb.'s* ~ piti u nečije zdravlje; *to your* ~! živeli (živjeli)!
health II a zdravstven; ~ *care* zdravstvena nega (njega); ~ *education (insurance)* zdravstveno vaspitanje (osiguranje); *a* ~ *program* zdravstveni program; *a* ~ *facility* zdravstvena ustanova
health center medicinski centar, dom zdravlja
health·ful [~fəl] a lekovit (ljekovit), koji donosi zdravlje
health maintenance zdravstvena zaštita
health maintenance organization organizacija koja pruža pretplatnicima sve vrste zdravstvene pomoći (also **HMO**)
health promotion unapređenje zdravlja; (blagovremeno) sprečavanje bolesti
health visitor Br.; see **public-health nurse**
health visitor service Br.; see **public-health nursing**
health·y [~ij] a zdrav; *a* ~ *child* zdravo dete (dijete); *a* ~ *mind* zdrav duh
heal up v see **heal 2**
heap I [hijp] n 1. gomila, hrpa 2. (usu. in *pl*; colloq.) mnoštvo 3. (slang) stari auto
heap II v 1. *tr* nagomilati 2. *tr* sipati; *to* ~ *insults on smb.* sipati pogrde na nekoga 3. *tr* natrpati 4. *intr (to* ~ *up)* gomilati se
heap·ing [~iñg] a pun puncat
hear [hij(r)]; *heard* [hə(r)d] v 1. *tr* čuti; *we heard the news* čuli smo vesti (vijesti); *I heard that he was ill* čuo sam da je bolestan; *I heard him coming (come) upstairs* čuo sam ga kako se penje uz stepenice; *he heard his name being called* čuo je kako ga zovu imenom; *he was heard saying (to say) this* čuli su ga da je ovo rekao 2. *tr* saslušati 3. *intr* čuti; *we have heard of his being wounded* čuli smo da je ranjen; *we* ~ *with our ears* čujemo ušima; *to* ~ *about (of) smt.* čuti o nečemu; *he was never heard of again* nikad se više nije za njega čulo; *let me* ~ *from you* piši mi; *he does not* ~ *with one ear* on ne čuje na jedno uvo (uho) 4. misc.; (rel.) *to* ~ *smb.'s confession* ispovediti (ispovjediti) nekoga; ~ *me out!* čuj me dobro! ~! ~! tako je!
hear·ing [~riñg] n 1. sluh; *to lose one's* ~ izgubiti sluh 2. domašaj sluha; *within* ~ u domašaju sluha 3. saslušanje; istraga; *to conduct a* ~ sprovesti istragu
hearing aid slušni aparat
heark·en ['ha(r)kən] v *intr* (poetic) slušati
hear·say ['hij(r)sej] n čuvenje; rekla-kazala; *by* ~ po čuvenju
hearse [hə(r)s] n 1. mrtvačka kola 2. okvir sa sveć-njacima (svijećnjacima)
heart I [ha(r)t] n 1. srce; *a* ~ *beats* srce kuca; *he has a weak* ~ *on* ima slabo srce 2. hrabrost, srce; *I don't have the* ~ *to tell him* nemam srca da mu kažem 3. srce; duša; osećaj (osjećaj);

to have a (no) ~ imati (nemati) srca; *that breaks my* ~ od toga mi se srce cepa (cijepa); *my* ~ *aches when I see that* srce me boli kad to vidim; *to take smt. to* ~ primiti nešto k srcu; *with a heavy (open)* ~ teška (otvorena) srca; *with all one's* ~ od sveg srca; *to break smb.'s* ~ slomiti nečije srce; *to die of a broken* ~ umreti (umrijeti) slomljenog srca; *a* ~ *of gold* zlatno srce; *with* ~ *and soul* svim srcem; *a soft* ~ meko srce 4. ljubav, srce; *to win smb.'s* ~ zadobiti nečije srce (nečiju ljubav); *to lose one's* ~ *to smb.* zaljubiti se u nekoga; *an affair of the* ~ ljubavna afera 5. srž; suština; *the* ~ *of a problem* srž problema; *at* ~ u suštini 6. (in *pl*; cards) srce 7. misc.; *by* ~ napamet; *to cry one's* ~ *out* gorko plakati; *have a* ~! smiluj se! *to one's* ~'s *content* do mile volje; *he has his* ~ *in the right place* on je dobronameran (dobronamjeran); *to do smb.'s* ~ *good* ohrabriti nekoga; **to have one's* ~ *in one's mouth* biti nervozan; *to set smb.'s* ~ *at rest* smiriti nekoga; *to set one's* ~ *on doing smt.* žarko želeti (željeti) da se učini nešto; **to wear one's* ~ *on one's sleeve* pokazivati svoje osećaje (osjećaje)
heart II a srčani; *a* ~ *defect* srčana mana; *a* ~ *patient (seizure, valve)* srčani bolesnik (blok, zalistak)
heart·ache [~ejk] n bol u srcu, tuga
heart attack srčani udar, srčana kap, infarkt; *to have a* ~ doživeti (doživjeti) srčani udar
heart·beat [~bijt] n otkucaj srca
heart·break [~brejk] n teška tuga
heart·break·ing [~iñg] a koji para srce
heart·bro·ken [~broukən] a skrhana srca
heart·burn [~bə(r)n] n (med.) gorušica, žgaravica
heart disease bolest srca
heart·en ['ha(r)tn] v *tr* odobriti
heart failure srčani udar
heart·felt [~felt] a iskren
hearth [ha(r)th] n ognjište
hearth rug (Br.) tepih pred kaminom
heart·i·ly ['ha(r)tilij] adv srdačno (see **hearty**)
heart·land [~laend] n unutrašnjost (zemlje)
heart·less [~lis] a bez srca, bezdušan
heart murmur šum na srcu
heart-rending [~-rendiñg] a koji para srce
heart·sick [~sik] a utučen
heart·strings [~striñgz] n *pl* srce, najdublja osećanja (osjećanja); *to tug at one's* ~ dirati nekoga u srce
heart-to-heart [~-tū-~] a iskren, prisan; intiman; *a* ~ *talk* intiman razgovor
heart transplant transplantacija (presađivanje) srca; *to perform a* ~ izvršiti transplantaciju srca
heart-warming a koji dira u srce
heart·y [~ij] a 1. srdačan; *a* ~ *welcome* srdačan doček 2. jak; čio; *hale and* ~ zdrav i čio 3. dobar; *a* ~ *appetite* dobar apetit (W also: tek)
heat I [hijt] n 1. toplota; *sources of* ~ toplotni izvori 2. vrućina 3. uspaljenost, teranje (tjeranje); *to be in* ~ biti uspaljen, terati (tjerati) se, goniti se 4. (sports) pretrka (predtrka); predtakmičenje; trka; *a dead* ~ mrtva trka 5. (fig.) žestina; vatra; *to commit a crime in the* ~ *of passion* izvršiti krivično delo (djelo) u afektu

heat II v 1. tr zagrejati (zagrijati) 2. tr ložiti 3. intr see **heat up** 2
heat engine toplotni motor
heat·er [~ə(r)] n grejač (grijač), grejalica (grijalica); an electric ~ električna grejalica
heat exhaustion slabost, iscrpljenost od vrućine
heath [hijth] n 1. vres (vrijes) 2. pustara, pustopoljina
hea·then I [hijthen] (pl has -s or zero) n paganin
hea·then II a paganski
hea·then·ish [~iš] a paganski
heath·er ['hethər] n vres (vrijes also **heath** 1)
heath pea (bot.) orašak (also **earthnut**)
heat·ing [~iñg] n grejanje (grijanje); central ~ centralno grejanje
heating oil ulje za loženje
heat lightning sijavica, munja sevalica
heat of vaporization (chem.) toplota isparavanja
heat·proof [~prūf] a otporan na toplotu
heat pump toplotna pumpa
heat rash see **miliaria**
heat-seek·ing [~sijkiñg] a za toplotno samonavođenje; a ~ missile raketa sa glavom za toplotno samonavođenje
heat shield toplotni štit
heat stroke toplotni udar
heat up v 1. zagrejati (zagrijati) 2. zagrejati se
heat wave toplotni talas
heave I [hijv] n 1. dizanje 2. bacanje
heave II v 1. tr dići 2. tr baciti; to ~ the shot-put bacati kuglu 3. tr ispustiti; to ~ a sigh duboko uzdahnuti, ispustiti uzdah 4. intr dizati se 5. intr (past: hove [houv]; usu.: naut.) stati, doći; to ~ alongside stati uz bok 6. intr (slang) povratiti, bljuvati 7. (misc.; naut.) ~ ho! diži! vuci! to ~ into sight (view) pomoliti se; to ~ to zaustaviti se
heave III interj ho-ruk!
heave-ho n izbacivanje; to give smb. the ~ izbaciti nekoga
heav·en ['hevən] n 1. nebo; *to move ~ and earth uložiti veliki napor 2. nebo, blaženstvo; in ~ na nebu (nebesima); *~ on earth raj na zemlji; *in seventh ~ na devetom nebu; ~ forbid! sačuvaj bože!
heav·en·ly [~lij] a nebeski
heav·en·ward [~wə(r)d] adv k nebu
heaves [hijvz] n pl or sgn 1. (disease of horses) šištanje 2. (slang) povraćanje, bljuvanje
heav·i·er-than-air ['hevijə(r)-then-'ej(r)] a teži od vazduha (W: zraka); ~ aircraft letelice teže od vazduha
heav·y I ['hevij] a 1. težak; ~ breathing teško disanje; a ~ briefcase teška torba; ~ industry teška industrija; a ~ loss težak gubitak 2. težak, utučen; with a ~ heart teška srca 3. uzburkan; a ~ sea uzburkano more 4. gust; ~ fog gusta magla 5. jak; gust; ~ rain jaka kiša; ~ snow gust sneg (snijeg); ~ traffic gust saobraćaj 6. ljut, težak; a ~ drinker teška pijanica 7. veliki, krupan; ~ investments krupna (velika) ulaganja 8. (mil.) težak; ~ artillery teška artiljerija; ~ weapons teška oruđa; a ~ weapons company četa teških oruđa 9. nezgrapan, težak; a ~ step težak korak 10. žestok; ~ fighting žestoke borbe 11. snažan; ~ shelling snažno artiljerijsko gađanje
heavy II adv teško; time hangs ~ on his hands dugo mu je vreme (vrijeme)
heav·y-dut·y [~-'dūtij]; [dj] a namenjen (namjenjen) za teške uslove (W: uvjete) rada
heav·y-hand·ed [~-'haendid] a 1. nezgrapan 2. despotski, nasilnički, tiranski
heav·y-heart·ed [~-ha(r)tid] a teška srca, utučen
heav·y·set [~'set] a zdepast
heavy water teška voda
heav·y-weap·ons [~-wepənz] a teških oruđa; a ~ company četa teških oruđa
heav·y·weight [~wejt] n bokser (W: boksač) teške kategorije
He·bra·ic [hi'brejik] a hebrejski
He·bra·ism ['hijbrəizəm], [ej] n hebraizam
He·bra·ist ['hijbrejist] n hebraista
He·brew I ['hijbrū] n 1. Hebrej 2. ivrit, hebrejski jezik
Hebrew II a hebrejski
hec·a·tomb ['hekətoum] n (hist.) hekatomba (žrtva od stotinu goveda)
heck [hek] see **hell**
heck·le ['hekəl] v tr and intr dobaciti; upasti (nekome) u reč (riječ); the audience was ~ling the speaker iz publike su dobacivali govorniku
heck·ler ['heklə(r)] n dobacivač, onaj koji (nekome) upada u reč (riječ)
hec·tare ['hektej(r)], [a] n hektar
hec·tic ['hektik] a grozničav; uzbuđen; a ~ state grozničavo stanje
hec·to·gram ['hektəgraem] n hektogram
hec·to·graph [~graef]; [a] n hektograf
hec·to·li·ter [~lijtə(r)] n hektolitar
hec·to·me·ter [~mijtə(r)] n hektometar
hec·tor I ['hektə(r)] n (usu. Br.) nasilnik
hector II v (usu. Br.) 1. tr zastrašiti 2. intr razmetati se
hedge I [hedž] n 1. živa ograda 2. osiguranje protiv gubitaka (pomoću protiv transakcija)
hedge II v 1. tr (usu.; to ~ in) ograditi 2. tr obezbediti (obezbijediti), osigurati; to ~ a bet obezbediti se protiv gubitka u opkladi (sredstvom druge opklade) 3. intr kombinovati poslove da se obezbedi od gubitka
hedge·hog [~hag]; [o] n jež
hedge·hop [~hap]; [o] v intr leteti (letjeti) u brišućem letu
hedge in v see **hedge II** 1
hedge parson (Br.) nepismen sveštenik (svećenik)
hedge·row [~rou] n živica
he·don·ic [hi'danik]; [o] a hedonistički
he·don·ics [~s] n hedonika
he·don·ism ['hijdənizəm] n hedonizam
he·don·ist [~ist] n hedonista
he·don·is·tic [hijdən'istik] a hedonistički
hee·ble-jee·bies ['hijbij-'džijbijz] n pl (colloq.) strah, trema
heed I [hijd] n pažnja; to take ~ of smt. paziti na nešto
heed II v tr paziti (na); voditi računa (o); to ~ a warning paziti na opomenu
heed·ful [~fəl] a obazriv, oprezan
heed·less [~lis] a nemaran; ne vodeći računa
hee·haw I ['hijho] n njakanje

heehaw II v intr njakati (also **bray**)
heel I [hijl] n 1. (anat.) peta; to follow closely
on smb.'s ~s biti nekome za petama; *Achilles
~ Ahilova peta 2. potpetica, peta, štikla; high
~s visoke potpetice; to click one's ~s udariti
petama (na pozdrav) 3. (naut.) peta; the ~
of a mast peta jarbola 4. zadnji deo (dio) kopita
5. okrajak 6. (slang) nitkov, podlac 7. (fig.)
čizma, ropstvo 8. misc.; *to cool one's ~s
dreždati (radi prijema); *down at the ~s u
nemaštini; *to take to one's ~s uhvatiti ma-
glu; *to fall head over ~s in love zaljubiti se
do ušiju; (Br.; colloq.) *to lay smb. by the ~s
zatvoriti nekoga
heel II v tr 1. metnuti potpetice (na) 2. (slang)
opremiti, snabdeti — snabdjeti novcem
heel III n nagib (also **list III**)
heel IV v 1. tr nagnuti 2. intr (or: to ~ over) nag-
nuti se
heel bone see **calcaneus**
heft·y ['heftij] a krupan
He·ge·li·an I [hej'gejlijən] n hegelovac
Hegelian II a hegelovski
He·ge·li·an·ism [~izəm] n hegelijanizam
heg·e·mon·ic [hedžə'manik]; [o] a hegemonistički
he·gem·o·ny [hi'džemənij] n hegemonija
Hei·del·berg man ['hajdəlbə(r)g] hajdelberški čo-
vek (čovjek)
heif·er ['hefə(r)] n junica
height [hajt] n 1. visina; ~ above sea level nad-
morska visina 2. uzvišenje, visina; to dominate
a ~ dominirati uzvišenjem; (fig.) to reach diz-
zying ~s dostići astronomske visine
height·en [~ən] v tr povisiti
hei·nous ['hejnəs] a grozan, gnusan
heir [ej(r)] n naslednik (nasljednik); an ~ apparent
univerzalni naslednik (sa neoborivim pravom
nasleđa — nasljeđa)
heir·dom [~dəm] n nasledstvo (nasljedstvo)
heir·ess [~ris] n naslednica (nasljednica)
heir·loom [~lūm] n nasleđena (naslijeđena) stvar
heir presumptive verovatni naslednik (vjerojatni
nasljednik)
heir·ship [~šip] see **heirdom**
heist I [hajst] n (slang) krađa
heist II v tr (slang) ukrasti
held see **hold II**
hel·i·cop·ter ['helikaptə(r)]; [o] n helikopter; to
transfer by ~ prebaciti helikopterom
he·li·o·cen·tric [hijlijou'sentrik] a heliocentrični
he·li·o·graph ['hijlijəgraef]; [a] n heliograf
he·li·om·e·ter [hijlij'amətə(r)]; [o] n heliometar
he·li·o·trope ['hijlijətroup] n (bot.) heliotrop, sun-
čac
he·li·ot·ro·pism [hijlij'atrəpizəm]; [o] n (biol.) he-
liotropizam
he·li·o·type ['hijlijətajp] n (printing) heliotip
hel·i·port ['helapo(r)t] n aerodrom za helikoptere
he·li·um ['hijlijəm] n helijum
he·lix ['hijliks] (-es or helices ['heləsijz], [ij]) n heli-
koda, zavojnica
hell [hel] n 1. pakao, ad; *~ on earth pakao na
Zemlji 2. (colloq.) to catch ~ biti strogo kaž-
njen; *to give smb. ~ izgrditi nekoga na pasja
usta; *to raise ~ dizati paklenu larmu; go to

~! idi do vraga (đavola)! to be ~ on biti veo-
ma neprijatno za; he had a ~ of a good time
bogovski se proveo; *to wait for ~ to freeze
over čekati da na vrbi rodi grožđe; *~ or high
water ma šta se desilo; *there will be ~ to pay
biće nezgoda
he'll [hijl] (colloq.) he will
Hel·lad·ic [he'laedik] a heladski
hell-bent [~-bent] a pohlepan; to be ~ on (for)
smt. okomiti se na nešto, biti pohlepan za nečim
hell·cat [~kaet] n oštrokonđa
hel·le·bore ['heləbo(r)] n čemerika
Hel·lene ['helijn] n Helen
Hel·len·ic [he'lenik] a helenski
Hel·le·nism ['helənizəm] n helenizam
Hel·le·nist [~ist] n helenista
Hel·le·nis·tic [helə'nistik] a helenistički
Hel·le·nize ['helənajz] v tr helenizovati
hell·fire ['helfaj(r)] n pakleni oganj
hell-for-leath·er [hel-fə(r)-'lethə(r)] a and adv
(colloq.) s najvećom brzinom, paklenim tem-
pom
hell·hole ['helhoul] n (fig.) pakao; pećina poroka
hell·hound [~haund] n 1. pakleni pas 2. đavo
hell·ion ['heljən] n nestaško
hell·ish [~iš] a pakleni, adski
hel·lo [he'lou], [ə] interj 1. halo, alo 2. zdravo
hell·u·va [~əvə] adv (colloq.) veoma (=hell of a)
helm [helm] n kormilo; to take over the ~ uzeti
kormilo; or: (fig.) uzeti vlast u svoje ruke;
at the ~ na kormilu
hel·met ['helmət] n šlem, kaciga
helmet liner podšlemnik
hel·minth ['helminth] n crevna (crijevna) glista
helms·man ['helmzmən] (-men [min]) n kormilar,
krmanoš
hel·ot ['helət], [ij] n helot, rob
hel·ot·ism [~izəm] n helotstvo
hel·ot·ry ['helətrij] n helotstvo, ropstvo
help I [help] n 1. pomoć; to ask for ~ moliti za
pomoć; to call for ~ zvati u pomoć; financial
~ novčana pomoć; that is of no ~ to you ništa
ti to ne pomaže 2. pomoćnik; sluga; devojka
(djevojka)
help II v 1. tr and intr pomoći; to ~ smb. pomoći
nekome (nekoga); he ~ed him reach his goal
on mu je pomogao da postigne cilj; I ~ed
him (to) get out of trouble pomogao sam mu
da se izvuče iz nezgode; ~ me get my coat
off pomozi mi da skinem kaput; God ~ us!
bože pomozi! *God ~s those who ~ themselves
pomozi se sam, pa će ti i bog pomoći 2. refl
poslužiti se; ~ yourself to the food! poslužite
se jelom! 3. intr izbeći (izbjeći); I cannot ~
noting that. . . ne mogu a da ne primetim da. . .
4. misc.; to ~ smb. down pomoći nekome da
siđe
help·er [~ə(r)] n pomoćnik, pomagač
help·ful [~fəl] a koristan; od pomoći; to be ~
to smb. biti nekome od pomoći
help·ing [~ing] n porcija
help·less [~lis] a bespomoćan
help·less·ness [~nis] n bespomoć, bespomoćnost
help·mate [~mejt] n pomoćnik; suprug, supruga
help out v 1. pomoći (see **help II** 1) 2. pomoći da
iziđe

help-wanted (in a newspaper) »zaposlenje«
hel·ter-skel·ter ['heltə(r)-'skeltə(r)] *adv* na vrat — na nos, neorganizovano
hem I [hem] *n* rub, porub; *to let out a* ~ popustiti porub
hem II *v tr* 1. porubiti 2. *(to* ~ *in)* opkoliti
hem III (onoma.) hm (zvuk nakašljaja)
hem IV *v intr* nakašljivati se; *to* ~ *and haw* see **haw II**
he-man ['hij-maen] (*-men* [min]) *n* (colloq.) pravi muškarac, snažan muškarac
he·ma·to·log·i·cal [hijmətə'ladžikəl]; [o] *a* hematološki
he·ma·tol·o·gist [hijmə'talədžist]; [o] *n* hematolog
he·ma·tol·o·gy [~džij] *n* hematologija
hem·er·a·lo·pi·a [hemərə'loupijə] *n* (med.) hemeralopija, dnevno slepilo (sljepilo)
hem in *v* see **hem II** 2
hem·i·sphere ['heməsfij(r)] *n* hemisfera, polulopta
hem·i·stich ['hemistik] *n* (poetics) polustih
hem·line ['hemlajn] *n* (donji) rub suknje; *to lower (raise) the* ~ produžiti (skratiti) rub suknje
hem·lock [~lak]; [o] *n* 1. (bot.) kukuta 2. otrov od kukute
he·mo·glo·bin ['hijməgloubən], [e] *n* hemoglobin
he·mo·phil·i·a [hijmə'filijə], [e] *n* hemofilija
he·mo·phil·i·ac [hijmə'filijaek], [e] *n* hemofiličar
hem·or·rhage I ['heməridž] *n* krvarenje, hemoragija, izliv krvi; *a cerebral* ~ izliv krvi u mozak
hemorrhage II *v intr* krvariti
hem·or·rhoid ['hemərojd] *n* hemoroid
hem·or·rhoid·al [hemə'rojdəl] *a* hemoroidalan
he·mo·sta·sis [hijmə'stejsis] *n* (med.) hemostaza
he·mo·stat ['hijməstaet] *n* hemostat, sredstvo za zaustavljanje krvi
he·mo·stat·ic [hijmə'staetik] *a* hemostatičan
hemp I [hemp] *n* konoplja
hemp II *a* od konoplje
hem·stitch I ['hemstič] *n* šupljikav porub
hemstitch II *v tr* opšiti šupljikavim porubom
hen [hen] *n* kokoš, kvočka; ~s *cluck* kvočke kvocaju
hen-and-chickens ['hen-ən-'čikənz] *n pl* (bot.) see **houseleek**
hen·bane ['henbejn] *n* (bot.) bunika
hence [hens] *adv* 1. stoga, dakle 2. otuda, odatle 3. odsada
hence·forth [~fo(r)th] *adv* odsada
hench·man ['henčmən] (*-men* [min]) *n* privrženik, sledbenik (sljedbenik)
hen·di·a·dys [hen'dajədəs] *n* hendijadis (trop)
hen·na ['henə] *n* (bot.) kana
hen·peck ['henpek] *v tr* držati pod papučom; *to be* ~*ed* biti pod papučom
hen's bill (bot.) grahorka
hep see **hip III**
he·pat·ic [hi'paetik] *a* jetren
he·pat·i·ca [hi'paetikə] *n* (bot.) krstasti kopitnjak
hep·a·ti·tis [hepə'tajtis] *n* hepatitis, zapaljenje (W: upala) jetre
hep·ta·gon ['heptəgan]; [o] *n* sedmougaonik (W: sedmerokut)
hep·tane ['heptejn] *n* (chem.) heptan
her [hə(r)] 1. *pron* (objective case of *she*) je, nju, nje, joj, njoj, njome; *we saw* ~ videli (vidjeli) smo je; *I remember* ~ sećam (sjećam) je se;

he gave ~ *the book* dao joj je knjigu; *with* ~ sa njome; *about* ~ o njoj 2. *pron* (colloq.) ona; *it's* ~ to je ona 3. *poss a* njen, njezin; ~ *pencil* njena olovka; *she took off* ~ *gloves* skinula je rukavice
her·ald I ['herəld] *n* 1. glasnik, vesnik (vjesnik), herold 2. preteča 3. (Br.) poznavalac nauke o grbovima
herald II *v tr* nagovestiti (nagovijestiti)
he·ral·dic [hə'raeldik] *a* heraldički, heraldični
her·ald·ry ['herəldrij] *n* heraldika
herb [(h)ə(r)b] *n* 1. biljka, trava 2. lekovita (ljekovita) trava
herb·age [~idž] *n* lišće; trave; povrće
her·bar·i·um [hə(r)'bejrijəm] (*-s* or *-ia* [ijə]) *n* herbarijum
herb ben·net ['benət] (bot.) blaženi čkalj
her·bi·cide ['hə(r)bisajd] *n* herbicid
her·bi·vore ['hə(r)bəvo(r)] *n* biljožder
her·biv·o·rous [hə(r)'bivərəs] *a* biljožderski
her·cu·le·an [hə(r)kjə'lijən], [hə(r)'kjūlijən] *a* herkulovski, herkulski
herd I [hə(r)d] *n* 1. stado, čopor, krdo; *a* ~ *of cattle* stado goveda 2. (fig.) rulja
herd II *v* 1. *tr* skupiti (u stado) 2. *tr* čuvati, pasti; *to* ~ *cattle* čuvati (pasti) stoku 3. *intr* združiti se
herd·er [~ə(r)] *n* pastir, čobanin
herd's-grass [~z-graes]; [a] *n* (bot.) osatka, popino prase (W also: mačica)
herds·man [~mən] (*-men* [mən]) *n* čoban
here [hij(r)] *adv* 1. ovde (ovdje) 2. ovamo; *come* ~! dođi ovamo!; ~ *he comes!* evo ga!
here·af·ter I [hijr'aeftə(r)]; [a] *n* drugi svet (svijet)
hereafter II *adv* 1. odsada 2. na drugom svetu (svijetu)
here·by [hij(r)'baj] *adv* ovim, tim
he·red·i·tar·y [hə'redəterij]; [ə] *a* 1. hereditaran, nasledan (nasljedan); *a* ~ *disease* nasledna bolest 2. nasleđen (naslijeđen)
he·red·i·ty [hə'redətij] *n* 1. hereditet, naslednost (nasljednost), nasleđivanje (nasljeđivanje); *the laws of* ~ nauka o nasleđivanju 2. nasleđe (nasljeđe)
here·in [hijr'in] *adv* u ovom
here·in·af·ter [hijrin'aeftə(r)]; [a] *adv* niže (pomenuti)
her·e·sy ['herəsij] *n* jeres (W: hereza)
her·e·tic ['herətik] *n* jeretik (W: heretik)
he·ret·i·cal [hə'retikəl] *a* jeretičan (W: heretički)
here·to·fore ['hij(r)təfo(r)] *adv* dosada; ranije
here·with [hij(r)'with] *adv* s ovim
her·i·ta·ble ['herətəbəl] *a* see **hereditary**
her·i·tage ['herətidž] *n* nasleđe (nasljeđe); *a glorious* ~ slavno nasleđe
her·maph·ro·dite [hə(r)'maefrədajt] *n* hermafrodit
her·maph·ro·dit·ic [hə(r)maefrə'ditik] *a* hermafroditski
her·maph·ro·dit·ism [hə(r)'maefrədajtizəm] *n* hermafroditizam
her·me·neu·tics [hə(r)mə'nūtiks]; [nj] *n* hermeneutika
her·met·ic [hə(r)'metik] *a* hermetičan, hermetički
her·met·i·cal [~əl] see **hermetic**
her·mit ['hə(r)mit] *n* pustinjak

her·mit·age [~idž] *n* 1. pustinjački stan 2. pustinjački život
hermit crab rak samac
her·ni·a ['hə(r)nijə] *n* kila, hernija
her·ni·al [~l] *a* kilski
he·ro ['hijrou] (*-es*) *n* junak, heroj
he·ro·ic I [hi'rouik] *n* 1. junački stih 2. see **heroics**
heroic II *a* junački, heroičan, herojski; *a* ~ *deed* herojski podvig
heroic age herojsko doba
heroic poetry epsko pesništvo (pjesništvo), heroika
heroics *n* visokoparan govor
her·o·in ['herouən] *n* heroin
her·o·ine ['herouin] *n* junakinja, heroina
her·o·ism ['herouizəm] *n* junaštvo, heroizam
her·on ['herən] *n* čaplja
hero worship obožavanje heroja
hero-wor·ship·per [~ə(r)] *n* obožavalac heroja
her·pes ['hə(r)pijz] *n* jaglina, herpes, pljuskavica
herpes la·bi·al·is [lejbij'aelis] usnena jaglina
herpes zoster pojasni herpes, kosopasica
her·ring ['heriŋ] *n* haringa, sleđ
her·ring·bone [~boun] *n* vrsta unakrsnog boda; rebarca
hers [hə(r)z] *poss a* njen, njezin; (a.) (when no noun follows) *the pencil is* ~ olovka je njena; *my pencil and* ~ moja olovka i njena (cf. **her** 3) (b.) (after *of*) *a friend of* ~ jedna od njenih prijateljica ●
her·self [hə(r)'self] 1. *refl pron* se, sebe, sebi, sobom; *she's washing* ~ ona se pere; *she works for* ~ ona radi za sebe; *she is satisfied with* ~ ona je zadovoljna sobom; *she is beside* ~ *with joy* ona je van sebe od radosti 2. *pron a sama*; *she* ~ *wanted that* ona je sama tako željela (željela); *she made the dress* ~ ona je sama sebi sašila haljinu 3. *a* dobro; *she is not* ~ njoj nije dobro
hertz [hə(r)ts] *n* herc
Her·ze·go·vi·na [hə(r)tsəgou'vijnə] *n* Hercegovina
he's [hijz] *he is*
hes·i·tan·cy ['hezətənsij] *n* neodlučnost, kolebljivost
hes·i·tant ['hezətənt] *a* neodlučan, kolebljiv; *to be* ~ *about doing smt.* or: *to be* ~ *to do smt.* oklevati (oklijevati) da uradi nešto
hes·i·tate ['hezətejt] *v intr* ustručavati se, oklevati (oklijevati), kolebati se; *to* ~ *to do smt.* oklevati da uradi nešto
hes·i·ta·tion [hezə'tejšən] *n* ustručavanje, oklevanje (oklijevanje)
Hes·sian I ['hešən] *n* 1. Hesenac 2. (fig.) najamnik 3. (Br.) see **burlap**
Hessian II *a* hesenski
he·tae·ra [hi'tijrə] (*-s* or *-ae* [ij]) *n* hetera, naložnica
het·er·o·dox ['hetərədaks]; [*o*] *a* inoveran (inovjeran)
het·er·o·dox·y ['hetərədaksij]; [*o*] *n* inoverje (inovjerje)
het·er·og·a·my [hetə'ragəmij]; [*o*] *n* heterogamija
het·er·o·ge·ne·ous [hetərə'džijnijəs], [hetə'radžənəs]; [*o*] *a* heterogen, raznorodan
het·er·og·ra·phy [hetə'ragrəfij]; [*o*] *n* heterografija
het·er·on·o·mous [hetə'ranəməs]; [*o*] *a* heteronoman, potčinjen spoljnim (W: vanjskim) zakonima

het·er·o·nym ['hetərənim] *n* heteronim
het·er·on·y·mous [hetə'ranəməs]; [*o*] *a* heteroniman
het·er·o·sex·u·al [hetərou'sekšüəl] *a* heteroseksualan
het up [het] *a* (slang) uzbuđen
heu·ris·tic I [hjü'ristik] *n* heuristika
heuristic II *a* heuristički, heurističan
hew [hjü]; *-ed; -ed* or *hewn* [hjün] *v* 1. *tr* (usu.: *to* ~ *out*) istesati; isklesati 2. *tr* (often: *to* ~ *down*) oboriti 3. *tr* prokrčiti 4. *intr* tesati 5. *intr* (*to* ~ *to*) držati se; *to* ~ *to a line* držati se linije
hew·er [~ə(r)] *n* tesar; *a* ~ *of wood* drvoseča (drvosječa)
hex I [heks] *n* čar, čini; *to put a* ~ *on smb.* opčiniti nekoga
hex II *v tr* očarati, opčiniti
hex·a·gon ['heksəgan]; [*o*] *n* šestougao (W: šesterokut)
hex·ag·on·al [hek'saegənəl] *a* šestougli (W: šesterokutan)
hex·a·gram ['heksəgraem] *n* heksagram
hex·am·e·ter [hek'saemətə(r)] *n* heksametar
hey [hej] *interj* ej, hej
hey·day ['hejdej] *n* vrhunac, jek; *in his* ~ na vrhuncu njegove slave
hey presto *interj* (Br.; colloq.) odmah
hi [haj] *interj* 1. zdravo 2. (Br.) hej
hi·a·tus [haj'ejtəs] (*pl* has zero or *-es*) *n* 1. zev (zijev) 2. praznina 3. jaz
hi·ber·nal [haj'bə(r)nəl] *a* zimski, zimni
hi·ber·nate ['hajbə(r)nejt] *v intr* zimovati, prezimiti
hi·ber·na·tion [hajbə(r)'nejšən] *n* zimovanje, hibernacija
hic·cup I hic·cough ['hikəp] *n* štucanje; *I have the* ~*s* štuca mi se
hiccup II hiccough *v intr* štucati; *he began to* ~ počeo je da štuca
hick [hik] *n* (colloq.) gedža, seljak
hick·ey [~ij] *n* (colloq.) 1. naprava 2. mladež 3. (slang) fleka na koži (od poljupca)
hick·o·ry [~ərij] *n* hikori (drvo)
hide I [hajd] *n* koža (velike životinje)
hide II *hid* [hid]; *hidden* ['hidn] *v* 1. *tr* skriti; *to* ~ *one's money* skriti svoj novac 2. *intr* skriti se; *to* ~ *from smb.* skriti se od nekoga
hide-and-seek [hajd-n-'sijk] *n* žmurka, žmura (W: skrivač); *to play* ~ igrati se žmurke (W: skrivača)
hide·a·way ['hajdəwej] *n* zakutak, kut, zabačeno tiho mesto (mjesto)
hide·bound ['hajdbaund] *a* uskogrudan, pun predrasuda
hid·e·ous ['hidijəs] *a* grozan, gnusan
hide-out ['hajd-aut] *n* skrivalište
hide out *v* see **hide II** 2
hiding place skrivalište
hi·er·arch ['hajərɑ(r)k] *n* glavni sveštenik (svećenik)
hi·er·ar·chi·cal [hajə'ɑ(r)kikəl] *a* hijerarhijski
hi·er·ar·chy ['hajərɑ(r)kij] *n* hijerarhija
hi·er·o·glyph ['hajrəglif] see **hieroglyphic I**
hi·er·o·glyph·ic I [hajrə'glifik] *n* hijeroglif
hieroglyphic II *a* hijeroglifski
hi-fi I ['haj-faj] *n* 1. hi-fi; see **high fidelity** 2. radio, gramofon s visokom vernosti (vjernosti) reprodukcije

hi-fi II *a* see **high-fidelity**
high I [haj] *n* 1. (meteor.) anticiklon 2. (on an automobile) četvrta brzina 3. (slang) opijenost
high II *a* 1. visok; *10 feet* ~ visok deset stopa; *~ position (tone, voice)* visok položaj (ton, glas); *a ~ price (temperature)* visoka cena — cijena (temperatura); *a ~ building (mountain)* visoka zgrada (planina); *to have a ~ opinion of smt.* imati visoko mišljenje o nečemu; *~ society* visoko društvo; *of ~ quality* visokog kvaliteta 2. (slang) opijen; *to get ~* opiti se 3. (ling.) visok; *a ~ vowel* visok samoglasnik 4. vrhovni; visok; *a ~ command* vrhovna komanda; *a ~ commissioner* visoki komesar 5. misc.; *~ and mighty* arogantan; na visokom položaju; *~ living* raskošan život; *it's ~ time* krajnje je vreme (vrijeme); **to be on one's ~ horse* praviti se otmen (otmjen); **to be left ~ and dry* ostati na cedilu (cjedilu); **to look for ~ and low* tražiti svugde (svugdje); *to speak ~ly (of smb.)* govoriti s puno poštovanja (o nekome)
high III *adv* visoko; *to hold one's head ~* držati glavu visoko; *to fly ~* leteti (letjeti) visoko; (fig.) *to aim ~* pucati na visoko
high·ball [~bol] *n* koktel (u visokoj čaši)
high·born [~bo(r)n] *a* visokorodan
high·bred [~bred] *a* visokorodan
high·brow I [~brau] *n* (colloq.) osoba prefinjenog ukusa
highbrow II *a* (colloq.) prefinjenog ukusa
high·chair [~čej(r)] *n* dečija (dječija) stolica
high-class [~-klaes]; [*a*] *a* prvoklasan
high court vrhovni sud
high day praznik
high·er [~ɔ(r)] *a* 1. see **high II** 2. *~ education* visoko (fakultetsko) obrazovanje
high·er-up [~r-ɔp] *n* (colloq.) pretpostavljeni
high explosive brizantni eksploziv
high·fa·lu·tin, hi·fa·lu·tin [hajfɔ'lūtɔn] *a* (colloq.) pompezan
high fidelity visoka vernost (vjernost) reprodukcije
high-fidelity *a* visokokvalitetan; *a ~ recording* visokokvalitetni snimak
high-flying *a* 1. koji visoko leti 2. ambiciozan
high frequency visoka frekvencija
High German 1. visokonemački (visokonjemački) jezik (koji se govori u južnim delovima — dijelovima nemačkog — njemačkog jezičkog područja) 2. (standardni) nemački — njemački jezik
high-grade [~-grejd] *a* visokokvalitetan
high·hand·ed [~haendid] *a* arogantan
high-hat [~-haet] *n* snob
high·jack see **hijack**
high jinks see **jinks**
high jump (sports) skok uvis
high-keyed [~-kijd] *a* 1. piskav 2. napet; uzbudljiv
high·land I [~lɔnd] *n* 1. visina 2. (in *pl*) planinski kraj, brda
highland II *a* planinski; *~ sheep* planinske ovce
high·land·er [~ɔ(r)] *n* brđanin, goranin, gorštak
high-level *a* na visokom nivou; *~ negotiations* pregovori na visokom nivou
high life život na visokoj nozi

high·light I [~lajt] *n* (fig.) vrhunac; glavna atrakcija; najvažniji događaj
highlight II *v tr* istaći
high·line cable ['hajlajn] koturača
high·ly [~lij] *adv* 1. see **high II** 1 2. veoma; *~ interesting* veoma zanimljiv
high mass (rel.) svečana misa
high-mind·ed [~-majndid] *a* plemenit, velikodušan
high·ness [~nis] *n* 1. visokost 2. (as a title) visočanstvo, svetlost (svjetlost)
high noon podne
high-oc·tane [~-aktejn]; [*o*] *a* visokooktanski
high-pitched [~-pičt] *a* piskav, velike visine
high point vrhunac
high-press·sure I [~-'prešɔ(r)] *a* 1. (meteor.) anticiklonski; *a ~ area* anticiklon 2. (colloq.) agresivan
high-pressure II *v tr* vršiti pritisak (na nekoga)
high-ranking *a* s visokim činom; *~ officers* viši oficiri; *~ officials* visoki činovnici
high-rise [~-rajz] *a* višespratan (W: višekatan); *a ~ apartment* višespratnica (W: višekatnica)
high·road [~roud] *n* (Br.) glavni put
high school (Am.) srednja škola
high-school [~-skūl] *a* (Am.) srednjoškolski
high seas *pl (the ~)* otvoreno more, visoko more
high sign (colloq.) signal
high-sound·ing [~-saundiñ] *a* visokoparan, zvučan; *a ~ name* zvučno ime
high-speed [~-spijd] *a* brz, ekspresni
high-spir·it·ed [~-spiritid] *a* 1. smeo (smio) 2. žustar; *a ~ horse* žustar konj 3. živahan
high spot vrhunac
high-strung [~-straŋg] *a* napregnut, napet
high·tail [~tejl] *v* (colloq.) *to ~ it* uhvatiti maglu
high tea (Br.) obilna večera (sa čajem i mesom)
high-ten·sion [~-tenšɔn] *a* visokonaponski; *~ lines* vodovi visokog napona
high-test [~-test] *a* visokooktanski; *~ gasoline* visokooktanski benzin
high tide plima
high treason veleizdaja
high unemployment area see **distressed area**
high-up [~-ɔp] *a* (colloq.) na visokom položaju
high-wa·ter mark [~-wotɔ(r)], [*a*] 1. najviši vodostaj 2. (fig.) vrhunac
high·way [~wej] *n* autoput
Highway Code (Br.) saobraćajna pravila
high·way·man [~mɔn] (*-men* [min]) *n* drumski razbojnik
highway patrol patrola saobraćajne milicije (na autoputu)
hi·jack ['hajdžaek] *v tr* oteti, kidnapovati; *to ~ an airplane* oteti avion
hi·jack·er [~ɔ(r)] *n* otmičar, kidnaper
hi·jack·ing [~iñg] *n* otmica
hike I [hajk] *n* 1. pešačenje (pješačenje); izlet 2. (mil.) marš u pešačkom (pješačkom) stroju
hike II *v* 1. *tr* propešačiti (propješačiti); *to ~ ten miles* propešačiti deset milja 2. *intr* pešačiti (pješačiti) 3. *intr* (mil.) ići u pešačkom (pješačkom) stroju
hik·er [~ɔ(r)] *n* izletnik
hike up *v* podići; *to hike up prices* or: *to hike prices up* podići cene (cijene)

hi·lar·i·ous [hi'lejrijəs] *a* 1. smešan (smiješan) 2. radostan, veseo
hi·lar·i·ty [hi'laerətij] *n* veselje
hill [hil] *n* brdo; brežuljak
hill·bil·ly I [~bilij] *n* (colloq.) brđanin, gorštak; prostak
hillbilly II *a* brđanski; prostački
hill·ock [~ək] *n* brdašce
hill·side [~sajd] *n* padina brda
hill·top [~tap]; [o] *n* vrh brda (brežuljka)
hill·y [~ij] *a* brdovit, brežuljkast
hilt [hilt] *n* balčak; *to the* ~ sasvim
hi·lus ['hajləs] (*-li* [laj]) hi·lum ['hajləm] (*-la* [lə]) *n* (anat.) hilus
him [him] *pron* 1. (objective case of he) ga, njega, mu, njemu, njime, nj; *we saw* ~ videli (vidjeli) smo ga; *I remember* ~ sećam (sjećam) ga se; *she gave* ~ *the book* dala mu je knjigu; *with* ~ sa njime; *about* ~ o njemu 2. (colloq.) on; *it's* ~ to je on
Hi·ma·la·yas [himə'lejəz], [hi'maljəz] *n pl* Himalaji
him·self [him'self] 1. *refl pron* se, sebe, sebi, sobom; *he's washing* ~ on se pere; *he works for* ~ on radi za sebe; *he is satisfied with* ~ on je zadovoljan sobom; *he is beside* ~ *with joy* on je van sebe od radosti 2. *pron a* sam; *he did it* ~ on je to radio sam 3. dobro; *he is not* ~ njemu nije dobro
hind I [hajnd] *n* košuta
hind II *a* zadnji; ~ *legs* zadnje noge
hin·der ['hində(r)] *v intr* sprečiti (spriječiti), omesti; *to* ~ *smb.'s work* omesti nekoga u radu
Hin·di I ['hindij] *n* 1. (ling.) hindi (jezik) 2. Hindus
Hindi II *a* hindski
hind·most ['hajndmoust] *a* poslednji (posljednji)
hind·quar·ter [~kwo(r)tə(r)] *n* stražnji ćerek
hin·drance ['hindrəns] *n* smetnja, prepreka
hind·sight ['hajndsajt] *n* 1. nišan 2. (fig.) kasno uviđanje
Hin·du I ['hindū]; [hin'dū] *n* Hindus
Hindu II *a* hinduski
Hin·du·ism [~izəm] *n* hinduizam
Hin·du·stan [hindū'stan] *n* Hindustan
Hin·du·sta·ni I [~ij] *n* hindustani (jezici hindi i urdu)
Hindustani II *a* hindustanski
hinge I [hindž] *n* šarka, šarnir
hinge II *v intr* zavisiti (W also: ovisiti); *to* ~ *on (upon)* smt. zavisiti od nečega (ovisiti o nečemu)
hint I [hint] *n* mig, znak, aluzija, namigivanje, nagoveštaj (nagovještaj); *to give smb. a* ~ dati nekome mig; *to take a* ~ razumeti (razumjeti) mig
hint II *v intr* nagovestiti (nagovijestiti); *to* ~ *at* smt. nagovestiti nešto, praviti aluzije na nešto
hin·ter·land ['hintə(r)laend] *n* zaleđe
hip I [hip] *n* kuk, bedro
hip II *n* plod divlje ruže; šipak (also rose hip)
hip III *a* (slang) 1. svestan (svjestan) 2. u toku; upućen; moderan
hip IV *interj* ura
hip·bone [~boun] *n* bedrenjača
hip flask mala čutura
hip·pie ['hipij] *n* hipik
hip·po ['hipou] see **hippopotamus**

hip pocket džep na pantalonama (W: hlačama)
Hip·po·crat·ic oath [hipə'kraetik] Hipokratova zakletva
hip·po·drome ['hipədroum] *n* hipodrom
hip·po·pot·a·mus [hipə'patəməs]; [o] (*-es* or *-mi* [maj]) *n* nilski konj
hip·py see **hippie**
hip·ster [~stə(r)] *n* (colloq.) upućena osoba
hire I [haj(r)] *n* najam, zakup; *for* ~ pod zakup
hire II *v* 1. *tr* uzeti pod najam, iznajmiti 2. *tr (to* ~ *out)* dati pod najam, iznajmiti 3. *intr (to* ~ *out)* najmiti se
hire·ling [~liñg] *n* najamnik, plaćenik
hire purchase (Br.) plaćanje na rate
hir·sute ['hə(r)'sūt] *a* dlakav, rutav
his [hiz] *poss a* njegov; ~ *pencil* njegova olovka; *the coat is* ~ kaput je njegov; *he took off* ~ *gloves* skinuo je rukavice
His·pan·ic I [hi'spaenik] *n* osoba španskog (W: španjolskog) porekla (porijekla)
Hispanic II *a* španski (W: španjolski)
hiss I [his] *n* 1. šištanje 2. (usu. in *pl*) zviždanje
hiss II *v* 1. *tr* izviždati; *the audience* ~ed *the singer* publika je izviždala pevačicu (pjevačicu) 2. *intr* zviždati; *to* ~ *at an actor* zviždati glumcu 3. *intr* šištati; brujati
hiss·ing [~iñg] *a* (ling.) piskav; ~ *sounds* piskavi suglasnici
his·ta·mine ['histəmijn] *n* histamin
his·to·log·i·cal [histə'ladžikəl]; [o] *a* histološki
his·tol·o·gist [hi'stalədžist]; [o] *n* histolog
his·tol·o·gy [hi'stalədžij]; [o] *n* histologija
his·to·ri·an [hi'storijən] *n* istoričar (W: historičar, povjesničar)
his·tor·ic [hi'storik] *a* 1. značajan, epohalan 2. see **historical**
his·tor·i·cal [~əl] *a* istorijski (W: historijski, povijesni); ~ *linguistics* istorijska lingvistika; ~ *facts* istorijske činjenice
his·tor·i·cism [hi'storəsizəm] *n* istoricizam (historicizam)
his·to·ri·og·ra·pher [historij'agrəfə(r)]; [o] *n* istoriograf (historiograf)
his·to·ri·og·ra·phy [~rəfij] *n* istoriografija (historiografija)
his·to·ry ['histərij] *n* istorija (W: historija, povijest); *ancient (modern)* ~ istorija starog (novog) veka — vijeka; *to go down in* ~ ući u istoriju; *to make* ~ stvarati istoriju; (as *a*) *a* ~ *department* odsek za istoriju (W: odsjek za povijest)
his·tri·on·ic [histrij'anik]; [o] *a* glumački
his·tri·on·ics [~s] *n pl* glumljenje
hit I [hit] *n* 1. pogodak, udarac; *a direct* ~ direktan pogodak; *to score a* ~ postići pogodak 2. veliki uspeh (uspjeh); *to make a* ~ postići veliki uspeh 3. šlager 4. (slang) ubistvo koje treba da izvrši plaćeni ubica, plaćeno ubistvo
hit II *hit*; *v* 1. *tr* udariti; *to* ~ *smb. in the face* udariti nekoga u lice; *I hit my elbow* udario sam lakat; *to* ~ *one's head against a wall* udariti glavom o zid 2. *tr* pogoditi; *to* ~ *a target* pogoditi metu 3. *tr* naići, naleteti (naletjeti), naploviti; *to* ~ *a mine* naići (naploviti) na minu; *he hit a pole* naleteo je na stub 4. *intr (to* ~ *on, upon)* naići; *to* ~ *on an idea* doći

na ideju 5. misc.; *to ~ it off (together)* slagati se dobro; *to ~ the nail on the head* pogoditi suštinu; (croquet) *he hit the ball through the wicket* proterao (protjerao) je kuglu kroz vrata; *to ~ the ceiling (roof)* razbesneti (razbjesnjeti) se

hit-and-run ['hit-ən-rən] *a* odbegli (odbjegli); *a ~ driver* odbegli vozač

hitch I [hič] *n* 1. trzaj, vučenje; *to give one's trousers a ~* povući pantalone (W: hlače) (also **tug I** 1) 2. uzao, čvor 3. zapreka, začkoljica; *a ~ in the negotiations* zapreka u pregovorima 4. (mil., colloq.) rok službe; *to do a ~* odslužiti rok službe; *to sign up for another ~* ostati na dopunskom roku službe 5. (on a plow) krpele

hitch II *v* 1. *tr* povezati 2. *tr* (also: *to ~ up*) upregnuti, zapregnuti; *to ~ a horse to a cart* upregnuti konja u kola 3. *tr* (colloq.) venčati (vjenčati); *to get ~ed* venčati se 4. *tr* (colloq.) *to ~ a ride* ići kao autostoper 5. *intr* (colloq.) see **hitchhike**

hitch·hike [~hajk] *v intr* stopirati, putovati autostopom

hitch·hik·er [~ə(r)] *n* autostoper

hitch·hik·ing [~iñg] *n* autostoperstvo, autostop

hitch·ing post [~iñg] konjovez, stub za vezivanje konja

hitch up *v* 1. podići, povući; *to hitch up one's trousers* povući naviše svoje pantalone (W: hlače) 2. see **hitch II** 2

hith·er ['hithə(r)] *adv* (rare, obsol.) ovamo; *~ and thither* or *~ and yon* ovamo i onamo (more usu. is **here** 2)

hit list (colloq.) spisak osoba koje treba da ubiju plaćene ubice

hit man (colloq.) plaćeni ubica

hit-or-miss ['hit-ə(r)-mis] *a* 1. nasumce raden 2. nehajan

hit parade hit parada, top-hit lista (lista najpopularnijih melodija)

hit squad (colloq.) odred plaćenih ubica

hit·ter ['hitə(r)] *n* udarač

Hit·tite I ['hitajt] *n* 1. Hetit 2. hetitski jezik

Hittite II *a* hetitski, hetski

hive [hajv] *n* košnica

hive off *v* (Br.; colloq.) 1. otići 2. odvojiti (se)

hives [~z] *n* (med.) koprivnjača (also **nettle rash, urticaria**)

HMO [ejčem'ou] see **health maintenance organization**

ho [hou] *interj* hajde! evo!

hoa·gie ['hougij] *n* vrsta sendviča

hoar [ho(r)] *n* see **hoarfrost**

hoard I [ho(r)d] *n* zaliha; gomila; riznica

hoard II *v* 1. *tr* nagomilati; *they are ~ing gold* oni gomilaju zlato 2. *intr* gomilati hranu

hoard·ing I [~iñg] *n* gomilanje

hoarding II *n* (Br.) 1. plot od dasaka oko gradilišta 2. reklamni plakat (see also **billboard** for 2)

hoar·frost ['ho(r)frost] *n* inje

hoar·hound see **horehound**

hoarse [ho(r)s] *a* promukao; *a ~ voice* promukao glas

hoarse·ness [~nis] *n* promuklost

hoar·y ['horij] *a* 1. sed (sijed) 2. prastar

hoax I [houks] *n* podvala, obmana

hoax II *v tr* podvaliti, obmanuti

hob I [hɑb]; [o] *n* bauk; *to play (raise) ~ with smt.* osujetiti nešto

hob II *n* glodalica za zupčanike

hob·bing machine [~iñg] see **hob II**

hob·ble I ['hɑbəl]; [o] *n* 1. puto (kojim se konjima sputavaju noge), sapon 2. hramanje

hobble II *v* 1. *tr* sputati, sapeti; *to ~ a horse* sputati (sapeti) konja 2. *intr* hramati

hob·by I ['hɑbij]; [o] *n* hobi, omiljeno zanimanje

hobby II *a* kraguljac

hob·by·horse [~ho(r)s] *n* 1. drveni konj, drvena palica sa konjskom glavom 2. see **hobby I**

hob·gob·lin ['hɑbgɑblən]; [o]; [o] *n* bauk

hob·nail ['hɑbnejl]; [o] *n* klinac (sa krupnom glavom) za cipele

hob·nob ['hɑbnɑb]; [o]; [o] *v intr* družiti se; *to ~ with smb.* družiti se s nekim

ho·bo ['houbou] (-*s* or -*es*) *n* skitnica

Hob·son's choice ['hɑbsənz]; [o] odsustvo slobodnog izbora

hock I [hɑk]; [o] *n* skočni zglavak, ključ

hock II *n* (colloq.) založenost; *in ~* založen; zadužen

hock III *v tr* (colloq.) založiti

hock·ey I [~ij] *n* hokej; *ice (field) ~* hokej na ledu (travi)

hockey II *a* hokejaški

hockey match hokejaška utakmica

hockey stick hokejaška palica

hock·shop [~šap]; [o] *n* (colloq.) zalagaonica

ho·cus·po·cus ['houkəs-'poukəs] *n* hokus-pokus

hod [hɑd]; [o] *n* kofa (za malter)

hodge·podge ['hɑdžpadž]; [o]; [o] *n* papazjanija; miš-maš, mešavina (mješavina)

Hodg·kins disease ['hɑdžkinz]; [o] Hodgkinova bolest, Bonfilsova bolest

hoe I [hou] *n* motika

hoe II *v tr and intr* kopati motikom

hoe-down [~daun] *n* vrsta američkog narodnog plesa

hog I [hɑg]; [o] *n* 1. krmak, svinja 2. (fig.) halapljiva osoba 3. misc.; *to go whole ~* ići dokraja

hog II *v tr* (colloq.) monopolisati; *to ~ a conversation* monopolisati razgovor (u društvu)

hog·gish [~iš] *a* halapljiv

hogs·head [~zhed] *n* mera (mjera) za tečnost (u SAD — 63 galona)

hog·wash [~waš]; [o] *n* (colloq.) koještarija

hoi·den see **hoyden**

hoi pol·loi [hoj pə'loj] (Greek) prost narod

hoist I [hojst] *n* dizalica (W: dizalo)

hoist II *v tr* dići

hoi·ty-toi·ty ['hojtij-'tojtij] *a* (colloq.) 1. ohol 2. uvredljiv

ho·kum ['houkəm] *n* obmana, podvala

hold I [hould] *n* 1. držanje, hvatanje; *to grab (take) ~ of smt.* uhvatiti nešto 2. (fig.) uticaj; vlast; *a government's ~ over an area* vlast vlade nad pokrajinom; *a strong ~ over smb.* jak uticaj na nekoga 3. oslonac 4. zadržavanje (u odbrojavanju) 5. (wrestling) zahvat 6. misc.; *to ~ ukoreniti (ukorijeniti) se; *to be on ~* čekati

hold II *held* [held] *v* 1. *tr* držati; *to ~ in one's hands* držati u svojim rukama; *our troops ~*

the city naši vojnici drže grad; *to ~ under siege* držati pod opsadom; **to ~ one's tongue* držati jezik za zubima 2. *tr* imati, držati; *to ~ stock* imati akcije 3. *tr* sadržati; hvatati; primati; *the bottle ~s a quart* flaša sadrži kvart; *the barrel ~s 10 gallons* bure hvata 10 galona; *this stadium ~s 30,000 spectators* ovaj stadion prima 30.000 gledalaca 4. *tr* održati; sprovesti; izvršiti; *to ~ maneuvers (a meet)* održati manevre (takmičenje), *to ~ elections* sprovesti izbore; *to ~ an inspection* izvršiti pregled 5. *tr* prikovati, privući; zadržati; *to ~ the attention of an audience* prikovati pažnju svojih slušalaca 6. *tr* zadržati; zaustaviti; *to ~ a room* zadržati sobu; *to ~ one's breath* zadržati (zaustaviti) dah 7. *tr* zauzimati; *to ~ an office* zauzimati položaj 8. *tr* odlučiti; *the court held that...* sud je odlučio da... 9. *tr* držati se; *to ~ a view* držati se pogleda 10. *intr* držati; *the rope will ~* uže će držati 11. *intr* važiti; *the principle still ~s* princip još važi; *that ~s for you too* to važi i za tebe 12. *intr* držati se; *to ~ to a course* držati se kursa 13. *intr* čekati 14. misc.; *to ~ at bay* ne dati predaha; *to ~ forth on smt.* govoriti o nečemu, držati predavanje o nečemu; *he ~s this to be true* on smatra da je to istina; *to ~ with smt.* slagati s nečim; *to ~ a brief for smb.* zastupati nekoga; **to ~ it* zaustaviti se; **to ~ water* važiti; položiti ispit; *I'll be left ~ing the bag* slomiće se kola na meni; (colloq.) *~ the bacon!* bez slanine!

hold III *n* (naut.) brodsko skladište
hold-all [~ol] *n* velika putnička torba
hold back *v* 1. uzdržati se; *he held himself back (from hitting me)* uzdržao se (da me ne ošamari) 2. obuzdati 3. držati u rezervi
hold down *v* 1. zadržati, uzdržati 2. sprečiti (spriječiti) da se podigne; *to hold prices down* ne dozvoliti povećanje cena (cijena) 3. zauzimati; *to hold down an important job* zauzimati važno mesto (mjesto)
hold-er [~ə(r)] *n* 1. držac 2. držalac, vlasnik 3. (comm.) remitent 4. zaštitnik
hold in *v* uvući; *to hold in one's stomach* uvući trbuh
hold-ing [~iñg] *n* 1. imanje 2. (in *pl*) dobro, imovina 3. držanje; *there is no ~ him* on se ne može ukrotiti 4. (aviation) čekanje na sletanje (slijetanje) 5. (in *pl*) fond, fondovi; *the library ~s total around 500,000 volumes* fondovi biblioteke broje oko 500.000 svezaka
holding company (comm.) holding-preduzeće — W: poduzeće (preduzeće koje se osniva radi stecanja — stjecanja akcija drugih preduzeća)
holding pattern (aviation) zona čekanja
hold-ings see **holding** 2, 5
hold on *v* pridržati se; *to hold on to smb.* pridržati se nekoga
hold out *v* 1. pružiti; *to hold out one's arms* pružiti ruke 2. pružati otpor; ne predati se; ne pristati; *to hold out against an enemy* pružati otpor neprijatelju 3. istrajati; *our gas held out* istrajao nam je benzin; *the car held out as far as the border* auto je istrajao do granice 4. izdržati; *to hold out to the end* izdržati do kraja 5. kriti, čuvati tajnu; *to hold out on smb.* kriti nešto od

nekoga 6. davati; *to hold out hope* davati nadu 7. insistirati; *to hold out for smt.* insistirati na nečemu
hold-out [~aut] *n* osoba koja ne pristaje
hold over *v* nastaviti, produžiti
hold-o-ver [~ouvə(r)] *n* funkcioner koji je zadržao svoj položaj u novoj vladi
hold up *v* 1. zadržati; zaustaviti; *to hold up traffic* zadržati (zaustaviti) saobraćaj 2. opljačkati; *to hold smb. up* opljačkati nekoga 3. prikačiti; držati; *the picture was held up by a wire* slika je bila prikačena žicom 4. držati; *to hold up a sign* držati u rukama plakat
hold-up [~əp] *n* 1. zastoj 2. pljačka
hole [houl] *n* 1. rupa, *to make a ~ in smt.* načiniti rupu na nečemu; *to dig a ~* iskopati rupu (see also **pothole**) 2. jazbina 3. otvor, rupa; *a ~ in a wall* rupa u zidu 4. škripac; *in a ~* u škripcu 5. ćumez
hole-and-corner *a* (Br.) skriven, tajni
hole up *v* (usu. fig.) zavući se (u rupu)
-holic see **-aholic**
hol-i-day ['halədej]; [*o*]; [*i*] *n* 1. praznik; *to celebrate a ~* proslaviti praznik 2. (Br.) odmor, raspust; *to be on ~* biti na odmoru
holiday II *a* praznični; *a ~ mood* praznično raspoloženje
ho-li-er-than-thou ['houlijə(r)-thən-'thau] *a* pobožan
ho-li-ness ['houlijnis] *n* svetost
ho-list-ic [hou'listik] *a* potpun, kompletan
Hol-land ['halənd]; [*o*] *n* Holandija
hol-ler I ['halə(r)]; [*o*] *n* vika, uzvik
holler II *v* (colloq.) 1. *tr* uzviknuti; *to ~ smt.* uzviknuti nešto 2. *intr* vikati
hol-low I ['halou]; [*o*] *n* 1. šupljina, duplja; *the ~ of a tree* šupljina drveta 2. udolina
hollow II *a* 1. šupalj; *a ~ tooth* šupalj zub; *a ~ tree* šuplje drvo; **a ~ leg* nezasitan apetit 2. izduben 3. upao; ispijen; *~ cheeks* upale jagodice; *~ eyes* ispijene oči
hollow out *v* izdubiti, izdupsti
hol-low-ware [~wej(r)] *n* kuhinjsko posuđe
hol-ly ['halij]; [*o*] *n* (bot.) zelenika
hol-ly-hock [~hak]; [*o*] *n* slezovača
hol-o-caust ['haləkost]; [*o*], [*ou*] *n* potpuno uništenje; uništenje Jevreja za vreme (vrijeme) drugog svetskog (svjetskog) rata
hol-ster ['houlstə(r)] *n* futrola (za pištolj)
ho-ly ['houlij] *a* svet; *a ~ war* sveti rat
Holy Father papa, sveti otac
Holy Ghost Sveti duh
Holy Land Sveta zemlja
holy of holies (usu. rel.) svetinja nad svetinjama
Holy Orders *pl* (rel.) 1. rukopoloženje; *to take ~* biti rukopoložen (W also: zarediti se) 2. duhovnički stalež
Holy Roman Empire Sveto rimsko carstvo
Holy Scriptures *pl* Sveto pismo
Holy See Sveta stolica
Holy Spirit *(the ~)* Sveti duh
Holy Thursday Veliki četvrtak
holy water sveta voda
hom-age ['hamidž]; [*o*] *n* 1. vazalska dužnost 2. odavanje pošte

hom·burg ['hambə(r)g]; [o] *n* vrsta šešira, idn-
-šešir
home I [houm] *n* 1. kuća, dom, stan; domaće
ognjište; *at* ~ kod kuće; *to feel at* ~ osećati
(osjećati) se kao kod svoje kuće; **there is no
place like* ~ svuda je dobro, ali je kod kuće
najbolje 2. dom, zavod; *a children's* ~ dečji
(dječji) dom; *a* ~ *for the aged* dom staraca; *a*
~ *for juvenile deliquents* zavod za vaspitanje
mladih 3. domovina, zavičaj
home II *a* 1. kućni, domaći; ~ *upbringing* kućno
vaspitanje; *a* ~ *visit* kućna poseta (kućni po-
sjet) 2. misc.; *a* ~ *base* glavna baza; *a* ~ *front*
unutrašnji front; *a* ~ *guard* teritorijalna vojska
home III *adv* kući; *to go* ~ ići kući; **to come*
~ *to roost* vratiti se odakle se pošlo
home IV *v* (aviation) 1. *tr* navoditi 2. *intr* leteti
(letjeti) ka radio-stanici
home·bod·y [~bɑdij]; [o] *n* osoba koja stalno sedi
(sjedi) kod kuće
home·bred [~bred] *a* odgajen (W: odgojen) kod
kuće
home·brew [~brū] *n* pivo (viski) domaće izrade
home·com·ing [~kəmiñ] *n* 1. povratak kući 2.
(godišnji) skup bivših (diplomiranih) studenata
(u visokoškolskoj ustanovi)
home care see **home health care**
home cooking domaća kuhinja
home economics ekonomika domaćinstva
Home Guard (Br., WW II) rezervne snage dobro-
voljaca
home health agency služba kućne nege (njege)
home health care pružanje kućne nege (njege)
home help Br.; see **home health aide**
home help aide negovateljica — njegovateljnica
(službe kućne nege)
home in *v* navoditi se; *to home in on a target* na-
voditi se na cilj (pomoću sistema samonavo-
đenja)
home·land [~laend] *n* domovina, zavičaj
home·less [~lis] *a* bez krova nad glavom, bez
kuće
home·like [~lajk] *a* domaći; kao kod kuće
home·li·ness [~lijnis] *n* 1. (esp. Br.) prostota 2.
ružnost
home·ly [~lij] *a* 1. (esp. Br.) prost; domaći; po-
rodični 2. ružan
home·made [~mejd] *a* domaći, napravljen kod
kuće; ~ *bread* domaći hleb — hljeb (W: kruh);
~ *soap* domaći sapun
home·ma·ker [~mejkə(r)] *n* domaćica
Home Office (Br.) ministarstvo unutrašnjih po-
slova
ho·me·o·path ['houmijəpaeth]; [a] *n* homeopat
ho·me·op·a·thy [houmij'apəthij]; [o] *n* homeopatija
home·own·er ['houmounə(r)] *n* vlasnik kuće
homeowner's insurance osiguranje zgrade i stvari
domaćinstva
hom·er ['houmə(r)] *n* golub-pismonoša
Ho·mer·ic [hou'merik] **Ho·me·ri·an** [hou'mijrijən]
a homerski
home·room [~rūm], [u] *n* (u osnovnoj, srednjoj
školi) matično odeljenje (odjeljenje)
home rule samouprava
home·sick [~sik] *a* koji čezne za domovinom,
to be ~ čeznuti za domovinom

home·sick·ness [~nis] *n* čežnja za domovinom,
nostalgija
home·site [~sajt] *n* kućište
home·spun [~spən] *a* 1. kod kuće preden 2. (fig.)
domaći
home·stead I [~sted] *n* farma, poljoprivredno
dobro
homestead II *v intr* raditi kao farmer, imati po-
ljoprivredno dobro
Homestead Act (Am., hist.) Homstedski akt (od
1862. o raspodeli — raspodjeli zemlje na za-
padu SAD)
home·stead·er [~ə(r)] *n* naseljenik
home·stretch [~streč] *n* 1. ravna strana (trkačke
staze) pred ciljem 2. (fig.) završna faza
home team (sports) domaćin (cf. **visiting team**)
home·town [~taun] *n* rodno mesto (mjesto)
home visit kućna poseta (kućni posjet); *to make
a* ~ učiniti kućnu posetu
home·ward [~wə(r)d] *adv* kući
home·work [~wə(r)k] *n* domaći zadatak (W:
domaća zadaća)
home·y, hom·y ['houmij] see **homelike**
hom·i·ci·dal ['haməsajdəl]; [o], [ou] *a* ubilački
hom·i·cide ['haməsajd]; [o], [ou] *n* 1. ubistvo (W:
ubojstvo) 2. ubica (W also: ubojica)
hom·i·let·ic [hamə'letik]; [o] *a* homilijski
hom·i·let·ics [~s] *n* homiletika
hom·i·ly ['hamilij]; [o] *n* homilija
hom·ing I ['houmiñ] *n* navođenje na cilj; samo-
navođenje
homing II *a* 1. koji se vraća kući (see **homing pi-
geon**) 2. samonavođen
homing pigeon golub-pismonoša
hom·i·nid ['hamənid]; [o] *n* čovek (čovjek), ho-
minid
hom·i·ny ['hamənij]; [o] *n* kukuruzna kaša
hominy grits kukuruzno brašno
ho·moe·o·path Br.; see **homeopath**
ho·moe·o·pa·thy Br.; see **homeopathy**
ho·mo·ge·ne·i·ty [houmoudži'nijətij], [a] *n* homo-
genost, istorodnost
ho·mo·ge·ne·ous [houmə'džijn(i)jəs], [a] *a* homo-
gen, istorodan, jednovrstan
ho·mog·en·ize [hə'madžənajz], [o] *v* homogeni-
zovati; ~*d milk* homogenizovano mleko (mli-
jeko)
ho·mog·e·nous [hə'madžənəs]; [o] *a* 1. istog po-
rekla (porijekla) 2. homogen, istorodan
ho·mog·e·ny [hə'madžənij]; [o] *n* isto poreklo
(porijeklo)
hom·o·graph ['haməgraef]; [o]; [a] *n* homograf
ho·mol·o·gous [hə'maləgəs]; [o] *a* homologan
ho·mol·o·gy [hə'malədžij]; [o] *n* homologija
hom·o·nym ['hamənim]; [o] *n* homonim
ho·mon·y·mous [hə'manəməs]; [o] *a* homoniman
ho·mon·y·my [hə'manəmij]; [o] *n* homonimija
hom·o·phone ['haməfoun]; [o] *n* homofon
hom·o·phon·ic [hamə'fanik]; [o]; [o] *a* homofonski
ho·moph·o·ny [hə'mafənij]; [o] *n* homofonija
ho·mo·sex·u·al I [houmə'sekšuəl] *n* homoseksualac
homosexual II *a* homoseksualan
ho·mo·sex·u·al·i·ty [houməsekšū'aelətij] *n* homo-
seksualizam
Hon·du·ran [han'dūrən]; [o]; [dj] *n* stanovnik
Hondurasa

Hon·du·ras [~əs] *n* Honduras
hone I [houn] *n* brus
hone II *v tr* izbrusiti
hon·est ['ænist]; [o] *a* pošten, čestit, častan; *an* ~ *man* pošten čovek (čovjek); *to be* ~ *with smb.* biti pošten prema nekome
honest to goodness (colloq.) 1. istinski 2. *interj* bože moj!
hon·es·ty [~ij] *n* poštenost, čestitost
hon·ey I ['hənij] *n* 1. med; **the land of milk and* ~ zemlja gde (gdje) teče med i mleko (mlijeko) 2. (colloq.) draga; dragan
honey II *a* meden; ~ *cookies* medeni kolači
hon·ey·bee [~bij] *n* pčela-radilica
honey bun kolač s medom
hon·ey·comb I [~koum] *n* saće
honeycomb II *v tr* prošupljiti poput saća
hon·ey·dew [~dū]; [dj] *n* 1. medljika, medna rosa 2. (or: ~ *melon.*) vrsta dinje
hon·ey·eat·er [~ijtə(r)] *n* (bird) medojed
honey guide (bird) medovođa, medokaz
hon·ey·moon I [~mūn] *n* medeni mesec (mjesec), bračno putovanje; *to spend a* ~ *abroad* provesti medeni mesec u inostranstvu
honeymoon II *v intr* provesti medeni mesec (mjesec)
hon·ey·suck·le [~səkəl] *n* (bot.) orlovi nokti
Hong Kong [haṅg kaṅg]; [o]; [o] Hongkong
honk I [haṅgk], [o] *n* 1. krik divlje guske 2. (colloq.) zvuk automobilske trube (W: trublje)
honk II *v intr* 1. trubiti, svirati (automobilskom trubom — W: trubljom) 2. gakati; *geese* ~ guske gaču
hon·ky [~ij] *n* (slang, pejor.) belac (bijelac)
hon·ky-tonk [~taṅgk]; [o] *n* (slang) prčvarnica
Hon·o·lu·lu [hanə'lūlū]; [o] *n* Honolulu
hon·or I ['anə(r)]; [o] *n* 1. čast, počast; poštovanje; *a point of* ~ stvar časti; *to stake one's* ~ založiti svoju čast; *to give a reception in smb.'s* ~ napraviti prijem u čast nekoga; *I have the* ~ *to inform you that...* čast mi je javiti vam da...; *the field of* ~ bojno polje; *to consider it an* ~ smatrati za čast; *a debt of* ~ dug časti; *to give one's word of* ~ dati svoju časnu reč (riječ) 2. čast, ponos; *he is an* ~ *to his family* on služi na čast svojoj porodici 3. (Am.) *your* ~*!* gospodine (druže) sudijo! 4. čast (žene), čednost 5. (in *pl*) počasti; *with military* ~*s* s vojničkim počastima; *to render last* ~*s* odati poslednje (posljednje) počasti; *he was buried with full* ~*s* sahranjen je s najvećim počastima 6. (in *pl*) odlikovanja; (u školi, na univerzitetu — W: sveučilištu); *to graduate with* ~*s* diplomirati s odličnim uspehom (uspjehom); (Br.) *first-class* ~*s in history* odlična ocena (ocjena) iz istorije (W: historije, povijesti) 9. misc.; *to do the* ~*s* primati goste; *a maid of* ~ počasna pratilica
honor II *a* počasni; *an* ~ *guard* počasna straža
honor III *v tr* 1. poštovati, odati čast (nekome) 2. odlikovati; proslaviti 3. (comm.) prihvatiti, primiti, isplatiti; *to* ~ *a check* isplatiti ček
hon·or·a·ble ['anərəbəl]; [o] *a* častan; pošten; *an* ~ *act* častan postupak; *an* ~ *man* pošten čovek (čovjek)

honorable mention (in a contest) pohvala bez nagrade
hon·o·rar·i·um [anə'rerijəm]; [o] (-*s* or -*ia* [ijə]) *n* honorar
hon·or·ar·y ['anəərij]; [o]; [r] *a* počastan, počasni; *an* ~ *member* počastan član; *an* ~ *doctorate* počasni doktorat
hon·or·if·ic I [anə'rifik]; [o] *n* počasni izraz
honorific II *a* počasni
honors see **honor I** 5
honor society (in a school) počasno udruženje najboljih đaka
honors of war *pl* ratne počasti
honor system 1. samodisciplina 2. sistem polaganja ispita zasnovan na punom poverenju (povjerenju) u đake, studente (da neće prepisivati ni obmanjivati)
hon·our Br.; see **honor I, II, III**
hooch [hūč] *n* (slang) alkoholno piće
hood I [hud] *n* 1. kukuljica, kapuljača 2. (on an automobile) poklopac (see also **bonnet** 2) 3. (Br.; on an automobile) krov (see also **top I** 2) 4. (aviation) obloga (motora); navlaka 5. (aviation) poklopac pilotske kabine
hood II *n* (slang) see **hoodlum**
hood·ed [~id] *a* 1. sa kapuljačom 2. (zool.) ćubast
hood·lum ['hūdləm], [u] *n* siledžija, mangup, bitanga
hood·wink ['hudwiṅgk] *v tr* prevariti
hoo·ey ['hūij] *n* (slang) koještarija
hoof I [huf], [ū] (-*s* or *hooves* [hūvz], [u]) *n* kopito, papak; *a cleft* ~ rascepljeno (rascijepljeno) kopito, razdvojeni papak; **on the* ~ živ (o stoci)
hoof II *v* (slang) pešačiti (pješačiti); *to* ~ *it* ići peške (pješke)
hoof and mouth disease aftozna groznica, šap
hoofed [~t] *a* sa kopitom
hoof·er [~ə(r)] *n* (slang) plesačica, igračica
hook I [huk] *n* 1. kuka; *to hang on a* ~ obesiti (objesiti) o kuku 2. (boxing) kroše 3. kopča; ~*s and eyes* kopče i ušice 4. misc.; **by* ~ *or by crook* silom ili milom; **~, line, and sinker* sasvim; **to get the* ~ biti otpušten; **to get off the* ~ okaniti se ćorava posla; **on one's own* ~ na svoju ruku, samostalno
hook II *v tr* 1. uhvatiti kukom; zakačiti 2. *tr* (or: *to* ~ *on*) prikačiti 3. *to* ~ *on railroad cars* prikačiti vagone 3. upecati; *to* ~ *a husband* upecati muža
hook-and-ladder (or: ~ *truck*) vatrogasna kola s lestvama (ljestvama)
hooked [~t] *a* 1. kukast; *a* ~ *nose* kukast nos 2. (slang) odan; ~ *on drugs* odan uživanju droga (W: ovisan o drogi); ~ *on gambling* odan kocki
hook·er I [~ə(r)] *n* (naut.) ribarski brod sa jednim jarbolom
hooker II *n* (slang) kurva
hook·nose [~nouz] *n* kukast nos
hook on *v* see **hook II** 2
hook up *v* 1. vezati; spojiti; *to hook up speakers* prespojiti zvučnike 2. uključiti 3. (slang) venčati (vjenčati) se
hook·up [~əp] *n* 1. spajanje 2. montažna shema 3. povezivanje niza aparata
hook·worm [~wə(r)m] *n* kukasta (rudarska) glista

hook·y [~ij] n (slang) to play ~ neopravdano izostati iz škole

hoo·li·gan ['hūligən] n mangup, siledžija

hoop [hūp] n obruč; to roll a ~ terati (tjerati) obruč

hoop·la [~la] n (slang) velika buka, darmar, urnebes

hoo·poe ['hūpū] n (bird) pupavac, vudak

hoop skirt široka suknja (raširena obručima)

hoo·ray see **hurrah**

hoose·gow ['hūsgau] n (slang) zatvor

Hoo·sier State ['hužə(r)] see **Indiana**

hoot I [hūt] n 1. krik sove 2. zvuk automobilske trube (W: trublje) 3. misc.; *he doesn't give a ~ mari kao za lanjski sneg (snijeg)

hoot II v 1. tr (to ~ down, off) izviždati, ućutkati vikanjem, oterati — otjerati (vikom); the crowd ~ed the speaker down publika je izviždala govornika 2. intr ćukati; bukati; an owl ~s jejina ćuče

hoot·chy-koot·chy ['hūčij-'kūčij] n (slang) trbušni ples

hoot·en·an·ny ['hūtnaenij] n (colloq.) koncerat narodne muzike

hoot·er ['hūtə(r)] n (Br.) 1. automobilska truba (W: trublja) 2. (slang) nos

hoo·ver I ['hūvə(r)] Br.; see **vacuum cleaner**

hoover II Br.; see **vacuum II**

hooves see **hoof I**

hop I [hap]; [o] n 1. skakutanje, skok 2. igranka, plesna zabava 3. (kratak) let 4. putovanje; vožnja 5. misc.; ~, skip, and, jump kratko rastojanje; see also **triple jump**

hop II v 1. intr skakutati; skočiti; to ~ across a ditch skočiti preko rova 2. misc.; to ~ a freight sakriti se u teretna kola (da ne bi platio voznu kartu); (Br.) *to ~ it uhvatiti maglu

hop III n 1. (bot.) hmelj 2. (in pl) hmeljevina, hmelj

hope I [houp] n nada; ~ for a positive result nada u pozitivan ishod; to pin one's ~s on smb. polagati nadu u nekoga; a vain ~ prazna (uzaludna) nada; to cherish (entertain) a ~ gajiti nadu; to inspire ~ uliti nadu; there is no ~ of success nema nade u uspeh (uspjeh); is there any ~ of his ever getting better? postoji li nada da će njemu ikada biti bolje?

hope II v tr and intr nadati se; to ~ for smt. nadati se nečemu; he ~s to pass the exam; or: he ~s that he will pass the exam nada se da će položiti ispit; let's ~ so! nadajmo se!; to ~ for the best nadati se najboljem

hope chest sanduk za mladin miraz

hope·ful [~fəl] a 1. pun nade 2. koji daje nade

hope·ful·ly [~ij] adv 1. s puno nade 2. (colloq.) nadajmo se; ~ he'll come tomorrow nadajmo se da će sutra doći

hope·less [~lis] a beznadežan, beznadan

hop·head ['haphed]; [o] n (colloq.) narkoman

hopped-up ['hapt-əp]; [o] a (colloq.) uzbuđen

hop·per ['hapə(r)]; [o] n 1. skakutač 2. levkast (ljevkast) sud za punjenje; bunker (za ugalj) 3. (fig.) the legislative ~ dnevni red neke skupštine

hop·scotch [~skač]; [o] n školice (dečija — dječija igra)

hop tree (bot.) jesenjak (also **wafer ash**)

hop up v opiti (opojnim drogama)

ho·ra ['horə] n horo (vrsta kola)

horde [ho(r)d] n horda; (hist.) the Golden Horde Zlatna horda

hore·hound ['ho(r)haund] n (bot.) sanovitac, tetrljan, smrduša

ho·ri·zon [hə'rajzən] n horizont, vidokrug; to appear on the ~ pojaviti se na horizontu

hor·i·zon·tal I [harə'zantl], [o]; [o] n horizontala

horizontal II a horizontalan, vodoravan

hor·mo·nal [ho(r)'mounəl] a hormonalan

hor·mone I ['ho(r)moun] n hormon

hormone II a hormonski; ~ pills hormonske tablete

horn I [ho(r)n] n 1. rog; *to take a bull by the ~s uhvatiti bika za rogove, uhvatiti se ukoštac s nevoljama; *to pull in one's ~s uvući rogove, skromnije istupati 2. rog, sud od roga; a powder ~ rog za barut; *a ~ of plenty rog izobilja 3. rog, truba; a hunter's ~ lovački rog 4. (on an automobile) truba (W: trublja); to blow a ~ svirati, trubiti (automobilskom trubom — W: trubljom); to sound a ~ pritisnuti sirenu 5. see **shoehorn** 6. (mus.) truba, horna (see **French horn**) 7. misc.; *on the ~s of a dilemma u teškoj dilemi (da bira jedno od dva zla); *to blow one's own ~ hvalisati se

horn II a rožan

horn·beam [~bijm] n (bot.) grab

horn·bill [~bil] n (bird) nosorog

horn·blende [~blend] n hornblenda

horned [~t] a rogat

horned owl sovuljaga, ušara

hor·net ['ho(r)nit] n stršljen; *to stir up a ~'s nest dirnuti u osinjak

horn in v umešati (umiješati) se

horn·pipe [~pajp] n (mus., obsol.) svirala sa piskom i levkom (lijevkom) od roga

horn·rimmed [~rimd] a (of eyeglasses) koji ima rožnat okvir

horn·y [~ij] a 1. rožan, rožast 2. (vul.) uspaljen

hor·o·scope ['horəskoup], [a] n horoskop

ho·ros·co·py [ho'raskəpij], [o] n horoskopija

hor·ren·dous [ho'rendəs] a (colloq.) grozan

hor·ri·ble ['horəbəl], [a] a užasan; a ~ sight užasan prizor

hor·rid ['horid], [a] a 1. strašan 2. neprijatan

hor·ri·fy ['horəfaj], [a] v tr užasnuti; to be ~fied at smt. užasnuti se nečega

hor·ror ['horə(r)], [a] n užas; he was ~-struck uhvatio ga je užas

horror-stricken, horror-struck a užasnut

hors d'oeuvre [or də(r)v] n (French) meze, predjelo

horse [ho(r)s] n 1. konj; a thoroughbred ~ čistokrvni (punokrvni) konj; a draft ~ teretni konj; a ~ neighs konj rže; to raise ~s gajiti konje; to break (break in, train) a ~ dresirati konja; a saddle ~ jahaći konj; *one does not look a gift ~ in the mouth darovnome konju se ne gleda u zube; *a Trojan ~ trojanski konj 2. konjica 3. (gymnastics) konj, jarac; a pommeled ~ konj s hvataljkama 4. (slang) heroin 5. misc.; *that's a ~ of a different color to je drugi padež; *to be on one's high ~ praviti se važan; *to back the wrong ~ prevariti se u računu;

*to eat like a ~ imati veliki apetit; *to flog the wrong ~ raditi uzaludnu stvar; *to hold one's ~s obuzdati se; *you can drive a ~ to water, but you cannot make him drink it teško je naterati (natjerati) nekoga da radi protivno svojoj želji; *from the ~'s mouth iz prve ruke

horse-and-buggy a (colloq.) staromodan

horse around v ludirati, igrati se

horse·back I [~baek] n konjska leđa; on ~ na konju; to go on ~ jahati

horseback II adv na konju

horse·bean [~bijn] n bob

horse box furgon za transport konja

horse breeder odgajivač konja

horse·car [~ka(r)] n tramvaj s konjskom vučom

horse chestnut divlji kesten

horse collar homut, ajam

horse-drawn [~-dron] a sa konjskom vučom

horse-flesh [~fleš] n 1. konjetina 2. (coll.) konji

horse-fly [~flaj] n konjska muva (muha)

horse·hair [~hej(r)] n 1. konjska dlaka 2. tkanina od konjske dlake

horse·hide [~hajd] n konjska koža

horse·laugh [~laef]; [a] n grohotan smeh (smijeh)

horse·less [~lis] a bez konja; (colloq.) a ~ carriage automobil

horse·man [~mən] (-men [min]) n jahač; konjanik

horse·man·ship [~šip] n jahanje, jahačka veština (vještina)

horse·meat [~mijt] see **horseflesh** 1

horse opera opereta o divljem zapadu

horse·play [~plej] n gruba igra

horse·pow·er [~pauə(r)] n konjska snaga, konj

horse race konjska trka

horse racing konjske trke

horse·rad·ish [~raediš] n hren

horse sense zdrav razum

horse·shoe [~šū] n potkovica

horseshoe table sto (stol) potkovica

horse·tail [~tejl] n (bot.) rastavić, konjogriz

horse thief konjokradica

horse trading (colloq.) pogađanje

horse·whip I [~wip] n konjski bič, korbač

horsewhip II v tr bičevati konjskim bičem

horse·wom·an [~wumən] (-women [wimin]) n jahačica

hors·y [~ij] n 1. konjski 2. poput konja, konjast 3. odan jahanju

hor·ta·tive [~ho(r)tətiv] a bodreći

hor·ta·to·ry [ho(r)tətorij]; [ə] a bodreći

hor·ti·cul·ture [ho(r)təkəlčə(r)] n hortikultura

hose I [hous] n 1. pl čarape 2. crevo (crijevo), šmrk; a rubber ~ gumeno crevo

hose II v tr prskati crevom (crijevom)

hose down v see hose II

ho·sier [houžə(r)]; [zij] n čarapar

ho·sier·y [~rij] n 1. (coll.) čarape 2. radnja čarapa

hos·pice [haspis]; [o] n konačište za putnike; dom za decu (djecu), bolesnike; dom za bolesnike koji umiru

hos·pi·ta·ble [haspətəbəl]; [o] or [has'pitəbəl]; [ə] a gostoljubiv

hos·pi·tal I [haspətəl]; [o] n bolnica; a field ~ poljska bolnica; a mental ~ bolnica za duševne bolesnike; to go to the ~ (Br.: to ~) biti smešten (smješten) u bolnicu

hospital II a bolnički; sanitetski; ~ treatment bolničko lečenje (liječenje); a ~ ship sanitetski (bolnički) brod; a ~ train sanitetski voz (W: vlak)

hos·pi·tal·i·ty [haspə'taelətij]; [o] n gostoljubivost, gostoljublje

hos·pi·tal·i·za·tion [haspətələ'zejšən]; [o]; [aj] n 1. smeštanje (smještanje) u bolnicu 2. lečenje (liječenje) u bolnici

hos·pi·tal·ize [haspətəlajz]; [o] v tr smestiti (smjestiti) u bolnicu

host I [houst] n 1. domaćin, gazda 2. (biol.) domaćin, životinja (ili biljka) na kojoj živi parazit

host II v tr (colloq.) biti domaćin (nečega); to ~ a party biti domaćin neke proslave

host III n vojska; mnoštvo

host IV n (rel.) 1. (Cath.) hostija 2. (Orth.) poskura

hos·tage [hastidž]; [o] n talac; to take (seize) ~s uzeti taoce; to hold ~s držati taoce; to take smb. ~ zadržati nekoga kao taoca

hostage taker otmičar (koji uzima taoce)

host country zemlja domaćin

hos·tel [hastəl]; [o] n (or: youth ~) omladinsko prenoćište

host·ess [houstis] n domaćica

hos·tile [hastəl]; [o]; [aj] a 1. neprijateljski; neprijateljski raspoložen; ~ forces neprijateljske snage; a ~ attitude neprijateljsko držanje; a ~ witness neprijateljski raspoložen svedok (svjedok); ~ to smt. neprijateljski raspoložen prema nečemu 2. odbojan; ~ behavior odbojno ponašanje

hos·til·i·ty [ha'stilətij]; [o] n 1. neprijateljstvo; to commence ~ties započeti neprijateljstva; ~ toward neprijateljstvo prema 2. odbojnost

hos·tler [haslə(r)]; [o] n konjušar

hot [hat]; [o] a 1. vruć; vreo; žarki; ~ water vruća (vrela) voda; it's ~ today danas je vruće; he's ~ vrućina mu je; a ~ climate žarka klima; some like it ~ neki to vole vruće 2. topao; ~ food toplo jelo; a ~ meal topao obrok 3. ljut; papren; ~ pepper ljuta paprika 4. plah, žustar; a ~ temper plaha narav 5. taman; ~ on the trail taman na tragu; you are getting ~ skoro ste pogodili, taman da pogodite 6. uspaljen 7. (sports) koji dobro igra; our boys got ~ and built up their lead naši su se razigrali i povećali svoju prednost 8. misc.; to get smb. into ~ water dovesti nekoga u nepriliku; to get into ~ water doći u škripac; to make it ~ for smb. praviti nekome neprijatnosti; ~ under the collar ljut; to blow ~ and cold povijati se prema vetru (vjetru); ~ air koještarija; ~ goods ukradena roba; ~ news sveže (svježe) novosti; (colloq.) not so ~ nije dobro

hot·bed [~bed] n leglo; klijalište; a ~ of vice leglo poroka

hot-blood·ed [~-blədid] a strastan, vatren

hot·box [~baks]; [o] n pregrejana (pregrijana) osovina (voza — W: vlaka)

hot cake palačinka; *to sell like ~s prodavati se brzo

hotch·pot [hačpat]; [o]; [o] n (legal) spajanje poseda (posjeda) da bi svi vlasnici dobili jednak deo (dio)

hotch·potch [~pač]; [o] n 1. see **hodgepodge** 2. see **hotchpot**

hot dog (cul.) viršla, hrenovka

ho·tel I [hou'tel] n hotel; *to check in at a* ~ odsesti u hotelu

hotel II a hotelski; *a* ~ *room* hotelska soba; *a* ~ *staff* hotelsko osoblje; *a* ~ *register* knjiga recepcija

ho·tel·keep·er [~kijpǝ(r)] n hotelijer, ugostitelj

hotel management hotelijerstvo, ugostiteljstvo

hot flash topli talas (val)

hot flush nastup crvenila

hot·foot I [~fut] (-s) n (colloq.) *to give smb. a* ~ upaliti šibicom nekome cipelu (u šali)

hotfoot II v intr (colloq.) žuriti se

hot·head [~hed] n usijana glava

hot·head·ed [~id] a 1. vrele glave 2. naprasit

hot·house [~haus] n staklara; rasadnik; oranžerija; (as *a) a* ~ *plant* biljka iz staklare

hot line 1. »crveni telefon« (između Vašingtona i Moskve) 2. telefonski broj preko koga se u slučaju nužde mogu dobiti saveti (savjeti), obaveštenja (obavještenja), pravna pomoć, moralna podrška i slično, 24 sata dnevno; služba telefonske pomoći

hot music vrsta džeza

hot pants pl (colloq.) kratke, tesne (tijesne) pantalone (W: hlače) koje nose devojke (djevojke)

hot plate rešo; *to cook on a* ~ kuvati (kuhati) na rešou

hot pot holder see **pot holder**

hot pursuit (neprekidno) gonjenje; *they crossed the border in* ~ *of the guerrillas* goneći gerilce, prešli su granicu

hot rod (slang) (stara) kola sa jakim motorom

hot seat (slang) električna stolica

hot·shot [~šat]; [o] n (slang) majstor

hot spot (colloq.) opasno mesto (mjesto)

hot springs pl toplice

hot stuff (colloq.) nešto dobro, uzbudljivo

hot-tem·pered [~-tempǝ(r)d] a plah, naprasit

Hot·ten·tot ['hatntat]; [o]; [o] n 1. Hotentot 2. hotentotski jezik

hot toddy see **toddy**

hot-wa·ter [~-wotǝ(r)], [a] a s toplom vodom

hot-water bag termofor s vrelom vodom

hot-water bottle see **hot-water bag**

hot-water heat centralno grejanje (grijanje) toplom vodom

hot-water heater bojler

hound I [haund] n 1. lovački pas; *to follow (ride to) the* ~s loviti hajkom pasa 2. pas, pseto

hound II v tr uznemiriti, šikanirati

hour ['au(r)] n 1. sat, čas; *a day has 24* ~s dan ima 24 sata; *an* ~ *and a half* sat i po; *half an* ~ pola sata; *for* ~s po čitave sate, satima; *to pay by the* ~ plaćati na sat; *the airport is an* ~ *from here* aerodrom je jedan sat odavde; *the eleventh* ~ krajnje vreme (vrijeme); *the small (wee)* ~s *of the morning* rani jutarnji časovi; *to keep late* ~s dockan legati 2. (in pl) radno vreme (vrijeme); *working* ~s radno vreme; *office* ~s kancelarijsko vreme; *after* ~s posle (poslije) radnog vremena

hour angle časovni ugao

hour·glass [~glaes]; [a] n peščani (pješčani) sat

hour hand mala skazaljka

hou·ri ['hūrij] n hurija; zavodljiva žena

hour·ly ['au(r)lij] 1. a časovni; na sat; ~ *pay* plata na sat 2. adv na sat, svakog časa

house I [haus] (-ses [ziz]) n 1. kuća; zgrada; *to build a* ~ izgraditi kuću; *an apartment* ~ stambena zgrada; *a one-family* ~ kuća sa jednim stanom; *to tear down (demolish) a* ~ porušiti kuću 2. domaćinstvo, kuća, kućanstvo; *to keep* ~ voditi kuću (domaćinstvo) 3. pozorište (W: kazalište); gledalište; *a full* ~ puno pozorište, rasprodana kuća, *to bring down the* ~ izazvati urnebes oduševljenja kod publike, izazvati buran aplauz 4. (pol.) dom, skupština; *the upper (lower)* ~ gornji (donji) dom 5. (trgovačka) kuća; *a publishing* ~ izdavačka kuća (also **firm I**) 6. misc.; *to keep an open* ~ biti gostoljubiv; *to set one's* ~ *in order* urediti svoje poslove; *it's on the* ~! ja častim! (na račun vlasnika kafane)

house II a kućni; ~ *rules* kućna pravila

house III [hauz] v tr smestiti (smjestiti)

house arrest [haus] kućni pritvor

house·boat [~bout] n barka udešena za stanovanje

house boy (mlad) sluga

house·break·er [~brejkǝ(r)] n provalnik

house·break·ing [~brejking] n provala, obijanje kuće

house·bro·ken [~broukǝn] a koji ne pogani u sobi (o domaćim životinjama)

house call kućna poseta (kućni posjet)

house·coat [~kout] n kućna haljina

house·fly [~flaj] n kućna muva (muha)

house·hold I [~hould] n domaćinstvo, kućanstvo; *to run a* ~ voditi domaćinstvo

household II a 1. kućni; *to perform one's* ~ *duties* obavljati kućne poslove; ~ *needs* kućne potrebe 2. svakidanji; *a* ~ *word* svakidanja reč (riječ)

house-hunt v intr tražiti kuću

house·keep·er [~kijpǝ(r)] n 1. upravljačica kućom 2. (in a hotel) nadzornik soba

house·keep·ing [~ing] n 1. vođenje domaćinstva 2. see **housekeeping department**

housekeeping department (in a hotel) služba na spratovima (W: katovima)

house·leek [~lijk] n (bot.) čuvarkuća

house·maid [~mejd] n kućna pomoćnica

house·man Br.; see **intern I**

house·mas·ter [~maestǝ(r)]; [a] n nadzornik internata

house·moth·er [~mǝthǝ(r)] n nadzornica studentskog doma

House of Commons (Br.) *(the* ~) Donji dom (britanske skupštine)

house of correction zatvor

House of Lords (Br.) *(the* ~) Gornji dom (britanske skupštine)

House of Representatives *(the* ~) Predstavnički dom (američkog Kongresa)

house physician lekar — ljekar (W: liječnik) koji stanuje u bolnici, hotelu

house-proud a (Br.) koji mnogo pazi na uređenje kuće, stana house-sit *house-sat*; *v intr* stanovati u kući privremeno da je čuva (za vreme — vrijeme odsustva vlasnika)

house-to-house [~-tə-~] *a* ulični, od kuće do kuće; ~ *fighting* ulična borba

house trailer stambena prikolica

house-trained [~trejnd] Br.; see housebroken

house·warm·ing [~wo(r)mīng] *n* proslava useljenja

house·wife [~wajf] (-*wives* [wajvz]) *n* domaćica

house·work [~wə(r)k] *n* kućni poslovi; *to do* ~ raditi po kućama; *she does all the* ~ *(at home)* ona obavlja sav kućni posao

hous·ing I ['hauzīng] *n* 1. krov, stan 2. stambena izgradnja; stambeno pitanje 3. (tech.) kućica, kućište

housing II *a* stambeni; *a* ~ *crisis* stambena kriza; *a* ~ *development* (Br.: *estate*) stambeno naselje

housing project stambeno naselje (za siromašne porodice)

hove see heave II 5

hov·el ['həvəl], [a] *n* straćara, ćumez, kućica, udžerica; *a miserable* ~ bedna (bijedna) kućica (also shanty)

hov·er ['həvə(r)], [a] *v intr* lebdeti (lebdjeti)

hov·er·craft [~kraeft]; [a] *n* letelica (letjelica) na vazdušnom (W: zračnom) dušeku

how [hau] 1. *adv* kako; ~ *are you?* kako ste?; ~ *do you do?* drago (milo) mi je (pri upoznavanju) 2. *conj* kako; *he watches* ~ *they play* on gleda kako oni igraju 3. *interj* (in imitation of Indian speech) zdravo!

haw·dy [~dij] *interj* (slang) zdravo

how·ev·er [~'evə(r)] *conj* 1. ma koji, ma (bilo) kako, kako god; ~ *you go, you'll be late* ma kojim putem da pođete, zakasnićete; ~ *you do it, the result will be the same* kako god da radite to, ishod će biti isti 2. ipak; međutim; *we did come*; ~, *there was no one there* mi smo došli; međutim, tamo nije bilo nikoga

how·it·zer ['hauitsə(r)] *n* haubica

howl I [haul] *n* 1. urlik; jauk 2. (slang) apsurd

howl II *v intr* urlati, urlikati; jaukati; *to* ~ *smb. down* ućutkati nekoga urlajući

howl·er [~ə(r)] *n* 1. urlač 2. (or: ~ *monkey)* drekavac 3. (slang) smešna (smiješna) greška

howl·ing [~īng] *a* 1. koji urla 2. (slang) silan, strašan; *a* ~ *success* silan uspeh (uspjeh)

how·so·ev·er [hausou'evə(r)] *adv* kako god; ma kako

hoy·den ['hojdən] *n* razuzdana žena

hoy·den·ish [~iš] *a* razuzdan

Hoyle [hojl] *n* pravilnik; *according to ~ prema pravilima

hub [həb] *n* 1. glavčina 2. (fig.) čvor, središte; *a transportation* ~ saobraćajni čvor; *a rail* ~ železnički (željeznički) čvor

hub·bub [~əb] *n* urnebes, metež, gungula

hub·cap [~kaep] *n* radkapna

hu·bris ['hjūbris] *n* oholost

huck·le·ber·ry ['həkəlberij]; [ə] *n* vrsta borovnice

huck·ster ['həkstə(r)] *n* 1. torbar 2. (colloq.) autor reklamnih tekstova

hud·dle I ['hədəl] *n* 1. gomila 2. gungula

huddle II *v* 1. *tr* nabiti 2. *intr* nabiti se 3. *intr* šćućuriti se

hue I [hjū] *n* boja; nijansa

hue II *n* dreka; *a* ~ *and cry* vika (za zločincem), hajka

huff I [həf] *n* ljutnja; *in a* ~ ljut

huff II *v intr* 1. duvati (W also: puhati) 2. see bluster 2

huff·ish [~iš] *a* ljutit, ljut

huff·y [~ij] *a* 1. uvredljiv 2. uznemiren; ogorčen 3. ohol; nadmen

hug I [həg] *n* zagrljaj

hug II *v* 1. *tr* zagrliti 2. *intr* grliti se

huge [hjūdž] *a* ogroman

huge·ness [~nis] *n* ogromnost

hug·ger-mug·ger I ['həgə(r)-məgə(r)] *n* 1. zbrka, nered 2. tajnost

hugger-mugger II *a* 1. zbrkan 2. potajan

Hu·gue·not ['hjūgənat]; [o] *n* hugenot

hu·la ['hūlə] *n* (or: *hula-hula)* hula-hula (havajski narodni ples)

hulk I [həlk] *n* 1. glomazan brod 2. stari, rashodovan brod 3. glomazna ličnost

hulk II *v intr* pomaljati se; *the ship* ~*ed out of the fog* brod se pomaljao kroz maglu (also loom II)

hulk·ing [~īng] *a* glomazan, nezgrapan

hull [həl] *n* 1. ljuska 2. trup (broda)

hul·la·ba·loo ['hələbəlū] *n* (colloq.) gungula, galama, buka

hum I [həm] *n* zujanje

hum II *v* 1. *tr* and *intr* pevušiti (pjevušiti) 2. *intr* zujati, brujati; *the wires* ~ *in the wind* žice zuje (bruje) na vetru (vjetru); *a bee* ~*s* pčela zuji

hu·man I ['hjūmən] *n* čovek (čovjek), osoba

human II *a* čovečiji (čovječiji), ljudski; *the* ~ *body* ljudsko telo (tijelo); ~ *nature* ljudska priroda; ~ *speech* ljudski govor

human being ljudsko biće, čovek (čovjek)

hu·mane [hjŭ'mejn] *a* human, čovečan (čovječan); *a* ~ *act* human postupak

hu·mane·ness [~nis] *n* humanost

humane society man Br.; see lifeguard 1

hu·man·ism ['hjūmənizəm] *n* humanizam

hu·man·ist [~ist] *n* humanista

hu·man·is·tic [hjūmə'nistik] *a* humanistički; ~ *education* humanističko obrazovanje; ~ *philosophy* humanistička filozofija; ~ *secularism* humanistički sekularizam

hu·man·i·tar·i·an I [hjūmaenə'tejrijən] *n* humanitarac

humanitarian II *a* humanitaran; ~ *goals* humanitarne svrhe

hu·man·i·tar·i·an·ism [~izəm] *n* humanitarnost, humanost, humanitet

hu·man·i·ty [hjū'maenətij] *n* 1. ljudski rod, čovečanstvo (čovječanstvo) 2. humanost, čovekoljublje (čovjekoljublje) 3. (in *pl)* humanistika, humanističke nauke

hu·man·ize ['hjūmənajz] *v tr* humanizirati

hu·man·ly [~lij] *adv* ljudski; *if it is* ~ *possible* ako je to u ljudskoj moći

human resources socijalna pomoć

human rights čovekova (čovjekova) prava

human services (Am.) socijalna politika; *the department of health and* ~ ministarstvo narodnog zdravlja i socijalne politike

hum·ble I ['həmbel] *a* 1. ponizan; pokoran; **to eat ~ pie* poniziti se 2. skroman
humble II *v tr* poniziti; *to ~ oneself* poniziti se
hum·ble·ness [~nis] *n* ponižnost
hum·bug ['həmbəg] *n* 1. koještarija 2. podvala, obmana 3. (Br.) vrsta mentol-bombona
hum·ding·er [həm'diŋgə(r)] *n* (slang) čudo
hum·drum I ['həmdrəm] *n* dosada, jednolikost
humdrum II *a* dosadan, jednolik
hu·mid ['hjūmid] *a* vlažan
hu·mid·i·fi·er [hjū'midəfajə(r)] *n* ovlaživač
hu·mid·i·fy [hjū'midəfaj] *v tr* povećati vlažnost (u)
hu·mid·i·ty [hjū'midətij] *n* vlaga, vlažnost; *relative ~* relativna vlažnost
hu·mil·i·ate [hjū'milijejt] *v tr* poniziti, uniziti
hu·mil·i·a·tion [hjūmilij'ejšən] *n* poniženje, uniženje
hu·mil·i·ty [hjū'milətij] *n* ponižnost; skromnost
hum·ming·bird ['həmiŋbə(r)d] *n* kolibri
hum·mock ['həmək] *n* humka, brežuljak
hu·mor I ['hjūmə(r)] *n* 1. smešnost (smiješnost) 2. humor; *a sense of ~* smisao za humor 3. raspoloženje; volja; *to be in a good (bad) ~* biti dobre (zle) volje (also **mood I**)
humor II *v tr* povlađivati; *to ~ smb.* povlađivati nekome
hu·mor·esque [hjūmə'resk] *n* humoreska
hu·mor·ist ['hjūmərist] *n* humorista
hu·mor·less [~lis] *a* bez humora
hu·mor·ous [~rəs] *a* humorističan
hump I [həmp] *n* 1. grba; *camels have ~s* kamile imaju grbe 2. humka 3. (Br., slang) loše raspoloženje 4. (colloq.) najteži deo (dio); *we're over the ~* svršili smo glavni deo posla
hump II *v tr* 1. grbaviti; *to ~ one's back* grbaviti leđa 2. (vul., slang) obljubiti
hump·back [~baek] *n* 1. grbavac 2. grba
hump·backed [~t] *a* grbav
humped [~t] *a* grbav
humph [həmf] *interj* hm (znak nezadovoljstva, sumnje)
hump·y ['həmpij] *a* grbav
hu·mus ['hjūməs] *n* humus
Hun [hən] *n* 1. Hun 2. (slang, pejor., esp. WW I) nemački (njemački) vojnik, Švaba
hunch I [hənč] *n* slutnja; *to have a ~* slutiti
hunch II *v* 1. *tr* poviti; *to ~ one's shoulders* poviti ramena 2. *intr* poviti se
hunch·back [~baek] *n* 1. grbavac 2. grba
hunch·backed [~t] *a* grbav
hun·dred ['həndrid] 1. *num* sto 2. *n* (after a *num*, *pl* has zero) stotina; *two ~* dve (dvije) stotine; *by the ~s* na stotine; *for ~s of years* stotinama godina
hun·dredth [~th] 1. *num a* stoti 2. *n* stoti deo (dio)
hun·dred·weight [~wejt] *n* centa (Am.: 100 funti; Br.: 112 funti)
hung see **hang II**
Hun·gar·i·an I [həŋ'gejrijən] *n* 1. Mađar (Madžar) 2. mađarski (madžarski) jezik
Hungarian II *a* mađarski (madžarski)
Hun·ga·ry ['həŋgərij] *n* Mađarska (Madžarska)
hun·ger I ['həŋgə(r)] *n* glad; *to die of ~* umreti (umrijeti) od gladi; *to satisfy one's ~* utoliti glad
hunger II *v intr (to ~ for, after)* žudeti (žudjeti) za
hunger march demonstracija protiv gladi

hunger strike štrajk glađu; *to be on a ~* štrajkovati glađu
hunger striker štrajkač glađu
hun·gry ['həŋgrij] *a* gladan; *to go ~* ostati gladan
hunk [həŋk] *n* (colloq.) komad, komadina
hunk·y [~ij] *n* (slang, pejor.) doseljenik, radnik iz istočne Evrope
hun·ky-do·ry [~-dorij] *pred a* (slang) u redu, dobro
hunt I [hənt] *n* 1. lov; *a tiger ~* lov na tigrove 2. traženje
hunt II *v* 1. *tr* loviti; *to ~ game* loviti divljač 2. *tr* proći (obići) loveći; *to ~ an area* obići neki kraj loveći 3. *tr* pustiti u lov 4. *tr* goniti; *to ~ a thief* goniti lopova 5. *intr* tražiti; *to ~ for a book* tražiti knjigu 6. *intr* loviti divljač; *to go ~ing* ići u lov 7. *intr* (astron.) njihati, kolebati se 8. misc.; *to ~ down a thief* pronaći lopova (traganjem); *to ~ smt. up* iščeprkati nešto
hunt·er [~ə(r)] *n* lovac; *a lion ~* lovac na lavove; *a ~s' association* lovački savez; *a passionate ~* strastan lovac
hunt·ing I [~iŋ] *n* lov; *~ with dogs* lov s psima goničima
hunting II *a* lovački, lovni; *a ~ dog* lovački pas; *a ~ license* dozvola za lov; *a ~ lodge* lovačka kuća; *~ equipment* lovna oprema
hunting ground lovište; (fig.) *happy ~* nebo
hunt·ress [~ris] *n* lovkinja
hunts·man [~smən] (*-men* [min]) *n* lovac
hunt up *v* 1. see **hunt II 8** 2. naći
hur·dle I ['hə(r)dl] *n* 1. (sports) prepona; *the 110- -meter ~s* trka na 110 metara s preponama; *to knock over (take) a ~* oboriti (preskočiti) preponu 2. prepreka, prepona
hurdle II *v* 1. *tr* preskočiti 2. *tr* savladati 3. *intr* preskakati prepone
hur·dler ['hə(r)dlə(r)] *n* preponaš
hur·dy-gur·dy [hə(r)dij-'gə(r)dij] *n* vergl
hurl [hə(r)l] *v tr* 1. baciti; *to ~ oneself at smb.* baciti se na nekoga 2. sipati; *to ~ abuse at smb.* oklevetati nekoga
hur·ly-bur·ly I [hə(r)lij-'bə(r)lij] *n* buka, urnebes, gungula
hurly-burly II *a* bučan
hur·rah I [hu'ra] *n* (uzvik) ura; *to listen to the ~s of the crowd* slušati uzvike ura gomile
hurrah II *interj* ura!
hurrah III *v intr* vikati ura
hur·ri·cane ['hərəkejn] *n* orkan, uragan; *the ~ struck several cities* orkan je pogodio nekoliko gradova
hurricane lamp svetiljka (svjetiljka) sigurna na vetru (vjetru)
hur·ried ['hərijd] *a* žuran
hur·ry I ['hərij] *n* žurba; jurnjava; *to be in a ~* biti u žurbi, žuriti se; *there's no ~* nije hitno
hurry II *v* 1. *tr* požuriti 2. *intr* žuriti se 3. misc.; *to ~ away* otići žurno; *to ~ back* žurno se vratiti; *to ~ off* otići žurno; *to ~ over* doći odmah; *to ~ up* požuriti
hur·ry-scur·ry I [~-'skərij] *n* žurba, darmar
hurry-scurry II *v intr* žuriti se
hurry up *v* see **hurry II 3**

hurt I [hə(r)t] *n* 1. bol 2. uvreda 3. šteta, škođenje

hurt II *hurt*; *v* 1. *tr* povrediti (povrijediti); ozlediti (ozlijediti); *to ~ one's foot* povrediti nogu; *to get ~* or: *to ~ oneself* povrediti se 2. *tr* uvrediti; *he felt ~* on se osećao (osjećao) uvređenim; *to ~ smb.'s feelings* uvrediti nekoga 3. *tr* oštetiti, naškoditi (also **harm** II) 4. *intr* boleti (boljeti); *my feet ~* bole me noge

hur·tle ['hə(r)təl] *v* 1. *tr* baciti 2. *intr* kovitlati se; *to ~ through the air* kovitlati se u vazduhu (W: zraku)

hus·band I ['həzbənd] *n* muž, suprug

husband II *v tr* čuvati, štedeti (štedjeti); *to ~ one's strenght* čuvati (štedeti) svoju snagu

hus·band·man [~mən] (-*men* [min]) *n* ratar, poljoprivrednik

hus·band·ry [~rij] *n* poljoprivreda, ratarstvo

hush I [həš] *n* tišina; ćutanje, tajac

hush II *interj* pst! ćuti!

hush III *v* 1. *tr* utišati 2. *intr* utišati se

hush-hush *a* (colloq.) poverljiv (povjerljiv)

hush money mito (za zataškavanje skandala)

hush up *v* zataškati, prikriti; *to hush up a scandal* zataškati (prikriti) skandal

husk I [həsk] *n* 1. mahuna 2. (in *pl)* komina; droždina

husk II *v tr* komiti, ljuštiti

husk·er [~ə(r)] *n* komilac

hus·kie see **husky** I

husk·ing bee [~in̄g] komišanje, komidba (also **cornhusking**)

hus·ky I ['həskij] *n* eskimski pas

husk·y II *a* krupan

husk·y III *a* promukao; *a ~ voice* promukli glas

hus·sar [hu'za(r)] *n* husar, konjanik

Huss·ite ['həsajt] *n* husovac, husit, sledbenik (sljedbenik) Jana Husa

hus·sy ['həsij] *n* devojčura (djevojčura); *a brazen ~* bestidnica

hust·ings ['həstin̄gz] *n* 1. (Br.) mesni (mjesni) sud 2. (Br., hist.) govornica (za izborne govore) 3. izborna kampanja, kandidovanje

hus·tle I ['həsəl] *n* 1. energičnost; *the ~ and bustle of city life* žurba gradskog života 2. vrsta plesa

hustle II *v* 1. *tr* gurati 2. *tr* strpati; ugurati; smotati; *to ~ smb. into a car* ugurati (smotati) nekoga u kola 3. *tr* požuriti 4. *intr* brzo, energično raditi 5. *intr* (slang) raditi kao prostitutka 6. misc.; *to ~ a living* životariti

hus·tler ['həslə(r)] *n* energična, aktivna osoba

hut [hət] *n* 1. koliba, kućerak 2. baraka

hutch [həč] *n* sanduk (za pitome zečeve)

hy·a·cinth ['hajəsinth] *n* 1. (bot.) zumbul, hijacint 2. (miner.) hijacint, dragi kamen žutocrvene boje

hy·a·line ['hajəlin] *n* (med.) hijalin

hy·a·lite ['hajəlajt] *n* bezbojan prirodan opal

hy·brid I ['hajbrid] *n* 1. hibrid 2. (ling.) hibridna reč (riječ)

hybrid II *a* hibridan; *~ corn* hibridni kukuruz

hy·brid·i·za·tion [hajbridi'zejšən] *n* ukrštanje, hibridizacija

hy·brid·ize ['hajbridajz] *v tr and intr* ukrstiti

hy·da·tid ['hajdətid] *n* (or: *~ cyst)* hidatida

hy·dra ['hajdrə] *n* hidra (polip, neman)

hy·dran·ge·a [haj'drejndžijə] *n* (bot.) hortenzija

hy·drant ['hajdrənt] *n* hidrant

hy·drate ['hajdrejt] *n* hidrat

hy·drau·lic [haj'drolik] *a* hidrauličan, hidraulički; *~ brakes* hidraulične kočnice; *a ~ lift* hidraulična dizalica; *a ~ press* hidraulična presa

hy·drau·lics [~s] *n* hidraulika; *applied ~* vodoprivreda, hidrotehnika

hy·dro·car·bon [hajdrə'ka(r)bən] *n* ugljovodonik (W: ugljikovodik)

hy·dro·ceph·a·lus [hajdrou'sefələs] *n* (med.) hidrocefalus, vodena bolest glave

hy·dro·chlor·ic [hajdrə'klorik] *a* hlorovodonični (klorovodični); *~ acid* hlorovodonična solna kiselina

hy·dro·e·lec·tric [hajdroui'lektrik] *a* hidroelektričan; *~ power* hidroelektrična energija; *a ~ power station* hidrocentrala

hy·dro·flu·or·ic [hajdrouflū'orik] *a* fluorovodonični; *~ acid* fluorovodonična kiselina

hy·dro·foil ['hajdrəfojl] *n* 1. (ship) hidrokrilac 2. krilo hidrodinamičkog oblika

hy·dro·gen I ['hajdrədžən] *n* vodonik (W: vodik), hidrogen

hydrogen II *a* hidrogenski, vodonički (W: vodični)

hydrogen bomb hidrogenska bomba

hydrogen bromide bromovodonik

hydrogen chloride hlorovodonik (klorovodonik)

hydrogen ion vodonikov jon

hydrogen peroxide vodonik-peroksid

hy·drog·ra·phy [haj'dragrəfij]; [o] *n* hidrografija

hy·drol·o·gist [haj'dralədžist]; [o] *n* hidrolog

hy·drol·o·gy [~džij] *n* hidrologija

hy·drol·y·sis [haj'draləsis]; [o] *n* hidroliza

hy·dro·man·cy ['hajdrəmaensij] *n* proricanje posmatranjem vode

hy·drom·e·ter [haj'dramətə(r)]; [o] *n* hidrometar

hy·dro·pho·bi·a [hajdrə'foubijə] *n* 1. hidrofobija, strah od vode 2. see **rabies**

hy·dro·phone [~foun] *n* hidrofon

hy·dro·plane [~plejn] *n* 1. hidroplan, hidroavion 2. see **hydrofoil**

hy·dro·ther·a·py [~'therəpij] *n* hidroterapija

hy·drox·ide [haj'draksajd]; [o] *n* hidroksid

hy·e·na [haj'ijnə] *n* hijena; *spotted ~* pegava (pjegava) hijena

hy·giene ['hajdžijn] *n* higijena; *personal (social) ~* lična (socijalna) higijena

hy·gi·en·ic [hajdžij'enik] *a* higijenski; *to maintain ~ standards* održavati higijenu

hy·gien·ist [haj'džijnist] *n* higijeničar

hy·grom·e·ter [haj'gramətə(r)]; [o] *n* higrometar, vlagomer (vlagomjer)

hy·men ['hajmən] *n* himen, devičnjak (djevičnjak)

hy·men·al [~əl] *a* himenalan; devičanski (djevičanski)

hy·me·ne·al [hajmə'nijəl] *n* himenej, svadbena pesma (pjesma)

hymeneal II *a* svadbeni; bračni

hymn [him] *n* himna

hym·nal I [~nəl] *n* crkvena pesmarica (pjesmarica)

hymnal II *a* himneni

hym·nist [~nist] *n* kompozitor (sastavljač) himne

hy·oid ['hajojd] *n* (or: *~ bone)* jezičnjača

hy·per- ['hajpə(r)] (as a prefix) hiper-

hy·per·ac·id·i·ty [hajpərə'sidətij] *n* hiperaciditet

hy·per·ac·tive [∼'aektiv] *a* preterano (pretjerano) aktivan, hiperaktivan

hy·per·bo·la [haj'pǝ(r)bǝlǝ] *n* (math.) hiperbola

hy·per·bo·le [haj'pǝ(r)bǝlij] *n* hiperbola, preterivanje (pretjerivanje)

hy·per·bol·ic [hajpǝ(r)'balik]; [*o*] *a* hiperboličan, hiperbolički

hyperbolic paraboloid hiperbolički paraboloid

hy·per·bo·lism [haj'pǝ(r)bǝlizǝm] *n* hiperbolizam

hy·per·bo·lize [haj'pǝ(r)bǝlajz] *v tr* and *intr* hiperbolisati, preterivati (pretjerivati)

hy·per·bo·loid [haj'pǝ(r)bǝlojd] *n* hiperboloid

hy·per·cor·rec·tion [hajpǝ(r)kǝ'rekšǝn] *n* (ling.) hiperkorektan oblik, hiperkorektna tvorba

hy·per·crit·i·cal [∼'kritikǝl] *a* hiperkritičan

hy·per·o·pi·a [hajpǝr'oupijǝ] *n* dalekovidnost, dalekovidost (also **far-sightedness**)

hy·per·op·ic [∼r'apik]; [*o*] *a* dalekovid

hy·per·sen·si·tive [∼'sensǝtiv] *a* preosetljiv (preosjetljiv)

hy·per·ten·sion [∼'tenšǝn] *n* hipertenzija, povećani krvni pritisak

hy·per·thy·roid I [∼'thajrojd] *n* osoba koja boluje od hipertireoze

hyperthyroid II *a* koji boluje od hipertireoze

hy·per·thy·roid·ism [∼'thajrojdizǝm] *n* hipertireoza, prekomerna (prekomjerna) aktivnost štitaste žlezde (žlijezde)

hy·per·to·ni·a [∼'tounijǝ] *n* hipertonija

hy·per·ton·ic [hajpǝ(r)'tanik]; [*o*] *a* hipertoničan

hy·per·tro·phy [haj'pǝ(r)trǝfij] *n* hipertrofija

hy·phen ['hajfǝn] *n* crtica

hy·phen·ate [∼ejt] *v tr* crticom spojiti (odvojiti); *a* ∼*d word* polusloženica; (fig.) *a* ∼*d American* Amerikanac stranog porekla — porijekla (*Mexican-American*)

hyp·no·sis [hip'nousis] (*-ses* [sijz]) *n* hipnoza

hyp·not·ic [hip'natik]; [*o*] *a* hipnotičan

hyp·no·tism ['hipnǝtizǝm] *n* hipnotizam

hyp·no·tist [∼tist] *n* hipnotizer

hyp·no·tize [∼tajz] *v tr* 1. hipnotisati 2. (fig.) opčiniti

hy·po ['hajpou] *n* (colloq.) see **hypodermic I**

hypo- (as a prefix) hipo-

hy·po·chon·dri·a [hajpǝ'kandrijǝ]; [*o*] *n* hipohondrija

hy·po·chon·dri·ac I [∼drijaek] *n* hipohondar, hipohondrijak

hypochondriac II *a* hipohondričan

hy·poc·o·rism [hi'pakǝrizǝm]; [*o*] *n* 1. hipokoristik, hipokorizam, ime od milošte (also **hypocoristic I**) 2. nadimak 3. eufemizam

hy·po·co·ris·tic I [hajpoukǝ'ristik] *n* hipokoristik, ime od milošte (also **hypocorism 1**)

hypocoristic II *a* hipokoristički; *a* ∼ *form* hipokoristički oblik

hy·poc·ri·sy [hi'pakrǝsij]; [*o*] *n* hipokrizija, licemerje (licemjerje)

hyp·o·crite ['hipǝkrit] *n* hipokrita, licemer (licemjer)

hyp·o·crit·i·cal [hipǝ'kritǝkil] *a* hipokritski, licemeran (licemjeran), licemerski (licemjerski)

hy·po·der·mic I [hajpǝ'dǝ(r)mik] *n* 1. supkutana (potkožna) injekcija 2. špric za supkutane (potkožne) injekcije

hypodermic II *a* potkožan, supkutan; *a* ∼ *injection* supkutana injekcija; *a* ∼ *syringe* špric za supkutane injekcije

hypodermic needle igla za injekcije

hy·po·der·mis [hajpou'dǝ(r)mis] **hy·po·derm** ['hajpǝ'dǝ(r)m] *n* hipoderm, potkoža

hy·poph·y·sis [haj'pafǝsis]; [*o*] *n* hipofiza (also **pituitary gland**)

hy·pos·ta·sis [haj'pastǝsis]; [*o*] (*-ses* [sijz]) *n* (phil.) hipostaza

hy·pos·ta·tize [∼tajz] *v tr* hipostazirati

hy·po·tax·is [hajpǝ'taeksis] *n* (gram.) hipotaksa

hy·pot·e·nuse [haj'patnūs]; [haj'potǝnjūz] *n* (math.) hipotenuza

hy·poth·e·sis [haj'pathǝsis]; [*o*] (*-ses* [sijz]) *n* hipoteza

hy·poth·e·size [∼sajz] *v tr* and *intr* pretpostaviti, učiniti pretpostavku

hy·po·thet·i·cal [hajpǝ'thetikǝl] *a* hipotetičan, hipotetički

hypothetical imperative (phil.) kategorički imperativ

hy·po·thy·roid I [hajpou'thajrojd] *n* osoba koja boluje od hipotireoze

hypothyroid II *a* koji boluje od hipotireoze

hy·po·thy·roid·ism [∼izǝm] *n* hipotireoza, umanjena funkcija štitaste žlezde (žlijezde)

hy·rax ['hajraeks] (*-es* or *-races* [rǝsijz]) *n* (zool.) vrsta mrmota

hys·sop ['hisǝp] *n* (bot.) blagovanj, miloduh

hys·ter·ec·to·my [histǝ'rektǝmij] *n* histerektomija, vađenje materice

hys·ter·e·sis [histǝ'rijsis] (*-ses* [sijz]) *n* (phys.) histerezis

hys·ter·i·a [hi'sterijǝ] *n* histerija; *an attack of* ∼ napad histerije, histeričan napad

hys·ter·ic I [hi'sterik] *n* histerik

hysteric II see **hysterical**

hys·ter·i·cal [∼ǝl] *a* histeričan; *to become* ∼ postati histeričan

hys·ter·ics [∼s] *n* napad histerije, histerija

21*

I

i [aj] *n* i (slovo engleske azbuke)
I [aj] *pron* ja
i·amb ['ajaemb] *n* jamb
i·am·bic I [aj'aembik] *n* jamb, jampski stih
iambic II *a* jampski
I·ber·i·a [aj'bijrijə] *n* Iberija
I·be·ri·an I [~n] *n* Iberac
Iberian II *a* iberski
i·bex ['ajbeks] *n* kozorog
i·bis ['ajbis] *n* ibis
IBM [ajbij'em] abbrev. of *intercontinental ballistic missile*
ICBM [ajsijbij'em] see IBM
ice I [ajs] *n* 1. led; (also fig.) *the ~ is broken* led je krenuo; *to break the ~* probiti led; *on thin ~* u teškoj situaciji, na tankom ledu 2. poledica; led; *he fell on the ~* pao je na poledici; *to drive on ~* voziti po ledu 3. see **icing** 4. (cul.; often in *pl*) voćni sladoled (bez mleka — mlijeka) 5. (slang) mito 6. misc.; *on ~* u frižideru; u rezervi; *that cuts no ~* to ne čini nikakvu razliku
ice II *a* leden
ice III *v* 1. *tr* premazati; *to ~ a cake* premazati tortu 2. *intr (to ~ over, up)* zalediti se
ice age ledeno doba
ice·berg [~bə(r)g] *n* ledena santa; *tip of the ~* see **tip I 1**
ice·bound [~baund] *a* 1. sklešten (skliješten) ledom 2. zaleđen
ice·box [~baks]; [o] *n* lednjak
ice·break·er [~brejkə(r)] *n* ledolomac
ice bucket sud za hlađenje pića
ice cap ledeni pokrivač
ice cream sladoled *chocolate (strawberry, vanilla)* ~ sladoled od čokolade (jagoda, vanile)
ice-cream *a* od sladoleda; *an ~ cone* kornet sladoleda, sladoled u fišeku; *an ~ soda* piće sa sladoledom
ice-cream man (colloq.) sladoledžija
ice cube kockica leda
iced lolly Br.; see **popsicle**
ice field ledeno polje
ice floe santa leda
ice hockey hokej na ledu
ice house spremište leda
Ice·land ['ajslənd] *n* Island; *in ~* na Islandu
Ice·land·er [~ə(r)] *n* Islanđanin
Ice·land·ic I [ajs'laendik] *n* islandski jezik
Icelandic II *a* islandski

ice·man [~mən] (*-men* [mən]) *n* raznosač leda
ice milk sladoled koji se pravi s nepunomasnim (obranim) mlekom (mlijekom)
ice over *v* see **ice III 2**
ice pack vrećica sa ledom
ice pick alatka za razbijanje (seckanje — sjeckanje) leda
ice skate klizaljka
ice-skate [~-skejt] *v intr* klizati se, baviti se klizačkim sportom
ice skater klizač (po ledu)
ice up *v* see **ice III 2**
ice water ledena voda, hladna voda (sa ledom)
ich·thy·ol·o·gist [ikthij'alədžist]; [o] *n* ihtiolog
ich·thy·ol·o·gy [~džij] *n* ihtiologija
i·ci·cle ['ajsikəl] *n* ledenica, ledena sveća (svijeća)
i·ci·ly ['ajsilij] *adv* vrlo hladno, ledeno
ic·ing ['ajsiñg] *n* 1. preliv, glazura; *chocolate ~* glazura od čokolade; *to put ~ on a cake* premazati kolač glazurom 2. zaleđivanje
icing sugar Br.; see **confectioner's sugar**
i·con ['ajkan]; [o] *n* ikona
i·con·ic [aj'kanik]; [o] *a* 1. ikonski 2. (fig.) neoriginalan
i·con·o·clasm [aj'kanəklaezəm]; [o] *n* ikonoborstvo
i·co·nog·ra·phy [ajkə'nagrəfij]; [o] *n* ikonografija
i·co·nol·a·try [ajkə'nalətrij]; [o] *n* ikonolatrija
i·co·nol·o·gy [ajkə'nalədžij]; [o] *n* ikonologija
i·con·o·scope [aj'kanəskoup]; [o] *n* ikonoskop
i·co·nos·ta·sis [ajkə'nastəsis]; [o] (*-ses* [sijz]) *n* ikonostas
ic·tus ['iktəs] (*pl has ~es* or zero) *n* 1. (poetic) iktus 2. (med.) see **stroke I 8**
i·cy ['ajsij] *a* leden (also fig.); *an ~ stare* leden pogled
I'd [ajd] (contraction of) 1. *I had* 2. *I would* 3. *I should*
I·da·ho ['ajdəhou] *n* Ajdaho
ID card [aj'dij] lična karta
ide [ajd] *n* (fish) jaz
i·de·a [aj'dijə] *n* 1. ideja; *a fixed ~* fiksna ideja; *to force one's ~s on others* nametnuti svoje ideje drugima; *he got an ~* sinula mu je ideja 2. pojam; *I don't have the slightest ~ of what you mean* nemam pojma šta (što) mislite 3. zamisao, ideja
i·de·al I [aj'dijəl], [ij] *n* ideal
i·deal II *a* idealan; *an ~ spot* idealno mesto (mjesto); *~ conditions* idealni uslovi (W also: uvjeti)
i·de·al·ism [~izəm] *n* idealizam

i·de·al·ist [~ist] *n* idealista
i·de·al·is·tic [~'istik] *a* idealističan, idealistički
i·de·al·i·za·tion [~i'zejšən]; [*aj*] *n* idealizacija
i·de·al·ize [~ajz] *v tr* and *intr* idealizovati
i·dée fixe [ij'dej fijks] (French) fiksna ideja
i·den·ti·cal [aj'dentikəl] *a* identičan; *to be ~ to (with) smt.* biti identičan nečemu (sa nečim)
identical twins jednojajčani blizanci
i·den·ti·fi·ca·tion [ajdentəfi'kejšən] *n* identifikacija; *target ~* identifikacija cilja; *to make an ~* izvršiti identifikaciju
identification parade Br.; see **line-up** 1
i·den·ti·fy [aj'dentəfaj] *v* 1. *tr* identifikovati 2. *refl* identifikovati se; *to ~ oneself with the hero of a novel* identifikovati se s junakom (nekog) romana 3. *intr* (colloq.) see 2; *to ~ with smb.* identifikovati se s nekim
i·den·ti·ty [aj'dentətij] *n* identitet; *to establish smb.'s ~* utvrditi (ustanoviti) identitet; *a case of mistaken ~* zamena (zamjena) identiteta
identity card lična karta
identity crisis kriza identiteta, krizni period prilagođavanja
id·e·o·gram ['idijəgraem] *n* ideogram
id·e·o·graph [~graef]; [*a*] see **ideogram**
id·e·og·ra·phy [idij'agrəfij], [*aj*]; [*o*] *n* ideografija
i·de·o·log·i·cal [ajdijə'ladžikəl], [*i*]; [*o*] *a* ideološki
i·de·ol·o·gy [ajdij'alədžij], [*i*]; [*o*] *n* ideologija
ides [ajdz] *n pl* ide; *the Ides of March* martovske ide
id·i·o·cy ['idijəsij] *n* idiotizam
id·i·o·lect ['idijəlekt] *n* (ling.) idiolekt
id·i·om ['idijəm] *n* idiom
id·i·o·mat·ic [idijə'maetik] *a* idiomatski; *an ~ expression* idiomatski izraz
id·i·o·syn·cra·sy [idijou'singkrəsij] *n* idiosinkrazija
id·i·o·syn·crat·ic [idijousin'kraetik] *a* idiosinkrazijski
id·i·ot ['idijət] *n* idiot
idiot box (slang) televizor
id·i·ot·ic [idij'atik]; [*o*] *a* idiotski, blesav
i·dle I ['ajdl] *n* hod naprazno; prazan hod
idle II *a* 1. besposlen; zaludan 2. ležeći; *~ money* ležeći novac 3. prazan; (tech.) *an ~ jet* sisak praznog hoda
idle III *v* 1. *tr* lišiti zaposlenja; *the strike ~d many workers* štrajk je mnoge radnike lišio zaposlenja 2. *tr* dati (motoru) da radi na praznom hodu 3. *intr* raditi na praznom hodu; *the engine is ~ing* motor radi na praznom hodu
idle away *v* provesti u dokolici; *to idle one's time away* or: *to idle away one's time* provesti vreme (vrijeme) u dokolici
i·dler ['ajdlə(r)] *n* besposličar, dokoličar
idle speed see **idle I**
i·dling [~ing] *n* (or: *~ speed*) 1. prazan hod 2. mali gas
i·dol ['ajdəl] *n* idol
i·dol·a·ter [aj'dalətə(r)]; [*o*] *n* idolopoklonik
i·dol·a·trize [~ətrajz] *v tr* načiniti idol (od); obožavati kao idol
i·dol·a·trous [~ətrəs] *a* idolopoklonički
i·dol·a·try [~trij] *n* idolopoklonstvo, idolatrija
i·dol·ize ['ajdlajz] *v tr* obožavati (kao idol)
i·dyll, i·dyl ['ajdl]; [*i*] *n* idila

i·dyl·lic [aj'dilik]; [*i*] *a* idiličan, idilički
i.e. [aj'ij] (Latin: *id est*) to jest
if I [if] *n* ako; *without any ~s or buts* bez izmotavanja
if II *conj* 1. ako; *~ you are free, we'll go to the movies* ako budete slobodni ići ćemo u bioskop (W: kino); *~ you came (should come, were to come), I would introduce you to them* ako biste došli, upoznao bih vas sa njima 2. da; *~ I were you, I would take this room* da sam na vašem mestu (mjestu), uzeo bih ovu sobu; *~ he had come, I would have given him the book* da je došao, dao bih mu knjigu
if·fy ['ifij] *a* (colloq.) nesiguran
ig·loo ['iglū] (*-s*) *n* iglu
ig·ne·ous ['ignijəs] *a* 1. vatren; ognjen 2. eruptivan; *~ rock* eruptivna stena (stijena)
ig·nis fat·u·us ['ignis 'faečūəs] (*ignes fatui* ['ignijz 'faečūaj]) (Latin) vatra lutalica, bludna vatra
ig·nite [ig'najt] *v* 1. *tr* zapaliti 2. *intr* zapaliti se
ig·ni·tion [ig'nišən] *n* paljenje; *to turn on the ~* izvršiti paljenje (motora)
ignition point tačka (W: točka) paljenja
ig·no·ble [ig'noubəl] *a* 1. koji nije plemenit 2. podao, nizak
ig·no·min·i·ous [ignou'minijəs] *a* sramotan, sraman
ig·no·min·y ['ignəminij] *n* sramota
ig·no·ra·mus [ignə'rejməs] *n* neznalica, neuk čovek (čovjek)
ig·no·rance ['ignərəns] *n* neznanje; **~ of the law is no excuse* nepoznavanje zakona ne opravdava
ig·no·rant [~ənt] *a* neznalički; neuk; *an ~ man* neuk čovek (čovjek)
ig·nore [ig'no(r)] *v tr* ignorisati
i·gua·na [i'gwanə] *n* iguana (gušter)
i·ka·vi·an I [ij'kavijən] *n* (ling.) ikavština
ikavian II *a* ikavski
il·e·ac ['ilijaek] *a* (anat.) ilijačan
il·e·i·tus [ilij'ajtis] *n* (med.) ileitis, zapaljenje (W: upala) ileuma
il·e·um ['ilijəm] (*-ea* [ijə]) *n* (anat.) ileum, donji deo (dio) tankog creva (crijeva)
il·e·us ['ilijəs] *n* (med.) ileus, stanje zavezanosti creva (crijeva)
i·lex ['ajleks] *n* (bot.) 1. see **holly** 2. hrast (also **holm oak**)
Il·i·ad ['ilijəd] *n* Ilijada
ilk [ilk] *n* vrsta (W also: vrst); *men of that ~* ljudi te vrste
ill I *n* 1. zlo 2. (as *pl; the ~*) bolesnici
ill II *a* 1. (usu. pred.) bolestan; *mentally ~* duševno bolestan; *to be taken ~* oboleti (oboljeti); *to be ~ with a disease* patiti od neke bolesti 2. zao, rđav; *~ will* zla volja; *~ humor* rđavo raspoloženje; **it's an ~ wind that blows no good* svako zlo ima svoje dobro (for *comp* see **bad II**)
ill III *adv* rđavo, zlo; *to speak ~ of smb.* ogovarati nekoga; *to think ~ of smb.* rđavo misliti o nekome; *to be ~ at ease* osećati (osjećati) se neugodno; *it ~ becomes him to. . .* ne priliči mu da. . . (for *comp* see **bad II**)
ill-ad·vised [~əd'vajzd] *a* nepromišljen, nesmotren
ill-bred [~'bred] *a* rđavo vaspitan
ill-dis·posed [~-dis'pouzd] *a* neraspoložen

il·le·gal [i'lijgəl] *a* nepropisan, nelegalan, nezakonit; *an ~ contract* nezakonit ugovor; *~ly parked* nepropisno parkiran

il·le·gal·i·ty [ilij'taelətij] *n* nezakonitost

il·leg·i·bil·i·ty [iledžə'bilətij] *n* nečitkost, nečitljivost

il·leg·i·ble [i'ledžəbəl] *a* nečitak

il·le·git·i·ma·cy [ili'džitəməsij] *n* vanbračnost

il·le·git·i·mate [ili'džitəmit] *a* vanbračan; *an ~ son* vanbračan sin

ill-fa·ted [~-fejtid] *a* zlosrećan, zlosretan

ill-got·ten [~-gɑtn]; [o] *a* nepošteno stečen; *~ gains* nedozvoljeno bogaćenje

ill-hu·mored [~-hjūmə(r)d] *a* zlovoljan

il·lic·it [i'lisit] *a* nezakonit

Il·li·nois [ilə'noj(z)] *n* Ilinois

Il·li·nois·an [~zən] *n* stanovnik države Ilinois

il·lit·er·a·cy [i'litərəsij] *n* nepismenost, analfabetizam

il·lit·er·ate [~rit] *a* nepismen

ill-man·nered [~-maenə(r)d] *a* neotesan, neuljudan

ill-na·tured [~-nejčə(r)d] *a* zloćudan

ill·ness [~nis] *n* bolest; *an acute ~* akutna bolest

il·log·i·cal [i'ladžikəl]; [o] *a* nelogičan

ill-starred [~-sta(r)d] *a* zlosrećan

ill-tem·pered [~-tempə(r)d] *a* zloćudan

ill-timed [~-tajmd] *a* neblagovremen

ill-treat [~-trijt] *v tr* maltretirati, rđavo postupati (sa nekim)

il·lu·mi·nate [i'lūmənejt] *v tr* osvetliti (osvijetliti) rasvetliti (rasvijetliti), iluminisati

il·lu·mi·na·ti [ilūmə'natij] *n pl* (Latin) prosvetljeni (prosvijetljeni)

il·lu·mi·na·tion [ilūmə'nejšən] *n* osvetljenje (osvjetljenje), rasvetljenje (rasvjetljenje), iluminacija

il·lu·mine [i'lūmin] *v tr* see **illuminate**

il·lu·sion [i'lūžən] *n* iluzija; *to dispel (harbor, have) ~s* razbiti (gajiti, imati) iluzije; *to create an ~* izazvati iluziju

il·lu·sion·ism [~izəm] *n* iluzionizam

il·lu·sion·ist [~ist] *n* iluzionista

il·lu·sive [i'lūsiv] *a* see **illusory**

il·lu·so·ry [i'lūsərij], [z] *a* iluzoran

il·lus·trate ['iləstrejt] *v tr* ilustrovati; *to ~ smt. with examples* ilustrovati nešto primerima (primjerima); *an ~d magazine* ilustrovani časopis

il·lus·tra·tion [ilə'strejšən] *n* ilustracija

il·lus·tra·tive [i'ləstrətiv] *a* ilustrativan

il·lus·tra·tor ['iləstrejtə(r)] *n* ilustrator

il·lus·tri·ous [i'ləstrijəs] *a* čuven, slavan

Il·lyr·i·a [i'lijrijə] *n* Ilirija

Il·lyr·i·an I [~n] *n* 1. Ilir 2. ilirski jezik

Illyrian II *a* ilirski; *the ~ Movement* iirski pokret ilirizam

I'm [ajm] *I am*

im·age ['imidž] *n* 1. slika; lik; *to speak in ~s,* slikovito se izražavati; **he is the spitting ~ of his father* on je pljunuti otac 2. (fig.) ugled

im·age·ry [~rij] *n* slikovito izlaganje

im·ag·i·na·ble [im'aedžənəbəl] *a* zamišljiv, koji se može zamisliti

im·ag·i·nar·y [~nerij]; [nr] *a* zamišljen, uobražen, imaginaran

imaginary number imaginaran broj

im·ag·i·na·tion [imaedžə'nejšən] *n* uobraženje, imaginacija, mašta

im·ag·i·na·tive [i'maedžənətiv] *a* imaginativan, maštovit

im·ag·ine [i'maedžin] *v* 1. *tr* zamisliti; predstaviti sebi 2. *intr* zamisliti; *just ~!* zamisli! 3. misc.; *I can't ~ him (his) behaving so foolishly* ne mogu da shvatim kako može da se ponaša tako glupo

i·mam [i'mam] *n* imam (muslimanski sveštenik — svećenik)

im·bal·ance [im'baeləns] *n* neuravnoteženost

im·be·cile ['imbəsil]; [ij] *n* imbecil, slaboumna osoba

im·be·cil·ic [imbə'silik] *a* imbecilan, slabouman

im·be·cil·i·ty [imbə'silətij] *n* imbecilnost, slaboumlje

im·bibe [im'bajb] *v* 1. *tr* upiti 2. *tr* popiti 3. *intr* piti

im·bri·cate I ['imbrikejt] *v tr* preklopiti, metnuti jedno preko drugog

imbricate II *a* preklopljen

im·bri·ca·tion [imbri'kejšən] *n* preklapanje, ređanje jednog preko drugog

im·bro·glio [im'brouljou] (*-s*) *n* zbrka, zamršeno stanje

im·bue [im'bjū] *v tr* prožeti

im·i·tate ['imətejt] *v tr* imitirati, podražavati; *children ~ their elders* deca (djeca) imitiraju odrasle

im·i·ta·tion [imə'tejšən] *n* imitacija

im·i·ta·tive ['imətejtiv]; [ə] *a* podražajni, sklon podražavanju

im·i·ta·tor ['imətejtə(r)] *n* imitator

im·mac·u·late [i'maekjəlit] *a* 1. neuprljan 2. neporočan, bezgrešan

immaculate conception *(the ~)* bezgrešno začeće

im·ma·nent ['imənənt] *a* imanentan

im·ma·te·ri·al [imə'tijrijəl] *a* 1. nematerijalan 2. neznačajan, nebitan

im·ma·ture [imə'tjū(r)], [č] *a* nezreo

im·ma·tur·i·ty [~rətij] *n* nezrelost

im·meas·ur·a·ble [i'mežərəbəl] *a* 1. nemerljiv (nemjerljiv) 2. neizmeran (neizmjeran)

im·me·di·a·cy [i'mijdijəsij] *n* neposrednost

im·me·di·ate [i'mijdijit] *a* 1. neposredan; *an ~ superior* prvi pretpostavljeni; *~ly after* neposredno posle (poslije) 2. trenutan

immediate constituent (ling.) neposredni konstituent

im·me·di·ate·ly [~lij] 1. *adv* odmah 2. (Br.) *conj* čim

Im·mel·mann turn ['iməlmən] (aviation) imelman

im·me·mo·ri·al [imə'morijəl] (postposed) *a* drevni; *from time ~* od pamtiveka (pamtivijeka)

im·mense [i'mens] *a* neizmeran (neizmjeran), ogroman

im·men·si·ty [i'mensətij] *n* neizmernost (neizmjernost), ogromnost

im·mense·ly [~lij] *adv* neizmerno (neizmjerno)

im·merse [i'mə(r)s] *v tr* 1. zaroniti, uroniti; zagnjuriti; umočiti; *to ~ in water* zaroniti u vodu; 2. zadubiti, (fig.) *to ~ oneself in smt.* zadubiti se u nešto; *~d in a book* zadubljen u knjigu; 3. (rel.) spustiti u vodu (prilikom krštenja)

im·mer·sion [i'mə(r)žən]; [š] *n* zaronjenje, zagnjurenje

immersion tank Br.; see **hot-water heater**

im·mi·grant ['imigrənt] *n* useljenik, doseljenik imigrant

im·mi·grate ['imigrejt] *v intr* useliti se, doseliti se

im·mi·gra·tion [imi'grejšən] *n* useljenje, imigracija

im·mi·nence ['imənəns] *n* bliskost

im·mi·nent ['imənənt] *a* blizak; ~ *danger* bliska opasnost

im·mo·bile [i'moubəl]; [*aj*] *a* nepokretan, imobilan

im·mo·bil·i·ty [imou'bilətij] *n* nepokretnost, imobilnost

im·mo·bi·li·za·tion [imoubələ'zejšən]; [*aj*] *n* imobilizacija

im·mo·bi·lize [i'moubəlajz] *v tr* imobilisati

im·mod·er·ate [i'madərit]; [*o*] *a* neumeren (neumjeren)

im·mod·est [i'madist]; [*o*] *a* neskroman

im·mod·es·ty [~ij] *n* neskromnost

im·mo·late ['iməlejt] *v tr* žrtvovati

im·mo·la·tion [imə'lejšən] *n* žrtvovanje

im·mor·al [i'morəl] *a* nemoralan

im·mo·ral·i·ty [imo'raelətij] *n* nemotal, nemoralnost

im·mor·tal I [i'mo(r)təl] *n* besmrtnik

immortal II *a* besmrtan

im·mor·tal·i·ty [imo(r)'taelətij] *n* besmrtnost

im·mor·tal·ize [i'mo(r)tələjz] *v tr* obesmrtiti, učiniti besmrtnim

im·mov·a·ble [i'mūvəbəl] *a* nepokretan

im·mune [i'mjūn] *a* imun; ~ *to* (Br.: *from*) *scarlet fever* imun na šarlah; ~ *to smb.'s charms* imun prema nečijim čarima

im·mu·ni·ty [~ətij] *n* imunitet; imunost; *acquired (natural)* ~ stečena (urođena) imunost; ~ *to* (Br.: *from*) *smallpox* imunitet na velike boginje; *diplomatic* ~ diplomatski imunitet

im·mu·ni·za·tion [imjənə'zejšən]; [*aj*] *n* imunizacija, vakcinacija; *to carry out a mass* ~ sprovesti masovnu vakcinaciju

immunization drive masovna vakcinacija

im·mu·nize ['imjənajz] *v tr* imunizovati; *to* ~ *smb. against smt.* imunizovati nekoga protiv nečega

im·mu·nol·o·gy [imjə'nalədžij]; [*o*] *n* imunologija

im·mure [i'mjū(r)] *v tr* uzidati

im·mu·ta·ble [i'mjūtəbəl] *a* nepromenljiv (nepromjenljiv)

imp [imp] *n* 1. nestaško 2. đavolak

im·pact ['impaekt] *n* 1. sudar, udar 2. uticaj

im·pact·ed [im'paektid] *a* 1. uklešten (ukliješten); ~ *molars* uklešteni kutnjaci 2. opterećen

impact fuze udarni (kontaktni) upaljač

im·pair [im'pej(r)] *v tr* umanjiti; pogoršati; *to* ~ *one's health* pogoršati svoje zdravlje

im·paired *n and a* oštećeni; oštećen; *the hearing-* ~ oštećeni sluhom

im·pair·ment [~mənt] *n* umanjenje; pogoršanje

im·pa·la [im'paelə] *n* (zool.) impala (afrikanska antilopa)

im·pale [im'pejl] *v tr* nabiti (na kolac)

im·pale·ment [~mənt] *n* nabijanje (na kolac)

im·pan·el [im'paenəl] *v tr* upisati; *to* ~ *a jury* upisati porotnike (u spisak), obrazovati porotu

im·part [im'pa(r)t] *v tr* saopštiti (saopćiti); *to* ~ *knowledge* prenositi znanja

im·par·tial [im'pa(r)šəl] *a* nepristrastan (W: nepristran); *an* ~ *observer* nepristrastan posmatrač (W: promatrač)

im·par·ti·al·i·ty [impa(r)šij'aelətij] *n* nepristrasnost (W: nepristranost)

im·pas·sa·ble [im'paesəbəl]; [*a*] *a* neprolazan, neprohodan; *an* ~ *road* neprolazan put

im·passe ['impaes]; ['aempas] *n* ćorsokak

im·pas·si·ble [im'paesəbəl] *a* neosetljiv (neosjetljiv)

im·pas·sioned [im'paešənd] *a* strastan; *an* ~ *plea* usrdna molba

im·pas·sive [im'paesiv] *a* neosetljiv (neosjetljiv)

im·pas·siv·i·ty [impae'sivətij] *n* neosetljivost (neosjetljivost)

im·pa·tience [im'pejšəns] *n* nestr̥pljenje

im·pa·tient [~šənt] *a* nestr̥pljiv

im·peach [im'pijč] *v tr* 1. optužiti (funkcionera), pokrenuti postupak (protiv funkcionera); (colloq.) opozvati (funkcionera) 2. dovesti u pitanje

im·peach·a·ble [~əbəl] *a* optužljiv

im·peach·ment [~mənt] *n* pokretanje postupka (protiv funkcionera); (colloq.) opoziv (funkcionera)

im·pec·ca·bil·i·ty [impekə'bilətij] *n* besprekornost

im·pec·ca·ble [im'pekəbəl] *a* besprekoran

im·pe·cu·ni·ous [impi'kjūnijəs] *a* bez novca, siromašan

im·pe·dance [im'pijdəns] *n* (phys.) impedanca

im·pede [im'pijd] *v tr* smetati

im·ped·i·ment [im'pedəmənt] *n* 1. smetnja 2. poremećaj; *a speech* ~ govorni poremećaj

im·pel [im'pel] *v tr* naterati (natjerati); prisiliti

im·pend [im'pend] *v intr* 1. predstojati, biti blizak 2. pretiti (prijetiti)

im·pend·ing [~iñg] *a* predstojeći, blizak

im·pen·e·tra·bil·i·ty [impenətrə'bilətij] *n* neprobojnost

im·pen·e·tra·ble [im'penətrəbəl] *a* 1. neprobojan; *an* ~ *defense* neprobojna odbrana (W: obrana) 2. (fig.) nedokučiv

im·per·a·tive I [im'perətiv] *n* imperativ; zapovedni (zapovjedni) način

imperative II *a* imperativan; potreban; *it is* ~ *that he leave at once* mora otići odmah

im·per·cep·ti·ble [impə(r)'septəbəl] *a* neprimetan (neprimjetan), neprimetljiv (neprimjetljiv); neosetan (neosjetan)

im·per·fect I [im'pə(r)fikt] *n* (gram.) imperfekat

imperfect II *a* 1. nesavršen, koji ima mana 2. (gram.) ~ *tense* imperfekat

im·per·fec·tion [impə(r)'fekšən] *n* nedostatak, mana

im·per·fec·tive I [impə(r)'fektiv] *n* (gram.) imperfektivni vid, nesvršeni vid

imperfective II *a* (gram.) imperfektivan, nesvršen; *the* ~ *aspect* imperfektivni (nesvršeni) vid

im·pe·ri·al I [im'pijrijəl] *n* 1. krov na kolima 2. papir (za štampanje) veličine 23 × 31 (ili 33) inča 3. šiljata brada koja se neguje (njeguje) ispod donje usne

imperial II *a* carski; carevinski; imperijalni

im·pe·ri·al·ism [~izəm] *n* imperijalizam

im·pe·ri·al·ist [~ist] *n* imperijalista

im·pe·ri·al·is·tic [impijrijə'listik] *a* imperijalistički

im·per·il [im'perəl] *v tr* izložiti opasnosti, ugroziti (also **endanger**)

im·pe·ri·ous [im'pijrijəs] *a* naređivački, zapovedan (zapovjedan), zapovednički (zapovjednički)

im·pe·ri·um [im'pijrijəm] *n* apsolutna vlast
im·per·ma·nent [im'pə(r)mənənt] *a* nestalan
im·per·me·a·ble [im'pə(r)mijəbəl] *a* nepropustljiv
im·per·so·nal [im'pə(r)sənəl] *a* 1. bezličan; (gram.); *an ~ sentence* bezlična rečenica; *an ~ verb* bezličan glagol 2. ravnodušan, hladan, neosetljiv (neosjetljiv)
im·per·son·al·ize [~ajz] *v tr* učiniti ravnodušnim, neosetljivim (neosjetljivim)
im·per·son·ate [im'pə(r)sənejt] *v tr* izdavati se (za), igrati ulogu (nekoga)
im·per·son·a·tion [impə(r)sə'nejšən] *n* igranje uloge (nekoga)
im·per·son·a·tor [im'pə(r)sənejtə(r)] *n* onaj koji se izdaje za drugoga
im·per·ti·nence [im'pə(r)tnəns] *n* drskost, bezobrazluk
im·per·ti·nent [~ənt] *a* drzak, bezobrazan
im·per·turb·a·ble [impə(r)'tə(r)bəbəl] *a* neuzbudljiv, hladnokrvan
im·per·vi·ous [im'pə(r)vijəs] *a* 1. nepropustljiv 2. nepristupačan
im·pe·ti·go [impə'tajgou], [ij] *n* (med.) impetigo strup, gnojavi ekcem, rusa bolest
im·pet·u·os·i·ty [impečū'asətij]; [o] *n* naglost, plahovitost
im·pet·u·ous [im'pečūəs] *a* nagao, plahovit
im·pe·tus ['impətəs] *n* 1. podstrek, podsticaj 2. pokretna sila
im·pi·e·ty [im'pajətij] *n* bezbožnost
im·pinge [im'pindž] *v intr (to ~ on, upon)* povrediti (povrijediti), posegnuti (na)
im·pi·ous ['impijəs] *a* 1. bezbožan 2. bez poštovanja
imp·ish ['impiš] *a* đavolački
im·pla·ca·ble [im'plejkəbəl], [ae] *a* nepomirljiv neumoljiv; *an ~ foe* zakleti neprijatelj
im·plant [im'plaent]; [a] *v tr* usaditi
im·plan·ta·tion [implaen'tejšən] *n* usađivanje
im·plau·si·ble [im'plozəbəl] *a* neverovatan (nevjerovatan)
im·ple·ment I ['impləmənt] *n* oruđe, sredstvo, alatka; *the ~s of war* borbena sredstva
implement II *v tr* izvršiti, ostvariti; *to ~ a policy* sprovesti politiku
im·pli·cate ['implikejt] *v tr* 1. uplesti, upetljati; *to ~ smb. in a scandal* upetljati nekoga u skandal 2. see **imply**
im·pli·ca·tion [impli'kejšən] *n* 1. upletanje; upletenost 2. implikacija, podrazumevanje (podrazumijevanje); *by ~* prećutno (W: prešutno)
im·plic·it [im'plisit] *a* implicitan, koji se podrazumeva [podrazumijeva]
im·plied [im'plajd] see **implicit**
im·plore [im'plo(r)] *v tr* preklinjati
im·plo·sion [im'ploužən] *n* (ling.) implozija
im·plo·sive I [im'plousiv] *n* (ling.) imploziv
implosive II *a* (ling.) implozivan
im·ply [im'plaj] *v tr* implicirati; sadržavati u sebi
im·po·lite [impə'lajt] *a* neučtiv
im·pon·der·a·ble [im'pandərəbəl]; [o] *a* neproračunljiv, neocenljiv (neocjenljiv), nedokučiv; (as *n pl) many ~s* mnogo neocenljivih stvari
im·port I ['impo(r)t] *n* 1. uvezena roba; uvoz 2. značaj; važnost; *of great ~* velikog značaja

import II *a* uvozni; *an ~ license* uvozna dozvola; *an ~ tax (duty)* uvozna taksa (carina); *~ trade* uvozna trgovina
import III ['im'po(r)t] *v tr* uvesti
im·por·tance [im'po(r)təns] *n* važnost; *a matter of great ~* stvar (od) velike važnosti; *to attribute ~ to smt.* pripisati važnost nečemu; *a person of ~* važna ličnost
im·por·tant [~ənt] *a* važan; *~ events* važni događaji; *~ matters* važne stvari; *an ~ person* važna ličnost; *it is ~ that he be there* važno je da bude tamo
im·por·ta·tion [impo(r)'tejšən] *n* uvoženje, uvoz, import
im·port·er [im'po(r)tə(r)] *n* uvoznik
im·por·tu·nate [im'po(r)čunit] *a* nametljiv, dosadan
im·por·tune I [impo(r)'ŕūn]; [tj] *v tr* nametati se, dosaditi
importune II *a* see **importunate**
im·pose [im'pouz] *v* 1. *tr* nametnuti, naturiti, udariti; *to ~ a tax on smt.* oporezovati nešto; *to ~ one's will on smb.* naturiti svoju volju nekome; *to ~ peace* nametnuti mir 2. *tr* dosuditi; *to ~ a fine* dosuditi kaznu 3. *tr* zavesti; *to ~ a curfew (martial law)* zavesti policijski čas (opsadno stanje) 4. *intr (to ~ on, upon)* nametati se; *to ~ on smb.* nametati se nekome
im·pos·ing [~iŋg] *a* impozantan; *in an ~ manner* na impozantan način
im·po·si·tion [impə'zišən] *n* 1. nametanje, udaranje; *the ~ of a tax* nametanje poreza 2. zavođenje; *the ~ of a curfew* zavođenje policijskog časa 3. teret, namet; *an ~ on smb.'s good nature* zloupotrebljavanje nečije dobrote
im·pos·si·bil·i·ty [impasə'bilətij]; [o] *n* nemogućnost
im·pos·si·ble [im'pasəbəl]; [o] *a* nemogućan; *it is ~ for me to come* nemoguće mi je da dođem
im·post ['impoust] *n* 1. namet, dažbina 2. teret koji ima da nosi konj u trci
im·pos·ter [im'pastə(r)]; [o] *n* varalica, hohštapler
im·pos·ture [impasčə(r)]; [o] *n* prevara
im·po·tence ['impətəns] *n* impotencija, impotentnost
im·po·tent [~ənt] *a* impotentan
im·pound [im'paund] *v* 1. uzaptiti 2. zatvoriti (zalutalu stoku)
im·pov·er·ish [im'pavəriš]; [o] *v tr* osiromašiti
im·prac·ti·ca·ble [im'praektikəbəl] *a* neizvodljiv, neispunljiv
im·prac·ti·cal [im'praektikəl] *a* nepraktičan
im·prac·ti·cal·i·ty [impraekti'kaelətij] *n* nepraktičnost
im·pre·cate ['imprəkejt] *v tr* prokleti
im·pre·ca·tion [imprə'kejšən] *n* prokletstvo
im·pre·cise [imprə'sajs] *a* neprecizan
im·preg·na·ble [im'pregnəbəl] *a* nesavladiv, neosvojiv; *an ~ fortress* neosvojiva tvrđava
im·preg·nate [im'pregnejt] *v tr* 1. oploditi, osemeniti (osjemeniti) 2. impregnisati
im·preg·na·tion [impreg'nejšən] *n* oplođenje
im·pre·sa·ri·o [imprə'sarijou] (-os or -sari [sarij]) *n* impresario
im·press I ['impres] *n* 1. otisak 2. obeležje (obilježje)
impress II [im'pres] *v tr* 1. imponovati, impresionirati; napraviti utisak (na); *he ~ed me with*

his knowledge on me je impresionirao svojim znanjem 2. utisnuti
impress III *v tr* na silu mobilisati; *to ~ into service* nasilno mobilisati za vojnu službu
im·pres·sion [im'prešən] *n* 1. utisak; impresija; *to get an ~* steći utisak; *to make an ~ on smb.* načiniti utisak na nekoga; *to have an ~* imati utisak; *a deep (good, strong) ~* dubok (dobar, jak) utisak 2. otisak 3. (Br.) štampanje (see also **printing**)
im·pres·sion·a·ble [~əbəl] *a* upečatljiv
im·pres·sion·işm [~izəm] *n* impresionizam
im·pres·sion·ist [~ist] *n* impresionista
im·pres·sion·ist·ic [imprešən'istik] *a* impresionistički
im·pres·sive [im'presiv] *a* upečatljiv, impresivan
im·press·ment [im'presmənt] *n* nasilna mobilizacija
im·pri·ma·tur [imprə'mejtə(r)] *n* odobrenje za štampanje
im·print I ['imprint] *n* 1. utisak 2. oznaka
imprint II [im'print] *v tr* 1. utisnuti 2. (fig.) urezati
im·pris·on [im'prizən] *v tr* zatvoriti
im·pris·on·ment [~mənt] *n* zatvaranje
im·prob·a·bil·i·ty [imprabə'bilətij]; [o] *n* neverovatnost (nevjerovatnost)
im·prob·a·ble [im'prabəbəl]; [o] *a* neverovatan (nevjerovatan)
im·promp·tu [im'pramptū]; [o]; [tj] 1. *a* improvizovan 2. *adv* improvizovano, na brzu ruku
im·prop·er [im'prapə(r)]; [o] *a* 1. neumestan (neumjestan), neprikladan; nekorektan; *~ conduct (dress)* nepriklado ponašanje (odelo — odijelo) 2. (math.) nepravi; *an ~ fraction* nepravi razlomak
im·pro·pri·e·ty [imprə'prajətij] *n* nepodesnost, nepogodnost
im·prove [im'prūv] *v* 1. *tr* poboljšati 2. *intr* poboljšati se 3. *intr (to ~ on)* poboljšati.
im·prove·ment [~mənt] *n* poboljšanje
im·pro·vi·sa·tion [imprəvə'zejšən]; [aj] *n* improvizacija
im·pro·vise ['imprəvajz] *v tr and intr* improvizovati
im·pro·vis·er [~ə(r)] *n* improvizator
im·pru·dence [im'prūdəns] *n* nesmotrenost, nerazumnost
im·pru·dent [~ənt] *a* nesmotren, nerazuman
im·pu·dence ['impjədəns] *n* drskost, bezobrazluk
im·pu·dent [~ənt] *a* drzak, bezobrazan
im·pugn [im'pjūn] *v tr* osporiti, pobiti
im·pulse ['impəls] *n* impuls, pobuda; nagon; *to do smt. on ~* nešto impulsivno uraditi
impulse buying impulsivno kupovanje
im·pul·sion [im'pəlšən] *n* pokretna sila; pobuda
im·pul·sive [im'pəlsiv] *a* impulsivan
im·pu·ni·ty [im'pjūnətij] *n* posedovanje (posjedovanje) imuniteta; *he acted with ~* postupio je bez rizika da bude kažnjen
im·pure [im'pjū(r)] *a* nečist
im·pu·ri·ty [~rətij] *n* nečistoća
im·put·a·ble [im'pjūtəbəl] *a* koji se može pripisati
im·pu·ta·tion [impjū'tejšən] *n* pripisivanje, imputacija
im·pute [im'pjūt] *v tr* pripisati, imputirati; *to ~ guilt to smb.* pripisati krivicu nekome
in I [in] *n* 1. (in *pl*) članovi vladajuće stranke 2. misc.; *the ~s and outs* sve pojedinosti

in II *pred a* 1. (colloq., usu. pol.) izabran; *they are ~!* pobedili (pobijedili) su (na izborima)! 2. (sports) dobro vraćen; ispravan; *the ball was ~* lopta je bila dobra (ispravna)
in III *adv* 1. unutra, unutar; *come ~!* uđi! *to be ~* biti kod kuće 2. misc.; **to have it ~ for smb.* biti kivan na nekoga, uzeti nekoga na zub (see also: **come in, cut in, get in, go in,** etc.)
in IV *prep* 1. (place; as a synonym of **at**) u, na; *he stayed ~ (at) a hotel* odseo (odsjeo) je u hotelu; *the plane landed ~ (at) Boston* avion je sleteo (sletio) u Bostonu (see **at** 1) 2. (place; **at** is not a synonym) u; *he lives ~ Paris* on stanuje u Parizu; *~ the field* u polju; *to serve ~ the army* služiti u vojsci; *wounded ~ the leg* ranjen u nogu 3. u; *~ one's youth* u mladosti; *~ the fall* u jesen; *~ May* u maju (W: svibnju); *~ despair* u očajanju; *~ tears* u suzama; *~ mourning* u crnini 4. po; *~ cold weather* po hladnom vremenu; *~ the rain (snow)* po kiši (snegu — snijegu); *~ my opinion* po mome mišljenju 5. kroz; *~ two days* kroz dva dana 6. na; *~ English* na engleskom; *~ that way* na taj način; *~ the country* na selu; *to have ~ mind* imati na umu; *~ the right place* na pravom mestu (mjestu); *to dry smt. ~ the sun* sušiti nešto na suncu 7. za; *come ~ a day or two* dođi za dan-dva; *to read a book ~ a month* pročitati knjigu za mesec (mjesec) dana 8. prema; *the largest countries ~ size* najveće zemlje prema prostranstvu 9. pri; *ten persons were injured ~ the collision* pri sudaru je povređeno (povrijeđeno) deset lica 10. misc.; *~ the name of the people* u ime naroda; *to be ~ step* ići ukorak; *~ time* blagovremeno; *to owe 100 dollars ~ taxes* dugovati 100 dolara poreza; *~ no way* nikako (see also **in for**)
in V *a* (colloq.) u modi
in·a·bil·i·ty [inə'bilətij] *n* nesposobnost; *~ to pay* nesposobnost plaćanja
in ab·sen·ti·a [in aeb'senšijə] (Latin; legal) u odsutnosti; *to sentence ~* osuditi u odsutnosti
in·ac·ces·si·ble [inaek'sesəbəl] *a* nepristupačan; *to be ~ to smb.* biti nepristupačan nekome
in accordance with *prep* see **accordance**
in·ac·cu·rate [in'aekjərit] *a* netačan (W: netočan)
in·ac·tion [in'aekšən] *n* neaktivnost, mirovanje
in·ac·tive [in'aektiv] *a* neaktivan
in addition to *prep* osim
in·ad·e·qua·cy [in'aedikwəsij] *n* neadekvatnost
in·ad·e·quate [in'aedikwit] *a* neadekvatan
in·ad·mis·si·ble [inəd'misəbəl] *a* nedopustiv
in·ad·ver·tent [inəd'və(r)tənt] *a* 1. nepažljiv 2. nenameran (nenamjeran)
in·ad·vis·a·ble [inəd'vajzəbəl] *a* nepreporučljiv
in·al·ien·a·ble [in'ejljənəbəl] *a* neotuđiv; *~ rights* neotuđiva prava
in·al·ter·a·ble [in'oltərəbəl] *a* nepromenljiv (nepromjenljiv)
in·ane [in'ejn] *a* ništavan, prazan; *an ~ conversation* bespredmetna konverzacija
in·an·i·mate [in'aenəmit] *a* neživ
in·an·i·ty [in'aenətij] *n* ništavost
in·ap·pli·ca·ble [in'aeplikəbəl] *a* neprimenljiv (neprimjenljiv)
in·ap·proach·a·ble [inə'proučəbəl] *a* nepristupačan

in·ap·pro·pri·ate [inə'prouprijit] *a* neumestan (neumjestan), nepristao, neprikladan; *an* ~ *reply* neprikladan odgovor; *an* ~ *joke* neprikladna šala

in·apt [in'aept] see **inept**

in·ap·ti·tude [~i*t*ūd]; [*tj*] *n* nesposobnost

in·ar·tic·u·late [ina(r)'tikjəlit] *a* 1. neartikulisan 2. (biol.) nezglobovit

in·as·much as [inəz'mə*č*] pošto; ukoliko

in·at·ten·tion [inə'tenšən] *n* nepažljivost

in·at·ten·tive [inə'tentiv] *a* nepažljiv

in·au·di·ble [in'odəbəl] *a* nečujan

in·au·gu·ral I [in'ogjərəl] *n* inauguracija

inaugural II *a* inauguralan

in·au·gu·rate [in'ogjərejt] *v tr* inaugurisati

in·au·gu·ra·tion [inogjə'rejšən] *n* inauguracija

in·aus·pi·cious [ino'spišəs] *a* zlokoban

in back of *prep* see **behind II**

in basket korpa za pridošlu korespondenciju

in between *prep* see **between**

in·be·tween I [in-bə'twijn] *n* posrednik

in-between II *a* srednji

in·board ['inbo(r)d] *a* (nautical and aviation) unutrašnji

in·born ['inbo(r)n] *a* urođen

in·bound ['inbaund] *a* dolazeći; ~ *traffic* dolazeći saobraćaj

in·bred ['inbred] *a* urođen, prirođen

in·breed ['inbrijd]; -*bred* [bred] *v tr* pariti (stoku) u rodstvu

in·breed·ing [~i͞ng] *n* parenje životinja u bliskom rodstvu

Inc. abbrev. of *incorporated*

in·cal·cu·la·ble [in'kaelkjələbəl] *a* neproračunljiv

in cam·er·a ['kaemərə] (Latin, legal) u sudijinoj (W: sudačkoj) sobi

in·can·des·cence [inkən'desəns] *n* usijanost

in·can·des·cent [~ənt] *a* usijan, užaren; *an* ~ *lamp* električna lampa sa ugljenim vlaknom

in·can·ta·tion [inkaen'tejšən] *n* bajanje; čarobna reč (riječ)

in·ca·pa·bil·i·ty [inkejpə'bilətij] *n* nesposobnost

in·ca·pa·ble [in'kejpəbəl] *a* nesposoban; ~ *of telling a lie* nesposoban da laže

in·ca·pac·i·tate [inkə'paesətejt] *v tr* onesposobiti

in·ca·pac·i·ty [inkə'paesətij] *n* nesposobnost

in·car·cer·ate [in'ka(r)sərejt] *v tr* zatvoriti, utamničiti

in·car·nate I [in'ka(r)nit] *a* ovaploćen, otelovljen (otjelovljen)

incarnate II [~nejt] *v tr* ovaplotiti, oteloviti (otjeloviti), inkarnirati

in·car·na·tion [inka(r)'nejšən] *n* ovaploćenje, otelovljenje (otjelovljenje), inkarnacija

in·cen·di·ar·y I [in'sendijerij]; [ə] *n* 1. palikuća 2. (fig.) podstrekač

incendiary II *a* 1. zapaljiv; *an* ~ *bomb* zapaljiva bomba 2. podstrekački

in·cense I ['insens] *n* tamjan

incense II [in'sens] *v tr* razjariti

in·cen·tive [in'sentiv] *n* podstrek, podsticaj

in·cep·tion [in'sepšən] *n* početak

in·cep·tive [in'septiv] *a* početni

in·cer·ti·tude [in'sə(r)tə*t*ūd]; [*tj*] *n* nesigurnost, neizvesnost (neizvjesnost)

in·ces·sant [in'sesənt] *a* neprestan

in·cest ['insest] *n* rodoskrnavljenje, rodoskvrnjenje, rodoskrvnjenje, incest; *to commit* ~ izvršiti rodoskvrnjenje

in·ces·tu·ous [in'sesčūəs] *a* rodoskvrnilački, rodoskvrni, rodoskrvni

inch I [inč] *n* inč, palac, col (26 mm); ~ *by* ~ stopu po stopu

inch II *v tr and intr* pomeriti — pomjeriti (se) polako; *to* ~ (*one's way*) *forward* napredovati polagano

in·cho·ate [in'kouit] *a* početni

in·ci·dence ['insədəns] *n* 1. događaj, slučaj 2. frekvenca 3. zahvat, opseg

in·ci·dent I ['insədənt] *n* događaj, slučaj, incident; *an ugly* ~ nemio događaj; *an interesting (pleasant, unpleasant)* ~ interesantan (prijatan, neprijatan) slučaj; *to cause (provoke) an* ~ izazvati incident

incident II *a* vezan, skopčan; ~ *to* skopčan s

in·ci·den·tal [insə'dentəl] *a* sporedan, uzgredan, slučajan; ~ *expenses* sporedni troškovi; ~ *music* popratna muzika (W: glazba)

in·ci·den·tals *n pl* sporedni troškovi

in·cin·er·ate [in'sinərejt] *v tr* pretvoriti u pepeo, spaliti

in·cin·er·a·tor [~ə(r)] *n* peć (za spaljivanje otpadaka)

in·cip·i·ent [in'sipijənt] *a* početni

in·cise [in'sajz] *v tr* zaseći (zasjeći)

in·ci·sion [in'sižən] *n* zasek (zasjek), rez

in·ci·sive [in'sajsiv] *a* 1. koji seče (siječe) 2. (fig.) oštar, bridak

in·ci·sor [in'sajzə(r)] *n* sekutić (sjekutić)

in·cite [in'sajt] *v tr* podbosti, podstaći; *to* ~ *smb. to disobedience* podbosti nekoga na neposlušnost

in·clem·ent [in'klemənt] *a* buran; ~ *weather* ružno vreme (vrijeme)

in·cli·na·tion [inklə'nejšən] *n* inklinacija; nagib

in·cline I ['inklajn] *n* nagib; *a steep* ~strm nagib

incline II [in'klajn] *v* 1. *tr* nagnuti; sagnuti 2. *intr* naginjati, inklinirati

in·clude [in'klūd] *v tr* 1. uključiti; obuhvatiti; *all expenses are* ~*d in this amount* u tu sumu uključeni su svi troškovi 2. ubrojiti; uračunati

in·clud·ing [~i͞ng] 1. see **include** 2. *prep* uključujući; ~ *all expenses* uključujući sve troškove

in·clu·sion [in'klūžən] *n* 1. uključenje 2. ubrajanje

in·clu·sive [in'klūsiv] 1. *a* uključan 2. *adv* zaključno; *until Wednesday* ~ zaključno sa sredom (srijedom)

in·cog·ni·to [inkag'nijtou]; [o] 1. *n* inkognito 2. *a* and *adv* inkognito, tajno; *to travel* ~ putovati inkognito

in·co·her·ence [inkou'hijrəns] *n* inkoherentnost; nepovezanost

in·co·her·ent [inkou'hijrənt] *a* inkoherentan; bezvezan, nevezan; nepovezan; *an* ~ *statement* nepovezana izjava; ~ *speech* nevezan govor

in·com·bus·ti·ble [inkəm'bəstəbəl] *a* nezapaljiv, negorljiv

in·come ['inkəm] *n* dohodak; *annual (yearly)* ~ godišnji dohodak; *net (gross)* ~ čist (bruto) dohodak; *gross national* ~ bruto nacionalni dohodak; *per capita* ~ dohodak po stanovniku

income tax porez na dohodak

in·com·ing [~iñg] *a* koji dolazi, dolazeći; ~ *traffic* saobraćaj u dolasku; (mil.) ~ *fire (artillery)* neprijateljevi projektili

in·com·men·su·ra·ble [inkə'menšərəbəl], [s] *a* nesamerljiv (nesamjerljiv)

in·com·men·su·rate [~rit] *a* nesrazmeran (nesrazmjeran)

in·com·mode [inkə'moud] *v tr* uznemiriti

in·com·mu·ni·ca·do [inkəmjūni'kadou] *adv* izolovan; u zasebnom zatvoru

in·com·pa·ra·ble [in'kampərəbəl]; [o] *a* neuporediv (W: neusporediv)

in·com·pat·i·bil·i·ty [inkəmpaetə'bilətij] *n* inkompatibilnost

in·com·pat·i·ble [inkəm'paetəbəl] *a* inkompatibilan

in·com·pe·tence [in'kampətəns]; [o] *n* 1. nesposobnost 2. *(mental* ~*)* neuračunljivost

in·com·pe·ten·cy [~sij] see **incompetence**

in·com·pe·tent I [~ənt] *n* nesposobnjak

incompetent II *a* 1. nesposoban; nekompetentan 2. *(mentally* ~*)* neuračunljiv

in·com·plete [inkəm'plijt] *a* nepotpun

in·com·pre·hen·si·ble [inkampri'hensəbəl]; [o] *a* nerazumljiv, neshvatljiv

in·com·pre·hen·sion [~nšən] *n* neshvatanje

in·con·ceiv·a·ble [inkən'sijvəbəl] *a* nepojmljiv

in·con·clu·sive [inkən'klūsiv] *a* neubedljiv (neubjedljiv)

in·con·gru·ent [in'kañggrūənt]; [o] *a* nekongruentan, nepodudaran

in·con·gru·i·ty [inkañg'grūətij]; [o] *n* nekongruencija, nepodudarnost

in·con·gru·ous [in'kañggrūəs]; [o] *a* 1. see **incongruent** 2. nepodesan, nepogodan 3. disparatan; sasvim različit

in connection with *prep* u vezi s

in·con·se·quent [in'kansəkwənt]; [o] *a* 1. nedosledan (nedosljedan) 2. nevažan

in·con·se·quen·tial [inkansə'kwenšəl]; [o] *a* nevažan, sitan

in·con·sid·er·a·ble [inkən'sidərəbəl] *a* neznatan

in·con·sid·er·ate [~ərit] *a* bezobziran, nepažljiv; *an* ~ *person* bezobziran čovek (čovjek); ~ *toward* bezobziran prema

in·con·sis·ten·cy [inkən'sistənsij] *n* nedoslednost (nedosljednost)

in·con·sis·tent [~tənt] *a* nedosledan (nedosljedan); *to be* ~ *with smt.* biti nedosledan nečemu

in·con·sol·a·ble [inkən'souləbəl] *a* neutešan (neutješan)

in·con·spic·u·ous [inkən'spikjūəs] *a* neupadljiv

in·con·stan·cy [in'kanstənsij]; [o] *n* 1. nestalnost 2. promenljivost (promjenljivost)

in·con·stant [~tənt] *a* 1. nestalan 2. promenljiv (promjenljiv)

in·con·test·a·ble [inkən'testəbəl] *a* neosporan, neosporiv

in·con·ti·nence [in'kantənəns]; [o] *n* inkontinencija; nezadržavanje

in·con·ti·nent [~ənt] *a* inkontinentan

in contrast to *prep* u suprotnosti s

in·con·tro·vert·i·ble [inkantrə'və(r)təbəl]; [o] *a* nepobitan

in·con·ven·ience I [inkən'vijnjəns] *n* nezgodnost, neugodnost

inconvenience II *v tr* 1. uznemiriti 2. smetati

in·con·ven·ient [~ənt] *a* nezgodan, nepogodan, neugodan; *at an* ~ *time* u nezgodno vreme (vrijeme)

in·con·vert·i·ble [inkən'və(r)təbəl] *a* nekonvertibilan

in·cor·po·rate I [in'ko(r)pərit] *a* inkorporisan

incorporate II [~ejt] *v tr* inkorporisati, pretvoriti u akcionarsko preduzeće (W: poduzeće); ~*d* sa ograničenim jemstvom

in·cor·po·ra·tion [inko(r)pə'rejšən] *n* inkorporacija, pretvorenje u akcionarsko preduzeće (W: poduzeće)

in·cor·po·re·al [inko(r)'porijəl] *a* bestelesan (bestjelesan), netelesan (netjelesan)

in·cor·rect [inkə'rekt] *a* netačan (W: netočan); neispravan; *an* ~ *solution* neispravno rešenje (rješenje)

in·cor·rect·ness [~nis] *n* netačnost (W: netočnost)

in·cor·ri·gi·ble I [in'korədžəbəl], [a] *n* nepopravljivac

incorrigible II *a* nepopravljiv

in·cor·rupt·i·bil·i·ty [inkərəptə'bilətij] *n* nepodmitljivost

in·cor·rupt·i·ble [inkə'rəptəbəl] *a* nepodmitljiv

in·crease I [inkrijs] *n* povećanje, uvećanje, porast; *an* ~ *in prices* porast cena (cijena)

increase II [in'krijs] *v* 1. *tr* povećati, uvećati 2. *intr* povećati se, uvećati se

in·cred·i·bil·i·ty [inkredə'bilətij] *n* neverovatnost (nevjerovatnost)

in·cred·i·ble [in'kredəbəl] *a* neverovatan (nevjerovatan) (see **unbelievable**)

in·cre·du·li·ty [inkrə'djūlətij], [d] *n* neverica (nevjerica)

in·cred·u·lous [in'kredžələs]; [dj] *a* skeptičan, s nevericom (nevjericom)

in·cre·ment ['inkrəmənt] *n* 1. povećanje, uvećanje 2. (math.) priraštaj, inkrement

in·crim·i·nate [in'krimənejt] *v tr* inkriminisati

in·crim·i·na·tion [inkrimə'nejšən] *n* inkriminacija

in·crust [in'krəst] see **encrust**

in·crus·ta·tion [~'ejšən] *n* oblaganje korom

in·cu·bate ['inkjəbejt] *v* 1. *tr* izleći; izvesti veštačkom (vještačkom) toplotom 2. *intr* izleći se

in·cu·ba·tion [inkjə'bejšən] *n* inkubacija

in·cu·ba·tion·al [~əl] *a* inkubacioni

incubation period inkubacioni period

in·cu·ba·tor ['inkjəbejtə(r)] *n* inkubator

in·cu·bus ['inkjəbəs] (*-es* or *-bi* [baj]) *n* 1. inkub, zao duh 2. mora, košmar

in·cul·cate [in'kəlkejt], ['inkəlkejt] *v tr* uliti, utuviti

in·cul·ca·tion [inkəl'kejšən] *n* ulivanje (W: ulijevanje)

in·cul·pate [in'kəlpejt]; ['inkəlpejt] *v tr* inkriminisati

in·cum·ben·cy [in'kəmbənsij] *n* dužnost, položaj

in·cum·bent I [~bənt] *n* službenik, činovnik

incumbent II *a* 1. ležeći na 2. obavezan; *it was* ~ *on him to...* on je bio dužan da... 3. na službi; *the* ~ *president* sadašnji predsednik (predsjednik)

in·cu·nab·u·la [inkju'naebjələ] *n pl* inkunabula

in·cur [in'kə(r)] *v tr* navući na sebe; napraviti; *to* ~ *debts* zadužiti se, napraviti dugove; *to* ~ *expenses* napraviti troškove; *to* ~ *a risk* prihvatiti rizik

in·cur·a·ble [in'kjūrəbəl] *a* neizlečiv (neizlječiv); *an* ~ *disease* neizlečiva bolest

in·cur·sion [in'kə(r)žən]; [*š*] *n* upad, prepad

in·cus ['iṅgkəs] *(incudes* [in'kjūdijz]) *n* (anat.) nakovanj

in·debt·ed [in'detid] *a* zadužen, dužan; *to be* ~ *to smb. for smt.* biti dužan nekome za nešto

in·debt·ed·ness [~nis] *n* zaduženost

in·de·cen·cy [in'dijsənsij] *n* nepristojnost

in·de·cent [in'dijsənt] *a* nepristojan, nedoličan; (legal) ~ *exposure* pokazivanje inače pokrivenih delova tela (dijelova tijela); (legal) ~ *assault* telesna (tjelesna) povreda uz bludne radnje

in·de·ci·pher·a·ble [indi'sajfərəbəl] *a* koji se ne može dešifrovati

in·de·ci·sion [ində'sižən] *n* neodlučnost

in·de·ci·sive [indi'sajsiv] *a* 1. neodlučan 2. drugostepene važnosti, nepresudan

in·de·clin·a·ble [indi'klajnəbəl] *a* (gram.) nepromenljiv (nepromjenljiv)

in·dec·o·rous [in'dekərəs] *a* neprikladan

in·de·cor·um [indi'korəm] *n* neprikladnost, nepristojnost

in·deed [in'dijd] *adv* u stvari, zaista, zbilja; *it's very cold — yes,* ~! veoma je hladno — da, zbilja!

in·de·fat·i·ga·ble [ində'faetəgəbəl] *a* neumoran

in·de·fen·si·ble [indi'fensəbəl] *a* neodbranljiv (W: neobranjiv)

in·de·fin·a·ble [indi'fajnəbəl] *a* neodrediv

in·def·i·nite [in'defənit] *a* neodređen; (gram.) *the* ~ *article* neodređeni član; (gram.) *an* ~ *pronoun* neodređena zamenica (zamjenica)

in·del·i·ble [in'deləbəl] *a* neizbrisiv; *an* ~ *stamp* neizbrisiv pečat

in·del·i·ca·cy [in'delikəsij] *n* grubost

in·del·i·cate [in'delikit] *a* grub; netanan; prost

in·dem·ni·fi·ca·tion [indemnəfi'kejšən] *n* obeštećenje; isplata naknade

in·dem·ni·fy [in'demnəfaj] *v tr* 1. osigurati 2. obeštetiti; *to* ~ *smb. for damages* obeštetiti nekome štetu

in·dem·ni·ty [in'demnətij] *n* 1. osiguranje 2. obeštećenje, naknada; *double* ~ dvostruko obeštećenje

in·dent [in'dent] *v tr* 1. uvući; *to* ~ *a line* uvući redak 2. zaseći (zasjeći) 3. nazupčati 4. (Br.) uručiti, tražiti pismenim putem

in·den·ta·tion [inden'tejšən] *n* 1. uvlačenje; *the* ~ *of a line* uvlačenje retka 2. zasecanje (zasijecanje) 3. zazupčavanje

in·dent·ed [~id] *a* 1. razuđen 2. uvučen

in·den·tion [in'denšən] *n* see **indentation**

in·den·ture [in'denčə(r)] *n* 1. dokumenat (u duplikatu) sa zupčastim rezom 2. ugovor (između dve — dvije stranke)

in·de·pend·ence [indi'pendəns] *n* nezavisnost; *to achieve (win)* ~ postići nezavisnost

Independence Day (Am.) Dan nezavisnosti (4. VII)

in·de·pend·ent [~ənt] *a* nezavisan; (gram.) *an* ~ *clause* nezavisna rečenica; ~ *of* nezavisan od

in-depth *a* dubok, temeljan; *an* ~ *study* duboko proučavanje

in·de·scrib·a·ble [indi'skrajbəbəl] *a* neopisiv

in·de·struc·ti·ble [indi'strəktəbəl] *a* nerazoriv

in·de·ter·mi·na·ble [indi'tə(r)mənəbəl] *a* neodrediv

in·de·ter·mi·nate [indi'tə(r)mənit] *a* 1. neodređen 2. neodrediv 3. dvosmislen

in·dex I ['indeks] *(-es* or *-dices* [dəsijz]) *n* 1. indeks, registar, azbučni spisak 2. oznaka, kazaljka 3. (math.) indeks 4. indeks, popis zabranjenih knjiga 5. indikator; *economic indexes* privredni indikatori 6. (econ.) indeks, grafikon; *a price* ~ indeks (grafikon) cena (cijena)

index II *v tr* snabdeti (snabdjeti) azbučnim spiskom

index finger kažiprst (also **forefinger**)

index number pokazatelj, indeksni broj

index of refraction (phys.) indeks prelamanja

In·di·a ['indijə] *n* Indija

India ink tuš

In·di·an I [~n] *n* 1. Indijac 2. Indijanac

Indian II *a* 1. indijski 2. indijanski

In·di·an·a [indij'aenə] *n* Indijana

Indian club čunj

Indian cress (bot.) dragoljub

Indian file see **single file**

Indian giver (colloq.) darodavac koji povlači poklon

Indian ink tuš

Indian leek see **black garlic**

Indian meal Br.; see **cornmeal**

Indian summer bablje leto (ljeto)

In·di·an-wres·tle [~resəl] *v intr* nadvlačiti se

In·dic I ['indik] *n* indijski jezici

Indic II *a* indijski

in·di·cate ['indikejt] *v tr* 1. pokazati, indicirati, ukazati (na); *to* ~ *a route* pokazati put; *to* ~ *an error* ukazati na grešku 2. nagovestiti (nagovijestiti); *these clouds* ~ *(that there will be) a storm* ovi oblaci nagoveštavaju oluju 3. ukazati (na potrebu); *the symptoms* ~ *surgery* simptomi ukazuju na potrebu operacije

in·di·ca·tion [indi'kejšən] *n* indikacija

in·dic·a·tive I [in'dikətiv] *n* (gram.) indikativ

indicative II *a* 1. koji pokazuje, nagoveštava (nagovještava) 2. (gram.) indikativan

in·di·ca·tor ['indikejtə(r)] *n* indikator; *a range* ~ indikator dometa; *economic* ~s privredni indikatori (see also **index I** 5)

in·di·ces see **index I**

in·dict [in'dajt] *v tr* optužiti, podneti (podnijeti) optužnicu (protiv); *to* ~ *smb. for conspiracy* optužiti nekoga zbog zavere (zavjere); *to* ~ *smb. for murder* optužiti nekoga za ubistvo (zbog ubistva)

in·dict·a·ble [~əbəl] *a* kažnjiv; *an* ~ *offense* kažnjivo delo (djelo)

in·dict·ment [~mənt] *n* optužnica, optužni akt; *to bring an* ~ *against smb.* podneti (podnijeti) optužnicu protiv nekoga; *an* ~ *for murder* optužnica za ubistvo

in·dif·fer·ence [in'difərəns] *n* ravnodušnost, indiferentnost

in·dif·fer·ent [~ənt] *a* 1. ravnodušan, indiferentan; *to be* ~ *toward smt.* biti ravnodušan prema nečemu 2. nevažan, sporedan 3. osrednji

in·di·gence ['indədžəns] *n* siromaština, nemaština

in·dig·e·nous [in'didžənəs] *a* urođenički, domorodački; domaći; ~ *personnel* domaće (domorodačko) osoblje

in·di·gent I ['indədžənt] *n* siromah

indigent II *a* siromašan
in·di·gest·i·ble [indi'džestəbəl], [*aj*] *a* nesvarljiv (W: neprobavljiv)
in·di·ges·tion [indi'džesčən], [*aj*] *n* nevarenje, loša probava
in·dig·nant [in'dignənt] *a* indigniran, ogorčen
in·dig·na·tion [indig'nejšən] *n* indignacija, ogorčenje; *to express one's* ~ izraziti svoje ogorčenje
in·dig·ni·ty [in'dignətij] *n* uvreda, uniženje
in·di·go ['indigou] (*-s* or *-es*) *n* 1. (bot.) čivit, indigo 2. modra boja, indigo
in·di·rect [indi'rekt], [*aj*] *a* 1. indirektan, neupravan, posredan; (mil.) ~ *fire (support)* posredna vatra (podrška) 2. obilazan; *an* ~ *route* obilazan put
indirect discourse (gram.) posredni (indirektni) govor
in·di·rec·tion [indi'rekšən] *n* besciljnost
indirect object (gram.) indirektni (posredni, kosi) objekat
indirect tax posredni porez
in·dis·cer·ni·ble [indi'sə(r)nəbəl] *a* nezametljiv
in·dis·creet [indis'krijt] *a* indiskretan, nepromišljen
in·dis·crete [indis'krijt] *a* nepodeljen (nepodijeljen)
in·dis·cre·tion [indis'krešən] *n* indiskrecija
in·dis·crim·i·nate [indis'krimənit] *a* 1. koji ne pravi razlike 2. zbrkan 3. nasumce rađen
in·dis·pen·sa·ble [indis'pensəbəl] *a* neophodan, potreban, nužan
in·dis·posed [indis'pouzd] *a* indisponiran; nelagodan; neraspoložen
in·dis·po·si·tion [indispə'zišən] *n* indispozicija; nelagodnost; neraspoloženje
in·dis·put·a·ble [indis'pjūtəbəl] *a* neosporiv, neosporan, nepobitan; *an* ~ *fact* nepobitna činjenica
in·dis·sol·u·ble [indis'saljəbəl]; [*o*] *a* nerastopiv, nerastvorljiv
in·dis·tinct [indis'tiŋkt] *a* nerazgovetan (nerazgovjetan), nejasan
in·dis·tinc·tive [indis'tiŋktiv] *a* nerazličan, nejasan
in·dis·ting·guish·a·ble [indis'tiŋggwišəbəl] *a* koji se ne može razlikovati
in·di·vi·du·al I [ində'vidžūəl] *n* individua, pojedinac
individual II *a* individualan, pojedinačan, pojedini
in·di·vid·u·al·ism [ində'vidžūəlizəm] *n* individualizam
in·di·vid·u·al·ist [~ist] *n* individualista
in·di·vid·u·al·is·tic [indəvidžūə'listik] *a* individualističan
in·di·vid·u·al·i·ty [indəvidžū'aelətij] *n* individualnost, individualitet
in·di·vid·u·al·ize [indi'vidžūəlajz] *v tr* individualisati
individual retirement account račun za pojedinačno penzijsko osiguranje (also **IRA**)
in·di·vis·i·ble [ində'vizəbəl] *a* nedeljiv (nedjeljiv), nerazdeljiv (nerazdjeljiv)
In·do-Ar·y·an [indou-'ejrijən] *a* indoarijski
In·do·chi·na [indou'čajnə] *n* Indokina
In·do·chi·nese I [~'nijz] *n* (*pl* has zero) stanovnik Indokine
Indochinese II *a* indokineski
in·doc·tri·nate [in'daktrənejt]; [*o*] *v tr* poučavati
in·doc·tri·na·tion [indaktrə'nejšən]; [*o*] *n* nastava, indoktrinacija; *political* ~ politička nastava

In·do-Eu·ro·pe·an I [indou-jūrə'pijən] *n* indoevropski jezici
Indo-European II *a* indoevropski
in·do·lence ['indələns] *n* 1. tromost, lenost (lijenost), indolencija 2. (med.) bezbolnost
in·do·lent [~ənt] *a* 1. trom, lenj (lijen), indolentan 2. (med.) bezbolan
in·dom·i·ta·ble [in'damətəbəl]; [*o*] *a* nesavladiv
In·do·ne·sia [ində'nijžə]; [*ziə*] *n* Indonezija
In·do·ne·sian I [~n] *n* 1. Indonežanin 2. indonezijski jezik
Indonesian II *a* indonezijski
in·door ['indo(r)] *a* 1. unutrašnji, domaći, kućni 2. zatvoren; u dvorani; *an* ~ *rifle range* zatvoreno strelište; ~ *track games* atletske igre u dvorani
indoor relief (Br.; hist.) pomaganje siromašnima koji žive u domovima
in·doors [~z] *adv* u kući, u sobi; unutra
in·dorse see **endorse**
in·dors·er see **endorser**
in·du·bi·ta·ble [in'dūbətəbəl]; [*dj*] *a* nesumnjiv
in·duce [in'dūs]; [*dj*] *v tr* 1. pobuditi, navesti; podstaći; *to* ~ *smb. to do smt.* navesti nekoga da uradi nešto 2. indukovati 3. (med.) izazvati, indukovati; *to* ~ *a birth* indukovati (izazvati) porođaj
in·duce·ment [~mənt] *n* 1. pobuda 2. indukovanje
in·duct [in'dəkt] *v tr* 1. uvesti 2. see **induce** 3. (mil.) regrutovati; uvesti (u vojnu službu)
in·duc·tance [in'dəktəns] *n* (elec.) induktanca
in·duc·tion I [in'dəkšən] *n* 1. indukcija; indukovanje 2. regrutovanje
induction II *a* indukcioni; *an* ~ *coil* indukcioni kalem
induction center (mil.) mesto (mjesto) za regrutaciju
in·duc·tive [~tiv] *a* induktivan
in·duc·tor [~tə(r)] *n* (elec.) induktor
in·dulge [in'dəldž] *v* 1. *tr* povlađivati; razmaziti; *to* ~ *smb.* povlađivati nekome; *to* ~ *children* razmaziti decu (djecu) 2. *tr* zadovoljiti; dozvoliti; *to* ~ *a craving* zadovoljiti (jaku) želju; *to* ~ *oneself* dozvoljavati sebi 3. *intr (to* ~ *in)* odavati se; prepuštati se; *to* ~ *in drink* odati se piću; *to* ~ *in fantasy* predati se mašti; *to* ~ *in personalties* see **personality** 3
in·dul·gence [~əns] *n* 1. povlađivanje; popustljivost 2. zadovoljenje 3. (rel.) indulgencija 4. (comm.) odlaganje plaćanja
in·dul·gent [~ənt] *a* popustljiv
in·du·rate I [in'dūrit]; [*dj*] *a* stvrdnut
indurate II [~ejt] *v* 1. *tr* stvrdnuti 2. *intr* stvrdnuti se
in·dus·tri·al [in'dəstrijəl] *a* industrijski; *an* ~ *firm* industrijsko preduzeće (W: poduzeće); ~ *production* industrijska proizvodnja; ~ *espionage* industrijska špijunaža; (Br.) *an* ~ *estate* industrijska zona; *an* ~ *union* industrijski sindikat
in·dus·tri·al·i·za·tion [indəstrijələ'zejšən]; [*aj*] *n* industrijalizacija
in·dus·tri·al·ize [in'dəstrijəlajz] *v* 1. *tr* industrijalizovati 2. *intr* industrijalizovati se
industrial revolution industrijska revolucija (when hist., is cap.: *the Industrial Revolution)*

in·dus·tri·ous (in'dəstrijəs) *a* vredan (vrijedan), radan, marljiv

in·dus·try ['indəstrij] *n* 1. industrija; *heavy (light)* ~ teška (laka) industrija; *the film (machine-tool, textile)* ~ filmska (mašinska, tekstilna) industrija; *the automobile* ~ industrija automobila; *the meat-packing* ~ industrija za preradu mesa; *the coal* ~'*s plan* plan industrije uglja 2. marljivost

in·e·bri·ate I [in'ijbrijit] *n* pijanica

inebriate II *a* pijan

inebriate III [~ejt] *v tr* opiti, napiti

in·ed·i·ble [in'edəbəl] *a* nejestiv

in·ef·fa·ble [in'efəbəl] *a* 1. neopisiv 2. tabu, zabranjen

in·ef·fec·tive [ini'fektiv] *a* nedelotvoran (nedjelotvoran), uzaludan

in·ef·fec·tu·al [ini'fekšūəl] *a* neuspešan (neuspješan), uzaludan

in·ef·fi·ca·cy [in'efikəsij] *n* nedelotvornost (nedjelotvornost), uzaludnost

in·ef·fi·cien·cy [ini'fišənsij] *n* neefikasnost

in·ef·fi·cient [ini'fišənt] *a* neefikasan

in·e·las·tic [ini'laestik] *a* neelastičan

in·el·e·gant [in'eləgənt] *a* neelegantan

in·el·i·gi·bil·i·ty [inelədž'bilətij] *n* nekvalifikovanost, nepodobnost

in·el·i·gi·ble [in'elədžəbəl] *a* nekvalifikovan; koji nema kvalifikacije da bude biran, nepodoban

in·e·luc·ta·ble [ini'ləktəbəl] *a* neizbežan (neizbježan)

in·ept [in'ept] *a* 1. nepodesan 2. nevešt (nevješt), nevičan

in·ep·ti·tude [in'eptətūd]; [*tj*] *n* 1. nepodesnost 2. neveština (nevještina), nevičnost

in·e·qual·i·ty [ini'kwalətij]; [*o*] *n* nejednakost

in·eq·ui·ta·ble [in'ekwətəbəl] *a* nepravedan, nepravičan

in·eq·ui·ty [in'ekwətij] *n* nepravednost, nepravičnost

in·ert [in'ə(r)t] *a* inertan

in·er·tia [in'ə(r)šə] *n* inercija; *by* ~ po inerciji

in·es·cap·a·ble [inə'skejpəbəl] *a* neizbežan (neizbježan)

in·es·ti·ma·ble [in'estəməbəl] *a* neprocenjiv (neprocjenjiv)

in·ev·i·ta·ble [in'evətəbəl] *a* neizbežan (neizbježan)

in·ex·act [inig'zaekt] *a* netačan (W: netočan)

in·ex·act·i·tude [inig'zaektətūd]; [*tj*] *n* netačnost (W: netočnost)

in·ex·cus·a·ble [inik'skjūzəbəl] *a* neoprostiv

in·ex·haust·i·ble [inig'zostəbəl] *a* 1. neiscrpan, nepresušan; *an* ~ *source* nepresušan izvor; ~ *energy* nepresušna energija 2. neumoran

in·ex·o·ra·ble [in'eksərəbəl] *a* neumoljiv

in·ex·pen·sive [inik'spensiv] *a* jevtin, jeftin

in·ex·pe·ri·ence [inik'spijrijəns] *n* neiskusnost

in·ex·pe·ri·enced [~t] *a* neiskusan

in·ex·pi·a·ble [in'ekspijəbəl] *a* neoprostiv; neiskupljiv

in·ex·plain·a·ble [inik'splejnəbəl] *a* neobjašnjiv, nerazjašnjiv

in·ex·pli·ca·ble [inek'splikəbəl] *a* neobjašnjiv, nerazjašnjiv

in·ex·pres·si·ble [inik'spresəbəl] *a* neizraziv

in·ex·tin·guish·a·ble [inik'stinggwišəbəl] *a* neugasiv

in·ex·tir·pa·ble [inik'stə(r)pəbəl] *a* neiskorenljiv (neiskorjenljiv)

in·ex·tri·ca·ble [in'ekstrikəbəl] *a* nerazmrsiv

in·fal·li·ble [in'faeləbəl] *a* nepogrešiv

in·fal·li·bly [~blij] *adv* 1. see **infallible** 2. uvek (uvijek)

in·fa·mous ['infəməs] *a* infaman, zloglasan; sramotan

in·fa·my ['infəmij] *n* infamija, zloglasnost; sramota

in·fan·cy ['infənsij] *n* 1. rano detinjstvo (djetinjstvo) 2. (legal) nepunoletnost (nepunoljetnost)

in·fant I ['infənt] *n* malo dete (dijete), odojče

infant II *a* 1. dečji (dječji) 2. (fig.) mlad

in·fan·ti·cide [in'faentisajd] *n* 1. decoubistvo — djecoubistvo (W: djecoubojstvo); *to commit* ~ izvršiti decoubistvo 2. decoubica — djecoubica (W: djecoubojica)

in·fan·tile ['infəntajl] *a* infantilan; dečji (dječji)

infantile paralysis dečja (dječja) paraliza

in·fan·til·ism ['infəntəlizəm] *n* infantilnost

infant mortality smrtnost odojčadi

infant prodigy see **child prodigy**

in·fan·try I ['infəntrij] *n* pešadija (pješadija)

infantry II *a* pešadijski (pješadijski); *an* ~ *company* pešadijska četa; *an* ~ *battalion (regiment)* pešadijski bataljon (puk)

in·fan·try·man [~mən] (*-men* [min]) *n* (mil.) pešak (pješak), pešadinac (pješadinac)

infant school Br.; see **nursery school**

in·farct [in'fa(r)kt] *n* infarkt

in·fat·u·ate [in'faečūejt] *v tr* zaluditi, zaneti (zanijeti)

in·fat·u·a·tion [infaečū'ejšən] *n* zaluđenost, zanesenost, zaljubljenost

in·fect [in'fekt] *v tr* zaraziti, inficirati; *to* ~ *smb. with the flu* zaraziti nekoga gripom; *to* ~ *oneself* zaraziti se; *the wound got* ~*ed* rana se inficirala; (fig.) *to* ~ *smb. with an idea* zaraziti nekoga idejom

in·fec·tion [in'fekšən] *n* zaraza, infekcija; *to cause an* ~ izazvati zarazu; *to expose to an* ~ izložiti infekciji; *the* ~ *spread* infekcija se proširila

in·fec·tious [in'fekšəs] *a* zarazan, infekcioni, infektivan; ~ *diseases* infektivne bolesti

infectious mononucleosis infektivna mononukleoza

in·fe·lic·i·tous [infə'lisətəs] *a* 1. nesrećan 2. neprikladan

in·fe·lic·i·ty [infə'lisətij] *n* 1. zlosreća 2. neprikladnost

in·fer [in'fə(r)] *v* 1. *tr* zaključiti 2. *intr* izvoditi zaključak

in·fer·ence ['infərəns] *n* zaključak

in·fer·en·tial [infə'renšəl] *a* koji se zaključuje; kao zaključak

in·fe·ri·or [in'fijrijə(r)] *a* inferioran, niži; ~ *to* inferioran prema, gori od

in·fe·ri·or·i·ty [infijrijərətij]; [*o*] *n* inferiornost

inferiority complex kompleks niže vrednosti (vrijednosti)

in·fer·nal [in'fə(r)nəl] *a* paklen; *an* ~ *machine* paklena mašina

in·fer·no [in'fə(r)nou] (*-s*) *n* pakao

in·fest [in'fest] *v tr* pustošiti; uznemiravati

in·fi·del I ['infədəl], [*e*] *n* nevernik (nevjernik), bezvernik (bezvjernik)

infidel Il *a* nevernički (nevjernički)
in·fi·del·i·ty [infə'delətij] *n* 1. bezverje (bezvjerje) 2. verolomnost (vjerolomnost) 3. preljuba, brakolomstvo (also **adultery**)
in·fight·ing ['infajtiīg] *n* 1. (boxing) borba izbliza, klinč 2. (fig.) zakulisna, gruba borba
in·fil·trate ['infiltrejt] *v* 1. *tr* infiltrirati, ubaciti; *to* ~ *enemy* positions infiltrirati se u neprijateljske redove 2. *intr* infiltrirati se, prodirati, probijati se
in·fil·tra·tion [infil'trejšən] *n* infiltracija
in·fi·nite I [infənit] *n* beskrajnost
infinite II *a* beskrajan
in·fin·i·tes·i·mal I [infənə'tesəməl] *n* beskrajno mala količina
infinitesimal II *a* infinitezimalan
in·fin·i·tive [in'finətiv] *n* infinitiv
in·fin·i·ty [in'finətij] *n* beskrajnost, beskraj
in·firm [in'fə(r)m] *a* nemoćan, slabačak
in·fir·ma·ry [in'fə(r)mərij] *n* ambulanta
in·fir·mi·ty [in'fə(r)mətij] *n* nemoć, slabost
in·fix I ['infiks] *n* (ling.) infiks
infix II [in'fiks] *v* *tr* (ling.) umetnuti
in·flame [in'flejm] *v* *tr* raspaliti; *to* ~ *passions* raspaliti strasti; *to get* ~*d* zagnojiti se
in·flam·ma·ble [in'flaeməbəl] *a* zapaljiv, upaljiv
in·flam·ma·tion [inflə'mejšən] *n* zapaljenje (W: upala)
in·flam·ma·to·ry [in'flaemətorij]; [ə] *a* raspaljiv, izazivački
in·flate [in'flejt] *v tr* 1. naduvati (W also: napuhati); *to* ~ *a tire* naduvati gumu 2. naduti 3. (comm.) podići (cene — cijene)
in·fla·tion [in'flejšən] *n* 1. naduvanje 2. (econ.) inflacija; *the rate of* ~ stopa inflacije; *to cause* ~ izazvati inflaciju
in·fla·tion·ar·y [~erij]; [r] *a* inflatoran, inflacioni; *an* ~ *spiral* spirala cena (cijena)
inflation rate stopa inflacije
in·flect [in'flekt] *v tr* 1. saviti 2. modulirati 3. (gram.) izmenjati (izmijenjati)
in·flec·tion [in'flekšən] *n* 1. modulacija 2. (gram.) promena (promjena), fleksija
in·flec·tion·al [~əl] *a* inflektivan
in·flex·i·ble [in'fleksəbəl] *a* nesavitljiv, negibak
in·flict [in'flikt] *v tr* naneti (nanijeti), zadati; *to* ~ *a wound* zadati ranu
in·flight [inflajt] *a* u letu, u vazduhu (W: zraku), ~ *refueling* dopunjavanje goriva u vazduhu
in·flu·ence I ['influəns] *n* uticaj (W also: utjecaj, upliv); dejstvo (djejstvo); *to come under smb.'s* ~ pasti pod nečiji uticaj; *to exert* ~ *on smb.* vršiti uticaj na nekoga; *driving under the* ~ *of alcohol* upravljanje vozilom pod dejstvom alkohola; *to consolidate (strengthen) one's* ~ ojačati svoj uticaj; *good (great, strong)* ~ blagotvoran (veliki; jak) uticaj
influence II *v tr* uticati (na); *to* ~ *smb. strongly* snažno uticati na nekoga
influence peddling (pol. and pejor.) zloupotreba položaja
in·flu·en·tial [inflū'enšəl] *a* uticajan (W also: utjecajan)
in·flu·en·za [inflū'enzə] *n* influenca, grip
in·flux ['infləks] *n* priliv; navala; *an* ~ *of capital (foreigners)* navala kapitala (stranaca)

in·fo ['infou] *n* (colloq.) see **information**
in for *prep* (in various phrases with *it)* *to be* ~ *it* biti u škripcu; *he's* ~ *it* dobiće svoje; *to have it* ~ *smb.* biti kivan na nekoga, brusiti nož na nekoga
in·form [in'fo(r)m] *v* 1. *tr* obavestiti (obavijestiti), informisati; *to* ~ *smb. about smt.* obavestiti nekoga o nečemu 2. *intr* dostaviti, prijaviti; potkazati; *to* ~ *on smb. to the police* prijaviti (dostaviti) nekoga policiji
in·form·al [~əl] *a* neformalan
in·for·mal·i·ty [info(r)'maelətij] *n* neformalnost
in·form·ant [in'fo(r)mənt] *n* (ling.) informator (also **native speaker** 1).
in·for·ma·tion I [infə(r)'mejšən] *n* 1. obaveštenje (obavještenje), informacija; *a bit (piece) of* ~ jedan podatak 2. (C.) *to retrieve (store)* ~ pronaći (memorisati) informaciju 3. see **directory assistance**
information II *a* informacioni; obaveštajni (obavještajni); *an* ~ *office* obaveštajni biro; *ar.* ~ *desk* šalter za informacije
in·for·ma·tion·al [~əl] *a* informativan; ~ *picketing* informativno piketiranje
information officer ataše za štampu (in an embassy)
information retrieval iskladištenje informacija
information storage uskladištenje informacija
information system informacioni sistem
information theory teorija informacija
in·form·a·tive [in'fo(r)mətiv] *a* informativan
in·form·er [~ə(r)] *n* dostavljač, obavestač (obavještač), prijavljivač
in·frac·tion [in'fraekšən] *n* prekršaj; *to commit an* ~ izvršiti prekršaj
in·fra·red [infrə'red] *a* infracrven
in·fra·struc·ture [~strəkčə(r)] *n* infrastruktura
in·fre·quent [in'frijkwənt] *a* redak
in·fringe [in'frindž] *v* 1. *tr* prekršiti, narušiti *intr (to* ~ *on)* posegnuti (na), gaziti; *to* ~ *on smb.'s rights* gaziti nečija prava
in·fringe·ment [~mənt] *n* prekršaj
in front of *prep* pred; ~ *the house* pred kućom
in·fu·ri·ate [in'fjūrijejt] *v tr* razbesniti (razbjesniti); *to be* ~*d at smb.* biti veoma ljut na nekoga
in·fuse [in'fjūz] *v tr* uliti
in·fu·sion [in'fjūžən] *n* infuzija, ulivanje
in·gath·er·ing ['ingaethəring] *n* 1. skup (ljudi) 2. žetva
in·gen·ious [in'džinjəs] *a* genijalan, ingeniozan, dovitljiv
in·ge·nu·i·ty [indžə'nūətij]; [nj] *n* genijalnost
in·gen·u·ous [in'dženjūəs] *a* bezazlen; naivan
in·gest [in'džest] *v tr* uzimati, gutati (hranu)
in·glo·ri·ous [in'glorijəs] *a* neslavan; sramotan
in·got ['iṅggət] *n* šipka, poluga, ingot; *gold* ~*s* zlato u šipkama
in·graft [in'graeft]; [a] see **engraft**
in·grained [in'grejnd] *a* 1. ukorenjen (ukorijenjen) 2. okoreo (okorio)
in·grate ['ingrejt] *n* nezahvalnik
in·gra·ti·ate [in'grejšijejt] *v refl* dodvoriti se; *he* ~*d himself with the boss* dodvorio se šefu
in·grat·i·tude [in'graetətūd]; [tj] *n* nezahvalnost
in·gre·di·ent [in'grijdijənt] *n* sastojak
in·gress ['ingres] *n* ulaz, ulazak
in-group ['in-grūp] *n* intimna grupa

in·grown ['ingroun] *a* urastao; *he has an* ~ *nail* nokat mu je urastao u meso
in·hab·it [in'haebit] *v tr* stanovati (u)
in·hab·i·tan·cy [in'haebətənsij] *n* stanovanje
in·hab·i·tant [~ənt] *n* stanovnik
in·hab·i·ted [in'haebətid] *a* naseljen
in·ha·la·tion [inhə'lejšən] *n* inhalacija
in·ha·la·tor ['inhəlejtə(r)] *n* inhalator
in·hale [in'hejl] *v tr and intr* udahnuti, inhalirati; *to* ~ *air* udahnuti vazduh (W: zrak)
in·her·ent [in'hi*j*rənt], [e] *a* inherentan, nerazdvojiv
in·her·it [in'herit] *v tr* naslediti (naslijediti); *to* ~ *an estate* naslediti imanje
in·her·i·tance [~əns] *n* nasleđe (nasljeđe)
inheritance tax porez na nasleđa (nasljeđa)
in·hib·it [in'hibit] *v tr* inhibirati, kočiti; *to* ~ *smb. from doing smt.* sprečiti (spriječiti) nekoga da uradi nešto
in·hi·bi·tion [inhi'bišən] *n* inhibicija, kočenje
in·hib·i·tor [in'hibətə(r)] *n* inhibitor (supstanca koja sprečava neku hemijsku — kemijsku reakciju)
in·hib·i·to·ry [~torij]; [ə] *a* inhibitoran
in·hos·pi·ta·ble [in'has'pitəbəl]; [o] *a* negostoljubiv
in·hu·man [in'hjūmən] *a* nečovečan (nečovječan)
in·hu·mane [inhjū'mejn] *a* nehuman, nečovečan (nečovječan)
in·hu·man·i·ty [inhjū'maenətij] *n* nečovečnost (nečovječnost)
in·im·i·cal [in'imikəl] *a* 1. štetan, škodljiv; ~ *to* štetan po 2. neprijateljski
in·im·i·ta·ble [in'imitəbəl] *a* koji se ne može podražavati, jedinstven
in·iq·ui·tous [in'ikwətəs] *a* grešan
in·iq·ui·ty [in'ikwətij] *n* grešnost
in·i·tial I [i'nišəl] *n* inicijal, početno slovo
initial II *a* početni, polazni, prvi, prethodan; *an* ~ *phase* prethodna (početna) faza; *an* ~ *shock* prvi udar
initial III *v tr* napisati inicijale (na)
in·i·ti·ate I [i'nišijit] *n* 1. upućenik 2. početnik, novajlija
initiate II [~ijejt] *v tr* 1. započeti, pokrenuti; *to* ~ *an order* izdati zapovest (zapovijest) 2. uvesti, posvetiti, uputiti; *to* ~ *smb. into a club* uvesti nekog u društvo
in·i·ti·a·tion [inišij'ejšən] *n* inicijacija, uvođenje, posvećivanje, upućivanje
in·i·ti·a·tive [i'nišətiv], [ijə] *n* inicijativa; *on one's own* ~ na svoju inicijativu; *to have the* ~ imati inicijativu; *to take (seize) the* ~ preuzeti inicijativu
in·i·ti·a·tor [i'nišijejtə(r)] *n* inicijator
in·i·ti·a·to·ry [i'nišijətorij]; [ə] *a* inicijativan
in·ject [in'džekt] *v tr* 1. ubaciti 2. ubrizgati; *to* ~ *a fluid (a drug)* ubrizgati tečnost (drogu)
in·jec·tion [~kšən] *n* injekcija, ubrizgavanje; *to give (receive) an* ~ dati (dobiti) injekciju; *fuel* ~ ubrizgavanje goriva
in·ject·or [~ə(r)] *n* ubrizgač
In·jun ['indžən] *n* (colloq.) Indijanac (see **Indian I** 2)
in·junc·tion [in'džə̄ŋkšən] *n* nalog; (legal) sudski nalog; *to issue an* ~ izdati nalog

in·jure ['indžə(r)] *v tr* raniti, povrediti (povrijediti), ozlediti (ozlijediti); (as *n) all the* ~*d* svi ranjenici
in·ju·ri·ous [in'džūrijəs] *a* štetan; ~ *to one's health* štetan po zdravlje
in·ju·ry ['indžərij] *n* rana, povreda, ozleda (ozljeda); *a brain* ~ povreda mozga; *to inflict an* ~ zadati ranu
in·jus·tice [in'džʌstis] *n* nepravda; *to do smb. an* ~ učiniti nekome nepravdu
ink [iŋk] *n* mastilo; *to write in* ~ pisati mastilom
ink·blot [~blat]; [o] *n* fleka od mastila
ink·horn [~ho(r)n] *n* rožna mastionica
ink in *v* upisati mastilom
ink·ling [~liŋg] *n* naziranje; mig; *to give an* ~ dati mig; *to get an* ~ *of smt.* nanjušiti nešto
ink·stand [~staend] *n* 1. pribor za pisanje 2. mastionica
ink·well [~wel] *n* mastionica
ink·y [~ij] *a* 1. mastiljav 2. crn
in·laid ['in'lejd] *a* ukrašen umecima
in·land I ['inlənd] *n* unutrašnjost
inland II *a* (esp. Br.) unutrašnji; domaći
inland III *adv* u unutrašnjost, u unutrašnjosti; *to move* ~ ići u unutrašnjost (zemlje)
in·land·er [~ə(r)] *n* stanovnik unutrašnjosti
Inland Revenue (Br.) poreska administracija
in·law ['in-lo] *n* srodnik (po braku)
in·lay ['in'lej] *-laid; v tr* 1. umetnuti 2. obložiti; ukrasiti umecima
in·let ['inlet], [i] *n* morski rukavac; zaton, draga
in·mate ['inmejt] *n* 1. stanar 2. onaj koji je u zatvoru, bolnici
in me·mor·i·am [mə'morijəm] u spomen
in·migration *n* doseljavanje, useljavanje
in·most [~moust] *a* see **innermost**
inn [in] *n* gostionica, krčma; restoran
in·nards ['inə(r)dz] *n pl* (colloq.) iznutrica, unutrašnji organi
in·nate ['inejt] *a* urođen, prirođen; ~ *characteristics* urođene osobine (see also **congenital, inbred**)
in·ner ['inə(r)] *a* 1. unutrašnji; *an* ~ *tube* unutrašnja guma 2. duševni 3. prisan
inner city (Am.) crnački geto
inner-city *a* (Am.) crnačkog geta
in·ner·most [~moust] *a* najdublji, u samoj unutrašnjosti
in·ner·soul [~soul] see **insole**
in·ning ['iniŋg] *n* (baseball, cricket) 1. red; podela (podjela) utakmice 2. (fig.) red; učešće
in·nings [~z] *n pl* (Br.; cricket) see **inning** 1
inn·keep·er ['inkijpə(r)] *n* gostioničar, krčmar, ugostitelj
in·no·cence ['inəsəns] *n* nevinost
in·no·cent [~ənt] *a* 1. nevin 2. nekriv; *the court found him* ~ sud mu je izrekao oslobađajuću presudu; *to plead* ~ odreći krivicu
in·noc·u·ous [in'akjūəs]; [o] *a* bezopasan, neškodljiv
in·no·vate ['inəvejt] *v intr* uvoditi novine
in·no·va·tion [inə'vejšən] *n* inovacija
in·no·va·tor ['inəvejtə(r)] *n* novator
Inns of court (Br.) *(the* ~) advokatske komore (u Londonu)
in·nu·en·do [injū'endou] *(-es) n* nagoveštaj (nagovještaj), insinuacija, mig

in·nu·mer·a·ble [i'nūmərəbəl] *a* bezbrojan

in·oc·u·late [in'akjəlejt]; [*o*] *v tr* inokulisati, ubrizgati

in·oc·u·la·tion [inakjə'lejšən]; [*o*] *n* inokulacija, ubrizgavanje

in·of·fen·sive [inə'fensiv] *a* neuvredljiv

in·op·er·a·ble [in'apərəbəl]; [*o*] *a* (med.) koji nije za operaciju, inoperabilan

in·op·er·a·tive [in'apərətiv]; [*o*] *a* neispravan, u kvaru

in·op·por·tune [inapə(r)'tūn]; [*o*]; [*tj*] *a* nezgodan, neblagovremen

in·or·di·nate [in'o(r)dnit] *a* 1. prekomeran (prekomjeran) 2. neuredan

in·or·gan·ic [ino(r)'gaenik] *a* neorganski; anorganski; ~ *chemistry* neorganska hemija (kemija)

in·pa·tient ['inpejšənt] *n* bolesnik koji se leči (liječi) u bolnici; (as *a*) ~ *treatment* bolničko lečenje (liječenje)

in·put ['input] *n* 1. ulaz; (as *a*) ~ *equipment (of a computer)* ulazna jedinica (kompjutera) 2. ulaganje sredstava

in·quest ['inkwest] *n* istraga; *a coroner's* ~ istraga povodom smrti

in·qui·e·tude [in'kwajətūd]; [*tj*] *n* uznemirenost, nemir

in·quire [in'kwaj(r)] *v intr* raspitati se; *to* ~ *about smt.* raspitati se o nečemu; *to* ~ *into* see **look into** 2

in·quir·y [in'kwərij], [in'kwajrij] *n* 1. raspitivanje; pitanje 2. istraga; *a court of* ~ istražni sud

in·qui·si·tion [inkwə'zišən] *n* 1. istraga 2. (hist., cap.) *(the* ~*)* inkvizicija

in·quis·i·tive [in'kwizətiv] *a* radoznao, ljubopitljiv

in·quis·i·tor [in'kwizətə(r)] *n* 1. istraživač 2. istražni sudija (W: sudac) 3. inkvizitor; *the Grand Inquisitor* Veliki inkvizitor

in·quis·i·to·ri·al [inkwizə'torijəl] *a* 1. istražni 2. inkvizicioni

in regard to *prep* u pogledu

in-residence *a* koji gostuje; *a poet* ~ pesnik (pjesnik) koji gostuje

in·road ['inroud] *n* 1. prepad, upad 2. zakoračivanje, zadiranje; *to make* ~s *(in)* zadreti — zadrijeti (u)

in·rush ['inrəš] see **influx**

in·sane [in'sejn] *a* lud, umno poremećen, duševno bolestan

insane asylum (obsol.) ludnica

in·san·i·ty [in'saenətij] *n* ludilo, duševna bolest, gubitak razuma

in·sa·tia·ble [in'sejšəbəl] *a* nenasit, nenasitan, neutoljiv

in·scribe [in'skrajb] *v tr* 1. zapisati, napisati; *to* ~ *one's name (in a book)* zapisati svoje ime (u knjigu) 2. posvetiti (also **dedicate** 2) 3. uneti (unijeti) 4. (math.) upisati; *to* ~ *a circle in a polygon* upisati krug u poligon

in·scrip·tion [in'skripšən] *n* 1. zapis, napis 2. posveta

in·scru·ta·ble [in'skrūtəbəl] *a* nedostižan, zagonetan

in·sect ['insekt] *n* insekat, kukac, buba

in·sec·ti·cide [in'sektəsajd] *n* insekticid

in·sec·ti·vore [in'sektəvo(r)] *n* bubojedac

in·sec·tiv·o·rous [insek'tivərəs] *a* bubojedni

insect repellent see repellent I

in·se·cure (insi'kjū(r)] *a* nesiguran; *an* ~ *position* nesigurna pozicija

in·se·cur·i·ty [~rətij] *n* nesigurnost

in·sem·i·nate [in'semənejt] *v tr* osemeniti (osjemeniti)

in·sem·i·na·tion [insemə'nejšən] *n* osemenjavanje (osjemenjavanje)

in·sen·si·bil·i·ty [insensə'bilətij] *n* 1. neosetljivost (neosjetljivost) 2. neosetnost (neosjetnost)

in·sen·si·ble [in'sensəbəl] *a* 1. neosetljiv (neosjetljiv); ~ *to pain* neosetljiv za bol (prema bolu) 2. neosetan (neosjetan), neprimetan (neprimjetan)

in·sen·si·tive [in'sensətiv] *a* neosetljiv (neosjetljiv); ~ *to smt.* neosetljiv za nešto

in·sep·a·ra·ble [in'sepərəbəl] *a* nerazdvojan, nerazdruživ; ~ *friends* nerazdvojni drugovi

in·sert I ['insə(r)t] *n* 1. umetak; dodatak 2. uložak

insert II [in'sə(r)t] *v tr* 1. umetnuti; *to* ~ *a word* umetnuti reč (riječ) 2. staviti; *to* ~ *a card* staviti karticu

in·ser·tion [in'sə(r)šən] *n* 1. umetanje 2. umetak

in-service training obuka za vreme (vrijeme) rada

in·set ['inset] *n* umetak

in·side I ['in'said] *n* 1. unutrašnjost; *the* ~ *of a house* unutrašnjost kuće 2. (in *pl*, colloq.) utroba 3. misc.; *he put on his coat* ~ *out* obukao je kaput naopako; *to turn* ~ *out* izvrnuti

inside II *a* 1. unutrašnji; *the* ~ *lane* unutrašnja staza; (also fig.) pogodan položaj 2. upućen, posvećen; ~ *information* obaveštenje (obavještenje) iz prve ruke; (colloq.) *an* ~ *job* krađa koju su izvršili sami radnici preduzeća (W: poduzeća)

inside III *adv* 1. unutra; *to go* ~ ući; *to look* ~ gledati unutra 2. (Br.; colloq.) u zatvoru

inside IV *prep* 1. u; ~ *a house* u kući 2. (or: ~ *of*) za manje od; ~ *(of) a year* za manje od godine dana

inside of *prep* 1. see **inside IV** 1, 2

in·sid·er [in'sajdə(r)] *n* član (zatvorenog) kruga; posvećeni, upućeni

in·sid·i·ous [in'sidijəs] *a* 1. podmukao, potuljen; lukav 2. potajan

in·sight ['insajt] *n* pronicavost; uviđanje, shvatanje, uvid; *to have an* ~ *into smt.* imati uvid u nešto

in·sig·ni·a [in'signijə] *n (sgn* or *pl)* insignije, oznake (čina, specijalnosti, roda, službe)

in·sig·nif·i·cance [insig'nifikəns] *n* beznačajnost

in·sig·nif·i·cant [~ənt] *a* beznačajan

in·sin·cere [insin'sij(r)] *a* neiskren

in·sin·cer·i·ty [insin'serətij] *n* neiskrenost

in·sin·u·ate [in'sinjūejt] *v* 1. *tr* and *intr* insinuirati 2. *refl* uvuci se; dodvoriti se; *to* ~ *oneself into society* uvući se u društvo; *to* ~ *oneself into smb.'s favor* dodvoravati se nekome

in·sin·u·a·tion [insinjū'ejšən] *n* insinuacija

in·sip·id [in'sipid] *a* neukusan; bljutav

in·sist [in'sist] *v tr* and *intr* insistirati; uporno nastojati, navaljivati; *to* ~ *on smt.* insistirati na nečemu; *she* ~s *that he is innocent* ona ostaje pri tome da je on nevin; *he* ~ed *that the tests be conducted immediately* on je nastojao da se opiti odmah izvrše

in·sis·tence [~əns] *n* insistiranje, navaljivanje

in·sis·tent [~ənt] *a* uporan; ~ *demands* uporni zahtevi (zahtjevi)

in·so·far [insou'fa(r)] *adv* toliko (da); ~ *as I am concerned* što se mene tiče

in·sole ['insoul] *n* 1. uložak (za obuću) 2. unutrašnji đon

in·so·lence ['insələns] *n* drskost, bezobrazluk

in·so·lent [~ənt] *a* drzak, bezobrazan

in·sol·u·ble [in'saljəbəl]; [o] *a* 1. nerastvorljiv 2. nerešiv (nerješiv); *an* ~ *problem* nerešiv problem

in·solv·a·ble [in'salvəbəl]; [o] *a* nerešiv (nerješiv)

in·sol·ven·cy [in'salvənsij]; [o] *n* insolventnost, nesposobnost plaćanja

in·sol·vent [~ənt] *a* insolventan

in·som·ni·a [in'samnijə]; [o] *n* nesanica, besanica

in·som·ni·ac [~ijaek] *n* nespavač, onaj koji boluje od nesanice

in·so·much [insou'məč] *adv* toliko; ~ *as* utoliko... ukoliko; ~ *that* toliko da

in·sou·ci·ance [in'sūsijəns] *n* bezbrižnost

in·sou·ci·ant [~ənt] *a* bezbrižan

in·spect [in'spekt] *v tr* 1. pregledati; *to* ~ *an automobile* pregledati auto 2. izvršiti smotru (nečega); *to* ~ *an honor guard* izvršiti smotru počasne straže

in·spec·tion [in'spekšən] *n* pregled; smotra; inspekcija; *to conduct (make) an* ~ izvršiti pregled; *a customs* ~ carinski pregled; *an automobile* ~ tehnički pregled automobila; *a sanitary* ~ sanitarna inspekcija; *an* ~ *of troops* smotra trupa; (mil.) ~ *arms!* oružje na pregled!

in·spec·tor [~tə(r)] *n* 1. inspektor; kontrolor; *a sanitary* ~ sanitarni inspektor 2. viši oficir policije

in·spec·tor·ate [~ərit] *n* inspektorat

inspector general *(inspectors general)* (mil.) generalni (glavni) inspektor

in·spi·ra·tion [inspə'rejšən] *n* inspiracija, nadahnuće

in·spi·ra·tion·al [~əl] *a* inspiracioni

in·spir·a·to·ry [in'spajrətorij]; [o] *a* udisajni

in·spire [in'spaj(r)] *v tr* 1. inspirisati, nadahnuti; *to be* ~ *d* nadahnuti se; *to* ~ *smb. to do smt.* pobuditi nekoga da uradi nešto; *to* ~ *hope in smb.* uliti nekome nadu 2. udahnuti

in·spir·er [~rə(r)] *n* inspirator

in spite of *prep* uprkos

in·sta·bil·i·ty [instə'bilətij] *n* nestabilnost

in·stall [in'stol] *v tr* 1. postaviti, montirati, instalirati, uvesti; *to* ~ *a telephone* instalirati telefon; *to* ~ *a machine* postaviti mašinu (W: stroj) 2. uvesti (u dužnost), postaviti

in·stal·la·tion [instə'lejšən] *n* 1. instalacija, montaža, postavljanje; *the* ~ *of a telephone* instalacija telefona 2. uređaj, instalacija; *port* ~*s* lučki uređaji 3. (mil.) objekat, ustanova; *military* ~*s* vojne ustanove 4. (in *pl*) kapaciteti

in·stall·er [in'stolə(r)] *n* instalator

in·stall·ment, in·stal·ment [~mənt] *n* 1. rata; *to pay in* ~*s* plaćati na rate 2. nastavak; *to read a novel in* ~*s* čitati roman u nastavcima

installment plan plaćanje na rate

in·stance ['instəns] *n* 1. primer (primjer) 2. slučaj; *in such an* ~ u takvom slučaju

in·stant I ['instənt] *n* trenutak, tren

instant II *a* trenutan

in·stan·ta·ne·ous [instən'tejnijəs] *a* trenutan

in·stant·ly ['instəntlij] *adv* see **instant II**; odmah, trenutno

instant replay trenutno ponovno prikazivanje na televiziji (nekog važnog sportskog događaja)

in·stead [in'sted] 1. *adv* umesto (umjesto) toga; *he wanted to stay home*; ~, *he went to the movies*, hteo (htio) je ostati kod kuće; umesto toga, išao je u bioskop (W: kino) 2. *prep* (~ *of*) umesto (umjesto); ~ *of him* umesto njega; ~ *of studying, he's playing ball* umesto da uči, on se igra lopte; *he went to the game* ~ *of going to school* umesto u školu, on je otišao na utakmicu

in·step ['instep] *n* splet, gornji deo (dio) stopala

in·sti·gate ['instigejt] *v tr* podstreknuti, podstaći; *to* ~ *a plot* organizovati zaveru (zavjeru)

in·sti·ga·tion [insti'gejšən] *n* podstrekavanje; *at smb.'s* ~ na nečiji podsticaj

in·still [in'stil] *v tr* usaditi, uliti; *to* ~ *patriotism in smb.* usaditi nekome rodoljublje

in·stil·la·tion [insti'lejšən] *n* usađivanje

in·stinct ['instiŋkt] *n* instinkt, nagon; *by* ~ po instinktu; *the* ~ *of self-preservation* nagon za samoodržanje

in·stinc·tive [in'stiŋktiv] *a* instinktivan, nagonski; ~ *actions* nagonske radnje

in·sti·tute I ['instətūt]; [tj] *n* institut; ustanova; *to work in an* ~ raditi u (na) institutu; *a physics* ~ institut za fiziku

institute II *v tr* 1. ustanoviti, uvesti; zavesti; *to* ~ *a custom* zavesti običaj 2. povesti; *to* ~ *legal action against smb.* povesti parnicu protiv nekoga

in·sti·tu·tion [instə'tūšen]; [tj] *n* 1. institucija, ustanova; *a charitable* ~ dobrotvorna ustanova; *the* ~ *of property* ustanova svojine 2. osnivanje, uvođenje

in·sti·tu·tion·al·ize [~əlajz] *v tr* 1. pretvoriti u instituciju, institucionalizovati 2. smestiti (smjestiti) u instituciju, ustanovu

in·struct [in'strəkt] *v tr* 1. učiti, poučavati; *to* ~ *smb. in mathematics* učiti nekoga matematiku 2. narediti; *to* ~ *smb. to do smt.* narediti nekome da uradi nešto

in·struc·tion [in'strəkšən] *n* 1. nastava, obuka; *foreign-language* ~ nastava stranih jezika; *to conduct (give, provide)* ~ izvoditi (or: obavljati) nastavu; *the language of* ~ nastavni jezik; *remedial* ~ dopunska nastava 2. uputstvo (W: uputa); instrukcija; ~*s for use* uputstvo za upotrebu 3. naredba

in·struc·tion·al [~əl] *a* nastavni

in·struc·tive [in'strəktiv] *a* poučan, instruktivan

in·struc·tor [~tə(r)] *n* 1. nastavnik, instruktor 2. lektor, docent

in·stru·ment I ['instrəmənt] *n* 1. instrumenat; (mus.) *brass (stringed)* ~*s* duvački (gudački) instrumenti; *surgical* ~*s* hirurški instrumenti 2. oruđe

instrument II *a* instrumentski, po instrumentima; *an* ~ *panel* instrumentska tabla (W: ploča);

(aviation) *an ~ approach (landing)* prilaženje (sletanje — slijetanje) po instrumentima

in·stru·men·tal I [instrə'mentəl] *n* (gram.) instrumental

instrumental II *a* 1. koji služi kao oruđe; koji pomaže; *he was ~ in finding me a job* on mi je pomogao da nađem posao 2. instrumentalni; *~ music* instrumentalna muzika (W also: glazba) 3. (gram.) instrumentalni

in·stru·men·tal·ist [instrə'mentəlist] *n* instrumentalista

in·stru·men·tal·i·ty [instrəmen'taelətij] *n* oruđe, sredstvo

in·stru·men·ta·tion [instrəmen'tejšən] *n* instrumentacija

in·sub·or·di·nate [insə'bo(r)dnit]; *[di]* a neposlušan, nepokoran

in·sub·or·di·na·tion [insəbo(r)d'nejšən]; *[di]* n neposlušnost, nepokornost

in·sub·stan·tial [insəb'staenšəl] *a* nematerijalan

in·suf·fer·a·ble [in'səfərəbəl] *a* nepodnošljiv

in·suf·fi·cien·cy [insə'fišənsij] *n* nedovoljnost

in·suf·fi·cient [~šənt] *a* nedovoljan

in·su·lar [insələ(r)]; *[sju]* a 1. inzularan, ostrvski (W: otočki) 2. (fig.) uskogrud

in·su·lar·ism [~rizəm] *n* uskogrudost

in·su·late ['insəlejt]; *[sju]* v *tr* izolovati

in·su·lat·ing [~iñg] *a* izolacioni; *~ tape* izolaciona traka

in·su·la·tion [insə'lejšən]; *[sju]* n izolacija, izolacioni materijal

in·su·la·tor ['insəlejtə(r)]; *[sju]* n izolator

in·su·lin ['insəlin]; *[sju]* n insulin

in·sult I ['insəlt] *n* uvreda; *a stinging ~* krvava uvreda; *to swallow an ~* oćutati uvredu

insult II [in'səlt] *v tr* uvrediti (uvrijediti); *to ~ smb.* uvrediti nekoga

in·su·per·a·ble [in'sūpərəbəl]; *[sj]* a nesavladljiv nesavladiv

in·sup·port·a·ble [insə'po(r)təbəl] *a* 1. nepodnošljiv 2. neopravdan

in·sur·ance [in'šūrəns] *n* osiguranje; *comprehensive (compulsory, social) ~* kombinovano (obavezno, socijalno) osiguranje; *liability (life) ~* osiguranje od odgovornosti (života); *disability (health) ~* invalidsko (zdravstveno) osiguranje; *to take out jire ~* zaključiti osiguranje od požara; *to be covered by (to have) ~* biti osiguran

insurance agent osiguravajući agent

insurance company osiguravajući zavod

insurance policy polisa osiguranja; *to take out an ~* osigurati se

in·sure [in'šū(r)] *v tr* 1. osigurati; *to ~ one's life* osigurati svoj život 2. obezbediti (obezbijediti)

in·sured [~d] *n* osiguranik

in·sur·er [~rə(r)] *n* osiguravač

in·sur·gence [in'sə(r)džəns] *n* pobuna, bunt

in·sur·gent I [~ənt] *n* pobunjenik, buntovnik

insurgent II *a* pobunjeni·čki, buntovnički

in·sur·mount·a·ble [insə(r)'mauntəbəl] *a* nesavladljiv, nepremostiv; *~ obstacles* nesavladljive, prepreke

in·sur·rec·tion [insə'rekšən] *a* ustanak, pobuna; *to crush an ~* ugušiti pobunu

in·sus·cep·ti·ble [insə'septəbəl] *a* neprijemljiv

in·tact [in'taekt] *a* intaktan, netaknut, čitav

in·ta·glio [in'taeljou] *(-s or -li* [ljij]) *n* urezan rad, urezan lik

in·take I ['intejk] *n* usisavanje

intake II *a* usisni; *an ~ stroke (valve)* usisni hod (ventil); *an ~ manifold* usisna cev (cijev)

in·tan·gi·ble [in'taendžəbəl] *a* neopipljiv

in·te·ger ['intədžə(r)] *n* ceo (cio) broj

in·te·gral I ['intəgrəl] *n* integral

integral II *a* 1. integralni; *~ calculus* integralni račun 2. sastavni; *an ~ part of smt.* sastavni deo (dio) nečega

in·te·grate ['intəgrejt] *v* 1. *tr* integrisati; *an ~d circuit* integrisano kolo 2. *tr* ukinuti segregaciju (u); *to ~ schools* ukinuti rasnu segregaciju u školama 3. *tr* (math.) integraliti 4. *intr* integrisati se 5. *intr* ukinuti segregaciju

in·te·gra·tion [intə'grejšən] *n* integracija; ukidanje rasne segregacije; *school ~* ukidanje rasne segregacije u školama; *to carry out (school) ~* ukinuti rasnu segregaciju (u školama)

in·teg·ri·ty [in'tegrətij] *n* integritet; *territorial ~* teritorijalni integritet

in·tel·lect ['intələkt] *n* razum, intelekt

in·tel·lec·tu·al I [intə'lekčūəl] *n* intelektualac

intellectual II *a* intelektualan

in·tel·lec·tu·al·ism [~izəm] *n* intelektualizam

in·tel·li·gence I [in'telədžəns] *n* 1. inteligencija 2. izviđanje; izviđački (obaveštajni — obavještajni) podaci; *military ~* obaveštajna služba

intelligence II *a* obaveštajni (obavještajni), izviđački; *an ~ officer (report)* obaveštajni oficir (izveštaj — izvještaj); *~ data* obaveštajni podaci

intelligence quotient koeficijent inteligencije

intelligence test test inteligencije

in·tel·li·gent [~džənt] *a* inteligentan, razuman

in·tel·li·gent·si·a [intelə'džentsijə], *[g]* n inteligencija

in·tel·li·gi·bil·i·ty [intelədžə'bilətij] *n* razumljivost

in·tel·li·gi·ble [in'telədžəbəl] *a* razumljiv

in·tem·per·ance [in'tempərəns] *n* neumerenost (neumjerenost)

in·tem·per·ate [~rit] *a* neumeren (neumjeren)

in·tend [in'tend] *v tr* and *intr* nameravati (namjeravati), biti nameran (namjeran); *what does he ~ to do?* šta (što) on namerava da učini? *he ~s to leave* on namerava da ode

in·tend·ed [~id] 1. *n* (colloq.) suđenik, suđenica 2. *a* nameran (namjeran) 3. *a* namenjen (namjenjen); *~ for children* namenjen deci (djeci)

in·tense [in'tens] *a* 1. jak, žestok; ljut; *~ cold (heat)* jaka hladnoća (vrućina) 2. dubok; *~ hatred* duboka mržnja 3. intenzivan, snažan, jak; *~ fire* snažna (intenzivna) vatra

in·ten·si·fi·er [~əfajə(r)] *n* (gram.) rečca za pojačavanje

in·ten·si·fy [~əfaj] *v tr* intenzivirati

in·ten·si·ty [~ətij] *n* intenzitet, jačina, žestina; *to gain in ~* dobijati u žestini

in·ten·sive [~iv] *a* intenzivan; (med.) *an ~ care unit* blok za intenzivnu negu (njegu); *an ~ course* intenzivan kurs

in·tent I [in'tent] *n* namera (namjera), cilj

intent II *a* 1. napregnut; uprt; *he had an ~ look* gledao je netremice 2. odan; *~ on pleasure*; sav odan zadovoljstvu

22*

in·ten·tion [in'tenšən] *n* namera (namjera); *have you heard of his ~ to resign?* jeste li čuli za njegovu nameru da podnesete ostavku?

in·ten·tion·al [~əl] *a* nameran (namjeran)

in·ter [in'tə(r)] *v tr* zakopati, sahraniti

in·ter·act [intər'aekt] *v intr* uticati jedan na drugoga

in·ter·ac·tion [intər'aekšən] *n* uzajamno (međusobno) dejstvo (djejstvo), interakcija

in·ter·breed [~'brijd]; *-bred* [bred] *v* 1. *tr* ukrstiti 2. *intr* ukrstiti se

in·ter·ca·la·ry [in'tə(r)kələrij]; [ə] *a* 1. umetnut, prestupni 2. prestupni; *an ~ year* prestupna godina

in·ter·ca·late [in'tə(r)kəlejt] *v tr* umetnuti

in·ter·cede [intə(r)'sijd] *v intr* 1. založiti se, intervenisati; *he ~d with the director on my behalf* založio se kod šefa za mene 2. posredovati

in·ter·cept I ['intərsept] *n* (math.) odsek (odsjek)

intercept II [~'sept] *v tr* 1. zadržati, uhvatiti; *to ~ a letter* sprečiti (spriječiti) isporuku pisma 2. (usu. mil.) presresti; *an enemy company ~ed them* presrela ih je neprijateljska četa 3. prisluškivati 4. (math.) odseći (odsjeći)

in·ter·cep·tion [intə(r)'sepšən] *n* 1. hvatanje 2. presretanje 3. prisluškivanje 4. (math.) odsecanje (odsijecanje)

in·ter·cep·tor [~ə(r)] *n* lovac-presretač

in·ter·ces·sion [intə(r)'sešən] *n* 1. zalaganje 2. posredovanje

in·ter·change I ['intərčejndž] *n* 1. zamena (zamjena) 2. raskrsnica, raskršće (na autostradi); petlja

interchange II *v tr* [~'čejndž] zameniti (zamijeniti)

in·ter·change·a·ble [intə(r)'čejndžəbəl] *a* zamenljiv (zamjenljiv)

in·ter·clav·i·cle [intə(r)'klaevəkəl] *n* nadgrudnica

in·ter·col·le·giate [intə(r)kə'lijdžit], [*iji*] *a* međuuniverzitetski (W: međusveučilišni)

in·ter·com ['inte(r)kam]; [o] *n* interfon, unutarnja veza

in·ter·con·ti·nen·tal [intə(r)kantə'nentəl]; [o] *a* interkontinentalni; *an ~ ballistic missile* interkontinentalna balistička raketa (abbrev.: **IBM**)

in·ter·cos·tal [intə(r)'kastəl]; [o] *a* međurebarni

in·ter·course ['intə(r)ko(r)s] *n* 1. međusobne veze; saobraćaj 2. *(sexual ~)* snošaj

in·ter·de·nom·i·na·tio·nal [intə(r)dinami'nejšənəl]; [o] *a* međusektni

in·ter·dict [intə(r)'dikt] *v tr* 1. zabraniti 2. (mil.) zapreči (zaprječiti), izolovati

in·ter·dic·tion [~kšən] *n* 1. zabrana 2. (mil.) zaprečavanje; *(as a) ~ fire* vatra za zaprečavanje

in·ter·dic·to·ry [~ktərij] *a* zaprečni

in·ter·dis·ci·pli·nar·y [~'disəplənerij]; [ə] *a* interdisciplinarni

in·ter·est I ['intrist] *n* 1. interes; interesovanje; *to rouse ~* probuditi interesovanje; *a sphere of ~* interesna sfera; *in our ~* u našem interesu 2. interes, kamata; *compound (simple) ~* složeni (prosti) interes; *5% ~ on deposits* 5 odsto interesa na uloge; *to bear (draw) ~* nositi kamatu 3. udeo (udio), učešće 4. (in *pl*) krugovi; *banking ~s* bankovni krugovi

interest II *v tr* zainteresovati; *to ~ smb. in smt.* zainteresovati nekoga za nešto; *to become ~ed in smt.* zainteresovati se za nešto

interest-bearing *a* koji nosi kamatu

interest-free *a* beskamatni

in·ter·est·ing [~iñg] *a* interesantan, zanimljiv

interest rate kamatna stopa; *to lower (raise) the ~* smanjiti (povećati) kamatnu stopu

in·ter·face ['intə(r)fejs] *n* (C.) međusklop, interfejs

in·ter·fere [intə(r)'fij(r)] *v intr* 1. remetiti, ometati; *to ~ with smb.'s work* remetiti nekoga u radu 2. intervenisati 3. (Br.; colloq.) *to ~ with a girl* uznemiravati devojku (djevojku)

in·ter·fer·ence [~rəns] *n* 1. smetnja, interferencija 2. *radio ~* smetnje, šumovi na radiju

in·ter·im I ['intərim] *n* međuvreme (međuvrijeme)

interim II *a* međuvremeni

in·te·ri·or I [in'tijrijə(r)] *n* 1. unutrašnjost; *the ~ of a house* unutrašnjost kuće 2. enterijer

interior II *a* unutrašnji

interior decorator unutrašnji dekorater

in·ter·ject [intə(r)'džekt] *v tr* ubaciti; *to ~ a remark* ubaciti primedbu (primjedbu)

in·ter·jec·tion [~kšən] *n* 1. ubacivanje 2. uzvik

in·ter·lace [intə(r)'lejs] *v tr* ispreplesti, preplesti

in·ter·lard [~'la(r)d] *v tr* prošarati; *to ~ one's speech with foreign words* prošarati govor tuđim rečima (riječima)

in·ter·li·brar·y [~'lajbrerij]; [r] *a* međubiblotečki; *~ loan* međubibliotečka pozajmica; *to send books on ~ loan* slati knjige putem pozajmice

in·ter·lin·e·ar [~'linijə(r)] *a* međuredni

in·ter·lock I [~'lak]; [o] *n* (tech.) blokiranje

interlock II *v tr* blokirati

in·ter·loc·u·tor [intə(r)'lakjətə(r)]; [o] *n* sabesednik (sabesjednik)

in·ter·loc·u·to·ry [~torij]; [ə] *n* (legal) privremena odluka

in·ter·lope [~'loup] *v intr* umešati (umiješati) se

in·ter·lo·per ['intə(r)loupə(r)] *n* uljez, nametljivac

in·ter·lude ['intə(r)lūd] *n* 1. prekid 2. interludij, međuigra 3. (mus.) interludij

in·ter·mar·riage [intə(r)'maeridž] *n* 1. mešoviti (mješoviti) brak 2. sklapanje braka (brakova) između pripadnika iste grupe (narodnosti)

in·ter·mar·ry [intə(r)'maerij] *v intr* 1. sklopiti mešoviti (mješoviti) brak 2. sklopiti brak s pripadnikom iste grupe (narodnosti)

in·ter·me·di·ar·y I [~'mijdijerij]; [ə] *n* posrednik

intermediary II *a* posredan

in·ter·me·di·ate I [~'mijdijit] *a* srednji; *an ~ course* srednji kurs; *~ range* srednji domet (see also **IRBM**)

intermediate II [~ijejt] *v intr* posredovati

intermediate-range *a* srednjeg dometa; *~ rockets* rakete srednjeg dometa

in·ter·ment [in'tə(r)mənt] *n* sahrana

in·ter·mez·zo [intə(r)'metsou], [dz] (-s or -zi [sij], [z]) *n* intermeco

in·ter·mi·na·ble [in'tə(r)mənəbəl] *a* beskrajan, beskonačan

in·ter·min·gle [~'miñgəl] *v tr* and *intr* pomešati — pomiješati (se)

in·ter·mis·sion [intə(r)'mišən] *n* prekid, odmor, antrakt

in·ter·mit·tent [~'mitənt] *a* naizmeničan (naizmjeničan), koji se javlja na mahove; prekidan

in·ter·mix [intə(r)'miks] *v* 1. *tr* pomešati (pomiješati) 2. *intr* pomešati se

in·ter·mix·ture [~čə(r)] *n* mešavina (mješavina)
in·tern I ['intə(r)n] *n* stažista, stažer
intern II *v* 1. *tr* internirati 2. *intr* stažirati
in·ter·nal [in'tə(r)nəl] *a* 1. unutrašnji; ~ *affairs* unutrašnji poslovi; *for* ~ *use* za unutrašnju upotrebu; *an* ~ *secretion* unutrašnja sekrecija; (math.) *an* ~ *angle* unutrašnji ugao (W: kut) 2. interni; ~ *medicine* interna medicina
in·ter·nal-com·bus·tion engine motor sa unutrašnjim sagorevanjem (sagorijevanjem)
Internal Revenue Service (Am.) Federalna poreska administracija
in·ter·na·tion·al I [intə(r)'naešənəl] *n* internacionala; *the Third International* Treća internacionala
international II *a* međunarodni, internacionalan
International Atomic Energy Agency Međunarodna agencija za atomsku energiju
International Bank for Reconstruction and Development Međunarodna banka za obnovu i razvoj
International Civil Aviation Organization Međunarodna organizacija civilne avijacije
International Communication Agency (Am.) Međunarodna agencija za komunikacije
International Court of Justice Međunarodni sud pravde
International Date Line see date line
In·ter·na·tio·nale [intə(r)'naešənəl] *n (the* ~*)* Internacionala (himna)
in·ter·na·tion·al·ism [~izəm] *n* internacionalizam
in·ter·na·tion·al·ist [~ist] *n* internacionalista
in·ter·na·tion·al·i·za·tion [intə(r)naešənələ'zejšən]; [*aj*] *n* internacionalizacija
in·ter·na·tion·al·ize [~ajz] *v tr* internacionalizovati
International Labor Organization Međunarodna organizacija rada
international law međunarodno pravo
International Monetary Fund Međunarodni monetarni fond
international politics međunarodna politika
International Refugee Organization Međunarodna organizacija za izbeglice (izbjeglice)
International Telecommunications Union Međunarodna unija za telekomunikacije
in·ter·ne·cine [intə(r)'nesijn] *a* ubilački, krvav
in·tern·ee [intə(r)'nij] *n* internirac
in·ter·nist [in'tə(r)nist] *n* internista, specijalista za unutrašnje bolesti
in·tern·ment [~mənt] *n* interniranje, internacija
internment camp logor za internirce
in·tern·ship [in'tə(r)nšip] *n* (usu. med.) staž
in·ter·par·lia·men·ta·ry [intə(r)pa(r)lə'mentərij] *a* međuparlamentarni
in·ter·par·ty ['intə(r)pa(r)tij] *a* međupartijski
in·ter·pel·late [in'tə(r)pəlejt], [intə(r)'pelejt] *v tr* (pol.) interpelisati
in·ter·pel·la·tion [intə(r)pə'lejšən] *n* interpelacija
in·ter·per·son·al [intə(r)'pə(r)sənəl] *a* međuljudski; ~ *relationships* međuljudski odnosi
in·ter·phone ['intə(r)foun] *n* interfon
in·ter·plan·e·tar·y [intə(r)'plaenəterij]; [ə] *a* kosmički, interplanetarni
in·ter·play ['intə(r)plej] *n* uzajamno (međusobno) dejstvo (djejstvo)
In·ter·pol ['intə(r)poul]; [o] *n* Interpol

in·ter·po·late [in'tə(r)pəlejt] *v tr* 1. umetnuti 2. (math.) interpolirati
in·ter·po·la·tion [intə(r)pə'lejšən] *n* 1. umetanje 2. (math.) interpolacija
in·ter·pose ['intə(r)pouz] *v tr* umetnuti; metnuti (među)
in·ter·pret [in'tə(r)prit] *v* 1. *tr* protumačiti 2. *tr* prevesti (usmeno) (cf. translate 1) 3. *intr* prevoditi (usmeno); biti prevodilac (cf. translate 5)
in·ter·pre·ta·tion [intə(r)prə'tejšən] *n* 1. tumačenje, interpretacija 2. prevođenje 3. obrada, analiza; *the* ~ *of data* obrada podataka 4. dešifrovanje
in·ter·pre·ta·tive [in'tə(r)prətejtiv] in·ter·pre·tive [in'tə(r)prətiv] *a* interpretativan
in·ter·pre·ter [in'tə(r)prətə(r)] *n* 1. tumač; interpretator 2. prevodilac 3. (C.) interpreter
in·ter·ra·cial [intə'rejšəl] *a* međurasni
in·ter·reg·num [intə'regnəm] (-*s* or -*na* [nə]) *n* međuvlada, interegnum
in·ter·re·lat·ed [intə(r)'lejtəd] *a* u međusobnom odnosu
in·ter·re·la·tion·ship [intə(r)rə'lejšenšip] *n* međuodnos
in·ter·ro·gate [in'terəgejt] *v tr* saslušavati, ispitivati; *to* ~ *witnesses* saslušavati (ispitivati) svedoke (svjedoke)
in·ter·ro·ga·tion [intərə'gejšən] *n* saslušavanje, ispitivanje; *an* ~ *of prisoners of war* saslušavanje ratnih zarobljenika
in·ter·rog·a·tive I [intə'ragətiv]; [o] *n* upitna reč (riječ)
interrogative II *a* upitni; *an* ~ *sentence (pronoun)* upitna rečenica (zamenica — zamjenica)
in·ter·ro·ga·tor [in'terəgejtə(r)] *n* ispitivač; *a PW* ~ ispitivač ratnih zarobljenika
in·ter·rog·a·to·ry I [intə'ragətorij]; [o]; [ə] *n* (legal) saslušanje pod zakletvom
interrogatory II *a* upitni
in·ter·rupt [intə'rəpt] *v* 1. *tr* prekinuti; *to* ~ *a conversation* prekinuti razgovor; *he doesn't like to be* ~*ed* on ne voli upadice 2. *intr* prekidati, upadati; *he keeps* ~*ing* on stalno upada
in·ter·rupt·er [~ə(r)] *n* (elec.) prekidač
in·ter·rup·tion [~pšən] *n* 1. prekid 2. upadica; *he doesn't like* ~*s* on ne voli upadice
in·ter·scho·las·tic [intə(r)skə'laestik] *a* međuškolski
in·ter·sect [intə(r)'sekt] *v* 1. *tr* preseći (presjeći) 2. *intr* preseći se; ukrstiti se
in·ter·sec·tion [~kšən] *n* 1. presek (presjek), presecanje (presijecanje) *a point of* ~ presečna (presječna) tačka (W: točka) 2. raskrsnica, raskršće
in·ter·sperse [intə(r)'spə(r)s] *v tr* rasuti, prošarati
in·ter·sper·sion [~ə(r)žən] *n* razasipanje
in·ter·state ['intə(r)stejt] *a* međudržavni; (Am.) *the* ~ *(highway) system* mreža međudržavnih autoputeva
in·ter·stel·lar [~'stelə(r)] *a* međuzvezdani (međuzvjezdani)
in·ter·tri·bal [~'trajbəl] *a* međuplemenski
in·ter·twine [~'twajn] *v tr* ispreplesti, preplesti
in·ter·ur·ban [~r'ə(r)bən] *a* međugradski
in·ter·val ['intə(r)vəl] *n* 1. interval 2. odstojanje; *to maintain an* ~ održavati odstojanje 3. Br.; see intermission

in·ter·vene [intə(r)'vijn] *v intr* intervenisati, umešati (umiješati) se

in·ter·ven·tion [~'venšən] *n* intervencija; *armed* ~ oružana intervencija

in·ter·view I ['intə(r)vjū] *n* intervju; *to grant an* ~ dati intervju; *an* ~ *with smb. on television* intervju s nekim na televiziji

interview II *v tr* intervjuisati; *to* ~ *smb. on television* intervjuisati nekoga na televiziji

in·ter·view·er [~ə(r)] *n* intervjuist

in·ter·vo·cal·ic [intə(r)vou'kaelik] *a* intervokalan

in·ter·weave [~'wijv]; -*wove* [wouv]; -*woven* ['wouvən] *v tr* protkati, utkati; preplesti; *to be interwoven with smt.* preplitati se s nečim

in·tes·tate I [in'testejt], [*i*] *n* onaj koji je umro bez testamenta

intestate II *a* bez testamenta; *he died* ~ on je umro bez testamenta

in·tes·ti·nal [in'testənəl] *a* intestinalni, crevni (crijevni); *an* ~ *infection* crevna infekcija; (fig.) ~ *fortitude* hrabrost; izdržljivost

in·tes·tine [~tən] *n* crevo (crijevo); *the large (small)* ~ debelo (tanko) crevo

in·ti·ma·cy ['intəməsij] *n* intimnost, intimitet

in·ti·mate I ['intəmit] *n* intiman (prisan) prijatelj

intimate II *a* intiman, prisan; *an* ~ *conversation (dinner, friend)* intiman razgovor (ručak, prijatelj)

intimate III [~ejt] *v tr* nagovestiti (nagovijestiti)

in·tim·i·date [in'timədejt] *v tr* zastrašiti, zaplašiti

in·tim·i·da·tion [intimə'dejšən] *n* zastrašenje, zaplašenje

in·to ['intū] *prep* 1. u; *he put the bottles* ~ *the refrigerator* stavio je flaše u frižider; *to go* ~ *detail* ulaziti u podrobnosti 2. (colloq.) zainteresovan za; *he is* ~ *TM* bavi se transcendentalnom meditacijom

in·tol·er·a·ble [in'talərəbəl]; [*o*] *a* nepodnošljiv, neizdržljiv

in·tol·er·ance [~rəns] *n* netolerancija, netrpeljivost; *religious* ~ verska (vjerska) netrpeljivost; ~ *of smt.* netrpeljivost prema nečemu; *to stir up* ~ *against a minority* izazvati netrpeljivost prema nekoj narodnosti

in·tol·er·ant [~rənt] *a* netolerantan, netrpeljiv; *to be* ~ *of smt.* biti netrpeljiv prema nečemu

in·to·na·tion [intou'nejšən] *n* intonacija

in·to·na·tion·al [~əl] *a* intonacioni

in·tone [in'toun] *v tr* intonirati

in·tox·i·cant I [in'taksikənt]; [*o*] *n* opojno sredstvo

intoxicant II *a* opojni

in·tox·i·cate [~kejt] *v tr* opiti, napiti

in·tox·i·ca·ting [~ing] *a* opojan

in·tox·i·ca·tion [intaksi'kejšən]; [*o*] *n* 1. opijanje, napijanje 2. opijenost, napitost

in·trac·ta·ble [in'traektəbəl] *a* 1. tvrdoglav 2. neobradljiv

in·tra·mu·ral [intrə'mjūrəl] *a* unutar škole; ~ *sports* sportska aktivnost učeničkih (studentskih) grupa

in·tra·mus·cu·lar [intrə'məskjələ(r)] *a* intramuskularan

in·tran·si·gent [in'traensədžənt] *a* beskompromisan

in·tran·si·tive [in'traensətiv] *a* (gram.) neprelazan, intranzitivan; *an* ~ *verb* neprelazan glagol

in·tra·u·ter·ine [intrə'jūtərin], [*aj*] *a* intrauterini; *an* ~ *device* intrauterini uložak

in·tra·ve·nous [intrə'vijnəs] *a* intravenski, intravenozan

in·trep·id [in'trepid] *a* neustrašiv

in·tric·a·cy ['intrikəsij] *n* komplikovanost

in·tri·cate [~kit] *a* komplikovan

in·trigue I [in'trijg] *n* intriga, spletka; *to engage in* ~ praviti intrige

intrigue II [in'trijg] *v* 1. *tr* (colloq.) intrigirati, pobuditi (nečije) interesovanje 2. *intr* intrigirati, spletkariti

in·tri·guer [~ə(r)] *n* intrigant, spletkar

in·trin·sic [in'trinsik] *a* 1. suštinski 2. unutrašnji

in·trin·si·cal·ly [~lij] *adv* suštinski

in·tro·duce [intrə'dūs]; [*dj*] *v tr* 1. uvesti; *to* ~ *censorship (a custom, new courses, new methods, a law)* uvesti cenzuru (običaj, nove kurseve, nove metode, zakon); *to* ~ *smt. to society* uvesti nekoga u društvo 2. uneti (unijeti) 3. upoznati, predstaviti; *to* ~ *smb. to smb.* upoznati nekoga s nekim, predstaviti nekoga nekome; *to* ~ *oneself* predstaviti se 4. izneti (iznijeti); *to* ~ *a bill* izneti zakonski predlog

in·tro·duc·tion [intrə'dəkšən] *n* 1. uvod; *an* ~ *to sociology* uvod u sociologiju; *an* ~ *to a book* uvod knjige 2. uvođenje; *the* ~ *of a new custom* uvođenje novog običaja 3. upoznavanje, predstavljanje; *a letter of* ~ (pisana) preporuka 4. (mus.) introdukcija

in·tro·duc·to·ry [intrə'dəktərij] *a* uvodni; *an* ~ *course* uvodni kurs

in·tro·spec·tion [introu'spekšən] *n* introspekcija, samopromatranje

in·tro·spec·tive [~ktiv] *a* introspektivan

in·tro·ver·sion [intrə'və(r)žən]; [*š*] *n* introverzija, začahurenost

in·tro·vert I ['intrəvə(r)t] *n* introvertit, povučena osoba

introvert II [intrə've(r)t] *v tr* introvertirati

in·tro·vert·ed ['intrəvə(r)tid] *a* introvertiran povučen, nedruželjubiv (cf. **extroverted**)

in·trude [in'trūd] *v* 1. *refl* nametati se 2. *intr* nametati se; *he's always* ~*ing* on se uvek nameće 3. *intr (to* ~ *on)* uznemiriti; *to* ~ *on smb.* uznemiriti nekoga 4. *intr* upasti

in·trud·er [~ə(r)] *n* 1. nametljivac, nametnik 2. upadač

in·tru·sion [in'trūžən] *n* 1. nametanje 2. upad, napad

in·tru·sive [~siv] *a* nametljiv

in·tu·it [in'tūit]; [*tj*] *v tr* and *intr* (Br.) naslutiti

in·tu·i·tion [intū'išən]; [*tj*] *n* intuicija

in·tu·i·tion·al [~əl] *a* intuicioni

in·tu·i·tion·ism [~izəm] *n* intuicionizam

in·tu·i·tive [in'tūətiv]; [*tj*] *a* intuitivan

in·un·date ['inəndejt] *v tr* poplaviti

in·un·da·tion [inən'dejšən] *n* poplava

in·ure [in'jū(r)] *v tr* prekaliti; *to become* ~*d to smt.* oguglati na nešto

in·vade [in'vejd] *v* 1. *tr* upasti (u), napasti; *to* ~ *a country* upasti u zemlju 2. *intr* izvršiti invaziju, upasti

in·vad·er [~ə(r)] *n* upadač, osvajač

in·val·id I ['invəlid]; [*ij*] *n* invalid

invalid II *a* 1. invalidski 2. nesposoban za rad

invalid III [in'vaelid] *a* nevažeći
in·val·i·date [~ejt] *v tr* učiniti nevažećim, poništiti
in·va·lid·ism ['invəlidizəm] *n* invalidnost
in·val·i·di·ty [invə'lidətij] *n* nevaženje
invalid out *v* (Br.) pustiti (iz vojske) kao invalid
invalid's chair Br.; see **wheelchair**
in·val·u·a·ble [in'vaeljūəbəl] *a* neocenljiv (neocjenljiv)
in·var·i·a·ble [in'vejrijəbəl] *a* nepromenljiv (nepromjenljiv)
in·var·i·ant I [in'vejrijənt] *n* (math.) invarijanta
invariant II *a* invarijantan
in·va·sion [in'vejžən] *n* invazija, upad; *the ~ of a country* upad u zemlju; *to carry out an ~* izvršiti invaziju
in·vec·tive I [in'vektiv] *n* pogrda, psovka, invektiva
invective II *a* pogrdan
in·veigh [in'vej] *v intr* osuditi; *to ~ against smt.* osuditi nešto
in·vei·gle [in'vejgəl] *v tr* privoleti (privoljeti) laskanjem, nagovoriti; *to ~ smb. into doing smt* navesti nekoga da uradi nešto
in·vent [in'vent] *v tr* 1. pronaći, izumeti (izumjeti) 2. izmisliti, isfabrikovati
in·ven·tion [in'venšən] *n* pronalazak, izum
in·ven·tive [~ntiv] *a* pronalazački, inventivan
in·ven·tor, **in·ven·ter** [~tə(r)] *n* pronalazač
in·ven·to·ry I ['invəntorij]; [ə] *n* inventar, popis (robe)
inventory II *v tr* inventarisati
in·verse I ['in'və(r)s] *n* (math.) inverzna funkcija
inverse II *a* inverzan, obrnut
in·ver·sion [in'və(r)žən]; [š] *n* inverzija
in·vert [in'və(r)t] *v tr* preobrnuti, preokrenuti, obrnuti (naopako); (Br.) ~*ed commas* navodnici
in·ver·te·brate I [~əbrit] *n* beskičmenjak
invertebrate II *a* beskičmen
in·vert·er [in'və(r)tə(r)] *n* (elec.) izmenjivački (izmjenjivački) uređaj
in·vest [in'vest] *v* 1. *tr* investirati, uložiti; *to ~ capital in a business* uložiti novac u neki posao; *to ~ labor (time)* uložiti trud (vreme — vrijeme) 2. *tr* uvesti (u dužnost) 3. *tr* obdariti 4. *tr* (mil.) opkoliti, okružiti 5. *intr* ulagati novac 6. see **vest II**
in·ves·ti·gate [in'vestəgejt] *v* 1. *tr* istražiti, ispitati 2. *intr* voditi istragu
in·ves·ti·gat·ing *a* istražni; *an ~ judge* istražni sudija (W: sudac)
in·ves·ti·ga·tion [investi'gejšən] *n* istraga; ispitivanje; *an ~ is under way* istraga je u toku; *to conduct an ~* voditi istragu
in·ves·ti·ga·tive [~iv] *a* istražni
in·ves·ti·ga·tor [in'vestigejtə(r)] *n* istraživač; islednik (isljednik)
in·ves·ti·ga·to·ri·al [investigə'torijəl] *a* istražni
in·ves·ti·ture [in'vestəču(r)]; [ə] *n* investitura
in·vest·ment [in'vestmənt] *n* 1. investicija, ulaganje; ~*s in various projects* ulaganja u razne projekte; *to make an ~ in smt.* uložiti novac u neki posao 2. (mil.) opsada
in·vest·or [~ə(r)] *n* investitor, ulagač
in·vet·er·ate [in'vetərit] *a* okoreo (okorio); *an ~ gambler* okoreo kockar

in·vid·i·ous [in'vidijəs] *a* 1. zloban; pakostan 2. uvredljiv
in·vig·i·late [in'vidžilejt] *v tr* (Br.) nadzirati (studente, đake) na ispitu
in·vig·or·ate [in'vigərejt] *v tr* ojačati, osnažiti, okrepiti (okrijepiti)
in·vin·ci·ble [in'vinsəbəl] *a* nepobedan (nepobjedan)
in·vi·o·la·ble [in'vajələbəl] *a* nepovredljiv; neprekršiv; neprikosnoven
in·vi·o·late [in'vajəlit] *a* nepovređen
in·vis·i·bil·i·ty [invizə'bilətij] *n* nevidljivost
in·vis·i·ble [in'vizəbəl] *a* nevidljiv; ~ *ink* nevidljivo mastilo
in·vi·ta·tion [invə'tejšən] *n* poziv; *an ~ to dinner* poziv na večeru; *to accept (reject, send) an ~* prihvatiti (odbiti, poslati) poziv
in·vi·ta·tion·al [~əl] *a* za zvanice
in·vite [in'vajt] *v tr* pozvati; *to ~ smb. to dinner* pozvati nekoga na večeru; *he was* ~*d to present his case* bio je pozvan da iznese svoj slučaj; *he* ~*ed them to come* pozvao ih je da dođu
in·vit·ing [~iñ] *a* privlačan
in·vo·ca·tion [invə'kejšən] *n* 1. prizivanje 2. molitva (u početku službe božje)
in·voice I ['invojs] *n* faktura
invoice II *v tr* fakturisati
in·voke [in'vouk] *v tr* prizvati; *to ~ spirits* prizvati duhove
in·vo·lu·cre [invə'lūkə(r)] *n* (bot.) omotač, ovoj
in·vol·un·tar·y [in'valənterij]; [o]; [tr] *a* nehotičan
in·vo·lute [invə'lūt] *n* (math.) evolventa
involute II *a* 1. komplikovan 2. spiralan
in·vo·lut·ed [~id] see **involute II**
in·vo·lu·tion [invə'lūšən] *n* 1. upetljanje, zapetljanje 2. (math.) involucija
in·volve [in'valv]; [o] *v tr* 1. obuhvatiti 2. povlačiti za sobom, donositi sobom kao posledicu (posljedicu); *that would ~ living in Europe* to bi povlačilo za sobom život u Evropi 3. upetljati; uplesti; *to ~ smb. in an intrigue* upetljati nekoga u intrigu; *to get* ~*d in debt* upetljati se u dugove; *he didn't want to get* ~*d* nije hteo (htio) da bude upleten; *to be* ~*d in an auto accident* učestvovati u saobraćajnoj nesreći 4. komplikovati
in·volve·ment [~mənt] *n* 1. upetljanost 2. učešće
in·vul·ner·a·ble [in'vəlnərəbəl] *a* neranjiv; nepovrediv
in·ward I ['inwə(r)d] *n* unutrašnjost
inward II *a* unutrašnji
inward III *adv* unutra; *the door opens ~* vrata se otvaraju unutra
in·ward·ly [~lij] *adv* 1. unutra 2. u duši, u srcu
i·od·ic [aj'adik]; [o] *a* jodni; ~ *acid* jodna kiselina
i·o·dide ['ajədajd] *n* jodid; *silver ~* srebrni jodid
i·o·dine ['ajədajn] *n* jod
i·o·dism [~dizəm] *n* jodizam
i·o·dize [~dajz] *v tr* jodovati
i·on ['ajən]; [a] *n* (phys.) ion, jon
I·o·ni·an [aj'ounijən] *a* jonski
i·on·ic [aj'anik]; [o] *a* (phys.) ionski, jonski
Ionic *a* jonski; *the ~ dialect* jonski dijalekat
i·on·i·za·tion [ajənə'zejšən]; [aj] *n* ionizacija, jonizacija
i·on·ize ['ajənajz] *v tr* ionizovati, jonizovati

i·on·o·sphere [aj'anəsfij(r)]; [o] n ionosfera, jonosfera

IOU [ajou'jū] n (abbrev. of *I owe you*) priznanica (kojom se priznaje dug)

I·o·wa ['ajəwə] n Ajova

I·o·wan [~n] n stanovnik države Ajova

IPA [ajpij'ej] abbrev. of *International Phonetic Alphabet*

I. Q. abbrev. of intelligence quotient

IRA I [ajar'ej] abbrev. of **individual retirement account**

IRA II abbrev. of **Irish Republican Army**

I·ran [aj'raen], [ij'ran] n Iran

I·ra·ni·an I [i'rejnijən] n 1. Iranac 2. iranski jezici

Iranian II a iranski

I·raq [i'raek], [ij'rak] n Irak

I·ra·qi I [ij'rakij] n Iračanin

Iraqi II a irački

i·ras·ci·ble [i'raesəbəl] a plah, naprasit

i·rate ['aj'rejt] a srdit, ljutit

IRBM [aja(r)bij'em] abbrev. of *Intermediate Range Ballistic Missile* balistička raketa srednjeg dometa

ire [aj(r)] n ljutnja

ire·ful [~fəl] a ljutit

Ire·land [~lənd] n Irska

ir·i·des·cence [irə'desəns] n prelivanje (prelijevanje) u duginim bojama

ir·i·des·cent [~ənt] a koji se preliva (prelijeva) u duginim bojama

i·ris ['ajris] (-es or irides ['ajrədijz]) n 1. (anat.) dužica 2. (bot.) bogiša, perunika, iris 3. duga

I·rish I ['ajriš] n 1. pl Irci, irski narod 2. irski jezik 3. (colloq.) vatrenost; *to get one's ~ up* naljutiti se

Irish II a irski

Irish coffee irska kafa (kava)

I·rish·man [~mən] (-men [min]) n Irac

Irish Republican Army Irska republikanska armija

Irish Sea Irsko more

Irish stew irski jagnjeći (W: janjeći) paprikaš

I·rish·wom·an [~wumən] (-women [wimin]) n Irkinja

irk [ə(r)k] v tr dosaditi, razdražiti, nasekirati

irk·some [~səm] a dosadan

i·ron I ['aj(r)n] n 1. gvožđe, železo (željezo); *cast (wrought)* ~ liveno (kovno) gvožđe; *pig (scrap)* ~ sirovo (staro) gvožđe; *as tough as* ~ tvrd kao gvožđe; *strike while the ~ is hot* gvožđe se kuje dok je vruće; *to have many ~s in the fire* imati mnogo interesa, razapeti se na sto strana 2. (in pl) gvožđa, okovi 3. pegla

iron II a gvozden, železan (željezan); ~ *discipline* gvozdena disciplina; an ~ *fence* gvozdena ograda; (fig.) ~ *nerves* gvozdeni živci; ~ *ore* gvozdena ruda; (fig.) an ~ *will* gvozdena volja; (fig.) an ~ *hand* čvrsta ruka; an ~ *lung* gvozdena pluća

iron III v 1. tr ispeglati; *to ~ a suit* ispeglati odelo (odijelo) 2. tr (to ~ out) urediti 3. intr peglati

Iron Age gvozdeno (W: željezno) doba

i·ron·bound [~baund] a 1. okovan gvožđem 2. nepopustljiv; nesavitljiv

i·ron·clad I [~klaed] n oklopnjača

ironclad II a 1. okovan gvožđem, železom (željezom) 2. krut, strog; ~ *discipline* kruta disciplina

Iron Curtain (pol.) gvozdena zavesa (W: željezna zavjesa)

iron foundry livnica (W: ljevaonica)

i·ron·hand·ed [~haendid] a čvrste ruke

iron horse (colloq.) lokomotiva

i·ron·ic [i'ranik]; [o] a ironičan, ironički

i·ron·ic·al [~əl] see ironic

i·ron·ing [~ing] n peglanje

ironing board daska za peglanje

i·ron·mon·ger [~mangə(r)]; [ə] n (Br.) gvožđar

i·ron·mon·ger·y [~rij] n (Br.) 1. gvožđarnica (W: željezara) (see also **hardware store**) 2. gvožđarija

iron out v see iron III 2

i·ron·smith [~smith] n see blacksmith

i·ron·ware [~wej(r)] n gvožđarija

i·ron·work [~wə(r)k] n 1. predmet od gvožđa, gvožđarija 2. (in pl) železara (željezara)

i·ro·ny ['ajrənij]; ['ajərənij] n ironija

Ir·o·quois ['irəkwoj(z)] (pl has zero) n Irokez

ir·ra·di·ate [i'rejdijejt] v tr izvršiti iradijaciju (nečega), ozračiti

ir·ra·di·a·tion [irejdij'ejšən] n iradijacija

ir·ra·tion·al [i'raešənəl] a iracionalan; (math.) an ~ *number* iracionalni broj

ir·ra·tion·al·ism [~izəm] n iracionalizam

ir·ra·tion·al·i·ty [iraešə'naelətij] n iracionalnost

ir·re·claim·a·ble [iri'klejməbəl] a koji se ne može načiniti obradivim

ir·rec·on·cil·a·ble [irekən'sajləbəl] a nepomirljiv

ir·re·cov·er·a·ble [iri'kavərəbəl] a nepovratljiv

ir·re·deem·a·ble [iri'dijməbəl] a neotkupljiv

ir·re·duc·i·ble [iri'dūsəbəl]; [dj] a nesvodljiv

ir·ref·u·ta·ble [i'refjətəbəl] or [iri'fjūtəbəl] a nepobitan, neoboriv, neoporeciv; ~ *proof* neoborivi dokazi; an ~ *fact* nepobitna činjenica

ir·re·gard·less [iri'ga(r)dlis] not standard; see regardless

ir·reg·u·lar I [i'regjələ(r)] n dobrovoljac; ~s neregularne trupe

irregular II a neregularan, neredovan; nepravilan; ~ *troops* neregularne (neredovne) trupe

ir·reg·u·lar·i·ty [iregjə'laerətij] n neregularnost, neredovnost; nepravilnost

ir·rel·e·vance [i'relavəns] n irelevantnost, sporednost

ir·rel·e·vant [i'relavənt] a irelevantan, sporedan, nebitan

ir·re·lig·ious [iri'lidžəs] a ireligiozan, bezveran (bezvjeran)

ir·re·me·di·a·ble [iri'mijdijəbəl] a nepopravljiv; neizlečiv (neizlječiv)

ir·re·mis·si·ble [iri'misəbəl] a neoprostiv

ir·re·mov·a·ble [iri'mūvəbəl] a neukloniv

ir·rep·a·ra·ble [i'repərəbəl] a nepopravljiv

ir·re·place·a·ble [iri'plejsəbəl] a nezamenljiv (nezamjenljiv)

ir·re·pres·si·ble [iri'presəbəl] a nezadržljiv, neuzdržljiv

ir·re·proach·a·ble [iri'proučəbəl] a besprekoran (besprijekoran)

ir·re·sis·ti·ble [iri'zistəbəl] a neodoljiv

ir·res·o·lute [i'rezəlūt] a neodlučan

ir·re·solv·a·ble [iri'zalvəbəl]; [o] a 1. nerešljiv (nerješljiv) 2. nerazložljiv

ir·re·spec·tive of [iri'spektiv] prep bez obzira na

ir·re·spon·si·bil·i·ty [irispɑnsə'bilətij]; [o] n neodgovornost
ir·re·spon·si·ble [iri'spɑnsəbəl]; [o] a neodgovoran
ir·re·spon·sive [iri'spɑnsiv]; [o] a koji ne odgovara, ne reaguje
ir·re·triev·a·ble [iri'trijvəbəl] a nepovratljiv
ir·rev·er·ence [i'revərəns] n nepoštovanje
ir·rev·er·ent [~ənt] a koji ne odaje poštovanje
ir·re·vers·i·ble [iri'və(r)səbəl] a neizmenljiv (neizmjenljiv), nepovratan
ir·rev·o·ca·ble [iri'voukəbəl] or [i'revəkəbəl] a neopoziv
ir·ri·gate ['irigejt] v tr 1. irigirati, navodniti 2. isprati
ir·ri·ga·tion [iri'gejšən] n 1. irigacija, navodnjavanje; artificial ~ veštačko, vještačko (W: umjetno) navodnjavanje 2. ispiranje
ir·ri·ga·tion·al [~əl] a irigacioni
ir·ri·ga·tor ['irigejtə(r)] n irigator
ir·ri·ta·bil·i·ty [irətə'bilətij] n razdražljivost, nadražljivost
ir·ri·ta·ble ['irətəbəl] a razdražljiv, nadražljiv
ir·ri·tant I ['irətənt] n nadražno sredstvo
irritant II a nadražan, nadražljiv
irritant gas nadražljivac
ir·ri·tate ['irətejt] v tr razdražiti, nadražiti; that ~s the throat to draži grlo
ir·ri·ta·tion [irə'tejšən] n razdraženje, nadraženje; nadražaj
ir·rupt [i'rəpt] v intr provaliti u
IRS [ajar'es] abbrev. of Internal Revenue Service is see be
is·chi·um ['iskijəm] (-ia [ijəl]) n (anat.) trtičnjača
Is·lam [is'lam], ['isləm] n Islam
Is·lam·a·bad [is'laməbad] n Islamabad
is·land ['ajlənd] n ostrvo (W: otok); a deserted ~ pusto ostrvo
is·land·er [~ə(r)] n ostrvljanin (W: otočanin)
isle [ajl] n (poetic) see island
is·let ['ajlit] n (dim. of island) ostrvce (W: otočić)
ism [izəm] n (colloq.; usu. pejor.) doktrina
is·n't see be
i·so·bar ['isəbɑ(r)] n izobara
i·so·gloss ['ajsəglos] n izoglosa
i·so·late ['ajsəlejt] v tr izolovati
i·so·lat·ed [~id] a izolovan, zabačen; an ~ spot zabačeno mesto (mjesto)
i·so·la·tion [ajsə'lejšən] n 1. izolacija 2. izolovanost
i·so·la·tion·ism [~izəm] n izolacionizam
i·so·la·tion·ist [~ist] n izolacionista
i·so·mer ['ajsəmə(r)] n (chem.) izomer
i·som·er·ism [aj'samərizəm]; [o] n izomerija
i·so·met·ric [ajsə'metrik] a izometričan, izometrički; ~ exercises izometrične vežbe (vježbe)
i·so·morph ['ajsəmo(r)f] n izomorfa
i·so·mor·phism [ajsə'mo(r)fizəm] n izomorfizam
i·sos·ce·les [i'sasəlijz]; [o] a (geom.) ravnokrak (W: istokračan); an ~ triangle ravnokrak trougao (W: istokračan kut)
i·so·therm ['ajsəthə(r)m] n izoterma
i·so·ther·mal I [~'thə(r)məl] n see isotherm
isothermal II a izotermičan
i·so·tope ['ajsətoup] n izotop
Is·ra·el ['izrijəl] n Izrael (država i narod)
Is·rae·li I [iz'rejlij] (pl has zero or -s) n Izraelac
Israeli II a izraelski

Is·ra·el·ite I ['izrijəlajt] n Izraelićanin, Izraelit
Israelite II a izraelićanski, izraelitski
Is·sei ['ijsej] (pl has zero or -s) n doseljenik iz Japana
is·su·ance ['išūəns] n izdavanje; ~ of an order izdavanje zapovesti (zapovijesti)
is·sue I ['išū] n 1. izdavanje; (as a) an ~ slip nalog za izdavanje 2. emisija, izdavanje; the ~ of currency (securities) emisija novčanica (vrednosnih — vrijednosnih papira) 3. broj; izdanje; in the latest ~ u poslednjem (posljednjem) broju 4. odluka; ishod; to force the ~ iznuditi odluku 5. predmet debate; the point at ~ sporno pitanje; to take ~ with smt. ne slagati se s nečim 6. izlaz; with no ~ to the sea bez izlaza u more 7. potomstvo
issue II v 1. tr izdati; to ~ ammunition (equipment, orders) izdati municiju (materijalna sredstva, naređenja) 2. tr pustiti u opticaj; to ~ money pustiti novac u opticaj 3. intr izići
issue from v (esp. Br.) 1. izlaziti 2. poticati (W: potjecati)
Is·tan·bul [istaen'būl] n Carigrad
isth·mus ['isməs] (-es or -mi [majj]) n zemljouz
Is·tri·a ['istrijə] n Istra
it [it] pron 1. to; ovo; ~ is nice to je lepo (lijepo); ~'s him to je on; is this the new car? yes, ~ is da li je ovo nov automobil? jeste 2. (with no antecedent) ~ is raining pada kiša; ~ will snow pašće sneg (snijeg); ~ is cold hladno je; ~ is late kasno je; ~ is Friday petak je; ~ is five miles to town do grada ima pet milja; ~ was Tom who did ~ to je učinio Tom; ~ is four o'clock sada je četiri sata 3. (to represent a phrase or clause) ~ appears as if no one else will come izgleda da niko (nitko) više neće doći; ~ looks like rain izgleda kao da će kiša 4. (to represent a phrase or clause when the it may be omitted) ~ was nice having them to lunch (or: having them to lunch was nice) bilo je lepo što su bili na ručku; ~ is nice to sleep late (or: to sleep late is nice or: sleeping late is nice) lepo je dugo spavati; ~ is easy to get along with him (or: he is easy to get along with or: getting along with him is easy) sa njim je lako opštiti (općiti) 5. (when a person or thing has been referred to previously, but not specifically named) who was knocking? ~ was Tom ko (tko) je kucao? Tom; he failed the exam — I expected ~ pao je na ispitu — ja sam to i očekivao 6. (when special emphasis is needed, a divided or cleft sentence is formed; the sentence is divided into two clauses; the first clause is introduced by it and ends with the stressed element) I told them to come rekao sam im da dođu —: ~ was I (stressed) who told them to come ja sam bio taj koji im je rekao da dođu 7. on, ona, ono; where is the textbook (book, pen)? ~ is on the table gde (gdje) je udžbenik (knjiga, pero)? on (ona, ono) je na stolu 8. misc.; he's had ~ sit je svega; they had ~ over the other team oni su bili bolji nego druga ekipa; this is ~! to je odlučan trenutak! *to live ~ up živeti (živjeti) na velikoj nozi; *to have ~ in for smb. brusiti nož na nekoga; the steak was really ~! biftek je bio izvrstan! ~ says here

that... ovde (ovdje) piše da...; (colloq.) *to make* ~ imati uspeha (uspjeha); *(colloq.) he can take* ~ on može sve da podnese; (when playing hide-and-seek, tag) *he was* ~ red je bio na njega da traži (juri) druge učesnike igre

I·tal·ian I [i'taeljən] *n* 1. Italijan (W: Talijan) 2. italijanski (W: talijanski) jezik

Italian II *a* italijanski (W: talijanski)

I·tal·ian·ize [~ajz] *v tr* italijanizirati, poitalijaniti (W: potalijančiti)

i·tal·ic [i'taelik], [*aj*] *a* kurzivan; *to print in* ~ *type* složiti kurzivnim pismom

i·tal·i·cize [i'taelisajz] *v* 1. *tr* štampati (nešto) kurzivom 2. *intr* štampati kurzivna slova

i·tal·ics [~s] *n pl* kurziv; *to print in* ~ štampati kurzivom

It·a·ly ['itəlij] *n* Italija

itch I [ič] *n* svrab

itch II *v intr* svrbeti (svrbjeti); *my nose* ~*es* svrbi me nos; **he is* ~*ing for action (for a fight)* svrbe ga dlanovi

itch·y [~ij] *a* svrabežljiv, svrbljiv

i·tem I ['ajtəm] *n* 1. predmet; (pojedina) stvar 2. tačka (W: točka); stavka; *an agenda* ~ tačka dnevnog reda; *a budget* ~ budžetska stavka 3. novinski članak, kratka vest (vijest); *a news* ~ (jedna) vest

item II *adv* dalje, tako

i·tem·ize [~ajz] *v tr* nabrojati, uneti (unijeti) stavku po stavku

it·er·ate ['itərejt] *v tr* ponoviti

it·er·a·tion [itə'rejšən] *n* ponavljanje

it·er·a·tive ['itərətiv], [*ej*] *a* iterativan; (gram.) učestali, iterativan

i·tin·er·ant I [*aj*'tinərənt], [*i*] *n* putnik

itinerant II *a* putujući; sezonski; ~ *musicians* putujući muzikanti; ~ *labor* sezonski radnici

i·tin·er·ar·y [~ərerij]; [*ə*] *n* maršruta, itinerer

it'll ['itl] *it will*

its [its] *pass a* njegov (njen); svoj

it's [its] *it is*

it·self [it'self] 1. *refl pron* se, sebe sobom, (sam); *the record player turns* ~ *off* gramofon se isključuje sam; *the window closed by* ~ prozor se zatvorio sam od sebe 2. *pron a* sam; *we are interested in the machine* ~ nas interesuje sama mašina (W: sam stroj) 3. (intensifying) *pron* sam (po sebi); *that is sad in* ~ to je već samo po sebi tužno

it·sy-bit·sy ['itsij-'bitsij] **it·ty-bit·ty** ['itij-bitij] *a* (colloq.) majušan

i·vied ['ajvid] *a* pokriven (obrastao) bršljanom; **~ walls (halls)* univerziteti (W: sveučilišta)

i·vo·ry I ['ajv(r)rij] *n* slonova kost, slonovača

ivory II *a* od slonove kosti

Ivory Coast Obala Slonovače

ivory tower akademska izolovanost

i·vy ['ajvij] *n* bršljan

Ivy League grupa od osam najstarijih američkih univerziteta (W: sveučilišta) na istoku SAD; (fig., as *a*) elitan, najbolji

J

j [džej] *n* j (slovo engleske azbuke)
jab I [džaeb] *n* 1. udarac šiljastim predmetom
2. (boxing) kratak direkt; *a right* ~ kratak
desni direkt 3. Br.; colloq.; see **shot I** 5
jab II *v tr* and *intr* 1. udariti šiljastim predmetom
2. (boxing) zadati kratak direkt 3. probosti
jab·ber I [~ə(r)] *n* brbljanje
jab·ber II *v intr* brbljati
jab·ber·er [~rə(r)] *n* brbljivac
jab·ot [džae'bou], [ž] *n* nabran ukras od čipke
na košulji
ja·cinth ['džaesinth] see **hyacinth** 1
jack [džaek] *n* 1. čovek (čovjek), momak 2. mornar 3. (cards) pub, žandar 4. mužjak (nekih
životinja) 5. dizalica 6. (naut.) pramčana zastava
7. (elec.) utikač 8. piljak; *to play* ~*s* igrati se
piljaka 9. gnezdo — gnijezdo (za uključivanje
veze); *a telephone* ~ telefonsko gnezdo 10.
(Br.; slang) policajac 11. (Br.; colloq.) *every
man* ~ svaki čovek (čovjek)
jack·al [~əl]; [o] *n* šakal, čagalj
jack·ass [~aes] *n* 1. (zool.) magarac 2. (fig.) budala, magarac
jack·boot [~būt] *n* visoka čizma
jack·daw [~do] *n* (bird) čavka (also **daw**)
jack·et [~it] *n* 1. žaket, kratak kaput; vindjakna
2. ljuska 3. omot (see also **record jacket**) 4.
korice (za akta); *a record* ~ košuljica 5. sako
Jack Frost mraz, deda mraz (W: djed mraz)
jack-in-the-box [~-in-thə-baks]; [o] *n* čupoglavac,
kutija iz koje pri otvaranju iskoči figura (igračka)
jack·knife I [~najf] *n* 1. veliki nož na preklapanje
2. skok (u vodu) na glavu s savijanjem tela
(tijela)
jackknife II *v* 1. *tr* saviti udvoje; *to* ~ *a trailer*
postaviti prikolicu pod uglom prema tegljaču
2. *intr* saviti se udvoje
jack-of-all-trades [~-əv-ol-trejdz] *(jacks-of-all-
-trades)* *n* čovek (čovjek) vičan svakom poslu
jack-o'-lantern *n* izdubena bunda (s izrezanim
očima i ustima) u koju se stavlja sveća (svijeća)
jack·pot [~pat]; [o] *n* glavni zgoditak; *to hit the*
~ dobiti glavni zgoditak
jack·rab·bit [~raebit] *n* vrsta velikog zeca
jack·straws [~stroz] *n pl* see **spilikins**
jack tar (Br.) britanski mornar
Jack the Ripper Džek trbosek (trbosjek)

jack up *v* podići; *to jack up prices* or: *to jack
prices up* podići cene (cijene); *to jack up a wheel*
or: *to jack a wheel up* podići točak
jade I [džejd] *n* (miner.) 1. see **nephrite** 2. see
jadeite
jade II *n* 1. kljuse 2. nestašna devojka (djevojka)
jade III *v* 1. *tr* iznuriti 2. *intr* iznuriti se
jad·ed [~id] *a* 1. iznuren, iscrpen 2. oguglao
jade·ite ['džejdajt] *n* (miner.) žadeit
jag I [džaeg] *n* šiljak, vrh; recka
jag II *v tr* izreckati, izupčati
jag III *n* napad, nastup; **to have a* ~ *on* biti
opijen
jag·ged [~id] *a* šiljast; zupčast; razuđen; *a* ~
coastline razuđena obala; *a* ~ *piece of glass*
komad šiljastog stakla
jag·uar ['džaegwa(r)] *n* jaguar
jail I [džejl] *n* zatvor
jail II *v tr* zatvoriti, baciti u zatvor
jail·bird [~bə(r)d] *n* (colloq.) zatvorenik, bivši
zatvorenik
jail·break [~brejk] *n* bekstvo (bjekstvo) iz zatvora
jail·er, jail·or [~ə(r)] *n* tamničar, čuvar
jake [džejk] *pred a* (slang) u redu
ja·lop·y [džə'lapij]; [o] *n* stara kola
ja·lou·sie ['džaelusij]; ['žaeluzij] *n* žaluzija
jam I [džaem] *n* 1. gužva, tiska; *a traffic* ~ saobraćajna gužva 2. (colloq.) škripac; *to be in
a* ~ biti u škripcu 3. zastoj (pri gađanju)

jam II *v* 1. *tr* pritisnuti 2. *tr* nabiti, zakrčiti, natrpati, strpati; *to* ~ *a closet with things* natrpati orman stvarima; *to* ~ *an auditorium*
zakrčiti salu; *the street was* ~*med with traffic*
ulica je bila zakrčena saobraćajem 3. *tr* začepiti, zapušiti 4. *tr* nabiti, navući; *to* ~ *a cap on
one's head* nabiti kapu na glavu 5. *tr* prikleštiti
(priklještiti), ukleštiti (uklije štiti); *to* ~ *one's
finger in a door* prikleštiti prst vratima 6. *tr*
zaglaviti; *to get* ~*med* zaglaviti se 7. *tr* prigušiti, zaglušiti; *to* ~ *a broadcast (a station)*
prigušivati emisiju (stanicu) 8. *intr* zaglaviti se;
the round ~*med* metak se zaglavio 9. *intr* nabiti se, nagurati se; *to* ~ *into a bus* nagurati
se u autobus 10. *intr* zaribati (se), ukočiti se
11. *intr* (mus., colloq.) improvizovati (džez)
12. misc.; *he* ~*med into the first row* ugurao
se u prvi red; *to be* ~*med in between. . .* biti
prignječen između. . . ; *to* ~ *on the brakes*
ukočiti

jam III *n* džem; *apricot (peach, plum, strawberry)* ~ džem od kajsija (bresaka, šljiva, jagoda)
Ja·mai·ca [džə'mejkə] *n* Jamajka
Ja·mai·can I [~n] *n* Jamajac
Jamaican II *a* jamajski
jamb [džaem] *n* dovratak
jam·bo·ree [džaembə'rij] *n* slɛt; veselje, zabava
jam·mer [~ə(r)] *n* zaglušivač, prigušivač
jam·ming [~iñg] *n* prigušivanje, zaglušivanje, ometanje; ~ *(of) a station* prigušivanje stanice
jam-pack [~-paek] *v tr* (colloq.) napuniti do vrha; *the auditorium was* ~*ed* sala je bila dupke puna
jam-session (colloq.) džez-muziciranje
jam up *v see* **jam II 2**
jam-up [~-əp] *n* gužva; smetnja
jan·gle I ['džaeñggəl] *n* tandrk, neskladan zvuk
jangle II *v* 1. *tr* dovesti u neskladnost 2. *intr* neskladno zvučati; tandrkati
jan·is·sar·y ['džaeniserij]; [ə] *n* (hist.) janjičar
jan·i·tor ['džaenətə(r)] *n* nastojnik, čuvarkuća, domar, pazikuća
Jan·u·ar·y ['džaenjūerij]; [ə] *n* januar (W: siječanj)
Jap [džaep] *n* (slang, usu. pejor.) Japanac
Ja·pan [džə'paen] *n* Japan
japan *n* japanski porculan
Jap·a·nese I [džaepə'nijz] *n* 1. *(pl* has zero) Japanac 2. japanski jezik
Japanese II *a* japanski
Ja·phet·ic I [džə'fetik] *n* jafetski jezik
Japhetic II *a* jafetski
jar I [dža(r)] *n* ćup, tegla
jar II *n* potres, udarac
jar III *v* 1. *tr* uzdrmati 2. *tr* potresti; *the news* ~*red him* vest (vijest) ga je potresla 3. *intr* udariti; *it* ~*s on my nerves* to mi udara na živce
jar·di·niere [dža(r)dn'ij(r)] *n* žardinijera
jar·ful ['dža(r)fəl] *n* puna tegla
jar·gon ['dža(r)gən] *n* žargon
jar·gon·ize [~ajz] *v tr* pretvoriti u žargon
jar·ring ['džaring] *a* neskladan; *a* ~ *note* neskladna nota
jas·mine ['džaezmən] *n* jasmin
jas·per ['džaespə(r)] *n* jaspis
jaun·dice ['džondis] *n* žutica
jaun·diced [~t] *a* 1. žutičav, bolestan od žutice 2. pristrastan (W: pristran); *to take a* ~ *view* zauzeti pristrasno gledište
jaunt [džont] *n* izlet; *to go for a* ~ ići na izlet
jaun·ty [~ij] *a* 1. veseo, živahan 2. samouveren (samouvjeren)
Ja·va ['džavə] *n* Java
Java man javanski pračovek (pračovjek)
Jav·a·nese I [~'nijz] *n* 1. *(pl* has zero) Javanac 2. javanski jezik
Javanese II *a* javanski
jave·lin ['džaevlən] *n* 1. koplje; *to throw the* ~ bacati koplje 2. see **javelin throw**
jave·lin·eer [~'ij(r)] *n* kopljanik
javelin throw (sports) bacanje koplja
javelin thrower bacač koplja
jaw I [džo] *n* vilica, čeljust; *the lower (upper)* ~ donja (gornja) vilica; (colloq.) *to punch in the* ~ udariti (dati) po gubici; (fig.) *the* ~*s of death* čeljusti smrti, zagrljaj smrti
jaw II *v intr* (slang) brbljati

jaw·bone I [~boun] *n* vilična kost
jaw·bone II *v intr* (slang) grditi
jaw·break·er [~brejkə(r)] *n* teško izgovorljiva reč (riječ)
jay [džej] *n* (bird) kreja, sojka
jay·vee [~'vij] *n* (sports) 1. juniorska ekipa (see also **junior varsity**) 2. junior
jay·walk [~wok] *v intr* prelaziti ulice na zabranjenim mestima (mjestima)
jay·walk·er [~ə(r)] *n* neobazriv pešak (pješak)
jazz I [džaez] *n* džez
jazz II *v tr* *(to* ~ *up)* (colloq.) oživiti
jazz musician džezista
jazz up *v see* **jazz II**
jazz·y [~ij] *a* 1. nalik na džez 2. (slang) drečeći
jeal·ous ['dželəs] *a* 1. ljubomoran; *a* ~ *wife* ljubomorna žena 2. see **envious** 3. revnostan, usrdan
jeal·ous·y [~ij] *n* ljubomora
jeans [džijnz] *n pl* farmerke, farmerice, džins (W also: traperice) (also **blue jeans**)
jeep [džijp] *n* džip
jeer I [dži(r)] *n* see **jeers**
jeer II *v tr and intr* rugati se, podsmehnuti (podsmjehnuti) se; *to* ~ *smb.* rugati se nekome
jeers [~z] *n pl* ruglo, podsmeh (podsmijeh)
Je·ho·vah [dži'houvə] *n* Jehova; ~*'s Witnesses* Jehovini svedoci (svjedoci)
je·june [džə'džun] *a* 1. bljutav, dosadan 2. nezreo, detinjast (djetinjast)
Je·kyll and Hyde [džekəl ən 'hajd] (colloq.) dvojna ličnost
jell [džel] *v intr* 1. zgusnuti se 2. (colloq.) kristalisati se
jel·ly ['dželij] *n* žele; *strawberry* ~ žele od jagoda
jel·ly·bean [~bijn] *n* vrsta bombona
jelly doughnut krofna s marmeladom
jel·ly·fish [~fiš] *(pl* has zero or *-es) n* 1. meduza 2. (fig.) slabić
jem·my ['džemij] Br.; see **jimmy I, II**
jen·net ['dženit] *n* mali španski (W: španjolski) konj
jen·ny ['dženij] *n* magarica
jeop·ard·ize ['džepə(r)dajz] *v tr* izložiti opasnosti, ugroziti (also **imperil**)
jeop·ard·y [~dij] *n* opasnost; *in* ~ izložen opasnosti
jer [jer] *n* (Slavic ling.) jer
jer·e·mi·ad [džerə'majəd] *n* jeremijada, jadikovka
jerk I [džə(r)k] *n* 1. trzaj, nagao pokret; udar; *with a* ~ naglo 2. (slang) glupan 3. see **clean and jerk**
jerk II *v* 1. *tr* trgnuti; *to* ~ *one's foot* trgnuti nogu 2. *tr* (weightlifting) izbaciti; *to (clean and)* ~ *a weight* izbaciti teret (W: uteg) 3. *intr* trgnuti se 4. *intr (to* ~ *off)* (vul.) onanisati
jerk III *v tr* osušiti (meso)
jerk·wa·ter [~wotə(r)] *a* (colloq.) provincijski, mali; *a* ~ *town* mala varošica
jerk·y I ['džə(r)kij] *n* sušeno meso
jerky II *a* 1. trzav, spazmatičan 2. (slang) budalast, glup
Jer·ry ['džerij] *n* (usu. Br., slang, pejor.) nemački (njemački) vojnik; Švaba
jer·ry·built [~bilt] *a* loše izgrađen (na brzu ruku)

jer·sey ['džə(r)zij] *n* 1. žersej (vrsta tkanine) 2. džemper 3. sportska majica, dres
Je·ru·sa·lem [džə'rūsələm] *n* Jerusalim
Jerusalem artichoke (bot.) čičoka
jest I [džest] *n* 1. šala; *in* ~ u šali 2. poruga, podsmeh (podsmjeh) 3. jetka primedba (primjedba)
jest II *v intr* 1. našaliti se 2. rugati se, podsmehnuti (podsmjehnuti) se
jest·er [~ə(r)] *n* 1. šaljivčina 2. *(court)* ~ dvorska budala
Jes·u·it ['džezuit], [ž] *n* jezuita, isusovac
je·su·it·i·cal [~'itəkəl] *a* jezuitski
Je·sus ['džijzəs] *n* Isus
jet I [džet] *n* 1. gagat 2. crnilo
jet II *a* crn; ~ *black* crn crncat
jet III *n* 1. mlaz 2. sisak; *an idle* ~ sisak praznog siska 3. mlaznjak, mlazni avion 4. mlazni motor
jet IV *a* mlazni; *a* ~ *engine* mlazni motor; *a* ~ *fighter* mlazni lovac; ~ *propulsion* mlazni pogon
jet V *v intr* (colloq.) leteti (letjeti) mlaznjakom
jet bridge (for boarding an airplane) avio-most
jet fuel gorivo za mlazne motore
jet lag umor koji se oseća (osjeća) posle (poslije) dugog leta mlaznjakom
jet·lin·er [~lajnə(r)] *n* mlazni putnički avion
jet-propelled *a* na mlazni pogon
jet·sam [~səm] *n* teret bačen u more (radi olakšanja broda)
jet set bogataši (koji često lete putničkim avionima), džet-set
jet stream 1. polarna vazdušna (W: zračna) struja 2. mlaz mlaznog motora
jet·ti·son I [~isən], [z] *n* 1. bacanje tereta u more 2. see **jetsam**
jettison II *v tr* baciti (teret u more)
jet·ty ['džetij] *n* nasip, brana
Jew I [džū] *n* Jevrejin (W also: Židov); *the Wandering* ~ Jevrejin lutalica (W: Vječni Žid)
Jew II *a* (usu. vul.) see **Jewish**
Jew III *v* (vul., pejor.) *(to* ~ *down)* ukaišariti
Jew-bait·er [~-bejtə(r)] *n* progonilac Jevreja
Jew-bait·ing [~iɳg] *n* proganjanje Jevreja
jew·el ['džūəl] *n* 1. dragi kamen, dragulj 2. nakit
jew·el·er [~ə(r)] *n* juvelir
jew·el·ry [~rij] *n* dragulji; nakit
jewelry store bižuterija (trgovina)
jew·el·weed [~wijd] *n* (bot.) prskavac
Jew·ess ['džuis] *n* Jevrejka (W also: Židovka)
Jew·ish [~iš] *a* jevrejski (W also: židovski)
Jew·ry [~rij] *n* (coll.) Jevreji (W also: Židovi)
jew's-harp [~z-ha(r)p] *n* drombulja
Jez·e·bel ['džezəbəl], [e] *n* Jezavelja; (fig.) razvratna žena
jib [džib] *n* (naut.) prečka; *the cut of one's* ~ nečiji izgled
jib boom (naut.) prikosnik
jibe I [džajb] *v* (naut.) 1. *tr* okrenuti (jedro) 2. *intr* okretati jedro
jibe II *v intr* (colloq.) slagati se, podudarati se; *that doesn't* ~ *with the facts* to se ne podudara sa činjenicama
jif·fy ['džifij] *n* (colloq.) tren; *in a* ~ za tren oka
jiffy bag veliki koverat za slanje knjige poštom (also **mailer**)

jig [džig] *n* 1. vrsta igre, džig 2. uređaj za bušenje 3. (vul., pejor.) crnac 4. misc.; *the* ~ *is up* više nema nade
jig·a·boo [~əbū] *n* see **jig 3**
jig·ger I [~ə(r)] *n* 1. mala čašica (kojom se odmerava — odmjerava viski), džiger 2. napravica
jigger II *n* see **chigger**
jig·gle ['džigəl] *v* 1. *tr* kretati gore — dole, tamo — amo 2. *intr* kretati se gore — dole, tamo — amo
jig·saw ['džigso] *n* vrsta testere (W: pile)
jigsaw puzzle slika—zagonetka, mozaik —zagonetka (slaganje slike prethodno razrezane na komadiće)
jilt [džilt] *v tr* napustiti (momka, devojku — djevojku)
Jim Crow [džim krou] (Am.) rasna diskriminacija
jim-crow *a* (Am.) koji izlaže Crnce diskriminaciji
jim·i·ny ['džiminij] *interj* bože moj!
jim·my I ['džimij] *n* ćuskija
jimmy II *v tr* otvoriti ćuskijom
jim·son·weed ['džimsənwijd] *n* (bot.) kužnjak
jin·gle I ['džiɳgəl] *n* 1. zvek 2. pesmica (pjesmica)
jingle II *v tr and intr* zveketati; zveckati; *to* ~ *money* zveketati novcem; *the money* ~*s in his pocket* novac mu zvecka u džepu
jin·go I ['džiɳgou] *n* šovinista, džingoista
jingo II *a* šovinistički, džingoistički
jin·go·ism [~izəm] *n* šovinizam, džingoizam
jin·go·ist [~ist] *n* see **jingo I**
jin·go·is·tic [džiɳgou'istik] *a* see **jingo II**
jinks [džiɳks] *n pl* (colloq.) *high* ~ bučno veselje, ludorije, zabavljanje
jin·ni ['džinij] *n* duh, demon
jinx I [džiɳks] *n* baksuz, baksuzluk, nesreća
jinx II *v tr* doneti (nekome) nesreću; *to be* ~*ed* biti zle sreće
jit·ney ['džitnij] *n* mali autobus
jit·ter·bug I ['džitə(r)bəg] *n* vrsta plesa; onaj koji izvodi takav ples
jitterbug II *v tr* izvoditi ples »jitterbug«
jit·ters ['džitə(r)z] *n pl* (colloq.) *(the* ~*)* trema; *to have the* ~ imati tremu
jit·ter·y [~rij] *a* nervozan
jive [džajv] *n* (slang) 1. džez 2. žargon džezista 3. brbljanje
job I [džab]; [o] *n* 1. posao, zaposlenje; položaj; mesto (mjesto); *to look for a* ~ tražiti posao; *to lose one's* ~ ostati bez posla; *an important (highly placed)* ~ važan (visok) položaj; *to lie down on the* ~ loše raditi 2. zadatak, posao; *a difficult (easy)* ~ težak (lak) zadatak; *to do odd* ~*s* vršiti sitne poslove 3. specijalnost 4. (colloq.) pljačka
job II *v intr* kupovati naveliko
job action radnički protest
job·ber [~ə(r)] *n* trgovac naveliko
job·bing [~iɳg] *a* (Br.) koji obavlja sitne poslove
job·hold·er [~houldə(r)] *n* zaposlenik
job-hop *v intr* često menjati (mijenjati) posao
job lot mešovita (mješovita) roba (koja se prodaje)
job security obezbeđenje (obezbjeđenje) zaposlenosti
job stick see **composing stick**
jock [džak]; [o] *n* (slang) student koji se bavi sportom

jock·ey I [~ij] *n* džokej, jahač
jockey II *v* 1. *tr* jahati (konja kao džokej) 2. *intr* manevrisati; *to* ~ *for position* manevrisati za bolji položaj, stvarati sebi manevarski prostor
jockey shorts *pl* slip-gaćice
jock·strap [~straep] *n* suspenzor (also **athletic supporter**)
jo·cose [džou'kous] *a* veseo; šaljiv
jo·cos·i·ty [džou'kasətij]; [o] *n* veselost, šaljivost
joc·u·lar ['džakjələ(r)]; [o] *a* šaljiv
joc·und ['džakənd]; [o], [ou] *a* veseo, radostan
jog I [džag]; [o] *n* 1. lak udarac 2. kas; lagan trk
jog II *v* 1. *tr* udariti; gurnuti 2. *tr* stimulisati; podstaći; *to* ~ *one's memory* podsetiti (podsjetiti) 3. *tr* pretrčati (lagano); *he* ~*ged two miles* pretrčao je dve (dvije) milje 4. *intr* trčati (lagano); *he* ~*s every morning* on trči svakog jutra
jog·ger [~ə(r)] *n* trkač
jog·ging [~ing] *n* trčanje; ~ *is good for your health* trčanje je korisno za zdravlje
jog·gle [~əl] *v tr* pomeriti — pomjeriti (tamo — amo); lako drmnuti
john [džan]; [o] *n* (slang) 1. ve-ce 2. posetilac (posjetilac) javne kuće
John Bull engleski narod; tipičan Englez
John Doe srednji čovek (čovjek)
John Han·cock ['haenkak]; [o] (colloq.) potpis
John·ny-come-late·ly [~ij-kəm-'lejtlij] (*-ies*) *n* (colloq.) došljak, novajlija
John·ny-on-the-spot [~ij-*an*-thə-'spat]; [o]; [o] *n* (colloq.) osoba koja je spremna da stupi u akciju
join [džojn] *v* 1. *tr* spojiti, sklopiti, sastaviti; *to* ~ *two wires* spojiti dve (dvije) žice; *to* ~ *hands* hvatati (držati) se za ruke 2. *tr* udružiti; *to* ~ *forces* udružiti snage 3. *tr* pristupiti, prići, učlaniti se (u), stupiti (u); *to* ~ *an organization* pristupiti organizaciji; *to* ~ *a federation* učlaniti se u federaciju; *to* ~ *a party* stupiti u stranku; *to* ~ *the army* stupiti u vojsku; *to* ~ *the partisans* otići u partizane 4. *tr* pridružiti se; *to* ~ *smb.* pridružiti se nekome 5. *intr* spojiti se; *the roads* ~ putevi se spajaju 6. *intr* (*to* ~ *with*) pridružiti se; *to* ~ *with smb.* pridružiti se nekome 7. *intr* (also: *to* ~ *up*) učlaniti se; *he* ~*ed yesterday* učlanio se juče (jučer) 8. misc.; *to* ~ *battle* primiti borbu; *to* ~ *up* stupiti u vojsku
join·er [~ə(r)] *n* (esp. Br.) see **carpenter**
join in *v* pridružiti se
joint I [džojnt] *n* 1. (anat.) zglob; zglavak, članak; *to dislocate a* ~ iščašiti zglob 2. zglob; spoj; šav; *a universal* ~ kardanski zglob; *a riveted* ~ zakivačni šav 3. (Br.) pečenica (see also **roast I**) 4. (slang) drumska mehana 5. (slang) cigareta od marihuane 6. misc.; *out of* ~ iščašen; u neredu
joint II *a* zajednički; ~ *action* zajednička akcija; ~ *efforts* zajednički napori; (mil.) *a* ~ *operation* zajednička operacija; ~ *ownership* zajedničko vlasništvo; (mil.) *a* ~ *staff* zajednički štab
joint account zajednički račun
joint custody zajedničko staranje (razvedenih roditelja o detetu — djetetu)

joint·er [~ə(r)] *n* (on a plow) predraonik
joint return (Am.) zajednička poreska prijava
joint-stock [~stak]; [o] *a* akcionarski; *a* ~ *company* akcionarsko društvo
join up *v* see **join** 7, 8
joist [džojst] *n* greda
joke I [džouk] *n* šala; vic; *as a* ~ šale radi, u šali; *to play a* ~ *on smb.* napraviti šalu na nečiji račun: *to take smt. as a* ~ uzeti nešto za šalu; *to turn smt. into a* ~ okrenuti nešto na šalu; *to tell* ~*s* pričati viceve; *to crack a* ~ izvaliti vic
joke II *v intr* šaliti se; *I'm only* ~*ing* šalim se; *you're* ~*ing!* šališ se! *to* ~ *at smb.'s expense* šaliti se na račun nekoga; *to* ~ *with smb.* šaliti se s nekim; ~*ing aside* šala na stranu
jok·er [~ə(r)] *n* 1. šaljivčina 2. drska osoba 3. (cards) najjači adut, džoker 4. sporedna klauzula koja značajno utiče na cilj nekog dokumenta, zakonskog nacrta 5. nepredviđena prepreka
joke·ster [~stə(r)] *n* see **joker** 1
jol·ly I ['džalij]; [o] *a* 1. veseo, radostan 2. divan, prijatan
jolly II *adv* (Br.) vrlo; *a* ~ *good fellow* vrlo dobar čovek (čovjek)
jolly III *v tr* razveseliti
jolly along *v* (esp. Br.) zabavljati
jolly boat (Br.) radni čamac
jolt I [džolt] *n* drmanje, udarac
jolt II *v tr* drmnuti
Jor·dan ['džo(r)dn] *n* Jordan
Jor·da·nian I [džo(r)'dejnjən] *n* Jordanac
Jordanian II *a* jordanski
josh [džaš]; [o] *v* (colloq.) 1. *tr* zadirkivati 2. *intr* šaliti se
jos·tle ['džasəl]; [o] *v* 1. *tr* gurnuti 2. *intr* gurati se
jos·tling [~sling] *n* guranje, vreva
jot I [džat]; [o] *n* jota
jot II *v tr* (usu.: *to* ~ *down*) ukratko zabeležiti (zabilježiti)
joule [džaul], [ū] *n* džaul, jedinica energije
jour·nal ['džə(r)nəl] *n* 1. dnevnik 2. (bookkeeping) dnevna knjiga 3. časopis; žurnal; *a professional* ~ stručni časopis 4. dnevni list, novine 5. (tech.) rukavac
jour·nal·ese [džə(r)nə'lijz] *n* novinski stil
jour·nal·ism ['džə(r)nəlizəm] *n* novinarstvo; žurnalizam, žurnalistika
jour·nal·ist [~ist] *n* novinar, žurnalista
jour·nal·is·tic [džə(r)nə'listik] *a* novinarski, žurnalistički
jour·ney I ['džə(r)nij] *n* putovanje
journey II *v tr* putovati (more usu. is **travel II**)
jour·ney·man [~mən] (*-men* [min]) *n* kalfa
jour·ney·work [~wə(r)k] *n* kalfenski rad
joust I [džaust], [ū] *n* viteška borba, utakmica
joust II *v intr* takmičiti se u viteškoj borbi
Jove [džouv] *n* Jupiter (also **Jupiter**)
jo·vi·al ['džouvijəl] *a* veseo, žovijalan
jowl ['džaul] *n* 1. vilica, čeljust (see **jaw I**) 2. see **cheek** 1 3. podvaljak
joy [džoj] *n* radost; *the little* ~*s* male radosti; **he is beside himself with* ~ on je van sebe od radosti

joy·ful [~fəl] *a* radostan, veseo

joy·less [~lis] *a* neveseo, tužan

joy·ous [~əs] *a* radostan

joy ride šetnja autom; *to take smb. for a ~* provozati nekoga autom

joy-ride [~-rajd] *v intr* šetati se autom

joy stick (slang) komandna palica

ju·bi·lant ['džūbələnt] *a* ushićen

ju·bi·la·tion [džūbə'lejšən] *n* ushićenje, likovanje

ju·bi·lee ['džūbəlij] *n* jubilej

Ju·da·ic [džū'dejik] *a* jevrejski (W also: židovski)

Ju·da·ism ['džūdijizəm] *n* judaizam, jevrejstvo (W also: židovstvo)

Ju·da·ize ['džūdijajz] *v tr* judaizirati

Ju·das ['džūdəs] *n* izdajnik

Ju·de·a [džū'dijə] *n* Judeja

judge I [džādž] *n* 1. sudija (W: sudac); *an investigative ~* istražni sudija 2. (sports) (track and field) sudija; (boxing; outside the ring) bodovni sudija 3. (fig.) poznavalac

judge II *v* 1. *tr* suditi, presuditi; *to ~ smb.* suditi (presuditi) nekome 2. *tr* suditi; *to ~ smb.'s conduct* suditi o nečijem vladanju 3. *tr* oceniti (ocijeniti), proceniti (procijeniti); *to ~ distance (time)* proceniti razdaljinu (vreme — vrijeme) 4. *tr* biti sudija — W: sudac (na); *to ~ a contest* biti sudija na utakmici 5. *tr* smatrati, držati (more usu. is **consider** 3) 6. *tr* osuditi 7. *intr* suditi; rasuđivati; *~ing by these facts* sudeći po ovim podacima

judge advocate *(judge advocates)* (mil.) vojni tužilac; sudija (W: sudac) vojnog suda

judge advocate general *(judge advocates general* or *judge advocate generals)* (mil.) načelnik pravne službe

judge·ship [~šip] *n* sudijski (W: sudački) položaj

judg·ment, judge·ment [~mənt] *n* 1. rasuđivanje; suđenje 2. sud; mišljenje; *in my ~* po mome mišljenju (sudu) 3. ocena (ocjena), procena (procjena) 4. presuda; suđenje; sud; *to render (pass) ~ on smb.* izreći nekome presudu; *to sit in ~ on smb.* suditi nekome

Judgment Day strašni (poslednji — posljednji) sud

ju·di·ca·tor ['džūdikejtə(r)] *n* sudija (W: sudac)

ju·di·ca·to·ry [~kətorij]; [ə] *a* sudbeni, sudski

ju·di·ca·ture ['džūdikəčū(r)] *n* 1. pravosuđe 2. sudstvo 3. jurisdikcija, sudska nadležnost

ju·di·cial [džū'dišəl] *a* 1. sudski; *~ authority* sudska vlast; *~ proceedings* sudski postupak; *the ~ branch (of government)* sudska vlast 2. sudijski (W: sudački)

ju·di·ci·ar·y I [džū'dišijerij]; [ə], *n* 1. pravosuđe 2. sudstvo; sud; *a student ~* sud za disciplinske prekršaje studenata 3. (coll.) sudije (W: suci)

judiciary II *a* sudski

ju·di·cious [džū'dišəs] *a* razuman

ju·do ['džūdou] *n* džudo

jug [džāg] *n* krčag, testija

jug·ger·naut ['džāgə(r)not] *n* 1. neodoljiva sila (koja ruši sve na svom putu) 2. (Br.) veliki kamion

jug·gle ['džāgəl] *v* 1. *tr* žonglirati, bacati (uvis i hvatati predmete) 2. *tr* (fig.) manipulisati; *to*

~ *figures* manipulisati brojkama 3. *intr* žonglirati, bacati uvis i hvatati predmete

jug·gler ['džāglə(r)] *n* žongler

jug·gling [~liñg] *n* žonglerstvo

jug·head ['džāghed] *n* (slang) glupan

Ju·go·sla·vi·a see **Yugoslavia**

jug·u·lar I ['džāgjələ(r)] *n* vratna žila; *to cut smb.'s ~* prekinuti nekome vratnu venu

jugular II *a* vratni, grlen; *a ~ vein* vratna žila

juice [džūs] *n* sok; đus; *gastric ~* stomačni (želudačni) sok; *fruit ~* voćni sok; *orange ~* sok od pomorandže (W: naranče)

juic·er [~ə(r)] *n* sokovnik, cediljka (cjediljka) za sok

juic·y [~ij] *a* sočan

ju·jit·su [džū'džitsū] *n* džiju-džicu

ju·ju ['džūdžū] *n* fetiš

juke box [džūk] džu-boks

ju·lep ['džūlip] *n* sladak, hladan napitak

Jul·ian calendar ['džūljən] *(the ~)* julijanski kalendar

Ju·ly [džu'laj], [ū] *n* jul (W: srpanj)

jum·ble I ['džāmbəl] *n* zbrka, mešavina (mješavina)

jumble II *v tr* zbrkati, izmešati (izmiješati)

jumble sale Br.; see **rummage sale**

jum·bo I ['džāmbou] *n* velika osoba, životinja

jumbo II *a* velik, ogroman

jumbo jet džumbo-džet

jump I [džāmp] *n* 1. skok; *the high (long) ~* skok uvis (udalj); *a parachute ~* skok s padobranom; *a ski ~* skijaški skok; *a ~ in prices* skok cena (cijena); *a delayed ~* padobranski skok sa zadrškom 2. misc.; *to get the ~ on smb.* preduhitriti nekoga

jump II *v* 1. *tr* preskočiti; *to ~ rope* preskakati konopac 2. *tr* (colloq.) napasti, skočiti (na); *they ~ed him* napali su ga 3. *tr* (colloq.) unaprediti (unaprijediti); *he was ~ed to major* on je bio unapređen u čin majora 4. *tr* (checkers) uzeti (figuru) 5. *intr* skočiti; *to ~ across a stream (from an airplane, from a bridge, out of a window, to one's feet, with joy)* skočiti preko — prijeko potoka (iz aviona, sa mosta, kroz prozor, na noge, od radosti); *to ~ up (to the side, down)* skočiti uvis (u stranu, dole) 6. *intr* popeti se, skočiti; *prices ~ed* cene (cijene) su skočile 7. misc.; *the train ~ed the rails* voz (W: vlak) je iskliznuo iz šina; *to ~ bail* ne javiti se na sud (budući na slobodi uz jemstvo); *to ~ down smb.'s throat* brecnuti se na nekoga; *to ~ ship* dezertirati; *to ~ the gun* početi prerano; *to ~ a horse* naterati (natjerati) konja da preskoči ogradu; *this nightclub really ~s* u ovom lokalu je veoma veselo (bučno); *to ~ wires* spojiti žice; *to ~ to conclusions* izvlačiti brzopleto zaključke

jump across *v* preskočiti; *to jump across a brook* preskočiti potok

jump at *v* 1. prihvatiti oberučke (objeručke); *he ~ed at our offer* oberučke je prihvatio našu ponudu 2. skočiti na; *to jump at smb.* skočiti na nekoga

jump·er I [~ə(r)] *n* umetak za spajanje

jumper II *n* 1. džemper 2. doramak

jumper cable see **booster cable**

jump·ing-off place [~-ĭng-of] polazni položaj (za napad)
jumping rope skakanje konopcem
jump-off [~-of] *n* početak napada
jump over *v* preskočiti
jump rope konopac za skakanje
jump shot (basketball) skok-šut
jump-start [~-sta(r)t] *v tr* (tech.) *to ~ an automobile* upaliti motor pri pokretu vozila vučom, guranjem
jump wire ranžir-žica
jump·y [~ij] *a* nervozan
junc·tion ['jŏngkšən] *n* 1. spajanje 2. čvor 3. raskrsnica, raskršće
junction box razvodna kutija
junc·ture ['džŏngkšə(r)] *n* 1. spajanje 2. spoj 3. stanje stvari; trenutak; *at this ~* u ovom trenutku 4. (ling.) spoj, junktura; prekidni znak
June [džūn] *n* jun (W: lipanj)
jun·gle ['džŏnggəl] *n* džungla; **the law of the ~* zakon džungle
jungle gym penjalica
jun·ior I ['džūnjə(r)] *n* 1. mlađi (po službi) 2. mlađa osoba 3. student treće godine
junior II *a* mlađi; *John ~ Jovan* mlađi; *a ~ partner* mlađi ortak
junior college (Am.) viša opšteobrazovna (općeobrazovna) škola sa dvogodišnjim kursom
junior high school (Am.) srednja škola sa sedmim, osmim i devetim razredom
junior varsity (sports) juniorska ekipa, podmladak
ju·ni·per ['džūnəpə(r)] *n* smreka, kleka, venja, borovica
juniper brandy klekovača
junk I [džŏngk] *n* 1. starudija, stare stvari 2. (Br.) stara užad 3. (slang) see **heroin**
junk II *v tr* baciti na smeće, izbaciti
junk III *n* džunka
jun·ket ['džŏngkət] *n* 1. izlet 2. gostovanje
junk food (colloq.) jelo bez hranljivih sastojaka
junk·ie, junk·y ['džŏngkij] *n* (slang) narkoman
junk mail netražena pošta
junk·man [~maen] (-*men* [men]) *n* staretinar, starinar
junk sale dobrotvorna prodaja (starih stvari)
junk·yard [~ja(r)d] *n* stovarište đubreta
jun·ta ['džŏntə], ['huntə] *n* (Spanish) hunta; *a military ~* vojna hunta
Ju·pi·ter ['džūpətə(r)] *n* (astr. and myth.) Jupiter
Ju·ras·sic I [džū'raesik] *n* (geol.) *(the ~)* jurski period
Jurassic II *a* (geol.) jurski
ju·rid·i·cal [džū'ridikəl] *a* pravni; sudski
ju·ris·dic·tion [džūrəs'dikšən] *n* jurisdikcija; nadležnost; instanca; *to have ~ over smt.* imati jurisdikciju nad nečim; *to place under a court's ~* staviti pod nadzor suda
ju·ris·pru·dence [džūrəs'prūdəns] *n* jurisprudencija
ju·rist ['džūrəst] *n* jurista, pravnik

ju·ris·tic [džū'ristik] *a* juristički
ju·ror ['džūro(r)], [ə] *n* porotnik
ju·ry ['džūrij] *n* porota; *a grand ~* velika porota
jury box porotničke klupe
ju·ry·man [~mən] (-*men* [min]) *n* porotnik
jus·sive I ['džəsiv] *n* (gram.) jusiv
jussive II *a* jusivni, zapovedni (zapovjedni)
just I [džəst] *a* 1. pravičan, pravedan; pošten; *a ~ cause (struggle)* pravedna stvar (borba) 2. prikladan 3. opravdan
just II (when unstressed: [džĭst], [ə] *adv* 1. tek; *we ~ had dinner* tek smo večerali; *he ~ arrived* tek što je došao; *the film was ~ about to begin* film tek što nije počeo 2. skoro, gotovo; tek; *the river was ~ about frozen* reka (rijeka) se skoro bila zamrzla; *the work has ~ about come to a halt* rad je gotovo zamro 3. samo; *~ a little* samo malo; *~ wait* samo čekaj; *~ don't get into a fight* samo bez svađe 4. baš, upravo; *he is ~ about to leave* on se baš sprema da pođe; *the mailman came ~ as I was leaving the house* poštar je došao baš kad sam polazio od kuće; *~ now* upravo sada; *~ a year ago* upravo pre (prije) godinu dana
just III see **joust I, II**
jus·tice [~is] *n* 1. pravičnost, pravednost, pravda; *to administer (mete out) ~* vršiti (deliti — dijeliti) pravdu 2. pravosuđe; (Am.) the *Department of Justice* ministarstvo pravosuđa 3. opravdanost 4. sudija (W: sudac); *a ~ of the peace* mirovni sudija; *a supreme court ~* sudija vrhovnog suda 5. misc.; *to bring smb. to ~* dovesti nekoga na optuženičku klupu; *to do ~ to smt.* odati nečemu priznanje; prikazati nešto u povoljnom svetlu (svjetlu)
jus·ti·fi·a·ble [džəstə'fajəbəl] *a* koji se može opravdati
jus·ti·fi·ca·tion [džəstifi'kejšən] *n* opravdanje
jus·ti·fy ['džəstəfaj] *v tr* 1. opravdati; *to ~ smb.'s hopes (faith)* opravdati nečije nade (poverenje — povjerenje) 2. (printing) složiti u blok, dobro spacionirati (red)
jut [džət] *v intr* (usu: *to ~ out)* štrčati
Jute I [džūt] *n* juta
jute II *a* juten
Jute *n* Jitlanđanin, Jit, Jut
ju·ve·nile I ['džūvənəl] *n* maloletnik (maloljetnik)
juvenile II *a* maloletan (maloljetan), maloletnički (maloljetnički), dečiji (dječiji)
juvenile delinquency omladinska delikvencija
juvenile delinquent maloletan (maloljetan) prestupnik
ju·ve·nil·i·ty [džūvə'nilətij] *n* 1. nezrelost; ~*ties* mladenačke ludorije 2. (coll.) omladina
jux·ta·pose [džəkstə'pouz] *v tr* postaviti jedno uz drugo
jux·ta·po·si·tion [džəkstəpə'zišən] *n* jukstapozicija, položaj jedne stvari pored druge

K

k [kej] *n* k (slovo engleske azbuke)
kai·nite ['kajnajt] *n* (miner.) kainit
Kai·ser ['kajzə(r)] *n* nemački (njemački) car
kaiser roll (cul.) kajzerica
kale [kejl] *n* kelj
ka·lei·do·scope [kə'lajdəskoup] *n* kaleidoskop
Kal·muck I ['kael'mək] *n* 1. *(pl is -s or zero)* Kalmik 2. kalmički jezik
Kalmuck II *a* kalmički
ka·mi·ka·ze [kami'kazij] *n* (Japanese; WW II) kamikaze (pilot-samoubica; avion kojim pilotira pilot-samoubica)
kan·ga·roo [kaeŋgə'rū] *n* kengur(u) (W: klokan)
kangaroo court preki sud
Kan·san ['kaenzən] *n* stanovnik države Kanzas
Kan·sas ['kaenzəs] *n* Kanzas
ka·o·lin ['kejəlin] *n* kaolin
ka·o·lin·ite [~ajt] *n* (miner.) kaolinit
ka·put [ka'put] *pred a* (slang) (German) uništen
kar·a·kul ['kaerəkəl] *n* karakul
kar·at ['kaerət] *n* karat (also **carat**)
ka·ra·te [kə'ratij] *n* karate
Ka·re·li·a [kə'rejlijə] *n* Karelija
karst [ka(r)st] *n* krš, kras, karst
ka·sha ['kašə] *n* kaša
ka·ty·did ['kejtijdid] *n* vrsta zelenog skakavca
kay·ak ['kajaek] *n* kajak
kay·o I ['kejou] *n* (slang) see **knockout I**
kayo II *v tr* (slang) see **knockout II**
Ka·zakh [kə'zak] *n* Kazak
Ka·zakh·stan [~stan] *n* Kazahstan
ke·bob [kə'bab]; [o] *n* ćevapčić
keel [kijl] *n* kobilica; *on an even ~ uravnotežen
keel·haul [~hol] *v tr* provući ispod lađe (za kaznu)
keel over *v* 1. prevrnuti se 2. srušiti se
keel·son [~sən] *n* (naut.) pasmo
keen [kijn] *a* 1. oštar; ~ *eyesight* oštar vid; ~ *intelligence* oštar um 2. željan, žudan; *he is* ~ *on going* on je željan da ide 3. oduševljen
keep I [kijp] *n* 1. briga, čuvanje, staranje (also **care I** 2) 2. izdržavanje; *to earn one's* ~ zarađivati za svoje izdržavanje 3. glavna kula zamka 4. tamnica (u zamku) 5. misc.; *for* ~s zasvagda
keep II **kept** [kept] *v* 1. *tr* držati; držati se; *to* ~ *milk in the refrigerator* držati mleko (mlijeko) u frižideru; *she* ~*s cats* ona drži mačke; *to* ~ *windows open* držati prozore otvorene; *to* ~ *step with* držati korak s; *to* ~ *time* držati se takta 2. *tr* održati, držati; *to* ~ *a promise (one's*

word) održati (držati) obećanje (reč — riječ); *to* ~ *order* održavati red; *to* ~ *one's balance* održavati ravnotežu 3. *tr* zadržati; držati; *he kept the change for himself* zadržao je kusur za sebe; *to* ~ *a hat on* držati šešir na glavi; *to* ~ *smb. on the job* zadržati nekoga na poslu 4. *tr* voditi; *to* ~ *a diary (score)* voditi dnevnik (zapisnik); *to* ~ *track of smt.* voditi evidenciju o nečemu 5. *tr* izdržavati; *to* ~ *a mistress* izdržavati ljubavnicu 6. *tr* sprečiti (spriječiti), ne dati; *the rain kept us from going* kiša nas je sprečila da idemo 7. *tr* pustiti, ostaviti; *to* ~ *smb. waiting* pustiti (ostaviti) nekoga da čeka 8. *tr* skriti; čuvati; *he is* ~*ing smt. from me* nešto krije od mene; *to* ~ *a secret* čuvati tajnu 9. *intr* držati (se), ostati; *to* ~ *out of range* držati se van dometa; *to* ~ *to a diet* držati dijetu 10. *intr* održati se, sačuvati se; držati se; *the eggs will* ~ *for days* jaja će se održati danima; *eggs do not* ~ *well where it's hot* jaja se kvare na vrućini 11. *intr* nastaviti, produžiti; *he kept asking* stalno je pitao; *she* ~*s nagging her husband* ona stalno nešto zamera (zamjera) mužu (see also **keep on**) 12. misc.; *it* ~*s me awake* ne mogu da spavam zbog toga; *to* ~ *an eye on smb.* posmatrati nekoga pažljivo; *to* ~ *smb. company* praviti nekome društvo; *to* ~ *company with a girl* udvarati se devojci (djevojci); *to ~ *a stiff upper lip* ostati nepokolebljiv; *to* ~ *clear of smt.* čuvati se nečega; *to* ~ *one's feet* održati se na nogama; ~ *off the grass!* ne gazi travu! *to* ~ *one's mouth shut* ne otvarati usta; *to ~ *one's powder dry* biti spreman za slučaj nužde; *to* ~ *one's temper* savladati se; *to* ~ *one's wits* sačuvati prisebnost; *to* ~ *open house* imati otvorenu kuću; *to* ~ *quiet* ćutati (W: šutjeti); *to* ~ *still* biti miran; *to* ~ *a decision* ostati pri svojoj odluci; *to* ~ *smb. up-to-date* držati nekoga u toku; *to* ~ *informed* ostati u toku stvari; *to* ~ *a map up-to-date* korigovati kartu prema najnovijim podacima; *to* ~ *(oneself) in condition* održavati kondiciju; *to* ~ *to oneself* osamljivati se; *to* ~ *smt. to oneself* kriti nešto od drugih; (sports) *to* ~ *one's eye on the ball* pratiti loptu pogledom; or: (fig.) svu pažnju posvetiti poslu; *to* ~ *tabs on smt.* kontrolisati nešto; *to* ~ *(to the) right* držati se desne ruke; *the fire kept us warm* vatra nas je grejala (grijala); *he kept the chil-*

dren amused zabavljao je decu (djecu); *she ~s the house clean* ona drži kuću čisto
keep away držati se podalje; čuvati se; *to keep away from smb.* izbegavati (izbjegavati) nekoga; *to keep away from bad company* čuvati se rđavog društva
keep back *v* 1. zadržati 2. povući se
keep down *v* 1. ostati ležeći 2. držati u potčinjenosti 3. spustiti; *to keep one's head (one's voice) down* spustiti glavu (glas) 4. primati; *my stomach can't keep food down* moj stomak ne prima hranu 5. see **hold down** 1
keep·er [~ə(r)] *n* (esp. Br.) čuvar (see also **custodian, goalkeeper, innkeeper, shopkeeper**)
keep·ing [~iṇ] *n* 1. držanje; održavanje 2. starateljstvo, čuvanje; *in safe ~* u sigurnim rukama 3. saglasnost; sklad; *in ~ with regulations* saglasno propisima; *in ~ with his promises* u skladu s njegovim obećanjima
keep off *v* 1. odbiti 2. misc.; *keep off the grass!* ne gazi travu!
keep on *v* nastaviti; *he kept on writing* nastavio je da piše (see also **keep II** 11)
keep out *v* 1. ne mešati (miješati) se; *to keep out of quarrels* ne mešati se u svađe 2. čuvati se, držati se, ostati; *to keep out of range* držati se van dometa 3. ne puštati unutra 4. ne ulaziti 5. misc.; *to keep out of smb.'s way* ne izlaziti nekome pred oči; ustupiti prolaz nekome
keep·sake [~sejk] *n* uspomena; *as a ~* kao uspomena
keep to *v* 1. držati se; *to keep to the right* držati se desne strane 2. misc.; *to keep to oneself* osamljivati se; *to keep smt. to oneself* kriti nešto od drugih
keep up *v* 1. nastaviti, produžiti; *keep it up!* nastavite! 2. održati; *to keep morale up* održati moral; *keep your chin up!* ne padaj duhom! 3. ići ukorak; *to keep up with smb.* ići ukorak s nekim; *to keep up with the Jones* takmičiti se sa susedima (susjedima) 4. ne prekidati, ne napuštati; *to keep one's English up* ne prekidati učenje engleskog jezika 5. gajiti; *to keep up customs* gajiti običaje
keg [keg] *n* burence
keg·ler ['keglə(r)] *n* (colloq.) see **bowler**
kel·pie ['kelpij] *n* (myth.) vodeni vilenjak (u obliku konja koji davi druge)
kel·son see **keelson**
Kel·tic see **Celtic I, II**
ken I [ken] *n* znanje, vidokrug; *outside his ~* van njegovog vidokruga
ken II *v tr* (reg., Scottish) znati
ken·nel I ['kenəl] *n* kućica za psa, štenara
kennel II *v tr* staviti u štenaru
kennels 1. see **kennel** 2. (Br.; *sgn* with zero for *pl*) štenara
Ken·tuck·i·an [kən'tΛkijən] *n* stanovnik države Kentaki
Ken·tuck·y [kən'tΛkij] *n* Kentaki
Ken·ya ['kenjə] *n* Kenija
Ke·ogh plan ['kijou] sistem za pojedinačno penzijsko osiguranje
kep·i ['kejpij], [e] *n* francuska vojnička kapa
kept see **keep II**
kept woman ljubavnica, metresa

kerb [kə(r)b] Br.; see **curb I** 1
kerb·stone Br.; see **curbstone**
ker·chief ['kə(r)čif] *n* marama (za glavu, vrat)
ker·mis ['kə(r)məs] *n* vašar, sajam (u Belgiji, Holandiji)
kern [kə(r)n] *n* (Br.) 1. (hist.) škotski ili irski vojnik 2. prost seljak
ker·nel ['kə(r)nəl] *n* jezgro
kernel sentence (ling.) jezgrena rečenica
ker·o·sene ['kerə'sijn] *n* kerozin (Br. is **paraffin**)
ker·o·sine see **kerosene**
ker·sey ['kə(r)zij] *n* vrsta tkanine
kes·trel ['kestrəl] *n* (bird) kliktavac
ketch [keč] *n* (naut.) jedrenjak sa dva jarbola, keč
ketch·up ['kečəp], [ae] *n* umak od paradajza, kečap
ke·tone ['kijtoun] *n* (chem.) keton
ket·tle ['ketl] *n* 1. kazan; kotao; *a nice ~ of fish!* eto ti belaja! 2. čajnik (also **teakettle**)
ket·tle·drum [~drəm] *n* talambas, timpan
key I [kij] *n* 1. ključ; *a skeleton ~* kalauz; *under lock and ~* pod ključem; *the ~ does not fit this lock* ključ ne ide uz (za) ovu bravu; *the ~ to a mystery* ključ tajne; *the ~ to a code* ključ šifre 2. (mus.) ključ; *the ~ of C* C-ključ; *in a major (minor) ~* u duru (molu); *to sing off ~* pogrešno pevati (pjevati) 3. bukvalni prevod 4. odgovori na pitanja određena za ispit 5. ton, visina zvuka 6. (esp. on a typewriter) tipka, dirka; *a backspace ~* povratnik; *a de-jammer ~* tipka za rasplitanje dirkinih poluga; *a shift ~* menjač (mjenjač) 7. dugme
key II *v* 1. spojiti klinom 2. udesiti ključ (za) 3. uskladiti, udesiti
key III *a* ključni, glavni, osnovni; *~ facilities (items)* osnovni objekti (predmeti); *a ~ question* ključno pitanje; *a ~ position* ključni položaj
key IV *n* sprud, peščano ostrvce (W: pješčani otočić)
key·board [~bo(r)d] *n* 1. tastatura; *a standard ~* standardna tastatura 2. klavijatura
key·hole [~houl] *n* ključaonica
key money kapara
Keynes·i·an ['kejnzijən] *a* (econ.) kejnzijanski
key·note [~nout] *n* 1. (mus.) osnovni ton 2. (fig.) osnovna crta
keynote address (Am., pol.) glavni govor (na partijskom kongresu)
key·not·er [~ə(r)] *n* (Am., pol.) onaj koji drži glavni govor (na partijskom kongresu)
key punch aparat za perforiranje karata, traka
key ring privezak za ključeve
Key·stone State [~stoun] see **Pennsylvania**
key up *v* uzbuditi
key·way [~wej] *n* žleb (žljeb) za klin
khak·i I ['kaekij]; [a] *n* zemljana boja, kaki boja
khaki II *a* zemljane boje, kaki boje
khan [kan] *n* kan
kib·butz [ki'buts] (-*tzim* ['tsijm]) *n* kibuc
kib·itz ['kibits] *v intr* (colloq.) kibicovati
kib·itz·er [~ə(r)] *n* kibicer
ki·bosh [ki'baš]; [o] *n* (esp. Br.; slang) *to put the ~ on smt.* stati na kraj nečemu
kick I [kik] *n* 1. udarac nogom 2. (swimming) rad nogu 3. trzanje (topa, puške); *the rifle has a ~* puška se trza 4. (slang) žalba 5. (slang) snaga 6. (slang) stimulacija, jak efekat 7. (slang)

uživanje; *he gets a ~ out of that* on uživa u tome 8. (slang) (in *pl)* obest (obijest); *he did it for ~s* on je to uradio iz obesti 9. (slang) zanesenost, oduševljenje
kick II *v* 1. *tr* udariti nogom; *to ~ smb.* udariti nekoga nogom 2. *intr* udarati nogom; ritati se; *the horse ~s* konj se rita 3. *intr* (soccer) šutirati 4. *intr* (colloq.) trzati (se); *the rifle ~s* puška se trza (see also **recoil II**) 5. *intr* (colloq.) žaliti se 6. misc.; *to ~ in* doprineti (doprinijeti); *to ~ out* izbaciti; najuriti; **to ~ the bucket* umreti (umrijeti); **to ~ the habit* osloboditi se narkomanije
kick around *v* (colloq.) 1. tumarati 2. diskutovati
kick·back [~baek] *n* mito; bakšiš; *to pay a ~* dati mito
kick off *v* (football, soccer) početi igru
kick-off [~-of] *n* (football, soccer) početak igre
kick out *v* (sports, colloq.) odstraniti; *the referee kicked him out of the game* sudija (W: sudac) ga je odstranio iz igre
kick over *v* 1. upaliti; *the engine will not kick over* motor neće da upali 2. oboriti udarcem, nogom 3. misc.; *to kick over the traces* oteti se disciplini
kick up *v* 1. funkcionisati, raditi (rđavo); *the engine was kicking up* motor je funkcionisao rđavo 2. misc.; *to kick up one's heels* osloboditi se inhibicija; *to kick up a storm* dići larmu
kid I [kid] *n* 1. jare 2. jaretina 3. jareća koža 4. (slang) klinac
kid II *a* 1. jareći 2. (colloq.) mlađi; *my ~ brother* moj mlađi brat
kid III *v intr* ojariti se
kid IV *v* 1. *tr* zadirkivati, podbadati 2. *tr* zavaravati; *to ~ oneself* zavaravati se 3. *intr* šaliti se
kid around *v* see **kid IV** 3
kid·die ['kidij] *n* (colloq.) dete (dijete)
kid·ding ['kiding] *n* 1. zadirkivanje, podbadanje 2. prevara, obmana 3. šala
kid glove rukavica od jareće kože; **he is treated with ~s* njemu se donosi na tanjiru
kid·nap ['kidnaep] *v tr* kidnapovati
kid·nap·er [~ə(r)] *n* kidnaper
kid·nap·ing [~ing] *n* kidnapovanje
kid·ney ['kidnij] *n* 1. bubreg 2. (fig., lit.) kov, soj
kidney bean grah
kidney machine aparat koji vrši funkcije bubrega
kidney stone bubrežni kamen (also **renal calculus**)
kidney vetch (bot.) belodun (bjelodun)
kid·skin [~skin] *n* jareća koža
kike [kajk] *n* (vul., pejor.) see **Jew I**
kill I [kil] *n* 1. ubistvo, ubijanje; *to be in at the ~* učestvovati u ubistvu 2. lov; broj ubijenih životinja
kill II *v* 1. *tr* and *intr* ubiti, usmrtiti; *to ~ smb. with a knife* ubiti nekoga nožem; **thou shalt not ~!* ne ubij! *my shoe is ~ing me* ubija me cipela; *to ~ oneself* ubiti se; **to ~ two birds with one stone* jednim udarcem ubiti dve (dvije) muve (muhe) 2. *tr* utucati; *to ~ time* utucati vreme (vrijeme) 3. *tr* pokvariti; *to ~ the taste* pokvariti ukus 4. *tr* oboriti, upropastiti; *to ~ a bill* oboriti nacrt zakona 5. *tr* (sports) smečirati (smečovati)

kill·er [~ə(r)] *n* ubica (W also: ubojica)
killer whale proždrljiv kit
kill·ing I [~ing] *n* 1. ubijanje 2. velika dobit
killing II *a* koji ubija
kill·joy [~džoj] *n* kvarilac raspoloženja
kill off *v* istrebiti (istrijebiti)
kiln [kiln] *n* peć za sušenje; peć za pečenje cigalja
ki·lo ['kij/lou], [i] (-s) *n* kilogram
ki·lo·cy·cle ['kiləsajkəl] *n* kilocikl
kil·o·gram [~graem] *n* kilogram
kilo hertz kiloherc
kil·o·me·ter ['kiləmijtər] or [ki'lamətə(r)]; [o] *n* kilometar
kil·o·wat ['kiləwat]; [o] *n* kilovat
kilt [kilt] *n* kilt, suknja koju nose škotski brđani
kil·ter ['kiltə(r)] *n* (colloq.) dobra kondicija
ki·mo·no [kə'mounə], [ou] (-s) *n* kimono
kin [kin] *n* rodbina, rođaci, soj; *the next of ~* najbliži rođaci
kind I [kajnd] *n* 1. vrsta (W also: vrst); tip; *of any ~* ma kakve vrste; *of every ~* svake vrste; *of the same ~* iste vrste; *what ~ of man is he?* kakav je on čovek (čovjek)? *it's a ~ of china* to je jedna vrsta porculana; *two of a ~* oba istog tipa; *of several ~s* od više vrsta 2. misc.; *to pay in ~* platiti u naturi; vratiti na isti način; *nothing of the ~* nipošto, ništa od svega toga; *I ~ of expected it* gotovo sam to i očekivao
kind II *a* 1. dobar; *a ~ heart* dobro srce; *to be ~ to smb.* biti dobar prema nekome 2. ljubazan; *~ words* ljubazne reči (riječi); *it was very ~ of him to come* bio je vrlo ljubazan da dođe 3. nežan (nježan); *a ~ mother* nežna majka 4. srdačan; *~ regards* srdačni pozdravi
kin·der·gar·ten ['kində(r)ga(r)dn] *n* zabavište, dečji (dječji) vrtić
kind·heart·ed [~ha(r)tid] *a* dobra srca, dobrodušan
kin·dle ['kindl] *v tr* zapaliti; potpaliti; *to ~ a fire* zapaliti (potpaliti) vatru
kind·li·ness ['kajndlijnis] *n* dobrota
kin·dling ['kindling] *n* potpala, drvca za potpalu
kindling point see **ignition point**
kind·ly I ['kajndlij] *a* ljubazan; dobar; *a ~ old man* ljubazan starac
kindly II *adv* ljubazno
kind·ness [~nis] *n* dobrota, ljubaznost
kind of *adv* (colloq.) malo, nekako; *he is ~ tired* malo je umoran
kin·dred I ['kindrid] *n* rod, rodbina
kindred II *a* srodan; *a ~ soul* srodna duša
kin·e·mat·ics [kinə'maetiks] *n* kinematika
kin·e·scope ['kinəskoup] *n* kineskop
kin·es·the·sia [kinəs'thijžə] *n* kinestezija
ki·net·ic [ki'netik] *a* kinetički
kinetic energy kinetička energija
ki·net·ics [~s] *n* kinetika
kinetic theory kinetička teorija
kin·folk ['kinfouk] see **kinsfolk**
king ['king] *n* kralj; *to crown (overthrow) a ~* krunisati (svrgnuti) kralja; *(cards) ~ of clubs (diamonds, hearts)* kralj tref (karo, herc)
king·bolt [~boult] *n* glavni zavoranj
king·dom [~dəm] *n* 1. kraljevina 2. carstvo; *the animal (vegetable) ~* životinjsko (biljno) carstvo

king·fish·er [~fišə(r)] *n* vodomar
king·let [~lit] *n* (bird) carić
king·ly [~lij] 1. *a* kraljevski 2. *adv* kraljevski
king·mak·er [~mejkə(r)] *n* uticajna osoba
king·pin [~pin] *n* 1. see **kingbolt** 2. srednji čunj (u kuglanju) 3. (fig.) najvažnija osoba, stvar
Kings [~z] *n pl* (bible) Kraljevi
King's English (colloq.) *(the* ~*)* standardni engleski jezik
king·ship [~šip] *n* kraljevstvo
kink I [kiṇk] *n* 1. kovrdža 2. grč 3. teškoća 4. nastranost
kink II *v tr* ukovrčiti
kink·y [~ij] *a* 1. kovrdžast; ~ *hair* kovrdžasta kosa 2. (colloq.) nastran
kins·folk ['kinzfoulk] *n pl* rođaci, srodnici, rodbina
kin·ship ['kinšip] *n* srodstvo
kinship terminology rodbinska terminologija
kins·man ['kinzmən] (*-men* [min]) *n* rođak, srodnik
kins·wo·man [~wumən] (*-women* [wimin]) *n* rođaka, srodnica
ki·osk ['kijask]; [o] *n* 1. kiosk 2. reklamni stub 3. Br.; see **telephone booth**
kip I [kip] *n* (Br., slang) krevet
kip II *v* (Br., slang) spavati
kip·per ['kipə(r)] *n* suv (suh) usoljen sleđ
Kir·ghiz I [ki(r)'gijz] *n* 1. *(pl* has zero or *-es)* Kirgiz 2. kirgiski jezik
Kirghiz II *a* kirgiski
kirk [kə(r)k] *n* (Scottish) see **church**
kirsch [kə(r)š] *n* trešnjevača
kis·met ['kizmit] *n* sudbina
kiss I [kis] *n* 1. poljubac; *a* ~ *on the cheek* poljubac u obraz; *to throw smb. a* ~ poslati nekome poljubac; *to steal a* ~ ukrasti poljubac; *the* ~ *of death* poljubac smrti 2. mala bombona od čokolade
kiss II *v* 1. *tr* poljubiti; *to* ~ *smb.'s hand* poljubiti nekoga u ruku 2. *intr* ljubiti se; *they are* ~*ing* oni se ljube 3. misc.; **you can* ~ *that car goodbye* sad možeš da se slikaš s tim autom
kiss·er [~ə(r)] *n* (slang) 1. usta 2. lice
kit [kit] *n* 1. oprema 2. (Br., mil.) lična odeća (odjeća) i oprema 3. (Br., mil.) vreća za stvari
kit bag Br.; see **duffel bag**
kitch·en I ['kičən] *n* kuhinja, kujna
kitchen II *a* kuhinjski; *a* ~ *cabinet* kuhinjski kredenac; *a* ~ *knife* kuhinjski nož; ~ *furniture* kuhinjski nameštaj (namještaj); *a* ~ *staff* kuhinjsko osoblje; *a* ~ *drain* kuhinjski slivnik
kitch·en·ette [kičə'net] *n* mala kuhinja
kitchen garden povrtnjak
kitchen maid pomoćnica kuvara (kuhara)
kitchen police (mil.) 1. služba (rad) u kuhinji 2. grupa za rad u kuhinji
kitchen-sink drama Br.; see **soap opera**
kitch·en·ware [~wej(r)] *n* kuhinjsko posuđe
kite [kajt] *n* 1. zmaj; *to fly a* ~ puštati zmaja; **go fly a* ~*!* idi do đavola! 2. (bird) soko *(Falco milvus) ;* lunja
kith [kith] *n* (coll.) ~ *and kin* rođaci i prijatelji
kit out, kit up *v* (Br.) opremiti
kit·ten ['kitn] *n* mače
kit·ten·ish [~iš] *a* 1. nestašan 2. afektiran
kit·ty I ['kitij] *n* mače (also **kitten**)

kitty II *n* uloženi novac, ulog, banka (kod kartanja)
kit·ty-cor·nered [~ko(r)nə(r)d] *a* see **cattycornered**
Klans·man ['klaenzmən] (*-men* [min]) *n* kukluksovac
Kleen·ex ['klijneks] *n* papirna maramica
klep·to·ma·ni·a [kleptə'mejnijə] *n* kleptomanija
klep·to·ma·ni·ac [~ijaek] *n* kleptoman
klieg light [klijg] reflektor (za snimanje filma)
klys·tron ['klistrən]; [o] *n* (phys.) klistron
knack [naek] *n* veština (vještina); vičnost; talenat; *an uncanny* ~ izvanredna veština
knack·er [~ə(r)] *n* (Br.) 1. strvoder 2. kupac starih kuća, brodova
knacker's yard (Br.) stovarište otpadnog materijala
knack·wurst ['nakwə(r)st]; [o] *n* kobasica.
knap·sack ['naepsaek] *n* ranac, ruksak
knap·weed [~wijd] *n* (bot.) različak
knave [nejv] *n* 1. (lit.) nitkov, podlac 2. (Br.; cards) žandar, pub (see also **jack** 3 for 2)
knav·er·y [~ərij] *n* podlost
knav·ish [~iš] *a* podao (podal), podmukao
knead [nijd] *v tr* gnječiti; mesiti (mijesiti); *to* ~ *dough* mesiti testo (tijesto)
knee I [nij] *n* koleno (koljeno); *he wrenched his* ~ iščašio je koleno; (fig.) *on one's* ~*s* na kolenima
knee II *v tr* gurnuti kolenom (koljenom)
knee breeches *pl* dokolenice (dokoljenice)
knee·cap [~kaep] *n* (anat.) čašica (also **patella**)
knee·cap·ping [~iṇg] *n* pucanje u koleno (koljeno)
knee-deep [~dijp] *a* (dubok) do kolena (koljena)
knee guard (sports) štitnik za koleno (koljeno)
knee-high [~haj] *a* (visok) do kolena (koljena)
knee jerk (med.) kolenski (koljenski) refleks
knee-jerk *a* koji automatski reaguje; *a* ~ *reaction* automatska reakcija
kneel [nijl]; *knelt* [nelt] or *-ed; v intr* kleknuti, pasti na kolena (koljena); *to* ~ *before smb.* klecnuti pred njim
knee·pad [~paed] *n* štitnik za koleno (koljeno)
knell I [nel] *n* 1. zvonjenje 2. pogrebna zvona 3. (fig.) rđav znak; *to sound the* ~ *of smt.* oglasiti nečiju propast
knell II *v* 1. *tr* objaviti (oglasiti) zvonjenjem 2. *intr* (tužno) zvoniti
knew see **know**
knick·er·bock·ers ['nikə(r)bakə(r)z]; [o] *n pl* široke pantalone (W: hlače) stegnute ispod kolena (koljena), golfske pantalone, nikerbokerice; *a pair of* ~ jedne nikerbokerice
knick·ers ['nikə(r)z] *n pl* 1. ženske čakšire 2. see **knickerbockers**
knick-knack ['niknaek] *n* drangulija, tričarija, bagatela
knife I [najf] *(knives* [najvz]) *n* nož; *a butcher's* ~ mesarski nož; *a kitchen* ~ kuhinjski nož; *a hunter's* ~ lovački nož; *to cut smt. with a* ~ seći (sjeći) nešto nožem
knife II *v tr* udariti nožem
knife-edge [~edž] *n* sečivo (sječivo) noža
knight I [najt] *n* 1. vitez; *a* ~*s' order* viteški red 2. (chess) konj
knight II *v tr* učiniti vitezom, oglasiti za viteza

knight errant *(knights errant)* 1. vitez-lutalica 2. (fig.) Don Kihot
knight·hood [~hud] *n* 1. viteštvo 2. viteški stalež
knight·ly [~lij] *a* viteški
Knights of the Round Table vitezovi Okruglog stola
Knight Templar (hist.) templar, hramovnik
knit I [nit] *n* pletivo
knit II -*ed* or *knit;* *v* 1. *tr* oplesti, isplesti, ištrikati; *to* ~ *socks (a sweater)* oplesti čarape (džemper) 2. *tr* namrštiti; *to* ~ *one's brows* namrštiti se 3. *intr* plesti
knit·ting I [~ing] *n* 1. pletenje 2. pletivo
knitting II *a* štrikaći; *a* ~ *needle* štrikaća igla
knives see **knife** I
knob [nab]; [o] *n* 1. čvor; kvrga 2. dugme 3. see **doorknob**
knob·by [~ij] *a* čvorast
knock I [nak]; [o] *n* 1. udar, udarac 2. kucanje; *did you hear a* ~? jeste li čuli kucanje? 3. lupanje (motora) 4. (slang) kritika; uvreda
knock II *v* 1. *tr* udariti; lupnuti; *to* ~ *one's head against a wall* udariti glavom o zid 2. *tr* kucnuti; **to* ~ *wood* kucnuti u drvo 3. *tr* utuviti; *to* ~ *smt. into smb.'s head* utuviti nekome nešto u glavu 4. *tr* (slang) kritikovati 5. *intr* kucati; *to* ~ *at a door* kucati na vrata 6. *intr* lupati; *the engine is* ~*ing* motor lupa 7. misc.; **to* ~ *for a loop* zapanjiti; **we had to* ~ *their heads together* primorali smo ih da se pomire
knock about *v* 1. esp. Br.; see **knock around** 2. tući
knock·a·bout I [~əbaut] *n* (naut.) jahta
knockabout II *a* (Br.) urnebesan
knock around *v* skitati se
knock down *v* 1. oboriti; *the car knocked the woman down* or: *the car knocked down the woman* kola su oborila ženu 2. srušiti; *to knock a house down* srušiti kuću; *the high jumper knocked the bar down* skakač je srušio letvicu 3. otresti; *to knock fruit down from a tree* otresti voće s drveta 4. (colloq.) sniziti (cene — cijene)
knock·down I [~daun] *n* obaranje
knockdown II *a* na rasklapanje
knock·er [~ə(r)] *n* 1. zvekir 2. (vul.) sisa
knock-knee [~-nij] *n* 1. iskrivljenost kolena (koljena) unutra 2. (in *pl*) iks-noge
knock-kneed [~d] *a* krivih kolena (koljena), krivonog, čukljajiv
knock off *v* 1. odbiti; *he knocked off a piece of the wall* or: *he knocked a piece of the wall off* on je odbio komad zida 2. (colloq.) završiti posao; prestati sa radom; *they knocked off at ten o'clock* prestali su radom u deset časova 3. (colloq.) sklepati; *he knocked the homework off in ten minutes* or: *he knocked off the homework in ten minutes* sklepao je zadatak za deset minuta 4. misc.; *knock it off!* prestani!
knock out *v* 1. nokautirati 2. onesvestiti (onesvijestiti)
knock·out [~aut] *n* 1. nokaut; *to win by a* ~ pobediti (pobijediti) nokautom 2. (colloq.) nešto izuzetno lepo (lijepo)
knockout drops *pl* kapljice koje lišavaju čoveka (čovjeka) svesti (svijesti)
knock over *v* oboriti, prevrnuti; *to knock a hurdle over* or: *to knock over a hurdle* oboriti preponu;

*you could have knocked me over with a feather zgranuo sam se od zaprepašćenja
knock together *v* sklepati
knock up *v* 1. (Br.) probuditi (kucanjem) 2. (Br., tennis) vežbati (vježbati) se 3. (Br.) umoriti 4. (vul.) učiniti da zatrudni; *she got knocked up* ona je zatrudnela
knock·wurst see **knackwurst**
knoll [noul] *n* brežuljak
knot I [nat]; [o] *n* 1. čvor, uzao; *to tie (untie) a* ~ zavezati (razvezati) čvor; **to cut the Gordian* ~ preseći (presjeći) Gordijev čvor; **to tie the* ~ oženiti se 2. kvrga, čvor (u drvetu), izraslina 3. (naut.) čvor
knot II *v* *tr* vezati (uzlom)
knot·hole [~houl] *n* rupa od čvora u drvetu
knot·ty [~ij] *a* 1. čvorast 2. težak, složen; *a* ~ *problem* težak problem
knout [naut] *n* knuta
know I [nou] *n* znanje; *in the* ~ dobro obavešten (obaviješten), upućen, posvećen
know II *knew* [nū]; [nj]; *known* [noun] *v* 1. *tr* znati; *to* ~ *smt. (a language)* znati nešto (jezik); *to* ~ *by heart (by name, by sight)* znati napamet (po imenu, po viđenju); **to* ~ *a thing or two* znati u kom grmu leži zec 2. *tr* poznavati, znati; *to* ~ *smb.* poznavati (znati) nekoga 3. *tr* (obsol.) poznati; *to* ~ *a woman* poznati ženu 4. *intr* znati; *who* ~*s?* ko (tko) zna? *to* ~ *of smt.* znati za nešto (o nečemu) 5. *intr* znati, umeti (umjeti); *he* ~*s how to write* on zna (ume — umije) da piše 6. misc.; *to let smb.* ~ izvestiti (izvijestiti) nekoga; **to* ~ *what's what* znati u čemu je stvar; **he* ~*s his way around* on zna staze i bogaze; **to* ~ *inside out (like a book, like the back of one's hand)* znati u prste; **he* ~*s his place* on zna gde (gdje) mu je mesto (mjesto); **to* ~ *on which side one's bread is buttered* dobro znati svoje interese; *five people are known to have been killed* za pet ljudi se zna da su poginuli
know-how [~-hau] *n* (colloq.) znanje; veština (vještina)
know·ing [~ing] *a* znalački; upućen; *a* ~ *glance* znalački pogled
know·ing·ly [~lij] *adv* znajući; namerno (namjerno)
know-it-all [~-it-ol] *n* (pejor.) sveznalica, mnogoznalac
knowl·edge ['nalidž]; [o] *n* 1. znanje; *to my* ~ koliko ja znam; *to acquire (impart)* ~ steći (prenositi) znanja 2. nauka (W also: znanost); *men of* ~ naučnici (W: učenjaci) 3. misc.; *carnal* ~ snošaj, obljuba
knowl·edge·a·ble [~əbəl] *a* dobro obavešten (obaviješten)
known I [noun] *n* poznata, poznata količina
known II *a* poznat; ~ *facts* poznate činjenice
known III see **know** II
know-noth·ing [~-nəthing] *n* neznalica
knuck·le I ['nəkəl] *n* 1. čukalj, zglavak; *to rap smb. on the* ~*s* udariti nekoga po prstima; *to crack one's* ~*s* pucati prstima 2. see **brass knuckles**
knuckle II *v* (colloq.) 1. *(to* ~ *down)* latiti se; *to* ~ *down to a job* prionuti na posao 2. *(to* ~

under) pokoriti se, potčiniti se; *to* ~ *under to smb.* pokoriti se nekome
knuckle duster Br.; see **brass knuckles**
knurl [nə(r)l] *n* čvoruga, kvrga
ko·bold ['koubold] *n* đavolak
kohl·ra·bi ['koul'rabij] *n* keleraba
koi·ne [koj'nej] *n* kontaktni, saobraćajni jezik; (hist.) zajednički jezik Grka u doba jelinizma (W: helinizma)
ko·la ['koulə] *n* kola (also **cola**)
kook [kūk] *n* (slang) čudak
kook·y [~ij] *a* (slang) čudan
ko·peck ['koupek] *n* (Russian) kopjejka
Ko·ran [ko'raen] *n* *(the* ~*)* koran
Ko·re·a [ko'rijə] *n* Koreja
Ko·re·an I [~n] *n* 1. Korejac 2. korejski jezik
Korean II *a* korejski; *the* ~ *War* korejski rat
ko·sher ['koušə(r)] *a* and *n* košer; (fig., slang) ispravan; istinski; čist
kou·mis see **kumiss**

kow·tow ['kautau] *v* *intr* ulagivati se; *to* ~ *to smb.* ulagivati se nekome
KP [kej'pij] abbrev. of **kitchen police**
kraal [kral] *n* kral, ograda (u južnoj Africi)
kraut [kraut] *n* 1. see **sauerkraut** 2. (cap., slang, pejorative) Nemac (Nijemac), Švaba
Krem·lin ['kremlən] *n* *(the* ~*)* Kremlj
kryp·ton ['kriptɑn]; [o] *n* (chem.) kripton
ku·dos ['kjūdous], [a] *n* slava, čast
Ku Klux Klan [*k*ū kləks klaen]; [*kj*] *(the* ~*)* Kukluksklan
ku·lak [ku'lak] *n* kulak
ku·miss ['kūmis] *n* kumis
küm·mel ['kiməl] *n* kumin
kum·mer·bund see **cummerbund**
Kurd [kə(r)d] *n* Kurd
Kurd·ish I ['kə(r)diš] *n* kurdski jezik
Kurdish II *a* kurdski
Kurd·i·stan ['kə(r)distaen] *n* Kurdistan
Ku·wait [kū'wejt] *n* Kuvajt

L

l [el] *n l* (slovo engleske azbuke)
lab [laeb] (colloq.) see **laboratory I, II**
la·bel I ['lejbəl] *n* 1. nalepnica (naljepnica), etiketa; oznaka; *an address* ~ nalepnica sa adresom; *to put a* ~ *on smt.* staviti etiketu na nešto 2. epitet
label II *v tr* 1. staviti etiketu (na) 2. označiti
la·bi·al I ['lejbijəl] *n* labijal, labijalni suglasnik
labial II *a* labijalan, usneni; *a* ~ *consonant* labijalni (usneni) suglasnik
la·bi·al·i·za·tion [lejbijəli'zejšən]; [*aj*] *n* labijalizacija
la·bi·al·ize ['lejbijəlajz] *v tr* labijalizirati
la·bile ['lejbajl] *a* labilan, nepostojan
la·bi·o·den·tal [lejbijə'dentl] *a* labiodentalni
la·bi·o·ve·lar [lejbijə'vijlə(r)] *a* labiovelarni
la·bi·um ['lejbijəm] (*-bia* [bijə]) *n* usmina
la·bor I ['lejbə(r)] *n* 1. rad; *forced (physical)* ~ prinudan (fizički) rad; *a* ~ *of love* rad koji se rado obavlja 2. (coll). radnička klasa, radništvo, proletarijat 3. porođaj, porođajne muke; *induced* ~ nasilni porođaj; *to be in* ~ ležati u porođajnim mukama
labor II *a* 1. radnički; ~ *laws* radnička zaštita: *the* ~ *movement* radnički pokret; *a* ~ *party* radnička stranka 2. porođajni; ~ *pains* porođajni bolovi
labor III *v* 1. *tr* previše podrobno obraditi; *to* ~ *a point* previše podrobno obraditi nešto 2. *intr* raditi, biti u radnom odnosu 3. *intr* petljati se, patiti; *to* ~ *under a misconception* patiti od zablude
lab·o·ra·to·ry I ['laebrətorij]; [lə'borət(ə)rij] *n* laboratorija
laboratory II *a* laboratorijski; ~ *experiments* laboratorijska ispitivanja; ~ *findings* laboratorijski nalaz; ~ *instruments* laboratorijski instrumenti
Labor Day (Am. and Canadian) praznik rada (prvi ponedeljak — ponedjeljak u septembru — W: rujnu)
la·bored [~d] *a* naporan, težak; otežan; ~ *breathing* teško disanje
la·bo·ri·ous [lə'borijəs] *a* težak, mučan
la·bor·ite I ['lejbərajt] *n* (esp. Br.) laburista, član laburističke stranke
laborite II *a* (esp.Br.) laburistički
la·bor·sav·ing [~sejviṅg] *a* koji štedi rad; ~ *devices* oruđa za uštedu rada

labor supply radna snaga
labor union sindikat (radnika)
la·bour Br.; see labor I, II etc.
labour exchange (Br.) zavod za zapošljavanje
Lab·ra·dor ['laebrədo(r)] *n* Labrador
Labrador Current Labradorska struja
la·bur·num [lə'bə(r)nəm] *n* (bot.) zanovet (zanovijet)
lab·y·rinth ['laebərinth] *n* labirint
lab·y·rin·thi·an [laebə'rinthijən] *a* labirintski
lab·y·rin·thine [~thin] see **labyrinthian**
lace I [lejs] *n* 1. čipka; *to make* ~ praviti (plesti) čipke 2. pertla; vrpca (see also **shoelace**) 3. širit, gajtan
lace II *a* čipkan; *a* ~ *dress* čipkana haljina; *a* ~ *tablecloth* čipkan stolnjak
lace III *v* 1. *tr* vezati; *to* ~ *shoes* vezati pertle (na cipelama) 2. *tr* dodati (piću malo alkohola) 3. *intr* (*to* ~ *into*) napasti; *to* ~ *into smb.* napasti nekoga
lace maker čipkar
lac·er·ate ['laesərejt] *v tr* razderati, rastrgnuti
lac·er·at·ed [~d] *a* poderan
lac·er·a·tion [laesə'rejšən] *n* razderotina, razdiranje, rastrzanje
lach·es ['laečiz], [*ej*] (*pl* has zero) *n* (legal) propuštanje
lach·ry·mal ['laekrəməl] *a* suzni; *a* ~ *gland* suzna žlezda (žlijezda)
lach·ry·ma·tor ['laekrəmejtə(r)] *n* suzavac
lach·ry·ma·to·ry [~mətorij]; [ə] *a* koji izaziva suze
lach·ry·mose ['laekrəmous] *a* koji izaziva suze, suzan
lack I [laek] *n* nestašica, oskudica, nedostatak: *a* ~ *of food (water)* nestašica hrane (vode)
lack II *v* 1. *tr* oskudevati (oskudijevati); nemati; *he* ~*s courage* on nije odvažan; *to* ~ *water* oskudevati u vodi 2. *intr* oskudevati; *what we* ~ *in cash...* naš nedostatak novca... ; *to* ~ *for nothing* imati svega dovoljno
lack·a·dai·si·cal [laekə'dejzikəl] *a* mlitav, trom, neodlučan
lack·ey ['laekij] *n* lakej; (fig.) izmećar
lack·ing [~iṅg] *a* odsutan
lack·lus·ter ['laekləstə(r)] *a* mutan, bez sjaja
lac·mus ['laekməs] *n* lakmus (also **litmus**)
la·con·ic [lə'kanik]; [o] *a* lakoničan
lac·o·nism ['laekənizəm] *n* lakonizam

lac·quer I ['laekə(r)] *n* lak
lacquer II *v tr* lakirati
lac·ri·mal see **lachrymal**
lac·ri·ma·tion [laekrə'mejšən] *n* izlučivanje suza
la·crosse [lə'kros], [*a*] *n* vrsta hokeja (na travi)
lac·ta·ry ['laektərij] *a* mlečni (mliječni)
lac·tase ['laektejs] *n* laktaza
lac·tate I ['laektejt] *n* laktat
lactate II *v intr* lučiti mleko (mlijeko)
lac·te·al ['laektijəl] *a* mlečni (mliječni)
lac·tic ['laektik] *n* mlečni (mliječni); ~ *acid* mlečna kiselina
lac·tose ['laektous] *n* laktoza
la·cu·na [lə'kjūnə] (-*s* or -*ae* [ij]) *n* praznina
lad [laed] *n* (colloq.) momak, mladić
lad·der ['laedə(r)] *n* 1. lestve (ljestve), merdevine; *to climb up (climb down)* a ~ popeti se uz (sići niz) merdevine; (fig.) *the* ~ *of success.* lestve uspeha (uspjeha) 2. Br.; see **runner 8**
ladder company vatrogasna četa
lad·die ['laedij] *n* dim. of lad
lade [lejd]; -*d; laden* ['lejdn] or -*d; v tr* 1. natovarati 2. opteretiti
ladies see **ladies' room**
ladies' man ženski skar
ladies' room ženski ve-ce
La·din [lə'dijn] *n* ladinski (retoromanski) jezik
lad·ing ['lejdiⁿg] *n* tovar, tovarenje (see also **bill of lading**)
La·di·no [lə'dijnou] *n* ladinski (španjolski) jezik, sefardsko narečje (narječje)
la·dle ['lejdl] *n* kutlača, varjača
la·dy I ['lejdij] *n* 1. gospođa, ledi, dama; *a real* ~ prava gospođa 2. gazdarica, domaćica; *the* ~ *of the house* domaćica 3. *(a young* ~) devojka (djevojka) 4. (Br.; naslov za supruge engleskih plemića) ledi 5. (colloq.) supruga, žena; *his old* ~ njegova žena
lady II *a* (colloq.) ženski; *a* ~ *doctor* doktorka
la·dy·bird [~bə(r)d] *n* Br.; see **ladybug**
la·dy·bug [~bəg] *n* bubamara
la·dy·fin·ger [~fiⁿggə(r)] *n* piškota (vrsta kolačića)
lady in waiting dvorska dama
la·dy·kill·er [~-kilə(r)] *n* (slang) ženskar, laf, osvajač žena
la·dy·like [~lajk] *a* 1. koji dolikuje gospođi 2. ženskast
la·dy·love [~ləv] *n* dragana
la·dy·ship [~šip] *n* 1. (naziv) *her* ~ milostiva gospođa 2. položaj otmene (otmjene) žene
lady's man ženskar
lady's mantle (bot.) gospin plast
lady's slipper (bot.) gospina papučica
lag I [laeg] *n* zaostajanje
lag II *v intr* zaostati; *he is* ~*ging behind us* on zaostaje za nama
la·ger ['lagə(r)] *n* (also: ~ *beer)* zrelo pivo
lag·gard I ['laegə(r)d] *n* osoba koja zaostaje, skanjeralo
laggard II *a* zaostao
la·goon [lə'gūn] *n* laguna
la·ic I ['lejik] *n* see **layman**
laic II *a* laički
la·i·cal [~əl] see **laic II**
laid *a* 1. see **lay II** 2. misc.; ~ *paper* papir sa vodenim crtama

laid-back *a* (slang) ležeran; olabavljen
lain see **lie II**
lair [lej(r)] *n* jazbina, jama
lais·sez faire ['lesej fej(r)] (econ.) nemešanje (nemiješanje) države u ekonomska pitanja, lese fer
lais·sez-pas·ser [~-pa'sej] *n* propusnica
la·i·ty ['lejətij] *n* (coll.) laici
lake [lejk] *n* jezero
lake dweller napoljac, sojeničar
lake dwelling sojenica
lake front obala jezera
lake·weed [~wijd] *n* (bot.) paprac
lal·la·tion [lae'lejšən] *n* lalacija (neprecizan izgovor glasa *r* i *l)*
lam I [laem] *n* (slang) bekstvo (bjekstvo); *on the* ~ u bekstvu
lam II *v* (slang) 1. *tr* udariti 2. *intr* pobeći (pobjeći) 3. *intr (to* ~ *into)* izbiti
la·ma ['lamə] *n* lama
La·ma·ism [~izəm] *n* lamaizam
lamb I [laem] *n* 1. jagnje (W: janje); *a sacrificial* ~ žrtveno jagnje 2. jagnjetina (W: janjetina)
lamb II *a* jagnjeći (W: janjeći); ~ *stew* jagnjeći ragu
lamb III *v intr* ojagnjiti (ojanjiti) se
lam·baste [laem'bejst] *v tr* (slang) 1. izbiti 2. izgrditi
lam·bent ['laembənt] *a* treperav
lamb-skin [~skin] *n* jagnjeća (W: janjeća) koža
lamb's quarters (bot.) pepeljuga
lamb's wool jagnjeća (W: janjeća) vuna
lam·da ['laemdə] *n* lambda (grčko slovo »l«)
lame I [lejm] *a* 1. hrom, šantav 2. (fig.) slab; neubedljiv (neubjedljiv); *a* ~ *excuse* neubedljiv izgovor
lame II *v tr* osakatiti
lame duck 1. (pol.) funkcioner čiji mandat ističe 2. (fig.) slabić
la·mel·la [lə'melə] (-*s* or -*ae* [ij]) *n* lamela, listić
lame·ness [~nis] *n* hromost
la·ment I [lə'ment] *n* jadikovanje, lelek
lament II *v* 1. *tr* oplakati, žaliti; *to* ~ *smb.'s death* žaliti nečiju smrt 2. *intr* jadati, kukati
la·ment·a·ble [~əbəl] *a* žalostan, jadan
la·men·ta·tion [laemən'tejšən] *n* jadikovanje, lelek
la·ment·ed [lə'mentid] *a* oplakan; *the late* ~... neprežaljeni...
lam·i·na ['laemənə] (-*s* or -*ae* [ij]) *n* lamela, listić
lam·i·nate [~nejt] *v tr* lamelirati
lam·i·na·tion [laemə'nejšən] *n* lameliranje
lam·mer·gei·er ['laemə(r)gajə(r)] *n* (bird) bradan
lamp [laemp] *n* lampa; svetiljka (svjetiljka); fenjer; *a floor (table)* ~ stojeća (stona) lampa; *to turn a* ~ *on (off)* upaliti (ugasiti) lampu
lamp·black [~blaek] *n* čađ, gar
lam·pern ['laempə(r)n] see **lamprey**
lam·pi·on ['laempijən] *n* lampion
lamp·light [~lajt] *n* svetlost (svjetlost) lampe
lamp·light·er [ə(r)] *n* fenjerdžija, palilac (uličnih) svetiljki (svjetiljki)
lam·poon I [laem'pūn] *n* satira
lampoon II *v tr* ismejati (ismijati) satirom
lamp-post ['laempoust] *n* stub za uličnu rasvetu (rasvjetu), kandelabar
lam·prey ['laemprij] *n* (or: ~ *eel)* (fish) pokač, zmijuljica

lamp·shade [~šejd] *n* abažur, svetlobraon (svjetlobran)
lance I [laens]; [a] *n* koplje
lance II *v tr* 1. probosti kopljem 2. (med.) proseći (prosjeći), prorezati; *to* ~ *a boil* proseći čir
lance corporal (mil.) 1. (Am., Marines) mlađi desetar 2. (Br.) razvodnik (see also **private first class**)
lanc·er [~ə(r)] *n* (mil., hist.) kopljanik, vojnik naoružan kopljem
land I [laend] *n* 1. kopno; suvo (suho); zemlja; *on* ~ na kopnu (zemlji); *by* ~ kopnom; *to sight* ~ ugledati kopno; *to make* ~ doći na kopno; *the sailors saw* ~ mornari su ugledali zemlju 2. zemlja, zemljište; *to buy* ~ kupiti zemlju; *private (public)* ~ privatna (opštinska — općinska) zemlja; *private ownership of* ~ privatni zemljišni posed (posjed) 3. zemlja, država; *the Promised Land* obećana zemlja *the* ~ *of milk and honey* zemlja gde (gdje) teče med i mleko (mlijeko) 4. (in a rifle) polje; ~*s and grooves* polja i žlebovi (žljebovi)
land II *a* 1. agrarni; zemljišni *a* ~ *bank* agrarna banka; ~ *reform* zemljišna (agrarna) reforma 2. kopneni; ~ *forces* kopnene snage; *a* ~ *mine* kopnena mina
land III *v* 1. *tr* iskrcati; *to* ~ *troops* iskrcati trupe 2. *tr* spustiti, aterirati (avion, vasionski brod) 3. *tr* zadati; *to* ~ *a blow* zadati udarac 4. *tr* upecati; *to* ~ *a fish (a husband)* upecati ribu (muža) 5. *intr* iskrcati se; *the troops have* ~*ed* trupe su se iskrcale 6. *intr* sleteti (sletjeti), spustiti se, aterirati; *the airplane has* ~*ed* avion je sleteo 7. *intr* dočekati se; *a cat always* ~*s on its feet* mačka se uvek (uvijek) dočekuje na noge
land agent (Br.) upravnik poseda (posjeda)
land breeze povetarac (povjetarac) s kopna
land developer see **developer** 1
land·ed [~id] *a* 1. koji ima zemlju; *the* ~ *gentry* velepošednici (velepošjednici) 2. zemljišni; *a* ~ *estate* zemljišni posed (posjed)
land·fall [~fol] *n* uočavanje obale
land grant dodeljivanje (dodjeljivanje) zemlje
land-grant *a* (Am.) *a* ~ *university* državni univerzitet (W: državno sveučilište)
land·grave [~grejv] *n* (hist.) pokrajinski grof
land·hold·er ['laendhouldə(r)] *n* zemljoposednik (zemljoposjednik)
land·ing I *t* [~iñg] *n* 1. sletanje (slijetanje); *a bumpy (rough)* ~ grubo sletanje; *an emergency* ~ prinudno sletanje; *a smooth* ~ meko sletanje; *an instrument* ~ sletanje po instrumentima; *to make a* ~ sleteti (sletjeti) 2. desant, iskrcavanje; *a parachute* ~ padobranski desant; *to make (carry out) a* ~ izvršiti desant 3. odmorište (na stepeništu)
landing II *a* 1. za sletanje (slijetanje); *a* ~ *beacon* far za sletanje; ~ *facilities* sredstva za sletanje; ~ *lights* reflektori za sletanje 2. desantni; *a* ~ *craft (barge)* desantna barža; *a* ~ *ship* desantni brod
landing field aerodrom
landing gear stajni trap; *to lower (raise) the* ~ spustiti (dići) stajni trap
landing strip staza za sletanje (slijetanje)

landing vehicle (astron.) vozilo koje se vraća na Zemlju
land·la·dy [~lejdij] *n* gazdarica, vlasnica stana
land·less [~lis] *a* bezemljišni
land·locked [~lakt]; [o] *a* okružen kopnom, zatvoren
land·lord [~lo(r)d] *n* 1. gazda, vlasnik stana 2. (Br.) krčmar
land·lub·ber [~ləbə(r)] *n* (colloq.) neznalica u pomorstvu
land·mark [~ma(r)k] *n* orijentir, reper
land office gruntovnica; (as *a*; fig.) *a* ~ *business* posao koji ima mnogo uspeha (uspjeha)
land·own·er [~ounə(r)] *n* vlasnik zemlje
land rover (Br.) vrsta terenskog vozila
land·scape I [~skejp] *n* pejzaž (W also: krajolik); zemljište
landscape II *v tr* urediti (zemljište)
landscape architect arhitekta koji se bavi uređivanjem vrtova, zemljišta (oko građevina)
landscape gardening uređivanje vrtova
landscape painter pejzažista
land·scap·ing [~iñg] *n* uređenje zemljišta
land·side [~sajd] *n* taban (pluga)
land·slide [~slajd] *n* 1. lavina; odronjavanje, klizanje zemljišta 2. (fig., pol.) ogromna većina
Lands·mal *n* ['lantsmol] *n* narodni jezik Norveške
lane [lejn] *n* 1. staza; *the race is run in separate* ~*s* trka se trči u odvojenim stazama; *the inside* ~ staza broj 1 2. traka (kolovoza), staza; *to get over to the left* ~ prestrojiti se na levu (lijevu) traku
lang·syne [laeñg'sajn], [z] (Scottish) 1. *n* davna prošlost; *Old* ~ novogodišnja pesma (pjesma) 2. *adv* davno, nekada
lan·guage I ['laeñggwidž] *n* jezik; *dead (live)* ~*s* mrtvi (živi) jezici; *the spoken (colloquial)* ~ govorni jezik; *one's native* ~ nečiji maternji (W: materinji) jezik; *poetic* ~ pesnički (pjesnički) jezik; *foreign* ~*s* strani jezici; (fig.) *to speak the same* ~ govoriti istim jezikom; *the* ~ *of instruction* nastavni jezik; *bad (strong)* ~ psovke; (C.): *a computer (high-level, low-level, machine, programming)* ~ računarski (viši programski, niži programski, mašinski, programski) jezik
language II *a* jezički, lingvistički
language laboratory jezička laboratorija
language planning planiranje jezika
language study učenje stranih jezika
language teacher nastavnik stranog jezika
language teaching nastava stranih jezika
lan·guid ['laeñggwid] *a* slab; mlitav, malaksao
lan·guish [~iš] *v intr* 1. iznemagati; malaksati, klonuti 2. venuti 3. čamiti; *to* ~ *in prison* čamiti u zatvoru
lan·guor ['laeñggə(r)] *n* klonulost, iznemoglost, malaksalost
la·nif·er·ous [lə'nifərəs] *a* koji ima vunu
lank·y ['laeñkij] *a* visok i mršav
lan·o·lin ['laenələn] *n* lanolin
lan·tern ['laentə(r)n] *n* fenjer; *a magic* ~ čarobna lampa
lan·yard ['laenjə(r)d] *n* 1. (naut.) stezaljka (od konopa); uzica 2. (mil.) konopac za opaljenje
La·os ['laus], ['lejous] *n* Laos

La·o·tian I [lej'oušən] *n* Laošanin
Laotian II *a* laošanski, laoski
lap I [laep] *n* krilo; *to hold a baby on one's* ~ držati dete (dijete) u (na) krilu
lap II *n* krug; etapa; *the runner has five* ~*s to go* takmičar treba još da pretrči pet krugova
lap III *v tr* prestići za ceo (cio) krug; *he was* ~*ped* on je zastao za ceo krug
lap IV *n* preklop
lap V *v* 1. *tr* preklopiti 2. *intr* preklopiti se
lap VI *n* zapljuskivanje
lap VII *v* 1. *tr* (or: *to* ~ *up)* lokati; srkati; *the cat is* ~*ping up the milk* mačka loče mleko (mlijeko) 2. *tr* (or: *to* ~ *against)* zapljuskivati; *the waves* ~*ped (against) the shore* talasi su zapljuskivali obalu 3. *intr* lokati
la·pel [lə'pel] *n* rever
lap·ful [~fəl] *n* puno krilo (nečega)
lap·i·dar·y I ['laepəderij]; [ə] *n* kamenorezac
lapidary II *a* 1. urezan u kamenu; lapidaran 2. (fig.) lapidaran, sažet; *a* ~ *style* lapidaran stil
lap joint preklopni spoj
Lap·land ['laeplənd] *n* Laponija
Lapp I [laep] *n* 1. Laponac 2. laponski jezik
Lapp II *a* laponski
lapse I [laeps] *n* 1. greška, propust, omaška 2. propadanje 3. tok, isticanje 4. (legal) gubitak, propadanje
lapse II *v intr* 1. pasti; *to* ~ *into a coma* pasti u komu 2. (legal) dopasti, pripasti; *to* ~ *to smb.* dopasti nekome 3. (legal) isteći: *the guarantee* ~*d* garancija je istekla
lap·sus [~əs] *n* greška, omaška, lapsus
lap up *v* see lap VII 1
lap welding preklopno zavarivanje
lap·wing ['laepwiṉg] *n* (bird) vivak
lar·ce·nous ['la(r)sənəs] *a* razbojnički; *to be* ~ imati duge prste
lar·ce·ny [~nij] *n* krađa; razboj; *grand* ~ teško delo (djelo) krađe; *petty* ~ sitno delo krađe
larch [la(r)č] *n* (bot.) ariš
lard I [la(r)d] *n* salo, mast
lard II *v tr* 1. nadenuti (nadjenuti) slaninom 2. (fig.) začiniti, prošarati
lard·er [~ə(r)] *n* ostava, špajz
large [la(r)dž] *a* 1. veliki; krupan; *a* ~ *piece* veliki komad; *a* ~ *hole (house)* velika rupa (kuća); *a* ~ *profit (role)* velika dobit (uloga); ~ *eyes (hands)* velike oči (šake); *a* ~ *city* velegrad; *a* ~ *man* krupan čovek (čovjek); *a* ~ *sum* krupan iznos; *to take* ~ *steps* praviti krupne korake 2. debeo; *the* ~ *intestine* debelo crevo (crijevo) 3. *at* ~ na slobodi 4. *at* ~ opširno, detaljno; *to speak at* ~ govoriti opširno 5. *at* ~ bez određene dužnosti
large-hearted [~-ha(r)tid] *a* velikodušan
large·ly [~lij] *adv* u velikoj meri (mjeri)
large-scale [~-skejl] *a* veliki, velikih razmera (razmjera); *a* ~ *map* karta krupne razmere
lar·gess [la(r)'džes] *n* darežljivost
lar·gesse see largess
lar·i·at ['laerijət] *n* laso (also lasso I)
lark I [la(r)k] *n* ševa; *a horned* ~ ćubasta ševa; ~*s warble* ševe ćurliču

lark II *n* šega, šala; *he did it for a* ~ on je to uradio samo šege radi
lark·spur [~spə(r)] *n* (bot.) valjuga
lar·va ['la(r)və] (*-ae* [ij]) *n* larva
la·ryn·ge·al I [lə'rindžijəl] la·ryn·gal [~džəl] *n* laringal, laringalni glas, zvuk
laryngeal II laryngal *a* laringalni; grkljani; (ling.) *the* ~ *theory* laringalna teorija
lar·yn·gi·tis [laerən'džajtis] *n* laringitis, zapaljenje (W: upala) grla
lar·yn·gol·o·gy [laering'galədžij]; [o] *n* laringologija
la·ryn·go·scope [lə'riṉgəskoup] *n* laringoskop
lar·ynx ['laeriṉgks] (*-es* or *larynges* [lə'rindžijz]) *n* grkljan
las·civ·i·ous [lə'sivijəs] *a* lascivan, pohotljiv
las·civ·i·ous·ness [~nis] *n* lascivnost
la·ser ['lejzə(r)] *n* laser
laser beam laserski snop
laser printer (C.) laserski štampač
lash I [laeš] *n* 1. bič; udarac bičem 2. oštra primedba (primjedba) 3. (fig.) udarac 4. see eyelasch
lash II *v* 1. *tr* išibati 2. *intr* napasti; *to* ~ *out at smb.* napasti nekoga, brecnuti se na nekoga
lash III *v tr* vezati
lass [laes] *n* (colloq.) devojčica (djevojčica; devojka (djevojka)
las·si·tude ['laesərūd]; [*tj*] *n* zamor, malaksalost
las·so I ['laesou] (*-s* or *-es)* *n* laso
lasso II *v tr* hvatati lasom
last I [laest]; [*a*] *n* kalup; *a shoe* ~ kalup za cipele
last II *n* 1. poslednji čovek (posljednji čovjek); *he was the* ~ *to leave* on je bio poslednji koji je otišao; *the* ~ *of the Mohicans* poslednji Mohikanac 2. kraj, konac; *to the (very)* ~ do kraja 3. misc.; *to breathe one's* ~ izdahnuti; *the* ~ *I saw of him was at the concert* poslednji put sam ga video (vidio) na koncertu
last III *a* 1. *super* of late 2. poslednji (posljednji); krajnji; zadnji; *the* ~ *time* poslednji put; *to have the* ~ *word* kazati poslednju reč — riječ (u debati) 3. prošli; ~ *year* prošle godine; ~ *summer* prošlog leta (ljeta); ~ *time* prošli put 4. misc.; *he is the* ~ *person I expected to see* to je osoba koju sam (ja) ponajmanje očekivao da vidim; ~ *of all* najzad; **~ but not teast* poslednji po redu, ali ne po važnosti; (fig.) *the* ~ *word* najnovije; *the* ~ *but one* pretposlednji (pretposljednji); ~ *night* sinoć
last IV *adv* na kraju; naposletku (naposljetku); poslednji (posljednji); *to speak* ~ govoriti naposletku; **he who laughs* ~ *laughs best* ko (tko) se smeje (smije) poslednji, najslađe se smeje
last V *v intr* trajati; *how long will the lecture* ~? dokle će trajati predavanje?
last-ditch [~-dič] *a* uporan; *a* ~ *defense* odbrana (W: obrana) do poslednjeg čoveka (posljednjeg čovjeka)
last hurrah (colloq.) poslednji (posljednji) važniji rad (na kraju aktivnog stvaranja)
last·ing [~iṉg] *a* trajan; *a* ~ *peace* trajan mir
last·ly [~lij] *adv* na kraju
last name prezime

last rites (rel.) obred pričesti; *to administer (the)* ~ *to smb.* izvršiti obred pričesti nad nekim

latch I [laeč] *n* reza

latch II *v* 1. *tr* zatvoriti rezom 2. *intr (to ~ on to)* držati se; *to ~ on to smt.* držati se nečega; uhvatiti se za nešto

late I [lejt] *a* 1. kasan; zadocneli (zadocnjeli); *to be ~* zakasniti, zadocniti; *to be ~ for a lecture* zakasniti na (za) predavanje; *to be ~ in filing a tax return* zakasniti s prijavom poreza; *the train was a half hour ~* voz (W: vlak) je zadocnio pola sata 2. najnoviji, svež (sjež); poslednji (posljednji); (Am.) *the ~ news* poslednje vesti — vijesti (koje se obično emituju u 23 časa preko televizije) 3. bivši 4. pokojni **later** or **latter** ['laetə(r)] *(comp)*; **latest** or **last** *(super) the latest news* najnovije vesti (vijesti); *his latest film* njegov najnoviji film

late II *adv* dockan, kasno; *of ~* nedavno; *~ in the evening* u kasno veče; *~ at night* u kasnu noć; *(the) trains are running ~* vozovi (W: vlakovi) zakašnjavaju **later** *(comp)*; **latest** *(super)*; *two minutes later* dva minuta kasnije

late bloomer onaj koji se razvija kasno

late·com·er [~kəmə(r)] *n* onaj ko (tko) stiže kasno

late·ly [~lij] *adv* nedavno; *we haven't been to the movies ~* u poslednje vreme (posljednje vrijeme) nismo bili u bioskopu (W: kinu)

la·ten·cy ['lejtənsij] *n* latentnost

late·ness [~nis] *n* kasnost

la·tent ['lejtənt] *a* latentan, sakriven

lat·er·al I ['laetərəl] *n* (ling.) lateralan (bočni) suglasnik

lateral II *a* lateralan; bočni

lat·est see **late I, II**

la·tex ['lejteks] *n* lateks

lath [laeth]; [a] (-ths [thz]) *n* letva, žioka, baskija

lathe [lejth] *n* strug, tokarska klupa

lathe operator strugar, tokar

lath·er I ['laethə(r)] *n* 1. pena — pjena (od sapuna) 2. pena (od znoja na konju) 3. misc.; *in a ~* uzrujan

lather II *v tr* nasapuniti

Lat·in I ['laetn]; [tin] *n* 1. latinski jezik 2. Latin 3. stanovnik Južne Amerike

Latin II *a* latinski; *the ~ peoples* latinski narodi

Latin alphabet latinica

Latin America Južna Amerika

Latin American stanovnik Južne Amerike

Lat·in·ism [~izəm] *n* latinizam

Lat·in·ist [~ist] *n* latinista

Lat·in·ize [~ajz] *v tr* polatiniti

Latin Quarter Latinski kvart (u Parizu)

lat·i·tude ['laetətūd]; [tj] *n* 1. (geog.) širina 2. obim, opseg 3. (fig.) sloboda dejstva (djejstva), nesmetanost

la·ti·tu·din·al [~ūdinəl] *a* širinski

lat·i·tu·di·nar·i·an I [laetətūdn'ejrijən]; [tj] *n* liberal

latitudinarian II *a* liberalan

la·trine [lə'trijn] *n* (usu. mil.) nužnik, klozet; (as *a*); *a ~ orderly* čistač klozeta; *~ rumors* vojničke glasine

lat·ter ['laetə(r)] *a* 1. see **late I** 2. poslednji — posljednji (od dvoje); ovaj potonji; *the president*

spoke with the ambassador, and the ~ will continue negotiations predsednik (predsjednik) je razgovarao s ambasadorom, a ovaj potonji će nastaviti pregovore 3. drugi; poslednji; *the ~ part* drugi deo (dio)

lat·ter·day [~dej] *a* najnoviji, poslednjih (posljednjih) dana

lat·tice ['laetis] *n* rešetka, čardaklija, letva, odrina (see also **arbor I, bower I, trellis**)

lat·tice·work [~wə(r)k] *n* letve

Lat·vi·a ['laetvijə] *n* Letonija

Lat·vi·an I [~n] *n* 1. Letonac 2. letonski jezik

Latvian II *a* letonski

laud [lod] *v tr* pohvaliti

laud·a·ble [~əbəl] *a* dostojan hvale

laud·a·to·ry [~ətorij]; [ə] *a* koji hvali, pohvalan

laugh I [laef]; [a] *n* smeh (smijeh); *a forced ~* usiljen smeh

laugh II *v* 1. *intr* smejati (smijati) se; *to ~ at smb.* smejati se nekome; *to ~ at a joke* smejati se na vic; *to ~ at threats* smejati se na pretnje (prijetnje) 2. misc.; *to ~ away (off)* rasterati (rastjerati) smejanjem (smijanjem); *to ~ smb. down* ismevanjem (ismijevanjem) spriječiti (spriječiti) nekoga da govori; **to ~ up one's sleeve* or *to ~ to oneself* smejati se u sebi; *to ~ smt. off* smejanjem preći preko nečega; **he who ~s last, ~s best* see **last IV**; *to make smb. ~* nasmejati (nasmijati) nekoga; *it's no ~ing matter* to nije za šalu

laugh·a·ble [~əbəl] *a* smešan (smiješan)

laugh·ing gas [~iñg] uveseljavajući gas

laugh·ing·stock [~stak]; [o] *n* meta dosetke (dosjetke), nišan podsmeha (podsmijeha); *to make a ~ of smb.* izvrći nekoga ruglu

laugh·ter [~tə(r)] *n* smeh (smijeh); *to burst into ~* prsnuti u smeh; *loud ~* grohotan smeh; *to provoke ~* izazvati smeh; **~ through tears* smeh kroz suze

launch I [lonč] *n* (naut.) barkasa; veći čamac

launch II see **launching I 2**

launch III *v* 1. *tr* lansirati; *to ~ a rocket* lansirati raketu; (fig.) *to ~ a fashion* lansirati modu 2. *tr* ispaliti; *to ~ a torpedo* ispaliti torpedo 3. *tr* pokrenuti; preduzeti; *to ~ an attack* preduzeti napad; *to ~ a new magazine* pokrenuti nov časopis 4. *tr* porinuti; *to ~ a ship* porinuti brod 5. *intr* upustiti se; *to ~ into a discussion* upustiti se u diskusiju 6. *intr (to ~ forth, out)* otisnuti se

launch·er [~ə(r)] *n* lansirni uređaj

launch·ing I [~iñg] *n* 1. porinuće (broda) 2. lansiranje; *the ~ of rockets* lansiranje raketa

launching II *a* lansirni; *a ~ device* lansirni uređaj; *a ~ pad (platform)* lansirna platforma

laun·der ['londə(r)] *v* 1. *tr* oprati; *to ~ sheets* oprati (krevetske) čaršave 2. *intr* prati se

laun·der·ette [lon'dret] Br.; see **laundromat**

laun·dress [~dris] *n* pralja

laun·dro·mat ['londrəmaet] *n* servis sa samouslužnim mašinama za pranje i sušenje rublja

laun·dry [~drij] *n* 1. rublje, veš; *clean (dirty) ~* čisto (prljavo) rublje; *to dry (iron, wash) the ~* sušiti (peglati, prati) veš; *to do the ~* oprati veš 2. servis za pranje rublja; perionica (prao-

nica); *to take the wash to the* ~ nositi veš u perionicu
laundry basket veškorpa
laundry room perionica (praonica)
laundry tub (tray) kada za pranje veša
lau·re·ate ['lorijət] *n* laureat
lau·rel I ['lorəl] *n* 1. (bot.) lovor, lovorika 2. (fig. in *pl)* lovorike; **to rest on one's* ~s počivati (odmarati se, spavati) na lovorikama; **to win* ~s pobrati lovorike
laurel II *a* lovorov; *a* ~ *wreath* lovorov venac (vijenac)
lau·rus·tine ['lorəstajn] *n* (bot.) šibikovina
lava ['lavə], *[ae]* *n* lava
la·va·bo [lə'vabou], *[ej]* *(-es)* *n* (rel.) lavabo
lav·age ['laevidž] *n* (med.) ispiranje
la·va·tion [lae'vejšən] *n* pranje
lav·a·to·ry ['laevətorij]; *[tr]* *n* 1. kupatilo (W: kupaonica) 2. klozet 3. lavabo, umivaonik
lave [lejv] *v* 1. *tr* oprati 2. *intr* oprati se
lav·en·der ['laevəndə(r)] *n* 1. (bot.) lavendel, despić 2. boja despića
lav·ish I ['laeviš] *a* 1. izdašan 2. rasipan; raskošan
lavish II *v tr* rasuti, obasuti, proćerdati; *to* ~ *attention (gifts) on smb.* obasuti nekoga pažnjom (poklonima)
law I [lo] *n*. 1. zakon; *according to the* ~ po zakonu; *against the* ~ protiv zakona; *a moral (natural)* ~ moralni (prirodni) zakon; *a labor* ~ zakon o zaštiti radnika; *to break (overstep) a* ~ ogrešiti — ogriješiti se o (pogaziti) zakon; *to pass (repeal, violate) a* ~ doneti — donijeti (ukinuti, povrediti — povrijediti) zakon; *the* ~ *went into effect* zakon je stupio na snagu; *in the name of the* ~ u ime zakona; *a phonetic* ~ glasovni zakon; *the* ~ *of supply and demand* zakon ponude i potražnje; *the* ~ *of diminishing returns* zakon o opadajućim prinosima; ~ *and order* zakon i red; (math.) *the* ~ *of large numbers* zakon velikih brojeva; *to apply (enforce) a* ~ primeniti (primijeniti) zakon 2. pravo; *administrative (civil, commercial, constitutional, criminal, private)* ~ upravno (građansko, trgovačko, ustavno, krivično, privatno) pravo; *common* ~ opšte (opće) pravo, precedentno pravo; *to study* ~ studirati pravo; *to practice* ~ baviti se advokatskim poslovima 3. *(the* ~) policija 4. pravilo 5. misc.; **to lay down the* ~ nametnuti svoju volju; **to take the* ~ *into one's own hands* sam sebi pribaviti svoje pravo
law II *a* 1. pravni; *a* ~ *school* pravni fakultet; *a* ~ *student* student prava 2. advokatski; *a* ~ *clerk* advokatski pripravnik; *a* ~ *firm (office)* advokatska firma (kancelarija)
law-a·bid·ing [~-ə'bajdiṅg] *a* koji se pridržava zakona
law·break·er [~brejkə(r)] *n* prestupnik
law enforcement kriminalistička služba
law·ful [~fəl] *a* zakonit
law·ful·ness [~nis] *n* zakonitost
law·giv·er [~givə(r)] *n* zakonodavac
law·less [~lis] *a* 1. bezakonit, nezakonit 2. razuzdan
law·less·ness [~nis] *n* bezakonje
law·mak·er [~mejkə(r)] *n* zakonodavac
lawn [lon] *n* travnjak

lawn mower kosačica
lawn tennis tenis na travi
law·suit [~sūt] *n* parnica; *to win (lose) a* ~ dobiti (izgubiti) parnicu
law·yer ['lojə(r)] *n* advokat (W also: odvjetnik) (also **attorney**)
lax [laeks] *a* 1. labav 2. (ling.) nenapet, labav
lax·a·tive ['laeksətiv] *n* sredstvo za čišćenje, laksativ
lax·i·ty ['laeksətij] *n* labavost
lay I [lej] *n* balada
lay II *n* (colloq.) karakter; *the* ~ *of the land* karakter zemljišta
lay III *a* 1. svetovan (svjetovan), laički 2. laički, nestručnjački; *a* ~ *opinion* laičko mišljenje
lay IV laid [lejd] *v* 1. *tr* položiti, metnuti, staviti da leži; *to* ~ *smt. on the ground* položiti (metnuti) nešto na zemlju; *to* ~ *a cornerstone* položiti kamen temeljac; *to* ~ *a foundation* položiti osnovu 2. *tr* sneti (snijeti); *to* ~ *eggs* nositi (jaja) 3. *tr* kovati; *to* ~ *plans* kovati planove 4. *tr* staviti; *to* ~ *a wager* opkladiti se 5. *tr* podneti (podnijeti); *to* ~ *a proposal before a committee* podneti predlog odboru 6. *tr* postaviti; *to* ~ *a cable* postaviti kabl; *to* ~ *a smoke screen* postaviti dimnu zavesu (zavjesu); *to* ~ *claim to smt,* postaviti pretenziju na nešto 7. *tr* (mil.) nanišaniti; *to* ~ *a gun* nanišaniti oruđe 8. *tr* namestiti (namjestiti); *to* ~ *a floor* namestiti pod 9. *tr* (vul.) objubiti 10. *intr* nositi jaja 11. *intr* (not standard) see **lie II** 12. misc.; *to* ~ *aside (away)* staviti na stranu; *to* ~ *the facts bare* izložiti činjenice; *to* ~ *a course* skovati plan; or: odrediti kurs; **to* ~ *for smb.* brusiti nož na nekoga; *to* ~ *one's hands on* or: *to* ~ *hold of* ščepati, uhvatiti; *to* ~ *into smb.* izgrditi nekoga; **to* ~ *it on (thick)* preterivati (pretjerivati); *to* ~ *low* kriti se; *to* ~ *oneself open to criticism* izložiti se kritici; *to* ~ *open* otkriti; *to* ~ *smb. to rest* sahraniti nekoga; *to* ~ *waste (to)* opustošiti; *to* ~ *siege to a city* vršiti opsadu grada
lay V *n* (vul.) 1. snošaj 2. ljubavnica
lay-a-way, layaway plan porudžbina nekog predmeta deponovanjem garantnog iznosa
lay brother fratar laik
lay-by *n* (Br.) proširenje autoputa za parkiranje
lay day (naut.) dan zastoja
lay down *v* 1. staviti da leži 2. položiti; *to lay down one's arms* položiti oružje; *to lay down one's life* položiti i svoj život 3. postaviti; *to lay down a principle* postaviti načelo 4. misc.; *to lay down the law* nametnuti svoju volju; *to lay down a barrage* see **barrage II**
lay·er [~ə(r)] *n* sloj; naslaga; prevlaka; *in* ~s u slojevima; *a social* ~ društveni sloj; *a thick* ~ debeo sloj; *a* ~ *of dust* prevlaka prašine
layer cake filovana torta
lay·er-on [~-an]; *[o]* *n* (printing) ajnleger
lay·ette [lej'et] *n* komplet dečjeg (dječjeg) rublja
lay in *v* nagomilati, snabdeti (snabdjeti) se; *to lay in supplies* nagomilati zalihe
lay·man ['lejmən] *n* (-men [min]) *n* laik
lay·off *v* 1. otpustiti (s posla) 2. (colloq.) odustati; *lay off!* ostavi to!
lay off [~of] *n* 1. otpuštanje 2. zastoj

lay on v 1. see **lay** IV 12 2. (esp. Br.) snabdeti (snabdjeti)
lay out v 1. izdati; *to lay out a lot of money* izdati mnogo novca 2. spremiti; *to lay out a corpse* obući i izložiti mrtvaca 3. trasirati; *to lay out a road* trasirati put 4. (colloq.) nokautirati; *I laid him out (cold)* nokautirao sam ga
lay·out [~aut] n 1. raspored 2. projekat, plan 3. (colloq.) prostorije; *the company has quite a ~ in Paris* preduzeće (W: poduzeće) ima lepe (lijepe) prostorije u Parizu 4. maketa
lay over v prekinuti putovanje; *to lay over in London* prekinuti putovanje u Londonu
lay·o·ver [~ouvə(r)] n prekid putovanja
lay person laik, nestručno lice
lay up v 1. skupiti, nagomilati 2. prikovati uz postelju; *he was laid up with (the) flu* ležao je bolestan od gripa 3. (basketball) *to lay up a shot* or: *to lay it up* postići pogodak ispod koša
lay·up [~əp] n (basketball) pogodak ispod koša
la·zi·ness ['lejzijnis] n lenivost, lenjost (lijenost)
la·zy ['lejzij] a 1. leniv, lenj (lijen) 2. trom
la·zy·bones [~bounz] *(pl has zero)* n lenjivac (ljenjivac), lenčuga (ljenčuga)
lazy Su·san ['sūzən] poslužavnik koji se obrće
L-driver [el] (Br.) osoba koja uči da vozi
leach [lijč] v tr namočiti, raskvasiti
lead I [lijd] n 1. vođstvo; prednost; *to be in the ~* biti u vođstvu; *to take the ~* preuzeti vođstvo, povesti; *a ten-point ~* prednost od deset poena; *a ~ over smb.* prednost pred (nad) nekim 2. savet (savjet); *he gave me several ~s* dao mi je nekoliko saveta 3. rukovodstvo, rukovođenje; *to take the ~* preuzeti rukovodstvo 4. glavna uloga; prvi glumac; *who has the ~?* ko (tko) igra glavnu ulogu? 5. (cards) polaženje 6. (in a newspaper) prvi redak; prvi stav 7. povodac 8. (elec.) vod 9. (mil.) preticanje (pri otvaranju vatre na pokretni cilj)
lead II [lijd]; *led* [led] 1. tr voditi; *to ~ a group (a people, troops)* voditi grupu (narod, trupu); *to ~ an interesting life* voditi interesantan život 2. tr dirigovati; *to ~ an orchestra* dirigovati orkestrom 3. tr zauzimati prvo mesto — mjesto (na); *his name led the list* on je bio prvi na spisku 4. tr navesti; pobuditi; *to ~ smb. astray* navesti nekoga na zlo; *what led him to sell his house?* šta (što) ga je navelo da proda kuću? *to ~ smb. into danger* navesti nekoga na tanak led 5. tr preticati; *to ~ an airplane* preticati avion 6. tr odvesti, dovesti; *to ~ smb. to the top of a mountain* odvesti nekoga do vrha planine; *this road will ~ you to town* ovaj će vas put dovesti u grad 7. intr (sports) voditi; *they are ~ing by five points* oni vode sa pet bodova 8. intr voditi; *alcoholism ~s to ruin* alkoholizam vodi u propast; *the door ~s into the corridor* vrata vode u hodnik; *the stairs ~ to the attic* stepenice vode na tavan; *where does that all ~ to?* čemu sve to vodi? 9. tr and intr dovesti; nagnati; *to ~ (smb.) into temptation* dovesti (nekoga) u iskušenje; *that ~s to alcoholism* to dovodi do alkoholizma; *violence ~s to violence* nasilje nagoni na nasilje 10. intr ići; *this road ~s along*

the river ovaj put ide pored reke (rijeke) 11. misc.; *to ~ a dog's life* živeti (živjeti) sasvim bedno (bijedno); *to ~ a double life* živeti dvojnim životom; *to ~ off* početi; *to ~ on* mamiti, zavoditi; *to ~ the way* poslužiti kao primer (primjer); *to ~ a witness* sugerisati odgovore svedoku (svjedoku)
lead III [led] n 1. olovo 2. (printing) prored
lead IV [led] a 1. olovni; *a ~ coating* olovni omotač; *like a ~ balloon* bez efekta 2. grafitni; *a ~ pencil* grafitna olovka
lead V [led] v tr prorediti
lead around [lijd] v 1. obvesti, provesti unaokolo; *he led them around the building* obveo ih je oko zgrade 2. misc.; *to lead around by the nose* vući na nos
lead arsenate [led] olovo arsenat
lead carbonate [led] karbonat olova
lead chromate [led] olovo-hromat (kromat)
lead·en ['ledn] a 1. olovni 2. (fig.) težak 3. (fig.) trom 4. (fig.) siv; namršten
lead·er ['lijdə(r)] n 1. vođa; rukovodilac; *national ~s* narodne vođe 2. dirigent (see also **conductor** 3) 3. (Br.) uvodnik (see also **editorial**) 4. konj prednjak 5. (printing, in pl) tačke (W: točke) vodilje 6. (Br.) prva violina 7. (sports and fig.) vodeći
lead·er·less [~lis] a bez vođe
lead·er·ship ['lijdə(r)šip] n 1. rukovođenje; komandovanje; liderstvo 2. (coll.) vođe; rukovodioci 3. komandni sastav 4. komandne osobine, rukovodilački kapacitet
lead-free [led] see **unleaded**
lead·ing I ['lediñg] n proređivanje
leading II ['lijdiñg] a 1. rukovodeći 2. glavni; *a ~ factor* glavni faktor; *a ~ role* glavna uloga 3. prvi; *a ~ lady* prva junakinja; *a ~ man* prvi junak, ljubavnik 4, sugestivan; *a ~ question* sugestivno pitanje 5. (aviation) *~ edge* napadna (prednja) ivica, rub krila
leading article Br; see **leader** 3
leading reins (Br.) vođice za dete (dijete) dok uči hodati
leading strings (Br.) rukovodstvo; *to keep in ~* rukovoditi
lead off [lijd] v početi
lead·off ['lijdof] n početak
lead on [lijd] v mamiti; varati; *to lead smb. on* navesti nekoga na zlo
lead out [lijd] v izvesti; *to lead a child out of a room* izvesti dete (dijete) iz sobe
lead poisoning [led] trovanje olovom
lead sulfate [led] olovo sulfat
lead up [lijd] v 1. odvesti; *to lead up to the top* odvesti do vrha 2. voditi; *to lead up to smt.* voditi nečemu
lead·wort ['ledwə(r)t] n (bot.) blitvina
leaf [lijf] *(leaves* [lijvz]) n 1. (bot.) list; *the leaves are falling* lišće pada 2. umetak, preklopna daska (za sto — stol); stona ploča 3. list (u knjizi) 4. krilo (vrata) 5. tanka pločica, listić, folija 6. misc.; *to take a ~ out of a person's book* ugledati se na nekoga; *to turn over a new ~* početi nov život, okrenuti drugi list
leaf·age [~idž] n lišće
leaf·less [~lis] a bez lišća

leaf·let [~lit] *n* 1. listić 2. letak; *to distribute ~s* deliti (dijeliti) letke

leaf sight preklapač

leaf through *v* prelistavati; listati; *to leaf through a book (a newspaper)* prelistavati knjigu (novine)

leaf·y [~ij] *a* lisnat

league I [lijg] *n* 1. liga, savez 2. (sports) liga

league II *v intr* (usu.: *to ~ up, together)* udružiti se

league III *n* morska milja

League of Nations Društvo (Liga) naroda

leak I [lijk] *n* 1. pukotina; *to spring a ~* procuriti 2. prodor vode; isticanje 3. curenje, procurenje; *an information ~* curenje informacija 4. (vul.) mokrenje

leak II *v* 1. *tr* propustiti; (fig.) *to ~ information* otkriti podatke 2. *intr* curiti; puštati (propuštati) vodu; *this pot ~s* ova šerpa curi; *the milk ~ed out of the bottle* mleko (mlijeko) je iscurilo iz flaše; *our roof ~s* naš krov propušta (kišu)

leak·age [~idž] *n* 1. propuštanje, curenje, isticanje; *the ~ of information* procurenje izveštaja (izvještaja) 2. (comm.) likaža, gubitak robe (u tekućem stanju)

leak out *v* iscuriti

leak·y [~ij] *a* propustljiv, koji curi; *a ~ bucket* vedro koje curi

lean I [lijn] *a* 1. mršav; *~ meat* mršavo meso 2. postan; *a ~ mixture* posna smesa (smjesa) 3. gladan neplodan; **seven ~ years* sedam gladnih godina

lean II *n* nagnuće, nagib

lean III *v* 1. *tr* nagnuti, nasloniti, osloniti, prisloniti; *~ your head on my shoulder* nasloniti glavu na moje rame; *to ~ a board against a wall* osloniti dasku na zid 2. *intr* nagnuti se, nasloniti se, osloniti se, prisloniti se; *do not ~ out of the window* ne naginji se kroz prozor; *she ~ed over* ona se nagla; *to ~ on smb.* nasloniti (osloniti) se na nekoga; *he ~ed against the wall* prislonio se uza zid; *to ~ over the rail* naginjati se preko ograde 3. *intr (to ~ toward smt.)* naginjati (nečemu) 4. misc.; **to ~ over backwards* biti veoma popustljiv

lean·ing [~ing] *n* naginjanje, sklonost

Leaning Tower of Pisa kriva kula u Pizi

lean-to [~-tū] *n* prislonjena (mala) zgrada

leap I [lijp] *n* skok; *by ~s and bounds* veoma brzo (see also **jump** I)

leap II *-ed* or *lept* [lept] *v* 1. *tr* preskočiti 2. *intr* skočiti; *to ~ from a bridge* skočiti sa mosta; *to ~ with joy* skočiti od radosti; *to ~ to one's feet* skočiti na noge; (fig.) *he ~ed at the offer* oberučke (objeručke) je prihvatio ponudu (see also **jump** II)

leap-frog I [~frag]; [o] *n* preskakanje preko glave (igra)

leapfrog II *v* 1. *tr* preskočiti 2. *intr* kretati se u skokovima

leap year prestupna godina

learn [lə(r)n]; *-ed* or *learnt* [~t] *v* 1. *tr* naučiti; *he ~ed the lesson* on je naučio lekciju; *to ~ a trade* naučiti zanat; *to ~ by heart* naučiti napamet 2. *intr* učiti; *she ~s quickly* ona brzo uči; *to ~ from old* učiti od 3. *intr* (or: *to ~ how)* naučiti; *he is ~ing (how) to drive* on uči da vozi; *the child ~ed (how) to read* dete (dijete)

je naučilo da čita 4. *intr* saznati; *to ~ about smt.* saznati za nešto (o nečemu)

learn·ed [~id] *a* učen, obrazovan

learn·er [~ə(r)] *n* učenik

learn·ing [~ing] *n* učenje

learning disability nervna bolest koja ometa učenje

lear·y see **leery**

lease I [lijs] *n* iznajmljivanje; zakup; zakupni ugovor; *the ~ is running out* zakup ističe; **a new ~ on* (Br.: *of)* life nova životna snaga

lease II *v tr* iznajmiti; uzeti u zakup (see also **lease out**)

lease·hold·er [~houldə(r)] *n* zakupac

lease out *v* iznajmiti, izdati u zakup

leash I [lijš] *n* uzica; povodac; *a dog ~* uzica za psa

leash II *v tr* obuzdati

least I [lijst] *n* najmanja količina; *at ~* bar; *at the (very) ~* u najmanju ruku; *to say the ~* najblaže rečeno; *not in the ~* nimalo; *~ of all* ponajmanje

least II *a* and *adv (super* of **little** II 2, 3, III) najmanji; *the ~ amount* najmanja količina; (math.) *the ~ common multiple* najmanji zajednički sadržilac; **last but not ~* see **last** III 4

least·wise [~wajz] *adv* bar

leath·er I ['lethə(r)] *n* (štavljena) koža; *the book is bound in ~* knjiga je povezana u kožu

leather II *a* kožni; *~ goods* kožna galanterija; *a ~ coat* kožni kaput

leath·er·y [~rij] *a* poput kože; smežuran

leave I [lijv] *n* 1. dozvola; dopuštenje; *by your ~* s vašim dopuštenjem 2. rastanak; *to take ~ of smb.* rastati se s nekim (od nekoga); **to take French ~* otići bez zbogom, iskrasti se iz društva 3. odsustvo; *to be on ~* biti na odsustvu; *to return from ~* vratiti se sa odsustva; *a research ~* odsustvo radi naučnog rada

leave II *left* [left] *v* 1. *tr* ostaviti; *he left the book on the table* ostavio je knjigu na stolu; *to ~ a door open* ostaviti vrata otvorena; *he left the lamp burning* ostavio je lampu da gori; *I left him far behind (me)* ostavio sam ga daleko za sobom; *to ~ smb. (waiting) outside* ostaviti nekoga (da čeka) napolju (W: vani); *to ~ no trace* ne ostaviti ni traga; *he left nothing for me* ništa mi nije ostavio; *I ~ it to you (to choose)* tebi ostavljam da biraš; *let's ~ things as they were* ostavimo po starom; *we ~ you to your fate* ostavljamo te tvojoj sudbini; *~ this spot blank* ostavi ovo mesto (mjesto) čisto; *~ me alone!* ostavi me na miru! *to ~ smt as security* ostaviti nešto kao zalogu; *let's ~ that aside* ostavimo to na stranu; *to ~ a message* ostaviti poruku; **to ~ smb. in the lurch* ostaviti nekoga na cedilu (cjedilu) 2. *tr* zaveštati (zavještati), ostaviti; *he left nothing for me* ništa mi nije ostavio 3. *tr* napustiti, ostaviti; *to ~ one's wife* napustiti ženu; *to ~ a room* napustiti sobu; *to ~ home* otići iz kuće 4. *intr* otići, otputovati, putovati; *to ~ on a trip (for home)* otići na put (kući); *he wants me to ~* on želi da odem; *to ~ for California* otputovati u Kaliforniju; *the ship ~s at ten* brod polazi u deset 5. misc.; *two from five*

~s *three* 2 od 5 daje 3; *to* ~ *off* prestati; **to* ~ *well enough alone* ne preduzimati (W: poduzimati) više ništa; *if there is any money left over* ako ostane novaca; *there's nothing left for me to do but to*... ništa mi drugo ne preostaje nego da...
leave behind *v* ostaviti za sobom
leav·en I ['levən] *n* 1. kvasac 2. (fig.) snažan uticaj
leaven II *v tr* 1. metnuti kvasca (u); prouzrokovati vrenje (u) 2. (fig.) prožeti; ublažiti
leav·en·ing [~ing] *n* kvasac
leave off *v* 1. prekinuti (rad); *where did we leave off?* gde (gdje) smo prekinuli rad? 2. misc. *he left the light off* otišao je ugasivši svetlo (svjetlo)
leave on *v* ostaviti da gori; *he left the lamp on* ostavio je lampu da gori
leave out *v* propustiti, izostaviti; *that could be left out* to bi moglo izostati; *to leave a letter out* or: *to leave out a letter* propustiti slovo
leaves see **leaf**
leave-tak·ing [~-tejking] *n* rastanak
leav·ings ['lijvingz] *n pl* ostaci
Leb·a·nese I [lebə'nijz] *(pl* has zero) *n* Libanac (W: Libanonac)
Lebanese II *a* libanski (W: libanonski)
Leb·a·non ['lebənən] *n* (Br. also: *the* ~) Liban (W: Libanon)
lech·er ['lečə(r)] *n* pohotljivac
lech·er·ous [~rəs] *a* pohotljiv, razvratan
lech·er·y [~rij] *n* pohotljivost, razvratnost
lec·tern ['lektə(r)n] *n* naslon za čitanje, pult
lec·tion ['lekšən] *n* varijanta; lekcija
lec·tor ['lektə(r)] *n* lektor
lec·ture I ['lekšə(r)] *n* 1. predavanje; *to give a* ~ održati predavanje; *to attend (follow) a* ~ ići na (pratiti) predavanje 2. pridika
lecture II *v* 1. *tr* ukoriti; *to* ~ *smb.* očitati nekome lekciju 2. *intr* držati predavanja
lecture hall (velika) slušaonica
lec·tur·er [~rə(r)] *n* 1. predavač 2. (Br.; at a university) docent
lec·ture·ship [~šip] *n* zvanje predavača
lecture theatre Br.; see **lecture hall**
led see **lead II**
ledge [ledž] *n* 1. ispupčena ivica, obod 2. (mining) sloj, ležište
ledg·er [~ə(r)] *n* 1. (comm.) glavna knjiga 2. nadgrobna kamena ploča 3. (archit.) vodoravna greda skele
ledger bait učvršćeni mamac (za ribe)
ledger line (mus.) pomoćna linija
lee I [lij] *n* zavetrina (zavjetrina)
lee II *a* zavetrinski (zavjetrinski)
leech [lijč] *n* pijavica; *to apply* ~es stavljati (metati) pijavke
leek [lijk] *n* praziluk (W: poriluk)
leer I [lij(r)] *n* cerenje, zloban pogled, pohotan pogled
leer II *v intr* ceriti se; *to* ~ *at smb.* ceriti se nekome
leer·y [~rij] *a* sumnjičav, nepoverljiv (nepovjerljiv); ~ *of* podozriv prema
lees [lijz] *n pl* talog, mutljag
lee shore obala izložena vetru (vjetru)
lee·ward [~wə(r)d] *a* zavetrinski (zavjetrinski)

lee·way [~wej] *n* 1. zanošenje broda (strujom, vetrom — vjetrom) 2. (fig.) sloboda, nesmetanost
left I [left] *n* 1. leva (lijeva) strana; *on the* ~ s leve strane; *to turn to the* ~ skrenuti nalevo (nalijevo); *to keep to the* ~ držati se leve strane 2. (pol.) *(the* ~) levica (ljevica) 3. (boxing) udarac levom rukom; *a straight* ~ levi direkt 4. (soccer) (a.) *outside* ~ levo krilo; (b.) *inside* ~ leva polutka (spojka)
left II *a* levi (lijevi); *the* ~ *hand* leva ruka; (sports) *a* ~ *back* levi branič
left III *adv* levo (lijevo); nalevo (nalijevo); *turn* ~ skreni levo; (mil.) ~ *face!* nalevo! (mil.) ~ *dress!* nalevo ravnajs!
left IV see **leave II**; *he has no money* ~ nema više novaca
left-hand [~-haend] *a* levi (lijevi)
left-hand·ed [~id] *a* 1. levoruk (ljevoruk); *a* ~ *person* levak (lijevak) 2. nespretan 3. neiskren; *a* ~ *compliment* neiskren kompliment 4. morganatski
left-hand·er [~ə(r)] *n* levak (ljevak)
left·ism [~izəm] *n* levičarstvo (ljevičarstvo)
left·ist I [~ist] *n* levičar (ljevičar)
left·ist II *a* levičarski (ljevičarski)
left-lug·gage [~-ləgidž] *n* (Br.) (or: ~ *office)* garderoba (see also **checkroom**)
left-o·ver [~ouvə(r)] *a* neupotrebljen (neupotrijebljen)
left-o·vers [~z] *n pl* ostaci; *to eat* ~ jesti ostatke
left wing (pol.) levo (lijevo) krilo, levica (ljevica)
left-wing [~-wing] *a* levičarski (ljevičarski)
left-wing·er [~ə(r)] *n* levičar (ljevičar)
left·y [~ij] *n* (slang) levak (ljevak)
leg I [leg] *n* 1. (anat.) noga; *to stretch one's* ~s protegnuti noge; *his* ~s *are giving out* noge ga izdaju; *a wooden* ~ drvena noga 2. noga (stola, stolice) 3. nogavica (pantalona — W: hlača) 4. (aviation) deo (dio) puta 5. krak: *the* ~ *of a compass* kraci šestara 6. misc.; **he doesn't have a* ~ *to stand on* on nema nikakvog opravdanja; **to be on one's last* ~s biti pri kraju života, biti blizu kraha; **to pull smb.'s* ~ zadirkivati nekoga; **to shake a* ~ požuriti se
leg II *v* (colloq.) *(to* ~ *it)* ići peške (pješke)
leg·a·cy ['legəsij] *n* legat, zaveštanje (zavještanje)
le·gal ['lijgəl] *a* 1. zakonit, legalan; zakonski 2. sudski, pravni; ~ *costs* sudski troškovi; *a* ~ *precedent* sudski precedent; *a* ~ *remedy* pravni lek (lijek); *a* ~ *system* pravni sistem
legal age punoletnost (punoljetnost)
legal aid pružanje besplatne pravne pomoći siromašnima
legal holiday državni praznik
le·gal·i·ty [lij'gaelətij] *n* legalnost, zakonitost
le·gal·i·za·tion [lijgəli'zejšən]; *[aj]* *n* legalizacija
le·gal·ize ['lijgəlajz] *v tr* legalizovati
legal separation (pravom priznati) faktički prekid bračne zajednice, rastava
legal tender zakonsko sredstvo plaćanja
leg·ate ['legit] *n* izaslanik
le·ga·tion [lə'gejšən] *n* poslanstvo, legacija
leg·end ['ledžənd] *n* legenda (also on a map)
leg·en·dar·y [~erij]; *[r]* *a* legendaran

leg·er·de·main [ledžə(r)də'mejn] *n* opsenarstvo (opsjenarstvo)

leg·gings ['legiᵑgz] *n pl* gamašne

leg·gy ['legij] *a* dugonog

leg·horn ['legho(r)n] *n* 1. slamno pletivo 2. slamni šešir 3. vrsta kokoši

leg·i·bil·i·ty [ledžə'bilətij] *n* čitkost

leg·i·ble ['ledžəbəl] *n* čitak; ~ *handwriting* čitak rukopis

le·gion ['lijdžən] *n* 1. legija; *the American Legion* Američka legija (savez boraca); *the Foreign Legion* Legija stranaca 2. mnoštvo

le·gion·naire [lijdžə'nej(r)] *n* legionar

Legionnaires' disease oblik zapaljenja pluća (koji je bio prvi put identikovan na skupu Američke legije)

leg·is·late ['ledžislejt] *v* 1. *tr* stvoriti pomoću zakonodavstva 2. *intr* donositi zakone

leg·is·la·tion [ledžis'lejšən] *n* zakonodavstvo, legislacija

leg·is·la·tive ['ledžislejtiv] *a* zakonodavan, legislativan; *a* ~ *body* zakonodavno telo (tijelo); ~ *power* zakonodavna vlast; *the* ~ *branch (of government)* zakonodavna vlast

leg·is·la·tor [~tə(r)] *n* zakonodavac

leg·is·la·ture ['ledžislejčə(r)] *n* zakonodavno telo (tijelo)

le·git·i·ma·cy [lə'džitəməsij] *n* zakonitost

le·git·i·mate I [lə'džitəmit] *a* zakonit; legitiman; *a* ~ *child* zakonito dete (dijete)

legitimate II [~mejt] *v tr* ozakoniti

le·git·i·ma·tize [~tajz] *v tr* ozakoniti

le·git·i·mist [lə'džitəmist] *n* legitimist

leg·less [~lis] *a* beznog; *a* ~ *invalid* invalid bez nogu

leg man (colloq.) trčkaralo

leg-of-lamb [leg-ə-'laem] *n* (cul.) jagnjeće (W: janjeće) nožice

leg·room [~rūm] *n* prostor za opružanje nogu

leg·ume ['legjūm], [lə'gjūm] *n* mahuna

le·gu·mi·nous [lə'gjūmənəs] *a* mahunast

leg·work ['legwə(r)k] *n* (colloq.) trčkaranje

Le Havre [lə 'havrə] (geog.) Avr

lei·sure I ['lijžə(r)]; [e] *n* dokolica, slobodno vreme (vrijeme)

leisure II *a* slobodan; ~ *time* slobodno vreme (vrijeme)

lei·sure·ly I [~lij] *a* lagan, ležeran, nežuran

leisurely II *adv* lagano, ležerno, nežurno

leisure suit odelo (odijelo) za dokolicu

leit·mo·tif ['lajtmoutijf] *n* lajtmotiv

lem·ma ['lemə] (-s or -ata [ətə]) *n* 1. premisa, lema 2. tema, predmet

lem·ming ['lemiᵑg] *n* (zool.) leming

lem·on I ['lemən] *n* 1. limun; ~s *taste sour* limun ima kiseo ukus 2. (colloq.) neispravna stvar; *his new car was a* ~ nova kola su mu bila neispravna

lemon II *a* limunov, limunski; ~ *juice* limunov sok

lem·on·ade [lemə'nejd] *n* 1. limunada 2. Br.; see **lemon soda**

lemon lime vrsta gazirane limunade

lemon soda gazirana limunada

lemon squash (Br.) vrsta limunade

lem·on·y ['lemənij] *a* limunast

le·mur ['lijmə(r)] *n* (zool.) lemur

lem·u·res ['lemjūrijz] *n pl* (myth.) lemuri

lend [lend]; *lent* [lent] *v* 1. *tr* pozajmiti, posuditi; *to* ~ *smt. to smb.* pozajmiti nešto nekome; *the library* ~s *(out) books* biblioteka pozajmljuje knjige 2. *tr* dati na zajam; *to* ~ *(out) money* dati novac na kamatu 3. *tr* pružiti; *to* ~ *a hand* pružiti pomoć 4. *refl* biti prikladan, podesan; *it does not* ~ *itself to translation* nije prikladan za prevođenje 5. *intr* davati u pozajmicu 6. misc.; *to* ~ *support to smt.* podržati nešto

lend·ing library [~iᵑg] pozajmna biblioteka

lend-lease [~lijs] *n* (hist. WW II) zakon o zajmu i najmu (oružja)

lend out *v* see **lend** 1, 2

length [leᵑg(k)th] *n* 1. dužina (W also: duljina); *the* ~ *of a trip* dužina puta 2. (sports) dužina; *our shell won by four* ~s pobedili (pobijedili) su naši veslači za četiri dužine 3. misc.; *to go to any* ~(s) učiniti sve moguće; *at great* ~ opširno, nadugačko i naširoko; *to keep smb. at arm's* ~ držati nekoga na odstojanju

length·en [~ən] *v* 1. *tr* produžiti (W: produljiti); *to* ~ *a coat (a skirt)* produžiti kaput (suknju) 2. *intr* produžiti (W: produljiti) se

length·wise [~wajz] *adv and a* po dužini

length·y [~ij] *a* dugačak; razvučen, opširan; *a* ~ *report* opširan izveštaj (izvještaj)

le·ni·en·cy ['lijnijənsij], [jə] *n* blagost

le·ni·ent [~nt] *a* blag, popustljiv

Len·in·grad ['leningraed] *n* Lenjingrad

Len·in·ism ['leninizəm] *n* lenjinizam

Len·in·ist [~nist] *a* lenjinski

le·nis I ['lijnis] (*lenes* ['lijnijz]) *n* (ling.) slab suglasnik

lenis II *a* (ling.) slab

lens [lenz] *n* objektiv, sočivo; leća; *a concave (convex)* ~ konkavno (konveksno) sočivo; *contact* ~es kontaktna sočiva; *a converging (diverging)* ~ sabirno (rasipno) sočivo; *hard (soft)* ~es tvrda (meka) sočiva; *to grind a* ~ izbrusiti sočivo

lent see **lend**

Lent [lent] *n* (rel.) Veliki post

Lent·en [~ən] *a* koji se odnosi na Veliki post; posni

len·til ['lentəl] *n* leća, sočivo

Lent term (Br.) prolećni (proljećni) semestar

Le·o ['lijou] *n* (astrol.) lav

le·o·nine ['lijənajn] *a* lavovski

leop·ard ['lepə(r)d] *n* leopard

leop·ard·ess [~is]; [~'des] *n* leopardica

le·o·tards ['lijətə(r)dz] *n pl* hula-hopke (see also **tights**)

lep·er ['lepə(r)] *n* gubavac

lep·re·chaun ['leprəkan], [o] *n* (Irish folk.) duh, đavolak

lep·ro·sar·i·um [leprə'sejrijəm] (-s or -ia [ijə]) *n* leprozorij, leprozorijum

lep·ro·sy ['leprəsij] *n* guba, lepra

lep·rous ['leprəs] *a* gubav, leprozan

les·bi·an I ['lezbijən] *n* lezbijka

lesbian II *a* lezbijski

les·bi·an ism [~izəm] *n* lezbijska ljubav

lese majesty [lijz] (French) veleizdaja

le·sion ['lijžən] *n* ozleda

Le·so·tho [lə'soutou] *n* Lesoto

less [les] 1. *a* manje; ~ *money* manje novca *(comp* of little II 2, 3, III) 2. *n* manje; *he has* ~ on ima manje; *a little* ~ malo manje; *much (a lot)* ~ mnogo manje; *no* ~ *than* ništa manje nego

less·see [le'sij] *n* zakupac, zakupnik

less·en ['lesən] *v* 1. *tr* smanjiti 2. *intr* smanjiti se

less·er [~ə(r)] *a* manji; *to a* ~ *degree* u manjoj meri (mjeri); *to select the* ~ *of two evils* birati od dva zla manje

les·son [~ən] *n* lekcija; pouka; *to learn a* ~ izvući pouku; *a* ~ *to all* pouka svima

les·sor [~o(r)] *n* najmodavac

lest [lest] *conj* da ne bi; ~ *he fall ill* da ne bi oboleo (obolio)

let I [let] *n* 1. (tennis) ponovna lopta 2. prepreka; *without* ~ *or hindrance* nesmetano

let II *let* [let] *v tr* 1. pustiti, dozvoliti; ostaviti; *she let the soup get cold* pustila je supu (W: juhu) da se ohladi; *I* ~ *him go* pustio sam ga da ide; ~ *my arm go!* pusti mi ruku! *he let the engine warm up* pustio je motor da se zagreje (zagrije); *they let us do that* dozvolili su nam da to uradimo; ~ *him speak!* ostavi ga da govori! ~ *me alone!* ostavi me na miru! (see also **allow** 1) 2. (as aux. to form the third person *imper*) neka; ~ *them come in* neka uđu; ~ *him write his homework first* neka prvo napiše zadatak; *so* ~ *it be!* neka bude! 3. (Br.) izdati (pod kiriju) 4. *(let's)* hajde, hajdemo, hajdete; ~*'s go to the movies* hajdemo u bioskop (W: kino); ~*'s play* hajde da se igramo 5. opustiti, *to* ~ *go of the reins* opustiti uzdu; *to* ~ *one's wings droop* opustiti krilo 6. misc.; *to* ~ *loose* pustiti, osloboditi; *to* ~ *up on smb.* postati popustljiviji prema nekome; *to* ~ *know* obavestiti (obavijestiti), javiti; *to* ~ *oneself in* ući (u stan) sam; *to* ~ *an opportunity slip by* ispustiti priliku

let III *n* (Br.) iznajmljivanje

let alone see **alone** 2

let down *v* 1. spustiti; *to let a landing gear down* izvući stajni trap 2. ostaviti na cedilu (cjedilu), izneveriti (iznevjeriti) 3. razočarati 4. misc.; *to let one's hair down* napraviti terevenku

let·down [~daun] *n* razočaranje, razočarenje

le·thal ['lijthəl] *a* smrtonosan

le·thar·gic [lə'tha(r)džik] *a* letargičan

leth·ar·gy ['lethə(r)džij] *n* letargija

let in *v* 1. pustiti (da uđe) 2. misc.; *to let smb. in on a secret* otkriti nekome tajnu; *to let oneself in for a lot of trouble* pribaviti sebi neprilike

let loose *v* osloboditi

let off *v* 1. ispustiti; dati; *to let off steam* dati oduška osećanjima (osjećanjima) 2. osloboditi; *he was let off with a light sentence* osuđen je na blagu kaznu; *he was let off with a small fine* prošao je s malom kaznom; *to let smb. off the hook* izvući nekoga iz škripca

let on *v* (colloq.) odati tajnu; *he knew the facts, but he never let on* on je znao činjenice, ali nikad nije davao da se to primeti (primjeti)

let out *v* 1. (esp. Br.) otkriti 2. proširiti; *to let out a dress (skirt, trousers)* proširiti haljinu (suknju, pantalone — W: hlače) 3. pustiti;

he let the dog out pustio je psa (iz kuće); *not to let out of sight* ne puštati iz vida; *to let the cat out of the bag* izbrbljati se, istrtljati tajnu 4. završiti se; *school lets out at three o'clock* škola se završava u tri sata

let's [lets] see **let II 4**

Lett [let] see **Latvian I 1**

let·ter I ['letə(r)] *n* 1. slovo; *a capital (small)* ~ veliko (malo) slovo 2. pismo; *an airmail (business, love, registered, special-delivery)* ~ avionsko (poslovno, ljubavno, preporučeno, ekspresno) pismo; *a* ~ *of recommendation* pismo sa preporukom (i mišljenjem o nekoj osobi); *to mail a* ~ ubaciti pismo u poštansko sanduče; *a* ~ *of credit* kreditno pismo; ~*s to the editor* pisma uredništvu 3. (in *pl*) književnost; *a man of* ~*s* književnik 4. (printing) slovo; *Cyrillic (Latin)* ~*s* ćirilska (latinska) slova 5. (sports) inicijali škole kojima se nagrađuje učenik (student) za uspehe (uspjehe) u sportu

letter II *v* 1. *tr* označiti slovima 2. *intr* pisati slova

letter bomb pismo s bombom

let·ter·box [~baks]; [o] *n* (esp. Br.) poštansko sanduče (see also **mailbox**)

letter carrier poštar, pismonoša (also **mailman**)

let·ter·head [~hed] *n* 1. zaglavlje pisma 2. list sa odštampanim imenom firme u zaglavlju

let·ter·ing [~ring] *n* 1. (coll.) slova 2. pisanje slova

letter man (sports) član školske ekipe (koji je nagrađen inicijalima škole)

let·ter·per·fect [~pə(r)fikt] *a* savršen, bez greške

let·ter·press [~pres] *n* 1. štampanje 2. štamparska mašina (W: tiskarski stroj) 3. (Br.) štampani tekst

letter-quality printer (C.) štampač za kvalitetan ispis

letters see **letter I 3**

let·ter·space [~spejs] *v tr* spacionirati

Let·tish [~iš] see **Latvian I 2, II**

let·tuce ['letəs] *n* (zelena) salata; *a head of* ~ glavica salate

let up *v* 1. stišati se, popustiti, jenjati, malaksati; *the cold has let up* hladnoća je popustila; *the storm let up* bura se stišala; *the pain has let up* bolovi su popustili 2. popustiti; *to let up on smb.* postati popustljiviji prema nekome

let·up [~əp] *n* prekid; *without* ~ bez prekida

leu·cine ['lüsijn] *n* (chem.) leucin

leu·cor·rhe·a see **leukorrhea**

leu·cot·o·my [lü'katəmij]: [o] Br.; see **lobotomy**

leu·ke·mi·a [lü'kijmijə] *n* leukemija

leu·ko·cyte ['lükəsajt] *n* leukocit

leu·ko·ma [lü'koumə] *n* (med.) leukom

leu·kor·rhe·a [lükə'rijə] *n* (med.) leukoreja, beo (bio) odliv iz vagine

Le·vant [lə'vaent] *n* Levant

Le·van·tine I [~in] *n* Levantinac

Levantine II *a* levantinski, levantijski

le·va·tor [lə'vejtə(r)] *(levatores* [levə'torijz]) *n* (anat.) mišić-podizač

lev·ee ['levij] *n* obalski nasip

lev·el I ['levəl] *n* 1. nivo; visina (W also: razina); *at various* ~*s* na raznim nivoima; *at the same* ~ na istom nivou; (mil.) *at division* ~ na divizijskom nivou; *at the highest* ~ na najvišem

nivou; *height above sea* ~ nadmorska visina; *fuel (noise, sea)* ~ nivo goriva (buke, mora) 2. instanca, instancija; (mil.) *a command* ~ komandna instanca; *the highest* ~*s* najviše instance 3. stepen, nivo; *a maintenance* ~ stepen remonta; *a high* ~ *of productivity* visok nivo produktivnosti 4. libela
level II *a* ravan; horizontalan; ~ *flight* horizontalan let; *to make* ~ poravnati
level III *v* 1. *tr* nivelisati 2. *tr* izravnati, poravnati; *to* ~ *the earth* izravnati zemlju 3. *tr* porušiti, srušiti; *to* ~ *old buildings* porušiti stare zgrade 4. *tr* (or: *to* ~ *off*) dovesti u horizontalan položaj; *to* ~ *off an airplane* dovesti avion u horizontalan položaj 5. *intr* (colloq.) biti iskren; *to* ~ *with smb.* biti iskren sa nekim
level crossing Br.; see **grade crossing**
lev·el·er [~ə(r)] *n* onaj koji izjednačuje
lev·el·head·ed [~hedid] *a* razborit, razuman
lev·el·ing rod [~iñg] šipka za nivelisanje
level off *v* 1. see **level III** 4 2. doći u horizontalan položaj
lev·er ['levə(r)]; [*ij*] 1. poluga; *a double (simple)* ~ dvokraka (jednokraka) poluga 2. ručica; *a brake* ~ ručica kočnice
lev·er·age [~ridž] *n* 1. rad poluge; snaga poluge 2. (fig.) moć, snaga
lever arm see **breaker arm**
le·vi·a·than [lə'vajəthən] *n* levijatan, morsko čudovište
Le·vis ['lijvajz] *n pl* vrsta farmerki
Le·vit·i·cus [lə'vitikəs] *n* (biblical) Levitski zakonik
lev·i·ty ['levətij] *n* 1. lakoća 2. lakomislenost 3. nestalnost
lev·y I ['levij] *n* 1. nametanje, skupljanje 2. regrutovanje
levy II *v tr* 1. nametnuti; skupiti; *to* ~ *a tax* nametnuti (skupiti) porez 2. regrutovati; *to* ~ *troops* regrutovati vojnike
lewd [lūd] *a* razvratan, nepristojan
lewd·ness [~nis] *n* razvratnost; nepristojnost
lew·is·ite ['lūisajt] *n* luizit
lex·i·cal ['leksikəl] *a* leksički, leksikalan
lex·i·cog·ra·pher [leksi'kagrəfə(r)]; [*o*] *n* leksikograf
lex·i·co·graph·ic [leksikou'graefik] *a* leksikografski
lex·i·co·graph·i·cal [~əl] see **lexicographic**
lex·i·cog·ra·phy [leksi'kagrəfij]; [*o*] *n* leksikografija
lex·i·co·log·i·cal [leksikə'ladžikəl]; [*o*] *a* leksikološki
lex·i·col·o·gist [leksi'kalədžist]; [*o*] *n* leksikolog
lex·i·col·o·gy [~ədžij] *n* leksikologija
lex·i·con ['leksikan]; [*o*] *n* 1. leksikon, rečnik (rječnik) 2. leksika
li·a·bil·i·ty [lajə'bilətij] *n* 1. odgovornost, obaveza; obaveznost; *to free smb. from* ~ osloboditi nekoga odgovornosti; *limited* ~ ograničena obaveznost 2. prepreka 3. mogućnost 4. (comm., in *pl*) pasiva
liability insurance osiguranje od odgovornosti
li·a·ble ['lajəbəl] *a* 1. odgovoran, obavezan 2. podložan; *that is* ~ *to duty* to podleže carini 3. (colloq.) moguć; *he is still* ~ *to come* on još može doći; *he is* ~ *to be ill* on može da bude bolestan

li·ai·son ['lijəzan], [~'ej~]; [lij'ejzən] *n* 1. veza 2. ljubavna veza 3. (ling.) vezivanje
liaison officer oficir veze
li·an·a [lij'aenə]; [*a*] *n* lijan
li·ar ['lajə(r)] *n* lažov, lažljivac
lib [lib] see **women's lib**
li·ba·tion [laj'bejšən] *n* 1. (rel.) prolivanje (prolijevanje) vina u slavu boga 2. (colloq.) alkoholno piće
li·bel I ['lajbəl] *n* 1. kleveta (see also **slander I** 1) 2. (legal) javna kleveta; *to commit* ~ naneti (nanijeti) klevetu (cf. **slander I** 2)
libel II *v tr* (pismeno) oklevetati (cf. **slander II**)
li·bel·ous [~əs] *a* klevetnički
lib·er·al I ['lib(ə)rəl] *n* liberal
liberal II *a* 1. liberalan; slobodouman; ~ *thought* liberalna misao 2. darežljiv 3. popustljiv, trpeljiv 4. opšteobrazovni (općeobrazovni); *the* ~ *arts* opšteobrazovni predmeti
lib·er·al·ism [~izəm] *n* liberalizam
lib·er·al·i·za·tion [libərəli'zejšən]; [*aj*] *n* liberalizacija
lib·er·al·ize ['libərəlajz] *v tr* liberalizovati
lib·er·ate [~rejt] *v tr* osloboditi; *to* ~ *a city (a country, a people, prisoners)* osloboditi grad (zemlju, narod, zarobljenike)
liberated *a*.(fig.) oslobođena tradicionalne uloge (žene) u društvu, emancipovana
lib·er·a·tion [libə'rejšən] *n* oslobođenje
lib·er·a·tor ['libərejtə(r)] *n* oslobodilac
Li·be·ri·a [laj'bijrijə] *n* Liberija
lib·er·tar·i·an [libə(r)'tejrijən] *n* slobodar, slobodnjak
lib·er·tine ['libə(r)tijn] *n* sladostrasnik, libertinac
lib·er·tin·ism [~izəm] *n* libertinizam
lib·er·ty ['libə(r)tij] *n* sloboda; *to take the* ~ *of...*; uzeti slobodu da...; *to take* ~*ties* drznuti se
li·bid·i·nous [li'bidənəs] *a* razvratan, pohotljiv, libidinozan
li·bi·do [li'bijdou], [*aj*] (-*s*) *n* libido
Li·bra ['lajbra], [*ij*] *n* (astrol.) Terazije, Vaga
li·brar·i·an [laj'brejrijən] *n* bibliotekar
li·brar·y ['lajbrerij]; [*r*] *n* biblioteka; knjižnica; *a municipal (public, university)* ~ gradska (javna, univerzitetska — W: sveučilišna) biblioteka
Library of Congress Kongresna biblioteka
library science bibliotekarstvo
li·bra·tion [laj'brejšən] *n* libracija
li·bret·tist [li'bretist] *n* libretista
li·bret·to [li'bretou] (-*s* or -*tti* [tij]) *n* libreto
Lib·y·a ['libijə] *n* Libija
Lib·y·an I [~n] *n* Libijac
Libyan II *a* libijski
lice see **louse 1**
li·cence esp. Br.; see **license I, II**
li·cense I ['lajsəns] *n* 1. dozvola; licenca; *a driver's* ~ vozačka dozvola 2. sloboda; *poetic* ~ pesnička (pjesnička) sloboda 3. razuzdanost, neobuzdanost
license II *v tr* 1. dati dozvolu (nekome) 2. dozvoliti
li·cen·see [~'sij] *n* (Br.) (ovlašćen) krčmar
license plate (on an automobile) registarska tablica
licensing laws (Br.) propisi o dozvoljavanju točenja alkoholnih pića

li·cen·ti·ate [laj'senšijejt] *n* 1. onaj kome je data zvanična dozvola 2. diploma 3. diplomirani
li·chen ['lajkən] *n* (bot. and med.) lišaj
lick I [lik] *n* 1. lizanje; *give me a* ∼ daj i meni da liznem 2. mala količina 3. (colloq.) udarac; ∼s batine
lick II *v* 1. *tr* lizati; *to* ∼ *one's fingers* lizati prste; *to* ∼ *plates clean* olizati tanjire; **to* ∼ *smb's boots* lizati nekome pete; **to* ∼ *one's lips* oblizivati se 2. *tr* (colloq.) izmlatiti; pobediti (pobijediti) 3. *intr* lizati; *the fire was* ∼*ing in all directions* vatra je lizala na sve strane 4. misc.; *to* ∼ *into shape* doterati (dotjerati); **he is* ∼ *ing his chops* rastu mu zazubice; **to* ∼ *one's wounds* oporavljati se od rana
lick·ing [∼iñg] *n* 1. lizanje 2. (colloq.) batine; *to get a good* ∼ izvući dobre batine 3. (colloq.) poraz; *they took* a ∼ pretrpeli (pretrpjeli) su poraz
lick·spit·tle [∼spitl] *n* ulizica
lic·o·rice ['likəriš]; [s] *n* sladić, slatki koren (korijen)
lid [lid] *n* poklopac; **to blow one's* ∼ razbesneti (razbjesnjeti) se
lie I [laj] *n* položaj; (Br.) *the* ∼ *of the land* see **lay II**
lie II *lay* [lej]; *lain* [lejn] *v intr* 1. ležati; *to* ∼ *in a ditch (on the grass, on the ground)* ležati u rovu (na travi, na zemlji); *to* ∼ *in (on a) bed* ležati u (na) krevetu; *to* ∼ *around* ležati svuda 2. misc; *to* ∼ *in* imati porođaj; **to let sleeping dogs* ∼ ostaviti stvar kako je; *to* ∼ *in one's power* biti u nečijoj vlasti; **to* ∼ *in wait* biti u zasedi; **to* ∼ *low* ostati skriven; *that lies heavy on your stomach* to je teško svariti; *to* ∼ *fallow* biti na ugaru, ležati neobrađen
lie III *n* laž; *an outright* ∼ gola (presna) laž; *to catch smb. in a* ∼ uhvatiti nekoga u laži; **a white* ∼ laž iz nužde; *to tell a* ∼ lagati; *to give the* ∼ *to* uterati (utjerati) u laž
lie IV *v intr* lagati; *to* ∼ *to smb.* lagati nekoga; *he* ∼s *to himself* on laže samoga sebe
lie about *v* (esp. Br.) biti lenj (lijen)
lie detector detektor laži, poligraf
lie detector test test na detektoru laži; *to subject smb. to (give smb.) a* ∼ podvrći nekoga testu na detektoru laži; *to take a* ∼ podvrći se testu na detektoru laži
lie down *(lay, lain) v* 1. leći; *lie down and go to sleep* lezi i spavaj; *to lie down on a bed* leći na krevet; **to lie down on the job* ne vršiti neki posao kako treba, zabušavati 2. ležati; *he was lying down* ležao je; **to take smt. lying down* primiti nešto bez protesta
lief [lijf] *adv* (rare) rado; *I would as* ∼ ... ja bih rado...
liege I [lijdž] *n* (hist.) 1. gospodar 2. vazal
liege II *a* 1. gospodarski 2. vazalni 3. odan, veran (vjeran)
liege·man [∼mən] (*-men* [min]) *n* 1. vazal 2. (fig.) veran (vjeran) podanik
lie in *v* 1. (Br.) ostati dugo u krevetu ujutru 2. imati porođaj
lien [lijn] *n* (legal) pravo pridržaja (zadržavanja)
lieu [lū] *n* mesto (mjesto); *in* ∼ *of* umesto (umjesto)

lieu·ten·ant [lū'tenənt]; [lef'tenənt] *n* 1. (army) poručnik (see **first lieutenant, second lieutenant**) 2. (navy) poručnik bojnoga broda; *a* ∼ *junior grade* poručnik fregate 3. zamenik (zamjenik)
lieutenant colonel (mil.) potpukovnik
lieutenant commander (naval) stariji poručnik bojnog broda
lieutenant general general-pukovnik
lieutenant governor zamenik (zamjenik) guvernera
life I [lajf] *(lives* [lajvz]) *n* 1. život, životni put: *a difficult (happy, miserable, stormy)* ∼ težak (srećan, bedan — bijedan, buran) život; *city (country, political, private)* ∼ gradski (seoski, politički, privatni) život; *family (married)* ∼ porodični (bračni) život; ∼ *on earth (after death)* ovozemaljski (zagrobni) život; *a sign (way) of* ∼ znak (način) života; *to risk one's* ∼ staviti život na kocku; *for one's whole* ∼ za ceo (cio) život; *a question of* ∼ *and death* pitanje života i smrti; *dangerous to* ∼ *and limb* opasno za život; *to enjoy* ∼ radovati se životu; *to give (sacrifice) one's* ∼ dati (žrtvovati) život; *the necessities of* ∼ životne potrebe; *to take a* ∼ oduzeti život, ubiti; *to take one's own* ∼ oduzeti sebi život; *for the* ∼ *of me!* života mi! *for* ∼ doživotno; *to come to* ∼ oživeti (oživjeti); **to lead a dog's* ∼ živeti (živjeti) psećim životom; **the* ∼ *of the party* duša društva; *as big (large) as* ∼ u prirodnoj veličini; **the* ∼ *of Riley* život na velikoj nozi; **to have the time of one's* ∼ prekrasno se provesti; *not on your* ∼ ni za šta (što); **where there's* ∼ *there's hope* čovek (čovjek) se nada dok je živ; *in the prime of* ∼ u cvetu (cvjetu) mladosti; **to have nine lives* biti veoma žilav; *to maintain* ∼ održavati život; *to lead an interesting* ∼ voditi interesantan život 2. vek (vijek); *engine* ∼ vek motora 3. biografija
life II *a* 1. životni 2. za spasavanje 3. misc.; *(average)* ∼ *expectancy* (prosečni — prosječni) ljudski vek (vijek); *to sentence to* ∼ *imprisonment* osuditi na doživotnu robiju
life assurance Br.; see **life insurance**
life belt pojas za spasavanje
life·blood [∼bləd] *n* 1. životna krv 2. životna snaga
life·boat [∼bout] *n* čamac za spasavanje
life buoy plovak za spasavanje
life expectancy srednji ljudski vek (vijek)
life·guard [∼ga(r)d] *n* 1. spasilac (na javnom kupalištu) 2. (Br.) vojnik telesne (tjelesne) straže
life insurance životno osiguranje, osiguranje života; *to take out* ∼ zaključiti osiguranje života
life jacket prsluk za spasavanje
life·less [∼lis] *a* beživotan
life·like [∼lajk] *a* crpen iz samog života, kao živ
life line 1. konopac za spasavanje 2. životna linija
life·long [∼loñg] *a* doživotni
life preserver 1. pojas za spasavanje 2. (Br.) see **blackjack**
lif·er [∼ə(r)] *n* (colloq.) osuđenik na doživotnu robiju
life raft splav za spasavanje
life·sav·er [∼sejvə(r)] *n* 1. spasilac 2. pojas za spasavanje

life·sav·ing I [~viñg] *n* spasavanje; služba spasavanja kupača
lifesaving II *a* spasilački; *a* ~ *station* stanica za spasavanje
life span ljudski vek (vijek)
life style način života
life-sup·port system [~-sə'po(r)t] (astron.) sistem za obezbeđivanje (obezbjeđivanje) života
life-threatening *a* opasan po život
life·time [~tajm] *n* 1. ljudski vek (vijek); život 2. vek trajanja
life·work [~wə(r)k] *n* životno delo (djelo)
lift I [lift] *n* 1. dizanje 2. (Br.) lift (see also **elevator** 1) 3. pomoć; podstrek 4. ohrabrenje; *he gave me a* ~ ohrabrio me je 5. sloj kože u peti cipele, fleka; *to put on* ~*s* staviti fleke 6. prevoz; *to give smb. a* ~ povesti nekoga kolima; *he gave us a* ~ *to the station* odbacio nas je do stanice 7. (aviation) sila uzgona
lift II *v* I. *tr* dići, podići; *to* ~ *a ban* dići zabranu; *to* ~ *a blockade* podići blokadu; *he can* ~ *150 pounds* on može da digne 150 funti; *to* ~ *a cover* podići poklopac; *to* ~ *a siege* dići opsadu; *to* ~ *a curfew* ukinuti policijski čas 2. *tr* (colloq.) ukrasti, dići, smotati 3. *intr* dizati se; *the fog is* ~*ing* magla se diže
lift·boy, lift·man Br.; see **elevator operator**
lift off *v* odlepiti (odlijepiti) se; *the plane lifted off the runway* avion se odlepio od piste
lift·off [~of] *n* (astron.) odleplivanje (odljepljivanje) (pri poletanju — polijetanju)
lig·a·ment ['ligəmənt] *n* (anat.) veza, ligament
lig·a·ture ['ligəču(r)] *n* 1. vezivanje 2. (med.) podveza, ligatura
light I [lajt] *n* 1. svetlost (svjetlost); *to look at in the* ~ pogledati prema svetlosti; *to show in a good* ~ prikazati u povoljnoj svetlosti 2. svetlo (svjetlo); *an electric* ~ električno svetlo; *to turn off (turn on) a* ~ ugasiti (upaliti) svetlo; (also fig.) *to get the green* ~ dobiti zeleno svetlo; *all the* ~*s* sva svetla; *a blinking* ~ trepćuće svetlo; *to throw* ~ *on smt.* baciti svetlo na nešto 3. videlo (vidjelo), svetlost; *to bring to* ~ izneti (iznijeti) na videlo; *to come to* ~ izići na videlo 4. vatra; *on (over) a low* ~ na tihoj vatri 5. misc.; *to give smb. a* ~ dati nekome da zapali; ~*s out* povečerje; *to see the* ~ *of day* ugledati sveta (svijeta); *to shed* ~ *on smt.* rasvetliti (rasvijetliti) nešto; (Br.) *according to his* ~*s* prema svom shvatanju; *he went out like a* ~ onesvestio (onesvijestio) se
light II *a* 1. lak; *a* ~ *blow* lak udarac; ~ *conversation (music)* laka konverzacija (muzika — W also: glazba); ~ *artillery (cavalry, infantry)* laka artiljerija (konjica, pešadija — pješadija); *a* ~ *object (suitcase)* lak predmet (kofer); ~ *food* laka hrana; ~ *weapons* lako oružje 2. blag; lak; *a* ~ *scorching* blaga paljevina; *a* ~ *sentence* laka kazna; ~ *rain* slaba kiša 3. misc.; *to make* ~ *of smt.* omalovažavati nešto
light III *adv* lako; *to travel* ~ putovati bez teškog prtljaga (W: teške prtljage)
light IV *a* svetao (svijetao); ~ *colors* svetle boje; ~-*blue* svetloplav

light V -*ed* or *lit* [lit] *v tr* 1. upaliti; zapaliti; pripaliti; *to* ~ *a fire (a match)* upaliti vatru (šibicu); *to* ~ *a pipe* zapaliti lulu 2. see **light up** 1
light VI -*ed* or *lit* [lit] *v intr* 1. sići 2. spustiti se 3. misc.; *misfortune* ~*ed upon him* zadesila ga je nesreća; *to* ~ *into smb.* napasti nekoga; *to* ~ *out* odmagliti, pobeći (pobjeći)
light beer lako pivo
light bulb sijalica (W: žarulja); *to put in (screw in) a* ~ postaviti sijalicu (also **bulb** 3)
light·en I [~ən] *v tr* osvetliti (osvijetliti)
lighten II *v tr* olakšati, učiniti lakšim
light·er I [~ə(r)] *n* upaljač
lighter II *n* (naut.) barža, peniša
lighter III *comp* of **light II, III, IV**
light·er-than-air [~ə(r)-thən-ej(r)] *a* lakši od vazduha (W: zraka)
light-fin·gered [~-fiñgə(r)d] *a* kradljiv, dugih prstiju
light-foot·ed [~futid] *a* lakonog
light-head·ed [~hedid] *a* 1. sulud 2. lakomislen
light-heart·ed [~ha(r)tid] *a* laka srca
light heavyweight bokser (W: boksač) poluteške kategorije
light·house [~haus] *n* svetionik (svjetionik)
lightouse keeper svetioničar (svjetioničar)
light·ing [~iñg] *n* rasveta (rasvjeta), osvetljenje (osvjetljenje)
light·ly [~lij] *adv* 1. blago, lako 2. bezbrižno 3. s omalovaženjem; *to speak* ~ *of smb.* omalovažavati nekoga 4. slabo; ~ *held* posednut (posjednut) malim snagama
light meter svetlomer (svjetlomjer)
light·ness I [~nis] *n* lakoća
lightness II *n* svetlina (svjetlina)
light·ning I [~niñg] *n* munja, grom; *he was killed by* ~ grom ga je ubio; *there was a flash of* ~ (or: *the* ~ *flashed*) sevnula (sijevnula) je munja; *he was struck by* ~ grom ga je pogodio; *greased* ~ veoma brz
lightning II *a* munjevit; ~ *war* munjeviti rat
lightning III *v intr* (pres. partic. is *lightning*) sevnuti (sijevnuti); *it is lightning* munje sevaju
lightning ar·rest·er [ə'restə(r)] *n* gromobran
lightning bug svitac
lightning conductor see **lightning rod**
lightning rod gromobran
lightning strike Br.; see **wildcat strike**
light opera opereta
lights [~s] *n pl* pluća (zaklane životinje)
light·ship [~šip] *n* brod svetionik (svjetionik)
light·some [~səm] *a* 1. graciozan, skladan 2. veseo 3. frivolan
lights-out *n* povečerje
light up *v* 1. rasvetliti (rasvijetliti), osvetliti (osvijetliti); *to light up a room* osvetliti sobu 2. ozariti se, razvedriti se; *his face lit up* ozarilo (razvedrilo) mu se lice 3. zapaliti, pripaliti (cigaretu); *he likes to light up a cigarette after lunch* on voli da pripali (cigaretu) posle (poslije) ručka 4. obasjati; *searchlights lit up the sky* reflektori su obasjavali nebo
light·weight [~wejt] *n* 1. bokser (W: boksač) lake kategorije 2. (fig.) nevažna osoba
light-year [~-jij(r)] *n* svetlosna (svjetlosna) godina

lig·ne·ous ['lignijəs] *a* drven
lig·nite ['lignajt] *n* lignit
lig·ro·in ['ligrouən] see **benzin**
lik·a·ble, like·a·ble ['lajkəbəl] *a* mio, ljubazan, simpatičan; *a ~ man* simpatičan čovek (čovjek)
like I [lajk] *n* simpatija, naklonost; *~s and dislikes* simpatije i antipatije
like II *v* 1. *tr* voleti (voljeti); uživati (u); *he ~s tea (the theater)* on voli čaj (pozorište — W: kazalište); *she ~s to read (reading)* ona voli da čita; *we ~ to have guests* volimo da (kad) nam dođu gosti; *to ~ most of all* voleti najviše; *I would ~ to see him* voleo bih da ga vidim; *he ~s his children to be at home in the evening* on voli da mu deca (djeca) budu uveče kod kuće 2. *tr* dopasti se; svideti (svidjeti) se; *she ~d him* dopao joj se; *how do you ~ the exhibit?* kako vam se dopada izložba? *you will ~ his new house* dopašće ti se njegova nova kuća; *I ~d the film* svideo mi se film; *you will ~ her* ona će ti se svideti; *did you ~ the play?* je li vam se svideo komad? 3. *intr* želeti (željeti); hteti (htjeti); *as you ~* kako hoćete (želite)
like III *n* slično; *and the ~* i tome slično; *I never saw the ~(s) of that* tako što još nikad nisam video (vidio)
like IV *a* 1. sličan; *on ~ occasions* u sličnim slučajevima 2. kakav; *what is he ~?* kakav je on? *~ father ~ son* kakav otac, takav sin 3. bolje; *there is nothing ~ French wine* nema ništa bolje od francuskog vina
like V *adv* kao; *he rushes around ~ crazy* juri kao lud
like VI *conj* 1. kao; *it feels ~ velvet* oseća (osjeća) se pod rukom kao baršun 2. (colloq.) kao da; *it looks ~ they are not at home* izgleda kao da nisu kod kuće (see also as if)
like VII *prep* 1. kao; *it looks ~ rain* izgleda kao da će padati kiša; *he behaves ~ a child* on se ponaša kao dete (dijete) 2. takav; *he wasn't ~ that before* nije bio takav ranije; *what is he ~?* kakav je on čovek (čovjek)? 3. da; *he felt ~ having a good time* htelo (htijelo) mu se da se proveseli; *he felt ~ going to Europe* njemu se prohtelo (prohtjelo) da putuje u Evropu; *he feels ~ sleeping* spava mu se 4. nalik na; *that is just ~ him* to je baš nalik na njega 5. sličan; *he is just ~ his brother* on je vrlo sličan svom bratu
like·a·ble see **likable**
like·li·hood [~lijhud] *n* verovatnoća (vjerovatnoća)
like·ly [~lij] *a* 1. verovatan (vjerovatan); *he is ~ to come* verovatno će doći; *we are ~ to have rain* verovatno će biti kiše 2. obrazložen, plauzibilan 3. pogodan, prikladan, podesan
like·mind·ed [~majndid] *a* istog mišljenja
li·ken ['lajkən] *v tr* uporediti (see also **compare II** 1)
like·ness [~nis] *n* sličnost
like·wise [~wajz] *adv* isto tako
lik·ing [~iŋg] *n* simpatija, naklonost; *to take a ~ to smb.* zavoleti (zavoljeti) nekoga
li·lac [lajlək], [*a*] *n* (bot.) jorgovan
lil·i·um ['lilijəm] *n* (bot.) petrovača
Lil·li·pu·tian I [lilə'pjūšən] *n* Liliputanac
Lilliputian II *a* liliputanski, sićušan
lilt I [lilt] *n* 1. vesela pesma (pjesma) 2. prijatan ritam

lilt II *v tr* and *intr* pevušiti (pjevušiti)
lil·y ['lilij] *n* (bot.) ljiljan, krin
lil·y-liv·ered [~-livə(r)d] *a* kukavički
lily of the valley *(lilies of the vally)* đurđevak
lil·y-white [~-wajt] *a* beo kao sneg (bijel kao snijeg)
Li·ma ['lajmə] *n* Lima
lima bean vrsta pasulja
limb I [lim] *n* 1. (bot.) grana; **to go out on a ~* izložiti se opasnosti 2. (anat.) ud
limb II *n* (astro.) ivica, rub
lim·ber I ['limbə(r)] *n* (mil.) prednjak
limber II *v* (usu.: *to ~ up*) 1. *tr* zakačiti (top) na prednjak 2. *intr* zakačiti top na prednjak
limber III *a* gibak, savitljiv
limber up 1. (usu. sports) zagrejati (zagrijati) 2. (usu. sports) zagrejati (zagrijati) se; obaviti zagrevanje (zagrijevanje); *the players have limbered up* igrači su dovoljno zagrevanje
lim·bo ['limbou] (-*s*) *n* 1. (rel.) predvorje pakla 2. (fig.) zaborav; *to consign to ~* predati zaboravu
lime I [lajm] *n* (bot) 1. vrsta limuna (drvo, plod) 2. lipa
lime II *n* kreč, vapno; *slaked ~* gašeni kreč
lime·aid [~ejd] *n* vrsta limunade
lime juice sok od limuna
lime·kiln [~kiln] *n* krečana, vapnenica
lime·light [~lajt] *n* 1. svetlo (svjetlo) pozorišnih (W: kazališnih) reflektora 2. (fig.) središte pažnje; *to be in the ~* biti u središtu pažnje
lim·er·ick ['limərik] *a* vrsta šaljive pesmice — pjesmice (od pet stihova)
li·mes ['lajmijz] *(limites* ['limətijz]) *n* (hist.) utvrđena granica
lime·stone [~stoun] *n* krečnjak, vapnenac
lime·wa·ter [~wotə(r)], [*a*] *n* krečna voda
lim·ey ['lajmij] *n* (slang) Englez
lim·it I ['limit] *n* granica; *the upper (lower) ~* gornja (donja) granica; *there's a ~ to everything* svemu ima granica; *within the ~s of the law* u granicama zakona; *to exceed a ~* prekoračiti granicu; (mil.) *off ~s* van dozvoljenih granica kretanja (za vojna lica); *that's the ~!* to je vrhunac!
limit II *v tr* ograničiti; limitirati; *he ~ed himself to these data* ograničio se na ove podatke
lim·i·ta·tion [limə'tejšən] *n* ograničenje; limitacija; *~s on consumption* ograničenja potrošnje; (legal) *a statue of ~s* zakon o zastarelosti (zastarjelosti)
lim·it·ed ['limətid] *a* ograničen; *~ visibility* ograničena vidljivost; (Br.) *a ~ company* društvo sa ograničenim jemstvom
limited-access road autoput
limited liability (Br.) ograničeno jemstvo
limited monarchy ustavna monarhija
lim·it·less [~lis] *a* neograničen
li·mo·nite ['lajmənajt] *n* (miner.) limonit
lim·ou·sine ['limə'zijn] *n* limuzina
limp I [limp] *n* hramanje
limp II *a* mlitav; opušten
limp III *v intr* hramati; *to ~ on one's right leg* hramati na desnu nogu
lim·pet ['limpit] *n* (zool. and fig.) prilepak (priljepak), lupar

lim·pid ['limpid] *a* bistar; providan; čist
limp·ness [~nis] *n* mlitavost, opuštenost
linch·pin ['linčpin] *n* čivija
lin·den ['lindən] *n* lipa
line I [lajn] *n* 1. linija; crta; *a crooked (straight)* ~ kriva linija (crta); *to draw a* ~ povući liniju 2. linija; pruga, relacija, trasa; *a bus (steamship, streetcar)* ~ autobuska (brodska, tramvajska) linija; *international* ~s međunarodne linije; *to discontinue (introduce) a* ~ ukinuti (uvesti) liniju; *the New York — Washington* ~ pruga Njujork — Vašington; *a feeder* ~ lokalna linija 3. (mil.) linija; poredak; *the front* ~ borbena linija, linija fronta; *a cease-fire* ~ linija prekida vatre; *a battle* ~ borbeni poredak 4. (sports) linija; *a base (side)* ~ osnovna (uzdužna) linija 5. redak, red 6. (in *pl*) linije; *the* ~s *of a ship* linije broda 7. uže, konopac; uzica (see **towline**) 8. marka; roba; *to carry a* ~ prodavati neku robu 9. vod; *high-voltage* ~s vodovi visokog napona; *a fuel (oil)* ~ vod goriva (ulja); *a telephone* ~ telefonski vod 10. granica; *the county* ~ granica grofovije 11. kratko pismo, pisamce; nekoliko reči (riječi); *drop me a* ~ javi mi se 12. red; *to form a* ~ napraviti red; *to get into* ~ stati u red; *to wait (stand) in* ~ čekati (stajati) u redu; *he is next in* ~ on je na redu; *to buck a* ~ upasti u red (see also **queue I** 2) 13. (in *pl*) tekst (komada) 14. loza, porodica 15. profesija; zanat; *what* ~ *are you in?* čime se bavite? 16. kanap 17. pravac; *a* ~ *of march* pravac kretanja 18. ~s *of communication* komunikacije, saobraćajnice; putevi dotura 19. (slang) izmišljotina; govorljivost; *he has a good* ~ *with the women* on ume (umije) da se udvara ženama 20. (Br., colloq.; in *pl*) venčanica (vjenčanica) 21. linija, traka; *an assembly* ~ montažna traka 22. misc.; *all along the* ~ svuda; **to draw the* ~ povući crtu; *to get a* ~ *on smb.* raspitati se o nekome; *a hose* ~ crevo (crijevo); *he is next in* ~ *for promotion* on očekuje unapređenje; *out of* ~ van reda; nesuglasan; *a ship of the* ~ bojni brod; **to toe the* ~ pokoravati se; *on the* ~ izložen opasnosti; *somewhere along the* ~ negde (negdje); *in the* ~ *of duty* na dužnosti
line II *v tr* 1. išpartati; linirati; *to* ~ *paper* išpartati papir 2. postrojiti se (duž); *the troops* ~*d the streets* vojnici su se postrojili duž ulica 3. oivičiti; *the street was* ~*d with trees* ulica je bila oivičena drvetima
line III *v tr* 1. postaviti: *to* ~ *a coat with fur* postaviti kaput krznom 2. napuniti; *he* ~*d his pockets with money* napunio je sebi džepove
lin·e·age ['linijidž] *n* rod, loza
lin·e·al ['linijəl] *a* 1. koji pripada direktnoj lozi 2. see **linear**
lin·e·a·ment ['linijəmənt] *n* crta (lica)
lin·e·ar ['linijə(r)] *a* linearan, linijski
linear accelerator linearni akcelerator
linear equation linearna jednačina (W: jednadžba)
line crash·er ['kraešə(r)] čovek (čovjek) koji sa strane upada u red onih koji čekaju, padobranac

line·man [~mən] (*-men* [min]) *n* 1. čuvar pruge 2. linijaš, monter linije; *a* ~'s *safety belt* monterski pojas
lin·en I ['linən] *n* 1. laneno platno 2. rublje; **to wash one's dirty* ~ *in public* javno prati svoje prljavo rublje
linen II *a* 1. lanen 2. za rublje; *a* ~ *closet* orman za rublje
line of force (phys.) linija sile
line of sight linija posmatranja
line outfit (mil., colloq.) borbena jedinica
lin·er ['lajnə(r)] *n* 1. brod linijske plovidbe 2. putnički avion; *a jet* ~ mlazni putnički avion 3. see **helmet liner** 4. see **lining** 5. čaura
lines see **line I** 13, 20; *to learn one's* ~ učiti tekst svoje uloge
lines·man ['lajnzmən] (*-men* [min]) *n* 1. see **lineman** 2. (sports) linijski sudija (W: sudac), pomoćni sudija
line spac·er ['spejsə(r)] (on a typewriter) prorednik
line up *v* 1. postrojiti: svrstati; *to line up pupils* postrojiti đake; *to line up children according to height* svrstati decu (djecu) u redove po veličini 2. postrojiti se; stati u red, napraviti red (see also **queue II**) 3. nanišaniti; *to line up one's sights (on a rifle)* nanišaniti (pušku)
line-up [~əp] *n* 1. postrojenje; *a police* ~ postrojiti osumnjičene radi upoznavanja od strane žrtava ili svedoka (svjedoka) zločina 2. (sports) sastav (ekipe)
ling [ling] see **hake**
lin·ger ['lingə(r)] *v intr* 1. zadržavati se 2. ležati na samrti; *he* ~*ed for several days* ležao je na samrti nekoliko dana
lin·ge·rie [lanžə'rej] *n* žensko donje rublje
lin·go ['linggou] (*-es*) *n* (colloq.) jezik; žargon
lin·gua fran·ca ['linggwə 'frangkə] (Italian) saobraćajni jezik, kreolski jezik
lin·gual ['linggwəl] *a* jezičan, lingvalan
lin·guist [~wist] *n* lingvista
lin·guis·tic [ling'gwistik] *a* lingvistički; *a* ~ *form* lingvistički oblik; ~ *geography* lingvistička geografija; ~ *stock* lingvističko stablo; ~ *typology* lingvistička tipologija
lin·guis·tics [~s] *n* (sgn) lingvistika; *applied (comparative, descriptive, general, historical, structural)* ~ primenjena — primijenjena (komparativna, opisna, opšta — opća, istorijska — historijska, strukturalna) lingvistika
lin·i·ment ['linəmənt] *n* tečna mast, liniment
lin·ing ['lajning] *n* 1. postava, podstava 2. obloga; *brake* ~s obloge kočnica
link I [lingk] *n* 1. karika, beočug (biočug) 2. (surveying) karika lanca 3. veza, spona
link II *v tr* vezati, povezati; *the events are* ~*ed to each other* događaji su povezani jedan za drugim; *to* ~ *arms* hvatati se pod ruku
link·age [~idž] *n* spoj, lančani spoj, zglobni spoj; (pol.) vezivanje
link·ing verb [~ing] (gram.) (glagolska) spona, kopula
links [lingks] *n pl* igralište za golf
Link trainer Linkov trenažer (za pilotiranje)
link up *v* 1. spojiti, vezati 2. spojiti se
link-up [~əp] *n* spajanje
lin·net ['linit] *n* (bird) konopljarka

lin·o·le·ic acid [linə'lijik] linolinska kiselina

li·no·le·um [li'noulijəm] n linoleum

li·no·type ['lajnətajp] n linotip

lin·seed ['linsijd] n laneno seme (sjeme)

linseed oil laneno ulje

lint [lint] n paperje, malje

lin·tel [~əl] n gornja greda (nad vratima, prozo-rom)

lint·er [~ə(r)] n kratko otpadno pamučno vlakno, linter

li·on ['lajən] n 1. lav; ~s roar lavovi riču; *the ~'s share lavovski deo (dio) 2. (fig.) Velika Britanija; *to twist the ~'s tail razdražiti vladu (narod) Velike Britanije

li·on·ess [~is] n lavica

li·on·heart·ed [~ha(r)tid] a hrabar, lavovskog srca

li·on·ize [~ajz] v tr obožavati

lip [lip] n 1. usna; the lower (upper) ~ donja (gornja) usna; she bit her lower ~ ugrizla se za donju usnu 2. ivica; rub (rane) 3. (colloq.) drskost; none of your ~! ne budi drzak! 4. misc; *to bite one's ~ uzdržati se; pokazati dosadu; *to button one's ~ ćutati (W: šutjeti); *to keep a stiff upper ~ ostati nesalomljiv; to lick one's ~s oblizivati se; to smack one's ~s cmoknuti usnicama (od zadovoljstva pri jelu)

lip·id ['lipid] n (chem.) lipid

lip-read [~-rijd]; lip-read [~-red] v intr čitati s usana

lip reading čitanje s usana

lip service usluga (samo) rečima — riječima; prazna obećanja; to pay ~ to smt. davati prazna obećanja u vezi s nečim

lip·stick [~stik] n ruž za usne; karmin; to apply ~ mazati usta karminom

liq·ue·fy ['likwəfaj] v tr pretvoriti u tečnost

li·queur [li'kə(r)], [li'kjū(r)] n liker

liq·uid I ['likwid] n 1. tečnost 2. (ling.) likvida, likvidan suglasnik

liquid II a 1. tečan; ~ fuel tečno gorivo; in a ~ state u tečnom stanju 2. (ling.) likvidan; a ~ consonant likvidan suglasnik 3. (comm.) likvi-dan; ~ assets likvidna sredstva

liq·ui·date [~ejt] v 1. tr likvidirati, uništiti 2. tr (comm.) likvidirati, obustaviti 3. tr (comm.) likvidirati, pretvoriti (u platežna sredstva) 4. intr (comm.) likvidirati se, pasti pod stečaj

liq·ui·da·tion [likwi'dejšən] n likvidacija

liq·ui·da·tor ['likwidejtə(r)] n likvidator

liq·uid·i·zer [~ajzə(r)] Br.; see blender

liq·uor ['likə(r)] n 1. alkoholno piće 2. tečnost 3. (pharmacy) naliv

li·quo·rice Br.; see licorice

li·ra ['lijrə] n lira

lisle [lajl] n vrsta konca

lisp I [lisp] n vrskanje, šušketanje

lisp II v intr vrskati, šušketati

lisp·ing I [~iñg] n see lisp I

lisping II a vrskav

lis·some ['lisəm] a vitak, gibak

list I [list] n spisak, lista; nabrajanje; a ~ of names spisak imena; to go down a ~ ići po spisku; to be put on a ~ ući u spisak; to draw up (make up) a ~ sastaviti spisak

list II v tr 1. nabrojati 2. uneti (unijeti) u spisak

list III n (naut.) nagib; a ~ to port (starboard) nagib na levi — lijevi (desni) bok

list IV v intr (naut.) nagnuti se; the ship was ~ing brod se naginjao

lis·ten ['lisən] v intr 1. slušati; čuti; to ~ to smb. slušati nekoga; to ~ to the radio slušati radio; ~ to me! čuj me! he will not even ~ neće ni da čuje 2. slušati; pokoravati se; to ~ to one's mother slušati majku; to ~ to advice poslušati savet (savjet)

lis·ten·er [~ə(r)] n slušalac

listen for v paziti na

listen in v 1. slušati emisiju; he was listening in on je slušao emisiju 2. prisluškivati; to listen in on telephone conversations prisluškivati telefonske razgovore

lis·ten·ing post [~iñg] mesto (mjesto) za prisluški-vanje

list·ing ['listiñg] n 1. nabrajanje 2. unošenje u spi-sak 3. spisak

list·less [~lis] a mlitav; trom; ravnodušan

list price osnovna cena (cijena)

lists [~s] n pl arena; borište; (fig.) to enter the ~ izići na megdan

lit see light V, VI

lit·a·ny ['litnij] n 1. (rel.) litanija 2. (fig.) niz; a ~ of curses niz psovaka

li·ter ['lijtə(r)] n litar

lit·er·a·cy ['litərəsij] [t] n pismenost

literacy test ispit pismenosti

lit·er·al ['litərəl]; [t] a bukvalan, doslovan

lit·er·al·ly [~ij] adv see literal; doslovce; to understand ~ shvatiti doslovce

lit·er·a·ry ['litərerij]; ['litrij] a književni; the ~ language književni jezik

lit·er·ate ['litərit]; [t] a 1. pismen 2. školovan, obrazovan, literaran

lit·er·a·ti [litə'ratij] n pl književnici, inteligencija

lit·er·a·ture ['litərəču(r)]; [ə] n književnost, litera-tura; belletristic ~ lepa (lijepa) književnost; professional ~ stručna literatura

lith·arge ['li'tha(r)dž] n olovna gled

lithe [lajth] a gibak, vitak; a ~ body gipko telo (tijelo)

lithe·some [~səm] a see lithe

lith·i·um ['lithijəm] n (chem.) litijum

lith·o·graph I ['lithəgraef]; [a] n litografski crtež, litografija

lithograph II v tr litografisati

li·thog·raph·er [li'thagrəfə(r)]; [o] n litograf

li·thog·ra·phy [~fij] n litografija

lith·o·pone ['lithəpoun] n litopon

lith·o·sphere ['lithəsfij(r)] n (geol.) litosfera

Lith·u·a·ni·a [lithū'ejnijə] n Litva

Lith·u·a·ni·an I [~n] n 1. Litvanac, Litavac 2. lit-vanski jezik, litavski jezik

Lithuanian II a litvanski, litavski

lit·i·gant ['litigənt] n parničar

lit·i·gate [~gejt] v intr parničiti se

lit·i·ga·tion [liti'gejšən] n parničenje, parnica; to begin ~ povesti parnicu

li·ti·gious [li'tidžəs] a parnički

lit·mus ['litməs] lakmus

litmus paper lakmusov papir, lakmusova hartija

li·tre Br.; see liter

lit·ter I ['litǝ(r)] *n* 1. nosila 2. nosiljka 3. stelja, prostirka 4. okot 5. otpaci, smeće, razbacani predmeti
litter II *v* 1. *tr* razbacati; *to ~ things around a room* razbacati stvari po sobi 2. *intr* razbacati stvari
lit·ter·bin [~bin] Br.; see **trashcan**
litter bag kesa za otpatke
lit·ter·bug [~bǝg] *n* onaj koji razbacuje stvari
lit·ter·lout [~laut] Br.; see **litterbug**
lit·tle I ['litl] *n* mala količina; *give me a ~* daj mi malo; *~ by ~* malo-pomalo; *to make ~ of smt.* ne pridati važnost nečemu; **to make a ~ go a long way* biti ekonomičan; *~ or nothing* skoro ništa
little II *a* 1. mali, malen; *a ~ room* mala soba; *the ~ finger* mali prst **littler** *(comp)* (or, more usu.: **smaller**) 2. malo, nedovoljno, ispod potrebne mere (mjere); *we have ~ time* nemamo dosta vremena **less** *(comp)*; **least** *(super)* 3. *(a ~)* malo; *we have a ~ time* imamo malo vremena; *come a ~ way with me* hajde malo sa mnom **less** *(comp)*; **least** *(super)* (see also entries for **less, lesser**)
little III *adv* malo; *to eat ~* jesti malo; *~ does he know* daleko je on od poznavanja; *a ~ better* nešto bolji; *~ did I dream that. . .* nisam ni sanjao da. . . **less** *(comp)*; **least** *(super)*
little brother (colloq.) mladi brat
Little Dipper Mali medved (medvjed)
Little Red Riding Hood Crvenkapa
Little Russian see **Ukrainian**
little sister (colloq.) mlađa sestra
little toe mali nožni prst
little woman (colloq.) (moja) supruga
lit·to·ral I ['litǝrǝl] *n* obala
littoral II *a* obalski
li·tur·gi·cal [li'tǝ(r)džikǝl] *a* liturgijski
lit·ur·gy ['litǝ(r)džij] *n* liturgija
liv·a·ble ['livǝbǝl] *a* nastanljiv, podesan za stanovanje
live I [lajv] *a* 1. živ; *a ~ volcano* živi vulkan; *a ~ coal* živa žeravica; *~ coverage* živa reportaža; **a ~ wire* živa vatra 2. bojevi; *~ ammunition* bojeva municija; *a ~ round* bojevi metak 3. direktan; *~ broadcast* direktan prenos
live II [liv] *v* 1. *tr* proživeti (proživjeti); *to ~ one's life* proživeti svoj život; *to ~ a carefree life* bezbrižno živeti 2. *intr* živeti (živjeti); *he ~d in the 16th century* živeo je u 16. veku (vijeku); *to ~ at smb's expense* živeti na nečiji račun; *thieves ~ by stealing* lopovi žive od krađe; *to ~ in high style* živeti na velikoj nozi; *to ~ together (as man and wife)* živeti nevenčano (nevjenčano); **to ~ from hand to mouth* živeti od danas do sutra; **~ and let ~!* treba živeti i dati drugima da žive; *long ~ the president!* živeo predsednik (predsjednik)! *she ~s by her wits* ona se probija kako ume (umije) 3. *intr* stanovati, živeti; *he ~s in a dorm (in Paris, with his father)* on stanuje u studentskom domu (u Parizu, s ocem); *he ~ nearby (in the neighborhood)* on živi u blizini; *he ~s by himself (alone)* živi sam; *~ with a woman* živeti s ženom 4. *intr* doživeti (doživjeti); *he ~d to see the end of the war* doživeo je kraj rata; *to ~ to a ripe old age* doživeti

duboku starost 5. *misc.*; *to ~ smt. down* ispaštati nešto (svojim sadašnjim životom)
live III [lajv] *adv* živo, direktno; *to air ~* direktno prenositi
live in *v* stanovati (u); *the room does not appear to be lived in* izgleda kao da u sobi niko (nitko) ne stanuje
live-in *a* koji stanuje u istom stanu, u istoj kući; *a ~ girl friend* devojka (djevojka) sa kojom se zajednički živi
live·li·hood ['lajvlijhud] *n* izdržavanje (života); *to earn one's ~* zarađivati za život
live·long ['livlong] *a* ceo (cio) bogovetni (bogovjetni); *the whole ~ day* ceo bogovetni dan
live·ly ['lajvlij] *a* 1. živ; živahan; *a ~ child* živo dete (dijete); *(a) ~ conversation* živ razgovor; *a ~ crowd* živahno društvo 2. pronicav; živ; *a ~ mind* pronicav um 3. žustar, pokretan; *a ~ debate* žustra debata
li·ven ['lajvǝn] *v* 1. oživiti 2. oživeti (oživjeti)
live on *v* 1. živeti (živjeti) od; *he lives on his salary* on živi od plate 2. živeti dalje
live out *v* preživeti (preživjeti)
liv·er ['livǝ(r)] *n* 1. (anat.) jetra; *cirrhosis of the ~* ciroza jetre 2. (cul.) džigerica, jetrica; *calf's ~* teleća džigerica
liver fluke metilj (glista i bolest)
liver sausage Br.; see **liverwurst**
liver starch glikogen
liv·er·wort [~wo(r)t] *n* (bot.) kopitnjak
liv·er·wurst [~wǝ(r)st] *n* džigernjača, jetrenica
liv·er·y [~rij] *n* 1. livreja; uniforma za poslugu 2. esnafska nošnja 3. članovi esnafa 4. čuvanje konja 5. iznajmljivanje konja 6. konjušnica, štala za iznajmljivanje konja 7. (legal) predaja, uručenje
liv·er·y·man [~mǝn] (-men [min]) *n* 1. iznajmljivač konja 2. član esnafa
livery stable see **livery 6**
lives 1. [livz] see **live I** 2. [lajvz] see **life**
live·stock ['lajvstak]; [o] *n* stoka, živi inventar
live through *v* preživeti (preživjeti); *to live through the war* preživeti rat
live together *v* see **live II 2**
live up *v* 1. zadovoljiti; *to live up to expectations* zadovoljiti očekivanja 2. *misc.*; *to live it up* živeti (živjeti) na velikoj nozi
liv·id ['livid] *a* modar; *~ with rage* pomodreo od gneva (gnjeva)
liv·ing I ['living] *n* život; *to earn a ~* zarađivati za život; *a standard of ~* životni standard
living II *a* životni; *~ conditions* životni uslovi (W also: uvjeti); *~ expenses* troškovi života
living III *a* koji živi, živ; **to scare the ~ daylights out of smb.* prestraviti nekoga (see **alive**)
living death krajnja beda (bijeda)
living room gostinska soba
living space životni prostor
living wage minimalna nadnica
liz·ard ['lizǝ(r)d] *n* gušter
Lju·blja·na [lju'bljana] *n* Ljubljana
lla·ma ['lama] *n* (zool.) lama
Lloyd's [lojdz] *n* Lojd (ime londonskog društva za osiguranje brodova); *~ Register* Lojdov registar (zavod za klasifikaciju brodova)

lo [lou] *interj* gle; ~ *and behold!* gle!
loach [louč] *n* (fish) čikov
load I [loud] *n* 1. teret; tovar; *that was a ~ off my mind* teret mi pade sa srca; *(colloq.) to get a ~ of smt.* obratiti pažnju na nešto; *to get a ~ on* napiti se; *to drop a ~ of bombs* spustiti teret bombi 2. opterećenje; *the maximum ~ of a bridge* maksimalno opterećenje mosta
load II *v* 1. *tr* natovariti; utovariti; *to ~ (up) a car with packages* natovariti auto paketima; *to ~ smt. onto a cart* natovariti nešto na kola; *to ~ a horse* natovariti konja; *to ~ a ship* utovariti brod 2. *tr* ukrcati, nakrcati; *to ~ freight onto a ship;* or: *to ~ a ship with freight* ukrcati robu na brod 3. *tr* opteretiti 4. *tr* (colloq.) udesiti (see **loaded** 4) 5. *tr* napuniti; *to ~ a rifle* napuniti pušku; *~ and lock!* puni i ukoči! 6. *intr* primati tovar; *the ships are ~ing* brodovi primaju tovar 7. *intr* puniti se
load·ed [~id] *a* 1. natovaren 2. ukrcan 3. opterećen 4. (colloq.) udešen; *~ dice* udešene kocke 5. napunjen; *the rifle is ~* puška je napunjena 6. (slang) bogat 7. (slang) pijan 8. (slang) varljiv, obmanljiv; *a ~ question* varljivo pitanje
loadstar see **lodestar**
loadstone see **lodestone**
loaf I [louf] *(loaves* [louvz]) *n* 1. hleb — hljeb (W: kruh); *a ~ of bread* vekna hleba 2. vekna (see **meat loaf**) 3. glava; *a ~ of sugar* glava šećera 4. misc.; *half a ~ is better than none at all* bolje išta nego ništa
loaf II *v* 1. *intr* besposličiti, dangubiti 2. *(to ~ away)* provesti u neradu
loaf·er [~ə(r)] *n* 1. besposličar 2. mokasina
loaf sugar šećer u glavama
loam [loum] *n* ilovača
loam·y [~ij] *a* ilovačni
loan I [loun] *n* pozajmica, zajam (W also: posudba); *a government ~* državni zajam; *to make a ~* pozajmiti
loan II *v* *tr* (colloq.) see **lend**
loan shark zelenaš, kaišar
loan translation (ling.) kalk; *to make a ~* kalkirati (neku reč — riječ)
loan word (ling.) pozajmljenica (W: posuđenica)
loath [louth], [th] *a* nerad; *to be ~ to do smt.* ne biti voljan da nešto uradi; *he is ~ to go* ne ide mu se
loathe [louth] *v* *tr* gnušati se; *to ~ smt.* gnušati se nečega
loath·ing ['louthing] *n* gnušanje
loath·some ['louthsəm], [th] *a* gnusan, gadan; *a ~ crime* gnusan zločin
lob I [lab]; [o] *n* (usu. tennis) lob
lob II *v* 1. *tr and intr* (usu. tennis) lobovati 2. *tr* ispaljivati (granate); *to ~ shells into an enemy position* tući neprijateljski položaj
lob·by I [~ij] *n* 1. foaje, hol 2. predvorje neke skupštine 3. (pol.) lobi (grupa koja nastoji da utiče na članove Kongresa)
lobby II *v* *intr* uticati (delovati — djelovati) na članove Kongresa; *to ~ for a bill* založiti se za nacrt zakona kod članova Kongresa

lob·by·ist [~ist] *a* lobista (član grupe koja nastoji da utiče na članove Kongresa)
lobe [loub] see **earlobe**
lo·bec·to·my [lou'bektəmij] *n* (med.) lobektomija
lo·bot·o·my [lou'batəmij]; [o] *n* (med.) lobotomija
lob·ster ['labstə(r)]; [o] *n* jastog, račnjak
lo·cal I ['loukəl] *n* 1. lokalni voz (W: vlak) lokal 2. sindikalna podružnica 3. mesni (mjesni) stanovnik
local II *a* lokalni; mesni (mjesni); *a ~ anesthesia* lokalna anestezija; *~ news* lokalne vesti (vijesti); *a ~ resident* mesni stanovnik; *~ traffic* lokalni saobraćaj; *~ color* lokalni kolorit; *a ~ telephone call* mesni telefonski razgovor; *~ time* lokalno (mesno) vreme vrijeme
lo·cale [lou'kael] *n* mesto (mjesto), scena
lo·cal·ism ['loukəlizəm] *n* provincijalizam
lo·cal·i·ty [lou'kaelətij] *n* rejon, mesnost (mjesnost), mesto (mjesto)
lo·cal·ize ['loukəlajz] *v* *tr* lokalizovati
lo·cate ['loukejt]; [~'kejt] *v* 1. *tr* pronaći; odrediti položaj (nečega); *to ~ smb.* pronaći nekoga; *to ~ a target* otkriti cilj 2. *tr* smestiti (smjestiti) 3. *intr* (colloq.) nastaniti se
located *a* see **locate**; *where is the building ~?* gde (gdje) se nalazi zgrada?
lo·ca·tion [lou'kejšən] *n* 1. određivanje mesta (mjesta) 2. položaj; mesto (mjesto); *a beautiful ~* lep (lijep) položaj; *to pinpoint a ~* odrediti položaj presecanjem (presijecanjem); *the ~ of a fire* mesto požara 3. misc.; *to shoot a film on ~* snimati film van studija, u eksterijeru, na terenu
loc·a·tive I ['lakətiv]; [o] *n* (gram.) lokativ
locative II *a* lokativni; *the ~ case* lokativ
loch [lak]; [o] *n* (Scottish) jezero
loci see **locus**
lock I [lak]; [o] *n* 1. brava; *to pick a ~* otvoriti bravu kalauzom; *to put under ~ and key* staviti pod bravu; *~, stock, and barrel* sasvim 2. ustava, brana 3. (on a firearm) kočnica
lock II *v* 1. *tr* zaključati; zabraviti; *to ~ a door* zaključati vrata; *to ~ up a house* zaključati kuću 2. *intr* zaključavati se; *the door does not ~* vrata se ne zaključavaju 3. *intr* (on a firearm) ukočiti; *load and ~!* puni i ukoči! 4. misc.; *to ~ onto smb.* prionuti za nešto; *to ~ arms* hvatati se pod ruku; *to ~ horns with smb.* uhvatiti se ukoštac s nekim
lock III *n* pramen, uvojak, lokna, kovrdža, čuperak; *a ~ of hair* pramen kose
lock·er [~ə(r)] *n* 1. ormar, orman; *a steel ~* čelični orman 2. sanduk, kutija 3. rashladna komora 4. fah; *a luggage ~* fah za prtljag (W: prtljagu)
locker room svlačionica (also **dressing room**)
lock·et [~it] *n* medaljon
lock·ing device [~ing] *n* utvrđivač
lock·jaw [~džo] *n* šklopac, tetanus
lock·nut [~nət] *n* kontramatica
lock out *v* 1. sprečiti — spriječiti (nekome) ulaz 2. isključiti (iz rada); *to lock workers out* or: *to lock out workers* onemogućiti radnicima rad (zatvaranjem radnih prostorija)
lock·out [~aut] *n* zatvaranje radnih prostorija (kod industrijskog spora)

lock·smith [∼smith] *n* bravar; *a* ∼'s *shop* bravarska radionica (radnja); *a* ∼ *makes keys* bravar pravi ključeve
lock up *v* 1. uhapsiti 2. see lock II 1
lock·up [∼əp] *n* zatvor
lo·co ['loukou] *a* (slang) lud
lo·co·mo·tion [loukə'moušən] *n* lokomocija, kretanje
lo·co·mo·tive '[loukə'moutiv] *n* lokomotiva
lo·cus ['loukəs] (*-ci* [saj]) *n* mesto (mjesto)
lo·cust I ['loukəst] *n* (ent.) skakavac; a *swarm of* ∼*s* najezda skakavaca
locust II *n* (bot.) lažna akacija, rogačevo drvo
lo·cu·tion [lə'kjūšən] *n* izraz, obrt
lode [loud] *n* (mining) žila, vena
lode·star [∼sta(r)] *n* zvezda (zvijezda) vodilja; severnjača (sjevernjača)
lode·stone [∼stoun] *n* 1. magnetna ruda 2. (fig.) magnet
lodge I [ladž]; [*o*] *n* 1. kućica; *a hunting* ∼ lovačka kuća 2. indijanska koliba 3. mesna (mjesna) filijala nekog udruženja; *a Masonic* ∼ masonska loža
lodge II *v* 1. *tr* smestiti (smjestiti) 2. *tr* uložiti, podneti (podnijeti); *to* ∼ *a complaint* uložiti žalbu 3. *intr* stanovati (privremeno) 4. *intr* zastati, zadržati se; *the bullet* ∼*d in his chest* metak mu je zastao u grudima
lodg·er [∼ə(r)] *n* stanar
lodg·ings [∼iṅgz] *n pl* smeštaj (smještaj), stan
lo·ess ['loues] *n* les, krečna naslaga, prapor
loft I [loft] *n* 1. potkrovlje 2. galerija (u crkvi) 3. golubnjak, golubarnik
loft II *v tr* baciti (loptu) visoko, lobovati
loft·y [∼ij] *a* uzvišen; blagorodan; *a* ∼ *style* uzvišen stil; ∼ *goals* blagorodni ciljevi
log I [log] [*a*] *n* 1. klada, panj, cepanica (cjepanica); *to sleep like a* ∼ spavati kao zaklan 2. (aviation) avionski dnevnik 3. (naut.) brodski dnevnik, palubna beležnica (bilježnica)
log II *v tr* 1. uneti (unijeti) u dnevnik 2. proći *last year he* ∼*ged 20,000 miles* prošle godine prošao je 20.000 milja
log III see **logarithm**
lo·gan·ber·ry ['lougənberij] *n* (bot.) vrsta crne bobe
log·a·rithm ['logərithəm], [*a*] *n* logaritam
log·a·rith·mic [logə'rithmik], [*a*] *a* logaritamski; ∼ *tables* logaritamske tablice
log·book [∼buk] *n* see log I 2, 3
log cabin brvnara, drvena koliba
loge [louž] *n* loža
log·ger ['logə(r)], [*a*] *n* šumski radnik
log·ger·head [∼ə(r)hed] *n* 1. (zool.) morska kornjača 2. gvožđe za topljenje smole (in *pl*) zavada; *to be at* ∼*s* biti u zavadi
log·ging [∼iṅg] *n* seča (sječa) drva
logging camp (site) šumsko radilište
log·ic ['ladžik]; [*o*] *n* logika
log·i·cal [∼əl] *a* logičan
lo·gi·cian [lou'džišən] *n* logičar
lo·gis·tic [lou'džistik] *a* (usu. mil.) pozadinski, materijalno-tehnički; ∼ *support* pozadinsko obezbeđenje (obezbjeđenje)

lo·gis·tics [∼s] *n (sgn* or *pl)* (usu. mil.) planiranje i izvršenje pozadinskog obezbeđenja (obezbjeđenja), pozadinsko obezbeđenje
log·jam [∼džaem] *n* 1. gomila klada (koje se spuštaju niz vodu) 2. (fig.) zastoj, ćorsokak
lo·go ['lagou]; [*o*] *n* fabrički žig
log·o·gram [∼əgraem] *n* simbol, logogram
lo·gom·a·chy [lou'gaməkij]; [*o*] *n* spor oko reči (riječi)
log·roll [∼roul] *v intr* (Am., pol.) pomagati jedan drugome
log·roll·ing [∼iṅg] *n* 1. (Am., pol.) uzajamna pomoć 2. see **birling**
lo·gy ['lougij] *a* trom, spor
loin [lojn] *n* 1. (cul.) hrbat, bubrežnjak, hrptenjača; ∼ *of pork* pečenica 2. (in *pl;* anat.) slabina; **to gird up one's* ∼*s* potpasati se
loin·cloth [∼kloth], [*a*] (*-ths* [ths] or [thz] *n* komad sukna oko bedara
loit·er [∼lojtə(r)] *v intr* bazati, tumarati, dangubiti; zadržavati se; *to* ∼ *in front of a bar* zadržavati se pred kafanom (kavanom)
loi·ter·er [∼rə(r)] *n* bazalo, tumaralo
loll [lal]; [*o*] *v intr* (or: *to* ∼ *around)* opušteno ležati; bazati
lol·li·pop, lol·ly·pop ['lalijpap]; [*o*]; [*o*] *n* lilihip
lollipop man (woman) (Br.) osoba koja upravlja saobraćajem gde (gdje) školska deca (djeca) prelaze ulicu
lol·ly ['lalij]; [*o*] *n* (Br.: colloq.) 1. novac 2. see **lollipop** 3. see **iced lolly**
Lon·don ['ləndən] *n* London
Lon·don·er [∼ə(r)] *n* Londonac
London Tower Londonska kula
lone [loun] *a* osamljen, usamljen; izolovan
lone·li·ness [∼lijnis] *n* 1. osamljenost, usamljenost 2. napuštenost
lone·ly [∼lij] *a* 1. osamljen, usamljen; izolovan (also **lone**) 2. pust 3. napušten, ostavljen; *to feel* ∼ osećati (osjećati) se napušten
lonely heart (colloq.) osamljena osoba
lon·er [∼ə(r)] *n* (colloq.) osamljenik, samotar
lone·some [∼səm] *a* see **lonely**
Lone Star State see **Texas**
lone wolf (colloq.) osamljenik
long I [loṅg] *n* 1. (ling.) dug slog; dug samoglasnik 2. misc.; *the* ∼ *and the short of it* sve u svemu
long II *a* 1. dug, dugačak; ∼ *legs* duge (dugačke) noge; *a* ∼ *life* dug život; *a* ∼ *night (winter)* duga noć (zima); *a* ∼ *story* duga priča; ∼ *working hours* dugo radno vreme (vrijeme) 2. *(pred a)* dug, dugačak; *the street is three miles* ∼ ulica je duga (dugačka) tri milje 3. izdužen; *a* ∼ *face* izduženo lice 4. (usu. sports) iz daljine; *a* ∼ *shot* šut iz daljine (cf. **long shot** 1) 5. misc.; *in the* ∼ *run* na kraju; *so* ∼*!* do viđenja!
long III *adv* 1. dugo; *before* ∼ uskoro; *he will not be* ∼ neće se dugo zadržati 2. misc.; *all day* ∼ preko celog (cijelog) dana; *a year at the* ∼*est* godinu dana najduže; ∼ *before he was born* mnogo pre (prije) njegovog rođenja; *as* ∼ *as* dokle god; *he can't stay any* ∼*er* on ne može ostati duže; ∼ *live the president!* živeo (živio) predsednik (predsjednik)!

long IV *v intr* čeznuti, težiti, žudeti (**žudjeti**); *to* ~ *for smt*. čeznuti za nečim; *he* ~*s for fame* on teži za slavom

long-armed [~-a(r)md] *a* dugoruk

long·boat [~bout] *n* barkasa

long·bow [~bou] *n* (hist.) dugačak luk

long-dis·tance [~distəns] *a* međugradski, međumesni (**međumjesni**); *a* ~ *telephone call* međumesni telefonski razgovor; ~ *traffic* međugradski (**međumesni**) saobraćaj

longdistance runner dugoprugaš

long division deljenje — dijeljenje (velikog broja)

long-drawn [~-dron] *a* (also; ~-*out*) razvučen

long·er [~gə(r)] 1. *comparative of* long II 2. *adv* više; *he is no* ~ *here* više nije tu

lon·ge·ron ['lændžərən]: [o] *n* (aviation) ramenjača

lon·gev·i·ty [lan'dževətij]; [o] *n* dugovečnost (**dugovječnost**)

long-fi·bered [~-fajbə(r)d] *a* dugovlaknast; ~ *cotton* dugovlaknast pamuk

long·hair [~hej(r)] *n* (colloq.) 1. ljubitelj umetnosti (**umjetnosti**) 2. intelektualac

long-haired [~d] *a* 1. dugokos 2. (colloq.) intelektualan

long·hand [~haend] *n* obično pismo (cf. **shorthand**)

long haul (colloq.) *in the* ~ na dugu stazu

long·head·ed [~hedid] *a* dugoglav

long·horn [~ho(r)n] *n* dugorogo govedo

long-horned [~d] *a* dugorog

long·ing I [~i͞ng] *n* čežnja, žudnja; *a* ~ *for smt*. čežnja za nečim

long·ing II *a* čežnjiv, pun žudnje

long·ish [~iš] *a* duguljast

long·i·tude ['lændžərūd]; [o] [tj] *n* (geog.) dužina (W also: duljina)

long·i·tu·di·nal [lændžə'tūdnəl]; [o] [tj] *a* dužinski (W also: duljinski)

long johns [džanz]; [o] *pl* (colloq.) duge vunene gaće

long jump (sports) skok udalj (also **broad jump**)

long-legged [~-legd] *a* dugonog

long-lived [~-livd] *a* dugovečan (**dugovječan**)

long-necked [~-nekt] *a* dugovrat

long odds loši izgledi

long-play·ing [~-plejing] *a* LP, long-plej; *a* ~ *record* long-plej ploča

long-range [~-rejndž] *a* 1. dugoročni; *a* ~ *estimate* dugoročna procena (**procjena**) 2. dalekometni; daljnjeg dejstva (**djejstva**); ~ *artillery* dalekometna artiljerija; *a* ~ *bomber* bombarder daljnjeg dejstva

long·shore·man [~šo(r)mən] (*-men* [min]) *n* lučki radnik

long shot 1. učesnik trke sa malim šansama na uspeh (**uspjeh**) 2. poduhvat skopčan s velikim rizikom 3. (film) snimanje u krupnom planu 4. misc.; *by a* ~ (Br.: *long chalk*) u velikoj meri (**mjeri**)

long·sight·ed [~sajtid] *a* (esp. Br.) (med. and fig.) dalekovidan (see also **farsighted**)

long·stand·ing [~staendi͞ng] *a* dugovečan (**dugovječan**)

long-suf·fer·ing [~-səfəri͞ng] *a* strpljiv

long-term [~-tə(r)m] *a* dugotrajan, dugoročni

long vacation (Br.) letnji (**ljetnji**) raspust

long-wave *a* na dugim talasima; *a* ~ *transmitter* predajnik koji radi na dugim talasima

long-wearing *a* koji se nosi dugo

long-wind·ed [~-windid] *a* govorljiv

loo [lū] *n* (Br., colloq.) ve-ce

look I [luk] *n* 1. pogled; *a crazy (murderous, provocative)* ~ ludački (krvnički, izazivački) pogled; *a tender* ~ nežan (**nježan**) pogled; *a* ~ *of remorse* pokajnički pogled; *to give smb. a significant* ~ pogledati nekoga značajno; *to give smb. a dirty* ~ pogledati nekoga oštro 2. (in *pl*) izgled; spoljašnost (W also: vanjština); *good* ~*s* lepa spoljašnost

look II *v* 1. *tr* pogledati; *to* ~ *death in the face* pogledati smrti u oči 2. *tr* izgledati; *she doesn't* ~ *her age* ne izgleda da joj je toliko godina 3. *intr* izgledati; *it* ~*s like rain* izgleda kao da će padati kiša; *what does he* ~ *like?* kako on izgleda? *she* ~*s good* ona dobro izgleda; *it* ~*s as if no one will come* izgleda da niko (nitko) više neće doći; *she* ~*s as if* (colloq.: *like*) *she's around eighteen* izgleda kao da joj je osamnaest godina; *the bird* ~*ed as if it were alive* ptica je izgledala kao živa 4. *intr* pogledati; *to* ~ *out (through) the window* pogledati kroz prozor; *to* ~ *at sharply* pogledati oštro; *to* ~ *all around* pogledati na sve strane; *to* ~ *at oneself in the mirror* gledati se u ogledalo (ogledalu); *to* ~ *into the future* pogledati u budućnost 5. misc.; ~ *alive!* pazi! *to* ~ *askance at smt*. gledati koso na nešto; **to* ~ *daggers at smb*. pogledati nekoga krvnički; **she* ~*s herself again* oporavila se; **to* ~ *smb. up and down* gledati nekoga od glave do pete

look after *v* starati se; paziti; *to look after smb.* starati se o nekome

look ahead 1. zagledati se; *to look ahead into the future* zagledati se u budućnost 2. misc.; *to look straight ahead* pogledati pred sobom

look-alike *n* (colloq.) dvojnik

look around *v* gledati unaokolo

look back *v* osvrnuti se

look down *v* 1. oboriti pogled 2. prezirati; gledati sa visine; *to look down on smb.* gledati nekoga sa visine

look·er [~ə(r)] *n* (colloq.) lepotica (**ljepotica**)

look for *v* 1. tražiti; *to look for smb.* tražiti nekoga 2. očekivati, predviđati; *to look for trouble* očekivati neprilike

look forward *v* radovati se; *they are looking forward to the end of the school year* raduju se kraju školske godine

look in *v* 1. pogledati unutra 2. svratiti, navratiti; *to look in on smb.* svratiti kod nekoga

look·ing glass [~i͞ng] ogledalo (W also: zrcalo)

look into *v* 1. pogledati u; *to look into smb.'s eyes* pogledati nekome u oči 2. ispitivati; *to look into a matter* ispitivati stvar

look on *v* 1. gledati, osmatrati 2. smatrati; *we looked on him as a future senator* smatrali smo ga kao na budućeg senatora

look out *v* 1. gledati; *the windows look out onto the street* prozori gledaju na ulicu 2. paziti, čuvati se; *look out for him!* čuvaj se njega! (also **watch out**) 3. braniti, gledati; *to look out for one's*

interests gledati svoje interese 4. pogledati;
to look out (of) a window pogledati kroz prozor
look·out [~aut] *n* 1. straža, stražarenje; *to be on
the* ~ stražariti; *to be the* ~ *during a burglary*
čuvati stražu u vreme (vrijeme) provale 2.
osmatračnica 3. osmatrač 4. misc.; (colloq.)
that's my ~ to je moja briga
look over *v* 1. pregledati; *to look over one's home-
work* pregledati zadatak 2. posmatrati preko;
to look over smb.'s shoulder posmatrati preko
nečijeg ramena
looks see **look I 2**
look-see [~-sij] *n* (colloq.) brz pogled
look through *v* 1. pregledati; *to look through docu-
ments* pregledati dokumenta 2. pogledati; *to
look through a window* pogledati kroz prozor
look to *v* pouzdati se; *to look to smb. (for help)*
pouzdati se u nekoga
look up *v* 1. pogledati gore 2. javiti se; navratiti;
when I get to Washington, I'll look him up kad
budem stigao u Vašington, javiću mu se (na-
vratiću kod njega) 3. ugledati se; *to look up to
smb.* ugledati se na nekoga 4. poboljšati se;
business is looking up posao ide na bolje 5.
potražiti; *to look a word up in a dictionary* or:
to look up a word in a dictionary potražiti reč
(riječ) u rečniku (riječniku)
look upon *v* see **look on 2**
loom I [lūm] *n* razboj, tkalački stan
loom II *v intr* pomaljati se, pojavljivati se, nazirati
se; *the peaks* ~ *through the clouds* vrhovi se
pomaljaju kroz oblake; *dangers* ~ *ahead*
opasnosti se naziru; *the ship* ~*ed through the
fog* brod se pojavljivao kroz maglu
loon I [lūn] *n* (bird) gnjurac
loon II *n* slaboumna osoba
loon·y [~ij] *a* (colloq.) slabouman, šašav
loop I [lūp] *n* 1. omča, petlja 2. (aviation) (akro-
batska) petlja
loop II *v* 1. *tr* saviti u omču 2. *tr* (aviation) *to* ~
the loop izvesti petlju 3. *intr* izvesti petlju
loop·hole [~houl] *n* 1. puškarnica 2. (fig.) izlaz,
izgovor; *to look for* ~*s in the law* tražiti rupe
u zakonu; *to plug a (legal)* ~ popuniti (pravnu)
prazninu
loose I [lūs] *a* 1. slobodan; *the dogs are* ~ *in the
garden* psi su slobodni u vrtu; *to get (break)* ~
osloboditi se; *to set* ~ osloboditi; *a* ~ *trans-
lation* slobodan prevod 2. klimav, viseći; *a* ~
tooth klimav zub; *the buttons are* ~ dugmad vi-
se 3. labav; *the nail (screw) is* ~ ekser (šaraf) je
labav; *a* ~ *belt* labav pojas 4. sitan; *a* ~ *change*
sitan novac 5. neupakovan; ~ *articles* neupa-
kovana roba 6. raskalašan, mastan; *a* ~ *life*
raskalašan život; *a* ~ *woman* bludnica 7.
rastresit; ~ *soil* rastresito zemljište 8. misc.;
at ~ *ends* besposlen; **to have a screw* ~ biti
ćaknut; (as *n*) *on the* ~ slobodan
loose II *adv* slobodno
loose III *v tr* osloboditi
loose-leaf notebook vrsta sveske iz koje se mogu
izvaditi stranice
loos·en [~ən] *v* 1. *tr* razlabaviti, olabaviti; ras-
klimati 2. *intr* razlabaviti se, olabaviti se
loosen up *v* see **loosen**
loot I [lūt] *n* plen (plijen); pljačka

loot II *v* 1. *tr* opljačkati 2. *intr* pljačkati
loot·er [~ə(r)] *n* pljačkaš, maroder
loot·ing [~iñg] *n* pljačkanje, maroderstvo
lop I [lap]; [*o*] *v tr* 1. (usu.: *to* ~ *off, away)* odseći
(odsijeći) 2. potkresati
lop II *v* see **droop 1, 2**
lope I [loup] *n* ravnomeran (ravnomjeran) hod
lope II *v intr* ravnomerno (ravnomjerno) trčati
lop-eared ['lap-ij(r)d]; [*o*] *a* klempav, sa klempavim
ušima
lop-sid·ed [~sajdid] *a* 1. naheren, kos 2. (fig.)
jednostran
lo·qua·cious [lou'kwejšəs] *a* govorljiv
lo·quac·i·ty [lou'kwaesətij] *n* govorljivost
lord I [lo(r)d] *n* 1. (Br.) gospodar, lord (titula);
(oslovljavanje) *my* ~ milostivi gospodaru 2.
(cap., rel.) *(the* ~) Gospod; Bog; *in the year
of our Lord* godine gospodnje 3. (Br.) lord,
ministar; *the House of Lords* kuća lordova
lord II *v tr* gospodariti; dominirati; *to* ~ *it over
smb.* gospodariti nekim
lord·ly [~lij] *a* gospodarski, lordovski; ~ *beha-
vior* lordovsko držanje
Lord of Hosts Bog
Lord's day nedelja (nedjelja)
lord·ship [~šip] *n* (Br.) gospodarstvo, lordovstvo;
(titula) *your* ~ Vaša milost
Lord's Prayer *(the* ~) Očenaš
lore [lo(r)] *n* znanje
lor·gnette [lo(r)n'jet] *n* lornjet
lor·gnon [lo(r)'njo] *n* lornjet, lornjon
lor·ry ['lorij] *n* (Br.) kamion (see also **truck I 1**)
Los An·ge·les [los 'aendžələs] Los Angeles
lose [lūz]; *lost* [lost] *v* 1. *tr* izgubiti; *to* ~ *altitude
(one's appetite, a battle, a book, consciousness)*
izgubiti visinu (apetit, bitku, knjigu, svest — svi-
jest); *to* ~ *hope (a leg, one's life, one's mind, an
umbrella, a wallet)* izgubiti nadu (nogu, život,
pamet, kišobran, novčanik); *to* ~ *track of smb.*
izgubiti vezu s nekim; *to* ~ *weight* izgubiti na
težini; *to* ~ *one's way* izgubiti put; *to* ~ *sight
of smt.* izgubiti nešto iz vida; *to* ~ *an election*
izgubiti na izborima; *to* ~ *one's temper* izgubiti
hladnokrvnost 2. *tr* umaći; *to* ~ *one's pursuers*
umaći goniocima 3. *tr* izmaći; *I lost the oppor-
tunity* izmakla mi se prilika 4. *intr* gubiti; *to* ~
at cards (at the races) gubiti na kartama (na
trkama) 5. misc.; *my watch* ~*s time* sat mi
kasni (zaostaje); *to* ~ *out* pretrpeti (pretrpjeti)
poraz; *to* ~ *out on smt.* propustiti nešto; *he
got lost in the crowd* izgubio se u gomili; *there's
not a minute to* ~ nema da se izgubi ni trenutak
los·er [~ə(r)] *n* 1. onaj koji gubi 2. pobeđeni
(pobijeđeni)
los·ing [~iñg] *a* koji gubi; *to fight a* ~ *battle*
vršiti napad unapred (unaprijed) osuđen na
neuspeh (neuspjeh)
loss [los] *n* 1. gubitak; *a great* ~ veliki gubitak
2. (in *pl*, mil.) gubici; *heavy* ~*es* teški gubici;
~*es in dead and wounded* gubici u mrtvim i
ranjenim; ~*es in materiel* gubici u tehnici; *to
inflict (replace, suffer)* ~*es* naneti — nanijeti
(popuniti, pretrpeti — pretrpjeti) gubitke 3.
opadanje; *the* ~ *of hair* opadanje kose 4.
misc.; (colloq.) *he was at a* ~ *(at) what to say*
nije znao šta (što) da kaže

loss leader (Br.) predmet koji se prodaje po veoma niskoj ceni — cijeni (kao reklama)
loss of memory gubitak pamćenja
lost [lost] a 1. see **lose**; izgubljen 2. zbunjen
lost-and-found [~-ǝn-faund] see **lost-and-found office**
lost-and-found office biro za izgubljene stvari
lost property office Br.; see **lost-and-found office**
lot [lɑt]; [o] n 1. ždreb, žreb (ždrijeb, žrijeb), kocka; *to draw ~s* ždrebati (žrebati), izvršiti žrebanje; *to decide by ~* odlučiti kockom; *it fell to his ~* na njega je pala kocka 2. sudbina; *a hard ~* teška sudbina; **to cast (throw) in one's ~ with* vezati svoju sudbinu sa 3. parcela; *to break up land into ~s* razbiti zemljište na parcele 4. partija (robe); **to take the ~* uzeti sve (see also **job lot**) 5. (colloq.) mnoštvo; *a ~ of meat (money, students)* mnogo mesa (novca, studenata); *he sleeps a ~* on mnogo spava 6. količina, broj; *an odd ~* neparna količina; *the whole ~* u punom broju
lo·tion ['loušǝn] n losion
lot·ter·y ['lɑtǝrij]; [o] n lutrija; *to win smt. in a ~* dobiti nešto na lutriji
lottery ticket lutrijska srećka
lot·to ['lɑtou]; [o] n tombola
lo·tus, lo·tos ['loutǝs] n lotos
lo·tus·eat·er [~-ijtǝ(r)] n (myth.) lotosojedac
loud I [laud] a 1. bučan, grohotan; gromak: *~ laughter* grohotan smeh (smijeh); *a ~ voice* gromak glas 2. glasan 3. drečav, drečeći, kreštav (kriještav); *~ colors* kreštave boje
loud II adv 1. bučno, grohotno; *to laugh ~* smejati (smijati) se grohotom 2. glasno; *to speak ~* govoriti glasno; *speak ~er!* govorite glasnije! *out ~* see **aloud**
loud·hail·er [~hejlǝ(r)] n (Br.) megafon
loud·ly [~lij] adv see **loud** II; *to laugh ~* smejati (smijati) se grohotom; *to speak ~* govoriti glasno
loud·mouth [~mauth] n bučna osoba
loud·speak·er [~spijkǝ(r)] n glasnogovornik, zvučnik
Lou·i·si·an·a [lūijzij'aenǝ] n Luizijana
Louisiana Purchase (Am., hist) kupovina Zapadne Luizijane
lounge I [laundž] n 1. čekaonica; *a transit ~* tranzitna čekaonica 2. gostinska soba 3. salon; foaje 4. kupatilo; klozet
lounge II v intr bazati, tumarati
lounge suit odelo (odijelo) koje se nosi danju
loupe [lūp] n (mala) lupa, povećalo
lour ['lauǝ(r)] Br.; see **lower** IV
louse I [laus] n 1. (lice [lajs]) vaš, uš; *body (crab, head) lice* bele — bijele (polne — W: spolne, crne) vaši 2. (-es) (colloq.) bitanga
louse II v (slang) (to ~ up) pokvariti; upropastiti; *to ~ smt. up* upropastiti nešto
louse·wort [~wǝ(r)t], [o] n (bot.) krvošnica
lous·y ['lauzij] a 1. vašljiv, ušljiv 2. (slang) podao; *a ~ trick* svinjarija 3. (slang) neprijatan; *a ~ headache* jaka glavobolja 4. (slang) loš; *~ merchandise* loša roba
lout [laut] n glupan, klipan, mangup
lout·ish [~iš] a klipanski, mangupski

lou·ver, lou·vre ['lūvǝ(r)] n otvor za vazduh (W: zrak)
lov·a·ble ['lǝvǝbǝl] a ljubazan, simpatičan
lov·age ['lǝvidž] n (bot.) selen, miloduh
love I [lǝv] n ljubav; *~ for smb.* ljubav prema nekome; *to declare one's ~* izjaviti ljubav; *Platonic ~* platonska ljubav; *a labor of ~ rad* iz ljubavi (prema samoj stvari); *to do smt. for ~* učiniti nešto iz ljubavi; *~ of (for) one's country* ljubav prema zavičaju (otadžbini) 2. misc.; *to fall in ~ with smb.* zaljubiti se u nekoga; *to make ~* voditi ljubav; imati snošaj; *to send smb. one's ~* pozdraviti nekoga (pri završetku pisma); (Br.; colloq.) dragi moj! draga moja!
love II a ljubavni; *a ~ affair* ljubavna veza; *a ~ letter* ljubavno pismo; *a ~ song* ljubavna pesma (pjesma); *ho have a ~ affair* voditi ljubav
love III v tr and intr voleti — voljeti (W also: ljubiti); *to ~ one's brother (life, one's parents, one's wife)* voleti brata, (život, roditelja, ženu); *she ~s reading (to read)* ona voli da čita; *he ~s tea* on voli čaj; *she ~s going (to go) to the opera* ona voli da ide u operu
love IV n (tennis) nula; *~ all* nula — nula; *(as a) ~ game* igra u kojoj poražena strana nije osvojila nijedan bod
love·a·ble see **lovable**
love affair ljubavna veza, ljubavna afera
love·less [~lis] a bez ljubavi
love·lorn [~lo(r)n] a koji gine od ljubavi
love·ly [~lij] a 1. mio, ljubazan 2. krasan, divan 3. lep (lijep)
love·mak·ing [~mejkiṅg] n 1. udvaranje 2. snošaj
lov·er ['lǝvǝ(r)] n 1. ljubavnik 2. ljubitelj; *an art ~* ljubitelj umetnosti (umjetnosti); *a ~ of (the) truth* ljubitelj istine
lover boy (colloq.) ženskar
love seat mali divan
love·sick [~sik] a bolestan od ljubavi, zaljubljen
love·sick·ness [~nis] n zaljubljenost, sevdah
Love's Labour's Lost Uzaludan ljubavni trud
lov·ing [~iṅg] a koji voli
loving cup pehar
lov·ing·kind·ness [~-kajndnis] n dobrota
low I [lou] n 1. niska (najniža) tačka (W: točka); *to reach a ~* dostići najnižu tačku 2. (econ.) depresija, pad, stagnacija 3. (meteor.) nizak pritisak, područje niskog atmosferskog pritiska 4. (on an automobile) najniža brzina
low II a 1. nizak; *a ~ blow* nizak udarac; *a ~ ceiling* nizak plafon; *~ blood pressure* nizak krvni pritisak; *on a ~ level* na niskom stupnju (nivou); *a ~ water level* nizak vodostaj 2. mali; *he is ~ in funds* on nema dosta novca; (math). *the ~est common denominator* najmanji zajednički imenilac 3. tih; dubok; *a ~ whisper* tih šapat; *over a ~ fire* na tihoj vatri 4. utučen; *~ in spirits* utučen 5. slab; *a ~ grade* slaba ocena (ocjena)
low III adv 1. nisko; *to shoot ~* gađati nisko 2. tiho; *to speak ~* govoriti tiho
low IV n mukanje, bukanje (also **moo** I)
low V v intr mukati, bukati (also **moo** II)
low·born [~bo(r)n] a nižeg porekla (porijekla)
low·brow [~brau] a (colloq.) grub, prost

low comedy farsa, lakrdija
Low Countries *pl* Nizozemska, Belgija
low·down ['loudaun] *n* (slang) cela (cijela) istina
low-down *a* podao
low·er I ['louə(r)] *a* 1. *comp* of **low II, III**; niži, niže 2. donji; *on a ~ floor* na donjem spratu (W: katu); (pol.) *a ~ house* donji dom; *the ~ jaw* donja vilica
lower II *v tr* sniziti, spustiti; srozati; *to ~ prices (one's voice)* sniziti cene — cijene (glas); *to ~ one's head* spustiti glavu
low·er III ['lauə(r)] *n* natmuren pogled
lower IV *v intr* natmureno gledati
low·er-case ['louə(r)-kejs] *a* (printing) mali; *~ letters* mala slova
lower class niži stalež
low·er-class [~-klaes]; [*a*] *a* nižeg staleža
Lower Forty-eight SAD bez Aljaske i Havajskih ostrva (W: otoka)
low·er·most [~moust] *a* najniži
low-fly·ing [~-flajiñg] *a* niskoleteći (niskoletjeći)
low frequency niska frekvencija
low-fre·quen·cy [~-'frijkwənsij] *a* niskofrekventni; *a ~ amplifier* niskofrekventni pojačivač
Low German (ling.) 1. donjonemački (donjonjemački) jezik 2. donjogermanski jezici
low-grade [~-grejd] *a* slabog kvaliteta
low-key [~-kij] *a* uzdržan
low-keyed [~d] *a* see **low-key**
low·land I [~laend] *n* (geog.) nizina, depresija
lowland II *a* nizinski
low·land·er [~ə(r)] *n* 1. stanovnik nizije 2. (cap.) stanovnik škotskih nizija
Low·lands [~z] *n pl* škotske nizije
low·ly [~lij] *a* 1. nizak 2. nižeg roda 3. ponizan
low-lying *a* nisko položen
low-necked [~-nekt] *a* dekoltiran
low-pitched [~-pičt] *a* (mus.) nizak; *a ~ voice* nizak glas
low pressure (meteor.) depresija
low-pres·sure [~-prešə(r)] *a* 1. nonšalantan, nemaran 2. (meteor.) depresioni, ciklonski; *a ~ area* ciklona
low profile skromno držanje
low season mrtva sezona
low-spir·it·ed [~-spirətid] *a* utučen, obeshrabren
low tension nizak napon
low-ten·sion [~-'tenšən] *a* niskonaponski; *~ current* niskonaponska struja
low-test [~-test] *a* niskog oktanskog broja
low tide oseka
lox [laks]; [*o*] *n* (cul.) dimljeni losos
loy·al ['lojəl] *a* lojalan; *~ to smb.* veran nekome
loy·al·ist [~ist] *n* privrženik
loy·al·ty [~tij] *n* lojalnost; vernost (vjernost); *~ to smb.* lojalnost nekome; *to show (demonstrate) one's ~* pokazati svoju lojalnost
loz·enge ['lazindž]; [*o*] *n* 1. (math.) romb 2. (med.) pastila
L-plate (Br.) oznaka (na automobilu) da je vozač početnik
LSD [eles'dij] halucinogeno sredstvo (also **acid I** 2)
Ltd (Br.) abbrev. of **limited**
lub·ber ['ləbə(r)] *n* 1. nezgrapna osoba 2. see **landlubber**

lube [lūb] see **lubrication, lubricate**
lu·bri·cant ['lūbrikənt] *n* mazivo
lu·bri·cate [~kejt] *v* 1. *tr* podmazati; *to ~ an automobile* podmazati automobil (also **grease II**) 2. *intr* mazati
lu·bri·cat·ing [~iñg] *a* maziv; *~ oil* mazivo ulje
lu·bri·ca·tion [lūbri'kejšən] *n* podmazivanje
lu·bri·ca·tor ['lūbrikejtə(r)] *n* mazalica
lu·bric·i·ty [lū'brisətij] *n* 1. ljigavost, klizavost 2. skarednost, masnost
lu·bri·cous ['lūbrikəs] *a* 1. ljigav, klizav 2. skaredan, mastan
lu·cent ['lūsənt] *a* svetao (svijetao)
lu·cerne [lū'sə(r)n] Br.; see **alfalfa**
lu·cid ['lūsid] *a* 1. razumljiv, jasan 2. racionalan; razuman 3. (med.) lucidan, svestan (svjestan); *a ~ interval* svesni period
lu·cid·i·ty [lū'sidətij] *n* 1. razumljivost 2. racionalnost, razumnost 3. (med.) lucidnost, svesnost (svjesnost)
luck [lək] *n* sreća; *to have good (bad) ~* biti dobre (zle) sreće; *a stroke of (good) ~* luda sreća; *to try one's ~* okušati sreću; *by ~* srećom, na sreću; *for ~* sreće radi; *to be in ~* imati sreće; *to be down on one's ~* biti zle sreće
luck·i·ly [~əlij] *a* na sreću; *~ for him* na njegovu sreću
luck·less [~lis] *a* nesrećan
luck·y [~ij] *a* srećan, sretan; *it's ~ that we didn't go* sreća što nismo išli; *he's always ~* sreća ga stalno prati
lucky dip Br.; see **grab bag 1**
lu·cra·tive ['lūkrətiv] *a* unosan, lukrativan
lu·cre ['lūkə(r)] *n* novac; dobit
lu·cu·lent ['lūkjulənt] *a* razumljiv, jasan (also **lucid 1**)
lu·di·crous ['lūdikrəs] *a* smešan (smiješan)
lu·es ['lūijz] *n* 1. sifilis, lues 2. see **plague I**
luff I [ləf] *n* (naut.) privetrina (privjetrina)
luff II *v intr* (naut.) okretati u vetar (vjetar)
lug I [ləg] *n* (tech.) 1. (spojna) ušica 2. navrtka
lug II *v tr* (colloq.) vući, tegliti
lug III *n* see **lugsail**
lug IV *n* (slang) glupan
luge [lūž] *n* (trkačke) sanke
lug·gage ['ləgidž] *n* prtljag (W: prtljaga); *to check one's ~* predati prtljag; *a piece of ~* koleto prtljaga; (as *a*) *a ~ compartment* odeljenje (odjeljenje) za prtljag
luggage rack polica za prtljag
luggage van (Br.) vagon za prtljag (W: prtljagu)
lug·sail [~sejl] *n* (naut.) koso četvrtasto jedro
lu·gu·bri·ous [lu'gūbrijəs] *a* tužan, žalostan
lug wrench francuski ključ (alatka)
luke·warm ['lūkwo(r)m] *a* mlak
lull I [ləl] *n* zatišje; zastoj; *a ~ in the fighting* zatišje u borbi
lull II *v tr* uspavati, uljuljati; *to ~ a child to sleep* uljuljati dete (dijete) u san; *to ~ smb. with false hopes* uljuljati nekoga nadama; *to ~ one's conscience* uljuljati savest (savjest)
lull·a·by [~əbaj] *n* uspavanka
lu·lu ['lūlū] *n* (slang) čudesna stvar (osoba)
lum·ba·go [ləm'bejgou] *n* (med.) krstobolja, lumbago

lum·bar ['ləmba(r)] *a* (anat.) slabinski, lumbalan
lumbar puncture (med.) lumbalna punkcija (colloq. is **spinal tap**)
lum·ber I ['ləmbə(r)] *n* 1. (tesana) drvna građa (also **timber** 2) 2. (Br.) starudija
lumber II *v tr* (Br.) natrpati; *to ~ up* zakrčiti
lumber III *v intr* teško koračati
lumber camp šumsko gazdinstvo
lumber industry drvna industrija
lum·ber·jack [~džaek] *n* 1. drvoseča (drvosječa), šumski radnik 2. kratka, topla vindjakna
lum·ber·man [~mən] (-*men* [mən]) *n* šumski radnik
lumber room Br.; see **storage room**
lum·ber·yard [~ja(r)d] *n* skladište drvene građe, drvara
lu·men ['lūmən] *n* (phys.) lumen, jedinica svetlosnog (svjetlosnog) fluksa
lu·mi·nance ['lūmənəns] *n* jačina osvetljenja (osvjetljenja)
lu·mi·nar·y ['lūmənerij]; [ə] *n* 1. svetleće telo (svijetleće tijelo) 2. (fig.) osoba na visokom položaju, zverka (zvjerka)
lu·mi·nes·cence [lūmə'nesəns] *n* luminescencija
lu·mi·nes·cent [~ənt] *a* luminescentan
lu·mi·nif·er·ous [lūmə'nifərəs] *a* koji proizvodi, prenosi svetlost (svijetlost)
lu·mi·nos·i·ty [lūmə'nasətij]; [o] *n* svetlost (svjetlost)
luminosity factor svetlosni (svjetlosni) faktor
lu·mi·nous ['lūmənəs] *a* 1. svetao (svijetao); svetleći (svijetleći) 2. svetlosni (svjetlosni)
luminous efficiency svetlosni (svjetlosni) stepen korisnog dejstva (djelovanja)
luminous energy svetlosna (svjetlosna) energija
luminous flux svetlosni (svjetlosni) tok
luminous intensity jačina svetlosti (svjetlosti)
luminous paint luminescentna boja
lum·mox ['ləməks] *n* (colloq.) glupan
lump I [ləmp] *n* 1. grumen, gruda, gromuljica; *a ~ of earth (gold, sugar)* grumen zemlje (zlata, šećera); *to form ~s* grudvati se 2. (med., colloq.) izraslina; tumor; *a ~ in the breast* tumor u dojci 3. (Br.; colloq.) *(the ~)* građevinski sezonski radnici 4. misc.; **to have a ~ in one's throat* biti duboko potresen; **to get one's ~s* biti kažnjen
lump II *a* grudvast; *~ sugar* glava šećera
lump III *v* 1. *tr* sjediniti, spojiti; *to ~ together* strpati u isti koš 2. *intr* ugrudvati se 3. misc.; *to ~ smt. in* uključiti nešto; **he has to like it or ~ it* ako mu se i ne sviđa, neka guta
lump sum ukupna suma
lump together *v* see **lump III** 1
lump·y [~ij] *a* grudvast, grumuljičav; *to become ~* ugrudvati se
lu·na·cy ['lūnəsij] *n* ludilo
lu·nar ['lūnə(r)] *a* lunarni, Mesečev (Mjesečev); *a ~ orbit* Mesečeva orbita
lu·na·tic I ['lūnətik] *n* umobolnik, ludak
lunatic II *a* umobolan; (pol) *the ~ fringe* ekstremističko krilo; (obsol.) *a ~ asylum* see **mental hospital**
lunch I [lənč] *n* 1. lanč, mali ručak (oko podne) (cf. **dinner, supper**) 2. ručak
lunch II *v intr* (colloq.) pojesti mali ručak; ručati

lunch·eon [~ən] *n* 1. see **lunch I** 2. svečani ručak
lunch·eon·ette [lənčə'net] *n* snek-bar
luncheon meat (esp. Br.) vrsta mesnih konzervi
lunch·room [~rum] *n* snek-bar
lunch·time [~tajm] *n* vreme (vrijeme) za ručak
lu·nette [lū'net] *n* 1. (archit.) zasvođeno prozorče na krovu 2. (mil) lineta, utvrđenje sa dva lica
lung [ləng] *n* pluće; *we breathe with our ~s* dišemo na pluća
lunge I [ləndž] *n* 1. nagao pokret, trzaj; *to make a ~* učiniti nagao pokret 2. (fencing) ispad, napad, zamah
lunge II *v intr* baciti se; *to ~ at smb.* baciti se na nekoga
lung·fish ['ləngfiš] *n* plućata riba
lung power (colloq.) snaga glasa
lung·wort [~wə(r)t], [o] *n* (bot.) medunak, plućnjak
lunk·head ['ləngkhed] *n* (slang) glupan
lu·ny see **loony**
lu·pine I ['lūpən] *n* (bot.) obrnika
lupine II ['lūpajn] *a* 1. vučji 2. (fig.) grabljiv, proždrljiv
lu·pus ['lūpəs] *n* (med.) lupus, vukojedina, zverinac (zvjerinac)
lurch I [lə(r)č] *n* težak položaj; **to leave smb. in the ~* ostaviti nekoga na cedilu (cjedilu)
lurch II *n* naglo skretanje, posrtaj, trzaj
lurch III *v intr* 1. iznenada se nagnuti; *the ship ~ed* brod se iznenada nagnuo 2. zateturati se
lure I [lū(r)] *n* mamac, vabac; vab
lure II *v tr* primamiti, namamiti, dovabiti; *to ~ into a trap* primamiti u zamku
lu·rid ['lūrid] *a* 1. grozan, jeziv; *~ details* jezivi detalji 2. bled (blijed)
lurk [lə(r)k] *v intr* vrebati, skrivati se
Lu·sa·tia [lū'sejšə] *n* Lužica
Lu·sa·tian I [~n] *n* 1. Lužičanin (also **Sorb, Wend**) 2. lužičkosrpski jezik, lužički jezik (also **Wendish I, Sorbian 1**)
Lusatian II *a* lužički, lužičkosrpski (also **Wendish II, Sorbian 2**)
lus·cious ['ləšəs] *a* sladak, ukusan, sočan
lush I [ləš] *n* (slang) pijanica
lush II *a* bujan; *~ vegetation* bujna vegetacija
lust I [ləst] *n* 1. žudnja, pohlepa; *~ for money* pohlepa za novcem; *~ for power* žudnja za vlašću 2. pohota, sladostrasnost
lust II *v intr* žudeti (žudjeti); *to ~ for smt. (smb.)* žudeti za nečim (nekim); *to ~ for money* biti pohlepan za novcem
lus·ter ['ləstə(r)] *n* 1. sjaj; odblesak (odbljesak) 2. (fig.) sjaj, slava
lust·ful [~fəl] *a* pohotljiv
lust·y [~ij] *a* 1. snažan, jak 2. see **lustful**
lute I [lūt] *n* leut, lutnja
lute II *n* kit, lepilo (ljepilo)
lu·te·ci·um, lu·te·ti·um [lū'tijšijəm] *n* (chem.) lutecijum
Lu·ther·an I ['lūthərən] *n* luterovac
Lutheran II *a* luteranski, luterski
Lu·ther·an·ism [~izəm] *n* luteranstvo
lu·tist ['lūtist] *n* leutar, svirač lutnje
luv [ləv] *n* (Br.; colloq.) moji dragi, moja draga
lux [ləks] (-*es* or *luces* ['lūsijz]) *n* luks (jedinica snage osvetljenja — osvjetljenja)

luxe [ləks] see de luxe
Lux·em·bourg ['ləksəmbə(r)g] *n* Luksemburg
Lux·em·bourg·er [~ə(r)] *n* Luksemburžanin
Lux·em·bourg·i·an [~ijən] *a* luksemburški
lux·u·ri·ance [lū*g*'žūrijəns], [*kš*] *n* bujnost
lux·u·ri·ant [~ənt] *a* bujan; ~ *growth* bujan rast
lux·u·ri·ate [~ejt] *v intr* 1. bujno rasti 2. uživati; luksuzirati se
lux·u·ri·ous [~əs] *a* raskošan, luksuzan; *a* ~ *mansion* raskošna vila
lux·u·ry ['lə*g*žərij], [*kš*] *n* luksuz, raskoš
ly·can·thrope ['lajkənthroup] *n* vukodlak (see also werewolf)
ly·ce·um [laj'sijəm] *n* licej
lye [laj] *n* ceđ (cijeđ), lug
ly·ing-in *n* babinje (also confinement 3)
lymph I [limf] *n* limfa
lymph II *a* limfni
lym·phat·ic [lim'faetik] *a* limfatičan
lym·pha·tism ['limfətizəm] *n* limfatizam
lymph node limfni čvorić

lymph vessel limfni sud
lynch [linč] *v tr* linčovati
lynch·ing [~ing] *n* linč, linčovanje
lynch law linčovanje, narodna pravda
lynx [lingks] *n* (zool.) ris
lynx-eyed [~ajd] *a* oštrovidan
lyre [laj(r)] *n* lira
lyr·ic I ['lirik] *n* 1. lirska pesma (pjesma) 2. (in *pl*) reči pesme (riječi pjesme), tekst pesme
lyric II *a* lirski; ~ *poetry* lirsko pesništvo (pjesništvo); *a* ~ *poet* liričar
lyr·i·cal [~əl] *see* lyric II
lyr·i·cism ['lirəsizəm] *n* lirizam
lyr·i·cist [~sist] *n* autor tekstova pesama (pjesama) libretista
lyr·ics see lyric I 2
lyr·ism ['lirizəm] *n* see lyricism
lyr·ist [~ist] *n* 1. svirač na liri 2. see lyricist
ly·sine ['lajsijn] *n* (chem.) lizin
Ly·sol ['lajsol] *n* lizol
lyt·ic ['litik] *a* litičan

M

m [em] *n* m (slovo engleske azbuke)

ma [ma] *n* see **mom, mama**

M.A. [em ej] abbreviation of **Master of Arts**

ma'am [maem]; [mam] and [məm] contraction of **madam** (in Br. English used in addressing the Queen)

mac [maek] *n* (colloq.) 1. (in direct address) momče 2. see **mackintosh 2**

ma·ca·bre [mə'kabrə], [ə(r)] *a* jeziv, grozan; *danse* ~ mrtvačko kolo

mac·ad·am I [mə'kaedəm] *n* makadam

macadam II *a* makadamski; *a* ~ *road* makadamski put

mac·ad·am·ize [~ajz] *v tr* makadamizirati

mac·a·ro·ni [maekə'rounij] *a pl* makaroni

mac·a·ron·ic [maekə'ranik]; [*o*] *a* makaronski; ~ *verse* makaronski stihovi

mac·a·ron·ics [~s] *n pl* makaronski stihovi, mešavina (mješavina) jezika

mac·a·roon [maekə'rūn] *n* puslica od badema

ma·caw [mə'ko] *n* (zool.) makao (tropski papagaj)

Mac·ca·bees ['maekəbijz] *n pl* (hist.) Makabejci

mace I [mejs] 1. buzdovan (also **club I 1**) 2. žezlo (also **scepter**) 3. see **macebearer**

mace II *v tr* and *intr* (colloq.) iznuđivati novac (za političku stranku od državnih činovnika)

mace III *n* macis, cvet (cvijet) oraška

Mace vrsta suzavca

mace·bear·er [~bejrə(r)] *n* žezlonoša

Mac·e·do·ni·a [maesə'dounijə] *n* Makedonija

Mac·e·do·ni·an I [~n] *n* 1. Makedonac 2. makedonski jezik

Macedonian II *a* makedonski

mac·er·ate ['maesərejt] *v tr* 1. nakvasiti; smekšati 2. omršaviti

Mach [maek] *n* mahov broj

ma·chet·e [mə'šetij]; [*ej*] *n* tesak, mačeta, sekira (sjekira) za tesanje

Mach·i·a·vel·li·an [maekijə'velijən] *a* makijavelistički

Mach·i·a·vel·li·an·ism [~izəm] *n* makijavelizam

ma·chic·o·la·tion [məčikə'lejšən] *n* otvor u zidu grudobrana za izbacivanje projektila; mašikula

mach·i·nate ['maekinejt], [š] *v intr* intrigovati

mach·i·na·tion [maeki'nejšən], [š] *n* intriga, zavera (zavjera)

ma·chine I [mə'šijn] *n* 1. mašina (W also: stroj); *an adding (washing)* ~ mašina za računanje, (pranje); *a sewing* ~ šivaća mašina 2. (Am., pol.

usu. pejor). mašina; *a political* ~ politička mašina

machine II *a* 1. mašinski; ~ *oil* mašinsko ulje; *a* ~ *operator* operator mašine 2. mehanizovan; ~ *processing* mehanizovana obrada podataka; ~ *records* mehanizovana evidencija

machine III *v* 1. *tr* obraditi mašinom (W also: strojem) 2. *intr* obrađivati se mašinom

machine gun mitraljez

ma·chine-gun I [~-gən] *a* mitraljeski; ~ *fire* mitraljeska vatra; *a* ~ *nest* mitraljesko gnezdo (gnijezdo)

machine-gun II *v tr* mitraljirati, gađati iz mitraljeza

machine gunner mitraljezac

ma·chin·er·y [mə'šijn(ə)rij] *n* 1. mašinerija 2. (fig.) aparat; *the* ~ *of government* državni aparat

machine shop mašinska radionica

machine tool mašinska alatka

ma·chin·ist [mə'šijnist] *n* 1. mašinista 2. (naval) (or: ~'s *mate*) stariji vodnik-mašinista

ma·chis·mo [mə'čijzmou] *n* (colloq.) muževnost, virilnost

ma·cho ['mačou] *a* (colloq.) muževan, virilan

mac·in·tosh see **mackintosh**

mack·er·el ['maek(ə)rəl] *(pl has zero or -s) n* (fish) skuša, lokarda

mackerel sky nebo pokriveno talasastim oblacima

mack·i·naw ['maekəno] *n* kratak kaput od vune

mack·in·tosh ['maekintaš]; [*o*] *n* 1. mekintoš 2. Br.; see **raincoat**

mack·le ['maekəl] *n* (printing) makulatura, tamna mrlja

mac·ren·ceph·a·ly [maekren'sefəlij] *n* makrencefalija

mac·ro·ceph·a·ly [maekrou'sefəlij] *n* makrocefalija

mac·ro·cosm ['maekroukazəm]; [*o*] *n* makrokozam

ma·cron ['mejkran]; [*o*] *n* crtica za dužinu samoglasnika, makron

mac·u·la ['maekjūlə] *(-ae* [ij]) *n* 1. sunčeva pega (pjega) 2. pega, mrlja, fleka

macula lu·te·a [lūtijə] *maculae luteae* [~ijij] (anat.) žuta mrlja

mac·u·late ['maekjūlejt] *v tr* umrljati

mac·ule ['maekjūl] see **mackle**

mad [maed] *a* 1. lud, umobolan; *to go* ~ poludeti (poludjeti); *to drive* ~ dovesti do ludila 2. mahnit, ludački; ~ *laughter* ludački smeh (smijeh) 3. besan (bijesan); *a* ~ *dog* besan pas 4. (colloq.) zanesen, lud, zaluđen; *he is* ~ *about sports* on je zaluđen sportom (lud za sportom) 5. (colloq.)

ljut; *he is* ~ *at us* on je ljut na nas 6. van sebe; ~ *with pain* van sebe od bola

Mad·a·gas·car [maedə'gaeskə(r)] *n* Madagaskar (see also **Malagasy Republic**)

mad·am ['maedəm] *(mesdames* [mej'dam] for 1, 2; -*s* for 3, 4) *n* 1. (cap.) gospođa; *Dear Madam* poštovana gospođo 2. (cap.; with a title) *Madam Ambassador* gospođa ambasador 3. domaćica 4. upravnica javne kuće

Mad·ame ['maedəm], [mə'daem] *(Mesdames* [mej'-dam]) *n* (French) (usu. for a foreign woman) gospođa; ~ *DuPont* gospođa Dipon

mad·cap I ['maedkaep] *n* vragolasta devojka (djevojka)

madcap II *a* vragolast

mad·den ['maedn] *v tr* 1. dovesti do ludila, zaluditi 2. (colloq.) naljutiti

mad·den·ing [~iñg] *a* koji zaluđuje

mad·der I ['maedə(r)] *n* (bot.) broć

madder II *comp* of **mad**

made [mejd] *a* see **make II**; rađen

Mad·e·moi·selle [maedəmə'zel] *n* (French) gospođica

made-to-or·der ['mejd-tū-'o(r)də(r)] see **custom--made**

made-up [~-əp] *a* 1. izmišljen; fabrikovan 2. našminkan 3. (printing) prelomljen

mad·house ['maedhaus] *n* 1. ludnica 2. (colloq.) luda kuća

Mad·i·son Avenue ['maedisən] (Am., usu. pejor.) preterano (pretjerano) reklamiranje

mad·ly [~lij] *adv* 1. ludo 2. besno (bijesno)

mad·man [~maen], [ə] (-*men* [min]) *n* ludak

mad·ness [~nis] *n* 1. ludilo 2. ludački postupak

ma·don·na [mə'danə], [o] *n* 1. (cap.) Bogorodica 2. madona, gospođa

Ma·drid [mə'drid] *n* Madrid

mad·ri·gal ['maedrigəl] *n* madrigal

mad·wo·man [~wumən] (-*women* [wimin]) *n* luda žena

mad·wort [~wə(r)t] *n* (bot.) lanjik, lanak

Mae·ce·nas [mi'sijnəs] *n* mecena, pokrovitelj

mael·strom ['mejlstrəm] *n* vrtlog; (fig.) *in the* ~ *of war* u vrtlogu rata

mae·nad ['mijnaed] *n* (myth.) menada, bahantkinja

maes·tro ['majstrou] (-*s* or -*ri* [rij]) *n* maestro

maf·fick ['maefik] *v intr* (Br.) bučno slaviti, likovati

Ma·fi·a ['mafijə] *n* mafija

mag·a·zine ['maegə'zijn] *n* 1. skladište, magacin; *a powder* ~ barutni magacin 2. okvir, magacin (also **clip I** 3) časopis, magazin; *a fashion* ~ modni časopis

mag·got ['maegət] *n* larva, ličinka

mag·got·y [~ij] *a* pun larvi

Ma·gi ['mejdžaj] *n pl* (*the* ~) mudraci (sa Istoka)

mag·ic I ['maedžik] *n* magija, mađija, čarolije

magic II *a* magičan, magijski, čaroban; *a* ~ *wand* čarobni štapić (prut); *the Magic Flute* Čarobna frula

mag·i·cal [~əl] *a* see **magic II**

magic eye (tech.) magično oko

ma·gi·cian [mə'džišən] *n* mađioničar, čarobnjak

magic marker debeli flomaster (see also **felt-tip pen, flair pen**)

magic slate tablica »piši — briši«

Ma·gi·not line ['maežinou] (hist.) Mažinovljeva linija

mag·is·te·ri·al [maedžis'tijrijəl] *a* 1. majstorski 2. autoritativan; zapovednički (zapovjednički) 3. diktatorski; ohol

mag·is·tra·cy ['maedžistrəsij] *n* sudska (W: sudačka) uprava, magistrat 2. (colloq.) sudije (W: suci)

mag·is·tral ['maedžistrəl] *a* 1. see **magisterial** 2. (med.) sastavljen od lekara — ljekara (W: liječnika) 3. glavni

mag·is·trate ['maedžistrejt] *n* sudija (W: sudac) za prekršaje

mag·ma ['maegmə] (-*s* or *magmata* [maeg'matə]) *n* (geol.) magma

Mag·na Char·ta (Car·ta) ['maegnə 'ka(r)tə] (hist.) Velika povelja slobodama (koju je kralj Jovan izdao 1215. godine)

magna cum laude (Latin) *to graduate* ~ završiti (fakultet) s izvanrednim uspehom (uspjehom) (cf. **cum laude**)

mag·na·nim·i·ty [maegnə'nimətij] *n* velikodušnost

mag·nan·i·mous [mag'naenəməs] *a* velikodušan

mag·nate ['maegnejt] *n* magnat; *a banking* ~ bankarski magnat

mag·ne·sia [mae'gnijžə]; [š] *n* see **magnesium oxide**

mag·ne·site ['maegnəsajt] *n* magnezit

mag·ne·si·um [maeg'nijzijəm] *n* magnezijum

magnesium hydrate magnezijum hidroksid

magnesium nitride magnezijum nitrid

magnesium oxide magnezijum oksid

magnesium sulfate magnezijum sulfat

mag·net ['maegnit] *n* magnet; *to attract by a* ~ privući magnetom

mag·net·ic [maeg'netik] *a* 1. magnetičan, magnetski 2. magnetni, magnetski

magnetic amplifier magnetni pojačivač

magnetic compass magnetni kompas

magnetic dip nagib magnetne igle

magnetic equator magnetni ekvator

magnetic field magnetno polje

magnetic flux magnetni fluks

magnetic force magnetska sila

magnetic head magnetna glava

magnetic hysterisis magnetni histerezis

magnetic induction magnetska indukcija

magnetic intensity jačina magnetnog polja

magnetic line of strength magnetna linija sile

magnetic meridian magnetni meridijan

magnetic mine magnetska mina

magnetic moment magnetni moment

magnetic needle magnetna igla

magnetic permeability magnetna permeabilnost

magnetic pickup elektromagnetska zvučnica

magnetic pole magnetski pol

magnetic recording magnetno snimanje

magnetic storm magnetska bura

magnetic susceptibility magnetna susceptibilnost

magnetic tape magnetska traka

mag·net·ism ['maegnətizəm] *n* magnetizam

mag·net·ite ['maegnətajt] *n* (miner.) magnetit

mag·net·i·za·tion [maegnəti'zejšən]; [aj] *n* magnetizovanje

mag·net·ize ['maegnətajz] *v tr* magnetizovati

mag·ne·to [maeg'nijtou] (-s) n magnetoelektrična mašina, magneto (za paljenje)
mag·ne·ton ['maegnətən]; [o] n (phys.) magneton
mag·ne·tron ['maegnətrən]; [o] n (phys.) magnetron
magnet school specijalna škola (sa najboljom opremom) koja treba da privuče učenike iz svih delova (djelova) grada
mag·ni·fi·ca·tion [maegnifi'kejšən] n uveličanje, povećanje
mag·nif·i·cence [maeg'nifisəns] n veličanstvenost
mag·nif·i·cent [~ənt] a veličanstven; a ~ view veličanstven pogled
mag·ni·fi·er ['maegnifajə(r)] n see **magnifying glass**
mag·ni·fy [~faj] v tr 1. uveličati; povećati; to ~ under a microscope uveličati pod mikroskopom 2. preuveličati, preterati (pretjerati); to ~ difficulties preuveličati teškoće 3. veličati
mag·ni·fy·ing glass uveličavajuće staklo, lupa
mag·nil·o·quence [maeg'niləkwəns] n visokoparnost
mag·nil·o·quent [~ənt] a visokoparan
mag·ni·tude ['maegnitūd]; [tj] n 1. veličina 2. (astro.) veličina; the ~ of a star veličina zvezde (zvijezde) 3. važnost
mag·no·lia [maeg'nouljə] n (bot.) magnolija
mag·num o·pus ['maegnəm 'oupəs] (Latin) remek--delo (remek-djelo)
mag·pie ['maegpaj] n svraka
Mag·yar ['maegja(r)] see **Hungarian I, II**
Mag·yar·ize [~rajz] v tr mađarizovati, madžarizovati
ma·ha·ra·jah [mahə'radža] n maharadža
ma·hat·ma [ma'hatma] n mahatma
mah·jong ['madžang]; [o] n kineska igra domina madžong
ma·hog·a·ny I [mə'hagənij]; [o] n mahagoni
mahogany II a mahagonijski
Ma·hom·et [mə'hamit]; [o] see **Mohammed**
maid [mejd] n 1. (lit.) devojka (djevojka); deva (djeva) 2. sluškinja, devojka; a ~'s room devojačka (djevojačka) soba
maid·en I [~ən] n. 1. (lit.) devojka (djevojka) 2. deva (djeva) 3. (hist.) vrsta giljotine (u Škotskoj)
maiden II a 1. devičanski (djevičanski); čedan 2. prvi; početni; a ~ voyage prvo putovanje; a ~ speech prvi govor 3. neudata; a ~ aunt neudata tetka
maid·en·hair [~hej(r)] n (bot.) viline vlasi, papraca
maid·en·head [~hed] n himen
maid·en·hood [~hud] n devičanstvo (djevičanstvo)
maid·en·ly [~lij] a devojački (djevojački); devičanski (djevičanski)
maiden name devojačko (djevojačko) prezime
maid in waiting neudata dvorska dama
maid of honor 1. see **maid in waiting** 2. (glavna) deveruša (djeveruša)
maid·ser·vant [~sə(r)vənt] n sluškinja
mai·hem see **mayhem**
mail I [mejl] n pošta; pisma, pošiljke; is there any ~ today? ima li danas pošte? by return ~ povratnom poštom; the mailman brought the ~ poštar je doneo (donio) poštu; ~ from Europe takes several days to get here pošta iz Evrope ide nekoliko dana; to deliver the ~ raznositi poštu
mail II a poštanski

mail III v tr poslati (poštom); he ~ed me a letter yesterday poslao mi je pismo juče (jučer)
mail IV n oklop, pancir; a coat of ~ oklopna košulja
mail·bag [~baeg] n poštarska torba, poštanski džak
mail bomb bomba skrivena u poštanskoj pošiljci
mail·box [~baks]; [o] n poštansko sanduče
mail call (mil.) izdavanje pošte
mail car poštanski vagon
mail carrier pismonoša
mail catcher kuka za hvatanje poštanskih vreća
mail delivery raznošenje pošte
mail drop 1. poštanska adresa 2. otvor za ubacivanje pisama 3. kutija za pisma
mailed [~d] a oklopni, pancirni; (fig.) a ~ fist fizička snaga, oružana sila
mail·er n see **jiffy bag**
mail in v poslati poštom
mail·ing list [~ing] spisak adresa
mail·man [~maen], [ə] (-men [min]) n poštar, pismonoša
mail order porudžbina (narudžbina) koja se šalje preko pošte
mail-or-der house [~-o(r)də(r)] robna kuća koja prima porudžbine i šalje robu poštom
mail out v poslati poštom
mail truck motorna poštanska kola
maim [mejm] v tr osakatiti
main I [mejn] n 1. glavni deo (dio); in the ~ uglavnom 2. see **Spanish Main** 3. glavna cev (cijev) 4. (poetic) morska pučina; to sail the ~ ploviti morem 5. misc.; with might and ~ iz sve snage
main II a glavni; a ~ deck glavna paluba; a ~ entrance glavni ulaz; a ~ street glavna ulica; a ~ character glavni junak; (slang) the ~ drag glavna ulica; (gram.) a ~ clause glavna rečenica
Maine [mejn] n Mejn
main·frame [~frejm] n (C.) veliki računar
main·land [~laend], [ə] n (the ~) kopno; on the ~ na kopnu
main line glavna pruga
main·line [~lajn] v intr (slang) ubrizgati narkotike direktno u venu
main·mast [~maest]; [a] n (naut.) velejarbol, veliki jarbol
main·sail [~sejl] n (naut.) glavna deblenjača
main·sheet [~šijt] n (naut.) škota velejedra
main·spring [~spring] n 1. spiralna opruga 2. (fig.) glavna pobuda
main·stay [~stej] n glavna potpora
main·stream [~strijm] n matica, matični tok; the ~ of life matica života
main·tain [mejn'tejn] v tr 1. održati; to ~ customs (a friendship, order) održati običaje (prijateljstvo, red); to ~ a house (a road) održavati kuću (put); to ~ diplomatic relations održavati diplomatske odnose 2. sačuvati; to ~ one's presence of mind sačuvati prisustvo duha 3. izdržati; to ~ a wife izdržavati ženu
main·te·nance ['mejntənəns] n 1. održavanje; the ~ of customs (discipline, peace, roads) održavanje običaja (discipline, mira, puteva) 2. čuvanje 3. izdržavanje

maintenance man mehaničar za tehničko održavanje

maintenance order (Br.; legal) sudska odluka o izdržavanju žene i dece (djece)

maintenance service tehničko održavanje, služba remonta

main yard (naut.) debleni križ velejarbola

mai·tre d'ho·tel [metr dou'tel] (French) see **headwaiter**

maize [mejz] *n* Br.; see **corn I 1**

ma·jes·tic [mə'džestik] *a* veličanstven

maj·es·ty ['maedžistij] *n* 1. veličanstvo, veličanstvenost 2. (cap.) veličanstvo; *Your Majesty* Vaše veličanstvo

ma·jol·i·ca [mə'džalikə]; [*o*] *n* majolika, fajans

ma·jor I ['mejdžə(r)] *n* 1. (mil.) major 2. punoletnik (punoljetnik) 3. (at a university) glavni predmet; grupa, smer (smjer); *a ~ in English* grupa za engleski jezik i književnost; *a biology (mathematics, physics) ~* biološka (matematička, fizička) grupa; or: grupa za biologiju (matematiku, fiziku) 4. (at a university) student neke grupe, struke; *a French ~* student grupe za francuski jezik i književnost; *~s in general literature* studenti grupe za opštu (opću) književnost 5. (in *pl;* Am., baseball) dve (dvije) prve lige 6. (mus.) dur; *C ~* ce-dur

major II *a* 1. glavni; znatan; značajan; *his ~ works* njegova glavna dela (djela); *the ~ representatives of romanticism are...* glavni predstavnici romantizma su...; *a ~ part* znatan udeo (udio); *a ~ role* značajna uloga 2. najveći; najpoznatiji; *our ~ successes* naši najveći uspesi (uspjesi) 3. ozbiljan; *a ~ illness* ozbiljna bolest 4. (mus.) durski; *a ~ scale* dur-lestvica (ljestvica)

major III *v intr (to ~ in)* studirati kao glavni predmet; *to ~ in English* studirati engleski jezik i književnost, biti student grupe za engleski jezik i književnost

ma·jor-do·mo [~-doumou] (*-s) n* 1. upravnik dvora 2. glavni sluga

ma·jor·ette [mejdžər'et] *n* see **drum majorette**

major general general-potpukovnik

ma·jor·i·ty [mə'džaritij], [*o*] *n* 1. većina; *an absolute (simple, two-thirds) ~* apsolutna (prosta, dvotrećinska) većina 2. punoletnost (punoljetnost) 3. majorski čin, majorstvo

major league (sports) prva liga

major-league [~-lijg] *a* (sports) prvoligaški

major lea·guer ['lijgə(r)] prvoligaš

major medical insurance (or: *(major medical coverage)* osiguranje od posledica (posljedica) dugotrajne nesposobnosti za rad

major premise (phil.) prva premisa

ma·jus·cule [mə'džeskjūl] *n* 1. veliko slovo 2. majuskula

make I [mejk] *n* 1. izrada; tip; moda 2. marka; vrsta (W also: vrst) robe 3. kov, skup osobina 4. misc.; (slang) *to be on the ~* biti agresivan; udvarati se agresivno

make II *made* [mejd] *v tr* (except for 18) 1. napraviti; *to ~ comments (mistakes, plans, shelves)* napraviti primedbe — primjedbe (greške, planove, police); *to ~ an impression on smb.* napraviti utisak na nekoga; *to ~ a secret of smt.*

napraviti tajnu od nečega; *to ~ a fool of smb.* napraviti nekoga budalom; *to ~ a scene* napraviti scenu; *to ~ a sweet (a sour) face* napraviti slatko (kiselo) lice; *to ~ smb. look ridiculous* napraviti nekoga smešnim (smiješnim); *to ~ trouble* praviti neprijatnosti; *the road ~s a curve* put pravi luk; *to ~ faces* praviti grimase; **to ~ a mountain out of a molehill* napraviti od komarca magarca 2. učiniti, načiniti; *to ~ an allusion (concessions, mistakes, a move)* učiniti aluziju (ustupke, greške, potez); *that ~s him furious* to ga čini besnim (bijesnim); *that doesn't ~ any difference* to ne čini nikakvu razliku; *to ~ a man of smb.* učiniti nekoga čovekom (čovjekom); **one swallow does not ~ summer* jedna lasta ne čini proleće (proljeće) 3. spremiti; *to ~ dinner* spremiti ručak 4. proizvoditi; *Detroit ~s too many cars* Detroit proizvodi suviše automobila 5. iznositi, činiti; *100 cents ~ one dollar* 100 centi čine jedan dolar; *to ~ a quorum* činiti kvorum 6. pokazati se; razviti se; biti; *he'll ~ a good teacher* on će biti dobar nastavnik 7. navesti, naterati (natjerati); primorati; *to ~ smb. do smt.* navesti (naterati, primorati) nekoga da učini nešto; *his father is ~ing him get married* otac ga tera da se ženi; *what made him do it?* šta (što) ga je navelo da to učini? (see also **have II 7**) 8. dovesti (do), učiniti, prouzrokovati; *to ~ the grass grow* učiniti da trava raste 9. (colloq.) zaraditi; *to ~ money* zaraditi novac; *how much does he ~ a year?* koliko on zarađuje godišnje? 10. dostići; stići; *the ship made port* brod je stigao u luku 11. postaviti; *they made him manager* on je postavljen za šefa 12. (colloq.) uhvatiti; *to ~ a train* uhvatiti voz (W: vlak) 13. proći; *to ~ 20 miles* proći 20 milja 14. namestiti (namjestiti); *to ~ a bed* namestiti krevet 15. doneti (donijeti); *to ~ a decision* doneti odluku 16. izraditi; *made of steel* izrađen od čelika 17. (vul.) zavesti 18. *intr* spremiti se, učiniti; *he made as if to strike me* učinio je kao da će da me udari 19. misc.; *to ~ believe* praviti se; *to ~ a good start* početi dobro; *to ~ a bid for freedom* pokušati da se oslobodi; **to ~ a clean breast of smt.* priznati sve; *to ~ clear* objasniti; *to ~ an effort* nastojati; **to ~ a good thing of smt.* izvući korist iz nečega; **to ~ a night of it* prolumpovati celu (cijelu) noć; **to ~ both ends meet* sastaviti kraj s krajem; **to ~ do* snaći se; **to ~ eyes at smb.* gledati nekoga zaljubljeno; *to ~ friends* sprijateljiti se; *to ~ headway* napredovati; **to ~ light of smt.* potceniti (potcijeniti) nešto; *to ~ love* umiljavati se; imati snošaj; *to ~ merry (whoopee)* veseliti se; **to ~ neither head nor tail of smt.* ne razumeti (razumjeti) nešto sasvim; **to ~ no bones about smt.* ne okolišiti; **he ~s nothing of that* za njega to ne znači ništa; **to ~ oneself at home* osećati (osjećati) se kao kod svoje kuće; *to ~ one's escape* pobeći (pobjeći); *to ~ a profit* ostvariti profit; *to ~ public* razglasiti; *to ~ sure* uveriti (uvjeriti) se; **to ~ the best of things* pomiriti se sa sudbinom; *to ~ tracks* umaći; **to ~ it* imati uspeha (uspjeha); stići (na); *to ~ one's way through a crowd* probiti se kroz gomilu; (Br.) *to ~ away with oneself* izvršiti samoubistvo (W: samoubojstvo); (colloq.) *to* ~ *book* primati opklade; *furniture is made of wood* nameštaj (namještaj) se pravi od drveta; *he could not* ~ *himself understood* nisu ga razumeli (razumjeli)

make·be·lieve I [~-bə'lijv] *n* iluzornost, prividnost

make·believe II *a* iluzoran, prividan

make fast *v* (naut.) vezati

make for *v* uputiti se; *to make for the open sea* uputiti se prema pučini

make good *v* 1. nadoknaditi; *to make a loss good* or: *to make good a loss* nadoknaditi gubitak 2. (colloq.) imati uspeha (uspjeha)

make off *v* (colloq.) 1. pobeći (pobjeći) 2. uputiti se

make out *v* 1. dešifrovati; protumačiti, razabrati; *to make out an inscription* pročitati natpis 2. (slang) imati uspeha (uspjeha) 3. napisati; *to make a check out for ten dollars* or: *to make out a check for ten dollars* napisati ček na deset dolara

make over *v* 1. renovirati 2. preobratiti, preobrnuti

mak·er ['mejkə(r)] *n* (comm.) trasant

make·shift I *n* [~šift] improvizacija, surogat

makeshift II *a* improvizovan

make time *v* 1. ići brzo; *to make good time* stići brzo 2. (slang) udvarati se

make up *v* 1. našminkati; *to make smb. up* našminkati nekoga 2. izmisliti; isfabrikovati; *to make up a story* or: *to make a story up* izmisliti priču 3. nadoknaditi; *to make up (for) lost time* nadoknaditi izgubljeno vreme (vrijeme); *to make it up to smb.* nadoknaditi nekome štetu; *to make up an exam* naknadno polagati ispit 4. spraviti; *to make up a prescription* spraviti lek (lijek) (see also **fill II** 6) 5. sačinjavati, sastavljati; *the delegation is made up of students and professors* delegaciju sačinjavaju studenti i profesori 6. pomiriti se; *they have made up* oni su se pomirili 7. izgladiti; *to make up differences* izgladiti razlike 8. ulagivati se; *to make up to smb.* ulagivati se nekome 9. sastaviti; obrazovati; *to make up a train* sastaviti voz (W: vlak); *to make up a committee* obrazovati odbor 10. (printing) prelomiti; *to make up in pages* prelomiti u stranice 11. dodati; doplatiti; domeriti (domjeriti); *to make up a difference in price* doplatiti razliku u ceni (cijeni) 12. upotpuniti; *that makes up the total* to upotpunjuje iznos 13. *to make up one's mind* odlučiti se 14. postići; *he made up what he had missed* on je postigao ono što je propustio 15. see **make II** 14

make·up I [~-əp] *n* 1. sastav 2. (printing) prelom 3. narav 4. šminka; *to put on (remove)* ~ staviti (skinuti) šminku 5. (or: ~ *examination)* popravni ispit

make-up II *a* 1. dopunski; ~ *work* dopunska nastava 2. popravni; *a* ~ *exam* popravni ispit

make-up man 1. šminker, masker 2. meter, prelamač

make·weight [~wejt] *n* domerak (domjerak), dodatak

mak·ing [~iñg] *n* 1. pravljenje 2. razvoj; *in the* ~ u procesu razvoja 3. (in *pl*) potrebne osobine; *the* ~*s of a good soldier* potrebne osobine za dobrog vojnika

mal·a·chite ['maelǝkajt] *n* (miner.) malahit

mal·ad·just·ed [maelǝ'džǝstid] *a* neprilagođen, loše prilagođen

mal·ad·just·ment [maelǝ'džǝstmǝnt] *n* neprilagođenost, neprilagođeno ponašanje

mal·a·droit [maelǝ'drojt] *a* nezgrapan, nespretan

mal·a·dy ['maelǝdij] *n* bolest

Mal·a·gas·y I ['maelǝgaesij] *n* Malagas, Madegas (stanovnik Madagaskara)

Malagasy II *a* malgaški

Malagasy Republic *n* Malgaška Republika (Madagaskar)

mal·aise [mae'lez], [ej] *n* nelagodnost

mal·a·prop·ism ['maelǝprapizǝm]; [o] *n* pogrešna upotreba reči (riječi)

mal·a·pro·pos [maelaeprǝ'pou] 1. *a* neumestan (neumjestan), nezgodan 2. *adv* neumesno, nezgodno

ma·lar·i·a [mǝ'lejrijǝ] *n* malarija

ma·lar·i·al [~l] *a* malaričan, malarički

ma·lar·key [mǝ'la(r)kij] *n* (slang) koještarija

Ma·la·wi [ma'lawij] *n* Malavi

Ma·lay ['mejlej], [mǝ'lej] *n* 1. Malajac 2. malajski jezik

Ma·lay·a [mǝ'lejǝ] *n* Malajsko poluostrvo (W: Malajski poluotok)

Ma·lay·an I [mǝ'lejǝn] *n* see **Malay** 1, 2

Malay·an II *a* malajski

Malay Archipelago Malajski arhipelag

Malay Peninsula Malajsko poluostrvo (W: Malajski poluotok)

Ma·lay·sia [mǝ'lejžǝ]; [zi] *n* Malezija, Malezijska federacija

Ma·lay·sian I [~n] *n* stanovnik Malezijske federacije

Malaysian II *a* malezijski

mal·con·tent I ['maelkǝntent] *n* nezadovoljnik

malcontent II *a* nezadovoljan

male I [mejl] *n* muškarac; mužjak

male II *a* muški

male chauvinism muški šovinizam

male chauvinist muški šovinist

mal·e·dic·tion [maelǝ'dikšǝn] *n* prokletstvo

mal·e·fac·tor ['maelǝfaektǝ(r)] *n* zločinac

ma·lef·i·cence [mǝ'lefǝsǝns] *n* zlo, zločin

ma·lev·o·lence [mǝ'levǝlǝns] *n* zloba, zla volja

ma·lev·o·lent [~ǝnt] *a* zao, zloban

mal·fea·sance [mael'fijzǝns] *n* prekršaj; ~ *in office* malverzacija, zloupotreba službenog položaja

mal·for·ma·tion [maelfo(r)'mejšǝn] *n* (med.) nakaznost

mal·formed [mael'fo(r)md] *a* (med.) nakazno stvoren

mal·func·tion I [mael'fǝñgkšǝn] *n* neispravnost, kvar, zastoj

malfunction II *v intr* ne funkcionisati, rđavo funkcionisati

Ma·li I ['Malij] *n* Mali

Mali II *a* malijski

mal·ic ['maelik], [ej] *a* jabučni; ~ *acid* jabučna kiselina

mali·ce ['maelis] *n* pakost, zloba, zlonamernost (zlonamjernost); *out of* ~ iz pakosti; *to bear* ~ *toward smb.* osećati (osjećati) zlobu prema nekome; (legal) *with* ~ *aforethought* s predumišljajem

ma·li·cious [mə'lišəs] *a* pakostan, zloban, zlonameran (zlonamjeran)

ma·lign [mə'lajn] *v tr* oklevetati

ma·lig·nan·cy [mə'lignənsij] *n* opakost, malignost

ma·lig·nant [~ənt] *a* opak, zloćudan, maligni; *a ~ tumor* maligni (zloćudni) tumor

ma·lin·ger [mə'linggə(r)] *v intr* zabušavati, simulirati

ma·lin·ger·er [~rə(r)] *n* zabušant, simulant

mall [mol], [ae] *n* šetalište, aleja

mal·lard ['maelə(r)d] *n* divlji patak, gluvara (gluhara)

mal·le·a·ble ['maelijəbəl] *a* 1. kovan, rastegljiv 2. (fig.) savitljiv

mal·let ['maelit] *n* drveni čekić, malj, bat

mal·low ['maelou] *n* (bot.) slez (sljez)

malm [mam] *n* meko vapno

malm·sey [~zij] *n* malvazija (vino)

mal·nour·ished [mael'nərišt] *a* pothranjen

mal·nu·tri·tion [maelnū'trišən]; [*nj*] *n* pothranjenost, neishranjenost

mal·o·dor·ous [mael'oudərəs] *a* smradan

mal·prac·tice [mael'praektis] *n* 1. nesavestan (nesavjestan) postupak 2. (med.) pogrešno (nesavesno — nesavjesno) lečenje (liječenje) bolesnika nepodoban način lečenja

malpractice insurance osiguranje protiv parnica zbog pogrešnog lečenja (liječenja)

malpractice suit parnica (tužba) zbog pogrešnog lečenja (liječenja) (see also **suit I** 4)

malt [molt] *n* slad

Mal·ta [~ə] *n* Malta

mal·ted [~id] *n* (also: ~ *milk*) sladno piće, mlečni (mliječni) koktel

Mal·tese I [mol'tijz] *n* 1. *(pl has zero)* Maltežanin 2. maltski jezik

Maltese II *a* malteški, maltski

Maltese cat maltska mačka

Maltese cross maltski krst (W: križ)

Maltese fever maltska groznica

malt·house [~haus] *n* sladara

Mal·thu·sian I [mael'thūžən]; [*zi*] *n* maltuzijanac

Malthusian II *a* maltuzijanski

Mal·thu·sian·ism [~izəm] *n* maltuzijanizam

mal·tose ['moltous], [*z*] *n* maltoza

mal·treat [mael'trijt] *v tr* maltretirati, zlostaviti

mal·va·si·a [maelvə'sijə] *n* see **malmsey**

mal·ver·sa·tion [maelvə(r)'sejšən] *n* malverzacija, zloupotreba službene dužnosti

ma·ma ['mamə]; [mə'ma] *n* mama

mam·bo ['mambou] (-s) *n* vrsta plesa

mam·ma ['mamə] (-ae [aj] or [ij]) *n* 1. dojka; sisa 2. vime

mam·mal ['maeməl] *n* sisar

mam·mal·i·an [mae'mejlijən] *n* sisar

mammalian II *a* sisarski

mam·ma·ry ['maemərij] *a* mlečni (mliječni), sisni; *the ~ gland* mlečna žlezda (žlijezda)

Mam·mon ['maemən] *n* Mamon, božanstvo bogatstva

mam·moth I ['maeməth] *n* mamut

mammoth II *a* mamutski, ogroman

mam·my ['maemij] *n* 1. (colloq.) mama 2. (Southern Am.; often pejor.) dojkinja crnkinja

man I [maen] *(men* [men]). *n* 1. čovek — čovjek (homo sapiens); *Heidelberg ~* hajdelberški pra-

čovek; *Neanderthal (Paleolithic) ~* neandertalski (paleolitski) čovek 2. muškarac, muško, čovek; *it brought out the ~ in him* to je probudilo osećaj (osjećaj) muževnosti kod njega 3. čovek, osoba, ličnost (društveno biće); *a good ~* dobar čovek; *that's enough to drive a ~ crazy* to je da čovek pobesni (pobjesni); *to make a ~ of smb.* učiniti nekoga čovekom; **a ~ of the world* svetski (svjetski) čovek; **the ~ on (in) the street* prosečan (prosječan) čovek 4. odrastao čovek 5. (colloq.) muž; *~ and wife* muž i žena 6. (mil., in *pl*) vojnici, vojnički sastav 7. misc.; *a ~ of letters* književnik; *a ~ about town* bonvivan; *be a ~!* ne budi kukavica! *to be one's own ~* biti samostalan; *to a ~* svi do jednog; *~ overboard!* čovek u moru!

man II *a* muški

man III *v tr* popuniti ljudstvom (posadom); *~ ned space fights* vasionski letovi sa ljudskom posadom; *to ~ the guns* zauzeti mesto (mjesto) kod oruđa; *to ~ the defenses* posesti (posjesti) odbrambene položaje

man·a·cle I ['maenəkəl] *n* (usu. in *pl)* okov

manacle II *v tr* okovati

man·age ['maenidž] *v* 1. *tr* rukovoditi, upravljati; *to ~ a firm* rukovoditi preduzećem (W: poduzećem) 2. *intr* dov&iti se; *that woman ~s as well as she can* ta se žena dovija kako najbolje ume (umije) 3. *intr* snaći se; *we'll ~* snaći ćemo se; *to ~ without smt.* snaći se bez nečega 4. *intr* uspeti (uspjeti); *he ~ed to catch the train* on je uspeo da uhvati voz (W: vlak)

man·age·a·ble [~əbəl] *a* 1. podesan za rukovanje; podešljiv 2. pokoran

man·age·ment [~mənt] *n* 1. upravljanje; poslovanje; *efficient ~* efikasan način poslovanja; *business ~* upravljanje preduzećima (W: poduzećima) 2. menadžerski posao

man·ag·er [~ə(r)] *n* 1. poslovođa; *a restaurant ~* poslovođa restorana; *a section ~* poslovođa odeljenja (odjeljenja) 2. šef, upravnik; direktor; *an office (sales, service) ~* šef kancelarije (prodaje, servisnog centra) 3. menadžer; (baseball, boxing) trener, menadžer

man·a·ger·i·al [maenə'džijrijəl] *a* 1. upravljački 2. menadžerski; *the ~ class* menadžerska klasa

man-at-arms [maen-ət-'a(r)mz] *(men-at-arms) n* (hist.) vojnik, oklopnik

man·a·tee ['maenətij] *n* (zool.) lamantin, morska krava

Man·ches·ter ['maenčestə(r)] *n* Mančester

Man·chu·ri·a [maen'čūrijə] *n* Mandžurija

Man·chu·ri·an I [~n] *n* 1. Mandžurac 2. mandžurski jezik

Manchurian II *a* mandžurski

man·da·mus [maen'dejməs] *n* (legal) sudski nalog (nižem sudu)

man·da·rin I ['maendərin] *n* 1. mandarin 2. (cap.) (or: *Mandarin Chinese)* mandarinski jezik

mandarin II *a* mandarinski

man·da·tar·y ['maendətejrij] *n* mandatar, zastupnik

man·date I ['maendejt] *n* 1. mandat; starateljstvo 2. mandatska zemlja; starateljska teritorija

mandate II *v tr* staviti pod starateljstvo

man·da·tor ['maendejtə(r)] *n* mandator

man·da·to·ry ['maendətorij]; [ə] *a* mandatni, obavezan

man-day ['maen-dej] *(man-days)* n dnevni učinak, dnevna norma jednog radnika

man·di·ble ['maendəbəl] *n* (donja) vilica

man·do·lin ['maendə'lin] *n* mandolina

man·drag·o·ra [maen'draegərə] *n* see **mandrake**

man·drake ['maendrejk] *n* (bot.) mandragora

mandrel, mandril ['maendrəl] *n* vreteno

man·drill ['maendril] *n* (zool.) mandril

mane [mejn] *n* griva

man-eat·er [~·ijtə(r)] *n* ljudožder

man·eat·ing [~iñg] *a* ljudožderski; *a* ~ *tiger* tigar-ljudožder

ma·nège [mae'než] *n* manjež, škola jahanja

ma·neu·ver I [mə'nūvə(r)] *n* manevar; *to carry out a* ~ obaviti manevar; (mil.) *to go on* ~s ići na manevre; (mil.) *a war of* ~ manevarski rat; *to conduct (hold)* ~s održati manevre

maneuver II *v* 1. *tr* upravljati, rukovati 2. *tr* vešto (vješto) dovesti; *to* ~ *smb. into a trap* dovesti nekoga u škripac 3. *intr* manevrisati, izvoditi manevre

ma·neu·ver·a·bil·i·ty [mənūvərə'bilətij] *n* pokretnost, sposobnost za manevrisanje

ma·neu·ver·a·ble [mə'nūvərəbəl] *a* pokretan, sposoban za manevrisanje

man Friday odan sluga, radnik

man·ful [~fəl] *a* muški, hrabar

man·ga·nese ['maeñggənijz]; [maeñggə'nijz] *n* mangan

mange [mejndž] *n* šuga

man·gel ['maeñgəl] *n* (bot.) blitva

man·ger ['mejndžə(r)] *n* jasle; *a dog in the* ~ see **dog** I 1

man·gle I ['maeñgəl] *n* sprava za roljanje (valjanje) rublja, rolja

mangle II *v tr* roljati (rublje)

mangle III *v tr* 1. unakaziti; osakatiti 2. (fig.) natucati (nešto, malo); *to* ~ *French* natucati nešto francuski (also **murder** II 3)

man·go ['maeñggou] (*-s* or *-es*) *n* (bot.) mango

man·go·nel ['maeñggənel] *n* (hist., mil.) oruđe za bacanje kamena

man·grove ['maeñgrouv], [ñg] *n* mangrov

man·gy ['mejndžij] *a* šugav

man·han·dle [~haendəl] *v tr* 1. maltretirati, rđavo postupati (s) 2. prenositi ručno

Man·hat·tan [maen'haetn], [ə] *n* Manhatan (deo — dio Njujorka; vrsta koktela)

man·hole [~houl] *n* kablovsko okno, otvor

man·hood ['maenhud] *n* 1. muževno doba, zrelo doba 2. muškost, muževne osobine

man·hour [~auə(r)] *n* jednočasovni rad čoveka (čovjeka)

man·hunt [~hənt] *n* potera — potjera (za čovekom — čovjekom)

ma·ni·a ['mejnijə] *n* manija

ma·ni·ac I ['mejnijaek] *n* manijak

maniac II *a* see **maniacal**

ma·ni·a·cal [mə'najəkəl] *a* manijački

man·ic-de·pres·sive I ['maenik-di'presiv] *n* osoba koja pokazuje znakove manično-depresivne psihoze

manic-depressive II *a* manično-depresivni

Man·i·chae·ism ['maenikijizəm] *n* (phil.) maniheizam

man·i·cure I ['maenikjū(r)] *n* manikir; *to get a* ~ manikirati se

manicure II *v tr* manikirati

man·i·cur·ist [~rist] *n* manikerka

man·i·fest I ['maenəfest] *n* 1. popis brodskog tovara 2. popis željezničkih (željezničkih) vagona

manifest II *a* očigledan, jasan

manifest III *v tr* (jasno) izraziti, pokazati, ispoljiti, manifestovati

man·i·fes·ta·tion [maenəfes'tejšən] *n* pokazivanje, ispoljenje, manifestacija

Manifest Destiny (Am., hist.) doktrina o naseljavanju zapada SAD

man·i·fes·to [maenə'festou] (*-s* and *-es*) *n* proglas, manifest; (hist.) *the Communist Manifesto* Komunistički manifest

man·i·fold I [' maenəfould] *n* 1. celina (cjelina) 2. cevovod (cjevovod); priključak cevi (cijevi)

manifold II *a* mnogostruk, raznovrstan

man·i·kin, man·ni·kin ['maenikin] *n* 1. see **dwarf** 2. anatomski model čovečjeg tela (čovječjeg tijela) 3. see **mannequin**

Ma·nil·a [mə'nilə] *n* (geog.) Manila

ma·nil·a I *n* manilska kudelja

manila II *a* manilski; ~ *hemp* manilska kudelja; ~ *paper* manilski papir

ma·nil·la see **manila** I, II

man·i·oc ['maenijak]; [o] *n* maniok (also **cassava**)

man·i·o·ca [maenij'oukə] see **manioc**

man·i·ple ['maenəpəl] *n* 1. (hist.) odeljenje (odjeljenje) rimske legije 2. (Cath.) naručnik (deo — dio misnog ruha)

ma·nip·u·late [mə'nipjəlejt] *v tr* 1. manipulisati, rukovati 2. (pejor.) manipulisati; nepropisno uticati (na); *to* ~ *public opinion* manipulisati javnim mnjenjem

ma·nip·u·la·tion [mənipje'lejšən] *n* manipulacija

ma·nip·u·la·tor [me'nipjələjtə(r)] *n* 1. manipulant 2. (pejor.) nameštač (namještač)

Man·i·to·ba [maeni'toubə] *n* Manitoba

man·i·tou ['maenitū] *n* (Am. Indian) duh prirode

man jack see **jack** 11

man·kind ['maenkajnd] *n* čovečanstvo (čovječanstvo)

man·like [~lajk] *a* muževan, kao muškarac

man·li·ness [~lijnis] *n* muškost, muževnost

man·ly [~lij] *a* muški, muževan, junački

man-made *a* urađen od čoveka (čovjeka)

man·na ['maenə] *n* 1. (biblical) mana 2. musa (sladak sok)

man·ne·quin ['maenikin] *n* 1. (krojačka) lutka, maneken (also **dummy** I 2) 2. manekenka (also **model** I 4)

man·ner ['maenə(r)] *n* 1. način; *in what* ~? na koji način? *in that* ~ na takav način; *in the same* ~ na isti način 2. držanje, ponašanje; *to have an awkward* ~ biti nespretan u ponašanju 3. (in *pl*) maniri; *to have good* ~s imati dobre manire 4. stil (u umetnosti — umjetnosti) 5. vrsta (W also: vrst) 6. misc.; *by no* ~ *of means* nipošto; *in a* ~ *of speaking* tako reći; *to the* ~ *born* naviknut (na nešto) od rođenja; rođen za visok položaj

man·nered [~d] *a* afektiran

man·ner·ism [~rizəm] *n* manirizam, osobina
man·ner·less [~lis] *a* bez manira
man·ner·ly [~lij] 1. *a* učtiv 2. *adv* učtivo
manners see **manner** 3
man·ni·kin see **manikin**
man·nish [~iš] *a* 1. muški 2. muškobanjast, muškaračast
ma·noeu·vre Br.; see **maneuver** I, II
man-of-war [maen-ə-'wo(r)] *(men-of-war) n* ratni brod
ma·nom·e·ter [mae'namətə(r)]; [o] *n* manometar
man·or ['maenə(r)] *n* 1. (hist.) plemićko imanje 2. imanje veleposednika (veleposjednika) 3. (or: ~ *house*) plemićka kuća; kuća veleposednika
ma·no·ri·al [mae'norijəl] *a* plemićki, vlasteoski, vlastelinski
man·pow·er [~pauə(r)] *n* radna snaga
man·qué [man'kej] *a* (French) neuspeo (neuspio) *an artist* ~ neuspeo umetnik (umjetnik)
man·sard ['maensa(r)d] *n* mansarda
man·ser·vant ['maensə(r)vənt] *(menservants* ['mensə(r)vənts]) *n* lični sluga
man·sion ['maenšən] *n* 1. velika gospodska kuća 2. see **manor** 3
man-sized [~sajzd] *a* (colloq.) veliki, krupan
man·slaugh·ter [~slotə(r)] *n* ubistvo bez predumišljaja; *involuntary* ~ ubistvo iz nehata; *voluntary* ~ slučajno ubistvo; *to commit* ~ izvršiti ubistvo (bez predumišljaja)
man·sue·tude [~switūd]; [tj] *n* blagost
man·teau [maen'tou] (-s or -*eaux* [ou]) *n* ogrtač
man·tel ['maentəl] *n* see **mantelpiece**
man·tel·piece ['maentəlpijs] *n* okvir kamina
man·tic ['maentik] *a* proročki
man·til·la [maen'tijjə], [ilə] *n* mantilja, mantija
man·tis ['maentis] (-*es* or -*tes* [tijz]) *n* pravokrilac (see also **praying mantis**)
man·tis·sa [maen'tisə] *n* (math.) mantisa
man·tle I ['maentəl] *n* 1. ogrtač; mantija 2. pokrivač 3. see **mantel, mantelpiece** 4. omotač, plašt 5. (anat.) kora (mozga)
mantle II *v tr* pokriti, ogrnuti
man·tle·piece see **mantelpiece**
man-to-man defense (sports, esp. basketball) odbrana čovek na čoveka (W: obrana čovjek na čovjeka)
man-trap *n* klopka za ljude
man·tu·a ['maentūə]; [tj] *n* (hist.) ogrtač
man·u·al I ['maenjuəl] *n* priručnik; uputstvo; *a flight* ~ letački priručnik; *a maintenance* ~ priručnik za održavanje; (mil.) *the* ~ *of arms* radnje s puškom, stavovi s puškom
manual II *a* 1. ručni; ~ *control* ručno upravljanje (see also **hand** II) 2. manuelni; *a* ~ *laborer* manuelni radnik
man·u·fac·ture I [maenjə'faekšə(r)] *n* 1. industrijska prerada 2. izrađevina
manufacture II *v tr* proizvoditi, fabrikovati, izraditi; *to* ~ *automobiles (refrigerators)* proizvoditi automobile (frižidere)
man·u·fac·tur·er [~rə(r)] *n* industrijalac, fabrikant
man·u·mit [maenjə'mit] *v tr* osloboditi
ma·nure I [mə'nū(r)]; [nj] *n* đubre
manure II *v tr* nađubriti

man·u·script I ['maenjəskript] *n* rukopis, manuskript
manuscript II *a* rukopisni
Manx [maeṇks] *a* sa ostrva (W: otoka) Mana
man·y ['menij] 1. *n* mnogi; ~ *of us* mnogi od nas; *a great* ~ veliki broj 2. *pron* mnogi; ~ *fail the exam* mnogi padaju na ispitu 3. *a* mnogi; mnogo; ~ *people* mnogi ljudi; ~ *a man* mnogi čovek (čovjek); ~ *students* mnogo studenata; *a great (good)* ~ *athletes were present* mnogo sportista je bilo prisutno **more** [mo(r)] *(comp)*; **most** [moust] *(super)* (see also entry for **most**)
man·y-sid·ed [~sajdid] *a* mnogostran
Mao·ism ['mauizəm] *n* Maoizam
Ma·o·ri ['maurij] *(pl* has zero or -*s) n* Maor (urođenik Novog Zelanda)
map I [maep] *n* 1. karta; *a dialect (route, weather)* ~ dijalekatska (rutna, sinoptička) karta; *a road* ~ auto-karta 2. plan; *a* ~ *of a city* plan grada 3. misc.; *to put smt. on the* ~ učiniti nešto poznatim
map II *v tr* 1. naneti (nanijeti) na kartu; sastaviti kartu (nečega) 2. *(to* ~ *out)* planirati; *to* ~ *out a trip* planirati putovanje
map grid koordinatna mreža karte
map holder držač karata
ma·ple ['mejpəl] *n* javor, klen
maple leaf javorov list (amblem Kanade)
maple sugar javorov šećer
maple syrup javorov sirup
map making kartografija
map out *v* see **map** II 2
map·per [~ə(r)] *n* kartograf
map·ping [~iṇg] *n* kartografija
map reading čitanje karata
ma·quis [ma'kij] *n* gusto žbunje
Maquis (WW II) *n* 1. francuski pokret otpora 2. borac pokreta otpora
mar I [ma(r)] *n* mana
mar II *v tr* pokvariti
mar·abou ['maerəbū] *n* 1. marabu (roda) 2. ukras od perja marabua
ma·ras·ca [mə'raeskə] *n* maraska
mar·a·schi·no [maerə'skijnou], [š] *n* maraskin, maraskino (liker od maraske); (as *a)* ~ *cherry* dalmatinska višnja
ma·ras·mus [mə'raezməs] *n* (med.) marazam
Ma·ra·thi [mə'ratij] *n* (ling.) Marati
mar·a·thon I ['maerəthən]; [o] *n* maraton, maratonska trka; *to run a* ~ učestvovati u maratonu
marathon II *a* maratonski; ~ *negotiations* maratonski pregovori
ma·raud [mə'rod] *v intr* pljačkati
ma·raud·er [~e(r)] *n* pljačkaš maroder
ma·raud·ing [~iṇg] *n* pljačkanje, maroderstvo
mar·ble I ['ma(r)bəl] *n* 1. mermer, mramor 2. kliker; *to play* ~s igrati se klikera 3. misc.; *to lose one's* ~s pošašaviti
marble II *a* mermerni
marc [ma(r)k] *n* pulpa od voća, meso voća (plodova)
mar·ca·site ['ma(r)kəsajt] *n* (miner.) markasit
march I [ma(r)č] *n* 1. maršovanje, marš; *a forced* ~ usiljeni marš 2. tok, proticanje; *the* ~ *of time* tok vremena 3. (mus.) marš; *a funeral* ~ pogrebni marš 4. misc.; *to steal a* ~ *on smb.* predu-

hitriti nekoga; *science is on the* ~ nauka napreduje

march II *a* marševski; *a* ~ *column* marševska kolona; ~ *discipline* marševska disciplina

march III *v* 1. *tr* pokrenuti; *to* ~ *troops into battle* pokrenuti trupe u borbu 2. *tr* preći, proći; *to* ~ *50 miles in two days* preći 50 milja za dva dana 3. *tr* odvesti; *to* ~ *smb. off to prison* odvesti nekoga u zatvor 4. *intr* maršovati, kretati se u stroju; *to* ~ *by (past)* promaršrati, prodefilovati; *to* ~ *into a city* umaršrati u grad; *to* ~ *on* napredovati; (mil.) *forward*, ~! napred (naprijed) marš!

march IV *n* 1. granica, međa 2. granični pojas

March *n* mart (W: ožujak); *the Ides of* ~ martovske ide

marching orders Br.; see **walking papers**

march-land [~laend] *n* granični pojas

march-pane [~pejn] *n* see **marzipan**

march-past *n* (Br.) paradni marš

Mar-di gras [ma(r)dij 'gra] karneval, mesojeđe, poklade

mare [mej(r)] *n* kobila; ~*'s milk* kobilje mleko (mlijeko)

mare's-tail [~z-tejl] *n* (bot.) mačji rep

mar-ga-rine ['ma(r)džərin] *n* margarin

mar-gin ['ma(r)džin] *n* 1. ivica, rub; *an even* ~ izravnata ivica; *to straighten a* ~ izravnati ivicu 2. ivičnik; *to set a* ~ postaviti ivičnik 3. margina; *on the* ~s na marginama 4. rezerva; koeficijent; *a* ~ *of error* granica dozvoljenih grešaka; *a* ~ *of safety* koeficijent (rezerva) sigurnosti 5. (comm.) marža (razlika između kupovne i prodajne cene — cijene) 6. (comm.) marža (iznos koji se mora položiti u gotovu)

mar-gin-al [~əl] *a* 1. marginalni; ~ *notes* marginalije 2. krajnji; ~ *visibility* krajnje ograničena vidljivost; ~ *weather conditions* krajnje nepovoljni meteorološki uslovi (W also: uvjeti) 3. (comm.) marginalni, granični

mar-gi-nal-i-a [ma(r)dža'nejlijə] *n pl* marginalije

mar-gin-al-ly [~ij] *adv* delimično (djelimično); na ivici

margin release (on a typewriter) produživač

margin stop (on a typewriter) ivičnik; ivična prečaga

margin stop scale (on a typewriter) brojitelj

mar-grave ['ma(r)grejv] *n* markgraf

mar-gue-rite [ma(r)gə'rijt], [gj] *n* (bot.) volovsko oko, margarita

mar-i-gold ['maerəgould] *n* (bot.) neven

mar-i-jua-na, mar-i-hua-na [marə'wanə] *n* marihuana; *to grow* ~ gajiti marihuanu

ma-ri-na [mə'rijnə] *n* luka za male čamce

mar-i-nade I [maerə'nejd] *n* marinat, marinada; *fish* ~ marinirana riba

marinade II see **marinate**

mar-i-nate ['maerənejt] *v tr* marinirati, zakiseliti

ma-rine I [mə'rijn] *n* 1. marinac, vojnik pomorsko-desantne pešadije (pješadije); *tell that to the* ~s kaži to nekome drugome 2. see **merchant marine**

marine II *a* 1. pomorski, mornarički; *a* ~ *engineer* inženjer brodogradnje; ~ *insurance* pomorsko osiguranje; *a* ~ *risk* pomorski rizik 2. pomorsko-desantni

Marine Corps (Am.) *(the* ~) pomorsko-desantne snage

mar-i-ner ['maerənə(r)] *n* pomorac

mar-i-o-nette [maerijə'net] *n* marioneta, lutka (also **puppet** I)

mar-i-tal ['maerətəl] *a* bračni

mar-i-time ['maerətajm] *a* 1. pomorski, prekomorski; ~ *commerce* prekomorska trgovina; *a* ~ *court* pomorski sud; ~ *law* pomorsko pravo; ~ *lien* pomorsko založno pravo; ~ *trade* pomorska trgovina; *a* ~ *power* pomorska država 2. primorski; ~ *provinces* primorske oblasti

mar-jo-ram ['ma(r)džərəm] *n* (bot.) mažurana, majoran

mark I [ma(r)k] *n* 1. oznaka, znak, belega (biljega) (see also **bookmark, trademark, watermark**) 2. žig (see also **postmark**) 3. standard; visina; *not up to the* ~ ispod standarda; *up to the* ~ na potrebnoj visini 4. meta, cilj; *to hit the* ~ pogoditi cilj; *to miss the* ~ promašiti cilj; (fig.) *he's (way) off the* ~ on je (sasvim) u zabludi; (fig.) *wide of the* ~ daleko od istine (see also **hall-mark**) 5. oznaka, krst — W: križ (umesto — umjesto potpisa); *to make one's* ~ staviti svoju oznaku 6. utisak; *to leave one's* ~ ostaviti trajan utisak; *to make one's* ~ istaći se 7. ocena (ocjena); *high* ~s *in English* odlične ocene iz engleskog 8. marka, etiketa 9. (gram.) znak; *an exclamation (question)* ~ znak uzvika (pitanja); *an accent* ~ akcenatski znak; *punctuation* ~s znaci interpunkcije 10. ožiljak; trag; *rana* 11. žrtva; *an easy* ~ laka žrtva 12. (novac) marka 13. misc.; (sports) *on your* ~s! na mesta (mjesta)!

mark II *v* 1. *tr* označiti; markirati; *to* ~ *a place* označiti mesto (mjesto) 2. *tr* obeležiti (obilježiti); *to* ~ *laundry* obeležiti rublje; ~*ed cards* obeležene karte 3. *tr* paziti (na); ~ *my word!* pazite na moje reči (riječi)! 4. *tr* oceniti (ocijeniti); *to* ~ *papers* oceniti zadatke (W: zadaće) (see also **grade** II 3) 5. *tr* (ling.) označiti, markirati; *a* ~*ed member* označeni član 6. *tr* ostaviti tragove (na) 7. *intr* ocenjivati (ocjenjivati) zadatke (W: zadaće) 8. *intr* pokazivati tragove; *the floor* ~s *easily* pod se lako prlja (also **mark up** 3) 9. misc.; *to* ~ *time* vršiti korak na mestu (mjestu); tapkati u mestu; *a* ~*ed man* unapred (unaprijed) osuđena osoba; *to* ~ *an anniversary* proslaviti godišnjicu

mark down *v* 1. zabeležiti (zabilježiti) 2. smanjiti; *to mark prices down* smanjiti cene (cijene) 3. smanjiti (nekome) ocenu — ocjenu; *the teacher marked him down* nastavnik mu je smanjio ocenu

mark-down [~daun] *n* smanjenje (cena — cijena)

marked *a* 1. see **mark II** 2. primetan (primjetan); znatan; *a* ~ *difference* znatna razlika

mark-er [~ə(r)] *n* 1. signal, znak 2. marker, indikator mesta (mjesta); motka za označavanje; *a boundary* ~ kamen međaš 3. putokaz; orijentir 4. see **bookmark** 5. markirant 6. (colloq.) priznanica (kojom se priznaje dug) 7. (ling.) označivač; *a phrase (semantic)* ~ frazni (semantički) označivač

mar-ket I ['ma(r)kit] *n* 1. tržište; *a world* ~ svetsko (svjetsko) tržište 2. pazar, pijaca 3. potražnja;

prođa; *there is no ~ for that merchandise* nema potražnje za tom robom; *to find a ~* imati prođu 4. see **marketplace** 5. see **stock market** 6. misc.; *to be in the ~ for smt.* tražiti nešto (na tržištu); **to play the ~* baviti se spekulativnim poslovima
market II *a* tržišni; *a ~ price* tržišna cena (cijena); *~ research* ispitivanje tržišta
market III *v* 1. *tr* prodati (na tržištu) 2. *intr* pazariti
mar·ket·a·ble [~əbəl] *a* koji se može prodati
market garden Br.; see **truck farm**
mar·ket·ing [~iñg] *n* marketing, istraživanje tržišta
mar·ket·place [~plejs] *n* trg, tržište, pijaca
mar·ket·ripe [~rajp] *a* ne sasvim zreo
mark·ing [~iñg] *n* 1. oznaka 2. obeležavanje (obilježavanje) 3. (zool.) boja (kože, perja)
marking ink tuš za obeležavanje (obilježavanje) rublja
marking time tapkanje u mestu (mjestu)
mark off *v* 1. obeležiti (obilježiti), markirati; *to mark off a distance* obeležiti daljinu 2. odrediti
mark out *v* obeležiti (obilježiti)
marks·man ['ma(r)ksmən] (*-men* [min]) *n* strelac (strijelac); *a ~'s badge* oznaka odličnog strelca
mark up *v* 1. povisiti; *to mark up prices* or: *to mark prices up* povisiti cene (cijene) 2. ostaviti tragove (na); *to mark up a floor* ostaviti tragove na podu 3. prljati se; *the floor marks up easily* pod se lako prlja
mark·up [~əp] *n* (comm.) 1. povišenje cene (cijene) 2. marža (dodatak koji se uračunava u nabavnu cenu robe radi formiranja prodajne cene)
marl [ma(r)l] *n* lapor
mar·line ['ma(r)lin] *n* (naut.) mrlin
mar·line·spike [~spajk] *n* (naut.) jedrarski trn
mar·ma·lade ['ma(r)məlejd] *n* marmelada; *peach ~* marmelada od bresaka
mar·mite [ma(r)'mijt], [*aj*] *n* 1. kazan 2. kaserola
mar·mo·set ['ma(r)məsət] *n* (zool.) marmozet (mali majmun)
mar·mot ['ma(r)mət] *n* (zool.) mrmot
Mar·o·nite I ['maerənajt] *n* Maronit
Maronite II *a* maronitski
ma·roon I [mə'rūn] *n* (hist.) odbegli (odbijegli) rob crnac
maroon II *v tr* 1. iskrcati na pustom ostrvu (W: otoku) za kaznu 2. (fig.) ostaviti, napustiti
maroon III *n* kestenjasta boja
maroon IV *a* kestenjast
mar·plot ['ma(r)plat]; [*o*] *n* kvarilac, onaj koji kvari poduhvat
mar·quee [ma(r)'kij] *n* 1. veliki šator (na vašaru, na izložbi) 2. nadstrešnica (pred hotelom, bioskopom — W: kinom)
mar·quess ['ma(r)kwis] esp. Br.; see **marquis**
mar·quis ['ma(r)kwis] (*pl* has zero or *-es*) *n* markiz
mar·quise [ma(r)'kijz] *n* 1. see **marquee** 2. markiza 3. prsten s dragim kamenjem
mar·ram ['maerəm] *n* primorska trava
mar·riage I ['maeridž] *n* 1. brak; bračna zajednica; *to annul (break up) a ~* poništiti (rasturiti) brak; *a civil (common-law) ~* građanski (divlji) brak; *a mixed ~* mešoviti (mješoviti) brak

2. venčanje (vjenčanje), udaja, ženidba (see **wedding**) 3. (fig.) zajednica, savez
marriage II *a* bračni
mar·riage·a·ble [~əbəl] *a* sposoban za brak
marriage certificate izvod iz knjige venčanih (vjenčanih)
marriage license dozvola za venčanje (vjenčanje)
marriage lines Br.; see **marriage certificate**
mar·ried ['maerijd] *a* 1. udata; *a ~ woman* udata žena; *she is (got) ~ to an engineer* ona je udata (ona se udala) za inženjera 2. ženjen, oženjen; *a ~ man* oženjen čovek (čovjek); *he is (got) ~ to Vera* on je oženjen (on se oženio) Verom 3. bračni; *a ~ couple* bračni par; *~ life* bračni život
mar·row ['maerou] *n* 1. koštana srž, moždina 2. (fig.) suština, srž 3. (Br.) tikva (see also **squash I**)
mar·ry ['maerij] *v* 1. *tr* (of a woman) udati se; *she ~ried a lawyer* udala se za advokata (see also **married** 1) 2. *tr* (of a man) oženiti se; *he ~ried Vera* oženio se Verom (see also **married** 2) 3. *tr* venčati (vjenčati); *a priest ~ried them* venčao ih je sveštenik (svećenik) 4. *intr* venčati se; udati se; oženiti se; *they ~ried* (more usu. *is*.: *got ~ried) last year* venčali su se prošle godine
marry off *v* 1. udati; *to marry off a daughter* udati ćerku 2. oženiti; *to marry off a son* oženiti sina
Mars [ma(r)z] *n* (astro. and myth.) Mars
Mar·seil·laise [ma(r)sej'ez] *n* (*the ~*) marseljeza
Mar·seille [ma(r)'sej] *n* Marsej
marsh [ma(r)š] *n* močvara
mar·shal I ['ma(r)šəl] *n* 1. (mil.) maršal (see **field marshal**) 2. maršal dvora 3. funkcioner koji upravlja ceremonijama 4. izvršni činovnik suda
marshal II *v tr* 1. (mil.) prikupiti; koncentrisati; postrojiti 2. dovesti u red, urediti 3. organizovati; *to ~ all the facts* izložiti redom sve činjenice
mar·shal·ing yard ranžirna stanica
Mar·shall plan (hist.) Maršalov plan
marsh mallow (bot.) beli slez (bijeli sljez), belodun (bjelodun)
marsh·mal·low [~melou] *n* slatkiš od belog sleza (bijelog sljeza)
marsh·y [~ij] *a* močvara
mar·su·pi·al I [ma(r)'sūpijəl] *n* (zool.) torbar
marsupial II *a* torbarski
mar·su·pi·um [ma(r)'sūpijəm] (*-ia* [ijə]) *n* torba (kod torbara)
mart [ma(r)t] *n* tržište (see **market I**)
mar·ten [~ən] (*pl* has zero or *-s*) *n* (zool.) kuna, cibetka; *a pine (stone) ~* kuna zlatica (belica — bjelica)
mar·tial ['ma(r)šəl] *a* vojni, ratnički, marcijalan; *~ music* vojna muzika (W also: glazba) (see **court-martial I, martial law**)
martial arts (*pl*) odbrana (W: obrana) bez vatrenog oruđa, slobodno rvanje
martial law opsadno (vanredno) stanje; *to impose ~* zavesti opsadno stanje; *to suspend (rescind) ~* ukinuti vanredno stanje
Mar·tian I ['ma(r)šən] *n* marsovac
Martian II *a* marsovski
mar·tin ['ma(r)tən] *n* (bird) bregunica

mar·ti·net [ma(r)tə'net] *n* starešina cepidlaka (cjepidlaka); grub oficir
mar·tin·gal ['ma(r)təngael] see **martingale**
mar·tin·gale [~gejl] *n* 1. lažne uzde, bilal 2. (naut.) posrtaljka 3. dvostruki ulog (pri igri karata)
mar·ti·ni [ma(r)'tijnij] *n* martini (vrsta koktela)
mart·let ['ma(r)tlit] *n* 1. see **martin** 2. (heraldry) ptica bez nogu
mar·tyr I ['ma(r)tə(r)] *n* mučenik, paćenik
martyr II *v tr* 1. učiniti nekoga mučenikom 2. izmučiti 3. umoriti mučeničkom smrću
mar·tyr·dom [~dəm] *n* mučeništvo
mar·tyr·ize [~rajz] *v tr* see **martyr** II
mar·tyr·ol·o·gy [ma(r)tər'alədžij]; [o] *n* martirologija
mar·vel I ['ma(r)vəl] *n* čudo
marvel II *v intr* čuditi se; *to* ~ *at smt.* čuditi se nečemu
mar·vel·ous [~əs] *a* čudesan; veličanstven; *a* ~ *view* veličanstven pogled
Marx·i·an ['ma(r)ksijən] *a* marksistički
Marx·ism [~sizəm] *n* marksizam
Marx·ism-Len·in·ism [~-'leninizəm] *n* marksizam-lenjinizam
Marx·ist [~ist] *n* marksista
Mar·y·land ['mejrələnd] *n* Meriland
mar·zi·pan ['ma(r)tsəpaen], [z] *n* marcipan
mas·car·a [maes'kaerə] *n* maskara (kozmetički preparat za bojenje trepavica)
mas·cot ['maeskət], [a] *n* maskota
mas·cu·line I ['maeskjəlin] *n* (gram.) muški rod
masculine II *a* muški; (gram.) *the* ~ *gender* muški rod
masculine ending (poetics) muški slik
masculine rhyme muški srok
mas·cu·lin·i·ty [~'linətij] *n* muškost
mash I [maeš] *n* 1. mešavina (mješavina) od mekinja (slada) i vrele vode 2. pire, kaša
mash II *v tr* 1. izgnječiti, zgnječiti; *to* ~ *potatoes* izgnječiti krompir 2. (slang) udvarati se (nekome)
mashed potatoes *pl* pire od krompira
mash·er [~ə(r)] *n* 1. sprava za pasiranje 2. (slang) osvajač žena
mask I [maesk]; [a] *n* maska (W: also krabulja); *to put on (take off) a* ~ staviti (skinuti) masku (see also **death mask, gas mask**)
mask II *v tr* maskirati
masking tape samolepljiva (samoljepljiva) traka
mas·lin ['maezlin] *n* (esp. Br.) suražica
mas·o·chism ['maesəkizəm] *n* masohizam
mas·o·chist [~ist] *n* masohista
mas·o·chis·tic [maesə'kistik] *a* masohistički
ma·son ['mejsən] *n* 1. zidar 2. mason·(član Udruženja slobodnih zidara)
Ma·son-Dix·on line ['mejsən-'diksən] *(the* ~) (Am., hist.) granica između Pensilvanije i Merilanda (do građanskog rata, granica između Severa — Sjevera i robovlasničkog Juga)
ma·son·ic [mə'sanik]; [o] *a* slobodnozidarski; *a* ~ *lodge* slobodnozidarska loža
ma·son·ry [~rij] *n* 1. zidarski zanat 2. zidana građevina 3. see **freemasonry**
masque [maesk]; [a] *n* 1. (hist.) maskerata, pokladna pesma (pjesma) u scenskom obliku 2. see **masquerade** I

mas·quer·ade I [maeskə'rejd]; [a] *n* 1. maskenbal, maskarada 2. maskiranje, prerušenje; pretvaranje, zavaravanje
masquerade II *v intr* 1. maskirati se; pretvarati se 2. izdavati se; *to* ~ *as a lawyer* izdavati se za advokata (W: odvjetnika)
mass I [maes] *n* 1. masa, materija; *a plastic (shapeless, sticky)* ~ plastična (bezoblična, lepljiva — ljepljiva) masa 2. (usu. in *pl*) mase, široki slojevi; *the* ~*es* narodne mase 3. masa, veliki broj, mnoštvo; *the* ~ *of people* masa ljudi
mass II *a* masovan; ~ *destruction* masovno uništavanje; *a* ~ *execution* masovno streljanje (strijeljanje); ~ *consumption (migration, production)* masovna potrošnja (migracija, proizvodnja); ~ *murder* masovno ubijanje
mass III *v tr* masirati; koncentrisati; *to* ~ *fire* koncentrisati vatru
mass IV *n* misa; *to go to* ~ ići na misu; *a high (low)* ~ velika (mala) misa; *to celebrate (say)* ~ služiti (čitati) misu
Mas·sa·chu·setts [maesə'čūsits] *n* Masačusets
mas·sa·cre I ['maesəkə(r)] *n* masakr, pokolj; *to carry out a* ~ izvršiti pokolj; *a* ~ *of the population* pokolj stanovništva
massacre II *v tr* masakrirati, ubiti u velikom broju
mas·sage I [mə'saž] *n* masaža
massage II *v tr* masirati
mass communications *pl* sredstva javnog informisanja
mas·seur [mae'sə(r)] *n* maser
mas·seuse [mae'soez] *n* maserka
mas·sif [mae'sijf] *n* masiv
mas·sive ['maesiv] *a* masivan
mass medium (*-ia* [ije]) sredstvo javnog informisanja; *the mass media* sredstva javnog informisanja
mass-produce *v tr* masovno proizvoditi
mast [maest]; [a] *n* jarbol
mas·tec·to·my [maes'tektəmij] *n* (med.) odstranjenje dojke
mas·ter I ['maestə(r)]; [a] *n* 1. gospodar; majstor; *the* ~ *of one's fate* gospodar svoje sudbine; *the* ~ *of a situation* gospodar situacije 2. zapovednik — zapovjednik (trgovačkog broda) 3. majstor; *a chess* ~ šahovski majstor 4. maestro, majstor 5. magistar; *a* ~ *of arts* magistar filozofije 6. nastavnik 7. (or: ~ *copy*) original (koji služi kao predmet kopiranja)
master II *v tr* savladati; ovladati; osvojiti; *to* ~ *a subject* ovladati nekim predmetom
mas·ter-at-arms [~r-ət-a(r)mz] (*masters-at-arms*) *n* glavni podoficir brodske policije
master card see **trump**
mas·ter·ful [~fəl] *a* zapovednički (zapovjednički)
master key kalauz
mas·ter·mind I [~majnd] *n* veliki um, »kapacitet«
mastermind II *v tr* (colloq.) planirati; upravljati
Master of Arts magistar filozofije
master of ceremonies voditelj emisije (see also **emcee**)
Master of Science magistar prirodnomatematičkog fakulteta
mas·ter·piece [~pijs] *n* remek-delo (djelo), majstorija
master sergeant (mil.) stariji vodnik

mas·ter·stroke [~strouk] *n* majstorski potez

master workman majstor

mas·ter·y [~rij] *n* 1. majstorija 2. prevlast, nadmoć 3. temeljno poznavanje, vladanje; ~ *of a foreign language* vladanje stranim jezikom

mast·head [~hed] *n* (naut.) 1. vrh jarbola 2. spisak urednika (u novinama, časopisu)

mas·tic ['maestik] *n* mastika

mas·ti·cate ['maestəkejt] *v tr* sažvakati

mas·tiff ['maestif] *n* mastif, doga

mas·ti·tis [maes'tajtis] *n* mastitis

mas·to·don ['maestədan]; [o] *n* mastodont

mas·toid ['maestojd] *n* mastoid

mas·toid·ec·to·my [maestojd'ektəmij] *n* (med.) mastoidektomija

mas·toid·i·tis [maestojd'ajtis] *n* (med.) mastoiditis

mas·tur·bate ['maestə(r)bejt] *v intr* onanisati, masturbirati

mas·tur·ba·tion [maestə(r)'bejšən] *n* onanija, masturbacija

mat I [maet] *n* 1. rogozina 2. otirač (za noge), prostirač 3. (sports) strunjača 4. zamršena masa; *a ~ of hair* zamršena kosa

mat II *v* 1. *tr* pokriti rogozinom 2. *tr* zamrsiti; *~ted hair* zamršena kosa 3. *intr* zamrsiti se

mat III *n* 1. besjajna ivica rama 2. besjajnost, zamagljenost: sloj mutne boje

mat IV see matte II

mat V *v tr* dati mutan izgled (nečemu)

mat·a·dor ['maetədo(r)] *n* matador

match I [maeč]*n* 1. odgovarajući predmet; parnjak; pandan (also counterpart) 2. ravni; premac; par; *he is no ~ for you* on vam nije ravan, on nije tvoj par; *to be more than a ~ for smb.* biti snažniji od nekoga, nadmašivati nekoga: **he met his ~* naišao je na sebi ravnog; *our team is a ~ for yours* naš tim je dorastao vašem 3. utakmica; *to play a ~* odigrati utakmicu 4. partija (za udaju, ženidbu)

match II *v* 1. *tr* odgovarati; *the hat ~es the coat* šešir odgovara kaputu 2. *tr* ići; *the curtains will ~ the rug* ove zavese (zavjese) će dobro ići uz ćilim 3. *tr* (or: *to ~ up*) podesiti, uskladiti, prilagoditi, složiti; *to ~ (up) colors* uskladiti (složiti) boje 4. *tr* (or: *to ~ up*) provodadžisati; *she ~ed them up* ona im je provodadžisala; *they ~ed him (up) with her* oni su joj ga provodadžisali 5. *tr* svrstati; *to ~ players (in a tournament)* svrstati igrače (na turniru) 6. *tr* naći odgovarajući predmet (za); *to ~ material* naći materijal koji bi bio odgovarao drugome 7. *tr* meriti (mjeriti) se; *he cannot ~ you (in anything)* ne može se on s tobom (ni po čemu) meriti 8. *intr* odgovarati; slagati se; *the colors ~* boje se slažu; *these two shoes don't ~* ove dve (dvije) cipele ne odgovaraju jedna drugoj

match III *n* šibica (W also: žigica); *to light (strike) a ~* upaliti šibicu

match·box [~baks]; [o] *n* kutija šibica

match·ing [~ing] *a* koji se slaže; *~ colors* boje koje se slažu

matching funds paritetni doprinos, doprinos pojedinca ili institucije jednak sumi priloga koje je dala javnost

match·less [~lis] *a* bez premca; neuporediv

match·lock [~lak]; [o] *n* fitiljača

match·mak·er [~mejkə(r)] *n* provodadžija

match·mak·ing [~ing] *n* provodadžiluk

match point (usu. tennis) situacija u kojoj igrač koji vodi pobeđuje (pobjeđuje) ako dobije sledeći (sljedeći) poen

match·stick [~stik] *n* šibica

match up *v* see match II 3, 4

mate I [mejt] *n* 1. parnjak 2. suprug, supruga 3. drug, prijatelj 4. (naut.) prvi oficir (na trgovačkom brodu) 5. (Am., navy) podoficir

mate II *v* 1. *tr* sparivati 2. *intr* pariti se

mate III *n* (chess) mat (also checkmate I)

mate IV *v tr* and *intr* (chess) matirati; *to ~ smb.* dati nekome mat

ma·té [ma'tej] *n* mate (paragvajski čaj)

ma·te·ri·al I [mə'tijrijəl] *n* 1. materijal; građa materija; *building ~* građevinski materijal; *to gather ~ for a dictionary* skupiti gradu za rečnik (rječnik) 2. materija, tkanina, štof

material II *a* materijalan

ma·te·ri·al·ism [~izəm] *n* materijalizam

ma·te·ri·al·ist [~ist] *n* materijalista

ma·te·ri·al·is·tic [mətijrijəl'istik] *a* materijalistički

ma·te·ri·al·ize [mə'tijrijəlajz] *v* 1. *tr* ostvariti, materijalizovati 2. *intr* ostvariti se

material noun gradivna imenica

ma·te·ri·el [mətijrij'el] *n* (usu. mil.) borbena tehnička sredstva, materijal i oprema, borbena tehnika

ma·ter·nal [mə'tə(r)nəl] *a* materinski; *~ love* materinska ljubav

ma·ter·ni·ty [mə'tə(r)nətij] *n* materinstvo

maternity and child care zaštita majke i deteta (djeteta)

math [maeth] (colloq.) see mathematics

math·e·mat·i·cal [maethə'maetikəl] *a* matematički; *~ analysis (induction, logic)* matematička analiza (indukcija, logika)

math·e·ma·ti·cian [maethəmə'tišən] *n* matematičar

math·e·mat·ics [maethə'maetiks] *n* (usu. *sgn*) matematika

maths [maeths] Br.; see math

mat·i·nee [maet'nej] *n* matine

matinee coat (Br.) kaput za bebu

mat·ing ['mejting] *n* parenje

mating season vreme (vrijeme) parenja

mat·ins ['maetinz] *n sgn* or *pl* (Cath.) jutarnja služba (see also Morning Prayer)

ma·tri·arch ['mejtrija(r)k] *n* matrijarh

ma·tri·ar·chal [mejtrija(r)kəl] *a* matrijarhalni

ma·tri·ar·chate [~kit] *n* matrijarhat

ma·tri·ar·chy ['mejtrija(r)kij] *n* matrijarhat

mat·ri·cide ['maetrəsajd] *n* 1. materoubistvo (W: umorstvo matere) 2. materoubica (W: ubojice matere)

ma·tric·u·late [me'trikjəlejt] *v* 1. *tr* upisati 2. *intr* upisati se

mat·ri·mo·ni·al [maetrə'mounijəl] *a* bračni

matrimonial agency posrednički biro za zaključenje brakova

mat·ri·mo·ny ['maetrəmounij]; [o] *n* bračna zajednica, brak

ma·trix ['mejtriks] (-*es* or *matrices* ['mejtrəsijz]) *n* 1. sredina 2. (anat.) materica (also womb) 3. matrica; kalup ma·tron ['mejtrən] n 1. matrona, ugledna žena 2. (esp. Br.) nadzornica 3. (Br.) glavna medicinska sestra (u bolnici)

matron of honor glavna mladina pratilja na svadbi

ma·tro·nym·ic [maetrə'nimik] see metronymic I

matte I [maet] n see mat III 2

matte II a bez sjaja, mutan

mat·ted ['maetid] a see mat II 2, 3; zamršen

mat·ter I ['maetə(r)] n 1. materija; supstanca 2. stvar; a ~ of honor (pride) stvar časti (ponosa); a ~ of importance značajna stvar; no laughing ~ ozbiljna stvar; a ~ of taste stvar ukusa; printed ~ štampana stvar; a ~ of course prirodna stvar; sundry ~s razne stvari 3. (colloq.) količina; rok; within a ~ of days kroz (u roku od) nekoliko dana 4. (med.) gnoj 5. no ~; see no II 2 6. misc.; what's the ~ with him? šta (što) mu je? as a ~ of fact u stvari, pravo da kažem; it's a ~ of life and death radi se o životu i smrti; what's the ~? o čemu se radi?

matter II v intr mariti, biti od značaja; it doesn't ~ ne mari (ništa)

mat·ter-of-fact [~-r-əv-faekt] a prozaičan, stvaran; a ~ description prozaičan opis

mat·ting ['maeting] n rogozina

mat·tins Br.; see matins

mat·tock ['maetək] n pijuk, budak

mat·tress ['maetris] n dušek; to tuck a sheet in under a ~ podvući čaršav pod dušek

mat·u·rate ['maečūrejt] v intr 1. sazreti 2. gnojiti se

mat·u·ra·tion [maečū'rejšən] n 1. sazrevanje (sazrijevanje) 2. gnojenje

ma·ture I [mə'čū(r)], [t], [tj] a 1. zreo; a ~ girl zrela devojka (djevojka) 2. (comm.) plativ, dospeo (dospio)

mature II v 1. tr razviti 2. intr sazreti 3. intr dospeti (dospjeti)

ma·tur·i·ty [mə'čūrətij], [t], [tj] n 1. zrelost 2. (comm.) plativost, rok plaćanja (obveznice)

ma·tu·ti·nal [mə'rūtənəl]; [tj] a jutarnji, rani

mat·zo ['matsə] (-s) n maces, macat (jevrejski pashalni nesoljeni hleb — hljeb)

maud·lin ['modlin] a preterano (pretjerano) sentimentalan, osetljiv (osjetljiv)

maul I [mol] n težak malj

maul II v tr povrediti, ozlediti (ozlijediti); he was badly ~ed by a tiger tigar mu je naneo (nanio) teške ozlede; (mil.) to ~ an enemy naneti (nanijeti) teške gubitke neprijatelju

Mau Mau [mau mau] Mau-Mau

maun·der ['mondə(r)] v intr skitati se

Maun·dy Thursday ['mondij] (rel.) Veliki četvrtak

Mau·ri·ta·ni·a [morə'tejnijə] n Mauritanija

Mau·ri·ti·us [mo'rišijəs], [šə] n Mauricijus

Mau·ser ['mauzə(r)] n Mauzer; mauzerka

mau·so·le·um [mozə'lijəm], [s] (-s or -lea ['lijə]) n mauzolej

mauve [mov] n slezova (sljezova) boja

mav·er·ick ['maev(ə)rik] n 1. nežigosano govedo 2. disident, otpadnik, odmetnik

ma·vin ['mejvin] n (colloq.) stručnjak

ma·vis ['mejvis] n (bird) drozd-pevač (pjevač)

maw [mo] n 1. čeljust 2. (fig.) ždrelo (ždrijelo)

mawk·ish [~kiš] a preterano (pretjerano) sentimentalan (see also maudlin)

max·i ['maeksij] (colloq.) 1. n veoma dug kaput, duga haljina 2. a veoma dug

max·il·la [maek'silə] (-s or -ae (ij]) n (anat.) gornja vilica

max·il·lar·y I ['maeksəlerij]; [ə] n see maxilla

maxillary II a gornjovilični

max·im ['maeksim] n maksima

max·i·mal [~əl] a maksimalan

max·i·mal·ist [~ist] n maksimalista

max·i·mize ['maeksəmajz] v tr maksimirati, doterati (dotjerati) do najviše tačke (W: točke)

max·i·mum I ['maeksəməm] (-s or -ma [mə]) n maksimum, maksimala

maximum II a maksimalan; a ~ effort maksimalno zalaganje; at ~ speed maksimalnom brzinom

may [mej] v (third person sgn. is may; past is might [majt]; no partic. or future; may and might are often synonymous) 1. (permission) smeti (smjeti), moći; ~ I come in? mogu li da uđem? he asked if he might take the dictionary upitao je da li može uzeti rečnik (rječnik) 2. (possibility) moći; he ~ (might) still come on još može doći; he ~ (might) have arrived možda je stigao 3. (ability) moći; if I ~ (might) be of service. . . ako budem mogao da pomognem. . . 4. (desire, wish) long ~ he live! živeo (živio)! 5. misc.; be that as it ~ bilo kako bilo whatever one might say ma šta se reklo

May [mej] n maj (W: svibanj)

Ma·ya ['majə] n Maja (narod, jezik)

Ma·yan I [~n] n 1. Maja-Indijanac 2. (ling.) jezik Maja

Mayan II a majanski

may·be [~bij] adv možda, može biti; ~ he'll come on će možda doći

May Day Prvi maj

may·day [~dej] n pomozite! (signal smrtne opasnosti)

may·flow·er [~flauə(r)] n (bot.) ražuha

may·fly [~flaj] n (bot.) vodeni cvet (cvijet)

may·hem [~hem] n nanošenje teške ozlede (ozljede), osakaćenje; to commit ~ naneti (nanijeti) tešku ozledu

may·on·naise [mejə'nejz] n majonez

may·or ['mejə(r)] n gradonačelnik, predsednik (predsjednik) gradske skupštine

may·or·al [~rəl] a gradonačelnički

may·or·al·ty ['mej(ə)rəltij] n 1. položaj gradonačelnika 2. rok službe gradonačelnika

may·pole [~poul] n motka oko koje se igra (pleše) na dan prvog maja (W: svibnja)

may·weed [~wijd] n prstenak, žabja trava

maze [mejz] n 1. lavirint (labirint) 2. (fig.) zbrka; zbrkanost; zbunjenost

ma·zer ['mejzə(r)] n veliki pehar

ma·zur·ka [mə'zə(r)kə] n mazurka

Mc·Car·thy·ism [mə'ka(r)thijizəm] n (pejor.) makartizam, lov na levo (lijevo) orijentisane

Mc·Coy [mə'koj] (colloq.) the real ~ autentična stvar

Mc·In·tosh ['maekintaš]; [o] n vrsta (W also: vrst) jabuke

M. D. [em'dij] (abbrev. of Latin Medicinae Doctor) lekar — ljekar (W: liječnik) (see doctor I, physician)

M-day ['em-dej] *n* (mil.) dan početka mobilizacije
me [mij] *pron* 1. (objective case of I) me, mene, mi, meni, mnom; *they saw* ~ videli (vidjeli) su me; *he remembers* ~ seća (sjeća) me se; *she gave* ~ *the book* dala mi je knjigu; *with* ~ sa mnom; *about* ~ o meni 2. (colloq.) ja; *it's* ~ to sam ja
mead [mijd] *n* medovina
mead·ow ['medou] *n* livada, poljana
meadow rue (rū) (bot.) očobajka, vredovac (vrijedovac)
meadow saffron (bot.) jadičac, mrazovac (also **autumn crocus**)
mea·ger, mea·gre ['mijgə(r)] *a* 1. mršav 2. oskudan, siromašan; slab; ~ *fare* oskudna (slaba) hrana
meal I [mijl] *n* krupno brašno
meal II *n* obed (objed)
meals on wheels raznošenje obroka starim licima po kućama
meal ticket 1. bon za jelo 2. (slang) izdržavalac
meal·time [~tajm] *n* vreme (vrijeme) jela
meal·worm [~wə(r)m] *n* brašnar
meal·y [~ij] *a* 1. brašnjav, brašnast 2. posut brašnom 3. bled (blijed)
meal·y-mouthed [~-mauthd] *a* koji ne govori otvoreno, koji okoliši
mean I [mijn] *n* 1. sredina; srednja vrednost (vrijednost); *the golden* ~ zlatna sredina 2. see **means**
mean II *a* srednji; ~ *deviation* srednje odstupanje
mean III *a* 1. zloban, zao, opak, zlurad, pakostan; podao; *a* ~ *person* pakostan čovek (čovjek) 2. zloćudan 3. loš, inferioran 4. niskog ranga, nizak 5. bedan (bijedan), jadan
mean IV *meant* [ment] *v* 1. *tr* značiti; *whas does this word* ~? šta (što) znači ova reč (riječ); *his word doesn't* ~ *much* njegova reč ne znači mnogo; *she* ~*s a lot to him* ona mu mnogo znači 2. *tr* hteti (htjeti) reći; *what do you* ~ *by that remark?* šta (što) hoćeš da kažeš tom primedbom (primjedbom)? 3. *tr* hteti (htjeti), nameravati (namjeravati); *he didn't* ~ *to be impolite* nije hteo biti neučtiv; *I meant to tell you* hteo sam vam reći 4. *tr* nameniti (namijeniti), odrediti; *for whom was that meant?* kome je to bilo namenjeno? *this book is meant for children* ova knjiga je namenjena deci (djeci) 5. *intr* želeti (željeti); *to* ~ *well* želeti dobro
me·an·der I [mij'aendə(r)] *n* meander, vijugav tok
meander II *v intr* vijugati (se), krivudati (se); *the river* ~*s through the valley* reka (rijeka) vijuga kroz dolinu
mean deviation srednje odstupanje
mean·ie [~ij] *n* (colloq.) zlobna osoba
mean·ing [~iṇg] *n* značenje; *a figurative (literal)* ~ prenosno (bukvalno) značenje; *the* ~ *of a word* značenje reči (riječi)
mean·ing·ful [~fəl] *a* značajan; *a* ~ *look* značajan pogled
mean·ing·less [~lis] *a* bez značenja
mean·ly [~lij] *adv* jadno; podlo
mean·ness [~nis] *n* 1. zlobnost, pakost, podlost 2. zloćudnost 3. niskost
means [~z] *(pl* has zero) *n* 1. sredstvo, sredstva; *a* ~ *of payment* sredstvo plaćanja; *a* ~ *of transportation* saobraćajno sredstvo; *by* ~ *of.* . . posredstvom. . .; **the end justifies the* ~ cilj

opravdava sredstvo; *by peaceful* ~ mirnim sredstvima 2. način; *by all possible* ~ na sve moguće načine; *by any* ~ *whatsoever* ma na koji način; *by no* ~ ni na koji način, nipošto 3. misc.; *to live according to one's* ~ živeti (živjeti) prema svojim mogućnostima; *a man of* ~ imućan čovek (čovjek)
means test istraga o imovinskom stanju (za dobijanje penzije)
meant see **mean IV**
mean·time [~tajm] *n* međuvreme (međuvrijeme); *in the* ~ u međuvremenu
mean·while I [~wajl] *n* međuvreme (međuvrijeme)
meanwhile II *adv* u međuvremenu
mean·y see **meanie**
mea·sles ['mijzəlz] *n* (usu. *sgn*) 1. male boginje, morbili, ospice; ~*is a contagious disease* male boginje su zarazna bolest 2. see **German measles**
mea·sly ['mizlij] *a* 1. ospičav 2. bobičav 3. (slang) sićušan
meas·ur·a·ble ['mežərəbəl] *a* merljiv (mjerljiv)
meas·ure I ['mežə(r)] *n* 2. mera (mjera); *a dry (liquid)* ~ mera za količinu (tečnost); *made to* ~ urađen po meri 2. mera, postupak; *to take* ~*s* preduzeti mere; *in large (great)* ~ u velikoj meri 3. granica, mera; *beyond* ~ prekomerno (prekomjerno) 4. merilo (mjerilo) 5. misc.; *for good* ~ kao dopuna; *in some* ~ donekle
measure II *v* 1. *tr* izmeriti (izmjeriti); *to* ~ *a field* izmeriti polje 2. *tr* odmeriti (odmjeriti); *to* ~ *from head to foot* odmeriti od glave do pete 3. *tr* oceniti (ocijeniti) 4. *tr* (often: *to* ~ *out*) razdeliti (razdijeliti), izmeriti; *to* ~ *out a dose (of medicine)* izmeriti dozu (leka — lijeka); *to* ~ *out justice* razdeliti pravdu 5. *intr* imati izvesne (izvjesne) dimenzije, meriti (mjeriti); *the room* ~*s 12 feet in length* dužina sobe je 12 stopa 6. *intr (to* ~ *up)* ispunjavati, odgovarati; *to* ~ *up to requirements* odgovarati zahtevima (zahtjevima)
meas·ured [~d] *a* 1. see **measure II** 2. odmeren (odmjeren); ~ *words* odmerene reči 3. promišljen, oprezan
Measure for Measure Mera za meru (Mjera za mjeru)
meas·ure·less [~lis] *a* bezgraničan
meas·ure·ment [~mənt] *n* 1. merenje (mjerenje) 2. dimenzija; *the* ~*s of a room* dimenzije sobe
measure off *v* izmeriti (izmjeriti)
measure out *v* see **measure II** 4
measure up *v* see **measure II** 6
measuring cup merica (mjerica)
measuring tape merna (mjerna) traka
meat I [mijt] *n* meso; *broiled (grilled)* ~ meso prženo na žaru; *lean (roasted, soup)* ~ mršavo (pečeno, kuvano — kuhano) meso
meat II *a* mesni; mesnat; *a* ~ *diet* mesna (mesnata) hrana; ~ *products* mesni proizvodi
meat·ball [~bol] *n* 1. ćufte, ćevapčić 2. (slang) glupan
meat cutter mesar
meat grinder aparat za mlevenje mesa
meat·less [~lis] *a* bezmesni, bez mesa; ~ *days* bezmesni dani
meat loaf veknica (od mesa)

meat·y [~ij] *a* 1. mesnat 2. sličan mesu, sočan
mec·ca ['mekə] *n* 1. (cap.) Meka 2. (fig.) središte;
svrha, cilj
me·chan·ic [mi'kaenik] *n* mehaničar; *an aircraft* ~
avio-mehaničar
me·chan·i·cal [~əl] *a* 1. mehanički; (phys.) ~*ad-
vantage* mehanička efikasnost 2. mašinski; *a* ~
engineer mašinski inženjer; *a school of* ~
engineering mašinski fakultet
mechanical drawing tehničko crtanje
me·chan·ics [mə'kaeniks] *n* (usu. *sgn*) mehanika;
celestial ~ nebeska mehanika; ~ *of fluids*
mehanika fluida
mech·a·nism ['mekənizəm] *n* mehanizam
mech·a·nist ['mekənist] *n* mehanista
mech·a·nis·tic [mekə'nistik] *a* mehanistički
mech·a·ni·za·tion [mekənə'zejšən]; [*aj*] *n* mehani-
zacija, mehanizovanje
mech·a·nize ['mekənajz] *v tr* mehanizovati
med·al ['medəl] *n* medalja; (Am., mil.) *the Medal
of Honor* orden časti (najviše vojničko odliko-
vanje)
med·al·ist [~ist] *n* dobitnik medalje
me·dal·lion [mə'daeljən] *n* 1. medaljon 2. dozvola
za vožnju taksija
med·dle ['medl] *v intr* pačati se, mešati (miješati) se;
to ~ *in other people's affairs* mešati se u tuđa
posla
med·dler ['medlə(r)] *n* onaj koji se pača, namet-
ljivac
med·dle·some [~səm] *a* koji se pača, nametljiv
me·di·a see **medium I**
me·di·ae·val see **medieval**
media event događaj koji priređuju sredstva javnog
informisanja namerno (namjerno) za prenos
me·di·al I ['mijdijəl] *n* (ling.) 1. zvučan praskavi
suglasnik (*b, d, g*) 2. medijal, srednji glas
(u slogu)
medial II *a* 1. srednji 2. (ling.) medijalan; *a* ~
position medijalan položaj
me·di·an I ['mijdijən] *n* 1. vrednost (vrijednost)
srednjeg člana (nekog izraza) 2. srednja linija
3. (math.) težišna linija
median II *a* srednji
median strip traka koja deli (dijeli) kolovoz
me·di·ate ['mijdijejt] *v* 1. *tr* izgladiti, posredovati
(u); *to* ~ *a quarrel* posredovati u sporu, izgla-
diti spor 2. *intr* posredovati
me·di·a·tion [mijdij'ejšən] *n* posredništvo, posre-
dovanje
me·di·a·tor ['mijdijejtə(r)] *n* posrednik
me·di·a·tor·y ['mijdijətorij]; [ə] *a* posrednički
med·ic ['medik] *n* (colloq.) 1. (mil.) bolničar
2. lekar — ljekar (W: liječnik) 3. student medi-
cine
Med·i·caid ['medikejd] *n* (Am.) zdravstvena zaštita
siromašnih
med·i·cal I ['medikəl] *n* (colloq.) lekarski — lje-
karski (W: liječnički) pregled; *to have a* ~
biti pregledan
medical II *a* 1. medicinski; lekarski — ljekarski
(W: liječnički); *a* ~ *association* lekarsko dru-
štvo; *a* ~ *certificate* lekarsko uverenje (uvjere-
nje); *a* ~ *commission (board)* lekarska komisija;
a ~ *examination* lekarski pregled; ~ *practice*
lekarska praksa; *to give* ~ *aid* ukazati medi-

cinsku pomoć 2. sanitetski; *the* ~ *corps* (vojna)
sanitetska služba; *a* ~ *installation* sanitetska
ustanova; *a* ~ *evacuee* ranjenik (koji se eva-
kuiše); *a* ~ *discharge* otpuštanje (iz službe)
usled (uslijed) slabog zdravstvenog stanja 3.
zdravstven; *a* ~ *installation* zdravstvena usta-
nova; *for* ~ *reasons* iz zdravstvenih razloga
medical center medicinski centar
medical examiner 1. see **coroner** 2. lekar — ljekar
(W: liječnik) koji vrši preglede (za osiguravajući
zavod)
medical malpractice see **malpractice** 2
medical school medicinski fakultet
Med·i·care ['medikej(r)] *n* (Am.) zdravstvena
zaštita staraca (u okviru socijalnog osiguranja)
med·i·cate ['medəkejt] *v tr* lečiti (liječiti)
med·i·ca·tion [medə'kejšən] *n* lek (lijek); *to take* ~
uzimati lek
me·dic·i·nal [mə'disənəl] *a* lekovit (ljekovit); ~
herbs lekovite biljke (trave)
med·i·cine ['medəsən]; [*ds*] *n* 1. medicina; *forensic
(internal, preventive)* ~ sudska (interna, pre-
ventivna) medicina; *to study* ~ studirati medi-
cinu; *to practice* ~ vršiti lekarsku — ljekarsku
(W: liječničku) praksu 2. lek (lijek); *to prescribe
a* ~ prepisati lek; *to take* ~ uzimati lek; *a*
cough ~ lek za kašalj (protiv kašlja)
medicine ball medicinka
medicine chest ormarić sa lekovima (lijekovima)
medicine man vrač, čarobnjak (kod Indijanaca)
med·i·co ['medikou] (-*s*) *n* (colloq.). 1. student
medicine 2. esp. Br.; see **medic** 2
me·di·e·val [mijdij'ijvəl] *a* srednjovekovni (srednjo-
vjekovni), medievalan
me·di·e·val·ism [~izəm] *n* medievalistika
me·di·e·val·ist [~ist] *n* medievalista
me·di·o·cre [mijdij'oukə(r)] *a* osrednji
me·di·oc·ri·ty [mijdij'akrətij]; [*o*] *n* 1. osrednjost
2. mediokritet, osoba osrednjih sposobnosti
med·i·tate ['medətejt] *v* 1. *tr* razmišljati (o) 2. *tr*
planirati, kovati; *to* ~ *revenge* planirati osvetu
3. *intr* razmišljati, meditirati
med·i·ta·tion [medə'tejšən] *n* razmišljanje, medi-
tacija
med·i·ta·tive ['medətejtiv] *a* meditativan, sklon
razmišljanju
Med·i·ter·ra·ne·an I [medətə'rejnijən] *n* (*the* ~)
1. Mediteran, Sredozemlje; *in the* ~ u Medi-
teranu (Sredozemlju) 2. see **Mediterranean Sea**
Mediterranean II *a* mediteranski, sredozemni
Mediterranean Sea Mediteran, Sredozemno more;
in the ~ na Sredozemnom moru
me·di·um I ['mijdijəm] (-*s* or -*dia* [dijə]) only -*dia*
for 2, 4) *n* 1. srednji stepen 2. sredstvo; *through
the* ~ *of*... posredstvom...; *a* ~ *of exchange*
sredstvo opticaja; *the mass media* sredstvo jav-
nog informisanja 3. posrednik 4. sredina 5.
medij, medijum (osoba kojom se služe spiri-
tisti)
medium II *a* 1. srednji, osrednji; ~ *waves* srednji
talasi (valovi) 2. (cul.) srednje pečen(o) (cf. **rare
II, well-done** 1)
medium-range *a* srednjeg dometa; ~ *rockets
(missiles)* rakete srednjeg dometa
med·lar ['medlə(r)] *n* (bot.) mušmula

med·ley I ['medlij] *n* 1. mešavina (mješavina) 2. (mus.) potpuri
medley II *a* mešovit (mješovit); (swimming) mešovito
me·dul·la [mə'dələ] (*-s* or *-ae [ij]*) *n* (anat.) moždina, srž
medulla ob·lon·ga·ta [ablo͞ng'gatə]; [*o*] (anat.) produžena moždina
me·du·sa [mə'du͞osə]; [*dj*], [*z*] *n* 1. (zool.) meduza 2. (cap., myth.) Meduza
meek [mijk] *a* krotak, pokoran, blag
meek·ness [~nis] *n* krotkost, pokornost
meer·schaum ['mij(r)šəm], [*o*] *n* stiva, morska pena (pjena)
meet I [mijt] *n* 1. takmičenje; utakmica; *a swimming (track)* ~ plivačko (lakoatletsko) takmičenje 2. (Br.) sastanak lovaca
meet II *met* [met] *v* 1. *tr* sresti, susresti; *to* ~ *smb. on the street* sresti nekoga na ulici 2. *tr* dočekati; *he met me at the station* dočekao me je na stanici (W also: kolodvoru) 3. *tr* naići; *to* ~ *resistance* naići na otpor 4. *tr* sastati se (s); *we met them in New York* sastali smo se u Njujorku sa njima 5. *tr* upoznati se (s); *I met him last year* upoznao sam se s njim prošle godine 6. *tr* zadovoljiti, udovoljiti; ispuniti; *to* ~ *a need* zadovoljiti potrebu; *to* ~ *all requirements* ispuniti sve uslove (W also: uvjete) 7. *intr* sresti se; *we met by chance* slučajno smo se sreli 8. *intr* sastati se; *the parliament has already met* skupština se već sastala; *where do the rivers* ~? gde (gdje) se sastaju reke (rijeke)? 9. *intr* upoznati se; *we have already met* mi smo se već upoznali 10. *intr* naići (na); *to* ~ *with approval (understanding)* naići na odobravanje (razumevanje — razumijevanje)
meet·ing [~ing] *n* 1. susret 2. sastanak; *to schedule a* ~ zakazati sastanak; *to hold a* ~ održati sastanak 3. skup 4. miting, zbor; *to call a* ~ *to order* pozvati zbor na red (also **rally** I 1) 5. Br., see **meet** I 1
meeting house kvekerski dom molitve
meet up *v* sresti; *to meet up with smb.* sresti nekoga
meg·a·cy·cle ['megəsajkəl] *n* megacikl
Me·gae·ra [mə'džijrə] n (myth.) megera
meg·a·hertz ['megəhə(r)ts] *n* megaherc
meg·a·lo·ma·ni·a [megəlou'mejnijə] *n* megalomanija
meg·a·lo·ma·ni·ac [~jaek] *n* megaloman
meg·a·lop·o·lis [megə'lapəlis]; [*o*] *n* velegrad s okolinom
meg·a·phone ['megəfoun] *n* megafon
me·grim ['mijgrim] *n* 1. see **migraine** 2. ćud, kapris
mel·an·cho·li·a [melən'koulijə] *n* melanholija, melankolija (duševno oboljenje)
mel·an·chol·ic [melən'kalik], [*o*] *a* melanholičan, melankoličan
mel·an·chol·y ['melənkalij]; [*ə*] *n* melanholija, melankolija, tuga
mé·lange [mej'lanž]; ['mejlanž] *n* (French) mešavina (mješavina)
Mel·ba toast ['melbə] tanka pržena kriška hleba — hljeba (W: kruha)
Mel·bourne ['melbə(r)n] *n* Melbern
me·lee ['mej'lej] *n* 1. gužva 2. borba prsa u prsa
mel·i·lot ['melələt]; [*o*] *n* (bot.) kokotac

mel·io·rate ['mijljərejt], [*ijə*] *v tr* poboljšati
mel·io·ra·tion [mijljə'rejšən], [*ijə*] *n* poboljšanje
mel·lif·er·ous [mə'lifərəs] *a* medonosan
mel·lif·lu·ous [mə'liflu͞əs] *a* 1. sladak; meden 2. milozvučan; meden; *a* ~ *voice* milozvučan glas
mel·low I ['melou] *a* 1. zreo, sladak, sočan; ~ *fruit* zrelo voće 2. blag; pun; *a* ~ *voice* pun glas; ~ *wine* blago vino 3. mudar, zreo 4. ležeran, neusiljen 5. pripit 6. bogat; glinast (o zemlji)
mellow II *v* 1. *tr* učiniti zrelim 2. *intr* sazreti 3. *intr* postati mudar; postati blag
me·lod·ic [mə'ladik]; [*o*] *a* melodijski
me·lo·di·ous [mə'loudijəs] *a* melodičan, milozvučan
mel·o·dra·ma ['melədramə], [*ae*] *n* melodrama
mel·o·dra·mat·ic [melədrə'maetik] *a* melodramatičan
mel·o·dra·mat·ics [melədrə'maetiks] *n pl* melodramatične radnje
mel·o·dy ['melədij] *n* melodija
mel·on ['melən] n dinja
melon patch bostanište
melt [melt] *v* 1. *tr* istopiti, otopiti, rastopiti; *the sun is* ~*ing the snow* sunce topi sneg (snijeg) 2. *intr* istopiti se, rastopiti se; *the snow is* ~*ing* sneg se topi; (fig.) *his resources were* ~*ing away* njegova novčana sredstva su se topila
melt·down [~daun] *n* topljenje jezgra nuklearnog reaktora
melt down *v* rastopiti
melt·ing point [~ing] tačka (W: točka) topljenja
melting pot kotao pretapanja; *America is a huge* ~ Amerika je ogroman kotao pretapanja
mem·ber ['membə(r)] *n* 1. član; *a* ~ *of a club (committee, family)* član kluba (komiteta, porodice) 2. ud
Member of Parliament (Br.) član Parlamenta, poslanik
mem·ber·ship [~šip] *n* članstvo; *to build up* ~ proširiti članstvo
membership fee članarina
mem·brane ['membrejn] *n* membrana, opna
mem·branes *n pl* amnion, vodenjak; *the* ~ *have ruptured* vodenjak je pukao
mem·bra·nous ['membrənəs] *a* membranozan, opnast
me·men·to [mə'mentou] (*-s* or *-es*) *n* uspomena, spomen
mem·o ['memou] (*-s*) *n* see **memorandum**
mem·oir ['memwa(r)] *n* 1. monografija 2. autobiografija 3. (in *pl*) memoari 4. (in *pl*) izveštaj — izvještaj (nekog naučnog društva)
memo pad notes; podsetnik (podsjetnik)
mem·o·ra·bil·i·a [memərə'bilijə] *n pl* memorabilije
mem·o·ra·ble ['memərəbəl] *a* vredan (vrijedan) spomena, znamenit
mem·o·ran·dum [memə'raendəm] (*-s* or *-da* [də]) *n* 1. beleška (bilješka) 2. (dipl.) memorandum
me·mo·ri·al I [mə'morijəl] *n* 1. spomenik; *to erect a* ~ *to smb.* podići spomenik nekome; *to unveil a* ~ otkriti spomenik 2. komemoracija 3. peticija, molba (upućena vladi)
memorial II *a* komemorativan; *a* ~ *service* pomen, zaupokojena liturgija

Memorial Day (Am.) Dan pomena poginulih (30. V)
me·mo·ri·al·ize [mə'morijəlajz] *v tr* 1. komemorisati 2. podići spomenik (nekome)
memoriam see **in memoriam**
mem·o·ri·za·tion [meməri'zejšən] *n* učenje napamet
mem·o·rize ['memərajz] *v tr* naučiti napamet
mem·o·ry ['memərij] *n* 1. pamćenje, memorija; *to have a good* ~ imati dobro pamćenje; *within living* ~ otkako ljudi pamte; *to jog one's* ~ podsetiti (podsjetiti) 2. uspomena; pomen; *in* ~ *of his father* u spomen na njegovog oca; *~ries of one's native village* uspomene na rodno selo; *vague ~ries* blede (blijede) uspomene 3. (C.) memorija; *internal (main)* ~ unutrašnja (glavna) memorija
men see **man** I
men·ace I ['menis] *n* pretnja (prijetnja), grožnja, ugrožavanje; opasnost
menace II *v tr* ugroziti, zapretiti (zaprijetiti)
mé·nage [mej'naž] *n* domaćinstvo
me·nag·er·ie [mə'naežərij], [dž] *n* menažerija
mend I [mend] *n* 1. krpljenje 2. oporavljanje; *on the* ~ na putu oporavljanja
mend II *v* 1. *tr* zakrpiti; *to* ~ *socks* krpiti čarape 2. *tr* popraviti; ispraviti; **to* ~ *one's ways* popraviti se; **to* ~ *one's fences* brinuti se o svojim interesima 3. *intr* popraviti se; oporaviti se
men·da·cious [men'dejšəs] *a* lažljiv
men·dac·i·ty [men'daesətij] *n* lažljivost
Men·de·li·an [men'diilijən] *a* mendelski, Mendelov
Men·del·ism ['mendəlizəm] *n* mendelizam
Mendel's laws ['mendəlz] *pl* Mendelovi principi
men·di·can·cy ['mendikənsij] *n* see **mendicity**
men·di·cant I ['mendikənt] *n* prosjak
mendicant II *a* koji prosjači
men·folk [~fouk] *n pl* (colloq.) muškarci
men·ha·den [men'hejdn] (*pl* has -*s* or zero) *n* vrsta ribe (iz koje se dobija ulje)
me·ni·al I ['mijni*j*əl], [*j*] *n* sluga; (fig.) rob
menial II *a* ropski, nizak
me·nin·ge·al [mə'nindžijəl] *a* meningni, moždanički
men·in·gi·tis [menin'džajtis] *n* meningitis
me·ninx ['mijniṇgks] (*meninges* [mə'nindžijz]) *n* moždanica, moždani omotač
me·nis·cus [mə'niskəs] (-*es* or -*ci* [saj]) *n* (anat.) meniskus
Men·non·ite ['menənajt] *n* Menonit
me·nol·o·gy [mə'nalədžij]; [o] *n* menologijum
men·o·pause ['menəpoz] *n* (*the* ~) menopauza
Me·no·rah [mə'norə] *n* menora
men·or·rha·gi·a [menə'rejdžijə] *n* (med.) menoragija
men's clothing muška odeća (odjeća)
men·ses ['mensijz] *n pl* mesečno (mjesečno) pranje, menstruacija
Men·she·vik ['menšəvik] (-*s* or -*viki* ['vijkij]) *n* (Russian) menjševik
men's room muški ve-ce
men·stru·al ['menstrūəl] *a* menstrualan, menstruacioni; *the* ~ *cycle* menstruacioni ciklus
men·stru·ate ['menstrūejt] *v intr* menstruisati, imati menstruaciju
men·stru·a·tion [menstrū'ejšən] *a* menstruacija
men·stru·um ['menstrūəm] (-*s* or -*ua* [ūə]) *n* menstruum, sredstvo za rastvaranje

men·tal ['mentəl] *a* mentalni, duševni; ~ *illness* mentalna bolest
mental age mentalni uzrast
mental deficiency mentalna zaostalost
mental hospital bolnica za mentalne bolesnike
mental hygiene mentalna higijena
men·tal·i·ty [men'taelətij] *n* mentalnost; mentalitet
mental patient mentalni (duševni) bolesnik
mental retardation see **mental deficiency**
mental telepathy see **telepathy**
men·thol ['menthol] *n* mentol
men·tion I ['menšən] *n* pominjanje; pomen; *worthy of* ~ vredan (vrijedan) pomena (see also **honorable mention**)
mention II *v tr* pomenuti, (esp. W) spomenuti; *don't* ~ *my trip to anyone!* da nisi pomenuo nikome o mom putu! **don't* ~ *it!* nema na čemu!
men·tor ['mento(r)] *n* mentor
men·u ['menjū] *n* 1. jelovnik, meni 2. (C.) meni
me·ow I [mij'au] *n* mauk, mijauk
meow II (onoma.) mijau
meow III *v intr* maukati, mijaukati; *cats* ~ mačke mauču
me·phi·tis [mə'fajtis] *n* smrad, mefitis
mer·can·tile [mə(r)kəntajl] *a* trgovački; merkantilan
mer·can·til·ism ['mə(r)kənti*j*lizəm], [aj] *n* merkantilizam
mer·can·til·ist ['mə(r)kəntilist] *n* merkantilist
Mer·ca·tor [mə(r)'kejtə(r)] *a* Merkatorov
Mercator projection Merkatorova projekcija
mer·ce·nar·y I ['mə(r)sənerij]; [n] *n* najamnik
mercenary II *a* najamnički
mer·cer ['mə(r)sə(r)] *n* (Br.) prodavac tekstilne robe
mer·cer·ize [~rajz] *v tr* mercerizovati (tretirati tkanine u cilju povećanja sjaja)
mer·chan·dise I ['mə(r)čəndajz], [s] *n* roba; *to inspect (order, ship)* ~ pregledati (poručiti, poslati) robu; *imported* ~ uvozna roba
merchandise II *v tr* and *intr* prodati
mer·chan·dis·er [~ə(r)] *n* prodavac
mer·chan·dis·ing [~iṇg] *n* tehnologija i poznavanje robe
mer·chant I ['mə(r)čənt] *n* trgovac
merchant II *a* trgovački
mer·chant·man [~mən] (-*men* [min]) *n* trgovački brod
merchant marine trgovačka mornarica
merchant navy Br.; see **merchant marine**
Merchant of Venice Mletački trgovac
mer·ci·ful ['mə(r)sifəl] *a* milosrdan, milostiv
mer·ci·less [~lis] *a* nemilosrdan, bespoštedan
mer·cu·ri·al I [mə(r)'kjūrijəl] *n* lek (lijek) sa živom
mercurial II *a* 1. Merkurov 2. živin; *a* ~ *barometer* živin barometar 3. (fig.) nestalan
mer·cu·ric [mə(r)'kjūrik] *a* živin
mercuric chloride živin hlorid (klorid)
mer·cu·ro·chrome [mə(r)'kjūrəkroum] *n* vrsta antiseptika
Mer·cu·ry ['mə(r)kjərij] *n* (myth. and astro.) Merkur
mercury *n* (chem.) živa
mercury fulminate praskava živa, živin fulminat

mer·cy ['mə(r)sij] *n* milosrđe, milost; *to hand over to smb.'s* ~ ostaviti na milost i nemilost nekome; *to have* ~ *on smb. (to show* ~ *to smb.)* smilovati se na nekoga

mercy killing ubistvo iz milosrđa, eutanazija (also **euthanasia**)

mercy seat (rel.) pomirilište

mere I [mij(r)] *n* (Br.) jezero, potok

mere II *a* sam, puki; čist, prost; *a* ~ *pretext* čist (prost) izgovor; *by* ~ *chance* pukim slučajem

mere·ly [~lij] *adv* samo; *he was* ~ *joking* on se samo šalio

mer·e·tri·cious [merə'trišəs] *a* 1. bludnični 2. prividno lep (lijep), blistav 3. varljiv

mer·gan·ser [mə(r)'gaensə(r)] *n* (bird) ronac; *red-breasted* ~ riđogrudi ronac

merge [mə(r)dž] *v* 1. *tr* stopiti 2. *tr* integrisati 3. *tr* (C.) spojiti 4. *intr.* stopiti se 5. *intr* integrisati se; *the firms* ~*d* preduzeća (W: poduzeća) su se integrisala

merg·er [~ə(r)] *n* integracija; *the* ~ *of two firms* integracija dvaju preduzeća (W: poduzeća)

merging traffic saobraćaj koji se uliva iz dveju (dviju) ulica u jednu

me·rid·i·an [mə'ridijən] *n* meridijan

me·rid·i·o·nal [~əl] *a* meridionalan

me·ringue [mə'raeng] *n* (cul.) 1. pena (pjena) od belanaca (bjelanaca) 2. kolač od belanaca

me·ri·no [mə'rijnou] (*-s*) *n* merino-ovca

mer·i·stem ['merəstem] *n* (bot.) meristem, članak

mer·it I ['merit] *n* 1. zasluga; *according to* ~ po zasluzi 2. vrednost (vrijednost), dobra osobina; *a work without* ~ delo (djelo) bez vrednosti 3. (in *pl*; often legal) zakonska prava (stranke); (fig.) suština, bit; *to decide a case on its* ~*s* rešiti (riješiti) slučaj strogo po zakonu (po svojoj suštini)

merit II *v tr* zaslužiti; *to* ~ *praise* zaslužiti pohvalu

mer·i·toc·ra·cy [meri'takrəsij]; [*o*] *n* sistem unapređenja isključivo po zasluzi

mer·i·to·ri·ous [merə'torijəs] *a* zaslužan

merit system sistem imenovanja i unapređenja po zasluzi (u državnoj službi)

merle, merl [mə(r)l] *n* (bird) crni kos

mer·lin [~in] *n* žurica (also **pigeon hawk**)

mer·maid ['mə(r)mejd] *n* morska nimfa, sirena

Mer·o·vin·gi·an I [merə'vindžijən] *n* (hist.) Meroving

Merovingian II *a* merovinški

mer·ri·ment ['merimənt] *n* veselje, radost

mer·ry ['merij] *a* veseo; **to make* ~ veseliti se

merry-go-round [~-gou-raund] *n* vrteška, ringlšpil

mer·ry·mak·er [~ə(r)] *n* onaj koji se veseli

mer·ry·mak·ing [~mejking] *n* veselje, zabava

Merry Wives of Windsor Vesele žene vindzorske

mé·sal·li·ance [mej'zaelijəns] *n* (French) mezalijansa

mes·en·ter·i·um [mesən'tijrijəm] (*-ia* [ijə]) see **mesentery**

mes·en·ter·on [mes'entərən]; [*o*] *n* (anat.) srednje crevo (crijevo)

mes·en·ter·y ['mesənterij]; [ə] *n* opornjak, mezenterijum

mesh I [meš] *n* 1. oko, okce 2. mreža 3. (fig.) **zamka**

mesh II *v* 1. *tr* uhvatiti u mrežu 2. *tr* uzupčiti 3. *intr* uzupčiti se; *the gears* ~*ed* zupčanici su se uzupčili

mesh·work [~wə(r)k] *n* mreža

mes·mer·ism ['mezmərizəm] *n* mesmerizam, hipnotizam

mes·mer·ize [~ajz] *v tr* hipnotisati

mesne [mijn] *a* (legal) posredni

mes·o·carp ['mezəka(r)p], [*s*] *n* (bot.) mezokarp

mes·o·derm ['mezədə(r)m], [*s*] *n* mezoderm

Mes·o·lith·ic I [mezə'lithik], [*s*] *n (the* ~) mezolitik

Mesolithic II *a* mezolitički

mes·o·morph ['mesəmo(r)f], [*z*] *n* čovek (čovjek) sa snažnom muskulaturom

mes·on ['mezɑn]; [*o*] or ['mijz~] or ['mes~] or ['mijs~]; [*s*] *n* mezon

Mes·o·po·ta·mi·a [mesəpə'tejmijə] *n* Mesopotamija

Mes·o·zo·ic I [mezə'zouik] *n (the* ~) mezozoik

Mesozoic II *a* mezozojski

mess I [mes] *n* 1. (colloq.) zbrka, nered, urnebes, džumbus; *things are in a* ~ stvari su u neredu; *to make a* ~ napraviti urnebes (džumbus) 2. (coll.) škripac, nezgodna situacija; *to get into a* ~ doći u škripac; *to make a* ~ *of things* upropastiti stvari 3. obrok 4. (colloq.) bućkuriš 5. (usu. mil.) menza, trpezarija; *an enlisted-man's (officers')* ~ vojnička (oficirska) menza

mess II *v intr* 1. (usu. mil.) primati hranu 2. (usu.: *to* ~ *around, about)* traćiti vreme (vrijeme); čačkati, majati se

mes·sage ['mesidž] *n* 1. poruka; (Am., pol.) *the State of the Union Message* Poruka o stanju Unije 2. izveštaj (izvještaj) 3. poslanica 4. (propagandna) poruka 5. misc.; (colloq.) **to get the* ~ shvatiti

message unit telefonska jedinica, vremenski interval kojim se meri (mjeri) trajanje međumesnog (međumjesnog) telefonskog razgovora radi naplate

mess around *v* see **mess II** 2

mess call (mil.) signal za primanje hrane

mes·sen·ger ['mesəndžə(r)] *n* kurir

mess hall (usu. mil.) trpezarija, ručaonica

Mes·si·ah [mə'sajə] *n* Mesija

mes·si·an·ic [mesij'aenik] *a* mesijanski

mess kit (usu. mil.) lični pribor za jelo, manjerka

mess up *v* 1. napraviti džumbus (od), rasturiti; *they messed up the room* napravili su džumbus (urnebes) od sobe; *to mess up a drawer* or: *mess a drawer up* napraviti nered u fioci 2. upropastiti; *he messed everything up* upropastio je sve 3. upropastiti stvari; *he messed up* upropastio je stvar 4. see **muss** 2

mess with *v* čačkati oko

mess·y ['mesij] *a* zbrkan, u neredu

mes·ti·za [mes'tijzə] *n* meleskinja (fem. of **mestizo**)

mes·ti·zo [mes'tijzou] (*-s* or *-es*) *n* melez (postao mešanjem — miješanjem Španaca ili Portugalaca i Indijanaca)

met see **meet II**

me·tab·o·lism [mə'taebəlizəm] *n* metabolizam, promet materija

me·tab·o·lize [~lajz] *v* 1. *tr* izložiti metabolizmu 2. *intr* izlagati se metabolizmu

met·a·car·pus [metə'ka(r)pəs] *n* (anat.) doručje, metakarpus

met·al I ['metl] *n* 1. metal; *ferrous (non-ferrous, precious)* ~s crni (obojeni, plemeniti) metali 2. (Br.) šina; *the train left the* ~s voz (W: vlak) je iskočio iz šina (see also **track I** 2) 3. (Br.) tucanik
metal II *a* metalan, metalski; *a* ~ *band* metalni obruč
metal III *v tr* (Br.) nasuti (put) tucanikom
met·a·lan·guage ['metəlaengwidž] *n* metajezik
metal detector detektor za otkrivanje metalnih predmeta
met·a·lin·guis·tics [metəliᵑg'gwistiks] *n* metalingvistika
me·tal·lic [mə'taelik] *a* metalan, metalski, metaličan; *a* ~ *voice* metalan glas
met·al·log·ra·phy [metl'agrəfij]; [o] *n* metalografija
met·al·lur·gic [metl'ə(r)džik] *a* matalurški
met·al·lur·gist ['metlə(r)džist]; [mi'taelədžist] *n* metalurg
met·al·lur·gy [~džij] *n* metalurgija
met·al·work·er [~wə(r)kə(r)] *n* metalac, metalski radnik
met·al·work·ing [~iᵑg] *n* prerađivanje metala
met·al·works [~s] *n pl* metaloprerađivačko preduzeće (W: poduzeće)
met·a·mor·phic [metə'mo(r)fik] *a* metamorfan
met·a·mor·phism [~fizəm] *n* metamorfizam
met·a·mor·phose [metə'mo(r)fouz], [s] *v tr* metamorfozirati
met·a·mor·pho·sis [metə'mo(r)fəsis] (*-ses* [sijz]) *n* metamorfoza
met·a·phor ['metəfo(r)], [ə] *n* metafora
met·a·phor·ic [metə'forik] *a* metaforičan; metaforički, metaforski
met·a·phor·i·cal [~əl] *see* **metaphoric**
met·a·phrase I ['metəfrejz] bukvalan prevod, metafraza
metaphrase II *v tr* parafrazirati; izvrnuti
met·a·phys·i·cal [metə'fizikəl] *a* metafizičan, metafizički
met·a·phys·ics [metə'fiziks] *n* metafizika
met·a·plasm ['metəplaezem] *n* metaplazma
me·tas·ta·sis [mə'taestəsis] (*-ses* [sijz]) *n* (med., rhetoric) metastaza
me·tath·e·sis [mə'taethəsis] (*-ses* [sijz]) *n* (ling.) metateza (premeštanje — premještanje slogova)
me·tem·psy·cho·sis [mətemsi'kousis] *n* metempsihoza (also **transmigration**)
me·te·or ['mijtijə(r)] *n* meteor
me·te·or·ic [mijtij'orik] *a* meteorski
me·te·or·ite ['mijtijərajt] *n* meteorit
me·te·or·o·graph [mijtij'orəgraef]; [a] *n* meteorgraf
me·te·or·oid ['mijtijərojd] *n* meteorid
me·te·or·o·log·ic [mijtijorə'ladžik]; [o] *a* meteorološki
me·te·or·o·log·i·cal [~əl] *see* **meteorologic**
me·te·or·ol·o·gist [mijtijor'alədžist]; [o] *n* meteorolog
me·te·or·ol·o·gy [~ədžij] *n* meteorologija
mete out [mijt] *v* 1. podeliti (podijeliti); *to mete out justice* podeliti pravdu 2. odmeriti (odmjeriti); *to mete out a penalty* odmeriti kaznu
me·ter I ['mijtə(r)] *n* (poetics) metar, ritamska mera (mjera)

meter II *n* metar (mera — mjera za dužinu); *a cubic (square)* ~ kubni (kvadratni) metar
meter III *n* sprava za merenje (mjerenje), sat
meter maid službenica milicije koja nadzirava parking-satove
meth·ane ['methejn] *n* (chem.) metan
meth·a·nol ['methənol] *n* (chem.) metanol (also **methyl alcohol**)
me·thinks [mi'thiᵑks]; *-thought* [thot] *v intr* (obsol.) čini mi se
me·thi·o·nine [mə'thijənijn] *n* (chem.) metionin
meth·od ['methəd] *n* metod, metoda, način; *to use (apply) a* ~ primeniti (primijeniti) metod
me·thod·ic [mə'thadik]; [o] *a* metodičan, metodički
me·thod·i·cal [~əl] *see* **methodic**
Meth·od·ism ['methədizəm] *n* metodizam
Meth·o·dist [~dist] *n* metodista
meth·od·o·log·i·cal [methədə'ladžikəl]; [o] *a* metodološki, metodologijski
meth·od·ol·o·gist [methə'dalədžist]; [o] *n* metodičar, metodolog
meth·od·ol·o·gy [~džij] *n* metodologija
me·thought *see* **methinks**
Me·thu·se·lah [mə'thūzələ]; [thj] *n* Metuzalem
meth·yl ['methəl] *n* (chem.) metil
methyl alcohol metil alkohol
meth·yl·ene ['methəlijn] *n* metilen
methylene blue metilenska plava (boja)
me·tic·u·lous [mə'tikjələs] *a* minuciozan, (preterano — pretjerano) precizan
mé·tis [mej'tijs] (*pl* has zero) *n* melez (postao mešanjem — miješanjem Indijanaca i Francuza)
mé·tisse [mej'tijs] *n* meleskinja (fem. of **métis**)
Met Office (Br.; colloq.) meteorološki biro
me·ton·y·my [mə'tanəmij]; [o] *n* metonimija
me·too ['mij.'tū] *a* (colloq.) naklonjen slozi, saglasnosti
me·tre Br.; see **meter I, II**
met·ric ['metrik] *a* metrički, metarski
met·ri·cal ['metrikəl] *a* metrički, metričan, metarski
metrical foot metrička stopa
met·ri·ca·tion [metri'kejšən] *n* prelaz na metrički sistem
me·tri·cian [mə'trišən] *n* metričar
met·rics ['metriks] *n* metrika
metric system *(the* ~*)* metrički sistem
metric ton metarska tona
met·ro ['metrou] *n* (French) metro (see also **subway**, **underground I** 2)
me·trol·o·gy [me'tralədžij]; [o] *n* metrologija
met·ro·nome ['metrənoum] *n* metronom
me·tro·nym·ic [metrə'nimik] *n* matronim, matronimik, ime po majci
me·trop·o·lis [mə'trapəlis]; [o] *n* 1. velegrad, metropola 2. (rel.) mitropolija
met·ro·pol·i·tan I [metrə'palətən]; [o] *n* mitropolit
metropolitan II *a* 1. velegradski, gradski 2. mitropolijski
met·tle ['metl] *n* 1. karakter; narav 2. hrabrost; *to show one's* ~ pokazati hrabrost; **to put smb. on his* ~ podstaći nekoga da dâ najviše od sebe
met·tle·some [~səm] *a* odvažan; vatren
mew I [mjū] *n* see **meow I**
mew II *v* see **meow II**

mews [mjūz] n (pl has zero) 1. (hist.) mala ulica sa štalama 2. mala ulica sa stanovima
Mex·i·can I ['meksikən] n Meksikanac
Mexican II a meksički, meksikanski
Mex·i·co ['meksikou] n Meksiko
Mexico City Meksiko Siti
me·ze·re·on [mə'zijrijən] n (bot.) maslinica, vučja lika
mez·za·nine ['mezə'nijn]; [ts] n mezanin, međusprat (W also: međukat)
mez·zo ['metsou], [dz] n see mezzo-soprano
mez·zo-so·pran·o [~-sə'pranou], [ae] (-s or -ni [nij]) n mecosopran, mezosopran
mi·aou, mi·aow see meow I, II
mi·as·ma [maj'aezmə], [ij] (-s or -mata [mətə]) n mijazam
mi·ca ['majkə] n liskun, mika
mice see mouse
Mich·i·gan ['mišigən] n Mičigen
Mich·i·gan·der [~'gaendə(r)] n stanovnik države Mičigen
mick [mik] n (vul., pejor.) Irac
Mick·ey see Mickey Finn
Mick·ey Finn ['mikij fin] (slang) alkoholno piće u koje je krišom sipan neki narkotik
mi·crobe ['majkroub] n mikrob
mi·cro·bi·ol·o·gist [majkroubaj'alədžist]; [o] n mikrobiolog
mi·cro·bi·ol·o·gy [~džij] n mikrobiologija
micro-computer n mikrokompjuter
mi·cro·cosm ['majkrəkazəm]; [o] n mikrokozam
mi·cro·fiche ['majkrəfijš] n mikrofiš
mi·cro·film I [~film] n mikrofilm; to read smt. on ~ čitati nešto sa mikrofilma
microfilm II v tr mikrofilmovati
mi·cro·form [~fo(r)m] n (library science) mikro--forma
mi·cron ['majkran]; [o] (-s or -cra [krə]) n mikron
Mi·cro·ne·sia [majkrou'nijžə]; [š] n Mikronezija
mi·cro·or·gan·ism [majkrou'o(r)gənizəm] n mikroorganizam
mi·cro·phone I ['majkrəfoun] n mikrofon; to set up a ~ postaviti mikrofon
microphone II a mikrofonski; a ~ cable mikrofonski kabl
micro-processor n (C.) mikroprocesor
mi·cro·scope [~skoup] n mikroskop
mi·cro·scop·ic [majkrə'skapik]; [o] a mikroskopski
mi·cros·co·py [maj'kraskəpij]; [o] n mikroskopija
mi·cro·some ['majkrəsoum] n mikrosom
mi·cro·spore [~spo(r)] n mikrospora
mi·cro·wave [~wejv] n mikrotalas
microwave oven šporet na mikrotalase
mic·tu·ri·tion [mikčə'rišən] n mokrenje
mid [mid] a srednji (see middle II)
mid·air [mid'ej(r)] n vazdušni (W: zračni) prostor; to hang in ~ lebdeti (lebdjeti) na jednom mestu (mjestu); (as a) a ~ collision sudar u vazduhu (W: zraku)
Mi·das ['majdəs] n (myth.) Mida
mid·brain ['midbrejn] n srednji mozak
mid·day I ['middej] n podne
midday II a podnevni; the ~ sun podnevno sunce; a ~ meal podnevni obrok
mid·dle I ['midl] n 1. sredina; the ~ of a road sredina puta; in the ~ of a class (a city, a

conversation) usred časa (grada, razgovora) 2. struk 3. (gram.) srednje stanje
middle II a 1. srednji; the ~ finger srednji prst 2. (ling.) srednji
middle age srednje godine života
mid·dle-aged [~-ejdžd] a srednjih godina, sredovečan (sredovječan)
Middle Ages pl (the ~) srednji vek (vijek)
middle age spread (colloq.) gojaznost (koja se pojavljuje u srednjim godinama)
middle class srednja klasa, buržoazija
middle-class [~-klaes]; [a] a buržoaski
middle distance 1. (sports) srednja pruga; (as a) a ~ runner srednjoprugaš 2. srednji plan
middle ear bubnjište, srednje uvo (uho)
Middle East (the ~) Bliski istok; in the ~ na Bliskom istoku; (as a) the ~ crisis bliskoistočna kriza (also Near East I)
Middle English (ling.) srednjoengleski jezik
middle finger srednji prst
Middle High German srednjovisokonemački (srednjovisokonjemački) jezik
mid·dle·man [~maen] (-men [men]) n posrednik; prekupac; preprodavac
mid·dle·most [~moust] a srednji
middle name drugo (vlastito) ime
middle-of-the-road a umeren (umjeren)
middle school (Am.) srednja škola
mid·dle·weight [~wejt] n bokser (W: boksač) srednje kategorije
Middle West (Am.) (the ~) Srednji zapad; in the ~ na Srednjem zapadu
mid·dling ['midling] a srednje veličine, kakvoće
mid·dlings [~z] n pl 1. roba srednje kakvoće, veličine 2. mekinje 3. (cul.) hrptenjača (svinje) (see also flitch) 4. (wheat) sačma
mid·dy ['midij] n (colloq.) see midshipman
Mid·east ['midijst] n see Middle East
mid·field ['midfijld] n (sports) prostor oko središnje linije
mid·field·er [~ə(r)] n (soccer) half (also halfback, half I 5)
midge [midž] n mušica
midg·et I ['midžit] n patuljak
midget II a patuljast, kepecast
midget submarine džepna podmornica
mid·gut [~gət] see mesenteron
mid·i ['midij] n and a midi (cf. maxi, mini)
mid·land [~lənd] n srednja oblast
Midlands n pl Srednja Engleska
mid·life [~lajf] n srednje godine
midlife crisis kriza u sredovečnom (sredovječnom) dobu
mid·most [~moust] a srednji
mid·night I [~najt] n ponoć; at ~ u ponoć
midnight II a ponoćni; *to burn the ~ oil raditi do kasno u noć
midnight sun (the ~) polarno sunce
mid·point [~pojnt] n središnja tačka (W: točka)
mid·riff [~rif] n 1. (anat.) dijafragma, prečaga 2. trbuh
mid·ship [~šip] a u srednjem delu (dijelu) broda
mid·ship·man ['mid'šipmən] (-men [min]) n 1. (Am.) pitomac vojno-pomorske akademije 2. (Br.) brodski gardemarin
mid·ships I [~šips] n srednji deo (dio) broda

midships II *adv* u sredini broda (also **amidships**)
midst [mitst] *n* sredina; *in the ~ of. . .* usred. . .
(also **middle I 1**)
mid·sum·mer ['midsəmə(r)] *n* sredina leta (ljeta)
Midsummer-Night's Dream San letnje (ljetne)
noći
mid·term [~tə(r)m] *n* 1. sredina semestra 2. ispit
koji se polaže sredinom semestra
mid·way I [~wej] *n* sredina puta
midway II *a* središnji
midway III *adv* upola puta
mid·week [~wijk] *n* sredina sedmice
Mid·west [~'west] *n (the ~)* see **Middle West**
mid·wife [~wajf] (*-wives* [wajvz]) *n* babica, pri-
malja
mid·wife·ry [~wajfrij], [i] *n* akušerstvo
mid·win·ter [~wintə(r)] *n* sredina zime
mid·year [~jij(r)] *n* sredina godine
mien [mijn] *n* držanje, izgled
miff I [mif] neraspoloženje; uvređenost
miff II *v tr* oneraspoložiti; uvrediti (uvrijediti)
might I [majt] *n* moć, sila, snaga; *with all one's
~* svom snagom; **~ makes right* sila kola lomi,
a pravdu ne pita
might II see **may**
might-have-beens *n pl* (colloq.) neispunjena očeki-
vanja
might·y [~ij] 1. *a* snažan; *high and ~* arogantan
2. *adv* (colloq.) veoma
mi·gnon·ette [minjə'net] *n* (bot.) rezeda, katanac,
ljubimac
mi·graine ['majgrejn] *n* (or: *~ headache*) migrena
mi·grant I ['majgrənt] *n* onaj koji se seli
migrant II *a* koji se seli; *~ workers* sezonski rad-
nici
mi·grate ['majgrejt]; [maj'grejt] *v intr* migrirati,
seliti se
mi·gra·tion [maj'grejšən] *n* migracija, seoba
mi·gra·to·ry ['majgrətorij]; [ə] *a* 1. koji se seli; *~
birds* ptice selice 2. nomadski
mike [majk] *n* (colloq.) see **microphone**
mi·kron see **micron**
mil [mil] *n* hiljaditi (W: tisući) deo (dio)
mi·la·dy [mi'lejdij] moja gospođo (oslovljavanje
engleske plemkinje)
mil·age see **mileage**
Mi·lan [mi'lan] *n* Milano
Mil·an·ese [milə'nijz] *a* milanski
milch [milč] *a* koji daje mleko (mlijeko); *a ~ cow*
krava muzara, mlečna (mliječna) krava
mild [majld] *a* blag; *~ brandy* blaga rakija; *a ~
disease (disposition)* blaga bolest, narav
mil·dew I ['mildū], [dj] *n* plesan (plijesan), buđ;
covered with ~ buđav
mildew II *v* 1. *tr* učiniti buđavim 2. *intr* ubuđati se,
uplesniviti (uplješniviti) se
mile [majl] *n* milja
mile·age [~idž] *n* 1. miljaža; broj milja; odstojanje
u miljama; *~ per gallon* broj pređenih milja na
galon utrošenog goriva 2. (or: *~ allowance*)
novčana naknada za pređeni put; terenski do-
datak 3. (colloq.) vek (vijek) trajanja; kilome-
traža; *I got good ~ out of the tires* gume su mi
izdržale veliku kilometražu
mile·om·e·ter [majl'amətə(r)]; [o] *n* (esp. Br.)
brojčanik ukupne miljaže (see also **odometer**)

mile·post [~poust] *n* miljokaz
mil·er [~ə(r)] *n* trkač na prugu od jedne milje
mile·stone [~stoun] *n* 1. miljokaz 2. (fig.) pre-
kretnica
mil·i·ar·i·a [milij'ejrijə] *n* (med.) milijarija, prosica,
prosast osip (oboljenje na koži) (also **heat rash,
prickly heat**)
mil·i·ar·y ['milijerij] *a* milijaran; *~ tuberculosis*
milijarna tuberkuloza, jektika
mi·lieu [mij'ljø] *n* sredina, ambijent
mil·i·tan·cy ['milətənsij] *n* borbenost, ratobornost
mil·i·tant I ['milətənt] *n* borbeni aktivista
militant II *a* borben, ratoboran, militantan
mil·i·ta·rism ['milətərizəm] *n* militarizam
mil·i·ta·rist [~rist] *n* militarista
mil·i·ta·ris·tic [milətə'ristik] *a* militaristički
mil·i·ta·rize ['milətərajz] *v tr* militarizovati
mil·i·tar·y I ['miləterij]; [tr] *n* oružane snage,
vojska
military II *a* 1. vojni; *a ~ alliance (attaché, cam-
paign)* vojni savez (ataše, pohod); *a ~ academy
(band, school)* vojna akademija (muzika, škola);
a ~ commitment vojno angažovanje; *~
installations (units)* vojne ustanove (jedinice);
~ police (science, training) vojna policija
(nauka, obuka); *a ~ occupational specialty*
vojna evidenciona specijalnost 2. misc.; *the
~ establishment* oružane snage; *~ personnel*
lični sastav oružanih snaga; *~ potential* ratni
potencijal
military-industrial complex vojno-industrijski kom-
pleks
military intelligence obaveštajna (obavještajna)
služba
military law vojno sudstvo
military policeman vojni policajac
mil·i·tate ['milətejt] *v intr (to ~ against)* govoriti
protiv; *that ~s against his chances of success*
to škodi njegovim izgledima na uspeh (uspjeh)
mi·li·tia [mə'lišə] *n* narodna vojska
militia man član narodne vojske
milk I *n* mleko (mlijeko); *powdered ~* mleko u
prahu
milk II *a* mlečni (mliječni); *~ chocolate* mlečna
čokolada
milk III *v tr* and *intr* pomusti; *to ~ a cow* pomusti
kravu
milk bar (esp. Br.) prodavnica mlečnih (mliječnih)
proizvoda
milk·er [~ə(r)] *n* 1. muzar, muzilja 2. krava mu-
zara
milk fever groznica u nadolaženju mleka (mlijeka)
milk float (Br.) mlekarska (mljekarska) kola
milk·ing machine [~iňg] aparat za mužu krava
milk·maid [~mejd] *n* muzilja
milk·man [~maen] (*-men* [men]) *n* mlekar (mljekar)
milk of magnesia (med.) sredstvo protiv zatvora
milk shake mućeni mlečni (mliječni) napitak
milk·sop [~sap]; [o] *n* slabić, mekušac
milk tooth mlečnjak (mliječnjak)
milk·weed [~wijd] *n* (bot.) mlečika (mlječika)
gorčika
milk·wort [~wə(r)t] *n* (bot.) krstušac
milk·y [~ij] *a* mlečan (mliječan)
Milky Way *(the ~)* Mlečni (Mliječni) put

mill I [mil] *n* 1. mlin; vodenica; mlinac; *a coffee* ~ mlinac za kafu (kavu); **that is grist to his* ~ *to je voda na njegov mlin* 2. kombinat, fabrika (W also: tvornica); *a cotton (textile)* ~ pamučni (tekstilni) kombinat 3. glodalica 4. misc.; **he has been through the* ~ prošao je kroz sito i rešeto

mill II *v* 1. *tr* samljeti (samljeti) 2. *tr* glodati 3. *intr (to* ~ *around)* gurati se, kretati se u krugu; kipeti (kipjeti); *the crowd is* ~*ing around the entrance* narod se gura pred ulazom

mill III *n* hiljaditi (W: tisući) deo (dio) američkog dolara

mill·board [~bo(r)d] *n* karton (za povez knjiga)

mil·le·nar·i·an [milə'nejrijən] *a* hiljadugodišnji (W also: tisućgodišnji)

mil·le·nar·y I ['milənerij]; [*nr*] *n* see **millennium**

millenary II *a* hiljadugodišnji (W also: tisućgodišnji)

mil·len·ni·um [mə'lenijəm] (*-s* or *-nia* [nijə]) *n* 1. milenijum 2. Hristovo (Kristovo) hiljadugodišnje carstvo na Zemlji 3. (fig.) zlatno doba

mil·le·pore ['miləpo(r)] *n* hidromeduza

mill·er ['milə(r)] *n* mlinar, vodeničar

mill·er's·thumb [~z-thəm] *n* (bot.) peš

mil·les·i·mal I [mə'lesəməl] *n* hiljaditi deo (dio)

millesimal II *a* hiljaditi (W also: tisući, tisućni)

mil·let ['milit] *n* proso

mil·liard ['miljə(r)d] *n* (Br.) milijarda (more usu. is: *thousand million*; see also **billion**)

mil·li·gram ['miligraem] *n* miligram

mil·li·me·ter ['miləmijtə(r)] *n* milimetar

mil·li·ner ['milənə(r)] *n* modistkinja; prodavac ženskih šešira

mil·li·ner·y [~*ner*ij]; [*nr*] *n* prodaja ženskih šešira, sitne robe

mill·ing [~iñg] *n* 1. mlevenje 2. glodanje

milling machine glodalica; *a thread (universal)* ~ lozna (univerzalna) glodalica

mil·lion ['miljən] *n* (after a *num*, *pl* has zero) milion (W also: milijun); *two* ~ *dollars* dva miliona dolara

mil·lion·aire [miljə'nej(r)] *n* milionar (W: milijunar)

mil·lionth I ['miljənth] *n* milioniti deo (dio)

millionth II *num a* milioniti

mil·li·pede, mil·le·pede ['miləpijd] *n* stonoga

mill·pond [~pand]; [*o*] *n* vodenični ribnjak

mill·race [~rejs] *n* vodenični jaz

mill·rind [~rajnd] *n* paprica (komad železa — željeza u vodenici)

mill·run [~rən] *n* see **millrace**

mill·stone [~stoun] *n* 1. vodenični (mlinski) kamen 2. (fig.) težak teret; **to have a* ~ *around one's neck* biti opterećen

mill·stream [~strijm] *n* vodenični jaz

mill·wheel [~wijl] *n* mlinski točak

mill·wright [~rajt] *n* graditelj mlina

mi·lord [mi'lo(r)d] moj gospodine (obraćanje engleskom lordu)

milque·toast ['milktoust] *n* (colloq.) plašljiva osoba

milt [milt] *n* mleč (mliječ)

Mil·ton·ic [mil'tanik]; [*o*] *a* miltonski

Mil·wau·kee [mil'wokij] *n* Milvoki (grad u SAD)

mime I [majm] *n* 1. mim, pozorišna predstava kod starih Grka i Rimljana; lakrdija; mimika 2. mimičar; lakrdijaš

mime II *v* 1. *tr* majmunisati; podražavati 2. *intr* glumiti

mim·e·o·graph I ['mimijəgraef]; [*a*] *n* geštetner, mimeograf

mimeograph II *v tr* umnožiti na geštetner-aparatu

mi·me·sis [mi'mijsis], [*aj*] see **mimicry** 2

mi·met·ic [mi'metik] *a* mimički

mim·ic I ['mimik] *n* mimičar

mimic II *a* mimički

mimic III *-cked; -cking; v tr* majmunisati, imitirati, podražavati

mim·ic·ry [~krij] *n* 1. mimika 2. (biol.) mimikrija

mi·mo·sa [mi'mousə], [*z*] *n* (bot.) mimoza (also **sensitive plant**)

mi·na·cious [mi'nejšəs] *a* preteći (prijeteći)

min·a·ret [minə'ret] *n* minaret

min·a·tor·y ['minətorij]; [*ə*] *a* preteći (prijeteći)

mince I [mins] *n* 1. (Br.) iseckano (isjeckano) meso (see also **chopped meat**) 2. see **mincemeat**

mince II *v* 1. *tr* iseckati (isjeckati) 2. *tr* ublažiti; *not to* ~ *words* govoriti otvoreno 3. *intr* hodati, govoriti neprirodno; prenemagati se

mince·meat [~mijt] *n* nadev (nadjev) od jabuka, začina, suvog (suhog) grožđa itd. (kojim se pune kolači); **to make* ~ *of* smrviti, satrti

mince pie kolač sa nadevom (nadjevom) od jabuka, začina, grožđa itd.

minc·er, mincing machine Br.; see **meat grinder**

minc·ing [~iñg] *a* neprirodan, izveštačen (izvještačen)

mind I [majnd] *n* 1. um; pamet; svest (svijest); *to have in* ~ imati na umu; *the greatest* ~*s* najveći umovi; *to lose one's* ~ izgubiti pamet; *she is out of her* ~ ona nije pri zdravoj pameti; *to come to* ~ pasti na um 2. mišljenje; *to know one's* ~ imati svoje određeno mišljenje; *to speak one's* ~ reći svoje mišljenje 3. pažnja; *to turn one's* ~ *to* svratiti pažnju na; *to take one's* ~ *off (of) smt.* odvratiti nečiju pažnju od nečega 4. misc.; *to call smt. to* ~ setiti (sjetiti) se nečega; *to change one's* ~ predomisliti se; *to give smb. a piece of one's* ~ očitati nekome lekciju; *to have half a* ~ *to do smt.* imati želju da uradi nešto; *to know one's own* ~ znati šta (što) hoće; *to make up one's* ~ odlučiti se; **out of sight, out of* ~ daleko cd očiju, daleko od srca; *presence of* ~ prisutnost duha; *to set smb.'s* ~ *at ease* umiriti nekoga; *to set one's* ~ *to...* odlučiti da...; *a state of* ~ (trenutno) raspoloženje; *peace of* ~ duševni mir

mind II *v* 1. *tr* slušati; *the children* ~ *their mother* deca (djeca) slušaju svoju majku 2. *tr* čuvati; brinuti se (o); *who will* ~ *the children?* ko (tko) će čuvati decu (djecu)? 3. *tr and intr* imati nešto protiv; mrzeti (mrziti); *he doesn't* ~ *hard work* on nema ništa protiv teškog rada; *would you (do you)* ~ *my opening the window?* imate li nešto protiv ako otvorim prozor? *if you don't* ~ *waiting...* ako vas ne mrzi da čekate...; *do you* ~ *if I smoke?* smem (smijem) li da pušim? *I don't* ~ svejedno mi je 4. *tr* gledati; ~ *your own business!* gledaj svoja posla! 5. misc.; *to ~ one's P's and Q's biti obazriv; never ~! ne brini!

mind-altering *a* halucinogen; ~ *drugs* halucinogena sredstva

mind-blowing *a* (of a drug) koji izaziva duševno uzbuđenje

mind-boggling *a* koji zapanjuje

mind-expanding *a* (colloq.; of a drug) koji intenzivira osećaje (osjećaje)

mind·ful [~fəl] *a* svestan (svjestan); to be ~ of smt. biti svestan nečega

mind·less [~lis] *a* 1. glup, neinteligentan 2. nepromišljen 3. nesvestan (nesvjestan); ~ of darger nesvestan opasnosti

mind reader onaj koji se koristi telepatijom

mind reading telepatija (also **telepathy**)

mine I [majn] *n* 1. rudnik, rudokop; a coal (gold, lead, silver, zinc) ~ rudnik uglja (zlata, olova, srebra, cinka); to work in a ~ raditi u rudniku 2. mina; to lay ~s postavljati mine; an antipersonnel (antitank, contact, floating, fragmentation, magnetic) ~ protivpešadijska — protupješadijska (protivoklopna, kontaktna, plutajuća, rasprskavajuća, magnetska) mina; a pressure (tripwire) ~ mina nagaznog (poteznog) dejstva — djejstva; to hit a ~ nagaziti na minu; to clear (remove) ~s ukloniti mine 3. (fig.) bogat izvor

mine II *v tr* 1. kopati; to ~ coal kopati ugalj 2. minirati; to ~ a road minirati put

mine III *poss* a moj; (a.) (when no noun follows) the pencil is ~ olovka je moja (b.) (after of) a friend of ~ jedan od mojih prijatelja

mine detector minoistraživač, minodetektor

mine disposal dezaktiviranje mina

mine field minsko polje

mine·lay·er [~lejə(r)] *n* minopolagač

min·er [~ə(r)] *n* 1. rudar, kopač 2. miner

min·er·al I ['minərəl] *n* 1. mineral 2. (Br., in pl) osvežavajuća (osvježavajuća) pića

mineral II *a* mineralni; ~ oil mineralno ulje; ~ springs mineralni izvori; ~ water mineralna voda

mineral kingdom (the ~) mineralno carstvo

min·er·al·o·gist [minə'ralədžist]; [o] *n* mineralog

min·er·al·o·gy [~džij] *n* mineralogija

mine sweep minolovka

mine sweeper minolovac

min·gle ['minggəl] *v* 1. tr pomešati (pomiješati), izmešati (izmiješati) 2. intr umešati (umiješati) se; to ~ with the crowd umešati se u gomilu; to ~ with students mešati se sa studentima

min·i ['minij] *n and a* mini

min·i·a·ture I ['minijəču(r)] *n* minijatura; in ~ u minijaturi

miniature II *a* minijaturan

miniature golf mini-golf

min·i·bus [~bəs] *n* minibus

min·i·car ['minijka(r)] *n* veoma mali automobil

mini golf mini-golf

min·im ['minəm] *n* 1. (mus., Br.) polunota (see also **half note**) 2. mera (mjera) za tečnost (1/60 drahme)

min·i·mal [~əl] *a* minimalan

minimal pair (ling.) minimalni par

min·i·mize [~ajz] *v tr* 1. umanjiti, smanjiti, svesti na najmanju meru (mjeru); to ~ danger umanjiti opasnost 2. potceniti (potcijeniti); to ~ difficulties potceniti teškoće

min·i·mum I [~əm] (-s or -ma [mə]) *n* minimum

minimum II *a* minimalan; a ~ wage minimalna (radnička) nadnica

min·ing I ['majning] *n* rudarstvo; a school of ~ rudarski fakultet

mining II *a* rudarski; a ~ company rudarsko preduzeće (W: poduzeće); a ~ engineer rudarski inženjer; a ~ shaft rudarsko okno

min·ion ['minjən] *n* 1. ljubimac, miljenik 2. pristalica, izmećar; ~s of the law sluge zakona, policajci 3. (printing) minjon slova

mini-series *n* miniserija

min·i·skirt ['minijskə(r)t] *n* minisuknja

min·i·skirt·ed [~id] *a* u minisuknji

min·is·ter I ['ministə(r)] *n* 1. (rel.) sveštenik (svećenik) 2. (pol.) ministar; a ~ of education ministar prosvete (prosvjete) 3. (dipl.) poslanik; a ~ plenipotentiary opunomoćeni poslanik

minister II *v intr* pomagati; dvoriti; to ~ to smb.'s needs dvoriti nekoga; *a ~ing angel ona koja se brine (o bolesniku)

min·is·te·ri·al [minis'tijrijəl] *a* 1. sveštenički (svećenički) 2. ministarski 3. poslanički 4. izvršni

min·is·trant ['ministrənt] *n* onaj koji služi kao sveštenik (svećenik), ministrant

min·is·try ['ministrij] *n* 1. sveštenička (svećenička) služba 2. (colloq.) sveštenici (svećenici) 3. ministarstvo; the ~ of finance ministarstvo finansija (financija)

min·i·um ['minijəm] *n* (chem.) minijum (also **red lead**)

mink [mingk] *n* (kanadska) lasica

Min·ne·ap·o·lis [minij'aepəlis] *n* Mineapolis (grad)

Min·ne·so·ta [minə'soutə] *n* Minesota (država)

Min·ne·so·tan [~n] *n* stanovnik države Minesota

min·now ['minou] (pl has zero or -s) *n* (fish) gregorac

Mi·no·an [mi'nouən] *a* minojski

mi·nor I ['majnə(r)] *n* 1. maloletnik (maloljetnik) 2. (mus.) mol 3. (at a university) sporedan smer (smjer), sporedan predmet (cf. **major I** 3) 4. (at a university) student koji ima sporedan smer

minor II *a* 1. manji, neznatan, mali; a ~ injury manja povreda 2. (mus.) molski; a ~ scale mol lestvica (ljestvica) 3. drugi, podređen; (logic) a ~ premise druga premisa

minor III *v intr* studirati (kao sporedan predmet); to ~ in English studirati engleski jezik kao sporedan predmet

mi·nor·i·ty I [mə'norətij], [a] *n* manjina; a national ~ nacionalna manjina; in the ~ u manjini

minority II *a* manjinski; ~ rights manjinska prava

minority leader vođa manjine

minor league (sports) druga liga

mi·nor-league [~'lijg] *a* (sports and fig.) drugoligaški

min·strel ['minstrəl] *n* 1. minstrel, putujući svirač 2. pesnik (pjesnik); pevač (pjevač)

min·strel·sy [~sij] *n* pevanje (pjevanje) i sviranje minstrela

mint I [mint] *n* kovnica; (fig.) *he's worth a ~* on ima grdnih para
mint II *v tr* kovati; *to ~ coins* kovati novac
mint III *n* nana, metvica
mint IV *a* nanin; *~ tea* nanin čaj
mint·age [~idž] *n* kovanje
mint jelly žele od nane
mint ju·lep ['džūlip] alkoholno piće začinjeno metvicom
mint sauce (Br.) umak od metvice
min·u·end ['minjūend] *n* (math.) umanjenik
min·u·et [minjū'et] *n* menuet
mi·nus I ['majnəs] *n* 1. minus, nedostatak 2. (math.) minus, znak za oduzimanje
minus II *a* negativan; *a ~ number* negativan broj
minus III *prep* manje; *three ~ two is one* tri manje dva je jedan
min·us·cule I ['min'əskjūl] *n* minuskula
minuscule II *a* minuskulni
minus sign znak za oduzimanje
min·ute I ['minit] *n* 1. minut, minuta; *to the ~* u minut 2. trenutak, momenat; *he'll be here in a ~* sad će doći 3. (in *pl*) zapisnik; *to accept (read, take) the ~s* usvojiti (pročitati, voditi) zapisnik
minute II *a* minutni; *a ~ hand* minutna kazaljka
mi·nute III [maj'nūt] *a* 1. minuciozan; detaljan; *~ criticism* detaljna kritika 2. sitan, sićušan; *~ particles* sitni komadići
min·ute·man ['minitmaen] (*-men* [men]) *n* 1. (Am., hist.) vojnik narodne vojske (spreman da nastupi svaki čas) 2. (Am. mil.) vrsta balističke rakete
mi·nute·ness [maj'nūtnis]; [*nj*] *n* 1. minucioznost 2. sićušnost
minutes see **minute I** 3
minute steak ['minit] vrsta malog bifteka
mi·nu·ti·a [mi'nūšijə]; [*nj*], [*ə*] (*-tiae* [šijij]) *n* sitnica, detalj
minx [miṇgks] *n* drska, bezobrazna devojka (djevojka)
Mi·o·cene I ['majəsijn] *n* (geol.) (*the ~*) miocen
Miocene II *a* (geol.) miocenski
mir·a·cle ['mirəkəl] *n* čudo; čudan događaj; *to perform (work) ~s* praviti čuda
miracle drug čudotvorni lek (lijek)
miracle play (hist.) mirakul, srednjovekovna (srednjovjekovna) crkvena drama
mi·rac·u·lous [mi'raekjələs] *a* čudotvoran, čudesan
mi·rage [mi'raž]; ['miraž] *n* 1. fatamorgana, optička varka (u pustinji) 2. (fig.) priviđenje, opsena (opsjena), varka
mire I [maj(r)] *n* blato, kaljuga, glib; *to drag smb.'s name through the ~* uprljati nečije ime
mire II *v* (or: *to ~ down*) 1. *tr* zaglibiti 2. *intr* zaglibiti se; *they got ~d down in a swamp* zaglibili su se u močvari
mir·ror I ['mirə(r)] *n* ogledalo (W also: zrcalo), *to look at oneself in the ~* gledati se u ogledalu
mirror II *v tr* odražavati, ogledati
mirror image odražavanje u ogledalu
mirth [mə(r)th] *n* veselost, veselje
mirth·ful [~fəl] *a* veseo
mirth·less [~lis] *a* neveseo
MIRV [mə(r)v] abbrev. of *multiple independent (independently-targeted) re-entry vehicle* pro-

jektil sa višestrukim nezavisno usmerenim — usmjerenim bojevim glavama
mir·y ['majrij] *a* blatnjav
mis·ad·ven·ture [misəd'venčə(r)] *n* nesrećan slučaj, nezgoda
mis·ad·vise [misəd'vajz] *v tr* rđavo savetovati (savjetovati)
mis·a·ligned [misə'lajnd] *a* razdešen, pogrešno namešten (namješten)
mis·a·lign·ment [~nmənt] *n* razdešenost, pogrešno nameštanje (namještanje), kosina
mis·an·thrope ['misənthroup], [z] *n* čovekomrzac (čovjekomrzac), mizantrop
mis·an·throp·ic [misən'thrapik], [z]; [o] *a* mizantropski
mis·an·thro·py [mis'aenthrəpij], [z] *n* mizantropija
mis·ap·ply [misə'plaj] *v tr* 1. rđavo primeniti (primijeniti) 2. see **misappropriate**
mis·ap·pre·hen·sion [misaepri'henšən] *n* nesporazum, zabluda
mis·ap·pro·pri·ate [misə'prouprijejt] *v tr* proneveriti (pronevjeriti)
mis·be·got·ten [misbi'gatn]; [o] *a* 1. loš 2. (lit.) vanbračan
mis·be·have [misbi'hejv] *v intr* (or: *to ~ oneself*) rđavo se ponašati
mis·be·hav·ior [misbi'hejvjə(r)] *n* rđavo ponašanje, loše vladanje
mis·cal·cu·late [mis'kaelkjəlejt] *v intr* pogrešno izračunati, rđavo proceniti (procijeniti)
mis·cal·cu·la·tion [miskaelkjə'lejšən] *n* pogrešan račun
mis·car·riage [mis'kaeridž] *n* 1. greška; *a ~ of justice* pogrešna presuda 2. (med.) pobačaj
mis·car·ry [mis'kaerij] *v intr* 1. promašiti, podbaciti 2. (med.) pobaciti
mis·cast [mis'kaest]; [a]; *-cast; v tr* 1. loše odabrati (glumca) za ulogu 2. loše rasporediti (uloge)
mis·ce·ge·na·tion [misedžə'nejšən]; [i] *n* mešanje (miješanje) rasa
mis·cel·la·ne·a [misə'lejnijə] *n pl* miscelanea, razno
mis·cel·la·ne·ous [~s] *a* raznovrstan, raznoličan
mis·cel·la·ny ['misəlejnij]; [mi'selənij] *n* 1. zbirka raznolikih stvari 2. (usu. in *pl*) antologija, zbirka, zbornik
mis·chance [mis'čaens]; [a] *n* nesrećan slučaj, zla sreća
mis·chief ['misčif] *n* 1. nestašluk, đavolija; *childish ~* dečiji (dječiji) nestašluk 2. šteta; pakost; zlo; *to do ~* naneti (nanijeti) zlo; *he is up to some ~* on smera (smjera) neko zlo 3. misc.; (Br.) *to make ~* sejati (sijati) razdor
mis·chie·vous ['misčəvəs] *a* 1. nestašan; đavolast; *a ~ child* nestašno dete (dijete); *a ~ prank* đavolija 2. štetan, škodljiv
mis·con·ceive [miskən'sijv] *v tr* pogrešno razumeti (razumjeti)
mis·con·cep·tion [miskən'sepšən] *n* pogrešno razumevanje (razumijevanje), pogrešno shvatanje
mis·con·duct [mis'kandəkt]; [o] *n* 1. rđavo ponašanje; (sports) nesportsko ponašanje 2. loše upravljanje; *~ in office* malverzacija, zloupotreba službenog položaja (see also **malfeasance** 3. (mil.) kršenje vojne discipline; *~ before the enemy* kršenje discipline u borbenim uslovima

mis·con·strue [miskən'strū] *v tr* pogrešno razumeti (razumjeti), krivo shvatiti

mis·count I ['miskaunt]; [mis'kaunt] *n* pogreška u računu

miscount II [mis'kaunt] *v* 1. *tr* pogrešno računati, brojiti 2. *intr* zaračunati se, pogrešno računati

mis·cre·ant ['miskrijənt] *n* 1. zločinac 2. bezbožnik, nevernik (nevjernik)

mis·date [mis'dejt] *v tr* pogrešno datirati

mis·deal I ['misdijl]; [mis'dijl] *n* pogrešno deljenje (dijeljenje) karata

misdeal II [mis'dijl]; *misdealt* [~delt] *v tr* pogrešno podeliti — podijeliti (karte)

mis·deed ['misdijd] *n* nedelo (nedjelo)

mis·de·mean·or [misdi'mijnə(r)] *n* (legal) prekršaj

mis·di·rect [misdi'rekt] *v tr* 1. pogrešno uputiti; (fig.) ~ed energies pogrešno upotrebljene snage 2. pogrešno adresirati

mis·di·rec·tion [misdi'rekšən] *n* pogrešno uputstvo, upućivanje

mise en scène [mijz an 'sen] (French) mizanscena

mi·ser ['majzə(r)] *n* tvrdica, škrtac, cicija

mis·er·a·ble ['mizərəbəl] *a* 1. bedan (bijedan), jadan; nesrećan; *to feel* ~ osećati (osjećati) se jadnim; *a* ~ *life* jadan život; *a* ~ *hovel* bedna kućica 2. loš, rđav 3. nedovoljan, bedan, slab; *a* ~ *meal* slab ručak; *a* ~ *pittance* bedan prihod

mis·er·i·cord, mis·er·corde ['mizəriko(r)d], [miz'eriko(r)d] *n* 1. (u samostanu) odstupanje od pravila 2. (u samostanu) soba u kojoj su kaluđeri dobijali bolju hranu 3. tanak bodež kojim se zadavao smrtni udarac ranjenom vitezu

mi·ser·ly ['majzə(r)lij] *a* tvrd, škrt, cicijaški

mis·er·y ['mizərij] *n* 1. patnja; bol 2. beda (bijeda)

mis·fire I ['misfaj(r)]; [mis'faj(r)] *n* zastoj, otkaz, zatajivanje

misfire II [~'faj(r)] *v intr* otkazati, zatajiti; *his rifle* ~*d* otkazala mu je puška

mis·fit ['mis'fit] *n* nespretan čovek (čovjek), vezana vreća

mis·for·tune [mis'fo(r)čən] *n* nesreća, zla sreća, beda (bijeda)

mis·giv·ing [mis'giving] *n* (usu. in *pl)* sumnje, nesigurnost

mis·gov·ern [mis'govə(r)n] *v tr* rđavo upravljati

mis·guide [mis'gajd] *v tr* dovesti u zabludu; skrenuti s pravog kursa

mis·han·dle [mis'haendəl] *v tr.* 1. pogrešno rukovati; rđavo voditi 2. rđavo postupati (prema)

mis·hap ['mishaep] *n* nesrećan slučaj

mis·hear [mis'hij(r)]; *misheard* [~'hə(r)d] *v tr and intr* pogrešno čuti

mish·mash ['mišmaeš] *n* zbrka

mis·in·form [misin'fo(r)m] *v tr* dezinformisati

mis·in·for·ma·tion [misinfo(r)'mejšən] *n* dezinformacija

mis·in·ter·pret [misin'tə(r)prit] *v tr* pogrešno shvatiti, protumačiti

mis·in·ter·pre·ta·tion [misintə(r)prə'tejšən] *n* pogrešno shvatanje, tumačenje

mis·judge [mis'džədž] *v tr* rđavo proceniti (procijeniti); *to* ~ *a distance* rđavo proceniti daljinu

mis·lay [mis'lej]; *-laid* [lejd] *v tr* zagubiti, zametnuti

mis·lead [mis'lijd]; *misled* [mis'led] *v tr* obmanuti, dovesti u zabludu; *to* ~ *the public* obmanuti javnost

mis·lead·ing [~ing] *a* varljiv, obmanljiv

mis·man·age [mis'maenidž] *v tr* rđavo upravljati

mis·man·age·ment [~mənt] *n* rđavo upravljanje

mis·match I ['mismaeč] *n* 1. loša partija (za udaju, ženidbu) 2. slučaj vidne nadmoćnosti (jednog takmičara)

mismatch II [~'maeč] *v tr* 1. loše spojiti, svrstati; *to* ~ *players* loše svrstati igrače 2. raspariti; ~*ed socks* rasparene čarape

mis·mate [mis'mejt] *v tr* loše spojiti, sastaviti

mis·name [mis'nejm] *v tr* nazvati pogrešnim imenom

mis·no·mer [mis'noumə(r)] *n* pogrešno ime, pogrešan naziv

mi·sog·a·mist [mi'sagəmist]; [o] *n* mizogam, brakomrzac

mi·sog·a·my [~mij] *n* mizogamija

mi·sog·y·nist [mi'sadžənist]; [o] *n* mizogin, ženomrzac

mi·sog·y·ny [~nij] *n* mizoginija, mržnja prema ženama

mis·place [mis'plejs] *v tr* zagubiti; *to be* ~*d* zagubiti se

mis·print ['misprint] *n* štamparska greška

mis·pro·nounce [misprə'nauns] *v tr* pogrešno izgovoriti

mis·pro·nun·ci·a·tion [misprənənsij'ejšən] *n* pogrešan izgovor

mis·quo·ta·tion [miskwou'tejšən] *n* netačno (W: netočno) citiranje

mis·quote [mis'kwout] *v tr* netačno (W: netočno) citirati, pogrešno navesti

mis·read [mis'rijd]; *misread* [mis'red] *v tr* 1. pogrešno pročitati 2. pogrešno protumačiti

mis·rep·re·sent [misrepri'zent] *v tr* netačno (W: netočno) predstaviti, izneti (iznijeti); izvrnuti; *to* ~ *the facts* izvrnuti činjenice

mis·rep·re·sen·ta·tion [misreprizen'tejšən] *n* lažno predstavljanje; izvrtanje; *a* ~ *of (the) facts* izvrtanje činjenica

mis·rule I [mis'rūl] *n* loša vladavina

misrule II *v tr* rđavo vladati

miss I [mis] *n* promašaj

miss II *v* 1. *tr* promašiti; *to* ~ *the target* promašiti metu 2. *tr* propustiti; *to* ~ *an opportunity* propustiti priliku; *I* ~*ed the train* nisam uhvatio voz (W: vlak) 3. *tr* ne primetiti (primijetiti); *he* ~*ed the ad* on nije primetio oglas 4. *tr* primetiti (odsustvo); *they did not* ~ *me* nisu primetili moje odsustvo 5. *tr* nedostajati; faliti; *I* ~*ed her a lot* ona mi je mnogo nedostajala; *we* ~ *you very much* vi nam mnogo nedostajete; *I* ~ *our warm sea* fali mi toplo more 6. *intr* promašiti 7. *intr (to* ~ *out)* ne uspeti (uspjeti); *he* ~*ed out on his chance* on je propustio priliku 8. *intr* propuštati, prekidati; *the engine* ~*es* motor propušta (prekida) 9. *intr* faliti; *a page is* ~*ing here* ovde (ovdje) fali jedna stranica 10. misc.; *to* ~ *a curve* izleteti (izletjeti) iz okuke; **to* ~ *the boat* propustiti priliku

miss III *n* gospođica; mis; *Miss Smith* gospođica Smit

mis·sal ['misəl] *n* misal, knjiga sa molitvama

mis·sel thrush ['misəl] (bird) drozak imelaš

mis·shap·en [mis'šejpən] *a* unakažen

mis·sile I ['misəl]; [*aj*] *n* raketa, projektil; *to guide (intercept, launch) a* ~ voditi (presresti, lansirati) raketu; *guided* ~s see **guided**; *to fire a* ~ ispaliti projektil (see also **ballistic missile**)

missile II *a* raketni; lansirni; *a* ~ *base (site)* raketna baza; *a* ~ *launcher* lansirni uređaj

mis·sile·man ['misəlmən] (*-men* [min]) *n* specijalista za rakete

mis·sing ['misiŋ] *a* nestao; ~ *in action* nestao u borbi

missing link 1. nepoznata veza između čoveka (čovjeka) i antropoidnog majmuna 2. (fig.) nepoznata karika

mis·sion ['mišən] *n* 1. misija; *a goodwill* ~ misija dobre volje 2. naselje misionara 3. misionarski rad 4. centar za dobrotvornu pomoć 5. zadatak; *to carry out a* ~ obaviti (izvršiti) zadatak; *to assign a* ~ postaviti zadatak; *to entrust a* ~ *to smb.* poveriti (povjeriti) nekome izvršenje zadatka 6. (aviation) (borbeni) let; poletanje (polijetanje); *to fly a* ~ izvršiti borbeni let; *to scratch a* ~ opozvati poletanje 7. predstavništvo; *a diplomatic (trade)* ~ diplomatsko (trgovačko) predstavništvo

mis·sion·ar·y I ['mišənerij]; [*nr*] *n* misionar

missionary II *a* misionarski; ~ *work* misionarski rad

mission control svemirski centar, centar za upravljanje raketom

mis·sis, mis·sus ['misiz] *n* (colloq.) 1. gazdarica, domaćica 2. supruga

Mis·sis·sip·pi [misə'sipij] *n* 1. Misisipi (država) 2. (or: ~ *River*) Misisipi (reka — rijeka)

mis·sive ['misiv] *n* pismo; poruka

Mis·sou·ri [mi'zūrij] *n* 1. Misuri (država) 2. (or: ~ *River*) Misuri (reka — rijeka)

miss out *v* 1. see **miss** II 7 2. (Br.) propustiti, izostaviti; *to miss out a line* propustiti redak (see also **leave out**)

mis·speak [mis'spijk]; *-spoke* [spouk]; *-spoken* ['spoukən] *v intr* pogrešiti (pogriješiti) nehotice u govoru, zareći se

mis·spell [mis'spel]; *-ed* or *-spelt* [spelt] *v tr* pogrešno napisati

mis·spend [mis'spend]; *-spent* [spent] *v tr* proćerdati, straćiti

mis·state [mis'stejt] *v tr* netačno (W: netočno) izjaviti, tvrditi

mis·state·ment [mis'stejtmənt] *n* netačna (W: netočna) tvrdnja

mis·step [mi'step] *n* pogrešan korak

mis·sus see **missis**

miss·y ['misij] *n* (colloq.) dim, of **miss** III

mist I [mist] *n* sumaglica, izmaglica

mist II *v tr* zamagliti

mis·take I [mis'tejk] *n* greška, pogrešna; *to make a* ~ napraviti grešku; (colloq.) *and make no* ~ *about it* bez svake sumnje

mistake II *mistook* [mis'tuk]; *mistaken* [mis'tejkən] *v tr* 1. pogrešno tumačiti 2. zameniti (zamijeniti), pobrkati; *to* ~ *a person for smb. else* zameniti jednu osobu za drugu

mis·tak·en [~ən] *a* 1. see **mistake** II 2. u zabludi; *to be* ~ biti u zabludi, varati se

Mis·ter ['mistə(r)] 1. (usu as *Mr.*) gospodin 2. (mil. usu. as *Mr.*) Mister (način oslovljavanja vorent-oficira, pitomaca vojnih akademija, mornaričkih oficira) 3. (not cap.; colloq.) čovek (čovjek); *hey,* ~! hej, čoveče!

mis·time [mis'tajm] *v tr* krivo odabrati vreme (vrijeme) za

mis·tle·toe ['misəltou] *n* 1. (bot.) imela 2. (kao božićni ukras) imela; *under the* ~ pod imelom (po tradiciji, muškarac ima pravo da poljubi ženu koja stoji pod imelom)

mis·took see **mistake** II

mist over *v* zamagliti se

mis·tral ['mistrəl] *n* mistral (suv — suh i hladan vetar — vjetar u južnim krajevima Francuske)

mis·trans·late [mis'traenslejt] *v tr* pogrešno prevesti

mis·treat [mis'trijt] *v tr* maltretirati

mis·treat·ment [~mənt] *n* maltretiranje

mis·tress ['mistris] *n* 1. gazdarica 2. vlasnica 3. metresa, ljubavnica 4. (Br.) profesorka, učiteljica

mis·tri·al ['mistraj(ə)l] *n* poništaj sudskog postupka; ništavan sudski postupak; *to declare a* ~ objaviti poništaj sudskog postupka

mis·trust I [mis'trəst] *n* nepoverenje (nepovjerenje), sumnja; *to arouse* ~ *toward smb.* izazvati nepoverenje prema nekome

mistrust II *v tr* nemati poverenja — povjerenja (u); sumnjati (u)

mist·y ['mistij] *a* maglovit

mis·un·der·stand [misəndə(r)'staend]; *-stood* [stud] *v tr* pogrešno shvatiti, razumeti (razumjeti)

mis·un·der·stand·ing [~iŋ] *n* 1. pogrešno shvatanje 2. nesporazum; *there was a* ~ došlo je do nesporazuma

mis·use I [mis'jūs] *n* zloupotreba

misuse II [mis'jūz] *v tr* zloupotrebiti (zloupotrijebiti)

mite I [majt] *n* grinja, pregalj

mite II *n* 1. novčić, lepta 2. mali prilog 3. malo stvorenje; *a* ~ *of a child* žgepče

mi·ter ['majtə(r)] *n* 1. mitra (kapa crkvenih dostojanstvenika) 2. see **miter joint**

miter joint ugaoni sastavak

mit·i·gate ['mitəgejt] *v tr* ublažiti; olakšati; *to* ~ *a sentence* ublažiti kaznu; ~*ing circumstances* olakšavajuće okolnosti

mit·i·ga·tion [mitə'gejšən] *n* ublaženje, olakšanje

mi·to·sis [maj'tousis] *n* (biol.) mitoza

mi·tral ['majtrəl] *a* mitralan; (anat.) ~ *valve* mitralni (dvolisni) zalistak

mi·tre Br.; see **miter**

mitt [mit] *n* 1. see **mitten** 2. vrsta ženske rukavice (koja ne pokriva potpuno šaku) 3. (slang) ruka, pesnica; **to tip one's* ~ odati se

mit·tel·schmerz ['mitəlšmerts] *n* (German) ovulacioni bolovi

mit·ten ['mitn] *n* rukavica bez prstiju (samo s palcem)

mix I [miks] *n* mešavina (mješavina); *a cake* ~ mešavina za kolač

mix II *v* 1. *tr* pomešati (pomiješati); izmešati (izmiješati); *to* ~ *wine and water* pomešati vino i vodu 2. spraviti, smešati (smiješati); *to ~ a poison* smešati otrov; *to ~ a drink* smešati piće 3. *tr* umutiti, zamutiti; *to ~ egg yolks and sugar* umutiti žumance (W: žumanjke) sa šećerom 4. *tr* zamesiti (zamijesiti); *to ~ dough* zamesiti testo (tijesto) 5. *intr* mešati (miješati) se; *he doesn't ~ with people like that* on se ne meša s takvim svetom (svijetom); *he ~es into everything* on se u sve meša

mixed [~t] *a* 1. see **mix II** 2. mešovit (mješovit); *a ~ choir* mešoviti hor (kor); *~feelings* mešani osećaj (miješani osjećaj); *•a ~ bag* smesa (smjesa)

mixed doubles *pl* (tennis) igra mešovitih (mješovitih) parova

mixed grill (mešano — miješano) meso sa roštilja

mixed marriage mešoviti (mješoviti) brak

mixed metaphor nepodesna metafora

mixed number mešoviti (mješoviti) broj

mix·er [~ə(r)] *n* 1. (colloq.) društven čovek (čovjek), društvena osoba 2. žur, sedeljka (sjedeljka) 3. mešalica (mješalica); *a cement ~* betonska mešalica 4. mutilica, mikser; *an electric ~* električna mutilica

mix in *v* 1. umešati (umiješati); *to mix flour in* umešati brašno 2. mešati (miješati) se; *he always mixes in* on se uvek (uvijek) meša

mix·ing bowl [~iñg] sud za mešanje (miješanje)

mix·ture ['miksčə(r)] *n* mešavina (mješavina)

mix up *v* 1. pobrkati, zbrkati; pomešati (pomiješati); zamrsiti; *he gets words mixed up* on meša reči (riječi); *he got (all) mixed up* pobrkao se 2. upetljati, uplesti; *to get smb. mixed up in smt.* upetljati nekoga u nešto; *he got mixed up in a scandal* upetljao se u neki skandal 3. misc.; *•(colloq.) to mix it up* potući se

mix-up [~əp] *n* brkanje, konfuzija

miz·zen, miz·en ['mizən] (naut.) 1. trouglo krmeno jedro 2. see **mizzenmast**

miz·zen·mast, miz·en·mast [~maest]; [*a*] *n* (naut.) krmeni jarbol

mne·mon·ic [ni'manik]; [*o*] *a* mnemonički

mne·mon·ics [~s] *n* mnemonika, mnemotehnika

moan I [moun] *n* jecaj, ječanje, stenjanje

moan II *v tr* ječati, jecati, stenjati; *the wounded man was ~ing* ranjenik je ječao

moat [mout] *n* rov (oko zamka)

mob I [mab]; [*o*] *n* 1. gomila, gužva; *a ~ of people* gomila sveta (svijeta) 2. ološ, rulja 3. (colloq.) banda, gangsterski »sindikat«

mob II *v tr* 1. nasrnuti (na) 2. okupiti se (oko); *the crowd ~bed the soldiers* svet (svijet) se okupljao oko vojnika

mo·bile I ['moubajl], [ə], [*ij*] *n* vrsta skulpture

mobile II *a* 1. pokretan; mobilan; *~ artillery* pokretna artiljerija *a ~ home* pokretna kuća; (ling.) *~ stress* mobilan akcenat; (ling.) *~ vowels* pokretni samoglasnici 2. (mil.) manevarski; *~ warfare* manevarski rat

mo·bil·i·ty [mou'bilətij] *n* pokretljivost, mobilnost

mo·bi·li·za·tion [moubəli'zejšən]; [*aj*] *n* mobilizacija; *to carry out ~* izvršiti mobilizaciju

mo·bi·lize ['moubəlajz] *v* 1. *tr* mobilisati 2. *intr* mobilisati se

mob rule zakon rulje

mob·ster ['mabstə(r)]; [*o*] *n* član organizovane bande

moc·ca·sin ['makəsin]; [*o*] *n* mokasina

mock I [mak]; [*o*] *a* lažan, patvoren; *a ~ battlefield* maketa bojišta

mock II *v* 1. *tr* rugati se, ismevati (ismijevati); *to ~ smb.* rugati se nekome 2. *intr* rugati se; *to ~ at an idea* rugati se ideji

mock·er·y [~ərij] *n* 1. ruglo, ruganje 2. parodija, rđava imitacija, rđava kopija; *a ~ of justice* parodija pravde

mock-he·ro·ic [~hi'rouik] *a* komično junački

mock-he·ro·ics [~s] *n pl* imitacija komično junačkog stila

mock·ing·bird [~iñgbə(r)d] *n* (bird) američki drozd

mock turtle soup lažna čorba od kornjače

mock-up [~əp] *n* maketa, model

mod [mad]; [*o*] *a* (colloq.) modni

mo·dal I ['moudl] *n* modalna reč (riječ)

modal II *a* modalan; načinski; *~ auxiliaries* modalni pomoćni glagoli; *a ~ sentence* modalna rečenica

mo·dal·i·ty [mou'daelətij] *n* modalnost, modalitet

mode [moud] *n* modalitet, način

mod·el I ['madl]; [*o*] *n* 1. model, uzorak, primerak (primjerak); *last year's ~* model (automobila) od prošle godine 2. model, maketa, reprodukcija 3. obrazac, uzor; kalup; *a ~ of industry* uzor marljivosti; *to take as a ~* uzeti sebi kao uzor; *to serve as a ~ for* poslužiti kao uzor za 4. manekenka, maneken; model; *she works as a ~* ona radi kao manekenka 5. sistem, metod

model II *a* uzoran, primeran (primjeran); *~ behavior* primerno vladanje

model III *v* 1. *tr* modelisati 2. *tr* izvajati; *to ~ a head* izvajati glavu 3. *tr* podesiti; ugledati se; *to ~ one's behavior on that of good men* podesiti svoje ponašanje po uzoru na dobre ljude 4. *tr* prikazati kao model 5. *intr* prikazivati modele; raditi kao manekenka; služiti kao model; *she ~ed at fashion shows* ona je prikazivala najnovije modele na modnim revijama

model airplane maketa aviona

model home kuća koja služi za uzor (prilikom prodaje kuća istog tipa)

mo·dem ['moudem] *n* (C.) modem

mod·er·ate I ['madərit]; [*o*] *n* umerenjak (umjerenjak)

moderate II *a* 1. umeren (umjeren); *~ demands* umereni zahtevi (zahtjevi); *at ~ speed* umerenom brzinom; *a ~ sentence* umerena kazna 2. osrednji; srednji; *~ height* srednja visina, *a ~ income* srednji prihod

moderate III [~ejt] *v* 1. *tr* umeriti (umjeriti); *to ~ one's demands* umeriti zahteve (zahtjeve) 2. *tr* predsedavati (predsjedavati); *to ~ a session* predsedavati sednici (sjednici) 3. *intr* umeriti (umjeriti) se 4. *intr* predsedavati

mod·er·a·tion [madə'rejšən]; [*o*]*µ* 1. umerenost (umjerenost) 2. (pol.) umerenjaštvo (umjerenjaštvo)

mod·er·a·tor ['madərejtə(r)]; [*o*] *n* 1. predsedavajući (predsjedavajući) 2. posrednik 3. (phys.) usporivač, moderator

mod·ern I ['madə(r)n]; [*o*] *n* čovek (čovjek) novog doba

modern II *a* moderan, savremen (suvremen), nov

mod·ern·ism [~izəm] *n* modernizam

mod·ern·ist [~ist] *n* modernista

mod·ern·is·tic [madə(r)n'istik]; [*o*] modernistički

mod·ern·i·za·tion ['madə(r)ne'zejšən]; [*o*]; [*aj*] *n* modernizacija

mod·ern·ize ['madə(r)najz]; [*o*] *v tr* modernizovati

mod·ern·iz·er [~ə(r)] *n* modernizator

mod·est ['madist]; [*o*] *a* skroman, umeren (umjeren); ~ *demands* skromni zahtevi (zahtjevi)

mod·es·ty [~ij] *n* skromnost, umerenost (umjerenost); *without false* ~ bez lažne skromnosti

mod·i·cum ['madikəm]; [*o*] (-*s* or -*ca* [kə]) *n* mala količina

mod·i·fi·ca·tion [madəfi'kejšən]; [*o*] *n* 1. modifikacija, promena (promjena) 2. ublaženje

mod·i·fi·er ['madəfajə(r)]; [*o*] *n* reč (riječ) koja određuje drugu

mod·i·fy ['madəfaj]; [*o*] *v tr* 1. *tr* modifikovati, prilagoditi 2. *tr* (gram.) određivati; *adjectives* ~ *nouns* pridevi (pridjevi) određuju imenice 3. *intr* modifikovati se

mod·ish ['moudiš] *a* modni

mod·u·lar ['madžələ(r)], [*j*] (Br. is: [modj~] *a* koji se odnosi na meru (mjeru), modul

mod·u·late [~lejt] *v tr* modulirati

mod·u·la·tion [~'lejšən] *n* modulacija

mod·u·la·tor [~ejtə(r)] *n* modulator

mod·ule [~ūl] *n* 1. mera (mjera) 2. (astron.) modul; *a lunar (service)* ~ Mesečev — Mjesečev (servisni) modul

mod·ul·us [~əs] (-*li* [laj]) *n* 1. (math.) apsolutna vrednost (vrijednost) 2. norma, standard

mo·dus op·er·an·di ['moudəs apə'raendaj]; [*o*] (Latin) način rada

modus vi·ven·di [vi'vendij] (Latin) način života

mo·gul I ['mougəl] *n* bogata, uticajna osoba

mogul II *n* grba na pisti za skijanje

Mogul *n* Mongol

mo·hair ['mouhej(r)] *n* kostret angorske koze, moher; tkanina od mohera

Mo·ham·med [mou'haemid] *n* Muhamed; **if the mountain will not come to* ~, ~ *must go to the mountain* see **mountain**

Mo·ham·med·an I [~ən] *n* musliman, muhamedovac

Mohammedan II *a* muslimanski, muhamedovački

Mo·ham·med·an·ism [~izəm] *n* muhamedanstvo, islam

Mo·hi·can [mou'hijkən] *n* Mohikanac

moi·e·ty ['mojətij] *n* polovina

moire [mwa(r)] see **moiré**

moi·ré [mwa'rej] *n* moare (svila)

moist [mojst] *a* vlažan

moist·en ['mojsən] *v tr* ovlažiti

moist·ness [~tnis] *n* vlažnost

moist·ture ['mojsčə(r)] *n* vlaga, vlažnost

mois·tur·ize [~rajz] *v tr* navlažiti (kožu); ~*ing cream* vlažna krema

mo·lar ['moulə(r)] *n* kutnjak

mo·las·ses [mə'laesiz] *n* melasa (see also **treacle**)

mold I [mould] *n* 1. kalup, matrica; *cast in the same* ~ na isti kalup 2. (cul.) modla 3. oblik 4. karakter; tip

mold II *v tr* 1. ukalupiti 2. modelirati; izraditi 3. uobličiti; formirati, obrazovati; *to* ~ *a person's character* formirati nečiji karakter

mold III *n* buđ, plesan (plijesan); *to smell of* ~ mirisati na buđ (see also **mildew**)

mold IV *n* crnica, humus

Mol·da·vi·a [məl'dejvijə] *n* Moldavija

mold·board ['mouldbo(r)d] *n* plužna daska, raz

mol·der ['mouldə(r)] *v intr* raspadati se u prah

mold·ing [~iñg] *n* (archit.) pervaz, venac (vijenac), letva

mold·y [~ij] *a* buđav; ~ *bread* buđav hleb — hljeb (W: kruh)

mole I [moul] *n* mladež

mole II *n* 1. krtica 2. (fig.) špijun

mole III *n* gat, kamena brana u luci

mole IV *n* (med.) mola

mole V *n* (chem.) mol

mo·lec·u·lar [mə'lekjələ(r)] *a* molekularan; ~ *weight* molekularna težina

mol·e·cule ['maləkjūl]; [*o*] *n* molekul

mole·hill [~hil] *n* kritičnjak; **to make a mountain out of a* ~ napraviti od komarca magarca

mole·skin [~skin] *n* 1. krtičja koža 2. fina pamučna tkanina

mo·lest [mə'lest] *v tr* molestirati, zlostaviti

mo·lest·er [~ə(r)] *n* onaj koji molestira, zlostavlja

moll [mal]; [*o*] see **gun moll**

mol·li·fy ['maləfaj]; [*o*] *v tr* stišati, umiriti *to* ~ *smb.'s anger* stišati nečiji gnev (gnjev)

mol·lusk ['maləsk]; [*o*] *n* (zool.) mekušac

mol·ly·cod·dle I ['malijkadl]; [*o*]; [*o*] *n* (pejor.) mekušac, maza

mollycoddle II *v tr* razmaziti

Mo·lo·tov cocktail ['moulətof] boca sa zapaljivom smešom (smješom), Molotovljev koktel

molt I [moult] *n* linjanje, mitarenje

molt II *v tr* olinjati se, mitariti se

mol·ten [~ən] *a* liven

Mo·luc·can [mə'ləkən] *n* Molučanin

mo·lyb·de·nite [mə'libdənajt] *n* (miner.) molibdenit

mo·lyb·de·num [mə'libdənəm] *n* (chem.) molibden

mom [mam]; [*o*] *n* (colloq.) mama (Br. is **mum III**)

mo·ment ['moumənt] *n* 1. momenat, trenutak; čas; *for the* ~ za momenat; *to leave for a* ~ otići na momenat; *at the right* ~ u pravi čas; *a* ~ *of truth* trenutak istine 2. važnost, značaj 3. (phys.) momenat; ~ *of inertia* momenat inercije; ~ *of momentum* momenat impulsa

mo·men·tar·i·ly [moumən'tejrəlij] *adv* momentalno, začas

mo·men·tar·y ['moumənterij]; [*tr*] *a* 1. momentalan, trenutan 2. prolazan 3. prisutan svakog trenutka

mo·men·tous [mou'mentəs] *a* značajan, bitan; *a* ~ *question* važno pitanje; *a* ~ *occasion* značajna prilika

mo·men·tum [~təm] (-*s* or -*ta* [tə]) *n* (phys.) impuls

mom·ma [~ə] *n* (colloq.) mamica

Mon·a·co ['manəkou]; [*o*] or [mə'nakou] *n* Monako

mo·nad ['mounaed], [*a*] *n* 1. (phil.) monada, nedeljiva (nedjeljiva) jedinica 2. (biol.) jednoćelični organizam

mo·nan·dry [mə'naendrij] *n* 1. monandrija, jednomuštvo 2. (bot.) monandrija

mon·arch [manɔ(r)k]; [o] *n* monarh
mo·nar·chal [mə'na(r)kəl] *a* monarhijski
mo·nar·chic [mə'na(r)kik] *a* monarhički
mon·arch·ist ['manɔ(r)kist]; [o] *n* monarhista
mon·ar·chy [~ij] *n* monarhija; *an absolute (constitutional)*.~ apsolutistička (ustavna) monarhija
mon·as·ter·y ['manɔsterij]; [o]; [tr] *n* manastir, samostan
mo·nas·tic I [mə'naestik] *n* see **monk**
monastic II *a* monaški, kaluđerski; manastirski, samostanski; *a* ~ *order* monaški red; ~ *vows* monaški zaveti (zavjeti)
mo·nas·ti·cism [mə'naestəsizəm] *n* monaštvo, monaški način života
mon·a·tom·ic [manə'tamik]; [o]; [o] *a* monoatomski
mon·au·ral [man'orəl]; [o] *a* jednouhi, za jedno uvo (uho)
mon·a·zite ['manəzajt]; [o] *n* (miner.) monacit
Mon·day ['mandej], [ij] *n* ponedeljak (ponedjeljak), ponedeljnik (ponedjeljnik); **a* ~ *morning quarterback* onaj koji naknadno izlaže svoje mišljenje, onaj koji kritikuje kad je već kasno; *she works* ~*s* ona radi ponedeljkom
mon·e·tar·y ['manəterij]; [o]; [tr] *a* monetarni, novčani; *a* ~ *system* novčani sistem; *a* ~ *unit* novčana jedinica
mon·ey I ['mənij] *n* (pl is rare) novac; moneta; pare; *to earn (mint, squander)* ~zaraditi (kovati, rasipati) novac; *paper* ~ papirna moneta
money II *a* novčan; *a* ~ *market* novčano tržište
money (access) machine automat za izdavanje novca (štediši)
mon·ey·bag [~baeg] *n* 1. kesa za novac 2. (in pl) bogatstvo 3. (in pl) bogataš; tvrdica
mon·ey·chang·er [~čejndžə(r)] *n* menjač (mjenjač) novca
mon·ey·eyed ['menijd] *a* imućan, bogat
money-grubber *n* tvrdica
mon·ey·lend·er [~lendə(r)] *n* zajmodavac
mon·ey·mak·ing [~mejkiŋ] *n* bogaćenje
money market certificate vrsta oročenog štednog uloga
money order novčana uputnica; doznaka; *to send money by* ~ poslati novac uputnicom
mon·ey·wort [~wo(r)t] *n* (bot.) novčić
mon·ger ['mənggə(r)], [a] *n* 1. trgovac (see **fishmonger**) 2. (pejor.) onaj koji širi; see **scandalmonger, warmonger**
Mon·gol I ['manggəl]; [o] *n* Mongol
Mongol II *a* mongolski
Mon·go·li·a [mang'goulijə]; [o] *n* Mongolija
Mon·go·li·an I [~n] *n* 1. Mongol 2. mongolski jezik
Mongolian II *a* mongolski
Mon·gol·ic [man'galik]; [o]; [o] *a* jezici mongolske porodice
mon·gol·ism ['manggəlizəm]; [o] *n* mongolizam
Mon·gol·oid I [~lojd] *n* mongoloid
Mongoloid II *a* mongoloidan
mon·goose ['manggūs]; [o] (-s) *n* (zool.) mungos
mon·grel I [manggrəl]; [a] *n* (usu. pejor.) 1. melez, polutan 2. pas nečiste rase
mongrel II *a* (usu. pejor.) meleski, hibridan, mešovite (mješovite) rase
mon·grel·ize [~ajz] *v tr* (usu. pejor.) ukrstiti

mon·ied see **moneyed**
mon·i·ker, mon·ick·er ['manikə(r)]; [o] *n* (slang) nadimak
mo·nism ['mounizəm] *n* (phil.) monizam
mo·ni·tion [mou'nišən] *n* 1. opomena; upozorenje 2. savet (savjet)
mon·i·tor I ['manətə(r)]; [o] *n* 1. (in a school) redar 2. kontrolni uređaj 3. (naval) monitor 4. kontrolor 5. (C.) monitor
monitor II *v tr* 1. kontrolisati 2. prisluškivati; *to* ~ *telephone conversations* prisluškivati telefonske razgovore 3. nadgledati
mon·i·to·ri·al [manə'torijəl]; [o] *a* redarski
mon·i·tor·ing [~riŋ] *n* kontrolisanje; nadgledanje
monitoring device aparat za nadgledanje
mon·i·to·ry ['manətorij]; [o]; [ə] *a* koji opominje
monk [məngk] *n* monah, kaluđer, redovnik
mon·key [~ij] *n* 1. majmun 2. đavolak, vragolan 3. (tech.) malj 4. (Br.; slang) 500 funti, dolara 5. (Br.; slang) grba 6. misc.; **to have a* ~ *on one's back* biti narkoman; **to make a* ~ *out of smb.* izvrći nekoga ruglu
monkey II *v intr* (usu.; *to* ~ *around)* 1. šaliti se; igrati se; *to* ~ *around with fire* igrati se vatrom 2. čačkati, majati se, petljati
monkey business nečista posla
monkey with *v* čačkati, igrati se (see **monkey II**)
monkey wrench univerzalni (francuski) ključ; **to throw a* ~ *into the works* pokvariti sve
monk·ish ['məngkiš] *a* monaški, kaluđerski, redovnički
monks·hood [~shud] see **aconite**
mon·o ['manou]; [o] see **mononucleosis**
mon·o·cel·lu·lar [manə'seljələ(r)], [o] *a* jednoćelijski (W: jednostaničan)
mon·o·chord ['manəko(r)d]; [o] *n* monokord
mon·o·chro·ma·tic [manəkrou'maetik]; [o] *a* monohromatski
mono·chrome ['manəkroum]; [o] *a* monohromatski
monochrome display (C.) monohromatski monitor
mon·o·cle ['manəkəl]; [o] *n* monokl
mo·noc·u·lar [mə'nakjələ(r)]; [o] *a* monokularan; jednook
mon·o·dy ['manədij]; [o] *n* monodija
mo·nog·a·mist [mə'nagəmist]; [o] *n* monogamista
mo·nog·a·mous [~məs] *a* monogamijski
mo·nog·a·my [~mij] *n* monogamija
mon·o·gen·e·sis [manə'dženəsis]; [o] *n* monogeneza
mon·o·ge·net·ic [manoudžə'netik]; [o] *a* monogenetički
mon·o·gen·ic [manə'dženik]; [o] *a* monogenetički
mo·nog·e·nism [mə'nadžənizəm]; [o] *n* monogenizam
mon·o·gram I ['manəgraem]; [o] *n* monogram
monogram II *v tr* stavljati monogram (na)
mon·o·graph [~graef]; [a] *n* monografija
mon·o·lith ['manəlith]; [o] *n* monolit
mon·o·lith·ic [manə'lithik]; [o] *a* monolitan
mon·o·logue, monolog ['manəlag]; [o]; [o] *n* monolog
mon·o·ma·ni·a [manə'mejnijə]; [o] *n* monomanija
mon·o·met·al·ism [manou'metlizəm]; [o] *n* monometalizam
mo·no·mi·al I [mou'noumijəl] *n* (math.) monom
monomial II *a* monomski, jednočlan

mon·o·nu·cle·o·sis [mɑnənūklij'ousis]; [o]; [nj] n mononukleoza
mon·oph·thong ['mɑnefthɑ̄ŋg]; [o]; [o] n monoftong
mon·o·plane ['mɑnəplejn]; [o] n jednokrilac
mon·o·pod ['mɑnəpoud]; [o] a jednonožan
mo·nop·o·list [mə'nɑpəlist]; [o] n monopolist
mo·nop·o·lize [mə'nɑpəlajz]; [o] v tr monopolizovati
mo·nop·o·ly [mə'nɑpəlij]; [o] n monopol; to have a ～ on smt. imati monopol na nešto, držati monopol nad nečim (na nešto)
mon·o·rail ['mɑnərejl]; [o] n jednošinska (jednotračna) pruga
mon·o·syl·lab·ic [mɑnəsi'laebik]; [o] a jednosložan
mon·o·syl·la·ble [mɑnə'siləbəl]; [o] n jednosložna reč (riječ)
mon·o·the·ism ['mɑnəthijizəm]; [o] n monoteizam, jednoboštvo
mon·o·the·ist [～ijist] n monoteista, jednobožac
mon·o·the·is·tic [mɑnəthij'istik]; [o] a monoteistički
mon·o·tone ['mɑnətoun]; [o] n 1. (mus.) jednotonsko pevanje (pjevanje) 2. monotonija, jednolikost
mo·not·o·nous [mə'nɑtnəs]; [o] a monoton, jednoličan
mo·not·o·ny [mə'nɑtnij]; [o] n monotonija, jednoličnost
mon·o·va·lent [mɑnə'vejlənt]; [o] a jednovalentan
mon·ox·ide [mə'nɑksajd]; [o] n monoksid
Mon·roe Doctrine [mən'rou]; ['mənrou] (Am., hist.) Monroova doktrina
mon·soon I [mɑn'sūn]; [o] n monsun; a dry (wet) ～ suvi — suhi (vlažni) monsun
monsoon II a monsunski; a ～ climate monsunska klima
mon·ster I ['mɑnstə(r)]; [o] n čudovište, monstrum, neman, grdosija
monster II a ogroman
mon·stros·i·ty [mɑn'strɑsətij]; [o]; [o] n monstruoznost, čudovišnost
mon·strous ['mɑnstrəs]; [o] a monstruozan, čudovišan
mon·tage [man'taž]; ['montaž] n montaža
Mon·tan·a [mɑn'taenə]; [o] n Montana
Mon·tan·an [～n] n stanovnik države Montana
Mon·te·ne·grin I [mɑntə'negrin]; [o] n Crnogorac
Montenegrin II a crnogorski
Mon·te·ne·gro [mɑntə'negrou], [o], [ij] n Crna Gora
month [mənth] n mesec (mjesec); they'll come in a ～ doći će kroz (za) mesec dana; to go somewhere for a ～ otići nekuda na mesec dana; he wrote the book in a ～ (two ～s) napisao je knjigu za mesec dana (za dva meseca); for over a ～ preko mesec dana; once a ～ jednom mesečno (mjesečno); for ～s mesecima; a ～'s supply of coal ugalj (W: ugljen) za mesec dana
month·ly [～ly] a mesečni (mjesečni); a ～ salary mesečna plata
mon·u·ment ['mɑnjəmənt]; [o] n spomenik, monumenat
mon·u·men·tal [mɑnjə'mentəl]; [o] a monumentalan, veličanstven
moo I [mū] n mukanje

moo II v intr mukati; cows ～ krave muču
mooch [mūč] v (colloq.) 1. tr izmamiti 2. tr ukrasti 3. intr tumarati
moo-cow ['mū-kau] n (children's language) krava
mood I [mūd] n raspoloženje; raspoloženost; ćud; to be in a good (bad) ～ biti u dobrom (rđavom) raspoloženju; to be in the ～ for smt. biti raspoložen za nešto; he's in a bad ～ today on je danas zle ćudi
mood II n (gram.) način; verbal ～ glagolski način; the imperative ～ zapovedni (zapovjedni) način; the indicative (subjunctive) ～ indikativ (konjunktiv)
mood·y [～ij] a 1. ćudljiv 2. sumoran, potišten
moon I [mūn] n Mesec (Mjesec); the ～ is shining (waning) Mesec sija (se jede); a full (new) ～ pun (mlad) mesec; the phases of the ～ mene (mijene) Meseca; (a) flight to the ～ let na Mesec; *once in a blue ～ veoma retko; the ～'s craters mesečevi krateri; the ～ is coming out Mesec se pojavljuje
moon II v intr (colloq.) (usu: to ～ around) lutati, tumarati
moon·beam [～bijm] n Mesečev zrak (W: Mjesečeva zraka)
Moon·ie [～ij] n pristalica sekte »Crkva ujedinjenja«
moon·light I [～lajt] n 1. mesečina (mjesečina); by ～ po mesečini 2. (Br.) a ～ flit tajno iseljenje noću
moonlight II v intr (colloq.) tezgariti, imati tezgu
moon·light·er [～ə(r)] n tezgaroš
moon·lit [～lit] a osvetljen mesečinom (osvjetljen mjesečinom)
moon over v (colloq.) sanjati o
moon·shine I [～šajn] n 1. see moonlight I 2. (slang) krijumčarena rakija, rakija domaće izrade 3. (colloq.) koještarija
moonshine II v intr krijumčariti rakiju
moon·shin·er [～ə(r)] n krijumčar rakije
moon·struck [～strək] a (colloq.) ćaknut, šašav
moon·y ['mūnij] a 1. mesečast (mjesečast) 2. rasejan (rasijan), sanjarski
moor I [mū(r)] n pustopoljina, vresište
moor II v tr vezati, pričvrstiti, lengerisati (brod, avion)
Moor III n Mavar
moor hen (usu. Br.) zelena liska, žurka (barska ptica)
moor·ing [-riŋg] n 1. pričvršćivanje, privezivanje 2. sidrište, kotvište 3. (in pl, fig.) ravnoteža, spokojstvo; *to lose one's ～s izgubiti ravnotežu
Moor·ish [～riš] a mavarski
moose [mūs] (pl has zero) n (zool.) los (also elk)
moot I [mūt] n debata studenata prava
moot II a 1. sporan; a ～ point sporna tačka (W: točka)
moot court pravnički seminar
mop I [mɑp]; [o] n 1. resasta metla 2. neuredna masa; a ～ of hair bujna, neuredna kosa
mop II v tr obrisati resastom metlom (see also mop up)
mope I [moup] n 1. snuždena, tužna osoba 2. (in pl) snuždenost
mope II v intr biti snužden; to ～ around snuždeno ići

mo·ped ['mouped] *n* moped (also **motorbike**)
mop·pet ['mapit]; [*o*] *n* devojčica (djevojčica)
mop up *v* 1. see **mop** II 2. (colloq.) završiti posao 3. (usu. mil.) pročešljati, očistiti (od neprijatelja); *a mopping up operation* see **mop-up**
mop-up [~·əp] *n* čišćenje (od neprijatelja), pročešljavanje
mo·raine [mə'rejn] *n* morena (razdrobljeno stenje — stijenje koje glečeri nose sobom)
mor·al I ['morəl] *n* 1. pouka 2. maksima, izreka 3. (in *pl*) moral, moralnost; *of doubtful* ~s sumnjivog morala; *middle-class (public)* ~s buržoaski (javni) moral
moral II *a* moralan; ~ *courage (support)* moralna snaga (podrška); a ~ *victory* moralna pobeda (pobjeda)
mo·rale [mə'rael]; [*a*] *n* moral, spremnost za vršenje zadataka, svest (svijest) o dužnosti; *the* ~ *of an army* moral vojske; *to raise* ~ podići moral
mor·al·ism ['morəlizəm] *n* moralizam
mor·al·ist [~ist] *n* moralista
mor·al·ist·ic [morə'listik] *a* moralistički, moralni; *a* ~ *sermon* moralna pridika (predika)
mo·ral·i·ty [mɔ'raelətij], [*ə*] *n* 1. moralnost, moral 2. čednost
morality play moralitet, srednjovekovna (srednjovjekovna) crkvena drama
mor·al·ize ['morəlajz] *v intr* moralizirati
mor·al·iz·er [~ə(r)] *n* moralizator
Moral Majority (Am.; pol.) Moralna (konzervativna) većina
morals see **moral I, 3**
mo·rass [mə'raes] *n* močvara
mor·a·to·ri·um [morə'torijəm] (-s or -ia [ijə]) *n* moratorijum, odlaganje plaćanja dugova; (fig.) odlaganje; *to declare a* ~ objaviti odlaganje plaćanja
Mo·ra·vi·a [mə'rejvijə] *n* (geog.) Moravska
Mo·ra·vi·an I [~n] *n* Moravac
Moravian II *a* moravski
mo·ray ['morej] *n* (zool.) murina
mor·bid ['mo(r)bid] *a* morbidan
mor·bid·i·ty [mo(r)'bidətij] *n* morbiditet, morbidnost
mor·da·cious [mo(r)'dejšəs] *a* zajedljiv
mor·dac·i·ty [mo(r)'daesətij] *n* zajedljivost
mor·dant I ['mo(r)dənt] *n* močilo
mordant II *a* 1. zajedljiv, oštar; ~ *wit* zajedljiva duhovitost 2. močilski, koji fiksira boje
more [mo(r)] *n* and *adv* 1. (see **many, much**) više; *he has* ~ *than I do* on ima više nego ja; *the* ~ *the better* što više to bolje; ~ *and* ~ sve više; *two* ~ dva više; *twice* ~ dva puta više; *no* ~ *no less* ni manje ni više; *to be worth* ~ više vredeti (vrijediti); *not a word* ~! ni reči (riječi) više! *he was* ~ *than satisfied* on je bio više nego zadovoljan; ~ *time* više vremena 2. *adv* (forms the comparative of many adjectives) ~ *beautiful* lepši (ljepši) (See 3.6.2. of the Introduction)
mo·reen [mo'rijn], [*ə*] *n* rips (vrsta tkanine)
mo·rel [mə'rel] *n* (bot.) smrčak
more·o·ver [mor'ouvə(r)] *adv* osim toga, povrh toga
mo·res ['morejz], [*ij*] *n pl* običaji
mor·ga·nat·ic [mo(r)gə'naetik] *a* morganatički, morganatski; *a* ~ *marriage* morganatički brak

morgue [mo(r)g] *n* mrtvačnica
mor·i·bund ['morəbənd] *a* koji umire, nestaje
Mor·mon I ['mo(r)mən] *n* (rel.) Mormon
Mormon II *a* mormonski
Mor·mon·ism [~izəm] *n* mormonizam
morn·ing I ['mo(r)niñg] *n* jutro; *good* ~! dobro jutro! *this* ~ jutros
morning II *a* jutarnji; *a* ~ *newspaper* jutarnje novine
morning dress (esp. Br.) svečano odelo — odijelo (za muškarce)
morn·ing-glo·ry [~-glorij] *n* (bot.) ladolež
Morning Prayer (rel.) anglikanska jutarnja služba
morning sickness muka, povraćanje (kod trudnih žena)
morning star *(the* ~*)* Zornjača
Mo·roc·can I [mə'rakən]; [*o*] *n* Marokanac
Moroccan II *a* marokanski
mo·roc·co [mə'rakou]; [*o*] *n* maroken, marokanska koža
Morocco *n* Maroko
mo·ron ['moran]; [*o*] *n* slaboumnik, debilna osoba, moron
mo·ron·ic [mə'ranik]; [*o*] *a* debilan, slabouman
mo·ron·i·ty [mə'ranətij]; [*o*] *n* debilnost, slaboumlje
mo·rose [mə'rous] *a* zlovoljan, mrzovoljan
mo·rose·ness [~nis] *n* zlovoljnost, mrzovoljnost
morph [mo(r)f] *n* (ling.) oblik, morf
mor·pheme ['mo(r)fijm] *n* (ling.) morfema
mor·phine ['mo(r)fijn] *n* morfin, morfijum
mor·phin·ism [~izəm] *n* morfinizam
mor·pho·log·i·cal [mo(r)fə'ladžikəl]; [*o*] *a* (ling.) morfološki
mor·phol·o·gy [mo(r)'falədžij]; [*o*] *n* (ling.) morfologija
mor·pho·pho·neme [mo(r)fou'founijm] *n* (ling.) morfofonema
mor·pho·pho·ne·mics [morfoufə'nijmiks] *n* (ling.) morfofonemika
mor·row ['marou], [*o*] *n* sledeći (slijedeći) dan
Morse code [mo(r)s] Morzeova azbuka (abeceda)
mor·sel ['mo(r)səl] *n* komadić, parče, zalogaj
mor·tal I ['mo(r)təl] *n* smrtnik, čovek (čovjek); *a mere* ~ običan smrtnik
mortal II *a* 1. smrtan; *man is* ~ čovek (čovjek) je smrtan 2. smrtonosan smrtan; *a* ~ *blow* smrtan (smrtonosan) udarac; *a* ~ *wound* smrtnosna rana 3. koji se ne može iskupiti, smrtan; *a* ~ *sin* smrtni greh (grijeh) 4. posmrtni; ~ *remains* posmrtni ostaci 5. užasan, smrtan; ~ *agony* smrtna agonija 6. koji traje do smrti, smrtni; *a* ~ *enemy* smrtni neprijatelj
mor·tal·i·ty [mo(r)'taelətij] *n* 1. smrtnost 2. mortalitet
mortality rate stopa smrtnosti
mor·tal·ly [~ij] *adv* see **mortal II**; ~ *wounded* smrtno ranjen
mor·tar I ['mo(r)tə(r)] *n* 1. stupa, avan 2. malter 3. (mil.) minobacač
mortar II *a* minobacački; *a* ~ *shell* minobacačka granata
mor·tar·board [~bo(r)d] *n* 1. zidarska daska 2. pljosnata studentska kapa
mort·gage I ['mo(r)gidž] *n* hipoteka; založno pravo
mortgage II *v tr* 1. staviti hipoteku (na), zadužiti 2. založiti

mort·ga·gee [mo(r)gi'džij] *n* hipotekarni verovnik (vjerovnik)
mort·ga·gor ['mo(r)gidžə(r)] *n* hipotekarni dužnik
mor·tice see **mortise I, II**
mor·ti·cian [mo(r)'tišən] *n* sopstvenik pogrebnog zavoda, pogrebnik
mor·ti·fi·ca·tion [mo(r)təfi'kejšən] *n* 1. poniženje, uniženje, teška uvreda 2. mučenje; ~ *of the flesh* mučenje tela (tijela)
mor·ti·fy ['mo(r)təfaj] *v tr* 1. poniziti, uniziti, teško uvrediti (uvrijediti) 2. mučiti; *to* ~ *the flesh* mučiti telo (tijelo)
mor·tise I ['mo(r)tis] *n* rupa za čep, klin (obično četvrtastog oblika)
mortise II *v tr* 1. pričvrstiti klinom 2. urezati rupu u (za klin)
mort·main ['mo(r)tmejn] *n* (legal) neotuđivo dobro, mrtva ruka
mor·tu·ar·y ['mo(r)čüerij]; [u] *n* mrtvačnica
mor·u·la ['morələ] (-*lae* [lij]) *n* (bot.) morula
MOS [emou'es] abbrev. of *military occupational specialty;* see under **military II** 1
mo·sa·ic [mou'zejik] *n* 1. mozaik 2. montaža aerofoto-snimaka
Mo·sa·ic [mou'zejik] *a* Mojsijev
Mosaic Law Mojsijevo učenje
Mos·cow ['maskau]; [o], [ou] *n* Moskva
mo·sey ['mouzij] *v intr* (colloq.) ići; šetati se
Mos·lem I ['mazləm]; [o] or [mas~] *n* Musliman
Moslem II *a* muslimanski
mosque [mask]; [o] *n* džamija
mos·qui·to [mə'skijtou] (-*s* or -*es*) *n* komarac
mosquito boat (Br.) torpedni čamac (see also **PT boat**)
mosquito net mreža protiv komaraca
moss [mos], [a] *n* mahovina; **a rolling stone gathers no* ~ ko (tko) stalno menja (mijenja) zanimanje, neće napredovati
moss·back [~baek] *n* 1. stara kornjača 2. (slang) konzervativac
moss·y [~ij] *a* mahovinast
most [moust] 1. *(super of* **many, much**) najviše; najveći deo (dio); većina ~ *of the spectators* većina gledalaca; ~ *of the profit* najveći deo zarade; ~ *people* većina ljudi; *what pleased him* ~ ono što mu se najviše dopalo; *for the* ~ *part* najvećim delom (dijelom) 2. *adv* vrlo, veoma; *a* ~ *pleasant evening* vrlo prijatno veče
most·fa·vored [~-fejvə(r)d] *a* najpovlašćeniji; *a* ~ *nation clause (status)* klauzula (status) najpovlašćenije nacije
most·ly [~lij] *adv* najviše, uglavnom
mot [mou] *n* (French) dosetka (dosjetka)
mo·tel [mou'tel] *n* motel
moth [moth], [a] (-*s* [-*ths*], [thz]) *n* 1. noćni leptir 2. moljac
moth ball 1. naftalinska loptica 2. (in *pl*, also fig.) naftalin; *to put into* ~*s* staviti u naftalin; *to take out of* ~*s* izvaditi iz naftalina 3. (in *pl*, naval) konzerviranje; *to put into* ~*s* dati na konzerviranje; *to take out of* ~*s* opet osposobiti
moth·ball [~-bol] *v tr* 1. staviti u naftalin 2. (fig., naval) dati na konzerviranje

moth·eat·en [~-ijtn] *a* izjeden od moljaca, umoljčan
moth·er I ['mothə(r)] *n* majka, mati; **necessity is the* ~ *of invention* nevolja gola, najbolja škola
mother II *a* 1. materinski; maternji (W: materinji) ~ *love* materinska ljubav; *smb.'s* ~ *tongue* nečiji maternji jezik 2. matični; (astron.) *a* ~ *ship* matična letelica (letjelica); (naut.) *a* ~ *ship* brod-matica
mother III *v tr* 1. roditi 2. odgajiti 3. ponašati se (prema nekome) kao majka
mother country otadžbina
Mother Goose rhyme see **nursery rhyme**
moth·er·hood [~hud] *n* materinstvo
moth·er·in·law [~r-in-lo] *(mothers-in-law)* *n* 1. tašta 2. svekrva
moth·er·land [~laend] *n* otadžbina
moth·er·ly [~lij] *a* materinski
mother nature (often humorous) majka priroda
moth·er·of·pearl I [~r-əv-pə(r)l] *n* sedef, bisernica
mother·of·pearl II *a* sedefan
Mother's Day (Am.) dan majki (druga nedelja — nedjelja u maju — W: svibnju)
Mother Superior majka igumanija
mother·to·be *(mothers-to-be)* *n* trudna žena
moth hole mesto (mjesto) izjedeno od moljaca
moth·proof [~prüf] *a* zaštićen od moljaca
moth·y [~ij] *a* izjeden od moljaca
mo·tif [mou'tijf] *n* motiv
mo·tion I ['moušən] *n* 1. kretanje; pokret; *in* ~ u kretanju; *to set in* ~ staviti u pokret 2. gest, pokret 3. predlog; *to make a* ~ podneti (podnijeti) predlog; *the* ~ *passed* predlog je prihvaćen 4. misc.; *to go through the* ~*s* formalno obavljati (see also **slow motion**)
motion II *v* 1. *tr* dati znak (nekome); *to* ~ *to smb.* dati nekome znak; *to* ~ *smb. away* dati nekome znak rukom da se udalji 2. *intr* dati znak
mo·tion·less [~lis] *a* nepokretan, nepomičan
motion picture kino-film
motion sickness morska bolest, bolest koja se dobija za vreme (vrijeme) vožnje brodom, avionom, automobilom
mo·ti·vate ['moutəvejt] *v tr* podstaći; pobuditi, motivisati; *to be* ~*d to study* imati motivaciju za učenje
mo·ti·va·tion [moutə'vejšən] *n* podsticanje, motivacija; ~ *to study* motivacija za učenje
mo·tive *n* 1. ['moutiv] pobuda; *selfish* ~*s* sebične pobude 2. [mou'tijv] **see motif**
mot·ley ['matlij]; [o] raznovrstan; šaren; (colloq.) *a* ~ *crew* šarena gomila
mo·tor I [m'outə(r)] *n* motor (see **engine** 1)
motor II *a* 1. motorni; ~ *oil* motorno ulje; ~ *power* motorna snaga 2. automobilski
motor III *v intr* (colloq.) ići automobilom
mo·tor·bike [~bajk] *n* motobicikl, moped
mo·tor·boat [~bout] *n* motorni čamac
mo·tor·bus [~bəs] *n* see **bus**
mo·tor·cade [~kejd] *n* povorka automobila
mo·tor·car [~ka(r)] Br.; see **automobile**
motor coach (Br.) autobus (see also **bus**)
motor court motel (also **motel**)
mo·tor·cy·cle I [~sajkəl] *n* motocikl; *to drive a* ~ voziti motocikl

motorcycle II *a* motociklistički; ~ *races* motociklističke trke
motorcycle III *v intr* voziti se na motociklu
mo·tor·cy·clist [~klist] *n* motociklista
motor end plate motorna pokretačka pločica
mo·tor·ing [~riñg] *n* vožnja automobilom
mo·tor·ist [~rist] *n* automobilista
mo·tor·ize [~rajz] *v tr* motorizovati; *a* ~*d division* motorizovana divizija
mo·tor·man [~mən] (-*men* [min]) *n* mašinovođa
motor pool (usu. mil.) (zajednički) automobilski park, vozni park
motor scooter moped
motor ship motorni brod
motor vehicle (motorno) vozilo
mo·tor·way [~wej] *n* (Br.) autoput (see also highway)
mot·tle ['matl]; [o] *v tr* išarati
mot·to ['matou]; [o] (-*s* or -*es*) *n* geslo, deviza, lozinka
mouil·lé [mū'jej] *a* (ling.; French) palatalizovan (also palatalized)
mou·jik see muzhik
mould Br.; see mold
moulder Br.; see molder
moult Br.; see molt
mound [maund] *n* nasip; humka
mount I [maunt] *n* 1. životinja za jahanje; jahaći konj 2. postolje, stativ 3. lafet
mount II *v* 1. *tr* popeti se (na); *to* ~ *a throne* popeti se na presto (prijesto) 2. *tr* uzjahati; *to* ~ *a horse* uzjahati konja; ~*ed troops* konjica 3. *tr* postaviti; *to* ~ *a gun* postaviti top na lafet; *to* ~ *(a) guard* postaviti stražu 4. *tr* organizovati; *to* ~ *an attack* organizovati napad (juriš) 5. *tr* pripremiti; *to* ~ *a photograph* prilepiti (prilijepiti) snimak na karton; *to* ~ *an animal* preparirati životinju 6. *tr* optočiti 7. *tr* namestiti (namjestiti); *to* ~ *a tire* namestiti gumu 8. *tr* opasati 9. *intr* uzjahati konja
mount III *n* planina (see mountain)
moun·tain I [~ən] *n* planina; *block (folded, volcanic)* ~*s* gromade (nabrane, vulkanske) planine, *to make a* ~ *out of a molehill* napraviti od komarca magarca; *if the* ~ *will not come to Mohammed, Mohammed must go to the* ~ kad neće breg (brijeg) Muhamedu, onda će Muhamed bregu
mountain II *a* planinski; brdski; ~ *air* planinski vazduh (W: zrak); ~ *artillery* brdska artiljerija; *a* ~ *chain* planinski lanac (splet); *a* ~ *pass* planinski prolaz; *a* ~ *range* planinski venac (vijenac); *a* ~ *road* brdski put; *a* ~ *stream* planinski potok; (mil.) ~ *units* planinske jedinice
mountain climber alpinista, planinar
mountain climbing alpinizam, planinarstvo, planinarenje
moun·tain·eer I [mauntən'ij(r)] *n* 1. gorštak 2. planinar, alpinista
mountaineer II *v intr* planinariti
mountain goat planinska koza
mountain lion planinski lav (also cougar, puma)
moun·tain·ous [~əs] *a* planinski, brdovit; ~ *terrain* brdovit teren
mountain sheep planinska ovca

moun·tain·side [~sajd] *n* padina planine
moun·tain·top [~tap]; [o] *n* vrh planine
moun·te·bank ['mauntəbaeñgk] *n* šarlatan, varalica
mount·ed ['mauntid] *a* 1. see mount II 2. konjički; na konju 3. (mil.) motorizovan
mount·ing [~iñg] *n* optočenje, okvir
Mount·y ['mauntij] *n* (colloq.) član kanadske kraljevske konjičke policije
mourn [mo(r)n] *v* 1. *tr* oplakati; žaliti; *to* ~ *smb.* oplakati nekoga; *to* ~ *smb.'s death* žaliti nekoga 2. *intr* biti u žalosti
mourn·er [~ə(r)] *n* član ožalošćene porodice, osoba koja oplakuje
mourn·ful [~fəl] *a* žalostan, tužan
mourn·ing [~iñg] *n* 1. oplakivanje; žalost; *national* ~ narodna žalost; *to proclaim a (three-day) period of* ~ proglasiti (trodnevnu) žalost 2. crnina; *to be in* ~ biti u crnini, nositi crninu
mouse [maus] *(mice* [majs]) *n* 1. miš; *a field (wood)* ~ poljski (šumski) miš; *to catch mice* loviti miševe; *when the cat is away, the mice will play* kad mačke nema, miševi kolo vode 2. (colloq.) plašljiva osoba 3. (C.) miš 4. (slang) see black eye
mous·er [~ə(r)] *n* mišolovac (mačka)
mouse·trap [~traep] *n* mišolovka
mousse [mūs] *n* desertna krema
mous·tache (usu. Br.) see mustache
mous·y ['mausij] *a* nalik na miša
mouth I [mauth] *(mouths* [mauthz]) *n* 1. usta; *a large* ~ velika usta; *to keep one's* ~ *closed (open)* držati usta zatvorena (otvorena); *to keep one's* ~ *shut* ćutati (W: šutjeti); *his* ~ *is watering* ide mu voda na usta; *he has eight* ~*s to feed* on ima osmoro ustiju da nahrani 2. njuška, gubica 3. ušće 4. otvor 5. misc.; *down at the* ~ utučen, pokunjen; *by word of* ~ živom reči (riječi); *to live from hand to* ~ živeti (živjeti) od danas do sutra; *to put words into smb.'s* ~ reći nekome šta (što) da kaže; *to shoot off one's* ~ govoriti drsko; *to take the bread out of smb.'s* ~ uzeti nekome hleb (hljeb) iz usta; (fig.) *she has a big* ~ ona mnogo priča; *straight from the horse's* ~ iz prve ruke
mouth II [mauth] *v tr* izustiti; *to* ~ *nonsense* pričati koješta
mouth·ful ['mouthfəl] *(mouthsful* or *mouthfuls) n* puna usta, zalogaj
mouth organ usna harmonika (also harmonica)
mouth·piece [~pijs] *n* 1. zvučnik (mikrofona) 2. (boxing) štitnik za zube 3. (colloq.) see spokesman 4. pisak (deo — dio duvačkog muzičkog instrumenta)
mouth-to-mouth *a* usta na usta; see resuscitation
mouth wash tečnost za osvežavanje (osvježavanje) usta
mouth watering *a* (colloq.) veoma ukusan
mov·a·ble ['mūvəbəl] *a* pokretljiv, pokretan; ~ *property* pokretna imovina
move I [mūv] *n* 1. pokret; korak; *to make the first* ~ učiniti prvi korak; *on the* ~ u pokretu 2. potez; korak; *to make a brilliant* ~ povući genijalan potez 3. (chess, checkers) potez; *to make a* ~ učiniti potez; *to win a game in 5* ~*s* dobiti igru u 5 poteza 4. seoba, selidba

move II v 1. tr preseliti; to ~ one's things preseliti stvari 2. tr premestiti (premjestiti), pomaći, pomeriti (pomjeriti); to ~ a television set next to a window premestiti televizor kraj prozora; to ~ a chair pomeriti stolicu 3. tr krenuti, pokrenuti; pomaći; to ~ one's head okrenuti glavu 4. tr odmaći, izmaći; he ~d the chair away from the fireplace odmakao je stolicu od kamina 5. tr dirnuti, ganuti; to ~ smb. to tears dirnuti nekoga do suza 6. tr (chess, checkers) ići; he ~d his queen išao je damom 7. intr preseliti se, seliti se; to ~ into a new house preseliti se u novu kuću 8. intr pomeriti se; ~ closer to me! pomeri se bliže meni! 9. intr kretati se; krenuti; she ~s gracefully ona se graciozno kreće; they ~ in the highest circles oni se kreću u najvišim krugovima; the tanks are ~ing along the road tenkovi se kreću drumom; to ~ from one spot to another kretati se s jednog mesta (mjesta) na drugo; the ships started to ~ out of the harbor brodovi su krenuli iz luke 10. intr predložiti; he ~d for adjournment predložio je da se sednica (sjednica) završi 11. intr odmaći se; ~ away from him! odmakni se od njega! 12. misc.; to ~ around kretati se; to ~ along ići dalje; to ~ down a corridor prolaziti hodnikom; to ~ one's bowels imati stolicu; these goods are not ~ing ova roba ne ide; *to ~ heaven and earth učiniti sve moguće

move away v preseliti se

move in v 1. useliti; they moved their things in uselili su svoje stvari 2. useliti se; they moved in yesterday uselili su se juče 3. umešati (umiješati) se

move·ment [~mənt] n 1. kretanje, pokret; the ~ of troops pokret vojske 2. pokret, organizovana društvena delatnost (djelatnost); the labor ~ radnički pokret 3. (comm.) aktivnost, živost 4. (comm.) promet; the ~ of goods promet robe 5. seoba, selidba, kretanje 6. (mus.) stav 7. mehanizam (sata)

move on v 1. ići dalje 2. napredovati, nastaviti kretanje; the army moved on (to the next town) vojska je nastavila kretanje (ka sledećem — slijedećem gradu)

move out v 1. iseliti; he moved everything out iselio je sve stvari 2. iseliti se; they moved out of the apartment iselili su se iz stana 3. see **move II** 9

move over v pomeriti (pomjeriti) se

mov·er ['mūvə(r)] n špediter (koji prevozi nameštaj — namještaj prilikom selidbe)

move up v 1. ići na front 2. unaprediti (unaprijediti) 3. napredovati

mov·ie [~ij] n 1. kino-film 2. (in pl) bioskog (W: kino); prikazivanje filma; to go to the ~s ići u bioskop (see also **movie theater, cinema** 2)

movie camera kino-kamera

movie making kinematografija

movie owner vlasnik bioskopa (W: kina)

movie star filmska zvezda (zvijezda)

movie theater bioskop, bioskopska sala (W: kino) (see also **cinema** 2, **movie** 2)

mov·ing [~iñg] n seoba, selidba

moving II a 1. selidbeni; ~ expenses selidbeni troškovi 2. pokretački, pokretan; a ~ force

pokretačka snaga 3. dirljiv; a ~ story dirljiva priča

moving man see **mover**

moving picture see **motion picture**

moving staircase see **escalator**

moving van kamion za prevoz nameštaja (namještaja)

moving violation saobraćajni prekršaj učinjen za vreme (vrijeme) vožnje

mow [mou] v tr 1. kositi; to ~ grass kositi travu 2. (to ~ down) pokositi; to ~ the enemy down or; to ~ down the enemy pokositi neprijatelja

mow·er [~ə(r)] n 1. kosačica; a power ~ motorna kosačica 2. kosac

Mo·zam·bique [mouzaem'bijk] n Mozambik

MP [em'pij] 1. abbrev. of **military police** 2. abbrev. of **Member of Parliament**

Mr. ['mistə(r)] abbrev. of **Mister** 1, 2

Mrs. ['misiz] n gospođa

Ms. [miz] n (neologism; **Miss** or **Mrs.**) gospođica, gospođa

much [məč] 1. n mnogo; ~ of what you say is true mnogo od toga što kažete je istina; to make ~ of smt. ukazati nečemu mnogo pažnje; I don't think ~ of him ne cenim (cijenim) ga mnogo; (colloq.) he's not ~ of a teacher nije baš najbolji nastavnik 2. a veći; without ~ success bez većeg uspeha (uspjeha) 3. a mnogo; ~ time mnogo vremena 4. adv mnogo; it doesn't matter ~ ne mari mnogo; how ~ does it cost? koliko to staje? ~ better mnogo bolji; ~ more mnogo više; very ~ loved mnogo voljen more [mo(r)] (comp); most [moust] (super) (see also entries for **more, most**)

Much Ado About Nothing Mnogo vike ni oko šta

mu·ci·lage ['mjūsəlidž] n 1. guma-arabika 2. lepak (lijepak)

muck I [mək] n 1. prljavština, nečistoća 2. Br.; see **mess I**, 1

muck II v intr (Br.) (to ~ about) lenčariti (ljenčariti)

muck·rake [~rejk] v intr otkrivati skandale

muck·rak·er [~ə(r)] n onaj koji otkriva skandale

mu·cous ['mjūkəs] a sluzav

mucous membrane sluznica

mu·cus ['mjūkəs] n sluz, bale

mud [məd] n blato, mulj; to trudge through (the) ~ gacati po mulju; (usu. fig.) to drag smb. through the ~ vući nekoga po blatu; (fig.) to pull smb. down into the ~ gurnuti nekoga u blato; (fig.) to sling ~ at smb. bacati se blatom na nekoga; *his name is ~ on je u nemilosti

mud bath blatna kupka (W: kupelj), kupanje u blatu

mud·dle I ['mədl] n zbrka, nered

muddle II v 1. tr zbrkati, zamrsiti 2. misc.; to ~ through postići cilj posle (poslije) mnogih neuspeha (neuspjeha)

muddle along v besciljno voditi poslove

mud·dle-head·ed [~-hedid] a zbrkan, smeten

mud·dy I [~ij] a 1. blatnjav; kaljav; a ~ road blatnjav put; ~ shoes kaljave cipele 2. mutan, zamućen

muddy II v tr (also: to ~ up) iskaljati

mud·fish [~fiš] (pl has zero or -es) n čikov

mud·flat [~flaet] n ravna muljevita obala

mud·guard [~ga(r)d] *n* blatobran
mud·hole [~houl] *n* kaljuga
mud·lark [~la(r)k] *n* (Br., slang) ulični mangup
mud slide klizanje blata
mud·sling·er [~slinɡə(r)] *n* klevetnik
mud·sling·ing [~inɡ] *n* kleveta
mu·ez·zin [mjū'ezin], [m] *n* (rel.) mujezin
muff I [məf] *n* promašaj, neuspeh (neuspjeh)
muff II *v tr* upropastiti; *to ~ a chance* upropastiti priliku; *he ~ed it* on je upropastio stvar
muff III *n* muf
muf·fin [~in] *n* vrsta pogačice
muf·fle [~əl] *v tr* 1. umotati 2. prigušiti; *to ~ laughter (one's voice)* prigušiti smeh — smijeh (glas)
muf·fler [~lə(r)] *n* 1. šal 2. (on an automobile) prigušivač, utišač
muf·ti I ['məftij] *n* muftija (najviši muslimanski sveštenik — svećenik u jednoj oblasti)
mufti II *n* civilno odelo (odijelo)
mug I [məɡ] *n* krigla; *a ~ of beer* krigla piva
mug II *n* (slang) njuška, gubica
mug III *v* 1. *tr* napasti i opljačkati 2. *intr* kreveljiti se
mug·ger I [ə(r)] *n* pljačkaš
mugger II *n* indijski krokodil
mug·ging [~inɡ] *n* napad i pljačkanje
mug·gy [~ij] *a* sparan; *~ weather* sparno vreme (vrijeme)
mug·wump [~wəmp] *n* (Am., hist., pol.) nezavisan političar
Mu·ham·mad see Mohammed
Mu·ham·ma·dan see Mohammedan
Mu·ham·ma·dan·ism see Mohammedanism
mu·lat·to [mu'latou]; [mj] (-*s* or -*es*) *n* mulat
mul·ber·ry ['məlberij]; [br] *n* (bot.) dud
mulch I [məlč] *n* prekrivač od slame i gnojiva (za biljke)
mulch II *v tr* prekriti slamom i gnojivom
mulct I [məlkt] *n* novčana kazna
mulct II *v tr* 1. kazniti 2. prevariti
mule [mjūl] *n* 1. mazga, mula; *as stubborn as a ~* tvrdoglav kao mazga 2. sprava za predenje
mule·skin·ner [~skinə(r)] *a* (colloq.) mazgar
mu·le·teer [mjūlə'tij(r)] *n* mazgar
mule train povorka tovarnih mazgi
mul·ish ['mjūliš] *a* tvrdoglav
mull [məl] *n* tanak muslin
mul·lah ['mələ] *n* (rel.) mula (vrhovni kadija)
mul·lein ['mələn] *n* (bot.) divizma, vučji rep
mul·ler ['mələ(r)] *n* aparat za mlevenje
mul·let ['melit] *n* (fish) cipal
mul·li·gan ['məliɡən] *n* (or: ~ *stew*) ragu
mul·li·ga·taw·ny [məliɡə'tonij] *n* (cul.) indijska ljuta čorba sa karijem
mul·lion ['məljən] *n* drveni stub usred prozora
mull over *v* razmišljati; *to mull over smt.* razmišljati o nečemu
mul·ti·col·ored ['məltikələ(r)d] *a* šaren, mnogobojan
mul·ti·far·i·ous [məltə'fejrijəs] *a* raznovrstan, raznolik
mul·ti·lat·er·al [~'laetərəl] *a* multilateralan, višestran
mul·ti·lin·gual [~'linɡgwəl] *a* mnogojezički
mul·ti·mil·lion·aire [~miljə'nej(r)] *n* multimilionar

mul·ti·na·tion·al [~'naešənəl] *a* multinacionalni
mul·tip·a·ra [məl'tipərə] (-*ae* [ij]) *n* multipara, višerotkinja
mul·tip·a·rous [~s] *a* multiparan
multi-party *a* višepartijski; *a ~ system* višepartijski sistem
mul·ti·ped ['məltəpəd] *a* mnogonog
mul·ti·ple I ['məltəpəl] *n* (math.) sadržatelj, višekratnik
multiple II *a* višestruk
mul·ti·ple-choice [~-čojs] *a* sa višestrukim izborom; *a ~ test* test (ispit) sa višestrukim izborom
multiple sclerosis (med.) poliskleroza, multipla--skleroza
multiple store Br.; see chain store
mul·ti·plex ['məltəpleks] *a* mnogostruk
mul·ti·pli·a·ble ['məltəplajəbəl] *a* množiv
mul·ti·pli·cand [məltəpli'kaend] *n* množenik
mul·ti·pli·ca·tion [məltəpli'kejšən] *n* množenje
multiplication sign znak množenja
multiplication table tablica množenja
mul·ti·plic·i·ty [məltə'plisətij] *n* raznovrsnost, višestrukost
mul·ti·pli·er ['məltəplajə(r)] *n* množilac, multiplikator
mul·ti·ply ['məltəplaj] *v* 1. *tr* umnožiti; (math.) pomnožiti 2. *tr* povećati 3. *intr* množiti se, razmnožavati se; *insects ~ quickly* insekti se brzo razmnožavaju
multi-racial *a* rasno mešovit (mješovit)
mul·ti·stage ['məltəstejdž] *a* višestepeni; *a ~ rocket* višestepena raketa
mul·ti·sto·ry [~storij] *a* višespratan (W: višekatan); *a ~ building* višespratna zgrada
mul·ti·tude ['məltətūd]; [tj] *n* mnoštvo, bezbroj
mul·ti·tu·di·nous [məltə'tūdnəs]; [tj] *a* bezbrojan, mnogobrojan
mum I [məm] *a* ćutljiv (W: šutljiv); *~'s the word!* ni reči (riječi)!
mum II *n* see Ma'am
mum II *n* (Br.) mama (Am. is mom)
mum·ble I ['məmbəl] *n* mrmljanje
mumble II *v tr* and *intr* mrmljati
mum·bo jumbo ['məmbou] 1. fetiš 2. frfljanje
mum·mer ['məmə(r)] *n* glumac u pantomimi
mum·mer·y [~rij] *n* pantomima
mum·mi·fi·ca·tion [məməfi'kejšən] *n* mumifikacija
mum·mi·fy ['məməfaj] *v tr* mumificirati
mum·ming [~inɡ] *n* (esp. Br.) gluma u pantomimi
mum·my I [məmij] *n* mumija
mummy II *n* (colloq.) mama
mumps [məmps] *n* (usu. *sgn*) (med.) zauške
munch [mənč] *v tr* and *intr* žvakati, mljackati, (šumno) gristi; *to ~ (on) a sandwich* gristi sendvič
munch·ie [~ij] *n* (slang) meze, grickalica
mun·dane [mən'dejn] *a* zemaljski, svetovan (svjetovan)
Mu·nich ['mjūnik] *n* 1. Minhen 2. (hist., fig.) Minhenski sporazum (29. IX 1938)
mu·nic·i·pal [mjū'nisəpəl] *a* gradski, opštinski (općinski), municipialan
mu·nic·i·pal·i·ty [mjūnisə'paelətij] *n* grad, opština (općina)

mu·nif·i·cence [mjŭ'nifəsəns] *n* darežljivost, veliko-dušnost

mu·nif·i·cent [~sənt] *a* darežljiv, velikodušan

mu·ni·ments ['mjūnimənts] *n pl* (legal) dokumenti, povelje

mu·ni·tion [mjū'nišən] *n* (usu. in *pl)* municija, vojna oprema

munition factory fabrika municije

munition worker radnik u fabrici municije

mu·ral I ['mjūrəl] *n* zidna slika

mural II *a* zidni; ~ *decorations* zidni ukrasi

mur·der I ['mə(r)də(r)] *n* ubistvo (W also: uboj-stvo); *to commit* ~ izvršiti ubistvo; *first-degree* ~ ubistvo iz niskih pobuda; *second-degree* ~ ubistvo bez predumišljaja; *multiple* ~ ubistvo više lica; ~ *by poisoning* ubistvo trovanjem; *a brutal (vicious)* ~ ubistvo na svirep način; **to scream bloody* (Br.; *blue)* ~ dizati graju; * ~ *will out* zločin se uvek (uvijek) otkriva

murder II *v* 1. *tr* and *intr* ubiti 2. *tr* (fig.) upro-pastiti; *to* ~ *a song* upropastiti pesmu (pjesmu) 3. *tr* (fig.) natucati (nešto, malo); *to* ~ *French* natucati nešto francuski

mur·der·er [~rə(r)] *n* ubica (W also: ubojica)

mur·der·ess [~rəs] *n* (žena) ubica

mur·der·ous [~rəs] *a* ubitačan; ~ *fire* ubitačna vatra

murk [mə(r)k] *n* mrak, pomrčina

murk·y [~ij] *a* mračan, taman

mur·mur I ['mə(r)mə(r)] *n* 1. žagor, žamor, romor; *a* ~ *of protest* žagor negodovanja 2. šum; *a heart* ~ šum na srcu

murmur II *v intr* žagoriti; romoriti

mur·rain ['mərin] *n* 1. goveđa kuga 2. (obsol.) kuga

mus·cat ['məskət], [*ae*] *n* muskat

mus·ca·tel [məskə'tel] *n* vino od muskata

mus·cle I ['məsəl] *n* mišić; *the cardiac* ~ srčani mišić; *dorsal (smooth, striated)* ~s leđni (glatki, poprečno prugasti) mišići; **not to move a* ~ ni prstom ne mrdnuti; *a pulled* ~ istegnuti mišić; *to move one's* ~s pokretati mišiće

muscle II *v (to* ~ *in, to* ~ *one's way in)* umešati (umiješati) se, nametnuti se

mus·cle-bound [~-baund] *a* suviše razvijenih i krupnih mišića

Mus·co·vite I ['məskəvajt] *n* Moskovljanin

Muscovite II *a* moskovski

Mus·co·vy ['məskəvij] *n* (hist.) Moskovija, Moskov-ska kneževina

mus·cu·lar ['məskjələ(r)] *a* 1. mišićni 2. muskulozan

muscular dystrophy mišićna distrofija

mus·cu·la·ture ['məskjələčū(r)] *n* muskulatura

muse I [mjūz] *n* 1. (cap., myth.) muza 2. (fig.) muza, umetnički (umjetnički) dar

muse II *v in.tr* razmišljati; *to* ~ *about smt.* raz-mišljati o nečemu

mu·sette [mjū'zet] *n* 1. male francuske gajde 2. vrsta plesa 3. (also; ~ *bag*; mil.) džak za stvari

mu·se·um [mjūz'ijəm] *n* muzej

museum piece 1. muzejska vrednost (vrijednost) 2. starinska stvar (osoba)

mush I [məš] *n* 1. kaša 2. (fig.) sentimentalnost

mush II *interj* napred (naprijed)! (kaže se psećoj zaprezi)

mush·room I ['məšrūm], [*u*] *n* gljiva, pečurka; *edible (poisonous)* ~s jestive (otrovne) gljive

mushroom II *v intr* razviti se brzo; nicati kao gljive

mush·y [~ij] *a* 1. kašast 2. sentimentalan

mu·sic I ['mjūzik] *n* 1. muzika (W also: glazba): *instrumental (vocal)* ~ instrumentalna (vokalna) muzika; *to set to* ~ napisati muziku za; *to compose (read)* ~ komponovati (čitati) muziku 2. (also: *sheet* ~) sveske sa notama 3. misc.; * *to face the* ~ izdržati grdnje

music II *a* muzički; *a* ~ *school* muzička škola

mu·si·cal I [~əl] *n* mjuzikl, opereta, muzička revija

musical II *a* muzički; muzikalan (W also: glazben); *a* ~ *comedy* see **musical** I; ~ *instruments* muzički instrumenti; (fig.) *a* ~ *voice* prijatan glas

musical box Br.; see **music box**

musical chairs *pl* društvena igra (u kojoj igrači idu oko stolica dok muzika ne prestane, a tada sedaju — sjedaju na stolice kojih je jedna manje od igrača, tako da svaki put jedan ispada)

mu·si·cale [mjūzi'kael] *n* muzički program

music box kutija koja svira

music drama opera

music hall 1. koncertna dvorana 2. (Br.) varijete

mu·si·cian [mjū'zišən] *n* muzičar; muzikant

mu·si·cian·ship [~šip] *n* muzikalna veština (vješ-tina)

music lover ljubitelj muzike, meloman

mu·si·col·o·gist [mjūzi'kalədžist]; [*o*] *n* muzikolog

mu·si·col·o·gy [~džij] *n* muzikologija

mus·ing ['mjūzin͞g] *n* razmišljanje

musk [məsk] *n* 1. mirišljava supstanca kod mošusa; mošusov miris 2. (also: ~ *deer*) mošus, mošusni jelen

mus·ket ['məskit] *n* musketa

mus·ket·eer [məski'tij(r)] *n* musketar

mus·ket·ry ['məskitrij] *n* 1. (coll.) muskete 2. paljba iz musketa

musk mallow mirisavi slez (sljez)

musk·mel·on [~melən] *n* dinja

musk·rat [~raet] *(pl has -s* or zero) *n* ondatra

Mus·lim, Mus·lem ['məzəm], [*u*] or ['məs~] see **Moslem I, II**

mus·lin ['məzlin] *n* muslin

musn't see **must III**

muss [məs] *v tr* 1. (or: *to* ~ *up)* izgužvati, zgužvati 2. *(to* ~ *up)* razbarušiti, raščerupati; *to* ~ *up one's hair* razbarušiti kosu

mus·sel ['məsəl] *n* (zool.) mušula, dagnja

muss up *v* see **muss**

must I [məst] *n* (colloq.) obaveza; *being prompt is a* ~ tačnost (W: točnost) je obavezna

must II *a* (colloq.) obavezan; hitan; *a* ~ *job* hitan posao

must III *v* (third person sgn. is *must;* no past partic.; colloq. neg. is: *musn't* ['məsənt]) 1. (exp. obligation) morati; *I* ~ *write him a letter* moram da mu napišem pismo 2. (exp. certainty) morati; *he* ~ *have seen it* mora (biti) da je on to video (vidio); *smb.* ~ *have seen them* neko (netko) ih je morao videti (vidjeti); *I* ~ *be dreaming* mora biti da sanjam; *he* ~ *be coming tomorrow* mora (biti) da sutra dolazi 3. (neg.)

smeti (smjeti); *one ~ not (mustn't) smoke here* ovde (ovdje) se ne sme pušiti; *you ~ not interfere with their life* vi se ne smete mešati (miješati) u njihov život
must IV *n* šira, mošt
mus·tache ['məs'taeš] *n* brkovi, brci; *to trim one's ~* podrezati brkove
mus·tang ['məstaeng̅] *n* mustang
mus·tard ['məstə(r)d] *n* 1. (bot.) gorušica, slačica 2. (cul.) senf
mustard gas iperit
mustard plaster flaster sa slačicom
mus·te·line ['məstəlajn], [*i*] *a* kunast
mus·ter I ['məstə(r)] *n* 1. zbor, smotra 2. (also: *~ roll*) prozivka 3. misc.; (fig.) *to pass ~* biti prihvatljiv, položiti ispit
muster II *v* 1. *tr* sakupiti; postrojiti, formirati; *to ~ a unit* formirati jedinicu 2. *tr* (or: *to ~ up*) prikupiti, pribrati; *to ~ up one's courage* prikupiti hrabrost 3. *tr (to ~ out)* demobilisati: *to ~ out of (the) service* otpustiti iz vojne službe; *~ing out pay* otpremnina (pri otpuštanju iz vojske) 4. *tr (to ~ in)* primiti; (usu. mil.) *to ~ into service* primiti u (vojnu) službu 5. *intr* skupljati se
must·y [~ij] *a* 1. ustajao, bajat 2. buđav
mu·ta·ble ['mjūtəbəl] *a* promenljiv (promjenljiv)
mu·tate ['mjū'tejt] *v* 1. *tr* promeniti (promijeniti) 2. *intr* menjati (mijenjati) se, mutirati
mu·ta·tion [mjū'tejšən] *n* mutacija
mu·ta·tion·al [~əl] *a* mutacioni
mu·ta·tis mu·tan·dis [mū'tatijs mū'tandijs], [*mj*], [*mj*] (Latin) kad se izvrše potrebne izmene (izmjene)
mute I [mjūt] *n* 1. mutavac; *a deaf ~* gluvonema (gluhonijema) osoba 2. (mus.) sordina 3. (ling.) praskavi suglasnik
mute II *a* 1. mutav; nem (nijem) 2. (legal) koji odbija da odgovara
mute III *v* *tr* prigušiti
mu·ti·late ['mjūtəlejt] *v* *tr* osakatiti
mu·ti·la·tion [mjutə'lejšən] *n* osakaćenje
mu·ti·neer [mjūt'nij(r)] *n* pobunjenik
mu·ti·nous ['mjūtnəs] *a* buntovan, buntovnički
mu·ti·ny I ['mjūtnij] *n* pobuna, buna; *to incite a ~* podstreknuti na bunu; *to organize a ~* dići bunu
mutiny II *v* *intr* pobuniti se
mut·ism ['mjūtizəm] *n* mutavost
mutt [mət] *n* 1. (slang) džukela 2. budala
mut·ter [~ə(r)] *v* 1. *tr* promrmljati 2. *intr* mrmljati
mut·ton I ['mətn] *n* ovčetina, ovčije meso
mutton II *a* ovčiji
mut·ton·head [~hed] *n* (slang) glupan
mu·tu·al ['mjūčūəl] *a* 1. uzajaman, međusoban; *a ~ agreement* međusoban sporazum; *~ interests* međusobni interesi; *~ respect* uzajamno poštovanje 2. zajednički; *a ~ friend* zajednički prijatelj
mu·tu·al·aid [~ejd] *a* samopomoćni; *a ~ fund* blagajna uzajamne pomoći
mutual fund investiciona banka koja ulaže novac u raznovrsne poslove
mu·zak ['mjūzaek] *n* snimljena (na traku) muzika
mu·zhik [mū'žik] *n* (Russian) mužik, seljak

muz·zle I ['məzəl] *n* 1. njuška 2. korpa (za psa), brnjica 3. usta (cevi — cijevi), ždrelo — ždrijelo (topa)
muzzle II *v* *tr* 1. staviti korpu (nekome); *to ~ a dog* staviti psu korpu 2. začepiti (nekome) usta
muz·zle·load·er [~loudə(r)] *n* oruđe koje se puni kroz usta cevi (cijevi)
muz·zle·load·ing [~ing̅] *a* koji se puni kroz usta cevi (cijevi); *a ~ rifle* nabijača
muzzle velocity početna brzina, brzina na ustima cevi (cijevi)
my [maj] *poss a* moj; *~ pencil* moja olovka; *~ goodness!* zaboga; *~ God!* bože moj!
my·a·sis ['majəsis] *n* mijaza
My·ce·nae·an [majsə'nijən] *a* (hist.) mikenski
my·col·o·gist [maj'kalədžist]; [*o*] *n* mikolog
my·col·o·gy [~džij] *n* mikologija, gljivarstvo
my·co·sis [maj'kousis] *n* (med.) mikoza, gljivično oboljenje
my·e·lin ['majəlin] *n* (anat.) mijelin
my·e·li·tis [majə'lajtis] *n* mijelitis, zapaljenje kičmene moždine
my·ia·sis (also: [maj'ajəsis]) see **myasis**
my·o·car·di·tis [majouka(r)'dajtis] *n* miokarditis, zapaljenje srčanog mišića
my·o·car·di·um [majou'ka(r)dijəm] *n* miokard, srčani mišić
my·ol·o·gy [maj'alədžij]; [*o*] *a* miologija
my·o·ma [maj'oumə] *n* (med.) miom
my·o·pi·a [maj'oupijə] *n* (med. and fig.) kratkovidost, miopija
my·op·ic [maj'apik]; [*o*], [*ou*] *a* (med. and fig.) kratkovid
my·o·so·tis [majə'soutis] *n* (bot.) nezaboravak
myr·i·ad I ['mirijəd] *n* mnoštvo, bezbroj
myriad II *a* bezbrojan
myrrh [mə(r)] *n* 1. (bot.) mira 2. mirisava smola
myr·tle ['mə(r)tl] *n* (bot.) mirta
my·self [maj'self] 1. *refl pron* se, sebe, sebi, sobom; *I hurt ~* ozledio (ozlijedio) sam se; *I bought the book for ~* kupio sam knjigu za sebe; *I am satisfied with ~* ja sam zadovoljan sobom 2. *pron a* sam; *I went there ~* ja sam sâm tamo išao 3. *a* dobro; *I am not ~* meni nije dobro
mys·te·ri·ous [mi'stijrijəs] *a* tajanstven, misteriozan
mys·ter·y ['mistərij] *n* 1. tajna zagonetka, misterija; *wrapped in a cloak of ~* obavijen velom misterije; *to make a ~ of smt.* napraviti misteriju od nečega 2. (rel., hist., in *pl*) misterije 3. see **mystery play**
mystery·play (hist.) misterija, crkvena drama
mys·tic I ['mistik] *n* mističar
mystic II *a* mističan, mistički
mys·ti·cal [~əl] *a* mističan, mistički
mys·ti·cism ['mistəsizəm] *n* misticizam
mys·ti·fi·ca·tion [mistəfi'kejšən] *n* mistifikacija
mys·ti·fy ['mistəfaj] *v* *tr* mistifikovati
mys·tique [mi'stijk] *n* mistika
myth [mith] *n* mit; *to dispel a ~* srušiti mit
myth·i·cal [~ikəl] *a* mitski, legendaran
myth·o·log·i·cal [mithə'ladžikəl]; [*o*] *a* mitološki
my·thol·o·gist [mi'thalədžist]; [*o*] *n* mitolog
my·thol·o·gy [~džij] *n* mitologija

my·thos ['ma*i*tha*s*], [*i*]; [*o*] (-*oj* [oj]) *n* (Greek) 1. mit 2. mitologija 3. kult

myx·e·de·ma [miksə'dijmə] *n* (med.) miksedem (poremećaj usled — uslijed umanjenja funkcija štitaste žlezde — žlijezde)

myx·o·ma [mik'soumə] (-*s* or -*ata* [ətə]) *n* (med.) miksom (tumor od piktijastog tkiva)

myx·o·ma·to·sis [miksoumə'tousis] (-*ses* [sijz]), *n* (med.) miksomatoza (postojanje većeg broja) miksoma: sluzna degeneracija)

N

n [en] *n* n (slovo engleske azbuke)
NAACP ['endəbl'ejsij'pij] (Am.) abbrev. of *National Association for the Advancement of Colored People* Nacionalno udruženje za poboljšanje položaja crnačkog naroda
nab [naeb] *v tr* (slang) ščepati; uhapsiti
na·bob ['nejbab]; [o] *n* nabob
na·celle [nae'sel] *n* (on an airplane) gondola
na·cre ['nejkə(r)] *n* see **mother-of-pearl**
na·dir ['nejdə(r)] *n* (usu.: *the* ~) nadir; najniža tačka (W: točka); *to reach the* ~ dostići najnižu tačku
nag I [naeg] *n* zanovetalo (zanovijetalo), zakeralo
nag II *v tr* zanovetati (zanovijetati); zamerati (zamjerati); *to* ~ *smb.* zanovetati nekome; *she keeps* ~*ging her husband* ona stalno nešto zamera mužu
nag III *n* kljuse, drtina, slab i mršav konj
nai·ad ['nejəd], [ae] or [naj~] *n* najada, rusalka, vila jezerkinja
na·if see **naive I**
nail I [nejl] *n* 1. ekser, čavao, klinac; *to hammer a* ~ *into a wall* ukucati ekser u zid; *as hard as* ~*s* nemilosrdan; *to hit the* ~ *on the head* pogoditi sasvim tačno (W: točno); *to drive a* ~ *into smb.'s coffin* upropastiti nekoga 2. nokat; *to bite one's* ~*s* gristi nokte; *to trim one's* ~*s* seći (sjeći) sebi nokte; *to fight tooth and* ~ boriti se svim silama
nail II *v tr* 1. zakovati (ekserima, čavlima) 2. *(to* ~ *up)* pričvrstiti; prikucati 3. *(to* ~ *on, to)* prikovati, prikucati; (fig.) *he sat as if* ~*ed to the spot* sedeo (sjedio) je kao prikovan 4. (colloq.) izobličiti; *to* ~ *a lie* izobličiti laž 5. *(to* ~ *down)* utvrditi; *to* ~ *down the facts* utvrditi činjenice 6. (colloq.) pogoditi; *he* ~*ed the bird* pogodio je pticu
nail clippers *pl* spravica za sečenje (sječenje) noktiju
nail down *v* see **nail II** 1, 5
nail file turpija za nokte
nail polish lak za nokte
nail scissors *pl* makaze (W: škare) za nokte
nail up *v* see **nail II** 2
nail varnish Br.; see **nail polish**
na·ive I [na'ijv] *n* naivko
naive II *a* naivan
na·ive·té [naijv'tej] *n* naivnost
na·ive·ty [na'ijvətij] *n* see **naivete**

na·ked ['nejkid] *a* nag; go (gol); *the* ~ *truth* gola istina; *with the* ~ *eye* golim (prostim) okom
na·ked·ness [~nis] *n* nagost
nam·by·pam·by ['naembij-'paembij] *a* 1. sentimentalan 2. bolećiv
name I [nejm] *n* 1. ime; *a given (personal, proper)* ~ krsno (lično, vlastito) ime; *in smb.'s* ~ u ime nekoga; *to call smb. by his first* ~ zvati nekoga po imenu; *in the* ~ *of the law* u ime zakona; *under an assumed* ~ pod tuđim imenom; *to call smb.* ~*s* psovati nekoga; *to drop* ~*s* razmetati se svojim (tobožnjim) vezama (see also **family name, first name, nickname, surname**) 2. naziv 3. ugled, ime *to protect one's* ~ očuvati ime; *to make a* ~ *for oneself* proslaviti se
name II *a* (colloq.) poznat ~ *brands* poznate marke
name III *v tr* 1. naimenovati 2. nadenuti — nadjenuti (nekome) ime; nazvati; *they* ~*d him John* nadenuli su mu ime Jovan; *to* ~ *a child after its father* nazvati dete (dijete) po ocu
name day imendan; *to celebrate one's* ~ slaviti imendan
name·less [~lis] *a* 1. bezimen 2. neiskažljiv
name·ly [~lij] *adv* naime
name plate pločica sa imenom
name·sake [~sejk] *n* imenjak, prezimenjak
name tag pločica sa imenom
nan·cy ['naensij] *n* (Br., colloq.) homoseksualac
nan·ny ['naenij] *n* (Br.) dadilja
nanny goat (colloq.) koza
nap I [naep] *n* spavanje na kratko; *to take a* ~ odspavati (malo), dremnuti
nap II *v intr* 1. (malo) odspavati, dremnuti 2. ne biti svestan — svjestan (opasnosti); *to catch smb.* ~*ping* iznenaditi nekoga
nap III *n* dlakava strana tkanine
na·palm ['nejpam] *n* napalm
nape [nejp] *n* potiljak
na·per·y [~ərij] *n* belo (bijelo) rublje
naph·tha ['naefthə], [p] *n* teški benzin, nafta
naph·tha·lene [~lijn] *n* (chem.) naftalin
naph·thene ['naefthijn], [p] *n* (chem.) naften
naph·thol [~thol] *n* naftol
nap·kin ['naepkin] *n* 1. salvet, ubrus 2. (Br.) pelena (see also **diaper**)
napkin ring kolut za salvet
Na·ples ['nejpəlz] *n* Napulj
Na·po·le·on·ic [nəpoulij'anik]; [o] *a* napoleonski

nap·py ['naepij] *n* (Br.) see **napkin** 2

narc [na(r)k] *n* (Am.; colloq.) savezni policijski službenik za suzbijanje narkomanije

nar·cism ['na(r)sizəm] see **narcissism**

nar·cis·sism ['na(r)səsizəm] *n* narcisizam

nar·cis·sist [~sist] *n* narcista

nar·cis·sis·tic [~'sistik] *a* narcistički

nar·cis·sus [na(r)'sisəs] (-es or -si [sajl]) *n* (bot.) narcis, sunovrat

nar·co·lep·sy ['na(r)kəlepsij] *n* (med.) narkolepsija, nastupna pospanost

nar·co·sis [na(r)'kousis] *n* narkoza

nar·cot·ic I [na(r)'katik]; [o] *n* narkotik

narcotic II *a* narkotičan

nar·co·tine ['na(r)kətijn] *n* narkotin

nar·co·tism ['na(r)kətizəm] *n* narkomanija

nar·co·tize ['na(r)kətajz] *v tr* narkotizovati

nard [na(r)d] *n* (bot.) nard, tipac

nar·ghi·le ['na(r)gəle], [ij] *n* nargila

nark [na(r)k] *n* 1. (Br., slang, pejor.) dostavljač, prijavljivač 2. see **narc**

nar·rate ['naerejt] *v* 1. *tr* ispričati; *to ~ an event* ispričati događaj 2. *intr* opisivati, pričati

nar·ra·tion [nae'rejšən] *n* 1. pričanje 2. priča

nar·ra·tive I ['naerətiv] *n* pripovest (pripovijest)

narrative II *a* pripovedački (pripovjedački), pripovedni (pripovjedni)

nar·ra·tor ['naerejtə(r)] *n* pripovedač (pripovjedač)

nar·row I ['naerou] *n* 1. tesnac (tjesnac) 2. see **narrows**

narrow II *a* 1. uzan, uzak, tesan (tijesan); *a ~ street* uska ulica; *~ views* uski pogledi; *a ~ passage* tesan prolaz 2. taman, tesan, blizak; jedva dovoljan; *he had a ~ escape* jedva se spasao; *a ~ majority* jedva dovoljna (tesna) većina

narrow III *v* 1. *tr* suziti 2. *intr* suziti se 3. see **narrow down**

narrow down *v* svesti, smanjiti; *we narrowed the possibilities down to three* sveli smo mogućnosti na tri

narrow gauge (gage) uski kolosek (kolosijek)

nar·row-gauge, **nar·row-gage** [~-gejdž] *a* uskog koloseka (kolosijeka)

nar·row-mind·ed [~-majndid] *a* zatucan, uskogrudan; pun predrasuda

nar·row·ness [~nis] *n* uskost, teskoba (tjeskoba)

nar·rows [~z] *n pl* moreuz, tesnac (tjesnac)

NA·SA ['naesə] *abbrev.* of *National Aeronautics and Space Administration* Nacionalna uprava za astronautiku i kosmička istraživanja

na·sal I ['nejzəl] *n* (ling.) nazal

nasal II *a* nazalan, nosni; *~ consonants* nazalni (nosni) suglasnici; *the ~ cavity* nosna duplja; *to speak with a ~ twang* govoriti kroz nos

na·sal·i·ty [nej'zaelətij] *n* nazalnost

na·sal·i·za·tion [nejzələ'zejšən] *n* nazalizacija

na·sal·ize ['nejzəlajz] *v tr and intr* nazalizovati

nas·cent ['nejsənt], [ae] *a* koji se rađa

nas·ti·ness ['naestijnis]; [a] *n* gadost

na·stur·tium [nae'stə(r)šəm], [ə] *n* (bot.) potočarka, ugaz

nas·ty ['naestij]; [a] *a* 1. gadan, gnusan 2. mrzovoljan, zlovoljan 3. neprijatan, gadan; *a ~ intrigue* gadna intriga; *~ weather* gadno vreme (vrijeme); *he said ~ things* rekao je gadne

stvari; *a ~ tongue* gadan jezik; *a ~ situation* gadan položaj

na·tal ['nejtl] *a* što se odnosi na rođenje

na·tal·i·ty [nej'taelətij], [ə] *n* see **birthrate**

na·ta·tion [nej'tejšən], [ae] *n* plivanje

na·ta·to·ri·um [nejtə'torijəm] (-s or -ia [ijə]) *n* basen (za plivanje)

na·tion ['nejšən] *n* narod; nacija; zemlja; *the ~s of the Orient* narodi Istoka; (hist.) *the League of Nations* Društvo (Liga) naroda (see also **United Nations**)

na·tion·al I ['naeš(ə)nəl] *n* 1. državljanin (neke zemlje); *a French ~* državljanin Francuske 2. (in *pl;* sports) prvenstvo države, državno prvenstvo

national II *a* 1. narodni; nacionalan; *~ aspirations* narodne težnje; *a ~ bank* narodna banka; *(a) ~ consciousness* nacionalna svest (svijest); *a ~ hero* narodni heroj; *a ~ park* nacionalni park 2. državni; *a ~ anthem (flag)* državna himna (zastava); *a ~ championship* državno prvenstvo; *a ~ coat-of-arms (holiday)* državni grb (praznik)

national assistance Br.; see **social security**

national debt državni dug

National Guard (Am.) nacionalna garda; vojne snage jedne države; *to federalize the ~* predati Nacionalnu gardu pod komandu regularne vojske

National Health Service (Br.) opšta (opća) zdravstvena zaštita

National Insurance (Br.) socijalno osiguranje

na·tion·al·ism [~izəm] *n* nacionalizam

na·tion·al·ist [~ist] *n* nacionalista

na·tion·al·is·tic [naešənə'listik] *a* nacionalistički

na·tion·al·i·ty [naešə'naelətij] *n* nacionalnost

na·tion·al·i·za·tion [naešənələ'zejšən]; [aj] *n* nacionalizacija

na·tion·al·ize ['naešənəlajz] *v tr* nacionalizovati

National League (sports) Nacionalna (bejzbolska) liga (cf. **American League**)

national service Br.; see **selective service**

National Socialism see **Nazism**

na·tion·hood ['nejšənhud] *n* nacionalnost

nation state nacionalna država

na·tion·wide [~wajd] *a* u celoj (cijeloj) zemlji

na·tive I ['nejtiv] *n* domorodac; urođenik; *a ~ of New York* rođeni Njujorčanin

native II *a* 1. urođen 2. rođeni *a ~ American* rođeni Amerikanac 3. maternji (W: materinji); *smb.'s ~ language* nečiji maternji jezik 4. domorodan, domorodački, urođenički; *~ customs* urođenički običaji; *~ troops* urođeničke trupe 5. rodan; *one's ~ city* rodni grad; *one's ~ country* rodna zemlja; *~ soil* rodna gruda

Native American Indijanac

native informant see **informant**, **native speaker** 1

native speaker (ling.) 1. informator, govorni predstavnik nekog jezika 2. osoba za koju je neki jezik maternji (W: materinji)

na·tiv·ism ['nejtivizəm] *n* 1. nativizam 2. (Am., pol., hist.) program nativista koji urođenike povlašćuje

na·tiv·i·ty [nə'tivətij], [ej] *n* 1. rađanje 2. (cap.) Hristovo (Kristovo) rođenje

NATO ['nejtou] (abbrev. of *North Atlantic Treaty Organization*) 1. *n* severno-atlantski (sjeverno-atlantski) pakt 2. *a* natovski

na·tri·um ['nejtrijəm] *n* see **sodium**

nat·ty ['naetij] *a* gizdav

nat·u·ral I ['naeč(ə)rəl] *n* 1. (colloq.) kvalifikovana osoba 2. (mus.) znak razrešavanja (razrješavanja)

natural II *a* 1. prirodan, naturalan (W also: naravan); *a ~ death* prirodna smrt; *a ~ gift (instinct)* prirodan dar (nagon); *~ flowers* prirodno cveće (cvijeće); *~ resources* prirodna bogatstva; *a ~ law* zakon prirode 2. vanbračan; *a ~ child* vanbračno dete (dijete)

natural gas prirodan gas

natural gender prirodni rod

natural history prirodna istorija — historija (W also: povijest)

nat·u·ral·ism ['naečərəlizəm] *n* naturalizam

nat·u·ral·ist [~ist] *n* naturalista

nat·u·ral·is·tic [naečərə'listik] *a* naturalističan, naturalistički

nat·u·ral·i·za·tion [naečərələ'zejšən]; [*aj*] *n* naturalizacija

nat·u·ral·ize ['naečərəlajz] *v tr* naturalizovati

natural logarithm prirodni logaritam

nat·u·ral·ly [~ij] *adv* 1. see **natural II**; *to speak ~* govoriti prirodno 2. svakako, naravno; *~, he'll come* on će svakako doći

natural sciences prirodne nauke

natural selection prirodno odabiranje

na·ture ['nejčə(r)] *n* 1. priroda (W also: narav); *the laws of ~* zakoni prirode; *to return to ~* vratiti se prirodi 2. karakter, priroda, narav; *animal (human) ~* životinjska (ljudska) priroda; *by ~* po prirodi; *the ~ of things* priroda stvari; *wounds of a serious ~* povrede opasnije prirode

nature study poznavanje prirode

naught [not] *n* ništa; nula; *to come to ~* propasti, ne uspeti (uspjeti)

naugh·ti·ness [~ijnis] *n* nestašnost; neposlušnost

naugh·ty ['notij] *a* nestašan; neposlušan

nau·se·a ['nozijə], [*žə*], [*sijə*], [*šə*] *n* muka, gađenje

nau·se·ate [~ijejt] *v tr* ogaditi; *that ~s me* gadi mi se od toga

nau·seous ['nošəs], [*zijə*] *a* gadan, gadljiv

nau·ti·cal ['notikəl] *a* pomorski

nautical mile pomorska milja

nau·ti·lus ['notələs] *n* (zool.) nautilus

Nav·a·ho, Nav·a·jo ['naevəhou] *(pl has zero, -s* or *-es) n* Navaho-indijanac

na·val ['nejvəl] *a* vojnopomorski, mornarički; *a ~ academy (base)* vojnopomorska akademija (baza); *a ~ officer* mornarički oficir; *~ ordnance* pomorsko naoružanje; *~ stores* vojnopomorska materijalna sredstva; *~ supremacy* prevlast na moru

nave [nejv] *n* brod (deo — dio crkve)

na·vel ['nejvəl] *n* pupak

navel orange vrsta pomorandže

nav·i·ga·ble ['naevəgəbəl] *a* plovan, brodan; *a ~ river* plovna reka (rijeka)

nav·i·gate ['naevəgejt] *v* 1. *tr* upravljati navigacijom (broda, aviona), voditi 2. *tr* ploviti (nečim) 3. *intr* vršiti dužnost navigatora 4. *intr* ploviti

nav·i·ga·tion [naevə'gejšən] *n* navigacija

nav·i·ga·tion·al [~əl] *a* navigacijski; *a ~ chart* navigacijska karta; *a ~ warning* navigacijsko upozorenje

nav·i·ga·tor ['naevəgejtə(r)] *n* navigator

nav·vy ['naevij] *n* (Br., colloq.) građevinski radnik

na·vy ['nejvij] *n* ratna mornarica; (Am.) *Department of the Navy* Ministarstvo ratne mornarice

Navy Cross (Am., naval) vojnopomorski krst (W: križ) (više odlikovanje)

navy yard brodogradilište ratne mornarice

nay I [nej] *n* glas protiv, odbijanje (kod glasanja); *the yeas and ~s* glasovi da i ne (cf. **yea 1**)

nay II *adv* 1. ne (kod glasanja) 2. (obsol.) čak; *it is enough, ~ too much* dosta je, čak suviše

Naz·a·rene ['naezə'rijn] *n* 1. Nazarećanin, stanovnik Nazareta 2. Hristos (Kristos)

Na·zi I ['natsi], [*ae*] *n* nacista

Nazi II *a* nacistički

Na·zism ['natsizəm], [*ae*] *n* nacizam

NCO [ensij'ou] abbrev. of *noncommissioned officer*

Ne·an·der·thal [nij'aendə(r)*thol*], [*t*] *a* neandertalski; *~ man* neandertalski čovek (čovjek), Neandertalac

Ne·a·pol·i·tan I [nijə'palətən]; [*o*] *n* Napuljanin, Napolitanac

Neapolitan II *a* napuljski, napolitanski

neap tide [nijp] kvadraturna plima

near I [nij(r)] *a* 1. blizak; blizu; *spring is ~* proleće (proljeće) je blizu; *the library is quite ~* biblioteka je sasvim blizu 2. taman, jedva; *he had a ~ escape* jedva se spasao (more usu. is **narrow II 2**) 3. bliži; *the ~ side* bliža strana

near II *adv* bliže; *to draw ~* približiti se

near III *prep* blizu; *~ the house* blizu kuće

near IV *v tr and intr* približiti se

near·by [~'baj] *a and adv* blizu; *the post office is ~* pošta je blizu

near collision bliski susret

Near East *(the ~)* 1. Bliski istok (also **Middle East**) 2. (obsol.) Balkan

near·ly [~lij] *adv* zamalo, umalo; *he ~ fell* umalo nije pao; or: zamalo što nije pao; *he ~ got killed* on umalo nije poginuo; *he ~ made a mistake* umalo što nije pogrešio (pogriješio); *he is ~thirty* njemu je skoro trideset godina (also **almost**)

near miss pogodak u blizini (also fig.); *they had a ~* za dlaku se nisu sudarili

near·side [~sajd] *a* (Br.) s leve — lijeve strane (automobila)

near·sight·ed ['nij(r)sajtid] *a* kratkovid (see also **myopic, shortsighted**)

neat [nijt] *a* 1. uredan; *a ~ person* uredan čovek (čovjek); *a ~ room* uredna soba 2. (slang) privlačan; u modi 3. Br.; see **straight II 5**

neat·ly [~lij] *adv* see **neat 1**; *~ folded* uredno složen

neat's-foot oil [nijts-fut] mast od goveđih papaka

Ne·bras·ka [nə'braeskə] *n* Nebraska

Ne·bras·kan [~n] *n* stanovnik države Nebraska

neb·u·la ['nebjələ] *(-s* or *-ae* [*lij*], [*aj*]*) n* nebuloza, nebula, maglina

neb·u·lar [~(r)] *a* 1. nebularan 2. nebulozan, maglovit

nebular hypothesis nebularna hipoteza

neb·u·los·i·ty [nebjə'lasətij]; [o] n nebuloznost
nec·es·sar·ies ['nesəserijz]; [sr] n pl potrebe
nec·es·sar·i·ly [nesə'serəlij] adv 1. obavezno 2. neminovno
nec·es·sar·y ['nesəserij]; [sr] a potreban; nužan; neophodan; ~ measures neophodne mere (mjere); it is ~ to work treba raditi; it is ~ that he rest on mora da se odmori; it is ~ for me to go or: it is ~ that I go treba da idem; *a ~ evil nužno zlo; ~ for potreban za
ne·ces·si·tate [nə'sesətejt] v tr učiniti potrebnim
ne·ces·si·ty [nə'sesətij] n potreba, potrebnost; a ~ of life potreba za život; an absolute ~ preka potreba, *~ is the mother of invention nevolja gola, najbolja škola
neck I [nek] n 1. vrat 2. šija; to twist smb.'s ~ zavrnuti nekome šiju 3. grlo; what is she wearing around her ~? šta (što) ona nosi na grlu? 4. grlić 5. misc.; *to break one's ~ truditi se iz petnih žila; *to get it in the ~ biti strogo kažnjen; (sports) ~ and ~ mrtva trka, rame uz rame; (colloq.) our ~ of the woods naš komšiluk; *to save one's ~ spasiti glavu; *to stick one's ~ out izložiti se velikoj opasnosti; *the little guy always gets it in the ~ vika na kurjaka, a lisice meso jedu
neck II v intr (colloq.) ljubiti se
neck·lace [~lis] n ogrlica
neck·line [~lajn] n rub izreza oko vrata; a plunging ~ dubok dekolte
neck·piece [~pijs] n šal
neck·tie [~taj] n mašna, kravata; to tie a ~ vezati mašnu
neck·wear [~wej(r)] n (coll.) mašne
ne·crol·o·gy [nə'kralədžij]; [o] n 1. knjiga umrlih 2. nekrolog
nec·ro·man·cy ['nekrəmaensij] n nekromantija
ne·croph·a·gous [nə'krafəgəs]; [o] a strvožderski
nec·ro·phil·i·a [nekrə'filijə] n nekrofilija
nec·ro·pho·bi·a [nekrə'foubijə] n nekrofobija
nec·rop·o·lis [nə'krapəlis]; [o] (-es or -leis [lejs]) n nekropola, (veliko) groblje
nec·rop·sy ['nekrapsij]; [o] see autopsy
ne·cro·sis [nə'krousis] (-ses [sijz]) n nekroza
nec·tar ['nektə(r)] n nektar
nec·tar·ine [nektə'rijn] n vrsta breskve
nee, née [nej] a rođena; Vera Johnson, ~ Smith Vera Džonson, rođena Smit
need I [nijd] n 1. potreba; nužda; according to ~ po (prema) potrebi; daily (school) ~s svakodnevne (školske) potrebe; in case of ~ u slučaju potrebe; to feel the (a) ~ for smt. osećati (osjećati) potrebu za nečim; when the ~ arises kad iskrsne potreba; to satisfy a ~ podmiriti potrebu; the most pressing ~s najnužnije potrebe; there is no ~ for you to go vi ne morate ići 2. oskudica, beda (bijeda); in ~ u bedi
need II v 1. tr trebati, biti potreban; she ~s advice potreban joj je savet (savjet); he ~s a winter coat njemu je potreban zimski kaput; we ~ a new car nama treba nov auto; he ~ed a pencil bila mu je potrebna olovka; *that's all we ~! još bi nam samo to trebalo! this room ~s to be painted (or: ~s painting) ova soba treba da se ofarba 2. (in neg. and inter. constructions, the third person sgn. is need) morati;

he ~s to rest on mora da se odmori; does he ~ to go? or ~ he go? mora li ići? he doesn't ~ to come or: he ~ not come on ne mora doći
nee·dle I ['nijdl] n 1. igla; to thread a ~ udenuti (udjenuti) konac u iglu; a knitting (phonograph, sewing) ~ štrikaća (gramofonska, šivaća) igla; a hypodermic ~ igla za injekcije; *to be on pins and ~s sedeti (sjedjeti) kao na iglama; *to give smb. the ~ isprovocirati nekoga; *a ~ in a haystack igla u stogu sena (sijena) 2. kazaljka (also hand I 3 for 2)
needle II v tr 1. zadirkivati 2. podstaći, isprovocirati
nee·dle·fish [~fiš] n (pl has zero or -es) morska igla
nee·dle·point [~pojnt] n goblen
need·less [~lis] a nepotreban
needle valve igleni ventil
nee·dle·wom·an [~wumən] (-women [wimin]) n švalja
nee·dle·work [~wə(r)k] n rad iglom
need·n't ['nijdənt] need not (see need II 2)
need·y [~ij] a siromašan
ne'er-do-well ['nej(r)-dū-wel] n nevaljalac
ne·far·i·ous [nı'fejrijəs] a opak, zao
ne·gate [ni'gejt] v tr 1. poništiti 2. odreći; negirati
ne·ga·tion [ni'gejšən] n odricanje, negacija
neg·a·tive I ['negətiv] n 1. odricanje; to reply in the ~ odgovoriti odrečno 2. negativ; to make a ~ načiniti negativ
negative II a 1. odrečan, odričan; negativan; a ~ reply odrečan odgovor 2. negativan; a ~ charge negativno punjenje; ~ feedback negativna povratna sprega; a ~ number negativan broj; a ~ report (sign) negativan izveštaj — izvještaj (znak); a ~ terminal negativna stezaljka; a ~ pole negativan pol
negative III adv (usu. mil.) ne
negative income tax novac koji država direktno daje porodici čiji je prihod ispod određenog nivoa
neg·a·tiv·ism [~izəm] n negativnost
neg·a·tron ['negətran]; [o] see electron
ne·glect I [ni'glekt] n 1. zanemarivanje, zapuštanje 2. zanemarenost, zapuštenost 3. see negligence
neglect II v tr 1. zanemariti, zapustiti; to ~ one's appearance zanemariti (zapustiti) se, zanemariti svoj izgled; to ~ one's health zanemariti (zapustiti) zdravlje; to ~ a garden zanemariti baštu; to ~ a job (one's studies) zapustiti posao (učenje) 2. propustiti; he ~ed to inform us propustio je da nas obavesti (obavijesti)
ne·glect·ful [~fəl] a nehatan, nehajan, nemaran
neg·li·gee [negli'žej] n negliže
neg·li·gence ['neglidžəns] n nehat, nehaj, nemar
neg·li·gent [~ənt] a nehatan, nehajan, nemaran
neg·li·gi·ble ['neglidžəbəl] a neznatan, sitan
ne·go·tia·ble [ni'goušəbəl] a 1. (comm.) prenosiv 2. savladiv 3. o čemu se može pregovarati
ne·go·ti·ate [ni'goušijejt] v 1. tr sklopiti, ugovoriti; zaključiti; to ~ a contract sklopiti ugovor; a ~d agreement sporazum postignut putem pregovaranja 2. tr (comm.) preneti (prenijeti) to ~ a note preneti menicu (mjenicu) 3. tr savladati; to ~ an obstacle savladati prepreku 4. intr pre-

govarati, voditi pregovore; *to ~ for peace* pregovarati o miru

ne·go·ti·a·tion [nigoušij'ejšən] *n* 1. pregovaranje 2. (in *pl*) pregovori; *to conduct ~s* voditi pregovore; *to break off ~s* prekinuti pregovore

ne·go·ti·a·tor [ni'goušijejtə(r)] *n* pregovarač

Ne·gress ['nijgris] *n* Crnkinja

Ne·gro I ['nijgrou] (-es) *n* Crnac

Negro II *a* crnački; ~ *spirituals* duhovne pesme (pjesme) američkih Crnaca

Ne·groid I ['nijgrojd] *n* negroid

Negroid II *a* negroidan

neigh I [nej] *n* njištanje, njisak, vrisak

neigh II *v intr* njištati, njiskati, rzati; *the horse ~s* konj rže

neigh·bor ['nejbə(r)] *n* sused (susjed), komšija

neigh·bor·hood [~hud] *n* susedstvo (susjedstvo), komšiluk; (colloq.) *in the ~of 500 dollars* oko 500 dolara

neigh·bor·ing [~rin͞g] *a* susedni (susjedni)

neigh·bor·li·ness [~lijnis] *n* susedska (susjedska) druželjubivost

neigh·bor·ly [~lij] *a* susedski (susjedski), prijateljski

neighbor on *v* graničiti se s

nei·ther ['nij̄thə(r)], [aj] 1. *pron* nijedan od obojice, ni jedan ni drugi; ~ *of them knows Russian* nijedan od njih ne zna ruski; *we found* ~ nismo našli ni jedno ni drugo 2. *a* nijedan; ~ *bus goes there* nijedan autobus ne ide tamo 3. *conj* ni; ~. . . *nor* ni. . .ni; ~ *he nor I study French* ni on ni ja ne učimo francuski; *she is* ~ *talented nor diligent* ona nije ni darovita ni marljiva 4. niti; *he* ~ *eats nor sleeps* on niti spava niti jede 5. *conj* isto tako ne; *they don't like him,* ~ *do I* oni ga ne vole, a ni ja (ga ne volim)

nel·son ['nelsən] *n* (wrestling) nelson

nem·a·tode ['nemətoud] *n* nematod, valjkasti crv

nem·e·sis ['neməsis] (-ses [sijz]) *n* 1. osvetnik 2. osvetnička pravda 3. nepobediv (nepobjediv) protivnik

ne·o·clas·si·cal [nijou'klaesikəl] *a* neoklasicistički

ne·o·clas·si·cism [nijou'klaesəsizəm] *n* neoklasicizam

ne·o·col·on·i·al·ism [nijoukə'lounijəlizəm] *n* neokolonijalizam

Ne·o·lith·ic [nijə'lithik] *(the* ~) *n* (geol.) neolit

Neolithic II *a* (geol.) neolitski

ne·ol·o·gism [nij'alədžizəm], ['nijələdžizəm] *n* neologizam

ne·o·my·cin [nijou'majsən] *n* neomicin

ne·on I ['nijan]; [o] *n* neon

neon II *a* neonski; *a* ~ *light* neonsko svetlo (svjetlo); *a* ~ *tube* neonska cev (cijev); ~ *signs* neonska reklama

ne·o·phyte ['nijəfajt] *n* 1. novoobraćenik 2. iskušenik 3. novajlija

Ne·pal [nə'pol], [a] *n* Nepal

Nep·al·ese I [nepə'lijz] *(pl* has zero) *n* 1. Nepalac 2. nepalski jezik

Nepalese II *a* nepalski

neph·ew ['nefjū]; [v] *n* bratanac, nećak, sestrić, sinovac, zaovičić

ne·phrec·to·my [nə'frektəmij] *n* (med.) nefrektomija

neph·rite ['nefrajt] *n* (miner.) nefrit

ne·phrit·ic [nə'fritik] *a* nefritičan

ne·phri·tis [nə'frajtis] *n* (med.) nefritis

nep·o·tism ['nepətizəm] *n* nepotizam

Nep·tune ['neptūn]; [tj] *n* (myth., astro.) neptun

nep·tu·ni·um [nep'tūnijəm]; [tj] *n* (chem.) neptunijum

nerd [nə(r)d] *n* (slang) glupan

nerve I [nə(r)v] *n* 1. nerv, živac; *the acoustic (optic)* ~ slušni (očni) živac; *strong (weak)* ~s jaki (slabi) nervi; *a war of* ~s rat nerava; *to get on smb.'s* ~s ići nekome na nerve (živce) 2. (in *pl*) nervoza; *an attack of* ~ živčani napad 3. (colloq.) drskost; *to have* ~ biti drzak

nerve II *a* nervni, živčani

nerve cell nervna ćelija

nerve fiber nervno vlakno

nerve gas nervni bojni otrov

nerve grafting plastika živca

nerve·less [~lis] *a* 1. slab 2. bez živaca, hladnokrvan

nerve-rack·ing [~-raekin͞g] *a* koji kida nerve

nerve tissue nervno tkivo

nerv·ous ['~əs] *a* 1. nervozan; *that makes me* ~ to mi ide na nerve 2. nervni, živčani

nervous breakdown živčani slom; *to have a* ~ doživeti (doživjeti) živčani slom

ner·vous·ness [~nis] *n* nervoza

nervous system nervni sistem

nervous tension nervna napetost

nerv·y ['nə(r)vij] *a* (colloq.) drzak, bezobrazan

nest I [nest] *n* gnezdo (gnijezdo); *to make a* ~ viti (praviti) gnezdo; *a machine-gun* ~ mitraljesko gnezdo; **to feather one's* ~ obogatiti se

nest II *v* 1. *intr* viti gnezdo (gnijezdo) 2. *tr and intr* (lexicography) grupisati reči (riječi) po korenu (korijenu)

nest egg 1. polog 2. (fig.) ušteđevina

nest·er [~ə(r)] *n* (in western US) 1. see squatter 2. see homesteader

nest·ing [~in͞g] *n* (Br.) traženje gnezda (gnijezda)

nes·tle ['nesəl] *v* 1. *tr* priljubiti 2. *intr* (usu.: *to* ~ *up)* priljubiti se; ugodno se namestiti (namjestiti); *to* ~ *up to each other* priljubiti se jedno uz drugo (see also snuggle 2, cuddle 2)

nest·ling ['nestlin͞g] *n* poletarac, goluždravče

Nes·to·ri·an I [ne'storijən] *n* (rel.) nestorijevac

Nestorian II *a* nestorijevski, koji se odnosi na Nestorijanstvo

Nes·to·ri·an·ism [~izəm] *n* (hist.) Nestorijanstvo (jeres istočne crkve)

net I [net] *n* mreža; *a butterfly* ~ mreža za leptirove; *to weave (spread) a* ~ plesti (raspeti) mrežu

net II *v tr* uhvatiti (mrežom)

net III *a* čist, neto ; ~ *income* čist prihod; *a* ~ *profit* čista dobit; ~ *weight* neto težina

net IV *v tr* (čisto) zaraditi

net·ball [~bol] *n* (Br.) vrsta košarke

neth·er ['nethə(r)] *a* niži, donji, *the* ~ *world* pakao

Neth·er·lands ['nethə(r)ləndz] *n pl (the* ~) Nizozemska, Holandija

net·ting ['netin͞g] *n* mreža

net·tle I ['netl] *n* kopriva; ~s *sting* kopriva žeže (peče, pali)

nettle II *v tr* 1. opeći, ožeći 2. (fig.) jesti, mučiti

nettle rash koprivnjača (also **hives, urticaria**)

net·work [~wə(r)k] *n* 1. mreža; *a road* ~ mreža puteva; *a* ~ *of informers* mreža obaveštajaca (obavještajaca) 2. (fig.) poslovne (društvene) veze (see also **old boys' network**)

net·work·ing [~in̄g] *n* korišćenje (poslovnih, društvenih) veza

neu·ral [ˈnūrəl]; [nj] *a* nervni, živčani

neu·ral·gia [nūˈraeldžə]; [nj] *n* neuralgija

neu·ral·gic [~džik] *a* neuralgičan

neu·ras·the·ni·a [nūrəsˈthijnijə]; [nj] *n* neurastenija

neu·ras·then·ic [nūrəsˈthenik]; [nj] *a* neurasteničan

neu·ri·tis [nūˈrajtis]; [nj] *n* neuritis

neu·ro·log·i·cal [nūrəˈladžikəl]; [nj]; [o] *a* neurološki

neu·rol·o·gist [nūˈralədžist]; [nj]; [o] *n* neurolog

neu·rol·o·gy [~džij] *n* neurologija

neu·ron [ˈnūran]; [nj]; [o] *n* neuron

neu·ro·path [ˈnūrəpaeth]; [nj]; [a] *n* neuropat

neu·ro·pa·thol·o·gist [nūroupəˈthalədžist]; [nj]; [o] *n* neuropatolog

neu·ro·pa·thol·o·gy [~džij] *n* neuropatologija

neu·ro·psy·chi·a·try [nūrousajˈkajətrij]; [nj]*n* neuropsihijatrija

neu·ro·sis [nūˈrousis]; [nj] *n* neuroza

neu·ro·sur·ger·y [nūrouˈsə(r)džərij]; [nj] *n* neurohirurgija

neu·rot·ic I [nūˈratik]; [nj]; [o] *n* neurotik

neurotic II *a* neurotičan

neu·ter I [ˈnūtə(r)]; [nj] *n* 1. (gram.) srednji rod 2. (gram.) reč (riječ) srednjeg roda

neuter II *a* srednji; (gram.) *the* ~ *gender* srednji rod

neuter III *v tr* 1. see **castrate** 2. see **spay**

neu·tral I [ˈnūtrəl]; [nj] *n* 1. neutralna strana (država), neutralac 2. (tech.) praznohod, prazan hod; *in* ~ na prazno

neutral II *a* neutralan; *to remain* ~ ostati neutralan; *a* ~ *port (state)* neutralna luka (država)

neu·tral·ism [~izəm] *n* neutralizam

neu·tral·i·ty [nūˈtraelətij]; [nj] *n* neutralnost

neu·tral·i·za·tion [nūtrələˈzejšən]; [nj]; [aj] *n* neutralizovanje

neu·tral·ize [ˈnūtrəlajz]; [nj] *v tr* neutralizovati

neu·tron [ˈnūtran]; [nj]; [o] *n* neutron

neutron bomb neutronska bomba

Ne·vad·a [nəˈvadə] *n* Nevada

Ne·vad·an [~n] *n* stanovnik države Nevada

né·vé [nejˈvej] *n* (in a glacier) naslaga snega (snijega)

nev·er [ˈnevə(r)] *adv* nikada; *he's* ~ *at home* on nikad nije kod kuće

nev·er-end·ing [~r-endin̄g] *a* beskrajan

nev·er·more [~mo(r)] *adv* nikad više

never-never land zemlja dembelija

nev·er·the·less [~thə'les] *adv* pored (svega) toga; ipak

new [nū]; [nj] *a* 1. nov; *a* ~ *suit* novo odelo (odijelo); *what's* ~? šta (što) ima novo? *there's nothing* ~ nema ništa novo; **to turn over a* ~ *leaf* okrenuti novi list 2. bez iskustva; *he is* ~ *at that* on nema iskustva u tome

new-born *a* novorođen

new·com·er [~kəmə(r)] *n* pridošlica

New Deal (Am., hist.) *(the* ~) Novi kurs (Franklina Ruzvelta)

New Del·hi [delij] Delhi

new·el [ˈnūəl]; [nj] *n* 1. stub oko koga se viju zavojite stepenice 2. stub priručja

New Eng·land·er [~ə(r)] stanovnik Nove Engleske (sjeveroistočnih država SAD)

new·fan·gled [~faen̄ggəld] *a* (colloq.) nov, moderan

New·found·land [~fənlaend], [ˈau] *n* 1. (geog.) Njufundland 2. njufundlandski pas

New Guin·ea [ˈginij] Nova Gvineja

New Hamp·shire [ˈhaem(p)šə(r)] Nju Hampšir

New High German (ling.) novovisokonemački (novovisokonjemački) jezik

New Jer·sey [ˈdžə(r)zij] Nju Džerzi

New Jer·sey·ite [~ajt] stanovnik države Nju Džerzi

New Left *(the* ~) nova levica

new·ly [~lij] *adv* 1. nedavno 2. novo; ~ *built* novoizgrađen; ~ *founded* novoosnovan

new·ly·wed [~wed] *n* mladoženja, mlada; ~*s* mladenci

new math nov način nastave matematike

New Mexican stanovnik države Nju Meksiko

New Mexico Nju Meksiko

new moon mlad mesec (mjesec)

New Or·le·ans [o(r)ˈlijnz] or [ˈorlijənz] Nju Orlean

news [nūz]; [nj] *n sgn* novost, vest (vijest); ~ *spreads fast* vesti se brzo šire; *happy (sad)* ~ radosna (tužna) vest; *to break the* ~ *to smb.* saopštiti (saopćiti) vest (vijest) nekome

news agency novinska agencija

news agent Br.; see **news dealer**

news·boy [~boj] *n* raznosač novina

news·cast [~kaest]; [a] *n* emisija vesti (vijesti)

news·cast·er [~ə(r)] *n* spiker (emisije vesti — vijesti)

news conference konferencija za štampu; *to hold a* ~ održati konferenciju za štampu

news dealer prodavac novina

news·let·ter [~letə(r)] *n* bilten

news·ma·ker [~mejkə(r)] *n* velika zverka (zvjerka)

news·man [~maen] (-*men* [min]) *n* novinar

news·pa·per I [~pejpə(r)] *n* novine; list

newspaper II *a* novinski; *a* ~ *article (editorial)* novinski članak (uvodnik)

news·pa·per·man [~maen] (-*men* [min]) *n* novinski saradnik (suradnik)

news·print [~print] *n* roto-papir, rotacioni novinski papir

news·read·er [~rijdə(r)] Br.; see **newscaster**

news·reel [~rijl] *n* filmski žurnal

news·room [~rūm] *n* prostorija u kojoj se obavlja izbor i redigovanje novinskog materijala

news·stand [~staend] *n* kiosk za prodaju novina

news·wor·thy [~wə(r)thij] *a* vredan (vrijedan) da se objavi (kao vest — vijest)

news·y [~ij] *a* (colloq.) pun vesti (vijesti)

newt [nūt]; [nj]*n* (zool.) vodenjak; *Alpine (common, crested, webbed)* ~ planinski (obični, veliki, porubljenski) vodenjak

New Testament *(the* ~) Novi zavet (zavjet)

new·ton [ˈnūtn]; [nj] *n* (phys.) Njutn

New·to·ni·an [nūˈtounijən]; [nj] *a* (phys.) Njutnov

Newton's law (phys.) Njutnov zakon

New World *(the ~)* Novi svet (svijet)
New Year Nova godina; *to greet (ring in) the ~* dočekati Novu godinu; *to wish smb. a happy ~* čestitati nekome Novu godinu
New Year's Eve dan (večer) uoči Nove godine; *a ~ party* doček Nove godine
New York [jo(r)k] Njujork (država i grad)
New York·er [~ə(r)] Njujorčanin
New Zea·land I ['zijlənd] Novi Zeland
New Zealand II *a* novozelandski
New Zea·land·er [~ə(r)] Novozelanđanin
next I [nekst] *a* 1. susedni (susjedni); *in the ~ house* u susednoj kući; *~ door* u susednoj kući (susednom stanu) 2. sledeći (slijedeći); idući; naredan; *the ~ bus* sledeći autobus; *on the ~ day* narednog dana; *~ time* idući put; *~ year* iduće godine; *your turn is ~* na tebe je red; *~, please!* sledeći po redu, molim!
next II *adv* 1. onda, potom; *~ came his brother* onda je došao njegov brat; *what ~?* a potom? 2. gotovo; *~ to nothing* gotovo ništa
next·door [~-do(r)] *a* susedni (susjedni); *a ~ neighbor* prvi komšija
next of kin najbliži rođak (rođaci)
next to *prep* pored, do, kraj; *he sits ~ me* on sedi (sjedi) pored mene (see also **next II** 2)
nex·us ['neksəs] *(pl has zero or -es)* *n* veza, spona
ni·a·cin ['najəsin] *n* nijacin
Ni·ag·a·ra Falls [naj'aegrə] *pl* Nijagarini vodopadi
nib [nib] *n* vrh, šiljak
nib·ble I [~əl] *n* 1. zalogaj 2. grickanje
nibble II *v tr* and *intr* grickati; *to ~ (at) one's food* grickati jelo
nibs [nibz] *n* (slang) *his ~* gospodin
Nic·a·ra·gua [nikə'ragwə] *n* Nikaragva
Nic·a·ra·guan I [~n] *n* Nikaragvanac
Nicaraguan II *a* nikaragvanski
nice [najs] *a* 1. prijatan; lep (lijep); *we had a ~ time* lepo smo se proveli 2. ljubazan, simpatičan; *it was very ~ of him to come* veoma je bilo ljubazno od njega što je došao; *in a ~ way* na ljubazan način; *to be ~to smb.* biti ljubazan prema nekome 3. moralno čist, čedan; *a ~ girl* čedna devojka (djevojka) 4. ugodan; *~ and warm* ugodno toplo 5. prikladan
Nice [nijs] *n* Nica
ni·ce·ty ['najsətij] *n* 1. utančanost, uglađenost 2. (in *pl*) finese; sitnice, tančine; *diplomatic ~ies* diplomatske finese
niche [nič] *n* niša
nick I [nik] *n* zasek (zasjek), urez; **in the very ~ of time* u pravom trenutku, baš kad treba
nick II *v tr* zaseći (zasjeći), zarezati; poseći (posjeći); *to ~ one's finger* poseći prst
nick·el I ['nikəl] *n* 1. nikal 2. (Am.) novac od pet centi; **not a plugged ~* ni prebijene pare
nickel II *a* niklen
nick·el·if·er·ous [nikə'lifərəs] *a* niklonosan
nick·el·plate [~-plejt] *v tr* niklovati
nick·nack see **knickknack**
nick·name I ['niknejm] *n* nadimak
nickname II *v tr* dati (nekome) nadimak
nic·o·tine ['nikətijn] *n* nikotin
nic·o·tin·ic [nikə'tinik] *a* nikotinski; *~ acid* nikotinska kiselina
nic·o·tin·ism ['nikətijnizəm] *n* trgovanje nikotinom

ni·dus ['najdəs] *(-es or -di* [daj]) *n* gnezdo (gnijezdo)
niece [nijs] *n* bratanica, nećaka, sestričina, sinovica, zaovičina
nif·ty ['niftij] *a* (slang) divan, izvanredan
Ni·ger ['najdžə(r)] *n* Niger (država, reka — rijeka u Africi)
Ni·ge·ri·a [naj'džijrijə] *n* Nigerija
nig·gard I ['nigə(r)d] *n* škrtac, cicija
niggard II *a* škrt, cicijski
nig·gard·ly [~lij] *a* škrt, tvrd
nig·ger ['nigə(r)] *n* (pejor., vul.) crnac, crnčuga
nigh [naj] (obsol.) 1. *a* blizak 2. *adv* blisko
night I [najt] *n* noć; *all ~* svu noć; *at ~* noću; *late at ~* kasno u noć; *one ~* jedne noći; *~ is falling* spušta se noć; *to pass a sleepless ~* provesti besanu noć; *to have a good ~'s rest* dobro se ispavati; **to have a ~ out (on the town)* or **to make a ~ of it* provesti noć u veselju, prolumpovati celu (cijelu) noć
night II *a* noćni; *~ life* noćni život; *a ~ light* noćno svetlo (svjetlo)
night blindness noćno slepilo (sljepilo) (also **nyctalopia**)
night·cap [~kaep] *n* 1. noćna kapa 2. (colloq.) noćni napitak
night·clothes ['najtklouz], [*th̄z*] *n pl* noćna odeća (odjeća)
night·club [~kləb] *n* noćni klub, bar; *a ~ with a floor show* bar sa programom
night·dress [~dres] Br.; see **nightgown**
night·fall [~fol] *n* smrknuće
night·gown [~gaun] *n* spavaćica
night·hawk [~hok] *n* 1. (bird) leganj mračnjak; noćna lasta 2. (fig.) noćna ptica, kasnolegalac
night·in·gale ['najtn̄gejl], [*in̄g*] *n* slavuj
night·jar [~džə(r)] *n* see **nighthawk 1**
night letter pismo-telegram
night light noćno svetlo (svjetlo)
night·long [~loñg] *a* and *adv* (koji traje) svu noć
night·ly [~lij] 1. *a* noćni 2. *adv* svake noći
night·mare [~mej(r)] *n* košmar, mora; *he had a ~* mučio ga je košmar
night owl noćna ptica, kasnolegalac
night·rid·er [~rajdə(r)] *n* (Am., hist.) član bande koja je vršila noćne upade radi zastrašivanja
nights [~s] *adv* noću, *he works ~ on* radi noću
night safe bankarski sef koji se koristi noću
night school večernja škola
night·shade [~šejd] *n* (bot.) bun, velebilje, pupator
night shift noćna smena (smjena)
night·shirt [~šə(r)t] *n* muška spavaćica
night·soil [~sojl] *n* nužničko đubrivo
night·stick [~stik] *n* gumena palica (policajca), pendrek
night table noćni stočić
night·time [~tajm] *n* noćno vreme (vrijeme), doba
night watch noćna straža
night watchman *n* noćni stražar
night·y [~ij] *n* (colloq.) see **nightgown**
ni·hil·ism ['nijəlizəm], [*aj*] *n* nihilizam
ni·hil·ist [~list] *n* nihilista
ni·hil·is·tic [nijə'listik], [*aj*] *a* nihilistički
nil [nil] *n* ništa
Nile [najl] *n* Nil
Ni·lot·ic I [naj'latik]; [*o*] *n* (ling.) nilotski jezici

Nilotic II *a* 1. nilski 2. nilotski
nim·ble ['nimbəl] *a* okretan, spretan
nim·ble·ness [~nis] *n* okretnost, spretnost
nim·bo·stra·tus [nimbou'strejtəs], *[ae]* *n* nimbostratus
nim·bus ['nimbəs] (*-es* or *-bi* [baj]) *n* nimbus
nin·com·poop [niŋkəm'pūp], [ŋg] *n* (colloq.) glupan, budala
nine [najn] 1. *n* devetica, devetka 2. *n* bezbolska ekipa (koja se sastoji od devet igrača) 3. *num and n* devet; devetorica; devetoro; devetori
nine·pins [~pinz] *n* vrsta kuglanja
nine·teen ['najn'tijn] *num* devetnaest, devetnaestoro
nine·teenth ['najn'tijnth] *n* and *num a* devetnaesti; *on the* ~ *of April* devetnaestog aprila (W: travnja)
nine·ti·eth ['najntijith] *num a* devedeseti
nine·ty [~tij] *num* devedeset; (Am., mil., slang) *a* ~ *day wonder* potporučnik (čija je obuka trajala 90 dana)
nin·ny ['ninij] *n* glupan, budala
ninth I [najnth] *n* 1. devetina 2. deveti; *on the* ~ *of May* devetog maja (W: svibnja)
ninth II *num a* deveti
ni·o·bi·um [naj'oubijəm] *n* (chem.) nijobijum
nip I [nip] *n* 1. štipanje 2. (*a* ~ *in the air*) mraz, studen 3. misc.; ~ *and tuck* u oštroj borbi
nip II *v* 1. *tr* štipnuti; ukleštiti (uklijeŝtiti) 2. *tr* ugušiti; uništiti; sprečiti (spriječiti); *to* ~ *in the bud* uništiti u zametku; 3. *tr (to* ~ *off)* otkinuti 4. *intr* (Br., slang) *(to* ~ *along, off)* odjuriti
nip III *n* gutljaj
nip IV *v tr* and *intr* guckati
nip·per [~ə(r)] *n* 1. (often in *pl)* štipaljka; klešta (klijeŝta) 2. (Br., colloq.) dečak (dječak)
nip·ping [~iŋg] *a* koji štipa
nip·ple ['nipəl] *n* 1. bradavica 2. cucla 3. (tech.) nipl, cevni (cijevni) priključak
Nip·pon [ni'pan]; *[o]* *n* Japan (see **Japan**)
nip·py [~ij] *a* 1. see **nipping** 2. (Br., colloq.) hitar
nir·va·na [nə(r)'vanə] *n* nirvana
Ni·sei ['nijsej] *(pl* has zero or *-s)* *n* Amerikanac čiji su roditelji iz Japana
Nish [niŝ], *[ij]* *n* Niš
Nis·sen hut ['nisən] montažna baraka oblika polubureta (model »nisen«)
nit [nit] *n* gnjida
nit·pick ['nit-pik] *v intr* (colloq.) cepidlačiti (cjepidlačiti)
nit·pick·ing [~iŋg] *n* cepidlačenje (cjepidlačenje)
ni·trate ['najtrejt] *n* nitrat
ni·tric ['najtrik] *a* azotni, azotov
nitric acid azotna kiselina
nitric oxide azotov oksid
ni·tride ['najtrajd] *n* nitrid
ni·trite [~trajt] *n* nitrit
ni·tro·gen [~rədžən] *n* azot
nitrogen mustard azotni iperit
nitrogen pentoxide azot-pentoksid
nitrogen trioxide azot-trioksid
ni·tro·glyc·er·in [najtrou'glisərin] *n* nitroglicerin
ni·trous ['najtrəs] *a* azotast; ~ *acid* azotasta kiselina
nit·ty·grit·ty ['nitij-'gritij] *n* (slang) srž, suština

nit·wit ['nitwit] *n* (colloq.) glupan, budala
nix I [niks] *interj* ne! pazi!
nix II *v tr* (slang) zabraniti
no I [nou] *n* ne; odrečan odgovor
no II *a* 1. nijedan; nikakav; *he sells* ~ *merchandise that is not first class* on prodaje samo prvoklasnu robu; *I am* ~ *expert on chess* nisam ja nikakav stručnjak za šah; *it's* ~ *wonder that he's angry* nije čudo što je ljut; *he has* ~ *time* on nema vremena; *he'll be back in* ~ *time* začas će se vratiti; ~ *two people have the same opinion* nema dva čoveka (čovjeka) koji isto misle; ~ *smoking!* pušenje zabranjeno! 2. ~ *matter* ma (bilo) kakav, ma ko — tko, ma gde — gdje, ma kuda, ma šta — što, ma koji, itd.; ~ *matter what happens* ma šta se desilo; ~ *matter whom you turn to* ma kome da se obratite; ~ *matter where you work* ma gde da radiš; ~ *matter what you do for him, he will not be satisfied* bilo šta da mu učiniš, on neće biti zadovoljan; ~ *matter which way you go, you'll be late* bilo kojim putem da pođete, zakasnićete; ~ *matter who rings, don't open the door* bilo ko da zvoni, ne otvaraj vrata
no III *adv* 1. ne; *yes or* ~? da ili ne? 2. (with the comparative) ne, ništa; ~ *better* ništa bolji; *•~ sooner said, than done* rečeno — učinjeno 3. (with an *a*) *this radio is* ~ *good* ovaj radio ništa ne vredi (vrijedi)
no·ac·count [~-əkaunt] *a* (slang) bezvredan (bezvrijedan)
no·bel·i·um [nou'belijem] *n* (chem.) nobelijum
No·bel Prize [nou'bel] Nobelova nagrada; *to win the* ~ dobiti Nobelovu nagradu
no·bil·i·ty [nou'bilətij] *n* 1. plemstvo 2. plemenitost
no·ble ['noubəl] *a* 1. plemićki 2. plemenit
noble agrimony (bot.) krstasti kopitnjak
no·ble·man [~mən] (*-men* [min]) *n* plemić
no·blesse [nou'bles] *n* 1. plemenitost 2. plemstvo
no·ble·wom·an [~wumən] (*-women* [wimin]) *n* plemkinja
no·bly ['noublij] *adv* see **noble**
no·bod·y ['noubadij]; *[o]* 1. *n* niko (nitko), osoba bez položaja; *he's a* ~ on je osoba bez položaja 2. *pron* niko (nitko); *there was* ~ *at home* (or: ~ *was at home)* nije bilo nikoga kod kuće; ~ *else came* niko drugi nije došao; ~ *answered* niko nije odgovorio; *we saw* ~ nikoga nismo videli (vidjeli)
no·bod·y's [~z] *a* ničiji; ~ *child is better than hers* ničije dete (dijete) nije bolje od njenog
nock [nak] *n* 1. urez, zarez (strele — strijele)
noc·tur·nal [nak'tə(r)nəl]; *[o]* *a* noćni
noc·turne ['naktə(r)n]; *[o]* *n* 1. slika noći 2. (mus.) nokturno
nod I [nad]; *[o]* *n* klimanje glavom; *•*(colloq.) *to give the* ~ *to smt.* odobriti nešto
nod II *v* 1. *tr* klimnuti (W: kimnuti); *to* ~ *one's head* klimnuti glavom; *to* ~ *one's approval* klimnuti glavom u znak odobravanja 2. *intr* klimnuti glavom
nodding acquaintance površno poznanstvo
nod·dle ['nadl]; *[o]* *n* (slang) glava
node [noud] *n* 1. čvorić; *a lymph* ~ limfni čvorić 2. (bot.) izraslina; čvor, član 3. čvor

no doubt 1. see **doubt** I 1 2. *adv* (colloq.) sigurno; ~ *he'll come* siguran sam da će doći
nod·ule ['nadžūl]; [*o*] čvorić; izraslina (see also **node**)
No·ēl [nou'el] see **Christmas**
no-fault insurance osiguranje (za vozila) koje se isplaćuje bez obzira ko (tko) napravi štetu
no-frills *a* sveden na neophodne stvari, osnovni
nog·gin ['nagin]; [*o*] *n* 1. vrčić 2. mera (mjera) za tečnost 3. (slang) ćupa, glava, tikva
no-go area (Br.) zabranjena zona
noise [nojz] *n* buka; galama; šum; *to make* ~ praviti buku
noise about, noise around *v* (usu. passive) (esp. Br.) govoriti se; *it was noised around that*. . . govorilo se da. . .
noise·less [~lis] *a* bešuman
noise level nivo šuma
noise·mak·er [~mejkə(r)] *n* galamdžija
noi·some ['nojzəm] *a* gadan, gnusan
nois·y [~ij] *a* bučan
no·mad ['noumaed] *n* nomad
no·mad·ic [nou'maedik] *a* nomadski; *a* ~ *life* nomadski život; *a* ~ *tribe* nomadsko pleme
no·mad·ism ['noumaedizəm] *n* nomadizam
no man's land ničija zemlja
no matter see **no** II 2
nom de plume [nam də plūm]; [*o*] (French) pseudonim
no·men·cla·tor ['noumənklejtə(r)] *n* nomenklator
no·men·cla·ture ['noumənklejčə(r)] *n* nomenklatura
nom·i·nal ['namənəl]; [*o*] *a* 1. nominalan; *a* ~ *value* nominalna vrednost (vrijednost) 2. (gram.) imenički, imenični; *a* ~ *suffix* imenički sufiks
nom·i·nal·ism ['namənəlizəm]; [*o*] *n* nominalizam
nom·i·nal·ist [~ist] *n* nominalista
nom·i·nate ['namənejt]; [*o*] *v tr* kandidovati
nominating committee kandidacioni odbor
nominating convention kandidaciona skupština
nom·i·na·tion [namə'nejšən] *n* kandidovanje
nom·i·na·tive I ['namənətiv]; [*o*]; [*n*] *n* (gram.) nominativ
nominative II *a* 1. (gram.) nominativni; *the* ~ *case* nominativni padež 2. [~nejtiv] koji se imenuje
nom·i·nee [namə'nij]; [*o*] *n* naimenovani kandidat
nom·o·gram ['naməgraem]; [*o*] see **nomograph**
nom·o·graph [~graef]; [*a*] *n* (math.) nomogram (grafički prikaz zavisnosti)
non-addictive *a* koji ne stvara naviku
non·a·ge·nar·i·an I [nanədžə'nejrijən]; [*o*] *n* devedesetogodišnjak
nonagenarian II *a* devedesetogodišnji
non-aggression nenapadanje; (as *a*) *a* ~ *treaty* ugovor o nenapadanju
non-al·co·hol·ic [~aelkə'holik] *a* bezalkoholan
non·a·ligned [~ə'lajnd] *a* (pol.) nesvrstan, vanblokovski; ~ *countries* nesvrstane zemlje
non·a·lign·ment [~mənt] *n* nesvrstavanje; *a policy of* ~ politika nesvrstavanja
non·ap·pear·ance [~ə'pijrəns] *n* nepojavljivanje, nedolaženje
non·be·liev·er [~bə'lijvə(r)] *n* 1. onaj koji ne veruje (vjeruje) 2. see **atheist**

non·bel·lig·er·en·cy [~bə'lidžərənsij] *n* nezaraćenost; *a state of* ~ stanje nezaraćenosti
non·bel·lig·er·ent I [~ənt] *n* nezaraćena država
nonbelligerent II *a* nezaraćen
nonce [nans]; [*o*] *n* trenutna prilika; *for the* ~ za ovu priliku, zasada
nonce word reč (riječ) stvorena za naročit slučaj
non·cha·lance [nanšə'lans]; [*o*] *n* nonšalantnost
non·cha·lant [~'lant]; ['nonšələnt] *a* nonšalantan
non·com ['nankam]; [*o*]; [*o*] *n* (mil., colloq.) podoficir
non·com·bat·ant [~kəm'baetənt] *n* neborac
non·com·bust·i·ble [~kəm'bəstəbəl] *a* negoriv, nezapaljiv
non·com·mis·sioned [~kə'mišənd] *a* (mil.) ~ *officer* podoficir
non·com·mit·tal [~kə'mitəl] *a* neutralan; neodređen
non·com·pli·ance [~kəm'plajəns] *n* neispunjenje
non·con·duc·tor [~kən'dəktə(r)] *n* neprovodnik
non·con·form·ist [~kən'fo(r)mist] *n* nonkonformista
non·con·form·i·ty [~mətij] *n* nonkonformizam
non·co·op·er·a·tion [~kouapə'rejšən]; [*o*] *n* 1. odbijanje saradnje 2. pasivan otpor
non·de·nom·i·na·tion·al [~dinamə'nejšənəl]; [*o*] *a* nesektaški
non·de·script [~də'skript] *a* neodređen, nejasan
non·dis·tinc·tive [~dis'tiŋktiv] *a* (ling.) nedistinktivan
none [nən] 1. *pron* nijedan; nikakav; ~ *of us knows (know)* nijedan od nas ne zna; *what kind of cigarettes do you smoke?* ~ *(at all)* kakve cigarete pušite? nijedne (or: nikakve); ~ *of them could come* nijedan od njih nije mogao doći; *how many cups did he break?* — ~ *a* nijedan; ~ *koliko* je šolja polomio? — nijednu 2. *a* nijedan; ~ *other* nijedan drugi 3. *adv* ni najmanji; *he's* ~ *the worse for it* ništa mu to ne smeta 4. misc.; ~ *other than* niko (nitko) drugi nego; ~ *but* samo; *he would have* ~ *of it* nipošto ne bi to primio; *it's* ~ *of your business* to se tebe ne tiče
non·en·ti·ty [nan'entətij]; [*o*] *n* 1. nepostojanje 2. niko‚(nitko)
nones [nounz] *pl n* (hist.) none (u starom rimskom kalendaru)
none·the·less [nənthə'les] *adv* pored (svega) toga
non·fea·sance [nan'fijzəns]; [*o*] *n* (legal) neispunjenje
non·fer·rous [~'ferəs] *a* neobojeni; ~ *metals* neobojeni metali
non·fic·tion [~'fikšən] *n* dokumentarna literatura
non·fic·tion·al [~əl] *a* dokumentarni
non-flammable *a* nezapaljiv
non·in·ter·ven·tion [~intə(r)'venšən] *n* nemešanje (nemiješanje); *a policy of* ~ politika nemešanja
non-iron Br.; see **permanent press**
non·met·al [~'metl] *n* nemetal
no-no (colloq.) nešto zabranjeno
non-observance *n* nepridržavanje
non·pa·reil I [~pə'rel] *n* 1. (printing) nonparel 2. nenadmašna vrsta
nonpareil II *a* komu nema ravna, neuporediv
non·par·tic·i·pat·ing [~pa(r)'tisəpejtiŋ] *a* koji ne učestvuje

non·par·ti·san [∼'pa(r)təzən] *a* bespristrastan (W: bespristran)
non·pay·ment [∼'pejmənt] *n* neisplata, neplaćanje
non·per·ish·a·ble [∼'perišəbəl] *a* nepokvarljiv
non·plus [∼'pləs] *v tr* zbuniti
non·pro·duc·tive [∼prə'dəktiv] *a* neproduktivan
non·prof·it [∼'prafit]; [*o*] *a* koji ne traži dobit
non·pro·lif·er·a·tion [∼-prəlifə'rejšən] *n* neširenje; ∼ *of nuclear weapons* neširenje nuklearnog oružja
non·re·stric·tive [∼ri'striktiv] *a* (gram.) apozitivan; ∼ *clauses are set off by commas* odvajaju se zarezom rečenice koje su u apozitivnoj službi (u službi određivanja već poznatih pojmova) (cf. restrictive 2)
non·rig·id [∼'ridžid] *a* (aviation) mek
non·sched·uled [∼'skedžūld]; [*š*] *a* van reda letenja (vožnje); vanredan; ∼ *flights* letovi van reda letenja
non·sec·tar·i·an [∼sek'tejrijən] *a* nesektaški
nonsense ['nansens]; [*o*]; [*ə*] *n* koješta, koještarija, besmislica
non·se·qui·tur [nan'sekwitū(r)]; [*o*] (Latin) pogrešan zaključak
non·skid ['nanskid]; [*o*] *a* ne klizajući; protiv klizanja
non·smok·er [∼'smoukə(r)] *n* nepušač
non-smoking *a* za nepušače
non·stan·dard [∼'staendə(r)d] *a* nestandardan
non·stop [∼'stap]; [*o*] 1. *a* neprekidan; direktan; *a* ∼ *flight* let bez spuštanja 2. *adv* neprekidno; bez spuštanja
non·sup·port [∼sə'po(r)t] *n* (legal) neplaćanje izdržavanja
non·un·ion [∼'jūnjən] *a* nesindikatski
non·vi·a·ble [∼'vajəbəl] *a* nesposoban za život
non·vi·o·lence [∼'vajələns] *n* pasivan otpor; uzdržavanje od nasilja
non-white *n* (Br.) crnac; azijat
noo·dle ['nūdl] *n* 1. (cul.) rezanac 2. (slang) glava
nook [nuk] *n* kut, kutić, budžak, niša
noon I [nūn] *n* podne; *around (before, until)* ∼ oko (pre — prije, do) podne
noon II *a* podnevni
noon·day I [∼dej] *n* podne
noonday II *a* podnevni; *the* ∼ *sun* podnevno sunce
no one see **nobody**
no one's see **nobody's**
noon·time I ['nūntajm] *n* podne; *at* ∼ u podne
noontime II *a* podnevni
noose [nūs] *n* omča; petlja
no place (colloq.) see **nowhere**
nor [no(r)] *conj* ni; *neither. . .* ∼ ni. . . ni; *neither he* ∼ *I study French* ni on ni ja ne učimo francuski; *he doesn't like tea —* ∼ *do I* on ne voli čaj — ni ja
Nor·dic I ['no(r)dik] *n* nordijac
Nordic II *a* nordijski
nor'east·er [nor'ijstə(r)] see **northeaster**
norm [no(r)m] *n* norma
nor·mal I [∼əl] *n* 1. norma 2. standard 3. prosek (prosjek) 4. (geom.) normala

normal II *a* 1. normalan 2. (geom.) normalan, upravan
nor·mal·cy [∼sij] *n* normalnost
normal distribution (statistics) normalna distribucija
nor·mal·i·ty [no(r)'maelətij] *n* normalnost
nor·mal·ize ['no(r)məlajz] *v tr* normalizovati
normal school (obsol.) učiteljska škola (see also teachers' college)
Nor·man I ['no(r)mən] *n* Norman, Normanin
Norman II *a* normanski, normandski
Norman Conquest normansko osvajanje Engleske
Nor·man·dy ['no(r)məndij] *n* Normandija
Norman French normanski jezik
nor·ma·tive ['no(r)mətiv] *a* normativan; ∼ *grammar* normativna gramatika
Norse I [no(r)s] *n* 1. *pl* skandinavski narodi 2. nordijska grupa (germanskih) jezika
Norse II *a* nordijski, skandinavski
Norse·man [∼mən] (-men [min]) *n* Skandinavac
north I [no(r)th] *n* (the ∼) 1. sever (sjever); *in the* ∼ na severu 2. (Am., hist., Civil War; cap.) Sever, države Severa
north II *a* severni (sjeverni)
north III *adv* na sever (sjever); severno (sjeverno); *to go (head)* ∼ ići na sever
North America Severna (Sjeverna) Amerika
North American stanovnik Severne (Sjeverne) Amerike
North Car·o·li·na [kaerə'lajnə] Severna (Sjeverna) Karolina
North Car·o·lin·i·an [∼'linijən] stanovnik države Severna (Sjeverna) Karolina
North Da·ko·ta [də'koutə] Severna (Sjeverna) Dakota
North Da·ko·tan [∼ən] stanovnik države Severna (Sjeverna) Dakota
north·east I [no(r)th'ijst] *n* severoistok (sjeveroistok)
northeast II *a* severoistočan (sjeveroistočan)
north·east·er [∼ə(r)] *n* severoistočnjak (sjeveroistočnjak)
north·east·ern [∼ə(r)n] *a* severoistočni (sjeveroistočni)
north·east·ward [∼wə(r)d] 1. *a* severoistočni (sjeveroistočni) 2. *adv* severoistočno
north·er·ly I ['no(r)thə(r)lij] *n* severac (sjeverac), vetar (vjetar) koji duva sa severa (sjevera)
northerly II *a* severni (sjeverni)
north·ern ['no(r)thə(r)n] *a* severni (sjeverni)
northern charr [ča(r)] (fish) alpska zlatulja
north·ern·er [∼ə(r)] *n* severnjak (sjevernjak), čovek sa severa (čovjek sa sjevera)
Northern Hemisphere Severna (Sjeverna) polulopta
Northern Ireland Severna (Sjeverna) Irska
northern lights *pl* polarna svetlost (svjetlost), severna (sjeverna) svetlost (also **aurora borealis**)
north·ern·most [∼moust] *a* najseverniji (najsjeverniji)
Northern Rhodesia Severna (Sjeverna) Rodezija
North Korea Severna (Sjeverna) Koreja
North Pole *(the* ∼) Severni (Sjeverni) pol
North Sea *(the* ∼) Severno (Sjeverno) **more**

North Star *(the* ~*)* Severnjača (Sjevernjača), Polarnica

North Vietnam Severni (Sjeverni) Vijetnam

north·ward ['no(r)thwə(r)d] 1. *n* pravac severa (sjevera) 2. *adv* na sever

north·west I [~'west] *n (the* ~*)* severozapad (sjeverozapad)

northwest II *a* severozapadni (sjeverozapadni)

north·west·er [~ə(r)] severozapadnjak (sjeverozapadnjak)

north·west·ern [~n] *a* severozapadni (sjeverozapadni)

Northwest·ward [~ wə(r)d] 1. *a* severozapadni (sjeverozapadni) 2. *adv* severozapadno

Northwest Territories *pl* (in Canada) Severozapadne (Sjeverozapadne) teritorije

Nor·way ['no(r)wej] *n* Norveška

Nor·we·gian I [no(r)'wijdžən] *n* 1. Norvežanin 2. norveški jezik

Norwegian II *a* norveški

nose I [nouz] *n* 1. (anat.) nos; *an aquiline (crooked, pug)* ~ kukast (kriv, prćast) nos; (colloq.) *right in front of smb.'s* ~ pod nosom; *his* ~ *is bleeding* ide mu krv na nos; *to blow one's* ~ useknuti se; **to follow one's* ~ ići pravo; *to pick one's* ~ čačkati nos; **to pay through the* ~ papreno platiti; **to stick one's* ~ *into smt.* zavući (zabosti) nos u nešto; *as plain as the ~ *on one's face* sasvim prosto i jasno; *to have a ~ *for smt.* imati nos za nešto; **to keep one's* ~ *to the grindstone* marljivo raditi; **to lead smb. (around) by the* ~ vući nekoga za nos; **to look down one's* ~ *at smt.* or **to turn up one's* ~ *at smt.* prezrivo gledati na nešto; **to cut off one's* ~ *to spite one's face* nauditi sebi; *to punch smb. in the* ~ razbiti nekome nos 2. (tech.) nos, nosni deo (dio)

nose II *a* nosni; prednji; *a* ~ *cone* nosni konus; *a* ~ *gun* prednji mitraljez

nose III *v* 1. *tr* lagano krenuti (vozilo); *he* ~*ed the car out onto the street* oprezno je izvezao kola na ulicu 2. *tr (to* ~*out)* pobediti (pobijediti) za dlaku; prestići u poslednjem (posljednjem) trenutku 3. *intr* (colloq.) *(to* ~ *around)* pačati 4. *intr (to* ~*over)* prevrnuti se; *the airplane* ~*d over* avion se prevrnuo

nose around *v* see nose III 3

nose·bag [~baeg] *n* zobnica

nose·bleed [~blijd] *n* krvarenje iz nosa; *he has a* ~ ide mu krv na nos

nose dive oštro pikiranje

nose-dive [~-dajv] *v intr* pikirati, obrušavati se

nose·gay [~gej] *n* kita

nose out *v* see nose III 1, 2

nose over *v* see nose III 4

nose·piece [~pijs] *n* prekonosnik, prekonosni kaiš

nosh I [naš]; [o] *n* (colloq.) jelo; mɛze

nosh II *v intr* (colloq.) jesti

no-show ['nou-šou] *n* (colloq.) putnik koji (ne otkazavši putovanje) ne koristi rezervisano mesto (mjesto) u avionu

no-smoker *n* nepušač

nos·tal·gi·a [nə'staeldžə] *n* nostalgija

nos·tal·gic [~džik] *a* nostalgičan

nos·tril ['nastrəl]; [o] *n* nozdrva

nos·trum ['nastrəm]; [o] *n* tajni lek (lijek); nadrilek

nos·y ['nouzij] *a* (colloq.) preterano (pretjerano) radoznao

not [nat]; [o] *adv* 1. (exp. neg. with verbs; in speech often contracted to *-n't* [nt], [ənt] ne; *he is not (isn't)* ['izənt]) *going* on ne ide; *they are* ~ *(aren't* [a(r)nt]) *at home* oni nisu kod kuće; *he does* ~ *(doesn't* ['dəzənt]) *know* on ne zna; *you have read this book, haven't you?* čitao si ovu knjigu, zar ne? 2. ~ *only... but* ne samo... nego; *he is* ~ *only talented, but also diligent* on je ne samo darovit, nego i marljiv 3. ~ *until* tek; *he did* ~ *arrive until last night* stigao je tek sinoć 4. misc.; ~ *at all* nikako

no·ta·bil·i·ty [noutə'bilətij] *n* znamenitost; značajnost; uglednost

no·ta·ble I ['noutəbəl] *n* ugledna ličnost

notable II *a* znamenit, značajan; ugledan

no·tar·i·al [nou'tejrijəl] *a* beležnički (bilježnički)

no·ta·rize ['noutərajz] *v tr* overiti (ovjeriti)

no·ta·ry ['noutərij] *n* (or: ~ *public)* javni beležnik (bilježnik), notar

notary public *(notaries public* or *notary publics)* see notary

no·ta·tion [nou'tejšən] *n* 1. notacija 2. (mus.) (or: *musical* ~*)* notacija, sistem znakova kojima se zapisuju muzička dela (djela)

notch I [nač]; [o] *n* zasek (zasjek), zarez

notch II *v tr* 1. zaseći (zasjeći), zarezati 2. izreckati

note I [nout] *n* 1. beleška (bilješka); zabeleška (zabilješka); *to take* ~*s* hvatati beleške; *to make a* ~ *of smt.* zabeležiti (zabilježiti) nešto; *to speak without* ~*s* govoriti bez beležaka 2. pisamce 3. nota; *a diplomatic* ~ diplomatska nota; *a* ~ *of protest* protestna nota 4. primedba (primjedba) (see also footnote) 5. (mus.) nota 6. novčanica (see also banknote) 7. notica, kratko saopštenje — saopćenje (u novinama) 8. menica (mjenica) (also promissory note) 9. važnost, značaj; *nothing of* ~ ništa značajno; *a person of* ~ ugledna osoba 10. prizvuk; *a* ~ *of hostility* prizvuk neprijateljskog 11. misc.; *to compare* ~*s* razmenjivati (razmjenjivati) misli

note II *v tr* 1. zabeležiti (zabilježiti); zapisati, notirati 2. primetiti (primjetiti); opaziti

note·book [~buk] *n* beležnica (bilježnica); sveska

not·ed [~id] *a* 1. see note II 2. ugledan, poznat

note·pa·per [~pejpə(r)] *n* papir za privatna pisma

note·wor·thy [~wə(r)thij] *a* vredan (vrijedan) pažnje

noth·ing ['nəthing] *n* ništa; *he knows* ~ on ništa ne zna; *he bought* ~ ništa nije kupio; *it's* ~*!* to je ništa! *all or* ~ sve ili ništa; *to have* ~ *to do with smb.* izbegavati (izbjegavati) nekoga, nemati posla s nekim; *to make* ~ *of* ne obazirati se na; *next to* ~ skoro ništa; ~ *but* ništa nego; *he could make* ~ *of it* nije mogao da to razume (razumije); ~ *doing* nema ništa od toga

noth·ing·ness [~nis] *n* 1. ništavost, ništavnost 2. praznina

no·tice I ['noutis] *n* 1. primećivanje (primjećivanje); zapažanje; *to escape* ~ ostati neprimećen (nezapažen); *to take* ~ *of smt.* opaziti nešto; obratiti pažnju na nešto 2. beleška (bilješka) 3. objava; oglas 4. otkaz; *to give (receive)* ~ dati (dobiti) otkaz 5. poruka, izveštaj (izvještaj)

6. (esp. Br.) prikaz (see **review I** 2) 7. misc.; *until further* ~ do daljnjeg

notice II *v tr* 1. primetiti (primijetiti), opaziti, videti (vidjeti); *we* ~*d them leave (leaving) the house* videli smo ih da izlaze iz kuće 2. (Br.) recenzirati, prikazati (see also **review II** 2)

no·tice·a·ble [~əbəl] *a* primetan (primjetan), uočljiv; *hardly* ~ jedva uočljiv

no·tice·board [~-bo(r)d] *n* Br.; see **bulletin board**

no·ti·fi·ca·tion [noutəfi'kejšən] *n* obaveštenje (obavještenje)

no·ti·fy ['noutəfaj] *v tr* 1. obavestiti (obavijestiti); *to* ~ *smb. of smt.* obavestiti nekoga o nečemu 2. (Br.) objaviti, obznaniti

no·tion ['noušən] *n* 1. utisak 2. pogled, mišljenje; pojam 3. predstava 4. (in *pl)* sitna roba

no·tion·al [~əl] *a* pojmovni

no·to·ri·e·ty [noutə'rajətij] *n* ozloglašenost

no·to·ri·ous [nou'torijəs] *a* 1. ozloglašen, zloglasan 2. poznat

not·with·stand·ing [nɑtwith'staendiŋg]; [o] 1. *prep* uprkos; ~ *that* uprkos tome 2. *adv* pored svega toga

nou·gat ['nūgət]; [a] *n* nugat

nought [not] *n* (esp. Br.) nula (see also **zero I**)

noughts and crosses Br.; see **tick-tack-toe**

nou·me·non ['nūmənɑn]; [o] (-*na* [nə]) *n* (phil.) noumenon

noun I [naun] *n* imenica; *an abstract (collective, common, mass, proper)* ~ apstraktna (zbirna, zajednička, gradivna, vlastita) imenica

noun II *a* imenički, imenični; ~ *declension* imenička promena (promjena) (see also **nominal** 2)

nour·ish ['nəriš] *v tr* hraniti, ishraniti

nour·ish·ing [~iŋg] *a* hranljiv

nour·ish·ment [~mənt] *n* hrana, ishrana; *to take* ~ hraniti se

nou·veau riche [nū'vou rijš] *(nouveaux riches* [nū'vou rijš]) (French) skorojević, novi bogataš

no·va ['nouvə] (-*s* or *-ae* [ij]) *n* (astro.) nova

Nova Sco·tia ['skoušə] Nova Škotska

nov·el I ['nɑvəl]; [o] *n* roman

novel II *a* nov, neobičan

nov·el·ette [nɑvə'let]; [o] *n* novela

nov·el·ist ['nɑvəlist]; [o] *n* romanopisac

nov·el·is·tic [~'listik] *a* novelistički

no·vel·la [nou'velə] *n* novela

nov·el·ty ['nɑvəltij]; [o] *n* novost, novina, novitet

No·vem·ber [nou'vembə(r)] *n* novembar (W: studeni)

nov·ice ['nɑvis]; [o] *n* 1. novajlija; početnik 2. iskušenik

No·vi Sad ['nouvij sad) Novi Sad

no·vi·ti·ate [nou'višijit] *n* 1. učeništvo 2. iskušeništvo 3. novajlija; početnik

No·vo·cain ['nouvəkejn] *n* novokain

now [nau] 1. *n* sadašnjica; ~ *is the time* sad je vreme (vrijeme) 2. *adv* sada; ~ *and then* s vremena na vreme (vrijeme), ponekad; ~ *that you know* sada kada znate

now·a·days [~ədejz] *adv* u današnje vreme (vrijeme)

no·way ['nouwej] *adv* nikako

no·ways ['nouwejz] see **noway**

no·where ['nouwej(r)] *adv* 1. nigde (nigdje); *the key was* ~ *to be found* ključa nije nigde bilo 2. nikuda

no-win *a* (colloq.) bez izgleda na pobedu (pobjedu); *a* ~ *situation* beznadna situacija

no·wise ['nouwajz] *adv* nikako

now that *conj* (colloq.) s obzirom na činjenicu da

nox·ious ['nɑkšəs]; [o] *a* škodljiv

noz·zle ['nɑzəl]; [o] *n* 1. nos 2. rasprskač; brizgaljka, prskalica

N.S.P.C.A. [enespijsij'ej] abbrev. of *National Society for the Prevention of Cruelty to Animals* Nacionalno društvo za zaštitu životinja

nth [enth] *a* n-ti; *the* ~ *power* n-ti stepen

nu·ance ['nū'ans]; [nj] *n* nijansa

nub [nəb] *n* 1. grumen, grudva 2. (fig.) srž, jezgro

nub·ble [~əl] *n* grumen, grudva

nu·bile ['nūbi*l*]; [nj], [aj] *a* sposobna za udaju

nu·cle·ar ['nūklijə(r)] [nj] *a* nuklearan; *a* ~ *power plant* nuklearna centrala; ~ *weapons* nuklearno oružje

nuclear emulsion nuklearna emulzija

nuclear energy nuklearna energija

nuclear fission nuklearna fisija

nuclear fusion nuklearna fuzija

nuclear physics nuklearna fizika

nuclear reaction nuklearna reakcija

nuclear reactor nuklearni reaktor

nuclear war nuklearni rat

nu·cle·ic [nū'klijik]; [nj] *a* nukleinski; ~ *acid* nukleinska kiselina

nu·cle·on ['nūklijən]; [nj] [o] *n* nukleon

nu·cle·us ['nūklijəs]; [nj] (-*lei* [lijaj]) *n* jezgro (jezgra); nukleus; *an atomic* ~ atomsko jezgro

nude I [nūd]; [nj] *n* 1. golo telo (tijelo); akt 2. golotinja, nagost; *in the* ~ go, nag

nude II *a* go, nag

nude·ness [~nis] *n* golost, nagost

nudge I [nədž] *n* gurkanje

nudge II *v tr* gurkati; *to* ~ *each other* gurkati se

nud·ism ['nūdizəm]; [nj] *n* nudizam

nud·ist [~ist] *n* nudist

nudist II *a* nudistički; *a* ~ *beach* nudistička plaža; *a* ~ *camp* nudističko naselje

nu·di·ty [~ətij] *n* golost, nagost

nu·ga·to·ry ['nūgətorij]; [nj]; [ə] *a* 1. ništavan 2. beznačajan

nug·get ['nəgət] *n* grumen, gruda; *a gold* ~ grumen zlata

nui·sance ['nūsəns]; [nj] *n* smetnja, neprilika; *it's a big* ~ to je veoma neprijatno

nuisance value mala vrednost (vrijednost)

nuke [nūk]; [nj] *n* (colloq.) nuklearna centrala

null [nəl] *n* nula (see **zero I**)

null and void *a* ništavan

nul·li·fi·ca·tion [nələfi'kejšən] *n* poništenje

nul·li·fy ['nələfaj] *v tr* poništiti, ukinuti

nul·li·ty ['nələtij] *n* ništavost

numb I [nəm] *a* utrnuo; *to become* ~ utrnuti

numb II *v tr* učiniti da utrne, ukočiti

num·ber I [~bə(r)] *n* 1. broj; *an even (odd)* ~ parni (neparni) broj; *cardinal (compound, decimal, imaginary, irrational, mixed, negative, ordinal, positive, whole)* ~*s* osnovni (složeni, decimalni, imaginarni, iracionalni, mešoviti — mješoviti, negativni, redni, pozitivni, celi —

cijeli) brojevi; *a house* ~ broj kuće; *a telephone* ~ telefonski broj 2. količina; mnoštvo; više; *a great* ~ *of people* mnogo ljudi; *a* ~ *of times* u više navrata 3. (gram.) broj; *grammatical* ~ gramatički broj 4. (in *pl)* (colloq.) brojčana nadmoćnost; *we had the* ~*s* mi smo imali brojčanu nadmoćnost 5. (in *pl)* vrsta klađenja 6. misc.; (usu. mil., slang) *by the* ~*s* korak po korak; **to get smb.'s* ~ progledati nekoga, potpuno upoznati nekoga; **his* ~ *is up* odbrojani su mu dani; (colloq.) ~*one* glavna osoba
number II *v* 1. *tr* numerisati 2. *tr* iznositi 3. *tr* odbrojati; *his days are* ~*ed* odbrojani su mu dani 4. *intr* iznositi; *the applicants* ~*ed in the thousands* bilo je na hiljade (W: tisuće) kandidata
numbered account štedna knjižica na šifru
num·ber·less [~lis] *a* bezbrojan
number off Br.; see **count off**
num·ber·plate [~plejt] *n* Br.; see **license plate**
num·bers [~z] *n pl* (or: ~ *game)* see **lottery**
Numbers *n pl* (rel.) Brojevi
numb·ness ['nəmnis] *n* ukočenost
numb·skull see **numskull**
nu·men ['nūmən]; [*nj*] (*-na* [nə]) *n* božanstvo
nu·mer·al ['nūmərəl]; [*nj*] *n* broj; *Arabic (collective, Roman)* ~*s* arapski (zbirni, rimski) brojevi
nu·mer·ate ['nūmərət]; [*nj*] *a* (Br.) koji poseduje (posjeduje) potrebno znanje u matematici i nauci
nu·mer·a·tor ['nūmərejtə(r)]; [*nj*] *n* (math.) brojilac, brojitelj
nu·mer·i·cal [nū'merikəl] [*nj*] *a* brojčani; numerički; ~ *data* brojčani podaci; *a* ~ *value* brojčana vrednost (vrijednost)
nu·mer·ous ['nūmərəs]; [*nj*] *a* brojan; mnogobrojan; ~ *visitors* brojni posetioci (posjetioci)
nu·mis·mat·ics [nūmiz'maetiks]; [*nj*], [*s*] *n* numizmatika
nu·mis·ma·tist [nū'mizmətist]; [*nj*], [*s*] *n* numizmatičar
num·skull ['nəmskəl] *n* tikvan, glupan
nun [nən] *n* kaluđerica, monahinja, redovnica
nun·ci·o ['nənsijou] *n* nuncije, papin poslanik
nun·ner·y ['nənərij] *n* kaluđerički manastir, ženski samostan
nup·tial ['nəpšəl], [*č*] *a* svadbeni
nup·tials [~z] *n pl* svadba
nurd see **nerd**
Nu·rem·berg ['nūrəmbə(r)g] *n* Nirnberg
Nuremberg trials *pl* (hist.) Nirnberški proces
nurse I [nə(r)s] *n* 1. medicinska sestra; bolničar, bolničarka; *a head* ~ glavna medicinska sestra; *a public-health* ~ patronažna sestra; *a supervising* ~ sestra nadzornica (see also **registered nurse**) 2. negovateljica (njegovateljica) 3. dadilja 4. see **wet nurse**
nurse II *v* 1. *tr* dojiti; *to* ~ *a baby* dojiti dete (dijete) 2. *tr* gajiti; *to* ~ *a hope* gajiti nadu 3. *tr* negovati (njegovati); *to* ~ *a patient* negovati boles-

nika 4. *tr* milovati, gladiti 5. *tr* (colloq.) piti sporo, pijuckati; *to* ~ *a drink* piti veoma sporo 6. *intr* sisati; *the baby is* ~*ing* dete (dijete) sisa majku 7. misc.; *to* ~ *a cold* imati nazeb
nurse·maid [~mejd] *n* dadilja
nurse practitioner visokokvalifikovana medicinska sestra koja radi samostalno
nurs·er·y [~*er*ij]; [*r*] *n* 1. dečja (dječja) soba 2. obdanište (also **nursery school**) 3. rasadnik
nurs·er·y·man [~mən] (*-men* [min]) *n* rasadničar
nursery rhyme kratka pesmica (pjesmica) za malu decu (djecu)
nursery school zabavište, obdanište
nurs·ing I [~*ing*] *n* bolničarska služba, nega (njega) bolesnika; *a school of* ~ škola za medicinske sestre; *public-health* ~ patronažna služba
nursing II *a* sestrinski; bolničarski; *a* ~ *staff* bolničarsko osoblje
nursing home staračaki dom
nurs·ling [~ling] *n* odojče
nur·ture ['nə(r)čə(r)] *v tr* 1. hraniti 2. gajiti
nut [nət] *n* 1. orah; *to crack* ~*s* krckati orahe; **a hard* ~ *to crack* tvrd orah 2. (slang) luđak; čudak 3. navrtka, navrtanj
nut·crack·er [~kraekə(r)] *n* krcaljka (za orahe)
Nutcracker Suite Ščelkunčik
nut·hatch [~haeč] *n* (bird) plavi brgljez
nut·let [~lit] *n* 1. orašče 2. koštica
nut·meg [~meg] *n* oraščić
nu·tri·a ['nūtrijə]; [*nj*] *n* see **coypu**
nu·tri·ent I ['nūtrijənt]; [*nj*] *n* hranljiv sastojak
nutrient II *a* hranljiv
nu·tri·ment ['nūtrəmənt]; [*nj*] *n* hrana
nu·tri·tion [nū'trišən]; [*nj*] *n* ishrana; dijetetika
nu·tri·tion·al [~əl] *a* dijetetski
nu·tri·tion·ist [~ist] *n* dijetetičar
nu·tri·tious [nū'trišəs]; [*nj*] *a* hranljiv
nu·tri·tive ['nūtrətiv]; [*nj*] *a* hranljiv
nuts [nəts] (slang) 1. *a* ćaknut 2. *a* lud; *to be* ~ *about smt.* biti lud za nečim 3. *interj* koješta!
nut·shell ['nətšel] *n* orahova ljuska; **in a* ~ u malo reči (riječi)
nut·ty [~ij] *a* (colloq.) ćaknut
nuz·zle ['nəzəl] *v* 1. *tr* trljati nosom (o) 2. *tr* riti njuškom 3. *intr* priljubiti se; *to* ~ *up to each other* priljubiti se jedno uz drugo
nyc·ta·lo·pi·a [niktə'loupijə] *n* noćno slepilo (sljepilo) (also **night blindness**)
ny·lon I ['najlan]; [*o*] *n* 1. najlon 2. (in *pl)* najlonske čarape
nylon II *a* najlonski
nymph [nimf] *n* nimfa
nym·phet ['nimfit] or [nim'fet] *n* 1. mlada nimfa 2. privlačna devojčica (djevojčica)
nym·pho ['nimfou] see **nymphomaniac I**
nym·pho·ma·ni·a [nimfou'mejnijə] *n* nimfomanija
nym·pho·ma·ni·ac I [~nijaek] *n* nimfomanka
nymphomaniac II *a* nalik na nimfomanku

O

o [ou] *n* o (slovo engleske azbuke)
O *interj* (in direct address) ∼ *God!* **bože moj!**
oaf [ouf] *n* tikvan
oak I [ouk] *n* hrast, dub
oak II *a* hrastov; *an* ∼ *forest* hrastova šuma;
∼ *furniture* hrastov nameštaj **(namještaj)**
oak leaf cluster (Am., mil.) odlikovanje **na mesto**
(mjesto) drugog ordena
oa·kum ['oukəm] *n* kučine
oar [o(r)] *n* veslo; **to rest on one's* ∼*s* odmarati se;
(Br.) ** to put one's* ∼ *in* umešati **(umiješati)** se
oar·lock [∼lak]; [o] *n* rašlja, soha
oars·man ['o(r)zmən] (-*men* [min]) *n* **veslač**
o·a·sis [ou'ejsis] (-*ses* [sijz]) *n* oaza
oat·cake ['outkejk] *n* ovseni kolač
oat·en [∼ən] *a* ovsen, zobni
oath [outh] *n* 1. zakletva, prisega; *to take (violate)*
an ∼ položiti (prekršiti) zakletvu; *to administer*
an ∼ *to an official* zakleti službeno **lice;** *a state-
ment made under* ∼ izjava pod **zakletvom**
2. psovka
oat·meal ['outmijl] *n* ovsena (zobna) **kaša**
oats [outs] *n pl* ovas, zob; **to sow one's wild*
∼ proterati (protjerati) svoje **(u mladosti);**
*to feel one's ∼*s* biti obestan **(obijestan)**
ob·du·ra·cy ['abdjūrəsij]; [o], [d] *n* 1. okorelost
(okorjelost); upornost; tvrdokornost 2. bez-
dušnost
ob·du·rate [ab'djūrit]; [o], [d] *a* 1. okoreo (okorio);
uporan; tvrdokoran 2. bezdušan
o·be·di·ence [ou'bijdijəns] *n* poslušnost
o·be·di·ent [∼ənt] *a* poslušan
o·bei·sance [ou'bejsəns], [ij] *n* poklon, pozdrav
(iz poštovanja)
ob·e·lisk ['abəlisk]; [o] *n* obelisk
o·bese [ou'bijs] *a* gojazan, debeo
o·be·si·ty]∼ətij] *n* gojaznost, **debljina**
o·bey [ou'bej] *v tr* and *intr* slušati; **povinovati** se;
to ∼ *one's mother* slušati majku; *to* ∼ *the law*
povinovati se zakonu
ob·fus·cate ['abfəskejt]; [o] *v tr* 1. zamračiti 2.
smesti, smutiti
ob·fus·ca·tion [abfəs'kejšən]; [o] *n* 1. **zamračenje**
2. smetenost
o·bit·u·ar·y [ou'bičūerij]; [ə] *n* čitulja, posmrtnica
ob·ject I ['abdžikt]; [o] *n* 1. predmet; stvar; *an*
∼ *of contempt (pity)* predmet prezrenja (sažalje-
nja); **salary is no* ∼ plata je **sporedna stvar**
2. (gram.) objekat, predmet; *a direct (indirect)*
∼ pravi (nepravi) objekat

object II [əb'džekt] *v intr* 1. protestovati, zameriti
(zamjeriti), staviti prigovor; osuditi; *to* ∼ *to*
smt. protestovati protiv nečega, staviti prigovor
na nešto; (legal) učiniti prigovor sudiji (W: sucu)
2. biti protiv; *do you* ∼ *to (my) smoking?*
imate li što protiv pušenja?
ob·jec·tion [∼ kšən] *n* prigovor, zamerka (za-
mjerka); *to make (raise) an* ∼ *to smt.* staviti
prigovor na nešto; (legal) *to enter (overrule,*
sustain) an ∼ uložiti (odbiti, prihvatiti)
prigovor
ob·jec·tion·a·ble [∼əbəl] *a* čemu se može zameriti
(zamjeriti), koji je za osudu, zamerljiv (zamjer-
ljiv)
ob·jec·tive I [əb'džektiv] *n* 1. cilj 2. (usu. mil)
objekat; *to take an* ∼ zauzeti objekat
objective II *a* objektivan
objective complement (gram.) dopuna imenskog
predikata
ob·jec·tiv·ism [∼izəm] *n* objektivizam
ob·jec·tiv·i·ty [abdžek'tivətij]; [o] *n* objektivnost
object lesson pouka
ob·jur·gate ['ab'dža(r)gejt]; [o] *v tr* ukoriti
ob·late ['ab'lejt]; [o] *n* (rel.) posvećenik
ob·la·tion [ab'lejšən]; [o] *n* (rel.) žrtvovanje
ob·li·gate ['abləgejt]; [o] *v tr* 1. obavezati 2.
zadužiti
ob·li·gat·ed [∼id] *a* obavezan
ob·li·ga·tion [ablə'gejšən]; [o] *n* 1. obaveza;
obaveznost; *a military (social)* ∼ vojna (druš-
tvena) obaveza; *an* ∼ *to smb.* obaveza prema
nekome; *to fulfill an* ∼ ispuniti (izvršiti)
obavezu 2. zaduženje
o·blig·a·to·ry [ə'bligətorij]; [ə] *a* obavezan
o·blige [ə'blajdž] *v tr* obavezati
o·bliged [∼d] *a* obavezan; *he was* ∼ *to return*
the book morao je da vrati knjigu
o·blig·ing [∼īng] *a* predusretljiv, ljubazan
o·blique I [ə'blijk], [ou] *n* kosa linija
oblique II *a* 1. kos 2. posredan 3. okolišan, zao-
bilazan, neiskren
oblique III [əb'lajk], [ou] *adv* (mil). *to the right*
(left) ∼, *march!* (komanda za koso kretanje —
desno ili levo — lijevo)
o·bliq·ui·ty [ə'blikwətij], [ou] *n* 1. kosost 2. oko-
lišenje
o·blit·er·ate [ə'blitərejt] *v tr* izbrisati; uništiti
o·blit·er·a·tion [əblitə'rejšən] *n* uništenje

o·bliv·i·on [ə'blivijən] *n* zaborav; *to bring out of* ~ izvući iz zaborava; *to sink into* ~ potonuti (preći, pasti) u zaborav

o·bliv·i·ous [ə'blivijəs] *a* 1. zaboravan 2. nesvestan (nesvjestan); ~ *of (to) danger* nesvestan opasnosti

ob·long I ['abloŋg]; [o] *n* duguljasta figura

oblong II *a* duguljast

ob·lo·quy ['abləkwij]; [o] *n* kleveta; ogovaranje

ob·nox·ious [ab'nakšəs], [ə]; [o]; *a* mrzak, odvratan

o·boe ['oubou] *n* oboa; *to play the* ~ svirati (u) obou

o·bo·ist [~ist] *n* oboista

ob·ol ['abəl]; [o] see **obolus**

ob·o·lus ['abələs]; [o] (-*li* [laj]) *n* (hist.) obol (novac)

ob·scene [ab'sijn]; [o] *a* opscen, skaredan

ob·scen·i·ty [ab'senətij]; [o] *n* opscenost, skarednost

ob·scur·ant [ab'skjūrənt]; [ə] *n* opskurant, mračnjak

ob·scur·ant·ism [~izəm] *n* opskurantizam

ob·scure I [ab'skjū(r)]; [ə] *a* 1. mračan; opskuran 2. nejasan; nerazgovetan (nerazgovijetan); nerazumljiv 3. nepoznat; *an* ~ *poet* nepoznat pesnik (pjesnik)

obscure II *v tr* 1. zamračiti 2. načiniti nerazumljivim, nejasnim

ob·scu·ri·ty [ab'skjūrətij]; [ə] *n* 1. mrak 2. nejasnost, nerazgovetnost (nerazgovjetnost) 3. nepoznatost 4. zavučenost; *to retire into* ~ povući se iz javnog života

ob·se·quies ['absəkwijz]; [o] *n pl* sahrana

ob·se·qui·ous [ab'sijkwijəs]; [ə] *a* ulizički, puzavački

ob·se·qui·ous·ness [~nis] *n* ulizištvo, ulagivanje

ob·serv·a·ble [əb'zə(r)vəbəl] *a* primetan (primjetan)

ob·ser·vance [əb'zə(r)vəns] *n* pridržavanje, čuvanje; ~ *of a custom* pridržavanje običaja

ob·ser·vant [əb'zə(r)vənt] *a* 1. opažljiv, koji ima sposobnost opažanja 2. koji se pridržava; *to be* ~ *of customs* pridržavati se običaja

ob·ser·va·tion I [abzə(r)'vejšən]; [o] *n* 1. osmatranje (W: promatranje) 2. opažanje; opservacija; *a talent for* ~ dar opažanja 3. primedba (primjedba); *to make an* ~ učiniti primedbu

observation II *a* osmatrački (W: promatrački); izviđački; *an* ~ *airplane* avion za korekturu vatre; *an* ~ *balloon* vezani osmatrački balon; *an* ~ *flight* izviđački let; *an* ~ *station* osmatračnica (W: promatračnica)

observation car vagon (s velikim prozorima) za osmatranje (W: promatranje)

ob·ser·va·to·ry [əb'zə(r)vətoɾij]; [tr] *n* opservatorij

ob·serve [əb'zə(r)v] *v* 1. *tr* osmatrati, posmatrati (W: promatrati); *to* ~ *the surrounding area* osmatrati okolinu 2. *tr* opažati 3. *tr* primetiti (primijetiti) 4. *tr* pridržavati se; *to* ~ *customs (laws, regulations, rules)* pridržavati se običaja (zakona, propisa, pravila) 5. *tr* proslaviti; *to* ~ *a holiday* proslaviti praznik 6. *intr* biti osmatrač (W: promatrač)

ob·serv·er [~ə(r)] *n* osmatrač, posmatrač (W: promatrač); ~'*s status* posmatrački status

ob·sess [ab'ses]; [ə] *v tr* opsesti (opsjesti), obuzeti; *to be* ~*ed by an idea* biti opsednut idejom

ob·ses·sion [~šən] *n* opsesija, opsednutost (opsjednutost); *to have an* ~ *with smt.* biti opsednut nečim

ob·ses·sive [~siv] *a* ospesivan, obuzet

ob·so·les·cence [absə'lesəns]; [o] *n* zastarelost (zastarjelost)

ob·so·les·cent [~ənt] *a* koji zastareva (zastarijeva)

ob·so·lete ['absə'lijt]; [o] *a* zastareo (zastario)

ob·sta·cle ['abstəkəl]; [o] *n* prepreka; *to overcome an* ~ savladati prepreku; *an* ~ *to success* prepreka za uspeh (uspjeh)

obstacle race trčanje sa preprekama

ob·stet·ri·cal [ab'stetrikəl]; [o] *a* akušerski

ob·ste·tri·cian [abstə'trišən]; [o] *n* akušer

ob·stet·rics [ab'stetriks]; [o] n (*sgn* or *pl*) akušerstvo, porodiljstvo

ob·sti·na·cy ['abstənəsij]; [o] *n* tvrdoglavost, jogunluk

ob·sti·nate ['abstənit]; [o] *a* tvrdoglav, jogunast

ob·strep·er·ous [ab'strepərəs]; [ə] *a* bučan; buntovan

ob·struct [əb'strakt], [a] *v tr* 1. preprečiti (preprijećiti); *to* ~ *smb.'s way* preprečiti nekome put 2. zakloniti; *to* ~ *smb.'s view* zakloniti nekome pogled 3. omesti; *to* ~ *traffic* omesti saobraćaj

ob·struc·tion [~kšən] *n* 1. prepreka 2. zaklanjanje 3. ometanje; (legal) ~ *of justice* ometanje zakonskog postupka 4. opstrukcija; (med.) blokada

ob·struc·tion·ism [~izəm] *n* opstrukcionizam

ob·struc·tion·ist [~ist] *n* opstrukcionist, ometač

ob·tain [əb'tejn], [a] *v* 1. *tr* dobiti; *to* ~ *money* dobiti novac; *to* ~ *a majority* dobiti većinu 2. *intr* biti u upotrebi

ob·tain·a·ble [~əbəl] *a* koji se može dobiti

ob·trude [ab'trūd]; [ə] *v.* 1. *tr* nametnuti 2. *intr* nametnuti se

ob·tru·sive [~ūsiv], [z] *a* nametljiv

ob·tuse [ab'rūs]; [ə]; [tj] *a* 1. tup; *an* ~ *angle* tup ugao (W: kut) 2. (fig.) glup, tup

ob·verse ['ab'və(r)s]; [o] *n* 1. prednja strana 2. dopuna 3. (phil.) suprotnost

ob·ver·sion [ab'və(r)žən]; [o], [š] *n* okretanje

ob·vert [ab'və(r)t], [o] *v tr* okrenuti

ob·vi·ate ['abvijejt]; [o] *v tr* preduhitriti; otkloniti; *to* ~ *a need* otkloniti potrebu

ob·vi·ous ['abvijəs]; [o] *a* očevidan, jasan

oc·a·ri·na [akə'rijnə]; [o] *n* (mus.) okarina

oc·ca·sion I [ə'kejžən] *n* prilika; povod; *for every* ~ za svaku priliku; *on that* ~ tom prilikom; *on the* ~ *of his visit* prilikom njegove posete (njegovog posjeta)

occasion II *v tr* dati povoda (za), prouzrokovati

oc·ca·sion·al [ə'kejžənəl] *a* 1. povremen 2. okazionalan, okazioni

oc·ca·sion·al·ly [~ij] *adv* (see **occasional** 1) od vremena do vremena

oc·ci·dent ['aksədənt]; [o] *n (the* ~*)* zapad

oc·ci·den·tal [aksə'dentəl]; [o] *a* zapadni

oc·cip·i·tal [ak'sipətəl]; [o] *a* zatiljni

occipital bone zatiljača

oc·clude [ə'klūd] *v tr* 1. zatvoriti; začepiti, zapušiti 2. (chem.) apsorbovati, upiti 3. (meteor.) izazvati okluziju (u)

occluded front (meteor.) front okluzije

oc·clu·sion [ə'klūžən] *n* 1. zatvaranje; začepljenost 2. (chem.) apsorbovanje 3. (ling.) zatvor 4. (meteor.) okluzija

oc·clu·sive I [ə'klūsiv] *n* (ling.) zatvorni suglasnik

occlusive II *a* 1. koji zatvara 2. (ling.) zatvorni

oc·cult [ə'kəlt], [*a*]; [*o*] *a* okultan, tajanstven

oc·cul·ta·tion [akəl'tejšən]; [*o*] *n* (astro.) okultacija

oc·cult·ism [ə'kəltizəm], [*a*]; [*o*] *n* okultizam

oc·cult·ist [~ist] *n* okultista

oc·cu·pan·cy ['akjəpənsij]; [*o*] *n* 1. posed (posjed); zauzimanje 2. držanje 3. stanovanje

oc·cu·pant [~pənt] *n* 1. posednik (posjednik) 2. stanar

oc·cu·pa·tion [akjə'pejšən]; [*o*] *n* 1. zanat; zapošljenje; profesija 2. zauzimanje, zauzeće 3. okupacija; *military* ~ ratna okupacija; *an army of* ~ okupaciona vojska

oc·cu·pa·tion·al [~əl] *a* profesionalan; radni; *an* ~ *disease* profesionalna bolest; ~ *therapy* radna terapija; ~ *health* zaštita radnika (na radu)

oc·cu·pi·er ['akjəpajə(r)]; [*o*] *n* okupator

oc·cu·py ['akjəpaj]; [*o*] *v tr* 1. zauzeti; *to be* ~ *pied with smt.* biti zauzet nečim; (mil.) *to* ~ *a position* zauzeti položaj 2. okupirati; *to* ~ *a country* okupirati zemlju

oc·cu·py·ing [~iṅg] *a* okupatorski, okupacioni; *an* ~ *army* okupatorska vojska; ~ *forces* okupacione snage

oc·cur [ə'kə(r)] *v intr* 1. desiti se, dogoditi se; *an accident* ~ *red* dogodila se nesreća 2. doći; pasti; *it* ~*red to me that* ... palo mi je na pamet da ..., došla mi je misao da ...

oc·cur·rence [~rəns]; [*n*] *n* događaj, slučaj; *an everyday* ~ svakodnevni događaj

o·cean ['oušən] *n* okean (W: ocean)

ocean-going *a* morski *(see also* **seagoing***)*

O·ce·an·i·a [oušij'aenijə] *n* Okeanija (W: Oceanija)

o·ce·an·ic [oušij'aenik] *a* okeanski (W: oceanski)

o·cean·og·ra·pher [oušə'nagrəfə(r)]; [*o*] *n* okeanograf (W: oceanograf)

o·cean·og·ra·phy [~fij] *n* okeanografija (W: oceanografija)

o·cel·lus [ou'seləs] *(-li* [laj]) *n* okce

oc·e·lot ['asəlat]; [*ou*]; [*o*] *n* (zool.) ocelot

o·cher ['oukə(r)] *n* oker

o·cher·ous [~rəs] *a* okerast

och·loc·ra·cy [ak'lakrəsij]; [*o*]; [*o*] *n* ohlokratija, vladavina ološa

o·chre Br.; see **ocher**

o'clock [ə'klak]; [*o*] *adv* sat, sata, sati; *one (two, five)* ~ jedan sat (dva sata, pet sati); *at seven* ~ u sedam sati

oc·ta·gon ['aktəgən]; [*o*]; [ə] *n* oktogon, osmougaonik (W: osmerokut)

oc·tag·o·nal [ak'taegənəl]; [*o*] *a* osmougli (W: osmerokutan)

oc·ta·he·dral [aktə'hijdrəl]; [*o*] *a* oktaedarski

oc·ta·he·dron [aktə'hijdrən]; [*o*] *(-s* or *-dra* [drə]) *n* oktaedar

oc·tam·e·ter [ak'taemətə(r)]; [*o*] *n* stih od osam stopa

oc·tane I ['aktejn]; [*o*] *n* oktan

octane II *a* oktanski; *an* ~ *rating (count)* oktanski broj

oc·tant ['aktənt]; [*o*] *n* oktant

oc·tave ['aktejv]; [*o*], [*i*] *n* (mus.) oktava

oc·ta·vo [ak'tejvou]; [*o*], [*a*] *(-s) n* (printing) 1. osmina tabaka 2. knjiga u osmini

oc·tet, **oc·tette** [ak'tet]; [*o*] *n* oktet

Oc·to·ber [ak'toubə(r)]; [*o*] *n* oktobar (W: listopad)

October Revolution oktobarska revolucija

oc·to·ge·nar·i·an I [aktədžə'nejrijən]; [*o*] *n* osamdesetogodišnjak

octogenarian II *a* osamdesetogodišnji

oc·to·pod ['aktəpad]; [*o*]; [*o*] *n* oktopod, osmorukac

oc·to·pus [~pəs] *(-es* or *-pi* [paj]) *n* hobotnica

oc·to·syl·lab·ic [aktousi'laebik]; [*o*] *a* osmosložan

oc·to·syl·la·ble ['aktəsiləbəl]; [*o*] *n* osmerac, stih od osam slogova

oc·tu·ple ['aktupəl]; [*o*]; [*tʃ*] *a* osmostruk

oc·u·lar ['akjələ(r)]; [*o*] *a* očni

oc·u·list ['akjəlist]; [*o*] *n* okulista, očni lekar -- ljekar (W: liječnik)

OD [ou'dij] (slang) *see* **overdose**

odd [ad]; [*o*] *a* 1. čudan; *an* ~ *fellow* čudak 2. neparan; *an* ~ *number* neparan broj 3. neparan; *an* ~ *sock* rasparena čarapa 4. (as suffix) (malo) više; *20-*~ *years* dvadeset i više godina 5. sporedan; sitan; ~ *jobs* sitni poslovi

odd·ball [~bol] *n* (colloq.) čudak

odd·even par-nepar

odd·ish [~iš] *a* čudan

odd·i·ty [~ətij] *n* 1. čudnost 2. čudak

odd-job man Br.; *see* **handyman**

odd·ly [~lij] *adv* čudnovato, neobično

odds [~z] *n pl* 1. izgledi; mogućnosti; šanse; (sports) bukmejkerske prognoze; *what are the* ~? kakvi su izgledi? kakvo je stanje šansi? *the* ~ *are 50:50* mogućnosti su 50:50 2. (sports) nejednaka opklada; davanje prednosti; *to take* ~ prihvatiti nejednaku opkladu, prihvatiti davanje prednosti; *to give* ~ više uložiti (u opkladi) 3. nadmoćnost; *numerical* ~ brojna nadmoćnost; *to fight against* ~ boriti se protiv nadmoćnijeg neprijatelja 4. ~ *and ends* svaštarije

ode [oud] *n* oda

o·de·on [ou'dijən]; [*o*] *n* see **odeum**

o·de·um ['oudijəm] *(-ea* [ijə]) *n* koncertna dvorana

O·din ['oudin] *n* (myth.) Odin

o·di·ous ['oudijəs] *a* odiozan, gadan, odvratan

o·di·um [~əm] *n* 1. mržnja 2. odvratnost

o·dom·e·ter [ou'damətə(r)]; [*o*] *n* brojčanik (ukupne kilometraže), merač (mjerač) za pređeni put

o·don·ti·tis [oudan'tajtis]; [*o*] *n* odontitis

o·don·tol·o·gy [oudan'talədžij]; [*o*]; [*o*] *n* odontologija

o·dor ['oudə(r)] *n* 1. miris 2. vonj, smrad

o·dor·if·er·ous [oudə'rifərəs] *a* mirisav

o·dor·less ['oudə(r)lis] *a* bez mirisa

o·dor·ous [~rəs] *a* mirisav; smrdljiv

o·dour Br.; *see* **odor**

od·ys·sey ['adəsij]; [*o*] *n* odiseja

oe·de·ma Br.; *see* **edema**

Oed·i·pus ['edəpəs]; [*ij*] *n* (myth.) Edip

Oedipus complex Edipov kompleks

oe·soph·a·gus Br.; *see* **esophagus**

oes·tro·gen Br.; *see* **estrogen**

oes·trus Br.; *see* **estrus**

of [əv] *prep* 1. (exp. possession) *a friend ~ my father (father's)* prijatelj moga oca; *he is a friend ~ mine* on je moj prijatelj; *the Tower ~ London* Londonska kula; *the color ~ the wall* boja zida 2. (exp. origin) *a man ~ humble origin* čovek (čovjek) niskog porekla (porijekla) 3. (exp. a quality) *a man ~ courage* hrabar čovek (čovjek); *~ no value* nikakve vrednosti (vrijednosti) 4. (exp. measure) *a glass ~ water* čaša vode; *a piece ~ meat* komad mesa 5. od; *one ~ them* jedan od njih; *my letter ~ May first* moje pismo od 1. maja; *that's nice ~ you* to je lepo (lijepo) od vas; *to die ~ hunger* umreti (umrijeti) od gladi; *a group ~ 100 students* grupa od 100 studenata; *bridges are made ~ steel* mostovi se prave od čelika; *which ~ these two books?* koja od ove dve (dvije) knjige? 6. o; *to hear (think) ~ smt.* čuti (misliti) o nečemu (also **about II** 1) 7. misc; *to be desirous ~ smt.* biti željan nečega; *to be in need ~ smt.* imati potrebu za nešto; *to be proud ~ smt.* ponositi se nečim; *the Battle ~ Gettysburg* bitka kod Getizburga; *~ late* nedavno; *all ~ a sudden* iznenada; *the glass is full ~ wine* čaša je puna vina; *plenty ~ room* dosta prostora; *~ the same opinion* istog mišljenja; *it was ~ no use* to nije ništa koristilo

of course naravno

off I [of], [a] *a* 1. isključen, ugašen; *the lights are ~* svetlost (svjetlost) je ugašena 2. prekinut; *the current is ~* struja je prekinuta 3. skinut; *his hat was ~* skinuo je šešir 4. otkazan; *the class is ~* predavanje je otkazano 5. ne u formi; *our team was ~* naša ekipa nije bila u formi 6. slobodan; *a day ~* slobodan dan; *he's ~ today* danas ne radi; *she has Tuesday ~* ona ne radi u utorak 7. smanjen; *production is ~* proizvodnja je smanjena 8. desni; *the ~ horse* desni konj 9. netačan (W: netočan); *the figures are ~* brojke nisu tačne 10. mrtav; *the ~ season* mrtva sezona 11. misc.; *to be better ~* biti u boljoj situaciji; *to be badly ~* biti siromah

off II *adv* 1. odavde; daleko; *three miles ~* tri milje odavde; *far ~* daleko 2. odsada; *two years ~* dve (dvije) godine odsada 3. (with verbs) see **drop off, fall off, get off, put off, see off, take off,** etc. 4. misc.; *hands ~!* k sebi ruke! *keep ~ the grass!* ne gazi travu! *~ and on* s vremena na vreme (vrijeme)

off III *prep* 1. s; *to fall ~ a tree* pasti s drveta 2. van; *~ duty* van dužnosti; *he was ~ his game* nije bio u formi; (mil.) *~ limits* zabranjen 3. blizu; *~ the coast* blizu obale 4. od; *to live ~ one's salary* živeti (živjeti) od plate 5. misc.; *to sing ~ key* pogrešno pevati (pjevati)

of·fal ['ofəl], [a] *n* 1. otpaci 2. iznutrica, drob

off·beat ['ofbijt] *a* (slang) neuobičajen, nekonvencionalan

off-Broad·way ['of-'brodwej] *a* (colloq.) van Brodveja (pozorišnog — W: kazališnog centra)

of·fence Br.; see **offense**

of·fend [ə'fənd] *v tr* and *intr* uvrediti (uvrijediti)

of·fend·er [~ə(r)] *n* okrivljeni; *a first ~* osoba koja je prvi put okrivljena

of·fense [ə'fens] *n* 1. prekršaj 2. uvreda; *to give ~* uvrediti; *to take ~* vređati (vrijeđati) se; *no ~!* ne zamerite (zamjerite)! 3. ['ofens] napad; (sports) navala

of·fen·sive I [ə'fensiv] *n* ofanziva (W: ofenziva), napad; *to carry out an ~* izvršiti ofanzivu; *to assume the ~* preuzeti ofanzivu; *on the ~* u ofanzivi

offensive II *a* 1. neprijatan; *an ~ odor* neprijatan miris 2. uvredljiv; *an ~ remark* uvredljiva primedba (primjedba) 3. (mil.) ofanzivan (W: ofenzivan); *~ operations* ofanzivne operacije; *~ tactics* ofanzivna taktika; *~ weapons* ofanzivno oružje

of·fer I ['ofə(r)], [a] *n* ponuda; *to accept (receive) an ~* prihvatiti (primiti) ponudu; *to make (reject) an ~* podneti — podnijeti (odbiti) ponudu

offer II *tr v* 1. ponuditi; *to ~ merchandise* ponuditi robu; *she ~ed me coffee* ponudila me je kafom (kavom); *to ~ one's services* nuditi se; *he ~s to help us* on se nudi da nam pomogne 2. pružiti; *to ~ help (resistance)* pružiti pomoć (otpor) 3. raspisati; *to ~ a reward* raspisati nagradu

of·fer·ing [~riŋ] *n* 1. nuđenje 2. pružanje 3. žrtvovanje 4. poklon, dar

of·fer·to·ry ['ofə(r)torij], [a]; [ə] *n* (rel.) 1. žrtvovanje, prinošenje 2. prikupljanje priloga

off·er up *v* ponuditi

off·hand ['ofhaend], [a] 1. *a* improvizovan 2. *adv* improvizovano

of·fice I ['ofis], [a] *n* 1. kancelarija; poslovnica 2. ured; biro; uprava 3. (Br., in *pl*) sporedne zgrade 4. (in *pl*) usluge; *good ~s* dobre usluge 5. služba božja 6. (Br.) ministarstvo; *the War Office* Ministarstvo rata 7. (pol.) dužnost, položaj; *to run for ~* kandidovati se; *to take ~* primiti se položaja

office II *a* kancelarijski; *~ supplies* kancelarijski pribor; *~ work* kancelarijski posao; *an ~ worker* kancelarijski službenik

office boy mlad kancelarijski radnik

office girl mlada kancelarijska radnica

of·fice·hold·er [~houldə(r)] *n* službenik

office manager šef biroa

of·fi·cer ['ofisə(r)], [a] *n* 1. (mil.) oficir; *~ of the day* dežurni oficir; *a career ~* oficir od karijere; *a reserve ~* rezervni oficir; *an ~ s'club* oficirski klub; *an ~'s commission* oficirski čin; *to promote an ~* unaprediti oficira; *to reduce an ~ in rank* or; (colloq.) *to break an ~* smanjiti oficiru čin 2. činovnik; referent; *a personnel ~* referent za kadrove; *a press ~* referent za štampu 3. policajac, milicionar

of·fi·cial I [ə'fišəl] *n* 1. činovnik 2. (sportski) funkcioner

official II *a* zvaničan, služben; *an ~ duty* zvanična dužnost; *an ~ title* zvaničan naziv

of·fi·cial·dom [~dəm] *n* činovništvo

of·fi·cial·ese [əfišə'lijz] *n* birokratski žargon

of·fi·ci·ate [ə'fišijejt] *v intr* 1. predsedavati (predsjedavati) 2. vršiti crkveni obred 3. (sports) voditi; *to ~ at a game* voditi utakmicu; *he ~d very well* on je odlično vodio utakmicu

of·fi·ci·at·ing [~iŋ] *n* (sports) vođenje igre, suđenje; *the ~ was poor* suđenje je bilo slabo

of·fic·i·nal I [ə'fisənəl] n gotov lek (lijek)
officinal II a gotov (lek — lijek)
of·fi·cious [ə'fišəs] a oficiozan; nametljiv
off·ing ['ofiñg], [a] n 1. pučina 2. bliska budućnost;
in the ~ u bliskoj budućnosti
off·license n (Br.) prodavnica alkoholnih pića
(koja se nose kući)
off·load v tr (Br.) otarasiti se
off·peak a izvan špice; ~ hours vreme (vrijeme)
izvan špice
off·print ['ofprint], [a] n separat
off·season mrtva sezona
off·set I ['ofset], [a] n 1. ofset 2. protivteža 3.
(tech.) nagib, savijanje
offset II [~'set]; -set; v tr izjednačiti; neutralizovati
off·shoot [~šūt] n izdanak
off·shore [~šo(r)] a and adv u blizini obale
off·side [~sajd] a 1. u ofsajdu 2. (Br.) s desne
strane (automobila) (cf. onside)
off·spring [~spriñg] n izdanak
off·stage [~-stejdž] a iza scene, zakulisni
off-the-rec·ord [~-thə-'rekə(r)d] a poverljiv (povjer-
ljiv)
off·track [~-traek] a van hipodroma; ~ betting
klađenje van hipodroma
oft [oft] adv (poetic) često
of·ten ['ofən], [a] adv često
of·ten·times [~tajmz] oft·times ['oftajmz], [a] adv
često
o·give ['oudžajv] n (archit.) šiljast luk
o·gle ['ougəl] v 1. tr piljiti (u) 2. intr piljiti
o·gre ['ougə(r)] n džin ljudožder
oh [ou] interj oh
O·hi·o [ou'hajou] n Ohajo
O·hi·o·an [~ən] n stanovnik države Ohajo
ohm [oum] n om
ohm·me·ter [~mijtə(r)] n ommetar
o·ho [ou'hou] interj oho (izražava čuđenje)
oil I [ojl] n 1. (cul.) zejtin; ulje; cooking ~ ulje
za kuvanje (kuhanje); to fry in ~ pržiti na
zejtinu; cod-liver (olive) ~ riblji (maslinov)
zejtin; poppyseed (sunflower) ~ ulje od maka
(suncokreta); vegetable ~ masno ulje 2. ulje;
motor ~ motorsko ulje; lubricating ~ ulje
za podmazivanje; heating ~ ulje za loženje
3. petrolej, nafta; to strike ~ pronaći izvore
nafte, naići na naftu 4. uljana (slikarska) boja;
to paint in ~ s slikati uljanim bojama 5. misc.;
*to burn the midnight ~ raditi do duboko u
noć; *to pour ~ on troubled waters utišavati
buku
oil II a 1. zejtinski 2. uljani; an ~ change promena
(promjena) ulja 3. petrolejski, naften, nafto-
nosan; ~ fields petrolejska polja
oil III v tr podmazati
oil·bearing a naftonosan
oil burner plamenik, brizgalica za ulje
oil·cake [~kejk] n uljana pogača (za stoku)
oil·can [~kaen] n kantica za ulje
oil·cloth [~kloth] n mušema, voštano platno
oil·er [~ə(r)] n 1. podmazivač 2. see oilcan 3. see
oil tanker
oil paint uljana boja
oil painting 1. uljana slika 2. uljano slikarstvo
oil pan dno motorske kućice
oil·pa·per [~pejpə(r)] n uljani papir

oil pump pumpa za ulje
oil·rig n platforma za podmorsko bušenje
oils uljane boje (see oil I 4)
oil shale bitumenozni škriljac
oil·skin [~skin] n nepromočiv kaput
oil slick naftna mrlja
oil spill prosipanje nafte
oil tanker tanker
oil well izvor nafte
oil·y ['ojlij] a 1. zejtinast; uljast 2. natopljen uljem
(zejtinom) 3. (fig.) slatkorečiv (slatkorječiv)
oink [ojñk] v intr (colloq.) groktati; pigs ~
svinje grokću
oint·ment ['ojntmənt] n mast
O.K. I OK, okay [ou'kej] n (colloq.) pristanak;
to give one's ~ dati (svoj) pristanak
O.K. II OK, okay interj (colloq.) u redu, važi
O.K. III OK, okay v tr (colloq.) pristati (na),
odobriti
O·kie ['oukij] n (colloq.) osiroteli (osirotjeli) poljo-
privrednik (koji je morao da napusti zemlju)
O·ki·na·wa [ouki'nawə], [au] n Okinava
O·kla·ho·ma [ouklə'houmə] n Oklahoma
O·kla·ho·man [~n] n stanovnik države Oklahoma
o·kra ['oukrə] n 1. (bot.) okra 2. (cul.) see gumbo 2
old I [ould] n stara vremena; days of ~ stara vre-
mena
old II a 1. star; an ~ man star čovek (čovjek); an
~ automobile (city, friend, soldier) star auto-
mobil (grad, drug, vojnik); a three-year
~ indictment optužnica stara tri godine; the ~
country stari kraj; (fig.) a man of the ~ school
čovek (čovjek) starog kova 2. misc.; ~ age
starost; to grow ~ stareti (starjeti); how ~ are
you? koliko ti je godina? he is twenty years ~
on ima dvadeset godina older and elder (comp)
(see also entry for elder II)
old-age pension starosna penzija
old boy (Br.) (colloq.) stari đak, bivši đak
old-boy network uzajamno pomaganje i podrška
svršenih učenika iste škole u kasnijem životu
old buffer (Br.; colloq.) nesposoban starac
Old Bulgarian starobugarski jezik
Old Church Slavic (Br.: Slavonic) staroslovenski
(W: staroslavenski) jezik
old·en [~ən] a (poetic and obsol.) star; ~ times
stara vremena
Old English staroengleski jezik
old fashioned vrsta koktela
old-fash·ioned [~-faešənd] a staromodan, star;
starinski; ~ views stari pogledi
old fo·gy ['fougij] konzervativac, staromodan
čovek (čovjek)
Old French starofrancuski jezik
Old Glory zastava SAD
old guard stara garda
old hand iskusna osoba
old hat (colloq.) staromodan
Old High German starovisokonemački (staro-
visokonjemački) jezik
Old Icelandic see Old Norse
old·ish [~iš] a srednjih godina
old lady (colloq.) 1. majka 2. supruga
old-line [~-lajn] a staromodan; tradicionalan
old maid usedelica (usidjelica)
old man (colloq.) 1. otac 2. suprug

Old Norse staronorveški jezik
Old Prussian staropruski jezik
Old Russian staroruski jezik
old-school [~-skŭl] a staromodan
old school tie esp. Br,; see old-boy network
Old Testament (the ~) Stari zavet (zavjet)
old-time [~-tajm] a starinski; star
old-tim·er [~-ə(r)] n starosedelac (starosjedilac)
old wives' tales pl bapske priče
Old World (the ~) Stari svet (svijet)
old-world [~-wə(r)ld] a Starog sveta (svijeta)
o·le·ag·i·nous [oulij'aedžənəs] a zejtinjav; mastan
o·le·an·der [oulij'aendə(r)] n (bot.) oleander
o·le·as·ter [oulij'aestə(r)] n (bot.) oleaster, dafina
o·le·fin, o·le·fine ['ouləfin], [ij] n (chem.) olefin
o·le·ic [ou'lijik] a oleinski; ~ acid oleinska kiselina
o·le·in, o·le·ine ['oulijin], [ij] n (chem.) olein
o·le·o·mar·ga·rin(e) [oulijou'ma(r)džərin] n margarin
O level (Br.) niži stepen prijemnih ispita (na fakultetu) (cf. A level)
ol·fac·to·ry [al'faekt(ə)rij], [ou]; [o] a mirisni, olfaktoran
ol·i·garch ['aləga(r)k]; [o] n oligarh
ol·i·gar·chy [~ij] n oligarhija
o·li·o ['oulijou] n 1. ragu 2. mešavina (mješavina)
ol·ive I ['aliv]; [o] n 1. maslinovo drvo, maslina 2. maslina, maslinov plod
olive II a maslinov; ~ oil maslinovo ulje
olive branch maslinova grančica; simbol mira,*to offer smb. the ~ ponuditi nekome maslinovu grančicu
olive drab smeđemaslinasta boja; an ~ uniform smeđemaslinasta službena uniforma
olive green sivomaslinasta boja
O·lym·pi·ad [ou'limpijaed] n olimpijada
O·lym·pi·an I [ou'limpijən] n 1. Olimpljanin, olimpijski bog 2. olimpijski takmičar
Olympian II a olimpijski; olimpski
O·lym·pic [ou'limpik] a olimpijski
Olympic Games pl Olimpijske igre; to hold the ~ održati Olimpijske igre
O·lym·pus [ou'limpəs] n Olimp
O·man [ou'man] n Oman
o·ma·sum [ou'mejsəm] (-sa [sə]) n (anat.) listavac
om·buds·man ['ambədzmən]; [o] (-men [min]) n arbitar koji posreduje u sporovima (u nekome preduzeću — W: poduzeću), ombudsman
o·me·ga [ou'mejgə], [ij] n omega; see also alpha
om·e·let, om·e·lette ['amlit]; [o] n omlet, *you can't make an ~ without breaking eggs kad se drvo seče (siječe), iverje skače
o·men ['oumən] n znamenje; predznak; predskazanje; a bad ~ rđav predznak
o·men·tum [ou'mentəm] (-ta [tə]) n (anat.) omentum, lojava prečaga
om·i·nous ['amənəs]; [o] a zloslutan, ominozan, preteći (prijeteći); ~ rumors zloslutne glasine; an ~ silence preteća tišina
o·mis·sion [ou'mišən] n propust; izostavljanje
o·mit [ou'mit] v tr izostaviti, propustiti; to ~ several lines propustiti nekoliko redova
om·ni·bus I ['amnibəs]; [o] n 1. see bus I 2. antologija
omnibus II a koji obuhvata raznovrsne stvari

om·ni·far·i·ous [amnə'fejrijəs] a raznovrstan, svakovrstan
om·nip·o·tence [am'nipətəns]; [o] n svemoć
om·nip·o·tent [~ənt] a svemoguć, svemoćan
om·ni·pres·ence [amni'prezəns]; [o] n sveprisutnost
om·ni·pres·ent [~ənt] a sveprisutan
om·nis·cience [am'nišəns]; [o] n sveznanje, sveznalaštvo
om·nis·cient [~ənt] a sveznajući
om·ni·vore ['amnivor(r)]; [o] n svaštojedac, svaštožder
om·niv·o·rous [am'nivərəs]; [o] a koji sve jede
on I [an]; [o] 1. adv. (with verbs) see call on, get on, go on, hang on, keep on, look on, move on, put on, turn on, work on, etc. 2. pred a zakazan; the meeting is ~ for this evening sastanak je zakazan za večeras 3. pred a upaljen, uključen; the current is ~ struja je upaljena 4. pred a (colloq., sports) u dobroj formi 5. misc.; and so ~ i tako dalje; ~ and off sa prekidima; ~ and ~ sve dalje; to be ~ to smt. shvatati nešto; what's ~ at the movies? šta (što) se daje u bioskopu (W: kinu)?
on II prep 1. na; ~ approval na odobrenje; to put a book ~ a table staviti knjigu na sto (stol); ~ duty na službi; ~ horseback na konju; ~ land (shore) na kopnu (obali); ~ the roof (of a house) na krovu (kuće); ~ the way na putu; an attack ~ the enemy napad na neprijatelja; ~ one's word of honor na časnu reč (riječ); to work ~ (at) smt. raditi na nečemu; to act ~ one's own responsibility raditi na svoju odgovornost; to have mercy ~ smb. smilovati se na nekoga 2. pri; ~ his arrival pri njegovom dolasku 3. o; to hang smt. ~ a hook obesiti (objesiti) nešto o kuku; she hit her head ~ the floor udarila je glavom o pod; to live ~ vegetables živeti (živjeti) o povrću 4. po; to act ~ smb's suggestion raditi po nečijem savetu (savjetu); ~ his father's death po smrti njegovog oca 5. (with gen) May first prvog maja (W: svibnja); ~ a dark night jedne mračne noći; ~ that day toga dana 6. u; ~ Thursday u četvrtak; ~ the run u bekstvu (bjekstvu) 7. pod; ~ these conditions pod ovim uslovima (W: uvjetima); ~ a pretext pod izgovorom 8. preko; ~ the radio (~television) preko radija (televizije) 9. prema; to act ~ principle postupati prema načelu 10. misc.; ~ alert u stanju pripravnosti; ~ foot pešice (pješice); ~ purpose namerno (namjerno); ~ tap iz bureta; ~ the Q. T. tajno; ~ the level pošten(o); that's a new one ~ me to je za mene novost; the joke is ~ you na vaš račun se smeju (smiju); ~ suspicion na temelju sumnje; ~ the eve (of) uoči; ~ the contrary naprotiv; ~ the whole uglavnom; it's ~ me ja ću da platim (ceh)
on account of prep zbog; ~ the children zbog dece (djece)
on·a·ger ['anədžə(r)]; [o] n divlji magarac
o·nan·ism ['ounənizəm] n onanija
o·nan·ist [~ist] n onanista
on behalf of prep u korist
once I [wəns] n put; this ~ ovoga puta; all at ~ najednom; at ~ odmah

once II *adv* jednom; nekad; ~ *in a while* ponekad; *we were young* ~, *too* nekad smo i mi bili mladi; ~ *upon a time* u davna vremena; ~ *more* još jednom; ~ *and for all* jednom za uvek (uvijek)

once III *conj* čim; ~ *you hesitate, you're lost* čim oklevate, propali ste

once-o·ver [~-ouvə(r)] *n* (colloq.) pregled; *to give smt. the* ~ pregledati nešto

on·com·ing ['ankəmiŋ]; [o] *a* koji dolazi

one I [wən] *n* 1. jedinica 2. jedan; ~ *by* ~ jedan po jedan; ~ *after the other* jedan za drugim; *to bet five to* ~ kladiti se pet prema jedan; *a large book and a small* ~ jedna velika knjiga i jedna mala; *these envelopes are too large; do you have smaller* ~*s?* ovi koverti su suviše veliki; imate li manjih? 3. osoba; *the little* ~*s* deca (djeca) 4. misc.; (colloq.) *she belted him* ~ opalila mu je šamar; *he's a great* ~ *for sports* on je veliki ljubitelj sporta

one II *pron* čovek (čovjek), neko (netko); ~ *cannot please everybody* ne može čovek svima ugoditi; *if* ~ *wants to get smt. done, he should do it himself* ako treba nešto da se uradi, onda je najbolje da to čovek sam uradi (more colloq. and usu. is **you** 2)

one III *num* 1. jedan; *at* ~ *o'clock* u jedan sat; ~ *and* ~ *are two* jedan i jedan jesu dva; *do you have a book? yes, I have* ~ da li imaš knjigu? da, imam 2. jedini; *that was the* ~ (stressed) *country I wanted to visit* to je bila jedina zemlja koju sam želeo (želio) da posetim (posjetim)

one another see **each other**

one-armed bandit (colloq.) see **slot machine**

one-eyed *a* jednook

one-family house [~-faeməlij] *a* kuća za jednu familiju

one-horse [~-ho(r)s] *a* 1. jednoprežan; *a* ~ *carriage* jednopreg 2. (colloq.) majušan; *a* ~ *town* varošica, palanka

o·nei·ro·man·cer [ou'najrəmaensə(r)] *n* tumač snova

o·nei·ro·man·cy [~sij] *n* tumačenje snova

one-ness ['wənnis] *n* jedinstvo

one-night [~-najt] *a* koji traje jednu noć; *a* ~ *stand* jednodnevno gostovanje

one-party [~-pa(r)tij] *a* jednopartijski; *a* ~ *system* jednopartijski sistem

one-piece [~-pijs] *a* jednodelni (jednodijelni); *a* ~ *bathing suit* jednodelni kupaći kostim

one-room [~-rum], [ū] *a* 1. jednosobni; *a* ~ *apartment* jednosobni stan 2. jednorazredan; *a* ~ *schoolhouse* jednorazredna škola

on·er·ous ['anərəs]; [o] *a* tegoban

one·self [~'self] 1. *refl pron* se, sebe, sebi, sobom; *to see* ~ videti (vidjeti) samog sebe; *to come to* ~ doći k sebi; *to be satisfied with* ~ biti zadovoljan sobom; **to be beside* ~ *with joy* biti van sebe od radosti 2. *pron a* sam

one·si·ded ['wən'sajdid] *a* jednostran, pristrastan (W: pristrasan)

one-step [~-step] *n* vrsta plesa

one-sto·ry [~-storij] *a* jednospratan (W: jednokatan); *a* ~ *house* jednospratna kuća

one-time [~-tajm] *a* bivši

one-track [~-traek] *a* opsednut (opsjednut); *to have a* ~ *mind* biti opsednut nekom idejom

one-two [~-tū] *a* (colloq.) dvostruki; *a* ~ *punch* dvostruki udar

one-up·man·ship [~-'əpmənšip] *n* (colloq.) lukavost; preimućstvo

one-way [~-wej] *a* jednosmeran (jednosmjeran); *a* ~ *street* jednosmerna ulica

one-way ticket karta za vožnju u jednom smeru (smjeru)

on·go·ing ['angouiŋ]; [o] *a* u toku

on·ion ['ənjən] *n* (crni) luk

on·ion·skin [~skin] *n* pelir

on-line *a* (C.) onlajn, u sklopu sistema

on·look·er ['anlukə(r)]; [o] *n* gledalac

on·ly I ['ounlij] *a* jedini; *an* ~ *child* jedinče

only II *adv* samo; ~ *one* samo jedan; *he* ~ *has (has* ~*) ten dollars* ima samo deset dolara; *she is not* ~ *pretty, but she's intelligent too* nc samo da je lepa (lijepa), nego je i pametna

on·o·mas·tic [anə'maestik]; [o] *a* onomastički

on·o·mas·tics [~s] *n* onomastika

on·o·mat·o·poe·ia [anəmaetə'pijə]; [ənəmətə'pijə] *n* onomatopeja

on·o·mat·o·poe·ic [~'pijik] **on·o·mat·o·po·et·ic** [~ pou'etik] *a* onomatopejski, onomatopoetski

on·rush ['anrəš]; [o] *n* juriš

on·set [~set] *n* 1. juriš 2. početak

on·shore [~šo(r)] *a* na obali, priobalni

on·side [~sajd] *a* (Br.) s leve (lijeve) strane (automobila) (cf. **offside** 2)

on-site [~-sajt] *a* na terenu; *to conduct an* ~ *investigation* izaći na teren

on·slaught [~slot] *n* snažan napad, juriš

On·tar·i·o [an'tejrijou]; [o] *n* Ontario

on-the-job training obuka za vreme (vrijeme) rada

on·to, on to [~tū] *prep* 1. na; *to jump* ~ *a chair* skočiti na stolicu 2. (colloq.) svestan (svjestan); *to be* ~ *a scheme* biti svestan zavere (zavjere)

on·tol·o·gy [an'talədžij]; [o]; [o] *n* ontologija

on top of *prep* na (see also **top I** 3)

o·nus ['ounəs] *n* teret, breme

on·ward [~wə(r)d] *adv* napred (naprijed)

on·yx ['aniks]; [o] *n* oniks

oo·dles ['ūdəlz] *n pl* (colloq.) mnoštvo, velika količina

oomph [umf] *n* (slang) oduševljenje

oops [ups] *interj* uh!

oops-a-daisy *interj* (kaže se) 1. kad se neko penje 2. kad je neko pao

ooze I [ūz] *n* curenje

ooze II *v* 1. *tr* izlučiti; ispustiti 2. *intr* curiti

ooze III *n* mulj, glib

ooz·y [~ij] *a* koji curi, kaplje

o·pac·i·ty [ou'paesətij] *n* neprozirnost, neprovidnost, neprozračnost

o·pal ['oupəl] *n* opal

o·paque [ou'pejk] *a* neproziran

OPEC ['oupek] *abbrev. of* *Organization of Petroleum Exporting Countries*

o·pen I ['oupən] *n* otvoren prostor, slobodan prostor; *in the* ~ pod vedrim nebom

open II *a* 1. otvoren; *an* ~ *window* otvoren prozor; *an* ~ *wound* otvorena rana; *an* ~ *letter* otvoreno pismo; *to receive with* ~ *arms* dočekati otvorenih ruku 2. iskren, otvoren 3. (ling.) otvoren; *an* ~ *syllable* otvoren slog, 4. misc.; *to keep an* ~ *house* rado primati goste;

an ~ *question* nerešeno (neriješeno) pitanje; ~ *to criticism* izložen kritici

open III *v* 1. *tr* otvoriti; *to* ~ *an* account (*a door, an exhibit, a meeting, a school, a window*) otvoriti račun (vrata, izložbu, sednicu — sjednicu, školu, prozor) 2. *tr* razvući; *to* ~ *the drapes* razvući zavese (zavjese) 3. *tr* (mil.) razmaknuti; *to* ~ *ranks* razmaknuti stroj 4. *intr* otvoriti se; *the stores* ~ *at ten o'clock* radnje se otvaraju u deset sati; *~ *sesame!* sezame otvori se! 5. *intr* (*to* ~ *out*) gledati; *the windows* ~ *out onto the east* prozori gledaju na istok 6. *intr* početi; *how does the story* ~? kako počinje priča?

open admissions (*pl*) upis kandidata na fakultete bez prijemnog ispita

o·pen·air [~-ej(r)] *a* pod vedrim nebom

o·pen-and-shut [~-ən-šȧt] *a* (colloq.) lako rešiv (rješiv); *an* ~ *case* lak slučaj

open city otvoreni grad

open-door policy politika slobodne trgovine

o·pen-end·ed [~-endid] *a* na neodređeno vreme (vrijeme)

o·pen·er [~ə(r)] *n* 1. otvarač 2. prvi potez

o·pen-eyed [~-ajd] *a* otvorenih očiju

o·pen-heart·ed [~-ha(r)tid] *a* prostodušan, iskren, otvoren

o·pen-heart·ed·ness [~-nis] *n* prostodušnost, iskrenost

open-heart surgery operacija na otvorenom srcu

open-hearth [~-ha(r)th] *a* Simens-Martinov

open housing see **fair housing**

o·pen·ing [~-īng] *n* 1. otvor; otvaranje 2. vakancija, upražnjeno mesto (mjesto)

opening night premijera

open marriage bračna zajednica u kojoj i muž i žena imaju potpunu slobodu

o·pen-mind·ed [~-majndid] *a* bespredrasudan

o·pen-mouthed [~-mauthd] *a* zabezeknut, otvorenih usta

o·pen·ness [~-nis] *n* otvorenost

open out *v* see **open III 5**

open face sandwich sendvič s jednom kriškom hleba (hljeba — W: kruha)

open season lovna sezona (also fig.)

open shop preduzeće (W: poduzeće) u kojem se ne prave razlike između sindikalno organizovanih i neorganizovanih radnika

open stacks (in a library) (otvoreno) skladište koje je pristupačno svim čitaocima

Open University (Br.) (*the* ~) univerzitet koji prima studente bez prijemnog ispita

open up *v* 1. otvoriti 2. (colloq.) početi govoriti

o·pen·work [~wə(r)k] *n* ažur, rad sa šupljikama

op·er·a I ['aprə]; [o] *n* opera; *to hear an* ~ slušati operu; *we were at the* ~ bili smo u operi

opera II *a* operski, operni; *an* ~ *singer* operni pevač (pjevač)

o·per·a III see **opus**

op·er·a·ble ['apərəbəl]; [o] *a* koji se može operisati

opera glass (often in *pl*: *opera glasses*) pozorišni (W: kazališni) dvogled

opera house opera; *a new* ~ *is being built* gradi se nova opera

op·er·ate ['apərejt]; [o] *v* 1. *tr* rukovati; operisati; *to* ~ *a machine* rukovati mašinom; *to* ~ *a*

tractor operisati traktorom 2. *tr* rukovoditi, rukovati; *to* ~ *a firm (a government)* rukovoditi preduzećem — W: poduzećem (državavom); *easy to* ~ jednostavan za rukovanje 3. *tr (to* ~ *on)* (med.) operisati; *he was* ~*d on for appendicitis* on je operisan od slepog creva (sljepog crijeva); *to be* ~*d on for breast cancer* biti podvrgnuta operaciji raka dojke 4. *intr* operisati; *to* ~ *against the enemy* operisati protiv neprijatelja 5. *intr* raditi, funkcionisati

op·er·at·ic [apə'raetik]; [o] *a* operni, operski; ~ *arias* operne arije

op·er·at·ing [~īng] *a* 1. radni; pogonski; ~ *conditions* radni uslovi (W: uvjeti); ~ *instructions* uputstvo (W: uputa) za rad; *an* ~ *frequency* radna frekvencija 2. operacioni; *an* ~ *room* (Br.: *theatre*) operaciona sala; *an* ~ *table* operacioni sto (stol) 3. aktivan, operativan; ~ *efficiency* operativna efikasnost; *an* ~ *range* operativna daljina dejstva (djejstva) 4. tehnički; ~ *personnel* tehničko osoblje

operating arm (on a firearm) povratna opruga

operating engineer mehaničar (elektrotehničar, vodoinstalater, itd.)

operating system (C.) operativni sistem

op·er·a·tion [apə'rejšən]; [o] *n* 1. (med.) operacija hirurški (kirurški) zahvat; *to perform an* ~ *on smb.* izvršiti operaciju nad nekim; *to have (undergo) an* ~ biti podvrgnut operaciji 2. (often mil.) operacija; *to carry out an* ~ sprovesti operaciju; (in *pl*, mil.) borbena dejstva (djejstva); (mil.) *to put out of* ~ izbaciti iz stroja 3. manipulacija, rukovanje; *easy* ~ jednostavna manipulacija 4. pogon; *to put into* ~ staviti u pogon

op·er·a·tion·al [~əl] *a* 1. operativan; *an* ~ *decision* operativna odluka; ~ *range* operativna daljina 2. borbeni; *to make* ~ dovesti u borbenu gotovost

op·er·a·tions [~z] 1. *pl* of **operation** 2. *n* poslovanje; *efficient* ~ efikasan način poslovanja 3. *a* operativan; (mil.) *an* ~ *map* operativna karta

operations research naučna analiza efikasnosti

op·er·a·tive I ['apərətiv]; [o] *n* 1. visokokvalifikovani radnik 2. špijun 3. privatni detektiv

operative II *a* 1. operativan; u radu 2. efikasan

op·er·a·tor ['apərejtə(r)]; [o] *n* 1. operator 2. rukovalac; *an* ~ *of construction machinery* rukovalac građevinskih mašina 3. (*telephone* ~) telefonistkinja, telefonista 4. rukovodilac 5. prevoznik, kompanija za prevoz; *a nonscheduled* ~ kompanija za prevoz po potrebi 6. (colloq., pejor.) nameštač (namještač), maher

op·e·ret·ta [apə'rətə]; [o] *n* opereta

oph·thal·mic [af'thaelmik]; [o] or [ap~] *a* oftalmičan, očni

oph·thal·mol·o·gist [afthael'malədžist]; [o], [ə]; [o] or [ap~] *n* oftalmolog, okulist (also **oculist**)

oph·thal·mol·o·gy [~ədžij] *n* oftalmologija

oph·thal·mo·scope [af'thaelməskoup]; [o] or [ap~] *n* oftalmoskop

o·pi·ate ['oupijit], [ej] *n* opijat

o·pin·ion [ə'pinjən] *n* mišljenje, mnenje (mnijenje); *a change of* ~ promena (promjena) mišljenja; *in my* ~ po mom mišljenju; *to have a high* ~ *of oneself* imati visoko mišljenje o sebi; *public* ~

javno mišljenje (mnenje); *to canvas public* ~ ispitivati javno mnenje; *to express an* ~ izraziti mišljenje

o·pin·ion·at·ed [~ejtid] *a* tvrdoglav

o·pi·um [ˈoupijəm] *n* opijum

o·pos·sum [əˈpasəm]; [o] *(pl* has zero or *-s) n* oposum

op·po·nent [əˈpounənt] *n* protivnik

op·por·tune [apə(r)tˈūn]; [o]; [tj] *a* oportun, zgodan, podesan; ~*ly* u pravi čas

op·por·tun·ism [apə(r)tˈūnizəm]; [o]; [tj] *n* oportunizam

op·por·tun·ist [~ist] *n* oportunista

op·por·tun·is·tic [apə(r)tūnˈistik]; [o]; [tj] *a* oportunistički

op·por·tu·ni·ty [apə(r)tˈūnəti]; [o]; [tj] *n* 1. prilika; *to grab (miss) an* ~ ugrabiti (propustiti) priliku; *a suitable* ~ zgodna prilika; *if the* ~ *presents itself* ako se bude pružila prilika; *at the first* ~ prvom prilikom 2. mogućnost; *an* ~ *to work* mogućnost za rad

op·pose [əˈpouz] *v tr* protiviti se; *to* ~ *war* protiviti se ratu

op·po·site I [ˈapəzit]; [o] *n* suprotnost, suprotna strana; *the result was the* ~ *of what we had expected* rezultat je bio suprotan od očekivanog

opposite II *a* suprotan, protivan; ~ *to* suprotan od

opposite III *prep* prekoputa, prema; *he sits* ~ *me* on sedi (sjedi) prema meni

op·po·si·tion I [apəˈzišən]; [o] *n* 1. opozicija 2. otpor; *to put up* ~ pružati otpor

opposition II *a* opozicioni; ~ *leaders* opozicioni lideri; *an* ~ *party* opoziciona partija

op·press [əˈpres] *v tr* tlačiti, ugnjetavati

op·pres·sion [əˈprešən] *n* tlačenje, ugnjetavanje

op·pres·sive [əˈpresiv] *a* koji tlači, ugnjetački

op·pres·sor [əˈpresə(r)] *n* tlačilac, ugnjetač

op·pro·bri·ous [əˈproubrijəs] *a* sramotan

op·pro·bri·um [~ijəm] *n* sramota

opt [apt]; [o] *v intr* (colloq.) optirati, birati; *to* ~ *for smt.* odlučiti se za nešto

op·ta·tive I [ˈaptətiv]; [o] *n* (gram.) optativ

optative II *a* optativni

op·tic [ˈaptik]; [o] *a* očni, optički

op·ti·cal [~əl] *a* optički; *an* ~ *illusion* optička varka; *an* ~ *instrument* optička sprava

optical activity (chem.) optička aktivnost

optical fiber optička mreža

optic axis optička osa (kristala)

op·ti·cian [apˈtišən]; [o] *n* optičar

op·tics [ˈaptiks]; [o] *n* (usu. *sgn)* optika

op·ti·mal [ˈaptiməl]; [o] *a* optimalan, najpovoljniji

op·ti·mism [ˈaptəmizəm]; [o] *n* optimizam

op·ti·mist [~ist] *n* optimista

op·ti·mis·tic [aptəˈmistik]; [o] *a* optimistički

op·ti·mum I [ˈaptəməm]; [o] *(pl* has *-s* or *-ma* [mə]) *n* optimum, najbolje stanje

optimum II *a* see optimal

op·tion [ˈapšən]; [o] *n* 1. izbor; pravo biranja; **to leave one's* ~*s open* ostaviti sebi otvorene ruke 2. opcija; preče pravo; *an* ~ *to buy* preče pravo kupovine 3. (usu. on a new automobile) dodatni uređaj, poboljšanje na automobilu

op·tion·al [~əl] *a* ostavljen slobodnom izboru; neobavezan

op·tom·e·trist [apˈtamətrist]; [o]; [o] *n* stručnjak za merenje (mjerenje) vida (cf. **oculist, ophthalmologist, optician)**

op·tom·e·try [aptˈamətrij]; [o]; [o] *n* optometrija

opt out *v* (colloq.) povući se, odustati

op·u·lence [ˈapjələns]; [o] *n* imućnost

op·u·lent [~ənt] *a* imućan

o·pus [ˈoupəs] *(-es* or *opera* [ˈoupərə], [a]; [o]) *n* opus, delo (djelo)

or [o(r)] *conj* ili; *either you* ~ *I* ili ja ili ti; *somehow* ~ *other* na ovaj ili onaj način

or·ach, orache [ˈorič] *n* (bot.) divlja loboda

or·a·cle [ˈorəkəl], [a] *n* orakul, proročište

or·al I [ˈorəl], [a] *n* usmeni ispit; *he has passed his* ~*s* položio je usmene ispite

oral II *a* 1. usmeni; *an* ~ *examination* usmeni ispit; ~ *tradition* usmena tradicija 2. čfalan; *an* ~ *contraceptive* oralno kontraceptivno sredstvo; *the* ~ *method (of language instruction)* oralni metod (nastave stranih jezika)

or·ange I [ˈorindž], [a] *n* 1. pomorandža, narandža, naranča 2. narančasta boja

orange II *a* 1. narančaste boje, oranžast 2. narančin; *an* ~ *peel* narančina kora

or·ange·ade [~ˈejd] *n* oranžada

or·ange·ry [ˈorindžrij], [a] *n* narandžište

o·rang·u·tan [əˈraeñgətaen] *n* orangutan

o·rate [oˈrejt] *v intr* govoriti slatkorečivo (slatkorječivo)

o·ra·tion [oˈrejšən] *n* govor, oracija, beseda (besjeda); *a funeral* ~ nadgrobna beseda

or·a·tor [ˈorətə(r)], [a] *n* orator, govornik

or·a·tor·i·cal [orəˈtorikəl], [a] *a* oratorski

or·a·to·ri·o [orəˈtorijou], [a] *n* (mus.) oratorij

or·a·to·ry I [ˈorətorij], [a]; [tr] *n* govornička veština (vještina)

oratory II *n* (rel.) molitvište

orb [o(r)b] *n* 1. sfera 2. delokrug (djelokrug) 3. nebesko telo (tijelo) 4. (poetic) oko; očna jabučica

or·bic·u·lar [o(r)ˈbikjələ(r)] *a* sferičan

or·bit I [ˈo(r)bit] *n* orbita; *to enter a lunar* ~ stići u Mesečevu (Mjesečevu) orbitu

orbit II *v* 1. *tr* izbaciti u orbitu; *to* ~ *a spaceship* izbaciti vasionski brod u orbitu 2. *tr* kružiti (oko), obleteti (obletjeti); *to* ~ *the earth* kružiti oko Zemlje 3. *intr* leteti (letjeti) po orbiti

or·bit·al [~əl] *a* orbitalni; *an* ~ *flight* orbitalni let; *an* ~ *station* orbitalna stanica

or·chard [ˈo(r)čə(r)d] *n* voćnjak

or·ches·tra [ˈo(r)kistrə], [e] *n* 1. orkestar; *a chamber (string, symphony)* ~ kamerni (gudački, simfonijski) orkestar; *to conduct (direct, lead) an* ~ dirigovati orkestrom 2. parket, parter

or·ches·tral [o(r)ˈkestrəl] *a* orkestarski; *an* ~ *work* orkestarsko delo (djelo)

orchestra pit prostor za orkestar

or·ches·trate [ˈo(r)kistrejt] *v tr* orkestrirati

or·ches·tra·tion [o(r)kiˈstrejšən] *n* orkestracija

or·chid [ˈo(r)kid] *n* (bot.) orhideja, kaćun

or·dain [o(r)ˈdejn] *v tr* 1. rukopoložiti (W also: zarediti); *to be* ~*ed priest* biti rukopoložen za sveštenika (svećenika) 2. narediti 3. dosuditi

or·deal [o(r)ˈdijl] *n* 1. teško iskušenje; *to undergo an* ~ proći iskušenje 2. ogled nevinosti; ~ *by fire* ogled nevinosti vatrom

or·der I ['o(r)də(r)] *n* 1. red; *in alphabetical* ∼ u azbučnom redu; *the established* ∼ utvrđeni red; *to call to* ∼ pozvati na red; *to maintain* ∼ održavati red; *to put in* ∼ dovesti u red; *to put things in* ∼ napraviti red; *word* ∼ red reči (riječi); *law and* ∼ red i mir; *in* ∼ u redu; *out of* ∼ van reda; *in* ∼ *of merit* po redu zasluge 2. redosled (redoslijed); red; ∼ *of seniority* red starešinstva 3. (usu. mil.) zapovest (zapovijest), naređenje, naredba; *to carry out (confirm, give) an* ∼ izvršiti (potvrditi, izdati) naređenje; *an* ∼ *of the day* dnevna zapovest; *a standing* ∼ stalno naređenje 4. poredak; red; *a social* ∼ društveni poredak 5. (mil.) poredak; stroj; *close* ∼ zbijen poredak; *extended* ∼ raščlanjeni stroj; *open* ∼ razmaknuti stroj; ∼ *of battle* borbeni poredak 6. porudžbina, narudžbina; *to place an* ∼ *for smt.* poručiti nešto; *to cancel an* ∼ otkazati porudžbinu; *a standing* ∼ stalna porudžbina; *on* ∼ naručen 7. nalog; *travel* ∼s putni nalog 8. (biol.) red 9. (usu. rel.) red; *a monastic* ∼ kaluđerski red; *a knights'* ∼ viteški red 10. udruženje 11. pravilnik, poslovnik; propisani red; *to speak (rise) to a point of* ∼ pokrenuti pitanje poslovnika; *he was out of* ∼ nije se držao propisanog reda 12. (math.) red; ∼ *of magnitude* red veličine 13. misc.; *in* ∼ *to ...* da bi ...; *the elevator is out of* ∼ ne radi lift; *in short* ∼ odmah; (colloq.) *on the* ∼ *of* otprilike

order II *v* 1. *tr* narediti; zapovediti (zapovijediti); *to* ∼ *smb. to do smt.* narediti nekome da uradi nešto; *headquarters* ∼*ed an extensive investigation* komanda je naredila obimnu istragu; *to* ∼ *smb. away* narediti nekome da ode; *to* ∼ *smb. home* narediti nekome da se vrati kući; *to* ∼ *smb. to come in* narediti nekome da uđe; *to* ∼ *smb. to get out* narediti nekome da izađe; *the doctor* ∼*ed him to bed* lekar — ljekar (W: liječnik) mu je zapovedio da ne napušta postelju; *he* ∼*ed the regiment to retreat or: he* ∼*ed that the regiment retreat* naredio je da se puk povuče 2. *tr and intr* poručiti, naručiti; *to* ∼ *dinner (merchandise)* poručiti ručak (robu) 3. misc.; (mil.) ∼ *arms!* k nozi!

order around *v* (colloq.) komandovati; *don't order me around!* nemoj ti meni komandovati!

order book knjiga porudžbina

or·der·ly I [∼lij] *n* 1. (mil.) posilni 2. bolničar

orderly II *a* 1. uredan; *an* ∼ *person* uredan čovek (čovjek) 2. miran; (pol.) *an* ∼ *transition of power* predaja vlasti u skladu s ustavom

ord·i·nal I ['o(r)dnəl] *n* 1. redni broj 2. (rel.) trebnik

ordinal II *a* redni; *an* ∼ *number* redni broj

or·di·nance ['o(r)dnəns] *n* propis, dekret

or·di·nar·i·ly ['o(r)dn'erəlij]; *adv* (see **ordinary II**) obično, redovno

or·di·nar·y I ['o(r)dnerij]; [nr] *n* običnost; *out of the* ∼ neobično

ordinary II *a* 1. običan; uobičajen; ordinaran 2. (naut.) *an* ∼ *seaman* mlađi mornar, mornar II klase

or·di·nate ['o(r)dnit], [ej] *n* ordinata

or·di·na·tion [o(r)d'nejšən] *n* rukopoloženje (W also: zarerđenje)

ord·nance ['o(r)dnəns] *n* (mil.) borbena tehnika; (Am.) *Ordnance Corps* artiljerijskotehnička služba

or·dure ['o(r)džə(r)], [dju] *n* đubre; nečistoća

ore [o(r)] *n* ruda; *copper (iron)* ∼ bakarna (gvozdena) ruda

o·re·ad ['orijaed] *n* oreada, gorska vila, vila zagorkinja

ore deposits *pl* nalazišta rude

Or·e·gon ['oregən], [a] *n* Oregon

Or·e·go·ni·an [orə'gounijən] *n* stanovnik države Oregon

or else see **else** 3

orfe [o(r)f] see **ide**

or·gan ['o(r)gən] *n* 1. organ; *digestive (respiratory)* ∼s organi za varenje (disanje); *sexual* ∼s polni (W: spolni) organi 2. glasilo, organ 3. orgulje; *to play the* ∼ svirati orgulje; *a street* ∼ vergl

or·gan·dy, or·gan·die ['o(r)gəndij] *n* organdi

organ grinder verglaš

or·gan·ic [o(r)'gaenik] *a* organski

organic chemistry organska hemija (kemija)

or·gan·ism ['o(r)gənizəm] *n* organizam

or·gan·ist [∼ist] *n* orguljaš

or·gan·i·za·tion [o(r)gənə'zejšən]; [aj] *n* organizacija

or·gan·ize ['o(r)gənajz] *v* 1. *tr* organizovati, prirediti; *to* ∼ *an exhibit* prirediti izložbu 2. *tr* sindikalno organizovati 3. *intr* organizovati se

or·gan·i·zer [∼ə(r)] *n* organizator

or·gasm ['o(r)gaezəm] *n* orgazam

or·gi·as·tic [o(r)džij'aestik] *a* orgijastičan

or·gy ['o(r)džij] *n* orgija; *to engage in* ∼*gies* praviti orgije

o·ri·ent I ['orijənt] *n* (*the* ∼) istok, orijent

orient II *a* istočni

orient III [∼ent] *v tr* orijentisati; *to* ∼ *oneself* orijentisati se

o·ri·en·tal I [orij'entəl] *n* istočnjak

oriental II *a* istočnjački, istočni

or·i·en·tate ['orijentejt] see **orient III**

o·ri·en·ta·tion [orijent'ejšən] *n* orijentacija

-oriented (combining form) zainteresovan za, usmeren (usmjeren); *sports-*∼ koji se interesuje za sport

o·ri·ent·eer·ing [∼riŋ] *n* (as a sport) orijentisanje

or·i·fice ['orəfis], [a] *n* otvor; usta

or·i·gin ['orədžin], [a] *n* 1. poreklo (porijeklo); *of humble* ∼ niskog porekla; *he is of French* ∼ on je poreklom iz Francuske 2. postanak

o·rig·i·nal I [ə'ridžənl] *n* original

original II *a* originalan; *an* ∼ *idea* originalna ideja; *an* ∼ *solution* originalno rešenje (rješenje)

o·rig·i·nal·i·ty [ərridžə'naelətij] *n* originalnost

o·rig·i·nal·ly [∼ij] *adv* (see **original II**) u (na) početku, prvobitno

original sin istočni (praroditeljski) greh — grijeh

o·rig·i·nate [ə'ridžənejt] *v* 1. *tr* stvoriti 2. *intr* nastati

o·ri·ole ['orijəl] *n* (bird) zlatka

Or·lon ['o(r)lan], [o] *n* orlon

or·lop ['o(r)lap]; [o] *n* (or: ∼ *deck*) (naut.) najniža paluba

or·na·ment ['o(r)nəmənt] *n* ukras

or·na·men·tal [o(r)nə'mentəl] *a* ukrasni; ~ *plants* ukrasne biljke

or·na·men·ta·tion [o(r)nəmen'tejšən] *n* ukrašenje

or·nate ['o(r)nejt] *a* kitnjast; *an* ~ *style* kitnjast stil

or·ner·y ['o(r)nərij] *a* (colloq.) zloban, zao; svojeglav

or·ni·tho·log·i·cal [o(r)nithə'ladžikəl]; [o] *a* ornitološki

or·ni·thol·o·gist [o(r)nə'thalədžist]; [o] *n* ornitolog

or·ni·thol·o·gy [~džij] *n* ornitologija

o·rog·ra·phy [o'ragrəfij]; [o] *n* orografija, opisivanje reljefa

o·ro·tund ['ourətənd], [o] *a* 1. milozvučan 2. visokoparan

or·phan ['o(r)fən] *n* siroče

or·phan·age [~idž] *n* sirotište

Or·phic ['o(r)fik] *a* orfejski; tajanstven

Or·phism ['o(r)fizəm] *n* orfizam

or·phrey ['o(r)frij] *n* zlatan pervaz

or·thi·con ['o(r)thikan]; [o] *n* (television) ortikon

or·tho·don·tia [o(r)thə'danšə]; [o] *n* ortodontija, lečenje (liječenje) nepravilnosti zuba

or·tho·don·tics [~ntiks] see **orthodontia**

or·tho·don·tist [~tist] *n* specijalista za lečenje (liječenje) nepravilnosti zuba

or·tho·dox ['o(r)thədaks]; [o] *a* 1. ortodoksan 2. (cap.) pravoslavan

Orthodox Church *(the* ~) pravoslavna crkva

Orthodox Judaism ortodoksni judaizam (W also: ortodoksno židovstvo)

or·tho·dox·y [~ij] *n* 1. ortodoksija 2. (rel., cap.) pravoslavlje

or·tho·e·py ['o(r)thouepij] *n* ortoepija

or·tho·gen·e·sis [o(r)thou'dženəsis] *n* ortogeneza

or·tho·graph·ic [o(r)thə'graefik] *a* ortografski, pravopisni

or·thog·ra·phy [o(r)'thagrəfij]; [o] *n* ortografija, pravopis

or·tho·pe·dic [o(r)thə'pijdik] *a* ortopedski

or·tho·pe·dics [~s] *n* ortopedija

or·tho·pe·dist [~dist] *n* ortoped

or·tho·scope ['o(r)thəskoup] *n* ortoskop

o·ryx ['oriks] *(pl has zero or -es) n* (zool.) oriks, vrsta afričke antilope

Os·can I ['askən]; [o] *n* oskanski jezik

Oscan II *a* oskanski

Os·car ['askə(r)]; [o] *n* Oskar (nagrada za najviše uspehe — uspjehe u američkom filmu); *to receive an* ~ dobiti Oskara; *to be nominated for an* ~ dobiti nominaciju za Oskara

os·cil·late ['asəlejt]; [o] *v intr* oscilirati

os·cil·la·tion [asə'lejšən]; [o] *n* oscilacija

os·cil·lo·graph [a'siləgraef]; [ə]; [a] *n* oscilograf

os·ci·tan·cy ['asətənsij]; [o] *n* dremež (drijemež); zevanje (zijevanje)

os·cu·late ['askjəlejt]; [o] *v tr* poljubiti

os·cu·la·tion [askjə'lejšən]; [o] *n* poljubac

o·sier ['oužə(r)]; [zi] *n* vrba, iva, rakita

Os·lo ['azlou]; [o] *or* ['as~] *n* Oslo

os·mi·um ['azmijəm]; [o] *n* osmijum

os·mo·sis [az'mousis], [o] *or* [as~] *n* osmoza

os·mot·ic [az'matik]; [o]; [ɔ] *or* [as] *a* osmotski; ~ *pressure* osmotski pritisak

os·prey ['asprej]; [o], [ij] *n* (bird) riblji orao, orao ribar, porečni orao

os·se·ous ['asijəs]; [o] *a* koščat (also **bony**)

os·si·fi·ca·tion [asəfi'kejšən]; [o] *n* okoštavanje

os·si·frage ['asəfridž]; [o] *n* 1. see **lammergeier** 2. see **osprey**

os·si·fy ['asəfaj]; [o] *v* 1. *tr* pretvoriti u kost 2. *intr* okoštati, pretvoriti u kost

os·su·ar·y ['ašūerij]; ['osjūərij] *n* urna s kostima

os·te·i·tis [astij'ajtis]; [o] *n* osteitis, zapaljenje kostiju

os·ten·si·ble [a'stensəbəl]; [o] *a* tobožnji

os·ten·sive [a'stensiv]; [o] *a* 1. tobožnji (also **ostensible**) 2. očigledan

os·ten·ta·tion [asten'tejšən]; [o], [e] *n* razmetanje, šepurenje

os·ten·ta·tious [~šəs] *a* razmetljiv, šepurav

os·te·ol·o·gy [astij'alədžij]; [o]; [o] *n* osteologija

os·te·o·my·e·li·tis [astijoumajə'lajtis]; [o] *n* osteomijelitis, zapaljenje koštane srži

os·te·o·path ['astijəpaeth]; [o] *n* specijalista za osteopatiju

os·te·op·a·thy [astij'apəthij]; [o]; [o] *n* osteopatija

os·tra·cism ['astrəsizəm]; [o] *n* ostrakizam, ostracizam

os·tra·cize ['astrəsajz]; [o] *v tr* 1. proterati (protjerati) 2. izbegavati (izbjegavati)

os·trich ['ostrič], [a] *n* noj

Os·tro·goth ['astrəgath]; [o]; [o] *n* Ostrogot

oth·er ['əthə(r)] 1. *n* drugi; *we must ask the* ~*s* moramo pitati druge; *one after the* ~ jedan za drugim 2. *pron* drugi; ~*s have tried* drugi su pokušali; *something or* ~ tako nešto; *to each* ~ jedan drugome 3. *a* drugi; *on the* ~ *hand* s druge strane; *in* ~ *words* drugim rečima (riječima); *on the* ~ *side* na drugoj strani; *the* ~ *day* onomad; *the* ~ *morning* pre (prije) nekog jutra; *every* ~ *day* svaki drugi dan; *** ~ *things being equal* pod istim ostalim okolnostima 4. *adv* drukčije; *somehow or* ~ nekako, na neki način 5. misc.; *no* ~ *than* niko (nitko) drugi već

oth·er·wise [~wajz] *adv* 1. drugačije 2. inače; *I have to study,* ~ *I'll fail the exam* moram učiti, inače ću pasti na ispitu

o·tic ['outik] *a* ušni

o·ti·ose ['oušijous] [t] *a* 1. lenj (lijen), trom 2. beskoristan

o·ti·tis [ou'tajtis] *n* otitis, zapaljenje uva (W: upala uha)

ot·tar ['atə(r)]; [o] see **attar**

Ot·ta·wa ['atəwə]; [o], [a] *n* Otava

ot·ter ['atə(r)]; [o] *n* 1. *(pl has zero or -s) n* vidra, vidrica 2. paravan (also **paravane** for 2)

otter farm farma vidrica

ot·to·man ['atəmən]; [o] [-s] *n* otoman

Ot·to·man I (-*s*) *n* Turčin

Ottoman II *a* turski, otomanski

Ottoman Empire Otomansko carstvo

ouch [auč] *interj* (exp. pain) jao!

ought [ot] *v* (third person sgn. is *ought*; no past or future) trebati, valjati; *he* ~ *to go and see him* treba da ode da ga vidi; *we* ~ *to help him* trebalo bi da mu pomognemo; *one* ~ *to have known* trebalo je znati; *you* ~ *to have done that* trebalo je da to u adite; *should we begin? we* ~ *to* da počnemo? trebalo bi; *he* ~ *not to have gone* nije trebalo da ide; *one* ~ *not to be lazy* ne valja lenstvovati (ljenstvovati); *they ~ to be here at any minute* treba da stignu svakog trenutka

oui·ja board ['wijdžə] ploča (sa slovima) za primanje poruka od duhova

ounce I [auns] *n* unca, uncija; **an ~ of prevention is worth a pound of cure* bolja je unca pameti nego sto litara snage

ounce II *n* (zool.) irbis, leopard Tibeta (also **snow leopard**)

our [au(r)] *poss a* naš; ~ *pencil* naša olovka

ours [~z] *poss a* naš (a.) (when no noun follows) *the pencil is ~* olovka je naša (b.) (after *of*) *a friend of ~* jedan od naših prijatelja

our·self [~'self] see **ourselves**

our·selves [au(r)'selvz] *pl* 1. *refl pron* se, sebe, sebi, sobom; *we work for ~* mi radimo za sebe; *we are satisfied with ~* mi smo zadovoljni sobom 2. *pron a* sami; *we ~ wanted that* mi smo sami tako želeli (željeli) 3. *a* dobro; *we are not ~* nama nije dobro

oust [aust] *v tr* isterati (istjerati)

oust·er [~ə(r)] *n* isterivanje (istjerivanje)

out I [aut] *n* (colloq.) 1. političar koji je izgubio na izborima 2. (sports) aut 3. misc.; *the ins and the ~s* sve pojedinosti

out II *pred a* 1. (usu. sports) van propisanog prostora, aut; *the ball was ~* lopta je pala van propisanog prostora, lopta je išla u aut 2. (colloq., pol.) pobeđen (pobijeđen) na izborima; van službe 3. (colloq.) u kvaru; van službe; *the elevator is ~* lift je u kvaru 4. van kuće; *he's ~ now* sad nije kod kuće 5. svršen; *the fire is ~* vatra se ugasila; *before the month is ~* do kraja meseca (mjeseca) 6. izašao; *the book is ~* knjiga je izašla (iz štampe) 7. poznat; otkriven: *the story is ~* afera je otkrivena 8. u štrajku; *the workers are ~* radnici štrajkuju 9. misc; *to be ~ at the elbows* imati poderane laktove

out II *adv* 1. napolje, van (see **bring out, get out, go out,** itd.) 2. misc; **to go all ~* napregnuti se iz petnih žila; **to have it ~ with smb.* temeljno se s nekim objasniti; *the way ~* izlaz; *he's ~ back (of the house)* on je u bašti: ~ *on bail* osloboden uz kauciju; *speak ~!* govori jasno! *~ *of sight,* ~ *of mind* daleko od očiju, daleko od srca

out III *prep* kroz; *to jump ~ the window* skočiti kroz prozor

out-and-out [~-ən-~] *a* (colloq.) okoreo (okorio), ovejan (ovijan); *an ~ liar* lažovčina

out·age [~idž] *n* prekid (struje)

out basket korpa za pošiljke koje se odašilju

out·bid [~'bid]; *-bid;* *-bid* or *-bidden* [bidn] *v tr* nadbiti cenom (cijenom)

out·board [~bo(r)d] *a* vanbrodski; *an ~ motor* vanbrodski motor

out·bound [~baund] *a* koji odlazi

out·break [~brejk] *n* početak, izbijanje

out·build·ing [~bilding] *n* zasebna zgrada

out·burn [~'bə(r)n]; *-ed* or *-burnt* [bə(r)nt] *v intr* goreti (gorjeti) duže (od)

out·burst [~bə(r)st] *n* izliv, eksplozija; *an ~ of rage* izliv besa (bijesa); *an ~ of indignation* eksplozija nezadovoljstva

out·cast I [~kaest]; [a] *n* izagnanik, odagnanik, izgnanik

outcast II *a* izagnan, odagnan

out·caste [~kaest]; [a] *n* (in India) izgnanik

out·class [~'klaes]; [a] *v tr* nadbiti, nadmašiti

out·come [~kəm] *n* rezultat, ishod; *to decide the final ~* rešiti (riješiti) konačan ishod

out·crop [~krap]; [o] *n* izbijanje rude na površinu

out·cry [~kraj] *n* 1. povika 2. negodovanje, protest

out·dat·ed [~dejtid] *a* zastareo (zastario)

out·dis·tance [~'distəns] *v tr* prestići; ostaviti daleko iza sebe

out·do [~'dū]; *outdid* [aut'did]; *outdone* [aut'dən] *v tr* nadmašiti

out·door ['autdo(r)] *a* pod vedrim nebom; otvoren; *an ~ pool* otvoren bazen

out·doors [~z] *adv* napolju, van kuće, pod vedrim nebom (W also: vani)

out·er [~ə(r)] *a* spoljni, spoljašnji; ~ *space* vasiona, svemir

Outer Mongolia Spoljna Mongolija

out·er·most [~moust] *a* najudaljeniji, krajnji

out·fight [~'fajt]; *-fought* [~fot] *v tr* pobediti (pobijediti)

out·fit I [~fit] *n* 1. oprema 2. odelo (odijelo); odeća (odjeća) 3. (colloq., mil.) jedinica

outfit II *v tr* opremiti; *to ~ a girl (with a trousseau)* spraviti devojku (djevojku)

out·fit·ter [~ə(r)] *n* opremač

out·flank [~'flaengk] *v tr* obuhvatiti, obići, flankirati

out·fly [~'flaj]; *outflew* [~'flū]; *outflown* [~'floun] *v tr* nadmašiti u veštini (vještini) pilotiranja

out·fox [~'faks]; [o] *v tr* nadmudriti

out·gen·er·al [~'dženərəl] *v tr* nadmašiti u ratnoj veštini (vještini)

out·go·ing [~'gouing] *a* 1. koji odlazi 2. društven, otvoren (also **extroverted**)

out·grow [~'grou]; *outgrew* [~'grū]; *-grown* [~groun] *v tr* 1. izrasti (iz); *to ~ a dress* izrasti iz haljine 2. prerasti; *to ~ a faze* prerasti fazu 3. povećati se brže nego; *my family outgrew its house* moja se porodica toliko povećala da nam je kuća suviše mala

out·growth [~grouth] *n* 1. izdanak; izraštaj 2. rezultat

out·guess [~'ges] *v tr* 1. nadmudriti 2. preduhitriti

out·gun [~'gən] *v tr* postići vatrenu nadmoćnost (nad)

out·house [~haus] *n* 1. poljski klozet 2. Br.; see **outbulding**

out·ing [~ing] *n* izlet, ekskurzija

out·jump [~'džəmp] *v tr* nadskočiti

out·land [~laend] *n* strana zemlja

out·land·er [~ə(r)] *n* stranac, tuđinac

out·land·ish [aut'laendiš] *a* čudnovat, neobičan

out·last [~'laest]; [a] *v tr* 1. nadživeti (nadživjeti) 2. služiti duže nego

out·law I [~lo] *n* zločinac, prognanik

outlaw II *v tr* staviti van zakona

out·lay [~lej] *n* trošak, trošenje

out·let [~let], [i] *n* 1. izlaz; ispust; *(on a sign) no ~* ćorsokak 2. (fig.) oduška

out·line I [∼lajn] *n* 1. obris; kontura; ocrt 2. šema, shema 3. potez; *in broad* ∼ u glavnim potezima 4. kratak pregled

outline II *v tr* 1. ocrtati 2. nacrtati u glavnim potezima, skicirati; *to* ∼ *a speech* skicirati govor

out·live [∼'liv] *v tr* nadživeti (nadživjeti); preživeti (preživjeti); *to* ∼ *one's children* preživeti decu (djecu)

out·look [∼luk] *n* izgledi; perspektiva

out·ly·ing [∼lajin͞g] *a* udaljen; zabačen

out·ma·neu·ver [∼mə'nūvə(r)] *v tr* izmanevrisati, nadmudriti

out·migratation *n* iseljavanje

out·mod·ed [∼moudid] *a* staromodan, svojstven minulom vremenu

out·num·ber [∼'nəmbə(r)] *v tr* brojno nadmašiti

out of [∼əv] *prep* 1. od; *nine times* ∼ *ten* devet puta od deset 2. van; ∼ *reach (sight)* van domašaja (dogleda); ∼ *one's depth* van nečije moći; ∼ *danger* van opasnosti 3. iz; *to go* ∼ *a room* izići iz sobe; *to do smt.* ∼ *hatred (pity)* učiniti nešto iz mržnje (sažaljenja) 4. bez; *they were* ∼ *sugar* ostali su bez šećera; *we're* ∼ *money* nemamo novac 5. preko; ∼ *turn* preko reda 6. kroz; *he jumped* ∼ *the window* skočio je kroz prozor 7. misc; *he is* ∼ *his mind* on je poludeo (poludio); *the book is* ∼ *print* knjiga je rasprodata; ∼ *place* nezgodan, nepodesan; *he's* ∼ *town* otputovao je; ∼ *work* nezaposlen; *that is* ∼ *the question* to ne dolazi u obzir; *to be* ∼ *touch with the world* biti odsečen (odsječen) od sveta (svijeta); *to settle (a case)* ∼ *court* zaključiti poravnanje, doći do sporazuma bez parnice

out-of-bounds [∼-baundz] 1. *n* aut; *to throw the ball in from* ∼ vratiti loptu u igru iz auta 2. *a* u autu

out-of-date [∼-dejt] *a* zastareo (zastario)

out-of-door see outdoor

out-of-doors see outdoors

out-of-the-way [∼-əv-thə-'wej] *a* zabačen; udaljen

out·pa·tient I [∼pejšənt] *n* bolesnik na vanbolničkom lečenju (liječenju)

outpatient II *a* dispanzerski, vanbolnički; ∼ *treatment* dispanzersko (vanbolničko) lečenje (liječenje); *an* ∼ *department* ambulanta

out·per·form [∼pə(r)'fo(r)m] *v tr* nadigrati

out·play [∼'plej] *v tr* nadigrati; *our team was* ∼ed naš tim je bio nadigran

out·point [∼'pojnt] *v tr* nadigrati na bodove

out·post [∼poust] *n* (mil.) predstraža

out·pour·ing [∼porin͞g] *n* izliv; *an* ∼ *of fury* izliv ljutnje

out·put [∼put] *n* 1. proizvodnja 2. učinak 3. izlaz; *power* ∼ izlazna snaga

out·rage I [∼rejdž] *n* 1. sramota 2. silovanje 3. uvreda

outrage II *v tr* 1. sramno postupiti (s) 2. silovati 3. uvrediti

out·ra·geous [∼'rejdžəs] *a* sramotan, sraman; nečuven

out·rank [∼'raen͞gk] *v tr* imati viši čin (od)

out·reach [∼'rijč] *v tr* 1. sezati dalje (od) 2. nadmašiti

outreach II ['out∼] *n* pružanje pomoći siromašnima

out·ride [∼'rajd]; *-rode* [roud]; *-ridden* [ridn] *v tr* nadmašiti (u jahanju)

out·rid·er [∼rajdə(r)] *n* pratilac na konju

out·rig·ger [∼rigə(r)] *n* 1. potporanj pored čamca u vodi (da se ovaj ne bi prevrnuo) 2. čamac s potpornjem

out·right [∼rajt] 1. *a* potpun 2. *a* go (gol); *an* ∼ *lie* gola laž 3. *adv* potpuno 4. *adv* namah; *to kill* ∼ ubiti namah

out·run [∼'rən]; *-ran* [raen] *-run* [rən] *v tr* nadtrčati

out·scream [∼'skrijm] *v tr* nadvikati

out·sell [∼'sel]; *-sold* [sould] *v tr* više prodati (od)

out·set [∼set] *n* početak

out·shine [∼'šajn]; *-shone* [šoun] *v tr* nadsijati; nadmašiti (sjajem)

out·shoot I [∼šūt] *n* izdanak

outshoot II [∼'šūt]; *-shot* [šat]; [o] *v tr* nadmašiti u gađanju (pucanju)

out·shout [∼'šaut] *v tr* nadvikati

out·side I [∼sajd] *n* spoljašnjost, spoljna strana (W also: vanjština, vanjska strana); *from the* ∼ spolja; *to judge from the* ∼ suditi po spoljašnjosti

outside II *a* spoljni (W also: vanjski)

outside III *adv* 1. napolje, van; *to go* ∼ izići napolje 2. napolju (W also: vani); *it's cold* ∼ hladno je napolju

outside IV *prep* van, izvan

outside line telefonska veza sa mesnom (mjesnom) centralom

outside mirror bočno ogledalo

outside of *prep* see outside IV

out·sid·er [∼sajdə(r)] *n* autsajder

out·skirts [∼skə(r)ts] *n pl* periferija; *they live on the* ∼ *of town* oni žive na periferiji

out·smart [∼'sma(r)t] *v tr* nadmudriti

out·speak [∼'spijk]; *-spoke* [spouk]; *-spoken* [spouken] *v tr* nadgovoriti

out·spo·ken [∼'spouken] 1. see outspeak 2. *a* otvoren, iskren

out·spread [∼spred] *a* (may be postposed) raširen

out·stand·ing ['aut'staendin͞g] *a* 1. izvanredan, istaknut; *an* ∼ *figure* istaknuta ličnost 2. neizmiren, nenaplaćen; ∼ *debts* neizmireni dugovi

out·stare [∼stej(r)] *v tr* smutiti pogledom

out·stretched [∼streČt] *a* ispružen

out·strip [∼'strip] *v tr* prestići; nadmašiti

out·talk [∼'tok] *v tr* natpričati, nadgovoriti

out·throw [∼'throu]; *-threw* [thrū]; *-thrown* [throun] *v tr* nadbaciti, prebaciti

out·vote [∼'vout] *v tr* nadglasati

out·ward [∼wə(r)d] *a* 1. spoljašnji, spoljni 2. odlazni

out·ward·ly [∼lij] *adv* spolja

out·wards [∼wə(r)dz] *adv* van

out·wear [∼'wej(r)]; *-wore* [wo(r)]; *-worn* [wo(r)n] *v tr* trajati duže (od)

out·weigh [∼'wej] *v tr* biti važniji (od)

out·wit [∼'wit] *v tr* nadmudriti

out·work I [∼wə(r)k] *n* (mil.) spoljno utvrđenje

outwork II [∼'wə(r)k] *v tr* raditi bolje (od)

o·va see **ovum**

o·val I ['ouvəl] *n* oval

oval II *a* ovalan

Oval Office Ovalna soba, kabinet američkog predsednika (predsjednika)

o·va·ry ['ouvərij] *n* jajnik, ovarij

o·va·tion [ou'vejšən] *n* ovacija

ov·en ['əvən] *n* peć, furuna

oven cloth Br.; see **pot holder**

o·ver I ['ouvə(r)] *pred a* svršen; *the play is* ~ komad je svršen; *the good old days are* ~ prošla su dobra stara vremena

over II *adv* 1. preko; ~ *there* tamo, na drugoj strani; *all* ~ svuda; (see also **boil** II 7, **get over**, **look over**, **put over**, **turn over**, etc.) 2. još jedanput, još jednom; *do it* ~ uradi to još jednom

over III *prep* 1. nad, iznad; ~ *the door* nad vratima; *a victory* ~ *smb.* pobeda (pobjeda) nad nekim; *the airplane was flying* ~ *us* avion je leteo (letio) iznad nas 2. preko; *the water will be* ~ *his head* voda će mu biti preko glave; ~ *night* preko noći 3. pri; ~ *a glass of wine* pri čaši vina 4. po; *the water spilled* ~ *the floor* voda se prosula po podu 5. misc.; (usu. mil.) ~ *smb.'s head* mimo nadležnosti

o·ver·act [ouvər'aekt] *v tr and intr* preterivati (pretjerivati) u glumi

o·ver·age [~ridž] *n* višak

o·ver·all I [~ol] *n* (Br.) ogrtač

overall II *a* obuhvatan; globalan; *an* ~ *settlement* globalno rešenje (rješenje)

o·ver·alls [~z] *n pl* radno odelo (odijelo), kombinezon

o·ver·awe [~r'o] *v tr* preplašiti

o·ver·bear·ing [~'bejring] *a* ohol, zapovednički (zapovjednički).

o·ver·blown [~'bloun] *a* ohol, naduven

o·ver·board [~bo(r)d] *adv* van broda, u vodi (moru); *man* ~! čovek (čovjek) u moru! **to go* ~ *for smt.* oduševiti se za nešto

o·ver·book [~'buk] *v* 1. *tr* prebukirati 2. *intr* prebukirati se

o·ver·bur·den [~'bə(r)dn] *v tr* preopteretiti, pretovariti

o·ver·cast ['ouvə(r)'kaest]; [*a*] *a* naoblačen, oblačan

o·ver·charge I ['ouvə(r)čardž] *n* 1. zacenjivanje (zacjenjivanje) 2. preopterećenje

overcharge II [~'ča(r)dž] *v tr* 1. zaceniti (zacijeniti), naplatiti previše (W: odveć naplatiti) 2. preopteretiti

o·ver·coat [~kout] *n* zimski (gornji) kaput

o·ver·come [~'kəm]; *-came* [kejm]; *-come* [kəm] *v tr* 1. savladati, nadvladati; *to* ~ *one's feelings* nadvladati osećanja (osjećanja); *to* ~ *difficulties* savladati teškoće; *overcome by emotion* savladan uzbuđenjem 2. odoleti (odoljeti); *to* ~ *temptation* odoleti iskušenju

o·ver·com·pen·sate [~'kampənsejt]; [*o*] *v intr* uneti (unijeti) suvišnu popravku; *to* ~ *for* uneti suvišnu popravku za

o·ver·con·fi·dence [~kanfədəns]; [*o*] *n* prekomerno (prekomjerno) samopouzdanje

o·ver·con·fi·dent [~nt] *a* previše samopouzdan

o·ver·crowd [~'kraud] *v tr* pretrpati

o·ver·crowd·ing [~ing] *n* pretrpanost

o·ver·de·vel·op [~di'veləp] *v tr* previše razviti

o·ver·do [~'dū]; *-did* [did] *-done* [dən] *v tr* 1. preterati (pretjerati) 2. prekuvati (prekuhati)

o·ver·dose [~dous] *n* prevelika doza

o·ver·draft [~draeft]; [*a*] *n* nalog za isplatu bez dovoljnog pokrića

o·ver·draw [~'dro]; *-drew* [drū]; *-drawn* [dron] *v tr* (comm.) suviše vući (na); *to* ~ *one's account* prekoračiti svoj račun

o·ver·dress [~'dres] *v* 1. *tr* nakinđuriti; *she* ~ *es her children* ona kinđuri decu (djecu) 2. *intr* kinđuriti se; *she* ~ *es* ona se kinđuri

o·ver·drive [~drajv] *n* štedna brzina, brzi hod

o·ver·due [~'dū]; [*dj*] *a* 1. istekao 2. zadocnio

o·ver·eat [ouvər'ijt]; *-ate* [ejt] (Br.: [et]); *-eaten* ['ijtn] *v intr* prejesti se; *he overate* prejeo se

o·ver·es·ti·mate [~'estəmejt] *v tr* preceniti (precijeniti)

o·ver·ex·ert [~ig'zə(r)t] *v tr* preopteretiti

o·ver·ex·pose [~ik'spouz] *v tr* 1. previše izložiti 2. (photo.) preosvetliti (preosvijetliti)

o·ver·ex·tend [ik'stend] *v tr* previše dekoncentrisati

o·ver·flight [~flajt] *n* preletanje (prelijetanje)

o·ver·flow I [~flou] *n* prelivanje

overflow II [~'flou] *v* 1. *tr* poplaviti 2. *intr* preliti se

o·ver·grown [~'groun] *a* obrastao; prerastao; ~ *with moss* obrastao mahovinom; ~ *with weeds* zarastao u korov

o·ver·growth [~grouth] *n* rastinje

o·ver·hand [~haend] *a* sa šakom iznad ramena

o·ver·hand·ed [~id] see **overhand**

o·ver·hang I [~haeng] *n* ispust, prevesak (prevjesak)

o·ver·hang II [~haeng]; *-hung* [həng] *v intr* visiti iznad

o·ver·haul I [~hol] *n* remont; *a general* ~ generalni remont

overhaul II ['ouvə(r)hol] *v tr* popraviti

o·ver·head I [~hed] *n* opšti (opći) troškovi

overhead II *a* 1. iznad zemlje; vazdušni; gornji 2. (comm.) opšti (opći), stalni; ~ *expenses* opšti troškovi

overhead projector grafoskop, videoskop

overheads *n pl* Br.; see **overhead I**

o·ver·hear [~'hij(r)]; *-heard* [hə(r)d] *v tr* slučajno čuti

o·ver·heat [~hijt] *v* 1. *tr* pregrejati (pregrijati) 2. *intr* pregrejati se

o·ver·in·dulge [~in'dəldž] *v* 1. *tr* previše povlađivati, popuštati 2. *intr* prejesti se; prepiti se

o·ver·in·dul·gence [~əns] *n* 1. prevelika popustljivost 2. prejedanje; pretovarenje stomaka jelom i pićem

o·ver·in·dul·gent [~ənt] *a* suviše popustljiv

o·ver·joy·ed [~'džojd] *a* presrećan

o·ver·kill [~kil] *n* sposobnost nuklearnog uništavanja na mnogo načina

over·land [~laend] 1. *a* kopneni; *an* ~ *route* kopneni put 2. *adv* suvim, kopnom; *to travel* ~ putovati kopnom

o·ver·lap I [~laep] *n* preklapanje

overlap II [~'laep] *v intr* preklapati se, preplitati se

o·ver·lay I [~lej] *n* šema na oleati

29

overlay II [∼'lej]; *-laid* [lejd] *v tr* prekriti, obložiti, prevući; okovati; *to* ∼ *with gold* okovati zlatom

o·ver·leap [∼'lijp]; *-ed* or *-lept* [lept] *v tr* preskočiti

o·ver·lie [∼'laj]; *-lay* [lej]; *-lain* [lejn] *v tr* 1. ležati preko, ležati nad 2. ugušiti ležanjem

o·ver·load I [∼loud] *n* preopterećenje

overload II [∼'loud] *v tr* 1. preopteretiti, pretovariti 2. pretrpati; *to* ∼ *a suitcase* pretrpati kofer

o·ver·look [∼'luk] *v tr* 1. preći preko; ne obazirati se (na) 2. prevideti (previdjeti); *to* ∼ *a detail* prevideti detalj

o·ver·lord [∼lo(r)d] *n* vrhovni gospodar

o·ver·ly [∼lij] *adv* previše

o·ver·mas·ter [∼'maestə(r)]; [*a*] *v tr* savladati

o·ver·night [∼najt] 1. *a* preko noći 2. *adv* prekonoć

o·ver·pass [∼paes], [*a*] *n* nadvožnjak (Br. is **flyover**

o·ver·pay [∼'pej] *v tr* and *intr* preplatiti

o·ver·play [∼'plej] *v tr* and *intr* preterivati (pretjerivati) u glumi

o·ver·pop·u·la·tion [∼papjə'lejšən]; [*o*] *n* prenaseljenost (W also: prenapučenost)

o·ver·pow·er [∼'pauə(r)] *n tr* nadvladati

o·ver·pow·er·ing [∼'pauəriŋg] *a* neodoljiv, porazan

o·ver·price [∼'prajs] *v tr* preceniti (precijeniti)

o·ver·pro·duce [∼prə'dūs]; [*dj*] *v tr* and *intr* suviše proizvoditi

o·ver·pro·duc·tion [∼prə'dəkšən] *n* suvišna proizvodnja, hiperprodukcija

o·ver·qual·i·fied [∼'kwaləfajd] *a* prestručan

o·ver·rate [∼'rejt] *v tr* preceniti (precijeniti), preterati u ocenjivanju (pretjerati u ocjenjivanju)

o·ver·reach [∼'rijč] *v* 1. *tr* presegnuti (preko) 2. *refl* prebaciti se

o·ver·ride [∼'rajd]; *-rode* [roud]; *-ridden* ['ridn] *v tr* (Am., pol.) nadglasati, oboriti; *to* ∼ *a veto* nadglasati veto (cf. **sustain** 2)

o·ver·rid·ing [∼iŋg] *a* najvažniji

o·ver·ripe [∼'rajp] *a* prezreo

o·ver·rule [∼'rūl] *v tr* odbiti; nadglasati

o·ver·run I [∼rən] *n* prevazilaženje

overrun II [∼'rən]; *-ran* [raen]; *-run* [rən] *v tr* 1. prevazići 2. osvojiti, zauzeti; *to* ∼ *a position* zauzeti položaj

o·ver·seas ['ouve(r)'sijz] 1. *a* prekomorski; ∼ *duty* prekomorska dužnost 2. *adv* preko mora

overseas cap pilotska kapa (also **garrison cap**)

o·ver·see [∼'sij]; *-saw* [so]; *-seen* [sijn] *v tr* nadgledati

o·ver·se·er ['ouvə(r)sijə(r)] *n* nadglednik, nadgledač

o·ver·sell [∼'sel]; *-sold* [sould] *v tr* prodati više nego što se može isporučiti

o·ver·set [∼'set]; *-set*; *v tr* preturiti

o·ver·sexed [∼'sekst] *a* opsednut (opsjednut) seksom

o·ver·shad·ow [∼'šaedou] *v tr* zaseniti (zasjeniti)

o·ver·shoe [∼šū] *n* kaljača

o·ver·shoot [∼'šūt]; *overshot* [∼'šat]; [*o*] *v tr* 1. prebaciti; *to* ∼ *a target* prebaciti metu 2. preleteti (preletjeti); *to* ∼ *a runway* preleteti stazu (pri sletanju — slijetanju)

overshot wheel vodenično kolo pokretano vodom odozgo

o·ver·sight [∼sajt] *n* omaška, propust, previd

o·ver·sim·pli·fy [∼'simpləfaj] *v tr* previše uprostiti

o·ver·sleep [∼'slijp]; *-slept* [slept] *v* 1. *tr* prospavati, prespavati 2. *intr* predugo spavati, uspavati se

o·ver·spend [∼'spend]; *-spent* [spent] *v* 1. *tr* straćiti 2. *intr* previše trošiti

o·ver·spill ['ouvə(r)spil] *n* (Br.] prekobrojno stanovništvo (gradova)

o·ver·state [∼'stejt] *v tr* preterati (pretjerati)

o·ver·stay [∼'stej] *v tr* predugo ostati; *to* ∼ *one's welcome* zadržati se duže nego što treba; *to* ∼ *one's leave* zakasniti sa odsustva

o·ver·step [∼'step] *v tr* prekoračiti

o·ver·stock I [∼stak]; [*o*] *n* višak robe

overstock II [∼'stak]; [*o*] *v tr* preobilno snabdeti (snabdjeti)

o·ver·sub·scribe [∼səb'skrajb] *v tr* 1. preupisati 2. prebukirati

o·vert ['ou'və(r)t] *a* otvoren, očit

o·ver·take [∼'tejk]; *-took* [tuk]; *-taken* ['tejkən] *v tr* preteći, prestići

o·ver·tax [∼'taeks] *v tr* 1. preopteretiti 2. preopteretiti porezom

over-the-counter *a* koji se prodaje bez recepta (o lekovima — lijekovima)

o·ver·throw [∼'throu]; *-threw* [thrū]; *-thrown* [throun] *v tr* oboriti, srušiti; *to* ∼ *a government* oboriti vladu

o·ver·time I ['ouvə(r)tajm] *n* 1. prekovremeni rad 2. povećan lični dohodak (za rad duži od punog radnog vremena) 3. (sports) produžetak

overtime II *a* prekovremen

overtime III *adv* prekovremeno

o·ver·tone [∼toun] *n* 1. dodatno značenje 2. gornji ton

o·ver·ture [∼čū(r)] *n* 1. otvaranje 2. (mus.) uvertira

o·ver·turn [∼'tə(r)n] *v tr* preturiti, oboriti; prevrnuti; *to* ∼ *a vase* preturiti vazu; *to* ∼ *a verdict* ukinuti presudu

o·ver·use I [∼'jūs] *n* prekomerna (prekomjerna) upotreba

overuse II [∼'jūz] *v tr* prekomerno (prekomjerno) upotrebiti

o·ver·val·ue [∼'vaeljū] *v tr* preceniti (precijeniti)

o·ver·view [∼vjū] *n* pregled; perspektiva

o·ver·ween·ing [∼'wijniŋg] *a* uobražen; ohol

o·ver·weight I [∼wejt] *n* 1. prevelika težina 2. višak prtljaga (W: prtljage)

overweight II [∼wejt] *a* pretežak

o·ver·whelm [∼'hwelm], [*w*] *v tr* razbiti, pregaziti, skrhati; *to* ∼ *defenses* razbiti odbranu (W: obranu); *to be* ∼*ed (at an election)* doživeti (doživjeti) krupan neuspeh — neuspjeh (na izborima)

o·ver·whelm·ing [∼iŋg] *a* neodoljiv, porazan

o·ver·work I ['ouvə(r)wə(r)k] *n* prekomeran (prekomjeran) rad

overwork II [∼'wə(r)k] *v tr* 1. premoriti radom 2. *refl* premoriti se radom, iznuriti se radom

o·ver·wrought [∼'rot] *a* uzbuđen, uzrujan

o·vi·duct ['ouvədəkt] *n* jajovod (also **Fallopian tube**) o·vip·a·rous [ou'vipərəs] *a* jajonosan (cf. **viviparous**)

o·vu·late ['ouvjəlejt] *v intr* izlučivati sazrela neoplođena jaja iz jajnika

o·vu·la·tion [ouvjə'lejšən] *n* ovulacija

o·vum ['ouvəm] (-va [və]) *n* jajašce

owe [ou] *v tr* biti dužan, dugovati; *he ~s me a hundred dollars* on mi duguje (on mi je dužan) sto dolara; *I ~ him everything* ja sam dužan njemu za sve

ow·ing to [~iñg] *prep* zbog

owl [aul] *n* sova, jejina, buljina; *~s hoot* jejine ćuču

owl·et [~it] *n* sović

owl·ish [~iš] *a* sovast, jejinast

own I [oun] *n* svoje, svojina; *he has two cars of his ~* on ima dvoja sopstvena kola; **he held his ~* on je izdržao; **to be on one's ~* biti svoj čovek (čovjek); **he has come into his ~* on je stekao ugled (priznanje); *to do smt. on one's ~* raditi nešto na svoju ruku

own II *a* sopstven, vlastit, svoj; *that's his ~ house* to je njegova sopstvena kuća; *he called his (~) lawyer* telefonirao je svom advokatu; *to take matters into one's ~ hands* uzeti stvari u svoje ruke; *with one's ~ eyes* svojim očima; *to mind one's ~ business* gledati svoja posla

own III *v* 1. *tr* imati (kao svoje sopstveno), posedovati (posjedovati); *to ~ property* imati zemlje (kao svoje sopstvene) 2. *intr (to ~ up to)* priznati

own·er [~ə(r)] *n* vlasnik, sopstvenik

own·er·ship [~šip] *n* pravo svojine, svojina; *private ~* privatna svojina

own up *v* see **own III 2**

ox [aks]; [*o*] *(oxen* [~ən]) *n* vo (vol)

ox·al·ic [ak'saelik]; [*o*] *a* oksalni; *~ acid* oksalna kiselina

ox·bow ['aksbou]; [*o*] *n* vratni luk jarma

Ox·bridge [~bridž] *n* (Br.) Oksfordski i Kembridžski (to jest — najstariji) univerziteti

ox·eye [~aj] *n* (bot.) volovsko oko

ox·ford [~fə(r)d] *n* 1. vrsta cipele 2. vrsta tkanine

Oxford *n* Oksford

ox·i·da·tion [aksə'dejšən]; [*o*] *n* oksidacija

ox·ide ['aksajd]; [*o*] *n* oksid

ox·i·dize ['aksədajz]; [*o*] *v* 1. *tr* oksidisati 2. *intr* oksidisati se

ox·lip [~lip] *n* (bot.) jaglika

Ox·o·ni·an [ak'sounijən]; [*o*] *a* oksfordski

ox·tail [~tejl] *n* goveđi (volovski) rep

oxtail soup čorba od goveđeg repa

ox·y·gen ['aksidžən]; [*o*] *n* kiseonik (W: kisik)

oxygen mask maska za kiseonik (W: kisik)

o·yez ['oujəs], [z] *interj* (in a court of law) čujte! (poziv sudskih poslužitelja pri otvaranju sednice — sjednice)

oys·ter ['ojstə(r)] *n* oštrica, kamenica

oyster fungus (bot.) brestovača

oyster plant see **salsify**

o·zone ['ouzoun] *n* ozon

o·zo·nize [~ajz] *v tr* ozonirati

P

p [pij] *n* p (slovo engleske azbuke)
pab·lum ['paebləm] see **pabulum**
pab·u·lum ['paebjələm] *n* hrana
pace I [pejs] *n* 1. korak; *at a fast (slow)* ~ brzim (sporim) korakom; *to keep* ~ *with smb.* ići u korak s nekim; *to quicken the* ~ ubrzati korak; *to change* ~ promeniti (promijeniti) korak 2. hod, vrsta hoda 3. brzina, tempo; *to set the* ~ diktirati brzinu, voditi 4. misc.; *to put smb. through his* ~s isprobati (ispitati) nekoga
pace II *v* 1. *tr* hodati (po); *to* ~ *a room* hodati po sobi 2. *tr (to* ~ *off)* odmeriti — odmjeriti (koracima) 3. *tr* regulisati brzinu (za) 4. *intr* koračati; hodati tamo-amo
pace·mak·er [~mejkə(r)] *n* 1. davalac brzine, davalac tempa, onaj koji održava tempo 2. (fig.) vođa 3. (anat.) sinusni čvor srca 4. (med.) pejsmejker (aparat koji pomaže srcu da normalno funkcioniše); *to install a* ~ smestiti (smjestiti) pejsmejker
pace off *v see* **pace II** 2
pac·er [~ə(r)] *n* 1. see **pacemaker I** 2. konj koji ide ravanom, ravanač
pace·set·ter [~setə(r)] see **pacemaker** 1, 2
pach·y·derm ['paekidə(r)m] *n* debelokožac
Pa·cif·ic I [pə'sifik] *n (the* ~) Pacifik, Tihi okean (W: ocean)
Pacific II *a* pacifički; tihi
pacific *a* 1. pomirljiv 2. tih, blag
pac·i·fi·ca·tion [paesəfə'kejšən] *n* smirenje, pomirenje
Pacific Ocean *(the*~) Tihi okean (W: ocean)
pac·i·fi·er ['paesəfajə(r)] *n* 1. mirotvorac; pacifikator 2. veštačka — vještačka (W: umjetna) dojka za umirenje odojčadi (W: dojenčadi)
pac·i·fism ['paesəfizəm] *n* pacifizam
pac·i·fist [~ist] *n* pacifista
pac·i·fy ['paesəfaj] *v tr* smiriti, umiriti
pack I [paek] *n* 1. svežanj (also **bundle I** 1) 2. denjak; tovar; bala 3. paklo, paklica (W: kutija); *a* ~ *of cigarettes* paklo cigareta 4. čopor; krdo; *a* ~ *of wolves* čopor kurjaka 5. (colloq.) mnoštvo; *it's a* ~ *of lies* to je samo laž 6. (med.) zamotavanje u oblogu 7. ranac 8. santa (leda) 9. (upakovan) padobran; *a back (chest)* ~ leđni (grudni) padobran 10. (naval) grupa; *submarines hunt in* ~s podmornice deluju (djeluju) grupno 11. Br.; see **deck** 2

pack II *a* tovarni; *a* ~ *animal* tovarno grlo; ~ *artillery* tovarna artiljerija; *a* ~ *horse* tovarni konj
pack III *v* 1. *tr* spakovati; *to* ~ *a suitcase* spakovati kofer 2. *tr* sabiti, zbiti, nabiti; *to* ~ *into a car* sabiti u auto; *to* ~ *snow* nabiti sneg (snijeg) 3. *tr (to* ~ *off)* oterati (otjerati); otpremiti; poslati; *they* ~*ed their children off to camp* poslali (otpremili) su svoju decu (djecu) na letovanje (ljetovanje) 4. *tr (to* ~ *off)* strpati; *to* ~ *smb. off to jail* strpati nekoga u zatvor 5. *tr* (med.) umotati u obloge 6. *tr* konzervirati, spremiti 7. *tr* montirati, namestiti (namjestiti) 8. *tr* sklopiti; *to* ~ *a parachute* sklopiti padobran 9. *tr* (colloq.) nositi; *to* ~ *a pistol* nositi pištolj 10. *tr* zaptiti 11. *intr* pakovati se, pakovati stvari 12. *intr* (colloq.) odmagliti; *to send smb.* ~*ing* najuriti nekoga
pack·age I [~idž] *n* 1. paket 2. pošiljka; *to deliver (register, send) a* ~ uručiti (preporučiti, poslati) pošiljku
package II *v tr* pakovati; ambalažirati
package deal paket aranžman, paket mera (mjera)
package store prodavnica u kojoj se prodaju alkoholna pića
package tour grupno putovanje
pack·ag·ing [~iŋg] *n* ambalaža, pakovanje
pack down *v* nabiti (also **pack III** 2)
pack·er [~ə(r)] *n* spremač
pack·et [~it] *n* poštansko-putnički parobrod; (Br.) **to stop a* ~ zapasti u nevolju; biti ranjen
pack ice masa nagomilanog leda (na moru)
pack in *v*. 1 natrpati, sabiti, zbiti; **to pack people in like sardines* natrpati ljude kao sardine (see also **pack III** 2) 2. misc.; **to pack it in* sve jesti, mnogo jesti or: (Br.) prestati
pack·ing [~iŋg] *n* 1. pakovanje 2. prerada; *meat* ~ prerada mesa 3. zaptivka
packing case koleto, kutija
pack off *v see* **pack III** 3, 4
pack rat vrsta pacova
pack·sack [~saek] *n* ranac
pack·sad·dle [~saedl] *n* samar
pack up *v* spakovati se
pact [paekt] *n* pakt; sporazum, ugovor; *to sign a* ~ zaključiti ugovor; *a non-aggression* ~ ugovor o nenapadanju
pad I [paed] *n* 1. jastuk, jastučak 2. podloga; podmetač; uložak 3. meko sedlo 4. rampa; plat-

forma; *a launch (launching)* ~ raketna rampa; *a helicopter* ~ platforma za sletanje (slijetanje) helikoptera 5. (slang) stan 6. blok; *a sketching* ~ blok za crtanje

pad II *v tr* 1. podstaviti, postaviti 2. napuniti 3. tapacirati 4. (neopravdano) povećati; *to* ~ *a requisition* povećati količine u trebovanju; *he* ~*s his articles on* (neopravdano) povećava obim svojih članaka

pad III *v intr* hodati

pad·ded cell ćelija s mekim zidovima (za mentalno zaostale)

pad·ding [~iñg] *n* 1. punjenje; materijal za punjenje 2. (neopravdano) povećavanje

pad·dle I ['paedl] *n* 1. lopatica 2. veslo 3. reket (za stoni tenis) 4. batina

paddle II *v.* 1. *tr* pokretati veslom; *to* ~ *a canoe* voziti se čamcem 2. *tr* batinati 3. *intr* veslati

paddle boat parobrod s točkovima

paddle wheel točak s lopatama

pad·dling pool Br.; see **wading pool**

pad·dock I ['paedǝk] *n* 1. ograđen pašnjak 2. ograda za konje (na trkalištu)

paddock II *v tr* metnuti u ogradu

pad·dy ['paedij] *n* 1. (or: *rice* ~) pirinčano (W: rižino) polje 2. pirinač (W: riža)

paddy wagon (slang) marica, policijska kola za prevoz zatvorenika

pad·lock I ['paedlǝk]; [o] *n* katanac

padlock II *v tr* staviti katanac (na); *to* ~ *a door* staviti katanac na vrata

pa·dre ['padrij] *n* duhovnik

pae·an ['pijǝn] *n* pean, pesma (pjesma) zahvalnica

pa·gan I ['pejgǝn] *n* paganin, mnogobožac

pagan II *a* paganski

pa·gan·ism [~izǝm] *n* paganizam, paganstvo

page I [pejdž] *n* 1. (or: ~ *boy)* paž 2. Br.; see **bellboy**

page II *v tr* pozvati (preko glasnogovornika, sluge)

page III *n* strana, stranica

page IV *v tr* paginirati

pag·eant ['paedžǝnt] *n* svečana povorka; pompezna svečanost

pag·eant·ry [~trij] *n* raskošna svečanost; (spoljašnji) sjaj

page boy paž frizura

page proof (prelomljena) korektura (cf. **galley proof**)

pag·i·nal ['paedžǝnǝl] *a* stranični

pag·i·nate [~nejt] *v tr* paginirati

pag·i·na·tion [paedžǝ'nejšǝn] *n* paginacija

pa·go·da [pǝ'goudǝ] *n* pagoda

paid see **pay** III, IV

paid-up *a* koji je platio članarinu

pail [pejl] *n* vedro, kofa, kanta (also **bucket**)

pain I [pejn] *n* 1. bol; *to cause (feel)* ~ pričinjavati (osećati — osjećati) bol; *to ease (reduce)* ~ smanjiti (ublažiti) bol 2. patnja 3. (in *pl)* *labor* ~*s* porođajni bolovi 4. misc.; *to take* ~*s to ...* potruditi se da ...; *under* ~ *of death* pod pretnjom (prijetnjom) smrtne kazne; (colloq.) *to be a* ~ *(in the neck)* biti dosadan

pain II *v tr* boleti (boljeti), mučiti

pained 1. see **pain** II 2. *a* nelagodan; *he had a* ~ *expression on his face* bio je namrgođen

pain·ful [~fǝl] *a* bolan

pain·kil·ler [~kilǝ(r)] *n* sredstvo koje ublažuje bol

pain·less [~lis] *a* bezbolan

pains·tak·ing [~ztejkiñg] *a* bržljiv, marljiv

paint I [pejnt] *n* boja; farba; *oil* ~*s* uljane boje; *wet* ~*!* sveže (svježe) obojeno! *to apply* ~ nanositi boju

paint II *v tr* and *intr* 1. obojiti, obojadisati, ofarbati; *to* ~ *an apartment* ofarbati stan; *to* ~ *a wall green* obojiti (ofarbati) zid zelenom bojom (farbom); *to* ~ *in water colors (oils)* slikati vodenim (uljanim) bojama; **to* ~ *the town red* lumpovati 2. naslikati; *to* ~ *a picture* naslikati sliku 3. šminkati, crniti; *she* ~*s her eyebrows* ona maže obrve 4. misc; *to* ~ *in* uslikati; *to* ~ *out (over)* premazati

paint·brush [~brǝš] *n* četka (za bojadisanje, za slikarske boje)

paint·er I [~ǝ(r)] *n* 1. farbar, bojadisar, bojadžija, moler 2. slikar; *a* ~*'s model* slikarski model; *a* ~*'s studio* slikarski atelje

painter II *n* (naut.) vezaljka (čamca)

paint·ing [~iñg] *n* 1. farbanje 2. slika; *an oil* ~ uljana slika 3. slikarstvo

pair I [pej(r)] *n* 1. par; *a* ~ *of gloves* par rukavica; *five* ~*s of shoes* pet pari cipela; *a* ~ *of horses* par konja 2. (stvar koja se sastoji iz dva dela — dijela) *a* ~ *of eyeglasses (scissors, trousers)* jedne naočare (makaze — W: škare, pantalone — W: hlače); *two* ~*s of scissors* dvoje makaze 3. bračni par

pair II *v* l *tr* (or: *to* ~ *off)* rasporediti na parove 2. *tr* spariti 3. *tr* spojiti, spregnuti 4. *intr* (usu.: *to* ~ *off)* otići na parove, biti razdeljen (razdijeljen) na parove

pairs [~z] *n pl* (rowing) dvojac

pais·ley I ['pejzlij] *n* odevni (odjevni) predmet od meke šarene tkanine

paisley II *a* od meke šarene tkanine

pa·ja·mas [pǝ'džæmǝz], [ae] *n pl* pidžama; *one pair of* ~ jedna pidžama, *three pairs of* ~ tri pidžame

Pak·i·stan ['paekistaen], [paki'stan] *n* Pakistan

Pak·i·stani I [paki'stanij] *n* Pakistanac

Pakistani II *a* pakistanski

pal I [pael] *n* (colloq.) pajdaš, pajtaš, drug

pal II *v intr (to* ~ *around)* družiti se; *to* ~ *around with smb.* družiti se s nekim

pal·ace ['paelis] *n* palata (W: palača); dvorac, dvor

palace revolution dvorska revolucija

pal·a·din ['paelǝdin] *n* paladin

pal·an·quin, pal·an·keen [paelǝn'kijn] *n* palankin

pal·a·ta·ble ['paelitǝbǝl] *a* ukusan

pal·a·tal I ['paelǝtǝl] *n* (ling.) palatal

palatal II *a* palatalni, nepčani; *a* ~ *consonant* nepčani suglasnik

pal·a·tal·i·za·tion [paelǝtǝli'zejšǝn]; [aj] *n* palatalizacija

pal·a·tal·ize ['paelǝtǝlajz] *v tr* palatalizovati; *to* ~ *a consonant* palatalizovati suglasnik

pal·ate ['paelit] *n* (anat.) nepce; *the hard (soft)* ~ tvrdo (meko) nepce

pa·la·tial [pǝ'lejšǝl] *a* poput dvorca; (fig) veličanstven

pa·lat·i·nate [pǝ'laetnejt] *n* palatinat

Palatinate *(the* ~*)* n Falačka
pal·a·tine I ['paelətəjn] n palatin; dostojanstvenik na kraljevskom dvoru
palatine II a palatinski; dvorski
palatine III n krznen okovratnik
palatine IV n nepčana kost
palatine V a nepčani
pa·lav·er I [pə'laevə(r)], [a] n torokanje; razgovor
palaver II v intr torokati
pale I [pejl] n 1. kolac 2. ograđeni prostor; *beyond the* ~ van dozvoljene granice
pale II a bled (blijed)
pale III v intr pobledeti (poblijedjeti)
pale·face [~fejs] n (colloq.) belokožac (bjelokožac), bledoliki (bljedoliki)
pale·ness [~nis] n bledilo (bljedilo)
Pa·le·o·cene I ['pejlijəsijn] n (geol.) *(the* ~*)* paleocen
Paleocene II a (geol.) paleocenski
pa·le·og·ra·pher [pejlij'agrəfə(r)]; [o] n paleograf
pa·le·o·graph·ic [pejlijə'graefik] a paleografski
pa·le·og·ra·phy [pejlij'agrəfij]; [o] n paleografija
Pa·le·o·lith·ic I [pejlijə'lithik] n (geol.) *(the* ~*)* paleolit
Paleolithic II a (geol.) paleolitski
pa·le·on·tol·o·gy [pejlijan'talədžij]; [o]; [o] n paleontologija
Pa·le·o·zo·ic I [pejlijə'zouik] n (geol.) *(the* ~*)* paleozoik
Paleozoic II a (geol.) paleozojski
Pal·es·tine ['paelistajn] n Palestina
Palestine Liberation Organization Palestinska oslobodilačka organizacija
Pal·es·tin·i·an I [paelis'tinijən] n Palestinac
Palestinian II a palestinski
pa·les·tra [pə'lestrə] (-s or -ae [ij]) n palestra, sportska dvorana
pal·ette ['paelit] n paleta, slikareva daščica za boje
pal·i·mo·ny ['paeləmounij] n (neologism) alimentacija koja se plaća vanbračnim prijateljima
pal·imp·sest ['paelimpsest] n palimpsest
pal·in·drome ['paelindroum] n reč (riječ) koja čitana s jedne ili s druge strane jednako glasi i ima isto značenje
pal·i·sade [paelə'sejd] n 1. palisada 2. (in pl) strmi grebeni (na obali reke — rijeke)
pall I [pol] n 1. koprena, pokrivač 2. mrtvački kovčeg 3. (fig.) senka (sjenka); tužna atmosfera; *to cast a* ~ *over smt.* baciti senku na nešto
pall II v intr 1. dojaditi, dosaditi 2. otupeti (otupjeti)
pal·la·di·um I [pə'lejdijəm] n (chem.) paladijum
palladium II (-s or -dia [dijə]) n paladijum; zaštitna svetinja; odbrana (W: obrana)
pall·bear·er [~bejrə(r)] n jedan od onih koji nose mrtvački kovčeg (na sahrani)
pal·let I ['paelit] n 1. see **palette** 2. (tech.) zapor; ivica 3. paleta, platforma (za teret)
pallet II n slamarica
pal·li·ate ['paelijejt] v tr ublažiti, umiriti
pal·li·a·tive I ['paelijətiv] n palijativ
palliative II a palijativan
pal·lid ['paelid] a bled (blijed)
pal·lor ['paelə(r)] n bledilo (bljedilo)

palm I [pam] n dlan; *to grease smb.'s* ~ podmititi nekoga; *he has an itching* ~ uvek (uvijek) ga svrbi dlan
palm II v tr 1. sakriti u dlanu 2. *(to* ~ *off)* podmetnuti; otarasiti se
palm III n palma; *to bear (carry off) the* ~ odneti (odnijeti) pobedu (pobjedu)
palm IV a palmin, palmov; a ~ *branch* palmova grančica; ~ *oil* palmino ulje
palm·ist [~ist] n onaj koji gata iz dlana
palm·is·try [~trij] n gatanje iz dlana
palm off v see **palm II** 2
Palm Sunday (rel.) Cveti — Cvijeti (W: Cvijetnica)
palm·y [~ij] a palmast
pa·loo·ka [pə'lūkə] n (slang) nesposoban bokser (W: boksač)
pal·pa·ble ['paelpəbəl] a osetan (osjetan); opipljiv
pal·pate ['paelpejt] v tr opipati, palpirati
pal·pa·tion [pael'pejšən] n pipanje, palpacija
pal·pi·tate ['paelpətejt] v intr drhtati
pal·pi·ta·tion [paelpə'tejšən] n drhtanje, palpitacija
pal·sy ['polzij] n paraliza, oduzetost; *cerebral* ~ cerebralna paraliza
pal·try ['poltrij] a beznačajan, sitan
pal up v sprijateljiti se
pam·pa ['paempə] n pampa, ravnica (u Južnoj Americi)
pam·per ['paempə(r)] v tr razmaziti
pam·phlet ['paemflit] n pamflet
pam·phlet·eer [paemflə'tij(r)] n pamfletista
pan I [paen] n 1. tiganj (W: tava); *to fry in a* ~ pržiti u tiganju 2. sud 3. čaša 4. (slang) lice 5. misc.; *a flash in the* ~ nešto kratke, prolazne slave
pan II v 1. tr ispirati; *to* ~ *gold* ispirati zlato 2. tr (colloq.) kritikovati 3. intr (colloq.) *(to* ~ *out)* uspeti (uspjeti); ispasti; *the project did not* ~ *out* projekat nije uspeo; *we don't know how it will* ~ *out* ne znamo kako će ispasti
pan·a·ce·a [paenə'sijə] n panaceja
pa·nache [pə'naeš], [a] n 1. perjanica 2. (Br.; fig.) elan, polet (see also **dash I** 6)
Pan·a·ma ['paenəmə] n Panama
Panama Canal Panamski kanal
Panama hat panama-šešir
Pan·a·ma·ni·an I [paenə'mejnijən] n Panamac
Panamanian II a panamski
Pan-A·mer·i·can [paen-ə'merəkən] a panamerički
pan·broil ['paen-brojl] v tr pržiti u tiganju (bez masnoće)
pan·cake I [~kejk] n palačinka
pancake II v intr (aviation) vršiti pljoštimično sletanje (slijetanje)
pancake landing pljoštimično sletanje (slijetanje)
pan·chro·mat·ic [paenkrou'maetik] a panhromatski (pankromatski)
pan·cre·as ['paenḡkrijəs], [n] n gušterača, pankreas
pan·da ['paendə] n (zool.) panda
Panda car (Br.) policijski automobil
Panda crossing (Br.) obeležen pešački prelaz (obilježen pješački prijelaz)
pan·dem·ic I [paen'demik] n pandemična bolest
pandemic II a pandemičan
pan·de·mo·ni·um [paendə'mounijəm] n urnebes, gurnjava, gungula

pan·der ['paendə(r)] *v intr* 1. ići na ruku; podstaći; *to* ~ *to the baser instincts* podstaći niske pobude 2. ulagivati se; *to* ~ *to the mob* ulagivati se ološu

pan·der·er [~rə(r)] *n* 1. podvodnik, makro 2. posrednik (u nekom prljavom poslu)

Pan·do·ra [paen'dorə] *n* Pandora

Pandora's box Pandorina kutija

pane [pejn] *n* okno; *a window* ~ prozorsko okno (esp. W: staklo)

pan·e·gyr·ic [paenə'džijrik] *n* panegirik, slavopoj

pan·e·gyr·i·cal [~əl] *a* panegiričan

pan·e·gyr·ist [~ist] *n* panegiričar, panegirista

pan·el I ['paenəl] *n* 1. ploča; tabla; *a switchboard* ~ ploča komutatora; *an instrument* ~ instrumentska tabla 2. platno; *a signal* ~ signalno platno 3. poklopac; *an access* ~ prilazni poklopac 4. grupa koja vodi organizovanu diskusiju; panel-diskusija 5. lista (porotnika) 6. komisija; *a selection* ~ konkursna (W: natjecajna) komisija; *an examination* ~ ispitna komisija

panel II *v tr* obložiti; panelirati; *to* ~ *a room in wood* obložiti sobu drvetom

panel discussion panel-diskusija

pan·el·ing [~ing] *n* oblaganje; ploče

pan·el·ist [~ist] *n* učesnik panel-diskusije

panel truck kamionet

pan-fry ['paen-fraj] *v tr* pržiti u tiganju

pang [paeng] *n* 1. žiganje 2. muka; *the* ~*s of conscience* griža savesti (savjesti)

pan·go·lin [paeng'goulin] *n* (zool.) pangolin ljuskavac

pan·han·dle I [~haendl] *n* 1. tiganjska drška 2. uska pruga zemlje

panhandle II *v intr* (colloq.) prosjačiti

pan·han·dler [~dlə(r)] *n* prosjak

pan·ic I ['paenik] *n* panika; *to cause* ~ izazvati paniku

panic II *v* 1. *tr* izazvati paniku (kod) 2. *intr* upaničiti se

panic button (slang) dugme signala za uzbunu

pan·ic·ky [~ij] *a* paničan

pan·i·cle ['paenikəl] *n* vlat

pan·ic-strick·en [~-strikən] *a* obuzet (zahvaćen) panikom

pan·ic-struck [~-strək] see **panic-stricken**

pan·nier ['paenjə(r)] *n* kotarica, korpa, sepet

pan·ni·kin ['paenikin] *n* (Br.) šoljica

pan·ning ['paening] *n* ispiranje; ~ *for gold* ispiranje zlata

Pan·no·ni·a [pə'nounijə] *n* Panonija

pan·o·ply ['paenəplij] *n* puna oprema, puno naoružanje

pan·o·ram·a [paenə'raemə], [a] *n* panorama

pan·o·ram·ic [~ik] *a* panoramski

pan out *v* see **pan II** 3

pan·pipe ['paenpajp] *n* panova frula

Pan-Slav [~-slav] *a* panslovenski (W: panslavenski)

Pan-Slav·ism [~izəm] *n* panslavizam, sveslovenstvo (W: sveslavenstvo)

Pan-Slav·ist [~ist] *n* panslavista

pan·sy ['paenzij] *n* 1. (bot.) daninoć, maćuhica 2. (slang) homoseksualac

pant I [paent] *n* dahtaj, brektaj

pant II *v intr* dahtati, brektati; *to* ~ *for breath* biti bez daha, tražiti vazduh (W: zrak)

pan·ta·lets [paentə'lets] *n pl* ženske gaćice

pan·ta·loons [paentə'lūnz] *n pl* pantalone (W: hlače)

pan·tech·ni·con [paen'teknikən] *n* (Br.) 1. skladište nameštaja (namještaja) 2. kola za prevoz nameštaja

pan·the·ism ['paenthijizəm] *n* panteizam

pan·the·ist [~ist] *n* panteista

pan·the·on ['paenthijan], [e] *n* panteon

pan·ther ['paenthə(r)] *n* pantera

pan·ties ['paentijz] *n pl* (colloq.) (ženske) gaće

pan·tof·fle [paen'tafəl]; [o], [ou] see **slipper**

pan·to·mime I ['paentəmajm] *n* pantomima

pantomime II *v tr* prikazati pantomimom

pan·to·mim·ist [~ist] *n* pantomimičar

pan·try ['paentrij] *n* ostava, špajz

pants [paents] *n pl* 1. pantalone (W: hlače); *a pair of* ~ jedne pantalone (more usu. is **trousers**) 2. Br.; see **underpants** 3. Br.; see **panties**

pants leg nogavica

pants suit ženski kostim s pantalonama (W: hlačama)

panty hose *pl* hula-hop, čarape sa gaćicama; *two pairs of* ~ dvoje čarape sa gaćicama

pant·y·waist ['paentijwejst] *n* (slang) slabić

pap [paep] *n* 1. kaša 2. (fig.) šund, kič

pa·pa *n* 1. ['papə] (colloq.) tata (also **dad**) 2. [pə'pa] (Br.; formal) otac

pa·pa·cy ['pejpəsij] *n* papstvo, papinska vlast

pa·pal ['pejpəl] *a* papinski, papski

pa·per ['pejpə(r)] *n* 1. papir, hartija; *a sheet of* ~ list papira; *graph* ~ papir (hartija) na kocke; *lined* ~ papir (hartija) s linijama; *toilet (tracing, wax)* ~ toaletni (prozirni, masni) papir; *wrapping (writing)* ~ papir za pakovanje (pisanje) 2. dokumenat, pasoš; *valuable* ~*s* papiri (hartije) od vrednosti (vrijednosti); *a ship's* ~*s* brodski dokumenti 3. pismeni rad; školski zadatak (W also: školska zadaća); *to grade* ~*s* oceniti (ocijeniti) školske zadatke 4. (in *pl*) lična karta 5. (comm.) menica (mjenica) 6. see **wallpaper I** 7. referat; *to read (give, present)* a ~ podneti (podnijeti) referat 8. see **newspaper** 9. tapete

paper II *a* papirni; ~ *money* papirnat novac

paper III *v tr* obložiti tapetama; *to* ~ *walls* obložiti zidove tapetama, tapetirati zidove

pa·per·back [~baek] *n* džepna knjiga (u broširanom povezu)

paper bag vreća (W: vrećica) od papira

paper bail (on a typewriter) prečnik

pa·per·board [~bo(r)d] *n* see **cardpaper**

paper boy raznosač novina

paper chase lovljenje po tragu bacanih papirića

paper clip spajalica

paper cutter rezač papira (hartije), mašina (W: stroj) za obrezivanje

pa·per·hang·er [~haengə(r)] *n* tapetar, dekorater

pa·per·hang·ing [~ing] *n* oblaganje tapetama

pa·per·knife [~najf] *n* nož za papir (hartiju)

paper over *v* (fig.) zataškati

paper tiger (fig.) tigar od papira

pa·per·weight [~wejt] *n* pritiskač (W: uteg za papir)

pa·per·work [~wə(r)k] *n* kancelarijski rad
pa·pier·mâ·ché ['pejpə(r)-mə'šej]; ['paepijej-'mae-šej] *n* (French) papirna kaša, papirmaše
pa·pil·la [pə'pilə] *n* (biol.) bradavica
pa·pist ['pejpist] *n* papista
pa·poose [pae'pūs] *n* dete — dijete (kod Indijanaca)
pap·py ['paepij] see **papa**
pa·pri·ka [pae'prijkə], ['paeprikə] *n* 1. (slatka) paprika 2. aleva paprika
Pap test (med.) papanicolauovo bojenje (naročito bojenje vaginalnog razmaza radi utvrđivanja raka)
pa·py·rus [pə'pajrəs] (-es or -ri [raj]) *n* papirus
par I [pa(r)] *n* 1. norma, standard 2. paritet: nominalna vrednost (vrijednost); *above (below)* ~ iznad (ispod) nominalne vrednosti; *on a* ~ *with* jednak s
par II *a* koji odgovara normi, standardu
pa·ra ['para] *n* para (monetary unit)
par·a·ble ['paerəbəl] *n* parabola, priča u kojoj se poređenjem kazuje kakva moralna ideja
pa·rab·o·la [pə'raebələ] *n* (math.) parabola, krivulja
par·a·bol·ic [paerə'balik]; [o] *a* parabolički, parabolični
pa·rab·o·loid [pə'raebələojd] *n* (math.) paraboloid
pa·rab·o·loi·dal [pəraebə'lojdəl] *a* paraboloidni
par·a·chute I ['paerəšūt] *n* padobran; *to pack a* ~ sklopiti padobran
parachute II *a* padobranski; *a* ~ *landing* padobranski desant; ~ *units* padobranske jedinice
parachute III *v* 1. *tr* spustiti padobranom 2. *intr* spustiti se padobranom
parachute jump spuštanje padobranom; *to make a* ~ spustiti se padobranom
par·a·chut·ist [~ist] *n* padobranac
pa·rade I [pə'rejd] *n* parada; *to hold a* ~ održati paradu
parade II *a* paradni; *a* ~ *uniform* paradna uniforma
parade III *v* 1. *tr* paradirati (nečim) 2. *intr* paradirati, učestvovati u paradi, praviti paradu
parade ground zborno mesto (mjesto); mesto za održavanje parade
parade rest (mil.) stav voljno u paradnom poretku
par·a·digm ['parədajm] *n* paradigma
par·a·dig·mat·ic [paerədig'maetik] *a* paradigmatski
par·a·dise ['paerədajs] *n* raj
Paradise Lost Izgubljeni raj
par·a·dox ['paerədaks]; [o] *n* paradoks
par·a·dox·i·cal [paerə'daksikəl]; [o] *a* paradoksalan
par·a·drop ['paerədrap]; [o] *n* bacanje tereta padobranom
par·af·fin ['paerəfin] *n* 1. parafin 2. (Br.) see **kerosene**
par·a·gon ['paerəgan]; [ə] uzor; *a* ~ *of virtue* uzor vrline
par·a·graph ['paerəgraef]; [a] *n* stav; paragraf
Par·a·guay ['paerəgwaj], [ej] *n* Paragvaj
Par·a·guay·an [~'ajən], [ej] *n* Paragvajac
Paraguayan II *a* paragvajski
par·a·keet ['paerəkijt] *n* mali dugorepi papagaj
par·al·lax ['paerəlaeks] *n* paralaksa
par·a·le·gal I [paerə'lijgəl] *n* advokatski (W: odvjetnički) pomoćnik

paralegal II *a* koji služi kod advokata (W: odvjetnika) kao pomoćnik
par·al·lel ['paerələl] *n* paralela; *to draw a* ~ *between* povući paralelu između
parallel II *a* paralelan; naporedan; ~ *to* paralelan s; *a* ~ *circuit* paralelno kolo; ~ *lines* paralelne linije
parallel III *adv* paralelno
parallel IV *v tr* 1. ići paralelno (sa); *to* ~ *smt.* ići paralelno sa nečim 2. načiniti paralelnim
parallel bars *pl* (gymnastics) paralelne prečke
par·al·lel·ism [~izəm] *n* paralelizam
par·al·lel·o·gram [paerə'leləgraem] *n* paralelogram
pa·ral·o·gism [pə'raelədžizəm] *n* paralogizam, pogrešan zaključak
pa·ral·y·sis [pə'raeləsis] *n* paraliza, oduzetost
par·a·lyt·ic I [paerə'litik] *n* paralitičar
paralytic II *a* paralitičan
par·a·lyze ['paerəlajz] *v tr* paralizovati
par·a·medic [~'medik] *n* bolničar
pa·ram·e·ter [pə'raemətə(r)] *n* 1. (math.) parametar 2. (fig.) granica, obim
par·a·mil·i·tar·y [paerə'milətərij]; [ə] *a* paramilitaristički, poluvojni; ~ *forces* poluvojne jedinice
par·a·mount ['paerəmaunt] *a* 1. glavni 2. vrhovni, najviši
par·a·mour ['paerəmū(r)] *n* ljubavnik
par·a·noi·a [paerə'nojə] *n* paranoja, manija gonjenja
par·a·noi·ac I [~jaek], [i] *n* paranoik
paranoiac II *a* paranoičan
par·a·noid I ['paerənojd] *n* paranoik
paranoid II *a* paranoičan
par·a·pet ['paerəpet], [i] *n* parapet
par·a·pher·na·lia [paerəfə(r)'nejljə] *n* (also *pl*) 1. lične stvari 2. oprema, pribor 3. rekviziti
par·a·phrase I ['paerəfrejz] *n* parafraza
paraphrase II *v tr* and *intr* parafrazirati
par·a·phras·tic [paerə'fraestik] *a* parafrastičan
par·a·ple·gi·a [paerə'plijdžə], [ijə] *n* paraplegija
par·a·ple·gic I [~džik] *n* osoba obolela (oboljela) od paraplegije
paraplegic II *a* paraplegičan
par·a·quet see **parakeet**
par·a·site ['paerəsajt] *n* parazit
par·a·sit·ic [paerə'sitik] *a* parazitni, parazitski
par·a·sit·i·cide [~əsajd] *n* sredstvo za tamanjenje parazita
par·a·sit·ism ['paerəsajtizəm] *n* parazitizam
par·a·si·tol·o·gy [paerəsi'talədžij]; [o] *n* parazitologija
par·a·sol ['paerəsol] *n* suncobran
par·a·tax·is [paerə'taeksis] *n* (gram.) parataksa
par·a·troop ['paerətrūp] *a* padobranski; *a* ~ *landing* padobranski desant
par·a·troop·er [~ə(r)] *n* padobranac
par·a·troops [~s] *n pl* padobranske jedinice; *to drop* ~s spustiti padobrance
par·a·vane ['paerəvejn] *n* paravan (naprava za vađenje mina)
par·boil ['pa(r)bojl] *v tr* delimično skuvati (djelimično skuhati)
par·cel I ['pa(r)səl] *n* 1. pošiljka; paket; *a COD* ~ pošiljka s pouzećem; *to mail a* ~ poslati pošiljku (poštom) 2. parcela; komad zemlje

3. deo (dio); komad; *part and* ~ *of* nerazdvojno od
parcel II *v tr* (usu.; *to* ~ *out*) izdeliti (izdijeliti); isparcelisati
parcel post paketna pošta
parch [pa(r)č] *v tr* sasušiti; *my throat is* ~*ed* suvo (suho) mi je grlo
parch·ment [~mənt] *n* pergamenat
pard·ner ['pa(r)dnə(r)] *n* (Am.; colloq.) ortak (see **partner)**
par·don I ['pa(r)dn] *n* 1. oproštenje; izvinjenje; *to beg smb.'s* ~ moliti nekoga za izvinjenje; *I beg your* ~? izvol'te? *I beg your* ~! oprostite! 2. (legal) pomilovanje; *to apply for (grant)* *a* ~ tražiti (dodeliti — dodijeliti) pomilovanje
pardon II *v tr* 1. oprostiti; izviniti; ~ *me!* oprostite (izvinite)! 2. (legal) pomilovati
pare [pej(r)] *v tr* oljuštiti
pare down *v* smanjiti
par·e·gor·ic [paerə'gorik] *n* paregorično sredstvo, sredstvo za ublaživanje
par·ent I ['paerənt] *n* roditelj
parent II *a* matični
par·ent·age [~idž] *n* 1. roditeljstvo 2. poreklo (porijeklo)
pa·ren·tal [pə'rentəl] *a* roditeljski; ~ *love* roditeljska ljubav
pa·ren·the·sis [pə'renthəsis] (*-ses* [sijz]) *n* 1. (usu. in *pl*) zagrada; *in* ~*es* u zagradi; *to put into* ~*es* staviti u zagradu 2. umetak, parenteza
par·en·thet·ic [paerən'thetik] *a* umetnut
par·en·thet·i·cal [~əl] see **parenthetic**
Parent-Teachers Association see **PTA**
pa·re·sis [pə'rijsis], ['paerəsis] *n* pareza, nepotpuna oduzetost
par·es·the·sia [paeris'thijžə] *n* parestezija
par-fait [pa(r)'fej] *n* (cul.) parfe
pa·ri·ah [pə'rajə] *n* parija; izbačenik (iz društva)
pa·ri·e·tal [pə'rajətəl] *a* 1. (anat.) zidni, temeni 2. univerzitetski (W: sveučilišni)
parietal bone temenjača (tjemenjača)
par·i·mu·tu·el [paeri'mjučūəl] *n* 1. totalizator 2. klađenje gde (gdje) se ukupan iznos opklade deli (dijeli) na dobitke
Par·is ['paeris] *n* Pariz
Paris green parisko zelenilo
par·ish ['paeriš] *n* parohija (W: župa)
parish council (Br.) opštinsko veće (općinsko vijeće)
parish clerk (Br.) crkvenjak
pa·rish·ion·er [pə'rišənə(r)] *n* parohijan (W: župljanin)
parish-pump politics (Br.) lokalna politika
Pa·ri·sian I [pə'rijžən] *n* Parižanin
Parisian II *a* pariški, pariski
par·i·ty ['paerətij] *n* 1. paritet; ~ *of exchange* obračunski tečaj 2. (phys.) parnost
park I [pa(r)k] *n* 1. park; *an amusement* ~ zabavni park 2. (mil.) park, mesto (mjesto) za parkiranje vozila 3. stadion; *a ball* ~ stadion za bezbol
park II *v* 1. *tr* parkirati; *to* ~ *a car* parkirati kola 2. *tr* (mil.) poređati, postrojiti (vozila) 3. *tr* (colloq.) staviti; *he just* ~*s himself and wants me to serve him!* on samo zasedne (za-

sjedne) i hoće da ga ja služim! 4. *intr* parkirati kola, parkirati se
par·ka [pa(r)kə] *n* nepromočiva krznena bluza s kapuljačom
park·ing [~ing] *n* parkiranje; *no* ~*!* zabranjeno parkiranje!
parking lot parkiralište
parking meter parking-časovnik, parking-sat
Par·kin·son·ism ['pa(r)kinsənizəm] *n* (med.) parkinsonizam
Par·kin·son's disease [~sənz] Parkinsonova bolest
Parkinson's law (humorous) »što više radnika, to se sporije radi«
park·land [~laend] *n* (Br.) travnjak oko velike kuće
park·way ['pa(r)kwej] *n* širok auto-put
par·lance ['pa(r)ləns] *n* način govora; stil; *legal* ~ pravna terminologija
par·lay I ['pa(r)lij], [ej] *n* opklada, klađenje
parlay II *v tr* (colloq.) 1. opkladiti se (u) 2. pretvoriti; *to* ~ *into a fortune* pretvoriti u bogatstvo
par·ley I ['pa(r)lij] *n* pregovori
parley II *v intr* voditi pregovore
par·lia·ment I ['pa(r)ləmənt] *n* parlament, skupština; *to convene (dissolve* or *dismiss* or *disband)* ~ sazvati (raspustiti) skupštinu
parliament II *a* parlamentaran; skupštinski; *a* ~ *building* skupštinska zgrada
par·lia·men·tar·i·an [pa(r)ləmen'tejrijən] *n* stručnjak za parlamentarna pravila
par·lia·men·ta·ry [pa(r)lə'mentərij] *a* parlamentaran; ~ *government* parlamentarna vlada; ~ *immunity* parlamentarni imunitet; *a* ~ *debate (majority, poll, practice)* parlamentarna debata (većina, anketa, praksa)
par·lor ['pa(r)lə(r)] *n.* 1. gostinska soba 2. see **beauty parlor**
parlor car see **club car**
parlor game društvena igra
parlour maid (Br.) kućna pomoćnica
par·lous ['pa(r)ləs] *a* opasan
Par·me·san ['pa(r)məzən]; [ae] *a* parmski; ~ *cheese* parmski sir, parmezan
Par·nas·sus [~'naesəs] *n* (or: *Mount* ~) Parnas
pa·ro·chi·al [pə'roukijəl] *a* 1. parohijski; crkven; *a* ~*school* crkvena škola 2. (fig.) ograničen, uskogrudan
pa·ro·chi·al·ism [~izəm] *n* ograničenost
par·o·dy I ['paerədij] *n* parodija
parody II *v tr* parodirati
pa·role I [pə'roul] *n* 1. (legal) uslovni otpust; *to release on* ~ pustiti na uslovni otpust 2. see **password** 3. časna reč (riječ)
parole II *v tr* uslovno pustiti; *he was* ~*d from prison* pušten je uslovno iz zatvora
pa·rol·ee [pərou'lij] *n* uslovno pušteni zatvorenik
par·o·nym ['paerənim] *n* paronim, srodna reč (riječ)
pa·ron·y·mous [pə'ranəməs]; [o] *a* paronimni, istog porekla (porijekla)
par·o·quet see **parakeet**
pa·rot·id [pə'ratid]; [o] *a* doušni; ~ *gland* doušna žlezda (žlijezda)

par·o·ti·tis [paerǝ'tajtis] *n* parotitis, zauške (see also **mumps**)
par·ox·ysm ['paerǝksizǝm] *n* paroksizam
par·ox·y·tone I [pae'rʌksitoun]; [*o*] *n* (ling.) paroksitona
paroxytone II *a* paroksitonski
par·quet I [pa(r)'kej] *n* parket (daščice)
parquet II *a* parketski, parketni; *a* ~ *floor* parketni pod
parquet III *v tr* parketirati
par·ra·keet see **parakeet**
par·ri·cide ['paerǝsajd] *n* 1. roditeljoubistvo (W: umorstvo roditelja) 2. roditeljoubica (W: ubojica roditelja)
par·rot I ['paerǝt] *n* papagaj; (fig.) *like a* ~ kao papagaj
parrot II *v tr* ponavljati bez razumevanja (razumijevanja)
parrot fever see **psittacosis**
par·ry I ['paerij] *n* 1. pariranje 2. izvrdavanje; dvosmislen odgovor
parry II *v tr* 1. parirati; odbiti; *to* ~ *an attack* odbiti napad 2. izvrdati
parse [pa(r)s] *v* (gram.) 1. *tr* raščlaniti 2. *intr* raščlaniti se
Par·see ['pa(r)sij] *n* Pars
par·si·mo·ni·ous [pa(r)sǝ'mounijǝs] *a* škrt, štedljiv
par·si·mo·ny ['pa(r)sǝmounij] *n* škrtost, štedljivost
pars·ley ['pa(r)slij] *n* peršun (W: peršin); *a bunch of* ~ veza peršuna (W: pušlek peršina)
pars·nip ['pa(r)snip] *n* (bot.) paškanat (W: pastrnjak)
par·son ['pa(r)sǝn] *n* pastor, paroh
par·son·age [~idž] *n* paroštvo
part I [pa(r)t] *n* 1. deo (dio); *a component* ~ sastavni deo 2. (tech.) deo; *spare* ~s rezervni delovi; ~s *and accessories* delovi i dodaci 3. učešće; *to take* ~ *in smt.* učestvovati u nečemu 4. (in *pl*) kraj; *in these* ~ *s* u ovom kraju 5. uloga; *to play a* ~ igrati ulogu 6. (in *pl*) udovi 7. (gram.) vrsta *a* (W also: vrst); *the* ~s *of speech* vrste reči (riječi) 8. dužnost; *to do one's* ~ učiniti svoju dužnost 9. (mus.) glas 10. razdeljak (razdjeljak); *to have a* ~ *in the middle (of one's hair)* nositi razdeljak u sredini (kose na glavi); *to make a* ~ napraviti razdeljak 11. strana; *to take smb's* ~ držati nečiju stranu 12. misc.; *for my* ~ što se mene tiče; *for the most* ~ najvećim delom; *in* ~ delimično (djelimično); ~ *and parcel of* nerazdvojno od
part II *adv* delimično (djelimično), polu
part III *v* 1. *tr* razdeliti (razdijeliti); razdvojiti; *to* ~ *one's hair in the middle* nositi razdeljak (razdjeljak) u sredini (kose na glavi) 2. *tr* prekinuti; *they* ~ed *company* razišli su se; *to* ~ *company with smb.* rastati se s nekim 3. *intr* rastati se 4. *intr* razdvojiti se
par·take [pa(r)'tejk]; *-took* [tuk]; *-taken* ['tejkǝn] *v intr* 1. učestvovati; *to* ~ *in smt.* učestvovati u nečemu 2. poslužiti se; *to* ~ *of food* poslužiti se jelom
par·the·no·gen·e·sis [pa(r)thǝnou'dženǝsis] *n* razvijanje jaja bez prethodnog oplođenja, partenogeneza

par·tial ['pa(r)šǝl] 1. delimičan (djelimičan); *a* ~ *eclipse* delimično pomračenje; *a* ~ *success* delimičan uspeh (uspjeh) 2. pristrastan (W: pristran) 3. sklon; *to be* ~ *to smt.* nešto voleti (voljeti) 4. parcijalan; ~ *fractions* parcijalni razlomci
par·ti·al·i·ty [paršij'aelǝtij] *n* 1. pristrasnost (W: pristranost) 2. naklonost
par·tic·i·pant [pa(r)'tisǝpǝnt] *n* učesnik
par·tic·i·pate [~pejt] *v intr* učestvovati; participirati; *to* ~ *in smt.* učestvovati u nečemu
par·tic·i·pa·tion [pa(r)tisǝ'pejšǝn] *n* učešće; participacija; ~ *in smt.* učešće u nečemu
par·ti·cip·i·al [pa(r)tǝ'sipijǝl] *a* participski, participni; *a* ~ *construction (phrase)* participska konstrukcija (fraza)
par·ti·ci·ple ['pa(r)tǝsipǝl] *n* (gram.) 1. glagolski pridev (pridjev), particip; *a passive* ~ trpni glagolski pridev, pasivni particip 2. glagolski prilog; *a past (present)* ~ glagolski prilog prošli (sadašnji)
par·ti·cle ['pa(r)tikǝl] *n* 1. čestica 2. (gram.) rečca (riječca), partikula
par·ti·col·oured *a* (Br.) šaren
par·tic·u·lar I [pǝ(r)'tikjǝlǝ(r)] *n* pojedinost; *in* ~ osobito; *for further* ~s za bliža obaveštenja (obavještenja)
particular II *a* 1. naročit, osobit; partikularan 2. probirljiv, cepidlački (cjepidlački); *he is very* ~ *about that* mnogo mu je stalo do toga 3. poseban, određen, specifičan; ~ *people* određene ličnosti
par·tic·u·lar·ism [pǝ(r)'tikjǝlǝrizǝm] *n* partikularizam
par·tic·u·lar·i·ty [pǝ(r)tikjǝ'laerǝtij] *n* naročitost, osobitost
par·tic·u·lar·ize [pǝ(r)'tikjǝlǝrajz] *v tr* pojedinačno navesti, nabrojati
par·tic·u·lar·ly [~lij] *adv* naročito, osobito
part·ing I ['pa(r)tiŋ] *n* oproštaj; * *to reach a* ~ *of the ways* doći do neslaganja
parting II *a* oproštajni; ~ *words* oproštajne reči (riječi) *a* ~ *shot* dobacivanje nekome pri polasku (kad je lice kome se dobacuje u nemogućnosti da odgovori)
parting III Br.; see **part** I 10
par·ti·san I ['pa(r)tǝzǝn]; [~'zaen] *n* partizan
partisan II *a* partizanski
par·ti·tion I [pa(r)'tišǝn] *n* 1. pregrada; pretinac; prezid 2. podela (podjela)
partition II *v tr* pregraditi; prezidati; *to* ~ *a room* pregraditi sobu 2. podeliti (podijeliti) na dva dela (dijela)
partition off *v* ograditi
par·ti·tive I ['pa(r)tǝtiv] *n* partitivna reč (riječ)
partitive II *a* partitivni; *the* ~ *genitive* partitivni genitiv
part·ly ['pa(r)tlij] *adv* delimično (djelimično)
part·ner ['pa(r)tnǝ(r)] *n* partner, ortak
part·ner·ship [~šip] *n* ortakluk, partnerstvo
partner up *v* (Br.) udružiti (se)
par·tridge ['pa(r)tridž] *n* jarebica
part-time I ['pa(r)t-tajm] *a* 1. skraćen; *a* ~ *job* skraćeno radno vreme (vrijeme); honorarno zaposlenje 2. (of students) vanredni
part-time II *adv* skraćeno; *to work* ~ raditi skraćeno radno vreme (vrijeme); honorarno raditi

par·tu·ri·ent [pa(r)'tjūrijənt], [t] a porođajan
par·tu·ri·tion [pa(r)tjū'rišən], [č], [t] n porođaj
par·ty I ['pa(r)tij] n 1. zabava, žur, sedeljka (sjedeljka); to give a ~ prirediti zabavu 2. (pol.) stranka, partija 3. (legal) strana; stranka; as ~ of the first (second) ~ prve (druge) strane
party II a stranački, partijski
party line 1. dvojni priključak (W: dvojnik) 2. (pol.) partijska linija
party whip see whip I 4
par·ve·nu ['pa(r)vənū]; [nj] n (pejor.) skorojević
par·vis ['pa(r)vis] n priprata (prostor pred glavnim vratima crkve)
pas·chal ['paeskəl] a pashalni, uskršnji
paschal lamb uskršnje jagnje (W: janje)
pa·sha ['pašə] n paša
Pash·to ['paštou] n (ling.) pušto, pašto, afganski jezik
pasque·flow·er ['paeskflauə(r)] n (bot.) sasa
pas·qui·nade [paeskwə'nejd] n paskvil
pass I [paes]; [a] n 1. prolaz; klanac; a mountain ~ brdski klanac 2. propusnica; besplatna karta 3. (mil.) dozvola za izlazak; izlazak; odsustvo; to be on ~ biti na odsustvu 4. prelet; to make a ~ over a target preleteti (preletjeti) nad ciljem 5. (colloq.) udvaranje; he made a ~ at her pokušao je da joj se udvara 6. (sports) dodavanje 7. (colloq.) stanje, *things have come to a pretty ~ došlo je do gusto 8. prelazna ocena (ocjena)
pass II v 1. tr prestići; preteći; that car ~ed us twice taj auto nas je pretekao dva puta 2. tr (in different directions) mimoići; to ~ a truck mimoići kamion; to ~ each other mimoići se 3. tr obići; to ~ a standing vehicle obići vozilo koje stoji 4. tr prevazići (more usu. is exceed 2) 5. tr (sports) dodati, pasirati; to ~ the ball to another player dodati loptu drugom igraču 10. tr primiti, odobriti; to ~ a law primiti zakon 11. tr isprazniti; to ~ water mokriti 12. tr rasturiti, proturiti; to ~ counterfeit bills rasturiti lažne novčanice; to ~ bad checks proturiti lažne čekove 13. tr proći; to ~ a store proći pored radnje; (pol.) the bill did not ~ the Senate nacrt zakona nije prošao u Senatu 14. tr doneti (donijeti); to ~ judgement doneti odluku 15. tr preći, prevući; to ~ one's hand over smt. preći rukom preko nečega 16. tr obaviti; to ~ a rope around smt. obaviti uže oko nečega 17. tr predati; to ~ a baton predati palicu 18. intr preći; to ~ from one subject to another preći s predmeta na predmet; to ~ from generation to generation preći s kolena na koleno (s koljena na koljeno); power ~ed into other hands vlast je prešla u druge ruke 19. intr preticati; mimoilaziti; obilaziti 20. intr izdavati se (za); he ~es as a Frenchman on se izdaje za Francuza (see also **pass off**) 21. intr proći; time ~es quickly vreme (vrijeme) brzo prolazi; the motion ~ed predlog je prošao; the road ~es by over there tuda prolazi put 22. intr (mil); prodefilirati; to ~ in review prodefilirati, izvesti pa-

radni marš 23. intr (cards) propuštati, pasirati 24. intr desiti se; to come to ~ desiti se 25. intr položiti ispit 26. misc.; to ~ muster izdržati probu; to ~ the word saopštiti (saopćiti); to bring to ~ prouzrokovati
pass·a·ble [~əbəl] a 1. prolazan, prohodan; a ~ road prolazan put 2. u opticaju, važeći 3. osrednji, podnošljiv
pas·sage ['paesidž] n 1. prolaženje, prolazak, prolaz; to clear a ~ izraditi prolaz 2. put (preko mora), prevoz 3. pasaž 4. mesto (mjesto); odlomak; pasus; to find a ~ in a book naći mesto u knjizi; to read ~s (from a book) čitati odlomke (iz knjige)
pas·sage·way [~wej] n hodnik
pass around v dodati (svima)
pass away v umreti (umrijeti)
pass book [~buk] n štedna knjižica
pass by v 1. proći; who passed by? ko (tko) je prošao? 2. misc.; time has passed him by pregazilo ga je vreme (vrijeme)
pas·sé [pae'sej]; [a] a (colloq.) staromodan
pas·sel ['paesəl] n (reg.) mnoštvo
pas·sen·ger I ['paesəndžə(r)] n 1. putnik 2. (Br.; colloq.) zabušant
passenger II a putnički; a ~ cabin putnička kabina a ~ train putnički voz (W: vlak)
passenger pigeon putnički golub
passe par·tout [paes pa(r)'tū] (French) 1. see **master key** 2. okvir od trake (za sliku)
pass·er ['paesə(r)]; [a] n proturač; a ~ of bad checks proturač lažnih čekova
pass·er-by [~-baj] (passers-by) n prolaznik
pass-fail I n sistem ocenjivanja (ocjenjivanja); položio — ne položio (bez uobičajenih ocena — ocjena)
pass-fail II a po sistemu »položio — ne položio«
pass for v izdavati se; to pass for a Frenchman izdavati se za Francuza
pas·sim ['paesim] adv (Latin) na raznim mestima — mjestima (u tekstu)
pass in v predati (see also **hand in**)
pass·ing I ['paesiŋ]; [a] n 1. prolaženje; in ~ uzgred 2. proturivanje; the ~ of bad checks proturivanje lažnih čekova
passing II a 1. prolazan; a ~ grade prolazna ocena (ocjena) 2. prolazan, kratkovremen 3. prelazan
passing note (mus.) prelazni ton
pas·sion ['paešən] n 1. strast; pasija; to curb one's ~s obuzdati svoje strasti; to rouse ~ buditi strast; to commit a crime of ~ izvršiti krivično delo (djelo) u afektu; a ~ for smt. strast prema nečemu 2. (rel., cap) (the ~) Hristovo (Kristovo) stradanje
pas·sion·ate [~it] a strastan; a ~ kiss strastan poljubac; ~ love strasna ljubav; a ~ plea usrdna molba
pas·sion·flow·er [~flauə(r)] n (bot.) gospodinova krunica
passion play crkveno prikazanje
Passion Week (rel.) Strasna (Velika) nedelja (nedjelja)
pas·sive I ['paesiv] n (gram.) pasiv, trpno stanje
passive II a 1. pasivan, neaktivan; ~ resistance pasivan otpor 2. (gram.) trpni, pasivan; the ~

voice trpno stanje; *a* ~ *participle* trpni glagolski pridev (pridjev)

pas·siv·i·ty [pə'sivətij] *n* pasivnost

pass·key ['paeskij]; [*a*] *n* kalauz (also **master key**)

pass off *v* predstaviti; *to pass oneself off as an Englishman* predstavljati se kao Englez

pass on *v* 1. predati, dati dalje; *pass the letter on to your friends* predajte pismo vašim prijateljima 2. presuđivati; *to pass judgment on smb.* presuđivati nekome

pass out *v* 1. razdeliti (razdijeliti) 2. onesvestiti (onesvijestiti) se

pass over *v* 1. *(to pass over in silence)* prećutati, preći ćutke (W: prijeći preko šutke) 2. see **pass II** 15 3. mimoići

Pass·o·ver [~ouvə(r)] *n* (rel.) Pasha (jevrejski praznik)

pass·port I [~po(r)t] *n* pasoš; *to issue (revoke) a* ~ izdati (oduzeti) pasoš

passport II *a* pasoški; *a* ~ *office* pasoško odeljenje (odjeljenje)

pass through *v* 1. propustiti; pasirati; *to pass meat through a grinder* propustiti meso kroz mašinu 2. proputovati; *to pass through London* proputovati kroz London 3. preći; proći; *to pass through a village* proći kroz selo

pass up *v* 1. dodati na više 2. odustati; *we had to pass it up* morali smo da odustanemo od toga

pass upon *v* presuđivati (see **pass on** 2)

pass·word [~wə(r)d] *n* lozinka, parola

past I [paest]; [*a*] *n* 1. prošlost; *a dark* ~ mračna prošlost 2. (gram.) prošlo vreme (vrijeme)

past II *a* 1. prošli; *in* ~ *wars* u prošlim ratovima 2. (gram.) prošli; *the* ~ *tense* prošlo vreme (vrijeme); *the* ~ *perfect*; davno prošlo vreme (also **pluperfect**)

past III *adv* mimo; *to go* ~ proći mimo

past IV *prep* 1. pored, mimo; *to go* ~ *a house* proći pored (mimo) kuće 2. (in time expressions) *at half* ~ *five* u pola šest

pas·ta ['pastə] *n* (cul.) pasta (od brašna)

paste I [pejst] *n* 1. pasta; *anchovy* ~ riblja pasta (see also **toothpaste**) 2. lepak (lijepak) 3. testo (tijesto)

paste II *v tr* zalepiti (zalijepiti); *to* ~ *a stamp on an envelope* zalepiti marku na koverat

paste III *v* (slang) udariti (pesnicom)

paste·board [~bo(r)d] *n* 1. karton 2. posetnica (posjetnica)

pas·tel [pae'stel] *n* pastel, pastela

pas·tern ['paestə(r)n] *n* putište

pas·teur·i·za·tion [pasčərə'zejšən], [*t*]; [*aj*] *n* pasterizovanje

pas·teur·ize ['paesčərajz], [*t*] *v tr* pasterizovati

pas·tiche [pae'stijš], [*a*] *n* pastiš

pas·tille ['pae'stijl] *n* pastil, pastila

pas·time ['paestajm]; [*a*] *n* razonoda, provod

past·ing ['pejstiŋ] *n* (colloq.) 1. snažan udarac 2. težak poraz

past master 1. bivši majstor lože (slobodnih zidara) 2. savršen majstor

pas·tor ['paestə(r)]; [*a*] *n* (protestantski) pastor, sveštenik (svećenik)

pas·tor·al I ['paestərəl]; [*a*] *n* 1. pastoralna pesma (pjesma) 2. see **pastorale**

pastoral II *a* pastoralan, pastirski

pas·to·rale [paestə'rael], [*a*], [*a*] *n* (mus.) pastorala

pas·tor·ate ['paestərit]; [*a*] *n* dužnost pastora

pas·tra·mi [pə'stramij] *n* (cul.) dimljena piećka

pas·try ['pejstrij] *n* kolač

pastry shop poslastičarnica (W: slastičarnica)

pas·tur·age ['paesčəridž]; [*a*] *n* stočna hrana; paša

pas·ture I ['paesčə(r)]; [*a*] *n* paša, pašnjak

pasture II *v* see **graze I** 1, 3

pas·ty I ['pejstij] *n* (Br.) pašteta

past·y II *a* 1. poput testa (tijesta) 2. bled (blijed)

PA system [pij'ej] see **public-address system**

pat I [paet] *n* 1. lagan udarac, tapšaj; **to give oneself a* ~ *on the back* čestitati sam sebi 2. komadić; *a* ~ *of butter* komadić putera (maslaca)

pat II *v* 1. *tr* potapkati, potapšati; pljesnuti; *to* ~ *smb. on the back* potapšati nekoga po ramenu 2. *intr* tapkati, tapšati

pat III *a* zgodan, podesan; spreman; *a* ~ *answer* zgodan odgovor

pat IV *adv* (colloq.) 1. tečno; dobro; *to have smt. down* ~ znati nešto sasvim dobro 2. misc.; *to stand* ~ ostati pri svojoj odluci

Pat·a·go·ni·a [paetə'gounijə] *n* Patagonija

patch I [paeč] *n* 1. zakrpa, krpče; *to sew a* ~ *on smt.* prišiti zakrpu na nešto; (Br.) **to hit (strike) a bad* ~ nemati sreće 2. pramen; *a* ~ *of fog* pramen magle 3. see **beauty mark** 4. parče (zemlje) 5. sloj, zastor; *a* ~ *of ice* ledeni zastor

patch II *v tr* 1. zakrpiti, staviti zakrpu (na); (to ~ *sleeves* staviti zakrpe na rukave; *all* ~*ed up* sav u zakrpama 2. *(to* ~ *up)* izmiriti, izgladiti; poravnati; *to* ~ *up a quarrel* poravnati spor

patch·er [~ə(r)] *n* krpač

patch pocket našiven džep

patch test (med.) proba sa flasterom

patch up *v* see **patch II** 2

patch·work [~wə(r)k] *n* krpež; krparija

patch·y [~ij] *a* 1. pun zakrpa 2. nejednak

pat down *v* ugladiti

pate [pejt] *n* glava; *a bald* ~ ćelava glava

pâ·té [pa'tej] *n* (cul.) pasta; pašteta

pâté de foie gras [~ də fwa gra] (French; cul.) pašteta od guščje džigerice

pa·tel·la [pə'telə] (-*ae* [ij]) *n* (anat.) čašica (also **kneecap**)

pat·en ['paetn] *n* 1. tanjir 2. (rel.) nafornjak, zdelica (zdjelica) za naforu

pat·ent I ['paetənt] *n* patent; *to take out a* ~ *on smt.* dobiti patent na nešto; *to apply for a* ~ *(on)* prijaviti patent (za)

patent II *a* patentni

patent III *v tr* patentovati; *to* ~ *an invention* patentovati pronalazak

patent IV ['pejtənt] *a* očigledan

pat·ent·ee [paetn'tij] *n* vlasnik patenta

patent leather lakovana koža; (as *a*) ~ *shoes* lakovane cipele

pat·ent·ly ['pejtəntlij] *a* očigledno

patent medicine lek (lijek) koji se prodaje bez recepta

patent office patentni ured

pa·ter·nal [pə'tə(r)nəl] *a* očinski

pa·ter·nal·ism [~izəm] *n* očinsko staranje, očinski odnos, paternalizam

pa·ter·ni·ty [~nətij] *n* očinstvo, paternitet
paternity suit spor o očinstvu
pa·ter·nos·ter ['paetə(r)'nastə(r)], [*ej*]; [*o*] *n* očenaš
path [paeth]; [*a*] (*-ths* [t͟hz]) *n* staza; *to clear (make)
a* ~ utrti (prokrčiti) stazu; *to cross smb.'s* ~
susresti nekoga; **to stand in smb.'s* ~ sme-
tati nekome
pa·thet·ic [pə'thetik] *a* patetičan
path·find·er [~fajndə(r)] *n* krčilac, izviđač, vodič;
vodeći avion
path·o·gen ['paethədžən] *n* patogeni agens
path·o·gen·e·sis [paethə'dženəsis] *n* patogeneza
path·o·gen·ic [~ik] *a* patogen
path·o·log·i·cal [paethə'ladžikəl]; [*o*] *a* patološki
pa·thol·o·gist [pə'thalədžist; [*o*] *n* patolog
pa·thol·o·gy [~džij] *n* patologija
pa·thos ['pejth*a*s]; [*o*] *n* patos
path·way [~wej] see **path**
pa·tience ['pejšəns] *n* 1. strpljenje; *to lose* ~ izgu-
biti strpljenje; *to have* ~ biti strpljiv 2. (Br.)
pasijans (see also **solitaire** for 2)
pa·tient I ['pejšənt] *n* bolesnik; *cardiac* ~*s* srčani
bolesnici
patient II *a* strpljiv
pat·i·na ['paetənə] *n* patina, zelenkasta rđa
pat·i·o ['paetijou] *n* otvoreno dvorište
pa·tis·se·rie [patijs'rij] *n* francuska pekara
pat·ois [paet'wa] *n (patois* [~z]) *n* mesni (mjesni)
govor
pa·tri·arch ['pejtrija(r)k] *n* patrijarh
pa·tri·ar·chal [pejtrij'a(r)kəl] *a* patrijarhalan
pa·tri·ar·chate [pejtrij'a(r)k*i*t], [*ej*] *n* patrijarhat
pa·tri·ar·chy ['pejtrija(r)kij] *n* patrijarhat
pa·tri·cian I [pə'trišən] *n* patricij
patrician II *a* patricijski
pa·tri·ci·ate [pə'trišijit] *n* patricijstvo
pat·ri·cid·al [paetrə'sajdl] *a* oceubilački (W: oco-
ubilački)
pat·ri·cide ['paetrəsajd] *n* 1. oceubica (W: ocoubo-
jica) 2. oceubistvo (W: ocoubojstvo)
pat·ri·mo·ny ['paetrəmounij] *n* očevina, babovina
pa·tri·ot ['pejtrijət], [*a*] *n* rodoljub, patriota
pa·tri·ot·ic [pejtrij'atik]; [ae]; [*o*] *a* rodoljubiv
pa·tri·ot·ism ['pejtrijətizəm]; [ae] *n* rodoljublje,
patriotizam
pa·tris·tic [pə'tristik] *a* patristički
pa·trol I [pə'troul] *n* patrola; patroliranje; *to go
on* ~ ići u patrolu
patrol II *a* patrolni; ~ *activity* patrolna aktivnost
patrol III *v tr* and *intr* patrolirati; *to* ~ *streets*
patrolirati ulicama
patrol car see **squad car**
pa·trol·man [~mən] (*-men* [min]) *n* 1. policajac
(u patroli) 2. (Br.) član saobraćajne patrole
na auto-putu
patrol wagon kola za prevoz zatvorenika
pa·tron ['pejtrən] *n* patron
pa·tron·age [~idž] *n* patronat
pa·tron·ess [~is] *n* patronesa, patrona
pa·tron·ize ['pejtrənajz] *v tr* 1. štititi; podržavati
2. posećivati — posjećivati (kao mušterija); *to*
~ *a store* biti stalna mušterija (neke radnje)
3. ophoditi se (s nekim) na snishodljiv način
pa·tron·iz·ing·ly [~in͟glij] *adv* na snishodljiv način
patron saint svetac zaštitnik

pat·ro·nym·ic I [paetrə'nimik] *n* patronimik (ime
izvedeno od imena oca)
patronymic II *a* patronimički
pat·sy ['paetsij] *n* (slang) prostak; žrtva
pat·ter I ['paetə(r)] *n* 1. pljuskanje, dobovanje 2.
sitno koračanje
patter II *v intr* 1. pljuskati, dobovati, udarati;
the rain ~*s on the roof* kiša dobuje po krovu;
the rain ~*s against the windowpanes* kiša udara
o okna 2. sitno koračati
patter III *n* 1. blebetanje 2. žargon; šatrovački
jezik
patter IV *v intr* blebetati, brbljati
pat·tern I ['paetə(r)n] *n* 1. obrazac, uzorak 2.
šablon, kalup 3. šnit 4. šara 5. (mil.) slika
rasturanja, slika pogodaka 6. (ling.) struktu-
ralni šablon, osnovna strukturalna formula
pattern II *v tr (to* ~ *on, after)* učiniti prema uzoru
pattern drill, pattern practice uvežbavanje (uvjež-
bavanje) osnovnih strukturalnih formula
pat·ty ['paetij] *n* pašteta; pljeskavica; *a meat* ~
pašteta s mesom
pau·ci·ty ['posətij] *n* 1. malobrojnost 2. nestašica
paunch [ponč] *n* trbuh
paunch·y [~ij] *a* trbušat
pau·per ['popə(r)] *n* siromah, pauper
pau·per·ism [~rizəm] *n* siromaštvo, pauperizam
pause I [poz] *n* 1. zastoj, pauza 2. (mus.) pauza
3. see **caesura**
pause II *v intr* 1. zastati, zaustaviti se 2. zadržati se
pa·van [pə'van] *n* pavana
pave [pejv] *v tr* popločati; asfaltirati; **to* ~ *the
way for smb.* prokrčiti put nekome
pave·ment [~mənt] *n* 1. pločnik 2. (Br.) trotoar
pavement artist Br.; see **sidewalk artist**
pa·vil·ion [pə'viljən] *n* paviljon
pav·ing ['pejvin͟g] *n* popločavanje
paving stone kamen za kaldrmu
Pav·lo·vi·an [paev'louvijən] *a* Pavlovljev; ~ *reflex*
Pavlovljev refleks
paw I [po] *n* šapa
paw II *v tr* 1. (šapom, rukom) dodirnuti 2. kopati;
udarati; *the horse is* ~*ing the ground* konj kopa
nogom, konj udara kopitom o zemlju
pawl [pol] *n* zapinjača, zapon
pawn I [pon] *n* zaloga
pawn II *v tr* založiti; *to* ~ *a watch* založiti sat
pawn III *n* 1. (chess) pešak (pješak), pion; *to move
a* ~ ići pešakom 2. (fig.) pion
pawn·bro·ker [~broukə(r)] *n* zalagaoničar, zajmo-
davac na zaloge
pawn·er [~ə(r)] *n* zalagač
pawn·shop [~šap]; [*o*] *n* zalagaonica
pawn ticket založnica
pay I [pej] *n* 1. plata (W: plaća); *in smb.'s* ~ na
plati kod nekoga; *full* ~ puna plata; *half* ~
pola plate
pay II *v* 1. *tr* platiti; *to* ~ *a worker* platiti radnika;
to ~ *a bill* platiti račun; *to* ~ *one's share of
the expenses* platiti svoj deo (dio) troškova;
to ~ *a debt* platiti dug 2. *tr* (or: *to* ~ *off)*
otplatiti, isplatiti, podmiriti; *to* ~ *(off) one's
debts* otplatiti (podmiriti) dugove; *to* ~ *a bill*
podmiriti račun; *to* ~ *(off) a loan* otplatiti
kredit 3. *tr* obratiti; *to* ~ *attention to smt.* obra-
titi pažnju na nešto 4. *intr* platiti, otplatiti,

uplatiti; *to ~ for a dinner* platiti (za) ručak; *to ~ in cash (in installments)* platiti u gotovu (na rate); *to ~ for furniture* otplatiti nameštaj (namještaj); *to ~ for a room* platiti (za) sobu; *to ~ in advance* unapred (unaprijed) platiti 5. *intr* isplatiti se; *it ~s (does not ~)* to se (ne) isplati (also **pay off** 2) 6. misc.; *to ~ a call* napraviti posetu (posjet); * *to ~ off old debts* osvetiti se; **to ~ through the nose* preskupo platiti; **he who ~s the piper calls the tune* ko (tko) plaća, taj i zapoveda (zapovijeda); *to ~ smb. a compliment* napraviti nekome komplimenat; *to ~ tribute to smb.* odati nekome priznanje
pay III *v tr* nakatranisati
pay·a·ble [~əbəl] *a* plativ
pay back *v* 1. vratiti (dug); **to pay back in kind* vratiti milo za drago 2. osvetiti se; *to pay smb. back* osvetiti se nekome
pay·day [~dej] *n* dan isplate, platni dan
pay·dirt [~də(r)t] *n* (slang) uspeh (uspjeh)
pay down *v* platiti u gotovu, položiti (novac) PAYE [pijejwaj'ij] (Br.) oduzimanje poreza (na dohodak) po platnom spisku
pay·ee [pej'ij] *n* primalac nekog iznosa
pay envelope koverat sa platom
pay·er [~ə(r)] *n* platilac
pay·load [~loud] *n* 1. korisna nosivost; plaćeni teret 2. bojeva glava sa punjenjem
pay·mas·ter [~maestə(r)]; [a] *n* blagajnik
pay·ment [~mənt] *n* isplata, isplaćivanje; uplata; *~ of a debt* isplata duga; *to stop ~ (of a check)* obustaviti plaćanje (čeka)
pay off *v* 1. see **pay II** 2 2. isplatiti se; *it pays off* to se isplati (also **pay II** 5) 3. (colloq.) podmititi
pay·off [~of] *n* 1. isplata 2. obračun; podmirenje 3. osveta 4. mito
pay·o·la [pej'oulə] *n* (colloq.) podmićivanje (disk-džokeja)
pay out *v* 1. isplatiti; *to pay money out* or: *to pay out money* isplatiti novac 2. (naut.) ispustiti, odmotati (uže)
pay packet Br.; see **pay envelope**
pay phone see **pay station**
pay·roll [~roul] *n* platni spisak
payroll deduction oduzimanje po platnom spisku
pay station javna telefonska govornica
pay telephone see **pay station**
pay TV privatna kabl-televizija
pay up *v* (colloq.) platiti, uplatiti
pea [pij] *n* 1. (bot.) grašak 2. (cul.) (in *pl*) grašak
peace I [pijs] *n* mir; *to make ~* zaključiti (sklopiti) mir; *an armed ~* oružani mir; *to disturb the ~* narušiti mir; *to work in ~* raditi na miru; **the dove of ~* golub mira; *to achieve (maintain) ~* postići (održati) mir
peace II *a* mirovni; *a ~ conference* mirovna konferencija; *a ~ treaty* mirovni ugovor; **to smoke the ~ pipe* popušiti lulu mira
peace·a·ble [~əbəl] *a* 1. miroljubiv 2. tih, miran
Peace Corps *(the ~)* korpus mira
peace·ful [~fəl] *a* 1. miran, tih 2. miroljubiv *a ~ person* miroljubiv čovek (čovjek); *~ coexistence* miroljubiva koegzistencija 3. mirnodopski; *~ times* mirnodopska vremena

peace·keep·ing [~-kijpiŋ] *a* mirovni; *~ forces* mirovne snage
peace·mak·er [~mejkə(r)] *n* mirotvorac
peace march marš mira
peace offering žrtva ispaštanja
peace officer policajac
peace studies program studija koje se bave metodima rešavanja (rješavanja) međunarodnih sporova mirnim putem
peace·time I [~tajm] *n* mirno doba, vreme (vrijeme)
peacetime II *a* mirnodopski
peach I [pijč] *n* 1. breskva 2. boja breskve 3. (slang) odlična stvar, osoba
peach II *v intr* (slang, pejor.) potkazati, dostaviti; *to ~ on smb.* prijaviti nekoga
peach·y [~ij] *a* 1. poput breskve 2. (slang) odličan
pea coal zrnasti ugalj
pea·cock ['pijkak]; [o] *n* paun; **as proud as a ~* gord kao paun
pea jacket vindjakna
peak I [pijk] *n* 1. vrh, šiljak; *the ~ of a mountain* vrh planine 2. vrhunac; *at the ~ of one's fame* na vrhuncu slave 3. maksimum
peak II *a* maksimalan; *~ efficiency* maksimalna efikasnost; *a ~ load* maksimalno opterećenje; *~ power* maksimalna snaga
peak III *v intr* dostići vrhunac
peaked I [pijkt)] *a* šiljast
peak·ed II ['pijkid] *a* oslabeo (oslabio); iznuren (see also **drawn** 2)
peak hours see **rush hour**
peal I [pijl] *n* 1. zvonjenje 2. tresak (trijesak); *a ~ of thunder* tresak groma
peal II *v intr* (also: *to ~ out)* zvoniti; *the bells were ~ing* zvona su zvonila
pe·an see **paean**
pea·nut ['pijnət] *n* 1. kikiriki, zemljani orah 2. zrno kikirikija
peanut brittle bombone od kikirikija
peanut butter buter (puter) od kikirikija
peanut oil ulje od kikirikija
pear [pej(r)] *n* kruška (drvo i plod)
pearl I [pə(r)l] *n* biser; perla; *a string of ~s* niz bisera; **to cast ~s before swine* bacati biser pred svinje
pearl II *a* biseran; *a ~ necklace* biserna ogrlica
pearl diver lovac bisera
Pearl Harbor Perl Harbur
pearl oyster biserna školjka
pearl·y [~lij] *a* 1. biserast, poput bisera 2. od bisera, pun bisera
pear tree kruška (drvo)
peas·ant I ['pezənt] *n* 1. seljak 2. (fig., pejor.) geak, gedža, seljak
peasant II *a* seljački; *of ~ origin* seljačkog porekla (porijekla)
peas·ant·ry [~rij] *n* seljaštvo
pea·shoot·er [~šūtə(r)] *n* duvaljka (igračka)
pea soup 1. čorba (W: juha) od graška 2. (slang) gusta magla
peat [pijt] *n* treset
peat bog tresetište
peat moss tresetnica
pea·vey ['pijvij] *n* čaklja
peb·ble ['pebəl] *n* šljunak

pe·can [pi'kaen] *n* plod hikorija, vrsta oraha
pec·ca·dil·lo [pekə'dilou] (*-s* or *-es)* *n* sitan greh (grijeh); malena greška
pec·cant ['pekənt] *a* grešan
peck I [pek] *n* 1. kljuvanje, udarac kljunom 2. (slang) poljubac
peck II *v* 1. *tr* kljunuti; pozobati 2. *tr* poljubiti 3. *intr* kljuvati; kvocati 4. *tr* and *intr* probirati, kljucati; *to peck (at) one's food* probirati jelo also **pick at** 2)
peck III *n* jedinica za merenje (mjerenje) žita (otprilike 8 litara)
peck·er [~ə(r)] *n* 1. (Br.) odvažnost, hrabrost; **to keep one's* ~ *up* ne klonuti duhom 2. (vul.) muški ud
peck·ing order [~ing] hijerarhija
Peck's bad boy nestaško
pec·tic ['pektik] *a* pektinski; ~ *acid* pektinska kiselina
pec·tin ['pektin] *n* pektin
pec·to·ral ['pektərəl] *a* pektoralan, grudni; ~ *fins* grudna peraja; ~ *muscles* grudni mišići
pec·u·late ['pekjəlejt] *v tr* and *intr* proneveriti (pronevjeriti)
pec·u·la·tion [pekjə'lejšən] *n* pronevera (pronevjera)
pe·cu·liar [pi'kjūljə(r)] *a* 1. čudan 2. naročit, osobit 3. jedinstven
pe·cu·li·ar·i·ty [pikjūlij'aerətij] *n* 1. čudnost 2. naročitost, osobitost 3. jedinstvenost
pe·cu·ni·ar·y [pi'kjūnijerij]; [ə] *a* novčani
ped·a·gog·i·cal [pedə'gadžikəl]; [o], [ou] *a* pedagoški
ped·a·gogue ['pedəgag]; [o] *n* pedagog
ped·a·gog·y ['pedəgadžij]; [o], [ou] *n* pedagogija
ped·al I ['pedl] *n* pedal; *a gas* ~ pedal za gas; *a brake (clutch)* ~ pedal kočnice (kvačila); *to step on (depress) a* ~ pritisnuti pedal; *to turn* ~s pokretati pedale
pedal II *v intr* voziti bicikl
ped·ant ['pedənt] *n* pedant
pe·dan·tic [pə'daentik] *a* pedantan
ped·ant·ry ['pedntrij] *n* pedanterija
ped·dle ['pedəl] *v* 1. *tr* torbariti; *to* ~ *goods* torbariti (robu) 2. *intr* torbariti robu
ped·dler ['pedlə(r)] *n* torbar
ped·er·ast ['pedəraest] *n* pederast
ped·er·as·ty [~ij] *n* pederastija, strast muškarca prema dečacima (dječacima)
ped·es·tal ['pedəstəl] *n* postolje; **to put smb. on a* ~ obožavati nekoga; **to knock smb. off his* ~ naškoditi nečijem dobrom glasu
pe·des·tri·an I [pə'destrijən] *n* pešak (pješak)
pedestrian II *a* 1. pešački (pješački); *a* ~ *crossing* pešački prelaz 2. dosadan; prozaičan
pedestrian precinct (Br.) zona gde (gdje) je zabranjen automobilski saobraćaj
pe·di·a·tri·cian [pijdijə'trišən] *n* pedijatar
pe·di·at·rics [pijdij'aetriks] *n* pedijatrija
ped·i·cel ['pedəsəl] *n* (bot.) stapka, peteljka, drška
ped·i·cle ['pedikəl] see **pedicel**
pe·dic·u·lo·sis [pədikjə'lousis] *n* vašljivost
ped·i·cure I ['pedikjū(r)] *n* pedikir
pedicure II *v tr* pedikirati
ped·i·cur·ist [pedi'kjūrist] *n* pediker

ped·i·gree ['pedəgrij] *n* pedigre
ped·lar Br.; see **peddler**
pe·dol·o·gy I [pij'dalədžij]; [o] *n* pedologija, nauka o detetu (djetetu)
pedology II [pe~] *n* pedologija, nauka koja proučava tlo zemlje
pe·dom·e·ter [pi'damətə(r)]; [o] *n* pedometar
pe·dun·cle [pi'dəngkəl], ['pijdəngkəl] *n* (bot.) stapka, peteljka
pee [pij] *v intr* (vul.) mokriti
peek I [pijk] *n* virenje
peek II *v intr* viriti, krišom gledati; *to* ~ *at smb.* krišom gledati na nekoga
peek·a·boo [pijkə'bū] *interj* ku-ku! (u igri žmurke s malom decom — djecom)
peel I [pijl] *n* ljuska, kora; *a banana* ~ kora od banane
peel II *v* 1. *tr* oljuštiti; *to* ~ *an apple* oljuštiti jabuku 2. *intr* ljuštiti se; *his skin is* ~*ing* koža mu se ljušti 3. *intr* (slang) svući se 4. *intr (to* ~ *off)* (aviation) izdvojiti se (iz sastava eskadrile)
peel III *n* pekarska lopata
peel·er [~ə(r)] *n* 1. onaj koji ljušti 2. sprava za ljušćenje 3. (slang) see **stripteaser**
peel·ing [~ing] *n* 1. ljušćenje 2. ljuska, oljuština
peel off *v* see **peel** II 4
peel-off mask maska za uklanjanje mitesera i bubuljica
peen [pijn] *n* klinasti kraj čekića
peep I [pijp] *n* pijuk
peep II *v intr* pijukati
peep III *n* potajni pogled, virenje
peep IV *v intr* viriti, gviriti, proviriti; *to* ~ *into a room* proviriti u sobu; *to* ~ *out* izviriti; *to* ~ *through* proviriti kroz
peep V *n* (WW II, Am., mil., in an armored division) džip (see also **jeep**)
peep·er [~ə(r)] *n* 1. gvirilac, zavirivalo, gvirkalo 2. (slang) oko
peep·hole [~houl] *n* kontrolni otvor, prorez za osmatranje
peep·ing Tom [~ing] voajer (also **voyeur**)
peep·show [~šou] *n* panorama (mehanizam u kojem se male slike uvećavaju)
peep sight diopterski nišan
peer I [pij(r)] *n* 1. ravan; premac; *without* ~ bez premca 2. plemić; (Br.) *a* ~ *of the realm* plemić koji ima nasledno (nasljedno) pravo
peer II *v intr* viriti, gviriti
peer·age [~ridž] *n* plemstvo
peer·less [~lis] *a* bez premca
peeve I [pijv] *n* 1. negodovanje, nezadovoljstvo; *a pet* ~ glavna briga 2. zlovolja
peeve II *v tr* ozlovoljiti
peev·ish [~iš] *a* zlovoljan, mrzovoljan, džandrljiv
pee·wee ['pijwij] *n* (colloq.) patuljak
peg I [peg] *n* 1. klinac, klin 2. kolac; kočić (see also **tent peg**) 3. (mus.) čivija, ključ za zatezanje žica 4. misc.; **to take smb. down a* ~ uniziti nekoga; **a square* ~ *in a round hole* čovek (čovjek) koji nije pogodan za svoj položaj
peg II *v* 1. *tr* spojiti klinom; za kočić privezait 2. *tr* (esp. baseball) baciti 3. (comm.) odrediti; *to* ~ *prices* odrediti cene (cijene) 4. *intr (to* ~ *away)* marljivo raditi; *he was* ~*ging away* marljivo je radio

Peg·a·sus ['pegəsəs] *n* (myth. and astro.) Pegaz
peg leg (colloq.) drvena noga
pei·gnoir [pen'wa(r)] *n* kućna haljina, penjoar
pej·o·ra·tion [pedžə'rejšən] *n* (esp. ling.) pejoracija
pe·jor·a·tive I [pi'džorətiv] *n* pejorativ
pejorative II *a* pejorativan, pogrdan
Pe·kin·ese [pijkə'nijz] see Pekingese I, II, III
Pe·king ['pij'king] *n* Peking
Pe·king·ese I [pijking'ijz] *(pl* has zero) *n* stanovnik Pekinga
Pekingese II *a* pekinški
Pekingese III [pijkə'nijz] *(pl* has zero) *n* pekinški pas
Peking Man pekinški čovek (čovjek)
pe·lag·ic [pə'laedžik] *a* pučinski
pelf [pelf] *n* bogatstvo
pel·i·can ['pelikən] *n* pelikan
pe·li·o·sis [pijlij'ousis] see purpura
pe·lisse [pə'lijs] *n* dugački kaput s krznenim pervazom
pel·lag·ra [pə'laegrə] *n* (med.) pelagra
pel·let ['pelit] *n* loptica, kuglica, vavoljak
pel·li·cle ['pelikəl] *n* opna
pel·li·to·ry ['pelətorij]; [ə] *n* (bot.) vijoš
pell-mell ['pel-'mel] *adv* bezobzirno, u neredu; *to rush* ~ pojuriti bezobzirno
pel·lu·cid [pə'lūsid] *a* prozračan, jasan
pel·met ['pelmət] Br; see valance
pelt I [pelt] *n* koža, krzno
pelt II *v tr* 1. baciti se; *to* ~ *smb. with rocks* baciti se na nekoga kamenjem 2. šibati; *the rain* ~ed *us all day* ceo (cio) dan nas je šibala kiša
pel·vic ['pelvik] *a* karlični; *the* ~ *bone* karlična kost
pel·vis ['pelvis] *n* (anat.) karlica
pem·mi·can ['pemikən] *n* (Br.) koncentrat sušenog mesa
pen I [pen] *n* naliv-pero (see also ball-point pen, fountain pen)
pen II *v tr* napisati (naliv-perom)
pen III *n* tor, obor
pen IV *v tr* (or: *to* ~*up, in)* zatvoriti u tor, zatvoriti
pe·nal ['pijnəl] *a* 1. krivični; *a* ~ *code* krivični zakonik 2. kazneni
penal colony kazneno naselje
pe·nal·ize [~ajz] *v tr* kazniti
penal servitude robija
pen·al·ty ['penəltij] *n* 1. kazna; *to impose (mete out) a* ~ odmeriti (odmjeriti) kaznu 2. taksa; *to pay a* ~ *for an unused reservation* platiti taksu za neiskorišćeno mesto (mjesto)
penalty area (soccer) kazneni prostor
penalty box (hockey) klupa za kažnjene
penalty clause (legal) klauzula o ugovorenoj kazni
penalty kick (soccer) kazneni udarac, jedanaesterac
penalty spot (soccer) tačka (W: točka) kaznenog udarca
pen·ance ['penəns] *n* pokora, ispaštanje; *to do* ~ činiti pokoru, ispaštati
pens [pens] (Br.) variant *pl* of penny
pen·chant ['penčənt] *n* naklonost, sklonost
pen·cil I ['pensəl] *n* olovka; *colored* ~s olovke u boji
pencil II *v tr* napisati (olovkom)
pen·dant ['pendənt] *n* pandan, visuljak
pen·dent ['pendənt] *a* viseći

pend·ing [~ing] 1. *a* neodlučen, nerešen (neriješen) 2. *prep* do; ~ *his arrival* do njegovog dolaska; ~ *further orders* do daljih naređenja
pen·du·lous ['pendžələs], [*j*] *a* viseći
pen·du·lum ['pendžələm], [*j*] *n* klatno, šetalica (na zidnom časovniku)
pen·e·tra·bil·i·ty [penətrə'bilətij] *n* probojnost
pen·e·tra·ble ['penətrəbəl] *a* probojan
pen·e·trate ['penətrejt] 1. *tr* probiti, prodreti (prodrijeti); *to* ~ *enemy lines* probiti neprijateljske redove; *to* ~ *the skin* probiti kožu; *to* ~ *a mystery* prodreti u tajnu 2. *intr* prodirati, hvatati maha; *new ideas* ~ *quickly* nove ideje prodiru brzo
pen·e·trat·ing [~ing] *a* 1. prodoran 2. pronicljiv
pen·e·tra·tion [penə'trejšən] *n* 1. proboj, prodor; penetracija; (mil.) *a* ~ *in depth* proboj u dubini; *to make (deepen) a* ~ načiniti (produbiti) proboj 2. pronicljivost, pronicavost
pen friend Br.; see pen pal
pen·guin ['pengwin], [*ngg*] *n* pingvin
pen·i·cil·lin [penə'silin] *n* penicilin
pen·in·su·la [pə'ninsələ], [*sj*] *n* poluostrvo (W also: poluotok)
pen·in·su·lar [~(r)] *a* poluostrvski (W: poluotočni)
pe·nis ['pijnis] *n* penis, muški ud
pen·i·tence ['penətəns] *n* pokajanje
pen·i·tent I [~ənt] *n* pokajnik
penitent II *a* pokajnički
pen·i·ten·tial I [penə'tenšəl] *n* 1. (rel.) trebnik pokajanja 2. see penitent I
penitential II *a* pokajnički
pen·i·ten·tia·ry I [penə'tenšərij] *n* 1. kazneni zavod, zatvor 2. (Cath.) ispovednik (ispovjednik) 3. (Cath.) Veliki crkveni sud (u Rimu)
penitentiary II *a* 1. pokajnički 2. kazneni, kažnjenički
pen·knife ['penajf] (-ives (ajvz)) *n* perorez, džepni nožić
pen·man ['penmən] (-men [min]) *n* krasnopisac
pen·man·ship [~šip] *n* lepo (lijepo) pisanje; rukopis
pen name književnički pseudonim
pen·nant ['penənt] *n* 1. zastavica 2. (Am., baseball) prvo mesto (mjesto) u ligi; (as *a)* ~ *race* borba za prvo mesto
pen·ni·less ['pen*ij*lis], [*e*] *a* bez para, siromašan
pen·non ['penən] *n* zastavica, barjačić
Penn·syl·va·nia [pensəl'vejnjə] *n* Pensilvanija
Pennsylvania Dutch 1. *pl* potomci doseljenika iz Nemačke (Njemačke) i Švajcarske (W: Švicarske) koji su se naselili u Pensilvaniji u 17. i 18. veku (vijeku) 2. pensilvanijski nemački (njemački) dijalekat
Pennsylvania German see Pennsylvania Dutch 2
Penn·syl·va·nian [~n] *n* stanovnik Pensilvanije
pen·ny ['penij] (Br.; *pl* also pence [pens]) *n* peni; **it will cost you a pretty* ~ staće te skupo; **a* ~ *for your thoughts!* da mi je znati na šta misliš! **~ wise, pound foolish* tvrdica u sitnim stvarima, a preterano (pretjerano) izdašan u krupnim sumama
penny ante sitan posao
penny pinch·er ['pinčə(r)] (colloq.) škrtac, cicija
pen·ny·pinch·ing [~ing] *a* škrt
pen·ny·roy·al [~'rojəl] *n* (bot.) buhača, bušina

pen·ny·wort [~wə(r)t] *n* (bot.) vodeni pupačac, ljubljančica

pen·ny·worth [~wə(r)th] *n* 1. vrednost (vrijednost) pare 2. sitnica

pe·nol·o·gist [pij'nalədžist]; [o] *n* penolog, stručnjak za krivično pravo

pe·nol·o·gy [~džij] *n* penologija, nauka o krivičnom pravu

pen pal (colloq.) osoba s kojom se održavaju prijateljske veze putem pisama

pen·sile ['pensajl] *a* viseći

pen·sion I ['penšən] *n* penzija (W also: mirovina); *a disability (old-age, survivors')*~ invalidska (starosna, porodična) penzija; *to apply for a* ~ tražiti penziju

pension II *a* penzijski (W also: mirovinski); *a* ~ *base* penzijski osnov

pension III *v tr* (usu.: *to* ~ *off*) penzionisati (W also: staviti u mirovinu, umiroviti)

pension IV ['pansjon] *n* (French) pansion, pension

pen·sion·er ['penšənə(r)] *n* penzioner (W also: umirovljenik)

pension off *v* see **pension** III

pen·sive ['pensiv] *a* zamišljen, zadubljen u misli

pent [pent] see **pent-up**

pen·ta·cle ['pentəkəl] *n* pentagram

pen·ta·gon ['pentəgan]; [ə] *n* 1. pentagon, petougaonik (W: peterokut) 2. (Am., mil., cap.) *(the* ~) zgrada ministarstva odbrane (W: obrane), pentagon

pen·ta·gram ['pentəgraem)] *n* pentagram

pen·tam·e·ter [pen'taemətə(r)] *n* pentametar, peterac

Pen·ta·teuch ['pentəᵗūk]; [tj]*n (the* ~) Petoknjižje, Pentateuh

pen·tath·lon [pen'taethlən], [a] *n* petoboj

Pen·te·cost ['pentikost], [a] *n* (rel.) Duhovi, Trojice

Pen·te·cos·tal ['pentə'kostəl], [a] *a* trojični, trojičinski

pent·house ['penthaus] *n* stan, stan-bašta na krovu visoke kuće

pent·ox·ide [pen'taksajd]; [o] *n* pentoksid

pent up *v* 1. zatvoriti 2. zadržati

pent-up [~əp] *a* zadržan, ugušen

pe·nult ['pijnəlt] *n* penultima, pretposlednji (pretposljednji) slog

pe·nul·ti·ma [pi'nəltəmə] see **penult**

pe·nul·ti·mate [pi'nəltəmit] *a* pretposlednji (pretposljednji)

pe·num·bra [pi'nəmbrə] (-s or -ae [ij]) *n* polusenka (polusjenka)

pen up *v* see **pen** IV

pe·nu·ri·ous [pə'nūrijəs]; [nj] *a* 1. škrt, tvrd 2. siromašan 3. oskudan

pen·u·ry ['penjərij] *n* 1. škrtost, tvrdoća 2. siromaštvo 3. oskudica

pe·on ['pijan], [ə] *n* 1. nadničar; kmet; rob 2. [pjūn] (u Indiji) vojnik pešak (pješak)

pe·on·age [~idž] *n* ropstvo, kmetstvo

pe·o·ny ['pijənij] *n* (bot.) božur, peonija

peo·ple I ['pijpəl] *n* 1. *(pl* is -*s; sgn* may occur with a verb in the *pl)* narod; *the* ~*s of the Orient* narodi Istoka; **the Chosen People* izabrani narod 2. *(pl)* (prost) narod; *common (working)* ~ prost (radni) narod; *a man of the* ~ čovek (čovjek)

iz naroda 3. *(pl)* ljudi; svet (svijet); *educated* ~ učeni svet; *many* ~ mnogo ljudi, *young* ~ mlad svet; *what will* ~ *say?* šta (što) će svet reći?

people II *v tr* naseliti

People's Republic of China Narodna Republika Kina

pep I [pep] *n* (colloq.) energija, polet

pep II *v tr* (colloq.) *(to* ~ *up)* oživiti, osokoliti

pep·per I ['pepə(r)] *n* 1. biber (W also: papar) 2. paprika; *hot* ~ ljuta paprika; *(ground) red* ~ aleva paprika

pepper II *v tr* 1. pobiberiti (W also: zapapriti) 2. saletati (saletjeti); *to* ~ *smb. with questions* saletati nekoga pitanjima 3. (usu.: *to* ~ *away)* gađati; *to* ~ *away at smb.* gađati nekoga 4. oživeti

pepper-and-salt *a* s sitnim tačkama (W: točkama)

pep·per·box [~baks]; [o] *n* bibernjača, bibernik

pep·per·mint [~mint] *n* nana, metvica

pepper pot 1. (cul.) papazjanija 2. Br.; see **pepper shaker**

pepper shaker bibernjača, bibernik

pep·per·wort [~wə(r)t] *n* (bot.) grbaštica

pep·per·y [~rij] *a* 1. papren, ljut 2. vatren, plah

pep pill stimulantno sredstvo

pep·py ['pepij] *a* (colloq.) energičan

pep·sin ['pepsin] *n* pepsin

pep talk (colloq.) bodrenje (sportista, radnika); *to give a team a* ~ ohrabriti momčad

pep·tic ['peptik] *a* peptičan

pep up *v* see **pep** II

per [pə(r)] *prep* 1. po, prema; ~ *bearer* po donosiocu 2. za; ~ *pound* za funtu

per·am·bu·late [pə'raembjəlejt] *v* 1. *tr* proputovati 2. *intr* šetati se

per·am·bu·la·tor [pə'raembjəlejtə(r)] *n* (Br.) see **pram**

per an·num ['aenəm] (Latin) godišnje

per·cale [pə(r)'kejl] *n* perkal (tkanina)

per cap·i·ta ['kaepətə] (Latin) po glavi

per capita income nacionalni dohodak po glavi stanovnika

per·ceive [pə(r)'sijv] *v tr* opaziti

per cent odsto, posto

per·cent·age [pə(r)'sentidž] *n* postotak, procenat

per·cen·tile [pə(r)'sentajl] *n* procenat

per·cept ['pə(r)sept] *n* utisak

per·cep·ti·ble [pə(r)'septəbəl] *a* opažljiv, koji se može opaziti

per·cep·tion [pə(r)'sepšən] *n* percepcija, opažanje

per·cep·tive [pə(r)'septiv] *a* opažljiv, koji ima sposobnost opažanja

per·cep·tu·al [pə(r)'sepšūəl] *a* perceptivan, koji se osniva na percepciji

perch I [pə(r)č] *n* 1. motka, pritka 2. sedalo (sjedalo) (also **roost** I) 3. Br.; see **rod** 8

perch II *v tr* 1. metnuti, nataći 2. *intr* spustiti se, sesti

perch III *n* grgeč, smuđ

per·chance [pə(r)'čaens]; [a] *adv* može biti

per·co·late ['pə(r)kəlejt] *v* 1. *tr* procediti (procijediti), filtrirati 2. *intr* cediti (cijediti) se

per·co·la·tor ['pə(r)kəlejtə(r)] *n* aparat za pravljenje kafe (kave) s cedilom (cjedilom)

per·cus·sion I [pə(r)'kəšən] *n* 1. (med.) perkusija 2. udaranje, udarac
percussion II *a* udarni
percussion cap udarna kapisla
percussion fuse udarni upaljač
percussion hammer kucaljka
percussion instrument udarni instrumenat
per·cus·sion·ist [~ist] *n* svirač udarnog instrumenta
per·cus·sive [pə(r)'kəsiv] *a* udarni
per di·em ['dijəm] (Latin) 1. dnevnica; *to receive a ~* dobijati dnevnicu 2. dnevno, na dan; dnevni
per·di·tion [pə(r)'dišən] *n* (lit.) 1. propast; prokletstvo 2. pakao
per·e·gri·nate ['perəgrənejt] *v* 1. *tr* proputovati 2. *intr* putovati
per·e·grine I ['perəgrin] *n* (or: *~ falcon)* sivi soko
peregrine II *a* 1. tuđ, inostran 2. lutajući, putujući
per·emp·to·ry [pə'remptərij] *a* 1. (legal) konačan; bezuslovan 2. hitan 3. naređivački, zapovednički (zapovjednički)
peremptory writ (Br.; legal) sudski poziv
per·en·ni·al I [pə'renijəl] *n* mnogogodišnja biljka
perennial II *a* 1. (bot.) mnogogodišnji, koji živi više od dve (dvije) godine 2. večit (vječit); trajan
per·fect I ['pə(r)fikt] *n* (gram.) perfekat, prošlo vreme (vrijeme)
perfect II *a* 1. savršen, perfektan; **practice makes ~* bez muke nema nauke 2. (gram.) perfektni 3. sasvim; *a ~ stranger* sasvim tuđ čovek (čovjek), potpun stranac
perfect III [pə(r)'fekt] *v tr* usavršiti
per·fect·i·ble [~əbəl] *a* usavršiv, koji se može usavršiti
per·fec·tion [pə(r)'fekšən] *n* savršenost, savršenstvo, perfekcija; *to bring to ~* dovesti do savršenstva
per·fec·tion·ism [~izəm] *n* 1. učenje da se moralno savršenstvo može postići na zemlji 2. traženje savršenosti
per·fec·tion·ist [~ist] *n* onaj koji traži savršenost
per·fec·tive I ['pə(r)'fektiv] *n* (gram.) svršeni (perfektivni) vid
perfective II *a* (gram.) svršeni, perfektivni; *the ~ aspect* svršeni (perfektivni) vid; *a ~ verb* perfektivan glagol
per·fec·ti·vize [~ajz] *v tr* (gram.) perfektizirati
per·fect·ly ['pə(r)fiktlij] *adv* 1. sasvim, potpuno 2. savršeno
perfect tense (gram.) perfekat
per·fid·i·ous [pə(r)'fidijəs] *a* perfidan, podmukao
per·fi·dy ['pə(r)fədij] *n* perfidija, podmuklost
per·fo·rate ['pə(r)fərejt] *v tr* perforirati, probušiti, izreckati
per·fo·ra·tion [pə(r)fə'rejšən] *n* perforacija, bušenje
per·fo·ra·tor ['pə(r)fərejtə(r)] *n* perforator
per·force [pə(r)'fo(r)s] *adv* prinudno, hteo-ne hteo (htio-ne htio)
per·form [pə(r)'fo(r)m] *v* 1. *tr* izvesti; *to ~ a ballet* izvesti balet 2. *tr* izvršiti; *to ~ one's duty* vršiti dužnost; *to ~ an operation on smb.* izvršiti operaciju nad nekim 3. *tr* praviti; *to ~ miracles* praviti čuda 4. *intr* raditi, funkcionisati; *the engine ~s well* motor dobro funkcioniše 5. *intr* istupati; *to ~ on the stage* istupati na sceni 6. *intr* igrati; *the actors ~ed well* glumci su dobro igrali 7. *intr* svirati
per·form·ance [~əns] *n* 1. izvođenje; predstava; *the ~ of a ballet* izvođenje baleta; *to cancel (call off) a ~* otkazati predstavu 2. izvršenje; *the ~ of one's duty* izvršenje dužnosti 3. istupanje; *a stage ~* istupanje na sceni 4. uspeh (uspjeh) 5. igranje; sviranje 6. (tech.) performanse, učinak, rad, osobine; *engine (flight) ~* performanse motora (u letu); *the ~ of a weapon* tehničke osobine oružja 7. (ling.) upotreba jezika
per·form·er [~ə(r)] *n* 1. izvođač 2. izvršilac 3. umetnik (umjetnik); glumac; pevač (pjevač); muzičar; igrač, plesač
per·fume I ['pə(r)'fjūm] *n* parfem
perfume II [pə(r)'fjūm] *v tr* parfimisati
per·func·to·ry [pə(r)'fəngktərij] *a* površan
per·haps [pə(r)'haeps] *adv* možda
per·i·car·di·um [perə'ka(r)dijəm] (*-dia* [dijə]) *n* (anat.) osrđe, srčanica, srčana kesa
per·i·cra·ni·um [perə'krejnijəm] (*-nia* [nijə]) *n* (anat.) perikranijum, lubanjska pokosnica
per·i·gee ['perədžij] *n* perigej
per·il ['perəl] *n* 1. opasnost 2. rizik
per·il·ous [~əs] *a* opasan; rizičan
pe·rim·e·ter [pə'rimətə(r)] *n* perimetar; periferija
per·i·ne·um [perə'nijəm] (*-nea* [nijə]) *n* (anat.) međica, perineum
pe·ri·od I ['pijrijəd] *n* 1. period, razdoblje, doba 2. (sports) deo (dio) igre, poluvreme (poluvrijeme); *an extra ~* produžetak 3. (in school) čas (W: sat) 4. tačka (W: točka) (Br. is **full stop**) 5. (rhetoric) rečenični odeljak (odjeljak) 6. (or: *monthly ~)* menstruacija 7. (math.) period 8. (phys., astro.) period, razmak
period II *a* stilski; *~ furniture* stilski nameštaj (namještaj)
pe·ri·od·ic [pijrij'*a*dik]; [*o*] *a* periodičan, periodni
pe·ri·od·i·cal I [~əl] *n* časopis
periodical II *a* periodičan, periodički
periodic law (chem.) Mendeljejev zakon
periodic table (chem.) periodni sistem elemenata
per·i·os·te·um [perij'*a*stijəm]; [*o*] (*-tea* [tijə]) *n* (anat.) pokosnica
per·i·os·ti·tis [perij*a*s'tajtis]; [*o*] *n* (med.) zapaljenje (W: upala) pokosnice
Per·i·pa·tet·ic [perəpə'tetik] *n* peripatetik (Aristotelov učenik)
peripatetic *a* 1. peripatetički 2. koji se šeta, putujući
per·i·pe·te·ia [perəpə'tijə] **pe·rip·e·ty** [pə'ripətij] *n* peripetija, preokret
pe·riph·er·al [pə'rifərəl] *a* periferni, periferijski
peripheral device (C.) periferijski uređaj
pe·riph·er·y [pə'rifərij] *n* 1. periferija 2. (anat.) periferija 3. see **perimeter**
pe·riph·ra·sis [pə'rifrəsis] (*-ses* [sijz]) **per·i·phrase** ['perəfrejz] *n* perifraza
per·i·phras·tic [perə'fraestik] *a* perifrastičan
per·i·scope ['perəskoup] *n* periskop
per·ish ['periš] *v intr* poginuti
per·ish·a·ble [~əbəl] *a* kvarljiv, pokvarljiv
per·i·to·ne·um [perətə'nijəm] (*-nea* [nijə]) *n* (anat.) trbušna maramica, potrbušnica
per·i·to·ni·tis [perətə'najtis] *n* peritonit, zapaljenje (W: upala) trbušne maramice
per·i·win·kle I ['periwingkəl] *n* (bot.) zimzelen
periwinkle II *n* (zool.) obalski puž

per·jure ['pə(r)džə(r)] v refl krivo se zakleti; he ~d himself krivo se zakleo

per·ju·ry ['pə(r)džərij] n krivokletstvo, laganje pred sudom; to commit ~ lažno se zakleti

perks [pə(r)ks] n pl (colloq.) posredne privilegije, olakšice

perk up v 1. dići, ispružiti; to perk up one's ears načuljiti uši 2. osokoliti 3. osokoliti se 4. doterati (dotjerati) se 5. oporavljati se

perk·y [~ij] a živahan; veseo

perm [pə(r)m] Br.; colloq.; see permanent I

per·ma·frost ['pə(r)məfrost] n večiti (vječiti) led, permafrost

per·ma·nence ['pə(r)mənəns] n stalnost

per·ma·nen·cy [~ij] n stalnost

per·ma·nent I [~ənt] n trajna ondulacija

permanent II a stalan; trajan; permanentan

permanent magnet stalni magnet

permanent press koji se ne mora peglati

permanent wave see permanent I

permanent way (Br.) železnički (željeznički) nasip

per·me·a·bil·i·ty [pə(r)mijə'bilətij] n propustljivost, permeabilnost

per·me·a·ble ['pə(r)mijəbəl] a propustljiv

per·me·ate ['pə(r)mijejt] v 1. tr prožeti, provejati (provijati), protkati; the novel is ~ed with humor roman je protkan humorom 2. intr širiti se

per·mis·si·ble [pə(r)'misəbəl] a dopustljiv

per·mis·sion [pə(r)'mišən] n dozvola, odobrenje, dopuštenje

per·mis·sive [pə(r)'misiv] a blag, popustljiv (also lenient)

per·mis·sive·ness [~nis] n blagost; permisivizam

per·mit I ['pə(r)'mit] n dozvola, dopuštenje

permit II [pə(r)'mit] v tr dozvoliti, dopustiti

per·mit·tiv·i·ty [pə(r)mi'tivətij] n (elec.) dielektrična konstanta

per·mu·ta·tion [pə(r)mju'tejšən] n permutacija

per·mute [pə(r)'mjūt] v tr permutovati

per·ni·cious [pə(r)'nišəs] a 1. ubitačan 2. perniciozan, opasan, opak; a ~ disease opaka bolest

pernicious anemia perniciozna anemija

per·nick·e·ty [pə(r)'nikətij] see persnickety

per·o·rate ['perərejt] v intr visokoparno govoriti

per·o·ra·tion [perə'rejšən] n visokoparno izlaganje

per·ox·ide [pə'raksajd]; [o] n 1. superoksid; peroksid 2. see hydrogen peroxide

peroxide blonde plavuša koja farba kosu

per·pen·dic·u·lar I [pə(r)pən'dikjələ(r)] n normala, vertikala

perpendicular II a normalan, perpendikularan, vertikalan, upravan

per·pe·trate ['pə(r)pətrejt] v tr izvršiti; to ~ a crime izvršiti krivično delo (djelo)

per·pe·tra·tor ['pə(r)pətrejtə(r)] n izvršilac; the ~ of a crime izvršilac krivičnog dela (djela)

per·pet·u·al [pə(r)'pečūəl] a večit (vječit)

perpetual motion večito (vječito) kretanje, večiti pokretač

per·pet·u·ate [pə(r)'pečūejt] v tr ovekovečiti (ovjekovječiti)

per·pe·tu·i·ty [pə(r)pə'tūətij]; [tj] n večitost (vječitost), večnost (vječnost); in ~ zauvek (zauvijek)

per·plex [pə(r)'pleks] v tr 1. zbuniti 2. komplikovati

per·plexed [~t] a 1. zbunjen 2. komplikovan

per·plex·i·ty [~ətij] n 1. zbunjenost 2. komplikovanost

per·qui·site ['pə(r)kwəzit] n 1. sporedna zarada 2. napojnica 3. isključivo pravo

per se [pə(r)'sej] (Latin) po sebi

per·se·cute ['pə(r)səkjūt] v tr proganjati

per·se·cu·tion [pə(r)sə'kjūšən] n proganjanje, progon

persecution mania manija gonjenja

per·se·cu·tor ['pə(r)səkjūtə(r)] n progonilac

per·se·ver·ance [pə(r)sə'vijrəns] n istrajnost

per·se·vere [pə(r)sə'vij(r)] v intr istrajati; to ~ in smt. istrajati u nečemu

Per·sia ['pə(r)žə]; [š] n Persija, Perzija

Per·sian I [~n] n 1. Persijanac, Perzijanac 2. persijski jezik

Persian II a persijski, perzijski

Persian Gulf Persijsko more

per·si·flage ['pə(r)səflaž] n persiflaža, izrugivanje

per·sim·mon [pə(r)'simən] n šljiva urma

per·sist [pə(r)'sist] v intr istrajati; to ~ in doing smt. nastaviti da radiš nešto

per·sist·ence [~əns] n istrajnost

per·sist·ent [~ənt] a istrajan

per·snick·e·ty [pə(r)'snikətij] (colloq.) see fastidious

per·son ['pə(r)sən] n 1. lice; osoba; ličnost; a displaced (suspicious) ~ raseljeno (sumnjivo) lice; a juristic (physical) ~ pravno (fizičko) lice; a ~ to ~ (telephone) call (telefonski) poziv određenom licu 2. (gram.) lice

per·son·a·ble [~əbəl] a privlačan; ličan

per·son·age [~idž] n 1. ugledna ličnost 2. see character I 3

per·son·al [~əl] a 1. ličan; personalan; a ~ aide lični ađutant; ~ belongings predmeti lične svojine; ~ data lični podaci, personalije; one's ~ life (secretary) lični život (sekretar); a ~ escort lična pratnja; ~ problems (reasons) lični problemi (razlozi); ~ property lična svojina 2. (gram.) lični; a ~ pronoun lična zamenica (zamjenica)

personal assistant (Br.) lični sekretar

personal call Br.; see person-to-person call

personal column (in a newspaper) lična rubrika

per·son·al·i·ty [pə(r)sən'aelətij] n 1. ličnost; karakter (struktura svih sposobnosti, sklonosti nekog pojedinca) 2. (colloq.) ugledan čovek (čovjek); well-known ~ties poznate ličnosti 3. misc.; *to indulge in ~ties biti uvredljiv, vređati (vrijeđati)

personality cult kult ličnosti; to foster the ~ upražnjavati kult ličnosti

per·son·al·ize ['pə(r)sənəlajz] v tr 1. oličavati, personifikovati (also personify) 2. uzeti k srcu

per·son·al·ly [~ij] adv 1. lično 2. što se tiče; ~, I hope that he comes što se mene tiče, nadam se da će doći

per·so·na non gra·ta [pə(r)'sounə nan 'gratə]; [o] (Latin) nepoželjna ličnost

per·son·i·fi·ca·tion [pə(r)sanəfi'kejšən]; [o] n oličenje, personifikacija

per·son·i·fy [pə(r)'sanəfaj]; [o] v tr oličiti, personifikovati

30*

per·son·nel I [pə(r)sə'nel] n 1. personal, kadar; osoblje 2. (usu. mil.) ljudstvo, živa sila; *losses in ~* gubici u živoj sili
personnel II a personalni, kadrovski; *a ~ department* kadrovska služba, personalno odeljenje (odjeljenje); *a ~ officer* referent za kadrove, personalac; *~ policies* kadrovska politika; *a ~ roster* spisak ljudstva; *a ~ record jacket* karton personalnih podataka
person-to-person call telefonski poziv određenom licu
per·spec·tive [pə(r)'spektiv] n perspektiva
per·spex ['pə(r)speks] n (Br.) vrsta pleksi-stakla
per·spi·ca·cious [pə(r)spi'kejšəs] a pronicljiv, pronicav, vispren, bistar
per·spi·cac·i·ty [pə(r)spi'kaesətij] n pronicljivost, pronicavost, visprenost, bistrina
per·spi·cu·i·ty [pərspi'kjūətij] n razgovetnost, jasnost
per·spic·u·ous [pə(r)'spikjūəs] a razgovetan, jasan
per·spi·ra·tion [pə(r)spə'rejšən] n znoj
per·spire [pə(r)'spaj(r)] v intr znojiti se
per·suad·a·ble [pə(r)'swejdəbəl] a koji se može ubediti (ubijediti)
per·suade [pə(r)'swejd] v tr nagovoriti, navesti; ubediti (ubijediti); *to ~ smb. to do smt.* navesti nekoga da uradi nešto; *to be ~d* biti ubeđen
per·sua·sion [pə(r)'swejžən] n 1. nagovaranje, ubeđivanje (ubjeđivanje); *powers of ~* moć ubeđenja (ubjeđenja) 2. vera (vjera), ubeđenje; religija 3. sekta, stranka
per·sua·sive [pə(r)'swejsiv] a ubedljiv (ubjedljiv)
per·sua·sive·ness [~nis] n ubedljivost (ubjedljivost)
pert [pə(r)t] a 1. drzak, bezobrazan 2. živahan; žustar
per·tain [pə(r)'tejn] v intr odnositi se (na), biti u vezi (s); ticati se; *that ~s to her* to se odnosi na nju, to se tiče nje
Perth [pə(r)th] n Pert
per·ti·na·cious [pə(r)tə'nejšəs] a uporan, istrajan
per·ti·nac·i·ty [pə(r)tə'naesətij] n upornost, istrajnost
per·ti·nence ['pə(r)tənəns] n značajnost, važnost; podesnost, pogodnost
per·ti·nent [~ənt] a značajan, važan; koji se odnosi; *the ~ facts regarding a case* važne činjenice za krivični predmet
per·turb [pə(r)'tə(r)b] v tr uznemiriti, zbuniti
per·tur·ba·tion [pə(r)tə(r)'bejšən] n 1. uznemirenje 2. smetnja
per·tus·sis [pə(r)'təsis] n (med.) veliki kašalj (also whooping cough)
Pe·ru [pə'rū] n Peru
pe·rus·al [pə'rūzəl] n pregled
pe·ruse [pə'rūz] v tr pregledati
Pe·ru·vi·an I [pə'rūvijən] n Peruanac
Peruvian II a peruanski
per·vade [pə(r)'vejd] v tr prožeti, provejati (provijati), protkati (also permeate)
per·va·sive [pə(r)'vejsiv] a koji prožima
per·verse [pə(r)'və(r)s] a 1. perverzan, izopačen, razvratan (also perverted) 2. tvrdoglav; zadrt 3. džandrljiv, mrzovoljan
per·ver·sion [pə(r)'və(r)žən] n perverzija, perverznost, perverzitet, izopačenost, razvrat; *sexual ~* seksualna izopačenost

per·ver·si·ty [~(r)sətij] see perversion
per·vert I ['pə(r)və(r)t] n izopačenik, razvratnik
per·vert II [pə(r)'və(r)t] v tr izopačiti, razvratiti
per·vert·ed [~id] a see perverse I
pes·ky ['peskij] a (colloq.) dosadan, nesnosan
pe·so ['pesou] (-s) n pezo (novac)
pes·sa·ry ['pesərij] n (med.) pesar, materični uložak
pes·si·mism ['pesəmizəm] n pesimizam
pes·si·mist [~ist] n pesimista
pes·si·mist·ic [pesə'mistik] a pesimističan, pesimistički
pest [pest] n 1. dosadna osoba 2. štetočina
pest control uništavanje štetočina
pes·ter ['pestə(r)] v tr dosaditi, uznemiriti
pest house (obsol.) kužna bolnica
pes·ti·cide [~əsajd] n pesticid
pes·tif·er·ous [pes'tifərəs] a 1. kužan, zarazan 2. ubitačan; ubistven
pes·ti·lence ['pestələns] n kuga, pomor
pes·ti·lent ['pestələnt] a 1. ubitačan, ubistven 2. kužan, zarazan 3. zaražen
pes·tle ['pesəl], [st] n tučak
pet I [pet] n 1. pitoma domaća životinja 2. ljubimac
pet II a omiljen; *a ~ peeve* glavna briga
pet III v 1. tr milovati, maziti (also caress II) 2. intr (colloq.) milovati se, maziti se
pet·al ['petəl] n cvetni (cvjetni) list, latica
pe·tard [pi'ta(r)d] n petarda
pet·cock [petkak]; [o] n probni pipac
pe·ter out ['pijtə(r)] v (colloq.) 1. postepeno se gubiti, iščezavati 2. zamoriti se, umoriti se
Pe·ters·burg ['pijtə(r)zbə(r)g] n Peter(s)burg
Peter's cress (bot.) petrovac (also samphire, sea fennel)
Peter's pence Petrov novčić
pet·i·ole ['petijoul] n peteljka
pe·tite [pə'tijt] a (French) tanka, mala
pe·ti·tion I [pə'tišən] n peticija, molba; *to present a ~* podneti (podnijeti) molbu
petition II v 1. tr podneti (podnijeti) molbu (nekome); *to ~ the authorities* podneti molbu vlastima 2. intr moliti; *to ~ for* moliti za
pe·ti·tion·er [~ə(r)] n molilac
pet·rel ['petrəl] n (bird) burnica mala; (fig.) *a stormy ~* buntovnik; predznak bure
pet·ri·fac·tion [petrə'faekšən] see petrification
pet·ri·fi·ca·tion [petrəfi'kejšən] n 1. okamenjenje, skamenjenje 2. okamenjenost, skamenjenost
pet·ri·fy ['petrəfaj] v 1. tr okameniti, skameniti, petrificirati 2. intr okameniti se, skameniti se
pet·ro·chem·i·cal [petrou'keməkəl] a petrohemijski (petrokemijski)
pet·ro·chem·is·try [petrou'kemistrij] n petrohemija (petrokemija)
pet·ro·dol·lars [~dalə(r)z]; [o] n pl petrodolari
Pet·ro·grad ['petrougrad], [ə] n Petrograd
pe·trog·ra·phy [pə'tragrəfij]; [o] n petrografija
pet·rol I ['petrəl] n (Br.) benzin (see also gas I 3, gasoline)
petrol II a Br.; see gas II 1
pe·tro·le·um [pə'troulijəm] n petrolej, nafta
pe·trol·o·gy [pə'tralədžij]; [o] n petrologija
petrol station Br.; see filling station
pet·ti·coat ['petijkout] n donja suknja, podsuknja

pet·ti·fog ['petijf*a*g]; [*o*] *v intr* služiti se smicalicama
pet·ti·fog·ger [~ə(r)] *n* nadriadvokat (W: nadri-odvjetnik), drveni advokat; cepidlaka (cjepidlaka)
pet·ting ['peti/n̄g] *n* milovanje
pet·tish ['petiš] see **petulant**
pet·ty ['petij] *a* 1. sitan; ~ *theft* sitne provale; (comm.) ~ *cash* novac za sitne troškove 2. sitničav, sitan, uskogrudan; ~ *minds* sitni umovi; *a* ~ *person* sitan čovek (čovjek)
petty larceny sitno delo (djelo) krađe
petty officer podoficir mornarice
pet·u·lant ['pečulənt]; [*tj*] *a* mrzovoljan, džandrljiv
pe·tu·nia [pə'*t*ūnjə]; [*tj*] *n* (bot.) petunija
pew [pjū] *n* crkvena klupa
pe·wit ['pijwit], ['pjūit] *n* (bird) vivak (also **lapwing**)
pew·ter I [pjūtə(r)] *n* 1. tvrdi kalaj, kositer 2. posuđe od kalaja
pewter II *a* kalajan, kositeran
pha·e·ton ['fejətən] *n* laka otvorena kola na četiri točka, faeton
pha·lange ['fejlaendž], [fə'laendž] (-*s* [fə'laendžijz]) *n* (anat.) članak prstiju
pha·lanx ['*fe*jlae/n̄gks]; [*ae*] *n* 1. see **phalange** 2. (hist.) falanga (zbijen bojni red teške pešadije — pješadije)
phal·lic ['faelik] *a* falički; ~ *worship* falički kult; *the* ~ *symbol* falički simbol
phal·lus ['faeləs] (-*es* or -*li* [laj]) *n* falos, muški ud
phan·tasm ['faentaezəm] *n* fantazam, fantazma
phan·tas·ma·go·ri·a [faentaezmə'gorijə] *n* fantazmagorija
phan·ta·sy see **fantasy**
phan·tom ['faentəm] *n* fantom
phar·aoh ['fejrou] *n* faraon
phar·a·on·ic [fejrej'*a*nik]; [*o*] *a* faraonski
Phar·i·sa·ic [faerə'sejik] *a* farisejski
Phar·i·sa·ism ['faerəsejizəm] *n* farisejstvo
Phar·i·see ['faerəsij] *n* farisej
phar·ma·ceu·ti·cal [fa(r)mə'sūtikəl]; [*sj*] *a* farmaceutski
phar·ma·ceu·tics [~'sūtiks]; [*sj*] *n* farmaceutika, apotekarstvo
phar·ma·cist ['fa(r)məsist] *n* farmaceut, apotekar
phar·ma·col·o·gist [fa(r)mə'kalədžist]; [*o*] *n* farmakolog
phar·ma·col·o·gy [~džij] *n* farmakologija
phar·ma·cy ['fa(r)məsij] *n* apoteka (W also: ljekarna)
pha·ryn·ge·al I [fə'rindžijəl], [*ae*] *n* faringalni suglasnik
pharyngeal II *a* faringalni, ždrelni (ždrijelni)
phar·yn·gi·tis [faerin'džajtis] *n* faringitis, zapaljenje ždrela (W: upala ždrijela)
pha·ryn·go·scope [fə'ri/n̄ggəskoup] *n* faringoskop
phar·ynx ['faeri/n̄gks] (-*es* or *pharynges* [fə'rindžijz]) *n* ždrelo (ždrijelo)
phase I [fejz] *n* faza, etapa
phase II *a* fazni
phase III *v tr* 1. razdeliti (razdijeliti) na faze 2. *(to* ~ *in)* postepeno uvoditi 3. *(to* ~ *out)* postepeno izbacivati, isključivati; *to* ~ *out obsolete equipment* postepeno izbacivati zastarela (zastarjela) tehnička sredstva (iz upotrebe)
phase in *v* see **phase** III 2
phase modulation fazna modulacija

phase out *v* see **phase** III 3
Ph. D. [pijejč'dij] abbrev. of *doctor of philosophy*
pheas·ant ['fezənt] *(pl* has -*s* or zero) *n* fazan
phe·nix see **phoenix**
phe·no·bar·bi·tal [fijnou'ba(r)bətol] *n* luminal
phe·nol ['fijnol] *n* (chem.) fenol, karbolna kiselina
phe·nol·o·gy [fi'nalədžij]; [*o*] *n* fenologija
phe·nom·e·nal [fi'namənəl]; [*o*] *a* 1. pojavni 2. fenomenalan, izvanredan
phe·nom·e·nal·ism [~izəm] *n* fenomenalizam
phe·nom·e·nol·o·gy [finamə'nalədžij]; [*o*]; [*o*] *n* fenomenologija
phe·nom·e·non [fi'namənən]; [*o*]; [ə] (-*na* [nə]) *n* 1. pojava, fenomen; *a natural* ~ prirodna pojava 2. fenomen, ono što je izuzetno
phen·yl ['fenil] (chem.) *n* fenil
phew [fjū] *interj* fuj
phi·al ['fajəl] see **vial**
Phi Be·ta Kap·pa (abbrev. formed from Greek letters) [faj 'bejtə 'kaepə] (Am.) udruženje najboljih studenata
Phil·a·del·phi·a [filə'delfijə] *n* Filadelfija
Philadelphia lawyer veoma vešt (vješt) advokat (W also: odvjetnik)
Phil·a·del·phi·an I [~n] *n* stanovnik Filadelfije
Philadelphian II *a* filadelfijski
phi·lan·der [fi'laendə(r)] *v intr* voditi ljubav, ašikovati
phi·lan·der·er [~rə(r)] *n* ljubavnik, ašik
phil·an·throp·ic [filən'thrapik]; [*o*] *a* filantropski, čovekoljubiv (čovjekoljubiv)
phil·an·throp·i·cal [~əl] see **philanthropic**
phi·lan·thro·pist [fi'laenthrəpist] *n* filantrop, čovekoljubac (čovjekoljubac)
phi·lan·thro·py [fi'laenthrəpij] *n* filantropija
phil·a·tel·ic [filə'telik] *a* filatelistički
phil·at·e·list [fi'laetəlist] *n* filatelista
phil·at·e·ly [fi'laetəlij] *n* filatelija
phil·har·mon·ic I [filha(r)'manik]; [*o*] *n* 1. simfonijski orkestar, filharmonija 2. filharmonijsko udruženje
philharmonic II *a* filharmonijski
Phil·ip·pine ['filəpijn] *a* filipinski (also **Filipino** II)
Philippine Islands *pl* Filipini
Phil·ip·pines [~z] *n pl* Filipini
Phil·is·tine I ['filistijn] *n* filistar
Philistine II *a* filistarski; sitničav
Phil·lips screw, **Phil·lips' head screw** ['filips] zavrtanj koji ima glavu sa dva perpendikularna žleba (žlijeba)
phil·o·den·dron [filə'dendrən] (-*s* or -*dra* [drə]) *n* (bot.) filodendron
phil·o·log·ic [filə'ladžik]; [*o*] see **philological**
phil·o·log·i·cal [~əl] *a* filološki
phi·lol·o·gist [fi'lalədžist]; [*o*] *n* filolog
phi·lol·o·gy [~džij] *n* filologija
phi·los·o·pher [fi'lasəfə(r)]; [*o*] *n* filozof
philosopher's stone kamen mudrosti
phil·o·soph·ic [filə'safik]; [*o*] *a* filozofski
phil·o·soph·i·cal [~əl] *a* filozofski
phi·los·o·phize [fi'lasəfajz]; [*o*] *v intr* filozofirati
phi·los·o·phy [fi'lasəfij]; [*o*] *n* filozofija
phil·ter ['filtə(r)] *n* ljubavni napitak
phle·bi·tis [fli'bajtis] *n* (med.) flebitis
phle·bot·o·my [fli'batəmij]; [*o*] *n* flebotomija, venesekcija

phlegm [flem] n flegma
phleg·mat·ic [fleg'maetik] a flegmatičan
phlog·o·pite ['flagəpajt]; [o] n (miner.) flogopit
pho·bi·a ['foubijə] n fobija
Phoe·ni·cia [fi'nijšə] n Fenikija
Phoe·ni·cian I [~n] n 1. Feničanin 2. feničanski jezik
Phoenician II a feničanski
phoe·nix ['fijniks] n feniks
phone I [foun] n (ling) glas, fon; konkretna realizacija fonema
phone II n (colloq.) see telephone I
phone III v (colloq.) see telephone II
phone box Br.; see telephone booth
phone-in Br.; see call-in program
phone in v (colloq.) javiti se telefonom
pho·neme ['founijm] n (ling.) fonem, fonema
pho·ne·mic [fou'nijmik], [ə] a fonemni, fonemski, fonematski, fonematički
pho·ne·mics [~s] n sgn (ling.) fonemika
pho·net·ic [fou'netik] a fonetički, fonetski: a ~ alphabet fonetska abeceda
pho·ne·ti·cian [founə'tišən] n fonetičar
pho·net·i·cist [fə'netəsist] see phonetician
pho·net·ics [fə'netiks] n sgn fonetika
pho·ney see phony
phon·ic ['fanik]; [o] a fonacijski, foničan, fonički
phon·ics [~s] n fonacija, fonika
pho·no·graph ['founəgraef]; [a] n fonograf
pho·no·log·ic [founə'ladžik]; [o] see phonological
pho·no·log·i·cal [~əl] a fonološki
pho·nol·o·gist [fə'nalədžist]; [o] n fonolog
pho·nol·o·gy [~džij] n fonologija
pho·ny I ['founij] n (colloq.) 1. falsifikat, prevara (also fake I 2) 2. hohštapler, varalica (also fake I 1, imposter)
phony II a (colloq.) lažan, pretvoran (also fake II)
phoo·ey ['fūij] interj fuj
phos·gene ['fasdžijn]; [o] n fozgen
phos·phate ['fasfejt]; [o] n fosfat
phos·pho·res·cence [fasfə'resəns]; [o] n fosforescencija
phos·pho·res·cent [~ənt] a fosforescentan
phos·phor·ic [fas'forik]; [o] a fosforni; ~ acid fosforna kiselina
phos·pho·rous ['fasfərəs]; [o] a fosforasti; ~ acid fosforasta kiselina
phos·pho·rus ['fasfərəs]; [o] n fosfor; red (white) ~ crveni (beli — bijeli) fosfor
pho·to·cell ['foutousel] n fotoćelija
pho·to·chem·is·try [foutou'kemistrij] n fotohemija (fotokemija)
pho·to·cop·i·er ['foutoukapijə(r)]; [o] n aparat za fotokopiranje
pho·to·cop·y I ['foutoukapij]; [o] n fotokopija
photocopy II v tr fotokopirati
pho·to·du·pli·cate I [~'dŭplikit]; [dj] n see photocopy I
photoduplicate II [~kejt] v tr see photocopy II
pho·to·e·lec·tric [~i'lektrik] a fotoelektričan
photoelectric cell fotoelektrična ćelija
pho·to·e·lec·tron [~i'lektran]; [o] n fotoelektron
pho·to·en·grav·ing [~en'grejviñg] n foto-gravira
photo finish foto-finiš
pho·to·flash [~flaeš] see flash bulb
pho·to·gen·ic [~'dženik] a fotogeničan

pho·to·graph I [~graef]; [a] n slika, fotografija, fotos, snimak; to develop (touch up) a ~ razviti (retuširati) sliku; to take a ~ načiniti snimak
photograph II v 1. tr fotografisati, slikati, snimati 2. intr fotografisati se; she ~s well ona je fotogenična
pho·tog·ra·pher [fə'tagrəfə(r)]; [o] n fotograf
pho·to·graph·ic [foutə'graefik] a fotografski
pho·tog·ra·phy [fə'tagrəfij]; [o] n fotografija (stvaranje trajnih slika)
pho·to·gra·vure [foutəgrə'vjū(r)] n foto-gravira
photo laboratory (lab) foto-laboratorija
pho·tom·e·try [fou'tamətrij]; [o] n fotometrija
pho·to·mon·tage [foutoumon'taž] n foto-montaža
pho·ton ['foutan]; [o] n (phys.) foton
pho·to·re·con·nais·sance [foutouri'kanəsəns]; [o] n (mil.) fotoizviđanje
pho·to·sen·si·tive [foutou'sensətiv] a fotoosetljiv (fotoosjetljiv)
pho·to·stat I ['foutəstaet] n fotokopija, fotostat
photostat II v tr fotokopirati
pho·to·syn·the·sis [foutou'sinthəsis] n fotosinteza
phras·al ['frejzəl] a frazeološki; a ~ verb složeni glagol
phrase I [frejz] n fraza; frazeološki obrt; an empty (established) ~ šuplja (ustaljena) fraza; trite ~s otrcane fraze
phrase II v tr 1. izraziti 2. formulisati
phrase·book [~buk] priručnik za razgovor, zbirka fraza
phrase·mak·er [~mejkə(r)] n frazer
phrase marker (ling.) frazni označivač
phra·se·ol·o·gy [frejzij'alədžij]; [o] n frazeologija
phrase structure (ling.) frazna struktura
phras·ing [~iñg] n formulisanje
phren·o·log·i·cal [frinə'ladžikəl]; [o] a frenološki
phre·nol·o·gist [fri'nalədžist]; [o] n frenolog
phre·nol·o·gy [~džij] n frenologija
Phryg·i·a ['fridžijə] n (hist.) Frigija
Phryg·i·an I [~n] n 1. Frižanin 2. frigijski jezik
Phrygian II a frigijski
phthis·ic ['tizik] see phthisis
phthi·sis ['thajsis] n (med.) sušica
phy·lac·ter·y [fi'laektərij] n jevrejski (W also: židovski) molitveni kaiš; kovčežić s takvim kaišem
phyl·lox·e·ra [filak'sijrə]; [o] (-ae [ij]) n lozna vaš (uš)
phy·log·e·ny [faj'ladžənij]; [o] n filogeneza
phy·lum ['fajləm] (-la [lə]) n (biol.) kolo
phys·ic ['fizik] n purgativ, lek (lijek) za čišćenje (also cathartic I)
phys·i·cal I ['fizikəl] n lekarski — ljekarski (W: liječnički) pregled
physical II a 1. fizički; telesni (tjelesni); ~ beauty telesna lepota (ljepota); a ~ defect telesna mana a ~ effort fizički napor; ~ force fizičko obračunavanje; ~ labor fizički rad 2. fizikalni 3. lekarski — ljekarski (W: lječnički)
physical anthropology fizička antropologija
physical chemistry fizička hemija (kemija)
physical education fizička kultura
physical examination lekarski — ljekarski (W: liječnički) pregled; to have (undergo) a ~ biti pregledan; to make a ~ izvršiti pregled (also physical I)

physical geography fizička geografija
physical plant 1. skup različitih objekata, uređaja u nekom preduzeću, ustanovi 2. radionica za održavanje objekata, uređaja
physical therapist fizioterapeut
physical therapy fizikalna terapija, fizioterapija
physical training fiskultura
phy·si·cian [fi'zišən] *n* lekar — ljekar (W: liječnik), doktor (see also **doctor** I, **physician**)
physician's assistant lekarski — ljekarski (W: liječnički) pomoćnik
phys·i·cist ['fizəsist] *n* fizičar
phys·ics I ['fiziks] *n* (usu. *sgn*) fizika
physics II *a* fizički; *a ~ laboratory* fizička laboratorija; *a ~ program* fizička grupa
phys·i·og·no·my [fizij'agnəmij]; [o] *n* 1. fiziognomika 2. izgled, fizionomija
phys·i·o·log·i·cal [fizijə'ladžikəl]; [o] *a* fiziološki
phys·i·ol·o·gist [fizij'alədžist]; [o] *n* fiziolog
phys·i·ol·o·gy [~džij] *n* fiziologija
phys·i·o·ther·a·py [fizijou'therəpij] *n* fizioterapija
phy·sique [fi'zijk] *n* stas, muskulatura, telesni (tjelesni) sastav
pi [paj] *n* (math.) pi (grčko slovo), znak za odnos između prečnika i obima kruga
pi·an·ist ['pijənist], [pij'aenist] *n* pijanista
pi·an·o [pij'aenou] (*-s*) *n* klavir; *to play the ~* svirati klavir (na klaviru)
pi·as·ter, pi·as·tre [pij'aeste(r)] *n* pijaster (novac)
pi·az·za [pij'azə], [ae] *n* 1. trg, pijaca 2. (Br.) kolonada
pi·ca I ['pajkə] *n* cicero (slova od 12 tipometričkih punktova; cf. **elite** 2)
pica II *n* prohtev za stvarima koje inače nisu za jelo
pic·a·resque [pikə'resk], [ij] *a* avanturistički, pustolovni, pikarski; *a ~ novel* pikarski (avanturistički) roman
pic·a·yune [pikij'jūn] *a* sitan (see also **petty** 1, 2)
pic·co·lo ['pikəlou] (*-s*) *n* pikola
pick I [pik] *n* 1. izbor; cvet (cvijet); *he has his ~* on može birati; **the ~ of the crop* ono što je najbolje 2. šiljasti alat (see **ice pick, toothpick**) 3. see **pickax** 4. (mus.) prsten za udaranje u žice (also **plectrum**)
pick II *v* 1. *tr* izabrati, odabrati 2. *tr* brati; *to ~ flowers* brati cveće (cvijeće) 3. *tr* skupiti, sabrati (s); *to ~ a field* sabrati plodove sa polja; 4. *tr* čačkati; *to ~ one's teeth* čačkati zube 5. *tr* isprazniti; *to ~ smb.'s pocket* isprazniti nekome džep 6. *tr* otvoriti kalauzom; *to ~ a lock* otvoriti bravu kalauzom 7. *tr* otrebiti (otrijebiti) 8. *tr* zametnuti, zapodenuti (zapodjenuti); *to ~ a quarrel* zapodenuti svađu 9. *tr* prebirati; *to ~ strings* prebirati strune (also **pluck** II 3) 10. *intr* (dugo) izabirati; **to ~ and choose* oklevati, biti neodlučan 11. misc.; **to have a bone to ~ with smb.* imati da prečisti račune s nekim; **to ~ holes in everything* tražiti dlaku u jajetu; **to ~ smb.'s brain* koristiti nečije znanje
pick apart *v* pobiti; *to pick an argument apart* pobiti argumenat
pick at *v* 1. zanovetati (zanovijetati); *to pick at smb.* zanovetati nekome (also **pick on**) 2. pro-

birati, kljucati, grickati; *to pick (at) one's food* probirati jelo (also **peck** II 4)
pick·ax, pick·axe [~aeks] *n* pijuk, budak
pick·er [~ə(r)] *n* berač; *a grape (strawberry) ~* berač grožđa (jagoda)
pick·er·el [ərəl] *n* (fish) vrsta štuke
pick·et I [~it] *n* 1. kolac 2. (mil.) predstražno odeljenje (odjeljenje) 3. piket, dežuran štrajkač
picket II *v* 1. *tr* postaviti na stražu 2. *tr* piketirati 3. *intr* dežurati (kao štrajkač)
picket fence ograda od drvenih kolaca
picket line red piketa (za vreme — vrijeme štrajka)
pick·ing [~iŋg] *n* 1. biranje 2. (in *pl*) ostaci 3. misc.; *the ~ of pockets* džepna krađa
pick·le I ['pikəl] *n* 1. kiseli krastavac, krastavac u turšiji 2. (colloq.) nezgoda, neprilika; *to be in a ~* biti u neprilici
pickle II *v tr* zakiseliti, metnuti u turšiju; *to ~ cucumbers* zakiseliti krastavce
pick·led [~d] *a* 1. u turšiji 2. (slang) pijan
pick·lock [~lak]; [o] *n* 1. lopov 2. kalauz
pick-me-up [~-mij-əp] *n* (slang) alkoholno piće koje stimuliše
pick off *v* ustreliti (ustrijeliti); postreljati (postrijeljati) jednog po jednog; *to pick off a sentry* ustreliti stražara
pick on *v* 1. kinjiti; *to pick on smb.* kinjiti nekoga 2. see **pick at** 1
pick out *v* 1. izabrati, odabrati 2. jasno opaziti; *to pick out a distant object* jasno opaziti neki udaljen predmet
pick·pock·et [~pakit]; [o] *n* džeparoš
pick up *v* 1. podići (sa zemlje); *to pick up a suitcase* or: *to pick a suitcase up* podići kofer 2. prihvatiti, uzeti; primiti, skupiti; *to pick up a hitchhiker* prihvatiti (primiti) autostopera; *the bus picked up passengers* autobus je primio (pokupio) putnike 3. dočekati; *I picked him up at the station* dočekao sam ga na stanici (i dovezao kući) 4. hvatati; *to pick up local stations* hvatati lokalne stanice 5. (colloq.) nabaviti; *to pick up a new car* nabaviti nova kola 6. preuzeti; *to pick up one's car* preuzeti svoja kola 7. povećati; *to pick up speed* povećati brzinu 8. (colloq.) poboljšati se; *business will pick up* poslovi će se poboljšati 9. (colloq.) *to pick up a girl* napraviti ulično poznanstvo s devojkom (djevojkom) 10. (colloq.) uhapsiti 11. naučiti; *to pick up a language* naučiti neki jezik 12. pojačati se; *the fighting was picking up* borbe su se pojačavale 13. misc.; *he picked up the check* on je platio račun za sve (u restoranu); *to pick up in the living room* dovesti dnevnu sobu u red
pick·up [~əp] *n* 1. prikupljanje; prihvatanje 2. ubrzanje 3. (colloq.) poboljšanje; povećanje; porast; *a ~ in sales* porast prodaje 4. (slang) hapšenje 5. (elec.) zvučnica; *a sound ~* zvučna igla 6. telekamera 7. (slang) slučajno (ulično) poznanstvo 8. (slang) kurva 9. okrepno sredstvo, okrepa
pickup arm tonska ručka (also **tone arm**)
pickup point tačka (W: točka) prihvatanja
pickup service služba prikupljanja
pickup truck kamionet
pick·y [~ij] *a* (colloq.) preterano (pretjerano) izbirljiv

pic·nic I ['piknik] *n* 1. izlet, piknik; *to go on a* ~ ići na izlet 2. (slang) lak zadatak
picnic II *v intr* ići na izlet; biti na izletu
pic·nick·er [~ə(r)] *n* izletnik
Pict [pikt] *n* Pikt
Pict·ish I [~iš] *n* piktski jezik
Pictish II *a* piktski
pic·to·gram ['piktəgraem] *n* piktogram
pic·to·graph [~graef]; [*a*] *n* piktografsko pismo
pic·tog·ra·phy [pik'tagrəfij]; [*o*] *n* piktografija
pic·to·ri·al [pik'torijəl] *a* slikarski; u slikama
pic·ture I ['pikčə(r)] *n* 1. slika; *to paint a* ~ naslikati sliku; *a true* ~ *of events* verna (vjerna) slika događaja; *to get a clear* ~ *of smt.* steći jasnu sliku o nečemu 2. fotos, snimak, fotografija; *to take a* ~ načiniti snimak
picture II *v tr* 1. opisati 2. predstaviti; *to* ~ *to oneself* predstaviti sebi
picture postcard razglednica
pic·tur·esque [pikčə'resk] *a* živopisan; slikovit
pid·dle ['pidəl] *v (to* ~ *away)* (colloq.) tračiti; *to* ~ *one's time away* or: *to* ~ *away one's time* tračiti svoje vreme (vrijeme)
pid·dling ['pidliñ] *a* (colloq.) sitan; nevažan
pidg·in I ['pidžən] *n* kreolski jezik
pidgin II *a* kreoliziran
Pidgin English kreolizirana varijanta engleskog jezika
pie I [paj] *n* (cul.) 1. pita, (američki) kolač; *an apple (cherry)* ~ pita s jabukama (višnjama); *a Boston cream* ~ bostonski kolač s kremom; *a pumpkin* ~ američki kolač s bundevom 2. (Br.) pašteta 3. misc.; **as easy as* ~ prost kao pasulj; **to have one's finger in the* ~ imati svoje prste u nečemu; **to promise* ~ *in the sky* obećavati zlatna brda i doline
pie II see **magpie**
pie·bald [~bold] *a* šaren; čilatast
piece I [pijs] *n* 1. komad; parče; *a* ~ *of cake* komad (parče) torte; *a* ~ *of luggage* komad prtljaga; *a* ~ *of furniture* komad nameštaja (namještaja) (see also **apiece**) 2. delo (djelo); *a* ~ *of music* muzičko delo 3. puška; top (see also **fieldpiece**) 4. figura; *chess* ~s šahovske figure 5. (vul.) žena; *to get a* ~ obljubiti neku ženu 6. misc.; *to go to* ~s raspasti se, doživeti (doživjeti) krah; *to give smb. a* ~ *of one's mind* reći nekome svoje otvoreno mišljenje; *a* ~ *of news* novost; *a* ~ *of equipment* predmet opreme
piece II *v tr* 1. zakrpiti 2. *(to* ~ *together)* spojiti, sastaviti
piece goods tkanina prodavana u komadima
piece·meal [~mijl] *adv and a* parče po parče, po delovima (dijelovima)
piece together *v* see **piece** II 2
piece·work [~wə(r)k] *n* akord; *to do* ~ raditi na akord
pie crust korica (američkog) kolača
pier [pij(r)] *n* 1. pristanište 2. (archit.) stub; *a bridge* ~ mostovski stub
pierce [~s] *v tr* 1. probiti; *to* ~ *armor* probiti oklop 2. prolomiti; prolomiti se; *a scream* ~d *the stillness* vrisak se prolomio tišinom 3. probušiti; ~d *ears* bušene uši
pierc·ing [~iñ] *a* prodoran

pi·e·tism ['pajətizəm] *n* pijetizam
pi·e·ty ['pajətij] *n* pobožnost
pig [pig] *n* 1. svinja; krme; prase; *roast (suckling)* ~ pečeno prase; **to buy a* ~ *in a poke* kupiti mačku u džaku; ~s *oink and grunt* svinje grokću i rokću 2. (fig., pejor.) svinja
pi·geon ['pidžən] *n* golub
pigeon breast see **chicken breast**
pigeon hawk žurica (also **merlin**)
pi·geon·hole I [~houl] *n* 1. rupa za goluba 2. pretinac, fah
pigeonhole II *v tr* 1. staviti u pretinac 2. (fig.) staviti u akta
pigeon-toed [~toud] *a* prstiju okrenutih unutra
pig·gish ['pigiš] *a* svinjski; prljav
pig·gy [~ij] *n* dim. of **pig**
pig·gy·back [~baek] *adv* na krkači: *to carry a child* ~ nositi dete (dijete) na krkači
piggy bank štedna kasica
pig·head·ed ['pighedid] *a* tvrdoglav
pig iron sirovo gvožđe
pig Latin dečji — dječji žargon (u kom se prvi suglasnik svake reči — riječi prenosi na kraj reči s dodavanjem sufiksa *-ay)*
pig·let [~lit] *n* mlađa svinja
pig·ment [~mənt] *n* pigment
pig·men·ta·tion [pigmən'tejšən] *n* pigmentacija
pig·my see **pygmy**
pig out *v* (slang) nasititi se
pig·pen [~pen] *n* svinjac (also **pigsty**)
pig·skin [~skin] *n* 1. svinjska koža 2. (colloq.) sedlo 3. (colloq., Am.) fudbalska lopta
pig·sty [~staj] *n* svinjac, obor za svinje
pigs·will [~swil] *n* pomije
pig·tail [~tejl] *n* kika
pig·weed [~wijd] *n* (bot.) štir, strator
pike I [pajk] *n* koplje, džilit
pike II *n* (fish) štuka
pike III *n* 1. see **turnpike** 2. brana, đeram 3. drumarina
pik·er [~ə(r)] *n* (slang) tvrdica, cicija
pike·staff [~staef]; [*a*] *(-aves* [ejvz]) *n* 1. koplište 2. štap sa gvozdenim šiljkom na kraju
pi·laf, pi·laff [pi'laf], [*ij*] *n* (cul.) pilav
pi·las·ter [pi'laestə(r)] *n* pilaster

pile I [pajl] *n* 1. gomila; naslaga; svežanj; *a* ~ *of rocks* gomila kamenja; *a* ~ *of wood* svežanj drva (see also **woodpile**) 2. (slang) bogatstvo; *he made a* ~ obogatio se 3. see **nuclear reactor**
pile II *v* 1. *tr* natrpati; *he* ~d *the table with books* natrpao je sto (stol) knjigama 2. *tr* (or: *to* ~ *up)* nagomilati, naslagati 3. *intr (to* ~ *up)* gomilati se; *questions pile up* pitanja se gomilaju 4. *intr* ići (na brzinu, neorganizovano); *they* ~d *into the car* svi su se utrpali u kola; *they* ~d *out of the car* svi su se istovarili iz kola
pile III *n* malja, vlas, dlaka
pile IV *n* stub; kolac; *to sink a* ~ zabiti stub
pile driver malj nabijač
pile dwelling sojenica
pile in *v* ugurati se, utrpati se
piles [~z] *n pl* hemoroidi, šuljevi (see also **hemorrhoid**)
pile up *v* see **pile** II 2, 3

pile·up [~əp] *n* (colloq.) gomila (vozila posle — poslije sudara)

pile·wort [~wo(r)t], [ə] *n* (bot.) zlatica

pil·fer ['pilfə(r)] *v tr* ukrasti

pil·grim [~grim], [ə] *n* hodočasnik

pil·grim·age [~idž] *n* hodočašće; *to make a* ~ ići na hadžiluk

Pilgrim Fathers *(the* ~) (hist.) grupa puritanaca koji su osnovali prvu koloniju u Novoj Englesskoj

pil·ing ['pajling] *n* (coll.) stubovi, kolje

pill [pil] *n* 1. pilula, tableta; *a headache (sleeping)* ~ pilula protiv glavobolje (za spavanje); *to take a* ~ uzeti pilulu; **to swallow a bitter* ~ progutati gorku pilulu 2. (colloq.) *the* ~ hormonska tableta (za sprečavanje trudnoće); *to take the* ~ uzimati tabletu (za sprečavanje trudnoće)

pil·lage I ['pilidž] *n* pljačka

pillage II *v* 1. *tr* opljačkati 2. *intr* pljačkati

pil·lar ['pilə(r)] *n* stub; *a supporting* ~ potporni stub; **from* ~ *to post* tamo-amo

pillar box Br.; see **mailbox**

pill·box [~baks]; [o] *n* (mil.) betonski bunker

pil·lo·ry I [~ərij] *n* sramni stub

pillory II *v tr* izložiti javnoj poruzi

pil·low I ['pilou] *n* jastuk

pillow II *v tr* staviti kao na jastuk

pil·low·case [~kejs] *n* navlaka za jastuk, jastučnica

pi·lot ['pajlət] *n* 1. pilot; *an airline* ~ saobraćajni pilot; *a glider* ~ pilot-jedriličar; *a test* ~ probni pilot 2. (naut.) peljar, pilot 3. (naut.) kormilar

pilot II *a* probni, ogledni; *a* ~ *project* probni projekat

pilot III *v tr* pilotirati, upravljati; *to* ~ *an airplane* pilotirati avionom

pi·lot·age [~idž] *n* (naut.) peljarenje

pilot house kormilarnica

pilot light kontrolni plamen (kod plinskih uređaja)

pi·men·to [pi'mentou] (-*s*) *n* piment

pimp I [pimp] *n* podvodnik, podvodač, makro

pimp II *v intr* raditi kao podvodnik

pim·per·nel ['pimpə(r)nel], [ə] *n* (bot.) bedrinac, mokrica

pim·ple ['pimpəl] *n* bubuljica

pim·ply [~plij] *a* bubuljičav

pin I [pin] *n* 1. čioda, špenadla, pribadača 2. ziherica, zihernadla (also **safety pin**) 3. šplint (also **cotter pin**) 4. čivija 5. igla 6. značka studentskog udruženja 7. (bowling) čunj, kegla 8. misc.; **~s and needles* žmarci; **to be on* ~*s and needles* sedeti (sjedjeti) kao na iglama; **you could have heard a* ~ *drop* mogao si čuti kad muha proleti

pin II *v tr* 1. pribosti, pričvrstiti (čiodama) 2. prikačiti 3. (wrestling) tuširati, položiti na obe (obje) plećke 4. prignječiti; *the car knocked him down and* ~*ned his leg* auto ga je oborio i prignječio mu je nogu 5. misc.; *to* ~ *a girl* pokloniti devojci (djevojci) značku svog studentskog udruženja ; *to* ~ *one's hopes on smb.* polagati nadu u nekoga

pin·a·fore ['pinəfo(r)] *n* dečija (dječja) pregača

pin·ball machine [~bol] automat za igru s kuglicama (na kosoj površini)

pin·boy [~boj] *n* see **pinsetter**

pince-nez [paens-'nej] *(pl* has zero) *n* cviker

pin·cer movement ['pinsə(r)] (mil.) obuhvatni pokret

pin·cers [~z] *n pl* 1. klešta (kliješta) 2. štipaljka; pinceta

pinch I [pinč] *n* 1. uštip 2. pregršt, zahvat među prstima 3. škripac; *in a* ~ u škripcu 4. (colloq.) krađa 5. (slang) hapšenje

pinch II *v* 1. *tr* štipnuti 2. *tr* žuljiti, stezati; *the shoes* ~ *me* žulje (stežu) me cipele 3. *tr* prikleštiti (prikliještiti) 4. *tr* (slang) uhapsiti 5. *intr* žuljiti; *my shoes* ~ žulje me cipele 6. misc.; *to* ~ *pennies* cicijašiti

pinched [pinčt] *a* (colloq.) bez novca

pinch effect (phys). pinč-efekt, pojava kontrakcije plazme

pinch-hit [~-hit] *v intr* (beseball and fig.) biti zamenik (zamjenik)

pin·cush·ion [~kušən] *n* jastučić za igle

Pin·dar·ic [pin'daerik] *a* pindarski, Pindarov

pin down *v* 1. prikovati; *to pin smb. down (by fire)* prikovati nekoga (vatrom) 2. obavezati; *we could not pin him down* nije hteo (htio) da se obaveže

pine I [pajn] *n* (bot.) bor

pine II *v intr* 1. čeznuti; *to* ~ *for smb.* čeznuti za nekim 2. see **pine away**

pin·e·al ['pinijəl], [aj] *a* 1. šišarkast 2. pinealni

pineal body epifaza

pineal gland see **pineal body**

pine·ap·ple ['pajnaepəl] *n* 1. ananas 2. (slang) ručna granata

pine away *v* svisnuti

pine cone borova šišarka

pine needle borova iglica

pine·wood [~wud] *n* borovnica

pin·fold ['pinfould] *n* staja za zalutale životinje

ping I [ping] *n* fijukanje

ping II *v intr* fijukati

ping-pong I [~pang]; [o] *n* see **table tennis**

ping-pong II *a* see **table-tennis**

ping-pong ball ping-pong loptica

ping-pong player see **table-tennis player**

pin·head [~hed] *n* 1. čiodina glava 2. (colloq.) glupan

pin·hole [~houl] *n* rupica od igle

pin·ion I ['pinjən] *n* krilo; vrh krila

pinion II *n* (manji) zupčanik; pogonski točak

pink I [pingk] *n* 1. (bot.) karanfil 2. boja karanfila, crvenobleda (crvenoblijeda) boja 3. (slang) onaj koji oseća (osjeća) simpatiju prema komunizmu 4. (colloq.) najbolje stanje; *in the* ~ *of condition* u najboljoj kondiciji

pink II *a* 1. boje karanfila; bledocrven (blijedocrven) 2. (slang) koji oseća (osjeća) simpatiju prema komunizmu

pink III *v tr* 1. probosti 2. izreckati

pink IV *v* Br.; see **ping** II

pink elephant (colloq.) zamišljena stvar

pink·eye [~aj] *n* konjunktivitis

pink·ie ['pingkij] *n* mali prst

pink·ing shears [~ing] *pl* reckave makaze (W: škare)

pink·ish [~iš] *a* crvenkast

pink lady vrsta koktela

pink slip (colloq.) otpusnica

pink·y see pinkie

pin money džeparac

pin·nace ['pinis] n veći čamac

pin·na·cle ['pinəkəl] n 1. šiljata kula 2. vrhunac

pin·nate ['pinejt] a perast; u obliku pera

pi·noch·le, pi·noc·le ['pijnakəl]; [o] n vrsta igre karata

pin on v 1. prikačiti 2. polagati; to pin one's hopes on smb. polagati nadu u nekoga 3. svaliti; to pin the blame on smb. svaliti (tuđu) krivicu na nekoga 4. optužiti; to pin a murder on smb. optužiti nekoga za ubistvo

pin·point I ['pinpojnt] n 1. čestica, delić (djelić) 2. (mil.) određeni cilj

pinpoint II a tačan (W: točan); ~ bombing nišansko bombardovanje

pinpoint III v tr odrediti tačan (W: točan) položaj (nečega)

pin·prick [~prik] n ubod iglom

pins and needles see pin I 8

pin·scher [~šə(r)] n (dog) pinč

pin·set·ter [~setə(r)] n radnik kuglane koji diže oborene kegle

pin·stripe [~strajp] n uska traka

pint [pajnt] n pinta (mera — mjera za zapreminu)

pin·ta·ble ['pintjbəl] n Br.; see pinball machine

pin·tail ['pintejl] n šiljorepa plovka, lastarka

pin·tle ['pintl] n 1. (naut.) osnac, sošica (vesla) 2. vertikalna osovina 3. topovska svornica

pin·to ['pintou] (-s or -es)n šarac

pint·size ['pajntsajz] s sićušan

pin up v obesiti (objesiti)

pin·up ['pinəp] n (colloq.) (or: ~ girl) pin-ap, slika privlačne devojke — djevojke (slika se obično stavlja na zid)

pin·wheel [~hwijl], [w] n 1. vatreni točak (u vatrometu) 2. zupčanik valjčastih zubaca

pin·worm [~wə(r)m] n (zool.) oksira (also seat worm)

pin·y ['pajnij] a borovit; poput bora

pi·on ['pajan] n (phys.) pion

pi·o·neer I [pajə'nij(r)] n 1. pionir, onaj ko (tko) utire put 2. (mil.) pionir, inžinjerac

pioneer II a pionirski; the ~ spirit pionirski duh

pioneer III v tr 1. prokrčiti put (kroz) 2. nastaniti (also settle II 7) 3. pronaći; razviti

pi·o·neer·ing [~ring] a pionirski; to perform a ~ mission obaviti pionirsku misiju

pi·os·i·ty [paj'asətij]; [o] n pobožnost

pi·ous ['pajəs] a pobožan

pip I [pip] n 1. seme (sjeme) 2. (slang) odlična stvar

pip II n 1. tačka (W: točka) 2. (Br., mil., colloq.) zvezdica (zvjezdica) na naramenicama

pip III n pipa (ptičija bolest)

pipe I [pajp] n 1. cev(cijev); vod; a drain (exhaust, overflow, water) ~ odvodna (izduvna, odlivna, vodovodna) cev 2. lula; to smoke a ~ pušiti lulu (na lulu); a peace ~ lula mira; *put that in your ~ and smoke it! zapamti to (i pomiri se s tim)! 3. bačva (126 galona) 4. (in pl) see bagpipe 5. frula

pipe II v 1. tr cevima (cijevima) provoditi 2. tr odsvirati (na fruli) 3. intr (to ~ down) (slang) ućutati — ućutjeti (W: ušutjeti)

pipe clay bela (bijela) glina

pipe cleaner spravica za čišćenje lule

pipe down v see pipe II 3

pipe dream sanjarija; pusta želja

pipe·fish [~fiš] n morska igla

pipe fitter polagač cevi (cijevi)

pipe fitting polaganje cevi (cijevi)

pipe·ful [~ful] n lula duvana (duhana)

pipe·line [~lajn] n 1. cevovod (cjevovod) 2. linija snabdevanja (snabdijevanja), sistem dotura

pipe organ see organ 3

pip·er [~ə(r)] n 1. frulaš; gajdaš 2. see pipe fitter 3. misc.; *to pay the ~ podneti (podnijeti) troškove

pi·pette [paj'pet] n pipeta

pipe up v (colloq.) početi da govori

pip·ing I ['pajping] n 1. cevovod (cjevovod) underground ~ podzemni cevovod 2. sviranje u frulu 3. pervaz, širit

piping II a piskav

piping III adv vreo; ~ hot vreo vrelcat

pip·it ['pipit] n (bird) cipa; cipica; a meadow (tree) ~ livadna (prugasta) cipica

pip·pin ['pipin] n 1. vrsta jabuke 2. seme — sjeme (jabuke)

pip·squeak ['pipskwijk] n (colloq.) beznačajna osoba

pi·quant ['pijkənt], [pij'kant] a pikantan

pique I [pijk] n uvreda, pik

pique II v tr 1. uvrediti (uvrijediti), pikirati 2. podstaći; to ~ smb.'s curiosity podstaći nečiju radoznalost 3. refl ponositi se; to ~ oneself on smt. ponositi se nečim

pi·quet [pi'kej] n vrsta igre karata

pi·ra·cy ['pajrəsij] n piratstvo, gusarenje

pi·rate I ['pajrət] n pirat, gusar

pirate II a piratski, gusarski; a ~ ship gusarski brod

pirate III v tr 1. opljačkati 2. plagirati, bespravno preštampati

pi·rog [pi'roug] (-gi [gij]) n (cul.) pirog

pi·rogue [pi'roug] n čamac, pirog

pir·ou·ette I [pijru'et] n okret na prstima (u plesu)

pirouette II v intr okrenuti se na prstima (u plesu)

pi·rozh·ki [pi'roškij] n pl (cul.) piroške

pis·ca·to·ri·al [piskə'torijəl] a ribolovni

Pi·sces ['pajsijz] n (astro. and astrol.) ribe

pi·sci·cul·ture ['pajsikəlčə(r)] n ribogojstvo, gajenje riba

pi·scine ['pajsijn] a riblji

pi·sciv·o·rous [pi'sivərəs], [aj] a koji ždere ribu

piss I [pis] n (vul.) mokraća

piss II v intr (vul.) 1. mokriti 2. misc.; to be ~ed off at smb. ljutiti se na nekoga

pis·soir ['pijswa(r)] n (French) pisoar

pis·ta·chi·o [pi'staešijou], [a] n trišlja; morski lešnik

pis·til ['pistil] n (bot.) tučak

pis·tol ['pistəl] n pištolj

pistol belt opasač za futrolu pištolja

pistol grip rukohvat pištolja

pistol shot hitac iz pištolja

pis·tol-whip [~-hwip], [w] v tr tući cevlju (cijevlju) pištolja

pis·ton ['pistən] n 1. klip 2. (mus.) zalistak (na duvačkom instrumentu)

piston ring klipni prsten (za zaptivanje stubline)
piston rod klipnjača
pit I [pit] *n* 1. jama; rupa 2. (mining) okno, jama 3. rupica od boginja (also **pockmark**) 4. (anat.) duplja 5. borište (petlova — pijetlova) 6. (theater) prostor za orkestar 7. deo (dio) berze (W: ·burze) određen za poslovanje nekom vrstom robe 8. (Br.; theater) zadnji deo (dio) parketa 9. misc.; (slang) *the ~s* najgore
pit II *v tr* 1. napraviti rupe (na) 2. suprotstaviti; *to ~ one thing against another* suprotstaviti nešto nečemu
pit III *n* koštica
pit IV *v tr* očistiti od koštica
pitch I [pič] *n* (crna) smola
pitch II *n* 1. bacanje 2. nagib 3. najviša tačka (W: točka) 4. visina tona 5. (tech., aviation) korak; *propeller ~* korak elise; *reverse ~* negativan korak 6. (naut.) posrtanje (broda) (cf. **roll I** 7) 7. (slang) ubeđivanje (ubjeđivanje); *a sales ~* reklama
pitch III *a* (ling.) tonski (see also **tonic II** 3)
pitch IV *v* 1. *tr* (esp. baseball) baciti 2. *tr* postaviti; *to ~ camp (a tent)* postaviti logor (šator) 3. *tr* zabiti; *to ~ stakes* zabiti kočeve 4. *tr* (colloq.) prilagoditi; udesiti; regulisati; *to ~ one's hopes high* pucati na visoko 5. *intr* (naut.) posrtati 6. misc.; *to ~ in* pomagati, sarađivati; prionuti na posao; *to ~ into smb.* navaliti na nekoga
pitch accent tonski naglasak
pitch·blende [~blend] *n* uranov oksid
pitch-dark [~-da(r)k] *a* potpuno mračan
pitched [~t] *a* žestok; *~ battles* žestoke borbe
pitch·er [~ə(r)] *n* (esp. baseball) bacač
pitcher II *n* 1. krčag 2. bokal
pitch·fork [~fo(r)k] *n* račve, vile
pitch in *v* see **pitch IV** 6
pitch·ing [~iῆg] *n* posrtanje (broda)
pitch·stone [~stoun] *n* vulkanska stena (stijena)
pitch·y [~ij] *a* 1. pun smole 2. smolast
pit·e·ous ['pitijəs] *a* žalostan
pit·fall [~fol] *n* zamka, klopka
pith [pith] *n* jezgro, srž
pith·e·can·throp·us [pithi'kaenthrəpəs] *n* pitekantropus
pith·y ['pithij] *a* jezgrovit, jedar (see also **succinct**)
pit·i·a·ble ['pitijəbəl] *a* jadan, žalostan
pit·i·ful [~ifəl] *a* 1. see **pitiable** 2. veoma loš
pit·i·less [~ilis] *a* nemilosrdan
pit·man [~mən] (-men [min]) *n* kopač, radnik u oknu
pit·stop [~stap]; [o] *n* (auto racing) zaustavljanje kola (za vreme — vrijeme trke) radi snabdevanja (snabdijevanja) gorivom i sitnih opravki
pit·tance [~əns] *n* 1. mala svota novca 2. mali deo (dio)
pit·ter-pat·ter [~ə(r)-paetə(r)] *n* (onoma.) tapkanje, dobovanje
pi·tu·i·tar·y I [pi'tūəterij]; [tj]; [ə] *n* hipofiza
pituitary II *a* hipofizni
pit viper vrsta otrovne zmije
pit·y I ['pitij] *n* 1. sažaljenje; *to take ~ on smb.* osećati (osjećati) sažaljenje prema nekome 2. predmet sažaljenja; šteta; *what a ~!* kakva šteta! *it's a ~ that he did not come* šteta što nije došao; *for ~'s sake!* za milog boga!

pity II *v tr* sažaljevati; *to ~ smb.* sažaljevati nekoga
piv·ot I ['pivət] *n* 1. stožer; obrtna tačka (W: točka) 2. glavna tačka 3. (basketball) pivotiranje
pivot II *v intr* okretati se, obrtati se
pix·i·lated ['piksəlejtid] *a* (colloq.) 1. čudan; neobičan 2. pijan
pix·y ['piksij] *n* mala vila
piz·za ['pijtsə] *n* (cul.) napuljska pita, pica
piz·zle ['pizəl] *n* muški ud (životinje)
plac·a·ble ['plaekəbəl] *a* blag, popustljiv
plac·ard ['plaekə(r)d], [a] *n* plakat
pla·cate ['plejkejt]· *v tr* stišati
place I [plejs] *n* 1. mesto (mjesto); *one's ~ of birth* rodno mesto; *everything is in ~* sve stoji na mestu; *he found a ~ for the vase* našao je mesto za vazu; *he took his ~* seo je na svoje mesto; *a ~ of business* poslovno mesto 2. trg 3. stan, kuće; *come over to my ~ this evening* dođi večeras u moj stan 4. mesto; *out of ~* neumesno (neumjesno); *to take ~* desiti se; *to go ~s* imati uspeha (uspjeha); *to take smb.'s ~* zameniti (zamijeniti) nekoga; *there's no ~ like home* svuda je lepo (lijepo) ali je kod kuće najbolje
place II *v* 1. *tr* staviti, metnuti; postaviti; položiti; namestiti (namjestiti); *to ~ in a standing position* staviti da stoji; *to ~ all one's hopes in smb.* polagati u nekoga sve svoje nade; *to ~ a chair next to a window* postaviti stolicu kraj prozora 2. *tr* namestiti (namjestiti); dati zaposlenje; *he ~d his son in a bank* on je namestio sina u banci 3. *tr* setiti (sjetiti) se, prepoznati; *I could not ~ him* nisam mogao da se setim ko (tko) je 4. *tr* plasirati; *to ~ merchandise* plasirati robu 5. *tr* svrstati; rasporediti 6. *intr* plasirati se; *he ~d well* on se dobro plasirao, on je postigao dobar plasman 7. *intr* (horseracing) zauzeti drugo mesto (mjesto) (cf. **show III** 5) 8. misc.; *to ~ a bet* opkladiti se; *to ~ an order for smt.* poručiti nešto
pla·ce·bo [plə'sijbou] (-s or -es) *n* (med. and fig.) placebo, tobožnji lek (lijek)
place card karta za stono mesto (stolno mjesto)
place kick (Am. football) udarac u loptu na zemlji
place mat podmetač
place·ment [~mənt] *n* 1. metanje, postavljanje 2. zapošljavanje 3. plasman
placement examination test spremnosti
placement service zavod za zapošljavanje
placement test see **placement examination**
pla·cen·ta [plə'sentə] (-s or -ae [ij]) *n* posteljica
place setting pribor za jedno mesto — mjesto (kod stola)
plac·id ['plaesid] *a* miran, tih
pla·cid·i·ty [plə'sidətij] *n* mirnoća, tihost
plack·et ['plaekit] *n* razrez na suknji
pla·gia·rism ['plejdžərizəm] *n* plagijat; *to commit ~* plagirati
pla·gia·rist [~rist] *n* plagijator
pla·gia·rize [~rajz] *v tr and intr* plagirati
plague I [plejg] *n* 1. (the ~) kuga 2. (fig.) nesreća; nevolja; *to avoid smb. like the ~* bežati (bježati) od nekoga kao od kuge
plague II *v tr* mučiti; uznemiriti
plaid I [plaed] *n* pled, pokrivač

plaid II *a* kariran
plain I [plejn] *n* ravnica
plain II *a* 1. jasan, razgovetan; *to make smt.* ~ objasniti nešto; **as ~ as the nose on your face* jasan kao dan; *in ~ sight* naočigled 2. prost; običan; ~ *people* prost narod; ~ *cooking* prosta kujna 3. jednostavan, prost; **~ sailing* jednostavan postupak 4. prostosrdačan, otvoren; iskren; ~ *dealing* iskreno poslovanje, otvorenost; **in ~ English* otvoreno 5. neprivlačan 6. (fig.) čist, pravi; ~ *nonsense* čista (prava) besmislica
plain III *adv* jasno, razgovetno
plain·clothes man [~klouz] detektiv koji nosi civilno odelo (odijelo)
plains·man [~zmən] (*-men* [min]) *n* stanovnik ravnice
plaint [plejnt] *n* 1. žalba 2. jadikovanje
plain·tiff [~tif] *n* (legal) žalilac
plain·tive [~iv] *a* žaloban, tužan
plait I [plejt], [ae] *n* 1. kika, pletenica 2. nabor
plait II *v tr* 1. oplesti 2. nabrati
plan I [plaen] *n* plan; projekat; *to carry out a ~* ispuniti plan; *the ~s of a house* projekat kuće; *a production ~* plan proizvodnje; *to draw up (make) a ~* načiniti plan; *to present a ~* podneti (podnijeti) plan; *to put a ~ into operation* or: *to implement a ~* primeniti (primijeniti) plan
plan II *v tr and intr* planirati; *to ~ a city* planirati grad; *he was ~ning to travel to Europe* on je planirao da putuje u Evropu
planch·et ['plaenčit] *n* ravan metalan kotur pre (prije) iskivanja u novac
plan·chette [plaen'šet] *n* naprava za spiritističke oglede
plane I [plejn] *n* ravan; *an inclined ~* strma ravan
plane II *a* ravan; *a ~ surface* ravna površina
plane III *n* rende, strug
plane IV *v.* 1. *tr* rendisati, istrugati (na rende) 2. *intr* rendisati, strugati 3. *intr* rendisati se, strugati se
plane V *v intr* planirati, leteti (letjeti) bez motora
plane VI *n* see **airplane**
plane geometry geometrija ravni
plan·et ['plaenət] *n* planeta
plan·e·tar·i·um [plaenə'tejrijəm] (*-s* or *-ia* [ijə]) *n* planetarij
plan·e·tar·y ['plaenəterij]; [*tr*] *a* planetarni; planetni; *a ~ system* planetni sistem
planetary nebula planetarna maglina
plane tree (bot.) platan
plan·gent ['plaendžənt] *a* 1. bučan 2. zvučan 3. tužan
pla·nim·e·try [plə'nimətrij] *n* planimetrija
pla·ni·sphere ['plejnəsfij(r)] *n* planisfera
plank I [plaengk] *n* 1. debela daska; **to walk the ~* ići daskom dok se ne padne u more (gusarski način izvršenja smrtne presude) 2. (pol.) načelo; *a ~ of a political platform* načelo partijske politike
plank II *v tr* obložiti daskama
plank·ing [~ing] *n* (usu. naut.) daske, oplata; *inner ~* unutrašnja oplata
plank·ton [~tən] *n* plankton

planned obsolescence planirana zastarelost (zastarjelost) proizvoda
plant I [plaent]; [*a*] *n* 1. biljka; *an annual (decorative, exotic, perennial, tropical) ~* jednogodišnja (ukrasna, egzotična, višegodišnja, tropska) biljka; *to grow (water) ~s* gajiti (zaliti) biljke 2. fabrika 3. podmetnuta stvar (osoba) 4. podvala, prevara
plant II *v tr* 1. posaditi; *to ~ cabbage (flowers, a tree)* posaditi kupus (cveće — cvijeće, drvo) 2. zabiti; zariti; *to ~ a stake in the ground* zabiti kolac u zemlju 3. postaviti; *to ~ oneself* postaviti se 4. podmetnuti; *to ~ explosives* podmetnuti eksploziv; *smb. ~ed the money on him* neko (netko) mu je podmetnuo novac 5. proturiti; *to ~ rumors* proturiti lažne vesti (vijesti)
plan·tain I ['plaentən] *n* (bot.) bokvica
plantain II *n* (bot.) pisang
plan·ta·tion [plaen'tejšən] *n* plantaža; *a cotton (tobacco) ~* plantaža pamuka (duvana — duhana)
plant·er ['plaentə(r)] *n* 1. sadilac 2. sadilica 3. plantažer, plantator
planter's punch vrsta koktela
plaque [plaek] *n* 1. (metalna) ploča; ukrasna ploča; plaketa 2. značka 3. (zubni) kamenac
plasm ['plaezəm] see **plasma**
plas·ma ['plaezmə] *n* plazma; *blood ~* krvna plazma
plas·ter I ['plaestə(r)]; [*a*] *n* 1. (gipsani) malter, žbuka 2. flaster 3. (or: ~ *of Paris*) gips
plaster II *v tr* 1. malterisati 2. gipsovati 3. (or: *to ~ down*) zalepiti (zalijepiti)
plas·ter·board [~bo(r)d] *n* suv (suh) malter
plaster cast gips
plaster down *v* see **plaster** II 3
plas·ter·er [~rə(r)] *n* gipsar
plas·tic I ['plaestik] *n* (may be used in *pl* as a coll. with a *sgn* verb) plastika
plastic II *a* 1. plastičan; *a ~ bomb* plastična bomba; ~ *surgery* plastična hirurgija 2. najlon-; *a ~ bag* najlon-kesica
plas·tron ['plaestrən] *n* plastron, grudni deo (dio) košulje
plate I [plejt] *n* 1. ploča; tabla; *steel ~s* čelične ploče 2. (phot.) fotografska ploča 3. (dental) zubna ploča 4. (printing) stereotipna ploča 5. tanjir (W also: tanjur); *a soup ~* tanjir za supu (W: juhu); *a ~ of soup* tanjir supe 6. (or: *collection ~*) tas 7. prevlaka; *gold (silver) ~* zlatna (srebrna) prevlaka
plate II *v tr* 1. prevući, obložiti 2. oklopiti
pla·teau [plae'tou] (*-s* or *-x:* [z]) *n* visoravan
plate·ful ['plejtful] *n* pun tanjir (W also: tanjur)
plate glass staklo u pločama
plate·let [~lit] *n* krvna pločica
plat·en ['plaetən] *n* (on a typewriter) valjak; (as *a*) ~ *knob* kotur valjka
plat·form ['plaetfo(r)m] *n* 1. platforma, podijum; govornica 2. (pol.) platforma, program rada; *a party ~* platforma partije; *a political ~* politička platforma 3. peron
plat·ing ['plejting] *n* 1. obloga 2. (naut.) oplata; *hull (side) ~* brodska (bočna) oplata; *deck ~* oplata palube
plat·i·num I ['plaetənəm] *n* platina

platinum II *a* platinski
platinum blonde plavuša koja farba kosu
plat·i·tude ['plaetətūd]; [*tj*] *n* otrcana fraza; *to utter ~s* koristiti se otrcanim frazama
Pla·ton·ic [plə'tanik], [*ej*]; [*o*] *a* platonski
Pla·to·nism ['plejtnizəm] *n* platonizam
pla·toon [plə'tūn] *n* (mil.) vod; (as *a)* *a ~ sergeant* vodni podoficir
plat·ter ['plaetə(r)] *n* 1. plitak tanjir (W also: tanjur); **on a silver ~* na tanjiru 2. gramofonska ploča
plat·y·pus ['plaetipəs] *n* kljunar (also **duckbill**)
plau·dits ['plodits] *n pl* odobravanje; pljeskanje
plau·si·bil·i·ty [plozə'bilətij] *n* verodostojnost (vjerodostojnost)
plau·si·ble ['plozəbəl] *a* verodostojan (vjerodostojan)
play I [plej]*n* 1. komad, drama*; to direct (produce) a ~* režirati (postaviti) komad 2. (sports) igra; *to put the ball (back) into ~* vratiti loptu u igru; *out of ~* van igre 3. igra, igranje, poigravanje; *the ~ of colors (lights)* igra boja (svetlosti — svjetlosti); *a ~ upon words* igra reči (riječi) (see also **fair play**) 4. dejstvo (djejstvo); *to bring into ~* uvesti u dejstvo; *to give free ~ to smt.* pustiti nečemu na volju 5. (tech.) zazor, mrtvi hod 6. misc.; *foul ~* zločin: *to make a ~ for smb.* udvarati se nekome
play II *v* 1. *tr* igrati, odigrati; igrati se; *to ~ cards (chess, tennis)* igrati karte (šah, tenis); *to ~ a role* odigrati ulogu; *to ~ ball (soldier, war)* igrati se lopte (vojnika, rata); *to ~ a lottery* igrati na lutriji; *to ~ Hamlet* igrati Hamleta; *to ~ hide-and-seek* igrati se žmurke (W: skrivača) 2. *tr* svirati, odsvirati; *to ~ the flute (the piano, the violin)* svirati na flauti (na klaviru, na violini); *to ~ a sonata (a song)* odsvirati sonatu (pesmu — pjesmu); *to ~ a drum* svirati u bubanj 3. *tr* pustiti; *to ~ a record* pustiti ploču; *to ~ a stream of water on smt.* pustiti mlaz vode na nešto 4. *tr* učiniti da igra; *to ~ a searchlight on smt.* obasjavati nešto reflektorom 5. *tr* baciti, igrati; *to ~ a card* baciti kartu 6. *tr* and *intr* izigravati, praviti se; *to ~ the fool* izigravati budalu, praviti se lud; *to ~ sick* praviti se bolestan 7. *intr* igrati (se); *the children were ~ing quietly* deca (djeca) su (se) mirno igrala; *to ~ with smb.* igrati se s nekim; *to ~ with a ball* igrati se lopte 8. *intr* svirati; *he ~s well* on dobro svira 9. *intr* igrati, zaigravati; *the light ~ed on the walls* svetlost (svjetlost) je igrala po zidovima 10. misc.; *to ~ into smb.'s hands* ići na ruku nekome; **to ~ favorites* biti pristrastan (W: pristran); *to ~ one person off against another* natutkati nekoga protiv nekoga; *to ~ on words* igrati rečima (riječima); *to ~ truant (hooky)* neopravdano izostati iz škole; *to ~ a trick on smb.* podvaliti nekome; *to ~ a joke on smb.* napraviti šalu na nečiji račun; **to ~ for time* gledati da se dobije u vremenu; **to ~ to the gallery* igrati za treću galeriju, tražiti jeftin aplauz; *to ~ on smb.'s sympathies* dodvoriti se nekome *to ~ the horses* kladiti se na trkama; *to ~ the market* špekulisati na berzi (W: burzi); **to ~ the field* probati različite mogućnosti

play·act [~-aekt] *v intr* glumiti, igrati ulogu
play along *v* (colloq.) 1. pristati 2. sarađivati
play around *v* 1. igrati se (also **fool around** 2) 2. šegačiti se, zabavljati se 3. bludničiti (also **fool around** 5)
play-back ponavljanje predaje
play back *v* ponoviti (predaju)
play·bill [~bil] *n* pozorišni (W: kazališni) program, oglas
play·boy [~boj] *n* plejboj, bonvivan, bećar
play-by-play [~-baj-~] *a* (usu. sports) direktan; detaljan; *a ~ account* direktan prenos
play down *v* 1. potceniti (potcjeniti); *to play down difficulties* potceniti teškoće 2. misc.: *to play down to the public* udvarati se publici
play·er [~ə(r)] *n* 1. igrač 2. glumac
player piano automatski klavir
play·ful [~fəl] *a* koji voli da se igra; nestašan, vragolast
play·go·er [~gouə(r)] *n* redovni posetilac (posjetilac) pozorišta (W: kazališta)
play ground [~graund] *n* igralište; *a children's ~* dečje (dječje) igralište
play·group [~grūp] *n* (Br.) vrsta dečjeg (dječjeg) vrtića
play·house [~haus] *n* 1. pozorište (W: kazalište) 2. kućica za lutke
play·ing [~iŋ] *n* 1. igranje 2. sviranje
playing field [~iŋ] igralište
play·maker [~mejkə(r)] *n* (sports) dirigent igre, inicijator kombinacija, organizator napada
play·mate [~mejt] *n* saigrač, suigrač
play off *v* 1. (sports) odigrati odlučujuću utakmicu (posle — poslije nerešenog — neriješenog rezultata) 2. see **play** II 10
play-off [~-of] *n* odlučujuća utakmica (posle — poslije nerešenog — neriješenog rezultata)
play-offs *n pl* (sports) dopunski šampionat, plej-of
play on *v* 1. nastaviti igru (sviranje) 2. see **play** II 10
play out *v* 1. završiti, odigrati 2. premoriti; *to be played out* biti iscrpljen
play·pen ['plejpen] *n* mali ograđeni prostor za bebu, ogradice
play·room [~rūm], [*ū*] *n* soba za igru
play·suit [~sūt] *n* odeća (odjeća) za igru
play·thing [~thiŋ] *n* igračka
play·time [~tajm] *n* vreme (vrijeme) za igru
play up *v* 1. istaći; reklamirati 2. dodvoriti se; *to play up to smb.* dodvoriti se nekome
play·wright [~rajt] *n* pisac pozorišnih (W: kazališnih) komada
pla·za ['plazə] *n* 1. trg 2. parking
plea [plij] *n* 1. molba; pledoaje; *to make a ~* podneti (podnijeti) molbu; *to accept (dismiss or reject) a ~* usvojiti (odbiti) molbu; *an impassioned ~* usrdna molba 2. izgovor 3. (legal) izjava okrivljenoga, odgovor na optužbu; *he entered a ~ of guilty* priznao je krivicu; *he entered a ~ of not guilty* izjavio je prigovor protiv optužnice
plea bargaining parnička pogodba
plead [plijd]; -ed or **pled** [pled] *v* 1. *tr* navesti, pravdati se; izgovarati se; *to ~ ignorance* pravdati se neznanjem 2. *tr* zastupati, braniti; voditi; pledirati za; *to ~ a cause* zastupati

(braniti) neku stvar; *to ~ a case in court* zastupati stranku pred sudom 3. *intr* moliti; *he ~ed with the judge to have mercy* molio je sudiju (W: suca) za milost 4. *intr* odgovoriti na optužbu; *he ~ed guilty (to embezzlement)* priznao je krivicu (zbog pronevere — pronevjere); *to ~ not guilty* odreći krivicu

plead·ing I [~iŋg] *n* (legal) zastupanje, odbrana (W: obrana) pred sudom

pleading II *a* molećiv; *a ~ voice* molećiv glas

pleas·ant ['plezənt] *a* prijatan; *a ~ appearance* prijatna spoljašnost; *~ features* prijatne crte; *a ~ feeling* prijatno osećanje (osjećanje); *a ~ person* prijatan čovek (čovjek)

pleas·ant·ness [~nis] *n* prijatnost

pleas·an·try [~trij] *n* šala, zadirkivanje

please [plijz] *v* 1. *tr* dopasti se, svideti (svidjeti) se; *it will ~ you* dopašće vam se 2. *tr* zadovoljiti; ugoditi; *you cannot ~ everyone* ne može čovek (čovjek) svima ugoditi 3. *intr* izvoleti (izvoljeti); molim; *~ sit down* izvolite sesti (sjesti); *~ help yourself* izvolite, poslužite se; *~ buy me a newspaper* molim te, kupi mi novine 4. misc.; *as you ~* kako vam je volja; *if you ~* ako je po volji; *he wanted me to work all day, if you ~!* tražio je od mene da radim ceo (cio) dan, zamislite! *I shall be ~ed to do it* biće mi drago da to uradim; *~ yourself* radi kako ti se sviđa; **he is as ~ed as punch* neobično se raduje

pleas·ing [~iŋg] *a* prijatan

plea·sur·a·ble ['pleʒərəbəl] *a* koji pruža zadovoljstvo, prijatan

pleas·ure I ['pleʒə(r)] *n* 1. zadovoljstvo; uživanje; *to find ~ in smt.* naći uživanje u nečemu; *to give smb. ~* pružiti nekome zadovoljstvo; *it's a real ~ to work (working) with him* pravo je zadovoljstvo s njime raditi 2. (Br., colloq.) nema na čemu

pleasure II *v tr* zadovoljiti

pleasure ground (Br.) park

pleat I [plijt] *n* nabor, bora, plise

pleat II *v tr* nabrati, plisirati; *to ~ a skirt* nabrati suknju

pleb [pleb] *n* 1. see **plebeian** I 2. see **plebe**

plebe [plijb] *n* pitomac prve godine vojne akademije

ple·be·ian I [pli'bijən] *n* plebejac

plebeian II *a* plebejski

pleb·i·scite ['plebəsajt] *n* plebiscit

plec·trum ['plektrəm] (-*s* or -*ra* [rə]) *n* see **pick** I 4

pled see **plead**

pledge I [pledž] *n* 1. zaloga; *to redeem a ~* iskupiti zalogu 2. obećanje, zavet (zavjet); *to take a ~* obećati; *to make a ~* dati obećanje; **to take the ~* odreći se žestokih pića 3. znak 4. student koji će se učlaniti u studentsko udruženje

pledge II *v* 1. *tr* založiti 2. *tr* obećati; odreći; *to ~ one's word* dati (zadati) svoju reč (riječ) 3. *tr* obećati da će se učlaniti; *to ~ a fraternity* obećati da će se učlaniti u studentsko udruženje 4. *tr* primiti u članstvo (studentskog udruženja) 5. *intr* tražiti prijem u studentsko udruženje

pledg·ee [pledž'ij] *n* zajmodavac

pledg·er [~ə(r)] *n* 1. onaj koji obećava 2. see **pledgor**

pledg·or [~ə(r)], [o] *n* zalagač

ple·iad ['plijəd] *n* plejada

Pleis·to·cene ['plajstəsijn] *n* (geol.) *(the ~)* plejstocen

ple·na·ry ['plijnərij], [e] *a* plenarni; *a ~ session* plenarna sednica (sjednica)

plen·i·po·ten·ti·ar·y I [plenijpə'tenšərij] *n* opunomoćeni ambasador

plenipotentiary II *a* opunomoćen

plen·i·tude ['plenətūd], [tj] *n* obilje

plen·te·ous ['plentijəs] *a* see **plentiful**

plen·ti·ful ['plentifəl] *a* 1. obilan, izobilan 2. rodan; izdašan

plen·ty I ['plentij] *n* izobilje, obilje; mnoštvo; *~ of money* mnogo (obilje) novaca; *in ~* u obilju

plenty II *pred a* obilan, izobilan

plenty III *adv* (colloq.) veoma; *it's ~ hot* veoma je vruće

ple·num ['plijnəm], [e] (-*s* or -*na* [nə]) *n* plenum

ple·o·nasm ['plijənaezəm] *n* pleonazam

ple·o·nas·tic [plijə'naestik] *a* pleonastičan

pleth·o·ra ['plethərə] *n* 1. višak, preobilje 2. (med.) punokrvnost

ple·thor·ic [ple'thorik] *a* 1. preobilan 2. (med.) punokrvan

pleu·ra ['plūrə] (-*ae* [ij]) *n* (anat.) pleura, plućna maramica, porebrica

pleu·ri·sy ['plūrəsij] *n* (med.) pleuritis

plex·i·form ['pleksəfo(r)m] *a* ispleten

Plex·i·glas [~glaes], [a] *n* pleksiglas

plex·us ['pleksəs] (*pl* has zero or -*es*) *n* (anat.) splet živaca; *the solar ~* trbuh

pli·a·ble ['plajəbəl] *a* gibak, savitljiv

pli·an·cy ['plajənsij] *a* gipkost, savitljivost

pli·ant ['plajənt] *a* see **pliable**

pli·ers ['plajə(r)z] *n pl* klešta (kliješta); *two pairs of ~* dvoja klešta

plight I [plajt] *n* neprilika, nezgodno stanje; *in a sad (sorry) ~* u grdnoj neprilici

plight II *n* veridba (vjeridba) (see **engagement**)

plight III *v tr* 1. see **pledge** II 2 2. see **betroth**

plim·soll ['plimsəl] *n* (Br.) see **sneaker**

plinth [plinth] *n* (archit.) stubna ploča

Pli·o·cene I ['plajəsen] *n* (geol.) *(the ~)* pliocen

Pliocene II *a* (geol.) pliocenski

plis·sé [pli'sej] *n* tkanina u borama

PLO [pijel'ou] abbrev. of **Palestine Liberation Organization**

plod [plad], [o] *v* 1. *tr* gegati; *to ~ one's way* gegati svojim putem 2. *intr* gegati, vući se; *to ~ along* ići polako 3. *intr* kapati, raditi bez prekida; *to ~ along on a job* kapati nad poslom (also **plug** II 7)

plod·der [~ə(r)] *n* vredan (vrijedan) radnik koji se zalaže na poslu

plop I [plap], [o] *n* bućkanje

plop II *v* 1. *tr* bubnuti 2. *intr* bućnuti 3. *intr* pasti

plo·sive I ['plousiv] *a* (ling.) praskavi suglasnik

plosive II *a* (ling.) praskav

plot I [plat], [o] *n* 1. zemljište; parče zemlje 2. nacrt, dijagram; šema 3. (lit.) zaplet; radnja; *the ~ of a novel* zaplet romana; *a main ~* glavna radnja; *to build (construct) a* ~ izgraditi radnju 4. zavera (zavjera); *to hatch a* ~ skovati zaveru

plot II *v* 1. *tr* snovati, planirati; *to* ~ *an assassination* planirati atentat 2. *tr* nanositi na kartu; *to* ~ *data* nanositi podatke (na kartu) 3. *intr* kovati zaveru (zavjeru)

plot·ting [~i̅n̅g] *n* 1. nanošenje (podataka) na kartu 2. kovanje zavere (zavjere)

plough [plau] (Br.) 1. see **plow** I, II 2. (cap.) *(the* ~*)* see **Big Dipper**

plough·man Br.; see **plowman**

ploughman's lunch (Br.) jednostavna užina

plov·er ['plʌvə(r)], [ou] *(pl* has zero or *-s) n* (bird) zviždovka, pijukavac

plow I [plau] *n* plug, ralo; **to put one's hand to the* ~ latiti se posla (see also **snowplow**)

plow II *v* 1. *tr* orati; *to* ~ *a furrow* izorati brazdu 2. *tr* probiti; *he* ~*ed his way through the crowd* probio se kroz gomilu 3. *intr* obrađivati zemlju, orati 4. *intr* vući se, gegati se 5. misc.; *to* ~ *back* ponovo investirati; *to* ~ *into a task* latiti se posla; *to* ~ *the high seas* brazdati okean (W: ocean)

plow·boy [~boj] *n* 1. konjovodac u plugu 2. seljanče

plow·man [~mən] (*-men* [min]) *n* orač

plow up *v* orati

plow·share [~šej(r)] *n* lemeš, raonik

ploy [ploj] *n* smicalica

pluck I [plʌk] *n* 1. hrabrost, odvažnost 2. drob, iznutrica

pluck II *v tr* 1. očerupati; *to* ~ *a chicken* očerupati kokošku 2. otkinuti; *to* ~ *a flower* otkinuti cvet (cvijet) 3. prebirati, udarati; *to* ~ *strings* prebirati strune, udarati u žice 4. misc.; *to* ~ *up one's courage* osmeliti (osmjeliti) se; *to* ~ *out* iščupati

pluck up *v* see **pluck II** 4

pluck·y [~ij] *a* hrabar, odvažan

plug I [pleg] *n* 1. čep, zapušač 2. (elec.) utikač; **to pull the* ~ iskopčati aparat za veštačko (vještačko — W: umjetno) održavanje života 3. see **fireplug** 4. see **spark plug** 5. komad duvana (duhana) 6. (colloq.) reklama; *to put in a* ~ *for smt.* nešto reklamirati 7. kljuse 8. blinker (mamac)

plug II *v* 1. *tr* začepiti, zapušiti; **to* ~ *a loophole (in the law)* popuniti (pravnu) prazninu 2. *tr* utaknuti, uključiti; *to* ~ *an iron into a socket* utaknuti peglu u priključak 3. *tr* (colloq.) reklamirati 4. *tr* (slang) pogoditi 5. *intr* uticati se; *it* ~*s into the socket* utiče se u priključak 6. *intr* (colloq.) pucati; *he's* ~*ging to get ahead* on puca na visoko; *to* ~ *for a professorship* pucati na profesuru (see also **buck III** 6) 7. *intr* (colloq.) kapati, raditi bez prekida; *to* ~ *along (away) on a job* kapati nad poslom (also **plod** 3)

plug·hole [~houl] *n* Br.; see **drain I** 3

plug·ug·ly [~əglij] *n* (slang) siledžija, gangster

plum I [plʌm] *n* šljiva; *to grow* ~*s* gajiti šljive

plum II *a* šljivov; ~ *brandy* šljivova rakija, šljivovica

plum III *a* see **plumb II** 2

plum IV see **plumb III**

plum·age ['plūmidž] *n* perje

plumb I [pləm] *n* visak; *out of* ~ neuspravno

plumb II *a* 1. uspravan 2. (colloq.) pravi; *a* ~ *fool* prava budala

plumb III *adv* (colloq.) veoma; ~ *tuckered out* veoma umoran

plumb IV *v tr* 1. viskom ispitati 2. pronići (do, u); *to* ~ *the depths* pronići do dubina (mora)

plumb bob olovna lopta viska

plumb·er ['pləmə(r)] *n* vodovodni instalater, vodoinstalater

plumber's helper see **plunger** 2

plumber's snake see **snake I** 2

plumb·ing [~i̅n̅g] *n* vodovodne instalacije, vodovod

plumb line visak, olovnica

plume I [plūm] *n* pero

plume II *v tr* pokriti perjem

plum·met I ['pləmit] *n* see **plum bob**

plummet II *v intr* stropoštati se; pasti; *prices have* ~*ed* cene (cijene) su pale

plump I [pləmp] *n* tresnuće, pad

plump II *a* pun, debeljast; *a* ~ *woman* punija žena

plump III *v* 1. *tr* tresnuti; baciti 2. *intr* bupnuti, tresnuti

plump·ness [~nis] *n* punoća

plum tree šljivino drvo

plun·der I ['pləndə(r)] *n* 1. pljačkanje, pljačka 2. pljačka, plen (plijen)

plunder II *v tr* and *intr* pljačkati

plunge I [pləndž] *n* 1. ronjenje 2. uvaljivanje 3. misc.; **to take the* ~ zaploviti na sreću

plunge II *v* 1. *tr* zariti; *to* ~ *a knife into smb.'s heart* zariti nekome nož u srce 2. *tr* gnjurnuti 3. *tr* gurnuti, uvaliti; *to* ~ *a country into war* uvaliti zemlju u rat 4. *intr* gnjurnuti se 5. *intr* srnuti; *to* ~ *into ruin* srnuti u propast

plung·er [~ə(r)] *n* 1. (tech.) klip 2. sprava za otpušivanje odvodne cevi (cijevi)

plunk I [pləngk] *adv* (colloq.) upravo, sasvim; ~ *in the middle* usred srede (srijede)

plunk II *v* 1. *tr* prebirati; *to* ~ *strings* prebirati strune (also **pluck II** 3) 2. *tr* (*to* ~ *down*) bubnuti 3. *intr* bubnuti

plu·per·fect I [plū'pə(r)fikt] *n* pluskvamperfekat, davnoprošlo vreme (vrijeme)

pluperfect II *a* pluskvamperfektni, davnoprošli

plu·ral I ['plūrəl] *n* plural, množina

plural II *a* pluralni, množinski

plu·ral·ism [~izəm] *n* pluralizam

plu·ral·ist [~ist] *n* pluralista

plu·ral·i·ty [plū'raelətij] *n* pluralitet

plu·ral·ize ['plūrəlajz] *v tr* metnuti u množinu

plus I [pləs] *n* plus, prednost

plus II *a* 1. (malo) više 2. pozitivan

plus III *conj* plus; *two* ~ *two* dva plus dva

plus fours *pl* čakšire do ispod kolena (koljena)

plush I [pləš] *n* pliš

plush II *a* 1. plišan 2. luksuzan

plush·y [~ij] *a* luksuzan

plus sign znak »plus« (+)

Plu·to ['plūtou] *n* (myth. and astro.) Pluton

plu·toc·ra·cy [plū'takrəsij]; [o] *n* plutokratija (plutokracija)

plu·to·crat ['plūtəkraet] *n* plutokrat

plu·to·crat·ic [plūtə'kraetik] *a* plutokratski

Plu·to·ni·an [plŭ'tounijən] Plu·ton·ic [~'tanik]; [o] a plutonski, Plutonov
plu·to·ni·um [plŭ'tounijəm] n plutonij, plutonijum
plu·vi·al ['plūvijəl] a kišni
plu·vi·om·e·ter [plūvij'amətə(r)]; [o] n kišomer (kišomjer)
ply I [plaj] n 1. struka, upleteni deo (dio) konopca 2. (on a tire) sloj
ply II v tr spojiti
ply III v 1. tr rukovati; to ~ an axe rukovati sekirom (sjekirom) 2. tr nuditi; they plied him with liquor napili su ga; to ~ smb. with food nahraniti nekoga 3. tr and intr saobraćati; to ~ a route saobraćati na liniji
ply·wood I [~wud] n šperploča, iverploča, iverica
plywood II a iverast; a ~ mill fabrika iverastih ploča; a ~ sheet iverasta ploča
p. m. [pij'em] abbrev. of post meridiem, popodne
pneu·mat·ic [nū'maetik]; [nj] a pneumatičan, pneumatski
pneu·mat·ics [~s] n pneumatika
pneu·mo·nia [nū'mounjə]; [nj] n zapaljenje (W also: upala) pluća, pneumonija
pneu·mon·ic [nū'manik]; [nj]; [o] a plućni
poach I [pouč] v tr (cul.) poširati; ~ed eggs poširana jaja
poach II v tr and intr loviti bespravno
poach·er [~ə(r)] n lovokradica
poach·ing [~ing] n lovokrađa
P. O. box see post-office box
po·chard ['poučə(r)d] n (duck) gnjurac, sivka, riđoglavka
pock [pak]; [o] n 1. ospa 2. ožiljak od preležanih boginja (also pockmark)
pock·et I [~ət] n 1. džep 2. see air pocket 3. (mil.) žarište; a ~ of resistance žarište otpora
pocket II a džepni; a ~ watch džepni sat
pocket III v tr 1. metnuti u džep; (fig.) to ~ a nice profit zgrnuti dobru zaradu 2. zaboraviti; to ~ one's pride zaboraviti svoj ponos 3. (billiards) uterati ~ utjerati (u rupu)
pocket battleship džepni bojni brod
pock·et·book [~buk] n 1. novčanik 2. torba 3. džepna knjiga
pocket calculator džepni računar, digitron
pock·et·ful [~ful] n pun džep
pocket handkerchief esp. Br.; see handkerchief
pock·et·knife [~najf] (-knives [najvz]) n džepni nož
pocket money džeparac
pocket veto (Am., pol.) indirektan veto (nacrta zakona)
pock·mark ['pakma(r)k]; [o] n ožiljak od preležanih boginja
pock·marked [~t] a boginjav, ospičav
pod [pad]; [o] n mahuna
po·dag·ra [pə'daegrə] n (med.) kostobolja (also gout)
po·di·a·trist [pə'dajətrist] n pediker (also chiropodist)
po·di·a·try [~trij] n pedikura (also chiropody)
po·di·um ['poudijəm] (-s or -ia [ijə]) n podijum, pult
Po·dunk ['poudəngk] n (colloq.) provincijski gradić, palanka
po·em ['pouəm], [i] n 1. pesma (pjesma); stihovi; a collection of ~s zbirka pesama; selected ~s

izabrane pesme; an epic ~ epska pesma 2. poema
po·et ['pouit] n pesnik (pjesnik); poet; a court ~ dvorski pesnik; a ~ laureate dvorski pesnik, slavni pesnik
po·et·as·ter ['pouitaestə(r)] n (pejor.) stihoklepac
po·et·ess ['pouitis] n pesnikinja (pjesnikinja), poetesa
po·et·ic [pou'etik] a pesnički (pjesnički); poetičan; a ~ figure pesnička figura
po·et·i·cal [~əl] a 1. see poetic 2. idealizovan
po·et·i·cize [pou'etəsajz] v tr poetizirati
poetic justice zaslužena kazna
poetic license pesnička (pjesnička) sloboda
po·et·ize ['pouitajz] v tr and intr poetizirati
po·et·ics [pou'etiks] n poetika
po·et·ry ['pouitrij] n poezija; to write ~ pisati pesme (pjesme)
po·go·stick ['pougou] palica (sa osloncima za noge) za skakanje
po·grom [pou'gram] or ['pougrəm] n pogrom; to organize (carry out) a ~ organizovati (izvršiti) pogrom
poign·ant ['pojnjənt] a 1. dirljiv, ganutljiv 2. bolan 3. pronicljiv 4. jedak, zajedljiv
poin·set·ti·a [pojn'setijə] n (bot.) vrsta mlečike (mlječike)
point I [pojnt] n 1. tačka (W: točka); a ~ in space tačka u prostoru; the distance between ~s A and B rastojanje između tačaka A i B; a ~ of departure polazna tačka; to disagree on many ~s ne slagati se u mnogim tačkama; music is not my strong ~ muzika nije moja jaka tačka; the boiling (freezing) ~ tačka ključanja (mržnjenja); a ~ of no return kritična tačka 2. vrh, šiljak; the ~ of a knife vrh noža 3. rt (also cape III) 4. see decimal point 5. trenutak; at that ~ toga trenutka; he was on the ~ of leaving taman je hteo (htio) da pođe 6. see credit I 9 (b.) 7. svrha, cilj; there is no ~ in doing that ne vredi (vrijedi) to raditi 8. stvar; let's get to the ~! pređimo na stvar! that's not the ~ u tome nije stvar; that is to the ~ to je umesno (umjesno) 9. mesto (mjesto); tačka; punkt; an assembly ~ zborno mesto; at that ~ na tom mestu (see also checkpoint) 10. (mil.) čelna patrola 11. (in pl) platinska dugmad 12. glavna misao; the ~ of a story poenta, smisao izlaganja 13. (usu. sports) bod, poen; to lead by six ~s voditi sa šest poena (razlike); to score ~s osvojiti (postići) bodove; (boxing) to win on ~s pobediti (pobijediti) na bodove (po bodovima) 14. (basketball) koš; to lead by ten ~s voditi sa deset koševa (prednosti) 15. (printing) tačka, punkt 16. Br.; see socket 17. Br.; see switch I 3 18. misc.; a case in ~ prikladan slučaj; in ~ of fact uistinu; *to stretch a ~ gledati kroz prste; he made a ~ of asking them nije propustio da ih zapita; to make a ~ of smt. istaći nešto; a five- ~ plan plan od pet tačaka; (esp. Br.) the main ~s of the news glavne vesti (vijesti)
point II v 1. tr upraviti; to ~ fieldglasses upraviti durbin 2. tr uperiti; to ~ a finger (a rifle) at smb. uperiti prst (pušku) na nekoga 3. tr po-

kazati; *to* ~ *the way* pokazati put 4. *tr* zamazati (cigle) 5. *tr* staviti tačke — W: točke (na) 6. *intr* ukazati; *to* ~ *to several facts* ukazati na neke činjenice 7. *intr* pokazati; *to* ~ *with one's arm (finger)* pokazati rukom (prstom); *to* ~ *at (to) smb.* pokazati na nekoga; *the needle* ~*s to the north* igla pokazuje na sever (sjever)

point·blank I [~blaeṇgk] *a* 1. neposredan; ~ *fire* neposredno gađanje 2. odlučan; otvoren

pointblank II *adv* 1. neposredno; *to fire* ~ neposredno gađati 2. odlučno, otvoreno

point duty (Br.) regulisanje saobraćaja na raskrsnici

point·ed [~id] *a* 1. šiljast, šiljat 2. zajedljiv; oštar; *a* ~ *remark* zajedljiva primedba (primjedba) 3. prodoran

point·er [~ə(r)] *n* 1. štap za pokazivanje 2. strelica, kazalo, indikator; jezičac 3. (dog) poenter 4. savet (savjet)

poin·til·lism ['pwaentlizəm] *n* poentilizam (način slikanja)

point·less [~lis] *a* 1. beznačajan 2. irelevantan

point of honor pitanje časti

point of order proceduralno pitanje

point of view tačka (W: točka) gledišta

point out *v* ukazati; *to point out an error* ukazati na grešku

points see **point** I 11

points·man [~mən] Br.; see **switchman**

point system ocenjivanje (ocjenjivanje) po bodovima

point up *v* podvući; istaći

poise I [pojz] *n* 1. ravnoteža 2. staloženost, pribranost: uverenost (uvjerenost)

poise II *v* 1. *tr* uravnotežiti; držati u ravnoteži 2. *intr* lebdeti (lebdjeti)

poi·son I ['pojzən] *n* otrov

poison II *a* otrovan

poison III *v tr* 1. otrovati, zatrovati; *to* ~ *food* otrovati hranu; *to* ~ *a well* zatrovati bunar 2. (Br.) zaraziti; *a* ~*ed foot* zaražena noga

poison gas bojni otrov

poison hemlock see **hemlock**

poison ivy (bot.) vrsta biljke koja izaziva osip (*Rhus radicans*)

poison oak (bot.) vrsta biljke koja izaziva osip (*Rhus toxicodendron*)

poi·son·ous [~əs] *a* otrovan; *a* ~ *snake* otrovna zmija, otrovnica

poison pen letter klevetničko, anonimno pismo

poke I [pouk] *n* 1. guranje 2. udar pesnicom

poke II *v* 1. *tr* probiti; *he* ~*d his way through the crowd* probio se kroz gomilu 2. udariti, gurnuti; *to* ~ *smb. in the ribs* udariti nekoga u rebra 3. *tr* džarati, razgrtati 4. *tr* isturiti, proturiti; *to* ~ *one's head out the window* proturiti glavu kroz prozor 5. *intr* mešati (miješati) se; *to* ~ *into smb. else's business* mešati se u tuđa posla 6. *intr* preturati, baratati; *to* ~ *around in a drawer* preturati po fioci 7. misc.; *to* ~ *fun at smb.* terati (tjerati) šegu s nekim

poke III *n* (reg.) džak; *to buy a pig in a* ~ kupiti mačku u džaku

pok·er I [~ə(r)] *n* žarač

poker II *n* poker (igra karata)

poker face bezizražajno lice, lice igrača pokera

pok·er-faced [~fejst] *a* s bezizražajnim licem

po·key ['poukij] *n* (slang) zatvor

pok·y ['poukij] *a* 1. skučen 2. spor; dosadan

Po·lack ['poulak], [ae] *n* (vul.) Poljak (see **Pole**)

Po·land ['poulənd] *n* Poljska

po·lar ['poulə(r)] *a* polarni

polar bear beli medved (bijeli medvjed)

polar circle polarni krug

polar coordinates *pl* polarne koordinate

po·lar·im·e·ter [poulə'rimətə(r)] *n* polarimetar

Po·lar·is [pou'laeris] *n* 1. (astro.) Severnjača (Sjevernjača) (also **North Star**) 2. (mil.) balistička raketa »Polaris«

po·lar·i·scope [pou'laerəskoup] *n* polariskop

po·lar·i·ty [pə'laerətij] *n* polaritet

po·lar·i·za·tion [poulərə'zejšən], [aj] *n* polarizacija

po·lar·ize ['poulərajz] *v* 1. *tr* polarizovati 2. *intr* polarizovati se

Po·lar·oid ['poulərojd] *n* vrsta foto-aparata koji momentalno razvija slike

pole I [poul] *n* pol; *a negative (positive)* ~ negativan (pozitivan) pol (see also **North Pole, South Pole**)

pole II *n* motka; stub; *a telephone* ~ telefonski stub

Pole *n* Poljak

pole·ax, pole·axe [~aeks] *n* 1. ubojna sekira (sjekira) 2. mesarska sekira

pole·cat [~kaet] *n* (zool.) tvor

po·lem·ic I [pə'lemik] *n* polemika

polemic II *a* polemičan

po·lem·i·cal [~əl] *a* see **polemic** II

po·lem·i·cist [pə'leməsist] *n* polemičar

po·lem·ics [pə'lemiks] *n* polemisanje, polemika

pol·e·mist ['paləmist], [o] or [pə'lemist] *n* polemičar

pole·star ['poulsta(r)] *n* 1. Polarnica (see also **Polaris** I) 2. (fig.) zvezda (zvijezda) vodilja (see also **lodestar**)

pole vault skok motkom

pole-vault [~volt] *v intr* skakati motkom

pole-vault·er [~ər] *n* skakač motkom

po·lice I [pə'lijs] *n* 1. (*pl.*) policija, milicija, SUP (W also: redarstvo); policajci, milicionari 2. (*sgn*) (Am., mil.) održavanje reda, čišćenje, uređenje logora 3. see **kitchen police**

police II *a* policijski, milicijski (W also: redarstven)

police III *v tr* 1. održavati poredak (u) 2. (Am., mil.) čistiti, urediti

police blotter see **blotter** 3

police court sud za prekršaje

police dog policijski pas; vučjak

police force policija, milicija

police line policijska barikada

police line-up see **line-up** I

po·lice·man [~mən] (-*men* [min]) *n* policajac, milicionar

police record 1. policijski dosije 2. osuđivanost; *he has a* ~ on je osuđivan

police state država koja je pod kontrolom (tajne) policije

police station milicijska stanica

police up *v* see **police** III

po·lice·wom·an [~wumən] (-*women* [wimin]) *n* službenica SUP-a, žena policajac

pol·i·clin·ic [palij'klinik]; [o] n poliklinika, ambulanta

pol·i·cy I ['paləsij]; [o] n politika; *the ~ of a party* politika stranke; *to carry out (implement) a ~ toward smb.* sprovesti politiku prema nekome; *to make (establish) a ~* odrediti politiku

policy II n 1. polisa; *to take out a (fire-insurance) ~* zaključiti osiguranje (protiv požara) 2. vrsta klađenja (see also **number I** 5)

pol·i·cy·hold·e(r) [~houldə(r)] n osiguranik

policy making određivanje politike

po·li·o ['poulijou] n see **poliomyelitis**

po·li·o·my·e·li·tis [poulijoumajə'lajtis] n poliomielitis

pol·ish I ['pališ]; [o] n 1. politura, poliš, sprej, sredstvo za poliranje; *automobile ~* poliš za automobile 2. pasta; viksa; *shoe ~* pasta (viksa) za cipele 3. uglačanost; sjaj 4. uglađenost, šlif

polish II v 1. tr politirati, polirati 2. tr uglačati 3. tr doterati (dotjerati); *to ~ one's style* doterati stil 4. intr glačati se; dobijati sjaj

Po·lish ['pouliš] n poljski jezik

Polish II a poljski

pol·ished ['pališt]; [o] a 1. uglačan 2. doteran (dotjeran), uglađen

pol·ish·er ['pališə(r)]; [o] n polirer, gladilac

polish off v 1. brzo svršiti (sa) 2. uništiti; ubiti

polish up v 1. see **brush up** 2. doterati (dotjerati)

po·lite [pə'lajt] a učtiv; *to be ~ to smb.* biti učtiv prema nekome

po·lite·ness [~nis] n učtivost

pol·i·tic ['palətik]; [o] a mudar; prepreden

po·lit·i·cal [pə'litikəl] a politički; *a ~ crime* političko krivično delo (djelo); *~ economy* politička ekonomija; *~ science* političke nauke

political asylum politički azil; *to grant smb. ~* dati nekome politički azil

political geography politička geografija

political hack (pejor.) politikant

pol·i·ti·cian [palə'tišən]; [o] n političar

po·lit·i·cize [pə'litəsajz] v tr politizirati

pol·i·tick·ing ['palətiking]; [-o] n politiziranje

pol·i·tics ['palətiks]; [o] (sgn and pl) n politika; *to go in for ~* baviti se politikom; *~ make(s) strange bedfellows* see **bedfellow** 2; *to play ~* baviti se politikantstvom

pol·i·ty ['palətij]; [o] n državno uređenje

pol·ka I ['pou(l)kə] n polka (muzika, igra)

polka II v intr igrati (plesati) polku

polka dot tačkica (W: točkica), tufna

poll I [poul] n 1. glasanje 2. (usu. in pl) glasačko mesto (mjesto), biralište 3. birački spisak 4. anketa; ispitivanje; *to conduct a ~* sprovesti anketu; *a public-opinion ~* ispitivanje javnog mnenja 5. teme; glava

poll II v tr 1. dobiti glasove 2. uneti (unijeti) u birački spisak 3. anketirati; *all of those ~ed* svi anketirani 4. potkresati; ostrići

pol·lard ['paglə(r)d]; [o] n 1. okresano drvo 2. šutonja, šuta životinja (bez rogova)

pol·len ['palən]; [o] n pelud, polen; (as a) *~ count* količina polena (u vazduhu — W: zraku)

pol·li·nate ['palənəjt]; [o] v tr oprašiti

polling booth kabina za glasanje

polling place ['pouling] biračko mesto (mjesto)

pol·li·nize ['palənajz]; [o] see **pollinate**

pol·li·wog ['palijwag]; [o]; [o] n see **tadpole**

poll·ster ['poulstə(r)] n anketer

poll tax lični porez na glavu

pol·lu·tant [pə'lūtənt] n stvar koja zagađuje

pol·lute [pə'lūt] v tr zagaditi; *to ~ the air* zagaditi vazduh (W: zrak)

pol·lu·tion [pə'lūšən] n 1. zagađenost; *air ~* zagađenost vazduha (W: zraka) 2. zagađenje

Pol·ly·an·na [palij'aenə]; [o] n naivko

po·lo ['poulou] n polo

polo match polo-utakmica

pol·o·naise [poulə'nez] n poloneza

polo neck Br.; see **turtleneck**

po·lo·ni·um [pə'lounijəm] n (chem.) polonijum

Po·lo·nize ['poulənajz] v tr polonizovati

polo shirt polo majica

pol·ter·geist ['poultə(r)gajst] n (German) noćni duh koji lupa

pol·troon [pal'trūn]; [o] n (obsol.) kukavica

pol·y ['palij]; [o] see **polytechnic I, II**

pol·y·an·dry ['palijaendrij]; [o] n poliandrija, mnogomuštvo

pol·y·chro·mat·ic [palijkrou'maetik]; [o] a polihromatski (polikromatski)

pol·y·chrome ['palijkroum]; [o] a see **polychromatic**

pol·y·clin·ic [palij'klinik]; [o] poliklinika

pol·y·con·ic [palij'kanik]; [o]; [o] a polikonusni; *~ projection* polikonusna projekcija

pol·y·es·ter ['palijestə(r)]; [o] n poliester

po·lyg·a·mist [pə'ligəmist] n poligamista

po·lyg·a·mous [~məs] a poligamski

po·lyg·a·my [~mij] n poligamija, mnogoženstvo

pol·y·gen·e·sis [palij'dženəsis]; [o] n poligeneza

pol·y·glot I ['palijglat]; [o]; [o] n poliglot

polyglot II a poliglotski

pol·y·gon ['palijgan]; [o]; [ə] n (math.) poligon; *a convex (regular, star) ~* konveksni (pravilan, zvezdast – zvjezdast) poligon

pol·y·graph ['palijgraef]; [o]; [a] n poligraf (see also **lie detector**)

pol·y·he·dral [palij'hijdrəl]; [o] a (math.) rogljast; *a ~ angle* rogalj

pol·y·he·dron [palij'hijdrən]; [o] n (math.) poliedar

pol·y·math ['palijmaeth]; [o] n učen čovek (čovjek) znalac

pol·y·mer ['paləmə(r)]; [o] n (chem.) polimer

po·lym·er·i·za·tion [pəlimərə'zejšən] n polimerizacija

pol·y·morph ['palijmo(r)f]; [o] n (biol., chem.) višestruki oblik

pol·y·mor·phism [palij'mo(r)fizəm]; [o] n (biol. and chem.) polimorfija, polimorfizam

pol·y·mor·phous [~fəs] a polimorfan

Pol·y·ne·sia [palə'nijžə]; [o] n Polinezija

Pol·y·ne·sian I [~n] n 1. Polinežanin 2. polinežanski jezik

Polynesian II a polinežanski

pol·y·no·mi·al I [palij'noumijəl]; [o] n polinom

polynomial II a polinomni

pol·yp ['palip]; [o] n polip

pol·y·po·dy ['palijpoudij]; [o] n (bot.) oslad

pol·y·pus ['paləpəs]; [o] n see **polyp**

pol·y·se·my ['palijsijmij]; [o] n polisemija

pol·y·sty·rene [pali'stajrən]; [o] n (tech.) polistiren

pol·y·syl·lab·ic [pɑlijsi'laebik]; [o] a mnogosložan, višesložan

pol·y·syl·la·ble [pɑlij'siləbəl]; [o] n višesložna reč (riječ)

pol·y·syn·de·ton [pɑlij'sindətən]; [o] n (ling.) polisindet

pol·y·syn·thet·ic [pɑlijsin'thetik]; [o] a (ling.) polisintetičan

pol·y·tech·nic I [pɑlij'teknik]; [o] n politehnika; politehnička škola

polytechnic II a politehnički

pol·y·the·ism ['pɑlijthijizəm]; [o] n politeizam, mnogoboštvo

pol·y·the·ist [~ist] n politeista, mnogobožac

pol·y·the·is·tic [pɑlijthij'istik]; [o] a politeistički, mnogobožački

pol·y·thene ['pɑlithijn]; [o] n (tech.) politen

pol·y·un·sat·u·rat·ed [pɑlijən'saečərejtid]; [o] a višestruko nezasićen

pol·y·va·lent [pɑlij'vejlənt]; [o] a polivalentan

pol·y·vi·nyl [pɑlij'vajnəl]; [o] n polivinil

pom·ace ['pɑmis] n isitnjeno meso jabuke

po·made I [pe'mejd]; [a] n pomada

pomade II v tr namazati pomadom

pome·gran·ate ['pɑmgraenit]; [o], [ə] n nar

Pom·er·a·ni·a [pɑmə'rejnijə]; [o] n Pomeranija, Pomorje

Pom·er·a·ni·an I [~n] n 1. Pomeranac 2. pomeranski pas

Pomeranian II a pomeranski

pom·mel I ['pəməl], [a] n jabuka, prednje oblučje na sedlu

pommel II v tr premlatiti, isprebijati

pommel horse Br.; see side horse

po·mol·o·gy [pou'mɑlədžij]; [o] n pomologija (nauka o voću)

pomp [pɑmp]; [o] n pompa, spoljašnji sjaj

pom·pa·dour ['pɑmpədo(r)]; [o] n pompadura (frizura)

Pom·pe·ii [pɑm'pej], [o], [ejij] n Pompeja

pom·pom I ['pɑmpɑm]; [o]; [o] n višecevni (više-cijevni) protivavionski (W: protuzračni) top

pompom II see pompon

pom·pon ['pɑmpɑn]; [o]; [o] n kićanka

pom·pos·i·ty [pɑm'pasətij]; [o]; [o] n pompeznost

pom·pous ['pɑmpəs]; [o] a pompezan

ponce [pɑns]; [a] n (Br.; colloq.) 1. see pimp I 2. muškarac koji ima ženske osobine

pon·cho ['pɑnčou]; [o] (-s) n pončo, nepromo-čiva pelerina

pond [pɑnd]; [o] n jezerce, ribnjak

pon·der [~ə(r)] v tr razmisliti (o)

pon·der·ous [~rəs] a težak; nespretan

pon·iard ['pɑnjə(r)d]; [o] n kama, bodež

pon·tiff ['pɑntif]; [o] n 1. papa 2. biskup; episkop

pon·tif·i·cal [pɑn'tifikəl]; [o] a 1. papski; ponti-fikalan 2. biskupski; episkopski

pon·tif·i·cate I [pɑn'tifikit]; [o], [ej] n služba kao biskup, episkop, pontifikat

pontificate II [~kejt] v intr pompezno govoriti

pon·to·nier [pɑntə'nij(r)]; [o] n (mil.) pontonir, stručnjak za izgradnju pontonskih mostova

pon·toon I [pɑn'tūn]; [o] n ponton

pontoon II a pontonski; a ~ bridge pontonski most

po·ny ['pounij] n 1. poni 2. (colloq.) bukvalan prevod (prijevod) (see also crib I 8)

pony express (Am., hist.) prevoz pošte (na americ-kom Zapadu) od stanice do stanice upotrebom konjanika, poni-ekspres

po·ny·tail [~tejl] n kika, konjski rep

pooch [pūč] n (slang) pseto

poo·dle ['pūdl] n pudla

pooh [pū] interj fuj

pooh·pooh [pū-'pū] v tr (colloq.) omalovažavati

pool I [pūl] n 1. bara, lokva; a ~ of blood lokva krvi 2. see swimming pool

pool II n 1. ukupan ulog (svih igrača) (also pot I 4) 2. zajednički, udruženi poduhvat, pul (see also car pool) 3. trust, kartel 4. rezervni fond; zajednički fond 5. bilijarska (W: bi-ljarska) igra 6. vrsta klađenja

pool III v tr udružiti, objediniti

pool·room [~rūm], [u] n bilijarnica (W: biljarnica), soba za bilijar

pools n pl (the ~) (Br.) see pool II 6

pool table bilijarski sto (W: biljarski stol)

poop I [pūp] n (naut.) 1. krma 2. see poop deck

poop II n (slang) informacije

poop III v tr (slang) umoriti; privremeno ones-posobiti

poop deck (naut.) krmena paluba

poor I [pū(r)] n (as a pl) the ~ siromasi

poor II a 1. siromašan 2. jadan, bedan (bijedan); a ~ fellow jadnik 3. oskudan, slab, mršav; a ~ crop slaba berba; ~ food mršava (slaba) hrana 4. loš, slab; ~ health slabo zdravlje; a ~ speaker slab govornik; ~ work loš rad 5. neplodan; ~ soil neplodno zemljište

poor·box [~baks]; [o] n kutija za priloge za si-rotinju

poor·house [~haus] n sirotište

poor law zakon o sirotinji

poor·ly [~lij] adv 1. see poor II 2. loše; ~ dressed loše obučen; to think ~ of smb. biti lošeg mišljenja o nekome; (esp. Br.) to feel ~ ose-ćati (osjećati) se bolesnim

poorly off pred a u bedi (bijedi)

poor relation beznačajna osoba

pop I [pap]; [o] n 1. prasak, pucanj 2. gazirano piće

pop II v 1. tr otvoriti naglo 2. tr staviti (u), uturiti; to ~ smt. into one's mouth staviti nešto u usta 3. tr iskokati; to ~ corn iskokati kukuruz 4. intr pući; the ballon ~ped balon je pukao 5. intr širom se otvoriti; his eyes ~ped iz-buljio je oči 6. intr puckarati 7. misc.; to ~ in neočekivano doći (u goste); *to ~ the question zaprositi; to ~ up pojaviti se

pop III interj and adv puf, bap; to go ~ tresnuti, prasnuti

pop IV n (colloq.) tata (see also dad)

pop art popart

pop·corn [~ko(r)n] n kokice

pope [poup] n papa

pope·dom [~dəm] n see papacy

pop·eyed [~ajd] a buljook

pop·gun [~gən] n pucaljka, igračka-pištolj

pop in v see pop II 7

pop·ish ['poupiš] a (usu. pejor.) papski

pop·lar ['paplə(r)]; [o] n (bot.) topola; black (white) ~ crna (bela — bijela) topola
pop·lin ['paplin]; [o] n puplin, popelin
pop off v (slang) 1. odmagliti 2. umreti (umrijeti)
pop out v 1. see pop II 5 2. pokazati se
pop·pa see papa I
pop·per ['papə(r)]; [o] Br.; see snap I 3
pop·pet valve ['papit]; [o] samohodni ventil
pop·py ['papij]; [o] n mak
pop·py·cock [~kak]; [o] n glupost, koještarija
poppy seed makovo zrno
pop·si·cle [~sikl] n sladoled na štapiću
pop·u·lace ['papjəlis]; [o] n 1. prost narod 2. stanovništvo
pop·u·lar ['papjələ(r)]; [o] a 1. popularan; omiljen; poznat; a ~ actor poznat glumac 2. narodni; a ~ uprising narodni ustanak; a ~ front narodni front
pop·u·lar·i·ty [papjə'laerətij]; [o] n popularnost, omiljenost
pop·u·lar·i·za·tion [papjələri'zejšən]; [o] n popularizacija
pop·u·lar·ize ['papjələrajz]; [o] v tr popularizovati
pop·u·late ['papjəlejt]; [o] v tr naseliti
pop·u·la·tion [papjə'lejšən]; [o] n 1. stanovništvo 2. naseljenost
population density gustina naseljenosti
population explosion demografska eksplozija
pop·u·lism ['papjəlizəm]; [o] n populizam, narodnjaštvo
pop·u·list I [~ist] n populista, narodnjak
populist II a populistički, narodnjački
pop·u·lous [~əs] a gusto naseljen
pop up v see pop II 7
por·ce·lain I ['po(r)s(ə)lin] n porcelan, porculan
porcelain II a porcelanski, porculanski
porch [po(r)č] n veranda, pokrivena terasa (kao deo — dio kuće); trem (trijem)
por·cu·pine ['po(r)kjəpajn] n bodljikavo prase, dikobraz
pore [po(r)] n pora
pore over v pažljivo gledati, čitati
po·rif·er·ous [pə'rifərəs] a s porama, šupljikav
pork [po(r)k] n svinjsko meso, svinjetina
pork barrel [Am., pol., pejor.) dotacije iz federalne državne blagajne za javne radove u rejonu nekog kongresmena, senatora
porn [po(r)n] see pornography
por·no·graph·ic [po(r)nə'graefik] a pornografski
por·nog·ra·phy [po(r)'nagrəfij]; [o] n pornografija
po·ros·i·ty [po'rasətij], [ə]; [o] n poroznost
po·rous ['porəs] a porozan
por·phy·ry ['po(r)fərij[] n (geol.) porfir
por·poise ['po(r)pəs] (pl has zero or -s) n morsko prase
por·ridge ['poridž], [a] n ovsena kaša
port I [po(r)t] n luka; a ~ of call luka pristajanja; a ~ of entry ulazna luka; a free ~ slobodna luka; to clear a ~ isploviti iz luke; a home ~ luka pripadnosti; *any ~ in a storm u nuždi se ne bira
port II a lučki; ~ facilities lučka postrojenja
port III n (naut.) leva (lijeva) strana (broda, aviona)
port IV a leve (lijeve) strane
port V n (or: ~ wine) porto

port VI n (mil.) držanje puške na grudima; ~ arms! puška na grudi!
port·a·ble I [~əbəl] n portabl mašina (W: stroj)
portable II a prenosan, prenosiv; portabl; a ~ typewriter portabl mašina (W: stroj)
port·age [~idž] n nošenje, vuča (čamca, robe) od jednog vodenog puta do drugog
por·tal I [~əl] n 1. portal; vrata 2. (anat.) portna vena
portal II a portni; the ~ vein portna vena
Port Ar·thur ['a(r)thə(r)] Port Artur
port authority lučka uprava
port·cul·lis [po(r)t'kəlis] n teška rešetka koja se spušta pred vratima
Porte [po(r)t] n (hist.) Porta
por·tend [po(r)'tend] v tr nagovestiti (nagovijestiti)
por·tent ['po(r)tent] n nagoveštaj (nagovještaj), predznak, znamenje (also omen)
por·ten·tous [po(r)'tentəs] a 1. zloslutan (also ominous) 2. čudesan
por·ter I ['po(r)tə(r)] n 1. nosač 2. (Br.) vratar (see also doorman)
porter II n crno pivo
por·ter·house [~haus] n (also: ~ steak) (cul.) vrsta bifteka
port·fo·li·o [port'foulijou] n portfelj; a minister without ~ ministar bez portfelja
port·hole [po(r)t-houl] n brodski prozor
por·ti·co ['po(r)tikou] n portik, stubište
por·tion ['po(r)šən] n 1. porcija 2. deo (dio)
portion out v razdeliti (razdijeliti)
Port·land cement ['po(r)tlənd] hidratizovani cement
port·ly ['po(r)tlij] a gojazan, krupan
port·man·teau [po(r)t'maentou] (-s or -x: [z]) n (Br.) torba
portmanteau word (ling.) upakirani morf
Por·to Rico see Puerto Rico
por·trait ['po(r)trit] n portret
por·trait·ist ['po(r)trətist] n portretista
por·trai·ture ['po(r)tričū(r)] n 1. slikanje 2. see portrait
por·tray [po(r)'trej] v tr portretisati
por·tray·al [~əl] n portretisanje
Port Sa·id [sa'ijd] Port Said
Por·tu·gal ['po(r)čəgəl] n Portugalija
Por·tu·guese I ['po(r)čə'gijz], [s] n 1. (pl. has zero) Portugalac 2. portugalski jezik
Portuguese II a portugalski
Portuguese East Africa Portugalska Istočna Afrika (now Mozambique)
Portuguese Guinea Portugalska Gvineja
Portuguese West Africa Portugalska Zapadna Afrika (now Angola)
por·tu·lac·a [po(r)čə'lakə] n (bot.) glistica, prkos
pose I [pouz] n poza, pozitura; držanje tela (tijela); neprirodno držanje; to strike a ~ zauzeti pozu
pose II v 1. tr postaviti; to ~ a question postaviti pitanje 2. intr pozirati; to ~ for (a painter) pozirati (slikaru) 3. izdavati se; he ~s as a Frenchman on se izdaje za Francuza
Po·sei·don [pou'sijdən] n (myth.) Posejdon
pos·er ['pouzə(r)] n onaj koji pozira
po·seur [pou'zoə(r)] n pozer
posh [paš]; [o] a (colloq.) luksuzan, raskošan

pos·it ['pazit]; [o] v tr postaviti
po·si·tion I [pə'zišən] n 1. položaj; pozicija; stav; a dominant ~ dominantan položaj; a kneeling (lying, sitting) ~ klečeći (ležeći, sedeći — sjedjeći) položaj; a straddle ~ raskoračni stav; (mil.) the ~ of attention stav »mirno«; to take a ~ zauzeti stav; from a ~ of strength sa pozicije sile; a firm ~ oštar stav 2. posao, položaj; he found a (good) ~ našao je (dobar) posao 3. (mil.) položaj; to attack (camouflage, hold, occupy) a ~ napasti (maskirati, držati, zauzeti) položaj
position II v tr staviti u položaj (koji treba)
po·si·tion·al [~əl] a pozicioni
position paper izlaganje stava
pos·i·tive I ['pazətiv]; [o] n 1. pozitivno 2. (gram.) pozitiv, prvi stupanj poređenja 3. (photo.) pozitiv
positive II a 1. pozitivan; a ~ charge pozitivno naelektrisanje; a ~ pole pozitivan pol 2. siguran
pos·i·tive·ly [~lij] adv see positive II; sigurno
pos·i·tiv·ism [~izəm] n pozitivizam
pos·i·tiv·ist [~ist] n pozitivista
pos·i·tron ['pazətran]; [o]; [o] n (phys.) pozitron
pos·se ['pasij]; [o] n potera (potjera), odred oružanih ljudi koji pomažu policiji
pos·sess [pə'zes] v tr 1. posedovati (posjedovati) 2. obuzeti; what ~ed him to do it? šta (što) mu bi da to uradi? 3. obljubiti
pos·sessed [~t] a 1. sumanut, besomučan 2. pribran 3. koji poseduje (posjeduje), ima
pos·ses·sion [pə'zešən] n posed (posjed), posedovanje (posjedovanje); to get (come into, take) ~ of smt. dočepati se nečega; *~ is nine tenths of the law bolje je jedno drž nego sto uzmi
pos·ses·sive I [pə'zesiv] n (gram.) 1. posesivni genitiv 2. prisvojni oblik
possessive II a 1. vlasnički, posednički (posjednički) 2. zapovednički (zapovjednički), posesivan; a ~ mother preterano (pretjerano) brižna majka 3. (gram.) prisvojni; a ~ adjective prisvojni pridev (pridjev); a ~ pronoun prisvojna zamenica (zamjenica)
pos·ses·so·ry [pə'zesərij] a posednički (posjednički)
pos·si·bil·i·ty [pasə'bilətij]; [o] n mogućnost; a ~ exists that . . . postoji mogućnost da . . .
pos·si·ble ['pasəbəl]; [o] a 1. mogućan, moguć 2. eventualan 3. izvodljiv
pos·sum ['pasəm]; [o] n see opossum; *to play ~ praviti se da se spava (radi prevare)
post I [poust] n 1. stub, direk; *from pillar to ~ od nemila do nedraga 2. startni uređaj (na trkalištu)
post II v tr 1. prikucati, istaći, prilepiti — prilijepiti (na javnom mestu — mjestu); afиširati; ~ no bills! zabranjeno lepiti (lijepiti) plakate! 2. objaviti, proglasiti; to ~ a reward raspisati nagradu
post III n 1. vojni logor; vojno naselje; garnizon 2. (Br., mil.) večernji trubni znak 3. služba; dužnost 4. stražarsko mesto (mjesto) 5. naselje; a trading ~ trgovačko naselje
post IV a garnizonski; a ~ bakery (laundry) garnizonska pekarnica (perionica)

post V v tr 1. postaviti; to ~ the guard postaviti stražu 2. položiti; to ~ bail položiti jemstvo (W: jamstvo) 3. (esp. Br.) smestiti (smjestiti), stacionirati (see also station II)
post VI n 1. kurir 2. (Br.) pošta
post VII v 1. tr poslati poštom (also mail III) 2. tr obavestiti (obavijestiti); to keep smb. ~ed obaveštavati nekoga 3. tr uknjižiti 4. intr englezirati (jahati izdižući se i spuštajući se u sedlu u ritmu konjskog kasa)
post·age I [~idž] n poštarina
postage II a poštanski; a ~ stamp poštanska marka
post·al ['poustl] a poštanski
postal card poštanska karta, dopisnica
postal order Br., see money order
post·bel·lum [~-beləm] a (Am., hist.) posle (poslije) građanskog rata
post·box Br.; see mailbox
post·card [~ka(r)d] n 1. see postal card 2. razglednica, dopisnica (sa slikom)
post chaise [šez] poštanska kola
post code Br.; see zip code
post·date [~'dejt] v tr staviti kasniji datum (na)
post·den·tal [~'dentl] a (ling.) zazubni
post·di·lu·vi·an [~di'lūvijən] a posle (poslije) potopa
post·doc·tor·al [~'daktərəl]; [o] a posledoktorski (poslijedoktorski); a ~ fellowship posledoktorska stipendija
post·er ['poustə(r)] n plakat; to put up ~s lepiti (lijepiti) plakate
poste res·tante [poust re'stant] (Br.) post restant (na pošti da se podigne) (see also general delivery)
pos·te·ri·or I [pa'stijrijə(r)], [ou]; [o] n zadnjica
posterior II a zadnji, stražnji
pos·ter·i·ty [pa'sterətij]; [o] n potomstvo
post exchange garnizonska prodavnica (W: prodavaonica)
post·free Br.; see postpaid
post·grad·u·ate [poust'graedžūit] see graduate I, II
post·haste [~hejst] adv što brže, veoma brzo
post·hu·mous ['pasčuməs]; [o] a posthuman, posmrtan; a ~ work posmrtno delo (djelo)
po·stiche I [po'stijš] n 1. nešto lažno 2. lažna kosa
postiche II a lažan; veštački (vještački)
post·til·lion [pou'stiljən] n postiljon, kočijaš
post·im·pres·sion·ism [poustim'prešənizəm] n postimpresionizam
post·ing [~iñg] n (esp. Br.) stacioniranje
post·man ['poustmən] (-men [min]) n esp. Br.; see mailman; *between you, me, and the ~ među nama
post·mark [~ma(r)k] n poštanski žig
post·mas·ter [~maestə(r)]; [a] n upravnik pošte
postmaster general (postmasters general) (Am.) ministar poštanskog saobraćaja
post me·rid·i·em [mə'ridijəm] see P. M.
post·mor·tem I [~-'mo(r)təm] n obdukcija, pregled mrtvaca
post-mortem II a obdukcioni; posmrtan
post·nup·tial [~'nəpčəl], [š] a posvadbeni
post office pošta

post-of·fice [~-ofis] *a* poštanski; *a* ~ *employee (window)* poštanski činovnik (šalter)

post-office box poštanski fah

post·op·er·a·tive [~'aparativ]; [*o*] *a* postoperacioni

post·paid [~pejd] *a* and *adv* s plaćenom poštarinom

post·par·tum [~'pa(r)təm] *a* posleporođajni (poslijeporođajni), postnatalni

post·pone [~'poun] *v tr* odgoditi, odložiti; *to* ~ *a trip* odložiti put

post·pone·ment [~mənt] *n* 1. odgoda 2. Br.; see **rain check**

post·po·si·tion [~pə'zišən] *n* (ling.) postpozicija

post·pos·i·tive [~'pazətiv]; [*o*] *a* (ling.) postpozitivan

post·pran·di·al [~'praendijəl] *a* posle (poslije) ručka

post·script [~skript] *n* dodatak pismu, postskriptum

post time početak konjskih trka

pos·tu·lant ['pasčulənt]; [*o*] *n* 1. molilac 2. kandidat (za primanje u sveštenički — svećenički red)

pos·tu·late I ['pasčulit]; [*o*], [*ej*] *n* postulat

postulate II [~ejt] *v tr* postulirati

pos·ture I ['pasčə(r)]; [*o*] *n* 1. stav, stav tela (tijela) 2. stanje 3. duševno raspoloženje

posture II *v intr* zauzeti izveštačen (izvještačen) stav

post·vo·cal·ic [poustvou'kaelik] *a* postvokalski

post·war [~wo(r)] *a* posleratni (poslijeratni)

po·sy ['pouzij] *n* 1. cvet (cvijet) 2. kita cveća (cvijeća)

pot I [pat]; [*o*] *n* 1. lonac, šerpa; kotao 2. see **flowerpot** 3. see **melting pot** 4. ukupan ulog (svih igrača) (also **pool II** 1) 5. (colloq.) rezervni fond 6. (slang) see **marijuana** 7. misc.; **to go to* ~ srljati u propast; **it's the* ~ *calling the kettle black* rugao se bakrač loncu

pot II *v tr* staviti u lonac, saksiju

po·ta·ble ['poutəbəl] *a* pitak

pot·ash ['pataeš]; [*o*] *n* 1. potaša 2. see **potassium carbonate** 3. see **potassium hydroxide**

po·tas·si·um [pə'taesijəm] *n* kalijum

potassium bromide kalijum-bromid

potassium carbonate kalijum-karbonat

potassium chlorate kalijum-hlorat (klorat)

potassium chloride kalijum-hlorid (klorid)

potassium cyanide kalijum-cijanid

potassium hydroxide kalijum-hidroksid

potassium nitrate kalijum-nitrat

potassium sulfate kalijum-sulfat

po·ta·to [pə'tejtou] (*-es*) *n* 1. krompir (W: krumpir); *two* ~*es* dva krompira *to grow* ~*es* gajiti krompir 2. (usu. in *pl*, cul.) krompir; *boiled* ~*es* kuvan (kuhan) krompir: *mashed* ~*es* pire od krompira 3. misc.; **to drop like a hot* ~ otarasiti se odmah

potato chips *pl* čips-krompir (W: krumpir) (see also **crisp I**)

pot·bel·lied [~belijd] *a* s velikim trbuhom; *a* ~ *stove* see **potbelly stove**

pot·bel·ly [~belij] *n* veliki trbuh

potbelly stove mala okrugla peć

pot·boil·er [~bojlə(r)] *n* književno delo (djelo) stvoreno samo radi zarade, šund

po·ten·cy –['poutnsij] *n* potentnost

po·tent ['poutənt] *a* potentan

po·ten·tate ['poutntejt] *n* potentat

po·ten·tial [pou'tenšəl] *n* potencijal; *an economic (military)* ~ privredni (ratni) potencijal

po·ten·ti·al·i·ty [pətenšij'aelətij] *n* potencijalnost

pot·head ['pat-hed]; [*o*] *n* (slang) narkoman

poth·er ['pathə(r)]; [*o*] *n* gužva, metež

pot holder (also: *hot* ~) krpa za prihvatanje (držanje) vrelih sudova

pot·hole ['pat-houl]; [*o*] *n* rupa, ulegnuće

pot·hook [~huk] *n* kuka za vešanje (vješanje) kotla

pot·house [~haus] *n* (Br.) krčma

po·tiche [po'tijš] *n* vrsta ćupa

po·tion ['poušən] *n* napitak; *a love* ~ ljubavni napitak

pot·luck [~lək] *n* šta (što) se nađe za jelo; *to take* ~ jesti šta se nađe

pot party (colloq.) zabava gde (gdje) se puši marihuana

pot·pour·ri [poupū'rij] *n* potpuri

pot roast (cul.) goveđi ribić

pot·shard [~ša(r)d] see **potsherd**

pot·sherd ['patšə(r)d]; [*o*] *n* krhotina

pot shot 1. hitac nasumce 2. lak pogodak

pot·tage ['patidž]; [*o*] *n* gusta čorba

pot·ted ['patid]; [*o*] *a* 1. stavljen u lonac 2. (slang) pijan

pot·ter ['patə(r)]; [*o*] *n* lončar, grnčar

potter's clay lončarska glina, grnčara

potter's field groblje za siromašna, nepoznata lica

potter's wheel lončarski točak

pot·ter·y ['patərij]; [*o*] *n* lončarija, grnčarija; lončarstvo, grnčarstvo

pot·ty I ['patij] *n* (colloq.) nokširić (za dete — dijete)

potty II *a* (colloq., esp. Br.) 1. ćaknut 2. u pripitom stanju 3. beznačajan

pouch [pauč] *n* 1. torba, kesa 2. poštanska torba; *diplomatic* ~ diplomatska pošta; *by diplomatic* ~ diplomatskom poštom

poul·tice ['poultis] *n* kašna obloga

poul·try ['poultrij] *n* živina, perad

pounce [pauns] *v intr* skočiti; *to* ~ *on smb.* skočiti na nekoga

pound I [paund] *n* 1. (weight) funta 2. (monetary unit) funta; *a* ~*'s worth of sugar* za funtu šećera

pound II *v* 1. *tr* tući, udarati; *the sea* ~*s the rocks* more udara o stenje (stijenje); *to* ~ *the table (with one's fist)* tući pesnicom o sto (stol) 2. *tr* tući, bombardovati; *to* ~ *enemy positions* tući neprijateljske položaje 3. *tr* lupati; *to* ~ *a door* lupati na vrata 4. *tr* utuviti; *to* ~ *smt. into smb; head* utuviti nekome nešto u glavu 5. *tr* zabiti; *to* ~ *a stake into the ground* zabiti kolac u zemlju 6. *intr* lupati, burno kucati; *his heart is* ~*ing* srce mu lupa

pound III *n* 1. kafilerija 2. tor za životinje

pound cake američki kolač od jednakih mera (mjera)

pound·ing [~īng] *n* bombardovanje; *to take a* ~ izdržati bombardovanje

pound note funta (novčanica)

pour [po(r)] *v* 1. *tr* sipati; *to* ~ *flour (milk, sand, sugar, wine)* sipati brašno (mleko — mlijeko, pesak — pijesak, šećer, vino); *to ~ into glasses (through a funnel)* sipati u čaše (kroz levak — lijevak) 2. *tr* zasuti 3. *intr* liti, sipati; *it's ~ing* lije kao iz kabla 4. *intr* (also: *to ~ in, to ~ out*) nagrnuti, navaliti; poteći; *they ~ed into the auditorium* nagrnuli su u salu; *the crowd poured in from all sides* svet (svijet) je nagrnuo sa svih strana

pour off *v* odasuti; *pour off a little brandy from his glass* odaspi rakije iz njegove čašice
pour out *v* 1. see pour 4 2. proliti 3. odasuti
pout I [paut] *n* prćenje, pućenje
pout II *v intr* prćiti se, pućiti se, duriti se (also **sulk** II)
pout·er [~ə(r)] *n* golub gušan
pov·er·ty ['pavə(r)tij]; [o] *n* siromaštvo, siromaština
poverty level granica siromaštva, nivo minimalnih primanja (za život)
poverty-stricken *a* veoma siromašan
POW [pijou'dəbljū] abbrev. of **prisoner of war**
POW camp zarobljenički logor
pow·der I ['paudə(r)] *n* 1. prašak, prah; *baking ~* prašak za pecivo; *a headache ~* prašak protiv glavobolje 2. puder; *to put on ~* staviti puder 3. barut; *smokeless ~* bezdimni barut; **to keep one's ~ dry* nalaziti se u borbenoj gotovosti 4. misc.; **to take a ~* uhvatiti maglu
powder II *a* barutni; *a ~ charge* barutno punjenje
powder III *v tr* napuderisati; *she is ~ing her nose* ona se puderiše
pow·dered [~d] *a* u prahu (prašku); *~ milk* mleko (mlijeko) u prahu; *~ soap* sapunski prašak
powder flask barutnica
powder keg bure baruta
powder magazine barutana
powder puff pudrovača, pufna
powder room ženski toalet
pow·der·y [~rij] *a* praškast
pow·er I ['pauə(r)] *n* 1. sila, snaga; *braking ~* kočna sila 2. (pol.) sila; *the great (warring) ~s* velike (zaraćene) sile 3. (mil.) sila; *military (naval) ~* vojna (pomorska) sila 4. struja, električna energija; *to cut off the ~* prekinuti struju 5. energija 6. jačina; moć; *~ of concentration* moć koncentracije; *~ over smb.* moć nad nekim 7. vlast; *in ~* na vlasti; *to take over (assume) ~* preuzeti vlast; *to return to ~* vratiti se na vlast
power II *a* 1. električni; *a ~ drill* električna bušilica; *~a switch* prekidač napajanja 2. motorni; *a ~ mower (saw)* motorna kosačica (testera — W: pila); *~ brakes (steering)* kočnice (upravljački sistem) sa motornim pogonom; *a ~ dive* obrušavanje uz rad motora; *a ~ loss* gubitak snage; *a ~ rating* režim rada motora 3. startni; *a ~ booster* startna raketa
power III *v tr* pokretati
pow·er·boat [~bout] see **motorboat**
power broker uticajna osoba
pow·er·ful [~fəl] *a* snažan, jak; *a ~ engine* jak motor
pow·er·house [~haus] *n* 1. elektrana 2. (colloq.) čovek (čovjek) velikih sposobnosti, veliki radni kapacitet 3. (colloq.) odlična ekipa
pow·er·less [~lis] *a* slab, nemoćan

power line strujni vod
power of attorney punomoćje
power plant elektrana
power politics politika sile
power source izvor energije, snage
power train (on an automobile) prenosni mehanizam
pow·wow I ['pauwau] *n* (Am. Indian and colloq.) 1. svečanost 2. veće (vijeće)
powwow II *v intr* (colloq.) većati (vijećati)
pox [paks]; [o] *n* 1. boginje (see also **chicken pox, smallpox**) 2. see **syphilis**
prac·ti·ca·ble ['praektikəbəl] *a* izvodljiv
prac·ti·cal ['praektikəl] *a* 1. praktičan; *from a ~ point of view* s praktične tačke (W: točke) gledišta 2. misc.; *a ~ joke* šala na tuđ račun
prac·ti·cal·ly [~klij] *adv* 1. praktično 2. skoro
practical nurse medicinska sestra (koja nije završila višu školu za medicinske sestre; cf. **registered nurse**)
prac·tice I ['praektis] *n* 1. običaj, navika, praksa; *in ~* u praksi; *a bad ~* rđav običaj; *to put smt. into ~* primeniti (primijeniti) nešto u praksi 2. vežbanje (vježbanje), vežba (vježba); uvežbanost (uvježbanost); *to be in (out of) ~* biti (ne biti) uvežban; **~ makes perfect* bez muke nema nauke 3. običan postupak 4. vršenje nekog stručnog rada, praksa; *a legal ~* advokatska praksa; *private ~* privatna praksa 5. (legal) sudski postupak 6. (in pl) postupci
practice II *a* školski; *a ~ alert (grenade)* školska uzbuna (ručna bomba); *~ ammunition* školska municija
practice III *v* 1. *tr* uvežbavati (uvježbavati), vežbati (vježbati); *to ~ a song* uvežbavati pesmu (pjesmu) 2. *tr* vršiti, raditi obavljati; *to ~ medicine* vršiti lekarsku — ljekarsku (W: liječničku) praksu; **to ~ what one preaches* raditi što se propoveda (propovijeda) 3. *intr* vežbati se 4. *intr* obavljati neki stručni posao
prac·tise Br. see **practice** I, II
prac·ti·tion·er [praek'tišənə(r)] *n* onaj koji obavlja neki stručni posao; *a general ~* lekar — ljekar (W: liječnik) opšte (opće) prakse
prae·tor ['prejtə(r)] *n* (hist.) pretor
prae·to·ri·an [prej'torijən] *a* pretorski, pretorijanski
prag·mat·ic [praeg'maetik] *a* pragmatičan
prag·mat·ics [~s] *n* pragmatika
prag·ma·tism ['praegmetizəm] *n* pragmatizam
prag·ma·tist [~ist] *n* pragmatista
Prague [prag] *n* Prag
prai·rie ['prejrij] *n* prerija
prairie dog (zool.) prerijski svizac
prairie schooner zaprežna kola američkih pionira
prairie state (Am.) država na zapadnoj preriji
Prairie State see **Illinois**
praise I [prejz] *n* pohvala
praise II *v tr* pohvaliti
praise·wor·thy [~wə(r)thij] *a* dostojan pohvale, pohvalan
pra·line ['prejlijn] *n* pralina
pram [praem] *n* (Br.) kolica (za bebu) (see also **baby carriage**)
prance [praens]; [a] *v intr* 1. propinjati 2. šepuriti se
pran·di·al ['praendijəl] *a* koji se odnosi na obrok

prank [praeŋgk] *n* šega; šala; obest (obijest); *to play a ~ on smb.* napraviti šalu na nečiji račun; *to do smt. as a ~* uraditi nešto iz obesti
prank·ster [~stə(r)] *n* obešenjak (obješenjak)
prate [prejt] *v intr* torokati
prat·fall ['praetfol] *n* 1. pad na zadnjicu 2. (fig.) gruba greška
pra·tique [prae'tijk] *n* (naut.) dozvola za ulaz u luku (po pokazivanju zdravstvenog lista)
prat·tle I ['praetl] *n* brbljanje, torokanje
prattle II *v tr* and *intr* brbljati, torokati
prawn [pron] Br.; see **shrimp** I
pray [prej] *v* 1. *tr* (rare) preklinjati, moliti 2. *intr* moliti se; *to ~ to God* moliti se bogu
pray·er [~ə(r)] *n* 1. molitva; *to say a ~* moliti se 2. molitelj
prayer book molitvenik
pray·er·ful [~fəl] *a* pobožan
prayer meeting molitveni skup
prayer wheel točak molitvenik (kod budista)
pray·ing mantis [~iŋg] bogomoljka
preach [prijč] *v* 1. *tr* propovedati (propovijedati); *to ~ ideas* propovedati ideje 2. *intr* pridikovati
preach·er [~ə(r)] *n* 1. protestantski sveštenik (svećenik) 2. propovednik (propovjednik)
pre·am·ble ['prijaembəl] *n* predgovor
pre·ar·range [prijə'rejndž] *v tr* pripremiti unapred (unaprijed)
pre·bend ['prebənd] *n* prebenda (W also: nadarbina)
preb·en·dar·y ['prebənderij]; [ə] *n* prebendar (W also: nadarbenik)
Pre·cam·bri·an I [prij'kaembrijən] *n* (geol.) (the ~) prekambrijsko doba
Precambrian II *a* (geol.) prekambrijski
pre·car·i·ous [pri'kejrijəs] *a* nesiguran, nepouzdan
pre·cau·tion [pri'košən] *n* mera (mjera) predostrožnosti; obazrivost; predostrožnost; *to take ~s* preduzeti mere predostrožnosti
pre·cau·tion·ar·y [~erij]; [ə] *a* obazriv
pre·cede [pri'sijd] *v tr* prethoditi; *to ~ smt.* prethoditi nečemu
prec·ed·ence ['presədəns] *n* prvenstvo, preimućstvo, prednost; *to take ~ over smt.* imati prednost, nad (pred) nečim
prec·e·dent [~ənt] *n* presedan; *without ~* bez presedana
prec·e·den·tial [presə'denšəl] *a* koji ima prednost
pre·ced·ing [pri'sijdiŋg] *a* prethodan
pre·cept ['prijsept] *n* pravilo; pouka
pre·cep·tor ['prij'septə(r)] *n* nastavnik
pre·ces·sion [pri'sešən] *n* (phys., astro.) precesija
pre·cinct ['prijsiŋgkt] *n* 1. policijski okrug 2. policijska stanica 3. (in *pl*) oblast
pre·ci·os·i·ty [prešij'ašitij]; [o] *n* afektiranost
pre·cious I ['prešəs] *a* 1. dragocen (dragocjen); drag; *a ~ stone* dragi kamen 2. drag, mio
precious II *adv* (colloq.) veoma; *~ little* veoma malo
precious metals plemenite kovine
prec·i·pice ['presəpis] *n* 1. litica; strmen 2. (fig.) propast
pre·cip·i·tant [pri'sipətənt] *a* 1. prenagljen 2. nagao
pre·cip·i·tate I [pri'sipətit]. [ej] *n* (chem.) talog
precipitate II *a* prenagljen

precipitate III [~tejt] *v tr* 1. strmoglaviti, stropoštati 2. prenagliti (s); ubrzati; *to ~ a crisis* ubrzati krizu
pre·cip·i·ta·tion [prisipə'tejšən] *n* 1. stropoštavanje 2. (meteor.) padavine, oborine
pre·cip·i·tous [pri'sipətəs] *a* strmoglav
pré·cis ['prej'sij] (précis ['prej'sijz]) *n* rezime, sažet pregled
pre·cise [pri'sajs] *a* precizan; *~ data* precizni podaci
pre·cise·ness [~nis] *n* preciznost
pre·ci·sion I [pri'sižən] *n* preciznost
precision II *a* precizan; *~ mechanics* precizna mehanika; *~ work* precizan rad
precision-made *a* precizno izrađen
pre·clude [pri'klūd] *v tr* 1. isključiti; *to ~ an opportunity* isključiti mogućnost 2. sprečiti (spriječiti)
pre·co·cious [pri'koušəs] *a* prerano sazreo, razvijen
pre·co·cious·ness [~nis] *n* see **precocity**
pre·coc·i·ty [pri'kasətij]; [o] *n* prerana sazrelost razvijenost
pre·con·ceive [prijkən'sijv] *v tr* zamisliti unapred (unaprijed)
pre·con·cep·tion [prijkən'sepšən] *n* 1. unapred (unaprijed) stvoreno mišljenje 2. predrasuda
pre·con·di·tion [prijkən'dišən] *n* preduslov (W also: preduvjet) *a ~ for negotiations* preduslov za pregovore
pre·con·so·nan·tal [prijkansə'naentəl]; [o] *a* ispred suglasnika
pre·cook *v tr* unapred skuvati (unaprijed skuhati)
pre·cur·sor [prij'kə(r)sə(r)]) *n* prethodnik
pre·cur·so·ry [~rij] *a* prethodan
pre·date ['prijdejt] *v tr* see **antedate**
pred·a·tor ['predətə(r)] *n* 1. krvoločna zver (zvijer); grabljivica 2. pljačkaš
pred·a·to·ry [~torij]; [ə] *a* 1. pljačkaški 2. grabljiv
pred·e·ces·sor ['predəsesə(r)] *n* prethodnik
pre·des·ti·nate [prij'destənejt] *v tr* predodrediti, predopredeliti (predopredijeliti)
pre·des·ti·na·tion [prijdestə'nejšən] *n* predodređenje, predestinacija
pre·des·tine [prij'destin] *v tr* predodrediti, predestinirati
pre·de·ter·mine [prijdi'tə'(r)min] *v tr* predodrediti
pred·i·ca·ble I ['predikəbəl] *n* atribut
predicable II *a* iskaziv, izricljiv
pre·dic·a·ment *n* 1. [pri'dikəmənt] nezgoda, neprilika 2. ['predikəmənt] (logic) kategorija
pred·i·cate I ['predikit] *n* predikat, prirok; *a verbal ~* glagolski predikat
predicate II *a* predikativan, predikatski, predikatni, priročki; *a ~ adjective* predikativan pridev (pridjev); *a ~ nominative* imenski predikat
predicate III [~kejt] *v tr* zasnovati; *~ed on* zasnovan na
pred·i·ca·tion [predi'kejšən] *n* zasnivanje
pred·i·ca·tive ['predikitiv] *n* predikatska reč (riječ)
pre·dict [pri'dikt] *v tr* and *intr* proreći, predskazati
pre·dict·a·ble [~əbəl] *a* predvidiv, koji se može proreći

pre·dic·tion [∼kšən] *n* proricanje, predskazanje; *to make a* ∼ izneti (iznijeti) prognozu, proreći budućnost

pre·di·lec·tion [predə'lekšən] *n* naklonost, ljubav

pre·dis·pose [prijdis'pouz] *v tr* predisponirati, unapred (unaprijed) raspoložiti

pre·dis·posed [∼d] predisponiran

pre·dis·po·si·tion [prijdispə'zišən] *n* naklonjenost; *a* ∼ *to smt.* naklonjenost nečemu

pre·dom·i·nance [pri'damənəns]; [o] *n* predominacija, predominantnost, preovlađivanje, nadmoć, prevlast

pre·dom·i·nant [∼nənt] *a* predominantan, nadmoćan, pretežan

pre·dom·i·nate [∼nejt] *v intr* predominirati, preovlađivati

pre·dom·i·na·tion [pridamə'nejšən]; [o] *n* predominacija

pre·em·i·nence [prij'emənəns] *n* istaknutost, nadmoćnost

pre·em·i·nent [∼ənt] *a* istaknut, nadmoćan

pre·empt [prij'əmpt] *v tr* 1. steći preče pravo kupovine (nečega) 2. prisvojiti

pre·emp·tion [∼pšən] *n* 1. preče pravo kupovine 2. prisvojenje

pre·emp·tive [prij'emptiv] *a* preventivan; (mil.) *a* ∼ *strike* preventivan udar

preen [prijn] *v* 1. *tr* doterati (dotjerati); udesiti 2. *intr* doterati se; udesiti se

pre·fab ['prijfaeb] *n* (colloq.) prefabrikat

pre·fab·ri·cate [prij'faebrikejt] *v tr* prefabrikovati

pre·fab·ri·ca·tion [prijfaebri'kejšən] *n* prefabrikovanje

pref·ace I ['prefis] *n* predgovor; uvod

preface II *v tr* 1. započeti 2. snabdeti (snabdjeti) predgovorom, uvodom

pref·a·to·ry ['prefətorij]; [ə] *a* uvodni

pre·fect ['prijfekt] *n* prefekt

pre·fec·ture [∼kčə(r)] *n* prefektura

pre·fer [pri'fə(r)] *v tr* 1. više voleti (voljeti) pretpostaviti; *he* ∼*s coffee to tea* on više voli kafu (kavu) nego čaj; *to* ∼ *work to recreation* pretpostaviti rad zabavi; *he* ∼*s to read rather than to watch television* on više voli da čita nego da gleda televiziju; *he* ∼*s to stay (staying) at home* on će radije ostati kod kuće 2. misc.; *to* ∼ *charges against smb.* podići optužbu protiv nekoga

pref·er·a·ble ['prefərəbəl] *a* bolji; ∼ *to* bolji od

pref·er·ence ['prefərəns] *n* 1. prednost, prvenstvo; prioritet; *to give* ∼ *to smt.* dati prednost (prioritet) nečemu 2. ono što se više voli 3. preferencija

preference stock Br.; see **preferred stock**

pref·er·en·tial [prefə'renšəl] *a* 1. koji ima prednost, prioritetni; ∼ *treatment* protekcija 2. povlašćen, preferencijalan

pre·ferred [pri'fə(r)d] *a* prioritetan, preferencijalan; ∼ *stock* prioritetne deonice (dionice)

pre·fig·ure [prij'figjə(r)] *v tr* predočiti

pre·fix I ['prijfiks] *n* prefiks, predmetak

prefix II (also: prij'fiks) *v tr* prefiksirati, stopiti s početkom reči (riječi)

pre·fix·a·tion [prijfik'sojšən *n* prefiksacija

pre·flight ['prijflajt] *a* pretpoletni; *a* ∼ *check* pretpoletni pregled; ∼ *training* obuka pre (prije) letenja

pre-game ['prij-gejm] *a* (sports) ∼ *ticket sale* pretprodaja ulaznica

preg·nan·cy ['pregnənsij] *n* 1. trudnoća, bremenitost 2. skotnost; steonost

pregnancy test test za utvrđivanje trudnoće

preg·nant [∼ənt] *a* 1. trudna, bremenita, u drugom stanju 2. skotna; steona

pre-heat *v tr* unapred zagrejati (unaprijed zagrijati)

pre·his·tor·ic [prijhis'torik] *a* preistorijski (prethistorijski)

pre·his·to·ry [prij'histərij] *n* preistorija (prethistorija)

pre·ig·ni·tion [prijig'nišən] *n* pretpaljenje, samopaljenje

pre·judge [prij'džədž] *v tr* unapred (unaprijed) suditi (o)

prej·u·dice I ['predžədis] *n* 1. predrasuda 2. šteta, uštrb; *to the* ∼ *of smt.* na uštrb nečega; ∼ *against smb.* predrasuda prema nekome

prejudice II *v tr* 1. stvoriti predrasudu (kod); prejudicirati 2. oštetiti

prejudiced *a* koji ima predrasude

prej·u·di·cial [predžə'dišəl] *a* štetan, škodljiv

prel·a·cy ['preləsij] *n* prelatura, prelatstvo

prel·ate ['prelit] *n* prelat

pre·lim·i·nar·y I [pri'limənərij]; [ə] *n* 1. priprema 2. prethodni ispit 3. prethodna utakmica, predtakmičenje

preliminary II *a* prethodni

pre·lude ['prijlūd] or ['prejlūd] *n* preludij

pre·mar·i·tal [prij'maerətəl] *a* predbračni

pre·ma·ture [prijmə'ču(r)], [t], [tj] *a* prevremen (prijevremen), preran

pre·med I [prij'med] *n* (colloq.) student koji se sprema da studira medicinu

premed II *a* see **premedical**

pre·med·i·cal [prij'medikəl] *a* koji se sprema da studira medicinu; *a* ∼ *student* see **premed I**

pre·med·i·tate [prij'medətejt] *v tr* unapred (unaprijed) smisliti

pre·med·i·ta·ted [∼id] *a* s predumišljajem; ∼ *murder* ubistvo (W: ubojstvo) s predumišljajem

pre·med·i·ta·tion [prijmedə'tejšən] *n* predumišljaj, umišljaj

pre·mier I [pri'mij(r)]; ['premjə(r)] *n* premijer

premier II *a* glavni, prvi

pre·mière [pri'mij(r)]; ['premjej(r)] *n* premijera

prem·ise ['premis] *n* 1. premisa 2. (in *pl*) prostorije

pre·mi·um ['prijmijəm] *n* premija; *at a* ∼ iznad nominalne vrednosti (vrijednosti); *to pay an insurance* ∼ plaćati premiju osiguranja

premium bond (Br.) premijska obveznica

pre·mo·ni·tion [prijmə'nišən], [e] *n* predosećanje (predosjećanje)

pre·na·tal [prij'nejtəl] *a* pre (prije) rođenja, antenatalni

pre·oc·cu·pa·tion [prijakjə'pejšən]; [o] *n* zaokupljenost

pre·oc·cu·pied [prij'akjəpajd]; [o] *a* zaokupljen

pre·oc·cu·py [prij'akjəpaj]; [o] *v tr* zaokupiti, obuzeti

pre·or·dain [prijo(r)'dejn] *v tr* predodrediti
prep I [prep] *n* see **preparatory school**
prep II *a* (colloq.) see **preparatory**
prep III see **prepare**
pre·pack·age [prij'paekidž] *v tr* unapred (unaprijed) pakovati
prep·a·ra·tion [prepə'rejšən] *n* 1. priprema; *to make ~s for* izvršiti pripreme za 2. preparat; *a cosmetic ~* kozmetički preparat
pre·par·a·to·ry [pri'pejrətorij]; [ə] *a* pripremni
preparatory school privatna srednja škola
pre·pare [pri'pej(r)] *v* 1. *tr* spremiti, pripremiti; *to ~ dinner* spremiti ručak 2. *intr* spremiti se; *to ~ for a trip* spremiti se za put
pre·par·ed·ness [pri'pejridnis] *n* pripravnost
pre·pay [prij'pej] *v tr* unapred (unaprijed) platiti
pre·pon·der·ance [pri'pəndərəns]; [o] *n* nadmoć
pre·pon·der·ant [~ənt] *a* nadmoćan
pre·pon·der·ate [~ejt] *v intr* biti nadmoćan, predominirati
prep·o·si·tion [prepə'zišən] *n* (gram.) predlog (prijedlog)
prep·o·si·tion·al [~əl] *a* predložni (prijedložni); *a ~ phrase* predložna konstrukcija
pre·pos·i·tive I [prij'pazətiv]; [o] *n* (gram.) prepozitiv
prepositive II *a* prepozitivan
pre·pos·sess [prijpə'zes] *v tr* zaokupiti, obuzeti
pre·pos·sess·ing [~iñg] *a* impozantan; privlačan
pre·pos·ses·sion [prijpə'zešən] *n* 1. zaokupljenost, obuzetost 2. predrasuda
pre·pos·ter·ous [pri'pastərəs]; [o] *a* besmislen, apsurdan
prep school see **preparatory school**
pre·puce ['prijpjūs] *n* udna navlaka (also **foreskin**)
pre·req·ui·site I [prij'rekwəzit] *n* preduslov (W also: preduvjet)
prerequisite II *a* potreban
pre·re·vo·lu·tion·ar·y [prij-revə'lūšənerij]; [*nr*] *a* predrevolucionarni
pre·rog·a·tive [pri'ragətiv]; [o] *n* prerogativ, prerogativa
pres·age I ['presidž] *n* see **omen**
pre·sage II [pri'sejdž] *v tr* nagovestiti (nagovijestiti)
pres·by·o·pi·a [prezbij'oupijə], [s] *n* (med.) dalekovidost
pres·by·ter ['presbətə(r)], [z] *n* prezviter
Pres·by·te·ri·an I [presbə'tijrijən], [z] *n* prezviterijanac
Presbyterian II *a* prezviterijanski
pres·by·ter·y ['presbətərij], [z]; [ə] *n* prezviterstvo
pre·school ['prijskūl] *a* predškolski; *~ training* predškolsko vaspitanje
pre·sci·ence ['prijšijəns], [e] *n* znanje unapred (unaprijed)
pre·scribe [pri'skrajb] *v tr and intr* 1. propisati, naložiti; *regulations ~ that ...* propisi nalažu da ... 2. prepisati, propisati; *to ~ a remedy* prepisati lek (lijek)
pre·script ['prijskript] *n* propis
pre·scrip·tion [pri'skripšən] *n* 1. recept, lek (lijek), nalog o spravljanju leka; *to fill a ~* spraviti lek 2. propis
prescription charge (usu. in *pl)* (Br.) plata za lek (lijek)

pre·scrip·tive [pri'skriptiv] *a* koji propisuje; preskriptivni; *~ grammar* preskriptivna gramatika
pre·season *a* predsezonski
pres·ence ['prezəns] *n* prisustvo
presence of mind prisustvo duha
pres·ent I ['prezənt] *n* 1. sadašnjica, sadašnjost; *at ~* sada 2. (gram.) sadašnje vreme (vrijeme), prezent
present II *a* 1. sadašnji 2. (gram.) prezentski, sadašnji
present III *n* poklon; *to receive as a ~* dobiti kao poklon (also **gift** 1)
pre·sent IV [pri'zent] *v tr* 1. predstaviti; *to ~ smb.* predstaviti nekoga 2. podneti (podnijeti); izneti (iznijeti); *to ~ a petition* podneti molbu; *to ~ proof* izneti dokaze; *to ~ a proposal* izneti predlog 3. izvesti; *to ~ a ballet* izvesti balet 4. prijaviti; *to ~ oneself for an examination* prijaviti se za ispit 4. pokloniti 5. misc.; (mil.) *~ arms!* svečani pozdrav!
present V [pri'zent] *n* (Br.; mil.) *at the ~* u (položaju) svečani pozdrav
pre·sent·a·ble [pri'zentəbəl] *a* u stanju da se može pokazati
pres·en·ta·tion [prezən'tejšən], [*ij*] *n* 1. predstavljanje 2. izvođenje 3. debi, prvi javni nastup 4. (comm.) prezentacija; *~ of a note* prezentacija menice (mjenice)
pre·sent·a·tive [pri'zentətiv] *a* (phil.) neposredno predstavljiv
pres·ent·day [~-dej] *a* današnji, sadašnji
pres·ent·er [pri'zentə(r)] Br.; see **anchorman** 3
pre·sen·ti·ment [pri'zentəmənt] see **premonition**
pres·ent·ly ['prezəntlij] *adv* 1. sada 2. odmah; uskoro
pre·sent·ment [pri'zentmənt] *n* predstavljanje
present participle (gram.) particip prezenta, glagolski pridev (pridjev) sadašnji
present perfect (gram.) prezentski perfekat
present tense (gram.) sadašnje vreme (vrijeme, prezent
pres·er·va·tion [prezə(r)'vejšən] *n* čuvanje
pre·serv·a·tive [pri'zə(r)vətiv] *n* zaštitno sredstvo
pre·serve I ['prijzə(r)v] or [pri'zə(r)v] *n* 1. branjevina, zabran 2. see **preserves**
preserve II [pri'zə(r)v] *v tr* sačuvati
pre·serves [~z] *n pl* slatko; *cherry (strawberry) ~* slatko od trešanja (jagoda)
pre·side [pri'zajd] *v intr* predsedavati (predsjedavati); *to ~ over a meeting* predsedavati sednici (sjednici)
pres·i·den·cy ['prezədensij], [ə] *n* predsedništvo (predsjedništvo)
pres·i·dent [~ent], [ə] *n* 1. predsednik (predsjednik); *the ~ of a country* predsednik zemlje 2. generalni direktor; *the ~ of a firm* generalni direktor preduzeća (W: poduzeća) 3. rektor; *the ~ of a university* rektor univerziteta (W: sveučilišta)
pres·i·den·tial [prezə'denšəl] *a* predsednički (predsjednički)
pre·sid·i·um [pri'sidijəm] *n* prezidijum
pre·soak [prij'souk] *n* pretpranje
press I [pres] *n* 1. presa; *a hydraulic (printing) ~* hidraulična (štamparska) presa 2. štampa;

freedom (power) of the ~ sloboda (moć) štampe; **to have a good* ~ biti povoljno ocenjen (ocijenjen) u štampi 3. tiska, gužva 4. hitnost, prešnost 5. (weightlifting) izvlačenje (W also: potisak) 6. (sports, esp. basketball) presing 7. (of a university) izdavačka kuća

press II *v.* 1. *tr* pritisnuti; *to* ~ *a button* pritisnuti (na) dugme 2. *tr* ispeglati; *to* ~ *a suit* ispeglati odelo (odijelo) 3. *tr* stisnuti, sabiti, stegnuti 4. *tr* navaliti (na), pritesniti (pritijesniti); *to* ~ *an opponent* navaliti na protivnika; *to be* ~*ed from all sides* biti pritešnjen sa svih strana; *to* ~ *smb. to do smt.* navaliti na nekoga da uradi nešto 5. *tr* mobilisati; *to* ~ *into service* nasilno mobilisati 6. *tr* muljati; *to* ~ *grapes* muljati grožđe 7. *tr* (weightlifting) izvući 8. *intr* pritisnuti; *to* ~ *on smt.* pritisnuti na nešto 9. *intr* probijati se; *to* ~ *forward* probijati se napred (naprijed) 10. misc.; *to* ~ *an attack home* dovesti napad do kraja; *to be* ~*ed for time* jedva imati kad; *to be* ~*ed for money* biti u novčanoj krizi

press agency novinska agencija
press agent šef propagande
press box novinarsko odeljenje (odjeljenje)
press bureau presbiro
press conference konferencija za štampu; *to hold a* ~ održati konferenciju za štampu
press·er [~ə(r)] *n* pegler
press gallery see **press section**
press·gang [~gaeŋg] *n* (hist.) odred za nasilno uzimanje u mornaricu
press·ing [~iŋg] *a* hitan
press·man [~mən] (*-men* [min]) *n* 1. štampar 2. (Br.) dopisnik
press·mark [~mar(r)k] *n* indeks, broj knjige
press operator presar, radnik na presi
press release objava (za štampu)
press·room [~rūm], [*u*] *n* odeljenje (odjeljenje) štamparskih mašina, štamparija
press secretary sekretar za štampu
press section novinarska loža
press stud Br.; see **snap** I 3
press time zaključenje lista; *by* ~ do zaključenja lista
press·up Br.; see **push-up**
pres·sure I ['prešə(r)] *n* pritisak (W also: tlak); *atmospheric* ~ atmosferski pritisak; *blood (oil)* ~ pritisak krvi (ulja); *to exert* ~ *on smb.* vršiti pritisak na nekoga; *under* ~ pod pritiskom; *cabin* ~ pritisak u kabini; *tire* ~ pritisak u gumama; *to ease* ~ stišati pritisak
pressure II *v tr* (colloq.) vršiti pritisak (na)
pressure cooker ekspres (hermetički) lonac
pressure gauge manometar
pressure group grupa koja vrši pritisak na zakonodavce
pressure suit visinski kompenzirajući kostim
pres·sur·ize [~rajz] *v tr* staviti pod pritisak, hermetizovati
pres·ti·dig·i·ta·tion [prestədidži'tejšən] *n* opsenarstvo (opsjenarstvo)
pres·ti·dig·i·ta·tor [prestə'didžitejtə(r)] *n* opsenar (opsjenar)
pres·tige [pre'stijž], [*dž*] *n* prestiž, ugled
pres·tig·ious [pre'stidžəs], [*ij*] *a* ugledan
pres·to ['prestou] *adv* odmah

pre·sum·a·ble [pri'zūməbəl]; [*zj*] *a* verovatan (vjerovatan)
pre·sume [pri'zūm]; [*zj*] *v* 1. *tr* pretpostaviti; *to* ~ *smb. (to be) innocent* pretpostaviti da je neko (netko) nevin (see also **assume** 2) 2. *tr* osmeliti (osmjeliti) se; *he* ~*d to speak for all* osmelio se da govori u ime svih 3. *intr* previše se osloniti; *to* ~ *on (upon) smt.* previše se osloniti na nešto
pre·sump·tion [pri'zəmpšən] *n* 1. bezobrazluk, drskost 2. pretpostavljanje, pretpostavka; prezumpcija; *a* ~ *of guilt* prezumpcija vinosti
pre·sump·tive [pri'səmptiv] *a* 1. koji se pretpostavlja 2. unapred (unaprijed) označen; *an heir* ~ naslednik (nasljednik) kome se može osporiti pravo nasleđa (nasljeđa)
pre·sump·tu·ous [pri'zəmpčūəs] *a* drzak, arogantan
pre·sup·pose [prijsə'pouz] *v tr* unapred (unaprijed) pretpostaviti
pre·tence Br.; see **pretense**
pre·tend [pri'tend] *v tr and intr* pretvarati se, praviti se; *she* ~*s not to notice it* ona se pravi da to ne primećuje (primjećuje); *to* ~ *to be deaf* praviti se gluv (gluh)
pre·tend·er [~ə(r)] *n* pretendent
pre·tense ['prijtens], [pri'tens] *n* 1. varka, zavaravanje 2. pretenzija 3. izgovor; pretvaranje; *false* ~*s* lažni izgovor; *a* ~ *at democracy* prividna demokratija (demokracija)
pre·ten·sion [pri'tenšən] *n* 1. izgovor (also **pretext**) 2. pretenzija; polaganje prava
pre·ten·tious [pri'tenšəs] *a* uobražen, pretenciozan, visokoparan
pret·er·it I pret·er·ite ['pretərit] *n* (gram.) prošlo vreme (vrijeme)
preterit II *a* (gram.) prošli
pre·test ['prijtest] *n* prethodan ispit
pre·text ['prijtekst] *n* izgovor, pretekst; *on a* ~ pod izgovorom
pret·ti·ness ['pritijnis] *n* prijatan izgled
pret·ty I ['pritij] *a* lepuškast (ljepuškast); **it will cost a* ~ *penny* skupo će stajati
pretty II *adv* (colloq.) prilično; ~ *good* prilično dobar; ~ *near* gotovo; ~ *much the same* otprilike isto; **he is sitting* ~ njemu je sve dobro
pretty up *v* (colloq.) ulepšati (uljepšati)
pret·zel ['pretsəl] *n* pereca
pre·vail [pri'vejl] *v intr* 1. preovlađivati 2. nadjačati; *to* ~ *over smt.* nadjačati nešto 3. nagovoriti; *to* ~ *on smb.* nagovoriti nekoga
pre·vail·ing [~iŋg] *a* pretežan, preovlađujući; ~ *westerlies* preovlađujući zapadni vetrovi (vjetrovi)
prev·a·lent ['prevələnt] *a* see **prevailing**
pre·var·i·cate [pri'vaerəkejt] *v intr* izbegavati (izbjegavati) istinu, vrdati
pre·vent [pri'vent] *v tr* sprečiti (spriječiti); *what's* ~ *ing you from studying?* šta (što) te sprečava da učiš?
pre·ven·tion [~nšən] *n* sprečavanje; *the* ~ *of contagious diseases* sprečavanje zaraznih bolesti; *crime* ~ sprečavanje kriminaliteta
pre·ven·tive [~ntiv] *a* preventivan; ~ *measures* preventivna sredstva; ~ *medicine* preventivna medicina; *a* ~ *war* preventivni rat; ~ *maintenance* preventivno održavanje

pre·view I ['prijvjū] *n* 1. prethodan pregled; pretpremijera (filma) 2. (in *pl*) odlomci iz filmova koji dolaze
preview II *v tr* prethodno pregledati
pre·vi·ous ['prijvijəs] *a* prethodan; *a* ~ *illness* prethodna bolest; *a* ~ *conviction* osuđivanost
pre·vue see **preview I, II**
pre·war ['prijwo(r)] *a* predratni
prey [prej] *n* 1. plen (plijen); *a beast of* ~ grabljivica, krvožedna zver (zvijer) 2. žrtva; *to fall* ~ *to smb.* pasti kao nečija žrtva
prey on *v* 1. hvatati; *to prey on mice* hvatati miševe 2. pljačkati; *to prey on the elderly* pljačkati starce
price I [prajs] *n* cena (cijena); *fixed (free, high, low, reduced)* ~*s* administrativne (slobodne, visoke, niske, spuštene) cene; *to fix (lower, raise)* ~*s* odrediti (sniziti, podići) cene; *at any* ~ po svaku cenu; *at half* ~ u pola cene; (fig.) *there was a* ~ *on his head* glava mu je bila ucenjena (ucijenjena)
price II *v tr* 1. odrediti cenu — cijenu (za nešto); **to* ~ *out of the market* previše podići cenu 2. pitati za cenu (nečega)
price control kontrola cena (cijena)
price·less [~lis] *a* neprocenljiv (neprocjenljiv)
price list cenovnik (cjenovnik)
price supports subvencije poljoprivrednicima
price tag 1. cedulja na kojoj je označena cena (cijena) robe 2. (fig.) cena
prick I [prik] *n* 1. ubod 2. žaoka, griža 3. (vul.) penis
prick II *v* 1. *tr* nabosti, ubosti; *she* ~*ed herself on a needle* nabola se na iglu 2. *tr* (vul.) obljubiti 3. *intr* brideti (bridjeti) 4. misc.; *to* ~ *up one's ears* načuljiti uši
prick·le I ['prikəl] *n* 1. briđenje, peckanje 2. bodlja
prickle II *v intr* brideti (bridjeti), peckati
prickly heat see **miliaria**
pride I [prajd] *n* 1. ponos, gordost 2. čopor (lavova)
pride II *v refl* biti ponosan; *to* ~ *oneself on smt.* biti ponosan na nešto
priest [prijst] *n* sveštenik (svećenik); pop
priest·ess [~is] *n* sveštenica (svećenica)
priest·hood [~hud] *n* svešteništvo (svećeništvo)
priest·ly [~lij] *a* sveštenički (svećenički)
prig [prig] *n* 1. cepidlaka (cjepidlaka) 2. (Br., slang) lopov
prig·gish [~iš] *a* cepidlački (cjepidlački)
prim [prim] *a* afektiran; ukočen; preterano (pretjerano) uredan
pri·ma·cy ['prajməsij] *n* 1. prvenstvo 2. (rel.) primaštvo
pri·ma fa·cie ['prajmə 'fejšə] (Latin) na prvi pogled; ~ *evidence* dokaz dovoljan za verodostojnost (vjerodostojnost)
pri·mal ['prajməl] *a* prvobitan
pri·ma·ry I ['prajmərij], [e] *n* 1. glavna stvar 2. (Am., pol.) stranački izbori (kandidata za opšte — opće izbore)
primary II *a* 1. prvobitan 2. osnovni; (gram.) ~ *tenses* osnovna vremena 3. primaran, osnovni; *a* ~ *electron* primarni elektron
primary care osnovna zdravstvena zaštita
primary cell galvanski element
primary color primarna boja

primary education osnovno obrazovanje
primary health care osnovna zdravstvena zaštita
primary prevention (med.) primarna prevencija
primary rate (econ.) primarna stopa
primary school osnovna škola
pri·mate ['prajmejt] *n* 1. sisar najvišeg reda, primat 2. (also: ['prajmit]) nadbiskup; arhiepiskop
prime I [prajm] *n* 1. zora, osvit 2. jek, cvet (cvijet); *to be in one's* ~ biti u jeku (snage)
prime II *a* 1. najbolji (Am., cul.) ~ *meat* meso prve kategorije (cf. **choice II** 2, **standard II** 3) 2. prvi, osnovni, glavni, najvažniji; *a* ~ *factor* glavni činilac; *of* ~ *importance* od osnovne važnosti
prime III *v tr* 1. spremiti 2. puniti, paliti (oružje) 3. grundirati (bojom)
prime cost cena (cijena) koštanja
prime meridian početni meridijan
prime minister premijer (also **premier 1**)
prime mover 1. prvi pokretač 2. (mil.) vučno vozilo
prime number prost broj
prim·er I ['prijmə(r)] *n* bukvar, početnica, abecedar
primer II *n* 1. kapisla, fitilj 2. osnovni premaz
prime time (TV) udarno vreme (vrijeme)
pri·me·val [praj'mijvəl] *a* prastar
pri·mip·a·ra [praj'mipərə] (-*s* or -*ae* [ij]) *n* prvorotkinja
prim·i·tive I ['primətiv] *n* 1. primitivac 2. (art) primitivac, slikar naivac
primitive II *a* primitivan
prim·i·tive·ness [~nis] *n* primitivnost
prim·i·tiv·ism [~izəm] *n* primitivizam
pri·mo·gen·i·tor [prajmou'dženətə(r)] *n* praroditelj, praotac
pri·mo·gen·i·ture [prajmou'dženəču(r)] *n* 1. prvorodstvo 2. (or: *the right of* ~) pravo prvorodstva
pri·mor·di·al [praj'mo(r)dijəl] *a* 1. prvobitan 2. osnovni
primp [primp] *v refl* and *intr* doterati (dotjerati) se
prim·rose ['primrouz] *n* (bot.) jagorčevina, jaglika
primrose path put naslade, staza zadovoljstva i uživanja
pri·mum mo·bi·le ['prajməm 'moubəlij] (Latin) prvi pokretač
prince [prins] *n* 1. knez; princ 2. vladar, gospodar
prince consort (*princess consort*) (Br.) (*the* ~) naslov muža engleske kraljice
prince·dom [~dəm] *n* kneževstvo
Prince Edward Island ['edwə(r)d] Ostrvo (W: Otok) princa Edvarda (u Kanadi)
prince·ling [~liñg] *n* kneščić
prince·ly [~lij] *a* kneževski
prince regent knez namesnik (namjesnik)
prin·cess ['prinsis] *n* kneginja; princeza
prin·ci·pal I ['prinsəpəl] *n* 1. upravitelj (osnovne škole) 2. direktor; *a high-school* ~ direktor gimnazije 3. glavnica; *interest on a* ~ interes na glavnicu; ~ *and interest* glavnica i kamata (interes) 4. glavna greda
principal II *a* glavni
prin·ci·pal·i·ty [prinsə'paelətij] *n* kneževina; kneževstvo
principal parts *pl* (of a verb) oblici glagola

prin·ci·ple ['prinsəpəl] *n* princip, načelo; *a man of* ~ čovek (čovjek) od principa; *in* ~ u principu (iz principa); *to lay down (establish) a* ~ postaviti načelo; *basic* ~*s* osnovni principi; *to apply a* ~ primeniti (primijeniti) princip
prin·ci·pled [~d] *a* principijelan
print I [print] *n* 1. otisak; trag 2. štampa; prodaja; *the book is still in* ~ knjiga je još u prodaji; *the edition is out of* ~ izdanje je iscrpljeno 3. šara 4. (photo.) otisak, pozitivna slika
print II *v* 1. *tr* naštampati; *to* ~ *a book* naštampati knjigu 2. *tr* (photo.) napraviti otisak (od) 3. *tr* napisati štampanim slovima 4. *intr* štampati 5. *intr* pisati štampanim slovima
print·a·ble [~əbəl] *a* koji se može štampati
print·ed circuit [~id] (elec.) štampano kolo
printed matter štampana stvar
printed papers Br.; see **printed matter**
print·er [~ə(r)] *n* 1. štampar 2. (C.) štampač
printer's devil štamparski šegrt
print·ing [~iñg] *n* 1. štampanje 2. ono što je štampano 3. štampana slova
printing office štamparija; *a government* ~ državna štamparija
printing press štamparska mašina (W also: štamparski stroj)
printing shop štamparska radionica
print out *v* (computers) odštampati, ispisati
print·out [~-aut] *n* (computers) odštampani znakovi (izlaznog uređaja)
pri·or I ['prajə(r)] *n* (rel.) iguman
prior II *a* raniji
pri·or·ess [~ris] *n* igumanija
pri·or·i·ty [praj'orətij], [a] *n* prioritet, prednost; *to give* ~ *to smt.* dati prioritet nečemu; *to have* ~ *over smt.* imati prioritet nad nečim; *to establish* ~*ties* odrediti red hitnosti
prior restraint (legal) sudska zabrana objavljivanja materijala koje bi moglo da utiče na tok suđenja
prior to *prep* do, pre (prije)
prise [prajz] Br.; see **pry II** 1
prism ['prizəm] *n* prizma
pris·mat·ic [priz'maetik] *a* prizmatičan
pris·moid ['prizmojd] *n* prizmoid
pris·on I ['prizən] *n* zatvor, tamnica; *to put (throw) into* ~ staviti (baciti) u zatvor; *a maximum-security* ~ zatvor najviše bezbednosti (bezbjednosti)
prison II *a* zatvorski; *a* ~ *cell* zatvorska ćelija; *a* ~ *guard* zatvorski čuvar (stražar)
prison break see **break I** 8
pris·on·er [ə(r)] 1. zatvorenik *a* ~ *of conscience* politički zatvorenik 2. zarobljenik; *to take* ~ zarobiti (see also **prisoner of war**)
prisoner of war ratni zarobljenik
pris·on·er-of-war *a* zarobljenički; *a* ~ *camp* zarobljenički logor (also **POW camp**)
pris·sy ['prisij] *a* cepidlački (cjepidlački), sitničarski
pris·tine ['pri'stijn] *a* prastari
pri·va·cy ['prajvəsij]; [i] *n* 1. osamljenost; odvojenost 2. tajnost
pri·vate I ['prajvit] *n* 1. (mil.) redov, borac 2. (in *pl)* genitalije

private II *a* 1. privatan; *a* ~ *detective (investigator)* privatni detektiv; ~ *practice* privatna praksa; ~ *property* privatna svojina; *a* ~ *school* privatna škola 2. tajni; *to keep* ~ držati u tajnosti 3. misc.; ~ *parts* genitalije
pri·va·teer I [prajvə'tij(r)] *n* gusar
privateer II *v intr* gusariti
private eye (colloq.) privatni detektiv
private first class razvodnik (see also **lance corporal** 2)
private enterprise privatna inicijativa, kapitalizam
pri·va·tion [praj'vejšən] *n* oskudica
pri·vet ['privit] *n* (bot.) kalina, mečkovac
priv·i·lege ['privəlidž] *n* 1. privilegija 2. poverljivost (povjerljivost); *medical* ~ lekarska — ljekarska (W: liječnička) tajna
priv·i·leged [~d] *a* 1. privilegovan 2. poverljiv (povjerljiv); *a* ~ *communication* poverljiva objava
priv·i·ty ['privətij] *n* poverljivost (povjerljivost)
priv·y I ['privij] *n* 1. zahod; poljski klozet 2. (legal) učesnik
privy II *a* 1. posvećen; ~ *to smt.* posvećen u nešto 2. privatan 3. (obsol.) tajni; *a* ~ *councillor* tajni savetnik (savjetnik) 4. državni; *a* ~ *council* državni savet (savjet); *a* ~ *seal* državni pečat
privy purse (Br.) svota doznačena kralju, kraljici
prize I [prajz] *n* nagrada; *to award a* ~ dodeliti (dodijeliti) nagradu; *to receive a* ~ *for smt.* dobiti nagradu za nešto
prize II *a* 1. nagradni; ~ *money* nagradni fond 2. prizovski
prize III *v tr* visoko ceniti (cijeniti)
prize IV *n* (naut.) zaplenjeni (zaplijenjeni) brod, priza
prize V Br.; see **pry II** 2
prize court prizovski sud
prize crew prizovska posada
prize fight profesionalna borba u boksu
prize ring boksersko (W: boksačko) borilište, ring
prize-win·ning [~winiñg] *a* nagrađen
pro I [prou] *n* razlog za (cf. **con I**)
pro II 1. *adv* za (cf. **con II**) 2. (prefix) pro-
pro III *n* (colloq.) see **professional I**
prob·a·bi·lism ['prabəbəlizəm]; [o] *n* (phil.) probabilizam
prob·a·bil·i·ty [prabə'bilətij]; [o] *n* verovatnoća (vjerovatnoća); *there's a twenty percent* ~ *of rain* ima dvadeset procenata verovatnoće da padne kiša
prob·a·ble ['prabəbəl]; [o] *a* verovatan (vjerovatan)
probable cause (legal) osnovanost optužbe
prob·a·bly [~blij] *adv* verovatno (vjerovatno)
pro·bate I ['proubejt] *n* potvrda testamenta; *to apply for* ~ tražiti potvrdu testamenta; *to grant* ~ potvrditi punovažnost testamenta
probate II *v tr* (legal) potvrditi (punovažnost testamenta)
probate court sud za zaostavštine i nasleđa (nasljeđa)
pro·ba·tion [prou'bejšən] *n* 1. probni rad 2. (legal) uslovno oslobođenje
pro·ba·tion·er [~ə(r)] *n* 1. pripravnik 2. zatvorenik uslovno (W also: uvjetno) pušten na slobodu

probation officer referent koji nadzire bivše zatvorenike (na uslovnoj slobodi)
probe I [proub] *n* 1. ispitivanje, istraživanje 2. sonda; sondaža 3. istraga; *to conduct a ~* voditi istragu
probe II *v* 1. *tr* ispitivati; sondirati; ispipavati; *to ~ public opinion* sondirati javno mnenje; *to ~ a situation* ispipati situaciju 2. *intr* ispipavati; tražiti; *to ~ for weak spots* tražiti slaba mesta (mjesta)
pro·bi·ty ['proubətij] *n* poštenost, ispravnost
prob·lem I ['prabləm]; [o] *n* problem; *to solve (state) a ~* rešiti — riješiti (postaviti) problem
problem II *a* koji izaziva probleme; *a ~ child* nedisciplinovano dete (dijete)
prob·lem·a·tic [prablə'maetik]; [o] *a* problematičan
prob·lem·at·i·cal [~əl] see **problematic**
pro·bos·cid·i·an [proubas'idijən]; [o] *n* surlaš
pro·bos·cis [prou'basis]; [o] (*-es* or *-ides* [ədijz]) *n* 1. surla 2. rilo 3. nos
pro·ce·dur·al [prə'sijdžərəl] *a* proceduralan
pro·ce·dure [prə'sijdžə(r)] *n* procedura, postupak; *an emergency ~* postupak u slučaju nužde
pro·ceed [prə'sijd], [ou] *v intr* 1. postupiti 2. produžiti 3. povesti parnicu; *to ~ against smb.* povesti parnicu protiv nekoga 4. (often mil.) uputiti se, ići
pro·ceed·ing [~iñg] *n* 1. postupak 2. (legal, in *pl*) postupak; *legal ~s* zakonski postupak; *to start ~s against smb.* pokrenuti postupak protiv nekoga 3. (in *pl*) protokol, zapisnik
pro·ceeds ['prousijdz] *n pl* prinos
proc·ess I ['prases], [ou] (*-es* [iz], [ij]) *n* 1. proces, tok razvitka 2. način, postupak 3. tok; *in ~* u toku 4. (biol.) izraštaj
process II *v tr* 1. obraditi; preraditi; *to ~ data (metal)* obraditi podatke (metal); *to ~ leather* preraditi kožu 2. pozvati na sud
pro·cess·ing [~iñg] *n* obrada
processing department (in a library) služba obrade knjiga
pro·ces·sion [prə'sešən] *n* povorka; *a funeral ~* pogrebna povorka; *to march in a ~* ići u povorci
pro·ces·sor [~ə(r)] *n* (C.) procesor
pro-choice *a* koji se zalaže za legalizaciju prekida trudnoće
pro·claim [prou'klejm] *v tr* proglasiti; *he ~ed himself emperor* on se proglasio carem
proc·la·ma·tion [praklə'mejšən]; [o] *n* proglas
pro·clit·ic I [prou'klitik] *n* proklitika
pro·clitic II *a* proklitički
pro·cliv·i·ty [prou'klivətij] *n* sklonost
pro·con·sul [prou'kansəl]; [o] *n* prokonzul
pro·cras·ti·nate [prou'kraestənejt], [ə] *v intr* odugovlačiti, oklevati (oklijevati)
pro·cras·ti·na·tion [proukraestə'nejšən], [ə] *n* odugovlačenje, oklevanje (oklijevanje)
pro·cras·ti·na·tor [prou'kraestənejtə(r)], [ə] *n* oklevalo (oklijevalo)
pro·cre·ate ['proukrijejt] *v tr* 1. roditi 2. stvoriti
pro·cre·a·tion [proukrij'ejšən] *n* 1. rađanje 2. stvaranje
pro·crus·te·an [prou'krəstijən] *a* Prokrustov; **a ~ bed* Prokrustova postelja (proizvoljan kalup)

proc·tor I ['praktə(r)]; [o] *n* 1. nadglednik (u školi) 2. (Br.; at Oxford, Cambridge universities) činovnik koji pazi na red
proctor II *v tr* nadgledati; *to ~ an exam*; nadgledati (nadzirati) učenike (studente) koji polažu ispit
pro·cu·ra·tor ['prakjərejtə(r)]; [o] *n* prokurator
pro·cure [prou'kjū(r)], [ə] *v tr* 1. nabaviti 2. podvesti; *to ~ a woman* podvesti ženu
pro·cur·er [~rə(r)] *n* podvodnik
prod I [prad]; [o] *n* 1. štap, šipka za teranje (tjeranje) (see also **goad I** 1, **cattle prod**) 2. podsticaj
prod II *v tr* podstaći
prod·i·gal I ['pradigəl]; [o] *n* rasipnik
prodigal II *a* rasipan; **the ~ son* izgubljeni sin
prod·i·gal·i·ty [pradi'gaelətij]; [o] *n* rasipnost
pro·di·gious [prə'didžəs] *a* 1. ogroman, gorostasan 2. čudesan
prod·i·gy ['pradədžij]; [o] *n* čudo; *a child ~* čudo od deteta
pro·duce I ['pradūs], [ou]; ['prodjūs] *n* (coll.) poljoprivredni proizvodi
pro·duce II [prə'dūs]; [dj] *v tr* 1. proizvesti; *to ~ automobiles* proizvesti automobile 2. pokazati; *to ~ one's passport* pokazati pasoš 3. izvesti; producirati; *to ~ a film* producirati film 4. navesti; *to ~ a witness* navesti svedoka (svjedoka)
pro·duc·er [~ə(r)] *n* proizvođač 2. producent; *a film ~* producent filmova
pro·duct ['pradəkt]; [o] *n* 1. proizvod, produkt 2. (math.) proizvod
pro·duc·tion [prə'dəkšən], [ou] *n* proizvodnja, produkcija; *domestic ~* domaća proizvodnja; *lead (match, steel) ~* proizvodnja olova (šibica, čelika); *means of ~* sredstva za proizvodnju; *film ~* produkcija filmova
production cost cena (cijena) proizvodnje
production line see **assembly line**
pro·duc·tive [~ktiv] *a* produktivan
pro·duc·tiv·i·ty [proudək'tivətij], [a]; [o] *n* produktivnost
prof [praf]; [o] colloq.; see **professor**
prof·a·na·tion [prafə'nejšən]; [o] *n* profanacija, oskvrnuće, obesvećenje
pro·fane I [prou'fejn], [ə] *a* profan
profane II *v tr* profanisati, obesvetiti
pro·fan·i·ty [prou'faenətij], [ə] *n* vulgarne reči (riječi), psovke
pro·fess [prə'fes], [ou] *v tr* 1. izjaviti 2. ispovedati (ispovijedati); *to ~ a religion* ispovedati veru (vjeru)
pro·fes·sion [prə'fešən] *n* profesija
pro·fes·sion·al I [~əl] *n* profesionalac
professional II *a* 1. profesionalan; *a ~ secret* profesionalna tajna 2. stručni; *advanced ~ training* stručno usavršavanje
pro·fes·sion·al·ism [~izəm] *n* profesionalizam
pro·fes·sion·al·ize [~ajz] *v tr* profesionalizovati
pro·fes·sor [prə'fesə(r)] *n* profesor univerziteta (W: sveučilišta); *a full ~* redovni (W: redoviti profesor) (see also **assistant professor**, **associate professor**)
pro·fes·so·ri·al [prafe'sorijəl]; [o] *a* profesorski
pro·fes·sor·ship [~šip] *n* profesura
prof·fer I ['prafə(r)]; [o] *n* ponuda

proffer II *v tr* ponuditi
pro·fi·cien·cy [prə'fišənsij] *n* vičnost
proficiency test test inventara
pro·fi·cient [prə'fišənt] *a* vičan, vešt (vješt); ~
at (in) smt. vešt u nečemu
pro·file I ['proufajl] *n* profil, izgled sa strane
profile II *v tr* nacrtati u profilu
prof·it ['prafit]; [o] *n* 1. dobit, dobitak, profit;
zarada; unos; *to make a ~ from smt.* dobiti
na nečemu; *a net ~* čista dobit; *~ and loss*
dobitak i gubitak; *to realize (make) a ~* o-
stvariti dobit 2. korist
profit II *v* 1. *tr* koristiti 2. *intr* profitirati, izvući
profit
prof·it·a·bil·i·ty [~ə'bilətij] *n* rentabilnost
prof·it·a·ble [~əbəl] *a* unosan, rentabilan; *a ~
venture* unosan posao
profit and loss dobitak i gubitak
prof·i·teer I [prafə'tij(r)]; [o] *n* profiter; *a war ~*
ratni profiter
profiteer II *v intr* biti profiter
profit margin marža razlike između troškova
proizvodnje i prodajne cene (cijene)
profit sharing deljenje (dijeljenje) dobiti
prof·li·ga·cy ['prafligəsij]; [o] *n* 1. raskalašnost
2. rasipnost
prof·li·gate I ['prafligit]; [o], [ej] *n* 1. raskalašnik
2. rasipnik
profligate II *a* 1. raskalašan 2. rasipan
pro for·ma ['fo(r)mə] (Latin) forme radi
pro·found [prə'faund], [ou] *a* dubok; *~ knowledge*
duboko znanje; *~ respect* duboko poštovanje
pro·fun·di·ty [prə'fendətij] *n* dubina
pro·fu·sion [prə'fjūžən], [ou] *n* 1. obilje 2. raskoš;
rasipnost
prog [prag]; [o] (Br.) see **proctor I** 2
pro·gen·i·tor [prou'dženətə(r)] *n* 1. predak 2. pra-
otac
prog·e·ny ['pradžənij]; [o] *n* potomstvo
pro·ges·ter·one [prou'džestəroun] *n* progesteron
prog·no·sis [prag'nousis]; [o] *n* prognoza
prog·nos·tic I [prag'nastik]; [o]; [o] *n* 1. predznak
2. simptom
prognostic II *a* prognostički; *a ~ test* prognostički
test
prog·nos·ti·cate [~kejt] *v tr* prognozirati, prog-
nosticirati
pro·gram I ['prougraem], [ə] *n* 1. program; pret-
hodni plan; *to carry out a ~* izvršiti program 2.
emisija; *a children's ~* emisija za decu (djecu) 3.
program, popis tačaka (W: točaka) koje se iz-
vode; *the first number on a ~* prva tačka pro-
grama; *to be on a ~* biti na programu 4. (na-
stavni) program, nastavni predmeti; *a physics
~ program* iz fizike 5. (C.) program; *to boot up
(debug, load, run, write) a ~* startovati (očistiti
od grešaka, napuniti, izvršiti, napisati) program
6. misc.; *a TV ~ (in a newspaper)* TV dodatak (u
novinama)
program II *v tr* 1. uneti (unijeti) u program 2. (C.)
programirati; *~ed learning* programirano učenje
pro·gramme Br.; see **program I, II**
pro·gram·mer [~ə(r)] *n* (C.) programer
program music programska muzika
prog·ress I ['pragres]; [ou] [ə] *n* napredak, progres;
to make ~ postići napredak

pro·gress II [prə'gres] *v intr* napredovati
pro·gres·sion [prə'grešən] *n* progresija; red; *an
arithmetic (geometric) ~* aritmetička (geo-
metrijska) progresija
pro·gres·sive I [prə'gresiv] *n* naprednjak
progressive II *a* napredan, progresivan; *~ ideas*
napredne ideje; *a ~ movement (politician,
spirit)* napredan pokret (političar, duh)
pro·hib·it [prou'hibit] *v tr* zabraniti
pro·hi·bi·tion [prouə'bišən] *n* 1. zabrana 2. pro-
hibicija, zabrana proizvodnje i prodavanja
alkoholnih pića; *to repeal ~* ukinuti prohibiciju
pro·hi·bi·tion·ist [~ist] *n* prohibicionista
Prohibition Party (Am., pol.) stranka prohibi-
cionista
pro·hib·i·tive [prou'hibətiv] *a* 1. koji zabranjuje
2. preterano (pretjerano) visok (o cenama —
cijenama)
proj·ect I ['pradžikt]; [o] *n* 1. projekat; *to carry
out (complete) a ~* ostvariti projekat 2. naselje
pro·ject II [prə'džekt] *v* 1. *tr* baciti 2. *tr* projekci-
rati, projicirati; *to ~ in one's imagination* pro-
jicirati u mašti; *to ~ one's thoughts* projek-
cirati svoje misli 3. *tr* projicirati, preneti —
prenijeti (na platno); *to ~ a film (slides)* pro-
jicirati film (slajdove) 4. *intr* strčati, biti is-
turen
pro·jec·tile [prə'džektil]; [aj] *n* projektil; *to fire a
~* lansirati projektil
pro·jec·tion [prə'džekšən] *n* projekcija; *a computer
~* kompjuterska projekcija
pro·jec·tion·ist [~ist] *n* filmski operator
projection room sala za projekciju
projection rule (ling.) projekciono pravilo
pro·jec·tive [prədžektiv] *a* projektivni; *~ geometry*
projektivna geometrija; *a ~ test* projektivni
test
pro·jec·tor [prə'džektə(r)] *n* projektor, projekcioni
aparat; *a slide ~* projektor za slajdove
pro·lapse I ['prou'laeps] *n* (med.) ispadanje, pro-
laps
prolapse II [prou'laeps] *v intr* (med.) ispasti
pro·lep·sis [prou'lepsis] *n* (rhetoric) prolepsa
pro·le·tar·i·an I [proulə'tejrijən] *n* proleter
proletarian II *a* proleterski
pro·le·tar·i·an·ize [~ijənajz] *v tr* proletarizovati
pro·le·tar·i·at [proulə'taerijət] *n* proletarijat
pro·life *a* koji se protivi legalizaciji pobačaja,
prekida trudnoće
pro·lifer *n* protivnik legalizacije pobačaja
pro·lif·er·ate [prou'lifərejt] *v* 1. *tr* razmnožiti
2. *intr* množiti se
pro·lif·er·a·tion [proulifə'rejšən] *n* razmnožavanje
pro·lif·er·ous [prou'lifərəs] *a* koji se množi
pro·lif·ic [prou'lifik] *a* plodan; *a ~ writer* plodan
pisac
pro·lix ['prou'liks] *a* dugačak, razvučen
pro·logue ['proulog], [a] *n* prolog
pro·long [prou'lōng] *v tr* produžiti
pro·lon·ga·tion [prəlon'gejšən] *n* produženje
pro·lu·sion [prou'lūžən] *n* predigra
prom [pram]; [o] *n* bal; *a senior ~* maturantski
bal
prom·e·nade I [pramə'nejd]; [o] *n* 1. šetanje, šetnja
2. šetalište, korzo
promenade II *v intr* prošetati se

promenade deck paluba za šetnju
Pro·me·the·an [prə'mijthijən] a prometejski
pro·me·thi·um [prə'mijthijəm] n (phys.) prometijum
prom·i·nence ['prɑmənəns]; [o] n istaknutost, prominentnost
prom·i·nent [~ənt] a istaknut, prominentan
prom·is·cu·i·ty [prɑmi'skjūətij]; [o] n promiskuitet, slobodni polni (W: spolni) odnos između više osoba
pro·mis·cu·ous [prə'miskjūəs] a slobodan (u polnim — W: spolnim odnosima), bludan
prom·ise I ['prɑmis]; [o] n obećanje; to keep (make) a ~ održati (dati) obećanje
promise II v tr and intr obećati; to ~ smt. to smb. obećati nešto nekome; he ~d to bring the book obećao je da će doneti (donijeti) knjigu
Promised Land (the ~) obećana zemlja
prom·is·ing [~iñg] a od kojeg se mnogo očekuje
prom·is·so·ry ['prɑmisɔrij]; [o]; [ə] a koji obećava
promissory note vlastita menica (mjenica); priznanica (kojom se priznaje dug) (see also IOU)
prom·on·to·ry ['prɑməntɔrij]; [o]; [ə] n 1. rt 2. (anat.) ispupčenje
pro·mote [prə'mout] v tr 1. unaprediti; to ~ an officer to the rank of colonel unaprediti oficira u čin pukovnika; to ~ to associate professor unaprediti u vanrednog profesora; (in school) to be ~ed preći u viši razred 2. potpomoći 3. reklamirati; to ~ a new product reklamirati nov proizvod (also push II 4)
pro·mo·ter [~ə(r)] n organizator; pokretač
pro·mo·tion [prə'moušən] n 1. unapređenje 2. reklamiranje, (ekonomska) propaganda 3. (in school) prelaz (u viši razred)
prompt I [prɑmpt]; [o] a 1. brz; a ~ answer brz odgovor; ~ assistance brza pomoć 2. akuratan 3. (C.) (as noun) poruka o spremnosti
prompt II v tr 1. izazvati; podstaći 2. došapnuti, suflirati; to ~ smb. došapnuti (suflirati) nekome
prompt box Br.; see prompter's box
prompt·er [~ə(r)] n sufler
prompter's box suflernica
promp·ti·tude [~titūd]; [ij] n brzina
prompt·ness [~nis] n brzina
pro·mul·gate ['proumǝlgejt] v tr objaviti
pro·mul·ga·tion [proumǝl'gejšǝn] n objava, promulgacija
pro·na·tion [prou'nejšǝn] n uvrtanje šake, stavljanje dlana nadole
pro·na·tor ['prounejtǝ(r)] a (anat.) uvrtač (mišić)
prone [proun] a 1. ležeći (ničice); in a ~ position u ležećem stavu 2. sklon; he is not ~ to giving compliments ne leži mu da daje komplimente
prong [prɑñg]; [o] n krak, šiljak
pro·nom·i·nal [prou'nɑmǝnǝl]; [o] a zamenički (zamjenički), pronominalan
pro·noun ['prounaun] n zamenica (zamjenica); a demonstrative (interrogative, personal, possessive) ~ pokazna (upitna, lična, prisvojna) zamenica
pro·nounce [prǝ'nauns] v 1. tr and intr izgovoriti; he ~s English well on dobro izgovara engleski 2. tr izreći; to ~ sentence izreći kaznu
pro·nounce·a·ble [~ǝbǝl] a izgovorljiv
pro·nounced [~t] a 1. izgovoren 2. jako izražen

pro·nounce·ment [prǝ'naunsmǝnt] n izjava
pron·to ['prɑntou]; [o] adv (slang) odmah
pro·nun·cia·mien·to [prounǝnsijǝ'mentou] n (Spanish; pejor.) dekret, naredba
pro·nun·ci·a·tion [prǝnǝnsij'ejšǝn] n izgovor; to have a good ~ imati dobar izgovor
proof I [prūf] n 1. dokaz; ~ of guilt dokaz o krivici 2. otisak; korektura; to read ~ čitati korekturu (see galley proof, page proof) 3. stepen jačine (alkoholnih pića) 4. misc.; *the ~ of the pudding is in the eating roba se sama hvali
proof II a neprobojan (see bulletproof, fireproof, waterproof)
proof III see proofread
proof·read [~rijd]; -read [red] v 1. tr ispraviti 2. intr čitati korekturu
proof·read·er [~ǝ(r)] n korektor; ~'s marks korektorski znaci
proof·read·ing [~iñg] n 1. čitanje korekture 2. korektorski posao
proof sheet strana korekture
prop I [prɑp]; [o] n potpora
prop II v tr (also: to ~ up) podupreti (poduprijeti)
prop III n (theater) pribor; stage ~s stvari potrebne za izvođenje komada
prop·a·gan·da I [prɑpǝ'gaendǝ]; [o] n propaganda; political ~ politička propaganda
propaganda II a propagandni; a ~ film propagandni film
prop·a·gan·dist [~ist] n propagator
prop·a·gan·dis·tic [prɑpǝgaen'distik]; [o] a propagandni
prop·a·gan·dize [prɑpǝ'gaendajz]; [o] v tr propagirati
prop·a·gate ['prɑpǝgejt]; [o] v 1. tr razmnožiti, rasploditi 2. tr odgajiti 3. tr propagirati 4. intr množiti se, ploditi se
prop·a·ga·tion [prɑpǝ'gejšǝn]; [o] n 1. razmnožavanje 2. širenje
pro·pane ['proupejn] n propan
pro·pel [prǝ'pel] v tr pokrenuti
pro·pel·lant I [~ǝnt] n (raketno) gorivo; liquid (solid) ~ tečno (tvrdo) raketno gorivo
propellant II a pokretački
pro·pel·lor, pro·pel·ler [~ǝ(r)] n elisa, propeler; to feather a ~ staviti elisu na jedrenje
pro·pene ['proupijn] see propylene
pro·pen·si·ty [prǝ'pensitij] n sklonost; a ~ for (to) smt. naklonost nečemu
prop·er I ['prɑpǝ(r)]; [o] a 1. podesan, pogodan, umestan (umjestan), pristojan; ~ behavior pristojno ponašanje 2. pravi; everything in its ~ place svaka stvar na svom pravom mestu (mjestu) 3. (math.) pravi 4. (postposed) uži; Serbia ~ uža Srbija 5. osoban
proper II adv (colloq.) good and ~ onako kako treba
proper fraction pravi razlomak
proper name osobno ime
proper noun osobna imenica
prop·er·tied [~tijd] a imućan
prop·er·ty I ['prɑpǝ(r)tij]; [o] 1. svojina; imovina; imetak; common (government, personal, private, public) ~ zajednička (državna, lična, privatna,

društvena) svojina 2. osobina 3. (usu. in *pl)* see **prop** III

property II *a* imovinski; ~ *damage* imovinska šteta

property man (theater) rekviziter

proph·e·cy ['prafəsij]; [*o*] *n* proročanstvo; *the* ~ *came true* proročanstvo se obistinilo; *to make a* ~ proreći budućnost

proph·e·sy ['prafəsaj]; [*o*] *v tr* proreći

proph·et ['prafit]; [*o*] *n* prorok

proph·et·ess [~*is*]; [*e*] *n* proročica

pro·phet·ic [prə'fetik] *a* proročki

pro·phy·lac·tic I [proufə'laektik], [*a*]; [*o*] *n* profilaktičko sredstvo; kondom

prophylactic II *a* profilaktičan, profilaktički

pro·phy·lax·is [~ksis] *n* profilaksa

pro·pin·qui·ty [prou'piŋkwətij] *n* bliskost

pro·pi·ti·ate [prou'pišijejt] *v tr* pomiriti

pro·pi·tious [prə'pišəs] *a* povoljan; ~ *circumstances* povoljne prilike

prop-jet *n* elisno-mlazni avion

pro·po·nent [prə'pounənt] *n* pobornik, pristalica (W: pristaša)

pro·por·tion I [prə'po(r)šən] *n* proporcija; razmera (razmjera); *a direct (inverse)* ~ direktna (obrnuta) proporcija; *in* ~ *to* u razmeri s; *out of* ~ nesrazmerno (nesrazmjerno)

proportion II *v tr* načiniti skladno, simetrično

pro·por·tion·al [~əl] *a* proporcijalan, srazmeran (srazmjeran)

pro·por·tion·ate [~it] *a* proporcionalan, srazmeran (srazmjeran); *the pay is* ~ *to the effort expended* plata je srazmerna zalaganju

pro·po·sal [prə'pouzəl] *n* 1. predlog; *to make (present) a* ~ izneti (iznijeti) predlog; *concrete* ~*s* konkretni predlozi 2. predlog za udaju, prosidba

pro·pose [prə'pouz] *v* 1. *tr* predložiti; *to* ~ *smt. to smb.* predložiti nešto nekome; *they* ~*d that the committee meet* predložili su da se odbor sastane; *to* ~ *a toast to smb.* podići čašu u nečije zdravlje 2. *tr* ponuditi 3. *intr* zaprositi (devojku — djevojku); *to* ~ *to a girl* zaprositi devojku

prop·o·si·tion I [prapə'zišən]; [*o*] *n* predlog, propozicija

proposition II *v tr* (colloq., pejor.) predložiti

pro·pound [prə'paund] *v tr* predložiti

pro·pri·e·tar·y [prə'prajəterij]; [*ə*] *a* 1. privatan 2. vlasnički

pro·pri·e·tor [~tə(r)] *n* vlasnik, sopstvenik, gazda

pro·pri·e·ty [prə'prajətij] *n* 1. prikladnost, podesnost 2. pristojno ponašanje

pro·pul·sion [prə'pəlšən] *n* pogon, propulzija; *jet* ~ mlazni pogon

prop up *v* see **prop** II

pro·pyl·ene ['proupəlin] *n* (chem.) propilen

pro ra·ta ['rejtə] (Latin) proporcijalno

pro·rate ['prourejt] *v tr* proporcionalno podeliti (podijeliti)

pro·ro·ga·tion [prourou'gejšən] *n* raspust (skupštine)

pro·rogue [prou'roug] *v tr* raspustiti (skupštinu)

pro·sa·ic [prou'zejik] *a* 1. prozni 2. prozaičan

pro·sce·ni·um [prou'sijnijəm] (-*nia* [nijə]) *n* prednji deo (dio) pozornice

pro·scribe [prou'skrajb] *v tr* zabraniti

pro·scrip·tion [prou'skripšən] *n* zabrana

prose I [prouz] *n* proza; *to write* ~ pisati u prozi

prose II *a* prozni

pros·e·cute ['prasəkjūt]; [*o*] *v* 1. *tr* obaviti 2. *tr and intr* (legal) goniti; *to* ~ *criminals* goniti učinioce krivičnih dela (djela)

prosecuting attorney javni tužilac

pros·e·cu·tion [prasə'kjūšən]; [*o*] *n* (legal) gonjenje; *criminal* ~ krivično gonjenje; *to conduct the* ~ zastupati optužnicu; *subject to* ~ kažnjiv

pros·e·cu·tor ['prasəkjūtə(r)]; [*o*] *n* (legal) tužilac, javni tužilac

pros·e·lyte ['prasəlajt]; [*o*] *n* prozelit

pros·e·lyt·ism ['prasələtizəm]; [*o*] *n* prozelitizam

pros·e·lyt·ize [~tajz] *v tr and intr* obratiti (u veru — vjeru, stranku)

pro·sem·i·nar [prou'seməna(r)] *n* proseminar

pro·sod·ic [prou'sadik]; [*o*] *a* prozodijski

pros·o·dist ['prasədist]; [*o*] *n* prozodista

pros·o·dy ['prasədij]; [*o*] *n* prozodija

pros·pect I ['praspekt]; [*o*] *n* 1. izgled; *good* ~*s* dobri izgledi; *his* ~*s are poor* njegovi izgledi su slabi; ~*s for improvement* izgledi za poboljšanje 2. kandidat (koji ima dobar izgled na uspeh — uspjeh) 3. mogući klijent

prospect II *v* 1. *tr* istraživati (tle) 2. *intr* tražiti; *to* ~ *for gold* tražiti zlato

pro·spec·tive [prə'spektiv] *a* mogući, potencijalan, eventualan; ~ *customers* mogući klijenti; *a* ~ *source* potencijalni izvor

pros·pec·tor ['praspektə(r)]; [*ə*] *n* tražilac zlata

pro·spec·tus [prə'spektəs] *n* prospekat, brošura

pros·per ['praspə(r)]; [*o*] *v intr* cvetati (cvjetati), uspevati (uspijevati)

pros·per·i·ty [pras'perətij]; [*o*] *n* blagostanje

pros·per·ous ['praspərəs]; [*o*] *a* uspešan (uspješan)

pros·pho·ra ['prasfərə]; [*o*] (-*ae* [ij]) *n* prosfora

pros·tate ['prastejt]; [*o*] *n* prostata

pros·ta·ti·tis [prastə'tajtis]; [*o*] *n* prostatitis

pros·the·sis [pras'thijsis]; [*o*] (-*ses* [sijz]) *n* (med.) proteza

pros·thet·ic [pras'thetik]; [*o*] *a* protezni

pros·thet·ics [pras'thetiks]; [*o*] *n* protetika

pros·tho·don·tics [prasthə'dantiks]; [*o*]; [*o*] *n* zubna protetika

pros·ti·tute I ['prastətūt]; [*o*]; [*tj*] *n* prostitutka

prostitute II *v tr* prostituisati

pros·ti·tu·tion [prastə'tūšən]; [*o*]; [*tj*] *n* prostitucija; *to engage in* ~ odavati se prostituciji; *to stamp out* ~ suzbiti prostituciju

pros·trate I ['prastrejt]; [*o*] *a* 1. koji leži ispružen; *to fall* ~ pasti ničice 2. iznuren

prostrate II *v tr* oboriti; *to* ~ *oneself* pasti ničice, pasti na kolena (koljena)

pros·tra·tion [pras'trejšən]; [*o*] *n* 1. padanje na kolena (koljena) 2. izmoždenost, iscrpnost

pro·tag·o·nist [prou'taegənist] *n* protagonista

pro·tas·is ['pratəsis]; [*o*] *n* (gram.) protaza

pro·te·an ['prou'tijən] *a* protejski (koji prima različite oblike)

pro·tect [prə'tekt] *v tr* braniti, štititi

pro·tec·tion [~kšən] *n* 1. zaštita; odbrana (W: obrana); *to place under smb.'s* ~ staviti pod nečiju zaštitu; *the* ~ *of minorities* zaštita manjina 2. (colloq.) veze i protekcija, »vip« 3. (colloq.) ucena (ucjena)

pro·tec·tion·ism [~izəm] *n* protekcionizam

protection racket ucena (ucjena)

pro·tec·tive [prə'tektiv] *a* zaštitni; ~ *coloring* zaštitna obojenost; ~ *measures* zaštitne mere (mjere); ~ *tariffs* zaštitne carine

pro·tec·tor [prə'tektə(r)] *n* zaštitnik

pro·tec·tor·ate [~rit] *n* protektorat

pro·té·gé ['proutəžej] *n* štićenik; pulen

pro·tein ['proutijn] *n* protein

protest I ['proutest] *n* protest; *to file (reject) a* ~ uložiti (odbaciti) protest; *to cause a* ~ izazvati protest; *a sharp* ~ oštar protest; *under* ~ nerado

protest II *a* protestni; *a* ~ *meeting* protestni miting; *a* ~ *note* protestna nota

protest III ['prou'test], [prə'test] *v* 1. *tr* protestovati; *to* ~ *a note* protestovati menicu (mjenicu) 2. *intr* protestovati; *to* ~ *against smt.* protestovati protiv nečega

Prot·es·tant I ['pratistənt]; [o] *n* protestant

Protestant II *a* protestantski

Prot·es·tant·ism [~izəm] *n* protestantizam

prot·es·ta·tion [pratis'tejšən], [ou]; [o] *n* protest

pro·test·er ['proutestə(r)] *n* onaj koji protestuje, protestant

proth·e·sis ['prathəsis]; [o] (-*ses* [sijz]) *n* (ling.) proteza

pro·thon·o·tar·y [prou'thanəterij]; [o]; [ə] or [prouthə'noutərij] *n* 1. sudski pisar 2. (Cath.) papski viši sekretar

pro·to·col ['proutəkol] *n* 1. protokol, pravila ceremonijala u diplomatskim odnosima; *a chief of* ~ šef protokola; *according to* ~ po protokolu 2. međunarodni ugovor, protokol 3. (C.) protokol

Pro·to-Ger·man·ic [prouto-dža(r)'maenik] *n* pragermanski (protogermanski) jezik

Pro·to-In·do-Eur·o·pe·an [~-indou-jūrə'pijən] *n* praindoevropski (protoindoevropski) jezik

pro·to·lan·guage [~laeŋgwidž] *n* prajezik

pro·ton ['proutan]; [o] *n* (phys.) proton

pro·ton·o·tar·y [prout~] *see* **prothonotary**

pro·to·plasm ['proutəplaezəm] *n* protoplazma

Pro·to-Sem·i·tic [~sə'mitik] *n* semitski prajezik

Pro·to-Slav·ic [~-'slavik] *n* praslovenski (W: praslavenski) jezik

Pro·to-Slavs [~-slavz] *n pl* Prasloveni (W: Praslaveni)

pro·to·type ['proutətajp] *n* prototip

pro·to·zo·an I [proutə'zouən] (-*s* or -*zoa* [zouə]) *n* praživotinja

protozoan II *a* praživotinjski

pro·to·zo·ic [~'zouik] *see* **protozoan II**

pro·tract [prou'traekt] *v tr* odužiti, otegnuti

pro·trac·tion [prou'traekšən] *n* oduženje

pro·trac·tor [prou'traektə(r)] *n* uglomer (uglomjer)

pro·trude [prou'trūd] *v intr* strčati, izbočiti se

pro·tru·sion [prou'trūžən] *n* strčanje, izbočenje

pro·tu·ber·ance [prou'tūbərəns]; [tj] *n* ispupčenje izraštaj; protuberanca

pro·tu·ber·ant [~ənt] *a* izbočen

proud [praud] *a* 1. ponosan; gord; *to be* ~ *of smt.* biti ponosan na nešto 2. ohol 3. ugledan 4. veličanstven

proud flesh (med.) divlje meso

prov·a·ble ['prūvəbəl] *a* koji se može dokazati

prove [prūv]; -*d*; -*d* or *proven* [~ən] *v* 1. *tr* dokazati; *to* ~ *smb.'s guilt* dokazati nečiju krivicu 2. *intr* or *refl* pokazati se; *she* ~*d* *(herself) to be an excellent secretary* ona se pokazala kao odlična sekretarica

prov·en *see* **prove**

prov·e·nance ['pravənəns]; [o] *n* poreklo (porijeklo)

Pro·ven·cal [prouvən'sal] *n* provansalski jezik

Pro·vence [pro'vans] *n* Provansa (oblast u Francuskoj)

prov·en·der ['pravəndə(r)]; [o] *n* 1. stočna hrana 2. (colloq.) hrana

pro·ve·nience [prə'vijnjəns] *n* see **provenance**

prov·erb ['pravə(r)b]; [o] *n* poslovica

pro·ver·bi·al [prə'və(r)bijəl] *a* poslovičan; *to become* ~ postati poslovičan

Pro·verbs [~z] *n pl* (rel.) Letopis (Ljetopis)

pro·vide [prə'vajd] *v* 1. *tr* snabdeti (snabdjeti); *to* ~ *smb. with money* snabdeti nekoga novcem 2. *tr* obezbediti (obezbijediti); *to* ~ *supplies* obezbediti snabdevanje (snabdijevanje) 3. *tr* pribaviti; *to* ~ *a reason* pribaviti razlog 4. *intr* starati se, brinuti se; obezbediti; zbrinuti; *to* ~ *for one's children* starati se o svojoj deci (djeci); *to* ~ *for one's future (one's wife)* obezbediti budućnost (ženu) 5. *intr* predvideti (predvidjeti); *to* ~ *for enough food* predvideti dovoljno hrane

pro·vid·ed [~id] *conj* (usu.: ~ *that*) ako; ~ *that he comes* ako bude došao

prov·i·dence ['pravədəns]; [o], [e] *n* 1. proviđenje, providnost 2. štedljivost, ekonomičnost

prov·i·dent [~nt] *a* štedljiv

prov·i·den·tial [pravə'denšəl]; [o] *a* 1. poslat od proviđenja 2. povoljan

pro·vid·ing [prə'vajdiŋ] *conj* see **provided**

prov·ince ['pravins]; [o] *n* 1. provincija 2. (in *pl*) provincija, područje izvan glavnog grada, palanka; *to live in the* ~*s* živeti (živjeti) u provinciji

pro·vin·cial I [prə'vinšəl] *n* provincijalac, palančanin, čovek (čovjek) iz palanke

provincial II *a* provincijalan, palanački

prov·in·cial·ism [~izəm] *n* provincijalizam

proving ground poligon

pro·vi·sion I [prə'vižən] *n* 1. mera (mjera); priprema 2. odredba 3. (in *pl*) namirnice

provision II *v tr* snabdeti (snabdjeti) hranom

pro·vi·sion·al [~əl] *a* privremen, provizoran; *a* ~ *government* privremena vlada

pro·vi·so [prə'vajzou] (-*s* or -*es*) *n* uslov (W also: uvjet), ograda

pro·vi·so·ry [prə'vajzərij] *a* provizoran; uslovan

prov·o·ca·tion [pravə'kejšən]; [o] *n* provokacija, izazov

pro·voc·a·tive [prə'vakətiv]; [o] *a* provokativan, izazivački

pro·voke [prə'vouk] *v tr* provocirati, izazvati; *to* ~ *smb. into doing smt.* izazvati nekoga da uradi nešto

pro·vost ['prouvoust], [a]; [o] *n* 1. predstojnik 2. (at a university) prorektor

provost marshall načelnik vojne policije

provost sergeant podoficir vojne policije

prow [prau] *n* pramac

prow·ess [~is] *n* 1. veština (vještina) 2. junaštvo

prowl [praul] *v tr and intr* 1. krstariti; *to* ~ *the streets* krstariti ulicama 2. šunjati se

prowl around v šunjati se (unaokolo)
prowl car see **squad car**
prox·i·mate ['praksəmit]; [o] a 1. najbliži 2. see **approximate**
prox·im·i·ty [prak'simətij]; [o] n blizina
proximity fuse blizinski upaljač
prox·y ['praksij]; [o] n 1. opunomoćenik, zastupnik 2. punomoćje
prude [prūd] n žena preterane (pretjerane) čednosti
pru·dence ['prūdəns] n 1. smotrenost, obazrivost 2. ekonomičnost
pru·dent [~ənt] a smotren, obazriv
pru·den·tial [prū'denšəl] a 1. smotren 2. razuman
prud·er·y ['prūdərij] n preterana (pretjerana) čednost
prud·ish [~iš] a preterano (pretjerano) čedna, nepristupačna
prune I [prūn] n 1. suva (suha) šljiva 2. (slang) see **spoilsport**
prune II v tr and intr skresati; potkratiti; to ~ a tree skresati drvo
pruning shears baštenske makaze (W: škare)
pru·ri·ence ['prūrijəns] n pohotljivost
pru·ri·ent [~nt] a pohotljiv
Prus·sia ['prəšə] n Prusija
Prus·sian I [~n] n 1. Prus 2. see **Old Prussian**
Prussian II a pruski
pry I [praj] v intr radoznalo viriti; to ~ into smt. zabadati nos u nešto
pry II v 1. tr (usu.: to ~ open) dići (polugom) 2. tr iznuditi; to ~ a confession out of smb. iznuditi nekome priznanje 3. intr čeprkati; to ~ into smb.'s past čeprkati po nečijoj prošlosti
PS [pij'es] abbrev. of **postscript**
psalm [sam] n 1. psalam 2. (cap., in pl, biblical) Psalmi
psalm·ist [~ist] n psalmista
psalm·o·dy [~ədij] n psalmodija
Psal·ter ['soltə(r)] n psaltir
psal·ter·y ['soltərij] n (mus.) psalter (instrumenat sličan harfi)
psal·try [~trij] see **psaltery**
pseudo ['sūdou]; [sj] a lažan, nadri, pseudo-
pseu·do·nym ['sūdənim]; [sj] n pseudonim; to write under a ~ pisati pod pseudonimom
pseu·do·sci·ence [sūdou'sajəns]; [sj] n lažna nauka, nadrinauka
pshaw [šo], [pšo], [pfə] interj koješta!
psit·ta·co·sis [sitə'kousis] n psitakoza, papagajska bolest
pso·ri·a·sis [sə'rajəsis] n (med.) psorijaza, ljuskavica
psy·che I ['sajkij] n psiha, duša
Psyche n (myth.) Psiha (Erosova ljubavnica)
psyche II [sajk] v tr (slang) oneraspoložiti
psych·e·del·ic [sajkə'delik] a psihodelični, halucinogen
psyche up [sajk] v (slang) uzbuditi
psy·chi·at·ric [sajkij'aetrik] a psihijatrijski
psy·chi·a·trist [si'kajətrist]; [aj] n psihijatar
psy·chi·a·try [~trij] n psihijatrija
psy·chic I ['sajkik] n see **medium** I 5
psychic II a 1. psihički; a ~ healer vračar koji deluje (djeluje) psihičkim metodima 2. spiritistički

psy·cho·a·nal·y·sis [sajkouə'naeləsis] n psihoanaliza
psy·cho·an·a·lyst [sajkou'aenəlist] n psihoanalitičar
psy·cho·an·a·lyze [sajkou'aenəlajz] v tr psihoanalisati
psy·cho·log·i·cal [sajkə'ladžikəl]; [o] a psihološki; ~ warfare psihološki rat
psy·chol·o·gist [saj'kalədžist]; [o] n psiholog
psy·chol·o·gy [~džij] n psihologija
psy·cho·path ['sajkəpaeth] n psihopat
psy·cho·path·ic [~'paethik] a psihopatski, psihopatičan
psy·chop·a·thy [saj'kapəthij]; [o] n psihopatija
psy·cho·sis [saj'kousis] (-ses [sıjz]) n psihoza
psy·cho·so·mat·ic [sajkousou'maetik] a psihosomatski
psy·cho·ther·a·pist [sajkou'therəpist] n psihoterapista
psy·cho·ther·a·py [sajkou'therəpij] n psihoterapija
psy·chot·ic I [saj'katik]; [o] n duševno poremećena osoba
psychotic II a duševno poremećen
PTA [pijtij'ej] abbrev. of Parent-Teachers Association zajednica doma i škole
PTA meeting roditeljski sastanak
ptar·mi·gan ['ta(r)migən] n alpijska kokoš
PT boat [pij'tij] (abbrev. of patrol torpedo) torpedni čamac
Ptol·e·ma·ic [talə'mejik]; [o] a ptolemejski, Ptolemejev
Ptolemaic system (the ~) Ptolemejev sistem (W also: sustav)
pto·maine [tou'mejn] n ptomain
ptomaine poisoning trovanje ptomainom
pub [pəb] n (Br.) krčma
pu·ber·ty ['pjubə(r)tij] n pubertet
pu·bic ['pjūbik] a pubičan; ~ hair bruce, dlačice oko polnih (W: spolnih) organa
pu·bis ['pjūbis] (-es [ijz]) n (anat.) stidna kost, preponjača
pub·lic I ['pəblik] n publika, javnost; the reading ~ čitalačka publika; in ~ javno
public II a 1. javan; publičan; a ~ lecture javno predavanje; ~ opinion javno mnenje; ~ safety javna sigurnost 2. društveni; državni; ~ property društvena imovina, državno dobro; the ~ sector društveni sektor 3. državni; a ~ building državna zgrada; a ~ holiday (official, prosecutor) državni praznik (činovnik, tužilac); the ~ debt državni dug 4. narodni 5. komunalni; ~ utilities komunalne usluge 6. misc.; to make ~ objaviti
pub·lic·ad·dress [~ə'dres] a razglasni
public-address system razglasna stanica; over a ~ preko razglasne stanice
public affairs officer savetnik (savjetnik) za štampu i kulturu (in an embassy)
pub·li·can ['pəblikən] n 1. (Br.) krčmar 2. (hist.) zakupnik državnih prihoda
public assistance socijalna pomoć (also **welfare** 2)
pub·li·ca·tion [pəbli'kejšən] n 1. publikacija, izdavanje, objavljivanje 2. objavljeno delo (djelo), objavljeni rad
public convenience Br.; see **rest room**

public corporation (Br.) javna korporacija
public defender sudski zastupnik siromašne stranke
public domain 1. državno dobro 2. odsustvo autorskog prava, patenta
public enemy državni neprijatelj; ~ *number one* državni neprijatelj broj 1
public health zdravstvena zaštita (also **community health**)
public-health [~-helth] see **community-health**
public-health facility zdravstvena ustanova
public-health nurse patronažna sestra (also **community-health nurse, visiting nurse**)
public-health nursing patronažna služba (also **community-health nursing**)
Public Health Service (Am.) Služba narodnog zdravlja
public house (Br.) krčma
pub·li·cist ['pəbləsist] *n* publicista
pub·lic·i·ty [pəb'lisətij] *n* publicitet; reklama; *to give* ~ *to smt.* dati publicitet nečemu
pub·li·cize ['pəbləsajz] *v tr* dati publicitet (nečemu), reklamirati
public library javna biblioteka
pub·lic·ly ['pəbliklij] *adv* javno
public opinion javno mnenje; *to form* ~ oblikovati javno mnenje; *to manipulate* ~ manipulisati javnim mnenjem
public relations *pl* služba za održavanje dobrih odnosa s publikom
public-relations officer (usu. mil.) oficir za vezu sa štampom, s publikom
public school 1. javna (državna) škola 2. (Br.) privatna škola
public service 1. državna služba 2. komunalna usluga
public speaker orator, govornik
public speaking oratorstvo, govornička veština (vještina)
pub·lic·spir·i·ted [~-spiritid] *a* odan opštem (općem) dobru; rodoljubiv
public television javna (državna) televizija
public welfare 1. opšte (opće) dobro 2. see **welfare 2**
public works *pl* društveni radovi
pub·lish ['pəbliš] *v* 1. *tr* izdati, publikovati; *to* ~ *a book (journal, newspaper)* izdati knjigu (časopis, novine) 2. *tr* objaviti; *to* ~ *an article (a book)* objaviti članak (knjigu); *to* ~ *an ad* objaviti oglas 3. *intr* objavljivati članke (knjige)
pub·lish·er [~ə(r)] *n* izdavač; izdavačka kuća
pub·lish·ing [~iŋ] *n* izdavačka delatnost (djelatnost)
publishing house izdavačka kuća
puck [pək] *n* (hockey) pločica
puck·a see **pukka**
puck·er [~ə(r)] *v* (also: *to* ~ *up*) 1. *tr* nabrati; skupiti; *to* ~ *up one's lips* skupiti usne 2. *intr* nabrati se; skupiti se
pucker up *v* see **pucker 1**
puck·ish [~iš] *a* nestašan
pud·ding ['pudiŋ] *n* 1. puding; *chocolate (vanilla)* ~ puding od čokolade (vanile) 2. Br.; see **dessert**
pud·dle I ['pədəl] *n* lokva, bara
puddle II *v tr* (tech.) pudlovati

pud·dling ['pədliŋ] *n* pudlovanje
pu·den·cy ['pjūdənsij] *n* stidljivost
pu·den·dum [pjū'dendəm] (*-da* [də]) *n* stidnica (also **vulva**)
pudg·y ['pədžij] *a* debeo, debeljušan
pueb·lo ['pweblou] (*-s*) *n* pueblo
pu·er·ile ['pjūril], ['pweril] *a* detinjast (djetinjast)
pu·er·il·i·ty [pjū'rilətij], [pwe'rilətij] *n* detinjastost (djetinjastost)
pu·er·per·al [pjū'ə(r)pərəl] *a* porodiljski
puerperal fever see **childbed fever**
Puer·to Ri·can I ['po(r)tou 'rijkən] Portorikanac
Puerto Rican II portorikanski
Puerto Ri·co ['rijkou] Portoriko
puff I [pəf] *n* 1. dah 2. brektanje 3. udarac (vetra — vjetra) 4. izbacivanje (dima)
puff II *v* 1. *tr* (also: *to* ~ *up*) naduti, naduvati; *to* ~ *up one's cheeks* naduvati svoje obraze; *to be* ~ *fed up with pride* biti naduven od oholosti 2. *tr* ispuštati, puktati; pućkati; *to* ~ *smoke* ispuštati (izbacivati) dim 3. *intr* (usu.: *to* ~ *up*) nabreknuti 4. *intr* puštati dim; puktati; *to* ~ *at a pipe* puktati lulom
puff adder vrsta otrovnice
puff·ball [~bol] *n* (bot.) puhara
puff up *v* see **puff II 1, 3**
pug I [pəg] *n*. 1. mops 2. see **pug nose**
pug II *n* (slang) see **pugilist**
pu·gi·lism ['pjūdžəlizəm] *n* boks (also **boxing**)
pu·gi·list [~ist] *n* bokser (W: boksač) (also **boxer**)
pug·na·cious [pəg'nejšəs] *a* borben
pug·nac·i·ty [pəg'naesətij] *n* borbenost
pug nose prćav nos
puke I [pjūk] *n* (colloq.) bljuvanje (see **vomit I**)
puke II *v tr and intr* (colloq.) bljuvati (see **vomit II**)
puk·ka ['pəkə] *a* (Anglo-Indian) 1. istinski, pravi 2. odličan
pul·chri·tude ['pəlkritūd]; [*tj*] *n* lepota (ljepota)
pul·chri·tu·di·nous [pəlkri'tūdnəs]; [*tj*] *n* lep (lijep)
pule [pjūl] *v intr* cvileti (cvijeti)
Pul·it·zer Prize ['pūlitsə(r)],[*pj*] (Am.) Pulicerova nagrada (za žurnalizam)
pull I [pul] *n* 1. vučenje 2. napor 3. inhalacija 4. (slang) veza i protekcija, »vip« 5. (colloq.) privlačnost; *the actor has great* ~ *at the box office* učešće toga glumca obezbeđuje (obezbjeđuje) potpuni uspeh (uspjeh) blagajne pozorišta (W: kazališta)
pull II *v* 1. *tr and intr* vući; *to* ~ *smt.* vući nešto; ~*!* vuci! 2. *tr* potegnuti; povući; *to* ~ *smb.'s hair* povući (potegnuti) nekoga za kosu; *to* ~ *a trigger* povući obarač; ~ *the cord!* povuci uže! (colloq.) *he* ~*ed a knife* potegao je nož 3. *tr* izvaditi; *to* ~ *a tooth* izvaditi zub 4. *tr* (colloq.) privući; *to* ~ *large crowds* privlačiti mnogo gledalaca 5. *tr* istegnuti; *to* ~ *a muscle* istegnuti mišić 6. *tr and intr* veslati; *to* ~ *an oar* veslati 7. *intr* vući; potezati; *he wasn't* ~*ing* nije vukao 8. misc.; **to* ~ *one's weight* zapeti, predano raditi; (mil., colloq.) *to* ~ *guard* vršiti stražarsku službu; **to* ~ *the wool over smb.'s eyes* obmanuti nekoga; **to* ~ *smb.'s leg* nasamariti nekoga; (usu. mil., colloq.) *to* ~ *rank* iskoristiti svoj viši čin; **to* ~ *one's punches* slabo udarati, napadati

pull ahead *v* odvojiti se

pull away *v* 1. skinuti; razdvojiti 2. udaljiti se; *he pulled away from the curb* udaljio se od ivičnjaka 3. odvojiti se, odlepiti (odlijepiti) se; *he pulled away from the rest of the field* povećao je prednost ispred ostalih takmičara, odvojio se od ostalih takmičara; *our team pulled away* naš se tim odlepio

pull back *v* povući se

pull·back [~baek] *n* povlačenje

pull chain lanac za paljenje i gašenje svetla (svjetla)

pull down *v* 1. porušiti, srušiti; *to pull a house down* porušiti kuću 2. natući; *to pull a hat down over one's ears* natući kapu na uši

pul·let ['pulit] *n* mlada kokoš

pul·ley [~ij] *n* kotur

pull for *v* 1. navijati; *to pull for a team* navijati za ekipu 2. ići prema; *to pull for shore* ići prema obali

pull in *v* 1. pritegnuti; *to pull a horse in* pritegnuti konja 2. (slang) uhapsiti 3. uvući; *to pull in a net (oars, sails)* uvući mrežu (vesla, jedra); *pull your stomach in!* or *pull in your stomach!* uvuci trbuh! 4. stići; *the train has pulled in* voz (W: vlak) je stigao

Pull·man [~mən] *n* pulman

pull off *v* 1. skinuti; *to pull off one's gloves* skinuti rukavice 2. uspeti (uspjeti); *they pulled it off* uspeli su, postigli su uspeh (uspjeh)

pull out *v* 1. izvaditi; *to pull out a tooth* or: *to pull a tooth out* izvaditi zub 2. odlepiti (odlijepiti) se; *our team pulled out in front* naš se tim odlepio od ostalih 3. povući se; *they pulled out during the night* povukli su se u toku noći 4. iščupati; *to pull out grass (hair, weeds)* iščupati travu (kosu, korov) 5. otići 6. misc.; *to pull out of a dive* izaći iz obrušavanja; *to pull out a victory* izvojevati pobedu (pobjedu)

pull·out [~aut] *n* 1. povlačenje 2. (aviation) vađenje (posle — poslije obrušavanja) 3. Br.; see **fold-out**

pull·over *v* 1. prevući 2. navući (preko glave) 3. zaustaviti (se); *he pulled (his car) over* zaustavio je kola 4. otići u stranu

pull·o·ver [~ouvə(r)] *n* pulover

pull tab otvarač na povlačenje (na konzervama)

pull tab otvarač na povlačenje (na konzervama)

pull through *v* 1. provući 2. izvući (se); *they pulled through* izvukli su se; *the nurses pulled him through* sestre su ga spasle (izvukle) 3. ozdraviti

pull-through *n* (Br.) kanap za čišćenje puške

pull together *v* (colloq.) 1. sarađivati 2. misc.; *to pull oneself together* pribrati se

pull up *v* 1. potegnuti; *to pull up one's trousers* potegnuti pantalone (W: hlače) 2. zaustaviti (se); *he pulled up at the curb* zaustavio je kola uz ivičnjak 3. misc.; *to pull up stakes* see **stake** I 3; *to pull up a chair* doneti (donijeti) stolicu

pull-up [~əp] *n* (gymnastics) penjanje (samo) rukama

pul·mo·nar·y ['pulmənerij]; [ə] *a* pulmonalan, plućni

pulp I [pəlp] *n* 1. meso (voća); pulpa 2. kaša; *to beat smb. to a ~* izbiti na mrtvo ime 3. srž, srčika

pulp II *v tr* pretvoriti u kašu

pul·pit ['pəlpit], [u] *n* predikaonica, propovedaonica (propovjedaonica); *to mount the ~* popeti se na propovedaonicu; *to speak from the ~* govoriti s propovedaonice

pul·sar ['pəlsa(r)] *n* pulsar (vrsta radioizvora)

pul·sate ['pəlsejt] *v intr* 1. trepteti (treptjeti) 2. kucati

pul·sat·ing [~iñg] *a* bujan; *~ rhythm* bujan ritam

pul·sa·tion [pəl'sejšən] *n* kucanje

pulse I [pəls] *n* puls, bilo; *to take smb.'s ~* izmeriti — izmjeriti (opipati) nekome puls; *his ~ is fast (slow)* puls mu je ubrzan (usporen)

pulse II *v intr* kucati

pulse III *n* mahunice

pulse IV *n* (phys.) impuls

pulse modulation impulsna modulacija

pul·ser [~ə(r)] *n* impulsni uređaj

pul·ver·i·za·tion [pəlvərə'zejšən]; [aj] *n* pulverizacija

pul·ver·ize ['pəlvərajz] *v tr* pulverizovati, zdrobiti, smrviti, satrti (u prah)

pul·ver·iz·er [~ə(r)] *n* pulverizator, rasprskač

pu·ma ['pjumə] *n* puma (also **cougar, mountain lion**)

pum·ice ['pəmis] *n* plavac, plovućac

pum·mel see **pommel** I, II

pump I [pəmp] *n* pumpa; *a gasoline ~* benzinska pumpa; *an oil (water) ~* pumpa za ulje (vodu)

pump II *v* 1. *tr* (usu.: *to ~ up*) napumpati; *to ~ up a tire* or *to ~ a tire up* napumpati gumu 2. *tr* pumpati; *to ~ air* pumpati vazduh (W: zrak); *the heart ~s blood* srce pumpa krv 3. *tr* (colloq.) ispitivati; *to ~ a witness* ispitivati svedoka (svjedoka) 4. *intr* pumpati, raditi kao šmrk; *his heart was ~ing fast* srce mu je bilo ubrzano 5. misc.; *to ~ bullets into smb.* izrešetati nekoga mecima

pump III *n* vrsta cipele

pum·per·nick·el ['pəmpə(r)nikəl] *n* crni hleb — hljeb (W also: kruh)

pump·ing station [~iñg] *n* crpna stanica

pump·kin ['pəm(p)kin] *n* bundeva, tikva

pumpkin pie pita od bundeve, američki kolač s bundevom

pump·kin·seed [~sijd] *n* semenka (sjemenka) od bundeve

pump out *v* 1. ispumpati; *to pump water out of a basement* ispumpati vodu iz podruma 2. isprati; *to pump out a stomach* isprati želudac

pump up *v* see **pump** II 1

pun I [pən] *n* igra reči (riječi), kalambur

pun II *v intr* napraviti igru reči (riječi)

punch I [pənč] *n* probijač, probojac

punch II *v tr* probušiti, perforirati, izbušiti; *~ed cards* izbušene kartice

punch III *v* udarac; *a ~ in the jaw* udarac u bradu; *to give smb. a ~* udariti nekoga; *to throw a ~* naneti (nanijeti) udar; **to pull one's ~es* slabo udarati; **to roll with a ~* izbeći (izbjeći) jačinu udara

punch IV *v tr* udariti pesnicom; *to ~ smb. in the face* udariti nekoga po licu

punch V *n* punč

Punch-and-Judy show ulično pozorište (W: kazalište) lutaka

punch ball Br.; see **punching bag**
punch-drunk [∼drǝn̄gk] *a* (usu. boxing) ošamućen od udaraca, u grogi stanju
pun·cheon ['pǝnčǝn] *n* 1. spojnica 2. probojac
punch·ing bag [∼in̄g] bokserska (W: boksačka) vreća
punch line poenta (vica)
punch·y [∼ij] *a* see **punch·drunk**
punc·til·i·ous [pǝn̄gk'tilijǝs] *a* previše tačan (W: točan), precizan
punc·tu·al ['pǝn̄gkčūǝl] *a* punktualan, akuratan, tačan (W: točan)
punc·tu·ate ['pǝn̄gkčūejt] *v tr* 1. staviti znake interpunkcije (u) 2. upasti (u)
punc·tu·a·tion [pǝn̄gkčū'ejšǝn] *n* 1. punktuacija, interpunkcija 2. stavljanje interpunkcije
punctuation mark znak internpukcije
punc·ture I ['pǝn̄gkčǝ(r)] *n* probušenje, rupa
puncture II *v* 1. *tr* probušiti 2. *intr* prsnuti
puncture·proof [∼prūf] *a* neprobojan
pun·dit ['pǝndit] *n* 1. učen bramin 2. učen čovek (čovjek)
pun·gent ['pǝndžǝnt] *a* ljut, oštar, opor; *a* ∼ *odor* opori miris; ∼ *satire* zajedljiva satira
Pu·nic ['pjūnik] *a* punski
Punic Wars *pl* punski ratovi
pun·ish ['pǝniš] *v tr* 1. kazniti; *to* ∼ *smb. for smt.* kazniti nekoga za nešto 2. naneti — nanijeti (nekome) teške gubitke, udarce; *to* ∼ *an opponent* naneti neprijatelju teške udarce
pun·ish·a·ble [∼ǝbǝl] *a* kažnjiv; *a* ∼ *act* kažnjiv postupak; ∼ *by law* kažnjiv po zakonu
pun·ish·ing I [∼in̄g] *n* (Br.; colloq.) težak poraz
punishing II *a* težak; zamoran; ∼ *blows* teški udarci
pun·ish·ment [∼mǝnt] *n* 1. kazna; *capital (corporal)* ∼ smrtna (telesna; tjelesna) kazna 2. nanošenje teških gubitaka, udaraca; *he took a lot of* ∼ primio je mnogo teških udaraca
pu·ni·tive ['pjūnǝtiv] *a* kazneni; *a* ∼ *raid* kaznena ekspedicija
punk I [pǝn̄gk] *n* trud, samokres; trulo drvo
punk II *n* (colloq.) 1. nezreo mladić 2. siledžija
punk III *a* (slang) 1. rđav 2. slab
punk IV *n* **punk rock** pank (vrsta roka)
pun·ster ['pǝnstǝ(r)] *n* kalamburista
punt I [pǝnt] *n* vrsta čamca
punt II *n* (Am. football) udarac lopte nogom
punt III *v tr* and *intr* udariti loptu nogom
punt IV *v intr* igrati protiv banke
pu·ny ['pjūnij] *a* slabačak
pup [pǝp] *n* štene (also **puppy** 1)
pu·pil I ['pjūpǝl] *n* đak, učenik
pupil II *n* (anat.) zenica (zjenica)
pup·pet I ['pǝpit] *n* lutka, marioneta; ∼*s are moved by strings* lutke se pokreću povlačenjem konaca (also **marionette**)
puppet II *a* marionetski; *a* ∼ *government* marionetska vlada; *a* ∼ *theater* pozorište (W: kazalište) lutaka
pup·pet·ry [∼rij] *n* igra lutaka
pup·py ['pǝpij] *n* 1. štene, mlad pas 2. nezreo mladić
puppy love mladalačka ljubav
pup tent mali šator (za dva vojnika)
pur·blind ['pǝ(r)blajnd] *a* poluslep (poluslijep)

pur·chase I ['pǝ(r)čis] *n* 1. kupovina; nabavka; *to make a* ∼ kupiti nešto 2. (legal) sticanje 3. ručica, drška 4. poluga
purchase II *a* kupovni, nabavni; *a* ∼ *price* kupovna (nabavna) cena — cijena
purchase III *v tr* kupiti, nabaviti
purchase tax see **value-added tax**
pur·chas·ing [∼in̄g] *a* kupovni, nabavni; ∼ *power* kupovna snaga
purchasing agent nabavljač, akviziter
pur·dah ['pǝ(r)dǝ] *n* 1. zaklon (indijskih žena od muškaraca) 2. sistem odvajanja žena (u Indiji)
pure [pjū(r)] *a* 1. nepomešan (nepomiješan), čist; ∼ *blood* čista krv; ∼ *wool* čista vuna 2. nezagađen, čist; ∼ *air* čist vazduh (W: zrak) 3. nesebičan, čist; ∼ *motives* čiste pobude 4. teorijski, čist; ∼ *science* čista nauka 5. potpun, čist, puki; *by* ∼ *chance* pukim slučajem
pure·blooded *a* čistokrvan
pure·bred [∼bred] *a* čistokrvan; umatičen; ∼ *cows* umatičene krave
pu·rée [pjū'rej]; ['pjūrej] *n* pire; *a* ∼ *of chestnuts (peas)* pire od kestena (mladog graška)
pure·ly [∼lij] *adv* potpuno; ∼ *by chance* pukim slučajem
pure·ness [∼nis] *n* čistoća, čistota
pur·ga·tion ['pǝ(r)'gejšǝn] *n* čišćenje
pur·ga·tive ['pǝ(r)gǝtiv] *n* sredstvo za čišćenje, purgativ
pur·ga·to·ri·al [pǝ(r)gǝ'torijǝl] *a* čistilišni
pur·ga·to·ry ['pǝ(r)gǝtorij]; [*tr*] *n* čistilište, purgatorij
purge I [pǝ(r)dž] *n* 1. (esp. pol.) čistka; *to conduct (carry out) a* ∼ sprovesti čistku 2. see **purgative**
purge II *v* 1. *tr* očistiti; prečistiti; *to* ∼ *a party* očistiti partiju 2. *tr* (med.) pročistiti 3. *tr* oprati 4. *intr* čistiti
pu·ri·fi·ca·tion [pjūrǝfi'kejšǝn] *n* čišćenje, purifikacija
pu·ri·fi·er ['pjūrǝfajǝ(r)] *n* prečistač, filtar
pu·ri·fy ['pjūrǝfaj] *v tr* prečistiti
pu·rine ['pjūrijn] *n* (chem.) purin
pur·ism ['pjūrizǝm] *n* purizam
pur·ist [∼ist] *n* purista
Pu·ri·tan I ['pjūrǝten] *n* puritanac
Puritan II *a* puritanski
pu·ri·tan·i·cal [pjūrǝ'taenikǝl] *a* puritanski; preterano (pretjerano) strog
Pu·ri·tan·ism ['pjūrǝtǝnizǝm] *n* puritanizam
pu·ri·ty ['pjūrǝtij] *n* čistota
purl I [pǝ(r)l] *n* žubor
purl II *v intr* žuboriti
purl III *n* (also: ∼ *stitch*) naboran šav
purl IV *v tr* and *intr* borama obrubiti
pur·lieu ['pǝ(r)ljū], [*l*] *n* okolina
pur·loin ['pǝ(r)lojn] *v tr* and *intr* ukrasti
pur·ple I ['pǝ(r)pǝl] *n* purpur
purple II *a* purpuran
Purple Heart (Am., mil.) ranjenička značka
pur·port I ['pǝ(r)po(r)t] *n* značenje, smisao
purport II ['pǝ(r)po(r)t] *v tr* tvrditi
pur·port·ed [∼id] *a* tobožnji
pur·pose ['pǝ(r)pǝs] *n* 1. svrha; *the* ∼ *of life* svrha života; *for that* ∼ u tu svrhu; *to serve a* ∼ dobro poslužiti 2. odlučnost; *to lack* ∼ biti neodlučan

pur·pose-built *a* (Br.) izgrađen u određenu svrhu
pur·pose·ful [~fəl] *a* 1. nameran (namjeran) 2. odlučan
pur·pose·less [~lis] *a* besciljan
pur·pu·ra ['pə(r)pjərə] *n* (med.) pegavica (pjegavica)
purr I [pə(r)] *n* predenje
purr II *v intr* presti; *cats* ~ mačke predu
purse I [pə(r)s] *n* kesa; tašna; **the power of the* ~ moć kese (novca); *to snatch (a woman's)* ~ oteti (nekoj ženi) tašnu
purse II *v tr* skupiti; *to* ~ *one's lips* naprćiti usta, naprćiti se
purs·er [~ə(r)] *n* brodski blagajnik
purse seine kesasta mreža
purse snatcher ulični otimač (ženskih) tašni
purse strings *pl* (fig.) kesa; *to loosen the* ~ odrešiti kesu; *to tighten the* ~ smanjiti izdatke, stegnuti kesu
pur·su·ant [pə(r)'sūənt]; [*sj*] *a* and *adv* (usu.: ~ *to*) shodan; ~ *to the rules* shodan pravilima
pur·sue [pə(r)'sū]; [*sj*] *v tr* 1. goniti; *to* ~ *a fugitive* goniti begunca (bjegunca) 2. tražiti; težiti (za); *to* ~ *pleasure* tražiti zadovoljstvo 3. vršiti; *to* ~ *one's affairs* vršiti svoj posao
pur·su·er [~ə(r)] *n* gonilac
pur·suit [pə(r)'sūt]; [*sj*] *n* 1. gonjenje; ~ *of an enemy* gonjenje neprijatelja; *in hot* ~ neprekidno goneći 2. težnja, traženje; trka; *the* ~ *of happiness* težnja za srećom
pu·ru·lence ['pjūrələns] *n* gnojenje
pu·ru·lent [~ənt] *a* gnojan, gnojav
pur·vey [pə(r)'vej] *n* snabdeti (snabdjeti)
pur·vey·or [~ə(r)] *n* snabdevač (snabdjevač), dobavljač
pur·view ['pə(r)vjū] *n* opseg, delokrug (djelokrug)
pus [pəs] *n* gnoj (tečnost koja se stvara u zapaljenom tkivu)
push I [puš] *n* 1. guranje; *to give smb. a* ~ gurnuti nekoga 2. provokacija 3. pregnuće 4. (colloq.) napad 5. misc.; **when* ~ *comes to shove* kad dođe do gustog
push II *v* 1. *tr* gurnuti; *to* ~ *smb.* gurnuti nekoga (also **shove** II 1) 2. *tr* progurati; *to* ~ *a wire through a pipe* progurati žicu kroz cev (cijev) 3. *tr* probiti se, progurati se; *to* ~ *one's way through a crowd* probiti se kroz gomilu 4. *tr* (slang) reklamirati; *to* ~ *a new product* reklamirati nov proizvod (also **promote** 3); 5. *tr* (slang) rasturati; *to* ~ *drugs* rasturati droge 6. *tr* pritisnuti; *to* ~ *a button* pritisnuti dugme 7. *intr* gurati se 8. misc.; *to* ~ *along* ići dalje; *to* ~ *smb. around* maltretirati nekoga; *to* ~ *aside (away)* odgurnuti; *to* ~ *back* gurnuti natrag; potisnuti; *to* ~ *down* gurnuti dole (dolje); *to* ~ *for smt.* angažovati se za nešto; *to* ~ *forward* ići dalje; **to* ~ *one's luck* rizikovati; *to* ~ *off* otputovati, otići; *to* ~ *on* ići dalje; *to* ~ *out* izgurati; *to* ~ *over* prevrnuti; *to* ~ *through* progurati; *to* ~ *open* otvoriti guranjem
push button taster, pritisno dugme
push-but·ton [~bətən] *a* automatski, na dugme (taster); ~ *control* upravljanje tasterom; ~ *warfare* rat na dugme
push·cart [~ka(r)t] *n* ručna kolica

pushcart peddler trgovac-torbar (see also **barrow boy**)
push-chair Br.; see **stroller** 2
push·er [~ə(r)] *n* (slang) rasturač; *a drug* ~ rasturač droga
push·o·ver [~ouvə(r)] *n* (colloq.) 1. laka pobeda (pobjeda) 2. slab protivnik
push·rod [~rad]; [*o*] *n* (automobile) šipka podizača
Push·to see **Pashto**
push up *v* 1. gurnuti gore 2. povisiti; *to push prices up* povisiti cene 3. misc.; **to push up the daisies* biti u grobu
push-up [~əp] *n* (gymnastics) upor (ležeći prednji na šakama)
push·y [~ij] *a* (colloq.) agresivan
pu·sil·la·nim·i·ty [pjūsələ'nimətij] *n* malodušnost
pu·sil·lan·i·mous [pjūsə'laenəməs] *a* malodušan
puss I [pus] *n* (colloq.) mačka
puss II *n* (slang) 1. usta 2. lice
puss·y I ['pusij] *n* 1. (colloq.) (dim. of **puss** I) maca 2. (vul.) stidnica
pus·sy II ['pəsij] *a* gnojan
pussy cat ['pusij] see **pussy** I 1
puss·y·foot ['pusijfut] *v intr* (colloq.) (or: *to* ~ *around*) okolišiti
pussy willow ['pusij] (bot.) vrbina maca
pus·tu·lar ['pəsčūlə(r)], [*tj*] *a* bubuljičav
pus·tule ['pəsčūl], [*tj*] *n* bubuljica
put I [put] *n* 1. bacanje (kugle) (more usu. is **shot-put**) 2. (stock market) premija a la hausse (see also **straddle** I 2, **call** I 6)
put II *adv* (colloq.) na istom mestu (mjestu); *to stay* ~ ostati na istom mestu
put III *put* [put] *v* 1. *tr* metnuti, staviti (da leži, da stoji) (cf. **lay** IV 1, **place** II 1); *to* ~ *food (a glass) on the table* metnuti jelo (čašu) na sto (stol); *to* ~ *a car into a garage* staviti auto u garažu; *to* ~ *children to bed* staviti (metnuti) decu (djecu) u krevet; *to* ~ *wood into a stove* metnuti drva u peć; *to* ~ *money into a wallet (into one's pocket)* metnuti novac u novčanik (u džep); *to* ~ *sugar into tea* staviti šećer u čaj; *to* ~ *into song* metnuti u pesmu (pjesmu); *to* ~ *to the test* staviti na probu; ~ *yourself in my place* stavi se u moj položaj; *to* ~ *words into smb.'s mouth* metnuti nekome u usta neke reči (riječi) 2. *tr* nametnuti, udariti; *to* ~ *a tax on smt.* udariti porez na nešto 3. *tr* bacati; *to* ~ *the shot* bacati kuglu 4. *tr* izraziti; *to* ~ *it mildly* blago se izraziti 5. *tr* postaviti; *to* ~ *a question* postaviti pitanje 6. *tr* smestiti (smjestiti); *to* ~ *smb. into the hospital* smestiti nekoga u bolnicu 7. *intr* ići; *the ship put into harbor* brod je ušao u pristanište; *the ship put out to sea* brod je isplovio na pučinu 8. misc.; *to* ~ *aside* staviti na stranu; **to* ~ *smt. over* isposlovati nešto; *to* ~ *through* sprovesti; *to* ~ *to death* pogubiti; *to* ~ *to flight* naterati (natjerati) u bekstvo (bjekstvo); *to* ~ *into practice* primeniti (primijeniti) u praksi; *to* ~ *one's faith in smb.* osloniti se na nekoga; *to* ~ *smb. to expense* baciti nekoga u trošak; *to* ~ *one's affairs in order* urediti svoje stvari; *to* ~ *money on a horse* kladiti se na konja

put about *v* (naut.) zaokrenuti
put across *v* 1. rastumačiti 2. (colloq.) izdejstvovati (izdjejstvovati), isposlovati 3. Br.; see
put over 2
pu·ta·tive ['pjūtǝtiv] *a* pretpostavljen; navodni
put away *v* 1. staviti na mesto (mjesto) 2. ubiti 3. pojesti 4. smestiti (smjestiti) u bolnicu
put back *v* vratiti na mesto (mjesto)
put by *v* uštedeti (uštedjeti)
put down *v* 1. zabeležiti (zabilježiti) 2. slomiti; *to put down resistance* or: *to put resistance down* slomiti otpor 3. (slang) osuditi; kritikovati 4. deponovati; *to put down a deposit* or: *to put a deposit down* deponovati garantni iznos 5. (colloq.) kladiti se; *to put down money on smb.* kladiti se na nekoga 6. misc.; **to put one's foot down* insistirati
put-down [~daun] *n* (slang) osuda
put in *v* 1. umetnuti 2. (naut.) ući (u pristanište) 3. podneti (podnijeti); *to put in a request* podneti molbu 4. misc.; *to put in a good word for smb.* preporučiti nekoga; *to put in time* provesti vreme (vrijeme); *to put in for a pension* tražiti penziju
put off *v* odgoditi, odložiti; *to put a trip off* or: *to put off a trip* odložiti put
put on *v* 1. obući; obuti; staviti; *to put a suit on* or: *to put on a suit* obući odelo (odijelo); *to put on a hat* staviti šešir; *to put on lipstick* staviti ruž; *to put on shoes (socks)* obuti cipele (čarape) 2. upaliti; *to put on a lamp (a radio)* or: *to put a lamp (a radio) on* upaliti lampu (radio) 3. staviti u pogon; *to put on the brakes* kočiti 4. izvesti; *to put on a ballet* izvesti balet 5. izigravati; *to put on an air of indifference* izigravati ravnodušnost; *to put on airs* praviti se otmen 6. (slang) *to put smb. on* zadirkivati nekoga 7. dobiti; *to put on weight* dobiti u težini 8. zalepiti (zalijepiti); *to put a stamp on an envelope* zalepiti marku na koverat (W: kuvertu) 9. naneti (nanijeti); *to put on a second coat of paint* naneti drugi sloj boje 10. postaviti; *to put on a play (a record)* postaviti komad (ploču)
put-on [~an]; [o] *n* (slang) afektacija
put out *v* 1. ugasiti; *to put a fire (a light) out* or: *to put out a fire (a light)* ugasiti vatru (svetlo — svjetlo) 2. isploviti; *to put out to sea* isploviti na pučinu 3. izdati; pustiti u prodaju 4. zbuniti; uznemiriti; naljutiti; *he was very much put out because of the grade* bio je veoma ljut zbog ocene (ocjene) 5. ispružiti; *to put out one's hand* or: *to put one's hand out* ispružiti ruku 6. izbaciti; *to put out of action* izbaciti iz borbe 7. potrošiti; *he put out 50 dollars* potrošio je 50 dolara 8. (vul.) biti bludnica 9. izmoliti; *to put one's head out the window* izmoliti glavu kroz prozor 10. iznositi; *to put out food (for wild animals)* iznositi hranu (za divljač) (see also **tracer** 4)
put over *v* 1. see **put** III 8 2. misc.; *to put smt. over on smb.* prevariti nekoga
pu·tre·fac·tion [pjūtrǝ'faekšǝn] *n* truljenje
pu·tre·fac·tive [~ktiv] *a* koji izaziva truljenje
pu·tre·fy ['pjūtrǝfaj] *v* 1. *tr* izazvati truljenje (u) 2. *intr* istruliti

pu·tres·cence [pjū'tresǝns] *n* truljenje, trulež
pu·tres·cent [~ǝnt] *a* koji truli
pu·tres·ci·ble [~sǝbǝl] *a* truljiv
pu·trid ['pjūtrid] *a* truo; pokvaren
putt [pǝt] *v intr* (golf) lako udariti
put·tee ['pǝ'tij] *n* gamaša (od tkanine)
put·ter ['pǝtǝ(r)] *v* 1. *tr (to ~ away)* straćiti; *to ~ away one's time* traćiti vreme (vrijeme) 2. *intr* čačkati, majati se, prtljati, čeprkati; *to ~ around the house* majati se po kući; *to ~ in the garden* čeprkati po bašti
put through *v* 1. progurati 2. sprovesti; *to put through a reform* sprovesti reformu 3. obezbediti (obezbijediti); *he put his son through college* obezbedio je sinu fakultetsko obrazovanje, školovao je svog sina 4. dati vezu (za telefonski razgovor); *she put my call through* or: *she put me through* dala mi je vezu
put together *v* 1. sastaviti; napisati 2. misc.; **to put two and two together* izvući zaključak; **they put their heads together* dogovorili su se
put·ty I ['pǝtij] *n* kit, git
putty II *v tr* zakitovati
put up *v* 1. izgraditi; *to put a new building up* or: *to put up a new building* izgraditi novu zgradu (also **build** II 1) 2. imenovati, istaći; *to put up a candidate* istaći kandidata (also **nominate**) 3. podići; *to put one's hand up* or: *to put up one's hand* podići ruku 4. uložiti; *to put up money to start a business* uložiti novac za osnivanje firme 5. otvoriti; *to put up an umbrella* otvoriti kišobran 6. istaći; *to put a poster up* or: *to put up a poster* istaći plakat 7. smestiti (smjestiti); *he put me up for the night* dao mi je prenoćište 8. podstaći, podbosti; *to put smb. up to smt.* podbosti nekoga na nešto 9. pružati; *to put up resistance* pružati otpor 10. trpeti (trpjeti); *to put up with smt.* trpeti nešto 11. misc.; (slang) *put up or shut up!* jezik za zube! umukni! *to put up to cook* staviti u peć
put-up *a* (colloq.) lažiran, namešten (namješten); *a ~ job* nešto lažirano
put upon *v* eksploatisati, preopteretiti; *he was put upon by his friends* prijatelji su ga eksploatisali
puz·zle I ['pǝzǝl] *n* zagonetka
puzzle II *v* 1. *tr* zbuniti; *to be ~ ed* biti u nedoumici 2. *tr (to ~ out)* odgonetnuti 3. *intr* uporno razmišljati; *to ~ over smt.* uporno razmišljati o nečemu
puz·zle·ment [~mǝnt] *n* zbunjenost, smetenost
puzzle out *v* see **puzzle** II 2
PX [pij'aks] abbrev. of **post exchange**
pyg·my I ['pigmij] *n* pigmej
pygmy II *v* pigmejski
py·ja·mas esp. Br.; see **pajamas**
py·lon ['pajlan]; [ǝ] *n* pilon
py·or·rhe·a, py·or·rhoe·a [pajǝ'rijǝ] *n* (med.) pioreja
pyr·a·mid I ['pirǝmid] *n* piramida
pyramid II *v intr* primiti oblik piramide
py·ram·i·dal [pi'raemǝdǝl] *a* piramidalan
pyre [paj(r)] *n* lomača
Pyr·e·nees ['pijrǝnijz] *n pl* Pireneji
Py·rex ['pajreks] *n* pireks (trgovački naziv za vrstu vatrostalnog stakla)

py·rite ['pajrajt] *n* gvozdeni pirit (also **fool's gold**)
py·ro·man·cy ['pajrǝmaensij] *n* piromantija
py·ro·ma·ni·a [pajrou'mejnijǝ] *n* piromanija
py·ro·ma·ni·ac I [~ ijaek] *n* piroman
pyromaniac II *a* piromanski
py·ro·sis [paj'rousis] see **heartburn**
py·ro·stat ['*paj*rostaet], [*ij*] *n* pirostat
py·ro·tech·nic [pajrou'teknik] *a* pirotehnički
py·ro·tech·nics [~s] *n* pirotehnika
py·ro·tech·nist [~nist] *n* pirotehničar

py·ro·xene [paj'raksijn]; [*o*] *n* (miner.) piroksen
py·rox·e·nite [paj'raksǝnajt]; [*o*] *n* (miner.) piro-ksenit
py·rox·y·lin [paj'raksǝlin]; [*o*] *n* piroksilin
pyr·rhic ['pirik] *a* (poetics) pirički
Pyrrhic victory Pirova pobeda (pobjeda)
Py·thag·o·re·an [pithaegǝ'rijǝn] *a* Pitagorin, pi-tagorejski
Pythagorean theorem Pitagorina teorema
py·thon ['pajthɑn]; [*ǝ*] *n* piton

Q

q [kjū] *n* q (slovo engleske azbuke)
Q. T. [kjū'tij] (colloq.) *on the* ~ tajno
quack I [kwaek] *n* kvakanje
quack II *v intr* kvakati; *ducks* ~ patke kvaču
quack III *n* šarlatan
quack IV *a* šarlatanski, nadri
quack·er·y [~ərij] *n* šarlatanstvo
quad I [kwad]; [o] *n see* quadrangle 2
quad II *n see* quadruplet
quad·ran·gle [~raeṇ̄ggəl] *n* 1. četvorougao (W: četverokut) (also quadrilateral I) 2. četvorougaoni (W: četverokutni) blok zgrada
quad·rant [~rənt] *n* kvadrant
quad·rate [~rejt], [i] *see* rectangular
quad·rat·ic [~'raetik] *a* kvadratan
quadratic equation kvadratna jednačina (jednadžba)
quad·ra·ture [~rəčū(r)] *n* kvadratura; ~ *of the circle* kvadratura kruga
quad·ren·ni·al [~ 'renijəl] *a* četvorogodišnji (četverogodišnji)
quad·ri·cen·ten·ni·al I [~risen'tenijəl] *n* četiristogodišnjica
quadricentennial II *a* četiristogodišnji
quad·ri·lat·er·al I [~re'laetərəl]; [o] *n* četvorougao (W: četverokut) (also quadrangle)
quadrilateral II *a* četvorougli (W: četverouglast)
qua·drille [kwa'dril]; [ɔ] *n* kadril (ples)
quad·ril·lion [kwa'driljən]; [o] *n* (math.) kvadrilion — W: kvadrilijun (Am.: 10¹⁵ ; Br.: 10²⁴) (cf. septillion)
quad·ri·par·tite [kwadrə'pa(r)tajt]; [o] *a* četvorni; *a* ~ *alliance* četvorni savez
quad·roon [kwa'drūn]; [o] *n* osoba s četvrtinom crnačke krvi
quad·ru·ped I [kwad'ruped]; [o] *n* četvoronožac (četveronožac)
quadruped II *a* četvoronožan (četveronožan)
quad·ru·ple I [kwa'drūpəl], [u]; ['kwodrūpəl] četvorostruk (četverostruk)
quadruple II *v* 1. *tr* učetvorostručiti (učetverostručiti) 2. *intr* učetvorostručiti (učetverostručiti) se
quad·ru·plets [~plits] *n pl* četvorke
quag·mire ['kwaegmaj(r)] *n* blato, močvara
quail I [kwejl] *n* prepelica
quail II *v intr* klonuti, obeshrabriti se
quaint [kwejnt] *a* 1. staromodan (i dopadljiv) 2. čudan 3. nepodesan
quake I [kwejk] *n* potres (see earthquake)
quake II *v intr* 1. tresti se 2. drhtati

Qua·ker I ['kwejkə(r)] *n* kveker
Quaker II *a* kvekerski
quak·ing [~ing] *a* drhtav; *a* ~ *voice* drhtav glas
qual·i·fi·ca·tion [kwalefi'kejšən]; [o] *n* 1. kvalifikacija; *he doesn't have the* ~ *s for that job* on nema kvalifikacije za taj posao 2. uslov (W also: uvjet) 3. ograničenje
qual·i·fied ['kwaləfajd]; [o] *a* 1. kvalifikovan 2. uslovljen; ograničen
qual·i·fi·er [~ə(r)] *n* kvalifikator
qual·i·fy ['kwaləfaj]; [o] *v* 1. *tr* karakterisati 2. *tr* kvalifikovati 3. *tr* usloviti 4. *tr* (gram.) odrediti 5. *intr* kvalifikovati se; *to* ~ *for the finals* kvalifikovati se za finale
qual·i·ta·tive [~tejtiv] *a* kvalitativan; ~ *analysis* kvalitativna analiza
qual·i·ty [~tij] *n* 1. kvalitet, kakvoća 2. osobina
qualm [kwalm] *n* 1. sumnja, nesigurnost 2. muka, zlo, osećaj (osjećaj) gađenja
quan·da·ry ['kwand(ə)rij]; [o] *n* zbunjenost, dilema
quan·ti·fy ['kwantəfaj]; [o] *v tr* kvantifikovati
quan·ti·ta·tive [~tejtiv] *a* kvantitativan, količinski; ~ *analysis* kvantitativna analiza
quan·ti·ty [~tij] *n* kvantitet, količina
quan·tum I ['kwantəm]; [o] (-ta [tə]) *n* kvant
quantum II *a* kvantni
quantum jump (phys.) kvantni skok
quantum mechanics (phys.) kvantna mehanika
quantum number (phys.) kvantni broj
quantum theory (phys.) kvantna teorija
quar·an·tine I ['kworəntijn], [a] *n* karantin; *to place in* ~ staviti u karantin
quarantine II *v tr* staviti (nekoga) u karantin, zavesti karantin (za)
quark [kwa(r)k] *n* (phys.) kvark (osnovna čestica)
quar·rel I ['kworəl], [a] *n* svađa; *a* ~ *began (broke out)* izbila je svađa; *to cause a* ~ izazvati svađu; *to provoke (pick) a* ~ *with smb.* zapodenuti (zapodjenuti) svađu s nekim; *a bitter* ~ *about smt.* ljuta svađa o nečemu
quarrel II *v intr* svađati se; *to* ~ *with smb.* svađati se s nekim
quar·rel·some [~səm] *a* svadljiv
quar·ry I ['kworij], [a] *n* gonjena zver (zvijer), plen (plijen), lov
quarry II *n* kamenolom
quarry III *v tr* vaditi kamen (u kamenolomu)
quart [kwo(r)t] *n* četvrtina galona, kvart

quar·ter I [∼ə(r)] *n* 1. četvrtina, četvrt; *a* ∼ *of an apple* četvrtina (četvrt) jabuke; *a* ∼ *to five* četvrt do pet 2. (naut., also: ∼ *point*) kvadrant 3. see **quarters** 4. (in *pl*) krugovi; *in the highest* ∼ *s* u najvišim krugovima 5. milosrđe, milost; *to show no* ∼ nemati milosti 6. kvart; četvrt; *the Latin* ∼ Latinski kvart 7. (Am.) novčić od 25 centa

quarter II *a* četvrtinski

quarter III *v tr* 1. raščerečiti 2. podeliti (podijeliti) na četiri jednaka dela (dijela) 3. razmestiti (razmjestiti) po stanovima

quar·ter·age [∼ridž] *n* tromesečno (tromjesečno) plaćanje

quar·ter·back [∼baek] *n* (Am., football) bek; (fig.) dirigent igre, inicijator kombinacija; *a Monday morning* ∼ see **Monday**

quarter day (Br.) prvi dan u tromesečju — tromjesečju (kad se plaća stanarina)

quar·ter·deck [∼dek] *n* srednja paluba

quar·ter·finals [∼fajnəlz] *n pl* (sports) četvrt-finale

quarter hour četvrt sata

quar·ter·ly I [∼lij] *n* tromesečni (tromjesečni) časopis

quarterly II *a* tromesečni (tromjesečni); *a* ∼ *journal* tromesečni časopis

quar·ter·mas·ter [∼maestə(r)]; [*a*] 1. (mil.) intendant; *the* ∼ *general* načelnik intendantske službe 2. (naval) podoficir-kormilar

quartermaster II *a* intendantski; *the* ∼ *corps* intendantska služba; *a* ∼ *depot* intendantsko skladište

quarter mile četvrt milje

quarter miler trkač na stazi od četvrt milje

quarter note (mus.) četvrtinka (see also **crotchet** 2)

quar·ters [∼z] *n pl* 1. stambene prostorije; (mil.) kasarna 2. (naval) mesto (mjesto) po borbenoj zapovesti (zapovijesti); *general* ∼ potpuna bojna gotovost (broda); *battle* ∼ borbena uzbuna 3. misc.; *at close* ∼ u neposrednom dodiru; see **quarter I** 4

quarter sessions *pl* tromesečne (tromjesečne) sudske sednice (sjednice)

quar·ter·tone [∼toun] *n* četvrtina tona

quar·tet [kwo(r)'tĕt] *n* kvartet

quar·to [∼tou] (-*s*) *n* četvrtina, kvarto (veličina papira dobijena presavijanjem tabaka — W: arka dvaput)

quartz [kwo(r)ts] *n* kvarc

quartz·ite [∼ajt] *n* kvarcit

qua·sar ['kwejza(r)] *n* kvazar (radioizvor)

quash [kwaš]; [*o*] *v tr* 1. (legal) ukinuti, poništiti; *to* ∼ *a verdict* poništiti presudu 2. ugušiti

qua·si ['kwazij], [*ej*] *a and adv* kvazi, tobožnji, tobože

quas·sia ['kwašə]; [*o*] *n* (bot.) kvasija

quat·er·cen·te·na·ry [kwatə(r)sen'tenərij]; [kwae-təsen'tijnərij] *n* četiristogodišnjica

Qua·ter·nar·y I ['kwatə(r)nerij]; (kwə'tə(r)nərij] *n* (geol.) *(the* ∼) kvartar, kvartarna perioda

Quaternary II *a* (geol.) kvartarni

qua·ter·ni·on [kwə'tə(r)nijən] *n* 1. skupina od četiri 2. (math.) kvaternion

quat·rain [kwa'trejn]; [*o*] *n* katren, strofa od četiri stiha

qua·ver I ['kwejvə(r)] *n* 1. drhtanje 2. treperenje, podrhtavanje glasa 3. (Br., music) osmina (see also **eighth note**)

quaver II *v intr* 1. drhtati 2. (mus.) trilovati, podrhtavati

quay [kij] *n* kej

quea·sy, quea·zy ['kwijzij] *a* 1. osetljiv (osjetljiv); *a* ∼ *stomach* osetljiv stomak; *he feels* ∼ mučno mu je 2. gadljiv 3. uznemiren

Que·bec [kwi'bek] *n* Kvibek (pokrajina i grad)

queen I [kwijn] *n* 1. kraljica, vladarka 2. kraljica, žena kraljeva 3. (chess) dama, kraljica 4. (cards) kraljica, dama 5. (or: ∼ *bee*) matica 6. (slang) homoseksualac

queen II *v tr* 1. načiniti kraljicom 2. (chess) pretvoriti u damu

queen bee see **queen 1** 5

queen cell matičnjak

queen mother kraljica mati

queer I [kwij(r)] *n* (slang) homoseksualac

queer II *a* 1. čudan, nastran; *to smell* ∼ čudno mirisati 2. ćaknut 3. homoseksualan

queer III *v tr* (slang) osujetiti, pokvariti

Queer Street (Br.) teškoće

quell [kwel] *v tr* ugušiti; *to* ∼ *an uprising* ugušiti bunu

quench [kwenč] *v tr* utoliti; ugasiti; *to* ∼ *one's thirst* utoliti žeđ

que·nelle [kə'nel] *n* vrsta ćufte

quern [kwə(r)n] *n* ručni mlin

quer·u·lous ['kwerələs] *a* gunđav; ljutit

que·ry I ['kwijrij] *n* 1. pitanje; raspitivanje 2. (Br.) žalba

query II *v tr* pitati; ispitivati

quest [kwest] *n* traženje, traganje; *in* ∼ *of smt.* tražeći nešto

ques·tion I [kwesčən] *n* 1. pitanje; *to ask smb. a* ∼ postaviti nekome pitanje; *to answer a* ∼ odgovoriti na pitanje; *to raise a* ∼ pokrenuti pitanje; *a* ∼ *of honor* pitanje časti; **a 64-dollar* ∼ veoma važno pitanje 2. sumnja; *there is no* ∼ nema sumnje 3. rasprava; stvar; *to call for the* ∼ tražiti da se završi rasprava; *to put the* ∼ preći na glasanje

question II *v tr* 1. ispitivati; *to* ∼ *witness* ispitati svedoka (svjedoka) 2. osporiti; *to* ∼ *smb.'s right* osporiti nečije pravo

ques·tion·a·ble [∼əbəl] *a* 1. osporljiv, pod pitanjem 2. sumnjiv

question mark znak pitanja, upitnik

ques·tion·naire [kwesčə'nej(r)] *n* anketa, anketni listić, upitnica

queue I [kjū] *n* 1. kika 2. (esp. Br.) red; *to jump the* ∼ upasti u red (see **line I** 12)

queue II *v intr* (also: *to* ∼ *up*) stati u red, napraviti red (see also **line up** 2)

queue up *v* see **queue II**

quib·ble I ['kwibəl] *n* cepidlačenje (cjepidlačenje)

quibble II *v intr* cepidlačiti (cjepidlačiti); *to* ∼ *about (over) smt.* cepidlačiti u nečemu

quib·bler [∼blə(r)] *n* cepidlaka (cjepidlaka)

quick I [kwik] *n* 1. živo meso; **to cut to the* ∼ pogoditi (dirnuti) u živac 2. (obsol.) (as *pl*) živi

quick II *a* 1. brz; *he did it* ∼*ly* on je to brzo uradio; *be* ∼ *about it!* uradi to brzo! 2. (obsol.) živ

quick III *adv* (colloq.) brzo; *come* ~*!* dođi brzo! (more lit. is *quickly*)
quick·en [~ən] *v* 1. *tr* ubrzati 2. *tr* oživiti 3. *intr* ubrzati se 4. *intr* oživeti (oživjeti)
quick-freeze (see **freeze**) *v* tr brzo smrznuti
quick·ie [~ij] *n* (colloq.) nešto što se brzo radi
quick·lime [~lajm] *n* kalcijum-oksid
quick·sand [~saend] *n* živi pesak (pijesak)
quick·sil·ver [~silvə(r)] *n* živo srebro, živa (also **mercury**)
quick·step [~step] *n* brzi korak, brza koračnica
quick-tem-pered [~-tempə(r)d] *a* naprasit, koji lako plane
quick time brzi vojnički korak
quick-wit·ted [~-witid] *a* dovitljiv, oštrouman
quid I [kwid] *n* gruda (duvana — duhana za žvakanje)
quid II *n (pl* has zero) (Br., slang) funta (sterlinga)
quid pro quo [kwid prou kwou] (Latin) usluga za uslugu
qui·es·cent [kwaj'esənt], [ij] *a* u stanju mirovanja
qui·et I ['kwajit] *n* 1. mirnoća, mir 2. odmor
quiet II *a* miran; tih; ~ *neighbors* mirni susedi (susjedi); *sit* ~*ly!* sedi (sjedi) mirno!
quiet III *v* 1. *tr* (also: *to* ~ *down)* stišati, smiriti; *to* ~ *children* smiriti decu (djecu) 2. *intr* (usu.: *to* ~ *down*); stišati se, smiriti se; *the house* ~*d down* kuća se stišala
qui·et·ism [~izəm] *n* kvijetizam
qui·e·tude [~*t*ūd]; [*tj*] *n* mirnoća, tišina
qui·e·tus [kwaj'ijtəs] *n* 1. smirenje 2. smrtni udarac (also **deathblow**)
quill [kwil] *n* 1. pero 2. bodlja
quilt I [kwilt] *n* jorgan
guilt II *v tr* prošiti
quince [kwins] *n* dunja
quin·cen·ten·ar·y I [kwin'sentənerij]; [kwinsən'tijnərij] *n* petstogodišnjica
quincentenary II *a* petstogodišnji
qui·nine ['kwajnajn]; [kwi'nijn] *n* kinin
quinine water vrsta pića s kininom
quin·o·line [kwinouli*j*n], [*i*] *n* (chem.) hinolin (kinolin)
quin·quen·ni·al [kwin'kwenijəl] *a* petogodišnji
quin·quen·ni·um [~ijəm] (*-s* or *-ia* [ijə]) *n* petogodišnjica
quin·sy ['kwinzij] *n* (med.) gnojno zapaljenje (W: upala) krajnika
quint [kwint] see **quintuplets**
quin·tain ['kwintən] *n* meta za gađanje na uspravnom kocu
quin·tal [~əl] *n* 1. metarska centa, 100 kilograma, kvintal 2. see **hundredweight**
quinte [kant] *n* (fencing, music) kvinta
quin·tes·sence [kwin'tesəns] *n* suština, bit, srž, kvintesencija
quin·tes·sen·tial [kwintə'senšəl] *a* suštinski, bitni
quin·tet [kwin'tet] *n* (mas.) kvintet
quin·til·lion [kwin'tiljən] *n* 1. (Am.) trilion — W: trilijun (10^{18}) 2. (Br.) kvintilion (10^{30})
quin·tu·ple I [kwin'təpel], [ū]; ['kwintjūpəl] *a* petostruk
quintuple II *v* 1. *tr* upetostručiti 2. intr. upetostručiti se

quin·tu·plets [~plits] *n pl* petorke
quip I [kwip] *n* dosetka (dosjetka), pošalica
quip II *v intr* našaliti se
quip·ster [~stə(r)] *n* šaljivčina
quire [kwaj(r)] *n* dvadeset četiri (pet) tabaka (W: araka) pisaćeg papira
quirk [kwə(r)k] *n* 1. kapric, lutka, ćef 2. okuka, zaokret 3. izgovor, uvijanje
quirt [kwə(r)t] *n* korbač
quis·ling ['kwizlin͞g] *n* (pejor.) kvisling
quit [kwit]; *quit* [kwit] (Br. also: *quitted*) v 1. *tr* napustiti; odustati (od); *to* ~ *one's job* napustiti službu 2. *intr* napustiti službu 3. *intr* prestati; *he quit smoking* prestao je da puši
quite [kwajt] *adv* 1. sasvim; ~ *good* sasvim dobro; ~ *so* sasvim tako 2. (colloq.) izvanredan; poveliki; ~ *a house* povelika kuća 3. dosta, prilično; ~ *warm* dosta toplo; ~ *a few* mnogo
Qui·to ['kijtou] *n* Kito
quits [kwits] *a* kvit; *to call it* ~ priznati da je spor dovršen
quit·tance ['kwitəns] *n* 1. isplata 2. priznanica
quit·ter [~ə(r)] *n* onaj koji odustaje; zabušant
quit·tor [~ə(r)] *n* zapaljenje kopitne krune
quiv·er I ['kwivə(r)] *n* tobolac
quiver II *n* drhtaj; treperenje
quiver III *v intr* drhtati; treperiti
quix·ot·ic [kwik'satik]; [o] *a* donkihotski, besmislen
quix·ot·i·cal [~əl] see **quixotic**
quix·o·tism ['kwiksətizəm] *n* donkihotstvo, besmisleni poduhvat
quiz I [kwiz] *(quizzes)* *n* 1. kviz 2. ispitivanje
quiz II *-zes; -zed; v tr* 1. ispitivati 2. (Br., obsol.) zadirkivati, ismevati (ismijevati) 3. (Br., obsol.) piljiti (u)
quiz master voditelj kviza
quiz program see **quiz I** 1
quiz·zi·cal [~ikəl] *a* 1. zbunjen 2. podrugljiv
quod [kwad]; [o] *n* (Br., slang) zatvor
quod vi·de ['vijdij] (Latin) vidi
quoin [kojn], [kwojn] *n* ćošak, ugao
quoit [kwojt], [kojt] *n* 1. halka 2. (in *pl)* igra nabacivanja halki
quon·dam ['kwandəm]; [o] *adv* (rare) nekadašnji
Quon·set hut ['kwansit]; [o] montažno sklonište (u obliku polubureta)
quo·rum ['kworəm] *n* kvorum
quo·ta [~] *n* kvota; ograničen broj; *a racial* ~ rasna kvota
quo·ta·ble [~əbəl] *a* koji se može navesti
quota system propisani ograničen broj osoba za prijem (u neku školu, službu)
quo·ta·tion [kwou'tejšən] *n* 1. navod, citat 2. (comm.) notiranje 3. (comm.) navođenje cene (cijene)
quotation mark navodnik, navodni znak
quote I [kwout] *n* (colloq.) see **quotation** 1
quote II *v tr* navesti, citirati
quoth [kwouth] *v* (obsol., lit.) rekoh, reče
quo·tid·i·an [kwou'tidijən] *a* 1. svakodnevni, običan 2. koji se vraća svakog dana
quo·tient ['kwoušənt] *n* (math.) količnik

Q. V. abbrev. of **quod vide**

R

r [a(r)] *n* r (slovo engleske azbuke)
rab·bet I ['raebit] *n* spoj, urez, oluk, žleb (žlijeb)
rabbet II *v tr* spojiti, užlebiti (užlijebiti)
rab·bi ['raebaj] *n* rabin
rab·bin·ate ['raebinejt] *n* rabinat
rab·bin·i·cal [rə'binikəl] *a* rabinski
rab·bit ['raebit] *n* pitomi zec, kunić
rabbit fever see tularemia
rabbit hutch see hutch
rabbit punch (boxing) zabranjen udarac za vrat
rabbit's foot zečja šapa (simbol sreće)
rabbit warren see warren
rab·ble ['raebəl] *n* ološ, rulja
rab·ble·rous·er [~-rauzə(r)] *n* demagog, huškač
Rab·e·lai·si·an [raebə'lejzijən] *a* rableovski
rab·id ['raebid] *a* 1. besan (bijesan); *a* ~ *dog* besan pas 2. fanatičan
ra·bies ['rejbijz] *n* besnilo (bjesnilo)
rac·coon [rae'kūn] *n* (zool.) rakun
race I [rejs] *n* 1. rasa; *the* ~*s of mankind* ljudske rase; *the black (white, yellow)* ~ crna (bela — bijela, žuta) rasa 2. pasmina, soj, rasa
race II *n* 1. trka; *an automobile (horse)* ~ automobilska (konjska) trka; *the arms* ~ trka u naoružavanju 2. see slipstream
race III *v* 1. *tr* trkati se (sa) 2. *tr* pustiti da se trka 3. *tr* dati pun gas, pustiti da radi punom parom; *to* ~ *an engine* dati motoru pun gas 4. *intr* trkati se
race·horse [~ho(r)s] *n* trkački konj
race meeting (Br.) konjske trke (određene za jedan dan)
ra·ce·mic acid [rə'sijmik] vinska kiselina
rac·er ['rejsə(r)] *n* takmičar u trci
race riot rasni nemir
race·track [~traek] *n* hipodrom, trkalište
race·way [~wej] *n* 1. oluk, jaz 2. see racetrack
ra·chit·ic [rə'kitik] *a* rahitičan (also rickety)
ra·chi·tis [rə'kajtis] see rickets
ra·cial ['rejšəl] *a* rasni; ~ *discrimination* rasna diskriminacija
ra·cial·ism [~izəm] (esp. Br.) see racism
ra·cial·ist [~ist] (esp. Br.) see racist I, II
rac·ing I [rejsing] *n* trkanje; trke
racing II *a* trkački; *a* ~ *car* trkački automobil
racing card program trka (na hipodromu)
racing form bilten o trkačkim konjima
rac·ism ['rejsizəm] *n* rasizam
rac·ist I [~ist] *n* rasista

racist II *a* rasistički
rack I [raek] *n* 1. mreža za prtljag (W: prtljagu) 2. raf, stelaža; polica 3. postolje, stalak 4. see bomb rack 5. see rifle rack 6. zupčasta šipka; nazubljena letva 7. *(the* ~*)* sprava za mučenje; muke; *on the* ~ na mukama 8. vešalica (vješalica); *a hat* ~ vešalica za šešire
rack II *v tr* 1. lupati, razbijati; *to* ~ *one's brain about smt.* lupati glavu nečim 2. mučiti; moriti; *he was* ~*ed with pain* bol ga je razdirao; *he was* ~*ed by thirst* morila ga je žeđ
rack III *n* uništenje; **to go to* ~ *and ruin* raspasti se
rack IV *n* (cul.) vratina
rack and pinion zupčanica
rack·et I ['raekit] *n* (tennis) reket (raketa)
racket II *n* 1. buka, galama; *to make a* ~ dići galamu 2. (colloq.) prevara, smicalica 3. (colloq.) nepošten posao; ucenjivanje (ucjenjivanje) 4. (slang) posao, položaj
rack·et·eer [~'tij(r)] *n* (colloq.) ucenjivač (ucjenjivač); gangster
rack railway see cog railway
rack up *v* (colloq.) postići; *to rack up points* postići poene; *to rack up victories* nanizati pobede (pobjede)
ra·coon see raccoon
rac·quet see racket I
rac·y ['rejsij] *a* 1. jak; žestok 2. ljut, oštar 3. mastan, nepristojan
ra·dar I ['rejda(r)] *n* radar; *early-warning* ~ radar za daleko otkrivanje
radar II *a* radarski; *a* ~ *antenna (network)* radarska antena (mreža); *a* ~ *beacon (operator, receiver, set, transmitter)* radarski far (operator, prijemnik, uređaj, predajnik)
radar guidance navođenje pomoću radara
radar homing samonavođenje pomoću radara
radar monitoring radarsko osmatranje
radar navigation navigacija pomoću radara
ra·dar·scope [~skoup] *n* ekran radarskog indikatora
radar screen see radarscope
radar tracking praćenje radarom
radar trap see speed trap
ra·di·al ['rejdijəl] *a* 1. radijalan; ~ *tires* radijalne gume 2. zvezdasti (zvjezdasti); *a* ~ *engine* zvezdasti motor
ra·di·an ['rejdijən] *n* radijan

ra·di·ance ['rejdijəns] *n* 1. zračnost 2. blistavost
ra·di·ant ['rejdijənt] *a* 1. koji zrači 2. blistav 3.
(phys.) ~ *energy* energija zračenja
ra·di·ate ['rejdijejt] *v* 1. *tr* zračiti; *to* ~ *joy* zračiti
radošću 2. *intr* zračiti
ra·di·a·tion I [rejdij'ejšən] *n* radijacija, zračenje;
radiation II *a* radijacioni
radiation sickness radijaciona bolest
radiation therapy radio-terapija, zračenje; *to*
undergo (receive) ~ lečiti (liječiti) se rend-
genovim zracima
ra·di·a·tor ['rejdijejtə(r)], [*ae*] *n* 1. radijator, napra-
va za zagrevanje (zagrijevanje) 2. hladnjak,
radijator (u motoru automobila)
rad·i·cal I ['raedikəl] *n* 1. (pol.) radikalac, radikal
2. (math.) radikal, koren (korijen) 3. (chem.)
radikal
radical II *a* 1. radikalan, korenit (korjenit); ~
changes korenite promene (promjene) 2. (math.)
korenski (korijenski)
rad·i·cal·ism [~izəm] *n* radikalizam
rad·i·cal·ize ['raedikəlajz] *v tr* radikalizirati
radical sign znak radikala
rad·i·cand [raedi'kaend] *n* (math.) radikand
ra·di·ces see **radix**
rad·i·cle ['raedikəl] *n* (bot., anat.) korenak (korije-
nak)
ra·di·i see **radius**
ra·di·o I ['rejdijou] *n* 1. radio; *on the* ~ na radiju,
preko radija; *to listen to the* ~ slušati radio;
to turn a ~ *on (off)* pustiti (ugasiti) radio 2. see
receiver 4 3. see **transmitter**
radio II *a* radio-
radio III *v tr* and *intr* javiti radiom; emitovati;
the ship ~*ed a call for help* brod je emitovao
signal za pomoć
ra·di·o·ac·tive [~'aektiv] *a* radioaktivan; ~
contamination (fallout) radioaktivno zagađenje;
~ *decay* radioaktivno raspadanje; ~ *elements*
radioaktivni elementi; *a* ~ *isotope (series)*
radioaktivni izotop (niz)
ra·di·o·ac·tiv·i·ty [~aek'tivəti] *n* radioaktivnost
radio announcer radio-spiker
radio beacon radio-far
radio beam snop radio-talasa
ra·di·o·broad·cast [~'brodkaest]; [*a*]; -*cast* or
-*ed; v tr* and *intr* emitovati (preko radija)
radio cab taksi snabdeven (snabdjeven) radio-
-uređajem
ra·di·o·chem·is·try [~'kemistrij] *n* radiohemija
(radiokemija)
radio compass radio-kompas
radio frequency radio-frekvencija
ra·di·o·gram [~graem] *n* radiogram
ra·di·o·graph [~graef]; [*a*] *n* radiograf
ra·di·og·ra·pher [rejdij'agrəfə(r)]; [*o*] *n* (Br.)
rendgenski tehničar
ra·di·o·lo·ca·tion [~lou'kejšən] *n* radio-lokacija
ra·di·ol·o·gist [rejdij'alədžist]; [*o*] *n* radiolog
ra·di·ol·o·gy [~džij] *n* radiologija
ra·di·o·man [~maen] (-*men*) [men]) *n* radio-me-
haničar
ra·di·om·e·ter [rejdij'amətə(r)]; *n* radiometar
radio operator radio-operator
radio program 1. radio-emisija 2. radio-program
(raspored)

ra·di·o·scope [~skoup] *n* radioskop
ra·di·os·co·py [rejdij'askəpij]; [*o*] *n* radioskopija
ra·di·o·sonde ['rejdijousand]; [*o*] *n* radiosonda
radio spectrum radio-spektar
radio station radio-stanica
ra·di·o·tel·e·phone [~'teləfoun] *n* radio-telefon
ra·di·o·ther·a·py [~'therəpij] *n* radio-terapija
radio wave radio-talas (esp. W: radio-val)
rad·ish ['raediš] *n* 1. (bot.) rotkva 2. (cul.) rotkvica
ra·di·um ['rejdijəm] *n* radij, radijum
radium therapy radijum-terapija
ra·di·us ['rejdijəs] (-*es* or -*ii* [ijaj]) *n* 1. radijus; *a*
of action radijus dejstva (djejstva); (aviation)
dolet, domet; (aviation) *a cruising* ~ dolet na
režimu krstarenja 2. područje, obim; *within a* ~
of 10 miles na (u) području od 10 milja
radius vector radijus-vektor
ra·dix ['rejdiks] (-*es* or *radices* ['rejdəsijz]) *n* (math.)
baza sistema
ra·don ['rejdan]; [*o*] *n* (chem.) radon
RAF [arej'ef] abbrev. of **Royal Air Force**
raf·fi·a ['raefijə] *n* (bot.) rafija
raff·ish ['raefiš] *a* vulgaran
raf·fle I ['raefəl] *n* prodaja žrebom — žrijebom (na
lutriji)
raffle II *v tr* (usu.: *to* ~ *off*) prodati žrebom —
žrijebom (kockom, na lutriji)
raft I [raeft] *n* splav; *to steer a* ~ upravljati
splavom
raft II *n* (colloq.) mnoštvo
raft·er [~ə(r)] *n* krovna greda
rafts·man [~mən] (-*men* [mən]) *n* splavar
rag I [raeg] *n* 1. krpa; dronjak, rita; *to be in* ~*s*
biti u dronjcima; *a floor* ~ krpa za pod 2.
(slang) list, novine
rag II *a* 1. od krpe; *a* ~ *doll* krpena lutka 2. bez-
drvni
rag III *v tr* (colloq.) gnjaviti; zadirkivati; *to* ~
smb.'s soul out gnjaviti nekoga
rag IV *n* (Br.) 1. šala 2. studentska povorka,
zabava
rag·a·muf·fin ['raegəməfin] *n* dronja, dronjo,
adrapovac, odrpanac
rag·bag [~baeg] *n* vreća za krpe
rage I [rejdž] *n* 1. jarost, bes (bijes); *in a* ~ u
besu; *to vent one's* ~ *at smb.* iskaliti bes na
nekoga; *to fly into a* ~ razbesneti (razbjesnjeti)
se 2. (colloq.) *(the* ~*)* privremena moda
(also **craze** I 1, **fad**)
rage II *v intr* besneti (bjesnjeti); *the storm* ~*d for*
hours oluja je besnela satima; *battles are* ~*ing*
on all fronts borbe besne na svim frontovima;
to ~ *at smb.* besneti protiv nekoga
rag·ged ['raegid] *a* 1. dronjav, u dronjcima; odr-
pan 2. čupav 3. nedoteran (nedotjeran) 4. hra-
pav 5. iskrzan
rag·lan ['raeglən] *n* raglan
ra·gout [rae'gū]; ['rae~] *n* ragu
rag paper bezdrvni papir
rag·pick·er [~pikə(r)] *n* krpar
rag·tag [~taeg] *n* ološ
rag·time [~tajm] *n* vrsta džeza
Ra·gu·sa [ra'gūza] *n* (Italian) see **Dubrovnik**
rag·weed [~wijd] *n* see **ragwort**
rag·wort [~wo(r)t], [*ə*] *n* (bot.) starčac, oštriš
rah [ra] *interj* ura

raid I [rejd] *n* 1. prepad, napad 2. racija; *to carry out a* ~ izvršiti raciju
raid II *v tr* and *intr* iznenada napasti
raid·er [~ə(r)] *n* napadač, učesnik u prepadu
raiding party (manja) prepadna grupa, diverzantska grupa
rail I [rejl] *n* 1. spojnica, prečaga 2. see **railroad** 3. (in *pl*) akcije železnica (željeznica) 4. ograda, priručje, balustrada (na stepeništu) 5. šina, tračnica; *trains run on* ~*s* vozovi (W: vlakovi) idu po šinama
rail II *n* (bird) mlakara, trkavac
rail III *v intr* (*to* ~ *at*) grditi, psovati
rail centar železnički (željeznički) čvor
rail·head [~hed] *n* 1. krajnja stanica 2. (mil.) stanica snabdevanja (snabdijevanja)
rail·ing [~iñg] *n* priručje, ograda (na stepeništu) (see also **banister, rail I** 4)
rail·ler·y ['rejlərij] *n* šegačenje, zadirkivanje
rail·road I [~roud] *n* železnica (željeznica); *to operate* (*run*) *a* ~ rukovoditi železnicom
railroad II *a* železnički (željeznički); *a* ~ *bridge* (*car, embankment, tie*) železnički most (vagon napis, prag); *a* ~ *accident* (*network, track*) železnička nesreća (mreža, pruga); ~ *transportation* železnički saobraćaj
railroad III *v tr* (colloq.) 1. (brzo) progurati; *to* ~ *a bill through a legislature* brzo progurati projekat zakona kroz skupštinu 2. smestiti (smjestiti) na osnovu lažnih dokaza; *to* ~ *smb. to jail* smestiti nekoga u zatvor na osnovu lažnih dokaza
railroad station železnička (željeznička) stanica (W: željeznički kolodvor)
rails see **rail I** 3, 5
rail·way [~wej] *n* železnička (željeznička) pruga; *a cable* (*cogged*) ~ žičana (zupčana) železnica (željeznica)
rain I [rejn] *n* 1. kiša; *it looks like* ~ kao da će kiša; **~ or shine* uprkos vremenu; *heavy* (*light*) *rain* jaka (slaba) kiša 2. (fig.) kiša, pljusak; *a* ~ *of fire* kiša metaka
rain II *v.* 1. *tr* obasuti; *to* ~ *fire on a city* obasuti grad vatrom 2. *intr* padati (o kiši); *it's* ~*ing* pada kiša; *it's* ~*ing in* prodire kiša; **it's* ~*ing cats and dogs* kiša pada kao iz kabla
rain·bow [~bou] *n* duga
rain check ulaznica koja se koristi u slučaju odlaganja utakmice zbog kiše
rain·coat [~kout] *n* kišni mantil
rain·drop [~drɑp]; [o] *n* kaplja kiše
rain·fall [~fol] *n* padavine, oborine; količina kiše
rain forest tropska kišna šuma
rain gauge (gage) kišomer (kišomjer)
rain in *v* see **rain II** 2
rain·mak·er [~ mejkə(r)] *n* čarobnjak koji može proizvesti kišu; dodola
rain·mak·ing [~iñg] *n* 1. see **cloud seeding** 2. proizvodnja kiše; dozivanje kiše
rain off Br.; see **rain out**
rain out *v* otkazati zbog kiše; *the game was rained out* utakmica je bila otkazana zbog kiše
rain·spout [~spaut] *n* oluk
rain·storm [~stɔ(r)m] *n* pljusak
rain·wat·er [~wotə(r)], [a] *n* kišnica

rain·wear [~wej(r)] *n* kišna odeća (odjeća)
rain·y [~ij] *a* kišovit; kišan; *a* ~ *season* kišna sezona; ~ *weather* kišovito vreme (vrijeme); *a* ~ *day* kišovit dan; **to save up for a* ~ *day* čuvati bele (bijele) pare za crne dane
raise I [rejz] *n* povišica; *to get* (*give*) *a* ~ dobiti (dati) povišicu (see also **rise I** 6)
raise II *v.* 1. *tr* dići, podići; povisiti; *to* ~ *anchor* dići kotvu; *to* ~ *an army* (*dust, one's eyes, one's head, one's voice, wages*) podići vojsku (prašinu, oči, glavu, glas, platu); *to* ~ *to the third power* dići na kub; *to* ~ *a curtain* podići zavesu (zavjesu); *to* ~ *one's spirits* podići raspoloženje; *to* ~ *prices* povisiti cene (cijene) 2. *tr* skupiti; *to* ~ *money* skupiti novac 3. *tr* odgajiti (W: odgojiti), podići; *to* ~ *children* odgajiti decu (djecu); *to* ~ *cattle* (*sheep*) odgajiti stoku (ovce) 4. *intr* (cards) povećati ulog 5. misc.; *to* ~ *land* ugledati kopno; **to* ~ *Cain* (*the roof, hell*) napraviti džumbus
rai·sin ['rejzən] *n* suvo (suho) grožđe
rake I [rejk] *n* grabulje
rake II *v.* 1. *tr* prograbljati 2. *tr* (also: *to* ~ *together, up*) zgrnuti; *to* ~ *up leaves* zgrnuti lišće 3. *tr* (*to* ~ *off*) zgrabuljati; *to* ~ *the leaves off a playground* zgrabuljati lišće sa igrališta 4. *tr* zasuti uzdužnom vatrom 5. *tr* (colloq.) (*to* ~ *in*) skupiti; zaraditi; zgrnuti; *to* ~ *in a nice profit* zgrnuti dobru zaradu 6. *intr* grabuljati 7. misc.; **to* ~ *smb. over the coals* izgrditi nekoga na pasja kola
rake III *n* raskalašnik
rake IV *n* kosina, nagnutost; *the* ~ *of a mast* nagnutost jarbola
rake in *v* see **rake II** 5
rake off *v* see **rake II** 3
rake-off [~of] *n* (slang) deo (dio) dobiti
rake up *v* see **rake II** 2
rak·ish I ['rejkiš] *a* (naut.) 1. s izgledom brzine 2. nagnut
rakish II *a* razvratan, raskalašan
rale [ral] *n* (med.) klokot, krkor
ral·ly I ['raelij] *n* 1. prikupljanje, zbor, miting; *to hold a* ~ održati miting 2. poboljšanje, oporavak 3. (comm.) skok (akcija) 4. (tennis) razmena (razmjena) udaraca 5. reli
rally II *v.* 1. *tr* prikupiti; *to* ~ *troops* prikupiti vojsku 2. *tr* ujediniti; *to* ~ *a country* ujediniti zemlju 3. *tr* dovesti u red; popraviti 4. *intr* prikupiti se 5. *intr* pridružiti se; okupiti se; *to* ~ *round smb.* okupiti se oko nekoga 6. *intr* oporaviti se; *to* ~ *from an illness* oporaviti se od bolesti 7. *intr* skočiti; *stocks rallied* akcije su skočile
ram I [raem] *n* 1. ovan 2. see **battering-ram** 3. (naut.) kljun (za udar pramcem)
ram II *v.* 1. *tr* udariti (pramcem, kljunom) 2. *tr* prokrčiti; probiti; *the ship* ~*med its way through the ice* brod se probio kroz led 3. *tr* nabiti 4. *intr* naleteti (naletjeti); *the car* ~*med into a pole* auto je naleteo na stub 5. misc.; **to* ~ *smt. home* učiniti nešto jasnim, dokazati nešto; **to* ~ *smt. down smb.'s throat* primorati nekoga da pristane na nešto
Ram·a·dan [raemə'dan] *n* Ramazan (Ramadan)

ram·ble I ['raembəl] *n* lutanje
ramble II *v intr* 1. lutati, skitati se 2. udaljavati se (od teme)
ramble on *v* brbljati
rambler rose ruža puzavica
ram·bling [~bliñg] *a* 1. koji luta 2. preopširan, ogroman; *a large ~ house* ogromna kuća 3. koji se udaljava (od teme) 4. razvučen, rasplinut
ram·bunc·tious [raem'bənkčəs] *a* bučan; nasilnički
ram·i·fi·ca·tion [raeməfə'kejšən] *n* razgranavanje
ram·i·fy ['raeməfaj] *v* 1. *tr* razgranati 2. *intr* razgranati se
ram·jet ['raemdžet] *n* nabojno-mlazni motor
ram·mer [~ə(r)] *n* 1. punilac 2. razbijač, nabijač
ra·mose ['rejmous] *or* [rə'mous] *a* razgranat
ramp [raemp] *n* 1. strma ravan 2. platforma; (aviation) *a parking ~* platforma za parkiranje 3. uspon ka autostradi; spuštanje sa autostrade
ram·page ['raempejdž] *n* razjarenost, jarost; *to go an a ~* razjariti se, razbesneti (razbjesnjeti) se
ram·pa·geous [raem'pejdžəs] *a* razjaren
ram·pant ['raempənt] *a* 1. bujan 2. osion, goropadan
ram·part ['raempa(r)t] *n* bedem
ram·pi·on ['raempijən] *n* (bot.) motovilka
ram·rod ['raemrɑd]; [*o*] *n* nabijač; šipka za pušku
ram·shack·le ['raemšaekəl] *a* trošan, oronuo; rasklimatan; *a ~ house* trošna kuća
ram·u·lose ['raemjəlous] *a* razgranat
ran see **run II**
ranch I [raenč]; [*a*] *n* ranč, stočarska farma
ranch II *v intr* držati ranč
ranch·er [~ə(r)] *n* rančer
ranch house 1. kuća na ranču 2. prizemna, jednospratna (W: jednokatna) kuća
ran·cid ['raensid] *a* užegnut, užgao; *the butter is ~* puter se užegao
ran·cor ['raeñgkə(r)] *n* zloba, mržnja, pizma
ran·cor·ous [~ rəs] *a* zloban
ran·dom ['raendəm] *a* 1. slučajan 2. nasumice rađen; *at ~* nasumice 3. slučajan, stohastički; *a ~ error (variable)* slučajna greška (promenljiva — promjenljiva)
random access memory (C.) memorija sa direktnim pristupom
random sample štihproba, proba nasumice, proba po slučajnom izboru; *to take a ~* izvršiti štihprobu
R and R [araend'a(r)] (usu. mil.; abbrev. of *rest and recreation)* odmor i okrepljenje
rand·y ['raendij] *a* (Br.; colloq.) pohotljiv
rang see **ring II**
range I [rejndž] *n* 1. domet, domašaj, dohvat; *within rifle ~* na dometu puške; *aut of ~* izvan dometa 2. radijus dejstva (djejstva), domet; *a (cruising) ~ of 1,000 miles* domet od 1.000 milja 3. daljina 4. (aviation) dolet 5. poligon, strelište 6. venac (vijenac), lanac; *a mountain ~* planinski venac 7. šporet, štednjak; *an electric (gas) ~* šporet na struju (plin) 8. opseg
range II *v* 1. *tr* postrojiti 2. urediti 3. *intr* protezati se; *the forest ~s to the south* šuma se proteže na jug 4. *intr* kretati se; *room and board*

~s from 10 to 15 dollars pansion se kreće od 10 do 15 dolara
range finder daljinomer (daljinomjer)
rang·er [~ə(r)] *n* 1. (also: *forest ~*) šumar 2. (Am., mil.) pripadnik jedinice za izvršenje specijalnih zadataka, komandos
Ran·goon [raeñg' gūn] *n* Rangun
rang·y ['rejndžij] *a* 1. dugih udova, tanak 2. prostran
rank I [raeñgk] *n* 1. čin; rang; *by ~* prema činu; *to be senior in ~* biti najstariji po činu; *he holds the ~ of major* on je po činu major; *to pull ~* iskoristiti svoj viši čin 2. (mil.) vrsta; *to form a ~* postrojiti se u vrstu; (fig.) *to close ~s* zbiti redove; (fig.) *to rise from the ~s* početi od redova (u vojsci); *to break ~s* izići iz reda
rank II *v* 1. *tr* svrstati, rangirati 2. *tr* see **outrank** 3. *intr* biti po činu; *he ~s first* on je na čelu
rank III *a* 1. bujan 2. plodan, mastan 3. pravi, sušti, čisti; *~ cowardice* čist kukavičluk
rank and file 1. vojnici 2. (fig.) obični ljudi
rank·er [~ə(r)] *n* (Br., mil.) 1. redov 2. oficir
rank·ing [~iñg] *a* najstariji po činu
ran·kle ['raeñgkəl] *v* 1. *tr* mučiti, gristi, jesti 2. *intr* gristi, jesti 3. *intr* gnojiti se
rank order rang-lista
ran·sack ['raensaek] *v tr* 1. pretresti, pretražiti, preturiti; *to ~ a room* pretražiti sobu 2. opljačkati
ran·som I ['raensəm] *n* otkup, iskup; *to hold for ~* držati za otkup
ransom II *v tr* otkupiti, iskupiti; *to ~ a child* iskupiti dete (dijete)
rant [raent] *v intr* buncati
rap I [raep] *n* 1. lak udarac; *to give smb. a ~ over the knuckles* udariti nekoga po prstima 2. kucanje; *there was a ~ at the door* neko (netko) je kucnuo na vrata 3. (slang) kazna; prekor (prijekor); *to beat the ~* izmaći kazni; *to take the ~ for smb.* povući za nekoga
rap II *v* 1. *tr* udariti, lupiti, čvrknuti; *to ~ smb. over the knuckles* udariti nekoga po prstima; *to ~ on the head* čvrknuti po glavi 2. *tr (to ~ out)* otkucati; skresati 3. *intr* udariti, lupiti 4. *intr* (slang) pričati, diskutovati
ra·pa·cious [rə'pejšəs] *a* 1. grabljiv 2. pohlepan, gramziv
ra·pac·i·ty [rə'paesətij] *n* 1. grabljivost 2. pohlepnost, gramzivost
rape I [rejp] *n* silovanje; *attempted ~* pokušaj silovanja; *to commit ~* izvršiti silovanje; *a gang ~* grupno silovanje
rape II *v tr* silovati; *to ~ a woman* silovati ženu
rape III *n* (bot.) repica
rape IV *n* komina, droždina
rape oil repično ulje
rape seed seme (sjeme) od repice
rap·id ['raepid] *a* brz, rapidan
rapid deployment force (Am.; mil.) snage za hitnu intervenciju
rapid fire brza vatra
rap·id·fire [~-foj(r)] *a* brzometan
rapids [~z] *n pl* brzac, brzak; *to shoot (the) ~ (on a river)* savladati brzake (neke reke — rijeke)

rapid transit sistem javnog saobraćaja
rap·id-tran·sit [~traensit] *a* (chess) brzopotezni; *a* ~ *tournament* brzopotezni turnir
ra·pi·er ['rejpijə(r)] *n* rapir (mač)
rap·ine ['raepin]; [*aj*] *n* pljačka
rap·ist ['rejpist] *n* izvršitelj (počinitelj) silovanja, nasilnik
rap·port [rə'po(r)] *n* (bliska) veza; prisnost
rap·proche·ment [raeproš'man] *n* zbliženje
rapt [raept] *a* zanesen; ushićen
rap·to·ri·al [raep'torijəl] see **predatory**
rap·ture ['raepčə(r)] *n* zanesenost, ushićenost
rap·tur·ous [~rəs] *a* ushićen
rare I [rej(r)] *a* 1. redak (rijedak); *a* ~ *book* retka knjiga; *a* ~ *guest* redak gost 2. razređen (razrijeđen)
rare II *a* nedopečen, manje pečen, slabo pečen; ~ *meat* nedopečeno meso (cf. **medium II 2, well-done 1**)
rare·bit [~bit] *n* (cul.) pržen sir (also **Welsh rabbit**)
rar·e·fac·tion [rejrə'faekšən] see **rarefication**
rar·e·fi·ca·tion [rejrəfi'kejšən] *n* razređenje (razrijeđenje)
rar·e·fy ['rejrəfaj] *v tr* razrediti (razrijediti); *the air is becoming* ~*fied* vazduh (W: zrak) se razređuje
rare·ly [~lij] *adv* retko; *he comes* ~ *one* retko dolazi
rar·ing ['rejring] *a* (colloq.) oduševljen; *he is* ~ *to go* ne može da dočeka da ide (počne)
rar·i·ty ['rejrətij] *n* raritet, retkost, retka stvar
ras·cal ['raeskəl]; [*a*] *n* 1. nitkov, bitanga 2. nestaško
ras·cal·i·ty [raes'kaelətij] *n* 1. nitkovluk 2. nestašluk
rase see **raze**
rash I [raeš] *n* 1. (med.) osip 2. izbijanje (see also **flurry I 2**)
rash II *a* nagao; prenagljen, brzoplet; *a* ~ *act* prenagljena radnja
rash·er [~ə(r)] *n* kriška slanine
rash·ness [~nis] *n* naglost; prenagljenost
ra·so·ri·al [rə'zorijəl] *a* čeprkajući
rasp I [raesp]; [*a*] *n* 1. trenica, rende 2. hrapav, škripav zvuk
rasp II *v* 1. *tr* strugati 2. *intr* škripati
rasp·ber·ry ['raezberij], [ə]; ['razbrij] *n* 1. malina (žbun, plod) 2. (slang) zviždanje; *to give smb. the* ~ izviždati nekoga (also **bird 3, Bronx cheer**)
rasp·ing ['raesping]; [*a*] *a* hrapav, škripav; *a* ~ *voice* hrapav (škripav) glas
rasp·y [~ij] *a* see **rasping**
rat I [raet] *n* 1. pacov (W: štakor) 2. (slang) dostavljač, prijavljivač 3. (slang) pseto, nitkov; *you* ~! pseto jedno!; **to smell a* ~ biti podozriv, nepoverljiv (nepovjerljiv)
rat II *v intr* (slang) *(to* ~ *on)* prijaviti, dostaviti; *to* ~ *on smb.* prijaviti nekoga
rat·a·ble ['rejtəbəl] *a* 1. ocenljiv (ocjenljiv) 2. srazmeran (srazmjeran)
ratch·et ['raečit] *n* zapor, zupčasti točak
rate I [rejt] *n* 1. stopa; *an annual (discount, tax)* ~ godišnja (diskontna, poreska) stopa; *the* ~ *of industrial growth* stopa porasta industrijske

proizvodnje 2. brzina; tempo; *a* ~ *of advance (climb)* brzina napredovanja (penjanja); *at the* ~ *of...* brzinom od ... 3. (Br.) porez na imovinu 4. kurs; *a buying (selling)* ~ kupovni (prodajni) kurs (see also **exchange I 5**) 5. misc.; *at any* ~ u svakom slučaju
rate II *v* 1. *tr* proceniti (procijeniti), ceniti (cijeniti) 2. *tr* (colloq.) zaslužiti 3. *tr* Br.; see **assess 2** 4. *intr* (colloq.) biti poštovan 5. *intr* smatrati se
rate·pay·er [~pejər] *n* (Br.) porezni obveznik
rat·fink ['raetfingk] *n* (slang) bitanga, nitkov
rath·er ['raethə(r)]; [*a*] *adv* 1. radije; *he would* ~ *remain at home* on će radije ostati kod kuće; *what would you* ~ *do?* šta (što) bi ti radije hteo (htio)? *he would* ~ *draw than study* on radije crta nego uči 2. pre (prije); *it looks blue* ~ *than green* izgleda pre plav no zelen 3. prilično; ~ *far* prilično daleko 4. to jest; *he is my friend, or* ~ *he was my friend* on mi je prijatelj, to jest, bio mi je prijatelj
rat·i·fi·ca·tion [raetəfi'kejšən] *n* ratifikacija
rat·i·fy ['raetəfaj] *v tr* ratifikovati
rat·ing ['rejting] *n* 1. procena (procjena) 2. (mil.) specijalnost 3. procena finansijskog (financijskog) stanja preduzeća (W: poduzeća), osobe 4. karakteristika, nominalna vrednost (vrijednost); režim; *a power* ~ nominalna snaga 5. popularnost (emisije) 5. (Br., naval) mornar 6. *(in pl)* rang-lista, rejting-lista
ra·tio ['rejšou], [*šij*] *n* 1. odnos, proporcija, razmera (razmjera); *in inverse* ~ u obrnutoj razmeri 2. (math.) količnik
ra·tion I ['raešən], [*ej*] *n* 1. sledovanje (sljedovanje), obrok hrane; *to draw a* ~ dobiti sledovanje 2. *(in pl,* mil.) hrana, životne namirnice
ration II *v tr* racionirati; *to* ~ *food* racionirati namirnice
ra·tion·al [~əl] *a* racionalan; ~ *numbers* racionalni brojevi
ra·tion·ale [raešə'nael]; [*a*] *n* obrazloženje
ra·tion·al·ism ['raešənəlizəm] *n* racionalizam
ra·tion·al·ist [~ist] *n* racionalista
ra·tion·al·is·tic [raešənə'listik] *a* racionalistički, racionalističan
ra·tion·al·i·ty [raešə'naelətij] *n* racionalnost
ra·tion·al·i·za·tion [raešənələ'zejšən]; [*aj*] 1. *n* racionalizacija 2. opravdanje ponašanja (lažnim razlozima)
ra·tion·al·ize ['raešənəlajz] *v* 1. *tr* racionalizovati 2. *intr* opravdavati svoje ponašanje (lažnim razlozima)
ration book knjižica za namirnice
ra·tion·ing *n* [~ing] *n* racioniranje
ration out *v* podeliti (podijeliti)
rat·line ['raetlin] *n* (naut.) uzica
rat on *v* see **rat II**
rats·bane ['raetsbejn] *n* otrov za pacove (W: štakore)
rat·tan [rae'taen] *n* (bot.) palma trskara
rat·tle I ['raetəl] *n* 1. čegrtaljka 2. zvečka 3. klepet 4. kožni prstenovi (kod zvečarke) 5. klopot 6. hropac
rattle II 1. *tr and intr* čangrljati, čegrtati, klepetati, zveckati, zvečati (nečim); *to* ~ *a doorknob*

čangrljati kvakom od vrata 2. *tr (to ~ off)* brzo izgovoriti, izvesti; *to ~ off a list of names* brzo izgovoriti spisak imena 3. *tr* (colloq.) zbuniti; *he was ~d by the question* pitanje ga je zbunilo 4. *intr* kloparati; klopotati; *the engine ~s* motor klopara 5. *intr* (or: *to ~ on*) torokati 6. *intr* tandrkati; *to ~ along (over) cobblestones* tandrkati po kaldrmi 7. *intr* zaštektati; *the machine gun ~d* mitraljez je zaštektao

rat·tle·brained [~brejnd] *a* šupljoglav, praznoglav

rattle off *v* see **rattle II** 2

rat·tler ['raetlə(r)] *n* see **rattlesnake**

rat·tle·snake [~snejk] *n* zvečarka

rat·tle·trap [~traep] *n* (colloq.) krntija

rat·tling ['raetliňg] (colloq.) 1. *a* žustar 2. *adv* veoma

rat·trap ['raettraep] *n* 1. kljusa za pacove (W: štakore) 2. (colloq.) trošna kuća

rat·ty ['raetij] *a* 1. pacovski (W: štakorski) 2. oronuo 3. (Br.) ljut 4. podao

rau·cous ['rokəs] *a* bučan; hrapav; *~ laughter* bučan smeh (smijeh)

raun·chy ['rončij] *a* (slang) nepriličan

rav·age I ['raevidž] *n* (usu. in *pl)* šteta; *the ~s of time* zub vremena

ravage II *v tr* and *intr* opustošiti; *to ~ a village* opustošiti selo

rave I [rejv] *n* (colloq.) (usu. in *pl)* oduševljeni, ushićeni prikaz; *the play got ~s* komad je dobio oduševljenu (ushićenu) kritiku

rave II *a* (colloq.) oduševljen, ushićen; *the play got ~ reviews* komad je dobio ushićenu kritiku

rave III *v intr* 1. buncati 2. besneti (bjesnjeti)

rav·el I ['raevəl] *n* zaplet

ravel II *v tr* 1. see **unravel** 2. zaplesti, zamrsiti

rav·ven I ['rejvən] *n* gavran, vran

raven II *a* vran, crn

rav·en III ['raevən] *v tr* and *intr* 1. proždrati 2. opljačkati

rav·en IV *n* see **ravin**

rav·en·ous ['raevənəs] *a* 1. halapljiv, proždrljiv 2. grabljiv

rav·in ['raevən] *n* 1. proždrljivost 2. plen (plijen) 3. grabljivost

rav·vine [rə'vijn] *n* jaruga

rav·ing I ['rejviňg] *n* buncanje

raving II *a* 1. koji bunca, pomaman; *a ~ maniac* ludak 2. (colloq.) izvanredan; *a ~ beauty* izvanredna lepotica (ljepotica)

ra·vi·o·li [raevij'oulij] *n pl* ravioli, italijanske taške

rav·ish ['raeviš] *v tr* 1. oteti 2. silovati

rav·ish·ing [~iňg] *a* zanosan

raw [ro] *a* 1. presan (prijesan), sirov; *~ meat* sirovo (presno) meso 2. sirov; *~ material* sirovina, sirova građa 3. ranjav; *rubbed ~* ranjav od trljanja 4. hladan (i vlažan); *weather* hladno vreme (vrijeme) 5. neobučen; neizvežban (neizvježban); *~ recruits* neobučeni regruti 6. misc.; *in the ~* u sirovom stanju, go (gol), nag

raw·boned [~bound] *a* koščat

raw deal (colloq.) nepravedno postupanje; *he got a ~* postupali su sa njime nepravedno

raw·hide [~hajd] *n* sirova koža

ray I [rej] *n* zrak (W: zraka); zračak; *a ~ of hope* zračak nade (see also **x ray**)

ray II *n* (fish) raja, raža

ray·on ['rejən]; [o] *n* veštačka — vještačka (W: umjetna) svila, rejon

raze [rejz] *v tr* 1. porušiti, srušiti; *to ~ a building* porušiti zgradu (also **demolish** 1) 2. sravniti; *to ~ to the ground* sravniti sa zemljom

ra·zor ['rejzə(r)] *n* brijač, brijačica; *a safety ~* žilet

ra·zor·back [~baek] *n* see **rorqual**

razor blade nožić za brijanje

razor's edge (usu. Br.) kritičan položaj

razz [raez] *v tr* (slang) rugati se (nekome)

razz·ber·ry see **raspberry** 2

raz·zle·daz·zle ['raezəl-'daezəl] *n* (slang) zaslepljivanje (zasljepljivanje)

reach I [rijč] *n* 1. dohvat, doseg, domašaj; *beyond (out of) ~* van dohvata; *within ~* na dohvatu 2. (pregledan) prostor, dužina

reach II *v* 1. *tr* dopreti — doprijeti (do, dostići, dohvatiti; *who is tall enough to ~ the glasses?* ko (tko) je dovoljno visok da dohvati čaše? 2. *tr* (also: *to ~ out*) ispružiti; *to ~ one's hand across the table* ispružiti ruku preko stola 3. *tr* (colloq.) dodati; *to ~ smb. the salt* dodati nekome so (sol) (also **pass II** 8) 4. *tr* stići; *to ~ home* stići kući; *he ~ed town* stigao je do grada 5. *tr* napraviti; *to ~ an agreement* dogovoriti se 6. *intr* posegnuti, mašiti se; *to ~ for smt.* posegnuti za nečim; *to ~ for a knife* mašiti se noža 7. *tr* and *intr* dopirati, dostizati, dosezati; *the water ~es (to) my knees* voda mi doseže do kolena (koljena); *as far as the eye can ~* dokle oko može da dopre 8. *intr (to ~ out)* ispružiti ruku; *he ~ed out to help me* ispružio je ruku da mi pomogne 9. misc.; *to ~ a verdict* doneti (donijeti) presudu; *he has ~ed his 65th birthday* navršio je 65 godina

reach·me·down Br.; see **hand-me-down**

reach out *v* see **reach II** 2, 8

reach over *v* ispružiti ruku

re·act [rij'aekt] *v intr* reagovati; *to ~ to smt.* reagovati na nešto

re·ac·tion [rij'aekšən] *n* 1. reakcija; *a ~ to smt.* reakcija na nešto; *a chain (chemical) ~* lančana (hemijska — kemijska) reakcija; *to cause a ~* izazvati reakciju 2. (pol.) reakcija

re·ac·tion·ar·y I [~erij]; [r] *n* reakcionar

reactionary II *a* reakcionaran

reaction time brzina reakcije

re·ac·ti·vate [rij'aektəvejt] *v tr* reaktivisati

re·ac·tor [rij'aektə(r)] *n* reaktor

read [rijd]; *read* [red] *v* 1. *tr* pročitati; *to ~ a book* pročitati knjigu; *to ~ aloud* pročitati nešto glasno; *to ~ in the newspaper(s)* pročitati u novinama; *to ~ French* čitati francuski 2. *tr* shvatiti, razumeti (razumjeti) 3. *tr* pokazati; *the dial ~s zero* brojčanik pokazuje nulu 4. *tr* (esp. Br.) studirati; *to ~ law* studirati pravo 5. *tr* podneti (podnijeti); *to ~ a paper* podneti referat 6. *intr* čitati; *to ~ to oneself* čitati u sebi; **to ~ between the lines* čitati između redova 7. *intr* učiti, spremati se; *to ~ for an exam* spremati se za ispit 8. *intr* glasiti;

how does the sentence ~? kako glasi rečenica?
9. misc.; *to* ~ *down a list* pročitati spisak (od početka); *to* ~ *into* uneti — unijeti (čitajući); *to* ~ *up on a subject* proučiti neki predmet, obavestiti (obavijestiti) se o nekom predmetu; *the play* ~*s well* komad je dobar kad se čita
read·a·ble [~əbəl] *a* 1. čitljiv; vredan (vrijedan) čitanja 2. see **legible**
read·er [~ə(r)] *n* 1. čitalac; *a regular* ~ *of a newspaper* redovni čitalac nekog lista; *an avid* ~ strastan čitalac 2. čitač; *a microfilm* ~ čitač za mikrofilmove 3. (Br.) docent; vanredni (W: izvanredni) profesor 4. lektor 5. recenzent
readers' club klub čitalaca
rea·der·ship [~šip] *n* 1. čitaoci, pretplatnici (nekog lista) 2. (Br.) položaj docenta
read for *v* (Br.) studirati; *to read for a university degree* studirati na fakultetu
read·i·ly ['redəlij] *adv* 1. rado 2. lako
read·i·ness [~nis] *n* spremnost; ~ *to do smt.* spremnost da uradi nešto
read·ing I ['rijding] *n* 1. čitanje 2. štivo; *assigned* ~ zadano štivo 3. ono što pokazuje neka sprava za merenje (mjerenje)
reading II *a* čitalački; *the* ~ *public* čitalačka publika
Read·ing ['rediñg] *n* Reding (grad)
re·ad·just [rijə'džest] *v* 1. *tr* opet prilagoditi 2. *intr.* opet se prilagoditi
read off *v* pročitati glasno
read only memory (C.) fiksna memorija
read-out ['rijd-aut] *n* štampani rezultati (iz memorije računara)
read out *v* pročitati glasno
read over *v* 1. pročitati 2. pročitati ponovo
read·y ['redij] *a* 1. spreman; *dinner is* ~ ručak je spreman; *he is* ~ *to leave* on je spreman da pođe; *to be* ~ *for anything* biti spreman na sve; *to get* ~ spremati se 2. gotov; ~ *cash* gotov novac 3. taman; *the sun is* ~ *to break through the clouds* sunce taman da probije kroz oblake 4. siguran; *a* ~ *source* izvor 5. zreo; *to be picked* zreo za branje 6. misc.; (mil.) ~ *front!* mirno! (posle — poslije ravnanja po krilnom); (mil.) *at the* ~ nagotovs (Br.; sports) ~! na mesta - mjesta! (see also **mark I** 13)
ready·made [~-mejd] *a* gotov; ~ *clothing* gotova odeća (odjeća)
ready reckoner (Br.) priručnik s matematičkim tabelama
re·af·firm [rijə'fə(r)m] *v tr* ponovo tvrditi, potvrditi, afirmisati
re·af·for·est [rijə'forəst], [a] Br.; see **reforest**
Rea·gan·om·ics [rejgən'amiks]; [o] *n* (colloq.) regano-ekonomija
re·al I [rijl], ['rijəl] *a* 1. stvaran, realan; ~ *chances* realne šanse; ~ *wages* realna plata 2. pravi, istinski; *a* ~ *diamond* pravi dijamant; *his* ~ *father* njegov pravi otac; *a* ~ *fool* prava budala; ~ *joy* prava radost; ~ *nerve* pravi bezobrazluk; *his* ~ *name* njegovo pravo ime 3. nepokretan
real II *adv* (colloq.) veoma
real estate nepokretna imovina, nekretnina

real estate agent see **realtor**
re·al·gar [rij'aelga(r)] *n* (miner.) realgar
re·al·i·a [rij'ejlijə] *n pl* realije
re·a·lign [rijə'lajn] *v tr* 1. prestrojiti, pregrupisati 2. opet regulisati, poravnati (see **align** for 2)
re·al·ism ['rijəlizəm] *n* realizam
re·al·ist [~ist] *n* realista
re·al·is·tic [rijə'listik] *a* realističan, realistički
re·al·i·ty [rij'aelətij] *n* realnost, realitet, stvarnost
re·al·i·za·tion [rijələ'zejšən]; [aj] *n* 1. realizacija, ostvarenje 2. razumevanje (razumijevanje)
re·al·ize ['rijəlajz] *v tr* 1. realizovati, ostvariti; *to* ~ *a profit* ostvariti dobitak 2. shvatiti; razumeti (razumjeti); predočiti
real·life *a* stvaran
re·al·ly [~ij] *adv* 1. see **real I**; stvarno, u stvari 2. zbilja
realm [relm] *n* 1. carstvo, kraljevina 2. (fig.) oblast, carstvo
re·al·tor ['rijəltə(r)], [o] *n* trgovac nepokretnostima (Br. is **estate agent**)
re·al·ty ['rijəltij] *n* nekretnina
ream I [rijm] *n* 1. ris (W: rizma); (500 tabaka — W: araka); *a printer's* ~ 516 tabaka 2. (usu. in *pl*) gomila
ream II *v tr* 1. razvrnuti 2. (colloq.: *to* ~ *out*) izgrditi
ream·er [~ə(r)] *n* razvrtač
ream out *v* see **ream II** 2
re·an·i·mate [rij'aenəmejt] *v tr* vratiti u život, oživeti
re·an·i·ma·tion [rijaenə'mejšən] *n* vraćanje u život oživljenje
reap [rijp] *v tr and intr* pokositi, požeti, ubrati; *to* ~ *grain* pokositi žito; *to* ~ *benefits* ubrati plodove
reap·er [~ə(r)] *n* 1. žetelac, kosac; **the grim* ~ kosa smrti 2. žetelica
re·ap·por·tion [rijə'po(r)šən] *v tr* ponovo podeliti (podijeliti)
re·ap·por·tion·ment [rijə'po(r)šənmənt] *n* ponovna podela (podjela)
rear I [rij(r)] *n* 1. zadnja strana, pozadina; *in the* ~ u pozadini 2. (mil. and fig.) zaštitnica; *to bring up the* ~ obrazovati zaštitnicu 3. zadnjica, stražnjica
rear II *a* zadnji; *a* ~ *axle* zadnja osovina; *a* ~ *door* zadnja vrata; *a* ~ *sight* zadnji nišan
rear III *v* 1. *tr* odgajiti (W: odgojiti) 2. *intr* (or: *to* ~ *up*) dići se, propeti se; *the horse* ~*ed* konj se propeo
rear admiral kontra-admiral
rear end 1. (colloq.) zadnjica 2. (on an automobile) zadnji most
rear guard zaštitnica
re·arm [rij'a(r)m] *v* 1. *tr* ponovo naoružati 2. *intr* ponovo se naoružati
re·ar·ma·ment [~əmənt] *n* ponovno naoružanje
rear·most [~moust] *a* poslednji (posljednji)
re·ar·range [rijə'rejndž] *v tr* ponovo urediti
rear up *v* see **rear III** 2
rearview mirror [~'vjū] retrovizor
rear·ward [~wə(r)d] 1. *a* zadnji 2. *adv* pozadi; nazad
rea·son I ['rijzən] *n* 1. razum; *to listen to* ~ slušati razum 2. razlog; povod; *for what* ~? iz kog

razloga? ∼*s for and against* razlozi za i protiv; *for no (apparent)* ∼ bez (vidljivog) razloga; *he has (a) good* ∼ *to act that way* on ima dobar razlog da tako postupa 3. misc.; *by* ∼ *of* zbog; *it stands to* ∼ logično je; *with* ∼ opravdano
reason II *v* 1. *tr (to* ∼ *out)* promisliti 2. *intr* rasuđivati; *the ability to* ∼ sposobnost rasuđivanja
rea·son·a·ble [∼əbəl] *a* 1. razuman 2. umeren (umjeren); *a* ∼ *price* umerena cena (cijena)
rea·son·ing [∼ing̅] *n* rasuđivanje
re·as·sess [rijə'ses] *v tr* preispitati; *to* ∼ *a policy* preispitati politiku
re·as·sess·ment [∼mənt] *n* preispitivanje
re·as·sure [rijə'šū(r)] *v tr* ponovo uveriti (uvjeriti)
Ré·au·mur ['rejoumjū(r)] *a* Reomirov
reb [reb] *n* (Am., Civil War) vojnik u vojsci južnih država
re·bar·ba·tive [ri'ba(r)bətiv) *a* odvratan
re·bate I ['rijbejt] *n* rabat, popust; *to give a* ∼ *of 5%* dati popust od pet odsto
rebate II (or: [ri'bejt]) *v tr* smanjiti (račun, cenu — cijenu)
rebate III (or: ['raebit]) see **rabbet I**
reb·el I ['rebəl] *n* ustanik, buntovnik
rebel II *a* ustanički
re·bel III [ri'bel] *v intr* ustati, pobuniti se; *to* ∼ *against* ustati protiv
re·bel·lion [ri'beljən] *n* ustanak; buna; *to stir up a* ∼ podići bunu
re·bel·lious [ri'beljəs] *a* buntovan
re·bind I ['rijbajnd] *n* knjiga u novom povezu
rebind II [rij'bajnd]; *rebound* [rij'baund]̱ *v tr* metnuti (knjigu) u nov povez
re·birth ['rij'bə(r)th] *n* preporod
re·born [rij'bo(r)n] *a* preporođen
re·bound I ['rijbaund] *n* 1. odskok; *on the* ∼ pri odskoku 2. (basketball) osvajanje lopte posle neuspelog (poslije neuspjelog) pucanja
rebound II *v intr* 1. (basketball) osvojiti loptu posle neuspelog (poslije neuspjelog) pucanja 2. odskočiti
rebound III see **rebind II**
re·broad·cast I [rij'brodkaest]; [*a*] *n* ponovna emisija
rebroadcast II -*ed* or -*cast*; *v tr* ponovo emitovati
re·buff I [ri'bəf] *n* odbijanje, korpa
rebuff II *v tr* odbiti; dati korpu (nekome)
re·build [rij'bild]; -*built* [bilt] *v tr* 1. ponovo sagraditi 2. remontovati; *a factory rebuilt engine* industrijski remontovan motor
re·buke I [ri'bjūk] *n* prekor (prijekor), ukor; *to give (administer) a* ∼ dati (izreći) ukor (also **reproach I, reprimand I**)
rebuke II *v tr* prekoriti, ukoriti (also **reproach II, reprimand II**)
re·bus ['rijbəs] *n* rebus, zagonetka u slikama
re·but [ri'bət] *v tr* and *intr* pobiti, opovrgnuti
re·but·tal [∼əl] *n* pobijanje, opovrgnuće
re·cal·ci·trance [ri'kaelsətrəns] *n* neposlušnost; obest (objest)
re·cal·ci·trant I [∼ənt] *n* neposlušna osoba
recalcitrant II *a* neposlušan
re·ca·les·cence [rijkə'lesəns] *n* (metallurgy) rekalescencija

re·call I ['rijkol], [ri'kol] *n* 1. opoziv, opozivanje; *the* ∼ *of an ambassador* opoziv ambasadora 2. (mil.) trubni znak za povratak 3. (mil.) poziv iz rezervnog sastava 4. podsećanje (podsjećanje) 5. povlačenje (automobila iz prodaje)
recall II [ri'kol] *v* 1. *tr* opozvati; *to* ∼ *an ambassador* opozvati ambasadora 2. *tr* (mil.) pozvati iz rezervnog sastava 3. *tr* and *intr* setiti (sjetiti) se; *I can't* ∼ ne mogu da se setim 4. *tr* povući (automobile iz prodaje); *to* ∼ *an automobile to correct a brake defect* povući automobil (iz prodaje) kako bi se izvršile prepravke na kočnicama
re·cant [ri'kaent] *v tr* and *intr* oporeći
re·can·ta·tion [rikaen'tejšən] *n* oporicanje
re·cap I ['rijkaep] *n* see **recapitulation**
recap II *v tr* see **recapitulate**
recap III *n* regenerisana guma (cf. **retread I**)
recap IV [ri'kaep] *v tr* regenerisati; *to* ∼ *a tire* regenerisati gumu (cf. **retread II**)
re·ca·pit·u·late [rijkə'pičuləjt] *v tr* sažeto ponoviti
re·ca·pit·u·la·tion [rijkəpiču'lejšən] *n* sažeto ponavljanje
re·cap·ture [rij'kaepčū(r)] *v tr* ponovo osvojiti
re·cast [rij'kaest]; [*a*]; -*cast; v tr* 1. preliti; *to* ∼ *a bell* preliti zvono 2. ponovo odrediti (glumce za uloge)
re·cede [ri'sijd] *v intr* 1. gubiti se; *to* ∼ *in the distance* gubiti se u daljini 2. opasti; *the waters are* ∼*ing* vode opadaju
re·ceipt [ri'sijt] *n* 1. priznanica; *a return* ∼ potvrda prijema obratnom poštom 2. primanje, prijem; *the* ∼ *of a letter* primanje pisma 3. (in *pl*) zarada od prodaje, pazar
re·ceiv·a·ble [ri'sijvəbəl] *a* 1. primljiv 2. naplatljiv
re·ceive [ri'sijv] *v.* 1. *tr* primiti; *to* ∼ *a guest (a letter)* primiti gosta (pismo); *to* ∼ *coldly (warmly)* primiti hladno (toplo) 2. *tr* dočekati 3. *tr* steći; *to* ∼ *an impression* steći utisak 4. *tr* hvatati; *our radio* ∼*s only local stations* naš radio hvata samo lokalne stanice 5. *intr* primati; *to be on the* ∼*ing end* primiti nešto; biti izložen nečemu
Received Standard English jezik najškolovanije klase u Engleskoj
re·ceiv·er [∼ə(r)] *n* 1. primalac 2. (legal) izvršilac stečaja 3. prikrivač (kradenih stvari) 4. prijemnik 5. (on a firearm) (or: ∼ *group)* sanduk 6. see **telephone receiver**
re·ceiv·er·ship [∼šip] *n* stečaj; *to go into* ∼ pasti pod stečaj
receiving *n* 1. primanje 2. (legal) primanje ukradenih stvari
receiving line grupa osoba koje dočekuju goste (na nekom prijemu)
receiving set prijemnik
re·cen·sion [ri'senšən] *n* recenzija, verzija
re·cent ['rijsənt] *a* skorašnji; *a* ∼ *event* skorašnji događaj
re·cep·ta·cle [ri'septəkəl] *n* 1. kutija (also **container** 1) 2. priključak (za struju)
re·cep·tion [ri'sepšən] *n* 1. prijem, doček; *to arrange a* ∼ *in smb.'s honor* prirediti prijem u nečiju čast 2. (tech.) prijem; *shortwave* ∼ kratkotalasni prijem 3. (Br., in a hotel) recepcija (see also **front office** 2)

reception desk Br.; see **desk** 3
re·cep·tion·ist [~ist] *n* 1. osoba koja radi na recepciji (u preduzeću — W: poduzeću) 2. Br. see **desk clerk**
re·cep·tive [ri'septiv] *a* prijemčiv, prijemljiv, receptivan; ~ *to* predusretljiv prema
re·cess I ['rijses], [ri'ses] *n* 1. raspust, odmor 2. zabito mesto (mjesto) 3. kutak, dubina, niša, udubljenje
recess II *v* 1. *tr* napraviti udubljenje (u), izdupsti 2. *tr* raspustiti 3. *intr* raspustiti se
re·ces·sion [ri'sešən] *n* 1. odlazak, povlačenje 2. (econ.) recesija, stagnacija
re·ces·sion·al [~əl] *n* 1. odlazak, povlačenje (nakon mise) 2. crkvena pesma (pjesma) pri odlasku
re·ces·sive [ri'sesiv] *a* recesivan
re·cid·i·vism [ri'sidəvizəm] *n* recidivizam
re·cid·i·vist [~ist] *n* recidivista
rec·i·pe ['resəpij] *n* (usu. cul.) recept
re·cip·i·ent [ri'sipijənt] *n* primalac, recipijent; *a welfare* ~ primalac socijalne pomoći
re·cip·ro·cal I [ri'siprəkəl] *n* (math.) recipročna vrednost (vrijednost) broja
reciprocal II *a* recipročan; uzajaman
reciprocal pronoun (gram.) recipročna zamenica (zamjenica)
reciprocal verb (gram.) uzajampo-povratni glagol
re·cip·ro·cate [ri'siprəkejt] *v intr* 1. uzvraćati 2. kretati se napred (naprijed) — nazad
reciprocating engine klipna mašina
re·ci·proc·i·ty [resə'prasətij], [o] *n* recipročnost
re·ci·sion [ri'sizən] *n* ukidanje, poništenje
re·ci·tal [ri'sajtəl] *n* resital
rec·i·ta·tion [resə'tejšən] *n* recitacija, recitovanje
rec·i·ta·tive [resətə'tijv] *n* (mus.) recitativ
re·cite [ri'sajt] *v tr and intr* recitovati, kazivati; *to* ~ *poetry* recitovati stihove
reck·less ['reklis] *a* nemaran, nesmotren; (legal) ~ *endangerment* izlaganje opasnosti
reck·on ['rekən] *v* 1. *tr* izračunati 2. *intr* računati; (colloq.) *to* ~ *on* računati na 3. *intr* (colloq.) misliti
reck·on·ing [~ing] *n* 1. račun 2. proračun
re·claim [ri'klejm] *v tr* 1. meliorisati; *to* ~ *land* meliorisati zemlju 2. popraviti
rec·la·ma·tion [reklə'mejšən] *n* 1. melioracija; amelioracija 2. popravljanje
re·cline [ri'klajn] *v intr* naslanjati se, opružati se
reclin·ing seat [~ing] naslonjača s pokretnim sedištem (sjedištem)
re·cluse I ['reklūs] or [ri'klūs] *n* osamljenik; pustinjak
recluse II *a* osamljenički, pustinjački
rec·og·ni·tion [rekəg'nišən] *n* 1. prepoznavanje, raspoznavanje; 2. priznanje; *to win* ~ steći priznanje; *to receive* ~ *for smt.* dobiti priznanje za nešto; *worthy of* ~ vredan (vrijedan) priznanja
rec·og·niz·a·ble ['rekəgnajzəbəl] *a* koji se može prepoznati
re·cog·ni·zance [ri'kagnəzəns], [o] *n* (legal) pismena obaveza (da se pojavi pred sudom)
rec·og·nize ['rekəgnajz] *v tr* 1. prepoznati, raspoznati, poznati, *to* ~ *smb. by his walk* pre-

poznati nekoga po hodu 2. priznati; *to* ~ *a government* priznati vladu
re·coil I ['rijkojl] or [ri'kojl] *n* 1. ustuknuće; odskok 2. trzaj, trzanje (topa, puške)
recoil II [ri'kojl] *v intr* 1. ustuknuti; odskočiti 2. trgnuti; *the rifle* ~*s* puška trza
re·coil·less [-lis] *a* bestrzajni; *a* ~ *rifle* bestrzajni top
rec·ol·lect [rekə'lekt] *v tr* setiti (sjetiti) se
rec·ol·lec·tion [~kšən] *n* sećanje (sjećanje)
rec·om·mend [rekə'mend] *v tr* preporučiti
rec·om·men·da·tion [rekəmen'dejšən] *n* preporuka
re·com·mit [rijkə'mit] *v tr* 1. ponovo angažovati, predati 2. ponovo uvesti (u borbu) 3. ponovo smestiti (smjestiti) 4. vratiti u odbor 5. ponovo uhapsiti
rec·om·pense I ['rekəmpens] *n* obeštećenje, naknada
recompense II *v tr* obeštetiti, nadoknaditi
rec·on·cil·a·ble [rekən'sajləbəl] *a* pomirljiv
rec·on·cile ['rekənsajl] *v tr* pomiriti; *to* ~ *quarreling relatives* pomiriti zavađene rođake; *to* ~ *oneself to one's fate* pomiriti se sa svojom sudbinom; *to* ~ *smb. with smb.* pomiriti nekoga s nekim
rec·on·cil·i·a·tion [rekənsilij'ejšən] *n* pomirenje
rec·on·dite ['rekəndajt] or [ri'kandajt]; [o] *a* teško razumljiv, nejasan (also **abstruse**)
re·con·di·tion [rijkən'dišən] *v tr* ponovo dovesti u ispravno stanje
re·con·nais·sance I [ri'kanəsəns]; [o] *n* izviđanje; *aerial* ~ izviđanje iz vazduha (W: zraka); ~ *in force* nasilno izviđanje; *to conduct (carry out)* ~ izvršiti izviđanje
reconnaissance II *a* izviđački; *a* ~ *detachment (platoon)* izviđački odred (vod); *a* ~ *patrol* izviđačka patrola
re·con·noi·ter [rijkə'nojtə(r)], [e] *v tr and intr* izviđati, *to* ~ *enemy positions* izviđati neprijateljske položaje
re·con·sid·er [rijkən'sidə(r)] *v tr and intr* ponovo razmatrati
re·con·sid·er·a·tion [rijkənsidə'rejšən] *n* ponovno razmatranje
re·con·struct [rijkən'strəkt] *v tr* rekonstruisati; ponovo izgraditi; *to* ~ *an event* rekonstruisati događaj
re·con·struc·tion [~kšən] *n* 1. rekonstrukcija, ponovna izgradnja; *the* ~ *of a city (an event)* rekonstrukcija grada (događaja) 2. (Am., hist., cap.) režim vojne diktature koji je bio zaveden na Jugu posle — poslije građanskog rata
re·con·ver·sion [rijkən'və(r)žən]; [š] *n* povratak (u pređašnje stanje)
rec·ord I ['rekə(r)d] *n* 1. zapisnik; zapis; zabeleška (zabilješka); protokol; evidencija; materijal; *to draw up (keep) a* ~ sastaviti (voditi) protokol; *to make a* ~ *of smt.* nešto zabeležiti (zabilježiti); *the lowest temperature on* ~ najniža zabeležena temperatura; *a court* ~ sudski materijal; *to delete smt. from smb.'s* ~ izbrisati nešto iz evidencije 2. (in *pl*) arhiva, akti (akta), spisi; dokumenti; *to keep (maintain)* ~*s* čuvati akta 3. prošlost; *to have a bad* ~ imati rđavu prošlost; *he has a criminal* ~ on je osuđivan 4. opis dosadašnjeg rada, dosije; *I'd like to see his* ~

hteo (htio) bih da vidim njegov dosije; (mil.) *a service* ~ dosije službovanja, podaci o toku službe 5. uspeh (uspjeh); *he was admitted on the basis of his high-school* ~ bio je upisan na osnovu postignutog uspeha u srednjoj školi; *his previous scholastic* ~ njegov uspeh u prethodnom školovanju 6. rekord; *to beat a* ~ premašiti rekord; *to set a new* ~ postaviti (postići) nov rekord 7. (gramofonska) ploča; *to make (cut) a* ~ snimiti ploču; *to play (put on) a* ~ postaviti ploču 8. misc.; *off the* ~ u poverenju (povjerenju); *for the* ~ za objavu
record II *a* rekordan; *a* ~ *number of visitors* rekordan broj posetilaca (posjetilaca)
re·cord III [ri'ko(r)d] *v* 1. *tr* zapisati, zabeležiti (zabilježiti) 2. *tr* registrovati; *to* ~ *the temperature* registrovati temperaturu 3. *tri* snimiti snimiti na ploču; *to* ~ *one's pronunciation* snimiti svoj izgovor 4. *intr* snimati
record-breaking *a* rekordan; *a* ~ *number* rekordan broj
record changer menjač (mjenjač) ploča
recorded delivery Br.; see **certified mail**
re·cord·er [ri'ko(r)də(r)] *n* 1. zapisničar 2. vrsta flaute 3. see **tape recorder** 4. rekorder
re·cord·ing [~iŋ] *n* snimak na ploči ili traci *to make a* ~ *of one's pronunciation* snimiti svoj izgovor; *to erase a* ~ izbrisati snimak; *a tape* ~ magnetofonski snimak
record jacket 1. omot gramofonskih ploča 2. see **jacket 4**
record player gramofon
re·count I ['rij·kaunt] *n* prebrojavanje, ponovno brojati (glasove)
re·count II [rij-'kaunt] *v tr* prebrojiti, ponovno brojati (glasove)
re·count [ri'kaunt] *v tr* ispričati; *to* ~ *an event* ispričati događaj
re·coup [ri'kūp] *v tr* nadoknaditi; *to* ~ *a loss* nadoknaditi štetu
re·course ['rijko(r)s] or [ri'ko(r)s] *n* 1. pribegavanje (pribjegavanje); *to have* ~ *to smt.* pribeći (pribjeći) nečemu 2. (legal) regres, pravo na regres
re·cov·er [rij-'kəvə(r)] *v tr* ponovo pokriti
re·cov·er [ri'kəvə(r)] *v tr* 1. dobiti natrag, ponovo steći; doći opet (do) 2. *tr* nadoknaditi 3. *intr* ozdraviti; oporaviti se; *to* ~ *from wounds* oporaviti se od rana 4. *intr* (usu. mil.) vratiti se u prvobitan položaj
re·cov·er·y [ri'kəvərij] *n* 1. dobijanje natrag, ponovno sticanje; *the* ~ *of stolen property* povraćaj ukradene imovine; *the* ~ *of damages* naknada štete 2. povratak (u normalno stanje) 3. ozdravljenje; oporavak; ~ *from* oporavak od; *he's on the road (way) to complete* ~ on je na putu potpunog oporavka
rec·re·ant I ['rekrijənt] *n* 1. otpadnik 2. kukavica
recreant II *a* 1. otpadnički 2. kukavički
re·cre·ate [rijkrij'ejt] *v tr* ponovo stvoriti
rec·re·a·tion I [rekrij'ejšən] *n* rekreacija, razonoda
recreation II *a* rekreacioni; *a* ~ *center* rekreacioni centar
rec·re·a·tion·al [~əl] *a* see **recreation II**
recreation room soba za razonodu

re·crim·i·na·tion [rikrimə'nejšən] *n* protivoptužba (protuoptužba)
re·cru·desce [rijkrü'des] *v intr* opet izbiti
re·cru·des·cence [~əns] *n* ponovno izbijanje
re·cruit I [ri'krüt] *n* regrut; novak
recruit II *v tr* 1. regrutovati 2. vrbovati; *to* ~ *as an agent* vrbovati za agenta; *to* ~ *volunteers* vrbovati dobrovoljce
re·cruit·er [~ə(r)] *n] n.* 1. regrutni oficir, regrutni podoficir 2. vrbovnik
re·cruit·ing [~iŋ] *n* 1. regrutacija 2. vrbovka
recruiting station regrutna stanica
re·cruit·ment [~mənt] see **recruiting**
rec·tal ['rektəl] *a* rektalan
rec·tan·gle ['rektaeŋgəl] *n* pravougaonik (W: pravokutnik)
rec·tan·gu·lar [rek'taeŋgjələ(r)] *a* pravougaoni (W: pravokutan)
rec·ti·fi·ca·tion [rektifə'kejšən] *n* rektifikacija, ispravljanje
rec·ti·fi·er ['rektəfajə(r)] *n* (elec.) ispravljač (struje)
rec·ti·fy ['rektəfaj] *v tr* 1. ispraviti 2. (chem.) prečistiti 3. (elec.) pretvoriti (struju)
rec·ti·lin·e·ar [rektə'linijə(r)] *a* pravolinijski
rec·ti·tude ['rektətūd]; [tj] *n* iskrenost, čestitost
rec·to ['rektou] (-s) *n* desna strana lista (cf. verso)
rec·tor ['rektə(r)] *n* 1. glavni paroh (pastor) 2. (Cath.) rektor 3. upravitelj (škole); rektor
rec·to·ry [~rij] *n* parohija
rec·tum ['rektəm] (-s or -ta [tə]) *n* rektum, zadnje crevo (crijevo)
re·cum·bent [ri'kəmbənt] *a* koji leži
re·cu·per·ate [ri'kūpərejt]; [kj] *v intr* oporaviti se, oživeti (oživjeti)
re·cur [ri'kə(r)] *v intr* 1. opet iskrsnuti 2. vratiti se
re·cur·rence [~rəns] *n* vraćanje; *a* ~ *of an illness* vraćanje bolesti
re·cur·rent [~rənt] *a* 1. povratan; *a* ~ *fever* povratna groznica 2. rekurentan; ~ *decimals* rekurentne decimale
re·cur·sion [ri'kə(r)žən] *a* (math.) rekurzivan
re·cur·sive [ri'kə(r)siv] *a* (ling.) rekurzivan
re·cy·cle [rij'sajkəl] *v tr* ponovo iskoristiti, prerađiti (kao sirovinu), reciklirati, *to* ~ *old paper* iskoristiti stari papir; *to* ~ *garbage* prerađiti smeće
re·cy·cling [~kliŋ] *n* prerada, reciklaža
red I [red] *n* 1. crvena boja, crven, crvenilo 2. (usu. cap.) komunista; revolucionar; crvenjak 3. misc.; *in the* ~ zadužen; **to see* ~ razbesneti (razbjesnjeti) se
red II *a* 1. crven; ~ *cheeks* crveni obrazi; *to turn* ~ pocrveneti (pocrvenjeti) 2. (fig.) revolucionaran, crven; (hist.) *the Red Army* Crvena armija 3. riđ; ~ *hair* riđa kosa 4. alev; ~ *pepper* aleva paprika 5. misc.; **to paint the town* ~ lumpovati, terevenčiti; **it's not worth a* ~ *cent* to ne vredi (vrijedi) ni prebijene pare
red alert (usu. mil.) uzbuna »crveno«
re·dact [ri'daekt] *v tr* see **edit**
red·bait·er ['redbejtə(r)] *n* hajkač (lovac) na levičare (ljevičare)
red·bait·ing [~iŋ] *n* hajka (lov) na levičare (ljevičare)

red·blood·ed [~-bludid] *a* jak; hrabar
red·breast [~brest] *n* see robin
red·brick [~brik] *n* (or: ~ *university*) (Br.) univerzitet koji je bio osnovan krajem 19. veka (vijeka)
red·cap [~kaep] *n* 1. nosač 2. Br.; see **military policeman**
red carpet crveni tepih; **to roll out the ~ for smb.* dočekati nekoga s velikim počastima
Red China (colloq.) see **People's Republic of China**
red·coat [~kout] *n* (hist.) crveni mundir (britanski vojnik)
Red Cross *(the ~)* Crveni krst (W: križ)
red·den ['redn] *v* 1. *tr* pocrveniti 2. *intr* pocrveneti (pocrvenjeti)
red·dish [~iš] *a* crvenkast
re·dec·o·rate [rij'dekərejt] *v tr and intr* (ponovo) udesiti; prepraviti; *to ~ an apartment* prepraviti stan
re·deem [ri'dijm] *v tr* 1. iskupiti; *to ~ one's honor* iskupiti svoju čast; *to ~ a pledge* iskupiti svoje obećanje 2. otkupiti; *to ~ property* otkupiti založenu imovinu; *to ~ a bond* otkupiti obveznicu 3. ublažiti; nadoknaditi; *he has one ~ing feature* ima jednu crtu koja ublažuje njegove negativne crte 4. spasti
re·deem·a·ble [~əbəl] *a* iskupljiv
re·deem·er [~ə(r)] *n* iskupitelj; spasitelj
re·deem·ing [~iŋg] *a* koji ublažuje (see **redeem** 3)
re·demp·tion [ri'dempšən] *n* 1. iskup; otkup 2. spas
re·de·ploy [rijdi'ploj] *v tr* (usu. mil.) prebaciti, pregrupisati
re·de·vel·op [rijdi'veləp] *v tr* 1. ponovo razviti 2. obnoviti
re·de·vel·op·ment [rijdi'veləpmənt] *n* obnova
red·eye ['redaj] see **rudd**
red·faced [~-fejst] *a* crvena lica, zbunjen
Red Guard crveni gardista
red·hand·ed [~-haendid] *a and adv* na samom delu (djelu); *to be caught ~* biti uhvaćen na samom delu
red·head [~hed] *n* riđokosa osoba
red heat crveno usijanje
red herring (colloq.) diverzija (u cilju odvraćanja pažnje)
red-hot [~-hat]; [o] *a* 1. usijan 2. vatren 3. (colloq., sports) see **hot** 7
red·in·gote ['rediŋgout] *n* redengot
re·dis·count [rij'diskaunt] *v tr* ponovo diskontovati
re·dis·tri·bute [rijdis'tribjūt] *v tr* ponovo razdeliti (razdijeliti)
red lead see **minium**
red-let·ter [~-letə(r)] *a* (colloq.) znamenit; *a ~ day* znamenit dan
red·light 1. crveno svetlo (svjetlo) 2. (fig.) znak opasnosti
red·light [~-lajt] *a* bordelski; *a ~ district* deo (dio) grada s mnogo bordela
red·line [~lajn] *v tr* označiti riskantnim (za kredit, osiguranje)
red·neck [~nek] *n* (slang) neškolovani belac — bijelac

re·do [rij'dū]; *-did* [did]; *-done* [dən] *v tr* 1. ponovo uraditi 2. prepraviti (also **redecorate**)
red·o·lence ['redələns] *n* miris
red·o·lent [~ənt] *a* mirisan
re·dou·ble [rij'dəbəl] *v* 1. *tr* udvostručiti 2. *tr* pojačati 3. *intr* udvostručiti se
re·doubt [ri'daut] *n* reduta, vojno utvrđenje
re·doubt·a·ble [~əbəl] *a* 1. strašan 2. vredan (vrijedan) poštovanja
re·dound [ri'daund] *v intr* 1. ići; *to ~ to smb.'s advantage* ići u nečiju korist 2. pripasti, pasti
red·pen·cil [~-pensil] *v tr* (cooloq.) izbrisati
red por·gy [po(r)gij] (fish) pagar
re·dress I ['rijdres], [ri'dres] *n* 1. obeštećenje, odšteta 2. popravljanje
redress II [ri'dres] *v tr* 1. popraviti, ispraviti; *to ~ an injustice* ispraviti nepravdu 2. obeštetiti
red·skin [~skin] *n* (colloq.) crvenokožac
red tape (pejor.) birokratizam, preterani (pretjerani) formalizam (u vršenju dužnosti)
re·duce [ri'dūs]; [dj] *v* 1. *tr* smanjiti, umanjiti; *to ~ imports (prices, wages)* smanjiti uvoz (cene — cijene, nadnice); *to ~ production* smanjiti proizvodnju; (mil.) *to ~ smb. in rank* smanjiti nekome čin 2. *tr* dovesti; *to ~ to poverty* dovesti do prosjačkog štapa 3. *tr* skratiti, uprostiti, svesti; *to ~ a fraction (an equation)* skratiti razlomak (jednačinu — W: jednadžbu); *to ~ to zero* svesti na nulu; *to ~ to the absurd* svesti na besmislenost 4. *tr* (med.) namestiti (namjestiti); *to ~ a leg fracture* namestiti slomljenu nogu 5. *tr* (ling.) redukovati 6. *intr* mršaviti
re·duc·er [~ə(r)] *n* 1. reduktor 2. (photo.) oslabljivač
re·duc·i·ble [~əbəl] *a* svodljiv
re·duc·ing [~iŋg] *n* mršavljenje
reducing diet dijeta za mršavljenje
re·duc·tion [ri'dəkšən] *n* 1. smanjenje, umanjenje; *a price ~* smanjenje cena (cijena); *a ~ in rank* smanjenje čina 2. ublažavanje; *of a sentence* ublažavanje kazne 3. skraćivanje, svođenje; *~ of a fraction* skraćivanje razlomka 4. (med.) nameštanje (namještanje) 5. (ling.) redukcija; *vowel ~* redukcija vokala
re·dun·dan·cy [ri'dəndənsij] *n* 1. izlišnost, suvišnost 2. (ling. and tech.) redundancija 3. (Br.) otpuštanje (radnika)
redundancy pay Br.; see **severance pay**
re·dun·dant [~ənt] *a* 1. izlišan, suvišan 2. (ling. and tech.) redundantan
re·du·pli·cate [ri'dūpləkejt]; [dj] *v tr* 1. ponoviti 2. (ling.) reduplicirati
re·du·pli·ca·tion [ridūplə'kejšən]; [dj] *n* 1. ponavljanje 2. (ling.) reduplikacija
red·wing ['redwiŋg] *n* (bird) crveni drozd
reed [rijd] *n* 1. trska 2. (mus.) jezičak (na pisku); instrument sa jezičkom (klarinet, oboa)
reed·ling [~liŋg] *n* (bird) bradata senica (sjenica)
reed mace (bot.) rogoz (also **cattail**)
reed organ *n* harmonijum
reed stop orguljne svirale s jezičkom
re·ed·u·cate [rij-'edžukejt] *v tr* ponovo školovati
reed·y [~ij] *a* 1. kao trska 2. pun trske 3. od trske
reef I ['rijf] *n* greben

reef II *n* (naut.) kratica (na jedru)
reef III *v tr* (naut.) skratiti (jedro)
reef·er [~ə(r)] *n* 1. vrsta kaputa 2. (slang) cigareta od marihuane
reef knot podvezni čvor (also **square knot**)
reek I [rijk] *n* težak miris
reek II *v tr* and *intr* mirisati, osećati (osjećati) se; *his* clothes ~ *(of)* tobacco njegovo odelo (odijelo) miriše na duvan (duhan); *the eggs* ~ ova se jaja osećaju; *it* ~*s of smoke* oseća se na dim (also **smell II** 2)
reel I [rijl] *n* 1. kalem 2. vitao, motovilo
reel II *v tr* 1. (usu.: *to* ~ *in)* namotati 2. *(to* ~ *off)* brzo izgovoriti; *to* ~ *off poetry* nanizati stihove
reel III *v intr* zateturati se
reel IV *n* vrsta narodnog plesa
reel in *v* see **reel II** 1
reel off *v* see **reel II** 2
reel-to-reel *a* sa dva kalema; *a* ~ *tape recorder* magnetofon sa dva kalema, magnetofon sa trakom
re-en·list [rij-en'list] *v* 1. *tr* ponovo upisati (u vojsku) 2. *intr* produžiti rok službe
re-en·try [rij-'entrij] *n* 1. povratak 2. (astron.) ulazak rakete (u guste slojeve atmosfere)
re·es·tab·lish [rij-e'staebliš] *v tr* obnoviti; *to* ~ *diplomatic relations* obnoviti diplomatske odnose
reeve [rijv] *n* (hist.) upravnik, predsednik (predsjednik)
re-ex·am·ine [rij-ig'zaemin] *v tr* ponovo ispitati
re·fec·tion [ri'fekšən] *n* (rare) zakuska, užina, meze
re·fec·to·ry [ri'fektərij] *n* trpezarija
re·fer [ri'fə(r)] *v* 1. *tr* uputiti; *to* ~ *a reader to a book* uputiti čitaoca na knjigu; *to* ~ *a matter to a committee* uputiti stvar odboru 2. *intr* odnositi se; *to* ~ *smt.* odnositi se na nešto 3. *intr* upućivati; *to* ~ *to another entry* upućivati na drugu odrednicu (W: natuknicu) 4. *intr* obratiti se; pogledati; *to* ~ *to a catalog* pogledati katalog
ref·e·ree I [refə'rij] *n* 1. arbitar 2. (sports, esp. boxing, football) sudija (W: sudac); (boxing) sudija u ringu (see also **umpire I** 3) 3. Br.; see **reference** 5 4. recenzent
referee II *v* (esp. sports) 1. *tr* biti sudija — W: sudac (na), voditi 2. *intr* biti sudija
ref·er·ence ['refərəns] *n* 1. upućivanje 2. fusnota, primedba (primjedba) 3. veza; pogled; *with (in)* ~ *to smt.* u pogledu nečega 4. preporuka, karakteristika 5. davalac preporuke, obaveštenja (obavještenja)
reference book priručnik
reference section (of a library) priručna zbirka opšteinformativnih dela (općeinformativnih djela)
ref·er·en·dum [refə'rendəm] (-*s* or -*da* [də]) *n* referendum; *to hold a* ~ održati referendum
ref·er·ent ['refərənt]. [ri'fərənt] *n* (usu. ling.) 1. označitelj, sredstvo upućivanja 2. referent. označeno, označena stvar
ref·er·en·tial [refə'renčəl] *a* referentni; ~ *meaning* referentno značenje
re·fer·ral [ri'fərəl] *n* uputnica; upućivanje
re·fill I ['rijfil] *n* ponovno punjenje

refill II [rij'fil] *v tr* ponovno napuniti
re·fine [ri'fajn] *v tr* 1. prečistiti; preraditi; *to* ~ *oil* prečistiti naftu 2. ugladiti
re·fined [~d] *a* 1. prečišćen 2. prefinjen, uglađen; otmen
re·fine·ment [~mənt] *n* 1. prečišćavanje 2. prefinjenost, uglađenost, otmenost
re·fin·er·y [ri'fajnərij] *n* rafinerija
re·fin·ish [rij'finiš] *v tr* ponovo obraditi, lakirati
re·fit [rij'fit] *v tr* ponovo opremiti
re·flect [ri'flekt] *v* 1. *tr* odraziti; reflektovati; odbiti; *to* ~ *light (sound)* odraziti svetlost — svjetlost (zvuk) 2. *intr* razmišljati; *to* ~ *on (upon) smt.* razmišljati o nečemu
re·flec·tion [ri'flekšən] *n* 1. odraz; refleksija; *the* ~ *of light* odraz svetlosti (svjetlosti) 2. razmišljanje, refleksija; *on* ~ razmislivši 3. pokuda; *to cast a* ~ *on* pokuditi
re·flec·tive [~tiv] *a* 1. zamišljen, refleksivan, sklon razmišljanju 2. koji odražava, odbija
re·flec·tor [~tə(r)] *n* 1. reflektor 2. (in *pl*) mačje oči
re·flex I ['rijfleks] *n* refleks; *a conditioned* ~ uslovni (W: uvjetovani) refleks; *to have good* ~*es* imati dobre reflekse
reflex II *a* refleksivan; *a* ~ *action* refleksivan pokret
re·flex·ion esp. Br.; see **reflection**
re·flex·ive I [rij'fleksiv] *n* (gram.) povratan oblik
reflexive II *a* 1. (gram.) povratan, refleksivan; *a* ~ *pronoun* povratna zamenica (zamjenica); ~ *verbs* povratni glagoli 2. refleksivan
re·for·est [rij'forist] [*a*] *v tr* ponovo pošumiti
re·form [rij-'fo(r)m] *v tr* 1. ponovo postrojiti, formirati 2. (C.) reformatizovati
re·form [rij'fo(r)m] *n* reforma; *to carry out a* ~ sprovesti reformu; *an agrarian (economic)* ~ agrarna (privredna) reforma
reform II *a* reformistički
reform III *v* 1. *tr* reformisati, preurediti 2. *intr* reformisati se
re·for·ma·tion [refə(r)'mejšən] *n*. 1. reformacija 2. (cap., hist.) (*the* ~) protestantska reformacija
re·for·ma·to·ry I [ri'fo(r)mətorij]; [ə] *n* zavod za vaspitanje mladih, popravni zavod
reformatory II *a* popravni
re·form·er [ri'fo(r)mə(r)] *n* reformator
re·form·ist [~ist] *n* reformista
Reform Judaism reformistički judaizam
reform school see **reformatory I**
re·fract [ri'fraekt] *v tr* prelomiti; *light is* ~*ed* svetlost (svjetlost) se prelama
re·frac·tion [ri'fraekšən] *n* prelamanje, refrakcija
re·frac·tor [~ktə(r)] *n* refraktor
re·frac·to·ry I [~tərij] *n* 1. vatrostalni materijal 2. (in *pl*) vatrostalne opeke
refractory II *a* 1. vatrostalan 2. tvrdoglav
re·frain I [ri'frejn] *n* refren, pripev (pripjev)
refrain II *v intr* uzdržati se
re·fresh [ri'freš] *v tr* osvežiti (osvježiti)
refresher course [~ə(r)] kurs usavršavanja
re·fresh·ing [~iṉg] *a* osvežavajući (osvježavajući)
re·fresh·ment [~mənt] *n* 1. osveženje (osvježenje) 2. (usu. in *pl*) zakuska; *to serve* ~*s* ponuditi zakusku
re·frig·er·ant I [ri'fridžərənt] *n* sredstvo za hlađenje

refrigerant II *a* rashladni
re·frig·er·ate [~rejt] *v tr* držati u frižideru
re·fri·ge·ra·tion [~'rejšən] *n* hlađenje
re·frig·er·a·tor [~ə(r)] *n* frižider
refrigerator truck hladnjača
re·fu·el [rij'fjūəl] *v* 1. *tr* popuniti gorivom; *to* ~ *(an airplane) in the air* popuniti (avion) gorivom u vazduhu (W: zraku) 2. *intr* dobiti gorivo
re·fuel·ing [~iñg] *n* dopunjavanje goriva
ref·uge ['refjūdž] *n* 1. sklonište, zaklon; utočište; *to seek* ~ tražiti zaklon; *to take* ~ *from a storm* skloniti se od oluje 2. Br.; see **safety island**
ref·u·gee [~ij] or [refju'džij] *n* izbeglica (izbjeglica); *war* ~s ratne izbeglice
refugee camp logor za izbeglice (izbjeglice)
re·ful·gence [ri'fəldžəns] *n* sjaj
re·ful·gent [~ənt] *a* sjajan
re·fund I ['rijfənd] *n* vraćanje (novca)
refund II ['rijfənd], [ri'fənd] *v tr* vratiti (novac)
re·fur·bish [rij'fə(r)biš] *v tr* obnoviti
re·fu·sal [ri'fjūzəl] *n* 1. odbijanje 2. Br.; *(the) first* ~ see **option** 2
ref·use I ['refjūs] *n* smeće, otpaci
re·fuse II [ri'fjūz] *v tr* and *intr* odbiti; *to* ~ *(to give) credit* odbiti kredit; *he* ~s *to collaborate* on odbija da sarađuje; *to* ~ *on offer* odbiti ponudu; *they* ~ *to say anything* odbijaju da išta kažu
refuse dump see **garbage dump**
ref·u·ta·tion [refju'tejšən] *n* pobijanje
re·fute [ri'fjūt] *v tr* pobiti, opovrgnuti; *to* ~ *a claim* pobiti tvrđenje; *to* ~ *a theory* opovrgnuti teoriju
re·gain [rij'gejn] *v tr* 1. ponovo dobiti 2. ponovo stići
re·gal ['rijgəl] *a* kraljevski
re·gale [ri'gejl] *v tr* 1. počastiti 2. uveseljavati; *to* ~ *smb. with stories* uveseljavati nekoga pričama
re·ga·lia [ri'gejljə] *n pl* regalije
re·gal·i·ty [ri'gaelətij] *n* kraljevstvo
re·gard I [ri'ga(r)d] *n* 1. pogled; *in that* ~ u tom pogledu; *with* ~ *to* s pogledom na 2. obzir; *without* ~ *to the feelings of others* bez obzira na osećanja (osjećanja) drugih 3. poštovanje 4. (*in pl*) pozdravi; *give him our best* ~s isporuči mu naše najlepše pozdrave
regard II *v tr* 1. smatrati; držati; *to* ~ *smb. as a fool* smatrati (držati) nekoga za budalu 2. ceniti (cijeniti); *to* ~ *smb. highly* visoko ceniti nekoga 3. ticati se, odnositi se (more usu. is **concern** II 2)
re·gard·ful [~fəl] *a* pažljiv; ~ *of* pažljiv prema
re·gard·ing [~iñg] *prep* u pogledu
re·gard·less [~lis] 1. *prep* (~ *of*) bez obzira na 2. *adv* uprkos tome
re·gat·ta [ri'gaetə] *n* regata
re·gen·cy ['rijdžənsij] *n* regentstvo
re·gen·er·ate I [ri'dženərit] *a* preporođen
regenerate II [~ejt] *v* 1. *tr* ponovo stvoriti; obnoviti, regenerisati 2. *tr* preporoditi 3. *intr* obnoviti se 4. *intr* preporoditi se
re·gen·er·a·tion [ridženə'rejšən] *n* 1. obnova; regeneracija 2. preporod

re·gen·er·a·tive [ri'dženərətiv] *a* regenerativan
re·gen·er·a·tor [ri'dženərejtə(r)] *n* regenerator
re·gent ['rijdžənt] *n* 1. regent 2. član (školske, univerzitetske — W: sveučilišne) uprave
reg·i·cide ['redžəsajd] *n* 1. kraljoubica (W: kraljoubojica) 2. kraljoubistvo (W: kraljoubojstvo)
re·gime [ri'žijm] *n* (pol.) režim; *to maintain a* ~ održavati režim
reg·i·men ['redžəmən] *n* upravljanje, uprava
reg·i·ment I ['redžəmənt] *n* puk; *an infantry* ~ pešadijski (pješadijski) puk
regiment II [~ment] *v tr* 1. rasporediti (u puk) 2. disciplinovati, disciplinom dovesti u red
reg·i·ment·al [~'mentl] *a* pukovski; ~ *colors* pukovska zastava; *a* ~ *commander* komandir puka
reg·i·men·ta·tion [redžəmən'tejšən] *n* disciplinovanje
re·gion ['rijdžən] *n* 1. kraj, oblast, predeo (predio) 2. (anat.) predeo
re·gion·al [~əl] *a* 1. oblasni 2. (esp. ling.) regionalan
re·gion·al·ism [~izəm] *n* regionalizam
reg·is·ter I ['redžistə(r)] *n* 1. registar; spisak; *Lloyd's* ~ Lojdov spisak brodovlja 2. (mus.) registar 3. gvozdena ploča za podešavanje prolaska zagrejanog (zagrijanog) vazduha (W: zraka) 4. misc.; *a hotel* ~ knjiga recepcije (see also **social register**)
register II *v* 1. *tr* upisati; *to* ~ *students* upisati studente 2. *tr* registrovati; *to* ~ *a car* registrovati kola; *to* ~ *a trademark* registrovati zaštitni žig 3. *tr* uneti (unijeti) u glasački spisak 4. *tr* preporučiti; *to* ~ *a letter* poslati pismo preporučenom poštom; *a* ~ed *parcel* preporučena pošiljka 5. *tr* prijaviti; *to* ~ *a guest* prijaviti gosta 6. *intr* upisati se; *to* ~ *for a course* upisati se na kurs 7. *intr* uneti svoje ime u glasački spisak 8. *intr* (colloq.) izazvati utisak 9. *intr* prijaviti se
registered mail preporučene pošiljke
registered nurse medicinska sestra koja je završila višu školu za medicinske sestre i položila državni ispit (cf. **practical nurse**)
registered post Br.; see **registered mail**
reg·is·trant ['redžistrənt] *n* onaj koji se prijavio
reg·is·trar ['redžistra(r)] *n* 1. arhivar, pisar 2. (at a university) šef odseka (odsjeka) za evidenciju studenata
registrar of deeds gruntovničar
reg·is·tra·tion I [redžə'strejšən] *n* 1. upis; prijavljivanje; ~ *at a university* upis studenata na univerzitet (W: sveučilište); *to conduct* ~ izvršiti upis 2. registracija; *the* ~ *of a car* registracija kola 3. prijava, prijavljivanje
registration II *a* prijavni
registration form prijavni formular, prijava; *to fill out a* ~ or: *to fill a* ~ *out* ispuniti prijavu
registration number prijavni broj
reg·is·try ['redžistrij] *n* registar; registratura
re·gress I ['rijgres] *n* povratak; regres
regress II [ri'gres] *v intr* kretati se nazad
re·gres·sion [ri'grešən] *n* regresija
re·gres·sive [ri'gresiv] *a* regresivan

re·gret I [ri'gret] *n* žaljenje; *to cause (deep)* ~ izazvati (duboko) žaljenje; (colloq.) *to send* ~*s* odbiti poziv

regret II *v tr* žaliti; *to* ~ *a decision* žaliti zbog odluke

re·gret·ful [~fəl] *a* žalostan

re·gret·ta·ble [~əbəl] *a* za žaljenje

re·group [rij'group] *v* 1. *tr* pregrupisati 2. *intr.* pregrupisati se

reg·u·lar I ['regjələ(r)] *n* 1. (rel.) redovnik 2. (mil.) vojnik stalnog sastava 3. (colloq.) stalan gost (mušterija) 4. (sports) prvotimac (also **first stringer**)

regular II *a* 1. redovan; *a* ~ *visitor* redovan posetilac (posjetilac) 2. pravilan; ~ *features* pravilne crte; *a* ~ *pulse* pravilan puls 3. regularan, stalan; *the* ~ *army* regularna (stalna) armija 4. stalan; *a* ~ *guest* stalan gost 5. regularan, normalan, propisan; *through* ~ *channels* regularnim putem 6. (gram.) pravilan; ~ *verbs* pravilni glagoli 7. (colloq.) dobar; *a* ~ *guy* dobar momak 8. (sports) prvog tima

reg·u·lar·i·ty [~'laeritij] *n* redovnost, pravilnost

reg·u·lar·ize [~rajz] *v tr* regulisati

reg·u·late ['regjəlejt] *v tr* regulisati; *to* ~ *prices* regulisati cene (cijene)

reg·u·la·tion I [regjə'lejšən] *n* 1. regulacija, regulisanje 2. propis, odredba; *according to* ~ *s* po propisu; *contrary to* ~*s* mimo propisa; (colloq.) *to stick to* ~*s* pridržavati se propisa; *to establish* ~*s* doneti (donijeti) propise

regulation II *a* (usu. mil.) propisan

reg·u·la·tor ['regjəlejtə(r)] *n* regulator

reg·u·la·tor·y [~lətorij]; [ə] *a* kontrolni, nadzorni

regulatory agency kontrolni organ

re·gur·gi·tate [ri'gə(r)džətejt] *v tr* izbaciti (hranu) iz usta

re·ha·bil·i·tate [rijhə'bilətejt] *v tr* rehabilitovati; *to* ~ *an invalid (a politician)* rehabilitovati invalida (političara)

re·ha·bil·i·ta·tion [rijhəbilə'tejšən] *n* rehabilitacija

re·hash I ['rijhaeš] *n* (colloq.) prerada starog materijala

rehash II *v tr* [rij'haeš] *v tr* prežvakati, ponoviti, preraditi (staro)

re·hear [rij'hij(r)]; *-heard* [hə(r)d] *v tr* ponovo saslušati

re·hear·ing [~rīg] *n* ponovno saslušanje

re·hears·al [ri'hə(r)səl] *n* proba, repeticija, ponavljanje (see also **dress rehearsal**)

re·hearse [ri'hə(r)s] *v tr* and *intr* probati; *to* ~ *a scene* probati scenu

re·heat [rij'hijt] *v tr* podgrejati (podgrijati)

reign I [rejn] *n* vlada; vladavina

reign II *v intr* vladati; *peace* ~*s everywhere* svuda vlada mir; *confusion* ~*s* vlada konfuzija

Reign of Terror (hist., French Revolution, 1793 — 94) masovno slanje na giljotinu

Rei·kja·vik see **Reykjavik**

re·im·burse [rijim'bə(r)s] *v tr* naknaditi; *to* ~ *smb.'s expenses* naknaditi nekome troškove

re·im·burse·ment [~mənt] *n* naknada

re·im·port [rij'im'po(r)t] *v tr* ponovo uvoziti

re·im·por·ta·tion [rijimpo(r)'tejšən] *n* ponovni uvoz

Reims [rijmz] *n* Rems (grad u Francuskoj)

rein I [rejn] *n* uzda, dizgin; (also fig.) *to draw in the* ~*s* pritegnuti uzde; (also fig.) *to keep a tight* ~ *on* držati čvrsto na uzdi; *to lead a horse by the* ~*s* voditi konja za dizgine; (also fig.) *to take over the* ~*s* uzeti dizgine; *the* ~*s of government* dizgini vlasti

rein II *v tr* and *intr* zauzdati, obuzdati

re·in·car·nate [rijin'ka(r)nejt] *v tr* reinkarnirati, ponovo uteloviti (utjeloviti)

re·in·car·na·tion [rijinka(r)'nejšən] *n* reinkarnacija

rein·deer ['rejndij(r)] *n* irvas

re·in·force [rijin'fo(r)s] *v tr* pojačati

reinforced concrete armirani beton

re·in·force·ment [~mənt] *n* 1. pojačanje 2. (mil., in *pl*) pojačanja, ljudstvo za popunu

re·in·state [rijin'stejt] *v tr* ponovo postaviti (na položaj)

re·in·state·ment [~mənt] *n* ponovno postavljanje (na položaj)

re·in·sur·ance [rijin'šūrəns] *n* reosiguranje, ponovno osiguranje

re·in·sure [rijin'šū(r)] *v tr* reosigurati, ponovo osigurati

re·in·vest [rijin'vest] *v tr* ponovo uložiti, investirati

re·is·sue I [rij'išū] *n* ponovno izdanje

reissue II *v tr* [rij'išū] *v tr* ponovno izdati

re·it·er·ate [rij'itərejt] *v tr* ponoviti

re·ject I ['rijdžekt] *n* 1. škart; oštećena roba; ~*s* otrebine 2. nešto odbijeno

reject II [ri'džekt] *v tr* 1. odbiti; odbaciti; *to* ~ *a gift (an offer, a request)* odbiti poklon (ponudu, molbu) 2. škartirati

re·jec·tion [~kšən] *n* odbijanje, odbacivanje

rejection front front odbijanja

rejection slip obaveštenje — obavještenje (autoru) da izdavač nije prihvatio rukopis (za štampanje)

re·jects see **reject I** 1

re·joice [ri'džojs] *v intr* radovati se; *to* ~ *at smt.* radovati se nečemu

re·joic·ing [~īg] *n* radovanje, radost

re·join I [rij'džojn] *v tr* ponovo se pridružiti

rejoin II [rij'džojn] *v intr* odgovoriti

re·joind·er [~ə(r)] *n* odgovor, uzvraćanje

re·ju·ve·nate [ri'džūvənejt] *v tr* podmladiti

re·ju·ve·na·tion [ridžūvə'nejšən] *n* podmlađenje, podmlađivanje

re·kin·dle [rij'kindl] *v tr* ponovo zapaliti

re·lapse I ['rijlaeps], [ri'laeps] *n* povraćaj (bolesti); *he had a* ~ povratila mu se bolest

re·lapse II [ri'laeps] *v intr* ponovo pasti; vratiti se

re·laps·ing fever [ri'laepsīg] povratna groznica

re·late [ri'lejt] *v* 1. *tr* ispričati; *to* ~ *an incident* ispričati događaj 2. *tr* dovesti u vezu 3. *intr* (colloq.) imati veze; *to* ~ *to* imati veze s

re·lat·ed [~id] *a* 1. povezan 2. srodan; ~ *languages* srodni jezici; ~ *by blood (by marriage)* u rodbinskoj vezi po krvi (po braku)

re·la·tion [ri'lejšən] *n* 1. veza; *to break off (establish) commercial* ~ *s* prekinuti (uspostaviti) trgovinske veze; *business (cultural, social)* ~*s* poslovne (kulturne, društvene) veze; ~*s between* veze između 2. rodak; srodnik (also **relative I** 1) 3. srodstvo (also **relationship**) 4. odnos; relacija; *friendly* ~*s* dobrosusedski (dobrosusjedski) odnosi; *sexual* ~*s* polni (W: spolni) odnosi *to maintain good* ~*s* održavati dobre odnose; *to establish (renew) diplomatic* ~s uspostaviti (obnoviti) diplomatske odnose; *to break off diplomatic* ~s prekinuti diplomatske odnose; *to strain (trouble)* ~s pomutiti odnose; *a* ~ *to* odnos prema

re·la·tion·al [~əl] *a* odnosni

re·la·tion·ship [~šip] *n* 1. srodstvo 2. povezanost 3. odnos; *a* ~ *toward* odnos prema 4. (colloq.) ljubavna veza, seksualni odnos

rel·a·tive I ['relətiv] *n* 1. rođak; srodnik; *close (distant)* ~s bliski (daleki) rođaci 2. (gram.) odnosni oblik

relative II *a* 1. povezan; koji se odnosi 2. odnosan, relativan; *a* ~ *clause* odnosna rečenica; ~ *humidity* relativna vlažnost; *a* ~ *pronoun* odnosna zamenica (zamjenica)

rel·a·tiv·ism [~izəm] *n* relativizam

rel·a·tiv·ist [~ist] *n* relativista

rel·a·tiv·is·tic [relətiv'istik] *a* relativistički

rel·a·tiv·i·ty [relə'tivətij] *n* relativitet; *the theory of* ~ teorija relativiteta

re·lax [ri'laeks] *v* 1. *tr* olabaviti, oslabiti, opustiti; *to* ~ *muscles* olabaviti (opustiti) mišiće 2. *intr* malaksati, olabaviti se, opustiti se; *he has to* ~ on mora da se opusti 3. *intr* popustiti

re·lax·a·tion [rijlaek'sejšən] *n* 1. labavljenje, opuštanje, relaksacija 2. popuštanje; *the* ~ *of discipline (tensions)* popuštanje discipline (zategnutosti) 3. razonoda

re·laxed [~t] *a* 1. olabavljen 2. ležeran

re·lay I ['rijlej], [ri'lej] *n* 1. nova zaprega; smena (smjena) konja 2. (elec.) relej 3. only: ['rijlej] see **relay race**

relay II -*ed*; *v tr* 1. preneti (prenijeti) 2. poslati relejom

re·lay [rij-'lej]; -*laid* [lejd] *v tr* ponovo staviti

relay race ['rijlej] štafetna trka, štafeta

re·lease I [ri'lijs] *n* 1. puštanje, otpuštanje 2. oslobođenje 3. razrešenje (razrješenje); ~ *from an obligation* razrešenje obaveze 4. uređaj za otpuštanje 5. izbacivač; *a bomb* ~ izbacivač bombi 6. izveštaj (izvještaj), depeša 7. distribucija (filma) 8. (legal) odustajanje; *to sign a* ~ potpisati ispravu o odustajanju

release II *v tr* 1. pustiti; otpustiti; ispustiti; *to* ~ *from prison* pustiti; (otpustiti) iz zatvora; *to* ~ *on bail* pustiti uz kauciju; *to* ~ *a bomb* pustiti bombu; *to* ~ *a bird from a cage* ispustiti pticu iz kaveza 2. osloboditi 3. razrešiti (razriješiti); *to* ~ *smb. from an obligation* razrešiti nekoga obaveze

rel·e·gate ['reləgejt] *v tr* 1. uputiti, otpremiti 2. potisnuti; *to* ~ *smb. to the background* potisnuti nekoga u pozadinu

re·lent [ri'lent] *v intr* popustiti

re·lent·less [~lis] *a* nemilosrdan, nepopustljiv

rel·e·vance ['reləvəns] **rel·e·van·cy** [~ij] *n* relevantnost

rel·e·vant ['reləvənt] *a* relevantan, bitan

re·li·a·bil·i·ty [rilajə'bilətij] *n* pouzdanost

re·li·a·ble [ri'lajəbəl] *a* pouzdan

re·li·ance [ri'lajəns] *n* pouzdanje, oslanjanje; poverenje (povjerenje)

re·li·ant [ri'lajənt] *a* pun pouzdanja

rel·ic ['relik] *n* 1. ostatak (iz prošlosti) 2. relikvija (predmet religioznog poštovanja) 3. (in *pl*) mošti

re·lief I [ri'lijf] *n* 1. olakšanje; *to bring* ~ doneti (donijeti) olakšanje; *to feel* ~ osetiti (osjetiti) olakšanje 2. pomoć 3. (obsol.) socijalno staranje (see **welfare**) 4. oslobođenje 5. smena (smjena) 6. reljef; *in bold* ~ reljefno, jasno

relief II *a* 1. pomoćni; *a* ~ *driver* pomoćni vozač 2. reljefni; *a* ~ *map* reljefna karta

relief road (Br.) pomoćni put

re·lieve [ri'lijv] *v tr* 1. olakšati; *to* ~ *pain* olakšati bol 2. osloboditi; razrešiti (razriješiti); smeniti (smijeniti); *to* ~ *of duty* razrešiti dužnosti 3. oslabiti; *to* ~ *pressure* oslabiti pritisak 4. smeniti; *to* ~ *the guard* smeniti stražu; *a* ~*ing army* armija koja vrši smenu (smjenu) 5. misc.; *to* ~ *oneself* vršiti nuždu

re·lig·ion [ri'lidžən] *n* religija, veroispovest (vjeroispovest)

re·lig·ious [ri'lidžis] *a* religiozan, verski (vjerski); pobožan; ~ *instruction* verska nastava

re·lig·ious·ly [~ij] *adv* 1. see 2. savesno (savjesno)

re·line [rij'lajn] *v tr* ponovo postaviti

re·lin·quish [ri'lingkwiš] *v tr* 1. ostaviti 2. odreći se; *to* ~ *one's rights* odreći se prava

rel·i·quar·y ['reləkwerij]; [ə] *n* relikvijar

ree·lique see **relic**

rel·ish I ['reliš] *n* 1. ukus 2. zadovoljstvo, slast; *to eat with* ~ jesti sa slašću 3. začin

relish II *v tr* uživati (u), voleti (voljeti), naslađivati se (nečim)

re·live [rij'liv] *v tr* ponovo doživeti (doživjeti)

re·load [rij'loud] *v tr* ponovo napuniti (pušku, top)

re·lo·cate [rij'loukejt] *v* 1. *tr* preseliti 2. *intr* preseliti se; *the firm has* ~d preduzeće (W: poduzeće) se preselilo

re·luc·tance [ri'ləktəns] *n* 1. odvratnost, protivljenje; *with* ~ protiv volje 2. (phys.) reluktanca

re·luc·tant [~ənt] *a* protiv volje, nerad

re·ly [ri'laj] *v intr* osloniti se, pouzdati se; *to* ~ *on (upon) smb.* osloniti se na nekoga, pouzdati se u nekoga

re·main [ri'mejn] *v intr* ostati; *he* ~*ed at home* ostao je kod kuće; *the door* ~*s open all night* vrata ostaju preko noći otvorena; *that* ~*s a mystery* to ostaje zagonetka; *to* ~ *unnoticed* ostati nezapažen; *that* ~*s to be seen* to još treba da se vidi

re·main·der [ri'mejndə(r)] *n* 1. ostatak 2. (math.) ostatak, razlika

re·mains [ri'mejnz] *n pl* ostaci

re·make I ['rij'mejk] *n* prepravka

re·make II [rij'mejk]; -*made* ['mejd] *v tr* prepraviti

re·mand [ri'maend] *v tr* poslati natrag, vratiti; *to* ~ *to prison* vratiti u zatvor

remand home (Br.) istražni zatvor (za maloletnike — maloljetnike)

re·mark I [ri'ma(r)k] *n* 1. primedba (primjedba); *to make a (sarcastic)* ~ učiniti (sarkastičnu) primedbu 2. opažanje

remark II *v.* 1. *tr* primetiti (primijetiti) 2. *tr* opaziti 3. *intr* komentarisati; *to* ~ *on smt.* komentarisati nešto

re·mark·a·ble [∼əbəl] *a* 1. vredan (vrijedan) zapažanja 2. izvanredan

re·mar·ry [rij'maerij] *v intr* 1. ponovo se oženiti 2. preudati se

re·match ['rij'maeč] *n* ponovna utakmica

re·me·di·a·ble [ri'mijdijəbəl] *a* popravljiv

re·me·di·al [ri'mijdijəl] *a* 1. popravni 2. dopunski, dodatni; ∼ *work (in school)* dopunska nastava

rem·e·dy I ['remədij] *n* 1. lek (lijek) 2. pomoćno sredstvo 3. (legal) *a legal* ∼ pravni lek

remedy II *v tr* 1. izlečiti (izliječiti) 2. popraviti

re·mem·ber [ri'membə(r)] *v* 1. *tr and intr* setiti (sjetiti) se; pamtiti; *she* ∼*s everything* ona se seća svega; *he* ∼*ed me* setio me se; *I can't* ∼ *ne mogu da se setim; he* ∼*s that incident well* on dobro pamti taj događaj; *he* ∼*ed to mail the letter* setio se da pošalje pismo; *he* ∼*ed how to spell this word* setio se kako se piše ova reč (riječ); *we* ∼ *visiting them* sećamo se kako smo ih posetili (posjetili); *do you* ∼ *having seen them before?* sećate li se da ste ih ranije videli (vidjeli)? *a song to* ∼ nezaboravna pesma (pjesma) 2. misc.; ∼ *me to your brother* isporučite pozdrave bratu

re·mem·brance [ri'membrəns] *n* 1. sećanje (sjećanje), pamćenje 2. uspomena 3. (in *pl*) pozdravi

Remembrance Day Br.; see **Armistice Day**

re·mil·i·ta·rize [ri'milətərajz] *v tr* remilitarizirati

re·mind [ri'majnd] *v tr* podsetiti (podsjetiti); *he* ∼*ed me of my father* on me je podsetio na oca

re·mind·er [∼ə(r)] *n* opomena

rem·i·nisce [remə'nis] *v intr* reminiscirati, pričati uspomene

rem·i·nis·cence [∼əns] *n* reminiscencija, uspomena

rem·i·nis·cent [∼ənt] *a* koji podseća (podsjeća)

re·mise [ri'majz] *v tr* (legal) odreći se

re·miss [ri'mis] *a* nemaran, nehatan; *to be* ∼ *in answering letters* nemarno odgovarati na pisma

re·mis·si·ble [∼əbəl] *a* oprostljiv

re·mis·sion [ri'mišən] *n* 1. slanje 2. oproštenje 3. oslobođenje 4. popuštanje (nekih simptoma bolesti), remisija

re·mit [ri'mit] *v tr* 1. uputiti; doznačiti (novac) 2. ukinuti (kaznu) 3. pomilovati; oprostiti 4. vratiti 5. odložiti, odgoditi

re·mit·tal [ri'mitl] *n* see **remission**

re·mit·tance [ri'mitəns] *n* 1. doznaka, uputnica 2. doznačavanje

re·mit·tent [ri'mitənt] *a* povratni; ∼ *fever* povratna groznica

rem·nant ['remnənt] *n* ostatak

re·mod·el [rij'mədəl]; [o] *v tr* prepraviti; preudesiti; *to* ∼ *a house* preudesiti kuću

re·mon·strance [ri'manstrəns]; [o] *n* prigovor protest

re·mon·strant [∼ənt] *n* prigovarač

re·mon·strate [∼strejt] *v intr* prigovarati; žaliti se; *to* ∼ *with smb.* žaliti se nekome

re·morse [rij'mo(r)s] *n* pokajanje; žaljenje; *a look of* ∼ pokajnički pogled; *to feel* ∼ kajati se

re·morse·ful [∼fəl] *a* pokajnički

re·morse·less [∼lis] *a* nemilostiv

re·mote [ri'mout] *a* 1. udaljen; ∼ *regions* udaljeni predeli (predjeli) 2. daljnji, dalek; *a* ∼ *ancestor* daljnji predak 3. zabačen; *a* ∼ *spot* zabačeno mesto (mjesto) 4. slab; *a* ∼ *possibility* slaba mogućnost 5. daljinski; ∼ *control* daljinsko upravljanje

re·mount I ['rijmaunt] *n* novi (jahaći) konj

remount II [rij'maunt] *v* 1. *tr and intr* ponovo se popeti (na vozila, konje) 2. *tr* popuniti konjima

re·mov·a·ble [ri'mūvəbəl] *a* uklonljiv

re·mov·al [∼vəl] *n* 1. sklanjanje, uklanjanje; *trash* ∼ iznošenje smeća 2. (Br.) see **moving I, II**

removal man Br.; see **mover**

removal van Br.; see **moving van**

re·move [ri'mūv] *v tr* 1. skloniti, ukloniti; smeniti (smijeniti); *to* ∼ *smb. from a position* skloniti nekoga s položaja 2. skinuti; svući; *to* ∼ *one's eyeglasses (one's hat)* skinuti naočare (šešir) 3. skinuti; odstraniti; *to* ∼ *a bandage (dirt, fetters, spots)* skinuti zavoj (prljavštinu, okove, mrlje) 4. izvaditi; *to* ∼ *one's child from school* izvaditi dete (dijete) iz škole 5. udaljiti; *to* ∼ *smb. from a room* udaljiti nekoga iz sobe

re·moved [∼d] *a* 1. udaljen 2. misc.; *a first cousin once* ∼ dete (dijete) brata (sestre) od strica, ujaka, tetke

re·mov·er [∼ə(r)] *n* 1. sprej; *a spot* ∼ sprej za skidanje mrlja 2. Br.; see **moving man**

re·mu·ner·ate [ri'mjūnərejt] *v tr* 1. platiti, nagraditi 2. obeštetiti

re·mu·ner·a·tion [rimjūnə'rejšən] *n* 1. plata, nagrada 2. obeštećenje

re·mu·ner·a·tive [ri'mjūnərətiv] *a* unosan

ren·ais·sance I ['renəsans]; [rə'nejsəns] *n* 1. preporod, renesansa 2. (cap., hist.) *(the* ∼*)* renesansa

renaissance II *a* preporodni, renesansni; ∼ *art* renesansna umetnost (umjetnost); ∼ *churches* renesansne crkve

re·nal ['rijnəl] *a* bubrežni

renal calculus see **kidney stone**

re·nas·cence [ri'nejsəns], [ae] *n* preporod (see **renaissance**)

re·nas·cent [∼ənt] *a* preporođen

rend [rend]; *-ed* or *rent* [rent] *v tr* 1. razderati 2. parati, prolamati; *to* ∼ *the air* prolamati vazduh (W: zrak) 3. otrgnuti, istrgnuti

ren·der [∼ə(r)] *v tr* 1. podneti (podnijeti), dati položiti; *to* ∼ *an accounting* dati (položiti) račun 2. pružiti, dati; *to* ∼ *assistance* pružiti pomoć 3. vratiti; *to* ∼ *good for evil* vratiti dobro za zlo 4. učiniti; *to* ∼ *a service* učiniti uslugu 5. izraziti; predstaviti; *to* ∼ *a character* predstaviti karakter 6. izvesti; *to* ∼ *a musical, composition* izvesti muzički komad 7. načiniti, napraviti; *to be* ∼*ed speechless* zanemeti od besa (zanijemjeti od bijesa) 8. prevesti; *to* ∼ *in English* prevesti na engleski 9. doneti (donijeti), izreći; *to* ∼ *judgment* doneti (izreći) presudu 10. čvariti, topiti; *to* ∼ *fat* čvariti mast

ren·dez·vous I ['randejvū] *n* randevu, sastanak (see also **date I** 2)

rendezvous II *v intr* sastati se

ren·di·tion [ren'dišən] *n* 1. podnošenje 2. izvođenje 3. prevod

ren·e·gade I ['renəgejd] *n* otpadnik, odmetnik

renegade II *a* otpadnički, odmetnički

re·nege [ri'nig], [*e*] *v intr* ne držati (reč — riječ); *to ~ on a commitment* ne držati obećanje

re·ne·go·ti·ate [rijni'goušijejt] *v tr* ponovo ugovoriti

re·new [ri'nū]; [*nj*] *v tr* 1. obnoviti, ponoviti; *to ~ one's demands* obnoviti (ponoviti) zahteve (zahtjeve) 2. produžiti; *to ~ a visa* produžiti vizu; *to ~ a book* produžiti rok korišćenja knjige (iz biblioteke)

re·new·a·ble [~əbəl] *a* koji se može produžiti

renewable energy source izvor energije koji se ·višekratno puni

re·new·al [~əl] *n* 1. obnova 2. produženje 3. see urban renewal

ren·net ['renit] *n* 1. (anat.) sirište 2. sirište, sirilo

ren·nin ['renin] *n* see rennet 2

re·nounce [ri'nauns] *v tr* odreći se; *to ~ one's inheritance* odreći se nasleđa (naslijeđa)

ren·o·vate ['renəvejt] *v tr* obnoviti, renovirati; *to ~ a church* obnoviti crkvu

ren·o·va·tion [renə'vejšən] *n* renovacija, obnova

ren·o·va·tor ['renəvejtə(r) *n* obnovilac

re·nown [ri'naun] *n* slava, renome

re·nowned [~d] *a* slavan, čuven, renomiran

rent I [rent] *n* 1. kirija, zakupnina; zakup 2. renta

rent II *v* 1. *tr* uzeti u (pod) zakup; iznajmiti; *to ~ a house* uzeti kuću u zakup; *to a car* iznajmiti auto 2. *tr* (also: *to ~ out*) dati (izdati) pod zakup, iznajmiti; *to ~ out an apartment* izdati stan 3. *intr* izdavati se

rent III *n* pukotina, prskotina

rent IV see rend

rent·al I [~əl] *n* zakup; iznajmljivanje; *car ~* iznajmljivanje automobila

rental II *a* zakupni; *a ~ agreement* zakupni ugovor

rent·er [~ə(r) *n* zakupac

rent-free *a* bez kirije

rent out *v* see rent II 2

rent strike odbijanje stanara da plaća kiriju (kao protest)

re·num·ber [rij'nəmbə(r) *v tr* ponovo numerisati

re·nun·ci·a·tion [rinənsij'ejšən] *n* odricanje

re·o·pen [rij'oupən] *v tr* ponovo otvoriti

re·or·der I [rij'o(r)də(r) *n* ponovna porudžbina

reorder II *v tr* ponovo poručiti

re·or·gan·i·za·tion [rijo(r)gənə'zejšən]; [*aj*] *n* re-organizacija

re·or·gan·ize [rij'o(r)gənajz] *v tr* reorganizovati

rep [rep] *n* rips (tkanina)

re·pack [rij'paek] *v tr* prepakovati

re·pair I [rij'pej(r) *n* 1. opravka, popravka, remont; *the ~ of a roof* or: *~s to a roof* opravka krova; *to take a car in for ~s* odvesti auto na remont; *beyond ~* oštećen tako da se ne može opraviti 2. stanje; *in good ~* u dobrom stanju

repair II *v tr* 1. opraviti, popraviti, remontirati; *to ~ a watch* opraviti sat 2. popraviti; *to ~ an injustice* ispraviti nepravdu

repair III *v intr* uputiti se, ići

re·pair·a·ble [~rəbəl] *a* opravljiv

re·pair·man [~maen], [*ə*] (-men [men], [*i*]) *n* mehaničar, majstor

repair shop radionica

rep·a·ra·ble ['repərəbəl] see repairable

rep·a·ra·tion [repə'rejšən] *n* 1. obeštećenje 2. (in *pl*) reparacije; *to pay (war) ~s* platiti (ratne) reparacije

rep·ar·tee [repa(r)'tij]; [*ej*] or [repə~] *n* 1. brz, duhovit odgovor 2. spremnost na brz, duhovit odgovor

re·par·ti·tion [rijpa(r)'tišən] *n* razdela (razdjela)

re·past [ri'paest]; [*a*] *n* obrok, obed (objed)

re·pa·tri·ate I [rij'pejtrijət] *n* repatrirac, povratnik

repatriate II [~ejt] *v tr* repatrirati, vratiti u otadžbinu

re·pa·tri·a·tion [rijpejtrij'ejšən] *n* repatrijacija

re·pay [ri'pej]; *repaid;* *v tr* vratiti (nekome novac); odužiti (se); *to ~ a debt* odužiti dug; *to ~ a debt to smb.* odužiti se nekome

re·pay·ment [~mənt] *n* vraćanje novca

re·peal I [ri'pijl] *n* ukidanje

repeal II *v tr* ukinuti; *to ~ a law (a tax)* ukinuti zakon (porez)

re·peat I [ri'pijt] *n* (colloq.) ponavljanje

repeat II *v tr* ponoviti; *to ~ a class* ponoviti razred; *to ~ oneself* ponavljati se; *history ~s itself* istorija (W: povijest) se ponavlja

repeat III *a* ponovljen, ponovni; *a ~ performance* ponovljena predstava

re·peat·ed·ly [~idlij] *adv* ponovo, više puta

re·peat·er [~ə(r) *n* 1. ponavljač 2. recidivista, povratnik 3. (or: *repeating rifle*) repetirka

re·pel [ri'pel] *v tr and intr* odbiti, odbaciti; *to ~ an attack* odbiti napad (also repulse)

re·pel·lent I [~ənt] *n* sredstvo (sprej) za zaštitu; *an insect ~* sredstvo koje odbija insekte

repellent II *a* koji odbija; odvratan

re·pent [ri'pent] *v tr and intr* pokajati se (za); *to ~ (of) one's sins* pokajati se za svoje grehe (grijehe)

re·pen·tance [~əns] *n* pokajanje

re·pen·tant [~ənt] *a* pokajnički

re·per·cus·sion [rijpə(r)'kəšən] *n* reperkusija, odjek, posledica (posljedica)

rep·er·toire ['repətwa(r) *n* repertoar

rep·er·to·ry ['repə(r)torij]; [*ə*] *n* 1. see repertoire 2. skladište

repertory theater stalno pozorište (W: kazalište)

rep·e·ti·tion [repə'tišən] *n* ponavljanje, repeticija

rep·e·ti·tious [repə'tišəs] *a* koji se neprekidno ponavlja; dosadan

re·pet·i·tive [ri'petətiv] *a* koji (se) ponavlja

re·phrase [rij'frejz] *v tr* drukčije formulisati

re·place [ri'plejs] *v tr* 1. vratiti; *to ~ a book (on a shelf)* vratiti knjigu (na policu); *to ~ stolen funds* vratiti ukraden novac 2. zameniti (zamijeniti); *to ~ smb. at work* zameniti nekoga na poslu 3. (sports) zameniti, izmeniti (izmije-niti); *to ~ a player* izmeniti igrača

re·place·ment [~mənt] *n* 1. vraćanje 2. zamena (zamjena), izmena (izmjena); (sports) *the ~ of a player* izmena igrača 3. zamenik (zamjenik) (see also substitute I 1) 4. (usu. mil.) dopuna

replacement center (mil.) dopunski centar

re·plant [rij'plaent]; [*a*] *v tr* ponovo posaditi

re·play I ['rijplej] *n* 1. ponovno sviranje 2. ponovno igranje

replay II [~'plej] v tr 1. ponovo odsvirati 2. ponovo odigrati

re·plen·ish [ri'pleniš] v tr popuniti

re·plete [ri'plijt] a 1. napunjen 2. (colloq.) snabdeven (snabdjeven)

re·plev·in [ri'plevin] n (legal) žalba za povraćaj stvari

rep·li·ca ['repləkə] n kopija, replika

re·ply I [ri'plaj] n odgovor; to receive a negative ~ dobiti negativan odgovor; a prepaid ~ plaćeni odgovor

reply II v intr odgovoriti; to ~ to a letter odgovoriti na pismo

reply-paid a s plaćenim odgovorom

re·port I [ri'po(r)t] n 1. izveštaj (izvještaj); to read (submit) a ~ pročitati (podneti — podnijeti) izveštaj 2. (mil.) raport 3. saopštenje (saopćenje) 4. glas; ~s are circulating glasovi kruže 5. dopis, reportaža; a ~ from Paris dopis iz Pariza; a newspaper ~ novinski dopis, a ~ of an earthquake dopis o zemljotresu 6. (in pl, legal) odluke, rešenja (rješenja) 7. prasak, detonacija

report II v 1. tr podneti (podnijeti) izveštaj — izvještaj (o); javiti (o); to ~ a new discovery javiti o novom otkriću; the committee will ~ its conclusions odbor će podneti izveštaj o zaključcima 2. tr saopštiti (saopćiti); to ~ the news saopštiti vesti (vijesti) 3. tr prijaviti: to ~ smb. for misconduct prijaviti nekoga zbog rđavog ponašanja 4. tr poslati dopis (o); to ~ a speech poslati dopis o govoru 5. tr pričati; it is ~ed that ... priča se da ...; he is ~ed to be ready to negotiate navodno je izrazio spremnost da pregovara 6. intr podneti izveštaj, raport 7. intr slati dopise 8. intr prijaviti se; javiti se; to ~ to the police prijaviti se policiji; to ~ for duty javiti se na dužnost; (mil.) to ~ for sick call javiti se na lekarski (ljekarski) pregled 9. misc.; (Am., pol.) the bill was ~ed out of committee odbor je podneo (podnio) izveštaj (izvještaj) skupštini o nacrtu zakona

re·port·a·ble [~əbəl] a koji se mora javiti (o zaraznoj bolesti)

report back v javiti se, poslati dopis

report card đačka knjižica

re·port·ed·ly [~idlij] adv navodno

reported speech see indirect speech

re·port·er [~ə(r)] n novinar, dopisnik, reporter

report in v see report II 8

report on v poslati dopis o

report out v see report II 9

re·pose I [ri'pouz] n odmor, počinak

repose II v intr odmarati se

repose III v tr polagati; to ~ one's hopes in smb. polagati nade u nekoga

re·pose·ful [~fəl] a miran

re·pos·it [ri'pazit]; [o] v tr smestiti (smjestiti)

re·pos·i·to·ry [ri'pazətorij]; [o]; [ə] n 1. skladište 2. grobnica

re·pos·sess [rijpə'zes] v tr ponovo uzeti u posed (posjed)

rep·re·hend [reprij'hend] v tr ukoriti, prekoriti

rep·re·hen·si·ble [reprі'hensəbəl] a prekorljiv

rep·re·hen·sion [~nšən] n ukor, prekor (prijekor)

rep·re·sent [repri'zent] v tr 1. predstavljati, zastupati; to ~ one's country predstavljati svoju zemlju: to ~ authority (power) predstavljati vlast (moć); he ~ s foreign firms on zastupa inostrane firme 2. predstaviti, prikazati, opisati; to ~ smb. as a fanatic predstaviti (opisati) nekoga kao zanesenjaka; to ~ graphically predstaviti grafički

rep·re·sen·ta·tion [reprizen'tejšən], [ə] n 1. predstavljanje, zastupanje 2. predstavljanje, prikazivanje, opisivanje 3. protest; predstavka 4. izlaganje

rep·re·sen·ta·tive I [repri'zentətiv] n predstavnik; reprezentant; (Am.. pol.) the House of Representatives Predstavnički dom

representative II a predstavnički; reprezentativan

re·press [ri'pres] v tr 1. ugušiti; to ~ a rebellion ugušiti pobunu 2. suzbiti; to ~ one's feelings suzbiti svoja osećanja (osjećanja)

re·pres·sion [ri'prešən] n 1. gušenje, ugušivanje 2. suzbijanje; represija; the ~ of feelings suzbijanje svojih osećanja (osjećanja) 3. (psych.) potiskivanje

re·pres·sive [ri'presiv] a represivan

re·prieve I [ri'prijv] n 1. odlaganje izvršenja (smrtne) kazne; to grant a ~ odložiti izvršenje kazne 2. olakšanje

reprieve II v tr odložiti (nekome) izvršenje (smrtne) kazne

rep·ri·mand I ['reprimaend]; [ə] n ukor, prekor (prijekor); an oral (written) ~ usmeni (pismeni) ukor; a ~ from the bench sudska opomena; to issue a ~ izreći ukor

reprimand II v tr ukoriti, prekoriti

re·print I ['rijprint] n 1. preštampana knjiga 2. see offprint

reprint II [rij'print] v tr preštampati

re·pri·sal [ri'prajzəl] n represalija, kaznena mera (mjera); odmazda

re·proach I [ri'prouč] n ukor, prekor (prijekor); above (beyond) ~ besprekoran (besprijekoran) (also rebuke I)

reproach II v tr ukoriti, prekoriti (also rebuke II)

re·proach·ful [~fəl] a pun prekora

rep·ro·bate I ['reprəbejt] n prokletnik; izopačenik

reprobate II a proklet; izopačen

re·pro·duce [rijprə'dūs]; [dj] v 1. tr reprodukovati 2. tr oživeti 3. tr razmnožiti 4. intr množiti se

re·pro·duc·tion [rijprə'dəkšən] n 1. reprodukcija 2. množenje, rasplođavanje

reproduction proof otisak za reprodukciju

re·pro·duc·tive [rijprə'dəktiv] a 1. reproduktivan 2. rasplodni

re·prove [ri'prūv] v tr ukoriti

rep·tile [reptajl]; [i] n reptil, gmizavac

rep·til·i·an [rep'tiljən], [lij] a reptilni

re·pub·lic [ri'pəblik] n republika

re·pub·li·can I [~ən] n 1. republikanac 2. (cap., Am., pol.) član Republikanske stranke; he always votes Republican on uvek (uvijek) glasa za kandidate Republikanske stranke

republican II a republikanski

Republican Party (Am., pol.) Republikanska stranka

re·pub·lish [rij'pəbliš] v tr ponovo izdati

re·pu·di·ate [ri'pjūdijejt] *v tr* odreći se; *to* ~ *a debt* odreći se duga

re·pu·di·a·tion [ripjūdij'ejšən] *n* odricanje; *the* ~ *of a debt* odricanje duga

re·pug·nance [ri'pəgnəns] *n* odvratnost

re·pug·nant [~ənt] *a* odvratan, oduran

re·pulse [ri'pəls] *v tr* odbiti; *to* ~ *an attack* odbiti napad (see also **repel**)

re·pul·sion [ri'pəlšən] *n* 1. odbijanje 2. odvratnost, odurnost

re·pul·sive [ri'pəlsiv] *a* odvratan, oduran, antipatičan; *I find him* ~ on mi je antipatičan

rep·u·ta·ble ['repjətəbəl] *a* uvažen, poštovan

rep·u·ta·tion [repjə'tejšən] *n* reputacija, ugled; *to acquire a* ~ steći slavu; *to enjoy a good* ~ uživati dobar glas

re·pute [ri'pjūt] *n* ugled; *of high* ~ ugledan; *of ill* ~ na rđavom glasu

re·put·ed [~id] *a* 1. pretpostavljen; *he is* ~ *to be* . . . smatra se da je . . . 2. navodni; *the* ~ *father* navodni otac

re·quest I [ri'kwest] *n* molba; *to submit a* ~ podneti (podnijeti) molbu; *to act on (grant) a* ~ rešiti – riješiti (ispuniti) molbu

request II *a* po želji; *a* ~ *performance* predstava po želji publike

request III *v tr* zamoliti, zahtevati (zahtijevati), tražiti; *he* ~*ed that the committee meet* zahtevao je da se odbor sastane; *to* ~ *a raise* tražiti povišicu

request stop (Br.) zaustavljanje (autobusa) na molbu

re·qui·em ['rekwijəm], [*ij*] *n* rekvijem

re·quire [ri'kwaj(r)] *v tr* zahtevati (zahtijevati), tražiti; *they* ~ *that he work every day* zahtevaju da radi svaki dan; *we are* ~*ed to* . . . traže od nas da . . .

re·quire·ment [~mənt] *n* zahtev (zahtjev), uslov (W: uvjet); *to meet (satisfy) all* ~*s* ispuniti sve uslove

req·ui·site I ['rekwəzit] *n* potreba

requisite II *a* potreban

req·ui·si·tion I [rekwə'zišən] *n* rekvizicija; trebovanje

requisition II *v tr* rekvirirati, trebovati

re·quite [ri'kwajt] *v tr* vratiti, uzvratiti

rere·dos ['rij(r)das], [*o*] *n* 1. see **retable** 2. zadnja strana peći

re·run I ['rijrən] *n* ponavljanje, repeticija

rerun II [rij'rən]; -*ran* [raen]; -*run;* *v tr* ponovo prikazati

re·sale ['rij'sejl] *n* ponovna prodaja

res·cind [ri'sind] *v tr* ukinuti

re·scis·sion [ri'sižən] *n* ukidanje, poništenje; *of a ban* ukidanje zabrane

res·cue I ['reskjū] *n* spasavanje; *to make a* ~ obaviti spasavanje

rescue II *a* za spasavanje; *a* ~ *party (ship, station)* odred (brod, stanica) za spasavanje; ~ *operations* radovi spasavanja

rescue III *v tr* spasti (W: spasiti)

res·cu·er [~ə(r)] *n* spasilac

re·search I [ri'sə(r)č], ['rijsə(r)č] *n* istraživanje, istraživački rad; *to conduct* ~ baviti se istraživačkim radom; *to do* ~ *on smt.* ispitivati nešto

research II *a* istraživački, naučnoistraživački; *a* ~ *institute* istraživački institut

research III *v tr* and *intr* istraživati

research assistant asistent

research leave odsustvo radi naučnog rada

re·sect [ri'sekt] *v tr* iseći (isjeći), resecirati

re·sec·tion [ri'sekšən] *n* resekcija

re·se·da [ri'sijdə] *n* rezeda

re·sem·blance [ri'zembləns] *n* sličnost

re·sem·ble [ri'zembəl] *v tr* ličiti (na); *he* ~*s his father* on liči na oca

re·sent [ri'zent] *v tr* vređati (vrijeđati) se; *to* ~ *smt.* vređati se nečim; *he* ~*s being treated this way* vreda ga što se na ovaj način postupa sa njim

re·sent·ful [~fəl] *a* ozlojeđen, uvredljiv

re·sent·ment [~mənt] *n* ozlojeđenost

res·er·va·tion [rezə(r)'vejšən] *n* 1. rezervacija; *a room* ~ rezervacija sobe; *to make a* ~ izvršiti rezervaciju 2. zadržavanje 3. rezervat; *many Indians live on* ~*s* mnogi Indijanci žive u rezervatima 4. ograda; rezerva; *without* ~ bez ograde; *with a* ~ s ogradom; *a mental* ~ mentalna rezervacija (davanje rečima — riječima drugo značenje od onoga što one same po sebi imaju)

re·serve I [ri'zə(r)v] *n* 1. zaliha, rezerva; *in* ~ u rezervi 2. uzdržljivost; zakopčanost; *to show* ~ *toward* ispoljiti uzdržanost prema 3. ograda, ograničenje; *without* ~ bez ograde (also **reservation** 4) 4. branjevina, zabran; *a game* ~ branjevina za divljač (also **preserve** I 1) 5. (mil.; often in *pl*) rezerva; *to bring up (call out) the* ~*s* dovući (pozvati) rezerve; *to commit one's* ~*s* uvesti rezervu u borbu

reserve II *a* rezervni; *a* ~ *fund* rezervni fond; *a* ~ *officer* rezervni oficir; (Am.) *a Federal Reserve Bank* Federalna rezervna banka

reserve III *v tr* 1. rezervisati; *to* ~ *a room* rezervisati sobu (see also **book** II 2) 2. zadržati, pridržati, rezervisati; *to* ~ *for oneself the right to* . . . rezervisati sebi pravo da . . .; *all rights* ~*ed* sva prava zadržana (pridržana) 3. odložiti; *to* ~ *judgment* odložiti presudu

re·served [~d] *a* 1. rezervisan, zauzet 2. rezervisan, uzdržan

Reserve Officer's Training Corps (Am., mil.) služba za obuku rezervnih oficira (na univerzitetima — W: sveučilištima)

re·serv·ist [~ist] *n* rezervista

res·er·voir ['rezə(r)vwar], [*o*] *n* rezervoar

re·set [rij'set]; -*set* [set] *v tr* ponovo namestiti (namjestiti); *to* ~ *a broken leg* ponovo namestiti slomljenu nogu

re·set·tle [rij'setl] *v tr* ponovo naseliti

re·side [ri'zajd] *v intr* stanovati, obitavati

res·i·dence ['rezədəns] *n* 1. obitavalište, boravište, stan 2. rezidencija 3. see **residency** 1

res·i·den·cy [~ij] *n* 1. (med.) specijalistički staž (cf. **internship**) 2. rezidencija, rezidentov stan

res·i·dent I [~ənt] *n* 1. stanovnik 2. (dipl.) rezident 3. (med.) specijalizant, stažista na kliničkoj specializaciji

resident II *a* sa stanom

res·i·den·tial [rezə'denšəl] *a* stambeni, za stanovanje; *a* ~ *area* stambeni kraj; ~ *construction* stambena izgradnja

re·sid·u·al I [ri'zidžūəl]; [*j*] *n* ostatak

residual II *a* ostali

re·sid·u·ar·y [ri'zidžūerij]; [*j*]: [ə] *a* ostali

res·i·due ['rezədū]; [*dj*] *n* 1. ostatak; talog 2. (legal) ostatak zaostavštine po odbitku svih troškova, dugova

re·sid·u·um [ri'zidžūəm]; [*j*] *n* see residue

re·sign [ri'zajn] *v* 1. *tr* podneti (podnijeti) ostavku (na); *to* ~ *position* podneti ostavku na položaj 2. *refl* pomiriti se (s nečim); *to* ~ *oneself to one's fate* pomiriti se sa sudbinom 3. *intr* podneti ostavku, povući se s položaja

res·ig·na·tion [rezig'nejšən] *n* 1. ostavka; *to submit one's* ~ podneti (podnijeti) ostavku 2. rezignacija, pomirenje sa onim što je neizbežno (neizbježno)

re·signed [~d] *a* rezigniran, pomiren sa sudbinom

re·sil·ience [ri'ziljəns] **re·sil·ien·cy** [~ij] *n* elastičnost

re·sil·ient [~ənt] *a* elastičan

res·in ['rezin] *n* smola

res·i·nous [~əs] *a* smolast

re·sist [ri'zist] *v tr* and *intr* 1. pružati otpor; odupirati se; *to* ~ *smb.* pružati nekome otpor 2. odoleti (doljeti), izdržati; *to* ~ *temptation* odoleti iskušenju (also **overcome, withstand**)

re·sis·tance [~əns] *n* 1. otpor; suprotstavljanje; *to crush* ~ slomiti otpor; ~ *to smt.* suprotstavljanje nečemu; *to offer (put up)* ~ pružati otpor; **to take the line of least* ~ ići linijom najmanjeg otpora 2. (WW II) otpor, pokret otpora; *he was in the* ~ on je bio u pokretu otpora 3. (tech.) otpor, otpornost; *electrical* ~ električni otpor; ~ *to a disease* otpornost prema nekoj bolesti

re·sis·tant [~ənt] *a* otporan; ~ *to penicillin* otporan na penicilin

re·sis·tor [~ə(r)] *n* (elec.) otpornik

res·o·lute ['rezəlūt] *a* odlučan, rezolutan, rešen (riješen)

res·o·lu·tion [rezə'lūšən] *n* 1. odlučnost 2. rešavanje (rješavanje) 3. razlaganje, rastavljanje 4. rezolucija, predlog (prijedlog); *to propose a* ~ podneti (podnijeti) predlog

re·solv·a·ble [ri'zalvəbəl]; [*o*] *a* razrešiv (razrješiv)

re·solve I [ri'zalv]; [*o*] *n* odlučnost, rešenost (riješenost)

resolve II *v tr* 1. odlučiti; rešiti (riješiti); *to* ~ *a problem* rešiti problem 2. otkloniti, razbiti; *to* ~ *a doubt* otkloniti sumnju 3. razložiti, rastvoriti 4. (med.) rasturiti, rasterati (rastjerati); *to* ~ *an inflammation* izlečiti (izliječiti) zapaljenje

re·sol·vent [~ənt] *n* rastvorno sredstvo

res·o·nance ['rezənəns] *n* rezonanca

res·o·nant ['rezənənt] *a* zvučan; rezonantni; *a* ~ *voice* zvučan glas

res·o·nate ['rezənejt] *v intr* rezonirati, odjekivati

res·o·na·tor [~ə(r)] *n* rezonator

re·sorb [rij'so(r)b], [z] *v tr* resorbovati

re·sorp·tion [~pšən] *n* resorpcija

re·sort I [ri'zo(r)t] *n* 1. odmaralište; *a ski* ~ smučarski centar 2. see recourse 3. (pomoćno)

sredstvo; izvor pomoći; **as a last* ~ u krajnjoj nuždi

resort II *v intr* pribeći (pribjeći); koristiti se; *to* ~ *to cunning (force)* pribeći lukavstvu (sili)

re·sound [ri'zaund] *v* 1. *tr* proneti (pronijeti); *to* ~ *smb.'s fame* proneti nečiju slavu 2. *intr* razleći se; prolomiti se; odjeknuti; *the applause* ~*ed through the auditorium* aplauz se prolomio dvoranom; *the sounds of the anthem* ~*ed through the stadium* zvuci himne razlegali su se stadionom

re·sound·ing [~iṇg] *a* 1. koji odjekuje 2. (fig.) veliki; *a* ~ *success* veliki uspeh (uspjeh)

re·source ['rijso(r)s], [z] or [ri's~] *n* 1. pomoćno sredstvo 2. izvor 3. bogatstvo; *natural* ~*s* prirodna bogatstva 4. snalažljivost

re·source·ful [ri'so(r)sfəl], [z] *a* snalažljiv, dovitljiv, dosetljiv (dosjetljiv)

re·source·ful·ness [~nis] *n* snalažljivost, dovitljivost

re·spect I [ri'spekt] *n* 1. poštovanje (W also: štovanje): *to show* ~ *to smb.* ukazati poštovanje nekome; *to pay one's* ~*s to smb.* odati poštovanje nekome; *to have* ~ *for smb.* gajiti poštovanje prema nekome; *to be held in* ~ uživati poštovanje 2. pogled; obzir; *in every* ~ u svakom pogledu; *with* ~ *to* s obzirom na

respect II *v tr* poštovati, uvažavati (W also: štovati)

re·spect·a·bil·i·ty [rispektə'bilətij] *n* poštovanost, uvaženost

re·spect·a·ble [ri'spektəbəl] *a* poštovan, uvažen

re·spect·ful [~fəl] *a* pun poštovanja; učtiv

re·spect·ing [~iṇg] *prep* u pogledu na, odnosno

re·spec·tive [~iv] *a* svoj; osobit; *they supported their* ~ *leaders* svako je podržavao svoga vođu; *the* ~ *merits of the candidates* osobite zasluge svakog od kandidata

re·spec·tive·ly [~lij] *adv* za svakog posebno; odnosno

re·spell [ri'spel] *v tr* drukčije spelovati

res·pi·ra·tion [respə'rejšən] *n* disanje, respiracija

res·pi·ra·tor ['respərejtə(r)] *n* respirator

res·pi·ra·to·ry ['respərətorij]; [ri'spirətrij] *a* disajni, respiracioni

re·spire [ri'spaj(r)] *v tr* and *intr* disati

res·pite ['respit] *n* predah; *to allow (give) the enemy no* ~ ne dozvoliti neprijatelju da predahne

res·plen·dence [ri'splendəns] *n* sjaj, blistavost

re·splend·ent [~ənt] *a* sjajan, blistav

re·spond [ri'spand]; [*o*] *v intr* 1. odgovoriti 2. reagovati; *to* ~ *to kindness* reagovati na ljubaznost; *to* ~ *to treatment* reagovati na način lečenja (liječenja) 3. odazvati se; *to* ~ *to a request* odazvati se molbi

re·spon·dent [~ənt] *n* tuženik (u brakorazvodnoj parnici)

re·sponse [ri'spans]; [*o*] *n* 1. odgovor; *to give a* ~ dati odgovor 2. reakcija; odziv

re·spon·si·bil·i·ty [rispansə'bilətij]; [*o*] *n* odgovornost; *a feeling of* ~ osećaj (osjećaj) odgovornosti; *to bear* ~ snositi odgovornost; *to assume(a)* ~ preuzeti odgovornost re·spon·si·ble [ris'pαnsəbəl]; [o] a odgovoran; to be ~ to smb. for smt. biti nekome odgovoran za nešto

re·spon·sive [ri'spαnsiv]; [o] a osećajan (osjećajan), koji brzo reaguje

rest I [rest] n 1. odmor; to take a ~ odmoriti se 2. see caesura 3. oslonac 4. (mus.) stanka, pauza 5. (mil.) ~! na mestu (mjestu) voljno! 6. misc.; to lay to ~ sahraniti; smiriti; at ~ u miru; a state of ~ mirovanje

rest II v 1. tr odmoriti 2. tr osloniti; to ~ a board against a wall osloniti dasku na zid 3. intr odmoriti se: he has to ~ on mora da se odmori 4. intr oslanjati se; to ~ on a cane oslanjati se na štap 5. intr oslanjati se, opirati se; the arch ~s on that pillar svod se oslanja na taj stub 6. intr (legal) prestati iznositi dokaze (pred sudom)

rest III n ostatak

re·state [rij'stejt] v tr drukčije izložiti, preformulisati

res·tau·rant [restərənt], [a] n restoran

res·tau·ra·teur [restərə'tə(r)] n restorater

rest cure lečenje (liječenje) odmaranjem

rest·ful [~fəl] a miran

rest·har·row [~haerou] n (bot.) gladiš, vučitrn

rest home odmaralište; starački dom

resting place (euphemism) grob

res·ti·tute ['restətūt]; [tj] v tr 1. vratiti 2. nadoknaditi

res·ti·tu·tion [restə'tūšən]; [tj] n 1. restitucija, vraćanje, povraćaj; to make ~ vratiti novac 2. naknada

rest·ive [~iv] a nervozan 2. neposlušan (o konjima)

rest·less [~lis] a nemiran

re·stock [rij'stαk]; [o] v tr obnoviti zalihu (nečega), ponovo snabdeti (snabdjeti)

res·to·ra·tion [restə'rejšən] n 1. vraćanje 2. restauracija; (cap., Br., hist.) (the ~) restauracija (1660. godine)

re·stor·a·tive I [ri'storətiv] n okrepljujuće sredstvo

restorative II a okrepljujući

re·store [ri'sto(r)] v tr 1. ponovo uspostaviti 2. restaurirati; to ~ frescoes restaurirati freske 3. vratiti; to ~ stolen money vratiti ukraden novac

re·strain [ri'strejn] v tr uzdržati, zadržati; to ~ oneself uzdržati se

re·strained [~d] a uzdržan

restraining order sudska zabrana, naredba o zabrani

re·straint [~t] n 1. uzdržavanje, zadržavanje; to show ~ uzdržavati se 2. odmerenost (odmjerenost) 3. ograničenje; without ~ bez ograničenja 4. zakopčanost

re·strict [ri'strikt] v tr ograničiti

re·strict·ed [~id] a 1. ograničen 2. koji isključuje pripadnike manjina 3. (Am., mil.) interni

re·stric·tion [~kšən] n restrikcija, ograničenje

re·stric·tive [~ktiv] a 1. restriktivan, koji ograničuje 2. (gram.) koji nije u apozitivnoj službi (cf. nonrestrictive)

re·string [ri'strĩg]; -strung [strĩg] v tr prenizati

rest room ve-ce, toalet

re·struc·ture [rij'strəkčə(r)] v tr ponovo izgraditi

rest up v see rest II 3

rest with v zavisiti od

re·sult I [ri'zəlt] n rezultat; to achieve good ~s postići dobre rezultate

result II v intr rezultirati; to ~ from smt. rezultirati iz nečega; to ~ in smt. rezultirati nečim

re·sume [ri'zūm]; [zj] v 1. tr ponovo zauzeti 2. tr and intr produžiti, nastaviti; ponovo se latiti; to ~ work ponovo se latiti posla

res·u·mé ['rezū'mej] n 1. rezime 2. kraći biografski podaci

re·sump·tion [ri'zəmpšən] n nastavljanje, produživanje

re·sur·face [rij'sə(r)fəs] v tr ponovo asfaltirati

re·sur·gence [ri'sə(r)džəns] n 1. oživljenje 2. ponovno ustajanje

re·sur·gent [~ənt] a koji ponovo oživljava, ustaje

res·ur·rect [rezə'rekt] v 1. tr uskrsnuti; to ~ smb. from the dead uskrsnuti nekoga iz groba 2. intr uskrsnuti

res·ur·rec·tion [~kšən] n 1. uskrsnuće 2. (cap.) (the ~) Isusovo uskrsnuće

re·sus·ci·tate [ri'səsətejt] v 1. tr oživiti 2. intr oživeti (oživjeti)

re·sus·ci·ta·tion [~'tejšən] n oživljenje; mouth-to--mouth ~ veštačko — vještačko (W: umjetno) disanje usta na usta

re·ta·ble ['rijtejbəl] n ukrasni zaklon pozadi oltara

re·tail I ['rijtejl] n maloprodaja (cf. wholesale I)

retail II a maloprodajni; ~ prices maloprodajne cene (cijene)

retail III v tr and intr prodavati namalo

re·tain [ri'tejn] v tr 1. zadržati; to ~ in one's memory zadržati u sećanju (sjećanju) 2. uzeti (pravozastupnika) u službu

re·tain·er [~ə(r)] n 1. (hist.) pratilac, sluga 2. nagrada (advokatu) za obezbeđenje (obezbjeđenje) njegovih usluga

re·tain·ing [~ĩg] a potporni; a ~ wall potporni zid

re·take [rij'tejk]; -took [tuk]; -taken ['tejkən] v tr ponovo uzeti

re·tal·i·ate [ri'taelijejt] v intr osvetiti se; to ~ against smb. osvetiti se nekome

re·tal·i·a·tion [ritaelij'ejšən] n odmazda, osveta

re·tard I ['rijta(r)d] n (colloq.) glupan

retard II [ri'ta(r)d] v tr 1. usporiti 2. odložiti

re·tar·da·tion [rijta(r)'dejšən] n 1. (razvojna) ometenost, zaostalost 2. usporavanje

re·tard·ed [ri'ta(r)did] a (razvojno) ometen, zaostao; a mentally ~ child mentalno zaostalo dete (dijete)

retch [reč] v tr and intr (colloq.) see vomit II

re·tell [rij'tel]; -told [tould] v tr prepričati

re·ten·tion [ri'tenšən] n zadržavanje

re·ten·tive [~ntiv] a koji pamti; a ~ memory dobro pamćenje

re·think [rij'thĩgk]; thought [thot] v tr ponovo razmotriti

ret·i·cence ['retəsəns] n 1. ćutljivost, mučaljivost (W also: šutljivost) 2. povučenost

ret·i·cent [~ənt] a 1. ćutljiv, mučaljiv (W also: šutljiv) 2. povučen

ret·i·cle ['retikəl] n mreža, mrežica

re·tic·u·lar [ri'tikjələ(r)] a mrežast, retikularni

34

re·tic·u·late [~lit] *a* mrežast
ret·i·cule ['retikjūl] *n* 1. see **reticle** 2. pletivača; torbica
re·tic·u·lum [ri'tikjələm] (-*la* [lə]) *n* mreža
re·ti·form ['rijtəfo(r)m], [e] *a* mrežast
ret·i·na ['retnə] (-*s* or -*ae* [ij]) *n* retina, mrežnjača; *a detached* ~ odvojena mrežnjača
ret·i·ni·tis [retn'ajtis] *n* (med.) retinitis, zapaljenje mrežnjače
ret·i·no·scope ['retnəskoup] *n* retinoskop
ret·i·nos·co·py [retn'askəpij]; [*o*] *n* retinoskopija
ret·i·nue ['retnū], [*nj*] *n* pratnja
re·tire [ri'taj(r)] *v* 1. *tr* penzionisati (W also: umiroviti) 2. *tr* povući 3. *intr* ići u penziju 4. *intr* ići na spavanje 5. *intr* povući se (also **withdraw**)
re·tired [~d] *a* u penziji (W also: umirovljen); *a* ~ *colonel* pukovnik u penziji
re·tire·ment [~mənt] *n* 1. penzionisanje (W also: umirovljenje), penzija (W also: mirovina); *in* ~ u penziji 2. povučenost 3. povlačenje
retirement community naselje za penzionere
re·tir·ing [~riñg] *a* 1. povučen 2. see **reticent** 3. skroman
re·tool [rij'tūl] *v* 1. *tr* snabdeti (snabdjeti) novim alatom, opremom 2. *intr* zameniti (zamijeniti) alat, opremu
re·tort I [ri'to(r)t], ['rijto(r)t] *n* retorta
retort II [ri'to(r)t] *n* (brz) odgovor, uzvraćanje
retort III *v intr* uzvratiti, brzo odgovoriti
re·touch I ['rij'təč] *n* retuš, retuširanje
retouch II [rij'təč] *v tr* retuširati; *to* ~ *a photograph* retuširati fotografiju
re·trace [rij'trejs] *v tr* 1. ponovo precrtati (kroz providan papir) 2. misc.; *to* ~ *one's steps* vratiti se istim putem
re·tract [ri'traekt] *v* 1. *tr* uvući; *a cat can* ~ *its claws* mačka može da uvlači svoje nokte; *to* ~ *a landing gear* uvući stajni trap 2. *tr* poreći, opreći; *to* ~ *a statement* poreći svoje reči (riječi); *to* ~ *testimony* opreći iskaz 3. *intr* poreći svoje reči
re·tract·a·ble, re·tract·i·ble [~əbəl] *a* uvlačiv; *a* ~ *landing gear* uvlačivi stajni trap
re·trac·tile [~il] *a* uvlačiv, retraktilan
re·trac·tion [~kšən] *n* 1. poricanje; opoziv 2. uvlačenje, retrakcija
re·trac·tive [~iv] *a* retraktivan
re·trac·tor [~ə(r)] *n* 1. (anat.) mišić uvlačilac 2. naprava za pridržavanje ivica rane
re·tread I ['rijtred] *n* guma sa novom gazećom trakom (cf. **recap** III)
retread II [rij'tred] *v tr* navulkanizirati novu gazeću traku (na gumu) (cf. **recap** IV)
re·treat I [ri'trijt] *n* 1. (mil.) povlačenje, odstupanje; *to be in full* ~ odstupati na celom (cijelom) frontu; *to beat a* ~ odstupiti; *to sound the* ~ dati zvučni znak za odstupanje 2. (mil.) spuštanje zastave; trubni znak za spuštanje zastave 3. sklonište, utočište; kutak, kut
retreat II *v tr* povući se; *the enemy is* ~*ing* neprijatelj se povlači
re·trench [ri'trenč] *v* 1. *tr* skresati, smanjiti 2. *intr* smanjiti troškove
re·tri·al [rij'trajəl] *n* ponovno suđenje
ret·ri·bu·tion [retrə'bjūšən] *n* kazna, odmazda

re·triev·a·ble [ri'trijvəbəl] *a* nadoknadiv, koji se može povratiti
re·triev·al [~vəl] *n* 1. povraćaj, vraćanje 2. aportiranje, donošenje 3. see **information retrieval** 4. vađenje; *the* ~ *of sunken cargo* vađenje potopljenih tovara
re·trieve [rij'trijv] *v* 1. *tr* povratiti 2. *tr* ponovo dobiti 3. *tr* doneti (donijeti) 4. *tr* izvaditi; *to* ~ *sunken cargo* izvaditi tovar sa dna mora 5. *intr* aportirati, donositi
re·triev·er [~ə(r)] *n* pas koji aportira
ret·ro·ac·tive [retrou'aektiv] *a* retroaktivan; *a* ~ *law* retroaktivan zakon
ret·ro·flec·tion [retrou'flekšən] *n* retrofleksija
ret·ro·flex ['retrəfleks] *a* retrofleksan
ret·ro·flex·ion Br.; see **retroflection**
ret·ro·gra·da·tion [retrougrej'dejšən] *n* retrogradacija
ret·ro·grade I ['retrəgrejd] *a* retrogradan, unazadan
retrograde II *v intr* kretati se unazad
ret·ro·gress ['retrə'gres] *v intr* nazadovati
ret·ro·gres·sion [retrə'grešən] *n* nazadovanje
ret·ro·gres·sive [retrə'gresiv] *a* retrogradan
ret·ro·rock·et ['retrourakit]; [*o*] *n* retroraketa; *to fire* ~*s* ispaliti retrorakete
ret·ro·spect ['retrəspekt] *n* retrospekcija, retrospektiva, pogled unazad, osvrt; *in* ~ retrospektivno
ret·ro·spec·tive [retrə'spektiv] *a* retrospektivan
re·try [rij'traj] *v tr* ponovo suditi
re·turn I [ri'tə(r)n] *n* 1. povratak, vraćanje; *a* ~ *home* povratak kući; *a* ~ *to the Cold War* povratak hladnom ratu 2. odgovor (see **reply** I) 3. zarada, prihod; *a* ~ *on capital* zarada na glavnicu 4. (in *pl*) rezultati izbora 5. (tennis) vraćanje (lopte) 6. (colloq.) povratna karta 7. prijava; *a tax* ~ poreska prijava; *to file a* ~ podneti (podnijeti) prijavu
return II *a* 1. povratan; *by* ~ *mail* povratnom poštom; *with a* ~ *receipt* uz povratan, recepis; *a* ~ *ticket* povratna karta 2. revanš-; *a* ~ *match* revanš-utakmica 3. uzvratni; *a* ~ *visit* uzvratna poseta (uzvratni posjet)
return III *v* 1. *tr* vratiti; *to* ~ *smt. to its place* vratiti nešto na mesto (mjesto); *to* ~ *a book to the library* vratiti knjigu u biblioteku 2. *tr* uzvratiti; *to* ~ *a greeting* uzvratiti pozdrav 3. *intr* vratiti se; *to* ~ *home (from a trip)* vratiti se kući (s puta)
re·turn·a·ble [ri'tə(r)nəbəl] *a* koji se može vratiti
re·turn·ee [~ij] *n* povratnik
return engagement ponovno izvođenje (komada)
returns *n pl* 1. see **return** I 4 2. pozdravi, čestitke; *many happy* ~ *of the day!* srećan (sretan) rođendan!
re·type [rij'tajp] *v tr* prekucati (pisaćom mašinom)
re·un·ion [rij'jūnjən] *n* 1. ponovno sjedinjenje 2-sastanak; proslava; *a class* ~ godišnjica diplomiranja; *a family* ~ ponovni sastanak članova porodice; *to hold a* ~ održati sastanak
re·u·nite [rijjū'najt] *v* 1. *tr* ponovo sjediniti 2. *intr* ponovo se sjediniti 3. *intr* ponovo se sastati
re·us·a·ble [rij'jūzəbəl] *a* za višekratnu upotrebu
rev I [rev] *n* (colloq.) see **revolution** 2
rev II *v tr* (or: *to* ~ *up*) (colloq.) dati pun gas; *to* ~ *(up) an engine* dati motoru pun gas

re·vac·ci·na·tion [rijvaeksə'nejšən] *n* revakcinacija

re·vamp [rij'vaemp] *v tr* prepraviti

re·vanch·ism [ri'vaenčizəm] *n* (rare) težnja za odmazdom, revanšizam

re·veal [ri'vijl] *v tr* otkriti; obelodaniti (objelodaniti); *to ~ plans (a secret)* otkriti planove (tajnu)

rev·eil·le ['revəlij]; [ri'vaelij] *n* (mil.) ustajanje; trubni znak za ustajanje

rev·el ['revəl] *v intr* 1. terevenčiti 2. uživati; *to ~ in smt.* uživati u nečemu

rev·e·la·tion [revə'lejšən] *n* otkrivanje, otkrovenje, revelacija

rev·el·ry ['revəlrij] *n* terevenka, lumpovanje

rev·els ['revəlz] *n pl see* **revelry**

re·venge I [ri'vendž] *n* odmazda, osveta; *to get ~ on smb. for smt.* osvetiti se nekome za nešto

revenge II *v tr see* **avenge**

re·venge·ful [~fəl] *a* osvetoljubiv (*also* **vengeful**)

rev·e·nue ['revənjū], [*n*] *n* prihod; *governmental ~s* državni prihodi

revenue officer (Br.) carinski službenik

revenue sharing (Am.) deljenje (dijeljenje) federalnih prihoda (između država)

re·ver·ber·ate [ri'və(r)bərejt] *v* 1. *tr* odbijati; *to ~ heat* odbijati toplotu 2. *intr* odjeknuti, prolomiti se; *the thunder ~d* prolomila se grmljavina

re·ver·ber·a·tion [rivə(r)bə'rejšən] *n* 1. odbijanje 2. odjek

re·vere [ri'vij(r)] *v tr* duboko poštovati

rev·er·ence ['revərəns] *n* poštovanje

rev·er·end I [~ənd] *n* (colloq.) sveštenik (svećenik)

reverend II *a* poštovan, častan

rev·er·ent ['revərənt] *a* pun poštovanja

rev·er·en·tial [revə'renšəl] *a see* **reverent**

rev·er·ie ['revərij] *n* sanjarenje

re·ver·sal [ri'və(r)səl] *n* 1. preokret 2. (legal) ukidanje (presude)

re·verse I [ri'və(r)s] *n* 1. suprotnost 2. naličje; zadnja strana 3. zla sreća, nesreća, nezgoda; neuspeh (neuspjeh); *he suffered a ~* desila mu se nezgoda 4. poraz; *a tactical ~* taktički poraz 5. (on an automobile) vožnja unazad, (colloq.) rikverc; *to throw a car into ~* ubaciti ručicu (menjača — mjenjača) unazad

reverse II *a* 1. suprotan, obrnut, obratan; *in ~ order* obrnutim redom; *the ~ side* suprotna strana 2. negativan; *~ pitch (of a propeller)* negativan korak (elise)

reverse III *v* 1. *tr* preokrenuti, preobrnuti; *to ~ the normal order* preokrenuti normalan red 2. *tr* promeniti (promijeniti) pravac (nečega) 3. *tr* (legal) ukinuti; *to ~ a decision* ukinuti presudu 4. *refl* predomisliti se 5. *intr* menjati (mijenjati) pravac 6. misc.; *to ~ the charges* zamoliti telefonistkinju da pita pozvano lice da li ono pristaje da se obavi razgovor na njegov račun

reverse discrimination obrnuta diskriminacija

re·vers·i·ble [~əbəl] *a* koji se može okrenuti; sa dva lica

reversing light (Br.) zadnji reflektor (Am. is *back-up light*)

re·vert [ri'və(r)t] *v intr* vratiti se; *the estate will ~ to him* imanje će se vratiti njemu

34*

re·vet·ment [ri'vetmənt] *n* potporni zid; zaštitni zid

re·view I [ri'vjū] *n* 1. pregled; razmatranje 2. (kritički) prikaz; recenzija; *to write a ~ of a book* napisati recenziju knjige 3. (legal) revizija, ponovno razmatranje (od strane višeg suda) 4. see **revue** 5. (mil.) smotra, parada; *to pass in ~* izvesti paradni marš 6. časopis, revija 7. (in school) ponavljanje; *a ~ of material* ponavljanje građe (Br. is **revision**)

review II *v* 1. *tr* (ponovo) razmotriti, pregledati; *to ~ a situation* ponovo razmotriti situaciju 2. *tr* prikazati, recenzirati; *to ~ a book* prikazati knjigu; *to ~ favorably* prikazati povoljno 3. *tr* ponovo razmotriti (sudski proces) 4. *tr* (in school) ponovo pregledati; *to ~ material* ponovo pregledati građu 5. *intr* spremati se; *to ~ for a test* spremati se za ispit 6. *intr* pisati prikaze, recenzije

re·view·er [~ə(r)] *n* prikazivač, recenzent

re·vile [ri'vajl] *v tr* grditi, psovati

re·vis·al [ri'vajzəl] *n see* **revision**

re·vise [ri'vajz] *v tr* 1. ispraviti 2. promeniti (promijeniti); *to ~ an opinion* promeniti mišljenje 3. preraditi; *to ~ a book* preraditi knjigu 4. (Br.) see **review** II 4

Revised Standard Version *(the ~)* pregledan američki prevod Svetog pisma

Revised Version *(the ~)* pregledan engleski prevod Svetog pisma

re·vi·sion [ri'vižən] *n* 1. ispravljanje 2. prerađeno izdanje 3. revizija; *to undergo a ~* podvrći se reviziji 4. (Br.) see **review** I 7

re·vi·sion·ism [~izəm] *n* revizionizam

re·vi·sion·ist I [~ist] *n* revizionista

revisionist II *a* revizionistički

re·vis·it [rij'vizt] *v tr* ponovo posetiti (posjetiti)

re·vi·so·ry [ri'vajzərij] *a* revizijski

re·vi·tal·ize [rij'vajtlajz] *v tr* oživiti, revitalizovati

re·vi·val [ri'vajvəl] *n* 1. oživljenje 2. buđenje (vere — vjere) 3. ponovno izvođenje (komada)

re·vi·val·ism [~izəm] *n* (rel.) buđenje vere (vjere)

re·vive [ri'vajv] *v* 1. *tr* oživiti, osvestiti (osvijestiti) 2. *tr* ponovo izvesti (komad) 3. *intr* oživeti (oživjeti), osvestiti se

rev·o·ca·ble ['revəkəbəl] **re·vo·ca·ble** [ri'voukəbəl] *a* koji se može opozvati

rev·o·ca·tion [revə'kejšən] *n* opoziv

re·voke [ri'vouk] *v tr* opozvati

re·volt I [ri'volt] *v* pobuna, revolt

revolt II *v* 1. *tr* odvratiti; revoltirati 2. *intr* pobuniti se

re·volt·ing [~ing] *a* odvratan

rev·o·lu·tion [revə'lūšən] *n* 1. (pol.) revolucija; *to foment (stir up) a ~* podići revoluciju, *to carry out (organize) a ~* izvesti (organizovati) revoluciju; *a bourgeois (political, social, workers' ~)* buržoaska (politička, socijalna, proleterska) revolucija 2. (astro.) revolucija 3. (tech.) obrtaj; *100 ~s a minute* 100 obrtaja u minuti

rev·o·lu·tion·ar·y [revə'lūšənerij]; [*nr*] *n* revolucionar

revolutionary II *a* revolucionarni

Revolutionary War (Am., hist.) *(the ~)* revolucionarni rat

rev·o·lu·tion·ize [~najz] v tr revolucionisati
re·volve [ri'valv]; [o] v 1. tr obrnuti 2. *intr* obrtati se; *the earth ~s around the sun* Zemlja se obrće oko Sunca
re·volv·er [~ə(r)] n revolver; *to fire a ~* pucati iz revolvera; *to handle a ~* rukovati revolverom
re·volv·ing [~ing] a koji se obrće, okreće; *a ~ door* vrata koja se okreću
re·vue [ri'vju] n (muzička) revija (see also **musical I**)
re·vul·sion [ri'vəlšən] n odvratnost
rev up v see **rev II**
re·ward I [ri'wo(r)d] n nagrada; ucena (ucjena); *to post (offer) a ~* raspisati ucenu; *to pay a ~ for smt.* dati nagradu za nešto; *a $ 10,000 ~* ucena od 10 hiljada dolara
reward II v tr nagraditi; *to ~ for* nagraditi za
re·ward·ing [~ing] a koristan, vredan (vrijedan)
rewards n pl korist
re·wind [rij'wajnd]; -wound [waund] v tr ponovo namotati, premotati; *to ~ film* premotati film
re·wire [rij'waj(r)] v tr ponovo spojiti žicom
re·word [rij'wo(r)d] v tr drukčije formulisati
re·work [rij'we(r)k] v tr prepraviti
re·write [rij'rajt]; -wrote [rout]; -written [ritn] v tr preraditi; prepisati
rewrite rule (ling.) prepisivačko pravilo
Rey·kja·vik ['rejkjəvijk] n Rejkjavik (glavni grad na Islandu)
re·zone [rij'zoun] v tr ponovo rasporediti na zone
Rhae·to-Ro·man·ic I ['rijtou-rou'maenik] n retoromanski jezik
Rhaeto-Romanic II a retoromanski
rhap·sode ['raepsoud] see **rhapsodist**
rhap·sod·ic [raep'sadik]; [o] a 1. rapsodičan 2. ushićen, oduševljen, zanesen
rhap·so·dist ['raepsədist] n rapsod, recitator epskih pesama (pjesama)
rhap·so·dize [~dajz] v intr ushićeno se izražavati
rhap·so·dy ['raepsədij] n 1. rapsodija 2. ushićen način izražavanja
Rheims see **Reims**
Rhein see **Rhine**
Rhein·land see **Rhineland**
Rhen·ish ['reniš] a rajnski
rhe·ni·um ['rijnijəm] n renijum
rhe·ol·o·gy [rij'alədžij]; [o] n reologija
rhe·o·stat ['rijəstaet] n reostat, otpornik
rhe·sus monkey ['rijsəs] rezus (majmun)
rhet·o·ric ['retərik] n retorika
rhe·tor·i·cal [ri'torikəl] a retorički; *a ~ question* retoričko pitanje
rhet·o·ri·cian [retə'rišən] n retor; retoričar
rheum [rūm] n sluz
rheu·mat·ic I [rū'maetik] n reumatičar
rheumatic II a reumatičan, reumatski
rheumatic fever reumatska groznica
rheu·ma·tism ['rūmətizəm] n reumatizam
rheu·ma·toid ['rūmətojd] a reumatoidan
Rh factor [ar'ejč] (med.) rh faktor, rezus-faktor
Rhine [rajn] n Rajna
Rhine·land [~laend] n oblast Rajne
rhine·stone [~stoun] n veštački — vještački (W: umjetni) dijamant
Rhine wine rajnsko vino
rhi·no I ['rajnou] (-s) n (colloq.) see **rhinoceros**

rhino II n (Br., slang) novac
rhi·noc·er·ous [raj'nasərəs]; [o] *(pl has zero or -es)* n nosorog
rhi·nol·o·gy [raj'nalədžij]; [o] n rinologija, nauka o nosu
rhi·zome ['rajzoum] n (bot.) rizom, izdanak
Rhode Island [roud] Rod Ajland
Rhode Islander stanovnik države Rod Ajland
Rhodes [roudz] n Rodos
Rho·de·sia [rou'dijžə]; [š] n Rodezija
Rho·de·sian I [~n] n stanovnik Rodezije
Rhodesian II a rodezijski
Rhodesian man rodezijski čovek (čovjek)
rho·di·um ['roudijəm] n (chem.) rodijum
rho·do·den·dron [roudə'dendrən] n (bot.) rododendron
rho·do·nite ['roudənajt] n (miner.) rodonit
rhom·bic ['rambik]; [o] a rombičan
rhom·boid ['rambojd]; [o] n romboid
rhom·boi·dal [~'bojdl] a romboidni
rhom·bus ['rambəs]; [o] (-es or -bi [baj]) n romb
rhon·chus ['rangkəs]; [o] (-chi [kaj]) n krkor (also **rale**)
Rhone [roun] n Rona (reka — rijeka)
rhu·barb ['rūba(r)b] n 1. (bot.) raven 2. (slang) svađa
rhum·ba see **rumba**
rhyme I [rajm] n slik, rima; *a feminine (masculine) ~* ženski (muški) slik
rhyme II v 1. tr slikovati, rimovati 2. intr slikovati se; rimovati se; *these words ~* ove se reči (riječi) slikuju
rhym·er [~ə(r)] n stihopisac
rhyme·ster [~stə(r)] n see **rhymer**
rhythm ['rithəm] n ritam; *to the ~ of music* u ritmu muzike
rhyth·mi·cal ['rithmikəl] a ritmičan
rhyth·mics ['rithmiks] n ritmika
rhythm method metod ritma (sprečavanja trudnoće)
rib I [rib] n 1. rebro; *to poke smb. in the ~s* udariti nekoga u rebra; *false (floating) ~s* lažna (vita) rebra 2. (naut. and aviation) rebro 3. (archit.) svodno rebro 4. (slang) šala
rib II v tr (slang) zadirkivati
rib·ald ['ribəld] a skaredan
rib·ald·ry [~rij] n skarednost
ribbed [~d] a rebrast
rib·bing [~ing] n zadirkivanje
rib·bon I [~ən] n 1. vrpca, traka, pantljika 2. (on a typewriter) pantljika; *to change a ~* staviti novu pantljiku 3. misc.; *torn to ~s* poderan na dronjke; (also fig.) uništen
ribbon II a od trake
ribbon development (Br.) građenje kuća uzduž obeju (obiju) strana puteva koji vode iz gradova
ribbon reverse (on a typewriter) prebacivač pantljike
rib cage grudni koš
rib·grass [~ graes]; [a] n (bot.) kopljolista bokvica
ri·bo·fla·vin ['rajbouflejvin] n (chem.) riboflavin
ri·bose ['rajbous] n riboza
rice I [rajs] n pirinač (W: riža); *to grow ~* gajiti pirinač

rice II *a* pirinčani; *a* ~ *field* pirinčano polje (W: rižište)
rice paddy see **paddy 1**
rice pudding sutlijaš
rich I [rič] *n pl (the* ~) bogataši
rich II *a* 1. bogat; *a* ~ *man* bogataš 2. obilat, bogat; *a* ~ *harvest* obilata žetva 3. mastan; ~ *food* masno jelo 4. (colloq.) smešan (smiješan)
rich·es [~iz] *n pl* bogatstvo
Rich·mond [~mənd] *n* Ričmond (deo — dio grada Njujorka; also **Staten Island**)
Rich·ter scale ['riktə(r)] Rihterova skala
ri·cin ['rajsin] *n* (chem.) ricin
rick [rik] *n* stog, plast
rick·ets ['rikits] *n* rahitis (also **rachitis**)
rick·e·ty ['rikitij] *a* 1. rahitičan (also **rachitic**) 2. klimav; *a* ~ *chair* klimava stolica
rick·shaw, rick·sha ['rikšo] *n* rikša
ric·o·chet I [rikə'šej], [et] *n* odskok, rikošet
ricochet II *v intr* odskočiti, rikošetirati; *the bullet* ~*ed* metak je odskočio
ri·cot·ta [rij'katə]; [o] *n* vrsta italijanskog sira
rid [rid]; *rid* [rid] or *ridded; v tr* osloboditi, otarasiti, otresti; *to* ~ *oneself of smt.* (more usu.: *to get* ~ *of smt.*) otarasiti se nečega
rid·dance [~əns] *n* otarašenje, oslobođenje; *good* ~*!* dobro je što smo ga se otarasili!
rid·den see **ride II**
rid·dle I ['ridəl] *n* zagonetka; *to solve a* ~ odgonetnuti zagonetku
riddle II *n* rešeto
riddle III *v tr* izrešetati; *to* ~ *smb. with bullets* izrešetati nekoga mecima
ride I [rajd] *n* 1. jahanje 2. vožnja; *to go for a* ~ *(around town)* provesti se (po gradu) 3. (in an amusement park) zabava; *to go on* ~*s* vozati se po (u) zabavnom parku 4. misc.; **to take smb. for a* ~ prevariti nekoga; or: ubiti nekoga
ride II *rode* [roud]; *ridden* ['ridn] *v* 1. *tr* jahati; *to* ~ *a horse* jahati konja 2. *tr* voziti; *to* ~ *a bicycle* voziti bicikl 3. *tr* (colloq.) kinjiti, jahati 4. *tr* ploviti (na, po); *to* ~ *the waves* ploviti na talasima 5. *intr* jahati; *he* ~*s well* on dobro jaše 6. *intr* voziti se; *to* ~ *in a car* voziti se autom; *to* ~ *on a new road* voziti se novim putem 7. *intr* voziti; *the car* ~*s beautifully* auto odlično vozi 8. *intr* držati se na vodi; *to* ~ *at anchor* biti usidren 9. misc.; *to* ~ *around* provozati se; **to be* ~*ing for a fall* izlagati se opasnosti; **to* ~ *herd on smt.* nadzirati nešto; **to* ~ *out a storm* izdržati buru; **to* ~ *smb. out of town (on a rail)* isterati (istjerati) nekoga iz grada; **to* ~ *roughshod over smb.* postupati bezobzirno prema nekome; *to* ~ *to hounds* loviti na konju; *let the matter* ~*!* neka stvar ide svojim tokom! (colloq.) *to* ~ *the rods* putovati ispod vagona kao slepi (slijepi) putnik
ride around see **ride II 9**
ride out *v* see **ride II 9**
rid·er [~ə(r)] *n* 1. jahač 2. dopunska klauzula, popravka (zakonskog nacrta)
rid·er·less [~lis] *a* bez jahača
rid·er·ship [~šip] *n* broj putnika (koji koriste vozila javnog saobraćaja), putništvo
ride up *v* penjati se

ridge [ridž] *n* 1. greben, hrbat 2. grbina (nosa) 3. sleme — sljeme (krova)
ridge·pole [~poul] *n* 1. slemenjača (sljemenjača), vodoravna greda u slemenu (sljemenu) krova 2. vodoravni nosač šatora
rid·i·cule I ['ridəkjūl] *n* poruga, podsmeh (podsmijeh)
ridicule II *v tr* porugati se, ismevati (ismijevati); *to* ~ *smb.* porugati se nekome
ri·dic·u·lous [ri'dikjələs] *a* smešan (smiješan); *a* ~ *price* smešna cena (cijena)
rid·ing I ['rajdiῆg] *n* jahanje; konjički sport
riding II *a* jahaći; konjički; ~ *boots* jahaće čizme; *a* ~ *club* konjički klub
riding III *n* (Br., in Yorkshire, Canada) srez
riding habit jahaće odelo (odijelo)
rid of see **rid**
rife [rajf] *a* 1. mnogobrojan 2. obilat; rasprostranjen 3. pun, ispunjen
rif·fle ['rifəl] *n* 1. brzica; slap 2. jarak za hvatanje spiranih zlatnih zrnaca
riff·raff ['rifraef] *n* ološ, rulja
ri·fle I ['rajfəl] *n* 1. puška; *a hunting* ~ lovačka puška; *to fire a* ~ pucati puškom (iz puške) 2. vatreno oružje s izlebljenom cevi (izlebljenom cijevi)
rifle II *a* puščani; *a* ~ *barrel* puščana cev (cijev); ~ *fire* puščana vatra
rifle III *v tr* izlebiti (izlijebiti), užlebiti (užlijebiti)
rifle IV *v tr* 1. 1. opljačkati, obiti; *to* ~ *a safe* obiti kasu 2. ispreturati
rifle butt kundak puške
rifle company pešadijska (pješadijska) četa
rifle grenade tromblon
ri·fle·man [~mən] (-*men* [mən]) *n* strelac (strijelac)
rifle rack soška
rifle range strelište
rifle salute pozdrav s puškom
ri·fle·scope [~skoup] *n* optički nišan za pušku
rifle shop puškarnica
rifle strap remenik
ri·fling ['rajfliῆg] *n* 1. žlebljenje (žlijebljenje) 2. žlebovi (žljebovi)
rift [rift] *n* 1. pukotina, procep (procijep) 2. prekid dobrih odnosa
rig I [rig] *n* 1. (naut.) oprema broda, snast 2. oprema 3. bušača garnitura 4. zaprežno vozilo 5. (Western Am.) sedlo 6. pecački pribor 7. (colloq.) odeća (odjeća) 8. kamion s prikolicom
rig II *v tr* 1. opremiti, montirati 2. montirati, lažirati, namestiti (namjestiti); *to* ~ *a trial* montirati proces 3. spakovati (padobrane)
rig·a·ma·role see **rigmarole**
rig·ger [~ə(r)] *n* 1. (naut.) jedrar 2. monter 3. paker (padobrana)
rig·ging [~iῆg] *n* 1. (naut.) oprema broda, snast, takelaža 2. lažiranje, montaža
right I [rajt] *n* 1. pravda, pravo; ~ *and wrong* pravo i nepravo; **two wrongs do not make a* ~ jedna nepravda ne opravdava drugu 2. desnica; *on the* ~ desno; *turn to the* ~*!* skreni desno (nadesno)! *to my* ~ desno od mene 3. (pol.) desnica 4. pravo; *civil* ~*s* građanska prava; *the* ~ *to vote* biračko pravo; *by what* ~? s

kojim pravom? *he has the* ~ *to* . . . on ima pravo da . . .; *to achieve (one's)* ~s ostvariti prava; *to establish a* ~ ustanoviti pravo; *the* ~ *to work* pravo na zaposljenje 5. (boxing) udarac desnom rukom; *a straight* ~ desni direkt 6. (soccer) (a.) *outside* ~ desno krilo; (b.) *inside* ~ desna polutka (spojka)

right II *a* 1. pravi; *the* ~ *answer* pravi odgovor; *the* ~ *address* prava adresa; *the* ~ *moment* pravi trenutak; *you're on the* ~ *road* na pravom ste putu; *the* ~ *place* pravo mesto (mjesto) 2. pravilan; *the* ~ *pronunciation* pravilan izgovor 3. desni; (pol.) desničarski; (pol.) *the* ~ *wing* desno krilo; (fig.) *to be smb.'s* ~ *hand* biti nečija desna ruka 4. u pravu; *you are* ~ vi ste u pravu 5. (math.) prav; *a* ~ *angle* pravi ugao (W: kut) 6. pravičan, pravedan, prav 7. misc.; *all* ~ u redu; (colloq.) *to make smt.* ~ nešto ispraviti

right III *adv* 1. upravo, pravo; ~ *here* upravo ovde (ovdje); *come* ~ *to our place* dođi pravo kod nas; *to look* ~ *into smb.'s face* gledati pravo u nečije lice 2. desno, nadesno; *turn* ~! skreni desno! (see also *right face*) 3. odmah; *he will be* ~ *down* sići će odmah; *we fell asleep* ~ *away* zaspali smo odmah; ~ *off* odmah 4. (Am., reg.) veoma, vrlo 5. dobro; pravilno; *the suit doesn't fit* ~ odelo (odijelo) ne pristaje dobro 6. baš; *he came* ~ *when I was leaving home* došao je baš kad sam polazio od kuće 7. misc.; *it serves him* ~ tako mu i treba; *the* ~ *honorable* visokopoštovani; *the engine kicked* ~ *over* motor je upalio iz prve; ~ *in front of me* na moje oči

right IV *v* 1. *tr* uspraviti 2. *tr* ispraviti; *to* ~ *a wrong* ispraviti grešku 3. *intr* uspraviti se

right away odmah

right·eous ['rajčəs] *a* pravedan, pravdoljubiv; ~ *indignation* opravdana ljutnja

right·eous·ness [~nis] *n* pravednost

right face (mil.) nadesno!

right·ful ['rajtfəl] *a* 1. pravedan 2. zakonit; *a* ~ *heir* zakoniti naslednik (nasljednik)

right-hand [~-haend] *a* 1. desni; *a* ~ *turn* desno skretanje 2. (fig.) desni; *a* ~ *man* desna ruka

right-hand·ed [~-haendid] *a* desnoruk

right·ism [~izəm] *n* (pol.) konzervatizam

right·ist I [~ist] *n* (pol.) desničar

rightist II *a* (pol.) desničarski

right·ly [~lij] *adv* 1. onako kako treba; ~ *so* tako treba 2. pravedno

right·ness [~nis] *n* pravost

right of asylum pravo azila

right of search (naut., legal) pravo pretresa

right-of-way [~-əv-'wej] *n* pravo prolaska, prvenstvo prolaska, prioritet; *to yield the* ~ ustupiti prvenstvo prolaska

right-to-life *a* koji se zalaže za zabranu vršenja pobačaja (see also **pro-life**)

right-to-work *a* koji se odnosi na pravo na rad bez obzira na pripadanje ili nepripadanje nekom sindikatu

right winger (pol.) desničar

rig·id ['ridžid] *a* 1. krut; rigidan; *a* ~ *position* krut stav 2. strog, krut; ~ *discipline* stroga (kruta) disciplina

ri·gid·i·ty [ri'džidətij] *n* krutost

rig·ma·role ['rigməroul] *n* 1. koješta, koještarija 2. birokratizam

rig·or ['rigə(r)] *n* 1. strogost; rigoroznost 2. tegoba, teškoća 3. surovost 4. (med.) drhtanje 5. (med.) ukrućenost

rig·or·ism [~rizəm] *n* rigorizam

rigor mor·tis ['mo(r)tis] (Latin) mrtvačka ukočenost; ~ *was setting in already* telo (tijelo) se već kočilo

rig·or·ous [~rəs] *a* rigorozan

rig·or·ous·ness [~nis] *n* rigoroznost

rig·our Br.; see **rigor**

rig out *v* see **rig II** 1

rig up *v* montirati, postaviti

Rig-Ve·da [rig-'vejdə] *n* Rigveda

Ri·je·ka [rij'jekə] *n* Rijeka

Riks·mal ['rijksmoul] *n* (ling.) književni jezik Norveške

rile [rajl] *v tr* (or: *to* ~ *up*) naljutiti; *to rile smb. (up)* naljutiti nekoga

Ri·ley ['rajlij] **the life of* ~ see **life I** 1

rill, rille [ril] *n* 1. potočić 2. brazda (na površini Meseca — Mjeseca)

rim [rim] *n* 1. rub, ivica, obod; *the* ~ *of a drum* obod bubnja 2. naplatak (točka)

rime I [rajm] *n* inje

rime II see **rhyme I**

rime III see **rhyme II**

rime·ster see **rhymester**

ri·mose ['raj'mous] *a* ispucan

rind [rajnd] *n* kora, ljuska

rin·der·pest ['rində(r)pest] *n* (German) goveđa (stočna) kuga

ring I [ring] *n* 1. prsten; *an engagement* ~ verenički (vjerenički) prsten; *a piston* ~ prsten klipa (see also **wedding ring**) 2. kolut; *smoke* ~s kolutovi dima 3. (bot.) godišnji prsten 4. alka 5. (boxing, wrestling) ring 6. (fig.) ring, krug 7. (gymnastics, in *pl*) karike, krugovi 8. misc.; **to run* ~s *around smb.* biti daleko bolji od nekoga

ring II *v tr* opkoliti

ring III *n* 1. zvonjenje *the* ~ *of a bell* zvonjava zvona 2. zvek, zvečanje 3. (fig.) zvuk; *it has a* ~ *of (the) truth* to zvuči istinito

ring IV *rang* [raeng]; *rung* [rəng] *v* 1. *tr* zvoniti (u); *to* ~ *a (church) bell* zvoniti u zvono (u crkvi); *to* ~ *a doorbell* zvoniti u zvonce 2. *tr* odzvoniti 3. *tr* (esp. Br.) see **ring up** 1 4. *intr* zvoniti; *the bells are* ~*ing* zvona zvone; *the doorbell (telephone) is* ~*ing* zvoni zvonce (telefon); *his ears are* ~*ing* zvoni mu u ušima; *to* ~ *for a servant* zvoniti za slugu 5. *intr* zvučati; *that* ~s *true* to zvuči istinito 6. *intr* prolomiti se; *applause rang through the auditorium* aplauz se prolomio dvoranom 7. misc.; **to* ~ *a bell* podsetiti (podsjetiti); *to* ~ *in the New Year* objaviti dolazak Nove godine zvonjenjem, dočekati Novu godinu; *to* ~ *out the old year* objaviti odlazak stare godine zvonjenjem; *a shot rang out* odjeknuo je pucanj

ring-bone [~boun] *n* izraštaj na zglobu (konjske noge)

ring·er I [~ə(r)] *n* (slang) 1. osoba koja je vrlo slična drugoj 2. (sports) takmičar koji se takmiči pod lažnim imenom
ringer II *n* zvonar
ring finger domali prst
ring·ing [~iŋg] *n* zvonjenje, hujanje, šum; *I have a ~ in my ears* huji (šumi) mi u ušima
ring·lead·er [~lijdə(r)] *n* kolovođa, predvodnik
ring·let [~lit] *n* 1. uvojak 2. prstenak
ring·mas·ter [~maestə(r)]; [a] *n* voditelj cirkuske predstave
ring road (Br.) kružni put
ring·side [~sajd] *n* (boxing) sedišta (sjedišta) pored ringa; *at ~* (Br.: *by the ~*) pored ringa; *~ seats* sedišta pored ringa
ring up *v* 1. (esp. Br.) telefonirati; *to ring up a friend* or: *to ring a friend up* telefonirati prijatelju 2. zabeležiti (zabilježiti); otkucati; *to ring up on a cash register* otkucati na registar-kasi
ring·worm [~wə(r)m] *n* (med.) kosopasica
rink [riŋgk] *n* klizalište (W also: sklizalište)
rinse I [rins] *n* 1. ispiranje 2. sredstvo za ispiranje kose
rinse II *v tr* 1. isprati; proprati; *to ~ dishes (the wash)* isprati sudove (veš) 2. oplaknuti; *to ~ (out) a glass* isplaknuti čašu
Ri·o de Ja·nei·ro ['rijou di dža'nejrou] Rio de Žaneiro
ri·ot I ['rajət] *n* 1. pobuna, metež 2. raskoš; *a ~ of color* raskoš boje 3. izbijanje 4. lumpovanje, terevenka 5. misc.; *to run ~* razuzdati se
riot II *v intr* pobuniti se
riot act 1. (hist.) uredba protiv pobune 2. misc.; **to read the ~ to smb.* očitati nekome
ri·ot·er [~ə(r)] *n* buntovnik, narušilac javnog poretka
ri·ot·ous [~əs] *a* 1. buntovan 2. raskalašan 3. bujan
rip I [rip] *n* pocepotina (pocjepotina), poderotina
rip II *v* I. *tr* poderati, razderati; pocepati (pocijepati) 2. *tr* (*to ~ open*) rasporiti, pokidati 3. *intr* cepati (cijepati) se, kidati se 4. *intr* (*to ~ into*) izgrditi; kritikovati; *to ~ into smb.* izgrditi nekoga 5. misc.; (slang) *to let things ~* pustiti da dalje radi punom parom; (slang) *to ~ through material* brzo pregledati građu
rip III *n* see **ripsaw**
ri·par·i·an [ri'paerijən] *a* obalski
rip·cord [~ko(r)d] *n* uže (ručica) za otvaranje padobrana; *to pull a ~* povući ručicu
ripe [rajp] *a* zreo; *~ fruit* zrelo voće; **to live to a ~ old age* doživeti (doživjeti) duboku starost
rip·en [~ən] *v* 1. *tr* dovesti do zrelosti 2. *intr* sazreti
ripe·ness [~nis] *n* zrelost
rip off *v* 1. otkinuti 2. (slang) prevariti, nasamariti
rip-off [~·of] *n* (slang) prevara
ri·poste, ri·post [ri'poust] *n* protivudarac (protuudarac)
rip out *v* 1. iščupati (also **tear out**) 2. potegnuti; *to rip out a gun* potegnuti pištolj
rip·per [~ə(r)] *n* parač; *Jack the Ripper* Džek-trbosek (trbosjek)
rip·ping [~iŋg] *a* (Br., slang) izvanredan
rip·ple I ['ripəl] *n* 1. mreškanje 2. talasić 3. žamor, žubor

ripple II *v tr* namreškati, nabrčkati 2. *intr* mreškati se; talasati se 3. *intr* žamoriti, žuboriti
ripple effect posledica (posljedica) koja se postepeno širi
rip-roar·ing [~roriŋg] *a* (colloq.) bučan; buran
rip-saw [~so] *n* krupnozubna testera (W: pila) (za sečenje — sječenje drveta duž vlakana)
rip up *v* pocepati (pocjepati)
rise I [rajz] *n* 1. dizanje 2. uspon; *a gentle ~* blag uspon 3. uzvišenje 4. izvor; *the ~ of a river* izvor reke (rijeke); (fig.) *to give ~ to smt.* izazvati nešto 5. porast; povišenje; *a ~ in prices* porast cena (cijena); *prices are on the ~* cene rastu; *a ~ in temperature* povišenje temperature 6. (Br.) povišica (see also **raise I**) 7. misc.; *to get a ~ out of smb.* isprovocirati nekoga
rise II *rose* [rouz]; *risen* ['rizən] *v intr* 1. dići se, podići se; *the smoke ~s into the air* dim se diže u vazduh (W: zrak); *the curtain is ~ing* zavesa (zavjesa) se diže; *to ~ in revolt* podići se na ustanak 2. rasti; penjati se; dizati se; *prices are ~ing* cene (cijene) rastu (se penju); *the dough ~s* testo se diže (raste) 3. graditi se, dizati se; *new buildings are ~ing* nove zgrade se dižu 4. penjati se, dizati se; *the ground ~s gradually* zemljište se blago penje; *the temperature is ~ing* temperatura se penje 5. jačati; *the wind is ~ing* vetar (vjetar) jača 6. ustati; *to ~ early* poraniti 7. nadoći; *the river rose suddenly* reka (rijeka) je naglo nadošla 8. izvirati; *where does the river ~?* gde (gdje) reka izvire? 9. roditi se; *the sun ~s in the east* sunce se rađa na istoku 10. uskrsnuti; *to ~ from the dead* uskrsnuti iz mrtvih 11. isploviti; *to ~ to the surface* isploviti na površinu 12. misc.; *to ~ to the occasion* pokazati se dorastao prilikama
rise up *v* see **rise II** 1
ris·ing I [~iŋg] 1. dizanje, penjanje 2. ustanak
rising II *a* 1. koje se penje 2. (ling.) uzlazni; *a ~ accent* uzlazni akcenat
rising III *prep* (Br.: of age) skoro; *~ 10* u desetoj godini
risk I *n* rizik, opasnost; *at the ~ of one's life* s opasnošću po svoj život; *at one's own ~* na svoj rizik; *to run a ~* izlagati se opasnosti; *to incur a ~* prihvatiti rizik
risk II *v tr* 1. rizikovati, izložiti opasnosti; *to ~ one's life* rizikovati život 2. izazvati mogućnost (nečega)
risk·y [~ij] *a* rizičan, riskantan
ris·qué [ris'kej] *a* mastan; *a ~ joke* masna šala
rite [rajt] *n* obred; *according to the Eastern (Western) ~* po istočnom (zapadnom) obredu; *to perform a ~* izvesti (izvršiti) obred
rit·u·al I ['ričuəl] *n* ritual, obred; *to perform a (religious) ~* obaviti (verski — vjerski) obred
ritual II *a* ritualan; *a ~ dance* ritualan ples; *~ murder* ritualno ubistvo (W: umorstvo)
rit·u·al·is·tic [ričuəl'istik] *a* ritualan
ritz·y ['ritsij] *a* (slang) elegantan
ri·val I ['rajvəl] *n* rival, suparnik
rival II *v tr* biti rival (nekome), rivalizovati
rival III *a* suparnički, rivalski; *~ groups* rivalske grupacije

ri·val·ry [~rij] *n* rivalitet, rivalstvo
rive [rajv]; *-ed; -ed* or *riven* ['rivən] *v tr* rascepati (rascijepati)
riv·er I ['rivə(r)] *n* 1. reka (rijeka); *a broad (swollen)* ~ široka (nabujala) reka; *the mouth (source) of a* ~ ušće (izvor) reke; *to cross (force, ford) a* ~ preći (forsirati, pregaziti) reku 2. misc.; **to sell down the* ~ ostaviti na cedilu (cjedilu); **up the* ~ u zatvoru (zatvor)
river II *a* rečni (riječni); *a* ~ *bank* rečna obala; ~ *traffic* rečni saobraćaj
river basin porečje (porječje)
riv·er·bed [~bed] *n* korita reke (rijeke)
riv·er·boat [~bout] *n* rečni (rječni) brod
river horse see **hippopotamus**
riv·er·ine [~rajn], [*i*] *a* rečni (riječni)
riv·er·side [~sajd] *n* rečna (rječna) obala
riv·et I ['rivit] *n* zakivak, zakovica
rivet II *v tr* 1. zakovičiti, zakovati; (fig.) *he sat as if* ~*ed to the spot* sedeo (sjedio) kao prikovan 2. upreti (uprijeti), uperiti; *to* ~ *one's attention on smt.* uperiti pažnju na nešto
riv·et·er [~ə(r)] *n* zakovičar
riv·et·ing [~ing] *n* zakovičenje
Riv·i·er·a [rivij'ejrə] *n* Rivijera
riv·u·let ['rivjəlit] *n* potočić
Ri·yadh [rij'jad] *n* Rijad (glavni grad Saudijske Arabije)
roach I [rouč] *n* (fish) kladnjača, žutoperka
roach II *n* see **cockroach**
roach III *n* 1. pramen kose 2. (slang) pikavac od cigarete od marihuane
road I [roud] *n* drum, put; *a country (dirt)* ~ seoski drum; *the* ~ *to town* put za grad; *on the* ~ na putu; **all* ~s *lead to Rome* svi putevi vode u Rim; *to maintain a* ~ održavati put
road II *a* drumski, putni; *a* ~ *network* drumska (putna) mreža
road·bed [~bed] *n* podloga železničke (željezničke) pruge
road·block [~blak]: [*o*] *n* barikada na putu, blokiran put; *to set up* ~s blokirati puteve
road hog (colloq.) bezobziran vozač, siledžija za volanom
road·house [~haus] *n* drumska kafana (kavana)
road map putna karta
road metal tucanik
road·side [~sajd] *n* ivičnjak kolovoza; *on the* ~ kraj puta
road sign putokaz
road·stead [~sted] *n* (naut.) sidrište
road·ster [~stə(r)] *n* (obsol.) otvorena putnička kola
road sweeper Br.; see **street cleaner**
road test I proba (vozila) na drumu
road test II *v* probati (vozilo) na drumu
road·way [~wej] *n* kolovoz
road·work [~wə(r)k] *n* 1. trčanje (za održavanje kondicije), trening 2. radovi na putu
roam [roum] *v tr and intr* tumarati; *to* ~ *(through) the streets* tumarati ulicama
roan I [roun] *n* čilaš
roan II *a* čilatast
roar I [ro(r)] *n* rika; urlik; tutnjava, bučanje, huk; *the* ~ *of lions* rika lavova; *the* ~ *of cannon* tutnjava topova; *the* ~ *of the waves* huk talasa

roar II *v* 1. *tr and intr* rikati, urlati, tutnjiti; *cannon (lions)* ~ topovi (lavovi) riču 2. *intr* bučati, hučati 3. *intr* prolomiti se; *the thunder* ~ed prolomila se grmljavina
roar·ing [~ing] *a* buran, bučan; **the* ~ *twenties* burne dvadesete godine; **~ drunk* mrtav pijan
roast I [roust] *n* pečenje; pečenica; *lamb* ~ jagnjeće (W: janjeće) pečenje
roast II *a* pečen; ~ *lamb (pork, veal)* jagnjeće — W: janjeće (svinjsko, teleće) pečenje
roast III *v tr and intr* 1. pržiti; peći; *to* ~ *meat* peći meso 2. *intr* kuvati (kuhati) se
rob [rab]; [*o*] *v tr and intr* ukrasti; *to* ~ *smb. of his money* ukrasti nekome novac; **to* ~ *Peter to pay Paul* oteti od jednog da se dâ drugome
rob·ber [~ə(r)] *n* lopov
robber baron (hist.) finansijski (financijski) magnat (koji se obogatio na nedozvoljen način)
rob·ber·y [~ərij] *n* krađa
robe I [roub] *n* 1. odora 2. see **bathrobe**
robe II *v tr* obući
rob·in ['rabin]; [*o*] *n* (bird) crvendać
ro·bot ['roubət] *n* robot
robot bomb vodena bomba
rob roy [roj] vrsta koktela
ro·bust ['rou'bəst] *a* robustan, snažan
roc·am·bole ['rakəmboul]; [*o*] *n* (bot.) divlji lučac
Roch·es·ter ['račestə(r)]; [*o*] *n* Ročester (grad u SAD)
rock I [rak]; [*o*] *n* 1. kamen 2. stena (stijena) 3. (geol.) stenje (stijenje) 4. (slang) dijamant 5. misc.; *on the* ~s (a.) bankrotirao; (b.) propao; (c.) s ledom (o koktelu); *scotch on the* ~s skoč (viski) s ledom
rock II *v* 1. *tr* ljuljati; *to* ~ *a child (in its cradle)* ljuljati dete — dijete (u kolevci — kolijevci); *to* ~ *a child to sleep* uljuljati dete (u san) 2. *tr* uzdrmati, poljuljati; *to* ~ *a throne* uzdrmati presto (prijestol) 3. *intr* ljuljati se
rock III see **rock-and-roll**
rock-and-roll [~-ən-roul] *n* rok, rokenrol (vrsta džeza)
rock bottom (colloq.) dno
rock-bot·tom [~-batəm]; [*o*] *a* najniži; ~ *prices* najniže cene (cijene)
rock cock (fish) lumbrak
rock·er [~ə(r)] *n* 1. stolica za ljuljanje (also **rocking chair**) 2. drveni konj za ljuljanje (also **rocking horse**) 3. misc.; **he went off his* ~ šenuo je pameću
rocker arm (tech.) klackalica
rock·et ['rakit]; [*o*] *n* raketa; *a first-stage* ~ raketni nosač; *to launch a* ~ lansirati raketu; *to fire a* ~ ispaliti raketu
rocket II *a* raketni; *a* ~ *engine* raketni motor; *a* ~ *launching pad* raketna rampa
rocket III *v intr* poleteti (poletjeti); *to* ~ *to fame* steći slavu munjevitom brzinom
rock·et·eer [rakə'tij(r)]; [*o*] *n* specijalista za raketnu tehniku
rock·et·ry ['rakitrij]; [*o*] *n* raketna tehnika
Rock·ies [~ijz] see **Rocky Mountains**
rock·ing chair [~ing] stolica za ljuljanje, stolica-njihaljka
rocking horse drveni konj za ljuljanje

rock 'n' roll see rock-and-roll
rock oil Br. ; see petroleum
rock opera rok-opera
rock ptarmigan snežnica (snježnica)
rock·ribbed [~-ribd] a nepopustljiv
rock salt kamena so (sol)
rock singer rok pevač (pjevač)
rock·slide [~slajd] n odron
rock·y I [~ij] a stenovit (stjenovit)
rocky II a klimav, koji se tetura
Rocky Mountains (the ~) Stenovite (Stjenovite) planine
Rocky Mountain spotted fever (med.) groznica Stenovitih (Stjenovitih) planina
ro·co·co I [rə'koukou], [roukə'kou] n rokoko
rococo II a rokoko
rod [rad]; [o] n 1. prut, šiba 2. (fig.) batina, telesna (tjelesna) kazna; *spare the ~ and spoil the child batina je iz raja izišla 3. see fishing rod 4. see lightning rod 5. see divining rod 6. (pastirska) palica, (pastirski) štap 7. šipka; an oil gauge ~ kontrolna šipka 8. (measurement) motka (5,029 metara; Br. is perch I 3) 9. (slang) pištolj; to pack a ~ nosisi pištolj 10. misc.; to ride the ~s see ride II 9
rode see ride II
ro·dent ['roudənt] n glodar
ro·de·o ['roudijou], [rou'dejou] n rodeo; to hold a ~ održati rodeo
rod·o·mon·tade [radəman'tejd]; [o]; [o], [a] n hvalisanje
roe I [rou] n see roe deer
roe II n ikra, mrest (mrijest), riblja mlađ
roe·buck [~bək] n srndać
roe deer srna
roent·gen ['rentgən], [ə]; ['rontjən] n rendgen
roent·gen·ol·o·gist [~'alədžist]; [o] n rendgenolog
roent·gen·ol·o·gy [~džij] n rendgenologija
ro·ga·tion [rou'gejšən] n 1. (hist.) zakonski predlog 2. (usu. in pl) svečana molitva
Rog·er ['radžə(r)]; (o) interj (mil.) (uslovna oznaka sredstava veze) razumeo (razumio) sam, sve je u redu
rogue [roug] n 1. nevaljalac, bitanga; lopov 2. nestaško 3. slon osamljenik 4. biljka koja se različno razvila od ostalih biljaka
ro·guer·y [~ərij] n nevaljalstvo
rogues' gallery policijska zbirka fotografija prestupnika
ro·guish ['rougiš] a 1. nevaljao 2. lopovski
roil [rojl] v tr zamutiti
roil·y [~ij] a mutan
role [roul] n uloga; a distasteful (leading) ~ nezahvalna (glavna) uloga; to play a ~ igrati ulogu; to assume a ~ preuzeti ulogu
role model obrazac
role·play v tr and intr igrati (scenu iz stvarnog života)
role playing igranje uloga
roll I [roul] n 1. kotrljanje; valjanje; roljanje 2. rulanje 3. valjak; kotur 4. svitak, smotak; smotuljak; truba; rolna; a ~ of paper svitak papira; a ~ of material (cloth) truba štofa 5. (cul.) rolat, rolna; a veal ~ rolat od teletine 6. (cul.) zemička; kifla 7. (naut.) ljuljanje (broda); (cf. pitch II 6) 8. spisak, popis; to call

the ~ prozvati ljudstvo (po spisku); to strike from the ~s izbrisati sa spiska 9. (ling.) titraj, treperenje (also trill I 3) 10. (aviation) nagib 11. (slang) novac, zamotuljak novčanica 12. bacanje; a ~ of the dice bacanje kocki 13. kalem (filma)
roll II v 1. tr kotrljati, valjati, roljati; to ~ a ball kotrljati loptu; to ~ a barrel roljati bure; to ~ dough (a fabric, metal) valjati testo — tijesto (sukno, kovinu); to ~ a hoop kotrljati obruč; to ~ a road valjati drum 2. tr navaliti; to ~ a rock against a door navaliti kamen na vrata 3. tr (cul.) uviti (u rolat) 4. tr (ling.) izgovarati treptavo (kotrljavo); to ~ an r izgovarati treptavo (kotrljavo) r 5. tr zaviti, uviti, smotati, saviti; umotati; to ~ smt. into a ball smotati nešto u klupče; to ~ a cigarette smotati (zaviti) cigaretu; to ~ smb. up in a blanket umotati nekoga u ćebe 6. tr kolutati; to ~ one'seyes kolutati očima; 7. tr bacati; to ~ dice bacati kocke 8. intr kotrljati se, valjati se, roljati se; the children are ~ing on the grass deca (djeca) se kotrljaju po travi; the ball is ~ing lopta se kotrlja; *heads will ~ pašće glave 9. intr (aviation) rulati (more usu. is taxi II) 10. intr kretati se (tandrčući); to ~ past prolaziti (pored) 11. intr (naut.) ljuljati se; the ship ~s brod se ljulja 12. misc.; *to ~ in money imati novaca kao pleve; the child ~ed off the chair dete (dijete) je palo sa stolice; to ~ a drunk opljačkati pijanicu; * to ~ out the red carpet for smb. primiti nekoga sa počastima; to ~ with a punch izbeći (izbjeći) jačinu udara
roll away v otkotrljati (se)
roll back v smanjiti; to roll prices back or: to roll back prices smanjiti cene (cijene)
roll·back [~baek] n smanjenje; a price ~ smanjenje cena (cijena)
roll book prozivnik
roll call prozivka
roll·er [~ə(r)] n 1. valjak (see also steamroller) 2. vikler, papilota 3. skoturan zavoj 4. (bird) zlatovrana
roller bearing valjkast ležaj, koturno ležište
roller blind Br.; see blind I 1
roller coaster brdska železnica — željeznica (u zabavnom parku)
roller skate koturaljka, rolšua
roller-skate [~skejt] v intr voziti se na rolšuama
roller towel beskonačni peškir (koji se vrti na valjku u javnim zahodima)
rol·lick I ['ralik]; [o] n ludovanje; veselje
rollick II v intr ludovati; veseliti se
rol·lick·ing [~iñg] a veseo
roll·ing ['rouliñg] a zatalasan, talasast; ~ hills talasasta brda
rolling mill valjaonica
rolling pin oklagija (W also: razvijač)
rolling stock železnički (željeznički), vozni park, vagoni
roll neck Br.; see turtleneck 1
roll of honor počasni spisak
roll-on I n (Br.) elastični halter za ženske čarape
roll-on II a koji se nanosi na kožu
roll-on deodorant dezodorans koji se nanosi na kožu trljanjem

roll out *v* izvaljati (see also **roll II** 12)

roll-top desk sekreter, pisaći sto (stol) koji se otvara podizanjem roletne

roll up *v* 1. dokotrljati, dovaljati; *he rolled the barrel up* or: *he rolled up the barrel* dokotrljao je bure 2. posuvratiti, zavrnuti, uzvratiti; *to roll up one's sleeves* posuvratiti (zavrnuti) rukave 3. dokotrljati se 4. postići; *to roll up a big score* postići veliki broj golova

ro·ly-po·ly I ['rouli'j-'poulij] *n* (colloq.) bucmasta (debeljušna) osoba, debeljko, debeljuca

roly-poly II *a* bucmast, debeljušan

ROM [ram]; [o] see **read only memory**

ro·man ['roumən] *n* latinsko pismo

Roman I *n* 1. Rimljanin 2. (hist.) Roman

Roman II *a* rimski

Roman calendar rimski kalendar

Roman Catholic 1. rimokatolički 2. rimokatolik

Roman Catholicism rimokatoličanstvo

ro·mance I ['roumaens) *n* 1. (lit.) romansa 2. (mus.) romansa 3. romantična ljubav, romansa 4. romantika, romantičnost

romance II *v tr* (colloq.) udvarati se

Romance *a* romanski; *the ~ languages* romanski jezici

Roman Empire Rimsko Carstvo, Rimska Imperija

Ro·man·esque [roumən'esk] *a* (archit.) romanski

Ro·man·i·an see **Rumanian**

Ro·man·ic [rou'maenik] *a* romanski

Ro·man·ism ['roumənizəm] *n* (often pejor.) rimokatoličanstvo

Ro·man·i·za·tion [roumani'zejšən] *n* romanizacija

Ro·man·ize ['roumənajz] *v tr* romanizirati

Roman numeral rimski broj

Ro·mansh, Ro·mansch [rou'maenš] *n* retoromanski jezici

ro·man·tic I [rou'maentik] *n* romantičar

romantic II *a* romantičan; *~ literature* romantična književnost

ro·man·ti·cism [rou'maentəsizəm] *n* romantizam

ro·man·ti·cize [rou'maentəsajz] *v tr* romantizirati

Rom·a·ny I ['ramənij]; [o], [ou] *n* 1. jezik Roma, ciganski jezik 2. Ciganin (also **Gypsy I**)

Romany II *a* ciganski (also **Gypsy II**)

Rome [roum] *n* Rim; **all roads lead to ~* svi putevi vode u Rim

romp I [ramp]; [o] *n* 1. ludiranje, bučno veselje 2. (sports, colloq.) laka pobeda (pobjeda)

romp II *v intr* 1. ludirati se, bučno se veseliti 2. (sports, colloq.) (or: *to ~ home*) lako pobediti (pobijediti)

romp·er [~ə(r)] *n* 1. dete (dijete) koje se bučno veseli 2. (in *pl*) odeća (odjeća) za igru

ro·ne·o ['rounijou] Br.; see **mimeograph I, II**

roof I [rūf], [u] *n* 1. krov, gornji deo (dio) zgrade 2. krov, gornji deo automobila 3. (*~ of the mouth*) nepce 4. (fig.) vrhunac 5. (fig.) kuća, krov; *to have a ~ over one's head* imati krov nad glavom 6. misc.; **to raise the ~* praviti mnogo buke; bučno se žaliti

roof II *v tr* pokriti krovom

roof·er [~ə(r)] *n* krovopokrivač

roof·ing [~iñg] *n* 1. krov, gornji deo (dio) zgrade 2. krovni materijal

roof·less [~lis] *a* beskrovan; bez krova

roof rack (Br.) mreža (za prtljag) na krovu (automobila)

roof·tree [~trij] *n* 1. slemenjača (sljemenjača) 2. krov

rook I [ruk] *n* (bird) vrana-gakuša

rook II *n* (chess) top, kula (also **castle I** 3)

ruok III *v tr* (slang) prevariti

rook·er·y [~ərij] *n* gnezdo (gnijezdo) vrana-gakuša

rook·ie [~ij] *n* novajlija

room I [rūm], [u] *n* 1. soba; *to clean (make up, reserve) a ~* počistiti (spremiti, rezervisati) sobu; *a ~ for rent* soba za izdavanje 2. mesto (mjesto); prostor; *there's not enough ~ here* ovde (ovdje) nema dovoljno mesta; *to take up too much ~* zauzimati suviše prostora 3. povod, prilika; *~ for doubt* povod za sumnju 4. odeljenje (odjeljenje); *an engine ~* mašinsko odeljenje

room II *v intr* stanovati (u sobi)

room and board pansion

room clerk recepcioner (see also **desk clerk, receptionist** 2)

room·er [~ə(r)] *n* podstanar

room·ette [~'et] *n* kupe

room·ful [~fəl] (*roomsful* or *roomfuls*) *n* puna soba

room·ing house [~iñg] hotel najniže kategorije

room·mate [~mejt] *n* 1. sobni drug 2. ljubavnik

rooms *n pl* (Br.) stan

room service usluživanje u sobama, posluživanje na spratovima — W: katovima (u hotelu)

room·y [~ij] *a* prostran

roor·back ['rū(r)baek] *n* (politička) kleveta

roost I [rūst] *n* sedalo (sjedalo); **to rule the ~* gospodariti

roost II *v intr* sedeti na sedalu (sjedjeti u sjedalu)

roost·er [~ə(r)] *n* petao (pijetao), pevac (pijevac), oroz

root I [rūt], [u] *n* koren (korijen); *the ~ of a tooth (tree, word)* koren zuba (drveta, reči — riječi); *to extract a square (cube) ~* izvući kvadratni (kubni) koren; *to take ~* pustiti koren; *to pull out smt. by the ~s* iščupati nešto s korenom

root II *a* koreni, korenski (korijenski); (ling.) *~ words* korene reči

root III *v tr* 1. (*to ~ out, up*) iskoreniti (iskorijeniti) 2. ukoreniti (ukorijeniti); *deeply ~ed* duboko ukorenjen

root IV *v intr* riti; preturati; *to ~ through a drawer* preturati po fioci

root V *v intr* navijati; *to ~ for* navijati za

root beer vrsta osvežavajućeg (osvježavajućeg) pića

root canal zubna šupljina sa pulpom

root canal work čišćenje kanala korena (korijena) zuba

root·er [~ə(r)] *n* navijač (also **fan III**)

root·less [~lis] *a* bez korena (korijena)

root out *v* see **root III** 1

root·stalk [~stok] see **rhizome**

root·stem [~stem] see **rhizome**

root up *v* see **root III** 1

root·y [~ij] *a* pun korenja (korijenja)

rope I [roup] *n* 1. konopac, uže; *to tie (up) with a* ~ vezati užetom 2. konopac za vešanje (vješanje) 3. (fig) smrt vešanjem 4. laso 5. (in *pl*) konopci (na ringu) 6. misc.; *to know the* ~*s* znati kako se što radi; *on the* ~*s* u škripcu; *to give smb. enough* ~ *to hang himself* dati nekome priliku da se upropasti
rope II *v tr* 1. vezati užetom 2. uhvatiti lasom 3. *(to* ~ *off)* konopcem ograditi 4. (colloq.) *(to* ~ *in)* prevariti
rope ladder lestve (ljestve) od užeta
rope·walk [~wok] *n* užarnica
Roque·fort cheese ['roukfə(r)t] rokfor (sir)
ror·qual ['ro(r)kwəl] *n* (zool.) kit-perajar
Ror·schach test ['ro(r)šak] Roršahov test
ros·an·i·line [rou'zaenəlin] *n* (chem.) rozanilin
ro·sa·ry ['rouzərij] *n* (usu. Cath.) brojanice (W: čislo)
rose I [rouz] *n* 1. ruža; *a perpetual (white, wild)* ~ zimzelena (bela — bijela, divlja) ruža 2. ružičasta boja 3. rozeta, način glačanja dijamanta 4. prskalica
rose II *a* 1. ružičast 2. ružin
rose III see **rise II**
ro·sé [rou'zej]; ['rou~] *n* vrsta vina
ro·se·ate ['rouzijit], [ej] *a* ružičast
rose beetle see **rose chafer**
rose·bud [~bəd] *n* ružin pupoljak
rose·bush [~buš] *n* ružin šib, ružin bokor
rose chafer bubazlata
rose·col·ored [~-kələ(r)d] *a* ružičast; *to view the world through* ~ *glasses* gledati kroz ružičaste naočari
rose hip see **hip II**
rose hip jelly marmelada od šipaka
rose·mar·y [~mejrij] *n* (bot.) ruzmarin
Ro·set·ta stone [rou'zetə] rozetski kamen
ro·sette [rou'zet] *n* 1. rozeta (značka) 2. (archit.) ukras u obliku ruže
rose water ružina vodica
rose window okrugao prozor
rose·wood [~wud] *n* palisandrovo drvo
Ro·si·cru·cian I [rouzə'krūšən] *n* rozenkrojcevac
Rosicrucian II *a* rozenkrojcevački
ros·in ['razin]; [o] kalofonijum
rosin oil kalofonijumsko ulje
ros·tel·lum [ras'teləm]; [o] (-*la* [lə]) *n* 1. (bot.) kljunić 2. rilce
ros·ter ['rastə(r)]; [o] *n* 1. spisak iména 2. (mil.) (or: *duty* ~) redna lista 3. see **schedule I**
ros·trum ['rastrəm]; [o] (-*s* or -*tra* [trə]) *n* 1. govornica; pult 2. kljun broda
ros·y ['rouzij] *a* ružičast; rumen; ~ *cheeks* rumeni obrazi
rot I [rat]; [o] *n* 1. trulež, gnjilež 2. see **foot rot** 3. koješta, koještarija
rot II *v* 1. *tr* dovesti do truljenja 2. *intr* istruliti, izgnjiliti; *corpses* ~ *leševi se raspadaju*
ro·ta ['routə] *n* (Br.) see **roster**
ro·ta·ry I ['routərij] *n* 1. rotaciona mašina 2. see **traffic circle**
rotary II *a* rotacioni, obrtni
rotary engine rotacioni motor
ro·tate ['routejt] *v* 1. *tr* okrenuti, obrnuti 2. *tr* smenjivati (smjenjivati); *to* ~ *crops* smenjivati poljoprivredne kulture 3. *intr* okretati se,

obrtati se; rotirati; *the earth* ~*s on its axis* Zemlja se okreće oko svoje osovine 4. *intr* rotirati, smenjivati se; *a* ~*ing chairmanship* sistem po kojem se smenjuju šefovi katedre; *a* ~*ing presidency* sistem rotirajućeg predsedništva (predsjedništva)
ro·tat·ing [~iñg] *a* rotacioni, obrtni; *a* ~ *light* rotaciono svetlo (svjetlo)
ro·ta·tion [rou'tejšən] *n* 1. rotacija, okretanje, obrtanje, obrtno kretanje 2. (usu. mil.) zamena (zamjena) ljudstva jedinice 3. smenjivanje (smjenjivanje), rotacija
rot away *v* istruliti
R.O.T.C. [aroutij'sij] or (colloq.) ['ratsij] abbrev. of **Reserve Officers' Training Corps**
rote [rout] učenje napamet; *to learn by* ~ učiti napamet
ro·te·none ['routənoun] *n* (chem.) rotenon
ro·ti·fer [routəfə(r)] *n* (zool.) točkara
ro·tis·se·rie [rou'tisərij] *n* roštilj
ro·tor ['routə(r)] *n* 1. rotor 2. razvodna četkica
rot·ten ['ratn]; [o] *a* 1. truo, gnjio 2. (fig.) pokvaren, truo 3. (colloq.) loš, rđav; *a* ~ *player* loš igrač
Rot·ter·dam ['ratə(r)daem]; [o] *n* Roterdam
ro·tund [rou'tənd] *a* okrugao
ro·tun·da [rou'təndə] *n* rotonda
ro·tun·di·ty [rou'təndətij] *n* okruglast
rou·ble ['rūbəl] *n* rublja
rouche see **ruche**
rou·é [ru'ej] *n* raskalašnik
rouge I [rūž] *n* ruž
rouge II *v* ružirati
rough I [rəf] *n* 1. siledžija, bitanga 2. misc.; *in the* ~ u neobrađenom stanju; *to take the* ~ *with the smooth* podnositi i zlo i dobro
rough II *a* 1. hrapav; ~ *hands* hrapave ruke 2. džombast; neravan; *a* ~ *road* džombast (neravan) put 3. neravan, isprecesan (ispresijecan); ~ *terrain* neravno zemljište 4. čupav, rutav; grub; *a* ~ *beard (* ~ *whiskers)* čupava brada; ~ *skin* gruba koža 5. uzburkan; *a* ~ *sea* uzburkano more 6. buran, surov, olujan; *a* ~ *climate* surova klima; ~ *weather* olujno vreme (vrijeme) 7. grub, neuljudan; *a* ~ *man* grub čovek (čovjek); *to be* ~ *on smb.* postupati grubo prema nekome 8. težak; *a* ~ *life* težak život 9. grub, nedoteran (nedotjeran); *a* ~ *sketch* gruba skica 10. grub, približan; *a* ~ *estimate* gruba (približna) procena — procjena 11. grub, nezgrapan; ~ *handling* grubo rukovanje 12. (ling.) aspiriran
rough III *adv* grubo; *to treat smb.* ~ postupati grubo prema nekome (more usu. is **roughly**)
rough IV *v tr* 1. *(to* ~ *in)* grubo nacrtati 2. misc.; *to* ~ *it* živeti (živjeti) slobodno u prirodi
rough·age [~idž] *n* krmno bilje
rough·and·read·y [~-ən-'redij] *a* grub, ali upotrebiv, efikasan
rough·and·tum·ble [~-ən-'təmbəl] *a* grub, žestok, neuredan; *a* ~ *fight* žestoka tuča
rough·cast I [~kaest]; [a] *n* grubo malterisanje
roughcast II *v tr* grubo malterisati
rough·dry [~draj] *a* opran, a neispeglan
rough·en [~ən] *v* 1. *tr* načiniti grubim 2. *intr* ogrubeti (ogrubjeti)

rough-hew [∼hjū]; -ed; -ed or -hewn [hjūn] v tr grubo otesati

rough-house I [∼haus] n gruba igra; grubo ponašanje

roughhouse II v intr igrati se grubo

rough in v see **rough** IV 1

rough-neck [∼nek] n sileđžija

rough-ness [∼nis] n 1. hrapavost 2. neravnost 3. čupavost 4. uzburkanost 5. surovost 6. grubost

rough-rid-er [∼rajdə(r)] n vešt (vješt) jahač

rough-shod [∼šad]; [o] a oštropotkovan; *to ride ∼ over smb. postupati bezobzirno prema nekome

rough stuff (colloq.) nasilje

rough up v maltretirati; the police roughed up the demonstrators or: the police roughed the demonstrators up policija se grubo obračunala s demonstrantima

rou-lade [rū'lad] n (mus. and cul.) rulada

rou-lette [rū'let] n rulet

round I [raund] n 1. krug 2. prečaga 3. (cul.) srednji deo (dio goveđeg buta 4. (in pl) obilazak, obilaženje; to make one's ∼s krenuti u obilazak: (of a doctor) to make ∼s obići bolesnike 5. (boxing) runda 6. runda, porudžbina pića (za društvo oko stola); we ordered a ∼ of driuks poručili smo piće za sve 7. metak, hitac 8. serija 9. (mus.) kanon (višeglasni sastav u kojem melodiju početnog glasa ponavljaju drugi glasovi na različitim intervalima) 10. misc.: a ∼ of applause buran pljesak

round II a 1. okrugao; a ∼ face okruglo lice; the earth is ∼ Zemlja je okrugla 2. ravan; a ∼ dozen ravno tuce 3. približan, okrugao; in ∼ figures u okruglim brojevima 4. (ling.) okrugli (also **rounded**) 5. obao; ∼ brackets obla zagrada 6. u oba pravca; a ∼ trip put u oba pravca

round III adv see **around** I

round IV prep 1. see **around** II 2. preko; ∼ the year or: the year ∼ preko cele (cijele) godine

round V v tr 1. zaći; to ∼ a corner zaći za ugao (W: kut) 2. (ling.) zaobliti

round-a-bout I [raundə'baut] n 1. see **merry-go-round** 2. Br.; see **traffic circle**

roundabout II a zaobilazan; by a ∼ way zaobilaznim putem

round dance igra, ples ukrug; kolo

round down v Br.; see **round off**

round-ed [∼id] a 1. (ling.) zaobljen; ∼ vowels zaobljeni samoglasnici 2. uravnotežen

round-er [∼ə(r)] n 1. (Br.) vrsta igre loptom 2. (colloq.) razvratnik

round-house [∼haus] n 1. radionica za popravljanje lokomotiva 2. (naut.) kabina na zadnjem delu (dijelu) broda 3. (slang, boxing) kroše

round-ish [∼iš] a okruglast

round-ly [∼lij] adv 1. otvoreno, iskreno 2. potpuno

round-ness [∼nis] n okruglost, okruglina

round off v zaokrugliti, zaokružiti; to round a sum off or; to round off a sum zaokružiti sumu

round on v Br.; see **turn on** 2

round out v završiti

round robin (sports) razigravanje po sistemu »svaki sa svakim«

rounds n pl see **round** I 4

round-shoul-dered [∼-šouldə(r)d] a oblih ramena

rounds-man n Br.; see **delivery boy**

round steak vrsta bifteka

round table (or: ∼ conference, discussion) diskusija (razgovor) za okruglim stolom; to hold a ∼ održati okrugli sto

Round Table (hist.) Okrugli sto — stol (kralja Artura)

round-the-clock [∼-thə-klak]; [o] a besprekidan, neprekidan; ∼ bombing neprekidno bombardovanje

round trip povratno putovanje

round-trip [∼-trip] a za povratno putovanje; a ∼ ticket karta za povratno putovanje

round up v 1. sterati (stjerati); skrditi; skupiti; to round cattle up or: to round up cattle sterati stoku 2. pohapsiti; to round up criminals pohapsiti zločince

round-up [∼əp] n sterivanje (stjerivanje), skrđivanje

round-worm [∼wə(r)m] n valjkast crv

rouse [rauz] v 1. tr probuditi 2. intr probuditi se

rous-ing [∼iňg] a koji budi; koji oduševljava; živ

roust [raust] v tr isterati — istjerati (iz kreveta)

roust-a-bout ['raustəbaut] n privremeni radnik

rout I [raut] n poraz; bekstvo (bjekstvo); povlačenje u neredu; to put to ∼ nagnati u bekstvo

rout II v tr nagnati u bekstvo (bjekstvo), razbiti, potući do nogu; to ∼ the enemy razbiti neprijatelja

rout III v intr riti, preturati

route I [rūt] [au] n pravac, put; maršruta; the shortest ∼ najkraći put

route II v tr odrediti (nekome) put

route map putna karta

route march (mil.) marš putem

rou-tine [ru'tijn] n rutina

routine II a rutinski

rout out v isterati (istjerati)

rove [rouv] v tr and intr lutati, tumarati; to ∼ the streets tumarati ulicama; *to have a ∼ing eye flertovati

rov-er [∼ə(r)] n lutalica, skitnica

roving reporter televizijski reporter, novinar koji radi na terenu

row I [rou] n red, niz; to sit in the first ∼ sedeti (sjedjeti) u prvom redu; a ∼ of houses (trees) niz kuća (drveta)

row II v 1. tr veslom terati (tjerati); to ∼ a boat veslom terati čamac, upravljati čamcem 2. intr veslati

row III [rau] n gužva, gurnjava, metež

row-an ['rauən] n (bot.) oskoruša

row-boat ['roubout] n čamac

row-dy I ['raudij] n sileđžija, izgrednik, mangup

rowdy II a sileđžijski

row-dy-ism [∼izəm] n sileđžijstvo, mangupstvo

row-el ['rauəl] n žvrk (na mamuzi)

row-er ['rouə(r)] n veslač

row-ing I ['rouiňg] n veslanje, veslački sport (also **crew** 2)

rowing II a veslački; a ∼ club veslački klub; a ∼ meet veslačko takmičenje

rowing boat Br.; see **rowboat**

row·lock ['roulak]; [o] n Br.; see oarlock
roy·al ['rojəl] a kraljevski; kraljev; a ~ court
kraljevski dvor; a ~ family kraljevska poro-
dica; a ~ palace kraljev dvorac
Royal Air Force Britansko ratno vazduhoplovstvo
(W: zrakoplovstvo)
Royal Highness (Br.) kraljevsko visočanstvo
roy·al·ism [~izəm] n rojalizam
roy·al·ist I [~ist] n rojalista
royalist II a rojalistički
roy·al·mast [~maest]; [a] n (naut.) vršni nastavak
Royal Navy Britanska ratna mornarica
Royal Society (Br.) (the ~) Kraljevska akade-
mija nauka
roy·al·ty [~tij] n 1. kraljevstvo 2. kraljevska po-
rodica; član kraljevske porodice 3. kraljevsko
dostojanstvo, veličanstvo 4. kraljevsko poreklo
(porijeklo) 5. kraljevska povlastica 6. (in pl)
honorar; author's ~ties autorski honorar
RSVP [aresvij'pij]] (French: répondez s'il vous
plaît) (molim da) odgovorite! (na pozivnici)
rub 1 [rəb] n 1. trljanje 2. (colloq.) teškoća, prepre-
ka: *there's the ~ u tom grmu leži zec
rub II v 1. tr trljati, trti; to ~ one's eyes (hands)
trljati oči (ruke) 2. tr ribati 3. tr očešati: he
~bed his coat against the wet paint očešao je
kaputom svežu (svježu) boju 4. intr trti (se);
this nail ~s against the tire ovaj ekser (W:
čavao) tare gumu; the chain ~s against the
wood lanac se tare o drvo 5. intr očešati se 6.
misc.; *to ~ shoulders with družiti se sa; *to ~
smb. the wrong way ljutiti nekoga; (colloq.)
to ~ smb. out ubiti nekoga
rub·ber I [~ə(r)] n 1. guma 2. kaučuk 3. (usu. in
pl) gumena cipele, (niske) kaljače 4. (slang) see
condom 5. see chewing gum
rubber II a 1. gumen; a ~ hose gumeno crevo
(crijevo); a ~ tube gumeni kolut 2. kaučukov;
a ~ tree kaučukovo drvo 3. Br.; see eraser
rubber III n tri igre (bridža, vista)
rubber band lastiš
rubber check (colloq.) ček koji nema pokriće
rub·ber·ize [~rajz] v tr impregnirati gumom
rub·ber·neck I [~nek] n zavirivalo
rubberneck II v intr zavirivati, blenuti, buljiti
rubber stamp 1. gumeni pečat 2. (fig.) odobravanje
bez razmišljanja
rub·ber·stamp [~-staemp] v tr 1. staviti gumeni
pečat (na) 2. (fig.) odobriti mehanički, bez
razmišljanja
rub·ber·y [~rij] a nalik na gumu
rubbing alcohol alkohol koji služi za dezinfekciju
rub·bish [rəbiš] n 1. smeće; krš 2. koještarija,
koješta
rub·ble ['rəbəl] n 1. krš, lom 2. ruine
rub down v masirati; to rub smb. down masirati
nekoga
rub·down [~daun] n masiranje
rube [rūb] n geak, prostak
ru·bel·la [rū'belə] n (med.) rubeola (also German
measles)
ru·be·o·la [rūbej'oulə] or [rū'bijələ] n (med.) 1.
see measles 2. see German measles
Ru·bi·con ['rubikən]; [o] n Rubikon; *to cross the
~ preći Rubikon
ru·bi·cund ['rūbəkənd] a rumen

ru·bid·i·um [rū'bidijəm] n (chem.) rubidijum
rub in v 1. utrljati, umasirati 2. misc.; *to rub it in
nabijati na glavu
rub off v 1. otrljati, otrti, skinuti 2. skidati se; it
rubs off easily lako se skida 3. misc.; to rub
off on smb. ostaviti utisak na nekoga
rub out v 1. see rub II 6 2. izbrisati
ru·bric ['rūbrik] n rubrika
ru·by ['rūbij] n rubin
ruche [rūš] n riš, svilena (čipkana) traka
ruch·ing [~ing] n 1. see ruche 2. tkanine za riševe
ruck [rək] n (Br.) (the ~) običan život; *out of
the ~ neobičan
ruck·sack ['rəksaek], [u] n ruksak, ranac
ruc·tions ['rəkšənz] n pl Br.; see ruckus
ruck·us ['rəkəs] n (colloq.) gužva, metež, urnebes
rudd [rəd] n (fish) crvenperka, plot.ca
rud·der ['rədə(r)] n 1. (naut.) kormilo; (fig.) krma
(see also helm) 2. (aviation) krmilo pravca
rud·der post [~poust] n stativa kormila
rud·der·stock [~stak]; [o] see rudderpost
rud·dy ['rədij] a 1. rumen; crven; rumenolik; ~
cheeks rumeni obrazi 2. (colloq.) proklet, vra-
ški, đavolski
rude [rūd] a 1. neuljudan, grub, neučtiv 2. primi-
tivan, sirov 3. ponizan; skroman 4. neobrađen;
improvizovan 5. nagao; neprijatan; a ~ awak-
ening neprijatno iznenađenje
rude·ness [~nis] n neuljudnost, grubost, neučti-
vost
ru·di·ment ['rūdəmənt] n rudiment, osnov
ru·di·men·ta·ry [rūdə'mentərij] a rudimentaran,
osnovan
rue I [rū] n (bot.) ruta, rutvica
rue II v tr žaliti; to ~ a decision žaliti zbog odluke
rue·ful [~fəl] a žalostan
ruff I [rəf] n 1. nabran okovratnik 2. (bird) prš-
ljivac
ruff II n (fish) grgeč
ruf·fi·an ['rəfijən] n siledžija
ruf·fle I ['rəfəl] n 1. nabrana čipka 2. uzrujanost
ruffle II v tr 1. namreškati 2. nabrati 3. uzrujati,
uznemiriti; *to ~ smb.'s feathers naljutiti
nekoga 4. narogušiti
ruffle III n (mil.) bubnjava; ~ and flourish bubnja-
va i fanfare
rug [rəg] n 1. tepih, ćilim 2. (Br.) pokrivač
rug·by [~bij] n ragbi (cf. football I)
rug·ged [~id] a 1. hrapav; neravan; grebenast;
~ peaks grebenasti vrhovi 2. smežuran; na-
boran 3. buran, olujan 4. snažan, krepak
rug·ger [~ə(r)] n Br.; see rugby
ru·gose ['rūgous] a smežuran, naboran
ru·gous [~əs] see rugose
ru·in I [rūin] n 1. propast, slom 2. (usu. in pl)
ruševine, razvaline, ruine; in the ~s u ruševina-
ma; the ~s of a palace ruševine dvorca 3.
upropašćivanje
ruin II v tr upropastiti; to ~ a television set
upropastiti televizor; the furniture was ~ed by
the smoke nameštaj (namještaj) je propao od
dima; to be ~ed financially propasti finansijski
(financijski) his health is ~ed zdravlje mu je
propalo
ru·in·a·tion [rūi'nejšən] n upropašćivanje
ru·in·ous ['rūinəs]] a poguban, razoran

rule I [rūl] *n* 1. vladavina, vlada 2. pravilo; *as a* ~ po pravilu; *to stick to the* ~ *s* držati se pravila; **there's an exception to every* ~ svako pravilo ima izuzetke; *to establish (lay down) a* ~ postaviti kao pravilo; *to make* ~*s* načiniti pravila; *to break a* ~ prekršiti pravilo; *to obey (the)* ~*s* pokoravati se pravilima 3. see **ruler** 2

rule II *v* 1. *tr* upravljati, vladati; *to* ~ *a country (a people)* vladati zemljom (narodom) 2. *tr* and *intr* odlučiti 3. *tr* išpartati 4. *intr* upravljati, vladati

rule of thumb opšte (opće) načelo

rule out *v* 1. zabraniti 2. isključiti; *to rule out a possibility* isključiti mogućnost

rul·er [~ə(r)] *n* 1. vladar 2. lenjir (W: ravnalo)

rul·ing I [~iñg] *n* 1. upravljanje, vladanje 2. (sudska) odluka

ruling II *a* vladajući; *the* ~ *class* vladajuća klasa

rum I [rəm] *n* rum

rum II *a* (Br., slang) čudan, nastran

Ru·ma·ni·a [rū'mejnijə], [nj] *n* Rumunija (W: Rumunjska)

Ru·ma·ni·an I [~n] *n* 1. Rumun (W: Rumunj) 2. rumunski (W: rumunjski) jezik

Rumanian II *a* rumunski (W: rumunjski)

rum·ba ['rəmbə] *n* rumba (ples)

rum·ble I ['rəmbəl] *n* 1. tutnjava, gruvanje; *the* ~ *of an earthquake* tutnjava zemljotresa 2. krčanje 3. (slang) tuča

rumble II *v* 1. tutnjiti; hučati 2. krčati; *his stomach is* ~*ing* stomak mu krči

rumble seat otvoreno sedište (sjedište) pozadi automobila

rum·bus·tious [rəm'bəsčəs] *a* (Br; colloq.) bučan

ru·men ['rūmen] (*-s* or *-mina* [mənə]) *n* burag, želudac kod preživara

ru·mi·nant I ['rūmənənt] *n* preživar

ruminant II *a* preživarski

ru·mi·nate [~nejt] *v intr* preživati, razmišljati

ru·mi·na·tion [rūmə'nejšən] *n* preživanje, razmišljanje

rum·mage ['rəmidž] *v intr* preturati, čeprkati, kopati; *to* ~ *through a drawer* preturati po fioci; *to* ~ *through the trash* čeprkati po đubretu

rummage sale prodaja stare robe (u korist neke ustanove)

rum·my ['rəmij] *n* remi (vrsta igre karata)

rummy II *n* (slang) pijanica

rummy III see **rum II**

ru·mor ['rūmə(r)] *n* glas, glasina, govorkanje *to spread* ~*s* širiti glasine; ~*s are going around that . . .* kolaju glasine da . . .

rumor II *v tr* proneti (pronijeti) kao glas; *it is* ~*ed that . . .* priča se da . . .

ru·mor·mon·ger [~mañggər], [ə] *n* pronosilac glasina

ru·mour Br.; see **rumor I, II**

rump I [remp] *n* 1. zadnjica 2. ostatak 3. krnj parlamenat 4. (cul.) kuk, rebnjak (see also **shellbone**) 5. (Br., cul.) ruža (see also **sirloin**)

rump II *a* krnj; *a* ~ *parliament* krnj parlament

rum·ple I [~əl] *n* bora

rumple II *v* 1. *tr* izgužvati 2. *intr* gužvati se

rum·pus [~əs] *n* urnebes, metež

rum·run·ner [~rənə(r)] *n* krijumčar zabranjenih alkoholnih pića

run I [rən] *n* 1. trčanje 2. sloboda kretanja; *to have the* ~ *of a house* imati slobodan pristup u neku kuću 3. navala; *a* ~ *on a bank* navala na banku 4. niz, serija; *a* ~ *of bad luck* niz nesreća 5. uspeh (uspjeh); *the play had a long* ~ komad se dugo davao 6. kov, soj, vrsta; *the common* ~ obična vrsta (W also: vrst) 7. (baseball) poen 8. linija 9. staza; *a ski* ~ smučarska staza 10. (mil. aviation) nailazak; *a bombing* ~ nailazak bombardovanja 11. see **dry run** 12. misc.; **a* ~ *for one's money* jaka konkurencija *in the long* ~ na kraju krajeva; *on the* ~ u bekstvu (bjekstvu); u žurbi

run II *ran* [raen]; *run* [rən] *v* 1. *tr* trčati; *the contestants* ~ *five laps* takmičari trče pet krugova 2. *tr* pretrčati; *he ran the mile in six minutes* pretrčao je milju za šest minuta 3. *tr* prebirati; *to* ~ *one's fingers over the strings (of an instrument)* prebirati prstima preko žice (instrumenta) 4. *tr* pustiti; *to* ~ *an engine* pustiti motor da radi; *to* ~ *two trains a day* puštati dva voza (W: vlaka) dnevno 5. *tr* krijumčariti; *to* ~ *rifles* krijumčariti puške 6. *tr* davati; *to* ~ *a film* davati film 7. *tr* objaviti; *to* ~ *an ad* objaviti oglas 8. *tr* upravljati, rukovoditi; *to* ~ *a household (a party, a school)* upravljati kućom (strankom, školom) 9. *tr* ići; *the disease is* ~*ning its course* bolest ide svojim tokom 10. *tr* probiti; *to* ~ *a blockade* probiti blokadu 11. *tr* zariti; *to* ~ *a dagger into smb.'s heart* zariti nekome nož u srce 12. *tr* proći; *to* ~ *the gauntlet* proći kroz šibu 13. *intr* trčati; *the children are* ~*ning around in the street(s)* deca (djeca) trče po ulicama; *to* ~ *at full speed* trčati iz sve snage; *to* ~ *past smt.* protrčati kraj nečega; *he* ~*s after every woman* on trči za svakom suknjom; *the child ran to its mother* dete (dijete) je otrčalo svojoj majci; *he ran into the house* utrčao je u kuću 14. *intr* (also: *to* ~ *away)* pobeći (pobjeći) 15. *intr* (brzo) pregledati; *to* ~ *through material* brzo pregledati građu 16. *intr* razliti se, rasplinuti se; puštati (boju); *the ink is* ~*ning* mastilo se razliva; *this material* ~*s* ovaj materijal pušta boju; *the paints ran* boje su se razlile 17. *intr* ići, saobraćati; *these trains* ~ *on the New York to Chicago line* ovi vozovi (W: vlakovi) saobraćaju na liniji Njujork — Čikago 18. *intr* ići, teći, curiti; *why is the water* ~*ning?* zašto teče voda? *your nose is* ~*ning* curi ti nos; *the water is* ~*ning from the faucet* voda curi iz česme 19. *intr* teći; ulivati se: *the river* ~*s into the sea* reka (rijeka) se uliva (teče) u more 20. *intr* prolivati se, teći; *the streets ran with blood* ulicama je tekla krv 21. *intr* ići, raditi; *the engine is* ~*ning* motor radi 22,. *intr* preletati (prelijetati); *his fingers ran over the strings* prsti su mu preletali preko žica 23. *intr* kretati se; kliziti; *trains* ~ *on rails* vozovi (W: vlakovi) kreću po šinama 24. *intr* doživeti (doživjeti); *to* ~ *through several editions* doživeti više izdanja 25. *intr* davati se; *the play ran for three months* komad se davao tri meseca (mjeseca) 26. *intr* pružati se; *a scar ran across his cheek* ožiljak mu se pružao preko obraza 27. *intr* proći; *a shudder*

ran down his spine jeza ga je prošla niz kičmu
28. *intr* naići; *to ~ across a friend* naići na druga
29. *intr* naleteti (naletjeti); *he ran into a pole* naleteo je na stub 30. *intr* kandidovati se; *he ran for president* kandidovao se za predsednika (predsjednika); *to ~ for (an) office* kandidovati se
(see also **stand II** 8) 31. *intr* teći; *the interest ~s until the debt is paid* kamate teku do isplate
duga 32. *misc.*; *to ~ afoul of smt.* doći u sukob
sa nečim; *to ~ aground* nasukati se; *to ~ amuck*
razbesneti (razbjesnjeti) se; *to ~ dry* osušiti se;
to ~ low kloniti se kraju; *to ~ a risk* izlagati
se opasnosti; *he ran short (of money)* ostao je bez
novca; *to ~ wild* biti raspušten; *it keeps ~ning
through my mind* to mi se vrzma po glavi; *to ~
a temperature* imati groznicu; *to ~ counter to
smt.* ne biti u skladu s nečim; *to ~ an errand*
see **errand**; *to ~ a hand through one's hair* provući rukom kroz kosu; *to ~ a race* trkati se;
to ~ along otići; *to ~ a gambling casino*
držati kockarnicu; *to ~ late* zakašnjavati;
he let the dog ~ loose pustio je psa bez povoca
run·a·bout [~əbaut] *n* 1. laka otvorena kola 2.
bazalo, tumaralo
run around *v* 1. trčati tamo — amo 2. bludničiti
3. *misc.*; *to run around together* družiti se
run·a·round [~əraund] *n* okolišenje
run away *v* 1. pobeći (pobjeći), odbeći (odbjeći);
to run away from pobeći od (iz) 2. lako pobediti
(pobijediti); *he ran away with the election*
on je lako pobedio na izborima
run·a·way I [~əwej] *a* 1. odbeglica (odbjeglica)
2. laka pobeda (pobjeda)
runaway II *a* 1. odbegao (odbjegao); *~ children*
odbegla deca (djeca) 2. nezadrživ; *~ inflation*
nezadrživa inflacija
run down *v* 1. iscrpsti, iznuriti 2. (stići i) uhvatiti;
pronaći; *to run down a fugitive* or; *to run a
fugitive down* uhvatiti begunca (bjegunca) 3.
oboriti, pregaziti; *to run a pedestrian down* or:
to run down a pedestrian oboriti pešaka (pješaka)
4. rezimirati, sažeti; pročitati 5. ogovarati, nipodaštavati, omalovažavati 6. trčati niz, strčati,
sjuriti; *to run down a hill* trčati niz brdo; *to run
down the stairs* strčati niz stepenice 7. isprazniti
se; *the battery ran down* akumulator se ispraznio 8. stati; *the clock ran down* sat je stao 9.
trknuti; *to run down to the drugstore* trknuti u
apoteku 10. slivati se; *tears ran down her face*
suze su joj se slivale niz lice
run-down I [~-daun] *n* rezime, sažeta sadržina
run-down II *a* 1. iznuren, oronuo 2. nenavijen (o
satu) 3. ispražnjen; *a ~ battery* ispražnjeni
akumulator
rune [rūn] *n* runa
rung I [rəng] *n* 1. pregača 2. poprečnica
rung II see **ring IV**
ru·nic ['rūnik] *a* runski
run in *v* 1. utrčati 2. (slang) uhapsiti 3. Br.; see
break in 1 4. *misc.*; *to run in the blood* biti
(nekome) u krvi
run-in ['rən-in] *n* (colloq.) svađa; tuča; *he had
a ~ with the police* imao je teškoće sa policijom
run·let [~lit] *n* potočić
run·nel [~əl] *n* 1. potočić 2. uzan prolaz
run·ner [~ə(r)] *n* 1. trkač 2. krijumčar 3. dug, uzak
tepih 4. trakast stolnjak 5. salinac (donji deo —

dio saonica) 6. klizač 7. kurir 8. petlja; *she has
a ~in her stocking* otišla joj je žica (petlja) na
čarapi (Br. is **ladder** 2)
runner beans Br.; see **string beans**
run·ner-up [~ər-əp] *n* 1. takmičar odmah iza
dobitnika 2. (at a beauty contest) pratilja
run·ning I [~ing] *n* 1. trčanje 2. rad, hod; *the ~
of a machine* rad mašine (W also: stroja) 3. konkurencija; *in the ~* među vodećim takmičarima
4. kandidovanje; *he is in the ~ for the presidency*
on se kandiduje za predsednika (predsjednika)
running II *a* 1. (colloq.) uzastopan; *five days ~*
pet dana uzastopce 2. tekući; *~ water* tekuća
voda 3. koji curi; *a ~ sore* rana koja curi
running board papuča, nogostup (na automobilu)
running head (printing) živa glava
running light svetlo (svjetlo) broda u vožnji
running mate (pol.) pratilac na izbornoj listi
running rigging (naut.) pomična oputa
running start (sports) zalet; *from a ~* iz zaleta
run·ny [~ij] *a* koji curi; *a ~ nose* nos koji curi
run off *v* 1. pobeći (pobjeći) 2. umnožiti, kopirati;
to run off 500 copies or: *to run 500 copies off*
umnožiti u 500 primeraka (primjeraka) 3. see
play off 4. oticati 5. otrčati 6. sleteti (sletjeti);
the vehicle ran off the road vozilo je sletelo sa
puta
run-off [~-of] *n* 1. see **play-off** 2. oticanje; odvod
run-off-the-mill [rən-əv-thə-'mil] *a* prosečan (prosječan); osrednji
run on *v* 1. neprekidno govoriti; *he ran on and on*
govorio je neprekidno 2. nastavljati se
run-on entry (in a dictionary) odrednica (W:
natuknica) koja sadrži i izvedene oblike
run out *v* 1. istrčati; *to run out onto the street*
istrčati na ulicu 2. isteći; *time has run out* istekao
je rok 3. potrošiti, istrošiti; *to run out of fuel*
potrošiti rezervu goriva; *he ran out of money*
ostao je bez novca 4. dotrajati; *his money ran
out* novac mu je dotrajao 5. isterati (istjerati);
to run smb. out of town isterati nekoga iz grada
6. napustiti; *he ran out on his wife* napustio je
ženu
run over *v* 1. pregaziti; *to run over smb.* or: *to
run smb. over* pregaziti nekoga 2. see **run
through** 3 3. see **run through** 4 4. otrčati; trknuti;
to run over to the drugstore trknuti u apoteku
run-round [~raund] see **run-around**
runs [~z] *n pl* (colloq.) *(the ~)* proliv
runt [rənt] *n* prcoljak
run through *v* 1. probiti; probosti 2. proćerdati;
to run through a fortune proćerdati imovinu 3.
brzo probati; *to run through one's part* brzo
probati svoju ulogu 4. brzo pregledati 5. protrčati
run-through [~-thrū] *n* 1. brz pregled 2. brza
proba
run up *v* 1. trčati gore, ustrčati; *to run up the stairs*
ustrčati uz stepenice 2. napraviti; postići; *to
run up a large bill* napraviti veliki račun; *to
run up a large score* postići visoku pobedu
(pobjedu) 3. naići; *to run up against difficulties*
naići na teškoće 4. pritrčati; *to run up to smb.*
pritrčati nekome
run·way [~wej] *n* 1. poletno-sletna staza 2.
(sports) zaletište
ru·pee ['rū'pij] *n* rupija

rup·ture I ['rəpčə(r)] *n* 1. raskid, prekid 2. (med.) raskid, ruptura 3. (med.) kila
rupture II *v* 1. *tr* raskinuti, prekinuti 2. *tr* izazvati kilu (kod) 3. *intr* dobiti kilu 4. *intr* pući; *his appendix ~d* puklo mu je slepo crevo (slijepo crijevo)
rup·tured [~d] *a* 1. koji ima kilu 2. zakinut; *a ~ cartridge* zakinuta čaura
ru·ral ['rūrəl] *a* 1. seoski, poljski, ruralan 2. poljoprivredni, zemljoradnički, ruralan
rural free delivery (Am.) isporuka pošte van gradova (na selu)
ruse [rūs]; [z] *n* lukavstvo, prevara
rush I [rəš] *n* 1. žurba (also **hurry I**) 2. navala, jurnjava 3. juriš, nalet, napad jurišem
rush II *a* hitan; *a ~ order* hitna porudžbina; *a ~ shipment* hitna pošiljka
rush III *v* 1. *tr* požuriti (also **hurry II** 1) 2. *tr* zauzeti na juriš; *to ~ a hill* zauzeti brdo na juriš 3. *tr* ulagivati se (nekome) 4. *tr* ugostiti (studenta, da bi stupio u studentsko udruženje) 5. *intr* žuriti se (also **hurry II** 2)
rush IV *n* (bot.) rogoz
rush hour vreme (vrijeme) najživljeg saobraćaja; *~ traffic* najživlji saobraćaj, špic
rus·set I ['rəsit] *n* žućkastomrka (crvenosmeđa) boja
russet II *a* žućkastomrk, crvenosmeđ
Rus·sia ['rəšə] *n* Rusija
Rus·sian I [~n] *n* 1. Rus 2. ruski jezik; *to speak ~* govoriti ruski
Russian II *a* ruski
Russian dressing (cul.) vrsta preliva za salatu
rus·sian·ize [~ajz] *v tr* rusifikovati
Russian Revolution oktobarska revolucija
Russian roulette ruski rulet
rus·si·fy ['rəsəfaj] see **russianize**
Russo- (prefix) rusko-
Russo–Japanese War rusko-japanski rat
Rus·so·phile ['rəsəfajl] *n* rusofil
Rus·so·phil·i·a [~'filiə] *n* rusofilstvo
Rus·so·pho·be [~foub] *n* rusofob
Rus·so·pho·bi·a [~'foubijə] *n* rusofobija
Russo·Turkish Wars *pl* rusko-turski ratovi

rust I [rəst] *n* 1. rđa; *to gather ~* rđati 2. (bot.; also: *~ disease)* rđa, snet (snijet) 3. boja rđe
rust II *a* boje rđa
rust III *v* 1. *tr* korodirati, pokriti rđom 2. *intr* zarđati; *iron ~s* gvožđe rđa
rus·tic I ['rəstik] *n* 1. seljak 2. prostak, geak
rustic II *a* seoski, seljački, rustikalan
rus·ti·cate ['rəstikejt] *v* 1. *tr* poslati u selo 2. *tr* (Br.) udaljiti privremeno sa univerziteta (W: sveučilišta) 3. *intr* živeti (živjeti) na selu
rus·tic·i·ty [rəs'tisətij] *n* rustikalnost, seljaštvo
rus·tle I ['rəsəl] *n* šuškanje, šuštanje
rustle II *v tr and intr* šuškati, šuštati; *to a ~ newspaper* šuškati (šuštati) novinama
rustle III *v* 1. *tr* krasti (stoku, konje); *to ~ cattle* krasti stoku 2. *intr* krasti stoku
rus·tler ['rəslə(r)] *n* kradljivac stoke
rustle up *v* (colloq.) pronaći
rust·proof ['rəstprūf] *a* nerđajući
rust·y ['rəstij] *a* 1. zarđao 2. boje rđe 3. (fig.) zapušten, zanemaren; neizvežban (neizvježban); *his French is rather ~* popustio je poprilično u francuskom (zbog nevežbanja — nevježbanja)
rut I [rət] *n* 1. trag od točka; kolosek (kolosijek) 2. brazda, ulegnuće 3. (fig.) rutina; mehanička navika; *to get into a ~* postati šablonista
rut II *n* teranje (tjeranje), bukarenje, vreme (vrijeme) sparivanja (also **estrus**)
ru·ta·ba·ga [rūtə'bejgə] *n* (bot.) biljka *(Brassica napobrassica)*
ruth [rūth] *n* (obsol.) 1. sažaljenje 2. tuga
Ru·the·ni·a [rū'thijnijə] *n* Karpatska Ukrajina
Ru·the·ni·an I [~n] *n* 1. Rusin 2. rusinski jezik
Ruthenian II *a* rusinski
ru·the·ni·um [rū'thijnijəm] *n* (chem.) rutenijum
ruth·less ['rūthlis] *a* nemilostiv, nemilosrdan
ru·tile ['rūtil], [e], [aj] *n* (miner.) rutil
rut·tish ['rətiš] *a* pohotljiv, pohotan
rut·ty [~ij] *a* pun brazda, ulegnuća
Rwan·da ['rwanda] or [ru'anda] *n* Ruanda
rye I [raj] *n* 1. raž 2. viski od raži
rye II *a* ražan; *~ bread* ražan hleb — hljeb (W: kruh)
rye grass ljuljica, ljuljika

S

s [es] *n* s (slovo engleske azbuke)
Saa·nen ['sanən] *n* sanska koza
Saar [sa(r)] *n* 1. (river) Sar 2. see Saarland
Saar·land [~laend] *n* Sarska oblast
Sab·ba·tar·i·an I [saebə'tejrijən] *n* subotar
Sabbatarian II *a* subotarski
Sab·bath ['saebəθ] *n* 1. subota, dan počinka;
  to observe the ~ slaviti subotu 2. nedelja (ņe-
  djelja)
sab·bat·i·cal I [sə'baetikəl] *n* odsustvo (nastavnika)
  svake sedme godine (radi naučnog rada ili
  specijalizacije)
sabbatical II *a* sabatni, sabatski; *a* ~ *year* see sab-
  batical I
Sa·be·an I [sə'bijən] *n* 1. Sabejac 2. sabejski jezik
Sabean II *a* sabejski
Sa·bel·li·an I [sə'bijlijən] *n* sabelski jezik
Sabellian II *a* sabelski
sa·ber ['sejbə(r)] *n* sablja
saber rattling zveckanje oružjem (sabljom)
saber-toothed tiger vrsta izumrlih tigara (s du-
  gačkim očnjacima)
sa·bin ['sejbin] *n* sabin (jedinica apsorpcije zvuka)
Sa·bine I ['sejbijn] *n* 1. Sabinac 2. sabinski jezik
Sabine II *a* sabinski
Sabin vaccine ['sejbin] Sabinova vakcina
sa·ble I ['sejbəl] *n* 1. samur 2. crna boja 3. (in *pl*)
  crno odelo — odijelo (kao znak žalosti)
sable II *a* 1. samurov 2. crn
sa·bot ['saebət] *n* drvena cipela
sab·o·tage I ['saebətaž] *n* sabotaža, diverzantska
  akcija; *to commit* ~ obaviti diverzantske
  akcije; *to commit an act of* ~ obaviti diver-
  zantsku akciju
sabotage II *v tr* sabotirati
sab·o·teur [saebə'tə(r)] *n* saboter
sa·bra ['sabrə] *n* rođeni Izraelac
sa·bre Br.; see saber
sabre-toothed tiger see saber-toothed tiger
sab·u·lous ['saebjələs] *a* peskovit (pjeskovit)
sac [saek] *n* kesa, kesica
SAC [saek] (Am.) (abbrev. of *Strategic Air Com-
  mand*) Strategijska vazduhoplovna (W: zrako-
  plovna) komanda
sac·cha·rase ['saekərejs] *n* saharoza
sac·cha·rin ['saekərin] *n* saharin
sac·cha·rine [~ijn] *a* sladunjav
sac·cu·li·na [saekjə'lijnə] *n* (parasite) kesičar
sac·er·do·tal [saesə(r)'doutl], [k] *a* sveštenički (sve-
  ćenički)

sac·er·do·tal·ism [~izəm] *n* sveštenstvo (svećen-
  stvo)
SACEUR (abbrev. of *Supreme Allied Commander,
  Europe*) vrhovni komandant zajedničkih snaga
  NATO u Evropi
sa·chem ['sejčəm] *n* (Am. Indian) poglavica ple-
  mena
sa·chet [sae'šej] *n* kesica sa mirišljavim prahom
sack I [saek] *n* 1. džak, vreća; *a* ~ *of flour* džak
  brašna; *a sad* ~ vezana vreća 2. (slang) krevet;
  to hit the ~ ići na spavanje
sack II *v tr* (colloq.) otpustiti s posla
sack III *v tr* opljačkati
sack·cloth [~kloθ] *n* 1. debelo grubo platno,
  sargija 2. (fig.) džak i pepeo; *to wear* ~ kajati
  se s džakom i pepelom
sack·ful [~ful] *n* pun džak
sack·ing [~iñg] *n* tkanina za vreće
sack race trka u vrećama
sa·cral I ['sejkrəl] *a* krsni; ~ *vertebra* krsni
  pršljen
sacral II *a* obredni, sakralan
sac·ra·ment ['saekrəmənt] *n* sakrament, sveta tajna
  (krštenje, pričest)
sac·ra·men·tal [saekrə'mentəl] *a* sakramentalan,
  pričesni
sac·ra·men·tal·ism [~izəm] *n* sakramentalizam
sac·ra·men·tar·i·an [saekrəmen'tejrijən] *n* sakra-
  mentovac
sa·cred ['sejkrid] *a* svet; *a* ~ *duty* sveta dužnost;
  a ~ *cow* osoba (stvar, ideja) koja se ne sme
  (smije) kritikovati
sa·cred·ness [~nis] *n* svetost, svetinja
sac·ri·fice I ['saekrəfajs] *n* 1. žrtvovanje, prinošenje
  na žrtvu 2. žrtva; *as a* ~ kao žrtva; *to make a* ~
  prineti (prinijeti) žrtvu
sacrifice II *v tr* žrtvovati; *to* ~ *oneself* žrtvovati se
  (sebe); *to* ~ *everything (one's life, troops)*
  žrtvovati sve (život, vojnike)
sac·ri·fi·cial [saekrə'fišəl] *a* žrtveni; *a* ~ *lamb*
  žrtveno jagnje (W: janje)
sac·ri·lege ['saekrəlidž] *n* svetogrđe
sac·ri·le·gious [saekrə'lidžəs] *a* svetogrdan
sac·ris·tan ['saekristən] *n* crkvenjak
sac·ris·ty [~tij] *n* sakristija, crkvena riznica
sac·ro·il·i·ac [saekrou'ilijaek] *a* (anat.) krstačo-
  -bedreni
sac·ro·sanct ['saekrousaeñgkt] *a* svet, nepovrediv
sa·crum ['sejkrəm] (-ra [rə]) *n* krstača, krsna kost
sad [saed] *a* tužan; *a* ~ *sack* vezana vreća

sad·den [~ən] *v tr* rastužiti

sad·dle I ['saedl] *n* 1. sedlo 2. (Br.; cul.) leđnjak

saddle II *v tr* 1. osedlati; *to ~ a horse* osedlati konja 2. opteretiti; *to ~ with debts* opteretiti dugovima

sad·dle·bag [~baeg] *n* bisaga

saddle blanket pokrivač ispod sedla

sad·dle·cloth [~kloth] *n* abahija

saddle horse sedlenik, jahaći konj

sad·dler ['saedlə(r)] *n* sedlar

sad·dler·y [~rij] *n* 1. sedlarnica 2. sedlarska roba

saddle sore rana od sedla, sadno

sad·dle·tree [~trij] *n* sedleni kostur

saddle up *v* 1. osedlati 2. osedlati konja

Sad·du·cee ['saedžusij], [*j*] *n* Sadukej

sa·dism ['sejdizəm] [*ae*] *n* sadizam

sa·dist I [~dist] *n* sadista

sadist II *a* see **sadistic**

sa·di·stic [sə'distik] *a* sadistički

sad·ness ['saednis] *n* tuga

sa·do·mas·o·chism [sejdou'maesəkizəm] *n* sadomazohizam

sad sack see **sack I 1**

sa·fa·ri [sə'farij] *n* lovački pohod (u Africi), safari; *to go on a ~* (Br.: *on ~*) ići u lovački pohod

safe I [sejf] *n* sef, kasa za čuvanje novca

safe II *a* 1. siguran, bezbedan (bezbjedan); *to feel ~* osećati (osjećati) se sigurnim; *a ~ area* siguran kraj; *a ~ place* sigurno mesto (mjesto); *~ from attack* siguran od napada 2. čitav; *to return ~ and sound* vratiti se zdrav i čitav 3. oprezan, siguran; *~ driving* oprezna vožnja

safe breaker Br.; see **safe cracker**

safe-con·duct [~'kəndəkt]; [*o*] *n* 1. zaštitno pismo 2. sigurna pratnja

safe cracker provalnik koji se služi eksplozivom za razbijanje sefova

safe-de·pos·it [~də'pazit]; [*o*] *a za* čuvanje; *a ~ box* sef (za čuvanje vrednosti — vrijednosti)

safe·guard I [~ga(r)d] *n* osiguranje, zaštita, obezbeđenje (obezbjeđenje)

safeguard II *v tr* osigurati, zaštititi, obezbediti (obezbijediti)

safe house kuća koja služi kao skrivalište

safe·keep·ing [sejf'kijpiŋ] *n* čuvanje; *for ~ za* čuvanje

safe·ty I ['sejftij] *n* 1. bezbednost (bezbjednost), sigurnost 2. spas; *to seek ~ in numbers* tražiti spas u brojevima 3. (on a weapon) osigurač; *to release the ~ on a revolver* otkočiti revolver

safety II *a* sigurnosni

safety belt sigurnosni pojas

safety catch utvrđivač osigurača

safety glass staklo sekurit, teško lomljivo staklo

safety island pešačko ostrvo (W: pješački otok)

safety lamp sigurnosni fenjer

safety net sigurnosna mreža; (fig.) osiguranje, odstupnica

safety pin 1. zihernadla, ziherica, sponka, pribadača 2. klin za osiguranje

safety precaution mera (mjera) predostrožnosti

safety razor žilet, aparat za brijanje sa nožićem

safety valve sigurnosni ventil

safety zone zona sigurnosti

saf·flow·er ['saeflauə(r)] *n* (bot.) šafranika

saf·fron ['saefrən] *n* (bot.) šafron

saf·ra·nine ['saefrənijn] *n* (dye) safranin

sag I [saeg] *n* ulegnuće, ugibanje

sag II *v intr* uleći (ulegnuti) se: ugnuti se; *the floor ~ged (under the weight)* pod se ulegao (od težine)

sa·ga ['sagə] *n* saga

sa·ga·cious [sə'gejšəs] *a* mudar, pametan

sa·gac·i·ty [sə'gaesətij] *n* mudrost, pamet

sage I [sejdž] *n* mudrac

sage II *a* mudar

sage III *n* (bot.) kadulja, žalfija

sag·it·tal ['saedžətəl] *a* 1. poput strele (strijele) 2. (anat.) sagitalan

Sag·it·ta·ri·us [saedžə'tejrijəs] *n* (astro. and astrol.) Strelac (Strijelac)

sa·go ['sejgou] *n* (starch) sago

Sa·har·a [sə'harə] *n* Sahara

sa·hib ['saib] *n* sahibija, gospodar

said [sed] 1. see **say** 2. *a* (legal) gore pomenut, spomenut

Sai·gon [saj'gan] [*o*] *n* Sajgon

sail I [sejl] *n* 1. jedro; *to make (set) ~* razapeti jedra; *to strike ~s* spustiti jedra; *to take in ~* umanjiti jedra 2. (fig.) jedrenjača; brod 3. misc.; **to take the wind out of smb.'s ~s* podseći (podsjeći) nekome krila; **under full ~* velikom brzinom

sail II *v* 1. *tr* prejedriti, preploviti; *to ~ the Pacific* prejedriti Pacifik 2. *intr.* jedriti, ploviti; *to ~ along a coast* jedriti duž obale; *to ~ up a river* jedriti uzvodno 3. *intr* otploviti, odjedriti; zaploviti; *to ~ from New York* otploviti iz Njujorka 4. misc.; *to ~ into a job* latiti se posla; *to ~ into smb.* napasti nekoga

sail·boat [~bout] *n* jedrenjača, jedrenjak

sail·cloth [~kloth] *n* platno za jedra

sail·fish [~fiš] *(pl has zero or -s) n* vrsta morskog psa

sail·ing [~iŋg] *n* 1. jedrenje, plovljenje 2. polazak (broda) 3. navigacija 4. misc.; *plain ~* prost zadatak

sailing boat Br.; see **sailboat**

sail maker jedrar

sail·or [~ə(r)] *n* mornar

sailor's knot muški čvor

sailor suit mornarsko dečje odelo (dječje odijelo)

sain·foin ['sejnfojn], [*ae*] *n* (bot.) detelina (djetelina); grahorka

saint I [sejnt] *n* svetac; *a patron ~* svetac zaštitnik

saint II (also [sən], [sənt] in colloq. speech) *a* svet

saint III *v tr* proglasiti za sveca

Saint Ber·nard ['bə(r)'na(r)d] bernardinac (pas)

saint·dom [~dəm] *n* svetost

saint·ed [~id] *a* 1. proglašen za sveca 2. svet

saint·hood [~hud] *n* svetost

Saint John's fire [džanz]; [*o*] kres (krijes)

saint·ly [~lij] *a* svetački

Saint Pat·rick's Day ['paetriks] praznik Svetog Patrika (17, III) (nacionalni praznik Iraca)

Saint Val·en·tine's Day ['vaeləntajnz] praznik Svetog Valentina (14. II)

saith [seth] (obsol..) *says*

sake I [sejk] *n* cilj; korist; *for the ~ of peace* radi mira; *for my ~* radi mene; *for God's (heaven's)*

~ za ime božje; *for the* ~ *of the children* radi dece (djece)

sa·ke II ['sakij] *n* sake (japansko narodno piće)

sa·ker ['sejkə(r)] *n* stepski soko

Sa·kha·lin ['saekəlijn] *n* Sahalin

sal·a·ble ['sejləbəl] *a* koji se može prodati

sa·la·cious [sə'lejšəs] *a* pohotljiv

sa·la·cious·ness [~nis] *n* pohotljivost

sa·lac·i·ty [sə'laesətij] *n* pohotljivost

sal·ad ['saeləd] *n* salata; *a cucumber (potato)* ~ salata od krastavca (krompira — W: krumpira); *a mixed (tossed)* ~ mešana (miješana) salata; *to make (season) a* ~ napraviti (začiniti) salatu

salad bar sto-stol (u restoranu) za kojim svaki gost sam pravi salatu za sebe

salad bowl činija za salatu

salad dressing preliv za salatu

salad oil ulje za salatu

sal·a·man·der ['saeləmaendə(r)] *n* daždevnjak

sa·la·mi [sə'lamij] *n* salama; *a* ~ *sandwich* sendvič sa salamom

salami tactics (usu. pol.) taktika napada u etapama

sal·a·ried ['saelərijd] *a* koji prima platu

sal·a·ry ['sael(ə)rij] *n* (redovna) plata — plaća; *to draw a* ~ primati platu

sale [sejl] *n* 1. prodaja; *for* ~ za prodaju *a* ~ *of smt. to smb.* prodaja nečega nekome 2. rasprodaja; *to buy smt. at a* ~ kupiti nešto na rasprodaji; *on* ~ koji se prodaje uz popust 3. licitacija; *a sheriff's* ~ prinudna licitacija

sale·a·ble see **salable**

sal·ep ['saeləp] *n* salep

sale·room [~rum] Br.; see **salesroom**

sales agreement ugovor o kupoprodaji

sales·clerk ['sejlzklə(r)k] *n* prodavac, prodavač (u radnji)

sales·girl [~gə(r)l] *n* prodavačica

sales·man [~mən] (-*men* [min]) *n* prodavac, prodavač; *a traveling* ~ trgovački putnik

sales manager šef prodaje

sales·man·ship [~šip] *n* trgovačka sposobnost

sales·per·son [~pə(r)sən] *n* see **salesman, saleswoman**

sales·room [~rum] *n* sala za javne prodaje (aukcije)

sales slip račun (priznanica) za kupljenu robu

sales tax porez na promet

sales·wom·an [~wumən] (-*women* [wimin]) *n* prodavačica

Sal·ic ['saelik] *a* (hist.) salijski

Salic Law (hist.) salijski zakon

sal·i·cyl·ic [saelə'silik] *a* salicilni; ~ *acid* salicilna kiselina

sa·li·ent I ['sejlijənt] *n* klin; istaknuti deo (dio) prednjih linija

salient II *a* 1. istaknut, isturen 2. glavni

sa·lif·er·ous [sə'lifərəs] *a* koji sadrži so (sol)

sal·i·fy ['saeləfaj] *v tr* 1. pretvoriti u so (sol) 2. usoliti

sa·line ['sejlijn], [*aj*] *a* slan; posoljen

Salis·bur·y steak ['solzb(ə)rij] (cul.) vrsta pljeskavice

sa·li·va [sə'lajvə] *n* pljuvačka

sal·i·var·y ['saeləverij]; [*ə*] *a* pljuvačni; ~ *glands* pljuvačne žlezde (žlijezde)

Salk vaccine [sok] Salkova vakcina

sal·low I ['saelou] *n* vrba, iva (see **willow**)

sallow II *a* žućkast (boje bolesna izgleda)

sal·ly I ['saelij] *n* 1. nalet, ispad, iznenadan napad 2. izliv 3. dosetka (dosjetka), šala

sally II *v intr* ispasti, izvršiti ispad

sally port kapija na tvrđavi

saim·on ['saemən] *(pl* has zero or *-s) n* losos

sal·mo·nel·la [saelmə'nelə] *n* (med.) salmonele (crevna — crijevna bolest)

sa·lon [sə'lan]; [*o*] *n* salon; *a beauty* ~ salon za dame

Sa·lo·ni·ka [saelou'nijkə] or [sə'lanikə]; [*o*] *n* Solun

sa·loon [sə'lūn] *n* 1. krčma, kafana (kavana) 2. (Br.) limuzina

saloon bar Br.; see **cocktail lounge**

sa·loon·keep·er [~kijpə(r)] *n* krčmar

sa·loop [sə'lūp] *n* toplo piće od salepa, salep

sal·pin·gec·to·my [saelpin'džektəmij] *n* (med.) salpingektomija

sal·si·fy ['saelsəfaj] *n* (bot.) turovet

sal soda [sael] kristalna soda

salt I [solt] *n* 1. so (sol); *mineral* ~ mineralna so; *table* ~ stona (stolna) so 2. (fig.) začin, so 3. see **smelling salts** 4. misc.; *he's not worth his* ~ on ništa ne vredi (vrijedi); *to take with a grain of* ~ primiti sa rezervom; *an old* ~ stari morski vuk; *the* ~ *of the earth* najbolji

salt II *a* slan, soni (solni); ~ *water* slana voda; *a* ~ *mine* soni rudnik

salt III *v tr* 1. posoliti; posuti solju; *to* ~ *a road* posuti put solju 2. usoliti; *to* ~ *meat* usoliti meso 3. (colloq.) *(to* ~ *away)* uštedeti (uštedjeti) 4. (fig.) začiniti

SALT [solt] (abbrev. of *Strategic Arms Limitation Talks*) (usu.: ~ *negotiations)* pregovori o ograničenju strategijskog naoružanja

sal·ta·to·ri·al [saeltə'torijəl] *a* 1. plesni 2. koji skače

sal·ta·to·ry ['saeltətorij]; [*ə*] *a* koji skače

salt away *v* see **salt III** 3

salt cake sirovi natrijum-sulfat

salt·cel·lar ['soltselə(r)] *n* slanik

salt·er [~ə(r)] *n* proizvođač soli; prodavac soli

sal·tine [sol'tijn] *n* slani keks

salt·i·ness [~] *n* slanoća

salt·ire ['soltij(r)] *n* (heraldry) grbna putača

salt·ish [~iš] *a* slankast

Salt Lake City Solt Lejk Siti

salt lick solilo

salt marsh slatina

salt·pe·ter ['solt'pijtə(r)] *n* šalitra

salt·pe·tre Br.; see **saltpeter**

salt pork see **middlings** 3

salt·shak·er [~šejkə(r)] *n* slanik (W: solnica, soljenka)

salt·wa·ter [~wotə(r)] *a* slanovodni; ~ *fish* slanovodna riba

salt·works [~wə(r)ks] *n pl* solana

salt·wort [~wə(r)t] *n* (bot.) slanica

salt·y [~ij] *a* slan

sa·lu·bri·ous [sə'lūbrijəs] *a* zdrav, lekovit (ljekovit), koji donosi zdravlje

sal·u·tar·y ['saeljətərij]; [*utr*] *a* 1. koristan; blagodatan 2. see **salubrious**

sal·u·ta·tion [saeljə'tejšən] *n* pozdrav, pozdravljanje

sa·lu·ta·to·ri·an [səlūtə'torijən] *n* onaj koji drži pozdravni govor na svečanosti povodom završetka školovanja

sa·lu·ta·to·ry I [sə'lūtətorij]; [ə] *n* pozdravni govor

salutatory II *a* pozdravni

sa·lute I [sə'lūt] *n* 1. pozdrav; vojnički pozdrav; *to give a* ~ pozdraviti (po vojnički) 2. počasna paljba; *to fire a 19-gun* ~ izvršiti počasnu paljbu sa 19 plotuna

salute II *v tr* and *intr* pozdraviti (po vojnički)

Sal·va·dor ['saelvədo(r)] *n* Salvador

Sal·va·do·ri·an I [saelvə'dorijən] *n* Salvadorac

Salvadorian II *a* salvadorski

sal·vage ['saelvidž] *n* 1. spasavanje 2. spaseni brod; spasena posada 3. nagrada spasiocima broda

salvage II *v tr* 1. spasti; *to* ~ *a ship* spasti brod 2. opraviti i iskoristiti

sal·va·tion [sael'vejšən] *n* spas, spasavanje

Salvation Army *(the* ~*)* vojska spasa

salve I [sav], [ae] *n* melem

salve II *v tr* metnuti melem (na)

sal·vi·a ['saelvijə] *n* (bot.) žalfija

sal·vo ['saelvou] *(-s* or *-es) n* salva, plotun; *to fire a* ~ ispaliti plotun

Sa·mar·i·a [sə'mejrijə] *n* (hist.) Samarija

Sa·mar·i·tan I [sə'maeritən] *n* Samarićanin; (fig.) *a good* ~ samarićanin

Samaritan II *a* samarićanski

sa·mar·i·um [sə'mejrijəm] *n* (chem.) samarijum

sam·ba ['saembə] *n (the* ~*)* samba (ples)

Sam Browne belt [saem braun] (mil.) opasač s dijagonalnim uprtačem

sam·bu·cus ['saembjəkəs] *n* (bot.) burjan, apta

same I [sejm] *pron* isto; *it amounts to the* ~ izlazi na isto; *he said the* ~ rekao je isto; (legal) *deliver the* ~ *to your client* isporučite isto vašem klijentu; *the very* ~ isti, istovetni (istovjetni)

same II *a* isti, istovetan (istovjetan); jedan; *on the* ~ *day* istog dana; *in the* ~ *manner* na isti način; *the* ~ *wages* ista plata (plaća); *they are from the* ~ *place* oni su iz jednog mesta (mjesta); *they are the* ~ *age* oni su istih godina

same III *adv* isto, na isti način; *they don't work the* ~ *as we do* ne rade isto kao mi; *I like him all the* ~ ja ga ipak volim

same·ness [~nis] *n* istovetnost (istovjetnost)

Sam Hill [saem] (regional) see **hell**

Sa·mo·a [sə'mouə] *n* Samoa

sam·o·var ['saeməva(r)] *n* samovar

Sam·o·yed [saemə'jed] *n* 1. Samojed (narod, pas) 2. samojedski jezik

sam·pan ['saempaen] *n* sampan, kineski čamac

sam·phire ['saemfaj(r)] *n* (bot.) motrika, petrovac (also **Peter's cress, sea fennel**)

sam·ple I ['saempəl]; [a] *n* 1. uzorak, mustra 2. primer (primjer) 3. (statistics) proba, uzorak; *a random* ~ proba po slučajnom izboru, reprezentativni uzorak

sample II *v tr* probati

sam·pler [~plə(r)] *n* pribor za uzimanje uzoraka

sam·pling [~plīng] *n* 1. see **sample** I 3 2. probanje

san·a·ta·ri·um [saenə'tejrijəm] **san·a·to·ri·um** [~'torijəm]: *(-s* or *-ria* [rijə]) *n* sanatorijum

sanc·ti·fi·ca·tion [saeṇgktəfi'kejšən] *n* osvećenje, posveta

sanc·ti·fy ['saeṇgktəfaj] *v tr* osvetiti, posvetiti

sanc·ti·mo·ni·ous [saeṇgktə'mounijəs] *a* licemeran (licemjeran), pobožan

sanc·ti·mo·ny ['saeṇgktəmounij] *n* licemernost (licemjernost), pobožnost

sanc·tion I ['saeṇgkšən] *n* 1. odobrenje, sankcija 2. (used in *pl)* sankcija, kaznena mera (mjera); *to apply* ~*s* primeniti (primijeniti) sankcije; *economic* ~*s* ekonomske sankcije

sanction II *v tr* sankcionisati, odobriti, potvrditi

sanc·ti·ty ['saeṇgktətij] *n* 1. svetost; svetinja 2. pobožnost

sanc·tu·ar·y ['saeṇgkčūerij]; [ə] *n* svetilište

sanc·tum ['saeṇgktəm] *(-s* or *-ta* [tə]) *n* sveto mesto (mjesto)

sand I [saend] *n* pesak (pijesak)

sand II *a* peščan (pješčan)

sand III *v tr* 1. posuti peskom (pijeskom) 2. išmirglati

san·dal I ['saendəl] *n* sandala

sandal II *n* see **sandalwood**

san·dal·wood [~wud] *n* sandal, sandalovina

sand·bag I ['saendbaeg] *n* vreća, džak s peskom (pijeskom)

sandbag II *v tr* obložiti vrećama sa peskom (pijeskom)

sand·bar [~ba(r)] *n* peščani — pješčani sprud

sand·blast I [~blaest]; [a] *n* 1. čišćenje peščanim (pješčanim) mlazom 2. peščana bura

sandblast II *v tr* očistiti peščanim (pješčanim) mlazom

sand·box [~baks]; [o] *n* 1. ograđeni prostor sa peskom (pijeskom) 2. see **sand table**

sand crack naprslina u konjskom kopitu

sand dab (fish) iverak peskar (pjeskar)

sand down *v* see **sand III 2**

send dune dina

sand·er [~ə(r)] *n* see **sanding machine**

sand fly mušica peskara (pjeskara), moskit

sand·glass [~glaes]; [a] *n* peščani (pješčani) sat

san·dhi ['saendij] *n* (ling.) sandhi

sand·hog ['saendhog]; [a] *n* (colloq.) graditelj, gradilac tunela

sand·ing machine [~īng] uređaj za čišćenje peščanim (pješčanim) mlazom

sand·lot [~lat]; [o] *a* (Am., baseball) amaterski

sand·man [~ maen] *n* 1. (no *pl)* sila koja tera (tjera) deci (djeci) san na oči 2. (-*men* [men]) peskar (pjeskar)

sand·pa·per I [~pejpə(r)] *n* šmirgla, šmirglpapir

sandpaper II *v tr* išmirglati

sand·pit [~pit] Br.; see **sandbox**

sand·shoe [~šū] Br.; see **sneaker**

sand·stone [~stoun] *n* peščar (pješčar)

sand·storm [~sto(r)m] *n* peščana (pješčana) oluja

sand table sanduk s peskom (pijeskom); reljef od peska

sand viper vrsta otrovne zmije

sand·wich I ['saen(d)wič] *n* sendvič; *a ham* ~ sendvič sa šunkom (od šunke)

sandwich II *v tr* (colloq.; usu.: *to* ~ *in)* umetnuti

sandwich board pano (daska) sa reklamom

sandwich course (Br.) obuka za vreme (vrijeme) rada

Sandwich Islands see **Hawaiian Islands**
sandwich man čovek (čovjek) koji na grudima i leđima nosi plakat, oglas
sand·worm [~wə(r)m] *n* glista peščara (pješčara)
sand·y [~ij] *a* peščan (pješčan), peskovit (pjesko-vit); *a* ~ *beach* peščana plaža
sane [sejn] *a* duševno zdrav
sane·ness [~nis] *n* see **sanity**
San·for·ize ['saenfərajz] *v tr* sanforizirati
San Fran·cis·co [saen frən'siskou] San Francisko
sang-froid [san-'frwa] *n* (French) hladnokrvnost, pribranost, staloženost (also **composure**)
san·gui·nar·y ['saen͞ggwənerij]; [ə] *a* 1. krvni, krvav 2. krvožedan 3. (Br.) psovački
san·guine ['saen͞ggwin] *a* 1. crven (kao krv) 2. rumen 3. sangviničan 4. optimističan
san·guin·e·ous [saen͞g'gwinijəs] *a* 1. crven (kao krv) 2. krvav
san·guin·o·lent [saen͞g'gwinələnt] *a* krvav
san·he·drin [saen'hi*d*rin] [e] or ['saenhidrin] *n* sinhedrion; veće (vijeće)
san·i·tar·i·an [saenə'tejrijən] *n* sanitarac
san·i·tar·i·um see **sanatarium**
san·i·tar·y ['saenəterij]; [tr] *a* 1. sanitetski; sanita-ran; zdravstveni, higijenski; ~ *facilities* sani-tarni uređaji; *a* ~ *inspector* sanitarni inspektor 2. čist; zdrav 3. higijenski; *a* ~ *napkin* (Br.: *towel)* higijenski uložak
sanitary engineer inženjer (projektant) za vodovod i kanalizaciju
sanitary engineering sanitarna tehnika
san·i·ta·tion [saenə'tejšən] *n* 1. sanitetsko-zdrav-stvene mere (mjere) 2. sanitarni uređaji
sanitation department gradska čistoća
sanitation engineer (euphemism) see **trash collector**
san·i·tize ['saenətajz] *v tr* dezinfikovati
sanitorium see **sanatarium**
san·i·ty ['saenətij] *n* duševno zdravlje
sank see **sink II**
San Ma·ri·no [saen mə'rijnou] San Marino
San·skrit ['saenskrit] *n* sanskrit, sanskrt
San·skrit·ic [saen'skritik] *a* sanskritski, sanskrtski
San·ta Claus ['saentə kloz] Deda-mraz (Djedo--mraz)
San·ti·a·go [san'tjagou] *n* Santjago
San·to Do·min·go ['santou dou'mijn͞ggou] Santo Domingo
sap I [saep] *n* 1. biljni sok 2. (slang) budala
sap II *n* (mil.) prokop, rov
sap III *v tr* potkopati; iscrpsti; oslabiti; *the illness* ~*ped his strength* bolest ga je iscrpla
sap·id ['saepid] *a* ukusan
sa·pi·ent ['sejpijənt] *a* mudar, pametan
sap·less ['saeplis] *a* 1. bez soka 2. (fig.) bez snage
sap·ling [~lin͞g] *n* 1. mlado drvo 2. mladić
sap·o·na·ceous [saepə'nejšəs] *a* sapunast
sap·o·nin ['saepənin] *n* (chem.) saponin
sap·o·nite ['saepənajt] *n* (miner.) saponit
sap·pan·wood ['saepənwud], [sə'paenwud] *n* sa-panovina
sap·per ['saepə(r)] *n* (mil., esp. Br.) pionir
Sap·phic I ['saefik] *n* 1. Safin stih 2. (not cap.) see **lesbian I**
Sapphic II *a* 1. Safin, safijski 2. (not cap.) see **lesbian II**
sap·phire ['saefaj(r)] *n* safir

sap·py [saepij] *a* 1. sočan 2. (slang) budalast
sap·sa·go [saep'sejgou], ['saepsəgou] *n* kozji sir
sap·wood ['saepwud] *n* beljika (bjeljika), bakulja
Sar·a·cen ['saerəsən] *n* Saracen
Sa·ra·je·vo ['sarajevou] *n* Sarajevo
sa·ran [sə'raen] *n* saran
sar·casm ['sa(r)kaezəm] *n* sarkazam
sar·cas·tic [sa(r)'kaestik] *a* sarkastičan
sarce·net ['sa(r)snit] *n* sarsenet
sar·co·carp ['sa(r)kouka(r)p] *n* voćno meso
sar·co·ma [sa(r)'koumə] (-*s* or -*ata* [ətə]) *n* (med.) sarkom
sar·coph·a·gus [sa(r)'kafəgəs]; [o] (-*gi* [džaj]) *n* sarkofag
sar·cous ['sa(r)kəs] *a* mesnat
sar·dine [sa(r)'dijn] *n* sardina; *a can of* ~*s* kutija sardina; ~*s in oil* sardine u ulju; **to pack people in like* ~*s* natrpati ljude kao sardine; *a* ~ *sandwich* sendvič sa sardinom
Sar·din·i·a [sa(r)'dinijə] *n* Sardinija
Sar·din·i·an I [~n] *n* Sardinac
Sardinian II *a* sardinijski, sardinski
sar·don·ic [sa(r)'danik]; [o] *a* sardonički
sar·don·yx ['sa(r)dəniks] or [sa(r)'daniks]; [o] *n* (miner.) sardoniks
sar·gas·so [sa(r)'gaesou] *n* morski korov
sarge [sa(r)dž] *n* (colloq.) see **sergeant**
sa·ri ['sarij] *n* sari (ženska odeća — odjeća u Indiji)
Sar·ma·ti·a [sa(r)'mejšə] *n* (hist.) Sarmatija
sa·rong [sə'ron͞g] [*a*] *n* sarong
sar·sa·pa·ril·la [saespə'rilə], [sa(r)səpə'rilə] *n* sa-parina
sar·to·ri·al [sa(r)'torijəl] *a* krojački
sar·to·ri·us [sa(r)'torijəs] *n* (anat.) terzijski mišić
sash I [saeš] *n* ešarpa, pojas, opasač
sash II *n* prozorski okvir
sa·shay [sae'šəj] *v intr* (colloq.) šepuriti se
sash cord uže za podizanje prozorskog okvira
Sas·katch·e·wan [saes'kaečəwan]; [ə] *n* Saskačiven
sass I [saes] *n* (colloq.) bezobrazluk, drskost
sass II *v tr* (colloq.) ponašati se drsko (prema)
sas·sa·fras ['saesəfraes] *n* sasafras
sas·sy ['saesij] *a* (colloq.) bezobrazan, drzak
sat see **sit**
S.A.T. [esej'tij] (abbrev. of *Scholastic Aptitude Test)* test sposobnosti (da se proveri — pro-vjeri — je li kandidat sposoban za školovanje na fakultetu)
Sa·tan ['sejtn] *n* satana, sotona
sa·tan·ic [sə'taenik] *a* satanski, sotonski
sa·tan·i·cal [~əl] see **satanic**
Sa·tan·ism ['sejtnizəm] *n* satanizam
Sa·tan·ist [~ist] satanista
satch·el ['saečəl] *n* torba
satchel charge eksplozivno punjenje u torbici
sate [sejt] *v tr* 1. nasititi, zasititi 2. presititi, pre-zasititi
sat·el·lite I ['saetlajt] *n* satelit
satellite II *a* satelitski
satellite city (town) grad-satelit, nov grad (izgrađen po planu)

sa·tem [sejtəm], [a] a (ling.) satem; the ~ languages satem jezici
sa·ti·a·ble ['sejšijəbəl] a zasitljiv
sa·ti·ate ['sejšijejt] v tr zasititi, nasititi
sa·ti·e·ty [sə'tajətij] n zasićenost, nasićenost
sat·in I ['saetn] n atlas, saten
satin II a atlasni
sat·i·net, sat·i·nette [saet'net] n poluatlas, satinet
sat·in·wood [~wud] n atlasno drvo
sat·in·y ['saetnij] a atlasast, nalik na atlas
sat·ire ['saetaj(r)] n satira
sa·tir·i·cal [sə'tijrikəl] a satiričan
sat·i·rist ['saetərist] n satiričar
sat·i·rize [saetərajz] v tr satirizirati
sat·is·fac·tion [saetis'faekšən] n 1. zadovoljenost; ~ with smt. zadovoljenost nečim 2. zadovoljenje, satisfakcija; to give (seek) ~ dati (tražiti) zadovoljenje; the ~ of one's desires zadovoljenje želja
sat·is·fac·to·ry [saetis'faektərij] a koji zadovoljava
sat·is·fied ['saetisfajd] a 1. see satisfy 2. zadovoljan; to be ~ with smt. biti zadovoljan (s) nečim
sat·is·fy ['saetisfaj] 1. v tr and intr zadovoljiti, udovoljiti; ispuniti; to ~ a need zadovoljiti potrebu; to ~ a demand udovoljiti zahtevu (zahtjevu); to ~ smb.'s wish udovoljiti nečijoj želji; to ~ all requirements ispuniti sve uslove (W also: uvjete) 2. tr utoliti; to ~ one's hunger utoliti glad
sa·trap ['sejtraep], [ae] n satrap; namesnik (namjesnik)
sa·trap·y [~ij] n satrapija
sat·u·rate ['saečŭrejt] v tr zasititi; to ~ the air with moisture zasititi vazduh (W: zrak) vlagom
sat·u·rat·ed [~id] a zasićen; ~ compounds zasićena jedinjenja
sat·u·ra·tion [saeča'rejšən] n 1. zasićenost 2. zasićenje, saturacija 3. (mil.) nanošenje poražavajućeg udara; (as a) ~ bombing bombardovanje gustim tepihom
saturation point tačka (W: točka) zasićenja
Sat·ur·day ['saetə(r)dej], [ij] n subota
Saturday night special (colloq.) jevtin pištolj
Sat·urn ['saetə(r)n] n (myth. and astro.) Saturn
sat·ur·na·li·a [saetə(r)'nejlijə] n pl saturnalije
sat·ur·nine ['saetə(r)najn] a 1. pod uticajem planete Saturna; mrzovoljan 2. olovni
sat·urn·ism ['saetə(r)nizəm] n trovanje olovom
sat·yr ['saetə(r)], [ej] n satir
sat·y·ri·a·sis [saetə'rajəsis] n preterana (pretjerana) pohotljivost muškaraca
sa·tyr·ic [sə'tijrik] a satirski
sa·tyr·i·cal [~əl] see satyric
sauce I [sos] n umak, sos; tomato ~ umak od paradajza (W; rajčice)
sauce II v Br.; see sass II
sauce·pan [~paen] n tiganj s dugom drškom
sau·cer ['sosə(r)] n tacna; zdelica (zdjelica)
sau·cy [~ij] a drzak, bezobrazan
Sa·u·di A·ra·bi·a [sa'ūdij ə'rejbijə] Saudijska Arabija
sauer·bra·ten ['sau(r)bratn] n (cul. German) pečenje sa sirćetom
sauer·kraut ['sau(r)kraut] n kiseo kupus
sau·na ['saunə] n sauna

saun·ter I ['sontə(r)] n šetnja (also stroll I)
saunter II v intr šetati se; švrljati (also stroll II)
sau·ri·an I ['sorijən] n gušter
saurian II a gušterski
sau·sage ['sosidž] n kobasica
sau·té I [sou'tej] n (cul.) hitro prženo jelo
sauté II v pržiti hitro (u ključaloj masti)
sav·age I ['saevidž] n divljak
savage II a divlji, divalj; ~ tribes divlja plemena
savage III v tr napasti
sav·age·ry [~rij] n divljaštvo
sa·van·na [sə'vaenə] n savana, ravnica pod travom
sa·vant [sə'vant] n naučnik, učenjak
save I [sejv] n (sports) sprečavanje ulaska lopte u vrata
save II v 1. tr spasti (W: spasiti); to ~ smb.'s life spasti nekome život; to ~ oneself spasti se 2. tr sačuvati, očuvati; to ~ old letters sačuvati stara pisma; to ~ a receipt sačuvati priznanicu; (C.) to ~ a file sačuvati datoteku 3. tr (also: to ~ up) uštedeti (uštedjeti); sačuvati, očuvati; to ~ (up) money uštedeti novac 4. tr (colloq.) uštedeti, učiniti nepotrebnim; that will ~ us a trip to će nam uštedeti put 5. intr (or: to ~ up) štedeti (štedjeti), čuvati; *to ~ up for a rainy day sačuvati bele (bijele) pare za crne dane
save III prep see except
save·all [~·ol] n sredstvo za predupređenje gubitka
sav·e·loy ['saevəloj] n (cul.) salfalada
sav·er [~ə(r)] n 1. štediša 2. spasilac 3. sredstvo za štednju
save up v see save I 3, 5
sav·in, sav·ine ['saevin] n (bot.) somina, savina
sav·ing I ['sejviñg] n 1. spasavanje 2. čuvanje 3. štednja, ušteda; the ~ of space (time) ušteda prostora (vremena) 4. (in pl) ušteđevina; to lose one's ~s izgubiti svoju ušteđevinu; to dip into one's ~s načeti ušteđevinu
saving II a 1. koji ublažava: she has one ~ grace ona ima jednu crtu koja ublažuje njene negativne crte (also redeeming) 2. štedljiv
sav·ings I [~z] see saving I 4
savings II a štedni, za štednju
savings account štedni ulog
savings and loan association kreditno udruženje za građevinske zajmove
savings bank štedionica
savings bond državna obveznica
savings certificate oročeni štedni ulog
sav·ior ['sejvjə(r)] n spasitelj
sa·voir-faire [savwa(r)-'fej(r)] n (French) takt; vičnost
sa·vor I ['sejvə(r)] n 1. ukus 2. (fig.) draž
savor II v tr uživati (u), naslađivati se (nečim)
sa·vor·y I [~rij] n see savoury I
savory II a 1. ukusan 2. see pungent
savory III n (bot.) čubar
sa·vour Br.; see savor I, II
sa·vour·y I ['sejvərij] n (Br.) pikantni zalogaj, pikatno predjelo
savoury II Br.; see savory II
sa·voy [sə'voj] n kelj
sav·vy I ['saevij] n (slang) zdrav razum, razumevanje (razumijevanje)
savvy II v tr (slang) razumeti (razumjeti)

saw I [so] *n* testera (W: pila); *a band (carpenter's, circular, hand, power)* ∼ beskrajna (stolarska, kružna, ručna, motorna) testera

saw II *v tr* and *intr* testerisati, piliti

saw III see **see II**

saw·bones [∼bounz] *n* (slang) hirurg

saw·buck [∼bɔk] *n* 1. see **sawhorse** 2. (slang) novčanica od deset dolara

saw·dust [∼dɔst] *n* strugotine

sawed·off [∼dof] *a* skraćen; *a* ∼ *shotgun* skraćena dvocevka (dvocijevka)

saw·fish [∼fiš] *n* (fish) testerača

saw·horse [∼ho(r)s] *n* nogare za sečenje (sječenje) drva

saw·mill [∼mill] *n* strugara, pilana

sawn-off Br.; see **sawed-off**

saw off *v* otpiliti

saw-toothed [∼-tūtht] *a* zupčast

saw·wort [∼wɔ(r)t] *n* (bot.) srpac

saw·yer ['sojɔ(r)] *n* testeraš (W: pilar)

sax [saeks] *n* (colloq.) see **saxophone**

sax·horn [∼ho(r)n] *n* (mus.) Saksov rog

sax·i·frage ['saeksɔfridž] *n* (bot.) kamenika

Sax·on I ['saeksɔn] *n* 1. Saksonac 2. saksonski jezik

Saxon II *a* saksonski

Sax·on·ism [∼izɔm] *n* reč (riječ) anglosaksonskog porekla (porijekla)

Sax·o·ny [∼ij] *n* Saksonska

sax·o·phone ['saeksɔfoun] *n* saksofon; *to play the* ∼ svirati saksofon

saxophone player saksofonista

say I [sej] *n* 1. mišljenje; *to have one's* ∼ reći svoje mišljenje, izjasniti se 2. uticaj; autoritet; *to have no* ∼ *in the matter* nemati šta (što) reći u vezi sa nekom stvari; *to have the final* ∼ imati poslednju reč (posljednju riječ)

say II *says* [sez]; *said* [sed] *v tr* kazati, reći; govoriti; *how is that said in English?* kako se to kaže na engleskom? *what did he say?* šta (što) je on rekao? *people* ∼ govori se; *to* ∼ *a prayer* izgovoriti molitvu; *he said he would come* kazao (rekao) je da će doći; *I would* ∼ *that . . .* rekao bih da . . .; *you don't* ∼! ma nemoj! *to have nothing to* ∼ *for oneself* nemati šta (što) reći u svoju odbranu (W: obranu); **it's easier said than done* lakše je to reći nego uraditi; **no sooner said than done* rečeno — učinjeno; *there's much to be said on both sides* treba čuti obadve (obadvije) strane; *he is said to be . . .* kažu da je on . . .

say·ing [∼ing] *n* 1. izreka, poslovica 2. kazivanje; **it goes without* ∼ to se samo po sebi razume (razumije)

say-so [∼-sou] *n* (colloq.) 1. tvrdnja 2. autoritet

scab [skaeb] *n* 1. krasta; *a* ∼ *is forming* uhvatila se krasta 2. (colloq.) štrajkbreher (see also **blackleg** 2)

scab·bard ['skaebɔ(r)d] *n* korice, nožnice, kanije (also **sheath**)

scab·by [∼ij] *a* 1. krastav 2. šugav

sca·bies ['skejbijz] *n* šuga

sca·bi·ous ['skejbijɔs], [ae] *a* šugav

scab·rous ['skaebrɔs], [ej] *a* 1. hrapav, neravan 2. čvorast 3. (fig.) mastan, nepristojan

scad [skaed] *(pl* has zero or *-s) n* (fish) vrsta skuše

scads [∼z] *n pl* (colloq.) mnoštvo, veliki broj

scaf·fold I ['skaefɔld] *n* 1. skele (pomoćna konstrukcija) 2. gubilište

scaffold II *v tr* sagraditi skele (oko)

scaf·fold·ing [∼ing] *n* skele

sca·lar I ['skejlɔ(r)] *n* skalar

scalar II *a* skalarni; ∼ *product* skalarni proizvod

scal·a·wag ['skaelɔwaeg] *n* (colloq.) nitkov, podao čovek (čovjek)

scald I [skold] *n* oparotina, opeklina, opekotina

scald II *v tr* opariti, ožeći; *to* ∼ *one's hand with hot water* opariti ruku vrućom vodom; *to get* ∼*ed* opariti se

scale I [skejl] *n* 1. (usu. used in the *pl*) krljušt (W: škrljut) 2. ljuska 3. kotleni kamen

scale II *v* 1. *tr* skinuti (krljušt, kotleni kamen) 2. *tr* baciti (nešto) da odskakuje; *to* ∼ *rocks along (the surface of) a lake* praviti žabice na površini jezera 3. *intr* ljuštiti se

scale III *n* 1. skala; lestvica (ljestvica); merilo (mjerilo); *to grade (rate) on a* ∼ *of 1 to 10* oceniti (ocijeniti) po skali od 1 do 10 2. razmera (razmjera); (fig.) obim; *the* ∼ *of a map* razmera karte; (fig.) *on a large* ∼ u velikoj razmeri 3. (mus.) skala 4. (math.) brojni sistem (W: sustav) 5. see **wage scale**

scale IV *v tr* 1. popeti se (na); savladati: *to* ∼ *an obstacle* savladati prepreku 2. odrediti merilo — mjerilo (nečega) 3. misc.; *to* ∼ *down* smanjiti (proporcionalno); *to* ∼ *up* povećati (proporcionalno)

scale V *n* vaga; kantar; *a beam (spring)* ∼ vaga na krak (na oprugu); *a kitchen (table)* ∼ kuhinjska (stona — stolna) vaga; (the *pl* may be synonymous with the *sgn)* the ∼ *is accurate* or: *the* ∼*s are accurate* vaga je precizna

sca·lene ['skej'lijn] *a* (math.) raznostranični, raznostrani; *a* ∼ *triangle* raznostranični trougao (W: trokut)

scal·la·wag see **scalawag**

scal·lion ['skaeljɔn] *n* ljutika (vrsta luka)

scal·lop I ['skaelɔp], [a] *n* 1. školjka kapica 2. okrugle recke (na rubu) 3. mala tava

scallop II *v tr* 1. izreckati 2. (cul.) pripremiti u tavi

scal·ly·wag see **scalawag**

scalp I [skaelp] *n* 1. lobanja, lubanja 2. skalp

scalp II *v tr* 1. *tr* skalpirati 2. *tr* and *intr* (colloq.) prodavati (ulaznice, karte) iznad službene cene (cijene)

scal·pel [∼ɔl] *n* skalpel

scalp·er [∼ɔ(r)] *n* tapkaroš, onaj koji prodaje (ulaznice, karte) iznad službene cene (cijene)

scalp lock čuperak kose (na glavi Indijanca)

scal·y ['skejlij] *a* pokriven kriljuštima (W: škrljutima)

scam [skaem] *n* (colloq) prevara

scamp [skaemp] *n* 1. nitkov 2. nestaško (see also **rascal**)

scam·per [∼ɔ(r)] *v intr* (colloq.) trčati; *to* ∼ *away (off)* izgubiti se

scam·pi ['skaempij] *n pl* Br.; see **shrimp I**

scan I [skaen] *n* osmatranje

scan II *v tr* 1. osmatrati 2. brzo pregledati; *to* ~ *a newspaper* brzo pregledati novine 3. osmatrati, pretražiti (radarom), skanirati 4. skandirati (stihove), deliti — dijeliti (stihove) na stope

scan·dal ['skaendəl] *n* skandal; *to cause (cover up) a* ~ izazvati (zataškati) skandal

scan·dal·ize [~ajz] *v tr* skandalizovati

scan·dal·ous [~əs] *a* skandalozan; *a* ~ *life style* skandalozan život

scandal sheet bulevarski list

Scan·di·na·vi·a [skaendə'nejvijə], [*vj*] *n* Skandinavija

Scan·di·na·vi·an I [~n] *n* Skandinavac

Scandinavian II *a* skandinavski

scan·di·um ['skaendijum] *n* (chem.) skandijum

scan·ner [~ə(r)] *n* skener, čitač; *a body* ~ čitač ljudskog organizma

scan·ning ['skaening] *n* ispitivanje (radarom)

scan·sion ['skaenšən] *n* deljenje (dijeljenje) stihova na stope

scant [skaent] *a* 1. oskudan 2. misc.; ~ *of breath* kratkog daha

scant·ling [~ling] *n* 1. greda 2. (usu. in *pl*) dimenzije

scant·y [~ij] *a* oskudan

scape·goat ['skejpgout] *n* grešni (žrtveni) jarac

scap·u·la ['skaepjələ] (*-s* or *-ae* [ij]) *n* (anat.) plećka, pleće, lopatica

scap·u·lar [~(r)] *a* plećni

scar [ska(r)] *n* ožiljak; *to leave a* ~ ostaviti ožiljak; *a psychological* ~ *remained* ostao je psihički ožiljak

scar II *v tr* raniti; ranom unakaziti

scar·ab ['skaerəb] *n* skarabej (insekt i amulet)

scarce [skej(r)s] *a* oskudan; redak (rijedak); deficitarni; *items* deficitarni artikli; *to make oneself* ~ odmagliti

scarce·ly [~lij] *a* jedva

scar·ci·ty [~ətij] *n* oskudica

scare I [skej(r)] *n* strah

scare II *v tr* zastrašiti, uplašiti; *to* ~ *smb. to death (out of his wits)* uplašiti nekoga na smrt

scare·crow [~krou] *n* strašilo, plašilo

scare·mon·ger [~manggə(r)]; [ə] *n* paničar

scare off *v* otplašiti

scare up *v* (colloq.) pronaći

scarf I [ska(r)f] *n* (*-s* or *-rves* [(r)vz]) 1. šal, marama 2. rubac

scarf II *n* (carpentry) spoj, spajanje

scar·let I ['ska(r)lit] *n* ljubičastocrvena boja, skerletna boja

scarlet II *a* 1. ljubičastocrven, skerletan 2. kurvinski; *a* ~ *woman* bludnica

scarlet fever šarlah

scarlet pimpernel (bot.) vidovčica

scarp [ska(r)p] *n* padina

scar·y ['skejrij] *a* (colloq.) 1. strahovit 2. plašljiv

scat I [skaet] *n* način pevanja (pjevanja)

scat II *v intr* (colloq.) odmagliti; ~! čisti se!

scathe [skejth] *v tr* 1. oštetiti 2. izgrditi

scath·ing [~ing] *a* oštar; jedak; ~ *criticism* oštra kritika; *a* ~ *remark* jetka primedba (primjedba)

scat·o·log·ic [skaetə'ladžik]; [o] *a* skatologijski, skatološki

scat·o·log·i·cal [~əl] see **scatologic**

sca·tol·o·gy [skə'talədžij]; [o] *n* skatologija, vulgarno izražavanje

sca·toph·a·gous [skə'tafəgəs]; [o] *a* balegojed

scat·ter ['skaetə(r)] *v* 1. *tr* rasuti, razbacati, rasejati (rasijati); *to* ~ *one's things* razbacati stvari 2. *tr* rasturiti; *to* ~ *a crowd* rasturiti gužvu 3. *intr* rasturiti se

scat·ter·brain [~brejn] *n* vetropir (vjetropir)

scat·ter·brained *a* vetropiran (vjetropiran)

scat·ter·ing [~ring] *n* 1. rasturanje 2. retka (rijetka) pojava; *a* ~ *of applause* redak aplauz

scatter rug mali tepih

scaup [skop] *n* rujavka (vrsta plovke)

scav·enge ['skaevindž] *v* 1. *tr* očistiti 2. *tr* isterati (istjerati), izbaciti (gasove iz stubline) 3. *intr* skupljati otpatke; skupljati trofeje

scav·en·ger [~ə(r)] *n* 1. strvožder 2. skupljač otpadaka; skupljač trofeja

sce·nar·i·o [si'nejriou]; [a] *n* scenarij

sce·nar·ist [~rist] *n* scenarista

scene [sijn] *n* 1. scena; *to make a* ~ napraviti scenu 2. (theater) scena, prizor; *second* ~, *act three* treći čin, druga scena; *to cut a* ~ iseći (isjeći) scenu 3. misc.; *to come on the* ~ pojaviti se; **behind the* ~ *s* iza kulisa

scen·er·y [~ərij] *n* 1. pejzaž; *beautiful* ~ divan pejzaž 2. (theater) dekoracije, inscenacija

scene·shift·er [~šiftə(r)] Br.; see **stagehand**

sce·nic [~ik] *a* 1. pozorišni (W: kazališni) 2. lep — lijep (o pogledu, pejzažu)

scent I [sent] *n* 1. miris 2. njuh 3. Br.; see **perfume**

scent II *v tr* 1. nanjušiti 2. namirisati

scep·ter ['septə(r)] *n* skiptar

scep·tic see **skeptic**

scep·tre Br.; see **scepter**

sched·ule I ['skedžū(ə)l]; (also Canadian) ['šedjūl] *n* raspored; *a* ~ *of classes* raspored časova; *a train* ~ red vožnje; *an airline* ~ red letenja

schedule II *v tr* 1. planirati; predvideti (predvidjeti) 2. zakazati; *to* ~ *a meeting* zakazati sastanak

sche·mat·ic [skij'maetik] *a* šematski, shematičan

sche·ma·tism ['skijmətizəm] *n* šematizam, shematizam

scheme I [skijm] *n* 1. šema, shema 2. plan 3. zavera (zavjera); intriga, spletka

scheme II *v* 1. *tr* snovati 2. *intr* intrigovati, praviti intrige, spletkariti

schem·ing [~ing] *a* intrigantski

scher·zo ['ske(r)tsou] (*-s* or *-zi* [tsij]) *n* (mus.) skerco

Schick test [šik] (med.) Schickov (Šikov) test

schil·ling ['šiling] *n* šiling

schism ['sizəm], [sk] *n* šizma, raskol

schis·mat·ic I [siz'maetik], [sk] *n* šizmatik, raskolnik

schismatic II *a* šizmatički, raskolnički

schist, shist [šist] *n* škriljac

schis·to·so·mi·a·sis [šistousou'majəsis] *n* (med.) shistosomijaza (see also **bilharziasis**)

schiz·oid I ['skitsojd] *n* shizoid

schizoid II *a* shizoidan

schiz·o·phre·ni·a [skitsə'frijnijə], [e] *n* shizofrenija

schiz·o·phren·ic I [~'frenik] *n* shizofreničar

schizophrenic II *a* shizofrenički

schlok I [šlak] *n* (colloq.) loša stvar

schlok II *a* (colloq.) loš, jevtin

schmaltz [šmalts] *n* 1. (colloq.) mast 2. (slang sentimentalnost 3. (slang) preterano (pretjerano) laskanje

schmeer I [šmij(r)] *n* (slang) mito

schmeer II *v tr* (slang) podmititi

schnapps [šnaps] *n* (colloq.) rakija, viski

schnauzer [šnauzə(r)] *n* šnaucer (vrsta pasa)

schnoz·zle ['šnazəl]; [o] *n* (slang) nos

schol·ar ['skalə(r)]; [o] *n* naučnik (W.: učenjak)

schol·ar·ly [~lij] *a* naučni (W: učenjački); ~ *circles* naučni krugovi; ~ *research* naučna istraživanja; ~ *work* naučni rad

schol·ar·ship [~šip] *n* 1. naučnost, učenost 2. stipendija; *to award a* ~ dodeliti (dodijeliti) stipendiju

schol·las·tic I [skə'laestik] *n* 1. sholastičar (skolastičar) 2. dogmatičar

scholastic II *a* 1. sholastički (skolastički) 2. dogmatičan

scho·las·ti·cism [skə'laestəsizəm] *n* skolastika

school I [skūl] *n* 1. škola; *an elementary (secondary)* or *high, vocational)* ~ osnovna (srednja, stručna) škola; *to attend (go to)* ~ pohađati (ići u) školu; *a dancing (riding)* ~ škola igranja (jahanja) 2. školska zgrada 3. (esp. Am.) fakultet; *a law (medical)* ~ pravni (medicinski) fakultet; *a* ~ *of agriculture (architecture, civil engineering, dentistry, electrical engineering, forestry, mechanical engineering, mining, pharmacy, veterinary medicine)* poljoprivredni (arhitektonski, građevinski, stomatološki, elektrotehnički, šumarski, mašinski, rudarski, farmaceutski, veterinarski) fakultet 4. škola, skupina ljudi istih nazora (načela) 5. misc.; **to tell tales out of* ~ odavati tajne

school II *a* školski; *a* ~ *board (book, building)* školska vlast (knjiga, zgrada); *a* ~ *vacation* školski raspust; *a* ~ *yard* školsko dvorište; *a* ~ *year* školska godina

school III *v tr* 1. školovati, obrazovati 2. disciplinovati, obuzdati

school IV *n* jato (riba)

school bell školsko zvono

school·boy [~boj] *n* učenik, đak

school·child [~čajld] (-*children* [čildrən]) *n* učenik, đak

school·girl [~gə(r)l] *n* učenica

school·house [~haus] *n* školska zgrada

school·ing [~iñg] *n* školovanje

school lunch program (Am.) đački obroci (za siromašnu decu — djecu)

school·man [~mən] (-*men* [min]) *n* 1. sholastičar; filozof 2. pedagog; naučnik (W: učenjak)

school·marm [~ma(r)m] *n* (colloq.) (staromodna) učiteljica

school·mas·ter Br.; see **schoolteacher**

school·mate [~mejt] *n* školski drug

school report Br.; see **report card**

school·teach·er [~tijčə(r)] *n* 1. učitelj, nastavnik (osnovne škole) 2. profesor srednje škole

schoo·ner ['skūnə(r)] *n* škuna

schwa [šwa], [v] *n* (ling.) šva

sci·at·ic [saj'aetik] *a* išijasni

sci·at·i·ca [~ə] *n* išijas

sci·ence ['sajəns] *n* nauka (W also: znanost); *natural (social)* ~s prirodne (društvene) nauke;

applied (pure) ~ primenjena — primijenjena (čista) nauka; *political* ~ političke nauke

science center naučni centar

science fiction naučna fantastika

sci·en·tif·ic [sajən'tifik] *a* naučan (W also: znanstven); *a* ~ *discovery* naučno otkriće; ~ *farming* agrotehnika; *the* ~ *method* naučni metod

sci·en·tist ['sajəntist] *n* naučnik (W also: učenjak)

sci·en·tol·o·gy [sajən'talədžij]; [o] *n* scijentizam (lečenje — liječenje molitvom)

scin·til·la [sin'tilə] *n* trunka, iskrica

scin·til·late ['sintəlejt] *v intr* svetlucati (svjetlucati); vrcati varnice

scin·til·la·tion [sintə'lejšən] *n* scintilacija, svetlucanje (svjetlucanje), blistanje

sci·on ['sajən] *n* 1. izdanak, potomak 2. sadnica, položnica, mladica

scis·sors ['sizə(r)z] *n pl* makaze (W: škare); *two pairs of* ~ *s* dvoje makaze

scle·ra ['sklijrə] *n* (anat.) beonjača (bionjača), sklera

scle·ri·tis [sklə'rajtis] *n* skleritis, zapaljenje beonjače (W: upala bionjače)

scle·ro·sis [sklə'rousis] *n* skleroza

scle·rot·ic [sklə'ratik]; [o] *a* sklerotičan, sklerozan

scoff [skaf]; [o] *v intr* rugati se; *to* ~ *at smb.* rugati se nekome

scoff·law [~lo] *n* prekršilac zakona; onaj koji se ne odaziva na sudske pozive

scold I [skould] *n* zakeralo; *a common* ~ pogana jezičara

scold II *v* 1. *tr* izgrditi 2. *intr* zakerati, prigovarati

scold·ing [~iñg] *n* grdnja

sconce I [skans]; [o] *n* zaštitni rov

sconce II *n* zidni svećnjak (svijećnak)

scone III *n* (colloq.) glava

scone [skoun] *n* (Br.) tanak pljosnat kolač

scoop I [skūp] *n* 1. lopatica, lopata 2. crpac, ispolac, crpaljka, kablica 3. kutljača, varjača 4. (slang) donošenje neke vesti (vijesti) pre (prije) drugih 5. (tech.) kašika

scoop II *v tr* 1. (also: *to* ~ *out*) lopatom crpsti 2. (also: *to* ~ *out*) (lopatom) izdupsti 3. (slang) doneti vest (pre drugih) — donijeti vijest (prije drugih) 4. *(to* ~ *up)* zagrabiti; *to* ~ *up with both arms* zagrabiti obema (objema) rukama

scoop out *v* see **scoop** II 1, 2

scoop up *v* see **scoop** II 4

scoot [skūt] *v intr* jurnuti

scoot·er [~ə(r)] *v n* skuter, trotinet

scope [skoup] *n* 1. obim; polje 2. prostor 3. see **microscope, periscope, telescope** 4. misc.; *full* ~ puna sloboda

sco·pol·a·mine [skou'paləmijn]; [o], [i] *n* (chem.) skopolamin

scor·bu·tic [sko(r)'bjūtik] *a* skorbutni

scorch I [sko(r)č] *n* oprljenje

scorch II *v* 1. *tr* oprljiti 2. *tr* spržiti 3. *intr* spržiti se

scorched [~t] *a* spaljen

scorched·earth policy taktika spaljene zemlje

scorch·er [~ə(r)] *n* (colloq.) užasno vreo dan; *the day was a* ~ dan beše (bješe) da čoveku (čovjeku) mozak provri

score I [sko(r)] *n* 1. zarez (na rabošu) 2. (sports) registar postignutih pogodaka (poena, golova,

koševa), zapisnik; *to keep* ~ voditi zapisnik 3. (usu. sports) broj postignutih pogodaka; rezultat; stanje igre; *what is (was) the* ~? kakav je (bio) rezultat? *to run up a big* ~ postići veliki broj golova 4. broj »20« 5. (in *pl*) mnoštvo 6. (mus.) partitura 7. (fig.) dug, račun; *to settle old* ~s namiriti stare račune 8. rezultat; *the* ~ *on a test* rezultat ispita 9. (colloq.) lak uspeh (uspjeh) 10. misc.; *on that* ~ u tom pogledu; * *to know the* ~ znati odakle vetar duva (vjetar puše)
score II *v* 1. *tr* zarezati, zaseći (zasjeći) 2. *tr* postići; pogoditi; *to* ~ *a basket (a goal)* postići koš (gol); *to* ~ *a success* postići uspeh (uspjeh); *to* ~ *a bull's eye* pogoditi u centar mete 3. *tr* proceniti (procijeniti); bodovati 4. *tr* uneti (unijeti) u zapisnik 5. *tr* (mus.) staviti u partituru 6. *tr* osuditi 7. *intr* (sports) postići gol (koš, poen), dati gol; *to be* ~ed *on* primiti gol 8. *intr* (sports) voditi zapisnik, registar 9. *intr* (colloq.) postići uspeh (uspjeh)
score·board [~bo(r)d] *n* semafor
score·book [~buk] see **scorecard**
score·card [~ka(r)d] *n* (sports) zapisnik
score·keep·er [~kijpə(r)] *n* zapisničar
score·less [~lis] *a* bez gola
score out, score through Br.; see **cross out**
scor·er [~rə(r)] *n* zapisničar
sco·ri·a ['skorijə] (-*ae* [ij]) *n* šljaka
scor·ing [~ring] *n* unošenje u zapisnik
scorn I [sko(r)n] *n* prezir (prijezir); *to feel* ~ osećati (osjećati) prezir
scorn II *v tr* prezirati; *to* ~ *danger* prezirati opasnost
scorn·ful [~fəl] *a* preziv; ~ *of* preziv prema
Scor·pi·o ['sko(r)pijou] see **Scorpius**
scor·pi·on ['sko(r)pijən] *n* 1. škorpija 2. (cap., astrol.) see **Scorpius**
Scor·pi·us ['sko(r)pijəs] *n* (astro. and astrol.) Skorpion
Scot [skat]; [*o*] *n* Škotlanđanin, Škot
scotch I [skač]; [*o*] *n* brazgotina
scotch II *v tr* 1. zaseći (zasjeći) 2. ogrepsti 3. ugušiti; sprečiti (spriječiti)
scotch III *n* klin podmetač, kočni klin
Scotch I *n* 1. (coll.) *the* ~ Škotlanđani, Škoti 2. škotski jezik 3. škotski viski
Scotch II *a* 1. škotski 2. (colloq.) škrt
Scotch·man [~mən] (-*men* [min]) *n* Škotlanđanin, Škot
Scotch tape selotejp
Scotch terrier škotski terijer
Scotch whiskey škotski viski
sco·ter ['skoutə(r)] *n* (zool.) turpan (also **coot** 3)
scot-free ['skat-frij]; [*o*] *a* 1. oslobođen plaćanja 2. bez kazne; *to get off* ~ proći bez kazne
Scot·land [~lənd] *n* Škotska
Scotland Yard Skotland Jard (uprava londonske policije; londonska policija)
Scots I [skats]; [*o*] *n* škotski jezik
Scots II *a* škotski
Scots·man [~mən] (-*men* [min]) *n* Škotlanđanin, Škot
Scot·tish I [~iš] *n* 1. škotski jezik 2. (colloq.) *the* ~ Škotlanđani, Škoti
Scottish II *a* škotski

Scottish terrier škotski terijer
scoun·drel ['skaundrəl] *n* podlac, nitkov
scour I [skau(r)] *v tr* 1. sprati; očistiti 2. izribati
scour II *v tr* pretražiti, očistiti; *to* ~ *an area (in search of the enemy)* očistiti zemljište (od neprijatelja)
scourge I [skə(r)dž] *n* 1. bič 2. (fig.) bič, zlo, kazna
scourge II *v tr* 1. bičevati 2. kazniti 3. opljačkati; opustošiti
scour·ing pad ['skauring] žica za ribanje
scouring powder prašak za ribanje
scout I [skaut] *n* 1. (mil.) izviđač, izvidnik 2. (or: **Boy Scout, Girl Scout**) izviđač; skaut; skautkinja 3. izviđački avion 4. (sports) onaj koji traži nove igrače za svoju ekipu; onaj koji rekognoscira protivničku momčad
scout II *a* izviđački; *a* ~ *car* izviđački automobil; *a* ~ *troop* izviđački odred
scout III *v tr* 1. izviđati 2. (sports) rekognoscirati; *to* ~ *an opposing team* rekognoscirati protivničku momčad
scout around *v* tražiti
scout·ing [~ing] *n* skautizam
scout·mas·ter [~maestə(r)]; [*a*] *n* načelnik izviđačkog odreda
scout out *v* pronaći
scow [skau] *n* barža, šlep, peniša
scowl I [skaul] *n* mrk pogled
scowl II *v intr* mrko gledati
scrab·ble I ['skraebəl] *n* 1. see **scribble I** 2. (cap.) vrsta igre (u kojoj igrači grade reči — riječi od slova na kockama)
scrabble II *v* 1. *tr* (usu.: *to* ~ *up*) zgrnuti 2. *intr* škrabati
scrag [skraeg] *n* kržlja
scrag·gly [~lij] *a* 1. hrapav 2. razbarušen
scrag·gy [~ij] *a* 1. hrapav 2. (Br.) mršav, suvonjav (see also **scrawny** for 2)
scram [skraem] *v intr* (colloq.) čistiti se; ~! čisti se!
scram·ble I ['skraembəl] *n* 1. koprcanje 2. žurba 3. jagma; *a mad* ~ *for smt.* jagma za nečim 4. (mil.) poletanje (polijetanje) na znak uzbune
scramble II *v* 1. *tr* na brzinu sastaviti 2. *tr* (cul.) slupati 3. *tr* šifrovati; izokrenuti; *to* ~ *a telephone message* šifrovati telefonsku poruku; ~d *speech* izokretanje reči (riječi) 4. *intr* verati se, penjati se (nogama i rukama) 5. *intr* otimati se, jagmiti se; *to* ~ *for smt.* jagmiti se oko nečega 6. *intr* (mil.) uzleteti (uzletjeti) na znak uzbune
scrambled eggs *pl* kajgana
scram·bler [~blə(r)] *n* uređaj za šifrovanje
scrap I [skraep] *n* 1. komadić, parčence; *a* ~ *of paper* (samo) komad papira 2. odlomak (W also: izvadak) 3. ogrizak; (in *pl*) ostaci (jela); *to eat* ~s jesti ostatke 4. staro gvožđe 5. (in *pl*) čvarci
scrap II *a* 1. star; ~ *iron* staro gvožđe 2. za otpatke; *a* ~ *basket* korpa za otpatke
scrap III *v tr* 1. baciti u staro gvožđe; raskomadati; *to* ~ *a ship* raskomadati brod; *to be* ~ped otići u staro gvožđe 2. izbaciti iz upotrebe, naoružanja
scrap IV *n* (slang) tuča
scrap V *v intr* (slang) tući se
scrap·book [~buk] *n* album

scrape I [skrejp] *n* 1. grebotina, ogrebotina (also **scratch I** 1) 2. (slang) tuča 3. (slang) škripac; *to get into a* ~ doći u škripac
scrape II *v* 1. *tr* strugati 2. *tr* ogrepsti; *he* ~*d himself* on se ogrebao 3. *tr (to* ~ *together up)* skrpiti, skucati; *to* ~ *some money together* skrpiti malo para 4. *intr* grepsti 5. *intr* škripati 6. *intr (to* ~ *along)* životariti, kuburiti 7. *intr (to* ~ *through)* provući se; *he barely* ~*d through* jedva se provukao 8. misc.; *to bow and* ~ ulagivati se
scrape off *v* otrti, očistiti
scrap·er ['skrejpə(r)] *n* 1. skrejper, skreper, strugač 2. grebalica; *a windshield* ~ grebalica za čišćenje snega (snijega) i leda
scrape up *v* see **scrape II** 3
scrap heap gomila starog gvožđa
scrap·ing ['skrejpiŋg] *n* 1. struganje 2. (in *pl)* strugotine
scrap metal metalni otpaci
scrap paper stara hartija
scrap·ple ['skraepəl] *n* (cul.) prženice
scrap·py I ['skraepij] *a* sastavljen od otpadaka (parčića)
scrappy II *a* 1. svadljiv 2. borben
scratch I [skraeč] *n* 1. ogrebotina 2. start; **to start from* ~ poći od nule; početi (utakmicu) bez preimućstva 3. nivo; *to come up to* ~ od govarati svome zadatku
scratch II *v* 1. *tr* ogrepsti; *the cat* ~*ed him* mačka ga je ogrebla; *he* ~*ed himself* on se ogrebao 2. *tr* češati; *to* ~ *one's head* češati se po glavi 3. *tr* izbrisati 4. *tr* povući; *to* ~ *a contestant* povući takmičara 5. *tr* (mil.) opozvati, otkazati; *to* ~ *a mission* opozvati poletanje (polijetanje) 6. *intr* grepsti; *cats* ~ mačke grebu; *the dog is* ~*ing at the door* pas grebe po vratima 7. *intr* odustati
scratch line startna linija
scratch pad notes (sa listovima za kidanje)
scratch test see **skin test**
scratch·y ['skraečij] *a* škrabav 2. škripav
scrawl I [skrol] *n* škrabanje, škrabotina
scrawl II *v intr* škrabati, drljati
scraw·ny ['skronij] *a* mršav, koščat
screak I [skrijk] *n* see **screech I**
screak II *v intr* see **screech II**
scream I [skrijm] *n* 1. vrisak 2. (slang) nešto smešno (smiješno)
scream II *v tr* and *intr* vrisnuti; *to* ~ *for help* zapomagati
scream·er [~ə(r)] *n* 1. vrištač 2. (slang) stvar da vrištiš
scree [skrij] *n* obluci, valuci, osulina
screech I [skrijč] *n* vrisak
screech II *v tr* and *intr* vrisnuti
screech·ing [~iŋg] *a* piskav
screech owl kukuvija
screen I [skrijn] *n* 1. zaklon; *a fireplace* ~ zaklon za kamin 2. pregrada; paravan 3. zavesa (zavjesa), zastor; *a smoke* ~ dimna zavesa 4. ekran; *on the* ~ na ekranu 5. (fig.) filmska industrija 6. (mil.) osiguranje 7. mreža (na prozoru) 8. sito; filter

screen II *v tr* 1. zakloniti, zaštititi 2. proveriti (provjeriti); *to* ~ *refugees* proveriti izbeglice (izbjeglice) 3. ekranizovati
screen·ing [~iŋg] *n* 1. proveravanje (provjeravanje); trijaža 2. ekranizacija
screen·land [~laend] *n* (colloq.) kinematografija
screen·play [~plej] see **scenario**
screen test filmska proba
screen writer see **scenarist**
screw I [skrū] *n* 1. šraf, zavrtanj (W also: vijak); *a wood* ~ zavrtanj za drvo 2. see **propeller** 3. (Br., slang) plata (plaća) 4. (Br., slang) drtina 5. (vul.) snošaj 6. misc.; *to have a* ~ *loose* biti ćaknut; (slang) *to put the* ~*s on smb.* vršiti pritisak na nekoga
screw II *v* 1. *tr* (usu.: *to* ~ *on, in)* pričvrstiti zavrtnjem 2. *tr* (slang) prevariti, ukaišariti (see **cheat II** 1) 3. *tr* (vul.) obljubiti 4. *intr (to* ~ *into, on to)* pričvršćivati se 5. *intr* (vul.) imati snošaj 6. *intr* (slang) *(to* ~ *around)* zabavljati se
screw·ball [~bol] *n* (slang) ekscentrik, nastran čovek (čovjek)
screw·driv·er [~drajvə(r)] *n* 1. šrafciger, odvrtka 2. vrsta koktela (sa votkom i sokom od pomorandže)
screw off *v* 1. odviti 2. (slang) zabušavati
screw open *v* otvoriti odvrtanjem
screw thread navoj zavrtnja
screw top zatvarač (flaše) koji se odvija
screw up *v* (colloq.) upropastiti; *to screw smt. (smb.) up* upropastiti nešto (nekoga) 2. upropastiti stvar; *he screwed up* on je upropastio stvar 3. misc.; *to screw up one's courage* ohrabriti se
screw·y [~ij] *a* (slang) ekscentričan, nastran
scrib·ble I ['skribəl] *n* škrabanje, škrabotina (also **scrawl I**)
scribble II *v tr* and *intr* škrabati, drljati
scrib·bler ['skriblə(r)] *n* škrabalo
scribe [skrajb] *n* pisar
scrim·mage ['skrimidž] *n* (football) gužva za loptu
scrimp [skrimp] *v intr* biti štedljiv
scrip [skrip] *n* privremeni papirni novac; okupacijski novac
script [~t] *n* 1. pisana slova 2. tekst pisan za snimanje filma, za komad
script girl devojka (djevojka) koja vodi knjigu snimanja
scrip·tur·al ['skripčərəl] *a* 1. pismeni 2. biblijski
scrip·ture ['skripčə(r)] *n* 1. (cap., usu. in *pl)* Sveto pismo, biblija 2. propis, pravilo
script·writ·er [~rajtə(r)] *n* pisac teksta za spikera, za snimanje filma
scrod [skrad]; [o] *n* (fish) bakalar
scrof·u·la ['skrafjələ]; [o] *n* skrofuloza, škrofuloza
scrof·u·lous [~s] *a* skrofulozan, škrofulozan
scroll [skroul] *n* svitak; *a parchment* ~ pergamentni svitak; *the Dead Sea Scrolls* Svici Mrtvog mora
Scrooge [skrūdž] *n* cicija, tvrdica
scro·tum ['skroutəm] (*-s* or *-ta* [tə]) *n* (anat.) mošnice
scrounge [skraundž] 1. *tr* izmamiti 2. *intr* snabdevati (snabdijevati) se sopstvenim snagama

scroung·y [~ij] *a* 1. koji pljačka 2. razbarušen, prljav

scrub I [skrəb] *n* pranje

scrub II *v tr* and *intr* 1. oribati 2. oprati 3. (slang, usu. mil.) opozvati; *to ~ a mission* opozvati poletanje (polijetanje) (see also **scratch II** 5)

scrub III *n* 1. šipražje, žbunje 2. žgolja 3. (sports) rezervni igrač

scrub IV *a* žgoljav

scrub·ber [~ə(r)] *n* 1. žica za ribanje 2. (Br.; slang) kurva

scrubbing brush Br.; see **scrub brush**

scrub brush četka za ribanje

scrub·by [~ij] *a* 1. pokriven žbunjem 2. žgoljav

scrub oak patuljast hrast

scrub off *v* očistiti, otrti

scrub out *v* oprati, očistiti

scrub up *v* oprati se

scrub·wom·an [~wumən] (-women [wimin]) *n* spremačica

scruff [skrəf] *n* (or: ~ *of the neck*) zatiljak

scruf·fy [~ij] *a* 1. see **shabby** 2. (Br.) see **scaly**

scrum [skrəm] *n* see **scrummage**

scrum·mage [~idž] *n* (rugby) gužva za loptu

scrump·tious ['skrəmpšəs] *a* (slang) divan

scrunch I [skrənč] *n* škrip

scrunch II *v* 1. *tr* see **crunch** 1 2. *tr* (also: *to ~ up*) poviti (also **hunch II** 1) 3. *intr* see **hunch II** 2

scru·ple ['skrūpəl] *n* skrupula, osećanje (osjećanje) dužnosti

scru·pu·lous ['skrūpjələs] *a* skrupulozan

scru·ti·neer [skrūt'nijə(r)]; [*ti*] *n* (Br.) proverač (provjerač) glasova (prilikom izbora)

scru·ti·nize ['skrūtnajz]; [*ti*] *v tr* proučiti; pregledati, ispitati

scru·ti·niz·er [~ə(r)] *n* ispitivač

scru·ti·ny [~nij] *n* 1. pregled, ispitivanje 2. nadgledanje, nadzor 3. (Br.) ispitivanje ispravnosti glasačkih listića

scu·ba ['skūbə] *n* aparat za zagnjurivanje

scud [skəd] *v intr* juriti, hitati

scuff I [skəf] *n* (or: ~ *mark*) trag (na podu)

scuff II *v* 1. *tr* (also: *to ~ up*) ostaviti tragove (na); *to ~ (up) a floor* ostaviti tragove na podu 2. *tr* ogrepsti 3. *intr* see **shuffle II** 3

scuf·fle I ['skəfəl] *n* tuča, gužva

scuffle II *v intr* tući se

scuff up *v* see **scuff II** 1

scull I [skəl] *n* (naut.) 1. krmeno veslo 2. čamac, skif

scull II *v intr* veslati (jednim veslom s krme)

scull·er [~ə(r)] *n* skifista

scul·ler·y [~ərij] *n* kuhinjska perionica

sculpt [skəlpt] *v tr* see **sculpture II**

sculp·tor ['skəlptə(r)] *n* skulptor, kipar, vajar

sculp·tress [~tris] *n* kiparka, vajarka

sculp·tur·al ['skəlpčərəl] *a* vajarski

sculp·ture I [~čə(r)] *n* 1. skulptura, vajarstvo, kiparstvo 2. skulptura, kip; *to cast a ~* odliti skulpturu

sculpture II *v tr* izvajati

sculp·tur·esque [skəlpčər'esk] *a* nalik na izvajano

scum [skəm] *n* 1. pena (pjena); kora 2. šljaka 3. ološ, šljam

scup·per I ['skəpə(r)] *n* (naut.) izlivnica, otvor za isticanje vode

scupper II Br.; see **scuttle II**

scurf [skə(r)f] *n* 1. perut 2. (bot.) perut na lišću

scur·ril·i·ty [skə'rilətij] *n* skarednost, masnost

scur·ri·lous ['skərələs] *a* skaredan, psovački, mastan; *to make a ~ attack in the press* naneti (nanijeti) klevetu putem štampe

scur·ry ['skərij] *v intr* juriti

scur·vy ['skə(r)vij] *n* skorbut

scut [skət] *n* kus, dignut rep

scu·tage ['skjūtidž] *n* (hist.) kletvenički danak (plaćan umesto — umjesto vojne službe)

scutch I [skəč] *n* trlica

scutch II *v tr* obijati (lan, konoplju)

scutch·eon ['skəcən] see **escutcheon**

scut·ter ['skətə(r)] *v intr* (Br., colloq.) see **scurry**

scut·tle I ['skətəl] *n* 1. (naut.) otvor (na palubi, dnu broda) 2. otvor na krovu

scuttle II *v tr* potopiti brod (provaljivanjem otvora na dnu broda)

scuttle III *n* 1. vedro za ugalj 2. (Br.) plitka korpa

scuttle IV *v intr* see **scurry**

scut·tle·butt [~bət] *n* 1. bure vode (na brodu) 2. (slang) glasovi, priče

scut·tling ['skətlìng] *n* samopotapanje

Scyl·la ['silə] see **Charybdis**

scythe [sajth] *n* kosa (poljoprivredno oruđe)

Scyth·i·a ['sithijə] *n* Skitija

Scyth·i·an [~n] *n* 1. Skit 2. skitski jezik

Scythian II *a* skitski

sea I [sij] *n* 1. more; pučina *to travel by ~* putovati morem; *a rough (stormy) ~* or: *rough (stormy) ~s* uzburkano (burno) more; *on the high ~s* na pučini; *a storm at ~* bura na moru; *at ~* na moru; or: (fig.) zbunjen; *freedom of the ~s* sloboda mora; *to go to ~* postati mornarom 2. more (deo — dio okeana koji zalazi u kopno); *the Mediterranean Sea* Sredozemno more 3. (Br.) *(the ~)* morska obala, more (kao mesto — mjesto odmora; see also **shore I** 2)

sea II *a* morski; pomorski; *a ~ battle* pomorska bitka, bitka na moru; *~ duty* pomorska služba; *a ~ route* morski put

sea anchor zavlačno sidro

Sea·bees ['sijbijz] *n pl* (WW II, Am.) inženjerijske desantne jedinice (from construction *battalions*)

sea biscuit see **hardtack**

sea·board [~bo(r)d] *n* 1. morska obala 2. primorje

sea·borne [~bo(r)n] *a* koji se prevozi pomorskim putem, pomorski; *a ~ invasion* pomorski desant

sea breeze povetarac (povjetarac) s mora, morski lahor

sea·coast [~koust] *n* morska obala, primorje

sea cow morska krava

sea cucumber (zool.) trp

sea dog 1. foka 2. morski vuk, iskusan mornar

sea·far·er [~fejrə(r)] *n* mornar, moreplovac

sea·far·ing I [~ìng] *n* morska plovidba

seafaring II *a* mornarički, pomorski

sea fen·nel ['fenəl] petrovac (also **Peter's cress**)

sea·food [~fūd] *n* (cul.) ribe (kao jelo)

sea front morska obala, primorski kraj

sea·go·ing [~gouiñg] *a* morski; *a* ~ *vessel* morski brod
sea gull galeb
sea horse 1. morski konj 2. morž (also **walrus** for 2)
seal I [sijl] *n* 1. pečat; *to affix a* ~ udariti pečat; *a wax* ~ pečat od voska 2. plomba 3. nalepnica (naljepnica) 4. misc.; *a* ~ *of approval* blagoslov
seal II *v tr* 1. zapečatiti, zalepiti (zalijepiti); *to* ~ *an envelope (a letter)* zapečatiti koverat (pismo); (fig.) *to* ~ *smb.'s fate* zapečatiti nečiju sudbinu 2. zaplombirati, (hermetički) zatvoriti; *to* ~ *with plaster* gipsom zatvoriti 3. *(to* ~ *off)* izolovati
seal III *n* foka, tuljan
seal·ant [~ənt] *n* zaptivna smesa (smjesa)
sealed [~d] *a* hermetički; zapečaćen; zaplombiran
sea legs *pl* sposobnost da izdrži plovidbu (uzburkaniim morem)
seal·er I [~ə(r)] *n* 1, zaptivna smesa (smjesa); zaptivač 2, kontrolor mera (mjera)
sealer II *n* brod za lov na tuljane
sea level nivo mora, morski nivo (W: morska razina)
seal in *v* see **seal II** 2
seal·ing wax [~iñg] pečatni vosak
sea lion morski lav
seal off *v* see **seal II** 3
seal ring prsten sa pečatom
seal·skin [~skin] *n* tuljanova koža
seam [sijm] *n* šav; *to tear open a* ~ rasparati šav; *a welded* ~ zavareni šav
sea·man [~mən] (*-men* [min]) *n* mornar
seaman recruit (Am., naval) mornar-regrut
sea·man·ship [~šip] *n* veština (vještina) upravljanja plovnim prevoznim sredstvima, pomorstvo
sea·mark [~ma(r)k] *n* pomorski znak
seam·less [~lis] *a* bešavni; ~ *tubing* bešavne cevi (cijevi); ~ *stockings* bešavne čarape
seam·ster [~stə(r)] *n* šavac
seam·stress [~stris] *n* švalja
seam·y [~ij] *a* 1, sa šavom 2. (colloq.) gadan, prljav (also **sordid** for 2)
se·ance ['sejans] *n* seansa; *to hold a* ~ obaviti seansu
sea perch (fish) kanj, lubin
sea·plane [~plejn] *n* hidroavion
sea·port [~po(r)t] *n* morska luka
sea power pomorska sila
sea·quake [~kwejk] *n* morski potres
sear I [sij(r)] *n* (on a firearm) zapinjača
sear II *n* osušenost
sear III *v tr* 1. osušiti 2. sažeći, spržiti
search I [sə(r)č] *n* 1. traganje; *a* ~ *for smb.* traganje za nekim 2. pretres; premetačina; *a body* ~ lični pretres; *the right of* ~ pravo pretresa; *the police conducted a* ~ policija je izvršila pretres 3. pretraživanje
search II *a* 1. spasilački; *a* ~ *plane* avion spasilačke službe 2. za traganje; *a* ~ *pattern* šema traganja 3. misc.; (mil.) ~ *and destroy operations* dejstva (djejstva) radi otkrivanja i uništenja neprijatelja
search III *v* 1. *tr* pretresti, premetnuti; *to* ~ *an apartment* pretresti stan; *to* ~ *a person* pretresti čoveka (čovjeka) 2. *intr* tragati *to* ~ *for smb.* tragati za nekim 3. *intr* pretražiti; pre-

riti; *he* ~*ed through all the drawers* pretražio je sve fioke
search·light [~lajt] *n* reflektor
search out *v* pronaći
search party odred za spasavanje
search warrant dozvola za pretres
sear·ing [~iñg] *a* 1. koji peče 2. koji uzbuđuje
Sea Scout skaut koji se bavi pomorstvom
sea·shell [~šel] *n* morska školjka
sea·shore [~šo(r)] *n* 1. morska obala 2. see **shore I** 2
sea·sick [~sik] *a* bolestan od morske bolesti
sea·sick·ness [~nis] morska bolest
sea·side [~sajd] *n (the* ~) Br.; see **shore I** 2
sea slug škrgać-golać
sea·son I ['sijzən] *n* sezona; *the dead (tourist)* ~ mrtva (turistička) sezona; *the fishing (hunting)* ~ sezona ribolova (lova); *in* ~ u sezoni; *out of* ~ van sezone; *the height of the* ~ jek sezone; *with the compliments of the* ~ s najlepšim (najljepšim) željama povodom praznika
season II *v tr* 1. začiniti; *to* ~ *food* začiniti jelo 2. osušiti; *to* ~ *lumber* osušiti drvo 3. dovesti u željeno stanje
sea·son·a·ble [~əbəl] *a* podesan za sezonu, zgodan; blagovremen
sea·son·al [~əl] *a* sezonski; ~ *workers* sezonski radnici
sea·son·ing [~iñg] *n* 1. začinjavanje 2. začin
season ticket sezonska karta
seat I [sijt] *n* 1. sedište (sjedište), sedalo (sjedalo); *a back (front)* ~ zadnje (prednje) sedište; *to reserve a* ~ rezervisati sedište; *the* ~ *of government* sedište vlade; *the* ~ *of a valve* sedište ventila; *take a* ~! sedite! *an ejection* ~ izbacivo sedište; *keep your* ~! samo sedite! 2. poslanički mandat; *to lose one's* ~ izgubiti svoj poslanički mandat (na izborima) 3. držanje (na konju)
seat II *v tr* 1. posaditi; *to* ~ *smb. at a table* posaditi nekoga za sto (stol) 2. postaviti 3. smestiti (smjestiti); *to* ~ *guests at a table* smestiti goste oko stola
seat belt sigurnosni pojas (also **safety belt**)
seat·ing [~iñg] *n* 1. (or; ~ *arrangement)* raspored sedišta (sjedišta) 2. smeštaj (smještaj); razmeštaj (razmještaj); *the* ~ *of guests (at a table)* razmeštaj gostiju (oko stola)
seat worm oksira
sea urchin morski jež
sea wall valobran
sea·ward [~wə(r)d] **sea·wards** [~z] *adv* prema moru
sea·way [~wej] *n* morski put
sea·weed [~wijd] *n* alge, morske trave
sea·wor·thi·ness [~wə(r)thijnis] *n* sposobnost za plovidbu morem, plovnost
sea·wor·thy [~thij] *a* sposoban za plovidbu morem
se·ba·ceous [si'bejšəs] *a* lojan; ~ *glands* lojne žlezde (žlijezde)
se·bac·ic [si'bejsik] *a* sebacinski; ~ *acid* sebacinska kiselina
Se·bas·to·pol [se'baestəpoul]; [a] see **Sevastopol**

seb·or·rhe·a [sebə'rijə] *n* (med.) seboreja

se·cant ['sijkənt], [*ae*] *n* (math.) 1. sečica (siječica) 2. sekanta, sekans, recipročna vrednost (vrijednost) kosinusa

se·cede [si'sijd], [*ij*] *v intr* otcepiti (otcijepiti) se; (Am., hist.) *the South ~ed from the Union* južne države su se otcepile od Unije

se·ces·sion [si'sešən] *n* secesija, otcepljenje (otcjepljenje); (Am., hist.) *the War of Secession* građanski rat (1861—1865)

se·ces·sion·ism [~izəm] *n* politika otcepljenja (otcjepljenja)

se·ces·sion·ist [~ist] *n* secesionista

se·clude [si'klūd] *v tr* odvojiti; izolovati, osamiti

se·clud·ed [~id] *a* odvojen, izolovan, osamljen, usamljen, povučen

se·clu·sion [si'klūžən] *n* 1. odvajanje, izolovanje 2. izolovanost, osamljenost, povučenost

sec·ond I ['sekənd] *n* sekund

second II *n* 1. sekundant 2. (parliamentary procedure) podrška 3. drugi; *on the ~ of March* drugoga marta (W: ožujka) 4. drugi po činu; *the ~ in command* zamenik (zamjenik) komandanta 5. (mus.) sekunda 6. (in *pl*) roba srednje vrste, trijaža, otrebine 7. (on an automobile) druga brzina

second III *a* drugi; *(at) ~ hand* iz druge ruke; *~ to none* najbolji **to come off ~ best* izvući deblji kraj; **to get one's ~ wind* savladati prvu zaduvanost pri trčanju; **to play ~ fiddle* svirati drugu violinu

second IV *v tr* 1. sekundirati; *to ~ a boxer* sekundirati bokseru (W: boksaču) 2. podržati; *to ~ a motion* podržati predlog

se·cond V [si'kond] *v tr* (Br.) privremeno odrediti (na dužnost)

Second Advent see Second Coming

sec·on·dar·y I ['sekəndərij]; [*dr*] *n* 1. potčinjeni 2. (astro.) pratilac 3. (ornithology) zadnje vilo 4. (elec.) sekundar

secondary II *a* sekundaran, sporedan; *a ~ battery (color)* sekundarna baterija (boja); *a ~ circuit* sekundarno kolo; *a ~ road* sporedan put; (ling.) *~ stress* sporedni naglasak

secondary prevention (med.) sekundarna prevencija

second best ne najbolji; **to come off ~* izvući deblji kraj

second childhood staračka izlapelost

second class druga klasa; drugi razred

sec·ond-class [~klaes]; [*a*] *a* drugorazredan

sec·ond-class mail štampane stvari (koje se šalju poštom)

Second Coming (rel.) drugi Hristov (Kristov) dolazak

second cousin drugobratučed

second-degree burn opekotina drugog stepena

second-degree murder ubistvo bez predumišljaja

sec·ond-guess [sekənd-'ges] *v.* 1. *tr* kritikovati kad je već kasno 2. *intr* naknadno izlagati svoje mišljenje

sec·ond-hand [~-haend] *a* polovan; *a ~ car* polovna kola

second-in-command *n* zamenik (zamjenik) komandanta

second language drugi jezik (u nekoj društvenoj zajednici); *English as a ~* engleski kao drugi jezik

second lieutenant potporučnik

second mortgage druga hipoteka

second nature druga priroda

second person (gram.) drugo lice

second-rate *a* drugorazredan

seconds *n pl* 1. see second II 6 2. druga porcija (jela); *to ask for ~* tražiti drugu porciju

second sight see clairvoyance

second-story man (colloq.) see cat burglar

second strike nuklearni protivudar

second string drugi tim (cf. first string)

second-string *a* drugog tima; (fig.) ne najbolji (cf. first-string)

second thought razmišljanje; *to have ~s* razmišljati; *on ~* razmislivši malo bolje

second wind see second III

Second World War drugi svetski (svjetski) rat

se·cre·cy ['sijkrəsij] *n* tajnost

se·cret I ['sijkrit] *n* tajna; *a military ~* vojna tajna; *to keep a ~* čuvati tajnu; *to let smb. in on a ~* otkriti nekome tajnu; *in ~* tajno; *to make no ~ of smt.* ne tajiti nešto; *to make a ~ of smt.* tajiti nešto

secret II *a* 1. tajni; *a ~ agent* tajni agent; *a ~ ballot* tajno glasanje; *a ~ exit (passage)* tajni izlaz (hodnik); *to keep ~* držati u tajnosti 2. (mil.) strogo poverljiv (povjerljiv)

sec·re·tar·i·al [sekrə'terijal] *a* sekretarski

sec·re·tar·i·at [sekrə'tejrijət] *n* sekretarijat

sec·re·tar·y ['sekrətərij], [*tr*] *n* 1. sekretar, sekretarica; *to be ~to smb.* or *to be smb.'s ~* biti nečiji sekretar 2. sekretar; *the ~ of a meeting* sekretar sednice (sjednice) 3. sekreter (sto — stol za pisanje)

secretary general generalni sekretar; *the ~ of the UN* generalni sekretar OUN

se·crete I [si'krijt] *v tr* izlučiti; *to ~ hormones* izlučiti hormone

secrete II *v tr* skriti

se·cre·tion [si'krijšən] *n* izlučenje, sekrecija

se·cre·tive *a* 1. ['sijkrətiv] tajanstven 2. [si'krijtiv] see secretory

se·cre·to·ry [si'krijtərij] *a* izlučan

secret service 1. tajna služba 2. (Am., cap.) *(the ~)* državna služba koja: (a.) čuva predsednikovu (predsjednikovu) porodicu (b.) vodi borbu protiv falsifikovanja novčanica

sect [sekt] *n* sekta; *a religious ~* verska (vjerska) sekta

sec·tar·i·an I [sek'tejrijən] *n* sektaš

sectarian II *a* sektaški

sec·tar·i·an·ism [~izəm] *n* sektaštvo

sec·tion I ['sekšən] *n* 1. odeljenje (odjeljenje), odsek (odsjek) 2. deo (dio) 3. komad zemlje *(640 acres)* 4. presek (presjek); *a cross (vertical) ~* poprečni (uzdužni) presek 5. deonica (dionica); *a ~ of a highway (railroad)* deonica puta (pruge) 6. (mil.) poluvod 7. (med.) sekciranje 8. kraj, regija, oblast

section II *v tr* 1. preseći (presjeći) 2. podeliti na odeljke (podijeliti na odjeljke)

sec·tion·al [~əl] *a* regionalan

sec·tion·al·ism [~izəm] *n* regionalizam

section gang radna brigada na jednoj deonici (dionici) pruge

sec·tor ['sektə(r)] n 1. sektor; *the private (public)* ~ privatni (državni) sektor 2. (math.) sektor

sec·u·lar ['sekjələ(r)] a sekularan, svetovan (svjetovan)

sec·u·lar·ism [~rizəm] n sekularizam

sec·u·lar·ist [~rist] n pristalica (pristaša) sekularizma

sec·u·lar·ize [~rajz] v tr sekularizovati, učiniti svetovnim (svjetovnim)

se·cure I [si'kju(r)] a siguran, bezbedan (bezbjedan); ~ *from attack* bezbedan od napada **secure** II v tr 1. obezbediti (obezbijediti), osigurati 2. učvrstiti, pričvrstiti 3. zajemčiti (W: zajamčiti)

se·cu·ri·ty I [~rətij] n 1. bezbednost (bezbijednost), sigurnost; *a feeling of* ~ osećanje (osjećanje) sigurnosti 2. zalog, zaloga, kaucija; *to give (leave, take) as* ~ dati (ostaviti, uzeti) u zalog 3. (in pl) vrednosni (vrijednosni) papiri 4. obezbeđenje (obezbjeđenje) 5. čuvanje vojne tajne **security** II a u vezi sa bezbednošću (bezbjednošću); *a* ~ *classification* oznaka poverljivosti (povjerljivosti); *a* ~ *check* provera (provjera) biografskih podataka; *a* ~ *clearance* see **clearance** 1; *a* ~ *detachment* odred za osiguranje; ~ *measures* mere (mjere) bezbednosti; ~ *regulations* propisi o čuvanju vojne tajne; *a* ~ *violation* narušavanje tajnosti

Security Council Savet bezbednosti — Savjet bezbjednosti (W: Vijeće sigurnosti)

security guard čuvar

security risk 1. rizik po bezbednost (bezbjednost) 2. osoba kojoj se ne daje dozvola za rad na poverljivom (povjerljivom) poslu zbog sumnje u lojalnost

se·dan [si'daen] n 1. zatvoreni automobil 2. zatvorena nosiljka

sedan chair see **sedan** 2

se·date I [si'dejt] a staložen, miran **sedate** II v tr umiriti; *to* ~ *a patient* dati bolesniku sedativ

se·da·tion [si'dejšən] n umirenje

sed·a·tive I ['sedətiv] n sedativ **sedative** II a sedativan

sed·en·tar·y ['sednterij]; [tr] a sedentaran, koji mnogo sedi (sjedi); *to lead a* ~ *life* provesti život u sedenju (sjedenju)

sedge [sedž] n (bot.) oštrica, šaš

sed·i·ment ['sedəmənt] n talog

sed·i·men·tal [sedə'mentl] see **sedimentary**

sed·i·men·ta·ry [sedə'ment(ə)rij] a taložan

sed·i·men·ta·tion [sedəmən'tejšən] n taloženje

se·di·tion [si'dišən] n neprijateljska agitacija, podstrekivanje na pobunu

se·di·tious [si'dišəs] a podrivački

se·duce [si'dūs]; [dj] v tr 1. zavesti; *to* ~ *a woman* zavesti ženu 2. namamiti; nagovoriti 3. korumpirati, podmititi

se·duc·er [~ə(r)] n zavodnik

se·duc·tion [si'dəkšən] n 1. zavođenje 2. mamljenje

se·duc·tive [si'dəktiv] a zavodljiv

se·duc·tress [si'dəktris] n zavodnica

sed·u·lous ['sedžuləs]; [j] a marljiv, vredan (vrijedan)

see I [sij] n sedište (sjedište) vladike (biskupa)

see II *saw* [so]; *seen* [sijn] v 1. tr and intr videti (vidjeti); *he saw us* video nas je; *to* ~ *with one's own eyes* videti svojim očima; *to* ~ *double* videti dvostruko; *he saw them steal (stealing) the apples* video ih je kako kradu jabuke; *we saw them leave (leaving) the house* videli smo ih kako izlaze iz kuće; *he was seen doing this* videli su ga da to radi; *to* ~ *stars* see **star** I 6; *he can't* ~ *beyond the end of his nose* ne vidi dalje od nosa; *he saw red* pala mu je krv na oči 2. tr and intr razumeti (razumjeti), videti; *now I* ~ *what you mean* sad razumem šta (što) mislite 3. tr zamisliti, predstaviti sebi; *he can't* ~ *himself as an actor* on ne može da zamisli sebe kao glumca 4. tr predvideti (predvidjeti) 5. tr posetiti (posjetiti); *we saw them yesterday* posetili smo ih juče 6. tr dopratiti; *to* ~ *to the door* dopratiti do vrata 7. tr otpratiti; *to* ~ *smb. home* otpratiti nekoga do kuće 8. tr (to ~ off) ispratiti; *they saw me off at the station* ispratili su me na stanicu (W: kolodvor) 9. intr pogledati; pripaziti, postarati se, pobrinuti se; *to* ~ *to smt.* or: *to* ~ *that smt. gets done* postarati se o nečemu; *you must* ~ *(to it) that it does not happen again* moraš da pripaziš da se to ne ponovi 10. misc.; *to* ~ *one's way clear to ...* naći načina da ...; *to* ~ *the sights* razgledati grad

see about v 1. pobrinuti se; *to see about smt.* pobrinuti se za nešto 2. misc.; *we'll see about that!* videćemo!

seed I [sijd] n seme (sjeme); semenka (sjemenka); *to plant* ~s posejati (posijati) seme; (fig.) *the* ~ *of discord* seme razdora

seed II v tr 1. posejati seme — posijati sjeme (u) 2. (sports) svrstati (igrače za igre po kvalitetu), odrediti (parove po kvalitetu); *to* ~ *players* svrstati igrače

seed cake kolač s makom

seed·er [~ə(r)] n sejačica (sijačica)

seed·i·ness [~ijnis] n 1. pohabanost, poderanost 2. iznurenost

seed·ings [~ĩngz] n pl (sports) svrstavanje igrača (po kvalitetu), određivanje parova (po kvalitetu)

seed·ling [~lĩng] n iz semena (sjemena) podignuta biljka

seed·y [~ij] a 1. pun semenja (sjemenja) 2. pohaban, poderan 3. iznuren

see·ing [~ĩng] conj (usu.: ~ *that*) budući da **Seeing Eye Dog** pas-vodič slepih (slijepih)

seek [sijk]; *sought* [sot] v tr and intr tražiti; *to* ~ *happiness (help)* tražiti sreću (pomoć) **seek out** v see **seek**

seem [sijm] v intr učiniti se, izgledati; *it* ~ed *to me that he was ill* učinilo mi se da je bolestan; *it* ~s *that no one else will come* izgleda da niko (nitko) više neće doći; *he can't* ~ *to understand our situation* izgleda da ne može da shvati našu situaciju; *they* ~ *to be tired* izgledaju umorni

seem·ing [~ĩng] a po izgledu

seem·ing·ly [~lij] *adv* kako se čini
seem·ly [~lij] *a* prikladan, pristojan
seen see see II
see off *v* see see II 8
seep [sijp] *v intr* curiti
seep·age [~idž] *n* curenje
seer·suck·er ['sij(r)səkə(r)] *n* vrsta lake pamučne tkanine
see·saw I ['sijso] *n* klackalica
seesaw II *v intr* klackati se
seethe [sijth̄] *v intr* 1. ključati, vreti 2. (fig.) kipeti (kipjeti), vreti, komešati se; *he was ~ing with rage* on je kipeo od besa (bijesa); *the whole country is ~ing* cela (cijela) zemlja vri
see through *v* 1. sprovesti (do kraja); *to see a thing through* sprovesti stvar do kraja 2. prozreti, provideti (providjeti); *to see through smb.'s plans* prozreti nečije planove
see-through *a* prozračan; *a ~ blouse* prozračna bluza
seg·ment I ['segment] *n* segment
segment II [seg'ment] *v tr* podeliti (podijeliti) na segmente
seg·ment·al [~əl] *a* segmentni
seg·men·ta·tion [segme'tejšən] *n* segmentacija
seg·re·gate ['segrəgejt] *v tr* odvojiti, izdvojiti
seg·re·ga·tion [segrə'gejšən] *n* odvajanje, izdvajanje; segregacija; *racial ~* rasna segregacija
seg·re·ga·tion·ist [~ist] *n* segregacionista, pristalica (W: pristaša) rasne segregacije
seign·ior ['sejnjo(r)] *n* (hist.) vlastelin, feudni gospodar
seine [sejn] *n* ribolovna mreža
Seine [sen] *n* Sena
seis·mic ['saizmik] *a* seizmički
seis·mo·gram ['sajzməgraem] *n* seizmogram
seis·mo·graph [~graef]; [*a*] *n* seizmograf
seis·mol·o·gy [sajz'malədžij\; [o] *n* seizmologija
seis·mom·e·ter [sajz'mamətə˛r)]; [o] *n* seizmometar
seize [sijz] *v* 1. *tr* uhvatiti, ugrabiti; ulučiti; dočepati se; *to ~ a bandit* uhvatiti bandita; *to ~ power* ugrabiti vlast; *to ~ an opportunity* ugrabiti priliku 2. *tr* osvojiti; *to ~ the initiative* osvojiti inicijativu 3. *tr (legal)* konfiskovati, uzaptiti 4. *intr* dokopati se, dočepati se; *to ~ on (upon)* smt. dočepati se nečega
sei·zure ['sijžə(r)] *n* 1. hvatanje 2. (legal) konfiskacija, uzapćenje 3. (iznenadan) napad (bolesti)
sel·dom ['seldəm] *adv* retko
se·lect I [si'lekt] *a* izabran, odabran
select II *v tr and intr* izabrati, odabrati
se·lec·tee [silek'tij] *n* regrut
se·lec·tion [si'lekšən] *n* selekcija, odabiranje; *natural ~* prirodna selekcija; *to make a ~* izvršiti selekciju
selection rule (ling.) selekciono pravilo
se·lec·tive [~tiv] *a* selektivan; *on a ~ basis* na selektivnoj osnovi
selective service (Am.) regrutacija, vojna obaveza
se·lec·tiv·i·ty [silek'tivətij] *n* selektivnost
se·lec·tor [si'lektə(r)] *n* selektor, birač
selector knob birač kanala
sel·e·nite ['selənajt] *n* (chem.) selenit
se·le·ni·um [si'lijnijəm] *n* (chem.) selen
sel·e·nog·ra·phy [selə'nagrəfij]; [o] *n* selenografija

self I [self] *(selves* [selvz]) *n* 1. prava priroda, svoja ličnost; *his own ~* njegova prava priroda 2. biće, suština
self II *pron* sam
self-ab·ne·ga·tion [~aebni'gejšən] *n* samoodricanje
self-a·buse [~ə'bjūs] *n* samoblud
self-addressed *a* s adresom pošiljaoca (za odgovor)
self-ag·gran·dize·ment [~ə'graendizmənt] *n* samouzdizanje
self-ap·point·ed [~ə'pojntid] *a* samopostavljen, samozvan
self-as·ser·tion [~ə'sə(r)šən] *n* samozalaganje
self-as·sur·ance [~ə'šūrəns] *n* samopouzdanost
self-as·sured [~ə'šū(r)d] *a* samopouzdan
self-cen·tered [~'sentə(r)d] *a* sebičan, samoljubiv
self-con·fi·dence [~'kanfədəns]; [o] *n* samopouzdanost, samopouzdanje; *to instill. ~ in smb.* uliti nekome samopouzdanje
self-con·fi·dent [~ənt] *a* samopouzdan
self-con·scious [~-'kanšəs]; [o] *a* 1. zbunjen 2. samosvestan (samosvijestan)
self-con·scious·ness [~nis] *n* 1. zbunjenost 2. samosvest (samosvijest)
self-con·tained [~-kən'tejnd] *a* samostalan
self-con·tra·dic·tion [~-kantrə'dikšən]; [o] *n* protivrečnost (proturječje) samom sebi
self-con·trol [~-kən'troul] *v* vladanje sobom, samokontrola, samoobuzdavanje
self-crit·i·cism [~-'kritisizəm] *n* samokritika
self-de·cep·tion [~-di'sepšən] *n* samoobmana
self-de·fense [~-di'fens] *n* samoodbrana (W: samoobrana)
self-defrosting *a* koji se sam otopljava (o frižideru)
self-de·ni·al [~-di'najəl] *n* samoodricanje
self-de·struc·tion [~-di'strəkšən] *n* samouništenje, samolikvidacija
self-de·ter·mi·na·tion [~-ditə(r)mə'nejšən] *n* samoopredeljenje (samoopredjeljenje); *the right of ~* pravo samoopredeljenja
self-dis·ci·pline [~-'disəplin] *n* samodisciplina
self-drive vehicle (Br.) iznajmljeno vozilo
self-ed·u·ca·ted [~-'edžukejtid] *a* samoobrazovan, samouk
self-ef·fac·ing [~-i'fejsinḡ] *a* uzdržljiv, skroman
self-em·ployed [~-em'plojd] *a* koji radi za sebe
self-es·teem [~-ə'stijm] *n* samopoštovanje
self-ev·i·dent [~-'evədənt] *a* očigledan, očevidan
self-explanatory *a* razumljiv sam po sebi
self-ex·pres·sion [~-ik'sprešən] *n* izražavanje samog sebe, izraz vlastite ličnosti
self-fer·til·i·za·tion [~-fə(r)tələ'zejšən]; [aj] *n* samooplođenje
self-gov·ern·ment [~-'gəvə(r)nmənt] *n* samouprava
self-help *n* oslanjanje na vlastite sile
self-im·por·tance [~-im'po(r)təns] *n* samovažnost, sujeta
self-im·por·tant [~ənt] *a* samovažan, sujetan
self-im·posed [~-im'pouzd] *a* samonametnut
self-im·preg·na·tion [~-impreg'nejšən] *n* samozačeće
self-im·prove·ment [~-im'prūvmənt] *n* samopopravljanje

self-incrimination *n* samooptuživanje
self-in·duced [~-in'dūst]; [*dj*] *a* samoindukovan
self-in·duc·tion [~-in'dəkšən] *n* samoindukcija
self-in·dul·gence [~-in'dəldžens] *n* samopovlađivanje
self-in·dul·gent [~ənt] *a* samopovladljiv, popustljiv prema sebi
self-in·flict·ed [~-in'fliktid] *a* samom sebi nanet (nanijet); *a* ~*wound* hotimično samoranjavanje
self-in·ter·est [~-'intrist] *n* lični interes
self-ish [~iš] *a* sebičan
self-ish·ness [~nis] *n* sebičnost
self-knowl·edge [~-'nalidž]; [*o*] *n* samopoznavanje, samospoznaja
self-less [~lis] *a* nesebičan
self-load·ing [~-'louding] *a* samopuneći, automatski; *a* ~ *weapon* automatsko oružje
self-love ['self-'ləv] *n* ljubav prema samom sebi
self-made ['self-'mejd] *a* samonikao, koji je uspeo (uspio) u životu bez tuđe pomoći; *a* ~ *man* čovek (čovjek) koji je sam stvorio sebi karijeru
self-man·age·ment [~-'maenidžmənt] *n* samoupravljanje, samouprava; *workers'* ~ radničko samoupravljanje
self-mas·ter·y [~-'maestərij] [*a*] *n* samosavlađivanje
self-pit·y [~-'pitij] *n* samosamilost
self-por·trait [~-'po(r)trit] *n* autoportret
self-pres·er·va·tion [~-prezə(r)'vejšən] *n* samo održanje
self-pro·pelled [~-prə'peld] *a* samohodni; ~ *artillery* samohodna artiljerija
self-re·li·ant [~ənt] *a* samopouzdan
self-re·proach [~-ri'prouč] *n* samoprekor
self-re·spect [~-ri'spekt] *n* samopoštovanje
self-re·spect·ing [~ing] *a* koji ima samopoštovanje; (fig.) dobar
self-re·straint [~-ri'strejnt] *n* uzdržavanje; samoograničavanje
self-right·eous [~-'rajčəs] *a* pravičan po svome ubeđenju (ubjeđenju)
self-right·eous·ness [~nis] *n* pravičnost po svome ubeđenju (ubjeđenju)
self-rule ['self-'rūl] *n* samouprava
self-sac·ri·fice [~-'saekrəfajs] *n* samopožrtvovanje
self-sac·ri·fic·ing [~ing] *a* samopožrtvovan
self-same ['self-sejm] *a* isti istijati
self-sat·is·fac·tion [~-saetis'faekšən] *n* samozadovoljstvo
self-seek·ing [~-'sijking] *a* sebičan, koristoljubiv
self-ser·vice [~-'sə(r)vis] *a* samouslužni; *a* ~ *store* samoslužna radnja, samoposluga, samousluga
self-serving *a* sebičan
self-start·er [~-'sta(r)tə(r)] *n* elektropokretač (also **starter** 2)
self-styled ['self-'stajld] *a* samozvani
self-suf·fi·cien·cy [~-sə'fišənsij] *n* 1. samodovoljnost 2. preterano (pretjerano) samopouzdanje
self-suf·fi·cient [~ənt] *a* 1. samodovoljan 2. preterano (pretjerano) samopouzdan
self-sup·port [~-sə'po(r)t] *n* samoizdržavanje, materijalna nezavisnost
self-sup·port·ing [~ing] *a* materijalno nezavisan

self-sus·tain·ing [~-səs'tejning] *a* nezavisan (W also: neovisan)
self-taught ['self-'tot] *a* samouk
self-will ['self-'wil] *n* samovolja
self-wind·ing [~-'wajnding] *n* koji se navija sam
sell I [sel] *n*. 1. (colloq.) prodavanje 2. (slang) obmana
sell II *sold* [sould] *v* 1. *tr* prodati; *to* ~·*a car* prodati kola; *to* ~ *at a very low price (at half price)* prodati u bescenje — bescjenje (u pola cene — cijene); *he sold them a house* prodao im je kuću 2. *tr* (colloq.) uveriti (uvjeriti); *I sold him on it* uverio sam ga u ovo 3. *intr* prodavati se, ići; *the merchandise is* ~*ing well* roba se dobro prodaje; **it's* ~*ing like hotcakes!* ide kao alva!
sell·er [~ə(r)] *n* prodavac, prodavač
seller's market tržište na kojem potražnja nadmašuje ponudu
selling rate prodajni kurs
sel·lo·tape ['selətejp] *n* Br.; see **Scotch tape**
sell out *v* 1. rasprodati; *the book has been sold out* knjiga je rasprodata 2. (slang) izdati, izneveriti (iznevjeriti); *to sell smb. out* izdati nekoga
sell-out [~-aut] *n* 1. rasprodaja 2. (slang) izdaja, verolomstvo (vjerolomstvo)
sel·syn ['selsin] *n* selsin
selt·zer ['seltsə(r)] *n* selters (vrsta mineralne vode)
sel·vage, sel·vedge ['selvidž] *n* rub, okrajak
selves see **self I**
se·man·teme [sə'maentijm] *n* (ling.) semantem
se·man·tic [sə'maentik] *a* semantički
se·man·ti·cist [~təsist] *n* semantičar
se·man·tics [~tiks] *n* (*sgn* or *pl*) semantika
sem·a·phore ['seməfo(r)] *n* semafor
se·ma·si·ol·o·gy [simejsij'alədžij]; [*o*] *n* semasiologija
sem·blance ['sembləns] *n* 1. izgled, spoljašnjost 2. (vidljiv) znak, trag
se·meme ['sijmijm] *n* (ling.) semem
se·men ['sijmən] *n* seme (sjeme)
se·mes·ter [sə'mestə(r)] *n* semestar, polugodište
semi- ['semi*j*], [*aj*] (prefix) polu-
sem·i·an·nu·al [~'aenjuəl] *a* polugodišnji
sem·i·au·to·mat·ic· [~otə'maetik] *a* poluautomatski; ~ *fire* poluautomatska paljba; *a* ~ *rifle* poluautomatska puška
sem·i·breve [~brev] *n* (Br.; mus.) cela (cijela) nota
sem·i·cir·cle ['semisə(r)kəl] *n* polukrug
sem·i·cir·cu·lar [~'sə(r)kjələ(r)] *a* polukružan
sem·i·co·lon [~koulən] *n* tačka (W: točka) i zarez
sem·i·con·duc·tor [semi*j*kən'dəktə(r)], [*aj*] *n* poluprovodnik
sem·i·con·scious [~'kanšəs]; [*o*] *a* polusvestan (polusvijestan)
sem·i·con·scious·ness [~nis] *n* polusvest (polusvijest)
sem·i·de·tached [~di'taečt] *a* povezan jednom stranom
sem·i·fi·nal I [~'fajnəl] *n* polufinale
semifinal II *a* polufinalni
sem·i·for·mal [~'fo(r)məl] *a* poluformalan; polusvečan
sem·i·lit·er·ate [~'litərət] *a* polupismen

sem·i·month·ly I [~'mənthlij] *n* polumesečnik (polumjesečnik), časopis koji izlazi polumesečno (polumjesečno)
semimonthly II *a* polumesečni (polumjesečni)
sem·i·nal ['semənəl] *a* semeni (sjemeni)
sem·i·nar I ['semənə(r)] *n* seminar; *a literature* ~ seminar iz književnosti
seminar II *a* seminarski; *a* ~ *paper* seminarski rad
sem·i·nar·i·an [semə'nejrijən] *n* seminarac, bogoslovac
sem·i·nar·y ['semənerij]; [ə] *n* bogoslovija, bogoslovno učilište, seminar
sem·i·nif·er·ous [semə'nifərəs] *a* semenonosan (sjemenonosan)
sem·i·of·fi·cial [semi*j*ə'fišəl], [*aj*] *a* poluslužben
se·mi·ol·o·gy [si*j*mij'alədžij], [e]; [o] *n* semiologija
se·mi·ot·ic [si*j*mij'atik], [e]; [o] *a* semiotičan, semiotički
se·mi·ot·ics [~s] *n* (usu. *sgn*) semiotika
sem·i·pre·cious [semi*j*'prešəs], [*aj*] *a* poludragi; *a* ~ *stone* poludragi kamen
sem·i·pri·vate [~'prajvit] *a* poluprivatan
sem·i·pro [~prou] see **semiprofessional** I, II
sem·i·pro·fes·sion·al I [~prə'fešənəl] *n* (sports) poluprofesionalac
semiprofessional II *a* poluprofesionalan
sem·i·qua·ver ['semijkwejvə(r)] *n* (Br., mus.) šesnaestina (note)
sem·i·rig·id [semi*j*'ridžid], [*aj*] *a* polučvrst; *a* ~ *airship* polučvrst vazdušni (W: zračni) brod
sem·i·skilled [~'skild] *a* polukvalifikovan
Sem·ite ['semajt]; [*ij*] *n* Semit
Se·mit·ic I [sə'mitik] *n* semitski jezici
Semitic II *a* semitski; *the* ~ *languages* semitski jezici
Se·mit·ics [~s] *n* semitistika, semitologija
Sem·i·tism ['semətizəm] *n* semitizam
sem·i·tone ['semi*j*toun] [*aj*] *a* poluton
sem·i·trail·er [~trejlə(r)] *n* poluprikolica
sem·i·trop·i·cal [~'trapikəl]; [o] *a* suptropski
se·mi·vow·el ['semivauəl] *n* poluvokal, poluglasnik
sem·i·week·ly [semi*j*'wijklij], [*aj*] *a* polusedmični
sem·i·year·ly [~'jij(r)lij] *a* polugodišnji
sem·o·li·na [semə'lijnə] *n* krupno brašno, griz
sem·per·vi·vum [sempə(r)'vijvəm] *n* (bot.) stolist
semp·stress ['sempstrəs] Br.; see **seamstress**
sen·ate ['senit] *n* 1. senat 2. (cap.) američki Senat
sen·a·tor ['senətə(r)] *n* senator
sen·a·to·ri·al [senə'torijəl] *a* senatski
senatorial courtesy (Am., pol.) uzimanje u obzir želja senatora dotične države prilikom naimenovanja siužbenika (iz njihove države)
send [send]; *sent* [sent] *v* 1. *tr* poslati; *to* ~ *a letter (by mail)* poslati pismo (poštom); *to* ~ *a child to schoo!* poslati dete (dijete) u školu; *to* ~ *regards* poslati pozdrave 2. *tr* (slang) zaneti (zanijeti) 3. *intr* poslati, pozvati; poručiti; *to* ~ *for a doctor* pozvati lekara — ljekara (W: liječnika); *to* ~ *for a cab* poručiti taksi 4. misc.; *to* ~ *smb. about his business* or: *to* ~ *smb. packing* otarasiti se nekoga: *to* ~ *word to smb.* javiti se nekome
send away *v* 1. odaslati; oterati (otjerati) 2. poručiti; *to send away for smt.* poručiti nešto (preko pošte)

send back *v* vratiti; *he sent the letter back to me* vratio mi je pismo
send down *v* 1. poslati dole 2. (Br.) isterati — istjerati (sa univerziteta — W: sveučilišta) 3. oboriti (cene — cijene)
send·er [~ə(r)] *n* pošiljalac; adresant
send in *v* 1. poslati unutra 2. javiti; *to send one's name in* or: *to send in one's name* javiti se 3. poslati (poštom); *to send in a contribution* poslati prilog
send off *v* ispratiti
send·off [~of] *n* (colloq.) ispraćaj; *he was given a big* ~ priređen mu je svečani ispraćaj
send out *v* 1. razaslati, rasposlati; *to send invitations out* or: *to send out invitations* razaslati pozivnice 2. poručiti (preko telefona); *to send out for pizza* poručiti napuljsku pitu (preko telefona)
send up *v* 1. povisiti; *that will send prices up* to će povisiti cene (cijene) 2. (colloq.) baciti u zatvor 3. poslati gore; poslati višoj instanci 4. (Br.) parodirati
Sen·e·ca ['senikə] (*pl* has -s or zero) *n* Seneka-Indijanac
Sen·e·gal [senə'gol] *n* Senegal
se·nes·cence [si'nesəns] *n* starost
se·nes·cent [~ənt] *a* koji stari; star
se·nile ['sijnajl] *a* senilan, starački
se·nil·i·ty [si'nilətij] *n* senilnost, starost, izlapelost
sen·ior I ['sijnjə(r)] *n* 1. stariji; *he is my* ~ *by four years* on je stariji od mene četiri godine 2. pretpostavljeni, starešina 3. student četvrte godine 4. učenik poslednje (posljednje) godine srednje škole
senior II *a* 1. stariji; *a* ~ *citizen* starac, penzioner 2. viši; ~ *officers* viši oficiri 3. u poslednjoj (posljednjoj) godini (na univerzitetu — W: sveučilištu, u srednjoj školi)
senior high school (Am.) srednja škola (obično s 10. 11. i 12. razredom)
sen·ior·i·ty [sijn'jorətij], [*a*] *n* starešinstvo; *by* ~ po starešinstvu
sen·nit ['senit] *n* pljosnato uže
sen·sa·tion [sen'sejšən], [ə] *n* 1. osećaj (osjećaj); *a* ~ *of cold (pain)* osećaj hladnoće (bola) 2. senzacija; *to cause (create) a* ~ izazvati senzaciju
sen·sa·tion·al [~əl] *a* senzacionalan
sen·sa·tion·al·ism [~izəm] *n* senzacionalnost
sense I [sens] *n* 1. smisao, osećaj (osjećaj), osećanje (osjećanje); *a* ~ *of humor* smisao (osećaj) za humor; *in the true* ~ *of the word* u pravom smislu reči (riječi); *it doesn't make* ~ to je besmisleno; *a* ~ *of duty* osećaj dužnosti 2. čulo (W: ćutilo, osjetilo); *the* ~ *of hearing (sight smell, taste, touch)* čulo sluha (vida, mirisa, ukusa, dodira); *a sixth* ~ šesto čulo 3. pamet; razum; *common* ~ zdrav razum; *to take leave of one's* ~s izgubiti pamet; *to bring smb. to his* ~s urazumiti nekoga; *to talk* ~ govoriti pametno
sense II *v tr* 1. naslutiti 2. shvatiti
sense·less [~lis] *a* besmislen, nerazuman
sen·si·bil·i·ty [sensə'bilətij] *n* osetljivost (osjetljivost)
sen·si·ble ['sensəbəl] *a* razuman, razborit

sen·si·tive ['sensətiv] *a* osetljiv (osjetljiv); senzibilan, senzitivan (W also: ćutljiv); ~ *to criticism* osetljiv na kritiku; *a* ~ *scale (skin)* osetljiva vaga (koža); ~ *taste* osetljiv ukus

sensitive plant see **mimosa**

sen·si·tiv·i·ty [sensə'tivətij] *n* osetljivost (osjetljivost); senzibilnost; ~ *to light* osetljivost na svetlost (svjetlost)

sen·si·tize ['sensətajz] *v tr* načiniti osetljivim (osjetljivim)

sen·sor ['sensə(r)], [*o*] *n* davač; *a pressure* ~ davač pritiska

sen·so·ry ['sensərij] *a* čulni; ~ *perception* čulno opažanje

sen·su·al ['senšūəl] *a* 1. see **sensory** 2. senzualan čulan; puten; pohotan; ~ *pleasure* čulno uživanje

sen·su·al·ism [~izəm] *n* senzualizam, čulnost

sen·su·al·ist [~ist] *n* čulna osoba

sen·su·al·i·ty [senšū'aelətij] *n* senzualnost, sladostrasnost

sen·su·ous ['senšūəs] *a* 1. čulni 2. osetljiv (osjetljiv)

sent see **send**

sen·tence I [sentəns] *n* 1. rečenica; *a compound (simple)* ~ složena (prosta) rečenica; *an affirmative (declarative, exclamatory, interrogative, negative)* ~ potvrdna (iskazna, uskličua, upitna, odrična) rečenica; *a kernel* ~ jezgrena rečenica 2. (sudska) presuda, osuda, kazna; *a death* ~ smrtna presuda; *to pronounce (pass)* ~ *on smb.* izreći nekome kaznu; *a one-year suspended* ~ godina dana zatvora: izvršenje uslovno; *to carry out a* ~ izvršiti kaznu; *to serve a (prison)* ~ izdržavati kaznu (zatvora)

sentence II *v tr* izreći (nekome) kaznu, presudu; *to* ~ *smb. to one year in prison* izreći nekome kaznu od godine dana zatvora; *he was* ~*d to five years* osuđen je na zatvorsku kaznu od pet godina; *to* ~ *smb. for disorderly conduct* osuditi nekoga zbog narušavanja javnog reda

sen·ten·tious [sen'tenšəs] *a* sentenciozan

sen·ti·ment ['sentəmənt] *n* osećanje (osjećanje)

sen·ti·men·tal [sentə'mentl] *a* sentimentalan

sen·ti·men·tal·ism [~izəm] *n* sentimentalizam

sen·ti·men·tal·i·ty [sentəmen'taelətij] *n* sentimentalnost

sen·ti·men·tal·ize [sentə'mentlajz] *v intr* biti sentimentalan

sen·ti·nel ['sentnəl] *n* stražar

sen·try ['sentrij] *n* stražar

sentry box stražara

sentry-go *n* (Br.) stražarska služba

Seoul [soul] *n* Seul

sep·a·ra·ble [sepərəbəl] *a* odvojiv

sep·a·rate I ['sep(ə)rit] *a* 1. odvojen, razdvojen; ~ *lanes* odvojene staze 2. poseban, zaseban

separate II ['sepərejt] *v* 1. *tr* odvojiti, razdvojiti; rastaviti; podeliti (podijeliti); *to* ~ *the good from the bad* odvojiti dobro od lošeg; *this river* ~*s one state from another* ova reka (rijeka) deli jednu državu od druge; *to* ~ *a word (at the end of a line)* rastaviti reč — riječ (na kraju retka) 2. *intr* odvojiti se, razdvojiti se; *the spaceships* ~*d* vasionski (svemirski) brodovi

su se razdvojili 3. *intr* razići se; *they* ~*d* razišli su se

separate III [~rit] *u* (usu. used in the *pl*) odevni (odjevni) predmet koji se prodaje odvojeno ili sa drugim predmetom

sep·a·ra·tion [sepə'rejšən] *n* 1. odvajanje, razdvajanje; odvojenost; ~ *of church and state* odvojenost (odvajanje) crkve od države 2. (mil.) otpuštanje iz aktivne službe, demobilizacija

separation center (mil.) centar za demobilizaciju

sep·a·ra·tism ['sepərətizəm] *n* separatizam

sep·a·ra·tist [~ist] *n* separatista

sep·a·ra·tor ['sepərejtə(r)] *n* separator

Se·phar·di [sə'fa(r)dij] (-*dim* [dim]) *n* sefardi

Se·phar·dic [~dik] *a* sefardski

se·pi·a ['sijpijə] *n* sepija, crvenosmeđa boja

se·poy ['sijpoj] *n* (hist.) sepoj (indijski vojnik britanske vojske)

sep·sis ['sepsis] *n* sepsa

Sep·tem·ber [sep'tembə(r)] *n* septembar (W: rujan)

sep·te·nar·y ['septənerij]; [ə] *a* u vezi s brojem sedam

sep·ten·ni·al [sep'tenijəl] *a* sedmogodišnji

sep·tet [sep'tet] *n* (mus.) septet

sep·tic ['septik] *a* septičan; *a* ~ *tank* septična jama

sep·til·lion [sep'tiljən] *n* 1. (Am.) kvadrilion — W: kvadrilijun (10^{24}) 2. (Br.) septilion — W: septilijun (10^{42}) (cf. **quadrillion**)

sep·tu·a·ge·nar·i·an I [sepčūədžə'nejrijən], [*t*] *n* sedamdesetogodišnjak

septuagenarian II *a* sedamdesetogodišnji

Sep·tu·a·ges·i·ma [sepčūə'džesəmə], [*t*] *n* (rel.) treća nedelja (nedjelja) pred post

Sep·tu·a·gint ['sepčūədžint], [*t*] *n* (rel.) Septuaginta (grčki prevod Starog zaveta — zavjeta)

sep·tu·ple I ['sepʈupəl]; [*tj*] or [sep'ʈūpəl]; [*tj*] *a* sedmostruk

septuple II *v tr* usedmostručiti

sep·ul·cher ['sepəlkə(r)] *n* grob, grobnica

se·pul·chral [sə'pəlkrəl] *a* nadgrobni; pogrebni

sep·ul·chre Br.; see **sepulcher**

se·quel ['sijkwəl] *n* nastavak, produženje

se·quence ['sijkwəns] *n* sekvenca, niz; (gram.) *the* ~ *of tenses* slaganje vremena

se·quenc·ing [~iňg] *n* (Br.) raspoređivanje

se·quent ['sijkwənt] *a* see **subsequent**

se·quen·tial [si'kwenšəl] *a* sledeći (slijedeći)

se·quest·er [si'kwestə(r)] *v tr* 1. sekvestrirati, privremeno oduzeti (na osnovu sudske odluke) 2. odvojiti, izdvojiti; izolovati

se·ques·trate [sik'westrejt] *v tr* konfiskovati

se·ques·tra·tion [sijkwes'trejšən] *n* 1. sekvestracija 2. konfiskacija

se·ques·trum [si'kwestrəm] (-*tra* [trə]) *n* (med.) sekvestar

se·quin ['sijkwin] *n.* šljokica, cekin

se·quoi·a [si'kwojə] *n* (bot.) sekvoja

se·ra see **serum**

se·ra·glio [si'raeljou] *n* 1. saraj, sultanov dvor 2. veliki harem

ser·aph ['serəf] (-*s* or -*im* [im] or -*in* [in]) *n* serafim, anđeo

Serb [sə(r)b] *n* Srbin

Ser·bi·a [~ijə] *n* Srbija
Ser·bi·an I [~n] *n* 1. Srbin 2. see **Serbo-Croatian I**
Serbian II *a* srpski
Ser·bo-Cro·at ['sə(r)bou-'krouaet] *n* (Br.) see **Serbo-Croatian I**
Ser·bo-Cro·a·tian I [sə(r)bou-krou'ejšən] *n* srpskohrvatski jezik, hrvatskosrpski jezik
Serbo-Croatian II *a* srpskohrvatski, hrvatskosrpski
sere I see **sear II**
sere II [sij(r)] *a* osušen
ser·e·nade I ['serə'nejd] *n* serenada
serenade II [serə'nejd] *v* 1. *tr* praviti (nekome) serenadu 2. *intr* praviti serenadu
ser·en·dip·i·ty [serən'dipətij] *n* sposobnost sretnog slučajnog otkrivanja
se·rene [si'rijn] *a* 1. spokojan, miran, tih 2. dostojanstven 3. vedar, bistar 4. (cap., in titles) *Your Serene Highness* Vaša svetlost (svjetlost)
se·ren·i·ty [si'rcnətij] *n* 1. spokojstvo, mirnoća 2. dostojanstvo 3. vedrina
serf [sə(r)f] *n* kmet, zavisan seljak
serf·dom [~dəm] *n* kmetstvo; *the czar abolished ~* car je ukinuo kmetstvo
serge [sə(r)dž] *n* serž (tkanina)
ser·geant ['sa(r)džənt] *n* 1. (mil.) vodnik; *a master ~* stariji vodnik 2. viši policijski čin
sergeant at arms stražar, nosilac palice
sergeant first class (Am., mil.) vodnik prve klase
sergeant major stariji vodnik, prvi podoficir (u bataljonu, puku)
se·ri·al I ['sijriəl] *n* emisija, knjiga koja izlazi u nastavcima
serial II *a* serijski, redni; *~ numbers of bills* brojevi novčanica
se·ri·al·ize [~ajz] *v tr* emitovati, izdavati u nastavcima
serial printer (C.) serijski štampač
se·ri·ate ['sijrijejt], [i] *a* uređen po redu
ser·i·cul·ture ['sijrəkəlčə(r)] *n* svilarstvo
se·ries ['sijrijz] *n (pl* has zero) *n* 1. serija; ciklus, niz; *a ~ of concerts* serija koncerata; *a ~ of lectures* ciklus predavanja 2. (math.) red, niz; *a convergent (divergent) ~* konvergentni (divergentni) red
ser·if ['serif] *n* (printing) crtica
ser·ine ['serijn] *n* (chem.) serin
se·ri·ous ['sijrijəs] *a* ozbiljan; seriozan; *a ~ person (problem)* ozbiljan čovek — čovjek (problem); *a ~ illness* ozbiljna bolest; *to be in ~ trouble* biti u ozbiljnoj nevolji
ser·jeant Br.; see **sergeant**
ser·mon ['sə(r)mən] *n* propoved (propovijed), predika, pridika (W: prodika), beseda (besjeda); *to deliver a ~* održati propoved
ser·mon·ize [~ajz] *v intr* propovedati (propovijedati)
Sermon on the Mount Beseda (Besjeda) na gori
se·rol·o·gist [si'ralədžist]; [o] *n* serolog
se·rol·o·gy [~džij] *n* serologija
ser·pent ['sə(r)pənt] *n* 1. (zool.) zmija (more usu. is **snake I**) 2. (fig.) zmija, guja
ser·pen·tine I ['sə(r)pəntijn], [aj] *a* 1. serpentina, vijugav put 2. (miner.) serpentin
serpentine II *a* 1. zmijski; zmijolik 2. vijugav
ser·rate ['serejt] *a* zupčast

se·rum ['sijrəm] (-*s* or *sera* ['sijrə]) *n* serum
ser·vant ['sə(r)vənt] *n* sluga; sluškinja, služavka
serve I [sə(r)v] *n* (tennis) servis (also **service I 4**)
serve II *v* 1. *tr* poslužiti; servirati; *to ~ guests* poslužiti goste; *to ~ wine to guests* poslužiti goste vinom; *they'll ~ red wine with the meat* uz meso će služiti crno vino; *to ~ oneself* poslužiti se; *to ~ the people (the state)* služiti narodu (državi) 2. *tr* odslužiti; *to ~ one's time in the army* odslužiti vojsku; *to be ~ing one's prison sentence* nalaziti se na odsluženju zatvorske kazne 3. *intr* služiti; *to ~ in the navy* služiti u mornarici; *to ~ as a pretext* služiti kao izgovor 4. *tr* and *intr* (tennis) servirati 5. misc.; *to ~ a summons* uručiti sudski poziv; *it ~s him right* tako mu i treba; **first come, first ~d* ko pre devojci, tome i devojka (tko prije djevojci, tome i djevojka)
serve out *v* odslužiti; *to serve out one's time in the army* odslužiti vojsku (also **serve II 2**)
serv·er [~ɔ(r)] *n* 1. onaj koji služi 2. (tennis) server
serve up *v* (colloq.) poslužiti
ser·vice I ['sə(r)vis] *n* 1. služba; *civil (intelligence, military) ~* državna (obaveštajna — obavještajna, vojna) služba 2. servis, garnitura stonog (stolnog) posuđa 3. usluga, posluživanje, servis; *the ~ is good* usluga je dobra; *~ included* servis uračunat; *to perform a ~* učiniti uslugu 4. (tennis) servis; *to break smb.'s ~* oduzeti nekome servis 5. (rel.; usu. in *pl)* služba (božja); *to hold ~s* održati službu
service II *a* 1. servisni; *a ~ shop* servisna radionica 2. (mil.) za održavanje; *a ~ company* četa za održavanje 3. (mil.) vojni; *~ benefits* privilegije vojnih lica; *a ~ pistol* vojni pištolj; *a ~ school* vojna akademija; *a ~ wife* supruga vojnog lica 4. (mil.) službeni; *a ~ record* službeni karton; *a ~ cap* službena kapa; *a ~ manual* službeni priručnik 5. uslužni; *~ trades* uslužni zanati
service III *v tr* 1. servisirati; *to ~ an automobile* servisirati auto 2. opasati; *to ~ a mare* opasati kobilu
ser·vice·a·bil·i·ty [sə(r)visə'bilətij] *n* ispravno stanje
ser·vice·a·ble ['sə(r)visəbəl] *a* ispravan, upotrebljiv
service charge posebna naplata za servis, uslugu
service entrance ulaz za poslugu
ser·vice·man [~maen], [ə] (-*men* [men], [i]) *n* vojno lice
service road pomoćni (servisni) put
service station pumpna stanica
service tree (bot.) oskoruša
ser·vi·ette [sə(r)vij'et] *n* Br.; see **napkin 1**
ser·vile ['sə(r)vəl], [aj] *a* servilan, ropski pokoran
ser·vil·i·ty [sə(r)'vilətij] *n* servilnost
serv·ing ['sə(r)viñg] *n* 1. služenje 2. porcija
ser·vi·tude [~etūd]; [tj] *n* 1. ropstvo 2. *(penal ~)* robija
ser·vo·mech·a·nism ['sə(r)voumekənizəm] *n* servomehanizam
ser·vo·mo·tor [~moutə(r)] *n* servomotor
ses·a·me ['sesəmij] *n* (bot.) sezam; **open ~!* sezame, otvori se!
ses·qui·cen·ten·ni·al [seskwəsen'tenijəl] *n* stopedesetogodišnjica

ses·sion ['sešən] *n* sednica (sjednica), zasedanje (zasjedanje); *the committee is in* ~ komitet zaseda (zasjeda); *to hold a* ~ održati sednicu

set I [set] *n* 1. skup istorodnih predmeta, slog, pribor; komplet; *a* ~ *of tools* komplet alata; *a* ~ *of weights* komplet tegova; *a beautiful* ~ *of teeth* divni zubi; *a chess* ~ šahovske figure; *a (complete)* ~ *of a journal* komplet časopisa; *a* ~ *of furniture* garnitura nameštaja (namještaja) 2. servis; *a* ~ *of dishes* servis; *a tea* ~ servis za čaj; *to break (up) a* ~ *of china* rasrariti servis 3. zbirka; *a* ~ *of stamps* zbirka maraka 4. društvo; *the smart* ~ pomodno društvo 5. kolo, skup; *a* ~ *of literary works* skup književnih dela (djela) 6. (math.) skup 7. (theater) dekoracije 8. (film) atelje 9. (tennis) set 10. (dance) niz figura 11. pravac (struje, vetra — vjetra) 12. (ling.) skup 13. vodena (ondulacija) 14. misc.; (Br.) *to make a dead* ~ *at smb.* složno napasti nekoga

set II *a* 1. određen; postavljen; *at the* ~ *time* u određeno vreme (vrijeme); *a* ~ *course* postavljeni kurs. 2. utvrđen; ~ *prices* utvrđene cene (cijene) 3. (track) *get* ~*!* pozor! 4. spreman; **the stage is* ~ scena je spremna

set III *set* [set] *v* 1. *tr* staviti, metnuti (da stoji); *to* ~ *a book on a table* staviti knjigu na sto (stol) 2. *tr* postaviti; *to* ~ *a table* postaviti sto (stol); *to* ~ *a goal for oneself* postaviti sebi cilj; *to* ~ *an ambush (a record)* postaviti zasedu — zasjedu (rekord); *to* ~ *a fuse* postaviti upaljač 3. *tr* odrediti, postaviti; *to* ~ *a time limit* postaviti (odrediti) rok 4. *tr* odrediti; *to* ~ *prices* odrediti cene (cijene); *to* ~ *a time and place* odrediti vreme (vrijeme) i mesto (mjesto) 5. *tr* doterati (dotjerati); *to* ~ *a watch* doterati sat 6. *tr* dati; pružiti; *to* ~ *an example* dati primer (primjer) 7. *tr* namestiti (namjestiti); *to* ~ *a trap* namestiti zamku; (med.) *to* ~ *a broken leg* namestiti slomljenu nogu 8. *tr* napujdati, nahuškati; *to* ~ *a dog on smb.* napujdati psa na nekoga 9. *tr* navesti; *that set me thinking* to me je navelo da se zamislim 10. *tr* (mus.) staviti; *to* ~ *to music* staviti u note, muzički obraditi 11. *tr* pustiti; *to* ~ *free* pustiti na slobodu 12. *tr* nasaditi; *to* ~ *a hen* nasaditi kokoš 13. *tr* razapeti; *to* ~ *sail* razapeti jedra 14. *tr* uvesti; *to* ~ *the fashion* uvesti modu 15. *tr* složiti; *to* ~ *a text (in type)* složiti tekst (also **compose** 4) 16. *tr* umetnuti; *to* ~ *a stone* umetnuti dragulj 17. *tr* uviti; *to* ~ *hair* uviti kosu 18. *intr* zaći; *the sun set has* sunce je zašlo 19. *intr* očvrsnuti, stvrdnuti se 20. *intr* stati (na divljač) 21. *intr* sedeti (sjedeti) na jajima 22. misc.; *to* ~ *about one's business* latiti se posla; *to* ~ *a clock ahead by one hour* pomeriti (pomjeriti) časovnik unapred — unaprijed (za) jedan sat (cf. **set back** 1); *to* ~ *fire to a house* zapaliti kuću; *to* ~ *one's hand to smt.* latiti se nečega; *to* ~ *one's heart on smt.* uvrteti (uvrtjeti) nešto sebi u glavu; *to* ~ *store by smt.* držati mnogo do nečega; *to* ~ *the pace* odrediti brzinu, voditi; *to* ~ *eyes on smt.* ugledati nešto

se·ta ['sijtə] (-*ae* [ij]) *n* čekinja

set against *v* 1. nasloniti; *to set a board against a wall* nasloniti dasku na zid 2. posvađati; *to set two friends against each other* posvađati dva druga

set ahead *v* see **set III** 22

set aside *v* 1. odvojiti (na stranu); *to set aside a certain sum of money* odvojiti izvesnu (izvjesnu) sumu novaca 2. (legal) ukinuti; *to set aside a verdict* ukinuti presudu

set back *v* 1. pomeriti (pomjeriti) unazad; *to set a clock back by one hour* pomeriti časovnik unazad (za) jedan sat, vratiti kazaljke časovnika (za) jedan sat 2. osujetiti; *to set a plan back* or: *to set back a plan* osujetiti plan

set·back [~baek] *n* neuspeh (neuspjeh); *to have a* ~ pretrpeti (pretrpjeti) neuspeh

set beside *v* (Br.) uporediti

set down *v* 1. spustiti; *to set smt. down* spustiti nešto 2. metnuti, staviti; *to set smt. down on paper* staviti nešto na papir, napisati nešto 3. sleteti (sletjeti)

set forth *v* 1. krenuti, otići 2. izložiti *to set forth a plan* izložiti plan

set in *v* 1. nastupiti, početi; *cold weather has set in* nastupilo je hladno vreme (vrijeme) 2. misc.; *to set in motion* staviti u pokret; *to set in order* dovesti u red

set off *v* 1. krenuti, otići 2. odvojiti, izdvojiti 3. istaći 4. dovesti do eksplozije; *to set off an explosion* izvesti eksploziju 5. aktivirati; *to set off an alarm (a bomb)* aktivirati alarm (bombu)

set out *v* 1. krenuti, otići; *the refugees are setting out for the south* izbeglice (izbjeglice) kreću na jug 2. postaviti 3. latiti se; *he set out to do the job* latio se posla

set·screw [~skrū] *n* regulišući zavrtanj

set square Br.; see **triangle** 2.

set·tee [se'tij] *n* 1. mali divan 2. sedište (sjedište) s naslonom

set·ter ['setə(r)] *n* (dog) seter

set theory (math.) teorija skupova

set·ting [~iñg] *n* 1. okolina, okolnosti 2. optočenje 3. muzička obrada 4. (theater) dekoracije 5. nasađivanje (kokoši) 6. zalazak (sunca) 7. regulacija, nameštanje (namještanje); (photo.) *an aperture* ~ otvor blende

set·tle I ['setl] *n* drvena klupa s naslonom

settle II *v* 1. *tr* urediti, srediti, dovesti u red; *to* ~ *one's affairs* srediti svoje poslove 2. *tr* smestiti (smjestiti); *to* ~ *smb. in a job* naći nekome službu 3. *tr* pribrati; *to* ~ *one's thoughts* pribrati svoje misli 4. *tr* odlučiti; izravnati; *to* ~ *a question* odlučiti pitanje 5. *tr* poravnati, izravnati; obračunati; *to* ~ *a quarrel* poravnati (izravnati) spor 6. *tr* namiriti, podmiriti; *to* ~ *an account (a debt)* podmiriti račun (dug) 7. *tr* naseliti; nastaniti; *to* ~ *an area* naseliti kraj; *to* ~ *refugees* nastaniti izbeglice (izbjeglice) 8. *tr* smiriti; *he* ~*d the children* smirio je decu (djecu) 9. *intr* (or: *to* ~ *down*) naseliti se, nastaniti se; *he* ~*d (down) in the city* naselio se u gradu 10. *intr* poravnati se, izravnati se, doći do sporazuma; obračunati se; *they* ~*d on a compromise* došli su do kompromisa; *to* ~ *out of court* doći do spora-

zuma bez parnice 11. *intr* taložiti se; *let the coffee* ~ ostaviti kafu (kavu) da se taloži 12. *intr* ustaliti se 13. *intr (to ~ down)* oženiti se, srediti se, smestiti (smjestiti) se; *he ~d down and has a family* sredio se i zasnovao porodicu 14. *intr* zadovoljiti se; *he had to ~ for a compromise* morao je da se zadovolji kompromisom 15. *intr* sleći se; *that will all ~ on the bottom* to će se sve sleći na dnu; *the ground has ~d* zemlja se slegla; *the wall has ~d here* ovde (ovdje) se slegao zid
settle down *v* see settle II 9, 13
settle for *v* see settle II 14
set·tle·ment [~ment] *n* 1. naseljavanje 2. naselje 3. sporazum, poravnanje; obračun; *they came to a ~* došli su do sporazuma; *they reached (came to) an out-of-court ~* došli su do sporazuma bez parnice, zaključili su poravnanje
settle on *v* see settle II 10
set·tler ['setlə(r)] *n* naseljenik
settle up *v* (colloq.) obračunati se
set up *v* 1. metnuti, staviti (da stoji); postaviti; *to set up a barricade* postaviti barikadu 2. osnovati, otvoriti; *to set up a plant* otvoriti fabriku 3. pomoći; *to set smb. up in business* pomoći nekome da otvori radnju, da otpočne posao 4. (slang) prevariti 5. zakazati; *to set up an appointment* zakazati sastanak
set-up [~əp] *n* 1. (colloq.) uređenje (see **arrangement** 1) 2. (slang) lažirana utakmica 3. (slang) veoma lak posao, zadatak 4. (slang) prevara
Se·vas·to·pol [se'vaestəpoul; [a] *n* Sevastopolj
sev·en ['sevən] 1. *n* sedmica 2. *num* and *n* sedam; sedmorica; sedmoro; sedmori
sev·en·fold [~fould] *a* sedmostruk
sev·en·teen ['sevən'tijn] *num* sedamnaest, sedamnaestoro
sev·en·teenth [~th] *n* and *num a* sedamnaesti; *on the ~ of October* sedamnaestog oktobra (W: listopada)
sev·enth I [~th] *n* 1. sedmina 2. sedmi; *on the ~ of November* sedmog novembra (W: studenog)
seventh II *num a* sedmi; * *he was in ~ heaven* on je bio na devetom nebu
Seventh-Day Adventist subotar
sev·en·ti·eth [~tijith] *num a* sedamdeseti
sev·en·ty [~tij] *num* sedamdeset
seven-year·itch [~-jij(r)] 1. see **scabies** 2. (colloq.) *(the ~)* nezadovoljstvo bračnim životom
sev·er ['sevə(r)] *v tr* 1. odvojiti; otkinuti 2. prekinuti; *to ~ a connection* prekinuti vezu
sev·er·al [~rəl] 1. *n* nekolicina, nekoliko; ~ *came* došlo ih je nekoliko 2. *a* nekoliko, nekolika; ~ *cities* nekoliko gradova; ~ *men (women)* nekoliko ljudi (žena)
sev·er·ance [~rəns] *n* 1. odvajanje 2. prekid
severance pay otpremnina, otpusna plata
se·vere [sə'vij(r)] *a* 1. strog; *a ~ judge* strog sudija (W: sudac) 2. ljut, opak, jak; oštar; *a ~ illness* opaka bolest; *a ~ injury* ljuta rana; *a ~ criticism* oštra kritika 3. ozbiljan; bez ukrasa
se·ver·i·ty [sə'verətij] *n* 1. strogost 2. jačina, oštrina 3. ozbiljnost

sew [sou]; *-ed; sewn* [soun] *v* 1. *tr* sašiti; *to ~ a dress* sašiti haljinu; *to ~ two pieces together* sašiti dva parčeta 2. *tr (to ~ on)* prišiti, zašiti, našiti; *to ~ a button on* or: *to ~ on a button* prišiti dugme 3. *tr (to ~ up)* zašiti; *to ~ up a wound* or: *to ~ a wound up* zašiti ranu 4. *tr (to ~ into)* ušiti; *to ~ money into a lining* ušiti novac u postavu 5. *intr* šiti; *to ~ by hand (machine)* šiti rukom (mašinom — W: strojem)
sew·age ['sūidž] *n* otpaci
sewage disposal odstranjivanje otpadaka
sew·er I [sūə(r)] *n* odvodni kanal
sew·er II ['souə(r)] *n* šivač, švalja
sew·er·age ['sūəridž] *n* 1. (or: ~ *system*) kanalizacija 2. see **sewage**
sew·ing I ['souiñg] *n* šivenje, šiće
sewing II *a* šivaći; *a ~ circle* šivaće društvo
sewing circle šivaće društvo
sewing machine šivaća mašina (W: šivaći stroj)
sewn see **sew**
sew on *v* see **sew** 2
sew up *v* 1. see **sew** 3 2. (colloq.) osigurati
sex I [seks] *n* 1. pol (W: spol); seks; *the battle of the ~es* borba polova; *the fair ~* lepši (ljepši) pol 2. polni (W: spolni) nagon 3. snošaj; *to have ~* imati snošaj 4. seks, polni život
sex II *a* polni (W: spolni); seksualan; *the ~ drive* polni nagon; *a ~ perversion* seksualna perverzija
sex·a·ge·nar·i·an I [seksədžə'nejrijən] *n* šezdesetogodišnjak
sexagenarian II *a* šezdesetogodišnji
Sex·a·ges·i·ma [seksə'džesəmə] *n* šezdeseti dan pred Uskrs
sex·a·ges·i·mal [~l] *a* šezdeseti
sex appeal seksepil
sex bomb seks-bomba
sex·cen·te·nar·y I [sek'sentənerij]; [ə] *n* šeststogodišnjica
sexcentenary II *a* šeststogodišnji
sex education seksualno vaspitanje
sex gland gonada (also **gonad**)
sex hormone polni (W: spolni) hormon
sex·ism [~izəm] *n* muška dominacija
sex·ist [~ist] *a* koji je za mušku dominaciju
sex·less [~lis] *a* aseksualan, bespolni
sex maniac seksualni manijak
sex deviate seksualni manijak
sex object seksualni objekat
sex·ol·o·gist [sek'salədžist]; [o] *n* seksolog
sex·ol·o·gy [~džij] *n* seksologija
sex shop pornografska radnja, seks-prodavnica
sex symbol seksualni simbol
sex·tant [~tənt] *n* sekstant
sex·tet [~'tet] *n* sekstet
sex therapy seksualna terapija
sex·til·lion [sek'tiljən] *n* sekstilion — W: sekstilijum (Am.: 10²¹; Br.: 10³⁶)
sex·ton ['sekstən] *n* crkvenjak
sex·tu·ple I [seks'rūpəl]; [tj] or [seks'təpəl], [u] *a* šestostruk
sextuple II *v tr* ušestostručiti
sex·u·al ['seksūəl] *a* seksualan; polni (W: spolni); ~ *hygiene* seksualna higijena; ~ *intercourse* polno opštenje (općenje); ~ *organs (relations)* polni organi (odnosi); *a ~ perversion* seksualna

perverzija; *the ~ revolution* seksualna revolucija; *~ harassment* seksualno maltretiranje žena (za vreme — vrijeme rada)

sex·u·al·i·ty [sekšū'aelǝtij] *n* seksualitet, seksualnost

sex·y [~ij] *a* (colloq.) seksi, privlačan

Sey·chelles [sej'šelz] *n pl (the ~)* Sejšelska republika

shab·bi·ness ['šaebijnis] *n* otrcanost, pohabanost

shab·bi·ly *adv see* **shabby**

shab·by ['šaebij] *a* 1. otrcan, pohaban; *a ~ suit* otrcano odelo (odijelo); *a ~ coat* pohaban kaput 2. nepravedan

shabby-genteel *a* otrcan (s tragovima boljih dana)

shack [šaek] *n* koliba, ćumez, kućica, straćara

shack·le I ['šaekǝl] *n* (usu. in *pl)* okov (see also **fetter** I 1)

shackle II *v tr* okovati

shack up *v* (slang) voditi život supružnika; *to shack up with a woman* živeti (živjeti) s ženom

shad [šaed] *n* (fish) skumrija, čepa

shade I [šejd] *n* 1. senka (sjenka), hlad; *in the ~* u hladu 2. roletna, zastor 3. nijansa

shade II *v* 1. *tr* osenčiti (osjenčiti); tuširati; *to ~ a drawing* osenčiti crtež 2. *tr* nijansirati 3. *intr* preći; *this color ~s into yellow* ova boja prelazi u žuto

shade tree drvo koje štiti od sunca

shad·ing [~iñg] *n* 1. nijansiranje 2. senčenje (sjenčenje)

shad·ow I ['šaedou] *n* senka (sjenka); **to be afraid of one's own ~* plašiti se od svoje senke; **a ~ of a doubt* senka sumnje; *to cast a ~* bacati senku; **to live in smb.'s ~* živeti (živjeti) u nečijoj senci; **he is a ~ of his old self* on je sada samo senka od čoveka (čovjeka)

shadow II *v tr* 1. baciti senku — sjenku (na) 2. pratiti, uhoditi

shad·ow·box [~baks]; [o] *v intr* vežbati (vježbati) se u boksu s samim sobom, boksovati se sa svojom senkom (sjenkom)

shad·ow·y [~ij] *a* senovit (sjenovit)

shad·y ['šejdij] *a* 1. senovit (sjenovit) 2. sumnjiv

shaft I [šaeft]; [a] *n* 1. koplište, kopljača 2. strela (strijela) 3. držalje 4. vratilo, osovina (see **camshaft, crankshaft**) 5. trup (stuba) 6. ruda, motka 7. snop; *a ~ of light* snop svetla (svjetla) 8. misc.; (vul.) **to give smb. the ~* naneti (nanijeti) nekome štetu

shaft II *n* (mining) okno, vertikalni otvor (u rudniku)

shag [šaeg] *n* čuperak, ruta, runja

shag·gy [~ij] *a* rutav, runjav, kosmat

shaggy dog story razvučena anegdota

sha·green [šǝ'grijn] *n* šagren

shah [ša] *n* šah (monarh)

shake I [šejk] *n* 1. drmanje; potres 2. drhtanje 3. (in *pl) (the ~s)* drhtavica, drhtaj 4. (slang) tren; *in a ~* za tren oka 5. see **milk shake** 6. (mus.) triler 7. misc.; (slang): *to give smb. the ~* otarasiti se nekoga; *to give smb. a fair ~* biti fer prema nekome; *no great ~s* ništa osobito, nikakav

shake II **shook** [šuk]; **shaken** ['šejkǝn] *v* 1. *tr* drmati, vrteti (vrtjeti); *to ~ one's head* vrteti glavom 2. *tr* potresti; *to ~ a table (a tree)*

potresti sto — stol (drvo); *the punch shook his opponent* udarac mu je potresao protivnika 3. *tr (to ~ hands)* rukovati se 4. *tr* uzdrmati, poljuljati, pokolebati; *to ~ smb.'s faith in smb.* uzdrmati nečiju veru (vjeru) u nekoga; *to ~ smb.'s self-confidence* pokolebati nečije samopouzdanje 5. *tr* promućkati; *~ well before using!* pre (prije) upotrebe dobro promućkati! 6. *tr* otresti; *to ~ snow from one's shoes* otresti sneg (snijeg) s cipela 7. *intr* drhtati, tresti se; klatiti se; *the (railroad) cars were ~ing* vagoni su se tresli; *the walls shook* zidovi su se tresli; *he was ~ing with excitement* drhtao je od uzbuđenja; *his voice is ~ing* glas mu podrhtava

shake down *v* 1. otresti; *to shake fruit down from a tree* otresti voće s drveta 2. (colloq.) iznuditi; *to shake smb. down* iznuditi nekome novac

shake·down [~daun] *n* 1. (colloq.) iznuda 2. proba

shakedown cruise probna vožnja

shake off *v* otresti; *to shake snow off* or: *to shake off snow* otresti sneg (snijeg)

shake-out *n* prilagođavanje

shake out *v* istresti; *to shake out a rug* or: *to shake a rug out* istresti ćilim

shak·er [~ǝ(r)] *n* 1. see **saltshaker** 2. (or: *cocktail ~)* šejker, mućkalica

shakes see **shake** I 3

Shake·spear·e·an [šejk'spijrijǝn] *a* Šekspirov, šekspirovski; *~ sonnet* šekspirovski sonet

shake up *v* 1. uzdrmati; jako uznemiriti; izvesti iz stanja mirovanja (see also **shook-up**) 2. reorganizovati

shake·up [~ǝp] *n* reorganizacija

shak·o ['šejkou] *(-s* or *-es) n* čakov, vojnička kapa

shak·y ['šejkij] *a* 1. drhtav; *a ~ voice* drhtav glas 2. nesiguran; drmav, klimav; *he was ~ on his legs* bio je nesiguran na nogama; *his position was ~* položaj mu je bio nesiguran; *~ evidence* nepouzdani dokazi; *the chair is ~* stolica se klati

shale [šejl] *n* škriljac

shale oil nafta iz škriljaca

shall [šael] *v* (third person sgn. is *shall*; obsol. second person sgn. is *shalt* [šaelt]; past for indirect discourse is *should* [šud]) 1. (as an aux.) verb to form the first person future; when determination or inevitability is expressed, *shall* is used to form the second and third person future; in colloq. Am. English, *shall* is replaced by *will* in all situations; see **will** III 1); *I (we) ~ come at two o'clock* ja ću (mi ćemo) doći u dva sata; *you ~ be rewarded!* vi ćete biti nagrađeni! 2. (legal) morati; *the penalty ~ be two years in prison* kazna će biti dve (dvije) godine zatvora; *thou shalt not kill!* ne ubij!

shal·lop ['šaelǝp] *n* (naut.) šalupa

shal·lot [šǝ'lat]; [o] *n* (bot.) vlašac, aljma

shal·low I ['šaelou] *n* plićak

shallow II *a* plitak; *~ water* plitka voda; *a ~ thought* plitka misao

shalt see **shall**

sham I [šaem] *n* varka, laž

sham II *a* lažan; prividan; *a ~ attack* lažni napad

sham III *v* 1. *tr* izigravati (also **feign** 1) 2. *intr* pretvarati se (also **dissemble** 3)
sha·man ['šamən], [*ej*], [*ae*] *n* šaman
sha·man·ism [~izəm] *n* šamanizam
sham·bles ['šaembəlz] *n* opustošenje, rušenje; *they left the bar in a* ~ kafana (kavana) je ličila na razbojište posle (poslije) njih
shame I [šejm] *n* 1. sramota, stid; *a feeling of* ~ osećanje (osjećanje) stida; *to put to* ~ osramotiti; nadmašiti; *to bring* ~ *to smb.* naneti (nanijeti) nekome sramotu ~ *on you!* srami se! 2. (colloq.) šteta; *it's a* ~ *that he did not come* šteta što nije došao (also *pity* I 2)
shame II *v tr* 1. osramotiti, posramiti, zastiditi 2. stidom naterati (natjerati); *to* ~ *smb. into smt.* postideti (postidjeti) nekoga da bi učinio nešto; *to* ~ *smb. out of smt.* postideti nekog da ne bi učinio nešto
shame faced [~fejst] *a* 1. zastiđen 2. stidljiv
shame·ful [~fəl] *a* sraman, sramotan; ~ *behavior* sramno ponašanje
shame·less [~lis] *a* besraman, bestidan
sham·my see **chamois**
sham·poo I [šaem'pū] *n* šampon, sapun za pranje glave
shampoo II *v* 1. *tr* oprati (kosu) 2. *intr* prati kosu
sham·rock ['šaemrak]; [*o*] *n* detelina (djetelina)
shan·dy ['šaendij] *n* (Br.) mešavina (mješavina) običnog i džumbirovnog piva
shang·hai [šaeṇg'haj] *v tr* kidnapovati, opiti i ukrcati na brod kao mornara
Shanghai *n* Šangaj
Shan·gri·la [šaeṇgri'la] *n* utopija
shank [šaeṇgk] *n* 1. gnjat, golenjača (goljenjača) 2. noga 3. (cul.) prednji bočnjak, plećka, lopatica 4. (tech.) trup; deo (dio) između glave i loze; držak 5. (bot.) stabljika, struk 6. tanka sredina đona 7. najbolji deo — dio; *the* ~ *of the evening* najbolji deo večeri
shank bone golenjača (goljenjača)
shanks' mare (colloq.) pešice (pješice); *to go on* ~ ići pešice
shank's pony Br.; see **shank's mare**
shan't [šaent]; [*a*] (Br.) *shall not*
shan·ty I ['šaentij] *n* straćara, koliba, ćumez, udžerica (also **hovel**)
shanty II see **chanty**
shan·ty·town [~taun] *n* naselje od straćara
shape I [šejp] *n* 1. oblik; vid; *the* ~ *of a cloud* oblik oblaka; *the hat's out of* ~ šešir je izgubio svoj oblik 2. figura, oblik; linija; *she has a nice* ~ ona ima lepu (lijepu) liniju 3. prilika, sablast 4. (colloq.) stanje; *our affairs are in good* ~ naše stvari su u dobrom stanju; *in the present* ~ *of things* pri sadašnjem stanju stvari (see also **condition** I 2) 5. (colloq.) kondicija; *he is in good* ~ on je u dobroj kondiciji; *out of* ~ koji nije u kondiciji; *to get into* ~ steći kondiciju; *to whip into* ~ dovesti u kondiciju; *to keep in* ~ održavati kondiciju (see also **condition** I 4, **form** I 3) 6. misc.; *in any* ~ *or form* nekako, ma u kom vidu
shape II *v* 1. *tr* uobličiti; *to* ~ *one's ideas* uobličiti svoje zamisli 2. *intr* (colloq.) *(to* ~ *up)* razviti se, pojaviti se; *to* ~ *up as* pojaviti se kao 3. *intr* (colloq.) *(to* ~ *up)* dovesti se u red

shape·less [~lis] *a* bezobličan
shape·ly [~lij] *a* stasit, lepog (lijepog) oblika; *a* ~ *figure* lepa figura
shape up *v* see **shape** II 2, 3
shape·up [~əp] *n* (colloq.) zbor lučkih radnika (u početku radnog dana)
shard [ša(r)d] *n* krhotina
share I [šej(r)] *n* 1. udeo (udio); deonica (dionica); *a* ~ *of the profits* udeo u dobiti 2. (puna) porcija 3. akcija, dokumenat o udelu (udjelu) 4. misc.; *to go* ~*s* podeliti (podijeliti) s drugima
share II *v* 1. *tr* deliti (dijeliti); *to* ~ *an apartment* deliti stan; *to* ~ *expenses (responsibility)* deliti troškove (odgovornost) 2. *intr* učestvovati; *to* ~ *in smt.* učestvovati u nečemu
share III see **plowshare**
share·crop·per [~krapə(r)]; [*o*] *n* napoličar, (poljoprivredni) zakupac
share·crop·ping [~piṇg] *n* napolica
share·hold·er [~houldə(r)] *n* akcionar (also **stockholder**)
sha·rif see **sherif**
shark [ša(r)k] *n* 1. ajkula, morski pas; *a man-eating* ~ ajkula-ljudožder 2. (fig.) derikoža, kajšar (see also **loan shark**)
shark·skin [~skin] *n* ajkulina koža
sharp I [ša(r)p] *n* (mus.) znak povišenja, krst (W also: povisilica) (cf. **flat** I 3)
sharp II *a* 1. oštar; *a* ~ *knife* oštar nož; *a* ~ *needle* oštra igla 2. jak, oštar; *a* ~ *pain* oštar bol 3. jedak, oštar; ~ *criticism* oštra kritika; *in a* ~ *tone* oštrim tonom; *a* ~ *tongue* oštar jezik 4. prepreden, lukav 5. oštrouman, pronicljiv 6. (mus.) povišen (za pola tona) 7. (slang) pomodan; lep (lijep)
sharp III *adv* 1. tačno (W: točno); *five o'clock* ~ tačno pet sati 2. misc.; *look* ~! pazi!
sharp·en [~ən] *v tr* 1. naoštriti; *to* ~ *a knife* naoštriti nož 2. izoštriti; *to* ~ *one's memory* izoštriti pamćenje
sharp·en·er [~ə(r)] *n* oštrač; *a pencil* ~ oštrač za olovke
sharp·er [~ə(r)] *n* kajšar, varalica
sharp-eyed [~ajd] *a* oštrook, oštrovidan
sharp·ie [~ij] *a* 1. (naut.) šarpi 2. (colloq.) prepredenjak
sharp·ness [~nis] *n* oštrina
sharp·shoot·er [~šūtə(r)] *n* vešt strelac (vješt strijelac)
sharp-tongued [~-təṇgd] *a* oštra jezika
shash·lik [šaš'lik] *n* (cul.) šašlik, ovčji ražnjić
shat·ter ['šaetə(r)] *v* 1. *tr* slomiti, skrhati, razbiti; *to* ~ *glass* razbiti staklo 2. *intr* slomiti se
shat·ter·proof glass [~prūf] see **safety glass**
shave I [šejv] *n* 1. brijanje 2. misc.; *he had a close* ~ jedva se spasao, umalo nije poginuo
shave II *v* 1. *tr* obrijati; *to* ~ *oneself* obrijati se 2. *tr* rendisati 3. *tr* okrznuti 4. *tr* (colloq.) spustiti; *to* ~ *a price* spustiti cenu (cijenu) 5. *intr* brijati se; *he's* ~*ing* on se brije
shave off *v* skinuti brijanjem
shav·er [~ə(r)] *n* 1. onaj koji brije 2. aparat za brijanje 3. (colloq.) dete (dijete), klinac
Sha·vi·an ['šejvijən] *a* Šoov, nalik na (Džordža Bernarda) Šoa

shav·ing [~ing] *n* 1. strugotina, cepka (cjepka) 2. brijanje
shaving brush četkica za brijanje
shaving cream krema za brijanje; *lather* ~ penušava (pjenušava) krema za brijanje
shawl [šol] *n* šal
she I [šij] *n* ženka; *the baby is a* ~ beba je žensko; (in compounds): *a* ~*-cat* mačka; *a* ~*-wolf* vučica
she II *pron* ona
sheaf I [šijf] *(sheaves* [šijvz]) *n* snop
sheaf II *v tr* usnopiti; vezati u snop
shear I [šij(r)] *n* striža
shear II -*ed*; *shorn* [šo(r)n] or -*ed*; *v tr* ostrići; *to* ~ *sheep* ostrići ovce
shear·er [~rə(r)] *n* strigač
shear·ing [~ring] *a* striža; *the* ~ *of sheep* striža ovaca
shearing strain (tech.) smicajna otpornost
shear·ling [~ling] *n* ovca koja je jedanput ostrižena
shears [~z] *n pl* (velike) makaze (W: škare) *three pairs of* ~ troje makaze
sheat·fish ['šijtfiš] *n* (fish) som
sheath [šijth] *(sheaths* [šij*ŧh*z], [*ŧhs*]) *n* 1. korice, nožnice, kanije (also **scabbard**) 2. vrsta haljine 3. see **condom**
sheathe [šijth] *v tr* 1. staviti u korice 2. obložiti
sheath·ing ['šijthing] *n* 1. oplata 2. oblaganje 3. metanje u nožnice
sheave I [šijv] *n* kotur
sheave II see **sheaf II**
sheaves [~z] 1. see **sheaf I** 2. see **sheave**
She·ba ['šijbə] *n* (hist.) Saba; *the Queen of* ~ kraljica od Sabe
she·bang [ši'baeng] *n* (slang) stvar; *the whole* ~ cela (cijela) stvar
shed I [šed] *n* šupa
shed II *shed* [šed] *v tr* 1. proliti; *to* ~ *blood* proliti krv 2. skinuti; *snakes* ~ *their skins* zmije skidaju košuljice
she'd [šijd] (colloq.) 1. *she had* 2. *she would*
she-dev·il ['šij-devəl] *n* đavolska žena
sheen [šijn] *n* sjaj
sheen·y [~ij] *n* (vul., pejor.) Jevrejin (W: Židov)
sheep [šijp] *n (pl* has zero) ovca; *a herd of* ~ stado ovaca; *to tend* ~ čuvati ovce; *to raise* ~ gajiti ovce
sheep·dog [~dog], [*a*] *n* ovčarski pas
sheep·fold [~fould] *n* ovčiji tor
sheep·herd·er [~hə(r)də(r)] *n* ovčar
sheep·herd·ing [~ing] *n* čuvanje ovaca
sheep·ish [~iš] *a* 1. snebivljiv 2. glup, ograničen
sheep·shear·ing [~šijring] *n* striža ovaca
sheep·skin [~skin] *n* 1. ovčija koža 2. diploma
sheer I [šij(r)] *n* skretanje s kursa
sheer II *v intr* skretati s kursa
sheer III *a* 1. čist, pravi; ~ *nonsense* čista besmislica 2. tanak, prozračan 3. strm, okomit
sheet [šijt] *n* 1. list, ploča, tabla; *a* ~ *of copper* bakarna ploča 2. tabak, arak; *a* ~ *of paper* tabak papira 3. čaršav; *a bed* ~ krevetski čaršav
sheet glass valjčasto staklo
sheet iron gvozdeni lim
sheet lightning sijavica, munja sevalica

sheet music (mus.) note
sheik, sheikh [šejk], [ij] *n* šeik
shek·el ['šekəl] *n* (colloq.) novac
shel·drake [šeldrejk] *n* (bird) šarena utva
shelf [šelf] *(shelves* [šelvz]) *n* 1. polica; raf 2. (podvodni) greben, sprud 3. misc.; **to be on the* ~ biti van upotrebe, odslužiti svoje .
shell I [šel] *n* 1. ljuska 2. školjka 3. omotač 4. kostur 5. čamac na vesla 6. granata; zrno; *an armorpiercing (high-explosive, hollow-charge, incendiary)* ~ pancirna (fugasna, kumulativna, zapaljiva) granata; *to lob (fire)* ~*s into an enemy position* tući neprijateljski položaj 7. (physics) elektroni u atomu koji imaju jednak glavni kvantni broj 8. kućica; *a snail's* ~ puževlja kućica
shell II *v tr* 1. oljuštiti 2. zasuti vatrom; tući; *to* ~ *with rockets* zasuti raketnom vatrom; *to* ~ *enemy positions* tući neprijateljske položaje 3. see **shell out**
she'll [šijl] (colloq.) *she will*
shel·lac I [šə'laek] *n* šelak
shellac II *v tr* 1. prevući šelakom 2. (slang) lako pobediti (pobijediti)
shell burst eksplozija zrna (granate)
shell·bone [~boun] Br.; see **rump I** 4
shell·fire ['šelfaj(r)] *n* artiljerijska vatra
shell·fish [~fiš] *n* ljuskar
shell game (colloq.) prevara
shell hole levak (lijevak) granate
shell·ing [~ing] *n* artiljerijsko gađanje; *heavy* ~ snažno artiljerijsko gađanje
shell out *v* (colloq.) potrošiti; *to shell out money* potrošiti novac
shell·proof [~prūf] *a* otporan na artiljerijsku vatru
shell shock kontuzija
shell-shocked [~-šakt]; [o] *a* kontuzovan
shel·ter I ['šeltə(r)] *n* 1. sklonište, zaklon; *a bomb* ~ sklonište od bombardovanja; *to take* ~ skloniti se; *to provide* ~ pružiti sklonište 2. (fig.) krov
shelter II *v tr* prikriti; zakloniti, skloniti; *to* ~ *a criminal (refugees)* prikrivati zločinca (begunce — bjegunce)
shel·tered *a* prikriven; (fig.) obezbeđen (obezbijeđen)
shelter tent see **pup tent**
shelve [šelv] *v tr* 1. metnuti na policu 2. ukloniti (kao beskorisno)
shelves see **shelf**
shelv·ing [~ing] *n* 1. (coll.) police 2. metanje na police
she-nan·i·gan [šə'naenigən] *n* (colloq.) 1. (usu. in *pl)* nestašluk 2. izdaja; prevara
shep·herd I ['šepə(r)d] *n* ovčar, pastir, čobanin
shepherd II *v tr* čuvati (kao pastir)
shepherd dog ovčarski pas
shep·herd·ess [~is] *n* pastirka, čobanica
shepherd's pie (cul.) ovčarska pita
shepherd's-purse [~z-pə(r)s] *n* (bot.) rusomača, tarčužak
sher·bet ['šə(r)bit] *n* 1. šerbe, šerbet 2. (Br.) vrsta osvežavajućeg (osvježavajućeg) pića
sherd see **shard**
she·rif [šə'rijf] *n* šerif (Muhamedov potomak)

sher·iff ['šerif] *n* šerif (Am.: najviši izvršni sudski činovnik sreza; Br.: administrativni činovnik grofovije)

sheriff's sale prinudna licitacija

Sherman Antitrust Act (Am., hist.) šermanov zakon (protiv trustova)

sher·ry ['šerij] *n* heres, šeri

Shet·land Islands ['šetlənd] Šetlandska ostrva (W: Šetlandski otoci)

Shetland pony šetlandska bidža

shib·bo·leth ['šibəlíth], [e] *n* 1. znak raspoznavanja 2. lozinka, geslo

shield I [šijld] *n* 1. štit; *a heat* ~ toplotni štit 2. ekran

shield II *v tr* štititi, braniti

shield fern (bot.) navala

shield law (legal) zakon po kojem novinari ne moraju da odaju svoje izvore, zaštitni zakon za novinarske izvore

shift I [šift] *n* 1. promena (promjena) 2. premeštaj (premještaj) 3. preokret, zaokret 4. (mus.) pomeranje (pomjeranje) 5. (ling.) rotacija, pomeranje; *a consonant* ~ konsonantska rotacija 6. smena — smjena (radnika); *to work in two* ~*s (in* ~*s)* raditi u dve (dvije) smene (na smenu) 7. radno vreme (vrijeme) 8. haljina-džak (also **chemise**) 9. smicalica, lukavstvo 10. see **shift key**

shift II *v* 1. *tr* promeniti (promijeniti) 2. premestiti (premjestiti); preneti (prenijeti); *to* ~ *fire* preneti vatru 3. *tr* svaliti, sručiti; *to* ~ *the blame to smb. else* svaliti (sručiti) krivicu na drugoga 4. *tr* (on an automobile) preći; *to* ~ *gears* preći iz jedne brzine u drugu 5. *tr* (also ling.) pomaći 6. *intr* premestiti se 7. probijati se; *to* ~ *for oneself* sam se probijati, starati se o sebi 8. *intr* (on an automobile) preći u drugu brzinu 9. misc.; *he* ~*ed to the left lane* prestrojio se na levu (lijevu) traku

shift key (on a typewriter) menjač (mjenjač)

shift·less [~lis] *a* 1. lenj (lijen) 2. nesposoban

shift lock (on a typewriter) pričvršćivač

shift·y [~ij] *a* 1. prepreden 2. snalažljiv

shill [šil] *n* (slang) pomoćnik varalici na kartama

shil·ling [~iñg] *n* 1. šiling 2. see **slash I 2**

shil·ly-shal·ly ['šilij-šaelij] *v intr* oklevati (oklijevati), ustručavati se

shim [šim] *n* podmetač

shim·mer I ['šimə(r)] *n* svetlucanje (svjetlucanje)

shimmer II *v intr* svetlucati (svjetlucati)

shim·my I ['šimij] *n* 1. vrsta plesa 2. krivudanje, ševanje (točkova)

shimmy II *v intr* krivudati, ševati; *the wheels* ~ točkovi krivudaju (ševaju)

shin I [šin] *n* golenjača (goljenjača), gnjat

shin II *v intr* (or: *to* ~ *up)* uzverati se, uspuzati se

shin·bone [~boun] *n* golen — golijen (see **tibia**)

shin·dig ['šindig] *n* (slang) 1. proslava 2. (Br.) tuča

shin·dy ['šindij] *n* (Br.; colloq.) gužva; metež

shine I [šajn] *n* 1. sjaj 2. (slang) see **moonshine I 2** 3. see **shoeshine** 4. misc.; *in rain or* ~ po kiši ili po suncu; *to take a* ~ *to smb.* zavoleti (zavoljeti) nekoga

shine II *shone* [šoun] (Br.: [šon]) or *-d; v* 1. *tr* osvetliti (osvijetliti); *to* ~ *a flashlight an a wall* osvetliti zid džepnom lampom 2. *tr (-d)* oči-

stiti; *to* ~ *shoes* očistiti cipele 3. *intr* svetleti — svijetliti (se); *that lamp is* ~*ing right into my eyes* ta lampa mi svetli pravo u oči 4. *intr* sijati; *the sun is* ~*ing* sunce sija 5. misc.; **to* ~ *up to smb.* obigravati oko nekoga

shin·er [~ə(r)] *n* modrica pod okom

shin·gle I ['šiñgəl] *n* 1. šindra; (as *a) a* ~ *roof* krov od šindre 2. ploča; **to hang out one's* ~ otvoriti praksu

shingle II *n* (Br.) šljunak (na plaži)

shin·gles [~z] *n* (usu. *sgn)* (med.) pojasni herpes

shin·ny ['šinij] see **shin II**

shin·plas·ter ['šinplaestə(r)]; [a] *n* papirni novac (bez vrednosti — vrijednosti)

Shin·to ['šintou] Shin·to·ism [~izəm] *n* šintoizam

shin·y ['šajnij] *a* sjajan

ship I [šip] *n* 1. brod; *a* ~ *of the line* bojni brod; *a passenger* ~ putnički brod; *a motor* ~ motorni brod; (fig.) *the* ~ *of state* državni brod; *to load (unload) a* ~ utovariti (istovariti) *brod; a* ~*'s crew* posada broda (see also **battleship, spaceship, steamship, warship**) 2. see **airplane**

ship II *v* 1. poslati, otpremiti 2. *tr* (naut.) grabiti; *to* ~ *a sea* grabiti more bokom 3. *intr* (or: *to* ~ *out)* (colloq.) otići

ship (ship's) biscuit Br.; see **hard tack**

ship·board I [~bo(r)d] *n* paluba; *on* ~ na brodu

shipboard II *a* na brodu

ship·build·er [~bildə(r)] *n* brodograditelj

ship·build·ing I [~iñg] *n* brodogradnja

shipbuilding II *a* brodogradilišni; *the* ~ *industry* brodogradilišna industrija

ship·load [~loud] *n* brodski tovar, teret

ship·mas·ter [~maestə(r)]; [a] *n* zapovednik — zapovjednik (trgovačkog broda)

ship·mate [~mejt] *n* drug sa broda

ship·ment [~mənt] *n* 1. otpremanje, otprema, dovoz 2. partija; *the first* ~ *of new cars has already arrived* već je stigla prva partija novih automobila

ship out *v* see **ship II 3**

ship·per [~ə(r)] *n* špediter, otpremnik

ship·ping I [~iñg] *n* 1. špedicija; otpremanje, otprema 2. brodovlje

shipping II *a* špediterski; *a* ~ *firm* špeditersko preduzeće (W: poduzeće); ~ *services* špediterske usluge

shipping agent špediter

shipping clerk otpremnik

ship·shape [~šejp] *a* u redu, uredan

ship-to-shore *a* od broda ka obali

ship·worm [~wə(r)m] *n* drvotočac

ship·wreck I [~rek] *n* brodolom; *to experience* ~ pretrpeti (pretrpjeti) brodolom

ship·wreck II *v tr* uništiti brodolomom; *to be* ~*ed* pretrpeti (pretrpjeti) brodolom

ship·wright [~rajt] *n* brodski drvodelja (drvodjelja)

ship·yard [~ja(r)d] *n* brodogradilište

shire [šaj(r)] *n* (Br.) grofovija

shirk [šə(r)k] *v*. 1. *tr* izvući se, izbeći (izbjeći), zabušiti; *to* ~ *one's duty* izbeći obavezu 2. *intr* izvrdati, zabušiti

shirk·er [~ə(r)] *n* zabušant

shirr [šə(r)] *v tr* (cul.) zapeći; ~*ed eggs* zapečena jaja

shirt [šə(r)t] *n* košulja; *(colloq.) *keep your ~ on!* smiri se! **to lose one's* ~ izgubiti sve
shirt·front [~front] see **dickey I**
shist see **schist**
shiv [šiv] *n* (slang) nož
shiv·a·ree see **charivari**
shiv·er I [ˈšivə(r)] *n* drhtanje, drhtavica
shiver II *v intr* drhtati; *to ~ from the cold* drhtati od zime
shiver III *n* odlomak, parče
shiver IV *v intr* razbiti se
shiv·er·y [~rij] *a* drhtav
shlok see **schlok**
shoal [šoul] *n* plićak
shock I [šak]; [o] *n* 1. sudar, udar 2. (med. and fig.) šok, potres; *to be in* ~ biti u šoku; *to have (experience) a* ~ pretrpeti (pretrpjeti) šok; *to cause a* ~ izazvati šok
shock II *v tr* šokirati
shock III *n* krstina, gomila od nekoliko snopova
shock IV *n* čuperak, čupa, ruta
shock absorber amortizer
shock·er [~ə(r)] *n* 1. ono što šokira 2. (Br.) jeziv roman
shock·ing [~ing] *a* 1. šokantan 2. (Br.) užasan
shock·proof [~prūf] *a* otporan na udar
shock therapy lečenje (liječenje) pomoću električnih udara
shock troops *pl* udarne jedinice
shock wave udarni talas
shod·dy [ˈšadij]; [o] *a* loš; lošeg kvaliteta; ~ *merchandise* loša roba
shoe I [šū] *n* 1. cipela; *ballet* ~s baletske cipele; *my* ~s *are large (small, tight)* cipele su mi velike (male, tesne — tijesne); *my* ~s *pinch* stežu (žulje) me cipele; *a pair of* ~s par cipela; *to put on (take off) one's* ~s obuti (skinuti) cipele 2. papuča; *a brake* ~ kočnična papuča
shoe II *shod* [šad]; [o] *shod* or *shodden* [ˈšadn]; [o] *v tr* potkovati, obuti; *to ~ a horse* potkovati konja
shoe·black [~blaek] esp. Br.; see **bootblack**
shoe·horn [~ho(r)n] *n* kašika — W: žlica (za obuvanje)
shoe·lace [~lejs] *n* pertla, vrpca (za cipele); *to tie (one's)* ~s vezati pertle
shoe leather koža za cipele; *to save ~ uštedeti (uštedjeti) sebi put
shoe·mak·er [~mejkə(r)] *n* obućar
shoe·mak·ing [~ing] *n* obućarstvo
shoe·shine [~šajn] *n* čišćenje cipela
shoe·string [~string] *n* 1. see **shoelace** 2. (colloq.) skromna sredstva; *to run a company on a* ~ rukovoditi preduzećem (W: poduzećem) sa veoma skromnim sredstvima
shoe·tree [~trij] *n* kalup za cipele
shone see **shine II**
shoo I [šū] *interj* iš! (za plašenje)
shoo II *v tr* oterati — otjerati (vičući »iš«)
shoo·fly pie [~flaj] (cul.) vrsta pite s melasom
shoo·in [~in] *n* (colloq.) siguran pobednik (pobjednik)
shook [šuk] see **shake II**
shook-up [~əp] *a* (slang) uzdrman, uznemiren (see also **shake up 1**)

shoot I [šūt] *n* 1. utakmica u gađanju 2. (esp. Br.) lov
shoot II *shot* [šat]; [o] *v* 1. *tr* ustreliti (ustrijeliti); *to ~ oneself (smb.)* ustreliti se (nekoga) 2. *tr* pucati (iz); *to ~ a rifle* pucati iz puške (also **fire II 1**) 3. *tr* ispaliti; *to ~ a shell* ispaliti zrno 4. *tr* baciti, hitnuti; *to ~ a glance* baciti pogled 5. *tr* odrediti položaj (nečega); *to ~ the sun* odrediti položaj broda sekstantom 6. *tr* išarati 7. *tr* navući; *to ~ a bolt* navući rezu 8. *tr* preleteti (preletjeti); *to ~ rapids* preleteti (kanuom) preko plićaka 9. *tr* snimiti (na film) 10. *intr* pucati; (sports) šutirati; *to ~ into the air (at a goal)* pucati u vazduh — W: zrak (na gol); (basketball) *to ~ at the basket* pucati na koš; *to ~ at smb.* pucati na nekoga; (fig.) *to ~ for a professorship* pucati na profesuru 11. *intr* (esp. Br.) loviti 12. misc.; (colloq.) ~! počni! *to be shot through with smt.* biti prožet nečim; **to ~ the works* ići do kraja; **to ~ off one's mouth* sve izbrbljati
shoot III *n* (bot.) mladica; izdanak; *a bamboo* ~ bambusov izdanak
shoot down *v* 1. oboriti; *to shoot down an airplane* or: *to shoot an airplane down* oboriti avion 2. (slang) razočarati
shooting box (Br.) lovačka kućica
shooting gallery pokriveno strelište
shooting iron (colloq.) see **six-shooter**
shooting star meteor; zvezda (zvijezda) padalica
shooting war pravi, »topli« rat
shoot out *v* 1. osloboditi se pucanjem; *he shot his way out* probio se pucajući 2. ispružiti, isplaziti; *to shoot out one's tongue* isplaziti jezik 3. razbiti vatrom 4. misc.; *to shoot it out* tući se revolverima (u dvoboju)
shoot-out [~-aut] *n* (colloq.) dvoboj revolveraša (na Divljem zapadu)
shoot up *v* 1. zasipati vatrom 2. izdžikati; niknuti; *to shoot up like mushrooms after rain* nicati kao pečurke posle (poslije) kiše 3. (slang) ubrizgati drogu (u venu)
shop I [šap]; [o] *n* 1. radnja, dućan, prodavnica (W: prodavaona) 2. radionica (za opravke) 3. pogon 4. misc.; *to talk* ~ govoriti samo o poslu
shop II *v intr* ići u kupovinu, pazariti
shop around *v* tražiti po radnjama
shop assistant Br.; see **salesclerk**
shop·keep·er [~kijpə(r)] *n* vlasnik radnje
shop·lift [~lift] *v intr* krasti robu iz radnje
shop·lift·er [~ə(r)] *n* lopov koji krade po radnjama
shop·lift·ing [~ing] *n* krađa po radnjama
shoppe see **shop I 1**
shop·per [~ə(r)] *n* kupac, mušterija
shop·ping [~ing] *n* pazarenje
shopping bag velika kesa za pazarenje
shopping center trgovački centar
shop steward delegat sindikata
shop·talk [~tok] *n* razgovor o poslu
shop walker Br.; see **floorwalker**
shop·worn [~wo(r)n] *a* oštećen (ležanjem u radnji)
shore I [šo(r)] *n* 1. obala 2. *(the ~)* primorje, more (kao mesto — mjesto odmora); *we spent the summer (down) at the* ~ proveli smo leto (ljeto) na moru (see also **sea I 3**)

shore II *n* podupirač
shore III *v tr* (usu.: *to ~ up*) podupreti (poduprijeti)
shore leave (naval) odsustvo na kopnu
shore·line [~lajn] *n* obalna linija, obala
shore patrol obalska patrola
shore up *v* see **shore III**
shorn see **shear II**
short I [šo(r)t] 1. kratak vokal 2. kratkometražni film 3. see **short circuit** 4. misc.; *that's the long and the ~ of it* u tome je stvar; *in ~* ukratko
short II *a* 1. kratak, *a ~ coat* kratak kaput; *~ hair* kratka kosa; *~ legs* kratke noge; *a ~ letter* kratko pismo; *to make ~er* skratiti; *to go by the ~est way* ići najkraćim putem; ** to make ~ work of smt.* uraditi nešto po kratkom postupku; **~ and sweet* kratak i sadržajan 2. malog rasta; *the child is very ~* dete (dijete) je vrlo malog rasta; *to be ~er by a head* biti niži rastom za čitavu glavu 3. (ling.) kratak; *a ~ vowel* kratki vokal 4. sažet; *he was ~ and to the point* govorio je sažeto i poslovno 5. osoran, kratak (also **curt**) 6. oskudan; *they were ~ of everything* oskudevali (oskudijevali) su u svemu; *he ran ~ of money* ostao je bez novca; *industry is ~ of skilled labor* industriji nedostaju kvalifikovani radnici 7. misc.; *his escape is little ~ of a miracle* njegovo spasenje je gotovo čudo; *nothing ~ of the severest measures* samo najstrože mere (mjere)
short III *adv* 1. kratko 2. misc.; *to fall ~* ne dostići; *to cut smb. ~* preseći (presjeći) nekoga u govoru; *to stop ~* zaustaviti (se) naglo
short IV *v* see **short-circuit**
short·age [~idž] *a* oskudica
short·cake [~kejk] *n* kolač od biskvit-testa (tijesta)
short·change [~čejndž] *v tr* prevariti u kusuru
short circuit kratki spoj
short-cir·cuit [~sə(r)kit] *v* 1. *tr* izazvati kratak spoj (u) 2. *intr* imati kratak spoj
short·com·ing [~kəmiñg] *n* mana
short cut prečica; *to take (go by) a ~* ići prečicom
short·en [~ən] *v tr* skratiti; *to ~ a dress (a sentence)* skratiti haljinu (rečenicu)
shortened form (ling.) skraćeni oblik
short·en·ing [~iñg] *n* 1. skraćivanje 2. (cul.) masnoća (maslac, mast)
short·fall [~fol] *n* manjak
short·hand I [~haend] *n* stenografija; *to write (down) smt. in ~* nešto stenografisati
shorthand II *a* stenografski
short·hand·ed [~haendid] *a* bez dovoljno radnika
shorthand typist Br.; see **stenographer**
short·horn [~ho(r)n] *n* govedo kratkih rogova
short list uži izbor (za upražnjeno mesto — mjesto)
short·lived [~livd] *a* kratkotrajan; *~ happiness* kratkotrajna sreća
short·ly [~lij] *adv* 1. ukratko 2. sažeto 3. odmah; *~ afterwards* uskoro posle (poslije) toga
short of *prep* ne uključujući; bez
short order brzo spremljeno jelo; (fig.) *in ~* odmah
short-order cook kuvar (kuhar) u jevtinom restoranu

short·range [~rejndž] *a* 1. kratkog (malog) dometa; *a ~ gun* oruđe malog dometa 2. kratkoročan; *a ~ forecast* kratkoročna prognoza
shorts [~s] *n pl* sportske gaćice, šorc; *two pairs of ~* dvoje sportske gaćice
short shrift kratak postupak; *to make ~ of smt.* svršiti s nečim po kratkom postupku
short-sight·ed [~-sajtid] *a* kratkovid (also **near-sighted**)
short-sight·ed·ness [~nis] *n* kratkovidnost
short story pripovetka (pripovijetka)
short subject kratak film
short-tem·pered [~-tempə(r)d] *a* naprasit
short-term [~-tə(r)m] *a* kratkoročan; *~ loans* kratkoročni zajmovi
short time (Br.) skraćeno radno vreme (vrijeme)
short wave kratki talas (esp. W: val)
short-wave [~-wejv] *a* kratkotalasni; *a ~ radio (receiver, transmitter)* kratkotalasni radio (prijemnik, predajnik)
short-wind·ed [~-windid] *a* kratkog daha
short·y [~ij] *n* (colloq.) osoba kratkog rasta
shot I [šat] *n* 1. pucanj, metak; *to fire a ~* ispaliti pucanj 2. sačma 3. (sports) šut; *a ~ at the goal* šut na gol; (basketball) *to take a ~* izvršiti bacanje; (basketball) *to make (miss) a ~* postići (promašiti) koš 4. snimak 5. (colloq.) injekcija 6. mala količina viskija 7. let; *a moon ~* let na Mesec (Mjesec) 8. (sports) *(the ~)* kugla; *to put the ~* bacati kuglu 9. strelac (strijelac)
shot II see **shoot II**
shot·glass [~glaes]; [a] *n* see **jigger I**
shot·gun [~gən] *n* sačmara; *a double-barreled ~* dvocevna (dvocijevna) sačmara; *a break-open (folding) ~* prelamača; **a ~ wedding* prinudna ženidba (zbog trudnoće mlade)
shot-put [~-put] *(the ~)* bacanje kugle
shot-put·ter [~ə(r)] *n* bacač kugle
should [šud] *v* 1. past tense of **shall** (used in formal E., esp. Br.; in Am. E., *would* is used) *I said that I would* (Br.: *should*) *come* rekao sam da ću doći 2. trebati; *they ~ arrive at noon* treba da stignu u podne; *we ~ ask* treba da pitamo; *one ~ have known* trebalo je znati; *as one ~* kako treba 3. (as an aux. verb in cond. sentences); *if he ~ come, we would give him the book* ako bio došao, dali bismo mu knjigu; *I ~* (Br. and formal Am.: *would*) *like to read* hteo (htio) bih da čitam 4. misc.; (iron.) *he ~ worry* pusti ga da se brine; *where ~ he spend his vacation but (if not) at home?* gde (gdje) bi drugo proveo odmor nego (osim) kod kuće?
shoul·der I [ˈšouldə(r)] *n* 1. rame; *~ to ~* rame uz rame; *to shrug one's ~* slegnuti ramenima 2. naplećnik 3. plećka 4. (cul.) vratina 5. rub, obod 6. *(~ of a road)* bankina, zaustavna traka
shoulder II *v tr* 1. uprtiti na rame 2. progurati se; *to ~ one's way through a crowd* progurati se kroz gomilu; *to ~ smb. aside* odgurati nekoga 3. (mil.) *right ~ arms!* na desno rame!
shoulder belt see **safety belt**
shoulder blade see **scapula**
shoulder harness see **safety belt**
shoulder loop epoleta, naramenica
shoulder patch naramenična oznaka čina

shoulder rest oslonac za rame
shoulder strap naramenica
should·n't [šudənt] (colloq.) *should not*
shout I [šaut] *n* 1. vika, uzvik 2. Br.; colloq.;
see **round I** 6
shout II *v* 1. *tr* uzviknuti; *to ~ smb. down* nadgla-
sati nekoga 2. *intr* viknuti; *to ~ at smb.* viknuti
na nekoga; *to ~ for help* viknuti u pomoć
shout·ing [~iñg] *n* vikanje; *it's all over but
(Br.: bar) the ~* cilj je već postignut
shove I [šəv] *n* guranje
shove II *v* 1. *tr* gurnuti; podgurnuti; *to ~ smb.
into the water* gurnuti nekoga u vodu; *to ~
a suit-case under a bed* podgurnuti kofer pod
krevet 2. *intr* gurati (se); *don't ~!* nemoj se
gurati! 3. misc.; *to ~ along* ići dalje
shov·el I [~əl] *n* lopata
shovel II *v* 1. *tr* prebacivati, zgrtati lopatom;
lopatati; *to ~ snow* čistiti sneg (snijeg) 2. *intr*
zgrtati lopatom
shov·el·board [~bo(r)d] see **shuffleboard**
shov·el·er [~ə(r)] *n* (bird) kašikara
shove off *v* 1. otići 2. (naut.) otisnuti se
show I [šou] *n* 1. pokazivanje 2. izložba; *a flower ~*
izložba cveća (cvijeća); *an air ~* aeromiting
3. prazan sjaj; izgled; razmetanje; *to do smt.
for ~* razmetati se nečim; *a ~ of generosity*
izgled darežljivost 4. demonstracija; *a ~ of
force* demonstracija sile 5. predstava; program;
šou; *a television ~* TV-šou 6. prikazivanje 7.
misc.; *to vote by (a) ~ of hands* glasati dizanjem
ruku; (esp. Br.) *a poor ~* loš rezultat; (esp.
Br.) *good ~!* odlično!
show II *a* 1. pokazni 2. pozorišni (W: kazališni)
show III *v* -*ed*; -*ed* or *shown* [šoun] *v* 1. *tr* pokazati;
to ~ oneself to be brave pokazati se hrabrim;
to ~ one's passport pokazati pasoš; *to ~
contempt (one's teeth)* pokazati prezir (zube);
to ~ smb. the door pokazati nekome vrata;
to ~ smb. to his seat pokazati nekome mesto
(mjesto) *I ~ed him how to do it* pokazati sam
mu kako se to radi 2. *tr* prikazati; *to ~ a film*
prikazati film 3. *intr* (colloq.) doći (na sastanak)
4. *intr* pokazivati se; *to ~ white* beleti (bijeljeti)
se 5. *intr* (horseracing) zauzeti treće mesto
(mjesto) (cf. **place II** 9) 6. *intr* proviriti; *her slip
is ~ing* proviruje joj kombinezon
show·boat [~bout] *n* brod na kojem se priređuju
predstave
show business pozorište (W: kazalište), pozorišna
umetnost (W: kazališna umjetnost), šou-biznis
show·case [~kejs] *v* vitrina, stakleni ormar
show·down [~daun] *n* odlučan obračun; *to
force a ~* izazvati odlučan obračun
show·er I [šauə(r)] *n* 1. pljusak 2. (fig.) kiša; *a ~
of rocks* kiša kamenja 3. tuš; *to take a ~* tuširati
se 4. (in *pl*, sports, colloq.) svlačionica; *the
referee sent him to the ~s* sudija (W: sudac)
ga je poslao u svlačionicu 5. (usu.; *bridal ~*
proslava na kojoj se daju pokloni nevesti (nev-
jesti)
shower II *v tr* obasuti, zasuti; *to ~ gifts on smb.*
obasuti nekoga poklonima; *they ~ed them with
flowers* zasuli su ih cvećem (cvijećem)
shower bath tuš
show·girl [~ gə(r)l] *n* see **chorus girl**

show·ing [~iñg] *n* 1. pokazivanje 2. uspeh
(uspjeh)
show·man [~mən] (-*men* [min]) *n* 1. (theater)
producent 2. osoba koja ume (umije) da pro-
izvodi efekat 3. zabavljač
show·man·ship [~šip] *n* sposobnost privlačenja
pažnje javnosti
Show Me State (Am., colloq.) Misuri (država)
shown [~n] see **show III**
show off *v* razmetati se; *to show smt. off* or: *to
show off with smt.* razmetati se nečim
show off [~of] *n* razmetljivac
show over *v* (Br.) pokazati
show·piece [~pijs] *n* izloženi predmet, eksponat
show place znamenito mesto (mjesto)
show room izložbeni prostor, salon; *an automobile
~* prodajni salon automobila
show up *v* 1. pojaviti se; doći; *he did not show up
on* nije došao 2. razotkriti, razobličiti; *he has
finally been shown up* najzad je dolijao
show·y [~ij] *a* (colloq.) razmetljiv, neskroman
shrank see **shrink**
shrap·nel ['šraepnəl] *n* šrapnel
shred I [šred] *n* parče, komad; trunka
shred II -*ed* or *shred*; *v tr* iseckati (isjeckati)
shred·der, shredding machine aparat za uništavanje
poverljivih (povjerljivih) dokumenata
shrew [šrū] *n* 1. (zool.) rovka; *a water ~* vodena
rovka 2. goropadnica, goropad; *Taming of the
Shrew* Ukroćena goropad
shrewd [~d] *a* prepreden, lukav
shrewd·ness [~nis] *n* prepredenost, lukavost
shrew·ish [~iš] *a* goropadan, svadljiv
shriek I [šrijk] *n* vrisak, vriska
shriek II *v* 1. *tr* izraziti vriskom 2. *intr* vrisnuti; *to
~ with pain* vrisnuti od bola
shrift see **short shrift**
shrike [šrajk] *n* svračak; *a red-backed ~* rusi
svračak
shrill I [šril] *a* piskav, kreštav (kriještav); *a ~
voice* kreštav glas
shrill II *v tr* and *intr* pisnuti
shrimp [šrimp] I (*pl* has -*s* or zero) *n* račić, kreve-
ta, skamp
shrimp II *n* (colloq.) švrća, prcvonjak
shrine [šrajn] *n* svetište, svetilište
shrink I [šriñgk] *n* 1. see **shrinkage** 2. (slang)
psihijatar
shrink II *shrank* [šraeñgk]; *shrunk* [šrəñgk] or
shrunken ['šrəñgkən] *v* 1. *tr* skupiti 2. *intr* sku-
piti se; *the shirt shrank in the wash* košulja se
skupila od pranja 3. *intr* osušiti se 4. *intr* pre-
zati; zazirati; *to ~ from smt.* prezati od nečega
shrink·age [~idž] *n* 1. skupljanje 2. manjak od
sušenja 3. smanjenje
shrinking violet (colloq.) snebivljiva osoba
shrive [šrajv]; -*ed* or *shrove* [srouv]; -*ed* or *shriven*
['šrivən] *v* 1. *tr* ispovediti (ispovjediti) 2. *intr*
ispovediti se
shriv·el ['šrivəl] *v* 1. *tr* osušiti; smežurati 2. *intr*
(or: *to ~ up*) osušiti se; smežurati se; svenuti
3. zgrčiti se
shrivel up *v* see **shrivel** 2
shroud I [šraud] *n* 1. mrtvački pokrov 2. pokrivač;
veo; *a ~ of mystery* veo tajanstvenosti

shroud II *v tr* 1. zamotati u mrtvački pokrov 2. pokriti

Shrove·tide ['šrouvtajd] *n* (rel.) poklade, mesojeđe

Shrove Tuesday pokladni utorak

shrub [šrəb] *n* žbun

shrub·ber·y [~ərij] *n* žbunje

shrug I [šrəg] *n* sleganje (slijeganje) ramenima

shrug II *v* 1. *tr* sleći; *to ~ one's shoulders* sleći ramenima 2. *intr* sleći ramenima 3. misc.; *to ~ smt. off* otarasiti se nečega

shrunk see **shrink**

shrunk·en see **shrink**

shto·ka·vi·an I [što'kejvijən] *n* (ling.) štokavština

shtokavian II *a* (ling.) štokavski

shuck I [šək] *n* ljuska

shuck II *v tr* oljuštiti

shucks [~s] *interj* fuj

shud·der I ['šədə(r)] *n* jeza

shudder II *v intr* ježiti se; *I ~ at the thought* ježim se pri pomisli

shuf·fle I ['šəfəl] *n* 1. vučenje nogu 2. mešanje — miješanje karata 3. vrsta plesa

shuffle II *v* 1. *tr* vući; *to ~ one's feet* vući noge 2. *tr* mešati (miješati); *to ~ cards* mešati karte 3. *intr* vući noge

shuf·fle·board [~bo(r)d] *n* vrsta igre na dasci, na palubi broda

shun [šən] *v tr* izbegavati (izbjegavati); *to ~ people (temptation)* izbegavati ljude (iskušenje)

shun·pike ['šənpajk] *n* (colloq.) sporedan put (za čiju upotrebu se ne plaća drumarina)

shunt I [šənt] *n* 1. skretanje 2. skretnica 3. (elec.) šent, sporedni vod

shunt II *v tr* 1. skrenuti 2. manevrisati; *to ~ loco-motives* manevrisati lokomotive 3. (elec.) vezati paralelno

shunt·er [~ə(r)] *n* Br.; see **shunting engine**

shun·ting engine ranžirna lokomotiva

shush [šəš] *v tr* (colloq.) ućutkati (W: ušutkati); ~! ćuti!

shut I [šət] *a* zatvoren

shut II *shut* [šət] *v* 1. *tr* zatvoriti 2. *intr* zatvoriti se 3. misc.; *to ~ down a plant* zatvoriti fabriku

shut·down [~daun] *n* zatvaranje; *the ~ of a plant* zatvaranje fabrike

shut·eye [~aj] *n* (slang) spavanje

shut·in I [~in] *n* invalid, fizički oštećeno lice

shut·in II *a* fizički oštećen, s dugotrajnim oboljenjem

shut out *v* (sports) ne primiti ni jedan gol; *we were shut out* nismo postigli ni jedan gol

shut·out [~aut] *n* utakmica odigrana (jednom ekipom) bez primljenog (postignutog) gola

shut·ter [~ə(r)] *n* 1. kapak; *a window ~* prozorski kapak 2. (on a camera) zatvarač

shutter speed (photography) dužina ekspozicije

shut·tle I ['šətəl] *n* 1. čunak (na razboju, na šivaćoj mašini) 2. saobraćajno sredstvo sa kratkom relacijom 3. kretanje napred (naprijed) i nazad 4. prebacivanje po delovima (dijelovima)

shuttle II *v* 1. *tr* prebaciti po delovima (dijelovima) 2. kretati tamo-amo 3. *intr* (or: *to ~ back and forth*) snovati, ići tamo-amo

shut·tle·cock [~kak] [o] *n* loptica (za badminton

shuttle diplomacy (colloq.) putujuća diplomatija (diplomacija)

shut up *v* (slang) 1. ćutati (W: šutjeti); *shut up!* ćuti! *she never shuts up* ona ne zatvara usta 2. misc.; *to shut smb. up* zatvoriti nekome usta

shy I [šaj] *a* 1. snebivljiv 2. (colloq.) oskudan 3. (colloq.) zadužen

shy II *v intr* zazreti; *the horse shied* konj je zazreo

shy·lock [~lak] [o] *n* derikoža, zelenaš

shy·ness [~nis] *n* snebivljivost

shy·ster [~stə(r)] *n* (colloq.) nadriadvokat (W: nadriodvjetnik)

Si·am ['sajaem] *n* Sijam (see also **Thailand**)

Si·a·mese I [sajə'mijz], [s] *(pl* has zero) *n* Sijamac (see also **Thai I**)

Siamese II *a* sijamski (see also **Thai II**)

Siamese cat sijamska mačka

Siamese twins *pl* sijamski blizanci

sib [sib] see **sibling**

Si·be·ri·a [saj'bijrijə] *n* Sibir

Si·be·ri·an I [~n] *n* Sibirac

Siberian II *a* sibirski

sib·i·lant I ['sibələnt] *n* (ling.) sibilant, piskavi suglasnik

sibilant II *a* sibilantni, piskavi

sib·ling ['sibling] *n* 1. rođeni brat; polubrat 2. rođena sestra; polusestra

sib·yl ['sibəl] *n* sibila; proročica

sib·yl·line [~ajn], [ij] *a* sibilski, proročki

sic I [sik] *adv* (Latin) tako

sic II *v tr* (colloq.) napujdati; *to ~ a dog on smb.* napujdati psa na nekoga

sic·ca·tive ['sikətiv] *n* sikativ, sušilo, sredstvo za sušenje

Si·cil·ian I [si'siljən] *n* Sicilijanac

Sicilian II *a* sicilijanski

Sic·i·ly ['sisəlij] *n* Sicilija

sick [sik] *a* 1. bolestan 2. morbidan 3. ispunjen gađenjem; sit; *to be ~ of everything* biti sit svega; *I feel ~ when I see that* gadi mi se kad to vidim 4. kome je muka; *he is ~ at (to) his stomach* muka mu je

sick·bay [~bej] *n* brodska bolnica

sick·bed [~bed] *n* bolesnička postelja

sick call (mil.) javljanje na lekarski — ljekarski (W: liječnički) pregled; *to go on ~* javiti se na lekarski pregled

sick·en [~ən] *z tr* zgaditi, izazvati gađenje (kod)

sick·en·ing [~ing] *a* gadan, odvratan, gnusan

sick headache glavobolja sa mukom

sick·ish [~iš] *a* bolešljiv

sick·le [~əl] *n* srp; *hammer and ~* srp i čekić

sick leave bolovanje; *to be on ~* biti na bolovanju

sickle cell anemia (med.) srpasta anemija

sick list (mil.) spisak bolesnika

sick·ly [~lij] *a* bolešljiv

sick·ness [~nis] *n* bolest

sickness benefit Br.; see **sick pay**

sick·out [~aut] *n* (colloq.) izostanak s posla zbog tobožnje bolesti (u znak protesta)

sick parade Br.; see **sick call**

sick pay bolesnička naknada

sick·room [~rum], [u] *n* bolesnička soba

side I [sajd] *n* 1. strana; *the left (right)* leva — lijeva (desna) strana; *from all ~s* sa svih strana; *the ~s of an equation* strane jednačine (W: jednadžbe); *from both ~s* obe (obije) strane; *our ~ of the street* naša strana ulice; *to change*

~s preći na drugu stranu 2. bok; ~ by ~ bok uz bok 3. stranka; *the losing (winning)* ~ stranka koja je izgubila (pobedila — pobijedila) 4. misc.; *to take* ~s pristati uz nekoga
side II *a* 1. bočni; *a* ~ *turret* bočna kupola; *a* ~ *wind* bočni vetar (vjetar) 2. sporedni; *a* ~ *benefit* sporedna olakšica; *a* ~ *road* sporedan put
side III *v* 1. *tr* snabdeti (snabdjeti) zidom 2. *intr* pristati; *to* ~ *with smb.* pristati uz nekoga
side arm lično oružje
side·board [~bo(r)d] *n* sto (stol) za posuđe
sideboards Br.; see **sideburns**
side·burns [~bə(r)nz] *n pl* bakenbardi, zalisci
side·car [~ka(r)] *n* prikolica (koja se prikači za motocikl)
side effect sporedno (nepoželjno) dejstvo (djejstvo) nekog leka (lijeka), prateća pojava
side horse (gymnastics) konj s hvataljkama
side issue sporedna stvar
side·kick [~kik] *n* (colloq.) prisan drug
side·light [~lajt] *n* 1. bočno svetlo (svjetlo) 2. sporedan podatak
side·line I [~lajn] *n* 1. (sports) uzdužna linija 2. sporedno zanimanje 3. uzgredna roba
sideline II *v tr* (sports) udaljiti iz igre
side·long [~long] 1. *a* bočni; *a* ~ *glance* pogled popreko 2. *adv* see **sideways**
side order (in a restaurant) zasebno jelo
si·de·re·al [saj'dirijəl] *a* sideralni, zvezdani (zvjezdani)
sidereal day sideralni dan
sidereal year sideralna godina
side·sad·dle [~saedl] 1. *n* poprečno sedlo 2. *adv* na poprečnom sedlu
side show 1. sporedna cirkuska predstava 2. sporedna stvar
side·slip [~slip] *n* (aviation) klizanje na krilo
side·split·ting [~spliting] *a* grohotan (koji bokove razdire); ~ *laughter* grohotan smeh (smijeh), smeh da čovek (čovjek) pukne
side step korak u stranu
side·step [~step] *v* 1. *tr* izbeći — izbjeći (korakom ustranu); *to* ~ *a punch* izbeći udarac 2. *intr* koraknuti u stranu
side street sporedna ulica
side stroke bočni način plivanja
side·swipe I [~swajp] *n* bočni sudar; očešavanje
sideswipe II *v tr* očešati; *the bus was* ~*d* došlo je do bočnog sudara s autobusom
side·track I [~traek] *n* sporedni (mrtvi) kolosek (kolosijek)
sidetrack II *v tr* skrenuti (staviti) na sporedni (mrtvi) kolosek (kolosijek); (fig.) skrenuti s glavnog predmeta
side·walk [~wok] *n* trotoar
sidewalk artist crtač krejonima po kaldrmi, pločniku
sidewalk superintendent (colloq.) prolaznik kome je zabava da gleda objekte koji se grade ili ruše
side wall bočna površina automobilske gume
side·ward [~wə(r)d] 1. *a* bočni 2. *adv* u stranu; sa strane
side·ways [~wejz] *adv* sa strane, postrance
side wheel bočni točak (na brodu)
side·wheel·er [~hwijlə(r)], [w] *n* brod s bočnim točkovima

side·wind·er [~wajndə(r)] *n* 1. vrsta zvečarke 2. vrsta samonavođene rakete »vazduh — vazduh«
sid·ing ['sajding] *n* 1. sporedni (mrtvi) kolosek (kolosijek) (also **sidetrack** I) 2. građa za zidove 3. pokrivanje zidova
si·dle ['sajdəl] *v intr* ići postrance; (fig.) *to* ~ *up to smb.* ulagivati se nekome
siege [sijdž] *n* opsada; *to lay* ~ *to a fortress* opsesti (opsjesti) tvrđavu; *to lift a* ~ dići opsadu
si·en·na [sij'enə] *n* sijena
si·es·ta [sij'estə)] *n* (Spanish) popodnevni odmor, siesta
sieve [siv] *n* sito; *a crude (fine)* ~ krupno (sitno) sito; *to pass through a* ~ procediti (procijediti) kroz sito
sift [sift] *v* 1. prosejati (prosijati); prorešetati; *to* ~ *flour* prosejati brašno; *to* ~ *gravel (sand)* prorešetati šljunak (pesak — pijesak) 2. *tr* proveriti (provjeriti); ispitati; *to* ~ *the evidence* proveriti dokazni materijal 3. *intr* sejati (sijati); *to* ~ *through smt.* prosejati nešto
sift·ings [~ingz] *n pl* osejotina (osijotina)
sigh I [saj] *n* uzdah; *a* ~ *of relief* uzdah olakšanja; *to heave a* ~ duboko uzdahnuti
sigh II *v* 1. *tr* izraziti uzdahom 2. *intr* uzdahnuti; *to* ~ *with relief* uzdahnuti od olakšanja
sight I [sajt] *n* 1. vid, moć viđenja; *keen* ~ oštar vid; *the sense of* ~ čulo (W: ćutilo) vida 2. vid, viđenje; *to lose* ~ *of smt.* izgubiti nešto iz vida; *to know by* ~ znati iz viđenja 3. vidokrug; *out of* ~ van vidokruga, daleko 4. znamenitost; *historical* ~s istorijske (historijske) znamenitosti; *to see the* ~s razgledati znamenitosti (grada) 5. (comm.) viđenje; *payable at* ~ platljiv po viđenju 6. (colloq.) jadan izgled 7. nišan (see also **bombsight**) 8. prizor; *a horrible* ~ stravičan prizor 9. misc.; *a* ~ *for sore eyes* nešto radosno (da se vidi); *love at first* ~ ljubav na prvi pogled; *to catch* ~ *of smb.* ugledati nekoga; *get out of my* ~! idi mi s očiju!; *to sink at* ~ potopiti bez upozorenja; *to kill on* ~ ubiti namah; *out of* ~, out of mind daleko od očiju, daleko od srca; *with no end in* ~ bez izgleda na završetak
sight II *v tr* 1. ugledati; *to* ~ *land* ugledati kopno 2. nanišaniti; *to* ~ *a rifle* nanišaniti pušku
sight draft menica (mjenica) po viđenju
sight·less [~lis] *a* bez vida, slep (slijep)
sight·ly [~lij] *a* naočit; privlačan
sight-read [~rijd]; -*read* [red] *v tr* and *intr* svirati (pevati — pjevati) sa nota
sight·see·ing I [~sijing] *n* razgledanje znamenitosti; *to go* ~ razgledati znamenitosti (grada)
sightseeing II *a* za razgledanje, turistički; *a* ~ *bus* turistički autobus
sight·se·er [~sijə(r)] *n* gledalac znamenitosti, turista
sign I [sajn] *n* 1. znak; *a danger* ~ znak opasnosti; *an equal* ~ znak jednakosti; *the* ~ *of the cross* znak krsta (W: križa); *a traffic* ~ saobraćajni znak; *a* ~ *of assent* znak odobravanja; ~s *of change (of the times)* znaci promene — promjene (vremena) 2. firma, natpis; *a neon* ~ neonska firma 3. lozinka; ~ *and countersign* lozinka i odziv 4. plakata, plakat; *to hold up a* ~ držati u rukama plakatu

sign II v 1. tr potpisati; to ~ a check (a contract, a note, a receipt) potpisati ček (ugovor, menicu — mjenicu, priznanicu) 2. tr (to ~ away) odreći se (potpisom); to ~ away one's rights odreći se (potpisom) svojih prava 3. intr potpisati se

sig·nal I ['signəl] n 1. signal; znak; a danger ~ signal za opasnost; smoke ~s dimni signali; a traffic ~ saobraćajni znak 2. signalni uređaj 3. Br.; see **message** 2

signal II a 1. signalni; a ~ flag (lamp) signalna zastavica (lampa); ~ lights svetlosni (svjetlosni) signali 2. istaknut; a ~ feat istaknut podvig 3. (mil.) veze; a ~ center centar veze

signal III v tr and intr signalizovati; to ~ smb. signalizovati nekome

signal box Br.; see **signal tower**

signal corps (mil.) služba veze

sig·nal-corps a [~-ko(r)] (mil.) veze; a ~ battalion bataljon veze; a ~ unit jedinica veze

sig·nal·ize [~ajz] v tr istaknuti

sig·nal·man [~mən] (-men [min]) n skretničar, davalac signala

signal tower skretničarska kućica, signalni blok

sig·na·to·ry I ['signətorij]; [ə] n potpisnik

signatory II a koji potpisuje; ~ countries zemlje potpisnice

sig·na·ture ['signəčū(r)] n 1. potpis 2. tabak

sign away v see **sign II** 2

sign·beard [~bo(r)d] n plakat

sign·er [~ə(r)] n potpisnik

sign·net ['signit] n pečat

signet ring prsten sa pečatom

sign for v potpisom potvrditi (primanje)

sig·nif·i·cance [sig'nifikəns] n 1 značaj, značenje; to be of great ~ biti od velikog značaja

sig·nif·i·cant [~kənt] a značajan

sig·ni·fi·ca·tion [signəfi'kejšən] n značenje

sig·ni·fi·er ['signəfajə(r)] n ono što označava, označavač

sig·ni·fy ['signəfaj] v tr značiti, označavati

sign in v prijaviti se

sign language govor prstima, govor znakovima; to use ~ koristiti govor prstima

sign off v završiti emisiju

sign on v 1. upisati se, zaposliti se 2. zaposliti, vrbovati; to sign on volunteers or: to sign volunteers on vrbovati dobrovoljce

sign out v odjaviti se

sign over v preneti (prenijeti) potpisom

sign painter firmopisac

sign·post [~poust] n putokaz; signalni stub

sign up v 1. see **sign on** 2. prijaviti (svoje) učešće; to ~ for smt. prijaviti svoje učešće u nečemu

Sikh [sijk] n Sik, Sikh

Sikh·ism [~izəm] n sikizam, sikhizam (indijska religija)

si·lage ['sajlidž] n silaža, stočna hrana

si·lence I ['sajləns] n 1. ćutanje (W: šutnja); to break the ~ prekinuti ćutanje; *~ is golden ćutanje je zlato 2. tišina; to listen in ~ slušati u tišini; complete ~ potpuna tišina

silence II v tr ućutkati (W: ušutkati); (mil.) to ~ a battery ućutkati bateriju

si·lenc·er [~ə(r)] n 1. prigušivač 2. Br.; see **muffler** 2

si·lent [~ənt] a 1. ćutljiv (W: šutljiv) 2. (ling.) nem (nijem), koji se ne izgovara

Silent Majority (Am., pol.) (konzervativna) većina stanovništva (koja ne iskazuje javno svoje mišljenje)

silent partner (comm.) ortak koji nema pravo da sudeluje (sudjeluje) u poslovanju

silent service podmornička služba

Si·le·sia [saj'lijžə] n Šleska

Si·le·sian I [~n] n Šlezanin

Silesian II a šleski

sil·hou·ette I [silū'et] n silueta

silhouette II v tr ocrtavati; prikazivati u silueti

sil·i·ca ['silikə] n (miner.) silicijum-dioksid

sil·i·cate ['silikit], [ej] n (chem.) silikat

sil·i·con ['siliken]. [a]; [o] n (chem.) silicijum

sil·i·cone ['silikoun] n (chem.) silikon

sil·i·co·sis [sili'kousis] n (med.) silikoza

silk I [silk] n svila; artifical ~ veštačka — vještačka (W: umjetna) svila

silk II a svilen; a ~ dress svilena haljina; ~ stockings svilene čarape

silk·en [~ən] a svilen

silk·worm [~wə(r)m] n svilena buba

silk·y [~ij] a svilast

sill [sil] n (prozorski) prag

sil·li·ness ['silijnis] n budalaština

sil·ly ['silij] a budalast

si·lo ['sajlou] (-s) n 1. silos 2. lansirni položaj u vidu šahta

si·lox·ane [si'laksejn]; [o] n (chem.) siloksan

silt [silt] n mulj, glib

Si·lu·ri·an I [si'lūrijən] [aj] n (geol.) (the ~) silur, silurska perioda

Silurian II a (geol.) silurski

sil·van see **sylvan**

sil·ver I ['silvə(r)] n srebro

silver II a srebrn; a ~ cup srebrn pehar; a ~ wedding anniversary srebrna svadba; (fig.) a ~ voice srebrn glas; *everything is brought to him on a ~ platter njemu se sve donosi na tanjiru; *every cloud has a ~ lining svako zlo ima svoje dobro

silver bromide srebro-bromid

silver certificate novčanica kojoj srebro služi kao pokriće

sil·ver·fish [~fiš] n 1. srebrna ribica 2. insekat (Lepisma saccharina)

silver fox srebrna lisica

sil·ver·ly [~lij] a srebrnast

silver nitrate (chem.) srebro-nitrat

silver plate srebrno posuđe

sil·ver·smith [~smith] n kujundžija

silver standard srebrni standard

sil·ver·tongued [~-təḡnd] a slatkorečiv (slatkoriječiv)

sil·ver·ware [~wej(r)] n srebrn pribor (za jelo), srebrno posuđe

sil·ver·y [~rij] a srebrnast

sil·vi·cul·ture ['silvikəlčə(r)] n šumarstvo

sim·i·an I ['simijən] n majmun

simian II a majmunast

sim·i·lar ['simələ(r)] a sličan; a ~ case sličan slučaj; ~ to smt. sličan nečemu

sim·i·lar·i·ty [simə'laerətij] n sličnost; ~ between sličnost između; ~ to smt. sličnost nečemu

sim·i·le ['simǝlij] *n* (lit.) poređenje (W: poredba)

si·mil·i·tude [si'milǝtūd]; [*tj*] *n* sličnost

sim·mer I ['simǝ(r)] *n* krčkanje

simmer II *v* 1. *tr* krčkati 2. *intr* krčkati se 3. *intr* kipeti (kipjeti), vreti (see also seethe) 4. *intr (to ~ down)* smiriti se

sim·nel ['simnǝl] *n* (Br.) (or: ~ *cake*) vrsta voćne torte

si·mo·le·on [si'moulijǝn] *n* (slang, obsol.) dolar

si·mon·ize ['sajmǝnajz] *v tr* polirati (automobil)

Si·mon Le·gree ['sajmǝn lǝ'grij] robovlasnik; okrutan čovek (čovjek)

si·mon-pure [~-pjū(r)] *a* istinski, pravi

sim·o·ny ['simǝnij], [*aj*] *n* simonija, trgovina crkvenim stvarima i službama

sim·per I ['simpǝ(r)] *n* usiljeno smeškanje (smješkanje)

simper II *v intr* smeškati (smješkati) se usiljeno

sim·ple ['simpǝl] *a* 1. jednostavan, prost; *a ~ explanation* jednostavno objašnjenje; *a ~ majority* prosta većina; *a ~ mechanism* prost mehanizam; *for the ~ reason that . . .* iz prostog razloga da . . . 2. prost, ograničen; *a ~ peasant* prost seljak 3. priglup, prost 4. običan, prost; *a ~ head cold* obična kijavica 5. (gram.) prost

simple fraction prost razlomak

simple harmonic progression prosto harmonsko kretanje

simple-hearted *a* prostodušan

simple interest prosti interes

sim·ple-mind·ed [~-majndid] *a* 1. prostodušan, bezazlen 2. priglup

simple sentence prosta rečenica

Simple Simon budala

sim·ple·ton ['simpǝltǝn] *n* glupak, budala

sim·plic·i·ty [sim'plisǝtij] *n* jednostavnost, prostota, simplicizam

sim·pli·fi·ca·tion [simplǝfǝ'kejšǝn] *n* uprošćenje, simplifikacija

sim·pli·fy ['simplǝfaj] *v tr* uprostiti; simplifikovati

sim·plism [~lizǝm] *n* lažna prostota

sim·ply [~lij] *adv* prosto, jednostavno

sim·u·late ['simjǝlejt] *v tr* simulirati; *to ~ insanity* simulirati ludilo

sim·u·la·tion [simjǝ'lejšǝn] *n* simuliranje

sim·u·la·tor ['simjǝlejtǝ(r)] *n* simulator, trenažer

si·mul·ta·ne·ous [sajmǝl'tejnijǝs] *a* simultan; istovremen; ~ *translation* simultano prevođenje; ~ *with* istovremen s

sin I [sin] *n* greh (grijeh); *to commit (forgive) a ~* učiniti (oprostiti) greh; *mortal (original) ~* smrtni (istočni) greh; *a ~ against* ogrešenje (ogriješenje) o; *to live in ~* živeti (živjeti) kao muž i žena

sin II *v intr* zgrešiti (zgriješiti); *to ~ against* ogrešiti (ogriješiti) se o

Si·nai ['sajn*aj*]; [*ijaj*] *n* Sinaj

sin·a·pism ['sinǝpizǝm] see mustard plaster

since [sins] 1. *adv* otada; *he left last year and hasn't been here ~* otišao je prošle godine i otada nije bio ovde (ovdje); 2. *adv* davno; *long ~ forgotten* davno zaboravljen 3. *prep* od; posle (poslije); ~ *my arrival* od mog dolaska 4. *conj* otkako; otkada; ~ *we arrived* otkada smo stigli ~ *when?* otkada? 5. *conj* pošto; kako;

~ *he came late, he will not get any supper* pošto je došao kasno, neće dobiti večeru; ~ *he was tired, he fell asleep immediately* kako je bio umoran, odmah je zaspao

sin·cere [sin'sij(r)] *a* iskren; *a ~ friend* iskren prijatelj; (at the close of a letter) ~*ly yours* sa poštovanjem

sin·cere·ness [~nis] *n* see sincerity

sin·cer·i·ty [sin'serǝtij] *n* iskrenost

Sin·dhi ['sindij] *n* 1. (*pl* has -*s* or zero) stanovnik Sinda (u Pakistanu) 2. sindhi (jezik)

sine [sajn] *n* (math.) sinus

si·ne·cure ['sinǝkjū(r)] *n* sinekura

sin·ew ['sinjū] *n* 1. tetiva, žila 2. jačina, snaga 3. (usu. in *pl*) izvor snage

sin·ew·y [~ij] *a* 1. žilav 2. jak, snažan

sin·ful [~fǝl] *a* grešan

sing [sing]; sang [saeng]; sung [song] *v* 1. *tr* otpevati (otpjevati), pevati (pjevati); *to ~ a song* otpevati pesmu (pjesmu); *to ~ a scale* otpevati skalu; *to ~ bass* pevati bas 2. *intr* pevati; *birds ~* ptice pevaju; *to ~ in chorus* pevati u horu (koru); *to ~ at the top of one's voice* pevati iz sveg grla 3. *intr* (slang) propevati (propjevati), prijaviti, potkazati; *to ~ to the police about smb.* prijaviti nekoga policiji

Sing·ga·pore ['sing(g)ǝpo(r)] *n* Singapur

singe [sindž] *v tr* oprljiti, spržiti

sing·er ['singǝ(r)] *n* pevač (pjevač); *an opera ~* operski pevač

Sin·gha·lese I [singgǝ'lijz] *n* 1. (*pl* has zero) Singalez 2. singaleski jezik

Singhalese II *a* singaleski

sin·gle I ['singgǝl] *n* 1. pojedini komad; pojedinac 2. jednokrevetna soba 3. (in *pl*; sports, esp. tennis) singl, igra pojedinaca, pojedinačna igra 4. samac, samica

single II *a* 1. jedini, jedan jedini; *a ~ word* jedna jedina reč (riječ) 2. na jednog, za jednog; *a ~ bed* krevet za jednog 3. pojedinačni 4. samački, neoženjen; neudata; *a ~ man* samac; *a ~ woman* samica 5. po jedan; *a ~ file* kolona po jedan 6. jedan; *a ~ track* jedan kolosek (kolosijek) 7. (Br.) za jedan pravac (o karti)

single III *v* see single out

sin·gle-ax·le [~-aeksǝl] *a* jednoosni

sin·gle-bar·reled [~-baerǝld] *a* jednocevni (jednocijevni); *a ~ shotgun* jednocevna sačmara

sin·gle-breast·ed [~-brestid] *a* jednoredan (cf. double-breasted)

sin·gle-edged [~-edžd] *a* jednosekni (jednosjekni)

single entry prosto knjigovodstvo

single file kolona po jedan

sin·gle-hand·ed [~-haendid] *a* 1. bez pomoći; *to do smt. ~* uraditi nešto bez pomoći 2. jednoruk

sin·gle-mind·ed [~-majndid] *a* usmeren (usmjeren) prema jednom cilju

single out *v* izdvojiti

sin·gle-phase [~-fejz] *a* jednofazan

singles see single I 3

singles bar kafana, bar za pojedince

sin·gle-space [~-spejs] *v tr* and *intr* kucati s prorednikom uključenim na 1 sin·gle-stage [~-stejdž] *a* jednostepeni; *a ~ rocket* jednostepena raketa

sin·glet ['singlət] *n* (Br.) majica

single ticket Br.; see one-way ticket

sin·gle·track [~-traek] *a* jednotračan

sing out *v* povikati (pevajući — pjevajući)

sing·song [~song], [*a*] *n* jednoliko pevanje (pjevanje)

sin·gu·lar I ['singgjələ(r)] *n* (gram.) jednina, singular

singular II *a* 1. pojedini, pojedinačni 2. poseban 3. jedinstven, jedini 4. (gram.) jedninski

sin·gu·lar·i·ty [singgjə'laerətij] *n* pojedinačnost, pojedinost 2. posebnost 3. jedinstvenost

sin·gu·lar·ize ['singgjələrajz] *v tr* istaknuti

Sin·i·cism ['sinəsizəm], [*aj*] *n* kineska osobina

sin·is·ter ['sinistə(r)] *a* zlokoban, zlosrećan

sin·is·tral ['sinistrəl] *a* s leve (lijeve) strane

Si·nit·ic I [si'nitik], [*aj*] *n* (ling.) kineski jezik

Sinitic II *a* (ling.) kineski

sink I [singk] *n* 1. sudopera 2. lavabo 3. see cesspool 4. (fig.) kaljuga poroka

sink II *sank* [saengk]; *sunk* [səngk] or *sunken* ['səngkən] *v* 1. *tr* potopiti; *to ~ a ship* potopiti brod; *to ~ by gunfire* potopiti topovskom vatrom 2. *tr* iskopati, izdubiti; *to ~ a shaft* iskopati okno 3. *tr* zabiti; *to ~ a piling* zabiti stub 4. *tr* uložiti; *to ~ money into smt.* uložiti novac u nešto 5. *tr* (basketball) ubaciti; *to ~ a basket* ubaciti loptu u koš 6. *intr* potonuti; *the ship sank* brod je potonuo 7. *intr* pasti; *to ~ into oblivion* pasti u zaborav 8. *intr* opasti; *morale has sunk* opao je moral 9. *intr* ponirati; *the river ~s into the earth* reka (rijeka) ponire u zemlju 10. *intr (to ~ in)* urezati se; *to let smt. ~ in* omogućiti da se nešto ureže (u pamćenje) 11. *intr* propasti; *to ~ into snow up to one's waist* propasti u sneg (snijeg) do pojasa 12. misc.; *the patient is ~ing* bolesniku je sve gore; *to ~ back into an armchair* uvaliti se u fotelju

sink·er [~ə(r)] *n* visak

sink·hole [~houl] *n* ponor

sink in *v* see sink II 10

sink·ing [~ing] *n* potapanje

sinking fund fond za isplatu dugova

sin·less ['sinlis] *a* bezgrešan

sin·ner [~ə(r)] *n* grešnik

Si·nol·o·gist [saj'nalədžist]; [*o*] *n* sinolog

Si·nol·o·gy [~džij] *n* sinologija

Sin·o·Ti·bet·an I [sajnou-ti'betn] *n* (ling.) kinesko-tibetanski jezici

Sino-Tibetan II *a* (ling.) kinesko-tibetski

sin·ter I ['sintə(r)] *n* (geol.) sinter

sinter II *v tr* sinterovati

sin·u·os·i·ty [sinjü'asətij]; [*o*] *n* vijugavost

sin·u·ous ['sinjüəs] *a* vijugav, sinuozan

si·nus ['sajnəs] *n* (anat.) sinus

si·nus·i·tis [sajnə'sajtis] *n* sinuzitis, zapaljenje (upala) sinusa

si·nus·oid ['sajn*j*usojd], [*nə*] *n* (math.) sinusoida

Si·on see Zion

Siou·an ['süən] *n* sijuski jezici

Sioux [sü] *(pl* has zero) *n* Siju-Indijanac, Sijuks

sip I [sip] *n* srkanje, pijuckanje

sip II *v tr* and *intr* srkati

si·phon I ['sajfən] *n* sifon

siphon II *v tr* (or: *to ~ off)* izvući sifonom

sir [sə(r)] I *n* gospodin

sir II *v tr* (colloq.) kazati »sir« (nekome)

sire I [saj(r)] *n* I. otac; predak 2. muški roditelj (životinje)

sire II *v tr* roditi, proizvesti (potomke) (o životinjama)

si·ren ['sajrən] *n* 1. (myth.) sirena; (fig.) zavodnica 2. signalna sprava, sirena; *a police ~* policijska sirena; *the ~s are sounding the alarm* sirene sviraju na uzbunu; *to turn on a ~* pritisnuti sirenu; *to sound a ~* povući zvono na uzbunu

si·re·ni·an [sə'rijnijən] *n* morska krava

Sir·i·us ['sirijəs] *n* (astro.) Sirijus

sir·loin ['sə(r)lojn] *n* (cul.) ruža (see also rump I 4)

sirloin steak rozbratna

si·roc·co [sə'rakou] [*o*] *n* široko, jugo

sir·up see syrup

sis·kin ['siskin] *n* (bird) čižak, zelenčica

sis·si·fied ['sisifajd] *a* efeminiziran, mek, nemuški

sis·sy ['sisij] *n* mekušac, slabić

sis·ter ['sistə(r)] *n* 1. rođena sestra 2. kaluđerica, redovnica (also nun) 3. see sorority sister 4. (esp. Br.) glavna medicinska sestra (see also nurse I 1)

sister II *a* sestrin

sister city pobratimljeni grad

sis·ter·hood [~hud] *n* 1. sestrinstvo 2. ženska sekcija (neke organizacije)

sis·ter-in-law [-in-lo] *(sisters-in-law) n* 1. snaja snaha (bratova žena) 2. šurnjaja 3. zaova 4. jetrva 5. svastika, svast

sis·ter·ly [~lij] *a* sestrinski

Sis·y·phe·an [sisi'fijən] *a* Sizifov; *a ~ task* Sizifov posao

sit [sit] *sat* [saet] *v intr* 1. sedeti (sjedjeti); *to ~ in an armchair (on a chair, on a sofa, at a table)* sedeti u fotelji (na stolici, na divanu, za stolom); *to ~ on smb.'s lap* sedeti nekome na krilu; *to ~ quietly* sedeti mirno 2. zasedati (zasjedati) 3. ležati (na jajima) 4. dopadati se, sviđati se; *that does not ~ well with them* to im se ne sviđa 5. (esp. Br.) polagati (ispit); *to ~ for a degree* polagati diplomski ispit 6. pozirati (also pose II 2) 7. see baby-sit 8. misc.; *the responsibility sat heavily on (upon)* him odgovornost ga je pritiskala; *to ~ in on smt.* prisustvovati nečemu; *to ~ tight* ostati čvrst; **to ~ on the fence* ostati neutralan; *to ~ around* sedeti bez posla

sit back *v* odmarati se u fotelji

sit·com ['sitkam]; [*o*] see situation comedy

sit down *v* sesti (sjesti); *to sit down on a bench (on a chair, at a table)* sesti na klupu (na stolicu, za sto — stol)

sit-down strike [~-daun] štrajk prilikom kojeg radnici zauzimaju radno mesto (mjesto)

site [sajt] *n* 1. položaj 2. gradilište

sit for *v* (Br.) 1. see sit 5 2. zastupati (u skupštini)

sit-in ['sit-in] *n* demonstracija pri kojoj demonstranti zauzimaju neko mesto (mjesto)

sit on *v* 1. (colloq.) obuzdati; *to sit on smb.* obuzdati nekoga 2. biti član; *to sit on a committee* biti član odbora

sit out *v* ne učestvovati (u plesu); *he sat out the dance* nije učestvovao u plesu

sit·ter [~ə(r)] *n* see baby sitter

sit·ting [∼iŋg] *n* 1. poziranje 2. sednica (sjednica) 3. ležanje na jajima 4. jaja za nasad 5. misc.; *at one* ∼ bez prekida

sitting duck (colloq.) laka žrtva

sitting room (mala) gostinska soba

sit·u·ate ['sičuejt] *v tr* situirati, postaviti

sit·u·a·tion [sičū'ejšən] *n* 1. situacija, položaj; *a changing (critical)* ∼ promenljiva — promjenljiva (kritična) situacija; *a political* ∼ politička situacija; *to grasp a* ∼ shvatiti situaciju 2. radno mesto (mjesto) (see **position I 2**)

situation comedy komedija situacija (televizijska komedija koja se emituje svake sedmice)

sit up *v* 1. probdeti (probdjeti); *to sit up all night with a sick person* probdeti noć kraj bolesnika 2. sedeti (sjedjeti) pravo; uspraviti se 3. misc.; **to make smb. sit up and take notice* privući nečiju pažnju

sit-up *n* (gymnastics) uspravljanje gornjeg dela tela — dijela tijela (iz ležećeg položaja)

sit upon *v* see **sit on**

sitz bath [sits] kupanje u sedećem (sjedećem) položaju

six [siks] 1. *n* šestica 2. *num* and *n* šest; šestorica; šestoro; šestori

six-foot·er [∼-futə(r)] *n* visok čovek — čovjek (čovek visok šest stopa), dvometraš

six-gun [∼-gən] see **six-shooter**

six-pack [∼-paek] *n* paklo od šest predmeta

six·pence ['sikspəns] *n* (Br.) novčić od šest penija

six·pen·ny [∼pənij] *a* (Br.) od šest penija; (fig.) jeftin

six-shoot·er [∼-šūtə(r)] *n* revolver sa šest metaka

six·teen [∼tijn] *num* šesnaest, šesnaestoro

six·teenth [∼th] *n* and *num a* šesnaesti; *on the* ∼ *of June* šesnaestog juna (W: lipnja)

sixth I [siksth] *n* 1. šestina 2. šesti; *on the* ∼ *of September* šestog septembra (W: rujna)

sixth II *num a* šesti

sixth sense intuicija, šesto čulo

six·ti·eth ['sikstijith] *num a* šezdeseti

six·ty [∼ti] *num* šezdeset

siz·a·ble ['sajzəbəl] *a* prilično velik

size I [sajz] *n* 1. veličina; *the* ∼ *of an apartment (car, room)* veličina stana (auta, sobe) 2. broj, veličina; *what* ∼ *do you wear?* koji broj nosite? 3. misc.; (colloq.) *that's about the* ∼ *of it* to je baš tako

size II *v tr* 1. srediti po veličini 2. *(to* ∼ *up)* proceniti (procijeniti)

size III *n* tutkalo

size IV *v tr* premazati tutkalom

size up *v* see **size II 2**

siz·ing [∼iŋg] *n* premazivanje tutkalom

siz·zle I ['sizəl] *n* cvrčanje

siz·zle II *v intr* cvrčati, prštati; *the fat is* ∼*ing* mast cvrči

skat [skaet] *n* igra karata, škat

skate I [skejt] *n* 1. klizaljka (see **ice skate**) 2. see **roller skate**

skate II *v intr* 1. klizati se (see **ice-skate**) 2. see **roller-skate**

skate III *n* (fish) raža glatka

skate IV *n* (colloq.) momak, čovek (čovjek); *a good* ∼ dobar čovek

skat·er [∼-ə(r)] *n* klizač (W: sklizač); *a figure* ∼ umetnički klizač

skate·board [∼-bo(r)d] *n* daska-koturaljka (daska sa dva točka), skejtbord

skat·ing [∼iŋg] *n* klizanje (W: sklizanje); *figure* ∼ umetničko (umjetničko) klizanje; *speed* ∼ brzo klizanje

skating rink klizalište (W: sklizalište)

skat·ole ['skaetoul] *n* (chem.) skatol

skeet [skijt] *n* skit gađanje (glinenih golubova) (cf. **trapshooting**)

skeg [skeg] *n* (naut.) peta kobilice

skein [skejn] *n* povesmo (povjesmo)

skel·e·tal ['skelətəl] *a* skeletni

skel·e·ton I [∼tən] *n* skelet, kostur; **a* ∼ *in the closet* (Br.: *cupboard*) porodična tajna

skeleton II *a* 1. skeletni 2. minimalan; *a* ∼ *crew* posada s minimalnim brojem ljudi

skeleton key kalauz

skep·tic ['skeptik] *n* skeptik, skeptičar

skep·ti·cal [∼əl] *a* skeptičan, skeptički; ∼ *about (regarding) smt.* skeptičan prema nečemu

skep·ti·cism ['skeptəsizəm] *n* skepticizam

sketch I [skeč] *n* 1. skica; *to make a* ∼ napraviti skicu 2. skeč (kratko dramsko delo — djelo)

sketch II *v tr* and *intr* skicirati

sketch·book [∼-buk] *n* blok za crtanje skica; crtanka

sketch·y [∼ij] *a* 1. kao skica 2. nedovršen, površan

skew I [skjū] *n* kosina, skošenje

skew II *a* 1. kos 2. (math.) mimoilazni

skew III *v* 1. *tr* iskositi 2. *intr* ići koso

skew·bald [∼bold] *a* šaren

skew·er I ['skjūə(r)] *n* ražanj

skewer II *v tr* nataknuti na ražanj

ski I [skij] *n* skija, smučka

ski II *a* skijaški, smučarski; *a* ∼ *competition* smučarsko takmičenje; ∼ *jumps* smučarski skokovi; ∼ *troops* smučarske jedinice; ∼ *equipment* skijaški pribor; ∼ *pants* skijaške pantalone; *a* ∼ *trail* skijaška staza

ski III *v intr* skijati se, smučati se

skid I [skid] *n* 1. zanošenje 2. (aviation) drljača; *a brake* ∼ drljača za kočenje; *a tail* ∼ repna drljača 3. misc.; *on the* ∼*s* nizbrdo, nepovoljno

skid II *v intr* zaneti (zanijeti) se; okliznuti se, kliznuti se; *the vehicle* ∼*ded* vozilo se zanelo

skid·lid [∼lid] *n* Br.; see **crash helmet**

skid row (colloq.) deo (dio) grada gde (gdje) žive pijanice, skitnice, beskućnici

ski·er ['skijə(r)] *n* smučar, skijaš

skiff [skif] *n* (naut.) skif

ski·ing [∼iŋg] *n* skijaški sport

ski jump 1. smučarska skakaonica 2. smučarski skok

ski lift uspinjača (za smučare)

skill [skil] *n* veština (vještina); vičnost; ∼ *in smt.* veština u nečemu; *to acquire* ∼ steći veštinu

skilled [skild] *a* 1. vešt (vješt), vičan; ∼ *in smt.* vešt u nečemu; ∼ *hands* vešte ruke 2. kvalifikovan; *a* ∼ *worker* kvalifikovani radnik

skil·let ['skilit] *n* 1. tiganj 2. (Br.) lonac za kuvanje (kuhanje) s nožicama i dugačkom drškom

skill·ful [∼fəl] *a* vešt (vješt), vičan

skim I [skim] *a* obran

37*

skim II *v* 1. *tr* obrati; *to* ~ *milk* obrati mleko (mlijeko) 2. *tr* (or: *to* ~ *off)* skinuti; (fig.) *to* ~ *off the cream* skinuti kajmak 3. *tr* baciti (da odskakuje od površine vode); praviti žabice; *to* ~ *pebbles (across water)* praviti žabice 4. *tr (to* ~ *over, through)* brzo pregledati; *to* ~ *(over, through) material* brzo pregledati građu 5. *intr* kliziti; *to* ~ *along the surface (of water)* kliziti po površini (vode)

skim·mer [~ə(r)] *n* 1. skidač 2. šešir sa širokim obodom

skim milk obrano mleko (mlijeko)

skim off *v* see skim II 2

skim over *v* see skim II 4

skimp [skimp] *v intr* cicijašiti, biti škrt; *to* ~ *on smt.* cicijašiti s nečim

skimp·y [~ij] *a* 1. oskudan 2. škrt

skim through *v* see skim II 4

skin I [skin] *n* koža; (fig.) *to save one's* ~ izneti (iznijeti) čitavu kožu; *he is nothing but* ~ *and bones* on je sama koža i kost 2. oplata; omotač; površinski sloj 3. kora; ~ *formed on the milk* na mleku (mlijeku) se uhvatila kora 4. košuljica; *a snake sheds its* ~ zmija menja (mijenja) košuljicu 5. misc.; *to get under smb.'s* ~ naljutiti nekoga; postati nečija opsesija; *by the* ~ *of one's teeth* na jedvite jade; (fig.) *he has a thick* ~ on ima debeo obraz; (fig.) *he has a thin* ~ on je veoma osetljiv (osjetljiv)

skin II *v tr* oderati, odrati; *to* ~ *an animal* odrati životinju; (fig.) *to* ~ *smb. (alive)* odrati (opljačkati) nekoga

skin-deep [~-dijp] *a* površan; * *beauty is only* ~ lepota (ljepota) je samo površna

skin diver gnjurac s lakim gnjuračkim kostimom

skin diving gnjuranje s lakim gnjuračkim kostimom

skin flick (slang) pornografski film

skin·flint [~flint] *n* (colloq.) tvrdica, cicija

skin graft presad kože

skin·head [~hed] *n* (Br.) siledžija

skin·ner [~ə(r)] *n* 1. strvoder 2. (Western Am.) mazgar (also muleskinner)

skin·ny [~ij] *a* mršav

skin test (med.) kutana proba

skip I [skip] *n* 1. skakutanje 2. propust

skip II *v* 1. *tr* preskočiti 2. *tr* propustiti 3. *tr* see skim II 3 4. *intr* skakutati 5. *intr* skakati, preskakati; *to* ~ *from one subject to another* skakati s predmeta na predmet 6. *intr* (colloq.) odmagliti 7. *intr* kliznuti; *to* ~ *over smt.* kliznuti preko nečega

skip III *n* (Br.) gvozdena korpa

skip distance kratkotalasni opseg

ski pole skijaški štap

skip out *v* pobeći (pobjeći)

skip·per [~ə(r)] *n* (naut.) kapetan (malog broda)

skipping rope Br.; see jump rope

skirl I [skə(r)l] *n* piskutanje (gajdi)

skirl II *v intr* piskutati

skir·mish I ['skə(r)miš] *n* čarka

skirmish II *v intr* čarkati se

skirt I [skə(r)t] *n* 1. suknja 2. (fig., slang) žena

skirt II *v tr* ići duž, graničiti se (s); *it* ~s *the wall* to ide duž zida

skirt·ing board Br.; see baseboard

ski slope pista za skijanje

ski stick Br.; see ski pole

skit [skit] *n* 1. skeč (kratko dramsko delo — djelo) 2. parodija

ski tow see ski lift

skit·tish [~iš] *a* 1. uzbudljiv 2. snebivljiv 3. frivolan

skit·tle ['skitl] *n* (Br.) 1. vrsta kegle 2. (in *pl*) vrsta kuglanja

skiv·vy ['skivij] *n* (slang) 1. muška potkošulja 2. (in *pl*) muški donji veš 3. (Br.) sluškinja

Skop·lje ['skoplje], [ə] *n* Skoplje

skulk [skəlk] *v intr* skrivati se (see lurk)

skull [skəl] *n* lobanja, lubanja

skull and crossbones mrtvačka glava (simbol smrti)

skull·cap [~kaep] *n* kapica

skull·dug·ger·y [skəl'dəgərij] *n* prevara, varka

skunk I [skəngk] *n* (zool. and fig.) smrdljivac

skunk II *v tr* 1. potući do nogu 2. prevariti

sky [skaj] *n* nebo; *in the* ~ na nebu; *the* ~ *is the limit* nema granice

sky blue nebesko plavetnilo

sky-blue [~-blū] *a* plav kao nebo

sky·coach [~kouč] *n* putnički avion sa turističkom klasom

sky·dive [~dajv]; -ed or (colloq.) -dove [douv]: -ed *v intr* skakati s padobranom

sky·div·er [~ə(r)] *n* padobranac

sky-high [~-haj] *a* veoma visok

sky·jack [~džaek] *v tr* oteti (avion)

sky·lark I [~la(r)k] *n* (bird) poljska ševa

skylark II *v intr* praviti ludorije

sky·light [~lajt] *n* svetlarnik — svjetlarnik (W: svjetionik)

sky·line [~lajn] *n* 1. linija horizonta 2. silueta zgrada (planina) na horizontu

sky·rock·et [~rakit]; [o] *v intr* poleteti (poletjeti) uvis; *to* ~ *to fame* see rocket III

sky·sail [~sejl] *n* (naut.) vršno jedro

sky·scrap·er [~skrejpə(r)] *n* oblakoder, nebоder

sky·walk [~wok] *n* viseći balkon

sky·ward [~wə(r)d] skywards [~z] *adv* ka nebu

sky·way [~wej] *n* vazdušna (W: zračna) linija

sky·writ·ing [~rajtiñg] *n* pisanje po nebu (u reklamne svrhe) pomoću aviona koji za sobom ostavlja trag dima

slab [slaeb] *n* ploča; *a stone* ~ kamena ploča

slack I [slaek] *n* 1. labavi deo (dio) konopa 2. labavost; zazor; nenategnutost 3. zatišje, zastoj (see lull I)

slack II *a* 1. labav; nezategnut; *the rope is* ~ uže je labavo 2. labav, mrtav, slab, trom; *business is* ~ poslovi idu slabo; *the* ~ *season* mrtva sezona 3. nemaran, nehatan

slack III *v* 1. *tr* see slacken 1 2. *tr* see slake 2 3. *intr (to* ~ *off)* popustiti

slack IV *n* šljaka, troska

slack·en [~ən] *v* 1. *tr* popustiti, olabaviti, oslabiti 2. *tr* usporiti; *to* ~ *the pace* usporiti hod 3. *intr* popustiti, jenjati

slack·er [~ə(r)] *n* (colloq.) zabušant

slack·ness [~nis] *n* labavost

slack off *v* see slack III 3

slacks [~s] *n pl* pantalone (W: hlače)

slag [slaeg] *n* troska, šljaka, zgura

slag·gy [~ij] *a* troskav

slag·heap [~hijp] *n* ~ gomila šljake
slain see slay
slake [slejk] *v tr* 1. ugasiti, utoliti (W also: utažiti); *to* ~ *one's thirst* ugasiti žeđ 2. ugasiti; *to* ~ *lime* ugasiti kreč (vapno)
sla·lom ['slaləm] *n* slalom
slam I [slaem] *n* zaluplјivanje; tresak (trijesak)
slam II *v* 1. *tr* zalupiti; *to* ~ *a door* zalupiti vrata (vratima) 2. *intr* zalupiti se; *the door* ~*med* vrata su se zalupila
slam III *n* (cards) pobeda (pobjeda)
slam-bang [~-baeng] *adv* (colloq.) brzo i bučno
slam·mer [~ə(r)] *n* (colloq.) zatvor
slan·der I ['slaendə(r)]; [*a*] *n* 1. kleveta (see also libel I 1) 2. (legal) usmena kleveta; *to commit* ~ naneti (nanijeti) klevetu; *to sue smb. for* ~ tužiti nekoga zbog klevete (cf. libel I 2)
slander II *v tr* (usmeno) oklevetati (cf. libel II);
slan·der·er [~rə(r)] *n* klevetnik
slan·der·ous [~rəs] *a* klevetnički
slang I [slaeng] *n* sleng; nestandardni jezik; šatrovački jezik
slang II *a* slengovski; nestandardni; šatrovački
slang III *v tr* (Br.; colloq.) grditi
slang·y [~ij] *a* šatrovački
slant I [slaent]; [*a*] *n* 1. kosina; nagib 2. predrasuda 3. gledište
slant II *v* 1. *tr* nagnuti; nakriviti 2. *tr* izvrtati; *to* ~ *the facts* izvrtati činjenice 3. *intr* nagibati se, naginjati se
slant·ed [~id] *a* sklon, naklonjen
slant·wise [~wajz] 1. *adv* koso 2. *a* kos
slap I [slaep] *n* 1. šamar, pljuska, ćuška; *to give smb. a* ~ opaliti nekome pljusku; **a* ~ *on the wrist* laka kazna; *a* ~ *in smb.'s face* šamar nekome 2. pljesak; *the* ~ *of oars on the water* pljesak vesala po vodi
slap II *v* 1. *tr* ošamariti; pljesnuti; šljepnuti; *to* ~ *smb.* ošamariti nekoga, opaliti nekome pljusku (ćušku) 2. *tr* baciti; tresnuti; *he* ~*ped his wallet down on the table* bacio je svoj novčanik na sto (stol) 3. *tr (to* ~ *together)* sklepati, slupati, zbrljati; *to* ~ *a table together* sklepati sto (stol); *to* ~ *a meal together (from leftovers)* zbrljati obrok (od ostataka jela) 4. *intr* zapljuskivati; *the waves* ~ *against the shore* talasi zapljuskuju obalu 5. misc.; (colloq.) *to* ~ *down* ugušiti; *to* ~ *on* dolepiti (dolijepiti)
slap·dash [~daeš] *a and adv* na brzu ruku
slap down *v* see slap II 5
slap·happy [~haepij] *a* u grogi stanju
slap·jack [~džaek] *n* see pancake
slap·stick [~stik] *n* (or: ~ *comedy)* urnebesna komedija
slap-up *a* (Br.; colloq.) odličan
slash I [slaeš] *n* 1. udarac sečimice (sječimice) 2. kosa crta (kao znak interpunkcije) (also virgule) 3. (Br.; vul.) mokrenje
slash II *v* 1. *tr and intr* udariti sečimice (sječimice) 2. *tr* (drastično) smanjiti, umanjiti; *to* ~ *a budget* smanjiti budžet 3. *tr* prorezati; probušiti; *to* ~ *a tire* probušiti gumu
slat [slaet] *n* 1. tanka daščica; letvica 2. (aviation) pretkrilce
slate I [slejt] *n* 1. škriljac 2. škriljčana ploča 3. prošlost; *a clean* ~ čista prošlost (see also

record I 3) 4. (Am., pol.) predizborna kandidatska lista
slate II *a* škriljčan; *a* ~ *roof* škriljčani krov
slate III *v tr* 1. pokriti škriljcem 2. (Am., pol.) staviti na kandidatsku listu 3. naznačiti 4. (Br.; colloq.) osuditi
slath·er I ['slaethə(r)] *n* (slang) velika količina
slather II *v tr* (slang) rasipati, ćerdati
slat·tern ['slaetə(r)n] *n* aljkava žena
slat·tern·ly [~lij] *a* aljkav
slaugh·ter I ['slotə(r)] *n* 1. klanje 2. pokolj, klanica
slaughter II *v tr* poklati, zaklati; *to* ~ *a calf* zaklati tele
slaugh·ter·house [~haus] *n* klanica (klaonica)
Slav I [slav] *n* Sloven (W: Slaven)
Slav II see Slavic 2
slave I [slejv] *n* rob; (fig.) *a* ~ *to duty (to one's passions)* rob dužnosti (svojim strastima); *a willing* ~ dragovoljan rob
slave II *v intr* raditi kao rob, robovati
slave dealer trgovac robljem
slave driver nadzornik nad robovima
slave labor robovska radna snaga
slave market tržište roblja
slave owner vlasnik robova
slav·er I ['slaevə(r)] *n* bale: pljuvačka
slaver II *v intr* balaviti (also slobber II)
slav·er III ['slejvə(r)] *n* 1. brod sa robljem 2. trgovac robljem
slav·er·y ['slejvərij] *n* ropstvo
Slave State (Am., hist.) robovlasnička država
slave trade trgovina robljem
slave trader trgovac robljem
Slav·ic I ['slavik] *n* slovenski (W: slavenski) jezici (Br. and Canadian are Slavonic)
Slavic II *a* 1. slovenski (W: slavenski); *the* ~ *languages* slovenski jezici 2. slavistički; *a* ~ *department* slavistički seminar, odsek (odsjek) za slavistiku; ~ *studies* slavističke studije (Br. and Canadian are Slavonic)
slav·ish ['slejviš] *a* ropski; *(a)* ~ *imitation* ropsko podražavanje
Slav·ist ['slavist] *n* slavista
Sla·vo·ni·a [slə'vounijə] *n* Slavonija
Sla·vo·ni·an I [~n] *n* Slavonac
Slavonian II *a* slavonski
Sla·von·ic [slə'vanik]; [*o*] (esp. Br., Canadian) see Slavic I, II
Slav·o·phile ['slavəfajl] *n* slavenofil
Slav·o·phobe [~foub] *n* slavenofob
slaw [slo] *n* see coleslaw
slay [slej]; *slew* [slū]; *slain* [slejn] *v tr* 1. ubiti 2. (slang) nadvladati
sleave I [slijv] *n* nešto zamršeno
sleave II *v tr* razmrsiti
slea·zy ['slijzij] *a* lošeg kvaliteta (see also shoddy)
sled I [sled] *n* 1. sanke (also sledge, sleigh) 2. dečije (dječije) sanke
sled II *v intr* sankati se
sled·ding [~ing] *n* 1. sankanje 2. (colloq.) see going I 2
sledge I [sledž] *n* sanke
sledge II *v tr* voziti sankama
sledge·ham·mer [~haemə(r)] *n* težak kovački čekić
sleek [slijk] *a* 1. sladak; uglađen 2. doteran (dotjeran)

sleep I [slijp] *n* spavanje, san; *deep (light, sound)* ~ dubok (lak, tvrd) san

sleep II *slept* [slept] *v intr* 1. spavati; *he didn't* ~ *all night* on nije spavao cele (cijele) noći; *to* ~ *soundly* spavati tvrdim snom; **to* ~ *like a log* spavati kao top (kao zaklan) 2. misc.; *to* ~ *through a film* prespavati (prospavati) film; (colloq.) *to* ~ *around* biti bludnica (bludnik): *to* ~ *with smb.* imati snošaj s nekim; *to* ~ *on smt.* ostaviti nešto za sutra; (of a servant) *to* ~ *in (out)* stanovati u kući (van kuće); *he went home to* ~ *it off* see **sleep off**

sleep·er [~ə(r)] *n* 1. spavač 2. spavaća kola 3. Br.; sec **crosstie** 4. (sports, colloq.) autsajder

sleep·ing [~iñg] *a* spavaći, za spavanje

sleeping bag vreća za spavanje

sleeping beauty uspavana lepotica (ljepotica)

sleeping car spavaća kola

sleeping partner Br.; see **silent partner**

sleeping pill uspavljivo sredstvo, tableta za spavanje

sleeping policeman ispupčenje napravljeno na putu (radi usporavanja saobraćaja)

sleeping sickness bolest spavanja

sleep·less [~lis] *a* bèsan, bez sna; ~ *nights* besane noći

slecp off *v* odspavati; *to sleep smt. off* odspavati nešto; (colloq.) *he went home to sleep it off* išao je kući da se otrezni (otrijezni)

sleep·walk·er [~wokə(r)] *n* somnambul, mesečar (mjesečar)

sleep·walk·ing [~iñg] *n* somnambulizam, mesečarstvo (mjesečarstvo)

sleep·y [~ij] *a* sanjiv: *I am* ~ spava mi se

sleep·y·head [~hed] *n* (colloq.) dremalo (drijemalo)

sleet I [slijt] *n* susnežica (susnježica)

sleet II *v intr* padati (o susnežici — susnježici)

sleeve [slijv] *n* 1. rukav 2. Br.; see **record jacket** 1

sleigh [slej] *n* sanke

sleight [slajt] *n* 1. vičnost 2. see **sleight of hand**

sleight of hand opsena (opsjena), varka

sleight-of-hand [~əv-haend] *a* opsenarski (opsjenarski)

slen·der ['slendə(r)] *a* vitak, tanak

slen·der·ize [~rajz] *v* 1. *tr* učiniti vitkim 2. *intr* postati vitak

slen·der·ness [~nis] *n* vitkost

slept see **sleep II**

sleuth I [slūth] *n* 1. (colloq.) detektiv 2. see **sleuth-hound**

sleuth II *v intr* tragati

sleuth-hound [~haund] *n* lovački pas

slew I [slū] *n* (colloq.) mnoštvo

slew II see **slough I** 2

slew III see **slay**

slice I [slajs] *n* 1. kriška; slice; *a* ~ *of bread* kriška hleba — hljeba (W: kruha) 2. porcija 3. (sports) sečena (sječena) lopta; rotacija lopte 4. nož

slice II *v tr* 1. seći (sjeći) na kriške 2. prorezati 3. (sports) seći (loptu)

slick [slik] *a* 1. gladak; uglađen (also **sleek**) 2. prepreden 3. vešt (vješt), vičan; snalažljiv 4. klizav 5. prividno lep (lijep), blistav

slick·er [~ə(r)] *n* 1. kišni mantil 2. see **city slicker**

slick magazine see **glossy magazine**

slide I [slajd] *n* 1. klizanje 2. klizaljka 3. (tech.) klizač, vođica 4. slajd, dijapozitiv 5. (on a gunsight) pomerač (pomjerač) 6. (ðn a shotgun) potkundak 7. klizanje, odronjavanje (see **landslide** 1, **mud slide**, **rockslide**)

slide II *slid* [slid] *v* 1. *tr* gurati da klizi 2. *intr* kliznuti 3. *intr* zapasti; *to* ~ *into debt* zapasti u dugove

slide projector dijaskop, dijaprojektor

slide rule logaritmar

slide valve razvodnik (pare)

slid·ing [~iñg] *a* teleskopski

sliding board tobogan (za decu — djecu)

sliding door klizna vrata

sliding scale pomična skala, skala sa promenljivim (promjenljivim) nadnicama, tarifskim stavovima, itd.

slight I [slajt] *n* omalovaženje, nipodaštavanje; korpa

slight II *a* 1. tanak, vitak; malen 2. lak; *a* ~ *cold* lak nazeb

slight III *v tr* omalovažiti; nipodaštavati; dati (nekome) korpu

slight·ing [~iñg] *a* omalovažavajući

slight·ly [~lij] *adv* neznatno, malo

slim [slim] *a* vitak

slim down *v* (colloq.) izgubiti u težini

slime [slajm] *n* mulj, glib

slim·y [~ij] *a* muljav, glibav

sling I [sliñg] *n* 1. praćka 2. see **slingshot** 3. (med.) zavoj, povez 4. kaiš, remenik 5. omča

sling II *slung* [sləñg] *v tr* 1. baciti; hitnuti (praćkom); (fig.) *to* ~ *mud at smb.* bacati se blatom na nekoga 5. obesiti (objesiti); (mil.) ~ *arms!* o desno rame!

sling·shot [~šat]; [o] *n* mala praćka

slink [sliñgk]; *slunk* [sləñgk] *v intr* šunjati se (also **sneak II** 2)

slink·y [~ij] *a* 1. šunjav 2. graciozan; vitak

slip I [slip] *n* 1. klizanje 2. omaška, greška; *to make a* ~ napraviti grešku; *a* ~ *of the pen* slučajna greška u pisanju; *he made a* ~ *of the tongue* omaknuo mu se jezik 3. pristanište 4. see **slipway** 5. see **pillowcase** 6. kombinezon 7. sadnica, mladica 8. parče, komad; *a* ~ *of paper* parče papira 9. red sedišta (sjedišta) u crkvi 10. (tech.) klizanje 11. misc.; *to give smb. the* ~ umaći nekome; *a* ~ *of a girl* vitka devojka (djevojka)

slip II *v* 1. *tr* pustiti da klizi 2. *tr* tutnuti; *to* ~ *smt. into smb.'s hand* tutnuti nekome nešto u ruku 3. *tr* navući; *to* ~ *smt. over one's head* navući nešto preko glave 4. *intr* okliznuti se, kliznuti se; spotaći se; *the child* ~*ped and fell* dete (dijete) se okliznulo i palo; *he* ~*ped on a banana peel* okliznuo se o koru (od) banane 5. *intr* uvući se; ušunjati se; *he* ~*ped into the house* ušunjao se u kuću 6. *intr* (*to* ~ *by*) promaći (se); *some errors* ~*ped by him* promakle su mu (se) neke greške 7. *intr* kliziti, klizati; *the clutch* ~*s* kvačilo klizi 8. misc.; *to let smt.* ~ izbrbljati nešto; *to* ~ *into smt. else* preobući se

slip away *v* umaći

slip by *v* see **slip II** 6

slip·cov·er [~kəvə(r)] n presvlaka (pokrivač) za nameštaj (namještaj)

slip in v 1. ubaciti; to slip a remark in ubaciti primedbu (primjedbu) 2. uvući se; to slip in through a window uvući se kroz prozor

slip·knot [~nat]; [o] n čvor na omču

slip off v 1. skinuti, svući, izuti; to slip off one's shoes skinuti cipele 2. umaći (also slip away)

slip on v 1. obući; obuti; navući; to slip on one's shoes or: to slip one's shoes on obuti (navući) cipele 2. see slip II 4

slip-on n mokasina, cipela bez pertli

slip over v 1. see slip II 3 2. misc.; to slip one over on smb. prevariti nekoga

slip·o·ver [~ouvə(r)] n pulover

slip·page [~idž] n klizanje

slipped disk iščašenje pršljena

slip·per [~ə(r)] n patika, papuča

slip·per·y [~rij] a klizav

slip ring (elec.) prsten, klizni kolut

slip road Br.; see ramp 3

slip·shod [~šad]; [o] a nemaran, aljkav

slip·shod·di·ness [~ijnis] n nemarnost

slip·shod·ness [~nis] see slipshoddiness

slip·stream [~strijm] n vazdušna (W: zračna) struja iza elise

slip up v (colloq.) pogrešiti (pogriješiti)

slip-up [~əp] n (colloq.) greška

slip·way [~wej] n (naut.) navoz na tračnice

slit I [slit] n 1. prorez, izrez, razrez; a ~ for the eyes prorez za oči 2. (uzan) otvor (see slot 1)

slit II slit [slit] v tr 1. prorezati, proseći (prosjeći) 2. see slit open 3. rascepiti (rascijepiti)

slith·er ['slithə(r)] v intr 1. kliziti 2. gmizati

slit open v rasporiti

slit trench streljački zaklon

sliv·er ['slivə(r)] n cepka (cjepka)

sli·vo·vitz ['slivəvits] n šljivovica

slob [slab]; [o] n aljkava osoba

slob·ber I [~ə(r)] n bale

slobber II v intr balaviti

slob·ber·er [~rə(r)] n balavac

sloe [slou] n (bot.) see blackthorn

sloe·eyed [~-ajd] a s kosim, crnim očima

slog [slag]; [o] v intr 1. gaziti, šljapkati; to ~ through mud gaziti po blatu 2. teško raditi

slo·gan ['slougən] n geslo, parola, deviza, lozinka

sloop [slūp] n (naut.) slup

slop I [slap]; [o] n 1. prosuta tečnost 2. blato; židak mulj 3. bućkuriš; what kind of ~ is this? kakav ti je to bućkuriš? 4. (in pl) pomije, napoj

slop II v 1. tr prosuti (tečnost) na 2. tr politi 3. intr prosuti se

slop basin (Br.) zdelica (zdjelica) za usipanje taloga iz kafenih i čajnih šolja

slope I [sloup] n 1. nagib, kosina 2. ugao (W: kut) nagiba 3. see ski slope

slope II v 1. tr nagnuti 2. intr biti kos (nagnut); padati koso; the road ~s down to the sea put se spušta ka moru

slop·py ['slapij]; [o] a nehatan, aljkav

slops [~s] n pl 1. see slop I 4 2. (Br.) jevtina gotova odeća (odjeća)

slop up v (colloq.) 1. prosuti (na) 2. pokvariti

slop·work [~wə(r)k] n površan rad

slosh I [slaš]; [o] n see slush

slosh II v 1. tr poprskati 2. intr šljapati, gaziti; to ~ through mud šljapati po blatu 3. tr (Br.; slang) udariti

slot [slat]; [o] n 1. (uzan) otvor (na automatu, poštanskom sandučetu) 2. prorez, urez, procep (procijep) 3. (colloq.) mesto (mjesto), položaj

sloth [sloth], [a], [ou] n 1. lenjost (ljenost) 2. tromost 3. (zool.) lenjivac (ljenivac)

sloth·ful [~fəl] a lenj (lijen)

slot machine 1. automat za kockanje 2. see pinball machine 3. Br.; see vending machine

slouch I [slauč] n 1. nemarno, pognuto držanje tela (tijela) 2. (colloq.) nevešta (nevješta) osoba; he's no ~ on je sposoban

slouch II v intr nemarno se držati; to ~ along vući se tromo

slouch hat šešir s mekim obodom

slough I [slū], [au] (Br. only [au]) n 1. kaljuga, bara 2. močvara 3. utučenost

slough II [sləf] n 1. svlak, (zmijska) košuljica 2. (med.) izumrla koža

slough III v 1. tr (to ~ off) skinuti 2. intr skidati svlak 3. intr skidati se

Slo·vak I ['slouvak], [ae] n 1. Slovak 2. slovački jezik

Slovak II a slovački

Slo·vak·i·a [slou'vakijə] n Slovačka

Slo·vak·i·an [~n] see Slovak I, II

slov·en ['sləvən] n aljkavac

Slo·vene I ['slouvijn] n Slovenac (also Slovenian I 1)

Slovene II a see Slovenian II

Slo·ve·ni·a [slou'vijnijə] n Slovenija

Slo·ve·ni·an I [~n] n 1. Slovenac 2. slovenački (W: slovenski) jezik

Slovenian II a slovenački, (W: slovenski)

slov·en·ly ['sləvənlij] a 1. aljkav, nehatan 2. neuredan

slow I [slou] a 1. spor, lagan; a ~ pace spor korak; a ~ train spori voz (W: vlak) 2. koji zaostaje: the watch is ten minutes ~ sat zaostaje deset minuta: ~ learners zaostali učenici 3. trom; labav: business is ~ poslovi idu labavo 4. (colloq.) dosadan 5. usporen: a ~ pulse usporen puls

slow II adv 1. (more formal is slowly) sporo; polako; to drive ~ voziti polako 2. dockan: the trains are running ~ vozovi (vlakovi) zakašnjavaju

slow III v 1. tr (also: to ~ down, up) usporiti: to ~ a car down usporiti auto 2. intr (or: to ~ down, up) smanjiti brzinu

slow·coach [~kouč] Br.; see slowpoke

slow down v see slow III 1, 2

slow·down [~daun] n 1. usporavanje 2. zastoj

slow·ly [~lij] adv see slow II

slow motion usporeni film: in ~ usporeno, na usporenom filmu

slow·mo·tion [~-moušən] a usporen

slow·ness [~nis] n sporost

slow·poke [~pouk] n (colloq.) spora osoba

slow up v see slow III 1, 2

slow·wit·ted [~witid] a tupoglav

sludge [slədž] n mulj, kal, blato

slue I see slew I

slue II see slough I 2

slug I [sləg] *n* 1. okruglo tane 2. see **shot** I 6 3. žeton koji se ubacuje umesto (umjesto) novca u automat, telefonsku kasetu 4. (printing) metalna šipka; redak linotipa 5. metalni grumen 6. (phys.) jedinica mase
slug II *n* puž golać
slug III *v tr* (colloq.) jako udariti
slug·fest [~fest] *n* tuča
slug·gard [~ə(r)d] *n* lenjivac (ljenivac)
slug·ger [~ə(r)] *n* onaj koji udara
slug·gish [~iš] *a* trom, inertan
slug·gish·ness [~nis] *n* tromost. inertnost
sluice I [slūs] *n* 1. ustava 2. ustavljena voda 3. (also: sluiceway) odvod
sluice II *v tr* potopiti, navodniti (otvaranjem ustave)
sluice·way [~wej] see **sluice** I 3
slum I [sləm] *n* sirotinjski kvart (nekog velegrada), slam, straćare
slum II *v intr* posetiti (posjetiti) sirotinjski kvart
slum·ber I ['sləmbə(r)] *n* dremež, san, spavanje
slumber II *v intr* dremati, spavati
slum·ber·ous [~rəs] *a* sanjiv
slum·gul·lion ['sləmgəljən] (Br., slang) slabo piće
slum·lord [~lo(r)d] *n* (colloq.) vlasnik stambenih kuća u sirotinjskom kvartu
slump I [sləmp] *n* (usu. econ.) recesija
slump II *v intr* 1. srozati se; opasti; *morale has ~ed* moral se srozao 2. see **slouch** II
slung see **sling** II
slunk see **slink**
slur I [slə(r)] *n* 1. kleveta, nipodaštavanje 2. ne-razgovetno (nerazgovijetno) izgovaranje, gu-tanje 3. (mus.) vezivanje; znak vezivanja
slur II *v tr* 1. nipodaštavati 2. (or: *to ~ over*) olako preći (preko) 3. nerazgovetno (nerazgovi-jetno) izgovoriti 4. (mus.) vezati, spojiti
slurp [slə(r)p] *v tr and intr* srkati; mljackati (ustima)
slush [sləš] *n* bljuzgavica, lapavica
slush fund 1. novac predviđen za podmićivanje 2. novac predviđen za zabavu
slush·y [~ij] *a* bljuzgav, lapav
slut [slət] *n* 1. kurva 2. see **slattern**
slut·tish [~iš] *a* kurvinski
sly [slaj] *a* lukav; (as *n*) *on the ~* tajno
sly·ness [~ nis] *n* lukavstvo
smack I [smaek] *n* 1. cmok 2. udar; šamar, ćuška 3. (slang) heroin
smack II *adv* (colloq.) pravo, direktno; *he fell ~ on his head* pao je naglavce (pravo na glavu)
smack III *v tr* 1. cmoknuti; *to ~ one's lips* cmoknuti usnama 2. udariti; ošamariti
smack IV *n* ukus
smack V *v intr* 1. osećati (osjećati) se; *to ~ of garlic* osećati se na beli (bijeli) luk 2. podsećati (podsjećati), mirisati; *his style ~s of* nit-picking njegov stil podseća (miriše) na cepidlačenje (cjepidlačenje)
smack VI *n* ribarski brod
smack-dab [~-daeb] *adv* (colloq.) direktno
smack·er [~ə(r)] *n* (colloq.) 1. poljubac 2. dolar; (Br.) funta
smack·ing [~iṅg] *a* žustar; brz

small I [smol] *n* tanki deo (dio); *the ~ of the back* krsta (W: križa)
small II *a* 1. mali, malen; *a ~ expense* mali iz-datak; *a ~ family (room)* mala porodica (soba); *his shoes are too ~* cipele su mu male 2. sitan; mali; *~ bones (eyes)* sitne kosti (oči); *~ minds* sitni duhovi
small ad (Br.) mali oglas (see also **classified** 2)
small arms *pl* ručno oružje
small change sitan novac
small fry sitna boranija
small hours *pl (the ~)* gluvo (gluho) doba
small intestine tanko crevo (crijevo)
small-mind·ed [~-majndid] *a* sitničav
small·pox [~paks]; [o] *n* velike boginje, variole
smalls *n pl* (Br.; colloq.) donje rublje
small talk ćaskanje; *to make ~* ćaskati
small·time [~tajm] *a* (colloq.) drugorazredan
smalt [smolt] *n* smalta
smalt·ite [~ajt] *n* (miner.) smaltin
sma·rag·dite [smə'raegdajt] *n* (miner.) smaragdit
smart I [sma(r)t] *a* 1. pametan 2. žustar, živ 3. prepreden 4. elegantan; *a ~ restaurant* elegantan restoran 5. pomodan; *the ~ set* pomodno društvo
smart II *v intr* peći, peckati, boleti (boljeti); *the wound ~s* rana pecka; *my eyes ~ from the smoke* oči me peku od dima
smart al·eck ['aelik] (colloq.) ohola osoba
smart·en up [~ən] *v* 1. doterati (dotjerati) 2. do-terati se 3. postati pametniji
smart money naknada za povredu
smart·weed [~wijd] *n* (bot.) vodena biberka, paprac
smash I [smaeš] *n* 1. razbijanje, slupanje 2. pro-past 3. bankrotstvo 4. sudar 5. (sports) smeč
smash II *v* 1. *tr* (also: *to ~ up*) razbiti; slupati; *to ~ smt. to smithereens* razbiti nešto u pa-ramparčad: *to ~ (up) a car* slupati kola 2. *tr* smrviti 3. *intr* razbiti se, slupati se 4. *intr* smrviti se 5. *intr* (sports) smečovati
smash-and-grab raid (Br.; colloq.) provala u du-ćanski izlog
smashed *a* (Br.; colloq.) pijan
smash·er [~ə(r)] *n* (colloq.) nešto lepo (lijepo)
smash hit veliki uspeh (uspjeh)
smash·ing [~iṅg] *a* izvanredan
smash up *v* see **smash** II 1
smash·up [~əp] *n* sudar
smat·ter ['smaetə(r)] see **smattering**
smat·ter·ing [~riṅg] *n* površno znanje
smear I [smij(r)] *n* 1. mrlja 2. premaz 3. (med.) bris 4. kleveta
smear II *v* 1. *tr* zamazati, zabrljati, zamastiti: *he ~ed everything* sve je zamazao 2. *tr* umazati; premazati 3. *tr* oklevetati 4. *tr* (sports, slang) potući do nogu 5. *intr* mazati se
smear test see **smear** I 3
smear·y [~rij] *a* 1. umašćen 2. koji masti
smell I [smel] *n* 1. miris; (or: *the sense of ~*) čulo (W: ćutilo) mirisa 2. miris, vonj; *the ~ of smoke* miris dima 3. aromat
smell II -ed or smelt [smelt] *v* 1. *tr* pomirisati: osetiti (osjetiti); *to ~ a rose* pomirisati ružu: *he ~ed smt. burning* osetio je da nešto gori 2. *tr* onjušiti 3. *intr* mirisati; osećati (osjećati)

se: *the flowers* ~ cveće (cvijeće) miriše; *the house* ~*s of smoke* kuća miriše na dim; *smt.* ~*s (bad) here* ovde (ovdje) se nešto oseća; *it* ~*s as if smt. is burning* oseća se kao da nešto gori; *we* ~ *with our nose* mirišemo nosom
smell·ing salts [~ing] *pl* mirisne soli
smell out *v* (colloq.) nanjušiti
smel·ly [~ij] *a* smrađan, smrdljiv
smelt I [smelt] *(pl* has *-s* or zero) *n* (fish) snetac (snjetac)
smelt II *v tr* istopiti; *to* ~ *ore* topiti rudu
smelt III see **smell II**
smelt·er [~ə(r)] *n* 1. topioničar 2. see **smeltery**
smelt·er·y [~rij] *n* topionica
smew [smjū] *n* (duck) beli (bijeli) ronac
smid·gen ['smidžən] *n* (colloq.) mala količina
smile I [smajl] *n* osmeh (osmjeh)
smile II *v intr* osmehnuti (osmjehnuti) se; *to* ~ *at smb.* osmehnuti se na nekoga
smirch I [smə(r)č] *n* mrlja, ljaga
smirch II *v tr* uprljati
smirk I [smə(r)k] *n* zlobno smeškanje (smješkanje)
smirk II *v intr* zlobno se smeškati (smješkati)
smite [smajt]; *smote* [smout]; *smitten* ['smitn] or *smote*; *v tr* 1. jako udariti, lupiti 2. spopasti: obuzeti; *smitten with love* zaljubljen
smith [smith] *n* 1. metalski radnik 2. see **blacksmith**
smith·er·eens [smithə'rijnz] *n pl* paramparčad; *to smash smt. to* ~ razbiti nešto u paramparčad
smith·er·y ['smithərij] *n* 1. kovački zanat 2. see **smithy**
smith·son·ite ['smithsənajt] *n* (miner.) smitsonit
smith·y ['smithij], [th] *n* kovačnica, potkivačnica
smit·ten see **smite**
smock [smak]; [o] *n* radnička bluza
smog [smag]; [o] *n* smog
smoke I [smouk] *n* 1. dim; *a column of* ~ stub dima; **where there's* ~, *there's fire* nema dima bez vatre 2. (colloq.) cigareta
smoke II *a* dimni; ~ *signals* dimni signali
smoke III *v* 1. *tr* nadimiti; *to* ~ *meat* nadimiti meso 2. *tr (to* ~ *out)* isterati (istjerati) puštanjem dima 3. *tr* pušiti; *to* ~ *cigarettes* pušiti cigarete; *to* ~ *a pipe* pušiti na lulu 4. *intr* pušiti se, dimiti se; *the chimney is* ~*ing* dimnjak se puši (dimi) 5. *intr* pušiti; *he* ~*s a lot* on mnogo puši
smoke detector detektor (pokazatelj) dima
smoke·less [~lis] *a* bezdiman
smokeless powder bezdimni barut
smoke out *v* see **smoke III** 2
smok·er [~ə(r)] *n* 1. pušač; *to be a chain* ~ pušiti cigaretu za cigaretom; *a heavy* ~ strastan pušač 2. kola (kupe) za pušače 3. zabava za muškarce
smoke screen dimna zavesa (zavjesa); *to lay a* ~ postaviti dimnu zavesu
smoke·stack [~staek] *n* dimničar
smok·ing I [~ing] *n* pušenje; *no* ~! pušenje zabranjeno!
smoking II *a* pušači: ~ *accessories* pušači pribor
smoking car see **smoker** 2
smoking jacket smoking
smoking pistol (fig.) neoboriv dokaz

smok·y [~ij] *a* dimljiv, pušljiv
smol·der ['smouldə(r)] *v intr* tinjati; *the fire is* ~*ing* vatra tinja
smooch [smūč] *v intr* (slang) ljubiti se
smooth I [smūth] *a* 1. gladak; ~ *skin* glatka koža 2. tih, miran 3. milozvučan; *a* ~ *voice* milozvučan glas 4. uglađen; *a* ~ *style* uglađen stil
smooth II *v tr* (also: *to* ~ *out, over)* ugladiti; *to* ~ *out one's style* uglačati stil
smooth·bore I [~bo(r)] *n* oružje glatke cevi (cijevi)
smoothbore II *a* glatke cevi (cijevi)
smooth·en [~ən] *v tr* ugladiti
smooth·ness [~nis] *n* 1. glatkost 2. uglađenost, uglačanost
smooth out *v* see **smooth II**
smooth over *v* see **smooth II**
smote see **smite**
smoth·er ['smathə(r)] *v* I. *tr* ugušiti 2. *intr* ugušiti se
smoul·der see **smolder**
smudge I [smadž] *n* 1. mrlja 2. dimljiva vatra protiv insekata
smudge II *v* 1. *tr* zamazati, zaprljati (also **smear II** 1) 2. *intr* mazati se
smudge pot sud za dimljivu vatru protiv insekata
smug [smag] *a* samozadovoljan
smug·gle ['smagəl] *v* 1. *tr* prokrijumčariti, prošvercovati; *to* ~ *drugs* krijumčariti droge; *to* ~ *goods across a border* švercovati robu preko granice 2. *intr* biti krijumčar
smug·gler ['smaglə(r)] *n* krijumčar
smug·nes [~nis] *n* samozadovoljstvo
smut [smat] *n* 1. garava mrlja 2. skarednost, pornografija: *to peddle* ~ trgovati pornografijom
smut·ty [~ij] *a* skaredan
snack I [snaek] *n* zakuska, užina
snack II *v intr* užinati
snack bar snek-bar, snek-bife
snaf·fle ['snaefəl] *n* đem
snaf·fle·bit [~bit] see **snaffle**
sna·fu I [snae'fū] *n* (slang, often mil.) nered, haos, zbrka
snafu II *a* (slang, usu. mil.) zbrkan, haotičan, u neredu
snag I [snaeg] *n* 1. kvrga, čvoruga 2. see **snaggletooth** 3. stablo u vodi 4. (iznenadna) prepreka; *to hit a* ~ naići na prepreku
snag II *v* 1. *tr* zakačiti 2. *tr* (colloq.) uloviti 3. *intr* zaplesti se, zakačiti se (see also **catch II** 7)
snag·gle·tooth ['snaegəltūth] (*-teeth* [tijth]) *n* krnjatak
snail [snejl] *n* puž; **at a* ~*'s pace* brzinom puža
snake I [snejk] *n* 1. zmija; guja; *a poisonous (nonpoisonous)* ~ otrovna (neotrovna) zmija; *a water* ~ vodena zmija; **a* ~ *in the grass* guja prisojkinja 2. (plumber's ~) spiralna žica za čišćenje (otpušivanje) vodovodne cevi (cijevi)
snake II *a* zmijski; zmijin
snake III *v tr (to* ~ *one's way)* kretati se kao zmija, vijugati (se)
snake·bite [~bajt] *n* zmijin ujed
snake charmer ukrotilac zmija otrovnica

snake dance 1. indijanski ples sa zmijama 2. vijugava povorka
snake fence cikcak ograda od položenih debala
snake-like [~lajk] *a* zmijast, zmijolik
snake oil (colloq.) tobožnji lek (lijek)
snake pit (slang) ludnica
snake·root [~rūt] *n* senega
snake·skin [~skin] *n* zmijina (zmijska) koža
snake·stone [~stoun] see **whetstone**
snake venom zmijski otrov
snak·y ['snejkij] *a* 1. zmijast, zmijolik 2. pun zmija
snap I [snaep] *n* 1. puckanje, pucanje; škljocanje 2. puckanje prstima 3. kopča, spona; driker 4. hvatanje 5. vrsta keksa 6. talas; *a cold* ~ hladan talas 7. see **snapshot** 8. (colloq.) lak zadatak, posao
snap II *a* prenagljen; *a* ~ *judgment* sud donet (donijet) na brzinu
snap III *v* 1. *tr* pući; *to* ~ *a whip* pući bičem; *to* ~ *one's finger* pući prstom 2. *tr* fotografisati 3. *tr* naglo pomeriti (promjeriti); trgnuti; baciti; *the impact* ~*ped his head back* pri (u) sudaru glava mu se trgla unazad 4. *intr* pući; prsnuti; *the wire* ~*ped* žica je pukla (prsla) 5. *intr* škljocnuti; *the lock* ~*ped* brava je škljocnula 6. *intr* obrecnuti se, oseći (osjeći) se; *to* ~ *at smb.* obrecnuti se na nekoga 7. *intr* odskočiti; *the board* ~*ped up* daska je odskočila uvis 8. *intr* hteti (htjeti) šćapiti; pokušati ugristi: *the fish* ~*ped at the bait* riba je htela šćapiti mamac; *the dog* ~*ped at the child* pas umalo da nije ugrizao dete (dijete) 9. *intr* šćepati, ugrabiti, primiti bez oklevanja (oklijevanja): *to* ~ *at an opportunity* ugrabiti (šćepati) priliku 10. *intr* trgnuti, pomeriti (pomjeriti) se; *his head* ~*ped back* glava mu se trgla unazad 11. misc.; **to* ~ *out of it* doći sebi; (mil.) *he* ~*ped to attention* zauzeo je stav »mirno«; *to* ~ *shut* zatvoriti se
snap at *v* see **snap III** 8, 9
snap beans *pl* boranija
snap·drag·on [~draegən] *n* (bot.) zevalica (zijevalica)
snap off *v* 1. otkinuti; odgristi 2. otkinuti 3. misc.; *to snap smb.'s head off* obrecnuti se na nekoga
snap·pish [~iš] *a* koji ugriza
snap·py [~ij] *a* 1. žustar 2. pomodan, elegantan
snap roll (aviation) brzi valjak
snap·shot [~šat]; [o] *n* snimak, fotografija; *to take a* ~ načiniti snimak
snap up šćepati; otimati se (o nešto); *to snap up merchandise* dokopati se robe (see also **snap III** 7)
snare I [snej(r)] *n* zamka
snare II *v tr* uhvatiti zamkom
snare drum mali doboš
snarl I [sna(r)l] *n* režanje
snarl II *v* 1. *tr* kazati režećim glasom 2. *intr* režati; vrčati; *to* ~ *at smb.* režati na nekoga
snarl III *n* zaplet
snarl IV *v* 1. *tr* uvrnuti, zaplesti, zamrsiti 2. *intr* uvrnuti se, zaplesti se, zamrsiti se; *the cord got* ~*ed* šnur se uvrnuo

snatch I [snaeč] *n* 1. grabež, šćepaj 2. mah; *in* ~*es* na mahove 3. (weightlifting) trzaj 4. (slang) kidnapovanje
snatch II *v* 1. *tr* zgrabiti; ugrabiti, šćepati; *to* ~ *power* zgrabiti vlast 2. *tr (to* ~ *up)* pograbiti 3. *intr* zgrabiti; *to* ~ *at smt.* zgrabiti nešto 4. *tr* (weightlifting) izvesti trzaj
snatch·y [~ij] *a* spazmatičan
snaz·zy ['snaezij] *a* (slang) pomodan
sneak I [snijk] *n* šunjalo
sneak II (nonstandard: *snuck* [snək]) *v* 1. *tr* krišom pomeriti (pomjeriti) 2. *intr* šunjati se; *to* ~ *into a house* ušunjati se u kuću; *to* ~ *out of a room* išunjati se iz sobe; *to* ~ *up to smb.* prišunjati se nekome, došunjati se do nekoga
sneak II see **sneaker**
sneak·er [~ə(r)] *n* (usu. in *pl*) (sportska) patika
sneak·ing [~iñg] *a* koji se šunja; *a* ~ *feeling* sumnja, nagađanje
sneak preview pretpremijera novog filma (komada)
sneak thief lopov ušunjač
sneak·y [~ij] *a* skriven, tajni
sneer I [snij(r)] *n* podrugljiv osmeh (osmijeh)
sneer II *v* 1. *tr* izraziti na podrugljiv način 2. *intr* osmehnuti (osmjehnuti) se podrugljivo
sneeze I [snijz] *n* kijanje
sneeze II *v intr* 1. kinuti, kijati; *to* ~ *all over smb.* iskijati nekoga 2. (colloq.) *(to* ~ *at)* potceniti (potcijeniti); *the results are not to be* ~*d at* rezultati nisu za potcenjivanje (potcjenjivanje)
sneeze·wort [~ wə(r)t] [o] *n* (bot.) rebrac
snick·er I ['snikə(r)] *n* kikot
snicker II *v intr* kikotati
snide [snajd] *a* podrugljiv; sarkastičan
sniff I [snif] *n* šmrkanje
sniff II *v* 1. *tr* pronjušiti, onjušiti, *to* ~ *the air* pronjušiti vazduh (W: zrak) 2. *tr* uvlačiti kroz nos, šmrkati 3. *intr* njušiti; *to* ~ *at smt.* njušiti nešto 4. frkati
snif·fle I ['snifəl] *n* 1. šmrkanje 2. (in *pl*; colloq.) kijavica
sniffle II *v intr* šmrkati
snif·ter ['sniftə(r)] *n* mala količina viskija
snig·ger ['snigə(r)] Br.; see **snicker** I, II
snip I [snip] *n* 1. odrezak 2. (colloq.) nestaško 3. (in *pl*) kablovske makaze (W: škare)
snip II *v tr* ostrići, odrezati
snipe I [snajp] *n* 1. (*pl* has -s or zero) šljuka, bekasina 2. pucanj iz zaklona
snipe II *v intr* gađati, pucati (iz zaklona); (fig.) *to* ~ *at a politician* kritikovati političara
snip·er [~ə(r)] *n* snajper
snip·er·scope [~skoup] *n* snajperski nišan
snip·pet ['snipit] *n* 1. komad 2. nestaško
snip·py [~ij] *a* (colloq.) ohol
snit [snit] *n* (slang) uzbuđenost; ljutnja; *to be in a* ~ biti uzbuđen (ljut)
snitch [snič] *v* (colloq.) 1. *tr* ukrasti 2. *intr* prijaviti, potkazati; *to* ~ *on smb.* prijaviti nekoga
sniv·el I ['snivəl] *n* bale
snivel II *v intr* balaviti
sniv·el·er [~ə(r)] *n* balavac
snob [snab]; [o] *n* snob

snob·ber·y [~ərij] *n* snobizam
snob·bish [~iš] *a* snobovski
snob·bish·ness [~nis] *n* snobizam
snood [snūd] *n* mreža za kosu
snook [snūk] *n* (Br.; colloq.) *to cock a* ~ *at smb.* napraviti nekome veliki nos
snoop I [snūp] *n* .njuškalo
snoop II *v intr* njuškati
snoop·er [~ə(r)] *n* njuškalo
snoop·y [~ij] *a* koji njuška
snoot·y ['snūtij] *a* (colloq.) ohol, naduven
snooze I [snūz] *n* dremež
snooze II *v intr* dremati
snore I [sno(r)] *n* hrkanje
snore II *v intr* hrkati; *he* ~*s loudly* on jako hrče; *stop* ~*ing!* prestani da hrčeš!
snor·er [~rə(r)] *n* hrkač, hrkalo
snor·ing [~ring] *n* hrkanje
snor·kel ['sno(r)kəl] *n* snorkel, šnorkl
snort I [sno(r)t] *n* 1. frkanje 2. (slang) mala količina viskija
snort II *v* 1. *tr* (slang) šmrkati (droge) 2. *intr* frkati
snot [snɑt]; [o] *n* (vul.) bale
snot·nose [~nouz] *n* (vul.) balavac
snot·ty [~ij] *a* 1. balavički 2. odvratan
snout [snaut] *n* njuška
snow I [snou] *n* 1. sneg (snijeg); *covered with* ~ pokriven snegom; ~ *was falling* padao je sneg; *heavy (light)* ~ jak (slab) sneg 2. sneg na ekranu (TV) 3. (slang; *in pl*) kokain
snow II *a* snežni (snježni); ~ *cover* snežni pokrivač
snow III *v intr* padati (o snegu — snijegu); *it's* ~*ing* pada sneg
snow IV *v tr* (slang) *to* ~ *smb.* zavrteti (zavrtjeti) nekome pamet
snow·ball I [~bol] *n* grudva snega (snijega); *to throw* ~*s* bacati grudve
snowball II *v intr* povećati se kao grudva snega (snijega)
snowball bush (bot.) čibukovina
snowball fight grudvanje; *to have a* ~ grudvati se
snow-blind [~-blajnd] *a* zaslepljen (zaslijepljen) dugim gledanjem u sneg (snijeg)
snow blindness slepilo (sljepilo) koje nastaje dugim gledanjem u sneg (snijeg)
snow blower aparat za čišćenje snega (snijega)
snow·bound [~baund] *a* zavejan snegom (zavijan snijegom)
snow·cap [~kaep] *n* snežna (snježna) kapa
snow·capped [~t] *a* pokriven snežnom (snježnom) kapom
snow·drift [~drift] *n* snežni (snježni) nanos
snow·drop [~drɑp]; [o] *n* (bot.) visibaba
snow·fall [~fol] *n* padanje snega (snijega)
snow·flake [~flejk] *n* snežna (snježna) pahuljica
snow in *v* 1. zatrpati, zavejati (zavijati) snegom (snijegom); *they were completely snowed in* oni su bili potpuno zavejani snegom; *the village was snowed in* selo je bilo zavejano 2. prodirati (o snegu); *it's snowing in* prodire sneg
snow job (slang) laskanje
snow line granica večnog snega (vječnog snijega)
snow·man [~maen] (-*men* [men]) *n* Sneško Belić (Snješko Bjelić)

snow·mo·bile [~moubijl] *n* motorno vozilo za brzo kretanje po snegu (snijegu), snegomobil (snjegomobil)
snow·plow [~plau] *n* snežni (snježni) plug
snow·shoe [~šū] *n* krplja
snow·slide [~slajd] *n* snežna (snježna) lavina
snow·storm [~sto(r)m] *n* mećava, vejavica (vijavica)
snow·suit [~sūt] *n* dečije jednodelno zimsko odelo (dječije jednodijelno zimsko odijelo)
snow tire zimska guma
snow under *v* (colloq.) 1. pobediti (pobijediti) ogromnom većinom 2. zatrpati poslom
Snow White Snežana (W: Snjeguljica); ~ *and the Seven Dwarfs* Snežana i sedam patuljaka
snow-white [~-ʍajt], [w] *a* beo (bio) kao sneg (snijeg)
snow·y [~ij] *a* 1. pun snega (snijega) 2. kao sneg; beo (bio) kao sneg
snub I [snəb] *n* korpa, odbijanje
snub II *v tr* dati korpu (nekome); *to be* ~*bed* dobiti korpu
snub-nosed [~-nouzd] *a* koji ima prćast nos
snuck [snək] nonstandard past of snub II
snuff I [snəf] *n* 1. burmut; *to take* ~ šmrkati burmut 2. šmrk burmuta 3. misc.; **up to* ~ dobrog kvaliteta
snuff II *n* zažaren pepeo na fitilju sveće (svijeće)
snuff III *v tr* (*to* ~ *out*) useknuti, ugasiti; *to* ~ *out a candle* useknuti sveću (svijeću); (fig.) *to* ~ *out smb.'s life* ubiti nekoga
snuff·box [~baks]; [o] *n* burmutica
snuff·ers [~ə(r)z] *n pl* usekač
snuf·fle I [~əl] *n* šmrkanje
snuffle II *v intr* šmrkati
snuff out *v* see snuff III
snug [snəg] *a* 1. topao i udoban (ugodan); ***(colloq.) *as* ~ *as a bug in a rug* osećati (osjećati) se vrlo ugodno 2. dobro uređen 3. tesan (tijesan *to fit* ~*ly against smt.* biti potpuno priljubljen uz nešto
snug·gle [~əl] *v* 1. *tr* priljubiti 2. *intr* (usu.: *to* ~ *up*) priljubiti se; *to* ~ *up to each other* priljubiti se jedno uz drugo (see also nestle 2, cuddle 2)
so [sou] 1. *a* tako; *is that* ~? je li tako? 2. *adv* tako; *we were* ~ *tired that we fell asleep right away* bili smo tako umorni da smo odmah zaspali; *if you think* ~ ako tako misliš; *he told me to do* ~ *and* ~ rekao mi je da uradim tako i tako; *and* ~ *on* i tako dalje; ~ *be it* neka tako bude; *will he come? we suppose* ~ da li će doći? pretpostavljamo da hoće; *will he be late? I'm afraid* ~ da li će zakasniti? nažalost, hoće 3. *conj (and* ~) pa; *we ran out of money, and* ~ *we had to return home* nestalo nam je novaca pa smo morali da se vratimo kući 4. *conj* (~ *that*) da; *he came here* ~ *that he could learn the language* došao je ovamo da bi mogao da nauči jezik 5. *conj* i; *they went to the opera* — ~ *did we* oni su išli u operu — i mi smo išli; *we liked the play* — ~ *did she* nama se dopao komad — i njoj takođe 6. misc.; ~ *much the better* utoliko bolje; ~ *much nonsense* (same) gluposti; *the book is mine and* ~ *is the pencil* knjiga je moja i i olovka; ~ *far* ~ *good* dosada je sve dobro; ~ *help me*

God! tako mi bog pomogao! ~ *that's that* u tome je stvar; *be* ~ *kind as to forward the letter to me* budite ljubazni pa mi pošaljite pismo; ~ *what?* pa šta (što)?; *you have spilled the milk* — ~ *I have* prosuo si mleko (mlijeko) — stvarno jesam
soak I [souk] *n* potapanje
soak II *v* 1. *tr* potopiti; namočiti; *to* ~ *laundry* potopiti rublje 2. *tr (to* ~ *up)* upiti, apsorbovati, usisati 3. *tr* (slang) zaceniti (zacijeniti), naplatiti previše 4. *intr* potapati se
soak up *v* see **soak II** 2
so-and-so [~-ən-~] *(-os) n* (colloq.) 1. taj i taj; ~'*s brother* brat toga i toga 2. (euphemism) bitanga, nitkov
soap I [soup] *n* sapun; *laundry (toilet)* ~ sapun za veš (lice); *powdered* ~ sapunski prašak; **no* ~*!* ne valja!
soap II *a* sapunski; *a* ~ *factory* fabrika sapuna
soap III *v tr* nasapuniti, nasapunati; *to* ~ *oneself* nasapunati se
soap·box I [~bɑks]; [o] *n* improvizovana govornica
soapbox II *a* demagoški; *a* ~ *orator* orator s improvizovane govornice
soap box derby takmičenje između vozača kartinga (bez motora)
soap bubble sapunski mehur (mjehur) (also fig.)
soap opera sentimentalna serijska radio-emisija (TV-emisija)
soap·suds [~sədz] *n pl* sapunica
soap·wort [~wə(r)t], [o] *n* (bot.) sapunjača, belonoga (bjelonoga), sapunika
soap·y [~ij] *a* sapunast, sapunjav
soar [so(r)] *v intr* 1. vinuti se 2. (aviation) jedriti
sob I [sɑb], [o] *n* jecaj
sob II *v* 1. *tr* jecajući izgovoriti; *to* ~ *one's heart out* jecati dok srce ne prepukne; *to* ~ *oneself to sleep* jecajući zaspati 2. *intr* jecati
S.O.B. [esou'bij] (slang, vul.) abbrev. **of son of a bitch**
so·ber ['soubə(r)] *a* 1. trezan (trijezan), koji nije pijan 2. trezven, uzdržljiv 3. racionalan, uzdržan
sober up *v* 1. otrezniti (otrijezniti); *to sober smb. up* otrezniti nekoga 2. otrezniti se
so·bri·e·ty [sou'brajətij] *n* 1. treznost (trijeznost) 2. trezvenost
so·bri·quet ['soubri'kej], [et] *n* nadimak
sob sister sentimentalna osoba
sob story tužna priča
so-called [~-kold] *a* takozvani, nazovi-; *a* ~ *friend* nazoviprijatelj
soc·cer ['sɑkə(r)]; [o] *n* fudbal, nogomet (cf. **football, association football, rugby**)
soccer player fudbaler, nogometaš
so·cia·bil·i·ty [soušə'bilətij] *n* druželjubivost, društvenost
so·cia·ble ['soušəbəl] *a* druželjubiv, druževan, društven
so·cial I ['soušəl] *n* drugarsko veče
social II *a* 1. društveni, socijalni; ~ *problems (relationships)* društveni problemi (odnosi); *a* ~ *event* društveni događaj 2. see **sociable**
social climber (pejor.) hohštapler
social disease venerična bolest

social hygiene socijalna higijena
so·cial·ism [~izəm] *n* socijalizam
so·cial·ist I [~ist] *n* socijalista
socialist II *a* socijalistički; ~ *countries* socijalističke zemlje; *a* ~ *regime* socijalistički režim
so·cial·is·tic [soušə'listik] *a* socijalistički
Socialist Party Socijalistička partija
so·cial·ite ['soušəlajt] *n* (colloq., Am.) član višeg društva
so·ci·al·i·ty [soušij'aelətij] *n* socijalnost
so·cial·i·za·tion [soušələ'zejšən]; [aj] *n* socijalizacija
so·cial·ize ['soušəlajz] *v* 1. *tr* socijalizovati 2. *intr* (colloq.) kretati se u društvu; *he likes to* ~ on voli društvo (zajedničku zabavu)
socialized medicine (Am.) opšta (opća) zdravstvena zaštita svih građana
social register imenik pripadnika višeg društva (nekog grada)
social sciences *pl* društvene (socijalne) nauke
social security socijalno osiguranje
social service (Br.) socijalne ustanove, usluge
social studies *pl* poznavanje društva
social work socijalni rad
social worker socijalni radnik
so·ci·e·tal [sə'sajətəl] *a* društveni
so·ci·e·ty [sə'sajətij] *n* 1. društvo; javni život, svet (svijet) 2. udruženje, društvo; *a choral* ~ pevačko (pjevačko) društvo 3. društvo, socijalna sredina; *high* ~ visoko društvo
Society for the Prevention of Cruelty to Animals Društvo za zaštitu životinja
Society for the Prevention of Cruelty to Children Društvo za zaštitu dece (djece)
Society Islands Društvena ostrva (W: Društveni otoci)
Society of Friends kvekeri
so·ci·o·ec·o·nom·ic [sousijouekə'namik], [ij]; [o] *a* društveno-ekonomski
so·ci·o·lin·guis·tics [~lin'gwistiks] *n* sociolingvistika
so·ci·o·log·ic [sousijə'ladžik]; [o] **so·ci·o·log·i·cal** [~əl] *a* sociološki
so·ci·ol·o·gist [sousij'alədžist]; [o] *n* sociolog
so·ci·ol·o·gy [~džij] *n* sociologija
so·ci·om·e·try [sousij'amətrij]; [o] *n* sociometrija
so·ci·o·po·lit·i·cal [sousijoupə'litikəl] *a* društveno--politički
sock I [sɑk]; [o] *n* 1. (-*s* or *sox* [sɑks]; [o]) čarapa; *men's* ~*s (sox)* muške čarape; *to knit* ~*s* plesti čarape; **(Br.) to pull one's* ~*s up* bolje raditi 2. see **windsock**
sock II *v tr* (colloq.) 1. *(to* ~ *away)* uštedeti (uštedjeti); *to* ~ *money away* uštedeti novac 2. misc.; ~*ed in* zatvoren zbog magle (o aerodromu)
sock III *n* (slang) udarac
sock IV *v tr* (slang) udariti
sock away *v* see **sock II** 1
sock·et ['sɑkit]; [o] *n* 1. štek-kontakt, fasung 2. (anat.) duplja, čašica
so·cle ['soukəl] *n* cokla
So·crat·ic [sou'kraetik] *a* Sokratov, sokratski
Soc·ra·tism ['sakrətizəm]; [o] *n* sokratizam
sod I [sad]; [o] *n* busen; *the old* ~ rodna gruda
sod II *n* (Br., slang) podlac, nitkov

so·da ['soudə] *n* 1. soda; natrijum karbonat (see also **baking soda, caustic soda**) 2. bezalkoholno slatko piće; mlečni (mliječni) napitak
soda ash see **sodium carbonate**
soda biscuit see **soda cracker**
soda cracker vrsta tankog dvopeka
soda fountain pult za kojim se spravljaju mlečni (mliječni) napici
soda jerk (slang) radnik (u mlečnom — mliječnom restoranu) koji spravlja mlečne napitke
soda lime natronski kreč
so·da·lite ['soudəlajt] *n* (miner.) sodalit
so·dal·i·ty [sou'daelətij] *n* 1. (esp. Cath.) bratstvo, red 2. bratstvo
soda ni·ter ['najtə(r)] natrijum-nitrat
soda pop bezalkoholno slatko piće
soda water soda, soda-voda
sod·den ['sadn]; [o] *a* natopljen, raskvašen
sod·ding [~ĩŋ] *a* (Br. slang) proklet
so·di·um ['soudijəm] *n* (chem.) natrijum
sodium bicarbonate natrijum-bikarbonat
sodium carbonate natrijum-karbonat
sodium chloride natrijum-hlorid (klorid)
sodium hydroxide natrijum-hidroksid
sodium nitrate natrijum-nitrat
sodium phosphate natrijum-fosfat
sodium silicate natrijum-silikat
sodium-vapor lamp cev (cijev) sa natrijumskom parom
Sod·om ['sadəm]; [o] *n* sodoma
sod·om·ite ['sadəmajt]; [o] *n* sodomit
sod·o·my ['sadəmij]; [o] *n* sodomija; *to practice (engage in)* ~ odavati se protivprirodnom bludu
so·ev·er [sou'evə(r)] *adv* ma (see **whosoever, whatsoever**)
so·fa ['soufə] *n* sofa, divan
sofa bed sofa za spavanje
sof·fit ['safit]; [o] *n* (archit.) donja površina luka (svoda)
So·fi·a ['sou'fijə] *n* Sofija
soft [soft] *a* 1. mek; *a* ~ *heart* meko srce; *a* ~ *voice* mek glas; *as* ~ *as silk* mek kao svila 2. (ling.) mek; *a* ~ *consonant* mek suglasnik 3. lak; *a* ~ *job* lak posao 4. misc.; *to be* ~ *in the head* biti ćaknut
soft·ball [~bol] *n* 1. vrsta bezbola (koja se igra sa mekom loptom) 2. meka lopta (za bezbol)
soft-boiled [~-bojld] *a* rovit, meko skuvan (skuhan); *a* ~ *egg* rovito jaje
soft coal see **bituminous, coal**
soft-core pornography laka pornografija (cf. **hard-core pornography**)
soft drink bezalkoholno piće
sof·ten ['sofən] *v tr* 1. razmekšati; *to* ~ *smb.'s heart* razmekšati nekome srce 2. ublažiti
soften up *v* 1. razmekšati 2. (usu. mil). oslabiti vatrom
soft goods see **dry goods**
soft·head·ed [~hedid] *a* (colloq.) ćaknut
soft-heart·ed [~-ha(r)tid] *a* meka srca
soft landing meko sletanje (slijetanje)
soft money subvencija iz privremenog (privremenih) izvora
soft·ness [~nis] *n* mekoća
soft palate meko nepce

soft-ped·al [~-pedl] *v tr* ublažiti (also **play down** 3)
soft sell (colloq.) suptilno ubeđivanje (ubjeđivanje)
soft shoulder see **shoulder** I 5
soft soap (colloq.) laskanje
soft-soap [~-soup] *v tr* (colloq.) laskati
soft-spo·ken [~-spoukən] *a* koji mirno govori
soft spot 1. (fig.) slabost 2. (anat.) fontanela, temenjača (tjemenjača)
soft·ware [~wej(r)] *n* (C.) softver; *a* ~ *package* softverski paket
soft water meka voda
soft·y [~ij] *n* (colloq.) mekušac
sog·gy ['sagij]; [o] *a* raskvašen. vlažan
soil I [sojl] *n* 1. tle, tlo: zemlja; *firm* ~ čvrsto tle; *fertile (sandy)* ~ plodna (peskovita — pjeskovita) zemlja; *to till the* ~ obrađivati zemlju 2. gruda, zemlja; *native* ~ rodna gruda
soil II *n* 1. kaljuga 2. dubre
soil III *v tr* ukaljati
soil·age [~idž] *n* stočna hrana
so·journ I ['sou'džə(r)n]; [o] *n* boravak
sojourn II *v intr* boraviti
sol I [soul] *n* (mus.) 1. peti ton dijatonske skale 2. nota G
sol II (also: [sal]; [o]) *n* (chem.) sol, faza koloida
sol III *n* (alchemy) zlato
sol·ace I ['salis]; [o] *n* uteha (utjeha)
solace II *v tr* utešiti (utješiti) (also **console**)
sol·ace·ment [~mənt] *n* see **solace** I
so·lan·der [sə'laendə(r)] *n* kutija u obliku knjige (za čuvanje knjiga, karata, itd.)
so·lar ['soulə(r)] *a* sunčani; Sunčev, solarni
solar battery sunčana baterija
solar constant solarna konstanta
solar eclipse Sunčevo pomračenje
solar energy Sunčeva energija
solar furnace sunčana peć
so·lar·im·e·ter [soulə'rimətə(r)] *n* solarimetar
so·lar·i·um [sou'lejrijəm] *(-s* or *-ria* [rijə]) *n* solarijum, mesto (mjesto) za sunčanje
solar plexus *(the* ~) trbuh (see also **plexus**)
solar radiation Sunčevo zračenje
solar year sunčana godina
sold see **sell** II
sol·der I ['sadə(r)], [o] *n* lem
solder II *v tr* zalemiti
soldering iron alat za lemljenje
sol·dier I ['souldžə(r)] *n* vojnik; *a common (old)* ~ prost (stari) vojnik; *toy* ~*s* olovni vojnici-igračke (see also **Unknown Soldier**)
soldier II *v intr* služiti kao vojnik, obavljati vojnički poziv
sol·dier·ly [~lij] *a* vojnički
soldier of fortune najamnik
soldier on *v* (Br.) nastaviti rad
sol·dier·y [~rij] *n* 1. (coll.) vojnici 2. vojna nauka
sole I [soul] *n* 1. taban 2. đon
sole II *v tr* pođoniti
sole III *(pl* has *-s* or zero) *n* (fish) list, svoja
sole IV *a* jedini, jedinstven; *a* ~ *copy* jedini primerak (primjerak); *a* ~ *heir* jedini naslednik (nasljednik)
sol·e·cism ['saləsizəm]: [o] *n* solecizam (pogreška protiv jezičkih zakona; prekršaj pravila dobrog ponašanja)

sole·ly ['soulij] adv 1. jedino, jedinstveno 2. potpuno

sol·emn ['saləm]; [o] a svečan: a ~ oath svečana zakletva: a ~ promise svečano obećanje; to make a ~ vow dati svečanu zakletvu: a ~ warning svečano upozorenje

so·lem·ni·ty [sə'lemnətij] n svečanost

sol·em·nize ['saləmnajz]; [o] v tr svečano proslaviti

so·le·noid ['soulənojd] n solenoid

sol·feg·gio [soul'fedžou], [ijou] n (mus.) solfeđo

so·lic·it [sə'lisit] v 1. tr tražiti; to ~ votes tražiti glasove 2. tr saleteti (saletjeti) 3. intr tražiti; tražiti mušterije (o prostitutki)

so·lic·i·ta·tion [səlisə'tejšən] n traženje

so·lic·it·ing [~iñg] n traženje mušterija (o prostitutki)

so·lic·it·or [sə'lisətə(r)] n 1. prodavac 2. javni tužilac 3. (Br.) advokat (W also: odvjetnik) pri nižim sudovima (cf. barrister)

so·lic·i·tous [sə'lisətəs] a 1. zabrinut, pažljiv; ~ of pažljiv prema 2. željan

so·lic·i·tude [sə'lisəṭūd], [tj] n zabrinutost

sol·id I ['salid]; [o] n čvrsto telo (tijelo)

solid II a 1. solidan, čvrst; a ~ base solidna baza; ~ food čvrsta hrana 2. pun, neprekinut; a ~ line puna (neprekinuta) linija 3. (math.) telesni (tjelesni); kubni 4. pouzdan; uverljiv (uvjerljiv); ~ proof pouzdan dokaz 5. obilat, obilan; a ~ meal obilan obed (objed)

solid angle (math.) telesni (tjelesni) ugao (W: kut)

sol·i·dar·i·ty [salə'daerətij]; [o] n solidarnost

solid geometry geometrija tela (tijela)

so·lid·i·fi·ca·tion [səlidəfi'kejšən] n očvršćavanje

so·lid·i·fy [sə'lidəfaj] v 1. tr napraviti čvrstim 2. intr očvrsnuti

so·lid·i·ty [sə'lidətij] n čvrstoća, solidnost

solid solution (chem.) čvrsti rastvor

solid-state [~stejt] a čvrstog tela (tijela)

solid-state physics fizika čvrstog tela (tijela)

sol·i·dus ['salədəs]; [o] (-di [daj]) n see slash I 2

so·lil·o·quize [sə'liləkwajz] v intr govoriti u monologu

so·lil·o·quy [sə'liləkwij] n monolog

sol·i·taire ['salətə(r)]; [o] n (card game) pasijans

sol·i·tar·y ['saləterij]; [o]; [tr] a osamljen, usamljen

solitary confinement samica, posebna zatvorska ćelija (za 1 zatvorenika)

sol·i·tude ['saləṭūd]; [o]; [tj] n usamljenost, osamljenost

so·lo ['soulou] (-s) n 1. (mus., etc.) solo; to play a ~ izvesti solo 2. (aviation) samostalan let

solo II a solo, solistički; a ~ concert solistički koncerat

solo III adv solo; to sing ~ pevati (pjevati) solo

solo IV v intr izvršiti samostalan let

so·lo·ist [~ist] n solista

So·lo·mon·ic [salə'manik]; [o]; [o] a Solomonov, solomonski; a ~ decision solomonska presuda

Sol·o·mon Islands ['saləmən]; [o] Solomonova ostrva (W: Solomonovi otoci)

so long (colloq.) do viđenja!

sol·stice ['salstis]; [o], [ou] n solsticij; the summer (winter) ~ dugodnevica (kratkodnevica)

sol·u·bil·i·ty [saljə'bilətij]; [o] n rastvorljivost

sol·u·ble ['saljəbəl]; [o] a rastvorljiv

so·lu·tion [sə'lūšən] n 1. rastvor 2. rešenje (rješenje); to find a ~ to a problem naći rešenje problema

solv·a·ble ['salvəbəl]; [o] a rešiv (rješiv); a ~ problem rešiv zadatak

sol·va·tion [sal'vejšən]; [o] n (chem.) solvatacija

solve [salv]; [o] v tr rešiti (riješiti); to ~ an equation (a problem, a riddle) rešiti jednačinu — W: jednadžbu (problem, zagonetku)

sol·ven·cy ['salvənsij]; [o] n solventnost, sposobnost plaćanja

sol·vent I ['salvənt]; [o] n rastvarač (W also: otapalo)

solvent II a solventan, sposoban za plaćanje

So·ma·li·a [sou'malijə] n Somalija

So·ma·li·an I [~n] n Somalijac

Somalian II a somalijski

so·mat·ic [sə'maetik] a somatski

som·ber ['sambə(r)]; [o] a tmuran, mračan

som·bre·ro [sam'brejrou]; [o] (-s) n sombrero

some I [səm] pron 1. neki; jedni; ~ of them liked the concert, others did not nekima se dopao koncerat, a nekima nije; ~ like it hot neki to vole vruće; ~ of my friends neki od mojih prijatelja; ~ are standing jedni stoje 2. nešto, malo: give me ~ daj mi malo; ~ of my money nešto moga novca

some II a 1. neki; nekakav; ~ woman is waiting neka (nekakva) žena čeka 2. jedan; ~ day jednog dana 3. nekoliko; ~ apples nekoliko jabuka 4. malo; ~ money malo novca; will you have ~ tea? hoćete li čaja? there is ~ meat left ima mesa koje je preostalo 5. (colloq.) dobar, izvanredan; he's ~ skier on je dobar smučar

some III adv 1. otprilike; ~ 30 people otprilike 30 ljudi 2. (colloq.) malo

some·bod·y [~badij], [ə] 1. n (colloq.) neko (netko), važna ličnost; he's a ~! on je neko! 2. pron neko; ~ is knocking neko kuca (also someone)

some·day [~dej] adv jednog dana

some·how [~hau] adv nekako

some·one [~wən] see somebody

some·place [~plejs] adv (colloq.) see somewhere

som·er·sault I ['səmə(r)solt] n kolut, prevrtanje preko glave; to do a ~ napraviti kolut

somersault II v intr napraviliti kolut, prebaciti se preko glave

some·thing [~thiñg] pron nešto; ~ happened to him nešto mu se desilo; the child was frightened by ~ dete (dijete) se uplašilo nečega; ~ nice nešto lepo (lijepo); he gave us ~ to eat dao nam je nešto da pojedemo; he has ~ exciting to tell you on ima nešto uzbudljivo da ti isprča

some·time [~tajm] adv 1. jednom, nekada 2. see sometimes

some·times [~z] adv ponekad

some·way [~wej] some·ways [~z] adv (colloq.) nekako

some·what [~hwat], [w] 1. n nešto; he is ~ of a fool on je nekakva budala 2. adv malo, nešto

some·where [~hwej(r)], [w] adv 1. negde (negdje); he works ~ in town on radi negde u gradu 2. nekuda; to go ~ ići nekuda

Somme [som] n Soma (river in France)

som·nam·bu·late [sæm'naembjəlejt]; [o] v intr hodati u snu

som·nam·bu·lism [~lizəm] n somnambulizam, mesečarstvo (mjesečarstvo)

som·nam·bu·list [~list] n somnambul, mesečar (mjesečar)

som·ni·fa·cient [sɑmni'fejšənt]; [o] a koji izaziva san

som·nif·er·ous ['sɑmni'fərəs]; [o] a koji donosi san

som·no·lence ['sɑmnələns]; [o] n dremljivost

som·no·lent [~lənt] a dremljiv

son [sən] n sin: *a prodigal ~ izgubljeni sin

so·nant I ['sounənt] n (ling.) soñant

sonant II a sonantski

so·nar ['sounə(r)] n sonar

so·na·ta [sou'nata] n sonata

so·na·ti·na [souna'tijnə] (-s or -ne [nej]) n sonatina

sond·age ['sɑndaž]; [o] n sondaža

sonde [sɑnd]; [o] n sonda

song [soñg], [a] n pesma (pjesma), melodija; to sing a ~ otpevati (otpjevati) pesmu: a folk ~ narodna pesma; *to sell for a ~ prodati u bescenje (bescjenje); to compose (write) a ~ komponovati pesmu

song and dance (slang) previše detaljno objašnjenje

song·bird [~bə(r)d] n ptica-pevica (pjevica)

song·book [~buk] pesmarica (pjesmarica)

Song of Songs Pesma (Pjesma) nad pesmama

song·writ·er [~rajtə(r)] n kompozitor, pisac pesama (pjesama)

son·ic ['sɑmik]; [o] a zvučni (see also sound II)

sonic bang Br.; see sonic boom

sonic barrier (the ~) zvučni zid

sonic boom zvučni udar

son-in-law [sɔn-in-lo] (sons-in-law) n zet, kćerin muž

son·net I ['sɑnit]; [o] n sonet

sonnet II a sonetni

son·net·eer [~'tij(r)] n 1. pisac soneta 2. stihoklepac

sonnet sequence sonetni venac (vijenac)

son·ny ['sənij] n sinko, dečače (dječače)

son of a bitch (sons of bitches) (slang, vul.) kučkin sin; you ~! bitango jedna!

son of a gun (sons of guns) (colloq.) dobar momak

so·no·rant [sə'norənt] or ['sɑnərənt]; [o] n (ling.) sonorant

so·nor·i·ty [sə'norətij] n sonoritet, sonornost

so·no·rous [sə'norəs] or ['sɑnərəs]; [o] a sonoran

soon [sūn] adv 1. uskoro: ~ after that uskoro posle (poslije) toga; how ~? kad? 2. rado; I would as ~ stay rado bih ostao 3. misc.; come as ~ as you can dođi što pre (prije); the ~er the better što pre, to bolje; as ~ as you get home, call us čim dođete kući, javite nam se; he had no ~er arrived, than he fell ill čim je stigao, razboleo (razbolio) se

soot [sut], [ū] n gar, garež, čađ

soothe [sūth] v tr 1. umiriti 2. ublažiti, stišati; to ~ pain ublažiti bol; to ~ a headache ublažiti glavobolju

sooth·say ['sūthsej]; -says [sez]; -said [sed] v intr proricati

sooth·say·er [~ə(r)] n prorok, gatar

soot·y ['sutij], [ū] a garav, čađav

sop I [sap]; [o] n 1. umočeno parče 2. sitnica; sitan poklon; to throw a ~ to smb. pokloniti nekome sitnicu

sop II v tr 1. umočiti 2. (to ~ up) upiti, apsorbovati

soph·ism ['safizəm]; [o] n sofizam

soph·ist [~ist] n sofista

so·phis·tic [sə'fistik] a sofistički

so·phis·ti·cate [sə'fistikejt] v tr 1. učiniti prefinjenim, prefiniti 2. pokvariti, korumpirati

so·phis·ti·cat·ed [~id] a prefinjen

so·phis·ti·ca·tion [səfisti'kejšən] n prefinjenost

soph·is·try ['safəstrij]; [o] n sofistika

soph·o·more ['safəmo(r)]; [o] n student druge godine

soph·o·mor·ic [safə'morik]; [o] a nezreo; previše samopouzdan

sop·o·rif·ic I [sapə'rifik]; [o] n uspavljujuće sredstvo

soporific II a uspavljiv, uspavljujući

sop·ping ['sapiñg]; [o] a pokisao; ~ wet skroz mokar, pokisao do kože

so·pran·o [sə'pranou], [ae] (-s or -ni [nij]) n 1. sopran (najviši ženski glas) 2. sopranistkinja (W: sopranistica) 3. sopranista

sop up v see sop II 2

Sorb [so(r)b] n see Wend, Lusatian I 1

sor·bet ['so(r)bit] see sherbet

Sor·bi·an [~ijən] 1. see Wendish I, Lusatian I 2 2. see Wendish II, Lusatian II

sor·bic ['so(r)bik] a sorbinski; ~ acid sorbinska kiselina

sor·bose ['so(r)bous] n (chem.) sorboza

sor·cer·er ['so(r)sərə(r)] n vračar, čarobnjak

sor·cer·ess [~ris] n vračara, vračarica

sor·cer·y [~rij] n vračanje, čarolije

sor·did ['so(r)did] a 1. prljav 2. gadan, odvratan

sor·dine ['so(r)dijn] n sordina

sor·di·no [so(r)'dijnou] (-ni [nij]) see sordine

sore I [so(r)] n ranjavo mesto (mjesto); an open ~ otvorena rana

sore II a 1. koji boli; bolan, ranjav; my finger is ~ boli me prst; he has a ~ throat boli ga grlo: a ~ spot ranjavo mesto (mjesto) 2. (fig.) bolan, mučan; a ~ point bolna tačka (W: točka) 3. (colloq.) ljut; he's ~ at me on je ljut na mene

sore·head [~hed] n (colloq.) uvredljiva, preosetljiva (preosjetljiva) osoba

sor·el see sorrel II

sore·ly ['so(r)lij] adv krajnje

sor·ghum ['so(r)gəm] n kineska šećerna trska

so·ri·tes [sou'rajtijz] (pl has zero) n (phil.) lančani silogizam

so·ror·i·cide [sə'rorəsajd] n 1. ubistvo (W: ubojstvo) sestre 2. ubica (W also: ubojica) sestre

so·ror·i·ty [sə'rorətij] n kolo sestara, posestrimstvo; udruženje studentkinja (studentica)

sorority sister članica udruženja studentkinja (studentica)

sor·rel I ['sorəl] n kiseljak

sorrel II n 1. alatasta boja 2. alat, alatasti konj

sorrel III a alatast, riđast

sor·row ['sarou], [o] n žalost, tuga

sor·row·ful [~fəl] a žalostan

sor·ry ['sarij], [o] a 1. žao; we are ~ for him žao nam ga je; I am ~ that you didn't come žao mi je što niste došli; *he is ~ about the misunderstanding* njemu je žao zbog nesporazuma; *we are ~ to say that* ... na žalost moramo reći da ...; *we are ~ for being late* žao nam je što smo zadocnili 2. žalostan, jadan; *to make a ~ appearance* žalostno izgledati

sort I [so(r)t]*n* 1. vrsta (W also: vrst), sorta; *all ~s of things* stvari svake vrste, svakojake stvari; *she read all ~s of nonsense* ona se načitala svakakvih gluposti 2. misc.; *after a ~* nekako: *a bad ~* nevaljalac; *a good ~* valjan čovek (čovjek); *to be out of ~s* biti neraspoložen; *nothing of the ~* ništa slično; (colloq.) *~ of* nešto, malo

sort II *v tr.* 1. (also C.) sortirati; *to ~ merchandise* sortirati robu 2. *(to ~ out)* odvojiti

sor·tie [so(r)'tij] *n* (mil.) 1. ispad 2. (borbeni) let, nalet, (avio) poletanje (polijetanje); *to carry out a ~* izvršiti let (poletanje)

sor·ti·lege ['so(r)tᵊlidž] *n* vračanje

sort out *v* 1. see **sort II** 2. (colloq.) razmrsiti, rasplesti

SOS [esou'es] signal krajnje opasnosti, signal SOS (za spasavanje; *to send an ~* dati signal SOS)

so-so ['sou-sou] *a* (colloq.) 1. *a* osrednji 2. *adv* osrednje

sot [sat]; [o] *n* (colloq.) pijanica

so that see **so 4**

sot·tish [~iš] *a* pijan

sou·brette [sū'bret] *n* subreta

sou·bri·quet see **sobriquet**

souf·fle [sū'flej] *n* (cul.) sufle

sought see **seek**

soul I [soul] *n* duša; *a kindly (poetic) ~* dobra (pesnička — pjesnička) duša; *to bare (sell) one's ~* izliti (prodati) dušu; *there's not a living ~ there* tamo nema ni žive duše

soul II *a* (colloq.) crnački; *~ food* crnačka hrana

soul brother (slang) brat po (crnoj) koži

soul·ful [~fᵊl] *a* duševan

soul·less [~lis] *a* bez duše, bezdušan

soul mate duševno blizak čovek (čovjek)

soul-search·ing [~sᵊ(r)čïng] *a* koji prodire u dubinu (svoje) duše

sound I [saund] *n* zvuk; *the ~ of a drum (a human voice)* zvuk doboša (ljudskog glasa); *strange ~s* čudni zvukovi; *the speed of ~* brzina zvuka

sound II *a* zvučni

sound III *v* 1. *tr* dati zvučni znak (za), svirati; zatrubiti; *to ~ the alarm (charge)* dati zvučni znak za uzbunu (juriš); *to ~ the all clear* dati zvučni znak za prekid uzbune; *to ~ the retreat* svirati na povlačenje 2. *tr* zvoniti; *to ~ a bell* zvoniti zvonom 3. *tr* oslušivati 4. *intr* zvučati; glasiti; *that ~s nice* to lepo (lijepo) zvuči; *to ~ like* zvučati kao; *how does that ~ in English?* kako to glasi na engleskom? 5. misc.; *it ~s as if they were in trouble* izgleda da su u nevolji; *to ~ the death knell* odzvoniti posmrtno zvono; *to ~ the praises of smb.* hvaliti nekoga

sound IV *a* 1. zdrav; *a ~ body* zdravo telo (tijelo); *safe and ~* živ i zdrav 2. čvrst; *a foundation* čvrst temelj; *~ currency* čvrsta valuta 3. očuvan, čitav; *in a ~ state* u dobrom stanju 4. ispravan; *a ~ opinion* ispravno mišljenje 5. misc.; (as *adv*) *to be ~ asleep* čvrsto spavati

sound V *n* moreuz

sound VI *n* sonda

sound VII *v tr* 1. izmeriti (izmjeriti) dubinu (nečega) 2. (med.) sondirati 3. see **sound out**

sound-and-light show predstava sa zvučnim i svetlosnim (svjetlosnim) efektima

sound barrier zvučni zid; *to break the ~* probiti zvučni zid (also **sonic barrier**)

sound box zvučna kutija

sound camera zvučna kamera

sound effects *pl* zvučni efekti

sound engineer tonski snimatelj

sound film zvučni film

sound·ing [~ïng] *n* sondaža

sounding board 1. (mus.) zvučna daska, rezonator 2. nadstrešnica predikaonice; odbojnik glasa 3. grupa koja se ispituje

sound·less [~lis] *a* bez zvuka

sound·ness [~nis] *n* 1. zdravlje 2. čvrstoća 3. očuvanost

sound off *v* (slang) 1. (mil.) vikati 2. žaliti se

sound out *v* 1. sricati; *to sound out letters (syllables)* sricati slova (slogove) 2. ispitati; *to sound out public opinion* ispitati javno mišljenje

sound pickup zvučna igla, pikap

sound·proof I [~prūf] *a* otporan na zvuk, nepropustljiv za zvuk

soundproof II *v tr* učiniti otpornim na zvuk, izolovati zvučno

sound·proof·ing [~ïng] *n* zvučna izolacija, izolacija zvuka

sound rang·ing ['rejndžïng] akustičko merenje (mjerenje) daljine

sound·track [~traek] *n* zvučna traka

sound truck kamion sa zvučnikom

sound wave zvučni talas (esp. W: val)

soup [sūp] *n* supa, čorba (W: also: juha); *chicken ~* pileća čorba (supa); *noodle ~* supa s rezancima; *tomato ~* čorba od paradajza (W: rajčice); *turtle ~* supa od kornjače; *to eat (make) ~* jesti (praviti čorbu)

soup kitchen besplatna menza (za socijalno ugrožene)

soup plate tanjir (W: tanjur) za supu (W also: juhu)

soup·spoon [~spūn] *n* supena kašika (W: žlica)

soup up *v* (slang) pojačati; *to soup up an engine* pojačati motor

soup·y [~ij] *a* 1. kao supa (čorba) 2. (colloq.) maglovit

sour I [sau(r)] *a* 1. kiseo; *a ~ face* kiselo lice; *~ pickles* turšija; (fig.) *~ grapes* kiselo grožđe; *the milk has turned ~* mleko (mlijeko) je prokislo 2. mrzovoljan, namćorast

sour II *v* 1. *tr* zakiseliti 2. *intr* prokisnuti 3. *intr* ozlojediti se

source [so(r)s] *n* izvor; *from reliable ~s* iz pouzdanih izvora; *according to our ~s* prema našim izvorima

source language (ling.) ulazni jezik, izvorni jezik

sour cherry višnja

sour cream pavlaka, mileram

sour·crout see **sauerkraut**

sour·dough [~dou] *n* 1. (slang) tražilac zlata 2. (reg.) kiselo testo (tijesto)

sour on *v* 1. promeniti (promijeniti) mišljenje o (nagore) 2. izgubiti iluzije o
sour·puss [∼pus] *n* (slang) mrzovoljna osoba
sou·sa·phone ['sūzəfoun] *n* (mus.) vrsta tube
souse I [saus] *n* 1. salamura, raso 2. (slang) pijanica
souse II *v tr* 1. usoliti 2. (slang) opiti
south I [sauth] *n (the* ∼) 1. jug 2. (Am., cap.) Jug; *in the South* na Jugu
south II *a* južni; *a* ∼ *wind* južni vetar (vjetar)
south III *adv* južno, prema jugu; ∼ *of the river* južno od reke (rijeke); *to go* ∼ ići prema jugu
South Africa Južna Afrika; *Republic of* ∼ Južno-afrička republika
South African stanovnik Južne Afrike
South America Južna Amerika
South American 1. Južnoamerikanac 2. južno-američki
south·bound [∼baund] *a* koji ide na jug
South Car·o·li·na [kaerə'lajnə] Južna Karolina
South Car·o·lin·i·an [∼'linijən] stanovnik Južne Karoline
South Da·ko·ta [də'koutə] Južna Dakota
South Da·ko·tan [∼n] stanovnik Južne Dakote
south·east I [∼'ijst] *n* jugoistok
southeast II *a* jugoistočan
Southeast Asia Jugoistočna Azija
Southeast Asia Treaty Organization Ugovor za odbranu (W: obranu) Jugoistočne Azije
south·east·er [∼ə(r)] *n* jak vetar (vjetar) sa jugo-istoka
south·east·ern [∼n] *a* jugoistočan
south·east·ward [∼wə(r)d] 1. *a* jugoistočan 2. *adv* jugoistočno
south·er·ly I ['səthə(r)lij] *n* južni vetar (vjetar)
southerly II *a* južni
south·ern ['səthə(r)n] *a* južni
Southern Cross (astro.) Južni krst (W: križ)
south·ern·er [∼ə(r)] *n* južnjak, stanovnik juga
Southern Hemisphere Južna polulopta
southern lights *pl (the* ∼) see **aurora australis**
Southern Yemen Južni Jemen
South Korea Južna Koreja
south·paw [∼po] *n* (slang, esp. baseball) levak (ljevak)
South Pole *(the* ∼) Južni pol
south·ron ['səthrən] or ['sauthrən] *n* 1. (Scottish) Englez 2. (southern Am.) južnjak
South Slavic južnoslovenski (W: južnoslavenski) jezici
South Slavs *pl* Južni Sloveni (W: Slaveni)
South Vietnam Južni Vijetnam
south·ward [∼wə(r)d] *adv* na jug
south·wards [∼z] see **southward**
south·west I [∼'west] (naut.: [sau'west]) *n* 1. jugo-zapad 2. (cap.) Jugozapad (SAD)
southwest II *a* jugozapadan
southwest III *adv* jugozapadno
south·west·er [∼ə(r)] *n* jugozapadnjak
south·west·ern [∼n] *a* jugozapadan
south·west·ward [∼wə(r)d] 1. *a* jugozapadan 2. *adv* jugozapadno
south·west·er·ly [∼lij] 1. *a* jugozapadan 2. *adv* jugozapadno
sou·ve·nir [sūvə'nij(r)] *n* suvenir; uspomena

sov·er·eign I ['savərən]; [*o*] *n* 1. suveren, vladar, monarh 2. soveren, funta sterlinga od zlata
sovereign II *a* suveren, nezavisan
sov·er·eign·ty ['savərəntij]; [*o*] *n* suverenitet; *to assume* ∼ preuzeti suverenitet; *to maintain* ∼ *over* održavati suverenitet nad
so·vi·et I ['souvijet], [*j*] *n* (Russian) sovjet
soviet II *a* sovjetski
Soviet of the Nationalties (USSR) Vrhovni Sovjet Nacionalnosti
Soviet of the Union (USSR) Savezni Vrhovni Sovjet
Soviet Union Sovjetski Savez
sow I [sau] *n* krmača; **you can't make a silk purse out of a* ∼*'s ear* od tog brašna pite ne biva
sow II [sou]; -*ed*; *sown* [soun] or -*ed*; *v tr* posejati (posijati); *to* ∼ *rye* posejati raž; (fig.) *to* ∼ *the seeds of hatred* sejati seme (sjeme) mržnje; (fig.) *to* ∼ *death and destruction* sejati smrt i razaranja; **whatever a man* ∼*s, that shall he reap* kako poseješ, tako ćeš požnjeti; **to* ∼ *one's wild oats* mladost — ludost; **to* ∼ *the wind and reap the whirlwind* ko (tko) vetar (vjetar) seje, buru žanje
sow·er [∼ə(r)] *n* sejač (sijač)
sox see **sock I 1**
soy [soj] *n* 1. soja 2. sos od soje
soy·bean [∼ bijn] *n* soja
soz·zled ['sazəld]; [*o*] *a* (slang) pijan
spa [spa] *n* mineralno vrelo; banja, banjsko lečili-lište (lječilište)
space I [spejs] *n* 1. prostor, mesto (mjesto); *empty* ∼ prazan prostor; *office* ∼ poslovni prostor; *in order to save* ∼ radi uštede prostora; *storage* ∼ skladišni prostor 2. prored (see also **double-space**) 3. razmak; *the* ∼ *between words* razmak između reči (riječi) 4. vasiona (esp. W: svemir), kosmos; *to explore* ∼ istraživati vasionu
space II *a* 1. prostorni 2. vasionski (esp. W: svemirski); kosmički; kosmonautski
space III *v tr* 1. spacionirati (see also **letterspace**) 2. razmaknuti, prorediti (prorijediti)
space bar (on a typewriter) razmaknica
space center kosmodrom
space·craft [∼kraeft]; [*a*] (*pl* has zero) *n* kosmički brod
spaced-out [∼t-aut] *a* (slang) zanesen, ošamućen, odsutan, u oblacima
space flight vasionski (svemirski) let
space heating prostorno zagrevanje (zagrijevanje)
space·lab [∼laeb] *n* istraživačka vasionska (sve-mirska) stanica
space law kosmičko pravo
space·man [∼maen] (-*men* [men]) *n* 1. astronaut, kosmonaut 2. čovek (čovjek) iz kosmosa
space medicine vasionska medicina
space probe vasionska (svemirska) sonda
space research vasionska (svemirska) istraživanja
space ship kosmički brod
space shuttle šatl, raketoplan (orbitalna letelica za višekratnu upotrebu)
space station vasionska (svemirska) stanica
space suit kosmonautska odeća (odjeća), skafander
space travel putovanje u kosmos
space vehicle vasionski (svemirski) brod
spa·cial see **spatial**

38

spac·ing ['spejsiŋg] *n* 1. spacioniranje 2. proređivanje (prorjeđivanje)
spa·cious ['spejšəs] *a* prostran, prostoran
spade I [spejd] *n* 1. ašov 2. (mil.) vrh noge na postolju oružja
spade II *n* (cards) pik; *the two (three) of* ~*s* dvojka (trojka) pik; *the queen of* ~*s* pikova dama; *to call a* ~ *a* ~ nazvati pravim imenom, reći popu pop, a bobu bob
spade·fish [~fiš] *(pl* has -*es* or zero) *n* ašovasta riba
spade·work [~wə(r)k] *n* 1. inžinjerijski radovi 2. (fig.) pripremni rad
spa·ghet·ti [spə'getij] *n* (no *pl)* špageti
Spain [spejn] *n* Španija (W: Španjolska)
spait see spate
spake (obsol.) past of speak
spal·la·tion [spo'lejšən] *n* (phys.) rasprskavanje
Spam [spaem] *n* trgovački naziv za vrstu mesnih konzervi
span I [spaen] *n* 1. razmak; raspon; *the* ~ *of a bridge* raspon mosta (see also wingspan) 2. vremenski razmak 3. (obsol., measure) ped, pedalj
span II *v tr* 1. obuhvatiti peđu 2. razapeti se (nad), prelaziti (preko); *the bridge* ~*s the river* most prelazi preko reke (rijeke) 3. obuhvatiti
span III *n* 1. (naut.) štrop 2. sprega
span·drel ['spaendrəl] *n* (archit.) umetak između lučnih krakova
span·gle I ['spaeŋgəl] *n* komadić blistave kovine (kao ukras)
spangle II *v tr* ukrasiti blistavim komadićima kovine
Span·iard ['spaenjə(r)d] *n* Španac (W: Španjolac)
span·iel ['spaenjəl] *n* prepeličar, španijel
Span·ish I *n* 1. *(pl)* the ~ španski (W: španjolski) narod 2. španski jezik
Spanish II *a* španski (W: španjolski)
Spanish-A·mer·i·can I [~-ə'merikən] *n* španski (W: španjolski) Amerikanac; stanovnik Latinske Amerike; Latinoamerikanac
Spanish-American II *a* špansko-američki (W: španjolsko-američki)
Spanish-American War špansko-američki (W: španjolsko-američki) rat
Spanish Armada (hist.) Nepobediva (Nepobjediva) armada
Spanish Civil War španski (W: španjolski) građanski rat
Spanish fly zeleni babak (insekt tvrdokrilac)
Spanish Inquisition španska (W: španjolska) inkvizicija
Spanish Main severna (sjeverna) obala Južne Amerike
spank I [spaeŋk] *n* udarac (po stražnjici) dlanom ili pljosnatim predmetom
spank II *v tr* udariti (po stražnjici) dlanom ili pljosnatim predmetom
spank·er [~ə(r)] *n* (naut.) krmeno sošno jedro
spanker boom (naut.) deblenjak
spank·ing I [~iŋg] *n* batine; *you'll get a* ~*!* dobićeš batine!
spanking II *a* 1. izvanredan, sjajan 2. brz; jak
span·ner ['spaenə(r)] *n* Br.; see lug wrench, wrench I 4
spar I [spa(r)] *n* 1. greda 2. (aviation) ramenjača

spar II *v intr* 1. boksovati; vežbati (vježbati) se u boksu 2. debatovati
spar III *n* (miner.) špat, spat
spare I [spej(r)] *n* rezervni deo (dio)
spare II *a* 1. rezervni; suvišni; ~ *parts* rezervni delovi (dijelovi); *a* ~ *tire* rezervna guma; *a* ~ *room* soba za goste 2. slobodan; ~ *time* slobodno vreme (vrijeme) 3. oskudan 4. mršav
spare III *v tr* 1. poštedeti (poštedjeti); *to* ~ *smb.'s life* poštediti nekome život; *to* ~ *oneself* štedeti se; *without* ~*ing any expense* ne štedeći nikakve troškove 2. dati; odvojiti; *can you* ~ *a dollar?* možete li mi dati dolar? *can you* ~ *an hour?* možete li odvojiti jedan sat? *we have none to* ~ nemamo nijednu suvišnu; *we cannot* ~ *him* ne možemo bez njega 3. žaliti; *to* ~ *no effort* ne žaliti truda 4. misc.; *to* ~ *the rod and spoil the child* batina je iz raja izašla
spare·ness [~nis] *n* mršavost
spare·ribs [~ribz] *n pl* (cul.) suva rebra
spar·ing ['spaeriŋg] *a* štedljiv
spark I [spa(r)k] *n* 1. varnica, iskra; *a divine* ~ božanska iskra; ~*s fly* varnice lete (vrcaju); *to throw off* ~*s* prosuti varnice; *a* ~ *of wit* iskra pameti 2. see sparks
spark II *v* 1. *tr* podbosti, podstaći 2. *intr* iskriti, izbacivati iskre
spark ar·rest·er [ə'restə(r)] varnični zatvarač
spark coil kalem za obrazovanje varnica
spark gap lučni razmak (procep — procijep)
sparking plug Br.; see spark plug
spark·le I [~əl] *n* 1. iskra; sjaj 2. bleštanje (blještanje), blistanje
sparkle II *v intr* 1. vrcati varnice 2. bleštati (blještati); *the snow* ~*s in the sun* sneg (snijeg) blješti na suncu 3. iskriti (se); *the wine* ~*s* vino se iskri
spar·kler ['spa(r)klə(r)] *n* (colloq.) dijamant
spar·kling [~kliŋg] *a* iskričav; *a* ~ *conversation* iskričav razgovor; ~ *wine* iskričavo vino
spark off *v* (Br.) izazvati
spark plug (on an automobile) svećica (svjećica)
sparks [~s] *n* (colloq.) telegrafista
spar·ling ['spa(r)liŋg] *n* see smelt I
spar·ring ['spariŋg] *n* boksovanje; vežbanje (vježbanje) u boksu
sparring partner (boxing) sparing partner, protivnik pri treniranju
spar·row ['spaerou] *n* vrabac
spar·row·grass [~graes]; [*a*] (Am., reg.) see asparagus
sparrow hawk kobac
sparse [spa(r)s] *a* redak, proređen (prorijeđen), raštrkan; ~ *vegetation* retko rastinje
Spar·ta ['spa(r)tə] *n* Sparta
Spar·tan I ['spa(r)tən] *n* Spartanac
Spartan II *a* spartanski
spasm ['spaezəm] *n* spazma
spas·mod·ic [spaez'madik]; [*o*] *a* spazmatičan, grčevit; ~ *pains* bolovi izazvani grčem
spas·tic ['spaestik] *a* spastičan
spat I [spaet] *n* 1. svađa, prepirka; *to have a* ~ posvađati se 2. ćuška, pljesak, slab udarac (more usu. is slap I 1)
spat II *v* 1. *tr* (colloq.) ćušnuti, šljepnuti (more usu. is slap II 1) 2. *intr* svađati se

spatch·cock ['spaečkak]; [o] v tr (Br.) umetnuti
spate [spejt] n 1. bujica 2. (Br.) see **flash II, flood**
spa·tial ['spejšəl] a prostorni
spats [spaets] n pl kratke gamaše koje dosežu malo
iznad gležnja
spat·ter ['spaetə(r)] v tr poprskati, prsnuti; to ~
smb. with mud poprskati (prsnuti) nekoga bla-
tom
spat·u·la ['spaečələ] n lopatica, špatula
spawn I [spon] n mrest (mrijest); ikra
spawn II v 1. tr bacati; to ~ roe bacati ikru 2. tr
izleći 3. tr izazvati 4. intr mrestiti (mrijestiti) se;
fish ~ ribe se mreste
spay [spej] v tr ojaloviti (ženku)
S.P.C.A. abbrev. of **Society for the Prevention of
Cruelty to Animals**
S.P.C.C. abbrev. of **Society for the Prevention of
Cruelty to Children**
speak [spijk]; spoke [spouk]; spoken ['spoukən]
v tr and intr 1. govoriti; to ~ English govoriti
engleski; to ~ a dialect govoriti u dijalektu;
to ~ with smb. govoriti s nekim; to ~ well of
smb. govoriti lepo (lijepo) o nekome; to ~ with
a nasal twang govoriti kroz nos; to ~ in favor
of smt. govoriti u prilog nečemu; to ~ in
public govoriti pred publikom; the facts ~ for
themselves činjenice govore same za sebe; to ~
from experience govoriti iz iskustva; to ~ out
govoriti otvoreno; to ~ up govoriti glasnije
2. misc.; it's nothing to ~ of to je beznačajna
stvar; to ~ one's mind izneti (iznijeti) svoje
mišljenje that ~s well for him to govori njemu
u prilog
speak·eas·y ['spijkijzij] n (Am., hist.) nedozvolje-
ni bar (za vreme — vrijeme prohibicije)
speak·er [~ə(r)] n 1. govornik 2. predsedavajući —
predsjedavajući (skupštine) 3. zvučnik; an
extension ~ pomoćni (dodatni) zvučnik
speak·er·ship [~šip] n položaj predsedavajućeg
(predsjedavajućeg)
speak·ing I [~ing] n govor, govorenje; oratorstvo
speaking II a 1. govorni; a ~ knowledge of a
language govorno znanje nekog jezika 2. misc.;
he is not on ~ terms with them on ne govori
sa njima
speaking III adv govoreći; ~ in general uopšteno
govoreći
speaking engagement javno predavanje
speak up v see **speak 1**
spear I [spij(r)] n koplje
spear II v tr probosti kopljem
spear·head I [~hed] n 1. vrh koplja 2. (mil.)
čelo kolone; prvi talas (kod desanta), klin; an
armored ~ oklopni klin
spearhead II v tr voditi (juriš, kampanju)
spear·man [~mən] (-men [min]) n kopljanik
spear·mint [~mint] n (bot.) konjski bosiljak
spear·wort [~wə(r)t], [o] n (bot.) ljutić
spe·cial I ['spešəl] n 1. posebna (TV) emisija
2. posebna cena (cijena), popust
special II a specijalan, poseban, zaseban, naročit,
osobit; a ~ day naročit dan; ~ importance
specijalna važnost; smt. ~ nešto specijalno
(izuzetno, posebno)
special court-martial (mil.) vojni sud srednje in-
stancije

special delivery ekspresno isporučivanje (pošte)
spe·cial-de·liv·er·y [~-də'livərij] a ekspresni; a ~
letter ekspres-pismo, ekspresno pismo
special education obrazovanje defektne i zaostale
dece (djece)
special handling naročito rukovanje
special-interest group grupa koja ima posebne
interese
spe·cial·ist [~ist] n specijalista, stručnjak
spe·ci·al·i·ty [spešij'aelətij] n 1. naročita osobina;
naročita crta 2. see **specialty**
spe·cial·i·za·tion [spešələ'zejšən]; [aj] n specijali-
zacija, usavršavanje
spe·cial·ize ['spešəlajz] v intr specijalizovati se; to
~ in surgery specijalizovati se u hirurgiji; to
~ in the production of tractors specijalizovati se
za izradu traktora; the ~d agencies of the
UN specijalizovane agencije UN
special relativity (phys.) specijalna teorija relativ-
nosti
special student vanredni student
spe·cial·ty ['spešəltij] n specijalnost; specijalitet
spe·cie ['spijšij] [s] n metalni novac
spe·cies ['spijšijz] (pl has zero) n vrsta (W also:
vrst); genus and ~ rod i vrsta
spe·cif·ic I [spə'sifik] n 1. nešto specifično 2. po-
seban lek (lijek)
specific II a specifičan
spec·i·fi·ca·tion [spesəfi'kejšən] n specifikacija, teh-
nički podatak
specific gravity (phys.) specifična težina
specific heat (phys.) specifična toplota
specific resistance (phys.) specifični otpor
spec·i·fy ['spesəfaj] v tr specifikovati
spec·i·men ['spesəmən] n uzorak, primerak (pri-
mjerak); proba
spe·cious ['spijšəs] a varljiv; prividno ubedljiv
'(ubjedljiv)
speck I [spek] n mrljica
speck II v tr išarati mrljicama, poprskati
speck·le I [~əl] n mrljica, tačkica (W: točkica)
speckle II v tr išarati mrljicama
speck·led [~d] a šaren, pegav (pjegav)
specs, specks [speks] n pl (colloq.) see **spectacles**
spec·ta·cle ['spektəkəl] n 1. prizor; pojava; a
horrible ~ stravičan prizor; a sad ~ tužna
pojava 2. podsmeh (podsmijeh); to make a ~
of oneself izložiti sebe podsmehu 3. spektakl,
šou
spec·ta·cles [~z] n pl naočari (W: naočale);
two pairs of ~s dvoji naočari (more usu. is
eyeglass 1)
spec·tac·u·lar I [spek'taekjələ(r)] n spektakularna
emisija (predstava)
spectacular II a spektakularan
spec·ta·tor ['spektejtə(r)]; [~'tejtə(r)] n gledalac
spec·ter ['spektə(r)] n avet, sablast, utvara; the
~ of famine avet gladi
spec·tral ['spektrəl] a 1. avetinjski, sablastan
2. spektralan
spectral analysis spektralna analiza
spectral line spektralna linija
spec·tre Br.; see **specter**
spec·tro·gram ['spektrəgrəm] n spektrogram
spec·tro·graph [~graef]; [a] n spektrograf
spec·tro·scope [~skoup] n spektroskop

38*

spec·tro·scope [~skoup] *n* spektroskop

spec·tros·co·py [spek'trɑskəpij]; [*o*] *n* spektroskopija

spec·trum ['spektrəm] (*-s* or *-ra* [rə]) *n* spektar

spec·u·late ['spekjəlejt] *v intr* 1. razmišljati, spekulisati 2. špekulisati, baviti se špekulacijom; *to ~ on the stock market* špekulisati na berzi (W: burzi)

spe·cu·la·tion [spekjə'lejšən] *n* 1. razmišljanje, spekulacija; spekulativnost 2. špekulacija (način poslovanja)

spec·u·la·tive ['spekjələtiv] *a* 1. spekulativan, misaon 2. špekulantski

spec·u·la·tor ['spekjəlejtə(r)] *n* špekulant

spec·u·lum ['spekjələm] (*-s* or *-la* [lə]) *n* 1. metalno ogledalo (W also: zrcalo) 2. (med.) spekulum

sped see **speed II**

speech I [spijč] *n* 1. govor; *the power of ~* moć (dar) govora (see also **figure of speech**) 2. reč (riječ); *the parts of ~* vrste reči 3. (javan) govor; *to make a ~* održati govor; *an after-dinner ~* govor za ručkom

speech II *a* govorni

speech community govorna zajednica

speech defect govorna mana

speech·less [~lis] *a* bez reči (riječi); zanemeo (zanijemio)

speech·mak·er [~mejkə(r)] *n* (often pejor.) govornik, orator

speech organs *pl* govorni organi

speech therapist logoped

speech therapy logopedija

speed I [spijd] *n* 1. brzina; *at maximum ~* najvećom brzinom; *average (constant, cruising, maximum) ~* srednja (stalna, putna, maksimalna) brzina; *to increase (reduce) ~* povećati (usporiti) brzinu; *to gather (pick up) ~* razviti brzinu 2. (on an automobile) brzina 3. (slang) ampetamin

speed II *-ed* or *sped* [sped] *v* 1. *tr* (or: *to ~ up)* ubrzati, pospešiti (pospješiti); *to ~ up a decision* ubrzati rešenje (rješenje) 2. *intr* prebrzo voziti 3. *intr (to ~ up)* povećati brzinu

speed·ball [~bol] *n* (slang) ubrizgivanje kokaina (heroina)

speed·boat [~bout] *n* brz motorni čamac

speed·er [~ə(r)] *n* vozač koji prebrzo vozi, prekršilac propisa o ograničenju brzine

speed·ing [~iñg] *n* prebrza vožnja, prekršaj propisa o ograničavanju brzine

speed limit najveća dozvoljena brzina; ograničenje brzine

speed of light brzina svetlosti (svjetlosti)

speed·om·e·ter [spi*j*dɑmətə(r)], [*i*]; [*o*] *n* brzinomer (brzinomjer)

speed reading (veoma) brzo čitanje

speed·ster [~stə(r)] *n* 1. see **speeder** 2. brz automobil

speed trap radar-zona, deonica — dionica (puta) na kojoj se kontroliše brzina vožnje radarom

speed up *v* see **speed II** 1, 3

speed·up [~əp] *n* ubrzanje

speed·way [~wej] *n* 1. autoput 2. trkačka staza (za automobile)

speed·well [~wel] *n* (bot.) razgon

speed·y [~ij] *a* brz

speiss [spajs] *n* jedinjenje arsena s metalima

spe·le·ol·o·gist [spijlij'alədžist]; [*o*] *n* speleolog

spe·le·ol·o·gy [~džij] *n* speleologija

spell I [spel] *n* čini, čarolije; *to cast a ~ on smb.* baciti čini na nekoga, omađijati nekoga

spell II *n* 1. kratko vreme (vrijeme); *malo vremena* 2. (colloq.) stanje u atmosferi, vreme; *a cold ~* hladno vreme 3. (colloq.) prolazan napad bolesti 4. (colloq.) smena (smjena), radno vreme

spell III *v tr* zameniti (zamijeniti)

spell IV *-ed* or *spelt* [spelt] *v tr* spelovati; pisati; *how is the word ~ed?* kako se piše ta reč (riječ)? 2. *intr* spelovati

spell·bind [~bajnd]; *-bound* [baund] *v tr* opčiniti, opčarati

spell·bind·er [~ə(r)] *n* opčinilac

spell·bound see **spellbind**; opčinjen; opčaran

spell·down [~daun] *n* see **spelling bee**

spell·er [~ə(r)] *n* bukvar

spell·ing I [~iñg] *n* 1. pravopis, ortografija 2. spelovanje; sricanje

spelling II *a* pravopisni, ortografski; *a ~ reform* pravopisna reforma; *a ~ error* pravopisna greška; *a ~ rule* pravopisno pravilo

spelling bee takmičenje u pravilnom pisanju reči (riječi)

spell out *v* 1. detaljno objasniti; *to spell out a problem* detaljno objasniti problem 2. sricati 3. see **puzzle II** 2

spelt I [spelt] *n* pir (podvrsta pšenice)

spelt II see **spell IV**

spe·lun·ker [spi'lɑ͞ŋkə(r)] or ['spijlɑ͞ŋkə(r)] *n* see **speleologist**

Spen·ce·ri·an [spen'sijrijən] *a* spenserovski

Spen·cer·ism ['spensərizəm] *n* spenserijanizam

spend [spend]; *spent* [spent] *v* 1. *tr and intr* potrošiti; *to ~ money (time)* potrošiti novac (vreme — vrijeme); *he ~s all his money on cards* on svu platu troši na karte 2. *tr* provesti; *to ~ a day* provesti dan; *how do you ~ your spare time?* kako provodiš slobodno vreme (vrijeme)?

spend·er [~ə(r)] *n* osoba koja troši novac; *a big ~* rasipnik

spend·ing money [~iñg] *n* džeparac

spend·thrift [~thrift] *n* rasipnik

spent [spent] *a* 1. see **spend** 3. istrošen

sperm I [spə(r)m] *n* sperma

sperm II *n* see **sperm whale**

sper·mat·ic [spə(r)'maetik] *a* semeni (sjemeni); *~ fluid* see **semen**

sper·ma·to·zo·id [spə(r)'maetəzojd] or ['spə(r)mətəzojd] *n* spermatozoid

sperm bank skladište (rezerva) sperme

sperm oil kitovo ulje

sperm whale glavata uljarka, ulješarka

spew [spjū] *v tr* bljuvati; *the volcano is ~ing lava* vulkan bljuje lavu

sphene [sfijn] *n* (miner.) sfen

spher·al [sfijrel] *a* see **sperical**

sphere ['sfij(r)] *n* sfera; *a ~ of influence* sfera uticaja (utjecaja)

spher·i·cal ['sfi*j*rikəl], [*e*] *a* sferični, sferni

spherical abberation sferna aberacija

spherical angle sferni ugao (W: kut)

spherical geometry sferna geometrija

spherical trigonometry sferna trigonometrija
spher·ics [~s] *n* sferna geometrija i trigonometrija
sphe·rom·e·ter [sfij'rɑmətə(r)]; [o] *n* sferometar
sphinc·ter ['sfiṅgktə(r)] *n* sfinkter, stezač
sphinx [sfinks] *(-es* and *sphinges* ['sfindžijz]) *n* sfinga
sphra·gis·tics [sfrae'džistiks] *n* sfragistika, proučavanje pečata
sphyg·mo·gram ['sfigməgraem] *n* sfigmogram
sphyg·mo·graph [~graef]; [a] *n* sfigmograf
sphyg·mo·ma·nom·e·ter [sfigmoumə'namətə(r)]; [o] *n* sfigmomanometar
spic, spick [spik] *n* (slang, vul.) osoba koja govori španski (W: španjolski)
spice I [spajs] *n* začin
spice II *v tr* začiniti
spice·ber·ry [~ berij] *n* američki šib
spick-and-span [spik-ən-'spaen] *a* (colloq.) 1. nov novcat 2. bez mrlje
spic·y ['spajsij] *a* 1. začinjen; ljut; ~ *food* ljuto jelo 2. mastan, nepristojan
spi·der I ['spajdə(r)] *n* pauk
spider II *a* paukov
spider web paukova mreža
spi·der·y [~rij] *a* poput pauka
spif·fy ['spifij] *a* (colloq.) pomodan
spig·ot ['spigət] *n* slavina (also **faucet**)
spike I [spajk] *n* 1. klinac 2. šiljak 3. tanka visoka štikla 4. parožak 5. ekser (W: čavao); (in *pl)* sprinterice sa ekserima, kopačke 6. (volleyball) smeč
spike II *v tr* 1. klincima pričvrstiti 2. (mil.) onesposobiti; *to* ~ *a gun* onesposobiti top 3. (volleyball) smečirati 4. dodati alkoholno piće (nečemu); *to* ~ *the punch* dodati alkoholno piće punču
spike III *n* klas
spike·nard [~na(r)d] *n* (bot.) nard
spikes see **spike I** 5
spile [spajl] *n* 1. kolac 2. čep, vranj
spil·i·kins ['spilikənz] *n pl* igra gomilom štapića (igrač mora vaditi štapiće jedan po jedan, a da pri tome ne poremeti ostale štapiće)
spill I [spil] *n* 1. prosipanje 2. pad (s konja)
spill II -ed or *spilt* [spilt] *v* 1. *tr* prosuti, rasuti; *to* ~ *sugar (water)* prosuti šećer (vodu); *he* ~*ed the bottle on the rug* prosuo je flašu na ćilim 2. *tr* proliti; *to* ~ *blood* proliti krv (also **shed II** 1) 3. *tr* zbaciti; *the horse* ~*ed his rider* konj je zbacio jahača 4. *intr* prosuti se, rasuti se; *the wine* ~*ed* vino se prosulo; *the flour* ~*ed* brašno se rasulo
spill·age [~idž] *n* gubitak zbog rasipanja
spil·li·kins see **spilikins**
spill over *v* prosuti se
spill·way [~wej] *n* pumni otvor za suvišnu vodu
spin I [spin] *n* 1. vrćenje 2. obrtanje 3. kratka vožnja; *to take a* ~ *around town* provesti se po gradu 4. (aviation) kovit 5. rotacija
spin II *spun* [spən] *v* 1. *tr* presti; ispresti; *to* ~ *wool* presti vunu 2. *tr* (fig.) ispresti, ispredati; *to* ~ *a tale* ispredati priču 3. *tr (to* ~ *out)* odugovlačiti 4. *tr* zavrteti — zavrtjeti (kao čigru); *to* ~ *a racket* zavrteti reket (kao čigru) 5. *tr* rotirati 6. *tr* terati (tjerati); *to* ~ *a top* terati čigru 7. *intr* presti 8. *intr* vrteti (vrtjeti) se;

my head is ~*ning* vrti mi se u glavi; *the top is* ~*ning* čigra se vrti 9. *intr* kovitlati se; *to* ~ *through the air* kovitlati se u vazduhu (W: zraku) 10 *intr.* okretati se u mestu (mjestu); *the wheels were* ~*ning* točkovi su se okretali u mestu (mjestu)
spin·ach ['spinič] *n* spanać (W: špinat)
spi·nal ['spajnəl] *a* kičmeni; spinalan (see also **vertebral)**
spinal column kičmeni stub
spinal cord kičmena moždina
spinal tap (med., colloq.) lumbalna punkcija (see also **lumbar puncture)**
spin·dle I ['spindl] *n* 1. vreteno 2. osovina
spindle II *a* vretenski; ~ *oil* vretensko ulje
spindle III *v tr* pričvrstiti na vreteno
spin·dle·legs [~legz] *n pl* duge, tanke noge
spin·dle·shanks [~šaeṅgks] see **spindlelegs**
spin·dly ['spindlij] *a* dug i tanak
spine [spajn] *n* 1. kičma 2. bodlja, čekija 3. hrbat (knjige)
spine·less ['spajnlis] *a* 1. bez kičme, beskičmen 2. (fig.) beskičmen, beskarakteran
spin·et ['spinit] *n* spinet
spin·na·ker ['spinəkə(r)] *n* (naut.) spinaker
spin·ner [~ə(r)] *n* prelac, prelja
spin·ney ['spinij] *n* guštara (see also **thicket)**
spin·ning [~iṅg] *n* predenje
spinning frame preslica
spinning jenny mašina za predenje nekoliko niti odjednom
spinning wheel kolovrat, preslica
spin-off *n* sporedni proizvod, rezultat
spi·nose ['spajnous] see **spiny**
spi·nous [~nəs] see **spiny**
Spi·no·zizm [spi'nouzizəm] *n* (phil.) spinozizam
spin·ster ['spinstə(r)] *n* 1. usedelica (usidjelica) 2. (Br.) neudata žena
spin·ster·hood [~hud] *n* neudatost
spin·y ['spajnij] *a* bodljikav
spir·a·cle ['spajrəkəl], [i] *n* 1. oduška 2. disajna bušljika 3. see **blowhole 1**
spi·ral I ['spajrəl] *n* spirala, zavojnica; (fig.) *an inflationary* ~ skakanje cena (cijena)
spiral II *a* spiralan; zavojit; *a* ~ *staircase* zavojite stepenice
spiral III *v intr* (colloq.) skakati; *prices are* ~*ing* cene (cijene) skaču
spi·rant ['spajrənt] see **fricative I, II**
spire I [spaj(r)] *n* šiljata kula; vrh tornja (also **pinnacle 1)**
spire II *n* spirala; uvojak
spirit I ['spirit] *n* 1. duh, duša; *the* ~ *of the times* duh vremena; **the* ~ *is willing, but the flesh is weak* duša hoće, ali telo (tijelo) cvokoće 2. duh, više biće; *an evil* ~ zao duh 3. oduševljenje, žar, vatra 4. (in *pl)* raspoloženje; *in good* ~*s* u dobrom raspoloženju 5. (in *pl)* alkoholna pića 6. špirit
spirit II *v tr* (also: *to* ~ *off, away)* odvesti, spetljati, smotati; *to* ~ *smb. off to prison* spetljati nekoga u zatvor
spir·it·ed [~id] *a* smeo (smio), vatren
spir·it·ism [~izəm] *n* spiritizam
spir·it·less [~lis] *a* bez žara, mlitav, trom
spirit level Br.; see **level I** 4

spirits see spirit I 4, 5
spirits of ammonia see smelling salts
spirits of turpentine terpentinsko ulje
spir·i·tual I ['spiričŭəl] n crkvena pesma — pjesma (američkih Crnaca)
spiritual II a duhovni; spiritualan; a ~ father duhovni otac
spir·i·tu·al·ism [~izəm] n spiritualizam
spir·i·tu·al·i·ty [spiričŭ'aelətij] n spiritualnost
spir·i·tu·al·ize ['spiričŭəlajz] v tr spiritualizovati
spir·i·tu·ous ['spiričŭəs] a alkoholni
spir·o·chete ['spajrəkijt] n spiroheta
spirt Br.; see spurt
spit I [spit] n pljuvanje; pljuvačka; ispljuvak; * ~ and polish održavanje (vojničkog) izgleda; šlif, uglađenost
spit II spit or spat [spaet] v 1. tr (to ~ out) ispljuvati 2. tr pljuvati; to ~ blood pljuvati krv 3. intr pljuvati; to ~ at smb. (in smb.'s face) pljuvati na nekoga (nekome u lice); he spat (spit) at everything we held dear pljunuo je na sve do čega je nama stalo
spit III n ražanj
spit·ball [~bol] n lopta od sažvakanog papira za hitanje
spite I [spajt] n inat, pizma; to do smt. out of ~ učiniti nešto iz inata (pizme); in ~ of smt. uprkos nečemu
spite II v tr pakostiti, terati (tjerati) inat; to ~ smb. pakostiti nekome, terati nekome inat
spite·ful [~fəl] a pakostan, prkosan
spit·fire ['spitfaj(r)] n naprasita žena (osoba)
spit·ting image ['spitiṉg] (or: spit and image) potpuna sličnost; he is the ~ of his father on je pljunuti (sušti) otac
spit·tle ['spitl] n ispljuvak
spit·toon [spi'tūn] n pljuvaonica
spitz [spits] n špic (vrsta psa)
spiv [spiv] n (Br., slang) varalica
splanch·nic ['splaeṉgknik] a utrobni
splash I [splaeš] n 1. prskanje; brčkanje 2. misc.; *to make quite a ~ izazvati senzaciju
splash II v 1. tr poprskati, prsnuti; pljusnuti, zapljusnuti; to ~ smb. (at the beach) poprskati nekoga (na plaži); to ~ smb. in the face with water prsnuti nekoga u lice vodom; the car ~ed us with mud kola su nas zapljusnula blatom 2. intr brčkati se, pljusnuti (se); to ~ in the water pljuskati se u vodi; the stone ~ed into the water kamen je pljusnuo u vodu 3. intr šljapati; to ~ in the mud šljapati po blatu
splash·board [~bo(r)d] n blatobran
splash·down [~daun] n sletanje (slijetanje) na vodu (kosmičkog broda)
splash down v spustiti se na vodu
splash·y [~ij] a (colloq.) razmetljiv (also showy)
splat·ter ['splaetə(r)] v tr poprskati
splay I [splej] n (archit.) ukošena strana, ukošen ugao (W: kut)
splay II v tr raširiti
splay·foot [~fut] (-feet [fijt]) n dustaban
splay·foot·ed [~id] a dustabanatih nogu
spleen [splijn] n 1. (anat.) slezina 2. (fig.) splin, zlovolja; *to vent one's ~ iskaliti ljutnju
spleen·ful [~fəl] a mrzovoljan
spleen·wort [~wo(r)t] n (bot.) papraca

splen·did ['splendid] a divan, sjajan
splen·dif·er·ous [splen'difərəs] a (iron.) see splendid
splen·dor ['splendə(r)] n divota, sjaj
splen·dour Br.; see splendor
sple·net·ic [spli'netik] a 1. slezinski 2. mrzovoljan
splen·ic ['splenik] a slezinski
sple·ni·tis [spli'najtis] n zapaljenje (W: upala) slezine
splice I [splajs] n upletka; a long (short) ~ duga (kratka) upletka
splice II v tr 1. uplesti 2. spojiti; to ~ a cable spojiti kabl 3. (colloq.) vezati brakom
spline [splajn] n dugačka, savitljiva šipka
splint I [splint] n udlaga; to apply a ~ staviti udlagu
splint II v tr pričvrstiti udlagom
splin·ter I [~ə(r)] n 1. cepka (cjepka); iverica; he has a ~ in his finger ušla mu je cepka u prst; to remove a ~ izvući cepku 2. parče (granate) 3. see splinter group
splinter II v 1. tr rascepiti (rascijepiti) 2. intr rascepiti se 3. intr razbiti se u parčad
splinter group (pol.) frakcija
split I [split] n 1. rascep (rascjep); rascepkanost (rascjepkanost) 2. (gymnastics) široki raskoračni stav 3. see banana split
split II a rascepljen (rascijepljen)
split III split [split] v 1. tr rascepiti (rascijepiti), rascepkati (rascjepkati), razdvojiti; to ~ a party (into factions) uneti (unijeti) rascep u partiju; to ~ a family into two camps razdvojiti porodicu u dva tabora 2. tr (also: to ~ up) razdeliti (razdijeliti), podeliti (podijeliti); to ~ (up) profits podeliti dobit; to ~ the difference podeliti napola razliku u ceni — cijeni (pri trgovanju) 3. tr (also: to ~ up) rasparčati, razbiti, razdrobiti; to ~ up a trust razdrobiti trust 4. tr (to ~ up) razdvojiti 5. intr (also: to ~ up) cepati (cijepati) se: the wood ~s nice and easy drvo se cepa čisto i lako; the crowd is ~ting (up) into small groups gomila se cepa na male grupe; the party split over this question stranka se pocepala na ovom pitanju 6. intr (to ~ up) razići se; the crowd split up svet (svijet) se razišao 7. (slang) odmagliti 8. misc.; to ~ hairs cepidlačiti (cjepidlačiti); to ~ the atom rascepiti atomsko jezgro
Split II n Split
split infinitive (gram.) infinitiv sa prilogom između to i glagoslkog oblika (to readily accept)
split level vila sa međuspratom (W: međukatom)
split-lev·el [~levəl] a sa međuspratom (W: međukatom)
split personality rascep (rascjep) psihičke ličnosti, podeljena (podijeljena) ličnost
split second tren, magnovenje
split-second a precizan
split ticket (pol.) 1. spisak kandidata dveju (dviju) ili više partija 2. glasanje za kandidate raznih partija
split·ting I [~iṉg] a vrlo jak; a ~ headache vrlo jaka glavobolja
splitting II n cepanje (cijepanje); the ~ of the atom cepanje atoma
split up v see split III 2, 3, 4, 5, 6
splotch I [splač] [o] n mrlja

splotch II *v tr* umrljati
splurge I [splə(r)dž] *n* razmetanje
splurge II *v* 1. *tr* and *intr* trošiti (mnogo), razbacivati se novcem 2. razmetati se
splut·ter ['splətə(r)] *v intr* govoriti nepovezano
spod·u·mene ['spɑdjəmijn]; [o] *n* (miner.) spodumen
spoil [spojl] *-ed; -ed* or *spoilt* [spojlt] *v* 1. *tr* pokvariti; razmaziti; *grandmothers ~ children* babe kvare decu (djecu); *~ed meat* pokvareno meso; *a ~ed child* razmaženo dete (dijete) 2. *intr* kvariti se 3. misc.; *to ~ for a fight* žudeti (žudjeti) za borbom
spoil·age [~idž] *n* 1. kvarenje 2. pokvarenost
spoil·er [~ə(r)] *n* 1. kvarilac 2. (aviation) spojler
spoils [~z] *n pl* plen (plijen); *the ~ of war* ratni trofeji
spoil·sport [~spo(r)t] *n* kvarilac raspoloženja
spoils system (Am., pol.) sistem po kojem položaje u državnoj službi dobijaju članovi stranke koja je pobedila (pobijedila) na izborima
spoke I [spouk] *n* spica, palac zubac
spoke II see **speak**
spo·ken 1. see **speak** 2. *a* govorni; *~ English* govorni engleski (jezik)
spoken for veren (vjeren); *she is ~* verena je
spokes·man [~smən] (*-men* [min]) *n* port-parol zvanični tumač stavova
spokes·per·son [~pə(r)sən] see **spokesman**
spo·li·a·tion [spoulij'ejšən] *n* pljačkanje
spon·da·ic [spɑn'dejik]; [o] *a* spondejski
spon·dee ['spɑndij]; [o] *n* spondej
sponge I [spəndž] *n* sunđer, spužva; **(boxing and fig.) to throw in the ~* napustiti borbu
sponge II *v* 1. *tr* obrisati sunđerom 2. *intr* (colloq.) *to ~ on (off) smb.* živeti (živjeti) na nečiji račun
sponge cake američka biskvit torta
spong·er [~ə(r)] *n* (pejor.) parazit, muftaš, gotovan
sponge rubber porozna guma
spon·gy [~ij] *a* sunđerast, spužvast
spon·son ['spɑnsən]; [o] *n* (naut.) galerija (kotača)
spon·sor I ['spɑnsə(r)]; [o] *n* 1. jemac (W: jamac) 2. predlagač; *the ~ of a bill* predlagač zakonskog nacrta 3. kum, pokrovitelj 4. pokrovitelj, preduzeće (W: poduzeće) koje finansira — financira (radio, TV) emisiju radi reklame
sponsor II *v tr* 1. jemčiti (za) 2. predložiti; *to ~ a bill* predložiti zakonski nacrt 3. kumovati 4. finansirati — financirati (radi reklame); *to ~ a program* finansirati emisiju (radi reklame)
spon·sor·ship [~šip] *n* 1. jemstvo (W: jamstvo) 2. pokroviteljstvo 3. finansiranje (emisije)
spon·ta·ne·i·ty [spantə'nejətij]; [o] *n* spontanost
spon·ta·ne·ous [spɑn'tejnijəs]; [o] *a* spontan
spontaneous abortion spontani pobačaj
spontaneous combustion spontano sagorevanje (sagorijevanje)
spontaneous generation samozametanje
spoof I [spūf] *n* (collog) satira, humoreska
spoof II *v tr* (collog.) 1. satirizirati 2. namagarčiti, nasamariti
spook [spūk] *n* (colloq.) avet, sablast (see also **specter, ghost** 3)
spook·y [~ij] *a* (colloq.) avetinjski, sablastan

spool [spūl] *n* kalem; *a ~ of thread* kalem konca
spoon I [spūn] *n* kašika (W also: žlica); *a soup (table, tea) ~* supena (velika, čajna) kašika; **he was born with a silver ~ in his mouth* rodio se u košuljici
spoon II *v* 1. *tr* (usu.: *to ~ out, up)* grabiti kašikom (W also: žlicom) 2. *intr* (colloq.) milovati se (also **pet III** 2)
spoon·bill [~bill] *n* (bird) kašikar (W also: žličarka)
spoon·er·ism [~ərizəm] *n* nehotično premetanje početnih glasova dveju (dviju) rči (riječi), spunerizam *(let me sew you to your sheet* for *let me show you to your seat)*
spoon·fed [~fed] *a* razmažen
spoon·feed [~fijd] *v tr* hraniti kašikom; (fig.) razmaziti (see **spoonfed**)
spoon·ful [~fəl] *(spoonfuls* or *spoonsful) n* puna kašika (W also: žlica)
spoor [spū(r)] *n* trag (životinje)
spo·rad·ic [spo'raedik] *a* sporadičan
spore [spo(r)] *n* spora
spo·rif·er·ous [spə'rifərəs] *a* sporonosan
sport I [spo(r)t] *n* 1. (often in *pl)* sport; *to go in for ~s* baviti se sportom; *winter ~s* zimski sportovi; *water ~s* sportovi na vodi 2. šala; *in ~* u šali; *to make ~ of smb.* šaliti se na nečiji račun 3. (colloq.) momak; *a good (real) ~* dobar momak 4. (colloq.) bonvivan
sport II *a* sportski
sport III *v tr* iznositi da se vidi, paradirati, pokazivati; *to ~ new shoes* paradirati u novim cipelama; *to ~ a moustache* pustiti brkove
sport·ing [~iṅg] *a* 1. sportski; *~ goods* sportska oprema 2. see **sportsmanlike**
sporting chance (colloq.) neki izgled na uspeh (uspjeh)
spor·tive [~iv] *a* see **playful**
sport jacket sako (koji se prodaje bez pantalona — W: hlača) (see also **blazer**)
sports I (esp. Am.) 1. see **sport I** 1 2. (on TV, the radio) sportski pregled
sports II *a* sportski, *~ facilities* sportski objekti
sports announcer sportski izveštač (izvještač)
sports car trkačka kola
sports editor urednik sportske rubrike
sport shirt majica
sports jacket see **sport jacket**
sports·man [~smən] (*-men* [min]) *n* 1. lovac 2. ljubitelj sporta 3. sportista 4. ispravan čovek (čovjek)
sports·man·like [~lajk] *a* sportski; *a ~ gesture* sportski gest
sports·man·ship [~šip] *n* sportsko ponašanje, fer plej
sports medicine sportska medicina
sports·wear [~swej(r)] *n* sportska odeća (odjeća)
sports·wom·an [~wumən] (*-women* [wimin]) *n* sportistkinja
sport·y ['spo(r)tij] *a* 1. sportski 2. ležeran; neusiljen
spot I [spɑt]; [o] *n* 1. pega (pjega), mrlja, fleka; *he made a big ~ on his tie* napravio je veliku fleku na kravati; *to remove a ~* očistiti fleku, skinuti mrlju 2. mesto (mjesto); *on that ~* na tom mestu; *a sore (tender) ~* bolno (než-

no — nježno) mesto 3. (esp. Br.) mala količina; *a* ~ *of tea* malo čaja 4. ljaga, mana 5. (colloq.) see **spotlight** 6. misc.; *to hit the* ~ pogoditi u metu; *in* ~*s* tu i amo; *on the* ~ smesta (smjesta); na licu mesta; na udaru; *a five* ~ novčanica od pet dolara

spot II *a* 1. gotov; ~ *cash* gotov novac 2. kratak; *a* ~ *announcement* kratak izveštaj (izvještaj)

spot III *v* 1. *tr* umrljati; išarati 2. *tr* otkriti; odrediti položaj (nečega) 3. *tr* (sports) dati nekome foru; *to* ~ *smb. five points* dati nekome prednost od pet poena 4. *tr* ugledati; *he* ~*ted them crossing the lawn* ugledao ih je kako prelaze travnjak 5. *intr* mrljati se 6. *intr* (mil.) osmatrati; vršiti korekturu

spot check štihproba

spot-check [~-ček] *v tr* kontrolisati nasumice

spot·less [~lis] *a* neumrljan, bez mrlje

spot·light [~lajt] *n* 1. reflektor 2. (fig.) prominentnost

spot re·mov·er [ri'mūvə(r)] sredstvo za skidanje mrlja, skidač mrlja

spot·ted [~id] *a* 1. išaran 2. pegav (pjegav)

spotted fever pegavi (pjegavi) tifus

spot·ter [~ə(r)] *n* osmatrač

spot·ting [~iŋ] *n* 1. osmatranje (see also **artillery spotting**) 2. mrljanje

spot·ty [~ij] *a* 1. pegav (pjegav) 2. neorganizovan, slab; ~ *resistance* neorganizovan otpor 3. nedosledan (nedosljedan)

spous·al [ˈspauzəl], [s] *n* (usu. in *pl*) brak, svadba

spousal II *a* bračni, svadbeni

spouse [spaus] *n* suprug, supruga

spout I [spaut] *n* odvodna cev (cijev); otvor za ispuštanje; pisak

spout II *v* 1 *tr* pričati; *to* ~ *nonsense* pričati koješta 2. *intr* šikljati, kuljati 3. *intr* pričati koješta

sprag [spraeg] *n* drveni klin za kočenje točka

sprain I [sprejn] *n* iščašenje, uganuće

sprain II *v tr* iščašiti, uganuti; *to* ~ *an ankle (a wrist)* išačšiti nogu (ruku)

sprang see **spring II**

sprat [spraet] *n* (fish) sleđica

sprawl I [sprol] *n* širenje; *urban* ~ širenje grada (gradova)

sprawl II *v intr* pružiti se, pručiti se; izvaliti se, uvaliti se; *he* ~*ed (out) on the bed* on se izvalio na krevet; *to* ~ *out in an easy chair* uvaliti se u fotelju

spray I [sprej] *n* 1. sprej 2. pištolj (za nanošenje boje)

spray II *v tr* 1. poprskati; *to* ~ *walls with paint* poprskati zidove bojom 2. zaprašiti; *to* ~ *fruit (a garden)* zaprašiti voće (baštu)

spray III *n* kita, nakit u obliku biljke

spray deodorant dezodorans u spreju

spray·er [~ə(r)] *n* prskalica, pištolj, raspršivač

spray gun prskalica, pištolj, raspršivač

spray painting nanošenje boje pištoljima

spread I [spred] *n* 1. širenje; *the* ~ *of disease* širenje bolesti 2. pokrivač (see also **bedspread**) 3. prostranstvo 4. obed (objed); *a nice* ~ obilan obed 5. (cul.) premaz; *a cheese* ~ premaz od sira 6. (usu.: *a big* ~) velika reportaža; veliki oglas (preko cele — cijele stra-

nice) u novinama 7. razlika; *a ten-point* ~ razlika od deset poena

spread II *spread* [spred] *v* 1. *tr* raširiti, rasprostreti (rasprostrijeti); *to* ~ *one's arms* raširiti ruke; *to* ~ *culture (news, rumors)* širiti kulturu (vesti — vijesti, glasine); *the bird* ~*s its wings* ptica širi krila; *to* ~ *a blanket (a tablecloth)* rasprostreti ćebe (čaršav) 2. *intr* širiti se; *the disease (fire) is* ~*ing* bolest (vatra) se širi; *the news spread like lightning* vest (vijest) se pronela (pronijela) munjevitom brzinom; *rumors are* ~*ing* šire se glasine 3. *intr* razliti se; *the ink spread over the tablecloth* mastilo se razlilo po čaršavu

spread eagle orao raširenih krila

spread-ea·gle I *a* raširenih ruku i nogu (za bičevanje)

spread-eagle II *v tr* privezati raširenih ruku i nogu (naročito radi kazne bičevanjem)

spread·er [~ə(r)] *n* 1. širilac 2. rastresač; *a manure* ~ rastresač gnojiva

spread·sheet [~šijt] *n* (C.) spredšit

spree [sprij] *n* 1. terevenka, pijanka; *to go on a* ~ napraviti terevenku 2. velika aktivnost; *to go on a buying* ~ nakupovati se raznih stvari

sprig [sprig] *n* mladica, grančica

spright·ly [ˈsprajtlij] *a* čio, živahan

spring I [spriŋ] *n* 1. opruga; feder; gibanj 2. skok 3. izvor 4. proleće (proljeće)

spring II *a* 1. prolećni (proljećni) 2. jari; *a* ~ *crop* jari useV (usjev)

spring III *sprang* [spraeŋg]; *sprung* [sprəŋg] *v* 1. *tr* preskočiti 2. *tr* aktivirati; *to* ~ *a trap* aktivirati klopku; (fig.) zatvoriti obruč 3. *tr* iskriviti; *the door is sprung* vrata su se iskrivila 4. *tr* prirediti; *to* ~ *a surprise* prirediti iznenađenje 5. *intr* skočiti; *to* ~ *to one's feet* skočiti na noge 6. misc.; *to* ~ *a leak* početi.propuštati vodu; *to* ~ *back* odskočiti; (slang) *we sprung him (from prison)* izdejstvovali (izdjestvovali) smo njegovo puštanje iz zatvora

spring·board [~bo(r)d] *n* odskočna daska

spring cleaning veliko spremanje (u proleće — proljeće)

spring fever prolećna (proljećna) groznica

Spring·field [ˈspriŋfijld] *n* (also: ~ *rifle*) puška model »Springfild«

spring onion Br.; see **scallion**

spring tide sizigijska morska mena (mijena), najveća plima

spring·time [~tajm] *n* proleće (proljeće)

spring up *v* nicati, bujati; *mushrooms spring up after it rains* pečurke bujaju posle (poslije) kiše

spring·y [~ij] *a* elastičan; gibak

sprin·kle I [ˈspriŋkəl] *n* kišica

sprinkle II *v* 1. *tr* poprskati; *to* ~ *water on smt.* poprskati vodom nešto 2. *tr* posuti, posipati; *to* ~ *pastries with sugar* posuti kolače šećerom 3. *intr* sipiti; *it's* ~*ing* kiša sipi

sprin·kler [~lə(r)] *n* prskalica, zalivača

sprinkler system automatski vodeni tuševi, sprinkler uređaj

sprin·kling [~liŋ] *n* 1. prskanje 2. mala količina; trunka; *a* ~ *of visitors* malo posetilaca (posjetilaca)

sprint I [sprint] *n* sprint
sprint II *v intr* sprintovati
sprint·er [~ə(r)] *n* sprinter
sprit [sprit] *n* (naut.) kosnik
sprite [sprajt] *n* duh, đavolak, vilenjak
sprock·et ['sprɑkit]; [o] *n* zubac, klin
sprocket wheel zupčasti točak, točak za lanac
sprout I [spraut] *n* (bot.) mladica
sprout II *v* 1. *tr* poterati (potjerati); *the plants are ~ing buds* biljke su poterale pupoljke 2. *intr* izniknuti, izbiti, nabujati; *the flowers ~ed* izniklo je cveće (cvijeće); *the plant ~ed* biljka je izbila iz zemlje; **to ~ up like mushrooms* nicati kao pečurke
spruce I [sprūs] *n* (bot.) omorika, smrča
spruce II *a* omorični, smrčev
spruce III *a* doteran (dotjeran)
spruce beer smrčevo pivo
spruce up *v* 1. doterati (dotjerati) 2. doterati se; *to spruce up or: to get spruced up* doterati se
sprung see spring III
spry [spraj] *a* žustar, okretan, kočoperan; *a ~ old man* kočoperan starac
spud [spəd] *n* 1. kratka lopatica (za čupanje korova) 2. (slang) (usu. in *pl*) krompir (W: krumpir)
spue see spew
spume I [spjūm] *n* pena (pjena) (see also foam I)
spume II *v intr* peniti (pjeniti) se (see also foam II)
spu·mo·ni [spə'mounij] *n* italijanski sladoled
spun see spin II
spunk [spə͡ŋk] *n* 1. see punk I 2. hrabrost
spunk·y [~ij] *a* hrabar
spun silk predena svila
spur I [spə(r)] *n* 1. mamuza, ostruga; **to win one's ~s* steći ime 2. podsticaj; **on the ~ of the moment* bez razmišljanja, namah 3. ogranak (planine) 4. podupirač 5. see ergot 6. see spur track
spur II *v tr* 1. mamuznuti; *to ~ a horse* mamuznuti konja 2. (fig.) podstaći
spurge [spə(r)dž] *n* mlečika (mlječika)
spu·ri·ous ['spjūrijəs] *a* podmetnut; lažan, neprav
spurn [spə(r)n] *v tr* s preziranjem odbiti
spur·ry ['spərij] *n* (bot.) peščanka (pješčanka)
spurt I [spə(r)t] *n* 1. napregnuće 2. iznenadan porast
spurt II *v intr* napregnuti se
spur track sporedni kolosek (kolosijek)
sput·nik ['spətnik], [u] *n* (Russian) sputnik, satelit
sput·ter I ['spətə(r)] *n* puckanje, pucketanje
sputter II *v intr* puckati, pucketati; *the engine is ~ing* motor pucka
spu·tum ['spjūtəm] *n* ispljuvak
spy I [spaj] *n* špijun
spy II *v* 1. *tr* ugledati 2. *intr* špijunirati; *to ~ on smb.* špijunirati nekoga
spy·glass [~glaes]; [a] *n* dogled, durbin (also field glasses)
spy satellite špijunski satelit
squab [skwab]; [o] *n* goluždravac, golupče
squab·ble I ['skwabəl]; [o] *n* prepirka
squabble II *v intr* prepirati se
squad [skwɑd]; [o] *n* 1. grupa, posada 2. (mil.) odeljenje (odjeljenje)
squad car policijski automobil

squad·ron [~rən] *n* 1. (naval) eskadra 2. (air force) eskadrila 3. (cavalry, armor) divizion
squal·id ['skwalid]; [o] *a* 1. prljav 2. bedan (bijedan), jadan
squall I [skwol] *n* udar vetra (vjetra); oluja, pljusak
squall II *n* dreka
squall III *v intr* drečati
squal·or ['skwalə(r)]; [o] *n* 1. prljavština 2. beda (bijeda), jad
squan·der ['skwandə(r)]; [o] *v tr* rasuti, rasteći; proćerdati; *to ~ money (wealth)* proćerdati novac (bogatstvo)
squan·der·er [~rə(r)] *n* rasipnik
square I [skwej(r)] *n* 1. kvadrat, drugi stepen; *5 ~ (the ~ of 5)* 5 na kvadrat 2. kvadrat; četvrtasta površina 3. (chess, checkers) polje 4. četvrtasta ploča, tabla; *a ~ of chocolate* tabla čokolade 5. (četvrtast) trg, skver 6. pravougli lenjir (W: kutomjer) 7. (slang) osoba koja se strogo drži društvenih konvencija 8. misc.; *on the ~* pošteno; *~ one* početak
square II *a* 1. kvadratni; *a ~ inch (kilometer)* kvadratni inč (kilometar); *a ~ foot (mile)* kvadratna stopa (milja) 2. (colloq.) kvit; *we're all ~ now* sad smo kvit 3. uglast 4. pošten; *~ dealing* pošteno postupanje 5. obilan; *a ~ meal* obilan obed (obijed) 6. misc.; **a ~ peg in a round hole* vezana vreća
square III *adv* see square II 4; pošteno, ispravno; *to play ~* pošteno postupati (igrati)
square IV *v* 1. *tr* podići na kvadrat 2. *tr* napraviti četvrtastim 3. *tr* podmiriti, izmiriti; *to ~ an account* podmiriti račun 4. *tr* prilagoditi, udesiti; dovesti u sklad 5. *intr* biti u skladu, slagati se
square bracket uglasta zagrada
square dance kadril, ples u figurama sa četiri para plesača
square off *v* otpočeti borbu (u boksu)
square-dance [~-daens]; [a] *v intr* izvoditi kadril
square knot podvezni uzao
square-rig·ger [~-rigə(r)] *n* (naut.) brod s križevima
square root kvadratni koren (korijen)
square sail (naut.) križno jedro
squar·ing [~ri͡ŋ] *n* kvadratura; *~ of the circle* kvadratura kruga
squash I [skoš], [a] *n* bundeva, tikva
squash II *n* 1. nešto zgnječeno, kašasto 2. kaša 3. zvuk pri padu mekog predmeta 4. vrsta tenisa koji se igra u dvorani 5. (esp. Br.) piće od limunovog soka
squash III *v* 1. *tr* zgnječiti 2. *intr* gnječiti se 3. *tr* slomiti, ugušiti; *to ~ a revolt* ugušiti pobunu
squash rackets see squash II 4
squat I [skwat]; [o] *n* čučanj; *to do a ~* spustiti se u čučanj
squat II *a* zdepast
squat III *v intr* 1. čučati 2. naseliti se bez dozvole
squat·ter [~ə(r)] *n* bespravni naseljenik
squat·ting [~i͡ŋ] 1. *a* čučeći; (mil.) *the ~ position* čučeći stav (za gađanje) 2. *adv* čučećke
squaw [skwo] *n* skvo, Indijanka
squawk I [skwok] *n* 1. vrisak 2. bučan protest
squawk II *v intr* 1. vrisnuti 2. bučno protestovati

squawk box (slang) avionski radio-prijemnik
squaw man (colloq.) belac (bijelac) oženjen Indijankom
squeak I [skwijk] *n* 1. škripa 2. misc.; *we had a close* ~ jedva smo se izvukli
squeak II *v intr* 1. škripeti 2. *(to ~ by, through)* spasti se; *we just ~ed by (through)* jedva smo se spasli (izvukli), umakli smo za dlaku
squeak·y [~ij] *a* škripav, kreštav (kriještav), piskav; *a* ~ *voice* piskav glas
squeal I [skwijl] *n* cika, vrisak
squeal II *v intr* 1. ciknuti, vrisnuti 2. (slang) prijaviti, dostaviti; *to* ~ *on smb.* prijaviti (dostaviti) nekoga
squeal·er [~ə(r)] *n* (slang) dostavljač
squeam·ish ['skwijmiš] *a* gadljiv
squee·gee ['skwijdži] *n* drvena naprava s gumenim rubom za sušenje prozora, palube, poda
squeeze I [skwijz] *n* stisak; *a* ~ *of the hand* stisak ruke; *to give smb. a* ~ zagrliti nekoga 2. gužva, stiska 3. ceđenje (cijeđenje) 4. iznuđenje, iznuđavanje
squeeze II *v* 1. *tr* stisnuti; stegnuti; *to* ~ *smb.'s hand* stisnuti nekome ruku 2. iscediti (iscijediti); istisnuti; *to* ~ *juice from a lemon* iscediti sok iz limuna; *to* ~ *paste out of a tube* istisnuti pastu iz tube 3. *tr* probiti se, progurati se; *to* ~ *one's way through a crowd* probiti se kroz gomilu 4. *tr* nabiti, natrpati; strpati; *to* ~ *things into a closet* natrpati orman stvarima (also **cram** 1) 5. *tr* iznuditi 6. *intr* nabiti se; potrpati se; *to* ~ *into a bus* nabiti se u autobus; *they all* ~*ed into the car* svi su se potrpali u auto 7. *intr* probiti se; provući se; *to* ~ *through a crowd* probiti se kroz gomilu; *to* ~ *through a narrow opening* provući se kroz uzan otvor
squeeze play see **squeeze I** 4
squelch I [skwelč] *n* 1. mljackanje (see **squish I**) 2. porazan odgovor 3. (radio) samogašenje
squelch II *v* 1. *tr* smrviti 2. *tr* poraziti (primedbom — primjedbom) 3. *intr* see **squish II**
squib [skwib] *n* 1. kratak dopis; kratka satira 2. žabica (vatromet)
squid [skwid] *(pl* has *-s* or zero) *n* lignja
squig·gle I ['skwigəl] *n* škrabanje (see **scrawl I**)
squiggle II *v intr* migoljiti se (also **squirm II**)
squill [skwil] *n* (bot.) morski luk
squil·la [~ə] (*-s* or *-ae* [ij]) *n* (zool.) kozorepac
squinch [skwinč] *n* (archit.) potporni luk
squint I [skwint] *n* 1. razroko gledanje; pogled iskosa 2. žmirkanje, škiljenje 3. razrokost (also **strabismus**)
squint II *a* see **squint·eyed**
squint III *v tr* and *intr* 1. žmirkati, škiljiti; *to* ~ *one's eyes* škiljiti očima 2. gledati razroko
squint-eyed [~-ajd] *a* 1. razrok 2. koji gleda iskosa 3. koji žmirka
squire I [skwaj(r)] *n* 1. štitonoša 2. (Br.) plemić
squire II *v tr* 1. služiti kao štitonoša 2. pratiti (ženu)
squirm I [skwə(r)m] *n* migoljenje
squirm II *v intr* 1. migoljiti se, meškoljiti se, koprcati se; *the baby is* ~*ing (around) in its cradle* dete (dijete) se meškolji u kolevci (kolijevci) 2. izmaći; *to* ~ *out of an obligation* izmaći obavezi

squirm·er [~ə(r)] *n* onaj koji se migolji
squirm·y [~ij] *a* migoljast
squir·rel ['skwərəl] *n* veverica (vjeverica)
squirt I [skwə(r)t] *n* 1. mlaz vode 2. brizgalica 3. (colloq.) ohola osoba
squirt II *v* 1. *tr* and *intr* briznuti 2. *intr* špricati, štrcati; *the water is* ~*ing on all sides* voda štrca na sve strane
squish I [skwiš] *n* mljackanje
squish II (onoma.) mljackav
squish III *v intr* mljackati
squish·y [~ij] *a* mljackav
Sri Lan·ka [srij'la̅ṅkə] Šri Lanka
St. [sejnt] abbrev. of *saint*
stab I [staeb] *n* 1. ubod, udarac bodežom; *a* ~ *in the back* ubod u leđa or: (fig.) izdaja 2. rana od uboda 3. (colloq.) pokušaj; *to make a* ~ *at smt.* pokušati nešto
stab II *v tr* ubosti (bodežom); *to* ~ *smb. with a dagger* udariti (probosti) nekoga bodežom; *to* ~ *smb. in the back* zabiti nož u leđa nekome or: (fig.) izdati nekoga
sta·bile ['stejbil] see **stable III**
sta·bil·i·ty [stə'bilətij] *n* stabilnost, stabilitet, stalnost, postojanost
sta·bi·li·za·tion [stejbələ'zejšən]; [aj] *n* stabilizacija
sta·bi·lize ['stejbəlajz] *v tr* stabilizovati
sta·bi·liz·er [~ə(r)] *n* stabilizator
stable I ['stejbəl] *n* 1. staja, štala; ergela; *a horse* ~ konjušnica 2. grupa (boksera — W: boksača)
stable II *v tr* smestiti (smjestiti) u staju, štalu; držati u staji
stable III *a* stabilan, stalan, ustaljen, postojan; *a* ~ *person* ustaljen čovek (čovjek); *in* ~ *condition* u stabilnom stanju
sta·ble·boy [~boj] *n* konjušar
stac·ca·to [stə'katou] *n* (mus.) stakato
sta·chys ['stejkəs] *n* (bot.) ranilist
stack I [stack] *n* 1. plast, stog 2. gomila 3. dimnjak 4. (mil.) puške složene u piramidu 5. orman za knjige 6. (in *pl*) fond biblioteke; skladište 7. glavna odvodna cev (cijev)
stack II *v tr* 1. složiti, naslagati; *to* ~ *books on a shelf* složiti knjige na policu 2. denuti (djenuti); *to* ~ *hay* denuti seno (sijeno) 3. (mil.) složiti (puške u kupe); ~ *arms!* puške u kupe! 4. mešanjem (miješanjem) podabrati karte; (fig.) lažirati
stacked [~t] *a* (colloq.) razvijena (o devojci — djevojci)
stack up *v* 1. iznositi 2. odgovarati (see **measure II** 6) 3. obustaviti; *traffic was stacked up* saobraćaj je bio obustavljen
stad·dle ['staedl] *n* podnožje (plasta, stoga)
sta·di·a II ['stejdijə] *n* topografska letva; regleta
stadia II see **stadium**
sta·di·um ['stejdijəm] (*-s* or *-ia* [ijə]) *n* stadion; *at a* ~ na stadionu
staff I [staef]; [a] *n* 1. palica, štap 2. motka 3. štab; *a general* ~ glavni štab 4. osoblje; *a hospital* ~ osoblje bolnice; *teaching* ~ nastavničko osoblje 5. *(staves* [stejvz]) (mus.) notne linije (also **stave I** 4)
staff II *a* štabni; *a* ~ *officer* štabni oficir
staff III *v tr* snabdeti (snabdjeti) osobljem
staff IV *n* vrsta štukature

staff of life hleb — hljeb (W: kruh)
staff sergeant (mil.) vodnik
stag II [staeg] *n* 1. jelen (mužjak) 2. uštrojena životinja 3. muškarac bez žene (na nekoj priredbi)
stag II 1. *a* isključivo za muškarce; *a* ~ *party* skup (isključivo) za muškarce 2. *adv* bez žene; *to go* ~ ići (nekuda) bez ženskog društva
stag beetle jelenak
stage I [stejdž] *n* 1. pozornica, bina, scena; *on the* ~ na pozornici; *a movable (revolving)* ~ pokretna (rotaciona) bina; *to appear on* ~ stupiti (izići) na binu; **the* ~ *is set* scena je spremna 2. (fig.) pozorište (W: kazalište); *to be on the* ~ biti glumac 3. etapa; *by* ~s po etapama 4. uzdignuto mesto (mjesto) 5. skele; postolje 6. vodostaj (reke — rijeke), visina vode; *flood* ~ kritično visoki vodostaj (reke) 7. stepen, faza; *a first* ~ *rocket* prvi stepen rakete (see also **multistage**)
stage II *a* pozorišni (W: kazališni); *a* ~ *career* pozorišna karijera
stage III *v tr* 1. prirediti; *to* ~ *a match* prirediti utakmicu 2. izvesti, izvršiti; *to* ~ *an invasion* izvršiti desant 3. postaviti na scenu; *to* ~ *a play* postaviti (pozorišni) komad
stage·coach [~kouč] *n* poštanska kočija
stage·craft [~kraeft]; [*a*] *n* pozorišna veština (vještina)
stage door vrata pozadi pozorišta (W: kazališta) za ulazak glumaca
stage fright trema; *to have* ~ imati tremu
stage·hand [~haend] *n* pozornični radnik
stage·man·age [~-maenidž] *v tr* režirati (komad)
stage manager *n* reditelj
stag·er ['stejdža(r)] *n* (Br.; colloq.) *an old* ~ osoba sa velikim iskustvom
stage-struck [~-strək] *a* lud za pozorištem (W: kazalištem)
stage whisper glumčev glasni šapat (da ga čuju gledaoci)
stag·fla·tion [staeg'flejšən] *n* stagflacija
stag·ger ['staegə(r)] *n* teturanje
stagger II *v* 1. *tr* uzdrmati; poljuljati; pokolebati 2. *tr* zapanjiti, zaprepastiti 3. *tr* ešelonirati; rasporediti u šahovskom poretku; *to* ~ *working hours* rasporediti radno vreme (vrijeme) u razna vremena 4. *intr* teturati se
stag·ger·ing [~riñg] *a* koji zapanjuje
stag·gers ['staegə(r)z] *n pl (the* ~) vrtoglavica (kod konja, goveda)
stag·hound ['staeghound] *n* pas za lov na jelene
stag·ing ['stejdžiñg] *n* 1. skele 2. putovanje poštanskim kolima 3. inseniranje
staging area (mil.) rejon koncentracije
staging post Br.; see **stopover**
stag·nant ['staegnənt] *a* 1. stagnantan, koji stagnira 2. stajaći; ~ *water* stajaća voda
stag·nate ['staegnejt]; [~'nejt] *v intr* stagnirati, biti u zastoju
stag·na·tion [staeg'nejšən] *n* stagnacija, zastoj
stag·y ['stejdžij] *a* (Br.) neprirodan, kao na pozornici
staid [stejd] *a* staložen; ozbiljan
stain I [stejn] *n* 1. mrlja; ljaga 2. boja (za drvo); obojenje

stain II *v* 1. *tr* umrljati 2. *tr* ukaljati 3. *tr* obojiti 4. *intr* mrljati se
stained glass bojeno staklo
stained-glass [~d-glaes]; [*a*] *a* od bojenog stakla
stain·less [~lis] *a* 1. bez mrlje 2. nerđajući
stainless steel nerđajući čelik
stair [stej(r)] *n* 1. stepenik 2. (in *pl)* stepenice
stair·case [~kejs] *n* stepenište
stair·way [~wej] *n* see **staircase**
stair·well [~wel] *n* vertikalni otvor za stepenište
stake I [stejk] *n* 1. kolac; pritka; *to drive (pound)* a ~ *into the ground* zabiti kolac u zemlju 2. lomača; *to burn at the* ~ spaliti na lomači 3. misc.; ** to pull up* ~s završiti svoje poslove i otići, dići sidro
stake II *v tr* (usu: *to* ~ *out)* označiti kočićima; *to* ~ *out a claim* označiti kočićima zemljište koje se uzima; (fig.) objaviti svoje pravo (na)
stake II *n* 1. (in *pl)* ulog; *high* ~s veliki ulog 2. nagrada 3. see **grubstake** 4. udeo (udio), učešće; *to have a* ~ *in smt.* imati udela u nečemu; biti materijalno zainteresovan za nešto 5. kocka; opasnosti; *at* ~ na kocki, u opasnosti
stake IV *v tr* 1. uložiti u igru; staviti na kocku; *to* ~ *everything* staviti sve na kocku 2. subvencionisati (see also **grubstake II**)
stake out *v* 1. see **stake II** 2. staviti pod prismotru
stake-out *n* prismotra
stakes see **stake III** 1
sta·lac·tite [stə'laektajt] or ['staeləktajt] *n* stalaktit
sta·lag·mite [stə'laegmajt] or ['staeləgmajt] *n* stalagmit
stale I [stejl] *a* 1. bajat; ~ *bread* bajat hleb — hljeb (W: kruh) 2. bljutav; ~ *wine* bljutavo vino 3. otrcan; *a* ~ *joke* otrcana šala 4. (sports) pretreniran
stale II *n* (of horses, camels) mokraća
stale III *v intr* (of horses, camels) mokriti
stale·mate I [~ mejt] *n* (chess and fig.) pat
stalemate II *v tr* dati pat (nekome)
Sta·lin·grad ['stalەngrad] *n* Staljingrad; *the Battle of* ~ Staljingradska bitka
Sta·lin·ism [~izəm] *n* staljinizam
Sta·lin·ist [~ist] *n* staljinista
stalk I [stok] *n* stabljika
stalk II *v* 1. *tr* kebati; loviti pretraživanjem 2. *intr* oholo koračati 3. *intr* loviti divljač pretraživanjem
stalk·ing-horse [~iñg-ho(r)s] *n* 1. konj (ili veštački — vještački konj) iza koga se krije lovac 2. (fig.) mamac, vabac
stall I [stol] *n* 1. štala, staja 2. pregrada; odeljak (odjeljak); boks 3. stolica, sedište — sjedište (u crkvi) 4. (esp. Br.) tezga, dućan (na pijaci) (see also **stand** I 4) 5. (Br.) fotelja u parteru 6. (aviation) gubitak brzine; *to go into a* ~ izgubiti brzinu 7. (of an automobile) gušenje motora 8. (colloq.) odugovlačenje, okolišenje; obmana, prevara 9. (sports) povlačenje u odbranu (W: obranu) radi čuvanja vođstva
stall II *v* 1. *tr* zaustaviti 2. *tr* ugušiti (motor) 3. *tr* (aviation) dovesti do gubitka brzine 4. *tr* (also: *to* ~ *off*) odugovlačiti, razvlačiti; *to* ~ *off creditors* izbegavati (izbjegavati) zajmodavce 5. *intr* odugovlačiti, razvlačiti 6. *intr* gušiti se; *the engine* ~s motor se guši 7. *intr*

(sports) povlačiti se u odbranu ~ W: obranu (da bi se sačuvalo vodstvo)

stall-feed [~-fijd]; -*fed* [fed] *v tr* toviti (hraniti) u staji

stal·lion ['staeljən] *n* ždrebac (ždrijebac)

stall off *v* see **stall II** 4

stal·wart I ['stolwə(r)t] *n* 1. odlučan pobornik 2. snažna, jaka osoba

stalwart II *a* 1. odlučan, čvrst 2. snažan, jak

sta·men ['stejmən] *n* (bot.) prašnik

stam·i·na ['staemənə] *n* izdržljivost; snaga

stam·i·nal [~1] *a* prašnični

stam·mer I ['staemə(r)] *n* mucanje (also **stutter I**)

stammer II *v* 1. *tr* promucati 2. *intr* mucati (see also **stutter II**)

stamp I [staemp] *n* 1. bahat (noge), lupanje (nogom); *a* ~ *of the foot* bahat noge 2. pečat; žig; *to bear the* ~ (*of smt.*) nositi žig (nečega) 3. marka; *a postage* ~ poštanska marka; *to put a* ~ *on an envelope* zalepiti (zalijepiti) marku na koverat (W: kuvertu) 4. kov; *a man of the same* ~ čovek (čovjek) istog kova 5. etalon

stamp II *v* 1. *tr* udariti, lupnuti; tapkati, toptati; *to* ~ *one's foot* toptati nogom 2. *tr* zapečatiti; udariti žig, pečat (na) 3. *tr* etalonirati 4. *tr* (also: *to* ~ *down*) utabati, utapkati; *to* ~ *the ground down* utapkati zemlju 5. *intr* lupati nogom; tabati

Stamp Act (hist.) Zakon o taksama (donet — donijet u britanskom parlamentu 1765)

stam·pede I [staem'pijd] *n* 1. divlje bekstvo — bjekstvo (goveda, konja); bekstvo u panici, neredu 2. divlja navala

stampede II *v* 1. *tr* naterati (natjerati) u divlje bekstvo (bjekstvo) 2. *intr* dati se u divlje bekstvo; pobeći (pobjeći) u panici

stamp·ing ground [~ing] omiljeno mesto (mjesto) boravka

stamp out *v* suzbiti; *to stamp out crime* suzbiti kriminalitet

stance [staens] *n* stav

stanch I see **staunch I**

stanch II [staenč] *v tr* zaustaviti; *to* ~ *the flow of blood* zaustaviti krvarenje

stan·chion ['staenčən]; [*a*], [*š*] *n* podupirač, direk

stand I [staend] *n* 1. stajanje 2. zastoj 3. boravak; *a one-night* ~ jednodnevna predstava (neke trupe) 4. tezga, dućan (na pijaci) see also **stall I** 4) 5. ~ (*of trees*) (šumska) sastojina 6. otpor; *to put up a* ~ pružiti otpor 7. stav; *to take a* ~ zauzeti stav 8. (*in pl*) tribina; *in the* ~s na tribinama 9. see **witness stand** 10. stalak, pult; *a music* ~ pult (stalak) za note

stand II *stood* [stud] *v* 1. *tr* staviti (da stoji), metnuti uspravno; *to* ~ *upright* staviti da stoji 2. *tr* prisloniti; staviti; *to* ~ *a ladder against a wall* prisloniti lestve na (uza) zid 3. *tr* izdržati, podneti (podnijeti); trpeti (trpjeti); *to* ~ *pain* izdržati (podneti) bol; *I can't* ~ *him* ne mogu da ga podnosim; *to* ~ *the climate* trpeti klimu; *to* ~ *no nonsense* ne trpeti ludorije; *to* ~ *the pace* izdržati tempo 4. *tr* održati; *to* ~ *one's ground* održati svoj položaj, održati se 5. *tr* čuvati; *to* ~ *guard* čuvati stražu 6. *tr* (colloq.)

platiti; *to* ~ *treat* platiti trošak, častiti 7. *tr* voditi; *to* ~ *battle* voditi bitku 8. *intr* stajati (also fig.); *some are* ~*ing, and others are sitting* jedni stoje, a drugi sede (sjede); *to* ~ *straight* stajati uspravno; *to* ~ *on one's feet* stajati na nogama; *how do you* ~ *with the boss?* kako stojiš sa šefom? *how do things* ~? kako stoje stvari? (mil.) *to* ~ *at attention (at ease)* stajati u stavu »mirno« (na mestu — mjestu »voljno«) 9. *intr* (esp. Br.) kandidovati se; *to* ~ *for an office* kandidovati se za neki državni položaj (see also **run II** 30) 10. misc.; *to* ~ *aside (aloof)* držati se po strani; *to* ~ *in awe of smb.* gledati nekoga sa strahopoštovanjem; *to* ~ *around* dangubiti; *to* ~ *back* povući se; *to* ~ *on ceremony* praviti ceremonije, paziti na formalnost; *to* ~ *a chance* imati izgled na uspeh (uspjeh); *his hair stood on end* digla mu se kosa na glavi; *to* ~ *for smt.* simbolizovati nešto; *to* ~ *in for smb.* zameniti (zamijeniti) nekoga; *to* ~ *on one's rights* insistirati na svojim pravima; *to* ~ *over* nadzirati; *to* ~ *pat* ostati pri svojoj odluci; *it* ~s *to reason* to je očigledno (prirodno); *to* ~ *and fight* prihvatiti borbu; *to* ~ *off shore* biti u blizini obale; *to* ~ *in the way* sprečavati prolaz; *he* ~s *six foot tall* visok je šest stopa

stan·dard I ['staendə(r)d] *n* 1. zastava, barjak (naročito motorizovanih jedinica) 2. standard, norma; *the gold* ~ zlatni standard; *a* ~ *of living* životni standard; *to establish a* ~ ustanoviti normu; *to apply a double* ~ rukovoditi se dvostrukim standardom 3. standardan jezik 4. (Br.) razred (see also **form I** 6, **grade I** 2)

standard II *a* 1. standardan; ~ *equipment* standardna oprema 2. normalan 3. misc.; (Am., cul.) ~ *meat* meso treće kategorije (cf. **prime II** 1, **choice II** 2)

stan·dard-bear·er [~-bejrə(r)] *n* barjaktar

standard deviation standardno odstupanje, standardna devijacija

standard frequency standardna frekvencija

standard gauge normalan kolosek (kolosijek)

stan·dard-gauge [~-gejdž] *a* normalnog koloseka (kolosijeka)

stan·dard·i·za·tion [staendə(r)də'zejšən]; [*aj*] *n* standardizacija, normiranje

stan·dard·ize ['staendə(r)dajz] *v tr* standardizovati. normirati; *to* ~ *a language* normirati jezik

standard lamp Br.; see **floor lamp**

standard language standardni jezik

standard time standardno vreme (vrijeme)

stand around *v* stajati u blizini; *he was standing around when it happened* stajao je u blizini kad se to desilo

stand by *v* 1. biti u stanju pripravnosti 2. pomoći; *to stand by smb.* pomoći nekome (nekoga) 3. ispuniti; *to stand by a promise* ispuniti obećanje 4. čekati (obnavljanje emisije)

stand-by I [~baj] *n* 1. zamenik (zamjenik) 2. avionski putnik (bez rezervacije) koji na aerodromu čeka na mesto (mjesto) 3. pripravnost; *to be on* ~ biti u stanju pripravnosti

standby II *a* 1. u pripravnosti; *a* ~ *alert* borbeno dežurstvo 2. rezervni

stand down v 1. (esp. Br.) završiti dežurstvo 2.(esp. Br.) povući se (iz utakmice) 3. misc.; napustiti klupu za svedoke (svjedoke)
stand·ee [∼'ij] n gledalac koji stoji
stand in v zameniti (zamijeniti); *to stand in for smb.* zameniti nekoga
stand-in [∼-in] n zamenik (zamjenik)
stand·ing I [iñg] n 1. stajanje 2. ugled; položaj; *a man of* ∼ ugledan čovek (čovjek) 3. trajanje; *of long* ∼ dugotrajan 4. (in pl; usu. sports) tabela; *the bottom of the* ∼s dno tabele 5. (usu. sports) plasman
standing II a 1. stojeći 2. stajaći; stalan; trajan; *a* ∼ *order* trajno naređenje or: stalna porudžbina
standing army stajaća (stalna) armija
standing room mesto (mjesto) za stajanje; ∼ *room only!* karte samo za stajanje!
standings see standing I 4
stand-off [∼-of] n nerešena (neriješena) igra
stand·off·ish [staend'ofiš] a nedruželjubiv
stand out v 1. strčati 2. isticati se 3. odudarati; *that house stands out (from the others)* ta kuća odudara (od drugih)
stand·out [∼aut] n istaknuta ličnost
stand·point [∼pojnt] see viewpoint
stands see stand I 8
stand·still [∼stil] n zastoj
stand up v 1. ustati; stati 2. izdržati probu; biti prihvatljiv; *that theory will not stand up* ta teorija se ne može prihvatiti 3. misc.; *to stand smb. up* ne doći na sastanak sa nekim; *to stand up for smb.* založiti se za nekoga; *to stand up to smb.* pružati nekome otpor
stand-up [∼əp] a 1. koji stoji 2. koji se radi stojećki
stand-up comedian komičar koji priča viceve gledaocima
stank see stink II
stan·nite ['staenajt] n (miner.) stanit
stan·za ['staenzə] n strofa
sta·pes ['stejpijz] (pl has zero or *stapedes* [stə'pijdijz]) n (anat.) stremenjača
sta·ple I ['stejpəl] n 1. glavni trgovinski artikal, glavni proizvod 2. (fig.) glavni predmet, glavna stvar 3. sirovina 4. vlakno vune, pamuka
staple II a glavni; ∼ *items* glavni trgovinski artikli
staple III n spajalica; šip
staple IV v tr spojiti spajalicama
sta·pler [∼plə(r)] n sprava za spajanje, heftalica
star I [sta(r)] n 1. (astro.) zvezda (zvijezda): *a binary* ∼ dvojna zvezda; *a falling (fixed)* ∼ zvezda padalica (stajačica); *the North Star* Polarnica 2. (fig.) zvezda, star; *a film (football)* ∼ filmska (fudbalska — W: nogometna) zvezda 3. (as a design) zvezda 4. zvezdica (zvjezdica) (also **asterisk**) 5. (fig.) sudbina, zvezda; **to be born under a lucky* ∼ biti rođen pod srećnom zvezdom 6. misc.; **to see* ∼s videti zvezde (usled — uslijed udara); **to thank one's lucky* ∼s smatrati se srećnim
star II a zvezdan (zvjezdan)
star III v 2. tr obeležiti (obilježiti) zvezdicom (zvjezdicom) 2. tr predstavljati u glavnoj ulozi 3. intr igrati glavnu ulogu
star·board [∼ bə(r)d] (naut.) 1. n desni bok broda 2. a desni 3. adv desno

starch I [sta(r)č] n skrob, štirak
starch II v tr uštirkati
Star Chamber (Br., hist.) Zvezdana (Zvjezdana) soba (sud)
star-cham·ber [∼-čejmbə(r)] a tajni; proizvoljan
starch·y ['sta(r)čij] a 1. skrobni, štirčani; brašnast 2. nalik na skrob (štirak) 3. štirkan; (fig.) krut, usiljen
star·dom [∼dəm] n položaj (filmske, sportske) zvezde — zvijezde
stare I [stej(r)] n piljenje, buljenje
stare II v 1. tr piljenjem naterati (natjerati); *to* ∼ *smb. down* naterati nekoga da obori oči 2. intr piljiti, buljiti; zuriti; blenuti; *to* ∼ *at smt.* piljiti u nešto
stare out v Br.; **stare** II 1
star·fish [∼fiš] n (fish) morska zvezda (zvijezda)
star·gaze [∼gejz] v intr zuriti u zvezde (zvijezde)
star·gaz·er [∼ə(r)] n (colloq.) zvezdočatac (zvjezdočatac)
stark [sta(r)k] 1. a potpun; pravi 2. adv potpuno, sasvim; ∼ *naked* go (gol) golcat; ∼ *raving mad* sasvim lud
star·let [∼lit] n starleta, mlada filmska glumica
star·light I [∼lajt] n zvezdana svetlost (zvjezdana svjetlost)
starlight II a see starlit
star·ling I [∼liñg] n čvorak
starling II n odbojnik na mosnom stubu
star·lit [∼lit] a osvetljen zvezdama (osvijetljen zvijezdama)
star·ry [∼rij] a 1. zvezdan (zvjezdan) 2. see starlit
star·ry-eyed [∼-ajd] a naivan
Stars and Stripes *(the* ∼*)* američka zastava
star-span·gled [∼-spaeñggəld] a osut zvezdama (zvijezdama)
Star-Spangled Banner *(the* ∼*)* američka zastava
star-stud·ded a s velikim brojem filmskih zvezda (zvijezda)

start I [sta(r)t] n 1. početak 2. (esp. sports) start; *at the* ∼ na startu; *a false* ∼ pogrešan start 3. trgnuće, trzaj; *to awake with a* ∼ trgnuti se iza sna; *to give a person a* ∼ trgnuti nekoga 4. (in pl) mahovi; *by fits and* ∼s na mahove 5. see head start
start II v 1. tr početi; *to* ∼ *work* početi rad 2. tr (also: *to* ∼ *up*) pokrenuti; *to* ∼ *(up) a journal* pokrenuti časopis 3. tr osnovati, otvoriti; *to* ∼ *a business* osnovati (otvoriti) radnju 4. tr podložiti; *to* ∼ *a fire* podložiti vatru 5. tr upaliti, pokrenuti; *to* ∼ *an engine* upaliti motor 6. tr zapodenuti (zapodjenuti); *to* ∼ *a fight* zapodenuti tuču 7. tr startovati 8. tr dati znak (za početak); *to* ∼ *a race* dati znak za početak trke 9. intr početi; *when did the rain* ∼? kad je počela kiša? *they* ∼ed running (or: *to run*) *toward the car* potrčali su prema kolima; *it* ∼ed raining (or: *to rain*) *an hour ago* kiša je počela da pada pre (prije) jedan sat 10. intr trgnuti se, začnuti se 11. intr upaliti (se); *the engine will not* ∼ motor neće da se upali 12. intr startovati 13. intr (also: *to* ∼ *out*) krenuti; *the firemen* ∼ed out *for the accident scene* vatrogasci su krenuli na mesto (mjesto) nesreće; *to* ∼ *(out) for the exit* krenuti prema

izlazu 14. misc.; *to ~ in* početi; *to ~ off* poći, otići; **to ~ smt.* zapodenuti (zapodjenuti) svađu

start·er [~ə(r)] *n* 1. (sports) starter 2. (tech.) elektropokretač, starter, anlaser; *to press the ~* pritisnuti kontakt startera 3. maja (also **ferment I** 2 for 3) 4. (colloq.) početak; *for a ~* za početak

starters *n pl* (Br.; colloq.) prvo jelo

start in *v* see **start II** 14

start·ing [~i͞ng] *a* polazni; *a ~ point* polazna tačka (W: točka)

starting block startni blok, podupirač za nogu

starting gate (at a racetrack) start-mašina

star·tle ['sta(r)təl] *v tr* trgnuti, iznenaditi

start off *v* 1. see **start II** 14 2. krenuti; *the children started off for school* deca (djeca) su krenula u školu

start out *v* see **start II** 13

start up *v* 1. iskrsnuti; pojaviti se 2. see **start II** 2 3. see **start II** 5

start·up disk (C.) startni disk

star·va·tion [sta(r)'vejšən] *n* 1. gladovanje; smrt od gladi 2. umorenje glađu

starve [sta(r)v] *v* 1. *tr* umoriti glađu; (colloq.) *I'm ~d* umirem od gladi 2. *intr* umirati od gladi 3. *intr* čeznuti, ginuti; *to be ~ing for company* ginuti za društvom 4. misc.; *to ~ into submission* naterati (natjerati) glađu na predaju; *to ~ out* savladati glađu

starve·ling I [~li͞ng] *n* onaj koji gladuje

starveling II *a* gladan

star·wort [~wo(r)t], [ə] *n* (bot.) lepa (lijepa) kata

stash I [staeš] *n* (slang) tajno skladište

stash II *v tr* (often: *to ~ away*) (slang) skriti, sakriti

state I [stejt] *n* 1. stanje; *a ~ of readiness* stanje pripravnosti; *a ~ of war* ratno stanje 2. (phys.) stanje; *a liquid (solid, vaperous) ~* tečno (čvrsto, gasovito) stanje; *~ of aggregation* agregatno stanje 3. (colloq.) uzbuđenost; *he was in quite a ~* bio je veoma uzbuđen 4. država; **the ship of ~* državni brod; *a garrison ~* garnizonska država, **to turn ~'s evidence* svedočiti (svjedočiti) protiv svojih ortaka 5. (Am.) (savezna) država, pokrajina; *the United States* Sjedinjene Države (see also **commonwealth** 2) 6. misc.; *to lie in ~* ležati na svečanom odru; **the ~ of the art* stanje razvoja (neke oblasti, grane)

state II *a* 1. državni; *~ revenues* državni dohoci; (Am.) *a ~ official* državni činovnik 2. svečan; *on ~ occasions* u svečanim prilikama

state III *v tr* 1. formulisati 2. izneti (iznijeti); *to ~ one's demands* izneti zahteve (zahtjeve); *to ~ one's opinion* izneti svoje mišljenje

State attorney (Am.) državni tužilac

State Department (Am.) ministarstvo inostranih (W: vanjskih) poslova

State Enrolled Nurse (Br.) medicinska sestra

state·hood [~hud] *n* položaj (savezne) države

state·ly [~lij] *a* 1. svečan 2. veličanstven

state·ment [~mənt] *n* 1. izjava, iskaz; *an official ~* zvanična izjava; *the ~s of witnesses* iskazi svedoka (svjedoka); *to make (issue) a ~* dati izjavu 2. obračun

Stat·en Island ['staetn] Ričmond (deo — dio grada Njujorka; also **Richmond**)

state penitentiary (Am.) državni zatvor

State Registered Nurse Br.; see **registered nurse**

State rights see **States' rights**

state·room [~rum] *n* brodska kabina

state school Br.; see **public school** 1

state·side [~sajd] (colloq.) *a* and *adv* u kontinentalnim SAD

states·man [~smən] (-men (min]) *n* državnik

states·man·like [~lajk] *a* državnički

states·man·ship [~šip] *n* državništvo, državnička veština (vještina)

States' rights *pl* (Am.; pol.) prava saveznih država (po ustavu SAD)

states·wom·an [~wumən] (-women [~wimin]) *n* državnica

state university (Am.) državni univerzitet (W: državno sveučilište)

stat·ic I ['staetik] *n* 1. atmosferske smetnje 2. (slang) drsko odgovaranje 3. (slang) prepreka

static II *a* 1. nepokretan 2. statički, statičan

static electricity statički elektricitet

stat·ics [~s] *n* statika

sta·tion I ['stejšən] *n* 1. mesto (mjesto), položaj; *to take up one's ~* zauzeti svoje mesto; *a lowly ~ (in life)* mali položaj 2. see **police station** 3. stanica (W also: kolodvor) (see **railroad station**) 4. postaja, stanica 5. see **radio station** 6. mesto službe

station II *v tr* stacionirati, smestiti (smjestiti)

sta·tion·ar·y [~erij]; [r] *a* 1. stacionaran; nepokretan; *a ~ target* nepokretna meta 2. stalan

stationary bicycle see **exercise bicycle**

stationary front (meteor.) stalni front

station break prekid emisije (radi objave naziva stanice)

sta·tion·er [~ə(r)] *n* prodavac kancelarijskog materijala

sta·tion·e·ry [~erij]; [r] *n* kancelarijski materijal

stationery store prodavnica (W: prodavaonica) kancelarijskog materijala

station house see **police station**

sta·tion·mas·ter [~maestə(r)]; [a] *n* šef stanice

station wagon karavan (vozilo)

sta·tis·tic [stə'tistik] *n* statistički podatak

sta·tis·ti·cal [~əl] *a* statistički; *~ data* statistički podaci

stat·is·ti·cian [staetə'tišən] *n* statističar

sta·tis·tics [stə'tistiks] *n* (usu. *sgn*) statistika; *according to ~* prema statistici

sta·tive I ['stejtiv] *n* (ling.) stativni glagol

stative II *a* (ling.) stativan

sta·tor ['stejtə(r)] *n* (tech.) stator, nepokretni deo (dio)

stat·u·ar·y I ['staeču̅erij]; [ə] *n* 1. vajarstvo, kiparstvo 2. vajar, kipar

statuary II *a* vajarski

stat·ue ['staeču̅] *n* kip, statua; *to cast a ~ (in bronze)* izliti statuu (u bronzi)

Statue of Liberty *(the ~)* statua slobode

stat·u·esque [staeču̅'esk] *a* sličan kipu; veličanstven

stat·u·ette [staeču̅'et] *n* statueta

stat·ure ['staeča(r)] *n* 1. stas 2. (fig.) ugled; *a man of ~* ugledan čovek (čovjek)

stat·us ['staetəs], [ej] n 1. ugled; prestiž 2. (legal) pravni položaj
status symbol statusni simbol
stat·ute ['staečūt] n zakon; uredba
statute law pisano pravo (cf. common law)
statute mile standardna milja (5.280 stopa)
statute of limitations zakon o zastarevanju (zastarijevanju); the ~ has taken effect (colloq.: has expired or: has run out) pravo (na ovo) je zastarelo (zastarjelo)
stat·u·to·ry ['staečətorij]; [tr] a propisan zakonom
statutory rape vršenje obljube nad maloletnim (maloljetnim) ženskim licem
staunch I [stončǐ] a čvrst; veran (vjeran), odan; a ~ friend veran drug
staunch II see stanch II
stau·ro·lite ['storəlajt] n (miner.) staurolit
stave I [stejv] n 1. duga (bačve), utornjak 2. prečaga (na nogama stolice) 3. see staff I 1 4. (mus.) notne linije (also staff I 5)
stave II -d or stove [stouv]; -d; v tr 1. (to ~ in) probiti, napraviti rupu (na) 2. (to ~ off) odbiti; to ~ off an attack odbiti napad
stay I [stej] n 1. zaustavljanje; zadržavanje 2. boravak 3. odlaganje; a ~ of execution odgoda izvršenja presude
stay II v 1. tr zaustaviti, zadržati 2. tr odložiti; to ~ an execution odložiti izvršenje kazne 3. tr utoliti 4. intr ostati; he ~ed (at) home ostao je kod kuće 5. intr biti (privremeno); she is ~ing with her grandmother ona je u poseti (posjetu) kod svoje babe
stay III n 1. podupirač, potpora 2. see collar stay 3. šipka (u stezniku) 4. (in pl) steznik
stay IV v tr podupreti (poduprijeti)
stay V n (naut.) veza, spoj
stay VI v tr (naut.) pričvrstiti, učvrstiti
stay·er [~ə(r)] n Br.; see longdistance runner
stay·ing power [~iñg] izdržljivost
stay·sail [~səl], [ej] n (naut.) letno jedro
stay up v ne ići na spavanje; to stay up all night probdeti (probdjeti) noć
St. Bernard dog see Saint Bernard
stead [sted] n 1. mesto (mjesto); in his ~ na njegovom mestu 2. korist; in good ~ od velike koristi
stead·fast ['stedfaest]; [a] a čvrst, postojan
stead·y I ['stedij] n (slang) stalna dragana; stalan dragan
steady II a 1. čvrst; a ~ hand čvrsta ruka 2. stalan, postojan; a ~ improvement stalno poboljšanje 3. staložen; smiren; a ~ person staložena osoba 4. stabilan, stalan; ~ prices stabilne cene (cijene)
steady III adv 1. čvrsto 2. stalno 3. stabilno 4. misc.; to go ~ with a girl zabavljati se s devojkom (djevojkom); (Br.; sports) ~! pozor! (see also set II 3)
steady IV v 1. tr and refl učvrstiti 2. intr učvrstiti se
steady-state hypothesis (astro.) hipoteza o neprekidnom rađanju vasione (svemira)
steak [stejk] n 1. režanj mesa; biftek 2. režanj ribe
steak tartare tatarski biftek
steal I [stijl] n (slang) dobar posao, dobar pazar
steal II stole [stoul]; stolen ['stoulən] v 1. tr ukrasti; to ~ money from smb. ukrasti novac nekome (od nekoga) 2. intr krasti 3. intr (to ~ out) iskra-

sti se; the child stole out of the house dete (dijete) se iskralo iz kuće 4. intr (to ~ up) prikrasti se; to ~ up to smb. prikrasti se do nekoga 5. misc.; to ~ a glance pogledati krišom; *to ~ a march on smb. preduhitriti nekoga
steal away v kradom otići
steal out v see steal II 3
stealth [stelth] n potaja; by ~ krišom
stealth·y [~ij] a potajan
steal up v see steal II 4
steam I [stijm] n para; at full ~ punom parom; *to let off ~ dati oduška osećanjima (osjećanjima)
steam II a parni
steam III v 1. tr ispariti 2. intr isparavati se 3. intr kretati se (na paru); the ship ~ed out to sea parobrod je isplovio iz luke
steam bath parno kupatilo
steam·boat [~bout] n see steamer
steam boiler parni kotao
steam box see steam chest
steam chest parna komora
steam engine parna mašina (W also: parni stroj)
steam·er [~ə(r)] n parobrod
steam·fit·ter [~fitə(r)] n monter kotlova
steam heat parno grejanje (grijanje)
steam iron parna pegla
steam radio (Br., slang) emitovanje preko radija
steam·rol·ler I [~roulə(r)] n parni valjak
steamroller II v tr smrviti
steam·ship [~šip] n parobrod (also steamer)
steam shovel ekskavator, bager
steam turbine parna turbina
steam up v 1. zamagliti se; the windows have steamed up prozori su se zamaglili 2. misc.; (slang) to get steamed up uzbuditi se
steam·y [~ij] a pun pare
ste·ar·ic [stij'aerik] a stearinski; ~ acid stearinska kiselina
ste·a·rin ['stijərən] n (chem.) stearin
ste·a·tite ['stijətajt] n (miner.) steatit
sted·fast see steadfast
steed [stijd] n (vatren) konj
steel I [stijl] n čelik; stainless ~ nerđajući čelik; to temper ~ kaliti čelik; (fig.) to be as hard as ~ biti kao od čelika
steel II a čeličan
steel mill čeličana
steel wool čelična vuna
steel·work·er [~wə(r)kə(r)] n radnik čeličane
steel·works [~wə(r)ks] n pl čeličana
steel·y [~ij] a čeličan; gvozden, tvrd
steel·yard [~ja(r)d] n ručna vuča na polugu
steep I [stijp] a strm; a ~ bank strma obala; a ~ road strm put; ~ stairs strme stepenice
steep II v 1. tr natopiti 2. intr natapati se
stee·ple ['stijpəl] n šiljata kula; toranj (see also spire I)
stee·ple·chase [~čejs] n stiplčez, trka sa preprekama
stee·ple·jack [~džaek] n opravljač tornjeva
steer I [stij(r)] n mlad vo — vol (bik)
steer II v tr and intr upravljati, krmaniti; to ~ a ship upravljati (krmaniti) brodom 2. intr ploviti; to ~ south ploviti na jug; 3. intr upravljati se; this ship ~s well ovim se brodom dobro

upravlja 4. misc.; *to ~ clear of smb.* izbegavati (izbjegavati) nekoga

steer III *n* (colloq.) savet (savjet); *he gave me a bum ~* dao mi je loš savet

steer·age [~ridž] *n* (naut.) 1. kormilarenje 2. međupaluba (deo — dio broda gde — gdje borave putnici koji plaćaju najjeftiniju kartu)

steer·ing I [~ri͞ng] *a* 1. upravni; *a ~ committee* upravni odbor 2. za upravljanje

steering II *n* upravljački sistem (see also **power steering**)

steering wheel volan, upravljač; *to turn the ~ (right)* pokretati upravljač (na desnu stranu)

steeve I [stijv] *n* (naut.) utezno drvo

steeve II *n* (naut.) nagibni ugao (W: kut) kosnika (prema ravni horizonta)

stein [stajn] *n* vrč (za pivo)

stein·bok ['sti*j*nbak], [*ej*]; [*o*] *n* kozorog

ste·la [stijlə] (*-ae* [*ij*]) *n* see **stele**

ste·le ['stijlij] (*-s* or *-ae* [ij]) *n* stela, ploča ili stub od kamena (obično kao nadgrobni spomenik) sa reljefom, natpisom i slikom na frontalnoj strani

stel·lar ['stelə(r)] *a* 1. zvezdani (zvjezdani) 2. odličan

stel·lu·lar ['steljələ(r)] *a* zvezdičast (zvjezdičast)

St. El·mo's fire [sejnt 'elmouz] vatra sv. Elisa

stem I [stem] *n* 1. stabljika 2. drška 3. loza, soj 4. cevčica (cjevčica) 5. (mus.) rep, repić 6. (gram.) osnova 7. misc.; *from ~ to stern* s kraja na kraj

stem II *v intr* poticati; *to ~ from* poticati iz

stem III *v tr* zaustaviti, zadržati

stem·ma ['stemə] (*-s* or *-ata* [ətə]) *n* rodoslovlje

stem·son ['stemsən] *n* (naut.) pramčano koleno (koljeno)

stench [stenč] *n* smrad

sten·cil I ['stensəl] *n* matrica (za umnožavanje)

stencil II *v tr* umnožiti sa matricom

sten·o·graph ['stenəgraef]; [*a*] *n* 1. stenografska pisaća mašina 2. stenografski znak

ste·nog·ra·pher [stə'nagrəfə(r)]; [*o*] *n* stenograf

sten·o·graph·ic [stenə'graefik] *a* stenografski

ste·nog·ra·phy [stə'nagrəfij]; [*o*] *n* stenografija

sten·o·type ['stenətajp] *n* stenografski znak

sten·tor ['stento(r)] *n* stentor

sten·to·ri·an [sten'torijən] *a* gromoglasan

step I [step] *n* 1. korak; *at every ~* na svakom koraku; *~ by ~* korak po korak; *to take a ~* koraknuti; *he took several ~s* napravio je nekoliko koraka; *a ~ toward* korak k; *to keep in ~* ići u korak; *out of ~* u raskorak; (mil.) *to change ~* promeniti (promijeniti) korak; *to make a false ~* učiniti pogrešan korak; *a ~ forward* korak napred (naprijed) 2. mera (mjera), korak; *to take necessary ~s* preduzeti nužne mere (korake); *they took ~s to prevent an accident* preduzeli su korake kako bi se sprečila (spriječila) nesreća 3. stopa; *to follow smb.'s ~s* slediti (slijediti) nečije stope 4. stepenik 5. (in *pl*) stepenice

step II *v intr* 1. stupiti, koraknuti; *to ~ forward* stupiti napred (naprijed); *to ~ back (backwards)* koraknuti, nazad 2. misc.; *to ~across* preći; *to ~ off* odmeriti (odmjeriti) korakom;

to ~ over to smb. 's house skoknuti do nečije kuće

step·broth·er [~brəthə(r)] *n* sin očuha ili maćehe (iz ranijeg braka), brat po očuhu ili maćehi

step·child [~čajld] (*-children* [čildrin]) *n* postorče

step·daugh·ter [~dotə(r)] *n* pastorka

step down *v* 1. sići 2. zauzeti niži položaj 3. ići u penziju; napustiti službu 4. završiti svedočenje — svjedočenje (u sudu)

step·fa·ther [~fathə(r)] *n* očuh

step in *v* 1. ući 2. intervenisati

step·lad·der [~laedə(r)] *n* dvostruke lestve (ljestve)

step·moth·er [~məthə(r)] *n* maćeha

step on *v* 1. gaziti; *the children are stepping on the grass* deca (djeca) gaze travu 2. stati; *to step on smb. 's foot* stati nekome na nogu 3. pritisnuti; *to step on the gas* pritisnuti gas 4. misc.; **to step on it* požuriti

step out *v* 1. izaći; *he stepped out of the room* izašao je iz sobe 2. ići u varoš, na zabavu 3. biti neveran (nevjeran); *he was stepping out on her* bio joj je neveran

step·par·ent [~pejrənt] *n* očuh; maćeha

steppe [step] *n* stepa

step·ping·stone [~i͞ngstoun] *n* 1. kamen na koji se staje (pri prelaženju vode) 2. (fig.) sredstvo (da se postigne cilj); pomoć u karijeri

step·sis·ter [~sistə(r)] *n* ćerka očuha ili maćehe (iz ranijeg braka), sestra po očuhu ili maćehi

step·son [~sən] *n* pastorak

step up *v* 1. povećati, povisiti; *to step up production* povećati proizvodnju 2. pristupiti, prići; *to step up to smb.* pristupiti nekome 3. pojačati; *to step up the fighting* pojačati rat

step-up [~əp] *n* povećanje; *a ~ of production* povećanje proizvodnje

ste·re·o I ['sterijou], [*ij*] *n* stereo-uređaj

stereo II *a* see **stereophonic**

ster·e·o·gram [~graem] *n* stereogram

ster·e·o·graph [~graef]; [*a*] *n* stereograf

ster·e·og·ra·phy [sterij'agrəfij], [*ij*]; [*o*] *n* stereografija

ster·e·o·phon·ic [stərijou'fanik], [*ij*]; [*o*] *a* stereofonski; *~ reproduction* stereofonska reprodukcija

ster·e·oph·on·y [~ij'afənij]; [*o*] *n* stereofonija

ster·e·o·scope ['sterijəskoup], [*ij*] *n* stereoskop

ster·e·o·scop·ic [sterijə'skapik], [*ij*]; [*o*] *a* stereoskopski

ster·e·os·co·py [sterij'askəpij], [*ij*]; [*o*] *n* stereoskopija

ster·e·o·type I ['sterijətajp], [*ij*] *n* 1. stereotip 2. (fig.) šablon, stereotip

stereotype II *v tr* stereotipirati

ster·ile ['sterəl]; [*aj*] *a* 1. jalov, sterilan, neplodan 2. sterilan, očišćen od bakterija

ste·ril·i·ty [stə'rilətij] *n* sterilnost, sterilitet, neplodnost

ster·il·i·za·tion [sterələ'zejšn]; [aj] *n* sterilizacija

ster·il·ize [sterəlajz] *v tr* 1. sterilizovati 2. prokuvati (prokuhati); *to ~ a syringe* prokuvati špric

ster·il·i·zer [~ə(r)] *n* sterilizator

ster·let ['stə(r)lit] *n* (fish) kečiga

ster·ling I ['stə(r)li͞ng] *n* sterling

sterling II *a* 1. sterlinški 2. najboljeg kvaliteta
sterling silver čisto srebro
stern I [stə(r)n] *n* (naut.) krma
stern II *a* (naut.) krmeni; *a ~ bulkhead* krmena pregrada (see also **after I**)
stern III *a* 1. strog; krut; *~ laws* kruti zakoni; *~ toward* strog prema (s) 2. ozbiljan 3. surov; neumoljiv
ster·nal [~əl] *a* grudnjačni
stern·post [~poust] *n* (naut.) krmena statva
ster·num [~əm] (-*s* or -*na* [nə]) *n* (anat.) grudnjača, grudna kost
ster·nu·ta·tion [stə(r)njə'tejšən] *n* kijanje
ster·nu·ta·to·ry [stə(r)'njūtətorij]; [ə] *a* koji izaziva kijanje
stern·way [~wej] *n* (naut.) vožnja krmom
stern·wheel·er [~hwijlə(r)], [w] *n* parobrod sa lopatnim točkom na krmi
ster·oid ['sterojd] *n* (chem.) steroid
ster·ol ['steroul] *n* (chem.) sterol
stet [stet] *n* (printing.) korektorski znak za poništenje ispravka
steth·o·scope ['stethəskoup] *n* stetoskop
Stet·son ['stetsən] *n* šešir sa širokim rubom
ste·ve·dore ['stijvədo(r)] *n* lučni radnik, slagač tereta
stew I [stū]; [tj] *n* 1. (cul.) paprikaš; ragu; pirjan; *beef (Irish, veal) ~* goveđi (irski, teleći) paprikaš 2. (colloq.) uzbuđenost, uzrujanost; *to be in a ~* biti uzbuđen
stew II *v* 1. *tr* ispirjaniti, izdinstati; *to ~ meat* ispirjaniti meso 2. *intr* pirjaniti se, dinstati se 3. *intr* (colloq.) sekirati se
stew·ard I [~ə(r)d] *n* 1. upravnik 2. brodski konobar 3. (aviation) domaćin aviona, stjuard 4. nadzornik (pri konjskim trkama)
steward II *v tr* upravljati
stew·ard·ess [~is] *n* domaćica aviona, stjuardesa
stew·ard·ship [~šip] *n* položaj upravnika
stewed [stūd]; [tj] *a* 1. see **stew II** 2. (slang) pijan
stewed prunes kompot od šljiva
stib·ine ['stibijn] *n* (chem.) stibin
stib·nite [~najt] *n* (miner.) antimonit
stick I [stik] *n* 1. štap; prut; batina; palica; *a wooden ~* drvena batina 2. grančica, prut; *to pick up (gather) ~s* skupljati granje 3. (or: *a walking ~*) štap za šetnju 4. (hockey) palica 5. šipka, poluga; *a ~ of dynamite* šipka dinamita 6. (aviation) palica (komande) 7. (printing) slagačka daščica 8. (mil., aviation) serija, svežanj; *a ~ of bombs* serija (svežanj) bombi 9. (slang) cigareta od marihuane 10. (colloq.) see **stick-in-the-mud** 11. (in *pl;* colloq.) provincija, selo; *he lives in the ~s* on živi u provinciji
stick II *stuck* [stək] *v* 1. *tr* zabosti; *to ~ a needle into a cushion* zabosti iglu u jastuk; **to ~ one's nose into everything* zabadati nos svugde (svugdje) 2. *tr* zataći; *to ~ a flower into one's lapel* zataći cvet (cvijet) u rever 3. *tr* probosti 4. *tr* nabosti, nataknuti, nadenuti (nadjenuti); *to ~ an olive on a toothpick* nabosti maslinku na čačkalicu 5. *tr* okačiti, prikačiti, obesiti (objesiti); pričvrstiti; *to ~ a picture on a wall* okačiti sliku na zid 6. *tr* metnuti; *he stuck his hands into his pockets* metnuo je ruke u

džepove 7. *tr* (colloq.) zbuniti; *even simple questions ~ him* zbunjuju ga čak najjednostavnija pitanja 8. *tr* (slang) prevariti, obmanuti; *he got stuck* prevarili su ga 9. *tr* (colloq.) opteretiti; *he was stuck with the bill* na njemu je ostalo da plati ceh (račun) 10. *tr* isturiti, promoliti; *to ~ one's head through a window* isturiti (promoliti) glavu kroz prozor 11. *tr* see **stick on** 3 12. *intr* prianjati; *to ~ to smt.* prianjati za (uz) nešto 13. *intr* lepiti (lijepiti) se; *the mud stuck to his shoes* blato mu se lepilo za cipele; *he ~s to (with) us* on nam se lepi, on se lepi uz nas; *the pages stuck together* stranice su se prilepile jedna uz drugu 14. *intr* zapeti, zastati; *the words (got) stuck in his throat* reči (riječi) su mu zastajale u grlu 15. *intr* (usu.: *to get stuck*) zaglibiti se, zaglaviti se; *to get stuck in a swamp* zaglibiti se u močvari; *a bone got stuck in his throat* zaglavila mu se kost u grlu; *his zipper got stuck* zaglavio mu se patent-zatvarač 16. *intr* držati (se); pridržavati se; *~ to the right!* drži se desno! *to ~ to regulations* pridržavati se pravila; *to ~ to a diet* držati dijetu 17. *intr* strčati (see **stick out** 1) 18. misc.; *to ~ by smb.* ostati veran (vjeran) nekome; **to ~ to one's guns* ostati veran svojim načelima; **the food ~s to your ribs* hrana je dobra; *to ~ around* ostati u blizini; *to make smt. ~* paziti da (odluka, propis) ostane na snazi; *the snow is expected to ~* očekuje se formiranje snežnog (snježnog) pokrivača
stick·ball [~bol] *n* vrsta bezbola
stick by *v* see **stick II** 18
stick deodorant dezodorans u stiku
stick·er [~ə(r)] *n* nalepnica (naljepnica)
sticker price (colloq.) cena (cijena) novog automobila
sticking plaster Br.; see **Band-Aid**
stick-in-the-mud [~-in-thə-məd] *n* (colloq.) dosadna osoba
stick·le ['stikəl] *v intr* cepidlačiti (cjepidlačiti)
stick·le·back [~baek] *n* (fish) gregorac, koljuška
stick·ler [~lə(r)] *n* cepidlaka (cjepidlaka), sitničar *a ~ for regulations* onaj koji se doslovno drži pravila
stick on *v* 1. see **stick II** 4 2. see **stuck on** 3. nalepiti (nalijepiti), zalepiti (zalijepiti); *to stick a stamp on an envelope* zalepiti marku na koverat
stick out *v* 1. strčati; *smt. is sticking out of your suitcase* nešto ti strči iz kofera 2. isplaziti; *to stick out one's tongue* isplaziti jezik 3. izmoliti; *to stick one's head out (through a window)* izmoliti glavu (kroz prozor) 4. misc.; **to stick it out* izdržati do kraja; **to stick out like a sore thumb* biti upadljiv
sticks see **stick I** 11
sticks and stones *pl* drvlje i kamenje
stick shift see **gearshift**
stick to *v* see **stick II** 16
stick up *v* 1. dići se uvis 2. opljačkati; *to stick smb. up* opljačkati nekoga 3. misc.; *stick'm up!* ruke uvis! *to stick up for smb.* braniti nekoga (see also **stuck-up**)
stick·up [~əp] *n* (colloq.) pljačka

stick·y [~ij] *a* 1. lepljiv (ljepljiv) 2. misc.; **the situation has become ~ došlo je do gustog; * he has ~ fingers* on ima duge prste, on je sklon krađi
sticky bun (cul.) kolačić sa sirupom
sticky wicket see **wicket** 2
stiff I [stif] *n* (slang) 1. leš 2. pijanica 3. čovek (čovjek); *a lucky ~* srećnik
stiff II *a* 1. krut; ukrućen; *a ~ collar* krut okovratnik; *my legs are ~* ukočile su mi se noge; *he has a ~ neck* vrat mu se ukočio 2. gust; tvrd; *~ dough* gusto testo (tijesto) 3. usiljen, krut, ukočen; *a ~ bow* usiljen poklon 4. jak; *a ~ breeze* jak vetar (vjetar); *a ~ current* jaka struja 5. strog; *a ~ penalty* stroga kazna 6. ljut, jak; *a ~ drink* jako piće
stiff III *adv* potpuno; *scared ~* potpuno uplašen
stif·fen [~ən] *v* 1. *tr* ukrutiti 2. *intr* ukrutiti se
stiffen up *v* see **stiffen** 2
stiff-necked [~-nekt] *a* tvrdoglav
stiff·ness [~nis] *n* ukočenost
sti·fle ['stajfəl] *v* 1. *tr* ugušiti 2. *intr* ugušiti se
stig·ma ['stigmə] (*-s or stigmata* [stig'matə] or ['stigmətə]) *n* 1. ljaga, mrlja 2. mladež 3. (med.) stigma (bolesno mesto — mjesto na koži koje ponekad krvari) 4. (in *pl*, rel.) stigme (mesta krvarenja) 5. (bot.) stigma (koja prihvaća polen)
stig·ma·tic [stig'maetik] *a* u vezi sa stigmom
stig·ma·tism ['stigmətizəm] *n* stigmatizacija
stig·ma·tize [~tajz] *v tr* stigmatizovati
stil·bene ['stilbijn] *n* (chem.) stilben
stil·bite ['stilbajt] *n* (miner.) stilbit
stile [stajl] *n* prelaz (prijelaz) preko ograde
sti·let·to [sti'letou] (*-s or -es*) *n* stilet, mali bodež
still I [stil] *n* pecara, aparat za destilaciju
still II *n* 1. *(the ~)* tišina, mir; *the ~ of the night* tišina noći 2. fotografija bez pokreta
still III *a* tih, miran; *to be ~* biti miran; **~ waters run deep* tiha voda breg (brijeg) roni
still IV *adv.* 1. tiho, mirno; *to sit ~* sedeti (sjedjeti) mirno 2. još; *he is ~ working* on još radi
still V *v tr* stišati
still·birth [~bə(r)th] *n* mrtvorođenje
still·born [~bo(r)n] *a* mrtvorođen
still hunt lov pretraživanjem
still-hunt [~-hənt] *v tr and intr* loviti pretraživanjem
still life (*-fes* [fs]) mrtva priroda
stilt I [stilt] *n* gigalja, hodulja, štula; *to walk on ~s* ići na gigaljama
stilt II (*pl* has *-s or zero*) *n* (bird) štakara
stilt·ed [~id] *a* naduven, pompozan
stim·u·lant ['stimjələnt] *n* 1. stimulans, stimulantno sredstvo, sredstvo za nadraživanje 2. podsticaj, podstrek
stim·u·late ['stimjəlejt] *v tr and intr* stimulisati
stim·u·la·ting ['stimjəlejtiŋ] *a* stimulativan
stim·u·la·tion [stimjə'lejšən] *n* stimulacija
stim·u·la·tive ['stimjəle/tiv]; [ə] see **stimulating**
stim·u·lus ['stimjələs] (*-li* [laj], [ij]) *n* stimulans, podsticaj, podstrek
sting I [stiŋ] *n* 1. ubod, ujed; *a bee ~* ujed pčele; *a wasp ~* zoljin ubod 2. žaoka (also **stinger**) 3. see **sting operation**

sting II *stung* [stəŋ] or (obsol.) *stang* [staeŋg]; *stung* [stəŋg] *v* 1. *tr* ubosti (žaokom); ujesti; *a wasp stung him* ubola ga je zolja; *a bee stung her* ujela ju je pčela; (fig.) *you stung him with those words* tim rečima (riječima) si ga ujeo 2. *tr* opaliti, ožeći; *nettles stung my foot* kopriva mi je opalila nogu 3. *intr* peći, žeći
sting·a·ree ['stiŋgərij] *n* see **stingray**
sting·er [~ə(r)] *n* 1. žaoka 2. vrsta koktela
stin·gi·ness ['stindžijnis] *n* škrtost
sting operation (or: *sting*) (colloq.) prevara
sting·ray [~rej] *n* (fish) raja, rađa *(Dasyatidae;* see also **ray II**)
stin·gy ['stindžij] *a* 1. škrt, tvrd 2. oskudan
stink I [stiŋk] *n* smrad (also **stench**)
stink II *stank* [staeŋk] or *stunk* [stəŋk]; *stunk* [stəŋk] *v* 1. *intr* smrdeti (smrdjeti) 2. misc.; *to ~ out* isterati (istjerati) smradom; *to ~ up* učiniti smrdljivim
stink·bug [~bəg] *n* smrdibuba
stink·er [~ə(r)] *n* (colloq.) odvratna osoba
stink·ing [~iŋg] 1. *a* smrdljiv 2. *a* (slang) pijan 3. *adv* (slang) sasvim; *~ drunk* sasvim pijan
stink·pot [~pat]; [o] *n* 1. ručna zagušljiva bomba 2. (slang) odvratna osoba
stink·wood [~wud] *n* smrdljivo drvo
stint I [stint] *n* 1. rad koji treba izvršiti u datom roku 2. ograničenje; *without ~* bez ograničenja
stint II *v tr* ograničiti
sti·pend ['stajpend], [ə] *n* plata (plaća)
stip·ple I ['stipəl] *n* slikanje tačkama (W: točkama)
stipple II *v tr* slikati tačkama (W: točkama)
stip·u·late ['stipjəlejt] *v tr* stipulirati, ugovoriti
stip·u·la·tion [stipjə'lejšən] *n* stipulacija; ugovaranje
stir I [stə(r)] *n* 1. komešanje 2. gužva, gungula
stir II *v* 1. *tr* maknuti 2. *tr* promešati (promiješati); *~ the beans* promešaj pasulj 3. *tr* čarnuti, podstaći; *to ~ a fire* čarnuti vatru (also **stoke I**) 4. *tr* uzbuditi 5. *intr* micati se
stir III *n* (slang) zatvor
stirk [stə(r)k] *n* junica (see also **heifer**)
stirps [stə(r)ps] (*-pes* [pijz]) *n* loza, grana
stir·ring ['stəriŋg] *a* uzbudljiv
stir·rup ['stərəp] *n* stremen, uzengija
stirrup bone see **stapes**
stir up *v* 1. pobuniti, uzbuditi, uskomešati; *to stir (the) people up* or: *to stir up (the) people* pobuniti narod; *the populace is being stirred up* narod se komeša; **to stir up a hornets' nest* dirnuti u osinjak 2. izazvati, zapodenuti (zapodjenuti); *to stir up trouble* zapodenuti svađu; *to stir up hatred* izazvati mržnju 3. uzvitlati, dići; *the wind stirred up the dust* or: *the wind stirred the dust up* vetar (vjetar) je uzvitlao prašinu
stitch I [stič] *n* 1. bod 2. (med.) šav, kopča 3. petlja, očica; *to drop a ~* ispustiti petlju 4. probadi; *he has a ~ in his side* probada ga 5. misc.; *he didn't have a ~ on* bio je go (gol) golcat; *he didn't do a ~ of work* ništa nije radio; *he was in ~es* smejao (smijao) se grohotom; **a ~ in time saves nine* bolje sprečiti (spriječiti) nego lečiti (liječiti)
stitch II *v* 1. *tr* prošiti; zašiti 2. *intr* šiti; praviti bodove

stith·y ['stithij] n 1. see anvil 2. see smithy
St. John's·wort [sejnt 'džanzwo(r)t]; [o], [ə] n (bot.)
pljuskavica
St. Law·rence River ['lorəns] Sen Lorens
St. Louis ['lūis] Sen Luj
St. Luke's summer [lūks] Br.; see Indian summer
stoat [stout] n Br.; see hermine
sto·chas·tic [stou'kaestik] a 1. zasnovan na pret-
postavci (also conjectural) 2. stohastički
stochastic variable stohastička promenljiva (pro-
mjenljiva) (see also random 3)
stock I [stak]; [o] n 1. zaliha; robna zaliha; to
take ~ inventarisati robu 2. skladište; in ~
na skladištu; out of ~ rasprodat 3. stoka, živi
inventar (also livestock) 4. (econ.) osnovni ka-
pital 5. (econ.) akcije; the ~ is going down
(up) akcije padaju (skaču) (see also stocks and
bonds) 6. stablo, deblo 7. poreklo (porijeklo),
soj, loza, rod; of good ~ (od) dobrog soja
8. čorba od kosti, voda u kojoj su kuvane
(kuhane) kosti 9. see stocks 1 10. see stocks 2
11. kundak; the ~ of a rifle kundak puške
12. drška, ručica 13. (naut.) sidrena poprečna
poluga 14. pozorište (W: kazalište) u provinciji;
summer ~ letnje (ljetnje) pozorište (u provinciji)
(see also stock company) 15. reputacija, ugled
16. misc.; a ~ in trade nečija specijalnost;
(colloq.) to take ~ in verovati (vjerovati) u;
to take ~ of smt. odmeriti (odmjeriti) nešto
stock II a 1. skladišni 2. uobičajen; a ~ phrase
uobičajena fraza 3. stočarski; ~ farming sto-
čarstvo 4. akcionarski; a ~ certificate akcija
5. pozorišni (W: kazališni)
stock III v 1. tr snabdeti — snabdjeti (W also:
opskrbiti); well ~ed dobro snabdeven 2. tr
imati u zalihi; prodavati; stokirati; we ~ only
the best merchandise prodajemo samo najbolju
robu 3. intr (to ~ up, to ~ up on) snabdeti
(snabdjeti) se; nagomilati; to ~ up on firewood
(food) for the winter snabdeti se drvima (hra-
nom) za zimu 4. intr terati (tjerati) izdanke
stock·ade [stak'ejd]; [o] n 1. palisada 2. (Am.,
mil.) zatvor
stock·breed·er [~brijdə(r)] n stočar
stock·breed·ing [~ing] n stočarstvo
stock·bro·ker [~broukə(r)] n posrednik u trgovini
efektima
stock·bro·ker·age [~ridž] n posredovanje u trgo-
vini efektima
stock car 1. putnička kola prilagođena za (auto-
mobilske) trke 2. kola za prevoz stoke
stock clerk skladištar
stock company 1. akcionarsko društvo 2. trupa,
kolektiv glumaca koji redovno igraju u nekom
pozorištu (W: kazalištu)
stock exchange see stock market
stock·fish [~fiš] n bakalar
stock·hold·er [~houldə(r)] n akcionar
Stock·holm ['stakhoulm]; [o] n Stokholm
Stockholm syndrome Stokholmski sindrom (sao-
sećaj — saosjećaj talaca s onima koji su ih
zatočili)
stock·ing [~ing] n (duga) čarapa; women's ~s
ženske čarape; in one's ~ feet u čarapama (bez
cipela)
stock·ist [~ist] n (Br.) trgovac (nečim)

stock·job·ber [~džabə(r)]; [o] n (Br.) berzovni
(W: burzovni) mešetar na veliko
stock·man [~mən] (-men) [min]) n 1. stočar 2. see
stock clerk
stock market (efektna) berza (W: burza); to
speculate on the ~ igrati na berzi; the ~ has
gone down akcije su pale
stock·pile I [~pajl] n zaliha
stockpile II v tr nagomilati; to ~ nuclear weapons
nagomilati nuklearno oružje
stock·room [~rūm] n skladište, magacin
stocks [~s] n pl 1. skele brodogradılišta 2. kvrge
stocks and bonds pl efekti
stock·still [~stil] a and adv kao ukupan
stock up v see stock III 3
stock·y [~ij] a zdepast
stock·yard [~ja(r)d] n stočno dvorište
stodg·y ['stadžij]; [o] a 1. dosadan 2. ukočen
3. see stocky
sto·gey, sto·gie see stogy
sto·gy ['stougij] n 1. tanka cigara 2. klompa
sto·ic I ['stouik] n stoik
stoic II a stoički
sto·i·cal [~əl] see stoic II
sto·i·cism ['stouisizəm] n stoicizam
stoke [stouk] v 1. tr podstaći, čarnuti; to ~ a fire
podstaći vatru (also stir II 3) 2. intr ložiti
stoke·hold [~hould] n (naut.) ložište
stok·er [~ə(r)] n ložač
stole I [stoul] n 1. epitrahilj 2. usko krzno koje
nose žene prebačeno oko vrata
stole II see steal II
stol·id ['stalid]; [o] a tup; neosetljiv (neosjetljiv)
sto·lon ['stoulən] n (bot., zool.) stolon
sto·ma ['stoumə] (-s or -ta [tə]) n 1. (bot.) ustašca
2. (zool.) otvorić (na telu — tijelu)
stom·ach I ['stəmək] n želudac, stomak; on an
empty ~ na prazan želudac; (fig.) to have
no ~ for smt. nemati želju za nešto
stomach II v tr podnositi, trpeti (trpjeti)
stom·ach·ache [~ejk] n bol u stomaku
stom·ach·er [~ə(r)] n (hist.) ženski ukrasni na-
pršnjak
sto·mach·ic [stə'maekik] a stomačni, želudačni
sto·mach·i·cal [~əl] see stomachic
stomach pump želudačna sonda, pumpa za ispira-
nje želuca
sto·ma·ti·tis [stoumə'tajtis] n stomatitis, zapaljenje
usne sluznice
sto·ma·tol·o·gist [stoumə'talədžist]; [o] n stomatolo-
log
sto·ma·tol·o·gy [~džij] n stomatologija
stomp [stamp]; [o] v 1. tr pogaziti, zgaziti; to
~ to death gaženjem usmrtiti (also trample)
2. intr lupati nogama
stone I [stoun] n 1. kamen; philosopher's ~ kamen
mudrosti; a precious ~ dragi kamen; a heart
of ~ srce od kamena 2. kamenac, kamen; a
kidney ~ bubrežni kamenac 3. see gravestone,
tombstone 4. (Br.) (pl has zero) mera (mjera)
težine (14 funti) 5. Br.; see pit III 6. misc.;
*to kill two birds with one ~ jednim udarcem
ubiti dve (dvije) muve (muhe); *to leave no
~ unturned ništa ne propustiti; *a rolling
~ gathers no moss ko (tko) često menja (mi-

jenja), slabo uspeva (uspijeva) (see also **grindstone, milestone, millstone, whetstone**)
stone II *a* kameni; od kamena; *a* ∼ *wall* kameni zid
stone III *adv* sasvim; ∼-*deaf* sasvim gluv (gluh)
stone IV *v tr* kamenovati
Stone Age *(the* ∼) kameno doba
stone·cut·ter [∼kətə(r)] *n* kamenorezac
stoned [∼d] *a* (slang) pijan; opijen (marihuanom)
Stone·henge [∼hendž] *n* Stonhendž
stone·ma·son [∼mejsən] *n* kamenar
stone quarry see **quarry II**
stone's throw kamenomet, nekoliko koraka
stone·wall [∼wol] *v intr* (colloq.) odugovlačiti
stone·work [∼wə(r)] *n* kameni zidarski rad
ston·y ['stounij] *a* 1. kamen 2. neosetljiv (neosjetljiv)
stood see **stand II**
stooge [stūdž] *n* (colloq.) 1. osoba koja služi kao predmet ismevanja — ismijevanja (u komediji) (cf. **straight man**) 2. (fig.) lutka; oruđe u tuđim rukama, patnik za tuđe grehe (grijehe) (also **fall guy**)
stool I [stūl] *n* 1. hoklica, stolica bez naslona 2. (med.) stolica, izmet; *a watery* ∼ vodena stolica 3. (bot.) bokor
stool II *v intr* razbokoriti se
stool·ie [∼ij] *n* see **stool pigeon 2**
stool pigeon 1. golub vabac 2. (slang) dostavljač, prijavljivač
stoop I [stūp] *n* 1. sagnuće; sagibanje 2. pognutost; *to walk with a* ∼ ići pognut
stoop II *v* 1. sagnuti; pognuti 2. *intr* sagnuti se; pognuti se; *he* ∼*ed way over* sagnuo se nisko
stoop III *n* stepenice (pred kućom)
stop I [stɑp]; [o] *n* 1. zaustavljanje; *to bring to a* ∼ zaustaviti 2. obustava 3. boravak; zadržanje; *a* ∼ *in London* zadržanje u Londonu; *to make a* ∼ prekinuti putovanje 4. (photo.) blenda (also **diaphragm** 2) 5. (mus.) klapna; rupa; otvor 6. (mus.) orguljni registar 7. (gram.) see **period I 4, full stop** 8. (ling.) praskavi (eksplozivni) suglasnik
stop II *v* 1. *tr* zaustaviti; *to* ∼ *a car (a passerby, traffic)* zaustaviti kola (prolaznika, saobraćaj) 2. *tr* obustaviti; *to* ∼ *payment (work)* obustaviti isplatu (rad) 3. *tr* prestati; prekinuti; ∼ *screaming!* prestani s tom drekom! ∼ *firing!* prekini paljbu! 4. *tr* zadržati; ∼ *thief!* držite (drž'te) lopova! 5. *tr* (mus.) pritisnuti (žicu); zatvoriti (rupu) 6. *tr* (Br.) plombirati (see also **fill II 5**) 7. *intr* zaustaviti se; stati; *the car* ∼*ped* auto se zaustavio; *your watch has* ∼*ped* sat ti je stao; *they* ∼*ped talking* zaustavili su se da bi razgovarali (cf.: *they* ∼*ped talking* prestali su da govore; see 3) 8. *intr* prestati; *the rain has* ∼*ped* prestala je kiša 9. *intr* (or: *to* ∼*off*) svratiti, navratiti; *to* ∼ *(off) at smb.'s house* svratiti kod nekoga; *to* ∼ *(off) at a bar* svratiti u neku kafanu (kavanu) 10. *intr* zadržati se, zaustaviti se; *to* ∼ *in London* zadržati se u Londonu 11. *intr* (Br.) ostati 12. *intr* prezati; *to* ∼ *at nothing* ne prezati ni pred čim 13. misc.; *to* ∼ *short of doing smt.* odsutati od nečega
stop by *v* svratiti
stop·cock [∼kak]; [o] Br.; see **valve I 2**

stop·gap I [∼gaep] *n* privremeno sredstvo
stopgap II *a* privremen; ∼ *measures* privremena sredstva
stop in *v* svratiti
stop·light [∼lajt] *n* 1. (crveno) signalno svetlo (svjetlo) 2. (on an automobile) zadnja svetiljka (svjetiljka)
stop off *v* see **stop II 9**
stop over *v* prekinuti putovanje
stop·o·ver [∼ouvə(r)] *n* prekid putovanja, zadržanje; *a* ∼ *in Paris* zadržanje u Parizu
stop·page [∼idž] *n* obustava; zastoj; *a work* ∼ obustava rada
stop·per [∼ə(r)] *n* zapušač, otpušač
stop sign (saobraćajni) znak sa natpisom »stop«
stop up *v* zapušiti
stop·watch [∼wač]; [o] *n* štoperica
stor·age I ['storidž] *n* 1. čuvanje, skladištenje uskladištenje; *to put into* ∼ uskladištiti; *to take out of* ∼ iskladištiti (see also **cold storage**) 2. skladište 3. ležarina
storage II *a* skladišni; ležarinski; ∼ *charges* ležarina; *a* ∼ *tax* ležarinska taksa
storage battery akumulator
storage firm skladišno preduzeće (W: poduzeće)
storage room 1. soba za starudiju 2. skladište
sto·rax ['stouraeks] *n* (bot.) stiraks
store I [sto(r)] *n* 1. radnja, dućan; *to own a* ∼ imati radnju 2. zaliha; (in *pl*) materijalna sredstva 3. skladište 4. misc.; *in* ∼ budući; *to set* ∼ *by smt.* polagati na nešto
store II *v tr* 1. čuvati (na skladištu), stokirati 2. uskladištiti; *to* ∼ *a car (furniture)* uskladištiti kola (nameštaj — namještaj)
store away *v* see **store II 1**
store-bought [∼bot] *a* kupljen u radnji
store·front [∼front] *n* fasada radnje, dućana; dućanski prozor
store·house [∼haus] *n* skladište
store·keep·er [∼kijpə(r)] *n* 1. skladištar 2. vlasnik radnje
store·room [∼rūm], [u] *n*. 1. ostava 2. skladišni prostor
store up *v* see **store II 1**
sto·rey ['storij] Br.; see **story II**
sto·ried ['storijd] *a* sa spratom (W: katom); *a two-* ∼ *building* dvospratnica (W: dvokatnica)
stork [sto(r)k] *n* roda; *a black (white)* ∼ crna (bela — bijela) roda
storm I [sto(r)m] *n* 1. oluja, bura; *a* ∼ *came up (began)* digla se (počela je) oluja; *we got caught in a* ∼ uhvatila nas je bura; (fig.) *to stir up a* ∼ izazvati buru; *a* ∼ *hit (struck) the area* nevreme (nevrijeme) je zahvatilo područje 2. (mil.) juriš; *to take by* ∼ zauzeti na juriš
storm II *a* olujni; ∼ *clouds* olujni (buronosni) oblaci
storm III *v* 1. *tr* jurišati; *to* ∼ *a fortress (a goal)* jurišati na tvrđavu (gol) 2. *intr* burno duvati (W also: puhati); *it's* ∼*ing* bura je 3. *intr* besneti (bjesnjeti) 4. *intr* gru(h)nuti, sunuti, jurnuti; *to* ∼ *into a room* grunuti u sobu; *he* ∼*ed out of the house* izjurio (sunuo) je iz kuće
storm center središte oluje (also fig.)
storm door dodatna spoljna vrata
storm pet·rel ['petrəl] burnica mala

storm sewer (kanalizacioni) kolektor

storm troops *pl* jurišne trupe

storm warning upozorenje na približavanje oluje

storm watch prethodno upozorenje na približavanje oluje

storm window (dodatni) spoljni prozor

storm·y [~ij] *a* buran; *a ~ sea* burno more; *a ~ session* burna sednica (sjednica)

stormy petrel 1. see **storm petrel** 2. (fig.) donosilac nemira; vesnik (vjesnik) bure

sto·ry I [′storij] *n* 1. priča; istorija (historija), povest (povijest); *a sad ~* tužna istorija; *that's a ~ in itself* to je posebna priča; *to tell a ~* ispričati priču; *it's the same old ~* uvek (uvijek) ista priča; *the ~ takes place in London* radnja se događa u Londonu 2. laž, lagarija 3. (lit.) see **short story**

story II *n* sprat (W: kat)

sto·ry·book [~buk] *n* knjiga pripovedaka (pripovijedaka)

sto·ry·tell·er [~telə(r)] *n* pripovedač (pripovjedač)

stoup [stūp] *n* kropionica

stout I [staut] *n* (esp. Br.) jako crno pivo

stout II *a* 1. smeo (smio), hrabar, odvažan 2. snažan, jak 3. gojazan, debeo

stout-heart·ed [~-ha(r)tid] *a* hrabar, odvažan

stove I [stouv] *n* peć; *an electric (gas, tile) ~* električna (gasna, kaljeva) peć

stove II see **stave II**

stove·pipe [~pajp] *n* 1. čunak 2. cilindar

sto·ver [~ə(r)] *n* stočna hrana

stow [stou] *v tr* (colloq.) metnuti, smestiti (smjestiti); *to ~ one's gear* smestiti svoje stvari

stow·age [~idž] *n* 1. skladišni prostor 2. ležarina

stow away *v* 1. skriti 2. biti (putovati kao) slepi — slijepi putnik

stow·a·way [~əwej] *n* slepi (slijepi) putnik

St. Petersburg see **Petersburg**

stra·bis·mus [strə′bisməs] *n* razrokost, strabizam

strad·dle I [′straedl] *n* 1. opkoračenje 2. (stock market) opcija za još (cf. **call I** 6, **put I** 2)

straddle II *v tr* 1. opkoračiti 2. (mil.) uraklijti (cilj)

strafe [strejf] *v tr* mitraljirati u niskom (brišućem) letu

strag·gle [′straegəl] *v intr* 1. lutati, skitati se 2. zaostajati 3. ići rasuto

strag·gler [~glə(r)] *n* 1. lutalica 2. (mil.) zaostali vojnik

strag·gly [~lij] *a* lutalički

straight I [strejt] *n* see **straight-away I**

straight II *a* 1. prav; ravan; *in a ~ line* u pravoj liniji; *a ~ road* pravi put; *as ~ as an arrow* prav kao strela (strijela); *~ hair* prava kosa 2. neposredan, prav; iskren; *a ~ answer* iskren odgovor 3. uspravan, prav; *a ~ back* prava leđa 4. sređen, uređen 5. pravi, nerazblažen; *~ whiskey* pravi viski 6. ispravan; pošten 7. ortodoksan 8. misc.; *to crack a joke with a ~ face* izvaliti vic ozbiljna lica; *to set the record ~* ispričati istinu

straight III *adv* 1. pravo; *to go ~ ahead* (Br: on) ići pravo; *to stand ~* stajati pravo; *come ~ to our house* dođi pravo kod nas; *to look ~ into smb.'s face* gledati pravo u nečije lice 2. misc.; **to go ~* poći pravim putem; *~ off*

odmah; **~ from the shoulder* bez ulepšavanja (uljepšavanja) **~ from the horse's mouth* iz prve ruke

straight angle (math.) opružen ugao (W: kut)

straight-a·way I [~-əwej] *n* ravni deo (dio) staze, ravna strana trkačke staze

straight-away II *a* 1. see **straight II** 1 2. neposredan; bez kolebanja

straight-away III *adv* odmah

straight·edge [~edž] *n* lenjir (W: ravnalo)

straight·en [~ən] *v* 1. *tr* ispraviti, uspraviti 2. *intr* see **straighten up** 2

straighten out *v* 1. doterati (dotjerati); *to straighten one's suit out* or: *straighten out one's suit* doterati odelo (odijelo) 2. odmrsiti, razmrsiti; *the situation has finally straightened itself out* situacija se konačno odmrsila 3. popraviti (se); *if he straightens (himself) out, the sentence will be suspended* ako se popravi, dobiće uslovnu kaznu

straighten up *v* 1. srediti; *to straighten up a mess* srediti nered 2. ispraviti se, uspraviti se

straight·for·ward [~fo(r)wə(r)d] *a* iskren

straight jacket see **strait jacket**

straight man ozbiljan partner u timu komičara (cf. **stooge** 1)

straight talk govor bez ulepšavanja (uljepšavanja)

strain I [strejn] *n* 1. naprezanje, napor; pritisak; *to work under a ~* raditi pod pritiskom 2. prenapregnuće 3. istezanje

strain II *v* 1. *tr* napregnuti, napeti; *to ~ one's eyes (to see better)* napregnuti (napeti) oči da bolje vidi 2. *tr* zategnuti; *to ~ the atmosphere* zategnuti atmosferu; *~ed relations* zategnuti odnosi 3. *tr* istegnuti; *to ~ a muscle* istegnuti mišić 4. *tr* procediti (procijediti); *to ~ soup* procediti supu 5. *intr and refl* napeti se; napreći se; *he ~ed to hear better* napeo se da bolje čuje 6. misc.; **to ~ at the gnat and swallow the camel* zaustavljati se na sitnicama, a prelaziti preko velikih stvari

strain III *n* 1. rod, loza 2. vrsta; rod 3. trag, sled (slijed) 4. (usu. in *pl*) melodija 5. crta, osobina

strain·er [~ə(r)] *n* cediljka (cjediljka), cedilo (cjedilo)

strain gauge merač (mjerač) deformacija

strain off *v* ocediti (ocijediti)

strait [strejt] see **straits**

strait·en [′strejtən] *v tr* skučiti; *in ~ed circumstances* u novčanoj oskudici

strait jacket ludačka košulja

strait-laced [~-lejst] *a* moralno strog

straits [~s] *n pl* 1. moreuz 2. škripac; *to be in desperate ~s* biti u velikom škripcu

Straits of Dover *pl* Doverski moreuz

Straits of Gibraltar *pl* Gibraltarski moreuz

Straits Settlements *pl* (or: *the Straits*) (hist.) Britanski posedi (posjedi) u Malaji

strake [strejk] *n* (naut.) pojasni voj (brodske oplate)

strand I [straend] *n* obala, žalo

strand II *v tr* nasukati; (fig.) ostaviti na cedilu (cjedilu)

strand III *n* struka (konopa)

strange [strejndž] *a* 1. nepoznat, tuđ, stran 2. čudan, neobičan; *to hear ~ voices* čuti čudne glasove

strange·ness [~nis] *n* 1. nepoznatost, tuđost, stranost 2. čudnost, neobičnost

strang·er [~ə(r)] *n* tuđinac, neznanac

stran·gle ['straeŋ̄gǝl] *v* 1. *tr* ugušiti 2. *intr* ugušiti se

strangle hold zahvat oko vrata (kod rvanja)

stran·gu·late ['straeŋ̄ggjǝlejt] *v tr* (med.) ukleštiti (ukliještiti)

stran·gu·la·tion [straeŋ̄ggjǝ'lejšǝn] *n* gušenje; ugušivanje

strap I [straep] *n* 1. kaiš, remen 2. bretela 3. (on a cap) podveza

strap II *v tr* 1. tući kaišem 2. (to: *to ~ down)* privezati kaišem

strap·hang·er [~haeŋ̄gǝ(r)] *n* putnik koji mora da stoji i da se pridržava za kaiš u punom autobusu

strapped [straept] *a* (colloq.) u novčanoj oskudici

strap·ping [~iŋ̄] *a* visok i snažan

Stras·bourg ['strasbǝ(r)g], *n* Strazbur

stra·ta see **stratum**

strat·a·gem ['straetǝdžǝm] *n* ratna varka; ratno lukavstvo

stra·te·gic [strǝ'tijdžik] *a* strategijski; *a ~ with-drawal* strategijsko povlačenje

strat·e·gist ['straetǝdžist] *n* strateg

strat·e·gy [~džij] *n* strategija; *to plan (work out) a ~ toward* formulisati strategiju prema

strat·i·fi·ca·tion [straetǝfi'kejšǝn] *n* uslojavanje, stratifikacija

strat·i·fy ['straetǝfaj] *v tr* uslojiti

stra·to·cu·mu·lus [strejtou'kjūmǝlǝs] (*-li* [laj]) *n* stratokumulus

strat·o·sphere ['straetǝsfij(r)] *n* stratosfera

stra·tum ['strejtǝm] (*-ta* [tǝ]) *n* 1. sloj; *social strata* društveni slojevi 2. nivo

straw I [stro] *n* 1. slama; *a pile of ~* plast slame 2. slamka; *to drink smt. through (with) a ~* piti nešto kroz slamku 3. misc.; **that was the last ~* prepunila se čaša

straw II *a* slamni; *a ~ hat* slamni šešir

straw·ber·ry I [~bǝrij], [e] *n* jagoda

strawberry II *a* jagodnji, jagodin; *a ~ patch* leja jagoda

straw·ber·ry-blond [~-blɑnd]; [o] *a* zatvorenoplav (o kosi)

strawberry mark Br.; see **birthmark**

straw man 1. strašilo 2. podmetnut čovek (čovjek)

straw vote nezvanično glasanje

stray I [strej] *n* zalutala životinja

stray II *a* zalutao, lutajući; *a ~ bullet* zalutali metak: *a ~ dog* zalutao pas; *a ~ sheep* zalutala ovca; *a ~ shell* zalutala granata; *a ~ cat* mačka lutalica

stray III *v intr* zalutati

streak I [strijk] *n* 1. pruga, crtica 2. trag; crta; žica, žičica; *a ~ of humor* žičica humora; **a yellow ~* kukavičluk 3. (colloq.) niz; *a winning ~* niz pobeda (pobjeda)

streak II *v* 1. *tr* praviti pruge (na) 2. *intr* šarati se prugama 3. *intr* jurnuti; *he ~ed by me* projurio je pored mene

streaked [~t] *a* prugast

streak·er [~ǝ(r)] *n* golać (koji juri, trči)

streak·y [~ij] *a* prugast, na pruge

stream I [strijm] *n* 1. tok, struja (see also **Gulf Stream**) 2. bujica, reka (rijeka); *a ~ of invective* bujica psovki

stream II *v. intr* teći, strujati; *the tears ~ed down her cheeks* suze su joj tekle niz obraze

stream·er [~ǝ(r)] *n* 1. duga, uzana zastava 2. traka

stream·line I [~lajn] *n* strujnica

streamline II *v tr* dati aerodinamički (strujoliki) oblik nečemu

stream·lined [~d] *a* aerodinamički, strujoliki

stream of consciousness tok svesti (svijesti)

street I [strijt] *n* ulica; *a main (side) ~* glavna (sporedna) ulica; *to play on (in) the ~* igrati se na ulici

street II *a* ulični; *~ singers* ulični pevači (pjevači)

street·car I [~ka(r)] *n* tramvaj

streetcar II *a* tramvajski; *a ~ line* tramvajska linija

streetcar operator tramvajdžija

street cleaner čistač ulica

street·walk·er [~wokǝ(r)] *n* uličarka

street·wise *a* koji poznaje ulični život (velikog grada)

strength [streŋ̄(k)th] *n* snaga; sila; *physical ~* fizička snaga; *to gather all of one's ~* prikupiti svu snagu; *with all of one's ~* svom snagom (silom); *spiritual ~* duhovna sila (snaga)

strength·en [~ǝn] *v tr* ojačati

stren·u·ous ['strenjūǝs] *a* naporan; *~ work* naporan rad

strep·to·coc·cal [streptǝ'kakǝl]; [o] *a* streptokokni

strep·to·coc·cus [~kǝs] (*-cci* [ksaj]) *n* streptokoka

strep·to·my·cin [streptǝ'majsǝn] *n* streptomicin

stress I [stres] *n* 1. naglasak 2. (ling.) naglasak; *a dynamic (free, fixed, pitch, qualitative, quantitative, primary, secondary, weak) ~* dinamički (slobodni, fiksirani, muzički, kvalitativni, kvantitativni, glavni, sporedni, slabi) naglasak 3. stres; *to subject smb. to ~* podvrći nekoga stresu

stress II *v tr* naglasiti

stress test ispitivanje srca pod opterećenjem

stretch I [streč] *n* 1. pružanje 2. rastezanje 3. neprekidan odsek (odsjek) prostora 4. neprekinuto vremensko razdoblje; (slang) boravak u zatvoru 5. see **homestretch**

stretch II *v* 1. *tr* protegliti, rastegnuti, protegnuti; *to ~ a rubber band* rastegnuti lastiš 2. *tr* (also: *to ~ out)* ispružiti, opružiti; *to ~ (out) one's arm* ispružiti ruku; *to ~ one's legs* opružiti noge 3. *tr* istegnuti; *to ~ a muscle* istegnuti mišić 4. *tr* zategnuti; *to ~ a rope* zategnuti konopac 5. *tr* produžiti; raširiti; *to ~ shoes* produžiti (raširiti) cipele 6. *tr* nategnuti; *to ~ a rule* nategnuti pravilo 7. *tr (to ~ out of shape)* istegliti; *to ~ a stocking (out of shape)* istegliti čarapu 8. *intr* rastegnuti se, protegnuti se 9. *intr* (also: *to ~out)* pružiti se, pručiti se; *to ~ out on a bed* pružiti se na krevet: *the line ~es for several blocks* red se pruža iz jedne ulice u drugu 10. *intr* razvući se 11. misc.; *to ~ a meal* rasporediti hranu na više osoba (ili dana) nego što je bilo predviđeno, izvući dopunske porcije iz jela dodavanjem čega; **to ~ the truth (a point)* preterivati (pretjerivati)

stretch·er [~ə(r)] n nosila
stretch·er·bear·er [~bejrə(r)] n nosilac ranjenika
stretcher party odeljenje (odjeljenje) nosilaca ranjenika
stretch out v see stretch II 2, 7, 9
stretch socks pl najlonske čarape
strew [strū]; -ed; -ed or strewn [strūn] v tr rasuti, posuti
stri·a ['strajə] (-ae [ij]) n pruga
stri·ate I [~ejt] a isprugan
striate II v tr isprugati
strick·en ['strikən] a 1. pogođen; ranjen 2. oboleo (obolio) (see also panic-stricken)
strict [strikt] a strog; he is ~ with children on je strog prema deci (djeci); ~ toward strog prema
strict·ness [~nis] n strogost; ~ toward strogost prema
stric·ture ['strikčə(r)] n 1. ograničenje 2. zamerka (zamjerka)
stride I [strajd] n 1. dugačak korak, krupan korak; 2. korak unapred (unaprijed); napredovanje 3. konjski hod 4. misc.; to take an obstacle in one's ~ lako savladati prepreku; to throw smb. off ~ izbaciti nekoga iz ravnoteže
stride II strode [stroud]; stridden ['stridn] v intr koračati (krupnim koracima)
stri·dent ['strajdənt] a 1. oštar, krt; bučan; piskav 2. (ling.) stridentni
strid·u·late ['stridžulejt] v intr cvrkutati
strid·u·lous [~ləs] a piskav
strife [strajf] n nesloga, razdor
strike I [strajk] n 1. udar 2. (mil.) napad; udar; a first ~ preventivni napad 3. štrajk; to go on ~ stupiti u štrajk; a hunger ~ štrajk glađu; a wildcat ~ divlji štrajk; to announce (avert, conduct, organize) a ~ najaviti (spreciti — spriječiti, održati, organizovati) štrajk; to break (up) a ~ razbiti štrajk; a general ~ generalni štrajk, a warning ~ štrajk opomene
strike III struck [strək] v 1. tr udariti; the bullet struck him in the leg metak ga je udario u nogu; to ~ a key udariti dirku; he struck his elbow udario je lakat, udario se u lakat; to ~ the table with one's fist udariti u (o) sto (stol) pesnicom; lighting struck the tree grom je udario u drvo; to ~ the bottom with an oar udariti veslom o dno 2. tr zadati; naneti (nanijeti); to ~ a blow zadati udarac 3. tr izbiti, otkucati; the clock struck ten sat je otkucao deset 4. tr kresnuti, ukresati, iskresati; to ~ fire ukresati vatru; to ~ a match kresnuti šibicu 5. tr (to ~ off, out) izbrisati; to ~ a name off (a list) izbrisati ime (iz spiska) 6. tr iskovati; to ~ a coin iskovati novac 7. tr spustiti; to ~ the colors spustiti zastavu 8. tr spustiti, skinuti; to ~ camp napustiti logor; to ~ a tent skinuti šator 9. tr naići (na); naći; to ~ oil naići na naftu, naći naftu 10. tr napraviti; to ~ a bargain napraviti dobar posao; to ~ a balance napraviti saldo 11. tr izazvati utisak; sinuti; it ~s me that . . . čini mi se da...; the idea struck him that . . . sinula mu je ideja da . . . 12. tr uterati (utjerati); to ~ terror into smb.'s heart uterati nekome strah u kosti 13. tr zauzeti; to ~ a pose zauzeti pozu 14. intr udarati; the waves ~ against the rocks talasi

udaraju o stene (stijene) 15. intr kucnuti, izbiti; the clock ~s every hour časovnik izbija časove; the hour has struck čas je kucnuo 16. intr štrajkovati 17. misc.; to ~ back uzvratiti udar; to ~ dead (down) ubiti; to ~ deep urezati se duboko; to ~ dumb zanemiti (zanijemiti); *to ~ while the iron is hot kovati gvožđe dok je vruće; *to ~ it rich obogatiti se
strike·bound [~baund] a zatvoren zbog štrajka
strike·break·er [~brejkə(r)] n štrajkbreher
strike force (mil.) udarna grupa
strike off v see strike III 5
strike out v 1. (baseball and fig.) promašiti 2. see strike III 5 3. misc.; to strike out for home krenuti se kući; to strike out for oneself krčiti sam sebi put, sam se probijati
strike pay potpora koju štrajkaš prima od sindikata
strik·er [~ə(r)] n 1. štrajkaš, štrajkač 2. udarna igla 3. klatno
strike up v 1. zasvirati; to strike up the national anthem zasvirati državnu himnu 2. zametnuti, zapodenuti (zapodjenuti); to strike up a conversation zametnuti (zapodjenuti) razgovor 3. sklopiti; to strike up a friendship sklopiti prijateljstvo
strik·ing [~iñg] a upadljiv, frapantan
striking distance domet, daljina do koje je moguć udar
string I [striñg] n 1. vrpca 2. žica, struna; violin ~s žice na violini 3. niska, niz; a ~ of pearls niska perli 4. konac; (fig.) to cut the ~s of federal control odseći (odsjeći) konce federalne kontrole; *no ~s attached bez uslova 5. (colloq. in pl) veze; to pull ~s koristiti (svoje) veze 6. (sports) sastav; second ~ rezervni igrač 7. (ling.) niz; a terminal ~ završni niz
string II strung [strəñg] v tr 1. nanizati; to ~ pearls nanizati perle 2. polagati; postaviti; to ~ wire polagati žicu; to ~ barbed wire postaviti prepreku od bodljikave žice 3. (colloq.; to ~ up) obesiti (objesiti)
string III a gudački; a ~ orchestra gudački orkestar
string along v (colloq.) 1. pustiti (nekoga) da čeka 2. prevariti 3. slagati se
string beans pl boranija (W: mahune)
stringed [~d] a gudački; a ~ instrument gudački instrument
strin·gent ['strindžənt] a 1. strog 2. skučen, oskudan
string quartet gudački kvartet
strings n pl 1. gudački instrumenti 2. see string I 4, 5
string up v see string II 3
string·y [~ij] a vrpčast
strip I [strip] n 1. pruga, traka 2. see striptease 3. see comic strip 4. see airstrip 5. parče; a ~ of paper parče papira 6. montaža snimaka
strip II v 1. tr skinuti; svući 2. tr lišiti; uzeti; to ~ of power lišiti vlasti; to ~ smb. of his honor uzeti obraz nekome 3. tr rasklopiti; to ~ a weapon rasklopiti oružje (also disassemble) 4. tr opljačkati 5. tr pokvariti (zavrtanjem), polomiti; ~ped gears polomljeni zupčanici 6. tr izmusti

(kravu) 7. *tr* očerupati; *to ~ a car* očerupati kola 8. *intr* skinuti se, svući se
strip cartoon Br., see **comic strip**
strip down *v* 1. see **strip II** 1 2. see **strip II** 8
stripe [strajp] *n* 1. pruga 2. (mil.) oznaka čina, širit 3. vrsta (W also: vrst)
striped [~t], [id] *a* prugast
strip·ling ['stripling] *n* mladić
strip map karta maršrute (leta)
strip mine površinski ugljeni kop
strip mining površinsko kopanje uglja
strip·per [~ə(r)] *n* see **stripteaser**
strip·tease [~tijz] *n* striptiz; *to do a ~* striptizirati
strip·teas·er [~ə(r)] *n* striptizeta
strive [strajv]; *strove* [strouv]; *-d* or *striven* ['strivən] *v intr* težiti, stremiti; *to ~ for smt.* težiti za nečim
strobe [stroub] *n* (or: *~ light)* elektronski blic
strode see **stride II**
stroke I [strouk] *n* 1. udarac, udar; *a ~ of fate* udar sudbine; *with one ~ of an axe* jednim udarcem sekire (sjekire) 2. potez; *a ~ of genius* potez genija; *with one ~ of his pen* jednim potezom svoga pera 3. (sports, esp. tennis) udarac; *the forehand (backhand) ~* forhend (bekhend) 4. (crew, rowing) veslač koji daje tempo, takt (ostalim veslačima) 5. (crew, rowing) tempo 6. (crew, rowing) zaveslaj 7. (swimming) način plivanja 8. (med.) kap; *he had a ~* udarila ga je kap; *he died of a ~* umro je od kapi 9. (tech.) hod 10. udarac (zvona); otkucaj (časovnika); *at the ~ of ten* kad izbija deset
stroke II *v tr* 1. gladiti; *to ~ one's chin* gladiti bradu 2. (crew, rowing) *to ~ a crew* davati tempo (takt) drugim veslačima
stroking session pokušaj smirenja laskanjem
stroll I [stroul] *n* šetnja; *to take a ~* prošetati se
stroll II *v* 1. *tr* šetati se; *to ~ the streets* šetati se po ulicama 2. *intr* šetati se; *to ~ in the park (along the river)* šetati se u parku (kraj reke — rijeke)
strol·ler [~ə(r)] *n* 1. šetač 2. kolica (sa četiri točka) za bebu
stro·ma ['stroumə] (*-ata* [ətə]) *n* stroma, osnovno tkanje
strong [strong] *a* 1. jak, snažan; silan; *~ brandy (coffee)* jaka rakija (kafa — kava); *a ~ odor (poison)* jaki miris (otrov) *~ words* jaki izrazi; *as ~ as an ox* jak kao bik; *~ suspicion* jako podozrenje 2. (gram.) jak, koji ima unutrašnju promenu (promjenu) vokala 3. oštar, jak; *~ measures* oštre mere (mjere)
strong-arm I [~-a(r)m] *a* siledžijski; *a ~ man* batinaš, siledžija
strong-arm II *v tr* obračunati se fizički; *to ~ smb.* obračunati se fizički s nekim
strong·box [~baks]; [o] *n* kasa, kaseta, sef
strong·hold [~hould] *n* 1. tvrđava 2. (fig.) uporište
strong language psovke
strong·mind·ed [~majndid] *a* jake volje
strong room trezor, riznica
stron·ti·an·ite ['strančijənajt]; [o], [t] *n* (miner.) stroncijanit
stron·ti·um ['strančijəm]; [o] [t] *n* (chem.) stroncijum

strop I [strap]; [o] *n* kaiš za oštrenje (brijača)
strop II *v tr* oštriti (brijač) na kaišu
stro·phe ['stroufij] *n* strofa
strove see **strive**
struck see **strike II**
struc·tur·al ['strəkčərəl] *a* strukturalan
struc·tur·al·ism [~izəm] *n* (ling.) strukturalizam
struc·tur·al·ist [~ist] *n* (ling.) strukturalista
structural linguistics strukturalna lingvistika
struc·ture 1 ['strəkčə(r)] *n* struktura
structure II *v tr* izgraditi
strug·gle I ['strəgəl] *n* borba; *the class ~* klasna borba; *to wage a ~* voditi borbu
struggle II *v intr* boriti se, voditi borbu
strum [strəm] *v tr* and *intr* drndati (u), prebirati; *to ~ (on) a guitar* drndati u gitaru; *to ~ the strings of an instrument* prebirati prstima preko žica
stru·ma ['strūmə] *n* 1. see **scrofula** 2. see **goiter**
strum·pet ['strəmpət] *n* drolja, kurva (also **trollop**)
strung see **string II**
strut I [strət] *n* 1. šepurenje, razmetanje (also **swagger I**) 2. podupirač; (aviation) upornica
strut II *v intr* šepuriti se, razmetati se; *to ~ like a peacock* šepuriti se kao paun (also **swagger II**)
strych·nine ['striknajn], [ij], [ə] *n* strihnin
stub I [stəb] *n* 1. panj 2. (Br.) pikavac (see also **butt IV** 2) 3. talon; odrezak
stub II *v tr* 1. iskrčiti 2. udariti; *to ~ one's toe against smt.* udariti prstom noge o nešto
stub·ble ['stəbəl] *n* strnjika
stub·bly [~blij] *a* strnjikav
stub·born ['stəbə(r)n] *a* tvrdoglav
stub·born·ness [~nis] *n* tvrdoglavost
stub·by ['stəbij] *a* 1. panjevit 2. zdepast 3. čekinjav; *~ bristles* krute čekinje
stub out *v* (Br.) ugasiti (cigaretu)
stuc·co ['stəkou] *n* gipsani malter
stuck [stək] *a* 1. see **stick II** 2. u ćorsokaku (škripcu) 3. see **stick II** 9; *he got ~ with the bill* na njemu je ostalo da plati ceh (račun)
stuck-up [~əp] *a* ohol
stud I [stəd] *n* 1. direk 2. klinac; zavrtanj; kontaktni klin 3. dugme 4. gvožđe, klinac; *tire ~s* klinci za gume
stud II *v tr* opremiti (gume) sa klincima; *~ded tires* gume sa klincima
stud III *n* 1. priplodni pastuv (pastuh) 2. see **stud farm**
stud IV *a* pastuhov
stud·book [~buk] *n* zapisnik o poreklu (porijeklu) konja
stu·dent ['stūdənt]; [tj] *n* 1. student; *a law (medical) ~ student* prava (medicine) 2. učenik
student teacher nastavnik stažista
student union udruženje studenata
stud farm ergela
stud·horse [~ho(r)s] *n* see **stud III** 1
stud·ied ['stədijd] *a* 1. see **study II** 2. promišljen; sračunat
stu·di·o [strūdijou]; [tj] *n* atelje; studio; *an artist's (photographer's) ~* slikarski (fotografski) atelje
studio apartment jednosoban stan
studio audience publika koja se nalazi u (TV) studiju kad se daje emisija
studio couch kauč na rasklapanje
stu·di·ous ['strūdijəs]; [tj] *a* studiozan

stud poker vrsta pokera
stud·y I ['stədij] *n* 1. učenje, proučavanje; studiranje 2. (in *pl*) studije; *graduate ~ies* postdiplomske studije 3. studija, naučni rad 4. nacrt 5. (mus.) see **étude** 6. radna soba, kabinet
study II *v* 1. *tr* učiti; *to ~ mathematics* učiti matematiku (see also **learn** 1) 2. *tr* proučiti, prostudirati; *to ~ a problem* proučiti problem 3. *tr* studirati; *to ~ law (medicine)* studirati pravo (medicinu) 4. *intr* učiti, studirati; *he ~dies every evening* on uči svako veče
stuff I [stəf] *n* 1. materijal, građa, gradivo 2. stvari 3. otpaci 4. (Br.) vunena tkanina, štof
stuff II *v tr* 1. natrpati; *to ~ a closet with things* natrpati orman stvarima; (Am., pol.) *to ~ a ballot box* natrpati izbornu kutiju lažnim glasačkim listićima 2. napuniti, nadenuti (nadjenuti); filovati; *to ~ a chicken* napuniti pile 3. preparirati, ispuniti; *to ~ a bird* isouniti pticu
stuffed [~t] *a* 1. punjen, nadeven (nadjeven); *~ animals* punjene životinje; *~ peppers* punjene (nadevene) paprike 2. sit; *I'm ~* sit sam
stuffed shirt arogantna, uštogljena osoba
stuff·ing [~iñg] *n* nadev (nadjev); *a bread ~* nadev od hleba — hljeba (W: kruha); *to make a ~* napraviti nadev
stuff·y ['stəfij] *a* 1. sparan; *it's ~ today* danas je sparno 2. dosadan, uštogljen
stull [stəl] *n* potkop (u rudniku)
stul·ti·fy ['stəltəfaj] *v tr* 1. napraviti budalastim, smešnim (smiješnim) 2. osakatiti; onesposobiti
stum [stəm] *n* neprevrelo vino, šira
stum·ble I ['stəmbəl] *n* spoticanje
stumble II *v intr* spotaći se; *he ~d and fell* on se spotakao i pao; *he ~s over every sentence* on se spotiče na svakoj rečenici
stum·ble·bum [~bəm] *n* (colloq.) 1. isluženi bokser (W: boksač) 2. ošamućena osoba
stum·bling block [~liñg] kamen spoticanja
stump I [stəmp] *n* 1. panj 2. patrljak 3. drvena noga 4. (pol.) govornica 5. (Br.) pikavac (see also **butt IV** 2)
stump II *v tr* 1. iskrčiti panjeve (na) 2. (pol.) držati političke govore (u) 3. zbuniti
stump up *v* (Br.; colloq.) platiti (novac)
stun [stən] *v tr* ošamutiti
stung see **sting II**
stunk see **stink II**
stun·ning [~iñg] *a* 1. koji ošamućuje 2. divan, lep (lijep)
stunt I [stənt] *n* 1. podvig; majstorija 2. štos; *to pull a ~* izvesti štos 3. (avijatička) akrobacija, figura; *to do ~s (with an airplane)* izvoditi figure (avionom)
stunt II *v tr* učiniti kržljavim
stunt·ed [~id] *a* zakržljao, žgoljav; *a ~ child* zakržljalo dete (dijete)
stunt flying izvođenje avijatičkih akrobacija
stunt man kaskader
stupe [stūp], [*tj*] *n* oblog, kompres
stu·pe·fa·cient [stūpə'fejšənt]; [*tj*] *n* opojno sredstvo
stu·pe·fac·tion [stūpə'faekšən]; [*tj*] *n* ošamućivanje, preneraženje
stu·pe·fy ['stūpəfaj]; [*tj*] *v tr* ošamutiti, preneraziti, zapanjiti

stu·pen·dous [stū'pendəs]; [*tj*] *a* 1. čudesan (also **marvelous**) 2. ogroman
stu·pid ['stūpid]; [*tj*] *a* glup
stu·pid·i·ty [stū'pidətij]; [*tj*] *n* glupost
stu·por ['stūpə(r)]; [*tj*] *n* 1. uspavanost 2. tupost; ukočenost·
stur·di·ness ['stə(r)dijnis] *n* čvrstina, snaga
stur·dy I ['stə(r)dij] *n* see **gid**
sturdy II *a* čvrst; snažan
stur·geon ['stə(r)džən] *n* jesetra
stut·ter I ['stətə(r)] *n* mucanje (also **stammer I**)
stutter II *v intr* mucati (also **stammer II**)
stut·ter·er [~rə(r)] *n* mucavac
Stutt·gart ['stutga(r)t] *n* Štutgart
St. Vi·tus' dance [sejnt vajtəsiz] (med.) see **chorea**
sty I [staj] *n* obor (see also **pigsty**)
sty II *n* čmičak, ječmičak (na očnom kapku)
styg·i·an ['stidžijən] *a* stigijski; pakleni
style I [stajl] *n* 1. stil; *good (bad) ~* dobar (rđav) stil; *Gothic (poetic) ~* gotski (pesnički — pjesnički) stil; *in grand ~* u velikom stilu 2. (hist.) pero, pisaljka 3. gramofonska igla (also **stylus** 2) 4. see **fashion I** 3 5. see **stylet** 1 6. način; *a life ~* način života
style II *v tr* 1. nazvati 2. oblikovati
style book priručnik za interpunkciju i korektorske znakove
sty·let ['stajlit] *n* 1. (med.) mala sonda 2. see **stiletto**
styl·ish ['stajliš] *a* pomodan
styl·ist [~ist] *n* stilista
sty·lis·tic [staj'listik] *a* stilski
styl·is·tics *n* (*sgn* or *pl*) stilistika
styl·ize ['stajlajz] *v tr* stilizovati
sty·lus ['stajləs] (-*es* or -*li* [laj]) *n* 1. igla za zapisivanje 2. gramofonska igla
sty·mie I ['stajmij] *n* 1. (golf) položaj u kojem se protivnikova lopta nalazi između rupe i igračeve lopte 2. (fig.) neugodan položaj
stymie II *v tr* staviti u neugodan položaj
styp·tic I ['stiptik] *n* stipsa
styptic II *a* stiptičan
sty·rax ['stajraeks] see **storax**
sty·rene ['stajrijn] *n* (chem.) stiren
Styr·i·a ['stijrijə] *n* Štajerska
Styx [stiks] *n* (myth.) Stiks
su·a·ble ['sūəbəl] *a* koji se može tužiti
sua·sion ['swejžən] *n* see **persuasion** 1; *moral ~* ubeđivanje (ubjeđivanje)
suave [swav] *a* uglađen; ljubazan
sub I [səb] *n* see **submarine**
sub II *v intr* biti zamenik (zamjenik)
sub·al·tern I [səb'oltə(r)n]; ['səbəltən] *n* (Br.) niži oficir
subaltern II *a* (Br.) podređen, potčinjen
sub·a·tom·ic [~ə'tamik]; [o] *a* subatomski
sub·cat·e·go·ri·za·tion [səbkaetəgərə'zejšən] *n* (ling.) primena (primjena) supkategorijalnih pravila
sub·chas·er [~čejsə(r)] *n* lovac na podmornice
sub·class [~klaes]; [a] *n* podrazred, potklasa, podrazdeo (podrazdio)
sub·com·mit·tee [~kəmitij] *n* pododbor
sub·com·pact [~kampaekt]; [o] *n* veoma mali automobil
sub·con·scious [~'kanšəs]; [o] *a* podsvestan (podsvjestan); (as *n*) *the ~* podsvest (podsvijest)

sub·con·scious·ness [~nis] *n* podsvest (podsvijest)
sub·con·ti·nent {~kantənət]; [*o*] *n* potkontinent
sub·con·tract I [~'kantraekt]; [*o*] *n* podugovor
subcontract II (also: [~ən'traekt]) *v intr* zaključiti podugovor
sub·con·tract·or [~ə(r)] *n* podugovarač
sub·cul·ture [~kəlčə(r)] *n* kulturna podgrupa
sub·cu·ta·ne·ous [~kjū'tejnijəs] *a* potkožni, supkutani; *a* ~ *injection* supkutana injekcija
sub·di·a·lect [~dajəlekt] *n* poddijalekat
sub·di·vide [~də'vajd] *v* 1. *tr* dalje podeliti (podijeliti) 2. *intr* podeliti se na manje delove (dijelove)
sub·di·vi·sion [~də'vižən] *n* podrazdeo (podrazdio)
sub·due [~'dū]; [*dj*] *v tr* savladati, potčiniti
sub·ed·i·tor [~'editə(r)] *n* pomoćni urednik
sub·fam·i·ly [~faeməlij] *n* (biol.) potporodica
sub·ge·nus [~'džijnəs] (*-genera* [dženərə]) *n* (biol.) podrod
sub·group [~grūp] *n* podgrupa
sub·head·ing [~hedīng] *n* podnaslov
sub·hu·man [~'hjūmən] *a* podljudski
sub·ject I [~džikt] *n* 1. podanik 2. predmet, stvar; *to dwell on a* ~ zadržati se na predmetu; *the* ~ *under discussion* predmet o kome se raspravlja 3. (gram.) podmet, subjekat 4. (phil.) subjekat
subject II *a* 1. potčinjen 2. podložan; ~ *to a fine* podložan kazni; ~ *to sudden changes in temperature* podložan naglim promenama (promjenama) temperature 3. zavisan (W also: ovisan); ~ *to approval* zavisno od odobravanja
subject III [~'džekt] *v tr* 1. potčiniti 2. izložiti; podvrći; *to* ~ *smb. to smb.'s influence* izložiti nekoga nečijem uticaju; *to* ~ *smb. to cross--examination* podvrći nekoga unakrsnom ispitivanju
sub·jec·tion [~'džekšən] *n* 1. potčinjenje 2. podvrgnuće
sub·jec·tive [~'džektiv] *a* subjektivan
sub·jec·tiv·ism [~'džektəvizəm] *n* subjektivizam
sub·jec·tiv·ist [~'džektəvist] *n* subjektivista
sub·jec·tiv·i·ty [~džek'tivətij] *n* subjektivnost
subject matter tema, predmet (rasprava, govora)
sub·join [~'džojn] *v tr* dodati
sub·ju·gate [~džəgejt] *v tr* potčiniti, pokoriti
sub·ju·ga·tion [~džə'gejšən] *n* potčinjenje, pokorenje
sub·junc·tive I [~'džəngtiv] *n* (usu.: *the* ~) konjunktiv
subjunctive II *a* konjunktivan
sub·king·dom [~kingdəm] *n* potcarstvo
sub·lease I [~lijs] *n* podzakup, podnajam
sublease II [səb'lijs] *v tr* 1. uzeti u podzakup 2. see sublet
sub·let [səb'let]; *sublet* [səb'let] *v tr* dati (izdati) u podzakup
sub·lieutenant Br.; see ensign 3
sub·li·mate I [~ləmejt] *n* sublimat
sublimate II *v tr* sublimirati
sub·li·ma·tion [~lə'mejšən] *n* sublimacija
sub·lime [~lajm] *a* subliman, uzvišen; (as *n*) *from the* ~ *to the ridiculous* sa uzvišenog na smešno (smiješno)
sub·lim·i·nal [~'limənəl] *a* ispod praga svesti (svijesti)
sub·lin·gual [~'linggwəl] *a* podjezični

sub·lu·nar·y [~'lūnərij] *a* 1. podmesečni (podmjesečni) 2. ovosvetski (ovosvjetski)
sub·ma·chine gun [~mə'šijn] automat, mašinka; *to fire a* ~ pucati iz automata
sub·ma·rine I [səbmə'rijn] *n* podmornica
submarine II *a* 1. pomorski; *a* ~ *cable* podmorski kabl 2. podmornički; ~ *warfare* podmornički rat
submarine chaser lovac na podmornice
submarine pen podmornička baza
sub·ma·tric·u·late [~mə'trikjəlejt] *v intr* (at Am. universities) istovremeno ispunjavati uslove za drugi i treći stepen studija
sub·ma·tric·u·la·tion [~'lejšən] *n* (at Am. universities) istovremeno ispunjavanje uslova za drugi i treći stepen studija
sub·merge [~'mə(r)dž] *v* 1. *tr* zagnjuriti, zaroniti; potopiti 2. *intr* zagnjuriti se
sub·mer·gi·ble [~'mə(r)džəbəl] *a* zagnjuriv
sub·merse [~'mə(r)s] see submerge
sub·mis·sion [~'mišən] *n* 1. potčinjenje, pokorenje 2. potčinjenost
sub·mis·sive [~'misiv] *a* pokoran
sub·mit [~'mit] *v* 1. *tr* potčiniti 2. *tr* izložiti 3. *tr* podneti (podnijeti); *to* ~ *an application (a proposal)* podneti molbu (predlog) 4. *tr* (colloq.) tvrditi; *he* ~*s that* ... on tvrdi da ... 5. *intr* potčiniti se; *to* ~ *to smt.* potčiniti se nečemu
sub·mul·ti·ple [~'məltəpəl] *n* (math.) činilac
sub·nor·mal [~'no(r)məl] *a* podnormalni
sub·or·bi·tal [~'o(r)bətəl] *a* suborbitalni
sub·or·der [~o(r)də(r)] *n* (biol.) podred
sub·or·di·nate I [~'o(r)dənit] *n* podređeni
subordinate II *a* podređen
subordinate III [~nejt] *v tr* 1. podrediti 2. potčiniti
subordinate clause see dependent clause
subordinate conjunction (gram.) zavisan veznik
sub·or·di·na·tion [~o(r)də'nejšən] *n* podređenost
sub·orn [sə'bo(r)n] *v tr* navesti na krivokletstvo; podmititi
sub·or·na·tion [~o(r)'nejšən] *n* navođenje na krivokletstvo; podmićivanje
sub·phy·lum [~fajləm] (*-la* [lə]) *n* (biol.) potkolo
sub·plot [~plat]; [*o*] *n* (lit.) sporedna radnja (u romanu)
sub·poe·na I [sə'pijnə] *n* sudski poziv
subpoena II *v tr* pozvati na sud
sub·ro·gate [~rəgejt] *v tr* zameniti (zamijeniti)
sub·ro·ga·tion [~rə'gejšən] *n* zamena (zamjena)
sub ro·sa [səb'rouzə] (Latin) poverljivo (povjerljivo)
sub·scribe [~'skrajb] *v* 1. *tr* potpisati 2. *tr* upisati (novac) 3. *intr* slagati se; *to* ~ *to an opinion* slagati se sa mišljenjem 4. *intr* pretplatiti se; *to* ~ *to a journal* pretplatiti se na časopis, biti pretplatnik časopisa
sub·scrib·er [~ə(r)] *n* pretplatnik (W also: predbrojnik); *a magazine* ~ pretplatnik na časopis; *a telephone* ~ telefonski pretplatnik
sub·script I [~skript] *n* potpisan znak
subscript II *a* napisan ispod, potpisan
sub·scrip·tion I [~'skripšən] *n* 1. pretplata (W also: predbrojka) 2. upis; upisani iznos
subscription II *a* pretplatni; *a* ~ *price* pretplatna cena (cijena)
sub·se·quent [~səkwənt] *a* sledeći (slijedeći)

sub·se·quent·ly [~lij] *adv* zatim
subsequent to *prep* posle (poslije)
sub·ser·vi·ent [~'sə(r)vijənt] *a* 1. pokoran; ulizički 2. podređen
sub·side [~'sajd] *v intr* 1. opasti; *the waters have ~d* vode su opale 2. sleći se
sub·sid·i·ar·y I [~'sidijerij]; [ə] *n* 1. pomoćnik; pomoćna stvar 2. podružnica
subsidiary II *a* pomoćni; supsidaran; *a ~ company* podružnica
sub·si·dize [~sədajz] *v tr* subvencionisati
sub·si·dy [~sədij] *n* subvencija, supsidij
sub·sist [~'sist] *v intr* 1. postojati; opstajati 2. živeti (živjeti); *to ~ on smt.* živeti od nečega
sub·sis·tence [~əns] *n* 1. postojanje; opstanak 2. život; *bare ~* goli život
sub·soil [~sojl] *n* zdravica, donji sloj tla
sub·son·ic [~'sɑnik]; [o] *a* podzvučni
sub·spe·cies [~spijšjz] *(pl* has zero) *n* (biol.) podvrsta
sub·stance [~stəns] *n* 1. supstancija; tvar, građa 2. čvrstina; *to lack ~* nemati čvrstine 3. supstancija, suština, bit; *in ~* u suštini 4. bogatstvo, imanje; *a man of ~* imućan čovek (čovjek)
sub·stan·dard [~'staendə(r)d] *a* podstandardan
sub·stan·tial [~'staenšəl] *a* 1. bitan, suštinski; supstancijalan 2. hranljiv, jak; *~ food* hranljivo jelo; *a ~ meal* obilat obed (objed) 3. znatan, zamašan; *a ~ amount* znatna svota novca 4. stvaran
sub·stan·ti·ate [~'staenšijejt] *v tr* potvrditi
sub·stan·tive I [~stəntiv] *n* (gram.) imenica, supstantiv
substantive II *a* 1. bitan, suštinski 2. stvaran· 3. (gram.) supstantivan
substantive rank (Br.; mil.) stvaran položaj u službi (Am. is *permanent rank)*
sub·stan·tiv·ize [~'staentəvajz] *v tr* supstantivisati
sub·sta·tion [~stejšən] *n* podcentrala; ispostava
sub·sti·tute I [~stətūt]; [t] *n* 1. zamenik (zamjenik), zamena (zamjena); *a ~ for coffee* zamena za kafu (kavu) 2. (sports) rezervni igrač
substitute II *a* alternativni, rezervni
substitute III *v* 1. *tr* zameniti (zamijeniti); supstituisati; *to ~ one player for another* zameniti jednog igrača drugim 2. *intr* zameniti; *to ~ for smb.* zameniti nekoga
sub·sti·tu·tion [~sti'tūšən]; [tj] *n* 1. zamenjivanje (zamjenjivanje); supstitucija 2. zamenik (zamjenik) (also sports) 3. (sports) izmena (izmjena) igrača
sub·strate [~strejt] see substratum
sub·stra·tum [~strejtəm], [ae] *(-s* or *-ta* [tə]) *n* supstrat
sub·struc·ture [~strəkčə(r)] *n* podgradnja
sub·sume [~'sūm]; [sj] *v tr* podvesti (pod širu kategoriju)
sub·ten·an·cy [~tenənsij] *n* podstanarski odnos
sub·ten·ant [~tenənt] *n* podstanar
sub·ter·fuge [~tə(r)fjūdž] *n* vrdanje, izvrdavanje
sub·ter·ra·ne·an [~tə'rejnijən] *a* podzemni
sub·ter·res·tri·al [~tə'restrijəl] *a* podzemni
sub·tile ['sətl] see subtle
sub·til·i·ty [sə'tilətij] see subtlety
sub·til·ty ['sətltij] see subtlety

sub·ti·tle ['səbtajtəl] *n* 1. podnaslov, podnatpis 2. titl; *a foreign film with ~ s* strani film s titlovima; *to provide (a film with) English ~s* titlovati (film) na engleskom
sub·tle [sətl] *a* 1. suptilan, fin, jedva primetan (primjetan) 2. prepreden; lukav 3. vešt (vješt), vičan
sub·tle·ty ['sətltij] *n* 1. suptilnost, finoća 2. prepredenost, lukavost 3. veština (vještina), vičnost
sub·to·tal ['səbtoutəl] *n* suma stavke
sub·tract [~'traekt] *v tr* and *intr* oduzeti; *to ~ two from five* oduzeti dva od pet
sub·trac·tion [~'traekšən] *n* oduzimanje
sub·tra·hend [~trəhənd] *n* umanjilac, suptrahend
sub·trop·i·cal [~'trɑpəkəl]; [o] *a* suptropski
sub·trop·ics [~'trɑpiks]; [o] *n pl* suptropi
sub·urb [~ə(r)b] *n* (often in *pl)* predgrađe; *to live in the ~s* živeti (živjeti) u predgrađu
sub·ur·ban [se'bə(r)bən] *a* prigradski; *~ traffic* prigradski saobraćaj
sub·ur·ban·ite [~ajt] *n* stanovnik predgrađa
sub·ur·bi·a [sə'bə(r)bijə] *n pl* 1. predgrađe, prigradsko područje, prigradski pojas 2. stanovnici predgrađa 3. kultura predgrađa, život u predgrađu
sub·ven·tion [səb'venšən] *n* subvencija
sub·ver·sion [~'və(r)žən] *n* subverzija
sub·ver·sive I [~'və(r)siv] *n* podrivač (reda)
subversive II *a* podrivački; *~ activity* podrivačka delatnost (djelatnost)
sub·vert [~'və(r)t] *v tr* 1. porušiti, srušiti 2. podriti 3. oboriti
sub·way [~wej] *n* 1. podzemna železnica (željeznica) (see also underground I 2) 2. (Br.) podzemni pešački (pješački) prelaz 3. (Br.) see underpass
suc·ceed [sək'sijd] *v* 1. *tr* slediti (slijediti); dolaziti (za) 2. *intr* naslediti (naslijediti); *to ~ to a throne* naslediti presto (prijestol) 3. *intr* uspeti (uspjeti); imati uspeha (uspjeha); poći za rukom; *he ~ed in catching the train* uspeo je da uhvati voz (W: vlak); *he ~s in everything* njemu sve polazi za rukom; *he ~ed in passing the exam* pošlo mu je za rukom da položi ispit
suc·cess [sək'ses] *n* uspeh (uspjeh); *to have ~ in business* imati uspeha u poslu; *to achieve ~* postići uspeh
suc·cess·ful [~fəl] *a* uspeo (uspio), uspešan (uspješan); *a ~ man* uspeo čovek (čovjek); *the trip was ~* putovanje je bilo uspešno
suc·ces·sion [sək'sešən] *n* nasleđe (nasljeđe), nasleđivanje (nasljeđivanje), nasledstvo (nasljedstvo), sukcesija; *a law of ~* zakon o redu nasledstva; *a war of ~* rat oko nasleda
suc·ces·sive [sək'sesiv] *a* uzastopni
suc·ces·sor [sək'sesə(r)] *n* naslednik (nasljednik); *a ~ to a throne* naslednik prestola (prijestola)
suc·cinct [sək'siŋkt] *a* jezgrovit, jedar, kratak, sažet
suc·cor I ['səkə(r)] *n* pomoć
succor II *v tr* pomoći
suc·co·ry ['səkərij] see chicory
suc·co·tash ['səkətaeš] *n* jelo od kukuruza i pasulja
suc·cour Br.; see succor

suc·cu·bus ['səkjəbəs] (*-es* or *-bi* [*bij*], [*aj*]) *n* ženski demon (koji ima snošaj s uspavanim ljudima)
suc·cu·lence ['səkjələns] *n* sočnost
suc·cu·lent [~ənt] *a* sočan
suc·cumb [sə'kəm] *v intr* podleći: *to* ~ *to a temptation (to one's wounds)* podleći iskušenju (povredama)
such [səč] 1. *pron* takav; onakav; ~ *were the results* takvi su bili rezultati 2. *a* takav; onakav; *there are few* ~ *towns* ima malo takvih gradova; ~ *is life* takav je život 3. *adv* tako, onako; ~ *long sentences* tako duge rečenice; ~ *an interesting person!* tako interesantna osoba! 4. *misc.*; ~ *and* ~ taj i taj; *for* ~ *and* ~ *a reason* iz tog i tog razloga
suck [sək] *v tr* and *intr* sisati; *to* ~ *one's finger* sisati prst
suck·er [~ə(r)] *n* 1. onaj koji sisa; sisavac 2. see **lollipop** 3. (slang) see **dupe I**
suck·le [~əl] *v tr* dojiti 2. *intr* biti na sisi, sisati
suck·ling ['səkliñg] *n* sisanče
su·crose ['sūkrous] *n* saharoza
suc·tion I ['səkšən] *n* sisanje; usis, usisavanje
suction II usisni; *a* ~ *pump* usisna pumpa; *a* ~ *valve* usisni ventil
suc·to·ri·al [sək'torijəl] *a* usisni
Su·dan [su'daen] *n (the* ~) Sudan
Su·da·nese I [sūdə'nijz] (*pl* has zero) *n* Sudanac
Sudanese II *a* sudanski
sud·den ['sədn] *a* 1. iznenadan 2. nagao, naprasan; *a* ~ *death* nagla smrt (cf. **sudden death***)*
sudden death (or: ~ *overtime*) (sports) produžetak (utakmice) koji se završava čim se postigne prvi gol (poen, koš)
sudden infant death syndrome see **crib death**
su·dor·if·er·ous [sudə'rifərəs] *a* znojni, koji tera (tjera) na znojenje
su·dor·if·ic [sūdə'rifik] *a* see **sudoriferous**
suds [sədz] *n pl* 1. sapunica 2. pena (pjena)
suds·y [~ij] *a* pun sapunice
sue [sū] *v* 1. *tr* moliti 2. *tr* tužiti; povesti parnicu (protiv); *to* ~ *smb. for (over) a debt* tužiti nekoga za dug 3. *intr* tražiti; *to* ~ *for peace* tražiti mir; *they are suing for $ 100,000 in damages* traže odštetu od $ 100.000 4. *intr* voditi parnicu
suede [swejd] *n* meka uštavljena koža
su·et ['sūit] *n* salo, loj
Suez Canal ['sū'ez] Suecki kanal
suf·fer ['səfə(r)] *v* 1. *tr* trpeti (trpjeti); snositi; *to* ~ *pain* trpeti bol 2. *tr* pretrpeti (pretrpjeti); trpeti; *to* ~ *losses* pretrpeti gubitke 3. *tr* dopustiti, pustiti, dozvoliti 4. *intr* patiti; *he is* ~*ing (from a disease)* on pati (od bolesti) 5. *intr* stradati; *they* ~*ed during the war* stradali su za vreme (vrijeme) rata
suf·fer·ance [~rəns] *n* dopuštanje, dozvoljavanje
suf·fer·er [~rə(r)] *n* stradalac, stradalnik
suf·fer·ing [~riñg] *n* patnja
suf·fice [sə'fajs] *v intr* biti dosta; *will our resources* ~? hoće li dostati naših sredstava? ~ *it to say that . . .* dosta je ako se kaže da . . .
suf·fi·cien·cy [sə'fišənsij] *n* dovoljnost
suf·fi·cient [sə'fišənt] *a* dovoljan; *a* ~ *reason* dovoljan razlog; *we have* ~ *food* imamo dosta hrane
suf·fix I ['səfiks] *n* sufiks, nastavak

suffix II *v tr* dodati (sufiks)
suf·fix·a·tion [səfik'sejšən] *n* sufiksacija
suf·fo·cate ['səfəkejt] *v* 1. *tr* ugušiti, zagušiti 2. *intr* ugušiti se
suf·fo·ca·tion [səfə'kejšən] *n* ugušenje, zagušenje
suf·fra·gan I ['səfrəgən] *n* (or: ~ *bishop*) biskup pomoćnik
suffragan II *a* pomoćni
suf·frage ['səfridž] *n* 1. izborni glas 2. pravo glasa; *female* ~ žensko pravo glasa
suf·fra·gette [səfrə'džet] *n* sifražetkinja (pobornica ženskog prava glasa)
suf·fra·gist ['səfrədžist] *n* pobornik proširenja ženskog prava glasa
suf·fuse [sə'fjūz] *v tr* obliti
sug·ar I ['šugə(r)] *n* šećer (W also: cukar); *beet (cane)* ~ šećer od repe (trske); *confectioner's (cube)* ~ šećer u prahu (u kockama)
sugar II *a* šećerni
sugar III *v tr* see **sugar-coat**
sugar beet šećerna repa
sugar bowl šećernica
sugar box Br.; see **sugar bowl**
sugar cane šećerna trska
sug·ar·coat [~-kout] *v tr* 1. zašećeriti 2. (fig.) zasladiti
sugar daddy (colloq.) stariji čovek (čovjek) koji izdržava mladu ljubavnicu
sug·ar·house [~haus] *n* šećerana
sugar loaf glava šećera
sugar maple šećerni javor
sugar refinery šećerana
sug·ar·y [~rij] *a* 1. šećerni 2. šećerast 3. zaslađen
sug·gest [sə(g)'džest.] *v tr* 1. sugerisati, predložiti; *to* ~ *smt. to smb.* sugerisati nekome nešto; *he* ~*ed that changes be made* predložio je da se učine izmene (izmjene) 2. navesti (na misao) 3. zahtevati (zahtijevati); *such a crime* ~*s stern punishment* takav zločin zahteva strogu kaznu
sug·ges·tion [~'džesčən] *n* sugestija; predlog; *to make a* ~ dati sugestiju
sug·ges·tive [~'džestiv] *a* sugestivan
su·i·ci·dal [sūə'sajdl]; [*sj*] *a* samoubilački; ~ *tendencies* samoubilačke tendencije
su·i·c·de ['sūəsajd]; [*sj*] *n* 1. samoubistvo (W: samoubojstvo); *to commit* ~ izvršiti samoubistvo 2. samoubica (W: samoubojica)
suit I [sūt] *n* 1. odelo (odijelo); odeća (odjeća); *to have a* ~ *made* sašiti odelo (kod krojača); *a space* ~ astronautska odeća 2. kostim; *bathing* ~ kupaći kostim 3. (cards) boja, karte iste boje; *to follow* ~ odgovoriti na boju; (and fig.) ići istim putem 4. parnica; proces; *to bring* ~ *against smb.* povesti parnicu protiv nekoga; *a civil* ~ građanski proces 5. udvaranje; *to plead (press) one's* ~ udvarati se 6. grupa
suit II *v tr* 1. odgovarati; *this apartment does not* ~ *us* ovaj stan nam ne odgovara 2. zadovoljiti; *to* ~ *one's needs* zadovoljiti nečije potrebe 3. svideti (svidjeti) se, dopasti se; *how does that* ~ *you?* kako vam se to sviđa; ~ *yourself!* kako je vama po volji! 4. prilagoditi, udesiti (see also **adapt 1**)
suit·a·ble [~əbəl] *a* podesan, celishodan (cjelishodan) prikladan, pogodan, zgodan; *a* ~ *answer*

zgodan odgovor; *a ~ moment* podesan moment; *a ~ opportunity* zgodna prilika; *~ for* podesan za
suit·case [~kejs] *n* kofer
suite [swijt] *n* 1. svita, pratioci 2. (mus.) svita 3. niz soba; apartman (u hotelu) 4. (also: [sūt]) garnitura nameštaja (namještaja)
suit·or ['sūtə(r)] *n* 1. podnosilac molbe 2. prosilac, udvarač
sul·fa drugs ['səlfə] *pl* sulfamidi, sulfonamidi
sul·fate ['səlfejt] *n* (chem.) sulfat
sul·fide ['səlfajd] *n* sulfid
sul·fone ['səlfoun] *n* sulfon
sul·fur ['səlfə(r)] *n* (chem.) sumpor
sulfur dioxide (chem.) sumpor-dioksid
sul·fu·re·ous [səl'fjūrijəs] *a* sumporast
sul·fu·ric [səl'fjūrik] *a* sumporni
sulfuric acid sumporna kiselina
sul·fur·ous ['səlfərəs], [səl'fjūrəs] *a* sumporast
sulfurous acid sumporasta kiselina
sulfur trioxide sumpor-trioksid
sulk I [səlk] *n* pućenje; *in the ~s* zle volje
sulk II *v intr* pućiti se, prćiti se, duriti se (also **pout II**)
sulk·y I [~ij] *a* durljiv; mrzovoljan
sulky II *n* jednoprežne, jednosedne (jednosjedne) dvokolice
sul·len ['sələn] *a* 1. mrzovoljan, zlovoljan (see also **sulky I**) 2. sumoran (also **gloomy**)
sul·ly ['səlij] *v tr* ukaljati, uprljati; *to ~ smb.'s honor* ukaljati nečiji obraz
sulph- Br.; see entries in **sulf**
sul·phur I ['səlfə(r)] *n* vrsta leptira
sulphur II see **sulfur**
sul·tan ['səltən] *n* sultan
sul·tan·a [səl'taenə], [a] *n* sultana
sul·tan·ate ['səltənejt] *n* 1. sutanstvo 2. sultanat
sul·tri·ness ['səltrijnis] *n* zapara
sul·try ['səltrij] *a* sparan, zaparan
sum [səm] *n* 1. suma, zbir 2. iznos 3. (in *pl)* računanje; *he is good at ~s* on zna dobro da računa
su·mac, sumach ['sūmaek], [š] *n* (bot.) ruj, sumah
Su·ma·tra [su'matrə] *n* Sumatra
Su·me·ri·an I [sū'merijən], [ij] *n* 1. Sumaeranin 2. sumerski jezik
Sumerian II *a* sumerski
sum·ma cum laude ['sūmə] (Latin) *to graduate ~* završiti (fakultet) s najvišim uspehom (uspjehom) (see also **cum laude, magna cum laude**)
sum·ma·rize ['səmərajz] *v tr* rezimirati, ukratko izložiti, sažeti
sum·ma·ry I ['səmərij] *n* kratak pregled, rezime
summary II *a* sumaran; kratak
summary court-martial [mil.] disciplinski sud (za manje prekršaje)
sum·ma·tion [sə'mejšən] *n* 1. sabiranje 2. sumiranje; završna reč (riječ)
sum·mer I ['səmə(r)] *n* leto (ljeto) (see also **Indian summer**)
summer II *a* letnji (ljetni); *a ~ suit* letnje odelo (odijelo); *a ~ vacation* letnji raspust; *~ courses* letnji kursevi
summer III *n* (archit.) greda nosač; gornja greda
sum·mer·house [~hous] *n* baštenska kuća
sum·mer·sault see **somersault**

summer school letnja (ljetnja) škola
summer snowflake (bot.) dremovac
summer solstice dugodnevnica
sum·mer·time [~tajm] *n* letnje vreme (ljetno vrijeme)
summer wheat jara pšenica
sum·mit ['səmit] *n* vrh; (fig.) vrhunac; (fig.) samit; *to hold a ~ (meeting)* održati samit
summit conference konferencija na vrhu, samit
sum·mon ['səmən] *v tr* 1. sazvati 2. pozvati; *to ~ to court* pozvati u (na) sud; *to ~ witnesses* pozvati svedoke (svjedoke)
sum·mons [~z] *(-es) n* sudski poziv; *to serve (issue) a ~* uručiti sudski poziv
summon up *v* pokupiti, skupiti
sump [səmp] *n* 1. see **cesspool** 2. Br.; see **crankcase**
sump·tu·ous ['səmpčūəs] *a* raskošan, divan
sump·tu·ous·ness [~nis] *n* raskošnost
sum up *v* sumirati, rezimirati; *the prosecutor's summing up* konačna reč (riječ) tužioca
sun I [sən] *n* Sunce, sunce; *the ~ rises (sets, shines)* Sunce izlazi (zalazi, sija); *to sit in the ~* sedeti (sjedjeti) na suncu; *an eclipse of the ~* pomračenje Sunca; (fig.) *a place in the ~* mesto (mjesto) pod Suncem; *the ~'s rays* or: *the rays of the ~* sunčevi zraci (W: sunčeve zrake)
sun II *a* sunčani, sunčev
sun III *v* 1. *tr* izložiti suncu 2. *intr and refl* sunčati se
sun·baked [~bejkt] *a* ispržen od sunca
sun bath sunčanje
sun·bathe [~-bejth] *v intr* sunčati se
sun·beam [~bijm] *n* sunčani zrak (W: sunčana zraka)
Sun·belt [~belt] *n* južne države SAD
sun·bon·net [~bənit]; [o] *n* ženski šešir (protiv sunca)
sun·burn I [~bə(r)n] *n* opekotina od sunca
sunburn II *-ed* or *-t; v tr* izložiti suncu (da izgori); *to get ~ed* izgoreti (izgorjeti) od sunca
sun·burst [~bə(r)st] *n* naglo probijanje sunčevih zraka
sun·dae ['səndij], [ej] *n* sladoled serviran sa voćem
sun dance obredni ples Indijanaca
Sun·day I ['səndej], [ij] *n* nedelja (nedjelja); *every ~* nedeljom, svake nedelje; *on ~* u nedelju (see also **Easter II**, *Sunday*; **Palm Sunday**)
Sunday II *a* nedeljni (nedjeljni); *a ~ newspaper* nedeljne novine; *a ~ school* nedeljna škola (za versko — vjersko poučavanje)
Sunday best nečija najbolja odeća (odjeća)
Sunday punch (colloq.) glavni udar
sun deck terasa za sunčanje
sun·der ['səndə(r)] *v tr* rastaviti, odvojiti (see also **asunder**)
sun·di·al [~dajl] *n* sunčanik, sunčani časovnik
sun·down [~daun] *n* sunčev zalazak
sun·drenched [~drenšt] *a* ispržen od sunca
sun·dries [~drijz] *n pl* raznovrsne stvari
sun·dry ['səndrij] *a* raznovrstan, razni; *~ items* raznovrsne stvari; *all and ~* svi
sun·flow·er [~flauə(r)] *n* suncokret
Sunflower State see **Kansas**
sung see **sing**

sun·glass [~glaes]; [a] n sabirno sočivo
sun·glass·es [~əs] n pl tamne naočari za sunce (protiv sunca)
sun god bog sunca
sun helmet tropski šlem (šljem)
sunk see sink II
sunk·en ['səŋkən] a 1. see sink II 2. upao; ~ cheeks (eyes) upale jagodice (oči)
sun lamp veštačko (vještačko) sunce
sun·less [~lis] a bez sunca, besunčani
sun·light [~lajt] n sunčana svetlost (svjetlost)
sun·lit [~lit] a obasjan suncem
sun lounge Br.; see sun porch
sun·ny ['sənij] a sunčan; a ~ daỷ sunčan dan; a ~ disposition (morning) sunčano raspoloženje (jutro)
sun·ny-side up [~-sajd] pržen sa jedne strane; a ~ egg jaje (prženo) na oko
sun porch staklena terasa
sun·rise [~rajz] n izlazak sunca
sun·set [~set] n zalazak sunca
sunset law zakon koji zahteva (zahtijeva) povremeno preispitivanje potrebe za postojanjem državnih ustanova i programa
sun·shade [~šejd] n suncobran
sun·shine [~šajn] n sijanje sunca
sunshine law zakon po kome se javno vode zvanične sednice (sjednice) državnih organa
Sunshine State see Florida
sun·spot [~spat]; [o] n Sunčeva pega (pjega)
sun·stroke [~strouk] n sunčani udar
sun·tan [~taen] n preplanulost (od sunca)
suntan lotion losion za sunčanje
sun·up [~əp] see sunrise
sun worship obožavanje Sunca
su·per I ['sūpə(r)] n 1. see superintendent 1 2. see supernumerary 1
super II a (slang) izvanredan
super- (prefix) super-
su·per·a·bun·dant [~rə'bəndənt] a preobilan
su·per·an·nu·ate [~r'aenjūejt] v tr 1. penzionisati (W also: umiroviti) zbog godina 2. odbaciti zbog starosti
su·per·an·nu·at·ed [~d] a 1. see superannuate 2. zastareo (zastario)
su·perb [su'pə(r)b], [ə] a izvanredan; divan
su·per·car·go [~'ka(r)gou] (-s or -es) n nadzornik tereta
su·per·charge [~ča(r)dž] n veliko punjenje
su·per·charge·er [~ə(r)] n kompresor
su·per·cil·i·ar·y [~'silijerij]; [ə] a nadobrvni
su·per·cil·i·ous [~'silijəs] a ohol, uobražen
su·per·con·duc·tiv·i·ty [~kandək'tivətij]; [o] n superprovodljivost
su·per·cool [~'kūl] v tr prehladiti
su·per·du·per [~dūpə(r)] a (slang) izvanredan
su·per·fi·cial [~'fišəl] a površan
su·per·fi·ci·al·i·ty [~fišij'aelətij] n površnost
su·per·flu·ous [sū'pə(r)fluəs] a suvišan, izlišan
su·per·heat [~'hijt] v tr pregrejati (pregrijati)
su·per·high [~haj] a supervisok; ~ frequency supervisoka frekvencija
su·per·high·way [~'hajwej] n autostrada, autoput (sa šest ili više traka)

su·per·hu·man [~'hjūmən] a nadljudski, natčovečanski (natčovječanski); a ~ effort natčovečanski napor
su·per·im·pose [~rim'pouz] v tr staviti nad, nadrediti
su·per·in·ten·dent [~rin'tendənt] n 1. nastojnik, domar, pazikuća 2. upravnik; načelnik
su·pe·ri·or I [sə'pijrijə(r)] n pretpostavljeni, pretpostavljeni oficir, viši oficir
superior II a 1. pretpostavljen, viši; a ~ officer pretpostavljeni (viši) oficir 2. nadmoćan; the enemy was ~ neprijatelj je bio nadmoćan 3. superioran; otmen (otmjen) 4. izvanredan; odličan; of ~ intelligence izvanredne inteligencije 5. bolji; nylon is ~ in quality to silk najlon je bolji po kvalitetu od svile
superior court viši sud
su·pe·ri·or·i·ty [səpijrij'orətij], [a] n 1. nadmoćnost, prevlast, premoć; naval ~ premoć na moru; to achieve (establish) ~ postići nadmoćnost 2. superiornost
superiority complex kompleks superiornosti
su·per·ja·cent [~'džejsənt] a koji leži iznad
su·per·jet [~džet] n supersonički putnički mlaznjak
su·per·la·tive I [su'pə(r)lətiv] n 1. superlativ; to talk in ~s izražavati se u superlativima 2. (gram.) (the ~) drugi stepen, superlativ
superlative II a superlativan; najviši
su·per·lu·nar [~'lūnə(r)] see superlunary
su·per·lu·na·ry [~rij] a nadmesečni (nadmjesečni)
su·per·man [~maen] (-men) [men]) n natčovek (natčovjek)
su·per·mar·ket [~ma(r)kit] n supermarket, velika samoposluga
su·per·nat·u·ral I [~'naečərəl] n (the ~) natprirodnost
supernatural II a natprirodan (W also: nadnaravan)
su·per·nat·u·ral·ism [~izəm] n 1. natprirodnost 2. supernaturalizam
su·per·nu·mer·ar·y I [~'nūməraerij]; [nj]; [ə] n 1. statista 2. prekobrojni službenik
supernumerary II a prekobrojan; izlišan
su·per·pose [~'pouz] v tr staviti nad, superponirati
super power supersila
su·per·script [~skript] n natpis
su·per·scrip·tion [~'skripšən] n natpis, adresa
su·per·sede [~'sijd] v tr zameniti (zamijeniti)
su·per·sen·si·ble [~'sensəbəl] a natčulan (W also: natćutilan)
su·per·son·ic [~'sanik]; [o] a nadzvučni, supersonični; ~ speed nadzvučna brzina; a ~ airplane nadzvučni avion
su·per·star [~sta(r)] n superstar, superzvezda (superzvijezda)
su·per·sti·tion [~'stišən] n praznoverje (praznovjerje), sujeverje (sujevjerje)
su·per·sti·tious [~'stišəs] a praznoveran (praznovjeran), sujeveran (sujevjeran)
su·per·struc·ture [~strəkčə(r)] n nadgradnja
su·per·tax [~taeks] n (Br.) poseban porez na dohodak
su·per·vise [~vajz] v tr nadzirati, nadgledati

su·per·vi·sion [~'vižən] *n* nadzor, nadgledanje; *truce* ~ nadgledanje prekida vatre; *to conduct* ~ *of smt.* vršiti nadzor nad nečim
su·per·vi·sor [~vajzə(r)] *n* nadzornik, naglednik
su·per·vi·so·ry [~'vajzərij] *a* nadzorni; *a* ~ *agency (board)* nadzorni organ (odbor)
su·pine I ['sūpajn] *n* (gram.) supin, glagolska imenica (u latinskom jeziku)
supine II ['sū'pajn] *a* 1. koji leži nauznak 2. trom; pasivan
sup·per ['səpə(r)] *n* večera; *to eat* ~ večerati
sup·plant [sə'plaent]; [*a*] *v tr* istisnuti; zameniti (zamijeniti)
sup·ple ['səpəl] *a* gibak, savitljiv; ~ *movements* gipki pokreti
sup·ple·ment I ['səpləmənt] *n* dopuna
supplement II *v tr* dopuniti
sup·ple·men·tal [~'mentəl] *a* dopunski
sup·ple·men·ta·ry [~'mentərij] *a* dopunski, dodatni
supplementary benefit (Br.) dopunska socijalna pomoć
sup·ple·tion [sə'plijšən] *n* (ling.) supletivizam
sup·ple·tive [sə'plijtiv] or ['səplətiv] *a* (ling.) supletivan
sup·pli·ant I ['səplijənt] *n* ponizan molilac
suppliant II *a* koji ponizno moli, traži
sup·pli·cant ['saplikant] *n* molilac
sup·pli·er [sə'plajə(r)] *n* snabdevač (snabdjevač), liferant
supplies see supply I 3
sup·ply I [sə'plaj] *n* 1. snabdevanje (snabdijevanje), dotur; obezbeđivanje (obezbjeđivanje) materijalnim sredstvima (W also: opskrbljivanje) 2. zaliha; *a grain* ~ zaliha žita 3. (usu. in *pl*) predmeti snabdevanja, pribor; *office* ~*lies* kancelarijski pribor; (mil.) *to pour in* ~*lies* obilno snabdevati materijalnim sredstvima 4. (econ.) ponuda; ~ *and demand* ponuda i potražnja 5. misc.; *articles in short* ~ deficitarni artikli
supply II *a* (usu. mil.) snabdevački (snabdjevački); *a* ~ *unit* snabdevačka jedinica; *a* ~ *ship* snabdevački brod
supply III *v tr* 1. snabdeti (snabdjeti); obezbediti (obezbijediti) (W also: opskrbiti); *to* ~ *a city with water* snabdeti grad vodom; *to* ~ *a market (with merchandise)* snabdeti tržište (robom); *to* ~ *troops with ammunition* snabdeti trupe municijom 2. zadovoljiti; *to* ~ *a need* zadovoljiti potrebu
supply base snabdevačka (snabdjevačka) baza
supply depot snabdevačko (snabdjevačko) skladište
supply lines *pl* putevi dotura
supply sergeant podoficir za snabdevanje (snabdijevanje)
supply-side economics uvećavanje proizvodnje (u borbi protiv recesije)
sup·port I [sə'po(r)t] *n* 1. podrška; *to offer* ~ pružiti podršku; ~ *for (of) smt.* podrška nečemu 2. podupirač oslonac 3. obezbeđenje (obezbjeđenje) 4. izdržavanje (žene); *to sue for* ~ tražiti izdržavanje

support II *v tr* 1. podržati; podupreti (poduprijeti) 2. izdržavati; *to* ~ *one's wife* izdržavati ženu 3. podnositi, trpeti (trpjeti)
sup·port·a·ble [~əbəl] *a* podošljiv
sup·port·er [~ ə(r)] *n* 1. pristalica (W: pristaša) 2. podupirač, oslonac 3. see athletic supporter
support hosiery specijalne čarape za vene
sup·port·ing [~ing] *a* 1. koji podržava 2. epizodan; *a* ~ *role* epizodna uloga; *a* ~ *actor* epizodni glumac; (Br.) *a* ~ *programme* sporedan film
sup·por·tive [sə'po(r)tiv] *a* koji podržava
sup·pose [sə'pouz] *v tr and intr* 1. pretpostaviti; *I* ~ *that he will come* pretpostavljam da će doći; *this is* ~*d to have happened many years ago* za ovaj događaj se misli da se desio pre (prije) mnogo godina (also assume 2) 2. trebati; *he wasn't* ~*d to find that out* nije trebalo da on to sazna; *they were* ~*d to let me know* trebalo je da me oni izveste (izvijeste); *I was* ~*d to help him* trebalo je da mu pomognem; *he is* ~*d to get up early* treba da ustane rano
sup·posed [~d] *a* tobožnji
sup·po·si·tion [səpə'zišən] *n* pretpostavka (also assumption 2)
sup·pos·i·ti·tious [səpazə'tišəs] ; [*o*] *a* podmetnut; lažan (also spurious)
sup·pos·i·to·ry [sə'pazətorij]; [*o*]; [*ə*] *n* (med.) supozitorijum, čepić
sup·press [sə'pres] *v tr* 1. ugušiti; *to* ~ *an insurrection* ugušiti pobunu 2. zataškati; *to* ~ *an incident* zataškati incident 3. zabraniti; *to* ~ *a newspaper* zabraniti novine
sup·pres·sion [sə'prešən] *n* 1. ugušenje 2. zataškavanje 3. zabrana
sup·pres·sive [sə'presiv] *a* koji guši
sup·pres·sor [~sə(r)] *n* 1. ugušivač 2. see flash suppressor
sup·pu·rate ['səpjərejt] *v intr* gnojiti (se)
sup·pu·ra·tion [səpjə'rejšən] *n* gnojenje
su·pra·re·nal [sūprə'rijnəl] *a* nadbubrežni (see also adrenal)
su·pra·seg·ment·al [sūprəseg'mentəl] *a* (ling.) suprasegmentalni
su·prem·a·sist [sə'preməsist] *n* pristalica rasizma; *a white* ~ pristalica superiornosti bele (bijele) rase
su·prem·a·cy [sə'preməsij] *n* 1. najviša vlast 2. prevlast; nadmoćnost
su·preme [sə'prijm] *a* najviši; vrhovni; *a* ~ *commander* vrhovni komandant; *the* ~ *sacrifice* život položen za svoju zemlju; *the* ~ *being* Bog
Supreme Court (Am.) Vrhovni sud
Supreme Soviet (USSR) Vrhovni Sovjet
sur·base ['sə(r)bejs] *n* venac (vijenac) stubnog postolja
sur·charge I [~ča(r)dž] *n* 1. doplata 2. zacenjivanje (zacjenjivanje) (also overcharge I 1) 3. preopterećenje
surcharge II *v tr* 1. zaceniti (zacijeniti) (also overcharge II 1) 2. preopteretiti (also overload II)
sur·coat [~kout] *n* gornji kaput
surd I [sə(r)d] *n* 1. (math.) iracionalan broj 2. (ling.) bezvučni suglasnik
surd II *a* (ling.) bezvučni (also unvoiced)
sure I [šū(r)] *a* siguran; pouzdan; uveren (uvjeren); *a* ~ *sign* siguran znak; *I am* ~ *that he will come*

siguran sam da će doći; *to be* ~ *of oneself* biti siguran (uveren) u sebe 2. nepokolebljiv, čvrst 3. sigurno, pouzdano, bez sumnje; *he is* ~ *to come* sigurno (pouzdano) će doći; *be* ~ *to write* pišite sigurno; *he is* ~ *to be angry* on je sigurno ljut 4. misc.; *to make* ~ proveriti (provjeriti)

sure II *adv* 1. (slang) see **surely** 2. misc.; *I'll come for* ~ sigurno ću doći; ~ *enough* naravno; *to be* ~ svakako

sure·fire [~-faj(r)] *a* (colloq.) pouzdan

sure-foot·ed [~-futid] *a* siguran na nogama

sure·ly [~lij] *adv* sigurno, pouzdano; *he will* ~ *come* sigurno će doći

sure·ness [~nis] *n* sigurnost

sure·ty ['sūrətij] *n* 1. sigurnost 2. jemstvo (W: jamstvo)

surf I [sə(r)f] *n* udaranje mora (o obalu); razbijanje valova o grebene

surf II *v intr* (sports) voziti se na dasci po valovima (talasima)

sur·face I ['sə(r)fəs] *n* površina: *the* ~ *of the sea* površina mora; *to emerge on the* ~ izbiti na površinu

surface II *a* površinski; ~ *ships* površinski brodovi

surface III *v intr* izbiti na površinu; *the submarine* ~*d* podmornica je izronila na površinu

surface structure (ling.) površinska struktura

surface-to-air missile raketa »zemlja—vazduh«

surface-to-surface missile raketa »zemlja—zemlja«, »brod—brod«

surf·board [~bo(r)d] *n* daska za vožnju po talasima (valovima)

sur·feit I ['sə(r)fit] *n* 1. see **overindulgence** 2 2. prezasićenost

surfeit II *v tr* prezasititi

surf·ing [sə(r)fiñg] *n* vožnja na dasci po valovima

surge I [sə(r) dž] *n* 1. silan val, talas 2. (fig.) uzburkanje

surge II *v intr* 1. ljuljati se na valovima 2. uzburkati se; nadići se

sur·geon ['sə(r)džən] *n* hirurg (kirurg)

Surgeon General *(Surgeons General)* (Am., mil.) načelnik sanitetske službe

sur·ger·y ['sə(r)džərij] *n* 1. hirurgija (kirurgija); *emergency (minor, plastic)* ~ hitna (mala, plastična) hirurgija; *to perform* ~ izvršiti operaciju 2. (Br.) lekareva — ljekareva (W: liječnikova) ordinacija

sur·gi·cal ['sə(r)džikəl] *a* hirurški (kirurški); ~ *gloves* hirurške rukavice; ~ *instruments* hirurški instrumenti

surgical spirit Br.; see **rubbing alcohol**

Su·ri·nam ['sūrənaem] *n* Surinam

sur·li·ness ['sə(r)lijnis] *n* nabusitost; mrzovoljnost

sur·ly ['sə(r)lij] *a* nabusit; mrzovoljan

sur·mise I [sə(r)'majz] *n* pretpostavka

surmise II *v tr* and *intr* pretpostaviti

sur·mount [sə(r)'maunt] *v tr* savladati; *to* ~ *an obstacle* savladati prepreku

sur·mount·a·ble [~əbəl] *a* savladljiv

sur·mul·let ['sə(r)'məlit] *n* (fish) barbun

sur·name ['sə(r)nejm] *n* prezime

sur·pass [sə(r)'paes]; [a] *v tr* nadmašiti

sur·plice ['sə(r)plis] *n* stihar (W: štola)

sur·plus I ['sə(r)pləs] *n* višak; *a labor* ~ višak radne snage

surplus II *a* suvišan

surplus value (econ.) višak vrednosti (vrijednosti)

sur·prise I [sə(r)'prajz] *n* iznenađenje; *to cause* ~ izazvati iznenađenje

surprise II *a* iznenadan; *a* ~ *attack* iznenadan prepad

suprise III *v tr* iznenaditi; *I was* ~*d when I heard that* iznenadio sam se kad sam to čuo; *he was* ~*d at the news* bio je iznenađen vešću (viješću)

sur·pris·ing [~iñg] *a* iznenadan, neočekivan; *a* ~ *development* neočekivani preokret

sur·re·al [sə'rijəl] *a* nadrealan

sur·re·al·ism [~izəm] *n* nadrealizam

sur·re·al·ist I [~ist] *n* nadrealista

surrealist II *a* nadrealistički

sur·re·al·is·tic [sərijə'listik] *see* **surrealist II**

sur·ren·der I [sə'rendə(r)] *n* predaja, kapitulacija

surrender II *v* 1. *tr* predati; *to* ~ *a fortress* predati tvrđavu 2. *tr* odreći se; *to* ~ *a right* odreći se prava 3. *intr* predati se; *to* ~ *to the enemy* predati se neprijatelju

surrender value otkupna cena — cijena (police osiguranja)

sur·rep·ti·tious [sərəp'tišəs] *a* tajan; skriven

sur·rey [isərij] *n* kočija sa četiri točka

sur·ro·gate I ['sərəgit], [ej] *n* surogat, zamena (zamjena)

surrogate II *a* zamenički (zamjenički)

surrogate III [~ejt] *v tr* zameniti (zamijeniti)

sur·round [sə'raund] *v tr* opkoliti

sur·round·ings [~iñgz] *n pl* okolina, ambijent

sur·tax ['sə(r)taeks] *n* dopunski porez, prirez

sur·veil·lance [sə(r)'vejləns] *n* prismotra; *to be under* ~ biti pod prismotrom; *to place smb. under* ~ staviti nekoga pod prismotru

sur·vey I ['sə(r)vej] *n* 1. pregled; *to make a* ~ izvršiti pregled 2. premer (premjer)

survey II (also:[sər'vej]) *v* 1. *tr* pregledati 2. *tr* premeriti (premjeriti) 3. *intr* vršiti premer (premjer)

sur·vey·ing [sə(r)vejijñg] *n* premeravanje – premjeravanje (zemlje)

sur·vey·or [~(r)] *n* zemljomer (zemljomjer)

sur·viv·al [sə(r)'vajvəl] *n* preživljavanje; opstanak; ~ *of the fittest* opstanak najjačih

survival kit paket sa hranom i opremom za preživljavanje u slučaju nesreće

sur·vive [sə(r)'vajv] *v tr* and *intr* preživeti (preživjeti); opstati; *to* ~ *a war* preživeti rat

sur·viv·or [~ə(r)] *n* 1. preživeli (preživjeli); *among the* ~*s* među preživelima 2. (legal) naslednik (nasljednik)

survivors' benefits porodična penzija (W: obiteljska mirovina)

sur·vi·vor·ship [~šip] *n* (legal) pravo naslednika (nasljednika)

sus·cep·ti·bil·i·ty [səseptə'bilətij] *n* osetljivost (osjetljivost), prijemčivost

sus·cep·ti·ble [sə'septəbəl] *a* osetljiv (osjetljiv), prijemčiv; ~ *to smt.* osetljiv na nešto

sus·cep·tive [sə'septiv] *a* prijemčiv, podložan

sus law [səs] (Br.; colloq.) zakon po kojem policija može uhapsiti nekoga samo zbog podozrenja
sus·pect I ['səspekt] *n* osumnjičena osoba
suspect II *a* sumnjiv, osumnjičen, podozriv
suspect III [səs'pekt] *v tr* 1. sumnjičiti, sumnjati, podozrevati (podozrijevati); *to ~ smb.* sumnjičiti (podozrevati) nekoga; *he ~s me of stealing the money* on mene sumnjiči da sam ukrao pare; *he is ~ed of having killed her* on je osumnjičen da ju je ubio; *he is ~ed of murder* on je osumnjičen da je izvršio ubistvo 2. (colloq.) pretpostaviti; *I ~ that he's at home* pretpostavljam da je on kod kuće
sus·pend [səs'pend] *v tr* 1. (privremeno) udaljiti, ukloniti, suspendovati; *to ~ from duty* (privremeno) udaljiti sa službe; (sports) *he was ~ed for six months* kažnjen je sa šest meseci (mjeseci) neigranja, kažnjen je zabranom igranja od šest meseci 2. obustaviti; *to ~ payment* obustaviti plaćanje 3. (privremeno) oduzeti, ukinuti; *to ~ smb.'s driver's license* oduzeti nekome vozačku dozvolu; *to ~ martial law* ukinuti vanredno stanje 4. obesiti (objesiti) 5. misc.; *to be ~ed in the air* lebdeti (lebdjeti) u vazduhu (W: zraku)
suspended animation obustavljena životna delatnost (djelatnost)
suspended sentence (legal) uslovna (W: uvjetna) osuda
sus·pend·er [~ə(r)] *n* 1. (in *pl*) naramenice; *two pairs of ~s* dvoje naramenice 2. Br.; see **garter**
suspender belt Br.; see **garter belt**
sus·pense [səs'pens] *n* neizvesnost (neizvjesnost); *to keep in ~* držati u neizvesnosti
suspense account privremeni račun
sus·pen·sion [səs'penšən] *n* 1. udaljenje (sa službe), suspenzija 2. obustava 3. ukidanje 4. vešanje (vješanje) 5. (on an automobile) federovanje 6. oduzimanje; *~ of a license* oduzimanje dozvole 7. (chem.) suspenzija
suspension bridge viseći most
sus·pen·sor [səs'pensə(r)] *n* 1. (bot.) semena (sjemena) vrpca 2. see **suspensory**
sus·pen·so·ry [~rij] *n* suspenzor (also **athletic supporter)**
sus·pi·cion [səs'pišən] *n* podozrenje; sumnja; *to evoke (cause) ~* izazvati podozrenje; *to harbor ~* gajiti sumnju
sus·pi·cious [səs'pišəs] *a* 1. podozriv, koji izaziva sumnju, sumnjiv; *he seems ~ to me* on mi je sumnjiv 2. sumnjičav, nepoverljiv (nepovjerljiv), podozriv; *to be ~ of smb.* biti podozriv prema nekome
sus·tain [səs'tejn] *v tr* 1. održati 2. podržati; (Am., pol.) *to ~ a veto* podržati veto (cf. **override)** 3. pretrpeti (pretrpjeti)
sus·te·nance ['səstənəns] *n* izdržavanje; ishrana; sredstva za život
sut·ler ['sətlə(r)] *n* (hist.) vojni liferant hrane
sut·tee ['sə'tij] *n* (in India) samospaljivanje udove na pogrebnoj lomači
su·ture I ['sūčə(r)] *n* 1. zašivanje 2. (surgery, anat., bot.) šav
suture II *v tr* (surgery) spojiti šavom

su·ze·rain I ['sūzərən] *n* 1. sizeren, feudalni gospodar 2. država koja ima suverenitet nad nekom drugom polusuverenom državom, sizeren
suzerain II *a* suveren; sizerenski
su·ze·rain·ty [~tij] *n* sizerenstvo
svelte [svelt] *a* vitak; graciozan
swab I [swab]; [o] *n* 1. (med.) tampon 2. brisač; resasta metla 3. see **swabby**
swab II *v tr* obrisati, oprati, očistiti; *to ~ a deck* oprati palubu
swab·by [~ij] *n* čistač broda (koji riba, pere palubu)
Swa·bi·a ['swabijə] *n* Švapska
Swa·bi·an I [~n] *n* Švaba
Swabian II *a* švapski
swad·dle I ['swadl]; [o] *n* povoj
swaddle II *v tr* poviti; *to ~ a baby* poviti dete (dijete)
swad·dling [~dliñg] *n* povijanje
swaddling clothes *pl* (also fig.) povoj
swage [swejdž] *n* kovački kalup
swag·ger I ['swaegə(r)] *n* šepurenje, razmetanje (also **strut I)**
swagger II *v intr* šepuriti se, razmetati se (also **strut II)**
swagger stick oficirski štap
Swa·hi·li [swa'hijlij] *n* svahili, suahili (jezik bantu porodice)
swain [swejn] *n* 1. pastir 2. ljubavnik
swal·low I ['swalou] *n* gutanje, gutljaj
swallow II *v tr* and *intr* progutati (also fig.); *to ~ the bait a (bitter pill, an insult)* progutati udicu (gorku pilulu, uvredu); *she ~ed everything he said* gutala je svaku njegovu reč (riječ); *the waves ~ed up the small boat* talasi su progutali mali čamac
swallow III *n* lasta; **one ~ doesn't make summer* jedna lasta ne čini proleće (proljeće)
swal·low·tail [~tejl] *n* lastin rep
swal·low·tailed [~d] *a* nalik na lastin rep; *a ~ coat* frak šiljastih peševa
swallow up *v* see **swallow II**
swal·low·wort [~wə(r)t] see **celandine**
swam see **swim II**
swa·mi, swa·my ['swamij] *n* (Hindi) 1. gospodin; učitelj 2. mističar
swamp I [swamp] *n* močvara; *to drain a ~* isušiti močvaru
swamp II *v* 1. *tr* preliti, preplaviti; *a large wave ~ed the boat* veliki talas je prelio čamac 2. *tr.* (fig.) preplaviti; pretrpati; *~ed with work* pretrpan poslom 3. *tr* poraziti; *to be ~ed (at an election)* doživeti (doživjeti) krupan neuspeh — neuspjeh (na izborima) 4. *intr* potopiti se
swamp·land [~laend] *n* močvaran predeo (predio)
swamp·y [~ij] *a* močvara
swan [swan] *n* labud
swank [swaeñgk] *a* 1. elegantan 2. razmetljiv
Swan Lake Labudovo jezero
swan·ner·y ['swanərij] *n* labudnjak
swan's-down [~z-daun] *n* 1. labudovo paperje 2. meka vunena tkanina
swan·skin [~skin] *n* labudova koža (s perjem)
swan song labudova pesma (pjesma) (also fig.)
swap I [swap]; [o] *n* (colloq.) trampa

swap II *v tr* and *intr* trampiti
sward [swo(r)d] *n* travnjak
swarm I [swo(r)m] *n* roj; *a* ~ *of bees (mosquitoes)* roj pčela (komaraca)
swarm II *v intr* 1. rojiti se; motati se; *bees* ~ pčele se roje; *to* ~ *around smb.* rojiti se oko nekoga 2. vrveti (vrvjeti), gamizati, kipteti (kiptjeti); *the square is* ~*ing with people* trg vrvi od ljudi; *people* ~ *through the streets* svet (svijet) vrvi po ulicama 3. nagrnuti, navaliti; *they* ~*ed into the auditorium* nagrnuli su u salu; *everyone* ~*ed into the train* svi su nagrnuli u voz (W: vlak)
swarth [swo(r)th] see sward
swarth·y [swo(r)thij] *a* crnomanjast
swash I [swaš]; [*o*] *n* pljuskanje
swash II *v tr* and *intr* pljusnuti
swash·buck·ler [~bəklə(r)] *n* hvališa, razmetljivac
swash·buck·ling [~ling] *a* hvalisav, razmetljiv
swas·ti·ka ['swastikə]; [*o*] *n* kukasti krst (W: križ)
swat I [swat]; [*o*] *n* spljesak
swat II *v tr* spljeskati
SWAT [swat] (acronym of *Special Weapons and Tactics*) policijska grupa obučena za primenu (primjenu) specijalnih oružja i taktike
swatch [swač]; [*o*] *n* uzorak (štofa)
swath [swath], [*o*] *n* otkos; širina pokošenog prostora; *to cut a wide* ~ izazvati jak utisak
swathe I [swath], [*o*] see swath
swathe II [swath]; [*ej*] *n* zavoj
swathe III *v tr* zaviti
swat·ter ['swatə(r)]; [*o*] *n* see fly swatter
sway I [swej] *n* 1. njihanje, ljuljanje 2. uticaj; prevlast; *under smb's* ~ pod nečijim uticajem; *to hold* ~ imati prevlast
sway II *v* 1. *tr* poljuljati 2. *tr* uticati na 3. *intr* ljuljati se, njihati se, ljuljati (se); *the branches are* ~*ing in the wind* grane (se) leluljaju na vetru (vjetru); *to* ~ *to music* njihati se uz muziku
sway·back [~baek] *n* ulegnuta leđa
sway·backed [~t] *a* ulegnutih leđa
Swa·zi·land ['swazijlaend] *n* Svazilend
swear [swej(r)]; *swore* [swo(r)]; *sworn* [swo(r)n] *v* 1. *tr* zakleti se (na); *to* ~ *fidelity* zakleti se na vernost (vjernost) 2. *tr (to* ~ *in)* zakleti; *to* ~ *in witnesses* or: *to* ~ *witnesses in* zakleti svedoke (svjedoke) 3. *tr* kleti se; *I* ~ *that this is the truth* kunem se da je to istina 4. *intr* kleti se; *to* ~ *by one's honor* kleti se svojom čašću; (fig.) *to* ~ *by smt.* pouzdavati se u nešto 5. *intr* opsovati; *to* ~ *at smb.* opsovati nekoga; *to* ~ *like a trooper* psovati kao kočijaš 6. misc.; *to* ~ *off* odreći se; *to* ~ *out a warrant against smb.* podneti (podnijeti) krivičnu prijavu protiv nekoga
swear by *v* see swear 4
swear in *v* see swear 2
swear out *v* see swear 6
swear·word [~wo(r)d] *n* psovka
sweat I [swet] *n* znoj; *he broke out in a* ~ probio ga je znoj; *blood and* ~ krv i znoj; *to earn a living by the* ~ *of one's brow* u znoju lica svog jesti hleb – hljeb (W: kruh)
sweat II *a* znojni

sweat III *v* 1. *tr* see sweat out 1 2. *tr* preznojiti; *to* ~ *a patient* preznojiti bolesnika 3. *tr* premoriti radom 4. *intr* znojiti se 5. misc.; *to* ~ *blood* mnogo raditi
sweat·band [~baend] *n* znojna traka (na šeširu)
sweat·er [~ə(r)] *n* džemper; *a woolen* ~ vuneni džemper; *to knit a* ~ plesti džemper
sweater girl (colloq.) razvijena devojka — djevojka
sweat gland znojna žlezda (žljezda), znojnica
sweat out *v* 1. iznojiti; *to sweat out a cold* isterati (istjerati) nazeb na znoj 2. misc.; *to sweat smt. out* nešto dugo čekati
sweat shirt pulover (kao deo — dio trenerke)
sweat·shop [~šap]; [*o*] *n* radionica u kojoj su radnici bedno (bijedno) plaćeni
sweat suit trenerka
sweat·y [~ij] *a* znojan
Swede [swijd] *n* Šveđanin
swede Br.; see turnip
Swe·den [~n] *n* Švedska
Swed·ish I [~iš] *n* švedski jezik
Swedish II *a* švedski
Swedish turnip see rutabaga
sweep I [swijp] *n* 1. metenje, čišćenje 2. zamah; *a* ~ *of the arm* zamah ruke 3. domet; opseg, radijus 4. see chimney sweep 5. deram 6. (usu. sports) potpuna pobeda (pobjeda): *a clean* ~ niz uzastopnih pobeda 7. (aviation) strela — strijela (krila) 8. see sweepstakes 9. (mil.) (izviđački) upad; *to make a* ~ izvršiti upad
sweep II *swept* [swept] *v* 1. *tr* pomesti; očistiti metlom; *to* ~ *(out) a room* pomesti sobu 2. *tr* brisati; *the waves swept the deck* talasi su brisali palubu; *the explosion swept us into the sea* eksplozija nas je zbrisala u more 3. *tr* preći (nečim); *he swept his hand across his face* prešao je rukom preko lica 4. *tr* tući (vatrom), brisati; *our machine guns swept the hill* naši su mitraljezi brisali po brdu 5. *tr* (mil.) očistiti; *to* ~ *an area* očistiti rejon (od ostataka neprijatelja) 6. *tr* tragati (za); pretražiti mrežom (also drag II 2) 7. *tr* krstariti; *to* ~ *the sea* krstariti morem 8. *tr* (sports) odneti — odnijeti (niz pobeda — pobjeda nad); *to* ~ *a series (with a team)* odnet niz pobeda (nad nekom ekipom) 9. *intr* mesti; *to* ~ *with a broom* mesti metlom; *a new broom* ~*s clean* nova metla dobro mete
sweep·back [~baek] *n* (aviation) pozitivna strela — strijela (krila)
sweep·er [~ə(r)] *n* 1. čistač (ulica) 2. usisivač
sweep·ing [~ing] *a* dalekosežan; potpun; ~ *measures* dalekosežne mere (mjere)
sweepings *n pl* pometeno smeće
sweep off *v* očistiti metlom
sweep out *v* see sweep II 1
sweep·stakes [~stejks] *n pl* opklada (lutrija) kod koje dobitnik dobija sve uloge ili deo (dio) uloga; konjska trka — W: utrka (s takvim klađenjem)
sweep up *v* očistiti metlom
sweet I [swijt] *n* 1. slatkoća 2. slatkiš, slatko 3. Br.; see dessert
sweet II *a* 1. sladak; *as* ~ *as honey* sladak kao med; *to have a* ~ *tooth* voleti (voljeti) slatkiše 2. sladak, neslan; ~ *water* slatka voda 3. sladak,

ljubak, ljubazan; *a ~ girl* slatka devojčica (djevojčica); *~ words* slatke reči (riječi)
sweet·bread [~bred] *n* 1. gušterača 2. (cul.) brizle
sweet·bri·er [~brajǝ(r)] *n* šipak, divlja ruža
sweet·en [~ǝn] *v tr* zasladiti, osladiti
sweet·en·er [~ǝ(r)] *n* sredstvo za zaslađivanje
sweet·en·ing [~ing] *n* zaslađivanje
sweet·heart [~ha(r)t] *n* dragan; dragana
swee·tie [~ij] *n* (colloq.) see **sweetheart**
sweet·meat [~mijt] *n* slatkiš
sweet·ness [~nis] *n* slatkoća
sweet pea španska (W: španjolska) grahorica
sweet pepper slatka paprika
sweet potato batata, indijski krompir (W: krumpir)
sweets *n pl* (Br.) 1. see **candy I** 2. zadovoljstvo
sweet woodruff see **woodruff**
swell I [swel] *n* 1. see **swelling** 2. (colloq.) pomodar
swell II *-ed* or *swollen* ['swoulǝn] *v* 1. *tr* učiniti da otekne 2. *tr* naduti 3. uvećati 4. *intr* oteći; naduti se; nabreknuti; *his cheek is swollen* otečen mu je obraz; *his knee ~ed* koleno (koljeno) mu je oteklo; *a swollen face* oteklo (podnadulo) lice; (fig.) *he is swollen with pride* naduo se od oholosti 5. *intr* narasti; uvećati se; *the population ~ed* stanovništvo je naraslo
swell III *a* (colloq.) odličan
swelled head (colloq.) oholost
swell·ing [~ing] *n* oteklina, otok, nabreknuće
swell up *v* see **swell II** 4
swel·ter ['sweltǝ(r)] *v intr* gušiti se; kupati se u znoju; preznojavati se; *to ~ in the heat* gušiti se od vrućine
swel·ter·ing [~ring] *a* vruć; sparan, zaparan
swept [swept] see **sweep II**
swept·back [~baek] *a* (aviation) s pozitivnom strelom — strijelom (krila)
swept-wing *n* strelasto krilo
swerve I [swe(r)v] *n* skretanje, zastranjivanje
swerve II *v tr* and *intr* skrenuti, zastraniti
swift I [swift] *n* 1. vitao, motovilo 2. (bird) čopa
swift II *a* brz
swig I [swig] *n* gutljaj, poteg
swig II *v tr* and *intr* lipati, piti dugim gutljajima
swill I [swil] *n* 1. pomije, splačine 2. smeće 3. nategljaj
swill II *v tr* and *intr* lipati, (colloq.) lokati
swim I [swim] *n* 1. plivanje; *to go for (have) a ~* okupati se 2. misc.; (colloq.) **in the ~* u toku
swim II *swam* [swaem]; *swum* [swǝm] *v* 1. *tr* and *intr* preplivati; *to ~ (across) a river* preplivati reku (rijeku) 2. *tr* and *intr* plivati; *to ~ the crawl* plivati kraulom; *he knows how to ~* on zna da pliva 3. *intr* vrteti (vrtjeti) se; *my head is ~ing* vrti mi se u glavi
swim·ming [~ing] *n* plivanje
swimming bath Br.; see **swimming pool**
swimming pool plivački bazen
swimming trunks kupaće gaćice
swim·suit [~sūt] *n* kupaći kostim
swin·dle I ['swindl] *n* prevara
swindle II *v tr* prevariti; *to ~ smb. out of his money* uzeti nekome novac na prevaru
swin·dler [~dlǝ(r)] *n* varalica
swine [swajn] *n* 1. *pl* svinje, krmad 2. (*pl* has zero) (fig.) svinja, moralno propala osoba
swine flu svinjski grip

swine·herd [~hǝ(r)d] *n* svinjar
swine·pox [~paks]; [o] *n* osipna svinjska bolest
swing I [swing] *n* 1. mahanje 2. njihaj, njihanje; ljuljanje; *the ~ of a pendulum* njihanje klatna 3. ljuljaška 4. mah, slobodan tok; jek; *in full ~* u punom jeku 5. vrsta džeza
swing II *swung* [swǝng] *v* 1. *tr* mahati; *to ~ one's arms* mahati rukama 2. *tr* njihati; ljuljati; *to ~ smb.* ljuljati nekoga 3. *tr* obrnuti; izmeniti (izmijeniti); *to ~ a battle in one's favor* izmeniti situaciju na bojištu u svoju korist 4. *tr* (colloq.) izdejstvovati (izdjestvovati); isposlovati; *to ~ a decision* izdejstvovati odluku 5. *intr* njihati se, ljuljati se; *the children are ~ing (on the swings)* deca (djeca) se ljuljaju (na ljuljaškama) 6. *intr* (colloq.) raskalašno živeti (živjeti)
swing·er [~ǝ(r)] *n* (colloq.) rasklašnik, raspusnik
swing·ing [~ing] *a* (colloq.) raskalašan
swing shift (colloq.) noćna smena (smjena)
swin·ish ['swajniš] *a* svinjski
swipe I [swajp] *n* snažan udarac
swipe II *v tr* 1. udariti 2. (slang) ukrasti
swirl I [swǝ(r)l] *n* 1. kovitljanje, vitlanje 2. vrtlog, vihor
swirl II *v* 1. *tr* kovitlati, vitlati; *the wind is ~ing the fallen leaves* vetar (vjetar) kovitla suvo (suho) lišće 2. *intr* kovitlati se, vitlati se
swish I [swiš] *n* fiskanje; zvižduk
swish II *a* (Br.; slang) gizdav
swish III *v* 1. *tr* fiskati; *to ~ a tail* fiskati repom 2. *intr* fisnuti, zviznuti
Swiss I [swis] (*pl* has zero) *n* Švajcarac (W: Švicarac)
Swiss II *a* švajcarski (W: švicarski)
Swiss cheese švajcarski (W: švicarski) sir, ementaler
Swiss steak (cul.) vrsta bifteka
switch I [swič] *n* 1. šiba, prut 2. (elec.) prekidač 3. skretnica 4. preokret, zaokret; *an unexpected ~* neočekivani preokret 5. (colloq.) zamena (zamjena)
switch II *v* 1. *tr* šibom istući 2. *tr* skrenuti; prebaciti; preneti (prenijeti); obrnuti; *to ~ a conversation to another topic* skrenuti (obrnuti) razgovor na drugu temu 3. *tr* preći; *to ~ sides* preći na drugu stranu 4. *tr* manevrisati; *to ~ locomotives* manevrisati lokomotive 5. *intr* preći; *to ~ to coal* preći na ugalj 6. *intr* preći na drugu stranu (see also 3) 7. *tr* zameniti (zamijeniti), podmetnuti
switch·back [~baek] *n* Br.; see **roller coaster**
switch·blade [~blejd] *n* (or: ~ *knife*) švedski nož, škljoca, nož skakavac
switch·board [~bo(r)d] *n* komutator; telefonska centrala; razvodna tabla
switchboard operator telefonista, telefonistkinja
switch·man [~mǝn] (*-men* [min]) *n* skretničar
switch off *v* ugasiti; *to switch off a radio* or: *to switch a radio off* ugasiti radio
switch on *v* upaliti; *to switch a lamp on* or: *to switch on a lamp* upaliti lampu
switch·yard [~ja(r)d] *n* sporedni koloseci (kolosijeci)
Swit·zer·land ['switsǝ(r)lǝnd] *n* Švajcarska (W: Švicarska)

swiv·el I ['swivəl] *n* 1. stožer; obrtni spoj 2. (also: ~ *gun*) obrtno oružje
swivel II *v* 1. *tr* obrtati (oko stožera) 2. *intr* obrtati se (oko stožera)
swivel chair okretna (pokretna) stolica (sa stožerom)
swiz [swiz] *n* (Br.; colloq.) razočaranje
swob see **swab I II**
swol·len see **swell II**
swollen head Br.; see **swelled head**
swoon I [swūn] *n* nesvest (nesvijest)
swoon II *v intr* pasti u nesvest (nesvijest), onesvestiti (onesvijestiti) se
swoop I [swūp] *n* 1. kidisanje, nalet, nasrtaj 2. napor; *at one fell* ~ najednom, najedanput, u jednom naletu
swoop II *v intr* (also: *to* ~ *down*) kidisati, nasrnuti; sručiti se; *to* ~ *down on smb.* nasrnuti na nekoga; *the hawk* ~*ed down* jastreb se sručio
sword [so(r)d] *n* mač; *to draw one's* ~ trgnuti mač; *to cross* ~*s* ukrstiti mačeve; **by fire and* ~ ognjem i mačem; **he who lives by the* ~ *shall die by the* ~ ko (tko) se laća mača, od mača će i poginuti
sword cane štap sa mačem
sword dance ples sa mačevima
sword·fish [~fiš] *(pl* has *-es* or zero) *n* sabljarka
Sword of Damocles Damoklov mač
sword·play [~plej] *n* mačevanje
swords·man [~zmən] (-men [min]) *n* mačevalac
swords·man·ship [~šip] *n* mačevanje
swore see **swear**
sworn see **swear;** *a* ~ *statement* izjava pod zakletvom
swot [swat]; [*o*] Br.; colloq.; see **grind I 4**
swot up *v* Br.; colloq.; see **grind II 5**
swum see **swim II**
swung see **swing II**
syb·a·rite ['sibərajt] *n* sibarit
syc·a·more ['sikəmo(r)] *n* (bot.) 1. američki platan 2. egipatska smokva, sikomora 3. javor
sy·co·ni·um [saj'kounijəm] *n* sikonijum
syc·o·phan·cy ['sikəfənsij] *n* ulizivanje, ulagivanje
syc·o·phant [~ənt] *n* ulizica, ulagivač
syc·o·phan·tic [sikə'faentik] *a* ulizički, ulagivački
sy·co·sis [saj'kousis] *n* (med.) sikoza
Syd·ney ['sidnij] *n* Sidni
syl·la·bar·y ['siləberij]; [ə] *n* slovar
syl·lab·ic [si'laebik] *a* silabičan, slogovni, slogotvoran; ~ *verse* silabičan stih
syl·lab·i·cate [si'laebəkejt] *v tr* see **syllabify**
syl·lab·i·ca·tion [silaebə'kejšən] *n* podela (podjela) na slogove
syl·lab·i·fi·ca·tion [silaebəfə'kejšən] see **syllabication**
syl·lab·i·fy [si'laebəfaj] *v tr* podeliti (podijeliti) na slogove
syl·la·ble ['siləbəl] *n* slog; *a final (initial, penultimate)* ~ krajnji (početni, pretposlednji — pretposljednji) slog
syl·la·bus ['siləbəs] (-es *or* -bi [baj]) *n* program, prospekt
syl·lep·sis [si'lepsis] (-ses [sijz]) (gram.) silepsa
syl·lo·gism ['silədžizəm] *n* silogizam
syl·lo·gis·tic [silə'džistik] *a* silogističan
sylph [silf] *n* 1. silfe, vazdušni duh 2. vitka žena

sylph·id [~id] *n* (myth.] silfida, vila
syl·va ['silvə] *n* (coll.) drveće
sil·van [~n] *a* šumski
syl·vite ['silvajt] *n* (miner.) silvit
sym·bi·o·sis [simbi'ousis] *n* simbioza
sym·bol ['simbəl] *n* simbol
sym·bol·ic [sim'balik]; [*o*] *a* simboličan; *a* ~ *expression (gesture)* simboličan izraz (gest)
sym·bol·ism ['simbəlizəm] *n* simbolika, simbolizam
sym·bol·ist [~list] *n* simbolista
symbolist movement *(the* ~*)* simbolizam (poetski pravac)
sym·bol·is·tic [simbə'listik] *a* simbolistički
sym·bol·ize ['simbəlajz] *v tr* simbolizovati
sym·met·ric [si'metrik] *a* simetričan; simetrijski
sym·met·ri·cal [~əl] see **symmetric**
sym·me·try ['simətrij] *n* simetrija
sym·pa·thet·ic [simpə'thetik] *a* 1. saosećajan (suosjećajan), ispunjen saosećanjem (suosjećajem); ~ *with* pun razumevanja (razumijevanja) za 2. (anat.) simpatični
sympathetic ink nevidljivo mastilo
sympathetic nervous system simpatični nervni sistem
sym·pa·thize ['simpəthajz] *v intr* saosećati (suosjećati), simpatizirati; *to* ~ *with smb.* saosećati (simpatizirati) s nekim
sym·pa·thiz·er [~ə(r)] *n* simpatizer
sym·pa·thy ['simpəthij] *n* saosećaj (suosjećaj); simpatija, naklonost; *to arouse* ~ izazvati simpatiju; *to express* ~ *for* izraziti simpatiju prema
sym·pho·nette [simfə'net] *n* simfonijeta
sym·phon·ic [sim'fanik]; [*o*] *a* simfonijski
sym·pho·ni·ous [sim'founijəs] see **harmonious**
sym·pho·ny I ['simfənij] *n* simfonija
symphony II *a* simfonijski
symphony orchestra simfonijski orkestar
sym·phy·sis ['simfəsis] *n* (anat.) simfiza
sym·po·di·um [sim'poudijəm] *(-ia* [ijə]) *n* simpodijum
sym·po·si·um [sim'pouzijəm] (-*s or -ia* [ijə]) *n* simpozijum; *to hold a* ~ *(about)* održati simpozijum (o)
symp·tom ['sim(p)təm] *n* simptom
symp·to·mat·ic [simptə'maetik] *a* simptomatičan
syn·a·gogue ['sinəgag]; [*o*] *n* sinagoga
syn·apse ['sinaeps] see **synapsis**
syn·ap·sis [si'naepsis] (-*ses* [sijz]) *n* (anat.) sinapsa
syn·chro·cy·clo·tron [sinkrou'sajklətran], [n̄g]; [*o*] *n* sinhrociklotron
syn·chro·flash [~krouflaeš] *n* sinhronizovani elektronski blic
syn·chro·mesh [~kroumeš] *n* (on an automobile) sinhron-menjač (mjenjač)
syn·chron·ic [~'kranik]; [*o*] *a* (sinhroničan), sinhron (sinkron); (ling.) *a* ~ *description* sinhroni opis
synchronic linguistics sinhrona lingvistika
syn·chro·nism [~krənizəm] *n* sinhronizam (sinkronizam)
syn·chro·ni·za·tion [~krənə'zejšən]; [*aj*] *n* sinhronizacija (sinkronizacija)
syn·chro·nize [~krənajz] *v tr* sinhronizovati (sinkronizirati); *to* ~ *a film* izvršiti sinhronizaciju (sinkronizaciju) filma

syn·chron·ous [~krənəs] *a* sinhroničan (sinkroni-
čan), sinhron (sinkron); *a* ~ *motor* sinhroni
motor
syn·chro·ny [~krənij] *n* sinhronija (sinkronija)
syn·chro·tron [~krətan]; [*o*] *n* sinhroton
syn·co·pate [~kəpejt] *v tr* 1. (gram.) skratiti 2.
(mus.) sinkopirati
syn·co·pa·tion [~kə'pejšən] *n* 1. (gram.) skraćiva-
nje 2. (mus.) sinkopiranje
syn·co·pe [~kəpij] *n* (med. and gram.) sinkopa
syn·cre·tism [~krətizəm] *n* sinkretizam
syn·cre·tize [~krətajz] *v tr* sinkretizirati
syn·det·ic [sin'detik] *a* sastavni
syn·dic ['sindik] *n* sindik, predstavnik
syn·di·cal·ism ['sindikəlizəm] *n* sindikalizam
syn·di·cate I ['sindikit] *n* organizacija, udruženje
syndicate II [~kejt] *v tr* 1. organizovati (u sindi-
kat) 2. prodati (rubriku listovima)
syndicated column redovna rubrika koja se po-
javljuje u mnogim listovima
syn·drome ['sindroum] *n* sindrom
syn·ec·do·che [si'nekdəkij] *n* sinegdoha
syn·ec·doch·ic [sinek'dakik]; [*o*] *a* sinekdoški
syn·er·e·sis [si'nerəsis] *n* (ling. and chem.) sinereza
syn·e·sis ['sinəsis] *n* (gram.) sineza
syn·es·the·sia [sinəs'thijžə] *n* sinestezija
syn·fuels ['sinfjūlz] *n pl* sintetička goriva
syn·od ['sinəd] *n* sinod
syn·od·al [~əl] *a* sinodalan
syn·od·ic [si'nadik]; [*o*] *a* sinodski
syn·od·i·cal [~əl] *a* see synodic
syn·o·nym ['sinənim] *n* sinonim
syn·o·nym·i·ty [sinə'nimətij] *n* sinonimija
syn·on·y·mous [si'nanəməs]; [*o*] *a* sinoniman; ~
with sličan po značenju s
syn·on·y·my [si'nanəmij]; [*o*] *n* sinonimika
syn·op·sis [si'napsis]; [*o*] (-*ses* [sijz]) *n* rezime, sažet
pregled, sinopsis
syn·op·size [sin'apsajz]; [*o*] *v tr* rezimirati
syn·op·tic [sə'naptik]; [*o*] *n* sažet

syn·tac·tic [sin'taektik] *a* sintaksički, sintaktički
syn·tagm ['sintaegm] *n* sintagma
syn·tax ['sintaeks] *n* sintaksa
syntax error (C.) greška u sintaksi
syn·the·sis ['sinthəsis] (-*ses* [sijz]) *n* sinteza
syn·the·size [~sajz] *v tr* sintetizovati
syn·the·siz·er [~ə(r)] *n* uređaj za sintezu; (C.) sin-
tesajzer
syn·thet·ic [sin'thetik] *a* sintetski, sintetičan, sin-
tetički
syph·i·lis ['sifəlis] *n* sifilis; *to spread* ~ širiti si-
filis, *to catch* ~ zaraziti se sifilisom
syph·lit·ic I [sifə'litik] *n* sifilitičar
syphilitic II *a* sifilitičan
Syr·i·a ['sirijə] *n* Sirija
Syr·i·an I [~n] *n* Sirijac
Syrian II *a* sirijski
syr·inge [sə'rindž] *n* brizgalica, špric
syr·inx ['sajringks] (-*es* or -*inges* [indžijz]) *n* 1. see
panpipe 2. ptičiji organ za pevanje (pjevanje)
syr·up [,sirəp] *n* sirup; *plums in heavy* ~ kom-
pot od šljive
syr·up·y [~ij] *a* nalik na sirup
sys·tem ['sistəm] *n* sistem (W also: sustav); *accord-
ing to a* ~ po sistemu; *a nervous (philosophical)*
~ nervni (filozofski) sistem; *a digestive* ~ si-
stem za varenje
sys·tem·at·ic [sistə'maetik] *a* sistemski, sistemati-
čan; *a* ~ *person* sistematičan čovek (čovjek)
sys·tem·at·ics [~s] *n* sistematika
sys·tem·a·tize ['sistəmətajz] *v tr* sistematizovati
sys·tem·ic [sis'temik] *a* sistemski
system engineer sistem-inženjer
system software (C.) sistemski softver
systems theory sistemska teorija, teorija sistema
system unit (C.) sistemska jedinica
sys·to·le ['sistəlij] *n* sistola
sys·tol·ic [sis'talik]; [*o*] *a* sistolski, sistolni,
pressure sistolski pritisak
syz·y·gy ['sizədžij] *n* (astro.) sizigijum

T

t [tij] 1. *t* (slovo engleske azbuke); *to a T potpuno 2. predmet, raskrsnica u obliku slova *T*

tab [taeb] *n* 1. pokretni poklopac, zalistak; pločica (also **flap I** 1) 2. umetak, komad tkanine (kod odela — odijela) 3. (aviation) trimer 4. račun (also **check I** 7) 5. see **tabulator** 6. misc.; *to keep* ∼s *on smt.* kontrolisati nešto

tab·ard ['taebə(r)d] *n* 1. (hist.) kratak gornji kaput sa izvezenim grbom (za vitezove) 2. kratak kaput

tab·a·ret ['taebərət] *n* prugasta tkanina od moara

tab·er·na·cle ['taebə(r)naekəl] *n* (rel.) prebivalište, tabernakul

tab·by ['taebij] *n* 1. vrsta svile 2. prugasta mačka 3. torokuša

ta·bes ['tejbiz] *n* (med.) sušenje, tabes, usahnulost

tabes dor·sa·lis [do(r)'sejlis], [ae] (med.) dorzalni tabes

tab·la·ture ['taebləču(r)] *n* (mus.) tablatura

ta·ble I ['tejbəl] *n* 1. sto (stol); *to sit at a* ∼ sedeti (sjedeti) za stolom; *to clear (off) a* ∼ raspremiti sto; *to set a* ∼ *(for six)* postaviti sto (za šestoro); *a kitchen (night, operating)* ∼ kuhinjski (noćni, operacioni) sto; *at the foot of a* ∼ u dnu stola; *a card* ∼ sto za karte 2. tablica; *a multiplication* ∼ tablica množenja; *logarithmic* ∼s logaritamske tablice 3. tabela; pregled; (mil.) *a* ∼ *of organization* pregled lične formacije; *a* ∼ *of contents* sadržaj, pregled sadržaja 4. misc.; *to turn the ∼s *on smb.* doskočiti nekome; **to lay one's cards on the* ∼ otkriti svoje karte; *on the ∼ odložen

table II *a* stoni (stolni); *a* ∼ *knife* stoni nož; ∼ *linen* stono rublje; ∼ *salt* stona so (sol); ∼ *wine* stono vino

table III *v tr* 1. odložiti; *to* ∼ *a motion* odložiti diskusiju o predlogu 2. (Br.) izneti (iznijeti) na raspravu; *to* ∼ *a motion* pristupiti diskusiji o predlogu

tab·leau ['tae'blou] (-s or ∼eaux [ouz]) *n* živa slika

ta·ble·cloth [∼klothj] (-ths [thz] or [ths]) *n* stolnjak, čaršav za sto (stol)

ta·ble·hop [∼-hap]; [o] *v intr* (colloq.) prelaziti od jednog stola do drugog (u restoranu, pozdravljajući prijatelje)

table lamp stona (stolna) lampa

ta·ble·spoon [∼spūn] *n* stona (stolna) kašika (W: žlica)

tab·let ['taeblit] *n* 1. ploča 2. tableta, pilula

table tennis stoni (stolni) tenis

ta·ble-ten·nis [∼-tenis] *a* stonoteniski (stolnoteniski)

table·tennis player stonotenisač (stolnotenisač)

ta·ble·ware [∼wej(r)] *n* stono (stolno) posuđe

tab·loid ['taeblojd] *n* dnevni list malog formata

ta·boo I [tə'bū], [ae] *n* tabu

taboo II *a* tabu; *such discussions are no longer* ∼ takvi razgovori nisu više tabu

tabs see **tab** 6

ta·bu see **taboo I, II**

tab·u·lar ['taebjələ(r)] *a* tabelaran

tab·u·late ['taebjəlejt] *v tr* sastaviti spisak (nečega) u vidu tablice

tab·u·la·tor [∼ə(r)] *n* tabulator

tabulator clear key (on a typewriter) poništavač kolona

ta·chom·e·ter [tə'kamətə(r)]; [o] *n* tahometar, brzinomer (brzinomjer)

tac·it ['taesit] *a* prećutan; *a* ∼ *agreement* prećutan sporazum; ∼ *approval* prećutno odobrenje

tac·i·turn ['taesətə(r)n] *a* uzdržan, rezervisan

tack I [taek] *n* 1. ekserčić, čavlić (also **thumbtack**) 2. (naut.) (a.) uže (b.) donji deo (dio) jedra (c.) ugao (W: kut) između uzdužnice broda i pravca vetra (vjetra) (d.) menjanje (mijenjanje) pravca 3. taktika, put, način; *to try a new* ∼ promeniti (promijeniti) taktiku

tack II *v* 1. *tr* pribiti ekserčićem (čavlićem) 2. *tr (to* ∼ *together)* sklapati 3. *tr (to* ∼ *on)* dodati 4. *intr* (naut.) promeniti (promijeniti) pravac broda, lavirati; jedriti protiv vetra (vjetra)

tack down *v* see **tack II** 1

tack·le I ['taekəl] *n* 1. pribor; *fishing* ∼ ribarski pribor (also **gear** 4) 2. (naut.; also: *block and* ∼) koloturnik 3. obaranje na zemlju (obuhvatom nogu)

tackle II *v tr* 1. oboriti na zemlju (obuhvatom nogu) 2. latiti se; *to* ∼ *a job* latiti se posla

tack on *v* see **tack II** 3

tack·y I ['taekij] *a* see **sticky**

tacky II *a* 1. see **shabby** 2. see **dowdy** 3. drečeći, upadljiv

tact [taekt] *n* takt, osećanje mere (osjećanje mjere); *to have* ∼ imati takta; *to display* ∼ pokazati takt

tact·ful [∼fəl] *a* taktičan, pun takta

tac·tic [∼ik] *n* manevar

tact·i·cal [~ikəl] *a* taktički; ~ *air support* taktička avijacijska podrška; *a* ~ *maneuver* taktički manevar; *a* ~ *reverse* taktički poraz
tac·ti·cian [taek'tišən] *n* taktičar
tac·tics ['taektiks] *n sgn* or *pl* taktika
tac·tile [~tajl], [ə] *a* dodirni
tact·less [~lis] *a* netaktičan
tac·tu·al ['taekčūəl] *a* see **tactile**
tad·pole ['taedpoul] *n* punoglavac
Ta·dzhik I ['tadžik] *n* 1. Tadžik 2. tadžički jezik
Tadzhik II *a* tadžički
taf·feta ['taefətə] *n* taft
taff·rail ['taefrəl], [ej] *n* (naut.) gornji deo (dio) krme broda
taf·fy ['taefij] *n* vrsta karamele
tag I [taeg] *n* 1. etiketa 2. metalni kraj pertle 3. visuljak, privesak (privjesak) 4. citat, navod 5. otrcana izreka 6. refren 7. podsetnica (podsjetnica) 8. (on an automobile) tablica (see also **license plate**) 9. nadimak
tag II *v* 1. *tr* staviti etiketu (na); označiti (see also **label** II 1, 2) 2. *tr (to ~ an automobile)* see **ticket** II 3. *intr* pratiti, trčati; *to ~ after smb.* stalno trčati za nekim
tag III *n* šuga; *to play ~* igrati se šuge
tag IV *v tr* stići i dodirnuti (u igri šuge)
Ta·ga·log I [tə'galog] *n* 1. Tagal (stanovnik Filipina) 2. tagalski jezik, tagalog
Tagalog II *a* tagalski
tag along *v* see **tag** II 3
Ta·hi·ti [tə'hijtij] *n* Tahiti
tai·ga ['tajgə] *n* tajga
tail I [tejl] *n* 1. rep; *to wag a ~* mahati (mrdati) repom; **he left with his ~ between his legs* otišao je podvijena repa 2. (or: ~ *end*) rep; kraj *at the ~ end of a column* na repu kolone; *to bring up the ~ end* biti poslednji (posljednji) 3. (aviation) rep, repne površine 4. (in *pl*) pismo (cf. **head** I 5) 5. (in *pl*) frak 6. (colloq.) pratilac; *to keep a ~ on smb.* držati nekoga pod prismotrom 7. (colloq.) trag; *to be on smb.'s ~* tragati za nekim
tail II *a* repni; zadnji; *a ~ light* repno svetlo (svjetlo)
tail III *v tr* 1. slediti (slijediti) u stopu 2. držati pod prismotrom, pratiti
tail IV *n* (legal) ograničenje prava nasledstva (nasljedstva)
tail·board [~bo(r)d] Br.; see **tailgate** I
tail·coat [~kout] *n* frak (also **tails**)
tail end see **tail** I 2
tail exit (of an airplane) izlaz kroz rep
tail·gate I [~gejt] *n* (on a vehicle) zadnja vrata
tailgate II *v intr* (colloq.) voziti bez propisanog odstojanja (od prednjeg vozila)
tai·lor I [~ə(r)] *n* krojač
tailor II *v tr* 1. krojiti; *to ~ a garment* krojiti odelo (odijelo) 2. (fig.) prilagoditi; *to ~ smt. to smb.'s needs* prilagoditi nešto nečijim potrebama
tailor-made *a* 1. izrađen po meri (mjeri) 2. prilagođen; *~ to our needs* prilagođen našim potrebama
tail pipe izduvna cev (cijev)
tails *n pl* 1. peševi (see also **tail** I 5) 2. see **tail** I 4
tail·spin [~spin] *n* (aviation) kovit

tail·wind vetar (vjetar) u leđa, u rep
taint I [tejnt] *n* mrlja
taint II *v tr* 1. uprljati 2. pokvariti; *~ed meat* pokvareno meso
Tai·wan ['taj'wan] *n* Tajvan
Ta·jik see **Tadzhik**
take I [tejk] *n* 1. uzimanje 2. ulov, lovina 3. broj gledalaca (also **gate** 2) 4. pazar; dobit 5. uspelo (uspjelo) kalemljenje (W: kalamljenje) 6. deo (dio) filma snimljen bez zaustavljanja kamere
take II *took* [tuk]; *taken* ['tejkən] *v* 1. *tr* uzeti; *to ~ a book from a shelf* uzeti knjigu s police; *to ~ by the arm (under one's wing)* uzeti pod ruku (pod zaštitu); *to ~ as an example* uzeti za primer (primjer); *to ~ into consideration* uzeti u obzir (razmatranje); *to ~ a medicine* uzeti lek (lijek); *he ~s everything too seriously* on sve uzima suviše ozbiljno; *to ~ lessons* uzimati časove (W: satove); **to ~ the floor* uzeti reč (riječ) 2. *tr* uzeti, primiti; *to ~ to heart* primiti k srcu; *to ~ as a joke* primiti kao šalu; *to ~ advice* primiti savet (savjet); *he ~s the whole blame* on prima svu krivicu na sebe; (fig.) *to ~ in hand* primiti na popravku 3. *tr* primiti; *to ~ a direct hit* primiti direktan pogodak 4. *tr* zauzeti, uzeti; osvojiti; *to ~ a beach (a city)* osvojiti obalu (grad); *to ~ by storm* zauzeti na juriš; *to ~ one's place* zauzeti mesto (mjesto); *to ~ a position* zauzeti stav 5. *tr* uzeti, kupiti; *I'll ~ this hat* uzeću ovaj šešir 6. *tr* uzeti, oduzeti; *the thieves took his money* lopovi su mu uzeli (oduzeli) novac 7. *tr* uzeti, razmotriti; *~ this case* uzmite ovaj slučaj; *let's ~ (up) the facts in order* razmotrimo činjenice po redu 8. *tr* oduzeti, odbiti; *to ~ a dollar off the price* odbiti dolar od cene (cijene) 9. *tr* preuzeti, preduzeti; uzeti; *to ~ the lead* preuzeti vođstvo; *to ~ measures* preduzeti mere (mjere); *to ~ the initiative* preuzeti (uzeti) inicijativu 10. *tr* izmeriti (izmjeriti); *to ~ smb.'s pulse* izmeriti nekome puls 11. *tr* (gram.) zahtevati (zahtijevati), tražiti; *this verb ~s the dative* ovaj glagol zahteva (traži) dativ (also **govern** 3) 12. *tr* očarati; *he was much taken with her* on je bio očaran njome 13. *tr* izvaditi, uzeti; *to ~ money out of a wallet* izvaditi novac iz novčanika; *to ~ money out of a bank* uzeti novac iz banke 14. *tr* trebati, iziskivati; uzimati; biti potreban; *that ~s time* za to treba vremena; *it would ~ many men* to bi iziskivalo mnogo ljudi; *it took him ten years to write the book* bilo mu je potrebno deset godina da napiše knjigu 15. *tr* savladati; preskočiti; *the horse took the obstacle* konj je preskočio prepreku 16. *tr* shvatiti, razumeti (razumjeti); *to ~ a hint* shvatiti mig; *to ~ a joke* razumeti šalu 17. *tr* smatrati, držati; *to ~ smb. for a fool* smatrati nekoga za budalu 18. *tr* povesti, odvesti, izvesti; *to ~ for a walk* povesti (izvesti) u šetnju; *~ me with you* povedite me sa sobom 19. *tr* poneti (ponijeti); uzeti; *he took two suitcases on his trip* on je poneo na put dva kofera; *to ~ an umbrella* poneti kišobran 20. *tr* hvatati, voditi, praviti; *to ~ notes* hvatati beleške (bilješke) 21. *tr* položiti; *to ~ an oath* položiti zakletvu; *to ~ a test* polagati ispit 22. *tr* nalaziti; *to ~*

pleasure in smt. nalaziti zadovoljstvo u nečemu 23. *tr* povući; *to ~ money out of circulation* povući novčanice iz opticaja; *to ~ out of service* povući iz službe 24. *tr* istaći; *a point well taken* dobro istaknuta tačka (W: točka) 25. *tr* stenografisati; *to ~ a letter* stenografisati pismo (see also **take down** 2) 26. *tr* dobijati; *to ~ shape* dobijati oblik 27. *tr* igrati; *to ~ a role* igrati ulogu 28. *tr* pretrpeti (pretrpjeti); *to ~ heavy losses* pretrpeti teške gubitke; *to ~ a beating* pretrpeti poraz; *she took a lot from him* ona je mnogo pretrpela od njega 29. *tr* pokoravati se; *to ~ orders* pokoravati se naredbama 30. *tr* objljubiti 31. *tr* učiti; pohađati; *to ~ French* učiti francuski jezik; *to ~ an English course* pohađati tečaj iz engleskog jezika 32. *intr* primiti se; *the vaccination did not ~* vakcina se nije primila 33. misc.; *to ~ aback* zapanjiti; **to ~ a back seat* svirati drugu violinu; *to ~ advantage of smt.* iskoristiti nešto; **to ~ after smb.* umetnuti se na nekoga; *to ~ aim* nanišaniti; *to ~ amiss* biti uvređen (uvrijeđen); *to ~ smb. at his word* verovati (vjerovati) nekome na reč (riječ); *to ~ attendance* prozvati đake; *to ~ a breath* predahnuti; *to ~ care* čuvati se; *to ~ care of smt.* postarati se o nečemu; *to ~ a chance* okušati sreću; *to ~ criticism* biti izložen kritici; *to ~ a drive* provesti se; *to ~ effect* stupiti na snagu; *if we don't hear from you, we'll ~ it for granted that you agree* ako se ne javite, smatraćemo da se slažete; *to ~ smt. for granted* uzeti zdravo za gotovo; *to ~ heart* ohrabriti se; *to ~ in vain* pominjati uzalud; *I ~ it that she's married* pretpostavljam da je udata; **he can ~ it* on može sve da izdrži (podnese); **to ~ it on the chin* pretrpeti neuspeh (pretrpjeti neuspjeh); **to ~ it out on smb.* iskaliti ljutnju na nekoga; *to ~ a liking to smb.* zavoleti (zavoljeti) nekoga; *to ~ a look* pogledati; *to ~ place* desiti se; *to ~ a short cut* ići prečicom; *to ~ smb. by surprise* iznenaditi nekoga; *to ~ smb. to task* pozvati nekoga na odgovornost; *to ~ one's time* ne žuriti se; *to ~ as a hostage* uhvatiti kao taoca; *to ~ a walk* prošetati se; *to ~ offense* vređati (vrijeđati) se; *to ~ pains* uložiti trud; *to ~ pity on smb.* sažaliti se na nekoga; *to ~ prisoner* zarobiti; *to ~ the field* izaći na igralište; *to ~ it easy* ne zamarati se; **to ~ the rap for smb.* povući za nekoga; **to ~ to one's heels* dati se u bekstvo (bjekstvo); **to ~ a word (a thought) out of smb.'s mouth* oteti nekome reč — riječ (misao) iz usta; *to ~ minutes* voditi zapisnik; **to ~ an obstacle in stride* lako savladati prepreku; **to ~ smb. down a peg* uniziti nekoga; *to ~ advantage of* see **advantage** 3; *to ~ a dim view of smt.* osuđivati nešto; *to ~ precedence over smt.* imati prednost nad nečim; *to ~ a snapshot (picture)* načiniti snimak; *to ~ a blow* izdržati udarac; *to ~ liberties* drznuti se

take apart *v* 1. rasklopiti 2. napasti; prebiti na mrtvo ime

take aside *v* povući na stranu

take away *v* 1. odneti (odnijeti) 2. skloniti, ukloniti 3. oduzeti

take back *v* 1. vratiti; *to take a book back* vratiti knjigu 2. uzeti natrag

take down *v* 1. skinuti; *to take a book down from a shelf* skinuti knjigu sa police 2. (or: *to take down in shorthand*) stenografisati 3. rasklopiti

take for see **take** II 17

take-home [~-houm] *a* čist, neto; *~ pay* čista plata (plaća)

take in *v* 1. uneti (unijeti) unutra 2. primiti na prenoćište 3. prevariti; *he was taken in* on je bio prevaren 4. stesniti (stijesniti), suziti; *to take in a dress* suziti haljinu 5. razgledati; *to take in the sights* razgledati znamenitosti 6. misc.; *to take in a show* ići u bioskop (W: kino); *he took it all in* on je sve video (vidio); *to take in laundry* biti pralja

take off *v* 1. skinuti, svući; izuti; *to take off one's eyeglasses (gloves)* or: *to take one's eyeglasses (gloves) off* skinuti naočare (rukavice); *to take one's boots off* or: *to take off one's boots* izuti čizme 2. poleteti (poletjeti); uzletati (uzletjeti); *the airplane took off* avion je uzleteo 3. (slang) odmagliti 4. (sports) odraziti se 5. ne raditi; *he took Friday off* nije radio u petak

take-off [~of] *n* 1. poletanje (polijetanje), polet, uzlet; (as *a*); *a ~ clearance* dozvola za poletanje; *~ speed* brzina u poletanju 2. (colloq.) imitacija; karikiranje; *a ~ on smb.* imitacija nekoga 3. (sports) odraz

take on *v* 1. latiti se; *to take on a job* latiti se posla 2. najmiti; *to take workers on* or: *to take on workers* najmiti radnike 3. snabdeti (snabdjeti) se; *the airplane took on fuel* avion se snabdeo gorivom 4. primiti, pokupiti; *to take on passengers* primiti putnike

take out *v* 1. izvaditi; *he took out his wallet* or: *he took his wallet out* izvadio je novčanik 2. dobiti; izvaditi; *to take out a license* or: *to take a license out* izvaditi dozvolu; *to take a patent out on smt.* or: *to take out a patent on smt.* patentirati nešto 3. izvesti; *to take a girl out for dinner* or: *to take out a girl for dinner* izvesti devojku (djevojku) na večeru 4. zaključiti; *to take out fire insurance* osigurati se od požara 5. (colloq.) uništiti 6. misc.; **to take it out on smb.* iskaliti ljutnju na nekoga (see also **take** II 13, 23)

take-out *a* koji se odnosi na jelo (piće) koje se iznosi iz prodavnice, »za poneti (ponijeti)«

take over *v* 1. preuzeti; primiti; *to take over duties* preuzeti dužnosti; *to take over power* preuzeti vlast 2. prevladati; *winter has taken over* zima je prevladala

take-over *n* preuzimanje vlasti

take to *v* 1. odati se; *to take to drink* odati se piću 2. see **take** II 33 3. misc.; *to take to smb.* biti nekome naklonjen

take up *v* 1. odneti (odnijeti) gore 2. sprijateljiti se; *to take up with smb.* sprijateljiti se s nekim 3. oduzeti; *to take up a lot of time* oduzeti mnogo vremena 4. odati se; *to take up sports* odati se sportu 5. latiti se; *to take up arms* latiti se oružja 6. nastaviti, produžiti; *let's take up again where we left off* da nastavimo gde (gdje) smo stali 7. see **take** II 7 8. misc.; *I'll take you up*

on that (offer) primam vašu ponudu; *to take up a collection* prikupiti priloge
tak·ing [~ĩng] *n* 1. uzimanje 2. lovina
talc [ːælk] *n* talk
tal·cum [~əm] *n* 1. see **talc** 2. (or: ~ *powder)* puder od talka
tale [tejl] *n* 1. priča; *to tell a* ~ ispričati priču; *old wives'* ~*s* bapske priče; **to tell* ~*s out of school* zlonamerno (zlonamjerno) otkrivati tajne; **dead men tell no* ~*s* mrtva usta ne govore 2. see **fairy tale** 3. laž, neistina; glas; *to bear* ~*s* širiti glasove
tale·bear·er [~bejrə(r)] *n* torokuša
tale·bear·ing [~ĩng] *n* širenje glasova
tal·ent ['taelənt] *n* 1. talenat, dar, sposobnost; *a* ~ *for smt.* talenat za nešto 2. (hist.) talent (jedinica mere — mjere) 3. (hist.) talent (novac) 4. (Br.; colloq.) privlačna žena
tal·ent·ed [~id] *a* talentovan
talent scout lovac na (mlade, glumačke) talente
ta·ler ['talə(r)] *(pl* has *-s* or zero) *n* (hist.) talir (novac)
ta·les ['tejlijz] *(pl* has zero) *n* (legal) dopuna poroti, zamenici (zamjenici) porotnika
tales·man ['tejlzmən], [*lijz*] *(-men* [min]) *n* (legal) zamenik (zamjenik) porotnika
tal·i·pes ['taeləpijz] see **clubfoot**
tal·is·man ['taelismən] *(-s) n* talisman, amajlija
talk I [tok] *n* 1. razgovor; *small* ~ razgovor o beznačajnim stvarima; *to make small* ~ časkati 2. govor; *to give a* ~ održati govor 3. see **baby talk** 4. predmet razgovora 5. (in *pl)* pregovori; *to conduct* ~*s* voditi pregovore
talk II *v* 1. *tr* and *intr* govoriti; *to* ~ *about smt.* govoriti o nečemu; *people* ~ govori se; *the child can* ~ dete (dijete) ume (umije) da govori; *to* ~ *French* govoriti francuski 2. *tr* pretresati; raspravljati (o), govoriti (o); *to* ~ *politics* pretresati politiku; *to* ~ *shop* raspravljati o poslovima 3. misc.; *children should not* ~ *back to their parents* deca (djeca) ne treba da odgovaraju roditeljima; *to* ~ *big* hvalisati se; *to* ~ *down to smb.* prilagoditi slušaocima svoj način govora; *to* ~ *oneself hoarse* promuknuti (govoreći); *to* ~ *smb. into doing smt.* navesti nekoga da uradi nešto; *to* ~ *smb. out of smt.* odgovoriti (odvratiti) nekoga od nečega; *to* ~ *smt. up* hvaliti nešto
talk·a·tive [~ətiv] *a* govorljiv
talk·er [~ə(r)] *n* govornik
talk·ing [~ing] *a* koji govori
talking picture zvučni film
talk into *v* see **talk II 3**
talk out of *v* see **talk II 3**
talk over *v* raspravljati; *to talk smt. over* raspravljati o nečemu
talks see **talk I 5**
talk show govorni šou-program, razgovorna emisija (sa zanimljivim ličnostima)
talk up *v* see **talk II 3**
tall [tol] *a* 1. visok; *a* ~ *man* visok čovek (čovjek); *a* ~ *tree* visoko drvo; *he is six feet* ~ visok je šest stopa 2. misc.; **a* ~ *order* težak zadatak
tall·boy [~boj] *n* (Br.) visok orman
tall drink piće koje se služi u većoj čaši
Tal·linn ['taelin] *n* Talin

tal·low ['taelou] *n* loj
tall story čudnovata priča
tal·ly I ['taelij] *n* 1. raboš 2. urez na rabošu 3. evidencija 4. značka, oznaka
tally II *v* 1. *tr* urezati u raboš 2. *tr* snabdeti (snabdjeti) značkom 3. *intr* podudarati se, poklapati se
tal·ly·ho [~'hou] *intr* na! haj! (lovčev uzvik)
tal·ly·man [~mən] *(-men* [min]) *n* zapisničar; prodavac na otplatu
Tal·mud ['talmʌd], [*ae*], [*u*] *n (the* ~) talmud
Tal·mu·dic [tael'mjūdik] *a* talmudski
tal·on ['taelən] *n* kandža (also **claw I**)
ta·lus I ['tejləs] *(-li* [laj]) *n* (anat.) nožni članak
talus II *(-es) n* nagibna osulina
tam·a·rind ['taemərind] *n* (bot.) tamarinda; indijska urma
tam·a·risk ['taemərisk] *n* (bot.) tamariska, tamarica
tam·bour I ['taem'bū(r)] *n* 1. doboš, bubanj 2. dobošar 3. đerđev
tambour II *v tr* and *intr* vesti na đerđevu
tam·bou·rin ['taembūrin] *n* 1. vrsta malog doboša 2. ples uz doboš
tam·bou·rine [taembə'rijn] *n* tamburin, daire
tam·bu·ri·tza [tambū'rijtsə] *n* tambura, tamburica
tame I [tejm] *a* 1. krotak; pitom; *a* ~ *animal* pitoma životinja 2. (colloq.) otrcan, dosadan
tame II *v tr* ukrotiti; *to* ~ *a lion* ukrotiti lava
tame·ness [~nis] *n* krotkost, pitomost
tam·er [~ə(r)] *n* ukrotilac; *a lion* ~ ukrotilac lavova
Tam·il I ['taeməl] *n* 1. Tamil 2. tamilski jezik
Tamil II *a* tamilski
Taming of the Shrew Ukroćena goropadnica
tam-o'-shan·ter ['taem-ə-šaentə(r)] *n* škotska okrugla kapa
tamp [taemp] *v tr* začepiti, nabiti, tamponovati
tam·per ['taempə(r)] *v intr* 1. pokvariti; *to* ~ *with a mechanism* pokvariti mehanizam 2. čačkati, majati se; mešati (miješati) se 3. podmititi; *to* ~ *with a jury* podmititi porotnike
tamper-proof *a* koji se ne može pokvariti
tam·pon ['taempan]; [*o*] *n* čep, tampon
tan I [taen] *n* 1. žutomrka boja 2. preplanulost, crnilo 3. see **tanbark**
tan II *a* 1. žutomrk 2. preplanuo; *a* ~ *face* preplanulo lice
tan III *v* 1. *tr* uštaviti 2. *tr* and *intr* preplanuti
tan·bark [~ba(r)k] *n* hrastova kora iz koje se dobija tanin
tan·dem ['taendəm] *n* tandem
tang I [taeng] *n* 1. oštar ukus, oštar miris 2. see **shank 4**
tang II *n* zvek
tang III *v intr* zvečati
tan·gen·cy ['taendžənsij] *n* dodir, kontakt, tangentnost; *point of* ~ dodirna tačka (W: točka)
tan·gent I ['taendžənt] *a* 1. tangens, tangenta 2. digresija, zastranjivanje; *to go fly off on a* ~ naglo se udaljiti od teme razgovora
tangent II *a* see **tangential**
tan·gen·tial [taen'dženšəl] *a* dodirni, tangentni, tangencijalni
tangent plane dodirna (tangentna) ravan
tan·ger·ine [taendžə'rijn] *n* mandarina

tan·gi·ble ['taendžəbəl] *a* dodirljiv; opipljiv; ~ *results* opipljivi rezultati
tangible assets likvidna aktiva
Tan·gier [taen'džij(r)] *n* Tanger
tan·gle I ['taeṇ̄ggəl] *n* zamršenost; zaplet
tangle II *v* 1. *tr* zamrsiti 2. *intr* zamrsiti se 3. misc.; *the dog is getting (itself)* ~*d in my feet* pas mi se mota oko nogu; *to* ~ *with smb.* posvađati se s nekim
tangle III *n* morska trava, alga
tan·go I ['taeṇ̄ggou] *n* tango
tango II *v intr* igrati (plesati) tango
tank I [taeṇ̄gk] *n* 1. tank, rezervoar; *a water* ~ tank za vodu; *a fuel (oil)* ~ rezervoar za gorivo (naftu) 2. (mil.) tenk
tank II *a* 1. tenkovski; *a* ~ *battalion* tenkovski bataljon; *a* ~ *driver* vozač tenka; *a* ~ *unit* tenkovska jedinica 2. protivtenkovski; *a* ~ *trap* protivtenkovska klopka
tank·age [~idž] *n* zapremina rezervoara
tank·ard [~ə'r)d] *n* vrsta vrča s poklopcem
tank destroyer protivtenkovska samohotka
tanked up *a* (slang) pijan
tank·er [~ə(r)] *n* tanker (brod za prevoz — prijevoz tekućina)
tank landing ship desantni tenkonosac
tank suit vrsta kupaćeg kostima
tank trailer prikolica, cisterna
tan·ner ['taenə(r)] *n* štavljač
tan·ner·y [~rij] *n* štavionica
tan·nic ['taenik] *a* (chem.) taninski; ~ *acid* taninska kiselina
tan·nin ['taenin] *n* tanin
tan·ning ['taeniṇ̄g] *n* 1. štavljenje 2. kožarstvo
tan·noy ['taenoj] *n* (Br.) razglasna stanica
tan·sy ['taenzij] *n* (bot.) vratič, buhač, kaloper
tan·ta·lite ['taentəlajt] *n* (miner.) tantalit
tan·ta·lize ['taentəlajz] *v tr* mučiti
tan·ta·lum ['taentələm] *n* tantal
Tan·ta·lus ['taentələs] *n* (myth.) Tantal
tan·ta·mount ['taentəmaunt] *a* ravan; koji se svodi (na nešto); ~ *to a command* ravan zapovesti (zapovijesti)
tan·trum ['taentrəm] *n* bes (bijes); *to fly into a* ~ razgoropaditi se
Tan·za·ni·a [taenzə'nijə] or [taen'zejnijə] *n* Tanzanija
Tao·ism ['tauizəm] *n.* taoizam
tap I [taep] *n* tapšanje; lak udarac 2. (on shoes) fleka
tap II *v* 1. *tr* potapšati, potapkati; *to* ~ *smb. on the shoulder* potapšati nekoga po ramenu 2. *tr* (lako) lupati; *to* ~ *one's foot* lupati nogom 3. *intr* (lako) udarati
tap III *n* 1. vranj, čep; slavina; *beer on* ~ pivo iz bačve 2. (med.) punkcija, ubod (see also **spinal tap**) 3. prislušni uređaj (also **wiretap I**)
tap IV *v tr* 1. *to* ~ *beer* točiti pivo iz bačve 2. načeti; *to* ~ *a barrel* načeti bure 3. probušiti 4. (med.) punktirati 5. prisluškivati; *to* ~ *telephone conversations* prisluškivati telefonske razgovore (also **wiretap II**) 6. spojiti 7. izmamiti; *to* ~ *smb. for money* izmamiti nekome novac 8. koristiti; *to* ~ *a source* koristiti izvor
tap dance vrsta plesa

tape I [tejp] *n* 1. traka, vrpca; *magnetic (perforated)* ~ magnetska (perforirana) traka 2. (sport s) ciljna vrpca; *to reach the* ~ dotaknuti cilj nu vrpcu
tape II *v tr* 1. snimiti na magnetofonsku traku 2. vezati trakom
tape cartridge kaseta (also **cassette**)
tape measure krojački santimetar (W: centimetar)
ta·per I ['tejpə(r)] *n* 1. tanka voštana svećica (svjećica) 2. fitilj premazan voskom (za paljenje)
taper II *v* 1. *tr* zašiljiti 2. *intr* zašiljiti se
tape-re·cord [~·riko(r)d] *v tr* snimiti na magnetofonsku traku
tape recorder *n* magnetofon; *to turn on (start) a* ~ uključiti magnetofon
tape recording *n* magnetofonski snimak
taper off *v* smanjiti se
tap·es·try ['taepistrij] *n* tapiserija
tape up *v* see **tape II** 2
tape·worm [~wə(r)m] *n* pantljičara
tap house krčma
tap in *v* (basketball) *to tap the ball in* postići pogodak iz odbojke
tap-in [~·in] *n* (basketball) ubacivanje odbojkom
tap·i·o·ca [taepij'oukə] *n* tapioka
ta·pir ['tejpə(r)] *n* (zool.) tapir
tap out *v* otkucati
tap·pet ['taepit] *n* (tech.) podizač
tap·room ['taeprūm], [*u*] *n* točionica; bar
tap·root ['taeprūt], [*u*] *n* glavni koren (korijen)
taps [taeps] *n* povečerje
tar I [ta(r)] *n* katran
tar II *v tr* katranisati; **to* ~ *and feather smb.* namazati nekoga katranom i uvaljati u perje (kao kazna)
tar·antel·la [taerən'telə] *n* tarantela (ples)
tar·an·tism ['taerəntizəm] *n* (med.) velika horeja
ta·ran·tu·la [tə'raenčulə] (-*s* or -*ae* [*ij*]) *n* tarantula
tar·di·ness ['ta(r)dijnis] *n* zakasnelost (zakasnjelost); sporost
tar·dy ['ta(r)dij] *a* zakasneli (zakasnjeli); spor
tare I [tej(r)] *n* (bot.) grahorica
tare II *n* tara; odbitak od težine na omot
tar·get ['ta(r)git] *n* meta, cilj; *to hit the* ~ pogoditi (u) metu; *to miss the* ~ promašiti metu; (fig.) *on* ~ na pravom putu; *to fire at a* ~ gađati cilj
target language ciljni jezik
target practice školsko gađanje
tar·iff ['taerif] *n* carina, tarifa; *protective* ~*s* zaštitne carine
tar·mac ['ta(r)maek] *n* 1. šljunak (pomešani — pomiješani sa katranom) 2. betonska ploča pred hangarom
tar·mac·ad·am [tarmə'kaedəm] see **tarmac**
tarn [ta(r)n] *n* brdsko (gorsko) jezerce
tar·nish I ['ta(r)niš] *n* gubljenje boje (sjaja)
tarnish II *v* 1. *tr* oduzeti (nečemu) boju (sjaj) 2. *intr* gubiti boju (sjaj); tamneti (tamnjeti); *silver* ~*es* srebro tamni
ta·ro ['tarou] *n* (bot.) taro
tar·pa·per ['ta(r)pejpə(r)] *n* nakatranisani papir
tar·pau·lin ['ta(r)pəlin], [ta(r)'polin] *n* cerada
tar·ra·gon ['taerəgən], [*o*] *n* (bot. and cul.) estragon
tar·ry ['taerij] *v intr* 1. zadržati se; odugovlačiti 2. čekati 3. boraviti

tar·sal ['ta(r)səl] *a* (anat.) tarzalan
tarsal plate see tarsus 2
tar·sus ['ta(r)səs] (*-si* [saj]) *n* (anat.) 1. koren (korijen) stopala 2. vezivna potka očnog kapka
tart I [ta(r)t] *n* 1. (cul.) mala pita s voćem 2. bludnica, prostitutka
tart II *a* 1. opor, kiseo 2. (fig.) oštar, zajedljiv
tar·tan ['ta(r)tn] *n* 1. tartan (škotsko šareno karirano sukno, s karakterističnim uzorkom za svaki klan) 2. karirano sukno
tar·tar I ['ta(r)tə(r)] *n* 1. (chem.) sreš (srijež) 2. (zubni) kamenac
tartar II *n* 1. see Tatar I, II 2. divljak; **to catch a ~* naići na jačeg protivnika
Tartar see Tatar, I, II
tar·tar·ic [ta(r)'tarik] *a* vinski; *~ acid* vinska kiselina
tartar sauce vrsta umaka za ribu
Tar·ta·ry [~rij] see Tatary
tar·tuffe [ta(r)'tuf], [ū] *n* licemer (licemjer)
tart up *v* (Br.; slang) neukusno dekorirati
task [taesk]; [a] *n* zadatak; *a difficult (easy) ~* težak (lak) zadatak; **to take to ~* izgrditi
task force 1. (mil.) (privremena) operativna (taktička) grupa 2. (naval) udarna eskadra
task·mas·ter [~maestə(r)]; [a] *n* poslodavac, nadzornik rada; *a stern ~* strog nadzornik
Tas·ma·ni·an devil [taez'mejnijən] (zool.) tasmanijski đavo
tas·sel ['taesəl] *n* kićanka
taste I [tejst] *n* 1. ukus (W also: okus); *a sense of ~* čulo (W: ćutilo) ukusa; *she has good ~* ona ima dobar ukus; *that's not to my ~* nije po mome ukusu; *it's a matter of ~* stvar je ukusa; **it left a bad ~* to je ostavilo rđav utisak 2. predstava, pojam, primer (primjer); *to give smb. a ~ of smt.* pružiti nekome predstavu o nečemu 3. sklonost; *a ~ for bad company* sklonost prema rđavom društvu 4. probanje, proba; *take a ~* probaj malo
taste II *v* 1. *tr* probati; okusiti; *to ~ food* probati jelo 2. *tr* okusiti, okušati; *to ~ war* okusiti rat 3. *tr* osetiti (osjetiti) ukus (nečega) 4. *intr* imati ukus; zaudarati; oséati (osjećati) se; *the wine ~s of the cask* vino se oseća na bure; *the cake ~s good* kolač ima dobar ukus 5. *intr* osetiti ukus
taste bud ukusni (W: okusni) pupoljak (na površini jezika)
taste·ful [~fəl] *a* ukusan; *~ colors* ukusne boje
taste·less [~lis] *a* bezukusan, neukusan
tast·er [~ə(r)] *n* degustator
tast·y [~ij] *a* ukusan; *~ food* ukusno jelo
tat I [taet] see **tit for tat**
tat II *v tr* heklati (čipku)
Ta·tar I ['tatə(r)] *n* 1. Tatarin 2. tatarski jezik
Tatar II *a* tatarski
Ta·ta·ry [~rij] *n* Tatarska
tat·ter I ['taetə(r)] *n* dronjak; *in ~s* u dronjcima
tatter II *v* 1. *tr* pocepati (pocijepati) u dronjke 2. *intr* pocepati se u dronjke
tat·ter·de·mal·ion [taetə(r)də'mejlijən] *n* dronja
tat·tered [~d] *a* dronjav
tat·ting ['taetiŋ] *n* vrsta čipke
tat·tle I ['taetl] *n* see **tattletale**

tattle II *v tr* raznositi 2. *intr* prijaviti, dostaviti; *to ~ on smb. to the teacher* prijaviti nekoga učitelju 3. ćaskati, brbljati
tat·tler ['taetlə(r)] *n* 1. see **tattletale** 2. (bird) borovnjak
tat·tle·tale [~tejl] *n* 1. brbljivac 2. prijavljivač, dostavljač
tat·too I [tae'tū] *n* (mil.) sviranje povečerja
tattoo II *n* tetoviranje
tattoo III *v tr* istetovirati
taught see **teach**
taunt I [tont] *n* naruga
taunt II *v tr* narugati se; *to ~ smb.* narugati se nekome
Tau·rus ['torəs] *n* (astrol.) Bik
taut [tot] *a* 1. zategnut; nategnut 2. (esp. naut.) uredan, u dobrom stanju
tau·to·log·ic [totə'ladžik]; [o] *a* tautološki
tau·to·log·i·cal [~əl] see **tautologic**
tau·tol·o·gy [to'taladžij]; [o] *n* tautologija
tav·ern ['taevə(r)n] *n* kafana (kavana), krčma
taw [to] *n* 1. kliker (see also **marble I** 2) 2. igra klikera
taw·dry ['todrij] *a* nakinđuren, drečeći (see also **gaudy II**)
taw·ny ['tonij] *a* žutomrk
tax I [taeks] *n* 1. porez; taksa; *an excise (gift, income, inheritance, property) ~* porez na promet (poklone, dohodak, nasleđe — nasljeđe, imovinu); *a direct (indirect) ~* neposredni (posredni) porez; *to collect (pay) a ~* skupljati (platiti) porez; *to impose (levy) a ~ on smt.* udariti (zavesti) porez na nešto; *to evade (paying) a ~* utajiti porez; *to rescind (reduce) a ~* ukinuti (smanjiti) porez; *he pays $ 1000 in ~es* on plaća hiljadu dolara poreza 2. breme, teret
tax II *a* poreski; *a ~ rate* poreska stopa (skala); *to file a ~ return* podneti (podnijeti) poresku prijavu
tax III *v tr* 1. oporezovati; taksirati 2. opteretiti; *to ~ smb.'s energies* opteretiti nečije snage 3. optužiti
tax·a·ble [~əbəl] *a* oporežljiv
tax·a·tion [taek'sejšən] *n* oporezivanje
tax audit poreska kontrola
tax break poreska olakšica
tax collector poreski službenik
tax cut poresko sniženje
tax-deductible see **deductible II**
tax deduction see **deduction I**
tax dodger utajivač poreza
tax·eme ['taeksijm] *n* (ling.) taksem
tax evasion poreska utaja
tax-ex·empt [~-ig'zempt] *a* oslobođen poreza
tax-free *a* oslobođen poreza
tax-free certificate oročeni štedni ulog koji je oslobođen poreza
tax·i I ['taeksij] (s or *-es*) *n* taksi (also **taxicab**)
taxi II *v intr* (aviation) rulati
tax·i·cab [~kaeb] *n* taksi (also **cab 1, taxi I**)
taxi dancer igračica (plesačica) koja igra (pleše) s gostima u noćnom lokalu
tax·i·der·mist ['taeksədə(r)mist] *n* preparator, punilac životinjskih koža i ptica
tax·i·der·my [~də(r)mij] *n* veština (vještina) punjenja životinja

tax·i·me·ter ['taeksijmijtə(r)] *n* taksimetar
taxi rank Br.; see **cabstand**
tax·is ['taeksis] *(taxes* ['taeksijz]) *n* taksija, uzimanje položaja 2. (biol.) kretanje ka izvoru (ili od izvora) nadražaja
tax·on·o·my [taek'sanəmij], [o] *n* taksonomija
tax·pay·er [~pejə(r)] *n* poreski obveznik
tax shelter ulaganje koje se koristi za smanjenje poreza
T-bone steak ['tij-boun] vrsta bifteka
tea I [tij] *n* 1. čaj; *to brew (make)* ~ skuvati (skuhati) čaj; *to grow* ~ gajiti čaj 2. čajanka, čaj; *to invite for* ~ pozvati na čaj
tea II *a* čajni; ~ *cookies* čajni keks; *a* ~ *service* čajni pribor; *a* ~ *wagon* čajni stočić
tea bag čaj u kesici
tea break (Br.) odmor, pauza za pijenje čaja
teach [tijč]; *taught* [tot] *v* 1. *tr* naučiti; *to* ~ *smt. to smb.*; or: *to* ~ *smb. smt.* naučiti nekoga nešto (nečemu); *he taught them (how) to read* on ih je naučio da čitaju; *I taught him everything he knows* ja sam ga naučio svemu što zna 2. *tr* predavati; *to* ~ *physics to smb.* predavati nekome fiziku 3. *intr* predavati; *to* ~ *at a university* predavati na univerzitetu (W: sveučilištu) 4. *intr* biti učitelj, nastavnik 5. misc.; *to* ~ *school* biti učitelj
teach·a·ble [~əbəl] *a* koji se može naučiti
teach·er [~ə(r)] *n* učitelj, nastavnik; *a mathematics* ~ nastavnik matematike (za matematiku)
teachers' college 1. učiteljska škola 2. pedagoški fakultet
teach-in *n* razmena (razmjena) mišljenja između studenata i profesora, nastavnika
teach·ing I [~iñg] *n* nastava; *foreign language* ~ nastava stranih jezika
teaching II *a* nastavni; *a* ~ *aids* nastavna sredstva; *a* ~ *machine* mašina (W: stroj) za učenje
teaching fellow (assistant) asistent (koji vrši nastavu)
teaching hospital bolnica u kojoj rade stažisti
tea cozy see **cozy I**
tea·cup [~kəp] *n* šolja (W: šalica) za čaj
tea·house [~haus] *n* see **tearoom**
teak [tijk] *n* (bot.) tik
tea·ket·tle [~ketl] *n* samovar
teal [tijl] *(pl* has -s or zero) *n* (bird) grogotovac, krža
tea·leaf [~lijf] *(-leaves* [lijvz]) *n* list čaja
team I [tijm] *n* 1. zaprega) (konja); par (volova) 2. (sports) tim, momčad, ekipa; *to play on the first* ~ igrati u prvom timu 3. grupa, ekipa; *a rescue* ~ ekipa za spasavanje
team II *a* ekipni, timski; *a* ~ *championship* ekipno prvenstvo
team III *v intr (to* ~ *up)* udružiti se
team handball rukomet (also **fieldball**)
team·mate [~mejt] *n* saigrač, član istog tima
team spirit osećaj (osjećaj) drugarske solidarnosti
team·ster [~stə(r)] *n* 1. kočijaš 2. vozač kamiona
Teamsters' Union (Am.) Sindikat vozača kamiona
team teaching timska nastava
team work timski rad
team up *v* see **team III**
team·work [~wə(r)k] *n* uigranost; saradnja
tea party čajanka

tea·pot [~pat]; [o] *n* čajnik
tear I [tej(r)] *n* pocepotina (pocjepotina), poderotina
tear II *tore* [to(r)]; *torn* [to(r)n] *v* 1. *tr* pocepati (pocijepati); razderati; poderati; *to* ~ *paper* pocepati (poderati) papir; *to* ~ *to ribbons* poderati na dronjke (see also **tear up**) 2. *tr* (usu.; *to* ~ *apart)* razjediniti; *to* ~ *a people apart* razjediniti narod 3. *intr* cepati (cijepati) se, kidati se; *this cord is too thin*; *it keeps* ~*ing* ovaj kanap je tanak; kida se
tear III [tij(r)] *n* suza; *eyes brimming with* ~*s* oči pune suza; *she was in* ~*s* bila je u suzama; *with* ~*s in one's eyes* sa suzama u očima; ~*s of joy* suze radosnice; *to shed bitter* ~*s* liti (roniti) gorke suze
tear IV *v intr* suziti; *his eye is* ~*ing* suzi mu oko
tear apart [tej(r)] *v* 1. see **tear II** 2 2. rastrgnuti; rascepati (rascijepati) 3. razneti (raznijeti); *to tear apart by an explosion* razneti eksplozijom
tear down [tej(r)] *v* porušiti; *to tear a house down* or: *to tear down a house* porušiti kuću
tear·drop ['tij(r)drap]; [o] *n* (jedna) suza
tear·ful [~fəl] *a* suzan, pun suza
tear gas [tij(r)] suzavac
tear into [tejr] *v* napasti
tear-jerk·er [tij(r)-džə(r)kə(r)] *n* (slang) sentimentalna priča
tear off [tej(r)] *v* 1. otkinuti; otrgnuti; *to tear a button off* or: *to tear off a button* otkinuti dugme 2. otkinuti se
tea·room ['tijrum] *n* mala gostionica gde (gdje) se služe čaj i hladna jela
tear out [tej(r)] *v* iščupati
tear-stained ['tij(r)-stejnd] *a* uplakan
tear up [tej(r)] *v* pocepati (pocijepati), razderati; *to tear a letter up* or: *to tear up a letter* pocepati pismo
tease I [tijz] *n* zadevalo (zadjevalo), zadirkivalo
tease II *v* 1. *tr* and *intr* dražiti, zadevati (zadijevati), zadirkivati; *don't* ~ *the animals!* ne dražite životinje! 2. *tr* češljati (vunu) 3. *tr* razmrsiti (dlake)
tea·sel ['tijzəl] *n* (bot.) češlja
teas·er [~ə(r) *n* see **tease I**
tea set servis za čaj
tea·shop ['tijšap]; [o] *n* 1. see **tearoom** 2. (Br.) see **lunchroom**
tea·spoon [~spūn] *n* kafena kašičica (W: žličica)
tea·spoon·ful [~ful] *n* jedna puna kafena kašičica (W: žličica)
teat [tijt], [i] *n* 1. sisa 2. Br.; see **nipple 2**
tea time (Br.) vreme (vrijeme) za čaj
tea towel Br.; see **dish towel**
tech [tek] see **technical college**
tech·ni·cal ['teknikəl] *a* 1. tehnički; *a* ~ *advisor* tehnički savetnik (savjetnik); *a* ~ *manual* tehničko uputstvo; ~ *training* tehnička obuka 2. formalan; *a* ~ *advantage* formalna prednost
technical college (Br.) tehnička (stručna) škola
tech·ni·cal·i·ty [tekni'kaelətij] *n* formalnost; propis; *he lost on a* ~ izgubio je utakmicu zbog prekršaja nekog propisa
technical knockout (boxing) tehnički nokaut, napuštanje borbe (usled — uslijed povrede)
tech·ni·cian [tek'nišən] *n* tehničar

tech·ni·col·or ['teknikələ(r)] *n* tehnikolor
tech·nique [tek'nijk] *n* 1. tehnika; metod rada 2.
veština (vještina), vičnost
tech·noc·ra·cy [tek'nakrəsij]; [o] *n* tehnokratija
(tehnokracija)
tech·no·crat ['teknoukraet], [ə] *n* tehnokrat
tech·no·cra·tic [teknou'kraetik], [ə] *a* tehnokratski
tech·no·log·i·cal [teknə'ladžikəl]; [o] *a* tehnološki
tech·nol·o·gy [tek'nalədžij]; [o] *n* tehnologija
technology transfer transfer (prenos) tehnologije
(iz razvijenih u nerazvijene zemlje)
tec·ton·ic [tek'tanik]; [o] *a* 1. (geol.) tektonski 2.
građevinski 3. see architectural
tec·ton·ics [tek'taniks]; [o] *n* 1. (geol.) tektonika
2. građevinarstvo
ted·dy bear ['tedij] meca (dečija — dječija igračka)
Teddy boy (Br.) lola, mangup
te·di·ous ['tijdijəs] *a* dosadan, monoton
te·di·um [~ijəm] *n* dosada; monotonija
tee I [tij] *n* 1. (golf) kupica na koju se stavlja lopta
2. meta (u raznim igrama); *to a ~ sasvim
tačno (W: točno)
tee II *v intr (to ~ off)* 1. (golf and fig.) početi
(igru) 2. misc.; (slang) ~d off ljut
teem I [tijm] *v intr* vrveti (vrvjeti); gamizati; biti
prepun; *the beach is ~ing* plaža vrvi (od kupa-
ča); *that river is just ~ing with fish* ta reka
(rijeka) je prepuna ribe
teem II *v intr* liti (o kiši)
teen·age [tijn] *a* tinejdžerski, omladinski
teen·ag·er ['tijnejdžə(r)] *n* tinejdžer
teen·ey wee·ny ['tijnij 'wijnij] *a* (children's lan-
guage) majušan
teens [tijnz] *n pl* godine od 13 do 19, uključujući 19
tee shirt see T-shirt
tee·ter I ['tijtə(r)] see seesaw I
teeter II *v intr* 1. teturati se 2. klackati se
teeter board see seesaw I
teeth see tooth
teethe [tijth̄] *v intr* dobiti zube
teething ring cucla-prsten (koju grize beba pri
izbijanju zuba)
tee·to·tal·er [tij'toutlə(r)] *n* trezvenjak, antialkoho-
ličar
Te·he·ran [teə'ran] *n* Teheran
tek·tite ['tektajt] *n* (miner.) tektit
Tel A·viv [tel ə'vijv] Tel Aviv
tel·e·cast I ['teləkaest]; [a] *n* televizijska emisija
telecast II *v tr* emitovati (preko televizije)
tel·e·com·mu·ni·ca·tions [teləkəmjūni'kejšənz] *n pl*
telekomunikacije
tel·e·gram ['teləgraem] *n* telegram (W also: brzo-
jav)
tel·e·graph I ['teləgraef]; [a] *n* telegraf
telegraph II *a* telegrafski; *a ~ pole* telegrafski
stub
telegraph III *v tr and intr* telegrafisati; *to ~ smb.*
telegrafisati nekome
tel·e·graph·ic [telə'graefik] *a* telegrafski
te·leg·ra·phy [tə'legrəfij] *n* telegrafija
Tel·e·gu, Tel·u·gu ['teləgū] *n* Telugu (dravidski
jezik)
te·lem·e·ter [tə'lemətə(r)], ['teləmijtə(r)] *n* telemetar
tel·e·met·ry [tə'lemətrij] *n* telemetrija
tel·e·o·log·i·cal [telijə'ladžikəl]; [o] *a* teleološki

tel·e·ol·o·gy [telij'alədžij]; [o] *n* teleologija
te·le·path·ic [telə'paethik] *a* telepatski
te·lep·a·thy [tə'lepəthij] *n* telepatija
tel·e·phone I ['teləfoun] *n* telefon; *to speak by ~*
govoriti telefonom; *to install a ~* instalirati
telefon; *the ~ rang* telefon je zazvonio
telephone II *a* telefonski; *a ~ line (network)* tele-
fonska linija (mreža); *a ~ subscriber* telefonski
pretplatnik
telephone III *v tr and intr* telefonirati, javiti se
telefonom (W also: nazvati); *to ~ smb.* javiti
se nekome telefonom
telephone book telefonski imenik
telephone booth telefonska govornica
telephone call telefonski poziv
telephone kiosk Br.; see telephone booth
telephone receiver slušalica; *to pick up (hang up)
the ~ (*or: *the receiver*) podići (pustiti) slušalicu
tel·e·phon·ic [telə'fanik]; [o] *a* telefonski
tel·e·phon·ist [tə'lefənəst] *n* usu. Br.; see switch-
board operator
tele-photo lens, telescopic lens teleobjektiv
tel·e·print·er ['teləprintə(r)] see teletypewriter
tele-prompter aparat koji pokazuje tekst televizij-
skom spikeru
tel·e·scope I ['teləskoup] *n* teleskop
telescope II *v* 1. *tr* uvući jedno u drugo, sklopiti
guranjem jedno u drugo 2. *tr* (fig.) skratiti 3.
intr uvući se jedno u drugo (kao delovi — dije-
lovi durbina)
tel·e·scop·ic [telə'skapik]; [o] *a* teleskopski; *a ~
sight* teleskopski nišan
Tel·e·type ['telətajp] *n.* teletajp
tel·e·type·writ·er [telə'tajprajtə(r)] *n* teleprinter, da-
lekopisač
tel·e·vise ['teləvajz] *v tr* emitovati preko televizije
tel·e·vi·sion I ['teləvižən] *n* televizija; *to watch ~*
gledati televiziju; *educational ~* obrazovna te-
levizija (see also cable television, pay TV, public
television)
television II *a* televizijski
television program 1. televizijska emisija, TV-pre-
nos 2. televizijski program, TV-dodatak
television series TV-serija
television set televizor
tel·ex ['teleks] *n* teleks
tell [tel]; told [tould] *v* 1. *tr* kazati, reći; *to ~ the
truth (a lie)* reći istinu (laž); *I told him to come*
rekao (kazao) sam mu da dođe; *to ~ smb. a
secret* reći nekome tajnu 2. *intr* delovati (djelo-
vati), pokazivati rezultat; *every blow ~s* svaki
udarac deluje 3. *intr* pokazati; *time will ~*
vreme (vrijeme) će pokazati 4. misc.; *all told*
ukupno; *to ~ apart* razlikovati; *•~ it to the
Marines!* pričaj ti to drugome!; *he told me
how to do it* objasnio mi je kako se to radi;
to ~ fortunes baviti se gatanjem
tell·er [~ə(r)] *n* blagajnik (u banci)
tell·ing [~iñg] *a* dejstven (djejstven), efektivan
tell off *v* (colloq.) izgrditi; *to tell smb. off* izgrditi
nekoga
tell on *v* 1. prijaviti, dostaviti, odati; *to tell on
smb.* prijaviti (odati) nekoga 2. iznuravati; *the
strain is beginning to tell on him* napor počinje
da ga iznurava

telltale I [~tejl] *n* 1. see **tattletale** 2. znak, nagoveštaj (nagovještaj)
telltale II *a* koji odaje, izdaje; ~ *smoke* izdajnički dim
tel·lu·ri·um [te'lūrijəm] *n* (chem.) telur
tel·ly ['telij] *n* (Br., colloq.) see **television I**
tel·pher ['telfə(r)] *n* žičana železnica (željeznica)
tem·er·ar·i·ous [temə'rejrijəs] *a* prenagljen, nagao (also **rash II**)
te·mer·i·ty [tə'merətij] *n* prenagljenost, naglost
tem·per I ['tempə(r)] *n* 1. raspoloženje, ćud 2. mirnoća; *to lose one's* ~ razljutiti se 3. plahovita narav; nagao temperamenat; *he has a* ~ on ima plahovitu narav 4. čvrstoća, tvrdoća (metala)
temper II *v tr* 1. kaliti, prekaliti, očeličiti; *to* ~ *iron* prekaliti gvožđe 2. ublažiti; *to* ~ *justice with mercy* ublažiti pravdu milošću
tem·per·a ['tempərə] *n* tempera (tehnika slikanja)
tem·per·a·ment ['temprəmənt], [pərə] *n* temperamenat
tem·per·a·men·tal [~'mentl] *a* temperamentan
tem·per·ance ['temprəns], [pərə] *n* 1. umerenost (umjerenost) 2. trezvenost, trezvenjaštvo (see also **abstinence** 2)
tem·per·ate ['tempərit], [pr] *a* umeren (umjeren); *a* ~ *zone* umereni pojas
tem·per·a·ture ['tempračū(r)], [pərə] *n* 1. temperatura; *to take smb.'s* ~ izmeriti (izmjeriti) nekome temperaturu 2. groznica, povišena temperatura
tem·pered ['tempə(r)d] *a* 1. (mus.) saobražen temperamentu 2. see **temper II**
tem·pest ['tempəst] *n* oluja, bura; *a* ~ *in a teapot* bura u čaši vode
tem·pes·tu·ous [tem'pesčūəs] *a* buran; *a* ~ *life* buran život
tem·plar ['templə(r)] *n* 1. see **Knight Templar** 2. (Br.) student prava
tem·plate ['templit] *n* šablon
tem·ple I ['templ] *n* hram, templ
temple II *n* slepoočnica (sljepoočnica)
temple III *n* čimbar (na razboju)
tem·plet see **template**
tem·po ['tempou] *n* tempo
tem·po·ral I ['tempərəl] *a* 1. vremenski, temporalan 2. privremen 3. svetovni (svjetovni) 4. (gram.) vremenski, temporalan; *a* ~ *clause* vremenska rečenica
temporal II *a* slepoočni (sljepoočni)
temporal bone slepoočnica (sljepoočnica)
tem·po·ral·i·ty [tempə'raelətij] *n* privremenost
tem·po·rar·y ['tempərerij]; [pr] *a* privremen
temporary insanity (legal) prolazni duševni poremećaj
tem·po·rize ['tempərajz] *v intr* odugovlačiti
tempt [tempt] *v tr* dovesti u iskušenje; *to be* ~*ed* biti u iskušenju
temp·ta·tion [temp'tejšən] *n* iskušenje; *to expose to* ~ izložiti iskušenju; *to overcome* ~ odoleti (odoljeti) iskušenju; *to resist* ~ boriti se protiv iskušenja
tempt·ing [~iñg] *a* primamljiv; *a* ~ *offer* primamljiva ponuda
ten [ten] 1. *n* desetica, desetka; desetina; ~*s of thousands* desetine hiljada (W: tisuća) 2. *num*

and *n* desetorica; desetoro; desetori; ~ *children* desetoro dece (djece); ~ *gates* desetora vrata; ~ *women* deset žena; *the* ~ *of them* njih desetoro
ten·a·ble ['tenəbəl] *a* 1. logičan 2. održiv, branjiv
te·na·cious [tə'najšəs] *a* 1. istrajan, uporan 2. jak, dobar, čvrst; *a* ~ *memory* dobro pamćenje
te·nac·i·ty [tə'naesətij] *n* 1. istrajnost 2. jačina, čvrstina
ten·an·cy ['tenənsij] *n* zakup, zakupljen posed (posjed)
ten·ant ['tenənt] *n* 1. stanar 2. zakupac
tenant farmer napoličar
ten-cent store see **five-and-ten-cent store**
tench [tenč] *n* (fish) linjak
Ten Commandments deset zapovesti — zapovijesti (also **decalogue**)
tend I [tend] *v intr* ići (k); naginjati; *to* ~ *toward smt.* naginjati nečemu
tend II *v* 1. *tr* čuvati; negovati (njegovati); *to* ~ *sheep* čuvati ovce 2. *tr* raditi, služiti; *to* ~ *store* raditi u radnji 3. *intr* (colloq.) see **attend** 6
ten·den·cy ['tendənsij] *n* tendencija
ten·den·tious, ten·den·cious [ten'denšəs] *a* tendenciozan
ten·der I ['tendə(r)] *n* 1. (esp. Br.) ponuda (see also **bid I** 1) 2. see **legal tender**
ten·der II *v tr* (esp. Br.) ponuditi (also **bid II** 4)
tend·er III *n* 1. (naut.) matični brod, tender 2. (railroad) tender 3. rukovalac; *a lathe* ~ strugar
ten·der IV *a* nežan (nježan), mek; *a* ~ *skin* nežna koža; *a* ~ *touch* nežan dodir; *in a* ~ *voice* nežnim glasom
ten·der·foot [~fut] (-*s* or -*feet* [fijt]) *n* novajlija
ten·der·heart·ed [~ha(r)tid] *a* meka srca
ten·der·ize [~rajz] *v tr* učiniti nežnim (nježnim), mekim; smekšati
ten·der·iz·er [~ə(r)] *n* (cul.) prašak za omekšavanje mesa
ten·der·loin [~lojn] *n* 1. goveđa pečenica 2. kraj grada poznat po poroku, zabavljanju
ten·der·ness [~nis] *n* nežnost (nježnost)
ten·don ['tendən] *n* (anat.) tetiva, žila
ten·dril ['tendrəl] *n* (bot.) hvataljka, vitica, brk
te·neb·ri·ous [tə'nebrijəs] see **tenebrous**
ten·e·brous ['tenəbrəs] *a* mračan, taman
ten·e·ment ['tenəmənt] *n* 1. oronula stambena zgrada 2. (Br.) izdata kuća; stan
ten·et ['tenit] *n* princip, načelo (also **principle**)
ten·fold ['tenfould] 1. *a* desetostruk 2. *adv* desetostruko
ten-gal·lon hat [~-gaelən] kaubojski šešir sa širokim obodom
ten·ner ['tenə(r)] *n* (Br.; colloq.) banknota od deset funti
Ten·nes·se·an [tenə'sijən] *n* stanovnik države Tenesi
Ten·nes·see [tenə'sij] *n* Tenesi
ten·nis I ['tenis] *n* tenis; *to play* ~ igrati tenis (see also **table tennis**)
tennis II *a* teniski; *a* ~ *ball* teniska lopta; *a* ~ *court* tenisko igralište; *a* ~ *racket* teniski reket
tennis elbow lakat koji boli usled (uslijed) igranja tenisa
tennis player teniser, tenisač
tennis shoes *pl* sportske patike
ten·on ['tenən] *n* klin

ten·or I ['tenə(r)] *n* 1. tenor 2. smisao
tenor II *a* tenorski
ten·pence [∼pəns] *n* (Br.) deset penija
ten·pin [∼pin] *n* 1. see **pin I** 6 2. (in *pl*) see **bowling**
tense I [tens] *n* (gram.) vreme (vrijeme); *the future (past, present)* ∼ buduće (prošlo, sadašnje) vreme
tense II *a* zategnut, nategnut; *a* ∼ *atmosphere* zategnuta atmosfera; ∼ *relations* zategnuti (nategnuti) odnosi
tense III *v* 1. *tr* zategnuti, nategnuti 2. *intr* zatezati se
ten·sile ['tensil], [*aj*] *a* vučni; ∼ *force* vučna sila; ∼ *strength* naprezanje na istezanje
ten·sion ['tenšən] *n* napetost, zatezanje, napon; zategnutost; *fan belt* ∼ napon klinastog kaiša; *nervous* ∼ nervna napetost; (pol.) *relaxation of* ∼s popuštanje zategnutosti; *to ease (increase)* ∼ smanjiti (povećati) zategnutost
ten·sor ['tensə(r)], [*o*] *n* 1. (math.) tenzor 2. (anat.) zatezač (mišić)
ten·spot *n* (colloq.) novčanica od deset dolara
tent I [tent] *n* šator; *a circus* ∼ cirkuski šator; *to pitch (strike) a* ∼ razapeti (skinuti) šator; *to sleep in a* ∼ spavati pod šatorom
tent II *n* (med.) dren; traka gaze
ten·ta·cle ['tentəkəl] *n* pipak
tent·age [∼idž] *n* 1. šatorska oprema 2. (coll.) šatori
ten·ta·tive [∼ətiv] *a* probni; prethodni; privremeni
ten·ter [∼ə(r)] *n* okvir za sušenje
ten·ter·hook [∼huk] *n* zatezna kuka; **to be on* ∼s biti u uzbuđenju, biti napet
tenth I [∼th] *n* 1. desetina 2. deseti; *on the* ∼ *of December* desetog decembra (W: prosinca)
tenth II *num a* deseti
tent peg kočić za šator
tent pole šatorska motka
ten·u·is ['tenjuis] (*-ues* [juijz]) *n* (ling.) bezvučni praskavi suglasnik (u grčkom jeziku)
ten·u·ous ['tenjuəs] *a* 1. tanak 2. slab; beznačajan; *a* ∼ *argument* slabo obrazloženje
ten·ure ['tenjə(r)] *n* 1. držanje pod zakup; držanje imovine 2. *(academic* ∼*)* stalno mesto — mjesto (u školi, u visokoškolskoj ustanovi)
ten·ured *a* sa stalnim mestom — mjestom (u školi, u visokoškolskoj ustanovi); *a* ∼ *position* see **tenure** 2
tenure-track *a* koji vodi ka stalnom mestu — mjestu (u školi, na fakultetu)
te·pee ['tijpij] *n* indijanski šator (cf. **wigwam**)
tep·id ['tepid] *a* mlak
ter·bi·um ['tə(r)bijəm] *n* (chem.) terbijum
terce [tə(r)s] see **tierce** 1
ter·cel ['tə(r)səl] *n* jastreb (see **hawk I**)
ter·cen·te·nar·y I [tə(r)sen'tenərij]; [*ij*] *n* tristogodišnjica
tercentenary II *a* tristogodišnji
ter·cet ['tə(r)sit] *n* tercet
ter·gi·ver·sate ['tə(r)dživə(r)sejt] *v intr* vrdati
ter·gi·ver·sa·tion [tə(r)dživə(r)'sejšən] *n* vrdanje
term I [tə(r)m] *n* 1. rok; trajanje, termin 2. zasedanje (zasjedanje) 3. semestar; *at the end of the* ∼ (Br.: *of* ∼) krajem semestra 4. termin, reč (riječ), izraz; potez; *a medical (technical)* ∼ medicinski (tehnički) termin; *in flattering (gen-*

eral) ∼s laskavim (opštim — općim) rečima 5. (in *pl*) uslovi (W also: uvjeti); *the* ∼s *of an agreement* uslovi sporazuma; *to bring smb. to* ∼s naterati (natjerati) nekoga da primi ponuđene uslove 6. (in *pl*) odnosi; *to be on good* ∼s *with smb.* biti u dobrim odnosima s nekim; *they are not on speaking* ∼s *with him* oni ne govore s njim 7. (math.) član 8. (phil.) pojam 9. misc.; *to come to* ∼s sporazumeti (sporazumjeti) se; ∼s *of reference* granice istrage; zadatak
term II *a* semestarski; *a* ∼ *paper* semestarski rad
term III *v tr* označiti
ter·ma·gant ['tə(r)məgənt] *n* svađalica
term·er [∼ə(r)] *n* osuđenik; *a first* ∼ onaj koji je prvi put u zatvoru
ter·mi·nal I ['tə(r)mənəl] *n* 1. krajnja stanica 2. pol (u bateriji); klema; kraj 3. pristanište; *an air* ∼ vazduhoplovno (W: zrakoplovno) pristanište 4. (computers) terminal
terminal II *a* 1. krajnji, završni 2. konačan; (mil.) ∼ *pay* konačna plata (pri otpuštanju iz vojske) 3. pristanišni; *a* ∼ *building* pristanišna zgrada 4. koji umire; *a* ∼*ly ill patient* bolesnik koji umire
terminal box priključni ormarić
terminal leave (mil.) odsustvo pred otpuštanje iz vojske
ter·mi·nate ['tə(r)mənejt] *v* 1. *tr* završiti, zaključiti, okončati; *to* ∼ *an argument* okončati spor 2. *intr* završavati se
ter·mi·na·tion [tə(r)mə'nejšən] *n* 1. završavanje, zaključivanje 2. kraj; završetak
ter·mi·no·log·i·cal [tə(r)mənə'ladžikəl]; [*o*] *a* terminološki
ter·mi·nol·o·gy [tə(r)mə'naladžij]; [*o*] *n* terminologija
term insurance osiguranje života sa ograničenim rokom plaćanja premija
ter·mi·nus ['tə(r)mənəs] (*-es* or *-ni* [naj]) *n* 1. kraj, svršetak 2. kraj železničke (željezničke) pruge; krajnja stanica
ter·mite ['tə(r)majt] *n* termit
tern I [tə(r)n] *n* grupa od tri
tern II *n* morska lasta
ter·na·ry ['tə(r)nərij] *a* trostruk
ter·pene ['tə(r)pijn] *n* (chem.) terpen
terp·si·cho·re·an [tə(r)psi'korijən], [tə(r)psikə'rijən] *a* plesni
ter·race I ['teris] *n* terasa
terrace II *v tr* izgraditi u vidu terase; snabdeti (snabdjeti) terasom
ter·ra cot·ta ['terə 'katə]; [*o*] (Italian) terakota, pečena zemlja
terra fir·ma ['fə(r)mə] (Latin) kopno
ter·rain [tə'rejn] *n* teren, zemljište
Ter·ra·my·cin [terə'majsən] *n* teramicin
ter·ra·pin ['terəpən] *n* barska kornjača
ter·rene ['terijn], [tə'rijn] *a* zemaljski
ter·res·tri·al [tə'restrijəl] *a* 1. Zemljin, zemaljski 2. kopneni suvozemni (suhozemni)
ter·ret ['terit] *n* alka na sedlu
ter·ri·ble ['terəbəl] *a* strašan, užasan, grozan; *a* ∼ *accident* užasna nesreća; *you look* ∼ užasno izgledaš; ∼ *weather* grozno vreme (vrijeme); *that film is* ∼ taj film je grozan

ter·ri·bly [~lij] *adv* 1. see **terrible** 2. (colloq.) veoma

ter·ri·er ['terijə(r)] *n* terijer

ter·ri·fic [tə'rifik] *a* (colloq.) 1. strahovit, strašan; *a ~ headache* strašna glavobolja 2. izvanredan, divan; strašan, strahovit; jak; *~ weather* divno vreme (vrijeme); *a ~ success* izvanredan uspeh (uspjeh); *a ~ picture* strašan film; *he's ~ in chess* on je jak u šahu

ter·ri·fy ['terəfaj] *v tr* prestraviti

ter·ri·tor·i·al I [terə'torijəl] *a* teritorijalan; *~ claims* teritorijalne pretenzije; *~ waters* teritorijalne vode

territorial II *n* (Br.) član teritorijalne odbrane (W: obrane)

Territorial Army (Br.) teritorijalna odbrana (W: obrana)

ter·ri·to·ry ['terətorij]; [tr] *n* teritorija

ter·ror ['terə(r)] *n* teror; *to resort to ~* zavesti teror

ter·ror·ism [~rizəm] *n* terorizam

ter·ror·ist [~rist] *n* terorista

ter·ror·is·tic [~r'istik] *a* teroristički; *~ attacks* teroristički napadi

ter·ror·ize [~rajz] *v tr* terorisati, vršiti teror (nad)

terror-stricken *a* užasnut

ter·ry cloth ['terij] tkanina poput baršuna

terse [tə(r)s] *a* jezgrovit, kratak, sažet

ter·tian ['tə(r)šən] *a* trodnevni, koji se javlja svaka tri dana

tertian fever trodnevna groznica

Ter·ti·ar·y I ['tə(r)šijərij] *n* (geol.) *(the ~)* tercijar

Tertiary II *a* (geol.) tercijarni

tertiary *a* 1. treći po redu, trećestepeni 2. (chem.) tercijerni

tes·sel·late ['tesəlejt] *v tr* ukrasiti mozaikom

test I [test] *n* 1. ispit, test; *an achievement (intelligence) ~* test obrazovanja (inteligencije); *a multiple-choice ~* test sa višestrukim izborom; *a mathematics ~* ispit iz matematike; *a driver's ~* šoferski (vozački) ispit; *to take (pass) a ~* polagati (položiti) ispit (also **examination** 3) 2. proba; *to put smb. to the ~* staviti nekoga na probu; *to conduct a nuclear ~* izvršiti nuklearnu probu 3. (chem.) analiza, reagens 4. opit; *to conduct (carry out) a ~* izvršiti opit

test II *a* probni, ispitni; *a ~ coil* probni kalem; *a ~ bench (stand)* probni sto (stol)

test III *v* 1. *tr* ispitati, testirati; *to ~ students* ispitati studente 2. *tr* staviti na probu, proveriti (provjeriti); *they ~ed him in a less important mission* proverili su ga u nekoj manje važnoj misiji 3. *intr* analizirati; *to ~ for acidity* analizirati kiselost

tes·ta·ment ['testəmənt] *n* 1. testamenat, zaveštanje (zavještanje) (also **will** I 2) 2. zavet (zavjet); *the Old (New) Testament* Stari (Novi) zavet

tes·ta·men·ta·ry [~erij]; [ə] *a* testamentalni

tes·tate ['testejt] *a* koji je napravio testamenat (pre — prije smrti)

tes·ta·tor ['tes'tejtə(r)] *n* testator, zaveštalac (zavještalac)

tes·ta·trix [tes'tejtriks] *fem* of **testator**

test ban zabrana nuklearnih proba

test case pokusna parnica

test drive probna vožnja

test driver probni vozač

test·er [~ə(r)] *n* ispitivač; uređaj za ispitivanje; *a circuit ~* uređaj za ispitivanje (strujnog) kola

test flight probni let

tes·ti·cle ['testikəl] see **testis**

tes·ti·fy ['testəfaj] *v intr* 1. svedočiti (svjedočiti); *to ~ in smb.'s behalf* svedočiti u nečiju korist; *to ~ at a trial* svedočiti na suđenju; *to ~ against smb.* svedočiti protiv nekoga 2. dokazivati, nagoveštavati (nagovještavati); *to ~ to smt.* dokazivati nešto

tes·ti·mo·ni·al I [testə'mounijəl] *n* 1. uverenje (uvjerenje), svedočanstvo (svjedočanstvo); potvrda; *a ~ to smb.'s character* uverenje o nečijem dobrom vladanju; *to give a ~* dati uverenje 2. pismena pohvalnica

testimonial II *a* pohvalan; počasni

tes·ti·mo·ny ['testəmounij]; [ə] svedočanstvo (svjedočanstvo); *sworn ~* svedočanstvo pod zakletvom; *written ~* pismeno svedočanstvo; *to give (false) ~* (lažno) svedočiti (svjedočiti)

tes·tis ['testis] (*-tes* [tijz]) *n* testis, semenik (sjemenik)

test paper 1. probni papir 2. pismeni ispit

test pilot probni pilot

test tube epruveta

test-tube baby beba iz epruvete

tes·ty [testij] *a* razdražljiv, osoran; mrzovoljan

tet·a·nus ['tetnəs] *n* tetanus, sklopac

tetch·y, tech·y ['tečij] *a* (colloq.) see **testy**

tête-à-tête [te-ta-'tet] (French) 1. *n* razgovor u četiri oka 2. *adv* u četiri oka, privatno; *to talk ~* govoriti u četiri oka

teth·er I ['tethə(r)] *n* 1. konopac, lanac (za životinju) 2. granica snage

tether II *v tr* privezati (životinju)

tet·ra·chlo·ride [tetrə'klorajd] *n* tetrahlor-ugljenik (W: tetraklor-ugljik)

tet·ra·cy·cline [tetrə'sajklijn] *n* (chem.) tetraciklin

tet·rad ['tetraed] *n* (chem.) četvorovalentna grupa

te·tra·dy·mite [te'traedəmajt] *n* (chem.) tetradimit

tet·ra·gon ['tetrəgan]; [o] see **quadrilateral** I

tet·ra·he·dral [tetrə'hijdrəl] *a* tetraedarski

tet·ra·he·drite [tetrə'hijdrajt] *n* (miner.) tetraedrit

tet·ra·he·dron [tetrə'hijdrən] (*-s* or *-dra* [drəj]) *n* tetraedar

te·tral·o·gy [te'tralədžij]; [ae] *n* tetralogija

te·tram·e·ter [te'traemətə(r)] *n* tetrametar

tet·rarch ['tətra(r)k]; [ij] *n* tetrarh

tet·rar·chy [~ij] *n* tetrarhija

tet·ra·syl·lab·ic [tetrəsi'laebik] *a* četverosložan

tet·rode ['tetroud] *n* (elec.) tetroda

tet·ter ['tetə(r)] *n* kožna bolest

Teu·ton ['tūtən]; [tj] *n* Teutonac

Teu·ton·ic [tū'tɑnik]; [tj]; [o] *a* teutonski; *the Teutonic Knights*

Tex·an ['teksən] *n* stanovnik Teksasa

Tex·as ['teksəs] *n* Teksas

text [tekst] *n* tekst; *according to the ~* prema tekstu

text-book [~buk] *n* udžbenik; *a biology ~* udžbenik biologije (za biologiju)

tex·tile I ['tekstajl]; [i] *n* tekstil

textile II *a* tekstilan; *the ~ industry* tekstilna industrija

tex·tu·al ['teksčūəl] *a* tekstualan
tex·ture ['teksčə(r)] *n* 1. tkanina, tkanje 2. struktura, sklop, sastav
Thai I [taj] *(pl* has zero) *n* 1. Taj, Tajlanđanin, Sijamac (see also **Siamese I**) 2. tajski (sijamski) jezik
Thai II *a* tajski, tajlandski, sijamski (see also **Siamese II**)
Thai·land [~laend] *n* Tajland
tha·lid·o·mide [thə'lidəmajd] *n* talidomid
thal·li·um ['thaelijəm] *n* (chem.) talijum
Thames [temz] *n* Temza
than [t͟haen] *conj* nego, no; od; *London is larger ~ Paris* London je veći nego Pariz (od Pariza); *everything was nicer ~ we had expected* sve je bilo prijatnije nego što smo se nadali; *it looks blue rather ~ green* izgleda pre (prije) plav no zelen; *he prefers to read rather ~ to watch television* on više voli da čita nego da gleda televiziju; *none other ~* niko (nitko) drugi nego; *this beach is different ~ that one* ova plaža je drukčija od one; *I have never seen a man taller ~ John* nikad nisam video (vidio) muškarca višeg nego što je Džon
than·a·tos ['thaenətous] *n* (Greek) smrt
thane [thejn] *n* (hist.) 1. (slobodan) ratnik (u Engleskoj) 2. plemić (u Škotskoj)
thank [thaeṉgk] *v tr* zahvaliti (se); *she ~ed him for the gift* ona mu je (se) zahvalila za poklon (na poklonu); *~ you* hvala (vam)
thank·ful [~fəl] *a* zahvalan
thank·ful·ness [~nis] *n* zahvalnost
thank·less [~lis] *a* nezahvalan; *a ~ child* nezahvalno dete (dijete); *a ~ task* nezahvalan posao
thanks [~s] 1. *n pl* zahvalnost; *to give ~* zahvaliti se 2. *(~ to) prep* blagodareći; *~ to his persistence* blagodareći njegovoj istrajnosti 3. *interj* hvala!
thanks·giv·er [~givə(r)] *n* zahvalnik
thanks·giv·ing [~iṉg] *n* zahvaljivanje, blagodarenje
Thanksgiving Day praznik zahvalnosti (Am.: četvrti četvrtak u novembru; Canadian: drugi ponedeljak — ponedjeljak u oktobru)
that [t͟haet] *(those* [t͟houz]) 1. *a* taj, onaj; *~ man* taj čovek (čovjek) 2. *pron* to; *~ is nice to* je lepo (lijepo); *~ is. . . to jest. . .* 3. *relat. pron* koji; *the painting ~ he saw has been sold* slika koju je on video (vidio) prodata je; *there are people ~ know* ima onih koji znaju (see also **who** 2, **which** 2) 4. *adv* tako; *is it ~ complicated?* je li to tako komplikovano? 5. *conj* da; *he said ~ he would come* kazao je da će doći; *we were so tired ~ we fell asleep right away* bili smo tako umorni da smo odmah zaspali
thatch I [thaeč] *n* krovina, slama
thatch II *v tr* pokriti krovinom
thau·ma·turge ['thomətə(r)dž] *n* čudotvorac
thau·ma·tur·gist [~'tə(r)džist] see **thaumaturge**
thau·ma·tur·gy ['thomətə(r)džij] *n* čudotvorstvo
thaw I [tho] *n* topljenje, raskravljivanje
thaw II *v* 1. *tr* rastopiti, raskraviti 2. *intr* topiti se, kraviti se
thaw out *v* see **thaw II**
the I [t͟hə] (before a vowel: [t͟hij]) *definite article* 1. (with a definite countable noun) *he ate ~*

green apple pojeo je zelenu jabuku 2. (with a definite uncountable noun) *~ development of a country* razvoj neke zemlje; *freedom of ~ press* sloboda štampe 3. (in some generalizations) *~ automobile has polluted our air* automobil nam je zagadio vazduh (W: zrak); *~ French love wine* Francuzi vole vino (here the article must be used since an adjective serves as a noun; see also 16); *~ Canadians* (or: *Canadians) love hockey* Kanađani vole hokej 4. (with the names of some countries and areas) *~ Congo (~ Crimea, ~ Netherlands, ~ Sudan, ~ Ukraine)* Kongo (Krim, Nizozemska, Sudan, Ukrajina) 5. (with many proper nouns: names of oceans, rivers, seas, mountain ranges, deserts, islands, hotels, ships, trains, theaters, etc.) *~ Atlantic (~ Volga, ~ Adriatic, ~ Alps, ~ Sahara, ~ Hotel Palace, ~ Queen Mary, ~ Orient Express, ~ National Theater)* Atlantik (Volga, Jadran, Alpi, Sahara, hotel Palas, Kraljica Marija, Orijent ekspres, Narodno pozorište — W: kazalište) 6. (with modified names of countries and people) *~ new Yugoslavia* nova Jugoslavija; *this is not ~ Mr. Smith I was speaking of* ovo nije gospodin Smit o kojem sam govorio 7. (in certain expressions denoting an abstract trait); *he is quite ~ gentleman* on je pravi džentlmen; *to play ~ fool* izigravati budalu 8. (with names of mus. instruments) *to play ~ piano (~ violin)* svirati klavir (violinu) 9. (with the *super* and *comp) ~ best pupil* najbolji đak; *so much ~ better* utoliko bolje; *~ more ~ merrier* što ih je više, to je veselije 10. (with ordinals) *~ fifth row* peti red 11. (with the names of certain diseases) *~ flu (~ plague, ~ runs)* grip (kuga, proliv — proljev); (~) *measles* male boginje; *~ chicken pox (~ clap, ~ mumps)* srednje boginje (gonoreja, zauške) 12. (with names of parts of the body) *to take by ~ arm* uzeti pod ruku; *wounded in ~ leg* ranjen u nogu 13. (in certain expressions) *in ~ country* na selu; *in ~ evening* uveče; *to administer ~ oath to smb.* zakleti nekoga; *in (~) winter (summer)* zimi (leti — ljeti) 14. (with certain nouns) *to wash ~ dishes* prati sudove; *~ moon (~ sun)* Mesec — Mjesec (Sunce); *she loves ~ theater* ona voli pozorište (W: kazalište); *~ Bible* biblija; *to throw ~ javelin* bacati koplje 15. (with titles) *~ Duke of Wellington* vojvoda od Velingtona; *~ President of ~ United States* Predsednik (Predsjednik) Sjedinjenih Američkih Država 16. (with an adjective or other part of speech used as a noun) *~ living and ~ dead* živi i mrtvi; *~ rich* bogati; *~ one you like* ono što voliš; *~ others* drugi 17. (stressed; to express excellence, uniqueness); *that's ~ show to see this year* to je najbolji komad ove sezone 18. (as a demonstrative) ovaj, taj; *at ~ (this) moment* ovog trenutka; *at ~ (that) time* u to vreme (vrijeme) 19. *(in exclamations) ~ fool!* budala! *~ nerve!* drskost! 20. (to mean 'necessary'); *he does not have ~ time* on nema dosta vremena 21. (to denote a family) *Smiths live in an old house* Smitovi žive u staroj kući 22. (in names of newspapers) *~ Times, ~ Inquirer, ~ News* 23. (in modified names of magazines) ~ *Atlantic Monthly*, ~ *National Geographic*, ~ *Saturday Review* (cf.: *Time, Harpers, Newsweek*)

the II *adv* toliko; ~ *quicker* ~ *better* što brže, to bolje

the·ar·chy ['thija(r)kij] *n* tearhija (also **theocracy**)

the·a·ter ['thijata(r)] *n* pozorište (W: kazalište); *he knows smt. about the* ~ on se razume (razumije) u pozorište

the·a·ter·go·er [~goua(r)] *n* posetilac (posjetilac) pozorišta (W: kazališta)

the·a·ter·go·ing [~gouīng] *a* koji posećuje (posjećuje) pozorište (W: kazalište); *the* ~ *public* pozorišna publika

the·a·ter-in-the-round *(theaters-in-the-round) n* amfiteatar

the·a·tre esp. Br.; see **theater**

the·at·ri·cal [thij'aetrikal] *a* pozorišni (W: kazališni); teatralan

the·at·ri·cal·ism [~izam] *n* teatralnost

the·at·rics [thij'aetriks] *n* 1. gluma 2. *pl* teatralnost; glumljenje (also **histrionics**)

the·ba·ine ['thijbaijn] or [tha'bejijn] *n* (chem.) tebain

thee [thij] *pron* (obsol.) 1. tebe, te, ti 2. (not standard) ti

theft [theft] *n* krađa; *to commit* ~ izvršiti krađu; *petty* ~ sitne krađe; *auto* ~ krađa automobila

their [thej(r)] *poss. a* njihov; ~*book* njihova knjiga

theirs [~z] *poss. a* njihov; (a.) (when no noun follows) *the pencil is* ~ olovka je njihova (b.) (after *of*) *a friend of* ~ jedan od njihovih prijatelja

them [them] *pron* 1. (objective case of **they**) ih, njih, im, njima; *we saw* ~ videli (vidjeli) smo ih; *I remember* ~ sećam (sjećam) ih se; *he gave* ~ *the book* dao im je knjigu; *with* ~ sa njima; *about* ~ o njima 2. (colloq.) (nom. case of *they*) *it's* ~ evo ih

the·mat·ic [thi'maetik] *a* tematski

theme [thijm] *n* tema; *to write on a* ~ pisati o temi

theme song karakteristična melodija (koja se stalno ponavlja)

them·selves [them'selvz], [a] 1. *rel pron* se, sebe, sebi, sobom; *they are washing* ~ oni se peru; *they work for* ~ oni rade za sebe; *they are satisfied with* ~ oni su zadovoljni sobom 2. *pron a* sami; *they went there* ~ oni su sami tamo išli 3. *a* dobro; *they are not* ~ nije im dobro

then [then] 1. *n* to (ono) vreme (vrijeme); *before* ~ pre (prije) toga; *by (until)* ~ dotada; *from* ~ otada; *every now and* ~ s vremena na vreme 2. *a* tadašnji 3. *adv* tada, onda; *and* ~ *what?* a šta (što) onda? *even* ~ čak i onda; *just* ~ baš onda

thence [~s] *adv* 1. odande, odatle 2. otada

thence·forth [~fo(r)th] *adv* otada

the·o·bro·mine [thijou'broumijn] *n* (chem.) teobromin

the·oc·ra·cy [thij'akrasij]; [*o*] *n* teokratija (teokracija)

the·o·crat ['thijakraet] *n* teokrat

the·o·crat·ic [thija'kraetik] *a* teokratski

the·od·o·lite [thij'adalajt]; [*o*] *n* teodolit

the·o·lo·gi·an [thija'loudžan] *n* teolog, bogoslov

the·o·log·i·cal [thija'ladžikal]; [*o*] *a* teološki, bogoslovski

the·ol·o·gy [thij'aladžij]; [*o*] *n* teologija, bogoslovlje

the·om·a·chy [thij'amakij]; [*o*] *n* borba između bogova

the·oph·a·ny [thij'afanij]; [*o*] *n* javljanje boga ljudima

the·o·phyl·line [thija'filijn] *n* (chem.) teofilin

the·o·rem ['thijaram] *n* teorema (W also: poučak); *the Pythagorean* ~ Pitagorina teorema

the·o·ret·i·cal [thija'retikal] *a* teorijski, teoretičan teoretski; ~ *physics* teorijska fizika

the·o·re·ti·cian [thijara'tišan] *n* teoretičar

the·o·rist ['thijarist] see **theoretician**

the·o·rize ['thijarajz] *v intr* teoretizirati

the·o·ry ['thijarij] *n* teorija; *quantum* ~ kvantna teorija; *to advance (present) a* ~ izložiti teoriju; *to refute a* ~ pobiti (oboriti) teoriju (see also **game theory**)

theory of games see **game theory**

theory of relativity teorija relativiteta

the·o·soph·ic [thija'safik]; [*o*] *a* teozofski

the·os·o·phist [thij'asafist]; [*o*] *n* teozof

the·os·o·phy [~fij] *n* teozofija

ther·a·peu·tic [thera'pjūtik] *a* terapeutski

ther·a·peu·tics [~s] *n* (sgn or *pl*) terapija

ther·a·pist ['therapist] *n* terapeut

ther·a·py ['therapij] *n* terapija; *occupational* ~ radna terapija; *to undergo* ~ podvrći se terapiji

there [thej(r)] 1. *n* ono mesto (mjesto); ~ *is where I would like to be* hteo (htio) bih da budem tamo 2. *adv* tamo; *go* ~ idi tamo; *stay* ~ ostani tamo; *here and* ~ tamo-amo; ~ *he goes!* eno ga! 3. *adv* (as an introductory word) *is* ~ *any sugar?* ima li šećera? *are* ~ *any men's shirts in the store?* ima li muških košulja u radnji? ~*'s a photograph on the wall* (or: *a photograph is on the wall)* na zidu ima jedna fotografija; ~ *was a sudden drop in temperature* nastao je iznenadan pad u temperaturi; *will* ~ *be a lecture?* hoće li biti predavanje? ~ *followed a long period of political unrest* (or: *a long period of political unrest followed)* nastao je dug period političkog nemira

there·a·bout [~ra'baut] **there·a·bouts** [~s] *adv* otprilike

there·af·ter [~r'aefte(r)]; [*a*] *adv* posle (poslije) toga

there·at [~r'aet] *adv* tamo

there·by [~'baj] *adv* time, pomoću toga

there·for [~'fo(r)] *adv* za ovo

there·fore [~fo(r)] *adv* stoga; dakle

there·from [~'fram] *adv* od toga

there·in [~r'in] *adv* u tome

there·of [~r'ov] *adv* od toga

there·on [~r'an]; [*o*] *adv* na to; na tome

there·to [~'tū] *adv* k tome, uz to

there·un·der [~r'anda(r)] *adv* ispod toga

there·up·on [~ra'pan]; [*o*] *adv* 1. na tome 2. odmah zatim

there·with [~'with] *adv* 1. s tim 2. odmah zatim 3. pored toga

ther·mal ['thə(r)məl] *a* toplotni, termalni; ~ *springs* termalni izvori
thermal energy toplotna energija
thermal printer (C.) termički štampač
therm·i·on ['the(r)mijən] *n* (phys.) termion
therm·i·on·ic [thə(r)mij'anik]; [o] *a* termionski
thermionic current termionska struja
thermionic emission termionska emisija
therm·i·on·ics [~s] *n* termionika
thermionic tube (Br.: **valve**) termionska cev (cijev)
ther·mo·cou·ple ['thə(r)məkəpəl] *n* termospoj
ther·mo·dy·nam·ics [thə(r)moudaj'naemiks] *n* termodinamika
ther·mo·e·lec·tric [thə(r)moui'lektrik] *a* termoelektrični
ther·mo·e·lec·tric·i·ty [thə(r)mouilek'trisətij] *n* termoelektricitet
ther·mom·e·ter [thə(r)'mamətə(r)]; [o] *n* termometar, toplomer (toplomjer)
ther·mo·nu·cle·ar [thə(r)mou'nūklijə(r)]; [nj] *a* termonuklearni
ther·mos ['thə(r)məs] *n* (also: ~ *bottle*) termos
ther·mo·stat ['thə(r)məstaet] *n* termostat; *to set a* ~ regulisati termostat
the·sau·rus [thi'soris] (-*es* or -*ri* [raj]) *n* leksikon, rečnik (rječnik) sinonima
these see **this**
the·sis ['thijsis] (-*ses* [sijz]) *n* teza; *a doctoral* ~ doktorska teza; *to write a* ~ napisati tezu
thes·pi·an I ['thespijən] *n* glumac
thespian II *a* glumački; dramski
the·ur·gy ['thijə(r)džij] 1. božansko delo (djelo) 2. mađija 3. čudo
thew [thjū] *n* 1. mišić 2. (in *pl*) snaga
they [thej] *pron* oni
they'd [~d] *they would*
they'll [~l] *they will*
they're [~(r)] *they are*
they've [~v] *they have*
thi·a·min, thi·a·mine ['thajəmin], [ij] *n* (chem.) tiamin
thick I [thik] *n* najgušći deo (dio); **through* ~ *and thin* kroz sito i rešeto; **in the* ~ *of a fight* usred borbe
thick II *a* 1. gust, čest; ~ *fog* gusta magla; *a* ~ *forest* česta šuma 2. debeo; ~ *ice* debeo led; ~ *lips* debele usne; *a* ~ *neck* debeo vrat; *a* ~ *skin (slice)* debela koža (kriška) 3. nejasan; mutan; *a* ~ *voice* nejasan glas 4. pun 5. dubok 6. (colloq.) intiman, prisan
thick III *adv* 1. gusto 2. misc.; **to lay it on* ~ preterivati (pretjeravati); *to slice it* ~ odseći (odsjeći) debele kriške
thick·en [~ən] *v* 1. *tr* zadebljati 2. *tr* zgusnuti 3. *intr* zadebljati se 4. *intr* zgusnuti se 5. *intr* zamršivati se; *the plot* ~*s* zaplet je sve zamršeniji
thick·en·er [~ə(r)] *n* sredstvo za zgušnjavanje
thick·en·ing [~ing] *n* 1. zgusnuće 2. see **thickener**
thick·et [~it] *n* čestar
thick·head [~hed] *n* glupan
thick·ness [~nis] *n* 1. debljina 2. gustoća 3. sloj
thick·set [~set] *a* zdepast
thick·skinned [~-skind] *a* debele kože, neosetljiv (neosjetljiv)
thief [thijf] (*thieves* [thijvz]) *n* lopov; *a band of thieves* družina lopova; *stop* ~*!* držite lopova!

thiev·er·y ['thijvərij] *n* lopovluk, krađa
thiev·ish ['thijviš] *a* kradljiv
thigh [thaj] *n* but
thigh·bone [~boun] see **femur**
thill [thil] *n* (kolska) ruda
thill horse rudni konj, rudnjak
thim·ble ['thimbəl] *n* naprstak
thin I [thin] *a* 1. tanak; *a* ~ *slice* tanka kriška 2. mršav; *a* ~ *man* mršav čovek (čovjek) 3. redak; ~ *hair* retka kosa
thin II *v* 1. *tr* (also: *to* ~ *out*) prorediti, razrediti 2. *intr* prorediti se, razrediti se
thine [thajn] *poss pron* (obsol.) tvoj
thing [thing] *n* stvar; *they have beautiful* ~*s* oni imaju lepe (lijepe) stvari; *many* ~*s* mnogo stvari; **to do one's* ~ raditi svoj omiljeni posao
think [thingk]; *thought* [thot] *v* 1. *tr* and *intr* misliti; *what do you* ~ *about that?* šta (što) misliš o tome? *that's how they* ~ oni tako misle; *what are you* ~*ing about?* o čemu mislite? *what are you* ~*ing of doing?* šta (što) mislite da radite? 2. *intr* setiti (sjetiti) se; *to* ~ *of a word* setiti se neke reči (riječi) 3. *intr* nameravati (namjeravati); *he is* ~*ing of resigning* on namerava da podnese ostavku 4. misc.; *to* ~ *smt. over (out)* razmisliti o nečemu; *to* ~ *a lot of smb.* imati visoko mišljenje o nekome; *to* ~ *twice* biti oprezan; *to* ~ *better of smt.* predomisliti se
think·a·ble [~əbəl] *a* koji se može zamisliti
think·er [~ə(r)] *n* mislilac
think·ing I [~ing] *n* mišljenje, razmišljanje
thinking II *a* sposoban da misli
thinking cap (colloq.) *to put on one's* ~ zamisliti se
think out *v* razmisliti se (o nečemu)
think over *v* see **think** 4
think tank (slang) istraživački centar
think through *v* see **think out**
think up *v* izmisliti
thin·ner I [~ə(r)] *n* razređivač za boje
thinner II see **thin**
thin·ness [~nis] *n* 1. tankost 2. mršavost
thin out *v* see **thin II**
thin-skinned [~-skind] *a* osetljiv (osjetljiv)
third I [thə(r)d] *n* 1. trećina 2. (on an automobile) treća brzina 3. treći; *on the* ~ *of April* trećeg aprila (W: travnja)
third II *num a* treći
third class (or: ~ *mail*) štampane stvari
third degree strogo ispitivanje; mučenje (da bi se iznudilo priznanje); *to give smb. the* ~ ispitivati nekoga strogo
third-degree burn opekotina najtežeg stepena
third estate treći stalež
third party 1. (pol.) treća (manjinska) partija (u zemlji sa dvopartijskim sistemom) 2. (legal) treće lice
third person (gram.) *(the* ~) treće lice
third rail šina koja prenosi struju
Third World (pol.) *(the* ~) nesvrstane zemlje, treći svet (svijet)
thirst I [thə(r)st] *n* žeđ; ~ *for blood (knowledge, revenge)* žeđ za krvlju (znanjem, osvetom); *to die of* ~ umirati od žeđi; *he was racked by* ~ morila ga je žeđ; *to quench one's* ~ utoliti žeđ
thirst II *v intr* žedneti (žednjeti), žudeti (žudjeti); *to* ~ *for smt.* žudeti za nečim

thirst·y [~ij] *a* žedan; *a* ~ *child* žedno dete (dijete); ~ *for knowledge* žedan znanja

thir·teen [thə(r)'tijn] (when emphasized: ['thə(r)~]) *num* trinaest, trinaestoro

thir·teenth [~th] *n* and *num a* trinaesti; *on the* ~ *of December* trinaestog decembra (W: prosinca)

thir·ti·eth ['thə(r)tijəth] *n* and *num a* trideseti; *on the* ~ *of August* tridesetog avgusta (W: kolovoza)

thir·ty ['thə(r)tij] *num* trideset; tridesetoro

Thirty Years War Tridesetogodišnji rat

this [this] (*these* [thijz]) 1. *pron* ovo; *he said* ~ rekao je ovo; *these are my pupils* ovo su moji đaci 2. *a* ovaj; ~ *child* ovo dete (dijete); ~ *time* ovaj put; ~ *winter* ove zime

this·tle ['thisəl] *n* (bot.) čkalj, stričak

thith·er [thithə(r)] *adv* (rare) tamo, u ono mesto (mjesto)

Tho·mism ['toumizəm] *n* (phil.) tomizam

Thomp·son submachine gun ['tampsən]; [o] see **Tommy gun**

thong [thang]; [o] *n* 1. uzan remen 2. (usu. in *pl)* apostolke, sandale, japanke

tho·rac·ic [thə'raesik] *a* grudni

thoracic cavity grudna duplja

tho·ra·cot·o·my [thorə'katəmij]; [o] *n* (med.) torakotomija

tho·rax ['thoraeks] (*-es* or *thoraces* ['thorəsijz] or [tho'rejsijz]) *n* (anat.) grudni koš

tho·ri·um ['thorijəm] *n* (chem.) torijum

thorn [tho(r)n] *n* 1. trn; bodlja; *a wreath of* ~s trnov venac (vijenac); *to be a* ~ *in smb.'s side* biti nekome trn u oku 2. trnovo drvo

thorn apple see **jimsonweed**

thorn·back [~baek] *n* (fish) (evropska) raja

thorn·y [~ij] *a* trnovit

tho·ron ['thorɑn]; [o] *n* (chem.) toron

thor·ough ['thərou] *a* 1. temeljan, korenit (korjenit), potpun; *a* ~ *investigation* temeljno istraživanje; *a* ~ *rest* potpun odmor 2. pravi; okoreo (okorio); *a* ~ *gentleman* pravi gospodin

thor·ough·bred [~bred] *a* čistokrvan; ~ *horses* čistokrvni konji

thor·ough·fare [~fej(r)] *n* 1. auto put 2. prolaz; *no* ~! zabranjen prolaz!

thor·ough·go·ing [~'gouiŋ] *a* korenit (korjenit), temeljan

thorp [tho(r)p] *n* (obsol.) see **hamlet**

those see **that**

thou [thau] *pron* (obsol.) ti

though [thou] 1. see **although** 2. see **nonetheless**

thought I [thot] *n* misao; *a crazy* ~ luda misao; *to exchange* ~s izmenjati (izmijenjati) misli

thought II see **think**

thought·ful [~fəl] *a* 1. misaon, zamišljen 2. see **considerate**

thought·less [~lis] *a* 1. nepažljiv; neljubazan 2. lakomislen; nepromišljen

thought-out *a* izrađen; *a well* ~ *plan* dobro izrađen plan

thou·sand ['thauzənd] (after a *num*, *pl* has zero) *n* hiljada (W: tisuća)

Thousand and One Nights Hiljadu i jedna noć

thousand million (Br.) see **milliard**

thou·sandth [~th] 1. *n* hiljaditi deo — dio (W: tisućina) 2. *num a* hiljaditi (W: tisući)

Thrace [threjs] *n* Trakija, Tracija

Thra·cian I ['threjšən] *n* 1. Tračanin 2. trački jezik

Thracian II *a* trački

thrall [throl] *n* rob; kmet

thrash [thraeš] *v* 1. *tr* izbiti, istući, izmlatiti 2. *intr* mlatiti, udarati 3. bacakati se, batrgati se; *the baby* ~*es around in its crib* beba se bacaka po kolevci (kolijevci)

thrash out *v* rešiti — riješiti (raspravljanjem); *to thrash out a problem* or: *to thrash a problem out* rešavati problem (raspravljanjem)

thread I [thred] *n* 1. konac; nit; *a spool of* ~ kalem konca; *silk* ~ svilena nit 2. loza, navoj, zavojak (na zavrtnju); *a male* ~ spoljni navoj

thread II *v tr* 1. udenuti (udjenuti); *to* ~ *a needle* udenuti konac u iglu, udenuti iglu 2. probiti se; *to* ~ *one's way through a crowd* probiti se kroz gomilu 3. urezati lozu (na)

thread·bare [~bej(r)] *a* pohaban, otrcan

thread·ed [~id] *a* sa navojem

thread·y [~ij] *a* končast

threat [thret] *n* pretnja (prijetnja); *a* ~ *of force* pretnja upotrebom sile; *to carry out a* ~ ostvariti pretnju; *to make a* ~ *against smb.* uputiti pretnju nekome; *a* ~ *to smb.* pretnja nekome; *a* ~ *of revenge* pretnja osvetom; *to subject smb. to* ~s izložiti nekoga pretnjama; *an empty* ~ prazna pretnja

threat·en [~ən] *v tr* zapretiti (zaprijetiti), ugroziti; *to* ~ *smb.* zapretiti nekome (ugroziti nekoga); *the country is* ~*ed by famine* toj zemlji preti glad; *they are* ~*ing to close the school* prete da će zatvoriti školu; *a* ~*ing letter* preteće pismo; *the weather is* ~*ing* nebo nagoveštava (nagovještava) buru

three [thrij] 1. *n* trojka 2. *num* and *n* tri; trojica; troje; troji; ~ *women* tri žene; ~ *children* troje dece (djece); *the* ~ *of them* njih trojica (troje); ~ *pairs of trousers* tri para pantalona (W: hlača)

three-D see **three-dimensional**

three-deck·er [~dekə(r)] *n* 1. tropalubni brod 2. sendvič (sa tri sloja)

three-di·men·sion·al [~di'menšənəl] *a* trodimenzionalan

three·fold [~fould] *a* trostruk

three-legged race trke parova u kojima je desna noga trkača vezana za levu (lijevu) nogu njegovog partnera

three-line whip (Br.) naredba lidera stranke (o glasanju)

three-martini lunch (colloq.) ručak koji se oduzima od poreza (kao trošak poslovanja)

three-mile limit (legal) morski pojas koji se prostire 3 milje od obale (granica teritorijalnih voda)

three-point landing 1. (aviation) sletanje (slijetanje) na sva tri točka 2. (fig.) potpun uspeh (uspjeh)

three-ring circus 1. cirkus sa tri arene 2. (fig., colloq.) komplikovana situacija

three R's čitanje, pisanje i aritmetika; (fig.) osnove

three·score [~sko(r)] *a* šezdeset

three second rule (basketball) pravilo o tri sekunde

three·some [~səm] *n* 1. grupa od tri 2. igranje golfa utroje

thren·o·dy ['threnədij] *n* tugovanka

thresh [threš] *v tr* and *intr* ovrći

thresh·er [~e(r)] *n* 1. vršalica 2. vršilac

thresh·ing [~iňg] *n* vršenje

threshing machine see **thresher 1**

thresh·old [~(h)ould] *n* prag; *on the* ~ na pragu

thresh out *v* see **thrash out**

threw see **throw II**

thrice [thrajs] *adv* tri puta

thrift [thrift] *n* štedljivost

thrift store (shop) radnja koja prodaje poklonjene predmete (u korist neke ustanove)

thrift·y [~ij] *a* štedljiv

thrill I [thril] *n* 1. uzbuđenje 2. (med.) drhtanje (srca)

thrill II *v* 1. *tr* uzbuditi 2. *intr* uzbuditi se

thrill·er [~ə(r)] *n* triler

thrive [thrajv]; -*ed* or **throve** [throuv]; -*ed* or **thriven** ['thrivən] *v intr* 1. napredovati 2. cvetati (cvjetati), uspevati (uspijevati); *apples* ~ *in that region* u tom kraju uspevaju jabuke

throat [throut] *n* 1. grlo; guša; *he has a sore* ~ boli ga grlo; *the words got stuck in his* ~ reč (riječ) mu je zapela u grlu; *he had a lump in his* ~ bio je duboko potresen, zastala mu je knedla u grlu 2. grlić

throat·latch [~laeč] *n* ogrljak, ogrlina (za životinje)

throat·y [~ij] *a* grlen

throb I [thrab]; [o] *n* kucanje, lupanje (srca)

throb II *v intr* udarati, lupati

throes [throuz] *n pl* bolovi; agonija

throm·bo·sis [thram'bousis]; [o] (-*ses* [sijz]) *n* tromboza

throm·bus ['thrambəs]; [o] (-*bi* [baj]) *n* (med.) tromb

throne [throun] *n* presto (prijesto); *to ascend a* ~ popeti se na presto

throng I [thraňg]; [o] *n* gomila, veliki broj, navala; *a* ~ *of people* gomila ljudi

throng II *v intr* gurati se, tiskati se

throt·tle I ['thratəl]; [o] *n* ventil za dovod goriva; leptir za gas; *at full* ~ punim gasom

throttle II *v tr* 1. regulisati (gas, brzinu) 2. ugušiti

through I [thrü] *a* 1. otvoren, slobodan; *a* ~ *street* ulica otvorena na oba kraja 2. direktan; *a* ~ *train* direktan voz (W: vlak) 3. *pred a* gotov; završen; *to be* ~ *with smt.* biti gotov s nečim; *as soon as he gets* ~, *we'll go* čim završi, ići ćemo; *he is* ~ *with drinking* više ne pije; *are you* ~? jesi li završio?

through II *adv* skroz; *the bullet went all the way* ~ metak je prošao skroz

through III *prep* 1. kroz; ~ *mud (a tunnel, a window)* kroz blato (tunel, prozor) 2. preko; posredstvom; ~ *official channels* preko nadležnih instanci; ~ *connections* preko veza; ~ *an interpreter* preko tumača; ~ *force* posredstvom sile 3. po; *to travel* ~ *a country* putovati po zemlji

through·out [~'aut] 1. *prep* kroz; ~ *his entire life* kroz ceo (cio) život 2. *adv* do kraja

through-way see **thruway**

throve see **thrive**

throw I [throu] *n* 1. bacanje; *a* ~ *of the dice* bacanje kocki; *a stone's* ~ nekoliko koraka (also **toss I 1**) 2. (wrestling) bacanje 3. (tech.) hod

throw II [throu]; *threw* [thrü]; *thrown* [throun] *v tr* 1. baciti, hitnuti; *to* ~ *a ball* baciti loptu; *he was* ~*ing stones at them* hitao (bacao) se kamenjem na njih; *to* ~ *the discus (the javelin, the hammer)* bacati disk (koplje, kladivo); *to* ~ *a bone to a dog* baciti kosku psu; *to* ~ *down the gauntlet* baciti rukavicu 2. zbaciti; *the horse threw the rider* konj je zbacio jahača 3. prebaciti; *to* ~ *over one's head* prebaciti preko glave; *to* ~ *a ball over a fence* prebaciti loptu preko ograde; *to* ~ *a bridge over a river* prebaciti most preko reke (rijeke) 4. izbaciti; *to* ~ *from the saddle* izbaciti iz sedla 5. ubaciti; *to* ~ *a letter into a mailbox* ubaciti pismo u sanduče; *to* ~ *into low gear* ubaciti u prvu brzinu 6. (colloq.) dati, organizovati; *to* ~ *a banquet* dati banket 7. (colloq., sports) namerno (namjerno) izgubiti; lažirati; *to* ~ *a game* namerno izgubiti utakmicu 8. misc.; *to* ~ *the bull* lagati; *to* ~ *smb. a kiss* poslati nekome poljubac; *to* ~ *cold water on smt.* obeshrabriti (ubiti volju za) nešto; *to* ~ *a fit* razbesneti (razbjesneti) se; *to* ~ *a scare into smb.* zaplašiti nekoga; *to* ~ *oneself at smb.'s mercy* prepustiti se nečijoj milosti; *to* ~ *open a door* širom otvoriti vrata; *to* ~ *smt. together* sklepati nešto; (slang) *it threw me* to me je zapanjilo

throw around *v* razbacati, razmetati; *to throw money around* razbacivati novac

throw away *v* 1. baciti; *to throw smt. away* baciti nešto (na đubre) 2. propustiti; *to throw an opportunity away* or: *to throw away an opportunity* propustiti priliku

throw·a·way [~əwej] *n* 1. letak koji može da se baci 2. see **handout 3**

throw back *v* 1. zabaciti; *to throw one's head back* or: *to throw back one's head* zabaciti glavu 2. baciti nazad

throw·back [~baek] *n* atavizam

throw down *v* baciti; *to throw down one's weapons* baciti oružje; *to throw down the gauntlet* baciti rukavicu

throw in *v* 1. ubaciti; (sports and fig.) *to throw in the towel (the sponge)* baciti ubrus u ring, predati borbu 2. dodati 3. misc.; *to throw in one's lot with smb.* udružiti se sa nekim

throw-in [~in] *n* (soccer) ubacivanje

thrown see **throw II**

throw off *v* skinuti; *to throw off one's disguise* skinuti masku

throw on *v* navući; *to throw a pair of shoes on* or: *to throw on a pair of shoes* navući cipele

throw out *v* 1. izbaciti; *to throw smb. out (on the street)* izbaciti nekoga (na ulicu) 2. odbaciti; *the proposal was thrown out* predlog je odbačen 3. baciti; *to throw out the trash* baciti đubre; *to throw smt. out in the trash* baciti nešto na đubre 4. misc.; *to throw out one's chest* isprsiti se; *to throw out an offer* učiniti ponudu

throw rug mali tepih

throw together v 1. sklepati, zbrljati (see **slap III** 2) 2. svesti

throw up v 1. izbljuvati, povratiti; *he threw (everything) up* on je (sve) povratio 2. zameriti (zamjeriti); *to throw smt. up to smb.* zameriti nekome nešto 3. misc.; ******to throw up one's hands in disgust* širiti ruke u znak neodobravanja

thru see **through**

thrum I [thrəm] n rojta, resa

thrum II v tr orojtiti, opšiti resama

thrum III v 1. tr dobovati 2. see **strum**

thrush I [thrəš] n (bird) drozd, drozak

thrush II n (med.) mlečica (mlječica)

thrust I [thrəst] n 1. guranje 2. ubod 3. (tech.) potisak, pritisak, snaga potiska, pogonska snaga 4. udar; napad; *an enemy* ~ neprijateljski napad 5. (fig.) tendencija, pravac

thrust II *thrust* [thrəst] v 1. tr gurnuti 2. tr zabosti, zariti; *to* ~ *a knife into a body* zariti nož u telo (tijelo) 3. tr probiti; *to* ~ *one's way through a crowd* probiti se kroz gomilu 4. intr gurati

thru·way ['thrūwej] n auto-put (also **expressway**)

thud I [thəd] n tup udarac; bat, bahat, topot; *the* ~ *of horses' hooves* topot konjskih kopita

thud II v intr tupo udariti

thug [thəg] n siledžija; koljaš, ubica

thu·li·um ['thūlijəm] n (chem.) tulijum

thumb I [thəm] n palac; ******all* ~s nespretan; *****~s *down* znak neodobravanja; *****~s *up* znak odobravanja; ******under smb.'s* ~ pod nečijom vlašću; *to suck one's* ~ sisati palac

thumb II v (colloq.) *to* ~ *a ride* putovati auto-stopom; *to* ~ *one's nose at smb.* narugati se nekome

thumb index udubljenja na rubu stranica (rečnika — rječnika da se lakše nađu slova)

thumb·nail I [~nejl] n nokat na palcu

thumbnail II a kratak; *a* ~ *sketch* kratak rezime

thumb·screw [~skrū] n 1. zavrtanj leptirnjak 2. sprava za mučenje, zavrtanj za stezanje palca

thumb·tack [~taek] n ekserčić, čavlić (also **tack I** 1)

thump I [thəmp] n tup udarac, bat

thump II v 1. tr udariti (teškim predmetom) 2. intr lupiti

thun·der I ['thəndə(r)] n grom, grmljavina

thunder II v 1. tr zagrmeti (zagrmjeti); *the crowd* ~*ed its approval* gomila je bučno izrazila odobravanje 2. intr grmeti (grmjeti); *it is* ~*ing* grmi

thun·der·bolt [~bolt] n munja

thun·der·clap [~klaep] n prasak groma

thun·der·cloud [~klaud] n olujni oblak

thun·der·er [~rə(r)] n gromovnik

thun·der·ing [~ring] a gromovit

thun·der·ous [~rəs] a gromovit

thun·der·show·er [~šauə(r)] n olujni rafal, kratak pljusak s grmljavinom

thun·der·storm [~sto(r)m] n pljusak s grmljavinom

thun·der·struck [~strək] a kao gromom pogoden, zabezeknut

thu·ri·ble ['thūrəbəl] n kadionica (also **censer**)

thu·ri·fer ['thūrəfə(r)] n nosač kadionice

Thu·rin·gi·a [thū'rindžijə] n Tiringija

Thu·rin·gi·an [~n] a tirinški

Thuringian Forest Tirinška šuma

Thurs·day ['thə(r)zdej], [ij] n četvrtak; *on* ~ u četvrtak; ~s četvrtkom

thus [thəs] adv ovako; prema tome

thus·ly [~lij] (not standard) see **thus**

thwart I ['thwo(r)t] v tr sprečiti (spriječiti); *the police* ~*ed their plans* policija ih je sprečila u njihovim planovima

thwart II n veslačka klupa

thwart III a poprečan

thy [thaj] pron a (obsol.) tvoj

thyme [tajm] n (bot.) majčina dušica, timijan

thy·mol ['thajmol] n (chem.) timol

thy·mus ['thajməs] n (anat.) timus, brizla, grudna žlezda (žlijezda)

thy·roid I ['thajrojd] n štitnjača

thyroid II a štitast

thyroid gland štitasta žlezda (žlijezda)

thy·rox·in [thaj'raksin]; [o] n (chem.) tiroksin

thy·self [thaj'self] pron (obsol.) tebe, tebi, tobom

ti·ar·a [tij'aerə] n tijara

Ti·bet [ti'bet] n Tibet

Ti·bet·an I [~ən] n 1. Tibetanac 2. tibetski jezik

Tibetan II a tibetski

Ti·bet·o-Bur·man I [~ou-'bə(r)mən] n tibetsko-burmanski jezici

Tibeto-Burman II a tibetsko-burmanski

tib·i·a ['tibijə] (~s or -ae [ij]) (anat.) golenica (goljenica), cevanica (cjevanica)

tic [tik] n (med.) tik

tick I [tik] n 1. otkucaj 2. (Br., colloq.) trenutak

tick II v 1. tr (usu.: *to* ~ *off*) otkucavati, beležiti (bilježiti); *the clock* ~*s off the hours* časovnik otkucava časove 2. tr (usu.: *to* ~ *off*) obeležiti (obilježiti) 3. intr kucati

tick III n (ent.) krlja, pregalj

tick IV n 1. krevetska navlaka 2. materijal za navlake (also **ticking**)

tick V n (Br., colloq.) kredit, veresija

tick·er [~ə(r)] n 1. berzovni (W: burzovni) telegraf 2. (slang) sat, časovnik 3. (slang) srce

ticker tape traka

ticker-tape parade doček junaka u Njujorku (za vreme — vrijeme kojeg gledaoci spuštaju sa prozora duge trake od papira)

tick·et I ['tikit] n 1. karta; ulaznica; *an airplane* ~ avionska karta; *a train* ~ vozna karta; *a concert* ~ ulaznica za koncerat 2. see **label I** 1 3. (pol.) lista kandidata (neke stranke), tiket 4. see **pawn ticket** 5. see **lottery ticket** 6. (or: *traffic* ~) cedulja sa razrezanom novčanom kaznom (za saobraćajni prekršaj) 7. (colloq.) ono što je ispravno; *that's the* ~! tako valja!

ticket II v tr 1. okarakterisati 2. staviti cedulju sa razrezanom novčanom kaznom (na); *to* ~ *an automobile* staviti cedulju na automobil

ticket collector biljeter, radnik koji pregledava ulaznice

ticket scalper see **scalper**

tick·ing [~ing] n materijal za navlake

tick·le I ['tikəl] n golicanje; *I have a* ~ *in my throat* grebe me guša

tickle II v 1. tr golicati; škakljati; *it* ~*s my hand* to mi golica ruku 2. intr golicati, svrbeti (svrbjeti)

tick·lish [~liš] *a* 1. golicav, golicljiv, škakljiv, tugaljiv; *a ~ problem* škakljiv problem; *a ~ question* tugaljivo pitanje
tick off *v* 1. see **tick II** 1, 2 2. (slang) sekirati
tick·seed ['tiksijd] see **coreopsis**
tick·tack [~taek] *n* tik-tak
tick·tack·toe [~'tou] *n* vrsta igre sa dve (dvije) vodoravne i dve vertikalne linije
tick·tock [~tɑk]; [o] *n* tik-tak
ti·dal ['tajdəl] *a* plimski
tidal wave plimski talas (val)
tid·bit ['tidbit] *n* poslastica
tid·dly·winks ['tidlijwiṇgks] *n pl* dečija (dječija) igra u kojoj se pločice ubacuju u šolju (W: šalicu)
tide I [tajd] *n* 1. morska mena (mijena); *an ebb ~* oseka; *a high ~* plima; *a neap ~* kvadraturna plima; *a spring ~* sizigijska morska mena, najveća plima 2. (fig.) talas, struja; **to buck the ~* plivati protiv struje
tide II *v tr (to ~ over)* pomoći; *it will ~ us over the winter* to će nam pomoći da prezimimo
tide·land [~laend] *n* zemlja plavljena plimom
tide over *v* see **tide II**
tide·wa·ter [~wotə(r)], [a] *n* plimska voda
tid·ings ['tajdiṇgz] *n pl* vesti (vijesti); *joyous ~* radosne vesti
ti·dy ['tajdij] *a* uredan; čist; *a ~ room* uredna soba
tidy up *v* urediti
tie I [taj] *n* 1. veza; *close ~s* tesne (tijesne) veze; *business (family) ~s* poslovne (rodbinske) veze (also **bond I** 1) 2. see **necktie** 3. see **crosstie** 4. nerešena (neriješena) igra, nerešeni rezultat; *the match ended in a ~* utakmica je bila nerešena (also **draw I** 2)
tie II *v* 1. *tr* vezati; *to ~ a knot (a necktie, shoelaces)* vezati čvor (mašnu, pertle); *to ~ smt. into a knot* vezati nešto u čvor 2. *tr* privezati; *to ~ a horse to a post* privezati konja uz direk 3. *tr* igrati nerešeno — neriješeno (s) 4. *intr* igrati nerešeno (also **draw II** 17)
tie clasp igla za mašnu
tie clip see **tie clasp**
tied [~d] *a* nerešen (neriješen); *they were ~* igrali su nerešeno
tied house (Br.) krčma koja je vezana za neku pivaru (cf. **free house**)
tie down *v* see **tie II** 2
tie-in [~-in] *n* (colloq.) veza, povezanost
tie in *v* (fig.) vezati
tie pin igla za mašnu
tier [tij(r)] *n* red, niz
tie rack vešalica (vješalica) za kravate
tierce [tij(r)s] *n* 1. (rel.) treći kanonski čas 2. (mus.) terca 3. (fencing) treća vrsta boda
tie up *v* 1. obustaviti; *to tie up production* obustaviti proizvodnju 2. zauzeti; *he will be tied up all day* on će biti zauzet ceo (cio) dan 3. uložiti; *to tie up one's money in real estate* uložiti svoj novac u nekretninu 4. ograničiti; *the will tied up the estate* testamenat je onemogućio prodaju imanja 5. vezati; *to tie up a prisoner* vezati zarobljenika; *to be tied up in port* biti vezan u luci
tie-up [~-əp] *n* 1. obustava 2. zastoj (saobraćaja)
tiff [tif] *n* 1. ljutnja 2. mala svađa

tif·fa·ny ['tifənij] *n* svileni flor
tif·fin ['tifin] *n* (Anglo-Indian) drugi ručak
Tif·lis ['tiflis] *n* Tiflis
ti·ger ['tajgə(r)] *n* tigar
ti·ger·ish [~riš] *a* sličan tigru
tight I [tajt] *a* 1. tesan (tijesan); *~ shoes* tesne cipele; *a ~ fit* tesna sprega 2. čvrst; zategnut; *a ~ knot* čvrst čvor; *a ~ rein* zategnuta uzda; *he pulled his belt ~* zategnuo je kaiš 3. zaptiven, neprobojan 4. nezgodan, opasan; *a ~ corner* tesnac (tjesnac) 5. oskudan; *money is ~* nema dosta novaca 6. (slang) pijan 7. škrt, tvrd 8. ravan; *a ~ match* ravna borba
tight II *adv* čvrsto; *to hold ~* čvrsto držati; **to sit ~* uporno se držati svog položaja
tight·en [~ən] *v* 1. *tr* stegnuti, pritegnuti, zategnuti; *to ~ one's belt (a screw)* stegnuti kaiš (šraf) 2. *tr* pooštriti; *to ~ discipline* pooštriti disciplinu 3. *intr* stegnuti se
tighten up *v* see **tighten**
tight·fist·ed [~fistid] *a* škrt, tvrd
tight-fitting *a* tesan (tijesan); *~ jeans* tesne farmerke
tight-lipped [~lipt] *a* see **reticent I**
tight·rope [~roup] *n* nategnuto uže; *to walk a ~* hodati po užetu; and: (fig.) biti u kritičnoj situaciji
tightrope walker akrobat na užetu
tights [~s] *a pl* 1. hula-hopke; *two pairs of ~* dvoje hula-hopke 2. Br.; see **panty hose**
tight·wad [~wad]; [o] *n* (slang) tvrdica
ti·gress ['tajgris] *n* tigrica
Ti·gris ['tajgris] *n* Tigris, Tigar (reka — rijeka)
tike see **tyke**
til·bur·y ['tilberij], [ə] *n* vrsta otvorenih dvokolica
til·de ['tildə] *n* tilda
tile I [tajl] *n* ploča, pločica; crep (crijep)
tile II *v tr* obložiti pločama
til·er·y [~ərij] *n* crepana
till I [til] *n* fioka za novac
till II see **until**
till III *v tr* orati, obrađivati; *to ~ the soil* obrađivati zemlju (also **work II** 5)
till·age [~idž] *n* obrađivanje (zemlje), oranje
till·er I ['tilə(r)] *n* rudo kormila
tiller II *n* izdanak
tilt I [tilt] *n* 1. nagib, kos položaj 2. megdan kopljima 3. prepirka, spor
tilt II *v* 1. *tr* nagnuti 2. *tr* udariti kopljem; napasti 3. *intr* nagnuti 4. misc.; **to ~ at windmills* boriti se s vetrenjačama (vjetrenjačama)
tilt hammer teški čekić
tilt·ing [~iṇg] *n* napadanje; borba; **~ at windmills* borba s vetrenjačama (vjetrenjačama)
tilt-yard [~ja(r)d] *n* megdanište za borbu kopljima
tim·bal ['timbəl] *n* talambas
tim·ber I ['timbə(r)] *n* 1. drveće 2. (tesana) drvena građa (also **lumber I** 1) 3. greda 4. (fig.) kov, kalibar; *a man of his ~* čovek (čovjek) njegovog kova 5. misc.; *~!* čuvaj se drveta (koje pada)!
timber II *v tr* podupreti (poduprijeti) drvenom građom
tim·ber·land [~laend] *n* šumovita zemlja
tim·ber·line [~lajn] *n (the ~)* granica šume (also **tree line**)

tim·ber·work [~wə(r)k] *n* drveni kostur
tim·bre ['timbə(r)] *n* boja zvuka; glas
time I [tajm] *n* 1. vreme (vrijeme); *to gain* ~ dobiti u vremenu; *to kill (waste)* ~ ubijati (gubiti) vreme; *at one* ~ u svoje vreme; ~ *passes* vreme prolazi; ~ *will tell* vreme će pokazati; *our* ~ *will come* doći će naše vreme; *at that (the same)* ~ u ono (isto) vreme; *it's high* ~ krajnje je vreme; *it's* ~ *to go* vreme je da pođemo; *it's* ~ *for lunch* vreme je za ručak; *for a short* ~ na kratko vreme; *it's a question of* ~ pitanje je vremena; *to keep abreast of the* ~*s* ići u korak s vremenom; *Central European* ~ srednjoevropsko vreme; *difficult (terrible)* ~*s* teška (strašna) vremena; *in olden* ~ u stara vremena; *the ravages of* ~ zub vremena; *** ~ *has passed him by* pregazilo ga je vreme; *** ~ *is money* vreme je novac; *from* ~ *to* ~ s vremena na vreme; *to spend* ~ provoditi vreme; *to have some* ~ *off* imati slobodnog vremena 2. misc.; (colloq.) *to make* ~ napredovati; imati uspeha (uspjeha); *we had a great* ~ lepo (lijepo) smo se proveli; *to have a bad* ~ rđavo se provesti; *to do* ~ izdržavati kaznu
time II *a* 1. vremenski 2. oročeni 3. tempirani, tempirni; ~ *fire* tempirno gađanje; *a* ~ *fuse* tempirni upaljač
time III *v tr* 1. tempirati; *to* ~ *a shell* tempirati granatu 2. podesiti vremenski; proračunati vreme — vrijeme (za) 3. odmeriti vreme — odmjeriti vrijeme (nečega); *to* ~ *a race* odmeriti vreme trke
time and a half plata (plaća) za prekovremeni rad
time and motion study analiza radnog procesa; analitička procena (procjena) radnih mesta (mjesta)
time bomb tempirana bomba
time capsule kapsula vremena (kapsula koja sadrži predmete neke kulture; ona treba da bude otvorena od predstavnika jedne buduće generacije)
time·card [~ka(r)d] *n* kontrolna kartica (radnika)
time clock (kontrolni) sat; (colloq.) *to punch a* ~ otkucati dolazak i odlazak
time deposit oročeni račun
time exposure (photo.) duga eksponaža
time-honored *a* tradicionalan, starostavan
time immemorial *from* ~ od pamtiveka (pamtivijeka)
time·keep·er [~kijpə(r)] *n* 1. časovnik, sat 2. (usu. sports) merilac (mjerilac) vremena
time lag vremenski razmak
time·less [~lis] *a* vanvremenski
time limit rok; *to set a* ~ postaviti rok
time·ly [~lij] *a* blagovremen, podesan, zgodan
time note (comm.) datumska menica (mjenica)
time-out [~-aut] *n* (sports) tajm-aut, mrtvo vreme (vrijeme)
time·piece [~pijs] *n* časovnik, sat; hronometar (kronometar)
tim·er [~ə(r)] *n* 1. vremenski rele, brojač; *to set a* ~ postaviti brojač 2. see **timekeeper** 2 3. see **timepiece**
time·sav·ing [~sejving] *a* koji štedi vreme (vrijeme)
time·serv·er [~sə(r)və(r)] *n* oportunista
time sheet see **time card**

Times Square Tajms Skver (u Njujorku)
time·ta·ble [~tejbəl] *n* red vožnje; red letenja; raspored
time·work [~wə(r)k] *n* posao plaćen po vremenu
time·worn [~wo(r)n] *a* istrošen; otrcan
time zone vremenska zona
tim·id ['timid] *a* plašljiv, stidljiv
ti·mid·i·ty [ti'midətij] *n* plašljivost, stidljivost
tim·ing ['tajming] *n* podešavanje vremena, proračun vremena
ti·moc·ra·cy [taj'makrəsij]; [o] *n* timokratija (timokracija)
tim·or·ous ['timərəs] see **timid**
tim·o·thy ['timəthij] *n* (bot.) popino prase
tim·pa·num see **tympanum**
tin I [tin] *n* 1. kalaj 2. Br.; see **can I**
tin II *a* kalajni, limeni
tin III *v tr* 1. nakalajisati 2. Br.; see **can II**
tin can see **can I**
tinc·to·ri·al [tingk'toriəl] *a* za bojenje
tinc·ture I ['tingkčə(r)] *n* tinktura, sredstvo za bojenje, boja
tincture II *v tr* obojiti
tincture of iodine tinktura joda
tin·der ['tində(r)] *n* trulo drvo; trud
tin·der·box [~baks]; [o] *n* 1. kutija za trud 2. (fig.) zapaljiva situacija
tine [tajn] *n* parog
tin·foil ['tinfojl] *n* kalajni list
ting I [ting] *n* zveka
ting II *v intr* zvečati
tinge I [tindž] *n* trag, primesa (primjesa)
tinge II *v tr* 1. obojiti 2. nijansirati
tin·gle I ['tinggəl] *n* peckanje, štipanje
tingle II *v intr* peckati, štipati
tin·horn ['tinho(r)n] *n* hvalisavac
tin·ker I ['tingkə(r)] *n* kotlokrpa; **he doesn't give a* ~*'s damn* ne mari baš ništa
tinker II *v intr* petljati, vrzmati se, čačkati, majati se, prtljati; *to* ~ *with a faucet* petljati oko slavine
tin·kle I ['tingkəl] *n* zveka, zvonjenje
tinkle II *v* 1. *tr* zvoniti; *to* ~ *a bell* zvoniti u zvono 2. *intr* zvečati 3. *intr* (children's language) mokriti
tin lizzie ['lizij] (colloq.) stara, oronula kola
tin·ny ['tinij] *a* 1. koji sadrži kalaja 2. privlačan ali lošeg kvaliteta
tin opener Br.; see **can opener**
Tin Pan Alley (colloq.) četvrt gde (gdje) rade kompozitori, izdavači popularnih pesama (pjesama)
tin plate kalajni list, beli (bijeli) lim
tin-plate [~plejt] *v tr* nakalajisati
tin·sel ['tinsəl] *n* varak, šljokica
tin·smith ['tinsmith] *n* limar, kalajdžija
tint I [tint] *n* 1. boja 2. nijansa; senka (sjenka)
tint II *v tr* nijansirati; zasenčiti (zasjenčiti); *a* ~*ed windshield* zasenčeno staklo
tin·tin·nab·u·lum [tinti'naebjələm] (-*la* [lə]) *n* zvonce
ti·ny ['tinij] *a* majušan
tip I [tip] *n* 1. vrh, šiljak, špic; *the* ~ *of a knife (pencil)* vrh noža (olovke); **it's on the* ~ *of my tongue* na vrhu mi je jezika; **the* ~ *of the iceberg* mali, vidljivi deo (dio) problema (situacije) 2. (on shoes) kapica

tip II *v tr* snabdeti (snabdjeti) vrhom
tip III *n* 1. nagib 2. (Br.) đubrište
tip IV *v* 1. *tr (to ~ over)* prevrnuti, preturiti 2. *tr* nagnuti 3. pridići; *to ~ one's hat (as a greeting)* pridići šešir (u znak pozdrava) 4. *tr* (Br.) svaliti, istovariti 5. *intr (to ~ over)* prevrnuti se 6. *intr* nagnuti se 7. misc.; *he ~s the scales at 160 pounds* on je težak 160 funti; (fig.) *to ~ the scales (in smb's favor)* rešiti (riješiti) stvar (u nečiju korist); **to ~ one's hand* otkriti svoje karte
tip V *n* lak udarac, dodir
tip VI *v tr* lako udariti, dodirnuti
tip VII *n* 1. napojnica, bakšiš; *to leave a ~ for the waiter* ostaviti konobaru bakšiš 2. obaveštenje (obavještenje), informacije; savet (savjet); dostava; *to give smb. a ~* dati nekome savet; *an anonymous ~* anonimna dostava
tip VIII *v* 1. *tr* dati napojnicu (nekome); *to ~ a waiter* dati napojnicu konobaru 2. *tr (to ~ smb. off)* dati nekome savet (savjet); obavestiti (obavijestiti) nekoga 3. *intr* davati napojnice
tip·cart [~ka(r)t] *n* vagon koji se istovaruje naginjanjem, kiper
tip in *v* see **tap in**
tip-in [~-in] see **tap-in**
tip off *v* see **tip VIII** 2
tip-off [~-of] *n* (colloq.) informacije, savet (savjet)
tip over *v* see **tip IV** 1, 5
tip·pet ['tipit] *n* ogrtač od krzna
tip·ple I ['tipəl] *n* alkoholno piće
tipple II *v intr* često piti, mnogo piti
tip·pler [~lə(r)] *n* pijanica
tip·si·ness [~sijnis] *n* pijanstvo
tip·staff [~staef]; [a] *n* 1. (-s or -staves [stejvz], [ae]; [a]) štap sa metalnom drškom 2. (-s) (esp. Br.) sudski činovnik
tip·ster [~stə(r)] *n* (colloq.) davalac obaveštenja (obavještenja)
tip·stock [~stak]; [o] *n* (on a rifle) usadnik
tip·sy [~sij] *a* u pripitom stanju
tip·toe I [~tou] *n* vrh nožnog prsta; *on ~* see **tiptoe II**
tiptoe II *a and adv* na vrhovima prstiju; *to walk ~* ići na vrhovima prstiju
tiptoe III *v intr* ići na vrhovima prstiju
tip·top I [~tap]; [o] *n* vrhunac
tiptop II *a* prvoklasan, tip-top
ti·rade ['taj'rejd] *n* tirada, govor pun fraziranja, osude; *to launch into a ~* održati govor pun osude
Ti·ra·na [ti'ranə] *n* Tirana
tire I [taj(r)] *n* (automobilska) guma; *we had a flat ~* pukla nam je guma; *(steel) belted ~s* (žičane) pojasne gume; *radial ~s* radijalne gume; *to inflate (mount, slash) a ~* naduvati (montirati, probušiti) gumu
tire II *v* 1. *tr* (or: *to ~ out*) umoriti, zamoriti 2. *intr* (or: *to ~ out*) umoriti se; *he got ~d (out) from working* umorio se od rada 3. *intr* dodijati; *he's ~d of it* dodijalo mu je to
tire chain lanac za gume; *to put ~s on* staviti lance (na točkove)
tired [~d] *a* see **tire II**; umoran; *he is too ~ to do anything* suviše je umoran da bi ma šta radio

tire·less [~lis] *a* neumoran; *a ~ worker* neumoran radnik
tire out *v* see **tire II** 1, 2
tire pressure pritisak u gumi
tire-pressure gauge ispitivač pritiska za autogume
tire·some [~səm] *a* 1. zamoran 2. dosadan
tire valve cap kapica ventila za pumpanje gume
tire·wom·an [~wumən] (-*women* [wimin]) *n* garderoberka (ona koja pomaže pri presvlačenju glumaca)
tir·ing [~riɳ] *a* zamoran
ti·ro see **tyro**
tis·sue ['tišū] *n* 1. tkivo; *animal (connective, granulation, muscular, plant, subcutaneous) ~* životinjsko (vezivno, granulaciono, mišićno, biljno, potkožno) tkivo 2. (or: *~ paper*) toaletni papir 3. splet, niz; *a ~ of lies* splet laži
tit I [tit] *n* senica (sjenica); *blue (marsh) ~* plava (močvarna) senica (see also **titmouse**)
tit II *n* 1. see **teat** 2. (vul.; usu. in *pl*) grudi
ti·tan ['tajtən] *n* titan, džin
ti·tan·ic [taj'taenik] *a* titanski, džinovski
ti·tan·ite ['tajtənajt] see **sphene**
ti·ta·ni·um [taj'tejnijəm] *n* (chem.) titanijum
tit·bit Br.; see **tidbit**
tit for tat milo za drago, šilo za ognjilo
tithe I [tajth] *n* (hist.) desetina, desetak (porez)
tithe II *v tr* nametnuti desetak (na)
ti·tian I ['tišən] *n* tamnonarančasta boja
titian II *a* tamnonarančaste boje
tit·il·late ['titəlejt] *v tr* 1. golicati 2. prijatno uzbuđivati
tit·lark ['titla(r)k] see **pipit**
ti·tle I ['tajtəl] *n* 1. naslov, naziv, ime 2. titula; *a ~ of nobility* plemićka titula 3. (sports) šampionat 4. (legal) pravo svojine; tapija
title II *a* naslovni
title III *v tr* dati naslov; dati titulu
ti·tled ['tajtəld] *a* koji ima (plemićku) titulu
ti·tle·hold·er [~houldə(r)] *n* šampion
title page naslovna strana
title role naslovna uloga
tit·mouse ['titmaus] (-*mice* [majs]) *n* senica (sjenica); *a crested ~* ćubasta senica (see also **tit I**)
Ti·to·grad ['tijtougrad] *n* Titograd
Ti·to·ism ['tijtouizəm] *n* titoizam
ti·tra·tion [taj'trejšən] *n* titracija
tit·ter I ['titə(r)] *n* cerekanje; kikotanje
titter II *v intr* cerekati se, kikotati se
tit·tle ['titəl] *n* 1. dijakritički znak 2. trunka, jota
tit·tle-tat·tle [~-taetəl] *n* torokanje
tit·u·ba·tion [tiču'bejšən] *n* (med.) posrtanje
tit·u·lar ['tičulə(r)] *a* titularni; naslovni
tiz·zy ['tizij] *n* (slang) uzrujanost; nervoznost; uzbuđenost; *to be in a ~* biti uzrujan
TM [tij'em] abbrev. of **transcendental mediation**
TNT [tijen'tij] abbrev. of **trinitrotoluene**
to I [tū] (unstressed: [tə]) *prep* 1. u; *to go ~ school (London)* ići u školu (London) 2. za; *they are traveling ~ Paris* putuju za Pariz; *the road ~ Toronto* put za Toronto; *she's married ~ an engineer* udata je za inženjera 3. na; *to go ~ a concert (lecture, post office)* ići na koncerat (predavanje, poštu); *to sentence ~ death* osuditi na smrt; *~ your health!* na zdravlje! 4. do; *from top ~ bottom* od vrha do dna; *he went*

~ *the market* on je otišao do pijace; *now it's five minutes* ~ *three* sad je pet do tri; *from Tuesday* ~ *Friday* od utorka do petka; *up* ~ *a few years ago* do pre (prije) nekoliko godina 5. prema; *to be kind (polite)* ~*smb.* biti dobar (učtiv) prema nekome; (sports) *two* ~ *one* dva prema jedan; *his chances are one* ~ *five* šanse su mu jedan prema pet 6. (with the *inf*) *the child learned (how)* ~ *read* dete (dijete) je naučilo da čita; *I wanted* ~ *call but forgot* ~ hteo (htio) sam da se javim, ali sam zaboravio; *he wanted me* ~ *come* hteo je da dođem 7. (equals the SC *instr*) *he got married* ~ *Vera* oženio se Verom 8. (equals the SC *dat*) *he wrote a letter* ~ *her* napisao joj je pismo 9. pred; *they played* ~ *a full house* igrali su pred punim gledalištem 10. misc.; ~ *and fro* tamo-amo; *to be secretary* ~ *smb.* biti nečiji sekretar (see also **come to**)
to II (used to form the infinitive) ~ *read* čitati (is not used after the verbs: *can, could, may, might, will, would, shall, should, must*)
toad [toud] *n* krastava žaba
toad·flax [~flaeks] *n* (bot.) lanilist
toad·stool [~stūl] *n* zlatača (otrovna gljiva)
toad·y I [~ij] *n* ulizica
toady II *v intr (to* ~ *up to smb.)* ulagivati se nekome
toast I [toust] *n* pržena kriška hleba — hljeba (W: kruha), tost; *to make* ~ pržiti hleb
toast II *v* 1. *tr* pržiti; *to* ~ *bread* pržiti hleb — hljeb (W: kruh) 2. *tr* grejati (grijati) 3. *intr* pržiti se
toast III *n* zdravica; *to drink a* ~ napiti zdravicu; *to exchange* ~*s* izmenjati (izmijeniti) zdravice; *to make a* ~ održati zdravicu
toast IV *v tr* nazdraviti; *to* ~ *smb.* nazdraviti nekome
toast·er [~ə(r)] *n* naprava za prženje, toster
toast·mas·ter [~maestə(r)]; [a] *n* onaj koji rukovodi zdravicama
to·bac·co [tə'baekou] *n* duvan (duhan); *pipe* ~ duvan za lulu; *chewing* ~ duvan za žvakanje; *to grow* ~ gajiti duvan; ~ *production* proizvodnja duvana
tobacco field duvanište (duhanište)
tobacco leaf list (od) duvana (duhana)
to·bac·co·nist [~ənist] *n* duvandžija (duhandžija), trgovac duvanom (duhanom)
tobacco raising gajenje duvana (duhana)
tobacco store prodavnica (W: prodavaonica) duvana (duhana)
to·bog·gan I [tə'bagən]; [o] *n* tobogan, plitke saonice bez naslona
toboggan II *v intr* sanjkati se na toboganu
To·bruk ['toubruk] *n* Tobruk
toc·ca·ta [tə'kata] *n* (mus.) tokata
To·char·i·an I [tou'kejrijən] *n* toharski jezik
Tocharian II *a* toharski
to·col·o·gy [tou'kalədžij]; [o] *n* tokologija, porodiljstvo
to·come (postposed and *pred*) *a* budući
toc·sin ['taksin]; [o] *n* zvono za uzbunu
tod [tad]; [o] *n* (Br.) mera (mjera) za vunu (28 funti)

to·day [tə'dej] 1. *adv* danas 2. *n* današnjica; *the youth of* ~ or: ~*'s youth* današnja omladina
tod·dle I ['tadəl]; [o] *n* geganje
toddle II *v intr* gegati se
tod·dler [~dlə(r)] *n* dete (dijete) koje je tek prohodalo, gegalo
tod·dy [~ij] *n* piće od rakije, šećera, limuna i vruće vode (also **hot toddy**)
to·do [tə·'dū] *n* (colloq.) vika, larma; *to make a big* ~ *about smt.* dići viku oko nečega
toe I [tou] *n* nožni prst; **on ones* ~*s* budan; **to tread on smb.'s* ~*s* stati nekome na žulj
toe II *v* 1. *intr* staviti nožne prste; *to* ~ *in* stati prstima okrenutim unutra 2. misc.; *to* ~ *the line* stajati na liniji; or: (fig.) pokoravati se
toe·cap [~kaep] *n* kapica (na cipeli)
toe dance ples na vrhovima prstiju
toe·hold [~hould] *n* otporna tačka (W: točka); (fig.) polazna tačka
toe·in [~·in] *n* (tech., on an automobile) kolotrag
toe·nail [~nejl] *n* nokat nožnog prsta
toff [taf]; [o] *n* (Br.) kicoš
tof·fee, tof·fy ['tafij], [o] see **taffy**
toft [toft] *n* (Br.) 1. see **homestead** 2. brežuljak
tog I [tag]; [o] *n* (colloq.) 1. kaput 2. (in *pl*) odeća (odjeća)
tog II *v tr* (colloq.) *(to* ~ *out)* obući
to·ga ['tougə] *(-s* or *-gae* [džij]) *n* toga
to·geth·er [tə'gethə(r)] *adv* zajednički, zajedno; *they solved that* ~ oni su to zajednički rešili (riješili)
to·geth·er·ness [~nis] *n* (colloq.) združenost
tog·gle ['tagəl]; [o] *n* prečka; klin; žabica (za natezanje provodnika)
toggle bolt zavrtanj sa žabicom
toggle switch poluzni prekidač
To·go ['tougou] *n* Togo
To·go·land [~laend] *n* Togoland
togs see **tog I** 2
toil I [tojl] *n* težak rad
toil II *v intr* teško raditi
toil·er [~ə(r)] *n* (fizički) radnik
toi·let I ['tojlit] *n* 1. nužnik; ve-ce, klozet 2. kupatilo (W: kupaonica) 3. toaleta
toilet II *a* toaletni
toilet bowl zahodska školjka
toilet paper toaletni papir
toi·let·ries [~rijz] *n pl* drogerijska roba
toilet soap toaletni sapun
toilet-train *v tr* naučiti (dete — dijete) da vrši nuždu gde (gdje) treba
toilet water kolonjska voda
toil·some [~səm] *a* naporan
to·ken ['toukən] *n* 1. znak, simbol; *a* ~ *of authority (respect)* znak vlasti (poštovanja); *in* ~ *of smt.* u znak nečega; **by the same* ~ na isti način 2. bon, doznaka (od metala, kao zamena — zamjena novca)
to·ken·ism [~izəm] *n* površno poštovanje
To·khar·i·an see **Tocharian**
To·ki·o see **Tokyo**
to·kol·o·gy see **tocology**
To·ky·o ['toukijou] *n* Tokio
told see **tell**
tol·er·a·ble ['talərəbəl]; [o] *a* podnošljiv

tol·er·ance [~rəns] *n* 1. trpeljivost, tolerancija; ~ *of* tolerancija prema 2. (tech.) tolerancija

tol·er·ant [~rənt] *a* trpeljiv, tolerantan; ~ *of* tolerantan (trpeljiv) prema

tol·er·ate [~rejt] *v tr* tolerisati

tol·er·a·tion [~'rejsən] *n* tolerancija

toll I [toul] *n* 1. taksa; drumarina, putarina; mostarina 2. cena (cijena) za međugradski telefonski razgovor 3. danak; gubici; *we paid a heavy* ~ pretrpeli (pretrpjeli) smo teške gubitke; *the disease took a heavy* ~ bolest je pokosila mnoge

toll II *n* zvonjenje

toll III *v* 1. *tr* zvoniti (u); *to* ~ *a bell* zvoniti u zvono 2. *tr* otkucavati; *the clock* ~*s the hour* časovnik otkucava čas 3. *intr* zvoniti; **for whom the bell* ~*s* za kim zvona zvone

toll·bar [~ba(r)] see **tollgate**

toll·booth [~būth] *n* kabina gde (gdje) se naplaćuje (plaća) drumarina, naplatna stanica

toll bridge most na kojem se plaća mostarina

toll call međugradski telefonski razgovor

toll collector radnik koji prima drumarinu

toll·gate [~gejt] *n* đeram, rampa (koja se otvara pošto se plati drumarina)

toll·house [~haus] see **tollbooth**

toll line međugradska telefonska linija

tol·u·ene ['taljūijn]; [o] *n* (chem.) toluen

tom [tam]; [o] see **tomcat**

Tom see **Uncle Tom**

tom·a·hawk ['taməhok]; [o] *n* indijanska sekira (sjekira)

to·ma·to [tə'mejtou] *(-es) n* paradajz (W: rajčica)

tomb [tūm] *n* grob; *Tomb of the Unknown Soldier* grob Neznanog junaka

tom·bo·la [tom'boulə] Br.; see **lottery**

tom·boy ['tamboj]; [o] *n* muškarača, muškobanja

tomb·stone [~stoun] *n* nadgrobni spomenik

tom·cat ['tamkaet]; [o] *n* mačak

Tom Col·lins ['kalinz]; [o] vrsta koktela

Tom, Dick, and Har·ry [dik, 'haerij] (colloq.) svako; svi; *every* ~ *came to the party* svi su došli na zabavu (žur)

tome [toum] *n* knjiga, tom

tom·fool I ['tam'fūl]; [o] *n* glupan

tom·fool II *a* glup

tom·fool·er·y [~'fūlərij] *n* glupost

tom·my [~ij] *n* (Br., colloq.) 1. komad hleba — hljeba (W: kruha) 2. hrana 3. (usu. cap.) britanski vojnik

Tommy At·kins ['aetkinz] (Br.) see **tommy** 3

Tommy gun (colloq.) see **submachine gun**

tom·my·rot [~ijrat]; [o] *n* (colloq.) koješta

to·mor·row [tə'marou]; [o] 1. *adv* sutra 2. *n* sutrašnjica

Tom Thumb patuljak

tom·tom [tam-tam]; [o]; [o] *n* tamtam (doboš)

ton [tən] *n* tona; *a metric (register, short)* ~ metrička (registarska, kratka) tona

to·nal ['tounəl] *a* tonalan

to·nal·i·ty [tou'naelətij] *n* tonalitet

tone [toun] *n* 1. ton; *to set the* ~ davati ton; *in a threatening* ~ pretećim (prijetećim) tonom; *in an imperious* ~ zapovedničkim (zapovjedničkim) tonom 2. nijansa 3. (anat.) tobus, napetost mišića 4. (ling.) muzički naglasak, ton

tone arm tonska ručka (also **pickup arm**)

tone-deaf *a* bez muzičkog sluha

tone down *v* 1. sniziti ton (nečega) 2. ublažiti 3. ukrotiti

tone language (ling.) tonodistinktivni jezik

tone·less [~lis] *a* bez tona

tone up *v* 1. dići ton (nečega) 2. ojačati

tong [tang]; [o] *n* kinesko društvo; kinesko tajno društvo

tongs [~z] *n pl* klešta (kliješta); *two pairs of* ~ dvoja klešta

tongue [tang] *n* 1. jezik; *a coated* ~ obložen jezik; *to burn (stick out) one's* ~ opeći (isplaziti) jezik; *to have a sharp (nasty)* ~ imati oštar (opak) jezik; *to loosen smb.'s* ~ razvezati nekome jezik; *it's on the tip of my* ~ na vrhu jezika mi je; *hold your* ~! jezik za zube! **to bite one's* ~ ugristi se za jezik; **with* ~ *in cheek* neiskreno 2. jezik, govor (also **language**)

tongue and groove spoj na pero i žleb (žlijeb)

tongue depressor pritiskač za jezik

tongue-in-cheek [~-ən-čijk] *a* ironičan

tongue-lash·ing [~-laešing] *n* oštra kritika, grdnja; *to give smb. a* ~ izgrditi nekoga

tongue-tied [~-tajd] *a* nem (nijem); zavezana jezika; *he was* ~ jezik mu se uzeo

tongue twister brzalica, fraza teška za izgovor

tonic I ['tanik]; [o] *n* 1. okrepa, okrepno sredstvo 2. (mus.) osnovni ton 3. (ling.) tonski naglasak

tonic II *a* 1. okrepan 2. (mus.) tonski 3. (ling.) naglašen; zvučan; tonski; *a* ~ *accent* tonski naglasak (see also **pitch III**)

to·nic·i·ty [tou'nisətij] *n* (anat.) tonus, napetost mišića

tonic water gazirana voda s kininom

to·night [tə'najt] 1. *n* ova noć, današnje veče; ~*'s performance* večerašnja predstava 2. *adv* večeras, noćas

ton·nage ['tənidž] *n* tonaža

to·nom·e·ter [tou'namətə(r)]; [o] *n* zvukomer (zvukomjer)

ton·sil ['tansəl]; [o] *n* krajnik; *to get one's* ~*s out* izvaditi krajnike

ton·sil·lec·to·my [~'ektəmij] *n* vađenje krajnika, tonzilektomija; *to perform a* ~ *on smb.* izvaditi nekome krajnike

ton·sil·li·tis [~'ajtis] *n* zapaljenje (upala) krajnika, tonzilitis

ton·so·ri·al [tan'sorijəl]; [o] *a* berberski, frizerski

ton·sure ['tanšə(r)]; [o] *n* tonzura, postrig

to·nus ['tounəs] see **tonicity**

too [tū] *adv* 1. i; takođe (također); još; *I like it* ~ i meni se sviđa; *he painted the house* ~ i kuću je ofarbao; *I'm not only tired, but I'm hungry* ~ ne samo da sam umoran, nego sam još i gladan 2. suviše; ~ *warm* suviše toplo; *to work* ~ *much* suviše raditi 3. baš; *she isn't* ~ *pretty* nije baš lepa (lijepa) 4. misc.; *you will* ~ *do it!* moraš da to uradiš!

took see **take**

tool I [tūl] *n* alatka, alatljika; *a machine* ~ mašina alatljika

tool II *v tr* snabdeti (snabdjeti) alatkom; *to* ~ *up* spremiti se za proizvodnju

tool·box [~baks]; [o] *n* kutija za alat

tool·ing [~ing] *n* 1. rad alatom 2. postavljanje alata

tool·mak·er [~mejkə(r)] *n* alatničar
tool·mak·ing [~ing̅] *n* izrada alata
tool up *v* see **tool II**
toot I [tūt] *n* trubljenje
toot II *v intr* trubiti
tooth [tūth] (*teeth* [tijth]) *n* 1. zub; *a front (lower, upper)* ~ prednji (donji, gornji) zub; *artificial (crooked, straight) teeth* veštački — vještački (krivi, pravilni) zubi; *baby (milk, permanent) teeth* prvi (mlečni — mlječni, stalni) zubi; *to brush (pick) one's teeth* čistiti (čačkati) zube; *to fill (pull) a* ~ plombirati (izvaditi) zub; *his* ~ *fell out* ispao mu je zub; *armed to the teeth* oružan do zuba; **to have a sweet* ~ voleti (voljeti) slatko; *to clench one's teeth* stegnuti zube; *to grit one's teeth* stisnuti zube; *to grind one's teeth* škripati zubima; **to show one's teeth* pokazati zube; **~ and nail* iz petnih žila 2. zupčanik 3. zubac; *a* ~ *on a comb* zubac na češlju
tooth·ache [~ejk] *n* zubobolja; *he has a* ~ boli ga zub
tooth·brush [~brəš] *n* četkica za zube
tooth·comb [~koum] *n* 1. (esp. Br.) gusti češalj 2. misc.; **to check smt. with a fine* ~ proveriti (provjeriti) nešto veoma oprezno
tooth decay kvarenje zuba
toothed [~tht] or [t̄hd] *a* sa zubima; *a* ~ *wheel* zupčanik
tooth·less ['tūthlis] *a* bezub
tooth·paste [~pejst] *n* pasta za zube
tooth·pick [~pik] *n* čačkalica
tooth·pow·der [~paudə(r)] *n* prašak za zube
tooth·some [~səm] *a* 1. ukusan; *a* ~ *morsel* ukusan zalogaj 2. privlačna
tooth·wort [~wo(r)t], [ə] *n* (bot.) potajnica
tooth·y [~ij] *a* zubat
too·tle [tūtəl] *v intr* trubiti
toots [tuts] *n* (slang) draga, dragan
toot·sy [~ij] *n* (slang) 1. noga, stopalo 2. see **toots**
top I [tɑp], [o] *n* 1. vrh; vrhunac; čelo; *the* ~ *of a tree* vrh drveta; *from* ~ *to bottom* od vrha do dna; *he's at the* ~ *of his class* on je prvi u razredu 2. (of an automobile) krov (see also **hood I** 3) 3. misc.; *to come out on* ~ uspeti — uspjeti (u životu); pobediti (pobijediti); *he screams at the* ~ *of his lungs* viče koliko ga grlo nosi; (Irish) *the* ~ *of the morning to you!* dobro jutro, gospodine! (WW I) **to go over the* ~ iskočiti iz rovova, preći u napad; **he's on* ~ *of the world* on se oseća (osjeća) sjajno; **(slang) to blow one's* ~ razljutiti se; (colloq.) *he's the* ~s on je najbolji
top II *a* 1. gornji; najviši; *a* ~ *shelf* gornja polica; *a* ~ *layer* gornji sloj; *the* ~ *rung of a ladder* najviša prečaga lestvice (ljestvice) 2. najveći; ~ *speed* najveća brzina
top III *v tr* 1. (*to* ~ *out*) pokriti 2. biti na čelu (nečega); *he* ~s *the list* on je prvi na listi 3. udariti (loptu) iznad sredine 4. nadmašiti 5. potkresati
top IV *n* čigra; *to spin a* ~ terati (tjerati) čigru
to·paz ['toupaez] *n* topaz˙
top brass (colloq.) (*the* ~) najviši oficiri
top·coat [~kout] *n* mantil

top dog (slang) najviši autoritet
top drawer *a* (Br.; colloq.) iz najviše klase
top·flight [~flajt] *a* prvoklasan
top·gal·lant [~gaelənt] *a* (naut.) gornji
top hat cilindar (visok, krut, muški šešir)
top·heav·y [~hevij] *a* 1. preopterećen u gornjem delu (dijelu) 2. (fig.) glomazan; *(a)* ~ *administration* glomazna administracija
top·ic ['tɑpik]; [o] *n* tema, predmet; *a* ~ *for discussion* predmet za raspravljanje
top·i·cal [~əkəl] *a* 1. mesni (mjesni) 2. tematski
topic sentence glavna rečenica (u stavu)
top kick (mil., slang) četni starešina
top·less [~lis] *a* 1. bez vrha 2. toples, bez gornjeg dela (dijela), obnaženih grudi
top·mast [~maest], [ə]; [a] *n* (naut.) nastavak jarbola
top·most [~moust] *a* najviši
top·notch [~nač]; [o] *a* (colloq.) prvoklasan
top off *v* 1. završiti 2. napuniti
to·pog·ra·pher [tə'pɑgrəfə(r)]; [o] *n* topograf
top·o·graph·ic [tapə'graefik]; [o] *a* topografski; *a* ~ *map* topografska karta
top·o·graph·i·cal [~əl] see **topographic**
to·pog·ra·phy [tə'pɑgrəfij]; [o] *n* topografija
to·pol·o·gy [tə'pɑlədžij]; [o] *n* topologija
top·o·nym ['tɑpənim]; [o] *n* toponim
to·pon·y·my [tə'pɑnəmij]; [o] *n* toponimija
top·ping I ['tɑping;]; [o] *n* (cul.) preliv
topping II *a* (Br.) odličan
top·ple ['tɑpəl]; [o] *v* 1. *tr* oboriti, srušiti; *to* ~ *a government* oboriti vladu 2. *intr* (or: *to* ~ *over)* srušiti se
tops [~s] *a* (slang) prvoklasan
top·sail [~səl], [ej] *n* (naut.) gornje jedro
top·se·cret [~sijkrit] *a* (mil.) strogo poverljiv (povjerljiv)
top sergeant see **top kick**
top·side [~sajd] *n* (naut.) nadvodni deo — dio (broda)
top·soil [~sojl] *n* gornji sloj tla
top·spin [~spin] *n* (tennis) rotacija (lopte)
top·sy-tur·vy [~sij-tə(r)vij] 1. *a* naopak, u obrnutom položaju 2. *adv* naopako
top up *v* (Br.) napuniti
toque [touk] *n* vrsta ženskog šešira
to·rah ['tourə], [o] *n* tora
torch [to(r)č] *n* 1. buktinja; baklja; **to carry a (the)* ~ *for smb.* biti zaljubljen u nekoga 2. Br.; see **flashlight** 3. (tech.) plamenik; *an acetylene* ~ acetilenski plamenik
torch·bear·er [~bejrə(r)] *n* bakljonoša, lučonoša
torch·light [~lajt] *n* svetlost (svjetlost) baklje
torch singer pevačica (pjevačica) sentimentalnih šlagera
torch song sentimentalna pesma (pjesma)
tore see **tear II**
tor·e·a·dor ['torijədo(r)] *n* toreador (also **bullfighter**)
to·reu·tics [tə'rūtiks] *n* toreutika
tor·ment I ['to(r)ment] *n* muka, agonija; patnja
torment II ['to(r)'ment] *v tr* mučiti
tor·men·tor, tor·ment·er ['tor'mentə(r)] *n* mučitelj
torn see **tear II**
tor·na·do [tor'nejdo] (*-s* or *-es*) *n* tornado
To·ron·to [tə'rɑntou]; [o] *n* Toronto

tor·pe·do I [to(r)'pijdou] (-*s*) *n* torpedo; *an acoustic (aerial, magnetic)* ∼ akustični (avionski, magnetski) torpedo; *to fire (launch) a* ∼ ispaliti (lansirati) torpedo
torpedo II *a* torpedni; protivtorpedni; *a* ∼ *net* protivtorpedna mreža
torpedo III *v tr* torpedirati; *to* ∼ *a ship* torpedirati brod
torpedo boat torpedni čamac
torpedo tube torpedna cev (cijev)
tor·pid ['to(r)pid] *a* ukočen; trom, mlitav
tor·por [∼pə(r)] *n* ukočenost; tromost, mlitavost
torque I [to(r)k] *n* obrtni, torzioni momenat
torque II *n* (hist.) vratni lanac (kao ukras)
torque converter hidrotransformator
tor·rent ['torənt] *n* bujica, bujni potok
tor·ren·tial [to'renšəl] *a* bujan; *a* ∼ *rain* provala (prolom) oblaka
tor·rid ['torid], [*a*] *a* žarki, tropski; (fig.) vatren, strastan
torrid zone žarki pojas
tor·sion ['to(r)šən] *n* torzija, uvrtanje
torsion balance torziona vaga
torsion bar torziona poluga
tor·so ['to(r)sou] (-*s* or -*si* [sij]) *n* trup (bez udova), torzo
tort [to(r)t] *n* (legal) delikt (u građanskom pravu)
torte [to(r)t] *n* (cul.) torta
tor·ti·col·lis [to(r)tə'kalis]; [*o*] *n* krivošija, ukočenost vrata, iskrivljeni vrat
tor·tious ['to(r)šəs] *a* deliktan
tor·toise ['to(r)təs] *n* kornjača
tortoise-shell [∼šel] *n* kornjačina kora
tor·tu·os·i·ty [to(r)ču'asətij]; [*o*] *n* vijugavost, zavojitost
tor·tu·ous ['to(r)čūəs] *a* vijugav, zavojit
tor·ture I ['to(r)čū(r)] *n* mučenje, tortura; *to subject smb. to* ∼ baciti nekoga na muke; *instruments of* ∼ sprave za mučenje
torture II *v tr* mučiti
torture chamber mučilište
tor·tur·er [∼rə(r)] *n* mučilac
to·rus ['torəs] (-*ri* [raj]) *n* 1. (archit.) okruglo ispupčenje na postolju stuba 2. (anat.) mišićna nabubrenost 3. (biol.) plodište
To·ry I ['torij] *n* torijevac
Tory II *a* torijevski
To·ry·ism [∼izəm] *n* torijevizam
toss I [tos], [*a*] *n* 1. bacanje; *a* ∼ *of the dice* bacanje kocki (see also **throw I**) 2. see **tossup 1**; *to win the* ∼ dobiti igru »glave ili pisma«, dobiti žreb (žrijeb)
toss II *v* 1. *tr* baciti; *to* ∼ *a ball into the air* baciti loptu u vazduh (W: zrak); ∼*ed around by the waves* bacan tamo-amo talasima (see also **throw II 1**) 2. *tr* zbaciti (see **throw II 2**) 3. *tr (to* ∼ *around, over)* prevrtati; *to* ∼ *a matter over in one's mind* prevrtati stvar u glavi 4. *tr* (colloq.) *(to* ∼ *around)* pretresati, diskutovati 5. *tr* and *intr* baciti (novčić) uvis, vući kocku radi odluke; *to* ∼ *a coin (to decide smt.)* rešiti (riješiti) nešto po okretanju »glave« ili »pisma« 6. *intr* (also: *to* ∼ *around)* bacakati se, prevrtati se; *to* ∼ *(around) all night in bed* bacakati se u postelji celu (cijelu) noć
toss around *v* see **toss II 1, 3, 4, 6**

tossed salad mešana (miješana) salata
toss off *v* 1. popiti naiskap 2. sklepati; *to toss off poetry* sklepati stihove
toss out *v* izbaciti
toss over *v* 1. see **toss II 3** 2. dobaciti, dodati bacanjem; *to toss a ball over to smb.* baciti nekome loptu
toss·up [∼əp] *n* 1. bacanje novčića uvis (radi odluke), vučenje kocke 2. podjednak izgled; nerešena (neriješena) stvar; *it's a* ∼ ne zna se kako će stvar ispasti
tot [tat]; [*o*] *n* malo dete (dijete)
to·tal I ['toutəl] *n* (ukupna) suma, ukupan broj
total II *a* totalan, ukupan; potpun, celokupan (cjelokupan); *a* ∼ *number* ukupan broj
total III *v tr* 1. sabrati 2. (ukupno) iznositi 3. (slang) potpuno uništiti (vozilo)
to·tal·i·tar·i·an [toutaelə'tejrijən] *a* totalitaran
to·tal·i·tar·i·an·ism [∼izəm] *n* totalitarizam
to·tal·i·ty [tou'taelətij] *n* totalitet, celokupnost (cjelokupnost)
to·tal·i·za·tor ['toutləzejtə(r)] *n* totalizator, tabla kladionice
to·tal·ize ['toutlajz] *v tr* sabrati
to·tal·iz·er [∼ə(r)] *n* totalizator
tote [tout] *v tr* (colloq.) nositi; prevoziti
tote bag velika torba
to·tem ['toutəm] *n* totem
to·tem·ism [∼izəm] *n* totemizam
totem pole 1. totemski stub 2. (fig.) hijerarhija
tot·ter I ['tatə(r)]; [*o*] *n* teturanje, klimanje
totter II *v intr* 1. teturati se, klimati se 2. biti pred padom
touch I [təč] *n* 1. opip; pipanje; *the sense of* ∼ čulo (W: ćutilo) opipa 2. dodir; kontakt; veza; *out of* ∼ bez dodira; *to be in* ∼ biti u kontaktu; *to keep in* ∼ *with smb.* održavati (stalnu) vezu s nekim; *to get in* ∼ doći u vezu 3. ton, nota, trag; crta; primesa (primjesa); *a* ∼ *of bitterness* ton (nota) gorčine; *a* ∼ *of red* laka rumen; *a* ∼ *of genius* primesa genijalnosti 4. uticaj, dejstvo (djelovanje) 5. (lak) napad; *a* ∼ *of the gout* kostoboljni napad 6. mala količina, ukus (W also: okus), primesa; *a* ∼ *of garlic* malo belog (bijelog) luka (also **dash I 2**) 7. jačina otkucaja; *to adjust the* ∼ *(on a typewriter)* regulisati jačinu otkucaja (na pisaćoj mašini) 8. (mus.) veština sviranja (udaranja) 9. veština (vještina), sposobnost; *to lose one's* ∼ izgubiti veštinu 10. potez; *a finishing* ∼ završni potez; *to put the finishing* ∼*es on smt.* doraditi nešto 11. izmamljivanje (novca) 12. *(an easy* ∼ or: *a soft* ∼*)* osoba od koje se lakše izvlači korist (novac)
touch II *v* 1. *tr* dirnuti, dodirnuti, taći (se), dotaći (se); *don't* ∼ *that book!* ne diraj tu knjigu! *to* ∼ *a question (a wire)* dotaći pitanje (žicu); *don't* ∼ *me!* ne dotiči me! *we* ∼*ed the wall* dotakli smo se zida; *his head* ∼*es the ceiling* glava mu dodiruje tavanicu; *to* ∼ *with a finger* taći prstom 2. *tr* kucnuti se; *to* ∼ *glasses* kucnuti se čašama 3. *tr* ganuti, dirnuti; *he is deeply* ∼*ed by your kindness* duboko ga je dirnula vaša pažnja 4. *tr* okusiti; *he didn't* ∼ *anything all day* nije okusio ništa ceo (cijeli) dan 5. *tr* porediti se; *no one can* ∼ *him* niko (nitko) ne može

da se poredi sa njime, niko mu nije ravan 6. *tr* (slang) izmamiti; *to ~ smb. for money* izmamiti nekome novac 7. *intr* dodirnuti se, taći se; *the wires ~ed* žice su se dodirnule (takle) 8. *intr* pristati, svratiti; *to ~ at a port* pristati (svratiti) u luku 9. *misc.*; *to ~ off (an explosion)* izazvati (eksploziju); *to ~ on a question* dotaći pitanje
touch and go (colloq.) opasna situacija
touch-and-go [~ən-gou] *a* (colloq.) opasan
touch down *v* sleteti (sletjeti)
touch·down [~daun] *n* 1. (Am. football) gol 2. sletanje (slijetanje)
tou·ché [tū'šej] *interj* (French; fencing and fig.) pogodak!
touched [təčt] *a* 1. dirnut, ganut (see **touch II** 3) 2. (colloq.) ćaknut
touch football vrsta američkog fudbala
touch·hole [~houl] *n* (hist., mil.) prašnik, falja
touch·ing [~iñg] *a* dirljiv
touch·line [~lajn] *n* (soccer) uzdužna linija
touch-me-not [~-mij-nat]; [o] *n* (bot.) balzaminka, prskavac
touch on *v* see **touch II** 9
touch·stone [~stoun] *n* 1. lidijski kamen 2. (fig.) kriterijum, probni kamen
touch-type [~-tajp] *v intr* kucati slepo (slijepo)
touch up *v* retuširati; *to touch up a photograph* retuširati fotografiju
touch·up [~əp] *n* retuširanje
touch·wood [~wud] *n* trulo drvo
touch·y [~ij] *a* 1. preosetljiv (preosjetljiv) 2. golicav, škakljiv
tough I [təf] *n* (colloq.) siledžija
tough II *a* 1. tvrd, čvrst; žilav; *~ meat* tvrdo (žilavo) meso; *a ~ beard* jaka brada; **a ~ nut (to crack)* tvrd orah 2. jak, žilav, snažan; *~ resistance* žilav otpor 3. uporan, odlučan 4. težak; *a ~ job* težak posao 5. siledžijski
tough·en [~ən] *v tr* učvrstiti, pojačati
toughen up *v* see **toughen**
tough·ness [~nis] *n* tvrdoća, čvrstina, žilavost
tough-mind·ed [~-majndid] *a* odlučan
Tou·louse [tū'lūz] *n* Tuluz
tou·pée [tū'pej]; ['tūpej] *n* perika
tour I [tū(r)] *n* 1. putovanje, kružno putovanje, ekskurzija, izlet; *a group ~* grupno putovanje 2. obilazak; *a ~ of a house* obilazak kuće 3. turneja; *to go on ~* otići na turneju
tour II *v* 1. *tr* putovati (po); *to ~ a country* putovati po nekoj zemlji 2. *intr* putovati 3. *intr* biti na turneji
tour guide turistički vodič
tour·ing car [~riñg] (hist.) veliki otvoreni automobil
tour·ism [~rizəm] *n* turizam (more usu. is **travel I**)
tour·ist I [~rist] *n* turista
tourist II *a* turistički
tourist agency see **travel agency**
tourist class turistička klasa
tour·ma·line ['tū(r)məlin] *n* (chem.) turmalin
tour·na·ment ['tū(r)nəmənt] *n* turnir; takmičenje; *to conduct a ~* održati turnir; *to organize a tennis ~* organizovati teniski turnir (takmičenje u tenisu); *a chess ~* šahovski turnir
tour·ney ['tū(r)nij], [ə] *n* turnir

tour·ni·quet [~nikit] *n* stezač, naprava za stezanje žila
tour operator tur-operator
Tours [tū(r)] *n* Tur (grad u Francuskoj)
tou·sle ['tauzəl] *v tr* razbarušiti
tout I [taut] *n* (colloq.) 1. onaj koji prodaje podatke o trkačkim konjima 2. domamljivač kupaca
tout II *v* (colloq.) 1. *tr* reklamirati 2. *intr* vrbovati glasače; mamiti kupce
tow I [tou] *n* 1. vuča; *in ~* vučen; (fig.) pod starateljstvom 2. uže za vuču (also **towrope**) 3. šleper, tegljač (also **tugboat**)
tow II *v tr* vući, tegliti; remorkirati
tow III *n* kučine
tow·age [~idž] *n* 1. see **towing** 2. naplata za vuču
to·ward [to(r)d], [tə'wo(r)d] *prep* 1. k, prema; *he is going ~ the car* on ide prema (ka) kolima; *he's coming ~ me* on ide prema meni; *to be harsh ~ smb.* biti surov prema nekome 2. oko, k; *~ midnight* oko ponoći; *~ evening* k večeri
towards [~z] see **toward**
tow away *v* odvući; *to tow a parked car away* or: *to tow away a parked car* odvući parkiran automobil
tow-away zone zona gde (gdje) je strogo zabranjeno parkiranje (iz koje policija može da odvuče parkirano vozilo)
tow·boat [~bout] see **tugboat**
tow·el ['tauəl] *n* peškir, ubrus; *a bath (hand) ~* peškir za kupanje (ruke); (boxing and fig.) *to throw in the ~* ubaciti ubrus u ring (u cilju prekida borbe)
tow·er I ['tauə(r)] *n* toranj; kula; (aviation) *a control ~* kontrolni toranj (see also **Leaning Tower of Pisa**)
tower II *v intr* dizati se uvis
tow·er·ing [~iñg] *a* veoma visok
Tower of London Londonska kula (also **London Tower**)
tow·head ['touhed] *n* plavokosa glava
tow·head·ed [~id] *a* plavokos
tow·ing [touiñg] *n* vuča
towing service vučna služba
tow·line [~lajn] see **towrope**
town I [taun] *n* grad; varoš; *to go to ~* ići u varoš; (fig.) ići i kud puklo da puklo; *to work in ~* raditi u varoši; **to paint the ~ red* lumpovati; **a man about ~* bonvivan; varoški kicoš; **he is the talk of the ~* cela (cijela) varoš govori o njemu
town II *a* gradski
town clerk delovođa (djelovođa) gradske opštine (općine), gradski tajnik
town council (Br.) gradsko veće (vijeće)
town crier (hist.) gradski čuvar (koji je čitao objave)
town hall gradska većnica (vijećnica)
town house gradska kuća (za razliku od kuće na selu)
town·ie [~ij] *n* (slang) stanovnik grada u kojem se nalazi univerzitet (W: sveučilište)
town meeting zbor stanovnika varoši
towns·folk [~zfouk] *n pl* varoši
town·ship I [~šip] *n* opština (općina)

township II *a* opštinski (općinski); *a ~ administration* opštinska uprava

towns·man [~zmən] (*-men* [min]) *n* varošanin

towns·peo·ple [~zpijpəl] *n pl* varošani

towns·wom·an [~zwumən] (*-women* [wimin]) *n* varošanka

tow·path ['toupaeth]; [*a*] *n* put za tegljenje (uz obalu)

tow·rope [~roup] *n* uže za vuču

tow truck kamion-spasilac

tox·e·mi·a [tak'sijmijə]; [*o*] *n* toksemija

tox·ic ['taksik]; [*o*] *a* otrovan, toksičan

tox·i·col·o·gy [taksi'kɑlədžij]; [*o*]; [*o*] *n* toksikologija

toxic shock syndrome (med.) sindrom toksičkog šoka

tox·in ['taksin]; [*o*] *n* otrov, toksin

toy I [toj] *n* igračka

toy II *a* za igru

toy III *v intr* igrati, zabavljati se; *to ~ with smb.* zabavljati se s nekim

toy pistol pištolj igračka

toy shop esp. Br.; see **toy store**

toy soldiers olovni vojnici

toy store prodavnica (W: prodavaonica) igračaka

tra·bec·u·la [trə'bekjələ] (*-ae* [ij]) *n* (anat.) gredica

trace I [trejs] *n* 1. trag; *~s of an earlier civilization* tragovi jedne ranije civilizacije; *to leave a ~* ostaviti trag 2. mala količina (also **dash I** 2, **touch I** 6)

trace II *v tr* 1. ući u trag (nečemu); pronaći, naći; *to ~ a document (a lost letter)* naći dokumenat (izgubljeno pismo); *to ~ a criminal* pronaći zločinca 2. kopirati, kalkirati, precrtati (crtež, slova) 3. procrtati (kroz providan papir)

trace III *n* uže, štranga; **to kick over the ~s* uzeti đem u zube, oteti se disciplini

trace·a·ble [~əbəl] *a* čemu se može ući u trag

trace back *v* see **trace II** 1

trac·er [~ə(r)] *n* 1. tragač; istraživač 2. see **tracer bullet** 3. (med.) izotop-indikator, trejser 4. traženje; *to put out a ~ on a letter* tražiti (izgubljeno) pismo

tracer bullet trasirno zrno

tra·che·a ['trejkijə] (*-s* or *-eae* [ijij]) *n* 1. (anat.) dušnik, traheja 2. (bot.) traheja

tra·che·al [~l] *a* dušnički, trahelan

tra·che·i·tis [trejkij'ajtis] *n* (med.) traheitis, zapaljenje (upala) dušnika

tra·che·ot·o·my [trejkij'atəmij]; [*o*] *n* traheotomija

tra·cho·ma [trə'koumə] *n* (med.) trahom

trac·ing ['trejsiŋ] *n* precrtavanje (kroz providan papir)

tracing paper paus-papir

track I [traek] *n* 1. trag; *to cover up one's ~s* zametnuti svoje tragove 2. (usu. in *pl*) šina; pruga; *railroad (streetcar) ~s* železnička — željeznička (tramvajska) pruga 3. staza (za trčanje) 4. see **track and field** 5. see **racetrack** 6. veza; *to lose ~ of smb.* izgubiti vezu s nekim 7. kolosek (kolosijek); *to get off the ~* izići iz koloseka; *to get back onto the ~* ići u normalni kolosek 8. evidencija; *to keep ~ of smt.* voditi evidenciju o nečemu 9. misc.; **born on the wrong side of the ~s* rođen u sirotinjskom kvartu (nekog grada)

track II *a* lakoatletski, atletski; *~ events* trke i skokovi

track III *v* 1. *tr* goniti po tragu; ići tragom (nekoga) 2. *tr (to ~ down)* pronaći i uhvatiti 3. *tr* pratiti; *to ~ a target* pratiti cilj 4. *tr* razgaziti; *to ~ mud all over a house* razgaziti blato po celoj (cijeloj) kući; *to ~ up a floor* ostaviti tragove (prljavim cipelama) na podu 5. *intr* tražiti (po tragu)

track·age [~idž] *n* (colloq.) železničke (željezničke) pruge

track and field laka atletika

track-and-field [~-ən-fijld] *a* lakoatletski; *a ~ meet* lakoatletsko takmičenje

track down *v* see **track III** 2

tracked [~t] *a* gusenični (gusjenični)

track·ing [~iŋ] *n* praćenje; *target ~* praćenje mete

tracking station stanica za praćenje

track·lay·ing [~lejiŋ] *a* gusenički (gusjenički); *a ~ vehicle* gusenično vozilo

track·less [~lis] *a* 1. bez traga 2. bez šina

track meet lakoatletsko takmičenje

track steward see **steward I** 4

track suit trenerka

track up *v* see **track III** 4

tract I [traekt] *n* 1. prostor, predeo (predio) 2. (anat.) trakt, sistem; *the digestive ~* sistem za varenje, želudačni trakt

tract II *n* traktat, rasprava, pamflet

tract·a·ble [~əbəl] *a* 1. pokoran, poslušan 2. savitljiv, prilagodljiv

trac·tate ['traektejt] *n* traktat

trac·tile [~tajl], [*i*] *a* rastegljiv

trac·tion ['traekšən] *n* 1. vuča 2. vučna snaga 3. (med.) ekstenzija; *his leg is in ~* vrši mu se ekstenzija noge

traction device sprava za istezanje

traction engine lokomotiva (koja ne ide po šinama)

trac·tive ['traektiv] *a* koji vuče

trac·tor [~tə(r)] *n* traktor

tractor driver traktorista

trade I [trejd] *n* 1. zanat; *to learn a ~* naučiti zanat 2. trgovina; *~ in cattle (hides, wine)* trgovina stokom (kožama, vinom); *retail (wholesale) ~* trgovina na malo (na veliko); *a ministry of ~* ministarstvo trgovine; *to conduct ~* baviti se trgovinom 3. trampa, razmena (razmjena)

trade II *a* trgovinski; privredni; *a ~ agreement* trgovinski sporazum; *a ~ delegation* privredna delegacija

trade III *v* 1. *tr* razmeniti (razmijeniti), trampiti; *to ~ space for time* ustupati prostor radi dobitka u vremenu 2. *intr* trgovati; *to ~ in wine* trgovati vinom 3. *intr (to ~ on)* koristiti

trade gap trgovinski deficit

trade in *v* zameniti (zamijeniti); *to trade an old car in* or: *to trade in an old car* zameniti stara kola za nova (uz doplatu)

trade-in [~-in] *n* 1. stari predmet koji se zamenjuje (zamjenjuje) za novi (uz doplatu) 2. kupovina novog predmeta sa zamenom (zamjenom) starog (uz doplatu)

trade·mark [~ma(r)k] *n* zaštitni žig (znak), fabrički žig
trade name trgovački naziv, trgovačko ime
trade off *v* see **trade III 1**
trade-off [~-of] *n* razmena (razmjena)
trad·er ['trejdə(r)] *n* trgovac
trade rat see **pack rat**
trade route trgovački put
trade school zanatska škola
trade secret poslovna tajna
trades·man [~zmən] (*-men* [min]) *n* trgovac na malo
trades union Br.; see **trade union**
trade union sindikat, zanatsko udruženje
trade wind pasat
trading estate see **industrial estate**
trading post pogranična trgovačka kuća
trading stamp (usu. in *pl*: *trading stamps*) kupovinske tačkice, kuponi koji se dobiju (pri kupovini) i mogu zameniti (zamijeniti) za robu
tra·di·tion [trə'dišən] *n* tradicija; *according to* ~ po tradiciji; *to cherish (hand down)* ~*s* negovati — njegovati (predati) tradicije
tra·di·tion·al [~əl] *a* tradicionalan
tra·di·tion·al·ism [~izəm] *n* tradicionalizam
tra·di·tion·al·ist [~ist] *n* tradicionalista
tra·duce [trə'dūs]; [*dj*] *v tr* oklevetati
traf·fic I ['traefik] *n* 1. saobraćaj; *air (automobile, highway)* ~ avionski (automobilski, drumski) saobraćaj; *heavy* ~ gust saobraćaj; *to hold up (stop)* ~ obustaviti (prekinuti) saobraćaj; *an obstacle to* ~ smetnja saobraćaja; *to direct* ~ regulisati saobraćaj 2. trgovina; ~ *in drugs* trgovina drogama
traffic II saobraćajni; *a* ~ *accident* saobraćajna nesreća; *a* ~ *policeman* saobraćajni milicioner; ~ *regulations (signs)* saobraćajni propisi (znaci)
traffic III *-ked*; *v intr* trgovati; *to* ~ *in drugs* trgovati drogama
traf·fi·ca·tor [~ejtə(r)] *n* Br.; see **turn signal**
traffic circle raskrsnica (W also: raskrižje) sa kružnim tokom saobraćaja
traffic control regulisanje saobraćaja
traffic engineering saobraćajna tehnika
traffic indicator Br.; see **turn signal**
traffic island saobraćajno ostrvo (W: saobraćajni otok)
traffic jam zastoj saobraćaja
traf·fick·er [~ə(r)] *n* trgovac
traffic light semafor
traffic ticket see **ticket I 6**
traffic tie-up zastoj saobraćaja
traffic warden (Br.) službenik koji kontroliše parkiranje automobila
trag·a·canth ['traegəkaenth] *n* (bot.) tragantova guma, kozinac
tra·ge·di·an [trə'džijdijən] *n* tragičar
trag·e·dy ['traedžədij] *n* tragedija; *a* ~ *struck our country* tragedija je pogodila našu zemlju
trag·ic ['traedžik] *a* tragičan
trag·i·com·e·dy [traedži'kamədij]; [*o*] *n* tragikomedija
trag·o·pan ['traegəpaen] *n* tragopan (azijski fazan)
tra·gus ['trejgəs] (*-gi* [gaj], [*dž*]) *n* ušna dlaka
trail I [trejl] *n* trag; *to come across smb.'s* ~ ući u trag nekome; *to follow smb.'s* ~ pratiti ne-

čiji trag; *to leave a* ~ ostaviti trag 2. (uska) staza 3. (mil.) zadnji deo (dio) oružja 4. rep
trail II *v* 1. *tr* vući; *to* ~ *smt. through the mud* vući nešto po blatu 2. *tr* terati — tjerati (nekoga) po tragu; pratiti 3. *tr* izostati (iza), zaostati (za); *he is* ~*ing the others* on zaostaje za drugima 4. *intr* vući se; *to* ~ *along the ground* vući se po zemlji 5. *intr* izostati, zaostati; *he* ~*ed by three minutes* zaostao je za tri minuta 6. *intr (to* ~ *off)* izgubiti se; *the sound* ~*ed off* zvuk se izgubio 7. (mil.) ~ *arms!* na kuk!
trail·blaz·er [~blejzə(r)] *n* pionir, krčilac
trail·blaz·ing [~ing] *a* koji se prvi probija u neistraženi kraj
trail·er [~ə(r)] *n* 1. prikolica 2. (or: *house* ~) stambena prikolica, kamp-prikolica
trailer camp logor za stambene prikolice
trailer truck kamion s prikolicom
trail·ing edge [~ing] (aviation) izlazna ivica
train I [trejn] *n* 1. skut 2. pratnja, svita 3. (mil.) komora, pozadinski transport 4. voz (W: vlak); *an express (freight, morning, passenger)* ~ ekspresni (teretni, jutarnji, putnički) voz; *to go (travel) by* ~ ići (putovati) vozom
train II *v* 1. *tr* trenirati; *to* ~ *a team* trenirati tim 2. *tr* dresirati; *to* ~ *a dog* dresirati psa; ~*ed animals* dresirane životinje 3. *tr* vežbati (vježbati); *to* ~ *one's eye (one's memory)* vežbati oko (pamćenje) 4. *tr* obučiti, uvežbati (uvježbati), osposobiti; *to* ~ *soldiers in marksmanship* obučiti vojnike u gađanju; *to* ~ *smb. in a craft* obučiti nekoga u zanatu; *to* ~ *staff* osposobiti kadrove 5. *tr* uperiti; *to* ~ *a rifle on smb.* uperiti pušku na nekoga 6. *intr* trenirati 7. *intr* vežbati se
train·bear·er [~bejrə(r)] *n* skutonoša
train·ee [~'ij] *n* onaj koji se obučava; regrut; novajlija
train·er [~ə(r)] *n* 1. trener 2. *(animal* ~*)* dreser
train·ing I [~ing] *n* obuka, obučavanje, vežbanje (vježbanje), nastava; *military* ~ vojna obuka; ~ *in navigation* obuka iz navigacije; *the* ~ *of workers* obučavanje radnika
training II *a* školski, nastavni; *a* ~ *aid* nastavno pomagalo; *a* ~ *camp* školski logor; *a* ~ *center* školski (nastavni) centar; *a* ~ *film* nastavni film
training college (Br.) pedagoška škola
training school zanatska škola
training table trpezarija za atletičare (koji treniraju)
train·man see **brakeman**
traipse [trejps] *v intr* bazati
trait [trejt] *n* crta, osobina; *character* ~*s* crte karaktera
trai·tor ['trejtə(r)] *n* izdajnik; *a* ~ *to one's country* izdajnik otadžbine
trai·tor·ous [~rəs] *a* izdajnički
trai·tress ['trejtris] *n* izdajnica
tra·jec·to·ry [trə'džektərij] *n* trajektorija, putanja
tram I [traem] *n* 1. (Br.) tramvaj (see also **streetcar** I) 2. see **tramway** 3. rudarska kola
tram II *n* svilena potka
tram III see **trammel I 6**
tram·car [~ka(r)] *n* 1. Br.; see **tram I 1** 2. see **tram I 3**

tram·el, tram·ell see **trammel I, II**
tram·line [~lajn] *n* (Br.) tramvajska linija
tram·mel I ['traeməl] *n* 1. sapon 2. (in *pl*) prepreke
3. (also: ~ *net*) mreža za hvatanje riba 4. šestar za elipse 5. kuka za vešanje (vješanje) kotlova 6. sprava za podešavanje mašinskih delova (dijelova)
trammel II *v tr* sputati, sapeti
tra·mon·tane I ['traeməntejn], [trə'mɑntejn]; [o] *n* tuđinac, stanovnik s one strane brda
tramontane II *a* tuđ, stran; s one strane brda
tramp I [traemp] *n* 1. topot, bat, lupa (nogu) 2. šetnja 3. skitnica 4. bludnica, kurva 5. (naut.) tramper
tramp II *v* 1. *tr* proći pešice (pješice) 2. *tr* (*to* ~ *down*) utabati, ugaziti; gnječiti; *to* ~ *down snow* ugaziti sneg (snijeg) 3. *intr* teško koračati, ići; trapati, topotati, toptati
tram·ple ['traempəl] *v tr* zgaziti, izgaziti
tram·po·lin ['traempələn] see **trampoline**
tram·po·line [~lijn] *n* trambulina
tram·way [~wej] *n* (Br.) tramvajska linija
trance [traens] [*a*] *n* 1. trans, hipnotisanost; *to fall into a* ~ pasti u trans 2. uspavanost
tran·quil ['traenkwəl] *a* miran, tih; *a* ~ *life* miran život
tran·quil·i·ty [traen'kwilətij] *n* mirnoća, mir, tišina
tran·quil·ize [~ajz] *v tr* smiriti
tran·quil·iz·er [~ə(r)] *n* trankilizer, trankvilizant, sredstvo za smirenje
trans·act [traens'aekt], [z] *v tr* obaviti; *to* ~ *business* obavljati poslove
trans·ac·tion [~kšən] *n* 1. obavljanje; *the* ~ *of business* obavljanje poslova 2. posao; transakcija
trans·al·pine [~'aelpajn] *a* zaalpski, prekoalpski
trans·at·lan·tic [~'aetlaentik] *a* prekoatlantski
Trans·cau·ca·sia [~ko'kejžə] *n* Zakavkazje
tran·scend [traen'send] *v tr* 1. prekoračiti 2. nadmašiti, prevazići
tran·scen·dence [~əns] *n* transcendentnost
tran·scen·den·cy [~ij] see **transcendence**
tran·scen·dent [~ənt] *a* 1. nenadmašan 2. (phil. and math.) transcendentan
tran·scen·den·tal [~'dentl] *a* 1. (phil.) transcendentalan 2. (math.) transcendentan, transcendentalan
tran·scen·den·tal·ism [~izəm] *n* transcendentalizam
transcendental meditation transcendentalna meditacija
transcendental number transcendentan broj
trans·con·ti·nen·tal [traenskɑntə'nentəl], [z]; [o] *a* transkontinentalni
tran·scribe [traen'skrajb] *v tr* 1. prepisati 2. (ling.) transkribovati 3. snimiti na traku
tran·script ['traenskript] *n* 1. prepis 2. prepis ocena (ocjena)
tran·scrip·tion [traen'skripšən] *n* 1. transkripcija 2. snimanje emisije (na traku)
trans·duc·er [traens'dūsə(r)]; [dj] or [traenz~] *n* transduktor
tran·sept ['traensept] *n* (archit.) poprečni brod (crkve)
trans·fer I ['traensfə(r)] *n* 1. prenos (prijenos), prenošenje; premeštaj (premještaj) *the* ~ *of an*

estate (of power) prenos imanja (vlasti) 2. (mil.) prekomandovanje 3. (comm.) transfer, prenos 4. prelazna karta
transfer II (and [traens'fə(r)]) *v* 1. *tr* preneti (prenijeti); premestiti (premjestiti); *to* ~ *an estate (power)* preneti imanje (vlast); *to* ~ *to smb.'s name* preneti na nečije ime; *to* ~ *smb. to Chicago* premestiti nekoga u Čikago; *to* ~ *a pupil to another school* premestiti učenika u drugu školu 2. *tr* (mil.) prekomandovati 3. *tr* (comm.) transferisati, preneti; *to* ~ *money* transferisati novac 4. *intr* preći 5. *intr* presesti; *to* ~ *for Boston* presesti za Boston
trans·fer·a·ble [traens'fərəbəl] *a* prenosiv
transfer case (tech.) reduktor
trans·fer·ence ['traensfərəns] *n* 1. prenošenje 2. (med.) prenos (prijenos), transferacija
trans·fer·or [~'fərə(r)] *n* (legal) prenosilac (imovine, prava)
transfer student student koji je prešao sa drugog univerziteta
trans·fig·u·ra·tion [traensfigjə'rejšən]; [g] *n* 1. preobraženje 2. (rel., cap.) (*the* ~) Preobraženje
trans·fig·ure [~figjə(r)]; [g] *v tr* preobraziti
trans·fix [~'fiks] *v tr* 1. probosti 2. zapanjiti, paralizovati; ~*ed with horror* zapanjen od užasa
trans·form [~'fo(r)m] *v tr* 1. preobratiti, transformisati; *to be* ~*ed* preobratiti se 2. (ling.) transformisati; *to* ~ *a structure* transformisati strukturu
trans·for·ma·tion [~fə(r)'mejšən] *n* 1. preobražaj; transformacija 2. (ling.) transformacija; *a grammatical* ~ gramatička transformacija
trans·for·ma·tion·al [~əl] *a* (ling.) transformacioni, transformacijski; ~ *analysis (derivation, grammar)* transformaciona analiza (derivacija, gramatika); ~ *rules* transformaciona pravila
trans·form·er [~'fo(r)mə(r)] *n* transformator
trans·fuse [~'fjūz] *v tr* 1. preliti (iz jednog suda u drugi) 2. (med.) izvršiti transfuziju (krvi)
trans·fu·sion [~'fjūžən] *n* transfuzija; *a blood* ~ transfuzija krvi
trans·gress [traens'gres], [z] *v* 1. *tr* prekoračiti; prekršiti, prestupiti; *to* ~ *a law* prekršiti zakon 2. *intr* zgrešiti (zgriješiti)
trans·gres·sion [~šən] *n* 1. prestup 2. greh (grijeh)
trans·gres·sor [~sə(r)] *n* prestupnik; grešnik
trans·hu·mance [~'hjūməns] *n* periodsko putovanje (stada) u druga klimatska područja
tran·sience ['traenšəns], [ž], [zij] *n* prolaznost
tran·sient I [~ənt] *n* 1. prolazan gost 2. (phys.) prolazna pojava
transient II *a* 1. prolazan, prelazan (prijelazan); (mil.) ~ *units* prolazne jedinice 2. privremen; ~ *laborers* sezonski radnici
tran·sis·tor [traenz'istə(r)], [s] *n* tranzistor
tran·sis·tor·ize [~rajz] *v tr* tranzistorizovati
tran·sit I ['traensit], [z] *n* 1. prolaz, prelaz 2. tranzit 3. (astro.) prelaženje nebeskog tela (tijela) preko meridijana
transit II *a* tranzitni; *a* ~ *lounge (visa)* tranzitna čekaonica (viza); *a* ~ *camp* tranzitni logor; *a* ~ *passenger* putnik u tranzitu
transit III *v tr* preći (preko)

tran·si·tion [traenz'išən], [s] *n* prelaz (prijelaz); *a sudden* ~ nagao prelaz

tran·si·tion·al [~əl] *a* prelazan (prijelazan)

transition element (chem.) prelazni (prijelazni) elemenat

tran·si·tive ['traensətiv], [z] *a* (gram.) prelazan (prijelazan); *a* ~ *verb* prelazan glagol

tran·si·tive·ness [~nis] *n* (gram.) prelaznost (prijelaznost)

tran·si·tiv·i·ty [~'tivətij] see transitiveness

tran·si·to·ry ['traensətorij], [z]; [ə] *a* prelazan (prijelazan)

Trans-Jor·dan [~-'džo(r)dən] *n* Transjordanija

trans·late ['traens'lejt], [z] *v* 1. *tr* prevesti (pismeno); *to* ~ *a book from one language into another* prevesti knjigu s jednog jezika na drugi (cf. interpret 2) 2. *tr* protumačiti, objasniti 3. (rel.) preneti — prenijeti na nebo (bez smrti) 4. *tr* premestiti — premjestiti (biskupa) 5. *intr* prevoditi (pismeno); biti prevodilac; *to* ~ *literally* doslovno prevoditi (cf. interpret 3)

trans·la·tion [~'lejšən] *n* (pismen) prevod (prijevod), prevođenje; *to read smt. in* ~ čitati nešto u prevodu; *to make a* ~ *of smt.* prevesti nešto

trans·la·tor ['traens'lejtə(r)] [z] *n* prevodilac

trans·lit·er·ate [~'litərejt] *v tr* transliterirati, prepisivati drugom azbukom

trans·lit·er·a·tion [~'ejšən] *n* transliteracija, prepisivanje drugom azbukom

trans·lu·cence [~'lūsəns] *n* delimična (djelimična) providnost

trans·lu·cent [~ənt] *a* delimično (djelimično) providan

trans·mi·gra·tion [~maj'grejšən] *n* metempsihoza; seoba, seljenje; *the* ~ *of souls* seoba duša

trans·mis·si·ble [~'misəbəl] *a* prenošljiv

trans·mis·sion [~'mišən] *n* 1. prenos (prijenos); transmisija 2. (on an automobile) menjač (mjenjač); *an automatic* ~ automatski menjač

trans·mit [~'mit] 1. *v tr* preneti (prenijeti); *to* ~ *a message to smb.* preneti nekome poruku; *to* ~ *a disease* preneti bolest; *to* ~ *a broadcast* preneti emisiju 2. *tr* sprovesti 3. *intr* emitovati

trans·mit·tal [~əl] *n* prenos (prijenos)

trans·mit·ter [~ə(r)] *n* predajnik; *a shortwave* ~ kratkotalasni predajnik

trans·mon·tane [~'mantejn]; [o] see tramontane II

trans·mu·ta·tion [~mjü'tejšən] *n* pretvaranje, transmutacija

trans·mute [~'mjūt] *v tr* pretvoriti

trans·o·ce·an·ic [~ouši'aenik] *a* prekookeanski (W: prekooceanski)

tran·som ['traensəm] *n* 1. prozor iznad vrata 2. (naut.) krmeno zrcalo 3. poprečna greda

trans·par·ence [traens'paerəns] see transparency 1

trans·par·en·cy [~sij] *n* 1. providnost 2. slajd (also slide I 4)

trans·par·ent [~ənt] *a* providan

tran·spire [traen'spaj(r)] *v* 1. *tr* ispariti 2. *intr* ispariti se 3. *intr* (colloq.) desiti se

trans·plant I ['traensplaent]; [a] *n* 1. presad 2. presađivanje, transplantacija; *a heart* ~ presađivanje srca; *a bone-marrow* ~ transplantacija koštane srži

transplant II [traens'plaent]; [a] *v tr* presaditi; *to* ~ *a heart (a kidney)* presaditi srce (bubreg)

trans·port I ['traenspo(r)t]; [a] *n* 1. prevoz (prijevoz), transport 2. ekstaza, zanos 3. brodski transport 4. transportna sredstva

transport II [~'po(r)t] *v tr* 1. prevesti (prevoziti), transportovati 2. zaneti (zanijeti), očarati

trans·por·ta·tion [~pə(r)'tejšən] *n* saobraćaj, transport; *air (bus, canal, railroad, river)* ~ vazdušni — W: zračni (autobuski, kanalski, železnički — željeznički, rečni — rječni) saobraćaj; *public* ~ javni saobraćaj

transportation II *a* saobraćajni; transportni; (mil.) *a* ~ *company* transportna četa

transport cafe (Br.) jevtin restoran na auto-putu

trans·pose [traens'pouz] *v tr* 1. premestiti (premjestiti), transponirati 2. (math., ling.) transponovati

trans·po·si·tion [~pə'zišən] *n* 1. premeštanje (premještanje) 2. (math., ling.) transpozicija

trans·ship [~'šip] *v tr* pretovariti

Trans-Si·be·ri·an Railroad [~-saj'bijrijən] Transibirska pruga

tran·sub·stan·ti·ate [~əb'staenšijejt] *v tr* 1. pretvoriti 2. (rel.) pretvoriti u telo (tijelo) i krv Hristovu (Kristovu)

tran·sub·stan·ti·a·tion [~əbstaenšij'ejšən] *n* (rel.) transsupstancijacija

Trans·vaal [traens'val], [z] *n* Transval

trans·ver·sal I [~'və(r)səl] *n* transverzala, poprečna linija

transversal II *a* transverzalan, poprečan

trans·verse I ['traens'və(r)s], [z] *n* 1. poprečna greda 2. see transverzal I

transverse II *a* poprečan

transverse colon poprečno debelo crevo (crijevo)

trans·ves·tism [~'vestizəm] *n* transvestizam

trans·ves·tite [~tajt] *n* transvestit

Tran·syl·va·ni·a [transil'vejnijə] *n* Transilvanija

Tran·syl·va·ni·an [~n] *a* transilvanski

Transylvanian Alps *pl* Transilvanski Alpi

trap I [traep] *n* 1. klopka, zamka; *to draw smb. into a* ~ namamiti nekoga u klopku; *to fall into a* ~ upasti (zapasti) u klopku; *to get out of a* ~ izvući se iz klopke; *to set a* ~ *for smb.* postaviti (namestiti — namjestiti) nekome klopku; *to spring a* ~ aktivirati klopku 2. see trap door 3. krivina u cevi — cijevi (koja zadržava gas) 4. rešetka, filter (u cevi — cijevi) 5. mašina (W: stroj) za lansiranje glinenih golubova (see trapshooting) 6. (slang) usta

trap II *v* 1. *tr* uhvatiti u klopku 2. *intr* postavljati zamke

trap door vrata u podu, krovu

tra·peze [trae'pijz] *n* trapez (gimnastička sprava)

tra·pe·zi·um [trə'pijzijəm] (-*s* or -*zia* [zijə]) *n* (math.) 1. trapezoid (bez paralelnih stranica) 2. Br.; see trapezoid

tra·pe·zi·us [trə'pijzijəs] *n* (anat.) trapezni mišić

trap·e·zoid ['traepəzojd] *n* (math.) trapez (sa dve — dvije paralelne stranice)

trap·per ['traepə(r)] *n* traper, lovac na krzna

trap·pings [~iŋz] *n pl* 1. konjska oprema (also caparison) 2. odeća (odjeća) 3. (fig.) pribor

Trap·pist ['traepist] *n* trapist

trap·shoot·ing [~šūtiŋ] *n* (olimpijsko) gađanje glinenih golubova (cf. skeet)

trash [traeš] *n* 1. otpaci; smeće; đubre; *to dump* ~ deponovati otpatke; *to remove (pick up)* ~ izneti — iznijeti đubre 2. ološ (see **white trash**) 3. šund (literatura)

trash bag vreća za smeće

trash basket korpa za otpatke

trash can kanta za smeće

trash collector đubretar

trash truck đubretarska kola

trash·y [~ij] *a* loš, nikakav

trau·ma ['tromə], [*au*] (*-s* or *-ata* [ətə]) *n* povreda, rana; trauma

trau·mat·ic [~'maetik] *a* traumatičan

trau·ma·tism ['tromətizəm], [*au*] *n* trauma

trau·ma·tize [~tajz] *v tr* raniti; naneti — nanijeti (nekome) traumu

tra·vail [tre'vejl] *n* 1. naporan rad 2. patnja, agonija 3. porođajni bolovi

trave [trejv] *n* 1. ram za konja (pri potkivanju) 2. poprečna greda

trav·el I ['traevəl] *n* turizam

travel II *a* turistički; *a* ~ *folder* turistički prospekt

travel III *v intr* 1. putovati; *to* ~ *to Canada (in Canada)* putovati u Kanadu (po Kanadi); *to* ~ *on business* putovati poslom; *to* ~ *by air (railroad, sea)* putovati avionom (železnicom — željeznicom, morem); *to* ~ *around the world* putovati oko sveta (svijeta) 2. (basketball) praviti korake 3. misc.; *a heavily* ~*ed road* vrlo prometan put

travel agency turistička agencija

trav·el·er [~ə(r)] *n* putnik

traveler's check [~z] putnički ček; *to cash a* ~ unovčiti putnički ček

trav·el·er's·joy [~-džoj] *n* (bot.) pavitina

travel industry turistička privreda

trav·el·ing I [~iŋ] *n* 1. putovanje 2. (basketball) koraci

traveling II *a* koji putuje

traveling salesman trgovački putnik

travel insurance osiguranje putnika

trav·e·logue, trav·e·log [~og], [*a*] *n* film o putovanju

travel orders *pl* putni nalog

travels *n pl* putovanja

trav·erse I ['traevə(r)s], [trə'və(r)s] *n* 1. prelazak 2. see **transversal I** 3. poprečna greda, traverza 4. poprečan bedem 5. (naut.) plovidba na cik--cak 6. (legal) poricanje

traverse II *a* poprečan (also **transverse II**)

traverse III *v tr* 1. preći 2. proputovati, prokrstariti 3. (mil.) upraviti (top, lateralno, pri nišanjenju) 4. (legal) poreći 5. sprečiti (spriječiti)

trav·er·tine ['traevə(r)tijn], [*i*] *n* (miner.) travertin

trav·es·ty I ['traevistij] *n* travestija, parodija

travesty II *v tr* parodirati

tra·vois [trə'voj] or ['traevoj] (*pl: travois* [trə'vojz] or ['traevojz]) or *-es*) *n* vrsta indijanskih saonica

trawl I [trol] *n* 1. ribarska koča, povlačna mreža

trawl II *v* 1. *tr* loviti (ribu) mrežom 2. *intr* loviti ribu mrežom

trawl·er [~ə(r)] *n* koča (brod)

tray [trej] *n* poslužavnik

treach·er·ous ['trečərəs] *a* 1. izdajnički 2. opasan; ~ *currents* opasne struje

treach·er·y [~rij] *n* izdaja

trea·cle ['trijkəl] *n* (Br.) melasa (see also **molasses**)

trea·cly [~ij] *a* (Br.) lepljiv (ljepljiv)

tread I [tred] *n* 1. hod, način hoda 2. stepenica 3. (on a tire) gazeća površina, protektor 4. gusenica (gusjenica); *tank* ~*s* tenkovske gusenice

tread II *trod* [trad]; [*o*] (*-ed* for 3); *trod* or *trodden* [~ən] *v* 1. *tr* ići (nečim); (fig.) *to* ~ *a path* ići putem 2. *tr* gnječiti, gaziti; *to* ~ *grapes* gnječiti grožđe 3. *tr* plivati; *to* ~ *water* održavati se na vodi u vertikalnom položaju plivajući samo nogama 4. *tr* tlačiti 5. *intr* koračati, stupati; gaziti; **to* ~ *on smb.'s toes* stati nekome na žulj; **fools rush in where angels fear to* ~ budale jure tamo gde (gdje) se anđeli plaše da kroče

tread·le [~əl] *n* pedal (na šivaćoj mašini)

tread·mill [~mil] *n* 1. suvača, mlin pokretan nogama 2. ergometar

trea·son ['trijzən] *n* izdaja; *to commit* ~ izvršiti izdaju

trea·son·a·ble [~əbəl] *a* izdajnički

trea·son·ous [~əs] *a* izdajnički

treas·ure I ['trežə(r)] *n* blago; *(a) buried* ~ zakopano blago

treasure II *v tr* 1. gomilati, čuvati 2. visoko ceniti (cijeniti)

treasure house riznica

treas·ur·er [~rə(r)] *n* rizničar, blagajnik

treas·ure-trove [~-trouv] *n* 1. nađeno skriveno blago (čiji se sopstvenik ne zna) 2. veliko otkriće

treas·ur·y ['trežərij] *n* 1. riznica; (državna) blagajna 2. (Am.) *(the* ~*)* ministarstvo finansija (financija); *Secretary of the Treasury* ministar finansija

treasury bill (Br.) bon državne blagajne

treasury note (Am.) novčanica

treat I [trijt] *n* 1. čašćenje, gošćenje; *it's my* ~ na mene je red da častim 2. uživanje, zadovoljstvo; *a great* ~ veliko uživanje

treat II *v* 1. *tr* postupiti (s); *they* ~*ed him well* postupali su s njime dobro; *to* ~ *badly (cruelly)* postupati rđavo (svirepo) 2. *tr* razmotriti, tretirati, obraditi; *to* ~ *a problem* razmatrati problem (also **deal II 7**) 3. *tr* častiti, ugostiti; *to* ~ *smb. to dinner* častiti (ugostiti) nekoga ručkom; *to* ~ *oneself to a bottle of champagne* častiti sebe bocom šampanjca 4. *tr* lečiti (liječiti); *to* ~ *smb. for cancer* lečiti nekoga od raka; *he is being* ~*ed for tuberculosis* on se leči od tuberkuloze 5. *tr* izložiti, podvrći; *to* ~ *smt. with an acid* podvrći nešto dejstvu (djejstvu) neke kiseline 7. *intr (to* ~ *of)* tretirati 8. *intr* častiti; *it's my turn to* ~ na mene je red da častim 9. *intr (to* ~ *with)* imati posla s, poslovati s

trea·tise [~is] *n* rasprava, studija

treat·ment [~mənt] *n* 1. postupak, postupanje; *the* ~ *of prisoners of war* postupak prema (sa) ratnim zarobljenicima 2. lečenje (liječenje); *to undergo* ~ podvrći se lečenju

trea·ty [~ij] *n* ugovor; *to break (conclude, sign) a* ~ raskinuti (sklopiti, potpisati) ugovor; *a non-agression* ~ ugovor o nenapadanju; *a peace* ~ mirovni ugovor; *to denounce a* ~ otkazati ugovor

treb·le I ['trebəl] *n* soprano, diskant

treble II *a* 1. trostruk 2. sopranski, najvišeg glasa 3. piskav, visok
treble III *v* 1. *tr* utrostručiti 2. *intr* utrostručiti se
treb·u·chet [trebjə'šet] *n* (hist.) praćka
tree [trij] *n* 1. drvo; **up a ~* u škripcu 2. see **family tree** 3. see **Christmas tree**
tree fern (bot.) papratovo drvo
tree frog (zool.) gatalinka
tree·less [~lis] *a* bez ijednog drveta
tree line granica šume (see also **timberline**)
tree·nail [~nejl] *n* klin od tvrdog drveta
tree of knowledge drvo poznanja
tree of life stablo života
tree structure (ling.) derivacijsko stablo
tree surgery obrezivanje drveta
tre·foil ['trijfojl] *n* trolist
trek I [trek] *n* 1. (teško) putovanje 2. seoba 3. putovanje volovskim kolima (u Južnoj Africi)
trek II *v intr* 1. putovati volovskim kolima (u Južnoj Africi) 2. putovati naporno
trel·lis ['trelis] *n* rešetka od letava, odrina, hladnjak (see also **arbor I, bower I, lattice**)
trel·lis·work [~wə(r)k] *n* letve (also **latticework**)
trem·a·tode ['tremətoud] *n* (zool.) metilj (also **fluke I** 2)
trem·ble I ['trembəl] *n* drhtanje
tremble II *v intr* drhtati; *to ~ with fear* drhtati od straha; *her voice ~d* glas joj je drhtao; *his hand was ~ling* ruka mu se tresla
tre·men·dous [tri'mendəs] *a* 1. ogroman 2. (colloq.) izvanredan
trem·o·lite ['tremolajt] *n* (miner.) tremolit
trem·o·lo ['tremolou] *(-s)* *n* (mus.) tremolo
trem·or ['tremə(r)] *n* 1. potres 2. drhtanje
trem·u·lous ['tremjələs] *a* drhtav, treperav
tre·nail see **treenail**
trench I [trenč] *n* rov, tranšeja; *to dig a ~* iskopati rov
trench II *a* rovovski
trench·ant [~ənt] *a* 1. oštar, pronicljiv 2. jasan, određen
trench coat trenčkot (vrsta kišnog mantila)
trench·er·man *n* (Br.) *a good ~* osoba koja mnogo jede
trench fever (med.) rovovska groznica
trench foot (med.) rovovsko stopalo
trench knife nož za borbu prsa u prsa
trench mortar see **mortar I** 3
trench mouth (med.) Vincentova angina
trench warfare rovovski rat
trend [trend] *n* trend, kretanje; *economic ~s* ekonomska kretanja
trend·set·ter [~setə(r)] *n* modni arbitar
trend·y [~ij] *a* (Br.; colloq.) pomodan
Tren·ton ['trentən] *n* Trenton (grad u SAD)
tre·pan I [tri'paen] *n* 1. bušilica 2. see **trephine I**
trepan II *v tr* 1. see **trephine II** 2. probušiti
tre·phine I [tri'fajn], [ij] *n* (med.) trepan (instrument za otvaranje lobanje)
trephine II *v tr* trepanovati, otvoriti (lobanju)
trep·i·da·tion [trepə'dejšən] *n* strah, strepnja
tres·pass I ['trespəs] *n* prestup; greh (grijeh)
trespass II *v intr* 1. zgrešiti (zgriješiti) 2. nezakonito stupiti (na nečije imanje); *to ~ on smb.'s property* nezakonito stupiti na nečije imanje

tres·pass·er [~ə(r)] *n* onaj koji stupa na tuđe zemljište
tres·pass·ing [~ing] *n* nezakonito ulaženje u tuđe imanje; smetanje poseda (posjeda); *no ~!* zabranjen prolazak!
tress [tres] *n* pramen, uvojak
tres·tle ['tresəl] *n* 1. nogari; potpora 2. skele
trestle bridge most na potporama
tri·a·ble ['trajəbəl] *a* podložan sudskom ispitivanju, suđenju
tri·ad ['trajəd], *[ae]* *n* 1. trojstvo 2. (mus.) trostruki akord
tri·age ['trijaž] *n* (mil., med.) trijaža
tri·al I ['trajəl], *[jl]* *n* 1. suđenje, sudski pretres; *he is on ~ now* sada mu sude; *a war crimes ~* suđenje ratnim zločincima; *to bring to ~* izvesti pred sud; *to conduct (hold) a ~* održati suđenje 2. proba, opit; *~ and error* iznalaženje najboljeg načina da se dođe do cilja 3. iskušenje; muka 4. (sports) izborno takmičenje (W: izlučno natjecanje)
trial II *a* probni, na probu, pokusni; *a ~ run* probna vožnja; *a ~ marriage* brak na probu; *a ~ period* probni (radni) staž; *a ~ balance* probni bilans
trial balloon probni balon
tri·an·gle ['trajaenggəl] *n* 1. trougao (W: trokut); *an acute (equilateral, isosceles, obtuse, scalene) ~* kosougli (jednakostranični, jednakokraki, tupougli, raznostranični) trougao; *a congruent ~* podudaran trougao 2. trougaonik 3. (mus.) triangl 4. bračni trougao
tri·an·gu·lar [traj'aenggjələ(r)] *a* trougaoni (W: trokutan)
tri·an·gu·la·tion [trajaenggjə'lejšən] *n* triangulacija
tri·ar·chy ['traja(r)kij] see **triumvirate**
Tri·as·sic I [traj'aesik] *n* (geol.) *(the ~)* trijas
Triassic II *a* (geol.) trijaski
tri·a·zole ['trajəzoul] *n* (chem.) triazol
trib·ade ['tribəd] see **lesbian I**
tri·bal ['trajbəl] *a* plemenski; *~ society* plemensko društvo
tri·bal·ism [~izəm] *n* tribalizam, plemenski život
tribe [trajb] *n* pleme; *Indian ~s* indijanska plemena
tribes·man [~zmən] *(-men* [min]) *n* plemenik
trib·u·la·tion [tribjə'lejšən] *n* muka, patnja
tri·bu·nal [tri'bjūnəl], *[aj]* *n* 1. sud 2. sudijska (W: sudačka) stolica
tri·bune I ['tri'bjūn] *n* (hist.) tribun; (fig.) zaštitnik naroda
tribune II *n* tribina
trib·u·tar·y I ['tribjəterij]; *[ə]* *n* 1. pritoka 2. davalac danka
tributary II *a* koji plaća danak
trib·ute ['tribjūt] *n* 1. priznanje, poštovanje; pošta; *to pay ~ to smb.* odati nekome priznanje 2. danak; *to pay ~* plaćati danak
trice [trajs] *n* (rare) trenutak; *in a ~* u tren oka
tri·cen·ten·ni·al [trajsen'tenijəl] see **tercentenary I, II**
tri·ceps ['trajseps] *n* troglavi mišić, triceps
tri·chi·na [tri'kajnə] *(-s* or *-ae* [ij]) *n* trihina
trich·i·no·sis [triki'nousis] *n* trihinoza
trich·ome [trikoum], *[aj]* *n* maljavost, dlakavost
tri·cho·sis [tri'kousis] *n* trihoza

tri·chot·o·my [traj'katəmij]; [o] *n* trihotomija, trojna podela (podjela)
trick I [trik] *n* 1. trik, smicalica; prevara; *to fall for smb.'s* ~ nasesti nečijem triku; *to play a* ~ *on smb.* napraviti smicalicu nekome; *a dirty* ~ prljava smicalica 2. veština (vještina), trik, opsenarija (opsjenarija); *to do* ~s izvoditi trikove 3. iluzija, obmana; *a* ~ *of the imagination* iluzija mašte 4. navika, način; *he has a* ~ *of scratching his head* on ima običaj da se češe po glavi 5. šala; štos 6. misc.; *he is up to a* ~ *or two* on nije budala; **you can't teach an old dog new* ~*s* staro se drvo ne savija; **to do the* ~ postići cilj
trick II *a* 1. slab; bolestan; *a* ~ *knee* slabo koleno (koljeno) 2. koji pravi smicalice
trick III *v tr* prevariti, obmanuti; *to* ~ *smb. into doing smt.* namamiti nekoga da uradi nešto
trick·er·y ['trikərij] *n* varanje, lukavstvo
trick·le I ['trikəl] *n* kapanje, curenje
trickle II *v intr* kapati, curiti
trickle down *v* (fig.) prodreti (prodrijeti)
trickle-down economics teorija po kojoj bogatstvo najimućnijih postepeno prelazi u niže klase
trick out *v* (Br.; colloq.) nakititi
trick photography filmski trikovi
trick·ster ['trikstə(r)] *n* varalica
trick up *v* see trick out
trick·y [~kij] *a* varalič
ki, prepreden, lukav
tri·col·or I ['trajkələ(r)] *n* trobojka
tricolor II *a* trobojan
tri·col·ored [~d] see tricolor II
tri·cot ['trijkou] *n* triko (pletena tkanina)
tri·cus·pid [traj'kəspid] *a* (anat.) trozub; s tri vrha
tri·cy·cle ['trajsikəl] *n* tricikl
tri·dent ['trajdənt] *n* trozubac
tri·den·tate [traj'dentejt] *a* trozub
Tri·den·tine [traj'dentin], [ij] *a* (hist.) tridentski, tridentinski
tried [trajd] *a* oproban (see try II 3)
tri·en·ni·al I [traj'enijəl] *n* 1. trogodišnjica 2. trienale
triennial II *a* trogodišnji
tri·en·ni·um [traj'enijəm] (-*s* or -*nia* [nijə]) *n* trogodište
Tri·este [trij'est] *n* Trst; *the Free Territory of* ~ Slobodna teritorija Trsta
tri·fle I ['trajfəl] *n* sitnica; bagatela
trifle II *v intr* 1. šaliti se; *to* ~ *with smb.* šaliti se sa nekim 2. neozbiljno se ophoditi; *to* ~ *with smb.* neozbiljno se ophoditi s nekim
tri·fling [~flin͞g] *a* sitan, beznačajan; *a* ~ *error* sitna greška
tri·fo·ri·um [traj'forijəm] (-*ia* (ijə]) *n* triforijum, hodnik na svodove sa trostrukim otvorom
trig I [trig] *a* doteran (dotjeran)
trig II see trigonometry
trig·ger I ['trigə(r)] *n* obarač, oroz; *to pull a* ~ povući obarač; *to cock a* ~ zapeti oroz
trigger II *v tr* (colloq.) izazvati, pokrenuti, aktivizirati; *to* ~ *a reaction* izazvati reakciju
trigger guard (on a firearm) branik
trig·ger-hap·py [~haepij] *a* (colloq.) koji ne poštuje disciplinu vatre, brz da povuče obarač
trigger housing group (on a firearm) rukovat
trig·o·no·met·ric [trigənə'metrik] *a* trigonometrijski

trigonometric function trigonometrijska funkcija
trig·o·nom·e·try [trigə'namətrij]; [o] *n* trigonometrija
tri·he·dral [traj'hijdrəl] see trihedron
tri·he·dron [traj'hijdrən] (-*s* or -*dra* [drə]) *n* (math.) triedar
tri·lat·er·al [traj'laetərəl] *a* trostran
tri·lin·gual [traj'lin͞ggwəl] *a* trojezičan
tri·lit·er·al [traj'litərəl] *a* trosuglasnički
trill I [tril] *n* 1. ćurlik 2. (mus.) triler 3. (ling.) treperenje jezika (pri izgovaranju zvuka *r*)
trill II *v tr and intr* 1. pevati (pjevati) s trilerom 2. izgovarati s treperenjem
tril·lion ['triljən] *n* 1. (Am.) bilion — W: bilijun (10^{12}) 2. (Br.) trilion — W: trilijun (10^{18})
tril·o·gy ['trilədžij] *n* trilogija
trim I [trim] *n* 1. doteranost (dotjeranost) 2. drvenarija; ramovi prozora (vrata) 3. ukrasi 4. karakter, narav 5. (naut.) stanje broda, sposobnost za plovidbu 6. (naut.) trim 7. kondicija
trim II *a* 1. doteran (dotjeran); u dobrom stanju; udešen 2. u dobroj kondiciji
trim III *v tr* 1. dovesti u red; doterati (dotjerati) 2. ukrasiti; *to* ~ *a window* ukrasiti izlog 3. potkresati, skresati, podrezati; *to* ~ *a tree* potkresati drvo; *to* ~ *one's nails* podrezati nokte; *to* ~ *branches* skresati grane 4. podšišati; *to* ~ *smb.'s hair* podšišati nekome kosu 5. (also: *to* ~ *away*) odseći (odsjeći), odrezati 6. smanjiti, skresati; *to* ~ *a budget* smanjiti budžet (also cut II 8) 7. (naut.) uravnotežiti (brod) 8. (cul.) garnirati; *to* ~ *a salad* garnirati salatu 9. (colloq., often sports) pobediti (pobijediti); potući do nogu
tri·mes·ter I [traj'mestə(r)] *n* tromesečje (tromjesečje)
trimester II *a* tromesečni (tromjesečni)
tri·mes·tral [~trəl] see trimester II
trim·e·ter ['trimətə(r)] *n* (poetics) trimetar
trim·mer [~ə(r)] *n* 1. alat za potkresavanje, sečenje (sječenje) 2. (Br.) oportunista
trim·ming [~in͞g] *n* 1. dovođenje u red 2. (colloq., sports) poraz 3. (in *pl*, cul.) dodaci
tri·month·ly [traj'mənthlij] *a* tromesečni (tromjesečni)
tri·na·ry ['trajnərij] *a* trostruk (also **ternary**)
trine I [trajn] *n* 1. grupa od troje 2. (astrol.) povoljan položaj planeta
trine II *a* 1. trostruk 2. (astrol.) povoljan
Trin·i·dad ['trinədaed] *n* Trinidad
Trinidad and To·ba·go [tə'bejgou] Trinidad i Tobago
Trin·i·tar·i·an [trinə'tejrijən] *n* trinitarac
tri·ni·tro·ben·zene [trajnajtrou'ben'zijn] *n* (chem.) trinitrobenzol
tri·ni·tro·tol·u·ene [trajnajtrou'taljūijn]; [o] *n* trinitrotoluol
trin·i·ty ['trinətrij] *n* 1. trojstvo 2. (rel., cap.) *(the* ~) Sveta trojica (W: Sveto trojstvo) 3. see **Trinity Sunday**
Trinity Sunday (rel.) prva nedelja (nedjelja) posle (poslije) Duhova
trin·ket ['trin͞gkit] *n* tričarija; nakit
tri·no·mi·al I [traj'noumijəl] *n* (math.) trinom
trinomial II *a* (math.) tročlan

tri·o ['trijou] *n* 1. grupa od troje, trojka 2. (mus.) trio

tri·ode ['trajoud] *n* trioda

tri·ox·ide [traj'aksajd]; [o] *n* trioksid

trip I [trip] *n* 1. putovanje, put; *a business* ~ službeno putovanje; *to go on a* ~ ići na put; *he's on a* ~ on je na putu; *an around-the-world* ~ put oko sveta (svijeta); *a round* ~ put u oba pravca 2. lak korak 3. saplitanje, podmetanje noge 4. greška 5. (slang) halucinacija (izazvana uživanjem droga)

trip II *v* 1. *tr* (or: *to* ~ *up*) saplesti, spotaći, podmetnuti (nekome) nogu 2. *tr* uhvatiti u grešci 3. *tr* (tech.) otpustiti, okinuti, aktivirati; *to* ~ *a switch* aktivirati prekidač 4. *intr* saplesti se, spotaći se; *to* ~ *over a rock* saplesti se o kamen 5. *intr* napraviti grešku 6. *intr* sitno koračati 7. *intr* (slang) halucinirati pod dejstvom (djejstvom) droga 8. *intr* prekinuti struju

tri·par·tite [traj'pa(r)tajt] *a* trojni; trostruk; trostran; tripartitan; *a* ~ *alliance* trojni savez

tripe [trajp] *n* (cul.) škembići, tripe, tripice, burag

trip·ham·mer ['trip-haema(r)] *n* parni čekić

triph·thong ['trifthong], *n* triftong, troglasnik

tri·plane ['trajplejn] *n* triplan

trip·le I ['tripəl] *n* grupa od troje

triple II *a* trojni; trostruk

triple III *v* 1. *tr* utrostručiti, triplirati 2. *intr* utrostručiti se

Triple Alliance (hist.) Trojni savez

Triple Entente (hist.) Trojni sporazum

triple jump troskok

trip·let ['triplit] *n* 1. trojka 2. (in *pl*) trojke, trojci; *she had* ~*s* rodila je trojke

trip·lex ['tripleks] *a* trostruk

trip·li·cate I ['triplikit] *n* triplikat

triplicate II *a* trostruk

triplicate III [~kejt] *v tr* utrostručiti

trip·lic·i·ty [trip'lisətij] *n* trostrukost

tri·pod ['trajpad]; [o] *n* tronožac

Trip·o·li ['tripəlij] *n* Tripoli, Tripolis

Trip·o·li·ta·ni·a [~li'tejnijə] *n* Tripolitanija

tri·pos ['trajpas]; [o] *n* (Br.; at Cambridge University) ispit za diplomu sa počasnim stepenom

trip·per [~ə(r)] *n* (Br.; colloq.) izletnik, turista

trip·pet ['tripit] *n* (tech.) breg (brijeg)

trip·ping mechanism [~iñg] *n* okidački mehanizam

trip·tych ['triptik] *n* triptih, trodelna (trodijelna) slika

trip·tyque [~tijk] *n* (French) triptik, propusnica (za privremeni uvoz automobila)

trip up *v* see **trip II** 1

trip wire (mil.) žica potezne mine; niska žičana prepreka

tri·sect ['traj'sekt] *v tr* podeliti (podijeliti) na tri dela (dijela)

tri·sec·tion [~kšən] *n* deljenje (dijeljenje) na tri

tri·syl·lab·ic [trajsi'laebik] *a* trosložan

tri·syl·la·ble [traj'siləbəl] *n* trosložnica

trite [trajt] *a* otrcan, banalan; *a* ~ *expression* otrcana fraza

trit·i·um ['tritijəm], [š] *n* (chem.) tritijum

tri·ton I ['trajtən]; [o] *n* (phys.) triton

triton II ['trajtən] *n* 1. (zool.) vodenjak, mrmoljak 2. (cap., myth.) Triton

trit·u·rate ['tričərejt] *v tr* zdrobiti (also **pulverize**)

tri·umph I ['trajəmf] *n* trijumf, pobeda (pobjeda); *a* ~ *over* trijumf nad; *to score a* ~ izvojevati pobedu

triumph II *v intr* trijumfovati; *to* ~ *over smb.* trijumfovati nad nekim

tri·um·phal [traj'əmfəl] *a* trijumfalan; *a* ~ *arch* trijumfalna kapija

tri·um·phant [~fənt] *a* pobednički (pobjednički), pobedonosan (pobjedonosan)

tri·um·vir [traj'əmvə(r)] (-*s* or -*ri* [raj]) *n* trijumvir

tri·um·vi·rate [~rit] trijumvirat

tri·une ['trajūn] *n* see **trinity**

triune II *a* trojan

triv·et ['trivit] *n* tronožac

triv·i·a I ['trivijə] *n pl* trivijalnosti

trivia II see **trivium**

triv·i·al [~l] *a* trivijalan, sitan; ~ *matters* sitne stvari; *a* ~ *problem* sitan problem

triv·i·al·i·ty [trivij'aelətij] *n* trivijalnost

triv·i·um ['trivijəm] (-*ia* [ijə]) *n* (hist.) trivijum (niži tečaj studija)

tri·week·ly [traj'wijklij] *a* koji se ponavlja (a.) svake tri sedmice (b.) tri puta sedmično

tro·cha·ic I [trou'kejik] *n* trohej (also **trochee**)

trochaic II *a* trohejski

tro·chee ['troukij] *n* trohej

tro·choid ['troukojd], [a] *n* (math.) trohoida

trod see **tread II**

trod·den see **tread II**

trog·lo·dyte ['traglədajt]; [o] *n* troglodit, stanovnik pećine

trog·lo·dyt·ic [~'ditik] *a* trogloditski

troi·ka ['trojkə] *n* trojka

Tro·jan I ['troudžən] *n* 1. Trojanac 2. (fig.) odlučan, hrabar čovek (čovjek)

Trojan II *a* trojanski

Trojan horse trojanski konj

Trojan War Trojanski rat

troll I [troul] *n* (Scandinavian) vilenjak; džin; kepec

troll II *n* 1. (obsol.) see **round I** 10 2. pecanje vučenjem udice 3. mamac

troll III *v* 1. *tr and intr* pecati vukući udicu 2. *tr* pevati (pjevati) redom 3. *tr and intr* glasno pevati

trol·ley ['tralij]; [o] *n* 1. see **streetcar** 2. Br.; see **pushcart** 3. trola

trolley bus trolejbus

trolley car tramvaj (also **streetcar**)

trolley pole see **trolley** 3

trolley wire trolna žica

trol·lop ['traləp]; [o] *n* 1. see **slattern** 2. drolja, kurva (also **strumpet**)

trom·bone ['tram'boun]; [o] *n* trombon; *to play the* ~ svirati trombon

trombone player trombonista

tromp [tramp]; [o] *v* (colloq.) 1. *tr* zgaziti, izgaziti (also **trample**) 2. *intr* see **tramp** 4

troop I [trūp] *n* 1. grupa, skup 2. (mil., cavalry) eskadron 3. (in *pl*) trupe; *to inspect (the)* ~*s* vršiti smotru trupa; *to concentrate (disperse)* ~*s* koncentrisati (dekoncentrisati) jedinice 4. odred; *a Boy Scout* ~ izviđački odred

troop II *v* 1. *tr* (mil.) defilovati; *to* ~ *the colors* (uz pratnju vojne muzike) defilovati sa zastavom ispred postrojene vojske 2. *intr* ići u gomili

troop carrier (mil.) 1. transporter za ljudstvo 2. see **troopship**

troop·er [~ə(r)] *n* 1. konjički policajac 2. (Am.; or: *a state* ~) policajac neke države

troops see **troop** I 3

troop·ship [~šip] *n* (mil.) transportni brod

troop train vojni voz (W: vlak)

trope [troup] *n* trop, izraz u prenosnom smislu

tro·phy ['troufij] *n* 1. trofej, plen (plijen); *a war* ~ ratni plen 2. znak pobede (pobjede) 3. (archit.) ukras u obliku trofeja

trop·ic I ['trapik]; [*o*] 1. povratnik 2. (in *pl*) tropi, tropski predeo (predio), tropski (žarki) pojas; *in the* ~s u tropskim predelima

tropic II *a* see **tropical**

trop·i·cal [~əl] *a* tropski; ~ *diseases* tropske bolesti; ~ *vegetation* tropsko bilje

Tropic of Cancer povratnik Raka

Tropic of Capricorn povratnik Kozoroga

tropics see **tropic** I 2

tro·pism ['troupizəm] *n* (biol.) tropizam

trot I [trat]; [*o*] *n* 1. kas 2. kasačka trka

trot II *v* 1. *tr* jahati kasom 2. *tr* (colloq.) *(to* ~ *out)* pokazati; izneti (iznijeti); *to* ~ *out all the old arguments* izneti sve stare argumente 3. *intr* kasati

troth [troth] *n* 1. verovanje (vjerovanje) 2. see **betrothal**

trot out *v* see **trot** II 2

Trots·ky·ism ['tratskijizəm]; [*o*] *n* trockizam

Trots·ky·ite I [~ijajt] *n* trockista

Trotskyite II *a* trockistički

trot·ter ['tratə(r)]; [*o*] *n* kasač

trot·ting I [~iñg] *n* kas

trotting II *a* kasački; ~ *races* kasačke trke

trou·ba·dour ['trūbədo(r)], [*ū*] *n* trubadur

troub·le I ['trəbəl] *n* 1. nezgoda, nevolja, nesreća; teškoća; *he always has* ~ *at his job* on uvek (uvijek) ima neprijatnosti na poslu; *they had* ~ *with their car* desila im se nezgoda s autom; *to be in* ~ biti u nevolji; *to get into* ~ zapasti u nevolju; *to look for* ~ stvarati sebi teškoće 2. trud, napor; *he took the* ~ *to call* potrudio se da se javi 3. nered, nemir, metež; *to cause* ~ izazvati nered 4. briga, zabrinutost; *he's a lot of* ~ *(to his family)* on je velika briga (svojoj porodici) 5. kvar

trouble II *v* 1. *tr* uzburkati, uznemiriti; *to be* ~*d* biti uznemiren 2. *tr* zabrinuti 3. *tr* zamoliti; *may I* ~ *you for the sugar?* smem (smijem) li vas zamoliti za šećer? 4. *intr* truditi se; *don't* ~ *to write* nemojte se truditi da pišete

troub·led [~d] *a* 1. see **trouble** 2. mutan; **to fish in* ~ *waters* loviti u mutnoj vodi; ~ *times* mutno vreme (vrijeme)

troub·le·mak·er [~mejkə(r)] *n* izazivač nereda, smutljivac

troub·le·shoot·er [~-šūtə(r)] *n* 1. posrednik u političkim konfliktima 2. stručnjak za otkrivanje i uklanjanje tehničkih kvarova

trouble shooting otkrivanje kvarova

troub·le·some [~səm] *a* mučan; nezgodan; *a* ~ *problem* mučan problem

trough [trof], [*a*] *n* 1. korito; oluk 2. dolja; uvala; *the* ~ *of a wave* dolja talasa

trounce [trauns] *v tr* 1. potući (do nogu) 2. izbiti

troupe [trūp] *n* trupa (glumaca), družina

troup·er [~ə(r)] *n* 1. glumac 2. (colloq.) veran (vjeran) radnik

trou·ser leg ['trauzə(r)] nogavica

trou·sers [~z] *n pl* pantalone (W: hlače); *two pairs of* ~ dvoje pantalone

trouser suit Br.; see **pants suit**

trous·seau ['trū'sou] *n* devojačka (djevojačka) sprema

trout [traut] *(pl* has zero or -*s) n* pastrmka

trove [trouv] *n* nađena tvar

trow·el ['trauəl] *n* mistrija, špahtla

troy weight mere (mjere) težine za zlato, srebro

tru·an·cy ['trūənsij] *n* izostanak (iz škole); izostajanje (iz škole)

tru·ant I [~ənt] *n* 1. učenik koji izostaje iz škole 2. zabušant

truant II *a* koji izostaje (iz škole)

truant officer (školski) nameštenik (namještenik) nadležan za proveru (provjeru) školskih izostanaka

truce [trūs] *n* prekid vatre, primirje; *to work out a* ~ zaključiti primirje (also **armistice**)

truce supervision nadgledanje prekida vatre

truck I [trək] *n* 1. kamion (see also **lorry**) 2. (also: *hand* ~) ručna kolica 3. (Br.) otvoren teretni vagon

truck II *v tr* and *intr* voziti kamionom

truck III *n* 1. trgovina (trampom) 2. povrće za trg 3. (colloq.) predmeti od male vrednosti (vrijednosti) 4. (colloq.) posao; *to have no* ~ *with smb.* nemati nikakva posla s nekim

truck IV *v tr* trampiti

truck V *v intr* (slang) 1. *(to* ~ *down)* ići, hodati 2. *(to* ~ *around)* skitati se

truck·age [~idž] *n* 1. prevoz kamionima 2. prevoznina

truck company see **ladder company**

truck driver vozač kamiona, kamiondžija

truck·er [~ə(r)] *n* 1. see **truck driver** 2. prevoznik

truck farm povrtnjak

truck farmer povrtar

truck farming povrtarstvo

truck·head [~hed] *n* (mil.) krajnja tačka (W: točka) dotura kamionima

truck·ing I [~iñg] *n* 1. prevoženje (kamionima) 2. see **truck farming**

trucking II *n* vrsta plesa; njihanje

truck·le I ['trəkəl] *n* mali točak

truckle II *v intr* (usu.; *to* ~ *under)* pokoriti se; *to* ~ *under to smb.* pokoriti se nekome

truckle bed Br.; see **trundle bed**

truck·load [~loud] *n* tovarna težina kamiona

truck·mas·ter [~maestə(r)]; [*a*] *n* (mil.) automehaničar

truck system isplaćivanje radnika robom

truc·u·lence ['trəkjələns] *n* 1. borbenost, ratobornost; prkos 2. divljaštvo; svirepost; okrutnost

truc·u·len·cy [~ij] see **truculence**

truc·u·lent [~ənt] *a* 1. borben, ratoboran; prkosan 2. divlji; svirep; okrutan

trudge I [trədž] *n* naporno pešačenje (pješačenje)

trudge II *v intr* gaziti, gacati, s mukom pešačiti (pješačiti); *to* ~ *through mud* gaziti po blatu

true [trū] *a* 1. istinit, istinski; veran (vjeran); *a* ~ *statement (story)* istinita izjava (priča); *it's* ~

istina je; ~ *to life* kao život istinit; *my dream came* ~ moj san se obistinio 2. veran, odan; ~ *to one's principles* veran svojim načelima; ~ *to one's word* veran svojoj reči (riječi) 3. pravi, istinski; *a* ~ *friend* pravi prijatelj 4. misc.; *it's too good to be* ~ prosto da čovek (čovjek) u to ne veruje (vjeruje)

true·blue [~blū] *n* verna (vjerna) osoba

true-life *a* istinit

true·love [~ləv] *n* dragi; draga

truf·fle ['trəfəl] *n* tartuf, gomoljika

tru·ism ['trūizəm] *n* očevidna (očita) istina

tru·ly [~lij] *adv* 1. zaista; ~ *happy* zaista srećan 2. (at the end of a letter) *yours* ~ odan vam, s poštovanjem

trump I [trəmp] *n* 1. (cards); adut; *to play a* ~ baciti adut 2. (fig.) adut, glavno sredstvo; *to play one's* ~ upotrebiti (potrijebiti) svoje glavno sredstvo

trump II *v* 1. *tr* uzeti adutom, adutirati 2. *intr* baciti adut, igrati adutima

trump card see **trump I**

trump·er·y [~ərij] *n* 1. tričarije (also **bric-a-brac**) 2. koještarije 3. prevara

trum·pet I ['trəmpit] *n* 1. truba; *to play the* ~ svirati trubu 2. trubljenje; glas slona

trumpet II *v* 1. *tr* trubom objaviti, rastrubiti 2. *intr* trubiti

trumpet call trubni znak

trum·pet·er [~ə(r)] *n* trubač

trumpet player trubač

trump up *v* lažirati; *trumped up charges* optužnica na osnovu lažnih iskaza

trun·cate ['trəŋkejt] *v* *tr* 1. okrnjiti, skratiti 2. zarubiti

truncated cone (math.) zarubljena kupa

truncated stem (ling.) krnja osnova

trun·cheon ['trənčən] *n* 1. štap (kao znak vlasti) 2. palica, štap (also **billy**)

trun·dle I ['trəndəl] *n* 1. mali točak 2. kotrljanje

trundle II *v* (or: *to* ~ *off*) 1. *tr* kotrljati 2. *intr* kotrljati se

trundle bed nizak krevet koji može da se gurne ispod višeg kreveta

trunk I [trəŋk] *n* 1. stablo, deblo 2. see **torso** 3. see **trunk line** 4. sanduk 5. (on an automobile) prtljažnik (see also **boot I** 2) 6. surla; *a long* ~ dugačka surla 7. (in *pl*) (*swimming*) ~s gaće (za kupanje), (kupaće) gaćice 8. (naut.) bunar (kroz palube)

trunk II *a* 1. (esp. Br.) međumesni (međumjesni) 2. glavni

trunk call (Br.) međumesni (međumjesni) telefonski razgovor

trunk line 1. (esp. Br.) međumesna (međumjesna) telefonska linija 2. glavna linija

trunk road (esp. Br.) glavni put

trunks see **trunk I** 7

trun·nion ['trənjən] *n* pričvršćivač postolja oružja

truss I [trəs] *n* 1. utega; bandaža 2. skele 3. nosač; podupirač 4. (Br.) svežanj, denjak (sena — sijena, slame)

truss II *v* *tr* 1. (also: *to* ~ *up*) privezati 2. bandažirati 3. vezati u svežanj 4. podupreti (poduprijeti) 5. (cul.) privezati (krila i noge živini prilikom pečenja)

truss up *v* see **truss II** 1

trust I [trəst] *n* 1. poverenje (povjerenje); vera (vjera); *to have* ~ *in smb.* imati poverenja u nekoga; *to place* ~ *in smb.* pokloniti nekome poverenje; *to abuse smb.'s* ~ izigrati nečije poverenje; *on* ~ na veru (poverenje) 2. dužnost; *a sacred* ~ sveta dužnost 3. nadzor, čuvanje; *to commit to smb.'s* ~ poveriti (povjeriti) nekome na čuvanje 4. starateljstvo 5. trust, kartel; *to break up a* ~ razbiti trust

trust II *v* 1. *tr* verovati (vjerovati); *to* ~ *smb.* verovati nekome 2. *tr* nadati se; *I* ~ *that you will come* nadam se da ćete doći 3. *intr* verovati; *to* ~ *in smb.* imati poverenja (povjerenja) u nekoga

trust buster borac protiv trustova

trust busting borba protiv trustova

trust·ee [~'ij] *n* staratelj; poverenik (povjerenik); *a board of* ~s upravno veće (vijeće)

trus·tee·ship [~šip] *n* starateljstvo; *a UN* ~ starateljstvo OUN

trusteeship council starateljski komitet (OUN)

trust·ful [~fəl] *a* pun poverenja (povjerenja)

trust fund (specijalni) fond; *to put into a* ~ uložiti u fond

trust territory starateljska teritorija

trust·wor·thy [~wə(r)thij] *a* dostojan poverenja (povjerenja)

trust·y I [~ij] and [~'ij] *n* zatvorenik kojem se daju osobite povlastice

trusty II [~ij] *a* pouzdan

truth [trūth] (*truths* [trūthz], [ths]) *n* istina; *to face the* ~ pogledati istini u oči; *to tell the* ~ govoriti istinu; da kažem istinu; *to establish the* ~ utvrditi istinu; *to distort the* ~ izvrnuti istinu

truth·ful [~fəl] *a* istinoljubiv

try I [traj] *n* pokušaj; *to have a* ~ *at smt.* pokušati nešto

try II *v* 1. *tr* and *intr* pokušati; ~ *to* (colloq.: *and*) *repeat it exactly* pokušaj da to tačno (W: točno) ponoviš 2. *tr* okušati, staviti na probu 3. *tr* (also: *to* ~ *out*) probati; *to* ~ *pills* probati pilule; *to* ~ *one's hand at smt.* prvi put probati nešto; *to* ~ *food* probati jelo (see also **try out** 1) 4. see **try on** 5. *tr* suditi; *to* ~ *smb.* suditi nekome

try·ing [~iŋg] *a* težak, naporan; zamoran; *a* ~ *journey* zamorno putovanje

try on *v* probati; *to try a new dress on* or: *to try on a new dress* probati novu haljinu

try out *v* 1. oprobati, iskušati; *to try out a new car* oprobati nov auto (see also **try II** 3) 2. konkurisati; *to try out for a position* konkurisati za mesto (mjesto)

try·out [~aut] *n* 1. konkurs 2. (sports) izborno takmičenje (W: izlučno natjecanje) 3. (usu. *pl*) (theater) audicija

try·sail [~səl] *n* (naut.) sošno jedro

tryst I [trist] *n* randevu (ljubavnika)

tryst II *v* *intr* doći na randevu

tsar see **czar**

tset·se fly [tsijtsij], [e] cece muva (muha)

T-shirt [tij-šə(r)t] *n* majica s kratkim rukavima, T majica

T-square [~-skwej(r)] *n* lenjir (W: ravnalo) s pravougaonim (W: pravokutnim) prečnikom
tub [təb] *n* 1. kada; kaca; kabao; badanj 2. see **bathtub** 3. (Br., colloq.) kupanje u kadi 4. (slang) spor brod, čamac; *an old* ~ krntija
tu·ba ['*t*ūbə]; [*tj*] *n* (mus.) tuba
tub·by ['təbij] *a* debeo; zdepast
tube [*t*ūb]; [*tj*] *n* 1. tuba (za pakovanje) 2. (of a tire) unutrašnja guma (W: zračnica) 3. cev (cijev); lampa; *an electron* ~ elektronska cev 4. (Br.) see **underground** I 5. misc.; (slang) *down the* ~ izgubljen, uništen
tube·less tire [~lis] pneumatik bez unutrašnje gume (W: zračnice)
tu·ber ['*t*ūbə(r)]; [*tj*] *n* gomolj, gomolja
tu·ber·cle [~kəl] *n* 1. izraštaj 2. (med.) tuberkuloza (see **tuberculosis**)
tu·ber·cu·lar [*t*u'bə(r)kjələ(r)]; [*tj*] *a* tuberkulozan
tu·ber·cu·lin [~lin] *n* tuberkulin
tu·ber·cu·lo·sis [*t*ubə(r)kjə'lousis]; [*tj*] *n* tuberkuloza
tu·ber·cu·lous [*t*u'bə(r)kjələs]; [*tj*] *a* tuberkulozan
tube·rose ['*t*ūb(ə)rouz]; [*tj*], [*s*] *n* (bot.) tuberoza
tu·ber·os·i·ty [*t*ūbə'rasətij]; [*tj*]; [*o*] *n* kvrgavost, protuberanca
tu·ber·ous ['*t*ūbərəs]; [*tj*] *a* kvrgav, čvorast, gomoljast
tube sock čarapa (u obliku cevi — cijevi) koja se lako rasteže
tub·ing ['*t*ūbiñg]; [*tj*] *n* 1. (colloq.) cevi (cijevi) 2. cevovod (cjevovod)
tub thumper (Br.; colloq.) bučan govornik
tu·bu·lar ['*t*ūbjələ(r)]; [*tj*] *a* cevast (cjevast)
tuck I [tək] *n* 1. nabor, šav 2. (Br.; slang) slatkiši; kolači
tuck II *v tr* 1. nabrati; presaviti 2. *(to* ~ *in, into)* uvući, ugurati; *to* ~ *a shirt in* or: *to* ~ *a shirt into one's trousers* uvući košulju u pantalone (W: hlače) 3. *(to* ~ *away)* sakriti; sačuvati; *to* ~ ~ *away money* sačuvati novac 4. *(to* ~ *into bed)* staviti u krevet i dobro umotati 5. *(to* ~ *in)* podvući, podvrnuti; *to* ~ *a blanket in* podvući (podvrnuti) ćebe 6. misc.; *to* ~ *it away* jesti halapljivo
tuck away *v* see **tuck II** 3
tuck·er out [~ə(r)] *v* (colloq.) umoriti; *he's all tuckered out* iznuren je
tuck in *v* see **tuck II** 2, 5
tuck-shop [~šap]; [*o*] *n* (Br., slang) poslastičarnica (W: slastičarnica)
tuck up *v* Br.; see **tuck II** 4
Tues·day ['*t*ūzdej]; [*tj*], [*ij*] *n* utorak; *on* ~ u utorak; *last* ~ prošlog utorka
tu·fa ['*t*ūfə]; [*tj*] *n* (miner.) 1. bigar 2. see **tuff**
tuff [təf] *n* (miner.) sedra, tuf
tuf·fet [~it] *n* 1. see **tuft** 2. hoklica
tuft I [təft] *n* 1. ćuba; čuperak; pramen; *a* ~ *of hair* čuperak kose 2. žbun drveća
tuft II *v tr* ukrasiti resama
tug I [təg] *n* 1. trzaj; vučenje; *to give a* ~ povući; *to feel a* ~ *on a line* osetiti (osjetiti) trzaj na struku udice 2. see **tugboat** 3. vučni lanac
tug II *v* 1. *tr* izvući; trgnuti 2. *tr* tegliti 3. *intr (to* ~ *at)* vući
tug·boat [~bout] *n* tegljač, remorker, šleper

tug of war vučenje konopca; (fig.) *to engage in a* ~ nadvlačiti se
tu·i·tion [*t*ū'išən]; [*tj*] *n* 1. školarina 2. (esp. Br.) nastava, obučavanje
tu·la·re·mi·a [*t*ūlə'rijmijə]; [*tj*] *n* (med.) tularemija, glodarska kuga
tu·lip ['*t*ūlip]; [*tj*] *n* lala, tulipan
tulle [tūl] *n* til tul (tkanina)
tum·ble I ['təmbəl] *n* pad, stropoštavanje; *to take a* ~ stropoštati se; **to give smb. a* ~ obratiti pažnju na nekoga
tumble II *v intr* 1. pasti, stropoštati se, srušiti se; *to* ~ *from (the) scaffolding* pasti sa skela; *prices* ~*d* cene (cijene) su pale 2. nabasati; *to* ~ *upon a good restaurant* nabasati na dobar restoran 3. (colloq.) shvatiti, razumeti (razumjeti) 4. raditi gimnastiku, izvoditi telesne vežbe (tjelesne vježbe) 5. kotrljati se 6. misc.; *to* ~ *out of bed* dići se iz kreveta
tum·ble-down [~daun] *a* trošan
tum·bler [~blə(r)] *n* 1. gimnastičar 2. tambler (visoka ravna čaša bez postolja) 3. golub prevrtač 4. (tech.) prekidač, prebacivač
tum·bling ['təmbliñg] *n* gimnastika
tum·brel, tum·bril ['təmbrəl] *n* 1. dvokolice 2. (hist.) kola za prevoz osuđenika na gubilište
tu·me·fac·tion [*t*ūmə'faekšən]; [*ti*] *n* otok, oticanje
tu·me·fy ['*t*ūməfaj]; [*tj*] *v intr* oteći
tu·mes·cence [*t*ū'mesəns]; [*tj*] *n* otok, otečenost
tu·mes·cent [~ənt] *a* koji otiče
tu·mid ['*t*ūmid]; [*tj*] *a* otečen, otekao
tu·mid·i·ty [*t*ū'midətij]; [*tj*] *n* otečenost
tum·my ['təmij] (colloq.) see **stomach I**
tu·mor ['*t*ūmə(r)]; [*tj*] *n* tumor; *a benign (malignant)* ~ dobroćudni (zloćudni) tumor
tu·mult ['*t*ūməlt]; [*tj*] *n* 1. buka, graja 2. gungula, metež; nered 3. uzburkanost
tu·mul·tu·ous [*t*ə'məlčūəs]; [*tj*] *a* 1. bučan; buran; *a* ~ *meeting* buran zbor; ~ *times* burna vremena 2. uzburkan
tu·mu·lus ['*t*ūmjələs]; [*tj*] *n (-li* [laj]) *n* humka
tun [tən] *n* bačva
tu·na ['*t*ūnə]; [*tj*] *(pl* has *-s* or zero) *n* tunj; *a* ~ *sandwich* sendvič s tunjinom
tun·dra ['təndrə] *n (the* ~) tundra
tune I [*t*ūn]; [*tj*] *n* 1. melodija 2. naštimovanost, udešenost, zglašenost; *in* ~ zglašen, naštimovan; *to sing in* ~ pravilno pevati (pjevati); *the piano is out of* ~ klavir je rasklađen (raštimovan) 3. sloga, sklad; *in* ~ *with the times* u skladu s vremenom 4. misc.; (colloq.) *to call the* ~ zapovedati (zapovijedati); **to change one's* ~ okrenuti list; (colloq.) *to the* ~ *of . . .* u iznosu. . .
tune II *v tr* 1. naštimovati, udesiti; *to* ~ *a piano* naštimovati klavir 2. podesiti, regulisati; *to* ~ *an engine* podesiti motor (also **tune up** 2) 3. misc.; *to* ~ *a radio down* utišati radio
tune·ful [~fəl] *a* melodičan; blagozvučan
tune in *v* 1. namestiti (namjestiti); *to tune a station in* namestiti radio na neku stanicu 2. uključiti prijemnik
tune·less [~lis] *a* nemelodičan
tun·er [~ə(r)] *n* štimer; *a piano* ~ klavirštimer

tune up v 1. udesiti (instrumenat) 2. podesiti; *to tune up an engine* or: *to tune an engine up* podesiti motor
tune-up [∼-əp] n podešavanje; *an engine* ∼ podešavanje motora
tung·sten I ['təŋgstən] n volfram
tungsten II a volframski; a ∼ *electrode* volframska elektroda
tungsten steel volfram-čelik
tung·stite ['təŋgstajt] n (miner.) tungstit
Tun·gus [tuŋg'gūz] n 1. Tunguzi (narod u istočnom Sibiru) 2. tunguski jezik
Tun·gus·ic I [∼ik] n tungusko-mandžurski jezici
Tungusic II a tunguski
tu·nic ['tūnik]; [tj] n 1. (hist.) tunika, starorimska haljina 2. vojnička bluza 3. (anat.) opna, maramica
tu·ni·ca [∼ə] (-cae [kij], [kaj] or [sij]) see tunic 3
tun·ing fork ['tuniŋg]; [tj] akustična (zvučna) viljuška
Tu·nis ['tūnis]; [tj] n Tunis (grad)
Tu·ni·sia [tū'nijžə]; [tj]; [zi] n Tunis (zemlja)
Tu·ni·sian I [∼n] n Tunižanin
Tunisian II a tuniski
tun·nage see tonnage
tun·nel I ['tənəl] n tunel; *to dig a* ∼ prokopati tunel
tunnel II v tr and intr prokopati tunel (kroz); *to* ∼ *through a mountain* prokopati tunel kroz planinu; *to* ∼ *a passage* prokopati prolaz
tunnel vision sužena perspektiva
tun·ny ['tənij] see tuna
tup [təp] n (Br.) ovan
tup·pence ['təpəns] see twopence
tur·ban ['tə(r)bən] n turban, čalma
tur·ba·ry ['tə(r)bərij] n (Br., legal) pravo kopanja treseta na tuđem imanju
tur·bid ['tə(r)bid] a mutan; ∼ *water* mutna voda
tur·bine ['tə(r)bajn] n turbina
tur·bo·fan ['tə(r)boufaen] n ventilatorski mlazni motor
tur·bo·jet [∼džet] n mlazni motor
tur·bo·prop [∼prap]; [o] n eliso-mlazni motor
tur·bot ['tə(r)bət] n (fish) obliš, iverak
tur·bu·lence ['tə(r)bjələns] n turbulencija, uzburkani vazduh (W: zrak)
tur·bu·lent [∼ənt] a turbulentan, uzburkan; buran; ∼ *times* burna vremena
turd [tə(r)d] n (vul., slang) 1. izmet 2. nitkov
tu·reen [tū'rijn]; [tj] n duboka zdela (zdjela)
turf [tə(r)f] n 1. busen 2. trkalište; (fig.) konjske trke, trkački sport 3. (slang) teritorija maloletničke (maloljetničke) bande
turf accountant Br.; see bookmaker
turf out v (Br.; colloq.) izbaciti
tur·ges·cence [tə(r)'džesəns] n 1. oteklost 2. naduvenost, visokoparnost
tur·gid ['tə(r)džid] a 1. otekao 2. naduven, visokoparan
tur·gid·i·ty [∼'džidətij] see turgescence
tur·gor ['tə(r)go(r)], [ə] see turgescence
Turk [tə(r)k] n Turčin
Tur·ke·stan [tə(r)kə'staen]; [a] n Turkestan
tur·key ['tə(r)kij] n 1. ćuran, ćurka (W: puran, pura); *stuffed* ∼ nadevena (nadjevena) ćurka 2. (slang) neuspeo (neuspio) komad 3. (slang)

nespretan čovek (čovjek) 4. misc.; *to talk* ∼ govoriti otvoreno
Tur·key n Turska
turkey buzzard američka orlušina
turkey cock ćuran (W: puran)
turkey trot vrsta plesa
Tur·kic I ['tə(r)kik] n turkijski jezici
Turkic II a turkijski
Turk·ish I ['tə(r)kiš] n turski jezik
Turkish II a turski
Turkish bath amam, tursko kupatilo
Turkish coffee turska kafa (kava)
Turkish delight (cul.) ratluk
Turkish Empire see Ottoman Empire
Turkish towel čupav ubrus, peškir
Turk·ism ['tə(r)kizəm] n turcizam
Tur·ki·stan see Turkestan
Turk·men ['tə(r)kmən] (-s) see Turkoman
Turk·men·i·stan [∼i'stan], [ae] n Turkmenistan, Turkmenija
Tur·ko·man I ['tə(r)kəmən] (-s) n 1. Turkmen 2. turkmenski jezik
Turkoman II a turkmenski
Turk's cap (bot.) zlatan
tur·mer·ic ['tə(r)mərik] n (bot.) kurkuma
tur·moil ['tə(r)mojl] n nemir; gungula; metež
turn I [tə(r)n] n 1. skretanje; okretanje; obrt; *a left (right)* ∼ levo — lijevo (desno) skretanje 2. (fig.) obrt; preokret; *an unfavorable* ∼ *of events* nepovoljan obrt događaja; *things took an unexpected* ∼ stvari su uzele neočekivan obrt (preokret); *a* ∼ *for the better (worse)* preokret nabolje (nagore) 3. prekretnica; *the* ∼ *of the century* prekretnica veka (vijeka) 4. red; *it's your* ∼ na tebe je red; *whose* ∼ *is it?* na koga je red? *he missed his* ∼ on je propustio svoj red; *out of* ∼ preko reda; *in* ∼ po redu; *by* ∼s redom 5. učešće; *he took a* ∼ *at teaching* bio je jedno vreme (vrijeme) nastavnik 6. sposobnost, dar; *a* ∼ *for languages* dar za jezike 7. prilika; *at every* ∼ svakom prilikom, stalno 8. usluga; *to do smb. a good (bad)* ∼ učiniti nekome dobru (rđavu) uslugu 9. šetnja, vožnja; *to take a* ∼ *around town* provesti se po gradu (also spin I 3) 10. zavojak, namotaj 11. uvijenost 12. potpuna transakcija, prodaja i kupovina 13. (colloq.) potres, zabezeknutost; *his appearance gave me (quite) a* ∼ njegova pojava me je zabezeknula 14. misc.; *to take* ∼s smenjivati (smjenjivati) se jedno s drugim; *to a* ∼ bez greške, usavršen; *to make a* ∼ skrenuti
turn II v 1. tr okrenuti; skrenuti; obrnuti; *to* ∼ *an automobile (a truck)* skrenuti auto (kamion); *to* ∼ *a conversation to another topic* skrenuti razgovor na drugu temu; *to* ∼ *one's head (a key, a roast)* okrenuti glavu (ključ, pečenje); *to* ∼ *one's back to* (fig.: on) *smb.* okrenuti leđa nekome; *to* ∼ *everything upside down* obrnuti (okrenuti) sve naopako; *she* ∼ed *him against his brother* okrenula ga je protiv brata; *to* ∼ *the other cheek* okrenuti i drugi obraz 2. tr prevrnuti; preobrnuti, preokrenuti; *to* ∼ *a page* prevrnuti stranicu; *to* ∼ *glasses upside down* preokrenuti čaše; *to* ∼ *the tables* preokrenuti situaciju 3. tr pretvoriti; okrenuti, izvrnuti, preobratiti; *to* ∼ *joy into sadness* pretvoriti radost

u žalost; *to ~ tears into laughter* okrenuti plač na smeh (smijeh); *to ~ into a joke* izvrnuti u šalu 4. *tr* posvetiti; *to ~ one's talents to the service of one's country* posvetiti svoje talente službi svoje zemlje 5. *tr* zaći; obići; zaobići; *to ~ a corner* zaći za ugao; (mil.) *to ~ a flank* zaobići bok 6. *tr* promeniti (promijeniti); *a few votes ~ed the election* nekoliko glasova promenili su rezultat izbora 7. *tr* preći, navršiti, prevaliti; *to ~ 60* navršiti šezdesetu godinu 8. *tr* ukiseliti; *to ~ milk* ukiseliti mleko (mlijeko) 9. *tr* zavrteti (zavrtjeti); (fig.) *to ~ smb.'s head* zavrteti nekome mozak 10. *tr* upraviti, uperiti; *to ~ a ship toward (the) shore* upraviti brod ka obali 11. *intr* okrenuti (se), skrenuti; *to ~ left (south)* okrenuti levo — lijevo (na jug); *the wind ~ed* vetar (vjetar) je promenio (promijenio) pravac; *to ~ toward smb.* okrenuti se nekome; *the road ~s east* put skreće na istok; *to ~ off a road* skrenuti s puta; **the tide has ~ed* sreća se okrenula 12. *intr* vrteti (vrtjeti) se; *my head is ~ing* vrti mi se u glavi 13. *intr* bacakati se, prevrtati se; *to toss and ~ all night* prevrtati se u postelji celu (cijelu) noć 14. *intr* pobuniti se; *to ~ against smb.* pobuniti se protiv nekoga 15. *intr* obratiti se; *to ~ to smb. for a favor* obratiti se nekome sa molbom 16. *intr* pretvoriti se, postati; *water ~s to ice* voda se pretvara u led; *to ~ pale* pobledeti (poblijedjeti); *to ~ sour* ukisnuti; *to ~ traitor* postati izdajica; *to ~ gray* osedeti (osijedeti) 17. *intr* gaditi se; *my stomach ~s when I see that* gadi mi se kad to vidim 18. *intr* preći; *the conversation ~ed to other subjects* razgovor je prešao na druge teme 19. *intr* latiti se; *he ~ed to his work* latio se posla 20. misc.; *to ~ aside* skloniti se (s puta); *to ~ a deaf ear to a request* oglušiti se o molbu; *to ~ smb.'s stomach* učiniti da se nekome smuči; *he doesn't know which way to ~* on ne zna šta da radi; *to ~ loose* osloboditi; *to ~ a somersault* prevrnuti se preko glave; **he ~ed tail and ran* podvio je rep i pobegao (pobjegao); **the worm will ~* i najstrpljivijim prekipi; *to ~ an ankle* uganuti nogu; (legal) *to ~ state's* (Br.: *King's* — *Queen's) evidence* svedočiti (svjedočiti) protiv svojih ortaka

turn·a·bout [~əbaut] *n* preokret; *a complete ~* totalni zaokret

turn against *v* see **turn II** 14

turn ahead *v* pomeriti unapred (pomjeriti unaprijed) (cf. **turn back**)

turn around *v* 1. okrenuti; *to turn a car around* okrenuti automobil 2. okrenuti se; *everyone turned around to look at her new hat* svi su se okretali za njenim novim šeširom

turn away *v* 1. odbiti 2. otkloniti; izbeći (izbjeći) 3. odvratiti; okrenuti; *to turn one's face away* okrenuti glavu 4. otići, udaljiti se

turn back *v* 1. ići natrag 2. odbiti; *to turn back the enemy* odbiti neprijatelja 3. pomeriti (pomjeriti) unazad; *to turn a clock back (by one hour)* pomeriti sat unazad (jedan sat) (also set **back** 1)

turn·buck·le [~bəkəl] *n* stezalica

turn·coat [~kout] *n* otpadnik, izdajnik

turn·cock Br.; see **valve I** 2

turn down *v* 1. preklopiti, presaviti (naniže); *to turn down a page* presaviti stranicu 2. odbiti; *to turn an invitation (a request) down* or: *to turn down an invitation (a request)* odbiti poziv (molbu) 3. spustiti; *to turn down a collar* spustiti kragnu 4. umanjiti, utišati; *to turn a (the) radio down* utišati radio

turn·er I [~ə(r)] *n* strugar

turner II *n* see **tumbler I**

turn in *v* 1. ići na spavanje 2. predati; podneti (podnijeti); *to turn in an expense account* predati račun o troškovima; *to turn in a lost watch* predati izgubljeni sat; *to turn a paper in* or: *to turn in a paper* predati rad 3. prijaviti; *to turn smb. in to the police* prijaviti nekoga policiji 4. skrenuti s puta

turn·ing [~iñg] *n* skretanje

turning point prekretnica, zaokret; *a ~ in history* istorijska (historijska) prekretnica; *a ~ in the war* zaokret u ratu

tur·nip ['tə(r)nip] *n* repa

turnip cabbage see **kohlrabi**

turn·key ['tə(r)nkij] *n* ključar (u zatvoru)

turn off *v* 1. ugasiti, isključiti, zavrnuti; *to turn off a light (a television set)* or: *to turn a light (a television set) off* ugasiti svetlost—svjetlost (televiziju); *to turn off the electricity* isključiti struju; *to turn off a faucet* zavrnuti slavinu 2. skrenuti s puta 3. (slang) ohladiti; izazvati gađenje (kod) 4. (Br.) otpustiti (s posla)

turn on *v* 1. upaliti, pustiti; *to turn a lamp (a radio) on* or: *to turn on a lamp (a radio)* upaliti lampu (radio); *to turn on the television* or: *to turn the television on* upaliti televizor 2. napasti, nasrnuti; *to turn on one's pursuers* nasrnuti na gonioce 3. okretati se, zavisiti (W also: ovisiti); *the decision turns on a single fact* odluka zavisi od jedne činjenice 4. (slang) naelektrisati, uzbuditi; *to turn a crowd on* naelektrisati masu; *to turn an audience on* uzbuditi gledaoce 5. misc.; *to turn on one's charm* pokazati se u najboljoj svetlosti — svjetlosti (sa namerom — namjerom da se dopadne)

turn out *v* 1. ugasiti; *to turn a light out* or: *to turn out a light* ugasiti svetlo (svjetlo) 2. ispasti, svršiti se; *everything turned out well* sve je dobro ispalo 3. pojaviti se; skupiti se; *a big crowd turned out* skupilo se mnogo sveta (svijeta) 4. ispostaviti se; *it turned out that he was an actor* ispostavilo se da je on glumac 5. (usu. mil.) postrojiti; *to turn out a platoon* postrojiti vod 6. isterati (istjerati) 7. obući; opremiti 8. okrenuti (se) napolje 9. izvrnuti; *to turn smt. inside out* izvrnuti nešto 10. proizvoditi

turn·out [~aut] *n* 1. poseta (posjet); broj gledalaca; *a record ~* rekordna poseta 2. (Br.) štrajk 3. učešće; *a ~ of voters* učešće građana na izborima

turn over *v* 1. okrenuti; *to turn over a new leaf* okrenuti drugi list 2. preokrenuti, preobrnuti, preturiti, prevrnuti; *he turned the glasses over* or: *he turned over the glasses* preokrenuo je čaše 3. prevrnuti se; *the car turned over* auto se prevrnuo; *to turn over on one's back* prevrnuti se na leđa 4. upaliti (se); *the engine will not turn over* motor neće da (se) upali 5. (comm.)

obrnuti; *they turn over millions* oni obrću milione 6. predati; izručiti; *to turn over a letter* predati pismo; *to turn over prisoners of war* izručiti ratne zarobljenike

turn·o·ver [~ouvə(r)] *n* 1. (comm.) obrt, promet; *annual* ~ godišnji obrt; *rapid* ~ brz obrt; ~ *of capital* obrt kapitala 2. (basketball) izgubljena lopta

turn·pike [~pajk] *n* autoput (na kome se naplaćuje drumarina)

turn signal pokazivač pravca skretanja

turn·sole [~soul] *n* suncokret

turn·stile [~stajl] *n* obrtni krst — W: križ (na ulazima, da se prolazi jedan po jedan)

turn·ta·ble [~tejbəl] *n* 1. okretnica, vrteška 2. (on a record player) rotaciona ploča

turn to *v* see **turn** II 15, 16, 18, 19, 20

turn up *v* 1. okrenuti naviše; podići; zavrnuti (see also **roll up** 2) 2. okretati se naviše; dizati se 3. pojaviti se; doći; *he suddenly turned up* pojavio se iznenadno 4. pojačati; *to turn a radio up* pojačati radio 5. otkriti 6. misc.; **to turn up one's nose* naduti se

turn·up Br.; see **cuff** I 1

tur·pen·tine ['tə(r)pəntajn] *n* terpentin

tur·pi·tude ['tə͵r)pərūd]; [*tj*] *n* (usu.: *moral* ~) pokvarenost; niskost

tur·quoise ['tə(r)kwojz], [*k*] *n* tirkiz, modrulj

tur·ret ['tərit] *n* 1. kula 2. (mil.; on a tank) kupola 3. (naval) kula, toranj

tur·tle ['tə(r)təl] *n* kornjača; *a marine* ~ morska kornjača

tur·tle·back [~baek] *n* (naut.) zaobljena oklopna paluba

tur·tle·dove [~dəv] *n* grlica

tur·tle·neck [~nek] *n* 1. rolkragna 2. (or: *a* ~ *sweater*) džemper sa rolkragnom

turtle shell kornjačevina

Tus·ca·ny ['təskənij] *n* Toskana

tusk [təsk] *n* zub (slona, divljeg vepra), kljova

tus·sle I ['təsəl] *n* tuča, gužva (also **scuffle** I)

tussle II *v intr* tući se (also **scuffle** II)

tus·sock, tus·suck ['təsək] *n* čuperak

tut [tət] *interj* pfuj

tu·te·lage ['rūtəlidž]; [*tj*] *n* 1. starateljstvo, tutorstvo 2. see **tutoring**

tu·tor I ['rūtə(r)]; [*tj*] *n* 1. privatan učitelj, domaći učitelj 2. asistent, tutor (na nekim univerzitetima — W: sveučilištima) 3. (legal) staratelj

tutor II *v* 1. *tr* podučavati; *to* ~ *smb. in mathematics* podučavati nekoga u matematici 2. *tr* strogo postupati (s) 3. *tr* imati starateljstvo (nad) 4. *intr* davati privatne časove (W: satove)

tu·to·ri·al [rū'torijəl]; [*tj*] *a* tutorski, učiteljski

tutorial system rad predavača koji je preuzeo grupu studenata da se za njih brine, da im pomaže u učenju

tu·tor·ing ['rūtəriŋ]; [*tj*] *n* podučavanje, privatni časovi (W: satovi)

tu·tor·ship [~(r)šip] *n* 1. see **tutelage** 2. see **tutoring**

tu·tu ['tūtū] *n* kratka baletska suknja

tux·e·do [tək'sijdou] (*-s*) *n* smoking, večernje odelo (odijelo) (see also **dinner jacket**)

TV [tij'vij] (abbrev. of **television**) televizija; televizor

T.V.A. [tijvij'ej] abbrev. of *Tennessee Valley Authority* Uprava hidro-energetskog sistema na reci (rijeci) Tenesi

TV advertising propagandne emisije televizije

TV cameraman televizijski kamerman, snimatelj

TV dinner smrznuti obrok u naročitom pakovanju (koji može da se jede uz gledanje televizije)

TV drama TV-drama

TV network TV-mreža

TV program 1. televizijski program, televizijska emisija 2. TV dodatak (u novinama)

TV series TV-serija

twad·dle I ['twadəl]; [*o*] *n* brbljanje

twaddle II *v intr* brbljati

twain [twejn] *n* 1. (poetic) grupa od dvoje 2. oznaka »dva hvata« (na rečnim — rječnim brodovima)

twang I [twaeŋ] *n* 1. oštar, zvonak zvuk 2, unjkanje, govorenje kroz nos; *to speak with a nasal* ~ unjkati

twang II *v intr* 1. zvučati kao žice 2. unjkati, govoriti kroz nos

tweak I [twijk] *n* štipanje

tweak II *v tr* štipnuti

tweed [twijd] *n* tvid (gruba vunena tkanina)

twee·dle·dum and twee·dle·dee [twijdəl'dəm ən twijdəl'dij] neznatna razlika

twee·dy [~ij] *a* nalik na tvid (grubu vunenu tkaninu)

tweet I [twijt] *n* cvrkut

tweet II (onoma.) čiu

tweet III *v intr* cvrkutati

tweez·ers ['twijzə(r)z] *n pl* pinceta, mala klešta (kliješta); *two pairs of* ~ dve (dvije) pincete

twelfth [twelfth] 1. *n* dvanaestina 2. *n and num a* dvanaesti; *on the* ~ *of July* dvanaestog jula (W: srpnja)

Twelfth Night Bogojavljenska noć

twelve [twelv] 1. *n* dvanaestica 2. *num and n* dvanaest; dvanaestorica; dvanaestoro; dvanaestori

twen·ti·eth ['twentijith] (colloq.: 'twənijith]) 1. *n* dvadesetina 2. *n and num a* dvadeseti; *on the* ~ *of December* dvadesetog decembra (W: prosinca)

twen·ty ['twentij] (colloq.: ['twənij]) 1. *n* dvadesetica 2. *num and n* dvadeset; dvadesetorica; dvadesetoro

twice [twajs] *adv* dvaput

twid·dle ['twidəl] *v* 1. *tr* vrteti (vrtjeti); **to* ~ *one's thumbs* skrstiti ruke, traćiti vreme (vrijeme) 2. *intr* igrati se; besposličiti

twig I [twig] *n* grančica

twig II *v tr* (Br.; slang) shvatiti, razumeti (razumjeti)

twig·gy [~ij] *a* tanak kao grana

twi·light ['twajlajt] *n* sumrak, suton

twilight sleep polusvesno (polusvjesno) stanje

twill [twil] *n* tkanina sa dijagonalnim prugama

twin I [twin] *n* 1. blizanac; *fraternal (identical)* ~s dvojajčani (jednojajčani) blizanci; *Siamese* ~s sijamski blizanci 2. (cap., astrol.) Blizanci (also **Gemini**)

twin II *a* 1. blizanački; ~ *brothers (sisters)* blizanci (blizanke) 2. dvostruk, sparen; *a* ~ *machine gun* dvocevni (dvocijevni) mitraljez

twin III *v intr* obizniti se

Twin Cities *pl* Miniapolis i Sen Pol (Minneapolis and St. Paul)

twin-bedded room dvokrevetna soba

twine I [twajn] *n* 1. jak konac (od dve — dvije ili više niti), kanap 2. uže

twine II *v tr* upresti, uplesti

twin-en·gine *a* dvomotoran

twinge I [twindž] *n* 1. žiganje, štipanje, probad 2. griža; *a ~ of conscience* griža savesti (savjesti)

twinge II *v intr* žigati, probadati, sevati (sijevati)

twin·kle I ['twiṅkəl] *n* svetlucanje (svjetlucanje)

twinkle II *v intr* svetlucati (svjetlucati); *stars ~* zvezde (zvijezde) svetlucaju

twin·kling [~kliṅg] *n* 1. svetlucanje (svjetlucanje) 2. tren (oka), trenutak

twin-screw [~-skrū] *a* (naut.) sa dva propelera

twirl I [twə(r)l] *n* brzo okretanje, kovitlanje

twirl II 1. *tr* brzo okretati, vrteti (vrtjeti) 2. *intr* okretati se, vrteti se

twirp [twə(r)p] *n* (slang) dosadna osoba

twist I [twist] *n* 1. ono što je uvijeno, usukano 2. (cul.) pletenica 3. uvijanje, sukanje 4. vijuga 5. rotacija (lopte) 6. uganuće, iščašenje 7. izvrtanje 8. nastranost 9. udar; preokret; *a ~ of fate* preokret sudbine 10. tvist (vrsta plesa)

twist II *v* 1. *tr* upresti, uplesti; *to ~ yarn* upresti konac; *to ~ flowers into a wreath* uplesti cveće u venac (cvijeće u vijenac) 2. *tr* izvrnuti; *to ~ (the) facts* izvrnuti činjenice 3. *tr* uganuti; *to ~ one's ankle* uganuti nogu 4. *tr (to ~ off)* skinuti (uvijanjem) 5. *tr* uvrnuti, zavrnuti; (also fig.) *to ~ smb.'s arm* uvrnuti nekome ruku; *to ~ smb.'s neck* zavrnuti nekome vrat (also **wring II** 2) 6. *intr* upresti se, uplesti se 7. *intr* vijugati (se); *the road ~s* put (se) vijuga 8. *intr* migoljiti se 9. *intr* oteti se; *to ~ out of smb.'s grasp* oteti se nekome

twist·er [~ə(r)] *n* (colloq.) 1. see **cyclone** 2. see **tornado**

twist off *v* see **twist II** 4

twit I [twit] *n* 1. zadirkivanje 2. (Br.; slang) glupan

twit II *v tr* zadirkivati

twitch I [twič] *n* 1. grčevito trzanje 2. vučenje

twitch II *v* 1. *tr* povući, trgnuti 2. *intr* grčiti se, brecati, trgati se, igrati; *his muscles ~* mišići mu se grče; *his face ~ed* lice mu se grčilo; *his eye is ~ing* igra mu oko

twit·ter I ['twitə(r)] *n* cvrkut

twitter II *v intr* cvrkutati; *birds ~* ptice cvrkuću

two [tū] 1. *n* dvojka 2. *num* and *n* dva; dvojica; dvoje; dvoji; *~ children* dvoje dece (djece); *~ doors* dvoja vrata

two-bit *a* (slang) neznačajan

two-by-four [~-baj-fo(r)] *n* daska preseka (presjeka) 50,8 × 101,6 mm

two-di·men·sion·al [~-di'menšənəl] *a* dvodimenzionalni

two-edged [~-edžd] *a* sa dve (dvije) oštrice

two-faced [~-fejst] *a* dvoličan

two-fist·ed [~-fistid] *a* agresivan; muževan

two-fold [~fould] *a* dvostruk

two-hand·ed [~-haendid] *a* dvoručni

two-mov·er [~-mūvə(r)] *n* (chess) dvopotez

two-par·ty [~-pa(r)tij] *a* dvopartijski; *a ~ system* dvopartijski sistem

two·pence ['təpəns] *n* (Br.) 1. novčić od dva penija 2. dva penija 3. trunka

two-pen·ny [~nij] *a* (Br.) 1. koji vredi (vrijedi) dva penija 2. bezvredan (bezvrijedan)

two-phase ['tū-fejz] *a* dvofazan

two-piece [~pijs] *a* iz dva dela (dijela); *a ~ bathing suit* kupaći kostim iz dva dela

two-ply [~-plaj] *a* sa dva sloja

two-room [~-rūm], [*u*] *a* dvosoban; *a ~ apartment* dvosoban stan

two-seat·er [~-sijtə(r)] *n* dvosed (dvosjed)

two·some [~səm] *n* par, dvoje

two-speed [~-spijd] *a* dvobrzinski

two-step [~-step] *n* ples u dva koraka

two-sto·ry [~-storij] *a* dvospratan (W: dvokatan); *a ~ house* dvospratna kuća

two-time [~-tajm] *v tr* biti neveran — nevjeran (supruzi, dragani)

two-tim·er [~ə(r)] *n* neveran (nevjeran) muž

two-toned [~-tound] *a* dvobojan

two-way [~-wej] *a* dvosmerni (dvosmjerni); *~ traffic* dvosmerni saobraćaj

two-way radio primopredajnik

ty·coon [taj'kūn] *n* bogat industrijalac

ty·ing see **tie II**

tyke [tajk] *n* nestašno dete (dijete)

tym·pan ['timpən] *n* nategnuta opna

tym·pan·ic [tim'paenik] *a* bubni, bubanjski, timpaničan

tympanic membrane bubna opna (also **eardrum**)

tym·pa·num ['timpənəm] (-*s* or -*na* [nə]) *n* (anat.) bubanj

type I [tajp] *n* 1. tip, vrsta (W also: vrst) 2. uzor, uzorak, model 3. (pejor.) tip, osobenjak 3. (printing) slovo; štamparska slova; *Cyrillic (Latin) ~* ćirilska (latinska) slova 4. (printing) slog; *large (small) ~* krupan (sitan) slog

type II *v* 1. *tr* otkucati (W also: tipkati); *to ~ a letter* otkucati pismo 2. *tr* klasifikovati 3. *intr* kucati (W also: tipkati)

type·cast [~kaest]; [*a*] see **cast III** 5

type·face [~fejs] *n* (printing) slog; dirka

type out see **type II** 1

type·script [~skript] *n* kucana kopija

type·set·ter [~setə(r)] *n* slagač, slovoslagač (W also: strojoslagar)

type·set·ting [~iṅg] *n* slaganje (sloga) (also **composition** 6)

type up *v* see **type II** 1

type·write [~rajt]; -*wrote* [rout]; -*written* [ritən] see **type II** 1, 3

type·writ·er [~ə(r)] *n* pisaća mašina (W: pisaći stroj)

type·writ·ing [~iṅg] *n* kucanje (W also: tipkanje), daktilografija

ty·phoid I ['tajfojd] *n* tifusna groznica

typhoid II *a* tifusni; *~ fever* tifusna groznica

ty·phoi·dal [taj'fojdəl] see **typhoid II**

ty·phoon [taj'fūn] *n* tajfun; *a ~ hit (struck) several islands* tajfun je zahvatio nekoliko ostrva (W: otoka)

ty·phus ['tajfəs] *n* tifus

typ·i·cal ['tipəkəl] *a* tipičan

typ·i·fy ['tipəfaj] *v tr* simbolisati

typ·ing ['tajpiŋ] see **typewriting**

typing pool biro koji vrši daktilografske usluge za sve jedinice nekog preduzeća (W: poduzeća)

typ·ist [~ist] *n* daktilografkinja, daktilograf

ty·pog·ra·pher [taj'pɑgrəfə(r)]; [o] *n* tipograf, štampar, slagač

ty·po·graph·i·cal [tajpə'graefikəl] *a* tipografski; štamparski; slagačev; *a* ~ *error* štamparska (slagačeva) greška

ty·pog·ra·phy [taj'pɑgrəfij]; [o] *n* slaganje

ty·pol·o·gy [taj'pɑlədžij]; [o] *n* tipologija

ty·ran·ni·cal [ti'raenikəl] *a* tiranski

tyr·an·nize ['tirənajz] *v tr* tiranisati

tyr·an·ny ['tirənij] *a* tiranija

ty·rant ['tajrənt] *n* tiranin

tyre Br.; see **tire I**

ty·ro ['tajrou] (*-s*) *n* novajlija

Ty·rol ['tajroul] *n* Tirol

Ty·ro·le·an I [taj'roulijən] *n* Tirolac

Tyrolean II *a* tirolski

Tyr·o·lese [tirə'lijz] see **Tyrolean I, II**

tzar see **czar**

tzet·ze fly see **tsetse fly**

Tzi·gane [tsij'gan] see **Gypsy**

U

u [jū] *n* u (slovo engleske azbuke)
u·biq·ui·tous [jū'bikwətəs] *a* sveprisutan
u·biq·ui·ty [~tij] *n* sveprisutnost
ud·der ['ədə(r)] *n* vime
UFO [jūef'ou] abbrev. of **unidentified flying object**
U·gan·da [jū'gaendə], [*a*] *n* Uganda
ugh [əg] *interj* uh (izražava gađenje, užasavanje)
ug·li·ness ['əglijnis] *n* ružnoća, ružnost
ug·ly ['əglij] *a* 1. ružan; **an ~ duckling* ružno pače 2. opasan, opak; **an ~ customer* opasan čovek (čovjek) 3. plahovit; *an ~ temper* plahovita narav 4. nemio; *an ~ incident* nemio događaj
U·gric I ['ūgrik], [*jū*] *n* ugarski jezici
Ugric II *a* ugarski
UHF [jūejč'ef] abbrev. of *ultrahigh frequency*
uh·lan ['ūlan], ['jūlən] *n* (hist.) ulan
UK [jū'kej] abbrev. of **United Kingdom**
u·kase [jū'kejs], [z] *n* ukaz
U·kraine ['jū'krejn] *n (the ~)* Ukrajina; *in the ~* u Ukrajini
U·krain·i·an I [jū'krejnijən] *n* 1. Ukrajinac 2. ukrajinski jezik
Ukrainian II *a* ukrajinski
u·ku·le·le [jūkə'lejlij] *n* ukulele, havajska gitara
u·lan see **uhlan**
ul·cer ['əlsə(r)] *n* grizlica; čir; *a gastric ~* čir na želucu
ul·cer·ate [~rejt] *v.* 1. *tr* razjesti 2. *intr* razjedati se
ul·cer·a·tion [əlsə'rejšən] *n* ulceracija, razjedanje; grizlica
ul·cer·ous ['əlsərəs] *a* ulcerozan, razjeden, grizličav
u·le·ma [ūlə'ma] *(pl* has *-s* or zero) *n* ulema (muslimanski teolog, pravnik)
ul·na ['əlnə] (*-s* or *-ae* [ij]) *n* (anat.) laktača, velika šipka
ul·te·ri·or [əl'tijrijə(r)] *a* 1. s one strane 2. sledeći (slijedeći) 3. prikriven, zadnji; *an ~ motive* zadnja misao
ul·ti·ma ['əltəmə] *n* (ling.) poslednji (posljednji) slog
ul·ti·mate I [~mit] *n* 1. načelo 2. krajnji cilj 3. krajnost
ultimate II *a* krajnji; konačan; *an ~ goal* krajnji cilj; *an ~ decision* konačna odluka
ultima Thu·le ['thūlij] 1. dalek predeo (predio) 2. dalek cilj
ul·ti·ma·tum [əltə'mejtəm] (*-s* or *-ta* [tə]) *n* ultimatum; *to present (send) an ~ to smb.* postaviti (uputiti) nekome ultimatum

ul·tra I ['əltrə] *n* ekstremista
ultra II *a* ekstremistički, krajnji, preteran (pretjeran)
ultra III (prefix) ultra-
ul·tra·con·ser·va·tive I [əltrəkən'sə(r)vətiv] *n* krajnji desničar, reakcionar
ultraconservative II *a* reakcionarski
ul·tra·high [~haj] *a* ultravisok; *~ frequency* ultravisoka frekvencija
ul·tra·ma·rine I [~mə'rijn] *n* ultramarinska boja
ultramarine II *a* ultramarinski
ul·tra·mi·cro·scope [~'majkrəskoup] *n* ultramikroskop
ul·tra·mon·tane I [~'man'tejn]; [o] *n* ultramontanac, papista
ultramontane II *a* ultramontan, papski, odan papi
Ul·tra·mon·ta·nism [~'mantənizəm]; [o] *n* ultramontanizam
ul·tra·na·tion·al·ism [~'naešənəlizəm] *n* šovinizam, krajni nacionalizam
ul·tra·son·ic [~'sanik]; [o] *a* nadzvučan, ultrasoničan
ul·tra·vi·o·let [~'vajəlit] *a* ultravioletni; *~ rays* ultravioletni zraci (W: ultravioletne zrake)
ul·u·late ['əljəlejt], [*jū*] *v intr* urlikati; ćukati
um·bel ['əmbəl] *n* (bot.) štitasta cvast
um·ber ['əmbə(r)] *n* umbra, mrka zemlja
um·bil·i·cal [əm'bilikəl] *a* pupčani
umbilical cord *(the ~)* pupčana vrpca, pupčanica; *to cut the ~* preseći (presjeći) pupčanu vrpcu (also fig.)
um·bil·i·cus [~kəs] (*-ci* [saj]) *n* 1. see **navel** 2. (biol.) udubljenje
um·bo ['əmbou] (*-s* or *umbones* [əm'bounijz]) *n* 1. pupak štita 2. (anat.) rt (na ljušturi školjke)
um·bra ['əmbrə] *n* senka (sjenka)
um·brage ['əmbridž] *n* uvreda; *to take ~ at smt.* uvrediti se zbog nečega, primiti nešto za zlo
um·bra·geous [əm'brejdžəs] *a* 1. senovit (sjenovit) 2. uvredljiv
um·brel·la I [əm'brelə] *n* 1. kišobran 2. (mil.) zaštita pomoću avijacije
umbrella II *a* opšti (opći)
umbrella palm lepezasta palma
um·laut ['umlaut] *n* (ling.) umlaut, preglas (prijeglas)
um·pire I ['əmpaj(r)] *n* 1. sudija (W: sudac) 2. (mil.) posrednik (na manevru) 3. (sports, esp. baseball) sudija (see also **referee** I 2)

umpire II *v* see **referee** II
ump·teen [əmp'tijn] *n* and *a* (colloq.) bezbroj
un- [ən] (prifix) ne-
UN [jū'en] abbrev. of **United Nations**
un·a·bashed [~ə'baešt] *a* nepostiđen, nezbunjen
un·a·bat·ed [~ə'bejtid] *a* nesmanjen; neoslabljen
un·a·ble [~'ejbəl] *a* nesposoban; *he is ~ to come* on ne može da dođe
un·a·bridged [~ə'bridž] *a* neskraćen
un·ac·cent·ed [~'aeksentid] *a* nenaglašen
un·ac·cept·a·ble [~aek'septəbəl] *a* neprihvatljiv ~ *to* neprihvatljiv za
un·ac·com·pa·nied [~ə'kəmpənijd] *a* bez pratioca
un·ac·count·a·ble [~ə'kauntəbəl] *a* 1. neobjašnjiv 2. neodgovoran
un·ac·cus·tomed [~ə'kəstəmd] *a* 1. nenaviknut 2. nov; nepoznat
un·a·dorned [~ə'do(r)nd] neukrašen; jednostavan
un·a·dul·ter·at·ed [~ə'dəltərejtid] *a* nerazblažen; čist
un·ad·vised [~əd'vajzd] *a* nepromišljen
un·af·fect·ed [~ə'fektid] *a* neizveštačen (neizvještačen); prirodan
un·al·loyed [~ə'lojd] *a* 1. nepomešan (nepomiješan) 2. potpun; *an ~ success* potpun uspeh (uspjeh)
un·am·big·u·ous [~aem'bigjūəs] *a* nedvosmislen
un·A·mer·i·can [~-ə'merikən] *a* neamerički, protivamerički
u·na·nim·i·ty [jūnə'nimətij] *n* jednoglasnost
u·nan·i·mous [jū'naenəməs] *a* jednoglasan
un·an·swerd [ən'aensə(r)d]; [*a*] *a* and *adv* bez odgovora; *the question went ~* pitanje je ostalo bez odgovora
un·ap·proach·a·ble [ənə'proučəbəl] *a* nepristupačan
un·armed [ən'a(r)md] *a* nenaoružan
un·as·sail·a·ble [~ə'sejləbəl] *a* 1. nepobitan 2. nesavladiv (also **impregnable**)
un·as·sist·ed [~ə'sistid] *a* bez pomoći
un·as·sum·ing [~ə'sūmiṅg]; [*sj*] *a* skroman
un·at·tached [~ə'taečt] *a* 1. nepričvršćen 2. nepridodat 3. slobodan; bez društva
un·at·test·ed [~ə'testid] *a* nepotvrđen
un·at·trac·tive [~ə'traektiv] *a* neprivlačan
un·au·thor·ized [~'othərajzd] *a* neovlašćen, divlji
un·a·void·a·ble [~ə'vojdəbəl] *a* neizbežan (neizbježan)
un·a·ware [~ə'wej(r)] *a* nesvestan (nesvjestan)
un·a·wares [~z] *adv* iznenada
un·bal·ance [~'baeləns] *v tr* izbaciti iz ravnoteže
un·bal·anced [~t] *a* 1. neuravnotežen 2. nesaldiran
un·bear·a·ble [~'bejrəbəl] *a* nepodnošljiv, nesnošljiv; ~ *heat* nesnošljiva vrućina; ~ *pain* nepodnošljiv bol
un·beat·a·ble [~'bijtəbəl] *a* nepobedljiv (nepobjedljiv)
un·beat·en [~'bijtən] *a* nepobeđen (nepobijeđen)
un·be·com·ing [~bi'kəmiṅg] *a* neprikladan, nepodesan
un·be·known [~bi'noun] *a* nepoznat; ~ *to him* bez njegovog znanja
un·be·knownst [~st] see **unbeknown**

un·be·liev·a·ble [~bi'lijvəbəl] *a* neverovatan (nevjerovatan) (also **incredible**)
un·bend [~'bend]; -*bent* [bent] *v intr* popustiti, raskraviti se
un·bend·ing [~iṅg] *a* 1. nesavitljiv 2. odlučan
un·bi·ased [~'bajəst] *a* nepristrastan (W: nepristran)
un·bind [~'bajnd]; -*bound* [baund] *v tr* odvezati
un·blink·ing [~'bliṅgkiṅg] *a* 1. neustrašiv 2. otvorenih očiju
un·blush·ing [~'bləšiṅg] *a* drzak
un·born [~'bo(r)n] *a* još ne rođen
un·bound·ed [~'baundid] *a* neograničen
un·bowed [~'baud] *a* nesavijen; (fig.) nepokoren
un·break·a·ble [~'brejkəbəl] *a* nesalomiv, neprekidiv, neraskidiv
un·bridge·a·ble [~'bridžəbəl] *a* nepremostiv
un·bri·dle [~'brajdəl] *v tr* razuzdati
un·bri·dled [~d] *a* neobuzdan
un·bro·ken [~'broukən] *a* 1. neslomljen, čitav 2. nenadmašen; *an ~ record* nenadmašen rekord 3. neprekinut; *an ~ line* neprekinuta linija
un·buck·le [~'bəkəl] *v tr* otkopčati
un·bur·den [~'bə(r)dən] *v tr* rasteretiti; (fig.) *to ~ one's mind* izliti svoje srce
un·but·ton [~'bətən] *v tr* raskopčati, otkopčati
un·called-for [~'kold-fo(r)] *a* neumestan (neumjestan); *an ~ remark* neumesna primedba (primjedba)
un·can·ny [~'kaenij] *a* 1. neobjašnjiv 2. izvanredan; *an ~ knack* izvanredna sposobnost
un·cared-for *a* zanemaren
un·ceas·ing [~'sijsing] *a* neprekidan
un·cer·e·mo·ni·ous [~serə'mounijəs] *a* bez ceremonije; neformalan; prirodan
un·cer·tain [~'sə(r)tən] *a* 1. neizvestan (neizvjestan) 2. neodređen 3. nesiguran; nepouzdan 4. ćudljiv
un·cer·tain·ty [~tij] *n* neizvesnost (neizvjesnost); nesigurnost
un·chain [~'čejn] *v tr* pustiti s lanca
un·change·a·ble [~'čejndžəbəl] *a* nepromenljiv (nepromjenljiv)
un·char·i·ta·ble [~'čaerətəbəl] *n* nemilostivan
un·chart·ed [~'ča(r)tid] *a* neucrtan
un·checked [~čekt] *a* 1. nezaustavljen 2. neproveren (neprovjeren)
un·cial I ['ənšel], [*šijə*] *n* uncijala
uncial II *a* uncijalni
un·civ·il [ən'sivəl] *a* neučtiv
un·civ·i·lized [~ajzd] *a* necivilizovan, divljački
un·class·i·fied [~'klaesəfajd] *a* 1. neklasificiran 2. (mil.) bez oznake tajnosti
un·cle ['əṅgkəl] 1. *n* stric; ujak; teča 2. *v intr* (colloq.) predajem se!
un·clean [ən'klijn] *a* nečist, prljav
un·clear [~'klij(r)] *a* nejasan
Uncle Sam [saem] ujka Sam (popularan naziv za Amerikanca, za američku vladu)
Uncle Tom [tam]; [*o*] Čika Toma (Crnac koji se, navodno, ulaguje belcima — bijelcima)
un·cloak [~'klouk] *v tr* otkriti; obelodaniti (objelodaniti)
un·coil [~'kojl] *v* 1. *tr* odmotati 2. *intr* odmotati se

un·com·fort·a·ble [∼'kəmfə(r)təbəl] *a* neudoban; neugodan; nelagodan

un·com·mit·ted [∼kə'mitid] *a* neangažovan; nesvrstan

un·com·mon [∼'kamən]; [*o*] *a* neobičan

un·com·mu·ni·ca·tive [∼kə'mjūnikətiv], [*ej*] *a* negovorljiv, nekomunikativan

un·com·pli·men·ta·ry [∼kamplə'mentrij]; [*o*] *a* uvredljiv

un·com·pro·mis·ing [∼'kamprəmajziṅg]; [*o*] *a* beskompromisan nepopustljiv

un·con·cerned [∼kən'sə(r)nd] *a* ravnodušan; nezabrinut

un·con·di·tion·al [∼kən'dišənəl] *a* bezuslovan (W: bezuvjetan); ∼ *surrender* bezuslovna predaja

un·con·di·tioned [∼kən'dišənd] *a* neuslovljeni (W: neuvjetovani); *an* ∼ *response (reflex)* neuslovljeni refleks

un·con·nect·ed [∼kə'nektid] *a* nevezan, nepovezan

un·con·quer·a·ble [∼'kaṅgkərəbəl]; [*o*] *a* nepobedljiv (nepobjedljiv)

un·con·scion·a·ble [∼'kanšənəbəl]; [*o*] *a* neskrupulozan, nesavestan (nesavjestan)

un·con·scious I [∼'kanšəns]; [*o*] *n (the ∼)* nesvest (nesvijest)

unconscious II *a* nesvestan (nesvjestan), besvestan (besvjestan)

un·con·scious·ness [∼nis] *n* nesvest (nesvijest) besvest (besvijest)

un·con·sti·tu·tion·al [∼kanstə'tūšənəl]; [*o*]; [*tj*] *a* protivustavan (protuustavan), *to declare a law (to be)* ∼ proglasiti zakon za protivustavan

un·con·test·ed [∼kən'testid] *a* neosporavan; *an* ∼ *divorce* sporazumni razvod

un·con·trol·la·ble [∼kən'trouləbəl] *a* neobuzdan, nekontrolisan

un·con·trolled [∼ld] *a* nekontrolisan

un·con·ven·tion·al [∼kən'venšənəl] *a* neuobičajen

un·con·vinc·ing [∼kən'vinsiṅg] *a* neuverljiv (neuvjerljiv)

un·co·or·di·nat·ed [∼kou'o(r)dənejtid] *a* nepovezan

un·cork [∼'ko(r)k] *v tr* otčepiti

un·count·ed [∼'kauntid] *a* 1. nebrojen 2. bezbrojan

un·coup·le [∼'kəpəl] *v tr* odvojiti; otkačiti; *to ∼ a railroad car* otkačiti vagon

un·couth [∼'kūth] *a* prost, prostački, neotesan

un·cov·er [∼'kəvə(r)] *v* 1. *tr* otkriti, razotkriti; *to ∼ a secret* razotkriti tajnu 2. *intr* skinuti kapu

un·crit·i·cal [∼'kritəkəl] *a* nekritičan

un·cross [∼'kros] *v tr* ispraviti (ono što je prekršteno — W: prekriženo)

un·crowned [∼'kraund] *a* nekrunisan; (usu. fig.) *an* ∼ *king* nekrunisan kralj

unc·tion ['əṅgkšən] *n* 1. (rel.) miropomazanje (W: pomast); *extreme* ∼ poslednje (posljednje) miropomazanje 2. mast (also **ointment**) 3. melem (also **balm**)

unc·tu·ous ['əṅgkčūəs] *a* uljan; mastan

unc·tu·ous·ness [∼nis] *n* uljanost; masnoća

un·cut [ən'kət] *a* 1. neisečen (neisiječen) 2. neskraćen

un·daunt·ed [∼'dontid] *a* nezastrašen

un·de·cid·ed [∼di'sajdid] *a* 1. neodlučen 2. neodlučan

un·de·clared [∼di'klej(r)d] *a* bez objave; *an* ∼ *war* rat bez prethodne objave

un·de·fined [∼di'fajnd] *a* neopredeljen (neopredijeljen), nedefinisan

un·de·mon·stra·tive [∼di'manstrətiv]; [*o*] *a* uzdržan; povučen

un·de·ni·a·ble [∼də'najəbəl] *a* neosporan

un·der I ['əndə(r)] *a* donji

under II *prep* 1. pod, ispod; ∼ *arms (fire, lock and key, oath, pressure, supervision, water)* pod oružjem (vatrom, ključem, zakletvom, pritiskom, nadzorom, vodom); *he got* ∼ *the car* zavukao se pod auto; *he sat down* ∼ *the tree* seo je pod drvo; ∼ *smb.'s protection* pod nečijom zaštitom; *the pencil fell* ∼ *the table* olovka je pala ispod stola; ∼ *20 years old* ispod 20 godina; ∼ *the normal price* ispod cene (cijene); ∼ *an impression* pod utiskom; ∼ *a false name* pod lažnim imenom; **to sell smt.* ∼ *the counter* držati nešto pod tezgom 2. misc.; ∼ *one's breath* šapatom; ∼ *an hour* manje od jednog sata; ∼ *construction* u izgradnji

un·der·a·chieve [∼rə'čijv] *v intr* zaostajati

un·der·a·chiev·er [∼ə(r)] *n* zaostali učenik

un·der·age [∼r'ejdž] *a* nepunoletan (nepunoljetan)

un·der·arm I [∼ra(r)m] *n* pazuho (also **armpit**)

underarm II *a* oko pazuha

underarm deodorant dezodorans

un·der·bel·ly [∼belij] *n* 1. trbuh 2. (fig.) nezaštićeno mesto (mjesto)

un·der·bid [∼'bid]; *-bid* [bid] *v tr* ponuditi manje (od)

un·der·brush [∼brəš] *n* žbunje, šiblje

un·der·car·riage [∼kaeridž] *n* 1. šasija 2. (aviation) stajni trap

un·der·class·man [∼'klaesmən]; [*a*] (*-men* [min]) *n* student prve (ili druge) godine

un·der·clothes [∼klouz] *n pl* donje rublje (also **underwear**)

un·der·cloth·ing [∼klouthiṅg] *n* see **underclothes**

un·der·coat [∼kout] *n* 1. donji kaput 2. osnovni premaz

un·der·coat·ing [∼iṅg] *n* premaz (za zaštitu vozila od korozije)

un·der·cov·er [∼'kəvə(r)] *a* tajni; *an* ∼ *agent* tajni agent

un·der·cur·rent [∼kərənt] *n* 1. podvodna struja 2. (fig.) skrivena struja (tendencija)

un·der·cut [∼kət]; *-cut* [kət] *v tr* 1. potkopati; podriti 2. služiti (raditi) jevtinije (od nekoga, u cilju konkurencije) 3. see **cut** II 9

un·der·de·vel·oped [∼di'veləpt] *a* nerazvijen; ∼ *countries* nerazvijene zemlje

un·der·dog [∼dog], [*a*] *n* 1. onaj koji ima **malo** šansi na uspeh (uspjeh) 2. gubitnik

un·der·done [∼'dən] *a* nedopečen

un·der·draw·ers [∼droə(r)z] *n pl* see **underpants**

un·der·es·ti·mate [∼r'estəmejt] *v tr* potceniti (potcijeniti)

un·der·ex·pose [∼rek'spouz] *v tr* (photo.) nedovoljno osvetliti (osvijetliti)

43

un·der·feed [~'fijd]; -*fed* [fed] *v tr* pothraniti, nedovoljno hraniti

ųn·der·foot [~'fut] *adv* pod nogom

un·der·gar·ment [~ga(r)mənt] *n* donje rublje

un·der·go [~'gou]; (thiɪd person sgn.: -*goes* [gouz]); -*went* [wɛnt]; -*gone* [gan]; [*o*] *v tr* 1. pretɪpeti (pretrpjeti) 2. podvrći se; *to ~ an operation* pcdvrći se operaciji

un·der·grad·u·ate I [~'graedžüit] *n* redovni student; *life as an ~* studentski život

undergraduate II *a* studentski

un·der·ground I [~graund] *n* 1. podzemlje; ilegalnost; *he was in the ~* bio je u ilegalnosti 2. (Br.) podzemna železnica (željeznica) (see also **subway** 1)

underground II *a* 1. podzemni; *an ~ passage* podzemni prolaz 2. ilegalan; *~ activity* ilegalni rad

un·der·growth [~grouth] *n* žbunje, šiblje

un·der·hand [~haend] *a* podmukao, nepošten

un·der·hand·ed [~'haendɪd] *a* 1. see **underhand** 2. koji nema dovoljno radnika

un·der·lay [~'lej]; -*laid* [lejd] *v tr* podmetnuti, podupreti (poduprijeti)

un·der·lie [~'laj]; -*lay* [lej]; -*lain* [lejn] *v tr* 1. ležati ispod (nečega) 2. obrazovati osnovu (nečega)

un·der·line ['əndə(r)'lajn] *v tr* potɪrtati, podvući; *to ~ a word* potɪrtati reč (riječ) 2. (fig.) podvući, naglasiti

un·der·ling [~liṅg] *n* podređeni (also **subordinate** I)

un·der·ly·ing [~lajiṅg] *a* 1. koji leži ispod 2. osnovni, fundamentalan 3. (ling.) ishodišni; *an ~ form* ishodišni oblik

un·der·manned [~maend] see **understaffed**

un·der·mine [~'majn] *v tr* potkopati, podriti; *to ~ smb.'s authority* potkopati nečiji autoritet

un·der·neath [~'nɪjth] 1. *adv* dole (dolje) 2. *prep* pod, ispod; *~ a bridge* ispod mosta

un·der·nour·ish [~'nərəš] *v tr* pothraniti

un·der·pants [~paents] *n pl* gaće

un·der·pass [~paes]; [*a*] *n* podvožnjak

un·der·pay [~'pej] *v tr* nedovoljno plaćati

un·der·pin·ning [~piniṅg] *n* podupirač

un·der·play ['əndə(r)plej] *v tr* and *intr* slabo igrati (ulogu)

un·der·priv·i·leged [~'privəlɪdžd] *a* siromašan

un·der·rate [~'rejt] *v tr* see **understimate**

un·der·score [~sko(r)] *v tr* see **underline**

un·der·sea [~sij] *a* podmorski

un·der·seas [~z] *adv* pod morem

un·der·sec·re·tar·y [~'sekrətɪrij]; [*ɔ*] *n* podsekretar

un·der·sell [~'sel]; -*sold* [sould] *v tr* prodati jevtinije (od)

un·der·set [~set] *n* see **undercurrent** 1

un·der·sexed [~'sekst] *a* koji ima slabi polni (W: spolni) nagon

un·der·shirt [~šə(r)t] *n* potkošulja

un·der·shoot [~'šūt]; -*shot* [šat]; [*o*] *v tr* 1. (mil.) podbaciti 2. (aviation) biti kratak (pri sletanju — sletanju); *to ~ a landing strip* biti kratak pri sletanju (na pistu)

un·der·side [~sajd] *n* donja površina

un·der·signed I [~sajnd] *n* dole (dolje) potpisani; *we the ~* mi dole potpisani

undersigned II *a* potpisani

un·der·staffed [~staeft]; [*a*] *a* koji nema dosta osoblja

un·der·stand [~'staend]; -*stood* [stud] *v tr* and *intr* razumeti (razumjeti); shvatiti; *he ~s English* on razume engleski; *I can't ~ his (him) behaving so foolishly* ne mogu da razumem zašto se tako glupo ponaša; *we understood them to say that ...* razumeli smo da su rekli da ... ; *he ~s how to do it* razume kako se to radi

un·der·stand·a·ble [~əbəl] *a* razumljiv

un·der·stand·ing I [~iṅg] *n* 1. razumevanje (razumijevanje) 2. sporazum; *to reach an ~* dostići sporazum; *to come to an ~* doći do sporazuma

understanding II *a* pun razumevanja (razumijevanja)

un·der·state [~'stejt] *v tr* nepotpuno izraziti, skromno izraziti

un·der·state·ment [~mənt] *n* nepotpuno izražavanje

un·der·stud·y I [~stədij] *n* zamenik (zamjenik) glumca

understudy II *v* 1. *tr* učiti ulogu (drugog glumca) 2. *intr* učiti ulogu drugog glumca

un·der·take [~'tejk]; -*took* [tuk]; -*taken* ['tejkən] *v tr* preduzeti (W: poduzeti)

un·der·tak·er *n* 1. [~ə(r)] preduzimač (W: poduzetnik) 2. ['əndə(r)tejkə(r)] vlasnik pogrebnog zavoda, pogrebnik

un·der·tak·ing ['əndə(r)tejkiṅg] *n* 1. poduhvat, pothvat 2. obećanje, obaveza

un·der-the-count·er [~thə'kauntə(r)] *a* pod tezgom, potajan

un·der·the·ta·ble [~-'tejbəl] see **under-the-counter**

un·der·tone [~toun] *n* 1. tih ton 2. slaba boja 3. see **undercurrent** 2

un·der·tow [~tou] *n* podvodna struja (u pravcu ka pučini)

un·der·vest [~vest] Br.; see **undershirt**

un·der·wa·ter [~wotə(r)], [*a*] *a* podvodni; *an ~ burst* podvodna eksplozija

under way u toku; *an investigation is ~* istraga je u toku

un·der·wear [~wej(r)] *n* donje rublje (also **underclothes**)

un·der·weight [~wejt[*a* koji nema dosta težine

un·der·went see **undergo**

un·der·wood [~wud] see **underbrush**

un·der·world [~wə(r)ld] *n* (*the ~*) 1. (myth.) podzemlje, donji svet (svijet) 2. kriminalni svet, podzemlje

un·der·write [~rajt]; -*wrote* [rout]; -*written* ['ritən] *v tr* 1. osigurati 2. zajemčiti (W: zajamčiti)

un·der·writ·er [~ə(r)] *n* 1. osiguravač 2. jemac (W: jamac)

un·de·scend·ed **testicle** [əndi'sendid] (med.) nespušten semenik (sjemenik)

un·de·serv·ed·ly [~di'zə(r)vidlij] *adv* nezasluženo

un·de·serv·ing [~di'zə(r)viṅg] *a* nezaslužan

un·de·sign·ing [~di'zajniṅg] *a* iskren (also **straight forward**)

un·de·sir·a·ble [∼di'zajrəbəl] *a* nepoželjan
un·de·ter·mined [∼di'tə(r)mind] *a* 1. neodlučen 2. nepoznat; *of* ∼ *origin* nepoznatog porekla (porijekla)
un·de·vel·oped [∼di'veləpt] *a* nerazvijen; ∼ *countries* nerazvijene zemlje
un·dies [∼dijz] *n pl* see **underwear**
un·dine ['ən'dijn] *n* vodena vila, vila brodarica
un·dis·cern·ing [∼di'sə(r)niñg] *a* nepronicljiv
un·dis·cov·ered [∼dis'kəvə(r)d] *a* neotkriven
un·dis·turbed [∼dis'tə(r)bd] *a* neometan
un·di·vi·ded [∼di'vajdid] *a* nepodeljen (nepodijeljen), čitav
un·do [∼'dū]; *-did* [did]; *-done* [dən] *v tr* 1. ukinuti; opovrgnuti 2. raspakovati, odviti, otvoriti; *to* ∼ *a package* raspakovati paket; *to* ∼ *a bandage* odviti zavoj 3. otkopčati; odvezati; otkačiti; *to* ∼ *a button* otkopčati dugme; *to* ∼ *a necklace* otkačiti ogrlicu
un·do·ing [∼iñg] *n* 1. ukidanje 2. raspakivanje 3. otkopčavanje 4. uništenje, upropašćenje; *that was his* ∼ to ga je upropastilo
un·doubt·ed [∼'dautid] *a* nesumnjiv
un·dreamed-of *a* nezamisliv, neslućen
un·dress I [∼'dres] *n* nagost
undress II *v* 1. *tr* svući 2. *intr* svući se, skinuti se
un·dressed [∼t] *a* 1. nag; neobučen 2. neuštavljen
un·due [∼'dū]; *[dj]* *a* nepodesan, neprikladan
un·du·lant ['əndžulənt], *[djə]*, *[də]* *a* talasast
undulant fever see **brucellosis**
un·du·late I [∼lit], *[ej]* *a* talasast
undulate II [∼lejt] *v* 1.*tr* ustalasati 2. *intr* talasati se
un·du·la·tion [∼'lejšən] *n* talasanje
un·du·ly [ən'dūlij]; *[dj]* *adv* prekomerno (prekomjerno)
un·dy·ing [∼'dajiñg] *a* besmrtan
un·earned [∼'ə(r)nd] *a* nezarađen, nezaslužen
un·earth [∼'ə(r)th] *v tr* 1. iskopati; *to* ∼ *a buried treasure* iskopati zakopano blago 2. obelodaniti (objelodaniti), otkriti
un·earth·ly [∼lij] *a* nadzemaljski
un·eas·i·ness [∼'ijzijnis] *n* zabrinutost, uznemirenost; *to cause* ∼ izazvati uznemirenost
un·eas·y [∼'ijzij] *a* 1. zabrinut; uznemiren; ∼ *about smt.* zabrinut za nešto 2. nesiguran, neudoban; nelagodan; ∼ *sleep* nelagodan san
un·ed·u·cat·ed [∼'edžukejtid] *a* neškolovan
un·em·ploy·a·ble [∼im'plojəbəl] *a* nezapošljiv
un·em·ployed [∼'plojd] *a* nezaposlen, nezapošljen
un·em·ploy·ment [∼'plojmənt] *n* nezaposlenost, (nezapošljenost)
unemployment benefits *pl* zbrinjavanje nezaposlenih
unemployment compensation beneficije za nezaposlene
unemployment insurance osiguranje za slučaj nezaposlenosti
un·en·vi·a·ble [∼'envijəbəl] *a* nezavidan
un·e·qual [∼'ijkwel] *a* nejednak
un·e·qualed [∼d] *a* neuporediv (W: neusporediv)
un·e·quiv·o·cal [∼i'kwivəkəl] *a* nedvosmislen
un·err·ing [∼'ə(r)iñg] *a* nepogrešan, nepromašiv
UNESCO [jū'neskou] abbrev. of *United Nations Educational, Scientific, and Cultural Organization* Organizacija UN za prosvetu (prosvjetu), nauku i kulturu

un·es·sen·tial [∼ə'senšəl] *a* nepotreban
un·e·ven [∼'ijvən] *a* 1. neravan 2. neujednačen 3. neravan (see **odd** 2)
un·e·vent·ful [∼i'ventfəl] *a* jednolik; bez važnih događaja
un·ex·cep·tion·a·ble [∼ik'sepšənəbəl] *a* običan
un·ex·pect·ed [∼ik'spektid] *a* neočekivan
un·fail·ing [∼'fejliñg] *a* neiscrpan
un·fair [∼'fej(r)] *a* 1. nepravedan 2. nelojalan; ∼ *competition* nelojalna konkurencija
un·faith·ful [∼'fejthfəl] *a* neveran (nevjeran); *an* ∼ *husband* neveran muž; *to be* ∼ *to one's wife* biti neveran ženi
un·fal·ter·ing [∼'foltəriñg] *a* nepokolebljiv
un·fa·mil·iar [∼fə'miljə(r)] *a* 1. nepoznat; *an* ∼ *spot* nepoznato mesto (mjesto) 2. neupoznat; ∼ *with smt.* neupoznat s nečim
un·fas·ten [∼'faesən] *v tr* odvezati; otkačiti
un·fath·o·ma·ble [∼'faethəməbəl] *a* nedokučiv
un·fa·vor·a·ble [∼'fejvərəbəl] *a* 1. nepovoljan; ∼ *news* nepovoljna vest (vijest) 2. suprotan
un·feel·ing [∼'fijliñg] *a* neosetljiv (neosjetljiv)
un·feigned [∼'fejnd] *a* nepritvoran
un·fet·tered [∼'fetə(r)d] *a* oslobođen, slobodan
un·fin·ished [∼'finəšt] *a* nesvršen
un·fit [∼'fit] *a* nesposoban; ∼ *for duty* nesposoban za dužnost
un·flag·ging [∼'flaegiñg] *a* neumoran
un·flap·pa·ble [∼'flaepəbəl] *a* uvek (uvijek) spokojan
un·flat·ter·ing [∼'flaetəriñg] *a* nelaskav
un·fledged [∼'fledžd] *a* nerazvijen, nezreo (nezrio)
un·flinch·ing [∼'flinčiñg] *a* nekolebljiv
un·fold [∼'fould] *v* 1. *tr* odviti, otvoriti; raširiti; *to* ∼ *a newspaper* raširiti novine 2. *tr* otkriti 3. *intr* odviti se, otvoriti se, raširiti se
un·fore·see·a·ble [fo(r)'sijəbəl] *a* nepredvidljiv
un·for·get·ta·ble [∼fər'getəbəl] *a* nezaboravan
un·for·seen [∼fo(r)'sijn] *a* nepredviđen
un·for·tu·nate [∼'fo(r)čnit] *a* nepovoljan; nesrećan, nesretan; ∼*ly* na žalost
un·found·ed [∼'faundid] *a* neosnovan
un·friend·ly [∼'frendlij] *a* neprijateljski
un·frock [∼'frak]; *[o]* *v tr* raspopiti (also **defrock**)
un·fruit·ful [∼'frūtfəl] *a* besplodan, neplodan
un·ful·filled [∼fəl'fild] *a* neostvaren; *an* ∼ *desire* neostvarena želja
un·furl [∼'fə(r)l] *v tr* razviti, razmotati; *to* ∼ *a banner* razviti zastavu
un·gain·ly [∼'gejnlij] *a* nezgrapan
un·god·ly [∼'gadlij]; *[o]* *a* 1. bezbožan 2. (colloq.) nečuven; *he telephoned at an* ∼ *hour* telefonirao je u veoma kasno doba
un·gov·ern·a·ble [∼'gəvə(r)nəbəl] *a* neobuzdan
un·gra·cious [∼'grejšəs] *a* neprijatan
un·gram·mat·i·cal [∼grə'maetikəl] *a* negramatički
un·grate·ful [∼'grejtfəl] *a* nezahvalan
un·guard·ed [∼'ga(r)did] *a* 1. neoprezan 2. neobezbeđen (neobezbijeđen), nezaštićen
un·gu·late I ['əñggjəlit], *[ej]* *n* kopitar
ungulate II *a* kopitni
un·hand·y [ən'haendij] *a* nespretan
un·hap·py [∼'haepij] *a* nesrećan, nesretan 2. neprikladan

un·har·ness [~'ha(r)nis] *v tr* ispregnuti *to* ~ *a horse* ispregnuti konja

un·health·y [~'helthij] *a* 1. nezdrav, bolestan 2. štetan po zdravlje, nezdrav

un·heard-of [~'ha(r)d-av] *a* nečuven

un·hes·i·tat·ing [~'hezatejtiňg] *a* odlučan, brz

un·hinge [~'hindž] *v tr* 1. skinuti sa šarki 2. zbuniti, pokolebati

un·hitch [~'hič] *v tr* ispregnuti; *to* ~ *a wagon* ispregnuti kola

un·ho·ly [~'houlij] *a* 1. nesvest 2. (colloq.) strašan; *an* ~ *row* strašna svađa

un·hook [~'huk] *v tr* otkačiti

un·hoped-for [~'houpt-fo(r)] *a* neočekivan

un·horse [~'ho(r)s] *v tr* oboriti s konja

U·ni·at I ['jūnijat] *n* (rel.) unijat

Uni·at II *a* unijatski

Uniat Church Unijatska crkva

u·ni·cam·er·al [jūni'kaemaral] *a* jednodomni

UNICEF ['jūnisef] abbrev. of *United Nations Children's Emergency Fund* Međunarodni fond UN za pomoć deci (djeci)

u·ni·corn ['jūnako(r)n] *n* jednorog

un·i·dent·i·fied [anaj'dentafajd] *a* neidentifikovan

unidentified flying object neidentifikovani leteći objekt, NLO (also **UFO**)

u·ni·fi·ca·tion [jūnafi'kejšan] *n* unifikacija, ujedinjenje, sjedinjenje

un·i·fied ['jūnafajd] *a* objedinjen

unified field theory (phys.) objedinjena teorija polja

u·ni·form I ['jūnafo(r)m] *n* uniforma

uniform II *a* jednolik, jednoobrazan, uniformisan

uniform III *v tr* uniformisati

u·ni·for·mi·ty [jūna'fo(r)matij] *n* jednolikost, jednoobraznost

u·ni·fy ['jūnafaj] *v* 1. *tr* ujediniti, sjediniti, unificirati 2. *intr* ujediniti se, sjediniti se

u·ni·lat·er·al [jūni'laetaral] *a* unilateralan, jednostran; ~ *disarmament* jednostrano razoružanje

un·im·peach·a·ble [anim'pijčabal] *a* besprekoran; nesumnjiv

un·im·por·tant [~im'po(r)tant] *a* nevažan

un·im·pressed [~im'prest] *a* neimpresioniran

un·im·proved [~im'prūvd] *a* neobrađen (o zemlji)

un·in·formed [~in'fo(r)md] *a* neobavešten (neobaviješten)

un·in·hib·i·ted [~in'hibatid] *a* nekočen, bez inhibicija; otvoren

un·in·i·ti·at·ed [~i'nišijejtid] *a* neupućen

un·in·spired [~in'spaj(r)d] *a* nenadahnut

un·in·tel·li·gi·ble [~in'teladžabal] *a* nerazumljiv

un·in·ter·est·ed [~'intristid] *a* ravnodušan (also **indifferent**)

un·in·ter·est·ing [~'intristiňg] *a* neinteresantan

un·in·ter·rupt·ed [~inta'raptid] *a* neprekinut

un·in·vit·ed [~in'vajtid] *a* nezvan

un·ion I ['jūnjan] *n* 1. ujedinjenje, sjedinjenje, unija 2. bračna zajednica, brak 3. see **labor union** 4. (Am., cap.) studentski klub 5. (cap.) Sjedinjene Američke Države 6. savez; *the Soviet Union* Sovjetski Savez

union II *a* sindikalni; *the* ~ *movement* sindikalni pokret

union catalog zbirni katalog nekoliko bibiloteka

un·ion·ism [~izam] *n* 1. unionizam 2. sindikalni pokret

un·ion·ist [~ist] *n* 1. unionista 2. pristalica (W: pristaša) sindikalnog pokreta

un·ion·i·za·tion [jūnjana'zejšan]; [aj] *n* organizacija sindikata; učlanjenje u sindikate

un·ion·ize ['jūnjanajz] *v* 1. *tr* učlaniti u sindikat 2. *intr* učlaniti se u sindikat

Union Jack *(the* ~*)* zastava Velike Britanije

union label etiketa kojom se tvrdi da su robu proizveli članovi određenog sindikata

Union of Soviet Socialist Republics *(the* ~*)* Savez Sovjetskih Socijalističkih Republika

union shop radilište gde (gdje) su zaposleni samo članovi sindikata

union suit potkošulja i gaće ujedno

u·nique [jū'nijk] *a* jedini; jedinstveni; *a* ~ *person* jedinstvena osoba

u·ni·sex ['jūniseks] *a* bez polne (W: spolne) razlike

u·ni·sex·u·al [jūni'sekšūal] *a* jednopolan (W: jednospolan)

u·ni·son ['jūnasan] *n* 1. (mus.) sklad, sazvučje 2. jednoglasje; potpuna saglasnost; *in* ~ jednoglasno, u jedan glas

u·nit ['jūnit] *n* jedinica; *a* ~ *of measurement* jedinica za merenje (mjerenje); *a military* ~ vojna jedinica

U·ni·tar·i·an I [jūna'tejrijan] *n* (rel.) unitarac

Unitarian II *a* (rel.) unitarski

U·ni·tar·i·an·ism [~izam] *n* (rel.) unitarizam

u·ni·tar·y ['jūnaterij]; [a] *a* 1. jedinični 2. čitav 3. (math.) unitaran

u·nite [jū'najt] *v* 1. *tr* ujediniti, sjediniti 2. *intr* ujediniti se, sjediniti se; *workers of the world,* ~*!* proleteri svih zemalja, ujedinite se!

United Arab Republic *(the* ~*)* Ujedinjena Arapska Republika

United Kingdom *(the* ~*)* Ujedinjeno Kraljevstvo

United Nations *(the* ~*)* Ujedinjene nacije, Ujedinjeni narodi

United States of America *(the* ~; usu.: *the United States;* usu. *sgn)* Sjedinjene Američke Države

united way ustanova za javno dobro, ustanova društvenog staranja

unit pricing obeležavanje cena (obilježavanje cijena) prema mernoj (mjernoj) jedinici

unit trust Br.; see **mutual fund**

u·ni·ty ['jūnatij] *n* jedinstvo; *national* ~ narodno jedinstvo; (theater) *the* ~ *ties* jedinstva drame (vremena, mesta — mjesta, događaja)

U·ni·vac ['jūnavaek] *n* računska mašina »Univak«

u·ni·va·lent [jūni'vejlant] *a* jednovalentan

u·ni·ver·sal I [jūna'va(r)sal] *a* univerzalija; *linguistic* ~*s* jezičke univerzalije

universal II *a* 1. univerzalan 2. opšti (opći); *a* ~ *practice* opšta praktika; ~ *suffrage* opšte pravo glasa

Universal Copyright Convention *(the* ~*)* Univerzalna konvencija o autorskom pravu

u·ni·ver·sal·ism [~izam] *n* univerzalizam

u·ni·ver·sal·i·ty [jūnava(r)'saelatij] *n* univerzalnost

universal joint (tech.) kardan

Universal Military Training opšta (opća) vojna obuka

u·ni·verse ['jūnava(r)s] *n* vasiona, svemir

u·ni·ver·si·ty I [jūnə'və(r)sətij] *n* univerzitet (W: sveučilište); *to enroll at a* ~ upisati se na univerzitet; *to study at a* ~ or: *to go to a* ~ (Br. also: *to* ~) studirati na univerzitetu

university II *a* univerzitetski (W: sveučilišni); ~ *buildings (studies)* univerzitetske zgrade (studije); *a* ~ *senate* univerzitetska skupština

un·just [ən'džəst] *a* nepravedan; *to be* ~ *to smb.* postupati nepravedno prema nekome

un·jus·ti·fied [~əfajd] *a* neopravdan

un·kempt [~'kempt] *a* 1. razbarušen; neočešljan 2. zapušten, aljkav; *an* ~ *appearance* aljkav izgled

un·kind [~'kajnd] *a* neljubazan; surov

un·know·ing [~'nouing] *a* bez znanja, neobavešten (neobaviješten)

un·known I [~'noun] *n* (math.) nepoznata

unknown II *a* nepoznat, neznan; ~ *to smb.* nepoznat nekome

Unknown Soldier *(the* ~) Neznani junak

un·la·bored [~'lejbə(r)d] *a* neusiljen, prirodan

un·latch [~'laeč] *v* 1. *tr* otvoriti (dizanjem reze) 2. *intr* otvoriti se

un·law·ful [~'lofəl] *a* nezakonit

un·lead·ed [~'ledid] *a* bez olova; ~ *gasoline* benzin bez dodatka olova

un·learn [~'lə(r)n] *v tr* zaboraviti

un·learn·ed [~'lə(r)nid] *a* neučen, neuk

un·leash [~'lijš] *v tr* 1. pustiti sa uzice; osloboditi 2. otpočeti; *to* ~ *an attack* otpočeti napad

un·leav·ened [~'levənd] *a* beskvasan; ~ *bread* beskvasan hleb — hljeb (W: kruh)

un·less [~'les] *conj* ako ne; sem (osim) ako; *they will not come* ~ *the weather is nice* neće doći ako vreme (vrijeme) nije lepo (lijepo); *he will fail the exam* ~ *he works hard* pašće na ispitu ako ne bude marljiv; *he will call* ~ *he's sick* javiće se osim ako nije bolestan

un·let·tered [~'letə(r)d] *a* 1. neobrazovan 2. nepismen

un·li·censed [~'lajsənst] *a* bez dozvole, divlji; ~ *construction* divlja gradnja

un·like [~'lajk] 1. *a* nesličan, drukčiji 2. *prep* drukčije od; suprotno; *it is* ~ *him to be late* ne liči mu da zakasni; ~ *his predecessor, he works hard* suprotno svom prethodniku, on mnogo radi

un·like·li·hood [~'lajklijhud] *n* neverovatnost (nevjerovatnost)

un·like·ly [~lij] *a* 1. neverovatan (nevjerovatan) 2. slab; *an* ~ *candidate* slab kandidat

un·lim·ber [~'limbə(r)] *v tr* pripremiti za dejstvo (djejstvo)

un·lim·i·ted [~'limitid] *a* neograničen; ~ *authority (pover)* neograničena vlast (moć)

un·list·ed [~'listid] *a* neunet (neunijet) u listu; *an* ~ *telephone* telefon koji nije unet u imenik; *to get an* ~ *telephone* odstraniti svoj broj iz telefonskog imenika

un·live [~'liv] *v tr* preinačiti

un·load [~'loud] *v tr* 1. istovariti; *to* ~ *coal from a ship* istovariti ugalj sa broda; *to* ~ *a ship* istovariti brod 2. isprazniti; *to* ~ *a gun* isprazniti top 3. baciti, otpustiti; *to* ~ *bombs* otpustiti bombe

un·lock [~'lak]; [*o*] *v tr* otključati; *to* ~ *a door* otključati vrata

un·looked-for [~'lukt-fo(r)] *a* neočekivan

un·loose [~'lūs] *v tr* osloboditi

un·luck·y [~'ləkij] *a* nesrećan, nesretan

un·made [~'mejd] *a* nenamešten (nenamješten); *an* ~ *bed* nenamešten krevet

un·man·ly [~'maenlij] *a* nemuževan, plašljiv

un·manned [~'maend] *a* bez posade; ~ *space flights* vasionski letovi bez (ljudske) posade

un·man·ner·ly [~'maenə(r)lij] *a* neučtiv, neuljudan

un·marked [~'ma(r)kt] *a* 1. neobeležen (neobilježen); *an* ~ *grave* neobeležen grob 2. bez rane 3. (ling.) neoznačen

un·mar·ried [~'maerijd] *a* 1. neoženjen 2. neudata

un·mask [~'maesk]; [*a*] *v tr* demaskirati

un·matched [~'maečt] *a* nenadmašan

un·men·tion·a·ble [~'menšənəbəl] *a* koji se ne može pomenuti (spomenuti)

un·men·tion·a·bles [~z] *n pl* (colloq.) donje rublje

un·mer·ci·ful [~'mə(r)sifəl] *a* nemilostiv

un·mer·it·ed [~'meritid] *a* nezaslužen

un·mind·ful [~'majndfəl] *a* nepažljiv; *he is* ~ *of the time* on ne mari za vreme (vrijeme)

un·mis·tak·a·ble [~mi'stejkəbəl] *a* očevidan, očigledan

un·mit·i·ga·ted [~'mitəgejtid] *a* 1. nesmanjen 2. apsolutan; *an* ~ *lie* apsolutna laž

un·nat·u·ral [~'naečərəl] *a* 1. neprirodan 2. nenormalan

un·nec·es·sar·y [~'nesəserij]; [*sr*] *a* nepotreban

un·nerve [~'nə(r)v] *v tr* rastrojiti; lišiti pribranosti

un·no·ticed [~'noutist] *a* neprimećen (neprimijećen)

un·num·bered [~'nəmbə(r)d] *a* nebrojen

un·ob·tru·sive [~əb'trūsiv] *a* nenametljiv

un·oc·cu·pied [~'akjəpajd]; [*o*] *a* nezauzet

un·of·fi·cial [~ə'fišəl] *a* neslužben

un·or·gan·ized [~'o(r)gənajzd] *a* neorganizovan

un·or·tho·dox [~'o(r)thədaks]; [*o*] *a* neortodoksan

un·pack [~'paek] *v tr* raspakovati

un·paid [~'pejd] *a* 1. neizmiren; neisplaćen; *an* ~ *debt* neisplaćen dug 2. neplaćen, koji služi bez plate; besplatan

un·par·al·leled [~'paerəleld] *a* nenadmašan (also **unmatched**)

un·par·don·a·ble [~'pa(r)dənəbəl] *a* neoprostiv

un·planned [~'plaend] *a* neplanski

un·pleas·ant [~'plezənt] *a* neprijatan, neugodan

un·pleas·ant·ness [~nis] *n* neprijatnost, neugodnost

un·plug [~'pləg] *v tr* isključiti; *to* ~ *an iron* isključiti peglu

un·pop·u·lar [~'papjələ(r)]; [*o*] *a* nepopularan, neomiljen

un·pop·u·lar·i·ty [~papjə'laerətij]; [*o*] *n* nepopularnost, neomiljenost

un·prec·e·dent·ed [~'presədentid] *a* bez presedana, nov, neuobičajen

un·pre·dict·a·ble [~pri'diktəbəl] *a* nepredvidiv, koji se ne može proreći

un·prej·u·diced [~'predžudist] *a* nepristrastan (W: nepristran), bez predrasuda

un·pre·med·i·tat·ed [~prij'medətejtid] *a* bez predumišljaja; ~ *murder* ubistvo (W also: ubojstvo) bez predumišljaja
un·pre·pared [~prij'pej(r)d] *a* nepripremljen
un·pre·pos·sess·ing [~prijpə'zesiŋg] *a* neprivlačan
un·pre·ten·tious [~pri'tenšəs] *a* skroman
un·prin·ci·pled [~'prinsəpəld] *a* nemoralan, nepošten
un·print·a·ble [~'printəbəl] *a* koji se ne može štampati
un·pro·duc·tive [~prə'dəktiv] *a* neproduktivan
un·pro·fes·sion·al [~prə'fešənəl] *a* neprofesionalan
un·prof·it·a·ble [~'prafitəbəl] [*o*] *a* neunosan, nerentabilan
un·pro·nounce·a·ble [~prə'naunsəbəl] *a* neizgovorljiv
un·pro·tect·ed [~prə'tɛktid] *a* neobezbeđen (neobezbijeđen), nezaštićen
un·pro·vid·ed [~prə'vajdid] *a* nesnabdeven nesnabdjeven); ~ *for* nezbrinut
un·pro·voked [~prə'voukt] *a* neizazvan; *an* ~ *attack* neizazvan napad
un·qual·i·fied [~'kwaləfajd]; [*o*] *a* 1. nekvalifikovan 2. apsolutan; *an* ~ *success* apsolutan uspeh (uspjeh)
un·quench·a·ble [~'kwenčəbəl] *a* neugasiv, neutoljiv; ~ *thirst* neugasiva žeđ
un·ques·tion·a·ble [~'kwesčənəbəl] *a* neosporan; siguran
un·ques·tioned [~čənd] *a* neosporan; nesumnjiv
un·quote [~'kwout] *v intr* označiti kraj citata
un·rav·el [~'raevəl] *v* 1. *tr* rasplesti, odmrsiti, razmrsiti; *to* ~ *wool* rasplesti vunu 2. *intr* odmrsiti se, odmotati se
un·re·al [~'rijəl], [*ij*] *a* nestvaran
un·re·al·ist·ic [~'istik] *a* nerealan
un·re·al·ized [~'rijəlajzd] *a* neostvaren
un·rea·son·a·ble [~'rijzənəbəl] *a* neumeren (neumjeren)
un·rea·son·ing [~niŋg] *a* neracionalan
un·re·cip·ro·cat·ed [~ri'siprəkejtid] *a* neobostran
un·re·con·struct·ed [~rijkən'strəktid] *a* reakcionaran, nazadan
un·re·hearsed [~rij'hə(r)st] *a* nevežban (nevježban)
un·re·lent·ing [~rij'lentiŋg] *a* 1. neumoljiv (also **inexorable**) 2. nesmanjen
un·re·li·a·ble [~rij'lajəbəl] *a* nepouzdan, nesiguran
un·re·lieved [~ri'lijvd] *a* neolakšan
un·re·mit·ting [~ri'miting] *a* neprestan
un·re·peat·a·ble [~ri'pijtəbəl] *a* neponovljiv
un·re·quit·ed [~rə'kwajtid] *a* neuzvraćen; ~ *love* neuzvraćena ljubav
un·re·served [~ri'zə(r)vd] *a* 1. nerezervisan; ~ *seats* nerezervisana mesta (mjesta) 2. apsolutan, bezrezervni; ~ *support* bezrezervna podrška 3. otvoren, pohodljiv
un·re·spon·sive [~ri'spansiv]; [*o*] *a* koji ne reaguje
un·rest [~'rest] *n* nemir
un·re·strained [~ri'strejnd] *a* 1. neobuzdan 2. prirodan
un·ripe [~'rajp] *a* nezreo; ~ *fruit* nezrelo voće
un·ri·valed [~'rajvəld] *a* bez premca
un·roll [~'roul] *v* 1. *tr* odviti; *to* ~ *a bandage* odviti zavoj 2. *intr* odviti se
un·root [~'rūt] see **uproot**

UNRRA ['ənrə] abbrev. of *United Nations Relief and Rehabilitation Administration* Uprava UN za pomoć i obnovu (ratom opustošenih zemalja)
un·ruf·fled [~'rəfəld] *a* neuzbuđen, neuznemiren
un·ru·ly [~'rūlij] *a* nepokoran, neposlušan, nemiran; ~ *hair* razbarušena kosa
un·sad·dle [~'saedəl] *v tr* 1. odsedlati 2. izbaciti iz sedla
un·said [~'sed] *a* neizrečen; *to leave nothing* ~ ispričati sve
un·sa·ti·a·ble [~'sejšijəbəl] *a* nezasit, nenasit
un·sa·ti·at·ed [~šijejtid] *a* nezasićen
un·sat·is·fac·to·ry [~saetis'faektərij] *a* nezadovoljavajući
un·sat·is·fied [~'saetisfajd] *a* nezadovoljen
un·sat·u·rat·ed [~'saečərejtid] *a* nezasićen; *an* ~ *fatty acid* nezasićena masna kiselina
un·saved [~'sejvd] *a* (rel.) nespasen
un·sa·vor·y [~'sejvərij] *a* 1. neukusan 2. neprijatan
un·scathed [~'skejthd] *a* neoštećen, neozleđen (neozlijeđen)
un·sched·uled [~'skedžūld]; [*š*]; [*dj*] *a* neplanski
un·schooled [~'skūld] *a* neškolovan
un·sci·en·tif·ic [~sajən'tifik] *a* nenaučni (W: neznanstven)
un·scram·ble [~'skraembəl] *v tr* 1. razmrsiti 2. dešifrovati
un·screw [~'skrū] *v tr* odvrnuti, odviti; *to* ~ *a bolt* odviti šraf
un·scru·pu·lous [~'skrūpjələs] *a* beskrupulozan, nesavestan (nesavjestan), nepošten
un·seal [~'sijl] *v tr* raspečatiti
un·sea·son·a·ble [~'sijzənəbəl] *a* nesezonski, neblagovremen; neobičan; ~ *weather* neobično vreme (vrijeme)
un·sea·soned [~'sijzənd] *a* 1. nezačinjen 2. nezreo
un·seat [~'sijt] *v tr* 1. zbaciti sa sedla, sedišta (sjedišta) 2. (pol.) lišiti mandata, položaja
un·seem·ly [~'sijmlij] *a* neprikladan
un·seen [~'sijn] *a* neviđen
un·sel·fish [~'selfiš] *a* nesebičan
un·set·tle [~'setəl] *v tr* uznemiriti
un·set·tled [~d] *a* 1. uznemiren 2. promenljiv (promjenljiv); ~ *weather* promenljivo vreme (vrijeme) 3. neizmiren, neisplaćen
un·shack·le [~'šaekəl] *v tr* raskovati, osloboditi od okova
un·shak·en [~'šejkən] *a* neuzdrman
un·sheathe ['šijth] *v tr* isukati; *to* ~ *a sword* isukati mač
un·sight·ly [~'sajtlij] *a* ružan
un·skilled [~'skild] *a* nekvalifikovan; neobučen; ~ *workers* nekvalifikovani radnici
un·skill·ful [~lfəl] *a* nevešt (nevješt)
un·sling [~'sliŋg]; -*slung* [sləŋg] *v tr* (usu. mil.) skinuti s ramena
un·snap [~'snaep] *v tr* odvezati
un·snarl [~'sna(r)l] *v tr* razmrsiti
un·so·cia·ble [~'soušəbəl] *a* nedruževan, nesocijalan
un·so·cial [~'soušəl] *n* nesocijalan
un·solv·a·ble [~'salvəbəl]; [*o*] *a* nerešiv (nerješiv)
un·solved [~vd] *a* nerešen (neriješen)
un·so·phis·ti·cat·ed [~sə'fistikəjtid] *a* naivan

un·sound [~'saund] *a* 1. nezdrav 2. pogrešan; *an* ~ *argument* pogrešan argumenat
un·spar·ing [~'spejriṅg] *a* 1. neštedljiv 2. nemilostiv
un·speak·a·ble [~'spijkəbəl] *a* neizreciv; neopisiv
un·spoiled [~'spojld] *a* 1. nepokvaren 2. nerazmažen
un·sta·ble [~'stejbəl] *a* nestabilan
un·stead·y [~'stedij] *a* nestalan; nestabilan
un·stitch [~'stič] *v tr* rasparati, rašiti
un·stop [~'stɑp]; [o] *v tr* otčepiti
un·strap [~'straep] *v tr* skinuti kaiš (s)
un·stressed [~'strest] *a* (ling.) nenaglašen
un·struc·tured [~'strəkčə(r)d] *a* bez određene strukture
un·strung [~'strəṅg] *a* (colloq.) see **upset** II
un·stuck [~'stək] *a* (colloq.) *(to come* ~) 1. odlepiti (odlijepiti) se 2. doživeti (doživjeti) živčani slom
un·stud·ied [~'stədijd] *a* prirodan
un·suc·cess·ful [~sək'sesfəl] *a* neuspešan (neuspješan); *an* ~ *attempt* neuspešan pokušaj
un·suit·a·ble [~'sūtəbəl] *a* neprikladan, nepodesan
un·sung [~'səṅg] *a* neopevan (neopjevan); ~ *heroes* neopevani junaci
un·sure [~'šū(r)] *a* nesiguran
un·sur·pass·a·ble [~sə(r)'paesəbəl]; [a] *a* nenadmašan
un·sus·pect·ed [~sə'spektid] *a* neslućen
un·sus·pect·ing [~iṅg] *a* nesumnjičav, koji ne sumnja
un·sweet·ened [~'swijtənd] *a* nezaslađen, gorak; ~ *chocolate* gorka čokolada
un·swerv·ing [~'swə(r)viṅg] *a* nepokolebljiv
un·taint·ed [~'tejntid] *a* neuprljan
un·tan·gle [~'taenggəl] *v tr* razmrsiti (also **disentangle**)
un·tapped [~'taept] *a* neiskorišćen
un·ten·a·ble [~'tenəbəl] *a* neodrživ, nebranjiv; *an* ~ *position* neodrživ položaj
un·thank·ful [~'thaeṅgkfəl] *a* nezahvalan
un·think·a·ble [~'thiṅgkəbəl] *a* nezamišljiv
un·think·ing [~kiṅg] *a* koji ne misli, nepromišljen
un·ti·dy [~'tajdij] *a* neuredan
un·tie [~'taj] *v tr* odvezati, razvezati, razrešiti (razriješiti); *to* ~ *a knot* razrešiti čvor
un·til [~'til] 1. *prep* do; ~ *Friday* do petka 2. *conj* dok (nɛ); dok nɛ; *she will wait* ~ *he finishes school* ona će čekati dɔk on (ne) završi školu; *we cannot leave home* ~ *he returns* ne možemo otići od kuće dok se on ne vrati
un·time·ly [~'tajmlij] *a* 1. neblagovremen 2. preran; *an* ~ *death* prerana smrt
un·tir·ing [~'tajriṅg] *a* neumoran
un·told [~'tould] *a* 1. neopisiv 2. nedorečen; *to leave nothing* ~ ispričati sve
un·touch·a·ble I [~'təčəbəl] *n* nedodirljivi, parija
untouchable II *a* neopipljiv
un·touched [~'təčt] *a* netaknut
un·to·ward [~to(r)d] *a* nepovoljan
un·trained [~'trejnd] *a* neobučen
un·trav·eled [~'traevəld] *a* 1. neproputovan 2. koji nije putovao; (fig.) provincijalan
un·tried [~'trajd] *a* 1. neisproban 2. nesuđen

un·trod·den [~'trɑdən]; [o] *a* neutrt; *an* ~ *path* neutrt put
un·true [~'trū] *a* neistinit
un·truth [~'trūth] *n* laž
un·truth·ful [~fəl] *a* lažan, neistinit
un·tu·tored [~'tūtə(r)d] *a* neškolovan, neučen
un·twist [~'twist] *v tr* razmrsiti
un·used *a* 1. [~'jūzd] neupotrebljen 2. [~'jūst] nenaviknut; ~ *to smt.* nenaviknut na nešto
un·u·su·al [~'jūžūəl] *a* neobičan, neuobičajen
un·ut·ter·a·ble [~'ətərəbəl] *a* neizreciv, neopisiv
un·var·nished [~'vɑ(r)ništ] *a* 1. nepremazan firnajsom 2. (fig.) nemaskiran, neulepšan (neuljepšan); *the* ~ *truth* neulepšana istina
un·veil [~'vejl] *v tr* skinuti veo (s); otkriti; *to* ~ *a gravestone* otkriti spomenik
un·voice [~'vojs] see **devoice**
un·voiced [~t] *a* (ling.) bezvučan; ~ *consonants* bezvučni suglasnici
un·war·rant·ed [~'worəntid] *a* neopravdan
un·war·y [~'wejrij] *a* neoprezan
un·washed [~wošt], [a] *a* 1. neopɪan 2. (fig.) plebejski, prostonarodan
un·well [~'wel] *a* 1. koji nije zdrav 2. bolesna zbog mesečnog (mjesečnog) pranja
un·whole·some [~'houlsəm] *a* 1. koji nije zdrav 2. odvratan, gadan
un·wield·y [~'wijldij] *a* nezgrapan, glomazan
un·will·ing [~'wiliṅg] *a* nerad
un·wind [~'wajnd]; *-wound* [waund] *v* 1. *tr* odviti odmotati; *to* ~ *a rope* odmotati uže 2. *intr* odviti se, odmotati se 3. *intr* see **relax** 2
un·wise [~'wajz] *a* nepametan
un·wit·ting [~'witiṅg] *a* nesvestan (nesvjestan)
un·wont·ed [~'wontid] *a* neuobičajen
un·world·ly [wə(r)dlij] *a* s onoga sveta (svijeta)
un·worth·y [~'wə(r)thij] *a* nedostojan
un·wrap [~'raep] *v* 1. *tr* raspakovati, odmotati, razviti; *to* ~ *a package* odmotati (razviti) paket 2. *intr* odmotati se
un·writ·ten [~'ritən] *a* nepɪsan; ~ *law* nepɪsano pravo
un·yield·ing [~'jijldiṅg] *a* beskompromisan, neodstupan
un·yoke [~'jouk] *v tr* ispregnuti (iz jarma)
un·zip [~'zip] *v* 1. *tr* otvoriti rajsferšlus (na) 2. *intr* otvoriti rajsferšlus

up I [əp] *n* 1. uspon; **the* ~ *s and downs of life* zgode i nezgode života 2. misc.; (colloq.) *to be on the* ~ *and* ~ biti pošten

up II *a* 1. koji se penje, koji ide gore; *an* ~ *elevator* lift koji ide gore 2. (colloq.) svaki; *eight* ~ nerešeno (neriješeno) 8:8 3. istekao; *their time is* ~ rok im je istekao 4. u vođstvu; *to be two points* ~ voditi sa dva poena 5. (Br.) za London; *the* ~ *train* voz (W: vlak) za London 6. obavešten (obaviješten), u toku; *to be* ~ *on events* biti u toku događaja 7. sposoban; dorastao; *he's not* ~ *to traveling* nije sposoban za putovanje 8. misc.; *to be* ~ *all night* ne spavati cele (cijele) noći; ~ *and around* na nogama, aktivan; *** ~ *in the air* nɛizvestan (neizvjestan); *he's not* ~ *yet* još nije ustao; *what's he* ~ *to?* šta (što) on radi? *what's* ~? šta (što) se dešava? **to be* ~ *against it* biti u škripcu; *it's* ~ *to* *us* to zavisi od nas; *to be* ~ *in years* biti već u godinama; (as in a game) *to be* ~ biti na potezu **up** III *adv* 1. gore; ~ *and down* gore — dole 2. with verbs; see: **act up, beat up, blow up, board up, bone up, bottle up, break up, brick up, bring up, brush up, build up, bundle up, burn up, butter up, button up, buy up, chalk up, check up, churn up, clam up, clean up, clear up, cloud up, clutter up, come up, conjure up, cough up, cover up, crack up, crank up, curl up, cut up, dirty up, dish up, divide up, doctor up, doll up, dress up, drum up, dry up, eat up, end up, fatten up, finish up, fix up, fog up, follow up, fork up, foul up, freshen up, frost up, gather up, get up, give up, goof up, go up, grind up, gum up, hang up, heat up, hush up, jack up, jam up, keep up, knock up, limber up, line up, litter up, live up, liven up, lock up, look up, make up, mark up, mess up, mix up, muss up, muster up, pack up, pay up, pick up, polish up, pop up, pretty up, prop up, pucker up, puff up, pull up, pump up, push up, put up, queue up, rack up, rake up, rear up, rev up, ring up, rip up, roll up, rough up, save up, scoop up, scrape up, screw up, scuff up, serve up, sew up, shack up, shake up, shape up, shoot up, show up, shrivel up, shut up, sit up, size up, slip up, slop up, slow up, smarten up, smash up, snap up, soak up, sober up, sop up, soup up, speed up, split up, spring up, spruce up, stack up, stand up, start up, steal up, steam up, step up, stick up, stir up, stock up, stop up, straighten up, strike up, string up, sum up, swallow up, swell up, take up, team up, tear up, throw up, tidy up, tie up, tighten up, tool up, touch up, track up, trip up, truss up, tune up, turn up, use up, wait up, wall up, warm up, whip up, wind up, wipe up, wise up, work up, wrap up, write up**, etc. 3. misc.; *he turned the tape recorder way* ~ pustio je magnetofon na najjače; *(children)* ~ *for adoption* (deca — djeca) za usvajanje

up IV *prep* uz; *to climb* ~ *a tree* popeti se uz drvo; *they went* ~ *the hill* otišli su uz brdo
up V *v* (colloq.) 1. *tr* povećati; *to* ~ *prices* povećati cene (cijene) 2. *intr* iznenadno učiniti; *he just upped and hit me* on se diže i udari me
up-and-com·ing [~-ən-'kəmiṅg] *a* (colloq.) perspektivan; *an* ~ *swimmer* perspektivan plivač
up-and-down [~-ən-'daun] *a* koje se diže i spušta
up-beat *a* (colloq.) 1. optimističan 2. koji se poboljšava
up·braid [əp'brejd] *v tr* izgrditi, prekoriti
up·bring·ing [~briṅgiṅg] *n* vaspitanje, odgajanje
up·com·ing [~kəmiṅg] *a* nastupajući, budući
up·coun·try I [~kəntrij] *n* unutrašnjost zemlje
upcountry II *a* koji je u unutrašnjosti zemlje
upcountry III *adv* u pravcu unutrašnjosti zemlje; *to travel* ~ putovati u unutrašnjost zemlje
up·date I [~'dejt] *v tr* ažurirati, dovesti u ažurno stanje
update II ['əpdejt] *n* ažuriranje
up·end [~'end] *v tr* 1. uspraviti 2. oboriti
up·front [~-'frənt] *a* (colloq.) direktan; unapred (unaprijed)
up·grade I [~grejd] *n* uspon; *to be on the* ~ poboljšavati se

upgrade II *v tr* poboljšati
up·heav·al [~'hijvəl] *n* nagla promena (promjena), preokret
up·hill I [~hil] *n* uzbrdica
uphill II *a* uzbrdan; *a* ~ *trail* uzbrdna staza; (fig.) *an* ~ *fight* teška borba
uphill III *adv* uzbrdo, uzbrdice; *the path goes* ~ staza se penje uzbrdo
up·hold [~'hould]; *-held* [held] *v tr* 1. podržati 2. potvrditi; *to* ~ *a verdict* potvrditi presudu
up·hol·ster [~'houlstə(r)] *v tr* tapacirati
up·hol·ster·er [~rə(r)] *n* tapetar
up·hol·ster·y [~stərij] *n* tapaciranje
up·keep [~kijp] *n* održavanje
up·land I [~laend] *n* 1. planinski kraj, pobrđe 2. see **upcountry** I
upland II *a* brdski
up·lift I [~lift] *n* dizanje
uplift II *v tr* dići
up·on [ə'pan]; [o] *prep* na; *he jumped* ~ *the table* skočio je na sto (stol) (see also **on** II 1)
up·per I ['əpə(r)] *n* 1. lice obuće, gornja koža obuće, kapna 2. (colloq.) gornji krevet
upper II *a* gornji; *an* ~ *deck* gornja paluba; (pol.) *an* ~ *house* gornji dom; *the* ~ *layers (of society)* gornji slojevi (društva); *the* ~ *lip* gornja usna; *an* ~ *story* gornji sprat (W: kat)
upper case velika slova (na pisaćoj mašini ili u štampariji)
up·per-class [~-klaes]; *[a]* *a* više klase
up·per-class·man [~mən] (*-men* [min]) *n* student treće ili četvrte godine
upper crust (colloq.) najviša klasa
up·per·cut [~kət] *n* (boxing) aperkat
upper hand prevlast, prednost; *to get the* ~ zadobiti prevlast
up·per·most [~moust] *a* najviši
Upper Vol·ta ['voltə] Gornja Volta
up·pish ['əpiš] *a* (colloq.) ohol
up·pi·ty ['əpətij] *a* (colloq.) arogantan
up·raise [~'rejz] *v tr* podići
up·right [~rajt] *a* 1. uspravan; *an* ~ *piano* uspravan klavir, pijanino 2. pošten, čestit
up·ris·ing [~rajziṅg] *n* ustanak; *to put down (crush) an* ~ ugušiti ustanak; *to foment an* ~ dići ustanak
up·riv·er I [~rivə(r)] *n* gornji tok reke (rijeke)
upriver II *a* uzvodan 2. *adv* uzvodno
up·roar [~ro(r)] *n* buka, nered, metež, gužva
up·roar·i·ous [~'rorijəs] *a* bučan
up·root [~'rūt] *v tr* iščupati (s korenom — korijenom)
up·set I ['əpset] *n* 1. prevrtanje 2. metež, gungula 3. (usu. sports) senzacija, (veliko) iznenađenje; *to score* (colloq.: *pull)* *an* ~ napraviti veliko iznenađenje
upset II [əp'set] *a* 1. prevrnut 2. uznemiren, oneraspoložen; *to be* ~ *about smt.* biti oneraspoložen zbog nečega
upset III *upset* [əp'set] *v tr* 1. prevrnuti; *to* ~ *a pitcher* prevrnuti bokal 2. poremetiti, osujetiti; *to* ~ *smb's plans* osujetiti nečije planove 3. (sports) iznenaditi; *to* ~ *a team* napraviti veliko iznenađenje nekoj ekipi 4. oneraspoložiti; uzbuniti; *the uncertainty upset him* oneraspoložila ga je neizvesnost (neizvjesnost) 5. potresti;

the news upset her very much nju je ta vest (vijest) veoma potresla

up·shot ['əpšat]; [o] *n* rezultat, ishod

up·side-down ['əpsajd-'daun] see **topsy-turvy**

up·stage I ['əp'stejdž] 1. *a* koji pripada pozadini pozornice 2. *adv* ka pozadini pozornice 3. *a* (Br.; colloq.) ohol

upstage II [~'stejdž] *v tr* zaseniti (zasjeniti); potisnuti

up·stairs I [~'stej(r)z] *n* gornji sprat (W: kat)

upstairs II *adv* gore; *to live* ~ stanovati gore; *he went* ~ otišao je gore

up·stand·ing [~'staending] *a* 1. uspravan 2. pošten, čestit

up·start I [~sta(r)t] *n* skorojević

upstart II *a* skorojevićki

up·state I [~stejt] *n* (Am.) unutrašnjost neke (američke) države

upstate II (Am.) 1. *a* u unutrašnjosti neke države 2. *adv* u unutrašnjost neke države

up·stream [~strijm] *adv* uzvodno

up·surge [~sə(r)dž] *n* 1. dizanje 2. porast

up·swing [~swing] *n* porast (aktivnosti); *to be on the* ~ biti u porastu

up·take [~tejk] *n* (colloq.) shvatanje; *he is quick on the* ~ on je pronicljiv

up·tight [~'tajt] *a* (slang) 1. napet, nervozan 2. siromašan

up to *prep* 1. do 2. zavisan od; *it is* ~ *you* to zavisi od tebe

up-to-date [~-tə-'dejt] *a* 1. moderan, savremen, aktuelan; *to bring* ~ aktuelizovati 2. u toku

up·town I [~taun] *n* gornji deo (dio) grada

uptown II *a* u gornjem delu (dijelu) grada

uptown III *adv* u gornji deo (dio) grada; *to go* ~ ići u gornji deo grada

up·ward [~wə(r)d] *adv* 1. gore, nagore 2. misc.; ~ *of* više od

upward mobility penjanje u više društvene slojeve

up·wards [~z] see **upward**

U·ral·Al·ta·ic I [jūrəl-ael'tejik] *n* uralsko-altajski jezici

Ural·Altaic II *a* uralsko-altajski

U·ral·ic I [jū'raelik] *n* uralski jezici

Uralic II *a* uralski

Ural Mountains ['jūrəl] (or *Urals*) Ural (planine)

u·ran·ic [jū'raenik], [ej] *a* uranski

u·ra·ni·nite [jū'rejnənajt] *n* (miner.) uraninit

u·ra·ni·um [jū'rejnijəm] *n* uran, uranijum

u·ra·nous [jū'rejnəs], ['jūrənəs] *a* uranski, uranijumov

U·ra·nus [jū'rejnəs], ['jūrənəs] *n* (astro. and myth.) Uran

ur·ban ['ə(r)bən] *a* gradski

urban blight propadanje grada (gradova)

ur·bane [ə(r)'bejn] *a* otmen, uglađen

ur·ban·ism ['ə(r)bənizəm] *n* urbanizam

ur·ban·i·ty [ə(r)'baenatij] *n* otmenost, uglađenost

ur·ban·i·za·tion [ərbənə'zejšən]; [aj] *n* urbanizacija

ur·ban·ize ['ə(r)bənajz] *v tr* urbanizovati

urban renewal rekonstrukcija (starih delova — dijelova) grada

urban sprawl širenje grada (gradova)

ur·chin ['ə(r)čin] *n* nestaško

Ur·du ['ū(r)dū], [ə] *n* (ling.) urdu (jezik)

u·re·a [jū'rijə] *n* (chem.) karbamid urea

u·re·ase ['jūrijejs], [z] *n* (chem.) ureaza

u·re·mi·a [jū'rijmijə] *n* (med.) uremija

u·re·ter [jū'rijtə(r)] *n* (anat.) ureter, mokraćni sprovodnik

u·re·thane ['jūrəthejn] *n* (chem.) uretan

u·re·thra [jū'rijthrə] (-*s* or -*ae* [ij]) *n* (anat.) uretra, mokraćna cev (cijev)

u·re·thri·tis [jūrə'thrajtis] *n* (med.) uretritis, zapaljenje uretre

u·ret·ic [jū'retik] *a* mokraćni

urge I [ə(r)dž] *n* nagon, težnja; *the* ~ *to travel* nagon za putovanjem

urge II *v tr* 1. terati (tjerati); *to* ~ *a team (on) to greater efforts* terati momčad na veće napore 2. saleteti (saletjeti); uporno moliti; *they keep* ~*ing me to buy a car* saleću me da kupim kola 3. zalagati se (za), zauzimati se (za); *to* ~ *reform* zauzimati se za reformu

ur·gen·cy ['ə(r)džənsij] *n* hitnost

ur·gent [~ənt] *a* hitan; *an* ~ *matter (telegram)* hitan posao (telegram)

urge on *v* see **urge** II 1

u·ric ['jūrik] *a* mokraćni; (chem.) ~ *acid* mokraćna kiselina

u·ri·nal ['jūrənəl] *n* 1. pisoar, zahod za muškarce 2. sud za mokrenje

u·ri·nar·y ['jūrənerij]; [nr] *a* mokraćni

urinary bladder mokraćna bešika

u·ri·nate ['jūrənejt] *v intr* mokriti

u·rine ['jūrin] *n* mokraća, urin

urn [ə(r)n] *n* urna

u·rol·o·gist [jū'ralədžist]; [o] *n* urolog

u·rol·o·gy [~džij] *n* urologija

Ur·sa Major ['ə(r)sə] (astro.) Veliki Medved (Medvjed)

Ursa Minor (astro.) Mali Medved (Medvjeđ)

ur·sine ['ə(r)sajn] *a* medveđi (medvjeđi)

ur·ti·car·i·a [ə(r)ti'kejrijə] *n* (med.) koprivnjača, urtikarija (also **hives, nettle rash**)

U·ru·guay ['jūrəgwej] *n* Urugvaj

U·ru·guay·an I ['jūrə'gwejən] *n* Urugvajac

Uruguayan II *a* urugvajski

us [əs] *pron* 1. (objective case of **we**) nas, nam, nama; *they saw* ~ videli (vidjeli) su nas; *he remembers* ~ seća (sjeća) nas se; *he gave* ~ *the book* dao nam je knjigu; *with* ~ s nama; *about* ~ o nama 2. (colloq.; nom. case, instead of **we**) *it's* ~ evo nas

USA [jūes'ej] (abbrev. of **United States of America**) SAD

us·a·ble ['jūzəbəl] *a* upotrebljiv

us·age ['jūsidž] *n* upotreba

us·ance ['jūzəns] *n* (comm.) uzanca

use I [jūs] *n* 1. upotreba; korišćenje; *to go out of* ~ izići iz upotrebe; *for internal (personal)* ~ za unutrašnju (ličnu) upotrebu; *in* ~ u upotrebi 2. uživanje; *the* ~ *of drugs* uživanje droga 3. korist; *of what* ~ *is* ...? od kakve je koristi ...? *there's no* ~ *talking about it* ne vredi (vrijedi) govoriti o tome; *to put to good* ~ dobro iskoristiti; 4. misc.; *to have no* ~ *for smt.* nemati potrebu za nešto; smatrati nešto beskorisnim

use II [jūz] *v.* 1 *tr* upotrebiti (upotrijebiti); koristiti (se); *to* ~ *force (foreign words, one's* *influence, money)* upotrebiti silu (strane reči — riječi, svoj uticaj, novac); *to ~ one's connections (one's head)* upotrebiti svoje veze (svoju pamet); *this word isn't ~d any more* ova se reč (riječ) ne upotrebljava više; *who is ~ing your apartment?* ko (tko) koristi vaš stan? or: ko se koristi vašim stanom? 2. *tr* potrošiti; *this car ~s a lot of gas* ova kola troše mnogo benzina (see also **use up**) 3. *intr* (in the past tense followed by *to;* imati običaj; (Br. also has the neg. *usedn't, usen't:* ['jūsənt]) *he ~d to run two miles every day* bio mu je običaj da trči dve (dvije) milje svakog dana; *he ~d to speak French fluently* on je nekada tečno govorio francuski (see also **used to**)

use·a·ble see **usable**

used [jūzd] *a* upotrebljavan, polovan; ~ *cars* polovni automobil (also **second-hand**)

used to (usu. [jūst]) navikao na; *to get ~ smt.* naviknuti se na nešto

use·ful ['jūsfəl] *a* koristan

use·less [~lis] *a* beskoristan

us·er ['jūzə'(r)] *n* korisnik

user-friendly *a* (C.) orijentisan na korisnika, blizak korisniku

use up *v* potrošiti; *to use up one's supplies* potrošiti zalihe

ush·er I ['əšə(r)] *n* 1. vratar 2. (in a theater, movies) razvodnik

usher II *v tr* 1. razvoditi, pratiti 2. provesti 3. *(to ~ in)* uvesti 4. *(to ~ out)* izvesti

ush~er·ette [~r'et] *n* (in a theater, movies) razvodnica

usher in *v* see **usher** II 3

usher out see **usher** II 4

USSR [jūeses'a(r)] abbrev. of **Union of Soviet Socialist Republics**

us·ta·shi ['ūstašij] *n* ustaša

u·su·al ['jūžūəl] *a* uobičajen; običan; *in the ~ way* uobičajenim putem

u·su·al·ly [~ij] *adv* obično, ponajviše

u·su·fruct ['jūzəfrəkt] *n* (legal) plodouživanje

u·su·rer ['jūžərə(r)] *n* zelenaš, lihvar

u·su·ri·ous [jū'žūrijəs] *a* zelenaški, lihvarski

u·surp [jū'sə(r)p], [z] *v tr* uzurpirati, prisvojiti; *to ~ smb.'s rights* prisvojiti nečija prava

u·sur·pa·tion [jūsə(r)'pejšən], [z] *n* uzurpacija, prisvajanje

u·surp·er [~ə(r)] *n* uzurpator

u·su·ry ['jūžərij] *n* zelenaštvo, lihvarstvo *to practice (engage in)* ~ baviti se zelenaškim poslom

U·tah [j'ūta] *n* Juta

u·ten·sil [jū'tensil] *n* sprava, alatka, pribor; *kitchen* ~s kuhinjsko posuđe; *eating* ~s pribor za jelo

u·ter·ine ['jūtərajn] *a* materični

u·ter·us ['jūtərəs] *n* materica (also **womb**)

u·til·i·tar·i·an I [jūtilə'tejrijən] *n* utilitarijanac, utilitarista

utilitarian II *a* utilitaristički

u·til·i·tar·i·an·ism [~izəm] *n* utilitarijanizam

u·til·i·ty [jū'tilətij] *n* 1. korist 2. (or: *a public* ~) komunalna usluga

utility man 1. glumac sporednih uloga 2. radnik vičan svakom poslu

u·til·i·za·tion [jūtələ'zejšən]; [*aj*] *n* korišćenje

u·til·ize ['jutəlajz] *v tr* iskoristiti

ut·most I ['ətmoust] *n* najveći stepen, krajnja granica

utmost II *a* 1. najdalji; krajnji 2. najviši, najveći

U·to·pi·a [jū'toupijə] *n* utopija

u·to·pi·an [~n] *a* utopistički

u·to·pi·an·ism [~izəm] *n* utopizam

u·tri·cle ['jūtrikəl] *n* (anat.) kesica

ut·ter ['ətə(r)] *a* apsolutan, potpun

utter II *v tr* izjaviti, reći, izustiti; izgovoriti

ut·ter·a·ble [~rəbəl] *a* izustljiv, izreciv

ut·ter·ance ['ətərəns] *n* 1. izjava, izreka 2. (ling.) iskaz

ut·ter·ly [~lij] *adv* potpuno, sasvim

ut·ter·most [~moust] see **utmost**

U-turn ['jū-~] *n* okretanje (automobila); *he made a* ~ okrenuo je kola

u·ve·a ['jūvijə] *n* (anat.) sudovnjača (oka)

u·vu·la ['jūvjələ] *n* (anat.) resica, uvula

u·vu·lar [~lə(r)] *a* (anat.) resični 2. (ling.) uvularan, resični

ux·o·ri·al [ək'sorijəl], [*gz*] *a* koji se odnosi na suprugu

ux·o·ri·cide [~rəsajd] *n* 1. ženoubica 2. ubistvo (W also: ubojstvo) supruge

ux·o·ri·ous [~rijəs] *a* pokoran svojoj ženi

Uz·bek I [uz'bek], [ə] *n* 1. Uzbek 2. uzbečki jezik

Uzbek II *a* uzbečki

V

v [vij] *n* v (slovo engleske azbuke)

va·can·cy ['vejkənsij] *n* 1. praznina 2. upražnjeno mesto (mjesto), vakancija; *to fill a* ~ popuniti upražnjeno radno mesto

va·cant ['vejkənt] *a* 1. prazan 2. upražnjen, vakantan

va·cate ['vejkejt]; [və'kejt] *v tr* 1. upražniti, isprazniti 2. napustiti

va·ca·tion I [vej'kejšən] *n* raspust, ferije, odmor; *to be on* ~ biti na odmoru; *a summer* ~ godišnji odmor

vacation II *a* ferijalni

vacation III *v intr* provoditi odmor (raspust)

va·ca·tion·er see vacationist

va·ca·tion·ist [~ist] *n* turista (koji provodi raspust)

vac·ci·nate ['vaeksənejt] *v tr* vakcinisati; *to* ~ *smb. against smallpox* vakcinisati nekoga protiv velikih boginja

vac·ci·na·tion [vaeksə'nejšən] *n* vakcinacija; *to carry out a mass* ~ sprovesti masovnu vakcinaciju; *a* ~ *against (for) smallpox* vakcinacija protiv velikih boginja

vac·cine [vaek'sijn] *n* vakcina; *the Sabin (Salk)* ~ Sabinova (Salkova) vakcina

vac·il·late ['vaesəlejt] *v intr* kolebati se

vac·il·lat·ing [~iñg] *a* koji se koleba, neodlučan

vac·il·la·tion [vaesə'lejšən] *n* kolebanje

va·cu·i·ty [vae'kjūətij] *n* 1. praznina 2. nemanje misli, praznina duha 3. besposličenje, nerad

vac·u·ous ['vaekjūəs] *a* 1. prazan 2. glup, neinteligentan 3. ništav 4. besposlen; nedelatan (nedjelatan) 5. bezizrazan; *a* ~ *look* bezizrazan pogled

vac·u·um I ['vaekjūm] *n* vakuum, prazan prostor, praznina; *to fill a* ~ popuniti prazninu

vacuum II *v tr and intr* očistiti usisivačem

vacuum cleaner usisivač

vacuum gauge vakuumsko merilo (mjerilo)

vacuum pump vakuumska pumpa

vacuum tube vakuumska cev (cijev)

vag·a·bond ['vaegəbənd]; [o] *n* skitnica, vagabunda, lutalica

va·gar·y ['vejgərij], [və'gejrij] *n* lutanje; ćudljivost

va·gi·na [və'džajnə] (-*s* and -*ae* [*ij*]) *n* vagina, rodnica, usmina

vag·i·nal ['vaedžənəl] *a* vaginalan

vag·i·nis·mus [vaedžə'nizməs], [s] *n* (med.) vaginizam

vag·i·ni·tis [vaedžə'najtis] *n* zapaljenje (upala) vagine

va·gran·cy ['vejgrənsij] *n* skitanje, lutanje

va·grant [~grənt] *n* (ulična) skitnica, lutalica, vagabunda

vague [vejg] *a* nejasan, maglovit, bled (blijed), neodređen; ~ *answers* nejasni odgovori; ~ *hopes* neodređene nade; *a* ~ *premonition* neodređena slutnja; *a* ~ *recollection* bleda uspomena

va·gus ['vejgəs] (-*gi* [gaj]) *n* živac lutalica, plućno--želudačni živac

vain [vejn] *a* 1. uzaludan, besplodan; *a* ~ *hope* uzaludna nada 2. tašt, sujetan 3. misc.; *in* ~ uzaludno; *to die in* ~ umreti (umrijeti) uzaludno; *to take smb.'s name in* ~ govoriti o nekome sa nipodaštavanjem

vain·glo·ri·ous [~'glorijəs] *a* hvalisav

vain·glo·ry [~glorij] *n* hvalisavost

vain·ness [~nis] see vanity

val·ance ['vaeləns] *n* zastor, zavesa (zavjesa)

vale [vejl] *n* (lit.) 1. dolina (see valley) 2. (fig.) zemaljski život; dolina; *a* ~ *of tears* dolina suza

val·e·dic·tion [vaelə'dikšən] *n* 1. oproštaj 2. oproštajne reči (riječi)

val·e·dic·to·ri·an [vaelədik'torijən] *n* student koji drži oproštajni govor (na ceremoniji predaje diploma)

val·e·dic·to·ry I [vaelə'diktərij] *n* oproštajni govor (na ceremoniji predaje diploma)

valedictory II *a* oproštajni

va·lence ['vejləns] *n* (chem.) valencija, valenca

valence electron valentni elektron

va·len·cy [~ij] see valence

val·en·tine ['vaeləntajn] *n* šaljiva čestitka koja se šalje na dan Svetog Valentina (14. februar)

va·le·ri·an [və'lijrijən] *n* (bot.) valerijan, odoljen

va·le·ric [və'lijrik] *a* valerijanski; ~ *acid* valerijanska kiselina

val·et ['vaelit], [vae'lej] *n* lični sluga, sobar

val·e·tu·di·nar·i·an I [vaelətūdn'ejrijən]; [*tj*] *n* hroničan bolesnik

valetudinarian II *a* bolešljiv

Val·hal·la [vael'haelə] *n* Valhala

val·iant ['vaeljənt] *a* hrabar; herojski, junački

val·id ['vaelid] *a* 1. opravdan, razložan; *a* ~ *comment* razložna (opravdana) primedba — primjedba 2. punovažan; važeći; *a* ~ *contract* važeći ugovor

val·i·date ['vaelədejt] *v tr* 1. potvrditi; overiti (ovjeriti) 2. nostrifikovati (diplomu)
va·lid·i·ty [və'lidətij] *n* 1. opravdanost, razložnost 2. punovažnost 3. vrednost (vrijednost)
va·lise [və'lijs] *n* mali kofer
Val·kyr·ie [vael'kijrij] *n* valkira
val·la·tion [vae'lejšən] *n* bedem
val·ley ['vaelij] *n* dolina
val·or ['vaelə(r)] *n* hrabrost; *to demonstrate* ~ istaći se hrabrošću
val·or·ous [~rəs] *a* hrabar
val·u·a·ble ['vaeljəbəl] *a* 1. dragocen (dragocjen); vredan (vrijedan) 2. koristan
val·u·a·bles [~z] *n pl* dragocenosti (dragocjenosti)
val·u·a·tion [vaeljū'ejšən] *n* procena (procjena)
val·u·a·tor ['vaeljūejtə(r)] *n* procenjivač (procjenjivač)
val·ue I ['vaeljū] *n* 1. vrednost (vrijednost); *to be of great (little)* ~ biti od velike (male) vrednosti 2. bogatstvo 3. korist 4. (mus.) dužina, trajanje 5. (math.) vrednost, veličina; *absolute* ~ apsolutna vrednost (veličina); *approximate (numerical)* ~ približna (brojna) vrednost 6. merilo (mjerilo)
value II *v tr* ceniti (cijeniti); *to* ~ *highly* visoko ceniti; *to* ~ *a friendship* ceniti prijateljstvo
value-added tax dodatak porezu na promet, prirez (also **VAT**)
value judgment presuda zasnovana na ličnim merilima (mjerilima), predrasudama; *to make a* ~ izreći presudu zasnovanu na ličnim merilima
valve I [vaelv] *n* 1. (anat.) zalistak; *a heart* ~ srčani zalistak 2. ventil; *a ball (check, exhaust, gate, needle)* ~ lopteni (odbojni, ispusni, zaporni, igleni) ventil; *a butterfly* ~ ventil leptirnjak; *a safety* ~ ventil sigurnosti; *to grind* ~*s* šlajfovati ventile 3. Br.; see **tube** 3
valve II *a* ventilski; ~ *clearance* ventilski zazor; *a* ~ *seat (stem)* ventilsko sedište — sjedište (vreteno)
valve-in-head engine [~-in-hed] motor s ventilima u glavi cilindra
val·vu·lar ['vaelvjələ(r)] *a* ventilski
vam·brace ['vaembrejs] *n* oklop za ruku
va·moose [vae'mūs], [ə] *v intr* (slang) odmagliti
vamp I [vaemp] *n* 1. gornjište na cipeli 2. zakrpa 3. (mus.) improvizovana muzička pratnja
vamp II *v tr* zakrpiti 2. (mus.) improvizovati (pratnju)
vamp III *n* (colloq.) zavodnica
vamp IV *v tr* and *intr* zavoditi (muškarce)
vam·pire [~aj(r)] *n* 1. vampir 2. zavodnica 3. krvopija, gulikoža
vam·pir·ic [~'pirik] *a* vampirski
vam·pir·ism ['vaempajrizəm] *n* vampirizam
vamp up *v* (Br.; colloq.) izmisliti
van I [vaen] *n* 1. kamion; kombi; *a moving* ~ kamion za prevoz nameštaja (namještaja) 2. (Br.) zatvoreni železnički (željeznički) vagon 3. karavan (vozilo) 4. Br.; see **delivery truck**
van II see **vanguard**
va·nad·ic [və'naedik] *a* (chem.) vanadijumov; ~ *acid* vanadijumova kiselina
va·na·di·um [və'nejdijəm] *n* (chem.) vanadijum

Van Allen belt ['aelən] (phys.) Van-Alenov radijacioni pojas
Van·cou·ver [vaen'kūvə(r)] *n* Vankuver
van·dal ['vaendəl] *n* 1. vandal, izvršilac vandalizma 2. (cap., hist.) Vandal
van·dal·ism [~izəm] *n* vandalizam; *to commit* ~ izvršiti vandalizam
van·dal·ize [~ajz] *v tr* izvršiti vandalizam (na), divljački oštetiti; *to* ~ *a cemetery* izvršiti vandalizam na groblju
vane [vejn] *n* 1. vetrokaz (vjetrokaz) (also **weather vane**) 2. lopatica
van·guard ['vaenga(r)d] *n* prethodnica; (fig.) avangarda
va·nil·la [və'nilə] *n* vanila
va·nil·lin [və'nilin] *n* (chem.) vanilin
van·ish ['vaeniš] *v intr* nestati, iščeznuti
vanishing cream krem za lice
vanishing point tačka (W: točka) prividnog preseka (presjeka) dveju (dviju) paralelnih (u perspektivi)
van·i·ty ['vaenətij] *n* 1. taština, sujeta 2. uzaludnost 3. see **dressing table**
vanity case 1. pudrijera (also **compact I** 1) 2. torbica za šminku, neseser
vanity press izdavačka kuća koja izdaje knjige o trošku autora
van·quish ['vaeņgkwiš] *v tr* savladati, pobediti (pobijediti)
van·tage ['vaentidž]; [a] *n* 1. preimućstvo (also **advantage** 1) 2. see **advantage** 2
vantage point povoljan položaj
vap·id ['vaepid] *n* bljutav; dosadan
va·por I ['vejpə(r)] *n* para
vapor II *a* parni; ~ *pressure* parni pritisak
va·por·i·fic [vejpə'rifik] *a* isparljiv
va·por·i·za·tion [vejpərə'zejšən]; [aj] *n* isparavanje, isparenje, vaporizacija
va·por·ize ['vejpərajz] *v tr* ispariti
va·por·iz·er [~ə(r)] *n* isparivač
vapor lock gasni čep
va·por·ous ['vejpərəs] *a* parni; slučan pari
vapor trail trag kondenzacije
var·i·a·ble I ['vejrijəbəl] *n* 1. (math.) promenljiva (promjenljiva) veličina; *a random* ~ slučajna veličina; *a dependent (independent)* ~ zavisno (nezavisno) promenljiva veličina 2. (astro.) promenljiva zvezda (zvijezda)
variable II *a* promenljiv (promjenljiv)
var·i·ance ['vejrijəns] *n* 1. varijacija; odstupanje 2. nesloga, neslaganje; *to be at* ~ ne slagati se 3. građevinska dozvola (koja odstupa od postojećih propisa)
var·i·ant I ['vejrijənt] *n* 1. varijanta 2. (ling.) dublet; *regional* ~*s* regionalni dubleti
variant II *a* 1. alternativni, rezervni, dopunski 2. (ling.) dvojak, dubletni; ~ *forms (stresses)* dubletni oblici (akcenti)
var·i·a·tion [vejrij'ejšən] *n* varijacija
var·i·cel·la [vaerə'selə] *n* see **chicken pox**
var·i·col·ored ['vejrikələ(r)d] *a* šaren
var·i·cose ['vaerikous] *a* proširen; ~ *veins* proširene vene
var·ied ['vejrijd] *a* raznolik; različit
var·i·e·gate [vejrijəgejt] *v tr* išarati
var·i·e·gat·ed [~id] *a* šaren, išaran, raznobojan

va·ri·e·ty [və'rajətij] *n* 1. raznolikost, raznovrsnost (also **diversity**) 2. vrsta (W also: vrst), varijanta 3. varijetet, podvrsta
variety show program varijetetskog pozorišta (W: kazališta)
variety store radnja sa raznovrsnom robom, prodavnica mešovite (W: prodavaona mješovite) robe
va·ri·o·la [vaerij'oulə], [və'rajələ] see **smallpox**
var·i·om·e·ter [vaerij'amətə(r)]; [o] *n* variometar
var·i·o·rum [vejrij'orəm] *n* (or: ~ *edition)* izdanje s komentarima
var·i·ous ['vejrijəs] *a* razni, raznovrstan, različit, različan; ~ *directions (problems)* razni pravci (problemi); ~ *opinions* različita mišljenja
var·mint ['va(r)mənt] *n* (slang) odvratna osoba; životinja
var·nish I ['va(r)niš] *n* firnajz; lak
varnish II *v tr* 1. premazati firnajzom 2. lakovati
var·si·ty I ['va(r)sətij] *n* 1. (sports) prvi tim, najbolja momčad; seniorski tim 2. (Br.; colloq.) see **university**
varsity II *a* prvog tima; seniorski; *a* ~ *player* prvotimac
var·y ['vejrij] *v* 1. *tr* menjati (mijenjati), varirati; *to* ~ *colors* varirati boje 2. *intr* menjati se, varirati 3. *intr* razlikovati se; ne slagati se
vas [vaes] *(vasa* ['vejsə]) *n* (anat.) sud, kanal
vas·cu·lar ['vaeskjələ(r)] *a* vaskularni
vase [vaz], [ej] *n* vazna
va·sec·to·my [vae'sektəmij] *n* (med.) vazektomija
Vas·e·line ['vaesə'lijn] *n* vazelin
vas·o·con·stric·tion [vaesoukən'strikšən] *n* vazokonstrukcija
vas·o·dil·a·ta·tion [~dilə'tejšən] *n* vazodilatacija
vas·sal ['vaesəl] *n* vazal, podanik
vas·sal·age [~idž] *n* vazalstvo
vast [vaest]; [*a*] *a* ogroman
vast·ly [~lij] *adv* veoma, mnogo; ~ *improved* mnogo bolji
vast·ness [~nis] *n* ogromnost
vat [vaet] *n* bačva, kaca
VAT [vaet] or [vijej'tij] abbrev. of **valve-added tax**
vat dye reredukciona organska boja
Vat·i·can ['vaetikən] *n* *(the* ~) Vatikan
vaude·ville I ['vodvil] *n* varijete, vodvilj, estrada
vaudeville II *a* varijetetski
vault I [volt] *n* 1. svod, luk 2. podzemna zasvođena odaja 3. podzemna grobnica 4. *(a bank* ~) trezor 5. (anat.) zasvođena duplja
vault II *v tr* zasvoditi
vault III *n* skok (see also **pole vault**)
vault IV *v* 1. *tr* preskočiti 2. *intr* skočiti (see also **pole-vault**)
vaunt [vont] *v* 1. *tr* hvaliti 2. *intr* hvaliti se
VCR [vijsij'a(r)] see **video cassette recorder**
VD [vij'dij] abbrev. of *venereal disease*
veal I [vijl] *n* teletina, teleće meso; *roast* ~ teleće pečenje
veal II *a* teleći; *a* ~ *chop* teleća šnicla
vec·tor ['vektə(r)] *n* vektor
vector addition slaganje vektora
vector algebra vektorska algebra
vector analysis vektorska analiza
vector calculus vektorski račun
vector field vektorsko polje

vector product vektorski proizvod
Ve·da ['vejdə], [*ij*] *n* Veda
V-E Day [vi-'ij] Dan pobede — pobjede (nad Nemačkom — Njemačkom)
ve·dette [və'det] *n* 1. konjanik na straži 2. (also: ~ *boat)* stražarski brod
veep [vijp] *n* (slang) potpredsednik (potpredsjednik)
veer I [vij(r)] *n* skretanje
veer II *v tr* and *intr* skrenuti
veg·e·ta·ble I ['vedžtəbəl] *n* 1. biljka 2. (cul., usu. in *pl)* povrće; *he loves* ~*s* on voli povrće; *to grow* ~*s* gajiti povrće 3. (fig.) beživotna osoba
vegetable II *a* biljni, vegetabilan
vegetable kingdom *(the* ~) biljno carstvo
vegetable marrow Br.; see **squash I**
vegetable oil biljno ulje
vegetable oyster see **salsify**
veg·e·tal ['vedžətəl] *a* biljni, vegetalan, vegetabilan
veg·e·tar·i·an I [vedžə'tejrijən] *n* vegetarijanac
vegetarian II *a* vegetarijanski
veg·e·tar·i·an·ism [~izəm] *n* vegetarijanstvo
veg·e·tate ['vedžətejt] *v intr* 1. rasti, vegetirati (o biljkama) 2. životariti, vegetirati, tavoriti
veg·e·ta·tion [vedžə'tejšən] *n* vegetacija, bilje; biljni pokrivač
veg·e·ta·tive ['vedžətejtiv] *a* vegetativan
veg·e·tive ['vedžtiv] see **vegetative**
veg·gies ['vedžijz] *n pl* (colloq.) povrće
ve·he·mence ['vijəməns] *n* žestina; vatrenost
ve·he·ment [~ənt] *a* žestok; vatren
ve·hi·cle ['vijikəl] *n* 1. vozilo; automobil; *amphibi-ous* ~*s* vozila- amfibije; *a motor* ~ motorno vozilo 2. (fig.) prenosilac, sredstvo
ve·hic·u·lar [vij'hikjələ(r)] *a* automobilski; ~ *traffic* automobilski saobraćaj
veil I [vejl] *n* 1. feredža 2. veo; *a bride's* ~ mladin veo 3. (fig.) veo, maska; *a* ~ *of darkness* veo mraka
veil II *v tr* pokriti feredžom, velom; (fig.) *a* ~*d threat* uvijena pretnja (prijetnja)
vein [vejn] *n* 1. (anat.) vena, krvna žila 2. (geol.; mining) žila, vena (also **lode**) 3. (bot.) vena
ve·la·men [və'lejmən] *(velamina* [və'laemənə]) *n* membrana
ve·lar I ['vijlə(r)] *n* velar, velarni (zadnjonepčani) suglasnik
velar II *a* velarni, zadnjonepčani
ve·lar·ize [~rajz] *v tr* velarizovati
veldt [velt], [*f*] *n* južnoafrički pašnjak
vel·le·i·ty [ve'lijətij] *n* najniži stepen želje
vel·lum ['veləm] *n* najfiniji pergament
ve·loc·i·pede [və'lasəpijd]; [o] *n* 1. velosiped 2. see **tricycle**
ve·loc·i·ty [ve'lasətij]; [o] *n* brzina; *muzzle* ~ početna brzina, brzina na ustima cevi (cijevi)
ve·lour, ve·lours [ve'lū(r)] *n* pamučni somot
ve·lum ['vijləm] (-*la* [lə]) *n* 1. (biol.) opna 2. (anat.) mekano nepce
vel·vet I ['velvit] *n* somot, baršun
velvet II *a* somotski, baršunski
vel·vet·y [~ij] *a* baršunast; *a* ~ *voice* baršunast glas
ve·nal ['vijnəl] *a* podmitljiv

ve·nal·i·ty [vǝ'naelǝtij] n podmitljivost
vend [vend] v tr prodavati; torbariti
vend·ee [~'ij] n kupac
ven·der, ven·dor [~ǝ(r)] n prodavac; torbar
ven·det·ta [ven'detǝ] n krvna osveta; to carry
on a ~ osvećivati se
vend·i·ble ['vendǝbǝl] a 1. koji se može prodati
2. see venal
vending machine automat (za prodaju)
vend·or see vender
ven·due [ven'dū]; [dj] see auction I
ve·neer I [vǝ'nij(r)] n 1. furnir 2. (fig.) površinski
sloj, providan sjaj; a thin ~ tanka glazura
veneer II v tr furnirati
ven·er·a·ble ['venǝrǝbǝl] a 1. dostojan poštovanja;
dostojanstven 2. (in titles) prečasni, časni
ven·er·ate ['venǝrejt] v tr poštovati
ven·er·a·tion [venǝ'rejšǝn] n poštovanje
ve·ne·re·al [vǝ'nijrijǝl] a veneričan; a ~ disease
venerična bolest
ve·ne·re·ol·o·gist [vǝnijrij'alǝdžist]; [o] n venerolog
ve·ne·re·ol·o·gy [~džij] n venerologija
ven·e·sec·tion [venǝ'sekšǝn] see phlebotomy
Ve·ne·tian I [vǝ'nijšǝn] n Mlečanin
Venetian II a mletački
Venetian blind roletna, žaluzija (also blind I 1)
Ven·e·zue·la [venǝ'zwejlǝ] n Venecuela
Ven·e·zue·lan I [~n] n Venecuelac
Venezuelan II a venecuelski
venge·ance ['vendžǝns] n osveta; to take ~ on smb.
osvetiti se nekome; (colloq.) with a ~ potpuno
venge·ful ['vendžfǝl] a osvetoljubiv, osvetnički
venge·ful·ness [~nis] n osvetoljubivost
ve·ni·al ['vijnijǝl] a oprostiv; (Cath.) a ~ sin
oprostiv greh (grijeh)
Ven·ice ['venis] n Venecija, Mleci
ve·ni·re [vi'najrij] n (legal) poziv porotnika
ve·nire·man [~mǝn] (-men [min]) n pozvani
porotnik
ven·i·son ['venǝsǝn] n srnetina, meso divljeg jelena
ven·om ['venǝm] n 1. otrov 2. (fig.) zloba; pakost
ven·om·ous [~ǝs] a 1. otrovan 2. (fig.) zloban;
pakostan
ve·nous ['vijnǝs] a venozni
vent I [vent] n 1. otvor; izlaz 2. kloačni otvor,
čmar (kod ptica, gmizavaca, riba) 3. (fig.)
oduška; to give ~ to one's feelings dati oduške
svojim osećanjima (osjećanjima)
vent II v tr 1. snabdeti (snabdjeti) otvorom 2.
dati oduške (nečemu); iskaliti; to ~ one's
anger on smb. iskaliti ljutnju na nekoga
ven·tail ['ventejl] n (hist.) niži deo (dio) vizira
ven·ter ['ventǝ(r)] n 1. trbuh 2. see uterus
ven·ti·late ['ventǝlejt] v tr 1. provetriti (provje-
triti); ventilisati 2. (fig.) izneti (iznijeti) na
javnost; to ~ a grievance dati oduške ne-
zadovoljstvu
ven·ti·la·tion [ventǝ'lejšǝn] n ventilacija, provetra-
vanje (provjetravanje)
ven·ti·la·tor ['ventǝlejtǝ(r)] n ventilator
ven·touse ['ventūz] n vantuza (also cupping glass)
ven·tral ['ventrǝl] a trbušni
ven·tri·cle ['ventrikǝl] n (anat.) komora, šupljina
ven·tri·cose ['ventrikous] a otečen
ven·tri·cous [~kǝs] see ventricose

ven·tril·o·quism [ven'trilǝkwizǝm] n govorenje iz
trbuha, ventrilokvizam
ven·tril·o·quist [~kwist] n trbuhozborac, ventrilo-
kvista
ven·ture I ['venčǝ(r)] n opasan poduhvat
venture II v 1. tr izložiti opasnosti 2. intr usuditi se
ven·ture·some [~sǝm] a 1. riskantan, opasan 2.
smeo (smion) (also venturous)
ven·tu·ri [ven'tūrij] n venturi (cev — cijev)
ven·tur·ous ['venčǝrǝs] a 1. smeo (smion) 2.
opasan (also venturesome)
ven·ue ['venjū] n 1. mesto (mjesto) izvršenja kri-
vičnog dela (djela) 2. mesto iz kojeg je uzeta
porota 3. mesto suđenja
Ve·nus ['vijnǝs] n (astro. and myth.) Venera; ~
de Milo Miloska Venera
Venus's flower basket (sponge) Venerina kotaričica
Ve·nus's-fly-trap [~iz-flaj-traep] n (bot.) muho-
lovka
Venus's girdle (zool.) Venerin pojas
Ve·nus's-hair [~iz-hej)r)] n (bot.) gospina kosa
ve·ra·cious [vǝ'rejšǝs] a 1. istinoljubiv, istinit
2. tačan (W: točan)
ve·rac·i·ty [vǝ'raesǝtij] n 1. istinoljublje, istinitost
2. tačnost (W: točnost)
ve·ran·da [vǝ'raendǝ] n veranda
verb I [vǝ(r)b] n glagol
ver·bal [~ǝl] a 1. glagolski, verbalan; ~ aspect
(mood) glagolski vid (način); a ~ complement
glagolski dodatak; a ~ noun glagolska imenica
2. usmeni, verbalan; a ~ contract usmeni ugo-
vor 3. doslovan
ver·bal·ism [~izǝm] n 1. izraz rečima (riječima)
2. verbalizam
ver·bal·ize [~ajz] v tr izraziti rečima (riječima)
ver·ba·tim [vǝ(r)'bejtim] 1. a doslovan 2. adv
doslovno
ver·be·na [vǝ(r)'bijnǝ] n (bot.) vrbena
ver·bi·age ['vǝ(r)bijidž] n govorljivost, prazno-
slovlje
ver·bose [vǝ(r)'bous] a govorljiv, brbljiv
ver·bos·i·ty [vǝ(r)'basǝtij]; [o] n glagoljivost,
praznoljublje
ver·dan·cy ['vǝ(r)dǝnsij] n zelenost, zelenilo
ver·dant [~ǝnt] a 1. zelen; ~ fields zelena polja
2. (fig.) nezreo, zelen
ver·dict ['vǝ(r)dikt] n presuda, osuda; to reach a ~
doneti (donijeti) presudu; to hand down (an-
nounce a ~ izreći (objaviti) presudu
ver·di·gris ['vǝ(r)dǝgrijs], [i] n (chem.) bazni acetat
bakra
ver·dure ['vǝ(r)džǝ(r)] n 1. zeleno bilje, zelenilo
2. (fig.) bujnost, dobro zdravlje
verge I [vǝ(r)dž] n 1. ivica, rub; on the ~ of war
na ivici rata 2. (archit.) rub crepova koji viri
iznad slemena (sljemena) krova 3. štap, palica
4. regulator časovnika 5. Br.; see shoulder I 5
verge II v intr graničiti se; to ~ on the ridiculous
graničiti se sa besmislenim
verge III v intr naginjati se
verg·er [~ǝ(r)] n 1. nosilac palice (nekog dostoj-
nika) 2. (Br.) crkvenjak
ver·i·fi·ca·tion [verǝfǝ'kejšǝn] n proveravanje (pro-
vjeravanje) verifikacija
ver·i·fy ['verǝfaj] v tr proveriti (provjeriti), veri-
fikovati

ver·i·ly ['verəlij] *adv* (obsol.) zaista, vaistinu
ver·i·sim·i·lar [verə'simələ(r)] *a* verovatan (vjerojatan)
ver·i·si·mil·i·tude [verəsim'ilətūd]; [*tj*] *n* verovatnost (vjerojatnost)
ver·i·ta·ble ['verətəbəl] *a* istinit; stvaran
ver·i·ty ['verətij] *n* istinost; stvarnost
ver·meil ['və(r)mil] *n* 1. see vermilion 2. pozlaćeno srebro
ver·mi·cel·li [və(r)mi'čelij] *n pl* (cul., Italian) rezanci
ver·mi·cide ['və(r)məsajd] *n* sredstvo protiv glista, crva
ver·mic·u·late [və(r)'mikjəlit], [*ej*] *a* crvolik, nalik na crva
ver·mi·form ['və(r)məfo(r)m] *a* crvolik
ver·mi·fuge ['və(r)məfjūdž] *n* sredstvo za izbacivanje glista
ver·mil·ion [və(r)'miljən] *n* cinober
ver·min ['və(r)min] *n* (usu. *pl)* 1. gamad; *to exterminate* ~ uništiti gamad 2. štetočine 3. (fig.) gamad, ološ
ver·min·ous [-əs] *a* pun gamadi
Ver·mont [və(r)'mant]; [*o*] *n* Vermont
Ver·mont·er [~ə(r)] *n* stanovnik Vermonta
ver·mouth, vermuth ['və(r)'mūth] *n* vermut, pelinkovac
ver·nac·u·lar I [və(r)'naekjələ(r)] *n* 1. standardni jezik; govorni (kolokvijalni) jezik 2. žargon, profesionalni govor 3. nestandardni jezik 4. dijalekat, narečje (narječje)
vernacular II *a* govorni, kolokvijalni, svakidašnji
ver·nac·u·lar·ism [~rizəm] *n* kolokvijalna konstrukcija
ver·nal ['və(r)nəl] *a* prolećni (proljećni)
vernal equinox prolećna (proljećna) ravnodnevica
ver·nal·i·za·tion [və(r)nələ'zejšən]; [*aj*] *n* jarovizacija
ver·nal·ize ['və(r)nəlajz] *v tr* jarovizirati
Ver·ner's law ['və(r)nə(r)z] (ling.) Vernerov zakon
ver·ni·er ['və(r)nijə(r)] *n* (or: ~ *scale)* nonijus
vernier caliper nonijusko merilo (mjerilo)
Ver·o·nal ['verənol] *n* veronal (see also barbital)
ve·ron·i·ca [və'ranikə]; [*o*] *n* (bot.) veronika
ver·sant ['və(r)sənt] *n* nagib, padina (planinskog lanca)
ver·sa·tile ['və(r)sətəl]; [*aj*] *a* mnogostran; prilagodljiv
ver·sa·til·i·ty [və(r)sə'tilətij] *n* mnogostranost
verse [və(r)s] *n* stih
versed I [~t] *a* (math.) obrnut
versed II *a* verziran, učen; *to be* ~ *in smt.* biti verziran u nečemu
ver·si·cle ['və(r)sikəl] *n* 1. mali stih 2. liturgijska strofa
ver·si·fi·ca·tion [və(r)səfi'kejšən] *n* versifikacija, stihotvorstvo
ver·si·fi·er ['və(r)səfajə(r)] *n* versifikator, stihotvorac
ver·si·fy [~faj] *v* 1. *tr* pretvoriti u stihove, versifikovati 2. *intr* pisati stihove
ver·sion ['və(r)žən]; [*š*] *n* 1. verzija 2. (med.) obrtaj
ver·so ['və(r)sou] (-*s)* *n* leva (lijeva) strana lista (cf. recto)

verst [və(r)st] *n* (Russian) vrsta
ver·sus ['və(r)səs] *prep* protiv
ver·te·bra ['və(r)təbrə] (-*s* or -*ae* [ij]) *n* (kičmeni) pršljen; *a cervical (coccygeal, lumbar, sacral, thoracic)* ~ vratni (repni, slabinski, krsni, grudni) pršljen
ver·te·bral [~l] *a* kičmeni (see also spinal)
vertebral column kičmeni stub
ver·te·brate I ['və(r)təbrejt] *n* kičmenjak
vertebrate II *a* kičmenjački
ver·tex ['və(r)teks] (-*es* or -*tices* [təsijz]) *n* vrhunac, najviša tačka (W: točka)
ver·ti·cal I ['və(r)tikəl] *n* vertikala
vertical II *a* vertikalan
vertical circle vertikalni krug
vertices see vertex
ver·tig·i·nous [və(r)'tidžənəs] *a* 1. koji se obrće, kružan 2. vrtoglav, koji izaziva vrtoglavicu; *a* ~ *height* vrtoglava visina
ver·ti·go ['və(r)tigou] *n* vrtoglavica
ver·vain ['və(r)vejn] *n* (bot.) vrbena, sporiš
verve [və(r)v] *n* elan, polet, oduševljenje
ver·y I ['verij] *a* 1. sam; *on the* ~ *day of the wedding* na sam dan venčanja (vjenčanja); *the* ~ *thought of it upsets me* već pomisao sama na to me nervira; *from the* ~ *beginning* od samog početka; *caught in the* ~ *act* uhvaćen na samom delu (djelu) 2. baš taj; *at that* ~ *moment* baš u tom trenutku
very II *adv* veoma, vrlo, mnogo; ~ *old* veoma star; ~ *good* vrlo dobro; *he sings* ~ *nicely* on peva (pjeva) veoma lepo (lijepo); *he is* ~ *angry* on je mnogo ljut (cf. very much)
very high frequency vrlo visoka frekvencija
very low frequency vrlo niska frekvencija
very much *adv* veoma, vrlo, mnogo; *they were* ~ *impressed* oni su bili veoma impresionirani; *he was* ~ *interested in linguistics* on se veoma (vrlo) interesovao za lingvistiku; *thanks* ~*!* hvala lepo (lijepo); *to be* ~ *in love* biti zaljubljen do ušiju; *he enjoyed himself* ~ veoma se lepo proveo
Very pistol signalni pištolj (sistem Veri)
ve·si·ca [və'sijkə], [*aj*] (-*cae* [sij]) *n* see bladder
ves·i·cant ['vesəkənt] *n* plikavac, kožni bojni otrov
ves·i·cle ['vesikəl] *n* mehurić (mjehurić)
ves·per ['vespə(r)] *n* (also: ~ *bell)* večernje zvono, zvono za večernje
Vesper see evening star
ves·pers [~z] *n pl* večernja, večernja služba
ves·pi·ar·y ['vespijerij]; [*ə*] *n* osino (zoljino) gnezdo (gnijezdo)
ves·sel ['vesəl] *n* 1. sud (za tečnost) 2. brod 3. (anat.) sud; *a blood* ~ krvni sud
vest I [vest] *n* 1. prsluk; **close to one's* ~ tajno (see also waistcoat) 2. Br.; see undershirt
vest II *v tr* dodeliti (dodijeliti); dati; *to* ~ *smb. with power* ovlastiti nekoga; *to* ~ *an estate in smb.* dati nekome imovinu
ves·tal I [~əl] *n* 1. vestalka 2. kaluđerica
vestal II *a* vestalski
vestal virgin vestalka
vest·ed [~id] *a* stečen; ~ *interests* stečena prava
ves·ti·ar·y ['vestijerij]; [*ə*] *n* svlačionica

ves·ti·bule ['vestəbjūl] *n* 1. predvorje 2. (anat.) komora

ves·tige ['vestidž] *n* trag, ostatak

ves·tig·i·al [ve'stidžijəl] *a* koji je preostao

vest·ment ['vestmənt] *n* 1. (službeno) odelo (odijelo) 2. (rel.) odežda

ves·try ['vestrij] *n* 1. sakristija (also **sacristy**) 2. (Anglican church) parohijski skup 3. parohijska uprava

vet I [vet] 1. see **veterinarian** 2. see **veteran I**

vet II *v tr* (Br.; colloq.) kritički pregledati

vetch [več] *n* (bot.) grahorica

vetch·ling [~liñg] *n* (bot.) zmijočica

vet·er·an I ['vetərən] *n* veteran (stari vojnik, radnik); bivši ratnik

veteran II *a* stari, isluženi

Veterans' Administration (Am.) Uprava za socijalnu zaštitu bivših ratnika

Veterans' Day (Am.) Dan bivših ratnika

vet·er·i·nar·i·an [vetərə'nejrijən] *n* veterinar

vet·er·i·nar·y I ['vetərənerij]; [*tr*]; [ə] *n* see **veterinarian**

veterinary II *a* veterinarski

veterinary medicine veterina, nauka o bolestima životinja; *a school of* ~ veterinarski fakultet

veterinary surgeon see **veterinarian**

ve·to I ['vijtou] (*-es*) *n* veto; *to override (sustain, use) a* ~ nadglasati (podržati, staviti) veto

veto II *v tr* staviti (uložiti) veto (na); *to* ~ *a bill* staviti veto na nacrt zakona

vex [veks] *v tr* 1. uznemiriti, nasekirati; dosaditi 2. pretresti (problem)

vex·a·tion ['ejšən] *n* uznemirenje, sekiracija

vex·a·tious [~šəs] *a* dosadan

vexed [vekst] *a* 1. uznemiren 2. (esp. Br.) sporan

vi·a ['vijə], [*aj*] *prep* preko; ~ *Chicago* preko Čikaga

vi·a·bil·i·ty [vajə'bilətij] *n* sposobnost za život

vi·a·ble ['vajəbəl] *a* sposoban za život

vi·a·duct ['vajədəkt] *n* vijadukt

vi·al ['vajəl] *n* bočica, staklence

vibes [vajbz] *n pl* (colloq.) znakovi, signali

vi·bran·cy ['vajbrənsij] *n* živost

vi·brant I ['vajbrənt] *n* (ling.) zvučni suglasnik

vibrant II *a* 1. vibrantan, koji vibrira, treperav 2. živ; pun života 3. (ling.) zvučan

vi·bra·phone [~rəfoun] *n* vibrafon

vi·brate ['vajbrejt] *v* 1. *tr* učiniti da vibrira, treperi 2. *intr* vibrirati, treperiti

vi·bra·tion [vaj'brejšən] *n* 1. vibracija 2. (in *pl*) see **vibes**

vi·bra·tor ['vajbrejtə(r)] *n* vibrator

vi·bra·to·ry [~rətorij]; [ə] *a* vibracioni

vi·bur·num [vaj'bə(r)nəm] see **laurustine**

vic·ar ['vikə(r)] *n* 1. sveštenik (svećenik) 2. namesnik (namjesnik); zamenik (zamjenik), vikar 3. (Cath.) *Vicar of Christ* papa; ~ *apostolic* titularni episkop; papski zamenik; ~ *general* episkopski namesnik

vic·ar·age [~ridž] *n* 1. sveštenička (svećenička) služba 2. namesništvo (namjesništvo); vikarijat

vi·car·i·ous [vaj'kejrijəs], [*i*] *a* 1. zamenički (zamjenički) 2. koji deluje (djeluje) preko drugog

vic·ar·ship ['vikə(r)šip] *n* sveštenička (svećenička) služba

vic·ar·y [~rij] *n* vikarijat

vice I [vajs] *n* 1. porok 2. razvrat; prostitucija

vice II *a* vice-

vice III Br.; see **vise**

vice admiral viceadmiral

vice consul vicekonzul

vi·cen·ni·al [vi'senijəl] *a* dvadesetogodišnji

vice-pres·i·den·cy [vajs-'prezədensij], [ə] *n* potpredsedništvo (potpredsjedništvo)

vice president potpredsednik (potpredsjednik)

vice-pres·i·den·tial [~prezə'densəl] *a* potpredsednički (potpredsjednički)

vice·roy [~roj] *n* potkralj

vice·roy·al·ty [~əltij] *n* potkraljevstvo

vice squad policijsko odeljenje (odjeljenje) za zaštitu javnog morala

vi·ce ver·sa ['vajsə 've(r)sə] obrnuto, obratno; *first he went to Rome and then to Paris or* ~ on je prvo išao u Rim pa u Pariz, ili obratno

vic·i·nage ['visənidž] see **vicinity**

vic·i·nal [~nəl] *a* susedni (susjedni)

vi·cin·i·ty [vi'sinətij] *n* susedstvo (susjedstvo); blizina; *in the* ~ u blizini

vi·cious ['višəs] *a* 1. poročan, nemoralan; *a* ~ *act* nemoralan čin 2. zloban, pakostan; ~ *gossip* zlobna kleveta 3. pogrešan, nepravilan 4. žestok; *a* ~ *blow* žestok udarac 5. opasan; *a* ~ *animal* opasna životinja

vicious circle začarani krug

vi·cis·si·tude [vi'sisərūd]; [*tj*] *n* promena (promjena); *the* ~*s of fate* promene sudbine

vic·tim ['viktim] *n* žrtva; stradalac, stradalnik; *a* ~ *of circumstances* žrtva okolnosti

vic·tim·ize [~ajz] *v tr* 1. prevariti 2. izmučiti

vic·tim·less [~lis] *a* bez žrtve; *a* ~ *crime* zločin bez žrtve

vic·tor ['viktə(r)] *n* pobednik (pobjednik)

vic·to·ri·a [vik'torijə] *n* viktorijanski fijaker

Victoria Cross (Br.; mil.) Viktorijanski krst (W: križ)

Vic·to·ri·an I [vik'torijən] *n* viktorijanac

Victorian II *a* viktorijanski

Vic·to·ri·an·ism [~izəm] *n* viktorijanstvo

vic·to·ri·ous [vik'torijəs] *n* pobedonosan (pobjedonosan), pobedan (pobjedan)

vic·to·ry ['viktərij] *n* pobeda (pobjeda); *to score a* ~ izvojevati pobedu

vic·tress ['viktris] *n* pobednica (pobjednica)

vict·ual ['vitəl] *n* (usu. in *pl*) hrana

vict·ual·er ['vitlə(r)] *n* 1. snabdevač — snabdjevač (hranom) 2. (Br.) krčmar

vi·cu·na [vaj'kūnjə] *n* vikunja

vid·e·o I ['vidijou] *n* video, televizija

video I *a* video-televizijski; *a* ~ *channel* video-kanal; *a* ~ *recording* video-zapisivanje; *a* ~ *game* video-igra

video cassette recorder video-rekorder

video-tape I *n* videotejp

video-tape II *v tr* zapisati (TV snimak)

vie [vaj] *v intr* otimati se; *to* ~ *for smb.'s favor* otimati se o nekoga

Vi·en·na [vij'enə] *n* Beč

Vi·en·nese I [vijə'nijz] (*pl* has zero) Bečlija

Viennese II *a* bečki

Viet·nam [vjet'naem] *n* Vijetnam

Vi·et·nam·ese I [vjetnə'mijz] *n* 1. (*pl* has zero) Vijetnamac 2. vijetnamski jezik

Vietnamese II *a* vijetnamski
view I [vjū] *n* 1. pogled, vidik; *a beautiful ~ of the sea* lep (lijep) pogled na more; *to block smb.'s ~* zakloniti nekome vidik 2. obzir; *in ~ of smt.* s obzirom na nešto 3. *(point of ~)* gledište; *from my point of ~* s mojeg gledišta 4. (usu. in *pl)* mišljenje, ocena (ocjena); *to exchange ~s* razmeniti (razmijeniti) mišljenja 5. misc.; *to take a dim ~ of smt.* osuđivati nešto
view II *v tr* gledati; *to ~ the future with misgivings* gledati na budućnost sa strepnjom
view-er [~ə(r)] *n* aparat za gledanje dijapozitiva (bez projiciranja)
view finder (photo.) vizir, tražilo
view hal·loo [hə'lū] halo (lovački uzvik, kad se vidi lisica)
view·point ['vjūpojnt] *n* gledište
vi·ges·i·mal [vi'džesəməl] *a* dvadesetni
vig·il ['vidžəl] *n* 1. bdenje (bdijenje); *to keep ~* bdeti (bdjeti) 2. (rel., usu. in *pl)* molitve uoči praznika
vig·i·lance [~əns] *n* budnost, opreznost
vigilance committee odbor za građansku samozaštitu
vig·i·lant [~ənt] *a* budan, oprezan
vig·i·lan·te [vidžə'laentij] *n* član odbora za građansku samozaštitu
vig·i·lant·ism [~tizəm] *n* građanska samozaštita, uzimanje zakona u svoje ruke
vi·gnette [vin'jet] *n* vinjeta
vig·or ['vigə(r)] *n* snaga; energija
vig·or·ous [~rəs] *a* snažan; energičan
vig·our Br.; see **vigor**
vi·king, Vi·king ['vajkiñg] *n* viking
vi·la·yet [vijla'jet] *n* vilajet
vile [vajl] *a* 1. podal, nizak, odvratan 2. loš, gadan; *~ weather* gadno vreme (vrijeme)
vil·i·fi·ca·tion [viləfi'kejšən] *n* klevetanje
vil·i·fy ['viləfaj] *v tr* oklevetati
vil·la ['vilə] *n* 1. letnjikovac (ljetnjikovac) 2. (esp. Br.) vila
vil·lage ['vilidž] *n* selo
vil·lag·er [~ə(r)] *n* stanovnik sela
vil·lain ['vilən] *n* 1. zlikovac; nitkov 2. see **villein** 3. protivnik junaka (u romanu, filmu)
vil·lain·ous [~əs] *a* nitkovski
vil·lain·y [~ij] *n* nitkovstvo
vil·la·nelle [vilə'nel] *n* pesma (pjesma) od 19 stihova
vil·lein ['vilən] *n* (hist.) rob, seljak
Vil·na ['vilnə] see **Vilnius**
Vil·ni·us ['vilnijəs] *n* Vilna
vim [vim] *n* (colloq.) energija
vin·ai·grette [vinə'gret] *n* 1. bočica (sa izbušenim zaklopcem) za miris 2. vrsta preliva
Vin·cent's disease ['vinsənts] see **trench mouth**
vin·cu·lum ['vinkjələm] (*-la* [lə]) *n* 1. (math.) spojna crta (koja se stavlja iznad dvaju ili više brojeva) 2. veza, spona
vind·i·cate ['vindikejt] *v tr* 1. osloboditi (optužbe); *he was ~d* oslobođen je optužbe 2. opravdati; dokazati; *to ~ a claim* dokazati svoje pravo 3. odbraniti (W: obraniti); *to ~ one's honor* odbraniti svoju čast
vin·di·ca·tion [vindi'kejšən] *n* oslobođenje (optužbe)

vin·dic·tive [vin'diktiv] *a* osvetljiv, osvetoljubiv
vine [vajn] *n* (vinova) loza
vine·dress·er [~dresə(r)] *n* vinogradar
vin·e·gar ['vinigə(r)] *n* sirće, ocat
vin·e·ga·ry ['vinigərij] *a* sirćetni
vine·yard ['vinjə(r)d] *n* vinograd
vin·i·cul·ture ['vinikəlčə(r)] *n* vinogradarstvo
vi·nous ['vajnəs] *a* vinski, vinov
vin·tage I ['vintidž] *n* 1. berba grožđa; vinober 2. godina vina 3. (also: ~ *wine)* vino od naročito dobre berbe 4. (colloq.) poreklo (porijeklo)
vintage II *a* 1. odličan, izvrstan 2. staromodan
vin·tag·er [~ə(r)] *n* berač grožđa
vintage year vinorodna godina
vint·ner ['vintnə(r)] *n* vinar, vinarski trgovac
vi·nyl I ['vajnəl] *n* vinil
vinyl II *a* vinilski; *~ plastics (resins)* vinilske plastične mase (smole)
vi·o·la I [vaj'oulə], [ij] *n* (mus.) viola
viola II *n* (bot.) ljubica
vi·o·late ['vajəlejt] *v tr* 1. prekršiti, narušiti; *to ~ a law* prekršiti zakon; *to ~ a contract* narušiti ugovor; *to ~ the peace* narušiti mir i red 2. silovati (see **rape II**) 3. povrediti (povrijediti); *to ~ air space* povrediti vazdušni (W: zračni) prostor
vi·o·la·tion [vajə'lejšən] *n* 1. prekršaj; narušavanje; *to commit a ~* učiniti prekršaj 2. povreda, *a ~ of air space* povreda vazdušnog (W: zračnog) prostora
vi·o·la·tor ['vajəlejtə(r)] *n* prekršitelj
vi·o·lence ['vajələns] *n* 1. nasilje; violencija; *to commit ~* izvršiti nasilje 2. jačina; sila; žestina; *the ~ of a storm* jačina bure 3. oskrnavljenje, obesvećenje; *to do ~ to smt.* oskrnaviti nešto
vi·o·lent [~ənt] *a* 1. nasilan; violentan; *to die a ~ death* umreti (umrijeti) nasilnom smrću 2. jak; žestok; *a ~ attack (rage)* žestok napad (gnev — gnjev) 3. silovit; *a ~ man* silovit čovek (čovjek)
vi·o·let I ['vajəlit] *n* 1. (bot.) ljubičica 2. ljubičasta boja 3. see **shrinking violet**
violet II *a* ljubičast
vi·o·lin [vajə'lin] *n* violina; *to play the ~* svirati violinu
vi·o·lin·ist [~ist] *n* violinista
vi·o·list [vij'oulist] *n* violista
vi·o·lon·cel·list [vijələn'čelist] see **cellist**
vi·o·lon·cel·lo [~lou] see **cello**
VIP [vijaj'pij] abbrev. of *very important person* velika zverka (zvjerka)
vi·per ['vajpər] *n* 1. šarka; zmija otrovnica 2. (fig.) zlobna osoba, guja
vi·per·ous [~rəs] *a* 1. zmijski; otrovan 2. zloban; neveran (nevjeran)
viper's bugloss see **bugloss**
viper's grass (bot.) murava
vi·ra·go [vi'ragou], [ej] (*-s* or *-es)* *n* muškobanja
vi·ral ['vajrəl] *a* virusni
vi·res·cence [vi'resəns] *n* nenormalna zelenost latica kod cveća — cvijeća
vir·gin I ['və(r)džin] *n* 1. nevina devojka (djevojka), devica (djevica) 2. čedan momak 3. see **Virgo**
virgin II *a* 1. devičanski (djevičanski), čedan, nevin 2. nediran; netaknut; *a ~ forest* nesečena

(nesječena) šuma, prašuma; ~ *snow* negažen sneg (snijeg)

vir·gin·al [~əl] *a* devičanski (djevičanski), čedan; (rel.) *(the)* ~ *birth* rođenje od device (djevice)

Vir·gin·ia [və(r)'džinjə] *n* Virdžinija

virginia creeper Br.; see **woodbine**

Vir·gin·ian [~n] *n* stanovnik Virdžinije

Virgin Islands *pl* Devojačka ostrva (W: Djevojački otoci)

vir·gin·i·ty [və(r)'džinətij] *n* čednost

Virgin Mary *(the* ~*)* Devica (Djevica) Marija, Bogorodica

virgin wool nova vuna

Vir·go ['və(r)gou] *n* (astrol.) Deva (Djeva)

vir·gule ['və(r)gjūl] *n* kosa crta (kao znak interpunkcije) (also **slash** I 2)

vir·id ['virid] *a* zelen

vir·ile ['virəl]; [*aj*] *a* virilan, muški

vi·ril·i·ty [və'rilətij] *n* virilnost

vi·rol·o·gist [vi'ralədžist]; [*o*] *n* virolog

vi·rol·o·gy [~džij] *n* virologija

vir·tu·al ['və(r)čūəl] *a* virtualan, virtuelan

virtual image (phys.) virtuelna slika

vir·tu·al·ly [~ij] *adv* praktično

vir·tue ['və(r)čū] *n* 1. vrlina 2. čednost, nevinost; *a woman of easy* ~ laka žena 3. misc.; *by* ~ *of* na osnovu; **to make a* ~ *of necessity* praviti od nužde vrlinu, tražiti da se prizna kao vrlina ono što se učini iz nužde

vir·tu·os·i·ty [və(r)čū'asətij]; [*o*] *n* virtuozitet

vir·tu·o·so [və(r)čū'ousou] (-*s* or -*si* [sij]) *n* virtuoz

vir·tu·ous ['və(r)čūəs] *a* pun vrlina, moralan, čedan

vir·u·lence ['virələns], [*jə*] *n* virulencija

vir·u·lent [~ənt] *a* virulentan

vi·rus ['vajrəs] *n* virus

vi·sa I ['vijzə] *n* viza; *to apply for (issue, receive) a* ~ tražiti (izdati, dobiti) vizu; *to extend a* ~ produžiti vizu; *an entry (exit)* ~ ulazna (izlazna) viza

visa II *v tr* vizirati

vis·age ['vizidž] *n* 1. fizionomija, lice 2. izgled

vis·a·vis [vijz-ə-'vij] 1. *n (pl* has zero) onaj koji je nekome suprotan 2. *adv* nasuprot, vizavi: *to sit* ~ sedeti (sjedjeti) vizavi 3. *prep* nasuprot, vizavi; *to sit* ~ *smb.* sedeti nasuprot nekome

vis·cer·a ['visərə] *n pl* utroba, drob

vis·cer·al [~l] *a* utrobni, drobni, visceralni

vis·cid ['visid] *a* lepljiv (ljepljiv)

vis·cid·i·ty [vi'sidətij] *n* lepljivost (ljepljivost)

vis·com·e·ter [vis'kamətə(r)]; [*o*] *n* viskozimetar

vis·cose ['viskous] *n* viskoza

vis·co·sim·e·ter [viskə'simətə(r)] see **viscometer**

vis·cos·i·ty [vis'kasətij]; [*o*] *n* viskozitet

vis·count ['vajkaunt] *n* vikont

vis·count·cy [~sij] *n* vikontstvo

vis·count·ess [~is] *n* vikontica

vis·cous ['viskəs] *a* viskozan, lepljiv (ljepljiv)

vis·cus [viskəs] *sgn* of **viscera**

vise [vajs] *n* mengele

vis·i·bil·i·ty [vizə'bilətij] *n* vidljivost

vis·i·ble ['vizəbəl] *a* vidljiv

vi·sion ['vižən] *n* 1. vid, moć vida; *a field of* ~ vidno polje 2. vizija; *to have a* ~ *of smt.* stvoriti nešto u mašti

vi·sion·ar·y [~*er*ij]; [*r*] *n* vizionar

visionary II *a* vizionaran

vis·it ['vizit] *n* poseta (posjet); vizita; *to make (return) a* ~ učiniti (uzvratiti) posetu; *a* ~ *to the front* poseta frontu

visit II *v.* 1. *tr* posetiti (posjetiti); obići; *to* ~ *smb.* posetiti nekoga 2. *tr* kazniti 3. *tr* napasti; *famine* ~*ed the village* glad je nastala u selu 4. *intr* biti u gostima; *to* ~ *with smb.* biti u gostima kod nekoga

vis·i·tant [~ənt] *n* 1. see **visitor** 2. avet, sablast (see **specter**) 3. ptica selica

vis·i·ta·tion [vizə'tejšən] *n* 1. see **visit** I 2. obilaženje, vizitacija; nadzor, inspekcija; *the* ~ *of a diocese by a bishop* episkopovo obilaženje episkopije 3. božja kazna 4. nesreća 5. (Cath.) poseta deve (posjet djeve) Marije (Jelizaveti)

vis·i·ta·to·ri·al [vizətə'torijəl] *a* posetnički (posjetnički); nadzornički

visiting card (Br.) vizitkarta, posetnica (posjetnica) (see also **calling card**)

visiting hours vreme posete (vrijeme posjeta)

visiting nurse patronažna sestra (also **public-health nurse, community-health nurse**)

visiting-nurse service patronažna služba (also **community-health nursing, public-health nursing**)

visiting professor profesor koji gostuje

visiting team (sports) gosti (cf. **home team**)

vis·i·tor [~ə(r)] *n* posetilac (posjetilac); gost

vi·sor ['vajzə(r)] *n* 1. vizir 2. obod, štitnik

vis·ta ['vistə] *n* 1. vidik, pogled 2. niz uspomena 3. perspektiva

vis·u·al ['vižūəl] *a* vizuelan, vidni; ~ *contact* vidni kontakt

visual aid vizuelno (očigledno) nastavno sredstvo

Visual display terminal (unit) (C.) jedinica vizuelnog prikaza

vis·u·al·ize [~ajz] *v tr* predstaviti sebi

vi·tal ['vajtəl] *a* 1. životni, vitalan; *the* ~ *force (spark)* životna snaga (iskra) 2. bitan, vitalan; ~ *principles* vitalni principi

vi·tal·i·ty [vaj'taelətij] *n* životna snaga, vitalitet

vi·tal·ize ['vajtəlajz] *v tr* oživiti

vital statistics *pl* 1. statistika o rađanju, umiranju i braku 2. (colloq.) obim grudi, struka i bokova (kod žene)

vi·ta·min ['vajtəmin] *n* vitamin; *to take* ~*s* uzimati vitamine

vi·ti·ate ['višijejt] *v tr* 1. izopačiti, upropastiti 2. poništiti

vit·i·cul·ture ['vitikəlčə(r)], [*aj*] *n* vinogradarstvo

vit·re·ous ['vitrijəs] *a* staklen; staklast

vitreous body staklasto telo (tijelo)

vitreous humor staklasta supstanca (u oku)

vi·tres·cence [vi'tresəns] *n* 1. pretvorenje u staklo 2. pretvorljivost u staklo

vi·tres·cent [~ənt] *a* pretvorljiv u staklo

vit·ri·ol ['vitrijoul] *n* 1. (chem.) vitriol 2. (fig.) jetkost, zajedljivost

vit·ri·ol·ic [vitrij'alik]; [*o*] *a* 1. (chem.) vitriolni 2. (fig.) jedak, zajedljiv

vit·tle not standard; see **victual**

vi·tu·per·ate [vaj'ṫūpərejt]; [*tj*] *v tr* prekoriti, izgrditi vi·tu·per·a·tion [vaj*t*ūpə'rejšən]; [*tj*] *n* prekoravanje, grđenje

vi·tu·per·a·tive [vaj'*t*ūpərətiv]; [*tj*] *a* pogrdan, sklon grdnji

vi·va ['vijva] *interj* živeo (živio)!

vi·va·cious [vi'vejšəs] *a* živahan, čio

vi·vac·i·ty [viv'aesətij] *n* živahnost, čilost

vi·var·i·um [vaj'vejrijəm] (-*s* or -*ia* [ijə]) *n* vivarij, zverinjak (zvjerinjak)

viv·id ['vivid] *a* jasan; snažan; živ; živopisan; *a ~ impression* jasan utisak; *a ~ imagination* snažna (bujna) mašta; *a ~ description* živ (slikovit) opis; *a ~ sensation* jak osećaj (osjećaj)

vi·vip·a·rous [vaj'vipərəs] *a* živorodan, viviparan (cf. **oviparous**)

viv·i·sect ['vivəsekt] *v tr* vivisecirati

viv·i·sec·tion [vivə'sekšən] *n* vivisekcija

vix·en ['viksən] *n* 1. lisica 2. svađalica, zlobna žena

vi·zier [vi'zij(r)] *n* vezir

vi·zier·ate [~rit], [*ej*] *n* vezirat, vezirstvo

vi·zier·ship [~šip] see **vizierate**

vi·zor see **visor**

V-J Day [vi-'džej] Dan pobede — pobjede (nad Japanom)

V-neck *n* izrez u obliku slova *v*

V-necked *a* s izrezom *v*

vo·ca·ble ['voukəbəl] *n* reč (riječ), skup zvukova i slova

vo·cab·u·lar·y [vou'kaebjələrij]; [ə] *n* leksikon, rečnik (rječnik)

vo·cal I ['voukəl] *n* 1. (ling.) samoglasnik 2. vokalna muzika, muzika za pevanje (pjevanje)

vocal II *a* 1. glasni; vokalni; ~ *music* vokalna muzika 2. bučan, koji daje sebi oduške govorom

vocal cords *pl* glasnice, glasne žice

vo·cal·ic [vou'kaelik] *a* vokalan; (ling.) ~ *r* vokalno *r*

vo·cal·ism ['voukəlizəm] *n* vokalizam

vo·cal·ist [~ist] *n* pevač (pjevač)

vo·cal·i·za·tion [voukələ'zejšən]; [*aj*] *n* vokalizacija

vo·cal·ize [~ajz] *v tr* vokalizirati

vo·ca·tion [vou'kejšən] *n* 1. zanimanje, profesija, zanat 2. (fig.) poziv

vo·ca·tion·al [~əl] *a* zanatski, stručni; *a ~ school* srednja stručna škola

vocational guidance profesionalna orijentacija

voc·a·tive I ['vakətiv]; [o] *n* vokativ

vocative II *a* vokativni, vokativski

vo·cif·er·ate [vou'sifərejt] *v tr* and *intr* vikati

vo·cif·er·ous [~rəs] *a* bučan, drekav

vod·ka ['vadkə]; [o] *n* vodka

vogue [voug] *n* moda; *to be in* ~ biti u modi

voice I [vojs] *n* 1. glas; *a harsh (strong)* ~ neprijatan i odsečan — odsječan (snažan) glas; *the human* ~ ljudski glas; *to lower (raise) one's* ~ sniziti (podići) glas; *to lose one's* ~ izgubiti glas; (fig.) *with one* ~ jednoglasno 2. (mus.) glas; *to have a good* ~ imati dobar glas; *to study* ~ studirati pevanje (pjevanje) 3. (gram.) stanje; *the active (passive)* ~ radno (trpno) stanje

voice II *v tr* izraziti; *to ~ an opinion* izraziti mišljenje

voice box see **larynx**

voiced [vojst] *a* (ling.) zvučan; ~ *consonants* zvučni suglasnici

voice·less [~lis] see **unvoiced**

voice recorder crna kutija (koja registruje razgovor u pilotskoj kabini)

void I [vojd] *n* praznina; *to fill a* ~ popuniti prazninu

void II *a* 1. prazan 2. nevažeći; *a ~ contract* nevažeći ugovor

void III *v tr* 1. isprazniti 2. učiniti nevažećim; poništiti

Vo·la·pük [voulə'pük] *n* volapik (veštački — vještački jezik)

vol·a·tile ['valətil]; [o] *a* 1. isparljiv, pretvorljiv u paru 2. nestalan, promenljiv (promjenljiv)

vol·a·til·i·ty [valə'tilətij]; [o] *n* 1. isparljivost 2. nestalnost

vol·a·til·ize ['valətəlajz]; [o] *v* 1. *tr* ispariti 2. *intr* ispariti se

vol·can·ic [val'kaenik]; [o] *a* vulkanski

volcanic ash vulkanski pepeo

volcanic eruption vulkanska erupcija

volcanic glass vulkansko staklo

volcanic rock vulkanska stena (stijena)

vol·can·ism ['valkənizəm]; [o] *n* vulkanizam

vol·can·ize [ajz] *v tr* vulkanizirati

vol·ca·no [val'kejnou]; [o] (-*s* or -*es*) *n* vulkan; *an extinct (live)* ~ ugašeni (živi) vulkan; *the* ~ *has become active* vulkan je proradio; *the* ~ *erupted* došlo je do erupcije vulkana

vol·can·ol·o·gy [valkə'nalədžij]; [o]; [o] *n* vulkanologija

vole [voul] *n* (zool.) voluharica

Vol·ga ['valgə]; [o] *n* Volga

Vol·go·grad [~graed] *n* Volgograd

vol·i·tant ['valətənt]; [o] *a* leteći

vo·li·tion [və'lišən] *n* 1. odlučivanje 2. volja; upotreba volje

vol·ley I ['valij]; [o] *n* 1. plotun; *to fire a* ~ ispaliti plotun 2. (fig.) bujica; *a ~ of oaths* bujica psovki 3. (sports) volej 4. (tennis) serija udaraca

volley II *v tr* (sports) zahvatiti (loptu) volejom

vol·ley·ball I [~bol] *n* odbojka

volleyball II *a* odbojkaški; *a ~ game* odbojkaška utakmica

volleyball player odbojkaš

vol·plane I ['valplejn]; [o] *n* planiranje

volplane II *v intr* planirati

volt I [voult] *n* (elec.) volt

volt II *n* jahanje ukrug

volt·age [~idž] *n* voltaža, napon; *to step the* ~ *up (down)* preobratiti u struju visokog (niskog) napona; *high (low)* ~ struja visokog (niskog) napona

voltage divider delitelj (djelitelj) napona

vol·ta·ic [val'tejik]; [o] *a* galvanski

voltaic battery galvanska bater

voltaic cell galvanska ćelija

volt·am·pere [voult-'aempij(r)] *n* voltamper

44*

volte see **volt** II
volt·me·ter [~mijtə(r)] *n* voltmetar
vol·u·bil·i·ty [valjə'bilətij]; [*o*] *n* govorljivost
vol·u·ble ['valjəbəl]; [*o*] *a* govorljiv
vol·ume ['valjəm]; [*o*], [*ū*] *n* 1. knjiga, tom; sveska; *in three* ~s u tri toma; *the library has around 100,000* ~s biblioteka ima oko 100.000 svezaka (jedinica) 2. godište (svi brojevi nekog časopisa u toku jedne godine) 3. svitak (see **scroll**) 4. zapremina; obim 5. jačina (zvuka), tonska jačina
vol·u·met·ric [valjə'metrik]; [*o*] *a* volumetrijski
volumetric analysis volumetrijska analiza
vo·lu·mi·nous [və'lūmənəs] *a* obiman, voluminozan, opsežan
vol·un·ta·rism ['valəntərizəm]; [*o*] *n* 1. (phil.) voluntarizam 2. dobrovoljni prilozi, dobrovoljna pomoć 3. see **volunteerism**
vol·un·tar·y ['valəntərij]; [*o*]; [*tr*] *a* dobrovoljan; *a* ~ *confession* dobrovoljna ispovest (ispovijest); ~ *contributions* dobrovoljni prilozi; *a* ~ *agency* (humanitarna) organizacija u kojoj rade i dobrovoljci
vol·un·tar·y·ism [~izəm] *n* oslanjanje na dobrovoljnu akciju
vol·un·teer I [valən'tij(r)]; [*o*] *n* dobrovoljac
volunteer II *a* dobrovoljan, dobrovoljački; *a* ~ *army* dobrovoljačka armija; *a* ~ *detachment* dobrovoljački odred; *a* ~ *worker* dobrovoljan radnik
volunteer III *v* 1. *tr* dobrovoljno ponuditi 2. *intr* dobrovoljno se javiti
volunteer fire company dobrovoljna vatrogasna družina
vol·un·teer·ism [~rizm] *n* dobrovoljan besplatan rad
vo·lup·tu·ar·y [və'ləpčūerij]; [*ə*] *n* senzualac
vo·lup·tu·ous [və'ləpčūəs] *a* voluptuozan, pohotan
vo·lup·tu·ous·ness [~nis] *n* voluptuoznost, pohotljivost
vo·lute [və'lūt] *n* zavojit ukras
vo·lut·ed [~id] *a* zavojit
vo·lu·tion [və'lūšən] *n* spirala, zavojak
vom·i·ca ['vamikə]; [*o*] *n* izbacivanje gnoja kašljem
vom·it I ['vamit]; [*o*] *n* 1. povraćanje, bljuvanje 2. izbljuvak
vomit II *v* 1. *tr* izbljuvati, povratiti 2. *intr* bljuvati, povraćati
vomiting gas bojni otrov koji tera (tjera) na povraćanje
vom·i·tive [~iv] see **emetic** I, II
vom·i·to·ry [~orij]; [*ə*] see **emetic** I, II
vom·i·tus [~əs] *n* izbljuvak
voo·doo ['vūdū] *n* crnačka mađija, vudu; čarolije; *to practice* ~ baviti se čarolijama
voo·doo·ism [~izəm] *n* vuduizam
vo·ra·cious [və'rejšəs] *a* proždrljiv, halapljiv
vo·rac·i·ty [və'raesətij] *n* proždrljivost, halapljivost
vor·tex ['vo(r)teks] *n* (*-es* or *-tises* [təsijz]) *n* vrtlog; *the* ~ *of events* vrtlog događaja (see also **whirlpool**)
vor·ti·cal ['vo(r)tikəl] *a* vrtložan
vo·ta·ry ['voutərij] *n* 1. kaluđer 2. onaj koji se posvetio nečemu; posvećenik

vote I [vout] *n* 1. glas; *to cast a* ~ *for smb.* glasati za nekoga 2. glasanje; *a secret* ~ tajno glasanje; *to put smt. to a* ~ staviti nešto na glasanje; *a unanimous* ~ jednoglasno glasanje; *a* ~ *of confidence (no-confidence)* glasanje o poverenju — povjerenju (nepoverenju — nepovjerenju) 3. *(the* ~*)* biračko pravo
vote II *v* 1. *tr* (glasanjem) odobriti, izglasati; *to* ~ *funds for smt.* odobriti novac za nešto 2. *intr* glasati; *to* ~ *for smb.* glasati za nekoga; *to* ~ *Democratic* glasati za članove demokratske partije; *to* ~ *on smt.* staviti nešto na glasanje 3. misc.; *to* ~ *smb. in (into office)* izabrati nekoga; *to* ~ *down* nadglasati; *to* ~ *out (of office)* oboriti glasanjem, pobediti (pobijediti) na izborima
vote get·ter ['getə(r)] (pol., colloq.) političar za kojeg glasaju mnogi birači
vot·er [~ə(r)] *n* birač, glasač
vot·ing [~iŋ] *n* glasanje; *block* ~ glasanje u bloku
voting machine glasačka mašina (W also: glasački stroj)
voting registration list birački spisak
vo·tive ['voutiv] *a* zavetni (zavjetni); (Cath.) *a* ~ *Mass* izvanredna misa
vouch [vauč] *v* *intr* jemčiti (W: jamčiti); *to* ~ *for smb.* jemčiti za nekoga
vouch·er [~ə(r)] *n* 1. jemac (W: jamac) 2. pismeni dokaz 3. nalog za isplatu
vouch·safe [~'sejf] *v* *tr* udostojiti
vow I [vau] *n* zavet (zavjet); *to break a* ~ prekršiti zavet; *to fulfill a* ~ ispuniti zavet; *a* ~ *of celibacy* zavet na bezbračnost; *marriage* ~s bračni zaveti
vow II *v* *tr* obećati
vow·el ['vauəl] *n* samoglasnik, vokal; *a back (front)* ~ samoglasnik zadnjeg (prednjeg) reda; *a closed (long, nasal, open, reduced, short, stressed, unstressed)* ~ zatvoreni (dugi, nosni, otvoreni, reducirani, kratki, naglašeni, nenaglašeni) samoglasnik
voy·age ['vojidž] *n* putovanje
vo·yeur [vwa'jə(r)] *n* voajer (also **peeping Tom**)
vo·yeur·ism [~rizəm] *n* voajerizam
V-sign (esp. WW II) podignuti rašireni kažiprst i srednji prst stisnute šake u obliku slova *v* (=*victory*)
Vul·can ['vəlkən] *n* (myth.) Vulkan
vul·can·ism see **volcanism**
vul·can·i·za·tion [vəlkənə'zejšən]; [*aj*] *n* vulkanizacija
vul·can·ize ['vəlkənajz] *v* *tr* vulkanizirati
vul·can·iz·er [~ə(r)] *n* vulkanizer
vul·gar ['vəlgə(r)] *a* 1. vulgaran 2. prost, narodski
vulgar fraction obični razlomak
vul·gar·ism [~rizəm] *n* vulgarizam
vul·gar·i·ty [vəl'gaerətij] *n* vulgarnost
vul·gar·i·za·tion [vəlgərə'zejšən]; [*aj*] *n* vulgarizacija
vul·gar·ize ['vəlgərajz] *v* *tr* vulgarizovati
vul·gar·iz·er [~ə(r)] *n* vulgarizator
Vulgar Latin vulgarnolatinski jezik
vul·gate ['vəlgejt] *n* 1. (cap.) Vulgata 2. narodni jezik

vul·ner·a·bil·i·ty [vəlnərə'bilətij] *n* ranjivost
vul·ner·a·ble ['vəlnərəbəl] *a* ranjiv; izložen, podložan; *to be* ~ *to smt.* biti podložan nečemu
vul·pine ['vəlpajn] *a* 1. lisičji 2. (fig.) lukav, prepreden
vul·ture ['vəlčə(r)] *n* 1. strvinar, lešinar 2. (fig.) grabljivac

vul·tur·ine [~rajn], [*i*] *a* 1. poput strvinara 2. grabljiv
vul·va ['vəlvə] (*-ae* [ij]) *n* stidnica
vul·var [~(r)] *a* stidnični
vul·vi·tis [vel'vajtis] *n* zapaljenje (W: upala) stidnice
vy·ing ['vajiŋ] *a* koji se takmiči, otima (see **vie**)

W

w ['dəbəljū] *n* w (slovo engleske azbuke)
WAC [waek] *n* (Am., mil.) članica ženske pomoćne službe KoV (kopnene vojske)
wack·y ['waekij] *a* (slang) šašav, ćaknut
wad [wad]; [o] *n* 1. vata 2. punjenje, čep 3. (colloq.) svežanj novčanica
wad·ding [∼iñg] *n* punjenje
wad·dle I ['wadəl]; [o] *n* geganje
waddle II *v intr* gegati (se); *ducks* ∼ patke se gegaju
wade [wejd] *v* 1. *tr* pregaziti; *to* ∼ *a river* pregaziti reku (rijeku) 2. *intr* gaziti; gacati; *to* ∼ *across a river* gaziti kroz reku; *to* ∼ *through water* gacati po vodi 3. misc.; *to* ∼ *into smb.* napasti nekoga; *to* ∼ *into a job* prionuti na posao; *to* ∼ *through a report* pročitati (dug) izveštaj — izvještaj
wad·er [∼ə(r)] *n* 1. gazilac 2. barska ptica
wa·di, wa·dy ['wadij] *n* 1. suvo (suho) rečno (rječno) korito koje se puni samo za vreme (vrijeme) sezonskih kiša 2. oaza
wading bird ptica močvarica
wading pool bazen za malu decu (djecu)
wa·fer ['wejfə(r)] *n* 1. oblanda 2. (tech.) podmetač
wafer ash (bot.) jesenjak
waf·fle I ['wafəl]; [o] *n* vafla (vrsta izbrazdane palačinke)
waffle II *n* (Br.; slang) blebetanje
waffle III *v intr* (Br.; slang) blebetati
waffle iron spravica za pečenje vafla (izbrazdanih palačinki)
waft [waft], [ae] *v* 1. *tr* nositi (u vazduhu — W: zraku, vodi) 2. *intr* lebdeti (lebdjeti)
wag I [waeg] *n* mahanje, njihanje
wag II *v* 1. *tr* mahati; *the dog is* ∼*ging its tail* pas maše repom 2. *intr* klatiti se, njihati se 3. *intr* gegati se 4. misc.; *their tongues were* ∼*ging* pričali su
wag III *n* šaljivac, nestaško
wage I [wejdž] *n* (often in *pl!*) nadnica, plata (fizička radnika); *monthly* ∼*s* mesečna (mjesečna) plata; *to draw* ∼*s* primati platu; *the* ∼*s of sin* plata za greh (grijeh)
wage II *v tr* voditi; *to* ∼ *war* voditi rat
wage earner osoba koja radi za nadnicu
wage freeze privremena zabrana povišavanja nadnica
wa·ger I ['wejdžə(r)] *n* opklada; *to lay a* ∼ položiti opkladu (see also bet I)
wager II *v tr* and *intr* opkladiti se (see also bet II)

wages see wage I
wage scale pravilnik o raspodeli (raspodjeli) ličnih dohodaka
wages freeze Br.; see wage freeze
wag·gish ['waegiš] *a* šaljiv
wag·gon Br.; see wagon
wag·on ['waegən] *n* 1. kola; *horse and* ∼ konjska kola 2. see station wagon 3. kolica 4. misc.; *on the* ∼ koji se uzdržava od alkohola; *off the* ∼ koji se više ne uzdržava od alkohola
wag·tail ['waegtejl] *n* (zool.) pastirica
waif [wejf] *n* napušteno dete (dijete), siroče
wail I [wejl] *n* 1. cviljenje 2. zavijanje; *the* ∼ *of a siren* zavijanje sirene
wail II *v intr* 1. cvileti (cviljeti) 2. zavijati
wail·ful [∼fəl] *a* koji cvili; žalostan, tužan
Wailing Wall Zid plača (W: naricanja) (see also Western Wall)
wain·scot I ['wejnskət], [a] *n* drvena zidna obloga, oplata
wainscot II *v tr* obložiti
wain·wright [∼rajt] *n* kolar
waist [wejst] *n* struk, pojas; *around the* ∼ oko struka; *to have a slim* ∼ biti tankog struka; *the water was up to his* ∼ voda mu je bila do pojasa
waist·band [∼baend] *n* opasač
waist·coat [∼kout] Br.; see vest I 1
waist·line [∼lajn] *n* struk
wait I [wejt] *n* čekanje; *to lie in* ∼ vrebati
wait II *v* 1. *tr* čekati; *to* ∼ *one's turn* čekati na red 2. *intr* čekati; *they are* ∼*ing for a bus* čekaju (na) autobus; *I'll* ∼ *until he comes* čekaću dok ne dođe; *to keep smb.* ∼*ing* ostaviti nekoga da čeka; *we are* ∼*ing for our new car to be delivered* čekamo na isporuku našeg novog automobila; *he was* ∼*ing for the train to arrive* čekao je da voz (W: vlak) dođe 3. misc.; *to* ∼ *upon a table* see wait on 2; *to* ∼ *up* ne spavati, bdeti (bdjeti)
wait·er [∼ə(r)] *n* kelner, konobar
wait·ing [∼iñg] *n* čekanje
waiting list lista čekanja
waiting room čekaonica
wait on *v* 1. dvoriti; *to wait on smb. hand and foot* držati nekoga kao malo vode na dlanu 2. služiti; *to wait on a table* služiti oko stola (za stolom), posluživati goste za stolom u restoranu 3. (reg.) čekati; *to wait on smb.* čekati nekoga
wait·ress [∼ris] *n* konobarica, kelnerica

wait up v see **wait** II 3
waive [wejv] v tr odustati (od), odreći se; to ~ a claim odustati od zahteva (zahtjeva); to ~ all rights odreći se svih prava
waiv·er [~ə(r)] n odustajanje, odricanje; to sign a ~ potpisati ispravu o odustajanju
wake I [wejk] n 1. čuvanje mrtvaca, bdenje (bdijenje) 2. (Br.) crkvena slava 3. nespavanje, java
wake II **woke** [wouk]; **-d** or **woken** ['wouken] v 1. tr (often: to ~ up) probuditi; he woke the soldiers up or: he woke up the soldiers or: he woke the soldiers probudio je vojnike 2. tr see **arouse** 2 3. intr (usu.: to ~ up) probuditi se; he woke up at seven o'clock probudio se u sedam sati (see also **awake** II, **awaken**, **waken**)
wake III n 1. brazda (broda) 2. (fig.) trag; to follow in smb.'s ~ ići nečijim tragom; the flood left misery in its ~ poplava je ostavila bedu (bijedu) za sobom
wake·ful [~fəl] a budan, bez sna
Wake Island ostrvo (W: otok) Vejk
wak·en [~ən] v 1. tr probuditi; he was ~ed by the noise probudila ga je buka 2. intr probuditi se (see also **awake** II, **awaken**, **wake** II)
wake up v see **wake** II 1, 3
waking hours budno vreme (vrijeme)
wale [wejl] n 1. see **welt** I 1 2. tkivo 3. porub (tkanine)
Wales [~z] n Vels
walk I [wok] n 1. šetnja; to go for a ~ ići u šetnju; to take smb. for a ~ povesti nekoga u šetnju 2. hod 3. šetalište, staza 4. (sports) hodanje 5. misc.; a ~ of life krug društva
walk II v tr ići, šetati (se); to ~ the streets ići ulicama 2. tr voditi, šetati; to ~ a dog voditi (šetati) psa 3. tr pustiti da ide korakom; to ~ a horse pustiti konja da ide korakom 4. intr šetati (se); to ~ through a park šetati po parku 5. misc.; *to ~ away from an accident preživeti (preživjeti) nesreću; to ~ off with the silverware ukrasti srebrno posuđe; *to ~ on air biti kao na devetom nebu; *to ~ the plank see **plank** I
walk around v šetati se unaokolo
walk·a·way [~əwej] see **walkover**
walk·er [~ə(r)] n 1. pešak (pješak), hodac, šetač 2. (sports) takmičar u hodanju 3. dubak (naprava u kojoj neko — netko stoji i uči da hoda)
walk·ie-talk·ie ['wokij-'tokij] n prenosni radio-telefon, voki-toki
walk-in [~-in] a u koji se može ući; a ~ closet veliki plakar u koji osoba može da uđe
walk·ing [~iŋg] n 1. šetanje 2. vođenje; ~ a dog vođenje psa 3. (sports) hodanje
walking papers pl (colloq.) otpusnica, otpuštanje iz službe
walking stick štap za šetnju
walk-on [~-an]; [o] n (colloq.) epizodna uloga
walk out v 1. stupiti u štrajk 2. napustiti; to walk out of a meeting napustiti sednicu (sjednicu) 3. napustiti, ostaviti (na cedilu — cjedilu); to walk out on one's wife napustiti ženu
walk·out [~aut] n 1. štrajk 2. cdlazak; napuštanje

walk over v 1. rđavo postupati; to walk over smb. rđavo postupati s nekim 2. lako pobediti (pobijediti)
walk·o·ver [~ouvə(r)] n (colloq.) laka pobeda (pobjeda)
walk-up [~əp] n (colloq.) zgrada bez lifta
walk·way [~wej] n hodnik
Wal·kyr·ie see **Valkyrie**
wall I [wol] n zid; against the ~ uza zid; the picture hangs on the ~ slika visi na zidu; an inner (supporting) ~ unutrašnji (potporni) zid; *a ~ of silence zid ćutanja (W: šutnje): *to drive to the ~ doterati (dotjerati) do zida; *to knock one's head against the ~ udariti glavom o zid; *to be up against a brick ~ ne moći dalje; *to see the handwriting on the ~ predvideti (predvidjeti) nešto loše u bliskoj budućnosti, znati koliko ima sati
wall II a zidni; a ~ clock zidni časovnik; a ~ plug zidni utikač; a ~ chart zidna slika; a ~ safe uzidani sef; a ~ socket štek-kontakt, fasung
wall III v tr 1. (also: to ~ off) ograditi zidom 2. (to ~ up) to ~ up a door zazidati vrata
Wal·la·chia [wa'lejkijə] n Vlaška
wall·board [~bo(r)d] n suv (suh) malter
wall bracket zidni držač
wall creeper (bird) zidni puzavac, zidarica
wal·let ['walit]; [o] n novčanik, buđelar
wall·eye ['wolaj] n 1. čakarasto oko 2. see **leucoma** 3. see **strabismus**
wall·eyed [~d] a 1. čakarast 2. razrok 3. buljook
wall·flow·er [~flauə(r)] n 1. (bot.) šeboj 2. (colloq.) devojka (djevojka) koju niko (nitko) ne traži za ples
wall off v see **wall** III 1
Wal·loon I [wa'lūn] n 1. Valonac 2. valonski jezik **Walloon** II a valonski
wal·lop I ['waləp]; [o] n 1. udarac 2. (colloq.) snaga; to pack a ~ biti snažan
wallop II v 1. tr udariti; istući 2. intr see **waddle** II 3. intr ključati, kipeti (kipjeti)
wal·lop·ing [~iŋg] n batinanje
wal·low ['walou]; [o] v intr 1. valjati se; to ~ in mud valjati se u blatu 2. (fig.) plivati, živeti (živjeti); to ~ in pleasure plivati u zadovoljstvu; to ~ in riches (luxury) živeti u izobilju (raskoši)
wall painting freska
wall·pa·per I ['wolpejpə(r)] n zidne tapete
wallpaper II v tr tapecirati
Wall Street Vol strit (glavno finansijsko — financijsko središte SAD)
wall-to-wall [~tə-'~] a preko cele (cijele) sobe: ~ carpeting see **carpet** I 1
wall up v see **wall** III 2
wal·nut ['wolnət] n orah
walnut square (cul.) kuglica od oraha
Wal·pur·gis night [val'pū(r)gis] Valpurgijska noć, subota veštica (vještica)
wal·rus ['wolrəs], [a] (pl has **-es** or zero) n morž
walrus mustache gusti brci
waltz I [wols], [ts] n valcer
waltz II v intr 1. igrati (plesati) valcer 2. misc.; to ~ through smt. obaviti nešto bez teškoća

wam·pum ['wompǝm], [a] *n* nanizane probušene školjke (upotrebljavane kod Indijanaca kao novac)

wan [wɑn]; [o] *a* bled (blijed)

wand [~d] *n* štap, palica; *a magic* ~ čarobni štapić; *to wave a* ~ mahati štapom

wan·der [~ǝ(r)] *v* 1. *tr* lutati; *to* ~ *the fields* lutati poljima 2. *intr* lutati, skitati se 3. *intr* udaljiti se; *to* ~ *from a subject* udaljiti se od predmeta

wander around *v* lutati, skitati se; *to wander around the streets* lutati (skitati se) ulicama

wan·der·er [~rǝ(r)] *n* lutalica, skitnica

wan·der·ing [~rin͞g] *a* lutajući

wandering Jew (bot.) vrsta puzavice

wan·der·lust [~lǝst] *n* (German) želja za putovanjem

wane I [wejn] *n* opadanje, izmak; *on the* ~ na izmaku

wane II *v intr* 1. opasti; *his strength is* ~*ing* snaga mu opada 2. jesti se; *the moon is* ~*ing* Mesec (Mjesec) se jede (cf. **wax IV** 2)

wan·gle ['waen͞ggǝl] *v tr* izmamiti; *to* ~ *money from smb.* izmamiti nekome novac

wan·i·gan ['wanǝgǝn]; [o] *n* (Am.) ormar na šumskom radilištu

want I [wont], [a] *n* 1. nedostatak; oskudica; *to live in* ~ živeti (živjeti) u oskudici 2. potreba; *to satisfy smb.'s* ~*s* zadovoljiti nečije potrebe

want II *v* 1. *tr* hteti (htjeti), želeti (željeti); *do you* ~ *tea?* hoćete li čaj? *he* ~*ed to tell me smt.* hteo je nešto da mi kaže; *he* ~*s you to buy him a ticket* on hoće da mu kupite kartu 2. *intr* imati potrebu; *he does not* ~ *for money* novac mu nije potreban 3. *misc.*; (colloq.) *he* ~*s out* hoće da se povuče (da izađe)

want ad mali oglas

wanted circular poternica (potjernica); *to send out (issue) a* ~ *for smb.* raspisati poternicu za nekim

want·ing [~in͞g] *a* 1. nedovoljan; *he was found* ~ podbacio je 2. odsutan

wan·ton [~ǝn] *a* 1. nemoralan, razvratan 2. okrutan, nemilostiv, nečovečan (nečovječan); ~ *cruelty* nečovečna svirepost 3. rasipan; razuzdan; ~ *spending* rasipno trošenje

war I [wo(r)] *n* rat; *a civil (cold, world)* ~ građanski (hladni, svetski — svjetski) rat; *a* ~ *of attrition (extermination, nerves)* rat iscrpljivanja (do istrebljenja, nerava); *to declare (wage)* ~ objaviti (voditi) rat; *to go off to* ~ otići u rat; *to be at* ~ biti u ratu; *to step up (escalate) a* ~ pojačati rat; *to risk* ~ rizikovati rat; *a* ~ *of liberation* rat za oslobođenje

war II *a* ratni; ratnički; ~ *reparations* ratna odšteta; ~ *trophies* ratni trofeji; ~ *paint* ratnička boja; *a* ~ *bride* ratna nevesta (nevjesta)

war III *v intr* ratovati

war baby dete (dijete) rođeno za vreme (vrijeme) rata

War Between the States see **Civil War**

war·ble I ['wa(r)bǝl] *n* treperenje (glasom)

warble II *v* 1. *tr* pevati (pjevati) sa treperenjem glasa 2. *intr* treperiti (o glasu, zvuku) 2. *intr* ćurlikati; *the lark* ~*s* ševa ćurliče

warble fly štrkalj, obad

war·bler [~lǝ(r)] *n* (bird) crnoglavka

war bonnet ratna kapa (američkih Indijanaca)

war clouds ratna opasnost

war correspondent ratni dopisnik

war crime ratni zločin; *to commit a* ~ izvršiti ratni zločin

war criminal ratni zločinac

war cry ratni poklič, ubojni krik

ward I [wo(r)d] *n* 1. gradska izborna jedinica; kvart 2. odeljenje — odjeljenje — W: odjel (u bolnici, zatvoru); bolnička dvorana 3. (legal) štićenik; *a* ~ *of the court* štićenik suda 4. starateljstvo, tutorstvo

ward II *v tr* (usu.: *to* ~ *off*) odbiti, parirati; *to* ~ *off an attack (a blow)* odbiti napad (udarac)

war dance ratni ples

war·den ['wo(r)dǝn] *n* 1. upravnik zatvora (see also **governor** 2) 2. nadzornik; *an air-raid* ~ nadzornik civilne zaštite; 3. (Br.) nadzornik luke 4. (Br.) direktor škole

ward·er I [~ǝ(r)] *n* 1. čuvar 2. (Br.) zatvorski čuvar

warder II *n* kraljeva palica, palica vrhovnog komandanta

ward heel·er ['hijlǝ(r)] (Am., pol., slang, pejor.) lokalno politikant

ward off *v* see **ward II**

ward·ress ['wo(r)dris] *n* (Br.) tamničarka, zatvorska čuvarica

ward·robe ['wo(r)droub] *n* 1. orman (za odelo — odijelo) 2. odelo (odijelo) jedne osobe, garderoba 3. odelo glumačke trupe

ward·room [~rūm], [u] *n* brodska oficirska menza

ward·ship [~šip] *n* starateljstvo

ware·house ['wej(r)haus] *n* skladište, magacin, stovarište

ware·room [~rūm], [u] *n* izložbeni prostor

wares [wej(r)z] *n pl* roba

war·fare ['wo(r)fej(r)] *n* rat, vođenje rata; *biological (trench)* ~ biološki (rovovski) rat

war game (often: *war games*) ratna igra (ratne igre)

war·head ['wo(r)hed] *n* bojeva glava

war horse 1. ratni konj 2. (fig.) ratni veteran

war·like [~lajk] *a* ratoboran

war·lock [~lak]; [o] *n* čarobnjak, veštac (vještac); demon

war·lord [~lo(r)d] *n* ratni diktator

warm I [wo(r)m] *n* (colloq.) toplo

warm II *a* 1. topao; ~ *blood (water)* topla krv (voda); *a* ~ *climate (fire)* topla klima (vatra); *we feel* ~ or: *we are* ~ toplo nam je 2. srdačan, topao; *a* ~ *reception* srdačan prijem; *to give smb. a* ~ *welcome* prirediti nekome topao doček 3. (colloq.) blizak istini (cilju); *he is getting* ~ približuje se istini

warm III *v* 1. *tr* zagrijati (zagrijati), grejati (grijati), ogrijati (ogrijati); utopliti; *to* ~ *oneself next to a stove* grejati se kraj peći; *to* ~ *one's hands by a fire* ogrejati ruke na vatri (see also **warm up** 1) 2. *intr* grejati se (see **warm up** 2) 3. *intr* zainteresovati se, oduševiti se; *to* ~ *to one's work* zainteresovati se za svoj posao

warm-blood·ed [~-blǝdid] *a* toplokrvan

warmed-o·ver [~d-'ouvə(r)] *a* podgrejan (podgrijan)
warm·er I [~ə(r)] *n* grejač (grijač)
warmer II see **warm II**
warm front (meteor.) topao front (W: topla fronta)
warm-heart·ed [~-ha(r)tid] *a* topla srca, srdačan, ljubazan
warming pan grejalica (grijalica) za postelju
war·mon·ger [~mᴧŋgə(r)], [a] *n* ratni huškač
war·mon·ger·ing [~riŋg] *a* ratnohuškački; ~ *circles* ratnohuškački krugovi
war mongering huškanje na rat
warmth [~th] *n* toplota
warm up *v* 1. zagrejati (zagrijati); *to warm dinner (a room, soup) up* or: *to warm up dinner (a room, soup)* zagrejati ručak (sobu, supu); *to warm up a cold engine* or: *to warm a cold engine up* zagrejati hladan motor 2. zagrejati se; *the runners were warming up* trkači su se zagrevali; *he let the engine warm up* pustio je motor da se zagreje
warm-up I [~-əp] *n* zagrevanje (zagrijevanje)
warm-up II *a* trening-; *a ~ match* trening-utakmica
warn [wo(r)n] *v tr* upozoriti, opomenuti; *to ~ smb. about smt.* upozoriti nekoga na nešto; *we ~ed him to be careful* upozorili smo ga da se čuva; *he ~ed that there would not be enough water* upozorio je da neće biti dosta vode
warn·ing I [~iŋg] *n* upozorenje, opomena; *to heed a ~* poslušati opomenu; *a last ~* poslednja (posljednja) opomena; *to issue (send, ignore) a ~* izreći (uputiti, ignorisati) opomenu; *a serious ~* ozbiljna opomena; *a ~ to all* opomena za sve, upozorenje svima
warning II *a* za upozorenje; *a ~ shot* pucanj za upozorenje
warning light signalno svetlo (svjetlo)
War of 1812 rat između SAD i Engleske 1812. godine
War of Independence američki revolucionarni rat
War of Secession see **Civil War**
War of the Roses rat dveju (dviju) ruža
War of the Spanish Succession rat za špansko nasleđe (W: španjolsko nasljeđe)
warp I [wo(r)p] *n* 1. iskrivljenost 2. (weaving) osnova (cf. **woof**)
warp II *v* 1. *tr* iskriviti 2. *intr* iskriviti se
war paint ratna boja
warp and woof temelj; osnova i potka
war·path [~ paeth]; [a] (-ths [thz]) *n* ratni pohod (Indijanaca); (fig.) *on the ~* u ratnom raspoloženju
war·plane [~plejn] *n* borbeni avion
war·rant I ['worənt], [a] *n* 1. ovlašćenje, punomoćje 2. (legal) naredba, nalog; *on arrest ~* naredba za hapšenje; *a search ~* nalog za pretres; *to issue (swear out) a ~ against smb.* podneti (podnijeti) krivičnu protiv nekoga 3. nalog za isplatu 4. priznanica
warrant II *v tr* 1. garantovati 2. opravdati; *to ~ an expense* opravdati utrošak 3. ovlastiti, dozvoliti
warrant officer (mil.) vorent-oficir, oficir-specijalista

war·ran·ty I [~ij] *n* 1. garancija (garantija); *a three-year ~* garancija na tri godine; *the ~ is running out* garancija ističe; *under ~* pod garancijom; *a written ~* garantni list 2. ovlašćenje 3. opravdanje
warranty II *a* garantni; *a ~ period* garantni rok
war·ren ['worən], [a] *n* odgajalište zečeva
war·ring [~iŋg] *a* zaraćen; *the ~ powers* zaraćene države
war·ri·or ['worijə(r)], [a] *n* ratnik
War·saw ['wo(r)so] *n* Varšava
Warsaw Pact varšavski pakt
war·ship [~šip] *n* ratni brod
war surplus ratni viškovi
wart [wo(r)t] *n* bradavica (na koži)
wart hog bradavičavo svinjče
war·time I [~tajm] *n* ratno vreme (vrijeme), doba rata
wartime II *a* ratni; *~ production* ratna proizvodnja
war whoop see **war cry**
war·y [wejrij] *a* oprezan
was see **be**
wash I [woš], [a] *n* 1. pranje 2. rublje (odvojeno za pranje) 3. pomije, spirine
wash II *v* 1. *tr* oprati; *to ~ the dishes (one's face, the laundry)* oprati sudove (lice, veš); *to ~ one's hands of smt.* oprati ruke od nečega 2. *tr* nakvasiti, natopiti 3. *tr* zapljuskivati; *waves ~ the shore* talasi zapljuskuju obalu 4. *tr (also: to ~ away, off, out)* isprati, sprati; *to ~ out a stain* isprati mrlju 5. *tr (to ~ away, out)* razlokati, poplaviti; *the water ~ed away the road* voda je razlokala put 6. *tr* odneti — odnijeti talasima, izbaciti (talasima); *to be ~ed ashore* biti izbačen na obalu talasima (plimom) 7. *intr* oprati se 8. *intr* (colloq., esp. Br.) biti prihvatljiv; *that theory will not ~* ta teorija se ne može prihvatiti (see also **stand up** 2)
wash·a·ble [~əbəl] *a* koji se može prati
wash-and-wear [~-ən-wej(r)] *a* koji se ne mora peglati; *a ~ shirt* košulja koja se ne mora peglati
wash away *v* see **wash II** 4, 5
wash·ba·sin [~bejsən] *n* umivaonik
wash·board [~bo(r)d] *n* rebrasta daska za trljanje rublja, daska za pranje
wash·bowl [~boul] *n* lavor
wash·cloth [~kloth] (-ths [thz] or [ths]) *n* 1. peškirić za pranje (lica, ruku) (see also **flannel I** 2) 2. Br.: see **dishcloth**
wash cycle see **cycle I** 4
wash·day [~dej] *n* dan pranja rublja
wash down *v* 1. oprati 2. zaliti; *to wash down food with wine* zaliti jelo vinom
washed-out [~ t-aut] *a* 1. uveo, izbledeo (izblijedio) 2. umoran
washed-up [~t-əp] *a* (colloq.) 1. upropašćen 2. spreman da prizna poraz (neuspeh — neuspjeh)
wash·er [~ə(r)] *n* 1. see **washing machine** 2. zaptivač, podmetač, gumica za zaptivanje
washer woman see **washwoman**
wash·ing [~iŋg] *n* pranje
washing machine mašina (W: stroj) za pranje (rublja)
washing soda kristalna soda

Wash·ing·ton [~iŋgtən] *n* Vašington (grad, država)
washing-up *n* (Br.) pranje sudova
wash off *v* see **wash II 4**
wash out *v* 1. isprati, oprati 2. (colloq.) pretrpeti neuspeh (pretrpjeti neuspjeh) (see also **wash II 4, 5)**
wash·out [~aut] *n* 1. (geol.) ispiranje 2. neuspeh (neuspjeh)
wash·room [~rum], [*ū*] *n* 1. umivaonica 2. see **rest room**
wash·stand [~staend] *n* umivaonik
wash·tub [~təb] *n* čabar za pranje rublja
wash up *v* 1. oprati se 2. (Br.) oprati (sudove)
wash·wom·an [~wumən] **wash·er·wom·an** [~ə(r)-wumən]: (-*women* [wimin]) *n* pralja
wasn't ['wɔzənt] *was not*
wasp [wosp], [*a*] *n* osa, zolja
Wasp *n* (abbrev. of *white Anglo-Saxon Protestant*) Amerikanac bele (bijele) rase, zapadnoevropskog porekla (porijekla), protestantske veroispovesti (vjeroispovjesti)
wasp·ish [~iš] *a* 1. poput ose 2. (fig.) razdražljiv, naprasit
wasp waist tanak struk
was·sail ['wɔsəl], [*ae*]; ['wosejl] *n* 1. zdravica 2. pijanka
Was·ser·mann test ['wasə(r)mən] (med.) Wassermannova (Vasermanova) reakcija
wast·age ['wejstidž] *n* gubitak, rasipanje
waste I [wejst] *n* 1. rasipanje, traćenje; gubljenje; 2. opustošenje, razorenje 3. otpaci; beskorisne stvari
waste II *a* 1. pust, divlji; *to lay ~ to a city* opustošiti grad 2. otpadni; ~ *waters* otpadne vode
waste III *v* 1. *tr* proćerdati, straćiti, rasteći, rasuti; *to ~ money* proćerdati novac; *to ~ energy* straćiti energiju 2. *tr* propustiti; *to ~ an opportunity* propustiti priliku 3. *intr* (colloq.) prolaziti; *time is ~ing* vreme (vrijeme) prolazi 4. *intr (to ~ away)* opustiti se
waste·bas·ket [~baeskit]; [*a*] *n* korpa za otpatke
waste bucket Br.; see **wastebasket**
wast·ed ['wejstid] *a* 1. proćerdan 2. uzaludan; *a ~ effort* uzaludan napor 3. oslabeo (oslabio), iscrpljen
waste·ful [~fəl] *a* rasipan, rasipnički
waste·land [~laend] *n* pusta zemlja, pustoš
waste·pa·per [~pejpə(r)] *n* otpaci hartije (papira)
wastepaper basket korpa za otpatke
waste product otpadak
wast·er [~ə(r)] *n* rasipnik
wast·ing [~iŋ] *a* 1. koji popušta, opada 2. koji troši
wast·rel [~rəl] *n* rasipnik
watch I [wač]; [*o*] *n* 1. budnost, nespavanje 2. straža; *to stand ~* biti na straži; *to be on the ~ for smb.* vrebati nekoga 3. brodska straža 4. stražar 5. (džepni) sat; *a pocket ~* džepni sat; *the ~ is ten minutes fast (slow)* sat žuri (zaostaje) deset minuta; *to wind a ~* naviti sat 6. prethodno upozorenje (see **storm watch)**
watch II *v* 1. *tr* posmatrati, osmatrati; *to ~ a crowd (smb.'s face)* posmatrati gomilu (nečije lice); *to ~ a procession pass* posmatrati povorku kad prolazi 2. *tr* gledati; *he ~es them dance*

(dancing) the twist on ih gleda kako igraju tvist 3. *tr* paziti (na), čuvati; *to ~ one's money* paziti na novac; *to ~ one's step* oprezno postupati 4. *intr* (also: *to ~ out)* paziti; ~ *that he doesn't fall* pazi da ne padne 5. *intr* čekati, očekivati, vrebati; *to ~ for an opportunity* vrebati priliku 6. *tr* kontrolisati; *the airports will be ~ed* aerodromi će biti kontrolisani
watch·band [~baend] *n* kaiš za sat
watch·case [~kejs] *n* časovnička kutija
watch·dog [~dog], [*a*] *n* 1. pas-čuvar 2. (fig.) nadzirač; (as *a) a ~ committee* nadzorni (kontrolni) odbor
watch·er [~ə(r)] *n* opservator, osmatrač, poznavalac; *a China ~* poznavalac Kine
watch·ful [~fəl] *a* pažljiv, budan; *to keep a ~ eye on smt.* motriti budnim okom na nešto
watch·mak·er [~mejkə(r)] *n* časovničar
watch·man [~mən] (-*men* [min]) *n* stražar
watch out *v* 1. čuvati se; *watch out for him!* čuvaj se njega! (also **look out** 2) 2. see **watch II 4**
watch over *v* nadgledati; *to watch over a child* čuvati dete (dijete)
watch·tow·er [~tauə(r)] *n* stražarnica, osmatračnica
watch·word [~wə(r)d] 1. see **password** 2. parola, geslo, deviza
wa·ter I ['wotə(r)], [*a*] *n* 1. voda; *cold (drinking, fresh, hard, holy, mineral, running, salt, stagnant)* ~ hladna (pijaća, sveža — svježa, tvrda, sveta, mineralna, tekuća, slana, stajaća) voda; *distilled ~* destilovana voda; *international (territorial)* ~s međunarodne (teritorijalne) vode; *to go for ~* ići po vodu; *~ on the brain (knee)* voda na mozgu (kolenu — koljenu); **blood is thicker than ~* krv nije voda; **still ~s run deep* tiha voda breg (brijeg) roni; **to fish in troubled ~s* loviti u mutnoj vodi; **to go through fire and ~* kroz vatru i vodu proći; **a lot of ~ has gone under the bridge* mnogo je vode proteklo; **to feel like a fish in ~* osećati (osjećati) se kao riba u vodi; *at the ~'s edge* na ivici vode; *a glass of ~* čaša vode 2. misc.; *to hold ~* biti nepobitno; **to throw cold ~ on smt.* obeshrabriti nešto; **in deep ~* u nevolji; *to pass (make)* ~ mokriti; **in troubled ~* u teškoj situaciji; **to pour oil on troubled ~s* pokušati stišati nemir
water II *a* vodni
water III *v* 1. *tr* zaliti, politi; *to ~ flowers (a garden)* politi cveće — cvijeće (baštu) 2. *tr* napojiti; *to ~ cattle* napojiti stoku 3. *tr* see **water down** 4. *intr* curiti; **his mouth is ~ing* ide mu voda na usta, on hvata zazubice
water bag vodenjak (also **amnion)**
water ballet balet na vodi
water bed gumeni dušek napunjen vodom
water beetle gnjuračica
water blister plik
wa·ter·borne [~bo(r)n] *a* prevožen vodom; ~ *traffic* vodeni saobraćaj
water bottle boca za vodu
water boy raznosač vode
water buffalo bivol
water bug vodena buba

water cannon vodeni top (koji izbacuje vodu na demonstrante)
water clock vodeni časovnik
water closet (Br.) ve-ce, klozet
water color vodena boja, akvarel; *to paint in ~ ~s* slikati vodenim bojama
wa·ter·col·or·ist [~kələrist] *n* akvarelista
wa·ter·cooled [~-küld] *a* hlađen vodom
water cooler aparat iz kojeg se pije hladna voda
wa·ter·course [~ko(r)s] see **waterway**
wa·ter·cress [~kres] *n* (bot.) potočarka
water cure lečenje (liječenje) vodom
water dog pas naviknut na vodu, pas-plivač
water down *v* razvodniti, razblažiti; *a watered down resolution* razvodnjena rezolucija
wa·ter·fall [~fol] *n* vodopad, slap
wa·ter·fowl [~faul] *n* barska (vodena) ptica
wa·ter·front [~front] *n* područje dokova; izgrađena obala
water gas vodeni plin
Wa·ter·gate [~gejt] *n* Votergejt, votergejtska afera
water gate see **floodgate**
water gauge (gage) vodomer (vodomjer)
water glass 1. čaša za vodu 2. cev (cijev) sa staklenim dnom 3. see **sodium silicate**
water hammer vodeni udar
water heater aparat za grejanje (grijanje) vode
water hemlock trubeljika
water hole izvor u pustinji; jezerce
water hose crevo (crijevo) za vodu
water ice voćni sladoled spravljen s vodom
wa·ter·ing [~ring] *n* pojenje
watering can kanta za zalivanje
watering place pojilo
wa·ter·ish [~riš] see **watery**
water jacket obloga za hlađenje (s vodom)
water jump rov sa vodom ispred prepone
wa·ter·less [~lis] *a* bezvodan, bez vode
water level vodostaj
water lily lokvanj
water line 1. vodena linija 2. obalna linija
wa·ter·logged [~logd], [a] *a* ispunjen vodom
Wa·ter·loo [~lū] *n* Vaterlo; (fig.) poraz; *to meet one's ~* pretrpeti (pretrpjeti) poraz
water main glavna vodena cev (cijev)
wa·ter·mark [~ma(r)k] *n* vodeni znak, vodotisak
wa·ter·mel·on I [~mələn] *n* lubenica
watermelon II *a* lubenični; *~ rind* lubenična kora
water meter vodomer (vodomjer)
water mill vodenica
water mint (bot.) konjski bosiljak
water moccasin vrsta otrovne zmije *(Ancistrodon piscivorus)*
water of crystallization kristalna voda
water parting see **watershed**
water pepper (bot.) paprac
water pipe 1. vodena cev (cijev) 2. see **narghile**
water pipet (bird) poljarica
water plant vodena biljka
water polo vaterpolo
wa·ter·pow·er [~pauə(r)] *n* vodena snaga, hidroenergija
wa·ter·proof I [~prüf] *n* (Br.) kišni mantil
waterproof II *a* nepromočiv
waterproof III *v tr* učiniti nepromočivim

water purslane ['pə(r)slin] (bot.) barski prkos
water rat vodeni pacov (W: štakor)
wa·ter·re·pel·lent [~-ri'pelənt] *a* nepromočiv, nepropustiv
wa·ter·re·sis·tant [~-ri'zistənt] *a* nepromočiv, nepropustiv
water right pravo na upotrebu vode
waters *n pl (the ~)* (esp. Br.) (mineralna) voda; *to take the ~* lečiti (liječiti) se vodom
water scorpion vodena skorpija (škorpija)
wa·ter·shed [~šed] *n* vododelnica (vododijelnica), razvođe
wa·ter·side [~sajd] *n* obala
water ski vodena smučka
wa·ter·ski [~-skij] *v intr* smučati se na vodi
wa·ter·ski·er [~ə(r)] *n* smučar na vodi
wa·ter·ski·ing [~ing] *n* smučanje na vodi
water snake vodena zmija belouška (bjelouška)
wa·ter·soak [~-souk] *v tr* natopiti vodom
water sports sportovi na vodi
wa·ter·spout [~spaut] *n* 1. vodeni mlaz 2. oluk za vodu sa krova
water sprite vodena vila
water supply snabdevanje (snabdijevanje) vodom
water system 1. rečni (rječni) sistem 2. see **water supply**
water table gornja granica podzemne vode
wa·ter·tight [~tajt] *a* vodonepropustan; *a ~ bulkhead* vodonepropusna pregrada; *a ~ compartment* vodonepropusna prostorija
water tower kula za vodu
water vapor vodena para
wa·ter·way [~wej] *n* vodeni put
wa·ter·weed [~wijd] *n* barski korov
water wheel vodenično kolo
water wings *pl* gumene tikvice za plivanje
wa·ter·works [~wə(r)ks] *n pl* 1. (gradski) vodovod 2. misc.; **to turn on the ~* početi plakati
wa·ter·wort [~wo(r)t] *n* (bot.) papraca
wa·ter·y [~rij] *a* vodnjikav; *~ eyes* vodnjikave oči; *a ~ stool* vodena stolica
watt [wat]; [o] *n* vat
wat·tage [~idž] *n* potrošnja u vatima
watt-hour [~-au(r)] *n* vatsat
wat·tle I ['watəl]; [o] *n* (also: *~ and daub)* čatma, lesa (ljesa), pruće
wattle II *v tr* napraviti od pruća
wattle and daub see **wattle I**
watt·me·ter [~mijtə(r)] *n* vatmetar
Wa·tu·si [wa'tūsij] *n* 1. *(pl has zero or -s)* vatutsi 2. vrsta plesa
wave I [wejv] *n* 1. talas (esp. W: val); (fig.) bura; *light (sound, transverse) ~s* svetlosni — svjetlosni (zvučni, poprečni) talasi; *a heat ~* toplotni talas; *a ~ of protest* talas protesta; *a ~ of enthusiasm (indignation)* bura oduševljenja (negodovanja) 2. ondulacija
wave II *a* talasni, valni
wave III *v* 1. *tr* mahati; *to ~ one's arms (a handkerchief)* mahati rukama (maramicom) 2. *tr* ondulirati; *to ~ one's hair* ondulirati kosu 3. *intr* vihoriti se, lepršati se; *the flags are ~ing in the wind* zastave se lepršaju na vetru (vjetru) 4. *intr* mahati rukom
Wave (Am., naval) članica ženske pomoćne službe u RM

wave·band [~baend] *n* talasni opseg
wave equation talasna jednačina (W: jednadžba)
wave·form [~fo(r)m] *n* oblik talasa
wave front čelo talasa
wave function talasna funkcija
wave-guide [~-gajd] *n* talasovod
wave-length [~leṇgth] *n* talasna dužina (W: duljina vala)
wave·let [~lit] *n* mali talas
wave mechanics talasna mehanika
wave number talasni broj
wa·ver ['wejvə(r)] *v intr* 1. pokolebati se 2. treperiti
wave theory talasna teorija
wa·vy ['wejvij] *a* talasast, valovit
wax I [waeks] *n* vosak; *sealing* ~ pečatni vosak
wax II *a* voštan; *a* ~ *candle (figure)* voštana sveća — svijeća (figura)
wax III *v tr* navoštiti, namazati voskom
wax IV *v intr* 1. rasti 2. puniti se: *the moon is* ~*ing* Mesec (Mjesec) se puni (cf. **wane II** 2) 3. postati; *to* ~ *eloquent* postati rečit (rječit)
wax·en [~ən] *a* voštan
wax museum panoptikum
wax myrtle see **candleberry**
wax paper voštan papir
wax plant (bot.) pepeljuša
wax·wing [~wiṇg] *n* (bird) svilorepa
wax·work [~wə(r)k] *n* 1. kip od voska 2. kipovi od voska 3. (in *pl*) izložba kipova od voska
wax·y [~ij] *a* sličan vosku
way I [wej] *n* 1. put; staza; *to clear the* ~ raščistiti put; *to pave the* ~ *for reform* prokrčiti put za reformu; *to stand in smb.'s* ~ stajati nekome na putu; *on (along) the* ~ usput; *to get out of the* ~ skloniti se s puta; *to lead the* ~ pokazati put; **the* ~ *of all flesh* put kojim idu svi smrtni 2. način, metod; *the right (wrong)* ~ pravilan (nepravilan) način; *in one's own* ~ na svoj način; *in that* ~ na taj način; *a* ~ *of writing* način pisanja 3. volja; *he always has his own* ~ on sve čini po svojoj volji 4. pravac; *this* ~ ovuda 5. misc.; *by the* ~ uzgred; *to give* ~ ustupiti; *to go out of one's* ~ potruditi se; *to be in the* ~ smetati; *to keep out of the* ~ ne smetati; *to see one's* ~ *clear to* . . . biti spreman da . . .; *under* ~ u toku; *she's in the family* ~ ona je trudna; *a long* ~ *off* daleko; *by* ~ *of example* kao primer (primjer); **to look the other* ~ praviti se da ne vidi; *to make* ~ načiniti mesta (mjesta); *to push one's* ~ *through a crowd* progurati se kroz gomilu; **when there's a will there's a* ~ sve se može, kad se hoće; **you can't have it both* ~*s* ne možeš imati i pare i jare; *they are well along the* ~ *to overtake us* nalaze se već na putu da nas preteknu
way II *adv* veoma; ~ *off the mark* veoma daleko od cilja; ~ *back before the war* još pre (prije) rata; *to bend* ~ *over* sagnuti se nisko; *he turned the tape recorder* ~ *up* pustio je magnetofon na najjače
way·bill [~bil] *n* tovarni list
way·far·er [~fejrə(r)] *n* putnik
way·far·ing [~iṇg] *n* putovanje, pešačenje (pješačenje)
wayfaring tree (bot.) udika

way·lay [~lej]; *-laid* [lejd] *v tr* napasti iz zasede
way out 1. Br.; see **exit I** 3 2. (fig.) izlaz; *he left me no other* ~ nije mi ostavio nikakav drugi izlaz
way-out [~-'aut] *a* (slang) čudan
ways and means *pl* način ubiranja sredstava
ways-and-means committee [~z-ən-'mijnz] finansijski (financijski) odbor
way·side [~sajd] *n* strana puta; *to let smt. go by the* ~ odgoditi nešto
way·ward [~wə(r)d] *a* svojevoljan
WC [dəbəljū 'sij] Br.; see **water closet**
we [wij] *pron* mi
weak [wijk] *a* slab; *a* ~ *defense* slaba odbrana (W: obrana); *a* ~ *heart* slabo srce; *to have* ~ *nerves* imati slabe živce; *a* ~ *pulse* slab puls; ~ *resistance (tea)* slab otpor (čaj); *the* ~*er sex* slabiji pol
weak·en [~ən] *v tr* and *intr* oslabiti
weak-kneed [~-nijd] *a* neodlučan, popustljiv
weak·ling [~liṇg] *n* slabić
weak·ly [~lij] *a* bolešljiv
weak-mind·ed [~-majndid] *a* 1. neodlučan 2. see **feeble-minded**
weak·ness [~nis] *n* 1. slabost 2. slaba strana, slabost; *to have a* ~ *for alcohol* biti slab prema piću
weak sister (slang) slabić
weal I [wijl] *n* blagostanje
weal II see **welt I** 1
weald [wijld] *n* (Br.) šuma; šumovit kraj
wealth [welth] *n* bogatstvo, imućnost
wealth·y [~ij] *a* bogat, imućan
wean [wijn] *v tr* odbiti (od sise), zalučiti
wean·ling [~liṇg] *n* odbijeno sisanče, zalučeno mladunče
weap·on ['wepən] *n* oružje; oruđe; borbeno sredstvo; *a defensive* ~ odbrambeno (W: obrambeno) oružje; *cutting (slashing, stabbing)* ~*s* sečno — sječno (sečnobodno — sječnobodno, bodno) oružje; ~*s of mass destruction* oružje za masovno uništenje; *an offensive* ~ napadačko oružje; *to handle a* ~ rukovati oružjem
weap·on·eer [~'ij(r)] *n* specijalista za nuklearno naoružanje
weap·on·ry ['wepənrij] *n* (coll.) oružje
wear I [wej(r)] *n* 1. nošenje 2. habanje 3. izdržljivost
wear II *wore* [wo(r)]; *worn* [wo(r)n] *v* 1. *tr* nositi; *to* ~ *a hat (a ring, a suit)* nositi šešir (prsten, odelo — odijelo) 2. *tr* (also: *to* ~ *away, down, through*) izlizati, pohabati; zbrisati; *to* ~ *down opposition* savladati otpor; *to* ~ *a hole* napraviti rupu; *time has worn away the inscription* vreme (vrijeme) je zbrisalo napis 3. *intr* nositi se, habati se, derati se; *this coat* ~*s well* ovaj kaput se ne dere brzo 4. misc.; *his patience is* ~*ing thin* izdaje ga strpljenje
wear and tear [tej(r)] gubitak od habanja, amortizacija
wear away *v* 1. see **wear II** 2 2. obroniti, podlokati; *the water wore away the shore* voda je podlokala obalu
wear down *v* see **wear II** 2
wear·ing I [~riṇg] *n* nošenje

wearing II *a* 1. odevni (odjevni); ~ *apparel* odevna roba 2. zamoran

wea·ri·some ['wijrijsəm] *a* zamoran

wear off *v* 1. nestati, iščeznuti, ugasiti se 2. zbrisati se, istrošiti se

wear out *v* 1. iznositi, pohabati; poderati; *to wear out a suit* iznositi odelo (odijelo); *to wear out shoes* poderati obuću 2. iznositi se, pohabati se; *the suit will wear out soon* odelo će se brzo pohabati 3. iznuriti, iscrpsti

wear through *v* see **wear II** 2

wea·ry I ['wijrij] *a* umoran, iznuren

weary II *v* 1. *tr* umoriti 2. *intr* umoriti se; *to ~ of smt.* umoriti se od nečega

wea·sel I ['wijzəl] *n* 1. lasica 2. licemer (licemjer), dvoličnjak

weasel II *v intr* (colloq.) vrdati; *to ~ out of an obligation* izvući se od obaveze

weasel word dvosmislena reč (riječ)

weath·er I ['weðə(r)] *n* vreme (vrijeme); *cold (nasty, nice, rainy, warm, windy) ~* hladno (ružno, lepo — lijepo, kišovito, toplo, vetrovito — vjetrovito) vreme

weather II *a* vremenski; meteorološki; *~ conditions* vremenske prilike

weather III *v tr* 1. izložiti uticaju vremena 2. izdržati, prebroditi; *to ~ a storm* izdržati buru; *to ~ a crisis* prebroditi krizu

weather balloon meteorološki balon

weath·er·beat·en [~-bijtən] *a* 1. preplanuo; *a ~ face* preplanulo lice 2. istrošen vremenom

weath·er·board [~bo(r)d] Br.; see **clapboard**

weather bureau meteorološki biro

weath·er·cock [~kak]; [o] *n* vetrokaz (vjetrokaz)

weath·ered ['weðə(r)d] *a* oštećen izlaganjem vremenskim prilikama

weather eye (fig.) opreznost; *to keep one's ~ open* biti na oprezu

weather forecast prognoza vremena

weather forecaster prognostičar, sinoptičar

weath·er·ize [~ajz] see **weather-strip**

weath·er·man [~maen] (-*men* [men]) *n* prognostičar

weather map meteorološka (sinoptička) mapa

weath·er·proof I [~prūf] *a* otporan prema vremenu, zaštićen od atmosferskih uticaja

weatherproof II *v tr* zaštititi od atmosferskih uticaja

weather report meteorološki bilten

weather ship brod meteorološke službe

weather station meteorološka stanica

weath·er·strip [~-strip] *v tr* izolovati protiv atmosferskih uticaja; *to ~ windows* oblepiti (oblijepiti) prozore trakom

weather stripping izolacija protiv atmosferskih uticaja

weather vane vetrokaz (vjetrokaz)

weath·er·wise [~wajz] *a* vešt (vješt) u predskazivanju vremenskih promena (promjena)

weath·er·worn [~-wo(r)n] *a* oštećen izlaganjem vremenskim prilikama

weave I [wijv] *n* tkanje, stil tkanja

weave II *wove* [wouv] or -*d*; *woven* ['wouvən] *v* 1. *tr* satkati; *to ~ a rug* satkati ćilim 2. *tr* oplesti; *to ~ a basket (a net)* oplesti korpu

(mrežu) 3. *tr* uplesti, utkati; *to ~ an episode into a plot* uplesti epizodu u glavnu radnju 4. *tr* probiti; *to ~ one's way through a crowd* probiti se kroz gomilu 5. *intr* tkati 6. *intr* (also: *to ~ in and out)* krivudati

weav·er [~ə(r)] *n* tkalac

weav·er·bird [~bə(r)d] *n* (bird) tkalac

web [web] *n* 1. tkanina, tkivo, tkanje 2. see **spider web** 3. truba roto-papira 4. opna; plovna kožica 5. ploča 6. (fig.) komplikovana stvar; *a ~ of deceit* prevara

webbed [~d] *a* spojen kožicom

web·bing [~iñg] tvrda tkanica

web-foot·ed [~-futid] *a* koji ima noge s plivaćim opnama

wed [wed]; -*ed;* -*ed* or *wed* [wed] *v* 1. *tr* venčati (vjenčati) 2. *tr* and *intr* oženiti se; udati se; *to ~ a girl* oženiti se devojkom (djevojkom)

we'd [wijd] *we would; we should*

wed·ding I ['wediñg] *n* venčanje (vjenčanje), svadba; *to perform a ~* obaviti venčanje; *the ~ was catered* za svadbu sve je bilo poručeno

wedding II *a* venčani (vjenčani), svadbeni

wedding anniversary svadbena godišnjica

wedding banquet svadbena gozba

wedding cake svadbeni kolač, svadbena torta

wedding ceremony obred venčanja (vjenčanja)

wedding gift svadbeni poklon, dar

wedding gown venčanica (vjenčanica)

wedding guest zvanica na svadbi, svat

wedding ring burma (prsten)

wedge I [wedž] *n* klin; (fig.) *to drive a ~ into enemy lines* zabiti klin u neprijateljevu odbranu (W: obranu)

wedge II *v* 1. *tr* učvrstiti klinom 2. *tr* progurati, probiti; *to ~ one's way through a crowd* probiti se kroz gomilu 3. *intr* zabiti se, uklinčiti se

wedg·ie [~ij] *n* (colloq.) vrsta ženske sandale

wed·lock ['wedlak]; [o] *n* brak, bračni život; *out of ~* vanbračni

Wednes·day ['wenzdej], [ij] *n* sreda (srijeda); *on ~* u sredu; *every (last, next) ~* svake (prošle, iduće) srede

wee [wij] *a* 1. majušan 2. veoma rani; *in the ~ hours (of the morning)* sasvim rano

weed I [wijd] *n* 1. (also in *pl*) korov; *overgrown with ~s* obrastao korovom 2. (slang) see **marijuana** 3. (slang) see **cigarette**

weed II *v* 1. *tr* opleviti (oplijeviti); *to ~ a garden* opleviti baštu 2. *tr (to ~ out)* eliminisati 3. *intr* pleviti (plijeviti)

weed III *n* crnina; *a widow's ~s* udovička crnina

weed·er [~ə(r)] *n* 1. plevilac (plijevilac) 2. sprava za plevljenje (plijevljenje)

weed·kill·er [~kilə(r)] *n* sredstvo za uništavanje korova

weed out *v* see **weed II** 2

weed·y [~ij] *a* 1. pun korova 2. mršav; nezgrapan

week [wijk] *n* sedmica, nedelja (nedjelja), nedelja dana (W also: tjedan, tjedan dana); *he came for a ~* došao je na nedelju dana; *every ~* svake sedmice; *during the ~* preko nedelje, u toku nedelje; *a ~ from today* od danas za nedelju dana; *to spend a ~ (two ~s)* provesti nedelju dana (dve — dvije nedelje)

week·day [∼dej] *n* radni dan, ma koji dan, izuzev subote i nedelje (nedjelje)
week·end [∼end] *n* vikend; *to go somewhere for the* ∼ ići nekuda na vikend
week·ly I [∼lij] *n* nedeljni (nedjeljni) časopis
weekly II 1. *a* sedmični, nedeljni — nedjeljni (W also: tjedni); *a* ∼ *magazine* nedeljni časopis 2. *adv* jedanput nedeljno; svake sedmice
week·night [∼najt] *n* veče radnog dana
ween·ie ['wijnij] *n* colloq.; see **wienerwurst**
weep [wijp]; *wept* [wept] *v* 1. *tr* liti; *to* ∼ *bitter tears* liti gorke suze; *to* ∼ *one's eyes out* isplakati oči 2. *intr* plakati; *to* ∼ *with joy* plakati od radosti; *to* ∼ *about (over)* smt. plakati zbog nečega
weep·ing [∼iñg] *a* 1. plačan, koji plače 2. kišovit 3. koji ima grane savijene
weeping willow žalosna vrba
weep·y [∼ij] *a* plačljiv
wee·vil ['wijvəl] *n* žižak; *a grain (pea, vine)* ∼ žitni (graškov, lozni) žižak
weft [weft] *n* potka (also **woof I**)
weigh I [wej] *n* (naut.) see **way I**; *under* ∼ u pokretu
weigh II *v* 1. *tr* izmeriti (izmjeriti); vagnuti; *to* ∼ *smt. on a scale* izmeriti nešto na vagi; *she* ∼*ed herself every day* merila se svakog dana; *to get* ∼*ed* meriti se 2. *tr (to* ∼ *out)* odmeriti (odmjeriti); *to* ∼ *out a pound of meat* odmeriti funtu mesa 3. *tr* (fig.) birati, vagati; *to* ∼ *one's words* birati reči (riječi) 4. *tr* biti težak, težiti; *the rock* ∼*s ten pounds* kamen je težak deset funti; *how much do you* ∼? koliko ste teški? 5. *intr* (teško) ležati; *it* ∼*s heavily on him* to teško leži na njemu 6. misc.; (naut.) *to* ∼ *anchor* dići sidro; (boxing) *to* ∼ *in* izvršiti merenje (mjerenje); *the fruit* ∼*s down the branches* voće savija grane; ∼*ed down by sorrow* potišten tugom
weigh out *v* see **weigh II** 2
weight [wejt] *n* 1. težina; *to gain (lose)* ∼ dobiti (izgubiti) u težini; *by* ∼ po težini 2. (usu. sports) teg (W: utega); *to lift* ∼*s* dizati tegove 3. (fig.) teret, breme; *the* ∼ *of responsibility* teret odgovornosti 4. značaj, važnost; *to carry* ∼ biti od važnosti 5. pritiskač (see **paperweight**) 6. misc.; *to pull one's* ∼ predano raditi, zapeti; *to throw one's* ∼ *around* razmetati se
weight·ing [∼iñg] *n* (Br.) dodatak na skupoću, naknada u vezi sa povišenjem životnih troškova
weight·less [∼lis] *a* bestežinski
weight·less·ness [∼nis] *n* bestežinsko stanje
weight·lift·er [∼liftə(r)] *n* dizač tegova (W: utega)
weight·lift·ing [∼iñg] *n* dizanje tegova (W: utega)
weight watcher (colloq.) onaj koji vodi računa o liniji; *a* ∼*s' club* klub za mršavljenje
weight watching mršavljenje
weight·y [∼ij] *a* 1. težak 2. važan, značajan; ∼ *matters* važne stvari 3. ubedljiv (ubjedljiv); *a* ∼ *argument* ubedljiv argumenat
Wei·mar Republic ['vajma(r)], [*w*] (hist.) Vajmarska Republika
weir [wij(r)] *n* 1. ustava, brana 2. vrša
weird [wij(r)d] *a* čudan, neobičan; fantastičan; *a* ∼ *shape* čudan oblik
weird·ie [∼ij] see **weirdo**

weird·o [∼ou] (-*s* or -*es)* *n* (slang) čudak
welch see **welsh**
wel·come I ['welkəm] *n* dobrodošlica, doček; *to overstay one's* ∼ see **overstay**
welcome II *a* 1. dobrodošao; *this money is really* ∼ ovaj novac mi je baš dobrodošao; ∼ *news* dobrodošla vest (vijest) 2. misc.; *thank you; you are* ∼! hvala; nema na čemu!
welcome III *interj* dobro došao! dobro došli!
welcome IV *v tr* (srdačno) dočekati, primiti; *to* ∼ *a guest* (srdačno) primiti gosta 2. (rado) primiti; *to* ∼ *help* rado primiti pomoć
welcome wagon kola za dobrodošlicu (prilikom doseljavanja novog domaćinstva u neki kraj, trgovine šalju poklon svoje robe automobilom)
weld I [weld] *n* zavareni šav
weld II *v* 1. *tr* zavariti 2. *tr* spojiti 3. *intr* zavarivati se
weld III *n* (bot.) katanac
weld·ed [∼id] *a* zavaren; *a* ∼ *joint (seam)* zavareni spoj (šav)
weld·er [∼ə(r)] *n* zavarivač
weld·ing [∼iñg] *n* zavarivanje
welding torch aparat za zavarivanje
wel·fare ['welfej(r)] *n* 1. blagostanje 2. socijalna pomoć, socijalno staranje
welfare mother majka (bez muža) koja dobija socijalnu pomoć
welfare state država sa socijalnim osiguranjem za sve građane
welfare work socijalna pomoć
well I [wel] *n* 1. bunar; *an artesian* ∼ arteški bunar 2. izvor (see **oil well**) 3. see **stairwell** 4. (Br.) prostor u sudnici za advokate 5. (naut.) okno (kroz palube)
well II *v intr* (usu.: *to* ∼ *up)* izbijati, izvirati; *a feeling of joy* ∼*ed up within him* srce mu se ispunilo radošću
well III *a* 1. dobro; u redu; *all is* ∼ sve je dobro (u redu) 2. zdrav; *he is* ∼ on je zdrav; *to get* ∼ ozdraviti
well IV *adv* 1. dobro; *he speaks* ∼ on dobro govori; *the suit fits you* ∼ odelo (odijelo) ti dobro stoji; *to treat smb.* ∼ postupati dobro s nekim; *all's* ∼ *that ends* ∼ sve je dobro što se dobro svrši 2. daleko; *he rode* ∼ *ahead* jahao je daleko napred (naprijed) 3. misc.; *as* ∼ *as* see **as** 1, 6; *to let* ∼ *enough alone* ne kvariti ono što ide dobro; *to wish smb.* ∼ poželeti (poželjeti) nekome sreću; *to be in* ∼ *with smb.* biti s nekim na dobroj nozi; *it was* ∼ *after midnight when we got home* ponoć je bila dobro poodmakla kad smo stigli kući
well V *interj* 1. pa, e pa; a sad; de (dete); ∼, *what next?* pa, šta (što) zatim? ∼, *here's to you* e pa, pijem u vaše zdravlje; ∼, *so what?* pa, šta s tim? ∼, *all right!* pa, dobro! 2. dobro; *very* ∼, *go on* vrlo dobro, a sad produžite
we'll [wijl] *we will*
well-bal·anced ['wel-'baelənst] *a* uravnotežen
well-be·ing ['wel-'bijiñg] *n* blagostanje
well-bred ['wel-'bred] *a* dobro vaspitan
well-dis·posed [∼-dis'pouzd] *a* naklonjen
well-·lone ['wel-'dən] *a* 1. (cul.) dobro pečen 2. dobro urađen
well-fed ['wel-'fed] *a* dobro hranjen

well-found·ed ['wel-'faundid] *a* dobro zasnovan, dobro utvrđen
well-groomed ['wel-'grūmd] *a* 1. dobro doteran (dotjeran) 2. dobro otimaren (konj)
well-ground·ed ['wel-'graundid] *a* 1. dobro upoznat 2. dobro zasnovan
well·head [~hed] *n* izvor, vrelo
well-heeled ['wel-'hijld] *a* (slang) imućan
well-informed *a* dobro obavešten (obaviješten)
wel·ling·ton ['weliŋgtən] *n* (Br.) gumena čizma
well-in·ten·tioned [~-in'tenšənd] *a* dobronameran (dobronamjeran)
well-known ['wel-'noun] *a* dobro poznat
well-man·nered ['wel-'maenə(r)d] *a* učtiv
well-mean·ing ['wel-'mijniŋg] *a* dobronameran (dobronamjeran)
well-meant ['wel-'ment] see **well-meaning**
well-nigh ['wel-'naj] *adv* skoro
well-off ['wel-'of], [a] imućan, bogat
well-pad·ded ['wel-'paedid] *a* (colloq.) pun, debeo
well-preserved *a* dobro sačuvan
well-read [wel-'red] *a* načitan
well-rounded *a* mnogostran; *a* ~ *education* dobro opšte (opće) školovanje
well-spo·ken ['wel-'spoukən] *a* 1. koji lepo (lijepo) govori 2. učtiv
well·spring [~spriŋg] *n* izvor, vrelo
well-thought-of [~-'thot-əv] *a* poštovan
well-timed ['wel-'tajmd] *a* blagovremen, u zgodno vreme (vrijeme)
well-to-do [~-tə-'dū] *a* imućan
well-turned ['wel-'tə(r)nd] *a* 1. lepog (lijepog) oblika 2. dobro formulisan, izražen; *a* ~ *phrase* dobro formulisana fraza
well up *v* see **well II**
well-wish·er [~-wišə(r)] *n* onaj koji želi dobro
well-worn ['wel-'wo(r)n] *a* 1. iznošen 2. otrcan; *a* ~ *phrase* otrcana fraza
welsh [welš] *v intr* (slang) 1. podvaliti; *to* ~ *on a bet* podvaliti pri klađenju 2. ne platiti (dug)
Welsh I *n* 1. (as *pl*; *the* ~) velški narod 2. velški jezik
Welsh II *a* velški
welsh·er [~ə(r)] *n* (slang) neplatiša
Welsh·man [~mən] (-*men* [min]) *n* Velšanin
Welsh rabbit (cul.) prženica sa sirom
welt I [welt] *n* 1. masnica, modrica 2. šiveni rub (između gornje kože i đona na obući) 3. porub, rub
welt II *v tr* 1. izmodriti 2. porubiti
wel·ter I ['weltə(r)] *n* 1. talasanje, valjanje 2. zbrka; haos
welter II *v intr* 1. valjati se 2. talasati se
wel·ter·weight [~wejt] *n* bokser (W: boksač), borac kategorije velter
welt·ing [~iŋg] *n* porub, pervaz
wen [wen] *n* masni otok, izraslina
wench [wenč] *n* (colloq.) (seoska) devojka (djevojka)
wend [wend] *v tr* ići; *to* ~ *one's way* ići svojim putem
Wend [wend] see **Lusatian I 1, Sorb**
Wend·ish I [~iš] *n* vendski jezik (also **Lusatian I 2, Sorbian 1**)
Wendish II *a* vendski (also **Lusatian II, Sorbian 2**)
went see **go III**

wept see **weep**
were 1. see **be** 2. misc.; (mil.) *as you* ~! ostav'!
we're [wij(r)] *we are*
wer·en't ['wərənt] *were not*
were·wolf ['wə(r)wulf], [*ij*] (-*wolves* [wulvz]) *n* vukodlak
west I [west] *n* (*the* ~) zapad; *in the* ~ na zapadu (see also **Wild West**)
west II *a* zapadni; *a* ~ *wind* zapadni vetar (vjetar)
west III *adv* zapadno, prema zapadu; ~ *of the city* zapadno od grada; *to go (head)* ~ ići prema zapadu; *(WW I) to go* ~ poginuti
West Bank Zapadna obala (Jordana)
west·bound [~baund] *a* koji ide prema zapadu
west·er·ly I [~ə(r)lij] *n* zapadni vetar (vjetar)
westerly II *a* zapadni; *a* ~ *wind* zapadni vetar (vjetar)
west·ern I [~ə(r)n] *n* vestern, kaubojski film
western II *a* zapadni
west·ern·er [~ə(r)] *n* zapadnjak
Western Hemisphere zapadna hemisfera
west·ern·ize [~ajz] *v tr* dati (nekoj zemlji) zapadnjački lik, vesternizovati
Western Wall Zid plača
West Germanic (ling.) zapadnogermanska grupa jezika
West Germany Zapadna Nemačka (Njemačka)
West In·dies ['indijz] *pl* Zapadnoindijska ostrva (W: Zapadnoindijski otoci)
West Pakistan Zapadni Pakistan
West Point vojna akademija SAD
West Slavic zapadnoslovenski (W: zapadnoslavenski) jezici
West Virginia Zapadna Virdžinija
West Virginian stanovnik Zapadne Virdžinije
west·ward [~wə(r)d] 1. *a* zapadni 2. *adv* zapadno
wet I [wet] *n* 1. vlažnost 2. (colloq.) protivnik zabrane alkoholnih pića
wet II *a* 1. mokar; vlažan; ~ *grass* vlažna trava; *soaking* ~ mokar do gole kože; ~ *paint* vlažna boja; ~ *paint!* sveže (svježe) obojeno! 2. kišovit; ~ *weather* kišovito vreme (vrijeme) 3. (colloq.) koji ne zabranjuje alkoholna pića 4. misc.; (slang) *all* ~ sasvim u zabludi; *** ~ *behind the ears* nezreo; *a* ~ *blanket* see **blanket I 3**
wet III *v tr* 1. pokvasiti, okvasiti; **to* ~ *one's whistle* okvasiti grlo 2. pomokriti, smočiti mokraćom
wet·back [~baek] *n* (Am.) ilegalni useljenik iz Meksika
wet cell mokri element
weth·er ['wethə(r)] *n* uškopljen ovan
wet nurse dojkinja, dojilja
wet-nurse [~-nə(r)s] *v tr* 1. dojiti 2. (fig.) razmaziti
we've [wijv] *we have*
whack I [hwaek], [w] (in this and other words beginning with the letters *wh*, Br. usu. has [w]) *n* 1. udarac 2. misc.; (colloq.) **to have a* ~ *at* smt. pokušati nešto; (colloq.) *out of* ~ u kvaru
whack II *v tr* udariti; *he* ~*ed me* udario me je
whack·ing [~iŋg] (esp. Br.; colloq.) 1. *a* izvanredan 2. *adv* izvanredno
whack·y see **wacky**
whale I [hwejl], [w] *n* 1. kit; *baleen (blue, toothed)* ~*s* kitovi pločani (plavetni, zubani) 2. (colloq.)

izvrstan primer (primjer); *a ~ of a game* izvrsna igra

whale II *v intr* baviti se kitolovstvom

whale III *v* 1. *tr* tući; (colloq.) *to ~ the daylights out of smb.* izbiti nekoga na mrtvo ime 2. *intr* napasti; *to ~ away at one's critics* napasti kritičare

whale·boat [~bout] *n* čamac za lov kitova

whale·bone [~boun] *n* 1. kitova kost 2. kost za mider

whalebone whale pločani kit

whale oil kitova mast

whal·er [~ə(r)] *n* 1. see **whaleboat** 2. lovac kitova 3. brod-kitolovac

whal·ing [~ing] *n* kitolovstvo

wham I [hwaem], [w] *n* glasan udarac

wham II *v tr* glasno udariti

wham·my [~ij] *n* (slang) čini, čarolije; *to put a ~ on smb.* baciti čini na nekoga (see also **hex I, spell I**)

whang I [hwaeng], [w] *n* (colloq.) udarac bičem

whang II *v tr* (colloq.) glasno udariti

wharf [hwo(r)f], [w] (-*s* or -*rves* [(r)vz]) *n* pristanište

wharf·age [~idž] *n* taksa za vezivanje broda

what [hwat], [w]; [wot] 1. *pron* šta (što); *~ did you buy?* šta si kupio? *~ do you want?* šta hoćeš? *~'s wrong with him?* šta mu je? *~ are you afraid of?* čega se bojiš? *~ is he writing with?* čime piše? 2. *relat pron* šta (što); (ono) što; *tell us ~ you heard* kaži nam šta si čuo; *I'll show you ~ I received* pokazaću vam šta sam dobio; *do ~ the teacher says* učini što nastavnik kaže 3. *a* koji; *~ pen was he writing with?* kojim perom je pisao? *I don't know ~ city he's from* ne znam iz kojeg je grada 4. *a* kakav; *~ kind of films do you like?* kakve filmove voliš? *I don't know in ~ kind of neighborhood he lives* ne znam u kakvom kraju on stanuje; *~ a beautiful view!* kakav divan pogled! 5. *adv* (*~ for*) zašto; *~ is he hurrying for?* zašto se žuri? 6. misc.: *~ about him?* a on? *~ if he were to come?* šta ako dođe? *~ of it?* pa šta?; *~ is your name?* kako se zovete?

what·ev·er [~'evə(r)] 1. *pron* što god, ma šta, bilo šta; koliko god; *I'll give you ~ you want* daću ti što god hoćeš; *~ you do for him, he'll not be satisfied* bilo šta da mu učiniš, on neće biti zadovoljan; *~ they bring, I will be satisfied* ma šta da donesu, biću zadovoljan; *~ it costs, I'll buy it* koliko god da košta, kupujem ga 2. *a* ma koji, bilo koji; *~ way you go, you'll be late* bilo kojim putem da pođete, zakasnićete

what·not [~nat]; [o] *n* (colloq.) 1. sitnica 2. stelaža

what·so·ev·er [~sou'evə(r)] see **whatever**

whaup [wap] see **curlew 2**

wheal [hwijl], [w] *n* masnica

wheat I [hwijt], [w] *n* pšenica; *summer (winter) ~* jara (ozima) pšenica; *to grow ~* gajiti pšenicu

wheat II *a* pšenični

wheat germ pšenična prekrupa

wheat rust plamenjača

whee·dle ['hwijdəl], [w] *v tr* izmamiti, iskamčiti; *to ~ money from smb.* izmamiti nekome novac; *to ~ a promise from smb.* iskamčiti obećanje od nekoga

wheedle out *v* izmamiti; *to wheedle money out of smb.* izmamiti nekome novac

wheel I [hwijl], [w] *n* 1. točak; *a mill ~* vodenični točak; *to break smb. on the ~* umoriti nekoga na točku (za mučenje) 2. kolo; *a ~ of fortune* kolo sreće 3. volan; *he lost control of the ~* izgubio je kontrolu nad volanom (**see also steering wheel**) 4. (slang) velika zverka (zvjerka) 5. (in *pl*) pokretne snage 6. misc.; *at the ~* na krmilu; **to put one's shoulder to the ~* napregnuti se

wheel II *v* 1. *tr* valjati, kotrljati 2. *tr* gurati; *to ~ a barrow* gurati kolica 3. *intr* obrtati se, okretati se 4. misc.; *to ~ and deal* trgovati (postupati) nepošteno

wheel balancing (tech.) balansiranje točkova

wheel·bar·row [~baerou] *n* tačke, kolica (sa jednim točkom)

wheel·base [~bejs] *n* rastojanje točkova

wheel chair invalidska kolica

wheeled chair Br.; see **wheel chair**

wheel·er-deal·er [~ə(r)-'dijlə(r)] *n* (colloq.) varalica

wheel horse rudnjak

wheel house see **pilot house**

wheel·wright [~rajt] *n* kolar

wheeze I [hwijz], [w] *n* brektanje, šištanje

wheeze II *v* 1. *tr* izgovoriti brekćući 2. *intr* brektati, šištati

wheez·y [~ij] *a* brekćući, šišteći

whelp I [hwelp], [w] *n* mladunče zveri (zvijeri), štene

whelp II *v* 1. *tr* ošteniti 2. *intr* ošteniti se

when [hwen], [w] 1. *adv* kad, kada; *~ will he come?* kad će doći? 2. *adv* (*since ~*) otkad, otkada; *since ~ have you been living in New York?* otkad živite u Njujorku? 3. *conj* kad, kada; *I don't know ~ they'll arrive* ne znam kad će oni stići

whence [~s] *adv* odakle

when·ev·er [~'evə(r)] *adv* 1. ma kad, bilo kad, kad god; *~ you come, we'll be at home* ma kad da dođeš, bićemo kod kuće 2. svaki put kad; *he smiles ~ he sees her* on se smeši (smiješi) svaki put kad je vidi

when·so·ev·er [~souvə(r)] see **whenever**

where [hwej(r)], [w] 1. *adv* gde (gdje); *~ does he work?* gde radi? 2. *conj* gde; *we don't know ~ they work* ne znamo gde rade 3. *adv* and *conj* kuda, kud; *~ are you going?* kuda ideš? *we don't know ~ he went* ne znamo kuda je otišao 4. (*from ~*) odakle, otkuda; *~ is he from?* odakle je?

where·a·bouts [~rəbauts] 1. *n* (nečiji neodređeni) položaj; boravište 2. *adv* gde (gdje); *~ do you live?* gde živiš?

where·as [~r'aez] *conj* 1. pošto, s obzirom na činjenicu da 2. a; *the tables are green, ~ the chairs are yellow* stolovi su zeleni, a stolice su žute

where·at [~r'aet] *adv* (obsol.) u kome, gde (gdje)

where·by [~'baj] *adv* (obsol.) 1. pomoću čega 2. po čemu, kako

where·fore [~fo(r)] *adv* (obsol.) zbog čega

where·from [~frəm] *adv* (obsol.) odakle

where·in [~r'in] *adv* 1. u čemu 2. u kome

where·in·to [~tū] *adv* (obsol.) u koji
where·of [~'əv] *adv* o čemu; o kome
where·on [~'on], [*a*] *adv* (obsol.) na čemu; na kome
where·so·ev·er [~souevə(r)] see **wherever**
where·to [~'tū] *adv* 1. u koju svrhu 2. kuda
where·up·on [~ rəpon], [*a*] *adv* (obsol.) posle (poslije) čega
where·ev·er [~r'evə(r)] *conj* 1. ma gde (gdje), bilo gde, gde god; ~ *you travel* ma kuda da putuješ; *sit* ~ *you like* sedi (sjedi) gde god hoćeš 2. ma kuda, bilo kuda, kuda god; ~ *he goes* ma kuda da ide
where·with [~'with] *adv* čim; kojim
where·with·al [~withol], [*th*] *n* potrebno sredstvo; potreban novac
whet [hwet], [*w*] *v tr* 1. naoštriti 2. podstaći; *to* ~ *one's appetite* podstaći apetit (W also: tek)
wheth·er ['hwethə(r)], [*w*] *conj* 1. da li; *I don't know* ~ *he came* ne znam da li je došao 2. bilo da; ~ *you come by airplane or train, I'll wait for you* bilo da dođeš avionom ili vozom (W: vlakom), ja ću te čekati; ~ *the results are satisfactory or not, this method must be adopted* bili ovi rezultati zadovoljavajući ili ne bili, ova metoda se mora prihvatiti
whet·stone ['hwetstoun], [*w*] *n* brus, tocilo
whew [hwū], [*w*] *interj* uh
whey [hwej], [*w*] *n* surutka
which [hwič], [*w*] 1. *pron* koji; ~ *is yours?* koji je vaš? *take those* ~ *are ours* uzmi one koji su naši 2. *relat pron* koji; *my typewriter,* ~ *is on the table, needs cleaning* moja pisaća mašina (W also: pisaći stroj) koja je na stolu treba da se čisti; *where is the house in* ~ *he lived?* gde (gdje) je kuća u kojoj je živeo (živio)? *I bought the picture about* ~ *I had spoken* kupio sam sliku o kojoj sam govorio 3. *a* koji; ~ *pen did you write with?* kojim perom si pisao?
which·ev·er [~'evə(r)] 1. *pron* ma koji, bilo koji, koji mu drago, koji god; *take* ~ *you like* uzmi koji god hoćeš 2. *a* ma koji, bilo koji, koji mu drago, koji god; ~ *way you go, you'll be late* ma kojim putem da pođete, zakasnićete; *take* ~ *dress you want* izaberi koju god haljinu želiš
which·so·ev·er [~sou'evə(r)] see **whichever**
whiff I [hwif], [*w*] *n* 1. dah; *a* ~ *of fresh air* dah svežeg (svježeg) vazduha (W: zraka) 2. prijatan miris
whiff II *v* 1. *tr* nositi u vazduhu (W: zraku) 2. *tr* mirisati 3. *intr* lebdeti (lebdjeti)
whif·fle [~əl] *v* 1. *tr* rasterati — rastjerati (o vetru — vjetru) 2. *intr* duvati (W also: puhati) . na mahove
whif·fle·tree [~trij] *n* ždrepčanik (drvena poluga na kolima za koju se vezuje ham)
Whig I [hwig], [*w*] *n* (hist.) vigovac
Whig II *a* (hist.) vigovski
while I [hwajl], [*w*] *n* 1. period, neko vreme (vrijeme); *for a* ~ (za) neko vreme; *a long* ~ dugo vreme; *after a* ~ posle (poslije) kratkog vremena 2. misc.; *it's worth his* ~ to mu se isplati

while II *conj* 1. dok, dokle, dokle god; ~ *he was sick* dok je bio bolestan; ~ *you are away* dok ste vi odsutni 2. iako; ~ *he is young, he is very serious* iako je mlad, vrlo je ozbiljan (more usu. is **although**) 3. a; *they are writing letters,* ~ *he is reading a book* oni pišu pisma, a on čita knjigu
while III *prep* pri; ~ *driving (eating)* pri vožnji (jelu)
while IV *v tr (to* ~ *away)* prijatno provoditi; *to* ~ *away the time* prijatno provoditi vreme (vrijeme)
whi·lom [~əm] *a* bivši, nekadašnji
whilst [~st] Br.; see **while II**
whim [hwim], [*w*] *n* ćef, lutka, kapric
whim·brel [~bril] *n* (bird) počurlin
whim·per I ['hwimpə(r)], [*w*] *n* cviljenje
whimper II *v* 1. *tr* izraziti cviljenjem 2. *intr* cvileti (cviljeti)
whim·si·cal ['hwimzikəl], [*w*] *a* 1. kapriciozan; ćudljiv 2. čudan, fantastičan
whim·si·cal·i·ty [~'kaelətij] *n* kapricioznost; ćudljivost
whim·sy ['hwimzij], [*w*] *n* ćudljiva misao
whine I [hwajn], [*w*] *n* cviljenje
whine II *v* 1. *tr* izraziti cviljenjem 2. *intr* cvileti (cviljeti) (also **whimper II** 2) 3. *intr* gunđati, kukati
whin·ny I ['hwinij], [*w*] *n* njištanje (also **neigh I**)
whinny II *v intr* njištati, rzati; *the horse* ~*nies* konj rže (also **neigh II**)
whip I [hwip], [*w*] *n* 1. bič; *to crack a* ~ pucketati bičem 2. udarac bičem 3. gipkost (drške golfskog štapa) 4. (pol.; also: *party* ~) redar stranke koji se brine za disciplinu pripadnika stranke 5. (cul.) ulupani krem; *a prune* ~ krem od suvih (suhih) šljiva
whip II *v* 1. *tr* bičevati, išibati 2. *tr* terati (tjerati) bičem 3. *tr* (cul.) ulupati 4. *tr (to* ~ *out)* brzo isukati; *to* ~ *out a knife* brzo isukati nož 5. *tr (to* ~ *off)* brzo skinuti, svući; *to* ~ *off a cap* brzo skinuti kapu 6. *tr* (colloq.) pobediti (pobijediti); *to* ~ *a team* pobediti ekipu 7. *tr* see **snap III** 3 8. *intr* udarati, pljuskati; *the rain* ~*s against the windowpanes* kiša udara o okna 9. *intr* trgnuti, pomeriti (pomjeriti) se; *his head* ~*ped back* glava mu se trgla unazad (also **snap III** 10) 10. misc.; *to* ~ *into shape* dovesti u kondiciju
whip·cord [~ko(r)d] *n* švigar (biča)
whip hand 1. desna ruka kočijaša 2. (fig.) *(the* ~*)* nadmoć, vlast
whip handle bičalje, drška od biča
whip·lash [~laeš] *n* 1. švigar biča 2. povreda kičme od naglog pokreta glave (prilikom sudara)
whip out *v* 1. see **whip II** 4 2. see **whip II** 5
whipped cream šlag (krem)
whip·per·in [~ər-in] *n* 1. lovac koji upravlja psima 2. see **whip I** 4
whip·per·snap·per [~ə(r)snaepə(r)] *n* (colloq.) drska, beznačajna osoba
whip·pet [~ət] *n* mali hrt
whip·ping [~ing] *n* 1. bičevanje, šibanje 2. (colloq., usu. sports) poraz
whipping boy 1. grešni jarac (also **scapegoat**) 2. (hist.) dečak (dječak) koji se vaspitavao zajedno

45

sa dečakom visokog roda i primao kaznu umesto (umjesto) njega

whip·ple·tree ['hwipəltrij], [w] see **whiffletree**

whip·poor·will ['hwipə(r)wil], [w] n (bird) američki leganj

whip-round Br.; see collection 3 (to have a ~ = to take up a collection)

whip up v 1. uzbuditi, raspaliti; to whip up passions or: to whip passions up raspaliti strasti 2. sklepati; brzo spremiti; to whip up a meal brzo spremiti obrok 3. skupiti; to whip up contributions skupiti priloge

whir I ['hwə(r)], [w] n zujanje

whir II v intr zujati

whirl I [hwə(r)l], [w] n 1. brzo okretanje, kovitlanje, obrtanje 2. uskomešanost; vrtlog; the social ~ društveni vrtlog 3. vrtoglavica; my head is in a ~ vrti mi se u glavi 4. (colloq.) kratko putovanje 5. (colloq.) pokušaj; to give smt. a ~ pokušati nešto

whirl II v 1. tr okrenuti, obrnuti 2. tr kovitlati 3. intr okretati se, obrtati se 4. intr kovitlati se

whirl·a·bout [~əbaut] n okretanje; kovitlanje

whirl·a·gig [~əgig] n 1. see top IV 2. see merry-go-round

whirl·pool [~pūl] n vrtlog, kovitlac

whirlpool bath kada u kojoj se voda vrti velikom brzinom (u terapeutske svrhe), vrtložna kada

whirl·wind [~wind] n vihor

whirl·y·bird [~ijbə(r)d] n (slang) see **helicopter**

whirr Br.; see whir I, II

whisk I [hwisk], [w] n brisanje

whisk II v tr (to ~ away, off) zbrisati, stresti; to ~ crumbs off one's coat stresti mrve sa svog kaputa

whisk·broom [~brūm] n metlica (za brisanje odeće — odjeće)

whisk·er ['hwiskə(r)], [w] n 1. (in pl) brada; brkovi 2. dlaka 3. (colloq., fig.) dlaka; the car missed me by a ~ za dlaku me nije pregazio auto

whis·key, whis·ky ['hwiskij], [w] n viski

whiskey sour vrsta koktela

whis·per I ['hwispə(r)], [w] n šapat

whisper II v 1. tr reći šapatom, šapnuti; to ~ smt. to smb. šapnuti nešto nekome 2. intr šaputati

whispering campaign širenje (nepovoljnih) glasina

whist [hwist], [w] n vist (igra sa 52 karte)

whis·tle I ['hwisəl], [w] n 1. zvižduk, zviždanje; a ~ of approval zvižduk u znak odobravanja 2. pištaljka, zviždaljka 3. misc.; to wet one's ~ okvasiti grlo

whistle II v 1. tr zviždati; to ~ a tune zviždati melodiju; the crowd ~ed its approval gledaoci su zviždanjem izražavali svoje oduševljenje 2. intr zviždati; pištati; he ~ed at the girl zazviždao je od radosti (zadovoljstva) kad je ugledao devojku (djevojku) 3. intr fijukati; the bullets ~d past us zrna su fijukala oko nas 4. misc.; *to ~ in the dark pokušavati da se ne klone duhom

whis·tler [~slə(r)] n 1. onaj koji zviždi 2. (bird) američki svirač

whistle stop 1. mala stanica gde (gdje) se zaustavljaju vozovi (W: vlakovi) samo na signal 2. (pol.) kratko zadržavanje kandidata u malom mestu — mjestu (u toku izborne kampanje)

whis·tle-stop [~-stap]; [o] v intr (pol.) zadržati se kratko u malom mestu — mjestu (u toku izborne kampanje)

whit [hwit], [w] n trunka; not a ~ ni najmanje

white I [hwajt], [w] n 1. bela (bijela) boja 2. belo (bijelo); in black and ~ crno na belom 3. (~ of the eye) beonjača (bionjača) 4. (egg ~) belance (bjelance) 5. belac (bijelac) 6. (chess) bele figure; igrač belim figurama 7. (in pl) bele pantalone (W: hlače) 8. (in pl; med.) see **leukorrhea** 9. (pol.) reakcionar

white II a 1. beo (bijel); a ~ man belac (bijelac); ~ wine belo vino 2. (slang) fer

white ant see **termite**

white blood cell see **leukocyte**

white book (pol., hist.) bela (bijela) knjiga

white·cap [~kaep] n penušav (pjenušav) talas

white·col·lar [~kalə(r)] a (fig.) kancelarijski; ~ workers kancelarijski radnici (cf. **blue-collar**)

white corpuscle see **leucyte**

white daisy see **daisy**

white elephant 1. beli (bijeli) slon 2. (fig.) nepotreban posed (posjed); posed koji donosi više briga nego koristi 3. (fig.) neuspeo (neuspio) poduhvat

white feather kukavičluk; *to show the ~ pokazati se kukavicom

white·fish [~fiš] n (fish) belica (bjelica)

white flag bela (bijela) zastava; to show the ~ istaći belu zastavu

white fox polarna lisica

white frost see **hoarfrost**

white gold belo (bijelo) zlato

white·head·ed [~hedid] a belokos (bjelokos)

white heat 1. belo (bijelo) usijanje 2. (fig.) uzavrelost, veliko uzbuđenje

white hope najveća nada

white horse see **whitecap**

white-hot [~-hat]; [o] a belo (bijelo) usijan

White House (the ~) Bela (Bijela) kuća

white lead olovno belilo (bjelilo)

white leather bela (bijela) koža

white lie laž iz nužde

white magic bela (bijela) mađija

white matter bela (bijela) supstancija mozga (cf. **gray matter**)

white meat belo (bijelo) meso

white metal beli (bijeli) metal

whit·en ['wajtən] v 1. tr obeliti (objeliti) 2. intr pobeleti (pobijeliti)

white·ness [~nis] n 1. belina (bjelina) 2. bledilo (bljedilo)

white oak beli (bijeli) hrast

white paper (pol.) zvanično izlaganje stava vlade prema nekom problemu

white plague plućna tuberkuloza

white poplar bela (bijela) topola

White Russia Belorusija (Bjelorusija)

White Russian I 1. Belorus (Bjelorus) 2. beloruski (bjeloruski) jezik

White Russian II beloruski (bjeloruski)

White Sea Belo (Bijelo) more

white slave bela (bijela) ropkinja

white slaver trgovac belim (bijelim) robljem

white slavery trgovina belim (bijelim) robljem

white squall iznenadna oluja

white·throat [~throut] *n* (bird) grmuša
white tie 1. bela (bijela) leptir-mašna 2. svečano večernje odelo (odijelo)
white trash (Am., colloq., pejor.) beli (bijeli) ološ (na jugu SAD)
white wagtail (bird) bela (bijela) pliska
white·wail [~wol] *n* (or: ~ tire) guma sa belim (bijelim) bočnim zidovima
white·wash I [~ woš], [a] *n* 1. kreč; belilo (bjelilo) 2. (fig.) zataškavanje
whitewash II *v tr* 1. okrečiti, obeliti (obijeliti) 2. (fig.) zataškati
white water penušava (pjenušava) voda brzaka
white whale see beluga
whit·ey [~ij] *n* (slang) 1. belokos (bjelokos) čovek (čovjek) 2. (pejor.) belac (bijelac)
whith·er ['hwithə(r)], [w] *adv and conj* kuda
whith·er·so·ev·er [~sou'evə(r)] *adv* ma kuda, bilo kuda
whit·ing ['hwajtiṅg], [w] *n* (fish) pišmolj, ugotica
whit·ish [~iš] *a* belkast (bjelkast), beličast (bjeličast)
whit·low ['hwitlou], [w] *n* prišt na prstu
Whit·sun·day ['hwitsəndej], [w], [ij] see Pentecost
whit·tle ['hwitəl], [w] *v tr and intr* 1. rezati 2. (to ~ away, down) smanjiti; to ~ down a deficit smanjiti deficit
whiz I [hwiz], [w] *n* 1. zujanje, fijuk 2. (slang) ekspert
whiz II *v intr* prozujati, prošišati, projuriti, proleteti (proletjeti); a bullet ~zed by me metak je proleteo pored mene; to ~ by like an arrow projuriti kao strela (strijela)
whiz kid (colloq.) vatra-čovek (čovjek), vunderkind
whizz·bang [~baeṅg] *n* granata velike brzine (u letu)
who [hū] 1. *pron* ko (tko); ~ are you? ko ste vi?; who's who ko je ko 2. *relat pron* koji; the people ~ arrived yesterday have found rooms ljudi koji su stigli juče našli su sobe (see also whom)
WHO [dəbəljūej č'ou] abbrev. of World Health Organization
whoa [hwou], [w] *interj* stoj! (konju)
who·dun·it [hū'dənit] *n* (colloq.) detektivni roman
who·ev·er [~'evə(r)] *pron* ma ko (tko), bilo ko, ko god; ko mu drago; ~ rings, don't open the door bilo ko da zvoni, ne otvaraj vrata; ~ said that was wrong ma ko da je to rekao, pogrešio (pogriješio)
whole I [houl] *n* celina (cjelina); on the ~ u celini; an organic ~ organska celina; the ~ of the human race cela (cijela) ljudska rasa
whole II *a* ceo (cio), čitav; pun; the ~ day ceo dan; ~ numbers celi brojevi; the ~ truth cela istina; a ~ year has gone by čitava godina je prošla
whole blood sveža (svježa) krv
whole-heart·ed [~ha(r)tid] *a* svesrdan
whole hog (slang) dokraja; to go ~ ići dokraja
whole·meal [~mijl] *n* Br.; see whole wheat
whole milk neobrano mleko (mlijeko)
whole·ness [~nis] *n* celovitost (cjelovitost)
whole note (mus.) cela (cijela) nota
whole·sale I [~sejl] *n* veletrgovina, prodaja naveliko (cf. retail I)

wholesale II *a* veletrgovinski, veletrgovački; a ~ firm veletrgovinsko preduzeće (W: poduzeće)
wholesale III *v tr and intr* prodavati naveliko
whole·some [~səm] *a* 1. zdrav; ~ food zdrava hrana 2. dobar; ~ advice dobar savet (savjet)
whole wheat prekrupa
whole-wheat [~-hwijt], [w] *a* od prekrupe; ~ bread hleb — hljeb (W: kruh) od prekrupe
who·list·ic see holistic
who'll [hūl] who will
whol·ly ['houlij] *adv* sasvim, potpuno
whom [hūm] (objective case of who) for ~ did you buy the book? (colloq.; who did you buy the book for?) za koga ste kupili knjigu? ~ (colloq.: who) did you see? koga ste videli (vidjeli)? the students ~ (colloq.,: who) I helped passed the exam studenti kojima sam pomagao, položili su ispit
whom·ev·er [~'evə(r)] (objective case of whoever) give it to ~ (colloq.: whoever) you like daj to kome god hoćeš; ask ~ you like pitaj koga mu drago (pitaj koga hoćeš)
whom·so·ev·er [~sou'evə(r)] (objective case of whosoever)
whoop I [hwūp], [h] *n* poklič, vika; a war ~ ratni poklič
whoop II *v* 1. *tr* uzviknuti 2. *intr* vikati 3. misc.; *to ~ it up živeti (živjeti) na velikoj nozi
whoop·ee [~ij] *interj* (slang) hej! *to make ~ veseliti se
whoop·ing cough [~iṅg] (med.) pertusis, veliki kašalj, hripavac (also pertussis)
whoops [~s] *interj* opa!
whoosh I [hwūš], [w] or [~uš] *n* šištanje
whoosh II *v intr* šištati
whop I [hwap], [w]; [wop] *n* (colloq.) udarac
whop II *v tr* (colloq.) istući
whop·per [~ ə(r)] *n* 1. nešto vrlo veliko 2. krupna laž
whop·ping [~iṅg] (colloq.) 1. *a* ogroman 2. *adv* vrlo
whore I [ho(r)], [ū] *n* kurva
whore II *v intr* (usu.: to ~ around) kurvati se
whore·dom [~dəm] *n* kurvarluk
whore·house [~haus] *n* bordel, burdelj
whore·mas·ter [~maestə(r)]; [a] *n* kurvar
whore·mong·er [~məṅggə(r)], [a] *n* kurvar
whor·ish [~riš] *a* kurvinski
whorl [hwə(r)l], [w] or [~o(r)l] *n* 1. (on a spinning wheel) pršljen 2. (bot.) pršljen 3. vijuga; spirala
whorled [~d] *a* vijugav, zavojit
whor·tle·ber·ry [hwə(r)tlberij], [w] *n* borovnica
whose [hūz] *a* čiji: ~ watch is this? čiji je ovo sat? 2. *relat pron* čiji; there's the man ~ talk you heard ovo je čovek (čovjek) čije ste predavanje čuli
whos·ev·er [~ z'evə(r)] *a* ma čiji, bilo čiji, čiji god; ~ it is, it will be welcome čiji god da je, dobro će doći
who·so·ev·er [~sou'evə(r)] see whoever
who've [hūv] who have
why I [hwaj], [w] *n* razlog; the ~s and wherefores razlozi
why II 1. *adv* zašto; ~ did you come? zašto si došao 2. *conj* zašto; he didn't say ~ he came on nije rekao zašto je došao

•5•

wick I [wik] *n* fitilj
wick II *n* (obsol.) selo, grad
wick·ed ['wikid] *a* 1. poročan, rđav, nemoralan; *a ~ king* rđav kralj 2. jak,; užasan; *a ~ cough (stench)* jak kašalj (smrad); *a ~ headache* jaka glavobolja 3. oštar; opasan; *a ~ turn* oštar zaokret
wick·ed·ness [~nis] *n* poročnost
wick·er I [~ə(r)] *n* 1. vrbov prut; prut za pletenje korpi 2. pletarski rad
wicker II *a* pleten, ispleten od pruća; *~ furniture* pleten nameštaj (namještaj)
wick·er·work [~wə(r)k] *n* pletarski rad
wick·et [~it] *n* 1. vratanca, vratnice 2. (cricket, croquet) vratnice, vrata; (croquet) *to hit the ball through the ~* proterati (protjerati) kuglu kroz vrata; **(Br.) a sticky ~* škripac
wide I [wajd] *a* 1. širok; *a ~ street* široka ulica; *the room is twelve feet ~* soba je široka 12 stopa; *a ~ selection* širok asortiman 2. daleko; *~ of the mark* daleko od cilja; **to give smb. a ~ berth* izbegavati (izbjegavati) nekoga 3. razrogačen, široko otvoren; *eyes ~ with wonder* oči razrogačene od čuda
wide II *adv* 1. široko; *~ open* široko otvoren 2. nadaleko; *to search far and ~* tražiti nadaleko i naširoko 3. daleko; *to fall ~ of the mark* pasti daleko od cilja
wide-angle lens panoramski objektiv
wide-a·wake [~-ə'wejk] *a* sasvim budan
wide-bod·ied jet [~-badijd]; [o] širokotrupni džet (mlaznjak)
wide-eyed [~-ajd] *a* širom otvorenih očiju
wid·en [~ən] *v* 1. *tr* proširiti, raširiti; *to ~ a street* proširiti ulicu 2. *intr* širiti se
wide-o·pen [~-oupən] *a* 1. širom otvoren 2. u stanju bezakonja
wide·spread [~spred] *a* rasprostranjen; *a ~ tendency* rasprostranjena tendencija
wid·geon ['widžən] *(pl* has *-s* or zero) *n* (duck) zviždarka
wid·ow ['widou] *n* udovica; *a grass ~* bela (bijela) udovica
wid·owed [~d] *a (to be ~)* biti udovica
wid·ow·er [~ə(r)] *n* udovac; *a grass ~* beli (bijeli) udovac
wid·ow·hood [~hud] *n* udovištvo
width [*width*], [*t*] *n* širina; *20 feet in ~* širok 20 stopa
wield [wijld] *v tr* 1. rukovati 2. imati, držati, posedovati (posjedovati); *to ~ power* imati vlast
wie·ner ['wijnə(r)] see **wienerwurst**
wie·ner·wurst [~wə(r)st] *n* (German) kobasica
wife [wajf] *(wives* [wajvz]) *n* supruga, žena
wife beating zlostavljanje, tučenje žena
wig I [wig] *n* perika; *to make (wear) ~s* praviti (nositi) perike
wig II *v tr* (Br.; colloq.) izgrditi; osuditi
wig·eon Br.: see **widgeon**
wig·gle I ['wigəl] *n* 1. klimanje, mrdanje 2. koprcanje, meškoljenje 3. vrckanje
wiggle II *v* 1. *tr* klimati, mrdati 2. *intr* praćakati se, koprcati se, meškoljiti se, migoljiti se; *the fish are ~ing in the net* ribe se praćakaju (koprcaju) u mreži; *to ~ out of smb.'s hands* izmigoljiti se nekome iz ruku 3. *intr* vrckati se

wig·gler ['wiglə(r)] *n* larva komarca
wig·wag I [~waeg] *n* signalizacija zastavicama
wigwag II *v tr* and *intr* signalizovati zastavicama
wig·wam [~wam]; [o] *n* vigvam, indijanska koliba (cf. **tepee**)
wild I [wajld] *n* divljina; slobodan prirodan život; **the call of the ~* zov divljine
wild II *a* 1. divlji; *~ animals* divlje životinje; *a ~ boar* divlji vepar; *~ cherries (roses)* divlje trešnje (ruže) 2. neobuzdan; buran; *a ~ imagination* neobuzdana mašta 3. razvratan, raspustan 4. besan (bijesan); *to go ~* razbesneti (razbjesneti) se 5. bezvezan; *talk* bezvezno pričanje 6. fantastičan, lud, besmislen; *a ~ idea* fantastična ideja 7. bez cilja; nasumce rađen; *a ~ shot* pucanj u prazno, pucanj bez cilja 8. zaljubljen; *to be ~ about smb.* biti zaljubljen u nekoga 9. misc.; **to sow one's ~ oats* terati (tjerati) kera; **~ horses could not make me do it* nikakva me sila neće naterati (natjerati) na to
wild basil see **basil**
wild boar see **boar**
wild·cat I [~kaet] *n* 1. divlja mačka 2. plahovita osoba
wildcat II *a* 1. nesiguran; rizičan 2. divlji, bez dozvole
wildcat III *v intr* (colloq.) tražiti (izvore nafte) sa malo izgleda na uspeh (uspjeh)
wildcat strike divlji (neorganizovan) štrajk
wild·cat·ter [~ə(r)] *n* špekulant
wil·de·beest ['wildəbijst] see **gnu**
wil·der·ness ['wildə(r)nis] *n* divljina, pustoš
wild-eyed [~ajd] *a* divljeg pogleda
wild·fire [~faj(r)] *n* 1. (hist.) grčka vatra 2. požar; **to spread like ~* brzo se širiti
wild·flow·er [~flauə(r)] *n* divlja biljka
wild·fowl [~faul] *n* barska ptica
wild-goose chase [~gūs] uzaludno traženje
wild·ing [~ing] *n* 1. divlja biljka 2. divlja životinja
wild·life [~lajf] *n* divlje životinje
wild·ling [~ling] see **wilding**
Wild West *(the ~)* divlji zapad
wile [wajl] *n* (usu. used in the *pl)* lukavstvo, smicalica
wile away *v* see **while IV**
wil·ful see **willful**
will I [wil] *n* 1. volja: *a free (strong) ~* slobodna (jaka) volja; *ill ~* zlovolja; *against one's ~* protiv svoje volje; *to bow to the ~ of the majority* prikloniti se volji većine 2. testamenat, oporuka, zaveštanje (zavještanje); *to leave (make) a ~* ostaviti (napisati) testamenat; *to break a ~* poništiti testamenat
will II *v tr* 1. odlučiti; hteti (htjeti); *god ~ed it* bog je hteo 2. zaveštati (zavještati)
will III *v* (third person sgn. is *will*; past is *would* [wud], used in indirect discourse) 1. (as an aux, verb to form the second and third person future; when determination or inevitability is expressed, *will* is used to form the first person future; in colloq. Am. English, *will* replaces *shall* in all situations; in colloq. speech, *will* is often contracted to *~'ll*; cf. **shall**); *he ~ (we ~) come* on će (mi ćemo) doći; *she ~ not come tomorrow, ~ she?* ona neće sutra

doći, zar ne? (see also **would** 1, 2) 2. (habitual action) *he ~ talk for hours* on obično govori satima (cf. **would** 3) 3. (capacity, ability) *the engine ~ not start* motor neće da upali; *~ the ladder reach?* mogu li ove merdevine stići? 4. (in a command, order) *officers ~ be properly dressed* oficiri moraju biti propisno obučeni 5. (desire, wish) *~ you have a cup of coffee?* želiš li šolju kafe? 6. (invitation) *~ you have lunch with us?* hoćete li da ručate sa nama? 7. (inevitability) *such things ~ happen* takve su stvari neizbežne (neizbježne)

wil·lem·ite ['wiləmajt] *n* (miner.) vilemit

will·ful [~fəl] *a* 1. nameran (namjeran), hɔtimičan; *~ destruction* namerno uništavanje 2. samovoljan, tvrdoglav

wil·lies ['wilijz] *n pl* (slang) uznemirenost; *it gives me the ~* to me uznemiruje

will·ing ['wiliŋg] *a* voljan, spreman; *he is ~ to do it* on je voljan (spreman) da to uradi

wil·ling·ness [~nis] *n* voljnost, spremnost

will-o'-the-wisp [~-ə-thə-'wisp] *n* 1. see **ignis fatuus** 2. varka

wil·low ['wilou] *n* vrba; *a weeping ~* žalosna vrba

willow herb vrbovica

wil·low·y [~ij] *a* 1. vrbovit; pun vrba 2. vitak, savitljiv

will power snaga volje

wil·ly-nil·ly ['wilij-nilij] *adv* hteo-ne hteo (htio-ne htio)

wilt *v* 1. *tr* učiniti da uvene 2. *intr* uvenuti

wi·ly ['wajlij] *a* lukav, prepreden

wim·ble ['wimbəl] *n* ručna burgija

wim·ple ['wimpəl] *n* kaluđerički veo

win I [win] *n* (usu. sports) pobeda (pobjeda)

win II [wən] *v* 1. *tr* odneti (odnijeti); *to ~ a victory* odneti pobedu (pobjedu) 2. *tr* steći; *to ~ fame* steći slavu 3. *tr* dobiti; *to ~ a game (a prize)* dobiti utakmicu (nagradu) 4. *tr* osvojiti; *to ~ smb.'s heart* osvojiti nečije srce 5. *tr* zadobiti, pridobiti; *to ~ smb. over* zadobiti nečiju naklonost; *he won the jury over to his side* pridobio je porotu na svoju stranu 6. *intr* pobediti (pobijediti), odneti pobedu (pobjedu)

wince I [wins] *n* trzaj, trzanje

wince II *v intr* trgnuti se, trepnuti; *to bear pain without ~ing* trpeti (trpjeti) bol a da se i ne trepne

winch [winč] *n* čekrk, vitao

Win·ches·ter ['winčestə(r)], [ə] *n* Winčester (vrsta puške; grad)

wind I [wind] *n* 1. vetar (vjetar); *a cold (favorable, strong) ~* hladan (povoljan, jak) vetar; *a gust of ~* nalet vetra; *a head (side) ~* čeoni (bočni) vetar; *a tail ~* vetar u leđa; *the ~ is blowing* vetar duva; *the ~ is dying down* stišava se vetar; *down (into) the ~* niz (u) vetar; *up the ~* uz vetar 2. dah; *to lose one's ~* izgubiti dah; **to get one's second ~* savladati prvu zaduvanost (pri trčanju) 3. (in *pl*) duvački (duhački) instrumenti 4. misc.; *to break ~* pustiti vetar; *to get ~ of smt.* nanjušiti nešto; *in the ~* u bliskoj budućnosti; **to see which way the ~ blows* videti (vidjeti) na koju stranu vetar duva

wind II *v tr* zadihati; *to get ~ed* zadihati se

wind III [wajnd] *n* namotaj

wind IV *wound* [waund] *v* 1. *tr* namotati 2. *tr* naviti; *to ~ a watch* naviti sat 3. *tr* obaviti; *to ~ one's arms around smb.'s neck* zagrliti nekoga 4. *tr* obrtati 5. *tr* ići; *to ~ one's way* ići vijugavim putem 6. *intr* vijugati (se); *the road ~s* put (se) vijuga

wind·age ['windidž] *n* 1. uticaj vetra (vjetra); skretanje zrna sa normalne putanje (zbog vetra) 2. razlika između prečnika zrna i prečnika cevi (cijevi)

wind·bag [~bæg] *n* brbljivac

wind-borne [~-bo(r)n] *a* nošen vetrom (vjetrom)

wind·break [~brejk] *n* vetrobran (vjetrobran)

wind·break·er [~ə(r)] *n* vindjakna, vetrovka (vjetrovka)

wind-cheat·er [~čijtə(r)] Br.; see **windbreaker**

wind-chill factor brzina vetra (vjetra) koja se uzima u obzir za određivanje efekta temperature vazduha na ljudsko telo (tijelo)

wind cone see **windsock**

wind down [wajnd] *v* (colloq.) postepeno smanjiti (se)

wind·ed ['windid] *a* zadihan

wind·er ['wajndə(r)] *n* 1. motač 2. motovilo, čekrk

wind·fall ['windfol] *n* 1. opalo voće 2. iznenadna sreća

wind gauge anemometar

wind·ing ['wajndiŋg] *n* 1. namotavanje 2. namotaj 3. vijuga

wind instrument [wind] duvački (duhački) instrument

wind·jam·mer ['windžæmə(r)] *n* velika jedrilica

wind·lass ['windləs] *n* čekrk, motovilo

wind·mill [~mil] *n* vetrenjača (vjetrenjača); **tilting at ~s* borba s vetrenjačama

win·dow ['windou] *n* 1. prozor; *to look through a ~* gledati kroz prozor; *to break a ~* razbiti prozor 2. šalter

win·dow-dress·ing [~-dresiŋg] *n* 1. dekorisanje izloga 2. (fig.) varka, obmana

window envelope koverat sa otvorom za adresu

window exit (of an airplane) izlaz kroz prozor

window frame doprozorje, prozorski okvir

win·dow-pane [~pejn] *n* prozorsko okno

window shade roletna, zastor

win·dow-shop [~šap]; [o] *v intr* gledati izloge

win·dow-shop·ping [~iŋg] *n* razgledanje izloga

win·dow-sill [~sil] *n* daska na prozoru

wind·pipe ['windpajp] *n* dušnik, traheja (also **trachea** 1)

wind rose ruža vetrova (vjetrova)

wind·screen [~skrijn] Br.; see **windshield**

wind·shield [~šijld] *n* vetrobran (vjetrobran), staklo (na automobilu)

windshield washer perač vetrobrana (vjetrobrana)

windshield wiper brisač stakla

wind sleeve see **windsock**

wind·sock [~sak]; [o] *n* vetrokaz (vjetrokaz) »kobasica«

wind sprint (sports) ubrzanje (kao deo — dio treninga)

wind·storm [~sto(r)m] *n* oluja

wind·swept [~swept] *a* izložen vetru (vjetru)

wind tunnel aerodinamički tunel

wind up [wajnd] *v* 1. završiti 2. završiti se 3. naviti (also **wind IV** 2) 4. zamahnuti rukom

wind-up ['wajnd-əp] *n* 1. završetak 2. zamah rukom
wind·ward I ['windwə(r)d] *n* privetrina (privjetrina)
windward II *a* and *adv* u privetrini (privjetrini), u pravcu vetra (vjetra)
Windward Islands *pl* Vindvord ostrva (W: otoci)
wind·y ['windij] *a* vetrovit (vjetrovit)
wine I [wajn] *n* vino; *dry (red, sweet, table, white)* ~ oporo (crno, desertno, stono — stolno, belo — bijelo) vino
wine II *v tr* častiti vinom; *to* ~ *and dine smb.* častiti nekoga pićem i jelom
wine·bib·ber [~bibə(r)] *n* pijanica
wine·bib·bing [~bibing] *n* pijenje vina
wine cellar vinski podrum
wine·glass [~glaes]; [*a*] *n* vinska čaša
wine·grow·er [~grouə(r)] *n* vinogradar
wine·grow·ing I [~ing] *n* vinogradarstvo
winegrowing II *a* vinogradarski
wine palm vinska palma
wine·press [~pres] *n* presa za vino
wine·skin [~skin] *n* meh (mijeh) za vino
wing I [wing] *n* 1. krilo; (fig.) okrilje; *birds have* ~*s* ptice imaju krila; *to clip smb.'s* ~*s* podrezati nekome krila; *to take smb. under one's* ~ uzeti nekoga pod svoje okrilje; (also fig.) *to spread one's* ~*s* razviti krila 2. (aviation) krilo; *a folding* ~ krilo na sklapanje; *a swept-back* ~ krilo s pozitivnom strelom (strijelom) 3. (sports) krilo 4. (mil.) vazduhoplovni (W: zračnoplovni) puk 5. (mil.) krilo 6. (of a double door) vratnica, krilo 7. Br.; see **fender** 1
wing II *v tr* 1. poleteti (poletjeti); *to* ~ *one's way home* poleteti kući 2. (colloq.) raniti (u krilo, u nogu); *to* ~ *a bird* raniti pticu (u krilo)
wing·ding [~ding] *n* (slang) bučna proslava
wing·er [~ə(r)] see **wing** I 3
wing flap zakrilce
wing·foot·ed [~futid] *a* brzonog
wing·less [~lis] *a* bez krila
wing·let [~lit] *n* malo krilo
wing nut leptirasti zavrtanj
wings *n pl* 1. znak 2. leva (lijeva) i desna strana pozornice
wing·span [~spaen] *n* razmah krila
wing·spread [~spred] see **wingspan**
wink I [wingk] *n* mig
wink II *v* 1. *tr* mignuti; *to* ~ *one's eye* mignuti okom 2. *intr* mignuti, namignuti; *to* ~ *at smb.* namignuti nekome
wink·ers [~ə(r)z] *n pl* Br.; see **turn signal**
win·kle out [~wingkəl] *v* (Br.; colloq.) izmamiti
win·ner ['winə(r)] *n* 1. dobitnik, pobednik (pobjednik) 2. zgoditak; *to draw a* ~ izvući zgoditak
win·ning I [~ing] *n* 1. pobeda (pobjeda) 2. (in *pl*) dobitak
winning II *a* 1. pobedonosan (pobjedonosan); *a* ~ *team* pobedonosna ekipa 2. privlačan, prijatan; *a* ~ *personality* privlačna ličnost
winning number, winning ticket (of a lottery) zgoditak
Win·ni·peg ['winəpeg] *n* Vinipeg
win·now I ['winou] *n* vejalica (vijalica)
winnow II *v tr* 1. ovejati (ovijati); *to* ~ *grain* ovejati žito 2. provejati (provijati); razbacati
win·now·er [~ə(r)] *n* vejač (vijač)

winnowing machine vejalica (vijalica)
winnow out *v* odvojiti; odabrati
win·o ['wajnou] (-*s* or -*es*) *n* (slang) pijanica, vinopija
win out *v* (colloq.) pobediti (pobijediti)
win over *v* see **win** II 5
win·some ['winsəm] *a* ljubak, dražestan, dopadljiv
win·ter I ['wintə(r)] *n* zima; *this (last, next)* ~ ove (prošle, iduće) zime; *during the* ~ preko zime; *in* ~ zimi; *for (the)* ~ za zimu
winter II *a* zimski; *a* ~ *day (coat)* zimski dan (kaput); ~ *sports* zimski sportovi
winter III *v* 1. *tr* zimi braniti (stoku) 2. *intr* zimovati
win·ter·ber·ry [~berij] *n* zimska bobica
winter cherry (bot.) ljoskavac, pljuskavac
win·ter·feed [~fijd]; -*fed* [fed] *v tr* hraniti (stoku) zimi
win·ter·green [~grijn] *n* zimzelen
win·ter·ize [~rajz] *v tr* osposobiti za rad u zimskim uslovima (W also: uvjetima)
winter solstice kratkodnevica
win·ter·time [~tajm] *n* zimsko doba
winter wheat ozima pšenica
win·try ['wintrij] *a* zimski; hladan, studen
win·y ['wajnij] *a* sličan vinu
wipe I [wajp] *n* brisanje
wipe II *v tr* 1. obrisati; *to* ~ *one's eyes (the floor, one's nose)* obrisati oči (pod, nos); *to* ~ *away one's tears* obrisati suze 2. (also: *to* ~ *off*) otrti; *to* ~ *mud from one's shoes* or: *to* ~ *mud off one's shoes* otrti blato s cipela
wipe off *v* see **wipe** II 2
wipe out *v* 1. uništiti, zbrisati; *to wipe out a regiment* zbrisati puk 2. (colloq.) ubiti
wip·er ['wajpə(r)] *n* 1. brisač 2. see **windshield wiper** 3. (tech.) klizač 4. (elec.) kontaktna ručica
wiper blade guma brisača
wipe up *v* obrisati; *to wipe up the floor* or: *to wipe the floor up* obrisati pod
wire I [waj(r)] *n* 1. žica; *barbed* ~ bodljikava žica 2. provodnik, žica; *telephone* ~ telefonska žica 3. telegram (also **telegram**) 4. misc.; * *to get in under the* ~ stići u pravom trenutku; **to pull* ~*s* see **string** I 5
wire II *v* 1. *tr* spojiti žicom 2. *tr* telegrafisati; *to* ~ *smb.* telegrafisati nekome (also **telegraph** III) 3. *intr* poslati telegram
wire cutters *pl* makaze (W: škare) za sečenje (sječenje) žice
wire gauge merač (mjerač) debljine žice
wire glass armirano staklo
wire-haired [~-hej(r)d] *a* oštrodlaki
wire·less I [~lis] *n* 1. telegraf 2. Br.; see **radio** I 1
wireless II *a* bežični; *a* ~ *link* bežična veza; ~ *telegraphy* bežična telegrafija
wire·man [~mən] (-*men* [min]) see **lineman** 2
wire netting žičana mreža
wire·pul·ler [~pulə(r)] *n* (colloq.) onaj koji koristi svoje veze
wire service telegrafska agencija, novinska agencija
wire·tap I [~taep] *n* uređaj za prisluškivanje, prislušni uređaj (also **tap** III 3)
wiretap II *v tr* and *intr* prisluškivati (see also **tap** IV 5)

wire·tap·per [~ə(r)] *n* prisluškivač, osluškivač
wire wool Br.; see **steel wool**
wir·ing ['wajriŋ] *n* 1. spajanje žicom; šemiranje
2. električni vodovi, žičani vodovi; *faulty* ~
neispravni električni vodovi
wiring diagram montažna šema
wir·y ['wajrij] *a* 1. sličan žici 2. žilav, čvrst
Wis·con·sin [wis'kansin]; [o] *n* Viskonsin
wis·dom ['wizdəm] *n* mudrost
wisdom tooth umnjak
wise I [wajz] *n* način (more usu. is **manner** 1)
wise II *a* 1. mudar 2. učen 3. obavešten (obavije-
šten) 4. (slang) ohol, arogantan
wise·a·cre ['wajzejkə(r)] *n* (colloq., pejor.) sve-
znalica, mudrijaš
wise·crack I [~kraek] *n* duhovita primedba (pri-
mjedba)
wisecrack II *v intr* napraviti duhovitu primedbu
(primjedbu)
wise guy (slang) samopouzdana osoba
wi·sent ['vijzənt] *n* see **bison** 2
wise up *v* (colloq.) urazumiti se
wish I [wiš] *n* želja; *according to your* ~ po tvojoj
želji; *to fulfill smb.'s* ~ ispuniti nekome želju;
my ~ *came true* ispunila mi se želja; *best* ~ *es*
for the New Year najtoplije želje za srećnu
Novu godinu; *a* ~ *to leave* želja da otputuje
wish II *v tr* and *intr* poželeti (poželjeti); *to* ~ *smb.*
a happy New Year poželeti nekome srećnu
Novu godinu; *he doesn't* ~ *harm to anyone*
on nikome ne želi zla; *as you* ~ kako želite;
we ~ *that he were here* voleli (voljeli) bismo da
je ovde (ovdje); *he* ~ *es to remain at home*
želi da ostane kod kuće
wish·bone [~boun] *n* jadac; *to break the* ~ lomiti
jadac
wish·ful [~fəl] *a* željan; pun želja
wish fulfillment ispunjenje želje
wishful thinking priželjkivanje nečega
wish-wash [~woš], [a] *n* (colloq.) pomije
wish·y-wash·y [~ij-~ij] *a* (colloq.) 1. vodnjikav
(also **watery**) 2. neodlučan, kolebljiv
wisp [wisp] *n* 1. svežanj slame 2. pramen, čuperak
3. nešto tanko, nežno (nježno) 4. (fig.) sugestija,
mig 5. see **will-o'-the-wisp**
wis·ter·i·a [wi'stijrijə] **wis·tar·i·a** [wi'stejrijə] *n*
(bot.) vistarija
wist·ful ['wistfəl] *a* čežnjiv, zamišljen
wit [wit] *n* 1. um, razum 2. smisao za humor,
osećanje (osjećanje) za humor 3. humorista
4. (in *pl*) pamet; snalažljivost; *he has his* ~*s*
about him on je pri svojoj pameti, on je vrlo pri-
seban; *to live by one's* ~*s* probijati se kroz život
(dovijanjem); *to be at one's* ~*s end* biti u nedo-
umici
witch [wič] *n* veštica (vještica), vračara; ~*es*
ride on broomsticks veštice jašu na metlama
witch·craft [~kraeft]; [a] *n* vračanje, čarolije;
to practice ~ baviti se vračanjem
witch doctor vrač
witch·er·y [~ərij] see **witchcraft**
witches' brew vrzino kolo
witches' Sabbath vrzino kolo
witch hazel 1. (bot.) hamamelis 2. (med.) rastvor
od hamamelisa
witch hunt (pol.) lov na veštice (vještice)

with [wi*th*], [*th*] *prep* 1. s, sa; *to quarrel (work)* ~
smb. svađati se (raditi) s nekim; ~ *enthusiasm*
(hatred, love) s oduševljenjem (mržnjom, lju-
bavlju); *to breathe* ~ *difficulty* disati s naporom
2. protiv, s; *to fight* ~ *smb.* boriti se protiv
nekoga (s nekim) 3. od; *to tremble* ~ *fear*
drhtati od straha 4. za; *to charge smb.* ~ *murder*
optužiti nekoga za ubistvo (W: ubojstvo) 5.
(corresponds to the SC instr.) *to strike smb.* ~
a stick udariti nekoga štapom 6. (corresponds
to the SC gen.); ~ *bowed head* pognute glave;
~ *raised arms* podignutih ruku 7. kod; *to write*
a dissertation ~ *a professor* napisati disertaciju
kod nekog profesora 8. misc.; (colloq.) *to be in*
~ *smb.* biti s nekim na dobroj nozi; ~ *no end*
in sight bez izgleda na završetak; (slang) *to*
be ~ *it* biti u toku
with·al [wi*th*'ol] *adv* pored toga
with·draw [wi*th*'dro], [*th*]; -**drew** [drū]; -**drawn**
[dron] *v* 1. *tr* povući; *to* ~ *an ambassador*
(troops) povući ambasadora (trupe); *to* ~
money from circulation povući novac iz opticaja
2. *tr* ispisati; *to* ~ *a child from school* ispisati
dete (dijete) iz škole 3. *tr* izvaditi; *to* ~ *money*
from a bank izvaditi novac iz banke 4. *intr*
povući se; *the enemy is* ~*ing* neprijatelj se
povlači; *he withdrew from political life* povukao
se iz političkog života 5. *intr* ispisati se; odjaviti
se; odustati; *to* ~ *from school* ispisati se iz
škole; *to* ~ *from competition* odustati od takmi-
čenja
with·draw·al [~əl] *n* 1. povlačenje; *the* ~ *of*
troops povlačenje trupa 2. ispis; *a* ~ *from*
school ispis iz škole 3. odjava; odustajanje 4.
prekid uzimanja droga
withdrawal symptom simptom krize prilikom pre-
kida uzimanja droga
with·drawn [~'dron] *a* povučen
with·drew see **withdraw**
withe [wi*th*], [*th*] or [waj*th*] *n* prut (za vezivanje)
with·er ['wi*th*ə(r)] *v intr* uvenuti
wither away *v* see **wither**; *the withering away of*
the state odumiranje države
with·er·ing [~riŋ] *a* porazan; ~ *criticism* po-
razna kritika
with·er·ite [~rajt] *n* (miner.) viterit
with·ers ['wi*th*ə(r)z] *n pl* greben (kod konja, vola)
with·hold [wi*th*'hould], [*th*]; -**held** [held] *v tr* za-
držati; *to* ~ *from one's wages* zadržati od
plate
with·hold·ing tax [~iŋ] porez na prihod (koji se
oduzima od plate)
with·in [wi*th*'in], [*th*] 1. *adv* unutra, unutar 2. *prep*
u; ~ *the house* u kući
with·in·doors [~do(r)z] see **indoors**
with·out I [~'aut] *adv* van; **to do* ~ *smt.* biti
bez čega
without II *prep* 1. bez; ~ *(a) doubt* bez sumnje;
~ *further ado* bez daljnjeg; *not* ~ *reason* ne
bez razloga; ~ *a murmur (a word)* bez pogo-
vora (reči — riječi) 2. a (da) ne; *the children*
cannot play ~ *making a mess* deca (djeca) ne
mogu da se igraju, a da ne naprave nered; *he's*

leaving ~ *even saying goodbye* on odlazi, a ne kaže ni zbogom
with regard to *prep* u pogledu
with·stand [~'staend]; *-stood* [stud] *v tr* izdržati; *to* ~ *an attack (a siege)* izdržati napad (opsadu)
with·y I ['wiðij], [*th*] *n* vita vrba
withy II *a* vitak
wit·less ['witlis] *a* glup, bezuman
wit·ness I ['witnis] *n* svedok (svjedok); *a* ~ *at a wedding* svedok na venčanju (vjenčanju); *a* ~ *for the defense* svedok odbrane (W: obrane); *a* ~ *to an accident (a quarrel)* svedok neke nesreće (svađe); *to bear* ~ *to smt.* posvedočiti (posvjedočiti) o nečemu; *to produce a* ~ privesti svedoka; *to bear false* ~ dati lažan iskaz
witness II *v tr* 1. prisustvovati (kao svedok — svjedok); *to* ~ *a collision* prisustvovati sudaru 2. overiti (ovjeriti)
witness box usu. Br.; see **witness stand**
witness chair klupa za svedoke (svjedoke)
witness stand govornica za svedoke (svjedoke)
wit·ti·cism ['witisizəm] *n* dosetka (dosjetka), duhovita primedba (primjedba)
wit·ty ['witij] *a* duhovit
wives see **wife**
wiz [wiz] *n* (colloq.) sposobna, talentovana osoba
wiz·ard [~ə(r)d] *a* 1. vrač, mađioničar 2. genije
wiz·ard·ry [~rij] *n* 1. vračanje 2. (fig.) sposobnost, veština (vještina)
wiz·en I ['wizən] *a* see **wizened**
wizen II *v* 1. *tr* smežurati 2. *tr* osušiti 3. *intr* osušiti se; svenuti
wiz·ened [~d] *a* smežuran; osušen
woad [woud] *n* (bot.) sinj, sinjavica
wob·ble I ['wabəl]; [*o*] *n* klimanje, klaćenje, drmanje
wobble II *v intr* klimati se, klatiti se, drmati se; *this pole* ~*s* ovaj se stub drma
wob·bly ['wablij]; [*o*] *a* klimav; *a* ~ *chair* klimava stolica
Wo·dan, Wo·den ['woudn] *n* (myth.) Voden
woe [wou] 1 *n*. jad, nesreća 2. *interj* jao! ~ *is me!* jao meni!
woe·be·gone [~bəgon], [*a*] *a* jadan, nesrećan
woe·ful [~fəl] *a* jadan; tužan
wog [wag]; [*o*] *n* (Br.; vul., pejor.) Crnac, Arapin, Indijac
woke see **wake II**
wo·ken see **wake II**
wold I [would] see **weld III**
wold II *n* ravnica; pustara
wolf I [wulf] *(wolves* [wulvz]) *n* 1. vuk, kurjak; * *to cry* ~ *too often* često dizati lažnu uzbunu; * *a* ~ *in sheep's clothing* vuk u jagnjećoj (W: janjećoj) koži; *to keep the* ~ *from the door* boriti se protiv oskudice 2. (slang) ženskaroš
wolf II *v tr (to* ~ *down)* prožderati
wolf call (slang) zviždanje od radosti (pri susretu s devojkom — djevojkom)
wolf cub vučić
wolf·hound [~haund] *n* vučjak
wolf pack (mil.) grupa podmornica (koje dejstvuju — djejstvuju zajedno)
wolf·ram ['wulfrəm] see **tungsten**
wolf·ram·ite ['wulfrəmajt] *n* (miner.) volframit

wolf whistle see **wolf call**
wol·las·ton·ite ['wuləstənajt] *n* (miner.) volastonit
wol·ver·ine ['wulvərijn] *n* (zool.) žderavac (also glutton II)
wolves see **wolf**
wom·an ['wumən] *(women* ['wimin]) *n* 1. žena 2. žensko; ženskost; *it brought out the* ~ *in her* to je probudilo osećaj (osjećaj) ženstvenosti kod nje
woman- (colloq.; combining form used to denote *women)* *a* ~ *engineer (women engineers)* žena-inženjer; *a* ~ *doctor* doktorka; *a* ~ *athlete* sportistkinja
wom·an·hood [~hud] *n* 1. ženskost 2. see **womankind**
wom·an·ish [~iš] *a* ženstven
wom·an·ize [~ajz] *v* 1. *tr* učiniti ženstvenim 2. *intr* trčati za ženama
wom·an·kind [~kajnd] *n* (coll.) žene, ženski rod
wom·an·ly [~lij] *a* ženstven
womb [wūm] *n* materica (also **uterus**)
wom·en·folk ['wiminfoulk] *n* (coll.) žene
women's *a* ženski; ~ *shoes* ženske cipele
women's lib. women's liberation ženski pokret za jednakost, pokret za oslobođenje žena
women's studies kursevi na kojima se izučava uloga žena u istoriji (W: historiji, povijesti) i kulturi
won see **win II**
won·der I ['wəndə(r)] *n* čudo; *an unheard-of* ~ čudo neviđeno; *to work* ~*s* praviti čuda; *it is no* ~ *that he is angry* nije čudo što je ljut
wonder II *v tr* čuditi se; pitati se; *to* ~ *about (at) smt.* čuditi se nečemu
wonder drug see **miracle drug**
won·der·ful [~fəl] *a* čudesan
won·der·land [~laend] *n* čudesna zemlja; *Alice in Wonderland* Alisa u zemlji čuda
won·der·ment [~mənt] *n* čuđenje
won·der·work [~wə(r)k] *n* čudo
won·drous ['wəndrəs] *a* čudan, čudesan
wont I [wont], [ə] *n* navika, običaj
wont II *a* naviknut; *as he was* ~ *to do* kao što je imao običaj da čini
won't [wount] *will not*
wont·ed ['wontid], [ə] *a* uobičajen
woo [wū] *v tr and intr* udvarati se; *to* ~ *a girl* udvarati se devojci (djevojci)
wood I [wud] *n* 1. drvo; *made of* ~ načinjen od drveta 2. (usu. in *pl)* šuma; *in the* ~*s* u šumi 3. drveni predmet
wood II *a* drveni
wood alcohol see **methyl alcohol**
wood·bine [~bajn] *n* (bot.) kozja krv, orlovi nokti
wood·carv·er [~ka(r)və(r)] *n* drvorezac
wood·carv·ing [~ka(r)viŋg] *n* drvorez
wood·chuck [~čək] see **groundhog**
wood coal see **charcoal**
wood·cock [~kak]; [*o*] *(pl has -s or zero) n* šumska šljuka
wood·craft [~kraeft]; [*a*] *n* drvorezbarski zanat
wood·cut [~kət] *n* duborez u drvetu
wood·cut·ter [~kətə(r)] *n* drvoseča (drvosječa)
wood·cut·ting [~iŋg] *n* sečenje (sječenje) drva
wood·ed [~id] *a* šumovit
wood·en [~ən] *a* drven; *a* ~ *chair* drvena stolica

wood engraving drvorez
wood·en·head [~ənhed] *n* (colloq.) glupan
wooden Indian drvena figura Indijanca (simbol trgovca duvanom — duhanom)
wood ginger (bot.) konopljica
wood ibis šumski ibis
wood·land [~lənd] *n* šumovit kraj, šumovita zemlja
wood·lark [~la(r)k] *n* šumska ševa
wood laurel (bot.) zdravić (also **daphne**)
wood nymph šumska vila
wood·peck·er [~pekə(r)] *n* detao (djetao)
wood pigeon šumski golub
wood·pile [~pajl] *n* gomila drva, drvljanik, kladnja
wood·print [~print] *n* drvorez
wood pulp drvena masa, pulpa (za izradu papira)
wood pussy (slang) see **skunk I**
wood·ruff [~rəf] *n* (bot.) lazarkinja
wood·shed [~šed] *n* šupa za drva
woods·man [~zmən] (*-men* [min]) *n* šumar
wood sorrel (bot.) cecelj
wood spirits see **methyl alcohol**
wood sugar see **xylose**
wood·sy [~zij] *a* sličan šumi
wood tar drvna smola
wood·turn·er [~tə(r)nə(r)] *n* drvodelja (drvodjelja)
wood·turn·ing [~iñg] *n* drvodeljstvo (drvodjeljstvo)
wood·wax·en [~waeksən] *n* (bot.) žutilica, žutilova trava
wood·wind [~wind] *n* drveni duvački (W: duhački) instrumenat
wood·work [~wə(r)k] *n* drvenarija; *out of the* ~ iz zaborava, iz naftalina
wood·worm [~wə(r)m] *n* drvomorac, drveni moljac
wood·y [~ij] *a* 1. sličan drvetu 2. šumovit
woof I [wuf], [ū] *n* (*the* ~) potka
woof II [wuf] *n* lavež
woof·er [~ə(r)] *n* zvučnik za niske frekvencije
wool I [wul] *n* vuna; *artificial* ~ veštačka — vještačka (W: umjetna) vuna; *glass* ~ staklena vuna; *to grow* ~ gajiti vunu; *to pull the* ~ *over smb.'s eyes* obmanuti nekoga
wool II *a* vunen
wool clip godišnja proizvodnja vune
wool·en [~ən] *a* vunen; ~ *fabric (yarn)* vunena tkanina (pređa)
wool·ens [~ənz] *n pl* vunena roba
wool fat see **lanolin**
wool·gath·er·ing I [~gaethəriñg] *n* 1. skupljanje vune 2. (fig.) rasejanost (rasijanost)
woolgathering II *a* rasejan (rasijan)
wool·grow·er [~grouə(r)] *n* odgajivač ovaca (radi vune)
wool·ly see **wooly I, II**
wool·pack [~paek] *n* denjak vune
wool·sack [~saek] *n* (Br.) jastuče na kojem sedi (sjedi) lord kancelar (u Gornjem domu)
wooly I [~ij] *n* vuneni odevni (odjevni) predmet
wooly II *a* 1. pokriven vunom; vunast 2. sličan vuni 3. (fig.) nejasan, pomućen (also **fuzzy 2**)
wooz·y ['wūzij] *a* ošamućen (also **dazed**)
wop [wap]; [o] *n* (vul., pejor.) see **Italian I**

Worces·ter ['wuste(r)] *n* 1. (Br.) Vusterska grofovija 2. Vuster (grad)
Worces·ter·shire sauce [~šij(r)], [ə] (cul.) vrsta umaka
word I [wə(r)d] *n* 1. reč (riječ); *dialectal (foreign, monosyllabic, obsolete, regional, vulgar)* ~s dijalekatske (strane, jednosložne, zastarele — zastarjele, pokrajinske, vulgarne) reči; *a* ~ *of honor* časna reč; *to repeat* ~ *for* ~ ponoviti od reči do reči; *in a* ~ jednom rečju; *in other* ~s drugim rečima; (fig.) *the latest* ~ *in fashion* poslednja (posljednja) reč mode; *to say a* ~ *(a few* ~s*)* kazati nekoliko reči; *to eat one's* ~s poreći svoje reči; *upon my* ~! časna reč! *his* ~ *is law* njegova reč je zakon; *to have the last* ~ *(in an argument)* imati poslednju (posljednju) reč (u sporu) 2. (data) reč, obećanje; *to give (keep) one's* ~ dati (održati) reč; *to break one's* ~ prekršiti datu reč; *to take smb. at his* ~ verovati (vjerovati) nekome na reč; *to hold smb. to his* ~ uhvatiti nekoga za reč; *to go back on one's* ~ ne održati reč; *he is man of his* ~ on je čovek (čovjek) od reči 3. (in *pl*) gnevne (gnjevne) reči; *they had* ~s posvađali su se 4. izveštaj (izvještaj); *to bring (send)* ~ doneti — donijeti (poslati) izveštaj 5. misc.; *a* ~ *to the wise* pametnom je dosta; *by* ~ *of mouth* usmeno; *to put in a good* ~ *for smb.* preporučiti nekoga; *a man of few* ~s malorečiv (malorječiv) čovek (čovjek); *to have a* ~ *with smb.* razgovarati s nekim
word II *v tr* formulisati, izraziti; *the sentence is* ~ed *like this . . .* ta rečenica glasi ovako . . .
word·age [~idž] *n* 1. (coll.) reči (riječi) 2. praznoslovlje (also **verbiage** for 2)
word·book [~buk] *n* leksikon
word count određivanje čestoće reči (riječi); čestotni rečnik (rječnik)
word·ing [~iñg] *n* formulisanje
word·less [~lis] *a* bez reči (riječi)
word order red reči (riječi)
word-perfect Br.; see **letter-perfect**
word play igra reči (riječi) (also **pun I**)
word processing obrada teksta
word processor samočitač, procesor za obradu reči
word square see **acrostic**
word·y [~ij] *a* razvučen, govorljiv
work I [wə(r)k] *n* 1. rad; posao; *hard* ~ naporan rad; ~ *on a dictionary* rad na rečniku (rječniku); *to do one's* ~ obavljati posao; *he does good* ~ *on* dobro radi (also **labor I** 1) 2. posao, mesto (mjesto), rad, položaj; *to look for* ~ tražiti posao (also **job I** 1) 3. (in *pl*) dela (djela), radovi; *collected (complete, selected)* ~s sabrana (celokupna — cjelokupna, izabrana) dela; *published* ~s objavljeni radovi 4. delo; *a* ~ *of art* umetničko (umjetničko) delo 5. (in *pl*) fabrika, radilište; *brick* ~s ciglana 6. (rel., in *pl*) dela 7. misc.; *to shoot the* ~s uložiti maksimalan otpor; *to make short* ~ *of smt.* brzo obaviti nešto; *he has his* ~ *cut out for him* ima pune ruke posla; *all* ~ *and no play makes Jack a dull boy* rad bez odmora otupljuje čoveka (čovjeka)
work II *v* 1. *tr* napraviti; *to* ~ *miracles* praviti čuda; *the frost* ~ed (obsol.: *wrought*) *havoc with*

the crop mraz je napravio pustoš od useva (usjeva) 2. *tr* kovati; prerađivati; *to* ~ *iron* kovati (prerađivati) gvožđe 3. *tr* rukovati; *to*~ *a power mower* rukovati motornom kosačicom 4. *tr* probiti, prokrčiti; *to* ~ *one's way through a crowd* probiti se kroz gomilu 5. *tr* obrađivati; *to* ~ *the soil* obrađivati zemlju (also **till III**) 6. *tr* navesti (nekoga) da radi; *to* ~ *smb. hard radom* nekoga iscrpsti; *she is* ~*ing herself to death* ona se satire radom; *the mines are no longer* ~*ed* rudnici više ne rade 7. *tr* rešiti (riješiti); *to* ~ *an equation* rešiti jednačinu (W: jednadžbu) 8. *tr* pokretati; *to* ~ *one's jaws* pokretati vilice 9. *intr* raditi, biti zaposlen; *to* ~ *in a factory* raditi u fabrici; *to* ~ *as a teacher* raditi kao učitelj; *to* ~ *on smt.* raditi na nečemu 10. *intr* raditi, funkcionisati; delovati (djelovati); *the engine (machine)* ~*s well* motor (mašina — W: stroj) odlično radi; *that medicine* ~*s very well* taj lek (lijek) odlično deluje 11. *intr* probiti se; *he* ~*ed through the crowd* probio se kroz gomilu 12. misc.; *to* ~ *one's contacts* koristiti svoje veze; *this mailman* ~*s our street* ovaj poštar radi u našoj ulici; *to* ~ *oneself free (loose)* osloboditi se; *to* ~ *oneself into a rage* razbesneti (razbjesnjeti) se; *to* ~ *a few jokes into a talk* ubaciti nekoliko šala u govor; *to* ~ *on smb.* ubeđivati (ubjeđivati) nekoga

work·a·ble [~əbəl] *a* obradljiv
work·a·day [~ədej] *a* svakidašnji
work·a·hol·ic [~ə'holik] *n* radomanijak (see **-aholik**)
work·bag [~baeg] *n* torba za rad
work·bench [~benč] *n* radna tezga
work·book [~buk] *n* knjiga sa vežbama (vježbama)
work·box [~baks]; [o] *n* kutija za rad
work·day [~dej] *n* 1. radni dan 2. radno vreme (vrijeme)
work·er [~ə(r)] *n* radnik; *a factory* ~ fabrički radnik; ~*s of the world, unite!* proleteri svih zemalja, ujedinite se!
work ethic etika rada
work·fare [~fej(r)] *n* socijalna pomoć za koju primaoci moraju da rade
work force *(the* ~*)* radna snaga
work·horse [~ho(r)s] *n* 1. teretni konj 2. (fig.) osoba koja radi naporno radi
work·house [~haus] *n* popravilište
work in *v* uplesti, ubaciti; *to work in a joke* or: *to work a joke in* ubaciti šalu
work·ing [~ing] *a* 1. koji radi; *a* ~ *wife* supruga koja radi 2. radni; ~ *hours* radno vreme (vrijeme); *a* ~ *hypothesis* radna hipoteza; *a* ~ *majority* radna većina 3. praktičan; *a* ~ *knowledge of a foreign language* praktično znanje stranog jezika
working capital obrtni kapital
working class radnička klasa
work·ing·man [~maen] *(-men* [men]) *n* (fizički) radnik
working papers dozvola za rad
work·ings [~ingz] *n pl* (colloq.) 1. mehanizam 2. funkcionisanje
work·load [~loud] *n* radna norma

work·man [~mən] *(-men* [min]) *n* radnik
work·man·like [~lajk] *a* stručan
work·man·ship [~šip] *n* 1. (zanatska) veština (vještina) 2. izrada (W: izradba); *exquisite* ~ izvrsna izrada
work off *v* 1. odraditi, radeći otplatiti; *to work off a debt* odraditi dug 2. skinuti; *to work off extra pounds* vežbom — vježbom (radom) skinuti suvišne kilograme 3. misc.; (slang) *to work smb.'s tail off* iznuriti nekoga radom
work out *v* 1. izraditi; *to work out a plan* izraditi plan 2. (sports) trenirati; *they work out every day* oni treniraju svaki dan 3. završiti se (dobro); *everything worked out well* sve se dobro završilo
work·out [~aut] *n* trening
work over *v* 1. ponoviti 2. (colloq.) istući; *they worked him over* istukli su ga
work·room [~rūm], [u] *n* radna soba
works *n pl* 1. (colloq.) mehanizam 2. see **work I** 3, 5, 6, 7, 3. see **public works**
work·shop [~šap]; [o] *n* 1. radionica, fabrička (W: tvornička) hala 2. praktikum, seminar, simpozijum; *to hold a* ~ održati simpozijum
work-study *n* Br.; see **time and motion study**
work study student stipendista koji mora raditi nekoliko sati nedeljno (nedjeljno — W: tjedno) na fakultetu
work-to-rule *n* (Br.) usporavanje rada (kao protestna akcija)
work up *v* 1. dogurati; *he worked himself up to the governorship* dogurao je do guvernera 2. misc.; *to work up an appetite* ogladneti — ogladnjeti (nakon napora); *to work up a sweat* oznojiti se
work·week [~wijk] *n* radna nedelja (nedjelja)
world I [wə(r)ld] *n* svet (svijet); *the whole* ~ceo(cio) svet; *to come into the* ~ doći na svet; *the animal (vegetable)* ~ životinjski (biljni) svet; *to travel around the* ~ putovati oko sveta; *the* ~ *of politics* politički svet; *not for anything in the* ~ ni za šta na svetu; *the* ~*'s first atomic power station* prva atomska centrala na svetu (see also **New World, Old World**) 2. misc.; *it will do a* ~ *of good* to će mnogo dobra učiniti; *on top of the ~ ushićen; *out of this ~ izvrstan
world II *a* svetski (svjetski)
World Bank *(the* ~*)* Svetska (Svjetska) banka
world beater (colloq.) veoma sposobna osoba
world-class *a* vrhunski, svetskog (svjetskog) glasa
World Court *(the* ~*)* see **International Court of Justice**
World Health Organization *(the* ~*)* Svetska (Svjetska) zdravstvena organizacija
world·ly [~lij] *a* 1. ovozemaljski, svetovan (svjetovan) 2. belosvetski (bjelosvjetski), koji poznaje svet (svijet)
world·ly-wise [~-wajz] see **wordly 2**
world power svetska (svjetska) sila
World Series *(the* ~*)* svetsko (svjetsko) prvenstvo u bezbolu
world-shak·ing [~-šejking] *a* od velikog značaja
World War I [wən] prvi svetski (svjetski) rat
World War II [tū] drugi svetski (svjetski) rat
world·wide [~wajd] *a* rasprostranjen širom sveta (svijeta)

worm I [wə(r)m] *n* crv; glista; *to fish with ~s (for bait)* pecati na glistu; **the ~ will turn* see **turn II** 20

worm II *v tr* krišom ostvariti; *to ~ a secret out of smb.* izmamiti nekome tajnu; *to ~ one's way into society* uvući se u društvo

worm-eat-en [~-ijtən] *a* crvotočan, crvljiv

worm fence see **snake fence**

worm gear pužni zupčanik

worm-hole [~houl] *n* rupa od crva (gliste), crvojedina

worm out *v* see **worm II**

worm wheel see **worm gear**

worm-wood [~wud] *n* pelen

worm-y [~ij] *a* crvljiv, crvotočan

worn [wo(r)n] *a* 1. see **wear II** 2. iznošen

worn-out [~-aut] *a* 1. pohaban, iznošen, pocepan (pocijepan); *~ shoes* pocepane cipele 2. iznuren

wor-ried *a* see **worry II**; zabrinut

wor-ri-some ['wərijsəm] *a* 1. koji zabrinjava 2. zabrinut

wor-ry I ['wərij] *n* briga; zabrinutost; *free of ~* bez brige; *signs of ~* znaci zabrinutosti; *to cause smb. ~* zadati nekome brigu; *~ about smt.* zabrinutost zbog nečega

worry II *v* 1. *tr* zabrinuti; *the situation at the front ~ied all of us* sve nas je zabrinula situacija na frontu; *to be ~ied about smt.* biti zabrinut zbog nečega 2. *intr* biti zabrinut, zabrinjavati se, brinuti (se); *to ~ about smb.* brinuti (se) za nekoga; *don't ~!* ne brini se!

wor-ry-wart [~wo(r)t] *n* (colloq.) onaj koji je uvek (uvijek) zabrinut

worse see **bad II**

wors-en ['wə(r)sən] *v* 1. *tr* pogoršati 2. *intr* pogoršati se

wor-ship I ['wə(r)šip] *n* 1. obožavanje; poštovanje 2. bogosluženje, služba božja 3. predmet obožavanja 4. (Br., as a title) milost, prečasnost

worship II *v* 1. *tr* obožavati; *to ~ many gods* obožavati mnogo bogova 2. *intr* vršiti božju službu

wor-ship-ful [~fəl] *a* 1. pun poštovanja 2. (Br.) dostojan poštovanja

worst I [wə(r)st] *n* najgore; *to think the ~ of smt.* misliti najgore o nekome; **to get the ~ of it* izvući deblji kraj; *if (the) ~ comes to (the) ~* u najgorem slučaju

worst II see **bad II**

wor-sted II ['wə(r)stid] *n* češljana vuna, kamgarn

worsted II *a* od češljane vune

worth I [wə(r)th] *n* vrednost (vrijednost); *a dollar's ~ of sugar* za dolar šećera

worth II *a* koji vredi (vrijedi); vredan (vrijedan); *that's not ~ much* to ne vredi mnogo; *how much is that house ~?* koliko vredi ta kuća? (colloq.) *he's ~ a few million* on ima nekoliko miliona; *it's not ~ the trouble* to se ne isplati; *is this film ~ seeing?* da li ovaj film vredi gledati

worth-less [~lis] *a* bezvredan (bezvrijedan)

worth-while [~'hwajl], [w] *a* vredan (vrijedan) utrošenog vremena

wor-thy ['wə(r)thij] *a* dostojan; *to be ~ of smt.* biti dostojan nečega

would [wud] *v* 1. (see **will III**; *would* is used in indirect discourse) *he said that he ~ come* rekao je da će doći 2. (as an aux. verb in cond. sentences) *if he came, I ~* (formal, esp. Br.: *should*) *give him the book* kada bi došao, dao bih mu knjigu; *if he had seen them, he ~ have said smt.* da jh je video (vidio), rekao bi nešto; *how ~ you translate this?* kako biste ovo preveli? 3. (habitual action in the past); *he ~ talk for hours* on je obično govorio satima (cf. **will III** 2) 4. (invitation, request; see also **will III** 6) *~ you have lunch with me?* da li biste ručali sa mnom? *~ you help us?* da li biste nam pomogli?

would-be [~-bij] *a* tobožnji; nazovi-; *a ~ assassin* nazoviatentator; *a ~ poet* nazovipesnik (nazovipjesnik)

would-n't ['wudənt] *would not*

wound I [wūnd] *n* rana; *a deep (minor, mortal, open, serious) ~* duboka (laka, smrtonosna, živa, teška) rana; *to inflict a ~* naneti (nanijeti) ranu; *to dress a ~* zaviti ranu; *to succumb to one's ~s* podleći ranama

wound II *v tr* raniti; *to ~ smb. in the leg* raniti nekoga u nogu

wound III see **wind IV**

wound-wort ['wūndwə(r)t] *n* (bot.) kudravac, ranjenica

wove see **weave II**

wo-ven see **weave II**

wow I [wau] *n* (colloq.) veliki uspeh (uspjeh)

wow II *interj* oh

wow III *v tr* (colloq.) mnogo se dopasti

wow IV *n* sporo kolebanje brzine tona

wrack [raek] *n* 1. propast 2. razbijen brod

wraith [rejth] *n* utvara

wran-gle I ['raeŋgəl] *n* prepirka, svađa

wrangle II *v* 1. *tr* izvući, dobiti argumentisanjem 2. *tr* terati — tjerati (stoku) 3. *intr* prepirati se

wran-gler ['raeŋglə(r)] *n* 1. kauboj 2. (Br.) odličan student matematike

wrap I [raep] *n* 1. šal; ogrtač; boa 2. ćebe

wrap II *v* 1. *tr* zaviti, uviti, obaviti, umotati; *to ~ smt. in paper* zaviti (uviti) nešto u papir; *to ~ a gift* uviti poklon; *to ~ a child in a blanket* umotati dete (dijete) u ćebe; *she ~ped herself in a towel* obavila se peškirom; *to ~ in cellophane* uviti u celofan 2. *tr* pakovati; *to ~ merchandise* pakovati robu 3. *tr* obuzeti; *~ped in throught* obuzet mislima 4. *tr* obaviti; *to ~ one's arms around smb.* obaviti ruke oko nekoga 5. *intr* obaviti se

wrap-per [~ə(r)] *n* omot

wrap-ping [~iŋ] *n* pakovanje; materijal za pakovanje, uvijanje; ambalaža

wrapping paper pakpapir, ambalaža od hartije

wrapping strip banderola (za pakovanje)

wrapping tissue flispapir (tanak papir)

wrap up *v* 1. (colloq.) završiti 2. (colloq.) rezimirati 3. see **wrap II** 1

wrap-up [~-əp] *n* (colloq.) rezime

wrath [raeth]; [o] *n* jarost, gnev (gnjev)

wrath-ful [~fəl] *a* jarostan

wreak [rijk] *v* 1. *(to ~ vengeance)* osvetiti se 2. iskaliti; *to ~ one's anger on smb.* iskaliti svoj gnev (gnjev) na nekoga

wreath [rijth] (*-ths* [t͞hz]) *n* venac (vijenac); *a laurel* ~ lovorov venac; *a victor's* ~ pobednički (pobjednički) venac; *to weave a* ~ plesti venac

wreathe [rijt͞h] *v* 1. *tr* uplesti (u venac — vijenac) 2. *intr* ukovrčati se

wreck I [rek] *n* 1. razbijanje, uništenje 2. olupine 3. see **shipwreck** 4. krntija

wreck II *v* 1. *tr* razbiti, uništiti, slupati; *to* ~ *a car* slupati kcla 2. *tr* porušiti, srušiti 3. *intr* see **shipwreck II** 4. *intr* rušiti

wreck·age [~idž] *n* 1. olupine, ruševine 2. uništenje

wreck·er [~ə(r)] *n* 1. vozilo-tegljač za izvlačenje oštećenih vozila 2. brod spasilac

wrecker's ball težak malj za rušenje

wreck·ing bar [~in͞g] mala ćuskija

wren [ren] *n* (bird) carić

wrench I [renč] *n* 1. iščašenje, uganuće (see also **sprain I**) 2. trzaj, vučenje 3. (fig.) bol (zbog rastanka) 4. (tech.) ključ (Br. is **spanner**)

wrench II *v tr* 1. iščašiti, uganuti; *to* ~ *an ankle* iščašiti nogu (also **sprain II**) 2. istrgnuti; *to* ~ *open* silom otvoriti; *to* ~ *off* otrgnuti

wrest [rest] *v tr* 1. istrgnuti, oteti; *to* ~ *smt. from smb.'s hands* istrgnuti nekome nešto iz ruku 2. uzurpirati; *to* ~ *power* uzurpirati vlast

wres·tle ['resəl] *v* 1. *tr and intr* rvati se (s); *to* ~ *(with) smb.* rvati se s nekim; *to* ~ *smb. to the floor* oboriti nekoga 2. *intr* rvati se; (fig.) *to* ~ *with problems* rvati se s teškoćama

wres·tler ['reslə(r)] *n* rvač

wres·tling ['reslin͞g] *n* rvanje

wrest pin (mus.) čepac

wretch [reč] *n* jadnik, bednik (bijednik)

wretch·ed [~id] *a* jadan, bedan (bijedan)

wrig·gle I ['rigəl] see **wiggle I**

wriggle II see **wiggle II**

wrig·gler [~glə(r)] see **wiggler**

wright [rajt] *n* izvršilac (see **playwright, shipwright, wheelwright**)

wring I [rin͞g] *n* ceđenje (cijeđenje)

wring II *wrung* [rən͞g] *v* 1. *tr* (usu.: *to* ~ *out*) iscediti (iscijediti); roljati; *to* ~ *out laundry* or: *to* ~ *laundry out* iscediti rublje 2. zavrnuti; *to* ~ *smb.'s neck* zavrnuti nekome vrat (šiju) (also **twist II** 5) 3. *tr* kršiti; *to* ~ *one's hands* kršiti ruke 4. *tr* iznuditi; *to* ~ *a confession from smb.* iznuditi nekome priznanje 5. *intr* previjati se (od bola)

wring·er [~ə(r)] *n* rolja (see also **mangle I**)

wrin·kle I ['rin͞gkəl] *n* bora, nabor; *to make* ~s praviti bore

wrinkle II *v* 1. *tr* naborati; izgužvati; namreškati; *to* ~ *a suit* izgužvati odelo (odijelo) 2. *tr* zbrčkati 3. *intr* borati se, gužvati se 4. *intr* brčkati se

wrinkle III *n* (colloq.) trik, smicalica

wrin·kled [~d] *a* mreškast

wrist [rist] *n* ručni zglob, ručni gležanj; **a slap on the* ~ laka kazna

wrist·band [~baend] *n* manžeta

wrist·let [~lit] *n* 1. traka oko ruke 2. **bracelet**

wrist watch ručni sat

writ [rit] *n* sudski nalog

write [rajt]; *wrote* [rout]; *written* ['ritən] *v* 1. *tr* napisati; *to* ~ *a book (a letter)* napisati knjigu (pismo) 2. *intr* pisati; *to* ~ *beautifully* lepo (lijepo) pisati; *to* ~ *with a pencil* pisati olovkom; *they* ~ *to each other* oni pišu jedan drugome; *to* ~ *about smt.* pisati o nečemu; *to* ~ *in red ink* pisati crvenim mastilom

write back *v* odgovoriti (nekome na pismo)

write down *v* zapisati; *to write down an address (a telephone number)* zapisati adresu (broj telefona)

write in *v* 1. upisati 2. (pol.) dodati; *to write in a candidate's name* dodati spisku ime nekog kandidata

write-in [~-in] *n* (pol.) 1. glas za kandidata koji nije u spisku 2. (or: ~ *candidate*) kandidat čije je ime dodato spisku

write off *v* otpisati; *to write off a debt* or: *to write a debt off* otpisati dug; (fig.) *he was written off as a politician* on je bio otpisan kao političar

write-off [~-of] *n* otpis

write out *v* napisati; *to write out a check* or: *to write a check out* napisati ček

writ·er [~ə(r)] *n* pisac; književnik, spisatelj

writer's cramp spisateljski grč

write up *v* 1. opisati, napisati (izveštaj — izvještaj) 2. misc.; *to write up smb. for an award* predložiti nekoga za nagradu

write-up [~-əp] *n* opis, dopis, izveštaj (izvještaj)

writhe [rajt͞h] *v intr* previjati se, grčiti se; *to* ~ *in pain* previjati se od bola

writ·ing ['rajtin͞g] *n* 1. pisanje; pismo; *to put smt. in* ~ zapisati nešto; *Cyrillic (Latin)* ~ ćirilsko (latinsko) pismo; *he has given up* ~ prestao je da piše 2. (književno) delo (djelo); *his unpublished* ~s njegova neobjavljena dela

writing desk pisaći sto (stol)

writing materials pribor za pisanje

writing paper papir (hartija) za pisanje

written see **write**

wrong I [ron͞g], [a] *n* 1. nepravda, zlo; *to suffer a* ~ trpeti (trpjeti) nepravdu; *to do* ~ *to smb.* učiniti nekome nepravdu; *to do no* ~ ne činiti zla; *to right a* ~ ispraviti grešku 2. krivica; *to be in the* ~ biti kriv 3. (legal) see **tort**

wrong II *a* 1. pogrešan, netačan (W: netočan); neumestan (neumjestan); *a* ~ *answer (conclusion)* pogrešan odgovor (zaključak); *in the* ~ *direction* u pogrešnom pravcu; *to take the* ~ *road* poći pogrešnim putem; *the* ~ *way* pogrešan način (put); *the* ~ *station* pogrešna stanica; *to take the* ~ *train* uhvatiti pogrešan voz (W: vlak) 2. nepravedan, nepravičan, nemoralan; *it is* ~ *to lie* nemoralno je govoriti laž 3. u zabludi; *you are* ~ vi grešite (griješite) 4. misc.; **to get up on the* ~ *side of the bed* ustati na levu (lijevu) nogu

wrong III *adv* pogrešno; *he did it* ~ on je to pogrešno uradio; *to spell a word* ~ pogrešno napisati reč (riječ); **to go* ~ skrenuti s pravog puta

wrong IV *v tr* naneti (nanijeti) nepravdu; *to* ~ *smb.* naneti nepravdu nekome

wrong·do·er [~dūə(r)] *n* vinovnik zla

wrong·do·ing [~in͞g] *n* činjenje zla; zločin

wrong·ful [~fəl] *a* 1. nepravedan 2. nezakonit

wrote see **write**

wrought [rot] 1. obsol. past of **work** II 2. *a* kovan;
~ *iron* kovano gvožđe
wrought up uzbuđen
wrung see **wring** II
wry [raj] *a* 1. iskrivljen, kriv 2. suv (suh); ~ *humor*
suv humor

wry·neck [~nek] *n* 1. (bird) vijoglava 2. see
torticollis
wul·fen·ite ['wulfənajt] *n* (miner.) vulfenit
WW I abbrev. of **World War I**
WW II abbrev. of **World War II**
Wy·o·ming [waj'ouming] *n* Vajoming

X

x I [eks] *n* x (slovo engleske azbuke)

x II *xes* ['eksiz]; *x'd* or *xed* [ekst] *v tr* (usu,; *to ~ out)* izbrisati

xan·that ['zaenthejt] *n* (chem) ksantat

xan·thine ['zaenth*i*n], [*ij*] *n* (chem.) ksantin

xan·tho·phyll ['zaenthəfil] *n* (chem.) ksantofil

xe·non ['z*i*jn*a*n]; [*o*] *n* (chem.) ksenon

xen·o·phobe ['zenəfoub] *n* ksenofob, neprijatelj stranaca

xen·o·pho·bi·a [zenə'foubijə] *n* ksenofobija, mržnja prema strancima

xen·o·pho·bic [~bik] *a* ksenofobski, koji mrzi strance

xe·rog·ra·phy [zi'rαgrəfij]; [*o*] *n* kserografija

Xer·ox I ['zijrαks]; [*o*] *n* zeroks (način fotokopiranja)

Xerox II *v tr* zeroksirati (fotokopirati)

X·mas ['eksməs] or ['krisməs] *n* (colloq.) see Christmas

x-rated ['eks-rejtid] *a* pornografski; *an ~ film* pornografski film

x ray [eks rej] 1. rendgen, rendgenski snimak, rendgenska slika; *to go for an ~* ići na rendgen, ići na rendgenski pregled 2. rendgenski zrak (W: rendgenska zraka), x-zrak

x-ray I ['eks-rej] *a* rendgenski; *an ~ machine* rendgenski aparat

x-ray II *v tr* rendgenisati, izložiti rendgenskim zracima (W: zrakama)

x-ray therapy rendgen terapija

x-ray tube cev (cijev) za proizvodnju X-zraka

xy·lene ['zaj'lijn] *n* (chem.) ksilen

xy·lo·phone ['zajləfoun] *n* ksilofon

xy·lose ['zajlous] *n* (chem.) ksiloza

xys·ter ['zistə(r)] *n* (surgical) strugač

Y

y [waj] *n* y (slovo engleske azbuke)
yacht I [jat] *n* jahta; jedrilica
yacht II *v intr* voziti se na jahti; trkati se jahtama
yacht·ing [∼iñg] *n* jedrenje, jedriličarstvo
yachts·man [∼smən] (-*men*) [min]) *n* jedriličar
ya·gi antenna ['jagij], [*ae*] (electronics) jagi-antena
Yah·weh ['jave] *n* Jehova
yak I [jaek] *n* jak (bivo iz srednje Azije)
yak II *v intr* (slang) brbljati
yam [jaem] *n* jam (tropska biljka)
yam·mer ['jaemə(r)] *v intr* 1. kukati, gunđati 2. bučno govoriti
yank I [jaeñgk] *n* (colloq.) trzaj
yank II *v tr* and *intr* (colloq.) trgnuti, vući
Yank *n* (Br., colloq.) Amerikanac
Yan·kee [∼ij] *n* 1. stanovnik severoistoka (sjeveroistoka) SAD 2. stanovnik severnih (sjevernih) država SAD 3. Amerikanac, Jenki
Yankee Doo·dle [dūdəl] Jenki-dudl (američka narodna pesma — pjesma); Amerikanac (see also **Yankee** 3)
Yan·kee·ism [∼izəm] *n* amerikanizam.
yap I [jaep] *n* 1. kevtanje 2. brbljanje
yap II *v* 1. *tr* iskevtati 2. *intr* kevtati; *dogs* ∼ kerovi kevću 3. *intr* brbljati
yard I [ja(r)d] *n* jard (0.914 metra)
yard II *n* 1. dvorište 2. radilište see also **shipyard**) 3. pregrada za stoku 4. (cap.) see **Scotland Yard** 5. arsenal 6. manevarska stanica
yard·age [∼idž] *n* dužina u jardima
yard·arm [∼a(r)m] *n* (naut.) križ (jarbola)
yard·man [∼mən] (-*men* [min]) *n* radnik manevarske stanice
yard·mas·ter [∼maestə(r)]; [*a*] *n* upravnik manevarske stanice
yard·stick [∼stik] *n* štap dugačak jedan jard (kao merilo — mjerilo); (fig.) *to apply a* ∼ primeniti (primijeniti) kriterijum
yarn [ja(r)n] *n* pređa
yar·row ['jaerou] *n* (bot.) hajdučka trava
yash·mak [jaš'mak] *n* jašmak (veo kojim muslimanke pokrivaju glavu i lice)
yat·a·ghan ['jaetəgaen], [ə] *n* jatagan
yaw I [jo] *n* zaošijanje (broda)
yaw II *v intr* slabo držati kurs, krivudati
yawl [jol] *n* (naut.) šajka, šljuka
yawn I [jon] *n* zev (zijev), zevanje (zijevanje)
yawn II *v intr* zevati (zijevati); zjapiti
yawn·ing [∼iñg] *a* koji zjapi
yawp [jop] see **yelp I, II**

yaws [joz] *n pl* (med.) frambezija
ye [jij] *pron* (obsol.) 1. vi 2. (reg.) ti
yea I *n* [jej] glas »za« (kod glasanja): *the* ∼*s have it* većina je za predlog (cf. **nay I**)
yea II *adv* da (kod glasanja) (cf. **nay II**)
yeah [jeə] *adv* (colloq.) da (see **yes II**)
yean [jijn] *v* 1. *tr* ojariti 2. *intr* ojariti se
year [jij(r)] *n* godina; *an academic (school)* ∼ školska godina; *a calendar (fiscal, leap, light, tax)* ∼ kalendarska (budžetska, prestupna, svetlosna — svjetlosna, poreska) godina; *to get on in* ∼*s* zaći u godine; *in one's best* ∼*s* u najboljim godinama; *a man up in* ∼*s* čovek (čovjek) u godinama; *every (last, next, this)* ∼ svake (prošle, iduće, ove) godine; *a bad (lean)* ∼ crna (gladna) godina; *a (one)* ∼ godina dana; *two* ∼*s* dve (dvije) godine; *a* ∼ *ago* pre (prije) godinu dana; *from* ∼ *to* ∼ iz godine u godinu; *to spend a* ∼ *abroad* provesti godinu dana u inostranstvu
year·book [∼buk] *n* godišnjak
year·ling [∼liñg] *n* jednogodac, jednogodišnjak, životinja kojoj je jedna godina
year·long [∼loñg], [*a*] *a* koji traje godinu dana
year·ly I [∼lij] *n* godišnjak, časopis koji izlazi svake godine
yearly II 1. *a* godišnji 2. *adv* svake godine
yearn [jə(r)n] *v intr* čeznuti, žudeti (žudjeti); *to* ∼ *for smt.* čeznuti za nečim
yearn·ing [∼iñg] *n* čežnja
year-round [∼-raund] *a* preko godine
yeast [jijst] *n* kvasac
yeast·y [∼ij] *a* 1. sličan kvascu 2. (fig.) nemiran, u stanju vrenja
yegg [jeg] *n* (slang) lopov
yell I [jel] *n* vika
yell II *v tr* and *intr* viknuti
yel·low I ['jelou] *n* žuta boja, žutilo
yellow II *a* 1. žut 2. (slang) kukavički; *he is* ∼ or: *he has a* ∼ *streak* on je kukavica
yel·low-bel·lied [∼-belijd] *a* (colloq.) kukavički
yellow clar·y ['klaerij] (bot.) medak
yellow-dog contract ugovor prema kojem se radnici obavezuju da ne stupe u sindikat
yellow fever žuta groznica
yel·low·ham·mer [∼haemə(r)] *n* (bird) žutovoljka, strnadica
yel·low·ish [∼iš] *a* žućkast

yellow jack 1. see yellow fever 2. (naut.) karantinska zastava
yellow jacket vrsta zolje
yellow journalism žuta štampa
Yellow Pages *(the ~)* spisak telefonskih brojeva preduzeća (W: poduzeća) prema vrsti delatnosti — djelatnosti (koji se štampa na žutim stranama)
yellow peril *(the ~)* žuta opasnost
Yel·low·stone National Park [~stoun] Jelovstonski park
yellow streak see yellow II 2
yellow wax voskovarina
yelp I [jelp] *n* kevtanje
yelp II *v tr* and *intr* kevtati
Yem·en ['jemən] *n* Jemen
Yem·en·ite [~ajt] *n* stanovnik Jemena
yen I [jen] *n* (novčana jedinica Japana)
yen II (colloq.) see yearning
yen III (colloq.) see yearn
yeo·man ['joumən] *(-men* [min]) *n* 1. (hist.) slobodan seljak 2. see yeoman of the guard 3. (Br.) dvorski službenik 4. (Am., naval) podoficir-pisar 5. (fig.) marljiv radnik; **to do ~ 's service* pružiti stvarnu uslugu
yeoman of the guard (Br.) pripadnik kraljevske telesne (tjelesne) garde
yeo·man·ry [~rij] *n* 1. (coll.) slobodni seljaci 2. (Br., hist.) dobrovoljačka konjica
yep [jep] (slang) see yes
Ye·re·van [jiri'van] *n* Erivan
yes I [jes] *n* da, potvrdan odgovor
yes II *adv* da; *are you going?* — ~, *we are* da li idete? — da, idemo
yes man (colloq.) dakavac, ulagivač
yes·ter·day ['jestə(r)dej], [ij] 1. *adv* juče (jučer); *the day before ~* prekjuče (prekjučer) 2. *n* jučerašnji dan; (fig.) prošlost; ~ *'s newspaper* jučerašnje novine
yes·ter·year [~jij(r)] *n* 1. prošla godina 2. prošlost, prošle godine
yet [jet] 1. *adv* još; *he hasn't come ~* on još nije došao; *as ~* dosada; *he can't come just ~* ne može doći baš sada (see also still IV 2) 2. *adv* već; *have you done it ~?* da li si to već uradio? 3. *conj* a ipak; *he works a lot, and ~ has nothing* on mnogo radi, a ipak ništa nema
yew [jū] *n* (bot.) tis
Yid·dish ['jidiš] *n* jidiš
yield I [jijld] *n* 1. rod; proizvod 2. dobitak
yield II *v* 1. *tr* doneti (donijeti); dati; *plants ~ fruit* biljke donose plodove; *to ~ a profit* doneti dobit 2. *tr* ustupiti; *to ~ the right-of-way* ustupiti prvenstvo prolaska 3. *tr* predati; *to ~ a fortress* predati tvrđavu 4. *intr* predati se; potčiniti se; pokoriti se 5. *intr* ustupiti prvenstvo prolaska 6. *intr* povlađivati
yield·ing [~iñg] *a* pokoran
yip [jip] see yelp I, II
yipe [jajp] yipes [~s] *interj* ah!
yip·pee ['jipij] *interj* iju! (izražava radost)
yip·pie ['jipij] *n* (colloq.) radikalni hipik
yo·del ['joudəl] *v tr* and *intr* jodlovati
yo·del·er [~ə(r)] *n* onaj koji jodluje
Yo·ga, yo·ga ['jougə] *n* joga (tehnika meditacije)

yo·gi ['jougij] *n* jogi (pripadnik učenja *joge)*
yo·gurt ['jougə(r)t] *n* kiselo mleko (mlijeko)
yoke I [jouk] *n* 1. jaram; *to put a ~ on oxen* upregnuti volove u jaram 2. *(pl* has zero) par volova 3. (tech.) pričvrsni stremen 4. (fig.) jaram, ropstvo
yoke II *v tr* upregnuti u jaram
yo·kel ['joukəl] *n* seljačina, seljak (also bumpkin)
yolk [jouk] *n* žumance
yon [jan]; [o] (poetic) see yonder
yon·der [~də(r)] (poetic) 1. *a* onaj, taj 2. *adv* tamo
yoo·hoo ['jūhū] *interj* hej!
yore [jo(r)] *n* stara vremena, prošlost
you [jū] *pron* 1. vi 2. ti
you-all [~·ol] *pron* (southern Am.) vi (kao oblik množine)
you'd [jūd] *you had; you would*
you'll [jūl] *you will*
young I [jəñg] *n* (coll.) 1. mladež; *the ~* mladež 2. mladunčad, mladi; *a lioness defends its ~* lavica brani svoje mlade
young II *a* mlad: *a ~ child* mlado dete (dijete); *she is ~ for her age* ona je mlada za svoje godine; *the night is still ~* noć je još mlada
young·ish [~iš] *a* pril'čno mlad
young·ster [~stə(r)] *n* dete (dijete) 2. mlada životinja
Young Turks *pl* (hist. and fig.) Mladoturci
your [jū(r)], [o] *poss a* vaš; tvoj; ~ *pencil* vaša (tvoja) olovka
you're [jū(r)] *you are*
yours [~z] *poss a* vaš, tvoj (a.) (when no noun follows) *the pencil is ~* olovka je vaša (tvoja) (b.) (after *of) a friend of ~* jedan od vaših (tvojih) prijatelja
your·self [~'self] *(-lves* [lvz]) 1. *refl pron* se, sebe, sebi, sobom; *you will wear ~ out* iscrpsti ćete se; *do you work for ~ (yourselves)?* da li radite za sebe? 2. *pron a* sam, sami; *you did it ~* ti si to uradio sam
yours truly 1. (at the end of a letter) sa srdačnim pozdravima 2. (colloq.) ja
youth [jūth] *n* 1. omladina, mladež 2. mladost: **~ will have its fling* mladost — ludost
youth·ful [~fəl] *a* mladalački; *a ~ appearance* mladolikost
youth hostel see hostel
you've [jūv] *you have*
yowl I [jaul] *n* urlik
yowl II *v tr* and *intr* urlati
yo-yo ['jou-jou] *(-s) n* jo-jo (kotačić koji se po inerciji diže i spušta po uzici)
yt·ter·bi·um [i'tə(r)bijəm] *n* (chem.) iterbijum
yt·tri·um ['itrijəm] *n* (chem.) itrijum
Yu·go·slav I ['jūgəslav] *n* Jugosloven (W: Jugoslaven)
Yugoslav II *a* jugoslovenski (W: jugoslavenski)
Yu·go·sla·vi·a [jūgou'slavijə] *n* Jugoslavija
Yu·go·sla·vi·an [~n] see Yugoslav I, II
Yu·kon ['jūkan]; [o] *n* Jukon
Yule [jūl] *n* Božić
yule log badnjak
Yule·tide [~tajd] *n* Božić
yum·my ['jəmij] *a* (slang) ukusan
yup·pie ['jəpij] *n* (colloq.) mladi profesionalac koji dobro zarađuje i mnogo troši na život

Z

z [zij]; [zed] *n* z (slovo engleske azbuke)
zaf·fer ['zaefə(r)] *n* plava gleđ
Za·greb ['zagreb] *n* Zagreb
Za·ire [za'ij(r)] *n* Zair
Zam·bi·a ['zaembijə] *n* Zambija
za·ny I ['zejnij] *n* klounov pomoćnik
zany II *a* smešan (smiješan); komičan
Zan·zi·bar ['zaenzəba(r)] *n* Zanzibar
zap [zaep] *v tr* (slang) 1. ubiti 2. bombardovati, tući
Zar·a·thus·tra [zarə'thūstrə] *n* Zaratustra (also Zoroaster)
zeal [zijl] *n* revnost
zeal·ot ['zelət] *n* fanatičar; zelot; vatren pobornik
zeal·ot·ry [∼rij] *n* fanatizam
zeal·ous ['zeləs] *a* revnostan
ze·bra ['zijbrə] *n* zebra
zebra crossing (esp. Br.) obeležen pešački prelaz (obilježen pješački prijelaz)
ze·bu ['zebjū] *n* (zool.) zebu
zed [zed] *n* (Br.) see z
Zen Buddhism [zen] zen-budizam
Zend [zend] *n* 1. see Zend-Avesta 2. see Avestan I
Zend-A·ves·ta ['zend-əvestə] *n* Zend-Avesta (svete knjige)
ze·nith ['zijnith] *n* zenit; *to reach a* ∼ postići zenit
ze·o·lite ['zijəlajt] *n* (miner.) zeolit
zeph·yr ['zefə(r)] *n* 1. zefir, povetarac (povjetarac) 2. zapadni vetar (vjetar)
zep·pe·lin ['zepəlin] *n* cepelin
ze·ro I ['zijrou] (-s and -es) *n* nula
zero II *a* nulti; *the* ∼ *mark* nulta tačka (W: točka); ∼ *value* nulta vrednost (vrijednost); ∼ *visibility* nulta vidljivost
zero III *v tr* and *intr* 1. (also: *to* ∼ *in*) podesiti (nišan oružja); *to* ∼ *in a weapon* dovesti oruđe u normalnu tačnost (W: točnost) gađanja 2. *(to* ∼ *in)* usredsrediti (usredsrijediti) se: *to* ∼ *in on smt.* usredsrediti se na nešto
zero hour (usu. mil.) čas napada, nulti čas
zero in *v* see zero III 1, 2
zero population growth nulti priraštaj stanovništva
zer·ox see Xerox I, II
zest [zest] *n* 1. naročit ukus 2. uživanje, polet, oduševljenje (also gusto for 2)
Zeus [zūs] *n* (myth.) Zevs (W: Zeus)
ZI ['zijaj] (mil.) (abbreviation of *Zone of the Interior)* pozadinska zona (SAD)
zig·zag I ['zigzaeg] *n* cikcak, ševuljica
zigzag II 1. *a* krivudav, cikcak; *a* ∼ *line* cikcak linija 2. *adv* krivudavo

zigzag III *v intr* ići u cikcak liniji, krivudati, vrdati
Zim·ba·bwe [zim'babwej] *n* Zimbabve
zinc I [ziṇgk] *n* cink
zinc II *a* cinkov
zinc III *v tr* cinkovati
zinc·ate [∼ejt] *n* cinkit
zinc ointment cinkova mast
zinc oxide cink oksid
zinc white cinkovo belilo (bjelilo)
zing I [ziṇg] *n* fijuk
zing II *v intr* fijukati
zin·ni·a ['zinijə] *n* (bot.) cinija
Zi·on ['zajən] *n* Cion
Zi·on·ism [∼izəm] *n* cionizam
Zi·on·ist I [∼ist] *n* cionista
Zionist II *a* cionistički
zip I [zip] *n* 1. fijuk 2. energija, polet
zip II 1. *tr (to* ∼ *up)* zatvoriti (patentnim zatvaračem) 2. *tr (to* ∼ *open)* otvoriti (patentnim zatvaračem) 3. *intr* fijukati, zujati
zip III Br.; see zipper
zip code poštanski broj
zip gun grub pištoj napravljen kod kuće
zip·per [∼ə(r)] *n* patent-zatvarač, patentni zatvarač, rajsferšlus: *his* ∼ *got stuck* zaglavio mu se patent-zatvarač
zip·py [∼ij] *a* (colloq.) energičan
zip up *v* see zip II 1
zir·con ['zə(r)kən]; [o] *n* (miner.) cirkon
zir·con·ate ['zə(r)kənejt] *n* (chem.) cirkonat
zir·co·ni·um [zə(r)'kounijəm] *n* (chem.) cirkonijum
zith·er ['zithə(r)] *n* citra
zo·di·ac ['zoudijaek] *n* zodijak
zo·di·a·cal [zou'dajəkəl] *a* zodijački
zodiacal light zodijačka svetlost (svjetlost)
zom·bie ['zambij]; [o] *n* 1. bog zmija 2. natprirodna sila 3. oživljeni leš
zo·nal ['zounəl] *a* zonski, zonalni; *a* ∼ *border* zonalna granica; *a* ∼ *championship* zonsko prvenstvo
zone I [zoun] *n* zona; pojas; *a frigid (temperate, torrid)* ∼ ledena (umerena — umjerena, žarka) zona; *an occupational* ∼ okupaciona zona
zone II *a* zonski
zone III *v tr* rasporediti na zone
zone defense (sports, esp. basketball) zonska odbrana (W: obrana)
zon·ing [∼iṇg] *n* raspoređivanje na zone
zonk out [zaṇgk]; [o] *v* (slaṇg) 1. iznuriti 2. iznuriti se

zoo [zū] (-*s*) *n* zoološki vrt
zo·o·log·i·cal [zouə'ladžikəl]; [*o*] *a* zoološki
zoological garden see **zoo**
zo·ol·o·gist [zou'alədžist]; [*o*] *n* zoolog
zo·ol·o·gy [~džij] *n* zoologija
zoom I [zūm] *n* (photo.) zum-sistem
zoom II *v intr* 1. zujati 2. (of an airplane) popeti se brzo 3. (photo.) brzo se približavati (ili udaljavati)
zoom lens (photo.) objektiv namenjen (namjenjen) za zum-sistem
zoot suit [zūt] odelo (odijelo) s oborenim ramenima
Zo·ro·as·ter [zourou'aestə(r)] *n* Zoroaster (also **Zarathustra**)
Zo·ro·as·tri·an·ism [zourou'aestrijənizam] *n* zoroastrizam

zos·ter ['zastə(r)]; [*o*] *n* see **herpes zoster**
Zou·ave [zū'av] *n* zuav
zounds [zaundz] *interj* uf!
zoy·si·a ['zojsijə] *n* vrsta trave
zuc·chi·ni [zu'kijnij] *n* (cul.) tikvice; *stuffed* ~ punjene tikvice
Zu·lu ['zūlū] *n* Zulu (jezik)
Zu·rich ['zūrik] *n* Cirih
zwie·back ['zwajbaek], [*s*], [*ij*] *n* dvopek
zy·go·ma [zaj'goumə] (-*s* or -*mata* [mətə]) *n* jagodična kost
zy·go·mat·ic [zigə'maetik] *a* (anat.) jagodični
zygomatic arch jagodični luk
zygomatic bone jagodična kost
zy·gote ['zajgout] *n* (biol.) zigot
zy·mase ['zajmejs] *n* (chem.) zimaza
zy·mo·sis [zaj'mousis] *n* 1. vrenje 2. zaraza